Dictionnaire encyclopédique de l'éducation et de la formation

PHILIPPE CHAMPY & CHRISTIANE ÉTÉVÉ
Directeurs de la rédaction

JEAN-CLAUDE FORQUIN & ANDRÉ D. ROBERT
Conseillers scientifiques de la troisième édition

Dictionnaire encyclopédique de l'éducation et de la formation

3e ÉDITION ENTIÈREMENT REVUE ET MISE À JOUR

CLAUDE DURAND-PRINBORGNE
JEAN HASSENFORDER
FRANÇOIS DE SINGLY
Conseillers scientifiques
des première et deuxième éditions

RETZ
www.editions-retz.com
1, RUE DU DÉPART
75014 PARIS

En hommage à Jean Hassenforder
P. C. et C. É.

À la mémoire de Jack, mon frère
P. C.

À Jacques Hédoux, pour ses conseils en faveur d'une recherche et d'une éducation pour tous
C. É.

Les directeurs de la rédaction et les conseillers scientifiques de la troisième édition remercient particulièrement Pierre Caspar et Jean-Yves Rochex, ainsi que les conseillers scientifiques des éditions précédentes, pour les avis et conseils qu'ils ont bien voulu leur prodiguer. Les choix opérés relèvent toutefois de leur seule responsabilité.

Sommaire

Dictionnaire encyclopédique de l'éducation et de la formation

PRÉAMBULE

DICTIONNAIRE

ANNEXES

Liste des rédacteurs

ABDALLAH-PRETCEILLE Martine
professeure à l'université de Vincennes-Saint-Denis (Paris-VIII) et directrice de recherche à l'université Sorbonne nouvelle (Paris-III)

AGULHON Catherine
maître de conférences à l'université René-Descartes (Paris-V)

ALBERTINI Jean-Marie
directeur de recherche honoraire au CNRS (IRPEACS)

ALTET Marguerite
directrice de l'IUFM de Nantes

ARDOINO Jacques
professeur honoraire à l'université de Vincennes-Saint-Denis (Paris-VIII)

ASTOLFI Jean-Pierre
professeur à l'université de Rouen

ATTIAS-DONFUT Claudine
directrice de recherche à la Caisse nationale d'assurance vieillesse (CNAV)

AUBA Jean
directeur honoraire du CIEP

AUDÉ-JEANCOLAS Françoise
professeure de lycée

AUDIGIER François
professeur à l'université de Genève

AUDINET Jacques
professeur émérite des universités

AUDION Lionel
professeur à l'IUFM de Nantes

AVANZINI Guy
professeur émérite à l'université Lumière (Lyon-II)

BARACCA Pierre
professeur à l'université Lille-III

BARBIER Jean-Marie
professeur au CNAM

BARON Georges-Louis
professeur à l'université René-Descartes (Paris-V)

BARRÉ-DE MINIAC Christine
professeure à l'IUFM de Grenoble et présidente du Conseil scientifique et pédagogique

BARRÈRE Anne
maître de conférences à l'université Lille-III

BARTH Britt-Mari
maître de conférences honoraire à l'Institut supérieur de pédagogie et professeure à l'université catholique de l'Ouest (Angers)

BAUTIER Élisabeth
professeure à l'université de Vincennes-Saint-Denis (Paris-VIII)

BEILLEROT Jacky †
professeur honoraire à l'université de Nanterre (Paris-X)

BESNARD Pierre
maître de conférences à l'université René-Descartes (Paris-V)

BESSE Jean-Marie
professeur à l'université Lumière (Lyon-II) et directeur du centre de formation des psychologues scolaires

BEST Francine
inspectrice général honoraire de l'Éducation nationale

BLANCHARD-LAVILLE Claudine
professeure à l'université de Nanterre (Paris-X)

BOUCHON Maurice
maître de conférences honoraire
à l'IUFM de Nantes

BOULET Michel
professeur émérite à l'Établissement national d'enseignement supérieur agronomique de Dijon (ENESAD)

BOURDONCLE Raymond
professeur à l'université Charles-de-Gaulle (Lille-III)

BOUTHORS Mathilde
chargée d'études documentaires
au Collège de France

BOUTINET Jean-Pierre
professeur à l'université catholique
de l'Ouest (Angers)

BRUILLARD Éric
professeur à l'IUFM de Caen

BURGUIÈRE Évelyne
maître de conférences honoraire à l'INRP

CAIN Albane
professeure à l'université de Cergy-Pontoise

CARDINET Jean
chef de service retraité de l'IRDP
à Neuchâtel (Suisse)

CARRÉ Philippe
directeur d'Interface-Recherche
et professeur à l'université de Nanterre (Paris-X)

CASPAR Pierre
directeur de recherche à l'INRP

CHAMBON André
chargé de recherche
à la ligue de l'enseignement

CHAMBON Françoise
secrétaire générale
de l'Institut universitaire de France (IUF)

CHANTEUX Magali
inspectrice pédagogique régional
en arts Plastiques à Paris

CHARTIER Anne-Marie
maître de conférences à l'INRP

CHATEL Élisabeth
professeure agrégée, chercheure à l'IDHE-CNRS, ENS Cachan, enseignante associée à l'INRP

CHAUVEAU Gérard
chargé de recherche honoraire à l'INRP

CHAUVIÈRE Michel
directeur de recherche au CNRS,
membre du CERSA (Paris-II)

CHAVAGNE Yves
responsable des relations avec la presse
à l'AFPA

CHENEVEZ Odile
coordonnatrice au CLEMI pour l'académie Aix-Marseille

CHIRON Éliane
professeure des universités
à l'université Panthéon-Sorbonne (Paris-I)

CHOPPIN Alain
maître de conférences à l'INRP

CHOSSON Jean-François †
professeur émérite de l'enseignement supérieur agronomique et secrétaire national de *Peuple et Culture*

CIEUTAT Bernard
conseiller-maître à la Cour des comptes

CIFALI Mireille
psychanalyste à Genève

COLOMB Jacques
professeur émérite des universités à l'INRP

CONTOU Jeanne
ingénieure d'études honoraire
à l'université René-Descartes (Paris-V)

CORIDIAN Charles
chargé de recherche
à l'université de Villetaneuse (Paris-XIII)

CORSET Pierre
directeur de recherche retraité à l'INA

CROS Françoise
professeure des universités au CNAM

CUSSEY Alain
professeur à l'université catholique
de l'Ouest (Vannes)

CYTERMANN Jean-Richard
ancien directeur de la programmation
et du développement

DANVERS Francis
professeur à l'université Charles-de-Gaulle
(Lille-III) et directeur du SUAIO

DASSA Michèle
directrice des études et des programmes
du CNRS

DASTÉ Pierre
inspecteur général de l'administration

DAUNAY Bertrand
maître de conférences à l'université Lille-III

DEJESSEY Caroline
chargée de mission en communication/presse
au commissariat général au Plan

DELAHAYE Jean-Paul
doyen au ministère de l'Éducation nationale

DE LAVERGNE Isabelle
responsable de communication au CNOUS

DELBECQ Olivier
chargé de communication externe
à l'ONISEP

DELEAU Michel
professeur à l'université Rennes-II
et directeur du laboratoire de psychologie
du développement et de l'éducation

DEMARI Jean-Claude
professeur et responsable
de la communication
au ministère de l'Éducation nationale

DEROUET Jean-Louis
professeur des universités à l'INRP

DEROUET-BESSON Marie-Claude
maître de conférences à l'INRP

DESMET Huguette
chargée de cours à l'université
de Mons (Belgique)

DIAMENT Nic
conservateur général à la Bibliothèque
publique d'information

DUBAR Claude
professeur à l'université de Versailles-
Saint-Quentin-en-Yvelines

DUBET François
professeur à l'université de Bordeaux-II

DUMAZEDIER Joffre †
professeur émérite
à l'université René-Descartes (Paris-V)

DURAND-PRINBORGNE Claude
professeur émérite
à l'université Panthéon-Sorbonne (Paris-I)

DUREY Alain †
professeur
à l'École normale supérieure de Cachan

DURNING Paul
professeur
à l'université de Nanterre (Paris-X)

DURU-BELLAT Marie
professeure à l'université de Bourgogne
et chercheure à l'IREDU (CNRS)

DUTERCQ Yves
professeur à l'université de Nantes

ESQUIEU Paul
chargé de mission à la Direction
de la programmation et du développement
du ministère de l'Éducation nationale

ESTABLET Roger
professeur
à l'université de Provence (Aix-Marseille-I)

ÉTÉVÉ Christiane
maître de conférences honoraire à l'INRP

ÉTIENNE Richard
maître de conférences
à l'université Paul-Valéry (Montpellier-III)

FABLET Dominique
maître de conférences
à l'université de Nanterre (Paris-X)

FAUBLÉE Élisabeth
écrivain

FAYOL Michel
professeur à l'université Blaise-Pascal
(Clermont-Ferrand-II) et directeur
du laboratoire de psychologie sociale et
cognitive (LAPSCO-CNRS)

FELOUZIS Georges
professeur à l'université Victor Segalen
(Bordeaux-II)

FIALAIRE Jacques
professeur à l'université de Nantes,
membre du CERP 3E-CNRS

FIJALKOW Jacques
professeur
à l'université de Toulouse-Le Mirail

FILLOUX Jean-Claude
professeur émérite
à l'université de Nanterre (Paris-X)

FLORIN Agnès
professeure à l'université de Nantes

FORESTIER Christian
président du Haut comité de l'évaluation
des écoles et du système scolaire (HCEE)

FORQUIN Jean-Claude
professeur honoraire des universités à l'INRP

FORTUN Roger
professeur à l'IUFM de Nantes

FOURNIER Paul
professeur honoraire à l'IUFM de Nantes

GABORIEAU Jean-Pierre
directeur de l'IUFM de Rennes

GALATANU Olga
maître de conférences
à l'université de Nantes

GALIBERT Delphine
attachée de presse au CNAM

GALLAND Olivier
membre du Groupe d'étude des méthodes
de l'analyse sociologique
(maison des sciences de l'homme, Paris)

GARRIGUE Pierre
inspecteur général honoraire de l'Éducation
nationale

GAUTHERIN Jacqueline
professeure à l'université Lumière (Lyon-II)

GAUTHIER Roger-François
inspecteur général d'administation
à l'Éducation national

GÉRARD René
ancien administrateur civil
au ministère
de l'Éducation nationale

GILIS Daniel
ancien chargé de recherche à l'INRP

GINSBERG-CARRÉ Christiane
maître de conférences à l'université de Caen

GLASMAN Dominique
professeur
à l'université Jean-Monnet (Saint-Étienne)

GLIKMAN Viviane
maître de conférences au CNAM

GONNET Jacques
directeur du CLEMI

GRANDRIEUX Delphine
responsable de communication à l'OCDE

GROSCOLAS Daniel
inspecteur général de l'Éducation nationale

GRUÈRE-ARNAUD Martine
psychologue et directrice du département
économie et solidarité
à la Fondation de France, Paris

GUIGUE Michèle
professeure à l'université Lille-III

GUIHO-BAILLY Marie-Pierre
praticien chercheur associé au laboratoire
de psychologie du travail du CNAM

HALMOS Claude
psychanalyste

HALTÉ Jean François
professeur à l'université de Metz

HAMELINE Daniel
professeur émérite à l'université de Genève

HASSENFORDER Jean
professeur émérite des universités à l'INRP

HÉDOUX Jacques †
maître de conférences
à l'université Charles-de-Gaulle (Lille-III)

HESS Rémi
professeur à l'université
de Vincennes-Saint-Denis (Paris-VIII)

HOUDÉ Olivier
professeur à l'université Sorbonne (Paris-V)

HOUSSAYE Jean
professeur à l'université de Rouen

HUTEAU Michel
professeur honoraire au CNAM/INETOP

JACQUINOT Geneviève
professeure à l'université
de Vincennes-Saint-Denis (Paris-VIII)

JAROUSSE Jean-Pierre
professeur
à l'université de Bourgogne (Dijon)

JEAN Georges
écrivain

KERLAN Alain
professeur à l'université Lyon-II

KHERROUBI Martine
maître de conférences à l'IUFM de Créteil et membre du CERLIS-CNRS

KIM Min Jeon
coordonnatrice de programmes
au secteur de l'éducation de l'Unesco

LABELLE Jean-Marie
professeur émérite
à l'université Louis-Pasteur (Strasbourg-I)

LADERRIÈRE Pierre
ancien membre de l'OCDE

LAFONTAINE Dominique
professeure à l'université de Liège,
service de pédagogie expérimentale

LALLIAS Jean-Claude
professeur agrégé à l'IUFM de Créteil

LAMBERT-CHESNOT Odile
responsable du centre de documentation
de l'IUFM de Versailles

LANCRY-HOESTLANDT Anne
directrice de l'INETOP

LARCHER Claudine
professeure des universités à l'INRP

LAUTIER Nicole
professeure à l'université Jules-Verne d'Amiens et membre du laboratoire Savoirs et socialisation en éducation et formation (SA.SO)

LEBEAUME Joël
professeur à l'université d'Orléans et directeur des sciences techniques éducation formation (STEF) de l'ENS-Cachan

LECLERCQ Jean-Michel
vice-président de l'Association francophone d'éducation comparée (AFEC)

LECLERCQ VÉRONIQUE
professeure à l'université de Lille

LEFORT Geneviève
ingénieure d'études honoraire

LEGRAND André
président de l'université de Nanterre (Paris-X)

LEGRAND Louis
professeur émérite à l'université
Louis-Pasteur (Strasbourg-II)

LEHERPEUR Sonia
assistante au service marketing
du Centre inffo

LELIÈVRE Claude
professeur
à l'université René-Descartes (Paris-V)

LELIÈVRE Françoise
professeure et déléguée régionale pour
le droit des femmes en Picardie

LEMANT Jacqueline
administrateur civil

LE NY Jean-François
professeur émérite
à l'université de Paris-Sud (Paris-XI, Orsay)

LESAIN-DELABARRE Jean-Marc
membre du CNEFEI

LESELBAUM Nelly
maître de conférences honoraire
à l'université de Nanterre (Paris-X)

LÉZIART Yvon
maître de conférences, habilité à diriger
des recherches à l'université Rennes-II

LIEURY Alain
professeur à l'université Rennes-II et directeur du laboratoire de psychologie expérimentale

LOARER Even
professeur de l'université de Nanterre (Paris-X) et membre du laboratoire processus cognitif et conduites interactives

LONGUÉPÉE Florent
directeur de l'AFPA

LORRIAUX Jean-Pierre
directeur des galeries Artitude (Paris)

LUC Christiane
chargée de recherche honoraire à l'INRP

LUISONI Pierre
spécialiste principal de programme
et secrétaire du Conseil du BIE

LUKASZEWICZ Annette
directrice déléguée de l'université
tous âges (UTA)

MAHOU Philippe
directeur de la communication au CNED

MANESSE Danièle
maître de conférences
à l'université René-Descartes (Paris-V)

MANSOUR Sylvie
professeure associée
à l'université palestinienne de Birzeit

MARC Edmond
professeur à l'université de Nanterre (Paris-X)

MARIET François
professeur honoraire
à l'université Paris-Dauphine (Paris-IX)

MARQUÈS Nicolas
directeur des relations internationales
et de la coopération au ministère
de l'Éducation nationale

MARTINAND Jean-Louis
professeur
à l'École normale supérieure de Cachan

MATHEY-PIERRE Catherine
chargée de recherche au Centre d'études de l'emploi

MAUGER Gérard
directeur de recherche au CNRS

MAURIRAS-BOUSQUET Martine
fonctionnaire internationale à l'Unesco

MAZERAN Jacques
ex-directeur d'IUT, chargé de mission
au ministère de l'Éducation nationale

MEIRIEU Philippe
directeur de l'IUFM de Lyon

MENU Benoît
coordonnateur général au CLEMI

MÉRAND Robert
chargé de recherche honoraire à l'INRP

MIALARET Jean-Pierre
professeur
à l'université de Paris-Sorbonne (Paris-IV)

MICHAUD Yves
directeur de l'université de tous les savoirs (UTLS)

MISSOUM Guy
professeur à l'université de Nanterre (Paris-X)

MOLL Jeanne
vice-présidente de l'association des groupes
de soutien au soutien (AGSAS)

MOLLO-BOUVIER Suzanne
directrice de recherche honoraire au CNRS

MONTEIL Jean-Marc
recteur

MOREAU Gilles
professeur à l'université de Nantes

MOSCONI Nicole
professeure à l'université de Nanterre (Paris-X)
et membre de l'équipe Savoirs et rapports
au savoir du Centre de recherche éducation
et formation (CREF)

MUXEL Anne
chargée de recherche à la Fondation
nationale des sciences politiques

NATTIEZ Renaud
sous-directeur des relations multilatérales
à la délégation aux relations internationales
et à la coopération (DRIC)

NAUDIN Odile
relation presse, Défenseur des enfants

NESPOULOUS Jean-Luc
professeur à l'université
de Toulouse-Le Mirail et directeur
du laboratoire Jacques-Lordat

NIQUE Christian
inspecteur général de l'Éducation nationale,
professeur associé
à l'université René-Descartes (Paris-V) et
directeur du CIEP de Sèvres

Obin Jean-Pierre
inspecteur général de l'Éducation nationale

Ouzoulias Raymond
inspecteur d'académie

Pain Jacques
professeur à l'université de Nanterre (Paris-X)

Péano Serge
professeur à l'institut international de planification de l'éducation (Unesco)

Pelpel Patrice
maître de conférences, habilité à diriger des recherches, sciences techniques éducation formation (STEF) de l'ENS-Cachan

Peretti André de
directeur honoraire de programme à l'INRP

Peretti Christine de
médecin, chargée de recherche à la MGEN

Peretti Claudine
directrice de la direction de l'évaluation et de la prospective

Peyronie Henri
professeur à l'université de Caen

Philip André
directeur du centre Paris-Cronstadt (CNEFEI Suresnes)

Picquenot Alain
inspecteur d'académie et délégué académique à la pédagogie et à la vie scolaire (Amiens)

Pineau Gaston
professeur
à l'université François-Rabelais de Tours

Piozin Éric
chef du bureau de l'apprentissage
au ministère de l'Éducation nationale

Plaisance Éric
professeur
à l'université René-Descartes (Paris-V)

Plane Sylvie
professeure à l'IUFM de Paris

Pocztar Jerry
maître de conférences
à l'École normale de Fontenay-Saint-Cloud

Pouget, Françoise du
responsable du centre de documentation de l'IIPE

Poujol Geneviève
chargée de recherche honoraire au CNRS

Poulain Martine
conservateur des bibliothèques

Pourtois Jean-Pierre
professeur à l'université de Mons (Belgique)

Prévos Albert
directeur du CNOUS

Raillon Louis
directeur honoraire
de la revue *Éducation et Développement*

Rauch André
professeur
à l'université Louis-Pasteur (Strasbourg-II)

Raulin Dominique
secrétaire général au Conseil national des programmes, ministère de l'Éducation nationale

Renaudineau Pierre
inspecteur général de l'administration de l'Éducation nationale et de la recherche

Renucci France
maître de conférences, CLEMI

Robert André D.
professeur à l'université Lumière (Lyon-II) et membre de l'unité mixte de recherche éducation et politiques (INRP/Lyon-II)

Rochex Jean-Yves
professeur à l'université
de Vincennes-Saint-Denis (Paris-VIII)

Ropé Françoise
professeure à l'université de Picardie

Rumelhard Guy
professeur agrégé et
chercheur associé à l'INRP

Saheb Maud
attachée de presse à l'Unicef

Saint-Marc Claude
maître de conférences honoraire
à l'université de Nanterre (Paris-X)

SELLIER Michèle
rectrice d'académie et inspectrice générale

SEMBEL Nicolas
maître de conférences à l'IUFM d'Aquitaine

SÉVAL Frédéric
premier conseiller
au tribunal administratif de Paris

SIMON Jacky
inspecteur général de l'Éducation nationale

SINEAU Mariette
directrice de recherche au CNRS
et au Centre de recherches politiques
de Sciences-Po (CEVIPOF)

SINGLY François de
professeur à l'université René-Descartes
(Paris-V)

SIROTA Régine
professeure
à l'université René-Descartes (Paris-V)

SOËTARD Michel
professeur
à l'université catholique de l'Ouest (Angers)

STAGNARA Denise & STAGNARA Pierre †
docteurs ès lettres

STIKER Henri-Jacques
directeur de recherche
à l'université Denis-Diderot (Paris-VII)

SUE Roger
professeur à la Sorbonne (Paris-V)

TARBY André
Professeur émérite à l'université de Lille-I

TAUVEL Jean-Paul
ancien responsable du Centre Migrants du
CNDP

TERRASSE-RIOU Florence
directrice des affaires culturelles et
des relations extérieures

TERRASSIER Jean-Charles
psychologue, président de l'ANPEIP

TESTU François
professeur
à l'université François-Rabelais de Tours

TISSIER Bernard
professeur des universités

TOZZI Michel
professeur
à l'université Paul-Valéry (Montpellier-III)

TRIOMPHE Annie
directrice de recherche à l'INSERM

TROGER Vincent
maître de conférences à l'IUFM de Versailles

TURPIN Clotilde
chargée de communication au CNDP

VANDEVOORDE Pierre
ancien inspecteur général de l'Éducation
nationale

VAN ZANTEN Agnès
directrice de recherche à l'IEPP-CNRS et
directrice du réseau d'analyse
pluridisciplinaire des politiques éducatives

VECK Bernard †
maître de conférences
à l'université du Littoral de Dunkerque

VIGARELLO Georges
professeur
à l'université René-Descartes (Paris-V)
et administrateur à la BNF

VINCENT-LANCRIN Stéphan
analyste au centre pour la recherche
et l'innovation dans l'éducation de l'OCDE

WAYSAND Édith
chargée de recherche honoraire à l'INRP

WEIL-BARAIS Annick
professeure à l'université catholique d'Angers

WILLAIME Jean-Paul
directeur d'études à l'École pratique des
hautes études et à l'université (Sorbonne) et
directeur du Groupe de sociologie
des religions et de la laïcité

WINNYKAMEN Fayda
professeure
à l'université René-Descartes (Paris-V)

YOUF Dominique
membre du centre national de formation
et d'études de la protection judiciaire
de la jeunesse

ZAY Danielle
professeure
à l'université Charles-de-Gaulle (Lille-III)

Avant-propos à la troisième édition

Comme l'atteste cette troisième édition, entièrement corrigée et mise à jour, le *Dictionnaire encyclopédique de l'éducation et de la formation* est devenu un outil de référence. Son ambition encyclopédique a rencontré l'intérêt soutenu des lecteurs, professionnels ou curieux, qui demandent non seulement à être informés avec précision des réalités évolutives des systèmes formels ou informels d'éducation et de formation, mais aussi à comprendre les multiples problématiques et enjeux qui y sont à l'œuvre. L'éducation et la formation sont désormais perçues comme un vaste domaine au croisement de l'activité sociale et du développement personnel de tout individu. C'est plus que jamais un secteur majeur pour l'avenir collectif.

Cette troisième édition, onze ans après la première, s'efforce de répondre avec plus d'acuité aux demandes exprimées par ses utilisateurs. Ainsi la dimension encyclopédique a été renforcée pour éviter une trop grande dispersion des contenus : ce sont désormais 468 articles (au lieu des 487 de la deuxième édition) qui ont été rédigés ou actualisés par 249 spécialistes (au lieu de 213 précédemment). Le nombre très important de rédacteurs témoigne du souci de faire directement appel aux experts eux-mêmes. Nous les remercions vivement d'avoir accepté une fois encore de participer à cette œuvre de longue haleine.

Le corpus a donc évolué depuis la deuxième édition. 58 articles ont été supprimés, soit parce que leur contenu a migré vers d'autres articles fédérateurs, soit parce qu'ils ont été jugés trop éloignés des préoccupations centrales de l'ouvrage. À l'inverse, 39 articles entièrement nouveaux ont fait leur apparition pour compléter des points insuffisamment traités ou pour aborder des aspects inédits. Ils sont signalés par un astérisque dans le plan de classement, pages 23 à 32. La présentation graphique de ce dernier a été entièrement revue pour une meilleure lisibilité. On le voit, au-delà des nécessaires mises à jour, cette troisième édition correspond à une refonte totale.

Les principaux apports concernent une réorganisation d'ensemble des notices couvrant la psychologie et la psychanalyse, un accent plus fort mis sur la dimension internationale, l'entrée de deux nouvelles personnalités (Gilbert De Landsheere et Paulo Freire) parmi la cinquantaine de biographies présentées, et enfin plusieurs compléments en matière didactique ou disciplinaire. Sur le plan institutionnel, comme dans les éditions précédentes, rappelons que c'est toujours le système d'éducation et de formation *français* qui est seul pris en considération dans la centaine d'articles concernés. L'élargissement aux pays francophones, voire européens, n'est pas envisageable dans les limites actuelles d'une œuvre dont les « frontières » n'ont pas varié depuis l'origine : elles restent celles explicitement tracées dans la Présentation de la première édition (voir page 17). À ces modifications, visibles dans les intitulés mêmes des articles et dans les nouveaux réseaux qu'ils tissent entre eux, il faut ajouter des changements moins spectaculaires, comme ceux des rédacteurs pour une trentaine d'articles, ou comme les innombrables corrections apportées à leurs anciens articles par la plupart de leurs rédacteurs d'origine.

Il faut signaler pour finir que tous ces changements ont été réalisés dans un cadre nouveau. En premier lieu, le projet a été porté par une équipe de rédaction en partie renouvelée : deux nouveaux conseillers scientifiques, les professeurs Jean-Claude Forquin et André D. Robert, ont posé un regard rigoureux sur l'ensemble des articles du *Dictionnaire* et ont contribué à apporter une plus grande cohérence dans leurs champs respectifs de spécialité. Nous les remercions vivement pour leur forte implication dans les propositions de refonte et pour leur grande minutie dans le suivi de leur réalisation. Nous remercions aussi les professeurs Pierre Caspar et Jean-Yves Rochex qui, à différents moments du processus d'élaboration de cette édition, ont apporté de précieux conseils. En second lieu, ce projet a été aussi porté par une nouvelle équipe éditoriale aux éditions Retz, dont nous ne pouvons citer ici tous les membres. Que Adeline Guérin, qui a assumé le secrétariat de rédaction de cette troisième édition, avec le soutien efficace de Joëlle Gardette, soit plus particulièrement remerciée pour son sérieux, sa ténacité et son professionnalisme.

Enfin, à vous tous lecteurs, nous souhaitons la bienvenue dans un ouvrage conçu pour pouvoir se prêter à de multiples usages de lecture, de découverte, de réflexion, d'information, de vérification… Pour plus d'accessibilité au plus grand nombre, nous offrons cette troisième édition en deux versions : une version cartonnée similaire aux éditions précédentes et une version brochée au format et au prix réduits. Ayant le souci de toujours mieux vous servir, nous attendons vos remarques et suggestions avec le plus grand intérêt.

Philippe Champy et Christiane Étévé

Présentation de la première édition (1994)

Le *Dictionnaire encyclopédique de l'éducation et de la formation* n'est bien évidemment pas le premier dictionnaire à caractère encyclopédique traitant d'éducation, d'enseignement, de pédagogie, de recherche pédagogique ou de domaines connexes. Il s'inscrit au contraire dans une lignée qui est déjà longue et qui a donné d'excellents instruments de travail[1]. S'il ne fallait citer qu'un ancêtre, c'est le célèbre *Dictionnaire de pédagogie* de Ferdinand Buisson qu'il conviendrait d'élire, la filiation valant plus par une certaine communauté d'objectifs, comme il apparaîtra plus loin, que par une analogie de réalisation[2]. Par rapport à ces prédécesseurs, le présent dictionnaire possède à nos yeux deux originalités qui méritent d'être soulignées.

Il est tout d'abord le témoin d'un domaine en émergence : *l'éducation et la formation*. Aucun dictionnaire, depuis les années 1950 en particulier, n'a embrassé de façon conjointe le champ de l'éducation et de la formation tel qu'il est circonscrit dans cet ouvrage, en faisant la part aussi bien aux aspects institutionnels que notionnels, historiques que contemporains, en s'attachant dans un même élan à prendre en compte les dimensions *formelle et informelle* du système d'éducation et de formation. En adoptant cette distinction d'origine anglo-saxonne, le présent dictionnaire veut favoriser une approche globale des phénomènes d'éducation et de formation. C'est pourquoi il couvre aussi bien le système éducatif formel (c'est-à-dire le système d'enseignement proprement dit, du préscolaire à l'universitaire en passant par l'enseignement technique et professionnel et l'éducation spécialisée) que l'éducation informelle ou extrascolaire (à laquelle se rattache tout ce qui, dans l'environnement du système formel ou à son encontre, concourt à l'éducation des enfants et des jeunes, comme la famille,

1. Il faut mentionner ici ceux qui ont été utilisés pour concevoir le contour du présent ouvrage : Cormary, Henri (dir.), *La Pédagogie*, Paris, Centre d'étude et de promotion de la lecture, coll. « Les Dictionnaires du savoir moderne », 1972. – De Landsheere, Gilbert, *Dictionnaire de l'évaluation et de la recherche en éducation*, Paris, PUF, 1979. – Foulquié, Paul, *Dictionnaire de la langue pédagogique*, Paris, PUF, 1971 (rééd. en coll. « Quadrige », 1991). – Laeng, Mauro et Avanzini, Guy, *Vocabulaire de pédagogie moderne*, Paris, Centurion, coll. « Paidoguides », 1974. – Mialaret, Gaston (dir.), *Vocabulaire de l'éducation*, Paris, PUF, 1979.

2. Sa première édition s'est étalée sur neuf ans, de février 1878 à février 1887, à raison de 175 livraisons, une toutes les trois semaines environ. Cet ouvrage reste aujourd'hui sans équivalent en langue française.

les médias, le milieu professionnel, les relations sociales, etc.). L'ouvrage couvre également la formation professionnelle initiale et continue des jeunes et des adultes sous ses aspects formels et informels. En embrassant un champ si vaste, le présent dictionnaire veut certes témoigner de son émergence comme « ensemble indissociable », ce que suggère déjà, sous l'angle philosophique, le concept allemand de *Bildung.* Mais il veut aussi agir en faveur d'une prise de conscience, déjà engagée[3], de la fécondité de cette approche conjointe et multidimensionnelle des questions d'éducation et de formation. Beaucoup de notions ou de phénomènes mis en lumière par les sciences humaines et sociales appliquées à l'éducation et à la formation sont communs à plusieurs des secteurs mentionnés, trop souvent cloisonnés par des habitudes institutionnelles, des réflexes professionnels ou des routines de pensée. Si cet ouvrage prend en compte, pour certains domaines, la dimension internationale, il reste néanmoins centré sur le système français d'éducation et de formation.

En publiant son dictionnaire à la fin du XIXe siècle dernier, Ferdinand Buisson entendait accompagner la mise en place du système d'enseignement de la IIIe République en proposant un outil d'information inédit aux enseignants de l'époque[4]. Si, à nos yeux, la référence au dictionnaire de Ferdinand Buisson n'est pas que révérence, c'est précisément parce que l'ambition du présent ouvrage est aussi d'établir un pont entre, d'un côté, les nouvelles approches ou les nouveaux savoirs élaborés par les sciences humaines et sociales appliquées à l'éducation et à la formation, et, de l'autre, les publics concernés : les enseignants professant à tous les niveaux scolaire et universitaire (qu'ils soient en poste, en formation initiale dans les IUFM ou en formation continue dans les MAFPEN ou les UFR de sciences de l'éducation), les formateurs d'adultes, les responsables (directeurs, inspecteurs, chefs d'établissement, etc.), les formateurs de formateurs et les divers intervenants en éducation et en formation comme à leurs publics adultes.

Ainsi, le *Dictionnaire encyclopédique de l'éducation et de la formation* veut se situer à la confluence de deux grandes tendances actuelles qui ont vocation à se rejoindre d'une façon ou d'une autre. La première tendance concerne la recherche en éducation et formation ; la seconde se rapporte à la demande, multiple, curieuse et pressante, des professionnels et des usagers de l'éducation et de la formation.

Le renouvellement qui s'est produit dans de nombreuses disciplines des sciences humaines et sociales appliquées à l'éducation et à la formation depuis les années 1960 a produit des effets. À partir de 1967, des unités d'enseignement et de recherche en

---

3. Il faut citer à cet égard le travail pionnier réalisé, d'une part, par l'Association des enseignants et chercheurs en sciences de l'éducation (AECSE), et, d'autre part, par l'Association pour la promotion des recherches et des innovations en éducation et formation (APRIEF), et le professeur Jacky Beillerot, qui anime, avec de nombreux partenaires, la Biennale de l'éducation et de la formation, dont la première édition a eu lieu en avril 1992.
4. Buisson, Ferdinand (dir.), *Dictionnaire de pédagogie et d'instruction primaire,* Paris, Hachette, 1887-1888, 4 vol. – *Nouveau dictionnaire de pédagogie et d'instruction primaire,* Paris, Hachette, 1911.

sciences de l'éducation se sont créées dans les universités, contribuant à ouvrir la recherche universitaire à ces domaines nouveaux[5]. La maturité de ce renouveau scientifique, qui concerne également les équipes du Centre national de la recherche scientifique, se traduit, depuis les années 1980, par des efforts de capitalisation et de mise en perspective des savoirs élaborés par la recherche, efforts indispensables pour que, par leur pertinence et leur nouveauté, ces savoirs puissent atteindre les praticiens et leur être professionnellement utiles.

Les 200 spécialistes qui ont contribué au présent dictionnaire ont accepté de partager leurs connaissances et leurs interrogations. Par leurs diversités professionnelle et disciplinaire, ils sont représentatifs de la variété des approches et des points de vue de la recherche en éducation et en formation élaborés ces toutes dernières décennies. Cette diversité est bien évidemment source d'hétérogénéité. Le juriste n'a pas le même langage que le philosophe, le psychologue que le sociologue, le linguiste que l'administrateur, etc., chaque champ disciplinaire étant, en outre, souvent parcouru de courants d'interprétation divers, de méthodologies et d'angles de vue variés allant du macro ou microscopique, du quantitatif au qualitatif, de l'analyse des faits à celle des représentations. Sur des questions ouvertes, ce sont parfois des points de vue personnels qui s'expriment, clairement identifiés par une signature. Le présent dictionnaire expose sans fard cette diversité et cette pluralité en affichant la conviction qu'elles stimulent la réflexion au lieu de l'égarer ou de la brider. Point d'entrée dans les multiples registres des savoirs, cet ouvrage permet un survol sans simplification abusive. Certains aspects initialement entrevus n'ont parfois pas pu être retenus faute d'auteurs possédant la disponibilité, l'expertise ou la compétence scientifique adéquates.

Cette évolution de l'offre de savoirs se confronte à une seconde tendance qui concerne l'autre versant : la demande. Cette tendance se traduit de deux manières. D'une part, la refonte de la formation initiale et la mise en place de la formation continue des enseignants aboutissent à un renouvellement de l'intérêt pour les sciences de l'éducation et de la formation et pour leurs développements les plus récents. Le passage de l'École normale à l'IUFM est le résultat d'un mouvement de professionnalisation de grande ampleur qui commence à peine et qui va se poursuivre au fur et à mesure du recrutement des nouvelles générations d'enseignants. C'est aussi ce mouvement que le présent ouvrage entend accompagner. Les enseignants et les formateurs disposent aujourd'hui de sources d'information sans doute plus variées et plus fournies que par le passé. Mais le besoin de disposer aussi d'instruments de synthèse, au langage accessible mais non simplificateur, qui informent avec sérieux tout en laissant une place au débat et à la réflexion, n'a peut-être jamais été aussi perceptible. Le fossé entre la recherche qui se spécialise et la pratique professionnelle qui reste davantage généraliste, ici comme dans la plupart des domaines d'activité, a une tendance naturelle à s'élargir ou à se maintenir

5. Pour une vue d'ensemble, on peut se reporter à deux ouvrages : Bernard Charlot, *Les Sciences de l'éducation : un enjeu, un défi*, Issy-les-Moulineaux, ESF, 1995 (distribué par l'INRP). – Éric Plaisance et Gérard Vergnaud, *Les Sciences de l'éducation,* Paris, La Découverte, coll. « Repères », 1993.

plutôt qu'à se réduire. Il faut donc œuvrer pour que la demande des praticiens trouve une offre de qualité. Cette exigence a justifié le recours à des spécialistes reconnus pour rédiger le présent dictionnaire. Le texte de seconde main en a été banni.

Mais cette demande d'information sur les savoirs en éducation et formation se manifeste aussi d'une autre manière, tout aussi pressante bien que moins professionnelle : c'est celle qui émane des usagers du système d'éducation et de formation, ainsi que des responsables politiques, les uns et les autres étant de plus en plus conscients des difficultés qu'affronte à l'heure actuelle ce système et de plus en plus nombreux à s'interroger sur les dimensions éducatives des sociétés contemporaines. Le présent dictionnaire apporte des réponses aux interrogations actuelles.

Cet ouvrage a été conçu comme un *dictionnaire encyclopédique.* Du dictionnaire, il a adopté la présentation alphabétique des articles. Signés de leurs auteurs, ils sont complétés dans la majorité des cas par des bibliographies indicatives et des corrélats qui renvoient aux articles connexes. Ce dictionnaire ne constitue pas pour autant une liste exhaustive, analytique et explicative du vocabulaire d'ordre courant ou spécialisé en usage dans le système d'éducation et de formation français. Sans être absent, l'aspect proprement lexicographique est traité de façon marginale. En effet, l'orientation principale de cet ouvrage est d'ordre encyclopédique. Son but est d'apporter une information de base et synthétique sur l'ensemble du champ de l'éducation et de la formation considéré globalement, en passant en revue les concepts et notions, les réalités institutionnelles, les événements historiques, les phénomènes sociaux et psychologiques, les personnalités[6] qui paraissent les plus marquants au regard des approches et des savoirs contemporains. Mais sa dimension réduite le condamne à la sélectivité et à une certaine brièveté. Une encyclopédie aurait exploré un tel champ de façon infiniment plus exhaustive et détaillée, en allongeant et en multipliant les articles… et les volumes. Gagnant en extension et en finesse, elle aurait nécessairement perdu la facilité d'accès que nous avons cherché à assurer dans ce volume. L'index final permet d'aborder le contenu des articles à partir de points de détail. Il offre également la possibilité d'une sorte de navigation transversale dans le dictionnaire grâce à des rapprochements souvent imprévus.

Il est impossible en quelques phrases d'approcher le contenu de ce dictionnaire ou d'en donner un aperçu. Il a paru préférable à cet égard de proposer un regroupement des articles par domaines et sous domaines afin de faciliter un parcours d'ensemble des matières traitées (se reporter au plan de classement, p. 23 à 32). Quelques remarques générales méritent toutefois d'être formulées.

6. Dans les limites imparties, le choix des personnalités s'est avéré souvent difficile. Nous avons conscience des critiques qu'il est possible d'adresser au dictionnaire à cet égard. Pour le domaine français, nous renvoyons à l'ouvrage : Nique, Christian et Lelièvre, Claude, *Histoire biographique de l'enseignement en France,* Paris, Retz, coll. « Références pédagogiques », 1990. Nouvelle édition sous le titre *Bâtisseurs d'école*, Paris, Nathan, coll. « Repères pédagogiques », 1994.

D'un point de vue historique, en premier lieu, le dictionnaire révèle des évolutions de nature et d'amplitudes variées. Comme autant de trames, elles apparaissent en filigrane dans maints phénomènes, proches ou lointains, récents ou anciens. Ainsi, par exemple, la mise en place par la IIIe République de l'enseignement primaire gratuit et obligatoire et la création du collège unique dans les années 1970 de notre siècle sont autant d'étapes qui scandent la « longue durée » institutionnelle menant à l'organisation de l'École en un système, en principe, non ségrégatif, aux niveaux d'enseignement articulés les uns aux autres. Au niveau d'analyse des mentalités, il apparaît aussi que des mouvements comme l'éducation nouvelle et l'éducation populaire ont exercé une grande influence en proposant des représentations nouvelles de l'éducation et en impulsant aussi des innovations pratiques pour accompagner la grande vague de la scolarisation de la jeunesse et de la formation d'adultes. Ces divers courants, de portée internationale, relayés par le rôle accru des sciences humaines et sociales appliquées à l'éducation et à la formation, ont fait évoluer les conceptions que les professionnels de l'éducation et de la formation se forgeaient de leurs métiers, de leurs élèves ou de leurs publics, et de leurs institutions. L'« explosion scolaire » des années 1960 a été l'occasion pour les idées nouvelles d'entrer dans le cadre institutionnel[7]. Un certain aboutissement de cette évolution des idées s'est concrétisé dans la loi d'orientation sur l'éducation de 1989 qui, à travers toute une série de prescriptions, exprime une vision globale des objectifs et des méthodes de l'École à la fin du XXe siècle.

Une autre prise de conscience s'est développée concernant la dimension informelle de l'éducation et de la formation. La massification de la scolarisation a révélé, en plein ou en creux, le rôle d'autres instances qui éduquent chaque individu durant la vie entière. L'équilibre entre l'École et ces diverses instances de la sphère privée ou publique (la famille et la télévision en étant les deux figures emblématiques) est tantôt souhaité, tantôt contesté. Les résultats de la recherche apportent des éléments d'appréciation sur la dynamique réelle et permettent d'éclairer des débats souvent répétitifs et proclamatoires.

D'un point de vue pédagogique en second lieu, plusieurs tendances peuvent être décelées. La première concerne la tentative de réorganiser la vie éducative institutionnelle (dans la classe et hors de la classe) autour de notions telles que le projet, les objectifs, l'évaluation. Le discours pédagogique est fortement structuré autour des valeurs mises en jeu par la recherche de l'autonomie et de l'individualisation, par opposition aux conceptions hiérarchiques attribuées à l'École d'autrefois. Une autre tendance plus récente est constituée par le développement, durant ces vingt dernières années, des didactiques des disciplines. Les recherches didactiques partent des contenus des matières enseignées en étudiant leurs différentes composantes disciplinaires (savante, scolaire, vulgarisée), les pratiques réelles d'enseignement et les représentations

7. Une encyclopédie en un volume, publiée sous la direction de Joseph Majault en 1960 par l'Institut pédagogique national (IPN) sous le titre d'*Encyclopédie pratique de l'éducation en France,* témoigne de ce souci. Cette œuvre originale de l'IPN se réclame aussi de la tradition de Ferdinand Buisson.

des divers « acteurs » concernés. Ces nouvelles orientations bénéficient de l'apport des sciences humaines et sociales pour observer et comprendre les phénomènes d'interaction et d'apprentissage. Certaines notions, forgées au départ dans le cadre d'une discipline d'enseignement, transitent vers d'autres disciplines, définissant ainsi un noyau conceptuel commun dont ce dictionnaire rend compte. Ce mouvement, qui va vraisemblablement s'accentuer à l'avenir, dépasse une coupure traditionnelle entre pédagogie et enseignement des savoirs, si souvent déplorée aux niveaux d'enseignement secondaire et supérieur, en situant la relation maître/élève dans une logique et selon des perspectives totalement renouvelées. Profondément ancré dans les savoirs enseignés ou à enseigner, ce mouvement risque de modifier la conception des outils d'enseignement eux-mêmes en donnant ainsi l'occasion aux « nouvelles technologies » de se mettre, en meilleure connaissance de cause, au service des contenus et des apprentissages.

Pour finir, nous voulons remercier tous ceux qui ont participé à cette entreprise : tout d'abord les trois conseillers scientifiques, MM. les professeurs Claude Durand-Prinborgne, qui a supervisé le secteur politique, administratif et juridique, Jean Hassenforder, qui s'est intéressé au secteur des sciences de l'éducation, de la pédagogie et des didactiques, et François de Singly, qui a suivi plus particulièrement les aspects sociologiques et informels. Leur aide précieuse et leurs encouragements nous ont permis de mener à bien cet ambitieux projet.

Nous voulons remercier ensuite tous les contributeurs eux-mêmes, qui nous ont fait confiance et ont accepté les contraintes fixées ; et, enfin, l'éditeur, qui nous a laissé une totale liberté dans la conduite d'une œuvre collective particulièrement délicate, en particulier Françoise Juhel, Bertrand Dreyfuss et les collaborateurs qui les entourent au département universitaire des éditions Nathan, ainsi que Philippe Clémençot, qui a accompagné le projet avec bienveillance dans sa phase initiale. Nous adressons également nos plus vifs remerciements aux nombreux collègues et amis qui nous ont apporté une aide occasionnelle, notamment dans notre entourage à l'Institut national de recherche pédagogique.

Philippe Champy et Christiane Étévé

Plan de classement des articles

Ce plan de classement présente tous les articles du Dictionnaire en 9 schémas, selon un regroupement thématique en domaines et sous-domaines. Chaque article figure à un seul endroit en fonction de son approche principale – à l'exception de la notice « Évaluation » en raison de sa double thématique. Les titres en cartouche servent uniquement à la présentation des domaines et ne correspondent pas à des articles du Dictionnaire. Il en est de même pour les intertitres en italique, créés pour la cohérence du classement. Les notices ajoutées à cette troisième édition sont signalées par un astérisque (lire l'Avant-propos à la troisième édition, p. 15 et 16).

Cette présentation ne constitue pas une classification raisonnée et n'a aucune ambition épistémologique. Elle ne vise qu'à permettre un parcours rapide du contenu du Dictionnaire en s'affranchissant, pour l'essentiel, de l'ordre alphabétique des articles qui a toutefois été maintenu au niveau des sous-domaines. Les 9 thématiques abordées sont les suivantes :

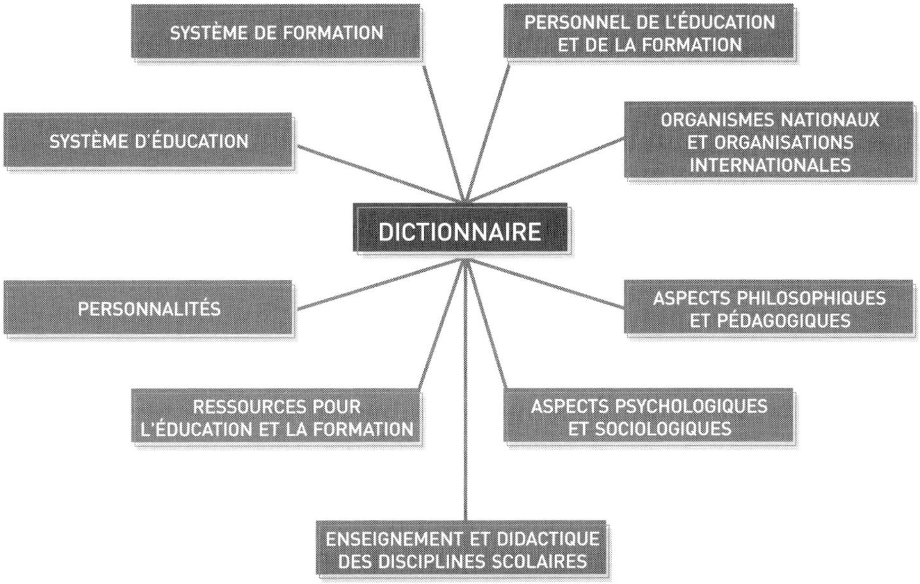

SYSTÈME D'ÉDUCATION

Système éducatif
- Audit
- Droit de l'éducation
- Éducation comparée
- Évaluation
- Mondialisation
- Planification
- Privé (Enseignement)
- Programmes éducatifs européens*
- Prospective
- Public (Enseignement)
- Statistiques scolaires*

Politique de l'éducation
- Décentralisation
- Déconcentration
- Développement éducatif local
- Discrimination positive*
- Laïcité
- Réforme de l'enseignement

Économie de l'éducation
- Budget
- Dépenses d'éducation
- Gratuité

Administration de l'Éducation nationale
- Bulletin officiel (BO)
- Conseils
- Directeur
- Instructions officielles
- LOLF (appliquée à l'éducation)*
- Médiateur de l'Éducation nationale*
- Ministre de l'Éducation nationale

Académie
- Architecture scolaire
- Bourses
- Carte scolaire
- Centre d'information et d'orientation (CIO)
- District scolaire
- Recteur d'académie
- Schéma prévisionnel des formations
- Transports scolaires
- Zone d'éducation prioritaire (ZEP)

École
- Agricole (Enseignement)
- Collège
- Crèche
- École élémentaire
- École maternelle
- Écoles (Grandes)
- Faculté
- Institut universitaire professionnalisé (IUP)
- Institut universitaire de technologie (IUT)
- Jardin d'enfants
- Lycée
- Précoce (Intervention)
- Préscolaire
- Primaire (Enseignement)
- Technique et professionnel (Enseignement)
- Université

Adaptation et intégration scolaires (AIS)*
- Handicap
- Inclusion*

Diplôme
- Baccalauréat
- Brevet
- Certificat
- Concours général
- Doctorat
- Équivalence
- Grades universitaires

Établissement scolaire
- Équipe pédagogique
- Établissement (Chef d')
- Mobilier scolaire
- Proviseur
- Réseau d'établissements
- Responsabilité
- Sécurité

Vie scolaire
- Aide sociale aux étudiants
- Collégien*
- Communauté éducative
- Conseiller principal d'éducation
- Coopérative scolaire
- Délégué des élèves
- Discipline
- Élève
- Étudiant
- Internat
- Lycéen
- Mixité

Partenariat
- Classes de découverte
- Classe transplantée
- Échange culturel
- Échange scolaire
- Relation École/collectivités locales

Relation Famille/École
- Parents d'élèves
- Suivi pédagogique*
- Vie privée (Protection de la)

SYSTÈME DE FORMATION

Formation

- Autoformation
- Cognitive (Éducation)
- Communication (Modèles et techniques de)
- Culture générale
- Histoire de vie
- Loisir
- Pratique réflexive
- Praxéologie

Emploi-formation

- Alternance (Formations en)
- Apprenti, apprentissage*
- Formation en entreprise (Période de)
- Insertion
- Orientation
- Qualification
- Relation École/Entreprise
- Taxe d'apprentissage

Adultes (Formation des)

- Acquis (Reconnaissance et validation des)
- Congé individuel de formation (CIF)*
- Droit individuel à la formation (DIF)*
- Formateurs d'adultes
- Formation professionnelle continue
- Formation professionnelle continue (Organismes de)
- Qualité
- Ressources humaines (Gestion des)

Formation tout au long de la vie*

- Éducation permanente
- Entraînement mental
- Populaire (Éducation)
- Université tous âges (UTA)

PERSONNEL DE L'ÉDUCATION ET DE LA FORMATION

Statut

- Déontologie
- Neutralité

Personnel enseignant

- Agrégation
- Concours
- Enseignant
- Instituteur(trice)
- Professeur
- Sabbatique (Année)
- Syndicalisme enseignant
- Travail enseignant*

Formation des enseignants

- Écoles normales
- Inspection
- Institut universitaire de formation des maîtres (IUFM)
- Mission académique à la formation des personnels de l'Éducation nationale (MAFPEN)

Autres personnels d'éducation et de formation

- Agents territoriaux spécialisés des écoles maternelles (ATSEM)
- Éducateur spécialisé
- Éducation spécialisée (Personnels de l')
- Personnels ATOS
- Petite enfance (Personnels de la)
- Travail social

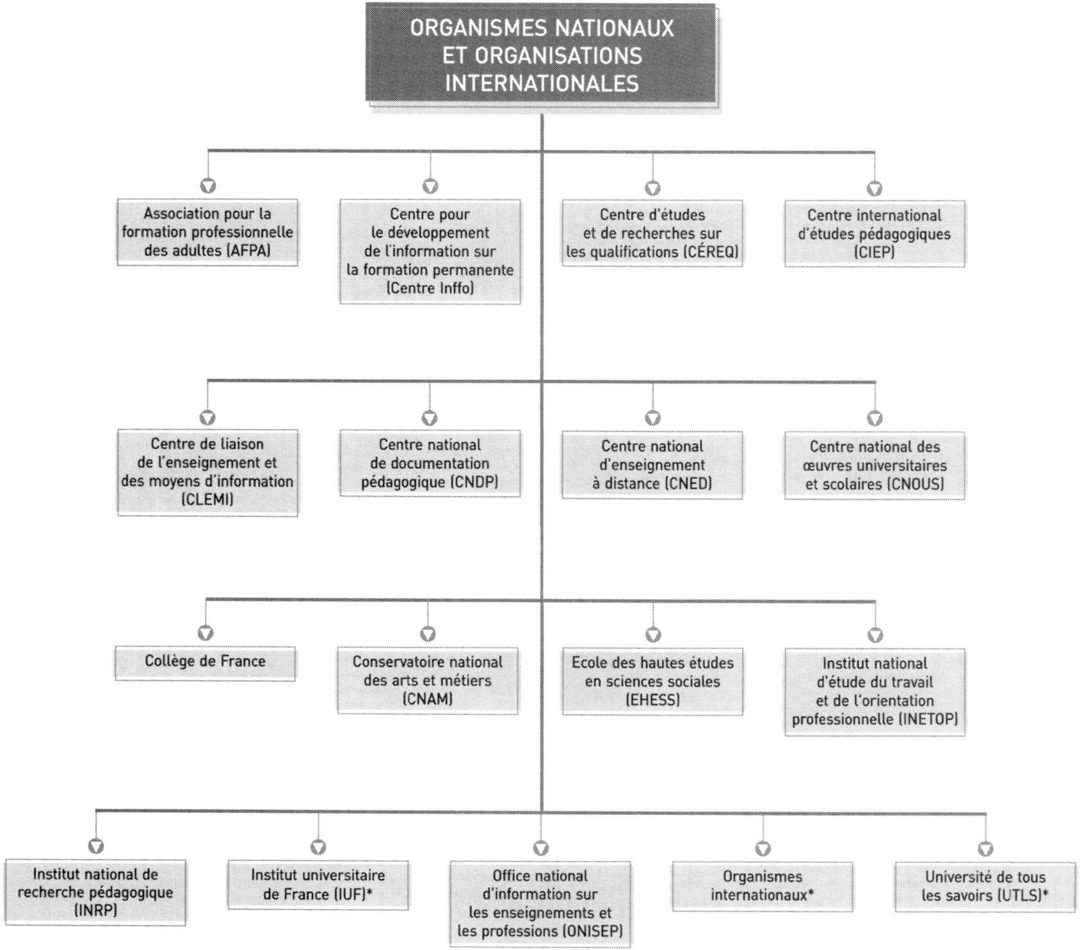
ORGANISMES NATIONAUX ET ORGANISATIONS INTERNATIONALES
Association pour la formation professionnelle des adultes (AFPA)
Centre pour le développement de l'information sur la formation permanente (Centre Inffo)
Centre d'études et de recherches sur les qualifications (CÉREQ)
Centre international d'études pédagogiques (CIEP)
Centre de liaison de l'enseignement et des moyens d'information (CLEMI)
Centre national de documentation pédagogique (CNDP)
Centre national d'enseignement à distance (CNED)
Centre national des œuvres universitaires et scolaires (CNOUS)
Collège de France
Conservatoire national des arts et métiers (CNAM)
Ecole des hautes études en sciences sociales (EHESS)
Institut national d'étude du travail et de l'orientation professionnelle (INETOP)
Institut national de recherche pédagogique (INRP)
Institut universitaire de France (IUF)*
Office national d'information sur les enseignements et les professions (ONISEP)
Organismes internationaux*
Université de tous les savoirs (UTLS)*

PERSONNALITÉS

XVIe-XVIIIe siècles

- Coménius, Jean Amos (1592-1670)
- Condorcet (1743-1794)
- La Salle, Jean-Baptiste de (1651-1719)
- Rousseau, Jean-Jacques (1712-1778)

XVIIIe-XIXe siècles

- Fröbel, Friedrich (1782-1852)
- Guizot, François (1787-1874)
- Herbart, Johann Friedrich (1776-1841)
- Kant, Emmanuel (1724-1804)
- Pestalozzi, Johann Heinrich (1746-1827)

XIXe-XXe siècles

- Alain (1868-1951)
- Bachelard, Gaston (1884-1962)
- Binet, Alfred (1857-1911)
- Buisson, Ferdinand (1841-1932)
- Claparède, Édouard (1873-1940)
- Cousinet, Roger (1881-1973)
- Decroly, Ovide (1871-1932)
- Dewey, John (1859-1952)
- Dolto, Françoise (1908-1988)
- Durkheim, Émile (1858-1917)
- Ferrière, Adolphe (1879-1960)
- Ferry, Jules (1832-1893)
- Freinet, Célestin (1896-1966)
- Kergomard, Pauline (1838-1925)
- Kerschensteiner, Georg (1854-1932)
- Korczak, Janusz (1879-1942)
- Langevin, Paul (1872-1946)
- Makarenko, Anton Semionovitch (1888-1939)
- Mannheim, Karl (1893-1947)
- Montessori, Maria (1870-1952)
- Neill, Alexander Sutherland (1883-1973)
- Piaget, Jean (1896-1980)
- Robin, Paul (1837-1912)
- Steiner, Rudolf (1861-1925)
- Tolstoï, Léon (1828-1910)
- Vygotski, Lev Semionovitch (1896-1934)

XXe-XXIe siècles

- Bourdieu, Pierre (1930-2002)
- Bruner, Jerome Seymour (né en 1915)
- Debesse, Maurice (1903-1998)
- De Landsheere, Gilbert* (1921-2001)
- Dumazedier, Joffre (1915-2002)
- Feuerstein, Reuven (né en 1921)
- Freire, Paulo (1921-1997)*
- Gal, Roger (1906-1966)
- Illich, Ivan (1926-2002)
- Isambert-Jamati, Viviane (née en 1924)
- Legrand, Louis (né en 1921)
- McLuhan, Marshall (1911-1980)
- Mialaret, Gaston (né en 1918)
- Peretti, André de (né en 1916)
- Rogers, Carl (1902-1987)
- Schwartz, Bertrand (né en 1919)
- Wallon, Henri (1879-1963)

ASPECTS PHILOSOPHIQUES ET PÉDAGOGIQUES

Éducation

- Autonomie
- Autorité
- Axiologie
- Éducation nouvelle
- Instruction
- Multiculturalisme*
- Religion et école
- Théologie et éducation
- Valeurs

Recherche en éducation

- Anthropologie de l'éducation
- Histoire de l'éducation
- Philosophie de l'éducation
- Sciences cognitives
- Sciences de l'éducation

Pédagogie

- Actives (Méthodes)
- Centres d'intérêt
- Contrat pédagogique
- Directivité, non-directivité
- Dynamique de groupe
- Groupe (Pédagogie de)
- Individualisation
- Innovation
- Institutionnelle (Pédagogie)
- Interculturelle (Pédagogie)
- Méthodes pédagogiques
- Objectif pédagogique
- Pédagogie différenciée
- Psychopédagogie
- Réciprocité éducative*
- Tuteur, tutorat

Projet

- Élève (Projet de l')
- Établissement (Projet d')
- Projet personnel d'orientation

Curriculum

- Accompagnement scolaire
- Classe
- Cours et classe
- Cours particulier
- Cycles
- Groupement
- Leçon
- Observation des situations pédagogiques en classe
- Programmes scolaires
- Redoublement
- Référentiel
- Retard scolaire
- Travail scolaire*

Évaluation

- Contrôle continu
- Contrôle en cours de formation
- Docimologie
- Examen
- Module
- Notation
- Option
- Travaux d'élève (aspects historiques)

Rythmes scolaires

- Fatigue
- Horaires
- Temps scolaire (Aménagement du)

Périscolaire

- Action culturelle
- Animation
- Association éducative
- Centre aéré
- Colonie de vacances
- Terrain pour l'averture

ASPECTS PSYCHOLOGIQUES ET SOCIOLOGIQUES

Psychologie du développement*

- Affectivité
- Compétence
- Empathie
- Identité*
- Imitation
- Intérêt
- Jeu
- Langage*
- Mémoire
- Personnalité
- Psychanalyse et éducation
- Psychologie différentielle*
- Troubles du langage
- Voix

Psychologie de l'apprentissage*

- Abstraction
- Aptitude
- Connaissance
- Créativité
- Enseignement programmé
- Motivation
- Psychologie scolaire*
- Style cognitif
- Test
- Transfert de connaissances

Intelligence

- Handicap mental
- Inné/acquis
- Précocité intellectuelle
- Programme d'enrichissement instrumental (PEI)

Psychologie sociale

- Acculturation
- Alphabétisation
- Corps
- Endoctrinement
- Identité sociale
- Norme
- Psychosociologie et formation*
- Rapport au savoir
- Rôle
- Savoir
- Savoir d'action
- Savoir-faire

Sociologie de l'éducation

- Génération
- Médiation
- Représentation
- Sélection
- Sexisme
- Sociabilité
- Socialisation
- Socialisation politique

Démocratisation de l'enseignement

- Carrière scolaire (Inégalités sociales de)
- Décrochage scolaire*
- Déperdition scolaire
- Échec scolaire
- Populaire (École)
- Réussite scolaire

Enfance

- Droits de l'enfant
- Maltraitance de l'enfant
- Psychologie de l'enfant*
- Sociologie de l'enfance

Jeunesse

- Adolescence
- Délinquance juvénile
- Filles/garçons
- Immigrés (Enfants d')
- Interventions socio-éducatives
- Mouvements de jeunesse
- Protection judiciaire de la jeunesse
- Rites de passage
- Suicide
- Toxicomanie
- Violence

Famille et parents

- Adulte
- Familiale (Éducation)
- Famille
- Fratrie
- Parentale (Éducation)
- Parents
- Relation parents/enfants

ENSEIGNEMENT ET DIDACTIQUE DES DISCIPLINES SCOLAIRES

Didactique

- Champ conceptuel
- Conception de l'élève
- Contrat didactique
- Dévolution
- Épistémologie
- Interdisciplinarité
- Laboratoire
- Objectif-obstacle
- Pratique sociale de référence
- Situation-problème
- Transposition didactique

Disciplines scolaires*

- Artistique (Éducation)*
  - Arts plastiques
  - Image
- Biologie (Enseignement de la)
- Civique (Éducation)
- Éducation physique et sportive (EPS)
- Éveil (Activités d')
- Français (Enseignement du)
  - Commentaire littéraire
  - Composition française
  - Dictée
  - Dissertation littéraire
  - Écriture d'invention*
  - Explication de texte
  - Expression
  - Grammaire
  - Linguistique et éducation*
  - Littérature
  - Orthographe
  - Rédaction
  - Théâtre
- Géographie (Enseignement de la)
- Histoire (Enseignement de l')
- Langues vivantes
  - Bilinguisme
- *Lecture/écriture*
  - Écriture
  - Écriture inventée*
  - Illettrisme
  - Lecteurs (Mauvais)
  - Lecture (Apprentissage de la)
  - Lisibilité
  - Littéracie*
- Mathématiques (Enseignement des)
  - Erreur
  - Institut de recherche sur l'enseignement des mathématiques (IREM)
  - Problème
  - Raisonnement
- Musicale (Éducation)
- Philosophie (Enseignement de la)
- Physique et chimie (Enseignement de la)
- Sciences économiques et sociales (Enseignement des)
- Technologie (Enseignement de la)

Autres domaines d'enseignement

- Affective et sexuelle (Éducation)
- Environnement (Éducation à l')
- Information (Éducation à l')*
- Morale (Éducation)
- Religieuse (Éducation)
- Santé (Éducation pour la)

RESSOURCES POUR L'ÉDUCATION ET LA FORMATION

Problématiques

- École parallèle
- Formation à distance
- Informelle (Éducation)
- Machine à enseigner*
- Médias
- Outils pédagogiques
- Vulgarisation

Ressources documentaires

- Banque de données
- Bibliothèque
- Bibliothèque-centre documentaire (BCD)
- Centre de documentation et d'information (CDI)
- Documentation
- Médiathèque
- Musée
- Patrimoine

Lecture

- Journal d'élèves
- Littérature de jeunesse
- Manuel scolaire
- Parascolaire
- Presse et école

Audiovisuel

- Cinéma
- Télévision
- Télévision éducative
- Vidéo

Technologies de l'information et de la communication pour l'éducation (TICE)

- Interactivité
- Internet

A

Abstraction

Activité mentale qui consiste à discriminer, dans un ensemble complexe, des caractères communs à plusieurs phénomènes ou objets de pensée et à s'y référer par un langage qui appartient à un ordre symbolique, l'abstraction désigne un processus de conceptualisation, de catégorisation. Elle désigne aussi le produit de ce processus : concept, catégorie.

Le processus d'abstraction est un processus universel mis en œuvre, à des niveaux de complexité divers, dès le jeune âge. Quand l'enfant commence à utiliser un système symbolique – comme le langage – pour généraliser ses expériences concrètes, il fait déjà des abstractions. Le processus d'abstraction débute par la prise de conscience de ressemblances et de différences, rendue possible par la médiation de la culture, principalement grâce au langage. En rapprochant plusieurs expériences, réelles ou évoquées par la mémoire, par ce qu'elles peuvent avoir en commun, et en leur associant un mot, l'enfant produit une abstraction. Ainsi, quand il prononce le mot « voiture » à la vue de voitures différentes, il y arrive par un acte d'abstraction. Le produit de celui-ci n'est pas toujours conforme à une norme reconnue, mais représente une interprétation de ce qui a été perçu. Ce que nous percevons est toujours interprété par nous.

Abstraire, c'est « voir à part », séparer par la pensée ce qui n'est pas séparé dans la réalité. On « découpe » le monde en rapprochant certains éléments, alors qu'on en néglige d'autres. Ce processus est conditionné par ce que l'on sait déjà et par le contexte dans lequel on se trouve. La perception est ainsi déterminée par notre expérience individuelle qui comprend aussi nos attitudes, nos valeurs et nos émotions. La langue influence également notre perception. L'abstraction, qui est le résultat de ce processus, n'est donc pas liée à l'âge, mais à notre capacité de créer des catégories et de les exprimer par le langage ou par un autre système symbolique.

Ce que nous discriminons est donc le résultat de ce dont nous pouvons être conscients à un moment donné et qui détermine notre interprétation. Si cette interprétation est issue d'un consensus d'une communauté scientifique à une époque donnée, on peut parler d'un concept scientifique, légitime. S'il s'agit d'une interprétation subjective par rapport à ces normes reconnues, on peut parler d'une conception, d'une représentation, d'un modèle mental, d'un savoir provisoire... Nos concepts de tous les jours, définis par la communauté linguistique à laquelle nous appartenons, sont très puissants pour donner sens à nos expériences ; les concepts ne sont donc pas réservés aux scientifiques. En pédagogie, la difficulté est justement de parvenir à ce que les apprenants puissent transformer leurs conceptions personnelles et subjectives en concepts communs, reconnus par une communauté culturelle.

Ainsi le concept – le produit de l'abstraction – est à la fois un instrument pour comprendre la réalité, parce qu'il donne du sens au vécu, et un reflet de ce que nous avons compris. Le concept ne reflète pas la réalité dans sa globalité, mais correspond à notre interprétation la plus efficace de celle-ci dans un contexte donné, que celui-ci soit pratique ou théorique. Un concept n'est donc pas quelque chose de statique ou de déterminé une fois pour toutes. Il peut se modifier et se préciser à travers l'évolution de notre compréhension de la « réalité » en question, que celle-ci soit mathématique, littéraire, biologique, historique ou autre. Le concept n'est pas isolé ; il se situe dans un réseau conceptuel qui constitue son cadre d'interprétation.

La fonction essentielle du processus d'abstraction consiste à donner du sens à la réalité complexe qui nous entoure. Les concepts nous permettent d'exprimer et de partager un sens commun ; ils nous permettent également d'aller au-delà de notre compréhension actuelle des choses pour créer du sens et des modèles nouveaux.

Britt-Mari Barth

▶ Bibliographie

BARTH B.-M., *L'Apprentissage de l'abstraction,* Paris, Retz, 1995.

BARTH B.-M., *Le Savoir en construction,* Paris, Retz, 1993.

GRIZE J.-B., *Logique naturelle et communications*, Paris, PUF, coll. « Psychologie sociale », 1996.

▶ Voir aussi

Savoir.

ACADÉMIE

L'académie est la circonscription administrative des services déconcentrés (par opposition à l'administration centrale) du ou des départements ministériels de l'Éducation nationale et des universités. La France est divisée en circonscriptions académiques (code de l'éducation, article L. 222-1).

L'académie, circonscription administrative régionale, naît en l'an VIII avec l'Université impériale. Les ressorts académiques coïncident d'abord avec les ressorts des cours d'appel. En principe, les académies ont actuellement les limites territoriales des collectivités territoriales que sont les régions : académie de Rennes et région Bretagne, académie de Toulouse et région Midi-Pyrénées, etc. Elles portent le nom de leur chef-lieu. Par exception, la région Île-de-France comporte trois académies (Paris, Versailles et Créteil), la région Rhône-Alpes deux (Lyon et Grenoble), la région Provence-Alpes-Côte-d'Azur deux (Aix-Marseille et Nice). L'académie des Antilles-Guyane comprenait jusqu'en 1997 trois départements, chacun étant également région ; elle a été scindée en trois académies : Martinique, Guadeloupe et Guyane. L'île de la Réunion, département et région, constitue une académie. Il existe trente circonscriptions académiques.

L'académie est le ressort de compétence du recteur d'académie.

Claude Durand-Prinborgne

▶ Bibliographie

DURAND-PRINBORGNE C., *L'Éducation nationale : une culture, un service, un système,* Paris, Nathan-Université, coll. « fac Éducation », 1997.

DURAND-PRINBORGNE C., LEGRAND A., *Code de l'éducation,* Paris, LITEC, Juris Code, éd. 2002-2003.

GEOFFROY J., « L'Administration de l'Éducation nationale », *Le Système éducatif en France,* Paris, La Documentation française, « Les Notices », 2003, p. 27 et suiv.

GEORGEL J., *Enseignement public, Juris-classeur administratif,* Paris, Éd. Techniques, fasc. 231.

▶ Voir aussi

Administration de l'Éducation nationale – Déconcentration – District scolaire – Mission académique à la formation des personnels de l'Éducation nationale (MAFPEN) – Recteur d'académie.

Accompagnement scolaire

L'« accompagnement scolaire » désigne l'aide apportée gratuitement aux élèves, en dehors de l'école. Il a connu un développement important depuis que l'échec scolaire est devenu un « problème social », en particulier depuis la décennie 1980. On trouve aujourd'hui des dispositifs d'accompagnement scolaire dans tous les quartiers défavorisés, et même au-delà. Initialement restreint, au moins sous ses formes les plus institutionnalisées, aux élèves du milieu de l'école primaire (CE2 et CM1), il s'est progressivement étendu aux écoliers débutants, ainsi qu'aux collégiens voire aux lycéens. De plus, il couvre aujourd'hui des périodes de plus en plus étendues, puisqu'il est possible de fréquenter des dispositifs d'accompagnement scolaire tant pendant les semaines de classe que pendant les semaines de vacances, grâce au dispositif « école ouverte ». Dans ce dernier dispositif, comme dans la plupart des autres, les activités proposées aux élèves sont de deux types : d'une part, des activités très scolaires, puisqu'il s'agit de faire les devoirs demandés par les enseignants ; d'autre part, des activités plus ludiques, activités d'expression, de vocabulaire, de découverte, d'éveil, toutes censées doter les enfants et les adolescents, massivement de milieu populaire, des prérequis à la scolarité qu'ils trouvent moins aisément et moins abondamment dans leur espace familial. Ces dispositifs naissent souvent à l'initiative d'associations, de bénévoles, de travailleurs sociaux, bénéficiant de financements publics locaux ou nationaux. L'institution scolaire n'a initialement collaboré qu'avec réserve, mettant en doute la compétence de ces acteurs et la légitimité de leur intervention dans le scolaire. Les relations se sont normalisées au début des années 1990. L'édiction de « chartes », de l'Accompagnement scolaire en 1992, de l'Accompagnement à la scolarité dix années plus tard, a contribué à la pacification du champ. De plus, on a assisté à une institutionnalisation croissante de l'accompagnement scolaire, et les liens entre ses acteurs directs et l'institution se sont intensifiés et banalisés. Ces dernières années ont vu l'inscription de l'accompagnement scolaire dans différents « contrats » : contrat local d'accompagnement scolaire (1996), contrat éducatif local (1998), ou dans le projet éducatif local piloté par les municipalités. La forme sous laquelle est organisé l'accompagnement scolaire est soit collective (groupes de cinq à quinze élèves, reçus dans un local municipal ou associatif), soit individuelle (un à trois élèves pris en charge à domicile). Selon les dispositifs et les contextes locaux, l'accent mis sur le « scolaire » ou sur des activités « d'ouverture culturelle » est différent ; il est soumis également à la demande des parents et des élèves présents. Pour autant que l'on puisse tirer un bilan des effets de l'accompagnement scolaire, on peut souligner le fait que les résultats les plus probants en termes de performance scolaire semblent associés aux dispositifs les plus directement relatifs au scolaire ; pour les autres, les résultats sont inégaux et assez fluctuants de période en période. Des résultats favorables en termes de comportement face au travail scolaire ou face à l'école sont volontiers signalés par les organisateurs, voire par les enseignants. Quant à l'amélioration des relations entre familles et école, souvent visée par les initiateurs des dispositifs d'accompagnement scolaire, elle se constate peu, et requiert, en fait, des conditions qui ne sont que rarement satisfaites.

Dominique Glasman

▸ Bibliographie

Dannequin C., *L'Enfant, l'école et le quartier : les actions locales d'entraide scolaire*, Paris, L'Harmattan, 1992.

Glasman D., *L'Accompagnement scolaire : sociologie d'une marge de l'école*, Paris, PUF, coll. « L'Éducateur », 2001.

Glasman D. (dir.), *L'École hors l'école*, Issy-les-Moulineaux, ESF, 1992.

▸ Voir aussi

Cours particulier – Développement éducatif local.

Acculturation

C'est à l'anthropologie culturelle américaine que l'on doit la formulation conceptuelle de l'acculturation. Redfield, Linton, Herskovits (1936) la définissent comme « l'ensemble des phénomènes qui résultent de la mise en contact, continu et direct, de groupes d'individus de cultures différentes, avec les changements qui surviennent dans les modèles culturels originaux de l'un ou des deux groupes… Selon cette définition, l'acculturation doit être distinguée du changement culturel, dont elle n'est qu'un des aspects – et de l'assimilation, qui n'en est qu'une des phases. Elle doit être également différenciée de la diffusion qui, bien que se produisant dans tous les cas d'acculturation, peut non seulement se produire sans qu'il y ait contact de groupes, mais encore qui ne constitue qu'un des aspects du processus d'acculturation ». Cette définition-référence nécessite d'être modulée en fonction de l'évolution politique et sociale, notamment dans les rapports intergroupes. En effet, l'acculturation ne se réalise pas hors d'un contexte, lui-même marqué par une conjoncture spécifique d'ordre historique (esclavagisme, colonialisme), économique (immigration) ou encore politique (indépendance des États). Elle varie en fonction du contexte, des rapports de domination, réelle ou symbolique, ainsi que de la nature des relations (libres, forcées, planifiées). Et, pour reprendre la formule de Roger Bastide, il convient de rappeler que ce ne sont pas les cultures qui sont en contact mais des individus. Tous ces paramètres donnent à l'acculturation une forme, une valeur et un sens très différents. L'acculturation est un processus protéiforme qui ne se présente plus dans les mêmes termes que dans le passé.

Les figures d'un processus normal

Une série d'oppositions binaires permet de mieux cerner le concept. Si l'acculturation désigne un processus de contact, l'enculturation se réalise au cours des premiers apprentissages par la transmission, souvent inconsciente, d'une génération à l'autre, de traits culturels. Elle est globalement analysée et confondue avec la socialisation. Bien que l'acculturation repose sur un processus d'acquisition et de transformation, elle est souvent associée à des phénomènes connotés négativement, comme ceux de déculturation et d'« a-culturation ». Ces termes sont le plus souvent employés comme synonymes d'une aliénation ou d'une marginalisation culturelle par rapport à une identité culturelle originelle ressentie comme homogène, stable et cohérente. La notion d'« a-culturation », comprise dans un sens privatif et donc péjoratif, postule que des individus et des groupes peuvent ne pas avoir de culture, ce qui est sociologiquement et anthropologiquement erroné. Certes, des écarts, des changements, des interprétations ou des réinterprétations suggèrent une évolution par rapport à une référence culturelle pointée comme norme, et fonctionnant comme une superstructure *sui generis* extérieure et supérieure aux individus, mais, en aucun cas, il n'y a absence de culture. D'ordre culturel, l'acculturation fait l'objet d'une confusion avec des problèmes qui relèvent en fait d'autres niveaux, comme ceux de l'intégration *nationale,* de l'insertion *sociale* et de l'assimilation. Cette dernière n'est qu'une des figures possibles de l'acculturation. Elle aboutit à l'abandon des schèmes culturels d'origine et à l'adoption de nouveaux modèles culturels. Au terme de cette évolution, l'identité originelle est dissoute au profit d'une identité d'adoption acquise. Les processus d'acculturation les plus étudiés ont été ceux du syncrétisme et de l'assimilation, qui correspondent à des formes différentes d'adaptation, et ceux de résistance et de contre-acculturation, qui suggèrent une situation de conflit.

Un concept utile aux enseignants

Issue de l'anthropologie, l'acculturation n'en est pas moins un concept intéressant pour les pédagogues dans la mesure où ces derniers sont plus que jamais confrontés à des problèmes soulevés par le contact d'individus et de groupes appartenant à des aires culturelles différentes, ainsi qu'à la structuration de l'identité (ou, plus exactement, des identités : identité d'âge, de sexe, de région, de nation, de langue, de religion…) et de la personnalité. Une meilleure connaissance des mécanismes liés à l'acculturation permettrait de comprendre les réactions, les difficultés, les angoisses de tous ceux qui vivent ces situations acculturatives : réfugiés, immigrés, expatriés, étudiants en milieu étranger, etc. La construction européenne va, en quelque sorte, banaliser l'acculturation pour en faire une composante à part entière de l'acte éducatif.

Compte tenu de l'aspect perturbant et souvent déstabilisateur des situations d'acculturation, il serait souhaitable que les enseignants et les éducateurs soient informés sur les modes de dysfonctionnement et les phénomènes qualifiés de résistance à l'acculturation, qui ne peuvent pas manquer de se manifester dans les sociétés marquées par l'hétérogénéité et les contacts culturels. Les aspects psychologiques, individuels et collectifs liés à l'acculturation ont fait l'objet d'études récentes (*cf.* notamment les nombreux travaux de Camilleri), conduisant à l'étude des stratégies identitaires. De telles perspectives contribuent à sortir l'acculturation de son aspect catastrophique et négatif à travers lequel elle est souvent perçue. L'acculturation est un processus normal et naturel de toute société et de tout individu. Elle est l'affirmation et la garantie d'un dynamisme défendu en son temps par Roger Bastide : « C'est l'acculturation qui transforme les sociétés fermées en sociétés ouvertes ; la rencontre des civilisations, leurs métissages, leurs interpénétrations sont facteurs de progrès, et la maladie, quand maladie il y a, n'est que l'envers de la dynamique sociale ou culturelle. »

Martine Abdallah-Pretceille

▸ Bibliographie

Abou S., *L'Identité culturelle : relations interethniques et problèmes d'acculturation,* Paris, Hachette, 1995.

Bastide R., *Anthropologie appliquée,* Paris, Stock, 1998.

Camilleri C., *Anthropologie culturelle et éducation,* Paris, Unesco/Delachaux et Niestlé, 1986.

Camilleri C. *et al., Stratégies identitaires,* Paris, PUF, coll. « Psychologie d'aujourd'hui », 2003.

Watchel N., « L'Acculturation », *in* Le Goff J., Nora P. (dir.), *Faire de l'histoire : nouveaux problèmes,* Paris, Gallimard, 1974, p. 124-145.

▸ Voir aussi

Anthropologie de l'éducation – Échange culturel – Génération – Identité – Interculturelle (Pédagogie) – Multiculturalisme – Personnalité – Socialisation.

Acquis (Reconnaissance et validation des)

La reconnaissance et la validation des acquis professionnels (VAP) mais aussi expérientiels (VAE) tout au cours de la vie s'imposent progressivement, bien que difficilement et différemment selon les pays, comme l'un des principaux problèmes de la formation permanente, de l'orientation continue et de la gestion des ressources humaines.

Le traitement personnel, social et institutionnel de ce problème triplement charnière, aux frontières de l'individu et des institutions, de l'action et du savoir, du passé et de l'avenir, ne fait que commencer. Il se situe dans une perspective anthropologique de formation permanente renouvelant les problèmes philosophiques, psychologiques et pédagogiques de l'inné et de l'acquis, du « tout école » et du « tout diplôme ». Il remonte d'une longue lutte sourde pour la reconnaissance intersubjective (Honneth, 2000) à valider institutionnellement dans les systèmes de classification par diplômes, titres, attestations de compétence, clés de voûte de l'organisation et de l'évolution sociale (Aubret, Gilbert, 1994).

La montée légale d'un droit

Un certain nombre de dates jalonnent la prise en compte politique de ce problème, qui s'impose tant aux frontières des systèmes scolaires déterminant les niveaux de formation qu'à celles des classifications professionnelles régulant les déroulements de carrière. Il a surgi massivement aux États-Unis à la fin de la Seconde Guerre mondiale sous la pression d'une réinsertion socioprofessionnelle des militaires désireux de faire valoir les savoirs et savoir-faire appris pendant leur mobilisation. L'année 1973 voit le lancement du Council for Adult and Experiental Learning (CAEL), projet rassemblant plus de 160 collèges et universités pour développer, instrumenter et améliorer l'utilisation de l'apprentissage par l'expérience au post-secondaire. Au Québec, en 1984, un « Énoncé d'orientation et Plan d'action en éducation des adultes » propose, pour chaque niveau d'enseignement secondaire, collégial et universitaire, des objectifs permettant de concrétiser quatre principes de base : équité, accessibilité, ouverture, décloisonnement.

En France, dès 1934, au Conservatoire national des arts et métiers (CNAM), le titre d'ingénieur diplômé d'État peut être délivré sur la base d'une pratique professionnelle de haut niveau. En 1982, des jeunes de 16-18 ans sans emploi, issus de l'appareil scolaire sans qualification, peuvent obtenir un certificat de formation générale. Dans le cadre de la loi de 1984 réformant les universités, un décret du 23 août 1985 permet aux adultes d'accéder aux différents niveaux post-bac sans posséder les titres normalement requis, en prenant appui sur leur expérience professionnelle, les formations suivies et « les connaissances et aptitudes acquises hors de tout système de formation ».

L'expression « validation des acquis » apparaît avec la loi 85-1371 du 23 novembre 1985 sur l'enseignement technologique et professionnel, qui prévoit la délivrance de diplômes par unités capitalisables. La loi du 31 décembre 1991 généralise le droit au bilan de compétences personnelles et professionnelles, en liaison avec la détermination de projets d'insertion sociale et professionnelle intégrant, le cas échéant, une formation. La loi du 21 juillet 1992 instaure la validation des acquis professionnels (VAP) pour l'obtention d'une partie de certains diplômes nationaux. Enfin, la loi de modernisation sociale du 17 janvier 2002 déborde le cadre professionnel et institue la validation des acquis de l'expérience (VAE), puisque « peuvent être pris en compte l'ensemble des acquis issus des activités salariées, non salariées ou bénévoles, en rapport direct avec le contenu du titre ou du diplôme postulé ; la durée minimale de ces activités ne peut être inférieure à trois ans ».

Comment reconnaître, évaluer et valider les acquis ?

La prise en compte des acquis est laborieuse et fait apparaître l'émergence de logiques nouvelles dont le flottement traduit une recherche collective foisonnante en pleine émergence. De cette émergence, « acquis » peut être défini largement comme des capacités cognitives, conatives ou affectives intégrées ou développées par une personne dans le cours de sa vie. Plus spécifiquement, ces acquis se précisent soit par leur origine – on parle d'acquis extra-scolaires, expérientiels, professionnels ou de formation –, soit par leur nature, de type plus cognitif comme connaissance et savoir, ou de type plus conatif comme habilités, compétences, savoir-faire, aptitude, qualification.

La notion d'« évaluation » des acquis semble éclatée entre celle de reconnaissance et celle de validation. La reconnaissance, d'ordre personnel et social, vise à discerner dans le magma expérientiel vécu des apports spécifiques, et à les prendre en compte. Elle comporte au moins trois opérations principales : une préalable définition de la situation de diagnostic (pourquoi, pour qui, comment ?) ; un retour historique d'expression de vécus ; une identification et une pondération des acquis. La validation est d'ordre institutionnel, soit en termes de nature et de niveau de formation, par une unité, un diplôme ou un titre, soit en termes de qualification et de classement professionnel. Elle nécessite d'identifier les critères de validation, d'y soumettre les acquis et de déterminer leur valeur en terme d'équivalence institutionnelle « comptable ».

Les enjeux de la reconnaissance

Ces opérations soulèvent des problèmes socio-épistémologiques complexes aux frontières du privé et du public, du passé et du futur, de l'existentiel éprouvé et du connu échangeable, prouvé et comptabilisé. Des dispositifs se cherchent, tendus entre une instrumentation standardisée (test, examen, etc.) et des démarches personnalisées (essai, entretien, bilan, portfolio, portefeuille de compétences, etc.). Quatre modèles émergent : « industriel, marchand, encadrant, accompagnant » (Cherqui-Houot, 2001).

L'ampleur des difficultés rencontrées et des enjeux soulevés par ces transactions entre auto- et hétéro-investissement des acquis semble bien indiquer qu'il ne s'agit pas d'une gestion d'exception de la circulation des ressources humaines, mais d'une entreprise socioculturelle d'envergure de renégociation des règles de circulation, de prise en compte et de mise en valeur des actions humaines.

Mise en culture, mise en pièces ou mise en miettes d'arts de faire et de vivre singuliers.

Gaston Pineau

▶ Bibliographie

Aubret J., Gilbert P., *Reconnaissance et validation des acquis*, Paris, PUF, coll. « Que sais-je ? », 1994.

Cherqui-Houot I., *Validation des acquis de l'expérience et universités : quel avenir ?* Paris, L'Harmattan, 2001.

Farzad M., Paivandi S., *Reconnaissance et validation des acquis en formation*, Paris, Anthropos, 2000.

Honneth A., *La Lutte pour la reconnaissance*, Paris, Cerf, 2000.

Pineau G., Liétard B., Chaput M. (coord.), *Reconnaître les acquis : démarches d'exploration personnalisée*, Paris, L'Harmattan, 1998.

Ricœur P., *Parcours de la reconnaissance : trois études*, Paris, Stock, 2004.

▶ Voir aussi

Adultes (Formation des) – Éducation permanente – Évaluation – Inné/Acquis – Orientation – Ressources humaines (Gestion des).

Action culturelle

L'action culturelle est le projet de démocratisation de la culture porté par des militants qui veulent donner accès à l'art et répandre les pratiques culturelles.

Au moment où la Ve République s'installe, l'idéologie dominante des Français va s'exprimer autour de la notion de « culture », notion qui va prendre la place, au niveau emblématique, de celle qu'occupait l'« éducation » au moment de l'installation de la IIIe République. C'est l'époque où tous les projets s'exprimant en terme de « loisirs » sont proscrits comme antinomiques d'un projet de culture. André Malraux n'aura de cesse de dénoncer « l'idée absolument fausse que les problèmes culturels sont des problèmes d'utilisation des loisirs » (discours à l'Assemblée nationale en 1963). Pour le nouveau ministre des Affaires culturelles, les loisirs sont un moyen et non une fin.

Parallèlement, vers le début des années 1960, s'est développée une autre notion : l'« animation » va recouvrir le champ traditionnel de l'éducation populaire. Ce projet d'animation est contemporain des premières craintes que suscite une urbanisation forcenée. Cette notion d'« animation » est, elle aussi, antinomique du projet d'éducation. La relation enseignant/enseigné est alors par excellence l'antimodèle de l'animateur. Le courant de mai 1968 n'a fait que renforcer cette conviction : l'animateur n'a pas à instruire, ni à éduquer, ni à diriger ; il doit faire jaillir la demande et faciliter les relations. Tout cela étant de l'ordre de la technique qui s'apprend, l'animateur ne pouvait être qu'un professionnel. Entre-temps, un secteur socioculturel s'est constitué sur la base d'équipements offrant des loisirs peu ou prou éducatifs.

À partir de ce moment, le ver est dans le fruit et la notion de « culture », élevée au rang de concept, va progressivement détrôner le loisir et surtout les loisirs en tant que thèmes pris en compte dans le discours politique, comme c'était le cas au moment du Front populaire et même sous Vichy. Cette notion plus encore que celle d'« animation » va effacer celle d'« éducation populaire ».

Un nouveau ministère

C'est sous l'impulsion de Malraux que le ministère des Affaires culturelles va promouvoir le nouveau projet de l'action culturelle, concrétisé par l'institutionnalisation des maisons de la culture.

Il semble bien que ce soit dans le milieu de l'éducation populaire qu'est née cette formulation d'un projet d'action en termes d'action culturelle. Ce faisant, parmi les segments administratifs issus d'autres ministères qui vont constituer le nouveau ministère des Affaires culturelles, se trouvent les bureaux de l'Éducation populaire qui dépendaient de la Jeunesse et des Sports (sous la tutelle du ministère de l'Éducation nationale). Les problèmes occasionnés par ce rattachement confirment qu'il y a eu un clivage idéologico-politique au sein même de l'administration. Malraux n'a eu de cesse de stigmatiser le « pédagogisme » de l'éducation populaire.

À la demande d'André Malraux, les orientations de l'action culturelle sont conçues dès 1960. Elles sont formulées dans huit exposés, dont certains très techniques, comme l'architecture théâtrale ou les statuts-types d'une maison de la culture.

Une amorce de décentralisation culturelle

En 1962, il y a huit projets de maisons de la culture : Bourges, Amiens, Saint-Étienne, Nevers, Rennes, Marseille, Villeurbanne et Sarcelles ; elles ne verront pas toutes le jour. Leur consécration ne coïncide pas avec la première maison de la culture, celle du Havre en 1961, mais avec l'inauguration, par le général de Gaulle, le 18 avril 1964, de la maison de la culture de Bourges. À l'occasion de l'inauguration de la maison de la culture d'Amiens, le 19 mars 1966, André Malraux déclarera : « Ce mot hideux de province aura bientôt cessé d'exister. » C'est en effet la décentralisation culturelle qui est amorcée avec la construction des maisons de la culture.

Le décret du 24 juillet 1959 définissait ainsi les missions du ministère des Affaires culturelles : « Le ministère chargé des Affaires culturelles a pour mission de rendre accessible les œuvres capitales de l'humanité, et d'abord de la France, au plus grand nombre possible de Français, d'assurer la plus vaste audience à notre patrimoine culturel et de favoriser la création des œuvres de l'art et de l'esprit qui l'enrichissent. »

« Rendre accessible », « favoriser la création des œuvres » représentent deux missions apparemment complémentaires. En fait, le poids donné à l'une ou l'autre de ces missions va représenter un débat qui divisera les administrateurs entre eux. Débat encore ouvert aujourd'hui et qui dépasse le domaine d'attribution du ministère des Affaires culturelles.

Des missions difficilement compatibles

Rendre accessible, mais comment ? Surtout pas comme à l'école, dira Malraux qui sera hanté par les différences et le parallélisme entre instruction et action culturelle, la version « éducative » du projet probablement proposé par Jacques Jaujard n'ayant pas reçu ses faveurs. Quelle est la différence avec l'éducation populaire ? Dans l'éducation populaire, le contenu est un contenu savant, le plus souvent écrit. Le modèle de l'éducation populaire est celui de l'école. Malraux prendra souvent l'exemple suivant : « À l'école on apprend *Phèdre*, au théâtre on apprend à l'aimer. »

Si l'Éducation nationale n'était pas prête à « lâcher » l'éducation populaire pour conserver près de la forteresse enseignante les associations de tradition laïque, Malraux n'était pas prêt à l'accueillir. Certains des tenants de l'éducation populaire vont lui emboîter le pas un moment, mais ils ne s'y tiendront pas, notamment du côté de Peuple et culture, et avanceront une nouvelle notion, celle de « développement culturel », très adéquate pour faire des projets d'action culturelle dans le cadre d'un plan économique. Jacques Delors, André Piatier et Joffre Dumazedier, au colloque de Bourges (1964), seront très diserts sur cette notion jugée socialement plus dynamique.

Favoriser la création : le projet de démocratisation de la culture, qui est inclus dans celui d'action culturelle, fait, quant à lui, l'unanimité. Mais pour certains, dont Malraux, il a des limites. Le ministre, en effet, se refusera à l'idée de démocratiser l'opéra. Donner des spectacles classiques au Palais des sports ou installer des expositions de peinture dans la cantine des usines Renault sont des projets qui auront le don de l'exaspérer.

Au sein même des maisons de la culture, le débat s'ouvrira très tôt ; il n'est pas toujours facile en effet, sans tomber dans le populisme, de concilier ces deux projets : « rendre accessible » et « favoriser la création ».

Malraux axera sa politique autour des maisons de la culture auxquelles il croit et auxquelles il consacrera beaucoup d'énergie. La première créée partira d'un musée. Les suivantes partiront de là où il existe déjà quelque chose que l'on peut développer : ce sera le théâtre. En effet c'est à partir et autour du théâtre que se concrétise un militantisme culturel au début des années 1960. Ce faisant, le ministère suivra la piste déjà engagée par Jeanne Laurent lorsqu'elle travaillait quelques années auparavant à jeter les bases de la décentralisation théâtrale.

Le primat de la création

« Favoriser la création des œuvres de l'art et de l'esprit qui l'enrichissent » : nous sommes tout au début d'une évolution idéologique à propos de l'art qui trouve son apogée au début des années 1980. Dans les années 1960, favoriser la création des œuvres d'art dans les milieux des maisons de la culture, c'est favoriser la rencontre de l'art avec le public. Ce débat se trouve accentué et porté dans la France entière dans les années 1970. Il s'intitule : action culturelle et/ou action socioculturelle. Si, dans les années 1960, l'intérêt du militant se porte sur le public dans son rapport avec l'œuvre, dans les années 1980 le souci des militants culturels semble être de donner la possibilité à l'artiste de créer. À la fin des années 1970, les maisons de la culture qui, quinze ans auparavant, étaient à la recherche de leurs publics, se demandent comment devenir une instance de légitimation de la création artistique. On ne joue plus Brecht pour faire l'éducation politique du public mais des œuvres de création, des mises en scène inédites. Les choses en sont-elles plus claires pour autant ?

Trente ans après sa création, l'augmentation du budget du ministère de la Culture a été supérieure de 40 % à celle du budget de l'État, elle-même considérable. Parallèlement, Jeunesse et Sports, même promu au rang de ministère à part entière, a vu ses crédits fortement diminués, le domaine du socioculturel, version professionnalisée de l'éducation populaire, relevant pour l'essentiel des collectivités locales. Beaucoup d'associations se sont alors tournées vers le ministère de la Culture, plus généreux en financement que leur ministère de tutelle.

Aujourd'hui, le projet de rendre accessible les œuvres d'art à tous n'est pas remis en question et des efforts que l'on peut toutefois qualifier de pédagogiques sont faits dans de nombreuses institutions culturelles, plus particulièrement dans les bibliothèques et les musées. L'effort a porté notamment en direction de publics spécifiques, ce que n'envisageait pas Malraux. Les jeunes, les milieux défavorisés ont été concernés sur leurs lieux de vie. Les enfants à l'intérieur des écoles dans une modeste mesure, mais surtout dans les centres de loisir et de vacances, les malades dans les hôpitaux, les détenus dans leur prison, les piétons dans la rue, les touristes sur leurs lieux de vacances ont été des cibles privilégiées de nombreuses actions culturelles. Mais la déconvenue a été grande quant à la volonté de permettre à certains types de publics d'accéder aux grandes œuvres de l'humanité et au patrimoine culturel. Les publics visés n'étaient pas au rendez-vous.

Les limites de l'efficacité du projet d'action culturelle sont maintenant parfaitement intériorisées par tous les acteurs culturels, et l'ardeur militante des pionniers des années 1960 a faibli. Un certain retour à des formes d'action manifestement élitistes en est la preuve.

Action culturelle ou action socioculturelle ?

Après une période de relative euphorie, ce qu'on appelait alors le secteur socioculturel a été pris à parti par les pouvoirs publics, qui voyaient dans l'action socioculturelle une action de subversion politique, aussi bien que par les agents du secteur culturel lui-même, qui reprochaient aux acteurs socioculturels leur médiocrité et leur absence d'ambition proprement culturelle, c'est-à-dire tournée vers la création artistique. C'est en effet la place de l'art et de la création artistique qui sépare l'action culturelle de l'action socioculturelle. Ce débat fut très vif dans les années 1970. Il est à remarquer que c'est un projet, non réalisé, de rattacher les maisons de la culture au ministère de la Jeunesse et des Sports qui a mis à jour ce conflit idéologique.

Au tournant du XXIe siècle, on revient, semble-t-il, à la valorisation de l'œuvre, donc du produit, mais aussi d'un produit à vendre, ce qui devrait amener en toute logique les acteurs culturels à réintégrer le public dans leur projet, donc à se retrouver sur un projet malrucien. Favoriser l'œuvre – et aussi l'artiste – semble aujourd'hui avoir pris le pas sur le projet d'action culturelle, du moins au niveau des politiques. Le discours politique en matière culturelle est aujourd'hui d'une grande pauvreté. Bien des illusions sont perdues, certains terrains d'action sont saturés, d'autres plus prometteurs n'ont aucune légitimité doctrinale. Jack Lang, Jacques Toubon, Philippe Douste-Blazy, Catherine Trautmann et Renaud Donnedieu de Vabre n'ont jamais renié André Malraux. Les projets de création de maisons de la culture ont été abandonnés ; il n'en subsistait que neuf en 1997. Une chose parait sûre : la décentralisation culturelle amorcée par Malraux a porté ses fruits. Les municipalités sont devenues les premiers financeurs de l'action culturelle, même si l'on ne désigne pas toujours cette dernière par son nom.

Geneviève Poujol

Évaluation des politiques culturelles

Le recul historique permet aujourd'hui de mieux cerner et évaluer les politiques culturelles de l'État français depuis les années 1960. Deux grandes orientations se dégagent.

Malraux et le choc esthétique

La politique impulsée par André Malraux (1959-1969) se voulut le volet culturel de la politique de développement économique national du général de Gaulle. Elle postulait que l'accès à la haute culture se ferait sans médiation, grâce au « choc esthétique » produit par la seule confrontation à la puissance des grandes œuvres. Tout travail pédagogique avec des médiateurs culturels et des animateurs socioculturels était donc inutile : il suffisait de créer les conditions de la rencontre du public avec ces grandes œuvres. D'où une politique de soutien à la création en démultipliant les offres artistiques, grâce au maillage du territoire français par les maisons de la culture. Cette conception a perduré après Malraux, dans les années 1970 et 1980, en particulier dans des communes gérées par des politiques de gauche, dans un souci d'accès démocratique à la culture. Mais en l'absence de tout accompagnement, le public ne s'est pas élargi socialement. Ce sont les habitués qui fréquentèrent davantage les lieux culturels.

Lang : soutien à la création et démocratie du goût

Jack Lang fut ministre de la Culture de 1981 à 1986, puis de 1988 à 1993. L'orientation qu'il donna à partir de 1983-1984, en accord avec la politique plus néo-libérale du parti socialiste, généra une rupture de fond avec sa politique amorcée en 1981. L'État se concentra alors sur le soutien à la création, avec une tendance à l'art officiel, relayé dans les régions par les directions régionales à l'action culturelle (DRAC). Cette politique divergea alors avec celle d'un accès démocratique à la culture issue du mouvement ouvrier, du Front populaire, du Conseil national de la Résistance et de l'éducation populaire, avec, en particulier, tout le travail militant et professionnel mené dans les comités d'entreprise au cours des années 1950-1960 autour du mouvement syndical, notamment celui de la CGT, et autour d'associations disparues comme Travail et Culture, avec lesquelles Jean Vilar coopéra.

La politique d'accès démocratique à la culture fut remplacée par la politique de la « démocratie du goût ». Un relativisme des valeurs prévalut alors. Au « droit à la culture » et à l'exigence d'égalité des droits se substitua « le droit aux cultures », le « droit à la différence ». Les politiques culturelles ont entrepris ainsi de rompre avec la démarche universaliste (culture républicaine, laïcité, assimilation critique des cultures artistiques liées aux milieux sociaux, cultures scientifiques, etc.), en la disqualifiant selon les cas par l'étiquetage péjoratif de « culture nationale », de « culture savante » ou d'« élitisme ». Toute cette conception idéologique a fortement orienté la politique culturelle dans les régions vers des actions d'ouverture sur l'« Autre », notion qui rejette la figure de l'ouvrier exploité, du colonisé et de la femme mais valorise le respect des cultures communautaires. Par conséquent, l'action culturelle cessait d'avoir pour objectif l'accès démocratique à la culture et le travail de médiation culturelle qui l'accompagne nécessairement. La « démocratie culturelle » se contentait de soutenir l'illusion de liberté individuelle, et le plus souvent d'accepter les inégalités sociales et culturelles. Dans ce contexte, l'animation socioculturelle (associations, MJC, centres sociaux, services municipaux de la culture ou jeunesse, etc.) participe à une démarche pédagogique de régulation et de pacification sociales.

La démocratie du goût s'articula à la logique de consommation individuelle impulsée par le marché des industries culturelles. À la demande des consommateurs, supposés rationnels et libres de leurs choix individuels, répondait l'offre de services et de produits culturels de masse. Le projet culturel précédent fut condamné au nom d'activités plus ludiques. Les consommateurs devinrent la cible des politiques de marketing développées par la concentration des groupes capitalistes mondiaux. L'exemple des produits éditoriaux et cinématographiques l'illustre. L'alliance entre la démocratie du goût et la logique de consommation creusa encore plus le fossé entre les formes intellectuelles de la culture d'hier ou d'aujourd'hui et les catégories sociales déjà écartées. Même dans les milieux du travail social et culturel, les tentatives de démocratie culturelle devinrent suspectes d'intellectualisme, d'élitisme ou de culture bourgeoise.

Moins d'État, plus de collectivités territoriales

L'adhésion des gouvernements successifs à cette logique du libéralisme économique, dans le contexte d'impératifs de la construction européenne, a entraîné le désengagement de l'État en matière d'action culturelle et le report aux collectivités territoriales, aux conseils municipaux, généraux, régionaux, du choix d'impulser ou non le travail d'accès démocratique à la culture. Ces politiques s'articulent le plus souvent aux réseaux associatifs ou au système scolaire selon le champ de compétence de chaque collectivité territoriale. Paradoxalement, cette action culturelle de proximité accentue les inégalités culturelles entre les citoyens sur le territoire français, en raison de cette différence des priorités retenues et des moyens financiers. Parallèlement, le mécénat privé a commencé à relayer l'État.

Jack Lang essaya de réintroduire l'initiation aux pratiques artistiques à l'École quand il fut ministre de l'Éducation nationale (2000-2002), notamment par l'intervention d'artistes et la valorisation du patrimoine local, financés par des montages entre rectorats, DRAC et collectivités territoriales. Mais laisser aux initiatives régionales changeantes l'accompagnement culturel, non seulement produit de l'inégalité entre les régions, mais assigne les associations à recourir à des dispositifs subventionnés. On assiste néanmoins à un regain d'intérêt pour l'action culturelle dans un sens plus classique, notamment dans le cadre des politiques de lutte contre les processus de précarisation, de désaffiliation (R. Castel), de disqualification (S. Paugam). L'action culturelle semble renouer avec les luttes sociales. Ainsi, des centres sociaux, des MJC, des CAT, des foyers de jeunes travailleurs montent des projets d'accompagnement avec des structures culturelles (musées, bibliothèques, compagnies théâtrales, structures d'opéra et de danse, associations scientifiques, etc.).

La question de l'action culturelle, qui a semblé se perdre dans une zone de confusion, nécessite plus que jamais un effort préalable de réflexion sur la notion de « culture », tant au sens anthropologique qu'au sens normatif, ainsi que sur ses finalités. Ce qui oblige à la replacer dans une perspective historique des enjeux politiques entre les classes et groupes sociaux, entre les différents projets sociétaux qui s'affrontent dans chaque pays, en Europe et à l'échelle de la planète. La situation actuelle n'a rien de naturel : elle ne résulte que de choix politiques et sociaux.

Pierre Baracca

▸ Bibliographie

Baracca P., *Quid de la socialisation des individus dans une France du libre-échange économique ?*, *in* actes du colloque « Droit des cultures, droit à la culture » (Lille, 2004), *L'Idée libre*, n° 267, décembre 2004.

Collectif, « Toutes les pratiques culturelles se valent-elles ? Création artistique, développement culturel et politique publique », *Hermès*, CNRS, n° 20, 1997.

Cuche D., *La Notion de culture dans les sciences sociales*, Paris, La Découverte, 2004.

Goetschel P., Loyer E., *Histoire culturelle et intellectuelle de la France de la Belle Époque à nos jours*, Paris, Armand Colin, 2005.

Michaux Y., *La Crise de l'art contemporain*, Paris, PUF, 1997.

Poujol G., « La Bonne Volonté créatrice », *Les Cahiers de l'Animation*, n° 54, 1986.

Poujol G., *La Création du ministère de la Culture*, Paris, ministère de la Culture/DEP, 1993.

Urfalino P., *L'Invention de la politique culturelle*, Paris, Hachette, 2004.

▸ Voir aussi

Animation – Loisir – Populaire (Éducation) – Théâtre.

Actives (Méthodes)

Les méthodes actives sont l'ensemble des méthodes utilisées dans le cadre de l'école active, de l'éducation nouvelle.

À la fin du XIXe siècle, les pédagogues novateurs ont qualifié leurs initiatives d'écoles nouvelles, d'éducation nouvelle. Malgré son caractère tout relatif, le terme « nouveau » est demeuré, car un accord définitif ne s'est jamais fait sur un terme plus spécifique, bien que Claparède ait parlé d'« éducation fonctionnelle » et Kerschensteiner d'« école du travail » (*Arbeitsschule*). L'expression « école active », proposée par Bovet, a été popularisée par les livres et l'action de Ferrière.

Cependant le terme « actif » est ambigu ; il a plusieurs niveaux. « Est active une réaction qui est déclenchée par un mobile intérieur à l'être agissant. Dans ce sens, activité s'oppose à contrainte, à obéissance, à répugnance ou indifférence. Dans sa seconde acception, "activité" signifie effectuation, expression, production, mobilisation d'énergie, travail. Ici, activité s'oppose à réception, à impression, à immobilité » (Claparède, *Éducation fonctionnelle*).

Jean Piaget a insisté sur cette distinction : l'activité désigne soit « une conduite fondée sur l'intérêt », soit « une opération extérieure et motrice ». Or, écrit le psychologue, « seule la première de ces deux activités caractérise l'école active à tous les degrés (on peut être, dans le premier sens, actif dans la pure pensée), tandis que la seconde activité est surtout indispensable aux petits et diminue d'importance avec l'âge ».

Si l'ambiguïté du terme « actif » a été si fortement soulignée, c'est que la tentation était grande, pour les autorités scolaires des différents pays, dans leur désir de se mettre au goût du jour, de puiser dans le vivier de l'éducation nouvelle des procédés, qualifiés de « méthodes actives », sans modifier l'esprit général et la programmation de l'enseignement.

Or, l'école active est fondée sur les besoins et sur l'initiative des enfants. « On ne peut mélanger les deux méthodes, a affirmé Ferrière, [car] tout programme extérieur préconçu éveille des réflexes de défense et, dans les classes où, en marge de l'école ancien style, on voudrait appliquer vraiment les principes de l'école active, les enfants ne feraient preuve d'aucune initiative. »

C'est ce qui semble s'être passé en France, après l'introduction hâtive, en 1969, des « méthodes actives » dans les « activités d'éveil » de l'enseignement primaire, qui s'est soldée par un retour à la tradition.

Autrement dit, les véritables « méthodes actives » supposent une rupture pédagogique, ce que marque la formule lapidaire de Cousinet : « Les méthodes actives sont des instruments, non d'enseignement, mais d'apprentissage : ces instruments doivent être mis exclusivement entre les mains des élèves. » Mais cela suppose bien évidemment une préparation adéquate et un véritable entraînement.

Louis Raillon

▶ Bibliographie

Claparède É., *L'Éducation fonctionnelle,* Paris, Fabert, 2003.

Ferrière A., *L'École active,* Paris, Fabert, 2004.

Hameline D., Jornod A., Belkaïd M., *L'École active, textes fondateurs*, Paris, PUF, coll. « Pédagogues et pédagogies », 1995.

Piaget J., *Psychologie et pédagogie,* Paris, Gallimard, 1988.

Raillon L., *L'Enseignement ou la contre-éducation : essai de pédagogie fondamentale,* Paris, PUF, coll. « L'Éducateur », 1984.

Raillon L., *Roger Cousinet, une pédagogie de la liberté,* Paris, Armand Colin, 1990.

▶ Voir aussi

Claparède, Édouard – Cousinet, Roger – Éducation nouvelle – Éveil (Activités d') – Ferrière, Adolphe – Kerschensteiner, Georg – Piaget, Jean.

Activités d'éveil

▶ **Éveil (Activités d')**

Adaptation et intégration scolaires (AIS)

Depuis le milieu des années 1970 existe une politique favorable à l'intégration scolaire des enfants en situation de handicap, et visant à l'adaptation du système éducatif aux besoins éducatifs particuliers. Des enfants et des adolescents – voire de jeunes adultes – en risque d'échec scolaire et d'exclusion sociale en raison de problèmes de santé, de problèmes sociaux, de troubles plus ou moins massifs de l'apprentissage, de la conduite et du comportement, quelles qu'en puissent être les causes et les manifestations, sont au cœur des dispositifs d'adaptation et d'intégration scolaires.

De l'éducation spécialisée à l'adaptation et à l'intégration scolaires

Le secteur de l'adaptation et de l'intégration scolaires (AIS) regroupe des classes, des dispositifs et des établissements d'enseignement adapté, mis en place par l'Éducation nationale.

Les actuelles dispositions articulent des mesures de prévention des inadaptations scolaires et des mesures d'orientation vers des établissements spécialisés (majoritairement en dehors de l'Éducation nationale), tout en affirmant la volonté de réduire les effets de filières, et de rapprocher de l'école les secteurs qui s'étaient historiquement constitués sous l'appellation d'éducation spécialisée (secteur *médico-éducatif* accueillant des enfants désignés comme handicapés ou inadaptés par une commission de l'éducation spéciale, secteur de la *protection sociale* ou de la *protection judiciaire* de la jeunesse, et secteur *sanitaire*). Depuis 1975, des personnels enseignants peuvent exercer dans ces établissements, voire en assurer parfois la direction, sous réserve que des conventions aient été passées entre les associations qui en assurent la gestion et les autorités scolaires.

L'éducation spécialisée est née officiellement en 1909 avec la création des classes et écoles autonomes de perfectionnement. Après cette ère des pionniers, qui s'intéressèrent à l'enseignement des enfants « arriérés et déficients », eut lieu une formidable expansion des établissements pour enfants « handicapés », « inadaptés », « cas sociaux », « en danger », « délinquants », etc., établissements créés aux lendemains de la Seconde Guerre mondiale, dans bien des cas à l'initiative de parents et de personnes privées réunies en associations à but non lucratif, hors du système scolaire.

La substitution de l'expression d'« adaptation et d'intégration scolaires » en lieu et place de celle d'« éducation spécialisée » connote une évolution des représentations et des pratiques, qui fait passer d'une logique de placement et de filières à une logique de parcours et de différenciation pédagogique. Chacun s'accorde à penser désormais que l'éducation spécialisée ne peut plus signifier d'emblée une éducation à part dans des structures à part (Chauvière, Plaisance, 2000).

L'intégration scolaire des enfants en situation de handicap

Les orientations politiques françaises récentes s'inscrivent dans le cadre des principes énoncés au plan international, qui voient s'affirmer la revendication de droits à compensation attachés à la personne, dans l'environnement le moins restrictif possible, par opposition au financement de places dans des équipements spécialisés.

L'intégration scolaire est un processus visant à faciliter l'éducation d'enfants handicapés ou malades parmi leurs pairs, d'une même classe d'âge ou d'un niveau comparable de développement, dans le cadre de projets pédagogiques, éducatifs et thérapeutiques individualisés, qui précisent les besoins qui leur sont propres et les aides et soutiens qu'il convient de leur apporter.

L'intégration renvoie à la mission de l'école qui est d'être l'école de tous. Elle revêt des formes diverses, de la présence à temps partiel quelques heures par jour et quelques jours par semaine d'un enfant handicapé dans une classe spécialisée d'établissement scolaire ordinaire, à la scolarisation à temps plein d'un élève handicapé en classe ordinaire de la maternelle au collège, au lycée, dans les établissements d'enseignement supérieur, en passant par tous les mixtes possibles, avec ou sans le soutien de services spécialisés d'aide et de soin, et en visant des perspectives d'acquisitions scolaires de plus ou moins grande ambition.

La présence en classe d'enfants handicapés, lorsqu'elle s'accompagne des conditions favorables à une différenciation pédagogique, permet de développer l'entraide entre enfants, favorise le travail en groupe, et plus généralement rend possible tout un ensemble de situations et d'interactions propices aux apprentissages sociaux et cognitifs. L'intégration apparaît alors comme un facteur important de changement des pratiques pédagogiques des enseignants, et peut profiter à tous les enfants, en contribuant notamment à leur éducation civique.

La mise en place d'une scolarité inclusive au bénéfice de tous les élèves est un aspect majeur de la démocratisation qualitative et quantitative du système scolaire. Elle pose toutefois problème au regard des idéaux autour desquels s'est construite l'école : permettre l'accès de tous à des savoirs scolaires dans un cadre collectif, sans sacrifier les savoirs sur l'autel du sentiment d'appartenance.

Le débat en la matière reste vif : si certains préconisent de se garder de deux excès, « le fanatisme intégratif et le refus d'intégration », d'autres font de l'intégration une fin en soi, et refusent *a priori* d'en limiter l'extension, ou de la lier définitivement aux prétendues capacités intégratives des enfants.

Les étapes de la marche vers l'intégration scolaire

On peut distinguer quatre grands moments dans l'essor de l'intégration scolaire :

• De 1975 au début des années 1980, l'organisation des cadres généraux de l'intégration scolaire est marquée par :

– l'inscription dans la loi d'orientation du 30 juin 1975 de l'obligation faite à la Nation de favoriser l'accès du mineur handicapé aux institutions ouvertes à l'ensemble de la

population. Le terme d'intégration n'est pas encore employé, mais le concept est bien présent ;
– la définition des mesures réglementaires d'une politique d'intégration scolaire (circulaires du 29 janvier 1982 et du 29 janvier 1983).
• De la fin des années 1980 au milieu des années 1990, la relance de la politique d'intégration est soulignée par :
– l'affirmation des principes d'une prise en charge combinant soins, éducation spécialisée, scolarité, fondée sur la reconnaissance des besoins des usagers et de leur famille (décrets du 22 avril 1988 et du 27 octobre 1989) ;
– la réaffirmation du droit à l'école pour tous (loi du 10 juillet 1989 d'orientation sur l'éducation) ;
– la création des classes d'intégration scolaire (CLIS) dans le premier degré des enseignements (18 novembre 1991) ;
– la création des unités pédagogiques d'intégration (UPI) dans le second degré (17 mai 1995).
• Entre la fin des années 1990 et le début des années 2000, l'accélération et généralisation prudente du processus d'intégration scolaire s'affirment. On peut relever :
– la préconisation de vingt mesures « pour améliorer la scolarisation des enfants et adolescents handicapés » par le Conseil national consultatif des personnes handicapées (CNCPH, 1999) ;
– la création des groupes de coordination départementaux Handiscol (19 novembre 1999), permettant aux partenaires, dont les représentants des parents, de formuler des recommandations ;
– le rappel que la scolarisation est un droit et l'accueil des élèves handicapés un devoir (circulaire du 19 novembre 1999) ;
– la mise en place de mesures favorisant l'intégration individuelle et collective dans le second degré (circulaires du 21 février 2001).
• Enfin, depuis 2002, la France est entrée clairement dans une politique de promotion de la personne handicapée et de ses droits, qui se décline dans un ensemble de lois et de décrets d'application réformant l'ensemble des dispositifs. On notera ainsi :
– la loi du 2 janvier 2002 rénovant l'action sociale et médico-sociale ; elle insiste notamment sur l'exigence d'évaluation de la qualité des services rendus ;
– la présentation synthétique des dispositifs d'aide et d'intégration dans le premier et le second degrés, qui témoigne clairement de la philosophie qui les sous-tend (circulaire du 30 avril 2002) ;
– le vote en février 2005 de la loi pour l'égalité des droits et des chances, la participation et la citoyenneté des personnes handicapées, qui stipule notamment le droit pour tout enfant handicapé d'être inscrit dans l'école ou l'établissement assimilé le plus proche de son domicile.

Les dispositifs d'adaptation et d'intégration scolaires

Les classes d'intégration scolaire accueillent dans le premier degré des élèves handicapés qui ne peuvent bénéficier d'emblée d'une intégration individuelle à temps plein, présentant des troubles importants des fonctions cognitives (CLIS1), une déficience auditive grave ou une surdité (CLIS 2), une déficience visuelle grave ou une cécité (CLIS 3), une déficience motrice (CLIS 4). La vocation de ces classes est de permettre aux élèves qui les fréquentent de bénéficier de toutes les formes d'intégration collective et individuelle qui peuvent leur être profitables.

Quelques classes de perfectionnement, quelques écoles spécialisées subsistent dans le premier degré, vestiges de l'éducation spécialisée. Dans le second degré, les unités pédagogiques d'intégration (UPI) ont vocation à permettre la poursuite d'une scolarité en intégration. Les élèves handicapés peuvent profiter des aides apportées par les services d'éducation et de soins spécialisés à domicile (SESSAD), pour autant qu'une commission de l'éducation spéciale les ait préconisées.

À la rentrée 1999, 52 000 élèves étaient intégrés individuellement. Entre 1990 et 1999, ce nombre a connu une progression de 46 % dans le premier degré, et de 38 % dans le second degré. En 1999, 48 000 élèves fréquentaient une CLIS (au nombre de 4 174) et 1 100 une UPI. Le nombre d'élèves accueillis en UPI est en forte augmentation : 200 en 1997, 400 en 1998, 1 100 en 1999, 1 600 en 2000 (répartis dans 232 UPI pour ceux présentant des troubles importants des fonctions cognitives, 32 UPI pour élèves présentant une déficience auditive, 13 UPI spécialisées dans la déficience visuelle et 26 UPI pour élèves présentant une déficience motrice). Le nombre total d'UPI est passé à 597 en 2003-2004. À la rentrée 2000, 7 000 étudiants handicapés poursuivaient des études supérieures.

Les élèves connaissant des troubles massifs et persistants des apprentissages scolaires, sans qu'il soit fait nécessairement mention d'une déficience intellectuelle à leur propos, peuvent se voir proposer par une commission de circonscription du second degré (CCSD) une orientation vers une section d'enseignement général et professionnel adapté (SEGPA) de collège. Dans certains cas, lorsque s'ajoutent en particulier des difficultés sociales, est recommandée l'orientation vers un établissement régional d'enseignement adapté (EREA). Celui-ci dispose en général d'un internat et dispense des enseignements généraux et professionnels adaptés. À la rentrée 2000, 1 553 SEGPA regroupaient 110 000 collégiens et 80 EREA scolarisaient 10 000 élèves.

De nombreux dispositifs permettent d'apporter aux élèves en difficulté à l'école les aides dont ils peuvent avoir besoin, tout en les maintenant dans un cadre ordinaire. Les réseaux d'aides spécialisées aux élèves en difficulté (RASED) remplissent cette fonction dans le premier degré. Lorsque les enfants rencontrent des troubles psychologiques qui perturbent leur investissement scolaire, il peut être conseillé aux parents de leur faire fréquenter un centre médico-psycho-pédagogique (CMPP). Dans le second degré, chaque collège est tenu de mettre en place des dispositifs d'aide et de soutien adaptés.

Des mesures spécifiques existent désormais à destination des élèves présentant des troubles apparentés à l'autisme, atteints de troubles de la santé évoluant sur une longue durée (circulaire du 10 novembre 1999) ou souffrant de troubles spécifiques du langage (dysphasie, dyslexie). Par ailleurs, le financement d'emplois d'auxiliaires de vie scolaire puis d'assistants d'éducation constitue l'un des aspects de l'engagement de l'État en faveur des élèves à besoins éducatifs particuliers. Des mesures à destination des élèves en rupture avec le système scolaire (tels les classes et les ateliers relais) témoignent de la volonté d'adapter l'offre de scolarisation publique. Les établissements privés, qui participent amplement en France aux missions du service public d'enseignement, se sont inscrits dans ce mouvement général en faveur de l'intégration, parfois de façon très dynamique et novatrice.

Toutes ces avancées, dont nous n'évoquons ici qu'une partie, participent d'une seule et même logique : éviter que les inadaptations constatées ne s'amplifient, maintenir l'enfant dans un cadre scolaire et familial ordinaire, et fournir des solutions de proximité aux problèmes de l'enfant.

Certains enfants, compte tenu de la nature et de l'ampleur des difficultés qu'ils rencontrent, peuvent trouver des réponses plus complètes et plus adaptées dans le cadre d'établissements spécialisés, où soins, éducation, rééducation vont constituer une bonne partie voire le cœur de la prise en charge. L'orientation vers un établissement médico-éducatif, notifiée jusqu'en 2005 par une commission départementale de l'éducation spéciale (CDES), s'impose aux établissements au regard de leur agrément, mais ne s'impose pas aux familles. La plupart des établissements spécialisés sont organisés autour de catégories de troubles dominants : déficience intellectuelle (instituts médico-éducatifs), troubles massifs de la conduite et du comportement d'enfants d'intelligence normale ou approchant de la normale (instituts thérapeutiques, éducatifs et pédagogiques), déficience sensorielle, déficience motrice (instituts d'éducation motrice), etc.

Au 1er janvier 1998, 2 500 structures médicosociales pour enfants et adolescents offraient 127 500 places, dont 48 500 en internat, 61 000 en externat et 18 000 en SESSAD. 70 000 enfants et adolescents accueillis dans ces structures y étaient scolarisés à temps plein.

Plusieurs milliers d'enseignants publics, titulaires d'un certificat d'aptitude aux actions spécialisées d'adaptation et d'intégration scolaire (CAPSAIS, remplacé en 2004 par le CAPA-SH, certificat d'aptitude professionnelle pour les aides spécialisées, les enseignements adaptés et la scolarisation des élèves en situation de handicap), exercent dans des établissements scolaires ordinaires, des établissements spécialisés ou dans le cadre de services de soutien à l'intégration scolaire et sociale. À mesure que s'étend la scolarisation des enfants à besoins éducatifs particuliers, se pose la question de la spécialisation des personnels d'enseignement et d'encadrement, nécessaire pour accompagner ce processus dont les évolutions sont sensibles, mais qui demeure bien plus développé dans le premier degré que dans le second degré et dans l'enseignement supérieur.

Jean-Marc Lesain-Delabarre

▸ Bibliographie

CHAUVIÈRE M., PLAISANCE É. (dir.), *L'École face aux handicaps : éducation spéciale ou éducation intégrative ?*, Paris, PUF, coll. « Éducation et formation », 2000.

Direction de la recherche, des études, de l'évaluation et des statistiques, ministère des Affaires sociales, du Travail et de la Solidarité, ministère de la Santé, de la Famille et des Personnes handicapées, « La Scolarisation des enfants et adolescents handicapés », *Études et résultats*, n° 216, janvier 2003.

GOSSOT B., MOLLO C., NAVES P., GAÜZERE M., TROUVÉ C., *Rapport sur l'accès à l'enseignement des enfants et adolescents handicapés*, Paris, ministère de l'Éducation nationale, 1999.

LESAIN-DELABARRE J.-M., *L'Adaptation et l'intégration scolaires : innovations et résistances institutionnelles,* Issy-les-Moulineaux, ESF, 2000.

LESAIN-DELABARRE J.-M., PONS M.-H., « Aperçu de l'éducation adaptée et spécialisée en France », *La Nouvelle Revue de l'AIS*, n° 11, 2000, p. 160-174.

MÈGE-COURTEIX M.-C., *La Politique des aides aux enfants en difficulté ou handicapés : un enjeu de service public*, Issy-les-Moulineaux, ESF, 1999.

PLAISANCE É., GARDOU C. (dir.), « Situations de handicaps et institution scolaire », *Revue française de pédagogie*, n° 134, 2001.

▸ Voir aussi

Éducation spécialisée (Personnels de l') – Handicap – Pédagogie différenciée – Programme d'enrichissement instrumental (PEI).

ADMINISTRATION DE L'ÉDUCATION NATIONALE

Le mot « administration » vient du latin *administrare* : servir, aider, s'occuper de. Au XVIIe siècle, il prend le sens de gérer. L'évolution de sens est ensuite moins sensible. Actuellement, le mot est employé dans deux sens.

Dans une définition qui retient *l'aspect institutionnel,* l'administration est l'ensemble des organes et des structures publiques qui assurent une fonction telle que la gestion d'un service public. En ce sens, on parlera de l'administration de l'Éducation nationale.

Une seconde définition retient l'*aspect fonctionnel*, par exemple le fait de gérer la fonction éducation. Cette définition retient la détermination des règles régissant l'éducation, l'octroi des moyens, la gestion des hommes, des biens et des finances, les voies et procédures de ces actions, la poursuite des fins et des objectifs éducatifs fixés par le pouvoir politique.

L'administration de l'éducation suppose l'examen de trois questions : la détermination et la présentation des intervenants dans les actes de gestion – ce qui correspond au premier sens ; celle des responsabilités qui leur incombent ; celle du cadre juridique de l'action, deux questions relevant du sens fonctionnel défini précédemment.

Les autorités administratives et les institutions

Depuis l'intervention de mesures de décentralisation (en 1983, 1985, 2004), la charge de l'administration est répartie entre l'État et les collectivités territoriales selon un système de compétences partagées dans le cadre de la responsabilité constitutionnelle de l'État, qui est d'organiser, à tous les degrés, un enseignement public, gratuit et laïque.

La commune a la responsabilité de l'équipement primaire : planification, ouvertures et fermetures de classes, construction, entretien et équipement des écoles. Au département incombent l'équipement et le fonctionnement des collèges. À la région revient la charge d'établir le schéma régional des formations, celle d'assurer l'équipement, l'entretien et le fonctionnement des établissements de second cycle pour les enseignements relevant de l'Éducation nationale, de l'Agriculture, de la Marine. Aucune collectivité ne peut décider de la création d'une école ou d'un établissement si le représentant de l'État ne s'engage pas à les pourvoir en emplois.

Les interventions de l'État incombent d'abord au(x) ministre(s) placé(s) à la tête du (des) département(s) ministériel(s). Il organise son administration. Il y exerce son pouvoir hiérarchique. Il dispose des services de l'administration centrale et du concours de l'inspection générale. Il exerce la tutelle sur les établissements publics nationaux. Des instances consultatives interviennent à son niveau.

L'État est représenté dans les régions et les départements par les préfets pour les équipements dont la responsabilité et la charge financière restent à la charge de l'État. Dans le domaine de l'action éducative, le recteur d'académie, au niveau de la circonscription régionale qu'est l'académie, et l'inspecteur d'académie, directeur des services départementaux de l'Éducation nationale dans le département, interviennent dans la gestion des personnels, des établissements, de l'enseignement, de la vie scolaire.

L'administration des établissements relève des chefs d'établissement et des conseils, celle des écoles des directeurs et des conseils. Les établissements d'enseignement supérieur, dont les universités, sont gérés par un président (ou directeur) et des conseils élus.

Responsabilité de l'administration

Dans le cadre des finalités et des objectifs que détermine le pouvoir politique, les fonctions de l'administration, scolaire ou universitaire, aux différents niveaux d'intervention se rapportent, avec des contenus et des modalités diverses, aux mêmes domaines :
- la détermination des formations (nature, programmes, horaires, sanction des études) ;
- la détermination des cursus ;
- la détermination de l'organisation administrative et financière des écoles et des établissements ;
- la gestion de certaines catégories de personnels (recrutement, carrière) ;
- la gestion des emplois budgétaires ;
- la gestion financière (préparation et exécution du budget) ;
- la répartition des moyens et leur affectation ;
- la délivrance des titres, grades et diplômes ;
- le contrôle du fonctionnement du système éducatif ;
- l'évaluation du système éducatif ;
- la conception des projets soumis aux arbitrages du pouvoir politique ;
- la préparation de l'ensemble des dispositions réglementaires et des décisions individuelles.

Le cadre juridique

Le cadre juridique est déterminé par la Constitution et par la loi, puis par des dispositions réglementaires (décrets, arrêtés).

Le droit applicable encadre l'activité des intervenants en déterminant ce qu'ils peuvent ou doivent faire et comment ils doivent le faire.

Les règles applicables sont celles des *services publics* (égalité d'accès et de traitement, principe de continuité, principe d'adaptabilité, principe de neutralité) et celles particulières au(x) service(s) public(s) ayant en charge l'éducation (gratuité, laïcité, obligation d'instruction, etc.).

À côté de ce droit du service public, prolongé par les règles applicables aux établissements privés contractuellement associés au service public, existe un droit dit de la *police administrative de l'enseignement.* Celui-ci porte essentiellement sur le contrôle de la capacité d'intervenants privés, leur moralité, l'hygiène et la sécurité des établissements privés d'enseignement.

L'action de l'administration se réalise, tant en service public qu'en police administrative, sous le contrôle d'un juge qui peut apprécier la légalité des décisions prises et engager la responsabilité du service pour mauvais fonctionnement, dommage de travaux publics, etc.

Les dispositions législatives relatives à l'administration de l'éducation ont été codifiées dans un code de l'éducation.

Claude Durand-Prinborgne

Aspects sociologiques de l'administration de l'éducation

Les missions des personnels d'encadrement de l'éducation ont beaucoup évolué ces vingt dernières années, en particulier sous l'effet des politiques de décentralisation qui leur confèrent un rôle où l'initiative, la négociation et l'évaluation ont de plus en plus de place, au détriment des tâches de transmission et d'exécution qui leur incombaient traditionnellement.

Une administration de l'éducation en pleine remise en question

L'administration de l'éducation n'est plus un monde à part car elle est touchée, comme tous les autres domaines de l'administration, par la diversification des acteurs des politiques éducatives ainsi que par les débats et les conflits que génère cette diversité. Elle est conduite à se remettre en question dans ses fondements mêmes et à user de références, d'outils et de modes d'action nouveaux. On peut, sans exagérer, parler d'une nouvelle conception de l'administration de l'éducation, en phase avec la territorialisation des politiques éducatives qu'attise le double mouvement de décentralisation et de déconcentration. L'expression même d'administration de l'éducation, qui s'est substituée désormais à celle d'administration scolaire, témoigne de ce renouvellement en profondeur et du nouveau regard posé sur ce domaine de l'action publique.

L'administration scolaire s'était construite par référence, d'une part, à la science administrative, très empreinte de droit, avec pour principale visée de constituer un cadre réglementaire à l'action des personnels (Perié et Simon, 2000) et, d'autre part, à la sociologie des organisations, qui a servi de modèle dominant à l'analyse du fonctionnement des différentes composantes du système éducatif (Demailly, 1992 ; Derouet, 1994). Les spécialistes estiment qu'il est désormais indispensable d'aller chercher du côté de la science politique et de la sociologie politique des concepts dynamiques mieux adaptés aux nouvelles formes d'organisation et d'administration de l'enseignement.

Diversité de l'action publique éducative

Le discours sur l'école a beaucoup évolué et se place aujourd'hui sous le signe de la variabilité : les références en matière d'éducation comme les logiques d'action qui président à la mise en œuvre de l'action éducative sont composites, ce qui conduit à développer des référentiels de politique éducative eux-mêmes variés. Les responsabilités qui incombent aux agents obligent à les considérer de plus en plus comme des acteurs, mais les contraignent aussi eux-mêmes à justifier leurs choix, ce dont l'administration avait peu l'habitude.

Ce nouveau contexte d'action conduit donc à reconsidérer les fonctions, les missions et les compétences administratives : le champ d'intervention de l'administration de l'éducation s'est élargi en même temps que le mythe de l'omnipotence administrative s'effritait. L'autonomie des unités administratives et des personnels a pour but de promouvoir l'efficacité. Débureaucratiser et déroutiniser l'administration reviendrait alors à retrouver les éléments mêmes de son essence, à savoir l'organisation, la mise en œuvre et l'efficience.

Les rapports entre administration et usagers

La décentralisation a fait éclater les lieux de pilotage et a instauré des formes de tutelle partagée, qui posent des problèmes de coordination de l'action. La difficulté est de concevoir une alternative à la dialectique classique entre gestion étatique et décentralisation marchande : l'idée de régulation démocratique veut y pourvoir, ce qui suppose un renforcement du pouvoir des usagers.

La localisation de l'administration complexifie le travail des personnels qui ont à éprouver, c'est-à-dire à interpréter, les cadres réglementaires face à l'urgence des situations : c'est la rançon de l'attention portée aux cas individuels et de l'assouplissement des règles. Mais c'est aussi laisser libre cours aux conflits. Le recours à l'évaluation est justement destiné à produire des données synthétiques et accessibles afin de limiter l'excès de procédures. Il répond à des obligations à la fois techniques et politiques : rendre le système plus efficace et améliorer les rapports entre administration et usagers. Il reste que l'évaluation et l'expertise sont censées fournir des repères et donner du sens au débat public, non pas en tenir lieu. Cela suppose que les usagers participent eux-mêmes au processus d'évaluation, ce qui existe dans certains services publics, comme les transports ou l'énergie, mais très peu dans l'éducation, en France en tout cas.

L'appoint d'une comparaison internationale tempérée

L'analyse comparée permet d'alimenter la réflexion sur l'évolution de l'administration de l'éducation, en particulier celle des politiques scolaires européennes, car elle donne des instruments de pondération de l'action publique. Il faut dire aussi que le rôle des organismes transnationaux est essentiel dans la diffusion d'indicateurs statistiques et de référentiels d'action qui imprègnent la réforme administrative. Ce sont eux qui, ainsi, sont moteurs dans la vogue internationale de décentralisation éducative (*delegation* ou *devolution*) et d'autonomie des établissements (*self managing school*, etc.), qui s'accompagne, au niveau des centres de responsabilité, de la mise en œuvre des techniques du nouveau management public.

Dans la plupart des cas, les expériences menées en la matière ont abouti à deux écueils : un renforcement du pouvoir des autorités intermédiaires (régionales comme en Allemagne) au détriment de l'autonomie locale ou d'une libre concurrence entre établissements, dévastatrice pour ceux situés dans des environnements défavorisés (comme en Angleterre, en Australie ou en Nouvelle-Zélande), même si la décentralisation intense et réussie menée en Suède, à partir de 1991, semble fournir un contre-exemple.

Ce bilan amène à proposer une conception de l'administration affichant deux priorités : veiller à la coordination de l'action entre unités plus ou moins autonomes et prévenir l'exclusion en limitant les effets néfastes de la concurrence.

Yves Dutercq

▸ Bibliographie

BRASSARD A., « L'Institutionnalisation du champ d'études de l'administration de l'éducation : une analyse critique de l'expérience québécoise », *Revue française de pédagogie*, n° 130, 2000, p. 15-28.

DEMAILLY L., « Simplifier ou complexifier ? Les processus de rationalisation du travail dans l'administration publique », *Sociologie du travail*, n° 4/92, 1992, p. 429-449.

DEMAILLY L., DEMBINSKY O., « La Réorganisation managériale à l'école et à l'hôpital », *Éducation et sociétés*, n° 5, 2001.

DEROUET J.-L., « La Difficile Naissance d'une politique de recherche et de formation en matière d'administration scolaire en France (1965-1990) », *in* Bernard M. (dir.), *Pour les sciences de l'éducation : approches franco-québécoises*, Saint-Fons/Montréal, INRP/Revue des sciences de l'éducation, 1994, p. 257-280.

DURAND-PRINBORGNE C., *L'Administration scolaire*, Paris, Sirey, coll. « L'administration », 1989.

DURAND-PRINBORGNE C., LEGRAND A., *Code de l'éducation*, Paris, LITEC, Juris Code, 2002-2003.

DUTERCQ Y., *Comment peut-on administrer l'école ? Pour une approche politique de l'administration de l'éducation*, Paris, PUF, 2001.

DUTERCQ Y., « Administration de l'éducation : nouveau contexte, nouvelles perspectives », *Revue française de pédagogie*, n° 130, 2000, p. 143-170.

GEOFFROY J., « L'Administration de l'Éducation nationale », *Le Système éducatif en France*, Paris, La Documentation française, « Les Notices », 2003, p. 27 et suiv.

Institut français des sciences administratives, *L'Administration de l'éducation nationale,* Paris, Économica, 1992.

Marcou G., Costa J.-P., Durand-Prinborgne C., *La Décision dans l'Éducation nationale,* Lille, PUL, 1992.

Pair C., *Faut-il réorganiser l'Éducation nationale ?,* Paris, Hachette-éducation, 1998.

Paul J.-J. (dir.), *Administrer, gérer, évaluer les systèmes éducatifs*, Issy-les-Moulineaux, ESF, 1999.

Perié R., Simon J., *Organisation et gestion de l'Éducation nationale*, Paris, Berger-Levrault, 2000.

Toulemonde B. (dir.), *Le Système éducatif en France*, Paris, La Documentation française, « Les Notices », 2003.

▶ Voir aussi

Conseils – Décentralisation – Déconcentration – Établissement (Chef d') – Inspection – Laïcité – Ministre de l'Éducation nationale – Neutralité – Privé (Enseignement) – Proviseur – Public (Enseignement) – Recteur d'académie.

Adolescence

L'adolescence est la période de développement qui se situe entre l'enfance et l'âge adulte : elle va de 12 à 18 ans, pour ses limites généralement admises. La puberté en donne le signal, avec des variations d'âge entre filles et garçons, et des différences remarquées selon les époques. « L'avance séculaire » rend, en effet, la puberté de plus en plus précoce ; si l'on suit les données européennes sur cent ans, on relève un écart de quatre ans en moyenne dans l'âge d'apparition des règles chez les filles, qui passe de 17 à 13 ans.

À l'opposé, les données économiques (hypothèse du chômage) et sociales (prolongement des études) retardent l'entrée dans le monde des adultes, étirant encore le temps de l'adolescence. Cette dernière se définit donc à la fois par des changements physiologiques et par des caractéristiques psychosociologiques. Si les sociologues centrent davantage leurs études sur le phénomène de la jeunesse, les déterminants divers de l'adolescence qui en font un phénomène hétérogène l'ont transformée aux yeux des psychologues en un véritable objet d'étude, peut-être de fascination. Il n'en fut pas toujours ainsi.

Données historiques et ethnologiques

Dès 1960, l'historien Philippe Ariès, étudiant la vie familiale au Moyen Âge et sous l'Ancien Régime, souligne le peu de place faite à l'enfant, et même l'absence de l'adolescent en tant que tel : « De très petit enfant, il devenait tout de suite un homme jeune, sans passer par les étapes de la jeunesse » et sans la protection affective de la famille que connaissent nos sociétés modernes. L'apprentissage, la socialisation n'étaient pas assurés par les parents mais par un milieu communautaire présent et chaleureux (voisins, amis, entourage familier).

À partir du XVIIe siècle, un changement intervient, qui tient aux mœurs nouvelles. L'école, le collège mettent les jeunes à part, toutes classes d'âge confondues, pour leur éducation, sous l'influence des moralistes et des religieux. Mais la famille évolue aussi et devient un « lieu d'affection » entre ses membres. Un sentiment nouveau envers les enfants, plus sensible, fait qu'on les valorise et protège davantage, qu'on les habille de façon distincte ; l'art même les représente. Le XVIIe siècle fonde les concepts d'enfance et d'adolescence en leur donnant place dans le développement humain.

Les ethnologues, de leur côté, dans leurs études comparatives sur les sociétés coexistant à des niveaux de développement différents, rapportent des informations hétérogènes sur le statut de l'adolescent. Selon Margaret Mead, l'adolescence n'existe pas pour les filles de Samoa. Par ailleurs, certaines sociétés l'organisent rituellement pour marquer la sortie de l'enfance. Les modalités de socialisation varient beaucoup selon les types de culture, rassemblant ou dispersant les adolescents suivant les formes d'organisation qui dominent entre générations et entre hommes et femmes.

L'adolescence, phénomène biologique et social, est aussi une création culturelle.

Spécificité de l'adolescence

Les modifications pubertaires entraînent pour tous les adolescents, quelle que soit leur culture, mais bien différemment pour les filles et pour les garçons, une problématique du corps. Le remodelage de l'individu au cours de cette période (« les années métamorphose », selon le professeur Courtecuisse) passe d'abord par le corps. Celui-ci, transformé, est difficile à assumer, en termes d'image de soi et d'image pour les autres ; en termes d'expression et de force, avec ses nouveaux pouvoirs (la sexualisation) et ses fragilités. Il n'est pas rare de « lire » les perturbations psychologiques des adolescents à travers leurs symptômes corporels, qui constituent un signal bien perçu par les médecins de l'adolescence et les psychiatres.

Les conduites excessives (accidents, fugues, parfois violences) sont leur expression la plus fréquente, la réponse immédiate, incontrôlée aux perturbations qui les déstabilisent : l'agir l'emporte sur le dire, avant toute demande d'aide, considérée par eux comme une soumission ou une dépendance.

Paradoxalement, ces manifestations qui malmènent parfois le corps jusqu'à le nier (anorexie, tentative de suicide, drogue, etc.) sont autant d'appels aux personnes proches. Des revendications d'autonomie, moins extrêmes, sont aussi à traduire par les adultes dans ce code relationnel spécifique aux adolescents. Derrière l'opposition ou le conflit, se cache souvent la demande de sécurité, voire le besoin de modèles. Il est alors difficile pour les adultes de comprendre ces contradictions. L'adolescent est en permanence, dans son fonctionnement même, aux prises avec des clivages, des décalages entre ses ressources et leurs modes d'expression.

À l'adolescence, le développement intellectuel rend possibles réflexion et analyse, lucidité, invention, à égalité sur ce plan avec l'adulte. Difficile alors de saisir, par exemple, ce qui entraîne chez de bons élèves une démobilisation soudaine, une inhibition des capacités intellectuelles et de symbolisation, ou des expériences sexuelles d'un registre pathologique.

Ces adolescents, comme en rupture avec eux-mêmes, sont des cas rares mais significatifs de possibles clivages des fonctions. Il y a nécessité, pour le jeune à l'adolescence, de réajuster ses nouvelles ressources intellectuelles, affectives, sexuelles et d'articuler la réalité interne de celles-ci aux impératifs de la réalité externe. C'est un travail de réorganisation de la personne qui ne se fait pas sans l'aide des autres, particulièrement de ces adultes « significatifs », porteurs de référence, dont la rencontre est structurante.

Pour être juste, il faut bien admettre la fragilité de certains adultes qui souffrent des mêmes situations dysharmoniques : les rôles sociaux, les responsabilités (mêmes éducatives) s'exercent alors sans la maturité affective de l'état adulte, tant il peut être difficile et problématique de dénouer les liens primitifs de dépendance affective et de réussir, comme l'explique Alain Braconnier, « les adieux à l'enfance » (1990).

En 2004, Philippe Jeammet, psychiatre, a conduit opportunément un ouvrage collectif, répondant à l'intérêt de l'entourage des adolescents, parents et professionnels, et dédramatisant leurs inquiétudes. Psychologues, psychiatres, pédiatres et chercheurs y organisent leurs savoirs et leurs expériences, et décrivent autant de « repères » qui signalent les difficultés personnelles et relationnelles de l'adolescent.

« Crise » ou « processus » du développement ?

L'adolescence comme crise paraît la première explication compatible, pour les premiers utilisateurs du terme, avec la brutalité des événements et les formes excessives des manifestations adolescentes. Ainsi, Stanley Hall accentue, dans le premier ouvrage sur l'adolescence, l'aspect dramatique de la période, Debesse en fait la « crise d'originalité juvénile » et Erikson une « crise d'identité ».

Dans le modèle explicatif qui pense l'adolescence dans la ligne développementale, cette période prolonge des mécanismes psychologiques mis en place dans la petite enfance, notamment celui de séparation-individuation, déjà en exercice dans les relations complexes d'attachement et de recherche d'autonomie, voire d'opposition, qui se jouent entre l'enfant et sa mère, avec son entourage, à l'école.

L'adolescent vit intensément cette double recherche d'identité personnelle et de sécurité. Des précurseurs, psychanalystes proches des adolescents par la psychothérapie, ont heureusement élargi ce qui, jusque-là et de façon restrictive, était décrit comme un conflit « identité-identification » entre adolescents et parents.

Peter Blos (1971) et Pierre Mâle (1980) soulignent bien la fonction relationnelle et identitaire des amis et des groupes de pairs dans la perspective adaptative de la crise. Ils fournissent à l'idéal du Moi, au sortir des conflits identificatoires avec les parents, des réalisations possibles de vie, des projets, des repères de réussite plus assimilables aux adolescents que ceux des générations précédentes. Souvent aussi, ce sont les pairs qui aident à réguler le rapport à l'adulte et à l'institution scolaire. Mais des formes de groupement d'adolescents sont plus préoccupantes – les bandes, par exemple. C'est alors aux sociologues (Michel Fize) d'étudier les différents modes de vie des adolescents entre eux et d'éclairer les adultes sur la réalité de cette « société adolescente ».

Claude Saint-Marc

▸ Bibliographie

Braconnier A., *Les Adieux à l'enfance,* Paris, LGF, 1991.

Courtecuisse V., *L'Adolescence : les années métamorphose,* Paris, Marabout, 1993.

Fize M., *Les Adolescents*, Paris, Le Cavalier bleu, coll. « Idées reçues », 2002.

Jeammet P., *L'Adolescence*, Paris, Solar, coll. « Réponses à 100 questions sur », 2002.

Jeammet P. (dir.), *Adolescence : repères pour les parents et les professionnels*, Paris, La Découverte, 2004.

▸ Voir aussi

Adulte – Corps – Génération – Identité – Jeunesse – Socialisation.

Adulte

Parler de l'adulte dans les années 2000, c'est évoquer une question de grande actualité dans notre contexte de crise interminable : l'avènement de la culture post-industrielle depuis les années 1970 a marqué en effet la montée progressive des préoccupations autour de la vie adulte. Chaque époque développe ses propres sensibilités quant à une gestion des âges de la vie. La société préindustrielle s'est intéressée à l'enfant, le *putto* de la peinture italienne, puis à l'adolescent, le chérubin de notre littérature du XVIIIe siècle. La culture industrielle, à la faveur de la scolarisation, a centré ses intérêts sur la jeunesse dans son ensemble, considérée comme l'espoir de notre société. Grâce au développement scientifique qu'elle ne cesse d'impulser, cette société découvre toutefois, dans les années 1960-1970, les effets prometteurs de ce développement à travers l'allongement continuel de l'espérance de vie. Elle devient donc encline à s'intéresser aux destinées des personnes avançant en âge ; elle cherche à prendre en charge ces populations retraitées qui vont passer une, voire plusieurs décennies dans une situation d'inactivité professionnelle, parfois associée à une situation de dégradation de l'état de santé psychique et physique. Ainsi naît la gérontologie, aux détours des années 1970, et un attrait certain pour le troisième et le quatrième âges.

Un âge problématique

Mais, entre la jeunesse et la vieillesse s'intercale tout un pan de vie, souvent le plus long. Or, ce pan est resté longtemps en dehors des préoccupations des psychologues et des sociologues, hormis l'évocation que les uns et les autres ont pu faire de quelques généralités. Ces trois dernières décennies ont malgré tout mis en évidence les enjeux de la vie adulte. Ce qui caractérise en effet, depuis une trentaine d'années, le passage d'une société de production à une société de communication, c'est l'incertitude de nos modes de vie, l'effacement des cadres de référence à partir desquels l'adulte jusqu'ici pouvait penser son existence : ceux liés au travail et à la vie professionnelle – cette dernière devenant de plus en plus discontinue – ; ceux liés à la famille – métamorphosée en monoparentalité, cohabitation plus ou moins temporaire, fratries composites, etc. – ; ceux d'ordre idéologico-religieux qui expriment un déclin des idéaux, au moins sous la forme que nous leur connaissions jusqu'ici.

Depuis les années 1950, se sont imposés successivement l'un ou l'autre de ces trois modèles dominants : celui de l'adulte-étalon centré sur les normes de maturité encore dominantes dans les années 1950-1960 ; celui de l'adulte en perspective orienté vers l'optimisme d'une maturation indéfinie, caractéristique des années 1960-1970 ; celui de l'adulte à problème, privé de ses cadres de référence, laissé quelque peu seul face à sa propre immaturité. Cet adulte à problème semble être le modèle dominant des années 1980-1990, marquées par une mutation culturelle qui n'en finit pas de trouver ses nouveaux repères.

Nous découvrons donc que la vie adulte a cessé d'être ce long fleuve tranquille par lequel on pouvait se représenter son déroulement jusqu'à une période récente : ce fleuve prenait en charge l'individu de l'âge de 20-25 ans jusqu'à 60-65 ans et le conduisait insensiblement, quatre décennies durant, des rivages de l'adolescence jusqu'à ceux de la retraite. D'où le nouvel engouement que notre culture post-moderne manifeste en direction de l'âge adulte, âge qui jusqu'ici était considéré comme celui de l'évidence même, une évidence qui désormais s'estompe.

Par rapport aux autres âges de la vie, la vie adulte a toujours représenté, pour une culture donnée, une image composite mais relativement cohérente d'un idéal auquel on aspire, image faite de croissance achevée, de développement à son apogée, d'équilibre subtil entre des tendances contraires. En donnant à ces traits une formalisation appropriée, on peut dire qu'être adulte renvoie pour l'essentiel à trois caractéristiques convergentes : la maturité acquise et vécue ; la normalité qui sert de continuelle référence ; le modèle idéalisé auquel s'identifient jeunes et vieux sur un mode anticipateur pour les premiers, nostalgique pour les seconds.

Ces trois critères fondent le concept d'adulte. Cela n'empêche pas ce dernier, quelles que soient les sociétés, de revêtir des contours flottants dès que l'on s'éloigne de ces critères ou dès que l'on cherche à les interpréter. À ce sujet, les différentes définitions de l'adulte énoncées par le psychologue, le sociologue, le juriste, le biologiste (pour prendre quelques exemples caractéristiques) sont loin de se superposer : la maturité adulte qui, pour le biologiste, correspond à l'acquisition des fonctions de reproduction sexuelle est en sérieux décalage avec la majorité légale du juriste, qui intervient plus tardivement ; et cette majorité est rarement le signe d'une maturité psychologique, qui surviendra, dans le meilleur des cas, bien plus tard. En tout cas, elle correspond de moins en moins avec la majorité sociale qui permet au jeune de devenir un adulte inséré socialement et professionnellement, donc autonome.

Le concept d'adulte se donne donc sous bien des aspects comme un concept flou aux délimitations imprécises. Pour en mesurer l'ambiguïté mais aussi pour donner à notre incertitude des repères indispensables, nous situerons l'adulte au regard de deux dimensions, l'une temporelle, l'autre spatiale, qui le fondent : l'âge et le sexe. Nous le ferons au travers de deux questionnements : à partir de quand est-on adulte et à partir de quand cesse-t-on de l'être ? Parle-t-on du même adulte lorsque nous évoquons la femme adulte et l'homme adulte ?

Pour le juriste, une question d'âge

Le recours au droit et à son évolution peut nous aider à mieux cerner ce qui fait l'ambiguïté du statut d'adulte au regard de l'âge et du sexe. Le juriste définit en effet l'adulte à travers sa capacité à exercer un droit et à être redevable d'obligations. Cette capacité est toujours subordonnée à une question d'âge. Lorsque l'âge minimal est acquis, la personne est dite avoir atteint sa majorité ; elle peut donc exercer ses droits. Elle est devenue, aux yeux de la loi, majeure et responsable. Or, ce qui pose question, c'est que l'âge de cette majorité est fluctuant. De façon très paradoxale, jusqu'en 1974, début de l'avènement de notre société post-industrielle, la majorité légale était fixée en France à 21 ans, alors que bon nombre de jeunes se trouvaient déjà insérés dans la vie sociale et professionnelle, donc autonomes. Depuis 1974 (article II de la loi du 5 juillet 1974), la majorité est avancée à 18 ans accomplis, alors que, socialement, à partir des années 1975-80, le jeune va rester de plus en plus longtemps dépendant de ses parents, de l'école, de la société, ne s'insérant bien souvent que vers 25-30 ans. Comment, dans un tel cadre, est-il possible de parler d'adulte ?

Nous voyons là le caractère équivoque du déterminant de l'âge pour faire accéder à la catégorie d'adulte. Or, ce déterminant est incontournable ; il souffre de peu d'exceptions. Seule la personne qui, par l'altération reconnue de ses facultés psychologiques, se trouve dans l'impossibilité de veiller elle-même à ses intérêts de façon ponctuelle ou permanente sera déclarée incapable majeure. Il en sera de même, d'une certaine façon, pour la personne reconnue pour son intempérance, son oisiveté, personne donc susceptible de tomber dans le besoin ou de ne pas assumer ses obligations sociales. Pour la première, le régime de tutelle vise à protéger cette personne dans sa dignité et dans ses biens ; pour la seconde, une mesure de curatelle veille à l'accompagner d'un curateur dans l'exercice de certains actes administratifs.

Hormis ces deux restrictions, pas toujours faciles à déterminer d'ailleurs, l'âge adulte concerne une classe large qui s'étend juridiquement de l'âge de la majorité à l'extrême vieillesse. Une telle acception se trouve de nouveau ici en décalage avec la délimitation psychosociologique qui tend spontanément à assimiler adulte et vie active et considère, dans un flou parfois inquiétant, que le jeune de 20-25 ans non inséré socioprofessionnellement n'est pas encore adulte et que le retraité de 65 ans qui s'apprête à entrer dans ce que l'on appelle désormais le troisième âge, et à plus forte raison le vieillard de 85 ans qui est installé dans le quatrième âge, ne font pas partie de l'âge adulte. Ce dernier est réservé psychologiquement à la structuration de l'expérience au-delà des initiations enfantines ; c'est l'âge des réalisations qui se trouve en deçà de l'inactivité forcée de la retraite, même si le retraité est considéré, sous un autre angle, comme toujours adulte.

Aussi une question de sexe

Si nous prenons maintenant en compte la variable « sexe » évoquée plus haut, nous voyons se prolonger les hésitations du juriste, donc les interrogations de notre culture, pour traiter l'homme et la femme de façon indifférenciée comme des êtres adultes. De ce point de vue, il nous faut assumer un lourd héritage. Ainsi, le grec ancien à travers le terme *anêr* désignait indistinctement l'adulte et l'homme ; l'*anêr,* en tant qu'homme adulte, s'opposait à deux non-adultes, d'un côté la *gunê,* c'est-à-dire la femme, de l'autre le *païs,* l'enfant.

La femme mariée a été pendant longtemps, jusqu'à une époque très récente, considérée comme une mineure, victime en cela des caprices et des soubresauts de l'histoire. Le droit romain lui accordait une relative indépendance. Cette indépendance a été confisquée par le droit féodal. Dans la communauté coutumière issue de la féodalité, il y a prédominance du mari, prédominance atténuée seulement *post mortem* par quelques correctifs, notamment le douaire, droit de jouissance de la veuve sur la moitié des biens du défunt. Après la parenthèse constituée par la Révolution de 1789 et ses idéaux (refus du régime dotal, abolition de la suprématie maritale), le code civil de 1804 pose le principe de l'incapacité générale, pour la femme mariée, d'exercer une profession sans l'accord de son mari (articles 215 et 217). Cette incapacité juridique était le pendant assujettissant de la toute-puissance maritale et paternelle.

Du point de vue civil, la femme mariée a donc été considérée durant tout le XIXe siècle et jusque dans les années 1960 comme une véritable mineure. Elle n'accède d'ailleurs au droit de vote qu'après la Seconde Guerre mondiale, en 1945. Sa situation contrastait fort avec ses consœurs célibataire et concubine qui pouvaient toutes deux librement exercer une profession et gérer leurs revenus.

Les années 1960, apogée de notre développement industriel, « décolonisent » la femme mariée par la loi du 13 juillet 1965. En abolissant l'autorisation préalable du mari, requise pour que son épouse puisse exercer une activité professionnelle, cette loi consacre l'autonomie personnelle et professionnelle des époux. Seul se trouve maintenu le principe de l'administration par le mari des biens de la communauté. La loi du 23 décembre 1985, vingt ans plus tard, parachève le travail déjà accompli en déclarant que chacun des époux a le pouvoir d'administrer les biens communs, comme d'en disposer.

On voit donc, à l'aide de ce double recours à l'âge et au sexe, que le concept d'adulte justifie tous les traitements sauf ceux de l'évidence et de la transparence. Sans doute un tel concept est-il mis à mal par la dimension du pouvoir qui le traverse et qui donne la possibilité à certains groupes d'adultes d'exercer leur ascendant sur d'autres groupes.

Construire un itinéraire de carrière

Ce qui définissait la situation de l'adulte dans la société industrielle, c'était la séparation, voire le fossé entre classes d'âge, double séparation, d'une part, avec les générations plus jeunes, d'autre part, avec les générations plus âgées (Mead, 1971) ; d'où les incompréhensions et les antagonismes dans les relations des sociétés adultes avec leurs benjamines et leurs aînées pour des raisons différentes dans l'un et l'autre cas. Ce qui définit l'adulte dans notre nouvel environnement culturel, c'est au contraire une sorte de brouillage des classes d'âge, dans lequel on ne sait plus très bien qui est qui (Boutinet, 1993). Expression tout à fait caractéristique de ce brouillage, la « formation permanente », instituée depuis une trentaine d'années, permet à un nombre croissant d'adultes de revenir en quelque sorte sur les bancs de l'école pour parfaire, refaire, réorienter des connaissances devenues obsolètes. L'adulte redécouvre qu'il doit, à intervalles réguliers et à l'instar de ses enfants, revivre une situation de dépendance pédagogique pour réactualiser ses compétences ou en acquérir de nouvelles, s'il ne veut pas se laisser marginaliser. Ainsi la formation permanente pourra être un adjuvant pour aider l'adulte à gérer sa carrière.

En situation d'incertitude, cette carrière est loin d'être évidente, en l'absence de l'État-providence, grand ordonnateur et grand dispensateur, désormais hors jeu. Par le recours notamment à la figure du projet, l'adulte doit aujourd'hui développer une attitude offensive, tant vis-à-vis de son propre avenir que de l'environnement dans lequel il évolue. Il lui faut anticiper, prévoir les étapes, les séquences prochaines de son itinéraire de vie. Cet itinéraire a en effet perdu de son automaticité ; il doit être projeté, faute de quoi l'adulte va vite se trouver vulnérabilisé à la faveur de tel ou tel imprévu, de tel ou tel accident de parcours.

Cette attitude offensive de l'adulte au regard de son propre futur nous renvoie à l'individualisation croissante des modes de vie : la personne est désormais livrée à elle-même, livrée à l'aménagement contraint de ses séquences de vie, avec ses crises, ses avancées, ses retours en arrière, ses réussites, ses moments de désillusion, ses échecs. Aussi est-ce sur la carrière qu'il nous faut porter toute notre attention. Cette carrière ne peut plus être conçue sur le mode statique d'une place sociale à occuper ; elle se donne aujourd'hui au contraire sur un mode évolutif d'un itinéraire à construire. Car c'est au niveau de cet itinéraire de carrière que l'adulte malmené dans son identité par notre post-modernité peut retrouver de nouveaux repères provisoires, une nouvelle utilité personnelle, de nouvelles raisons d'espérer pour peu qu'on lui en donne les moyens indispensables.

C'est là le défi qui attend l'adulte dans notre environnement post-industriel ; face à une perte structurale de son identité, comment l'adulte va-t-il pouvoir compenser cette perte par une recomposition dynamique en se construisant un trajet qui ait sens pour lui, s'il sait contourner les obstacles et écueils de son environnement ? Quelle que soit la conjoncture, ce souci de construction d'un itinéraire de carrière est sans doute la nouvelle façon pour un adulte de demeurer aujourd'hui actif.

Jean-Pierre Boutinet

Aspects psychologiques et psychanalytiques

Est considéré comme adulte l'homme ou la femme parvenu au terme des processus maturatifs infantiles et juvéniles, ayant accompli son insertion sociale et réalisant la conquête de son identité sexuée, dans l'action sur le monde et la relation amoureuse.

L'entrée dans l'âge adulte s'effectue une fois terminées les évolutions et mutations structurales, physiologiques et psychologiques (cognitives et affectives), inhérentes à l'enfance et à l'adolescence, par l'intégration sociale qu'assure l'exercice d'une fonction ou l'obtention d'un statut reconnus par la communauté d'appartenance et permettant l'autonomie financière. Dans notre contexte culturel, l'enjeu essentiel de la période de vie qui s'ouvre ainsi va être la construction par chacun de sa subjectivité par subversion des déterminismes biologiques et sociaux, dans une dynamique identitaire se jouant dans les deux registres de l'amour et de l'action. Seule cette conquête de l'identité sexuée réalise une authentique « adultité ». L'achèvement de la construction psychique du moi pendant la période de maturité, dans le risque pris de l'affrontement au réel, de la rencontre amoureuse avec l'autre sexe, va dépendre, certes, de l'organisation mentale issue de la crise de l'adolescence, mais également de l'existence ou non pour le sujet d'une possibilité d'expression des aspirations de son inconscient dans le champ des rapports sociaux, principalement par la voie de la sublimation. À cet égard, le travail, la formation permanente, l'orientation et la promotion professionnelles constituent des issues structurantes essentielles.

Maturité biologique, cognitive, sociale

La maturation physiologique aboutissant en particulier à la génitalisation de la sexualité et à la capacité de procréation, l'accès à l'intelligence formelle, hypothético-déductive, ne suffisent pas à définir l'état adulte : ces dimensions de la maturité renvoient à l'inné et à l'apprentissage, héritage phylogénétique qui ne prend sens pour l'homme, ontogénétiquement, que subverti par la vie psychique qui s'y étaye. D'une façon comparable, rôles et statuts sociaux sont seulement des portes d'entrée dans la vie adulte. Si la marginalisation, l'impossibilité ou le refus de l'intégration socioprofessionnelle font courir le risque d'une adolescence éternelle, la limitation du processus maturatif aux seuls stéréotypes sociaux (renvoyant souvent à un évitement de la crise juvénile) ne confère, elle, qu'une fragile apparence d'état adulte : hypernormalité trompeuse en « comme si », pseudo-identité d'un « faux-self », masquant l'absence de réel aboutissement de la construction psychique.

L'achèvement de la construction psychique dans l'affrontement au réel

Possibilités de reconnaissance dans l'être et dans le faire, mais aussi expérience vécue de la résistance du réel et de la radicalité du manque : c'est dans cette tension dynamique entre le pouvoir et le subi, entre le plaisir et la souffrance que l'adulte va construire, en y engageant son corps et sa personnalité tout entière, son identité, au masculin ou au féminin.

C'est dans leur rencontre érotique qu'homme et femme vont mettre à l'épreuve la sexuation de leur identité, leur capacité à accueillir l'autre dans sa différence et à unifier affectivité et sexualité : l'achèvement de la construction de l'identité sexuelle est l'enjeu de la maturité.

Cette construction va se jouer aussi dans le registre de l'action et des rapports sociaux de sexe, en particulier dans le travail. L'autonomie de l'adulte dans le registre de la pensée et de l'action n'est, en effet, pas seulement mise en œuvre de compétences cognitives dans un but d'efficacité ou signe d'émancipation, mais aussi, pour lui, moyen d'écrire son histoire singulière, en donnant une issue sublimatoire aux exigences de ses pulsions et un sens à sa souffrance. Cette quête identitaire dans le faire n'aura de chance d'aboutir qu'à certaines conditions socialement déterminées :

– que soient reconnu par autrui comme réel et utile l'engagement personnel nécessité par toute tâche à accomplir, c'est-à-dire que soit reconnu le caractère intrinsèquement humain du travail, en tant qu'action délibérée mobilisant corps, intelligence, psycho-affectivité et utilisant les savoirs acquis dans l'expérience vécue pour faire face à ce qui n'est pas donné ;
– que soient culturellement valorisées aussi bien les actions relevant du soin que celles qui tiennent de la performance, c'est-à-dire les expressions désexualisées dans le champ social du féminin et du masculin, permettant ainsi la sublimation de la bisexualité psychique et la construction d'une identité sexuée ;
– que soient facilitée, grâce, en particulier, aux possibilités de choix, de formation, de promotion et de réorientation, la nécessaire labilité des investissements.

Mais si la confrontation, toujours singulière, au réel, dans l'action et la relation à l'autre, est pour l'adulte possibilité de reconnaissance et d'affirmation de soi, elle est aussi épreuve de la résistance du monde, des limites du temps, de la persistance du manque et de l'incomplétude. Devenir adulte, c'est pouvoir renoncer au fantasme de toute-puissance infantile, c'est prendre la mesure des cycles temporels, étape psychique dans la construction du sujet qu'homme et femme abordent différemment, et qui ouvre, si elle est dépassée, sur la prise en compte de l'interdépendance et de la nécessité, pour l'action, de la coopération et du partage du savoir, indissociables de la dimension éthique.

Marie-Pierre Guiho-Bailly

▸ Bibliographie

Alléon A.-M. *et al., Devenir adulte ?*, Paris, PUF, 1990.

Boulte P., *Individus en friche*, Paris, Desclée de Brouwer, 1995.

Boutinet J.-P., *L'Immaturité de la vie adulte*, Paris, PUF, 1998.

Boutinet J.-P., « Face aux défis d'une culture post-industrielle : l'adulte en question(s) », *Approches,* n° 75, 1993.

Boutinet J.-P., *Psychologie de la vie adulte*, Paris, PUF, coll. « Que sais-je ? », 2002.

Castoriadis C., « L'État du sujet aujourd'hui, construction de l'identité », *Topique*, n° 38, EPI, 1986, p. 7-39.

Ehrenberg A., *L'Individu incertain*, Paris, Hachette, 1999.

Giral M., *Les Adolescents*, Paris, Le Pré-aux-Clercs, 2002.

Gognalons-Nicolet M., *La Maturescence : les 40-65 ans, âges critiques,* Lausanne, Favre, 1989.

Guiho-Bailly M.-P., « Psychopathologie de la post-adolescence, identité masculine et évolutions du travail », *Adolescence*, 1996, 14, 2, p. 31-48.

Houde R., *Le Temps dans la vie adulte, le développement psychosocial de l'adulte selon la perspective des cycles de vie,* Montréal, Gaëtan-Morin, 1986.

Kaës R. (dir.), *Crise, rupture et dépassement*, Paris, Dunod, 2004.

Lapassade G., *L'Entrée dans la vie. Essai sur l'inachèvement humain,* Paris, Anthropos, 1997.

Mead M., *Le Fossé des générations* (1971), Paris, Denoël, 1979.

Sheehy G., *Les Passages de la vie*, Paris, Belfond, 1977.

▸ Voir aussi

Adolescence – Adultes (Formation des) – Affective et sexuelle (Éducation) – Autonomie – Corps – Éducation permanente – Enfance – Génération – Identité – Inné/Acquis – Jeunesse – Projet – Psychanalyse et éducation – Santé (Éducation pour la) – Socialisation.

Adultes (Formation des)

La formation des adultes est l'ensemble des activités et des processus qui ont pour résultat spécifique la production de nouvelles capacités ou de nouvelles dispositions chez un public qui, à l'issue du continuum de la scolarité, a connu ou connaît une expérience d'exercice ou de recherche d'une activité professionnelle ou sociale.

La formation des adultes se distingue ainsi notamment de l'enseignement dans la mesure où elle ne désigne pas seulement l'activité du formateur (en particulier d'énonciation des contenus), mais, plus généralement, l'ensemble des activités des acteurs sociaux qui contribuent à la « fonction formation », et, en particulier, celle des formés eux-mêmes.

Elle se distingue également de la formation initiale dans la mesure où ses publics, du fait même de leur expérience, sont en mesure de référer explicitement leurs activités de formation aux situations, problèmes, itinéraires professionnels, sociaux ou personnels qu'ils vivent ou dans lesquels ils sont engagés, et d'assurer le transfert de leurs acquis. Cela est vrai, bien entendu, des salariés d'entreprise, des travailleurs indépendants, des chômeurs ou de toutes les catégories d'adultes engagés dans la vie économique et sociale ; mais aussi, par extension, des jeunes à la recherche d'un premier emploi, inscrits dans des dispositifs dits d'alternance qui ont une fonction d'insertion et/ou de qualification professionnelle et sociale, et qui sont aujourd'hui classés en France comme relevant de la formation des adultes.

Ainsi définie de façon large, la formation des adultes occupe en France une place sociale et même économique considérable puisque, comme le rappelle Claude Dubar (2004), le nombre de stagiaires en formation continue déclarés par les entreprises, l'État ou les régions serait passé de moins d'un million en 1969 à plus de sept millions en 2000 (avec cependant, il est vrai, une tendance à un fort raccourcissement de la durée des stages).

Cette présence croissante s'accompagne toutefois de fortes disparités. Si l'on s'en tient par exemple aux salariés des entreprises, qui représentent plus des deux tiers des publics, la formation privilégie les techniciens et agents de maîtrise, et défavorise au contraire de façon très sensible les ouvriers et les employés non qualifiés. L'espérance de formation, c'est-à-dire la probabilité d'accéder à une formation par personne et par an, varie beaucoup selon la taille de l'entreprise et selon la branche d'activité. Deux PME sur trois n'envoient pas du tout de stagiaires en formation.

Principaux promoteurs en France

Si, historiquement, la formation des adultes est un phénomène ancien qui a connu avec l'extension du salariat au XIXe siècle un essor important (alphabétisation, enseignement professionnel, éducation populaire), ce n'est toutefois que récemment que l'on constate sa systématisation, son extension et sa formalisation.

Actuellement, en France, le champ de la formation des adultes se présente comme un dispositif institutionnel et juridique très complexe que l'on peut simplifier en interrogeant le rôle de ses principaux promoteurs et bailleurs de fonds.

L'État

Entre 1945 et 1971, l'État a joué un rôle dominant dans la constitution d'un appareil de formation spécialisé (AFPA, institutions de promotion sociale, centres régionaux du CNAM), puis, à partir de 1975, dans le financement de mesures destinées aux jeunes sans emploi et, plus généralement, aux publics dits prioritaires, tels que les chômeurs.

À l'analyse, l'État se révèle jouer une triple fonction : une fonction de financement de la promotion sociale, dans le prolongement du rôle qu'il joue par rapport au système éducatif ; une fonction de production de normes législatives et réglementaires ; une fonction de gestion de l'insertion sociale et professionnelle des publics en marge des formes dominantes d'activité.

Les entreprises

Les entreprises deviennent d'importants acteurs de la formation, tout particulièrement à partir de la loi de juillet 1971, qui légalise la participation des entreprises à la formation de leurs salariés (calculée en pourcentage de la masse salariale) et en fait un objet de discussion entre partenaires sociaux. Actuellement, elles ont pris le relais de l'État comme premier promoteur de formation, puisqu'elles assurent 60 % de son financement.

L'intervention des entreprises se révèle toutefois très sensible à la conjoncture économique. À l'analyse, elle paraît jouer deux fonctions : faire de la formation un outil de développement économique en période de croissance (cette fonction est manifeste notamment au début des années 1970) ; faire de la formation un outil de gestion des mutations par anticipation, adaptation ou accompagnement. Cette fonction apparaît plus nettement à partir du milieu des années 1980 et conduit à d'importantes transformations de la formation elle-même.

Les régions

L'intervention des régions date de 1985 et s'inscrit dans le cadre d'une politique plus large de désinvestissement de l'État par rapport à ses fonctions traditionnelles, visant, entre autres, à la constitution de partenariats locaux entre acteurs économiques et sociaux et acteurs de formation. Elle représente à l'heure actuelle une part mineure du financement total. Elle semble se situer de façon privilégiée autour de la relation formation-emploi-développement au niveau d'ensembles économiques.

Trois types de formation

Plus proche de son usage social que la formation initiale, la formation des adultes présente des finalités variées et des formes en rapport avec ces finalités : préformation, adaptation, promotion, prévention, conversion, entretien, recyclage, perfectionnement des connaissances, culture personnelle, etc.

Au-delà de la variété de ces finalités et de ces formes, il semble cependant qu'il soit possible de distinguer trois grands ensembles fonctionnels, présentant une cohérence globale.

1. Le domaine *des formations d'insertion, d'adaptation, d'incitation ou de sensibilisation* qui ont en réalité comme enjeu, pour le formé, l'occupation d'une position dans un champ d'activité dans lequel il n'est pas encore ou plus présent (sur le marché du travail, à un poste de travail ou même en formation).

Ces formations touchent généralement des publics en marge des formes dominantes d'activité (jeunes, demandeurs d'emploi, femmes en reprise d'activité, « publics prioritaires »), et sont généralement impulsées par d'autres acteurs que les intéressés : État, dans sa fonction de régulation, entreprises ayant des difficultés d'embauche.

Ces formations sont plutôt de durée courte, plutôt de caractère collectif, et sont centrées souvent sur l'acquisition de savoir-être (confiance en soi, autonomie) ou de savoir-faire immédiats. Elles tendent à recourir à des moyens de formation peu stables. Elles jouent pour les intéressés une fonction d'acquisition identitaire.

2. Le domaine des *formations certifiantes ou qualifiantes* qui ont comme enjeu, pour le formé, un changement de place ou de position dans un champ où il est déjà présent et la reconnaissance de ce changement : formation de promotion sociale et/ou professionnelle, rattrapage scolaire, formations de mobilité ou de (re)conversion.

Ces formations touchent généralement des publics en positionnement intermédiaire (notamment techniciens et agents de maîtrise), et supposent un investissement durable des intéressés et la mise à disposition de moyens de l'État dans le prolongement de la fonction qu'il joue par rapport au système éducatif, ou des entreprises en prise avec une mutation de leurs qualifications. Elles sont généralement de durée longue, présentent un caractère individuel accusé, sont, au contraire, davantage centrées sur l'acquisition de savoirs théoriques et supposent davantage le recours à des structures permanentes de formation, ainsi qu'à des personnels pouvant garder une identité d'enseignant. Elles impliquent une reconnaissance sociale des acquis et jouent, pour les intéressés, plutôt un rôle de différenciation identitaire.

3. Enfin le domaine des *formations de développement*, qui n'ont pas pour enjeu un changement de place ou de position sociale, professionnelle ou scolaire, mais simplement une plus grande maîtrise ou une plus grande efficacité dans une situation qui reste largement inchangée.

Ces formations (entretien, recyclage, perfectionnement, développement personnel) touchent plutôt des publics bénéficiant déjà d'une reconnaissance sociale préalable. Elles se déroulent le plus souvent à l'initiative des formés eux-mêmes et/ou des organisations qui les emploient dans le cadre d'un projet de changement. Elles prennent un caractère plus personnel qu'individuel, sont souvent directement articulées aux situations qui les justifient, présentent éventuellement un caractère inédit ou expérimental, et supposent une adhésion des formés aux objectifs et au déroulement de la formation. Ce sont ces formations qui ont vu apparaître les pratiques d'analyse des besoins et d'évaluation des actions. Elles mettent en place des formes moins instituées et recourent à des profils de formateurs. Elles jouent souvent, pour les intéressés, une fonction d'affirmation identitaire.

Un secteur qui expérimente et qui évolue

Parce qu'elle implique des publics disposant déjà d'une expérience professionnelle et sociale, parce qu'elle joue un rôle direct dans l'accompagnement du changement social, parce qu'elle est directement ordonnée autour de ses usages, parce qu'elle n'implique pas, enfin, dans tous les cas, une évaluation des personnes, la formation des adultes a pu permettre le développement de pratiques nouvelles qui lui confèrent un rôle de modèle et d'expérimentation de pratiques par rapport aux autres secteurs de la formation.

On peut signaler à cet égard, sans prétendre à l'exhaustivité : la conception d'actions de formation sur mesure, correspondant à la spécificité des situations pour lesquelles elles sont mises en place ; l'utilisation de l'expérience des formés comme matériau et outil même du travail pédagogique (analyse de pratiques, étude de cas, résolution de problèmes réels) ; l'intervention des formés dans la conduite même de la formation par le développement de méthodes participatives et de négociation ; le recours à des démarches tendant à articuler étroitement formation et travail, notamment dans le cadre des pratiques d'alternance ; le développement de méthodes de formation n'ayant pas seulement pour objet l'acquisition de savoirs, mais également la production de savoir-faire et d'attitudes ; l'individualisation des parcours de formation pour tenir compte des acquis professionnels et sociaux des formés.

En cohérence avec ces caractéristiques, la formation paraît aujourd'hui s'engager dans une série d'évolutions majeures dont les traits principaux sont : la finalisation plus forte encore des formations par rapport aux situations qui provoquent leur recours ; le développement des fonctions intellectuelles d'accompagnement de la production de formation (ingénierie, conseil, audit, etc.) ; l'utilisation du travail et de la recherche comme outils de formation ; l'éclatement de l'espace de la formation et l'intégration dans des dispositifs plus généraux de production des identités professionnelles et sociales ; la globalisation et la personnalisation de la conduite des itinéraires individuels, repérables notamment à travers le recours aux diverses formes d'autoformation ; l'investissement du local et la diffusion de la « fonction formation » telle qu'elle se manifeste, par exemple dans le développement du tutorat.

Ces évolutions ne sont toutefois pas propres à la seule formation des adultes ; elles tendent à rapprocher cette dernière de la formation initiale, comme elles tendent à rapprocher formation générale et formation technique, en donnant aux processus intellectuels d'accompagnement de l'action une place centrale. Mises en relation avec les nouveaux modes d'organisation du travail, tous fondés sur une participation plus forte des praticiens à la conduite des processus qu'ils réalisent et sur un appel plus direct aux ressources cognitives et affectives de l'ensemble des salariés, de telles évolutions sont probablement le signe d'une mutation sociétale plus globale, où de nouvelles formes de mobilisation des ressources humaines entraînent, de fait, de nouvelles formes de production de ces mêmes ressources. Mais cette mutation-là ne fait peut-être que commencer.

Jean-Marie Barbier

▶ Bibliographie

Barbier J.-M., Ferrand J.-L., « La Formation des adultes, la formation de formateurs en France », *in* Bernard M. (dir.), *Pour les sciences de l'éducation : approches franco-québécoises,* Saint-Fons/Montréal, INRP/Sciences de l'éducation/Centre de coopération interuniversitaire franco-québécoise, 1994, p. 213-251.

BESNARD P., LIÉTARD B., *La Formation continue*, Paris, PUF, coll. « Que sais-je ? », 1993.
CHARLOT B., FIGEAT M., *Histoire de la formation des ouvriers : 1789-1984,* Paris, Minerve, 1985.
DAVID M., *L'Individuel et le collectif dans la formation des travailleurs. 1. Approche historique 1944-1968,* Paris, ISST, 1974.
DUBAR C., *Formation permanente et contradictions sociales,* Paris, Éd. Sociales, 1980.
DUBAR C., *La Formation professionnelle continue,* Paris, La Découverte, 2004.
DUBAR C., *La Formation professionnelle continue en France : 1970-1980,* Paris, Aux amateurs de livres, 1986, 2 tomes.
FRISCH P., *L'Éducation des adultes,* Paris/La Haye, Mouton, 1971.
LOWE J., *L'Éducation des adultes : perspectives mondiales,* Paris, Unesco, 1984.
TERROT N., *Histoire de l'éducation des adultes en France : 1789-1971,* Paris, Edilig, 1983.
VOISIN A., *La Formation professionnelle en France,* Bruxelles, Office des publications officielles des Communautés européennes, 1988.

▸ Voir aussi
Acquis (Reconnaissance et validation des) – Alternance (Formation en) – Association nationale pour la formation professionnelle des adultes (AFPA) – Autoformation – Conservatoire national des arts et métiers (CNAM) – Éducation permanente – Emploi-formation – Formateurs d'adultes – Formation – Formation professionnelle continue – Histoire de vie – Insertion – Populaire (Éducation) – Praxéologie – Qualification – Ressources humaines (Gestion des).

AFFECTIVE ET SEXUELLE (ÉDUCATION)

Proposer aux enfants et aux adolescents une éducation affective et sexuelle, c'est les aider à comprendre qu'ils sont personnellement et, au moins partiellement, responsables de leur sexualité et de leurs amours.

Il n'y a guère plus de cent ans que les connaissances scientifiques sur la reproduction dans l'espèce humaine ont été formulées. Les grossesses inopportunes, les avortements tragiques, les maladies sexuellement transmissibles suscitèrent la parution des premiers livres d'éducation sexuelle. Le début fut très discret : le capitaine Magniez rédige ainsi vers 1900, pour les jeunes recrues, un petit manuel, *À toi père*, destiné à leur faire connaître l'anatomie des organes génitaux, les risques des maladies vénériennes et l'importance de l'amour fidèle. Plus tard, le pionnier le plus connu fut le docteur Carnot, coauteur avec l'abbé Jean Dewawrin d'un *Au service de l'amour* (1939) longtemps réédité. Il s'agissait alors d'un lectorat adulte et surtout masculin. L'un des premiers livres à s'adresser aux grands écoliers fut écrit en 1938 par Pierre Chambre, membre de l'École des parents. Dans les années 1950, les auteurs sont tous de sexe masculin et recrutés parmi les médecins, les prêtres et les enseignants. Il faut attendre 1962 pour que paraisse un livre écrit par une mère de famille, Fabienne Van Roy. L'ensemble des livres parus avant 1968 apportent à la fois une information et une morale sexuelles. Après 1968, la cadence de parution s'accélère, passant d'un livre par an à neuf – entre 1968 et 1972 –, puis à 13 par an entre 1972 et 1975. Les circulaires Fontanet (2 février et 23 juillet 1973) incitent les auteurs à proposer aux éducateurs des schémas nombreux et, cette fois-ci, fort différents les uns des autres, depuis les très pudiques et poétiques ouvrages de Marie-Claude Monchaux jusqu'au provoquant *Apprenons à faire l'amour* du docteur Jean Carpentier.

Mais les meilleurs livres ne remplacent pas le dialogue de l'enfant ou de l'adolescent avec une personne inspirant confiance pour sa compétence et sa qualité d'écoute. Concourent à cette éducation les parents, l'école et l'environnement culturel, particulièrement les médias.

– Les *parents*. Il en existe, encore actuellement, de 10 à 30 % qui n'ont jamais abordé les questions de sexualité et d'amour avec leurs enfants. On ne fera jamais trop pour les informer, les aider à engager ou poursuivre le dialogue avec leurs enfants dès le plus jeune âge, à profiter de la période de latence (« âge heureux ») pour répondre à toutes leurs questions. Leurs discours ne sont pas seuls efficaces : toutes les attitudes de mari et de femme, de parent respectueux et admiratif de l'autre sexe, habituent les enfants à reconnaître l'autre et les préparent à aimer. Même les couples désunis doivent savoir qu'on ne peut jamais résilier la responsabilité parentale et, malgré leur échec, qu'on doit présenter le respect de l'autre comme un témoignage. Avec les adolescents, le dialogue devient plus difficile. C'est le temps où ils expérimentent leur autonomie, leur responsabilité, et constituent une sorte de jardin secret essentiel pour leur identité. Cette réserve est à respecter.

– L'*école*. Depuis les circulaires Fontanet, l'information sexuelle fait partie du programme de biologie. Elles ont été complétées en 1996 par la circulaire Boissinot, puis le 26 août 1997, par l'« Instruction concernant les violences sexuelles » et par la circulaire de Ségolène Royal du 29 décembre 1999, qui parle d'éducation. En fait, l'usage de ces informations relève plus d'une éducation. À cette fin, les chefs d'établissement peuvent faire appel soit à leurs propres cadres (enseignants, médecin, infirmière, psychologue, parents d'élèves qualifiés, etc.), soit à des personnes ou à des associations spécialisées telles que l'École des parents, Couple et Famille, le Planning familial, les centres de planification, Sésame, etc.

– L'*environnement culturel*, les *médias*. La télévision en particulier accompagne la plupart des enfants et des adolescents plusieurs heures par jour. Elle peut véhiculer le meilleur et le pire. Le plus souvent, elle est absorbée passivement, accumulant dans la mémoire consciente et inconsciente un magma d'informations non élaborées. Pour ce qui est de la sexualité, les messages sont en général provocants, beaucoup d'émissions sont le fait d'adultes qui projettent sur les adolescents leurs fantasmes d'une sexualité libérée de toute contrainte. Il est d'une grande utilité d'habituer les consommateurs de programmes télévisés à une réflexion critique sur ce qu'ils voient et entendent.

Un exemple d'intervention en classe

Dans ce contexte, les interventions de personnes compétentes, ne faisant partie ni de la famille ni de l'école, présentent d'importants avantages. En assurant un certain anonymat dans l'échange avec les élèves, ces interventions permettent de lever les éventuels blocages concernant la sphère intime de la sexualité. Nous nous appuyons ici sur l'expérience du groupe Sésame, qui propose une pédagogie personnalisée fondée sur un protocole précis d'intervention en classe.

Celle-ci commence au minimum par une information adressée aux parents et aux professeurs concernés. Dans la mesure du possible, ces derniers sont invités à une réunion au cours de laquelle l'intervenant rappelle le rôle des parents en matière d'éducation affective et sexuelle et propose l'action de Sésame dans son déroulement.

La première étape de l'intervention permet de connaître la problématique de la classe concernée. Les élèves sont invités à écrire, de façon individuelle et anonyme, toutes les questions qui les intéressent sur la sexualité et l'amour. Ils disposent de dix minutes pour rédiger des billets qu'ils plient avant de les déposer dans une grande enveloppe qui est cachetée devant eux par leur enseignant et adressée à l'animateur. Cette procédure d'une durée de deux heures garantit l'anonymat le plus strict. Ces billets sont lus, recopiés et classés par l'animateur chez lui. Ce protocole a permis de collecter plus de 300 000 questions personnelles, depuis les cours moyens jusqu'aux classes terminales, auprès de 150 000 élèves depuis 1966. Les enfants et les adolescents posent de cette manière une quantité de questions qu'ils n'ont pas l'occasion d'exprimer à leur entourage habituel.

Quelques jours plus tard a lieu la rencontre entre l'animateur et la classe en l'absence de tiers, sauf l'infirmière de l'établissement si elle le désire. L'animateur donne la synthèse des questions reçues. La classe peut prendre conscience d'elle-même et se rendre compte que l'animateur est le médiateur de cette découverte. Deux grandes catégories de questions se présentent. Certaines ont trait à l'anatomie, à la physiologie génitale, à la contraception, aux infections sexuellement transmissibles ; tableaux, diapositives, vidéocassettes peuvent être utilisés pour y répondre de façon précise. Les autres questions sont d'ordre relationnel. Elles sont de beaucoup les plus importantes à aborder. Les relations avec les parents et, encore plus, les relations entre garçons et filles sont centrales. La parole n'est plus tant à celui « qui sait » qu'à ceux qui vivent concrètement ces situations. L'essentiel est donc d'ouvrir des débats. Ceux-ci sont particulièrement utiles entre garçons et filles, qui vont découvrir leur originalité, leurs différences. L'objectif est de faire exprimer par les filles devant les garçons, et réciproquement, ce qu'ils pensent par exemple des motifs qui les décident à « faire l'amour » : à 91 % chez les filles, c'est le sentiment amoureux, tandis que 33 % des garçons disent ne rechercher que le plaisir sans engagement durable. Ces chiffres sont ceux du rapport sur les *Comportements sexuels en France* de 1993 et correspondent à nos statistiques personnelles de 2004.

Une autre façon de faire participer la classe aux échanges et débats consiste à faire exprimer par les élèves leurs désirs et leurs plaisirs, par groupe de trois à six, mixtes ou non, selon leur choix. Bien trop souvent les discours des adultes sont moralisants et mal reçus par le jeune auditoire. L'adulte, certes, peut affirmer des principes tels que « tu ne feras l'amour que lorsque tu seras capable d'en assumer les conséquences ». Mais, pour mobiliser réflexion et orientation, il est préférable de partir de désirs explicités. Par la médiation de l'intervenant, les élèves d'une classe peuvent évoquer ces désirs sans craindre la dérive vers la dérision. Si dans la hiérarchie des plaisirs, le plaisir sexuel et amoureux est très valorisé, l'engagement réciproque, les sentiments de don et de possession, l'émerveillement d'une intense communication amoureuse sont des plaisirs également reconnus. Dans tous les sondages, plus de 80 % des adultes mettent la fidélité et la tendresse en tout premier plan de leurs choix. De même, enfants et adolescents valorisent ces sentiments dans leurs désirs, car eux aussi veulent découvrir la plénitude d'un amour réciproque. Mais ils disent eux-mêmes que les amours adolescentes sont précaires et que ceux qui se réservent pour le « Grand Amour » ne sont pas mal avisés. (À 18 et 19 ans, 28,1 % des garçons et 36,2 % des filles n'ont pas eu de partenaire sexuel, d'après le rapport déjà cité.)

Toujours dans cette mise au jour des plaisirs, l'interrogation de la classe fait apparaître le plaisir d'être utile, de faire plaisir. Quand, au cours de la rencontre, garçons et filles racontent les occasions qu'ils ont eues de rendre service à l'autre, quel qu'il soit (garde d'enfants, aide scolaire, accompagnement d'handicapés, etc.), tous témoignent que, dans ces circonstances, ils ont éprouvé un plaisir de qualité. On peut considérer qu'il s'agit d'une propédeutique de la relation amoureuse : apprendre à faire attention à l'autre et à ses besoins est l'antidote de l'éducation « À moi ! À moi ! » des enfants trop gâtés par leurs parents. Pour les défavorisés de la vie qui, partout, en famille, à l'école, dans l'immédiat et dans l'avenir, ont toutes les raisons de se sentir « de trop », rendre service est une des rares occasions où ils se sentent valorisés. On sait combien de jeunes délinquants peuvent trouver une raison d'être lorsque des peines de substitution les mettent en condition d'être utiles.

Enfin, le désir d'enfants, s'il est manifeste chez les plus jeunes, se réduit ensuite à un assez petit nombre et seulement lorsque le couple aura conquis tout ce qui paraît aujourd'hui indispensable pour donner ses chances à l'enfant. L'argent, le confort, la sécurité semblent indispensables pour procréer, surtout dans les grandes classes.

Cependant, au total, on est chaque fois étonné de la qualité de jugement d'une classe dans son ensemble. Tous réunis ont une sorte d'instinct de vie, de plaisir de vivre, d'« eros » que le médiateur peut aider à s'exprimer et qui s'oppose au discours de mort que représente le risque de sida.

Un questionnaire d'évaluation, rempli sur place, laisse à tous la possibilité d'exprimer leurs intérêts, leurs désaccords et leurs réflexions personnelles. Dans les jours qui suivent, l'intervenant rédige une synthèse qui retranscrit tout ce que les élèves ont exprimé. Le chef d'établissement reçoit le document et le diffuse auprès des enseignants intéressés, et surtout des élèves concernés qui peuvent le faire lire à leurs parents comme le reflet de ce que pense la classe tout entière. Chaque élève garde ainsi une trace écrite de cette rencontre et peut en reparler avec ses camarades, avec les maîtres qu'il juge ouverts sur ces questions et avec les parents toutes les fois que c'est possible.

Denise Stagnara

▶ **Bibliographie**

Pour les enfants et les adolescents :

DOLTO C. (dir.), *Dico-Ado*, Paris, Gallimard, 2000.

SONET D., *Découvrons l'amour*, Paris, Droguet et Ardant, 1999.

STAGNARA D., *Aimer à l'adolescence*, Paris, Dunod, 2003.

STAGNARA D., *L'Amour c'est génial mais…*, Paris, Dunod, 2005.

STAGNARA D., *La Première Fois*, Paris, La Martinière Jeunesse, 2002.

Pour les éducateurs :

ANATRELLA T., *Interminables adolescences*, Paris, Cerf, 1999.

ANATRELLA T., *Le Sexe oublié*, Paris, Flammarion, 1993.

STAGNARA D., STAGNARA P., *L'Éducation affective et sexuelle en milieu scolaire*, Paris, Dunod, 1995.

▶ **Voir aussi**

Adolescence – Parentale (Éducation) – Relation parents/enfants – Santé (Éducation pour la).

AFFECTIVITÉ

La notion d'« affectivité » se rapporte au vaste domaine des phénomènes émotionnels, relatifs au plaisir ou au déplaisir. Ces phénomènes sont souvent désignés comme des *humeurs* lorsqu'ils sont passagers et comme des *sentiments* lorsqu'ils sont relativement contrôlés. Dans la tradition philosophique, c'est le terme *passions* qui sert à nommer les émotions. En psychanalyse, les émotions sont des *affects*.

Affectivité et cognition

L'opposition entre l'affectivité et la cognition est classique dans la pensée occidentale. Du côté de la cognition se situeraient la rationalité, le conscient, le clairement explicité ; de l'autre l'irrationnel, l'inconscient, l'implicite. Cette opposition se manifeste à l'intérieur de la psychologie. Pour certains, la cognition pourrait être étudiée par des approches objectives, tandis que l'affectivité nécessiterait des approches cliniques. On pourrait *expliquer* la cognition mais on ne pourrait que *comprendre* l'affectivité. On pourrait rechercher les lois de la cognition mais il faudrait se limiter à restituer le vécu de l'affectivité.

Ces oppositions, qui suggèrent que l'affectivité et la cognition constituent deux domaines indépendants, correspondent sans doute à un moment nécessaire dans l'approche des phénomènes psychologiques ; fondamentalement, elles ne sont cependant guère pertinentes. Dans toute conduite sont intimement mêlés des aspects relatifs à la cognition (prise d'informations, usage de la mémoire, élaboration de réponses adaptées) et des aspects relatifs à l'affectivité (chaque phase du déroulement de la conduite peut être caractérisée par un état émotionnel).

Alors que dans la représentation classique du psychisme l'émotion est considérée comme un facteur perturbant, les travaux récents tendent à montrer les influences positives des émotions sur la vie mentale. Les émotions, du moins lorsqu'elles sont positives et d'intensité modérée, facilitent de nombreux apprentissages et toute une série de processus mentaux (les processus créatifs notamment). Les émotions contribuent également à la régulation de l'activité, en fournissant des signaux sur ses résultats, et elles jouent un rôle dans la structuration du développement cognitif.

Les composantes des émotions

Dans tout phénomène émotionnel, on peut distinguer trois composantes : une composante physiologique, une composante expressive et une composante psychologique qui constitue l'expérience émotionnelle.

Aux états émotionnels correspondent des manifestations physiologiques qui varient peu d'une émotion à l'autre. Elles sont commandées par le système nerveux autonome : dilatation des pupilles, diminution des sécrétions salivaires, augmentation de la transpiration de la peau, accélération du rythme cardiaque, augmentation des sécrétions des glandes surrénales, etc. Des indicateurs physiologiques plus subtils, comme les taux d'hormones ou la nature des circuits impliqués, permettent de différencier les états émotionnels.

Les émotions se manifestent principalement par des comportements non verbaux (sourires, grimaces, mimiques, attitudes corporelles, etc.) qui sont facilement interprétés au cours des interactions sociales. Comme l'avait envisagé Charles Darwin, pour qui l'émotion était un moyen de communication antérieur au langage, les émotions de base (comme la peur, la colère, le bonheur) s'expriment par les mêmes expressions faciales dans toutes les cultures. La variabilité interculturelle se manifeste principalement par l'intensité des manifestations affectives et par la valorisation de certaines émotions relativement à d'autres.

L'expérience émotionnelle est dominée par la polarité agréable/désagréable. Les émotions sont également appréhendées sous l'angle de leur durée et de leur intensité. Les nombreuses nuances de la vie émotionnelle sont bien reflétées dans le langage, qui est particulièrement riche pour les décrire. Lorsque l'on demande à un groupe de sujets de citer des exemples d'émotions, on obtient (en anglais) près de 400 termes différents. Les termes qui reviennent le plus fréquemment et qui désignent les émotions prototypiques sont : *amour*, *haine*, *colère* et *tristesse*. Pour certains auteurs, cette diversité est plus apparente que réelle et tous les états émotifs résulteraient de la combinaison d'un nombre limité (une dizaine) d'émotions de base.

Le développement affectif

Ne distinguant pas encore le monde extérieur et le monde intérieur, le nouveau-né a une vie affective peu différenciée, essentiellement centrée sur le corps et l'action propres. Les émotions de base sont peu nombreuses. Très vite, les sources d'intérêt se diversifient, des situations de plus en plus variées se chargent de significations émotionnelles, les émotions se différencient ; l'affectivité s'investit dans ces objets permanents que sont les personnes et elle s'inscrit dans une perspective temporelle de plus en plus étendue. Vers deux ans, l'enfant manifeste la même gamme d'émotions que l'adulte. Vers la troisième année, avec l'avènement de la représentation, l'objet de l'affectivité devient constamment présent et les affects acquièrent une certaine stabilité. En même temps, apparaissent les sentiments vis-à-vis de soi-même et la crise d'opposition bien connue à cet âge. L'adolescence se caractérise par l'apparition des sentiments d'autonomie, préparée de longue date, et l'ouverture aux valeurs. Parmi les phénomènes importants mis en évidence à l'occasion de l'étude du développement affectif, on peut citer l'hospitalisme et l'attachement. Les enfants souffrant de carences affectives fortes et d'absence de maternage ont un développement physique et psychologique très gravement perturbé et retardé, c'est le syndrome d'hospitalisme décrit par Spitz. L'attachement, ou le lien à la mère, est une forme primaire de lien social, qui se manifeste comme un besoin inné et qui est indépendante des satisfactions alimentaires que l'enfant peut recevoir de sa mère (Bowlby).

La plus connue des théories du développement affectif a été proposée par Freud. Elle n'est pas fondée sur des observations d'enfants. C'est en grande partie à l'aide de données recueillies sur des adultes qui suivaient une cure que Freud a reconstruit les étapes du développement affectif. Selon la théorie, l'activité psychique est orientée vers la satisfaction des pulsions sexuelles (principe du plaisir). Mais cette recherche du plaisir ne peut être satisfaite directement car elle rencontre des obstacles internes (les pulsions d'autoconservation) et externes (principe de réalité). D'où un conflit psychique fondamental. Le développement affectif est la succession des formes que prend ce conflit ou, en d'autres termes, la succession des modes d'organisation de la vie sexuelle de l'enfant. La première période du développement, dite prégénitale, est constituée d'abord d'une série de stades définis à partir de la prédominance d'une zone érogène particulière dans la vie psychique : stades oral, anal, phallique. Viennent ensuite la période du complexe d'Œdipe (qui concerne surtout les garçons), dont le dépassement permet la constitution du surmoi et qui, de ce fait, est un facteur central de la constitution de la personnalité, et la période de latence, période de calme affectif relatif. La seconde période, dite période génitale, commence avec l'adolescence.

Il y a un parallélisme étroit entre le développement affectif et les développements social et moral, qui provient de ce que les relations sociales et les sentiments moraux découlent des relations affectives.

Affectivité et motivation

L'affectivité entretient des rapports étroits avec la motivation. La plupart des théories psychologiques de la motivation sont fondées sur un principe simple : le sujet recherche un certain état de confort ou de satisfaction, et cherche à éviter les états d'inconfort. C'est cette recherche du confort (ou l'évitement de l'inconfort) qui oriente, plus ou moins intensément, l'activité des individus vers certains buts. Il peut s'agir de réduire un déséquilibre organique, de réaliser une image de soi projetée dans l'avenir et jugée souhaitable, ou encore de satisfaire un besoin de curiosité. C'est par son lien avec la motivation que l'affectivité est un facteur important des apprentissages, de la réussite scolaire et de la réussite en formation.

Parmi les facteurs affectifs jouant un rôle positif, on peut citer le sentiment de compétence, général ou spécifique à un domaine, l'estime de soi, un niveau d'anxiété modéré. La motivation est généralement suscitée par des récompenses qui deviennent le but à atteindre, et par des sanctions qui indiquent les conduites à éviter. Les récompenses ont une force motivante bien plus grande que les sanctions. Il est utile de distinguer les récompenses sans rapport direct avec l'activité d'apprentissage (motivation extrinsèque), comme les récompenses matérielles ou les évaluations sociales, et les récompenses qui proviennent du plaisir que le sujet éprouve à apprendre (motivation intrinsèque). Très souvent, les interventions visant à développer la motivation extrinsèque ont un effet négatif sur la motivation intrinsèque et, finalement, ne sont pas les plus favorables aux apprentissages.

Michel Huteau

Émotion et apprentissage

Selon la conception dualiste de Descartes, la pensée est une activité séparée du corps. Cette conception a exercé – et continue à exercer – une grande influence dans les sciences et les lettres occidentales. Selon certains commentateurs, la notion cartésienne d'un esprit séparé du corps est, vers le milieu du XXe siècle, à l'origine des théories qui interprètent la cognition sur le modèle d'un logiciel informatique.

À partir d'une conception moins « séparatiste », il est possible de concevoir l'émotion et la pensée comme étant interdépendantes bien que séparées. Jean Piaget fait la comparaison avec le fonctionnement d'une voiture : l'affectif est comme le carburant qui fait tourner le moteur, tandis que le cognitif est analogue au moteur qui permet de donner puissance et direction aux mouvements de la voiture. Le cognitif permet de comprendre, de structurer la réalité en termes d'espace, de temps, de causalité ; l'affectif soutient l'intérêt, fournit l'énergie mentale.

Vygotski critiquait également la position théorique « séparatiste » : « La séparation du côté intellectuel de notre conscience de son côté affectif et intentionnel est un des défauts de toute psychologie traditionnelle. À cause de cette séparation, l'acte de penser est inévitablement transformé en un flux de pensées qui se pensent elles-mêmes. Il est séparé de toute la plénitude de la vie réelle, des motivations et des intérêts vivants et de ce qui attire l'homme qui pense » (cité par Wertsch, 1985).

Une telle théorie a préparé le terrain à une conception transdisciplinaire plus récente, qui conçoit le fonctionnement de l'esprit humain d'une façon plus globale : « Le corps et le cerveau fonctionnent comme une unité qui interagit pleinement avec l'environnement physique et social » (Damasio, 1995). Dans cette perspective, la perception des émotions exerce une puissante influence sur le raisonnement.

Pour la pédagogie, il est donc essentiel de ne pas penser l'apprentissage comme un pur acte intellectuel qui se passerait d'émotions. Le bon fonctionnement intellectuel dépend de la perception de nos émotions, notamment la manière dont nous percevons la place qui nous est réservée dans une communauté ou un groupe humain, la confiance que nous pouvons avoir dans la relation pédagogique, l'image de nous-mêmes qui nous est renvoyée par autrui.

Des recherches pédagogiques montrent à quel point il est important de s'impliquer émotionnellement pour apprendre. Cette implication peut être favorisée par des pédagogies participatives où la relation se noue dans une activité commune, spécialement conçue pour l'apprentissage visé. Si les élèves ont un rôle à jouer, si leurs responsabilités – ainsi que celle de l'enseignant – sont clarifiées, il est plus facile d'instaurer une relation pédagogique de confiance et de mobiliser l'attention des élèves. Le côté émotionnel de l'apprentissage s'inscrit alors dans l'action pédagogique, élaborée comme une interrogation commune, une recherche de sens. L'enseignant devient plus un partenaire qu'un transmetteur.

Dans cette optique, il s'agit avant tout de créer l'intersubjectivité, condition pour permettre l'adhésion à un projet commun. Cette intersubjectivité n'a pas pour but de connecter des systèmes cérébraux, à l'instar d'ordinateurs qui échangeraient des flux d'information, mais de créer une communication entre des personnes qui sont porteuses de leurs attentes, de leur vécu, de leur compréhension de la situation. Le mode d'évaluation doit s'inscrire dans la même logique d'intersubjectivité : si l'élève a bien compris les critères d'évaluation et s'il sait d'avance qu'il peut avoir une prise sur ses propres résultats, l'examen devient l'occasion de montrer ce qu'il sait, au lieu d'être le contrôle organisé de ce qu'il ne sait pas. Une telle approche pédagogique mobilise l'apprenant par le défi qu'elle lui pose et par l'attitude d'autoresponsabilisation qu'elle suscite. Cette attitude guide la réflexion et approfondit la compréhension.

Britt-Mari Barth

▸ Bibliographie

Barth B.-M., *Le Savoir en construction*, Paris, Retz, 1993, ch. 7.

Baudier A., Céleste B., *Le Développement affectif et social du jeune enfant*, Paris, Nathan Université, 1990.

Damasio A. R., *L'Erreur de Descartes*, Paris, Odile Jacob, 1994.

De Bonis M., *Connaître les émotions humaines*, Liège, Mardaga, 1996.

Vallerand R. J., Thill E., *Introduction à la psychologie de la motivation*, Québec, Vigot, 1993.

Wertsch J. V., *Vygotski and the Social Formation of Mind*, Cambridge, Harvard University Press, 1985.

▸ Voir aussi

Activité – Créativité – Intérêt – Motivation – Personnalité – Psychologie de l'apprentissage.

AFPA ▸ Association nationale pour la formation professionnelle des adultes

Agent territorial spécialisé des écoles maternelles (ATSEM)

Le sigle ATSEM désigne les agents territoriaux spécialisés des écoles maternelles.

Les institutions de la petite enfance dépendent de plusieurs ministères : celui de l'Éducation nationale, celui de la Santé et des

Affaires sociales. Depuis la loi de décentralisation, un troisième partenaire est entré en scène : les municipalités. En conséquence, trois catégories de personnels interviennent :
– les professeurs des écoles maternelles, dont le statut est celui de la fonction publique ;
– les professionnels de la petite enfance, éducateurs de jeunes enfants, puériculteurs, auxiliaires de puériculture, dont le statut est celui des éducateurs et des travailleurs sociaux ;
– les agents territoriaux spécialisés des écoles maternelles, qui sont peu ou pas du tout formés et peu organisés en profession. Toutefois, depuis 1992, la fonction exige le CAP de la petite enfance. Les personnels municipaux ont accès à la formation continue. Leur rôle évolue de l'agent d'entretien à celui de collaborateur du professeur des écoles, notamment pour les périodes d'accueil et de rentrée.

Christiane Étévé

▸ Bibliographie

CRESAS, *Accueillir à la crèche, à l'école : il ne suffit pas d'ouvrir la porte*, Saint-Fons/Paris, INRP/L'Harmattan, 1991.

▸ Voir aussi

École maternelle – Éducateur(trice) – Petite enfance (Personnels de la) – Préscolaire.

Agrégation

L'agrégation est un concours de recrutement de fonctionnaires de l'État. Le concours de l'agrégation confère non pas un grade universitaire, mais un titre professionnel.

Dans *l'enseignement secondaire,* le concours de l'agrégation a été institué en 1808, après un premier essai en 1766, pour recruter des professeurs de lycée. Actuellement, les agrégés enseignent exceptionnellement en collège ; ils peuvent être affectés dans un établissement d'enseignement supérieur. Ils sont environ 50 000.

Il existe depuis 1989 un concours externe et un concours interne. Ces concours sont organisés par sections – c'est-à-dire par discipline d'enseignement – qui peuvent comprendre des options. Ces sections sont au nombre de vingt, la section langues vivantes étrangères comportant un grand nombre de langues. Les concours comportent des épreuves d'admissibilité écrites – de trois à cinq pour l'agrégation externe, deux généralement pour l'agrégation interne – et des épreuves d'admission qui sont orales. Pour pouvoir faire acte de candidature à l'un ou à l'autre des concours de l'agrégation, il faut justifier d'une maîtrise ou de titres ou diplômes équivalents fixés par arrêté du ministre chargé de l'Éducation. Le concours interne est réservé aux fonctionnaires de l'État, des collectivités territoriales et des établissements publics justifiant d'au moins cinq ans d'expérience professionnelle au sein du service public. Peuvent aussi s'inscrire aux concours de l'agrégation les détenteurs du CAPES, du CAPET, du CAPEPS, du diplôme de professeur des écoles, du CAPLP, du CAPET agricole, du CAPLP agricole, ainsi que les professeurs certifiés, les professeurs de lycée professionnel, les professeurs d'éducation physique et sportive, les professeurs certifiés et de lycée professionnel de l'enseignement agricole.

Peuvent se présenter aux concours de l'agrégation dans les mêmes conditions que les ressortissants français : les ressortissants des États de l'Union européenne, ou ceux des États qui ont signé l'accord sur l'espace économique européen.

Dans *l'enseignement supérieur,* pour les disciplines juridiques, politiques, économiques et de gestion, deux voies de recrutement sont offertes : les concours nationaux d'agrégation ; les concours sur emplois.

Les candidats reçus sont nommés dans le corps des professeurs des universités, puis affectés à un établissement, après avis de ce dernier et compte tenu de leur rang de classement, dans la mesure où les besoins du service le permettent.

Les concours de médecine ne portent pas l'intitulé d'agrégation, même si les personnels hospitalo-universitaires usent ensuite du titre d'agrégé.

Pierre Dasté

▸ **Références**

Décret modifié n° 72-580 du 4 juillet 1972 portant statut particulier des professeurs agrégés de l'enseignement du second degré.

Conseil d'État du 23 janvier 1976, *Recueil Lebon*, p. 53.

Article 16 de la loi n° 83-634 du 13 juillet 1983 portant droits et obligations des fonctionnaires.

Article 19 et suivants de la loi n° 84-16 du 11 janvier 1984 portant dispositions statutaires relatives à la fonction publique de l'État.

Arrêtés modifiés du 13 février 1986 et du 27 mars 1990 fixant l'organisation générale des concours nationaux sur épreuves ouverts pour le recrutement des professeurs des universités des disciplines juridiques, politiques, économiques et de gestion.

Décret modifié n° 84-431 du 6 juin 1984 portant dispositions statutaires communes applicables aux enseignants-chercheurs et statut particulier du corps des professeurs des universités et du corps des maîtres de conférences.

▸ **Bibliographie**

CHERVEL A., *Histoire de l'agrégation*, Saint-Fons/Paris, INRP/Kimé, 1993.

VERNEUIL Y., *Les Agrégés : histoire d'une exception française*, Paris, Belin, 2005.

▸ **Voir aussi**

Concours – Personnel enseignant.

AGRICOLE (ENSEIGNEMENT)

Dès l'origine, au début du XIXe siècle, l'enseignement agricole se caractérise par une forte liaison entre formation et activités professionnelles, ce qu'on appellera plus tard l'alternance. Institutionnalisé par une loi d'octobre 1848, il est placé depuis lors sous la tutelle du ministère de l'Agriculture. Durant plus d'un siècle, il a préservé son originalité, avec des établissements installés sur des exploitations agricoles, des programmes adaptés aux réalités régionales, des diplômes spécifiques, un personnel enseignant parmi lequel des ingénieurs ont un rôle déterminant d'articulation avec le milieu professionnel. Le ministère de l'Instruction publique assure un enseignement préparant à l'entrée dans l'agriculture, dans les écoles primaire puis, après 1918, dans les cours postscolaires agricoles et ménagers agricoles.

La société rurale disparaît après la Seconde Guerre mondiale, lorsqu'en quelques années des progrès sans précédent transforment les conditions et les résultats de l'activité agricole. Afin de moderniser le pays, les dirigeants de la Ve République veulent, à la fois, élever les qualifications des personnes travaillant dans l'agriculture et l'agro-industrie et permettre des départs vers d'autres secteurs économiques. Afin d'atteindre ces objectifs, la loi du 2 août 1960 réforme l'ensemble de l'enseignement agricole en l'articulant avec les formations relevant de l'Éducation nationale.

En 1982, à l'issue d'une consultation de plusieurs mois et à l'initiative du ministre, personnels, élèves, parents et organisations professionnelles formulent des propositions qui seront à la base d'une profonde réforme. Le Parlement vote, sans aucune opposition, deux lois, l'une rénovant l'enseignement agricole public (9 juillet 1984) et l'autre réformant les relations entre l'État et les établissements agricoles privés (31 décembre 1984). Ce double processus, unique dans l'histoire de l'enseignement en France, est incontestablement la base du fort consensus qui a permis de changer l'enseignement agricole dans toutes ses dimensions.

Les points forts de la rénovation

La rénovation se caractérise notamment par une forte articulation entre formations et champs professionnels : une démarche pédagogique reposant sur l'approche complexe des savoirs professionnels ; un mode d'évaluation associant contrôle en cours de formation et examen terminal ; la participation des établissements au développement économique et social régional.

La loi d'orientation agricole du 8 juillet 1999 confirme les missions, qui doivent prendre en compte l'évolution des diverses formes de l'agriculture, de ses activités annexes et des divers modes de développement rural : assurer une formation générale technologique initiale et professionnelle continue ; participer à l'animation du milieu rural ; contribuer à l'insertion scolaire des jeunes, à l'insertion sociale et professionnelle de ces derniers et à celle des adultes ; contribuer aux activités de développement, d'expérimentation et de recherche appliquée ; participer à des actions de coopération internationale.

Ces réformes ont rendu l'enseignement agricole plus attractif. Ainsi, de 1983 à 2003, les effectifs de l'enseignement général, technologique et professionnel agricole ont augmenté de près de 41 %, atteignant 173 000 élèves. Les établissements privés sont regroupés au sein de trois fédérations : le Conseil national de l'enseignement agricole privé, l'Union nationale des maisons familiales rurales d'éducation et d'orientation, l'Union nationale rurale d'éducation et de promotion. Les établissements publics ne scolarisent que 39 % des effectifs totaux, mais les deux tiers de leurs élèves sont inscrits dans des formations de niveaux IV et III, alors qu'ils ne sont qu'un tiers à ces niveaux dans les établissements privés. Les filières à finalité professionnelle scolarisent 73 % des élèves, un peu plus de la moitié d'entre eux se situant dans les formations de niveaux IV et III. Ces filières sont plus importantes dans les établissements publics (79 %) que dans le privé (68 %). Il y a eu ces dernières années une élévation du niveau moyen de ces formations.

Les filles sont minoritaires (45,4 %), soit un tiers des effectifs de l'enseignement public et plus de la moitié de ceux de l'enseignement privé. Leurs effectifs augmentent depuis plusieurs années, et leur place n'a jamais été aussi importante depuis le début des années 1970.

L'évolution du public de l'enseignement agricole

L'enseignement agricole a été créé comme l'enseignement des enfants d'agriculteurs et de salariés agricoles, mais leur place est en diminution rapide, passant de 42,4 % en 1985 à 16,5 % en 2003. Ceci s'explique par la baisse du nombre des agriculteurs (la part des agriculteurs dans la population active totale est passée de 20 % en 1962 à 3,5 % en 2002), le changement de comportement des familles agricoles vis-à-vis de l'école et les transformations des perspectives d'emploi. Leur importance est plus grande chez les garçons que chez les filles ; elle croît également avec le niveau de formation. Le premier groupe d'élèves par ordre d'importance est constitué par les enfants d'employés (23,3 %), le deuxième étant celui des enfants d'ouvriers non agricoles (20,4 %).

Dans l'enseignement supérieur, près de 11 000 étudiants sont accueillis dans 32 écoles, dont 25 publiques. Les 166 centres de formation d'apprentis, dont 101 publics, forment plus de 29 000 jeunes ; les effectifs ont été multipliés par presque trois en dix ans.

La formation professionnelle continue est organisée par 510 centres dont 192 publics ; ceux-ci accueillent 68 000 stagiaires par an et assurent près des deux tiers des 19 millions d'heures/stagiaires recensées en 2003.

Les parcours de formation sont semblables à ceux existant à l'Éducation nationale, et conduisent à des diplômes identiques ou reconnus équivalents. Ils peuvent être préparés par la voie scolaire, l'apprentissage ou la formation des adultes, ainsi que par la voie de la validation des acquis professionnels :

– Après les classes de 4e et 3e préparatoires et technologiques, le second cycle professionnel conduit au certificat d'aptitude professionnelle agricole (CAPA), au brevet d'études professionnelles agricoles (BEPA), diplômes de niveau V, et au baccalauréat professionnel, diplôme de niveau IV.

– Le second cycle général et technologique conduit, par la voie générale, au baccalauréat général série scientifique S (dominante biologie – écologie), ou, par la voie technologique, au baccalauréat technologique série STAE (sciences et technologies de l'agriculture et de l'environnement) ou série STPA (sciences et technologies du produit agroalimentaire), ainsi qu'au brevet de technicien agricole (BTA).

– Le premier cycle supérieur comprend deux types de formation : les sections préparant au brevet de technicien supérieur (BTSA) et les classes préparatoires aux concours d'entrée dans l'enseignement supérieur agricole, agronomique et vétérinaire.
– L'enseignement supérieur comprend des formations diverses dont la durée et les diplômes sont variés : licence professionnelle, master, ingénieur agronome, ingénieur agricole, ingénieur des techniques agricoles, vétérinaire, doctorat, etc.
– La formation professionnelle continue conduit aux diplômes préparés par la voie scolaire et à des diplômes spécifiques elle assure des formations non diplômantes. Il existe trois diplômes spécifiques : au niveau V, le brevet professionnel agricole ; le brevet professionnel agricole et maritime, créé conjointement par le ministère chargé de l'Agriculture et par le ministère chargé de la Mer ; au niveau IV, le brevet professionnel, délivré selon les modalités d'unités capitalisées.

Michel Boulet

▸ Bibliographie

Boulet M. (dir.), *Les Enjeux de la formation des acteurs de l'agriculture, 1760-1945*, Actes du colloque ENESAD du 19 au 21 janvier 1999, Dijon, Éducagri éditions, 2000.

Boulet M. (dir.), *La Formation des acteurs de l'agriculture. Continuités et ruptures 1945-1985*, Actes du colloque ENESAD du 27 au 29 novembre 2001, Dijon, Éducagri éditions, 2003.

Boulet M., Stéphan N., *L'Enseignement agricole en Europe,* Paris, L'Harmattan, 2003.

Charmasson T., Duvigneau M., Lelorrain A.-M., Le Naou H., *L'Enseignement agricole, 150 ans d'histoire*, Dijon, Éducagri éditions, 1999.

Observatoire national de l'enseignement agricole, *Rapport bilan 1996-2004,* ministère de l'Agriculture, de l'Alimentation, de la Pêche et des Affaires rurales, Dijon, Éducagri éditions, 2004.

▸ Voir aussi

Acquis (Reconnaissance et validation des) – Alternance (Formation en) – Brevet – Certificat – Diplôme – Privé (Enseignement) – Public (Enseignement) – Système éducatif.

Aide sociale aux étudiants

Il existe plusieurs types d'aides financières destinées aux étudiants en vue de réduire les inégalités sociales parmi eux et d'accroître leur autonomie.

Les aides financières directes

Les bourses constituent une aide sociale attribuée aux étudiants par les recteurs d'académie en fonction de critères sociaux et universitaires. Il s'agit d'une aide directe non remboursable.

Parmi les bourses nationales, il faut distinguer plusieurs cas. Les bourses d'enseignement supérieur sont attribuées principalement sur critères sociaux (appréciation des revenus de la famille et des charges particulières conformément à la législation fiscale), mais aussi sur critères d'âge (moins de 26 ans, sauf exceptions), de nationalité (Français ou ressortissants étrangers sous certaines conditions de séjour) et pédagogiques (inscription dans un établissement d'enseignement supérieur, soit public, soit privé, habilité à recevoir des boursiers). Le paiement s'effectue en principe en trois trimestres au regard d'un barème national fixant le plafond des ressources au-delà duquel une bourse ne peut être accordée. Les étudiants inscrits dans les nouvelles filières conduisant au diplôme de master peuvent depuis 2003 bénéficier de ces aides.

Les bourses sur critères pédagogiques sont attribuées quant à elles en fonction de critères universitaires et sociaux. Elles comprennent notamment les allocations d'études de troisième cycle, les bourses de service public (versées aux étudiants préparant des concours administratifs), les allocations d'enseignement (étudiants préparant les concours d'enseignement). Des bourses au mérite sont aussi attribuées afin de permettre à des étudiants issus de milieux modestes d'accéder à certaines grandes écoles.

D'autres bourses sont accordées aux étudiants par certaines collectivités locales, et par le Centre national des œuvres universitaires et scolaires, établissement public sous tutelle du ministre de l'Éducation nationale, chargé notamment de la gestion des aides à la mobilité des étudiants accordées dans le cadre du programme européen Erasmus.

L'allocation de logement social instaurée en 1992, versée aux étudiants sans conditions de ressources, a été supprimée. Il n'est plus prévu aujourd'hui qu'une allocation unique d'aide d'urgence.

Alors que, traditionnellement, l'action sociale vers les étudiants était externalisée par rapport aux établissements d'enseignement supérieur, une évolution est intervenue depuis les années 1990, allant vers un rapprochement de celle-ci par rapport aux lieux d'étude. Un fonds d'amélioration de la vie étudiante a été institué au sein des établissements (alimenté par des crédits d'État), remplacé depuis 2005 par le « fonds de solidarité et de développement des initiatives étudiantes », qui est alimenté par une partie des droits d'inscription acquittés par les étudiants auprès de leur université.

Le reste des aides directes est constitué par les prêts d'honneur (accordés aux étudiants non boursiers) et le fonds de solidarité universitaire. Alors que le crédit destiné à ce fonds stagne entre 2004 et 2005, ceux des prêts d'honneur progressent dans le même temps de plus de 130 %, traduisant un infléchissement libéral de la politique d'aide sociale aux étudiants.

Les aides indirectes

À côté des bourses d'enseignement supérieur, d'autres catégories d'aides sont accordées aux étudiants ou à leur famille. On distingue :

– les aides budgétaires indirectes (restauration et hébergement universitaires, compensation de l'exonération des droits d'inscription au bénéfice des étudiants boursiers, transports des étudiants). Elles s'élèvent dans la loi de finances 2005 à 287 millions d'euros ;

– les aides fiscales, dont la majorité réside dans la prise en compte des effets (en économie d'impôts) de la majoration du quotient familial liée à la présence d'enfants étudiants rattachés au foyer fiscal ;

– les aides médicales et socio-éducatives (60 millions d'euros au budget 2005).

Désormais les CROUS gèrent le dossier social étudiant, qui permet aux étudiants d'effectuer simultanément leur demande de bourse et de logement en accédant à un guichet unique sur Internet.

Réduction des inégalités sociales et autonomie des étudiants

La loi (art. L. 821-1 du code de l'éducation) dispose que « la collectivité nationale [...] privilégie l'aide servie à l'étudiant sous conditions de ressources afin de réduire les inégalités sociales ».

Le plan social étudiant mis en œuvre par le gouvernement de 1998 à 2002 a visé à la fois à réduire l'échec des étudiants dans les premiers cycles universitaires, aggravé par les inégalités sociales, et à ouvrir l'accès dans une certaine mesure à une autonomisation financière des étudiants. Ce plan a atteint en 2002 son objectif, consistant à porter à 30 % de l'effectif total le nombre des étudiants aidés. Il a également retenu :

– Un aménagement des règles d'attribution des bourses sur critères sociaux prenant en compte la réforme des études qui a généralisé en 1997 le régime de validation semestrielle et les principes de compensation et de capitalisation des enseignements d'une année sur l'autre. D'où le maintien possible du droit à bourse une année supplémentaire pour permettre l'achèvement d'un cycle universitaire en cas d'échec aux examens, ou pour permettre une réorientation dans une autre filière.

– La création d'une allocation d'études destinée à des étudiants dont la situation appelle des aides d'urgence ou placés en situation d'indépendance familiale.

Ce plan social est resté en retrait par rapport aux revendications de certains syndicats étudiants en faveur d'un véritable « revenu étudiant » prenant la forme d'une « allocation universelle et individualisée » (UNEF-ID), reprises dans le rapport Dauriac sur *la situation sociale des étudiants* (février 2000). Des controverses se sont élevées sur l'appréciation de la pauvreté en milieu étudiant. Alors que le rapport Dauriac estimait à 100 000 le nombre des étudiants vivant en dessous du seuil de pauvreté, une étude plus précise de l'Observatoire de la vie étudiante (rapport Grignon remis en mai 2000) dissociait la situation d'étudiants placés en situation précaire, se caractérisant par « la fragilisation des études » (environ 100 000), de celle d'étudiants en situation de « pauvreté structurelle » (estimés à 23 000). La première catégorie n'appellerait qu'une adaptation des dispositifs d'aide sociale. Les pouvoirs publics affichent aujourd'hui d'autres priorités, traduites par l'accroissement des bourses au mérite.

Un constat subsiste selon lequel les aides directes actuelles ne garantissent pas l'autonomie financière des étudiants. Juridiquement, leur attribution reste subsidiaire par rapport à l'obligation alimentaire des parents prévue à l'article 203 du code civil.

Jacques Fialaire

▶ Bibliographie

Rapport Dauriac, *La Vie étudiante*, Paris, Observatoire de la vie étudiante, coll. « Repères », 2004.

Rapport Grignon, *Étudiants en difficulté : pauvreté et précarité*, Paris, Observatoire de la vie étudiante, coll. « Repères », 2003.

▶ Voir aussi

Bourse – Centre national des œuvres universitaires et scolaires (CNOUS) – Étudiant – Université.

Alain (1868-1951)

Philosophe, enseignant, essayiste, Émile-Auguste Chartier, dit Alain, est né le 3 mars 1868 à Mortagne-au-Perche. Élève de l'École normale supérieure, agrégé de philosophie, il fut successivement professeur de philosophie en Bretagne, à Rouen, puis dans les lycées parisiens Condorcet, Michelet et Henri-IV. Dès 1906, il commence la rédaction de ses célèbres *Propos* pour *La Dépêche de Rouen,* puis pour la brochure *Libres Propos ou* pour la *Nouvelle Revue française.*

L'ensemble de ses écrits sera classé autour d'un thème central : *Propos sur l'esthétique* (1923), *sur le christianisme* (1924), *sur le bonheur* (1928), *sur l'éducation* (1932), etc. En 1933, ayant quitté l'enseignement, il s'installe au Vésinet pour y mener une retraite fort active essentiellement vouée à l'écriture, en poursuivant la rédaction de ses *Propos* et en publiant notamment une autobiographie intellectuelle, *Histoire de mes pensées.* C'est au Vésinet qu'il mourra le 2 juin 1951, peu après avoir reçu le Grand Prix national de littérature.

Orientations philosophiques

L'œuvre d'Alain est celle d'un « éveilleur » d'esprit qui invite tout un chacun à se défier des opinions communes et des idées toutes faites. Alain offre un modèle de pensée rationnelle et sceptique, hostile aussi bien aux apports de la psychanalyse qu'à ceux du marxisme, résolument anti-intellectualiste et antisociologique. En vérité, il se préoccupe bien davantage de la manière dont il faudrait penser plutôt que de ce qu'il conviendrait de penser : « Penser, c'est dire non… Réfléchir, c'est nier ce que l'on croit. » Considérant que seul l'homme est facteur de progrès, ses convictions politiques ainsi que ses positions éducatives révéleront une seule et même finalité : sauver l'individu de toutes les tyrannies. Conduire l'homme à la sagesse, à la maîtrise de ses passions, au contrôle de ses sens et de ses inclinations par l'esprit, telles sont, pour lui, les missions spécifiques de l'École et des éducateurs.

Conceptions éducatives

Alain croit fermement au pouvoir de l'éducation, à condition que celle-ci s'appuie sur la rigueur et fasse appel à la volonté et à l'effort. Ainsi, l'éducation doit veiller à s'écarter du « pittoresque des choses », de l'« attrayant » et du « futile », de même que l'enseignement doit faire en sorte que l'attention de l'élève soit sans répit ramenée au travail. À ses yeux, « ce qui intéresse n'instruit jamais », « l'attention facile n'est pas l'attention », « bercer n'est pas instruire », ou encore « les vrais problèmes sont d'abord amers à goûter » ; de sorte que l'éducation ne saurait promettre le plaisir, mais « donner comme fin la difficulté vaincue ». Postulant que l'élève vise au « difficile » et non à l'« agréable », Alain invite les enseignants à prendre une « certaine distance » et à demeurer « impassibles » afin d'être aptes à comprendre et à instruire. Tout comme Montaigne, il considère que la famille « instruit mal », et même « élève mal » parce qu'« il ne faut point mêler l'affection dans l'instruction ».

En désaccord avec la pédagogie dite moderne qu'il juge « à peu près folle », Alain préconise, outre un maître « sans cœur », que l'élève commence par se familiariser avec les rapports abstraits afin de « s'obliger à réfléchir ». En effet, l'essentiel de l'œuvre éducatrice est de former l'homme et principalement sa volonté, tout comme la fin de l'école n'est pas l'apprentissage et le métier mais la formation de l'homme, de tous les hommes. L'auteur révèle en effet une aspiration généreuse et antisélective de la culture et de la pédagogie : « Le projet d'instruire ceux qui en sont dignes est inutile… Le projet de n'instruire que ceux qui en sont dignes est laid… Si l'on se mettait à instruire les ignorants, nous verrions du nouveau. » Aussi est-il de la plus haute importance de donner plus de soin à l'esprit le plus lent, afin de régler l'enseignement non sur les plus doués mais sur les moins brillants, car, selon Alain, « le vrai progrès n'est pas en l'esprit d'un Thalès, mais dans l'esprit de sa servante ».

Méthodes pédagogiques

Pour Alain, l'art pédagogique est de graduer les épreuves et de mesurer les efforts, car la « grande affaire » est de donner à l'enfant « une haute idée de sa puissance et de la soutenir par des victoires ». Néanmoins, il ne préconise aucune méthode d'apprentissage originale. Considérant qu'« en parlant on use sa pensée, alors qu'en écrivant on la renouvelle », Alain fait de la copie et de l'écriture, à la condition de ne pas raturer et de « sauver ses fautes », l'un des exercices les plus favorables pour « régler nos folles pensées et leur donner consistance ». Conditions *sine qua non* pour tout apprentissage : l'ordre et la discipline. Le maître doit imposer et maintenir l'ordre « comme on balaie » ou « comme on range des objets matériels », afin d'être redouté par cette indifférence qui enlève tout espoir, y compris aux plus chahuteurs. Des méthodes pédagogiques traditionnelles mises au service d'une instruction et d'une éducation exigeantes en vue de l'obtention d'un homme maître de lui-même, conscient de ses responsabilités et de ses devoirs, tout en étant soucieux de préserver sa liberté individuelle par l'exercice quasi systématique de son esprit critique : tel est tout à la fois le paradoxe et l'originalité de la pensée éducative d'Alain.

Alain Cussey

▸ Bibliographie

Principales œuvres d'Alain :

Œuvres complètes, Paris, Gallimard, coll. « La Pléiade », 1956, 3 vol.

Propos sur le bonheur, Paris, Gallimard, coll. « Folio essais », 1986.

Propos sur l'éducation, Paris, PUF, coll. « Quadrige », 2001.

Principales œuvres sur Alain :

DREVET A., *Alain : Philosophie,* Paris, PUF, coll. « Les Grands Textes », t. I : 1963, t. II : 1965.

PASCAL G., *L'Idée de philosophie chez Alain,* Paris, Bordas, 1970.

REBOUL O., *L'Élan humain ou L'éducation selon Alain*, Montréal, Presses de l'université de Montréal, 1974.

SERNIN A., *Alain : un sage dans la cité (1868-1951),* Paris, Robert Laffont, coll. « Essais », 1985.

▸ Voir aussi

Autorité – Directivité, non-directivité – Instruction – Philosophie de l'éducation.

Alphabétisation

Le terme d'« alphabétisation » renvoie au processus d'enseignement de la langue écrite à une population donnée. Mais selon les caractéristiques de ces populations et le cadre d'enseignement, le terme évoque des réalités quelque peu différentes :

– L'alphabétisation, ce peut être l'ensemble des actions qui permettent de confronter, dans le cadre scolaire ou post-scolaire, une population d'enfants ou d'adultes à l'apprentissage de la langue écrite. C'est dans ce sens que l'on parle de campagne d'alphabétisation dans les pays en développement ou de l'évolution de l'alphabétisation des Français au XIXe siècle.

– Ce terme est aussi utilisé pour désigner l'ensemble des actions de formation post-scolaire s'adressant à des adultes. Ainsi, l'alphabétisation dans les pays industrialisés est un enjeu important des dernières décennies qui concerne aussi bien les travailleurs étrangers venus s'installer dans ces pays que les populations autochtones scolarisées, pour lesquelles l'éducation de base n'a pas assuré l'acquisition de compétences permettant de faire face aux situations de communication écrite de plus en plus complexes.

« Il est clair qu'il y a un problème d'analphabétisme dans la population adulte des pays industrialisés », peut-on lire en conclusion d'un séminaire international réunissant 16 pays d'Europe et d'Amérique du Nord (séminaire d'Eastbourne, 1981). Mais cet analphabétisme renvoie à une réalité bien différente de ce que peuvent vivre certaines populations du tiers monde, non scolarisées, totalement vierges de tout enseignement de l'écrit, quel qu'il soit. C'est pourquoi, très vite, des difficultés de terminologie sont apparues.

Les notions d'« alphabétisation » et d'« analphabétisme fonctionnels » ont été utilisées de façon à différencier ces phénomènes propres aux pays industrialisés de l'alphabétisation des pays du tiers monde. L'adjectif « fonctionnel » illustre le lien entre les difficultés de lecture/écriture et la participation aux activités sociales, culturelles, professionnelles pour lesquelles la maîtrise de l'écrit est indispensable. Certaines personnes peuvent avoir été alphabétisées et ne pas satisfaire aux normes fonctionnelles d'une société donnée. La France, quant à elle, a adopté le nom « illettrisme » pour évoquer ce phénomène.

Cependant, malgré ces différenciations lexicales et sous l'influence de l'Unesco, le terme générique commun d'« alphabétisation » a été préservé à l'échelon mondial. Dans le cadre de rencontres internationales en langue française, c'est ce vocable qui est retenu. En Belgique francophone et au Québec, ce qu'on appelle « l'alpha » renvoie aux dispositifs de formation linguistique de base, qu'ils s'adressent aux populations autochtones scolarisées ou aux populations issues de l'immigration.

La France n'a pas tout à fait suivi ce mouvement international. Ayant eu recours, à partir du milieu des années 1980, à la notion de « lutte contre l'illettrisme » pour les actions de formation s'adressant à des natifs scolarisés et maîtrisant mal l'écrit, elle a réservé celle d'« alphabétisation » à la formation linguistique des adultes issus de l'immigration.

Ainsi, et cela constitue le troisième sens possible, l'alphabétisation désigne l'ensemble des programmes de formation s'adressant à des immigrés (financés par le FASILD, ex-FAS : Fonds d'action et de soutien à l'intégration et à la lutte contre la discrimination). Cet emploi reste cependant ambigu, puisque, pour de nombreux étrangers, la formation linguistique ne constitue pas une alphabétisation, mais une formation à une langue étrangère ou à une langue seconde. D'ailleurs, sous l'impulsion du FASILD, l'appellation « alpha » perd du terrain au profit de celle de « formation linguistique ».

Ainsi le mot « alphabétisation » a souvent un sens générique peu précis. Il peut nommer un processus de confrontation initiale à un code écrit, mais aussi une remise à niveau, un réapprentissage ou une consolidation. De plus, ce terme peut évoquer l'accès à un code écrit d'une langue étrangère ou seconde, mais aussi l'accès à celui de la langue maternelle. Enfin, il peut s'appliquer à l'enseignement à des enfants dans le cadre scolaire ou à l'enseignement à des adultes dans le cadre post-scolaire de l'Éducation permanente.

Par ailleurs, le concept d'« alphabétisation » prend place dans un réseau sémantique plus large : « lutte contre l'illettrisme », « formation de base », « alphabétisme », « littéracie ».

Il constitue aussi la base d'une déclinaison plus large qui enrichit le lexique : on parle de « post-alphabétisation », d'« alphabétisation de survie », d'« alphabétisation fonctionnelle », etc.

Le recours à cette terminologie plus nuancée s'explique par la complexité du phénomène d'alphabétisation. Comment, en effet, rendre compte des différentes finalités de l'alphabétisation, des différentes formes qu'elle revêt, des différents enjeux sous-jacents ? Un seul terme, même générique, ne peut épuiser les multiples dimensions qui se cachent derrière ces questions : qu'est-ce qu'être alphabétisé ? Comment et où s'alphabétise-t-on ? Et pour quoi faire ?

Qu'est-ce qu'être alphabétisé ?

Le fait d'être alphabétisé peut être caractérisé par la capacité à déchiffrer un message simple, à décoder, à manipuler le code de correspondance grapho-phonétique. L'alphabétisation constitue une première étape de confrontation aux bases de la lecture/écriture, la post-alphabétisation traduisant alors les étapes suivantes.

De même, certains militants de l'Association française pour la lecture ont réservé le terme « alphabétisation » à l'accès à des compétences de simple décodage et ont utilisé le mot « lecturisation » pour qualifier le processus de développement d'une réelle maîtrise de la communication écrite.

On peut aussi considérer qu'être alphabétisé, c'est être capable de faire face à toutes les situations de l'écrit, en production comme en réception, et ce quels que soient le contexte et la nature des écrits.

Une question demeure : où se situe le seuil au delà duquel quelqu'un est alphabétisé ? Qui décide de ce seuil ? Les réponses sont variables selon les périodes, les pays, les contextes socio-économiques. L'alphabétisation est une notion relative et historiquement située.

Pour sortir de cette impasse de l'opposition alphabétisé/non alphabétisé (valable également pour l'opposition française entre illettré/non illettré), le recours à l'idée de « continuum » est courant. Il n'y aurait alors pas d'opposition nette entre deux états, mais une succession d'étapes sur le long parcours de la maîtrise de l'écrit. C'est dans ce sens qu'il est fait référence à de nouvelles notions : « l'alphabétisme », utilisée par les Québécois ; la « littératie », utilisée à l'échelon international, notamment par l'OCDE.

L'alphabétisme, comme la littératie, peuvent se définir comme l'ensemble des capacités de lecture et d'écriture que les adultes utilisent dans la vie quotidienne pour pouvoir fonctionner dans la société, parfaire leurs connaissances et développer leur potentiel. Ces définitions sont assez proches de celles de l'alphabétisation fonctionnelle. On y retrouve l'idée de développement de la société, de développement personnel et de fonctionnalité.

Ainsi il est possible de définir des niveaux d'alphabétisme et de littératie. C'est d'ailleurs sur la base de cette catégorisation en cinq niveaux croissants de littératie que des enquêtes internationales ont permis de tester des populations dans les pays industrialisés (OCDE, 1995 et 1997).

La question « Qu'est-ce qu'être alphabétisé ? » renvoie également au problème du rapport compétence orale/compétence écrite. En effet, « être alphabétisé », c'est avoir accès au code écrit de sa langue maternelle parlée quotidiennement dans les interactions les plus intimes. Mais ce peut être aussi avoir accès au code écrit d'une langue seconde dominante sur le plan politique et administratif (cas des pays africains…) ; ce peut être encore avoir accès au code écrit d'une langue d'un pays d'accueil dans lequel on a immigré. Selon la nature des relations entre pratiques à l'oral et compétences à l'écrit, les processus d'apprentissage seront différents. Par ailleurs, au-delà des enjeux pédagogiques, il existe des enjeux sociolinguistiques. Quelle politique mener dans certains pays africains ? Par exemple, au Mali, vaut-il mieux être alphabétisé en français, en bambara ou en sonrhaï ?

Derrière les réponses à la question « Qu'est-ce qu'être alphabétisé ? » se cachent des conceptions divergentes qui induisent des politiques différentes de l'alphabétisation. De même, les réponses à la question « Comment et où s'alphabétiser ? » sont porteuses de divergences.

Où et comment s'alphabétiser ?

L'école et l'organisme de formation d'adultes constituent des lieux traditionnels d'alphabétisation. Mais il existe aussi une alphabétisation non formelle. L'association de quartier, le village, l'école coranique, la famille, le réseau d'amis, l'entreprise, la bibliothèque, l'atelier de théâtre, etc. sont également des endroits où les populations se confrontent à l'écrit et où elles peuvent développer leurs compétences.

Les réponses à l'analphabétisme ne sont pas uniquement du côté de l'institution de type scolaire. Elles sont aussi présentes dans les communautés, les échanges locaux, les réseaux parallèles. Les pratiques s'appuient alors sur d'autres conceptions de la formation, plus proches de celles de l'éducation populaire.

À la question du « où » s'adjoint celle du « comment », qui lui est indissolublement liée.

L'apprentissage peut être conduit, guidé, organisé dans le cadre d'institutions ; il peut être aussi autodirigé dans le cadre d'un processus d'autodidaxie. Dans un enseignement formalisé, les modalités pédagogiques sont hétérogènes. S'agit-il d'un stage collectif ou d'une classe de type traditionnel ? S'agit-il d'un enseignement tutoré dans un centre de ressources individualisé ? S'agit-il d'un groupe de production et d'échanges à l'initiative des populations elles-mêmes ?

Les approches didactiques et pédagogiques sont multiples. Pour les adultes, sont-elles proches d'une optique communautaire et politique, du type alphabétisation conscientisante, ou proches d'une optique plus scolarisante ? L'accent est-il mis sur l'articulation communication écrite/pratiques citoyennes, sociales et culturelles ou sur une démarche apolitique, techniciste, focalisée sur les aspects strictement linguistiques ? Pour les enfants des pays en voie de développement, l'alphabétisation en milieu scolaire reproduit-elle les modèles les plus traditionnels importés des pays européens (méthodes syllabiques des années 1950-1960 proposées dans des manuels obsolètes) ou cherche-t-elle de nouvelles voies didactiques propres au contexte particulier de cette première confrontation à l'écrit de jeunes enfants ? La multiplicité des choix didactiques et pédagogiques révèle la variabilité des conceptions de ce qu'est la lecture/écriture et de ce qu'est l'enseignement/apprentissage de la communication écrite.

Par ailleurs, ces choix sont directement influencés par d'autres choix plus larges, liés à la question du sens et des finalités de l'alphabétisation.

Être alphabétisé, pour quoi faire ?

Une représentation dominante consiste à faire de l'alphabétisation une bataille contre l'ignorance, pour le progrès des sociétés. L'alphabétisation permet de diminuer les inégalités sociales ; elle sert le développement social et économique des pays ; elle permet le développement de l'autonomie et de la citoyenneté des individus ; elle enrichit le développement cognitif. Tous les discours concernant l'alphabétisation et la lutte contre l'illettrisme tournent autour de ces quelques généralités consensuelles. Mais est-ce si simple ? Certains auteurs ont montré que les liens entre alphabétisation et évolution socio-économique en Occident, sur plusieurs siècles, étaient complexes. D'autres ont insisté sur la difficulté de démontrer réellement le rôle de l'alphabétisation comme facteur de développement social et économique dans le tiers monde. Certaines voix dissidentes, très minoritaires il faut le dire, rappellent les tensions qui occupent le champ de l'alphabétisation et nuancent le discours dominant parfois réductionniste (Harvey Graff parle de « *literacy myth* », 1979).

Au-delà de ces débats politiques, il reste aux « alphabétiseurs », prescripteurs et agents éducatifs de toute catégorie à définir exactement les finalités et les buts des actions de formation. Les choix sont variés et déterminent des politiques d'alphabétisation parfois totalement opposées.

Veut-on former un citoyen actif, socialement qualifié, jouant pleinement son rôle dans la communauté ? Dans ce cas, l'alphabétisation n'est qu'une partie d'un ensemble : accès aux savoirs de base qui dépassent la stricte maîtrise de l'écrit et qui incluent les savoirs logico-mathématiques, les connaissances sur l'environnement, les capacités de raisonnement et d'adaptation, etc. La « formation de base » est alors un terme bien utile pour montrer l'élargissement aux dimensions extra-linguistiques dans le développement des individus.

Veut-on former un salarié plus compétitif, plus adaptable, plus polyvalent dans le cadre des transformations économiques ? Dans ce cas, l'alphabétisation n'est qu'un volet d'une formation professionnelle s'adressant aux populations de faible niveau de qualification. La « formation des premiers niveaux de qualification » fait alors concurrence au terme « alphabétisation », trop restrictif.

Veut-on éviter l'explosion sociale dans les quartiers et occuper les populations les plus marginalisées ? Dans ce cas, l'alphabétisation est au service d'une finalité plus large d'insertion sociale et de lutte contre les exclusions ou l'anomie sociale, et perd complètement son sens initial.

Dans les pays en voie de développement, les mêmes choix se posent. L'alphabétisation peut être mise au service du développement rural au détriment du milieu urbain. Elle peut être focalisée sur un type de population (les paysans, les femmes, etc.), marquant ainsi des orientations précises. Que ce soit dans les pays en voie de développement ou dans les pays industrialisés, l'alphabétisation se décline selon des finalités très différentes.

La question du sens de « l'alpha » doit être posée également au niveau des populations concernées elles-mêmes. Ceci est particulièrement vrai pour l'alphabétisation des adultes dans les pays industrialisés. Que représente ce processus pour ces personnes ? Qu'est-ce que ces adultes gagnent à participer à ces actions ? Quels sont leurs motifs d'engagement et de poursuite ? Pourquoi y a-t-il un analphabétisme de résistance, comme le soulignent certains chercheurs québécois ? Quels sont les besoins exacts des apprenants ? Que dire des obligations d'alphabétisation auxquelles on assiste dans les programmes de formation des demandeurs d'emploi ?

Ce versant de compréhension de l'analphabétisme et du processus d'alphabétisation, analysé du point de vue des populations, est encore largement à explorer. Cela permettrait d'avoir des hypothèses explicatives à propos d'un certain décalage entre une offre d'alphabétisation, somme toute assez généreuse dans les pays industrialisés, et les demandes de formation qui peinent à émerger.

La question « Être alphabétisé, pour quoi faire ? » ne peut réellement être traitée que si les pratiques et les discours des personnes concernées sont envisagés.

Véronique Leclercq

▸ Bibliographie

COLLECTIF, *Alphabétisation Francophonie/Pays Industrialisés : état des lieux*, 4 volumes, France, Belgique, Suisse, Canada, 1999.

FIJALKOW J., VOGLER J., « Vous avez dit "littératie ?" », *in* Leclercq V., Vogler J. (coord.), *Maîtrise de l'écrit : quels enjeux et quelles réponses aujourd'hui ?,* Paris/Bruxelles, L'Harmattan/Contradictions, 1999.

GRAFF H., *The Literacy Myth : literacy and social structure in the nineteeth century city*, New York, Academic Press, 1979.

HAUTECOEUR J.-P. (dir.), *Alpha 97 : formation de base et environnement institutionnel*, Montréal/Hambourg, ministère de l'Éducation du Québec/Institut de l'Unesco pour l'éducation, 1997.

LECLERCQ V., *Face à l'illettrisme : enseigner l'écrit à des adultes*, Issy-les-Moulineaux, ESF, 1999.

OCDE, *Littératie, économie et société*, Paris, OCDE, 1995.

OCDE, *Littératie et société du savoir*, Paris, OCDE, 1997.

Unesco, « De l'alphabétisation à l'éducation pour tous : la décennie critique (1990-1999) », *Perspectives*, vol. XIX, n° 4, Unesco, 1989.

▶ **Voir aussi**

Écriture – Illettrisme – Lecteurs (Mauvais) – Lecture (Apprentissage de la).

Alternance (Formations en)

Les formations en alternance (ou formations alternées) sont des modes d'organisation de cursus éducatifs et formatifs qui articulent explicitement plusieurs lieux, temps et modalités d'apprentissages, considérés comme proposant des contenus complémentaires, à la fois théoriques et pratiques. Les parcours de formation, selon un découpage des temps variable, sont réalisés dans un ou plusieurs établissements de formation professionnelle, et une ou plusieurs entreprises où l'apprenant est en situation de production.

L'alternance est organisée sous forme de partenariats entre l'entreprise et l'établissement de formation. Selon les cas, l'un ou l'autre des partenaires, plus rarement les deux, sont maîtres d'œuvre. Elle met donc en jeu des acteurs appartenant à des univers professionnels dont les logiques (de formation et de production) diffèrent. C'est pourquoi elle demande une concertation permanente, souvent polémique, qui devient un véritable travail de négociation continu et rigoureux des objectifs pédagogiques à atteindre, à partir de la connaissance et de la prise en compte des intérêts et des apports de chacun.

L'alternance concerne les formations initiale et continue, des premiers niveaux de qualification professionnelle aux niveaux supérieurs. Les formés sont de statuts divers : ils peuvent être élèves de l'enseignement professionnel, stagiaires de la formation continue, salariés de l'entreprise, donc jeunes ou adultes. Selon les populations concernées, l'alternance a des visées d'insertion, de qualification, d'orientation et/ou de socialisation professionnelles.

La prise en compte du potentiel formateur des situations de travail et son articulation interactive avec les situations de formation constituent les caractéristiques essentielles de l'alternance. Ce lien peut cependant revêtir différentes formes : si la situation de travail est le lieu d'application de la formation, on parle d'« alternance déductive » ou, pour certains, de « fausse alternance ». Si les contenus de formation s'appuient sur l'expérience pratique acquise par les apprenants « immergés » en entreprise, on parle alors d'« alternance inductive ». Mais on considère souvent qu'une « véritable alternance », l'« alternance intégrative », articule ces deux démarches, coordonnant les apprentissages réalisés en situations de travail et ceux effectués en situations de formation.

L'apprenant est le centre et le principal acteur de ce processus d'intégration des savoirs. L'un des rôles essentiels des différents acteurs de la formation (tuteurs en entreprises, formateurs, enseignants) est de lui apporter un appui en tenant compte de ses intérêts. En effet, l'« immersion en entreprise » suscite des demandes de formation propres à chacun ; elle implique des réponses rapides et la construction progressive de parcours individualisés, capables d'utiliser les imprévus. La prise en compte des acquis d'expériences et de connaissances, des modes et des rythmes individuels d'apprentissage ainsi que l'autoformation sont des corrélats de l'alternance. L'équipe pédagogique devient alors « animateur d'apprentissage ».

L'une des difficultés de ces formations est leur validation. Ces dernières demandent en effet une évaluation continue et formative d'apprentissages réalisés dans des situations hétérogènes par des partenaires dont les intérêts peuvent diverger. Un travail commun d'analyse des situations de travail et de traduction de ces situations en terme de référentiels d'emploi et de formation est cependant nécessaire pour parvenir à la certification de ces cursus éducatifs.

Diverses formes d'alternance (en particulier l'apprentissage et les formations des Maisons familiales rurales) ont précédé le développement récent des formations en alternance, qui date des années 1979-80, lorsque celles-ci ont été utilisées dans le cadre du traitement social du chômage. L'alternance se caractérise depuis par sa grande diversité et des constructions souples, dépendantes du statut de l'apprenant, du secteur professionnel auquel elle prépare, de la taille des entreprises et de la nature des établissements de formation.

Question « dérangeante », l'alternance s'inscrit dans les nouveaux rapports qui s'établissent entre le monde de l'éducation et celui de la formation et l'entreprise.

Catherine Mathey-Pierre

▸ Bibliographie

Centre d'études et de recherches sur les qualifications, *Les Formations en alternance : quel avenir ?*, Paris, OCDE, 1994.

Greffe X., *La Formation professionnelle des jeunes : le principe de l'alternance*, Paris, Anthropos, 1995.

Lespessailles C., Maillebouis M., Mathey-Pierre C., Ritzler I. (coord.), *Les Formations en alternance : contributions de la recherche, état des pratiques et étude bibliographique,* Paris, La Documentation française, coll. « Recherche en formation continue », 1992.

Ministère de l'Éducation nationale, de la Recherche et de la Technologie / Bureau de la valorisation des innovations pédagogiques, *Les Stratégies de l'alternance et la validation des acquis professionnels*, Paris, CNDP, 2000.

Monaco A., *L'Alternance école-production : entreprises et formation des jeunes depuis 1959*, Paris, PUF, 1993.

Romani C., *Alternance(s) : synthèse de vingt ans de développement en France et à l'étranger,* Marseille, CÉREQ, 2004.

Salaberry J.-C. (coord.), « L'Alternance : pour une approche complexe », *Revue française de pédagogie*, n° 128, 1999, p. 5-54.

Tilman F., Delvaux E., *Manuel de la formation en alternance*, Lyon, Chronique sociale, 2000.

▸ Voir aussi

Formation professionnelle continue – Insertion – Partenariat – Qualification – Relation École/Entreprise.

Animation

« Stimulation des individus et des groupes à prendre conscience de leurs propres besoins en tant que collectivité sociale, de sorte qu'ils puissent définir la nature de ces besoins identifier les solutions pour les satisfaire, et agir en conséquence, l'animation est essentiellement initiation, orientation, catalyse. » Cette définition, extraite de la *Terminologie de l'éducation des adultes* (Unesco, 1979), signale une filiation avec l'éducation populaire, bien que le champ d'application de l'animation se soit étendu au domaine scolaire et périscolaire d'un côté, au domaine des loisirs de l'autre, d'une façon importante depuis les années 1960 et 1970.

En fait, l'animation est à la fois un phénomène socioculturel et un processus dynamique de mise en œuvre des relations sociales, en liaison avec des contenus culturels : elle est au croisement de l'action sociale et de l'action culturelle. À ce titre, elle suppose l'existence d'un groupe, d'un public, d'une collectivité, d'une communauté, dont l'acculturation et le développement sont l'objet de l'animation. Elle implique la présence active d'un ou de plusieurs agents volontaires et formés, voire spécialisés dans les techniques et la gestion de l'animation.

Historiquement, elle s'inspire de modèles hérités de l'éducation populaire (axée sur les milieux défavorisés) et de modèles « récréologiques » liés aux activités de loisir. Elle emprunte en dominante ses références à la pédagogie de type non directif et aux méthodes actives. Elle met en œuvre, de manière plus ou moins institutionnalisée (depuis les groupes volontaires et les associations jusqu'aux fédérations nationales et aux ministères), un ensemble d'activités socioculturelles, de relations sociales et de pratiques libres à travers lesquelles les individus peuvent exprimer leurs goûts et leurs choix (artistiques, intellectuels, sociaux, éducatifs, pratiques, physiques, spirituels, etc.). Ces activités volontaires correspondent également à des besoins d'information, d'initiation, de découverte, de formation, de divertissement, de développement, non satisfaits par les institutions existantes (famille, école, etc.).

Ouvertes à toutes les catégories d'individus quels que soient leur âge, leur sexe, leur origine, leur profession, ces pratiques sont désintéressées et ne visent pas, en principe, l'obtention de qualifications reconnues ou de diplômes, pas plus qu'elles ne nécessitent de prérequis. En fait, l'évolution de l'animation vers le modèle récréologique et vers une plus grande technicité dans les pratiques de type sportif ou artistique, ou autres, amène un glissement vers la « diplômite ». La reconnaissance des acquis et des qualifications obtenus à travers les activités de formation dans les loisirs peut permettre aux publics jeunes sans qualification de capitaliser leurs acquis dans une perspective de recherche et d'insertion socioprofessionnelle, tout en inscrivant ces pratiques dans un souci de développement personnel et d'autonomie.

Par ailleurs, l'animation joue un rôle de socialisation, d'intégration et d'adaptation des individus et des groupes face aux changements multiples dont ils sont l'objet, sans en être toujours les sujets. Son action est fondée sur une technologie douce de prévention par le biais d'activités ludiques et culturelles. Elle permet la participation à des groupes et à des associations de proximité, et l'appartenance à des mouvements catégoriels ou intercatégoriels centrés sur des projets multiples, de type social ou culturel, et visant au développement local, à l'amélioration du cadre de vie, à la multiplication des communications (contre la solitude), tout en améliorant « l'ambiance » des quartiers et villages et en réduisant les tensions inévitables, les frustrations et les difficultés inhérentes à toute communauté de vie.

Dans cette perspective, la création de nombreux équipements de quartiers et de proximité, à partir des années 1960, ainsi que les lois-programmes concernant les structures socio-éducatives et sportives ont permis d'organiser la vie sociale des zones urbaines, en particulier pour les catégories de population dont les besoins étaient et restent criants : maisons de jeunes et de la culture, centres sociaux, maisons pour tous, foyers culturels, clubs, ateliers, etc. Cette politique, soutenue et relayée sur le terrain par les collectivités locales et les grands organismes sociaux (caisses des allocations familiales, centres sociaux, Fédération des jeunes travailleurs, des jeunes et de la culture, mouvements d'éducation active), a permis d'assurer une meilleure consistance du tissu social, inexistant ou détérioré.

Ainsi, l'animation peut remplir, enfin, une fonction d'« orthopédie sociale et culturelle » et jouer un rôle de régulateur des échanges, des tensions et des conflits. Son action de compensation pour les handicapés socioculturels, par souci d'intégration et de normalisation face aux dérapages de la marginalisation (délinquance, drogue, *drop-out*, etc.), peut corriger des erreurs ou des carences d'une société qui s'efforce ainsi de soigner les maux dont elle est à l'origine. Cette fonction thérapeutique et orthopédique, voire salvatrice, est assumée largement par ceux, animateurs bénévoles ou professionnels, qui projettent dans l'exercice de leur fonction un système de valeurs se référant à l'égalité et au partage culturel, à l'attachement à la communication sociale pour résoudre les conflits, à la valorisation des conduites de solidarité active et de convivialité, et à la promotion, par le biais des activités et contenus culturels, de l'autonomie et de la liberté des groupes et des individus. Mais ce rôle ne peut échapper à une certaine ambiguïté. Au cœur même d'une société qui intègre comme elle rejette, qui séduit comme elle manipule, qui promeut et qui aliène, qui normalise et qui écarte, qui classe et sépare, hiérarchise et divise autant qu'elle tente d'unir et d'harmoniser, il peut apparaître comme contradictoire d'agir tout en respectant des exigences et des valeurs qui rentrent de fait en conflit avec les forces sociologiques dominantes qui écartent et/ou occultent une technologie socioculturelle, voire une thérapie, dont la société aurait tant besoin (le fameux mal des banlieues).

Pierre Besnard

▸ Bibliographie

Besnard P., *Animateur socioculturel : fonctions, formation, profession,* Issy-les-Moulineaux, ESF, 1986.

Besnard P., *L'Animation socioculturelle*, Paris, PUF, coll. « Que sais-je ? », 1985.

Besnard P., *La Culture populaire : discours et théories,* Toulouse, Privat, 1979.
Douard O. (dir.), *Dire son métier : les écrits des animateurs*, Paris, L'Harmattan, 2003.
Labourie R., *Les Institutions socioculturelles : les mots clés,* Paris, PUF, coll. « L'Éducateur », 1978.
Moser H., Müller E., Wettstein H., Willener A., *L'Animation socioculturelle : fondements, modèles et pratiques,* Genève, Institut d'études sociales, 2004.

▶ **Voir aussi**
Acculturation – Action culturelle – Association éducative – Éducation permanente – Immigrés (Enfants d') – Loisir – Périscolaire – Populaire (Éducation).

Anthropologie de l'éducation

Si l'anthropologie est unanimement reconnue comme la science de la description de l'homme, les acceptions de ce terme sont très diverses suivant les pays et les courants de recherche. Il est utilisé ici dans le sens anglo-saxon pour faire référence à des études s'intéressant à la dimension sociale et culturelle de l'action humaine, et plus spécifiquement de l'action éducative, à partir d'une perspective holiste (primat de la totalité sur les individus) et comparative. De ce point de vue, l'anthropologie de l'éducation englobe les études qui relèvent de l'ethnologie de l'éducation.

De l'anthropologie culturelle à l'anthropologie de l'éducation

L'anthropologie de l'éducation est issue de l'anthropologie culturelle qui accorde un intérêt particulier au processus de socialisation conçu comme l'élément médiateur entre l'individu et la collectivité. La transposition de ce cadre conceptuel de l'étude des sociétés préindustrielles à celle des sociétés modernes a logiquement entraîné la prise en compte du fonctionnement des institutions scolaires, puisque celles-ci y détiennent le pouvoir de transmettre les éléments les plus importants de la culture légitime. Néanmoins, des adaptations ont été nécessaires afin de tenir compte des interactions entre les communautés locales et la société globale, notamment dans le contexte de la consolidation des État-nations. Des travaux menés dans cette perspective aux États-Unis et en Europe ont ainsi montré les formes de résistance et d'adaptation, à travers l'École, de communautés indigènes ou de communautés rurales confrontées à la pression de la société globale.

Par la suite, les difficultés d'application de ce même modèle à l'étude des écoles dans les quartiers multi-ethniques de grandes villes, mais aussi l'influence d'autres courants sociologiques et anthropologiques et les demandes des éducateurs et des responsables politiques, ont conduit à un relatif abandon des études de la relation École-communauté. Les recherches se sont alors centrées davantage sur les « conflits culturels » au sein des établissements scolaires entre enseignants et élèves appartenant à différents groupes sociaux ou ethniques, en tant qu'élément central de l'explication des difficultés scolaires de ces derniers. Un intérêt croissant a été accordé à l'étude des interactions face à face dans la salle de classe. Dans les années 1980, un débat s'est cependant instauré entre les défenseurs de ces études microethnographiques, qui permettent d'analyser finement la construction quotidienne de l'« échec scolaire », et ceux qui conduisent des études de type macroethnographique et comparatif permettant de mieux comprendre les variations globales visibles dans les résultats et l'adaptation scolaire des différentes minorités.

De l'ethnographie classique à l'ethnographie de l'éducation

Si ce débat a permis de mettre en valeur la sophistication croissante des théories développées par les anthropologues de l'éducation pour expliquer la réussite ou l'échec des enfants des minorités, il est certain que la discipline est mieux connue, encore aujourd'hui, par la spécificité de sa méthode que par ses paradigmes explicatifs. L'approche ethnographique, développée initialement par les anthropologues, mais revendiquée ultérieurement par certains sociologues, comporte, d'après Smith (1982), six traits distinctifs : le séjour prolongé dans la communauté étudiée ; l'intérêt pour les activités quotidiennes ; l'attention accordée au sens que les individus attribuent à leur action ; l'effort pour produire un compte rendu synthétique et contextualisé ; la tendance à concevoir le cadre interprétatif comme une construction progressive plutôt que comme la validation-invalidation d'un ensemble d'hypothèses ; une présentation finale qui marie volontairement la description et la narration avec la conceptualisation théorique.

L'adaptation de cette méthode à l'étude des institutions scolaires a suscité d'importants débats concernant le devenir de la perspective holiste dès lors que les chercheurs se sont centrés sur des objets de plus en plus petits (un établissement, une classe, voire une leçon). Elle a aussi donné lieu à des critiques, car les « ethnographies scolaires » fondées sur des observations de courte durée ne semblent pas permettre la description dense des comportements humains telle qu'elle est préconisée et pratiquée dans les études de communauté. En outre, l'utilisation de plus en plus fréquente de la méthode ethnographique par des chercheurs qui n'ont pas une formation en anthropologie a conduit à une mise en veilleuse de la dimension comparative. Dès lors, la méthode ethnographique devient virtuellement impossible à distinguer d'autres approches qualitatives de l'éducation, qui lui empruntent ses techniques, notamment l'observation participante.

Les liens entre la recherche et l'action

Dès les débuts de l'anthropologie culturelle, les chercheurs ont été sollicités pour aider les éducateurs et les responsables éducatifs travaillant dans les sociétés coloniales à élaborer des programmes d'enseignement en direction des autochtones. À partir des années 1960, les anthropologues ont en outre été encouragés à proposer des solutions pour réduire l'« échec scolaire » des enfants de minorités ethniques vivant dans leur propre société. Les travaux sur les « malentendus culturels » dans la classe ont notamment favorisé le développement de programmes d'enseignement et de techniques d'apprentissage culturellement appropriés aux différentes minorités ethniques. Les anthropologues de l'éducation participent aussi à l'élaboration de curriculums bilingues et multiculturels et à l'évaluation de diverses innovations éducatives. Néanmoins, comme dans d'autres sciences sociales, les liens entre la recherche et l'action sont loin de faire l'objet d'un consensus. Alors que certains revendiquent le rôle de cette liaison dans le développement et la légitimation sociale de la discipline, d'autres pensent qu'elle nuit au développement de recherches à vocation proprement scientifique.

Agnès van Zanten

▸ Bibliographie

Camilleri C., *Anthropologie culturelle et éducation,* Paris/Lonay, Unesco/Delachaux et Niestlé, 1985.

Erny P., *Ethnologie de l'éducation,* Paris, PUF, 1981.

Henriot-van Zanten A., Anderson-Levitt K., « L'Anthropologie de l'éducation aux États-Unis : méthodes, théories et applications d'une discipline en évolution », *Revue française de pédagogie,* n° 101, 1992, p. 79-104.

Levison B. (éd.), *Schooling the Symbolic Animal. Social an Cultural Dimensions of Education,* Boston, Rowan & Littlefield, 2000.

Ogbu J., « Anthropology of Education », *in* Husen T., Postlethwaite T. H. (dir.), *International Encyclopaedia of Education,* Londres, Pergamon Press, 1985, p. 276-298.

▸ Voir aussi

Acculturation – Échec scolaire – Établissement scolaire – Multiculturalisme – Sciences de l'éducation – Socialisation – Sociologie de l'éducation.

Appariement scolaire

▶ **Échange scolaire**

Apprenti, apprentissage

Formation professionnelle initiale en alternance sous statut salarié, l'apprentissage en entreprise est l'un des versants de l'opposition récurrente entre deux conceptions de la formation professionnelle : l'idée « professionnaliste », qui valorise la formation *in situ* et une adaptabilité des diplômes au marché du travail local, et la scolarisation des apprentissages, qui met l'accent sur la formation du citoyen et la transmission des métiers au sein d'établissements.

La loi Astier, votée le 5 juillet 1919, donne un nouveau cadre juridique à l'apprentissage en entreprise, en rendant obligatoires les cours professionnels pour les employés du commerce et de l'industrie de moins de 18 ans ; pourtant, à la veille de la Seconde Guerre mondiale, les cours professionnels ne touchaient que 12 % du public qui aurait dû, selon la loi Astier, y être accueilli. Les lendemains de la guerre 1939-1945 consacrent la suprématie de l'apprentissage sous statut scolaire avec la mise en place, en 1945, des centres d'apprentissage, devenus ensuite collèges d'enseignement technique (CET), puis lycées professionnels (LP). Le déclin des cours professionnels issus de la loi Astier paraît alors inévitable : en 1975, on dénombre seulement 170 000 apprentis pour 730 000 élèves en CET.

Pourtant, à la rentrée 2002, on recense en France plus de 370 000 apprentis (dont 30 000 dans l'agriculture) et, malgré un léger reflux des entrées en 2003, près de 30 % des jeunes qui préparent un CAP, un BEP ou un diplôme de niveau IV le font sous statut salarié. Cette revalorisation quantitative de l'apprentissage s'est faite en trois temps. La loi de 1971 institue l'apprentissage comme voie de formation à part entière ; celle de 1987, dite loi Séguin, élargit la champ d'action de l'apprentissage : il est désormais possible de faire se succéder plusieurs contrats d'apprentissage entre 16 et 25 ans, et de préparer de nouveaux diplômes tels que le BEP, le bac pro, les brevets professionnels et de maîtrise (BP-BM), des diplômes de niveau III (BTS, DUT) ou encore d'ingénieurs ; enfin, la loi quinquennale du 20 décembre 1993 supprime l'agrément préalable des maîtres d'apprentissage et renforce les aides financières aux entreprises qui accueillent des apprentis. Le succès de ces réformes est étroitement lié au contexte de la décentralisation qui, en 1983, confie aux régions une grande autonomie en matière d'apprentissage, et à l'essor du chômage des jeunes qui a généré une revalorisation de l'entreprise formatrice et relégitimé les dispositifs d'alternance.

Le marché de l'apprentissage est de conception libérale : il est peu régulé. Hormis les cas de l'apprentissage dit concerté, où le centre de formation des apprentis (CFA) préserve le monopole des relations avec les entreprises, la majorité des candidats à un contrat d'apprentissage doivent mobiliser leurs réseaux et leurs ressources pour convaincre une entreprise de les accueillir. La recherche d'un maître d'apprentissage est parfois longue et difficile : suivant les secteurs d'activité, le niveau scolaire du candidat ou encore la proximité de sa famille avec les entreprises, cette recherche peut varier de quelques jours à plusieurs mois. Inscrits ensuite dans un CFA (gérés par les chambres consulaires, des associations professionnelles ou plus exceptionnellement par des établissements scolaires ou des entreprises), les apprentis alternent les périodes de formation en CFA et en entreprise, suivant des durées, des volumes horaires et des rythmes variables selon les secteurs d'activité et les niveaux de formation. Depuis la réforme de 1987, les poursuites d'apprentissage sont de plus en plus nombreuses et peuvent atteindre selon les secteurs de 30 à 40 % à l'issue d'un CAP ou d'un BEP ; elles sont par contre beaucoup plus rares à la sortie d'un bac pro ou d'un BP-BM. Corrélativement, la configuration générale de l'apprentissage s'est profondément modifiée : le CAP, hier diplôme monopolistique, ne représente en 2002 que la moitié des apprentis, alors que les niveaux IV (plus de 19 %) et supérieurs (plus de 14 %) ne cessent de gagner du terrain. Pour autant, ce sont toujours les petites entreprises artisanales ou commerciales qui accueillent la majorité des apprentis.

Bien que préparant un diplôme, l'apprenti est un salarié, rémunéré de 25 à 78 % du SMIC suivant l'âge et le niveau. Il est parfois confronté à des conditions de travail difficiles (sécurité, pénibilité, heures supplémentaires, travail le week-end, etc.), notamment dans l'hôtellerie-restauration et les métiers de la bouche, où d'ailleurs les ruptures de contrats sont relativement fréquentes. Transparaît ici toute l'ambiguïté de l'apprentissage en entreprise qui contient en son sein une double superposition contradictoire : lien salarial/relation pédagogique d'une part, formation/socialisation d'autre part.

Gilles Moreau

▶ Bibliographie

Combes M.-C., « La Loi de 1971 sur l'apprentissage : une institutionnalisation de l'apprentissage », *Formation Emploi*, n° 15, 1986, p. 18-32.

Guédez A., *Compagnonnage et apprentissage*, Paris, PUF, coll. « Sociologie d'aujourd'hui », 1994.

Jory H., « Sens et conditions de rupture des contrats en apprentissage », *Clés à venir*, n° 17, 1998, p. 73-78.

Kaplan S. L., *La Fin des corporations*, Paris, Fayard, 2001.

Kergoat P., *L'Apprentissage dans les grandes entreprises : étude de trois cas*, thèse de doctorat, université de Paris-X, 2002.

Monaco A., *L'Alternance école-production : entreprise et formations des jeunes depuis 1959*, Paris, PUF, coll. « L'Éducateur », 1993.

Moreau G., « Les Faux-Semblants de l'apprentissage », *Travail, Genre et Sociétés*, n° 3, 2000, p. 67-86.

Moreau G., *Le Monde apprenti*, Paris, La Dispute, 2003.

Ramé L., Ramé S., *La Formation professionnelle par apprentissage : état des lieux et enjeux sociaux*, Paris, L'Harmattan, 1996.

Steffens S., « Le Métier volé : transmission des savoir-faire et socialisation dans les métiers qualifiés au XIXe siècle », *Revue du Nord*, n° 15, 2001, p. 121-135.

▶ Voir aussi

Alternance (Formations en) – Décentralisation – Taxe d'apprentissage – Technique et professionnel (Enseignement).

Apprentissage (Psychologie de l')

▶ Psychologie de l'apprentissage

Aptitude

L'aptitude est la dimension selon laquelle il est possible d'ordonner les individus en fonction de leur efficience, généralement cognitive.

Le terme « aptitude » est fréquent dans le langage courant où il désigne un niveau de formation sanctionné par un diplôme (certificat d'aptitude) ou des facilités particulières pour certains apprentissages (aptitudes musicales, aptitudes aux mathématiques, etc.). En psychologie différentielle, les aptitudes définissent les compétences des individus quant à leur capacité de mettre en œuvre plus ou moins efficacement des opérations mentales et à maîtriser plus ou moins bien des classes de situations où l'on doit résoudre des problèmes.

Les aptitudes sont évaluées au moyen de tests, c'est-à-dire d'épreuves standardisées. Ce mode d'évaluation permet d'éliminer les biais relatifs à la subjectivité de l'observateur. Les tests d'aptitudes sont généralement constitués d'une série de petits problèmes de difficulté graduée. On s'assure que chacun de ces problèmes mesure bien l'aptitude visée. Pour cela, on vérifie que les individus qui réussissent un problème ont aussi tendance à réussir les autres problèmes. On s'assure également que la réussite d'une série de problèmes correspond bien à un niveau d'aptitude.

Lorsque l'on dispose de plusieurs tests d'aptitudes, on doit se demander si ces tests mesurent des aptitudes différentes, des aptitudes voisines, ou une même aptitude. Pour répondre à cette question, on examine les corrélations entre tests appliqués à un même groupe de sujets. Si les corrélations sont élevées, c'est-à-dire si les sujets se classent de manière voisine dans tous les tests, on considérera que ces tests mesurent une même aptitude. À partir des corrélations entre les variables observées que sont ces tests, on pourra calculer une nouvelle variable, le « facteur » de l'analyse factorielle, qui permettra de classer les sujets sur la base de ce qui est commun aux différents tests en corrélation. Cette nouvelle variable définira mieux l'aptitude que chacun des tests considérés isolément. Si les corrélations entre tests sont très faibles, on considère que chaque test correspond à une aptitude. S'il existe entre les tests à la fois des corrélations fortes et des corrélations faibles, on recherchera les groupements de tests permettant de définir des aptitudes.

Aptitudes primaires et secondaires

Combien d'aptitudes existe-t-il et comment sont-elles organisées ? Dans le domaine couvert par les tests papier-crayon, certains auteurs ont prétendu que l'on pouvait distinguer plus d'une centaine d'aptitudes. Mais ce nombre a été contesté et on a pu isoler empiriquement seulement une quarantaine d'aptitudes ou de facteurs. Ces aptitudes sont dites primaires. Les aptitudes ou facteurs « secondaires » sont définis en regroupant des aptitudes primaires sur la base de la force de leurs corrélations. Il existe un relatif consensus pour considérer qu'il est pertinent de distinguer quatre grandes aptitudes ou facteurs secondaires :
– L'*intelligence fluide,* qui témoigne d'une capacité à raisonner. Elle se manifeste notamment dans les épreuves de raisonnement inductif, où le sujet doit découvrir des régularités dans des séries de dessins géométriques sans signification, ou encore dans les épreuves de mémoire immédiate des chiffres.
– L'*intelligence cristallisée.* Elle se manifeste, par exemple, par l'étendue du vocabulaire et par l'efficience dans la compréhension verbale. L'intelligence fluide serait plus dépendante des facteurs génétiques que l'intelligence cristallisée ; l'intelligence fluide proviendrait davantage des apprentissages implicites que des apprentissages explicites, et ce serait l'inverse pour l'intelligence cristallisée.
– La *visualisation spatiale* ou capacité à manipuler mentalement des formes. On évalue cette aptitude dans des tests où il faut décider si une figure géométrique présentée a été obtenue ou non par simple rotation d'une figure initiale, ou encore dans des tests où il faut identifier les éléments nécessaires à la reconstitution d'une figure géométrique.
– La *fluidité idéationnelle.* Les tests évaluant les aptitudes précédentes étaient constitués de problèmes appelant une seule réponse exacte. Les tests évaluant la fluidité idéationnelle sont constitués de problèmes où l'on doit fournir des réponses nombreuses, variées et, si possible, originales. On demande par exemple aux sujets d'indiquer tous les mots commençant par une lettre donnée, ou tous les usages que l'on peut faire d'un objet donné.

Ces quatre grandes aptitudes étant en corrélation, il est possible de définir à partir d'elles une aptitude plus générale. On peut aussi décomposer chacune de ces aptitudes en aptitudes plus élémentaires et retrouver ainsi la quarantaine d'aptitudes primaires. Ce mode d'organisation des aptitudes s'établit au cours du développement à partir d'un état de relative indifférenciation.

À l'heure actuelle, les termes « capacité » et « aptitude » sont synonymes. Il n'en allait pas ainsi il y a quelques décennies, lorsque l'aptitude était définie comme « le substrat constitutionnel d'une capacité » (Piéron). L'aptitude ainsi conçue est alors une potentialité qui s'exprime plus ou moins dans des capacités qui sont les seules réalités observables. Deux individus peuvent avoir un même niveau d'aptitude sans avoir pour autant un même niveau de capacité. Celui dont la maturation est la plus rapide ou qui bénéficie d'apprentissages aura le niveau de capacité le plus élevé. Bien que la distinction entre capacité et aptitude soit devenue caduque, la question du rôle de l'hérédité dans la détermination des différences individuelles d'aptitude (ou de capacité) est toujours l'une des grandes questions de la psychologie différentielle.

Des connaissances utiles en éducation et en orientation

Les travaux qui portent sur les aptitudes ont de nombreuses applications dans les domaines de l'éducation. La typologie et les définitions des aptitudes élaborées par la psychologie différentielle permettent de préciser cet objectif fondamental de l'éducation qu'est le développement des aptitudes. La prise en compte des aptitudes donne aussi des indications pour l'individualisation de l'enseignement. On a montré, par exemple, que les formes structurées d'enseignement (définition précise des buts à atteindre, guidage de l'activité par des informations fréquentes sur le résultat de l'action, aide à l'organisation) étaient surtout profitables aux élèves peu efficients dans les épreuves d'intelligence cristallisée, tandis que les formes moins structurées d'enseignement facilitaient plutôt les acquisitions des élèves efficients dans ces mêmes épreuves. Enfin, il est possible d'établir des pronostics de réussite scolaire ou professionnelle à partir des résultats aux tests d'aptitudes. Ces pronostics font partie des éléments sur lesquels sont fondés les indications et les conseils d'orientation scolaire et professionnelle.

Michel Huteau

▸ Bibliographie

HUTEAU M., « La Variété des formes et des composantes de l'intelligence », *in* Reuchlin M., Lautrey J., Marandaz C., Ohlmann T., *Cognition : l'individuel et l'universel*, Paris, PUF, coll. « Psychologie d'aujourd'hui », 1990.

REUCHLIN M., *La Psychologie différentielle*, Paris, PUF, 1990.

▸ Voir aussi

Compétence – Individualisation – Intelligence – Psychologie de l'apprentissage – Test.

ARCHITECTURE SCOLAIRE

L'architecture scolaire est l'art de construire des bâtiments, appliqué aux constructions destinées à l'école. Le terme est peu usité, celui de constructions scolaires est plus répandu. Les deux termes sont issus d'approches différentes. Le terme d'« architecture scolaire» inscrit les bâtiments d'école dans un système de références marqué par la stylistique et l'esthétique architecturales. Le terme de « constructions scolaires » renvoie plutôt à l'univers des pratiques où la valeur d'usage compte davantage.

Des généalogies et des références multiples pour les bâtiments d'école

La définition du bon espace scolaire est politique et pédagogique avant d'être architecturale. Coïncidant à partir du XVIIe siècle avec l'organisation d'un temps des études, marquée par les caractéristiques culturelles et politiques nationales, elle dépasse la compétence de l'architecte et engage les pédagogues et les responsables politiques. Pour autant, les constructions scolaires sont toujours le reflet de l'évolution urbaine et architecturale. Cette double généalogie place les lieux d'école dans deux ensembles de références assez étrangers l'un à l'autre alors même que les liens entre architecture et éducation sont souvent mis en avant.

La *généalogie pédagogique et éducative* montre que des dispositions variées puisent leur légitimité dans des conceptions différentes de l'école. Pour la France du XIXe siècle par exemple, l'objectif d'apprendre aux enfants à lire, à compter et à écrire a généré des modes d'enseignement et des dispositifs spatiaux qui coexistèrent plus ou moins de l'Empire au début de la IIIe République. Dans l'enseignement individuel, hérité de l'Ancien Régime, le maître, clerc ou laïc, reçoit ses élèves chez lui et l'espace scolaire se confond avec sa maison. Au même moment, des congréganistes et des laïcs pratiquent l'enseignement simultané dans un bâtiment conçu pour être une école : le maître, grâce au cours magistral, s'adresse à toute une classe dont les élèves, de même âge ou de niveau comparable, écoutent la même leçon et font en même temps les mêmes exercices. La leçon se donne dans une salle équipée pour apprendre assis et l'établissement comprend autant de salles de classe que de sections sont supposées travailler en parallèle. Pendant la première moitié du siècle, une troisième organisation, l'enseignement mutuel, voisine avec les deux autres. Pour encadrer un grand nombre d'écoliers, le maître en regroupe plusieurs centaines dans une halle et délègue une partie de sa tâche aux meilleurs élèves qui, devenus moniteurs, répètent son enseignement aux plus faibles qu'eux répartis par degrés autour de longues tables.

À chacune de ces formes d'enseignement correspondent une définition politique de l'éducation, un traitement de la personne de l'élève, des rapports sociaux et des dispositions spatiales. La généralisation de l'enseignement simultané depuis le milieu du XIXe siècle a fait oublier cette origine, et la salle de classe est devenue le lieu de référence pour des élèves plus nombreux et divers à mesure que l'idéal de l'école obligatoire puis celui de l'égalité des chances s'affirmaient et conduisaient à la scolarisation régulière de tous les enfants. La même analyse généalogique peut être faite à propos des grands pédagogues. Chacun a conçu et adapté des lieux pour son projet éducatif et pédagogique.

La *généalogie architecturale* montre que les architectes ont bien « mis en murs », avec des références esthétiques et techniques propres à leur art, des commandes correspondant à des situations d'enseignement définies par les maîtres. Le bâtiment scolaire se fond pourtant dans la logique générale de la ville. Au XIXe siècle, le tissu urbain est fortement défini par la rue, les établissements respectent les principes de l'îlot et juxtaposent les salles de classe autour d'une cour centrale. Le mouvement moderne des années 1930 bouleverse ces références. La rationalisation des formes avec la barre ou le toit-terrasse s'impose aussi aux écoles. Les bâtiments ne longent plus les limites des parcelles mais sont construits à l'intérieur, et ce glissement change le rapport visuel entre la ville et l'école. La cour se transforme en espaces verts qui entourent le bâtiment au lieu d'en être le cœur. Après la Seconde Guerre mondiale, les zones d'urbanisation prioritaire sont créées dans une logique urbaine d'urgence et de quantité. Les bâtiments scolaires ressemblent aux habitats collectifs, leur symbolique diminue, la dimension monumentale de l'école se perd. Si les zones d'aménagement concerté tentent de réintroduire un peu de la qualité perdue, les normes standardisées des commandes aboutissent dans les années 1960 à la prolifération de bâtiments répétitifs. Il faut attendre les années 1980 et 1990, celles de la postmodernité, pour que les constructions scolaires échappent à la logique des modèles.

Le bâtiment scolaire témoigne donc du tissu urbain, de choix architecturaux et de l'organisation pédagogique intérieure du moment de sa conception.

Aujourd'hui, qui définit et qui commande les bâtiments scolaires ?

Les architectes répondent à des commandes dont le processus d'élaboration a changé au fil du temps. L'érosion du rôle des enseignants, la place grandissante des spécialistes de l'enfance et de la ville aux côtés des élus ont transformé la commande et les lieux d'école.

Le monde scolaire domine la commande jusque dans les années 1960

Obligatoire dans chaque commune depuis la loi Guizot de 1833, l'école fait l'objet d'une modélisation spatiale. Après 1880, la République, en généralisant l'enseignement simultané, a aussi fixé les normes de l'école idéale. L'accomplissement du système éducatif résidant dans l'unification des conditions d'apprentissage, cette modélisation avait pour but d'améliorer partout des lieux d'école disparates et insuffisants. Elle allait de pair avec l'homogénéisation de la formation des enseignants et des pratiques pédagogiques. Les corps d'inspection repéraient les meilleures méthodes, les conditions matérielles les plus adaptées et les généralisaient à l'échelle nationale grâce aux modèles élaborés par le ministère et appliqués par le jeu des financements publics. La procédure imposait aux élus communaux et aux architectes la partie pédagogique de la commande : des salles régulières, où le maître, détenteur des savoirs académiques et sociaux, est bien vu et entendu. Des locaux et des cours de récréation assez vastes pour accueillir les enfants dans de bonnes conditions d'hygiène et d'égalité sont définis en même temps que les programmes. Les architectes sont tenus au respect de ces contraintes, déterminées par l'alliance dominante des enseignants et des politiques. Cette alliance, si visible dans la France républicaine et centralisée, n'a pas été partout aussi forte. Ce fonctionnement, ébranlé par la Seconde Guerre mondiale, fut balayé dans les années 1960 et 1970.

L'éclatement des références pédagogiques et la perte de légitimité de la commande issue du monde de l'école

Après 1945, devant l'ampleur des destructions et l'augmentation des enfants à scolariser, de nouvelles méthodes de gestion de l'État sont adoptées et le plan Langevin-Wallon conçoit d'autres missions pour l'école. La planification conduit à une standardisation croissante des bâtiments scolaires que facilite l'industrialisation des procédés de construction. Le souhait d'intégrer les coûts, la production, la pédagogie entraîne le ministère à recourir à des experts, ingénieurs, architectes ou énarques.

Des spécialistes de l'enfance entrent dans le processus de définition de l'espace scolaire. Leurs connaissances sur les jeunes enfants conduisent à créer des environnements enrichis, destinés à favoriser le développement moteur et sensoriel grâce à de nouveaux supports d'activité, les couleurs, la texture des matériaux, leur sonorité, la taille et l'agencement des équipements. L'abandon de l'expérience des enseignants comme référence s'accélère avec la crise de l'école : la démocratisation des études n'accompagne pas l'enseignement de masse. Au fil des années 1970, la standardisation des constructions augmente alors que les modèles ne sont plus consensuels, qu'il n'y a plus de certitude sur la forme, sociale, pédagogique ou spatiale que l'école doit prendre, ni sur ceux qui ont le droit de dire la norme.

La mise en cause de l'école traditionnelle a des chronologies différentes selon les pays mais suscite partout une vague d'innovations. Les mezzanines dans les salles, les espaces de jeu, le foyer des élèves, le CDI, la BCD traduisent dans l'espace l'évolution des objectifs et des projets pédagogiques et éducatifs. Les politiques et les experts y puisent hâtivement des modèles spatiaux. L'exemple des aires ouvertes est éclairant.

À la fin des années 1950, au Royaume-Uni, les salles à gradins, conçues au XIXe siècle pour le cours magistral, sont jugées incommodes pour les travaux de groupe. Les enseignants font démolir les gradins pour assouplir la répartition des tables. Ils installent des placards et des zones de travail collectif le long des murs, puis utilisent le couloir pour les activités bruyantes. La conception architecturale initiale est déjà subvertie quand ils décident de renoncer aux classes par âges et par niveaux pour regrouper les élèves, tous âges confondus, autour de projets. Ils font alors abattre les cloisons et créent les aires ouvertes. Elles sont généralisées dans les pays anglo-saxons avec la hâte propre à l'atmosphère d'incertitude des années 1970, sans référence au projet pédagogique initial. L'impréparation des enseignants à l'éducation ouverte génère alors de cruels dysfonctionnements et un recloisonnement sauvage.

La crise de légitimité a miné l'alliance des politiques et des enseignants qui dominait les commandes d'architecture. Plusieurs évolutions, pédagogique, urbanistique, économique font masse, surtout après 1968, pour définir un établissement scolaire plus ouvert sur le quartier et la ville, plus soucieux de la personne des élèves, plus attaché à leur socialisation. Une connexion forte se construit entre les politiques, les spécialistes de la ville et ceux de la jeunesse.

Un intérêt renouvelé pour la valeur d'usage des bâtiments scolaires ?

Au début des années 1980, ni les innovations, ni les audaces des architectes n'ont permis de dégager de nouvelles formes légitimes. L'offre centralisée, standardisée, industrialisée est discréditée.

L'instauration des concours en 1981, l'abandon des systèmes constructifs en 1982 et le retour à la construction traditionnelle contribuent à une renaissance de l'architecture publique. Depuis la décentralisation, au 1er janvier 1986, les normes nationales sont abolies et les bâtiments scolaires sont soumis aux lois concernant les lieux accueillant du public. La décentralisation a rapproché la décision du terrain mais les repères, les critères sont difficiles à dégager. Les collectivités territoriales, propriétaires et gestionnaires du patrimoine scolaire, sont maîtres d'ouvrage mais leurs élus et administrateurs sont parfois démunis devant la complexité de la commande. Construire ou réhabiliter une école, c'est faire converger des interprétations différentes de l'éducation sur un même dispositif spatial que chaque utilisateur tentera, ensuite, d'utiliser à son gré. Aujourd'hui, les bâtiments d'une école, d'un collège, d'un lycée doivent être beaux, adaptés aux activités qui s'y déroulent, agréables à vivre, différents des autres et sûrs. Leur valeur d'usage est donc interrogée même si elle est toujours difficile à dégager par rapport aux objectifs pédagogiques et éducatifs et à inscrire dans la durée en termes d'adaptabilité ou de flexibilité des dispositions architecturales. Comme il n'y a pas de lieu défini pour négocier cette convergence, la tentation est forte de chercher un accord minimal autour de la sécurité.

Si les bâtiments scolaires sont couramment vus comme d'utiles objets d'éducation à l'espace pour les élèves des écoles maternelles, leur qualité de moyens d'éducation semble moins prise en considération à l'école élémentaire puis au collège et au lycée. La découverte de l'architecture et du cadre bâti, en particulier urbain, fait partie de ces nouveaux savoirs qu'aujourd'hui on demande à l'École de dispenser. Pourquoi ne pas saisir les usages quotidiens des dispositions spatiales des établissements scolaires pour contribuer à la construction d'une culture architecturale tout en concourant à l'évolution permanente des lieux d'école ?

Marie-Claude Derouet-Besson

▸ Bibliographie

Châtelet A.-M., *L'Architecture scolaire en région Île-de-France*, Versailles, Ladrhaus, 1998.

Châtelet A.-M. (dir.), *Paris à l'école : l'évolution des bâtiments scolaires de l'Ancien Régime à nos jours*, Paris, Picard, 1993.

Châtelet A.-M., Lerch D., Luc J.-N. (dir.), *L'École de plein air : une expérience pédagogique et architecturale dans l'Europe du xxe siècle*, Paris, Éditions Recherches, 2003.

Derouet-Besson M.-C., « L'Apport de l'École à la construction d'une culture architecturale en France », *Revue de l'inspection générale*, ministère de l'Éducation nationale, 2005.

Derouet-Besson M.-C., « Architecture et éducation : convergences et divergences des conjonctures politique et scientifique », *Revue française de pédagogie*, n° 115, 1996, p. 99-119.

Derouet-Besson M.-C., « Comment s'inventent de nouvelles formes de circulation des savoirs hors des formes scolaires traditionnelles : la « sensibilisation » à l'architecture dans les collèges », *Les Politiques des savoirs*, université de Lyon-2/INRP, 2003.

Derouet-Besson M.-C., « Les Cent Fruits d'un marronnier. Éléments pour l'histoire d'un lieu commun : l'ouverture de l'école », *Éducation et Sociétés. Revue internationale de sociologie de l'éducation,* n° 13, 2004/1.

Derouet-Besson M.-C., *Les Murs de l'école : éléments de réflexion sur l'espace scolaire*, Paris, Métailié, 1998.

Derouet-Besson M.-C., « De la salle de classe à l'établissement, une négociation décentralisée, aussi politique que technique », *Revue de l'Association française des administrateurs de l'Éducation*, n° 2000/2, p. 13-30.

Houssaye J., « Pédagogies et pédagogues : des terrains aux théories, des théories aux terrains », *in* Derouet-Besson M.-C. (dir.), *Éléments pour construire une pédagogie de l'espace auprès des jeunes,* Paris, Fédération nationale des CAUE, 2000.

Lainé M., *Les Constructions scolaires en France*, Paris, PUF, coll. « L'Éducateur », 1996.

Mayeur F., « De la Révolution à l'école républicaine », *in* Prost A., *Histoire générale de l'enseignement et de l'éducation en France*, Paris, Perrin, 2004.

Normand R., « L'Utilisation de l'espace par les pédagogues : quelques exemples », *in* Derouet-Besson M.-C. (dir.), *Éléments pour construire une pédagogie de l'espace auprès des jeunes*, Paris, Fédération nationale des CAUE, 2000.

Vayer V., Duval A., Roncin C., *Une écologie de l'école : la dynamique des structures matérielles*, Paris, PUF, coll. « L'Éducateur », 1991.

► **Voir aussi**

Bibliothèque-centre documentaire (BCD) – Centre de documentation et d'information (CDI) – Classe – Développement éducatif local – Groupement – Innovation – Projet.

Artistique (Éducation)

En 1967, Nelson Goodman fondait à la Harvard Graduate School of Education un programme de recherche fondamentale en éducation artistique dénommé *Project Zero* parce que, répondait le philosophe, « nous avons commencé à zéro ». La charge peut paraître excessive, si l'on met dans la balance l'aura dont jouit la culture artistique et la foi pédagogique qu'elle suscite ; elle a du moins le mérite de souligner la grande ambivalence de ce qui touche à l'éducation artistique.

Depuis une trentaine d'années néanmoins, l'éducation artistique semble se défaire de son statut. La suspicion sociale et morale d'un Durkheim à l'égard de l'imagination, de l'art et des artistes, lointain et tenace écho d'une ancestrale méfiance de la philosophie et de la pédagogie – l'affaire avait commencé par une rupture, la répudiation platonicienne des poètes et autres faiseurs d'images, chassés de la cité saine –, n'est plus de mise. De façon régulière, depuis la création des « projets d'actions éducatives » (PAE) en 1981 jusqu'au volontariste et ambitieux Plan quinquennal de développement des arts et de la culture, lancé en décembre 2000 sous la double autorité des deux ministres de l'Éducation nationale et de la Culture – institutionnalisant, avec les « classes à projets artistiques » (classes à PAC), l'entrée des artistes dans l'école –, l'éducation artistique s'est frayée, dans le cadre scolaire, un chemin que jalonnent projets et dispositifs. Les musées, les théâtres, les maisons d'opéra s'ouvrent sur l'école et développent leurs services éducatifs. On assiste même à une sorte d'inversion des valeurs : non seulement la volonté d'accorder à l'éducation artistique une plus large place rencontre un assentiment de plus en plus partagé, mais la conviction d'une valeur éminemment, exemplairement éducative de l'art tend à élever ce dernier au rang de *recours*, et même de *modèle* dans une éducation et une culture scolaire en recomposition. À cet égard, la teneur de ces *Lettres sur l'éducation esthétique de l'homme* qu'écrivait Schiller à la toute fin du XVIIIe siècle, l'affirmation philosophique et politique d'une primauté éducative de l'art, retrouvent, à l'aube du XXIe siècle, une singulière actualité.

La situation réelle de l'éducation artistique n'en est pas moins paradoxale et ambiguë. L'observateur ne peut manquer de relever la distance persistante entre le discours d'apparence consensuelle en faveur de l'éducation artistique et la réalité aléatoire des mesures et des moyens qui lui sont consentis. L'écart du discours au réel est d'autant plus vivement ressenti que les attentes éducatives n'ont cessé de grandir et que l'excès d'ambition cache mal l'incertitude et la multiplicité excessive sinon confuse des fins. L'art en éducation, pour quoi faire ? La mobilisation de l'art dans l'école se décrète au nom de la lutte contre l'échec scolaire et la démotivation : on espère ainsi que la musique introduira au calcul, le théâtre à la lecture ; elle se décrète tout autant dans la lutte contre la violence scolaire et les incivilités. Cette inflation des buts attribués semble générale ; dans le contexte nord-américain, Nelson Goodman avait déjà dénoncé « la confusion fréquente des finalités qui s'entremêlent et les hésitations auxquelles elles donnent lieu ». L'une de ses conséquences, et non la moins paradoxale, est de reconduire la subordination des disciplines artistiques : des disciplines toujours assignées au service d'autre buts que les leurs, jugés plus fondamentaux, comme le lire et l'écrire, ou bien la « citoyenneté ».

Pour donner corps à l'ambition et à l'entreprise pédagogique que nourrit la conviction d'une vertu éducative de l'art, une double clarification s'avère donc nécessaire. Il importe à la fois : de prendre la mesure du mouvement d'ensemble dans lequel est inscrite l'avancée de l'art dans l'école et l'éducation, et qui lui donne son sens et sa portée ; de dégager plus clairement la nature et la spécificité de l'éducation artistique – et, plus généralement, de l'*expérience esthétique* – afin d'y asseoir une théorie et une pratique éducatives appropriées.

En effet, l'idée que l'on peut se faire de l'inscription de l'art dans le champ éducatif contemporain serait incomplète si on en limitait l'examen au seul domaine scolaire ou même au seul domaine éducatif, au sens ordinaire du terme. Le recours à l'art et aux artistes dans le domaine de la *formation* n'est pas moins significatif : formation professionnelle (en France, le *Plan de développement des arts et de la culture* accordait une priorité aux lycées professionnels) ; formation des ingénieurs et des managers, comme dans le dispositif Artem (Art, Technique, Management) regroupant à Nancy l'École des mines, l'Institut de commerce et l'école des beaux-arts dans des formations communes ; formation en entreprise, même.

Et il faut encore élargir l'analyse d'un cran. La faveur éducative dont bénéficient l'art et l'artiste touche de nouveaux pans de la société : hôpitaux et prisons, où les ateliers d'écriture et d'arts plastiques accompagnent les personnes ; mouvements d'éducation populaire, renouvelant les pratiques d'accès à l'art et à la culture de longue date inscrites dans leur histoire et leur philosophie ; mobilisation des pratiques artistiques et culturelles, entre prévention, réparation et restauration, dans les banlieues chaudes... Il faut donc en prendre acte : *le recours éducatif à l'art et aux artistes devient un fait social* ; *l'espérance éducative se double d'une espérance sociale et politique*.

La demande d'éducation artistique reprise aujourd'hui dans l'école s'est d'ailleurs d'abord exprimée en dehors d'elle, dans la société civile. Trop longtemps ignorée par l'école, elle y ferait donc son retour. Comprendre ce mouvement de l'art en éducation demande qu'on interroge les attentes sociales et les valeurs qui s'y incarnent.

S'agit-il en premier lieu d'une *exigence démocratique* ? La politique éducative des arts veut en effet être une avancée au service de l'égalité, mission de l'école républicaine : « Si l'École n'assure pas un accès démocratique à l'art, ce sont les logiques sociales qui prévaudront, dans le sens des inégalités, évidemment », affirmait, dans sa conférence de presse du 14 décembre 2000, le ministre en charge du plan de développement des arts à l'école. Quel successeur oserait explicitement démentir le propos ? La place de l'art à l'école aurait donc bien à voir avec la « passion égalitaire ». Toutefois, enjeu de la démocratie, elle en signale et accompagne tout autant le mouvement et les évolutions, voire les contradictions, notamment dans la direction de *l'individualisme démocratique*.

L'éducation artistique est ainsi passée d'un modèle centré sur les œuvres et le patrimoine à un modèle centré sur l'individu et son expression, recomposant la culture scolaire autour des subjectivités individuelles. Elle promeut les valeurs de la sensibilité, de l'imagination et de l'émotion partagée, contre l'exclusivité de la raison, tant sur le plan individuel que sur le plan de la collectivité et du vivre ensemble. L'art en éducation participe, à ce titre, d'une évolution d'ensemble de la culture moderne et de sa recomposition : les valeurs esthétiques, longtemps secondaires et subordonnées aux valeurs de la rationalité, s'émancipent ; et l'entrée de l'artiste dans l'école, nouvelle figure du pédagogue, prend valeur de symbole. Mais l'ambition d'éduquer *par* et *pour* les arts ne court-elle pas désormais le risque de perdre ses buts et ses fins propres dans la sensibilité et l'émotivité diffuses qui effacent les frontières entre l'art et la vie, entre *le vécu* et *l'œuvre* ? Le sort et le sens de l'éducation artistique sont sans doute tributaires d'une redéfinition rigoureuse de l'expérience artistique, et, plus largement, d'une reconnaissance de la spécificité de l'expérience et de la conduite esthétiques comme conduite humaine fondamentale et fondatrice, comme *conduite cognitive* à part entière. Les développements de la philosophie esthétique contemporaine comme ceux de l'art lui-même confortent cette exigence éducative.

Alain Kerlan

▶ Bibliographie

DARRAS B., *Éducation artistique à l'école et au musée*, Lyon, PUL, 1999.

DEWEY J., *Art as Experience* (1934), New York, Perigee Books, 1980.

DUBORGEL B., *La Maison, l'artiste et l'enfant*, Saint-Étienne, université de Saint-Étienne, 2001.

GOODMAN N., *L'Art en théorie et en action*, Paris, Éditions de l'éclat, 1996.

KERLAN A., *L'Art pour éduquer ? La tentation esthétique*, Québec, Presses de l'université Laval, 2004.

KERLAN A., « L'Art contemporain à l'école : le modèle esthétique à l'épreuve », *Les Sciences de l'éducation – Pour l'ère nouvelle*, dossier « L'Enseignement des arts plastiques », vol. 37, n° 3, 2004, Caen, université de Caen.

LAGOUTTE D., « Enseigner les arts plastiques. Quels contenus, pour quels enjeux, pour quelles finalités ? », *Les Sciences de l'éducation – Pour l'ère nouvelle*, dossier « L'Enseignement des arts plastiques », vol. 37, n° 3, 2004, Caen, université de Caen.

LISMONDE P., *Les Arts à l'école : le plan de Jack Lang et Catherine Tasca*, Paris, CNDP/Gallimard, 2002.

SCHAEFFER J.-M., *Adieu à l'esthétique*, Paris, PUF, 2000.

SCHILLER F., *Lettres sur l'éducation esthétique de l'homme (1795)*, Paris, Aubier, 1995.

▶ Voir aussi

Arts plastiques – Créativité – Image – Musée – Théâtre.

ARTS PLASTIQUES

Dans les différents systèmes éducatifs anglo-saxons, il n'y a pas d'équivalent renvoyant précisément à la notion d'« arts plastiques » en tant que discipline d'enseignement général. On trouvera *arts, visual arts* (arts visuels), *arts and crafts* (métiers d'art), *fine arts* (beaux-arts) employés selon les contextes éducatifs. Dans les traductions littérales, l'expression *plastical arts* est utilisée mais ne correspond pas à un enseignement défini. La distinction faite, dans le système éducatif français, entre arts plastiques et arts appliqués existe en langue anglaise sous la forme : *arts* et *applied arts*.

C'est dans le champ de la création artistique que le terme « arts plastiques » est d'abord utilisé. Il correspond à une compréhension élargie et transversale de l'activité et de la production d'un artiste qui, dès la Renaissance, peut être à la fois peintre, graveur, sculpteur, dessinateur, décorateur, voire architecte. Ce terme n'a été repris que tardivement dans le cadre de l'enseignement. Dans ce cadre même, la *formation* en arts plastiques dans les écoles d'art, d'une part, l'*enseignement* des arts plastiques dans l'enseignement général public français, d'autre part, constituent deux questions distinctes. Pour le premier cas, l'évolution s'est faite des beaux-arts aux arts plastiques, pour le second de l'enseignement du dessin à celui des arts plastiques.

Ainsi, selon le point de vue adopté d'enseignement, d'éducation ou de formation, de la maternelle à l'enseignement supérieur, de l'enseignement général à la formation à une profession, la définition du terme « arts plastiques » ne sera pas strictement la même, bien que renvoyant toujours à une compréhension, généralement admise, du point de vue de l'activité du sujet : une production sensible et intelligible s'inscrivant, par la démarche, la réflexion et la pratique, dans le champ artistique. C'est sur la question des domaines où s'inscrit cette production et sur la question même de l'inscription artistique qu'évoluent aujourd'hui les problématiques. Les toutes récentes tendances dans ce débat remettraient en question la dimension artistique dans l'enseignement des arts plastiques, au profit d'une compréhension davantage tournée vers le patrimoine.

Nous abordons seulement ici la question des arts plastiques comme discipline d'enseignement général du système éducatif français actuel. Les arts plastiques sont une discipline d'enseignement général, inscrite dans les enseignements obligatoires pour l'école primaire et le collège (une heure hebdomadaire d'enseignement par classe de 25 à 35 élèves) et dans les enseignements optionnels pour le lycée (lycée d'enseignement général et technologique). Que ce soit à l'école, au collège ou au lycée, l'enseignement des arts plastiques s'appuie sur des programmes nationaux régulièrement renouvelés. Au lycée et pour les classes de terminale, des questions limitatives plus spécialement orientées vers la culture artistique ont été ajoutées depuis 2002. L'enseignement des arts plastiques donne lieu à une évaluation en fin de classe de troisième (brevet des collèges) et, pour le baccalauréat en fin de classe de terminale, à une épreuve obligatoire (constituée d'une partie orale sur dossier permettant d'évaluer la pratique et d'une partie écrite portant sur la culture artistique) et/ou à une épreuve d'option facultative (épreuve orale sur dossier). Les arts plastiques font partie des disciplines du concours général. Au collège comme au lycée, ils sont enseignés par un professeur spécialisé.

La création de cet enseignement en 1972 a concrétisé un intense processus de transformation marqué par l'inscription des arts plastiques à l'université en 1969. Ceci avait été amorcé dès 1967 avec l'introduction d'un enseignement nouveau dans le second cycle avec option artistique au baccalauréat série A (section A7) et a donné lieu à l'ouverture de concours nationaux de recrutement (agrégation et CAPES) ainsi qu'à des programmes nouveaux.

Il s'agit donc d'une discipline jeune qui, au cours de ses trois décennies d'existence, n'a cessé d'évoluer, de se développer, tant dans ses contenus que dans ses méthodes, visant à réduire et même à supprimer la coupure inacceptable qui existait autour des années 1960 entre l'enseignement artistique dans le cadre scolaire et l'« art vivant », coupure que le colloque d'Amiens avait permis de porter, avec d'autres questions sur l'enseignement artistique, à la connaissance d'un large public (mars 1968).

La loi du 6 janvier 1988 sur les enseignements artistiques propose un éventail de domaines artistiques nouveaux et situe les arts plastiques et l'éducation musicale comme enseignements obligatoires dans la formation scolaire primaire et secondaire jusqu'à la fin du collège. Elle confirme les conventions de partenariat entre les ministères de la Culture et de l'Éducation nationale.

On peut considérer la période de 1968 à 1976 comme fondatrice pour les arts plastiques en tant que discipline d'enseignement général. Cette période, marquée par un travail sur la créativité, sur l'expression, sur les méthodes actives, a introduit des pistes de réflexion, des questions nouvelles, des formes de contrats pédagogiques plus individualisés et a contribué à mettre en place au collège des structures d'enseignement des arts plastiques innovantes, telles que « le cours en proposition », « l'atelier » ou « l'enseignement en situation d'autonomie ». L'apport des technologies numériques et les pratiques multimédia contribuent à renouveler en permanence les approches de l'image et de la production d'images au collège et au lycée : cinéma, audiovisuel, vidéo, infographie.

L'enseignement des arts plastiques accorde une place centrale à la pratique selon la perspective nouvelle exprimée lors de la création des arts plastiques à l'université : articulation entre action et réflexion, théorie et pratique. Il s'appuie de manière privilégiée sur des méthodes pédagogiques centrées sur l'élève, sur son questionnement propre, sur les démarches de caractère exploratoire et expérimental. Un travail critique s'exerçant sur les productions permet d'introduire les notions, de construire les savoirs relevant du champ artistique et renvoyant tout autant à des savoirs procéduraux qu'à des savoirs notionnels.

Le champ référentiel est le champ artistique appréhendé dans la diversité des pratiques des artistes et dans son évolution incessante. La transposition didactique est assurée dans sa quasi-totalité par l'enseignant. Connaissant œuvres et démarches artistiques du passé et au fait de celles d'aujourd'hui, le professeur crée des situations d'enseignement qui, tout en favorisant l'expression et la production personnelles des élèves, les confrontent à des questions relatives aux arts plastiques. C'est pourquoi explications, démonstrations et travaux d'application ont peu à peu cédé la place à des situations ouvertes facilitant, pour chaque enfant ou adolescent, la construction de sa relation à la pratique, en ce qu'elle articule projet, moyens (matériaux, instruments), production avec la mise en question du sens.

Le lien avec le champ artistique est travaillé tout au long de la scolarité de l'élève, et si la prise en compte de l'art contemporain est systématiquement affirmée, l'art dans ses dimensions historique, sociologique et culturelle reste la référence première.

Comme l'ensemble des disciplines de l'enseignement général, les arts plastiques contribuent, avec les moyens qui leur sont propres, au développement de la personne et à la formation du citoyen : connaître les œuvres, accéder à l'ensemble des valeurs, s'exprimer d'une manière personnelle, solliciter et développer les capacités d'invention, témoigner d'un comportement ouvert aux démarches artistiques.

Magali Chanteux

▸ Bibliographie

Bonafoux P., *Critique et enseignement artistique : des discours aux pratiques*, Paris, L'Harmattan, coll. « Éducation Formation », 1997.

Chanteux M., « La Pratique des élèves dans l'enseignement des arts plastiques », *Société française*, dossier « Politique éducative, travail enseignant et activité de l'élève », n° 10, 1998, p. 51-60.

Château D., « Les Enfants de Prométhée, histoire du mot "arts plastiques" », *Recherches poïétiques*, n° 2, 1995, p. 139-159, n° 3, 1996, p. 137-151, n° 4, 1996, p. 147-167.

Cramer E., *Le Dessin comme instrument d'apprentissage, de l'action au savoir*, Paris, L'Harmattan, 2003.

Gaillot B.-A., *Arts plastiques, éléments d'une didactique-critique*, Paris, PUF, 1997.

Hervé C., « L'Autoportrait de Lassana », *Arts plastiques… quelles sont vos références*, CRDP, académie de Créteil, SCEREN, 2004.

Monnier G., *Des beaux-arts aux arts plastiques. Une histoire sociale de l'art*, Lyon, La Manufacture, 1991.

Pelissier G., « La Création des ateliers d'arts plastiques au collège », *Les Amis de Sèvres*, n° 120, 1985, p. 94-104.

Pelissier G. *et al.*, *Enseigner les arts plastiques en situation d'autonomie,* Lyon, CRDP, 1988.

▸ Voir aussi

Actives (Méthodes) – Artistique (Éducation) – Contrat pédagogique – Créativité – Didactique – Musée – Musicale (Éducation) – Partenariat.

Association éducative

Les enseignants, les professeurs des écoles en particulier, sont à l'origine de nombreuses associations qui se proposent de compléter et de prolonger leur enseignement par des activités éducatives dans les domaines culturels sociaux, scientifiques, sportifs, etc. Leur contribution à l'élargissement du champ et des méthodes d'éducation, aux évolutions pédagogiques et à l'ouverture sur le monde a conduit le ministère de l'Éducation nationale à créer un agrément, forme de reconnaissance des « associations éducatives complémentaires de l'enseignement public ».

L'agrément, régi par le décret n° 92-100 du 6 novembre 1992 et dont les modalités d'application ont été préconisées par la circulaire n° 93-136 du 25 février 1993, publiée au *Bulletin officiel* n° 10 du 11 mars 1993, est accordé pour une durée de cinq années « après vérification du caractère d'intérêt général, du caractère non lucratif et de la qualité des services proposés par ces associations, de leur compatibilité avec les activités du service public de l'Éducation nationale, de leur complémentarité avec les instructions et les programmes d'enseignement ainsi que leur respect des principes de laïcité et d'ouverture à tous sans discrimination ». L'agrément n'accorde pas nécessairement un droit à subvention par le ministère de l'Éducation nationale.

Si toutes les associations agréées font référence à la laïcité, leurs objectifs, leurs activités et leur pédagogie ne sont pas identiques et se caractérisent selon les objectifs de leur création et de leur histoire. Lieux de réflexion, de débats et d'action, les associations évoluent en permanence. Deux grandes organisations occupent une place spécifique.

• **La Ligue de l'enseignement :** fondée en 1866 par Jean Macé, elle organisa une vaste pétition nationale dès 1871 qui aboutit au vote des lois scolaires présentées par Jules Ferry. Elle développa un vaste réseau « d'associations péri- et post-scolaires » qui en fait non seulement l'association la plus ancienne mais également la plus importante puisqu'elle compte plus de deux millions d'adhérents au sein de plus de trente mille associations locales qu'elle rassemble par l'intermédiaire de ses fédérations départementales d'œuvres laïques. À travers ses diverses activités éducatives, sociales, culturelles, la Ligue reste fidèle aux objectifs de son fondateur : « faire des hommes des citoyens ». En favorisant l'accès de tous à l'éducation et à la culture, elle permet aux citoyens de faire vivre dans les faits, un peu plus chaque jour, une République qui soit réellement démocratique, laïque et sociale.

• **La Jeunesse au plein air (JPA) :** créée en 1938 par des enseignants, elle regroupe, en tant que confédération, trente-quatre organisations nationales « statutairement attachées à la laïcité, à l'expansion de l'enseignement public et au développement des activités éducatives et œuvres de vacances d'enfants et d'adolescents » (article 1er des statuts). Expert reconnu dans le domaine des vacances et des loisirs des jeunes, la JPA collecte annuellement des fonds qui sont reversés sous forme de bourses de vacances et met à la disposition des professionnels et du public ses compétences juridiques et sa documentation. Lieu de réflexion et de concertation des associations adhérentes, la JPA s'emploie à aider les enfants à bénéficier de vacances et de loisirs éducatifs de qualité.

La plupart des associations agréées par le ministère de l'Éducation nationale sont membres de la JPA et notamment les associations suivantes.

• **Les Éclaireuses et Éclaireurs de France (« Les Éclés ») :** constitués en 1911, ils ont pour but de contribuer à la formation de la jeunesse par l'animation des sociétés de jeunes selon les principes et pratiques du scoutisme laïque. Les cadres bénévoles sont fréquemment des enseignants. Ce mouvement, tout en préservant ses activités régulières de scoutisme laïque, a diversifié ses actions : camps et centres de vacances ouverts à tous ; accueil de jeunes handicapés ; développement d'activités dans les quartiers dits « défavorisés » ; accueil de classes transplantées ; intervention dans l'école (formation de délégués de classe, semaine d'éducation contre le racisme, à la citoyenneté, etc.) ; clubs Éclés dans les collèges.

• **Les Pupilles de l'enseignement public (PEP)** ont été créés en 1915 pour aider matériellement et moralement les orphelins et les victimes de la Grande Guerre, fréquentant ou ayant fréquenté l'école publique. Reconnus d'utilité publique par le décret du 16 août 1919, les PEP sont agréés « Jeunesse et éducation populaire », « Fédération de vacances » depuis le 7 avril 1945 et « Tourisme » depuis le 11 mai 2000. Aujourd'hui, les PEP sont représentés au niveau national par une fédération générale et au niveau local par cent associations départementales, regroupées dans vingt-deux unions régionales. Le réseau PEP, qui compte 570 000 adhérents, est animé par 2 250 administrateurs bénévoles, 1 000 fonctionnaires de l'Éducation nationale et 15 000 salariés.

En ce début de XXIe siècle, les PEP se définissent comme un mouvement militant pour la solidarité et l'éducation : éducation à la solidarité et éducation par la solidarité, contribuant à la formation civique et morale des enfants, apportant des aides aux plus défavorisés. Les PEP agissent en complémentarité avec l'école pour une société plus solidaire, dans le respect des valeurs de la République et de la laïcité. Aujourd'hui, les PEP œuvrent dans trois domaines :

– accompagnement de l'enfant et de sa famille : organisation d'aides à la scolarité pour enfants en difficulté, services d'assis-

tance pédagogique à domicile aux enfants malades ou accidentés dans plus de 85 départements, aides à la parentalité ;
– séjours éducatifs et pédagogiques : 150 centres de vacances et de classes de découverte et d'environnement accueillent tous les jeunes pour des séjours aux thèmes variés, à la mer, à la montagne ou à la campagne ;
– sanitaire, social et médico-social : accueil, soins et scolarisation de jeunes dans plus de 350 établissements, services et réseaux.

• **L'Office central de la coopération à l'école (OCCE) :** créé en 1928, il fédère et anime, au travers de ses cent associations départementales, la vie de plus de 50 000 coopératives scolaires et des foyers coopératifs, selon les principes de la coopération à l'école, « méthode active d'éducation morale, civique et intellectuelle ». Il a donc pour mission de contribuer à cette éducation intellectuelle et civique des élèves de l'enseignement public par la pratique de la coopération, l'exercice de l'initiative et de la responsabilité par le travail en commun. L'action coopérative présente trois aspects indissociables : un aspect proprement pédagogique qui concerne la modification des relations éducatives dans la classe, dans une conception globale et motivée du travail scolaire ; un aspect d'éducation sociale et civique par l'exercice et le partage des responsabilités ; un aspect de formation économique par l'ensemble des activités économiques et financières, liées à la vie même de la coopérative.

• **Les Centres d'entraînement aux méthodes d'éducation active (CEMÉA)** œuvrent depuis 1937 « pour une éducation qui créé des situations où chacun, enfant, adolescent, adulte, peut être conscient du monde qui l'entoure, se l'apprivoiser, le faire évoluer, le modifier dans une perspective de progrès individuel et social ». Mouvement d'idées, mouvement d'éducation nouvelle mouvement d'éducation populaire, les CEMÉA rassemblent les enseignants, les animateurs, les formateurs, les travailleurs sociaux.

C'est par la formation et les pratiques culturelles que le mouvement fait partager sa conception d'une éducation globale et active à tous ceux qui, volontaires ou professionnels, encadrent des centres de vacances et de loisirs ou agissent dans les domaines de l'éducation formelle, de l'éducation non formelle, des pratiques culturelles et de l'éducation à la santé et des technologies d'information et de communication. Les CEMÉA éditent des revues, des ouvrages, des documents pédagogiques ainsi que des films, CD-Roms et sites Internet sur les questions éducatives, culturelles et sociales. L'association nationale des CEMÉA regroupe les associations territoriales organisées dans les régions.

• **La Fédération des « Francas »**, fondée en 1944 sous le nom de Fédération des francs et franches camarades, regroupe des structures éducatives, sociales et culturelles adhérentes. Ses membres, aidés parfois de partenaires, ont participé à l'émergence, à la concrétisation et à la généralisation de concepts comme la globalité de l'éducation, la coéducation, la presse jeunesse, les espaces de jeux ou les propositions « place de l'enfant ». Du patronage au projet éducatif local, en passant par le centre de loisirs, leurs idées et propositions ont largement influencé les politiques publiques concernant l'enfance et la jeunesse. Les Francas ont une conception de l'éducation « qui se fonde sur des connaissances scientifiques et sur l'idée qu'ils se font de l'être humain et de la société. Ils distinguent l'éducation qui tient à la vie, dont elle a l'ampleur et la complexité, de l'action éducative qui n'en est que la partie maîtrisée ». Ils fondent leurs actions sur les valeurs de laïcité, d'humanisme, d'égalité, de solidarité et de démocratie et agissent dans les domaines de l'animation, de la formation, des éditions, du conseil. Ils proposent diverses activités : accueil périscolaire, restauration scolaire, centres de loisirs, animation dans le cadre de politiques contractuelles (CEL, etc.), centres de loisirs et de vacances. Ils réalisent des formations pour les animateurs professionnels ou bénévoles de l'animation.

Agréés par le ministère de l'Éducation nationale et de la Recherche et par le ministère de la Jeunesse, des Sports et de la Vie associative, ils sont reconnus d'utilité publique. Présents sur tout le territoire, les Francas représentent 79 associations départementales, 5 000 centres de loisirs accueillant 1,2 millions d'enfants et d'adolescents par an, 15 000 adhérents individuels, 3 000 collectivités territoriales en relation permanente ou ponctuelle, 50 000 bénévoles mobilisés, 17 500 stagiaires BAFA et BAFD, 1 000 professionnels formés, et animent des échanges avec 77 organisations internationales de jeunesse.

• **La Fédération des œuvres éducatives et de vacances de l'Éducation nationale (FOEVEN)** a été constituée en 1956 sous l'appellation de FOVET (Fédération des œuvres de vacances de l'enseignement technique) afin de coordonner l'action des AROVET (Association régionale des œuvres de vacances de l'enseignement technique). La FOVET et les AROVET sont devenues FOEVEN et AROEVEN (Association régionale des œuvres éducatives de vacances de l'Éducation nationale) entre 1965 et 1969, suite à l'intégration de l'enseignement technique au sein du ministère de l'Éducation nationale. Il existe une AROEVEN par académie, présidée par le recteur. La FOEVEN milite « pour une école, un collège, un lycée, des centres de vacances et de loisirs, des activités socio-éducatives assurant aux jeunes, dans un souci constant de réduction des inégalités, un apprentissage actif de la responsabilité, de la citoyenneté, de la liberté et de la solidarité ». Elle fédère les foyers socio-éducatifs (FSE) et les maisons des lycéens (MDL), forme les animateurs de ces deux structures associatives scolaires, organise et anime des formations de délégués des élèves. Elle intervient auprès des équipes éducatives, notamment dans les zones d'éducation prioritaire ; elle contribue à la formation continue des personnels dans le cadre des instituts universitaires de formation des maîtres (IUFM), du Plan national de formation et d'universités d'été. Durant les vacances, les AROEVEN organisent des centres de vacances pour enfants et adolescents et des échanges internationaux de jeunes. Plusieurs implantations permanentes de la FOEVEN et des AROEVEN accueillent, durant l'année scolaire, des classes de découverte et des sessions de formation de cadres, y compris les sessions BAFA/BAFD dont elles ont la charge.

• **La Fédération des associations pour adultes et jeunes handicapés (APAJH)**, fondée en 1962, œuvre pour la reconnaissance de la pleine citoyenneté de la personne en situation de handicap au travers de son intégration dans le milieu ordinaire de vie, quels que soient son âge et la nature de son handicap (intégration scolaire ; intégration professionnelle ; intégration sociale).

Force de réflexion et de proposition, elle crée, développe et gère des établissements, structures et moyens d'accompagnement adaptés aux besoins des enfants, adolescents et adultes en situation de handicap. L'APAJH accompagne 22 000 personnes ayant des déficiences diverses dans les 600 établissements ou services sociaux, éducatifs et professionnels (CMPP, CAMSP, IMP, IMPro, centres d'aide par le travail (CAT), ateliers protégés (AP), etc.). Elle anime de nombreux services d'intégration scolaire. Elle organise des formations à destination des travailleurs en situation de handicap du secteur de travail protégé, des personnels des établissements spécialisés et des écoles accueillant des enfants sourds, autistes ou en grande difficulté d'apprentissage, des professeurs des écoles et enseignants dans le cadre des IUFM. L'APAJH organise également des séjours de vacances pour des enfants, des adolescents et des adultes. La diversité des projets « permet à chacun de vivre de réels moments de détente, de valoriser ses possibilités et de retirer un mieux-être ».

• **L'Association nationale pour les transports éducatifs de l'enseignement public (ANATEEP)** a été créée en 1964 et regroupe des parents, des enseignants et des collectivités territoriales. Elle a pour but l'amélioration de la qualité, de la sécurité et de la gratuité pour les transports de jeunes. Se préoccupant initialement des transports scolaires, elle a étendu son champ de compétences aux transports péri- et post-scolaires, éducatifs, culturels et sociaux. L'ANATEEP intervient dans tous les domaines du transport de jeunes : législation, organisation, financement, conception des véhicules, etc. Elle forme, sous l'angle spécifique des transports de jeunes, les conducteurs, les accompagnateurs, les animateurs. L'ANATEEP est membre du comité de marque AFNOR sur la qualité de service du transport collectif. Elle éduque des jeunes, des enseignants et des chefs d'établissements à la sécurité et participe à la réflexion globale concernant l'amélioration de la sécurité dans le cadre du Conseil national de sécurité routière et du Conseil national des transports.

Daniel Groscolas

▶ **Voir aussi**
Civique (Éducation) – Colonie de vacances – Coopérative scolaire – Éducation nouvelle – Handicap – Périscolaire – Projet – Transports scolaires.

Association nationale pour la formation professionnelle des adultes (AFPA)

Une première association nationale pour la formation professionnelle des adultes a été créée, en 1949, sous le nom d'Association nationale interprofessionnelle pour la formation rationnelle de la main-d'œuvre (ANIFRMO), par regroupement de plusieurs organismes de formation professionnelle. L'actuelle appellation d'AFPA date de 1966.

Aujourd'hui, l'AFPA, service public de formation et d'orientation, est en France l'un des instruments privilégiés de la politique de l'emploi.

Composante du service public de l'emploi, aux côtés de l'ANPE et des services régionaux et départementaux du ministère de l'Emploi et de la Solidarité, l'AFPA est une association à gestion tripartite qui regroupe, dans ses instances de décision, les représentants des organisations professionnelles d'employeurs et de salariés ainsi que les pouvoirs publics (État et conseils régionaux).

Conformément à la nouvelle étape de décentralisation de la formation professionnelle votée en 2004 par le Parlement, l'AFPA se prépare à renforcer ses liens avec les conseils régionaux (à qui l'État va transférer les crédits qu'il versait directement à l'AFPA pour la formation des demandeurs d'emploi).

Par ses compétences en matière d'orientation et de formation d'adultes, par la diversité des 300 métiers – de l'ouvrier au technicien supérieur – auxquels elle prépare, l'AFPA répond en priorité aux besoins des demandeurs d'emploi. Chaque année, elle permet à environ 150 000 personnes faiblement qualifiées, ou dont la qualification obtenue dans le système de formation initiale n'est plus adaptée aux nouvelles technologies ou aux modes d'organisation du travail, d'acquérir, de maintenir et de développer leur qualification tout au long de la vie. Plus de 70 % des stagiaires de l'AFPA, demandeurs d'emploi, trouvent un emploi dans les six mois qui suivent leur sortie de stage.

L'AFPA délivre directement 400 titres homologués par le ministère de l'Emploi et de la Solidarité (certificat de formation professionnelle ou certificat de perfectionnement professionnel) dans tous les secteurs d'activité, à l'exception du médical et du paramédical. Elle contrôle la délivrance de ces titres et le contenu des formations auprès d'environ 500 centres de formation privés.

L'AFPA s'adapte aux besoins de ses bénéficiaires et peut organiser les formations, qui comportent toujours une période d'application en entreprise, dans ses établissements, sur le lieu de travail, en alternance ou à distance. Cette souplesse autorise des parcours individualisés, en modules, par filières. Avec des formations qualifiantes, des formations de perfectionnement, des préformations et des formations de mise à niveau, l'AFPA s'adresse à toute personne, du premier niveau de qualification au technicien supérieur.

Assurées par des professionnels expérimentés utilisant des méthodes pédagogiques éprouvées, les formations de l'AFPA sont concrètes, centrées sur des objectifs précis, et s'approchent des situations réelles de production. Elles utilisent les matériels, les équipements et les techniques en usage dans les entreprises. Les jurys d'examens sont constitués par des représentants de la profession, et les titres délivrés sont homologués par l'État.

L'AFPA intervient également dans le cadre de prestations d'études, d'ingénierie et de conseil pour analyser les situations professionnelles, étudier les évolutions des emplois et des compétences, formuler un diagnostic, élaborer un plan de formation, proposer un plan de financement, mobiliser les ressources complémentaires, rédiger un cahier des charges, choisir et mettre en œuvre les formations, mettre en place et piloter un dispositif emploi-formation nécessitant l'intervention de plusieurs partenaires, évaluer les résultats, contribuer à la mise au point d'un dispositif de recrutement, de sélection, de formation et d'insertion des jeunes.

L'AFPA agit en Europe et dans le monde. Elle est en relation avec plus de 150 organismes de formation et de conseil en développement des ressources humaines appartenant à l'ensemble des États membres de l'Union européenne. Sur le plan international, l'AFPA est l'organisme chargé de mettre en œuvre la politique de coopération définie par les pouvoirs publics dans le domaine de la formation professionnelle. Elle fournit des prestations de formation et accompagne les entreprises dans leurs opérations d'exportation. L'AFPA est un partenaire actif des grands projets internationaux de formation.

L'AFPA veille au professionnalisme des 4 700 formateurs et des 700 psychologues du travail qu'elle emploie. Pour entrer à l'AFPA, il est nécessaire que les formateurs aient reçu au préalable une solide formation technique et professionnelle dans leur métier et qu'ils l'aient exercé et pratiqué en entreprise pendant au moins cinq ans. L'Institut national des métiers de la formation (INMF), créé à l'initiative de l'AFPA, prépare ces hommes et ces femmes à leur nouveau métier de formateur. Véritable parcours de formation individualisé, la formation professionnelle des formateurs est réalisée en trois étapes : l'« accueil-insertion » (quatre semaines), la « formation pédagogique initiale » (onze semaines) et le « parcours de professionnalisation » (dix-huit mois). L'INMF aide également à la prise de fonction des psychologues du travail. Il s'agit de leur transmettre la culture et les techniques nécessaires à l'exercice du métier de psychologue à l'AFPA pour le conseil en orientation, la validation d'un projet de formation et/ou d'insertion, l'accompagnement des personnes en formation. Par la suite, cette formation est complétée, tout au long de leur carrière, par des perfectionnements techniques et pédagogiques.

Yves Chavagne
Florent Longuépée

▶ **Voir aussi**
Formation à distance – Formation professionnelle continue – Formation professionnelle continue (Organismes de).

ATSEM ▶ Agent territorial spécialisé des écoles maternelles

AUDIOVISUEL

La notion d'« audiovisuel » doit son succès à son imprécision. Elle recouvre en effet, selon les interlocuteurs et les contextes d'utilisation, des caractéristiques qui se réfèrent « indistinctement ou sélectivement » soit au canal (avec la double dimension technique et physiologique, techniques d'enregistrement des sons perçus par le canal auditif ou techniques physicochimiques ou électroniques d'enregistrement des images perçues par le canal visuel), soit au média (les médias audiovisuels opposés aux médias écrits ou informatiques), soit au code (le « langage audiovisuel », expression métaphorique opposée au langage verbal, écrit ou oral) ou au message (message iconique, verbal, sonore ou audiovisuel) de la communication, soit, enfin, dans les discours totalisants, à la civilisation (de l'image ou de l'audiovisuel, la galaxie Marconi, opposée à la galaxie Gutenberg ou civilisation de l'écrit).

Même lorsqu'il entre dans ce jeu d'oppositions, le terme est loin de perdre ses ambiguïtés : « audiovisuel » et « écrit » ne s'opposent pas relativement au canal (sens) visuel, mobilisé pour lire l'image comme le texte, ni relativement au code phonique, dans la mesure où même lorsqu'il s'agit de lire du langage écrit, le lecteur se réfère implicitement aux contraintes de la chaîne parlée (canal auditif) ; le « langage audiovisuel » ne s'oppose pas systématiquement au langage verbal dans la mesure où il l'intègre en partie, soit dans sa dimension écrite (langage dit « verbo-iconique » dans le cas des légendes de photos, des bandes dessinées ou des cartons cinématographiques), soit dans sa dimension sonore (dialogues et commentaires au cinéma et à la télévision). Enfin, les développements technologiques récents, notamment la numérisation, tendent à rapprocher tous les médias (cinéma, télévision, presse écrite, musique, télécommunications et informatique). Rapprochement technique (puisqu'un même procédé informatique permet de traiter aussi bien les textes que les images et les sons), mais aussi rapprochement sémiologique (puisque ces nouvelles technologies permettent « un véritable tissage de la pensée figurative et des langages mathématiques et logiques »).

Les difficultés de pénétration dans l'Éducation nationale

Venu pourtant de la pédagogie américaine vers les années 1930, avec les progrès de la reproduction sonore et du cinéma parlant, et popularisé, en France, dit-on, grâce à l'expression « idiot visuel » d'un hebdomadaire satirique, l'expression « audio-visuel » (comme on l'écrit alors) ne pénétrera dans le système pédagogique français que lentement (« matériel audiovisuel », en 1947, dans les recommandations de la 10e Conférence internationale de l'Instruction publique du Bureau international de l'éducation, et, peu après, création du Centre audiovisuel de l'École normale supérieure de Saint-Cloud ; « formes audio-visuelles de l'enseignement » dans l'ordonnance du 6 janvier 1959 portant réforme de l'enseignement...).

Le terme a perdu progressivement son trait d'union, au fur et à mesure des perfectionnements techniques intégrant davantage les deux dimensions technico-perceptives ; il est devenu un substantif autour des années 1950. Seule la référence historique ou un positionnement explicitement théorique peuvent justifier, à l'heure actuelle, le maintien du trait d'union (comme dans la notion d'« audio-vision » de Michel Chion pour caractériser la perception spécifique « d'audio-voir » et pas seulement « voir » en faisant de la dimension sonore une sorte d'additif).

La pénétration des techniques et des pratiques audiovisuelles sera encore plus lente et problématique. Plusieurs raisons l'expliquent. Des raisons économiques et financières, sans aucun doute : les technologies coûtent d'autant plus cher qu'elles sont plus sophistiquées ; en même temps leur prix baisse au fur et à mesure de l'extension de leur diffusion. Des raisons sociologiques : le monde de l'éducation est, par tradition, plus tourné vers les valeurs sûres du passé que vers les risques de la prospective. Des raisons théoriques aussi : le « double rejet par le pédagogue » de l'image, en ce qu'elle a à voir « avec la technique et avec l'imaginaire », a longtemps pris sa source dans les théories de l'image mentale considérée comme « la préhistoire du concept ». À cet égard, les choses ont récemment changé et l'étude de l'imagerie mentale est désormais rattachée à l'étude d'ensemble de la représentation cognitive. Des raisons politiques enfin : au-delà de nombreuses et passionnantes expériences pédagogiques, il n'y a jamais eu de véritable politique de l'audiovisuel dans l'Éducation nationale en France.

Des techniques audiovisuelles aux NTIC

Si Jean Amos Comenius (au XVIIe siècle) est considéré comme le père de la pédagogie de l'image, et si le développement de l'imagerie populaire dans l'effort de scolarisation au cours du troisième tiers du XIXe siècle (*Le Tour de France par deux enfants*, vers 1871, les images d'Épinal vers 1880, etc.) donne des occasions d'apprendre par l'image, ce sont la lanterne magique (vers 1890) et ses plaques de verre peintes à la main (ancêtres de nos diapositives), puis les prédictions d'utilisation du phonographe d'Edison, enfin la diffusion de films pédagogiques par le musée du même nom (en 1924) qui ouvrent l'ère des technologies audiovisuelles à l'école.

Viendront ensuite « l'audio-visuel auxiliaire » à la disposition de l'enseignant pour « illustrer son cours » (en fait, des documents visuels, photos, diapositives, ou sonores, bandes enregistrées ou émissions de radio), puis la télévision scolaire (en 1953), née, comme l'autre, après la Seconde Guerre mondiale, écartelée, tout au long de son histoire, entre deux tendances, celle de « l'école à la télévision » et celle de « la télévision à l'école » ; puis « l'audiovisuel intégré » (le mot perd en effet son trait d'union, dans l'éducation, à peu près en même temps que la chose s'intègre à l'école).

Dès lors, la télévision, passant de la diffusion hertzienne au « circuit fermé » (câble) interne à l'établissement, prend place dans l'ensemble d'un système pédagogique où elle assure différentes fonctions, comme dans la célèbre « expérience du collège audiovisuel expérimental » de Marly-le-Roi dans les années 1960-1970, par exemple. Puis viennent les centres de ressources et les réseaux câblés reliant l'école au monde extérieur (production locale dans l'école et les quartiers grâce à la vidéo légère à La Villeneuve de Grenoble) et qui font passer l'audiovisuel d'une fonction de scolarisation à une fonction de socialisation.

L'influence des médias et de la télévision commençant à inquiéter les familles et les éducateurs, des actions d'« éducation aux médias » se développent à partir des années 1980 (opération interministérielle Jeunes téléspectateurs actifs (JTA), création du Centre de liaison de l'enseignement et des moyens d'information (CLEMI) en 1982, diverses relations et actions entre cinéma et enseignement). L'arrivée tonitruante de l'informatique, avec le fameux Plan informatique pour tous (1985) – l'audiovisuel n'avait jamais eu l'honneur d'une telle promotion – et son cortège d'illusions sur l'« interactivité » opposée à la « passivité » devant la télévision, fit croire à beaucoup d'esprits pédagogiques égarés que l'ère de l'audiovisuel était passée !

C'était aller moins vite (comme toujours au niveau des représentations) que l'avancée technologique et oublier que l'ordinateur pouvait produire non seulement des textes mais aussi des images, partiellement ou entièrement « calculées » (appelées « nouvelles images » ou « images de synthèse »), et qu'en devenant partie d'un système intégrant à la fois les anciennes et les nouvelles images, sans oublier les textes et les sons, il allait modifier complètement le secteur de l'audiovisuel et transformer les anciennes écoles câblées en « pôles technologiques » et les anciennes techniques audiovisuelles en NTIC (Nouvelles Technologies d'information et de communication).

Au service – et non pas à la place – du processus d'enseignement

Les raisons de la lenteur de pénétration et de l'intégration souvent problématique des techniques audiovisuelles que nous évoquions précédemment restent valables, pour l'essentiel, et il faut se tenir à l'écart aussi bien des enthousiasmes naïfs – la fuite en avant technologique comme panacée face aux diverses difficultés de l'éducation et de la formation – que des résistances perverses (« On a toujours bien enseigné sans tout cela ! »). En particulier, les nouvelles perspectives offertes par l'*interactivité* (possibilité pour le spectateur, devenant acteur, de rétroagir sur les messages qu'on lui propose) ne changent pas mais compliquent encore la conception des messages éducatifs médiatisés : l'exigence de « traitement » du contenu d'un programme en fonction du mode d'expression et du support utilisés reste prioritaire si l'on veut que l'audiovisuel – qu'il soit classique ou interactif – permette à l'apprenant de « déployer une activité sensorielle, affective et intellectuelle, au service de l'interprétation du message ». Autrement dit, l'audiovisuel ne doit pas « parler » comme un cours, un livre ou un didacticiel.

Mais la situation a en même temps changé, ces dernières années. La technologie audiovisuelle, disons plus généralement multimédia, commence à trouver sa vraie place « au service » et non plus « à la place » du processus d'enseignement : le rappel de la dimension humaine et du rôle de l'action sociale dans l'apprentissage, la prise en compte de l'aspect multimodal de la cognition (formes de représentation et de traitement de l'information verbales, non verbales et imagées), le souci d'intégration des NTIC dans des « systèmes sur mesure » adaptés à chaque situation, avec notamment la présence de l'utilisateur potentiel au sein même du processus de production des supports médiatisés de formation, la prise de conscience des exigences d'évaluation dans un certain nombre d'opérations de formation « par » (les) et « aux » médias, l'émergence de nouvelles compétences, voire de nouveaux métiers dans le domaine de l'éducation et de la formation, toutes ces nouveautés obligent à engager une réactualisation des procédures éducatives. Les leçons administrées par ces « technologies intellectuelles » ont rendu enfin caduc l'espoir, perpétuellement réactivé avec l'arrivée de toute nouvelle technologie, de « réussir un jour, à grande échelle et de façon maîtrisable, la médiation des savoirs par la seule médiatisation technique ».

En même temps, de « fenêtre ouverte sur le monde », l'audiovisuel est devenu « nouvelle façon de penser le monde », puis maintenant, avec les images virtuelles, de le « créer » : l'enjeu démocratique de l'éducation oblige à lutter désormais, aussi, contre l'analphabétisme technologique.

Geneviève Jacquinot

▸ Bibliographie

Chion M., *L'Audio-vision : son et image au cinéma,* Paris, Nathan-Université, coll. « Nathan cinéma », 2000.

Collectif, « Éducation et médias », *Le Télémaque*, n° 22, 2002.

Gonnet J., *Éducation et médias*, Paris, PUF, coll. « Que sais-je ? », 1997.

Jacquinot G., *L'École devant les écrans,* Issy-les-Moulineaux, ESF, 1985.

Jacquinot G., Leblanc G. (dir.), *Les Genres télévisuels dans l'enseignement*, Paris, CNDP/Hachette-Éducation, 1996.

Linard M., *Des machines et des hommes : apprendre avec les nouvelles technologies,* Paris, L'Harmattan, coll. « Savoir et formation » 1996.

Observatoire de l'enfance en France, *Les Jeunes et les médias*, Paris, Hachette, 2000.

Tardy M., *Le Professeur et les images,* Paris, PUF, coll. « L'Éducateur », 1973.

Vasseur F., *Les Médias du futur,* Paris, PUF, 1993.

▸ Voir aussi

Cinéma – Image – Médias – Technologies de l'information et de la communication pour l'éducation (TICE) – Télévision – Télévision éducative – Vidéo.

Audit

Dans sa définition comptable et financière, l'audit se présente comme un ensemble d'actions de contrôle de la régularité et de la sincérité des comptes d'une entreprise, visant à s'en porter garant et à émettre un jugement sur la qualité de la gestion.

On oppose l'audit interne, constitué des procédures régulières propres aux entreprises, et l'audit externe, où ce sont des intervenants extérieurs qui examinent les comptes de l'entreprise et apprécient la qualité de son fonctionnement.

L'audit a une dimension comparative qui suppose un référentiel explicite. Le contrôle de conformité se fait par rapport à des règles prédéfinies ou à des lois ; l'appréciation de la qualité de la gestion repose sur un « modèle » (produit d'études menées dans plusieurs entreprises ou produit de l'expérience de l'auditeur) précisant les relations entre les modes de gestion et les performances productives des entreprises.

Par extension, on parle d'audit social en référence aux procédures qui étudient les relations humaines et leur influence sur le fonctionnement des entreprises. Au-delà de la conformité des comportements aux règlements, le type et la qualité des relations entre les individus et les services peuvent être étudiés comme des facteurs de production particuliers dont l'examen s'intègre alors à une analyse plus générale du choix pour l'entreprise des modes de production les plus efficaces.

L'audit en matière d'éducation s'est développé récemment comme une forme particulière d'audit social. La transposition directe de la démarche d'audit au secteur éducatif n'est pas immédiate et doit demeurer prudente. Les relations humaines sont bien évidemment cruciales dans un domaine comme celui de l'éducation, qui constitue typiquement une « industrie de main-d'œuvre » à la fois centralisée dans son fonctionnement et décentralisée au plan de la « production » (l'enseignant demeurant relativement libre de son activité dans sa classe).

Cependant, on est loin de disposer aujourd'hui, en ce domaine, d'un référentiel communément accepté permettant de dire en quoi des formes d'organisation des relations humaines sont meilleures que d'autres, compte tenu du contexte, du type de formation, du public d'étudiants, etc.

L'appréciation de la qualité des différentes formes d'organisation en matière d'éducation a longtemps été affaire d'opinions *a priori,* émises par les promoteurs des différentes innovations. Dans ce contexte, évaluation et contrôle se trouvaient confondus dans une même démarche laissant peu de place à une véritable approche d'audit.

Le développement des recherches sur l'efficacité des différents modes d'organisation des systèmes éducatifs, fondées sur un examen de leurs produits (acquisitions et carrières scolaires des élèves notamment), a permis de promouvoir une approche d'évaluation adaptée à la complexité de la mesure des phénomènes éducatifs où interviennent de nombreuses variables liées entres elles. Ce sont des travaux de ce type qui pourraient offrir à l'auditeur (expert) les modèles de référence dont il a besoin pour fonder un véritable jugement comparatif (toutes choses égales par ailleurs) sur l'effet particulier des modes d'organisation qu'il examine.

Jean-Pierre Jarousse

▸ Bibliographie

BERNARD M. *et al.,* « L'Audit de la formation », *Éducation permanente,* n° 91, 1987.

THÉLOT C., *L'Évaluation du système éducatif,* Paris, Nathan-Université, 1993.

▸ Voir aussi

Enseignant – Évaluation – Innovation.

AUTOFORMATION

Le terme d'« autoformation » recouvre les pratiques de formation réalisées pour tout ou partie « par soi-même », par opposition aux formations réalisées « par d'autres » (ou « hétéroformation » selon Gaston Pineau).

Cette notion est définie avant tout « en creux », par contraste avec les modèles transmissifs-didactiques (du type de la « leçon »). La notion d'autoformation traduit donc un renversement de perspective pédagogique, par lequel on substitue à la relation transmissive classique :

Formateur – *(transmission)* → Formé

une relation inverse, d'appropriation du contenu par le sujet :

Ressources ← *(appropriation)* – **Apprenant**

L'autoformation (formation par soi-même) représente le foyer autour duquel gravitent plusieurs courants connexes de recherche.

L'*autoformation (intégrale)* renvoie au courant ancien de *l'autodidaxie*, dont le critère d'identification repose sur le fait d'*apprendre en dehors de tout lien avec les institutions et agents éducatifs formels*. En situation d'autodidaxie, il s'agit d'« assumer soi-même l'ensemble des fonctions d'enseignement habituellement dévolues à un tiers » (N. Tremblay). Cette conception initiale de l'autoformation renvoie à la fois au courant historique de l'autodidaxie ouvrière, et aux approches plus récentes de l'autoformation en milieu « naturel », c'est-à-dire non explicitement organisé à des fins pédagogiques, qu'il soit familial, professionnel ou associatif.

L'*autoformation « existentielle »* représente, pour Gaston Pineau, le processus d'« appropriation par le vivant de son pouvoir de formation ». Qualifié de « biocognitif » par cet auteur, ce processus d'« anthropogénèse » correspond à la visée phénoménologique d'« apprendre à être » (E. Faure), de « cheminer vers soi » (C. Josso), ou de « produire sa vie » (G. Pineau). Il s'appuie sur des pratiques variées : histoire de vie, autobiographie-projet, blason ou « essai de formation » (*educational narrative*), et recoupe le projet d'une éducation permanente comme processus vital et continu de développement de soi par soi.

L'*autoformation « éducative »* recouvre l'ensemble des pratiques pédagogiques visant à *développer et faciliter les apprentissages autonomes, dans le cadre d'institutions spécifiquement éducatives*, l'autonomisation des apprenants participant du projet pédagogique des formateurs. Les notions connexes d'« individualisation » de la formation, d'autoformation « accompagnée », « assistée », « tutorée », renvoient à la décentration pédagogique caractéristisque de l'autoformation et à son accompagnement par un facilitateur. De nombreux outils et dispositifs viennent instrumenter cette conception : ateliers pédagogiques personnalisés, centres de ressources, espaces d'autoformation, centres permanents, etc.

L'*autoformation « sociale »* renvoie à toutes les *formes d'apprentissage réalisées par les sujets eux-mêmes,* à l'extérieur du champ éducatif au sens strict, *dans et par la participation à des groupes sociaux* et en bénéficiant de formes de médiation diverses. Elles s'observent en milieu associatif (réseaux d'échanges de savoirs, cercles d'études, groupes de formation autogérés), ou professionnel (organisations apprenantes ou qualifiantes), apprentissage « dans et par les situations de travail ». Elles existent en dehors des institutions éducatives (c'est ce qui les distingue des pratiques d'autoformation « éducative ») et sont marquées par le caractère central de rapports sociaux institués (c'est ce qui les distingue de l'autoformation « intégrale »).

L'*autoformation « cognitive »* réunit différentes conceptions des *mécanismes psychologiques mis en jeu par l'apprenant dans l'apprentissage autonome*. Dans ce cadre, la notion centrale d'*autodirection de l'apprentissage*, particulièrement répandue en Amérique du Nord, recouvre « un processus mental intentionnel dirigé par la personne elle-même, généralement accompagné et appuyé par des comportements d'identification et de recherche d'information » (H. Long). Les notions de projet d'apprentissage, de contrat pédagogique, de disposition à l'apprentissage autodirigé et de stratégies métacognitives nourrissent l'analyse de l'autoformation sous l'angle de la dynamique individuelle et des compétences de l'apprenant.

Véritable « préconcept », l'autoformation souffre encore de son imprécision et de la multiplicité de ses acceptions. Mais c'est sans doute là aussi son aspect heuristique : l'autoformation, synonyme d'andragogie (pédagogie des adultes) pour certains auteurs américains (par exemple, M. Knowles), représente le foyer fédérateur des pédagogies de la responsabilité et de l'autonomie.

Philippe Carré

▶ Bibliographie

Albero B., *Autoformation et enseignement supérieur,* Paris, Lavoisier/Hermès, 2003.

Carré P., *L'Autoformation dans la formation professionnelle,* Paris, La Documentation française, 1992.

Carré P., Moisan A., Poisson D., *L'Autoformation : psychopédagogie, ingénierie, sociologie*, Paris, PUF, 1997.

Dumazedier J., *Penser l'autoformation : société d'aujourd'hui et pratiques d'autoformation,* Lyon, Chronique sociale, 2002.

Dumazedier J. *et al.*, « L'Autoformation », *Éducation permanente,* n° 78-79, 1985.

Dumazedier J. *et al.*, « Éducation permanente et pratiques sociales d'autoformation », *Revue française de pédagogie,* n° 102, 1993, p. 5-68.

Galvani P., *Autoformation et fonction de formateur,* Lyon, Chronique sociale, 1991.

Pineau G. *et al.*, « L'Autoformation en chantiers », *Éducation permanente*, n° 122, 1995.

Pineau G., Michel M., *Produire sa vie : autoformation et autobiographie,* Paris, Edilig, 1983.

Tremblay N. A., *L'Autoformation : pour apprendre autrement*, Montréal, Presses universitaires de Montréal, coll. « Paramètres », 2003.

▶ **Voir aussi**
Adultes (Formation des) – Cognitive (Éducation) – Éducation permanente – Individualisation – Leçon – Médiathèque – Projet.

Autonomie

L'autonomie est la capacité d'une personne à obéir à sa propre loi. Cette notion s'oppose à celle de dépendance ou de contrainte subie par un individu privé de sa liberté ou qui obéit à d'autres lois que la sienne (hétéronomie).

Dans le vocabulaire politique moderne, l'autonomie est le fait, pour une institution, de jouir d'une certaine indépendance par rapport à la souveraineté de l'État.

Autonomie pédagogique

Dans l'enseignement, l'autonomie signifie l'indépendance relative, la liberté partielle de décision accordée à tel établissement (école, lycée, université, etc.) au sein d'une institution. L'établissement autonome jouira de certaines prérogatives (gestion du budget, projet pédagogique), sans sortir pour autant de l'Éducation nationale.

Dans le domaine des méthodes pédagogiques, l'autonomie est une notion centrale souvent au cœur des différences de conception dans l'éducation d'un enfant et d'un adolescent : lorsque le but de l'éducation d'un enfant ou d'un élève est de le préparer à être autonome, on le traitera comme un « sujet » dès l'enfance et on lui laissera prendre des initiatives pour le préparer à être un homme libre…

En pédagogie, l'importance accordée à la notion (qu'il ne faut pas confondre avec la non-directivité) départage les méthodes et les processus d'apprentissage mis en œuvre dans les classes : quand la progression vers l'autonomie est la finalité de l'éducation et de la formation, les processus pédagogiques utilisés se réfèrent à la psychosociologie et à la psychologie des organisations, et la classe, le CDI ou la salle informatique deviennent les lieux où les élèves sont mis en situation de prendre des initiatives et de faire des choix (dans les sujets traités, les documents utilisés etc.), dans leur travail scolaire.

En matière d'éducation, l'autonomie consiste pour l'élève à se donner ses propres fins, ses propres méthodes et à apprendre à s'auto-évaluer. Elle est susceptible de degrés et de progrès, et engage une redéfinition des tâches et des rôles de l'enseignant quand elle est pratiquée dans le cadre scolaire. Dans les années 1970, à la suite de la crise des systèmes d'éducation au niveau national ou international, les *pédagogies de l'autonomie* se sont développées dans plusieurs pays sous différentes appellations. En France, pour tenter de diminuer l'échec scolaire, des différentes pédagogies se sont développées sous diverses appellations : *travail autonome*, *pédagogie de contrat*, *études dirigées, nodules, aide au travail personnalisé.* Ces pédagogies renvoient à toutes les formes de méthodes actives, se servent souvent de la technique du travail en groupe et vise un enseignement plus individualisé, adapté aux besoins et aux capacités de chaque élève et aux moyens modernes de documentation.

À la suite de la consultation pour une réforme des lycées, en 1998, le ministère introduit en classe de première – ainsi qu'en terminale (d'où ils seront retirés par une décision de décembre 2004) – les travaux personnels encadrés (TPE). Il s'agit pour l'élève de conduire un projet d'une certaine durée, à partir d'une liste nationale proposant une problématique large fortement ancrée dans les contenus des programmes et articulés à deux disciplines dominantes de la série du baccalauréat, qui aboutit à une réalisation concrète et fait l'objet, au moment de l'évaluation, d'une communication orale. Dans l'enseignement professionnel, ce dispositif prend le nom de Projet personnel à caractère professionnel. Ces dispositifs, comme celui des itinéraires de découverte au collège pour développer des compétences argumentatives, supposent une initiation aux modes de sélection pertinents de l'information.

Au-delà des innovations scolaires, depuis 1980, un double mouvement, concomitant et complémentaire, se développe dans nos sociétés modernes qui prend son origine et sa finalité dans l'autonomisation des individus : celui du développement de l'autoformation, mouvement nourri par l'explosion de l'hypermédiatisation des informations et de sa circulation grâce aux nouvelles technologies.

L'école et les entreprises ont désormais une nouvelle mission : développer l'autoformation des individus tout au long de leur vie.

Nelly Leselbaum

Autonomie des établissements

Le mot « autonomie » est devenu, dans les dernières années, l'un des plus utilisés du discours public sur l'éducation. Sa fréquence traduit un renversement copernicien des perspectives françaises traditionnelles, fortement marquées par l'idéologie jacobine. Les interrogations sur le fonctionnement de l'établissement public d'enseignement ou sur l'articulation entre ce niveau d'administration et la hiérarchie traditionnelle de l'Éducation nationale sont au cœur des préoccupations de l'Inspection générale « Vie scolaire » ou de l'Inspection générale de l'administration de l'éducation et de la recherche. L'importance de la question n'a pas échappé à la commission Thélot, qui lui consacre un chapitre entier de son rapport. Le principe d'autonomie est au cœur des débats actuels sur l'évolution éventuelle du statut des universités. Il est évidemment sous-jacent à tous les débats sur les transformations du mode de pilotage des établissements publics et, en particulier, à ceux qui portent sur le développement de la contractualisation ou de l'évaluation. La question de l'autonomie est ainsi inséparable de nombre des grands débats actuels sur l'action publique ; elle est au cœur de la discussion sur la décentralisation ou du discours sur l'importance du principe de subsidiarité.

L'autonomie des établissements scolaires

C'est à partir de 1977 que la notion d'autonomie des établissements secondaires commence à susciter un intérêt autour de l'Inspection générale « Vie scolaire ». En septembre 1978, un groupe d'études était chargé d'étudier la mise en œuvre d'une politique de décentralisation et de définir des niveaux optimaux de décision. Il rendra sa contribution en juillet 1980 (IGVS 1980), juste avant le changement de majorité politique. Le nouveau ministre de l'Éducation, Alain Savary, allait cependant accentuer le mouvement et ses premières décisions marquaient une volonté de rupture avec nombre de principes qui caractérisaient le fonctionnement de l'École traditionnelle : ainsi, la création des zones d'éducation prioritaire (ZEP), dès les toutes premières semaines de son ministère, introduisait un principe de discrimination positive, qui rompait avec la vision habituelle de l'égalité et instaurait la notion de diversité au sein de l'institution scolaire.

Le nouveau ministre commandait d'ailleurs à un inspecteur général du groupe « Vie scolaire » une analyse de la question (Soubré 1982). C'est à la suite de ce rapport qu'intervenait la circulaire du 31 décembre 1982, qualifiée de « fondatrice » par le rapport d'inspection générale de 2001. Elle introduisait une nouveauté importante, en demandant la mise en œuvre de projets d'établissement « traduisant la politique de l'établissement ».

Deux dispositions méritaient une attention particulière : « des dérogations à certaines normes ou prescriptions des circulaires nationales pourront être accordées par les autorités académiques à des établissements qui auront établi des projets… Une réglementation nouvelle apportera, dans le cadre des horaires nationaux, des assouplissements sur certains points (horaires des disciplines, par exemple). » Ainsi s'amorçait un mouvement qui allait laisser aux établissements une part croissante de liberté dans la fixation des horaires et qui devait culminer notamment avec l'arrêté du 29 mai 1996, lequel devait rendre la grille horaire de 6e entièrement indicative.

De nombreuses décisions développaient largement par la suite le principe de la responsabilisation des établissements : celles relatives à la rénovation des collèges reposant sur un projet local, celles qui instauraient une expérience d'assouplissement de la carte scolaire, celles qui aboutissaient à la mise en place d'une dotation globale horaire, qui délivrait les autorités académiques du carcan des normes uniformes dans le calcul des dotations en emplois attribuées aux établissements, etc. Tout ceci développait les thèmes de l'adaptation et de la souplesse, deux des maîtres mots de la circulaire de 1982.

Ces préoccupations se retrouveront ultérieurement dans la loi d'orientation du 10 juillet 1989, qui insiste sur deux idées essentielles pour la notion d'autonomie. Elle fait d'abord du projet d'établissement le fondement de la gestion du système et en impose l'élaboration à tout établissement primaire et secondaire (article 18) : « Celui-ci définit les modalités particulières de mise en œuvre des objectifs et programmes nationaux. Il fait l'objet d'une évaluation. » « Dynamique nouvelle pour les établissements », dira le rapport annexé à la loi, en constatant qu'un « des problèmes majeurs posés à chaque école et à chaque établissement scolaire consiste à respecter les objectifs nationaux tout en prenant en considération les élèves qu'ils accueillent dans leur diversité d'origine sociale, de culture, de niveau et de qualités personnelles ». En outre, en droite ligne avec ceci, la loi de 1989 consacre la notion de communauté éducative.

L'autonomie des établissements universitaires

La notion de subsidiarité est au cœur de la pensée politique européenne. Elle a inspiré de nombreuses réformes, dans la plupart des pays de l'Union, qui visent à renforcer la liberté des établissements. Dans la plupart des États membres, les universités bénéficient d'une dotation globale de fonctionnement dont elles déterminent l'utilisation de manière autonome. Dans nombre de pays, elles bénéficient également de la liberté de fixer le montant des droits d'inscription de leurs étudiants, ce qui s'est généralement traduit par une augmentation substantielle de ceux-ci.

Le développement de l'autonomie universitaire s'est aussi traduit par une implication de plus en plus forte des établissements dans la vie économique : adaptation des cursus en fonction des demandes des acteurs économiques ; développement des prestations, tant en matière de formation qu'en matière de recherche aux demandes des entreprises. Il s'est aussi accompagné d'un profond changement dans les modes de relation entre les universités et leurs autorités de tutelle : reconnaissance d'une liberté d'action accrue, par exemple dans le domaine des relations internationales ; substitution, au moins partielle, de rapports contractuels aux méthodes essentiellement fondées sur la réglementation, par exemple dans la détermination des objectifs ou l'allocation des ressources ; développement d'une évaluation *a posteriori* de la qualité des programmes de formation ou des activités de recherche : le passage progressif des procédures d'habilitation des diplômes, fondé sur un contrôle *a priori* du respect d'exigences réglementaires, à des formes d'habilitation, souvent accordées par des autorités indépendantes sur le fondement d'exigences de qualité, en est un exemple caractéristique.

La France a, sur ces points, connu des évolutions sensibles. La création, par la loi de 1968, relayée par celle de 1984, de véritables universités, disposant de l'autonomie statutaire, pédagogique, scientifique, administrative et financière, avait constitué un premier pas essentiel. La mise en place, par une circulaire du 24 mars 1989, d'une « politique contractuelle », dans laquelle Christine Musselin (2001) voit un facteur de changement plus important que les évolutions législatives, impliquait aussi la volonté du ministère d'ouvrir une nouvelle ère dans ses relations avec les universités. La création, à la même époque, du Comité national d'évaluation a également traduit l'inscription de la situation française dans le contexte international dont il a été fait état plus haut. Enfin, les efforts d'organisation collective, traduite par l'évolution des statuts de la Conférence des présidents d'université ou la mise en place de l'Agence de modernisation des universités et des établissements, à laquelle un rôle important est attribué pour faciliter l'adaptation des universités aux nouvelles méthodes de gestion et de management, affirmait leur volonté collective de se distancier de la gestion ministérielle.

L'autonomie dans les faits

« La marge d'autonomie, écrivait Raymond Mallerin (*in* Jordy, 1981), est à trouver au cœur d'une série de contradictions dialectiques : liberté/règle, initiative/contrôle, participation/autorité, centralisation/régionalisation, communauté individualisée/service public national. Dans une certaine mesure les textes traduisent la difficulté et l'embarras de ces difficultés. L'on insiste tantôt sur la responsabilité et l'autorité du chef d'établissement, tantôt sur le rôle et l'importance du conseil d'établissement et des institutions de participation ; l'on met en avant, tantôt l'importance du service public, tantôt les notions d'ordre et de discipline nécessaires à la bonne marche du service public, tantôt les vertus du dialogue. La fonction du chef d'établissement assume fondamentalement cette ambiguïté. » Ces phrases exprimaient déjà, de façon prophétique, la difficulté que la notion d'autonomie éprouverait à passer dans les faits. Où sont les obstacles ?

Ils sont d'abord d'ordre culturel. « Une culture de la centralisation, largement répandue à l'intérieur comme à l'extérieur du système et alimentée notamment par certains réflexes syndicaux ou politiques, est mobilisée à la moindre alerte pour éteindre toute source de prétendue inégalité (confondue avec l'uniformité), pour combler toute zone de liberté (confondue avec l'incertitude ou le néant), pour interdire toute possibilité d'atteinte supposée aux statuts nationaux des personnels » (IGVS 2001). Le développement de l'autonomie des établissements scolaires n'est pas un mouvement spontané. Il subit des phases de progrès et de régression. Ses contradictions irriguent en permanence le fonctionnement du système éducatif. Il est vrai que, souvent, l'établissement est tenté de s'affranchir des principes ou des règles du service public. L'exemple de l'assouplissement de la sectorisation pour les affectations est sur ce point caractéristique des dérives susceptibles de se produire : malgré les précautions prises par les textes, la relative liberté que se sont attribuée certains établissements a souvent abouti à l'émergence de pratiques de sélection implicite, qui portent atteinte au principe d'égalité et conduisent à une hiérarchisation des établissements (Meuret *et al.*, 2001).

Ces dérives s'expliquent fréquemment par l'indulgence dont elles bénéficient de la part de la société environnante. Les discussions autour de l'autonomie des établissements révèlent aussi certains des blocages de la société globale et expliquent les réticences qui s'expriment souvent en son sein sur le cours nouveau de la politique. Blocages souvent internes ; l'une des principales discussions publiques porte sur les questions de la gestion du personnel, pour laquelle est souvent défendue, sur le modèle de l'enseignement privé, l'idée d'un renforcement du pouvoir du chef d'établissement sur la gestion de son personnel : suggestion présentée, du côté des syndicats, comme une remise en cause du statut de la fonction publique.

Mais cette accusation, qui dénonce la propension à la déréglementation, n'est pas l'apanage des agents. On la retrouve chez les usagers quand ils dénoncent la disparition de la rigidité des normes nationales concernant les formes de regroupement d'élèves, ou la définition des horaires d'enseignement. On la retrouve aussi chez d'autres partenaires du système, par exemple lorsque le ministère, qui finançait sur crédits d'État l'acquisition des manuels scolaires destinés aux élèves des collèges, modifia pour la rentrée 1989 les conditions de remplacement des manuels usagés ; alors que, jusqu'alors, une circulaire nationale définissait de façon uniforme sur le territoire national les niveaux de classe et les disciplines concernés, la décision fut prise de laisser à chaque établissement, au nom de l'autonomie, la liberté de choisir au niveau local les manuels à remplacer. Cette décision provoqua plusieurs démarches de protestation très vives de la part d'organisations d'éditeurs, dont elle désorganisait le planning de production.

Les obstacles à l'autonomie sont aussi, malgré les propos officiels, de nature politique. Lors de la discussion ouverte sur la modification de la loi d'orientation, le ministre actuel a souhaité introduire dans la loi la notion de liberté pédagogique des enseignants. L'expérience des universités prouve cependant la contradiction insurmontable entre le caractère individuel de cette liberté et l'aspect collectif que revêt l'autonomie de l'établissement (Legrand, 2003) ; l'expérience des rénovations de l'enseignement scolaire aussi. La dispersion des équipes de collèges ayant conçu les projets collectifs de rénovation, au milieu des années 1980, a sonné le glas de cette tentative de réforme. Et chacun sait bien la difficulté des conciliations entre politique de projet et application des barèmes traditionnels de mutation.

Au total, le développement de l'autonomie des établissements exige un engagement global des autorités publiques dans cette voie ; il ne peut pas se satisfaire de choix incomplets. Commentant l'existence de la dualité universités/grandes écoles, spécialité française, Christine Musselin remarque que l'expansion du système universitaire français a suivi historiquement deux modèles de développement : « L'un centralisateur, égalitariste et uniformisant qui s'appliquait au système universitaire, l'autre polycentré et diversifié qui concernait toutes les autres formations du supérieur et qui se produisait par différenciation externe » (Musselin, 2001). Aucun texte universitaire ne définit le titre d'ingénieur ; la procédure destinée à en permettre la délivrance par une école s'apparente davantage à une procédure d'accréditation que d'habilitation proprement dite. Au contraire, les universités voient généralement, malgré la très forte diversification des diplômes auxquels elles préparent, l'organisation, le fonctionnement et la sanction de leurs formations soumises à des contraintes réglementaires parfois très détaillées (Legrand, 2003).

C'est cette différence traditionnelle que la mise en œuvre du système LMD s'efforce actuellement de gommer. Il se heurte de ce fait, non sans légitimité, aux craintes des universités, tentées de rappeler en permanence une des règles d'or de la vraie concurrence : l'identité de toutes les règles applicables aux rivaux en compétition.

André Legrand

▸ Bibliographie

Derouet J.-L., Dutercq Y., *L'Établissement scolaire : autonomie locale et service public*, Issy-les-Moulineaux, ESF, 1997.

Dumazedier J, *Penser l'autoformation : société d'aujourd'hui et pratiques d'autoformation*, Lyon, Chronique sociale, 2002.

Hujon M.-A., « Des enseignements modulaires aux travaux personnels encadrés », *Perspectives documentaires en éducation*, dossier « Lycées et lycéens, vingt ans après le rapport Prost », n° 54, 2001, p. 43-46.

Jordy M., *Sur les chemins de l'autonomie*, MEN, doc. mult., mai 1981.

Legrand A., « L'Enseignement supérieur », *in* Toulemonde B. (dir.), *Le Système éducatif en France*, Paris, La Documentation française, « Les Notices », 2003.

Leselbaum N. (dir.), *Autonomie et auto-évaluation*, Saint-Fons, INRP, 1982.

Leselbaum N., Grosjean L., Bonne-Dulibin C., *Du travail autonome à l'aide au travail personnel*, Saint-Fons, INRP, 1993.

Louis F., *Décentralisation et autonomie des établissements : la mutation du système éducatif français*, Paris, Hachette, 1994.

Mallet D., Balme P., Richard P., *Réglements et management des universités françaises*, Saint-Martin-d'Hères, PUG, 2005.

Meuret D., Broccolichi S., Duru-Bellat M., *Autonomie et choix des établissements scolaires*, IREDU, Dijon, 2001.

Ministère de l'Éducation nationale, *Vers une plus grande responsabilité des établissements scolaires*, note de service n° 82-522 du 31 décembre 1982, *BOEN* spéc. n° 1, 13 janv. 1983.

Moyne A., *Le Travail autonome, vers une autre pédagogie*, Paris, Fleurus, 1982.

Musselin C., *La Longue Marche des universités françaises*, Paris, PUF, 2001.

Pantanella R., *Les TPE : vers une autre pédagogie*, Amiens, CRDP/Cahiers pédagogiques, coll. « Repères pour agir »/« Dispositifs », 2000.

SOUBRÈ L., *Décentralisation et déconcentration des institutions scolaires*, MEN, doc. mult., 1982.
THÈLOT C., *L'Évaluation du système éducatif*, Paris, Nathan, 1993.
TOULEMONDE B., « L'Autonomie des établissements scolaires et universitaires », in *L'Administration de l'Éducation nationale*, Paris, Économica, 1992, p. 85 et suiv.

▸ Voir aussi

Actives (Méthodes) – Autoformation – Directivité, non-directivité – Groupe (Pédagogies de) – Individualisation – Méthodes pédagogiques.

AUTORITÉ

Présente et universellement identifiable dans toutes sortes de contextes de la vie sociale, l'autorité peut se définir, en termes très généraux, comme une sorte particulière de pouvoir sur autrui : c'est un pouvoir de faire faire, un pouvoir d'être écouté et obéi, mais qui, comme le précise Hannah Arendt (1972), ne saurait être confondu ni avec un pur rapport de forces ni avec un simple processus de persuasion ou d'influence. Pouvoir de commandement, d'impulsion ou de contrôle exercé de façon délibérée en vue de fins explicites à l'intérieur d'un cadre institutionnel formellement défini, l'autorité se distingue de la simple persuasion par son caractère impératif, institutionnalisé et, d'une certaine façon, « hiérarchique ». Mais elle se distingue aussi, symétriquement, de la force brute ou de la pure violence. Être à la merci d'un agresseur ou d'un régime de terreur n'a rien à voir avec l'expérience de l'autorité, laquelle suppose généralement la présence d'une composante « morale », une composante de légitimité reconnue, ou du moins présumée. S'ensuit-il pour autant qu'on puisse maintenir un clivage notionnel rigoureux entre l'autorité et la force, l'autorité et le pouvoir ? On dit bien souvent que l'autorité n'a pas besoin de la force pour se faire obéir, et que lorsqu'on recourt à la force (contrainte physique ou morale, punition, répression), c'est que l'autorité a échoué (Jolibert, 2004). Mais toute autorité ne suppose-t-elle pas, en arrière-plan, comme un « recours présent en filigrane » (Mendel, 2002), cette possibilité de la force ? Une autorité peut-elle se vouloir entièrement « désarmée », réduite à la seule puissance de l'exemple ou du témoignage ? De même, une autorité pourrait-elle se vouloir entièrement rationnelle, entièrement justifiable ? Là où est la raison argumentative et démonstrative, là où s'exhibent des preuves ou des raisons suffisantes, y a-t-il encore besoin d'autorité ? Loin de toute définition positive ou univoque, toute pensée de l'autorité nous conduit ainsi à reconnaître le caractère problématique d'une notion qui peut donner lieu à des théorisations très diverses et potentiellement contradictoires.

Les théories de l'autorité

C'est ainsi qu'une polarisation forte semble exister entre, d'une part, ce que l'on pourrait appeler des théories « idéalistes » ou « légitimistes » – pour lesquelles l'expérience de l'autorité suppose toujours, à la différence de celle du pur pouvoir, la reconnaissance d'une légitimité et d'une sorte de fondement axiologique, comme le suggère par exemple Roger Mehl (1957) lorsqu'il affirme qu'une autorité ne peut véritablement être reconnue et attribuée à une personne que par référence à des valeurs dont cette personne apparaît comme le médiateur ou le témoin –, et, d'autre part, des théories qu'on pourrait qualifier de « matérialistes » ou de « cyniques », qu'elles soient d'inspiration sociologique (Bourdieu et Passeron, 1970) ou « socio-psychanalytique » (Mendel, 1971), pour lesquelles, dans n'importe quel contexte institutionnel et social, la relation d'autorité n'est jamais que le substitut et le masque d'un rapport de forces, un instrument trompeusement indolore de domination ou de répression. De même, reflété dans le langage courant par la différence de sens entre des expressions comme « avoir l'autorité » et « avoir de l'autorité », un clivage intéressant apparaît entre ce qu'on pourrait appeler une conception « institutionnelle » de l'autorité (comme pouvoir que quelqu'un est « autorisé » à exercer sur autrui, pouvoir qui lui est attribué, conféré, délégué par une institution ou une instance extérieure et supérieure à lui) et une définition qu'on pourrait dire « personnelle » ou « interactionnelle » (l'autorité comme qualité ou disposition caractéristiques de la personne, ascendant susceptible d'être exercé sur autrui, capacité de *leadership*). Plus généralement, une tension se fait jour, à l'intérieur même du discours sur l'autorité, entre une insistance sur la question du fondement de l'autorité et une prise en considération de ses conditions concrètes d'exercice. Une autorité qui n'arrive pas à se faire respecter, une autorité bafouée ou contestée mérite-t-elle encore le nom d'« autorité » ? Inversement, une autorité abusive ou usurpée pourrait-elle se trouver légitimée du seul fait qu'elle s'exercerait avec efficacité ou avec bonheur ? C'est toute l'opposition entre ce qu'on pourrait appeler une conception « normative-formelle » et une conception « pragmatique-réelle » du fonctionnement des institutions.

Les figures de l'autorité

Les figures de l'autorité sont légion. Elles oscillent généralement entre un pôle de compétence reconnue et un pôle d'arbitraire accepté. L'autorité de l'expert, dont on apprécie d'autant mieux les avis « autorisés » qu'on n'est pas obligé de les suivre, est très différente de celle, moins rationnelle mais plus impérieuse, de l'arbitre ou du juge. Celle du prophète « inspiré » ou du chef sacralisé par ses partisans ne saurait se confondre avec celle du prêtre, porte-parole d'une religion institutionnalisée, et encore moins avec celle, impersonnelle et fonctionnelle, du fonctionnaire au sein de l'État bureaucratique. Par rapport à la typologie proposée par Max Weber (autorité à fondement charismatique, traditionnel ou légal-rationnel) ou à celle imaginée par Kojève (le Père, le Maître, le Chef, le Juge), comment situer le leader politique ou syndical, le chef de gouvernement démocratique, le patron d'entreprise, le responsable aux différents échelons hiérarchiques d'une organisation ou d'une institution ? Et surtout, lorsqu'on s'intéresse particulièrement aux questions d'éducation, comment situer, comment caractériser ces figures fondamentales de l'autorité que représentent traditionnellement l'adulte, le parent, le professeur ? Et en quel sens peut-on parler aujourd'hui d'une « crise de l'autorité » ?

Les justifications de l'autorité en contexte d'éducation et d'enseignement

Même si de bons esprits annoncent périodiquement son dépérissement ou son dépassement, la question de l'autorité revient sans cesse, comme une inquiétude et une énigme, au cœur de l'expérience enseignante. Trois niveaux différents de justification ou de problématisation peuvent être ici identifiés : un niveau anthropologique (l'autorité comme condition de la socialisation et vecteur de l'entrée dans la culture des nouvelles générations), un niveau politico-managérial (le rôle de l'autorité dans le fonctionnement des institutions éducatives), un niveau proprement pédagogique (l'autorité comme pouvoir d'enseignement).

Les justifications « managériales » de l'autorité sont les moins spécifiques de la sphère éducative. L'autorité peut paraître nécessaire comme instance d'organisation et de régulation des interactions dans tous les groupes, toutes les institutions, toutes les situations où des individus sont amenés à entrer en relation de coopération ou de confrontation en référence à des tâches prescrites, des contraintes subies, des intérêts exprimés ou supposés. C'est bien évidemment le cas dans toutes les institutions d'éducation et de formation. C'est notamment (mais non exclusivement) à cette justification « organisationnelle » que l'on fait référence quand on évoque aujourd'hui la question de l'autorité des chefs d'établissement et des autres personnels exerçant, au sein des systèmes éducatifs, des responsabilités de direction, de gestion, d'administration ou de contrôle. Cette composante « gestionnaire » de l'autorité peut être affirmée ou revendiquée aussi cependant dans le cadre de la classe en tant que lieu de travail collectif, lieu d'organisation et de coordination d'activités ; mais elle ne saurait occulter la dimension plus proprement ou plus directement « éducationnelle » de la relation pédagogique.

Dans le cadre de la classe ou de l'établissement scolaire, la question de l'autorité est associée plus souvent, ou plus spécifiquement, à la question du « maintien de l'ordre » ou de la discipline qu'à celle de l'organisation proprement dite des activités. On peut distinguer dans la problématique de la discipline à l'école plusieurs dimensions ou plusieurs niveaux. D'une part, c'est vrai, la discipline revêt un aspect de « simple police », ce maintien de l'ordre minimal nécessaire pour que la violence n'établisse pas son empire et pour que des activités d'enseignement et d'apprentissage puissent tout simplement avoir lieu. On rappellera cependant que, pour de nombreux pédagogues, cette fonction de police, cet ordre qu'on maintient de façon tout extérieure constituent la négation même de l'éducation, parce qu'ils ne font qu'alimenter la rancœur, encourager l'hypocrisie et détourner les individus de tout travail créatif ou productif, de tout désir d'apprendre (Houssaye, 1995). D'où la tentative des pédagogies « anti-autoritaires » pour explorer d'autres voies, trouver d'autres modes d'organisation et de régulation du « vivre ensemble » et du « travailler ensemble ». Mais la justification de la discipline se réduit-elle à ce rôle de répression et de contrôle ? Ne peut-elle pas comporter aussi un aspect plus intérieur et plus profond, un aspect proprement éducationnel ? De Kant à Durkheim et aux anthropologues contemporains, on sait la place accordée à « l'esprit de discipline », à la rencontre de la règle et de l'interdit dans l'accès à la culture et l'édification de la personnalité. On peut ainsi considérer que l'éducation a « besoin » de l'autorité selon deux genres différents de nécessité : une nécessité qu'on pourrait dire auxiliaire, externe ou instrumentale – nécessité de régulation, de prévention et de contrôle –, et une nécessité qu'on pourrait dire essentielle, interne ou fondamentale – nécessité de socialisation, d'humanisation ou de construction de la personne par confrontation au monde de la loi. Reste à savoir sous quelles conditions de limitation, de modulation ou de justification ces deux sortes de nécessités – celle du « maintien de l'ordre » et celle de « l'entrée dans la culture » – peuvent se concilier dans le fonctionnement ordinaire des classes et des écoles.

Qu'est-ce qui fait la spécificité de l'autorité proprement pédagogique ? Qu'est-ce qui distingue l'autorité du maître d'école, l'autorité du professeur, de l'autorité de l'adulte « en général », de l'autorité des parents, de l'autorité des « anciens », des « aînés », des « prédécesseurs » dans la chaîne générationnelle ? On peut répondre que c'est le fait de devoir non pas seulement éduquer, mais aussi instruire, c'est-à-dire transmettre des contenus de savoir, des connaissances et des compétences douées d'un haut degré de généralité et de validité. Devant ses élèves, l'enseignant n'est pas seulement un représentant de la loi, un représentant du monde des adultes, ou, comme le voulait Durkheim, un porte-parole de la société, un « interprète des grandes idées morales de son temps et de son pays » ; il est d'abord et plus spécifiquement un représentant du savoir, un porteur, un médiateur et un témoin à travers lequel tout un héritage de culture peut se faire parole vivante et donner lieu à réappropriation. C'est pourquoi on considère bien souvent que c'est la valeur même des choses enseignées qui constitue le fondement ou le garant le plus spécifique de son autorité en tant qu'autorité proprement pédagogique. « L'autorité de celui qui enseigne participe de la nature même des savoirs qu'il porte. [...] Elle repose sur le caractère *substantiel* de ce qu'il sait » (Lorvellec, 2004). Ce qui revient à dire que l'enseignant doit non seulement *avoir l'autorité*, c'est-à-dire la détenir par l'effet d'une délégation et d'une accréditation institutionnelles, et *avoir de l'autorité*, cette espèce d'ascendant personnel qui permet, dans des contextes interactionnels déterminés, d'être écouté et obéi et sans lequel l'autorité légalement conférée risque de rester « lettre morte », mais encore « *faire autorité* », c'est-à-dire disposer d'une crédibilité reposant sur la compétence disciplinaire, la maîtrise intellectuelle de la matière enseignée associée à la maîtrise pratique de la manière de l'enseigner.

Autorité pédagogique, arbitraire culturel, violence symbolique

Reste cependant la question de savoir comment prendre en compte l'objection du « cynisme théorique », l'argument de l'« arbitraire culturel » et de la « violence symbolique » (Bourdieu et Passeron, 1970). « Autorité énonciative » et non pas seulement « institutionnelle », selon les termes de Gérard Leclerc (1996), l'autorité pédagogique ne consiste pas tant à faire faire qu'à donner à apprendre, donner à connaître, donner à penser. Mais encore faut-il que l'effort d'apprendre aussi bien que l'effort d'enseigner soient gagés sur une crédibilité, une présomption de validité de la chose enseignée. On n'a pas assez souligné cette dimension de croyance qui est au fond de tout savoir et de toute transmission du savoir. En matière pédagogique plus qu'ailleurs se vérifie l'adage de Valéry (1984) selon lequel « l'autorité est le pouvoir d'être obéi sur parole, c'est-à-dire d'être cru ». C'est ce déficit ultime de la justification rationnelle, cette irréductibilité du besoin de créance qui, dans le domaine des transmissions éducatives et culturelles, à la fois ouvrent à l'autorité un espace de déploiement possible et donnent prise à la critique sociologique et politique radicale de l'autorité. « En fait, écrit Jean-Claude Passeron (1985), la plus grande part de ce qui est objet de pédagogie dans les sociétés humaines peut être considéré comme arbitraire. » Qu'est-ce qui fonde donc, à la base de l'action pédagogique, l'autorité pédagogique comme relation d'imposition ou d'inculcation ? Essentiellement une force sociale, ou, plus exactement, un rapport de forces, mais qui a la particularité de ne produire son effet pédagogique qu'à condition de ne pas apparaître comme tel : « La reconnaissance de la légitimité d'une instance pédagogique n'est pas autre chose que la méconnaissance du caractère social de l'autorité dont elle est dotée » *(ibid.)*, et cela reste vrai, est-il précisé, dans le cas des pédagogies les plus libérales, y compris les pédagogies non directives. « En ce sens, et à parler rigoureusement, il n'y a pas de pédagogie libertaire, c'est-à-dire de relation pédagogique où l'autorité serait complètement absente » *(ibid.)*. Ici apparaît bien le paradoxe d'une critique, ou plutôt d'une « démystification » radicale de l'autorité, qui, à la différence des pédagogies et utopies anti-autoritaires (Snyders, 1973), verrouille à l'avance toute possibilité d'alternative.

La crise de l'autorité

C'est bien souvent en termes de crise, de déstabilisation, de déperdition que se trouve aujourd'hui abordée la question de l'autorité en éducation. Nombre d'observateurs établissent un lien entre ce sentiment de crise ou de déclin et les mutations culturelles occasionnées dans beaucoup de sociétés par « l'entrée dans la modernité ». Les témoignages faisant état à diverses époques du passé d'un affaiblissement des fonctions de commandement et d'obéissance sont pourtant nombreux, comme on le voit par exemple chez Platon, fustigeant dans *La République* (VIII, 562e-563b) ces régimes démocratiques où « les fils se veulent les égaux de leur père » et n'ont plus pour leurs parents « ni respect ni crainte », où « le maître a peur de l'écolier et l'écolier a le mépris du maître » et où les vieux approuvent et imitent les excès de la jeunesse « afin de ne point passer pour des gens moroses et pour des despotes ». Mais c'est plutôt l'insistance sur le caractère massif, irréversible et sociologiquement « profond » du phénomène qui caractérise les approches contemporaines. Ainsi, pour Margaret Mead (1971), c'est le passage, dans de nombreux pays, d'une culture « postfigurative », dominée par les valeurs de l'expérience et de la tradition, à une culture « préfigurative », valorisant l'anticipation et l'invention, qui provoquerait un renversement des relations d'autorité intergénérationnelles. De même, pour Gérard Mendel (1971), la révolution technologique imposerait peu à peu sur la terre entière l'hégémonie d'un « principe d'efficacité » qui ne peut que conduire, notamment dans la sphère éducative, au dépérissement du « principe d'autorité ». Dans la période récente, on notera surtout la contribution fortement « problématisante » apportée, en France, à la charnière de la philosophie politique et de la philosophie de l'éducation, par le développement d'une réflexion autour de la question de la compatibilité entre l'exigence de l'autorité en pédagogie et le triomphe de l'individualisme démocratique en politique (Renaut, 2002, 2004 ; Gauchet, 2002). Quelle place peut être faite à l'idée d'autorité, quels modes de justification et d'exercice de l'autorité restent possibles dans un monde où, comme le dit Alain Renaut (2004), « le choix que nous avons fait en tant que Modernes des valeurs de l'égalité et de la liberté » serait appelé à « structurer toutes les relations de coexistence entre les êtres humains » ? Dans une période historique où l'autorité en tant que pouvoir moral semble jouer un rôle de plus en plus restreint dans la vie publique et politique, peut-on, avec Hannah Arendt, plaider pour une sorte d'« exception » qui consisterait à maintenir la nécessité de l'autorité au moins dans la sphère éducative, comme corollaire de la responsabilité incombant aux adultes d'accueillir et d'introduire les « nouveaux venus » au sein d'un monde qu'ils ignorent et qui les ignore, et qui risque à chaque instant de les détruire ou d'être détruit par eux ? Il serait illusoire, objecte Alain Renaut, de vouloir préserver la famille ou l'école comme des îlots d'autorité traditionnelle au sein d'un monde où triompheraient partout les valeurs de l'égalité et de la liberté : aucune « sanctuarisation de l'espace éducatif » ne saurait être compatible avec la « désacralisation » de l'autorité. Qu'est-ce donc qui, dans le monde moderne, ou, plus exactement, dans le monde « postmoderne », le monde radicalement individualiste et « anomique » de la « seconde modernité » apparue au tournant des années 1960, peut encore subsister du projet d'éduquer ou d'enseigner ? Loin de tout catastrophisme nostalgique, une pensée résolument « libérale » peut bien voir dans le « désenchantement » du pouvoir politique, c'est-à-dire dans l'exercice d'un pouvoir délivré des prestiges ou des oripeaux de l'autorité, une chance pour une démocratie de l'argumentation et du contrat, fondée sur la rationalité, la compétence et la transparence. Les choses semblent malheureusement plus complexes, les réponses moins claires ou moins assurées en ce qui concerne la question de l'éducation. C'est peut-être qu'au fond l'axiomatique libérale, l'axiomatique de l'équivalence formelle des sujets libres et égaux en droits, féconde et même incontournable dans sa sphère propre de validité, qui est celle de la citoyenneté politique, s'avère anthropologiquement trop pauvre pour pouvoir rendre compte suffisamment de cette dialectique profonde d'investissement subjectif et d'accommodation culturelle, d'identification et de distanciation, d'affiliation et d'émancipation à travers laquelle se produit quelque chose comme la construction éducative de la personne : une dialectique au fil de laquelle l'autorisation de devenir *quelqu'un* passe inéluctablement, qu'on le veuille ou non, par des modalités d'exposition à l'autorité de *quelqu'un d'autre*.

Jean-Claude Forquin

▶ Bibliographie

Arendt H., « Qu'est-ce que l'autorité ? » et « La Crise de l'éducation », in *La Crise de la culture*, trad. française, Paris, Gallimard, 1972, p. 121-185 et p. 223-252.

Bourdieu P., Passeron J.-C., *La Reproduction. Éléments pour une théorie du système d'enseignement*, Paris, Minuit, 1970.

Gauchet M., *La Démocratie contre elle-même*, Paris, Gallimard, 2002.

Houssaye J., *Autorité ou éducation ? Entre savoir et socialisation, le sens de l'éducation*, Issy-les-Moulineaux, ESF, 1995.

Jolibert B., « L'Autorité et ce qu'elle n'est pas », *in* Lombard J., *L'École et l'autorité*, Paris, L'Harmattan, 2004, p. 25-46.

Kojève A., *La Notion de l'autorité*, Paris, Gallimard, 2004.

Leclerc G., *Histoire de l'autorité*, Paris, PUF, 1996.

Lorvellec Y., « Savoir et autorité », *in* Lombard J., *L'École et l'autorité*, Paris, L'Harmattan, 2004, p. 103-126.

Mead M., *Le Fossé des générations*, Paris, Denoël/Gonthier, 1971.
Mehl R., *De l'autorité des valeurs : essai d'éthique chrétienne*, Paris, PUF, 1957.
Mendel G., *Pour décoloniser l'enfant. Sociopsychanalyse de l'autorité*, Paris, Unesco/Payot, 1971.
Mendel G., *Une histoire de l'autorité : permanences et variations*, Paris, La Découverte, 2002.
Passeron J.-C., « Pédagogie et pouvoir », in *Encyclopædia universalis*, vol. 14, 1985, p. 107-109.
Renaut A., *La Libération des enfants : contribution philosophique à une histoire de l'enfance*, Paris, Calmann-Lévy/Bayard, 2002.
Renaut A., *La Fin de l'autorité*, Paris, Flammarion, 2004.
Snyders G., *Où vont les pédagogies non directives ? Autorité du maître et liberté des élèves*, Paris, PUF, 1973.
Valéry P., *Principe d'anarchie pur et appliqué*, Paris, Gallimard, 1984.

▶ **Voir aussi**
Discipline – Enfance – Philosophie de l'éducation.

Axiologie

Composé à partir de l'adjectif grec *axios,* qui signifie « de grande valeur », le terme « axiologie » désigne la réflexion sur les valeurs, la théorie ou la philosophie des valeurs. Il s'emploie de façon privilégiée dans le cas des valeurs les plus hautes et les plus immatérielles, essentiellement les valeurs morales et les valeurs esthétiques. Du fait du caractère tout « idéal » de ces valeurs, du fait que l'expérience du valoir est irréductible à l'expérience de l'être, on oppose souvent axiologie et ontologie. « La dignité des catégories axiologiques nous conduit à rabaisser les catégories ontologiques », écrit Lavelle *(Introduction à l'ontologie).*

Une question essentielle dont traite l'axiologie est celle de l'origine et du statut métaphysique des valeurs. Les conceptions « généalogiques », de type nietzschéen (*cf.* Polin, *La Création des valeurs*), s'opposent sur ce point aux conceptions « éternistes », de type platonicien. Les valeurs sont-elles des créations humaines, des émanations subjectives, des produits historiques, ou bien l'expérience de la valeur témoigne-t-elle de l'existence d'un absolu trans-individuel et trans-temporel ? Une autre question est celle de la diversité ou de l'unité des valeurs : les valeurs sont-elles irréductiblement plurielles ou bien peuvent-elles être organisées en systèmes ? Et ces systèmes sont-ils, ou non, de type « hiérarchique » ? Certaines valeurs peuvent-elles être considérées comme objectivement préférables à d'autres ?

La réflexion sur l'éducation comporte nécessairement une dimension axiologique. D'une part, on peut parler d'un *fondement axiologique* de l'éducation, dans la mesure où toute éducation se justifie à partir de finalités qui supposent toujours, implicitement ou explicitement, une conception idéale de l'homme. D'autre part, on peut parler d'*enjeux axiologiques* de l'éducation, dans la mesure où les pratiques, aussi bien que les politiques éducatives, « mettent en jeu » (une mise en œuvre qui peut être aussi bien une mise en péril) certaines valeurs telles que la justice, la tolérance, le respect des personnes ou l'amour du savoir. Enfin, on peut parler de *contenus axiologiques* de l'éducation, dans la mesure où la transmission des valeurs constitue, à côté de la transmission des savoirs et en interaction avec elle, une composante irréductible du curriculum.

Jean-Claude Forquin

▶ **Voir aussi**
Curriculum – Éducation – Morale (Éducation) – Philosophie de l'éducation – Valeurs.

B

Baccalauréat

Le baccalauréat est, d'une part, le diplôme du système éducatif français qui a la double particularité de sanctionner la fin des études secondaires et d'ouvrir l'accès à l'enseignement supérieur dont il constitue le premier grade, et, d'autre part, l'examen dont la sanction conduit les lauréats à l'obtention de ce diplôme.

Une origine universitaire

Pour désigner le « premier grade de la faculté », le décret impérial du 17 mars 1808 substitue définitivement au terme de « déterminance » celui de « baccalauréat », dans le goût antique de l'époque.

Le baccalauréat restera longtemps un diplôme à forte empreinte universitaire, tant par la composition des jurys que par sa forme, longtemps exclusivement orale, ou que par le faible lien qui l'unissait aux études secondaires : il est fréquent encore avant la Seconde Guerre mondiale qu'un candidat passe la même année un baccalauréat scientifique et un baccalauréat littéraire.

À mesure que l'enseignement secondaire s'est constitué en système, intégrant les composantes de la formation technique, et qu'il a scolarisé une partie de plus en plus importante de la classe d'âge, le baccalauréat est devenu avant tout l'examen qui sanctionne ces études. S'il reste, en droit, le premier grade de l'enseignement supérieur, il est fortement différencié selon les voies et les séries des études au lycée et au lycée professionnel.

Unité et diversité

Il existe trois types de baccalauréat, correspondant aux trois voies des études au lycée : baccalauréat général (1808), baccalauréat technologique (constitué de 1946 à 1986), baccalauréat professionnel (créé en 1985). À l'intérieur de chaque baccalauréat existent des « séries » (ex. : baccalauréat technologique de série STI, « Sciences et technologies industrielles »). En 2004 (chiffres provisoires), il y a eu 602 300 candidats au baccalauréat (France métropolitaine), dont 306 959 au baccalauréat général, 178 872 au baccalauréat technologique (dont 120 933 à un baccalauréat du secteur tertiaire) et 116 479 au baccalauréat professionnel (dont 62 045 à un baccalauréat du secteur des services). Il y a eu au total 79,7 % d'admis. Les capacités des académies à former des bacheliers restent très inégales : l'académie de Rennes a un pourcentage de reçus au baccalauréat général supérieur de 12 points à celle de Créteil.

Les caractéristiques communes aux trois types de baccalauréat sont le fait qu'ils sanctionnent tous une formation de culture générale, et qu'ils comprennent chacun les principales disciplines d'enseignement général et une compensation entre les matières à l'examen.

Lors de la rénovation des enseignements en lycée intervenue à partir de 1990 (et qui a eu comme conséquence la plus frappante la suppression d'une « série » en apparence destinée à ceux qui voulaient faire des mathématiques, mais qui, sous la lettre C, caractérisait en fait une forte hiérarchisation des études au lycée), deux objectifs étaient poursuivis :

• Mieux caractériser certaines séries de baccalauréat pour répondre au fait que, trop semblables entre elles, ces dernières s'étaient constituées en hiérarchie ; cet objectif a été atteint dans une certaine mesure, les études « littéraires », par exemple, ayant connu un début de revalorisation dans l'imaginaire collectif. Mais d'autres hiérarchies entre les séries, reflétant souvent les hiérarchies sociales, se sont constituées. Cette caractérisation plus marquée des séries a eu comme effet pervers aussi bien la raréfaction des effectifs dans les séries les mieux caractérisées (série littéraire, série scientifique) que leur inflation dans des séries souvent choisies « par défaut », comme la série technologique tertiaire.

• Atteindre l'objectif contenu d'abord dans le slogan politique, diffusé à partir de 1985 par le gouvernement socialiste, puis repris dans le texte de la loi d'orientation du 10 juillet 1989, de « conduire 80 % d'une classe d'âge au niveau du baccalauréat ». Cette expression de « niveau du baccalauréat » a curieusement toujours été interprétée comme l'équivalent d'« admis en classe terminale d'une formation conduisant à un baccalauréat ou à un diplôme de même niveau ». Si, en 2004, le chiffre correspondant au terme de la loi est de 69,3 %, il n'augmente plus au rythme des années 1980 et stagne, voire régresse, depuis 1994. Surtout, l'objectif en question est l'objet d'un volontarisme politique et d'une faveur sociale nettement atténués. À noter d'ailleurs que les chiffres des taux de succès (proportion des admis par rapport aux présentés), qui, eux, n'ont jamais constitué d'objectif politique, se situent depuis le début des années 2000 à un niveau moyen supérieur de près de 8 à 10 points à celui du début de la décennie antérieure.

Le baccalauréat, de par son histoire ambiguë, est en France tout autant un rite social qu'un diplôme scolaire et universitaire ; décrit comme un rite de passage à l'âge adulte dans une société qui a perdu d'autres repères chronologiques, le baccalauréat est chaque année au mois de juin au cœur de l'actualité nationale.

Qualifié de « monument national », le baccalauréat ne paraît mériter ni cet excès d'honneur ni l'accusation de sclérose qui le vise parfois. Les analystes ont depuis longtemps montré que le baccalauréat en son fonctionnement actuel n'était satisfaisant ni au plan de la docimologie ou de son rôle d'attestation de compétences, ni à celui de sa qualité formatrice, ni même parfois à celui de l'équité, et qu'il est fragilisé par l'organisation de sessions chaque année plus complexes.

Faire évoluer le baccalauréat pour répondre à ces défauts est toutefois délicat : en 2005, le ministre de l'Éducation nationale a proposé un projet de réforme du baccalauréat et a constaté que l'idée même suffisait à susciter d'amples manifestations de lycéens. Le projet d'introduire au sein de l'examen une prise en compte, pour quelques disciplines, des résultats obtenus en cours de scolarité faisait craindre à certains que le diplôme ne devienne un diplôme d'établissement, perdant par là son caractère national.

Ces considérations montrent que même si l'objectif quantitatif de la loi de 1989, repris dans le rapport annexé au projet de loi d'orientation de 2005, était atteint, le système éducatif ne serait pas dispensé d'avoir à répondre un jour à cette redoutable question, jusqu'ici laissée dans l'ombre : qu'est-ce que le baccalauréat ?

Roger-François Gauthier

▸ Bibliographie

BOURGEOIS G., *Le Baccalauréat n'aura pas lieu*, Paris, Payot, 1988.

GAUTHIER R.-F., *Querelles d'école : pour une politique des contenus d'enseignement*, Paris, Hatier-Serdimap, 1987.

LEGRAND P., *Le Baccalauréat ici et ailleurs*, Paris, Hachette, 1996.

PROST A., *Les Lycées et leurs études au seuil du* XXI*e siècle*, Paris, CNDP, 1983.

Solaux G., *Le Baccalauréat*, Paris, éd. CNDP, La Documentation française, 1995.
Vuillet C., Siciliano D., *Qu'évaluent les baccalauréats professionnels ?*, avis du Haut Comité de l'évaluation à l'École, novembre 2003.

▸ Voir aussi
Docimologie – Évaluation – Grades universitaires – Rites de passage.

Bachelard, Gaston (1884-1962)

Philosophe français reconnu pour ses travaux en épistémologie, Gaston Bachelard enseigna à la faculté des lettres de Dijon puis à la Sorbonne.

Son œuvre comporte deux versants. Dans l'un est poursuivie une analyse des mutations de l'« activité rationaliste » de l'esprit, liées à l'apparition de la physique mathématique ; dans l'autre, l'imaginaire poétique est analysé comme source de création. Philosophie de la connaissance scientifique, d'un côté, philosophie de l'image, de l'autre.

La pédagogie du connaître

Son apport à la pédagogie se situe essentiellement sur le premier versant, en réponse aux questions : Comment désormais enseigner les sciences ? Et, dès lors, qu'est-ce qu'un maître ès sciences ? Les réponses de Bachelard dépassent cependant de beaucoup la question ainsi posée, jusqu'à élaborer une philosophie de la relation maître/élève et du sens de l'école dans la société. Ne peuvent être évoqués ici que quelques points forts de la pédagogie bachelardienne.

Le contexte en est l'analyse que fait Bachelard du développement et des formes prises dans l'histoire de la connaissance par l'activité de la « raison ». La raison aristotélicienne n'est pas la même raison que celle qui est à l'origine des découvertes de la relativité, des quanta. La rationalité scientifique a une histoire qui montre dans la raison une puissance d'ouverture, et non de rigidification, une raison en marche, se constituant et se reconstruisant contre elle-même. Il s'ensuit qu'un enseignement qui se veut instruire à la rationalité, à l'exercice de la raison, ne peut être un enseignement clos, fermé. Il ne s'agit pas de penser une pédagogie de la connaissance, mais une pédagogie du connaître, qui montre le fonctionnement de ce connaître, provoque dans l'esprit de l'élève la possibilité d'une réforme de l'esprit, l'accès à une créativité. Bachelard écrit dans *La Philosophie du non* : « Nous devons comprendre que la possession d'une forme de connaissance est automatiquement une réforme de l'esprit ; il nous faut donc diriger nos recherches du côté d'une nouvelle pédagogie. »

Dépasser les obstacles épistémologiques

C'est en termes d'obstacles dépassés, de ruptures assumées qu'il faut analyser l'évolution de la pensée rationnelle. Cela signifie que l'esprit peut passer, par exemple, d'une épistémologie cartésienne, qui veut simplifier le complexe, à une épistémologie non cartésienne, qui travaille à compliquer le simple. Au titre de ces obstacles « épistémologiques », il faut compter non seulement la pensée préscientifique (attachement à l'« expérience première », croyances animistes, etc.), mais aussi l'attachement de la raison elle-même à des formes antérieures (telles que penser le caractère absolu des principes aristotéliciens d'identité, de non-contradiction ou du tiers exclu).

Pour ce qui est de la pensée « préscientifique », il faut bien constater que l'esprit de l'enfant, de l'élève, est par certains côtés « préscientifique », qu'il obéit à des représentations premières, qu'il s'accroche à des connaissances ritualisées, qu'il est rebelle aux exigences de rationalité. Le maître, surtout dans le domaine scientifique, a souvent du mal à comprendre pourquoi l'élève ne comprend pas. C'est qu'il ne voit pas que l'élève possède déjà un savoir, contre lequel il doit lutter pour accéder dans son propre esprit à un autre savoir. Si, par exemple, le principe d'Archimède est difficile à enseigner, c'est parce que les élèves mobilisent un savoir positif, leur expérience du bain et de la natation. Le maître de physique ne doit pas seulement enseigner un contenu, mais montrer à l'élève comment les savoirs enseignés ont été obtenus, comment et pourquoi se sont posés les problèmes, à quelles questions ils répondaient. Bref, enseigner le *sens* de la découverte qui a été faite, la manière dont une connaissance a été découverte. « *Découvrir* est la seule manière de *connaître*. Corrélativement, *faire découvrir* est la seule manière d'enseigner » (*Le Rationalisme appliqué*).

Pour une pédagogie dialoguée entre le maître et l'élève

L'erreur et la non-compréhension chez l'élève ont donc une fonction positive : elles permettent une activité pédagogique de rectification, l'homologue de cette analyse du connaître qui pose qu'« on s'instruit *contre quelque chose*, peut-être même *contre quelqu'un*, et déjà *contre soi-même* » (*L'Engagement rationaliste*). Pédagogie du contre, comme on a dit, qui doit faire vivre à l'élève un « étonnement » de l'intelligence, dans le cadre d'une initiatique du « cheminement ». Dans ce travail pédagogique, le maître doit aussi prendre conscience qu'il est susceptible d'être sujet aux mêmes erreurs ou images « préscientifiques » que les élèves. Bachelard insiste sur le fait que les erreurs ou les difficultés des élèves peuvent lui apprendre quelque chose sur lui-même, qu'il peut ainsi être écolier sur certains points, « à l'école des élèves ». On peut comparer ce qui se passe alors à l'école et ce qui se passe dans ce qu'il appelle la cité scientifique, celle des savants construisant la science. Les savants ne vont-ils pas « à l'école les uns des autres » ? « Un jeune chercheur peut prendre une connaissance si poussée d'une technique qu'il est sur ce point le maître du maître. » Il y a là, ajoute Bachelard, « les éléments d'une *pédagogie dialoguée* dont on ne soupçonne ni la puissance, ni la nouveauté » (*Le Rationalisme appliqué*). À l'école de l'élève, un maître pourra assumer qu'il est susceptible d'apprendre éventuellement contre lui-même, et ainsi de « croître psychologiquement tout en faisant croître »…

Cette « pédagogie dialoguée » que propose Bachelard met en question la relation maître/élève traditionnelle, les modes d'autorité du maître. D'où des analyses d'ordre psychologique qui dépassent la question de l'enseignement des sciences et posent le problème de la violence du maître, qu'il ne faut pas confondre avec le pouvoir légitime. Description de l'ironie facile du professeur de mathématiques s'adressant à un élève en difficulté. Certes la sévérité du professeur de mathématiques est cohérente, puisqu'il enseigne plus qu'un autre la raison. Mais « imposer la raison nous paraît une violence insigne puisque la raison s'impose d'elle-même » (*Lautréamont*). D'une façon générale, un maître postule volontiers que « qui enseigne commande », d'où, ajoute Bachelard, « une coulée d'instincts ». Ainsi en est-il de la propension de l'enseignant à prophétiser le devenir d'un élève en échec. Or il convient, dit-il, « de dénoncer un complexe de Cassandre qui obscurcit l'examen des possibilités, qui dévalorise, comme dit le poète, l'*or du possible* ». Et d'ajouter : « Par bien des côtés, ce complexe de Cassandre arme un sadisme d'éducateur. L'avenir prophétisé est une sanction qui paraît sans réplique » (*Le Rationalisme appliqué*).

La surveillance intellectuelle de soi

Bachelard introduit ici le concept de « surveillance », qui permet d'analyser le mode d'autorité du maître, mais aussi son propre rapport à lui-même. L'autorité magistrale ne doit impliquer, dit-il, qu'une « surveillance intellectuelle » des progrès de l'élève, non une surveillance dictatoriale. Voici un maître « le visage courroucé, ou simplement le visage froid, ou plus simplement encore le regard vide. Alors l'éducateur se pardonne son autorité, il la croit *morale*, il la croit *légitime*. Il la croit *utile*. Peut-être même est-elle *utile pour lui* ? »

La formation des maîtres doit donc inviter à une *surveillance intellectuelle de soi*, qui permette d'éviter cette « coulée d'instincts » qui est le risque permanent de la fonction enseignante. Bachelard évoque ce que peut être un « psychisme capable de surveillance », et la lumière que sur ce point « la psychanalyse peut apporter à l'éducateur » (*ibid.*).

La « pédagogie de la raison », dans la mesure où elle se veut pédagogie « dialoguée », permettant l'enseignement d'une rationalité, non pas fermée mais ouverte à la créativité, rejoint ainsi les impératifs de toute pédagogie se voulant attentive à une formation de l'esprit. En ce sens, l'apport de Bachelard est des plus précieux. S'agit-il d'un « nouvel esprit pédagogique », comme on l'a dit parfois, qui conviendrait à l'instruction du « nouvel esprit scientifique » ? En posant que l'enseignement, l'éducation, doivent apprendre à participer à ce qui est de l'ordre de la « découverte », Bachelard a adressé un message à tout éducateur.

Jean-Claude Filloux

▸ Bibliographie

Principales œuvres de Gaston Bachelard :
• Sur la philosophie des sciences :
Le Nouvel Esprit scientifique, Paris, PUF, 1934, 7e éd., 2003.
La Formation de l'esprit scientifique, Paris, Vrin, 1938, 15e éd., 2003.
La Philosophie du non, Paris, PUF, 1940, 15e éd., coll. « Quadrige », 2002.
Le Rationalisme appliqué, Paris, PUF, 1949, 12e éd., coll. « Quadrige », 1994.
L'Engagement rationaliste, Paris, PUF, 1972.
• Sur l'imaginaire poétique :
Lautréamont, Paris, Corti, 1939, 10e éd., 1986.
L'Eau et les Rêves, Paris, Corti, 1941, LGF, 2003.
La Psychanalyse du feu, Paris, Gallimard, « Folios essais », n° 25, 1985.

Principales œuvres sur Gaston Bachelard :
COHEN M., *Bachelard*, Archives France Culture, rediffusion du 18 au 25 août 2004 (document sonore), 1983.
DUBORGEL B., « Figures d'un nouvel esprit pédagogique dans l'œuvre de Bachelard », *in* Cailles C., Duborgel B., Wunenburger J.-J., *Gaston Bachelard, du rêveur ironiste au pédagogue inspiré*, Dijon, CRDP, 1984.
FABRE M., *Bachelard éducateur*, Paris, PUF, 1995.
JEAN G., *Bachelard, l'enfance et la pédagogie*, Paris, Éd. du Scarabée, 1983.
POIRIER J., WUNENBURGER J.-J. (coord.), « Bachelard et la psychanalyse », *Cahiers Gaston Bachelard*, n° 6, Dijon, Centre Gaston-Bachelard, 2004.
WUNENBURGER J.-J., *Bachelard et l'épistémologie française*, Paris, PUF, 2003.

▸ Voir aussi

Conception de l'élève – Didactique – Épistémologie.

BANQUE DE DONNÉES

Une banque de données est un ou des fichiers(s) informatisé(s) contenant, sous une forme structurée, des informations qui peuvent être rapidement recherchées et restituées, notamment à distance ou à partir d'un disque informatique local.

La distinction entre « base » et « banque de données » est maintenant dépassée. Il y a eu plusieurs distinctions dans le passé : le terme « base de données » désignait généralement l'organisation informatique des données tandis que le terme « banque de données » désignait le contenu informationnel. On utilise maintenant indifféremment l'un ou l'autre des termes (*data base* ou *data bank* en anglais).

La possibilité d'accéder à distance (« en ligne ») aux banques de données est la caractéristique la plus spectaculaire. L'utilisateur, équipé d'un micro-ordinateur, se connecte, via les réseaux de télécommunication, à un serveur, identifié par une adresse, qui peut être situé à l'autre bout du monde. Grâce à des logiciels très conviviaux qui lui offrent de multiples fonctionnalités d'interrogation (recherche classique avec des opérateurs booléens mais aussi recherche en texte intégral et/ou en langage naturel, possibilité de navigation dans la base grâce aux liens hypertextes), il y recherche des données bibliographiques ou signalétiques, des données chiffrées ou factuelles, des documents en texte intégral, des images, etc., qu'il peut ensuite afficher sur son écran, copier dans un fichier ou imprimer sur papier. Le développement de moteurs de recherche de plus en plus perfectionnés parallèlement à l'augmentation du nombre d'informations et de banques de données présentes sur le web permet de retrouver assez facilement l'adresse web d'une banque de données. Il faut cependant signaler que le contenu des banques de données n'est pas indexé par ces moteurs de recherche et constitue une partie de ce que l'on appelle le web invisible.

L'apparition du CD-Rom puis maintenant du DVD (multipliant la capacité par sept), offre un autre mode de diffusion pour les banques de données. Stockées sur des disques compacts, elles sont consultables à partir d'un micro-ordinateur couplé à un lecteur spécifique installé chez l'utilisateur, et non plus seulement à partir de serveurs à distance. Elles y gagnent en convivialité et en qualité graphique, s'ouvrant plus facilement au multimédia. Par ailleurs, l'utilisateur peut travailler à son rythme, il n'est pas dépendant du fonctionnement du serveur. Il peut également intégrer plus facilement les données extraites des banques dans d'autres applications informatiques, voire les compléter.

Les secteurs de l'éducation et de la formation sont concernés à plusieurs titres par les banques de données. Ils sont à la fois producteurs et consommateurs de banques de données. D'abord, les principaux organismes agissant dans ces secteurs, en France comme au niveau international, produisent des banques de données pour informer leurs usagers ou leurs publics. Ensuite, en tant qu'activités de transfert de connaissances, l'éducation et la formation sont grandes consommatrices d'informations et de ressources documentaires. De plus en plus d'encyclopédies, de dictionnaires, de produits pédagogiques, de sites web, de répertoires, de journaux, de corpus littéraires, de bibliographies, de thèses, etc., traités sous forme de banques de données, sont disponibles sur CD-Rom ou en ligne sur Internet. Il s'agit là de sources d'informations supplémentaires pour les élèves, les étudiants et leurs enseignants ainsi que pour les chercheurs. Enfin, la pédagogie du travail personnel et de l'autoformation peut utiliser la consultation des banques de données à des fins d'enseignement sur mesure, plus ou moins accompagné.

On trouve deux familles de banques de données : les banques entièrement gratuites et les banques payantes, soit par paiement à l'acte, soit par paiement forfaitaire (abonnement ou licence de site).

La profusion de documents et d'informations disponibles pour l'usager suppose le repérage et le tri, ce que permettent les banques de données grâce à leur système d'indexation et de recherche.

Cependant, pour obtenir des réponses pertinentes et complètes, il est nécessaire d'être familiarisé avec la syntaxe de la logique booléenne (« et », « ou », « sauf »), la manipulation de notions représentées par des mots clés, la navigation dans les champs sémantiques (thésaurus) ou dans les données grâce aux fonctionnalités des liens hypertextes du web. Pour démarrer une recherche documentaire, la consultation de signets spécialisés qui répertorient les principales ressources en éducation et formation (par exemple ceux réalisés par l'ADBS-Education) peut constituer une première étape.

Au niveau français, les principaux organismes liés à la recherche en éducation et formation produisent diverses banques de données gratuites, accessibles sur leur site web (CÉREQ, CIEP, CNDP, INJEP, INRP, etc.). D'autres banques de données sont également disponibles sur les sites web des associations et réseaux professionnels (par exemple, l'Association des professeurs de mathématiques de l'enseignement public (APMEP), le réseau Sport doc). Des données sur la recherche en éducation et formation sont également accessibles à partir de banques de données plus généralistes (base de données bibliographique Francis produite par l'INIST-CNRS, Doc-thèse, etc.).

Une fois que les références d'un document intéressant sont trouvées, on peut le localiser grâce au catalogue Sudoc (« système universitaire de documentation »), qui permet de savoir dans quelle bibliothèque universitaire se trouve le document. Cependant, de plus en plus de banques de données proposent, en ligne, l'accès au texte intégral des documents répertoriés notamment grâce à des liens vers les revues ou par le biais d'archives institutionnelles qui commencent à se mettre en place dans les grands organismes de recherche (CNRS, etc.).

Au niveau international, la banque de données bibliographique la plus connue est la base américaine Eric, disponible gratuitement sur le web. Certains organismes internationaux produisent des thésaurus spécialisés diffusés également gratuitement sur le web : le TEE (Thésaurus européen de l'éducation) est produit par la Commission européenne et le Conseil de l'Europe et existe dans les onze langues officielles de l'Union européenne.

Michèle Dassa

▸ Bibliographie

BLANQUET M.-F., *L'Industrie de l'information*, Issy-les-Moulineaux, ESF, 1992.

CHAUMIER J., *Les Banques de données,* Paris, PUF, coll. « Que sais-je ? », 1994.

Institut Fredrik R. Bull, *Bases de données et données de base*, Paris, Masson, 1993.

▸ Voir aussi

Centre de documentation et d'information (CDI) – Internet – Technologie de l'information et de la communication pour l'éducation (TICE).

BIBLIOTHÈQUE

La France offre différents types de bibliothèques : publiques (municipales ou départementales), scolaires, universitaires, de recherche ou spécialisées, et bien sûr nationales. Les entreprises, ainsi que les hôpitaux, disposent aussi de nombreux centres de documentation ou de bibliothèques de loisirs. Toute proposition de bibliothèque met en œuvre des représentations de la lecture, des modèles de lecteurs, des conceptions, nécessairement normatives, quand bien même elles se veulent multiples, de la culture, de l'éducation, de l'information, de la documentation. Toute bibliothèque est la représentation spatiale de la manière dont des institutions et des époques données ont pensé leurs rapports à des savoirs et à des savoir-faire ainsi que les modalités d'appropriation et d'apprentissage.

Le retard français

La France a toujours abrité des collections patrimoniales riches. De grandes bibliothèques religieuses ou privées furent peu à peu ouvertes à un public plus large. Sous la Révolution, les saisies des grandes collections religieuses ou privées viennent enrichir la Bibliothèque nationale (qui perd alors son nom de Bibliothèque royale) et les bibliothèques municipales, dont l'existence est renforcée par un décret de 1803. Au XIXe siècle, de nouvelles tentatives voient le jour : bibliothèques populaires d'origines diverses, bibliothèques scolaires, souvent ouvertes aux adultes. Ces tentatives et ces réseaux restent notoirement insuffisants.

À l'aube du XXe siècle, le retard français est considérable. Les bibliothèques scolaires présentent des fonds obsolètes et sont peu utilisées. Les moyens de la Bibliothèque nationale et des bibliothèques « de faculté » ne sont en rien comparables à ceux des pays voisins. Les bibliothèques municipales, peu nombreuses, ne sont fréquentées que par un public restreint.

La première prise de conscience et les premières tentatives s'inspirent notamment des États-Unis. Quelques bibliothécaires convaincus par leurs « voyages d'étude » aux États-Unis, en Grande-Bretagne et en Allemagne essaieront de populariser en France la notion de « bibliothèque publique », à l'œuvre dans ces pays. Cette conception représente un véritable bouleversement pour les mentalités françaises. Elle présente les documents en libre accès, ouvert à tous et élargit considérablement les fonctions de la bibliothèque. Celle-ci n'est plus seulement conçue comme le lieu où l'on vient lire des ouvrages du patrimoine culturel sévèrement sélectionnés ; elle est aussi lieu de loisir ou encore d'information et de documentation où les lecteurs multiplient les points de vue et les sources sur un sujet. Les premières bibliothèques enfantines, qui ne se généralisent qu'à partir des années 1960, veulent favoriser la liberté des enfants dans le choix des livres, leur autonomie, l'incitation au plaisir de lire, mettant en cause implicitement ou explicitement les rapports obligés et contraints au livre, exigés par l'école.

Les bibliothèques publiques aujourd'hui

En ce début du XXIe siècle, la France offre deux principales structures de bibliothèques publiques.

– Les *bibliothèques municipales* sont au nombre d'environ 3012 et représentent 25 000 emplois rémunérés dont 13 500 emplois spécifiques. Elles occupent 1,8 million de mètres carrés de bâtiments, chaque année voyant l'ouverture de 70 000 nouveaux mètres carrés de bibliothèques. Pour 1 639 d'entre elles, elles ont fait le choix d'être des médiathèques, offrant des livres et des revues sur support imprimé, mais aussi sur support électronique (CD-Roms, Internet), et des documents sonores ou iconographiques (disques, films vidéo, etc.). Leurs collections représentent près de 95 millions de volumes, 7,6 millions de disques, 1,3 million de vidéos, plusieurs milliers de logiciels (statistiques de 1999). En 1999, les prêts d'ouvrages s'élevaient à plus de 155 millions, et environ 6,5 millions de personnes étaient inscrites dans les bibliothèques municipales. On estime que le recours à la bibliothèque municipale s'explique aussi par le fait que l'on peut y consulter ou y lire des documents sans être obligé de les emprunter ou d'y être inscrit.

– Les *bibliothèques départementales* sont depuis 1982 sous la responsabilité des conseils généraux et ont largement profité de la décentralisation. Celle-ci a généralement conduit à un renforcement de leurs moyens et à un élargissement de leurs missions. Chargées de desservir les 18 000 communes de moins de 10 000 habitants, elles ont ajouté aux bibliobus des premiers temps d'autres missions, s'adaptant à l'évolution des zones rurales contemporaines et au changement d'habitudes de leurs habitants en assurant 94 % de desserte locale par dépôts dans des lieux fixes. Elles cherchent bien souvent à promouvoir la création de bibliothèques locales, même petites, mais intégrées dans un réseau susceptible de les aider à fonctionner. Leurs collections se répartissent en 5,7 millions d'imprimés, 611 000 photogrammes, 156 000 vidéogrammes. Le total de prêts d'imprimés est de 157,5 millions, 29 millions de disques et 7,8 vidéogrammes pour 6,7 millions de lecteurs inscrits.

Les *bibliothèques publiques,* qui représentent en moyenne 15 % des dépenses culturelles des villes, ont le « vent en poupe » en ce début du XXIe siècle. Ce qui ne les empêche pas de réfléchir à leurs missions, et d'être parfois inquiètes pour leur avenir. Les bibliothèques cherchent en effet à répondre à tous les besoins, du plus expert et spécialisé au plus généraliste. Elles veulent être utiles à leurs lecteurs les plus cultivés, voire aux chercheurs pour les plus grandes d'entre elles. Elles répondent aux besoins d'une formation continue aujourd'hui largement répandue. Elles permettent l'accès à tout type de littérature. Elles accueillent étudiants et scolaires dans le cadre de leurs travaux d'étude ou pour leur formation culturelle large. Elles cherchent à faire partager le goût de lire aux lecteurs fragiles, qui ont un rapport au livre incertain et épisodique. Elles se sont aussi lancées dans la campagne contre l'illettrisme.

Cette multiplicité de missions est une richesse et un défi. Elle met en œuvre des exigences complémentaires, mais aussi contradictoires. Au-delà de la générosité des positions de principe, chacune de ces missions impose en effet sa logique et ses besoins (notamment budgétaires), qui conduisent à des choix. La bibliothèque n'accueille pas *un* public qui serait homogène et singulier, mais bien *des* publics, qui cohabitent et se rencontrent, guidés par des besoins eux aussi pluriels et/ou contradictoires. Cette volonté d'œcuménisme et d'exhaustivité impose dans la pratique des choix quotidiens difficiles, que les bibliothèques cherchent aujourd'hui à mieux mesurer et à évaluer.

Ces propositions et ces choix ne sont jamais de simples réponses à une demande. Moins directement intégrées dans un projet pédagogique ou d'acquisition de savoirs que l'école ou l'université, les bibliothèques publiques n'en sont que plus confrontées à la diversité et à l'infini des attentes. Affirmant plus que jamais leur volonté de faciliter l'accès à la culture pour les membres de toutes les catégories d'âge de notre société, elles se heurtent, plus que d'autres, à la polysémie des significations contemporaines du verbe *lire*, et elles ne veulent en rejeter aucune. Elles sont en quelque sorte condamnées à ne jamais assouvir intégralement les besoins de quelques-uns pour toujours satisfaire ceux de tous.

Les bibliothèques scolaires

Les bibliothèques scolaires ont longtemps été le parent pauvre de l'enseignement primaire et secondaire. Si les tentatives de la seconde moitié du XIXe siècle avaient en ce domaine été ambitieuses, leur déclin fut tout aussi rapide. La France n'offre pas de véritable réseau de bibliothèques scolaires pendant la plus grande partie du XXe siècle.

Les tentatives pionnières des années 1960 aboutiront à la création, dans l'enseignement secondaire, des services de documentation et d'information, devenus en 1973 Centres de documentation et d'information (CDI), puis, dans l'enseignement primaire, à celle des Bibliothèques centres documentaires (BCD), qui se multiplient dans les années 1980. Ces tentatives et ces structures ne peuvent être dissociées des conceptions pédagogiques en discussion pendant la période. Quelle place doit être faite dans les enseignements à l'autoapprentissage, à l'initiative personnelle des élèves ? Comment, à côté des cours magistraux, voire à côté de l'école, se constituent les connaissances ? Quelle place leur faire ? Quels savoirs l'école doit-elle enseigner ? Qu'est-ce que *lire* ? La lecture littéraire doit-elle toujours être le référent ultime et exemplaire ? Ne doit-on pas plutôt apprendre aux futurs adultes à « se documenter » ? À quels besoins et à quelles exigences seront confrontés demain les savoir-faire et les connaissances des élèves d'aujourd'hui ?

Selon les réponses données à ces multiples questions, la place, le rôle, les fonds, les personnels et l'intitulé même de la bibliothèque seront différents. Les acteurs des mises en place des bibliothèques et des centres documentaires dans l'enseignement primaire et secondaire sont résolument du côté d'une « rénovation pédagogique » censée réduire la distance entre l'école et le monde social. Parfois décrit comme un véritable cheval de Troie dans la forteresse scolaire, le centre de documentation veut apprendre aux élèves les savoir-faire nécessaires à toute appréhension de l'écrit, les ouvrir à d'autres méthodes de travail, les rendre autonomes dans leur recherche, développer leur esprit critique, multiplier leurs modes et leurs modalités de confrontation à des textes eux-mêmes éminemment divers. Aider à la maîtrise du savoir-lire, c'est ainsi, pour les BCD et CDI, mettre en scène des situations de lecture à la fois plus individualisées (l'aide apportée à chaque élève étant souvent conçue ou décrite comme davantage personnalisée, donc plus efficace, que celle apportée dans le cadre de la classe) et davantage socialisées (parce que confrontant les élèves à des documents multiples, au statut inégal, pouvant être discutés tout autant que reçus).

La création, en 1989, d'un CAPES de documentation, l'engagement pris par le ministère de l'Éducation nationale de doter tous les établissements secondaires d'un CDI, les encouragements divers au fonctionnement des BCD, les rapprochements entre les bibliothèques de lecture publique et le réseau scolaire, suscités notamment par les nouvelles responsabilités des collectivités territoriales envers l'école, les multiples présences de l'animation autour de la lecture dans les projets éducatifs en tous genres sont autant de signes de cette volonté de former des lecteurs actifs ; ces initiatives mettant aussi en scène la crainte devenue généralisée de l'échec scolaire.

Les bibliothèques universitaires et de recherche

La France, pays des Lumières, a longtemps entretenu paradoxalement des relations d'une étrange indifférence envers ses bibliothèques de recherche.

Les *bibliothèques universitaires* ont ainsi été considérablement négligées au cours du siècle passé. Pendant que la population étudiante croissait à une allure de plus en plus vertigineuse, pour atteindre 1,6 million aujourd'hui, la situation des bibliothèques universitaires n'a longtemps fait que se dégrader. Au milieu des années 1980, les crédits documentaires étaient de 4 à 9 fois inférieurs à ceux des bibliothèques allemandes, britanniques ou américaines, cependant que le coût des publications scientifiques croissait de manière importante. En 1989, le « rapport Miquel » estimait à 6 000 le déficit de places dans la seule région parisienne. Seules, cinq bibliothèques universitaires possèdaient plus d'un million de volumes.

Cette pénurie n'a pu que renforcer un système dual, qui a vu fleurir à côté des bibliothèques universitaires un très grand nombre de bibliothèques de proximité, destinées à servir les étudiants de telle ou telle discipline et, surtout, à assurer les besoins d'information des chercheurs. On estime en effet que la moitié des crédits documentaires dépensés dans l'université française l'est par cette voie.

Face à cette situation, les tentatives de redressement passèrent dans un premier temps par une volonté très forte de renforcer la présence des ressources informatiques dans les bibliothèques universitaires : informatisation des catalogues, soutien à l'utilisation des banques de données, création de réseaux documentaires informatisés, par exemple pour la localisation des périodiques, puis, plus tard, d'un catalogue collectif des ouvrages détenus dans les bibliothèques universitaires, riche aujourd'hui de plus de 5 millions de notices. La création des CADIST (centres d'acquisition et de diffusion de l'information scientifique et technique) permit à un certain nombre de bibliothèques universitaires d'être dotées de moyens renforcés dans leur discipline d'excellence et de devenir un recours pour toute demande sur l'ensemble du territoire.

Depuis 1988, les crédits de fonctionnement et les crédits documentaires des bibliothèques universitaires ont été considérablement augmentés ; les constructions ou les rénovations ont repris et 350 000 m² de bâtiments ont été ouverts au cours de la décennie 1990. Les crédits documentaires ont triplé entre 1988 et 2001, et sont passés de 18 à 63 millions d'euros. En 2002, le nombre d'emplois est de 5 000, soit 3 agents pour 1 000 étudiants. Les lecteurs sont 1 179 000. Les BU offrent 106 000 places assises et ouvrent en moyenne 57 heures par semaine, 251 jours par an. Elles collectionnent 27 millions de livres, 466 000 titres de périodiques (dont 179 000 sur support électronique), 4 800 didacticiels et 2 900 bases de données. Les bibliothèques, auparavant services de l'État dans l'université, sont aujourd'hui des services de leur université et, comme telles, en liens contractuels avec l'État. Elles sont chargées de fédérer les diverses ressources documentaires : si les documents eux-mêmes peuvent rester dispersés, un catalogue commun doit permettre à n'importe quel utilisateur d'une université de pouvoir le localiser aisément. Le réseau ainsi constitué prend le nom de « service commun de la documentation ». Ces nouveaux investissements portent aussi sur l'élargissement des horaires d'ouverture, l'accroissement du libre accès aux ouvrages, la multiplication des ressources électroniques (60 000 titres offerts dans le réseau), l'organisation en consortiums, la participation aux pôles universitaires européens, etc.

Cet effort devra être poursuivi de nombreuses années car les bibliothèques universitaires françaises sont confrontées à de nombreux défis : augmentation du nombre et du coût des publications ; spécialisation croissante de la recherche ; multiplication des disciplines ; mutation d'une population étudiante dont les savoirs, les savoir-faire, les comportements et les attentes n'ont que peu à voir avec ceux des « héritiers » des années 1960.

La Bibliothèque nationale de France

La Bibliothèque nationale de France se déploie aujourd'hui sur deux sites. Dans les bâtiments historiques de la rue de Richelieu sont situés les départements spécialisés (manuscrits, estampes, cartes et plans, etc.) ; rive gauche de la Seine, le bâtiment de Dominique Perrault abrite les 11 millions d'imprimés patrimoniaux et d'importantes collections audiovisuelles. Les salles de consultation, distribuées autour d'un jardin intérieur, se répartissent sur deux niveaux. Le niveau « Haut-de-Jardin » est ouvert à tous les publics, sans exigences particulières, qui peuvent y consulter les 270 000 volumes et documents mis à leur disposition ; il est fréquenté à 70 % par des étudiants. Le niveau « Rez-de-Jardin » est réservé aux chercheurs (au sens large), qui, tout en disposant de 300 000 ouvrages déployés en libre accès, ont accès aux collections patrimoniales.

La Bibliothèque nationale de France s'est considérablement développée et modernisée. Elle gère et enrichit le Catalogue collectif de France, permettant de rechercher et de localiser les imprimés conservés dans les bibliothèques françaises. Elle constitue une bibliothèque numérique, Gallica, qui offre depuis 2002, l'accès à distance à plus de 62 000 documents imprimés et 80 000 images numérisées. L'obtention de nouveaux moyens a permis le développement de programmes conséquents dans tous les domaines : acquisitions, notamment patrimoniales, conservation, action culturelle, etc. Elle coopère avec les autres bibliothèques, par exemple par le réseau des pôles associés. Mais elle n'accueille encore que 3 000 lecteurs par jour, quand la seule Bibliothèque publique d'information (BPI), en reçoit 7 000 quotidiennement.

Les quinze dernières années ont été fécondes pour les bibliothèques françaises. Elles semblent avoir gagné enfin une place dans la conscience publique. Leur rôle primordial dans le renforcement de la lecture ou l'exercice de la recherche a été reconnu. Un effort qui devra être poursuivi au même rythme, si l'on veut voir ces institutions rendre les services qu'un public aussi exigeant que croissant est en droit d'attendre d'elles.

Martine Poulain

▶ Bibliographie

Bertrand A.-M., *Les Bibliothèques municipales*, Paris, Le Cercle de la Librairie, 2002.

Blasselle B., Melet-Sanson J., *La Bibliothèque nationale, mémoire de l'avenir*, Paris, Gallimard, 1990.

Evans C., *La BPI à l'usage (1978-1995) : analyse comparée des profils et des pratiques des usagers de la Bibliothèque publique d'information du Centre Georges-Pompidou*, Paris, BPI, 1998.

Histoire des bibliothèques françaises, Paris, Cercle de la Librairie, 4 vol. : Vernet A. (dir.), *Les Bibliothèques médiévales* ; Jolly C. (dir.), *Les Bibliothèques sous l'Ancien Régime* ; Varry D. (dir.), *Les Bibliothèques de la Révolution et du XIXe siècle* ; Poulain M. (dir.), *Les Bibliothèques au XXe siècle*, 1992.

▶ Voir aussi

Acculturation – Animation – Autoformation – Banque de données – Bibliothèque-centre documentaire (BCD) – Centre de documentation et d'information (CDI) – Documentation – Lecture – Littérature de jeunesse – Loisir – Médiathèque – Projet – Rapport au savoir.

Bibliothèque-centre documentaire (BCD)

Les premières bibliothèques à l'école primaire ont été créées à la fin du XIXe siècle. Malgré un effort pour constituer des fonds et une volonté d'ouvrir ces fonds à une population extrascolaire, elles tombent rapidement en désuétude parce qu'elles manquent de crédits et qu'elles restent marginales par rapport à l'enseignement.

La naissance d'un concept

Au niveau de l'enseignement élémentaire, les réformes de la fin des années 1970 seront décisives pour une transformation de l'école primaire.

Il convient de rappeler :
– que la réforme en 1969 du tiers temps pédagogique incite les enseignants à remplacer les traditionnelles leçons d'histoire, de géographie et de sciences naturelles par des activités d'éveil : l'élève devra rechercher les informations par lui-même dans son milieu environnant ou à partir de documents autres que les manuels scolaires ;
– qu'en 1972, les instructions relatives à l'enseignement du français invitent à créer des bibliothèques de classe, ou des « coins lecture » pour donner goût à la « lecture plaisir » ;
– qu'une circulaire du ministère de l'Éducation nationale (20.8.1973) déclare obligatoire la création d'une salle de documentation dans toute construction nouvelle : « L'école gravite autour d'un centre documentaire accessible à tous où sont rassemblés les moyens d'informer et d'apprendre. »

Ces trois textes créent un contexte favorable à la naissance de la BCD.

À la même époque, un groupe de personnes actives et militantes de l'Institut national de la recherche et de la documentation pédagogique et du milieu des bibliothèques (La Joie par les Livres) réfléchit au rôle d'une bibliothèque dans l'école primaire et en définit les principes de fonctionnement dans un document de travail à destination des écoles expérimentales, sous l'appellation « note n° 4 » ; la bibliothèque est un lieu de lecture diversifiée, un lieu d'échanges et d'informations qui « apporte aux élèves les moyens pour qu'ils soient en mesure d'apprendre par eux-mêmes ». Implantée dans un établissement scolaire, la bibliothèque se doit d'être au service de l'école – donc ouverte pendant le temps scolaire avec la présence d'une personne formée aux techniques des bibliothèques – et, en contrepartie, l'équipe pédagogique doit réfléchir à la façon de respecter le caractère particulier de la bibliothèque dans un environnement scolaire qui vit de manière plus collective.

Fort de cette réflexion et grâce à des subventions exceptionnelles (subventions d'équipement et de renouvellement du fonds d'ouvrages, détachement et formation d'un instituteur dans six bibliothèques ouvertes à titre expérimental), ce même groupe, sous le nom d'Association pour le développement des activités culturelles dans les établissements scolaires (ADACES), va mettre en place, puis suivre l'évolution de cette innovation ; l'évaluation de l'opération est confiée à l'INRP. Les éléments d'évaluation réunis entre 1975 et 1980 permettent d'affirmer que l'apport culturel de la BCD est indéniable : la présence du livre et son utilisation ont enrichi le milieu scolaire ; par contre, le fonctionnement de la BCD est trop souvent tributaire de l'organisation des enseignements scolaires.

Entre 1977 et 1980, les Instructions officielles soulignent l'importance d'une lecture diversifiée, citent les BCD comme un moyen de favoriser le goût de lire et de se familiariser avec différents types d'écrits.

Au début des années 1980, les six BCD expérimentales ne sont plus seules ; d'autres ont été créées à l'instigation d'équipes pédagogiques ou d'associations de parents d'élèves, assez souvent dans un climat de militantisme.

Dix ans après, institutionnalisation et généralisation

En 1984, à l'occasion d'une action conjointe des ministères de l'Éducation nationale et de la Culture, la création de BCD est impulsée dans quatre académies. Une circulaire ministérielle en précise l'esprit et la forme : « La BCD ne saurait être seulement un "équipement" supplémentaire dont serait dotée l'école. Sa mise en place doit s'insérer dans le projet pédagogique de l'école et dans le projet local de développement de la lecture. [...] La mise en place, la gestion et le fonctionnement quotidien d'une BCD induisent directement et indirectement des modifications dans les pratiques et les comportements de l'ensemble des partenaires de l'équipe éducative », mais il est précisé que la présence d'une personne responsable n'est pas nécessaire (circulaire n° 84-360 du 1er octobre 1984). L'année suivante, d'autres académies bénéficient du même plan.

L'année 1989 est une année charnière : la loi d'orientation sur l'éducation de juillet 1989 présente une nouvelle politique pour l'école élémentaire, dont la lecture se veut un point fort. Dans le cadre du Plan lecture, l'opération « Cent livres pour les écoles » est un encouragement à la création de BCD dans les zones d'éducation prioritaire (ZEP) et les zones rurales, ou au renouvellement de leurs fonds : « Ces bibliothèques-centres documentaires sont indépendantes de la classe et accessibles à tous les enfants. Ils y apprennent la recherche de livres et d'informations, s'y familiarisent au classement ou à l'utilisation du fichier. Ces méthodes de travail personnel leur seront plus tard indispensables. C'est aussi pour les enfants un lieu d'écoute, un lieu qu'ils apprennent à gérer eux-mêmes lorsque c'est possible, c'est enfin l'occasion pour l'équipe pédagogique de travailler en liaison étroite avec la bibliothèque locale ou la bibliothèque centrale de prêt » (*BO* spécial n° 4 du 31 août 1989). Cette dotation de « Cent livres pour les écoles », qui sera renouvelée trois années consécutives, sera relayée par le plan de développement des BCD qui se déroulera lui aussi sur trois années.

Conjointement à ces dotations financières, des documents officiels paraissent, énumérant les compétences à acquérir en BCD au niveau de la maîtrise de la lecture et précisant les compétences disciplinaires et transversales à acquérir à chaque cycle. Par exemple, la brochure *La Maîtrise de la langue,* publiée en 1992 par le ministère de l'Éducation nationale, énumère les différentes approches de la lecture et cite la littérature de jeunesse en tant que telle : « Le plaisir d'apprendre peut naître tout autant des lectures de fiction que de documentation, et les rencontres singulières qui font qu'un enfant se retrouve avec bonheur dans un texte sont rarement programmables. C'est pourquoi il faut élargir le champ des possibles et donner une place centrale à la littérature de jeunesse. La fréquentation assidue et partagée de ces textes convenant à l'âge des enfants est le gage d'une meilleure compréhension des autres types de lecture auxquels l'école confronte ses élèves. »

Le répertoire des *1 001 Livres pour les écoles,* la diffusion d'un CD-Rom sur la lecture, la présence d'actions de formation sont autant d'éléments qui doivent aider à former les animateurs départementaux et les enseignants.

En 1998, le ministère Allègre crée les emplois-jeunes qui sont amenés à aider les enseignants dans les tâches péri-éducatives : un certain nombre vont se voir confier la marche de la BCD et même l'informatisation du fonds, mais leur contrat de cinq ans ne sera pas renouvelé.

De 1998 à nos jours, le terme BCD apparaît de moins en moins dans les textes officiels, et lorsque la BCD est citée, c'est uniquement comme un lieu faisant partie de l'ensemble des ressources documentaires (BCD, CDI, bibliothèques de lecture publique municipales et départementales), mis à la disposition des jeunes au long de leur scolarité, l'enseignant devant « enseigner la lecture documentaire » ou faire découvrir la littérature au cycle 3 dans sa classe, la salle de classe étant le seul lieu des apprentissages.

Bilan sur l'évolution des BCD

Nous avons énuméré de façon chronologique les étapes marquantes de la courte histoire des BCD. L'analyse des textes, selon les périodes, met l'accent sur les concepts suivants : autonomie de l'enfant, appropriation ou autogestion de la BCD, moyen d'accès à une culture écrite, outil de réussite pour l'élève, activités autour du livre ou compétences vers la maîtrise de la langue, et, enfin, lieu d'approvisionnement documentaire. En trente ans d'histoire, un glissement s'est effectué : d'un lieu de vie au centre de l'école, la BCD devient un lieu de ressources documentaires, cité parmi d'autres. Une explication peut être avancée.

Les pionniers de la BCD – pédagogues et bibliothécaires – connaissaient l'histoire des premières bibliothèques scolaires de la fin du XIXe siècle et leur lent déclin. Ils étaient conscients qu'implanter une bibliothèque était une gageure, mais estimaient que le contexte

pédagogique avait évolué. Ils avaient donc précisé les conditions matérielles nécessaires au fonctionnement d'une bibliothèque :
– en premier lieu, la présence d'une personne formée aux techniques de la bibliothéconomie qui doit permettre à la fois l'ouverture et l'animation de la BCD pendant le temps scolaire, le traitement des documents et l'existence d'un budget régulier ;
– en second lieu, la collaboration entre bibliothécaire et équipe pédagogique pour intégrer la BCD au projet d'école est indispensable.

L'institution n'a jamais considéré comme capitale la présence d'une personne en BCD, et les dotations en ouvrages n'ont jamais été régulières. Intégrer la BCD au projet de l'école nécessitait une réflexion sur l'apprentissage, sur la remise en cause du modèle traditionnel de la transmission du savoir, sur le rôle du livre en tant qu'élément d'autodidaxie. Les *Actes de l'université d'été* de 1998 sont, à cet égard, fort intéressants. Malgré ce tableau final pessimiste, des expériences ont été tentées, mais on sait combien le bénévolat et le militantisme sont porteurs d'actions tout à la fois « extraordinaires » et épuisantes…

Au total, réduite, dans la majorité des écoles, à une simple plate-forme d'offre et d'incitation à la lecture, la BCD n'a pas été intégrée au projet d'école et à la vie des classes ; mais l'on peut penser que son implantation dans les écoles maternelles et primaires a été le facteur déterminant qui a fait entrer la littérature de jeunesse dans le milieu scolaire.

Odile Lambert-Chesnot

▶ Bibliographie

CNDP, *Direction de l'enseignement scolaire : lire et écrire au cycle 3. Repères pour organiser les apprentissages au long du cycle*, (documents d'accompagnement des programmes), Paris, CNDP, 2003.

CNDP, *Direction de l'enseignement scolaire : littérature, cycle des approfondissements (cycle 3)*, (documents d'application des programmes), Paris, CNDP, 2002.

CNDP, *Pédagogie de la lecture de la maternelle à l'université* (CD-Rom), Paris, CNDP, 1996.

CRDP, « Les BCD aujourd'hui, identité et partenariat », *Argos*, hors-série n° 3, Créteil, 1999.

HASSENFORDER J., LAMBERT-CHESNOT O., « Les Expériences de l'ADACES : essai d'évaluation », *Médiathèques publiques*, n° 56, novembre 1980, p. 17-27.

Ministère de l'Éducation nationale, Direction des écoles, *1 001 livres pour les écoles : répertoire*, Paris, MEN, 1997.

▶ Voir aussi

Documentation – Établissement (Projet d') – Lecture – Littérature de jeunesse – Manuel scolaire.

BILINGUISME

Le bilinguisme désigne la maîtrise et/ou l'usage de deux langues.

Cette définition, très générale, renvoie en fait à des situations extrêmement diverses, à tel point que certains auteurs préfèrent éviter l'utilisation de ce terme dans un sens générique et parlent plutôt de *bilinguismes* au pluriel, indiquant par là qu'aucune situation de bilinguisme n'est réductible à une autre. Cependant, les phénomènes de bilinguisme sont en général étudiés en fonction des trois grands types d'environnement dans lequel ils apparaissent : famille, société, école. Du fait du nombre, de la complexité et de l'interaction des paramètres à prendre en considération, ils intéressent autant les sociologues que les psychologues, les linguistes, les neurolinguistes, et, bien entendu, les didacticiens et les responsables de systèmes éducatifs. Ce qui n'était qu'un thème *(topic)* est devenu, au cours des trente dernières années et selon l'expression de l'un des psycholinguistes les plus connus dans ce domaine, W. E. Lambert (1990), « une spécialité reconnue et respectée ».

L'individu bilingue est, à proprement parler, celui qui « en plus de sa première langue, possède une compétence comparable dans une autre langue et qui est capable d'utiliser l'une ou l'autre, en toutes circonstances, avec une efficacité semblable ».

Cette définition, empruntée à Siguan et Mackey (1986), permet de distinguer « bilinguisme » et « diglossie ». Dans le cas de cette dernière, l'utilisation de la deuxième langue est totalement déterminée par un type de situations, le locuteur ne possédant, en outre, dans cette langue, qu'une maîtrise restreinte, fortement liée à des besoins spécifiques (langue du travail, par exemple).

À cette distinction s'en ajoute une autre : lorsque l'objet d'étude est l'individu bilingue, le terme de « bilingualité », préconisé par Hamers et Blanc (1984), est souvent préféré à celui de « bilinguisme », réservé à l'étude des phénomènes de société.

Depuis plusieurs décennies, les travaux des scientifiques insistent sur les conditions d'acquisition du bilinguisme et mettent en lumière les relations fortes qui existent entre ces conditions et le degré de maîtrise de chacune des deux langues concernées, compte tenu du constat, bien établi maintenant, que l'une des langues reste pratiquement toujours dominante par rapport à l'autre.

Les notions de « bilinguisme composé » et de « bilinguisme coordonné » sont apparues en 1954. Le bilinguisme composé, précoce, se développe lorsqu'un enfant est en contact prolongé avec deux langues au moment où, en environnement monolingue, s'opérerait l'acquisition de la langue maternelle. Le bilinguisme coordonné résulte de l'acquisition d'une deuxième langue alors que la langue maternelle est déjà en place.

Cette distinction s'est accompagnée de nombreux travaux portant sur la ou les structures neurologiques sous-jacentes et sur les variations du rôle respectif de chacun des deux hémisphères cérébraux en fonction notamment du type de bilinguisme. Même si l'attention des neurolinguistes se tourne maintenant vers le rôle déterminant que pourrait jouer le cerveau limbique (Paradis, 1989), la distinction entre les deux types de bilinguisme cités semble rester pertinente à la lumière des connaissances actuelles, et, notamment, de celles qui attribuent le développement de la capacité langagière chez le jeune enfant à la mise en œuvre, d'une durée limitée, d'un équipement génétique spécifique de l'humain.

Les atouts du bilinguisme

En effet, en dépit des idées reçues qui circulent encore dans nos pays sur les troubles du développement que risquerait d'engendrer le bilinguisme précoce chez l'enfant, de nouvelles études expérimentales confirment que « le cerveau de l'homme (en l'occurrence, du bébé) est tout à fait capable de faire l'acquisition de plusieurs systèmes linguistiques sans payer un prix trop élevé » (Mehler, 1990). On sait que les processus d'acquisition alors mis en œuvre, particulièrement puissants, aboutissent à un bilinguisme extraordinairement ample ; on pense maintenant qu'ils sont probablement différents des processus d'apprentissage beaucoup moins performants qui interviennent à une époque plus tardive de la vie.

Bien que les conclusions d'études diverses, souvent marquées historiquement (colonisation, migration) et scientifiquement (non-prise en compte de facteurs sociologiques), aient parfois été contradictoires, il importe de mentionner le consensus qui se dégage des nombreuses études récentes visant à évaluer les effets du bilinguisme sur l'intelligence : être bilingue peut procurer des avantages énormes, non seulement en termes de capacités langagières, mais aussi en ce qui concerne le développement cognitif et social (Lambert, 1990). Il est reconnu que la maîtrise réelle de deux langues facilite grandement les apprentissages linguistiques ultérieurs. En outre, les auteurs s'accordent à souligner la flexibilité acquise, ainsi qu'une structure plus diversifiée de l'intelligence. Une distinction fondamentale passerait entre le fait d'être monolingue et celui d'être bilingue.

Le bilinguisme de société est, en fait, extraordinairement répandu sur la surface de la terre. Il renvoie à « la coexistence, dans un même espace géographique et politique, de personnes ayant pour première langue des langues différentes » (Siguan, Mackey, 1986). Cette coexistence a souvent une dimension historique dans la mesure où, à un moment donné de l'histoire d'un pays, une langue a été imposée (langue utilisée comme facteur d'unification d'un pays, situations coloniales ou post-coloniales, déplacements de populations, définitions de nouvelles frontières, etc). Inséparable des spécificités culturelles dans lesquelles elle s'ancre, cette coexistence reste à l'origine de nombreux conflits. Elle donne lieu aux phénomènes regroupés sous le terme de « bilinguisme positif » (au bénéfice à la fois de la langue maternelle et de la deuxième langue) et de « bilinguisme négatif » (au détriment de ces deux langues).

La survivance de ces types de bi-, voire de plurilinguisme est donc fortement déterminée par des facteurs très divers d'ordre culturel, économique et sociopolitique ; elle dépend du nombre de personnes parlant l'une des deux langues, de la force de la revendication identitaire ainsi que du degré de cohésion du groupe minoritaire, du prestige international de chacune des deux langues en présence et des fonctions que chacune assure dans la vie des individus et de la collectivité.

Limites de l'enseignement bilingue

Une acception particulière du terme « bilinguisme » s'inscrit dans le registre institutionnel et renvoie aux modalités de fonctionnement des systèmes scolaires. L'adjectif « bilingue » peut alors caractériser trois modalités d'enseignement très différentes.

Dans le premier cas, il s'agit de classes dites d'immersion : tout l'enseignement se pratique dans une langue différente de celle qui est couramment utilisée par l'enfant ; dans le deuxième cas, seulement une partie de l'enseignement est dispensée dans une autre langue que celle de l'environnement linguistique immédiat ; dans le troisième cas, on applique ce terme à un aspect du système scolaire, voire simplement à un établissement dans lequel est proposé l'enseignement de deux langues étrangères dès la première année du cursus secondaire.

Ce dernier usage paraît excessif. Il peut même devenir préjudiciable s'il concourt à accréditer l'idée reçue, naïve mais tenace, que, quelles que soient la durée et l'intensité de l'enseignement et la motivation des apprenants, la simple exposition à une autre langue quelques heures par semaine dans le cadre et les conditions scolaires transforme de jeunes élèves en individus bilingues. L'école peut, certes, simuler ou approcher certains aspects de l'activité langagière réelle (elle le fait souvent avec une grande habileté), il demeure néanmoins que les conditions d'apprentissage n'y sont jamais totalement analogues à celles qui président à l'appropriation d'une langue étrangère en milieu « naturel ».

Deux remarques semblent devoir s'ajouter à ce qui vient d'être présenté :

– D'abord, la mise en garde formulée par les neurolinguistes sur les dangers qu'il y a à établir un lien direct entre les résultats actuels de la recherche dans les neurosciences et une méthode pédagogique particulière d'enseignement d'une langue étrangère (Paradis, 1989) ; en d'autres termes, *la* bonne méthode n'existe pas. Trouver de bonnes méthodes d'enseignement implique que soient pris en compte de très nombreux facteurs qui varient d'une situation à l'autre.

– Ensuite, dans un tout autre domaine, la mention du risque d'hégémonie lié au développement de la langue anglaise à la faveur d'échanges de plus en plus nombreux à l'échelle de la planète et, par contrecoup, d'appauvrissement accéléré du capital linguistique mondial.

Christiane Luc

▸ Bibliographie

Hamers J., Blanc M., *Bilingualité et bilinguisme*, Liège, Mardaga, 1984.

Harley B., Allen P., Cummins J., Swain M., *The Development of Second Language Proficiency*, Cambridge University Press, coll. « Cambridge Applied Linguistics », 1990.

Lambert W. E., « Persistent issues in bilinguation », *in* Harley B., Allan P., Commins F., Swain M., *The Development of Second Language*, Cambridge, University Press, coll. « Cambridge Applied Linguistics », 1990.

Luc C., « Les Langues vivantes à l'école élémentaire », *Actes du colloque INRP*, juin 1990, Saint-Fons, INRP, 1991.

MEHLER J., DUPOUX E., *Naître humain*, Paris, Odile Jacob, 1990, nouv. éd., 2002.
PARADIS M., *Actes des états généraux des langues*, Paris, Association pour les états généraux des langues, 26-29 avril 1989.
SIGUAN M., MACKEY W. F., *Éducation et bilinguisme*, Paris/Lausanne, Unesco, coll. « Services de l'Éducation », 1986.

▸ Voir aussi
Didactique – Interculturelle (Pédagogie) – Langues vivantes – Linguistique et éducation.

BINET, ALFRED (1857-1911)

Alfred Binet est né à Nice, le 8 juillet 1857. Docteur ès sciences, il devient directeur du laboratoire de psychologie physiologique de la Sorbonne en 1896. Successeur de Ferdinand Buisson, en 1902, à la présidence de la Société pour l'étude psychologique de l'enfant (actuelle Société Alfred-Binet et Théodore-Simon), directeur fondateur de *L'Année psychologique* en 1894, il meurt d'épuisement en 1911.

Un pionnier et un visionnaire

Ses travaux sont considérables et divers. Mais c'est surtout son activité dans le domaine de la psychologie et de la pédagogie qu'il convient d'évoquer ici, pour reconnaître en lui le véritable fondateur de la « psychopédagogie ». Certes, il est surtout connu comme l'auteur de *L'Échelle métrique de l'intelligence,* le célèbre « test Binet-Simon » qu'il élabora en 1904 avec le concours du docteur Théodore Simon, en vue d'identifier les « anormaux d'école » ; ce terme désignait les enfants inadaptés susceptibles de bénéficier d'une scolarisation spécialisée, dans les classes de perfectionnement créées par la loi de 1909 et dont la fondation lui est due. Mais ses recherches sont d'une bien plus grande ampleur et traitent de tous les problèmes auxquels se sont, depuis lors, attachées la psychologie de l'enfant et la pédagogie.

Parti en effet de la volonté de mener à bien une étude expérimentale des fonctions supérieures de l'esprit, notamment l'intelligence, Binet veut d'abord identifier les « types intellectuels », c'est-à-dire les modalités diverses du fonctionnement mental qu'illustrent les enfants, si l'on sait être attentif à la singularité de chacun : c'est pourquoi Antoine de La Garanderie reconnaît en lui son meilleur précurseur. C'est en se rendant dans les écoles pour établir cette typologie qu'il en vient peu à peu, mais de plus en plus fortement, à s'intéresser à la pédagogie et à lui consacrer l'essentiel de ses travaux, en particulier lorsque, en 1901, Ferdinand Buisson l'invite à entrer dans la Société libre pour l'étude psychologique de l'enfant, fondée deux ans plus tôt.

Si, cependant, laissant de côté l'analyse détaillée de ses travaux, on s'interroge sur leur portée à long terme, on mesure alors la lucidité et l'acuité de son regard. De nombreux organismes de l'Éducation nationale qui se sont effectivement mis en place depuis un demi-siècle sont précisément ceux dont il préconisait l'institution. N'est-ce pas lui qui, le premier, a ébauché la psychologie scolaire et les services de consultation psychopédagogique habilités à effectuer le recrutement des classes de perfectionnement, et qui a réclamé qu'une formation appropriée fût donnée au personnel enseignant, spécialement dans les écoles normales ?

Il a en outre anticipé sur l'orientation scolaire et professionnelle, commencé la rationalisation de la pédagogie, inauguré la docimologie, fondé la pédagogie expérimentale et la recherche pédagogique proprement dite en ouvrant, rue de la Grange-aux-Belles à Paris, le premier laboratoire français. Il a enfin tenté d'organiser la collaboration des chercheurs de tous pays : on ne doit pas oublier en effet qu'il fut le premier à prendre l'initiative de les réunir, en participant à la préparation du Congrès international d'éducation et de protection de l'enfance, convoqué à Liège en septembre 1905. Il anticipa ainsi sur ce que devait être, cinquante ans plus tard, grâce aux efforts conjugués de MM. Husson, Dottrens et Roller, l'Association internationale de pédagogie expérimentale de langue française, créée à Lyon en 1958.

Au fondement de la pédagogie scientifique

Néanmoins, Binet pose-t-il les fondements définitifs d'une pédagogie rénovée ? Confère-t-il aux sciences de l'éducation leur statut ? Il rejette assez radicalement comme préscientifiques et vaines les doctrines antérieures et présente la sienne comme une nouvelle naissance de la pédagogie. Cette affirmation est-elle justifiée ? Il semble légitime de répondre affirmativement, avec nuance. En effet, il n'a pas seulement contribué à l'exploration des problèmes pédagogiques, mais aussi, de manière décisive, au dévoilement de la structure même de la pédagogie. Son mérite est d'avoir senti que tous les problèmes particuliers que rencontre l'enseignement s'ordonnent et gravitent autour de deux pôles.

Le premier pôle, celui de la pédagogie individuelle, concerne le rassemblement des informations relatives à la réceptivité intellectuelle et aux aptitudes de l'enfant ; il s'attache à déterminer ce qui peut être enseigné à ce dernier. Le second pôle, la pédagogie générale, est d'ordre normatif : il s'agit de la manière de satisfaire aux exigences de la culture au sein d'une société donnée ; définissant une programmatique et une didactique, il implique une logique descendante. Or la difficulté constitutionnelle de la pédagogie réside dans l'organisation des relations entre les deux pôles : comment assurer leur coïncidence et réussir une correspondance entre les possibilités de l'enfant et l'exigence éducative qui pèse sur lui ? L'immense mérite de Binet est d'avoir fait cette distinction et d'avoir situé ce problème. Non que lui-même le résolve aisément. Il est parvenu, certes, à munir la pédagogie individuelle des instruments utiles à la mesure du développement somatique, de l'instruction et surtout de l'intelligence ; son apport sur ce plan est décisif. Quant à la pédagogie générale, quoiqu'il l'ait plus ébauchée que construite, il est clair que, s'il en avait eu le temps, il aurait édifié une didactique expérimentale qui, pour chaque discipline, aurait indiqué les méthodes et les procédés les plus efficients. Mais, l'une et l'autre isolément achevées, il s'agit d'organiser leur lien.

Or, au contraire de beaucoup d'auteurs qui ne l'établissent que de manière verbale ou en invoquant une sorte d'harmonie préétablie, Binet ne méconnaît ni ne dissimule la difficulté considérable qui consiste à tirer parti de la pédagogie individuelle lorsqu'on élabore une pédagogie générale. Plus radicalement, l'affirmation de la diversité des aptitudes et des profils individuels ne pose pas seulement des problèmes complexes quand il s'agit d'en tirer des conséquences pédagogiques et de définir une didactique qui en soit fonction. Elle fait surgir une question préalable : ce projet même d'une pédagogie générale n'est-il pas en contradiction avec les exigences de la pédagogie individuelle ? Est-il conciliable avec la volonté constamment réitérée de prendre d'abord en considération les aptitudes personnelles et les types intellectuels ? Celle-ci n'exige-t-elle pas l'individualisation de l'enseignement, c'est-à-dire l'élimination d'une pédagogie générale qui, en tant que telle, prétend à une large applicabilité ? La première tâche de la pédagogie, c'est, à ses yeux, de discriminer les aptitudes individuelles. Mais, au moment d'arrêter un programme ou de déterminer une méthode d'enseignement, comment en tenir compte ? C'est à propos de l'éducation des débiles qu'il perçoit le mieux cette difficulté : on doit leur apprendre à lire malgré leur inaptitude, et la recherche des méthodes adéquates, c'est-à-dire la pédagogie générale, consiste ici à trouver le moyen de passer outre aux indications de la pédagogie individuelle.

Ainsi, son originalité la plus profonde est de tenir à ce que, loin de s'appliquer seulement à la didactique ou seulement à la pédagogie individuelle, la méthode scientifique s'attache à établir les liens entre l'une et l'autre, c'est-à-dire à déterminer rationnellement le type d'études qui convient à chaque élève. Une pédagogie scientifique doit être une orientation réfléchie : sous le double éclairage de la psychologie individuelle, qui renseigne sur ses aptitudes, et des normes qui finalisent son éducation, elle a pour tâche de proposer à chaque enfant, singulièrement considéré, les objectifs et les procédures appropriés.

Ces thèmes, qui ont dû à Binet leur actualisation, sont aussi ceux que, depuis 1911, poursuit fidèlement la Société qui porte son nom, particulièrement à travers son bulletin, qui parait aujourd'hui sous le nom de *Cahiers Binet-Simon.*

Guy Avanzini

▸ Bibliographie

Principales œuvres d'Alfred Binet :

La Suggestibilité (1900), Paris, L'Harmattan, coll. « Encyclopédie psychologique », 2005.

La Fatigue intellectuelle (1908), Paris, L'Harmattan, coll. « Encyclopédie psychologique », 2005.

Principales œuvres sur Alfred Binet :

AVANZINI G., *Alfred Binet et la pédagogie scientifique,* Paris, Vrin, 1969.

AVANZINI G., *Alfred Binet,* Paris, PUF, coll. « Éducation et formation », 1999.

Société Binet-Simon, revue *Éduquer*, Lyon, éd. société Binet-Simon.

▸ Voir aussi

Didactique – Docimologie – Individualisation – Intelligence – Orientation – Psychopédagogie – Test.

BIOLOGIE (ENSEIGNEMENT DE LA)

Le mot « biologie », dont l'étymologie grecque fait croire à l'ancienneté (science de la vie), n'a été créé qu'en 1802. Il s'agissait de désigner de façon plus pertinente certains problèmes d'une discipline qui restait dans le prolongement des questions posées par les naturalistes (Aristote) et les médecins grecs (Hippocrate). L'année 1802 marque également la réorganisation de l'enseignement dans les écoles primaires et secondaires, ainsi que la création des premiers lycées. La discipline nommée « histoire naturelle » conserve alors le sens aristotélicien du mot « histoire ». Dans cette optique naturaliste, elle associe la géologie ; elle comprend, en lycée, des matières variées (minéralogie, anatomie, physiologie, etc.) et, surtout, variables selon les établissements. L'unification, par un programme officiel et un concours général, aura lieu en 1833. De 1802 à 1832, durant le Consulat, l'Empire puis la monarchie, la promotion et l'organisation de cet enseignement sont associées au nom de Georges Cuvier et à celui de son frère Frédéric, inspecteur général.

Pendant les cinquante années qui précèdent la grande réforme laïque de Jules Ferry (1880-1882), une trentaine de livres destinés aux écoles, collèges et lycées sont publiés, ce qui peut donner l'impression d'un enseignement bien développé. La place réelle de celui-ci est difficile à apprécier : souvent réduit à quelques leçons, parfois supprimé, ou bien placé à des heures peu encourageantes, enseigné enfin par des non-spécialistes, il participe à la dévalorisation des matières scientifiques.

Jusqu'à Claude Bernard et Pasteur, les sciences naturelles ont pour méthode principale l'observation des structures visibles du vivant et l'induction à partir des faits observés. Science d'observation, science des faits, science du concret, la discipline suscite de plus l'intérêt et la curiosité des élèves, en décrivant les mœurs des animaux et l'utilité des êtres vivants pour l'homme. Le raisonnement, considéré pour l'essentiel comme une généralisation, est supposé simple et accessible à un niveau élémentaire. Il convient à l'initiation, à l'éveil. Mais cet enseignement tend aussi à se réduire à des leçons de vocabulaire, à des classifications arides et rebutantes.

La démarche expérimentale dans l'enseignement de la biologie

Après le célèbre livre de Claude Bernard, *Introduction à l'étude de la médecine expérimentale* (1865), la physiologie devient « expérimentale », par application d'une méthode dans l'esprit d'un public cultivé. Cette bible positiviste de l'un des fondateurs de la Société de biologie (1848) peut être considérée comme le flambeau de nouvelles exigences pour l'enseignement. Médecine et physiologie sont encore plus étroitement liées. Une idéologie médicale du progrès et de l'action efficace s'appuie sur une science expérimentale et déterministe. Elle est en correspondance avec l'idéologie progressiste de la société industrielle européenne. Si l'on ajoute que Charles Darwin (1859) vient de déposséder l'homme d'une illusion réconfortante contre l'enseignement des théologiens, on comprend que ce nouveau « rationalisme de laboratoire » qui s'installe au cœur des sciences naturelles est un amalgame d'interdits positivistes et d'injonctions matérialistes : il faut faire la guerre au finalisme et expliquer uniquement la vie par la matière, sous peine de faire une place à l'âme, à l'immortalité et au pouvoir des prêtres.

Mais de nombreuses contradictions existent. La hiérarchie positiviste d'Auguste Comte ne place pas la biologie en bonne position, et la vie de l'Union des naturalistes – actuelle Association des professeurs de biologie-géologie (APBG) –, créée en 1911, est émaillée de luttes répétées pour « défendre la discipline », ses horaires, ses conditions, sa spécificité. De plus, la réalisation d'expériences en classe réactive les oppositions antivivisectionnistes. Sans antibiotiques, une simple dissection fait courir le risque d'une infection réactivant le souvenir de Semmelweiss. Le virus de l'hépatite, et plus récemment celui du sida, augmentent l'inquiétude. Les travaux pratiques, fer de lance d'un enseignement expérimental, complexes à réaliser, sont également difficiles à évaluer.

Fragilité supplémentaire, la biologie est sensible, jusque dans son enseignement, au poids des idéologies : eugénisme et hérédité du génie à la suite des travaux de Galton, théorie des quatre races et racisme des manuels allemands de 1941, « science prolétarienne » des manuels soviétiques jusqu'en 1964, et « guerre du singe » encore actuellement aux États-Unis.

Le mot « biologie » utilisé pour désigner certains chapitres (reproduction, développement, évolution, etc.) a progressivement, après 1965, désigné toute la discipline, l'explosion de la biologie moléculaire conduisant à désigner la géologie comme une « deuxième » discipline. Le mot « techniques » (sciences et techniques biologiques et géologiques) a été ajouté après le succès des biotechnologies. Certains proposent aujourd'hui les termes de « sciences de la vie et de la terre », dans le but d'incorporer à la géologie les sciences de l'univers. Mais la « nature » et la « vie » sont devenues des concepts métaphysiques depuis que les biologistes expliquent la vie en la dévitalisant, à la manière dont les physiciens ont dématérialisé la matière.

La biologie de laboratoire est devenue mathématicienne et moléculaire, faisant appel à des techniques sophistiquées, difficiles à mettre en œuvre et simplement à décrire en classe. La biologie médicale joue, de plus en plus, un rôle de critique épistémologique, dénonçant tous les réductionnismes abusifs, réintroduisant l'individu, l'urgence, la diversité et leurs résistances. Les questions traditionnelles d'éthique se sont renouvelées. La révolution géologique, pour sa part, accroît la part des techniques physiques et apporte de nombreux concepts nouveaux. Aucun enseignant ne peut maîtriser, sans tensions, une telle étendue de savoirs.

Les perspectives ouvertes pour les recherches didactiques

Les recherches actuelles en didactique jettent un regard nouveau sur les conditions de l'acquisition des connaissances biologiques par les élèves. Malgré la relative jeunesse du domaine, elles fournissent un ensemble de résultats et de réflexions susceptibles d'orienter les décisions sur la construction des contenus d'enseignement (Astolfi, Develay, 2002).

On a dit que l'enseignement de la biologie s'est longtemps identifié à une démarche expérimentale se voulant rigoureuse, résumée par un schéma, souvent dit « OHERIC » (pour : Observation, Hypothèse, Expérience, Résultats, Interprétation, Conclusion), prétendument emprunté à Claude Bernard. L'épistémologie contemporaine refuse une telle mécanique empiriste (Astolfi *et al.*, 1978), et souligne son caractère très largement reconstruit. Ce type de démarche est également mis en question par l'examen détaillé des modes de raisonnement spontané des élèves, face à une situation expérimentale. Ceux-ci mettent en œuvre, au moins jusqu'au niveau du collège, des procédures non canoniques mais pourtant régulières. Par exemple, ils opposent « expériences pour voir » et « expériences pour prouver » ; ils en restent volontiers au mode qualitatif (et tendent, quand cela se présente, à ramener le quantitatif à du qualitatif : grand/petit, un peu/beaucoup, etc.) ; ils ne répliquent pratiquement jamais leurs essais et sont vite perturbés face à deux résultats divergents pour une même manipulation ; ils ne considèrent qu'une seule variable à la fois et réduisent volontiers les plans expérimentaux complets (sans doute faute de savoir gérer la complexité qu'ils représentent), en négligeant les interactions qui peuvent exister entre variables (Cauzinille *et al.,* 1983). L'enseignement scientifique ne peut échapper à l'idée de faire dépasser de tels obstacles aux élèves.

Cette idée de représentations – ou de conceptions initiales – des élèves se retrouve en ce qui concerne les concepts biologiques. Elle a fait, ces dernières années, l'objet d'innombrables investigations mondiales. On sait par exemple qu'un important pourcentage d'élèves de l'enseignement primaire et secondaire se représentent la digestion sur le modèle d'une tuyauterie continue, reliant directement, par exemple, l'estomac et la vessie. De la même façon, les conceptions de la reproduction humaine renvoient aux explications historiques de type préformiste : préformisme femelle ou *ovisme* pour lequel le spermatozoïde ne sert qu'à « animer » l'embryon déjà constitué ; préformisme mâle ou *animalculisme* pour lequel l'ovule ne sert qu'à « nourrir » le bébé (Giordan, De Vecchi, 1987). De telles conceptions peuvent perdurer après la scolarité et se retrouvent – souvent inchangées – chez des adultes ayant fait de bonnes études secondaires, même s'ils disposent par ailleurs de connaissances non négligeables sur la biologie moléculaire, le métabolisme cellulaire ou l'évolution. Même si elles présentent une stabilité indéniable, ces conceptions ne gagnent pas à être envisagées de manière trop statique, comme de simples « choses mentales » préexistant à un questionnement didactique qui les ferait simplement émerger (Astolfi, Vérin, 1985). Elles doivent être pensées comme des systèmes d'explication, fonctionnels pour les élèves, et produits par ces derniers à l'occasion des situations problèmes auxquelles on les soumet. Si ces conceptions résistent à l'enseignement, c'est souvent parce que celui-ci les ignore et, plus souvent qu'on ne le croit, les renforce de manière involontaire. C'est ainsi que la représentation de la digestion comme fragmentation mécanique des aliments, bien plus que comme transformation chimique de ceux-ci, se trouve confortée par les modèles iconiques des manuels : les enzymes y sont souvent représentées par des ciseaux qui sectionnent les molécules !

Si les conceptions constituent ainsi, en quelque sorte, tout autant le produit de l'enseignement biologique que son état des lieux initial, c'est aussi parce que les concepts n'y ont pas le statut opératoire qui, seul, leur permettrait de fonctionner comme un système explicatif de substitution pour les élèves. L'étude de la transposition didactique montre plutôt que le savoir scientifique subit d'importantes distorsions, afin de mieux l'intégrer à la chaîne des contenus enseignés. Mais cela se fait au prix d'une importante dogmatisation et moyennant sa transformation en un simple résultat notionnel, ayant perdu toute valeur problématique. L'enseignement de la génétique tend, par exemple, à faire disparaître la rupture épistémologique qu'introduisit Gregor Mendel, par sa conception d'un patrimoine héréditaire discontinu, formé de particules indépendantes, susceptibles de se recombiner de manière équiprobable au cours des générations. Par exemple, en faisant précéder les « lois de l'hérédité » d'un chapitre sur la variation, l'enseignement biologique a longtemps comblé cette rupture, produisant une véritable « contrepensée » (Rumelhard, 1986). Le problème de l'hérédité se trouve ramené à celui de « mélange des sangs », de fusion, de retour à la « pureté » originelle de la race, dont, justement, Mendel avait contribué à la sortir.

Puisque de telles idées sont encore présentes chez les élèves, ne faudrait-il pas justement prendre plus de soin dans les formulations et entreprendre un véritable travail de réfutation ? L'évolution de l'enseignement de la respiration se présente de façon similaire, même si les enjeux idéologiques sont ici moins prégnants (Grosbois, Ricco, Sirota, 1992). De telles transformations du texte du savoir tendent à combler les distances qui le séparent des représentations sociales dominantes. Elles prennent souvent leur source dans les images et métaphores que contient déjà, sur un mode mineur, le texte scientifique originaire, mais qui se trouvent exploitées jusqu'au « réalisme grotesque » (Jacobi, 1987).

Jean-Pierre Astolfi
Guy Rumelhard

▸ Bibliographie

Astolfi J.-P., Develay M., *La Didactique des sciences,* Paris, PUF, coll. « Que sais-je ? », 2002.

Astolfi J.-P., Giordan A., Rumelhard G. *et al.*, *Quelle éducation scientifique, pour quelle société ?,* Paris, PUF, 1978.

Astolfi J.-P., Vérin A. (dir.), *Procédures d'apprentissage en sciences expérimentales,* Saint-Fons, INRP, 1985.

Cauzinille-Marmèche T., Mathieu J., Weil-Barais A., *Les Savants en herbe*, Berne, Peter Lang, 1983.

Giordan A., De vecchi G., *Les Origines du savoir,* Lonay, Delachaux et Niestlé, 1987.

Grosbois M., Ricco G., Sirota R., *Du laboratoire à la classe, le parcours du savoir. Étude de la transposition didactique du concept de respiration,* Paris, ADAPT/SNES, 1992.

Jacobi D., *Textes et images de la vulgarisation scientifique,* Berne, Peter Lang, 1987.

Rumelhard G., *La Génétique et ses représentations dans l'enseignement,* Berne, Peter Lang, 1986.

▸ Voir aussi

Didactique – Éveil (Activités d') – Laboratoire – Mathématiques (Enseignement des) – Physique et chimie (Enseignement de la) – Situation-problème – Transposition didactique.

BO ▸ Bulletin officiel

Bourdieu, Pierre (1930-2002)

Sociologue, professeur au Collège de France, Pierre Bourdieu a obtenu la médaille d'or du CNRS en 1993. Une partie importante de son œuvre concerne les institutions et les pratiques éducatives, depuis *Les Héritiers, les étudiants et la culture* et *La Reproduction, éléments pour une théorie du système d'enseignement* (avec J.-C. Passeron) jusqu'à *Homo academicus* et *La Noblesse d'État, grandes écoles et esprit de corps* en passant par *Le Sens pratique.*

Les inégalités sociales devant l'école

Le point de départ empirique des travaux de Bourdieu sur l'enseignement est le constat statistique des inégalités de réussite scolaire selon la classe sociale d'origine. Prenant comme indicateur privilégié la probabilité d'accéder à l'enseignement supérieur selon la catégorie socioprofessionnelle du père – mesurée par le rapport entre le nombre d'étudiants d'une origine sociale donnée et le nombre de jeunes de 18 à 25 ans de la même origine sociale –, il constate, en 1966 : « Un fils de cadre supérieur a quatre-vingts fois plus de chances d'entrer à l'université qu'un fils de salarié agricole et quarante fois plus qu'un fils d'ouvrier, et ses chances sont encore deux fois supérieures à celles d'un fils de cadre moyen » (Bourdieu *in* Darras, 1966). Appliquant la même méthode d'analyse aux lauréats du concours général, sur longue période, il écrit, en 1989 : « Contrairement aux idées reçues sur la “démocratisation”, on observe même une légère tendance (constatée aussi au niveau des “filières d'élite”) à l'accroissement de la part des catégories déjà les plus fortement représentées en début de période : les lauréats dont le père est professeur représentent 24 % en 1986 contre 15 % en 1966 et ceux dont le père est cadre supérieur 40,5 % en 1986 contre 27 % en 1966 » (Bourdieu, 1989).

L'inégalité maintenue des chances de réussite scolaire selon l'origine sociale est d'abord interprétée par Bourdieu comme le résultat de la transmission de l'héritage culturel ou du *capital culturel* inégalement réparti au sein des familles d'origine selon leur position dans la structure sociale : « Chaque famille transmet aux enfants, par des voies indirectes plutôt que directes, un certain capital culturel et un certain *ethos*, système des valeurs implicites et profondément intériorisées, qui contribue à définir entre autres choses les attitudes à l'égard de l'institution scolaire » (Darras, 1966). Mais cette dernière n'est pas neutre dans ce processus de sélection sociale : « En traitant tous les enseignés, si inégaux soient-ils en fait, comme égaux en droits et en devoirs, le système scolaire est conduit à donner en fait sa sanction aux inégalités initiales devant la culture » *(ibid.)*. Ce faisant, l'école assure objectivement une fonction de reproduction sociale, et cela, selon Bourdieu, d'une manière spécifique qui en assure la redoutable efficacité.

Le système scolaire, instrument légitime de reproduction sociale

« Pour que les destins soient changés en choix de la liberté, il suffit que l'École [...] réussisse à convaincre les individus de s'en remettre à son verdict et à les persuader qu'ils ont eux-mêmes choisi les destinées qu'elle leur avait par avance assignées » *(ibid.)*. Ce que Bourdieu appelle, à plusieurs reprises, l'« intériorisation du destin social en vocation » est le produit du travail de l'institution scolaire, dont les mécanismes sont théorisés par Bourdieu et Passeron dans *La Reproduction,* qui se présente comme une véritable théorie systématique (et même axiomatique) de l'institution scolaire.

Les concepts explicatifs de ce travail d'inculcation scolaire et de légitimation sociale forment système. *L'action pédagogique* y est définie comme une *violence symbolique* imposant, par l'intermédiaire de *l'autorité pédagogique, un arbitraire culturel.* En effet, la culture scolaire, véhiculée par le système d'enseignement tout au long du cursus, n'étant autre que la culture de la classe dominante présentée « arbitrairement » comme une culture universelle, exerce sur les élèves issus des classes dominées une véritable violence symbolique d'autant plus forte que la distance entre les pratiques culturelles (et notamment linguistiques) de leurs familles d'origine et les normes scolaires (et d'abord linguistiques) est plus grande. Intériorisant néanmoins ces normes comme seules *légitimes,* les enfants issus des familles populaires interprètent leurs difficultés et leurs échecs scolaires comme l'effet de leurs carences personnelles (« pas doués ») et non de leur position sociale. Ils apprennent ainsi, précocement ou progressivement, à s'orienter vers les filières dévalorisées (techniques et professionnelles) qui débouchent sur des emplois d'ouvriers ou d'employés, reproduisant ainsi, activement, leur position sociale d'origine.

L'autorité pédagogique des agents du système scolaire contribue à la fois à faire intérioriser la valeur scolaire de chacun (« bons élèves/mauvais élèves ») comme un résultat de ses propres mérites et à masquer la domination sociale sous-jacente à cette opération. Parce qu'ils sont reconnus socialement comme « compétents », c'est-à-dire aptes à exercer légitimement cette forme de « violence symbolique », les enseignants sont autorisés à pratiquer l'action pédagogique au sein de l'institution scolaire, dotée d'une *autonomie relative* qui masque les enjeux sociaux de la scolarisation et les préserve des conflits à l'œuvre dans d'autres champs (travail, politique, etc.).

Cette théorie brièvement résumée a exercé une influence importante autant sur les recherches sociologiques consacrées à l'institution scolaire et à d'autres champs symboliques que sur certains mouvements de contestation pédagogique ou culturelle. Pierre Bourdieu s'est efforcé, à plusieurs reprises, de préciser voire de reformuler tel ou tel élément de cette théorie, y compris en se démarquant d'interprétations trop simplistes (Bourdieu, 1987). La suite de ses travaux l'a conduit notamment à approfondir les mécanismes de socialisation qui débordent de beaucoup les pratiques pédagogiques internes au système scolaire. Situant l'analyse de ces mécanismes dans le cadre d'une théorie générale des pratiques, il a emprunté la notion d'« *habitus* » à la tradition philosophique pour lui accorder une position centrale dans sa nouvelle théorisation, qui s'appuie autant sinon plus sur ses premiers travaux ethnologiques consacrés à la Kabylie que sur ses recherches ultérieures centrées sur l'école et les pratiques culturelles.

L'éducation comme incorporation active d'un *habitus*

La définition, construite par Bourdieu, de l'*habitus* est devenue une référence obligée : « système de dispositions durables et transposables, structure structurée prédisposée à fonctionner comme structure structurante, c'est-à-dire en tant que principe générateur et organisateur de pratiques et de représentations » (Bourdieu, 1980). Comme le montre Héran (1987), Bourdieu réactive, avec la notion d'*habitus*, le vieux schème philosophique de « l'activation du passif », selon lequel, par exemple, les habitudes précocement transmises par l'éducation – notamment familiale – deviennent des moteurs de l'action, quasi réflexe et vécue comme « une seconde nature ». Présente dans de nombreuses théories psychologiques (béhavioristes ou non) et doctrines pédagogiques (traditionnelles ou non), cette notion d'*habitus* est retravaillée par Bourdieu pour en faire l'élément-clé de ce qu'il appelle « le processus purement social et quasi magique de socialisation » (Bourdieu, 1980).

Deux mécanismes sont particulièrement valorisés et finement analysés par Bourdieu : les postures corporelles et les croyances collectives qui sont au principe de ce qu'il appelle « le sens du jeu » et qui représentent selon lui le schème fondamental des pratiques sociales. C'est ce « sens pratique » qui s'exprime tout à la fois dans les postures du corps en acte (« hexis corporelle ») et dans les expressions les plus typiques d'un langage (dictions, proverbes, poèmes gnomiques, chants, énigmes, etc.), et qui se trouve au cœur de tous les apprentissages informels de la vie sociale destinés à transmettre cette « maîtrise pratique », acquise et conquise pratiquement, sans détour théorique.

Cette théorisation de la pratique sociale comme système de schèmes incorporés et mis en œuvre *par* et *dans* la pratique elle-même relativise et approfondit la théorie antérieure du système d'enseignement. C'est notamment parce qu'ils n'accordent qu'une importance secondaire et une position dominée à ces apprentissages pratiques que les systèmes scolaires – à des degrés divers – constituent des instruments de sélection sociale valorisant les dispositions culturelles (abstraction, discours, théorie, etc.) des élèves issus des « classes cultivées » et dévalorisant celles (concret, corps, pratique, etc.) des enfants des classes populaires. L'œuvre de Bourdieu constitue sans conteste, de ce point de vue, une source inépuisable d'analyses et de réflexions critiques sur les conditions et les enjeux sociaux des politiques éducatives et des pratiques pédagogiques. Au-delà des polémiques légitimes qui ont accompagné les ultimes évolutions de Pierre Bourdieu – ou de certains de ses épigones – vers une sorte d'« académisme radical » (Lapeyronie, 2004), l'apport de ce grand sociologue à l'analyse critique du fonctionnement des systèmes d'enseignement demeure incontournable pour qui veut réfléchir aux liens entre « pratiques scolaires » et « démocratie sociale ».

Claude Dubar

► Bibliographie

Principales œuvres de Pierre Bourdieu :

Le Sens pratique, Paris, Éd. de Minuit, 1980.

Homo academicus, Paris, Éd. de Minuit, 1984.

Choses dites, Paris, Éd. de Minuit, 1987.

La Noblesse d'État – Grandes écoles et esprit de corps, Paris, Éd. de Minuit, 1989.

La Misère du monde, Paris, Éd. de Minuit, 1993.

La Domination masculine, Paris, Le Seuil, coll. « Liber », 1998.

Science de la science et réflexivité, Paris, Éd. Raison d'agir, 2001.

Bourdieu P., Darbel A., *L'Amour de l'art : les musées d'art européens et leur public*, Paris, Éd. de Minuit, coll. « Le Sens commun », 1969.

Bourdieu P., Passeron J.-C., *Les Héritiers : les étudiants et la culture,* Paris, Éd. de Minuit, 1964.

Bourdieu P., Passeron J.-C., *La Reproduction : éléments pour une théorie du système d'enseignement,* Paris, Éd. de Minuit, 1970.

Principales œuvres sur Pierre Bourdieu :

Champagne P., Pinto L., Sapiro G. (dir.), *Pierre Bourdieu, sociologue*, Paris, Fayard, 2004.

Darras, *Le Partage des bénéfices : expansion et inégalités en France*, Paris, Éd. de Minuit, 1966.

Dubar C., *La Socialisation : construction des identités sociales et professionnelles,* Paris, Armand Colin, 2002.

Encrevé P., Lagrave R.-M., Beaud S., Bensa A. Bianco L. *et al.*, *Travailler avec Bourdieu*, Paris, Flammarion, 2004.

Héran F., « La Seconde Nature de l'*habitus* », *Revue française de sociologie*, vol. 28, n° 3, 1987, p. 385-416.

Lahire B. (dir.), *Le Travail sociologique de Pierre Bourdieu : dettes et critiques*, Paris, La Découverte, 2001.

Lapeyronie D., « L'Académisme radical ou le monologue sociologique : à qui parlent les sociologues ? », *Revue française de sociologie*, oct.-déc. 2004, p. 621-645.

Mounier P., *Pierre Bourdieu : une introduction*, Paris, Pocket, coll. « Agora », 2001.

Rivière M.-C., Delsaut Y., *Bibliographie des travaux de Pierre Bourdieu,* suivie d'*Un entretien avec Pierre Bourdieu sur l'esprit de la recherche*, Paris, Le Temps des cerises, 2002.

▶ **Voir aussi**
Démocratisation de l'enseignement – Familiale (Éducation) – Sélection – Socialisation – Sociologie de l'éducation.

Bourses

Cet article se limite aux bourses délivrées dans l'enseignement secondaire. L'État n'accorde pas de bourses aux élèves des écoles maternelles et élémentaires, mais il en délivre aux étudiants. Les bourses nationales d'études du second degré sont destinées, aux termes de la réglementation fixée par les dispositions du décret n° 59-38 du 2 janvier 1959 modifié, à des élèves dont les ressources familiales ou personnelles ont été reconnues insuffisantes et qui fréquentent un établissement public ou privé habilité à recevoir des boursiers nationaux.

L'insuffisance des ressources est appréciée en fonction d'un barème national qui permet d'évaluer les situations familiales en comparant les revenus des parents et les charges familiales (enfants, conjoint, ascendants) et scolaires (niveau et nature de l'enseignement poursuivi : premier ou second cycle ; enseignement général ou technologique). Ces charges sont évaluées en points.

À un nombre de points de charges correspond un « plafond » de ressources qui permet de déterminer si le candidat boursier peut obtenir une bourse. Les bourses nationales sont constituées par un certain nombre de parts unitaires (fixées en euros). Le nombre de parts unitaires est déterminé par décision ministérielle.

À ces parts s'ajoutent des parts supplémentaires et des primes spécifiques selon la nature des enseignements suivis, en particulier pour favoriser la poursuite d'enseignements technologiques.

Les dossiers de demande de bourses sont déposés avant le 31 janvier pour la rentrée scolaire suivante auprès du chef d'établissement fréquenté par l'élève. Ce sont les inspecteurs d'académie et les directeurs des services départementaux de l'Éducation nationale qui accordent les bourses nationales d'études du second degré, après avis d'une commission départementale des bourses, où siègent notamment des représentants des associations de parents d'élèves. En cas de refus, les familles ont la possibilité de faire appel auprès du recteur, qui arrête sa décision après consultation d'une commission régionale des bourses. Dans l'hypothèse où la décision de refus est maintenue par le recteur, un recours hiérarchique peut être présenté par la famille auprès du ministre de l'Éducation nationale.

En 2003, les bourses concernaient un peu moins de 800 000 collégiens (23,5 %) et un peu moins de 600 000 lycéens (25 %). Les bénéficiaires étaient nettement plus nombreux en second cycle professionnel qu'en lycée général ou technologique.

Les bourses nationales d'études du second degré peuvent être cumulées avec des bourses fondées et entretenues par les collectivités locales.

Christian Forestier

▶ **Voir aussi**
Aide sociale aux étudiants – Centre national des œuvres universitaires et scolaires (CNOUS).

Brevet

Le brevet est :
– le titre ou diplôme délivré essentiellement par l'État ou une autre autorité instituée et sanctionnant l'achèvement d'un cursus scolaire déterminé ou la maîtrise de certaines compétences ;
– l'examen dont la sanction conduit les lauréats à l'obtention de l'un de ces diplômes ;
– le diminutif de « diplôme national du brevet », ou de l'examen conduisant à ce diplôme (sens courant dans le système scolaire).

Dans ses usages actuels, le mot « brevet » renvoie essentiellement à deux types de diplômes et d'examens :
– Les diplômes (et examens correspondants) attestant à la fois une formation générale et une qualification professionnelle, et donc ouvrant droit à la reconnaissance de cette qualification sur le marché du travail. Selon les cas, l'intitulé de ces diplômes fait clairement apparaître le niveau de cette qualification (ex. : brevet de technicien supérieur) ou fait référence à un cursus d'enseignement professionnel (ex. : brevet d'études professionnelles).
– Un diplôme (et l'examen correspondant le cas échéant) sanctionnant la fin de la scolarité au collège.

Diplôme national du brevet

Le « brevet » est l'appellation officielle, depuis 1987, de l'ancien « brevet élémentaire », dénommé successivement « brevet d'études du premier cycle » (BEPC), puis, à partir de 1981, « brevet des collèges ».

L'histoire du brevet est marquée par une tendance forte à l'effacement progressif de sa fonction socio-économique aussi bien que scolaire, avec, à certains moments, un regain partiel de la faveur du public et de l'institution.

De 1947 à 1977, c'est-à-dire avant l'instauration du collège unique ou, tout au moins, avant que la première génération d'élèves entrée au collège unique ne parvienne à sa dernière classe, on assiste à une réduction progressive (de sept à quatre) du nombre des épreuves obligatoires du brevet. Pour une part encore limitée de la classe d'âge qui parvient en troisième au long de cette période, l'obtention du diplôme de fin de troisième devient moins importante que l'admission en classe de seconde, faisant suite à une décision d'orientation prise par le conseil de classe.

À partir de 1978, cette préoccupation conduit à dispenser d'épreuves les élèves qui ont fait l'objet d'une orientation vers le lycée, et, à partir de 1981, le diplôme désormais intitulé « brevet des collèges », dans le cadre de la mise en place de la loi Haby, est attribué sans « examen » à proprement parler, au vu des seuls résultats scolaires. À noter que cette disposition permet d'ailleurs d'enrichir l'évaluation à d'autres disciplines que celles qui pouvaient être évaluées dans le cadre d'un examen concentré de fin d'année.

À partir de 1986, l'« examen » est réintroduit, avec le triple objectif de revaloriser le diplôme (dont l'image sociale souffrait de son attribution au vu des seuls résultats scolaires), de motiver davantage les élèves et de les préparer à aborder des examens ultérieurement. Le premier « brevet » ainsi reconstruit, suite aux décisions du ministre Chevènement, n'a eu que 49 % de reçus.

Actuellement, le brevet est décerné aux candidats qui ont obtenu la moyenne à une pondération d'épreuves terminales (en français, mathématiques et histoire-géographie-éducation civique) et de résultats acquis en cours de formation durant les deux dernières années de scolarité. Il comporte par ailleurs trois séries : générale, technologique et professionnelle.

En 2003, 785 609 candidats s'étaient présentés au brevet (France métropolitaine), et il y eut 78 % d'admis.

Le brevet est critiqué depuis longtemps : il est peu fiable car fondé sur un contrôle continu non encadré et sur des évaluations en fin de troisième non comparables ; il ne sert à rien car un élève peut passer en seconde sans ce diplôme ou redoubler la troisième malgré un succès. Le projet de mettre en place un brevet d'études fondamentales (BEF) est à l'étude depuis 2001. Le projet de loi d'orientation de 2005, introduisant le « socle » de connaissances et compétences de fin de scolarité obligatoire, impliquera de se reposer la question de la certification de l'atteinte de ce niveau « socle », et du rôle que peut, à cet égard, jouer le brevet.

Brevet informatique et internet (B2i)

Créé en 2000, le brevet informatique et Internet valide les compétences acquises par les élèves de l'école ou du collège : il est délivré lorsque l'élève utilise de manière autonome et raisonnée les techniques d'information et de communication disponibles à l'école (niveau 1) ou au collège (niveau 2), pour lire et produire des documents, ainsi que pour rechercher de l'information utile et pour communiquer au moyen d'une messagerie. Un niveau 3 (lycée) a été expérimenté.

Brevet d'études professionnelles (BEP)

Le brevet d'études professionnel (BEP) est un diplôme national délivré par le ministère chargé de l'Éducation, attestant une qualification professionnelle de niveau V et préparé, par les candidats en formation initiale, en deux années après la classe de troisième, essentiellement dans un lycée professionnel.

Par rapport au diplôme classique du niveau V qu'est le certificat d'aptitude professionnelle (CAP), le BEP ne représente pas une qualification pour un « métier » étroit mais pour un ensemble de métiers ou d'activités d'un champ professionnel déterminé. Le nombre des BEP a été réduit conformément à cette logique (de 76 BEP en 1992 à une cinquantaine en 2004).

Créé en 1969 et redéfini dans les années 1980 pour répondre à une situation de l'économie et de l'emploi qui incitait à demander une plus grande polyvalence des ouvriers, le BEP a vu sa fonction systémique réelle évoluer assez rapidement.

En effet, d'une part, le contexte durable de crise économique a réduit l'embauche au niveau V de jeunes issus du système scolaire, et, pour l'insertion professionnelle immédiate, le CAP a continué d'être valorisé par beaucoup de branches professionnelles.

Le BEP est donc de plus en plus devenu, de manière variable selon les branches, un diplôme conduisant à une poursuite d'études vers un baccalauréat technologique (souvent par l'intermédiaire de la « passerelle » des premières d'adaptation), mais aussi, à partir de sa création en 1985, vers le baccalauréat professionnel. En même temps, des formations complémentaires au diplôme sont mises en place pour favoriser l'adaptation à un métier.

Les formations conduisant au BEP et les modalités d'évaluation elles-mêmes répondent à cette multifinalité du diplôme dans l'état actuel du système : comme tout diplôme de l'enseignement technique français, il fait une part sensible à l'enseignement général ; comme tout diplôme professionnel, il fait désormais une part croissante, et de plus en plus souvent obligatoire, à la formation en entreprise, au cours d'une période validée à l'examen ; il est de plus en plus souvent proposé à des candidats de la formation continue de s'y présenter sur le mode des unités capitalisables.

La rénovation pédagogique du lycée, mise en place à partir de 1992, a confirmé l'intégration des formations conduisant à un BEP dans l'architecture d'ensemble de l'enseignement secondaire. Les deux années conduisant au BEP constituent le cycle de détermination de la voie professionnelle, au même titre que la classe de seconde générale et technologique pour les autres voies ; ce cycle, en effet, prépare les choix qui interviennent à son issue : insertion professionnelle ou poursuite d'études ? Poursuite d'études strictement professionnelles (baccalauréat professionnel, ou même CAP) ou passage à des études technologiques, visant non pas une insertion professionnelle à deux ans mais l'atteinte du niveau III ?

Une question toujours posée reste celle de l'articulation entre BEP et CAP : les CAP sont plus autonomes que par le passé, où ils étaient souvent associés à un BEP (réussir au BEP dispensait de passer le CAP).

Les modalités pédagogiques retenues pour les formations conduisant à des BEP tendent à suivre les mêmes tendances que celles adoptées pour les formations générales et technologiques des lycées, qu'il s'agisse des modules, des modalités d'élaboration des programmes, de l'instauration de disciplines nouvelles (éducation civique, juridique et sociale) ou des travaux personnels tels que les « projets pluridisciplinaires à caractère professionnel ».

En 2003, 258 155 candidats se sont présentés au BEP, dont 235 000 en formation initiale (26 691 apprentis). Le taux de succès a été de 73,5 %.

Brevet professionnel (BP)

Le brevet professionnel (BP) est un diplôme professionnel attestant un niveau de qualification plus élevé qu'un CA ou un BEP, permettant entre autres à son titulaire, pour certains métiers, de s'installer à son compte. Il est préparé en apprentissage ou par la voie de la formation continue.

Brevet de technicien supérieur (BTS)

Le brevet de technicien supérieur (BTS) est un diplôme (et examen correspondant) préparé en général en deux ans après le baccalauréat et attestant une qualification professionnelle de niveau III ainsi que la formation générale correspondante.

Créé en 1952 et « condamné » en 1966 par la création du diplôme universitaire de technologie (DUT), le BTS bénéficia d'un essor important dès la fin des années 1960. Un atout majeur du BTS a été son implantation dans les lycées techniques, ce qui permet aux élèves de poursuivre leurs études à proximité de leur lieu d'origine. Les élèves des sections de technicien supérieur y sont admis à la suite d'une sélection sur dossier.

Le BTS peut aussi être préparé par des candidats de la formation continue ainsi qu'au titre de l'apprentissage. En 2003, 167 568 d'entre eux se sont présentés à un BTS (formations relevant du ministère de l'Éducation nationale, mais aussi de celui de l'Agriculture), dont 12 458 au titre de l'apprentissage (dont le poids à ce niveau a considérablement augmenté) et 35 066 à celui de la formation continue.

Il existe 90 « spécialités » de BTS, partagées entre spécialités à professionnalité très forte et formations plus « généralistes », ou encore entre spécialités relevant du secteur de la production (56) et spécialités des services (34).

Roger-François Gauthier

▶ Bibliographie

SALINES M., VRIGNAUD P., *Apprécier et certifier les acquis des élèves en fin de collège : diplôme et évaluations – bilans*, avis du Haut Comité de l'évaluation à l'École, juin 2001.

▶ Voir aussi

Certificat – Collège – Diplôme – Formation en entreprise (Période de) – Qualification – Technique et professionnel (Enseignement).

BRUNER, JEROME SEYMOUR (NÉ EN 1915)

Jerome Bruner est l'un des psychologues les plus marquants de notre temps. De nationalité américaine, traduit en plus de vingt langues, il a été l'objet de multiples distinctions, dont le prix international Balzan en 1987, qui est décerné pour une contribution de toute une vie. Son influence sur l'éducation est reconnue dans le monde entier.

L'œuvre de Bruner est abondante et puise ses sources dans des domaines de connaissances très variés : anthropologie, linguistique, analyse littéraire, sociologie, philosophie, biologie. On pourrait la comparer à une œuvre musicale dont le thème dominant – « la quête de l'esprit » – revient tout le long en variations. C'est ainsi que sa contribution a marqué tant la psychologie que le développement des sciences cognitives, au sein desquelles il fut l'un des précurseurs de l'approche culturelle de la cognition.

Ses travaux sur la nature de la cognition ont modifié notre compréhension du développement de l'enfant, de l'acquisition du langage et de l'élaboration de la pensée. Ils ont montré comment *l'interaction* de la mère avec son jeune bébé et leur *attention conjointe* créent la première trame dans laquelle s'établit la compréhension du monde. Ils ont permis de faire prendre conscience de l'importance des processus cognitifs de l'individu qui apprend et du contexte culturel qui détermine ceux-ci. Les interactions sociales sont au centre de la construction du sens. C'était, dans les années 1950, une « révolution cognitive » qui allait à l'encontre des théories comportementalistes, prédominantes à l'époque, et qui n'a pas fini d'influencer nos actions, pédagogiques notamment. C'est à elle que nous devons l'idée que chaque domaine de connaissances a sa structure et qu'il est important d'en faire prendre conscience à ceux qui l'étudient. Tout en tenant compte de leur niveau de développement, il est alors possible de transmettre des idées complexes même aux jeunes enfants.

Si Jerome Bruner a été l'un des principaux chefs de file de la dite « révolution », c'est également lui qui a mis en évidence la tendance de cette recherche transdisciplinaire à se détourner de l'élan qui était à son origine. Cette révolution s'est fragmentée et technicisée, notamment sous l'influence de la recherche en intelligence artificielle. Bruner critique l'abandon de la problématique initiale de la construction de la signification au profit du seul traitement de l'information.

Une psychologie cognitive et culturelle

L'orientation culturelle de la psychologie cognitive est en pleine évolution. En tant que « psychologie de la signification », elle s'intéresse à la relation entre le fonctionnement cognitif humain et son contexte historique, institutionnel et social. Elle étudie la manière dont des traditions culturelles et des pratiques sociales transforment le psychisme humain ; elle ne présuppose pas un mécanisme cognitif général qui fonctionnerait indépendamment des contextes et des cultures. La langue elle-même, notre premier apprentissage, n'est pas un ensemble de règles, mais une façon de structurer la pensée, de comprendre la réalité. On ne peut donc pas séparer la langue abstraite du contexte culturel dans lequel elle s'exprime. C'est pour cette raison que l'étude du processus interprétatif, la manière dont les individus créent et transforment les significations, est centrale dans cette approche. Le mode narratif, parce que contextualisé, est valorisé en tant que structure pour organiser l'expérience.

Les travaux les plus récents de Bruner continuent d'apporter un éclairage essentiel sur la façon dont l'homme crée de la signification dans le monde complexe qui l'entoure, en interprétant les « récits » qui organisent le vécu. Selon le modèle explicatif de Bruner, le cognitif et l'affectif sont interdépendants, l'interprétation est l'activité cognitive humaine essentielle et la culture fournit la « boîte à outils » indispensable pour donner forme à la vie et à l'esprit de l'homme.

Dans cette perspective, le savoir ne reflète pas la réalité comme un miroir, en nous donnant une image objective de celle-ci, comme le prétendait le positivisme. Il est culturel plutôt qu'« universel ». Il est de l'ordre d'une interprétation, acceptée par une communauté scientifique comme étant la plus utile pour comprendre une certaine réalité, à partir d'une certaine perspective. Il est donc validé par des critères de praxis.

Ainsi, l'influence exercée par l'histoire et la culture sur le développement cognitif est plus importante que celle de la biologie. À l'instar de la langue, la culture n'est pas conçue comme un ensemble de règles qui influencent les individus, mais plutôt comme un processus constant de reconstruction de règles et de croyances : la culture s'intègre donc à la cognition humaine ; elle est à la fois un moyen et une expression de celle-ci. C'est la participation de l'homme à la culture et la réalisation de son potentiel intellectuel au travers de la culture qui sont les conditions de son développement.

Britt-Mari Barth

▸ **Bibliographie**

Principales œuvres de Jerome Bruner :

Le Développement de l'enfant : savoir faire, savoir dire, Paris, PUF, 1983, 7e éd., 2002.

Comment les enfants apprennent à parler, Paris, Retz, 1984, nouv. éd., 2002.

Car la culture donne forme à l'esprit, Paris, Eshel, 1991, rééd., Genève, Georg, 1998.

L'Éducation, entrée dans la culture, Paris, Retz, 1996.

Principales œuvres sur Jerome Bruner :

Barth B.-M., « Bruner et l'innovation pédagogique », *Communication et Langages,* n° 66, 1985, p. 46-58.

Barth B.-M., *L'Apprentissage de l'abstraction : méthodes pour une meilleure réussite de l'école,* Paris, Retz, 1987.

▸ **Voir aussi**

Psychologie de l'apprentissage – Sciences cognitives.

Budget

Le budget est l'acte par lequel sont prévues et autorisées les recettes et les dépenses annuelles d'une institution ou d'un organisme. Dans un sens plus particulier, il correspond à l'ensemble des comptes qui décrivent les crédits d'un ministère pour une année civile (exemple : budget de l'Éducation nationale, voir ci-dessous).

Le budget de l'État

Le budget de l'État est approuvé dans le cadre des lois de finances. La loi de finances initiale, votée chaque année par le Parlement pour l'exercice suivant, peut être modifiée en cours d'exécution par des lois de finances rectificatives, appelées aussi « collectifs budgétaires ». Les règles essentielles applicables aux lois de finances (élaboration, présentation, contenu, vote, exécution) sont définies par l'ordonnance 59-2 du 2 janvier 1959.

Le budget est un acte juridique : c'est une loi dont l'élaboration et l'exécution obéissent à des règles codifiées avec précision. C'est aussi un acte politique : il traduit les orientations de la politique gouvernementale et en fixe les moyens. Acte administratif, le budget répartit les crédits entre les différents ministères. Enfin, par sa masse globale comme par sa répartition, en recettes et en dépenses, le budget est l'instrument d'une politique économique.

En 2004, le budget initial de l'État s'élève à 277,9 milliards d'euros, le Produit intérieur brut (PIB) étant estimé à 1 612 milliards. Les crédits de chaque ministère sont retracés de manière détaillée dans un ou plusieurs fascicules annexés à la loi de finances et appelés « bleus », leur couverture étant de cette couleur. Les fascicules qui détaillent les crédits effectivement votés par le Parlement sont, pour la même raison, désignés sous le terme de « verts ». Sont également publiés des « budgets de programmes » qui précisent, par domaine d'action, les objectifs de chaque ministère, les programmes qui y concourent et les moyens de toute nature qui y sont consacrés.

Le budget de l'Éducation nationale

En 2004, le budget de l'Éducation nationale s'élève à 64,6 milliards d'euros. Il représente 23,25 % du budget total de l'État et 4,1 % du Produit intérieur brut. Cette proportion, la plus élevée jamais atteinte en France, traduit la priorité conférée par le pays à l'éducation, priorité affirmée en tête de la loi d'orientation sur l'éducation du 10 juillet 1989. Sur la longue période, le budget de l'Éducation nationale est passé de 1,5 milliard de francs (environ 230 millions d'euros) en 1950 (1,5 % du PIB et 6,7 % du budget de l'état) à 7,2 milliards (plus d'un milliard d'euros) en 1960 (2,4 % du PIB et 12,4 % du budget de l'État), 26,1 milliards (presque quatre milliards d'euros) en 1970 (3,2 % du PIB et 16,9 % du budget de l'État), 46,8 milliards (plus de sept milliards d'euros) en 1980 (3,3 % du PIB et 17,9 % du budget de l'État). Le budget de l'Éducation nationale comprend deux fascicules : un pour l'enseignement scolaire (55,54 milliards d'euros en 2004), un autre pour l'enseignement supérieur (9,09 milliards d'euros). L'augmentation rapide du nombre des étudiants et le retard pris dans ce secteur ont conduit les pouvoirs publics à consentir un effort particulier pour l'enseignement supérieur, dont la part relative dans le budget de l'Éducation nationale tend à augmenter : elle n'était que de 10,5 % en 1980 et de 11,3 % en 1987.

L'importance des crédits de personnel (plus de 90 % du budget) caractérise le budget de l'Éducation nationale. Les dépenses d'investissement restent mineures. Cette répartition diffère de celle du budget général où les dépenses de personnel sont inférieures à 40 % et où les crédits d'équipement atteignent 15 %. Le caractère même de l'activité d'enseignement, qui exige un personnel d'encadrement nombreux, explique ce trait distinctif. Le budget de l'Éducation nationale comporte ainsi plus d'un million d'emplois budgétaires, soit plus de la moitié des emplois de l'État. En tenant compte des maîtres de l'enseignement privé et des personnels de remplacement, il permet de rémunérer de l'ordre de 1,2 million de personnes. De ce fait, ce budget revêt une grande rigidité. Les dépenses de personnel sont peu modulables. Elles varient pour l'essentiel comme les rémunérations de la fonction publique, les autres éléments (créations ou suppressions d'emplois, mesures catégorielles améliorant la situation de certains personnels, etc.) ayant un effet plus limité, du moins à court terme.

Par secteur et en excluant les charges de pensions, le second degré absorbe environ la moitié des crédits de l'Éducation nationale – la part des lycées excède légèrement celle des collèges –, le premier degré représente moins du quart, l'enseignement supérieur (hors action sociale et formation) 12 %, l'action sociale 6 % et la formation des personnels environ 4 %.

Financement par les collectivités territoriales

Depuis la fin du XIXe siècle, les communes ont la charge de l'investissement et du fonctionnement des écoles, y compris les personnels de service. Les lois de décentralisation de 1983 à 1985 ont transféré ces charges aux départements pour les collèges et aux régions pour les lycées, à l'exception des personnels. L'État apporte son concours financier aux collectivités territoriales sous la forme de dotations globales inscrites au budget du ministère de l'Intérieur, de prélèvements sur recettes fiscales ou de remboursements d'impôts. Les principales dotations sont la Dotation générale de décentralisation (DGD) pour le fonctionnement des établissements et les transports scolaires, la dotation départementale d'équipement des collèges (DDEC) et la Dotation régionale d'équipement scolaire (DRES) pour les lycées. S'y ajoutent, pour les écoles, une partie de la Dotation globale d'équipement et un prélèvement sur les recettes de l'État au titre de la dotation spéciale pour le logement des instituteurs (ceux-ci étant de moins en moins nombreux à la faveur de la création du corps des PE à partir de 1984), ainsi que le remboursement de la TVA acquittée par les collectivités locales sur leurs investissements. Enfin, de nombreuses actions de partenariat conduisent les collectivités à compléter l'effort budgétaire de l'État dans des domaines où celui-ci conserve toutes ses compétences (pédagogie, enseignement supérieur). Les contrats de plan État-régions ou les conventions passées dans le cadre du plan « Universités 2000 » en ont été l'illustration.

D'autres budgets que celui de l'Éducation nationale participent à l'effort de formation. Il s'agit principalement de ceux de la Défense, de l'Agriculture et de la Santé. Ils représentent au total 30 % des crédits de l'État, la part de l'Éducation nationale restant ainsi largement prépondérante (70 %).

Budgets des établissements scolaires et universitaires

Indépendamment de l'État, les organismes publics – généralement des établissements publics bénéficiant de la personnalité juridique et de l'autonomie financière – disposent d'un budget. Il s'agit principalement des grands établissements nationaux, des établissements d'enseignement supérieur et de recherche, des établissements publics locaux d'enseignement. Les écoles sont en revanche des services communaux et n'ont pas de budget propre. Les règles applicables à ces budgets sont définies par divers textes, soit de portée générale comme le décret 62-1587 du 29 décembre 1962 portant règlement général sur la comptabilité publique, soit particuliers comme le décret n° 85-924 du 30 août 1985 qui définit les règles budgétaires et l'organisation financière des établissements publics locaux d'enseignement. Il convient également de se reporter aux textes qui fixent les statuts des différentes catégories d'établissements.

Une nouveauté : la LOLF

Il s'agit d'une loi organique du 1er août 2001 relative aux lois de Finances. Cette réforme de l'ordonnance du 2 janvier 1959, qui régissait les finances de l'État, modifiera les règles budgétaires et comptables de l'État à partir de 2006 ; sa préparation a commencé en janvier 2005. Le sens global de la réforme, qui s'appliquera donc au budget de l'Éducation nationale, est le suivant : alors qu'antérieurement un recteur recevait des enveloppes budgétaires fléchées qu'il ne pouvait utiliser que pour leur seul usage bien précisé, il recevra désormais une enveloppe globale, avec laquelle il devra rémunérer son personnel et assurer ses autres dépenses. Il jouira donc d'une plus grande liberté de gestion. Selon le directeur de la réforme budgétaire au ministère des Finances, « sur le terrain, les gestionnaires [pourront] se rendre compte qu'ils atteignent leurs objectifs sans saturer leur plafond d'emploi ».

Bernard Cieutat
André D. Robert

▸ Bibliographie

GAUTHIER R.-F., ROBERT A. D., *L'École et l'argent*, Paris, Retz, 2005.

LA GENIÈRE R. de, *Le Budget*, Paris, Presses de la FNSP, 1976.

Ministère de l'Éducation nationale, de l'Enseignement supérieur et de la Recherche, *PLF 2004, budget voté de 2004, I – enseignement Acol, II – enseignement sup.*, Direction des affaires étrangères, notes bleues de Bercy, avril 2004.

Ministère de l'Éducation nationale, de l'Enseignement supérieur et de la Recherche, *Repères et références statistiques sur les enseignements, la formation et la recherche*, chap. 10-1 et 10-2, Direction de l'évaluation et de la prospective, éd. 2004, p. 272 et suiv.

PAUL M., *Les Finances de l'État,* Paris, Budget Comptabilité Économie, 1981.

RIVOLI J., *Le Budget de l'État*, Paris, Le Seuil, 1975.

▸ Voir aussi

Dépenses d'éducation.

BUISSON, FERDINAND (1841-1932)

Né le 20 décembre 1841 à Paris, Ferdinand Buisson est mort le 16 février 1932 à Thieuloy-Saint-Antoine (Oise).

Reçu à l'agrégation de philosophie en 1868, il refusa de prêter serment à l'empereur et obtint un poste à l'académie de Neuchâtel. Protestant libéral, il entreprit une thèse sur le réformateur Sébastien Castellion et publia plusieurs études prônant le christianisme libéral et la tolérance ; il commença surtout à tracer un programme de laïcisation radicale de l'École. Après la chute du second Empire, il fut nommé inspecteur de l'enseignement primaire (1871), secrétaire de la commission de statistique (1872), puis inspecteur général de l'Instruction publique (1878). Il devint une figure marquante de la politique scolaire de la IIIe République lorsqu'il fut appelé par Jules Ferry à la Direction de l'enseignement primaire en 1879. Il démissionna en 1896 pour occuper la chaire vacante de sciences de l'éducation de la Sorbonne, jusqu'à son élection à l'Assemblée en 1902. Partisan de la liberté de conscience, devenu libre penseur, franc-maçon et radical-socialiste, il s'engagea dans de multiples causes : celle de l'École publique et de la séparation de l'Église et de l'État, celle des droits de l'homme (dreyfusard, il contribua à fonder la Ligue des droits de l'homme), celle de la paix (il reçut le prix Nobel de la paix en 1927).

Parce qu'il pensait que l'éducation pouvait améliorer l'homme et la société, Ferdinand Buisson déploya une activité administrative et pédagogique considérable qui, à bien des égards, inspira, accompagna et prolongea l'œuvre scolaire de Jules Ferry. Il développa l'enseignement primaire, notamment en veillant à l'application des lois sur la gratuité et l'obligation de l'instruction (1879-1881), en contribuant à la mise en place d'un enseignement primaire supérieur, en préparant la loi organique en 1886 ; il s'efforça aussi d'élever les instituteurs à la hauteur de la mission que la République leur confiait ; il contribua à fonder le Musée pédagogique, ainsi que les écoles normales supérieures de Fontenay et de Saint-Cloud qui devaient préparer les maîtres des écoles normales départementales ; il instaura les conférences pédagogiques cantonales, académiques et nationales qui réunissaient les instituteurs chaque année ; il participa à la création d'un cours de sciences de l'éducation dans les universités.

Adepte d'une éducation libérale qui respecte le développement de l'enfant et s'appuie sur des méthodes actives, convaincu du rôle social de l'éducation, il contribua, en outre, à renouveler la réflexion pédagogique par son activité éditoriale (il édita le célèbre *Dictionnaire de pédagogie et d'instruction primaire* entre 1878 et 1887, le réédita en 1911, dirigea le *Manuel général de l'Instruction publique* et créa la *Revue pédagogique*), par ses publications, ses conférences et ses cours à la Sorbonne. Partisan d'une École qui unit au lieu de diviser, d'une éducation qui suscite la solidarité plutôt que l'individualisme, d'une instruction qui se fonde sur la raison et non pas sur des dogmes, il prépara le texte de la loi de 1882 substituant l'instruction morale et civique à l'instruction morale et religieuse dans les écoles publiques, et participa à l'élaboration d'une morale laïque teintée de théisme qu'il estimait universelle.

Jacqueline Gautherin

▸ Bibliographie

Principale œuvre de Ferdinand Buisson :
Buisson F., *Éducation et République*, Paris, éd. Kimé, 2003.

Principales œuvres sur Ferdinand Buisson :
Dubois P., *Le Dictionnaire de Ferdinand Buisson aux fondations de l'école républicaine (1878-1991)*, Berne, P. Lang, 2002.
Dubois P., *Le Dictionnaire de pédagogie et d'instruction primaire : répertoire biographique des auteurs*, Paris, INRP, 2002.
Loeffel L., *Ferdinand Buisson : apôtre de l'école laïque*, Paris, Hachette, 1999.

▸ Voir aussi

Écoles normales – Ferry, Jules.

Bulletin officiel (BO)

La création, à l'époque révolutionnaire, d'un système d'éducation centralisé portait en germe la nécessité d'informer les administrations locales et les enseignants de la réglementation en vigueur et de ses modifications. L'administration centrale procéda, dans un premier temps, par voie de circulaires adressées aux recteurs, à charge pour eux de répercuter ces informations auprès des chefs d'établissement. Pour faciliter leur travail, les principaux textes officiels furent publiés à partir de 1814 dans un recueil rétrospectif, le *Recueil des lois et règlements de l'Instruction publique.* Mais l'accroissement des effectifs enseignants, la complexification des structures éducatives et l'inflation des documents administratifs impliquèrent rapidement que la diffusion de ces informations fût assurée de façon permanente sur l'ensemble du territoire.

Dès avril 1829 fut créée une publication périodique officielle qui peut être considérée comme l'ancêtre du *BO*, le *Bulletin universitaire ;* il comprenait tous les actes relatifs aux enseignements primaire, secondaire et supérieur. Mais le développement de l'instruction primaire conduisit le ministère à recourir également à d'autres solutions.

En novembre 1832, parut le *Manuel général de l'Instruction primaire,* « manuel périodique, publié sous l'autorité du conseil royal [...] qui devr[ait] se trouver désormais entre les mains de chaque instituteur du royaume, du chef et des maîtres de chaque école normale, de tout citoyen qui suit ou qui surveille les progrès de notre Éducation nationale ». *Le Manuel général* fut publié sans interruption jusqu'en 1940.

À partir de 1852, mais surtout entre 1865 et 1875, furent progressivement créés dans les départements des *Bulletins départementaux de l'Instruction primaire* dont la structure habituelle était une division en deux parties : une partie générale qui donnait des informations officielles (textes administratifs, mouvements de personnel) et une partie non officielle où étaient regroupées des informations touchant à la vie scolaire ou périscolaire, d'intérêt souvent local.

Le *Bulletin universitaire* fut remplacé en 1850 par le *Bulletin administratif de l'Instruction publique,* publication mensuelle dont la périodicité devint hebdomadaire de 1864 à 1933, date à laquelle il fut supprimé pour des raisons financières. Recréé à la Libération, il porte encore le titre qui lui fut attribué en 1944, *Bulletin officiel du ministère de l'Éducation nationale.*

Contrairement au *Recueil des lois et règlements (RLR)* qui regroupe l'intégralité des textes officiels en vigueur et qui est l'objet d'une mise à jour périodique, le *BO* répond au besoin de diffuser, auprès des différents acteurs du monde éducatif, au fur et à mesure de leur production et le plus rapidement possible, les informations officielles qui concernent l'Éducation nationale. Il comporte cependant des numéros spéciaux consacrés à des thèmes divers (programmes, mutations, instructions pédagogiques, etc.). Depuis quelques années, les informations émanant de l'administration sont également publiées sur le site Internet du ministère : www.education.gouv.fr et le *Bulletin officiel* est accessible à l'adresse suivante : www.education.gouv.fr/bo/default.htm.

Alain Choppin

▸ Voir aussi

Administration de l'Éducation nationale – Instructions officielles.

C

Carrière scolaire (Inégalités sociales de)

Les problématiques et les méthodologies mobilisées dans l'analyse des inégalités sociales de carrière scolaire ont profondément évolué durant les quarante dernières années.

L'École, reproductrice des inégalités sociales

Une première période va jusqu'au milieu des années 1970. Rappelons tout d'abord que l'émergence de la notion d'« échec scolaire » est liée au développement de la scolarisation et de la confrontation, dans des structures progressivement unifiées, de populations qui évoluaient jusqu'alors dans des contextes complètement distincts. Mais elle a aussi participé de la constitution même de la sociologie de l'éducation. Contre les psychologues et l'idée d'une intelligence innée, les sociologues pensent qu'il vaut mieux « douter trop que trop peu » (Bourdieu, Passeron, 1966), et affirment l'existence de « déterminants sociaux de l'éducabilité », délimitant ainsi leur domaine et affirmant leur éthique disciplinaire.

Dans cette perspective, ce n'est pas un hasard si les sociologues français se focalisent sur la fonction globale du système, en considérant *a priori* l'École comme l'instrument unique du processus de la reproduction sociale. Pour cette sociologie critique, l'École est une institution toute-puissante, où la reproduction se réalise par « l'ajustement spontané des cultures scolaires aux inégalités sociales par le biais des *habitus*, des aspirations et des codes linguistiques » (Dubet, 1994).

L'École, responsable des inégalités de carrière scolaire

Dans la seconde moitié des années 1970, la généralisation de la scolarisation au niveau du collège fait évoluer sensiblement les modalités de la sélection sociale à l'école, celle-ci se réalisant dès lors au sein même du système. Les sociologues sont alors conduits à se centrer sur les processus fins par lesquels se fabriquent les inégalités de réussite, et à se focaliser sur la socialisation qui prend place dans le cadre scolaire. L'inégalité à l'École est alors analysée comme une production du système éducatif lui-même, qui construit une conception du savoir et de l'intelligence ayant pour effet de discriminer certains enfants. Les sociologues sont par là dissuadés d'explorer d'éventuelles inégalités spécifiquement cognitives, produites par la socialisation familiale, question pourtant incontournable si l'on se rallie, comme la plupart d'entre eux, à une conception environnementaliste de l'intelligence.

Concrètement, cette analyse du rôle propre de l'école dans la fabrication des inégalités prend d'abord la forme de la « découverte » de l'« effet établissement » et de l'« effet maître », dans les années 1980. Il apparaît ainsi que l'École ne peut plus être considérée comme un système monolithique fonctionnant partout de manière uniforme. Ce passage de l'analyse du système à celle de ses unités de production exigeait la mobilisation de méthodologies plus sophistiquées, pour pouvoir dégager de véritables spécificités locales. À cet égard, la faiblesse de la formation statistique des sociologues en France, jointe à la prégnance de l'idée de la toute-puissance du système, n'est pas étrangère au caractère tardif de l'émergence de la problématique de l'« effet établissement » en France.

Mais l'exploration des processus qui soustendent ces effets reste encore assez limitée. On connaît mieux l'impact de certains modes d'organisation du système, tels que le groupement des élèves par niveau (Duru-Bellat, Mingat, 1997). En revanche, les recherches sur l'évolution des pratiques pédagogiques et leurs effets auprès des élèves (Bressoux, *in* van Zanten, 2000), les recherches sur les dispositifs de remédiation (Glasman, *in* van Zanten, 2000) sont encore peu nombreuses. On compte davantage de travaux sur les effets des politiques publiques – de discrimination positive notamment – (Meuret, *in* van Zanten, 2000), ou des politiques régionales ou municipales (Dutercq, *in* van Zanten, 2000).

De même, le travail concret des élèves, dans le quotidien des classes, est à présent mieux connu (Cousin, Felouzis, 2002), ce qui permet de mieux comprendre la genèse des inégalités entre élèves.

L'École, un espace pour les stratégies d'acteurs inégaux

À partir des années 1985, on assiste à la montée de modèles valorisant, à côté de la logique de l'intégration/socialisation, la logique de l'action stratégique, mettant en exergue non seulement l'acteur-stratège mais aussi le contexte de l'action et les contraintes de la situation.

L'école apparaît ainsi comme un espace où des familles mettent en place des stratégies pour « placer » au mieux leur enfant. Ces stratégies s'expriment par tous les choix qui jalonnent la carrière scolaire, par les stratégies de choix d'établissements (Langouët, Léger, 1997), ou des pressions multiples au sein même des établissements (van Zanten, 2001).

Par ailleurs, l'intérêt pour l'acteur « élève » prend la forme d'approches s'intéressant à la « face subjective » de la vie scolaire, grâce à l'élaboration de nouveaux concepts, tels que le rapport au savoir (Charlot *et al.*, 1998) ou celui d'expérience scolaire (Dubet, 1994). Cette évolution reflète l'approfondissement de la réflexion sur les fonctions de l'École, et aussi la prégnance d'une conception « postmoderne » d'un sujet qui ne peut plus se définir uniquement par des rôles sociaux mais doit construire sa subjectivité. Ce type d'approche, par ailleurs très heuristique, pour penser l'articulation entre les approches « micro » et « macro » (puisque la subjectivité des acteurs sociaux est rapportée aux mécanismes objectifs qui la produisent), met en exergue une dimension nouvelle des inégalités à l'École : la manière même dont la scolarité est vécue par les élèves (Dubet, Martuccelli, 1996). Parallèlement se développent des travaux autour de la déviance et de la violence à l'École, comme réactions possibles d'acteurs à une institution qui leur renvoie une image négative d'eux-mêmes.

Enfin, autre aspect notable de ce contexte des années 1990, l'émergence de travaux portant sur d'autres « variables » que l'origine sociale, le sexe et la nationalité notamment. Tout en déplaçant l'attention vers d'autres facettes des inégalités à l'École et sur la variété des « ingrédients » nécessaires pour y réussir, ils permettent de pointer des « anomalies » heuristiques. Ainsi, le « traitement pédagogique » de filles en classe apparaît peu lié à leur réussite, elle-même peu liée à leur insertion ultérieure, ce qui montrerait qu'il n'existe pas de relation linéaire, mécanique entre la socialisation scolaire, la réussite et les opportunités sociales, comme le posait le schéma classique de la reproduction (Duru-Bellat, 2004).

La place de l'École dans la démocratisation de la société

Tout se passe comme si les inégalités sociales face à l'École étaient à présent considérées comme acquises et bien connues, le sociologue se consacrant à l'exploration de la « boîte noire ». La sociologie de l'éducation peut ainsi apparaître comme moins critique et dominée par des approches microsociologiques. Néanmoins, certains travaux s'attachent à mettre en parallèle les stratégies des acteurs et l'évolution des inégalités, avec des notions comme celle de « démocratisation ségrégative » (Merle, 2002), montrant bien comment les familles les mieux dotées résistent activement à toute démocratisation. Elles le font également en créant sans cesse de la ségrégation scolaire (van Zanten, 2001). Une conséquence est que les inégalités sociales ne sont pas supprimées mais se manifestent à des niveaux de diplôme plus élevés ou sous des formes plus subtiles. Face à ces inégalités, les politiques éducatives apparaissent relativement impuissantes (Duru-Bellat, Merle, 2000), et la notion d'école juste est elle-même questionnée (Dubet, Duru-Bellat, 2004 ; Meuret, 1999).

Par ailleurs, l'évolution des inégalités sociales face à l'école prend place dans un contexte global où les diplômes délivrés, plus nombreux, perdent progressivement de leur valeur. À tel point que la relative démocratisation des chances scolaires ne s'accompagne pas d'une ouverture corollaire des chances sociales (Vallet, 2001), évolution que Boudon laissait prévoir dès 1973.

Au total, il s'avère nécessaire de repenser (comme le font des travaux récents tels ceux de Goux et Maurin, 1997, ou Duru-Bellat, 2002) la question de l'articulation entre inégalités à l'École et inégalités dans la vie, et, par là, de reposer la question de la démocratisation de l'École (en rapport avec l'appropriation stratégique dont elle fait l'objet de la part des groupes sociaux dominants) et conjointement celle de la place de l'École dans la démocratisation de la société.

Marie Duru-Bellat

▸ Bibliographie

Bourdieu P., Passeron J.-C., *Les Héritiers : les étudiants et la culture*, Paris, Éd. de Minuit, 1966.

Charlot B., Bautier E., Rochex J.-Y., *École et savoirs dans les banlieues… et ailleurs*, Paris, Armand Colin, 1998.

Cousin O., Felouzis G., *Devenir collégien : l'entrée en classe de 6e*, Issy-les-Moulineaux, ESF, 2002.

Dubet F., *Sociologie de l'expérience*, Paris, Le Seuil, 1994.

Dubet F., Duru-Bellat M., « Qu'est-ce qu'une école juste ? », *Revue française de pédagogie*, n° 146, 2004, p. 105-114.

Dubet F., Martuccelli D., *À l'école : sociologie de l'expérience scolaire,* Paris, Le Seuil, 1996.

Duru-Bellat M., *L'École des filles : quelle formation pour quels rôles sociaux ?*, Paris, L'Harmattan, 2004.

Duru-Bellat M., *Les Inégalités sociales à l'école : genèse et dynamique*, Paris, PUF, 2002.

Duru-Bellat M., Merle P., « Politiques éducatives, évolution des scolarités et transformations de la sélection », *L'Année sociologique*, 2000, n° 2, p. 319-344.

Duru-Bellat M., Mingat A. « La Constitution de classes de niveau par les collèges et ses incidences sur les progressions des élèves », *Revue française de sociologie*, n° 4, 1997.

Goux D., Maurin E.,« Destinées sociales : le rôle de l'école et du milieu d'origine » et « Démocratisation de l'école et persistance des inégalités », *Économie et statistique*, n° 306, 1997, p. 13-26 et p. 27-40.

Langouët G., Léger A., *Le Choix des familles : école publique ou école privée ?*, Paris, Fabert, 1997.

Merle P., *La Démocratisation de l'enseignement*, Paris, La Découverte, 2002.

Meuret D. (dir.), *La Justice du système éducatif*, Bruxelles, De Boeck, 1999.

Rochex J.-Y., *Le Sens de l'expérience scolaire : entre activité et subjectivité*, Paris, PUF, 1995.

Vallet L.-A., « La Mesure des évolutions des inégalités sociales et scolaires en longue période », *in* Boudon R. (dir.), *École et société : les paradoxes de la démocratie*. Paris, PUF, 2001, p. 187-206.

Van Zanten A. (dir.), *L'École : l'état des savoirs*, Paris, La Découverte, 2000.

Van Zanten A., *L'École de la périphérie : scolarité et ségrégation en banlieue*, Paris, PUF, coll. « Le lien social », 2001.

▶ **Voir aussi**
Démocratisation de l'enseignement – Échec scolaire – Intelligence – Relation Famille/École – Réussite scolaire – Socialisation – Sociologie de l'éducation.

CARTE SCOLAIRE

La carte scolaire est un instrument de gestion du système éducatif dans l'espace et dans le temps. Elle correspond à *une planification* du développement de la scolarisation à partir des données démographiques et des choix de politique éducative. Sur cette planification prend appui une programmation des équipements scolaires. Enfin, dans les établissements existants et dans ceux à créer, l'expression « mesures de carte scolaire » recouvre les décisions d'ouverture ou de fermeture de filières, de cycles, d'enseignement.

La carte scolaire naît au moment de l'« explosion scolaire ». Elle est mise en place en 1963. Elle relèvera longtemps de la seule compétence des autorités académiques, consultant simplement pour avis une commission comprenant des élus locaux, des représentants des associations de parents d'élèves et des syndicats. Elle a rempli une fonction de régulation des flux et a cherché à réaliser un équilibre entre aspirations individuelles, d'une part, et besoins collectifs et moyens disponibles, d'autre part. Elle était alors directement l'instrument d'une politique d'État.

La décentralisation intervenue au début des années 1980 conserve aux autorités académiques la responsabilité des mesures de carte scolaire : choix des filières technologiques, choix des implantations de sections, ouverture et fermeture de sections ou d'options. Au fil des ans, la matière a fait l'objet de larges mesures de déconcentration. La planification et la programmation relèvent des communes pour les écoles. Pour les enseignements secondaires, la responsabilité de la détermination des besoins en établissements scolaires – qui sont des établissements publics locaux d'enseignement, lycées, collèges, établissements d'éducation spéciale –, celles de leur implantation, de leur construction, des décisions en matière de dépenses d'entretien incombent à chaque région dans le cadre du schéma prévisionnel des formations (en liaison avec les départements composant la région en ce qui concerne les collèges). L'autorité académique est compétente pour la détermination des enseignements qui seront dispensés (enseignement général, enseignements technologiques, enseignements professionnels), pour l'implantation des sections ou des options. L'usage tend à réserver la dénomination « carte scolaire » à cet ensemble de décisions, distinguées du *schéma prévisionnel des formations.* Par contre, dans l'enseignement primaire, l'usage est d'utiliser « carte scolaire », notamment dans l'expression « mesures de carte scolaire », pour désigner toutes les décisions de préparation de chaque rentrée : alors que l'ouverture et la fermeture d'écoles et de classes relèvent juridiquement de la compétence des communes, la mise en place ou le retrait des emplois relève des autorités de l'État.

Claude Durand-Prinborgne

▶ **Bibliographie**

DURAND-PRINBORGNE C., *Le Droit de l'éducation,* Paris, Hachette, 1998.

SIMON J., TOULEMONDE B., « Décentralisation et autonomie », *in* Toulemonde B. (dir.), *Le Système éducatif en France,* Paris, La Documentation française, Notices, 2003, p. 131 et suiv.

▶ **Voir aussi**
Académie – Décentralisation – Déconcentration – Schéma prévisionnel des formations.

CENTRE AÉRÉ

Le centre aéré est la structure éducative d'accueil des enfants et des jeunes durant leur temps de loisirs. Elle ne propose aucun hébergement et se trouve près de chez eux.

À l'origine, on trouve les patronages, fondés dès 1835 pour l'éducation des jeunes ouvriers apprentis (l'abbé Caire crée, à Marseille, l'Œuvre de la jeunesse pour la classe ouvrière). Ces patronages vont très rapidement prendre une extension considérable et s'inscrire durablement *dans* et *par* les mouvements de jeunesse. Ils conjuguent le jeu, la joie et la prière. Dominés par les catholiques, ils seront bien entendu combattus par les laïcs, qui, de leur côté, s'empresseront de créer leurs propres structures, autour de l'école et non plus de la paroisse.

À partir de 1955, sur la base de ces nombreux patronages et des garderies d'été qui permettaient l'accueil des enfants sur place durant les vacances d'été, on va parler de « centres aérés », souvent à l'extérieur des villes tout en restant à proximité. Les activités de loisirs deviennent alors la raison d'être et la référence, autour de l'Éducation nouvelle et de la psychopédagogie. Dans les années 1970, le terme de « centre aéré » disparaît officiellement au profit du CLSH (Centre de loisirs sans hébergement), entité éducative spécifique mais complémentaire, qui fonctionne de plus en plus sur la totalité du temps de loisirs des enfants (mercredi, petites vacances, grandes vacances, mais aussi avant et après la classe).

Contrairement à la chute des centres de vacances et de loisirs (ex « colos »), le succès des CLSH est impressionnant. Dans les années 1960, les effectifs tournaient autour de 300 000 enfants accueillis ; on en recense trois millions aujourd'hui. Plus d'enfants, plus de centres, mais moins d'enfants par centre, des activités diversifiées et nombreuses, des locaux de plus en plus spécifiques mais qui restent en majorité scolaires, voilà quelques tendances dominantes. Les organisateurs eux aussi ont changé : les mairies gèrent directement un tiers des centres, le reste l'étant par des associations dont beaucoup sont cependant paramunicipales. Les directeurs sont de plus en plus des professionnels permanents (et non plus des enseignants), et les animateurs des étudiants. Les activités dominantes sont sportives, mais on y trouve aussi beaucoup d'activités de pleine nature et manuelles. L'extension des CLSH semble due à la possibilité ainsi offerte aux parents d'occuper le temps de loisirs des enfants de façon sécurisante, tout en les gardant près d'eux, avec un coût financier réduit.

Jean Houssaye

▸ Bibliographie

Cholvy G., *Le Patronage, ghetto ou vivier ?*, Paris, Nouvelle Cité, 1988.

Dessertine D., Maradan B., *L'Âge d'or des patronages (1919-1939) : la socialisation de l'enfance par les loisirs*, Vaucresson, CNFE-PJJ, 2001.

Houssaye J., *Aujourd'hui, les centres de vacances*, Vigneux, Matrice, 1991.

Jeunesse au plein air, « Enquête dans les CVL et les CLSH », *Revue de la JPA*, n° 337-338, 1992.

▸ Voir aussi

Colonie de vacances – Éducation nouvelle – Loisir.

Centre pour le développement de l'information sur la formation permanente (Centre Inffo)

Association loi 1901, placée sous tutelle du ministère de l'Emploi, du Travail et de la Cohésion sociale, le Centre Inffo a pour mission d'informer et d'orienter les professionnels de la formation continue et de l'apprentissage. Doté d'une mission de service public, il est notamment chargé d'élaborer, de capitaliser et de diffuser l'information et la documentation d'intérêt national, à destination plus particulièrement des pouvoirs publics et des partenaires sociaux. Cette mission est réalisée en liaison avec les dispositifs régionaux d'information.

À ce titre, il assiste le ministère chargé de la formation professionnelle dans ses différentes campagnes d'information sur la formation et assure des missions d'expertise et de conseil auprès de ces mêmes services. Le Centre Inffo publie des documents d'information, des guides et dossiers techniques et juridiques comme *Organisme de formation : création et fonctionnement* ou *La Validation des acquis de l'expérience*, des dossiers documentaires, des ouvrages tels que *Les Fiches pratiques de la formation continue*, ainsi que les périodiques *Actualité de la formation permanente*, *Inffo-flash* et une lettre électronique : *Le Quotidien de la formation*. Il organise et anime des journées d'études et d'information sur l'actualité ainsi que des sessions de formation. Il conçoit des outils d'information numériques : bases de données, de connaissances, sites Internet, etc.

Sonia Leherpeur

▶ **Voir aussi**

Association nationale pour la formation professionnelle des adultes (AFPA) – Formation professionnelle continue.

Centre de documentation et d'information (CDI)

Le Centre de documentation et d'information (CDI) des collèges et lycées a été pendant cinquante ans pris dans un mouvement centripète de regroupement des ressources pour l'enseignement et l'apprentissage, autour d'un lieu central, désigné comme le carrefour de l'établissement scolaire. Le développement des technologies et la numérisation des données ajoutés à une individualisation croissante des modes de formation le situent aujourd'hui davantage comme un élément d'un système d'information au niveau d'un établissement du second degré, relié à un réseau interne (salle informatique, salle multimédias, etc.) et externe (documents et sites en ligne, validés ou *live*).

Le CDI rassemble toujours les ressources documentaires, imprimées et multimédia destinées au développement culturel et aux méthodes d'apprentissage des élèves ainsi qu'à l'information pédagogique des professeurs, sous la responsabilité, le plus souvent, d'un(e) certifié(e) de sciences et techniques documentaires. Mais à cette logique patrimoniale d'acquisition, de traitement et de mise à disposition des ouvrages, revues et dossiers s'ajoutent désormais une logique de médiation entre les usagers, leurs projets et les instruments matériels et virtuels, et une logique de conseil dans le pilotage d'un système local d'information inséré dans son environnement.

En France, tous les établissements secondaires sont dotés d'un CDI. Le souhait exprimé par la commission Joxe (dite commission des Sages), en 1972, a été réaffirmé par les ministères successifs. Le nombre de professeurs-documentalistes s'élève à près de 10 000 et se répartit en majorité dans les collèges, pour un quart dans les lycées et pour le reste dans les LP. Qualitativement, la situation est beaucoup plus floue car les CDI dépendent du contexte économique et social régional.

Le nom actuel, « Centre de documentation et d'information (CDI) », est le résultat d'une lente gestation. En 1958, l'inspecteur général Jacotin demande à M. Sire, proviseur du lycée Janson-de-Sailly, d'installer un centre local de documentation pédagogique (CLDP). L'expérience, s'étant révélée favorable, est étendue à d'autres établissements. Les nouveaux services, rebaptisés services de documentation (SD) en 1960, sont surtout destinés aux enseignants et visent à intégrer des supports visuels et auditifs pour illustrer les cours. En 1968, le SD, devenu « Service de documentation et d'information (SDI) » dans un contexte de prolifération de l'information et d'intention de diffusion de celle-ci en direction des personnels, des élèves et des parents, intègre la bibliothèque générale à la documentation. En 1973-1974, le SDI, sous l'impulsion de Marcel Sire, nommé inspecteur général, et de Jean Hassenforder, acquis au concept de collège-bibliothèque au Québec, devient Centre d'information et de documentation (CDI). Il est alors « le carrefour de la vie éducative et pédagogique, moyen de formation des élèves pour s'éduquer, grandir et devenir indépendants, et non seulement acquérir des savoirs » (Commission d'étude sur la fonction enseignante dans le second degré). Il développe quatre missions : espace central de documentation pédagogique (écrite, audiovisuelle) en direction de plusieurs publics (élèves, professeurs) ; centre de relations publiques internes et externes ; centre socioculturel ouvert sur l'environnement ; centre d'expérimentations pédagogiques et de développement. Les diverses circulaires parues depuis insistent sur la finalité pédagogique qui les couronne toutes (1977), sur le rôle de support de la vie éducative dans les collèges et de point d'appui pour développer l'autonomie et la responsabilité des élèves (1982). Elles préconisent l'initiation et la formation des élèves à la recherche documentaire et à l'utilisation des nouvelles technologies en fonction du projet d'établissement (1986). En 1989, la loi d'orientation sur l'éducation consacre le rôle du CDI comme aide à l'apprentissage de l'élève, désormais placé au centre du processus éducatif, reconnaît la mission pédagogique de ses responsables et crée pour eux un statut de professeur certifié de documentation. Depuis cette date, les textes insistent sur la nécessité d'inscrire le CDI dans une politique documentaire en réseau (Durpaire, 2004). Au fil des années, sous le nom CDI s'affirme ainsi un espace de formation doté de matériels et animé par, au moins, une personne-ressource.

Le CDI d'aujourd'hui est l'héritier des bibliothèques de lycées et du courant pédagogique des méthodes actives. Dès 1946, Mme Brunschwig, inspectrice générale de l'Instruction publique, « préoccupée par les problèmes posés par la vie en internat » et acquise aux principes de l'« éducation nouvelle », favorise la création de bibliothèques dans les lycées. Ces « foyers de lecture » sont gérés par les élèves sous l'autorité d'un adjoint d'enseignement, et conçus sur le modèle de la bibliothèque d'enfants et d'adolescents de l'Heure joyeuse, bibliothèque d'inspiration anglo-saxonne (libre accès, classement thématique selon Melvil Dewey, prêt possible des documents) et introduite en France après la Première Guerre mondiale (Hassenforder, 1972). Lieu de lectures personnelles, le CDI devient aussi lieu d'apprentissages : « À partir du moment où le travail documentaire devient une part importante de l'emploi du temps de l'élève moyen, [...] une révision de la pédagogie scolaire est nécessaire. En effet, il ne suffit pas de créer des centres de documentation dans l'enseignement, l'ensemble des méthodes doit évoluer en conséquence », remarque Jean Hassenforder (*L'Éducation nationale*, n° 6, avril, 1967, p. 18).

Selon M. Sire, naturaliste et promoteur des CDI, l'autonomie se réalise sur le plan intellectuel par « l'acquisition d'attitudes à l'égard des faits » et par « l'acquisition de méthodes de pensée » (1975). Le travail sur documents est l'occasion de cet exercice de l'esprit, depuis l'éveil de la curiosité jusqu'à la conduite d'un projet de recherche. Ainsi, l'expérience du travail indépendant, devenu travail autonome, se développe dans les lycées, et s'appuie sur une utilisation intensive du CDI destinée à motiver les élèves. Tous les établissements nouvellement construits, certains à « aire ouverte », tiennent compte de l'espace nécessaire au CDI et aux formes de travail individuel ou en petits groupes. Le centre d'autodocumentation (CAD) de Marly-le-Roi associe la pédagogie de la documentation à la pédagogie de l'audiovisuel, par l'analyse de la réception et la production de messages (Chapelain, 1996). Le slogan du ministère Fontanet « Apprendre à apprendre » (1973), le titre de l'ouvrage de Hassenforder et de Lefort, *Pédagogie et documentation : une nouvelle manière d'enseigner*, illustrent bien le vif intérêt pour l'introduction des méthodes de travail facilitant le contact direct avec les textes dans un enseignement perçu comme trop magistral. Toutes ces innovations se sont généralisées dans les collèges, grâce aux outils d'initiation à la recherche documentaire élaborés par les documentalistes, avec l'appui ou non de l'association professionnelle de la Fédération d'associations des documentalistes bibliothécaires de l'Éducation nationale (FADBEN).

Un outil culturel pris dans le mouvement des politiques de la lecture

L'entrée de tous les élèves en 6e, l'augmentation de la durée de l'obligation scolaire, le développement des bibliothèques municipales devenues médiathèques (dont la BPI incarne le modèle, en 1986), incitant à la « joie par les livres », avaient fait oublier les inégalités d'accès à la lecture. Celles-ci sont découvertes à la suite des premières évaluations de cohortes, dans les années 1960 d'abord, puis en 1980 pour les conséquences à en tirer. Une liaison est établie entre les difficultés scolaires et l'acquisition de la lecture dans le premier degré. Dans le même temps, l'hétérogénéité des élèves du collège unique mis en place par la réforme Haby suscite la plainte maintes fois émise de la part des enseignants : « Ils ne savent pas lire », plainte qui s'entendra à chaque phase de démocratisation du système, y compris dans l'enseignement supérieur dix ans plus tard. La transmission d'un type de lecture qui accorde aux grands auteurs classiques une valeur de modèle montre ses limites quand des enquêtes de sociologie révèlent, par exemple, la grande distance des jeunes travailleurs sortis de l'école avec cette culture écrite (Robine, 1984).

À la suite des recherches de Louis Legrand à l'INRDP (devenu INRP en 1976) sur les CES expérimentaux, des séances de pédagogie différenciée s'organisent. Les fichiers d'entraînement à la lecture servent de support aux groupes de soutien, le CDI aux groupes d'approfondissement. L'évaluation de ces groupes de niveau révèle l'inefficacité de ce dispositif. Les élèves faibles bénéficient davantage de l'entraînement des plus forts dans les classes où la mixité prévaut. Le CDI est alors sous le coup d'une double injonction : d'un côté, la didactisation croissante de la lecture sous l'effet des recherches sur le langage, comme outil et objet d'apprentissage, contribue à opposer des pratiques entre bibliothèques et école (Chartier, Hébrard, 2000) ; de l'autre, une tension, à l'intérieur même des établissements, entre lecture-plaisir et lecture-recherche documentaire. Cependant l'introduction dans les programmes de français, à côté des auteurs consacrés, d'une part de la littérature de jeunesse va constituer aussi, quelle que soit la diversité des milieux sociaux, une culture commune au collège (Étévé, Hassenforder, Lambert, 1987).

Les politiques parfois conjointes des ministères de la Culture et de l'Éducation (rapport Migeon) vont renforcer les liens et les méthodes de travail entre des personnels de bibliothèques et des personnels de CDI, comme pour le Goncourt des lycéens. Les enquêtes sur les pratiques culturelles des Français, différenciant les goûts culturels selon les milieux, aident les documentalistes à construire la politique d'acquisition. L'exemple de la BNF en 1990 et le vif débat autour de sa conception, la révolution technologique, avec la numérisation des données et les nouveaux supports, confortent les professionnels dans l'ouverture des fonds à tous les médias. Soutenus dans leur action par les formations académiques à l'informatisation, les documentalistes de CDI proposent de nouveaux services de recherche sur le web. En retour, la généralisation de nouveaux modes de lecture-écriture contribue à diversifier les types d'épreuves scolaires soumis aux élèves (écrits d'invention, dossier à soutenir et fiche de synthèse dans le cas des TPE).

Après avoir été pris sous le double feu des discours sur la lecture, internes et externes à l'établissement, les CDI, au début du XXIe siècle, sont aussi concurrencés par des formes de soutien scolaire, à leur marge. La réflexion sur l'aide au travail des élèves (Leselbaum *et al.*, 1993), qui se situe en amont du travail documentaire et du plaisir de lire puisqu'il s'agit d'apprendre les implicites du « métier d'élève » (s'organiser pour faire les devoirs à la maison, apprendre et mémoriser ses leçons), peut s'exercer avec ou sans le concours du documentaliste dans le cadre d'heures accordées à l'établissement pour l'aide individualisée ou la remédiation et se déployer aussi dans des formes d'aide hors école (Glasman, 2001).

Un système d'information qui appelle une éducation à l'information

La création du CAPES de documentation fait du documentaliste un enseignant comme les autres, formé comme ses collègues dans les IUFM. Quels savoirs et quels savoir-faire transmettre pour préparer à ce métier ? Quels objets de savoirs évaluer ? Quelle progression proposer dans un continuum informationnel du primaire à l'université ? En 2000, le programme du nouveau CAPES est résolument orienté vers la prise en compte des technologies et s'appuie sur la discipline universitaire des sciences de l'information et de la communication. Les épreuves, certaines à option, exigent à la fois une ample culture générale et des compétences professionnelles, à la fois documentaires et pédagogiques.

Un congrès de la FADBEN, organisé en 1978, a déjà fait émerger la documentation comme discipline nouvelle (Chapron, 2000) ; la formation en IUFM a prolongé cette didactisation en germe (Charbonnier, 1997) et les travaux de recherche sur les fonctions des documentalistes ont mis en évidence les tensions entre des objectifs documentaires opposés : gérer des stocks, former des élèves (Braun, 2000).

L'informatisation des CDI, l'introduction dans les programmes de nouveaux dispositifs comme les travaux personnels encadrés (TPE), l'éducation civique, juridique et sociale (ECJS) ou les itinéraires de découverte, la coopération avec les autres enseignants à l'évaluation des produits et des processus élaborés par les élèves, font apparaître de nouveaux rapports entre les instruments et les opérations intellectuelles, et contribuent à forger une nouvelle conviction chez les documentalistes : la documentation n'est pas seulement une discipline de service pour les autres disciplines. Abordant le fait éducatif comme un fait de communication (Perriault, 2002), la réflexion sur l'enseignement de la documentation s'inspire des travaux de psychologie cognitive comme des travaux de sociologie et de didactique et s'oriente vers l'explicitation des savoirs en jeu (Étévé, Liquète, Raoul-Réa, 2000).

Les récents travaux de recherche ne se contentent plus de faire l'analyse des écarts entre les discours et la réalité des terrains mais entrent dans la « boîte noire » des pratiques réelles des enseignants-documentalistes en interaction avec les élèves et les autres professeurs (Duarte, 2000 ; Maury, 2005).

Au moment où des enquêtes internationales telles que celles de PISA (OCDE-CERI, 2004) montrent que les adolescents français savent trouver de l'information mais sont plus réservés pour l'interpréter de façon personnelle, il appartient aux documentalistes, en collaboration avec leurs collègues, de faciliter l'expression de l'expérience scolaire face aux savoirs savants (Rochex, 1995) et ainsi de contribuer à une utilisation critique des sources et des ressources sur écran en vue d'une aide à l'autoformation permanente (Dumazedier, 2000).

En deux générations, le CDI a accompli une révolution tranquille. D'abord comme soutien de l'innovation et fournisseur d'écrits variés, puis comme facteur de modernisation par l'utilisation raisonnée des technologies de l'information. Les personnels ont conquis peu à peu leur place de conseillers par leur connaissance des avantages et limites des dispositifs médiatiques et pour l'aide à de nouvelles formes de transmission et de communication. Ils ont à tenir compte, comme leurs collègues, des autres disciplines, des modalités de travail personnel des élèves entre des espaces multiples (classe, CDI, salle multimédias, travail à la maison ou en centre social) et des formes diverses d'accompagnement. Autant de facteurs et de raisons pour que la recherche s'intéresse aux savoirs construits dans et hors l'école et qu'ainsi soit évaluée la variable des ressources documentaires dans la réussite des études.

Christiane Étévé

▸ Bibliographie

BRAUN J.-P., *De l'identité professionnelle des documentalistes de CDI des établissements scolaires du second degré*, thèse de doctorat en sciences de l'éducation, Nancy, université de Nancy-II, UFR Connaissance de l'homme, 2000.

CHAPELAIN B., *Les Vidéothèques d'établissements*, Saint-Fons, INRP, 1996.

CHAPRON F., *Les CDI des lycées et collèges*, Paris, PUF, coll. « Éducation et formation ; L'éducateur », 2e éd., 2000.

Chartier A.M., Hébrard J., *Discours sur la lecture (1880-2000)*, Paris, Fayard/BPI, 2000.

Duarte-Cholat C., *TIC et Documentation : études et réflexions sur des pratiques documentaires dans des CDI de collège*, thèse de doctorat en sciences de l'éducation, Paris, université Paris-V-René-Descartes, 2000.

Durpaire J.-L., *Les Politiques documentaires des établissements scolaires*, rapport au ministre de l'Éducation nationale, de l'enseignement supérieur et de la recherche, Paris, MEN, 2004.

Étévé C., Hassenforder J., Lambert O., « Le Rôle du collège dans le développement des lectures de l'enfant à l'adolescent », *Inter-CDI*, n° 90, 1987, p. 15-24.

Étévé C., Raoul-Rea B., Liquete V., « Les TPE au regard d'une éducation à l'information en construction », *InterCDI*, n° 184, 2000, p. 58-62.

Glasman D., *L'Accompagnement scolaire : sociologie d'une marge de l'école*, Paris, PUF, 2001.

Hassenforder J., *La Bibliothèque institution éducative*, Cambrai, Association lecture et bibliothèque, 1972.

Hassenforder J., Lefort G., *Une nouvelle manière d'enseigner : pédagogie et documentation*, Paris, Cahiers de l'enfance, 1977.

Maury Y., *L'Éducation à l'information-documentation dans un environnement d'apprentissage informatisé*, thèse de doctorat, Paris, université de Paris-8.

Ocde-Ceri, *Regards sur l'éducation*, Paris, OCDE, 2004.

Perriault J., *Éducation et nouvelles technologies. Théories et pratiques*, Paris, Nathan, 2002.

Robine N., *Les Jeunes Travailleurs et la lecture*, Paris, La Documentation française, 1984.

Rochex J.-Y., *L'Expérience scolaire entre activité et subjectivité*, Paris, PUF, 1995.

Sire M., *Le Document et l'information : leur rôle dans l'éducation*, Paris, Armand Colin, 1975.

▶ Voir aussi

Accompagnement scolaire – Autonomie – Bibliothèque – Bibliothèque-centre documentaire (BCD) – Documentation – Établissement (Projet d') – Information (Éducation à l') – Lecture – Projet personnel d'orientation.

Centre d'études et de recherches sur les qualifications (CÉREQ)

Créé en 1970 au sein de l'Office national d'information sur les enseignements et les professions (ONISEP), le CÉREQ est devenu en 1985 un établissement public à caractère administratif. Il est placé sous la tutelle du ministère de l'Éducation nationale, ainsi que du ministère de l'Emploi et de la Solidarité.

Ses missions sont de développer des études et des recherches dans le domaine de la relation emploi-formation et des professions. Il collecte à cette fin des données directement auprès des entreprises et du monde du travail pour construire des dispositifs statistiques suffisamment fins. Sa réputation tient en particulier à sa capacité de mener des enquêtes lourdes sur l'insertion des jeunes dans le monde professionnel (création, en 1976, de l'Observatoire des entrées dans la vie active, OEVA). Ce travail complète les enquêtes annuelles sur l'emploi réalisées par l'INSEE et celles portant sur les sorties nettes de l'école par niveau menées par la Direction de l'évaluation et de la prospective (DEP) du ministère de l'Éducation. Les pouvoirs publics disposent ainsi d'outils précis pour guider leur politique en matière d'emploi et de formation.

Structuré en quatre départements – Production et usage de la formation continue (DFC), Entrées dans la vie active (DEUA), Travail et formation (DTF), Professions et marché du travail (DPMT) –, le CÉREQ dispose en outre de dix-huit centres régionaux associés. Ces derniers sont des laboratoires ou sont constitués d'équipes de recherche relevant des universités ou du CNRS avec lesquelles le CÉREQ entretient des collaborations de travail. Il édite des documents statistiques, des rapports de recherche et une revue : *Formation Emploi*. Sa brusque délocalisation de Paris vers Marseille en 1992 s'est accompagnée d'un renouvellement quasi total de son personnel.

Philippe Champy

▶ **Voir aussi**
Emploi-formation – Office national d'information sur les enseignements et les professions (ONISEP).

Centre Inffo ▶ Centre pour le développement de l'information sur la formation permanente

Centre d'information et d'orientation (CIO)

Il y a en France environ 600 centres d'information et d'orientation dépendant du ministère de l'Éducation nationale, dans lesquels on rencontre près de 4 500 conseillers d'orientation psychologues. Le CIO est un lieu d'accueil pour tous les publics ayant des problèmes d'orientation. Il est aussi le port d'attache des conseillers d'orientation psychologues, qui passent une part importante de leur temps dans les établissements scolaires, principalement dans les collèges, mais de plus en plus dans les lycées et dans l'enseignement supérieur.

Les conseillers d'orientation psychologues veillent à l'information des élèves et de leur famille. Pour cela, ils utilisent notamment l'information élaborée par l'Office national d'information sur les enseignements et les professions (ONISEP). Ils contribuent à l'observation continue des élèves ainsi qu'à la mise en œuvre des conditions de leur réussite scolaire. En collaboration avec les enseignants, et plus particulièrement avec le professeur principal, ils participent à l'aide à la construction et à la réalisation des projets personnels d'orientation des jeunes scolarisés. Ils participent également aux actions destinées aux jeunes ayant quitté le système éducatif sans qualification suffisante, et aux adultes.

Centre de ressources pour les établissements scolaires, développant des activités propres, le CIO est aussi devenu un véritable observatoire de l'orientation au niveau du district.

Michel Huteau

▶ **Voir aussi**
Office national d'information sur les enseignements et les professions (ONISEP) – Orientation – Projet.

Centre international d'études pédagogiques (CIEP)

Créé en 1946, le Centre international d'études pédagogiques (CIEP) acquiert en 1987 le statut d'établissement public administratif et signe en 2003, avec son ministère de tutelle, le ministère de l'Éducation nationale, de l'Enseignement supérieur et de la Recherche, un contrat d'objectifs qui définit ses missions.

Celles-ci s'articulent autour de deux grands domaines d'activités :
– les langues : français langue étrangère et langues étrangères en France ;
– l'éducation : ingénierie éducative et coopération internationale.

L'établissement est reconnu en France et à l'étranger pour ses compétences en matière de formation, d'expertise, de certifications et pour sa réflexion dans le domaine de la coopération internationale. Il s'appuie, pour conduire ses actions, sur le savoir-faire d'une équipe de 200 personnes.

Centre de séminaires internationaux, le CIEP accueille et organise des colloques et des conférences sur des questions d'actualité éducative. Installé dans l'ancienne manufacture royale de porcelaine de Sèvres, à proximité immédiate de Paris, il propose une infrastructure d'accueil et d'hébergement moderne et de qualité.

Le CIEP et les langues : encourager le plurilinguisme, soutenir le français

Dans le domaine de la langue française, le CIEP propose des formations, une expertise et une réflexion en français langue étrangère ou langue seconde, dans les secteurs traditionnels (didactique et pédagogie, linguistique et analyse du discours, langue et culture) et dans les secteurs en développement (évaluation, utilisation des technologies de l'information et de la communication, enseignement bilingue, formation à distance, ingénierie de formation, etc.).

Dans le domaine de l'évaluation et des certifications, il assure la gestion pédagogique et administrative des diplômes pour étrangers du ministère français de l'Éducation : le DELF (diplôme d'étude de langue française) et le DALF (diplôme approfondi en langue française), qui se déclinent également en une version scolaire et junior pour un public adolescent. Le CIEP a également participé à l'élaboration du DILF (diplôme initial de langue française), nouveau diplôme destiné à évaluer les premiers apprentissages des publics migrants en France et des personnes vivant à l'étranger. En outre, il a développé, pour ce même ministère, le Test de connaissance du français (TCF), test de niveau linguistique en français, standardisé et calibré. Membre d'ALTE (Association européenne des organismes certificateurs en langue), il contribue à l'harmonisation des certifications en Europe.

Dans le domaine des langues étrangères, le CIEP contribue au développement de l'enseignement des langues et du plurilinguisme en France ; il gère pour le compte du ministère différents programmes : échange d'assistants de langue, d'enseignants, stages linguistiques, etc. Déjà responsable du site Internet « Prim-Langues » (appui à l'enseignement des langues dans le primaire), le CIEP s'est vu confier la création et l'animation du site d'appui aux sections européennes. La Maison des langues, créée en 2002, participe également à la promotion de la diversité linguistique.

Le CIEP et la coopération en éducation : assembler les compétences françaises

Le CIEP joue un rôle d'ensemblier des compétences françaises pour répondre aux demandes d'ingénierie éducative. Il offre une assistance technique aux programmes et aux projets de réforme, de développement et de restructuration de systèmes éducatifs. Il répond à des appels d'offres multilatéraux lancés par l'Union européenne, la Banque mondiale, les banques régionales de développement. À ce titre, il réalise de nombreuses missions d'identification, d'expertise ou d'évaluation. Il intervient aussi, dans le cadre de la coopération bilatérale, dans des projets financés sur Fonds de solidarité prioritaire (FSP), comme opérateur ou comme évaluateur.

Grâce à son réseau de partenaires et à ses relations régulières avec de nombreux correspondants et organisations dans le monde, liés aux secteurs de l'éducation et de la formation, il peut identifier et piloter des équipes d'experts, capables de concevoir des réponses adaptées aux besoins des clients et respectueuses des contextes culturels.

Il conçoit et organise des formations pour des personnels d'encadrement (décideurs, inspecteurs, administrateurs, enseignants), des systèmes éducatifs étrangers, du niveau local au niveau national. Dans sa fonction de conseil en éducation, le CIEP a acquis de solides références dans les domaines d'expertise suivants : pilotage, gestion et évaluation des systèmes, réforme et adaptation de *curricula*, qualité dans l'éducation, enseignement technique et professionnel, éducation dans les pays en développement. Pour toutes ces actions, qu'elles soient conduites en France ou à l'étranger, le CIEP travaille avec des partenaires institutionnels publics et privés de plus de 150 pays.

Le CIEP, un espace de réflexion

Lieu d'échanges et de rencontres, en contact avec 154 pays, le CIEP organise des colloques et des conférences. Avec différents partenaires – la Banque mondiale, l'Unesco, le ministère des Affaires étrangères –, il conduit des réflexions sur des questions d'actualité éducative.

Spécialisé dans la didactique des langues et dans l'information sur les systèmes éducatifs français et étrangers, le centre de ressources documentaires du CIEP accompagne cette réflexion. Riche d'un fonds de 20 000 ouvrages, il exerce une veille active sur les questions éducatives. Il propose également une base de données bibliographiques ainsi que des ressources documentaires et des publications accessibles en ligne sur le site du CIEP : le *Courriel européen des langues* et le *Billet du bilingue*.

Le CIEP édite la *Revue internationale d'éducation de Sèvres,* qui propose un éclairage original sur les grandes questions éducatives. Reflet des enjeux de l'éducation, elle invite des experts français et étrangers à réfléchir sur leurs propres systèmes éducatifs et à mettre ces derniers en perspective. Chaque numéro comprend un dossier thématique accompagné de présentations de systèmes éducatifs et de réformes en cours, de bibliographies sélectives et de ressources en ligne.

Le CIEP dispose également d'une collection, les *Cahiers du CIEP,* aux Éditions Didier.

Albert Prévos

▶ Voir aussi

Éducation comparée – Évaluation – Français (Enseignement du) – Langues vivantes – Recherche en éducation.

Centre de liaison de l'enseignement et des moyens d'information (CLEMI)

Le Centre de liaison de l'enseignement et des moyens d'information (CLEMI) est un organisme du ministère de l'Éducation nationale associé au CNDP. Il a été créé en 1983 à la suite d'un rapport commandé par le ministre de l'Éducation nationale Alain Savary sur l'introduction « des moyens d'information dans l'enseignement » (rapport Gonnet-Vandevoorde). Sa mission est d'introduire « l'utilisation pluraliste des moyens d'information à l'école, dans toutes les disciplines et à tous les niveaux d'enseignement dans une perspective d'éducation à la citoyenneté ».

Cette création apparaît à bien des égards comme l'aboutissement du militantisme conjugué d'enseignants et de journalistes qui, pendant des décennies, ont su argumenter pour montrer combien l'école gagne à introduire la presse et l'actualité en classe. La « presse à l'école » était ainsi devenue une revendication pédagogique destinée à alerter sur les conséquences d'un enseignement coupé de la vie, dangereusement intemporel. Encore faut-il que l'information soit abordée avec méthode, avec un sens critique qui exige une distanciation. C'est à partir de cette idée que le CLEMI a été conçu.

Compte tenu de sa dimension politique (l'enjeu de l'information est essentiel dans une démocratie), le CLEMI se devait d'être accompagné par une instance de régulation ; un conseil d'orientation et de perfectionnement suit ainsi attentivement l'ensemble du travail effectué et proposé par le centre. Composé à parts égales d'acteurs et d'usagers du système éducatif (parents d'élèves, syndicats, mouvements pédagogiques, etc.), de représentants des médias (notamment des journalistes) et de personnalités désignées par les pouvoirs publics, ce centre incarne la liaison qui est recherchée entre les différents milieux concernés, à travers notamment des stages de formation organisés à Paris et dans toutes les académies. Les formations dispensées sont en effet nourries de l'expérience des différents partenaires qui participent à leur élaboration. Ces stages, destinés en priorité aux enseignants, permettent une sensibilisation de plus de 10 000 personnes chaque année, un approfondissement de sujets aussi variés que la connaissance des médias, des circuits de l'information, la production de messages (journaux, radio, vidéogrammes, cyber-journaux), etc.

Depuis 1991, le CLEMI est chargé d'accompagner l'expression des jeunes dans le cadre scolaire, notamment les droits et les obligations des lycéens en matière d'expression et d'information. En charge du « dépôt pédagogique » (circulaire de février 2002), il valorise (revues de presse…) et met à la disposition du public une collection de journaux scolaires et lycéens qui regroupe plus de 70 000 journaux pour plus de 8 000 titres, français et étrangers.

De taille modeste (20 personnes environ à Paris et des équipes dans chaque académie), le CLEMI a toutefois pu mettre en œuvre des opérations d'envergure comme « La Semaine de la presse et des médias dans l'École », qui, chaque année depuis 1989, réunit sur une base de volontariat plus de quatre millions d'élèves, des enseignants, des documentalistes, des journalistes et des acteurs des médias. On peut sans doute voir là une manifestation incontestable du désir des jeunes d'interroger, pour mieux le comprendre, le monde dans lequel ils vivent.

On notera enfin que le CLEMI, associé au CREDAM (Centre de recherches sur l'éducation aux médias) de Paris-III Sorbonne-Nouvelle, développe et enrichit de nouveaux domaines de recherche scientifique et s'inscrit dans la problématique internationale de « l'éducation aux médias ». En liaison permanente avec des organismes comme l'Unesco, le Conseil de l'Europe, la Commission européenne, il apporte sa contribution – notamment par des séminaires et par la création d'outils pédagogiques – aux interrogations des gouvernements sur l'appropriation critique des médias par les jeunes dans un contexte mouvant.

Jacques Gonnet
France Renucci

▸ Voir aussi

Centre national de documentation pédagogique (CNDP) – Journal d'élèves – Médias – Presse et école.

Centre national de documentation pédagogique (CNDP)

Le Centre national de documentation pédagogique (CNDP), héritier du Musée pédagogique (1879), est créé en 1932. Après s'être appelé Institut pédagogique national en 1956, puis avoir été partagé entre INRDP et Ofrateme, le CNDP retrouve son nom en 1976. Un décret de 1992 dote à leur tour les centres régionaux du statut d'établissement public national. En 2002, un nouveau décret apporte plusieurs innovations :

– l'éducation artistique et l'action culturelle s'ajoutent aux missions traditionnelles de l'édition, de la production de ressources éducatives, de la promotion des TICE et de l'animation ;
– l'organisation administrative est rénovée ;
– le Centre national de documentation pédagogique forme avec les centres régionaux un réseau national.

Le SCÉRÉN : un réseau national

En 2002, le réseau CNDP a pris l'appellation de « SCÉRÉN » : Services, culture, éditions, ressources pour l'Éducation nationale. Il est constitué par l'ensemble des établissements de documentation pédagogique placé sous la tutelle du ministre de l'Éducation nationale, de l'Enseignement supérieur et de la Recherche.

Le réseau regroupe, autour du CNDP, 31 centres régionaux (les CRDP), pilotant eux-mêmes 85 centres départementaux (les CDDP) et de nombreuses implantations locales. Au total, quelque 180 lieux de proximité, 120 librairies et 178 médiathèques peuvent ainsi accueillir le public. Le CNDP oriente et coordonne l'activité des centres en région.

La mission du SCÉRÉN est d'aider à la mise en œuvre des politiques ministérielles éducatives et des orientations académiques en offrant des outils, des produits et des services qui répondent le mieux possible aux besoins du système éducatif et de ses partenaires.

Ainsi, les enseignants, les enseignants-documentalistes et les chefs d'établissement peuvent s'adresser au SCÉRÉN et y puiser des conseils et des ressources pour exercer leur métier, participer à des animations organisées par les CRDP et les CDDP, les échanges d'expériences et de pratiques s'en trouvant ainsi favorisés.

Les missions du SCÉRÉN

Le SCÉRÉN est chargé de plusieurs missions, aussi bien éditoriales, documentaires que culturelles.

Édition : Le SCÉRÉN a une activité d'éditeur et de producteur de ressources documentaires pédagogiques et administratives (ouvrages de réflexion, outils d'enseignement et d'information) dans toutes les disciplines et sur tous les supports. Environ 2 000 titres sont proposés dans le catalogue national : revues, livres, vidéocassettes, DVD, CD-Roms.

Le SCÉRÉN produit quelque 500 ouvrages et 100 heures de programmes audiovisuels par an. Son site Internet (environ un million de visites par mois) offre des dossiers en ligne pour tous les niveaux d'enseignement et assure la mise à jour de 50 sites Internet.

L'activité éditoriale du CNDP et des CRDP a pour objectif de :

• Mettre à la disposition des acteurs du système éducatif des outils qui les aident à mettre en œuvre les programmes et les nouveaux dispositifs établis par le ministère. À ce titre, le SCÉRÉN organise, par exemple, la mise à disposition de textes officiels concernant l'enseignement et le système éducatif français, en particulier le *BO* (*Bulletin officiel* du ministère de la Jeunesse, de l'Éducation nationale et de la Recherche), le *RLR (Recueil des lois et règlements)*, l'ensemble des programmes d'examens et les rapports des jurys de concours.

• Faciliter l'application de la politique éducative, nationale et académique, en incitant les acteurs du système éducatif à s'engager dans les nouveaux dispositifs, à développer des pratiques innovantes, à intégrer les TICE. En 2003, le CNDP conçoit, à la demande du ministère, le site « www.bienlire.fr », qui accompagne le plan de prévention de l'illettrisme. En 2004, il publie le *Guide républicain*, commande du ministère, et ouvre sur son site un espace consacré à la « Laïcité, valeur de l'école républicaine ». Depuis 2003, le SCÉRÉN participe largement, avec France 5, au service interactif de télévision éducative : le site Internet « www.lesite.tv » offre ainsi un abonnement à des programmes libres de droits pour une utilisation en classe.

• Répondre aux besoins des usagers – principalement les équipes éducatives et les élèves des écoles, collèges ou lycées – en prenant en compte à la fois la diversité des champs professionnels, des pratiques, des niveaux d'équipement des établissements.

Diffusion : Tous ces documents sont mis à disposition du public : en consultation en ligne, en prêt dans les médiathèques des CRDP et des CDDP, en vente dans les librairies des centres, à la librairie de l'Éducation à Paris, par correspondance et via la cyberlibrairie.

Ressources documentaires : Le SCÉRÉN propose des services documentaires diversifiés, et notamment des services en ligne consultables sur ses sites Internet. À titre d'exemple, on peut citer la base nationale des sujets d'examen de l'enseignement professionnel, qui offre en consultation plus de 6 000 sujets d'examens ; la carte des ressources culturelles locales, qui propose un recensement de lieux, organismes ou personnes ressources pour monter un projet en milieu scolaire ; et enfin, le centre de ressources « ville, école, intégration » (VEI), destiné aux acteurs de l'action éducative et sociale.

TICE : Pour passer du stade de l'expérimentation à celui de la généralisation de l'usage des TICE, le ministère de l'Éducation nationale, de l'Enseignement supérieur et de la Recherche met en œuvre de nombreux dispositifs d'accompagnement des enseignants. Le réseau SCÉRÉN, support d'un maillage de proximité fort avec le tissu éducatif de chaque académie, s'inscrit dans cette perspective. Édition, diffusion et mutualisation des ressources, promotion et valorisation des usages et des bonnes pratiques sont des actions-clés au service de la communauté enseignante. Le CNDP crée et anime, à la demande du ministère, deux structures de soutien à la politique nationale en matière de TICE :

– le pôle national des contenus numériques : il est le maître d'œuvre du ministère pour développer les coproductions public/privé et fournir aux enseignants des produits multimédias de qualité. Il oriente également les enseignants dans leurs recherches de produits multimédias ou de sites Internet éducatifs ;

– l'agence de promotion des usages : elle a pour mission d'identifier et de faire partager les usages intéressants aussi bien pour les enseignants que pour les parents.

Arts et culture : Dans le domaine des arts et de la culture, le SCÉRÉN joue un rôle d'entraînement important, en assurant les missions de documentation et d'information, d'édition d'outils et de services pédagogiques, d'animation et de formation, d'organisation de manifestations et de conseil en liaison avec la Direction de l'enseignement scolaire du ministère de l'Éducation, l'Inspection générale, les délégués académiques à l'éducation artistique et à l'action culturelle et les services de formation continue des rectorats.

Services associés : Le CNDP est associé au CLEMI et au service du film de recherche scientifique (SFRS-CERIMES) qui produit et distribue des documents scientifiques audiovisuels et multimédias (photos, films, cassettes vidéos, CD-Roms) pour l'enseignement supérieur. Il offre, en outre, à tout possesseur ou demandeur d'images de la science, les services d'une banque d'images. Avec l'émergence des technologies d'information et de communication, il conçoit des sites sur Internet, destinés aux étudiants et aux professeurs d'universités.

Clotilde Turpin

▸ Voir aussi

Bibliothèque-centre documentaire (BCD) – Centre de documentation et d'information (CDI) – Centre de liaison de l'enseignement et des moyens d'information (CLEMI) – Documentation – Internet – Outils pédagogiques – Système éducatif – Technologies de l'information et de la communication pour l'éducation (TICE).

Centre national d'enseignement à distance (CNED)

Héritier du célèbre Centre national de télé-enseignement (CNTE), baptisé Centre national d'enseignement par correspondance (CNEC) après son changement de statut en 1979, cet établissement public national à caractère administratif porte son nom actuel (Centre national d'enseignement à distance ou CNED) depuis 1986. Il relève du ministère de l'Éducation nationale et est dirigé par un recteur.

Sa mission principale est d'assurer un enseignement à distance à tous les niveaux scolaires (primaire et secondaire) pour tous les publics qui, pour une raison ou une autre, ne fréquentent pas les établissements scolaires. Il assure également des formations post-baccalauréat relevant de l'Éducation nationale et prépare à des formations de type universitaire, notamment dans le cadre du premier cycle (DEUG) ou dans des domaines spécifiques (comptabilité, diplômes de l'Institut national des langues et civilisations orientales – INALCO –, etc.).

Le CNED assure enfin des préparations aux concours de recrutement des personnels enseignants de l'Éducation nationale de toutes catégories, ainsi que des personnels administratifs relevant de différents ministères. Il mène par ailleurs des actions de formation professionnelle continue.

Installée en 1994 au Futuroscope de Poitiers, la direction générale du CNED dispose de centres d'enseignement situés à Grenoble, Lille, Lyon, Poitiers, Rennes, Rouen, Toulouse et Vanves, et de représentations outre-mer.

Philippe Mahou

▸ Voir aussi

Audiovisuel – Formation à distance.

Centre national des œuvres universitaires et scolaires (CNOUS)

En 1936, le ministre Jean Zay crée le Comité supérieur en faveur des étudiants afin de coordonner les activités des associations d'étudiants. Dix ans plus tard, ce comité devient le Comité supérieur en faveur de la jeunesse scolaire et universitaire, et des comités régionaux sont créés dans chaque académie.

La loi du 16 avril 1955 (modifiée par le décret de 1987) réorganise les Œuvres par souci d'efficacité. Depuis cette date, les vingt-huit centres régionaux (CROUS) sont, comme le CNOUS, des établissements publics à caractère administratif, dotés de la personnalité morale et de l'autonomie financière, sous tutelle du ministère de l'Éducation nationale. Au niveau national, le CNOUS, en tant que tête de réseau, doit impulser, orienter et contrôler la gestion des CROUS. Le CNOUS et les CROUS sont des lieux naturels d'engagement et de participation des étudiants, qui sont associés à leur gestion.

Le CNOUS et les CROUS ont pour mission d'accompagner la vie étudiante, en tenant compte de l'évolution du contexte de l'enseignement supérieur, fortement marqué par le développement de la mobilité étudiante. Pour la mise en œuvre de leurs actions, ils s'appuient sur le contrat d'objectifs établi pour la période 2004-2007 entre le réseau des œuvres universitaires et scolaires et le ministère chargé de l'enseignement supérieur. Un partenariat fort est également conduit avec les universités et les collectivités locales dans le cadre de politiques de sites favorisant l'accueil et l'intégration des étudiants.

Aujourd'hui, le réseau dispose, pour améliorer la vie des étudiants et les aider au quotidien, de vingt-huit centres régionaux, de seize centres locaux et de plus de quarante antennes dans lesquels sont employés 12 000 personnels ouvriers et administratifs. Il dispose en 2005 d'un budget de 973 millions d'euros, dont deux tiers de ressources propres.

Les services aux étudiants portent principalement sur le logement, avec un parc de 150 000 chambres et studios, la restauration (54 millions de repas ont été servis en 2004), les aides financières (500 000 bourses et aides du ministère de l'Éducation nationale sont gérées par le réseau) ; l'accueil des étudiants étrangers, dont 12 800 sont gérés directement pour le compte de gouvernements ou d'institutions de l'étranger et 35 000 logés dans les résidences universitaires.

Les aides sociales (6 millions d'euros de fonds de solidarité), le soutien aux projets culturels et aux initiatives citoyennes étudiantes, les emplois temporaires complètent les services offerts aux 2 210 000 étudiants que compte la France.

Pour bénéficier de ces services, il suffit d'être inscrit dans un établissement d'enseignement supérieur ouvrant droit au bénéfice de la Sécurité sociale.

Isabelle de Lavergne

► **Voir aussi**
Bourses.

Centres d'intérêt

L'intérêt personnel que nous manifestons pour un sujet donné retient notre attention, mobilise notre énergie et nous incite à « en savoir davantage » sur ce sujet, par l'observation, l'enquête, l'étude, la documentation. Cette loi de l'intérêt est générale : elle concerne au premier chef les enfants. Sans doute, chez les tout-petits, la nature des intérêts est-elle d'abord liée aux découvertes sensori-motrices ; elle ne dépasse guère, pendant un temps assez long, le cadre des « intérêts immédiats » pour l'environnement et les objets à explorer. Mais cette puissance de l'intérêt est telle que l'éducation nouvelle, à l'écoute de la vie, lui a donné une place centrale dans son dispositif général : au lieu de recevoir ses connaissances de l'enseignement du maître, l'enfant les acquiert en exerçant son activité sur ses propres centres d'intérêt. L'éducateur prépare un milieu riche en potentialités, encourage le libre choix et l'initiative de l'enfant, le soutient s'il le faut en lui apportant une aide technique. Les procédures propres aux centres d'intérêt sont plus ou moins suggestives, selon les méthodes d'éducation nouvelle.

Ainsi Dewey, dans son école de Chicago, proposait-il aux enfants de six à dix ans le libre choix entre quatre ateliers : menuiserie, cuisine, tissage, couture. Ces activités concrètes permettaient de dégager des habiletés et des connaissances de toutes sortes.

Decroly, ayant beaucoup observé les intérêts « spontanés » des jeunes enfants, a proposé six grands thèmes axés sur les besoins fondamentaux de l'homme : se nourrir, lutter contre les intempéries, se défendre, travailler solidairement, se reposer, se récréer. Chaque année, l'un de ces centres d'intérêt constitue le programme-cadre dans lequel s'inscrivent les activités choisies selon les circonstances et les saisons. Decroly a donné également, pour chaque activité, un plan de travail méthodique en trois temps : observation, association, expression.

D'autres novateurs, comme Cousinet, ont également demandé aux enfants d'exprimer le résultat de leurs observations ou de leurs recherches dans un texte écrit. Mais ils ont laissé libre cours au choix des sujets, sans fixer de thèmes préalables ; après avoir réalisé un certain nombre de travaux, les enfants sont invités à les comparer, à les classer et donc à découvrir, *a posteriori,* un plan d'étude, un programme.

Les promoteurs des « centres d'intérêt » voient dans cette pratique des avantages multiples. Le libre choix, l'intérêt pour la tâche diminuent considérablement l'importance des questions disciplinaires. Les activités choisies abordant le plus souvent des questions multidisciplinaires, les enfants découvrent, par voie de conséquence, l'utilité de certaines disciplines formelles (arithmétique, grammaire), et c'est souvent le point de départ de nouveaux centres d'intérêt. La pratique de la recherche entraîne à formuler des hypothèses et à utiliser les outils du savoir (dictionnaires, tables, atlas, annuaires, etc.) : en apprenant, les enfants apprennent à apprendre…

L'éducation nouvelle, pour autant, n'a jamais récusé l'importance des programmes d'études lorsque l'enfant, après une phase d'expérimentation personnelle, sera suffisamment mûr pour bénéficier pleinement de l'enseignement. « Les faits et les vérités qui entrent dans l'expérience de l'enfant et ceux que renferment les programmes d'études sont le terme initial et le terme final d'une même réalité, a écrit Dewey. Les opposer les uns aux autres, c'est opposer l'enfance et la maturité d'un même corps vivant. »

Louis Raillon

▸ Bibliographie

DEWEY J., *L'École et l'enfant,* Paris, Fabert, 2004.

HAMAÏDE A., *La Méthode Decroly,* Lonay, Delachaux et Niestlé, 1976.

RAILLON L., *L'Enseignement ou la contre-éducation,* Paris, PUF, coll. « L'Éducateur », 1984.

RAILLON L., *Roger Cousinet, une pédagogie de la liberté,* Paris, Armand Colin, 1990.

▸ Voir aussi

Claparède, Édouard – Cousinet, Roger – Decroly, Ovide – Dewey, John – Éducation nouvelle – Ferrière, Adolphe – Intérêt – Motivation.

CERTIFICAT

Du sens général en français du mot « certificat » (attestation d'un fait par une autorité compétente), le lexique de l'éducation retient son emploi dans l'intitulé d'un certain nombre de diplômes ou d'examens qui conduisent à ces diplômes. Il s'agit essentiellement de diplômes attestant une qualification professionnelle, de moins en moins souvent l'accomplissement d'un cursus scolaire. L'usage du mot pour désigner l'obtention partielle d'une qualification (générale ou professionnelle) paraît en déclin au profit d'autres concepts : unité capitalisable, unité de valeur, etc.

En un certain nombre de cas, l'État a retenu le mot de « certificat » pour désigner le titre qui assure à ceux qui en deviennent titulaires, en général sur concours, l'accès à un corps spécifique de la fonction publique (comme le certificat d'aptitude pédagogique à l'enseignement secondaire, plus communément appelé CAPES).

Certificat d'études primaires (CEP)

Le certificat d'études primaires élémentaires (CEP) a été l'un des diplômes majeurs de l'histoire de l'enseignement en France depuis la

IIIe République : il était la sanction de l'enseignement élémentaire et débouchait sur la vie active pour la majorité de ses titulaires, y compris dans la fonction publique, qui l'exigeait pour l'accès aux emplois de catégorie D.

Créé en 1882, le « certificat d'études » a été supprimé en 1989, car il ne correspondait plus ni aux cursus scolaires en vigueur (prolongation généralisée de la scolarité au-delà de l'école élémentaire) ni aux attentes du monde économique.

Certificat d'aptitude professionnelle (CAP)

Le certificat d'aptitude professionnelle est un diplôme qui a une importance majeure dans le système français de formation et de qualification professionnelle. Il sanctionne l'atteinte d'une qualification de niveau V (ouvrier ou employé qualifié dans un métier déterminé). Il existe environ 250 spécialités de CAP dans les secteurs industriels, commerciaux et des services.

On peut préparer un CAP selon trois voies. Dans le système scolaire de formation initiale, on y prépare des élèves qui ont achevé la scolarité du collège, ou, en un an, des élèves titulaires d'un BEP ou d'un premier CAP. On peut également s'y préparer, toujours en formation initiale, par l'apprentissage, modalité privilégiée dans certaines branches professionnelles, et par la validation des acquis de l'expérience.

La préparation d'un CAP en lycée professionnel rassemble des enseignements généraux (14 h 30 à 16 h par semaine) destinés à donner aux élèves les bases d'une culture générale axée sur le monde moderne, mais aussi adaptée aux besoins professionnels, des enseignements technologiques et professionnels (12 h à 17 h) dispensés sous forme de cours, d'exercices pratiques et d'applications en atelier ou en bureau, et des périodes de formation en entreprise.

Évolutions du CAP

Le CAP connaît des évolutions qui résultent de celles des qualifications attendues dans le monde économique et de celles du système éducatif. On assiste en effet concurremment à un triple mouvement, pouvant prendre parfois des aspects contradictoires et tendant à :

- permettre à ce diplôme de continuer à être ou de redevenir une référence reconnue de qualification ouvrière, et, à cet égard, d'accentuer son professionnalisme, de renforcer la formation en entreprise et de rénover les référentiels ;
- assouplir son mode d'obtention : en particulier l'évaluation au cours de la formation permet de mieux tenir compte de la spécificité des publics du CAP. De même, on tente d'y préparer de plus en plus systématiquement les élèves issus des sections d'enseignement général adapté ;
- veiller à une meilleure intégration du CAP dans le système éducatif d'ensemble, en aménageant des passerelles permettant de préparer un BEP (voir ce mot) à la suite d'un CAP, puis une formation de niveau IV.

Roger-François Gauthier

▸ Bibliographie

KIRSCH J.-L., MANSUY M., « Les Diplômes de niveau V. Au-delà d'un déclin annoncé, des diplômes qui restent pertinents », *CÉREQ Bref*, n° 144, juillet 1998.

▸ Voir aussi

Brevet – Concours – Diplôme – Qualification – Technique et professionnel (Enseignement).

CHAMP CONCEPTUEL

La notion de « champ conceptuel » s'inscrit à rebours de l'idée commune selon laquelle résoudre des problèmes se ferait par l'installation chez l'apprenant de procédures introduites à partir de situations prototypiques, choisies à cet effet par le maître.

On imagine ainsi souvent que la maîtrise de l'addition passe par l'automatisation aussi précoce que possible d'une technique opératoire, pour être progressivement généralisée à des situations plus complexes. Une telle conception ne rend pas compte du fait, étudié par Vergnaud, selon lequel des problèmes d'apparence proche – par exemple l'ensemble de ceux dont la solution passe par l'application de l'addition 5 + 7 = 12 – peuvent pour les uns être massivement réussis dès le CP quand d'autres font échouer la moitié des élèves de 3e, et présentent encore des difficultés pour nombre d'adultes. Ce constat a conduit Vergnaud (1990), dans une lignée piagétienne enrichie, à définir le champ conceptuel comme un « espace de problèmes dont le traitement implique un ensemble de concepts, de schèmes, de procédures et d'encodages en étroite connexion ». Il comprend non seulement l'ensemble des *invariants* sur lesquels repose le caractère opératoire des schèmes, mais aussi la diversité des *situations* qui donnent sens au concept, ainsi que les *signifiants* (langagiers ou graphiques) qui permettent de le représenter symboliquement.

Pour comprendre réussites et échecs différentiels, il faut donc examiner de façon détaillée selon quelles dimensions chaque problème se distingue d'un autre. Il devient alors possible de raisonner la gradation observée de leurs difficultés. Une telle perspective permet par exemple de donner du sens à la disparité des résultats observés chaque année, dans les évaluations diagnostiques de CE2 et de 6e, selon les différents items relatifs à la maîtrise de la même notion. Elle est cohérente avec les données actuelles de la psychologie cognitive, selon lesquelles le transfert ne s'applique jamais mécaniquement d'une situation à une autre proche, mais nécessite des reprises régulières d'apprentissages facilitées par l'analyse du champ conceptuel. On comprend qu'ainsi on ne s'occupe pas seulement de la structure du contenu de l'activité, mais d'abord des conditions psychologiques de son acquisition et des étapes par lesquelles elle passe.

Trois notions apparentées

Trois autres notions, apparentées mais distinctes, ont été davantage développées par la didactique des sciences : celles de trame conceptuelle, de niveau de formulation et de matrice disciplinaire. L'idée de « trame conceptuelle », développée par les travaux de l'INRP (Astolfi, 1985 ; Giordan, Astolfi *et al.*, 1987), est plus épistémologique puisque centrée sur l'analyse du contenu d'un concept à enseigner. Elle liste la diversité des énoncés qui le constituent et s'efforce de hiérarchiser logiquement ces derniers dans un réseau diversifié, mais orienté (des énoncés plus élémentaires vers les énoncés les plus englobants). Il faut insister sur le fait que cette hiérarchisation logique ne préjuge en rien de leur temporalité d'apparition dans une progression et réfrène la tentation d'établir trop vite des progressions sans base autre que les « voies royales » de la tradition. Au contraire, la notion permet de situer à chaque moment comment s'insère telle formulation adoptée parmi l'ensemble des possibles, et ouvre un éventail de choix raisonnés pour la suite de l'enseignement. Les trames conceptuelles permettent surtout de mieux définir un petit nombre de concepts intégrateurs et de les rendre saillants par rapport à la diversité anomique des énoncés successifs.

La notion de « niveau de formulation », développée par Giordan et De Vecchi (1987), peut se relier à la précédente. Elle insiste davantage sur le fait que chaque concept peut connaître, au cours de la scolarité, des formulations successives disposant chacune d'un domaine et de limites de validité (ce qui se raccorde avec l'importance des signifiants au sein d'un champ conceptuel). Elle permet en particulier d'aborder des concepts scientifiques opératoires dès l'école primaire, même s'ils ne reposent pas encore sur leur formulation canonique. On y retrouve d'une autre façon l'idée d'espaces de problèmes auxquels chaque formulation peut apporter une réponse, qui devra être reprise par généralisations ou rectifications.

Quant à la notion de « matrice disciplinaire », reprise par Develay (1992) à l'épistémologie de Kuhn, elle permet de définir le principe d'intelligibilité d'une discipline donnée à un niveau donné. Celui-ci peut s'avérer assez variable aussi bien dans l'histoire de l'enseignement de la discipline (les enseignements successifs de la technologie en fournissent une illustration) que dans les ordres successifs d'enseignement, du primaire à l'université. On reconnaît dans chaque matrice disciplinaire des connaissances déclaratives et procédurales, des tâches prioritaires à effectuer par les élèves et des objets privilégiés sur lesquels porte l'enseignement. Toutes ces notions, au-delà de leur diversité d'usage par les chercheurs, éclairent sur un mode psychologique, épistémologique ou pédagogique le caractère construit des contenus d'enseignement, et pointent le long terme indispensable à leur assimilation fonctionnelle.

Jean-Pierre Astolfi

▶ Bibliographie

Astolfi J.-P., *Mots clés de la didactique des sciences*, Bruxelles, De Boeck, 1997.

Astolfi J.-P. (dir.), *Procédures d'apprentissage en sciences expérimentales*, Saint-Fons, INRP, 1985.

Develay M., *De l'apprentissage à l'enseignement : pour une épistémologie scolaire,* Issy-les-Moulineaux, ESF, 1995; nouv. éd., 2004.

Giordan A., Astolfi J.-P. *et al.*, *L'Élève et/ou les connaissances scientifiques*, Berne, Peter Lang, 1987, 3e éd., 1995.

Giordan A., De Vecchi G., *Les Origines du savoir*, Lonay, Delachaux et Niestlé, 1987.

Vergnaud G., « La Théorie des champs conceptuels », *Recherches en didactique des mathématiques,* Grenoble, La Pensée sauvage, 1990.

▶ Voir aussi

Conception de l'élève – Problème – Situation-Problème.

Chef d'établissement

▶ Établissement (Chef d')

CIF

▶ Congé individuel de formation

Cinéma

Dès le début du xxe siècle, l'emploi du cinéma à l'école est apparu légitime à quelques esprits ouverts : « Je me décidai en 1910 à en courir les risques car je n'ignorais pas les dangers de l'entreprise : risque d'incendie, car les films que j'aurais à manier ne seraient pas tous d'emblée ininflammables ; risques administratifs, car j'agissais de mon propre mouvement et sous ma responsabilité personnelle ; risques techniques, car je ne connaissais rien du maniement de l'appareil ; risques pédagogiques enfin, car introduire dans l'enseignement une méthode qui est un plaisir, c'est braver la critique de tous ceux qui voient dans l'étude une corvée nécessaire pour les élèves, et un métier purement oratoire pour les maîtres. »

Le champ des problèmes soulevés est ainsi balisé par Émile Bruckner (1943), pionnier et professeur au lycée Hoche de Versailles. Difficultés de relation à l'institution scolaire (équipement, statut juridique) et questions d'éthique (le spectacle, un divertissement, un « art d'ilotes », serait un obstacle à l'acquisition du savoir) sont posées d'emblée et destinées à resurgir constamment.

Première reconnaissance

Passée l'étape initiale où le cinéma « enregistre » à des fins de recherche et de pédagogie des opérations chirurgicales, l'idée d'un cinéma « éducateur » se répand pendant la première décennie du xxe siècle. L'enseignement des sciences utilise par exemple les centaines de films réalisés par Jean Comandon à Vincennes, chez Pathé.

Dès 1909, Jean Benoît-Lévy fait campagne pour « l'application du cinéma à l'instruction ». Il alerte la Ligue de l'enseignement, intervient, en 1910, au congrès des mutualités scolaires et multiplie les conférences qui encouragent les instituteurs à adopter « le nouvel instrument de travail scolaire » (Coissac, 1925).

Après la guerre, des mesures sont prises : en 1920, création d'une cinémathèque du Musée pédagogique, équipement des écoles normales d'appareils de projection et création des écoles d'agriculture, financées en partie par un prélèvement sur le produit du « Pari-Mutuel », dont une large fraction est affectée au service Cinéma du ministère de l'Agriculture (1923). Ce dernier, sous l'impulsion de Paul Drouard, produit des films éducateurs et « récréatifs ». En 1928, la cinémathèque centrale (il existe huit antennes régionales) comptabilise 65 000 prêts.

Dans cette même après-guerre apparaissent les Offices du cinéma éducateur et laïque, qui se fédèrent en 1929. En 1933 est fondée l'Union française des offices du cinéma éducateur et laïque (UFOCEL), section de la Ligue de l'enseignement, qui concurrence le réseau des salles paroissiales contrôlé par la Centrale catholique du cinéma à partir de 1934.

Parallèlement se développent les ciné-clubs (Louis Delluc), très fréquentés par les enseignants. En 1930, Jean Painlevé fonde l'Institut de cinématographie scientifique et commence à réaliser ses merveilleux films de vulgarisation.

Le cinéma à la périphérie de l'Éducation nationale

À la Libération, seule l'officialisation de l'Institut des hautes études cinématographiques (IDHEC), créé en 1943 par Marcel L'Herbier, introduit le cinéma dans l'enseignement. Dès octobre 1944 naît le ciné-club universitaire. En 1945, présidée par Jean Painlevé, est fondée la Fédération française des ciné-clubs. En 1946, le lycée Montaigne accueille les conférences facultatives de Bernard Georgin. En 1947 s'ouvre le laboratoire de pédagogie audiovisuelle de l'ENS de Saint-Cloud, qui n'arrive à organiser des stages de formation qu'en 1956 (Chevallier, 1986).

En 1948, la Sorbonne avait ouvert ses portes à l'Institut de filmologie, mais, en fait, l'école n'accepte le cinéma qu'à sa périphérie, dans le « péri- » ou le « post- » scolaire. Pourtant, les élèves le rencontrent dans les innombrables ciné-clubs alimentés par l'Union française des œuvres laïques d'éducation par l'image et par le son (UFOLEIS). Ils fréquentent aussi, « en ville », les ciné-clubs des autres fédérations ou la salle d'art et d'essai. Ils lisent des revues : la cinéphilie triomphe, mais en dépit du prestige d'André Bazin, de l'action de Peuple et culture ou de l'Association nationale des professeurs pour la promotion des arts de l'écran dans l'université (ANPEDU), présidée par Bernard Georgin, le cinéma reste objet de méfiance.

La porte entrebâillée

La mise en place des institutions européennes favorise le retour à l'ordre du jour de la culture cinématographique à l'école. La circulaire Capelle (1963) autorise la rémunération des heures d'activités dirigées. Dix fédérations de ciné-clubs sont habilitées à diffuser la culture par le film. Le CRDP de Bordeaux crée l'Initiation à la communication audiovisuelle (ICAV), et les CRDP participent activement à la formation audiovisuelle des enseignants. Les publications pédagogiques concernant le cinéma se multiplient. Politique des auteurs et sémiologie (Christian Metz) cheminent parallèlement et frappent à la porte de l'institution.

En mai 1968, c'est une jeunesse imprégnée d'idées en mouvement comme les images qui impose la présence des films à l'intérieur des salles de cours et de certaines universités (Vincennes). L'université de Montpellier attribue la chaire d'histoire de l'art à Henri Agel, des épreuves de cinéma sont intégrées au CAPES et à l'agrégation d'arts plastiques et au CAPES d'espagnol.

Les images dans l'école

À la fin des années 1970, le cinéma est doublé de vitesse. L'accès aux films se révèle problématique et, par le biais des PACTE puis des PAE (1981), la vidéo fait une entrée massive dans le dispositif scolaire (Martineau *et al*, 1982). La signature, en 1983, d'un protocole d'accord entre le ministère de la Culture et le ministère de l'Éducation nationale permet l'ouverture, en 1984, à titre expérimental, d'options « cinéma audiovisuel » dans quatorze lycées. Le baccalauréat A3 avec épreuves « cinéma et audiovisuel » dotées de coefficients lourds a lieu pour la première fois en 1989. Au programme, *M. le Maudit, La Règle du jeu, Citizen Kane,* des œuvres consacrées, témoins superbes d'un art majeur devenu discipline d'enseignement.

La décennie 1980 a vu l'IDHEC devenir la Fondation européenne des métiers de l'image et du son (FEMIS) et l'École nationale Louis-Lumière (ENLL) quitter la rue de Vaugirard pour la banlieue Est (Noisy-le-Grand). Le paysage est devenu encombré et confus : création dans les universités d'unités de formation et de recherches (UFR) ou d'instituts et enfin de licences validées. Il n'est pas certain que la cause du cinéma y gagne. De multiples débats accompagnent sa pénétration dans le milieu de l'éducation : débat sur sa nature, sur son approche théorique ou pratique, historique ou esthétique, économique ou professionnelle, etc. (Martineau, 1991).

Partout, les petits écrans et l'audiovisuel prolifèrent ; mais la question des droits demeure non résolue et l'accès aux produits (cassettes, émissions télévisuelles enregistrées) et aux films tient de l'irrationnel et du rocambolesque. Législation inadaptée ou vide juridique se conjuguent désastreusement. L'omniprésence de la télévision et du magnétoscope détourne les adolescents du grand écran et favorise leur passivité. La consommation épuise le spectacle, émousse la perception et la réflexion.

Pour remédier à ce phénomène de baisse de la curiosité que les pionniers du « cinéma éducateur » n'auraient pu imaginer, des opérations sont lancées au début des années 1990 : « Collège au cinéma », « Passeport pour le cinéma » (Rouen), « Lycée au cinéma », classes à projet artistique et cinématographique (PAC). À peine est-il admis à l'école que le cinéma en sort, abandonnant le terrain aux petits écrans mais ne s'avouant pas vaincu : dehors, dans les salles partenaires des établissements scolaires, la magie des « vrais » films peut encore s'épanouir et s'imposer. La pratique du DVD qui permet de visionner un extrait de film induit de nouveaux rapports au cinéma. Art du XXe siècle, le cinéma continue à déranger l'institution scolaire qui, tout en l'intégrant, l'entoure de garde-fous ou le noie dans la masse des images cathodiques. Ou le renvoie à sa place, hors les murs, dans les salles obscures où il habite la toile blanche. Où il vit. Il est sans doute préférable que l'école aille au cinéma plutôt que l'inverse.

Françoise Jeancolas-Audé

▸ Bibliographie

BERGALA A., *L'Hypothèse cinéma : petit traité de transmission du cinéma à l'école et ailleurs,* Cahiers du cinéma, coll. « Essais », 2002.

BORDE R., PERRIN C., *Les Offices du cinéma-éducateur et la survivance du muet 1925-1940,* Lyon, PUL, 1992.

CHEVALLIER J., LAJEUNESSE J., LANGE A., « Le Cinéma enseigné », *La Revue du cinéma*, n° 417, 1986.

COISSAC G.M., *Histoire du cinématographe des origines à nos jours*, Paris, Éditions du « Cinéopse », 1925.

MARTINEAU M. (dir.), *L'Enseignement du cinéma et de l'audiovisuel*, Paris, CinémAction/CERF-CFPJ, 1987.

MARTINEAU M., *L'Enseignement du cinéma et de l'audiovisuel dans l'Europe des Douze*, Paris, CinémAction/INRP/Corlet-Télérama/CEE, 1991.

MARTINEAU M., FONTENELLE F., DESMONI C., *Graine de cinéastes*, Paris, L'Harmattan, 1982.

▸ Voir aussi

Arts plastiques – Audiovisuel – Établissement (Projet d') – Image – Périscolaire – Télévision – Vidéo.

CIVIQUE (ÉDUCATION)

L'éducation civique a pour objet de transmettre aux élèves les principes et les règles de vie, individuels et collectifs, nécessaires pour la vie en société. Elle est généralement considérée comme un pilier de l'École républicaine et est souvent associée à l'éducation morale, surtout à l'école élémentaire. Pourtant, sa présence n'est pas continue dans les horaires et les programmes ; doit-elle être le fait de tous les enseignants et de tous les personnels d'éducation ou doit-elle être prise en charge par certains, dans des moments particuliers, clairement identifiés, avec des contenus précis ?

La réponse a varié selon les époques, et l'on observe généralement un renouveau d'intérêt pour l'éducation civique lors des périodes de crise, comme aujourd'hui. Elle s'est d'abord appelée « instruction civique et morale » et a concerné l'école élémentaire depuis la fin du XIXe siècle. Elle est introduite dans le premier cycle du secondaire après la Seconde Guerre mondiale. Après une éclipse d'environ dix ans, elle fait retour en 1985. Elle n'est présente dans les lycées que depuis 1999 sous l'appellation d'éducation civique, juridique et sociale. Elle est, en principe, enseignée à l'école élémentaire et au collège à raison d'une heure hebdomadaire. Mais trop d'enseignants la négligent et leur formation en cette matière reste très insuffisante, voire absente.

Une discipline pas comme les autres

Quelles que soient les solutions adoptées, l'éducation civique n'est pas une discipline scolaire comme les autres. Elle est un lieu privilégié de convergences et d'expressions de tensions propres à l'éducation dans une société démocratique. Ainsi, la transmission de règles de vie collective pose nécessairement la question des valeurs, valeurs qu'il faut respecter si l'on veut garantir la paix civile. Deux questions surgissent dès lors : quels équilibres trouver, entre ce qui relève de la famille et ce qui relève de la société ? Quelles parts respectives faire à l'imposition de ces règles et à la formation critique nécessaire pour que l'individu exerce en toute connaissance de cause la plénitude de ses droits ? Ces relations sont à penser en termes de collaboration conflictuelle.

Sur le plan des pratiques pédagogiques, l'éducation civique hésite entre l'apprentissage formel des institutions et les aspects moraux ; il lui faut tracer sa voie entre les études de situations sociales où les valeurs et les individus sont en jeu, et construire des compétences pour vivre en société. La vie scolaire est notamment un support et un lieu d'exercices privilégiés, mais cela pose alors la question de la définition et de la mise en œuvre de réels pouvoirs pour les élèves.

La revendication sociale d'éducation civique met l'École face à ses responsabilités, mais l'invite aussi à renvoyer les siennes à la société. Ainsi, que signifie la transmission de valeurs de solidarité ou de tolérance dans une société qui met en avant l'individualisme ?

L'éducation civique est liée à la laïcité. Il faut à la fois admettre que nous sommes dans des sociétés plurielles, en accepter les conséquences pratiques, et tenir ferme sur quelques principes solides, que nous offre la problématique des droits de l'homme. En affirmant que l'homme est source et titulaire du droit, en faisant de la personne humaine la fin de la société, en proclamant l'égalité des droits, l'éthique des droits de l'homme présente un socle sur lequel bâtir l'éducation civique et tenter de construire les solutions aux problèmes d'aujourd'hui et de demain. Fonder l'éducation civique sur les droits de l'homme permet aussi d'ouvrir le débat sur la dimension internationale et en particulier européenne de cette éducation. Si la question de la citoyenneté se posait au siècle dernier dans le cadre des États-nations, nous devons dès maintenant ouvrir notre réflexion à son exercice dans le cadre européen, voire mondial.

François Audigier

▸ Bibliographie

AUDIGIER F., *L'Éducation à la citoyenneté,* Saint-Fons, INRP, 1999.

AUDIGIER F., LAGELÉE G., *Éducation civique et initiation juridique dans les collèges*, Saint-Fons, INRP, 1996.

COLLECTIF, « La Démocratie à l'école », *Cahiers pédagogiques,* n° 343, mai 2005.

COLLECTIF, « Éduquer à la citoyenneté », *Cahiers pédagogiques*, n° 340, janvier 1996.

COSTA-LASCOUX J., *Les Trois Âges de la laïcité*, Paris, Hachette, 1996.

CREMIEUX C., *La Citoyenneté à l'école*, Paris, Syros, 1998.

LELEUX C., *Repenser l'éducation civique : autonomie, coopération, participation,* Paris, Cerf, 1997.

ROBERT F., *Enseigner le droit à l'école*, Issy-les-Moulineaux, ESF, 1999.

SCHNAPPER D., BACHELIER C. *et al.*, *Qu'est-ce que la citoyenneté ?,* Paris, Gallimard, 2000.

▶ Voir aussi
Actives (Méthodes) – Droits de l'enfant – Éveil (Activités d') – Histoire (Enseignement de l') – Laïcité – Morale (Éducation) – Valeurs.

Claparède, Édouard (1873-1940)

Né à Genève en 1873, Édouard Claparède appartient à cette génération de chercheurs pour qui, à la fin du XIXe siècle, le terme de psychologie change de sens. Aux analyses peu fécondes des « facultés de l'âme » et de leurs interactions, succède soudain une vision globale de l'être humain, organisme vivant doué d'une activité mentale qui lui permet de déterminer sa conduite au sein de situations données, de s'y adapter, de les dépasser.

Une « éducation fonctionnelle »

Un biologiste est sans doute plus sensible qu'un autre à cette vision totale de l'être humain. Précisément, Claparède est tout jeune médecin lorsque, en 1900, il a la « bonne fortune » de lire l'ouvrage que Karl Groos, le maître de Berne, vient de consacrer aux jeux des animaux, *Die Spiele des Tiere.* Si l'on observe avec soin le comportement ludique des animaux, on s'aperçoit que leur jeu a une fonction de « préexercice » et les « prépare à des activités ultérieures ». C'est là une illustration de la psychologie pragmatique ou fonctionnelle que Claparède a déjà découverte en lisant William James et John Dewey, le philosophe de Chicago qui a ouvert une « école-laboratoire » dans son université (et dont Claparède préface, en 1913, l'édition française de *l'École et l'enfant*). En effet, comme les animaux, les enfants jouent. Loin d'être insignifiant, le jeu, en répondant aux besoins présents de l'enfant, le prépare à l'avenir : le jeu a un rôle fonctionnel. C'est ce qu'affirme, dès 1905, Claparède, dans sa *Psychologie de l'enfant et pédagogie expérimentale,* ouvrage central que son auteur ne cessera de revoir et d'augmenter tout au long de sa vie (neuf éditions, dix traductions). Le titre est déjà un manifeste : la pédagogie prendra comme levier les besoins de l'enfant, signalés par ses intérêts ; et avant que ses intérêts n'apparaissent clairement, ce levier sera le besoin de jeu lui-même ; l'on proposera à l'enfant des jeux éducatifs. Ainsi Claparède forge-t-il son concept d'« éducation fonctionnelle » : « À chaque moment de son développement, un être animal constitue une unité fonctionnelle, c'est-à-dire que ses capacités de réaction sont ajustées à ses besoins. » L'enfant n'est donc pas un adulte imparfait, mais un individu parfait en tant qu'enfant. L'éducation doit être, non une préparation à la vie, mais *une vie,* et le travail éducatif doit partir non de tout ce qu'il faut savoir (le programme), mais des intérêts mêmes des enfants.

Un fondateur de l'éducation nouvelle

En 1912, à l'occasion du 200e anniversaire de la naissance de J.-J. Rousseau, Claparède montre que ce dernier, dans le langage de son temps, a mis en avant une véritable conception fonctionnelle de l'enfance. Il attribue ainsi à Rousseau le rôle de précurseur de l'éducation nouvelle. La même année, d'ailleurs, Claparède fonde à Genève un institut des sciences de l'éducation, qu'il nomme Institut Jean-Jacques-Rousseau, destiné à préparer, dans un esprit nouveau, les personnes se destinant aux carrières pédagogiques. Il en confie la direction à Pierre Bovet. En annexe à l'Institut, il fonde la Maison des petits, école expérimentale pour enfants de quatre à sept ans, dirigée par Mina Audemars et Louise Lafendel. Il trouve là un terrain propice à ses recherches psychopédagogiques, parallèlement à sa consultation médico-pédagogique, l'une des premières du genre.

Professeur de psychologie à l'université de Genève, éditeur des *Archives de psychologie,* Claparède ne cesse en effet d'approfondir ses intuitions premières. En 1917, il montre, dans sa *Psychologie de l'intelligence,* que l'acte intelligent répond à un besoin d'adaptation de l'être, lorsque l'instinct ou l'expérience acquise n'apporte pas de réponses : le mode d'action est alors le tâtonnement, le procédé des essais et des erreurs. Freinet, bien plus tard, puisera dans cette analyse.

S'intéressant à la diversité des qualités individuelles, Claparède fera également des recherches sur les examens, sur les aptitudes (*Comment diagnostiquer les aptitudes des écoliers,* 1933) et sur les modes d'organisation de l'enseignement (classes parallèles, options, etc.) qui permettront d'aboutir, selon le titre d'un de ses livres, à une « école sur mesure ».

Louis Raillon

▸ Bibliographie

Principales œuvres d'Édouard Claparède :

Psychologie de l'enfant et pédagogie expérimentale, Lonay, Delachaux et Niestlé, t. I, *Le Développement mental,* t. II, *Les Méthodes*, 1946, éd. posthume.

L'Éducation fonctionnelle, Lonay, Delachaux et Niestlé, 1931, rééd., Paris, Fabert, 2003.

Principales œuvres sur Édouard Claparède :

DOTTRENS R., « Édouard Claparède », *in* Château J. (éd.), *Les Grands Pédagogues,* Paris, PUF, 1956, p. 275-290.

HAMELINE D., « Claparède », *in* Hannoun H., *Anthologie des penseurs de l'éducation,* Paris, PUF, coll. « L'Éducateur », 1995.

MEYLAN L., « L'Éducation fonctionnelle », *in* Claparède E., *L'École sur mesure*, Lonay, Delachaux et Niestlé, 1953, p. 5-50.

MÜTZENBERG G., *Grands pédagogues de Suisse romande,* Lausanne, L'Âge d'homme, 1997.

▸ Voir aussi

Actives (Méthodes) – Centres d'intérêt – Dewey, John – Psychopédagogie – Rousseau, Jean-Jacques.

CLASSE

Du latin *classis,* « groupe de citoyens », au sens de « groupe spécifié », la classe désigne un ensemble d'élèves regroupés qui suivent le même enseignement dans un lieu donné. Outre le groupe d'élèves (le groupe-classe), ce terme désigne également le lieu (la salle de classe), l'enseignement ou le cours lui-même (« faire classe »), les types de regroupement momentanés d'élèves dans un autre lieu que leur cadre habituel (classes de découverte : classes vertes, classes de neige, classes de mer), des moments d'enseignement (les classes préparatoires aux grandes écoles), ou des divisions correspondant à une finalité particulière (classes de perfectionnement), ou encore s'inscrivant dans une pédagogie particulière, comme la classe coopérative de Freinet.

Une origine qui remonte au XVIe siècle

Historiquement, la classe apparaît en France au XVIe siècle avec le début des « maisons d'école », des collèges et l'esquisse d'une organisation de la vie scolaire. À cette époque, « école » et « classe » ont la même signification car l'école ne comporte alors qu'une seule classe.

C'est lorsque les édits royaux du début du XVIIe siècle font obligation aux municipalités de créer des écoles que les classes se développent pour faire face au nombre d'élèves : « L'école se distingue par classe », écrit Franqueville en 1661. Dès que les effectifs deviennent lourds dans les grandes villes, en rapport avec le nombre de maîtres disponibles, la division en classes est instaurée : « Il faut diviser l'école en classes différentes par rapport à la capacité des enfants », revendique Charles Démia, en 1666, en instituant un « Bureau des écoles » qui coordonne le travail pédagogique de plusieurs écoles élémentaires du diocèse de Lyon ; il préconise la division de la classe « en bandes de même capacité de 8 à 10 élèves ».

Dès 1688, Jean-Baptiste de La Salle divise son école type en deux ou trois classes, subdivisées à leur tour en deux ou trois divisions chacune. Son souci d'organisation l'amène à préciser les horaires, les programmes pour « chaque classe ». Avec la classe apparaissent « l'emploi du temps et la discipline, moyens d'établir et de maintenir l'ordre dans la classe ».

Ainsi, l'apparition des classes va amener un changement radical dans la pédagogie. Auparavant, la formule d'enseignement dominante est le préceptorat, une modalité pédagogique « strictement individualisée ». Le maître s'occupe d'un écolier, pendant que les autres sont censés lire ou écrire seuls : « Le rendement pédagogique est dérisoire », note Jean Vial dans son histoire des instituteurs (1981). Avec « les petites écoles », les Frères des écoles chrétiennes inventent l'organisation en classes, et les méthodes pédagogiques vont se modifier ; on voit naître l'idée d'un enseignement collectif simultané, indifférencié, frontal, engageant tout un groupe d'élèves dans une classe. Pour y parvenir, il faut réunir certaines conditions : découper l'enseignement en tranches successives et en disciplines scolaires, puis répartir les élèves en groupes aussi homogènes que possible en fonction de leur avancement dans la matière.

C'est au XIXe siècle que se développe l'enseignement mutuel où, pour pouvoir répondre à la demande, des groupes de 100 élèves sont fragmentés en « cohortes » de 15 élèves sous la conduite de moniteurs. Puis est mise en place la répartition en classes rigides constituées autour de la date de naissance des élèves, ce qui va favoriser l'enseignement magistral, collectif, indifférencié et dispensé pour chaque classe dans une salle de classe donnée.

Au XXe siècle, dans le système éducatif français, la classe correspond à la division des élèves d'un établissement scolaire selon les différents degrés d'études et en fonction des classes d'âge des enfants. Gilbert De Landsheere dénonce les carences d'un enseignement non différencié, donné dans des classes formées selon le critère de l'âge civil et qui réunissent des élèves très différents les uns des autres sans que l'on puisse exploiter leurs potentialités (1974).

De plus, avec l'enseignement collectif, le même pour toute une classe, apparaît l'exigence d'une homogénéité de compétences intellectuelles, donc la nécessité de la sélection et du redoublement et d'un système scolaire avec des filières différenciées.

Ainsi, le groupement par classe est un fait historique lié à l'obligation scolaire, au développement démographique des élèves et, parallèlement, au manque d'enseignants disponibles par rapport au nombre de plus en plus grand d'élèves.

Vers l'école sans classes ?

De nos jours, avec la croissance de la scolarisation, la politique de démocratisation de l'enseignement à travers la mise en place de l'école unifiée et du collège unique, un public d'élèves divers, très hétérogènes, incite à mettre en place une pédagogie différenciée, individualisée.

La modification des groupements par classes apparaît dans cette optique comme une nécessité et est envisagée dans les réformes de rénovation des collèges, des lycées, comme dans les projets d'école.

Dans le *primaire,* c'est la mise en place des cycles qui favorise le travail en équipe dans une perspective pluriannuelle et l'organisation du décloisonnement, d'ateliers hors classe.

Dans le *secondaire,* les groupes de besoins (groupes homogènes ciblés sur les besoins d'élèves pour des unités d'apprentissage données), les modules (modules réguliers pour tous, compensatoires pour certains, d'approfondissement pour d'autres), l'utilisation de banques de données, les ateliers personnalisés sont des regroupements souples, modulables, qui permettent une différenciation pédagogique et facilitent l'apprentissage du plus grand nombre d'élèves.

Et si « le nombre des élèves dans un groupe doit être considéré en relation avec la pédagogie » (Legrand, 1986), on peut envisager pour demain une école sans classes avec d'autres regroupements d'élèves et d'autres pédagogies qui mettent en place des contrats pédagogiques avec chaque élève, un tutorat systématique suivant l'élève dans des ateliers d'apprentissage intra et extrascolaires, dans le cadre des projets d'établissement (Meirieu, Altet). Le ministère de l'Éducation nationale préconise lui-même (1991) le passage de la notion de « classe structure à celle de classe de méthode ou classe de besoin » et envisage

« des regroupements d'élèves diversifiés en fonction des objectifs poursuivis ». L'avenir de la classe comme modèle unique de regroupements des élèves semble bien compromis.

Marguerite Altet

▸ Bibliographie

BRU M., *Les Variations didactiques dans l'organisation d'apprentissage*, Toulouse, Éd. universitaires du Sud, 1991.

DE LANDSHEERE G., *La Pratique des groupes en éducation,* Paris, INOP, 1974.

FIJALKOW J., NEULT T. (dir.), *La Gestion de la classe,* Bruxelles, De Boeck, 2002.

LEGRAND L., *La Différenciation pédagogique,* Paris, Scarabée, 1986.

LELIÈVRE C., *Histoire des institutions scolaires,* Paris, Nathan, 1990.

MIALARET G. *Traité de pédagogie générale,* Paris, PUF, 1992.

PROST A., *Éloge des pédagogues,* Paris, Le Seuil, 1985.

VIAL J., *Les Instituteurs : douze siècles d'histoire,* Paris, J.-P. Delarge, 1981.

YATES A., *Le Groupement des élèves en éducation,* Paris, Nathan, 1979.

▸ Voir aussi

Contrat pédagogique – Cycles – Élève – Établissement (Projet d') – Groupement – La Salle, Jean-Baptiste de – Module – Tuteur, tutorat.

CLASSE DE DÉCOUVERTE

Les classes de découverte sont des classes de l'enseignement préélémentaire, élémentaire ou de l'éducation spécialisée qui séjournent pendant quelques semaines à la mer, à la montagne, à la campagne ou à la ville, voire à l'étranger, avec leurs effectifs complets et leurs maîtres habituels sauf cas tout à fait exceptionnels. Elles sont organisées en toutes saisons. Elles ont été créées en 1982 pour unifier l'organisation des classes transplantées (classes de neige, classes de mer, classes vertes – dites parfois classes de nature – et autres) et mettre en valeur leurs dimensions pédagogiques. Elles favorisent le dépaysement, l'approche de milieux nouveaux et diversifiés, la découverte et la compréhension d'autres modes de vie, d'autres cultures.

Les classes transplantées prennent leurs racines à la suite de l'expérience du mi-temps pédagogique et sportif lancée à Vanves en 1950 sous l'impulsion des inspecteurs généraux David et Huguet. C'est en 1953 que, dans un but hygiénique et social, le médecin inspecteur scolaire Fourestier, voulant pousser plus loin la novation, « transplante » une classe de Vanves pour quatre semaines à La Feclaz (Savoie) : la première classe de neige est née. Encore expérimentale, elle est suivie par de nombreuses autres. Elles deviennent officielles par arrêté le 1er août 1957.

Ensuite, elles n'ont cessé de croître et de se diversifier. En 1964, un enseignant, J. Kerhoas, crée la première classe de mer au centre de Moulin-Mer à Logonna-Daoulas (Finistère). Sans oublier un aspect hygiénique et social, il lui donne une orientation pédagogique dont l'objectif correspond à l'« éducation » et non seulement à l'« enseignement ».

Les classes culturelles dans le premier degré (1987-1988) sont considérées comme une variété de classes de découverte, bien que leur durée ne soit que d'une semaine. Elles comprennent, d'une part, les classes d'initiation artistique consistant à faire participer pendant une semaine les élèves d'une classe à l'activité de création d'un groupe d'artistes reconnu ou d'un organisme culturel, et, d'autre part, les classes du patrimoine qui séjournent dans des sites présentant un intérêt historique, architectural, archéologique, ethnologique, littéraire ou artistique.

Les classes vertes, conjointement aux classes de mer, prennent leur terminologie officielle en 1971. Elles entrent dans le cadre du tiers temps pédagogique et de l'éducation permanente. Elles sont des classes de vie où le milieu est le centre privilégié de toutes les activités : disciplines instrumentales, disciplines d'éveil, activités physiques. La journée n'est plus divisée en deux parties, l'une sportive et l'autre scolaire ; elle est une journée continue dont toutes les activités s'inscrivent dans l'étude des milieux. C'est le lieu privilégié de l'éducation à l'environnement, où sont étudiées la diversité et la complexité des problèmes que posent les milieux que les élèves découvrent et où chacun apprend à observer, à comprendre et à se prendre en charge.

Les classes de découverte répondent à une organisation pédagogique précise (avant, pendant et après le séjour) dont les modalités sont fixées par des textes officiels. Elle sont le moment privilégié pour pratiquer « une éducation à l'environnement pour un développement durable » (circulaire n° 2004 – 110, *BOEN* du 15 juillet 2004, n° 28, p. 1473).

Bernard Tissier

▸ Bibliographie

MARIET F., *Les Classes de nature : classes de mer, classes de neige, classes vertes*, Issy-les-Moulineaux, ESF, 1977.

PÉNIN R., *En sortant de l'école : les classes de découverte*, Paris, Edilig, 1984.

▸ Voir aussi

Actives (Méthodes) – Classe transplantée – Environnement (Éducation à l') – Patrimoine – Sécurité.

CLASSE TRANSPLANTÉE

La classe transplantée est la classe de l'enseignement primaire fonctionnant avec son effectif complet et son maître, dans un lieu différent de ses activités habituelles.

Nées en 1953 sous la forme des classes de neige, les classes de découverte ont progressivement étendu leurs activités à des lieux de plus en plus diversifiés (forêt, 1959 ; campagne ou mer, 1964 ; voire étranger). Leur régime a été unifié par la circulaire n° 82-399 du 17 septembre 1982. Elles portaient essentiellement sur la découverte du milieu où elles étaient implantées.

Fondées au départ sur le principe du tiers-temps pédagogique, illustrations de la pédagogie de l'éveil, elles intégraient dans une logique de projet et d'ouverture de l'École la conception d'une éducation globale croisant toutes les disciplines et toutes les activités.

Vers le milieu des années 1980, le principe du dépaysement fut au service d'activités organisées autour d'un thème fédérateur plus proche des apprentissages scolaires eux-mêmes ; cela se fonda sur des orientations nationales, en particulier dans le domaine des enseignements artistiques (classes d'initiation culturelle, 1987, ou du patrimoine, 1988) ou des initiatives locales (ex. : classes-lecture développées dans le cadre de certaines zones d'éducation prioritaire). Dans le même temps, les classes transplantées firent davantage appel au partenariat et à l'action d'intervenants extérieurs.

Poursuivant l'évolution, la circulaire n° 93-118 du 17 février 1993 a modifié le principe pédagogique des classes de découverte ; leur nouvelle dénomination – « classes d'environnement » – témoigne de l'insistance mise, dans leur conception comme dans leur application, sur les préoccupations pluridisciplinaires liées au thème de l'environnement (mise en évidence de toutes les interrelations du monde et des effets des progrès scientifiques et techniques).

Les classes de découverte et d'environnement ont été concernées par les remous liés à la mise au point des nouvelles dispositions relatives aux sorties scolaires ; les nouveaux textes (circulaire n° 99-136 du 21 septembre 1999) reposent sur une distinction essentielle entre activités obligatoires et facultatives, au rang desquelles sont rangées les « sorties avec nuitées ».

Ces classes concernaient en 1999 un élève de l'enseignement primaire sur deux, avec de très fortes disparités selon les départements. Le nombre des classes culturelles s'élevait à 700. En revanche, malgré certaines intentions officielles en ce sens, les classes transplantées n'ont guère connu de développement dans le secteur du second degré, en dehors du secteur du patrimoine.

André Legrand

▶ **Bibliographie**

BO, n° 6, hors série, 25 septembre 1997.

CEMÉA, « Partir pour apprendre. Les classes de découverte », *Vers l'éducation nouvelle*, n° hors série, Paris, 1986.

FAUBLÉE E., *En sortant de l'école... musées et patrimoine*, Paris, CNDP/Hachette Éducation, 1992.

Ministère de l'Éducation nationale, note d'information de la Direction de l'évaluation et de la prospective (DEP), n° 96-17.

PÉNIN R., *En sortant de l'école : les classes de découverte*, Paris, Edilig, 1984.

▶ **Voir aussi**

Actives (Méthodes) – Classe de découverte – Environnement (Éducation à l') – Méthodes pédagogiques – Partenariat – Patrimoine – Projet.

CNAM ▶ Conservatoire national des arts et métiers

Cognitive (Éducation)

L'éducation cognitive a pour objectifs de développer les fonctions intellectuelles, d'apprendre à penser et d'apprendre à apprendre. Poursuivre ces objectifs suppose que l'on considère que l'intelligence est éducable. Aussi, le terme d'« éducabilité cognitive » est souvent adopté de façon générique comme synonyme d'« éducation cognitive » pour désigner l'ensemble des pratiques et des recherches menées dans ce domaine. Plus spécifiquement, on parle plutôt d'« éducation cognitive » lorsque l'on se propose de faciliter le développement et le fonctionnement intellectuel d'individus ne présentant pas de déficits cognitifs particuliers, et de « remédiation cognitive » lorsque l'on cherche à corriger des déficiences provenant de facteurs qui ont entravé ce développement et ce fonctionnement.

La démarche est ancienne et inspire plusieurs auteurs dans la première moitié du XXe siècle : en particulier Alfred Binet qui, vers 1910, élabore avec des instituteurs des « exercices d'orthopédie mentale », Simone Ramain (« méthode Ramain ») vers 1920 et Joffre Dumazedier (« Entraînement mental ») vers 1940. Elle se manifeste également, dans les années 1960, par la mise en place de grands programmes d'*éducation compensatoire* aux États-Unis pour lutter contre la pauvreté et les inégalités sociales (par ex., le programme Head Start). La plupart des méthodes ont cependant vu le jour durant ces 25 dernières années. Les plus connues en France sont les Ateliers de raisonnement logique (ARL) de Higelé, LOGO de Papert, et le Programme d'enrichissement instrumental (PEI) de Feuerstein.

Le principe de l'éducabilité cognitive est contraire aux thèses innéistes et fixistes de l'intelligence, aujourd'hui minoritaires. L'idée que les capacités intellectuelles se construisent sous l'effet de l'expérience est largement admise et fonde la majorité des actions éducatives ou de formation. Cependant, des divergences persistent quant à l'existence ou non de périodes sensibles en dehors desquelles ce développement serait moins facile, voire impossible, ainsi que sur les mécanismes à l'œuvre dans ce développement. Le modèle piagétien insiste sur l'importance de l'expérience active de la personne sur le milieu, alors que le modèle de Vygotski donne à la médiation sociale un rôle central dans ce développement. Les méthodes existantes varient dans leurs principes et leurs modalités d'action selon qu'elles s'inspirent de l'un ou l'autre de ces deux modèles. Toutes font cependant appel à la métacognition, en visant une prise de conscience et un meilleur contrôle par le sujet de son propre fonctionnement cognitif.

Plusieurs études ont été conduites afin de connaître l'efficacité réelle des méthodes d'éducation cognitive. Elles se sont avérées plutôt décevantes quant à la réutilisation dans des situations variées des principes appris par ces méthodes. Elles ont cependant permis de préciser les connaissances dans ce domaine et d'améliorer les pratiques. À la lumière de ces études se profilent ainsi des méthodes d'éducation cognitive de seconde génération, basées, comme les méthodes actuelles, sur l'activité du sujet, la médiation sociale et les apprentissages métacognitifs, mais plus contextualisées (mieux articulées aux connaissances, aux domaines de compétences, aux disciplines, aux situations), plus holistiques (prenant en compte la totalité de la personne en visant simultanément le fonctionnement cognitif et conatif) et mieux différenciées (adaptées aux particularités et spécificités du public, tant du point de vue de son niveau que de ses préférences et de ses besoins).

Even Loarer

▸ Bibliographie

COULET J.-C., *Éduquer l'intelligence*, Paris, Dunod, 1999.

LOARER E., « L'Éducation cognitive : modèles et méthodes pour apprendre à penser », *Revue française de pédagogie*, n° 122, 1998, p. 121-161.

LOARER E., CHARTIER D., HUTEAU M., LAUTREY J., *Peut-on éduquer l'intelligence ? L'évaluation d'une méthode d'éducation cognitive*, Berne, Peter Lang, 1998.

SOREL M. (éd.), *Pratiques nouvelles en éducation et en formation : l'éducabilité cognitive*, Paris, L'Harmattan, 1994.

▸ Voir aussi

Feuerstein, Reuven – Médiation – Sciences cognitives.

COLLÈGE

Actuellement, le collège est l'institution scolaire (unique) qui accueille tous les enfants après leur passage dans les classes élémentaires du primaire. On y parcourt les quatre classes constitutives du premier cycle de l'enseignement secondaire (de la 6e à la 3e).

Aux origines du collège

Cela n'a pas toujours été ainsi, loin s'en faut. À l'origine, on peut dire que le collège désigne un établissement de type universitaire. À partir de la fin du XIIe siècle, autour des facultés de droit, de médecine, de théologie et surtout autour des facultés des « arts » (des propédeutiques aux autres), des collèges sont créés dont la fonction principale est d'assurer un lieu d'hébergement aux étudiants et aux professeurs. Mais, peu à peu ces collèges prennent leur autonomie par rapport à leur faculté : ils ont des locaux propres, des statuts particuliers, des enseignants à demeure, si bien que se multiplient les collèges de « plein exercice » qui offrent un cursus complet d'enseignement.

Au XVIe siècle, l'humanisme gagne presque tous les collèges « artiens », des collèges propédeutiques aux autres établissements universitaires. Une nouvelle conception de l'enseignement apparaît, le *modus parisiensis.* Influencés par la méthode des Frères de la vie commune (qui, à la fin du Moyen Âge, en Hollande, avaient inventé un type de collège structuré en classes confiées chacune à un maître), les collèges parisiens deviennent des institutions organisées en cycles de cours accueillant un public fixe. L'installation des collèges jésuites achève la métamorphose : les collèges deviennent des institutions « secondaires » au cursus élaboré et fixe, aux âges d'étude peu à peu déterminés. Le *Ratio studorium* arrêté en 1599 définit avec précision un plan d'études qui structure l'établissement scolaire en cinq classes : trois de grammaire, une d'humanité, une de rhétorique. L'hétérogénéité des âges est alors encore étonnante. Au collège d'Auch, par exemple, entrent en 6e (une sorte de classe préparatoire aux cinq autres classes) des enfants de 4 à 18 ans (l'âge modal est de 8 ans) ; en 5e, les nouveaux entrants ont de 7 à 21 ans (l'âge modal est de 12 ans). Mais la pyramide des âges se restreint au XVIIIe siècle : on passe de cinq à six âges différents étalés entre 10 et 15 ans pour les classes de 5e ou 6e à des âges désormais considérés comme « normaux » (10 ou 11 ans pour la 6e, 11 ou 12 ans pour la 5e). Le principe d'une relative adéquation entre l'âge et le niveau d'études (centré sur un cursus de lettres) est pratiquement acquis à la fin de l'Ancien Régime. Il durera.

Au XIXe siècle, les collèges sont non seulement des établissements secondaires qui préparent au baccalauréat (de la 6e à la terminale), mais ils disposent aussi de classes élémentaires (de la 8e à la 7e, puis de la 11e à la 7e) qui ont un programme sensiblement différent de celui des écoles primaires.

Ces classes élémentaires des collèges et lycées, comme celles d'ailleurs des classes secondaires proprement dites, ne sont pas d'accès gratuit. Lorsque Jules Ferry et les républicains instituent la gratuité des écoles primaires par la loi du 16 juin 1881, cette dernière n'est pas appliquée aux classes élémentaires des établissements secondaires (celles des collèges et des lycées), ce qui instaure de fait la barrière de l'argent entre ceux qui peuvent les fréquenter et ceux qui ne le peuvent pas. Ils renforcent même la spécificité de ces classes en créant, par le décret du 8 janvier 1881, un « certificat d'aptitude aux fonctions de professeur de classes élémentaires de l'enseignement classique », ce qui interdit aux simples instituteurs d'y enseigner. Jules Ferry souligne lui-même le soin qu'il a mis à la réforme des classes élémentaires des collèges et lycées afin d'assurer leur expansion (pour les couches sociales privilégiées). Il s'agit d'y faire « quelque chose de moins que l'enseignement primaire supérieur, mais quelque chose de plus que l'enseignement primaire des écoles élémentaires ». Cet élémentaire du secondaire va prospérer et croître durant toute la IIIe République. Alors qu'il ne reçoit que 16 000 élèves en 1881, il en accueillera 31 000 en 1913 et plus de 55 000 à la veille de la guerre. Ces classes resteront payantes même lorsque les classes du secondaire proprement dites deviendront gratuites, au début des années 1930. L'ordonnance du 3 mars 1945 édictera en principe leur suppression ; mais elle ne sera effectivement réalisée que dans les années 1960, pour laisser place aux classes du premier cycle du secondaire (en croissance explosive).

Par ailleurs, Jules Ferry et ses amis instituent un puissant primaire supérieur gratuit (écoles primaires supérieures et cours complémentaires), destiné aux bons élèves du primaire, à l'élite scolaire des enfants du peuple. Le dispositif scolaire est donc structuré en deux ordres verticaux : l'ordre du primaire (avec son primaire supérieur), gratuit et destiné au peuple ; l'ordre du secondaire, celui des collèges et des lycées (avec ses classes élémentaires), payant et réservé à l'élite sociale. L'École est institutionnellement divisée.

Vers le collège unique

Après la Grande Guerre se crée un mouvement en faveur d'une « école unique ». Il s'agit de substituer à l'organisation en deux ordres une organisation en niveaux successifs, l'école primaire devenant la première étape pour tous les enfants avant une sorte d'école moyenne, également commune à tous.

Les pas décisifs sont franchis quand les collèges et lycées perdent leurs classes élémentaires (au début des années 1960) et quand se met en place (par la réforme Capelle-Fouchet de 1963) une école moyenne de quatre années (avec un cycle d'observation de deux ans et un cycle d'orientation de deux ans) qui succède à l'élémentaire. Les décrets du 3 août 1963 instituent un nouveau type d'établissement : le collège d'enseignement secondaire (CES). Comme le remarque Christian Fouchet à l'Assemblée nationale en juin 1963, « le gouvernement a décidé de créer des établissements polyvalents, réunissant sous le même toit toutes les formes d'enseignement entre la fin des études élémentaires et la fin de la scolarité obligatoire ; la décision d'instituer de tels établissements est une date dans l'histoire de nos institutions scolaires ». La réforme Haby de 1975 parachève cette restructuration du système scolaire. Il s'agit d'instituer le « collège unique ». Les CES (collèges d'enseignement secondaire) et les CEG (collèges d'enseignement général), qui avaient continué à se développer depuis leur création en 1959 à partir des anciens cours complémentaires, sont unifiés sous la même dénomination (le collège) et selon la même structure interne. L'enseignement du collège succède désormais « sans discontinuité à la formation primaire ». Après la 3e, tous les établissements s'appellent désormais « lycée », les CET (collèges d'enseignement technique, nom donné en 1960 aux anciens centres d'apprentissage) devenant des « lycées d'enseignement professionnel » (LEP, puis LP). L'architecture scolaire est enfin, distinctement et explicitement, une superposition de trois degrés horizontaux : l'école élémentaire, le collège, les lycées.

Alors qu'avant la Ve République, le terme « collège » désignait un établissement secondaire complet (accueillant des élèves depuis l'âge de six ans jusqu'à la terminale), et qu'ont existé – entre 1959 et 1975 – des collèges d'enseignement général ou secondaire ou technique (de différents niveaux), le collège désigne depuis 1975 un établissement exclusivement consacré au premier cycle du secondaire.

Claude Lelièvre

▸ Bibliographie

Derouet J.-L. (dir.), *Le Collège en questions*, Paris, PUF, 2003.

Dubet F., Duru-Bellat M., *L'Hypocrisie scolaire : pour un collège vraiment démocratique,* Paris, Le Seuil, 2000.

Dutercq Y., Derouet J.-L., Bourreau J.-P., Kerlan A., Ramognino N., *Le Collège en chantier : retour sur le collège unique*, Saint-Fons, INRP, 2004.

Lelièvre C., *Histoire des institutions scolaires* (1789-1989), Paris, Nathan, 1990.

Prost A., *Éducation, société et politiques,* Paris, Le Seuil, 1992, nouv. éd., coll. « Points », 1997.

▸ Voir aussi

Faculté – Lycée – Primaire (Enseignement).

Collège de France

Le Collège de France est un établissement public d'enseignement supérieur qui n'est ni une université ni une grande école. Il ne transmet pas à ses auditeurs un savoir figé par des programmes et ne prépare à aucun diplôme.

Enseigner « la science en train de se faire » : Depuis le XVIe siècle, le Collège de France répond à une double vocation : être à la fois le lieu de la recherche la plus audacieuse et celui de son enseignement. Voué à la recherche fondamentale, en partenariat avec le CNRS, l'INSERM et plusieurs autres grandes institutions, le Collège de France possède cette caractéristique unique : il enseigne « le savoir en train de se faire », élaboré au sein de ses chaires.

Les professeurs : Le Collège de France doit sa création à François Ier, qui nomma en 1530 les premiers Lecteurs royaux. Leur fonction était d'enseigner des disciplines qui n'étaient pas encore admises à l'Université. Aujourd'hui, les anciens « Lecteurs royaux » sont devenus 52 professeurs travaillant avec plusieurs centaines de chercheurs, ingénieurs, techniciens et administratifs.

Le Collège de France est organisé en chaires. Ces dernières couvrent un vaste ensemble de disciplines : des mathématiques à l'étude des grandes civilisations en passant par la physique, la chimie, la biologie et la médecine, la philosophie et la littérature, les sciences sociales et l'économie, la préhistoire, l'archéologie et l'histoire, la linguistique, etc.

Lieu de débat et de confrontation d'idées : De nombreux colloques spécialisés et un symposium pluridisciplinaire sur un grand thème de société sont organisés chaque année, afin de favoriser la réunion et la réflexion de la communauté scientifique internationale.

La liberté de la recherche : Depuis l'origine, une disposition essentielle a maintenu la vigueur créatrice de cette communauté savante : les chaires ne sont pas permanentes. De ce fait, lors des départs à la retraite, le renouvellement se fait en fonction des derniers développements de la science.

Les nouveaux membres sont élus par l'Assemblée des professeurs : aucun grade universitaire n'est requis pour celui qui se présente aux suffrages ; seules comptent l'importance et l'originalité de ses travaux.

La possibilité de transformer les chaires est un principe qui évite la rigidité des grilles de disciplines. Ainsi, le Collège s'adapte en permanence à l'évolution des sciences et reste un pôle d'animation de la communauté scientifique.

Un rayonnement national et international : Les cours ont lieu principalement à Paris. Toutefois, chaque professeur a la liberté de donner une partie de son enseignement dans des grandes villes de France et à l'étranger. Un accueil tout particulier est réservé aux savants étrangers : chaque année, plus de 50 sont invités à donner une série de conférences.

Des professeurs titulaires étrangers font partie du corps professoral. Les titulaires de la chaire européenne et de la chaire internationale sont renouvelés annuellement.

Les professeurs du Collège de France effectuent de nombreux déplacements dans les universités étrangères. Afin de favoriser ces échanges avec la communauté internationale, des chaires du Collège de France ont été créées au Brésil, en Allemagne, au Québec, en Suède, en Espagne, et bientôt en Égypte et au Mexique.

Tradition et modernité : Après six années d'études et de travaux, le bâtiment historique de Jean-François Chalgrin, entièrement rénové par les architectes Bernard Huet et Jean-Michel Wilmotte, accueille un large public (plus de 100 000 auditeurs par an), avec des qualités d'écoute et de suivi excellentes : amphithéâtres de 420 et 140 places, régie audiovisuelle, vaste hall d'accueil, salles de cours, etc. Autant d'outils mis au service de la recherche et de son enseignement.

Les bibliothèques : Le Collège de France possède des trésors : des livres rares, des bibliothèques spécialisées qui comptent parmi les meilleures en Europe.

Outils de travail des professeurs et des chercheurs attachés au Collège, elles sont ouvertes à un public extérieur de spécialistes (sous certaines conditions) et attirent un nombre croissant de chercheurs étrangers.

Les laboratoires et instituts : Le Collège de France réunit, au sein de laboratoires et d'instituts spécialisés, des chercheurs ainsi que de jeunes équipes mobilisés sur des programmes à moyen terme. Intégrés, hébergés ou extérieurs, mais toujours associés à d'autres organismes de recherche aux infrastructures spécialisées, ils travaillent ainsi dans la durée en préservant ce minimum de fluidité qui est gage d'innovation.

Florence Terrasse-Riou

▸ Voir aussi
Écoles (Grandes) – Université.

Collégien

Aujourd'hui en France, plus de trois millions d'élèves sont scolarisés au collège. Ils ont pour la plupart entre 11 et 15 ans. Environ 63 % d'entre eux obtiendront le baccalauréat, alors qu'en 1980, seulement 26 % d'une génération obtenait ce diplôme. L'enseignement secondaire est aujourd'hui un enseignement de masse qui s'est très nettement démocratisé, favorisant l'accès à la certification du plus grand nombre. D'un point de vue plus « subjectif », l'entrée en 6e représente pour les élèves une véritable rupture, et ceci à plus d'un titre. D'abord en termes institutionnels : il s'agit de l'entrée dans l'enseignement secondaire, dont les règles de fonctionnement sont encore aujourd'hui en nette rupture avec celles de l'école primaire. Ensuite en termes plus personnels : l'entrée au collège consacre simultanément l'entrée dans la préadolescence et l'adolescence.

Le niveau de formation du collège a cette double particularité d'être à la fois « unique », c'est-à-dire ouvert à tous, et « sélectif » car il aboutit au premier palier d'orientation dans les études secondaires. Pour une grande part, l'expérience des collégiens résulte de ce contexte institutionnel : il correspond à un « âge de la vie » propice aux évolutions personnelles et à la définition de soi, et confronte les élèves à l'expérience de la compétition, de l'égalité formelle et des inégalités réelles, soit un réel apprentissage de la vie en société.

L'expérience du collège

L'expérience du collège se construit d'abord sur la rupture avec l'école primaire et ses modes de fonctionnement. Alors que l'école primaire est encore construite aujourd'hui autour des « enfants », le collège ne s'occupe que des « élèves ». Ce passage a des conséquences considérables car il exprime de nouveaux rapports sociaux et scolaires au sein des collèges. À l'intégration forte, à l'identification au maître qui prévaut dans le primaire (l'élève travaille pour faire plaisir au maître avec qui il passe de longues journées), se substitue la nécessaire formation d'une distance critique au collège. Confrontés à de nombreux enseignants, les collégiens sont conduits à les comparer et à s'apercevoir que les normes scolaires (tant au niveau des comportements acceptés et acceptables, que du travail à fournir et des critères d'évaluation) ont toujours une dimension relative et négociable. La forte division du travail entre les acteurs éducatifs (les enseignants enseignent, le CPE se charge de la vie scolaire, les surveillants surveillent, le directeur dirige, etc.) ainsi que les enjeux propres à ce niveau de formation font émerger un sens critique, que Dominique Paty (1997) décrit comme l'évolution la plus fréquente entre la 6e et la 3e. À leur arrivée au collège, les élèves ont pour la plupart une bonne opinion de leurs enseignants et des apprentissages qu'ils dispensent. En classe de 3e, une très forte critique domine : les enseignants sont jugés négativement et l'enseignement est considéré comme peu intéressant et peu motivant. S'ajoute à ce contexte le fait que « le travail scolaire ne va plus de soi », car « les deux grandes matrices de sens du travail scolaire, l'utilité des diplômes et l'intérêt intellectuel, sont encore faiblement présentes au collège » (Dubet, Martuccelli, 1996). Se construit ainsi pour les collégiens un nouveau rapport à l'école, fruit d'une prise de distance dont la culture juvénile est une des sources principales.

Culture juvénile et culture scolaire

L'arrivée en 6e « marque aussi l'entrée dans un univers particulier, celui de l'adolescence. Le collège, en organisant une rupture scolaire forte, définit en même temps une coupure radicale avec le monde de l'enfance » (Cousin, Felouzis, 2002). Cette coupure se manifeste essentiellement par l'entrée dans la « vie juvénile » avec ses normes et ses règles propres. C'est là une dimension primordiale de l'expérience du collège et de la formation des identités adolescentes à ce niveau de formation. Elle régit les relations entre pairs, et notamment entre filles et garçons, organise les « looks » et les comportements dans et hors l'école. Toutefois, cette culture juvénile se conjugue de façon très contrastée en fonction des milieux sociaux et des contextes urbains dans lesquels elle s'insère. Elle peut simplement « cohabiter » avec la culture scolaire dans une relative harmonie sans grande conséquence sur la vie quotidienne dans les collèges. Mais elle peut aussi, en se combinant avec la « culture de rue » ou « de banlieue », représenter une sorte de référence externe et opposée aux normes scolaires. Dans ce cas, la culture juvénile se heurte à l'ordre scolaire. « L'école, et plus particulièrement le collège, se sent alors envahie et sous la menace d'une culture qui est d'autant plus dangereuse qu'elle lui est étrangère et que les enseignants et le personnel d'encadrement n'en maîtrisent pas les codes et les implicites… La culture juvénile est perçue comme menaçante parce qu'elle est synonyme de violence et d'incivilité » (Cousin, Felouzis, 2002). La différenciation entre établissements est donc ici de première importance. L'expérience du collège est fortement médiatisée par l'établissement : la nature du public scolarisé, la mobilisation de l'équipe enseignante, l'action de la direction, etc.

Collège unique et effet d'établissement

Le fait d'être collégien aujourd'hui relève d'une expérience commune, au sens où les structures du collège sont assez fortes pour se retrouver, à des degrés divers, dans l'ensemble des établissements français. Toutefois, les effets d'établissement sont ici tout aussi puissants pour définir la nature de l'expérience du collège, tant les différences et les inégalités sont grandes d'un collège à l'autre. Le contexte créé par la composition sociale du public, la nature des relations entre professeurs et élèves, l'environnement urbain et les perspectives d'études définit la forme de l'expérience sociale des études au collège. Et de fait, les disparités entre collèges sont telles, tant du point de vue social que scolaire et ethnique (Felouzis, Liot, Perroton, 2005), que « devenir collégien » recouvre un sens tout à fait différent selon l'établissement qui forme le cadre d'action des acteurs sociaux. À l'expérience académique et fortement marquée par la compétition scolaire et l'excellence des collèges « bourgeois » s'oppose une ethnicisation des rapports scolaires dans les établissements les plus marqués par la ségrégation ethnique et la relégation sociale qui l'accompagne. En définitive, il en est de la socialisation des élèves comme des acquis scolaires et des inégalités : le contexte crée des différences (Duru-Bellat, 2002).

Georges Felouzis

▶ **Bibliographie**

Cousin O., Felouzis G., *Devenir collégien : l'entrée en classe de 6e*, Issy-les-Moulineaux, ESF, coll. « Pédagogies », 2002.

Dubet F., Martuccelli D., *À l'école : sociologie de l'expérience scolaire*, Paris, Le Seuil, coll. « L'Épreuve des faits », 1996.

Duru-Bellat M., *Les Inégalités sociales à l'école : genèse et mythes,* Paris, PUF, coll. « Éducation et formation », 2002.

Felouzis G., Liot F., Perroton J., *L'Apartheid scolaire français : enquête sur la ségrégation ethnique dans les collèges*, Paris, Le Seuil, 2005.

Paty D. (éd.), *Douze collèges en France : le fonctionnement réel des collèges publics*, Paris, La Documentation française, 1997.

▶ **Voir aussi**

Collège – Lycée – Lycéen.

Colonie de vacances

La colonie de vacances est une structure d'accueil qui permet aux enfants et aux adolescents de vivre ensemble hors de leur milieu familial et de leur cadre de vie habituel, et de se consacrer à des activités de loisirs.

Les colonies de vacances sont nées en 1876 à l'initiative d'un pasteur suisse zurichois, Wilhelm Bion, qui se proposait de faire profiter du bon air de la montagne les enfants pauvres des villes qui ne partaient pas durant les vacances. À cette volonté sanitaire et sociale va s'ajouter chez certains, principalement les instituteurs laïcs, la volonté scolaire d'instruire et d'éduquer les enfants au contact de l'école de la nature. Dans la suite de leurs nombreux patronages et pour contrer l'influence de l'école laïque obligatoire, les catholiques vont donner une tonalité éducative religieuse très forte à leurs colonies de vacances. Ces tendances vont être dominantes jusqu'à la Seconde Guerre mondiale.

À partir des années 1950, la colonie de vacances va se définir comme éducatrice de loisirs. Elle sera le lieu privilégié de l'application des idées de l'Éducation nouvelle par l'intermédiaire des organismes de formation (CEMÉA, UFCV, FFC, etc.). Toute une théorie et une pratique de l'éducation se développeront autour des notions de besoins, d'activités, de rythmes, d'attitudes. Dans les années 1970, on assistera à une diversification très forte des formules, en particulier sous l'influence des activités physiques de pleine nature (voile, ski, randonnée, etc.), d'abord pour les adolescents, ensuite pour les enfants.

Les séjours d'enfants sont aujourd'hui menacés. L'été 1964, près d'un million d'enfants en avaient bénéficié. Actuellement, ils ne sont plus que la moitié. Ce recul peut être attribué à divers facteurs : bien des parents partent pendant les vacances en emmenant leurs enfants ; le coût des centres est très élevé pour qui ne bénéficie pas d'aides ; l'État et les collectivités locales n'en font plus une priorité collective ; la spécificité éducative des colonies s'est brouillée. Dans le même temps, les centres pour adolescents se sont considérablement développés, de même que les centres de loisirs sans hébergement (CLSH).

L'image des colonies de vacances reste très positive chez les usagers – parents et enfants. Elle a du mal, par contre, à s'imposer chez les non-usagers. La « colo » d'autrefois n'existe plus. D'ailleurs, depuis 1973, le terme « colonie de vacances » a laissé place à celui de « centre de vacances et de loisirs ». Ce dernier doit, aujourd'hui plus que jamais, trouver sa place dans les diverses structures éducatives et de loisirs.

Jean Houssaye

▶ Bibliographie

HOUSSAYE J., *Aujourd'hui, les centres de vacances,* Vigneux, Matrice, 1991.

HOUSSAYE J., *C'est beau comme une colo : la socialisation en centre de vacances,* Vigneux, Matrice, 2005.

HOUSSAYE J., *Le Livre des colos : histoire et évolution des centres de vacances pour enfants,* Paris, La Documentation française, 1989.

HOUSSAYE J., *Et pourquoi que les colos elles sont pas comme ça ?,* Vigneux, Matrice, 1995.

▶ Voir aussi

Centre aéré – Jeunesse – Loisir – Mouvements de jeunesse – Populaire (Éducation).

COMENIUS, JEAN AMOS (1592-1670)

Philosophe, théologien et pédagogue tchèque, Jean Amos Comenius (nom latinisé de Jan Amos Komensky) est né à Nivnice, en Moravie, le 28 mars 1592. Dernier évêque de l'Église des Frères moraves (Église protestante de la Réforme tchèque), celui que Michelet nomma le « Galilée de l'éducation » et « génie universel » mourut à Amsterdam le 15 novembre 1670 après 42 années d'exil.

Sa vie durant, en dépit d'une existence aussi tragique que mouvementée, Comenius n'eut d'autre projet que de concourir à l'amélioration des affaires humaines, notamment en s'efforçant de transformer l'École en « atelier d'humanité ». Chacun des écrits de l'auteur constitue un élément logiquement et utilement assemblé aux autres, de telle sorte que l'œuvre (plus de 300 ouvrages) forme un véritable système politique et éducatif visant à réunir une humanité désunie. Tout d'abord, Comenius n'a qu'une pensée : servir au mieux les intérêts de son pays et de son Église, en défendant la langue nationale et la foi de l'Église réformée au moyen de l'École. Mais lorsque, en février 1628, les membres de l'unité des Frères fuient les persécutions pour une longue et définitive période d'exil, Comenius, condamné à errer dans de nombreux pays étrangers, va percevoir l'étendue et la nature profonde des problèmes internationaux ; il va découvrir que les causes qui sont à l'origine de la détresse de son pays sont identiques à celles qui ont engendré le malheur et le désarroi dans toute l'Europe à cette époque : l'intolérance, le despotisme, la misère matérielle et intellectuelle. Dès lors, Comenius se propose d'aider l'homme à sortir du « Labyrinthe du monde » en construisant le « Paradis du cœur ». *La Grande Didactique ou l'Art universel d'enseigner tout à tous,* écrite en 1632, marque une charnière dans la pensée et l'œuvre coméniennes, tout entières consacrées désormais à établir un projet visant à élever cet être fragile et dépendant qu'est l'enfant au rang d'« Homme », en s'affirmant « citoyen du monde ».

Un visionnaire

Tout en poursuivant minutieusement l'élaboration des programmes, des manuels, des locaux et des rythmes scolaires, Comenius œuvrera pour la paix et la coopération entre les hommes, les peuples et les Églises. Ainsi, dans *De rerum humanorum emendatione consultatio (*« Consultation générale sur la réforme des affaires humaines »), rédigé entre 1645 et 1670, prévoit-il la création d'une « panglottie », langue artificielle et universelle (que Zamenhof réalisera en 1887 sous la forme de l'espéranto), et organise-t-il une « panorthosie » en jetant les bases d'institutions internationales, telles que le « Collège des lumières », dont la mission serait de dispenser une instruction universelle, de fonder des écoles et d'éditer des livres (organisation qui verra le jour en 1945 sous la forme de l'Unesco), la « Cour internationale de justice », qui veillerait par la négociation et la conciliation à désamorcer tout risque de conflit (organisation créée elle aussi en 1945 : l'ONU), et enfin le

« Consistoire mondial », haute instance spirituelle chargée d'instruire les affaires des Églises en vue de préserver l'entente entre les diverses religions (proposition partiellement réalisée en 1948 par la création du Conseil œcuménique). Comme l'écrivait si justement Michelet, « Comenius, chassé de Moravie par les féroces Espagnols, y perdit la patrie, et y gagna [...] le monde ». De fait, le système coménien, conçu telle une spirale, englobe petit à petit la vie de l'enfant, de l'adolescent, de l'homme, des hommes, de la société et des sociétés dans un tourbillon qui se nourrit de complexités toujours plus grandes.

Conceptions éducatives

Partageant la conception aristotélicienne qui fait de l'homme un microcosme doté de puissances rationnelles et de vérités innées, et reconnaissant en l'être humain une création divine « de peu inférieure à Dieu lui-même », Comenius fixe à l'éducation trois exigences : *Omnes* (tous doivent avoir part à l'éducation), *Omnia* (tous doivent être instruits en tout ce qui est nécessaire pour devenir homme), *Omnimo* (l'éducation doit façonner l'homme tout entier).

Pour le pédagogue tchèque, l'éducation n'a de raison d'être que si elle conduit à la vertu et à la sagesse. Désirant le bonheur de tous et la participation de chacun, il pose le principe de l'obligation scolaire et de la gratuité des études et organise la scolarité en trois écoles : l'école nationale de 6 à 12 ans ; le gymnase ou école latine de 12 à 18 ans ; l'université jusqu'à 24 ans.

Méthode pédagogique

Considérant que la diversité des méthodes « embrouille les esprits et rend les élèves incertains », et que le processus d'instruction de la jeunesse doit prendre pour modèle la nature et son développement, Comenius préconise une méthode unique. Afin que les apprenants ne sortent de l'école « à peine assurés d'un vernis, d'une ombre de connaissance », mais soient des êtres de « longue durée », il énonce trois règles pédagogiques fondamentales :

– procéder par étapes, car « c'est faire violence à l'intelligence que de contraindre l'élève à accomplir une tâche au-dessus de ses forces » ;

– pratiquer l'« autopsie », c'est-à-dire tout examiner par soi-même sans abdiquer devant l'autorité de l'adulte ;

– agir par soi-même (autopraxie) : pour tout ce qui est présenté à l'intellect, à la mémoire, à la langue, à la main, que les élèves eux-mêmes le cherchent, le découvrent, le discutent, « ne laissant aux maîtres que le rôle de surveiller si ce qui doit se faire se fait, et se fait comme il doit se faire ».

Pour faciliter et rendre les études agréables et pour « enflammer les enfants de l'amour du savoir », Comenius recommande, outre un enseignement par l'observation, l'analyse et l'action, une discipline sage et douce ne recourant jamais à la violence, car, écrit-il, « comment aurions-nous l'espoir de former une créature raisonnable par des accès de fureur ? ». Surtout ne pas punir un élève parce qu'il est lent ou obtus, ou parce qu'il manque d'ardeur au travail ; le réprimander seulement lorsqu'il fait preuve de mauvais sentiments. Afin que la communauté scolaire soit au plus près de cette société fraternelle des hommes tant espérée par Comenius, ce dernier préconise que les élèves se prêtent une aide mutuelle et que l'enseignant confie la direction et la surveillance des études des élèves les plus lents aux élèves les plus avancés.

Comme l'écrivait Jean Piaget, Comenius est l'un des précurseurs de l'idée de génétique en psychologie du développement et le fondateur d'une pédagogie différenciée en fonction des paliers de ce développement. Mais nul doute qu'il se détermine bien davantage comme un « faiseur du portrait de l'homme », pouvant encore aujourd'hui, de par les finalités qu'il assigne à l'éducation, aider l'homme de notre temps à modeler l'homme à venir.

Alain Cussey

▸ Bibliographie

Principale œuvre de Comenius :

Comenius, *La Grande Didactique ou l'Art universel de tout enseigner à tous,* Paris, Klincksieck, coll. « Philosophie de l'éducation », 2002.

Principales œuvres sur Comenius :
CAULY O., *Comenius, l'utopie du paradis,* Paris, PUF, coll. « Philosophies », 2000.
DENIS M., *Un certain Comenius,* Paris, Publisud, 1992.
HEYBERGER A., *Jan Amos Comenius (Komensky), sa vie et son œuvre d'éducateur,* Paris, Librairie Champion, 1928.
JALLIBERT B., *Traduction de la Grande Didactique,* Paris, Klincksieck, 1992.
PREVOT J., *L'Utopie éducative – Comenius,* Paris, Belin, 1981.

▶ **Voir aussi**
Pédagogie différenciée – Piaget, Jean.

COMMENTAIRE LITTÉRAIRE

Le commentaire littéraire est un exercice écrit consistant à présenter de façon ordonnée un ensemble de remarques à propos d'un texte littéraire donné. Il relève, spécifiquement, de l'enseignement du français au lycée et constitue, avec la dissertation et l'écriture d'invention, l'un des trois sujets proposés au choix des candidats à l'épreuve anticipée de français du baccalauréat.

Le commentaire a toujours représenté l'une des formes de la composition française depuis l'introduction de cet exercice dans les programmes du lycée, à la fin du XXe siècle. Devenu l'un des exercices importants du baccalauréat en 1969, sous la forme codifiée du « commentaire composé », il a repris, dans les derniers programmes, le nom simple de « commentaire » (parfois qualifié de « littéraire »), sans que la forme « composée » soit jugée déterminante pour les enjeux de l'exercice.

Une tradition millénaire

Sous sa forme scolaire, le commentaire est l'aboutissement d'une très ancienne lignée que l'on peut repérer dès l'époque hellénistique, où l'on commente Homère aussi bien à l'école que dans les cercles savants, stoïciens notamment ; à cette origine grecque, il faut ajouter celle, juive, des commentaires bibliques. La rencontre des deux traditions, qui s'opère à Alexandrie même, donne naissance à une tradition majeure de la culture occidentale, notablement illustrée par la scolastique médiévale (qu'on a pu qualifier de vaste commentaire d'Aristote, par le truchement de saint Thomas d'Aquin), puis par l'humanisme, qui fonde le commentaire philologique moderne ; avec le *Commentaire sur les Amours de Ronsard* (1553), Muret propose en France un des premiers commentaires sur une œuvre littéraire (profane).

Exercice en vigueur dans l'enseignement du français au lycée depuis la fin du XIXe siècle, le commentaire est né d'une autre tradition que l'explication de texte orale. Mais le XXe siècle a fait se rejoindre ces deux formes de discours sur le texte littéraire, en fondant progressivement leurs épistémologies respectives sur des conceptions identiques du discours métatextuel, héritées de Lanson. Dans le texte de 1970 sur le baccalauréat, le lien est explicitement établi entre commentaire et explication orale, avec comme seule différence que l'explication orale « rend compte d'un texte dans son déroulement », alors que « le commentaire écrit doit être construit de manière à faire apparaître méthodiquement les éléments d'intérêt que le candidat découvre dans la page proposée » ; l'introduction dans les programmes, en 1987, de la lecture méthodique établit plus fortement le lien, dans la mesure où le commentaire « s'appuie sur la lecture méthodique d'un texte ». Les derniers programmes pour le lycée établissent le même lien entre « lecture analytique » et « commentaire littéraire ».

Au cœur de la discipline et de ses problèmes

Le commentaire se veut mise à l'épreuve d'une lecture fondée sur la rigueur et la rationalité d'une observation positive, et fait figure d'exercice fondamental de l'analyse littéraire dans l'enseignement secondaire.

Sur le plan de la discipline d'enseignement, dont l'un des objectifs, au lycée, est la transmission de méthodes de lecture diversifiées, il constitue un mode original de saisie et d'appropriation du texte, par prélèvements (citations) soumis à une étude raisonnée, dont l'objectif est finalement de rendre compte d'une *lecture littéraire* du texte.

Cependant, la pratique scolaire du commentaire ne va pas sans soulever des problèmes d'enseignement ; outre celui (didactique) concernant la manipulation, par les élèves, d'outils (grammaticaux, linguistiques, stylistiques, etc.) leur permettant d'établir et d'identifier des relations entre phénomènes textuels de niveaux linguistiques divers et aléatoires, la difficulté réside dans l'interprétation des réseaux ainsi mis à jour.

Du fait qu'elle refuse la subjectivité des lectures individuelles, l'épistémologie de la discipline est confrontée à la détermination de modèles interprétatifs clairement partagés par professeurs et élèves. Les sciences humaines (histoire et histoire littéraire, sociologie, psychologie et psychanalyse, etc.) seraient peut-être aujourd'hui les mieux placées pour succéder à une vulgate humaniste moralisante et psychologisante.

Bertrand Daunay
Bernard Veck

▶ Bibliographie

Batteux C., *La Leçon de lecture*, Paris, Éd. des Cendres, 1990.

Charles M., *L'Arbre et la Source*, Paris, Le Seuil, 1985.

Compagnon A., *La Troisième République des lettres*, Paris, Le Seuil, 1983.

Daunay B., *Éloge de la paraphrase*, Saint-Denis, Presses universitaires de Vincennes, 2002.

Dufay J.-L., Gemenne L., Ledur D., *Pour une lecture littéraire : approches historique et théorique. Propositions pour la classe de français*, Bruxelles, De Boeck, 1996.

▶ Voir aussi

Composition française – Écrits d'invention – Écriture – Évaluation – Explication de texte – Français (Enseignement du) – Lecture – Littérature.

Communauté éducative

Tirant son origine à la fois des communautés religieuses et des communautés extra-scolaires de jeunes, la notion de « communauté éducative » appartient au vocabulaire de la vie scolaire et désigne l'ensemble des partenaires qui contribuent aux gestes éducatifs. Elle n'est pas à confondre avec les écoles communautaires, dont le projet consiste à intégrer la vie scolaire à la vie d'un quartier.

Le terme de « communauté scolaire » fait son apparition sous le ministère Guichard, au cours des années 1970, dans le contexte des réformes visant à régler le problème de « l'ennui » des lycéens et à les faire participer davantage à l'animation de l'établissement. Contre le modèle d'une organisation hiérarchique et administrative de la vie scolaire, la notion de « communauté » suppose la création de nouveaux liens entre les membres (enseignants, élèves et personnels d'éducation, de surveillance et de service), différents par l'âge et par la fonction. C'est à travers les Foyers socio-éducatifs (FSE), l'expérience de réduction du temps scolaire pour des activités culturelles, dites « les 10 % », puis des Projets d'action culturelle pour travaux éducatifs (PACTE), du travail autonome, des CDI et des délégués de classe que cette finalité de créativité, d'autonomie et de responsabilisation des élèves devait s'exercer. La réforme Haby confirme cette notion de « communauté scolaire » et une circulaire Vergnaud de 1982 sur la vie scolaire consacre le glissement sémantique vers l'idée de communauté éducative plutôt que scolaire.

Dans les travaux de sociologie de l'éducation, le « climat » de l'établissement est désormais reconnu comme une variable pertinente différenciatrice de la réussite des élèves. Il est donc légitime de considérer un établissement non pas seulement comme un lieu de transmission de connaissances, mais aussi comme un lieu d'apprentissage de la vie civique et démocratique. Aujourd'hui, les cadres de l'enseignement parlent davantage d'action éducative et de vie scolaire.

Christiane Étévé

▶ Voir aussi
Centre de documentation et d'information (CDI) – Délégué des élèves – Élève – Équipes pédagogiques – Établissement scolaire – Relation École/collectivités locales – Relation Famille/École – Sociologie de l'éducation – Vie scolaire.

COMMUNICATION (MODÈLES ET TECHNIQUES DE)

Le concept de « communication » s'est répandu dans les domaines les plus variés. Il investit tout particulièrement ceux de l'école, de la formation initiale et professionnelle et de l'entreprise.

La communication est définie comme le processus par lequel s'opère la transmission (plus ou moins réciproque), entre personnes, de connaissances, d'informations ou d'émotions. Notons d'emblée que, dans les interactions humaines, les messages transmis peuvent être aussi bien des éléments cognitifs qu'affectifs, et qu'à ce titre se mettent en place, entre les individus, des processus d'influence stimulants ou limitants. Le linguiste R. Jacobson a montré que les effets de la communication sur le destinataire varient selon la nature du message adressé par l'émetteur. Ces effets modifiant l'état du destinataire peuvent être cognitifs (savoir), affectifs (états mentaux) et également conatifs, c'est-à dire stimuler la motivation et la propension à l'action.

Selon la théorie de l'information, les messages circulent par un « canal » de transmission, d'un émetteur vers un récepteur, qui les décode dans l'état où il les reçoit, c'est-à-dire avec les dégradations dues au « bruit » qu'ils ont pu subir au cours de cette transmission. Même si l'information peut être définie comme ce qui réduit l'incertitude, la communication humaine est souvent à l'origine de déperditions dans le contenu du message transmis et d'interprétations erronées de la part du destinataire. La communication humaine met donc en œuvre une interaction dont la complexité conduit à des dysfonctionnements, à des « ratés », à des « dérapages ». Ainsi, bien communiquer nécessitera la connaissance et l'usage de techniques dont nous présenterons les principales.

L'approche systémique et la notion de « système » ont fondé la théorie moderne de la communication. Créée par Bateson, l'école de Palo Alto a appliqué la théorie générale des systèmes au domaine des relations humaines. Pour P. Watzlawick, il faut comprendre l'interaction humaine comme un système de communication régi par les propriétés des systèmes généraux. Parmi celles-ci, citons la rétroaction ou *feedback* ou causalité circulaire, qui permet de dépasser le strict principe de causalité linéaire et l'équifinalité qui, dans l'étude de tout système humain, insiste davantage sur l'analyse de ses interactions actuelles que sur sa genèse. Pour E. Morin enfin, le système n'est pas tant une organisation des éléments qui le composent qu'une « organisation des interactions ». C'est donc l'interaction qui est devenue progressivement la donnée fondamentale de la communication entre individus et à l'intérieur des groupes.

Approche cognitivo-comportementale et communication

L'approche cognitivo-comportementale porte un intérêt particulier aux savoir-faire relationnels, aux compétences sociales, à la communication interpersonnelle. L'illustration la plus pertinente de cette approche dans ce domaine est celle des conduites assertives.

Etre assertif ou affirmé dans les situations sociales, c'est exprimer le plus directement et le plus sincèrement possible ce que l'on pense (cognitions), ce que l'on veut (motivation) et ce que l'on ressent (émotions), tout en étant à l'écoute de ce que l'autre pense, veut et ressent.

Dans les situations sociales, la communication assertive ou affirmée s'exprime en termes comportementaux. Un *pattern* de comportements spécifiques, concrets et observables caractérise la communication affirmée, constituée de comportements non verbaux et verbaux. Grâce à ces comportements exprimés envers autrui, le sujet affirmé obtient des conséquences matérielles, relationnelles et émotionnelles globalement positives. Il fait respecter ses droits, atteint ses buts et « se sent bien dans sa peau ».

Comportements non verbaux

Les spécialistes attribuent une grande importance à la communication non verbale. Le comportement affirmé possède des caractéristiques non verbales. Dans celles-ci, on peut distinguer les comportements para-verbaux et les comportements non verbaux purs ou gestuels.

Les comportements paraverbaux comprennent l'intensité de la voix, l'intonation, le débit verbal et la quantité de paroles. Le sujet affirmé a une voix assez forte, adaptée au contexte, son intonation est adaptée au contenu verbal, son débit est régulier et il parle autant que son interlocuteur.

Les comportements non verbaux gestuels comprennent le regard ou contact visuel, l'expression faciale, la position du corps et les gestes. La gestion de l'espace ou la proximité physique avec l'interlocuteur peuvent également être incluses dans ces comportements. Edward Hall a particulièrement étudié cette notion et l'a nommée « proxémie ».

Le sujet affirmé a, avec son interlocuteur, un contact visuel franc, ni fuyant, ni fixe. Son expression faciale varie en fonction du contenu verbal, la position du corps est ferme et souple, et les gestes sont amples et calmes, rythmant le contenu verbal du discours.

Comportements verbaux

Le contenu verbal de la communication affirmée présente lui aussi des caractéristiques. Il comporte des messages formulés à la première personne et traduisant, au niveau du discours, une forte implication personnelle, une expression émotionnelle sincère, et la poursuite de l'objectif visé dans l'interaction et exprimé clairement. Enfin, il comprend des reformulations de ce que dit, pense et ressent l'interlocuteur.

Trois modèles théoriques permettent d'expliquer l'absence de communication assertive. Ils sont liés respectivement à l'influence négative de l'anxiété inhibitrice, du manque de savoir-faire relationnel dans le répertoire comportemental et des obstacles cognitifs. L'entraînement à l'affirmation de soi, le développement des compétences sociales et de la communication assertive passent nécessairement par l'apprentissage des comportements assertifs, non verbaux et verbaux.

Programmation neurolinguistique (PNL) et communication

Programmation, car la PNL emprunte au modèle cybernétique des machines intelligentes et exploite l'analogie fonctionnelle entre ces machines et le fonctionnement du cerveau.

Neuro, car la PNL s'inspire des récentes découvertes neuropsychologiques. *Linguistique*, car la PNL valorise le langage et la communication à travers ses différentes modalités, verbales et non verbales.

Née aux États-Unis dans les années 1970, la PNL a été créée par Richard Bandler et John Grinder. Influencés par de grands thérapeutes tels que Virginia Satir ou Milton Erickson, dont ils modélisèrent l'expertise de grands communicateurs, ils mettent au point un modèle empirique de communication destiné à optimiser chez les individus l'usage des habiletés sociales. La PNL est riche de nombreuses techniques favorisant l'observation d'autrui et l'écoute, et permettant de communiquer avec efficacité.

Parmi les techniques les plus connues, on peut citer les trois niveaux de synchronisation destinés à renforcer l'empathie avec l'interlocuteur : la synchronisation posturale (non verbale), la synchronisation verbale et, la plus sophistiquée, la synchronisation « métaprogrammique », dont l'objectif vise à se caler très précisément sur le fonctionnement mental de l'interlocuteur.

Communication et management

La PNL est particulièrement utile en entreprise, où le management est sous-tendu par une indispensable compétence à communiquer avec son entourage professionnel. De fortes capacités en termes de communication sont associées aux différents rôles du manager. On attend en effet de lui qu'il sache exercer son autorité, qu'il ait de l'influence sur autrui, qu'il sache animer, diriger ses équipes, être à l'écoute. L'emblématique PDG Jack Welch ne confiait-il pas passer 75 à 80 % de son temps à communiquer en interne ?

Communication, pédagogie et formation

Les enseignants et les formateurs peuvent également trouver dans la communication PNL de puissants outils pour optimiser la relation enseignant/formateur/apprenant et tout particulièrement pour individualiser celle-ci. L'accompagnement personnalisé de l'apprenant devient chaque jour plus important à côté de l'apport collectif. S'adapter au mode d'apprentissage privilégié par l'apprenant afin de favoriser son développement ou son évolution est également important. Cet apprentissage peut être, selon les individus, à dominante visuelle, auditive ou kinesthésique.

L'analyse transactionnelle (AT)

Conçue par Éric Berne, l'analyse transactionnelle est tout à la fois une théorie de la personnalité et une théorie des interactions sociales. Le principal concept de cette approche est celui des trois états du moi, définis comme ensemble de pensées, ensemble d'émotions et ensemble de comportements, tous observables et accessibles à la conscience. Selon l'analyse transactionnelle, chaque individu est doté de trois états du moi qui cohabitent en permanence, l'état adulte (néopsyché) subissant l'influence, appelée « contamination », plus ou moins forte de l'état parent (extrapsyché) et de l'état enfant (archéopsyché). L'état du moi-parent peut agir selon deux modalités, nourricière ou critique, et l'état du moi-enfant, selon les modalités soumise ou rebelle. Dans les interactions, ces différents états du moi instaurent des « jeux psychologiques » différents selon les états dominants chez chacun des acteurs de la communication.

Guy Missoum

▸ Bibliographie

BATESON G., *Vers une écologie de l'esprit*, 2 t., Paris, Le Seuil, 1978.

BEAUDICHON J., *La Communication : processus, formes et applications*, Paris, Armand Colin, 1999.

BERNE E., *Analyse transactionnelle et psychothérapie*, Paris, Payot, 1971.

BOISVERT J.-M., BEAUDRY M., *S'affirmer et communiquer*, Montréal, Les Sciences de l'homme, 1979.

CAYROL A., SAINT-PAUL J. de, *Derrière la magie*, Paris, InterEditions, 1984.

HALL E. T., *La Dimension cachée*, Paris, Le Seuil, 1978.

JAKOBSON R., *Essais de linguistique générale*, Paris, Éd. de minuit, 2003.

MARC E., PICARD D., *L'École de Palo Alto*, Paris, Retz, 2000.

MISSOUM G., *La PNL appliquée*, Paris, Vigot, 1996.

MUCCHIELLI R., *Communication et réseau de communication*, Issy-les-Moulineaux, ESF, 1999.

MORIN E., *Introduction à la pensée complexe*, Issy-les-Moulineaux, ESF, coll. « Communication et complexité », 1990.

ROGERS C., *Le Développement de la personne*, Paris, Dunod, 1998.

VON BERTALANFFY L., *Théorie générale des systèmes*, Paris, Dunod, 1973.

WATZLAWICK P., HELMICK BEAVIN J., JACKSON D., *Une logique de la communication*, Paris, Le Seuil, 1972.

▸ Voir aussi

Rogers, Carl.

COMPÉTENCE

La compétence est la caractéristique positive d'un individu témoignant de sa capacité à accomplir certaines tâches.

Les compétences sont d'une grande diversité. Les compétences générales (ou encore transférables) facilitent la réalisation de tâches nombreuses et variées ; les compétences spécifiques ne sont à l'œuvre que dans des tâches très particulières. Certaines compétences facilitent les apprentissages et la résolution de problèmes nouveaux ; d'autres facilitent les relations sociales et la compréhension entre les personnes. Certaines compétences portent sur des savoirs, d'autres sur des savoir-faire, d'autres encore sur des savoir-être.

Les diverses compétences possédées par les individus ou exigées par les situations permettent de définir des profils de compétences. Dans le domaine de la formation professionnelle des ouvriers par exemple, on peut distinguer des compétences professionnelles (relatives à l'activité de travail elle-même), des compétences techniques (savoirs généraux scientifiques et techniques applicables au travail) et des compétences polyfonctionnelles (capacité à effectuer des activités différentes, comme la fabrication et le contrôle). À partir de la dominance d'un groupe de compétences, on caractérise ainsi trois types de profils.

La compétence est souvent distinguée de la performance. Elle désigne alors une potentialité dont les réalisations concrètes sont les performances. Dans la psycholinguistique de Chomsky, la compétence est la capacité, pour un individu, d'émettre et de comprendre des phrases nouvelles. Les phrases effectivement émises et comprises définissent la performance. Dans le domaine éducatif, la compétence est parfois assimilée au niveau d'efficience auquel on peut s'attendre compte tenu des aptitudes manifestées par l'apprenant. Les performances observées peuvent être inférieures ou supérieures à la performance prédite qu'est alors la compétence.

La compétence minimale désigne les savoirs et savoir-faire fondamentaux correspondant à un cycle d'études.

Michel Huteau

Usages récents du terme dans la sphère éducative et la sphère du travail

« Compétence(s) » (souvent employée au pluriel) est une notion éminemment polysémique, largement utilisée depuis les années 1980, souvent en lieu et place de notions existantes comme *capacités* ou *aptitudes.* Mais elle tend surtout à se substituer ou se juxtaposer aux notions de *savoirs* et de *connaissances* dans la sphère éducative et à celle de *qualification* dans la sphère du travail. Inséparable de l'action, elle est liée aux notions de performance et d'efficacité dans chacun des domaines – économie, travail, éducation, formation – où elle est fréquemment sollicitée.

Son usage extensif dans des sphères différentes laisse à penser qu'elle sert à communiquer et à coordonner des activités séparées comme celles de la formation et du travail. En témoigne l'usage des référentiels d'activités professionnelles et des référentiels de diplômes ou certifications, toujours libellés en termes de « compétences » requises ou acquises. Les techniques et les catégorisations mises en œuvre pour identifier et évaluer les compétences des individus sont justifiées par une volonté d'échapper à l'arbitraire, au « non-dit », dans un souci de transparence propice à la neutralité d'une évaluation et d'une rationalisation qui se voudraient universelles.

La notion de *compétence* exprime des changements dans les pratiques sociales : changements dans la sphère éducative et dans la sphère du travail. Elle permet de mettre l'accent sur le processus d'apprentissage (les compétences « construites » par l'apprenant ou le travailleur) en vue d'accomplir une tâche requise par le diplôme ou par l'activité professionnelle, et de se centrer sur les individus, sujets cognitifs, acteurs de leurs apprentissages, mais aussi sujets sociaux, acteurs rationnels ancrés dans des parcours personnalisés, des contrats d'objectifs et des anticipations de l'avenir. Au moment où précisément l'avenir paraît particulièrement incertain, les *compétences*, toujours d'une très grande diversité et d'une grande plasticité, doivent être opérationnalisées et validées tout au long de la vie.

Françoise Ropé

▸ Bibliographie

DUPRAY A., GUITTON C., MONTCHATRE S. (dir.), *Réfléchir la compétence : approches sociologiques, juridiques, économiques d'une pratique gestionnaire*, Toulouse, Éd. Octares, 2003.

Le Boterf G., *De la compétence : essai sur un attracteur étrange*, Paris, Éd. d'Organisation, 1995.
Meirieu P., *Apprendre… oui, mais comment ?*, Issy-les-Moulineaux, ESF, 1987, 17e éd., 1999.
Montmollin M. de, *L'Intelligence de la tâche : éléments d'ergonomie cognitive*, Berne, Peter Lang, 1988.
Ropé F., Tanguy L. (dir.), *Savoirs et compétences : usage de ces notions dans l'école et l'entreprise*, Paris, L'Harmattan, 2004.
Stroobants M., *Savoir-faire et compétences au travail : une sociologie de la fabrication des aptitudes*, Bruxelles, Éd. de l'université de Bruxelles, 1993.
Toussaint R. M. J., Xypas C., *La Notion de compétence en éducation et en formation : fonctions et enjeux*, Paris, L'Harmattan, 2004.

▸ Voir aussi

Aptitude – Objectif pédagogique – Programmes scolaires – Savoir – Savoir-faire.

Composition française

La « composition française » apparaît à la fin du XIXe siècle au baccalauréat pour désigner une production écrite en français – en remplacement de la composition latine (ou discours latin), qui était le fleuron des études secondaires. Cette institution de la composition française au baccalauréat marque la réorientation des études littéraires au lycée (Jey, 1998).

Si l'exercice s'impose tardivement au baccalauréat, il était depuis longtemps en usage dans les classes de grammaire (qui correspondent à peu près au collège actuel), et se réalisait sous des formes très diverses, ce qu'explique son origine rhétorique. Il n'y a qu'à voir la liste (non exhaustive) qu'établit Chervel (1999) pour rendre compte de la « progression des exercices de composition française » dans les classes de grammaire dès la première moitié du XIXe siècle : « Outre la diversification et l'analyse […], ce sont des lettres, dialogues, portraits, lieux communs, descriptions, anecdotes, contes, fables, définitions, parallèles, comparaisons, explications de proverbe, etc. »

Dans les années 1920, au baccalauréat, en raison notamment d'une volonté de rupture avec l'approche scolaire de la rhétorique, les sujets se resserrent peu à peu pour se cantonner essentiellement à la dissertation (sur des sujets littéraires, historiques ou moraux) et au commentaire (de textes littéraires), même si perdurent (sur des sujets historiques ou littéraires) la lettre et le discours. Dans les années 1970 s'institue une trilogie au baccalauréat, qui perdurera longtemps, avec des variations diverses : le résumé (ou analyse) suivi d'une discussion, le commentaire et l'essai littéraire (Houdart-Merot, 1998). Le terme « composition française » a désormais (depuis les nouveaux programmes des années 2000) disparu des programmes du lycée et n'est plus en usage pour désigner les exercices du baccalauréat – où l'on retrouve cependant, dans une nouvelle trilogie, les exercices traditionnels de la composition française : dissertation, commentaire et écriture d'invention. Ce dernier sujet n'est qu'une nouveauté apparente, dans la mesure où il renoue avec une pratique ancienne de la composition française : l'écriture de lettres, de discours, de dialogues, etc.

Dans les programmes actuels de collège, on désigne encore par « composition française » et par « rédaction » les exercices de production d'écrit, dont la variété est plus grande qu'au lycée. Dans l'enseignement élémentaire, l'expression « composition française » a disparu, ce qui s'explique par le fait que la production d'écrit n'est plus conçue comme un exercice spécifique du « français », mais se déploie dans toutes les disciplines, dont elle accompagne l'apprentissage des savoirs.

Bertrand Daunay

▸ Bibliographie

Chervel A., *La Composition française au XIXe siècle dans les principaux concours et examens de l'agrégation au baccalauréat*, Paris/Saint-Fons, Vuibert/INRP, 1999.

Houdart-Merot V., *La Culture littéraire au lycée depuis 1880*, Rennes, PUR, 1998.
Jey M., *La Littérature au lycée : invention d'une discipline (1880-1925)*, Metz, Centre d'études linguistiques des textes et des discours, 1998.

► **Voir aussi**
Commentaire littéraire – Dissertation – Écrits d'invention – Écriture – Explication de texte – Français (Enseignement du) – Travaux d'élève (aspects historiques).

Conception de l'élève

La didactique des sciences s'est construite autour de l'idée qu'au moment où débute un enseignement, les élèves disposent régulièrement de « conceptions alternatives » – souvent appelées aussi « représentations » – et que celles-ci s'avèrent extrêmement résistantes aux efforts d'enseignement, au point qu'on les retrouve souvent inchangées jusqu'au terme de la scolarité, sinon même au-delà (Viennot, 1979 ; Giordan, Girault, Clément, 1994). Au fil des recherches, les champs notionnels de la physique, de la biologie et, progressivement, de l'ensemble des disciplines ont été explorés de ce point de vue, ce qui a permis de dégager une sorte de « cartographie » des conceptions les plus constantes et récurrentes. Aujourd'hui encore, ce type de recherche occupe, en didactique, au plan mondial, une place prépondérante.

Une notion au statut théorique discuté

Par-delà les constats empiriques régulièrement renouvelés, le statut théorique des représentations est loin d'être clair, dans la mesure où elles ne se donnent pas à lire comme telles dans les productions des élèves (réponses à des questionnaires, entretiens, dessins sollicités, décryptage de séquences, etc.). Elles sont plutôt inférées de façon indirecte, en fonction des cadres théoriques variés privilégiés par les chercheurs (Astolfi, Develay, 2002 ; Astolfi, 1997). Certains s'appuient sur Piaget quand d'autres se réfèrent à Bachelard, alors que les épistémologies de ces deux auteurs sont nettement divergentes et ne sauraient être amalgamées. La perspective piagétienne (Piaget, 1975) conduit à considérer les conceptions comme représentatives d'un certain *stade du développement* et comme témoignant du développement cognitif en cours (elles sont dans ce cas caractéristiques de la pensée de l'enfant et de l'adolescent), quand le point de vue bachelardien (Bachelard, 1938) les interprète comme les retours régressifs de la *pensée commune* (elles concernent alors tout autant les adultes). En second lieu, la question se pose de savoir si les conceptions doivent être rapportées à une psychologie individuelle ou si, au contraire, à travers les sujets, jouent des *représentations sociales* dont chacun n'est alors qu'une occurrence singulière (Jodelet, 2003). En troisième lieu, on peut à loisir insister sur l'invariance des conceptions, conçues comme des « objets mentaux » stockés en mémoire à long terme, ou bien sur des *stratégies adaptatives* en situation, relevant plutôt de la mémoire de travail.

Cette hétérogénéité des modèles théoriques sollicités n'est pas si choquante, moyennant deux précautions méthodologiques. Dans la mesure, d'une part, où ces modèles sont appliqués à des faits didactiques qui échappent aux problématiques originelles, ils ne fonctionnent ici qu'en tant qu'outils heuristiques pour l'analyse de facettes partielles des représentations, sans jamais pouvoir rendre compte de leur totalité. D'autre part, il faut éviter les interprétations trop massives en système fermé, et examiner finement, au cas par cas, quel(s) modèle(s) semble(nt) le(s) mieux à même de rendre compte des observables.

Des réseaux d'obstacles, des conflits sociocognitifs

Les tendances récentes des recherches conduisent à dépasser la cartographie descriptive initiale pour insister davantage sur la notion sous-jacente d'« obstacle épistémologique », reprise de Bachelard (Fabre, 1995). L'obstacle, loin d'être synonyme de difficulté, se présente d'abord comme une propension de l'esprit à penser les choses de façon simple, confortable et compulsive. On bute moins sur lui qu'on n'y baigne. Le jeu transversal complexe d'un nombre assez limité d'obstacles suffit alors à stabiliser en profondeur des conceptions qui s'extériorisent dans des champs conceptuels apparemment éloignés. Chaque représentation singulière s'interprète, du coup, par le point d'application convergent d'un réseau d'obstacles qui s'y manifeste dans une configuration singulière (Peterfalvi *et al.*, 1998). Ces obstacles, loin d'ailleurs d'être spécifiques de la pensée des élèves, traduisent des problèmes qui sont la trace didactique, sur un mode évidemment différent, de questions qui traversent aussi l'histoire des sciences (Cantor, 1994).

Au-delà de l'analyse de la question du statut controversé des conceptions, se pose la question de leur émergence dans la classe et de leur prise en compte didactique. De ce point de vue, il est souvent fait appel d'une façon trompeuse à la notion de « *conflit sociocognitif* » (Doise, Mugny, 1981). Mais elle est souvent réifiée et ramenée à un simple affrontement de points de vue concurrents entre élèves, dont on espère un peu miraculeusement un dépassement qui se fait attendre. C'est qu'il convient d'être beaucoup plus attentif aux conditions nécessaires à l'émergence de tels conflits sociocognitifs, lesquels ne se décalquent pas directement du laboratoire à la classe (Bednarz, Garnier, 1989 ; Baudrit, 1997). On insiste trop exclusivement sur leur dimension de confrontation rationnelle et conceptuelle, quand il faudrait aussi contrôler les effets d'attente, s'assurer d'un accord des partenaires pour s'ajuster sur la nécessité d'un accord, et limiter les effets de contrat didactique positionnant chacun à une place scolaire déjà assignée.

Jean-Pierre Astolfi

▸ Bibliographie

Astolfi J.-P., *Mots-clés de la didactique des sciences*, Bruxelles, De Boeck, 1997.

Astolfi J.-P., Develay M., *La Didactique des sciences*, Paris, PUF, coll. « Que sais-je ? », 2002.

Bachelard G., *La Formation de l'esprit scientifique*, Paris, Vrin, 1938, 9e éd., 1975.

Baudrit A., *Apprendre à deux*, Paris, PUF, 1997.

Bednarz N., Garnier C., *Construction des savoirs, obstacles et conflits*, Ottawa, Agence d'Arc, 1989.

Cantor M., *Pouchet, savant et vulgarisateur*, Nice, Z'Éditions, 1994.

Doise W., Mugny G., *Le Développement social de l'intelligence*, Paris, InterÉditions, 1981.

Fabre M., *Bachelard éducateur*, Paris, PUF, 1995.

Giordan A., Girault Y., Clément P., *Conceptions et connaissances*, Berne, Peter Lang, 1994.

Jodelet D. (dir.), *Les Représentations sociales*, Paris, PUF, 2003.

Peterfalvi B. *et al.*, *Les Transformations de la matière : objectifs-obstacles et situations d'apprentissage*, Saint-Fons, INRP, 1998.

Piaget J., *L'Équilibration des structures cognitives*, Paris, PUF, 1975.

Viennot L., *Raisonnement spontané en dynamique élémentaire*, Paris, Hermann, 1979.

▸ Voir aussi

Bachelard, Gaston – Champ conceptuel – Contrat didactique – Objectif-obstacle – Piaget, Jean – Situation-problème.

Concours

Les concours sont le mode de recrutement des personnels de la fonction publique, dans lequel un jury indépendant de l'administration arrête dans l'ordre du mérite la liste des candidats qui, ayant subi une série d'épreuves, sont proposés à la nomination.

Le concours est en France une tradition historique qui remonte au début du XIXe siècle. Il est considéré comme l'instrument technique de mise en œuvre du principe d'égalité d'accès aux emplois publics, « sans autre distinction que celle de leurs vertus et de leurs talents », selon la formule de l'article 6 de la Déclaration des droits de l'homme et du citoyen de 1789. Le jury doit donner les garanties d'impartialité. En outre, il doit permettre une sélection fondée sur le mérite.

La décision d'ouverture du concours relève de l'administration, qui met un certain nombre de postes au concours, précise les dates d'inscription à celui-ci, rappelle les conditions générales d'accès aux emplois publics et les conditions particulières au corps de recrutement (âge, aptitude physique, diplômes, par exemple), et précise les épreuves du concours. Longtemps réservés aux nationaux, parce que l'on considérait que la nationalité française devait être exigée pour l'accès à la fonction publique, les concours sont désormais, pour la plupart, ouverts, notamment pour l'enseignement, aux nationaux des États membres de l'Union européenne dans le cadre du droit général européen de libre circulation des personnes, car dans le domaine éducatif, ils ne sont pas destinés à pourvoir des postes relevant de l'État souverain et correspondant à des activités de puissance publique. L'administration se prononce sur l'inscription des candidats éventuels sur la liste des candidats admis à prendre part aux épreuves du concours. Elle le fait sous le contrôle du juge administratif qui appréciera la légalité des refus opposés à certains, pour interdire les exclusions politiques, ou celles d'origine sexiste, ou celles fondées sur des motifs erronés d'ordre moral ou d'aptitude physique, etc.

Les épreuves se déroulent sous la responsabilité du jury. Celui-ci doit respecter les dispositions réglementaires d'organisation du concours : programmes, durée des épreuves. Il doit être impartial. Il doit respecter le principe d'égalité de traitement des candidats. Le jury est souverain. Le juge ne contrôle pas les appréciations de celui-ci, mais il est particulièrement vigilant sur le scrupuleux respect de l'impartialité et de la règle de l'égalité de traitement. À l'issue des épreuves, le jury propose à l'administration, pour nomination, les candidats admis classés dans l'ordre du mérite.

L'administration doit procéder aux nominations en respectant l'ordre de présentation.

Le concours est le mode de recrutement de droit commun. Les autres modes sont des exceptions d'interprétation stricte et ne peuvent exister que dans le cadre de dispositions législatives : emplois à discrétion du gouvernement (directeurs de ministère, recteurs d'académie), emplois réservés, nominations au tour extérieur, examen professionnel, liste d'aptitude.

Sur deux points, le recrutement des enseignants a longtemps dérogé au droit commun de la fonction publique. La première dérogation a été supprimée il y a quelques années : elle concernait l'absence d'application du principe du double concours, l'un externe pour les titulaires de certains diplômes, l'autre interne pour des candidats pour lesquels le concours s'inscrit dans le cadre d'une politique de promotion sociale. La seconde dérogation subsiste, elle est l'organisation, pour un même corps, de concours distincts selon les disciplines : agrégation de lettres classiques, d'anglais, de russe, de sciences physiques, par exemple.

Pour des raisons en partie liées à l'interprétation française de l'indépendance et des franchises des enseignants, des garanties que l'on souhaite politiquement leur donner, les jurys, par ailleurs, sont composés de pairs ou d'anciens pairs (inspecteurs généraux, inspecteurs pédagogiques régionaux, inspecteurs d'académie, inspecteurs de l'Éducation nationale, universitaires, etc.).

Longtemps indiscuté, le concours se voit parfois contesté soit parce qu'il ne peut prétendre sélectionner sur les mérites quand le nombre des candidats est inférieur ou peu supérieur au nombre des postes mis au concours, soit parce qu'il privilégie le jugement sur des capacités intellectuelles en regard de l'appréciation d'autres capacités et aptitudes.

Claude Durand-Prinborgne

▶ Bibliographie

AUBY J.-M., AUBY J.-B., *Droit de la fonction publique : État, collectivités locales, hôpitaux,* Paris, Dalloz, 1997.

GEORGEL J., « Enseignement public », *Juris-classeur administratif,* Paris, fasc. 230.

GOHIN O., « Le Droit des examens et des concours », *Revue du droit public,* Paris, 1988, p. 1647 et suiv.

▶ **Voir aussi**
Agrégation – Directeur – Inspection – Personnel enseignant – Recteur d'académie.

Concours général

Le Concours général, institution emblématique de l'école républicaine, est fils de l'Ancien Régime et de la pédagogie des jésuites. Fondé par les dispositions testamentaires d'un chanoine de Notre-Dame, l'abbé Le Gendre, qui s'était inspiré des prix d'éloquence et de poésie décernés en Grèce lors des jeux Olympiques, le concours réservé aux collèges de l'université de Paris a été organisé pour la première fois en 1747. Turgot et Lavoisier figurent parmi les premiers lauréats. Supprimé en 1793, il est rétabli en 1803 par le Premier consul pour les élèves des quatre lycées qui venaient d'être créés dans la capitale. À partir de cette date, l'histoire du Concours général se confond avec celle du système d'enseignement français dont il reflète les valeurs dominantes, les grands débats et, parfois avec quelque retard, les évolutions majeures. C'est ainsi que l'extension à l'ensemble des établissements de la province ne se fera que très progressivement au cours du XIXe siècle, afin, comme l'écrira Salvandy, ministre de l'Instruction publique sous Louis-Philippe, de « se rendre compte du niveau des études dans toute la France ». Le discours latin demeurera jusqu'en 1880 l'épreuve reine, et les langues vivantes ne seront accueillies, non sans réticence, qu'en 1865 (on qualifiera leur prix de « prix des bonnes », par allusion aux gouvernantes étrangères chargées dans les familles aisées de leur enseignement).

Il est significatif que le « grand concours », comme on l'appelait au XIXe siècle, ait été mis en cause lors des débats passionnés qui ont à deux reprises – au tournant du XXe siècle et dans les années 1960 – opposé classiques et modernes sur les contenus de l'enseignement. La réforme de 1902, instituant un enseignement moderne, est suivie en 1904 par la suppression du Concours général, devenu difficile à organiser avec la multiplication du nombre des épreuves et considéré par certains comme une gêne pour la préparation du baccalauréat, que son existence contribuait par ailleurs à dévaloriser. Son rétablissement en 1922, sous le ministère Léon Bérard, est salué par les « classiques » comme une revanche. Nouvelle offensive dans les années 1960, au nom du refus de l'élitisme et d'une pédagogie de l'émulation dont il demeure pour beaucoup le symbole.

En 2002, 10 269 lycéens ont concouru dans les disciplines générales et techniques (97 prix ont été décernés). Depuis 2001, le Concours s'est ouvert aux disciplines professionnelles sous le nom spécifique de Concours général des métiers. En 2002, 2 137 élèves (8 % de plus qu'en 2001) se sont présentés au Concours général des métiers (47 prix ont été décernés). Comme aux jeux Olympiques invoqués par son fondateur, l'important est de participer. Exercice gratuit, qui ne procure ni diplôme, ni avantages particuliers – les lauréats étaient au siècle dernier dispensés de la conscription –, le Concours général témoigne du maintien de l'excellence comme référence du système scolaire.

Pierre Garrigue

Condorcet (1743-1794)

Marie Jean Antoine Nicolas de Caritat, marquis de Condorcet, est né le 17 septembre 1743 à Ribemont (Aisne) et mort le 28 mars 1794 (8 germinal an II) à Bourg-la-Reine.

Il consacra, dans sa jeunesse, divers travaux aux mathématiques et à l'économie, ainsi qu'à la philosophie politique ; revendiquant la liberté de conscience, l'égalité des droits et la justice, il publia notamment des études portant sur l'esclavage des Noirs, la révolution d'Amérique et le despotisme. Il participa à la Révolution de 1789 et fut élu à l'Assemblée législative. Il rédigea alors *Cinq Mémoires sur l'instruction publique,* et le *Rapport et projet de décret sur l'organisation générale de l'instruction publique* présenté à l'Assemblée les 20 et 21 avril 1792. Député à la Convention, il s'opposa publiquement à la Constitution montagnarde de 1793. Hors la loi, il composa l'*Esquisse d'un tableau historique des progrès de l'esprit humain.* Il fut arrêté le 27 mars 1794 et mourut en prison.

Condorcet conçut son projet d'instruction publique dans une double perspective, marquée par le rationalisme de l'*Encyclopédie* et par une exigence de justice politique et sociale. Il s'efforça de rationaliser l'instruction pour l'ajuster aux progrès scientifiques et techniques ainsi qu'aux besoins économiques : il convient de n'enseigner que des vérités, d'ordonner les savoirs scolaires des plus élémentaires aux plus complexes, de perfectionner les « méthodes d'enseigner » et d'organiser cinq degrés d'enseignement en tenant compte de l'âge, des talents et des conditions sociales des enfants. Ce projet répond aussi à une exigence civique et à une exigence de liberté et d'égalité : parce que le vote majoritaire n'est juste que s'il est fondé en raison, l'instruction élémentaire est nécessaire pour éclairer le suffrage ; elle l'est, en outre, pour assurer à chaque citoyen l'exercice de ses droits et pour combattre la dépendance que produit l'ignorance. Aussi l'instruction élémentaire doit-elle être étendue à tous les enfants et à tous les citoyens. L'instruction, à ses divers degrés, doit donc être à l'abri des intérêts particuliers et être indépendante de toute autorité religieuse ou politique et ne dépendre que de l'assemblée des représentants du peuple : elle doit être publique et sécularisée.

Jacqueline Gautherin

▸ Bibliographie

Principales œuvres de Condorcet :

CONDORCET, *Cinq mémoires sur l'instruction publique,* Paris, Flammarion, 1994.

Principales œuvres sur Condorcet :

BACZKO B., *Une éducation pour la démocratie. Textes et projets de l'époque révolutionnaire,* Genève, Droz, 2000.

BADINTER É., BADINTER R., *Condorcet : un intellectuel en politique,* Paris, Fayard, 1989.

DONFU É., DUMAZEDIER J., *La Leçon de Condorcet,* Paris, L'Harmattan, 1994.

KAHN P., *Concorcet : L'École de la raison,* Paris, Hachette Éducation, 2001.

KINTZLER C., *Condorcet : l'Instruction publique et la naissance du citoyen,* Paris, Gallimard, 1987.

▸ Voir aussi

Laïcité – Public (Enseignement) – Système éducatif.

CONGÉ INDIVIDUEL DE FORMATION (CIF)

Le Congé individuel de formation (CIF) est l'une des voies d'accès du salarié à la formation. Quelle est son histoire ? Quelle est son architecture ?

Émergence historique

Les premières traces du CIF se trouvent dans la loi du 3 décembre 1966. À défaut de texte d'application, il ne vit jamais le jour. C'est l'accord interprofessionnel du 9 juillet 1970, prolongé par la loi du 16 juillet 1971, qui marque sa véritable naissance. Son adaptation à l'évolution des contextes, et, surtout, sa consolidation ont généré un nombre impressionnant de décisions d'origine légale, réglementaire (décrets, arrêtés) et conventionnelle (accords signés par les partenaires sociaux). De sa lente évolution au cours des décennies, on dégage deux tendances fortes. Tout d'abord, sa montée progressive vers une autonomie juridique et financière. Comment différencier le CIF du plan de formation totalement décidé par l'employeur ? Comment le doter d'un financement spécifique, garantie de sa mise en œuvre ? Cette problématique, objet de tensions entre les syndicats, les employeurs et les pouvoirs publics, traverse la décennie 1970-1980. Elle trouve sa solution dans la loi du 17 juillet 1978, qui consacre l'autonomie du

CIF, et dans celle du 24 février 1984, qui consolide son système de financement. Dans ce sens on a pu parler de la « difficile naissance du droit au congé de formation ». De plus, à l'origine, le CIF ne concernait que les salariés d'entreprise, titulaires d'un contrat à durée indéterminée. Il portait donc la marque de l'exclusion. L'extension de son bénéfice aux salariés titulaires d'un contrat à durée déterminée et aux intérimaires est la deuxième tendance inscrite dans l'évolution du dispositif (accords nationaux du 24 mars 1990 et du 15 octobre 1991). Aujourd'hui, il concerne donc la totalité des salariés du secteur privé. De plus, au cours des années 1984-1986, des mesures spécifiques ont été prises pour que les fonctionnaires (agents de l'État, des collectivités locales et du secteur hospitalier) puissent en bénéficier.

Architecture juridique et mise en œuvre

On limite l'analyse au dispositif prévu pour les salariés du privé.

Le CIF est une autorisation d'absence, rémunérée sous certaines conditions, qui a pour but de permettre à un salarié de participer à une action de formation de son choix pendant le temps de travail, et à son initiative. Sont concernés tous les salariés de l'entreprise, sous certaines conditions d'ancienneté définies par des dispositions légales ou réglementaires. Les objectifs de la formation sont larges : ils peuvent avoir ou non un caractère professionnel. « Ces actions de formation doivent permettre aux travailleurs d'accéder à un niveau supérieur de qualification, de changer d'activité ou de profession, et de s'ouvrir plus largement à la culture, à la vie sociale et à l'exercice des responsabilités associatives bénévoles » (art. L. 931-1 du code du travail). Le sujet adulte est donc considéré comme une sorte de « totalité sociale » ; il est non seulement un travailleur, mais aussi un acteur social, un citoyen, un consommateur.

La notion de « choix », liée au pouvoir du salarié, est centrale dans la compréhension du dispositif ; à celle-ci vient s'associer celles d'initiative et de décision personnelle. Dans cette configuration, le salarié a un rapport actif et personnalisé avec sa formation. Il n'est pas simple bénéficiaire, mais acteur, c'est-à-dire décideur de son projet et de sa formation, dans un espace de contraintes données. Cette position est donc diamétralement opposée à celle qu'il occupe dans le plan de formation décidé et mis en œuvre par l'entreprise. Le droit va encore plus loin dans la définition du dispositif. « Choisir », « décider » sont certes des opérations mentales et comportementales. Mais elles sont qualifiées juridiquement. Elles correspondent à l'exercice d'un droit personnel opposable à l'employeur : « le bénéfice du congé demandé est de droit » (art. L.931-6 du code du travail). Droit d'initiative du salarié pour son départ en formation, droit de choisir sa formation, droit de retour, c'est-à-dire de réintégration dans l'entreprise à son retour, sont les trois principes qui fondent le rapport du salarié à sa formation, et qui commandent le fonctionnement du dispositif. La « partie » se joue entre trois acteurs qui ont chacun leur fonction.

- En effet, tout salarié qui, sous condition d'une certaine ancienneté, désire bénéficier du CIF, doit en faire la demande. Il adresse à son employeur une autorisation d'absence, sous forme écrite. Complémentairement, il s'adresse au FONGECIF (Fonds pour la gestion de congé individuel de formation), organisme paritaire, agréé et contrôlé par les pouvoirs publics, pour obtenir la prise en charge financière de son salaire et de ses frais de formation.
- L'employeur a obligation de réagir, et doit faire connaître sa réponse dans un délai fixe (30 jours). Il peut soit donner son accord, soit reporter le départ dans deux situations : d'une part, pour des raisons de service, d'autre part, lorsque les absences au titre du congé ont atteint le seuil critique de 2 % (soit du nombre total des salariés, soit des heures effectuées dans l'année, selon la taille de l'entreprise). Mais le report, qui ne peut excéder neuf mois, n'est pas un refus. Celui-ci n'est possible que si le salarié ne remplit pas les conditions d'ouverture.
- Le FONGECIF dispose d'un pouvoir de décision dans le domaine financier et établit son

échelle de priorités. Il se prononce donc sur la prise en charge du congé au vu de l'autorisation d'absence accordée par l'employeur.

De cette manière les acteurs se relayent dans le processus de prise de décision, mais chacun à sa place. La décision de cette instance peut aboutir à trois types de situation : acceptation ; refus momentané pour des raisons financières ; refus définitif en raison du caractère atypique de la demande. L'organisme de formation s'implique également dans ce dispositif. Qu'attend-on de lui ? Tout d'abord, qu'il distribue une information sincère aux différents acteurs concernant la nature des formations proposées, le niveau prérequis, la durée, son organisation, son coût. Ensuite, qu'il exécute une prestation conforme à l'offre affichée et portée à la connaissance des partenaires.

Par ailleurs, le comité d'entreprise (ou, à défaut, les délégués du personnel) est informé annuellement par l'employeur sur l'utilisation du CIF par les salariés et sur les résultats. De plus, il est obligatoirement consulté préalablement à tout report d'autorisation d'absence.

Telle est aujourd'hui la configuration juridique du Congé individuel de formation. La réforme récente (accord interprofessionnel du 20 septembre 2003 relayé par la loi du 4 mai 2004) n'a pas modifié cette construction. Les décisions prises par les partenaires sociaux et les pouvoirs publics visent au développement quantitatif et qualitatif du dispositif. Elles concernent l'augmentation du financement du congé et l'accompagnement du salarié pour son orientation et pour l'élaboration d'un projet tout à la fois personnel et réaliste.

Le problème récurrent est la traduction de ce dispositif dans la réalité sociale. En 2002, 37 000 salariés environ ont utilisé ce dispositif, et pour des objectifs essentiellement professionnels. C'est peu compte tenu du nombre global de salariés du privé bénéficiaires d'une formation au cours de la même année (3,9 millions environ). Les freins peuvent être multiples : exigences liées aux démarches à faire, risque de refus, de diminution de salaire, de changement de poste de travail, ou manque « d'appétence » pour la formation. Aujourd'hui comme hier, la voie royale est le plan de formation défini et mis en œuvre par l'entreprise. Générateur d'une jurisprudence relativement abondante, le dispositif du congé formation a fait l'objet de nombreuses études (socio-)juridiques.

André Tarby

▸ Bibliographie

Guilloux P., *Le Congé individuel de formation : genèse et évolution d'un droit, 1966-1996*, Paris, L'Harmattan, 1996.

Tarby A., *Lectures et pratiques du droit de la formation*, Paris, L'Harmattan/Contradictions, 1996.

▸ Voir aussi

Droit individuel à la formation (DIF).

Connaissance

La connaissance est : la représentation mentale qui correspond de façon adéquate à une partie ou à un aspect de la réalité ; l'ensemble de ces représentations ; la fonction qui a pour finalité de créer ces représentations par apprentissage ou découverte.

On peut regrouper les produits des apprentissages humains en plusieurs catégories. Si on laisse de côté les conditionnements, les habitudes, les motivations ou les valences acquises, qui ont leurs caractéristiques propres, on est conduit à distinguer deux catégories principales : la première correspond aux *savoir-faire,* apparentés aux habiletés, dont le trait distinctif est de relier des savoirs portant sur le réel à des *actions,* externes ou internes. On les nomme parfois aussi, de façon un peu ambiguë, des *connaissances procédurales,* et on les oppose alors à l'autre catégorie, celle des connaissances *déclaratives.* Alors que les premières existent « afin de » réaliser tel ou tel but, les secondes se forment « à propos de » tel ou tel objet ou domaine, et sont relativement indépendantes des actions particulières.

C'est d'elles qu'il est question lorsque l'on parle de connaissances tout court.

Les connaissances (au sens 1) et la connaissance (aux sens 2 et 3) relèvent d'un ensemble de disciplines qui sont qualifiées de *cognitives :* citons l'épistémologie et l'histoire des sciences, la linguistique, la logique, la psychologie cognitive, l'intelligence artificielle, la didactique et les sciences de l'éducation. Sous sa forme la plus abstraite, la connaissance est une propriété exceptionnelle, propre aux êtres humains. C'est la capacité qu'ont ceux-ci de construire et de conserver, dans une partie d'eux-mêmes, leur cerveau, des représentations mentales qui correspondent de façon approximativement exacte à de larges fractions de leur environnement et même, à la limite, à l'univers entier.

Dans l'optique cognitive, les connaissances (au sens 1) sont des représentations considérées comme possédant toutes des *structures communes,* non seulement d'individu à individu, mais aussi de contenu à contenu ; cela vaut en dépit de l'hétérogénéité si considérable des objets et des domaines de connaissance, qui a contraint à la constitution de disciplines spécialisées et rendu parfois assez difficile la communication entre elles. Ce sont ces structures cognitives communes qui font que les connaissances peuvent être exprimées dans un langage, le cas échéant de façon formelle, qu'elles sont accessibles à une approche expérimentale de la part de la psychologie cognitive, qu'elles peuvent donner lieu à des raisonnements logiques systématisés, être représentées (au second degré) dans le cadre de la *représentation des connaissances,* et stockées puis traitées par ordinateur. Ce sont également elles qui justifient que l'enseignement de matières diverses puisse relever de règles didactiques générales.

Connaissance implicite et connaissance explicite

L'adjectif « déclaratif », appliqué aux connaissances, marque leur parenté avec le langage. Une de leurs caractéristiques essentielles est, en effet, de pouvoir être verbalisées, objectivées dans un langage. Ce n'est pas nécessairement et toujours celui du sujet possesseur de la connaissance, mais parfois celui d'un observateur extérieur.

Si le sujet lui-même est capable de verbaliser telle ou telle de ses connaissances, celle-ci est dite « explicite » ; dans le cas contraire, elle est dite « implicite ». En réalité, et particulièrement chez l'enfant, mais aussi chez l'adulte, la masse des connaissances implicites est très considérable par rapport à celle des connaissances explicites. Il en résulte qu'une partie notable de l'enseignement, surtout aux niveaux élémentaire et moyen, consiste au moins autant à expliciter des connaissances implicites qu'à acquérir de nouvelles connaissances. L'exemple le plus évident est celui de l'enseignement de la langue maternelle, de son vocabulaire et de ses règles, notamment grammaticales. C'est spontanément et par lui-même que l'enfant apprend les règles majeures de sa langue, durant la période où il commence à parler ; mais cette compétence, c'est-à-dire cette connaissance implicite, il doit, dans nos pays, longuement l'expliciter, la consolider et l'étendre, d'abord à l'école élémentaire, puis, encore plus tard, lorsqu'on lui apprend à « bien comprendre » un grand texte, ou à s'exprimer de façon planifiée. Il en va de même pour les premiers enseignements de l'arithmétique, qui s'appuient sur une connaissance implicite de certaines propriétés des nombres naturels, ou pour la résolution de problèmes arithmétiques simples, pour l'acquisition du raisonnement logique à partir de la logique naturelle, etc. Les apprentissages systématiques de connaissances nouvelles de niveau moyen et supérieur s'appuient ensuite sur ces acquisitions par explicitation.

Alors opère souvent un mouvement inverse : la transformation de connaissances acquises de façon explicite en connaissances implicites et en savoir-faire. On parle à ce propos de « procéduralisation », et un exemple familier en est l'apprentissage de la conduite automobile. Mais ce processus concerne toutes sortes de connaissances, et jusqu'à celles qu'on appelle *expertes,* qui se caractérisent par un très haut niveau d'excellence, souvent accompagné chez le spécialiste d'une incapacité à dire quelles sont au juste les connaissances qu'il met en œuvre et comment elles le sont. Plus généralement, c'est par procéduralisation que, avec le concours de l'exercice, des connaissances apprises sous forme explicite à l'école, et qualifiées parfois (souvent à tort) de « livresques », peuvent se transformer en connaissances professionnelles, utilisables de façon bien adaptée et automatisée.

Trois structures fondamentales des connaissances

L'analyse cognitive théorique reconnaît trois structures fondamentales des connaissances : la *proposition,* la *règle,* le *concept.*

La proposition

On peut introduire la notion de proposition en partant de celle de *connaissance simple.* Celle-ci est de la forme : « Pierre sait que *p* », le *p* enchâssé dans la formule représentant une proposition, qui peut être complexe ou élémentaire. Quatre exemples en sont exprimés dans les phrases : « Pierre sait que Jean Jaurès fut assassiné à Paris en 1914 » (connaissance historique) ; « Pierre sait que les baleines sont des mammifères » ; « Pierre sait que le carbone a quatre électrons dans sa couche externe » ; « Pierre sait que la suite des nombres premiers est infinie » (connaissances scientifiques). Ces phrases décrivent des *états de choses* simples dans l'univers, ou dans des structures abstraites, qu'on peut aussi appeler des faits (singuliers ou généraux).

On peut analyser davantage le contenu des connaissances simples en les ramenant à des propositions élémentaires (atomiques), ce qui conduit, pour le premier exemple ci-dessus, à : [Pierre sait que] p1, « Jean Jaurès fut assassiné » ; p2, [ce fait eut lieu] « à Paris » ; p3, [ce fait eut lieu] « en 1914 ».

Le même genre d'analyse cognitive conduit par ailleurs à des formules apparentées à celles des connaissances, qui comportent également une proposition enchâssée : « Pierre *croit* que *p* » ; « Pierre *désire* que *p* » ; « Pierre *se souvient* que *p* », etc., formules qui décrivent diverses sortes d'*attitudes propositionnelles.* Mais une caractéristique externe essentielle des connaissances, qui les distingue radicalement des croyances, des désirs, des souvenirs, etc., est que les propositions qui y sont enchâssées doivent nécessairement, et par définition, être toutes *vraies* (en un sens convenable de ce mot). En outre, on considère qu'elles doivent pouvoir être *justifiées,* c'est-à-dire que leur vérité doit être reliée de façon adéquate (soit par démonstration, soit empiriquement) à un *système organisé* de connaissances. Croire par hasard, ou à cause de la phase de la lune lors du semis, que les radis seront abondants, et le prédire d'une façon qui se révélera être vraie, n'est pas posséder une connaissance.

Ces caractéristiques analytiques d'un gain de connaissances permettent de comprendre la séparation qui s'est cristallisée, socialement et individuellement, entre deux fonctions. L'une consiste à *découvrir* et à *construire* des connaissances, c'est-à-dire à élaborer des propositions qui soient vraies, ou approximativement telles, et à justifier cette vérité ; c'était autrefois la prérogative des sages, des « savants » ou des découvreurs, c'est aujourd'hui la tâche des chercheurs. L'autre consiste à *transmettre* les connaissances établies, originellement à l'intérieur de la communauté scientifique – où elles formeront le socle de nouvelles connaissances futures – et dans ses confins, puis en direction du plus grand nombre, ce qui est la tâche des enseignants. Ces derniers reçoivent leurs connaissances d'autrui par transmission et ils les assimilent par apprentissage, puis ils les transmettent à leur tour. La nature du langage est telle qu'il est à la fois le substrat de la communication et celui des connaissances déclaratives inscrites dans les esprits : il y a un lien étroit entre « Pierre sait que *p* », « on a dit à Pierre que *p* » et « Pierre dit que *p* ».

La règle

Les propositions sont liées entre elles en nombre important et de diverses manières à l'intérieur de connaissances complexes, de sous-domaines et de domaines. Mais une connexion de base est la structure qu'on a pris l'habitude d'appeler *règle :* ce mot correspond à l'anglais *rule*, dont le sens est un peu plus large, et serait souvent mieux rendu par *régularité.* La structure de règle correspond au schéma général : « si *p*, alors *q* ». Ce schéma est bien adapté aux mathématiques et aux connaissances construites de façon déductive : il est le support de l'implication logique. Mais il constitue également la trame de nombreuses connaissances empiriques, et en particulier des liaisons cognitives de type conditionnel ou causal, pourvu qu'on interprète *p* comme une description d'un fait de la nature *f1*, et *q* comme celle d'un autre fait *f2*. Dans ce cas, « Pierre sait que si *p*, alors *q* » est une connaissance qui représente, dans l'esprit de Pierre, la relation existant dans la nature entre *f1* et *f2*, par exemple « *f1* est la condition de *f2* » ou « *f1* est la cause de *f2* ». Une illustration simple en est : « Si on chauffe une barre de fer, elle se dilate. » Le caractère universel de cette règle (elle vaut pour *toutes* les barres de fer) n'est pas obligatoire ; on s'est beaucoup intéressé récemment aux connaissances de règles, ou de régularités, qui sont seulement vraies de *la plupart* des cas considérés. Les *systèmes à base de connaissance,* en intelligence artificielle, utilisent largement cette structure de règle, qui est alors codée dans un langage adapté à l'ordinateur, et permet le raisonnement automatique.

Le concept

La dernière unité cognitive qu'on envisagera ici est plus familière à tous, c'est le *concept.* Elle est plus réduite que la proposition, et celle-ci est, par l'intermédiaire de sa structure constitutive prédicat-argument, toujours analysable en concepts ; il peut s'y adjoindre des noms propres. Dans notre premier exemple ci-dessus, on trouve comme concept principal « assassiner ». Comme tout concept, il contient un certain nombre de connaissances implicites inhérentes : notamment que « tout assassinat comporte toujours une victime, un auteur, un lieu et un temps déterminés » ou que « avant l'assassinat, la victime est vivante, et après elle est morte ». Dans notre exemple, les noms propres spécifient dans la connaissance de Pierre l'identité de la victime et les circonstances de temps et de lieu du fait ; on a supposé que l'identité de l'assassin est ignorée de Pierre.

Dans notre dernier exemple, on a utilisé quatre concepts principaux – « barre », « fer », « chauffer », « se dilater » – empruntés à la physique élémentaire, et il serait également possible de donner une analyse cognitive précise de leurs relations. Mais on pourrait en outre exprimer la même connaissance dans des concepts plus élaborés. Ceci illustre l'idée, maintenant répandue, que le développement des connaissances ne se fait pas seulement par l'addition de connaissances nouvelles, mais aussi par la restructuration, et notamment la reconceptualisation, de connaissances antérieures. Ce mouvement, qui est vrai de la science en général, l'est aussi des connaissances des individus particuliers.

Les connaissances individuelles sont, en effet, élaborées et conservées dans la mémoire, conçue comme une fonction active et organisée, non séparée de l'intelligence. Pour la psychologie cognitive, les structures décrites plus haut sont aussi des structures mentales, en l'occurrence de la mémoire. On modélise généralement l'organisation des concepts qui s'y trouvent sous la forme de *réseaux sémantiques* (ou conceptuels) qui comportent, entre les concepts, des liens complexes de similarité et des relations quasi logiques. Les structures propositionnelles et les structures de règles peuvent, elles aussi, être modélisées en termes de réseaux.

L'acquisition des connaissances

Toute acquisition individuelle d'une connaissance se fait en fonction de ces structures cognitives préexistantes, par une interaction entre l'information entrante et l'information déjà présente. Les premières acquisitions font, chez le bébé, une place prédominante aux traitements perceptifs et perceptivo-moteurs, et aux abstractions spontanées qui s'exercent sur eux. Plus tard, le langage et les conceptualisations socialement réglées dont il est le véhicule prennent la direction des processus.

Dans le cas le plus favorable, les connaissances nouvelles présentées à l'élève rencontrent dans son esprit des structures cognitives d'accueil à l'intérieur desquelles elles peuvent se couler aisément. C'est ce qui se passe, par exemple, si elles sont des cas particulier de connaissances générales déjà existantes ou, inversement, la généralisation simple de cas particuliers connus et ayant des caractéristiques communes. Dans d'autres cas, l'acquisition s'opère à travers des phénomènes, positifs ou négatifs, de transfert (produisant une facilitation) ou d'interférence (génératrice de difficultés), dont le sens et la grandeur dépendent du degré de concordance entre l'information nouvelle et les connaissances antérieures.

Il peut également se faire que des « conflits » entre des vestiges d'apprentissages anciens partiellement inadéquats – contenant des croyances fausses – et les informations nouvelles que l'on veut faire acquérir à l'élève produisent des difficultés cognitives, et donc scolaires, de grande ampleur et de longue durée. C'est ce qui arrive, notamment, pour certains concepts mal formés qui peuvent ensuite, en quelque sorte, contaminer les multiples propositions qui vont devoir les contenir : de tels *concepts inexacts* (en anglais des *misconceptions)* sont parfois partiellement corrects, en sorte qu'ils *semblent* exacts, à la fois à l'intéressé et à son entourage si celui-ci y regarde de loin. Le diagnostic précis et l'élimination des défauts contenus dans ces concepts inexacts sont des conditions essentielles d'une remédiation cognitive efficace.

La mémoire sémantique à long terme, celle qui abrite les connaissances principales, est en principe d'une capacité illimitée. Il en va un peu différemment des possibilités de mémorisation « par cœur », c'est-à-dire de connaissances non conceptuelles, qui sont très sensibles aux interférences, et donc aux risques d'erreur et d'oubli. Mais, au total, ce sont l'organisation et la systématisation des connaissances qui sont les meilleurs garants de leur acquisition durable et de leur bon usage.

Jean-François Le Ny

▸ Bibliographie

BASTIEN C., *Les Connaissances de l'enfant à l'adulte : organisation et mise en œuvre*, Paris, Armand Colin, 1997.

BASTIEN C., « Le Raisonnement chez l'enfant », *in* Rondal J.-A., Esperet E., *Manuel de psychologie de l'enfant,* Bruxelles, Mardaga, 1999.

GINESTE M.-D., *Analogie et cognition*, Paris, PUF, 1997.

LE NY J.-F., *La Sémantique psychologique,* Paris, PUF, 1989.

RICHARD J.-F., BONNET C., GHIGLIONE R., *Traité de psychologie cognitive,* Paris, Dunod, 1990, t. 2, chap. 2.

TIJUS C., *Introduction à la psychologie cognitive,* Paris, Nathan, 2001.

VERGNAUD G., *L'Enfant, la mathématique et la réalité,* Berne, Peter Lang, 1981, 5e éd., 1995.

WEIL-BARAIS A., *L'Homme cognitif,* Paris, PUF, 1993.

▸ Voir aussi

Compétence – Didactique – Épistémologie – Linguistique et éducation – Mémoire – Motivation – Psychologie de l'apprentissage – Raisonnement – Savoir-faire – Sciences cognitives – Sciences de l'éducation.

CONSEILLER PRINCIPAL D'ÉDUCATION

Les conseillers principaux d'éducation (CPE), héritiers des surveillants généraux, sont, dans les établissements du second degré, chargés de l'encadrement et du suivi éducatif des élèves. Ils sont de plus en plus associés à leur suivi pédagogique.

Le recrutement se fait sur la base de la licence. La formation, située autrefois dans des centres annexés à des lycées et à des collèges, est assurée depuis septembre 1992 par les IUFM.

Le corps est né en 1970 au point de rencontre d'un besoin structurel relativement ancien et d'une occasion de conjoncture : on constatait en effet depuis au moins une décennie une inadaptation du système scolaire aux besoins de la vie des adolescents dans les établissements pour les moments qu'ils devaient y passer en dehors des heures de cours. La surveillance générale répondait comme elle pouvait aux exigences du bon ordre, mais ne développait que rarement la dimension éducative qui ne lui était pas expressément demandée. Les mouvements de 1968 révélèrent brutalement le déficit de l'attention que l'institution éducatrice accordait au développement des adolescents.

La notion de « vie scolaire » vint alors occuper cet espace négligé et mal délimité et tenta de répondre à ce qu'on avait perçu des manques et insatisfactions ressentis par les lycéens et collégiens : il fallait mettre en place des structures de vie, d'écoute, de suivi et d'organisation collective. La fonction était, dès le départ, placée sous le signe d'une réponse à une attente : il n'est donc pas étonnant qu'elle ait dû rapidement s'adapter pour suivre l'évolution de cette même attente des adolescents.

La fonction nouvelle a été mise en place par un décret du 12 août 1970, et les missions éducatives ont été précisées par des circulaires, en 1972 et en 1982. Un nouveau décret du 11 octobre 1989 a modifié sensiblement l'équilibre des différentes tâches qui constituent la fonction de CPE. Non seulement, comme le veut la loi, il « place l'élève au centre du système », ce qui n'était pas totalement une nouveauté pour un corps d'éducation, mais il marque nettement l'entrée en pédagogie des CPE, directement impliqués dans l'aide au choix du projet personnel d'orientation de chaque élève.

Les CPE ont conservé la charge, héritée de l'ancienne surveillance générale, de la discipline générale, en l'orientant dans un sens plus ouvert de suivi et de conseil. Au-delà du contrôle des absences, l'observation attentive des formes d'absentéisme permet d'attirer l'attention des personnels enseignants sur des prodromes de désintérêt scolaire ou des situations de détresse familiale ou sociale. Peu à peu, la gestion des sanctions cède le pas à des pratiques plus éducatives de conseil, de persuasion et de mise en œuvre de pratiques de vie en commun. À ce simple niveau de vie quotidienne, les CPE marquent l'originalité de leur fonction : ils sont les interlocuteurs ordinaires des élèves pour tout ce qui, dans leur vie, n'est pas seulement acquisition de savoirs.

Un même état d'esprit, majoritairement partagé par les conseillers, a conduit à privilégier, dans leur responsabilité de chef du service de surveillance, les nécessités de sécurité et les besoins de la vie collective sans négliger pour autant les exigences d'ordre et de discipline.

En relation avec les évolutions de la psychologie et des besoins des élèves, et avec les exigences des dispositions législatives en vigueur, les CPE sont amenés à s'occuper davantage de chaque élève que de tous les élèves ; au moins, un nouvel équilibre tend à distribuer autrement l'action collective et l'action individuelle. Ainsi, on voit s'étioler peu à peu, parce qu'elle ne répond plus guère à une requête forte des élèves, la fonction d'animation socioculturelle ou socio-éducative. Mais la fonction sociale se développe fortement dans les endroits où le milieu familial accuse des déficits graves. Là où, en 1975, un CPE pouvait s'occuper activement d'un groupe d'une cinquantaine d'adolescents pour mener à bien un projet, il doit maintenant prêter une attention individuelle à 50 adolescents qui n'ont pas assez de repères pour avoir un projet. Dans cette tâche délicate, et parfois dangereusement absorbante, ils travaillent en étroite collaboration avec les assistants sociaux et avec les personnels de direction.

Ils ont enfin la charge de la formation des jeunes dans deux domaines en fort développement. D'une part, ils jouent un rôle important dans la formation des délégués des élèves : à court terme, la pratique de la délégation développe le sens de la responsabilité et apporte plus de fluidité dans le fonctionnement interne d'un établissement ; à long terme, elle assoit par la pratique les gestes de la démocratie représentative. D'autre part, les CPE, tout à la fois proches et distincts des personnels de direction, comme des personnels enseignants, gardent avec les élèves et avec les parents un contact direct de nature spécifique.

Il est parfois difficile, tant l'exercice réel de la fonction est dépendant du lieu d'exercice, de trouver l'identité professionnelle de ce métier, qui est défini par des missions variées mais qui est actuellement très peu délimité par des textes de référence. Toutefois, la grande majorité des CPE savent ce qu'ils font, pourquoi ils le font et comment ils ont décidé de le faire.

Depuis quelques années, on voit nettement apparaître dans l'activité des CPE la volonté de mettre en œuvre le projet de vie scolaire qui, idéalement, devrait pouvoir être évalué à son tour. L'entrée en pédagogie se concrétise assez souvent par une collaboration suivie avec les professeurs principaux. L'outil informatique s'est déployé dans les bureaux de la vie scolaire et on peut dire qu'aujourd'hui l'usage généralisé des NTIC permet aux CPE de dégager du temps sur des tâches indispensables, mais répétitives (telles que gérer les absences, les retards, les sanctions). Des logiciels un peu sophistiqués apportent également une aide en matière de gestion ou de suivi éducatif des élèves, favorisant au final ce qui est l'essentiel : la relation humaine avec les jeunes et leurs familles. L'activité des CPE est par définition une activité de médiation polycentrique (vis-à-vis des élèves et de leurs parents, de l'équipe vie scolaire, des équipes pédagogiques et de l'équipe de direction).

Pierre Vandevoorde

▸ Bibliographie

BOUVIER A., *Le Conseiller principal d'éducation au centre de la vie scolaire*, Lyon, CRDP, 1999.

MAUFRAS C., *Conseiller principal d'éducation : concours externe, interne, réservé, professionnel, 3e voie*, Paris, Ellipses, 2003.

REMY R., SERAZIN P., VITALI C., *Les Conseillers principaux d'éducation*, Paris, PUF, 2002.

TISSERAND M., *Conseillère (principale) d'éducation : petits bonheurs et grosses colères d'un métier peu ordinaire*, Paris, L'Harmattan, 2000.

▸ Voir aussi

Délégué des élèves – Discipline – Lycéen – Projet – Vie scolaire.

CONSEILS

Parmi les caractéristiques du système éducatif, outre la complexité du problème et le caractère contingent de certaines orientations, il convient de mentionner l'ampleur de la concertation sous toutes ses formes, institutionnelles par le biais d'instances, informelles lors de contacts, rencontres de toute nature (tables rondes, colloques, négociations préparatoires, commissions, etc.). Une telle situation résulte certes de l'histoire mais aussi de la conviction qu'il ne peut y avoir de chances de succès dans la mise en œuvre d'une politique éducative si elle n'a pas fait l'objet de discussions, de mises au point avec les partenaires.

Les risques d'un tel processus ont été dénoncés parfois à juste titre : cogestion larvée, absence d'autonomie du politique par rapport aux partenaires, syndicats, groupes de pression divers, etc. Un autre inconvénient est souvent mis en avant et a trait au trop grand nombre d'organismes de concertation, parfois partiellement redondants, à leurs travaux formels, etc. Ces critiques ne peuvent que conduire à tenter d'améliorer le fonctionnement des institutions concernées, ce qui relève certes des textes mais encore plus de l'esprit nécessaire de concertation des uns et des autres.

L'énumération des conseils, comités, commissions, etc. aux différents niveaux territoriaux est longue et traduit pour partie la répartition des pouvoirs entre les différentes autorités déconcentrées, voire décentralisées. C'est cette approche qui sera retenue, cohérente avec l'organisation administrative et éducative de la France et tenant compte de la décentralisation, de la déconcentration, mais aussi de l'élargissement du nombre et de la qualité des partenaires reconnus (lycéens, collectivités locales, etc. dans la période la plus récente). Cette démarche sera préférée à celle de nature plus juridique, telle que traitée sur le plan du droit de la fonction publique ou du droit de l'éducation.

Au niveau national

Les instances nationales sont des lieux de grands débats à l'occasion de la discussion d'un thème ou de l'examen d'un texte important.

Le Conseil supérieur de l'éducation (CSE) : Créé par la loi du 10 juillet 1989 (article 22), le Conseil supérieur de l'éducation est l'héritier lointain du Conseil de l'université napoléonienne et se substitue à la fois au Conseil supérieur de l'Éducation nationale et au Conseil de l'enseignement général et technique. Le décret du 7 juin 1990 modifié a précisé ses attributions, qui sont très larges puisqu'elles concernent les « objectifs et le fonctionnement du service public de l'éducation », c'est-à-dire tous les ordres d'enseignement dépendant ou non du ministère de l'Éducation nationale.

Présidé par le ministre ou son représentant, il comprend 97 membres représentant les très grandes catégories (personnels ; usagers : parents d'élèves, étudiants, lycéens ; partenaires : collectivités locales, etc.), excluant ainsi une représentation de l'administration et permettant une plus grande lisibilité des avis.

Pour faciliter le travail du Conseil, qui peut siéger en section permanente, trois commissions spécialisées sont instituées (écoles, collèges, lycées). Enfin, le Conseil supérieur statuant en matière contentieuse et disciplinaire n'a plus qu'un rôle limité (appel des conseils académiques de l'Éducation nationale, révocation de maîtres d'internat...), les appels de décisions d'ordre disciplinaire émanant des instances universitaires relevant du CNESER.

Le Conseil national de l'enseignement supérieur et de la recherche (CNESER) : Le Conseil national de l'enseignement supérieur et de la recherche comprend 61 membres représentant les personnels, étudiants et grands intérêts nationaux. Institué par la loi du 26 janvier 1984, le CNESER a des attributions fixées par l'article 64 (« toutes les questions relatives aux missions des établissements supérieurs ») qui font de cette instance un organisme très proche d'un CTP, notamment en ce qui concerne les avis donnés sur les dotations allouées aux établissements. Le décret du 2 janvier 1989 précise par ailleurs qu'il est saisi pour avis des programmes et demandes de crédits des établissements. Enfin, le CNESER comprend une formation statuant en matière disciplinaire fonctionnant selon les modalités prévues par le décret du 14 novembre 1990. Parallèlement, existent la conférence des présidents d'université (CPU) et la conférence des directeurs d'école et formations d'ingénieurs.

La Conférence des présidents d'université (CPU) : Composée de cent membres (universités, ENS et grands établissements), la CPU est l'instance consultative représentative des universités. Interlocuteur du ministre, elle œuvre en faveur de l'autonomie du débat public et de la mutualisation des méthodes de gestion au service de la modernisation des établissements.

La Conférence des directeurs d'écoles et formations d'ingénieurs (CDEFI) : La CDEFI regroupe 128 écoles publiques d'ingénieurs du ministère de l'Éducation nationale. Ces établissements constituent un important réseau sur tout le territoire national, couvrant une grande diversité de disciplines scientifiques et de sciences de l'ingénieur.

Le Conseil national des programmes (CNP) : Créé par la loi du 10 juillet 1989 et le décret du 23 février 1990, composé de 22 membres, le Conseil national des programmes est un organisme d'experts « donnant des avis et adressant des propositions au ministre sur la conception générale des enseignements [...], les grands objectifs [...], l'adaptation des programmes et des champs disciplinaires ».

Cette instance n'a peut-être pas encore trouvé son équilibre dans la mesure où ses perspectives apparaissent trop souvent comme émanant du ministère, ce qui n'est pas sans poser des problèmes lorsque le ministre ne retient qu'une partie de ses propositions. Il appartient en effet aux directions compétentes du ministère, après avis de commissions spécialisées, d'élaborer les programmes. Le CNP a semblé parfois plus précis sur l'organisation des enseignements que sur le contenu des programmes.

Le Haut Conseil de l'évaluation de l'école : Créé en 2000, le Haut Conseil de l'évaluation de l'école a eu pour mission de faire un état de l'évaluation de l'école. Composé de trente-cinq membres, il a publié de nombreux avis.

Le Conseil national des programmes et le Haut Conseil de l'évaluation seront remplacés par un Haut Conseil de l'éducation, organe consultatif indépendant créé par la loi d'orientation et de programme pour l'avenir de l'école (loi n° 2005-380 du 23 avril 2005, articles 14 et 15). Composé de neuf membres, ce conseil donne des avis, formule des propositions sur la définition des connaissances et des compétences indispensables que les élèves doivent maîtriser à la fin de la scolarité obligatoire. Il pourra aussi formuler des propositions à la demande du ministre sur les questions relatives à la pédagogie, aux programmes, aux modes d'évaluation des connaissances, à la formation des enseignants.

Le Conseil national de la vie lycéenne (CNVL) : Créé en 1995, ce Conseil est composé de trente représentants élus au sein de chaque conseil académique de la vie lycéenne, auxquels s'ajoutent trois représentants des lycéens du Conseil supérieur de l'éducation. Il s'agit d'une instance d'information et de dialogue entre les lycéens et le ministre.

Le Conseil national des associations éducatives complémentaires de l'enseignement public (CNAECEP) : Créé par décret du 13 juillet 1990 modifié, composé de représentants des associations et de l'administration, le Conseil national des associations éducatives complémentaires de l'enseignement public donne un avis sur les agréments aux associations qui organisent des activités destinées aux élèves hors temps scolaire en complément des activités de l'État. Une procédure de même nature existe au niveau académique.

Le Haut Comité de la formation professionnelle : Composé de 24 personnes qualifiées en matière d'emploi, d'éducation et de formation, le Haut Comité de la formation professionnelle, créé par le décret n° 97-504 du 21 mai 1997, remplace le Haut Comité éducation-économie. Il est chargé de développer les échanges entre l'Éducation nationale et ses partenaires et d'animer une réflexion projective sur l'articulation entre le système éducatif et le monde économique.

Par ailleurs, le comité consultatif de l'enseignement professionnel, créé par le décret n° 97-505 du 21 mai 1997, remplace la Commission nationale éducation-profession.

De plus, il existe des instances de concertation qui procèdent des dispositions générales du statut de la fonction publique.

Le ministère de l'Éducation nationale est un ministère de personnels consacrant beaucoup de temps et d'énergie à gérer les quelque 1 200 000 agents et les services correspondants.

Les comités techniques paritaires (CTP) : Le ministère de l'Éducation nationale dispose, en application du décret du 28 mai 1982, de quatre comités techniques paritaires au niveau national :
– Le comité technique paritaire ministériel (CTPM) est compétent pour l'ensemble du ministère de l'Éducation nationale dans le domaine statutaire. Ainsi, tous les textes statutaires, qu'ils concernent le statut des professeurs des écoles ou celui des professeurs de l'enseignement supérieur, même s'il existe un CTP spécifique des personnels de l'enseignement supérieur, sont examinés en CTPM présidé par le directeur du cabinet représentant le ministre. Cette fonction s'élargit progressivement dans les faits à une approche plus globale au niveau, par exemple, des programmes de formation.
– Le CTP de l'administration centrale examine toutes les questions relevant du fonctionnement de l'administration centrale : organisation, moyens, formation. Il est placé auprès du directeur des personnels administratifs, ouvriers et de service qui le préside en l'absence du ministre.

– Le CTP des services extérieurs est compétent pour les services extérieurs et traite plus particulièrement les problèmes de formation, attribution de moyens aux services déconcentrés (recteurs, inspecteurs d'académie, établissements du second degré).
– Le CTP des personnels enseignants titulaires et stagiaires de statut universitaire (décret du 30 décembre 1983) est compétent exclusivement pour l'élaboration ou la modification des règles statutaires.

Le Comité hygiène et sécurité (CHS) : En application du décret du 28 mai 1982, il existe un Comité central d'hygiène et de sécurité (CCHS), compétent pour l'ensemble du ministère de l'Éducation nationale, ainsi qu'un CHS spécial propre à l'administration centrale.

La Commission des œuvres sociales : Créée par arrêté du 4 octobre 1991, la Commission des œuvres sociales est tripartite (administration, fédérations de fonctionnaires, MGEN) et répartit les crédits destinés à venir en aide aux agents de l'Éducation nationale.

Les commissions administratives paritaires (CAP) : Créées en application du décret du 28 mai 1982, il existe autant de commissions administratives paritaires nationales que de corps de fonctionnaires gérés au niveau national. Compétentes en matière de titularisation, avancement, mutation, détachement, disponibilité, ces commissions sont présidées par le directeur ayant la responsabilité de la direction gestionnaire. Cela n'est pas exclusif d'un mouvement de déconcentration au niveau académique pour certains actes.

En application de l'article 75 (L 239-1 du code de l'éducation) de la loi du 13 août 2004 relative aux libertés et aux responsabilités locales, est créé un conseil territorial de l'Éducation nationale, instance consultative composée, sous la présidence du ministre, des représentants de l'État chargés de l'Éducation nationale et des principales collectivités territoriales. Associant des représentants des personnels et des usagers, ce conseil peut être consulté sur toute question intéressant les collectivités territoriales dans le domaine éducatif. Il peut également formuler des recommandations pour favoriser l'égalité des usagers devant le service public de l'éducation.

Au niveau académique

Quatre types d'instance existent à ce niveau :
– deux instances à compétence très large ou large : le conseil académique de l'Éducation nationale (CAEN) et le conseil académique de la vie lycéenne ;
– le comité technique paritaire académique (CTPA) ;
– les commissions administratives paritaires académiques (CAPA).

Le conseil académique de l'Éducation nationale (CAEN) : Créé en application de la loi du 22 juillet 1983 par décret du 21 août 1985 modifié, le conseil de l'Éducation nationale dans les académies, présidé soit par le préfet de région pour les affaires de la compétence de l'État, soit par le président de la région pour les affaires de la compétence de la région, est le lieu de dialogue entre les partenaires à compétences complémentaires. La composition de ce conseil traduit la volonté de rassemblement au sein d'une même instance des divers partenaires (parents, personnels, élus, etc.).

La loi du 10 juillet 1989 a élargi ses compétences à l'enseignement supérieur selon des modalités spécifiques (décret du 25 janvier 1991). Un régime particulier existe en application de trois décrets du 25 janvier 1991 pour Paris, la région parisienne et les départements d'outre-mer ainsi que la Corse. Le conseil de l'Éducation nationale dans l'académie peut siéger en formation contentieuse et disciplinaire. Ses décisions sont susceptibles de recours devant le CSE. Le fonctionnement de ce conseil est de qualité variable, certains débats peuvent faire double emploi avec ceux ayant cours devant le CTP ou le CAVL.

Le conseil académique de la vie lycéenne (CAVL) : Créé à l'issue de la crise lycéenne de

1990, par voie de circulaire, puis par décret du 16 septembre 1991, le conseil académique de la vie lycéenne est composé pour moitié de lycéens membres des conseils de délégués des élèves des établissements et de représentants de l'Éducation nationale et de la région. Il donne son avis sur les questions relatives à la vie scolaire et au travail scolaire dans les établissements. Les membres lycéens élisent les trois représentants lycéens siégeant au CSE.

Le comité technique paritaire académique (CTPA) : Le comité technique paritaire académique est compétent pour les questions relevant du premier et second degrés (arrêté du 13 juin 1983), et couvre le champ de compétence dévolu au recteur.

Les commissions administratives paritaires académiques (CAPA) : Il existe autant de commissions administratives paritaires académiques que de corps gérés totalement ou partiellement, au niveau académique. Les CAPA ont un rôle préparatoire essentiel pour la gestion nationale des corps concernés. Sur un plan général, la création du CAEN aurait dû conduire à supprimer les très nombreuses commissions existantes ou à tout le moins à utiliser des formations émanant notamment du CAEN. Dans la pratique subsistent de très nombreuses commissions : œuvres sociales, bourses, formation continue, etc.

Au niveau départemental

Un dispositif correspondant au champ de compétence de l'inspection académique est institué.

Le conseil départemental de l'Éducation nationale (CDEN) : Institué par la loi du 22 juillet 1983 et le décret du 21 août 1986, le conseil de l'Éducation nationale dans les départements est présidé par le préfet ou le président du conseil général. C'est un lieu de débat sur tout ce qui concerne le système éducatif dans le département.

Le comité technique paritaire départemental (CTPD) : Institué par l'arrêté du 13 juin 1983, le comité technique paritaire départemental est compétent pour les questions intéressant l'organisation des services administratifs et les établissements d'enseignement des premier et second degrés. Certaines questions essentielles (préparation de la rentrée, répartition des emplois dans les écoles, etc.) sont aussi soumises au CDEN.

La commission administrative paritaire départementale : La commission administrative paritaire départementale est compétente pour les questions relatives à la gestion des professeurs des écoles.

Il existe d'autres commissions, notamment la commission départementale de l'éducation spéciale (CDES), créée par la loi du 30 juin 1975 en faveur des handicapés, le comité départemental des œuvres sociales, le conseil départemental d'orientation.

Au niveau des écoles primaires et des collèges et lycées, établissements publics locaux d'enseignement (EPLE), il faut mentionner respectivement le conseil d'école et le conseil d'administration des EPLE, éléments essentiels du fonctionnement de l'établissement scolaire (décret du 30 août 1985 modifié).

Jacky Simon

▶ Bibliographie

Durand-Prinborgne C., *Le Droit de l'éducation,* Paris, Hachette-Éducation, coll. « Organiser, former pour enseigner », 1998.

Durand-Prinborgne C., Legrand A., *Code de l'éducation 2005,* Paris, Litec, Juris-classeur Juris Code, 2005.

Gérard R., « Un nouveau paysage consultatif au ministère de l'Éducation nationale : le CSE », *Savoir, Éducation, Formation,* n° 3, 1991, p. 479-500.

Ministère de l'Éducation nationale, *Code de l'éducation,* Paris, Éd. des Journaux officiels, 2005.

Simon J., Lesage G., *Organisation et gestion de l'Éducation nationale,* Paris, Berger-Levrault, 2004.

▶ **Voir aussi**
Décentralisation – Déconcentration – Droit de l'éducation – Politique de l'éducation.

Conservatoire national des arts et métiers (CNAM)

Le Conservatoire national des arts et métiers est le grand établissement public de formation professionnelle supérieure destiné aux adultes. Il est placé sous la tutelle du ministère de l'Éducation nationale, de l'Enseignement supérieur et de la Recherche. Il remplit trois missions : la formation professionnelle des adultes, la recherche technologique et la diffusion de la culture scientifique et technique.

Implanté sur tout le territoire national et à l'étranger avec ses 150 centres d'enseignement, il a formé en 2003-2004 plus de 80 500 adultes engagés dans la vie active. L'établissement délivre quelque 400 certificats, titres professionnels et diplômes du niveau bac jusqu'aux diplômes d'ingénieur et de 3e cycle, en passant par la licence et le master, dans quatre domaines : économie et gestion, sciences et techniques industrielles, sciences et technologies de l'information et de la communication, travail et société.

Les formations du CNAM se décomposent en unités d'enseignement et en crédits ECTS (*European Credit Transfert System*). Ceci permet à chacun de construire son parcours « à la carte » et de se former à son rythme en capitalisant progressivement ses résultats. Au total, le CNAM propose plus de 1 200 unités d'enseignement centrées sur les compétences recherchées par les entreprises. Le CNAM propose aussi aux entreprises et à leurs salariés des formations courtes : stages ou sessions de perfectionnement intra- ou inter-entreprises, notamment éligibles au Droit individuel à la formation (DIF).

Les formations du CNAM sont accessibles à tous : salariés, travailleurs indépendants, demandeurs d'emploi ou étudiants, qui souhaitent actualiser leur connaissances et perfectionner leurs compétences pour élargir leurs responsabilités, négocier un tournant dans leur carrière, anticiper un changement d'emploi, etc. Les modalités d'organisation des formations sont souples et adaptées aux contraintes d'une activité professionnelle. Selon les cas, les cours sont dispensés le soir, en journée, le samedi, à distance (FOAD), en alternance ou en apprentissage, en continu ou discontinu.

Le CNAM accueille, informe, oriente et conseille les publics, notamment dans le cadre d'entretiens individuels approfondis avec des conseillers d'orientation et des enseignants ou de bilans de compétences. Pionnier de la validation des acquis de l'expérience (VAE), il permet aux actifs de faire reconnaître leur expérience pour raccourcir leur durée de formation, acquérir un diplôme et évoluer dans leur profession.

Par ailleurs, le CNAM développe la recherche technologique et promeut l'innovation autour de laboratoires et de plates-formes intéressant scientifiques et industriels. Il dispose d'une école doctorale technologique et professionnelle et il est partenaire de sept écoles doctorales thématiques. Il a accueilli trois cents doctorants en 2003-2004.

Le CNAM et son Musée national des arts et métiers proposent chaque année plus de trois cents conférences-débats, expositions, animations pédagogiques, colloques, etc., qui font intervenir de nombreux représentants de la communauté scientifique et du monde économique et participent à la formation tout au long de la vie.

Delphine Galibert

▶ **Voir aussi**
Formation professionnelle continue – Institut national d'étude du travail et de l'orientation professionnelle (INETOP).

Contrat didactique

Le concept de « contrat didactique » est très différent de celui de « contrat pédagogique », dont on sait qu'il cherche à expliciter au maximum, pour les élèves, les objectifs et les exigences scolaires. Au contraire, le terme de « contrat didactique », initialement introduit par Brousseau en didactique des mathématiques, explique qu'il existe nécessairement une certaine opacité dans le « système didactique » reliant le savoir, l'élève et le maître. En référence au *Contrat social* de Jean-Jacques Rousseau, l'idée est que le contrat didactique *préexiste* à la situation d'enseignement et, en quelque sorte, la surdétermine. Cela, non parce que l'enseignant chercherait à cacher quelque chose aux élèves, mais parce qu'il est pris, comme eux, dans ce contrat qui les lie.

Le fondement du contrat didactique ne concerne pas la nature de la relation pédagogique : il est d'abord épistémologique. Il résulte notamment des obstacles auxquels s'affrontent les élèves pour apprendre, et de la situation didactique elle-même. Celle-ci doit effectivement mettre les élèves aux prises avec des obstacles, sans qu'on se substitue à eux pour les franchir. Car si l'enseignant explicite trop ce qu'il attend des élèves, la tâche intellectuelle qu'il leur demande s'effondre, et il ne leur reste plus qu'à exécuter mécaniquement une suite d'opérations. C'est ce que Brousseau nomme un *effet Topaze,* en référence à Pagnol, dont on sait que le personnage fait faire une dictée en s'appliquant à prononcer toutes les terminaisons.

Ce phénomène est fréquent en classe. Il se produit chaque fois que l'élève peut décoder l'attente de l'enseignant, à partir des seuls termes de la question, pour produire une réponse conforme, sans avoir à en investir le sens. « Dans toutes les situations didactiques, le maître tente de faire savoir à l'élève ce qu'il veut qu'il fasse, mais il ne peut pas le dire d'une manière telle que l'élève n'ait qu'à exécuter une série d'ordres. Ce contrat fonctionne comme un système d'obligations réciproques qui détermine ce que chaque partenaire, l'enseignant et l'enseigné, a la responsabilité de gérer, et dont il sera d'une manière ou d'une autre responsable devant l'autre » (Brousseau, 1986). Le contrat définit ainsi le « métier de l'élève », autant que celui du maître, aucun des deux ne pouvant se substituer à l'autre sans dommage pour le projet d'apprendre.

Pour l'enseignant, cela constitue un paradoxe, qu'il est difficile, mais pourtant nécessaire, de gérer. « Le contrat didactique met le professeur devant une véritable injonction paradoxale : tout ce qu'il entreprend pour faire produire par l'élève les comportements qu'il attend incline à priver ce dernier des conditions nécessaires à la compréhension et à l'apprentissage de la notion visée. Si le maître dit ce qu'il veut, il ne peut plus l'obtenir » (Brousseau, *ibid.*). Tout se joue donc, dans la situation scolaire, comme si les partenaires avaient à respecter des clauses qui n'ont jamais été discutées, clauses qui au fond ne sont jamais entièrement respectées, et dont les ruptures correspondent à des avancées de la connaissance partagée. Car, dit encore Brousseau, « le savoir et le projet d'enseigner vont devoir s'avancer sous le masque ».

Le contrat didactique présente ainsi un double statut. Il permet d'abord d'analyser et de caractériser ce qui se joue dans la classe, en termes d'apprentissage, aussi bien pour le maître que pour les élèves. Certains auteurs préfèrent appeler *coutume didactique* cette dimension quasi sociologique du contrat (Balacheff, 1988). Chaque classe possède en effet sa propre coutume qui correspond aux spécificités de son fonctionnement didactique. Mais, en même temps, et c'est là le cœur du concept, le contrat didactique constitue un levier important sur lequel peut jouer le maître quand il introduit des ruptures pour faire progresser la situation didactique, pour « enrôler » les élèves dans la tâche proposée (*cf.* la « fonction d'étayage » de l'adulte, chez Bruner, 1983) et réussir la *dévolution* du problème. La didactique des mathématiques décrit ainsi, sous le nom de *théorie des situations didactiques,* une dynamique qui permet la transformation, par déplacements et ruptures successives, de situations d'« action » initiales en situations de « formulation », puis de « validation », et enfin d'« institutionnalisation ». Le contrat est ainsi évolutif en cours d'activité, si bien que « le concept théorique en didactique n'est pas le contrat (le bon, le mauvais, le vrai ou le faux), mais le processus de recherche d'un contrat hypothétique » (Brousseau, *ibid.*).

Il est à noter enfin que certains auteurs tendent à dogmatiser l'usage du concept, dès lors qu'ils le conçoivent trop mécaniquement comme ce qui « pèse » sur la structure didactique, ce à quoi l'enseignant ne saurait échapper. Ils ne résistent pas toujours à la tentation d'utiliser les fondements épistémologiques du contrat didactique pour critiquer des propositions pédagogiques innovantes, peut-être généreuses mais jugées naïves et brouillonnes. Un outil théorique essentiel à la compréhension des situations didactiques devient alors l'instrument d'une restauration discrète de la magistralité, qui paraît d'autant plus légitime qu'elle se présente comme le résultat objectif d'une science didactique. Ce ne serait là qu'un nouvel avatar de la volonté ancienne (d'ailleurs toujours déçue) de rendre la pédagogie « scientifique ». Alors qu'elle a d'abord besoin de disposer de grilles nouvelles qui éclairent, sans jamais les dicter, les prises de décisions didactiques.

Jean-Pierre Astolfi

▸ Bibliographie

Astolfi J.-P. *et al.*, *Mots-clés de la didactique des sciences*, Bruxelles, De Boeck, 1997.

Astolfi J.-P., Develay M., *La Didactique des sciences*, Paris, PUF, coll. « Que sais-je ? », 2002.

Balacheff N., « Le Contrat et la coutume, deux registres des interactions didactiques », in *Actes du premier colloque franco-allemand de didactique des mathématiques et de l'informatique (Luminy)*, Grenoble, La Pensée sauvage, 1988.

Brousseau G., « Fondements et méthodes de la didactique des mathématiques », in *Recherches en didactique des mathématiques*, Grenoble, La Pensée sauvage, 1986.

Bruner J. S., « Le Rôle de l'interaction de tutelle dans la résolution de problème », in *Le Développement de l'enfant : savoir faire, savoir dire*, Paris, PUF, 1983, chap. 10.

Drouin A.-M., « Sur la notion de contrat didactique », *Aster*, n° 1, 1985.

Larroze-Marracq H., « Une Régulation communicative de la conduite de la classe : le contrat didactique », *in* Fijalkow J., Nault T. (dir.), *La Gestion de la classe*, Bruxelles, De Boeck, coll. « Perspectives en éducation et formation », 2002.

Marchive A., « Effets de contrat et soumission à l'autorité », *in* Talbot L. (dir.), *Pratiques d'enseignement et difficultés d'apprentissage*, Ramonville-Saint-Agne, Érès, 2005.

▸ Voir aussi

Contrat pédagogique – Dévolution – Didactique – Épistémologie – Objectif-obstacle – Problème – Rousseau, Jean-Jacques.

Contrat pédagogique

Au sens général, un contrat est un acte qui confirme un engagement volontaire et réciproque par lequel des personnes règlent leurs échanges pour y trouver un intérêt particulier ou général.

Origines et usages d'une notion polymorphe

Paradoxale en éducation parce qu'elle est utilisée pour désigner des rapports entre individus qui n'ont ni les mêmes pouvoirs, ni les mêmes statuts, la notion de « contrat pédagogique » a cependant connu un certain succès. Si l'on essaie d'en expliquer les origines, il faut les rechercher tout autant dans l'introduction de la pédagogie par les objectifs, dans les évolutions de la recherche didactique, dans les analyses psychanalytiques du rapport enseignant/enseigné, ou encore, plus sociologiquement, dans les influences multiples sur l'institution scolaire des évolutions économiques et sociales.

Pour en rester à ce dernier niveau d'influences possibles, il faut souligner que cette notion apparaît dans le système éducatif, au tournant des années 1960, comme explication de son fonctionnement, alors que se développe en France, à travers les lois de participation, un essai de régulation contractuelle des rapports sociaux et économiques, et que sont accueillies de nouvelles méthodologies qui proposent la rationalisation du processus d'enseignement et d'apprentissage. Cette notion de « contrat » surgit également au moment où le secteur productif explore l'efficacité de la direction par objectifs.

Ainsi, dès l'origine, la notion de contrat en éducation et de contrat pédagogique est présentée comme une importation de règlements, explicites ou implicites, pour permettre à la tâche scolaire de s'effectuer sans conflits et avec profit pour tous. Principalement explorée à l'origine dans les lycées professionnels, elle a pu être présentée comme une préadaptation au monde du travail, à la « démocratie industrielle » plus que comme une tentative pour introduire dans la sphère scolaire des règles de fonctionnements cognitifs, civiques et sociaux.

Cependant, en se diffusant dans l'ensemble du système éducatif, la vertu du contrat en éducation s'est imposée comme permettant l'établissement d'un langage mutuellement compréhensible par les enseignants et les élèves, et comme une façon de préciser l'enjeu (les objectifs) et les résultats visés. Les principes avancés sont que les objectifs de la formation ainsi que les critères de son évaluation (c'est l'objet du contrat) doivent être clairement définis ; l'élève doit s'engager à la performance requise, et l'enseignant, en retour, doit s'engager à accorder l'évaluation préétablie (c'est l'engagement des contractants).

Les plans de travail de Freinet et des méthodes actives comme les principes de la pédagogie par objectifs, de la pédagogie de maîtrise ou de projet, appareillent la notion de « contrat » d'une série d'outillages qui permettent de régler la production de la tâche à accomplir et les relations du maître avec les élèves. La notion de contrat est requise, dans l'ordre pédagogique, pour établir des conventions permettant l'individualisation des parties et leur engagement. Elle s'appuie en conséquence sur des procédures d'information et de communication constantes, permettant une gestion de plus en plus autonome des tâches établies. Elle est également l'une des voies de stabilisation des relations sociales ou de socialisation des individus, par cette initiation ou association à une gestion partagée des procédures d'apprentissage.

La fabrication de l'intérêt général et du consensus

Si un contrat permet de définir un règlement des relations pédagogiques ou sociales, s'il se fonde sur l'idée d'un conflit latent à résoudre, il suppose aussi des obligations et un gain escompté. En refabriquant un intérêt général, il suppose qu'à travers des procédures mises en place et acceptées, il peut être l'un des moyens les plus efficaces pour la transmission des connaissances et donc pour la lutte contre l'échec scolaire.

Optimiste dans son principe, l'idée de contrat en pédagogie se présente donc comme une recherche de l'équité dans la forme scolaire : par la clarification des objectifs de formation, par la précision des consignes et des tâches, par celles des conditions de réalisation et des critères sur lesquels portera l'évaluation, par l'indication des recours et des remédiations possibles qui seront proposés si la tâche n'est pas réalisée, etc. On peut cependant se demander si cet encadrement, cette vigilance constante qui requiert du pédagogue une attention de tous les instants n'augmentent pas également pour les élèves une contrainte difficile à supporter, par cette mise sous surveillance de leurs réussites comme de leurs insuccès.

Plus généralement, on observe que si tout apprentissage nécessite durée et continuité, l'institution scolaire doit gérer cette durée et cette continuité en s'attaquant notamment aux systèmes d'exigences disparates et mal articulés des enseignants eux-mêmes comme aux réactions des élèves qui n'adhèrent pas nécessairement à la tâche scolaire, fût-elle la plus contractuelle possible. Le travail en équipe, les pratiques d'autoévaluation régulatrice que les enseignants peuvent appliquer à leur propre démarche nécessitent de construire un espace éducatif cohérent, des coordinations qui sont dans l'air du temps mais difficiles à réaliser.

Qui dit contrat pédagogique dit contrat de l'enseignant. Parler de contrat pour l'élève, ou dans la classe ne se limite pas uniquement à la tâche scolaire que doit effectuer l'élève, mais expose également l'engagement de celui ou de ceux qui ont en charge la transmission de connaissances. De fait, la structure même d'un établissement repose sur les bases d'un accord pour faire tenir ensemble une communauté disparate ; elle doit, pour exister, construire un consensus qui porte autant sur les pratiques ordinaires que sur les résultats, les rendements escomptés. Le contrat, dans ces conditions, obéit à certaines conditions où interviendront tout autant l'adhésion des partenaires que la désignation des clauses de rupture si la balance des gains ne se révèle pas plus importante que celles des pertes.

La notion d'intérêt général, pour peu qu'on s'y attarde, n'est-elle pas en définitive l'une des voies pour comprendre ce qui, dans la tâche scolaire ou dans la forme d'un établissement, permet de refabriquer un consensus ?

Évelyne Burguière

▶ Bibliographie

Burguière É., Chambon A., Chauveau G. *et al.*, *Contrats et éducation : la pédagogie du contrat, le contrat en éducation*, Paris, L'Harmattan, 1987.

Filloux J., *Du contrat pédagogique : le discours inconscient de l'école*, Paris, L'Harmattan, 1996.

Heber-Suffrin C., Heber-Suffrin M., *Échanger les savoirs*, Paris, Epi/Desclée de Brouwer, 1992.

Huberman M. (dir.), *Textes de base sur la pédagogie de maîtrise*, Lonay, Delachaux et Niestlé, 1988.

Meirieu P., *Apprendre… oui, mais comment ?*, Issy-les-Moulineaux, ESF, 1999.

Noizet G., Caverni J.-P., *Psychologie de l'évaluation scolaire*, Paris, PUF, 1978.

Prost A., *Éloge des pédagogues*, Paris, Le Seuil, 1985.

▶ Voir aussi

Adultes (Formation des) – Échec scolaire – Éducation permanente – Élève – Établissement scolaire – Objectif pédagogique – Praxéologie – Rapport au savoir.

Contrôle continu

Au sens strict, le contrôle continu est une modalité d'évaluation des candidats à certains diplômes professionnels (CAP-BEP), introduite à titre facultatif à partir de 1987. Il repose sur l'évaluation systématique, au cours de la formation, de toutes les composantes du référentiel du diplôme. Critiqué pour la lourdeur de son organisation et son caractère trop analytique, le contrôle continu a vu limiter son champ d'extension, à partir de 1992, aux établissements dans lesquels il était déjà instauré avant cette date. D'autres formes d'évaluation, comme le « contrôle en cours de formation », ont tendance à lui être préférées.

En un sens plus large, c'est l'ensemble des modalités d'évaluation des candidats aux examens autres que l'évaluation terminale (organisée à la fin de la formation, anonyme, sur sujets à large diffusion, sans intervention des professeurs ou formateurs du candidat), qui est traditionnelle en France.

Le contrôle continu est l'objet des prises de position hostiles des partisans du contrôle traditionnel, au nom des risques qu'il ferait courir à l'égalité des candidats, à la neutralité des établissements, à l'indépendance des examinateurs ainsi qu'à la liberté pédagogique des maîtres.

C'est un fait qu'au brevet des collèges, où il existe conjointement à des épreuves terminales, le contrôle continu a souvent entraîné des dérives de sur-notation (collèges en difficulté) ou de sous-notation (collèges prestigieux) dans les établissements. On peut toutefois rappeler que des cursus universitaires sont organisés sous une forme de contrôle continu et que c'est sur le fondement du contrôle continu (dossier scolaire) que sont sélectionnés les élèves des filières les plus prestigieuses d'enseignement supérieur.

L'émotion suscitée en 2005 par un projet d'introduction du contrôle continu au baccalauréat montre que le thème rassemble sur lui aussi bien les rêves de certains pédagogues que les blocages d'une large partie de l'opinion. On peut se demander si la guerre de religion entre partisans et adversaires du contrôle continu ne reflète pas l'incapacité du système français d'examens à imaginer des solutions diversifiées et adaptées aux compétences que chaque épreuve doit valider.

Roger-François Gauthier

▶ Voir aussi
Contrôle en cours de formation (CCF) – Examen – Référentiel.

Contrôle en cours de formation (CCF)

Le contrôle en cours de formation est une modalité d'évaluation des candidats à l'obtention de certains diplômes, intermédiaire entre l'examen traditionnel et le contrôle continu.

Le contrôle en cours de formation évite la confusion entre évaluation et formation, caractéristique du contrôle continu (au premier sens de la notice qui lui est consacrée), et, partant, identifie clairement les situations d'évaluation auxquelles les candidats sont soumis. Permettant de mieux prendre en compte la diversité des supports et des lieux de formation (l'entreprise, par exemple) que les examens traditionnels, le contrôle en cours de formation paraît adapté à certains objectifs d'évaluation des examens de la voie professionnelle.

Le recours au contrôle en cours de formation dans le cadre d'examens plus académiques (baccalauréat d'enseignement général, par exemple) est très limité, mais on ne perçoit guère d'évolution sur un sujet qui reste assez « tabou », malgré les difficultés d'organisation de chaque session que ce mode d'évaluation permettrait de soulager en partie.

Roger-François Gauthier

▶ Voir aussi
Contrôle continu – Examen.

Coopérative scolaire

Au lendemain de la Première Guerre mondiale, une méthode nouvelle d'éducation, prônant une pédagogie fondée sur l'esprit de solidarité et de responsabilité des enfants, est née en France sous l'impulsion d'éducateurs (Barthélémy Profit, Émile Bugnon) : *la coopérative scolaire*. Le texte fondateur est constitué par la circulaire du 10 février 1948 (*BO* n° 8 du 19 février 1948).

Inspirée par un idéal de progrès humain, la coopérative scolaire se donne pour but l'éducation civique, morale, sociale, économique et intellectuelle des jeunes coopérateurs en organisant des services qui concernent :
- cadre et temps de vie scolaire ;
- bibliothèque, médiathèque et centre de documentation ;
- échanges et communication ;
- sorties éducatives, séjours coopératifs, classes de découverte ;
- centres d'accueil ;
- initiation et pratiques de gestion, apprentissage de la vie sociale ;
- promotion des activités artistiques, culturelles, sportives et de pleine nature, etc. ;
- découverte et maîtrise des technologies nouvelles ;
- formation des enseignants et des partenaires des équipes éducatives, etc.

Les coopératives scolaires sont des sociétés d'élèves gérées par eux-mêmes avec le concours d'adultes en vue d'activités communes au sein des écoles maternelles et primaires. Elles participent aux projets éducatifs avec les parents et les partenaires de l'environnement culturel, éducatif, économique et social de leurs écoles. Au sein des lycées et collèges, des « foyers coopératifs » peuvent se constituer en association ; pour satisfaire aux obligations de la loi du 1er juillet 1901, ils doivent comprendre au moins trois responsables majeurs. La coopérative scolaire, constituée seulement d'élèves mineurs, ne peut pas être une association déclarée, régie par la loi du 1er juillet 1901. Les coopératives scolaires sont des sections de l'association départementale de l'Office central de la coopération à l'école (OCCE) à laquelle elles doivent adhérer.

Dans un communiqué commun du 13 février 2001, l'OCCE et la Fédération des conseils de parents d'élèves (FCPE) ont souhaité réaffirmer leur attachement à la promotion de la coopération à l'école, autour notamment des principes suivants :
– rechercher « la participation active et solidaire des élèves dans la construction de leurs apprentissages au travers de l'organisation et de la mise en œuvre de projets qui lui donnent du sens » ;
– veiller à ce que les élèves tiennent dans les conseils de coopérative « une place essentielle leur permettant d'acquérir par la pratique les compétences nécessaires à l'exercice de responsabilités dans une société démocratique » ;
– avoir conscience que la coopérative scolaire OCCE « n'a pas pour but de se substituer aux obligations des collectivités territoriales [...]. Elle ne doit contribuer ni à la réalisation de travaux [...], ni à l'achat ou à la location de moyens d'enseignement, ni au fonctionnement des activités pédagogiques obligatoires ».

Daniel Groscolas

▶ **Voir aussi**
Morale (Éducation) – Partenariat – Vie scolaire.

Corps

Le souci du corps occupe désormais une part importante de l'éducation. La santé, la beauté, l'habileté motrice, le bien-être (se sentir bien dans sa peau), voilà autant de préoccupations quotidiennes.

La santé

La santé de l'enfant s'illustre d'abord par l'absence ou l'élimination de la maladie. Qu'il contracte la rougeole est normal : une bonne santé doit néanmoins lui permettre de ne pas être profondément affecté, ni trop long à s'en remettre. La santé, c'est ici la faculté dont dispose l'organisme à se préserver ou à guérir de la maladie. L'éducation peut y contribuer dans la mesure où on suppose qu'une culture physique bien conduite rend l'enfant plus robuste. L'enfance est aussi l'âge de la croissance et du développement. Pour cela, l'enfant a besoin de ressources, parfois supérieures à celles qu'utilise l'adulte lui-même. Activer les fonctions organiques par l'exercice est censé favoriser le développement du corps en stimulant les conditions primaires de la santé.

Cultiver la forme

L'exercice physique enseigne que, pour réaliser une bonne performance, il faut « tenir la forme ». Être en forme, c'est alors cultiver la condition physique pour que la performance ne soit pas le bonheur aléatoire d'un jour, mais devienne une constante de tous les jours.

Dans une société où les fonctions de représentation et de communication occupent une place de plus en plus dominante, les qualités esthétiques du corps jouent un rôle non négligeable dans l'image de soi que le sujet livre aux autres. Alors l'exercice physique a pour objectif de donner la beauté, atout considéré comme nécessaire pour la réussite sociale. Le corps se voit, il va donc favoriser la sociabilité, tant professionnelle que relationnelle.

Au-delà de ces signes conventionnels, existe également le désir de se sentir en forme. Autrement dit, la sensation que le sujet a de lui-même relève aussi de la connaissance de son propre corps. Ne pas « se sentir dans son assiette », avoir perdu le goût de l'exercice, c'est une façon et une raison de craindre pour son intégrité. La sensation d'un certain plaisir fait dire à quelqu'un qu'il peut « compter » sur son corps pour réaliser un projet, satisfaire une ambition ou affronter une épreuve.

Le corps des plaisirs

Si l'adulte cultive sa jeunesse en pratiquant avec plaisir des exercices physiques, c'est parce qu'il y trouve une réalisation plus complète de lui-même. Faire de l'exercice, de la gymnastique, du sport en salle ou en plein air, c'est alors cultiver son corps, c'est-à-dire être animé par des passions qui agrémentent la vie, voire en renouvellent les valeurs.

Dans les sociétés postindustrielles, comme on les appelle aujourd'hui, un individu qui manque de tels loisirs apparaît comme un être diminué : le professionnel borné, la personne atteinte de lassitude chronique, celle qui demeure privée de toute passion hors profession ou hors famille ne se porte pas bien, pire, se supporte avec peine. Elle en souffre et en fait pâtir son entourage. Elle manque, dit-on, de tonus ; donc de corps.

On pense en particulier à toutes ces formes de déplaisir liées au « stress », c'est-à-dire à toutes les agressions que subit l'individu dans son métier ou sa profession, dans la ville, durant ses déplacements, que ceux-ci soient motorisés ou non. D'où l'argument que les jeux ou les sports, parce qu'ils préparent à réagir à des situations inattendues, sollicitent des capacités à réagir émotivement à l'agression et deviennent des facteurs d'équilibre et de santé. Peut-être s'agit-il ici de santé mentale, mais celle-ci fait encore partie de la forme, et les tensions qui l'accompagnent sont bien « somatiques » (organiques).

L'intelligence motrice

Les descriptions phénoménologiques de « l'être au monde » offrent des clefs pour dépasser les oppositions classiques dans lesquelles s'enfermaient les philosophies de l'éducation qui se réclamaient d'un intellectualisme obtus. Vivre, c'est être corporellement présent ; de ce savoir originaire surgissent d'autres « être au monde » aux sources desquels on remonte : « Nous avons retrouvé sous le savoir objectif et distant du corps cet autre savoir que nous en avons parce qu'il est toujours avec nous et que nous sommes corps », affirme Maurice Merleau-Ponty (*Phénoménologie de la perception*). Voilà jetés les fondements d'une anthropologie de l'éducation qui accorde une large place au corps vécu, à l'expérience corporelle du savoir.

Cette forme de la réalité corporelle ne cesse d'entretenir et de soutenir la vie intérieure ; elle travaille et fouille les esquisses de mouvements que le sujet intériorise. Piaget, qui valorise l'expérience psychomotrice au point de la considérer comme déterminante pour le développement de l'intelligence, renouvelle l'étroite solidarité entre l'organique et le mental. L'éducation psychomotrice de la petite enfance, qui a si profondément alimenté la révolution des classes préélémentaires à l'école, valorise ainsi l'expérience somatique en vue de son dépassement.

Tensions et conflits

Pour les psychanalystes, deux puissances pèseraient sur le corps, le sculptant progressivement. D'une part, les pulsions, sexuelles notamment ; d'autre part, la société, qui les surveille et les tolère au prix de leur soumission.

L'éducation naît à la confluence de ces deux moments, celui du désir et celui de l'ordre. La vie psychosomatique résulte de leur affrontement, source de tensions intimement vécues, ou de leur conciliation, source de plaisir. Frustrations et désillusions conduisent souvent à chercher une protection, régressive mais avantageuse. La société de son côté pousse à une mort voilée de ce corps : on se doit de réprimer ses désirs, mais à travers l'expérience sensori-motrice elle-même, moment de l'expression, de la communication et de l'animation.

Rien de surprenant si ces tensions laissent leurs marques sur le corps, suffisamment visibles pour faire le jeu de distinctions sociales : au-delà de l'analyse psychologique, ce corps est porté sur la scène sociale tout entière. Des consommations ostentatoires – médicales, éducatives, de loisirs – en illustrent les images et en étayent les représentations. L'éducation devient dès lors intériorisation, incorporation, selon le principe que des pratiques ne se réduisent pas à des réactions aux incitations du milieu social ou à des pressions sommaires issues de préceptes moralisateurs, allant du slogan à la publicité. L'individualisation des styles de vie résulte de cette lente incorporation lorsque des choix successifs pénètrent les libertés individuelles. Les normes de la société investissent les corps : elles se décantent en eux. Cristallisant des goûts, ces modes de vie deviennent des dispositions corporelles, véritables opérateurs de l'éducation qui agissent sur les actions du sujet et sur ses représentations.

André Rauch

▸ **Bibliographie**

CORBIN A., COURTINE J.-J., VIGARELLO G., *Histoire du corps,* vol. 1 : « De la Renaissance aux Lumières », Paris, Le Seuil, 2005.

DURET P., ROUSSEL P., *Sociologie du corps*, Paris, Nathan, 2003.

LE BRETON D., *L'Adieu au corps*, Paris, Métailié, 1999.

MERLEAU-PONTY M., *Phénoménologie de la perception,* Paris, Gallimard, coll. « TEL », 1976.

RAUCH A., *Le Souci du corps : histoire de l'hygiène en éducation physique*, Paris, PUF, 1983.

SFEZ L., *La Santé parfaite : critique d'une nouvelle utopie,* Paris, Le Seuil, 1995.

VIGARELLO G., *Histoire des pratiques de santé*, Paris, Le Seuil, 1999.

VIGARELLO G., *Le Corps redressé : histoire d'un pouvoir pédagogique*, Paris, Armand Colin, 2002.

▸ **Voir aussi**

Éducation physique et sportive (EPS) – Norme – Piaget, Jean – Santé (Éducation pour la) – Sociabilité.

COURS ET CLASSE

La distribution des élèves en classes, aujourd'hui si naturelle, a été instituée au XIVe siècle par une congrégation enseignante des Pays-Bas, les Frères de la vie commune, dont Érasme fut l'un des élèves. À chaque *locus* ou classe correspondait une étape du *cursus,* et donc un contenu propre. Cette organisation pédagogique, qui suppose le recours à la méthode d'enseignement simultané, fut adoptée en 1509 par le collège de Montaigu à Paris, et ce qu'on appelait alors le *modus parisiensis* gagna rapidement l'ensemble des collèges catholiques et des académies protestantes qui se créèrent au cours du XVIe siècle dans les provinces.

La répartition des élèves au sein des classes, nécessitée par le nombre important des élèves qui fréquentaient ces établissements, obéissait alors essentiellement à des critères de niveau et non d'âge : au collège d'Auch, au début du XVIIe siècle, on entrait en 6e entre 4 et 18 ans. Ces écarts s'amenuisèrent à partir du XVIIIe siècle, et quand, à partir des années 1850, l'organisation par classes s'étendit à l'enseignement primaire, l'âge des enfants fut pris en compte. Il devint, après le vote de la loi du 28 mars 1882 sur l'obligation scolaire, le premier critère de répartition.

Les termes « classe » et « cours » sont des notions voisines, parfois confondues, parfois distinctes. La classe correspond à une organisation et à un parcours administratif dont chaque étape couvre une année. Le cours correspond, dans une discipline ou une série de disciplines, à une progression pédagogique, souvent échelonnée sur plusieurs années et donc sur plusieurs classes. C'est en ce sens que certaines institutions qui proposent un *continuum* pédagogique gradué portent le nom de cours. De même, les cours élémentaires et les cours moyens des écoles communales s'étendaient chacun sur deux années et donc sur deux classes : dans cette acception, « cours » se rapproche de notre moderne « cycle ».

Mais si un cours peut être plus qu'une classe, il peut aussi être moins qu'une classe. Les écoles rurales qui n'ont qu'un seul enseignant n'ont nécessairement qu'une seule classe, étant entendu que tous les élèves sont réunis en un même lieu ; mais cette classe unique peut comporter plusieurs cours, dans la mesure où elle accueille des enfants de niveaux différents qui se livrent à des activités qui ne sont pas identiques. Dans ce cas, cours est synonyme de « division ».

Aujourd'hui, la classe désigne le plus souvent un groupe d'élèves déterminés tandis que le cours renvoie au contenu de l'enseignement, voire à l'enseignant qui en a la charge. C'est ainsi que la note administrative « la classe de 6e 3 n'a pas cours de mathématiques » ne serait pas intelligible si l'on inversait l'ordre des substantifs... Par contre la traduction orale qu'en font les élèves, « la 6e 3 n'a pas math ! », est tout à fait compréhensible.

Alain Choppin

▸ **Voir aussi**

Classe – Curriculum – Cycles – Groupement.

Cours particulier

La prise de cours particuliers par les élèves de collège et de lycée est devenue depuis quelques années une pratique de masse, qui tranche avec l'usage déjà séculaire des « petits cours ». Un véritable marché s'est développé. Des entreprises spécialisées sollicitent les clients à grand renfort de publicité, en ne manquant pas de s'appuyer sur la mesure fiscale prise au milieu des années 1990, permettant de déduire de l'impôt la moitié des sommes consacrées à des services à domicile. Par ailleurs, étudiants et enseignants continuent à recruter au moyen de petites annonces dans les commerces ou les journaux gratuits. Selon une enquête faite au tournant des années 1990, en région Rhône-Alpes, environ un élève sur quatre prend des cours particuliers et un élève sur trois en a pris au cours de sa scolarité. Les variations les plus grandes existent entre classes, filières ou établissements. Ce sont les enfants des catégories les plus diplômées et les plus favorisées qui en prennent le plus. Toutefois, et c'est là un signe de l'alourdissement des enjeux scolaires, les enfants des catégories populaires ne sont pas absents de cette pratique. Il est possible que la disposition fiscale évoquée ci-dessus ait contribué à encourager et donc à amplifier le recours à des cours particuliers payants, mais elle ne concerne, par construction, que les ménages imposables. Les cours particuliers ne viennent pas d'abord, ni simplement, suppléer une insuffisante capacité parentale à aider. Ils peuvent être analysés comme éléments de stratégies scolaires visant pour les uns l'excellence et l'accès à des filières prestigieuses, pour les autres le maintien dans une classe ou un établissement convoité, pour d'autres enfin le rattrapage et le comblement de lacunes, permettant de mieux négocier les passages délicats du parcours scolaire. Mais les cours particuliers ont aussi une fonction de pacification familiale, en faisant sortir de la famille les tensions créées par la scolarité.

Dominique Glasman

▸ Bibliographie

Glasman D. *et al.*, *L'École hors l'école*, Issy-les-Moulineaux, ESF, 1992.

Glasman D., *Le Travail des élèves pour l'école en dehors de l'école*, rapport pour le Haut Conseil à l'évaluation de l'école, déc. 2004.

Glasman D., Collonges G., *Cours particuliers et construction sociale de la solidarité,* Paris, Éd. du CNDP-FAS, 1994.

▸ Voir aussi

Accompagnement scolaire – Culture générale – Parascolaire – Relation Famille/École.

Cousinet, Roger (1881-1973)

Pionnier français du mouvement de l'éducation nouvelle, Roger Cousinet est le fondateur de la pédagogie par groupes.

Un inspecteur peu ordinaire

Préparant à la Sorbonne le concours de l'inspection primaire, Roger Cousinet vit, entre 1902 et 1910, des années studieuses et exaltantes : il collabore aux recherches de Binet, prépare une thèse avec Durkheim sur la vie sociale des enfants, étudie les Américains Stanley Hall et John Dewey, amasse des centaines d'observations au long de ses cinq années de stage dans des écoles de banlieue. Secrétaire de rédaction de la revue *L'Éducateur moderne,* il rencontre et publie Claparède, Decroly, Ferrière… Avec son article sur « La Solidarité enfantine » (*Revue philosophique,* 1908), il accède à la notoriété.

De 1910 à 1941, tout en continuant à diriger des revues pédagogiques, il exerce les fonctions d'inspecteur primaire, successivement dans l'Aube, les Ardennes, la Seine-et-Oise. En 1920, avec quelques instituteurs volontaires, il met au point sa méthode de travail libre par groupes. Proposant aux enfants, à l'imitation de Tolstoï, d'écrire librement, il publie pendant huit ans (1920-1928) la première revue de textes d'enfants, *L'Oiseau bleu,* ce qui lui vaut des ennuis au ministère de l'Éducation nationale. Dans le même temps, il participe aux congrès de la Ligue internationale pour l'éducation nouvelle et anime, en France, un mouvement pédagogique, la *Nouvelle Éducation.*

Après la Seconde Guerre mondiale, Cousinet enseigne la pédagogie à la Sorbonne de 1944 à 1959 ; il fonde, avec François Chatelain, le mouvement de l'École nouvelle française, puis, en 1964, avec Louis Raillon, la revue *Éducation et développement,* et demeure actif jusqu'à sa mort, en 1973.

Le travail libre par groupes

Stimulés les uns par les autres, les enfants, dans la cour de récréation, organisent des jeux dont ils respectent et font respecter les règles. Dans la classe, toute cette vie sociale est arrêtée par le maître qui impose le silence et son programme. En fait, la vie sociale ne saurait être annihilée. Non seulement, observe Cousinet, « le maître passe presque moins de temps à parler lui-même qu'à empêcher ses élèves de parler », ce qui diminue fortement l'efficacité pédagogique, mais ce système favorise le développement de l'esprit d'individualisme et d'opposition systématique à l'autorité. Afin de capter et d'utiliser la « force » de la vie sociale, Cousinet propose aux élèves de 7 à 12 ans de former librement des groupes et de choisir un travail parmi les activités proposées : soit activités de création (travail manuel, jeu dramatique, peinture, rédaction de récits ou de poèmes, etc.), soit activités de connaissance (travail scientifique, géographique ou historique).

Ici les enfants reçoivent du maître quelques « règles du jeu » :
1) le travail consiste à observer les objets, les documents et à rédiger les observations communes sur le tableau du groupe ;
2) le travail réalisé est présenté au maître, qui vérifie la correction orthographique, signale les fautes et, finalement, les corrige si les élèves, après recherche, n'ont pas trouvé par eux-mêmes la correction ;
3) le travail est recopié sur le cahier du groupe ;
4) il est résumé sur des fiches d'analyse. Les fiches sont ensuite classées, font l'objet de tableaux synoptiques. Les enfants découvrent les disciplines du savoir.

Cette apparente simplicité sous-tend plusieurs principes étudiés et vérifiés par Cousinet :
1) de proche en proche, les enfants s'approprient peu à peu les différents domaines du savoir, et le « programme » abordé, par des chemins fantaisistes, est finalement couvert ;
2) en rédigeant quotidiennement des comptes rendus, en utilisant librement grammaire et dictionnaire comme des instruments, les enfants cultivent une langue claire et précise ; cet apprentissage naturel du français se révèle plus efficace que la « rédaction » imposée sur un sujet imaginaire ; les enfants sont d'ailleurs libres de composer récit ou poème, lorsque l'inspiration survient ;
3) quant à l'orthographe, la correction systématique, sans dramatisation, suffit à susciter des réflexes durables. La faute, dit Cousinet, est « un faux mouvement » que la dictée cultive ;
4) l'arithmétique se développe quand son intervention se révèle nécessaire : les activités élues par les enfants sont très souvent « pluridisciplinaires ».

C'est après vingt années d'expérimentation que Cousinet a publié, en 1945, l'exposé définitif de sa méthode. Il n'avait pas craint de la mettre à l'épreuve dans des classes de certificat d'études, et les élèves concernés connaissaient, à l'examen, des succès plus nombreux que les autres.

Une pédagogie donnée aux enfants

Cousinet écrit ses livres et enseigne à la Sorbonne entre 1944 et 1959. Riche d'une vaste expérience, il est à même de proposer une vision synthétique de l'éducation nouvelle, d'en dégager les traits essentiels. C'est d'ailleurs le moment où, dans la soif de « renouveau » qui suit la Libération, l'éducation nouvelle est, en France, à l'ordre du jour. Mais la mode se révèle superficielle, ambivalente : l'expérience des « classes nouvelles » dans certains lycées est tentée, puis supprimée. On parle beaucoup de « méthodes actives », mais elles sont bien souvent l'objet de caricatures. Cousinet dénonce ces abus de langage en écrivant : « Les méthodes actives sont des instruments non d'enseignement mais d'apprentissage, qui doivent être mis exclusivement entre les mains des élèves : qui les introduit dans sa classe accepte de ne pas s'en servir et renonce pour autant à enseigner. »

Il souligne l'antinomie entre l'enseignement (qui demeure légitime et nécessaire avec les adolescents et les étudiants) et l'éducation nouvelle, dont la stratégie est toute différente.

L'éducation nouvelle permet en effet le libre développement de l'enfant dans un milieu préparé par l'éducateur, qui, tel un hygiéniste, prévoit les activités susceptibles de favoriser les apprentissages fondamentaux. Si l'éducation, dans ces conditions, doit être une « vie », « ouvrir l'école à la vie » ne signifie pas que doive entrer à l'école tout ce qui plaît aux adultes et qui perturbe la vie des enfants.

Tout apprentissage suppose une motivation (un intérêt), un engagement, une action personnelle de l'apprenti, la liberté de marcher selon son rythme et d'assumer essais et erreurs. Le jeune apprenti qu'est l'enfant a besoin d'un milieu favorable, de compréhension, d'aide s'il le demande. C'est là le rôle de l'éducateur, dont l'action suppose une grande connaissance de l'enfant, une grande capacité d'attention, mais aussi beaucoup d'abnégation car, reconnaît Cousinet, non sans humour : « Notre humeur n'est guère d'accord avec nos principes. Nous faisons notre possible pour que les enfants apprennent à se passer de nous et nous avons de la peine toutes les fois qu'ils y arrivent. »

Louis Raillon

▸ Bibliographie

Principales œuvres de Roger Cousinet :

Une méthode de travail libre par groupes, Paris, Éditions du Cerf, 1945, 3ᵉ éd., 1967.

L'Enseignement de l'histoire et l'Éducation nouvelle, Paris, Presses d'Île-de-France, 1950.

Fais ce que je te dis : conseils aux mères de familles, Paris, Presses d'Île-de-France, 1950, 2ᵉ éd., Paris, Scarabée, 1961.

La Vie sociale des enfants, essai de sociologie enfantine, Paris, Scarabée, 1950.

La Culture intellectuelle, Paris, Presses d'Île-de-France, 1954.

Pédagogie de l'apprentissage, Paris, PUF, 1959.

L'Éducation nouvelle, Lonay, Delachaux et Niestlé, 1997.

Principales œuvres sur Roger Cousinet :

Association nationale pour le développement de l'éducation nouvelle (ANEN), *L'Éducation nouvelle,* Lonay, Delachaux et Niestlé, coll. « Textes de base en pédagogie », 1977.

Ottavi D., « Roger Cousinet et la société enfantine », *in* Ohayon A., Ottavi D., Savoye A., *L'Éducation nouvelle, histoire, présence et devenir*, Berne, Peter Lang, coll. « Éducation, histoire et pensée », 2004.

Raillon L., *Roger Cousinet : une pédagogie de la liberté,* Paris, Armand Colin, coll. « Bibliothèque des sciences européennes de l'éducation », 1990.

Saisse S., Vals M. de, *Roger Cousinet, la promotion d'une autre école,* Ramonville-Saint-Agne, Érès, coll. « Connaissances de l'éducation », 2002.

▸ Voir aussi

Actives (Méthodes) – Centres d'intérêt – Éducation nouvelle – Groupe (Pédagogies de).

Créativité

Alors que le mot et le concept de « création » sont attestés depuis longtemps en français, le mot et le concept de « créativité » sont récents. En fait, le mot « créativité » est d'origine anglo-saxonne, et ce sont surtout des psychologues américains et japonais qui l'ont employé en analysant expérimentalement une démarche de l'esprit leur paraissant différente de l'intelligence et des facultés cognitives ; démarche liée, selon eux, beaucoup plus à l'imagination et à l'imaginaire qu'à la raison. Selon le *Dictionnaire de psychologie* de Sillamy (cité par Beaudot), « la créativité est la disposition à créer qui existe chez tous les individus et à tous les âges, étroitement dépendante du milieu socioculturel ».

Convergence et divergence

Les recherches sur la créativité sont nées en Amérique, au Japon, puis en Europe en grande partie pour réagir contre l'importance exagérée accordée au « quotient intellectuel », « ce que mesurent nos tests », comme disait Binet.

Ces recherches et les réflexions auxquelles elles conduisent ont en particulier fait apparaître une opposition entre les activités de la pensée dites « convergentes » et les activités dites « divergentes ».

« Dans une première approximation, écrit à ce sujet Alain Beaudot, on peut dire que la production convergente tend vers la recherche de LA SOLUTION, alors que la production divergente tend vers la recherche de toutes les solutions à un problème donné. Les mots même de *convergent* et de *divergent* indiquent bien cette caractéristique des deux opérations. La convergence tend vers le conformisme de la réponse alors que la divergence tend vers la multiplicité des réponses et l'originalité. »

Un peu plus loin, Alain Beaudot cite De Landsheere : « L'essence de la pensée divergente réside dans la capacité de produire des formes nouvelles, de conjuguer des éléments que l'on considère d'habitude comme indépendants ou disparates. C'est, si l'on veut, la faculté créatrice, l'imagination, la fantaisie… » La créativité serait donc la faculté qu'aurait un individu de donner le plus grand nombre de solutions à une question du type suivant : « Quelles sont les différentes utilisations que l'on peut imaginer pour une brique ? »

On a pu affiner les recherches et les tests psychopédagogiques et montrer que très souvent les enfants étaient plus « créatifs » que les adultes, que, de plus, une éducation purement et exclusivement convergente pouvait éteindre ou affaiblir cette créativité. On a heureusement établi enfin que la créativité fonctionnait rarement « à vide » et qu'il n'existait pas de créativité réelle sans mémoire, sans connaissances techniques ou technologiques, pour tout dire sans faculté de raisonnement, sans intelligence !

Apprendre pour créer

Malheureusement, l'extension de ce concept et du mot qui l'exprime à différents domaines (marketing, publicité, etc.), sa vulgarisation dans les institutions et discours pédagogiques ou de formation permanente, ont masqué aux yeux de beaucoup une notion relativement précise. On a allégrement confondu créativité et création. D'autres ont privilégié avec la créativité une faculté imaginante livrée à elle-même, en oubliant le caractère nécessairement organisé et les aspects construits et structurés de toute activité créatrice ayant une finalité autre qu'une dérive informelle et gratuite.

Il fallait obligatoirement et absolument introduire la créativité comme valeur pédagogique nécessaire à toute éducation, à toute formation, de l'école maternelle à l'université, ainsi que dans toutes les instances de formation permanente et de recyclage, trop souvent polarisées sur des apprentissages rationnels ou techniques. Et il devenait urgent, dans tous les domaines, scientifique, technique, littéraire, esthétique, corporel, etc., de considérer le rôle de l'imagination créatrice dans la formation de l'individu au même titre que l'intelligence conceptuelle et que les entraînements cognitifs.

L'erreur a été un peu trop souvent de réduire toute formation au développement « formel » de la créativité. Avec une certaine légèreté et pour réagir contre un enseignement dogmatique, livresque, exclusivement intellectuel, on a voulu voir dans chaque enfant un créateur spontané. L'enfant, a-t-on pu lire et entendre, est naturellement un poète, un artiste, un musicien qui sentirait tout, sans jamais avoir rien appris. Je caricature à peine. On oubliait, pour des raisons variées et parfois démagogiques, qu'à de rares exceptions près (Mozart, Rimbaud, etc.), un être « créatif », comme beaucoup d'enfants et d'adolescents le sont effectivement, ne *devient* créateur (dans quelque domaine que ce soit) que dans la mesure où sa créativité dispose, comme le disait en substance Baudelaire, « des forces viriles propres à l'exprimer ».

Au demeurant, on oublie en général que les enfants de génie que nous citions (Mozart, Rimbaud) avaient fait (plus vite que d'autres sans doute) de solides études techniques, dans le sens où le jeune Mozart connaissait très bien le solfège et Rimbaud la grammaire française et la latine de surcroît.

Apprendre à créer

L'homme du troisième millénaire, pour se situer et prendre sa place dans notre monde en rapide mutation et pour le comprendre, doit non seulement s'appliquer à réfléchir sur les avatars de la raison et sur la nécessité de garder grands ouverts les yeux de l'esprit, mais encore, s'il veut vraiment « changer de vie », il ne peut s'assumer qu'en associant à cette faculté de saisir au mieux la complexité du réel la capacité constante d'imaginer et de vivre cette « fonction de l'irréel » dont parlait Gaston Bachelard ; cette fonction qui conduit à créer « du nouveau » dans les domaines de l'art, des sciences, des technologies et des valeurs nouvelles capables d'aider les hommes à maîtriser le chaos.

Alors, la « créativité à l'école » prend un tout autre sens. Elle doit devenir une donnée fondamentale de toute éducation « moderne ». Mais elle ne peut le devenir qu'en étant constamment maîtrisée. Et il ne me semble pas absurde de prétendre que l'école d'aujourd'hui est le lieu où l'on apprend, où l'on apprend à communiquer, où l'on apprend à apprendre et où l'on apprend à créer.

Apprendre à créer n'est pas rien. La créativité n'a de sens que si l'enfant, l'adolescent, l'adulte en formation dispose d'un matériau propre à réaliser toute invention de texte, de dessin, d'objet, de gestes, d'expressions de toute nature. La créativité n'a que faire du vide. La créativité n'a de sens, dans les mêmes contextes, que si le sujet dispose d'un certain nombre de connaissances et de conduites techniques. Créer un texte, c'est d'abord savoir écrire ; créer un objet, c'est au minimum savoir disposer des instruments et des matières propres à réaliser cet objet, dans un premier temps imaginaire. La créativité n'a de sens que si elle n'est pas totalement livrée à elle-même : et ce n'est pas le moindre paradoxe de cette notion que de n'être tout à fait « opératoire » que dans la mesure où le désir de créer se heurte et rencontre un certain nombre de contraintes. C'est dans un sens ce qui faisait écrire à Paul Valéry : « L'art vit de contraintes et meurt de liberté. » On sait par exemple que le texte « libre » pose à nombre d'enfants des problèmes complexes. Seuls ceux qui ont une petite expérience des choses et des êtres arrivent à raconter, à décrire et à laisser errer leur imagination. Les autres, la majorité dans certains milieux dits « défavorisés », voudraient bien dire ou écrire quelque chose qui émane d'eux. Ils ne le peuvent pas.

Un enfant me disait ainsi un jour : « J'ai tellement de choses à dire que je ne peux pas les dire. » D'où la nécessité pour le maître, le formateur, de provoquer la créativité de chacun, de proposer des contraintes. Sans aller jusqu'à trop multiplier les jeux de type surréaliste (comme les « cadavres exquis ») ou les consignes rigoureuses des « oulipiens », il importe de donner à la créativité de chacun un prétexte, un départ, une incitation. Alors créer appartient à l'ordre du désir.

Il faudra en outre ne pas oublier d'apprendre à cultiver la source intime de toute création qu'est la mémoire.

Georges Jean

▸ Bibliographie

BEAUDOT A., *La Créativité à l'école,* Paris, PUF, 1980.

OSBORN A. F., *Créativité : l'imagination constructive,* Paris, Bordas, 1988.

▸ Voir aussi

Arts plastiques – Connaissance – Expression – Imaginaire – Intelligence – Mémoire – Motivation – Raisonnement – Style cognitif.

CRÈCHE

La première crèche collective a été créée à Paris par Firmin Marbeau en 1844 pour accueillir les enfants âgés de quinze jours à trois ans dont les mères travaillaient hors du domicile.

Les crèches sont des établissements publics ou privés qui accueillent pendant la journée, durant le travail des parents, les enfants âgés de moins de trois ans Elles font partie des « établissements et services d'accueil des enfants de moins de six ans » et sont soumises aux dispositions du code de la santé publique formulées dans le décret n° 2000-762 du 1er août 2000. De manière générale, ces établissements et services d'accueil « veillent à la santé, à la sécurité et au bien-être des enfants qui leur sont confiés, ainsi qu'à leur développement. Ils concourent à l'intégration sociale de ceux de ces enfants ayant un handicap ou atteints d'une maladie chronique. Ils apportent leur aide aux parents afin que ceux-ci puissent concilier leur vie professionnelle et leur vie familiale » (décret du 1.8.2000).

La crèche dite « collective » possède des locaux spécifiques pour l'accueil des jeunes enfants dont l'effectif ne doit pas dépasser 60. Les établissements à gestion parentale, dits « crèches parentales », sont des établissements d'accueil collectif gérés par une association de parents qui participent à l'accueil. Leur capacité ne doit pas dépasser 20 à 25 places. Les services, dits « crèches familiales », assurent l'accueil d'enfants au domicile d'assistantes maternelles agréées.

Des formules innovantes se sont développées au cours des années 1980 et un décloisonnement entre les différents modes d'accueil a été encouragé officiellement. Ainsi, les établissements et services peuvent assurer un « multi-accueil », associant un accueil régulier et occasionnel ou un accueil collectif et familial. En ce cas, la capacité d'accueil globale ne peut être supérieure à 100 places. Des réalisations de type expérimental peuvent aussi être autorisées.

En 1989, un protocole d'accord entre le ministère de la Culture et le ministère de la Solidarité, de la Santé et de la Protection sociale, chargé de la Famille, a lancé une politique commune d'éveil artistique et culturel du jeune enfant dans différents lieux d'accueil, « pour améliorer la qualité des conditions de prise en charge du jeune enfant, son éducation et sa socialisation ».

Les ouvertures des établissements et services sont soumises à la réglementation du décret ci-dessus et à l'autorisation du président du conseil général du département concerné. La réglementation précise aussi les diplômes et l'expérience nécessaires chez les professionnels, ainsi que les taux d'encadrement : un professionnel pour cinq enfants qui ne marchent pas, un professionnel pour huit enfants qui marchent. Tout établissement ou service est tenu de fournir un « projet éducatif ».

Éric Plaisance

▸ Bibliographie

AUBERT G., MOREL J., « Des enfants handicapés accueillis en crèche collective : une action de prévention ? », *Journal de pédiatrie et de puériculture*, n° 3, 1993, p. 184-190.

BOUVE C., *Les Crèches collectives du Val-de-Marne de 1950 à 1996 : politiques, usagers et représentations. Contribution à une sociologie de la petite enfance*, Paris, L'Harmattan, 2001.

Centre de recherche de l'éducation spécialisée et de l'adaptation scolaire (CRESAS), *Accueillir à la crèche, à l'école, il ne suffit pas d'ouvrir la porte !*, Paris, L'Harmattan, 1991.

Direction de la recherche, des études, de l'évaluation et des statistiques (DREES), ministère des Affaires sociales, du Travail et de la Solidarité, « Les Modes d'accueil des enfants de moins de 6 ans : premiers résultats de l'enquête réalisée en 2002 », *Études et résultats*, n° 235, 2003.

HERMANGE M.-T., *Les Enfants d'abord : 100 propositions pour une nouvelle politique de l'enfance*, Paris, La Documentation française, 2001.

JARDINÉ M., *L'Accueil des tout-petits, crèche, assistante maternelle, halte-garderie, école maternelle, en vacances*, Paris, Retz, 1992.

MOZÈRE L., *Le Printemps des crèches, Histoire et analyse d'un mouvement*, Paris, L'Harmattan, 1992.

PLAISANCE E., RAYNA S., « L'Éducation préscolaire aujourd'hui : réalités, questions et perspectives », *Revue française de pédagogie*, n° 119, 1997, p. 107-139.

RAYNA S., LAEVERS F., DELEAU M. (éd.), *L'Éducation préscolaire : quels objectifs pédagogiques ?*, Paris/Saint-Fons, Nathan/INRP, 1996.

▸ Voir aussi

École maternelle – Jardin d'enfants.

CULTURE GÉNÉRALE

La culture générale est l'ensemble de connaissances, d'attitudes et de valeurs qui dépasse les savoirs spécialisés pour échapper aux « idiotismes professionnels » (Marx).

À toutes les époques, ce qu'on peut appeler la culture générale est cette part de la connaissance qui dépasse les savoirs spécialisés pour développer l'homme lui-même. Elle est valorisée par les élites de l'esprit, les clercs, les intellectuels créateurs ou les critiques littéraires et artistiques qui lui confèrent sa légitimité sociale. Ces élites appartiennent à des catégories, classes ou fractions de classes dominantes, mais elles sont productrices d'un patrimoine symbolique qui se donne souvent comme une culture universelle. C'est ce patrimoine qui constitue le fond ambigu de la formation générale scolaire et universitaire.

Cette culture générale est souvent l'occasion d'un débat social sur le niveau de formation des citoyens. Ce débat est politique lorsqu'il s'agit, comme en Grande-Bretagne, d'introduire un programme national dans un système éducatif qui jusque-là reposait sur les initiatives des administrations locales (Forquin, 1989). Il devient une polémique entretenue par des positions syndicales quand, en France, une révision des contenus ou une réforme de la formation des maîtres sont ressenties par certains intellectuels comme une atteinte à la finalité culturelle de l'enseignement (Finkielkraut, 1987).

La contestation de la culture héritée

Aujourd'hui, en France, la culture générale est d'abord un héritage de la culture gréco-latine enrichi par les chefs-d'œuvre qui se sont succédé de l'époque médiévale, classique ou moderne jusqu'à aujourd'hui, surtout dans le domaine des arts et des lettres.

Mais à mesure que notre société démocratique découvre les transformations scientifiques et technologiques, mais aussi esthétiques et éthiques de l'ère industrielle et postindustrielle, les contenus de la culture générale héritée sont l'objet de contestations de plus en plus vives, tant les contenus de cette culture générale instituée dans les établissements scolaires s'éloignent toujours plus de la culture vécue ou des cultures vécues dans les différents milieux sociaux.

Tout d'abord, la culture générale qui fut celle de l'honnête homme du XVIIe siècle, et qui fut perpétuée par les lycées élitistes du XIXe siècle, a été mise en question. Elle était adaptée à une société où les relations élitistes des salons et des cours avaient un grand prestige social. Elle l'était moins à une société de masse de plus en plus médiatique. La culture générale est confrontée à ce qui a été appelé une culture de masse. À travers une standardisation des œuvres, cette culture produisait aussi des valeurs nouvelles par la presse, le cinéma, la radio, la télévision : d'où un conflit particulièrement vécu dans l'adolescence entre les valeurs de la culture générale des établissements secondaires pour tous et les valeurs culturelles des médias qui émergent avec les contre-valeurs de l'« école parallèle ». Il s'ensuivit un difficile dialogue entre les valeurs culturelles dominantes des anciennes générations et celles qui sont prépondérantes dans les générations nouvelles (images fixes, animées et de synthèse, jeux électroniques, musiques en tous genres : rock, rap, etc.).

Une autre source de contestation est venue de la montée générale de la pensée scientifique dans tous les domaines matériels et humains de la vie quotidienne, dans la famille (diététique, hygiène, pédagogie, etc.), l'entreprise (productivité), la société en général. Il n'était plus possible d'ignorer toutes les interrogations générales, éthiques et esthétiques, soulevées par les découvertes scientifiques et leurs implications dans la vie des hommes et des femmes de notre temps. Déjà, entre les deux guerres, la controverse entre Max Scheler et Gaston Bachelard sur les rapports de la pratique scientifique et de la pratique culturelle avait donné à ces questions un lustre majeur. Max Scheler excluait la science de la culture. Cette dernière impliquait, selon lui, un univers de mythes et d'affectivités sociales ou individuelles auquel le scientifique serait resté étranger. Gaston Bachelard n'eut pas de peine à lui montrer que le savant lui-même est en proie à toutes les passions humaines, même quand il réussit à les dominer dans sa découverte de la vérité. Il montrait aussi que les découvertes scientifiques rencontrent dans leurs applications tous les désirs et toutes les peurs qui agitent le cœur humain. Aujourd'hui, encore plus qu'hier, le développement de la rationalité scientifique rencontre tous les problèmes de l'embellissement ou de l'enlaidissement de l'environnement, tous les problèmes de l'enchantement ou du désenchantement du monde, toutes sortes de questions éthiques dans les manipulations biologiques du corps humain. Elles sont au centre des grands débats sur la vie et la mort et sur les pouvoirs de l'homme face à la nature.

Pour une culture plurielle et partagée

L'extension des exigences démocratiques dans le partage de la culture entre tous en toutes classes et en toutes catégories sociales a posé encore d'autres questions à la culture générale héritée : comment rapprocher la complexité de la culture générale d'aujourd'hui des pratiques de la vie quotidienne du plus grand nombre ? On a contesté l'intérêt excessif des chefs-d'œuvre imposés, sans relation avec les pratiques vécues et l'apprentissage à l'embellissement de ces pratiques elles-mêmes. Toute une sociologie de la compréhension, de la critique, de l'invention du quotidien constate cette carence. Cette sociologie a ouvert des voies nouvelles pour développer des relations entre la connaissance ordinaire et les valeurs techniques, scientifiques, esthétiques et éthiques appropriées : elles sont encore trop ignorées de la culture générale à l'école, imposée à tous pendant dix années.

Enfin, le rapport entre les connaissances générales et les aptitudes des apprenants a fait l'objet de réflexions plus critiques. Aux nombreux échecs scolaires qui se traduisent par la non-obtention de diplômes s'ajoutent ceux qui se cachent sous l'octroi formel d'un diplôme qui ne change rien pour ceux qui sont incapables d'intégrer les savoirs généraux acquis à l'école dans une maîtrise accrue, plus lucide, plus efficace ou plus esthétique, du quotidien.

Une autre tendance de la culture générale est le développement d'un désir et d'une aptitude à tirer du quotidien des questions générales capables de conduire le sujet à rechercher les connaissances générales nécessaires à ces questions, enfin à intégrer ces acquisitions dans un art de mieux vivre pour la nature, pour soi, pour autrui.

Ce courant critique s'alimente à des sources diverses. Les disciplines du terrain de sport peuvent devenir un moyen de culture pour l'esprit à travers l'exercice du corps. Pour d'autres, la source majeure d'inspiration est recherchée dans les pratiques physiques et spirituelles des règles de vie orientales. D'autres encore se cultivent pour mieux résister aux pratiques futiles d'une société de consommation et progresser dans l'art d'*être plus* au lieu d'*avoir plus*, « un art de la vie simple ». Toutes ces formes de culture générale et beaucoup d'autres privilégient la connaissance vécue sur les savoirs abstraits, ce que Michel Foucault a appelé « l'art de l'existence ».

Aujourd'hui, la culture générale s'est diversifiée. Elle est plurielle pour permettre à chaque homme un épanouissement plus réel. De nouveaux courants la traversent selon les différentes situations sociales et les différences des individualités et des groupes. Ils appellent un profond changement pluriel dans les conceptions trop formelles de la culture générale imposées dans les programmes scolaires.

Ce profond changement est déjà en germe dans les pratiques novatrices d'enseignants, dont les principales inventions et découvertes d'une culture générale plus vivante mériteront de faire l'objet d'une vaste entreprise de recherche sociologique et anthropologique.

Joffre Dumazedier

▸ Bibliographie

ARENDT A., *La Crise de la culture*, Paris, Gallimard, 1989.

BLOOM A., *L'Âme désarmée : essai sur le déclin de la culture générale,* Paris, Julliard, 1987.

CHATEAU J., *La Culture générale,* Paris, Nathan, 1960.

DONNAT O., COGNEAU D., *Pratiques culturelles des Français,* Paris, La Documentation française, 1997.

DUMAZEDIER J., *Révolution culturelle du temps libre 1968-1988,* Paris, Klincksieck, 1988.

FINKIELKRAUT A., *La Défaite de la pensée,* Paris, Gallimard, 1987.

FORQUIN J.-C., *École et Culture : le point de vue des sociologues britanniques,* Bruxelles/Paris, De Bœck/Éd. Universitaires, 1989, nouv. éd. 1996.

FOUCAULT M., *Le Souci de soi,* Paris, Gallimard, 1997.

MORIN E., « Culture de masse », *Encyclopaedia universalis,* vol. 5, 1968, p. 228-232.

▸ Voir aussi

Autoformation – Corps – Curriculum – École parallèle – Génération – Médias – Valeurs.

CURRICULUM

Pris dans son sens le plus courant, aussi bien dans le contexte anglophone (Jackson, 1992) que chez ses utilisateurs francophones actuels, le terme de « curriculum » désigne généralement l'ensemble de ce qui est censé être enseigné et de ce qui est censé être appris, selon un ordre de progression déterminé, dans le cadre d'un cycle d'études donné. Un curriculum, c'est un programme d'études (on disait autrefois un « plan d'études ») ou un programme de formation organisé dans le cadre et sous le contrôle d'une institution d'enseignement. La notion de « curriculum » suppose ainsi, premièrement, l'idée d'une pluralité organisée d'objets enseignables (tout curriculum comporte une dimension « systémique » ; il comprend et véhicule nécessairement des « contenus » – savoirs, représentations, valeurs –, mais il constitue lui-même une « forme », une mise en forme, mise en cohérence ou « mise en système » de ces contenus). Elle suppose, deuxièmement, l'idée d'un processus étalé et ordonné dans le temps (une liste de « questions figurant au programme » ne constitue pas un curriculum parce qu'elle ne prend pas en considération l'ordre de progression des apprentissages). Elle suppose enfin, troisièmement, que le processus d'enseignement-apprentissage se déroule dans le cadre et sous le contrôle d'une institution d'éducation formelle : un curriculum correspond normalement à quelque chose de prescrit et de construit institutionnellement. Par extension, le terme de « curriculum » peut désigner non plus ce qui est formellement prescrit, officiellement « inscrit au programme », mais ce qui est réellement enseigné dans les classes, et qui en est parfois très éloigné. Il peut désigner également, au prix d'une extension encore plus grande de sens, le « contenu latent » de l'enseignement ou de la socialisation scolaire, cet ensemble de dispositions et de compétences qu'on acquiert à l'école par expérience, familiarisation, imprégnation ou inculcation diffuse plutôt que par le biais de procédures pédagogiques explicites ou intentionnelles, tout ce que les auteurs anglophones désignent parfois sous le terme de « curriculum caché » (« *hidden curriculum* »). Enfin, considéré dans son sens le plus général et le plus abstrait (comme quand on parle de « théorie du curriculum » ou de « sociologie du curriculum »), le terme fait référence à tout ce qu'on pourrait appeler « la dimension cognitive et culturelle de l'enseignement », laquelle renvoie à la question de la nature des contenus d'enseignement et à celle de la « forme » que revêtent ces contenus en tant qu'ils sont sélectionnés, façonnés, organisés et distribués à travers les différentes phases de la « chaîne didactique ».

Du curriculum explicite au curriculum implicite

Une certaine idée du curriculum comme prescription, programmation délibérée et organisation méthodique des apprentissages à partir d'objectifs explicitement définis et pouvant donner lieu à des évaluations rigoureuses est à la base d'un ensemble de procédures et de pratiques largement diffusées aujourd'hui à l'échelle internationale, et connues sous le nom de « *curriculum development* », un terme que l'on peut traduire par « méthodologie d'élaboration et d'implantation de programmes d'études ». C'est dans le contexte américain, notamment à partir des travaux « fondateurs » de Bobbitt (*How to make a curriculum,* 1924) et Tyler (*Basic principles of curriculum and instruction,* 1949), que cette approche a trouvé sa plus large audience et ses modes d'expression les plus caractéristiques. C'est cependant également aux États-Unis que se développe, à partir des années 1970, un courant de « reconceptualisation » théorique qui, nourri par des apports nouveaux venus des sciences sociales et de la pensée critique, va mettre l'accent sur d'autres aspects, d'autres déterminants des processus d'enseignement et d'apprentissage, identifiés sous le terme de « curriculum latent » ou « curriculum caché ». Certains auteurs définissent en effet, de manière large, le curriculum comme l'ensemble des composantes de l'expérience scolaire de l'élève, c'est-à-dire tout ce que l'élève est susceptible d'apprendre à l'école, et qui n'est pas seulement d'ordre cognitif ou instrumental, mais aussi bien d'ordre affectif, social, moral, et qui déborde largement les prescriptions officielles et les programmes explicites, et peut même parfois les contredire. Parmi les éléments constitutifs de ce curriculum ou de ce « message » caché figurent bien évidemment, à côté des contenus idéologiques ou axiologiques implicites des programmes et des manuels, les comportements quotidiens des enseignants et la qualité de leur relation avec leurs élèves, les méthodes d'enseignement et d'évaluation utilisées, les règles et les rituels de la vie scolaire, le « climat » institutionnel et moral de l'établissement, tous aspects sur lesquels s'est développée à partir des années 1970 une abondante littérature d'inspiration « critique » (Giroux, Purpel, 1983).

Du curriculum formel au curriculum réel

Cette opposition entre curriculum explicite et curriculum implicite (ou caché) ne doit pas être confondue avec celle établie par certains auteurs entre curriculum formel (ou prescrit) et curriculum réel (Perrenoud, 1984). On sait en effet qu'il est loin d'y avoir coïncidence entre ce qui est stipulé dans les instructions et les programmes officiels, ce qui est présenté dans les manuels et autres dispositifs d'encadrement et de soutien de l'action didactique et ce qui fait réellement l'objet d'une activité d'enseignement dans le cadre concret des établissements et des classes (sans parler de ce qui, enfin, est effectivement appris, acquis, assimilé par les élèves). « Les contenus prescrits par les autorités – le *curriculum formel* (ou *officiel*) – sont le produit, au fil du temps, de tout un travail de sélection au sein de la culture accumulée, un travail de réorganisation, de changement des délimitations, d'ébranlement des hiérarchies entre les disciplines, écrit Viviane Isambert-Jamati. Quant aux connaissances en train d'être élaborées, les auteurs de programmes, lorsque du moins ils ne prennent pas trop de retard, les transposent en fonction notamment de l'idée qu'ils se font des publics scolaires. Mais les prescriptions ne peuvent être qu'indicatives. Tout chapitre de programme prête à bien des interprétations. Ainsi voit-on les enseignants, à leur tour, sélectionner des thèmes, mettre l'accent sur tel ou tel aspect, présenter les savoirs sous divers modes. Chaque classe suit ainsi son *curriculum réel* qui, à la limite, est différent des autres. » (1990) De telles remarques esquissent un véritable programme d'analyse sociologique du curriculum, une analyse qui se donnerait pour tâche de rendre intelligibles les variations constatées dans le curriculum formel aussi bien que dans le curriculum réel, selon les contextes d'enseignement considérés à l'échelle macro-sociologique et politique aussi bien qu'à l'échelle locale des établissements et des classes. Dans le cadre (ou dans le sillage) de ce qu'on a appelé en Grande-Bretagne au cours des années 1970 le courant de la « nouvelle sociologie de l'éducation », des travaux originaux ont été effectués en ce sens, qui se sont efforcés de faire apparaître le caractère de « construction sociale » du curriculum et des savoirs scolaires (Young, 1971 ; Forquin, 1989 ; 1995). Ces travaux se sont intéressés en particulier aux mécanismes et aux enjeux de la sélection opérée par les transmissions proprement scolaires au sein de tout ce qui constitue les savoirs, les outillages ou les usages typiques de la culture d'un pays à un moment donné, aux implications organisationnelles et sociales des processus de cloisonnement (ou de décloisonnement) des contenus d'enseignement (Bernstein, 1975), aux significations sociales et politiques des hiérarchies cognitives inhérentes à la culture académique (Young, 1997), ainsi qu'aux processus de constitution, d'institutionnalisation et d'évolution des différentes matières enseignées selon les cycles d'études, les filières et les publics d'élèves (Goodson, 1983).

Contenus d'enseignement, contraintes didactiques et culture scolaire

Dans le contexte français, on peut considérer qu'une contribution importante à la réflexion sur le curriculum a été apportée depuis les années 1980, parallèlement aux approches sociologiques (Tanguy, 1983) et en interaction potentielle avec elles, tant par certaines avancées théoriques opérées dans le champ des didactiques que par certains travaux d'histoire de l'éducation (Chervel, 1998 ; Forquin, 2001). Dans tous les cas, c'est l'intérêt porté à la question des « contenus » de l'enseignement qui constitue le trait commun à ces différentes approches. Entre traditions culturelles (relation entre les « systèmes d'enseignement » et les « systèmes de pensée » propres à certains pays ou groupes de pays), contraintes didactiques (faire rentrer les savoirs ou les « pratiques sociales de référence » dans la « forme » ou le « moule » qui permettront de les rendre transmissibles, enseignables, assimilables en fonction des différents publics d'élèves) et pressions politiques (l'élaboration des programmes comme enjeu de pouvoir et objet de conflits), les curriculums constituent à coup sûr des configurations épistémologiquement « impures » et historiquement instables. C'est ainsi qu'on peut s'interroger par exemple sur les rapports entre curriculum et disciplinarité : toutes les composantes d'un curriculum revêtent-elles nécessairement la forme de disciplines d'enseignement fortement identifiées et institutionnalisées ? De même on peut s'interroger sur la nature et le statut de ce type de culture (appelée parfois « scolaire ») que produit ou que véhicule le curriculum, sur son degré d'autonomie, de spécificité ou d'homogénéité par rapport aux formes et aux expressions culturelles qui ont cours dans les différents secteurs du champ social. D'autres questions peuvent porter plus directement sur le rôle du curriculum dans la gestion des flux d'élèves, son rôle de canalisation des cohortes, de différenciation, de discrimination (à travers notamment le jeu des cycles, des filières, des options, des niveaux). Dans quelle mesure, sur quelles bases, jusqu'à quel niveau des études peut-on ou doit-on mettre en œuvre, dans le contexte d'un enseignement de masse, un « curriculum commun » ? Quels peuvent en être les contenus, les modes de fonctionnement ? Comment peut-il se concilier, mieux, se combiner avec un projet de différenciation, voire d'individualisation de la pédagogie ? De telles questions rejoignent bien évidemment des questions « normatives » beaucoup plus anciennes mais qui, face aux défis de la modernisation et de la démocratisation des sociétés, demeurent dans beaucoup de pays au cœur du débat public sur le devenir des institutions éducatives, à savoir celles qui portent sur la définition de « ce qu'il faut enseigner », ce qui mérite ou ce qui exige d'être enseigné, à quelques-uns, au plus grand nombre ou à tout le monde.

Jean-Claude Forquin

▸ **Bibliographie**

BERNSTEIN B., « Sur les formes de classification et de découpage du savoir dans les systèmes d'enseignement », *in* Bernstein B., *Langage et classes sociales : codes sociolinguistiques et contrôle social*, Paris, Minuit, 1975, p. 263-300.

CHERVEL A., *La Culture scolaire : une approche historique*, Paris, Belin, 1998.

FORQUIN J.-C., « Les Approches sociologiques du curriculum : orientations théoriques et perspectives de recherche », *Études de linguistique appliquée*, n° 98, avril-juin 1995, p. 44-55.

FORQUIN J.-C., *École et culture : le point de vue des sociologues britanniques*, Bruxelles, De Boeck, 1989, 2ᵉ éd., 1996.

FORQUIN J.-C., « Savoirs scolaires, contraintes didactiques, contextes culturels », *in* Carpentier C. (coord.), *Contenus d'enseignement dans un monde en mutation : permanences et ruptures*, Paris, L'Harmattan, 2001, p. 215-248.

GIROUX H.-A., PURPEL D. (eds), *The Hidden Curriculum and Moral Education*, Berkeley, Calif., McCutchan, 1983.

GOODSON I., *School Subjects and Curriculum Change. Case Studies in Curriculum History*, Londres, Croom Helm, 1983.

ISAMBERT-JAMATI V., *Les Savoirs scolaires. Enjeux sociaux des contenus d'enseignement et de leurs réformes*, Paris, Éditions universitaires, 1990.

JACKSON P. W. (ed.), *Handbook of Research on Curriculum*, New York, Macmillan, 1992.

PERRENOUD P., *La Fabrication de l'excellence scolaire : du curriculum aux pratiques d'évaluation*, Genève, Droz, 1984.

TANGUY L., « Savoirs et rapports sociaux dans l'enseignement secondaire en France », *Revue française de sociologie*, vol. 24, n° 2, 1983, p. 227-254.

YOUNG M. F. D. (ed.), *Knowledge and Control : New Directions for the Sociology of Education*, Londres, Collier-Macmillan, 1971.

YOUNG M. F. D., « Les Programmes scolaires considérés du point de vue de la sociologie de la connaissance », *in* Forquin J.-C., *Les Sociologues de l'éducation américains et britanniques. Présentation et choix de textes*, Bruxelles/Saint-Fons, De Boeck/INRP, 1997, p. 173-199.

▸ **Voir aussi**

Didactique – Disciplines scolaires – Interdisciplinarité – Programmes scolaires – Sociologie de l'éducation.

CYCLES

Dans l'enseignement scolaire et universitaire français, le terme de « cycle » est la dénomination officielle donnée aux divisions des différents programmes nationaux de formation. Il est employé aux trois niveaux de l'enseignement : primaire, secondaire et supérieur. Il peut correspondre à un, deux, trois, voire quatre ans ou plus.

L'objectif de ce découpage est de construire, dans chaque cycle, un ensemble de connaissances et de compétences qui doivent être acquises et évaluées pour permettre l'accès au cycle supérieur du cursus. Le but est également de réduire la coupure entre l'école, le collège, le lycée et l'université afin d'encourager la poursuite d'études de tous au plus haut niveau.

L'organisation des études scolaires et universitaires en cycle

Dans le cadre d'une politique visant à réduire les inégalités, la loi d'orientation sur l'éducation du 10 juillet 1989, dans son article 4 (modifié par la loi du 13 juillet 1995), a décidé de l'organisation suivante :

« La scolarité est organisée en cycles pour lesquels sont définis des objectifs et des programmes nationaux de formation comportant une progression annuelle ainsi que des critères d'évaluation.

La scolarité de l'école maternelle à la fin de l'école élémentaire comporte trois cycles.

Les collèges dispensent un enseignement réparti en trois cycles.

Les cycles des lycées d'enseignement général, technologique et des lycées professionnels conduisent aux diplômes d'enseignement général, technologique et professionnel, notamment au baccalauréat.

La durée des cycles est fixée par décret.

Pour assurer l'égalité et la réussite des élèves, l'enseignement est adapté à leur diversité par une continuité éducative au cours de chaque cycle et tout au long de leur scolarité. »

La loi d'orientation et de programme pour l'avenir de l'école, publiée le 24 avril 2005, ne modifie pas l'organisation générale de la scolarité en cycles, mais elle définit un nouveau principe de l'éducation : « La scolarité obligatoire doit au moins garantir à chaque élève les moyens nécessaires à l'acquisition d'un socle commun constitué d'un ensemble de connaissances et de compétences... ». Dans le chapitre III consacré à l'organisation des enseignements scolaires, la loi précise : « À tout moment de la scolarité obligatoire, lorsqu'il apparaît qu'un élève risque de ne pas maîtriser les connaissances et les compétences indispensables à la fin d'un cycle, le directeur d'école ou le chef d'établissement propose aux parents ou au responsable légal de l'élève de mettre conjointement en place un programme personnalisé de réussite scolaire. »

En conséquence, dans le rapport annexé à la loi, il est précisé : « L'acquisition du socle commun par les élèves fait l'objet, à chaque étape de la scolarité et notamment à la fin de chaque cycle, d'une évaluation qui est prise en compte pour la poursuite de la scolarité. »

Il revient donc au conseil des maîtres à l'école primaire et au conseil de classe au collège d'apprécier la capacité de l'élève à passer dans la classe ou le cycle supérieur en fonction de sa progression dans l'acquisition des connaissances et des compétences constitutives du socle. Le changement réside dans le fait que la nouvelle loi permet aux enseignants de l'école primaire et du collège de décider d'un redoublement à l'intérieur d'un cycle, ce que la loi d'orientation de 1989 ne prévoyait pas.

En ce qui concerne l'enseignement universitaire, du baccalauréat au doctorat, la loi du 26 janvier 1984 prévoit une organisation en trois cycles. Le premier cycle est une formation en deux ans débouchant sur le diplôme d'études universitaires générales (DEUG). D'une durée de deux ans après le DEUG, le deuxième cycle est sanctionné par la licence puis par la maîtrise. Le troisième cycle permet de se spécialiser et de se former à la recherche. Il débouche soit sur un DESS, à vocation professionnelle, soit sur un DEA, permettant de préparer un doctorat en trois ou quatre ans.

Parallèlement a été élaborée par les ministres de l'Éducation, réunis à la Sorbonne (1998), à Bologne (1999) et à Prague (2001), une nouvelle architecture européenne fondée sur la distinction de trois niveaux de formation, la licence délivrée à bac + 3, le master (bac + 5) et le doctorat (LMD). Il s'y ajoute un système de crédits capitalisables et transférables entre diplômes apparentés (ECTS : European Credit Transfert System), destiné à faciliter la mobilité.

La loi du 24 avril 2005 fait expressément référence, dans le rapport annexé, à cette nouvelle organisation en écrivant : « Pour inscrire la formation des enseignants dans l'architecture européenne des diplômes, les universités identifieront, dans les plans de formation des IUFM, les éléments qui vaudront délivrance de crédits pour les masters. »

L'application des textes en vigueur : les constats et les interrogations

À l'*école primaire*, selon le décret du 6 septembre 1990 et l'arrêté en vigueur du 25 janvier 2002, pris conformément à la loi d'orientation de 1989, la scolarité primaire prévoit le cycle des apprentissages premiers (cycle I), qui se déroule à l'école maternelle, le cycle des apprentissages fondamentaux (cycle II), qui s'amorce dans la grande section de maternelle et se poursuit dans les deux premières années de l'école élémentaire, et le cycle d'approfondissement (cycle III), qui recouvre les trois dernières années de l'école élémentaire.

Afin de prendre en compte les rythmes individuels d'apprentissage des élèves, le décret du 6 septembre 1990, article 10, a prévu que la durée passée dans les cycles II et III pouvait être allongée ou réduite d'un an, une seule fois au cours de la scolarité élémentaire. Ce sont les conseils des maîtres de cycle qui procèdent régulièrement à l'évaluation de la situation de l'élève et qui proposent le passage d'un cycle à l'autre.

En dépit de cette organisation et de la coexistence dans le cycle II de la grande section de maternelle et du cours préparatoire (CP), première année de l'école élémentaire, les deux écoles sont restées distinctes. En outre, dans la pratique, les cycles n'ont pas toujours été mis en place et le barrage à l'entrée du CE1 a survécu, l'enfant étant maintenu en CP.

Toutefois, la référence aux cycles a permis aux enseignants du primaire de travailler davantage en équipe et de développer une culture de l'évaluation, en réfléchissant ensemble aux différences entre les acquis des élèves et aux méthodes pédagogiques à utiliser.

Au *collège*, le fonctionnement actuel, organisé par le décret du 29 mai 1996, repose sur un principe fort : donner au collège dans son ensemble, et à chaque cycle en particulier, une cohérence pédagogique propre. Le décret réorganise le collège en trois cycles et non plus en deux comme précédemment. Il s'agit de faire disparaître le schéma ancien d'un collège coupé en deux cycles, l'un d'observation, correspondant aux classes de 6e et de 5e, et l'autre d'orientation, constitué des classes de 4e et de 3e. L'objectif est de donner une cohérence interne à cette école moyenne en assurant la continuité avec l'amont et l'aval. Les trois cycles permettent de faire de la classe de 6e un cycle d'adaptation ayant une fonction d'accueil dans l'enseignement secondaire, de créer une logique de continuité au cœur du collège en réunissant les classes de 5e et de 4e dans un cycle central et de faire de la classe de 3e le cycle de l'orientation où se précise le projet de chaque élève.

Dans la réalité des collèges, l'organisation en cycles, même si elle a été mise en place, n'a pas toujours donné les résultats escomptés. La reconstitution de filières, selon des cycles destinés à durer deux ou quatre ans, n'a pas toujours été évitée. Certains élèves demeurent en grande difficulté scolaire. Comme l'a souligné le rapport Thélot, à la suite du débat national sur l'avenir de l'école en 2004, le collège, comme l'école, a trop peu utilisé le mode d'organisation en cycles pour s'adapter à la diversité des élèves.

Tant à l'école primaire qu'au collège, la nouvelle loi d'orientation du 24 avril 2005 introduit une autre logique. Les cycles sont toujours en place mais ils ont changé de sens. À tout moment de la scolarité, lorsque l'élève est en difficulté et risque de ne pas parvenir à maîtriser les connaissances et les compétences indispensables à la fin d'un cycle, le conseil des maîtres dans le premier degré ou le conseil de classe dans le second degré se prononce sur la poursuite de la scolarité de l'élève et peut proposer aux parents un programme personnalisé de réussite éducative (PPRE), assorti ou non d'une préconisation de redoublement.

Dans les *lycées*, depuis le décret du 17 janvier 1992, la rénovation des filières a eu pour objectif le rééquilibrage des voies et des séries. Trois voies s'offrent aux élèves en fin de 3e : la voie générale, la voie technologique et la voie professionnelle. Dans les voies générale et technologique, les élèves suivent, au lycée, la classe de 2de qui constitue le cycle de détermination et poursuivent ensuite leur scolarité dans le cycle terminal qui comprend la classe de 1re et la terminale. La voie professionnelle comprend un cycle de deux ans, le cycle de détermination, conduisant au brevet d'études professionnelles (BEP) et au certificat d'aptitude professionnelle (CAP) en deux ans. L'obtention de ces diplômes permet d'entrer dans le cycle terminal de la voie professionnelle de deux années conduisant au baccalauréat professionnel.

L'objectif fixé par la loi d'orientation de 1989 demeure que « 80 % d'une classe d'âge accèdent au niveau du baccalauréat », mais le rapport annexé à la loi d'orientation et de programmation de 2005 ajoute que « 100 % des élèves doivent avoir acquis au terme de leur formation scolaire un diplôme ou une qualification reconnue. »

Dans les *universités*, tandis que la nouvelle architecture européenne, appelée « Processus de Bologne », s'intègre progressivement à tous les niveaux des études (bac + 3, bac + 5 et doctorat), l'objectif assigné par le rapport annexé à la loi de 2005 est de « conduire 50 % de l'ensemble d'une classe d'âge à un diplôme de l'enseignement supérieur ».

En fait, au cœur du débat sur la politique des cycles, se trouve posée la question du redoublement. La notion de cycle d'apprentissage, qui figure dans le rapport annexé à la loi d'orientation du 10 juillet 1989, reprenait une des seize propositions du rapport sur la réussite scolaire du recteur Migeon, qui cherchait ainsi à combattre le redoublement, perçu comme « un mal français ».

La note du 11 mars 1991 intitulée « Orientations pour la mise en œuvre de la nouvelle politique pour l'école » explique que la notion de cycle est conçue comme une notion pédagogique destinée à prendre en compte les acquis réels des élèves, et qu'en conséquence « le redoublement conçu comme la reprise à l'identique d'une année scolaire ne se justifie plus ».

En 2005, par la loi d'orientation et de programmation, le législateur a voulu donner davantage de pouvoir aux enseignants, tout en l'assortissant d'une obligation de résultats. La liberté pédagogique est respectée mais, au terme de la scolarité obligatoire, tous les élèves doivent avoir acquis un socle commun de connaissances et de compétences. L'interrogation porte maintenant légitimement sur la façon dont les PPRE vont être mis en place alors que les enseignants, qui n'ont pas toujours été formés à la pédagogie différenciée, vont devoir, au sein d'une même classe, suivre individuellement des élèves dont les acquis seront différents.

L'organisation des programmes en cycles interpelle l'unité de base du système éducatif français, qui est composé d'un maître, dans une classe, pendant une année.

Michèle Sellier

▶ Bibliographie

PAUL J.-J., TRONCIN T., *Les Apports de la recherche sur l'impact du redoublement comme moyen de traiter les difficultés scolaires au cours de la scolarité obligatoire*, rapport du Haut Conseil de l'évaluation de l'école, n° 14, décembre 2004.

Ministère de l'Éducation nationale, *Loi d'orientation et de programmation pour l'avenir de l'école*, Paris, MEN, 24 avril 2005.

THELOT C., *Pour la réussite de tous les élèves*, rapport de la Commission du débat national sur l'avenir de l'école, Paris, La Documentation française, 2004.

▶ Voir aussi

Acquis (Reconnaissance et validation des) – Compétences – Connaissances – Doctorat – Évaluation – Pédagogie différenciée – Psychologie de l'apprentissage – Redoublement – Réussite scolaire.

D

Debesse, Maurice (1903-1998)

Né à Firminy, élève de l'école normale de Montbrison puis de l'école normale supérieure de Saint-Cloud, Maurice Debesse a commencé sa carrière d'enseignant en tant que professeur d'histoire-géographie, dans le cadre des écoles normales de Châlon puis de Dijon.

C'est à cette époque qu'il commence à s'intéresser à ce qu'il nomme la « crise d'originalité juvénile » – dont il fait l'objet de ses travaux de recherche dans le cadre de ses deux thèses, de doctorat et d'État – fondée sur des témoignages spontanés, sur des correspondances et des journaux intimes d'adolescents, sur les travaux des années 1920 de l'école allemande, sur la littérature émanant des mouvements de jeunesse de la même époque. Une fois ses deux thèses soutenues à la Sorbonne, en 1937, Maurice Debesse s'oriente définitivement vers la psychologie de l'enfant et de l'adolescent.

Fait prisonnier en juin 1940, il restera en captivité jusqu'en 1945. C'est en son absence que paraît son livre le plus célèbre, *L'Adolescence* (1943), qui a connu vingt éditions partiellement remaniées jusqu'en 1997. Après la guerre, il est nommé professeur de psychologie pédagogique à la faculté des lettres de Strasbourg, où il dirige l'Institut de psychologie et codirige le centre psychopédagogique de l'Académie. Ce centre est un lieu de consultation pour enfants et adolescents inadaptés. En 1957, nommé professeur à la Sorbonne, il est le premier à occuper la chaire de pédagogie, qui vient d'y être créée. À son enseignement universitaire de pédagogie et de psychologie de l'enfant et de l'adolescent, il joint diverses charges et responsabilités voisines : membre du conseil de l'Institut de psychologie de l'université de Paris, professeur à l'École normale supérieure d'enseignement technique, président de la Société française de psychologie, etc. En même temps, il est invité par diverses universités étrangères, fait des conférences et lie des relations de travail par-delà les frontières et les disparités de langue. Dans les années 1960, à la tête du groupe d'enseignants qui conçoivent l'organisation de la licence et de la maîtrise de sciences de l'éducation, créées en 1967, il devient, en 1968, le premier directeur de l'Unité d'enseignement et de recherche (UER) de sciences de l'éducation dans le cadre de l'université René-Descartes (Paris-V). Ayant fait valoir ses droits à la retraite en 1973, il bénéficia du titre de professeur émérite.

Un enseignant chercheur novateur

À l'occasion des très nombreuses rééditions de ses livres, Maurice Debesse acceptait volontiers de remettre en question ce qu'il avait antérieurement affirmé, et ce toujours dans le sens d'une profonde réflexion, en refusant de sacrifier à la mode du jargon émaillé de néologismes. « Plus profondément, qu'est-ce qui subsiste donc ? L'élan de la croissance, la vivacité des réactions, l'exaltation des conduites, toute cette réalité biopsychologique avec, toujours présente à l'arrière-plan, cette poésie de l'adolescence étroitement liée, jadis comme aujourd'hui, à la création de soi. » (*L'Adolescence*, postface de la 18e éd., 1988) « Ce qui demeure également du livre initial, c'est la forme volontairement simple, directe et très accessible que j'ai voulu lui donner, convaincu que la solidité d'un texte ne se mesure pas au nombre de néologismes et de références qu'on introduit. » (*ibid.*)

Dans *Esquisse de la psychologie française actuelle* (1945-1958), Didier Anzieu et Dimitri Voutsinas, reconnaissant le « véritable renouveau » que connaît la psychologie de l'éducation depuis la fin de la guerre, ne manquent pas d'observer le désir de Maurice Debesse d'aller encore plus loin dans la mise en valeur des sciences de l'éducation : « Debesse est le propagandiste de l'idée selon laquelle les sciences de l'éducation doivent être autonomes et enseignées indépendamment de la psychologie et de la sociologie ». Aidé d'un groupe d'enseignants qui partageaient cette idée, Maurice Debesse a eu la satisfaction, au bout de quelque cinq ans d'efforts, d'assister à la création, en 1967, de la maîtrise de sciences de l'éducation au sein de la faculté des lettres et sciences humaines de la Sorbonne. « La création, par le ministère de l'Éducation nationale, d'une maîtrise de sciences de l'éducation, […] témoigne, en effet, de l'importance enfin reconnue aux études pédagogiques parmi les enseignements des facultés » (*Bulletin du laboratoire de pédagogie*, 1967, n° 1).

Pour accéder à cette maîtrise, il fallait justifier d'un des diplômes suivants : diplôme universitaire d'études littéraires (DUEL), diplôme universitaire d'études scientifiques (DUES), diplôme d'études juridiques générales, diplôme d'études économiques générales, qui pouvaient être remplacés par la preuve de l'admission en troisième année d'études de médecine. Or, une grande partie des enseignants intéressés était privée de ces titres. Là encore, Maurice Debesse et ses collaborateurs ont innové : un « *enseignement ouvert* » destiné à un public élargi a été créé en décembre 1968. À raison de cinq séances hebdomadaires, pendant deux ans, il proposait des cours et des travaux pratiques sanctionnés par un mémoire et une interrogation sur l'enseignement suivi. Un certain nombre d'instituteurs ont pu en bénéficier, bien avant l'introduction d'études pédagogiques à l'université de Paris-VIII.

L'organisation de la nouvelle maîtrise, suivie bientôt par la reconnaissance de ses deux premières années d'études en tant que licence, a tenu compte des intérêts que Maurice Debesse avait introduits dans son enseignement depuis sa nomination à la chaire de pédagogie de la Sorbonne en 1957. En associant d'autres enseignants (professeurs, maîtres assistants, assistants, chargés de cours) à sa chaire, il chercha des apports spécifiques afin de prolonger et même d'enrichir le contenu de la formation dont bénéficiaient les étudiants des certificats de pédagogie et de psychologie de l'enfant et de l'adolescent, dont il avait la responsabilité : à ses premiers collaborateurs, Georges Rioux, Jacqueline Cambon, Jean Vial, Antoine Léon, sont venus s'adjoindre d'éminents spécialistes de grandes questions : Georges Snyders, Joffre Dumazedier, Viviane Isambert-Jamati.

Maurice Debesse conseillait à tout éducateur l'attitude d'observateur critique. Autour de la chaire de pédagogie de la Sorbonne, qu'il investit dans le même esprit d'expérimentateur qui l'animait à Strasbourg, il a su s'entourer de personnes intéressées par la recherche. C'est avec ces dernières qu'il lança rapidement diverses enquêtes afin de questionner les élèves de deux collèges d'enseignement technique sur leurs loisirs (1961-1962), des professeurs de l'enseignement supérieur de dix-sept pays étrangers sur l'influence de *L'Émile* chez eux (1962), des maîtres du premier degré et des professeurs de centres d'enseignement technique sur divers aspects de méthodes pédagogiques (1962-1963), des élèves de classes primaires et de centres d'enseignement technique sur leur compréhension des notions d'histoire (1963-1964), des jeunes de 14 à 21 ans sur les vacances des adolescents (1966).

En 1964, sur une idée d'Antoine Léon, Maurice Debesse créa, avec ses premiers collaborateurs, le laboratoire de pédagogie de la faculté des lettres et sciences humaines de Paris, qui se dota d'une revue scientifique, le *Bulletin du laboratoire de pédagogie*, et d'une bibliothèque.

Dans les dix ans qui séparent son arrivée à la Sorbonne de la création de la maîtrise de sciences de l'éducation, sur les 143 thèses soutenues sur un sujet de sciences de l'éducation, le nom de Maurice Debesse apparaît 83 fois, soit qu'il ait dirigé la thèse (37 fois), soit qu'il ait participé à son jury (46 fois). Par la suite, il partagea cette charge avec les enseignants qu'il avait, pour la plupart, formés et qu'il appela à le seconder, tandis que les sciences de l'éducation occupaient une place de plus en plus importante dans l'université parisienne, réorganisée sous l'impulsion de mai 68. En 1980, à la fin de l'éméritat de Maurice Debesse, 1 269 thèses y avaient été soutenues dans cette discipline : lui-même s'était occupé de 116 d'entre elles, soit presque 10 %.

Novateur, enseignant, chercheur, Maurice Debesse l'a été à la manière d'un humaniste : nourri de culture classique, pour laquelle il a toujours eu un goût très vif, il savait faire de l'homme, de soi-même comme de ceux à qui il s'adressait, le centre de ses intérêts.

Jeanne Contou

▸ Bibliographie

Principales œuvres de Maurice Debesse :

La Crise d'originalité juvénile, Paris, Félix Alcan, 1936.

Comment étudier les adolescents : examen critique des confidences juvéniles, Paris, Félix Alcan, 1937.

L'Adolescence, Paris, PUF, coll. « Que sais-je ? », 1943, 19e éd., 1993.

Les Étapes de l'éducation, Paris, PUF, 1952, 11e éd., 1992.

Les Méthodes pédagogiques , *in* Piéron H., *Traité de psychologie appliquée*, t. IV, Paris, PUF, 1955.

La Psychologie de l'enfant, de la naissance à l'adolescence (dir.), Paris, Bourrelier, coll. « Cahiers de pédagogie moderne », 1956, 15e éd., 1977.

Traité des sciences pédagogiques (dir.), Paris, PUF, 7 vol., 1969-1978.

▸ Voir aussi

Adolescence – Dumazedier, Joffre – Isambert-Jamati, Viviane – Mialaret, Gaston – Sciences de l'éducation.

DÉCENTRALISATION

Fort d'une tradition ancienne, le système éducatif français apparaît par beaucoup d'aspects et pour la majorité des Français comme très centralisé. Selon cette vision, la centralisation du système éducatif serait inhérente au système politique et à la République jacobine. La prééminence de l'État serait consacrée par le préambule de la Constitution de 1946, reprise en 1958 : « L'organisation de l'enseignement public et laïc à tous les degrés est un devoir d'État. » Un tel héritage laissait peu de chances à l'esprit girondin qui cependant sommeille au fond des meilleurs jacobins.

Toutefois, une prise de conscience s'est faite autour de quelques constatations simples :
– le système éducatif, compte tenu de sa taille, est difficilement gérable malgré le recours aux technologies modernes ;
– il coûte très cher et il convient de mieux répartir l'effort nécessaire en faisant appel à tous les niveaux et pas uniquement au niveau national ;
– l'éducation doit certes rester nationale mais elle n'est pas nécessairement uniforme.

Ce triple constat justifie un effort de décentralisation. Celle-ci consiste à remettre des pouvoirs de décision à des organes autres que de simples agents du pouvoir central, non soumis au devoir d'obéissance hiérarchique et qui sont souvent élus par les citoyens intéressés. On distingue la décentralisation territoriale (ex. : la commune, le département) et la décentralisation par services ou fonctionnelle (ex. : le lycée, l'université).

Déjà la loi Haby (1975) avait pris en compte cette aspiration à plus d'autonomie de l'établissement. Il s'agissait de mettre en œuvre une décentralisation par service ou fonctionnelle. Plus récemment, les lois de 1983-1985 ont repris cette démarche en avançant dans le domaine de la décentralisation territoriale et en permettant aux collectivités locales d'assumer de nouvelles responsabilités. Ce rapprochement et cette interaction entre ces deux techniques d'organisation ont été confortés par une avancée significative bien qu'encore perfectible de la déconcentration. Cette technique d'organisation consiste à remettre d'importants pouvoirs de décision à des agents du pouvoir central placés à la tête des diverses circonscriptions administratives ou des divers services.

La décentralisation de l'Éducation nationale

La loi du 22 juillet 1983 modifiée et les textes d'application confèrent des pouvoirs nouveaux aux collectivités locales, d'une part, et à l'établissement scolaire appelé « établissement public local d'enseignement » (EPLE), d'autre part.

L'unité du service public n'est pas remise en cause et s'inscrit dans un contexte de compétences partagées en tendant vers la réalisation de blocs de compétences.

L'État demeure le gardien du bon fonctionnement du service public :
- il définit les objectifs généraux de la politique de l'éducation ;
- il arrête les orientations pédagogiques, les contenus d'enseignement et les diplômes ;
- il a la charge du recrutement, de la formation et de la rémunération des personnels ;
- il assure le financement des dépenses pédagogiques.

Décentralisation territoriale

Il s'agit plutôt de compétences partagées que de transfert de compétences.

Pour le *premier degré* : la décision de création, d'implantation d'une école ou d'une classe appartient à la commune après avis de l'État, qui procède à l'attribution et au retrait des emplois.

Pour le *second degré* : le schéma prévisionnel des formations est établi par la région, compte tenu du Plan et de l'accord des départements ; les programmes prévisionnels d'investissement traduisent les orientations du schéma et sont établis après accord des collectivités concernées (département et région) ; la structure pédagogique générale des établissements est fixée par les autorités académiques ; la liste annuelle des opérations est arrêtée par le préfet. L'État s'engage à pourvoir les postes.

L'objectif de *blocs de compétence* est partiellement atteint puisque, pour la construction, la reconstruction, l'extension, les grosses réparations, l'équipement et le fonctionnement, les répartitions de compétences sont les suivantes : pour les écoles, la responsabilité appartient à la commune ; pour les collèges, au département ; pour les lycées, à la région.

Les charges transférées sont compensées par des dotations d'investissement et de fonctionnement.

Décentralisation par services

Les établissements scolaires nationaux deviennent des établissements publics locaux d'enseignement (EPLE). Ils sont bénéficiaires de la personnalité et de l'autonomie financière avec une responsabilité propre dans les domaines pédagogique et administratif.

Dotés d'un conseil d'administration rénové, présidé par le chef d'établissement, ils sont financés en matière de fonctionnement par les collectivités locales, qui participent aux conseils d'administration et sont contrôlés par l'État sur le plan budgétaire et celui de la légalité (autorités hiérarchiques et chambres régionales des comptes).

L'élément central est incontestablement le développement des projets d'établissement, significatif de la diversification d'un système éducatif qui reste à orientation nationale.

Des mesures qualitatives

Pour organiser des activités facultatives et complémentaires dans les établissements, les collectivités locales peuvent utiliser, sous certaines conditions, les locaux hors temps scolaire, et en fixent les heures d'entrée et de sortie.

En plus du conseil d'administration, instance de dialogue au niveau de l'établissement, sont créés des organes consultatifs, les conseils départementaux de l'Éducation nationale (CDEN) et les conseils académiques de l'Éducation nationale (CAEN).

Dans le domaine universitaire, bien que non concernée par les textes en 1983, se développe une politique contractuelle entre l'État et les régions.

Le bilan de ces réformes est largement positif tant sur le plan qualitatif que quantitatif. Les collectivités locales ont très largement honoré leurs nouvelles responsabilités sans chercher, sauf exception, à empiéter sur les responsabilités de l'État. Ce dernier a davantage concentré ses efforts sur les recrutements, la modernisation de la gestion et des formations. L'équilibre est parfois fragile dans la mesure où les collectivités peuvent être tentées par un interventionisme plus systématique dans le domaine pédagogique, en principe réservé à l'État.

Au total, on a néanmoins abouti à un relatif équilibre, dit des « compétences partagées ». C'est sur cette base et en référence à ce bilan de vingt ans de décentralisation que la loi du 13 août 2004 « relative aux libertés et responsabilités locales » vise à améliorer l'implication des collectivités locales dans le fonctionnement de l'éducation. À cet effet, est créé un conseil territorial de l'Éducation nationale. Une expérimentation tendant à réaliser des établissements publics du premier degré est prévue ainsi que la maîtrise, par le département, de la définition des secteurs de recrutement des collèges. La région est toujours responsable de la formation professionnelle et de la décentralisation des transports scolaires. Mais la disposition la plus importante et la plus emblématique a trait au transfert aux collectivités territoriales des personnels techniciens et ouvriers de service (TOS), achevant ainsi la cohérence du bloc de compétences initié en 1985. La mise en œuvre de ces dispositions, prévue à compter du 1er janvier 2005, se fera progressivement.

Jacky Simon

▸ Bibliographie

Douence J.-C., *La Décentralisation du système éducatif,* Paris, Économica, 1985.

Durand-Prinborgne C., « Décentralisation et enseignement : repenser les rôles », *Savoir, Éducation, Formation*, n° 2, 1992, p. 238-258.

Dutercq Y., « La Politique française de décentralisation en éducation : bilan et perspectives », *Regards sur l'actualité,* n° 293, août-sept. 2003, p. 17-28.

Gontcharoff G., Boullier J.-M., « Les Changements de structures », « Les changements de financement », in *La Décentralisation à l'Éducation nationale,* chap. 8 et 9, Paris, Syros/Alternatives, 1988.

Institut français des sciences administratives (IFSA), *L'Administration de l'Éducation nationale,* Paris, Économica, 1992.

Marcou G., « Les Collectivités territoriales et l'Éducation nationale », *Savoir, Éducation, Formation,* 1992, p. 189-215.

Simon J., Lesage G., *Organisation et gestion de l'Éducation nationale*, Paris, Berger-Levrault, coll. « Les Indispensables », juillet 2004.

Toulemonde B. (dir.), « Décentralisation et autonomie », in *Le Système éducatif en France*, Paris, La Documentation française, coll. « Les Notices », juin 2003.

▸ Voir aussi

Carte scolaire – Conseils – Déconcentration – Développement éducatif local – Schéma prévisionnel des formations.

Déconcentration

La déconcentration est une modalité d'organisation interne du service public de l'Éducation (comme de tout service public). Elle consiste en un transfert de compétence – pouvoir de prendre des décisions – d'une autorité administrative de l'État sur une autre autorité administrative de l'État d'un rang inférieur, par exemple du ministre aux recteurs d'académie.

À la différence de la décentralisation, la déconcentration ne modifie pas le partage des compétences entre l'État et les collectivités territoriales (régions, départements, communes), bien que la technique puisse être la même dans la mesure où la décentralisation peut opérer un transfert de compétences.

La déconcentration peut être utilisée pour alléger les charges de l'administration centrale, pour rapprocher l'administration de l'administré, pour accroître les responsabilités de représentants de l'État et d'autorités des collectivités locales.

Une évolution continue depuis les années 1960

La déconcentration a été utilisée d'une manière très limitée dès le XIXe siècle au profit du préfet et du recteur d'académie. L'extension de son emploi s'opère réellement à partir d'un décret de 1962. Le mouvement de déconcentration ne cessera pas ensuite de se développer.

Les préfets ont bénéficié de mesures de déconcentration dans deux domaines principaux : l'un, en qualité d'ordonnateur secondaire de l'État, est celui de la gestion des crédits d'État ; l'autre, désormais traditionnel, depuis 1970, est celui des investissements publics de l'État, compétence affectée dans son exercice par les lois de décentralisation des 7 janvier 1983, 22 juillet 1983 et 25 janvier 1985. Mais les préfets ne peuvent bénéficier de mesures de déconcentration dans les domaines relatifs « au contenu et à l'organisation de l'action éducative ainsi qu'à la gestion des personnels et des établissements qui y concourent ». Ces dispositions figurant dans l'article 33 du décret n° 2004-374 du 29 avril 2004 relatif aux pouvoirs des préfets, à l'organisation et à l'action des services de l'État dans les régions et les départements, formulent des exceptions inscrites dans les textes de 1964 et 1982.

La loi d'orientation n° 92-125 relative à l'administration territoriale de la République a fixé pour l'avenir, dans son article 2, les principes de répartition des missions entre administrations centrales et services déconcentrés. Le décret du 1er juillet 1992 précise que la déconcentration est la règle générale.

Pour l'Éducation nationale, le niveau privilégié de déconcentration et de cohérence est incontestablement le niveau académique, même si les inspecteurs d'académie et les directeurs des services départementaux de l'Éducation nationale bénéficient de mesures de déconcentration de proximité.

Par ailleurs, l'article 34 du décret du 29 avril 2004 dispose que « les services déconcentrés des administrations civiles de l'État auprès du préfet de région peuvent faire l'objet de regroupements fonctionnels dénommés "pôles régionaux de l'État" ».

En application de ces dispositions, le décret n° 2004-1053 du 5 octobre 2004 a créé huit pôles régionaux de l'État, dont le « pôle éducation et formation » sous la responsabilité du recteur.

Dans le respect de la spécificité de l'action éducatrice, on constate une tendance à distinguer, au nom de la cohérence nécessaire de l'action publique, la politique pédagogique, dont la responsabilité incombe aux autorités académiques, d'une part, et une politique éducative plus globale faisant appel à une démarche plus interministérielle sous la responsabilité du préfet de région, d'autre part.

Claude Durand-Prinborgne
Jacky Simon

▸ Bibliographie

Durand-Prinborgne C., « Déconcentration au ministère de l'Éducation nationale », in *Aspect de la décision administrative en milieu local,* section aquitaine de l'Institut français de science administrative/université de Bordeaux-I, Paris, Éd. du CNRS, 1992, p. 43 et suiv.

Durand-Prinborgne C., *Le Droit de l'éducation,* Paris, Hachette Éducation, 1998.

Simon J., Lesage G., *Organisation et gestion de l'Éducation nationale,* Paris, Berger-Levrault, 2004.

Verclytte S., *La Déconcentration en France : histoire et actualité,* rapports et études, Direction générale de l'administration et de la fonction publique, Paris, La Documentation française, 1997.

▸ Voir aussi
Budget – Décentralisation – Droit de l'éducation – Inspection – LOLF (appliquée à l'éducation) – Recteur d'académie – Système éducatif.

Décrochage scolaire

L'abandon de l'école en cours de cursus, parfois même avant la fin de la scolarité obligatoire, n'est pas un phénomène nouveau ; mais il est devenu, au cours des dix dernières années, un problème public, couramment désigné sous le terme de « décrochage scolaire » ou de « déscolarisation ». Il faut voir là l'effet de plusieurs évolutions : l'enjeu scolaire s'est alourdi, puisque le placement social et professionnel dépend de manière croissante de l'école ; la prolongation de fait de la scolarité jusqu'après vingt ans rend de plus en plus hors norme les jeunes qui l'interrompent prématurément ; la préoccupation d'ordre public associe volontiers déscolarisation et délinquance. Si bien que lutter contre la déscolarisation serait une manière de faire face à toute une série de problèmes censés en découler.

Les processus selon lesquels les élèves « décrochent » sont très divers. Mais ils ont en commun de ne pouvoir être analysés qu'en prenant en compte à la fois ce qui se passe dans l'école, ce qui se passe dans la famille, et ce qui advient dans le cercle de sociabilité adolescente des jeunes « déscolarisés ». Des recherches récentes ont porté l'accent sur les milieux populaires, mais il ne faudrait pas imaginer que les autres catégories sociales sont totalement épargnées par la déscolarisation : on trouve aussi, parmi les « décrocheurs », des élèves issus des classes moyennes et des classes favorisées, même si, vraisemblablement, les processus ne sont pas parfaitement identiques et si, surtout, les forces de rappel ne s'exercent pas avec la même intensité. Les recherches s'accordent en tout cas sur ce résultat : il est vain et erroné d'espérer identifier un « facteur » de déscolarisation qui, déconnecté des autres, imposerait sa loi, que ce soit à l'école ou dans la famille. Les processus sont plus complexes : des adolescents pour lesquels les savoirs ou l'école ne font pas sens, ou qui sont orientés dans des filières qui ne leur réservent aucun avenir, ou que l'institution scolaire maintient à l'écart (exclusion, non-inscription pour certains « primo-arrivants », scolarisation dans des structures spécifiques), et qui ne disposent pas dans leur famille des ressources nécessaires pour surmonter les multiples adversités scolaires (échec, sentiment de ne pas avoir sa « place » au collège, etc.), peuvent être conduits à se démobiliser et à quitter progressivement l'école, et ce d'autant plus qu'ils ont le sentiment de pouvoir se requalifier dans un cercle de pairs également en délicatesse voire en rupture avec l'institution. Mais des logiques familiales conduisent aussi des élèves à quitter peu à peu une école dont la fréquentation est à leurs yeux peu prometteuse, en raison de leurs résultats ou en raison de leurs centres d'intérêt : certains élèves (plus souvent filles que garçons) sont accaparés par la prise en charge de membres de leur famille malades, d'autres sont « embarqués » par leur famille dans l'exploitation commerciale ou artisanale, qui semble leur conférer une « place » qui leur semble déniée à l'école. Bref, la diversité des processus, où la seule constante, concernant les milieux populaires, est la précarité des situations sociales, invite à éviter les simplifications, les schémas trop rapidement brandis par les médias. En particulier, on est amené à contester le lien causal fortement et imprudemment établi entre déscolarisation et délinquance, sur la base du constat que l'on a plus de risques d'être associé à des actes délictueux quand on a abandonné l'école. Si beaucoup de délinquants ont, en effet, quitté précocement l'école, il faut se méfier de la proposition inverse : en effet, bien des élèves déscolarisés ne deviennent pas délinquants, et, quand ils le deviennent, c'est, pour une part d'entre eux, qu'ils étaient déjà engagés dans une carrière délinquante avant même d'abandonner l'école. Les recherches invitent à adopter, sur le phénomène de la déscolarisation, une analyse plus complexe et, de là, plus satisfaisante. Il convient également de souligner qu'une part des élèves, sans être à proprement parler déscolarisés, sont en fait très peu « présents », même s'ils sont physiquement en classe ; ils sont amplement « démobilisés », et leur démobilisation peut conduire certains à une déscolarisation.

La prise en compte institutionnelle des élèves déscolarisés ou en voie de déscolarisation s'est affirmée au cours des années 1990, soit pour offrir une « nouvelle chance » aux élèves sortis sans diplôme, soit pour prendre en charge des collégiens plus jeunes en danger de décrochage. Des « classes-relais », organisées parfois dans le cadre d'un collège, parfois à l'écart du collège, accueillent pour quelques semaines ou quelques mois des élèves qui ont vocation, après avoir été remis dans une perspective de travail scolaire, à réintégrer le collège. Sous la conduite d'enseignants et d'éducateurs, ces élèves sont engagés dans des activités scolaires et font un (ré)apprentissage des règles censées leur permettre de se réinscrire dans le cursus « normal ». Une partie d'entre eux réintègre en effet le collège. D'autres dispositifs se sont créés, accueillant des élèves plus âgés, plutôt des lycéens que des collégiens. Ils s'efforcent, en s'appuyant sur des méthodes pédagogiques parfois délibérément à distance de la forme scolaire classique, de redonner aux élèves à la fois la confiance en eux que leur passé scolaire a ébranlée, et de leur faire acquérir les connaissances qui rendront possible la reprise d'un cursus d'apprentissage dans une filière générale ou professionnelle.

Dominique Glasman

▶ Bibliographie

BLOCH M.-C., GERDE B., *Les Lycéens décrocheurs*, Lyon, Chronique sociale, 1998.

GLASMAN D., ŒUVRARD F. (dir.), *La Déscolarisation*, Paris, La Dispute, 2004.

LONGHI G., GUIBERT N., *Décrocheurs d'école. Redonner l'envie d'apprendre aux adolescents qui craquent*, Paris, La Martinière, 2003.

MARTIN E., BONNERY S., *Les Classes-Relais. Un dispositif pour les élèves en rupture avec l'école*, Issy-les-Moulineaux, ESF, 2002.

TANON F., CORDIER A., *Les Jeunes en rupture scolaire : du processus de confrontation à celui de la remédiation*, Paris, L'Harmattan, 2000.

▶ Voir aussi

Déperdition scolaire.

DECROLY, OVIDE (1871-1932)

Par ses vues originales, par son souci constant d'observation et d'expérimentation, Decroly a été à la fois le plus hardi et le plus mesuré des grands novateurs de l'éducation nouvelle.

Une vie au service des enfants

Né à Renaix (Belgique), Ovide Decroly se consacre, après ses études de médecine, à la pathologie des enfants anormaux (il préfère les dénommer « irréguliers »). Avec ces enfants, le médecin, comprend-il très vite, doit devenir psychologue et éducateur. À trente ans, en 1901, avec l'aide de son épouse, il accueille, dans sa propre demeure, vingt-cinq de ces enfants, créant pour eux son premier Institut d'enseignement spécial.

La structure familiale donne à ces enfants la sécurité affective dont ils ont besoin. Proscrivant tout enseignement verbal, Decroly favorise, dans le grand jardin, les rencontres avec les animaux, les plantes, les objets. Enfants et éducateurs y trouvent autant de stimulations pour l'observation, l'expression motrice, l'utilisation du langage, la manifestation de la solidarité. Les acquisitions intellectuelles sont centrées sur les grands besoins vitaux : manger, boire, se vêtir, se défendre, se préparer à un métier. C'est, en d'autres termes, « l'éducation par la vie pour la vie ».

Les progrès effectués par ces enfants « irréguliers » incitent, en 1907, le Dr Decroly à créer, en s'inspirant des mêmes principes, une école pour enfants « réguliers » : c'est l'école de l'Ermitage située aujourd'hui, 45, drève des Gendarmes, Bruxelles 18. Dès lors, sa vie est toute tracée : le Dr Decroly se consacre à l'animation et au perfectionnement de ces deux fondations. Il ne cesse de travailler sur les sujets les plus divers, aux confins de la psychologie et de la médicopédagogie, qu'il s'agisse de la mesure de l'intelligence par les tests, des troubles du langage, des jeux, des mécanismes psycho-sensoriels, de l'orientation professionnelle, etc. Il expérimente et publie près de 200 communications scientifiques, souvent cosignées par ses collaborateurs. Il n'écrit jamais longuement sur sa « méthode », laissant ce soin à plusieurs collaborateurs comme G. Boon, R. Buyse, J. Degand, A. Hamaïde.

Malgré sa modestie, son rayonnement est vite considérable. Il est appelé, en Belgique, à exercer de multiples fonctions d'enseignement et de consultation ; il préside, en 1911, à Bruxelles, le Congrès international de pédologie ; en 1921, au congrès de Calais, il est l'un des fondateurs de la Ligue internationale pour l'éducation nouvelle et participera à ses congrès ; en 1922, au cours d'un voyage d'étude aux États-Unis, il rencontre Stanley Hall et John Dewey, dont il traduira le livre *Comment nous pensons.* Indifférent aux honneurs, il ne cesse d'œuvrer avec les enfants et d'approfondir ses recherches jusqu'à sa mort subite, survenue en 1932.

Une éducation par la vie, pour la vie

Par ses vues originales, par son souci constant d'observation et d'expérimentation, Decroly a été à la fois le plus hardi et le plus mesuré des grands novateurs de l'éducation nouvelle.

Priorité à l'étude psychologique

Quand Decroly aborde l'éducation des enfants « réguliers », il n'abandonne pas, pour autant, celle des enfants « irréguliers ». Il établit entre eux un va-et-vient constant. Un développement mental « au ralenti » permet de déceler des stades, des « passages » que l'on remarque moins facilement, tant ils peuvent être rapides, chez les enfants mieux doués. Ce travail psychologique est si nécessaire que Decroly demande aux enseignants de se mettre d'abord au service des enfants en difficulté.

Il n'y a pas, établit Decroly, de frontière tranchée entre normaux et anormaux. Les individus progressent avec des caractères et des rythmes différents : une saine pédagogie doit en tenir compte et ne jamais précipiter l'allure. « Pour accéder au travail cérébral pur, il faut une progression indispensable étagée tout au long de l'enfance. »

La vie et ses besoins

Très tôt, l'enfant imite les gestes et le langage des adultes, dont il a une perception globale (« fonction de globalisation »). L'enfant ne progresse que par l'activité : « Agir, c'est mettre en mouvement toutes les parties du corps, y compris le cerveau [...]. L'enfant doit vivre un fait parce qu'alors seulement ce fait a pénétré par les voies les plus actives (les mains et la vue), et aussi parce qu'il y a été intensément intéressé. L'image et le mot ne sont que des adjuvants utiles s'ils accompagnent l'intuition concrète ; inutiles ou dangereux s'ils sont seuls. » Le chemin qui conduit à l'abstraction n'est pas celui du formalisme, des règles ; c'est l'action au sein d'un milieu riche en êtres vivants. Les premiers intérêts de l'enfant correspondent aux besoins familiaux : se nourrir ; lutter contre les intempéries ; se défendre contre ses ennemis ; travailler solidairement, se reposer, se récréer.

De mois en mois, d'années en années, ces centres d'intérêt, ces idées pivots constituent le fil d'Ariane qui permettra de susciter (et de relier entre eux) les actions et les travaux les plus divers. C'est à l'intérieur de ces vastes thèmes que les enfants grandissants établiront, avec les adultes, leur programme de travail.

Observation, association, expression

Toute activité decrolyenne emprunte une triple démarche méthodologique (« afin de faire concourir toutes les activités de l'esprit à l'acquisition d'une notion, d'une idée ou d'un ensemble d'idées »).

– Tout naturellement, l'enfant observe les êtres qui l'entourent. L'éducateur decrolyen entre dans ce jeu, multiplie les occasions d'*observation,* incite l'enfant à préciser davantage ses notations, lui suggère de comparer les objets observés entre eux, affinant ainsi les perceptions, appréciant les couleurs, les dimensions, les poids, les volumes, les distances, etc. La mesure et le calcul se rattachent naturellement à l'observation, mais il faut se garder d'aboutir trop vite aux unités « abstraites » de poids et mesures, avant d'avoir épuisé toutes les démarches logiques qui se traduisent par « peu, beaucoup, trop, pas trop, assez, pas assez » ; on mesure d'abord les distances avec les pieds et les mains ; on pèse avec des marrons que l'on peut compter. Le petit livre sur *Le Calcul et la mesure* montre avec quel soin on retarde le plus possible l'accession aux instruments conventionnels, pour multiplier les expériences plus concrètes qui permettent aux enfants d'intégrer définitivement (par manière de jeu) les notions de mesure et de nombre.

– Le deuxième temps de la méthode est l'*association.* Les données de l'observation directe sont alors le prétexte à des recherches dans l'espace et dans le temps ; on entre ainsi, d'une façon systématique, dans les dimensions géographique et historique.

– L'*expression* est le troisième temps du travail. Tout ce qui est acquis doit être exprimé : par un récit ou par un exposé, par des croquis ou des dessins, des graphiques, par des modelages ou des constructions diverses. Cette phase est d'autant plus importante que chaque élève compose ainsi, au long des jours, son cahier de vie.

La méthode globale de lecture

Les enfants (comme les adultes d'ailleurs) perçoivent spontanément des touts, des ensembles ; l'esprit s'attache ensuite à certains détails, l'observation permet l'analyse en éléments. La « méthode globale » de lecture utilise ces données psychologiques.

Par manière de jeu, l'éducateur présente aux enfants des mots, voire des expressions de deux ou trois mots, inscrits sur de petits cartons ; les enfants sont très vite capables de les reconnaître, de les placer sur des cartons semblables, de leur assurer un sens. Après avoir appris de la sorte à reconnaître un certain nombre de mots écrits, les enfants les comparent, identifient des éléments semblables, bref commencent d'effectuer l'analyse qui les conduira aux syllabes et aux lettres. C'est le principe de la méthode globale de lecture dont la mise au point a été faite dans les écoles Decroly, puis à l'école du Mail, à Genève, sous l'impulsion de Robert Dottrens. Dans cette perspective, l'apprentissage de la lecture n'est pas coupé des intérêts de l'enfant et des autres activités du groupe.

La vie sociale est extrêmement importante à l'école decrolyenne : les enfants, très jeunes, exercent des responsabilités à leur mesure, élisent des responsables, font partie des groupes de travail et de loisirs, participent à la gestion du temps, à l'organisation de l'école.

Ces quelques aperçus sont loin d'épuiser la richesse de la pédagogie decrolyenne. Decroly s'est toujours refusé à formuler sa méthode d'une manière « définitive ». En homme de science, il présentait les résultats de son travail. « L'œuvre d'éducation, plus que toute œuvre humaine, disait-il volontiers, doit être souple, capable d'évolution. »

Cette attitude est modeste et réaliste. Cependant la pédagogie decrolyenne demeure aujourd'hui, dans son ensemble, un projet d'éducation susceptible de donner à l'école une qualité et une efficacité renouvelées.

Louis Raillon

▸ Bibliographie

Principales œuvres d'Ovide Decroly :

L'Initiation à l'activité intellectuelle et motrice par les jeux éducatifs, Lonay, Delachaux et Niestlé, 1914, rééd., 1978.

Le Calcul et la mesure au premier degré de l'école Decroly, Lonay, Delachaux et Niestlé, 1932.

La Fonction de globalisation et l'enseignement, Bruxelles, Desoer, 1965.

Principales œuvres sur Ovide Decroly :
BESSE J.-M., *Decroly psychologue et éducateur*, Toulouse, Privat, 1982.
DOTTRENS R., MARGAIRAZ É., *L'Apprentissage de la lecture par la méthode globale*, Lonay, Delachaux et Niestlé, 1936.
GALLIEN G., LIBOIS-FONTEYNE, CLARET A., *Initiation à la méthode Decroly*, Uccle-Bruxelles, Ermitage, 1946.
HAMAÏDE A., *La Méthode Decroly*, Lonay, Delachaux et Niestlé, 1976.
Ministère de l'Éducation nationale et de la Culture, *Hommage à Ovide Decroly : bibliographie de son œuvre*, Bruxelles, Éditeur scientifique, 1964.

▸ Voir aussi

Abstraction – Centres d'intérêt – Éducation nouvelle – Intelligence – Jeu – Troubles du langage.

DE LANDSHEERE, GILBERT (1921-2001)

Né à Liège en 1921, Gilbert De Landsheere a d'abord poursuivi des études d'instituteur et de professeur de langues germaniques avant de se tourner vers les sciences de l'éducation.

En 1960, De Landsheere devient professeur de pédagogie expérimentale à la faculté de psychologie et des sciences de l'éducation de l'université de Liège, où il accomplira toute sa carrière académique. Deux ans après, il jette les bases d'un centre de recherches – le Laboratoire de pédagogie expérimentale – dont il avait puisé le modèle aux États-Unis. Malgré l'impossibilité de donner à ce laboratoire une véritable assise institutionnelle, celui-ci est rapidement devenu, sous l'impulsion patiente et acharnée de De Landsheere, l'un des centres de recherche en sciences de l'éducation les plus réputés du monde francophone.

Si les premiers travaux du Laboratoire – et ceux de De Landsheere lui-même – relèvent surtout d'une approche expérimentale, quantitative et béhavioriste, l'éventail des approches méthodologiques s'est rapidement déployé. Le pluralisme épistémologique est ainsi l'une des caractéristiques fondamentales de ce centre. Comme De Landsheere le rappelait dans un entretien avec Anne-Marie Thiron, l'une de ses anciennes collaboratrices, spécialiste des approches qualitatives et de la recherche-action, « j'ai toujours admis que mes collaborateurs prennent des positions divergentes par rapport aux miennes. Mais à deux conditions : qu'ils restent au service de l'éducation et qu'ils soient rigoureux dans leur option ».

Spécialiste de la pédagogie expérimentale, De Landsheere s'est illustré par de nombreuses publications, traduites en plusieurs langues, dans le domaine de l'histoire de l'éducation, de la pédagogie comparée, de la docimologie, ou encore des processus de l'enseignement. Dans tous ces domaines, il a fait œuvre de pionnier et de « vulgarisateur », au meilleur sens du terme. Comme l'évoquait T. N. Postlethwaite dans un hommage rendu à De Landsheere lors de sa retraite de l'Université (en 1986), « Gilbert De Landsheere a toujours eu un sixième sens pour deviner ce qui comptera demain dans le domaine de l'éducation. Ainsi, il a su repérer un certain nombre d'idées pédagogiques nouvelles dès leur émergence dans le monde anglo-saxon et les communiquer d'une manière aussi exacte qu'intéressante au monde francophone. Et vice versa. » Son dernier ouvrage, publié en 1994, *Le Pilotage des systèmes éducatifs*, témoigne de cette clairvoyance et de cette capacité à rassembler, au moment opportun, en un ouvrage de synthèse qui deviendra rapidement une « référence », les idées qui vont compter demain.

L'étendue de ses compétences, sa polyvalence, son sens de la diplomatie lui ont valu d'être maintes fois appelé comme expert ou consultant dans des pays étrangers ou auprès d'organismes internationaux comme l'Unesco, l'Institut international pour la planification de l'Éducation (IIEP), l'OCDE, l'OMS, le Bureau international de l'éducation ou la Commission des Communautés européennes. Gilbert De Landsheere a été élu en 1986 membre de l'Académie internationale des sciences de l'éducation et a reçu en 1988 le prix Vasconcelos, prix mondial de l'Éducation.

Participant de la première heure aux études de l'Association internationale pour l'évaluation du rendement scolaire (IEA), a contribué au développement des grandes évaluations comparatives de rendement scolaire sur le plan national et international. Le siège de l'IEA, placée sous juridiction belge, est d'ailleurs situé à Liège.

Toute sa vie, Gilbert De Landsheere a mis ses compétences scientifiques au service d'un engagement politique et citoyen. Profondément attaché à l'idéal démocratique, l'équité éducative et la formation des enseignants ont été son constant souci. Tant au niveau belge qu'au niveau international, il a joué un rôle de premier plan dans la réflexion sur la qualité et l'équité des systèmes éducatifs, qui s'est prolongée bien au-delà de sa retraite officielle.

Dominique Lafontaine

▶ Bibliographie

Principales œuvres de Gilbert De Landsheere :

Introduction à la recherche en éducation, Paris, Armand Colin, 1982.

La Recherche expérimentale en éducation, Lonay/Paris, Delachaux-Niestlé/Unesco, 1983.

La Recherche en éducation dans le monde, Paris, PUF, coll. « Pédagogie d'aujourd'hui », 1986.

Dictionnaire de l'évaluation et de la recherche en éducation, Paris, PUF, coll. « Grands dictionnaires », 1992.

Le Pilotage des systèmes d'éducation, Bruxelles, De Boeck, 1994.

De Landsheere G., De Landsheere V., *Définir les objectifs de l'éducation*, Paris, PUF, coll. « Pédagogie d'aujourd'hui », 1989.

▶ Voir aussi

Évaluation – Pédagogie – Recherche en éducation – Systèmes éducatifs.

Délégué des élèves

Les délégués des élèves représentent leurs camarades dans diverses instances des établissements secondaires.

L'institution des délégués des élèves, créée après les événements de 1968, aura dû attendre la loi d'orientation du 16 juillet 1989 pour trouver sa véritable place dans le fonctionnement des établissements. Destinée à améliorer la qualité de l'action éducative et la communication entre élèves et adultes (circulaire n° 82-230 du 2 juin 1982), elle a souvent eu à souffrir de l'indifférence des premiers et de la réticence des seconds. La rédaction des textes d'application de la loi d'orientation, après un temps de latence, a été accélérée par le mouvement lycéen de novembre-décembre 1990. Leur mise en œuvre est loin d'être uniforme selon les établissements.

Les délégués sont élus à raison de deux par division, qui participent au conseil de classe. Ils se réunissent pour désigner leurs représentants au conseil d'administration, à la commission permanente qui en émane, au conseil de discipline. Dans les lycées, ils élisent les membres du conseil de la vie lycéenne, présidé par le chef d'établissement. Ce conseil a une compétence d'ordre consultatif, notamment dans l'organisation du temps et de la vie scolaire, l'information sur les études et les carrières, la santé, l'hygiène et la sécurité, les activités socio-éducatives. Ils élisent des représentants au Conseil académique de la vie lycéenne (CAVL), et les délégués des CAVL élisent des représentants au Conseil national de la vie lycéenne. Les délégués des élèves reçoivent une formation, souvent confiée aux conseillers d'éducation.

Pierre Vandevoorde

▶ Bibliographie

Durand D., *Délégué-Flash, 2005*, CRDP de l'académie de Grenoble, 2004.

Durand-Prinborgne C., *Le Droit de l'éducation : enseignements scolaires : traité théorique et pratique*, Paris, Hachette, 1998.

Jourdan P., Beaumont C., *Élèves citoyens au collège*, Paris, Magnard/SCÉREN, 2002.

▶ Voir aussi

Conseiller principal d'éducation – Santé (Éducation pour la) – Vie scolaire.

DÉLINQUANCE JUVÉNILE

La notion de délinquance juvénile, dont la statistique (policière et judiciaire) mesure les fluctuations, regroupe des pratiques extrêmement diverses. D'abord, la dramatisation de quelques faits divers cache une forêt d'infractions beaucoup moins spectaculaires : plus de la moitié de la délinquance juvénile est liée au phénomène de la motorisation (vols de vélomoteurs ou de voitures, conduite sans permis et autres infractions au code de la route), et les agressions et les conduites violentes représentent moins de 10 % des infractions. Par ailleurs, la logique juridique et ses classifications ignorent les différences qui font, par exemple, que des délits juridiquement identiques sont sociologiquement incomparables, voire incompatibles.

Contexte social de la déviance

Le « monde des bandes » est toujours disposé, notamment en période de chômage, à déraper vers la délinquance. L'extension du chômage, la précarité des emplois des jeunes peu ou pas qualifiés sont à l'origine d'une double désillusion : quant au présent et quant à l'avenir. Au présent, le manque d'argent endémique interdit l'accès aux « loisirs jeunes », empêche de « profiter de sa jeunesse ». Le temps passant, l'espoir s'amenuisant de trouver un emploi qui corresponde à la qualification acquise pour ceux qui en ont une, le chômage prolongé alternant avec des stages ou des « petits boulots » précaires de « jeunes-à-tout-faire », sans qu'apparaisse aucune perspective d'insertion professionnelle stable, c'est-à-dire aussi d'autonomie par rapport à la famille d'origine, le désenchantement fait place à l'inquiétude, à l'angoisse, au désespoir, à la « rage ». La désillusion (à la mesure de l'illusion entretenue sur la valeur du titre scolaire détenu) qu'induit le déclassement de ceux qui ont acquis un métier « garanti » par un titre dévalué, le désenchantement de ceux qui ont juste assez fréquenté l'école (à la faveur de la prolongation de la scolarité obligatoire) pour y avoir intériorisé une « bonne volonté culturelle » désarmée et inutile, le désarroi de ceux qui, démunis de tout titre scolaire, n'ont pour toute ressource qu'une force physique obsolète et des « valeurs de virilité » périmées, n'ont sans doute pas de conséquences mécaniques sur les changements de la délinquance juvénile enregistrée, mais toute analyse des formes contemporaines de déviance des jeunes (suicide, alcoolisme et diffusion des toxicomanies, d'une part, délinquance protéiforme, d'autre part) doit nécessairement en tenir compte.

Délinquance professionnelle et délinquance des bandes

Ainsi Jean-Claude Chamboredon distingue-t-il une « délinquance anomique », symptôme et conséquence d'une crise d'éducation, type de délinquance caractéristique des classes favorisées, par opposition à celle des adolescents de classe populaire, qui apparaît comme un phénomène endémique, lié à un certain style de vie. De même, l'analyse sociologique du sens des pratiques délinquantes conduit à dissiper la confusion ordinaire entre la délinquance du « milieu », du grand banditisme, et celle du « monde des bandes ». L'explication de la déviance comme réponse délinquante au conformisme frustré (Merton, 1969) peut rendre compte schématiquement du recrutement, du fonctionnement, de la culture du « milieu » : la « volonté de s'enrichir » est au « milieu » ce que les valeurs de virilité sont au « monde des bandes ». Aux vols-défis, vols ludiques du monde des bandes s'opposent les vols professionnels du milieu ; aux vols inscrits dans une « logique de subsistance » des premiers (dont l'ampleur dépend de l'existence/inexistence de politiques sociales de lutte contre la pauvreté) s'opposent ceux des seconds, inscrits dans la logique de frustration relative décrite par Merton ; aux « intérêts guerriers » des uns s'opposent les « intérêts économiques » des autres ; à l'anarchie du monde des bandes, l'organisation, les règles et codes du milieu ; à l'ostentation des unes, le secret, la clandestinité des autres ; à la violence expressive (gratuite, sauvage) du monde des bandes, la violence instrumentale du milieu.

Le « banditisme social »

Les vols de subsistance tendent à devenir une pratique ordinaire dans le monde des bandes. Le chômage de longue durée des parents, le chômage endémique sans réelle perspective d'insertion des jeunes impliquent en effet la paupérisation des fractions des milieux populaires, qui n'ont pas d'autres ressources que leur force physique (la « nouvelle pauvreté »). Le vol, l'« arnaque » apparaissent alors comme inévitables et finalement équitables, « normaux » : les jeunes des bandes « font des courses à leur manière », pour eux-mêmes et leur famille, « se débrouillent » pour s'habiller, s'équiper, sortir, « trouvent de la thune » pour faire la fête ; les familles endettées, toujours en quête de « combines », « ferment les yeux ». Aux pratiques et valeurs de virilité populaires se superposent pratiques et valeurs apparentées au « banditisme social », qui constitue un espace de transition entre le monde des bandes et le milieu.

Gérard Mauger

▶ Bibliographie

CHAMBOREDON J.-C., « La Délinquance juvénile. Essai de construction d'objet », *Revue française de sociologie,* 1971, p. 335-377.

DUBET F., *La Galère : jeunes en survie,* Paris, Fayard, 1987, rééd., Le Seuil, 1995.

MAUGER G., « Espace des styles de vie déviants des jeunes de milieux populaires », *in* Baudelot C. , Mauger G., *Jeunesses populaires,* Paris, L' Harmattan, 1994.

MAUGER G. (dir.), « Hippies, loubards, zoulous : jeunes marginaux de 1968 à aujourd'hui », *Problèmes politiques et sociaux*, Paris, La Documentation française, n° 660, juillet 1991.

MERTON R. K., « Structure sociale, anomie et déviance », in *Éléments de théorie et de méthode sociologiques,* Paris, Plon, 1969, rééd. Armand Colin, 1997.

▶ Voir aussi

Échec scolaire – Protection judiciaire de la jeunesse (PJJ) – Suicide – Toxicomanie – Violence.

DÉMOCRATISATION DE L'ENSEIGNEMENT

L'enseignement secondaire et supérieur connaît en France, tout particulièrement ces quarante dernières années, un développement spectaculaire : 62 % des jeunes deviennent maintenant bacheliers, soit dix fois plus qu'en 1950, et l'on compte plus de deux millions d'étudiants contre 300 000 en 1960. De telles évolutions semblent emporter la conviction d'une profonde et progressive démocratisation.

De grandes étapes, symboliques, marquent les progrès d'un droit à l'éducation, plus répandu et mieux partagé :
- en 1882, Jules Ferry rend l'instruction primaire obligatoire de 6 à 13 ans, laïque et gratuite pour tous, garçons ou filles (la gratuité ne s'étendra à l'enseignement secondaire qu'en 1933) ;
- en 1946, le plan Langevin-Wallon trace les lignes d'un véritable « système » éducatif unique, ouvert à tous ;
- en 1959, la réforme Berthoin rend la scolarité obligatoire jusqu'à 16 ans ; elle met en place l'architecture du système – écoles, collèges, lycées – et conduit à la généralisation de l'accès à l'enseignement secondaire ;
- en 1975, la réforme Haby instaure le collège unique : les filières à l'entrée en 6e disparaissent ;
- en 1985, Jean-Pierre Chevènement lance le slogan de « 80 % d'une classe d'âge au niveau du baccalauréat », effectivement suivi de l'irruption d'un enseignement de masse en lycées puis dans l'enseignement supérieur.

Disparaissent ainsi les « barrières » qui régulaient ou contingentaient jusque-là les flux d'élèves, préservant dans les niveaux d'enseignement plus élevés la prédominance régulière des enfants de milieux favorisés. Car l'école a constamment reçu pour double mission d'unifier mais aussi de différencier.

Vers l'École unique pour assurer l'égalité des chances

Unifier était l'ambition de l'École de la République, celle qui a mobilisé, tels des « hussards », ses instituteurs, ses maîtres chargés d'*éduquer*, avant d'instruire, le peuple. En formant les futurs citoyens, elle assurait la cohésion de la nation.

Mais l'École entend aussi préparer chacun à occuper *sa* place dans la société. L'instruction primaire doit ainsi, selon Jules Ferry, « prédisposer les garçons aux futurs métiers de l'ouvrier et du soldat, les filles aux soins du ménage et aux ouvrages des femmes ». Enseignement primaire et enseignement secondaire des lycées, qui recrutent leur public dès le plus jeune âge dans leurs « petites classes », vont d'ailleurs, durant des décennies, rester deux ordres d'enseignement bien cloisonnés : d'un côté l'École du peuple, de l'autre celle des notables. Seule l'élite des classes populaires peut alors dépasser le niveau des connaissances élémentaires, dans les écoles primaires supérieures.

Socialement injuste, ce mode d'organisation perdure cependant, entretenu par l'idéologie des dons ou aptitudes, ces « facteurs innés de différenciation individuelle ». De telles inégalités, naturelles et héréditaires, ne sont-elles pas attestées par les recherches contemporaines de la biologie ou de la génétique, comme par les mesures de l'intelligence au moyen des QI ? Binet peut affirmer que « suivant la richesse de la population, le niveau intellectuel des enfants se modifie ». Quant à la sélection, essentiellement reproductrice mais naturelle, des plus « aptes », elle se trouve singulièrement légitimée par les travaux de Darwin : aptitude, hérédité et sélection vont alors de pair, dans une logique immuable, scientifique.

La volonté de rompre avec cet ordre des choses mobilise vers 1920 un groupe de jeunes « compagnons de l'Université nouvelle ». Inspirant les projets de réforme du ministre Jean Zay en 1937, elle va s'affirmer au lendemain de la Seconde Guerre mondiale. Retrouvant les accents du révolutionnaire Condorcet, Langevin et Wallon invoquent le principe de justice qui doit aboutir « à l'égalité effective, à l'égalité sociale, correspondant aux talents et aux vertus ». La démocratisation est d'autant plus nécessaire, en 1946, que le redressement économique du pays demande de « puiser des forces intellectuelles nouvelles dans toutes les couches de la nation ». Naît aussi l'espoir d'une École « libératrice », qui permette de s'affranchir de sa condition initiale, le mérite prenant le pas sur les hasards de la naissance. L'« élitisme républicain » donne pour mission à l'École de « former les meilleurs en assurant la promotion de tous ».

La survivance des disparités dans l'enseignement de masse

La réforme de 1959 ouvre alors à tous les portes de l'enseignement secondaire. La question de la démocratisation se déplace. Elle n'est plus celle de l'égalité des chances devant l'enseignement, mais dans l'enseignement : suffit-il de laisser les différentes catégories sociales accéder aux mêmes voies pour assurer des chances équivalentes d'y réussir ? Le projet, longuement mûri, d'une École unique peut subir l'épreuve des faits, et des désillusions.

L'unification des parcours n'est pas immédiate : les classes de fin d'études, prolongeant la scolarité des enfants du primaire, tardent à disparaître tandis que les premiers cycles du second degré restent différenciés. Ceux des lycées deviennent des CES, les nouveaux CEG recrutant dans les milieux ruraux et ouvriers. Trois filières coexistent, préparant à un enseignement long (type I, absent des CEG), à des études courtes (II), ou dispensant un enseignement pratique, de transition (III).

Les filières disparaissent en 1975, avec le collège unique. Les classes préprofessionnelles de niveau (CPPN) se remplissent alors d'élèves qui, à peine parvenus au collège, sont déjà promis à une entrée rapide en apprentissage ou dans la vie active. D'autres continuent, dès la fin de 5ᵉ, de préparer en trois ans un certificat d'aptitude professionnelle (CAP). Vers 1980, la proportion d'enfants ainsi jugés inaptes à suivre plus longtemps un enseignement général atteint encore un tiers. La démocratisation annoncée livre place à une « élimination différée » ou « distillation fractionnée » qui rejette les mêmes catégories sociales qu'auparavant dans des voies de relégation, sanctions plus que remèdes à des difficultés scolaires souvent précoces.

Les sociologues soulignent les disparités sociales qui survivent aux réformes de structure. Disposant d'un premier panel de plus de 20 000 élèves, Girard et Bastide peuvent décrire les mécanismes de sélection qui se perpétuent dans le second degré. Et quand Antoine Prost, après une enquête approfondie dans le Loiret, s'interroge quelques années plus tard sur la démocratisation de l'enseignement, la réponse n'est positive que pour les vingt premières années suivant la guerre. Depuis 1965, le mouvement « s'interrompt, voire s'inverse ». C'est aussi le moment où Bourdieu et Passeron, étudiant le monde des « héritiers », issus des catégories sociales les moins représentées dans la population active mais les plus nombreuses à l'université, dénoncent la fausse neutralité de l'École. Les chemins de l'excellence scolaire restent toujours plus accessibles aux classes favorisées, détentrices d'un « capital culturel » dont l'invocation se substitue à celle des « aptitudes naturelles » : « L'institution scolaire assure la rentabilité du capital culturel et en légitime la transmission en dissimulant qu'elle remplit cette fonction. »

Dans les lycées et l'enseignement supérieur, le système éducatif affronte une fois de plus, à la fin des années 1980, le défi de l'enseignement de masse. Mais il tente de tirer les leçons de l'amère expérience du collège unique. Ses pratiques changent. Elles visent une plus grande souplesse, dans un système moins normatif, organisé en cycles d'apprentissage, où se développent des « projets d'établissement » appropriés aux situations locales. À l'inégalité des individus, on tente maintenant d'opposer celle des moyens pédagogiques : faire plus pour ceux qui en ont le plus besoin, accentuer l'effort dans les zones défavorisées (ZEP), favoriser l'accueil en maternelle, dès le plus jeune âge, de ceux dont on veut prévenir les difficultés scolaires futures.

Mais peut-on plus longtemps réduire le défi de la démocratisation à cette seule dimension « interne », proprement scolaire ? L'École n'est assurément pas un champ clos. Elle est au cœur d'une société qui la presse d'exigences diverses, la somme d'être juste, de corriger des inégalités sociales et de prévenir les risques d'exclusion, mais aussi d'être efficace en assurant l'avenir professionnel de chacun, et sélective en préservant les différences qui conditionnent toujours, en France plus qu'ailleurs, les futures hiérarchies sociales.

Interviennent ainsi les demandes et attentes familiales, dont l'exigence fortement « consommatrice » s'aiguise avec la concurrence née de la démocratisation. Au-delà des inégalités de capital culturel, les analyses plus récentes font valoir l'importance des stratégies de « positionnement » (demandes d'orientation, appels de décision, choix d'option, d'établissement, relations avec l'institution scolaire) qui expliquent par exemple, selon Duru et Mingat, un tiers des disparités d'accès à un second cycle long.

Car l'ouverture actuelle, incontestable, des seconds cycles à de nouvelles catégories d'élèves est aussi l'ouverture d'un éventail de filières générales, technologiques et professionnelles clairement ordonnées. Si les enfants de cadres supérieurs deviennent deux fois plus souvent bacheliers que les enfants d'ouvriers, ce rapport, sensiblement moindre qu'il y a vingt ou trente ans, va croissant avec le « prestige » des séries.

Pour les enfants de cadres supérieurs, les chances sont ainsi quatre fois plus fortes d'être lauréat de l'enseignement général, et six fois plus fortes d'être bachelier scientifique, ce qui prépare des inégalités encore accrues dans l'enseignement supérieur : dix fois plus de chances de fréquenter une classe préparatoire aux grandes écoles, et plus de vingt fois plus, comme en 1950, d'atteindre l'une des quatre plus grandes (Polytechnique, HEC, ENA, ENS), couronnement du tri suprême de notre élite scolaire.

Les limites actuelles

Dans un système ouvert mais qui ménage encore des voies privilégiées, cibler son orientation reste un investissement plus ou moins rentable, au regard des positions sociales que les jeunes et leurs familles ambitionnent d'occuper. Écartant l'idée de stricts déterminismes, Raymond Boudon a formalisé l'influence que l'origine sociale peut exercer, d'abord sur le cheminement scolaire fait de choix ou paris successifs, puis sur la relation entre statut scolaire et statut social futur. Il introduit aussi une vision dynamique d'une société où les niveaux de formation évoluent plus rapidement que la structure des emplois (si bien que les mêmes diplômes ne garantissent plus les mêmes situations), pour aboutir au « paradoxe » suivant : la démocratisation, réelle, de l'enseignement peut s'accompagner d'une moindre mobilité sociale.

Dès lors, l'accomplissement d'une École « libératrice » ou « émancipatrice » ne serait-il qu'une chimère ? C'est probablement le cas si l'on demande à l'École, commune et plus juste, de « démocratiser » la société. Plus modestement, le droit à l'éducation s'est répandu, équilibré par le biais de la « carte scolaire », ouvrant l'accès de toutes les catégories sociales à des niveaux de formation plus élevés. Il s'est même attaché à devenir plus authentique, ajoutant à la liberté d'accès le souci de mieux répondre à l'inévitable diversité des publics.

Mais, tant qu'elle prend part au fonctionnement d'une société fortement « segmentée », où division du travail et inégalités de revenus restent une réalité, l'École se voit assujettie à sa fonction « instrumentale » : instrument d'une différenciation où les catégories favorisées parviennent à accaparer, par des méthodes renouvelées et appropriées, les positions scolaires les plus favorables, tandis que les classes ouvrières grossissent les rangs d'un enseignement technique et professionnel, éternel parent pauvre malgré son utilité sans cesse proclamée.

Si l'on regarde en effet comment s'opèrent les distributions en filières en fonction des catégories sociales d'origine des élèves, on est conduit à relever un déplacement des inégalités. Il s'agit moins aujourd'hui d'inégalités d'accès aux enseignements secondaires et supérieurs que d'accès aux filières les plus prestigieuses et les plus rentables socialement. Ce constat a conduit le sociologue Pierre Merle à avancer le paradoxe d'une « démocratisation ségrégative ».

La lutte contre la hiérarchie excessive des séries ou filières d'enseignement a présidé à plusieurs réformes des lycées, notamment depuis 1992. Cette lutte a-t-elle des chances d'aboutir ? Même si les bilans d'ensemble peuvent apparaître assez décourageants, on rejoindra Pierre Merle, qui souligne à l'intention des acteurs du système éducatif : « La démocratisation de l'enseignement est pourtant possible. Elle se réalise, ici ou là, dans certaines classes et dans certains établissements, dans lesquels se trouvent réunies les conditions institutionnelles et pédagogiques propices. »

Paul Esquieu

▸ Bibliographie

BALLION R., *Les Consommateurs d'école,* Paris, Stock, 1982.

BASTIDE H., GIRARD A., « De la fin des études élémentaires à l'entrée dans la vie professionnelle ou à l'université. La marche d'une promotion de 1962 à 1972 », *Population,* mai-juin 1973, p. 571-594.

BEAUD S., *80 % au bac... et après ? Les enfants de la démocratisation scolaire,* Paris, La Découverte, 2003.

BOUDON R., *L'Inégalité des chances,* Paris, Hachette, coll. « Pluriel », 2001.

BOURDIEU P., PASSERON J.-C., *Les Héritiers : les étudiants et la culture,* Paris, Minuit, coll. « Le sens commun », 1966.

BOURDIEU P., PASSERON J.-C., *La Reproduction : éléments d'une théorie du système d'enseignement,* Paris, Minuit, coll. « Le sens commun », 1970.

Duru-Bellat M., *Les Inégalités sociales à l'école : genèse et dynamique,* Paris, PUF, 2002.
Duru-Bellat M., Mingat A., *La Gestion de l'hétérogénéité des publics d'élèves au collège*, Dijon, IREDU, 1997.
Euriat M., Thélot C., « Le Recrutement social de l'élite scolaire en France », *Revue française de sociologie*, vol. 36, 1995, p. 403-438.
Merle P., *La Démocratisation de l'enseignement*, Paris, La Découverte, 2002.
Prost A., *L'enseignement s'est-il démocratisé ?* Paris, PUF, coll. « Sociologies », 1992.
Terrail J.-P., *La Scolarisation de la France*, Paris, La Dispute, 1997.

▸ Voir aussi

Carrière scolaire (Inégalités de) – Carte scolaire – Collège – Établissement (Projet d') – Lycée – Primaire (Enseignement) – Réussite scolaire – Sélection – Système éducatif – Technique et professionnel (Enseignement).

Déontologie

La déontologie est l'ensemble des règles qui régissent la conduite des membres d'une profession. L'expression est couramment employée pour les professions organisées en ordre. Celui-ci établit un code de déontologie, vérifie qu'il est respecté et sanctionne les manquements. L'emploi est plus rare pour les professions du secteur de l'éducation et de la formation. Au sein de celles-ci, une distinction s'impose en trois groupes, sans entrer dans le détail d'analyses statutaires ou juridiques.

Corps administratifs, ouvriers et de service : Il y a ici soumission au statut général de la fonction publique d'abord, puis aux statuts particuliers de chaque corps (conseiller, attaché, secrétaire, etc.). Les règles diffèrent peu de ce qu'elles sont dans d'autres départements ministériels ou dans la fonction publique territoriale.

Corps de santé : Pour le personnel de santé intervenant en milieu scolaire ou universitaire, les règles de déontologie procèdent de trois sources pour les fonctionnaires : d'abord le statut général de la fonction publique, ensuite les statuts particuliers et enfin les dispositions particulières du code de déontologie des professions médicales et du code pénal. Il en est ainsi, par exemple, de l'obligation du secret professionnel.

Corps enseignants : Certaines règles de déontologie sont particulières aux statuts particuliers qui réalisent l'adaptation du statut général de la fonction publique aux diverses catégories de personnels enseignants. Elles sont soit communes à tous les enseignants soit propres à tel ou tel corps. Ainsi elles ne sont pas les mêmes pour le professeur d'université et le professeur des écoles.

Les sources

Fonctionnaires de l'État, les enseignants sont soumis aux règles statutaires du statut général de la fonction publique et aux dispositions particulières de leurs divers statuts particuliers. Ces dispositions n'expriment pas seules les règles de conduite. Certaines règles de déontologie procèdent d'une éthique individuelle ou collective ou sont interprétées par référence à cette éthique. À cet égard, la déontologie des enseignants s'apparente à celle des journalistes. C'est sur ce plan que la situation des personnels universitaires n'est pas celle des personnels des enseignements scolaires. La tradition universitaire est faite, tout à la fois, de l'idée que la dignité du professeur et son indépendance supposent qu'il autodétermine les obligations qu'il s'impose, et de l'idée que l'appartenance au corps implique des contraintes collectives établies par le corps lui-même en tant que communauté des maîtres.

Les expressions d'une liberté

De l'enseignement primaire à l'université, l'idée d'une certaine indépendance nécessaire dans la transmission des connaissances conduit à déterminer des règles protectrices à l'égard des pouvoirs. En enseignement supérieur, se sont formées sur ce fondement des traditions universitaires auxquelles le législateur n'hésite pas parfois à renvoyer. C'est pour l'enseignement que l'on parle de *privilèges* et de *franchises.* Le souci d'indépendance s'appuie aussi sur le fait que le service public n'est au service d'aucun dogme et d'aucune doctrine.

Une tradition ancienne de participation des personnels à la gestion du service public existe dans le domaine de l'enseignement.

Les procédures disciplinaires qui précèdent la sanction de manquements aux obligations sont juridictionnalisées pour les personnels de l'enseignement supérieur.

La législation sur les cumuls d'activité est favorable aux enseignants par le droit qui leur est reconnu de se livrer à des activités littéraires, scientifiques, artistiques, de participer à des expertises, de consulter, d'exercer une profession libérale qui correspond à l'activité principale.

Les contraintes particulières

À côté des contraintes communes à tous les fonctionnaires (devoir d'obéissance hiérarchique – même traité ici de façon particulière –, obligation de discrétion professionnelle, devoir de réserve) et à côté de celles communes à tous les enseignants (obligation d'enseigner, service de surveillance, obligations d'examen, etc.), existent des contraintes particulières.

La liberté de la démarche de recherche et d'enseignement a des limites constituées par la tolérance et l'objectivité.

Dans son enseignement et dans son comportement, l'enseignant du primaire et, surtout, du secondaire est tenu de respecter le principe de neutralité et le principe de laïcité qui le prolonge.

Claude Durand-Prinborgne

▸ Bibliographie

Auby J.-B., Ayoub E., « Fonction publique », *Jurisclasseur administratif,* Paris, fasc. 180.

Ayoub E., *La Fonction publique en vingt principes,* Paris, éd. Frison-Roche, 1994.

Breton J.-M., « Enseignement supérieur, services complémentaires et libertés universitaires », *Actualité juridique-droit administratif,* 1997, p. 31 et suiv.

Durand-Prinborgne C., Legrand A., *Code de l'éducation,* Paris, LITEC, éd. 2002-2003.

Moniole C., « Indépendance et liberté d'expression des enseignants chercheurs », *Actualité juridique – droit administratif,* 2001, p. 226 et suiv.

Vallet O., « Devoir de réserve et liberté d'expression du fonctionnaire », *Revue administrative*, Paris, 1993, p. 533 et suiv.

Vigouroux C., *Déontologie des fonctions publiques,* Paris, Dalloz, coll. « Connaissance du droit », 1995.

▸ Voir aussi

Laïcité – Neutralité – Personnel enseignant – Personnels ATOS – Statut.

Dépenses d'éducation

Les dépenses d'éducation comprennent les dépenses pour les activités d'enseignement de tous niveaux, y compris les activités d'enseignement à distance ou de formation continue, pour les activités visant à organiser le système d'enseignement (administration, orientation, etc.), pour les activités destinées à favoriser la fréquentation scolaire (cantines et internats, transports scolaires, etc.). Sont aussi concernées les dépenses demandées par les institutions scolaires (livres, fournitures, etc.). Les dépenses peuvent être effectuées par les administrations publiques ou locales (dépenses publiques) ou par les entreprises et les ménages (dépenses privées).

La dépense intérieure d'éducation, notion la plus utilisée, comprend les dépenses publiques et privées pour les activités d'éducation en France métropolitaine.

La collectivité nationale française a consacré 111,3 milliards d'euros en 2003 aux activités d'éducation en métropole, soit 1 810 euros par habitant, 6 600 euros par élève ou étudiant, ou encore 7,1 % du produit intérieur brut (PIB).

Ce niveau de dépense, relatif au PIB, est en relative diminution depuis 1993, niveau le plus élevé de ces vingt dernières années (7,7 %). L'augmentation d'un point de PIB entre 1975 et 1993 n'a pas été un phénomène continu : pendant la deuxième moitié des années 1970, la part de l'éducation se situait au niveau de 6,5 % du PIB. Elle a connu une première augmentation de 0,3 point en 1981 et 1982, liée à l'accroissement des dépenses budgétaires de l'État. Le « tournant de la rigueur », particulièrement le volet salarial dans la fonction publique, a entraîné un retour, de 1985 à 1988-1989, au niveau de 6,4 % du PIB. Les besoins liés à l'accroissement de la scolarisation dans les lycées et les mesures de revalorisation statuaire et salariale ont entraîné une période de hausse rapide de 1989 à 1993. Une lente diminution peut être observée depuis 1999 (7,6 %) jusqu'à 2002 (7,2 %).

La dépense d'éducation a presque toujours augmenté de 1975 à 2003, en moyenne de plus de 2,7 % par an, un peu plus rapidement que la richesse nationale. Si le nombre des élèves et des étudiants est resté globalement assez stable, sa répartition entre les niveaux d'enseignement a beaucoup évolué. La baisse démographique à partir de 1974 s'est répercutée progressivement sur les effectifs du primaire et des collèges, période de la scolarité obligatoire, tandis que les accroissements de la scolarisation dans les lycées ou l'enseignement supérieur ont entraîné un accroissement des effectifs. Les coûts unitaires étant plus élevés dans les niveaux supérieurs du système éducatif, les évolutions des effectifs ont entraîné mécaniquement un accroissement de la dépense d'éducation.

Évolution de la dépense intérieure d'éducation (DIE)

Métropole + DOM

	1975	1985	1995	1999	2002	2003
Dépense intérieure d'éducation*						
aux prix courants (en milliards d'euros)	15,1	50,7	91,3	102,7	109,7	**111,3**
aux prix 2003 (en milliards d'euros)	56,2	74,2	101,3	109,6	111,4	**111,3**
DIE/PIB en %	6,7 %	7,0 %	7,7 %	7,6 %	7,2 %	**7,1 %**
DIE/habitant aux prix 2003 (en euros)	1 070	1 310	1 700	1 820	1 820	**1 810**
Dépense moyenne par élève* :						
aux prix courants (en euros)	950	3 120	5 150	6 050	6 510	**6 600**
aux prix 2003 (en euros)	3 540	4 560	5 720	6 450	6 620	**6 600**
Structure du financement inital (en %)						
État	70,1 %	67,0 %	64,8 %	64,5 %	65,2 %	**64,8 %**
– dont ministère de l'Éducation nationale	*61,5 %*	*60,3 %*	*56,5 %*	*57,0 %*	*57,7 %*	***57,5 %***
Collectivités territoriales	14,1 %	15,4 %	19,2 %	19,9 %	19,0 %	**19,4 %**
Autres administrations publiques et CAF	0,3 %	0,8 %	2,4 %	2,1 %	2,0 %	**2,0 %**
Entreprises 4,9 %	5,6 %	5,4 %	5,4 %	5,8 %	**5,8 %**	
Ménages 10,6 %	11,2 %	8,2 %	8,1 %	8,0 %	**8,0 %**	

* Le Compte de l'éducation a fait l'objet d'une rénovation, qui s'applique à l'ensemble de la série relative à la DIE. Les dépenses moyennes par élève n'ont été recalculées que pour la période 1999-2003.

Source : ministère de l'Éducation nationale, DEP, *L'État de l'École,* n° 14, oct. 2004, p. 13.

Le financement de la dépense d'éducation

L'État, qui rémunère la totalité des personnels enseignants des établissements publics et des établissements privés sous contrat, supporte la plus grande partie de la dépense (64,8 %). Au sein de l'État, le ministère de l'Éducation nationale, enseignement supérieur compris, représente à lui seul 57,5 % de la dépense totale.

Tous les niveaux de collectivités territoriales ont des responsabilités dans le financement de l'éducation : les communes, qui ont la charge des personnels non enseignants, du fonctionnement et de l'équipement des écoles maternelles et primaires ; les départements, qui procurent les moyens de fonctionnement et d'investissement aux collèges et qui ont la responsabilité des transports scolaires ; les régions, dont la compétence recouvre l'apprentissage, le fonctionnement et l'équipement des lycées et la formation continue. En ajoutant les organismes consulaires, chambres de commerce ou de métiers et les caisses d'allocations familiales (pour le versement des allocations de rentrée scolaire), les administrations publiques autres que l'État supportent 19,4 % de la dépense d'éducation.

Les entreprises contribuent à l'effort éducatif (5,8 %) en versant des subventions au titre de la taxe d'apprentissage et en finançant ou organisant des actions de formation continue.

Les familles paient des droits d'inscription dans les universités et les établissements privés, participent aux dépenses de cantine et d'internat, achètent des livres et des fournitures scolaires. Après déduction des bourses reçues des administrations, elles supportent 8 % de la dépense totale.

La répartition du financement a subi quelques évolutions au cours des vingt dernières années, sous l'effet des mesures de décentralisation qui ont concerné l'apprentissage et la formation continue (1983), les transports scolaires (1984), le fonctionnement et l'investissement des collèges et lycées (1986). Les charges ainsi transférées de l'État vers les départements et les régions représentent entre 3 et 5 % de la dépense d'éducation. Les entreprises, avec l'accroissement du volume des actions de formation continue et le relèvement des obligations fiscales, ont accru en trente ans d'environ 1 point leur part de la dépense, tandis que les dépenses à la charge des familles ont diminué progressivement de plus de 11 % en 1985 à un peu plus de 8 % en 2003.

L'enseignement élémentaire et préélémentaire représente un peu plus du quart de la dépense totale d'éducation (26,9 %). Sa part n'a pas cessé de décroître depuis trente ans, en relation avec la baisse des effectifs d'élèves due à la démographie et du fait de l'augmentation des effectifs et des dépenses dans les autres niveaux d'enseignement. En fait, la dépense pour le premier degré a augmenté en équivalents d'euros de près de 75 % en trente ans tandis que la dépense totale augmentait de 98 %. Pendant la même période, le nombre des élèves des écoles primaires et maternelles a diminué, et la dépense moyenne par élève augmentait en euros pour se situer à 4 530 euros en 2003. Malgré cette hausse, le coût moyen d'un élève se situe dans la moyenne des pays développés, proche de celui observé au Royaume-Uni et légèrement supérieur à celui de plusieurs pays d'Europe de l'Ouest, mais inférieur à celui observé aux États-Unis, au Japon, en Italie et au Danemark.

L'enseignement secondaire représente, en 2003, 50,5 % de la dépense totale d'éducation. Le nombre des élèves a augmenté en trente ans, résultant d'une diminution au collège et d'un accroissement dans le second cycle, où les coûts unitaires sont plus élevés. En plus de l'augmentation globale des effectifs, cette évolution structurelle explique une partie de l'accroissement depuis 1975 de la dépense moyenne par élève, qui se situe à 8 210 euros en 2003. Dans les collèges, la dépense moyenne se situe à 7 150 euros, tandis qu'elle est de 9 750 euros dans le second cycle général et technologique, et de 10 130 euros dans le second cycle professionnel. Le coût moyen par élève situe la France dans la moyenne des pays de l'OCDE. La dépense publique moyenne par élève du secondaire représentait, en 2001, 8 110 dollars en France, à comparer avec 8 780 dollars aux États-Unis, 6 530 dollars au Japon et 5 930 dollars au Royaume-Uni (public et privé).

L'enseignement supérieur représente 18,9 % de la dépense totale d'éducation. Cette proportion est en augmentation depuis vingt ans. La dépense d'enseignement supérieur s'accroît ainsi sensiblement plus vite que la dépense totale d'éducation, mais elle n'a fait que suivre l'augmentation très forte du nombre des étudiants. La dépense moyenne par étudiant d'université publique, 6 820 euros en 2003, n'a que faiblement évolué depuis vingt ans. La dépense française par étudiant est une des plus faibles des pays de l'OCDE. En 2001, la dépense par étudiant (publique et privée) représentait 6 960 dollars en France contre 20 100 dollars aux États-Unis et 8 100 dollars au Royaume-Uni. Parmi les pays de l'OCDE, l'Espagne, l'Italie et l'Allemagne sont des pays qui affichent un coût unitaire inférieur.

Serge Péano
André D. Robert

► Bibliographie

Gauthier R. F., Robert A. D., *L'École et l'argent*, Paris, Retz, 2005.
Ministère de l'Éducation nationale, *L'État de l'École : 30 indicateurs sur le système éducatif*, Paris, ministère de l'Éducation nationale/Direction de l'évaluation et de la prospective, n° 14, 2004.
Ministère de l'Éducation nationale, *Repères et références statistiques sur les enseignements et la formation*, Paris, ministère de l'Éducation nationale/Direction de l'évaluation et de la prospective, 2004.
Organisation de coopération et de développement économique, *Regards sur l'éducation : les indicateurs de l'OCDE*, Paris, OCDE/CERI, 2004.

► Voir aussi

Bourses – Budget – Décentralisation – LOLF (appliquée à l'éducation) - Taxe d'apprentissage.

Déperdition scolaire

L'avènement d'un enseignement de masse, l'allongement de la durée moyenne des études, qui atteint maintenant dix-neuf années, et la « production » de quelque 500 000 bacheliers par an n'ont pas fait disparaître les phénomènes de déperdition scolaire. Question qui se pose avec d'autant plus d'acuité que les demandes et besoins de formation ont considérablement évolué, et que la qualification devient impérative, en période de mutation économique et de montée du chômage.

Pour répondre à ces nouvelles exigences, de grands objectifs ont été assignés à notre système éducatif : rendre la scolarité obligatoire jusqu'à 16 ans, assurer à tous une qualification minimale, amener 80 % de jeunes au niveau du baccalauréat et, plus récemment, élever à 50 % la proportion de diplômés de l'enseignement supérieur. Au-delà des notions d'échec scolaire, de décrochage ou d'absentéisme, le phénomène de déperdition concerne de fait le devenir d'ensemble des populations d'élèves admis dans l'enseignement secondaire : comment vont-elles progresser, se scinder et se désagréger au fil des années d'études ?

Malgré l'instauration du collège unique, la classe de 5e a longtemps constitué un premier palier de sélection, écartant de la voie générale un bon quart des élèves de 13 ou 14 ans. Cette période est révolue. Aujourd'hui, la quasi-totalité des jeunes accèdent au terme du collège, en classe de 3e, et vont même poursuivre au-delà, comme lycéens de l'enseignement général, technologique ou professionnel, ou comme apprentis. C'est alors que les destins se séparent et qu'apparaissent les phénomènes et mécanismes de sélection et de déperdition, puisque « seulement » 70 % vont atteindre la fin du secondaire, 62 % devenir bacheliers et 38 % diplômés du supérieur.

Dans les seconds cycles, la déperdition apparaît plus forte en filière professionnelle, au cours ou à l'issue des préparations aux CAP et BEP : à peine la moitié de ces lycéens atteindront le baccalauréat. La sélection opérée par les examens subsiste mais tend à se réduire, avec l'élévation générale des taux de réussite. Cela vaut pour l'obtention du baccalauréat, notamment général : à peine 5 % des candidats y échouent, directement ou après redoublement.

Les disparités d'accès et d'échec dans l'enseignement supérieur deviennent aujourd'hui particulièrement sensibles. Les bacheliers technologiques et professionnels ne poursuivent pas tous leurs études, et pas toujours dans les formations qu'ils souhaitent ou qui leur conviennent. Peu préparés à l'enseignement général universitaire, ceux qui s'y retrouvent orientés présentent un taux d'échec et d'abandon très important. Parmi les jeunes achevant leurs études, le plus gros contingent, près d'un quart, est constitué de bacheliers devenus ou non étudiants, mais dépourvus de tout diplôme de l'enseignement supérieur.

Paul Esquieu

▶ **Voir aussi**
Décrochage scolaire – Démocratisation de l'enseignement – Échec scolaire – Technique et professionnel (Enseignement).

Développement éducatif local

La décentralisation et la promotion de démarches de développement social urbain – via notamment la « politique de la ville » – provoquent une restructuration des relations entre le niveau national et le niveau local. C'est sur le fond de cette restructuration que de nouvelles situations de formation et d'insertion ont vu le jour. À cette évolution correspond un autre mode d'investissement dans le champ éducatif des collectivités territoriales, des secteurs économiques et associatifs, et des implantations locales des services extérieurs de l'État.

En regard de l'image que véhiculent les mythes fondateurs du système de l'Éducation nationale, celle d'une structure unique, normée par le centre et détenant l'exclusivité de la fonction éducative, l'analyse historique révèle au contraire une diversité d'instances et de processus, même si l'existence des fonctions d'homogénéisation culturelle et de différenciation sociale (au sens de Durkheim) s'impose comme une constante.

Pour beaucoup d'auteurs, la France décentralisée est née de la seule redistribution des pouvoirs administratifs et politiques. Elle a répondu aux souhaits d'acteurs sociaux pour qui elle doit supprimer les effets pervers de la centralisation, soutenir les projets des partenaires du développement, régénérer certains aspects de la vie politique et améliorer les capacités d'information ou de décision à tous les niveaux. Pourtant, les enjeux de la décentralisation sont aussi économiques (Greffe, 1984). Celle-ci n'est plus seulement un moyen d'éliminer des dysfonctionnements ; elle est le levier du *développement local*, elle recentre les politiques publiques sur les activités productives là où il n'était quasi exclusivement question que d'équipements collectifs.

L'émergence d'une identité éducative locale dans les villes

La notion de développement devient ainsi le socle sur lequel s'appuient les décideurs locaux pour définir et mettre en place leurs politiques. Suivant les caractéristiques de chaque collectivité territoriale, cette notion de développement prendra une définition spécifique, et le contenu qui sera affecté au terme traduira la signification politique des initiatives locales.

Dans le champ de la formation, cette émergence récente de l'approche par le développement interroge les valeurs portées par les divers partenaires : si, à travers les élus, on demande à la communauté locale de prendre une part nouvelle au fonctionnement de la scolarisation, si des acteurs comme la famille, l'association, l'entreprise revendiquent une nouvelle répartition du travail éducatif, la question du réajustement progressif des valeurs de l'École et de celles de son environnement est posée.

Depuis les années 1980, ce sont en particulier les villes qui ont témoigné de démarches éducatives volontaristes. La réalité de leurs politiques éducatives transparaît dans deux domaines essentiels et corrélés : les modes préférentiels de socialisation de la jeunesse et le dessin d'une sorte de géographie éducative qui les surdétermine. En revanche, il s'avère que les relations entre scolarisation et socialisation restent floues ; la permanence de la clôture scolaire derrière laquelle l'État, toujours unitaire bien que décentralisé, continue à exercer son rôle d'homogénéisation/différenciation s'impose comme une constante et explique en partie l'absence de continuité entre les actions pédagogiques et éducatives effectuées selon les niveaux, les populations ou les âges par des institutions et des intervenants différents.

Il apparaît cependant que l'ensemble des réalisations éducatives menées par les municipalités – en accord ou en désaccord avec d'autres acteurs du champ de la formation – expriment l'émergence d'une *identité éducative locale*, située au cœur d'enjeux de pouvoir et donc en redéfinition et évolution permanentes en fonction des catégories de populations dont l'adhésion est recherchée, des intentions propres de la ville et du pouvoir politique local. Simultanément, cette identité est à la recherche d'articulation avec les logiques d'État. C'est le contrat de ville qui s'imposera au début des années 1990 comme moyen de régulation, dans tous les domaines, des capacités d'initiative des sites urbains et des objectifs de l'État.

L'extension de la fonction de formation générale et professionnelle à d'autres instances que la seule Éducation nationale et l'évolution même de cette dernière se justifient par une conception élargie de la formation, apparaissant comme la clé de la réussite individuelle et collective, elle-même condition du *développement éducatif local*.

De nouveaux espaces de formation en négociation

Au plan épistémologique, il s'avère que l'attention portée au réajustement de logiques et de valeurs, en jeu dans cette restructuration entre le « national » et le « local », suppose une prise de distance vis-à-vis des études de communauté inspirées de l'école de Chicago. Aujourd'hui, en effet, la recherche d'un idéal d'intégration sociale qui était sous-jacent à l'introduction de la notion de communauté par Tonnies en 1887 ne paraît plus passer par ce modèle. Henriot-van Zanten (1990) fait ressortir par exemple que « les études communautaires sont lentement tombées en désuétude, car leur perspective globalisante a été jugée trop ambitieuse et trop superficielle. La notion elle-même a, depuis, fait l'objet de nombreuses critiques dont la principale est celle qui souligne la confusion regrettable qu'elle entretient entre le cadre spatial et le type de rapports analysés : autrement dit, on pose comme donnés un consensus et une cohésion dont il s'agit plutôt de vérifier l'existence et, le cas échéant, de marquer les limites ».

L'analyse de territoires désajustés (Bourquelot, Derouet, 1994) est venue renforcer la thèse d'une production d'incertitudes au plan pratique comme au plan théorique.

En définitive, quel peut être le sens de ces initiatives ? Nous considérons que la mobilisation des collectivités territoriales peut amorcer la transformation de la forme éducative ancienne, celle de la logique et du territoire scolaires, au profit d'une forme éducative nouvelle, caractérisée par une intégration de logiques non scolaires et de logiques scolaires au sein *d'espaces de formation*.

Dans cette caractérisation en émergence, une notion apparaît comme centrale : c'est celle de *négociation* dans les situations de divergence et de conflits d'intérêts. Cette notion est fondamentale parce qu'elle est une constante au cœur de tous les processus de mise en œuvre des mesures de décentralisation qui ont pu être observés. À la notion de négociation est articulée celle de *compromis* : c'est de la rationalité du compromis que procèdent les actions, les décisions, les engagements de la plus grande partie des acteurs, à partir du moment où la logique administrative, qui a été celle de l'État, ne peut plus jouer de manière hégémonique. On exclut du même coup, comme principe de cohérence, aussi bien le modèle consensuel que le modèle de l'arbitrage autoritaire, fût-il local, régional ou national, au profit d'un modèle qui reste essentiellement conflictualiste, même s'il peut trouver un point d'équilibre dans une *mise en forme contractuelle*.

André Chambon

▶ Bibliographie

Bourquelot L., Derouet J.-L., « Les Territoires désajustés : de la recomposition d'espaces éducatifs locaux au marché sans frontières ? » *in* Charlot B. (coord.), *L'École et le territoire : nouveaux espaces, nouveaux enjeux*, Paris, Armand Colin, 1994.

Cardi F., Chambon A. (coord.), *Métamorphoses de la formation*, Paris, L'Harmattan, coll. « Logiques sociales », 1997.

Chambon A., *Les Modalités du développement éducatif local : des zones d'éducation prioritaire aux politiques éducatives urbaines*, Villeneuve-d'Ascq, Éd. du Septentrion, 1999.

Chambon A., *Villes et développement éducatif local*, Paris, L'Harmattan, 2004.

Greffe X., *Territoires en France : les enjeux économiques de la décentralisation,* Paris, Économica, 1984.

Henriot-van Zanten A., *L'École et l'espace local*, Lyon, PUL, 1990.

Teisserenc P., *Les Politiques de développement local*, Paris, Économica/CNFPT, 1994.

▶ Voir aussi

Décentralisation – Établissement scolaire – Relation École/collectivités locales – Réseau d'établissements.

Dévolution

Le terme « dévolution » a été introduit en didactique des mathématiques par Brousseau (1986), dans le cadre de sa théorie des situations. Il souligne par là le caractère paradoxal des situations d'enseignement qui, pour produire un apprentissage efficace, doivent mettre l'élève en position d'acteur central alors même que, par définition, il ne dispose pas des moyens conceptuels suffisants pour y parvenir. L'enseignant est alors conduit à organiser des situations conçues pour produire un engagement de la classe dans leur résolution, tout en s'abstenant d'exprimer clairement ce qu'il vise. Ce n'est pas qu'il cherche ainsi à cacher quelque chose en termes de conservation du pouvoir, mais il répond plutôt à la conscience que le savoir « ne peut qu'avancer sous le masque », et que « si le maître dit ce qu'il veut, il ne peut plus l'obtenir ». S'il le dit, en effet, il risque de jouer à fond ce que Brousseau nomme l'*effet Topaze* (par lequel il fournit des indices qui facilitent la production de la « bonne réponse » tout en ruinant la conceptualisation espérée) et l'*effet Jourdain* (par lequel il accepte une réponse approximative en feignant de croire qu'elle répond à ses attentes et ne nécessite qu'une reformulation langagière).

La solution du paradoxe réside dans le choix d'une *situation fondamentale*, expérimentée par la recherche, retenue parce qu'à la fois elle constitue une bonne entrée pour l'apprentissage (critère de pertinence) et rencontre l'adhésion (critère d'acceptabilité), même si c'est au prix d'une illusion provisoire sur le concept visé mais encore invisible. La classe accepte alors de reconnaître comme sien le problème qui lui est proposé et peut engager sa responsabilité dans la résolution. Les élèves savent bien que l'enseignant a choisi cette situation à des fins didactiques (l'école n'est pas un club d'activités autofinalisées), mais ils ne sont en mesure que d'en percevoir l'intention (elle reste pour eux d'essence *a-didactique*, ce qui ne signifie pas non didactique). Dès lors, la classe doit agir, réfléchir, prendre des décisions de son propre mouvement, l'enseignant évitant d'intervenir comme garant du vrai et du faux. C'est de la situation elle-même que viendra la validation ou la sanction des procédures tentées.

Une ruse pédagogique au statut complexe

La dévolution conduit ainsi à une genèse *artificielle* des savoirs tout en engageant un processus cognitif *naturel*, permettant ainsi à l'élève de « rencontrer son ignorance » pour mieux la dépasser (Sensevy, 1998). Elle constitue une sorte de « ruse pédagogique », qui rappelle à bien des égards, bien que sur un mode entièrement nouveau, les propos de Rousseau : « Vous devez disposer autour de lui les leçons que vous voulez lui donner, sans qu'il pense en recevoir aucune » ; « il ne doit faire que ce qu'il veut mais il ne doit vouloir que ce que vous voulez ».

À travers la dévolution, se joue ainsi une sorte de manipulation dont il faut examiner la nature. Ce n'est pas une manipulation psychosociale du genre de celle développée par Joule et Beauvois (1987) dans leur *Petit traité de manipulation à l'usage des honnêtes gens*, laquelle relève de l'abus de confiance définitivement inavouable. Ces auteurs parlent de « soumission librement consentie », grâce à des processus d'« amorçage » et de « pied dans la porte ». C'est davantage une manipulation de psychologie cognitive proche des thèses de Bruner (1983), développant au contraire un appui sur la confiance, afin de conduire l'enfant au-delà de ses possibilités présentes. La dévolution renvoie alors aux interactions de tutelle, à l'enrôlement du sujet et à l'étayage. Comme chez Bruner, on note le rôle déterminant du langage comme transformateur cognitif, comme générateur d'un changement de « format ». Mais c'est essentiellement une manipulation de type épistémologique, au sens où Bachelard insiste sur la différence entre les *fondements* et les *commencements*, sur le caractère invisible des obstacles et leur identification possible seulement dans *l'après-coup*. On peut la dire aussi anthropologique, en la rapportant aux propos de Charlot (1997) sur l'essence excentrée d'un homme « absent à lui-même » à sa naissance, sur la progressive production de soi via le social, sur l'obligation d'apprendre constitutive de la situation humaine.

Jean-Pierre Astolfi

▸ Bibliographie

Astolfi J.-P. (éd), *Mots-clés de la didactique des sciences*, Bruxelles, De Boeck, 1997.

Brousseau G., « Fondements et méthodes de la didactique des mathématiques », *Recherches en didactique des mathématiques*, Grenoble, La Pensée sauvage, 1986.

Bruner J., *Le Développement de l'enfant : savoir faire, savoir dire*, Paris, PUF, 1983, 7e éd., 2002.

Charlot B., *Du rapport au savoir*, Paris, Anthropos, 1997.

Joule R.-V., Beauvois J.-L., *Petit traité de manipulation à l'usage des honnêtes gens*, Saint-Martin-d'Hères, PUG, 1987, nouv. éd., 2004.

Sensevy G., *Institutions didactiques*, Paris, PUF, 1998.

▸ Voir aussi

Bruner, Jerome Seymour – Contrat didactique – Situation-problème.

Dewey, John (1859-1952)

En un temps où l'on se réclame de la pédagogie du projet, qu'il s'agisse des projets d'établissements scolaires, des projets d'action éducative, des projets pédagogiques de toute espèce, la référence à l'œuvre de Dewey devrait être constante. Or elle reste bien trop oubliée.

Seul le courant de l'éducation nouvelle continue, avec raison, à attribuer à Dewey les sources de la notion de projet. Certains sociologues, par contre, considèrent que ces projets d'ordre éducatif s'appuient sur le concept de projet d'entreprise. Lire ou relire l'œuvre de Dewey devrait permettre d'éviter un tel contresens.

Philosophe et pédagogue

L'actualité de Dewey est d'autant plus à affirmer que ce pédagogue n'oublie jamais qu'il a été et qu'il reste philosophe : c'est ainsi qu'il établit une relation constante entre les notions de projet, de liberté, de démocratie. Or, l'éducation à la démocratie n'est-elle pas à l'ordre du jour ? Dewey définit la liberté comme un pouvoir : « pouvoir d'enfanter des projets, de penser judicieusement, de mesurer les désirs à leurs conséquences ; pouvoir de choisir et d'ordonner les moyens grâce auxquels on poursuit les fins qu'on s'est assignées » (*Intelligence in The Modern World : John Dewey's Philosophy,* 1939).

Le principe de continuité

Pour Dewey, il y a une continuité essentielle entre la société et l'école – entre l'école et la société. C'est cette continuité qui fonde la démocratie. D'une part, « le but de l'éducation a toujours été essentiellement le même : donner au jeune être ce dont il a besoin pour devenir d'une manière ordonnée et continue membre de la société » (*Why Have Progressive Schools ?*).

D'autre part, « l'éducation est la méthode fondamentale du progrès et de la réforme sociale ! » (*My Pedagogic Creed,* 1897).

Partisan d'une éducation démocratique susceptible d'ancrer l'idée de liberté dans la société scolaire et dans la « grande » société américaine, Dewey peut être qualifié de pédagogue progressiste. Toutefois, au nom du principe de continuité, ce pédagogue a prôné une « école progressive » entendue dans un autre sens : il s'agissait de ne pas introduire de ruptures trop fortes entre l'âge de cinq ans et celui de l'entrée dans la vie professionnelle, préparée de façon lente et pas à pas tout au long du cursus scolaire. C'est sans doute cet aspect de ses thèses pédagogiques, très marqué par la mentalité des hommes et des femmes des États-Unis d'Amérique, qui a empêché l'œuvre de Dewey d'être pleinement reconnue en France. De plus, la généralisation de cette pédagogie, à partir d'une expérimentation dûment conduite par l'école-laboratoire que Dewey avait créée, n'a pas manqué d'accentuer les dérives dues à toute généralisation.

C'est, au reste, ce qui advient lors de l'extension d'une pédagogie : les expérimentations les plus rigoureuses ne sauraient éviter les risques et les erreurs qu'engendrent une « officialisation » des idées et/ou une extension très large des expériences.

Quoi qu'il en soit, l'œuvre de Dewey reste importante. Elle a le mérite de poser des problèmes et des questions d'une actualité incontestable.

Francine Best

▸ Bibliographie

Principales œuvres de John Dewey :

Expérience et Éducation, Paris, Armand Colin, 1968.

Démocratie et Éducation, Paris, Armand Colin, 1992.

L'École et l'enfant, Paris, Fabert, coll. « Pédagogues du monde entier », 2004.

Principales œuvres sur John Dewey :

DELEDALLE G., *John Dewey*, Paris, PUF, coll. « Pédagogues et pédagogies », 1995.

DELEDALLE G., *La Pédagogie de John Dewey : philosophie de la continuité,* Paris, Éd. du Scarabée, 1966.

▸ Voir aussi

Actives (Méthodes) – Éducation nouvelle – Projet.

DICTÉE

Dans son acception traditionnelle, la dictée est un exercice collectif d'orthographe proposé périodiquement à la classe. Elle consiste en la transcription écrite par les élèves d'un texte dit oralement par l'enseignant. L'usage le plus fréquent veut que ce dernier précise la ponctuation du texte, afin que ne subsistent que les difficultés grammaticales et lexicales. La dictée s'est généralisée depuis un siècle et demi dans l'enseignement primaire, dont elle est l'un des exercices emblématiques. Sa disparition supposée dans les classes est l'un des arguments invoqués dans le débat qui agite l'opinion de manière récurrente et touchant au niveau de connaissances des élèves.

Sa faveur durable s'explique par la transparence de la mesure du niveau à laquelle elle donne lieu, sa lisibilité par les parents et les élèves. Mais des doutes ont été maintes fois exprimés sur son statut didactique : la dictée est-elle un exercice d'apprentissage de l'orthographe ou simplement un exercice de contrôle ? À l'encontre de la première thèse, on a pu opposer que les dictées sont très malaisément graduables en difficulté, qu'elles comportent toujours un stock de mots identiques qui constituent le fond de la langue, que les enseignements d'une dictée sont très aléatoirement capitalisés par les élèves qui peuvent garder la mémoire de la forme fautive, bref qu'elle ne met pas les élèves en situation active d'apprentissage. Aussi, à côté de la forme traditionnelle se sont multipliés les exercices dérivés qui suscitent l'initiative de l'élève : dictée préparée, autodictée, etc.

Danièle Manesse

▸ Bibliographie

CHERVEL A., MANESSE D., *La Dictée, les Français et l'orthographe 1873-1987,* Paris, Calmann-Lévy, 1989.

RIEBEN L., PELLAT J.-C., PERFETTI C., *Des orthographes et de leur acquisition*, Lonay, Delachaux et Niestlé, 1997.

TERS F., *Orthographe et vérités,* Issy-les-Moulineaux, ESF, 1973.

▸ Voir aussi

Écriture – Expression écrite – Norme – Orthographe.

DIDACTIQUE

L'adjectif « didactique » caractérise depuis longtemps des œuvres littéraires à visée d'instruction. Aujourd'hui, plus de 350 ans après la parution de la *Grande Didactique* de Comenius, le terme « didactique » désigne l'étude des processus d'enseignement et d'apprentissage du point de vue privilégié des contenus. Il a été remis à la mode par des chercheurs qui ont revendiqué l'appellation de « didacticiens ».

De Comenius, chez qui « didactique » signifie au fond science de l'enseignement, en passant par l'usage encore présent d'étude des techniques et méthodes indépendantes des contenus, à la définition précédente, on voit que didactique a profondément changé de sens. Avec le développement des recherches didactiques depuis une quarantaine d'années, il s'est même opéré un renversement de sens. Cela ne veut pas dire qu'il n'existait pas, depuis plus d'un siècle, des études de nature habituellement spéculative et normative qui correspondaient au même champ de préoccupation : pédagogie spéciale (écoles normales d'instituteurs), méthodologie de spécialité (écoles normales nationales d'apprentissage).

À côté des chercheurs-didacticiens, il existe d'autres acteurs qui revendiquent à bon droit la didactique : les enseignants ou formateurs spécialistes, les inspecteurs, les innovateurs. On est ainsi amené à distinguer au moins trois types de didactiques : la didactique « praticienne », la didactique « normative », la didactique « critique et prospective » des innovateurs et chercheurs. Chacune est amenée à penser ses problèmes dans un contexte spécifique. Un point de vue fondamental commun apparaît cependant : il s'agit toujours de l'enseignement et de l'apprentissage en pleine prise en compte de la spécificité des contenus. En ce sens, tout didacticien exerce une « responsabilité » vis-à-vis des contenus, soit pour leur création ou leur adaptation, soit pour leur légitimité et leur intégrité.

Les didactiques travaillent habituellement dans le champ des disciplines scolaires ; c'est pourquoi on parle souvent des didactiques de disciplines. Dans l'éducation formelle, les disciplines ont en effet un minimum de permanence et d'unité qui leur confère une existence sociale avérée. Il est un peu vain de vouloir bâtir une didactique des probabilités, indépendamment des autres parties des mathématiques, ou du volley-ball, indépendamment de l'éducation sportive.

À l'autre extrême se pose la question de la didactique générale. C'est une vraie question pour l'école élémentaire ou pour la formation des maîtres. En recherche, il faut prendre acte que, jusqu'à maintenant, il n'existe pas de didactique générale, sans doute par carence d'objet de recherche pertinent. Par contre, dès maintenant apparaît la fécondité des recherches de didactique comparative, partant de l'hypothèse des différences dues aux contenus et mettant en évidence les divergences et convergences entre disciplines, niveaux, ordres d'enseignement, pays, etc.

Les démarches de la didactique peuvent s'étendre aux situations où la relation des partenaires n'est plus celle du cadre scolaire, mais au cours desquelles il y a cependant des apprentissages, des aides : préparation professionnelle, loisirs culturels, médias et même activités familiales. À condition de prendre en compte, au départ, les spécificités sociales de ces situations, il s'y pose bien en effet des problèmes liés à la spécificité des contenus.

Comme de nombreuses disciplines de recherche, la didactique présente deux faces : recherche pour la connaissance/recherche pour la décision. Dans le premier cas, il s'agit d'une étude des processus, en particulier les conduites des élèves et des enseignants (attitudes, conceptions, stratégies, évaluation des savoirs et savoir-faire). Dans le second cas, il s'agit de mieux cerner les conditions, les contraintes, les conséquences de décisions portant sur le curriculum (programmes, types d'activités, modes d'évaluation, etc.).

L'étude des conduites a bien montré qu'au fond, les contenus, les savoirs ne se transmettent pas, mais doivent être reconstruits, appropriés. La métaphore de la transmission n'a pas de valeur dès qu'on s'intéresse aux mécanismes. Cela conduit à accorder de plus en plus d'importance aux recherches qui étudient l'appropriation en s'intéressant aux aspects liés au développement psychologique et aux médiations pédagogiques mises en œuvre. L'usage de la simulation informatique devrait apporter des possibilités nouvelles de mise à l'épreuve des modèles.

L'étude des décisions curriculaires, d'un point de vue externe (histoire, sociologie, études comparatives) comme d'un point de vue interne (recherche-intervention), a mis en évidence les conditions et l'originalité de ce qu'il faut bien appeler une créativité scolaire en matière de contenus. Savoirs et pratiques de références, compromis entre finalités, transposition didactique peuvent être maintenant mieux élucidés.

La recherche didactique, qu'elle soit de type « scientifique » ou de type « technologique », a été amenée à construire des concepts. Parmi les concepts qui ont franchi les limites de leur didactique d'origine, on peut citer : *transposition didactique*, *pratique de référence*, *contrat didactique*, *champ conceptuel*, *conceptions*, *objectif-obstacle*. Ils constituent des éléments pour des cadres théoriques.

Du point de vue des méthodes, la recherche didactique n'a aucune spécificité. Ses techniques et instruments appartiennent aux sciences humaines et sociales, à la technologie culturelle. Les travaux sur le terrain occupent certes une place importante ; ils permettent de faire la différence avec les opinions des spécialistes des disciplines universitaires, comme avec les conclusions que les psychologues, les sociologues, les historiens, les philosophes pensent pouvoir tirer de leurs recherches concernant l'enseignement et l'apprentissage des contenus ou la rénovation de ceux-ci.

Parmi les disciplines avec lesquelles l'interaction est particulièrement utile aux didacticiens, il faut évoquer au premier chef les sciences cognitives (origines des conceptions, résolution de problèmes, environnements d'apprentissages), l'histoire de l'enseignement (en particulier l'histoire des disciplines), la technologie de l'éducation.

Jean-Louis Martinand

▶ Bibliographie

AMADE-ESCOT C., MARSENACH P., *Didactique de l'éducation physique et sportive*, Grenoble, La Pensée sauvage, 1995.

ASTOLFI J.-P., DEVELAY M., *La Didactique des sciences,* Paris, PUF, coll. « Que sais-je ? », 2002.

BRUN J. (dir.), *Didactique des mathématiques*, Lonay, Delachaux et Niestlé, 1996.

CHISS J.-L., DAVID J., REUTER Y. (dir.), *Didactique du français. État d'une discipline*, Paris, Nathan, 1995.

Develay M. (dir.), *Savoirs scolaires et didactiques des disciplines : une encyclopédie pour aujourd'hui,* Issy-les-Moulineaux, ESF, 1995.

Moniot H., *Didactique de l'histoire*, Paris, Nathan, 1993.

Vergnaud G. (coord.), *Apprentissages et didactiques, où en est-on ?,* Paris, Hachette, 1994.

▸ Voir aussi

Comenius, Jean Amos – Contrat didactique – Curriculum – Disciplines scolaires – Erreur – Objectif-obstacle – Pratique sociale de référence – Psychologie de l'apprentissage – Sciences cognitives – Situation-problème – Transposition didactique.

DIF ▸ Droit individuel à la formation

Diplôme

Le terme « diplôme » a deux sens.

– Il désigne le document formel par lequel une autorité confère à un candidat un titre ou un grade au vu de la décision d'un jury légalement constitué, souverain, et fondant sa délibération sur des éléments légaux ou réglementaires d'évaluation.

– C'est également le nom générique donné à toute sanction d'un cursus d'études ou de l'acquisition d'une qualification : diplôme du brevet, du baccalauréat, du certificat d'aptitude professionnelle, d'études universitaires générales, etc. On parle en ce sens de « politique des diplômes », de « carte des diplômes », etc.

La plupart des sociétés font appel au diplôme, mais la diversité des systèmes de formation et des modes d'organisation du travail donne à la notion de diplôme des significations très différentes.

Selon les cas, on trouve des diplômes qui sont plutôt la sanction d'un cursus scolaire, sans reconnaissance sociale ou économique spécifique, ou qui sont au contraire un véritable titre donnant un accès monopolistique, par exemple, à l'exercice de telle ou telle fonction.

Le système français

La situation de la France présente sans doute, selon les diplômes, toute la variété des possibilités, avec, toutefois, trois caractéristiques.

Tout d'abord, le système français des diplômes est largement entre les mains de l'État, qui a le monopole de la collation des grades universitaires et qui estime aussi qu'il est de sa compétence de définir, même s'il le fait en s'associant les partenaires économiques, les différentes qualifications professionnelles requises par le fonctionnement de l'économie (c'est ainsi que les diplômes, en référence aux conventions collectives, sont classés par niveaux décroissants, du niveau I au niveau V).

Ensuite, le système français des diplômes est construit en cohérence avec le système français de formation : c'est en effet le ministère de l'Éducation nationale (et d'autres ministères « formateurs », comme celui de l'Agriculture) qui est chargé d'élaborer la plupart des diplômes, et non pas un ministère « utilisateur » comme le serait celui du Travail ou de l'Industrie. Les titres correspondants aux diplômes élaborés hors de l'Éducation nationale peuvent seulement être homologués et doivent faire eux-mêmes la preuve de leur valeur. De même, il est rare que l'Éducation nationale construise des diplômes dont elle n'assure pas la préparation dans un cursus scolaire (cas exceptionnel du brevet professionnel – BP).

Enfin, le système français des examens est confié à la même autorité que celle qui est chargée d'élaborer les diplômes et d'assurer les formations. Alors qu'en Grande-Bretagne, les autorités chargées d'organiser les examens sont indépendantes et sans lien *a priori* avec le système de formation, il découle de la centralisation française des trois fonctions (« évaluation certificative », « politique des diplômes », « formation ») une certaine difficulté à identifier clairement les logiques. Si un diplôme d'État existe (fonction « politique des diplômes »), le système de formation risque d'y préparer des candidats sans toujours tenir compte des besoins quantitatifs du marché du travail ; de même, les examens conduisant à l'obtention des diplômes sont souvent conçus en référence à une logique de formation initiale, peu propice à la promotion de la formation continue ou de l'apprentissage, par exemple.

Cette situation complexe a probablement l'avantage d'associer fortement l'appétit de diplômes, conséquence caractéristique de la pérennisation de la menace du chômage, et l'appétit de formation initiale. La relative faiblesse des taux d'abandon volontaire de l'école en France tient sans doute au fait que le public ressent qu'il est difficile d'accéder au diplôme en dehors de l'école.

Il est toutefois nécessaire que les usagers de l'école comprennent mieux que l'architecture actuelle du système éducatif distingue essentiellement deux types de diplômes, ceux qui conduisent à une poursuite d'études (avec une signification socio-économique limitée) et ceux qui conduisent à une insertion professionnelle (avec des chances de poursuites d'études restreintes). Toute confusion entre les deux statuts entraîne déceptions et déboires.

Si les diplômes ont surtout été jusqu'ici des certification élaborées et reconnues dans les différents cadres nationaux, l'initiative intergouvernementale dite de « Sorbonne/Bologne » (1998/1999) vise à bâtir pour les diplômes de l'enseignement supérieur un système européen, dans chaque pays, selon une architecture commune clarifiée, favorisant la lisibilité, l'attractivité et la mobilité. En France, cette démarche a pris le nom désormais popularisé de « LMD » : licence-master-doctorat. Quarante pays sont en 2005 associés à cette démarche. On peut se demander si une étape ultérieure ne consistera pas à faire figurer le diplôme de fin d'enseignement secondaire comme premier étage de cette construction.

Roger-François Gauthier

▸ Bibliographie

Bouyx B., *Les Diplômes de l'enseignement technique : politique des diplômes et modalités d'élaboration,* Direction des lycées et collèges, mai 1990.

Leclercq J.-M., Rault C., *Quelle formation pour les 16-19 ans d'ici et d'ailleurs ?* Paris, L' Harmattan, 1992.

▸ Voir aussi

Baccalauréat – Brevet – Certificat – Grades universitaires – Qualification.

Directeur

Le nom « directeur » est le titre donné aux occupants de certains postes (par exemple le poste de directeur des lycées et collèges du ministère) ou de certains emplois de direction (direction d'école primaire). Le titre n'est pas porté par tous les titulaires de responsabilités de direction, par exemple les chefs d'établissement à la tête des établissements secondaires (principal ou proviseur). Le titulaire des fonctions peut occuper celles-ci à titre précaire et révocable en continuant administrativement d'appartenir à son corps d'origine.

Il est possible de distinguer quatre groupes de directeurs :
- les directeurs d'administration centrale, qui sont des hauts fonctionnaires nommés par décret du président de la République délibéré en Conseil des ministres, responsables d'une direction au ministère ;
- les directeurs de grands établissements et d'établissements publics nationaux sous tutelle du ministère, responsables d'établissements en enseignement supérieur, recherche, documentation pédagogique, dotés de la personnalité morale et de l'autonomie financière, et les directeurs des établissements d'éducation spécialisée personnalisés ;
- les directeurs des sections d'éducation spécialisée des collèges ;
- les directeurs des écoles primaires et maternelles non personnalisées.

Claude Durand-Prinborgne

▸ Bibliographie

Durand-Prinborgne C., *L'Administration scolaire,* Paris, Sirey, coll. « L'administration », 1989.

Ferrier J., Safra M., « L'École primaire », *Le Système éducatif en France,* Paris, La Documentation française, les Notices, 2003, p. 67 et suiv.

▸ **Voir aussi**
Administration de l' Éducation nationale – Établissement (Chef d') – Proviseur.

Directivité, non-directivité

L'émergence et la diffusion des termes de « directivité » et de « non-directivité » sont à mettre à l'actif de Carl Rogers et du courant d'idées qu'il mit en mouvement dans les années 1940 : notamment par le succès de son ouvrage *Counselling and psychotherapy,* paru en 1942 (et traduit en français sous le titre *La Relation d'aide et la psychothérapie,* en 1970). Dans un chapitre de cet ouvrage, l'auteur traitait, en une quinzaine de pages, du rapport antithétique entre les deux « approches », directive et non directive, en psychothérapie. Ces dénominations se sont étendues rapidement aux champs de la psychologie sociale et de l'éducation, puis de l'enseignement.

Si la démarche de Carl Rogers et de ses émules a été habituellement définie comme non directive, d'autres appellations lui ont été préférées dès 1945 : « centrée sur le client » (en thérapie), « centrée sur l'étudiant » ou « centrée sur le groupe » (en enseignement et pédagogie), et enfin, plus généralement, « centrée sur la personne », qui demeure. Rogers s'était aperçu des risques de confusion et d'excès que l'expression « non-directivité » pouvait entraîner, comme cela devait apparaître, en France, après son introduction par Max Pagès dès 1952, et surtout au cours des « événements » de 1968.

En dépit de toutes les controverses qu'ils ont suscitées, les deux termes sont définitivement en usage : ils servent à qualifier et à distinguer des conduites opératoires (notamment dans le cas d'interviews, non directives ou semi-directives, nécessaires pour des recherches en sciences sociales, pour des études de marché, ou pour des sondages d'opinion), mais aussi à nuancer des attitudes en toutes formes de relation et en éducation.

Directivité

La notion de « directivité » désigne l'impulsion ou la « butée » positive qu'apportent, aux activités et aux atermoiements des membres d'un groupe, les interventions, centralisatrices et canalisatrices, d'une personne. Celle-ci exerce alors un rôle « directeur » (occasionnel ou permanent) en maîtrisant, par ses choix et décisions propres, à un moment donné ou continuellement, les indécisions individuelles ou les incertitudes réciproques des membres du groupe les uns par rapport aux autres.

Selon ses déterminations directives, un acteur du groupe traite, en effet, et régule les angoisses des autres devant la multiplicité des actions possibles et de leurs risques. Il assure donc, au sein du groupe, une relation stabilisante d'*autorité,* qui simplifie autour de lui le réseau des multiples communications et interactions entre les individus. De la sorte, les identités des personnes et leurs rôles peuvent s'arc-bouter pour établir une cohésion groupale et pour économiser des échanges ou des projections qui pourraient être indéfinis.

Dans le même temps, par sa pesée, un acteur ou « directeur » peut participer à un *pouvoir* de contrainte qui, par l'imposition de directions, simplifie le champ des éventualités, élimine les objectifs ou entraînements individuels qui foisonnent et ferme les voies d'action en surplus. Les comportements directifs introduisent une forme de « guidage », un cadre de délimitation et de contrôle aux efforts individuels, évinçant les hésitations ou les troubles autant qu'il se peut, de telle sorte que les énergies individuelles puissent être mises en « phase », en renforcement mutuel ou en équilibre « quasi stationnaire ». Des tâtonnements ou des neutralisations réciproques peuvent alors être économisés ; du temps peut être épargné ; et des résultantes efficaces des forces individuelles peuvent être composées.

Ainsi, en s'appuyant sur un programme et des progressions précisées par lui, un enseignant peut-il imposer, directivement, des exercices et des tâches ou des sanctions à des élèves, prescrire des « devoirs » et assujettir des efforts dans une classe, ainsi que décider de la qualité des résultats obtenus par chacun et par le groupe, enfin fournir, plus ou moins, avec ses collègues et son chef d'établissement, des orientations aux uns et aux autres. Les comportements directifs sont, en fait, inhérents à des rôles institutionnels tels que ceux qui sont inclus dans la trame éducative : ils assurent un traitement raisonnable des angoisses et des incertitudes des jeunes et de leurs familles et ils conduisent d'une façon ordonnée, éventuellement économique en efforts de recherche, les activités d'apprentissage et d'exploration du monde.

Directivisme

Toutefois, la directivité peut être entraînée au-delà du raisonnable par l'inertie de son mouvement même (selon la loi de Galilée, qui vaut analogiquement pour les énergies mises en œuvre dans les rapports intellectuels et sociaux comme pour les énergies matérielles). Alors, au lieu de traiter au juste coût les angoisses des autres, l'individu, surtout s'il assure un rôle institutionnel, peut se laisser entraîner à satisfaire son propre souci de sécurité, en réduisant dans les activités qu'il dirige toute latitude qui réalimenterait son angoisse propre. Il devient, en ces conditions, autoritaire (sinon totalitaire), créant une dépendance excessive à ses préférences et à ses choix ; au lieu de coordonner et de canaliser des activités responsables, il risque d'enlever toute marge d'initiative et donc toute possibilité de liberté et de dignité aux personnes avec lesquelles il est en rapport direct.

Ainsi, un enseignant, par zèle ou perfectionnisme, peut inhiber l'imagination ou l'originalité de ses élèves, les mettre en dépendance affective, leur imposer des normes identitaires et réductrices, leur enlever le goût de s'autoévaluer et les réflexes de la responsabilité. En ces risques d'excès, la directivité a basculé dans le directivisme : à moins que l'inertie qui l'y entraîne ne soit contrariée par un mouvement réfléchi d'inversion.

Non-directivité

La notion de « non-directivité » vise effectivement à faire contrarier la pesanteur qui tend à alourdir les mesures de directivité : il s'agit d'éviter que les individus, trop protégés contre leurs angoisses, deviennent passifs et « collent » affectivement à une personne, refoulant des sentiments et des angoisses qui peuvent réapparaître agressivement et à l'improviste ; il s'agit aussi que les individus ne se bloquent pas dans des conduites stéréotypées, rapidement inadaptées, la plupart du temps non assimilées intérieurement et plus ou moins irresponsables.

Au lieu de s'appesantir de façon plus ou moins terroriste, les injonctions directives doivent, en effet, sans cesse être allégées, éclaircies, en sorte que des marges de décision responsable et de choix soient laissées à la charge de chaque individu, selon son tempérament, même s'il doit en affronter une perplexité supportable. Un cadre de travail, s'il est proposé aux activités et aux apprentissages, doit être conçu en laissant un libre jeu aux initiatives ; il doit rendre sensible une permissivité adéquate, et désigner des plages ouvertes à des expériences par « essais-erreurs ».

Dans le cas de l'enseignement et de l'éducation, la non-directivité peut inciter à offrir des chances de préférence ou de débat aux élèves (et aux étudiants) par rapport à des objectifs à préciser, à des tâches à accomplir, à des lectures à faire, ou à des méthodes variées entre lesquelles choisir, mais aussi à raison de rôles à assurer, d'options à décider, d'orientations à élire. De même, l'enseignant peut moduler ses propres interventions ou apports de savoirs en les allégeant, en durée et en insistance, en réduisant par conséquent sa position privilégiée et en encourageant l'expression responsable des élèves.

Non-directivisme

En réduisant le poids de son rôle et de ses impositions, le responsable institutionnel, dirigeant ou professeur, engendre nécessairement un certain flottement dans les esprits et les actes. S'il laisse s'accentuer cette prise de distance et de précaution, il peut mettre en difficulté certains individus, mal armés contre leurs angoisses, et même basculer vers un laxisme qui pourra être vécu comme méprisant ou démobilisateur (voire démoralisant).

Et s'il est vrai qu'en France, prenant de façon trop radicale la négation de la directivité au lieu de la limiter à son inertie, certains émules maladroits ont pu arriver à des pratiques de mutisme qui ont appelé de vives critiques, le non-directivisme qu'ils présentaient a pu faire tort à l'usage raisonnable de la non-directivité, assurant par une négation dialectique, c'est-à-dire se niant elle-même, une justesse d'équilibre à la directivité. La limitation de celle-ci a pu d'autre part déplaire à certains critiques, en raison de sa référence à la liberté et de sa proposition par un grand psychologue américain.

Au-delà des controverses datées, la non-directivité demeure cependant une alerte opportune pour inciter les dirigeants comme les enseignants à modérer le poids de leur pouvoir et de leur autorité en vue d'étendre autour d'eux le développement des responsabilités et donc des personnalités.

André de Peretti

▶ Bibliographie

DARDELIN M.-J., HAMELINE D., *La Liberté d'apprendre*, Paris, Éd. de l'Atelier, 1977.

LOBROT M., *L'Animation non directive des groupes*, Paris, Payot, 1974.

PAGÈS M., *L'Orientation non directive en psychothérapie et psychologie sociale*, Paris, Dunod, coll. « Organisation et sciences sociales », 1986.

PERETTI A. de, *Pour l'honneur de l'école*, Paris, Hachette, 2000.

PERETTI A. de, *Présence de Carl Rogers,* Ramonville-Sainte-Agne, Érès, 1997.

POEYDOMENGE M.-L., « Le Modèle rogérien : un modèle pour l'enseignement aujourd'hui », *Cahiers Alfred Binet,* n° 669, dossier « Recherches pédagogiques », 2002.

ROGERS C., *Liberté pour apprendre ?,* Paris, Dunod, 1972, nouv. éd., 1999.

ROHART J. D., *Carl Rogers et l'action éducative,* Lyon, Chronique sociale, 2005.

SNYDERS G., *Où vont les pédagogies non directives ? Autorité des maîtres et liberté des élèves*, Paris, PUF, coll. « L'Éducateur », 1985.

▶ Voir aussi

Autorité – Dynamique de groupe – Psychologie sociale – Rogers, Carl – Rôle.

DISCIPLINE

Inhérente à toute société organisée, la discipline revêt dans l'organisation scolaire des caractéristiques spécifiques aussi bien dans ses fondements et sa justification que dans la manière de l'exercer.

Compte tenu du fait que le rapport maître/élève (ou plus généralement institution scolaire/élève) n'est pas un rapport d'égal à égal dans la vie scolaire (étant toutefois entendu que les personnes adultes, enfants ou jeunes sont égales en dignité et justifient un égal respect mutuel), la discipline doit être intégrée dans la vie de la communauté scolaire au point d'y trouver toute sa dimension éducative, comme élément constitutif de l'éducation des jeunes.

L'évolution de la notion de discipline a été sensible depuis les années 1960 notamment ; un moment contestée dans son principe, la discipline dans les écoles, les collèges et les lycées apparaît toujours comme nécessaire à la vie d'une communauté. Mais les ambiguïtés de la notion ne manquent pas d'être soulignées sans pour autant recevoir de réponses satisfaisantes.

Une première ambiguïté réside dans l'expression naturelle de l'application de la discipline, à savoir la sanction, familièrement appelée la punition. Quel rapport doit être établi entre sanction et éducation ? La sanction peut-elle être éducative ? Doit-elle l'être ? Dans tous les cas ?

Une seconde ambiguïté est sensible dans le fait que toute sanction se traduit peu ou prou par une exclusion de la normalité et donc de la communauté scolaire ; le paradoxe est évident que pour permettre à la communauté de s'épanouir, il faille en rejeter les membres qui introduisent des perturbations de manière isolée, répétitive ou permanente, alors qu'ils en font pleinement partie, et ont donc droit à l'éducation.

La tendance naturelle, tant dans le premier que dans le second degré, est d'établir, dans les règlements intérieurs, des sortes de tarif : à telle infraction correspond telle sanction. Si lointaines que soient les origines de cette façon de faire (*cf.* les « codes » francs ou mérovingiens), sa faiblesse tient au fait qu'elle est source d'injustice puisque la sanction n'est donnée que par rapport à l'acte posé, indépendamment des motivations de son auteur et des conditions de son exécution.

La notion de justice n'y est que si sommairement satisfaite, la part éducative est si faible que cette forme de sanction (devoirs supplémentaires, avertissements) ne peut valablement s'appliquer que pour des fautes bénignes, même si la justice ne connaît pas de limites à un exercice serein et éducatif et ne saurait vraiment se satisfaire de cette pratique ; l'automaticité ne semble pas en effet un gage de bonne justice.

Les instances disciplinaires

Cette réflexion a conduit à une évolution de la réglementation pour assurer, dans le cas des fautes sérieuses, graves ou répétitives, une meilleure justice en introduisant des instances de réflexion et de jugement.

Désormais, le directeur de l'école n'est plus seul pour décider du renvoi d'un élève de son école. L'équipe éducative joue un rôle essentiel, en accord avec l'inspecteur de l'Éducation nationale voire l'inspecteur d'académie.

Dans le second degré, l'instance compétente est le conseil de discipline, aujourd'hui différent de la commission permanente, présidé par le chef d'établissement et comprenant, outre l'administration, des représentants élus des personnels, des élèves et des parents et un élu, c'est-à-dire ceux qui, à un titre ou à un autre, sont garants de la vie de la communauté éducative.

Ces instances de réflexion et de proposition (avec possibilité d'appel au recteur) ont toutefois une latitude limitée, dans la mesure où, sauf pour les lycées, l'école étant obligatoire, il ne peut y avoir d'exclusion définitive mais seulement temporaire ; l'éventail des sanctions va de l'avertissement solennel jusqu'à l'exclusion provisoire, définitive avec changement d'établissement pour les moins de seize ans et, pour les plus de seize ans (y compris au collège), avec inscription dans un autre établissement si l'élève concerné le demande et si une place est libre.

Pierre Vandevoorde

▶ Bibliographie

Durand-Prinborgne C., *Le Droit de l'éducation : enseignements scolaires, traité théorique et pratique*, Paris, Hachette, 1998.

Prairat E., *Questions de discipline à l'école et ailleurs...*, Ramonville-Sainte-Agne, Érès, 2002.

Prairat E., *Les Sanctions en éducation*, Paris, PUF, coll. « Que sais-je ? », 2004.

▶ Voir aussi

Communauté éducative – Vie scolaire.

Disciplines scolaires

Jusqu'à une époque récente, dans le vocabulaire de l'éducation, le terme de « discipline » désignait uniquement les règles et les pratiques du maintien de l'ordre au sein des classes et des établissements scolaires, l'art d'éviter, de contenir ou de réprimer les manifestations d'« indiscipline » de la part des élèves. Pris dans son sens actuel d'ensemble de contenus d'enseignement identifiés et désignés en référence à un domaine spécifique du savoir, il n'apparaît guère, comme le rappelle André Chervel (1988), qu'au début du XXe siècle, le passage du premier au second sens se faisant par le biais de l'idée selon laquelle les exercices scolaires auraient notamment pour fonction de « discipliner l'esprit ». On peut bien évidemment s'interroger sur les raisons d'un usage terminologique aussi tardif. C'est que, explique Chervel, la structuration de l'enseignement secondaire sous la forme de disciplines institutionnellement différenciées constitue elle-même un usage récent, qui s'est établi progressivement au XIXe siècle, alors que dans les collèges d'Ancien Régime tout le curriculum était en quelque sorte focalisé autour de la connaissance des grands textes de l'Antiquité, les « humanités classiques » constituant l'équivalent d'une sorte de discipline unique ou hégémonique. Mais que faut-il entendre au juste, dans le contexte contemporain, par « discipline scolaire » ou « discipline d'enseignement » ? Une première spécification s'impose, la distinction, ou plutôt la polarisation entre ce qu'on pourrait appeler « un sens fort » et un « sens faible » du terme. Tout curriculum suppose une répartition du temps entre différentes « matières », différents « cours » auxquelles on confère, par commodité, des appellations spécifiques. Ces appellations, ainsi que les découpages organisationnels qu'elles traduisent, sont bien évidemment variables selon les pays, selon les époques, selon les niveaux ou les filières d'enseignement. On désigne couramment sous le nom de « disciplines » ces différentes « rubriques » entre lesquelles se partagent les emplois du temps des élèves, que ce partage coïncide, comme c'est le cas généralement en France dans l'enseignement secondaire, avec une division du travail entre des enseignants spécialisés, ou qu'il s'effectue, comme dans le primaire, dans un contexte de polyvalence des maîtres. Mais cette désignation n'est-elle pas en fait conceptuellement discutable ? Ne recouvre-t-elle pas des types de savoirs ou des types d'activités qui, sur le plan du fondement épistémologique, du statut socio-institutionnel ou du fonctionnement didactique présentent de profondes différences ? Une réflexion s'avère à coup sûr nécessaire pour mieux déterminer ce qui fait, à proprement parler, la nature et le statut d'une discipline d'enseignement.

Entre épistémologie, sociologie et didactique, une problématisation nécessaire

Dans le monde de l'Université et de la recherche, le terme de « discipline » est couramment utilisé comme équivalent de « branche de la connaissance », la diversité et la variabilité des dénominations et classifications de disciplines selon les pays, les périodes ou les secteurs reflétant l'ampleur et la rapidité des processus de structuration, segmentation, spécialisation et recomposition qui caractérisent aujourd'hui les territoires scientifiques. Est-ce à dire cependant que le moteur de la cristallisation et de l'évolution disciplinaires doive être cherché principalement du côté de la logique « intrinsèque » de la recherche et de la production des connaissances ? Sans tomber nécessairement dans un réductionnisme sociologiste, force est de constater que ces territoires scientifiques sont aussi des territoires sociaux, enjeux de découpages et de marchandages où s'expriment à la fois la prégnance de « cultures institutionnelles » anciennement sédimentées et la vivacité des luttes pour le pouvoir de contrôle entre des communautés ou des équipes aux intérêts divergents (Becher, 1989). Ainsi toute discipline académique est un « mixte » potentiellement instable, au croisement d'une logique intellectuelle et d'une logique socio-institutionnelle. Une telle problématisation s'avérerait cependant insuffisante s'agissant de rendre compte des disciplines proprement « scolaires », celles enseignées dans le primaire et le secondaire dans un souci de formation intellectuelle fondamentale et pour lesquelles, en interaction avec ces deux aspects, épistémologique et sociologique, une troisième dimension semble devoir être prise en compte, qui est la dimension proprement « didactique ». Ces disciplines ne sont en effet assimilables ni à des disciplines dites « de recherche » (même s'il leur arrive parfois de porter le même nom que certaines sciences auxquelles elles font référence, par exemple les mathématiques, l'histoire, la philosophie), ni à des enseignements qui seraient censés mettre directement les étudiants « de plain-pied » avec les démarches et les résultats des disciplines de recherche (vision « idéale » d'un enseignement universitaire qui pourrait se passer de toute instrumentation pédagogique), mais sont bien plutôt le résultat d'un processus spécifique d'élaboration et de mise en circulation de savoirs relativement autonomes, distants aussi bien des savoirs « savants » que des savoirs « pratiques » ayant cours dans la vie sociale, et qui doivent leurs caractéristiques propres de sélection, d'organisation et de « mise en forme » à leur fonction essentiellement didactique. On sait cependant que ce phénomène de « spécification didactique » a pu donner lieu, dans la période récente en France, à l'élaboration de modèles descriptifs ou explicatifs divergents, les uns – comme Yves Chevallard (1985) à propos de l'enseignement des mathématiques – décrivant la genèse des « savoirs scolaires » comme un processus de « transposition » générateur de décalages par rapport à des savoirs scientifiques « de référence », alors que d'autres auteurs – à la suite d'André Chervel (1977) retraçant l'histoire de la grammaire scolaire comme dispositif didactique construit tout exprès pour faciliter l'apprentissage de l'orthographe dans un contexte politique d'unification et de normalisation linguistiques – insistent davantage sur le caractère de construction originale de la culture scolaire et des « formes disciplinaires » dans lesquelles cette culture s'institutionnalise.

La « forme disciplinaire », aspect spécifique de la « culture scolaire »

Une discipline scolaire ne se définit pas seulement comme un ensemble particulier de contenus d'enseignement renvoyant à un domaine spécifique du savoir, mais aussi comme une forme institutionnalisée, un mode particulier d'organisation, de structuration et de communication de ces contenus. Il y a peut-être de l'histoire et de la géographie dans un guide touristique, de la littérature dans une chronique littéraire de journal, de la science dans une conférence ou un débat sur le changement climatique et de la philosophie un peu partout, mais sous une autre forme, sous une pluralité d'autres formes que la forme « disciplinaire ». La forme « disciplinaire » d'un savoir est une construction pédagogique, elle obéit à des impératifs de rationalisation, de normalisation, de systématisation, elle suppose la cohérence du champ, la pertinence et l'exemplarité des objets, la cumulativité des progressions, la fréquence des exercices, tout un appareil d'exposition, de programmation, de justification et de contrôle destiné à produire quelque chose d'effectivement « enseignable » (Arnaud, 1989). On peut ainsi, comme le fait Chervel (1988), s'efforcer d'identifier un certain nombre de traits caractéristiques de ce type particulier de configuration cognitive que constitue une discipline scolaire.

Une discipline, c'est bien évidemment, tout d'abord, un ensemble cohérent, articulé et hiérarchisé de contenus, un corpus de savoirs communément reconnus et acceptés à un moment donné par le corps des « spécialistes », constitutif de ce que Chervel appelle une « vulgate ». Mais pour réaliser sa fonction didactique, sa fonction de support d'un travail de formation et d'apprentissage, une discipline suppose autre chose qu'un répertoire de contenus de savoirs typiques ou « topiques », elle suppose un appareillage d'exercices, lesquels peuvent revêtir eux-mêmes deux fonctions différentes, une fonction d'entraînement, de familiarisation, d'assimilation ou de construction d'habitus et une fonction d'épreuve, une fonction d'évaluation (périodique ou « terminale ») du travail fourni et des compétences acquises. Cette composante de l'identité disciplinaire n'est pas du tout quelque chose de secondaire ou de « complémentaire » : les exercices font partie de la substance même d'une discipline scolaire et en affectent directement le contenu. Ainsi, par exemple, en France, l'identité intellectuelle de la philosophie en tant que discipline enseignée dans les classes terminales des établissements secondaires est bien évidemment inséparable de la prédominance, depuis la deuxième moitié du XIXe siècle, de cette forme typique et fortement codifiée d'exercice et d'épreuve que constitue la dissertation (Poucet, 1999). Et l'on peut remarquer aussi, comme le fait Antoine Prost (1998) à propos de l'échec de la réforme inspirée par Braudel en vue de centrer davantage les programmes d'histoire des classes terminales sur les questions relatives aux grandes civilisations, qu'un savoir difficilement « évaluable » dans le cadre d'un examen a du mal à s'inscrire de manière durable dans les programmes d'enseignement. Mais on peut identifier également d'autres caractéristiques constitutives d'une configuration disciplinaire : des finalités spécifiques (qui lui sont généralement assignées « de l'extérieur », en fonction d'une « demande sociale » ou d'une « commande politique »), des pratiques typiques de motivation et d'incitation à l'étude, enfin peut-être aussi, comme c'est le cas dans l'enseignement secondaire dans beaucoup de pays, un corps professoral propre, formé et recruté selon une logique de spécialisation. Toutes ces caractéristiques se retrouvent-elles cependant également présentes dans tout ce à quoi on donne, dans le vocabulaire habituel des établissements et des classes, le nom de « matières » ou de « disciplines » ? On sait bien qu'il existe en fait une pluralité de cas de figure : matières recouvrant une variété de « rubriques » telles que le « français », disciplines « doubles », mais qu'on peut trouver à l'état séparé dans d'autres pays, comme la physique et la chimie, l'histoire et la géographie ou la biologie et la géologie, enseignements au statut curriculaire flou comme l'éducation civique, disciplines en quête d'une identité ou d'une « parité de statut » comme la technologie, les disciplines artistiques ou l'éducation physique, qui invitent à considérer les « territoires disciplinaires » comme constituant des configurations complexes, hétérogènes et potentiellement instables.

Les « territoires disciplinaires » : complémentarités et rivalités

Territoires didactiques institutionnalisés dans des systèmes curriculaires, les disciplines scolaires valent moins en elles-mêmes que par les relations mutuelles qu'elles entretiennent, relations de complémentarité fonctionnelle (ou, comme dit Chervel, de « solidarité didactique ») en même temps que de différenciation distinctive et de rivalité dans le partage du temps, du travail, de l'autorité et du prestige. Dans l'un des textes considérés comme « fondateurs » de la sociologie du curriculum en Grande-Bretagne, Frank Musgrove (1968) décrivait les matières scolaires comme de véritables « communautés sociales » qui exigent fidélité de la part de leurs membres et leur confèrent un sentiment d'identité. Il voyait dans cette cristallisation identitaire un des principaux facteurs de résistance aux innovations pédagogiques allant dans le sens d'une décompartimentation des enseignements. De la même façon, dans le contexte français, Roger-François Gauthier, dans ses *Querelles d'école* (1988), soulignait quels obstacles la prégnance des « égoïsmes disciplinaires » pouvait opposer à toute réforme en profondeur dans la « politique des contenus d'enseignement ». Est-ce à dire pour autant qu'on puisse considérer les disciplines scolaires comme des entités stables et monolithiques ? Ce qui ressort de travaux historiques et sociologiques comme ceux menés par exemple en Grande-Bretagne par des chercheurs comme Ivor Goodson (1983) ou Barry Cooper (1997) sur la façon dont se constituent, se développent, se transforment et parfois aussi disparaissent les matières d'enseignement, c'est bien plutôt, à travers la compétition pour la légitimité académique et l'accès aux ressources, l'image d'une certaine segmentation entre des groupes aux perspectives et aux intérêts hétérogènes. Mais le caractère de « montage composite » des identités disciplinaires se manifeste évidemment moins dans les périodes de stabilité du curriculum que dans les périodes de turbulence et de crise, lorsque l'esprit de réforme s'attaque à ce « noyau dur » des disciplines que constituent traditionnellement les programmes et les méthodes, ou quand une discipline nouvelle, comme les sciences économiques et sociales dans les lycées (Chatel, 1994), ou profondément renouvelée, comme l'éducation manuelle et technique devenue technologie dans les collèges (Harlé, 2003), est amenée à se faire une place dans le cercle des savoirs scolairement reconnus, bousculant les frontières établies et provoquant de nouveaux partages.

À travers la réflexion sur la nature des disciplines scolaires et l'étude de leurs processus de constitution et d'évolution, ce sont ainsi certains des aspects les plus fondamentaux du fonctionnement des systèmes éducatifs qui semblent pouvoir être mieux connus et mieux compris.

Jean-Claude Forquin

▸ Bibliographie

Arnaud P., « Contribution à une histoire des disciplines d'enseignement : la mise en forme scolaire de l'éducation physique », *Revue française de pédagogie*, n° 89, oct.-déc. 1989, p. 29-34.

Becher T., *Academic Tribes and Territories. Intellectual Inquiry and the Culture of Disciplines*, Milton Keynes, The Society for Research into Higher Education/Open University Press, 1989.

Chatel E., « Constructions à tout faire : les programmes de sciences économiques et sociales », *in* Demonque C. (coord.), *Qu'est-ce qu'un programme d'enseignement ?*, Paris, CNDP/Hachette, 1994, p. 50-66.

Chervel A., « L'Histoire des disciplines scolaires. Réflexions sur un domaine de recherche », *Histoire de l'éducation*, n° 38, mai 1988, p. 59-119.

Chervel A., *Histoire de la grammaire scolaire*, Paris, Payot, 1977.

Chevallard Y., *La Transposition didactique : du savoir savant au savoir enseigné*, Grenoble, La Pensée sauvage, 1985.

Cooper B., « Comment expliquer les transformations dans les matières scolaires », *in* Forquin J.-C., *Les Sociologues de l'éducation américains et britanniques*, Bruxelles/Saint-Fons, De Boeck/INRP, 1997, p. 201-224.

Gauthier R.-F., *Querelles d'école. Pour une politique des contenus d'enseignement*, Paris, Serdimap, 1988.

Goodson I., *School Subjects and Curriculum Change : Case Studies in Curriculum History*, Londres, Croom Helm, 1983.

Harlé I., « L'Introduction d'une culture technique au collège : une analyse socio-historique », *Revue française de pédagogie*, n° 144, juillet-septembre 2003, p. 95-103.

Musgrove F., « The Contribution of Sociology to the Study of the Curriculum », *in* Kerr J.-F., *Changing the Curriculum*, Londres, University of London Press, 1968, p. 96-109.

Poucet B., *De l'enseignement de la philosophie : Charles Bénard, philosophe et pédagogue*, Paris, Hatier, 1999.

Prost A., « Un couple scolaire », *Espaces Temps*, n° 66-67, 1998, p. 55-64.

▸ Voir aussi

Curriculum – Didactique – Interdisciplinarité – Programmes scolaires – Transposition didactique.

Discrimination positive

Les politiques de discrimination positive sont des politiques spécifiques de lutte contre les inégalités. Elles ont en commun de créer, légalement ou institutionnellement, des inégalités, afin d'obtenir une plus grande égalité.

Dans le domaine scolaire, le recours à la notion de discrimination positive a plusieurs filiations. On la présente régulièrement comme une traduction de l'*affirmative action*, expression que le gouvernement fédéral américain a utilisée, au milieu des années 1960, pour désigner les programmes d'éducation compensatoire mis en place dans le cadre de la lutte contre la pauvreté. Des mesures d'urgence sont alors prises pour produire plus d'égalité devant l'école. Des sommes très importantes sont investies pour doter les écoles des ghettos urbains de matériels pédagogiques de qualité, améliorer leurs locaux, engager des enseignants mieux formés et soutenir une série d'actions innovatrices.

Aux États-Unis, la politique d'*affirmative action* désigne une action volontariste, temporaire, qui cherche à corriger de façon concrète une situation avérée et persistante d'inégalité des chances. Sa particularité est de définir des groupes cibles qui en seront les bénéficiaires. Discriminer positivement, c'est prendre diverses mesures de rattrapage en faveur d'un groupe historiquement dominé avec un objectif d'« intégration », de « mixité », ou, plus récemment, de « diversité ». Les catégories de populations que les États-Unis vont reconnaître dans cette situation sont principalement les minorités ethniques nationales et les femmes. Un accès préférentiel à des ressources clés leur est aménagé : emploi, enseignement supérieur, fonctions politiques. Pour l'accès aux universités, l'établissement de quotas n'a été appliqué que dans très peu de cas et il a été interdit dès 1977.

En France, la notion de « discrimination positive » a pénétré concrètement la politique scolaire avec la mise en place en 1981 des zones d'éducation prioritaire (ZEP). C'est le premier exemple de politique visant à corriger les inégalités sociales devant l'école par une dotation inégalitaire des moyens. En 1996, le Conseil d'État présente la « politique ZEP » comme le symbole d'une forme équitable de l'égalité qui exprime un effort spécifique en direction des enfants des milieux défavorisés.

C'est aussi le premier exemple d'une approche territoriale de l'échec scolaire. Car la politique française ne repose pas sur la détermination de publics « cibles », mais sur l'identification de secteurs géographiques où la concentration des problèmes sociaux (logement, chômage, précarité) rend les échecs scolaires massifs. Comme l'avait fait la Grande-Bretagne dès la fin des années 1960 en mettant en place les Education Priority Areas, la France a appuyé sa politique dite de discrimination positive sur une approche sociospatiale. Conformément aux principes de la Constitution républicaine, le ministère a retenu, pour identifier ces zones géographiques, des critères socio-économiques et scolaires, et non des critères de race, de religion ou de sexe. Par exemple, la volonté de corriger les inégalités collectives associées à ce qu'il est aujourd'hui convenu d'appeler « l'origine immigrée » s'est toujours appuyée sur la réalité d'une ségrégation résidentielle qui est à la fois spatiale, sociale et ethnique.

Cette politique répond aux insuffisances de la démocratisation du système éducatif. Avec les ZEP, l'effort a tout d'abord porté sur l'enseignement primaire et secondaire. Plus récemment, des mesures ont été prises dans l'enseignement supérieur. L'Institut d'études politiques de Paris a ouvert une voie dérogatoire pour les élèves talentueux des lycées classés en ZEP. Cette procédure ne lèse pas les autres candidats, qui bénéficient d'un nombre de places inchangé au concours. Son objectif est double : diversifier socialement son recrutement, et favoriser l'émergence d'une élite scolaire dans ces zones en espérant un effet d'entraînement sur l'ensemble des élèves défavorisés.

Les politiques de discrimination positive sont discutées sur le plan de leur légitimité et de leur efficacité. L'efficacité par rapport à l'objectif assigné est nécessaire à la légitimité de ces politiques. Par ailleurs, le caractère transitoire de ces dispositifs est essentiel. L'idée est de compenser par des mesures fortes et temporaires un préjudice historiquement constitué, de contrer la tendance à la reproduction des inégalités, de réduire les inégalités suffisamment excessives pour menacer la cohésion de la société.

On constate pourtant que ces politiques, en France comme dans tous les pays qui les pratiquent, ont tendance à s'étendre et à devenir durables. Un débat sur cette pérennité est désormais ouvert. Il permet à la notion de discrimination positive d'évoluer, de gagner en rigueur, d'envisager et de prendre éventuellement de nouvelles voies. La convention Éducation prioritaire Sciences-Po a d'ailleurs été explicitement acceptée par le Conseil constitutionnel en tant que mesure temporaire à caractère expérimental devant être, après évaluation, soit supprimée, soit généralisée.

Martine Kherroubi

▸ Bibliographie

Calvès G., *La Discrimination positive*, Paris, PUF, coll. « Que sais-je ? », 2004.

Keslassy É., *De la discrimination positive*, Rosny-sous-Bois, Bréal, 2004.

Meuret D., « Les Politiques de discrimination positive en France et à l'étranger », *in* Van Zanten A. (dir.), *L'École : l'état des savoirs*, Paris, La Découverte, 2000, p. 112-120.

ROBERT A. D., « Comment circule une idée pédagogique : l'univers syndical et les ZEP », in *Le Syndicalisme enseignant et la recherche*, Saint-Martin-d'Hères/Saint-Fons, PUG/INRP, coll. « La Politique en plus », 2004, p. 285-305.

▸ Voir aussi

Zone d'éducation prioritaire (ZEP).

DISSERTATION LITTÉRAIRE

Étymologiquement *(dissertatio,* dérivé de *dissertare,* lui-même fréquentatif du latin classique *disserere)*, la dissertation désigne un développement qui enchaîne les idées à la file et contient en germe les critiques à l'origine de la disparition officielle de ce genre scolaire, du moins dans l'enseignement littéraire.

La dissertation a connu une grande fortune dans les études de lettres et de philosophie au XXe siècle, de 1902, date à laquelle disparaissent avec la classe de rhétorique les exercices d'imitation tels que la fable ou l'amplification, jusqu'en 1968, où la violente critique du formalisme auquel elle semble se réduire (pour ne jouer qu'un rôle de sélection « mandarinal ») entraîne sa disparition au profit d'exercices jugés moins stériles et révélateurs de qualités qui ne se réduisent pas au respect de normes figées.

Fortement structurée, la dissertation se présente comme l'héritière du discours judiciaire antique : exorde, corps du discours (narration, argumentation, réfutation), péroraison.

À l'époque moderne, la dissertation traite un sujet (sous forme ou non de question) à partir duquel l'élève formule le problème d'esthétique littéraire générale en réponse auquel il devra présenter une thèse progressivement dégagée de l'analyse et de la discussion d'exemples tirés du corpus littéraire autorisé. L'*introduction* se subdivise en plusieurs moments (amener le sujet traité, le poser, l'expliquer si besoin est, annoncer le plan du développement). Lui succède le *développement* proprement dit, conduit méthodiquement ; sa division en trois parties est recommandée : thèse, antithèse, synthèse, avec respect de l'unité du sujet. Ces parties sont elles-mêmes structurées en « paragraphes », réservés chacun à un moment de l'argumentation autour d'une seule « idée » commentant un exemple, chaque partie, comme chaque paragraphe, devant s'enchaîner aux autres sans rupture et en ménageant des « transitions », tout en organisant une progression dans la présentation des idées (du plus commun, ou du moins important, au plus important, ou au plus original). L'exercice se résout en une *conclusion,* à la fois reprise condensée de l'ensemble du raisonnement et ouverture élargissant la perspective vers d'autres problèmes.

À ces contraintes de composition s'ajoutent des règles d'écriture concernant l'énonciation (le « moi », haïssable, est banni) et le style, qui doit se situer à distance des trivialités du langage familier, comme des ornements rhétoriques.

Effort vers la clarté ou simple reproduction de normes et de valeurs scolaires ? École de rigueur ou limitation de la pensée ? Les questions ainsi posées ne doivent pas occulter les vertus intellectuelles de mise en forme (hiérarchisation et organisation des exemples et des idées) du raisonnement et du discours contenus dans ce type d'exercice qui demeure l'un des trois sujets, à côté du commentaire et de l'écriture d'invention, proposés au candidat à l'épreuve anticipé du baccalauréat littéraire (note de service n° 2003-002, *BOEN* n° 3, 16 janvier 2003).

Bernard Veck

▸ Bibliographie

CHASSANG A., SENNINGER C., *La Dissertation littéraire générale : des écoles aux tendances,* Paris, Hachette, 1957, nouv. éd., 1993.

GENETTE G., « Rhétorique et enseignement », *Figures,* II, Paris, Le Seuil, 1979.

▸ Voir aussi

Composition française – Écriture – Français (Enseignement du) – Philosophie (Enseignement de la).

District scolaire

Lors de la mise en place de la carte scolaire, il a été procédé au découpage du territoire en zones géographiques de recrutement, conformément aux instructions de la circulaire du 5 janvier 1965.

La carte scolaire du second degré (par opposition à la carte scolaire départementale du premier degré) est le maillage de l'espace national par des zones, dont chacune correspond à un district de lycée et comprend plusieurs secteurs de recrutement de collèges. Le district scolaire, selon le décret 71-449 du 11 juin 1971 relatif à la définition et aux principes généraux de la carte scolaire des établissements publics d'enseignement de second degré (article 4), est « une zone géographique au sein de laquelle les élèves issus du premier cycle trouvent, compte tenu de leur orientation, les divers établissements de second cycle susceptibles de les accueillir. Toutefois, l'implantation de certaines sections de second cycle conduisant à des formations spéciales pourra concerner plusieurs districts ».

Les districts correspondent, outre l'organisation du service public dans l'espace, aux objectifs des formations (enseignement général/enseignement technique ; enseignement technique industriel/enseignement technique tertiaire).

Au niveau d'un groupe de districts, des orientations variées sont possibles vers des formations soit générales, soit technologiques ou professionnelles d'enseignement long ou court.

Depuis quelques années, le concept de district scolaire peut, dans certaines académies, se trouver remplacé par celui, plus large, de bassin de formation. Conformément à la circulaire n° 2001-114 du 20 juin 2001, le bassin de formation se définit comme « organisation infradépartementale de travail en commun au service de l'animation et de la cohérence de l'action pédagogique […] : il est le cadre privilégié de la réflexion des échanges, de la coopération entre les écoles, collèges et lycées d'un territoire donné ». Il ne s'agit pas d'un niveau administratif ou hiérarchique supplémentaire, mais d'un « cadre d'animation au sein duquel peuvent s'exprimer des solidarités entre les niveaux d'enseignement ou les établissements d'un même niveau ».

Christian Forestier

▸ Voir aussi

Carte scolaire – Orientation.

Docimologie

Henri Piéron a proposé le terme « docimologie » (étymologiquement « science des examens ») pour désigner la discipline scientifique analysant le fonctionnement des examens et de l'évaluation scolaire. Essentiellement critique à l'origine, cette discipline a montré la faible fidélité de la notation des examinateurs ou des enseignants (les résultats au baccalauréat dépendent plus du correcteur que du candidat). Plus récemment, elle s'est centrée sur l'étude du processus de jugement des notateurs, mettant en évidence expérimentalement les facteurs qui les influençaient (Noizet, Caverni, 1978). Aujourd'hui, la problématique des examens est abordée dans une optique plus sociologique, comme un aspect du fonctionnement du système éducatif (Duru-Bellat, Mingat, 1993 ; Bressoux, Pansu, 2003).

Pour améliorer les examens, les docimologues proposent d'utiliser la méthodologie psychotechnique : expérimentation préalable des questions, répétition des mesures pour réduire les erreurs aléatoires, en particulier autour du seuil, utilisation de banques d'items étalonnés selon la Théorie des réponses aux items. Cette méthodologie permet ensuite de multiplier des examens « sur mesure » bien que de difficulté comparable (Bertrand, Blais, 2004). Mais ces méthodes qui reposent sur la comparaison des performances des candidats répondent mieux aux exigences des concours qu'à celles des examens.

Jean Cardinet

▸ Bibliographie

Bertrand R., Blais J.-G., *Modèles de mesure : l'apport de la théorie des réponses aux items*, Sainte-Foy, Presses de l'université du Québec, 2004.

Bressoux P., Pansu P., *Quand les enseignants jugent leurs élèves*, Paris, PUF, 2003.
De Landsheere G., *Évaluation continue et examens : précis de docimologie*, Bruxelles, Labor, 1974.
Duru-Bellat M., Mingat A., *Pour une approche analytique du fonctionnement du système éducatif*, Paris, PUF, 1993.
Noizet G., Caverni J.-P., *Psychologie de l'évaluation scolaire*, Paris, PUF, 1978.
Piéron H., *Examens et docimologie*, Paris, PUF, 1963.

▶ **Voir aussi**
Évaluation – Notation – Test.

Doctorat

Le doctorat est un grade obtenu à la suite de la préparation et de la soutenance d'une thèse. Il constitue l'aboutissement d'un travail de recherche original dans l'une des disciplines représentées dans les différentes sections du Conseil national des universités (CNU).

Dans le cadre de la réforme universitaire dite du « LMD » (Licence - Master - Doctorat) concernant les grades, le doctorat représente le grade le plus élevé (décret relatif aux grades, titres universitaires et diplômes nationaux du 8 avril 2002). La durée recommandée de la préparation de thèse est de trois ans. Cette durée peut être majorée pour les doctorants exerçant une activité professionnelle. Formellement, la préparation du doctorat s'effectue en six semestres et équivaut à 180 ECTS *(European Credits Transfer System)*. Pour s'inscrire en thèse, l'étudiant doit posséder un master Recherche (Bac + 5, ex-DEA) dans la discipline de référence de la thèse ou dans une discipline autre de façon dérogatoire.

Le doctorant choisit un directeur de thèse et inscrit sa recherche dans le cadre des travaux d'un laboratoire d'accueil. Il s'engage sur un rythme de travail établi en accord avec le directeur de thèse et doit faire part de façon régulière de l'avancée de ses travaux. Le doctorant peut percevoir des ressources pour la préparation de thèse : allocation ministérielle, bourse régionale, bourse industrielle, bourse associative, etc. Il peut également occuper un poste de moniteur d'initiation à l'enseignement supérieur ou d'attaché temporaire d'enseignement de recherche, qui permet une première expérience d'enseignement dans l'enseignement supérieur tout en lui laissant le temps nécessaire à sa recherche. Depuis l'arrêté d'avril 2002 relatif aux études doctorales, la mission des écoles doctorales s'est précisée et accrue. Elles organisent, au sein des universités, les cursus doctoraux et fournissent dès le master Recherche (M2) un certain nombre de services et de ressources aux étudiants : formation méthodologique, développement des échanges interdisciplinaires, préparation à l'entrée dans la vie active, développement de la mobilité internationale, répartition d'allocations de recherche, etc. Une école doctorale rassemble des formations doctorales dans différentes disciplines, plusieurs cursus de master Recherche et plusieurs laboratoires. Elle a aussi pour mission de populariser les études doctorales auprès des employeurs, quels qu'ils soient. Le grade de doctorat est octroyé après la soutenance publique de la thèse, devant un jury proposé par le directeur de thèse, avec l'accord du responsable de l'école doctorale.

La possession du grade de docteur constitue une condition d'accès aux métiers de l'enseignement supérieur. Elle permet dans un premier temps de postuler à l'inscription sur les listes de qualification du CNU (concours national), puis de postuler à un emploi de maître de conférences dans une université, institut ou école (audition devant une commission locale de spécialistes). Le doctorat permet également de candidater à des postes dans des entreprises privées, des laboratoires, des institutions de recherche, etc.

Véronique Leclercq

▶ **Voir aussi**
Diplôme – Grades universitaires – Personnel enseignant.

Documentation

Le document peut être défini comme étant à la fois objet matériel et contenu informationnel. Le contenu est le plus souvent communiqué intentionnellement, mais ce n'est pas toujours le cas, et tout objet porteur d'information virtuelle peut constituer un document pour qui l'interroge : une coquille fossile, qui n'est pour le promeneur qu'un joli caillou, peut constituer pour le paléontologue un document qui le renseigne sur l'âge du terrain et sur l'évolution des êtres vivants. C'est donc essentiellement le projet de son utilisateur qui fait d'un objet un document. Mais dans le cas le plus courant, « document », qui vient du latin *doceo* (instruire), suppose à la fois l'intention d'informer de la part de son auteur et la volonté de s'informer de la part de son utilisateur.

C'est à la fin du XIXe siècle et au début du XXe siècle qu'apparaît la notion nouvelle de « documentation ». Cette apparition répond à un besoin grandissant de s'informer et à la nécessité de se repérer parmi des publications dont le nombre augmente rapidement, en particulier dans le domaine des sciences et techniques. Le terme « documentation » est alors utilisé pour désigner :

– l'ensemble des démarches et techniques employées pour gérer l'information contenue dans les documents, pour la diffuser et pour la récupérer à la demande ;

– le produit de ces démarches : on réunit une documentation sur un sujet.

Ces démarches et techniques ont longtemps constitué la bibliothéconomie (*library science*), ensemble de savoirs propres aux professionnels du livre et des bibliothèques, pour devenir à l'université, en 1969, les sciences de l'information et de la communication (SIC), développées en France à partir de domaines scientifiques multiples, alors que dans les pays anglo-saxons la séparation se fait entre sciences de l'information (*information science*) et sciences de la communication.

Les outils développés par la documentation pour informer

Traditionnellement, les bibliothèques conservent et traitent livres et revues pour les communiquer à leurs lecteurs. La documentation se propose, quant à elle, d'apporter des réponses aux demandes précises d'information. Pour satisfaire celles-ci au plus près, d'autres approches et des techniques nouvelles ont été développées. Le contenu des documents est davantage traité en profondeur : ce ne sont plus les livres et les numéros de périodiques qui sont concernés, mais les chapitres et les articles. Afin de traiter l'information documentaire pour la mettre en mémoire et la récupérer à la demande, il a fallu préparer des vocabulaires contrôlés pour chaque domaine de la connaissance : listes de mots-clés ou thésaurus. Les thésaurus cherchent à faire correspondre aussi étroitement que possible les réponses documentaires avec les questions posées : à partir de vocabulaires normalisés et organisés suivant divers types de relations (de hiérarchie, d'équivalence, d'association), ils guident l'usager dans ses recherches. Ces vocabulaires, comme les techniques de stockage et de recherche, présentent des caractères généraux communs, mais ne peuvent être séparés de leur champ d'application disciplinaire. Dans le cadre du développement des technologies de l'information, les moteurs de recherche automatisent ces procédures mais ne résolvent pas complètement les cas de synonymie des termes selon les contextes.

Par ailleurs, la documentation a élargi la prospection à d'autres types de documents, par exemple à la littérature grise (non publiée : thèses, rapports, etc.), aux documents audiovisuels, aux didacticiels, aux sites des sources d'information, etc. Et l'utilisateur ne se contente plus des ressources rencontrées en un seul lieu ; il s'informe aussi sur l'existence d'autres documents et sur la manière d'y accéder. Bibliographies, bulletins de résumés, index des citations, banques de données, catalogues collectifs lui permettent d'élargir sa prospection.

L'informatique, avec des mémoires de capacité croissante, des machines toujours plus rapides et des matériels toujours plus miniaturisés, des logiciels de plus en plus performants, a pour beaucoup contribué au développement de la documentation, dans des espaces spécialisés et/ou en ligne.

Les catalogues informatisés, présents dans de nombreuses bibliothèques, amènent des réponses plus rapides que ne le faisaient les fichiers traditionnels ; sans toutefois que soit résolu le délicat problème de la représentation d'un contenu par des mots ou des signes qui l'appauvrissent et risquent de le déformer. Les recherches menées en sciences de l'information et de l'intelligence artificielle permettent d'envisager de nouvelles avancées des technologies de la documentation. À des questions posées en langage naturel, des systèmes interactifs pourront dans l'avenir vraisemblablement fournir des réponses en explorant les documents originaux. Documents originaux dont certains sont maintenant accessibles par les réseaux de communication à distance. Le minitel avait banalisé l'usage domestique de la télématique pour accéder à des banques de données. Aujourd'hui, les technologies des « autoroutes de l'information » (ces réseaux à haut débit) et la quasi-généralisation de l'ordinateur individuel, facilitent l'accès aux gisements d'informations et favorisent la communication interactive. Reliant des millions d'ordinateurs, Internet permet ainsi à ses utilisateurs non seulement de consulter de nombreuses bases de données, mais d'envoyer des messages, de converser sur des forums. Ce réseau séduit par son ouverture à tous et à toutes formes de ressources. Mais la convivialité, la liberté d'expression et la facilité de navigation qui le caractérisent entraînent certains risques : trop d'informations, pas assez de repères et de critères de sélection. Pour qu'élèves et étudiants puissent tirer profit d'une telle source de connaissances, il est essentiel qu'une formation adaptée leur en fournisse les clés.

Les trois publics principaux de la documentation en éducation

L'éducation est spécialement concernée par la documentation qui intéresse à divers titres chercheurs, enseignants, élèves et étudiants.

Les *chercheurs* ont à connaître les travaux de recherche dans leur spécialité, pour s'y référer et pour s'en distinguer. Ils entretiennent à cette fin des relations directes avec les autres chercheurs dans un secteur étroitement limité, et pour une information plus large, ils lisent des revues spécialisées. Celles-ci leur apportent, en plus des articles de fond, des articles de synthèse qui constituent une documentation de choix, et souvent aussi des informations bibliographiques. Les grands centres documentaires producteurs de banques de données éditent à partir de celles-ci des bulletins de résumés et proposent aussi la fourniture régulière d'informations bibliographiques adaptées au profil d'un chercheur ou d'une équipe. Pour des informations documentaires sur un point précis, les chercheurs peuvent interroger les banques de données spécialisées.

Transmetteurs de savoirs, les *enseignants* sont spécialement concernés par une documentation leur permettant de mettre continuellement à jour leurs connaissances et de perfectionner leurs savoir-faire. Or, on constate qu'en moyenne ils lisent peu, et que seule une minorité d'entre eux dépasse le hasard des rencontres avec les collègues ou celui des rayons de librairie pour s'informer régulièrement des questions intéressant leur formation professionnelle continue. En plus des périodiques scientifiques ou de vulgarisation pour suivre l'actualité dans leur discipline, les enseignants disposent de revues didactiques, souvent éditées par des associations de professeurs. La consultation de catalogues leur permet d'être régulièrement tenus au courant des publications.

Si, pour les chercheurs et les enseignants, la documentation est une ressource indispensable, elle est pour les *élèves* et pour les *étudiants* non seulement une ressource en tant que source de connaissance, mais aussi une méthode et une disposition d'esprit. Les objectifs d'un enseignement qui fait appel à la documentation sont multiples : il s'agit d'abord d'amener les individus à prendre conscience de la place qu'occupe l'information dans le fonctionnement de la société post-industrielle ; il s'agit ensuite de les rendre autonomes dans la recherche et le traitement de l'information, car ils en auront besoin tout au long de leur vie, pour mettre à jour leurs connaissances et leurs compétences. Cet apprentissage n'est possible que si la démarche documentaire est conduite avec l'intention d'utiliser les informations recueillies dans un projet personnel.

L'essor de la documentation dans l'enseignement

Dans l'*enseignement supérieur*, la part de travail personnel a toujours été très importante et les recherches documentaires traditionnellement perçues comme « allant de soi ». Mais désorientés par l'offre grandissante d'information, les étudiants ont d'autant plus besoin de repères que l'Université s'est ouverte aux masses. Pour mieux répondre à leurs besoins de documentation, les bibliothèques universitaires s'efforcent de mettre en place ou de développer différents services : libre accès aux documents ; services communs de la documentation qui centralisent l'information sur les ressources disséminées en divers points d'une université ; ouverture à des ressources extérieures (catalogues collectifs, interrogation à distance de banques de données, prêt entre bibliothèques) ; supports informatisés pour les documents de références : catalogue de la bibliothèque et CD-Roms divers ; dans quelques cas, formation des étudiants à la recherche documentaire, en collaboration avec les enseignants. Les résultats de ces efforts sont inégaux malgré la revalorisation des moyens octroyés à ces bibliothèques depuis 1988, à la suite du rapport d'André Miquel. Il est vrai qu'elles doivent accueillir un nombre croissant d'étudiants et qu'elles se heurtent souvent, par ailleurs, de la part de la communauté universitaire, à des conservatismes difficiles à ébranler.

Dans les *lycées* et *collèges*, le développement des centres de documentation et d'information (CDI) est le résultat d'une évolution des méthodes pédagogiques qui valorise la démarche autonome de l'élève dans l'acquisition de connaissances à partir de documents. Après la Seconde Guerre mondiale, des bibliothèques centrales avaient vu le jour dans quelques lycées, pour servir de point d'appui aux méthodes actives recommandées par les textes. D'autre part, des services de documentation (SD) étaient créés dans les lycées au début des années 1960, à l'intention des enseignants. Ils devaient leur faciliter l'accès aux ressources dispersées dans l'établissement et avaient aussi pour charge l'accueil et la gestion des nouveaux matériels destinés à rendre les cours plus motivants en les illustrant d'images et de sons enregistrés, car le cours était resté la voie habituelle et incontestée de la transmission des connaissances. Mais avec le prolongement de la scolarité et la recommandation d'user de méthodes actives au cycle d'observation, le SD ne tarde pas à accueillir les élèves. Appelé SDI (service de documentation et d'information) en 1968, puis CDI en 1973, il devient le support du travail indépendant recommandé par les travaux de la Commission d'étude sur la fonction enseignante dans le second degré : « le centre documentaire au service des élèves comme des enseignants constitue le carrefour de la vie éducative et de l'activité pédagogique » (rapport de la Commission). Par leur situation au cœur de l'établissement, ainsi que par la diversité des ressources qu'ils offrent, les CDI, qui ont progressivement intégré les bibliothèques centrales, incitent les élèves à la recherche d'information mais aussi à la lecture dite « de loisir », contribuant ainsi à la formation d'habitudes culturelles. Une telle évolution s'était manifestée au cours des années 1960 aux États-Unis et un peu plus tard en Grande-Bretagne, la bibliothèque d'établissement (*school library*) devenant *media center, resource center*, ou encore *learning resource center*.

La démarche documentaire fait appel à des savoir-faire techniques (trouver les documents, y repérer l'information recherchée) qui peuvent être acquis rapidement, mais elle mobilise aussi des compétences intellectuelles plus générales (analyse, sélection des informations et prise de notes, synthèse) qui requièrent un entraînement de longue durée. Les documentalistes des CDI, qui ont depuis 1989 un statut d'enseignants, assument cette double formation en collaboration avec les professeurs. Une telle coopération permet d'assurer la continuité de la formation documentaire et de l'intégrer aux enseignements disciplinaires. Les dispositifs tels que les travaux personnels encadrés (TPE), les itinéraires de découverte et l'éducation civique juridique et sociale (ECJS) développent l'esprit d'enquête chez les élèves et font surgir aussi les savoirs documentaires à côté des savoirs disciplinaires.

L'introduction d'un brevet au collège, le B2i, certifiant les capacités de base en informatique et traitement de l'information, suppose un travail collégial des enseignants pour ne pas réduire cette initiation à un savoir-faire coupé des centres d'intérêt de l'élève.

L'utilisation de documents comme sources de connaissance ou comme objets de plaisir implique que la lecture soit maîtrisée. Les bibliothèques-centres documentaires (BCD) qui se sont créées dans de nombreuses écoles élémentaires depuis 1975 donnent aux enfants la possibilité d'évoluer dans un environnement documentaire riche, varié et non contraignant. Les écoliers s'y familiarisent avec des documents de fiction comme d'information. L'objectif est alors de lutter au plus tôt contre l'échec scolaire, en développant chez les enfants intérêt, curiosité, imagination, qui les rendront plus réceptifs à l'apprentissage de la lecture. Avec la généralisation des centres de documentation dans les établissements scolaires et universitaires, la documentation scolaire est devenue un domaine spécifique doté de personnels aux missions particulières, à la fois techniques, culturelles et didactiques.

Christiane Étévé
Geneviève Lefort

▸ Bibliographie

ADACES, *La Bibliothèque centre documentaire : vers une nouvelle école élémentaire*, Paris, Le Cercle de la librairie, 1976.

CACALY S. (dir.), *Dictionnaire encyclopédique de l'information et de la documentation*, Paris, Nathan, 1997.

CARBONE P, « Les Bibliothèques universitaires », *Bulletin des bibliothèques de France*, vol. 37, n° 4, 1992, p. 46-58.

CHAPRON F., *Les CDI des lycées et collèges*, Paris, PUF, 2001.

DELMAS B., « Une fonction nouvelle : genèse et développement des centres de documentation », *in* Poulain M. (dir.), *Les Bibliothèques au XXe siècle*, Paris, Le Cercle de la Librairie, 1992, p. 179-193.

ÉTÉVÉ C., VASSEUR A., « Les Lecteurs des *Cahiers pédagogiques*, une minorité active », *Perspectives documentaires en éducation*, n ° 26, 1992, p. 95- 118.

ÉTÉVÉ C, LIQUÈTE, V., RAOUL-RÉA B., « Les TPE au regard d'une éducation à l'information en construction », *Inter CDI*, n° 184, 2000, p. 58-62.

FAYET-SCRIBE S., *Histoire de la documentation en France. Culture, science et technologie de l'information 1895-1937*, Paris, CNRS, 2000.

FRAISSE E. (dir.), *Les Étudiants et la lecture*, Paris, PUF, 1993.

FRISCH M., *Évolutions de la documentation : naissance d'une discipline scolaire*, Paris, L'Harmattan, 2003.

LEFORT G., *Savoir se documenter*, Paris, Éditions d'Organisation, 1990.

MIQUEL A., *Les Bibliothèques universitaires*, Paris, La Documentation française, coll. « Rapports officiels », 1989.

RAYOU P., « Entrer, étudier, réussir à l'université », *Revue française de pédagogie*, n° 136, 2001, p. 5-115.

▸ Voir aussi

Autoformation – Autonomie – Banque de données – Bibliothèque – Bibliothèque-centre documentaire (BCD) – Centre de documentation et d'information (CDI) – Médiathèque – Projet.

Dolto, Françoise (1908-1988)

Françoise Dolto naquit le 6 novembre 1908 dans une famille de la bourgeoisie française. Elle fut éduquée selon des méthodes traditionnelles et promise à ce qui était, à l'époque, le destin des jeunes filles. Elle ne l'accepta pas et lutta pour obtenir de ses parents le droit de faire des études de médecine. Elle n'obtint que très difficilement ce droit et dut faire, préalablement, des études d'infirmière.

En 1932, elle commença une analyse avec René Laforgue, fondateur du mouvement psychanalytique français et remarquable clinicien. Elle s'inscrivit à la Société psychanalytique de Paris et s'installa comme psychanalyste.

Poursuivant ses études médicales, elle devint interne dans le service du professeur Georges Heuyer en 1938. C'est là qu'elle rencontra Sophie Morgenstern, l'une des pionnières de l'analyse d'enfants, qui devait l'initier à « l'écoute » du dessin d'enfant.

Elle passa ensuite l'internat des hôpitaux psychiatriques et entra dans le service d'Édouard Pichon à l'hôpital Bretonneau. Elle y reçut, de son aveu même, tous les « cas » dont on ne savait que faire : les « pipis au lit » et autres symptômes des enfants en souffrance.

En 1939, elle publia sa thèse de médecine, élaborée sous la direction d'Édouard Pichon, *Psychanalyse et Pédiatrie,* dans laquelle elle développait sa conception du travail psychanalytique avec les enfants.

À la même époque, elle rencontra Jacques Lacan et ne cessa plus de travailler à ses côtés. Tous deux défendirent, leur vie entière, une psychanalyse en rupture avec le discours universitaire et le discours médical. Une psychanalyse subversive qui restitue au patient la place de celui qui, seul, « sait » ce qu'il en est de son histoire. Une psychanalyse qui vise non pas à normaliser les patients mais à leur permettre de reconnaître ce qu'ils sont. Cela n'était pas du goût de l'honorable Association psychanalytique internationale (IPA) – dont dépendait la Société psychanalytique de Paris – qui souhaitait des psychanalystes normalisés et normalisants.

Françoise Marette, devenue Françoise Dolto (elle avait épousé en 1942 Boris Dolto, médecin russe émigré qui fonda une école de kinésithérapie), fut interdite d'enseignement et quitta en 1963 l'IPA pour fonder, avec Jacques Lacan, l'école freudienne de Paris.

L'effort théorique de Françoise Dolto concerne la pratique psychanalytique en général, mais dans deux domaines plus particulièrement : la sexualité féminine et le travail psychanalytique auprès des enfants.

En 1960, elle participa à Amsterdam à un congrès sur la sexualité féminine dans lequel elle se distingua en reprenant la thèse freudienne d'une libido unique, d'essence phallique, et en développant sa conception du développement de la petite fille.

Dans le domaine des enfants, l'effort de Françoise Dolto dépassa largement le champ de la psychanalyse et constitua une œuvre incontournable pour quiconque travaille avec les enfants. Ses qualités d'écoute très particulières lui ont permis, en effet, de prendre en compte et de rassembler toutes les informations, données par les enfants eux-mêmes, sur ce qu'ils vivent à chaque étape de leur vie.

Elle a donc, de cette façon, constitué un véritable savoir encyclopédique sur l'enfance. Ce savoir est très différent du savoir des psychologues qui, après avoir mis l'enfant en position d'objet d'étude, le décrivent de l'extérieur pour nous livrer des généralités sur son comportement. Le travail de Françoise Dolto s'apparente beaucoup plus au travail d'un ethnologue qui, parti à la découverte des enfants, nous aurait rapporté, à son retour, des témoignages donnés par les intéressés eux-mêmes sur la façon dont ils perçoivent leur vie et la vivent. Elle peut ainsi nous décrire, au fil de ses livres ou de ses articles, ce que vivent les enfants au moment du sevrage, de l'apprentissage de la propreté, de la scolarité, etc.

Cela lui permet aussi de mettre l'accent sur le rôle prépondérant de l'éducation dont, enfant déjà, elle avait l'intuition. Dans son récit autobiographique, *Enfances,* elle explique comment, très jeune déjà, elle observait les adultes qui s'ingéniaient à soigner l'indigestion dont souffrait un enfant sans comprendre que c'était, en fait, une contrariété qu'il n'avait pas digérée. De ces expériences naîtra son envie d'être « médecin d'éducation », formule dans laquelle on peut entendre aussi bien le désir de soigner les enfants que celui de soigner l'éducation que l'on donne aux enfants. Ce que, d'ailleurs, elle ne cessera de faire.

De fait, sa conception de l'éducation bouleverse la notion même d'éducation : il ne s'agit pas de faire entrer l'enfant dans un moule mais de lui permettre de construire une vie compatible avec ce qu'il est. L'enfant, pour elle, n'est pas un objet à éduquer mais un sujet à écouter et à respecter. Il n'est pas un sous-adulte. Il est à égalité d'être avec l'adulte, sans être pour autant un adulte : Françoise Dolto ne cesse de rappeler la différence des places entre adultes et enfants et son importance. Mais, là où d'autres parlent de « droits » des parents sur l'enfant – droit, par exemple, de co-responsabilité en cas de divorce –, elle parle, elle, de « devoirs » des parents envers leurs enfants.

L'enfant dont elle parle n'est pas non plus un « enfant-roi », bien au contraire. Revendiquant pour lui le même droit à la parole que celui dont jouit un adulte, elle réclame aussi qu'il ait les mêmes devoirs qu'un adulte.

Dans la pratique psychanalytique, elle mettra ainsi en place un système de « paiement symbolique » que l'enfant devra apporter à son psychanalyste pour prouver le désir qu'il a de faire une psychanalyse. Elle signifie ainsi à l'enfant qu'il y a toujours un prix à payer pour son désir mais que ce prix est aussi le garant de sa liberté puisqu'il a le choix de ne pas apporter son paiement et de refuser le traitement.

Elle poussera aussi loin que possible sa théorie de l'enfant « sujet à part entière » en revendiquant pour lui un statut de citoyen à part entière, et en demandant à la société de lui faire une place conforme à ce statut.

Elle préconisait ainsi qu'on n'accepte pas à l'école maternelle un enfant tant qu'il ne sait pas se laver et s'habiller seul ; qu'on lui enseigne à l'école son anatomie, les règles de l'hygiène, les rapports de parenté et l'interdit de l'inceste ; que les écoles deviennent, la nuit, des centres d'hébergement capables d'accueillir des enfants en rupture avec leurs parents, pour une nuit ou deux... ; que des « maisons du divorce » accueillent les enfants des couples divorcés le jour de la visite du parent avec lequel ils ne vivent pas, si celui-ci ne vient pas, etc.

La liste serait longue des propositions, des inventions de celle qui combattit sans relâche pour ce qu'elle appelait la « Cause des enfants ». Il est à souhaiter que son œuvre, paradoxalement mal connue et méconnue aujourd'hui en dépit (ou à cause) de la médiatisation de son auteur, retrouve la place qui lui est due dans le monde de l'éducation.

Claude Halmos

▸ Bibliographie

Principales œuvres de Françoise Dolto :

Psychanalyse et Pédiatrie, thèse de médecine (1939), Paris, Le Seuil, 1971, rééd., 1976.

Le Cas Dominique, Paris, Le Seuil, 1971, rééd. 1974.

Au jeu du désir : essais cliniques, Paris, Le Seuil, 1981, rééd., 1988.

La Difficulté de vivre, Paris, InterÉditions, 1981, rééd., Gallimard, 1995.

Séminaire de psychanalyse d'enfants, Paris, Le Seuil, 3 vol., 1982-1985-1988, rééd., 1991.

L'Image inconsciente du corps, Paris, Le Seuil, 1984, rééd., 1992.

La Cause des enfants, Paris, Robert Laffont, 1985, rééd. Pocket, 2003.

Les Chemins de l'éducation, Paris, Gallimard, 1994, rééd. « Folio essais », 2000.

Les Étapes majeures de l'enfance, Paris, Gallimard, 1994, rééd. « Folio essais », 1998.

Principales œuvres sur Françoise Dolto :

Chébaux F., *Françoise Dolto et l'éducation,* Paris, L'Harmattan, 1999.

Ledoux M., *Dictionnaire raisonné de la pensée de Françoise Dolto,* Paris, Payot, 2005.

Halmos C., « Entre les enfants et les psychanalystes », in *Quelques pas sur le chemin de Françoise Dolto,* Paris, Le Seuil, 1986.

Halmos C., « La Planète Dolto », in *L'Enfant et la psychanalyse,* Paris, Esquisses psychanalytiques, 1993.

Schauder C. (dir.), *Lire Dolto aujourd'hui,* Ramonville-Saint-Agne, Érès, 2004.

▸ Voir aussi
Adolescence – Adulte – Enfance – Psychanalyse et éducation – Psychologie de l'enfant – Relation parents/enfants.

Droit de l'éducation

L'expression « droit de l'éducation » est usuelle. Pourtant, celle de « droit scolaire » lui est préférée par des auteurs juristes francophones, québécois et belges par exemple.

Celle-ci est plus exacte pour l'étude et la présentation des règles applicables à l'École au sens large, aux enseignants, aux élèves, aux intervenants en milieu scolaire, et pour celles relatives à la fonction qu'est la scolarisation. En effet, le droit de l'éducation n'inclut ni l'éducation familiale, ni l'éducation religieuse dispensée par des Églises, ni l'éducation surveillée. Il se réduit donc, en définitive, aux objets mêmes de ce que l'on nomme ailleurs droit scolaire.

Mais le choix du libellé « droit de l'éducation » se justifie en France par l'impossibilité d'admettre une terminologie qui ne prendrait pas en compte le choix, déjà ancien, de l'intitulé du ministère principalement concerné, à savoir le ministère de l'Éducation nationale, et de négliger l'emploi courant de l'expression « système éducatif ».

Le droit de l'éducation ne constitue pas une branche du droit, comme le sont le droit public ou le droit privé, ni même l'une des disciplines juridiques que définiraient un objet et la spécificité d'un ensemble de règles par rapport à d'autres disciplines comme le droit pénal, le droit commercial, le droit du travail, le droit fiscal, etc.

Il s'agit, pour l'essentiel, de l'ensemble des règles, principalement de droit administratif, applicables au service public d'éducation et aux établissements privés associés à ce service public. Pour partie, ces règles sont simplement applicables à la fonction d'éducation et au service qui en a la charge, pour partie elles lui sont propres, venant compléter, modifier ou supprimer certaines des précédentes. Ainsi, les personnels enseignants sont soumis à une partie du droit de la fonction publique et à des règles dérogatoires, les établissements scolaires sont des établissements publics *locaux* (« genre prochain »), mais ce sont des établissements publics locaux *d'enseignement* (« espèce spécifique »).

Le droit de l'éducation comprend l'ensemble du dispositif juridique de l'organisation de l'administration et des institutions scolaires, de l'encadrement de la fonction, du régime des personnels et des biens, de la situation juridique des élèves, etc.

Claude Durand-Prinborgne

▸ Bibliographie

Buttner Y., Maurin A., Thouveny B., *Le Droit de la vie scolaire : écoles, collèges, lycées,* Paris, Dalloz, coll. « États de droits », 2003.

Chagnollaud D., *Code junior,* Paris, Dalloz, 2003.

Durand-Prinborgne C., *Le Droit de l'éducation,* Paris, Hachette Éducation, coll. « Organiser, former pour enseigner », 1998.

Durand-Prinborgne C., Legrand A., *Code de l'éducation,* Paris, LITEC, éd. 2002-2003.

▸ Voir aussi
Administration de l'Éducation nationale – Programmes éducatifs européens – Responsabilité – Système éducatif.

Droit individuel à la formation (DIF)

Le « droit individuel à la formation » (DIF) constitue la grande nouveauté résultant de l'accord national interprofessionnel du 20 septembre 2003. C'est un nouveau droit reconnu par la loi du 4 mai 2004 relative à la formation professionnelle tout au long de la vie et au dialogue social, inspiré par cet accord. Pour la mise en œuvre de ce droit, les partenaires sociaux ont négocié, au cas par cas, branche par branche, des accords d'application tenant compte de la diversité des contextes.

Ce dispositif, en vigueur depuis janvier 2005, permet à tout salarié d'acquérir, année après année, un crédit d'heures de formation qu'il peut ensuite utiliser de sa propre initiative, mais avec l'accord de l'employeur. Au niveau de sa structuration globale, on relève deux caractéristiques majeures : d'une part, le DIF permet aux salariés de bénéficier des actions de formation réalisées en principe en dehors du temps de travail, sauf dispositions conventionnelles plus favorables (accords de branches). D'autre part, il repose sur une négociation individuelle entre le salarié et l'employeur, concernant le contenu ou l'objet de la formation, l'employeur disposant d'un pouvoir de refus.

Qui sont les bénéficiaires ?

Tout salarié titulaire d'un contrat de travail à durée indéterminée, à temps plein ou à temps partiel, et disposant d'une ancienneté d'au moins un an dans l'entreprise bénéficie, chaque année, d'un droit individuel à la formation d'une durée minimale de vingt heures. Pour les salariés à temps partiel, cette durée est calculée au prorata de leur temps de travail. Un salarié travaillant sous contrat à durée déterminée peut également, après quatre mois de présence dans l'entreprise au cours des derniers mois, bénéficier du DIF, calculé, là aussi, au prorata de son temps de travail.

Les droits acquis chaque année peuvent être cumulés sur une durée de six ans. Au terme de cette durée, et à défaut de son utilisation, le DIF reste plafonné à cent vingt heures. Ce plafond s'applique également aux salariés sous contrat à temps partiel. Le salarié est informé par écrit, chaque année, du total des droits acquis au titre du dispositif.

Quel contenu ?

Il revient aux partenaires sociaux de définir, par accord collectif, les actions de formation jugées prioritaires au niveau de la branche : Quelles actions de qualification ? Quelles actions de promotion et pour qui ? Quelles actions d'entretien et de perfectionnement des connaissances ?

Quelles démarches ?

C'est le salarié qui prend l'initiative de la mise en œuvre du DIF. Pour cela il adresse une lettre, précisant la durée et le contenu de la formation, à son employeur. Celui-ci dispose d'un délai d'un mois pour notifier sa réponse ; le silence vaut acceptation du choix de l'action de formation. Celle-ci doit faire l'objet d'un accord écrit du salarié et de l'employeur. En cas de refus de ce dernier, le salarié ne peut que renouveler sa demande. Lorsque, durant deux années consécutives, le salarié et l'employeur sont en désaccord sur le choix de la formation, le salarié est orienté, en quelque sorte, vers le congé individuel de formation. Il va bénéficier, de la part du FONGECIF dont dépend l'employeur, d'une priorité d'instruction et de prise en charge financière de son action dans le cadre d'un congé individuel de formation. Celui-ci est actionné en quelque sorte comme un dispositif de « sortie de crise ».

Quelle rémunération ? Quel financement ?

La formation étant effectuée, sauf exceptions, hors temps de travail, le salarié bénéficie du versement par l'employeur, non pas de son salaire habituel, mais d'une « allocation de formation » égale à 50 % de sa rémunération nette de référence. Tous les frais de formation sont également pris en charge par l'employeur. Pendant sa formation le salarié bénéficie de la législation de la Sécurité sociale relative à la protection en matière d'accidents de travail et de maladies professionnelles.

Et en cas de rupture du contrat de travail ?

En cas de licenciement (hormis le cas de faute grave), le montant de l'allocation de formation correspondant aux heures acquises au titre du DIF peut être utilisé pour une action de bilan de compétences, de validation des acquis de l'expérience (VAE) ou de formation, à condition que le salarié en fasse la demande avant la fin de son préavis. En cas de démission, le salarié peut demander à bénéficier de son droit, sous réserve que l'action de bilan de compétences, de VAE ou de formation soit engagée avant la fin de son préavis. Contrairement à ce qu'on a pu dire ou écrire, le DIF n'est pas transférable d'une entreprise à l'autre, mais « consommable » sur place.

Finalement, deux idées maîtresses permettent de situer correctement le DIF au sein du système juridique global de formation : le DIF n'est pas le CIF ; il s'en rapproche tout en s'en écartant fortement (hors temps de travail, allocation, pouvoir d'opposition de l'employeur). Au niveau pratique, le DIF n'est pas coupé du reste : ce dispositif prend tout son sens dans une synergie avec d'autres mesures qui donnent au salarié la possibilité de travailler sur un projet professionnel personnel et réaliste (congé de bilan de compétences, congé de validation des acquis professionnels, congé individuel de formation). La qualité d'information, de conseil, d'accompagnement du salarié dans sa démarche va conditionner fortement la traduction de ce dispositif dans la réalité sociale.

André Tarby

▸ Bibliographie

« Entrée en vigueur du DIF (Droit individuel à la formation), plan de formation de l'entreprise », *Liaisons sociales,* D1, n° 8537, jeudi 23 décembre 2004.

TARBY A., *Un nouveau droit de la formation pour les entreprises et les salariés*, Paris, Cujas, 2005.

▸ Voir aussi

Adultes (Formation des) – Congé individuel de formation (CIF) – Emploi-formation.

DROITS DE L'ENFANT

Depuis la Déclaration universelle des droits de l'homme, qui reste la première référence universelle aux libertés fondamentales, la communauté internationale a reconnu des droits spécifiques à des catégories particulières de population qui ont besoin d'une protection renforcée en raison de leur vulnérabilité ; parmi eux les enfants.

Cette idée n'était pas nouvelle. En 1924, déjà, la Société des Nations avait adopté la déclaration de Genève, premier texte international relatif aux droits de l'enfant et qui, bien que non contraignant – ce qu'avait déploré le grand pédagogue polonais Korczack –, ébauchait la convention actuelle. Au lendemain de la Seconde Guerre mondiale, la Déclaration universelle des droits de l'homme élaborée par les Nations unies accordait une place très mince aux droits spécifiques des enfants. Toutefois, les esprits évoluant, en 1959, une déclaration sur les droits de l'enfant fut adoptée par les Nations unies, qui jetait les bases des dix éléments fondamentaux nécessaires à la protection de l'enfance et résumés en : « L'humanité doit à l'enfant le meilleur d'elle-même. »

Trente ans plus tard, adoptée par acclamation à l'unanimité, le 20 novembre 1989, par l'Assemblée générale des Nations unies (après dix ans de travail préparatoire), la Convention internationale relative aux droits de l'enfant (CIDE) marque la consécration d'un véritable statut juridique de l'enfant dans le droit international et lui donne une force contraignante. Les 54 articles de ce traité marquent un véritable changement de nature dans la protection juridique des enfants, en affirmant, à l'échelle mondiale, les droits des enfants. L'enfant est désormais considéré comme un sujet de droits, une personne dont – entre autres exemples – l'égalité de traitement, la liberté d'opinion et de conscience doivent être prises en considération. Une situation familiale, éducative, sociale, un projet s'examineront et s'apprécieront alors au regard de l'intérêt, actuel et futur, de l'enfant.

Comme toute convention internationale, celle-ci ne prend effet dans un pays qu'après que celui-ci l'ait signée puis ratifiée en la soumettant à un vote du Parlement. La ratification oblige l'État à effectuer les adaptations juridiques nécessaires avec les dispositions de la convention. À ce jour, tous les pays du monde ont ratifié la CIDE sauf les États-Unis, où la peine de mort est applicable, dans certains États, aux personnes ayant commis des crimes lorsqu'elles étaient mineures, et la Somalie, qui n'a plus de parlement.

La France a été parmi les soixante premiers pays à signer la CIDE à New York, le 26 janvier 1990. Elle l'a ratifiée en juillet 1990, devenant le premier pays de l'Europe des douze à y adhérer. Son entrée en vigueur en France a déjà entraîné des modifications ou des créations notables dans le droit français puisque, en vertu de l'article 55 de la Constitution, les traités ou accords régulièrement ratifiés ou approuvés disposent, dès leur publication, d'une autorité supérieure aux lois nationales. Cependant, la mise en œuvre actuelle de l'ensemble de ces droits novateurs restait incomplète. Aussi, en 1998, le président de l'Assemblée nationale Laurent Fabius avait-il saisi et présidé une commission d'enquête parlementaire qui, dans un rapport « Droits de l'enfant, de nouveaux espaces à conquérir », dont les conclusions avaient été adoptées à l'unanimité, soulignait qu'à « l'édifice complexe de la protection de l'enfance, il manque aujourd'hui une clé de voûte : un médiateur des enfants ».

Ce sera chose faite le 6 mars 2000 avec l'adoption par le Parlement d'une loi instituant en France « un défenseur des enfants », autorité de l'État, indépendante, qui ne reçoit d'instructions d'aucune autorité, et dont la mission essentielle consiste à défendre et à promouvoir les droits de l'enfant tels qu'ils ont été définis par la loi ou par « un engagement international régulièrement ratifié ou approuvé », telle que la CIDE. Le Défenseur des enfants est investi de plusieurs missions :
– être saisi de requêtes individuelles par un mineur dont les droits n'auraient pas été respectés (Ses représentants légaux ou des associations d'utilité publique défendent gratuitement les droits des enfants) ;
– identifier des questions majeures ou des dysfonctionnements collectifs qui font obstacle à l'application des droits des enfants, dans tous les domaines de leur vie familiale ou sociale ;
– élaborer des propositions de réformes ;
– assurer la promotion des droits de l'enfant par des actions de formation et d'information.

Tous les ans, un rapport est remis au président de la République pour faire le bilan des réflexions et des actions menées au cours de l'année passée.

Pourquoi créer une telle instance, d'autant que le système juridique français (comme celui de la plupart des pays) a établi des lois protectrices définissant les obligations des adultes à l'égard des enfants ? La CIDE, cependant, change radicalement la perspective en passant du droit qui a pour sujet l'enfant aux droits de l'enfant dont l'enfant est sujet lui-même. Le champ d'application de ce nouveau regard porté sur l'enfant et l'adolescent est immense.

Première Défenseure des enfants, Claire Brisset, nommée en mai 2000, s'est donc saisie de ces sujets conformément aux missions que lui confie la loi. La mise en œuvre des droits fondamentaux des enfants tels que le droit d'être protégé, éduqué, respecté avec équité a été au cœur de ses investigations. À ce jour, celles-ci ont abordé les situations faites aux enfants et aux adolescents dans le monde de la santé, de l'institution scolaire, des dissensions familiales, de la prison, de la protection de l'enfance. Ces investigations ont été suivies de propositions remises au président de la République et aux parlementaires. Plusieurs d'entre elles ont déjà été concrétisées à travers des mesures législatives, réglementaires ou des changements de pratiques. L'attention portée à la question de l'adolescence, notamment par la Conférence de la famille en juin 2004, et les mesures prises pour soutenir les cinq millions d'adolescents, particulièrement grâce au développement des maisons de l'adolescent, soutenu par l'État et les collectivités locales, en offre une illustration caractéristique.

La création du Défenseur des enfants a été accueillie très favorablement par de nombreux acteurs de l'éducation, de la santé, de la protection de l'enfance et par les familles souvent confrontés à des problèmes inextricables dont les enfants sont les victimes. Ainsi en témoigne l'augmentation constante des réclamations qui sont adressées à l'institution : plus de 24 % entre 2003 et 2004, faisant suite à 15 % d'augmentation l'année précédente.

Le Défenseur des enfants a aujourd'hui vingt-six homologues en Europe, fonctionnant tous dans l'indépendance à l'égard des pouvoirs, rassemblés dans le réseau européen des *ombudsmen* pour enfants (ENOC), qui a pour objet d'améliorer le respect des droits de l'enfant en constituant une force de proposition, en soutenant des actions individuelles et collectives et en favorisant les échanges d'informations.

Odile Naudin

▶ Bibliographie

RENAUT A., *La Libération des enfants : contribution philosophique à une histoire de l'enfance*, Paris, Calmann-Lévy/Bayard, 2002.

▶ Voir aussi

Droit de l'éducation – Enfance – Familiale (Éducation) – Famille – Maltraitance de l'enfant.

DUMAZEDIER, JOFFRE (1915-2002)

Joffre Dumazedier est le premier sociologue français à avoir saisi, dès la fin des années 1950, qu'une nouvelle disponibilité de temps liée à la transformation de l'organisation du travail, à l'allégement du poids du travail, allait transformer, voire bouleverser les pratiques culturelles et les représentations du loisir ; et en conséquence conduire à penser autrement l'éducation.

Joffre Dumazedier est né en 1915. À dix-sept ans, il est, au lycée Voltaire, l'élève de Charles Lalo qui exerce sur lui une influence décisive. Il obtient en 1937 et 1938 une licence ès lettres d'enseignement puis un diplôme d'études supérieures de linguistique à la Sorbonne.

Durant la Seconde Guerre mondiale, il s'engage dans la Résistance avec l'équipe de l'École nationale des cadres d'Uriage, dont il est très vite le directeur du bureau d'études sociales. De 1942 à 1945, dans la clandestinité, il est directeur pédagogique des équipes volantes des maquis ouvriers du Vercors. Il invente avec les animateurs de ces équipes une méthode de formation générale connue sous le nom de « méthode d'entraînement mental ». Cette méthode sociopédagogique, destinée à inspirer le désir et la capacité du travail intellectuel dans l'exercice même de la vie quotidienne, utilise dans le champ de la culture l'esprit de certaines méthodes appliquées à l'entraînement sportif.

Une reconnaissance internationale

En 1946, Joffre Dumazedier est nommé inspecteur principal d'éducation populaire et de la jeunesse dans l'académie de Grenoble. La même année il fonde avec une vingtaine de résistants l'association nationale Peuple et Culture, dont il sera le président jusqu'en 1967. Il est en effet persuadé que l'action syndicale et politique, nécessaire, sera néanmoins toujours insuffisante en elle-même pour obtenir les changements de mentalité que requiert une citoyenneté efficace.

En 1948, Henri Wallon lui ouvre son laboratoire de psychologie de l'enfant pour qu'il commence ses recherches sociologiques sur les loisirs des jeunes travailleurs. Encouragé par Georges Friedman, il présente sa candidature au CNRS, et devient en 1953 attaché de recherche au Centre d'études sociologiques. Il fonde la même année l'équipe de sociologie du loisir et des modèles culturels au CNRS.

En 1956, Joffre Dumazedier crée à Amsterdam avec Rolf Meyerson (New York), Boris Patruskev (Novossibirsk) et des sociologues de neuf autres pays le comité de recherche du loisir et de la culture de l'Association internationale de sociologie ; il en sera le président jusqu'en 1974.

Après les événements de mai 1968, Joffre Dumazedier – qui a été nommé maître de recherches au CNRS en 1967 – est appelé à fonder la première chaire de sociopédagogie de l'éducation des adultes et sociologie du loisir à la Sorbonne. Sous la présidence de Raymond Aron, il est admis docteur d'État en sociologie, en 1974. Titularisé maître de conférences à l'UER de sciences de l'éducation de l'université René-Descartes en 1974, il devient professeur en 1976 et professeur émérite en 1984.

Le renom international de Joffre Dumazedier est grand. Il a donné des conférences et animé des séminaires dans des universités et pays les plus divers : aussi bien à Berkeley ou New York qu'à La Havane ; aussi bien à New Dehli, Agadir ou Jérusalem qu'à Prague, Varsovie ou Belgrade. En février 1990, il est devenu docteur *honoris causa* de l'université libre, européenne et flamande, de Bruxelles ; en novembre 1993, de l'université du Québec (à Trois-Rivières). La fondation créée à Caracas en mars 1989 pour la recherche sur le loisir à la suite du congrès latino-américain de Bogota-Caracas porte son nom.

Un champ de recherches sociopédagogiques : le loisir

Joffre Dumazedier s'est d'abord illustré par des travaux où il montre que le loisir fait l'objet d'une organisation tout à fait originale, que le temps qui lui est dévolu n'est plus une simple « récupération » ou « compensation » du travail. On y invente des pratiques, on y affirme des valeurs. Le titre même de l'ouvrage paru en 1962, *Vers une civilisation du loisir ?,* et devenu depuis un classique, indique combien Joffre Dumazedier appréhende de façon nouvelle cette réalité en devenir, dans le sens où Robert Elias parle de « processus civilisateur à long terme ».

L'essentiel de la vie de chercheur de Joffre Dumazedier a été consacré à l'observation méthodique de ce fait social en interaction complexe et dialectique avec tous les autres. Son hypothèse fondamentale, longuement mise à l'épreuve dans de nombreux articles et plus d'une dizaine de livres sociologiques ou sociopédagogiques, est que le loisir, loin d'être un phénomène secondaire, est producteur d'un nouvel équilibre entre l'individualité et la collectivité, à tous les âges de la vie.

L'un de ses derniers livres, *La Révolution culturelle du temps libre, 1968-1988,* montre aussi que le loisir, étant le temps social préféré de la majorité des adolescents et le plus varié par ses activités, est un champ dont les valeurs et contre-valeurs interfèrent avec celles de l'étude, du travail, de la citoyenneté. Il est donc capital de l'explorer pour mieux connaître les conditions actuelles, dès l'adolescence, d'une éducation permanente scolaire et extrascolaire possible.

Comment accroître les pratiques du libre autodéveloppement des sujets ou faciliter les expressions créatives du corps, du cœur et de l'esprit de chacun dans l'accès à un véritable « art de l'existence » (Foucault) ? Comment la formation initiale peut-elle devenir une initiation dès l'adolescence et la préadolescence à une formation continuée à tous les âges de la vie dans un contexte social plus hostile que favorable ? Ou plus précisément : comment, en relation avec l'acquisition de l'instruction nécessaire, l'exercice scolaire de l'école pour tous peut-il devenir un apprentissage de tous au désir et à la capacité d'autoformation individuelle et collective, pour une meilleure maîtrise des temps sociaux libres et contraints de la vie quotidienne ? Telle est désormais l'interrogation majeure de Joffre Dumazedier. Il rejoint ainsi, en un saisissant raccourci, l'an I de la République (1792), où Condorcet préconisait dans son rapport « l'art de s'instruire soi-même » à tous les âges *(La Leçon de Condorcet)*.

Claude Lelièvre

▶ Bibliographie

Principales œuvres de Joffre Dumazedier :

Vers une civilisation du loisir ?, Paris, Le Seuil, 1971.

« Salons de lecture 1936-1985 », *Perspectives documentaires en sciences de l'éducation,* n° 6, 1985, p. 7-39.

La Révolution culturelle du temps libre : *1968-1988*, Paris, Méridiens-Klincksieck, 1988.

« Autoformation et médiation », *Les Sciences de l'éducation pour l'ère nouvelle,* n° spécial 1-2, 1996.

Penser l'autoformation : société d'aujourd'hui et pratiques d'autoformation, Lyon, Chronique sociale, 2002.

DUMAZEDIER J., LESELBAUM N., « Un nouveau secteur des sciences de l'éducation : la sociologie de l'autoformation », *Revue française de pédagogie*, 1, 1993.

DUMAZEDIER J. *et al., La Leçon de Condorcet*, Paris, L'Harmattan, 1994.

Principales œuvres sur Joffre Dumazedier :
ATTIAS-DONFUT C., PRONOVOST G., SAMUEL N., *Temps libre et modernité : mélanges en l'honneur de Joffre Dumazedier,* Sainte-Foy/Paris, Presses de l'université du Québec/L'Harmattan, 1993.
GREEN A.-M. (dir.), *Les Métamorphoses du travail et la nouvelle société du temps libre : autour de Joffre Dumazedier,* Paris, L'Harmattan, coll. « Logiques sociales », 2000.

► **Voir aussi**
Animation – Loisir – Sociologie de l'éducation.

DURKHEIM, ÉMILE (1858-1917)

Émile Durkheim est à la fois l'un des pères fondateurs de la sociologie et le premier à avoir abordé l'éducation en tant que champ d'observation objective. S'orientant vers une carrière philosophique et universitaire, il découvrit aux alentours des années 1880, durant son séjour à l'École normale supérieure, ce que serait sa « mission » : faire exister la « science sociale » comme discipline spécifique, dans un double souci politique (contribuer à l'élaboration d'une société unie et solidaire) et pédagogique (enseigner aux citoyens le sens du groupe). Toute réforme sociale devant être fondée sur une connaissance du fonctionnement des sociétés, il faut donc d'abord répondre à la question « Quelles sont les conditions d'existence d'une société ? » et, partant, constituer la sociologie comme science rigoureuse. Il s'agit non seulement de désigner quelles sont dans les sociétés modernes – « désormais » – les bases du ciment social, mais aussi quelles vont être les fonctions de l'éducation et partant quelle pédagogie doit être mise en œuvre.

Approche et concepts clés

L'approche durkheimienne du champ éducatif ne peut donc être séparée du modèle de connaissance des sociétés qu'il a construit : l'idée que si la psychologie est nécessaire à la compréhension des phénomènes sociaux, il convient d'expliquer le social par le social, d'aborder ces phénomènes « par un côté où ils se présentent isolés de leurs manifestations individuelles » ; l'importance accordée à la manière dont les individus s'associent pour créer des groupes ayant une mentalité propre, constituant une « conscience collective » se traduisant en représentations, institutions, en un « substrat » matériel qui devient lui-même un facteur de vie sociale ; la conception d'un lien social créateur de la personnalité faisant l'humain dans l'homme.

Au niveau épistémologique, on retiendra quelques concepts clés : toute société peut être analysée en termes de « système » et de « sous-systèmes », constituant des organes ayant des « fonctions » (approche dite structurofonctionnaliste) et répondant à des *besoins* sociaux ; la cohésion d'une société implique à la fois que soient satisfaits des requisits d'« intégration » (volonté d'être ensemble) et de « régulation » (obéissance à des normes communes) ; l'évolution des sociétés tient de l'action réciproque qui se produit entre les degrés de matérialisation de la conscience collective, les *représentations collectives* ayant un rôle dominant dans le processus de changement ; dans les sociétés modernes, les valeurs ultimes qui émergent concernent le caractère *sacré* de la personne humaine, dont la reconnaissance doit se traduire par la venue d'un système social qui unisse l'« individualisme » (culte de la personne) et le « socialisme » (respect de la loi du groupe).

Aspects sociaux du fait éducatif

Trois aspects « sociaux » du fait éducatif intéressent Durkheim dans cette perspective : l'école en tant qu'organe social, en tant que système ayant spécifiquement en charge la socialisation des « jeunes générations » et par-delà la survie sociale ; le rôle dévolu au maître, sa position en tant qu'agent d'une société institutrice ; quelle pédagogie est susceptible de participer au mouvement d'une société – celle de Durkheim – passant des valeurs religieuses à des valeurs laïques.

La définition de l'éducation doit la montrer répondre à des besoins. Elle a pour objet de développer chez l'enfant « un certain nombre d'états physiques, intellectuels et moraux, que réclament de lui et la société politique dans son ensemble, et le milieu spécial auquel il est particulièrement destiné ». C'est à l'école, au sein du « système scolaire », que se constitue spécifiquement la « socialisation méthodique » de la jeune génération, dans le double objectif de la formation du citoyen et du futur participant à un groupe professionnel.

L'école est en fait un sous-système dans le système social global, et doit remplir cette fonction de transmission non seulement de savoirs, mais aussi de règles et de valeurs, ce que Durkheim désigne comme *éducation morale.*

Toute société fonctionnant sur la base de règles (fonction de régulation), il faut donner à l'enfant le sentiment de la discipline nécessaire, *l'esprit de discipline ;* toute société devant être cohésive (fonction d'intégration), il faut donner à l'enfant le sens de la valeur du groupe, du lien social, *l'attachement au groupe.* Mais, dans la mesure même où l'enfant ne saurait être considéré comme un pur objet d'autorité, un troisième « élément de la moralité » fait partie de l'éducation morale : *l'autonomie de la volonté.* Il faut qu'à l'école le futur citoyen comprenne en raison, voire ressente en lui-même et veuille le respect des valeurs humanistes ultimes qui fondent désormais le social.

Le rapport pédagogique

C'est au niveau des attitudes du maître dans son contact avec les élèves que se joue le sort du processus d'instruction. Il doit savoir diriger la classe en tant que groupe, et la discipline scolaire doit être exclusive de toute « violence ». Le rapport pédagogique implique en effet le risque d'un abus de pouvoir (la « mégalomanie scolaire »), et il s'agit de trouver la voie entre une pédagogie où l'autorité serait emprise et un laisser-faire représenté par exemple par la pédagogie libertaire de Tolstoï.

Une culture, non seulement sociologique mais aussi psychologique, est ainsi nécessaire au futur enseignant. L'une des originalités de Durkheim est cependant d'insister sur le rôle d'une initiation à l'histoire même de l'éducation, cette initiation constituant une véritable « propédeutique pédagogique ». En effet, l'analyse sociohistorique des causes de l'élaboration des systèmes d'enseignement aux différentes époques est susceptible, soit de questionner sur ce qu'il peut exister de survivances dans le présent, soit de diagnostiquer des éclipses regrettables, soit enfin de montrer l'autonomie relative d'un système dans le cadre du développement d'une société.

Jean-Claude Filloux

▸ Bibliographie

Principales œuvres d'Émile Durkheim :

Éducation et Sociologie, Paris, PUF, 1922, 8e éd., 2003.

L'Éducation morale, Paris, PUF, 1924, 3e éd., 1992.

L'Évolution pédagogique en France, Paris, PUF, 1938, nouv. éd., 1990.

La Science sociale et l'action, Paris, PUF, éd. posthume : 1970, nouv. éd., 1987.

Principales œuvres sur Émile Durkheim :

Cardi F., Plantier J. (éd.), *Durkheim, sociologue de l'éducation,* Saint-Fons/Paris, INRP/L'Harmattan, 1993.

Cherkaoui M., *Naissance d'une science sociale : la sociologie selon Durkheim,* Genève, Droz, 1999.

Filloux J.-C., *Durkheim et le socialisme*, Genève, Droz, 1977.

Filloux J.-C., *Durkheim et l'éducation,* Paris, PUF, 1994.

Kerlan A., *La Science n'éduquera pas : Comte, Durkheim, le modèle introuvable,* Berne, Peter Lang, 1998.

Prades J., *Durkheim,* Paris, PUF, 1990.

Steiner P., *La Sociologie de Durkheim,* Paris, La Découverte, coll. « Repères », 2005.

▸ Voir aussi

Génération – Laïcité – Morale (Éducation) – Pédagogie – Socialisation – Sociologie de l'éducation.

Dynamique de groupe

Les concepts et les pratiques associés à l'appellation « dynamique de groupe » ont émergé à la fin des années 1930, dans le cadre de recherches expérimentales et théoriques que conduisait, aux États-Unis, une équipe de psychologues, sociologues et professionnels réunis autour de Kurt Lewin.

L'apport de Kurt Lewin

Le psychologue Kurt Lewin (1890-1947) appartenait à l'école allemande de la « psychologie de la forme » (*Gestalt Psychologie*) ; il avait dû rester aux États-Unis en 1933, devant la montée du péril hitlérien. Le contexte américain, moins marqué par l'individualisme de type européen et où s'était développée, dans l'entre-deux-guerres, la psychologie sociale, l'inclina alors à transférer sur les groupements humains les conceptions et les méthodes appliquées par les psychologues de la *Gestalt* à l'étude expérimentale de l'individu. La lutte des nations démocratiques contre la démesure nazie, en surcroît, l'incita à préparer des dispositifs permettant de spécifier et valider les comportements et les procédures démocratiques.

C'est ainsi qu'avec ses collègues Lippitt et White, il conduisit, en 1939, une célèbre étude sur les modalités *(patterns)* de conduite agressive dans des climats sociaux expérimentalement créés (autoritaire, démocratique, laisser-faire). En 1943, en pleine guerre, il dirigea une non moins célèbre expérimentation destinée à inciter, par des discussions libres, des ménagères américaines à maîtriser leurs habitudes alimentaires et à cuisiner, en raison des restrictions de l'époque, des « bas morceaux » de viande.

En 1945, il créa au Massachusetts l'Institute of Technology (MIT), à Cambridge, un centre de recherches pour la dynamique de groupe (Research Center for Group Dynamics), qui fut ensuite transféré à l'Université du Michigan, à Ann Arbor. Sur cette époque, une anecdote est souvent racontée : au cours d'un séminaire d'étude sur les groupes restreints, en 1946, l'équipe des animateurs s'était réunie autour de Lewin pour faire le point, un soir, sur les interventions des uns et des autres ainsi que sur l'évolution du climat du groupe des participants ; un certain nombre de ceux-ci s'étaient rapprochés, écoutant puis prenant part librement aux analyses qui étaient formulées. L'intérêt et les effets positifs observés dans cette expérience incita à construire différemment les séances du séminaire : celles-ci seraient centrées sur la libre exploration, ouverte à tous, sans thème ni programme, des rapports successifs qui s'établissaient en dynamique entre les divers participants, les animateurs et leur « staff » au sein de leur groupe, permettant la prise de conscience des relations au groupe et un entraînement à l'insertion progressive de ses membres.

La diffusion du T-group

Le *Training-group* ou *T-group* était né : son modèle serait reproduit avec fruit dans de nombreuses formations aux relations humaines ou au développement personnel. Il engendrerait de nombreuses variantes (où les animateurs seraient transformés en observateurs et analystes souvent silencieux et non directifs) sous les dénominations : « groupes de base », « groupes de diagnostic », « groupes de rencontre », suivant leur références respectives à des conceptions psychosociologiques, psychanalytiques ou rogériennes.

Après la mort précoce de Lewin, en 1947, ses amis et ses émules continuèrent son œuvre. Des laboratoires nationaux d'entraînement aux phénomènes de groupe (National Training Laboratories, NTL) se développèrent aux États-Unis (notamment à Bethel), ainsi que d'importantes recherches.

En Europe, le Tavistock Institute de Londres, d'inspiration psychanalytique, organisa des formations à la dynamique de groupe et donna naissance à des études importantes. On peut citer, parmi celles-ci, les recherches de W. Bion, qui le conduisirent à distinguer, à côté de groupes au travail *(working-group),* trois structures de groupe en équilibre dynamique : une structure de dépendance générale à un leader *(dependency-group),* une structure stabilisée par une ou des opposition(s) par paire(s) *(pairing-group),* ou encore une structure d'équilibre oscillant entre des affrontements et des dérobades *(fight and flight-group).* On doit noter également les pratiques de « groupes Balint », du nom du psychanalyste d'origine hongroise qui les mit en œuvre, et qui centrent la dynamique des échanges sur les problèmes de transfert et contre-transfert professionnels vécus par un des participants.

En France, dès 1955, à la suite de participations à des *T-group* aux États-Unis, la dynamique de groupe a fait l'objet de séminaires pour cadres, dans l'industrie, puis à moindre titre, dans l'Éducation nationale, mais aussi pour de nombreuses professions sociales. Des séminaires de ce type demeurent utiles pour exercer de futurs éducateurs et enseignants à comprendre la dynamique d'une classe et à en assurer la régulation.

L'observation des phénomènes à l'intérieur des groupes

Les expérimentations soigneuses et les efforts de théorisation rigoureuse, mis en œuvre par Lewin et son équipe, ont dégagé des concepts abstraits (*constructs*), un cadre opératoire de champ social (Lewin, 1951) et enfin des procédures de formation et d'intervention relatives au changement social et à la résolution des conflits.

Ces conceptions, construites à partir de métaphores topologiques et dynamiques ou physiques, ont permis d'enrichir les considérations sur les groupes de diverses tailles, les phénomènes de *leadership* et de tension à l'intérieur des groupes, la détermination des comportements et des buts (ou objectifs dans ceux-ci), mais aussi la « locomotion » vers ces buts. Elles ont éclairé les processus de structuration incessants qui se stabilisent selon les « équilibres quasi stationnaires », articulant des comportements, des caractérisations et des conduites développés par chaque individu, en interaction avec tous les autres à l'intérieur des « frontières » d'un groupe.

Par des échanges incessants d'énergie (en croisement de forces) et d'information avec son environnement, mais aussi entre ses membres, des « dimensions » sociales peuvent, en effet, être étayées au sein du groupe. Celles-ci offrent à chaque individu des références de normes et de valeurs (formant une « culture de groupe ») ; des modèles d'action et des statuts (en interdépendance au cœur de rôles complémentaires) ; des moyens répartis et des sanctions attribuées (selon la forme d'un réseau de communications) ; enfin des tâches à exécuter selon des méthodes adaptables (en vue d'atteindre les buts définis par le groupe).

Le recours à des considérations spatiales a conduit à définir et étudier : « l'espace de vie » ou de « libre accès » ; la « valence » d'une « région » dans « l'espace de vie » qui attire (ou repousse) un individu ; les « niveaux d'aspiration » des personnes ; la conduite et le développement des membres du groupe comme « une fonction de la situation totale » ; la notion de « portier » qui ouvre ou ferme les accès multiples ; « l'écologie psychosociale », dans le rapport des individus et de leur groupe à l'environnement.

De même, l'utilisation de références dynamiques a mis en relief : « la tension » d'un système social ; la « plage » ou « région » des buts visée par un groupe et vers laquelle il se met en « locomotion » ; la notion de force qui « caractérise en un point donné de l'espace de vie, la durée et l'intensité de la tendance à changer » (Morton Deutsch) par la locomotion d'une région à une autre ; les « champs » psychologiques dont la théorie, dit Lewin (1951), est « une méthode d'analyse des relations causales et une méthode de construction des concepts scientifiques ».

Mieux piloter les groupes

Ces conceptions ont donné la possibilité de sortir des vues statiques et mécanistes afin d'analyser les échanges dans les ensembles sociaux ainsi que leurs changements. La notion de « champ » s'est révélée féconde pour considérer le groupe comme un tout, distinct des éléments qui le composent. Elle a également mis en évidence la structure des potentiels de forces en tension d'équilibre, elle a permis de prévoir des stratégies évitant des mesures impositives qui accroîtraient les tensions : « Les changements sociaux, observe Lewin (1959), peuvent être ou non précédés par un accroissement des forces opposées. Dans certaines conditions cependant, on peut réaliser plus aisément des changements sociaux si l'on diminue auparavant la tension ». Il s'agit, en effet, de modérer la résistance au changement. C'est ce qui est observé dans le cas où un animateur, dans un groupe de travail ou en formation, diminue le poids de son rôle et ouvre, après quelques oscillations émotionnelles, des espaces d'initiative et de responsabilités ou d'évolution.

On doit aussi à la dynamique des groupes la notion de pression de conformité (qui agit sur les membres d'un groupe et qui doit être élucidée et modérée) ainsi qu'une compréhension des localisations de l'agressivité dirigée vers le leader et dérivée vers d'autres rôles (et qui doit être resituée en sérénité). La dynamique de groupe peut alerter, en éducation et en enseignement, sur la richesse des potentiels de force disposés chez les élèves et qu'il importe d'harmoniser, par des modalités adéquates, variées et prudentes, évitant les dérives identitaires qui peuvent être mises en œuvre par les enseignants et les éducateurs. On ne peut, en effet, oublier la définition du groupe, selon Lewin et ses émules : loin d'être une collection d'individus réputés identiques par rapport à un critère quelconque d'homogénéité, est davantage un rassemblement de personnes différentes mais interdépendantes dans la poursuite de leurs objectifs individuels dont la combinaison est connexe à la structuration dynamique de leur groupe.

André de Peretti

▸ Bibliographie

KAUFMAN P., *Kurt Lewin : une théorie du champ dans les sciences de l'homme*, Paris, Vrin, 1968.

LEWIN K., *Psychologie dynamique*, Paris, PUF, 1959.

MUCCHIELLI R., *La Dynamique des groupes : processus d'influence et de changement dans la vie affective des groupes*, Issy-les-Moulineaux, ESF, 2004.

PAGÈS M., *La Vie affective des groupes : esquisse d'une théorie de la relation humaine*, Paris, Dunod, 2002.

PERETTI A. de, *Les Techniques du groupe dans la formation*, Paris, Unesco, 1977.

PERETTI A. de *et al., Techniques pour communiquer*, Paris, Hachette, 1994.

SCHUTZENBERGER A., *Vocabulaire des techniques de groupe,* Paris, Épi/Desclée de Brouwer, 1971.

▸ Voir aussi

Directivité, non-directivité – Groupe (Pédagogies de) – Groupement – Psychosociologie et formation.

E

ÉCHANGE CULTUREL

Le terme « échange culturel » désigne les nombreuses formes de coopération entre pays dont l'objet est le dialogue et la connaissance réciproque des cultures dans un souci de compréhension mutuelle et de rapprochement.

Communication, ouverture, échange sont les maîtres mots de toute formation aujourd'hui : « On ne peut pas connaître sa culture si l'on n'en connaît pas d'autre. »

On parle le plus souvent d'« échanges culturels » au pluriel, tant sont variées les formes de relations entre les gens et les pays et multiples les canaux qu'elles empruntent : rencontres de toute sorte, voyages et séjours individuels ou collectifs, contacts scolaires et extrascolaires, jumelages, échanges de documents, intervention des médias, actions de formation mutuelle des enseignants et des formateurs, stages et journées communes de réflexion. Pour plus de commodité, il est d'usage de distinguer les « échanges éducatifs », qui se situent dans le domaine scolaire, et les « échanges culturels », qui prennent une acception plus large et concernent, en particulier, le domaine des arts. Mais il est bien évident que les actions s'imbriquent et que tout échange fait intervenir à la fois la langue, les mœurs, la connaissance des milieux naturels et humains, les conditions sociopolitiques, bref la civilisation dans son sens le plus large.

Parler d'« échange », ce n'est pas, bien entendu, tenter d'imposer sa culture aux autres. Il s'agit plutôt de réciprocité ; et par là même le terme « culturel » s'explique et se justifie : il devient légitime d'exporter ses particularités si l'on est prêt en retour à assimiler celles des autres.

Quelques exemples

De nombreuses organisations œuvrent dans le domaine des échanges culturels. Nous n'en citerons que trois, parmi les plus originales.

Le Centre franco-québécois de développement pédagogique : il entretient, depuis 1964, entre les deux systèmes d'éducation, un dialogue favorisé par la communauté de langue et d'origine. La coopération a évolué dans sa forme et son fonctionnement ; elle est actuellement organisée en « projets de coopération », selon des thèmes répondant à des priorités définies respectivement dans chacun des deux pays.

L'Office franco-allemand pour la jeunesse : de la réconciliation à la compréhension véritable, l'apprentissage de la coopération entre les deux pays passe par les contacts entre les jeunes. Il s'agit de faire en sorte que la confrontation de nos vues sur les grands problèmes actuels devienne un acte quotidien, ce qui permet à chacun de mieux prendre conscience de sa propre identité. Cette formation aux échanges internationaux, constamment réorientée en fonction de l'actualité, revêt un caractère exemplaire pour d'autres relations internationales et en particulier pour l'avenir de l'Europe.

L'Association France-Louisiane : elle est plus spécialement centrée sur la communauté de langue et peut à ce titre inspirer les relations entre les pays ayant en commun l'usage du français. Elle n'ignore pas les dimensions économiques, mais dans tous les domaines (médecine, arts, sciences, etc.), elle est le lieu privilégié des contacts entre la France et la civilisation américaine.

Jean Auba

▸ Bibliographie

KERZIL J., VINSONNEAU G., *L'Interculturel : principes et réalités à l'école*, Fontenay-sous-bois, Sides, 2004.

LECLERCQ J.-M., *Figures de l'interculturel dans l'éducation*, Strasbourg, Conseil de l'Europe, 2003.

VANDAAL-HARTONG A.-M., COYLE D., EVERTSSON J., *Guide pratique des échanges éducatifs*, FIPF, 1987.

« La Communication interculturelle », *Les Amis de Sèvres*, n° 4, 1982.

Formation aux échanges culturels, OFAJ, 1992.

▸ Voir aussi

Échange scolaire – Interculturelle (Pédagogie) – Partenariat.

ÉCHANGE SCOLAIRE

Les échanges scolaires constituent une des modalités de l'ouverture internationale des établissements d'enseignement. Ils peuvent s'inscrire dans le cadre de l'« appariement scolaire », formule qui officialise et structure le partenariat pédagogique.

Il s'agit d'une forme de jumelage entre un établissement scolaire français et un établissement partenaire étranger. Un appariement implique un lien durable fondé sur la réciprocité et la mise en œuvre de projets pédagogiques communs. La recherche d'un partenaire une fois effectuée par l'intermédiaire des services rectoraux, l'homologation de l'appariement est prononcée par le recteur d'académie. Dans ce cadre, des échanges de classe peuvent intervenir au cours de l'année scolaire et bénéficier d'une subvention rectorale, qui est fonction de la qualité du projet présenté.

Il existe environ 10 500 appariements entre des établissements scolaires français et étrangers, dont plus de 4 000 avec la République fédérale d'Allemagne et 2 200 avec le Royaume-Uni. 3 500 échanges annuels s'effectuent dans ce cadre, permettant à des classes d'effectuer des séjours d'une durée moyenne de deux semaines dans l'établissement et les familles partenaires. Ces échanges sont organisés par les délégués académiques aux relations internationales et à la coopération (DARIC).

Nicolas Marques
Renaud Nattiez

▸ Bibliographie

BO, n° 76-353, Paris, ministère de l'Éducation nationale, 19 octobre 1976.

BO, n° 82-024, Paris, ministère de l'Éducation nationale, 15 janvier 1982.

BO, n° 89-122, Paris, ministère de l'Éducation nationale, 23 mai 1989.

BO, n° 91-122, Paris, ministère de l'Éducation nationale, 1er août 1991.

CHASSET-DESCHAMPS V., *Guide de l'échange scolaire*, Haute-Normandie, CRDP, 1984.

▸ Voir aussi

Partenariat – Projet.

ÉCHEC SCOLAIRE

C'est en 1960 qu'apparaît en France le terme « échec scolaire ». Auparavant, on ne parle que des insuccès exceptionnels ou « folkloriques » de certains élèves (« les inadaptés », « les cancres », etc.), mais « l'échec scolaire » en tant que problème social ou en tant que phénomène massif est inconnu. Pourtant, les données statistiques de 1959-1960 indiquent que plus de 25 % des enfants redoublent le cours préparatoire, 60 % des élèves de CM2 sont en retard, 50 % à peine passent en sixième, 10 % des jeunes seulement sont bacheliers et 50 % des plus de 25 ans n'ont aucun diplôme.

Très vite, au cours des années 1960, on assiste à une « explosion de la notion d'échec scolaire » (Isambert-Jamati, *in* Plaisance, 1985) qui va de pair avec « l'explosion scolaire » (celle des collèges). Les réformes de 1959 et 1963 décident la prolongation de la scolarité jusqu'à 16 ans et la création des collèges d'enseignement secondaire (les CES). Entre 1950 et 1965, le taux d'adolescents fréquentant le premier cycle de l'enseignement secondaire passe de 26 % à 55 %. Simultanément, le discours public insiste sur le rôle primordial qui revient à la scolarisation et à la formation dans le développement technique et économique. C'est alors que « naît » l'échec scolaire : il devient un « problème » à partir du moment où la scolarité au-delà du primaire et un niveau d'étude « correct » deviennent la norme. L'idée de collège pour tous (réformes Berthoin et Fouchet, vers 1960) et celle du collège unique (réforme Haby, 1975) « génèrent » l'idée d'échec scolaire.

Cette notion connaît une deuxième expansion avec « la seconde explosion scolaire » (celle des lycées et des universités) dans les années 1980. La loi d'orientation sur l'éducation de 1989 fixe de nouveaux objectifs au système scolaire : 100 % de jeunes au niveau CAP-BEP et 80 % au niveau baccalauréat. Le taux de bacheliers passe de 25 % en 1975 à 50 % en 1990 ; dans la même période, la proportion de jeunes scolarisés à 18 ans passe de 60 % à plus de 80 %. La réussite scolaire semble plus que jamais nécessaire à la réussite sociale. La préoccupation et la peur de l'échec croissent en même temps que l'exigence de réussite.

Une « troisième vague » apparaît au tournant des années 1990 avec la montée du chômage (notamment celui des jeunes) et des « exclusions ». À partir du moment où la rentabilité de la formation scolaire s'affaiblit et où la menace du chômage touche de plus en plus de jeunes diplômés, la notion d'échec scolaire s'étend à toutes les filières et structures d'enseignement qui ne garantissent plus l'insertion professionnelle et sociale. Par exemple, les détenteurs du baccalauréat sont deux fois plus nombreux qu'en 1975 mais les bénéfices retirés de sa possession ont diminué dans les mêmes proportions. D'où le paradoxe de l'échec scolaire : plus « le niveau monte » (Baudelot, Establet, 1971) et plus « l'échec scolaire » monte aussi.

Un problème social, trois types de problèmes scolaires

L'« échec scolaire » désigne donc un « problème » relatif et évolutif. Il n'existe qu'en fonction d'un contexte social historique déterminé. Cette notion n'a pas de sens dans une école fondée sur deux principes : celui d'un « simple » droit d'accueil pour tous (mais sans garantie quant à la réussite) et celui de la séparation entre l'école primaire (l'« école du peuple ») et l'enseignement postélémentaire. Elle est impensable dans une société où la majorité des jeunes accèdent directement à l'emploi par l'apprentissage et la formation « sur le tas ».

L'échec scolaire devient un problème social lorsque l'institution scolaire est régie par deux règles : celle de la continuité entre les cycles (le primaire est la propédeutique du collège, le collège la propédeutique du lycée) et celle du droit à la réussite pour tous. La notion d'échec scolaire devient centrale dans un système social où la qualification scolaire (les diplômes) pèse lourdement sur la qualification sociale. L'absence de qualification scolaire (l'« échec scolaire ») équivaut alors à une déqualification – voire une disqualification – sociale. Ce phénomène s'amplifie dans des périodes de chômage : la non-qualification scolaire signifie dans ce cas une quasi-exclusion sociale.

On pourrait définir l'échec scolaire comme la différence entre l'offre et la demande. Quand l'offre d'enseignement (ce que produit l'école) correspond à la demande sociale (ce que veut la société), on ne parle pas d'échec scolaire. On en fait état à chaque fois que « la demande d'école » croît plus vite que le « rendement » de l'école. D'où les trois types de problèmes que recouvre le seul terme d'échec scolaire :

- Des difficultés d'adaptation à la structure scolaire. L'accent est mis soit sur les processus comportementaux et relationnels, soit sur les conditions d'accueil des élèves. Dans ce sens, on peut parler d'échec scolaire dès l'école maternelle.
- Des difficultés d'apprentissage. L'accent est mis soit sur les processus cognitifs et les compétences des élèves, soit sur les procédures didactiques. Dans ce cas, on insistera par exemple sur la maîtrise des « savoirs de base » : lire, écrire, calculer.
- Des perturbations du cursus scolaire. L'accent est mis sur les mesures de certification et d'évaluation terminale des élèves, sur les épreuves qui sanctionnent la fin de la formation initiale. Dans ce sens, on évoquera surtout le sort des non-diplômés ou des petits diplômés.

Les trois courants explicatifs traditionnels

Si on se limite à la scolarité obligatoire (de 6 à 16 ans), les estimations récentes relèvent près de 25 % d'élèves « à risque d'échec » dès la fin de la première année (le CP), 20 % « en difficulté » à l'entrée du collège et environ 10 % « sans qualification » à leur sortie du système scolaire. 80 % de ces « mauvais élèves » appartiennent à des milieux sociaux dits défavorisés.

Les théories explicatives classiques ont essayé d'analyser les « causes » ou les facteurs responsables de ces échecs. On peut les regrouper en trois grandes approches :

- L'approche psychomédicale se centre sur les déficits ou les troubles de l'enfant qui échoue. On évoque les différences d'équipement intellectuel entre individus, la diversité des dispositions, la variabilité des rythmes d'acquisition. Ou bien on fait référence à des « problèmes » psychiques multiples : cognitifs, instrumentaux, affectifs, etc.
- L'optique inspirée de la pathologie sociale met en cause les déficiences et les infériorités du milieu sociofamilial. L'enfant aurait des difficultés ou des retards d'apprentissage à cause des carences éducatives, des manques culturels, du handicap social ou linguistique de son milieu de vie.
- La problématique issue de la sociologie critique accuse la nature sélective et reproductive de l'école. Celle-ci aurait pour fonction de produire simultanément une élite et de l'échec. Certains mettent en cause les manières de faire et de penser qui prévalent dans l'institution scolaire. Pour d'autres, la fabrication de l'échec est en fait programmée par « l'appareil » d'enseignement et le système socio-économique.

Une position « mitigée » essaie de faire coexister ces différentes thèses. L'échec scolaire serait le produit de plusieurs facteurs : les inégalités naturelles, les inégalités culturelles et le fonctionnement inégalitaire de l'institution scolaire.

Mieux comprendre le « triangle sociopédagogique »

Ces différentes explications ont fait l'objet de nombreuses critiques au cours de la décennie 1980-1990. D'abord, elles laissent dans l'ombre les variables pédagogiques et situationnelles. Comment peut-on expliquer un « problème » si on ne tient pas compte de la situation qui l'a vu naître ? Peut-on se contenter de dégager certaines caractéristiques des forces en présence (l'enfant, la famille, le milieu social, la structure scolaire) sans prendre en compte « ce qui se passe vraiment » au quotidien sur le terrain ?

Plus grave : en oubliant ou en sous-estimant le poids des facteurs éducatifs et le rôle du contexte sociopédagogique, on engendre « le désespoir pédagogique » et le « fatalisme » (CRESAS). Si l'on transforme les facteurs psychologiques, culturels, structurels, socio-économiques en lois d'airain et en déterminismes implacables, l'intervention éducative ne peut être qu'une sorte de « soin palliatif » ou de « mystification » des pédagogues.

Autre risque majeur : ces interprétations peuvent elles-mêmes être des causes de l'échec scolaire. Elles induisent en effet des attentes et des conduites négatives des acteurs de l'action éducative. Ceux-ci peuvent alors produire l'échec qu'ils ont pronostiqué « scientifiquement » (Rosenthal, Jacobson, 1972).

De « nouvelles » analyses de l'échec scolaire se sont développées après 1980, en particulier en sociologie de l'éducation. Pendant des années, la sociologie de l'échec scolaire s'était partagée « entre une sociologie de l'élève et une sociologie de l'école » (Forquin, 1982). Elle s'intéresse aujourd'hui de plus en plus aux interactions entre les trois principaux pôles de l'activité d'enseignement/apprentissage. Elle essaie d'appréhender le « drame » lui-même, c'est-à-dire les histoires à la fois singulières et collectives des élèves en échec. Son regard se déplace des causes, facteurs, déterminants extérieurs ou préalables à l'insuccès vers le « triangle socio-pédagogique » (enfant – école – milieu socio-familial) et les « mobilisations scolaires » des différents acteurs de ce drame, « dont le texte n'est pas établi d'avance » (Touraine). Les recherches actuelles mettent au premier plan le rôle des situations-problèmes et des dynamiques éducatives locales dans la genèse des échecs scolaires.

Gérard Chauveau

▸ Bibliographie

BAUDELOT C., ESTABLET R., *L'École capitaliste en France*, Paris, Maspero, 1971.

BEST F., *L'Échec scolaire*, Paris, PUF, coll. « Que sais-je ? », 1999.

CHARLOT B. *et al.*, *École et savoir dans les banlieues… et ailleurs,* Paris, Armand Colin, 1998.

CHAUVEAU G., DURO-COURDESSES L. (dir.), *Écoles et Quartiers : des dynamiques éducatives locales,* Saint-Fons/Paris, INRP/L'Harmattan, 1989.

CRAHAY M., *Peut-on lutter contre l'échec scolaire ?*, Bruxelles, De Boeck, 2003.

CRESAS, *L'Échec scolaire n'est pas une fatalité,* Issy-les-Moulineaux, ESF, 1981.

FORQUIN J.-C., « L'Approche sociologique de la réussite et de l'échec scolaires », *Revue française de pédagogie,* n° 59 et 60, 1982.

MERLE P., *La Démocratisation de l'enseignement*, Paris, La Découverte, coll. « Repères », 2002.

PLAISANCE É. (dir.), *L'Échec scolaire : nouveaux débats, nouvelles approches sociologiques,* actes du colloque franco-suisse, Paris, CNRS, 1985.

ROSENTHAL A., JACOBSON L., *Pygmalion à l'école,* Paris, Casterman, 1972.

▸ Voir aussi

Carrière scolaire (Inégalités sociales de) – Démocratisation de l'enseignement – Déperdition scolaire – Insertion – Populaire (École) – Qualification – Redoublement – Retard scolaire – Réussite scolaire – Sélection.

ÉCOLE

Du latin *schola,* le mot « école » recouvre, d'une façon générale, tout établissement où l'on enseigne.

À ce titre, il désigne, hors de tout système éducatif institutionnel, aussi bien les adeptes d'un maître en philosophie – l'école rationaliste – que ceux d'une même doctrine littéraire, ou ceux qui participent en tant qu'artistes à une même tendance – l'école impressionniste – ou une même ville – l'école de Pont-Aven – ou appartiennent à une même nation – l'école française. Ces sens sont éloignés de ceux que l'on trouve dans le cadre de l'appareil de formation, lesquels sont beaucoup plus techniques.

Au sein du système éducatif, le mot est employé en quatre sens différents selon le contexte d'emploi.

Dans son sens le plus simple, le mot « École » est utilisé, parfois par le législateur, le plus souvent par le pouvoir réglementaire, comme *dénomination d'un établissement* d'enseignement supérieur, quel que soit le ministère de rattachement. Cet emploi est contemporain de l'apparition dans le système français de formation d'établissements spécialisés, distincts des universités, créés pour les plus anciens sous l'Ancien Régime, la Révolution ou l'Empire, comme l'École polytechnique ou l'École centrale. Parmi les écoles existantes, on citera, au titre du Premier ministre, l'École nationale d'administration ; à l'Équipement, l'École nationale des ponts et chaussées, l'École des travaux publics ; à la Défense nationale, les écoles militaires (École Saint-Cyr, École spéciale militaire interarmes, École navale, École de l'Air, etc.) ; à la Justice, l'École nationale de la magistrature ; à l'Intérieur, l'École nationale de la police ; à l'Agriculture, les écoles nationales d'agronomie, les écoles nationales vétérinaires, etc. ; aux Finances, l'École nationale du Trésor ou celle des Impôts ; pour l'Industrie, à côté des écoles des arts et métiers, on peut encore citer les écoles des mines ; on trouve encore les écoles supérieures de commerce, ou les écoles d'architecture, ou les écoles de journalisme. Dans le secteur des arts, on trouve de nombreuses écoles, publiques ou privées : École du Louvre, École nationale supérieure des arts décoratifs, École nationale supérieure des beaux-arts. Ce ne sont là que des exemples. Bon nombre de ces établissements font partie du réseau dit des grandes écoles, ainsi que ceux qui relèvent de l'Éducation nationale : écoles normales supérieures, écoles d'ingénieurs. Certains textes instituant de tels établissements le font sous une autre dénomination tout en précisant la nature d'école personnalisée : Conservatoire national supérieur de musique, Institut national des langues et civilisations orientales. Tous ces établissements, à de très rares exceptions près, ont en commun d'être des établissements publics dotés de la personnalité morale, de l'autonomie administrative et financière. Mais ce trait commun recouvre des régimes très différents ; il faudrait encore citer, sans chercher à être complet, de grands établissements tels que l'École pratique des hautes études, l'École des hautes études en sciences sociales.

Le deuxième sens désigne les « établissements » d'enseignement du premier degré, les enseignements préélémentaires et élémentaires ; il s'agit des *écoles maternelles* et des *écoles élémentaires.* Les écoles n'ont ni la personnalité morale, ni l'autonomie administrative et financière. Chaque école n'en a pas moins ses instances de gestion propres : directeur, conseil d'école, conseil des maîtres. Il faut rapprocher de ce sens la dénomination du lieu même dans lequel est dispensé l'enseignement : la « maison d'école », l'école publique ou l'école privée. La construction, l'équipement et l'entretien des écoles incombent aux communes. De façon traditionnelle, l'ensemble des écoles relève d'une direction des écoles au sein du ministère de l'Éducation nationale. La même dénomination « écoles primaires privées », « maternelles privées », s'applique au même niveau de scolarité pour les établissements privés sous contrat.

Dans un sens proche désignant aussi une institution, le mot s'applique aux établissements d'enseignement spécialisés pour l'enfance handicapée ou inadaptée.

Dans un sens beaucoup plus large, employé au singulier, le terme désigne l'*ensemble des institutions et des fonctions scolaires et universitaires,* par exemple dans l'expression « l'École en France ». Le plus souvent ce sens est restreint à la partie scolaire. D'emploi courant en sociologie, en histoire de l'éducation, en sciences de l'éducation, le mot se retrouve également dans la presse et dans les ouvrages politiques, critiques et polémiques (« l'École de demain reste à faire » « De l'École », « La mort de l'École républicaine », « l'École en mutation »). Si l'expression « système éducatif » tend à se substituer au terme d'« école » dans l'emploi précisé ici, elle conserve un sens plus technique et une coloration managériale, alors qu'« école » s'appuie sur une tradition historique et bénéficie d'un attachement affectif. Ce sens n'a d'ailleurs aucune portée administrative et n'a pas de conséquences juridiques.

Il faut préciser enfin que l'utilisation du mot « école » n'est pas réglementée par les textes et réservée à des institutions en tant que dénomination. Ainsi, les formations politiques organisent des écoles de cadres, des écoles (ou universités) d'été, telle association de loisirs aura son école de voile ou de ski.

Claude Durand-Prinborgne

▸ Bibliographie

DURAND-PRINBORGNE C., *Le Droit de l'éducation,* Paris, Hachette Éducation, coll. « Organiser, former pour enseigner », 1998.

GAULUPEAU Y., *La France à l'école*, Paris, Gallimard, 2004.
LEGRAND A., « L'Enseignement supérieur », *in* Toulemonde B., *Le Système éducatif en France,* Paris, La Documentation française, coll. « Les Notices », 2003, p. 101 et suiv.

▶ **Voir aussi**
École élémentaire – École maternelle – École parallèle – Écoles (Grandes) – Système éducatif – Université.

ÉCOLE ÉLÉMENTAIRE

L'école élémentaire constitue le début de la scolarité obligatoire (six ans dans l'année civile). Elle s'étend sur cinq années, débute par le cours préparatoire (CP) suivi de deux années de cours élémentaire (CE1, CE2) et s'achève par les deux années du cours moyen (CM1, CM2).

L'école élémentaire suit l'école maternelle (ou préélémentaire) avec laquelle elle forme l'enseignement du premier degré (école primaire). À l'issue de sa scolarité élémentaire, tout élève doit pouvoir entrer au collège (au plus tard dans sa douzième année).

L'école élémentaire peut aussi comprendre des classes spécialisées :
– anciennes classes de perfectionnement, aujourd'hui classes d'intégration scolaire (CLIS) ou classes d'adaptation, s'adressant à des enfants présentant de graves difficultés ou des handicaps ;
– classes d'initiation (CLIN), s'adressant à des élèves non francophones.

Y enseignent des instituteurs ou des professeurs d'école (ces derniers issus des nouveaux recrutements, depuis 1991). Les écoles élémentaires sont dirigées par un directeur, plus ou moins déchargé de cours suivant la taille de l'école.

La construction, l'aménagement et les budgets de fonctionnement des écoles élémentaires sont de la responsabilité des communes.

Dans chaque école élémentaire siège un conseil d'école qui associe les enseignants, les parents d'élèves, les élus locaux, et qui se prononce sur l'ensemble des aspects touchant au fonctionnement de celle-ci.

Sur un même secteur géographique, les écoles élémentaires et maternelles sont placées sous l'autorité d'un inspecteur de l'Éducation nationale qui évalue leur fonctionnement, la qualité de l'enseignement et participe à la formation des enseignants.

Objectifs d'apprentissage et « nouvelle politique pour l'école »

L'école élémentaire dispense les apprentissages essentiels (lire, écrire, compter), donne à chaque élève les moyens de structurer sa pensée et son action et « met en place les conditions d'une scolarité secondaire réussie pour tous » *(Orientations générales pour l'enseignement primaire,* 1991). La scolarité y est organisée en cycles pour lesquels sont définis des objectifs et des programmes nationaux de formation comportant une progression annuelle ainsi que des critères d'évaluation (loi d'orientation du 10 juillet 1989). L'école élémentaire comprend le cycle 2 amorcé dans la grande section de maternelle et occupant les classes de CP et CE1, puis le cycle 3 regroupant les classes de CE2, CM1, CM2.

La nouvelle loi d'orientation du 24 avril 2005 introduit une autre logique. Elle conserve les cycles mais en change quelque peu le sens. Lorsqu'un élève est en difficulté et qu'il ne maîtrise pas les connaissances et les compétences indispensables à la fin d'un cycle, le conseil des maîtres se prononce sur la suite de la scolarité et peut proposer aux parents une aide individualisée et assortie ou non d'une préconisation de redoublement.

Les enseignements et horaires (26 heures hebdomadaires) sont répartis en trois groupes de disciplines :
– français, histoire, géographie, éducation civique ;
– mathématiques, sciences, technologie ;
– éducation physique et sportive, éducation artistique.

En outre, chaque école élabore un projet permettant de traduire les objectifs nationaux dans leur contexte particulier et de définir des stratégies et des étapes pour les atteindre (circulaire du 15 février 1990).

Raymond Ouzoulias

▶ **Bibliographie**

GIOLITTO P., *Histoire de l'enseignement primaire au XIXe siècle,* 2 vol., Paris, Nathan Université, 1984.
Ministère de l'Éducation nationale, *Les Cycles à l'école primaire,* Paris, CNDP/Hachette, 1991.
Ministère de l'Éducation nationale, *Loi d'orientation sur l'Éducation nationale et rapport annexe*, Paris, MEN, 1989.
Ministère de l'Éducation nationale, *Loi d'orientation et de programme pour l'avenir de l'école*, Paris, MEN, 2005.
Ministère de l'Éducation nationale, *La Maîtrise de la langue à l'école,* Paris, CNDP/Savoir Livre, 1992.
Ministère de l'Éducation nationale, *Le Projet d'école,* Paris, CNDP/Hachette, 1992.

▶ **Voir aussi**

Classe – Collège – Cycles – École maternelle – Instituteur(trice) – Préscolaire – Primaire (Enseignement) – Projet.

ÉCOLE DES HAUTES ÉTUDES EN SCIENCES SOCIALES (EHESS)

Héritière de la VIe section de l'École pratique des hautes études (sciences économiques et sociales), à laquelle elle se substitue en 1975 en devenant un établissement public à caractère scientifique et culturel autorisé à délivrer des diplômes universitaires, l'EHESS est depuis 1984 un grand établissement d'enseignement supérieur relevant du ministère de l'Enseignement supérieur et de la Recherche. Elle a une triple fonction : l'enseignement des méthodes et des résultats de la recherche en sciences sociales, incluant dans celles-ci les rapports avec les sciences de la nature et de la vie ; la pratique de la recherche ; les publications dans les divers domaines des sciences sociales.

Implantée à Paris mais aussi à Marseille, Toulouse et Lyon, l'école délivre le diplôme de l'EHESS ; elle assure par ailleurs des préparations doctorales qui débouchent sur des masters, des doctorats et des habilitations à diriger des recherches. Environ 140 directeurs de recherche, auxquels s'ajoutent des maîtres de conférences et d'autres intervenants, animent les laboratoires, centres et groupes ou équipes de recherche, au nombre d'une soixantaine, répartis en quatre divisions (histoire ; économie et méthodes mathématiques ; sociologie, psychologie et anthropologie sociale ; aires culturelles) et associés, pour la plupart, au Centre national de la recherche scientifique (CNRS). Chaque étudiant de l'EHESS doit, pour s'inscrire, obtenir auparavant l'accord d'un enseignant pour diriger ses recherches.

Haut lieu de la recherche en sciences sociales, l'EHESS a sans doute gagné en reconnaissance ce qu'elle a perdu en originalité, depuis qu'elle recrute ses directeurs d'étude et délivre les grades doctoraux en respectant un modèle universitaire que sa vocation originelle tenait à distance.

Philippe Champy

▶ **Voir aussi**

Doctorat – Écoles (Grandes) – Écoles normales.

ÉCOLE MATERNELLE

L'école maternelle constitue, avec les classes et les sections maternelles de l'école élémentaire, l'enseignement préélémentaire au sein de l'enseignement du premier degré. Elle possède des locaux spécifiques placés sous la responsabilité d'une directrice, plus rarement d'un directeur, et peut recevoir les enfants âgés de deux à six ans. Si elle peut donc recevoir les enfants avant l'âge légal de l'obligation de l'instruction primaire, les enfants âgés de moins de trois ans sont reçus dans la mesure des places disponibles et en priorité dans les zones d'éducation prioritaire.

L'ensemble constitué par l'école maternelle et l'école élémentaire définit l'école primaire.

Objectifs et activités

En 1976, les objectifs sont ainsi définis : « L'école maternelle contribue au développement de la personnalité de l'enfant sous toutes ses formes, corporelle, intellectuelle, affective. Elle entraîne l'enfant à l'usage de ses différents moyens d'expression et le prépare à recevoir ensuite la formation donnée par l'école primaire. Elle permet la détection précoce et le traitement pédagogique des handicaps éventuels. Elle favorise ainsi l'égalisation des chances tout au long de la scolarité ultérieure. » (décret du 28 janvier 1976) La circulaire d'application de 1977 relative aux objectifs et aux procédures éducatives de l'école maternelle précise que celle-ci joue « un triple rôle : éducatif, propédeutique et de gardiennage ». Se réclamant de la pédagogie par objectifs, elle pose les objectifs « majeurs » de l'éducation maternelle selon l'ordre hiérarchique suivant : l'affectivité ; le corps, le mouvement, l'action ; l'expression vocale, la musique ; l'expression plastique ; l'image, les représentations iconiques ; le langage oral, le langage écrit ; le développement cognitif (circulaire du 2 août 1977).

Ce dernier texte est abrogé par la circulaire du 30 janvier 1986, diffusée auprès du grand public sous forme d'un livre de poche qui définit le rôle et les missions de l'école maternelle : « Développer toutes les possibilités de l'enfant, afin de lui permettre de former sa personnalité et de lui donner les meilleures chances de réussir à l'école et dans la vie. » « Scolariser » est le premier objectif : « Donner à l'enfant le sentiment que l'école, donc la maternelle, est faite pour apprendre, qu'elle a ses exigences, qu'elle réserve des satisfactions et des joies propres. » En d'autres termes : « L'école maternelle est une école. » Le deuxième objectif est de socialiser : « Il s'agit d'apprendre à l'enfant à établir des relations avec les autres et à devenir sociable. » Le troisième objectif est de faire apprendre et d'exercer : « Il s'agit que l'enfant, par diverses activités, développe ses capacités de sentir, d'agir, de parler, de réfléchir et d'imaginer, dans le temps même qu'il élargit son expérience, explore le monde et augmente ses connaissances. »

Les grands domaines d'activités sont définis : les activités physiques, les activités de communication et d'expression orales et écrites, les activités artistiques et esthétiques, les activités scientifiques et techniques. Il ne s'agit pas d'un programme mais plutôt d'orientations pédagogiques : « De manière générale, la pédagogie à l'école maternelle recourt librement aux différentes activités, pour développer les diverses capacités des enfants et les aider à conquérir les connaissances qui sont à leur portée. Le travail du maître consiste donc à croiser sans cesse les activités et les capacités. »

Le décret du 6 septembre 1990 sur l'organisation et le fonctionnement des écoles maternelles et élémentaires insiste sur la réussite scolaire ultérieure : « L'objectif général de l'école maternelle est de développer toutes les possibilités de l'enfant, afin de lui permettre de former sa personnalité et de lui donner les meilleures chances de réussir à l'école élémentaire et dans la vie en le préparant aux apprentissages ultérieurs. L'école maternelle permet aux jeunes enfants de développer la pratique du langage et d'épanouir leur personnalité naissante par l'éveil esthétique, la conscience de leur corps, l'acquisition d'habiletés et l'apprentissage de la vie en commun. Elle participe aussi au dépistage des difficultés sensorielles, motrices ou intellectuelles et favorise leur traitement précoce. » Le même texte énonce que l'accueil des enfants de moins de trois ans doit être assuré en priorité dans les environnements sociaux défavorisés et particulièrement en zone d'éducation prioritaire (ZEP).

L'organisation de la scolarité primaire en « cycles d'apprentissage » est mise en place en 1991, en application du même décret de 1990 (note de service du 11 mars 1991). Le cycle des apprentissages « premiers » se déroule à l'école maternelle ; le cycle des apprentissages « fondamentaux » commence à la grande section de l'école maternelle, il se poursuit au cours des deux premières années de l'école élémentaire ; le cycle des « approfondissements » concerne les trois dernières années de l'école élémentaire et débouche sur le collège. La mise en place du cycle des apprentissages

« fondamentaux », à cheval sur l'école maternelle et l'école élémentaire, répond à la nécessité de renforcer la continuité des apprentissages (sans assimilation de la grande section à une classe de l'école élémentaire). Cette nouvelle organisation souple de cycles pluriannuels rend injustifiées les anciennes procédures d'admission anticipée au cours préparatoire pour des enfants de cinq ans, puisque les enfants concernés peuvent éventuellement commencer les apprentissages fondamentaux au cours de la grande section de maternelle. De manière générale, elle doit permettre une adaptation au « rythme de chaque élève », tout en assurant des bases communes à la fin de chaque cycle, en termes de connaissances et de compétences.

Cette nouvelle organisation en « cycles » entraîne aussi une réécriture des programmes pour l'école primaire dans son ensemble, c'est-à-dire aussi bien pour l'école élémentaire que pour l'école maternelle (arrêté du 22 février 1995). On y insiste à nouveau sur la définition prioritaire de la maternelle comme une « école » : « L'école maternelle occupe une place particulière dans l'ensemble du dispositif d'accueil de la petite enfance. C'est une école complémentaire de l'éducation familiale et préparatoire à la scolarité élémentaire, elle est le lieu d'expériences et d'apprentissages essentiels qui permettent aux enfants de "devenir grands". » Les orientations générales sont ainsi définies : « une école à l'ouverture maîtrisée », c'est-à-dire un milieu à la fois ouvert et protégé, permettant des expériences riches et diverses ; « une école centrée sur l'enfant », offrant un mode de vie et des apprentissages structurés. Dans cette perspective, la grande section « voit l'aboutissement des premiers apprentissages, de plus en plus structurés mais non systématiques, sur lesquels vont s'articuler les apprentissages fondamentaux », dans la mesure où « il ne faut ni mettre les enfants en difficulté par des apprentissages prématurés, ni freiner leur désir d'apprendre, mais prendre en compte l'évolution de chacun pour exploiter pleinement ses possibilités ». Sont enfin précisés des « domaines d'activités », depuis les apprentissages premiers jusqu'aux apprentissages fondamentaux : vivre ensemble ; apprendre à parler et à construire son langage, s'initier au monde de l'écrit ; agir dans le monde ; découvrir le monde ; imaginer, sentir, créer.

À partir de 1999, les Instructions officielles mettent le langage au premier plan des activités de l'école maternelle (et non plus le « vivre ensemble », comme en 1995). L'instruction en date du 8.10.1999 énonce que « la maîtrise des langages » est un « enjeu prioritaire ». Puis, les programmes d'enseignement de l'école primaire publiés dans l'arrêté du 25.1.2002 énoncent que le langage est « au cœur des apprentissages ». Plus généralement, ces programmes de 2002, qui sont repris intégralement dans les textes officiels de 2004-2005, insistent à nouveau sur la dimension de « l'expérience scolaire » : « Permettre à chaque enfant une première expérience scolaire réussie est l'objectif majeur de l'école maternelle. » Toutefois, « cette école de plein exercice se distingue de l'école élémentaire par la pédagogie qu'elle met en œuvre ». L'enfant doit y construire ses acquisitions fondamentales par « le jeu, l'action, la recherche autonome, l'expérience sensible ». Il s'agit à la fois de « mener à bien les apprentissages premiers » et d'engager les élèves dans la première étape des apprentissages fondamentaux, au niveau de la grande section. L'école maternelle est donc « organisée pour les jeunes enfants » et doit « accompagner les ruptures et organiser les continuités ». Le programme ne relève pas d'un « horaire contraignant ». La définition de grands domaines d'activités et d'objectifs à atteindre est complétée par la description de « compétences » que l'enfant doit acquérir avant son passage à l'école élémentaire.

Cinq domaines d'activités sont distingués. En priorité, le langage « au cœur des apprentissages » : certes, le langage oral est « l'axe majeur des activités », mais il convient aussi de « se familiariser avec le français écrit ». Le « vivre ensemble » est le deuxième objectif fixé, car l'école maternelle doit « offrir à chaque enfant le cadre éducatif d'une collectivité structurée par des règles explicites, et encadrée par des adultes responsables ». Sont ensuite précisées les activités suivantes : agir et s'exprimer avec son corps ; découvrir le monde ; la sensibilité, l'imagination, la création.

Rappel historique sur le XIXe siècle

Les salles d'asile sont à l'origine des écoles maternelles. Elles se développent surtout à partir de 1825 comme établissements privés qui relèvent de la tutelle de l'Assistance publique. Ce sont avant tout des « maisons d'hospitalité » qui reçoivent des enfants des classes sociales les plus défavorisées et dont les mères travaillent en dehors du domicile. Cependant, ces refuges pour enfants pauvres sont progressivement l'objet de réglementations qui les placent sous l'autorité du ministère de l'Instruction publique. En 1837, elles sont définies comme « établissements charitables ». C'est en 1848, sous la IIe République, que l'appellation d'école maternelle est officiellement proposée pour la caractériser comme établissement d'instruction publique. Cette innovation de vocabulaire ne sera pourtant appliquée qu'à partir de 1881 sous la IIIe République, car le Second Empire retourne à la notion de salle d'asile et, en plaçant l'institution sous la protection de l'impératrice, affirme à nouveau des objectifs de moralisation et de soumission sociale.

La naissance de l'école maternelle moderne est donc contemporaine des lois scolaires sur l'instruction primaire gratuite, laïque et obligatoire. L'action des républicains réformateurs des années 1880 consiste essentiellement à la distinguer de l'ancienne salle d'asile en lui fixant des objectifs de première éducation dans le cadre général de l'enseignement primaire. L'école maternelle est définie par la place médiane qu'elle occupe entre la famille et l'école primaire, car ce n'est pas non plus « une école au sens ordinaire du mot ». L'inspectrice générale Pauline Kergomard n'aura de cesse de préciser la spécificité de l'école maternelle : ni établissement de charité ni école primaire. Le programme de 1887 met ainsi en première ligne l'éducation physique, les jeux et les mouvements accompagnés de chants. Devant les difficultés à bien faire comprendre et appliquer ces orientations, les rédacteurs des textes officiels en sont venus à définir en 1905 l'école maternelle comme une « école d'hygiène et de propreté ». En 1921, on préconise des exercices et non des leçons afin de faire primer l'éducation sur l'instruction.

Après 1945

La fréquentation de l'école maternelle subit alors de profondes transformations. Non seulement les taux de fréquentation augmentent de manière spectaculaire : environ 27 % en 1945, les enfants âgés de deux à cinq ans sont environ 84 % en 1996 à être accueillis dans l'enseignement préélémentaire (public et privé). Mais le type de public change aussi radicalement : traditionnellement populaire, il devient socialement très divers au point que les classes moyennes et même supérieures sont devenues elles aussi utilisatrices de l'école maternelle. Cette profonde transformation ne semble pas être la conséquence de l'évolution du travail féminin mais plutôt des modifications de la place et des représentations du jeune enfant au sein de la famille. De fait, l'enfant n'est plus considéré uniquement comme objet de soins hygiéniques, mais plutôt comme un sujet qui a sa propre personnalité et qui, pour « s'éveiller » au monde, a besoin d'être confronté à des expériences extra-familiales. D'où cette « délégation », par les familles, de certaines tâches éducatives à des institutions collectives extérieures, mais surtout à l'école maternelle : socialiser le jeune enfant, c'est aussi le scolariser.

Questions en débat

Les questions majeures se posent en amont et en aval de l'école maternelle, à propos de la place des plus jeunes enfants d'une part, et à propos des activités des plus âgés d'autre part. La scolarisation des enfants de deux ans suscite en effet des prises de position opposées. Les prises de position hostiles s'appuient sur des interprétations des théories de l'attachement mère/enfant. Les options favorables mettent en avant les bénéfices que les enfants peuvent en tirer et prennent argument des enquêtes statistiques qui démontrent le lien entre la fréquentation « préscolaire » et la diminution des redoublements à l'école élémentaire. Or, on peut considérer que c'est moins le problème strict de l'âge qui importe que celui des conditions matérielles et pédagogiques d'accueil des enfants les plus jeunes et celui des grandes différences dans leurs capacités à vivre dans un cadre collectif. En fait, de nombreuses initiatives ont été prises au cours des années 1980 pour améliorer l'accueil des plus jeunes enfants et pour établir de nouvelles relations entre les crèches et les écoles maternelles. Les textes officiels de 2002 et de 2004 insistent à juste titre sur l'importance que revêt, pour le tout-petit, sa première entrée à l'école et sur la nécessité de divers aménagements pour faciliter les ruptures.

Du côté des enfants plus âgés, la question majeure est celle des apprentissages qui doivent leur permettre un accès à l'école élémentaire dans les meilleures conditions de réussite. Certains pédagogues mettent ainsi l'accent sur la nécessité de mettre en place des apprentissages précoces de la lecture et de l'écriture ; d'autres, au contraire, considèrent qu'il est primordial d'assurer les bases du développement sociocognitif et affectif et prônent une grande diversité d'activités. Mais on peut aussi insister sur la nécessité de la maîtrise progressive par l'enfant des variantes langagières de l'oral. Cependant, la mise en place de la politique des cycles à l'école primaire modifie les rapports entre les écoles maternelles et élémentaires (décret du 6 septembre 1990). La spécificité de l'école maternelle, héritée d'une longue et riche tradition pédagogique, acquiert un nouveau sens dans le cadre de cette articulation avec l'école élémentaire et dans celui du dialogue entre les enseignants concernés. Concrètement, la concertation est nécessaire pour établir un suivi individualisé de chaque élève dans son passage à l'école élémentaire.

Éric Plaisance

▸ Bibliographie

Amigues R., Zerbato-Poudou M.-T., *Comment l'enfant devient élève. Les apprentissages à l'école maternelle*, Paris, Retz, 2000.

Azémar G.-P., Delafosse C., Pompougnac J.-C. (dir.), *La Maternelle, une école en jeu : l'enfant avant l'élève*, Paris, Éditions Autrement, « Mutations », n° 114, 1990.

Chalmel L., *L'Origine piétiste-morave de l'école maternelle française*, Berne, Peter Lang, 1996.

Dajez F., Plaisance É., « Éducation de la petite enfance et école maternelle (repères bibliographiques) », *Perspectives documentaires en éducation*, n° 27, 1992, p. 115-142.

Florin A., *La Scolarisation à deux ans et autres modes d'accueil de jeunes enfants*, Saint-Fons, INRP, 2000.

Leclercq S., *Scolarisation précoce : un enjeu*, Paris, Nathan, 1995.

Luc J.-N., *L'Invention du jeune enfant au XIXe siècle. De la salle d'asile à l'école maternelle*, Paris, Belin, 1997.

Ministère de l'Éducation nationale, *Qu'apprend-on à l'école maternelle ?, Les programmes 2004-2005*, Paris, CNDP/XO Éditions, 2004.

Plaisance É., *L'Enfant, la maternelle, la société*, Paris, PUF, 1986.

Plaisance É., Rayna S., « L'Éducation préscolaire aujourd'hui : réalités, questions et perspectives », *Revue française de pédagogie*, 1997, n° 119, p. 107-139.

Rayna S., Brougere G., *Tendances et innovations dans l'éducation préscolaire. Perspectives internationales*, Saint-Fons, INRP, 2000.

Rayna S., Laevers F., Deleau M., *L'Éducation préscolaire : quels objectifs pédagogiques ?*, Paris/Saint-Fons, Nathan/INRP, 1996.

Zazzo B., *L'École maternelle à deux ans : oui ou non ?*, Paris, Stock, 1984.

▸ Voir aussi

Agent territorial spécialisé des écoles maternelles (ATSEM) – Crèche – Cycles – Développement éducatif local – École élémentaire – Jardin d'enfants – Kergomard, Pauline – Objectif pédagogique – Préscolaire – Psychologie de l'apprentissage – Psychologie de l'enfant – Zone d'éducation prioritaire (ZEP).

École parallèle

Employée d'abord dans la presse puis par Louis Porcher comme titre d'un ouvrage, l'expression « école parallèle » désigne l'ensemble des institutions éducatives qui concurrencent l'école. Ces institutions sont nombreuses : la famille, le groupe des pairs, l'environnement ; mais les auteurs qui l'emploient se réfèrent principalement aux médias, tout particulièrement à la télévision et de plus en plus à toute culture numérique faite de cinéma, de jeux vidéo, de musique, de courrier électronique et de téléphonie que véhicule Internet.

Certains dénoncent le rôle de la télévision dans la vie des enfants, son importance démesurée dans leur budget-temps. D'autres revendiquent un enseignement thérapeutique préparant à la consommation des médias. Tous délaissent l'analyse des conditions sociales qui confèrent à la télévision la place considérable qui est la sienne ; tous estiment que la consommation de télévision exerce une action imparable. Pour être complète, la problématique de l'école parallèle devrait prendre en compte les niveaux inégaux de légitimité des institutions de transmission, les modes d'actions différents de ces institutions de socialisation (dans leurs actions cognitives ou affectives).

Les médias ne sont pas une école. S'ils contribuent à la socialisation des enfants et à la transmission culturelle, tels ne sont pas leurs objectifs majeurs ; ce n'est pas sur ce point qu'ils sont évalués. Certains médias comme la télévision ou la radio, qui utilisent les ondes hertziennes, sont assujettis par la loi à des exigences de service public : réaliser des émissions pour enfants, par exemple. La demande publique est, en principe, plus forte lorsqu'il s'agit de chaînes dont l'État ou des collectivités locales sont actionnaires et que finance l'impôt sous forme de redevance et de dotations. Elle se traduit, par exemple, par la diffusion des émissions éducatives du secteur public, tel *Sesame Street* aux États-Unis.

Prise au sens strict, la terminologie d'« école parallèle » est donc abusive ; en revanche, elle possède une capacité à sensibiliser les décideurs et enseignants aux différentes influences auxquelles les enfants sont soumis et qui, le cas échéant, peuvent contrecarrer l'action éducative. Surtout, elle anticipe un phénomène dont l'évidence est de plus en plus forte : si l'école exclut, ce qu'ont bien décrit les sociologues, les enfants et adolescents excluent l'école et la culture scolaire, et souvent aussi les sociologues de l'exclusion.

La séparation des pouvoirs pédagogiques

L'intérêt principal de la notion d'école parallèle est donc d'obliger à penser l'ensemble d'influences divergentes qui s'exercent sur un enfant. Le totalitarisme, c'est quand toutes les forces éducatives s'exercent dans le même sens, quand l'école, la famille, les loisirs, pris en main par une idéologie politique ou religieuse, convergent.

En revanche, l'école peut constituer un contre-pouvoir fondé sur des valeurs scientifiques et esthétiques, elle doit être par essence contestatrice de valeurs établies. C'est le sens même d'une école et d'une éducation « du non » telle que la prône l'œuvre de Bachelard. Le rôle de l'école est de transmettre l'aptitude au doute (et entre autres au doute concernant les valeurs scolaires), à être en décalage avec l'environnement. Sur ce plan, la fréquentation des arts et des sciences qu'elle promeut est salutaire, elle est entraînement à l'innovation, à la rupture qui fait les inventions et la création.

Dans une conception humaniste de l'éducation, il faut vouloir que les parallèles ne se rejoignent jamais et que l'école soit en permanence concurrencée par d'autres institutions, qu'elle-même concurrence.

François Mariet

▸ Bibliographie

Greenfield P. M., *L'Enfant et les médias : les effets de la télévision, des jeux vidéos et des ordinateurs,* Fribourg, Éd. universitaires, 1999.

Mariet F., *Laissez-les regarder la télé : le nouvel esprit télévisuel,* Paris, Pocket, 1990.
McLuhan M., *Pour comprendre les médias,* Montréal, Bibliothèque québécoise, 2001.
Porcher L., *L'École parallèle,* Paris, Larousse, 1970.
Porcher L., *Télévision, culture, éducation,* Paris, Armand Colin, 1994.

▶ Voir aussi
Familiale (Éducation) – Informelle (Éducation) – Innovation – Médias – Relation Famille/École – Socialisation – Télévision.

École populaire
▶ **Populaire (École)**

École primaire
▶ **Primaire (Enseignement)**

Écoles (Grandes)

Les grandes écoles se sont appelées originellement « écoles spéciales », le terme « grandes écoles » apparaissant seulement au début du xxe siècle.

Elles ont été créées au gré des contingences en différentes vagues, dont principalement :
– au xviiie siècle, pour répondre à un besoin nouveau de formation des ingénieurs et officiers techniciens (Écoles des ponts et chaussées et des mines) ;
– sous la Révolution, pour combler la pénurie de cadres scientifiques et techniques civils et militaires (École polytechnique, etc.) ;
– à la fin du xixe siècle, pour former les cadres de l'industrie et du commerce : École des hautes études commerciales (HEC), etc.

Les grandes écoles sont aujourd'hui une somme d'établissements d'enseignement supérieur non universitaire à accès sélectif. À côté des écoles de haut niveau d'ingénieur et de gestion, à faible spécialisation, débouchant sur les emplois d'encadrement les plus prestigieux (type HEC ou Polytechnique), existent des écoles professionnelles formant des cadres techniques plus pointus de rang intermédiaire.

L'existence des grandes écoles consacre un dualisme de l'enseignement supérieur en France suivant le mode d'accès, sélectif ou non, aux établissements. Défendue dans les années 1970 par la gauche, l'intégration des grandes écoles dans les universités n'a pas été réalisée. Les grandes écoles ne constituent pas une catégorie juridique pour deux raisons : d'une part, elles recouvrent des établissements aux statuts divers (établissements publics, écoles dépendant des chambres de commerce et d'industrie, établissements privés) ; d'autre part, seuls des textes sectoriels de valeur infra-législative désignent par « grandes écoles » une liste d'établissements sans définir cette terminologie.

Les grandes écoles se reconnaissent toutefois à certains critères liés à leur vocation. Celle-ci consiste à assurer à leurs élèves des débouchés professionnels au plus haut niveau de l'échelle sociale en s'appuyant sur :
– une sélection à l'entrée, opérée principalement par concours, dégageant un profil d'élève modelé par les classes préparatoires intégrées dans les lycées ;
– des effectifs d'élèves réduits bénéficiant d'un fort encadrement ;
– des réseaux étroits de relations avec les milieux professionnels (associations d'anciens élèves, stages intégrés aux cursus, conseil de perfectionnement ouvert aux professionnels définissant le contenu des études, etc.), garantissant le placement des diplômés ;
– une autonomie de pilotage par rapport à l'enseignement universitaire, défendue par la Conférence des grandes écoles, association de promotion agissant comme groupe de pression auprès des pouvoirs publics.

Traditionnellement, le mode de recrutement et les liaisons privilégiées entretenues par les grandes écoles avec les élites en font un lieu de reproduction sociale de celles-ci. On note toutefois depuis quelques années un début de démocratisation de l'accès à ces établissements (aux élèves issus des classes préparatoires s'ajoutent ceux issus des admissions parallèles sur titre ayant accompli des études universitaires). Cet élargissement du vivier de recrutement permet à la fois d'accroître les promotions d'élèves et de diversifier leurs profils sociologiques.

Jacques Fialaire

▶ Bibliographie

BOURDIEU P., *La Noblesse d'État : grandes écoles et esprit de corps*, Paris, Minuit, 1989.

GAILLARD J.-M., *Tu seras président mon fils : anatonomie des grandes écoles et malformation des élites,* Paris, Ramsay, 1987.

LALUECH G., *L'Exception française : le modèle des grandes écoles à l'épreuve de la mondialisation*, Rennes, PUR, 1999.

MAGLIULO B., *Les Grandes Écoles,* Paris, PUF, coll. « Que sais-je ? », 1982.

SULEIMAN E., « Élites et grandes écoles », *Notes et études documentaires*, n° 4628, Paris, La Documentation française, 1981.

▶ Voir aussi

Université.

ÉCOLES NORMALES

L'histoire de l'institution « école normale » est intimement liée à celle de l'enseignement primaire français. Elle en a accompagné l'apparition et en a permis la généralisation et les évolutions. Mais, parce qu'elles ont été la condition de l'existence et du succès de l'instruction populaire, les écoles normales se sont souvent trouvées au cœur des crises politiques. En effet, chaque fois qu'un régime a voulu développer l'enseignement primaire, il s'est appuyé sur elles ; et chaque fois qu'un régime a voulu freiner l'enseignement primaire, il les a mises en cause. Les écoles normales ont ainsi subi les effets des changements, quelquefois brutaux, de politique scolaire.

Un faux départ

En matière scolaire, l'objectif des révolutionnaires de 1789 est de « restaurer l'esprit humain ». À cette fin, les assemblées votent, à plusieurs reprises, des textes qui sont censés impulser et organiser le développement de l'instruction primaire. Mais celui-ci bute régulièrement sur un problème grave : l'insuffisance du nombre de citoyens capables de devenir maîtres d'école. La solution s'impose d'elle-même : il faut en former.

C'est dans ce souci que naît en l'an III la première école normale. Conçue sur le principe qui avait été utilisé pour former des utilisateurs de poudre et de salpêtre, l'opération consiste à faire venir à Paris quelques individus de chaque département, de leur apprendre les connaissances et les méthodes nécessaires pour enseigner, puis de les renvoyer dans leurs départements ouvrir des écoles qui formeront les futurs instituteurs. Le dispositif « école normale » est alors conçu comme une démultiplication de la bonne parole pédagogique à partir d'un centre, l'école normale parisienne, vers des écoles normales départementales.

Pour que l'opération soit un succès, il convient de nommer comme professeurs dans ce centre des hommes de grande qualité. Garat, commissaire à l'Instruction publique, décide d'appeler les plus grands savants de France et leur demande de mettre leur science à la portée des futurs maîtres d'école. Malheureusement, ces savants se limitent à faire des exposés magistraux présentant les résultats les plus récents dans leurs domaines respectifs. Le public, constitué de quelque mille cinq cents provinciaux à peine instruits, ne manifeste aucun intérêt pour ces conférences scientifiques auxquelles il ne comprend rien et qui ne correspondent pas à ce qu'il vient chercher. Rapidement, les élèves désertent les cours et la Convention doit constater que l'opération est un échec. On ferme l'école normale au bout de quelques semaines : on débouche sur un fiasco. L'échec est si cuisant qu'on ne reparlera plus guère d'école normale avant la Restauration.

L'exemple de Strasbourg

Sous le Directoire, le ministre de l'Intérieur François de Neufchâteau envisage de créer des « cours normaux » dans les écoles centrales, mais le climat politique ne lui permet pas de réaliser son projet : l'instruction populaire n'est pas alors une priorité. Elle l'est encore moins sous le Consulat et sous l'Empire : Napoléon s'intéresse à la formation des cadres, mais pas à l'instruction primaire et n'éprouve donc pas le besoin de former des maîtres. Le décret de 1808, qui fonde l'Université impériale, précise pourtant qu'« il sera établi auprès de chaque académie, et dans l'intérieur des collèges ou des lycées, une ou plusieurs classes normales destinées à former des maîtres pour les écoles primaires ». Mais cet article du décret ne recevra pas d'application.

La défaillance de l'État n'est alors compensée par aucune entreprise locale sauf à Strasbourg. À l'initiative du préfet Lezay-Marnesia, une « classe normale des instituteurs » est créée en 1811 au lycée : c'est la première école normale. Les fonds nécessaires sont attribués par le conseil général. Les élèves suivent des cours pendant quatre années. Une commission de surveillance, comprenant le préfet, le recteur et des notables, veille à la qualité des études. Cette première école normale, inspirée de celles qui existent déjà depuis un siècle en Allemagne, est alors considérée comme un succès, à tel point que Guizot en parlera 22 ans plus tard en disant : « La supériorité de l'éducation populaire dans l'académie de Strasbourg est frappante ; et la conviction aussi juste que générale du pays l'attribue surtout à l'existence de l'École normale primaire. »

Les écoles modèles de la Restauration

Après le retour de Louis XVIII en 1815, les libéraux participent au pouvoir et souhaitent développer l'instruction primaire. Ils ont entendu parler d'une méthode anglaise efficace : la méthode mutuelle. Celle-ci consiste à réunir des centaines d'enfants dans un immense local, à mettre en face d'eux un maître qui transmet des consignes codées (coups de sifflet, de claquoir, gestes, etc.) à des moniteurs qui les relaient vers les élèves. Dans les années 1815-1820, un véritable engouement apparaît pour la méthode mutuelle. Avec l'appui du gouvernement, la Société pour l'instruction élémentaire qui tente de la propager ouvre des « écoles modèles », où l'on envoie les futurs maîtres et les maîtres en exercice s'initier au principe de la méthode à laquelle on croit tant.

Les libéraux perdent le pouvoir en 1820 au profit des ultras. Ceux-ci freinent le développement de la scolarisation populaire, qu'ils jugent dangereuse pour l'ordre social. Les écoles mutuelles ferment peu à peu au profit d'écoles dirigées par les frères ou par le clergé, et, dans le même mouvement, les écoles modèles sont contraintes de fermer les unes après les autres.

En 1828, les élections ramènent les libéraux au pouvoir. Ces derniers encouragent à nouveau l'utilisation de la méthode mutuelle, mais ne relancent pas la création d'écoles modèles, sans doute pour ne pas énerver l'opposition ultramontaine. Mais ils veulent développer l'instruction et pour cela former des maîtres, et ils en reviennent à la formule un peu oubliée des écoles normales. Le 6 avril 1828, le ministre Vatimesnil écrit aux recteurs pour leur vanter les réussites de l'école normale de Strasbourg et leur demander de s'employer à créer des établissements de même type. Mais les résistances du clergé et le manque d'enthousiasme des conseils généraux seront tels qu'il ne s'en ouvrira qu'une dizaine dans les deux années qui suivent. Il n'empêche : le mouvement est lancé, et il sera irréversible.

Cependant, le contexte de la naissance des écoles normales allait attirer sur elles, pour de nombreuses années, la haine de la hiérarchie catholique et des conservateurs qui considèrent que la propagation de l'instruction primaire est un danger et que les écoles normales créées par les libéraux risquent de diffuser des valeurs contraires à la religion et à l'ordre social en place. Ce rejet des écoles normales par le clergé a en outre un effet en retour : il encourage les directeurs d'écoles normales et de nombreux maîtres d'écoles à véhiculer mieux encore les valeurs prônées par les libéraux.

La généralisation des écoles normales de garçons

Le régime issu en 1830 des Trois Glorieuses, soutenu par les libéraux, ne pouvait être que favorable à l'instruction populaire. La loi du 28 juin 1833, préparée par le ministre François Guizot, impose à chaque commune de créer et d'entretenir une école. Elle impose aussi à chaque département de créer et d'entretenir une école normale. En quelques années, la quasi-totalité des départements met en application cette disposition, et ceux qui ne le font pas envoient leurs élèves-maîtres se former dans un département voisin. Pour assurer le bon fonctionnement de cette institution, Guizot ne ménage pas ses efforts : il réglemente la vie intérieure et organise l'enseignement ; il fait publier des programmes ; il demande aux inspecteurs de les visiter. Enfin, il envoie une lettre à tous les directeurs pour leur préciser ce qu'il attend d'eux, notamment en matière de formation morale, tant il est persuadé que le rôle de l'école, donc des instituteurs, est de participer au « gouvernement des esprits ». C'est ainsi que les écoles normales sont non seulement des lieux de formation professionnelle, selon la terminologie d'aujourd'hui, mais aussi et surtout des moyens, pour l'État, d'organiser ce gouvernement des esprits.

À partir de 1838, à peine cinq ans après la loi Guizot, l'opposition engage une campagne contre les écoles normales. Les nombreuses tentatives d'agitation révolutionnaire inquiètent. On dit alors que ce sont les instituteurs qui encouragent les agitateurs ; on affirme de manière ouverte que c'est dans les écoles normales nouvellement créées qu'ils ont acquis des convictions subversives. On réclame la reprise en main des écoles normales, voire leur suppression. La campagne, conduite à la Chambre des députés, dans la presse et dans les milieux intellectuels, se calmera peu à peu puis réapparaîtra à intervalles réguliers. Aucune décision ne sera prise avant la fin de la monarchie de Juillet, mais les écoles normales seront toujours considérées comme nécessaires par les uns et dangereuses par les autres. La monarchie de Juillet, si elle les a généralisées, n'a pas réussi à les imposer ni, surtout, à calmer le conflit politique à leur sujet.

Menace de suppression

Après la révolution de 1848, le ministre républicain Hippolyte Carnot prépare un projet de décret visant à développer et à rendre obligatoire et gratuite l'instruction primaire. La commission parlementaire qui examine ce projet insiste sur la nécessité des écoles normales et souhaite que les dix départements qui n'en ont pas encore en ouvrent une. Mais les troubles de rues (manifestations d'ouvriers) engendrent une véritable « peur des rouges », que le parti de l'ordre cultive afin d'accroître son influence politique. Le projet Carnot et les propositions de la commission sont jetés aux oubliettes.

Falloux, qui lui succède, nomme une commission à qui il demande de préparer un nouveau projet de loi sur l'instruction. Il en confie la vice-présidence à Thiers, chef de file des conservateurs. Celui-ci est persuadé que les instituteurs menacent l'ordre social et qu'il faudrait confier l'enseignement au clergé. Il s'acharne sur les écoles normales qu'il considère comme de « véritables petits clubs silencieux », des « foyers des plus mauvaises passions » et « de communisme ». Il en souhaite la suppression et voudrait que la formation des instituteurs soit conçue sous forme de stages chez des maîtres expérimentés. Il obtient de la commission que les départements ne soient plus obligés d'assurer la formation des instituteurs dans les écoles normales, mais que cela se fasse dans des établissements primaires de leur choix. Après des débats houleux, les écoles normales sont sauvées par la présidence de la République. Le prince-président, qui souhaite se démarquer du parti conservateur et créer son propre parti, obtient le renvoi du projet devant le Conseil d'État, où il est examiné par une sous-commission présidée par le vice-président de la République. Celui-ci, Boulay-de-la-Meurthe, est favorable à l'enseignement laïque. Il influence la décision du Conseil d'État, qui consiste à réintroduire dans le projet de loi la possibilité pour les conseils généraux d'entretenir des écoles normales. À l'Assemblée, les députés refusent de tenir compte de cet avis du Conseil d'État et en reviennent à la suppression absolue des écoles normales.

Mais l'Élysée continue à s'opposer à la volonté parlementaire. Le prince-président nomme un nouveau ministre de l'Instruction publique et le choisit parmi les partisans. Celui-ci lance une enquête pour savoir ce que les recteurs pensent des écoles normales. Elle montre que les responsables scolaires en pensent beaucoup plus de bien que les députés, qui semblent n'agir que pour des raisons partisanes. Le ministre se sert alors de ces conclusions pour imposer une nouvelle rédaction du projet de loi, qui stipule que les conseils généraux sont tenus de pourvoir au recrutement des instituteurs en entretenant des élèves-maîtres soit dans des établissements d'instruction primaire désignés par le conseil académique, soit dans une école normale. Certes, les départements auraient la possibilité de ne plus entretenir d'écoles normales, mais le conseil académique étant présidé par le recteur, un collaborateur du ministre, ce dernier garderait la haute main sur la manière de concevoir les stages qui pourraient se substituer aux écoles normales. Cette manœuvre permettra d'éviter la suppression des écoles normales ; elles sont cependant l'objet d'une reprise en main ferme par le pouvoir, qui les craint autant que Thiers.

Mais cette phase politique, soucieuse d'ordre moral, s'estompe vers 1860. Le second Empire entre alors dans sa phase libérale, et la peur des troubles révolutionnaires, des « rouges », des socialistes, n'est plus la préoccupation essentielle du pouvoir. En conséquence, les écoles normales ne sont plus suspectées. Avec l'arrivée de Victor Duruy au ministère, on compte même sur elles pour développer à nouveau l'instruction primaire, d'autant que le système des stages, rendus possibles par la loi Falloux, a fait la preuve de son inefficacité. Lorsque l'empire tombe, en 1870, le système des écoles normales qui avait failli disparaître semble solidement établi. La révolution de 1848 est loin derrière, les instituteurs ne sont plus considérés comme des agitateurs sociaux et leur moralisation n'est plus l'objectif prioritaire : on se préoccupe alors de la qualité de leur formation professionnelle.

Consolidation et généralisation des écoles normales de filles

Jusqu'en 1879, la République est dans les mains de conservateurs fort peu républicains : c'est d'ailleurs Thiers qui est chef de l'État. Soucieux d'apparaître comme placé au-dessus des partis, il s'entoure d'un gouvernement de droite mais nomme cependant le républicain Jules Simon au ministère de l'Instruction publique. Celui-ci, pour satisfaire la majorité, est obligé d'encourager les préfets à recruter des instituteurs congréganistes. Mais il prépare un projet de loi sur l'instruction primaire par lequel il veut consolider les écoles normales. La majorité parlementaire s'oppose à lui, demande le rétablissement du système des stages et réclame la création d'écoles normales libres (qui seraient évidemment dirigées par l'Église catholique). Mais la chute du gouvernement entraîne celle du projet Simon et du même coup les demandes des députés.

Après l'élection de Jules Grévy et la victoire des républicains aux législatives, les conservateurs sont totalement évincés du pouvoir. Les nouveaux responsables sont évidemment favorables aux écoles normales. Par la loi du 1er août 1879, ils en imposent la généralisation à tous les départements pour la formation des instituteurs, mais également pour la formation des institutrices. Les républicains (Paul Bert, Jules Ferry, etc.) veulent en effet développer la scolarisation des filles car ils considèrent que des mères bien instruites pourront contribuer à former des fils républicains. C'est avec le souci de consolider la République que les républicains consolident les écoles normales de garçons, et décident donc de généraliser les écoles normales de filles, qui n'étaient jusqu'alors qu'une possibilité pour les départements.

Les républicains comptent trop sur les instituteurs pour laisser au hasard leur formation. Conseillé par Octave Gréard, Félix Pécaut et Ferdinand Buisson, le ministre Jules Ferry s'attache à réorganiser l'enseignement dispensé aux futurs maîtres et accroît notamment leur formation pédagogique. En 1880 est créée une école normale supérieure de jeunes filles dont l'objectif est de préparer à l'enseignement et à la direction des écoles normales d'institutrices (ENS de Fontenay-aux-Roses), et en 1882 une école normale supérieure de garçons (ENS de Saint-Cloud). En peu d'années, les républicains ont fait des écoles normales les piliers du dispositif scolaire primaire.

Du rapport Massé à la création des IUFM

Au début du XXe siècle, les écoles normales posent des problèmes aux dirigeants politiques. Elles sont totalement coupées de l'enseignement secondaire, puisqu'elles recrutent leurs élèves à la sortie des écoles primaires supérieures et leur font préparer non pas un baccalauréat mais un brevet supérieur. Or, il y a de moins en moins de candidats à l'entrée dans les écoles normales et l'on craint de manquer d'instituteurs. Pour remédier à cette situation, le congrès des professeurs de l'académie de Caen réclame en 1904 la suppression des écoles normales et leur remplacement par des « instituts pédagogiques » qui seraient ouverts à des jeunes gens ayant terminé une scolarité au lycée. Ces instituts assureraient leur formation professionnelle.

Quelques mois plus tard, le député Massé évoque également à l'Assemblée le risque d'une pénurie d'instituteurs et s'inquiète en outre du fait que les écoles normales constituent un réel danger pour la société dans la mesure où elles donnent aux futurs maîtres une éducation différente de celle que les autres jeunes reçoivent dans les lycées. Massé est inquiet de l'adhésion de beaucoup d'instituteurs au socialisme, en trouve la raison dans le fait qu'ils n'ont pas le sentiment d'appartenir à la bourgeoisie parce qu'ils ne l'ont pas fréquentée au cours de leurs études. Il propose donc la suppression des écoles normales et suggère de confier à l'enseignement secondaire, voire à l'enseignement supérieur, la formation des maîtres primaires. Selon lui, cette mesure augmenterait le nombre des candidats possibles à la fonction d'instituteur et procurerait en outre un « bénéfice moral à la République ».

Le rapport Massé n'est pas suivi d'effet, mais le débat, dans les années qui suivent, persiste. Ferdinand Buisson dénonce ceux qui veulent couper les instituteurs de la culture populaire pour leur donner une culture bourgeoise. Francisque Vial défend la séparation, voulue par Jules Ferry, entre l'ordre du primaire et l'ordre du secondaire, et justifie l'intérêt politique qu'il y a à ce que les instituteurs ne soient pas d'anciens lycéens mécontents de la situation qui leur est faite, mais d'anciens normaliens désintéressés et fiers de servir le peuple. Il pense cependant qu'un jour viendra où l'école primaire débouchera sur le lycée : pour Vial, il n'y aura alors plus lieu, puisqu'il n'y aura plus deux cultures, de conserver les écoles normales. Mais il ajoute que le temps de la fusion de l'ordre primaire et de l'ordre secondaire n'est pas encore venu.

Il faut attendre 1919 pour qu'une loi autorise les écoles normales à recruter des élèves-maîtres ayant terminé leur formation générale. C'est alors la fin de la conception séminariale des écoles normales : on n'estime plus indispensable de recruter de très jeunes gens que l'on pourra « mouler ». D'année en année, cette conception sera désormais de moins en moins défendue. Les partisans de l'école unique, qui réclament alors la fusion des classes élémentaires du primaire et des classes élémentaires des lycées, dans l'objectif d'unifier la culture de la jeunesse française, considèrent que leur souhait est contradictoire avec l'existence même des écoles normales. En 1934, le député de gauche Maurice Robert propose ainsi une loi visant à supprimer les enseignements de formation générale en école normale et à recruter désormais les normaliens après le baccalauréat. Ce projet n'a pas de suite, mais le ministre Jean Zay le reprend à son compte en 1937, ce qui engendre à nouveau des débats sur le risque d'embourgeoisement des instituteurs. De toute façon, l'approche de la guerre empêche le vote du projet de Jean Zay.

Sous le gouvernement de Vichy, l'École est accusée de tous les maux : elle serait responsable de la dégradation des mœurs et de la morale. Pour Charles Maurras, l'inspirateur de la « révolution nationale », les écoles normales seraient responsables de la transformation des écoles publiques en « soviets ». Le 18 septembre 1940, Pétain signe leur suppression. Désormais, les futurs instituteurs seront recrutés après le baccalauréat et suivront une formation sous forme de stages professionnels organisés par des instituts de formation pédagogique. Mais il est difficile de les mettre en place dans la France en guerre. Dès la Libération, les écoles normales sont rétablies.

Après la guerre, le besoin de recruter de nombreux instituteurs conduit les responsables à s'interroger sur la qualité de la formation professionnelle. L'enseignement normal est réorganisé : une voie d'accès aux écoles normales est créée après le baccalauréat. La volonté de donner une « culture primaire » dans des écoles normales conçues comme des séminaires républicains est alors de moins en moins comprise. Dès la Ve République, l'ouverture de l'enseignement secondaire à la quasi-totalité des jeunes Français fait disparaître la séparation voulue par Jules Ferry entre l'ordre du secondaire et l'ordre du primaire. Peu à peu, l'École n'est plus chargée de véhiculer deux cultures différentes pour les deux parties de la population. Cette évolution, ainsi que le refus d'une grande partie du monde enseignant, après 1968, de participer à toute imposition d'une culture, font quasiment disparaître la conception séminariale des écoles normales de la IIIe République. Elles deviennent de fait des établissements de formation professionnelle, que l'administration réorganise de temps à autre pour tenter de les rendre plus efficaces.

En 1989, le ministre Lionel Jospin tire la conséquence de cette évolution. Dans la mesure où il se prépare à instituer des établissements de formation professionnelle pour les professeurs du second degré, il estime nécessaire de réunir à ces établissements les écoles normales. C'est ainsi que la loi qu'il fait voter met fin à l'existence des écoles normales et crée les Instituts universitaires de formation des maîtres (IUFM).

Christian Nique

▸ Bibliographie

Delsaut Y., *La Place du maître : une chronique des écoles normales d'instituteurs,* Paris, L'Harmattan, 1992.

Laprevote G., *Les Écoles normales primaires en France : 1879-1979. Splendeurs et misères de la formation des maîtres*, Lyon, PUL, 1984.

Nique C., *L'Impossible Gouvernement des esprits : histoire politique des écoles normales primaires,* Paris, Nathan, 1991.

Terral H., *Les Savoirs du maître : enseigner de Guizot à Ferry*, Paris, L'Harmattan, 1998.

▸ Voir aussi

Ferry, Jules – Formation des enseignants – Guizot, François – Institut universitaire de formation des maîtres (IUFM) – Primaire (Enseignement).

Économie de l'éducation

Branche à part entière des sciences économiques par la mise en œuvre de raisonnements, de concepts et d'outils qui leur sont propres, l'économie de l'éducation traite des différentes dimensions du phénomène, de l'offre et la demande de services éducatifs à l'orientation et la gestion des systèmes de formation. Par son champ elle fait partie des sciences de l'éducation ; elle a également contribué au développement d'une nouvelle analyse des comportements sociaux, et à renouvelé l'étude du fonctionnement du marché du travail.

L'intérêt des économistes pour l'éducation est né des interrogations sur le rôle de la qualité du facteur travail dans la justification de la croissance économique. L'accroissement quantitatif des facteurs productifs (terre, travail, capital) ne pouvant rendre compte à lui seul de la croissance économique, l'écart observé fut attribué au progrès technique et à l'élévation de la qualité des formations. Si ces travaux traitant des relations économiques globales (macroéconomie) connaissent aujourd'hui un regain d'intérêt notable (avec les analyses de la « croissance endogène »), l'économie de l'éducation s'est principalement constituée autour de la notion de capital humain, à partir de l'examen des comportements individuels (microéconomie).

L'éducation comme investissement : la théorie du capital humain

La théorie du capital humain (Becker, 1964) est construite par analogie avec la théorie du capital physique. L'éducation y est présentée comme un investissement que l'individu effectue en vue de la constitution d'un capital (humain) dont il tirera des bénéfices futurs. Tout apprentissage est coûteux, surtout par le temps qu'on lui consacre et qui ne peut être utilisé à d'autres activités, notamment productives. On parle alors de *coût d'opportunité.* En retour, ces connaissances procurent à l'individu un flux durable de bénéfices : satisfactions psychologiques, bénéfices marchands ou non marchands via leur effet positif sur la productivité professionnelle et domestique. L'investissement éducatif cesse lorsque la rentabilité attendue d'une nouvelle séquence de formation, qui naît de la comparaison de la valeur (présente) des bénéfices escomptés et des coûts, est plus faible que celle d'investissements alternatifs. L'existence du coût d'opportunité annonce une décroissance de la rentabilité d'investissements éducatifs successifs. Plus le capital humain accumulé est important, plus grande est la valeur des bénéfices auxquels on renonce en consacrant du temps à l'acquisition de connaissances nouvelles. La rentabilité sociale d'une formation se distingue de la rentabilité privée par la prise en compte de l'ensemble des dépenses engagées par la collectivité pour la formation de chaque individu.

L'assimilation de l'éducation à un investissement constitue une représentation hypothétique de la réalité qui n'a de sens qu'à travers la confrontation des prédictions de la théorie aux faits. L'impossible mesure des bénéfices psychologiques de l'éducation, le caractère diffus de ses bénéfices non marchands ont conduit à privilégier les bénéfices associés à sa mise en œuvre dans des activités productives. Limités à cette version « marchande », les nombreux tests de la théorie du capital humain ont contribué à l'établissement de son crédit empirique. On a pu ainsi vérifier que l'éducation constituait un investissement individuel rentable, et constater la réalité du comportement d'investisseur que la théorie prête aux individus en observant la sensibilité des choix d'éducation à l'évolution de la rentabilité des filières d'études.

L'éducation comme signe : la naissance de la théorie du filtre

Les différents tests de la théorie du capital humain ont confirmé l'existence d'une liaison positive entre éducation et revenus sans que le lien direct éducation/productivité, à l'origine de la version « orthodoxe » de la théorie, ait pu être clairement établi. Contestant ce lien, Arrow (1973) a développé une théorie rivale, popularisée sous le nom de « théorie du filtre ». L'éducation ne contribuerait pas à élever la productivité mais opérerait principalement comme un processus de sélection d'individus qui diffèrent initialement par leurs aptitudes productives. Cette théorie, qui a connu de très nombreuses variantes (dont certaines sont proches des analyses du rôle de l'école dans la reproduction de la hiérarchie sociale), jouit aujourd'hui d'un crédit empirique comparable à celui de la théorie du capital humain. Si les deux théories ont les mêmes implications au plan individuel – puisqu'à ce niveau le lien éducation/revenu suffit à légitimer l'investissement en éducation –, il n'en est pas de même au plan social. La proposition initiale de la théorie du capital humain associait développement de l'éducation et réduction des inégalités de revenus. La théorie du filtre, en annonçant que les diplômes n'ont qu'une valeur de signe et se dévaluent au rythme de leur diffusion, permet de comprendre que l'élévation régulière du niveau moyen d'éducation n'ait pas significativement modifié la distribution des revenus au niveau de l'ensemble des sociétés (Allais, 1974).

Éducation et salaire : renouvellement de l'analyse du marché du travail

En privilégiant l'influence de l'éducation dans la sphère professionnelle et en intégrant à l'analyse les investissements en formation effectués dans le cadre des entreprises, les économistes de l'éducation ont finalement contribué au développement d'une théorie de la détermination des salaires sur le cycle de vie. Les réflexions sur la nature de l'investissement éducatif en entreprise, notamment l'opposition entre *formation générale* (valorisée dans de nombreuses entreprises) et *formation spécifique* (valorisée dans l'entreprise où elle a été dispensée), ont permis d'aller encore plus loin en établissant un lien entre particularités du capital humain et fonctionnement du marché du travail. Incorporé, indissociable de son détenteur, le capital humain est potentiellement mobile. Cette propriété va déterminer la participation respective de l'employé et de l'employeur au financement et au bénéfice des formations acquises dans l'emploi. Dans le cas d'une formation générale, la situation est la même que pour un investissement de type scolaire : l'employé qui peut à tout moment valoriser cette formation dans une autre entreprise en supporte seul le coût. Par contre, aucun des deux partenaires n'a intérêt à financer une formation spécifique puisqu'il lui est impossible de s'en approprier seul les bénéfices : l'employé ne peut en tirer bénéfice dans une autre entreprise ; l'employeur perdrait tout profit de son investissement en cas de départ de l'employé. L'investissement en formation spécifique suppose l'établissement d'une relation de travail durable que seul peut garantir un partage équitable des coûts et des bénéfices entre les deux partenaires.

C'est à Mincer (1974) qu'on doit la présentation d'un modèle explicatif des gains individuels prenant en compte l'ensemble des éléments précédents. Les gains y sont fonction de l'éducation scolaire, de l'expérience professionnelle et de l'ancienneté dans l'emploi occupé, censées mesurer respectivement l'importance des investissements professionnels généraux et spécifiques. Même s'il souffre de la trop grande généralité de la mesure des formations reçues en entreprise, ce modèle a fait l'objet de très nombreux travaux empiriques qui ont confirmé le caractère rentable de l'investissement éducatif et permis d'étudier la rentabilité de différentes formes d'investissements scolaires et professionnels. Les réflexions théoriques sur la nature du capital humain et ses relations aux salaires, la disponibilité d'un modèle qui, au-delà de ses limites, a eu une grande valeur heuristique, ont favorisé le retour des économistes (notamment des économistes de l'éducation) sur le plan de l'analyse du fonctionnement du marché du travail. En montrant que l'incorporation du capital humain pouvait amener employés et employeurs à tisser des relations s'éloignant du cadre concurrentiel (formations spécifiques, mais aussi imperfection de l'information caractérisant l'offre et la demande de capital humain), ces analyses ont permis le développement de théories de la rigidité des salaires offrant une meilleure compréhension des « défauts » de fonctionnement du marché du travail (théories de l'assortiment, de la recherche, des contrats implicites, des incitations).

Les produits non marchands de l'éducation

L'affirmation d'une grande généralité des bénéfices de l'éducation semble avoir suffi aux économistes de l'éducation qui ont été peu prolixes en analyses situées hors de la sphère marchande. Au-delà de quelques mesures des effets positifs de l'éducation sur l'hygiène, la communication sociale, le civisme, on ne dispose pas de mesures très convaincantes des bénéfices non marchands de l'éducation et notamment de son influence sur la productivité domestique. Plus nombreux ont été les travaux qui ont examiné les conséquences de la valeur marchande de l'éducation dans l'explication des comportements familiaux, en matière de consommation des ménages ou encore de fécondité. Cette prise en compte du « coût du temps », associée aux revenus potentiels de l'individu sur le marché du travail, et l'application de concepts particuliers, comme celui d'investissements spécifiques, ont fait de l'analyse économique de l'éducation un élément essentiel du développement d'une « nouvelle » microéconomie (théorie de la famille, des rôles conjuguaux, etc.) tournée vers l'explication des comportements sociaux (Becker, 1976 ; 1981).

Orientation et gestion des systèmes de formation

Les réflexions sur l'offre de services éducatifs, l'orientation et la gestion des systèmes de formation font partie intégrante de l'économie de l'éducation à travers l'examen de l'efficacité externe (adaptation des produits du système aux besoins de la société) et de l'efficacité interne (choix des modes de production les plus efficaces pour un niveau donné de dépense).

Sur le premier plan, l'apport de l'économie de l'éducation a été de montrer que si la relation formation/emploi demeure « introuvable », la relation éducation/salaire est avérée. Cela justifie une approche pragmatique de la relation formation/emploi. Elle passe par une adaptation à la marge du système existant plutôt que par la création *ex nihilo* de formations sur la base de la traduction des « besoins » exprimés par les employeurs, dont la fiabilité et la neutralité (tant que ces derniers n'en supportent pas le coût) sont discutables. Dans ce mécanisme d'adaptation, on peut s'appuyer sur le marché pour évaluer les différentes options à mettre en place. L'examen de la situation professionnelle et des salaires des diplômés permet de « qualifier » la relation formation/emploi, de repérer les formations qui sont bien rémunérées dans de nombreux types d'emplois et dont le développement apparaît moins risqué, de repérer les formations déficitaires, ou encore de nous renseigner sur la complémentarité entre formation générale et technique et donc le niveau auquel il convient (empiriquement) d'articuler ces formations.

Sur le second plan, après une première génération de travaux se limitant à un examen strictement économique du fonctionnement des systèmes de formation (coûts des formations, examen des économies d'échelles dans les choix de taille et d'implantation des établissements, etc.), on a assisté au développement d'une nouvelle approche de l'efficacité interne des systèmes de formation articulant la dimension économique et leurs finalités pédagogiques et sociales. Les systèmes éducatifs mettent en œuvre un nombre important d'éléments (taille des classes, qualifications des enseignants, matériels didactiques, etc.) qui, eux-mêmes, ont chacun une large plage de variation. L'organisation d'une formation est ainsi associée à un grand nombre de combinaisons possibles de facteurs, qui ne sont ni également coûteuses ni également « productives » et entre lesquelles il faut choisir. L'adoption d'une telle démarche est d'autant plus nécessaire qu'il s'agit, pour les systèmes publics, d'apporter une justification à des dépenses importantes qu'aucun mécanisme de régulation naturelle (de type marchand) ne vient sanctionner.

Cette recherche des modes d'organisation les plus efficaces ne fait pas appel à la connaissance des acteurs. Elle passe par la mesure de l'efficacité marginale spécifique des différentes dotations de facteurs qui concourent à la « production scolaire », elle-même mesurée en termes pédagogiques, à travers les acquisitions des élèves, ou en termes sociaux, à travers le déroulement des scolarités (quels sont les gains associés à différents niveaux de recrutement des enseignants, à différentes tailles de classes ?). Cette connaissance de l'impact pédagogique des facteurs d'organisation scolaire associée à une mesure de leur coût permet de préciser les éléments d'arbitrage nécessaires à l'instruction des décisions de politique éducative. Depuis le fameux « rapport Coleman » (1966), qui fit scandale en annonçant que les caractéristiques professionnelles des enseignants étaient sans influence sur la progression des élèves, les évaluations des systèmes d'enseignement conduites sur la base de leurs produits en termes d'acquisitions ou de carrières scolaires se multiplient, modifiant profondément la manière dont on concevait il y a encore peu de temps la gestion et l'organisation des systèmes scolaires. Au-delà des résultats obtenus et de l'usage qui pourra en être fait, les économistes de l'éducation, en cherchant à donner un contenu opérationnel à la « production » des systèmes de formation, auront au moins contribué à accorder à l'élève une place centrale dans la gestion des systèmes de formation.

Jean-Pierre Jarousse

▶ Bibliographie

ALLAIS M., « Classes sociales et civilisations », *Économie et Sociétés, Cahiers de l'ISEA,* n° 17, 1974.

ARROW K., « Higher Education as a Filter », *Journal of Political Economy,* vol. 2, n° 3, 1973.

BECKER G., *The Economic Approach to Human Behavior,* Chicago, Chicago University Press, 1976.

BECKER G., *Human Capital,* NBER, New York, Columbia University Press, 1964.

BECKER G., *A Treatise on the Family,* Cambridge, Harvard University Press, 1981.

GRAVOT P., *Économie de l'éducation*, Paris, Economica, 1993.

GURGAND M., *Économie de l'éducation*, Paris, La Découverte, 2005.

LEMELIN C., *L'Économiste et l'éducation*, Sainte-Foy, Presses de l'Université du Québec, 1998.

MINCER J., *Schooling, Experience and Earnings,* NBER, New York, 1974.

▶ Voir aussi

Évaluation – Formation professionnelle continue – Prospective – Relation École/Entreprise – Système éducatif.

ÉCRITURE

Le terme « écriture » est polysémique tant dans la langue française que dans le discours pédagogique. Il peut désigner les caractéristiques physiques et matérielles des signes (lettres ou chiffres) tracés sur un support. C'est de cette acception du mot que relèvent des expressions comme « écriture scripte/ cursive », « alphabétique/idéographique », « lisible/illisible », etc. La calligraphie, plus souvent désignée par l'expression « activités graphiques », ou « graphomotrices » dans le langage pédagogique, fait partie de la communication écrite.

Le mot « écriture » peut aussi désigner des caractéristiques propres à un scripteur ou à un groupe de scripteurs, anonymes ou reconnus socialement. « Écriture » est alors proche ou synonyme de « style », dans des expressions comme « écriture classique/moderne », « journalistique/littéraire », etc.

Une troisième dimension traverse les deux précédentes. Le mot « écriture » peut désigner aussi bien l'action d'écrire, le processus en train de se dérouler que le produit fini, terme du processus.

L'évolution de la pédagogie de ces deux dernières décennies est marquée par cette dernière dichotomie entre produit et processus. Si, durant les années 1970, les pratiques sont influencées par la référence aux modèles et types de textes, les années 1980 voient l'essor d'une réflexion pédagogique centrée sur les processus, dans le cadre des recherches en didactique du français langue maternelle. Les travaux dans ce domaine tentent de trouver des situations didactiques compatibles avec les données théoriques, tant en psychologie génétique (avec les travaux de Ferreiro) et psychologie cognitive (notamment l'étude des processus rédactionnels) qu'en sociolinguistique et anthropologie. Ces différents champs de recherche convergent actuellement sur la réintroduction du sujet (scripteur ou apprenti scripteur), et les recherches didactiques tentent d'actualiser cette évolution dans les classes.

L'écriture et les Instructions officielles

La formulation adoptée par les Instructions officielles de 2002 s'inscrit dans ces perspectives nouvelles. Le chapitre intitulé « Écrire des textes » présente l'écriture, mettant l'accent sur le processus et non plus sur les types de textes à produire. Par ailleurs, ce chapitre recense les différentes facettes constitutives de l'acte scriptural : les activités graphiques, les connaissances orthographiques, la mobilisation de savoirs, l'organisation textuelle, la mise en mots et la socialisation des écrits produits.

Dans les Instructions relatives au collège, le mot « écriture » disparaît, en même temps que les préoccupations relatives au tracé et l'organisation de l'espace graphique proprement dit. La « pratique » ou l'« usage de la langue » et l'« expression écrite » sont les termes utilisés pour désigner l'objectif premier de l'enseignement du français. En effet, alors qu'en maternelle et au primaire l'expression écrite fait partie des compétences dites transversales, à partir du collège elle est considérée comme relevant des compétences de l'enseignant de français.

Ces formulations portent la marque d'une conception, récemment mise en question, selon laquelle l'écriture serait, comme d'ailleurs la lecture, envisagée plus comme une manifestation de la connaissance de la langue écrite que comme une activité ayant ses lois propres. La terminologie de ces instructions récentes remplace une terminologie beaucoup plus ancienne, marquée par une concentration sur le produit fini. Ce sont en effet les termes de « rédaction » et d'« exercices de composition » qui figuraient dans les Instructions de 1923 et 1938.

Écriture ou écritures

Ces évolutions terminologiques témoignent d'une avancée sur le chemin de la compréhension de la production scripturale. C'est au linguiste Jean Peytard que l'on doit l'introduction de ce dernier terme. L'ordre scriptural est « celui dans lequel est situé tout message réalisé par la graphie et susceptible de lecture ». La large acception de ce terme permet de repenser l'écriture non plus seulement en terme de produits prototypiques et achevés, comme le sont la dissertation littéraire, par exemple, dans le champ scolaire, ou le roman dans le champ social, mais à partir du mode d'investissement du sujet.

Henri Boyer, sur la base d'une analyse sociolinguistique, propose de distinguer trois types de pratiques scripturales, marquées par un degré croissant d'autonomie et de créativité du scripteur. Appliquée au domaine scolaire, cette catégorisation peut être spécifiée et illustrée de la manière suivante :

– la « reproduction » désigne la transcription par l'élève du discours oral ou écrit du professeur. La dictée ou la copie d'un cours relèvent de cette pratique scripturale ;

– dans la « scription », la pratique scripturale est codée et ritualisée, et la part de création pratiquement nulle. Le projet du scripteur s'inscrit dans une stratégie fortement socialisée et celui-ci n'est pas véritablement présent dans ses énoncés. Le questionnaire à choix multiple, le complètement de phrases sont des activités scolaires de scription ;

– seule l'activité d'« écriture », au sens restreint défini par Boyer, relève pleinement de la création, même si elle se déploie en référence à des modèles culturels. L'écriture dans ce dernier sens joue avec toutes les possibilités de la langue, les dénotations comme les connotations, sociales et personnelles. Les énoncés portent la marque de l'acte d'énonciation.

Que seule la troisième pratique scripturale soit désignée par le terme « écriture » est une simple question de terminologie. Cela correspondrait d'ailleurs à la représentation du sens commun. Mais, au-delà des appellations, l'intérêt de ces distinctions est de mieux faire apparaître que l'écriture n'est pas une activité monolithique. Même si les distinctions entre les différentes pratiques ne sont pas aussi simples et tranchées dans la réalité que pourraient le faire croire ces analyses théoriques, il est aujourd'hui admis que l'écriture désigne un ensemble de pratiques dont les formes, les enjeux personnels et sociaux, ainsi que les conditions de déroulement, sont hétérogènes.

Se pose alors la question de savoir si l'écriture est une ou plusieurs, s'il existe « une écriture », sésame de toutes les pratiques, ou s'il faut considérer que les différentes pratiques reposent sur des processus distincts. Il n'existe pas actuellement de réponse univoque à cette question théorique.

Mais, pour le pédagogue, le postulat d'une diversité, sinon des processus, du moins des situations d'écriture, se révèle fécond. Les expériences et propositions pédagogiques actuelles reposent sur une description et une prise en compte des différents paramètres liés aux diverses situations scripturales identifiées. Cela permet à l'enseignant d'être plus conscient de ceux qu'il doit ou peut intégrer dans les diverses démarches qu'il met en œuvre.

Des propositions pédagogiques

Les nombreuses recherches théoriques menées depuis les années 1985 ont permis de situer l'écriture comme une pratique langagière à part égale avec la lecture dans le développement de la littéracie. Cette notion désigne l'aisance dans l'ensemble des usages de la lecture et de l'écriture, des plus simples aux plus complexes. Des dispositifs d'enseignement et d'apprentissage originaux, diversifiés en fonction des publics scolairement et socialement différents, mais aussi en fonction des usages, ont été expérimentés et validés ; en particulier en ce qui concerne l'usage de l'écrit pour l'enseignement des disciplines scolaires et la construction des connaissances. Il est maintenant acquis que le français n'est pas seulement un objet d'apprentissage mais qu'il est aussi un outil d'apprentissage, et qu'en tant que tel il doit faire l'objet d'attentions de la part des enseignants. Ceci constitue l'une des principales orientations des récentes instructions pour l'école élémentaire évoquées ci-dessus.

L'écriture, un travail

Les notions de stratégie et de travail sont mises en avant dans les différentes expériences. Ainsi se trouvent battues en brèche tant les notions de « don d'écriture » ou de « talent d'écrivain » que la référence au traditionnel : « Ce qui se conçoit bien s'énonce clairement. » L'écriture au contraire est envisagée comme une activité complexe, analysée dans les travaux de l'INRP en terme de stratégie de résolution de problèmes aux différents niveaux : moteur, orthographique, lexical, syntaxique, mais aussi textuel. La notion de « chantier » d'écriture, introduite par Josette Jolibert et le Groupe d'Écouen, constitue une « opérationalisation » de cette notion de travail. Qui dit chantier dit durée et planification, écriture et réécriture, avec, entre les deux, une phase d'évaluation. Cette dernière se trouve ainsi située dans la dynamique même de l'écriture, au service de la stratégie du sujet scripteur. La révision des écrits devient un objet de recherche important.

Ces stratégies se déploient dans des types de textes aux fonctionnalités diversifiées : comptes rendus, affiches, lettres, poèmes, récits, etc. La volonté de sortir d'un modèle strictement littéraire d'écriture se trouve nettement affirmée, en liaison avec celle de mettre en place des situations d'écriture ayant du sens pour les enfants.

L'écriture de type littéraire bénéficie elle aussi de cet effort de diversification. Les pratiques de type « ateliers d'écriture », qu'elles reçoivent officiellement ou non cette appellation, commencent à se répandre dans les classes de français. Il s'agit soit d'activités brèves, ludiques, de type « jeux poétiques », soit d'activités plus longues, de la nouvelle au roman ou à la pièce de théâtre.

À cette diversification est liée une mise en œuvre de démarches pédagogiques visant à l'explicitation et la prise de conscience par les scripteurs des contraintes – tant linguistiques que sociales – liées aux différentes situations d'écriture. La revue *Pratiques* propose des numéros thématiques relatant des expériences allant dans le sens de cette explicitation des règles, qu'il s'agisse des écrits spécifiquement scolaires (résumé de texte, rédaction, dissertation) ou des tâches scripturales impliquées tant dans les écrits scolaires que sociaux (décrire, expliquer, argumenter, etc.).

D'une manière générale, les pédagogues insistent sur le fait que cette explicitation et la diversification des situations supposent une gestion nouvelle de la classe permettant de donner sens aux tâches scripturales : insertion des activités d'écriture dans des projets, confrontation des écrits avec des écrits sociaux du même type, et entre les écrits des élèves.

Choisir de parcourir toute la complexité de l'acte scriptural et placer l'activité de l'élève au centre de cet acte met ainsi en question l'acte pédagogique dans son ensemble.

Christine Barré-De Miniac

Bibliographie

Barré-De Miniac C., *Le Rapport à l'écriture : aspects théoriques et didactiques*, Villeneuve d'Ascq, Presses universitaires du Septentrion, 2000.

Barré-De Miniac C., Brissaud C., Rispail M. (dir.), *La Littéracie : conceptions théoriques et pratiques d'enseignement de la lecture-écriture*, Paris, L'Harmattan, 2004.

Fijalkow J. (dir.), *Décrire l'écrire,* Toulouse, CRDP/Presses universitaires du Mirail, 1988.

Jolibert J. (dir.), *Former des enfants producteurs de textes*, Paris, Hachette, 1994.

Lafont R., *Anthropologie de l'écriture*, Paris, Éd. du Centre Georges-Pompidou, 1984.

Lurçat L., *L'Écriture et le Langage écrit de l'enfant : écoles maternelle et élémentaire*, Issy-les-Moulineaux, ESF, 1985.

Ministère de l'Éducation nationale, *Qu'apprend-on à l'école élémentaire ?*, Paris, XO/CNDP, 2002.

Plane S., *Écrire au collège : didactique et pratiques d'écriture*, Paris, Nathan, 1994.

Reuter Y., *Enseigner et apprendre à écrire : construire une didactique de l'écriture*, Issy-les-Moulineaux, ESF, 2002.

Tauveron C., Sève P., *Vers une écriture littéraire ou Comment construire une posture d'auteur à l'école*, Paris, Hatier, 2005.

Voir aussi

Commentaire littéraire – Composition française – Dictée – Dissertation littéraire – Expression – Français (Enseignement du) – Lecture (Apprentissage de la) – Littéracie – Orthographe – Projet.

Écriture inventée

On appelle « écriture inventée » un écrit produit par un jeune enfant écrivant quelque chose qui ne lui a pas été préalablement enseigné dans le contexte de recherches sur l'appréhension du langage écrit. À ce titre, l'expression doit être formellement distinguée de celle d'« écriture d'invention », utilisée pour les épreuves de français au baccalauréat. Pour des raisons de commodité méthodologique, ces écrits répondent le plus souvent à la demande faite à l'enfant par le chercheur d'écrire des mots ou des phrases qu'il énonce oralement. Alors que, du point de vue normatif qui inspire le regard ordinaire, les écrits ainsi produits apparaissent comme des gribouillages ou des suites aléatoires de lettres, aux yeux du chercheur ils sont comme une fenêtre sur la façon dont l'enfant appréhende la langue.

Read a le premier perçu l'intérêt que présente cette écriture pour le linguiste (1986). Les travaux de Jaffré s'inscrivent également dans cette perspective (Jaffré, Bousquet, Massonnet, 1999). Une autre révolution épistémologique est celle d'Émilia Ferreiro qui, élève de Piaget, a entrepris d'analyser ces premiers écrits comme résultant de la façon dont les enfants conçoivent la langue (Ferreiro, Teberosky, 1979). Suivant la perspective ainsi ouverte, les erreurs apparues alors ne sont pas considérées en tant que telles mais comme des indications sur le processus de développement de l'écriture par l'enfant. Ce processus est conçu comme une suite d'étapes correspondant aux conceptualisations successives de l'écriture par l'enfant. Partant de ce point de vue, constructiviste, l'attention ne se porte plus sur ce que l'enfant a appris ou n'a pas appris mais sur ce qu'il pense. Plutôt que de s'intéresser à la relation entre ce qui lui est enseigné et ce qu'il a appris, on se préoccupe d'identifier la manière dont l'enfant conceptualise la langue. Les différents travaux de Ferreiro sur l'entrée dans l'écrit, et particulièrement ceux sur « l'écriture inventée » (Ferreiro, 2000), ont reçu un écho exceptionnel dans le monde entier. Leur succès chez les psychologues de l'enfant est comparable à celui de « la conscience phonique » chez les psychologues cognitivistes.

Pour Ferreiro, il est possible de distinguer six étapes dans le développement de l'écriture : présyllabique, syllabique initial, syllabique strict sans utilisation des lettres pertinentes, syllabique avec utilisation des lettres pertinentes, syllabico-alphabétique, alphabétique (Ferreiro, Vernon, 1999).

En France toutefois, les réplications effectuées ne permettent pas de retrouver exactement ce schéma évolutif. Dans les travaux initiaux de Besse (1993) par exemple, l'écrit est tour à tour une trace différente du dessin, se rapportant au référent, relative à la durée de la chaîne sonore, relative à l'analyse phonique de l'énoncé, codant dans le même ordre la succession des sons de la chaîne orale, codant enfin de manière spécifique la chaîne orale. Selon nous, écrire pour l'enfant consiste d'abord à effectuer un traitement figuratif, puis visuel, ensuite oral, et finalement orthographique (Fijalkow, Liva 1993). À l'issue des travaux ultérieurs (Besse, 1995 ; Fijalkow, Fijalkow, 1998), la notion même d'un développement suivant une suite d'étapes définies est apparue de moins en moins évidente.

Jacques Fijalkow

▶ Bibliographie

BESSE J.-M., *L'Écrit, l'école et l'illettrisme*, Paris, Magnard, 1995.

CHAUVEAU G., RÉMOND M., ROGOVAS-CHAUVEAU É., *L'Enfant apprenti lecteur : l'entrée dans le système écrit*, Paris/Saint-Fons, L'Harmattan/INRP, 1993.

FERREIRO É., *L'Écriture avant la lettre*, Paris, Hachette, 2000.

FIJALKOW E., FIJALKOW J., « L'Écriture inventée au cycle des apprentissages : étude génétique », *Les Dossiers de l'éducation*, n° 18, 1991, p. 125-147.

FIJALKOW E., FIJALKOW J., « Facteurs pédagogiques et psychologiques de l'entrée dans l'écrit : problèmes méthodologiques », *in* Brossard M., Fijalkow J. (dir.), *Apprendre à l'école : perspectives piagétiennes et vygotskiennes*, Bordeaux, PUB, 2002.

JAFFRÉ J.-P., BOUSQUET S., MASSENET J., « Retour sur les écritures inventées », *Dossiers des sciences de l'éducation*, n° 1, 1999, p. 39-49.

READ C., *Children's Creative Spelling*, London, Routledge and Kegan Paul, 1986.

VERNON S. A., FERREIRO É., « Writing Development : A Neglected Variable in the Consideration of Phonological Awareness », *Harvard Educational Review*, 4, 69, 1999, p. 395-415.

▶ Voir aussi

Cognitive (Éducation) – Didactique – Écriture – Illettrisme – Linguistique et éducation – Littérature – Psychologie scolaire.

ÉCRITURE D'INVENTION

Les programmes de lycée de 2000 ont institué l'écriture d'invention comme l'une des modalités d'apprentissage de la littérature. Elle est l'un des trois sujets de l'épreuve anticipée de français du baccalauréat. Ce que l'on appelle « écriture d'invention » au lycée n'a pas de nom spécifique au collège ou à l'école élémentaire, mais correspond à des pratiques d'écriture déjà anciennes, appelées parfois « écriture littéraire ».

L'introduction de l'« écriture d'invention » au lycée avait pour objectif de ne plus cantonner l'écriture en français à sa dimension métatextuelle, où elle s'était trouvé réduite depuis quelques dizaines d'années (Genette, 1969). En s'inscrivant dans une « culture rhétorique » (à laquelle est emprunté le mot même d'*invention*), l'exercice renoue avec une pratique ancienne de la « composition française », elle-même héritée des pratiques rhétoriques. Pour s'en convaincre, il n'est qu'à regarder la liste des exemples d'écriture d'invention proposés par les Instructions officielles : article, lettre, monologue délibératif, dialogue, discours devant une assemblée, essai, récit à visée argumentative sous forme de fable, d'apologue, parodie, pastiche…

Dans sa définition pleine, l'écriture d'invention recoupe des pratiques littéraires courantes, que Gérard Genette a qualifiées de *palimpsestes*. Mais les sujets d'écriture d'invention donnés au baccalauréat privilégient encore une écriture métatextuelle, non dans le cadre normé du commentaire littéraire (puisque l'élève est invité à écrire un article, une lettre, un dialogue sur un texte littéraire), mais sans exploiter les potentialités d'une écriture *inventive* qui dépasse le discours savant *sur* les textes et engage une réelle écriture littéraire.

Bertrand Daunay

▶ Bibliographie

CHARLES M., *L'Arbre et la source*, Paris, Le Seuil, 1985.

DAUNAY B., *Éloge de la paraphrase*, Saint-Denis, Presse universitaitre de Vincennes, 2000.

Daunay B., *La Paraphrase dans l'enseignement du français*, Neuchâtel, Peter Lang, 2002.
Genette G., *Palimpsestes*, Paris, Le Seuil, 1982.
Genette G., « Rhétorique et enseignement », in *Figures II*, Paris, Le Seuil, 1969.

▶ **Voir aussi**
Commentaire littéraire – Composition française – Dissertation – Écriture – Français (Enseignement du) – Littérature.

Éducateur spécialisé

Selon l'acception commune du terme, les éducateurs interviennent auprès d'enfants ou d'adolescents à problèmes, en dehors de l'école. Certains développent aussi des actions de prévention. Cependant, avec l'accompagnement des personnes handicapées adultes, l'extension de l'insertion sociale et les nombreux partenariats locaux, le cadre initial restrictif est aujourd'hui dépassé.

Plusieurs professions constituent la filière éducative du travail social. En dehors des éducateurs de la protection judiciaire de la jeunesse, de l'administration pénitentiaire et de l'aide sociale à l'enfance (secteur public), les plus gros effectifs relèvent d'une gestion associative, sur fonds publics, sous la tutelle du ministère des Affaires sociales. On y trouve des éducateurs spécialisés, des moniteurs éducateurs, des aides médico-psychologiques, des éducateurs techniques ainsi que des éducateurs de jeunes enfants, mais avec une autre finalité. Dans le cadre de la fonction publique territoriale, certains sont devenus assistants socio-éducatifs. La différence avec les instituteurs spécialisés de l'Éducation nationale est surtout institutionnelle ; c'est une source de difficultés, malgré les coopérations. Tous se réclament en effet de la même fonction éducative.

Les éducateurs spécialisés sont plus de 35 000 qui évoluent donc majoritairement dans des établissements et services de droit privé. Leur fonction est d'observer des situations et de concourir à l'éducation d'enfants ou au soutien d'adultes présentant des déficiences physiques ou psychiques, des troubles du caractère et du comportement ou des difficultés d'insertion. Les 16 000 moniteurs-éducateurs participent à la prise en charge d'un groupe de personnes handicapées ou inadaptées, enfants ou adultes. Les 8 000 aides médico-psychologiques sont des auxiliaires assurant des tâches corporelles ou matérielles. Les 15 000 éducateurs techniques doivent faciliter l'insertion ou la réadaptation socioprofessionnelle des jeunes et des adultes. Enfin, les 6 000 éducateurs de jeunes enfants sont chargés de l'accueil et de l'accompagnement d'enfants de dix-huit mois à six ans dans les crèches, le secteur du handicap ou à l'hôpital.

Métiers de niveaux III à V, accessibles avec et sans le bac, les métiers de l'éducation spécialisée attirent nombre de jeunes et de moins jeunes ayant souvent exercé une activité temporaire auprès d'enfants ou d'adolescents. Après une progression des postes entre 1974 et 1984, le taux de sortie de la profession est devenu plus faible et la mobilité intra-professionnelle plus difficile. Aujourd'hui, les offres d'emploi restent cependant nombreuses.

Origines

Les initiatives privées et publiques pour corriger ou moraliser les jeunes présentant des difficultés d'adaptation de nature diverse sont anciennes. Les colonies agricoles remontent à 1838, la protection de l'enfance émerge entre 1889 et 1898, les classes de perfectionnement datent de 1909. En 1912, une loi institue les tribunaux pour enfants et le régime de la liberté surveillée, rendant nécessaires les enquêtes sociales, les consultations et les institutions de patronage. Durant les années 1930, les campagnes contre les bagnes d'enfants font apparaître le besoin d'éducateurs. Et c'est le régime de Vichy qui donne forme et légitimité aux nouveaux professionnels de l'éducation. Pour mieux approcher les irrégularités de l'enfance, le ministère de la Santé de l'époque s'appuie délibérément sur un nouveau secteur associatif relais et sur quelques experts de psychiatrie infantile. La notion d'enfance inadaptée est adoptée en 1943. Les premières écoles privées de cadres rééducateurs voient le jour en 1943 et 1944. Beaucoup de ces institutions sont reconduites à la Libération, pendant que les pratiques sont réorientées par les ordonnances de 1945 sur l'enfance délinquante. Opposant clairement l'éducatif au répressif, celles-ci instituent le juge pour enfants et créent, au ministère de la Justice, une direction de l'Éducation surveillée (actuelle PJJ) en sus du secteur associatif. L'Éducation nationale ne développera son propre réseau que plus tard, dans les années 1960.

Une Association nationale des éducateurs de jeunes inadaptés (ANEJI) est créée en 1947, qui soutient les développements du métier. En 1948, à Lyon, naît la première association de parents d'enfants inadaptés ; d'autres suivront, qui deviendront gestionnaires d'établissements spécialisés et défenseurs de la cause du handicap. L'Union nationale des associations de parents de personnes handicapées mentales et de leurs amis (UNAPEI) est constituée en 1960. La Fédération d'associations pour adultes et jeunes handicapés (APAH), plus laïque, est créée à la même période.

Enfants en danger, délinquants, handicapés, etc. : un vaste secteur privé de dépistage et de prise en charge se met ainsi en place, financé par la Sécurité sociale, l'aide sociale ou la Justice.

L'évolution des pratiques

Les pionniers partagent une commune référence à l'intérêt de l'enfant. En pratique, les premiers centres d'observation, internats pour délinquants et cas sociaux ou externats pour jeunes handicapés, sont d'abord animés par un idéal de type familial-charismatique. Malgré les progrès techniques, les valeurs attachées à l'accrochage affectif et à la communauté de vie avec les jeunes, héritées du scoutisme ou de l'éducation populaire, perdurent. Les initiateurs de la prévention, tel Fernand Deligny, restent longtemps très marginaux. Durant les années 1960, l'activité rééducative se fait plus technique, plus clinique aussi, et elle s'intègre davantage dans l'action publique ; une convention collective de l'enfance inadaptée est signée en 1966 et le diplôme d'État est acquis en 1967. La prévention spécialisée est reconnue en 1972. Le secteur se renforce également grâce aux mesures de protection judiciaire et administrative prises en 1958 et 1959 et à la croissance planifiée des équipements pour jeunes et adultes handicapés. Avec ses deux lois sociales, l'année 1975 domine cette longue période de progrès. Les pratiques privilégient alors l'approche centrée sur la personne et la relation d'aide.

Une mutation est engagée depuis les années 1980, caractérisée par l'explosion des questions sociales, la territorialisation de l'action et un tassement relatif des moyens publics. Depuis les lois de décentralisation, des alternatives d'un type plus pragmatique se développent sur le terrain même du travail socio-éducatif. Ainsi les conseils de prévention de la délinquance, la politique de la ville, les politiques d'insertion, etc. Si ces orientations contiennent tant bien que mal la crise socio-économique, elles tendent aussi à déqualifier bon nombre de praticiens. Ce mouvement n'est cependant pas homogène. Le secteur des personnes handicapées résiste, l'assistance éducative se délite et l'approche de la délinquance se fait plus répressive. La loi de janvier 2002, dite de rénovation de l'action sociale et médico-sociale, impose désormais à tous des règles procédurales plus strictes – s'agissant notamment du respect dû aux usagers-clients –, en même temps qu'elle accroît le contrôle administratif sur les institutions et donc sur les pratiques (démarche qualité, références aux bonnes pratiques, évaluation, etc.). Au final, l'unité de l'action éducative n'est plus et les politiques départementales manquent de cohérence et de transparence.

Obligés à de nouveaux rapports avec l'école, la psychiatrie, l'insertion économique, et surtout avec les pouvoirs politiques locaux, les métiers de l'éducation spécialisée cherchent aujourd'hui à s'adapter et à se repositionner. Il leur faut notamment sauvegarder les bases collectives de leur qualification, contre la réduction des pratiques aux seuls référentiels de compétences ou aux spécialisations trop étroites. Tout récemment est apparue une branche professionnelle sanitaire, sociale et médico-sociale qui devrait mieux protéger ce secteur. Mais, en réalité, c'est tout le paysage du travail social professionnalisé qui est en transition.

Michel Chauvière

▶ Bibliographie

BRAGANTI T., MATTHIEU-FRITZ A., *Éducateur technique spécialisé : formation, diplôme, profession*, Paris, ASH, 2004.

BRICHAUX J., *L'Éducateur, d'une métaphore à l'autre : parler autrement de l'éducateur*, Ramonville-Saint-Agne, Érès, 2004.

BRISSET C., *Rapport annuel du défenseur des enfants*, Paris, La Documentation française, 2004.

CAPUL M., LEMAY M., *De l'éducation spécialisée*, Ramonville-Saint-Agne, Érès, 1996.

CHAUVIÈRE M., *Enfance inadaptée : l'héritage de Vichy*, Paris, Éd. de l'Atelier, 1987.

CHAUVIÈRE M., TRONCHE D., (dir.), *Qualifier le travail social : dynamique professionnelle et qualité de serv*ice, Paris, Dunod, 2002.

GAILLAC H., *Les Maisons de correction (1830-1945)*, Paris, Cujas, 1971, 2e éd., 1991.

LADSOUS J., *L'Éducateur dans l'éducation spécialisée*, Issy-les-Moulineaux, ESF, 1974.

MARTINET J.-L. (dir.), *Les Éducateurs aujourd'hui*, Paris, Dunod, 1999.

MUEL-DREYFUS F., *Le Métier d'éducateur*, Paris, Éd. de Minuit, 1983.

PROMOFAF, AFORTS, GNI, *Référentiel métier d'éducateur spécialisé*, 2002.

VIAL M., *Les Enfants anormaux à l'école : aux origines de l'enseignement spécial (1882-1909)*, Paris, Armand Colin, 1991.

▶ Voir aussi

Agent territorial spécialisé des écoles maternelles (ATSEM) – Éducation – Éducation spécialisée (Personnels de l') – Petite enfance (Personnels de la) – Protection judiciaire de la jeunesse (PJJ).

ÉDUCATION

L'éducation est, selon René Hubert, « l'ensemble des actions et des influences exercées volontairement par un être humain sur un autre être humain, en principe par un adulte sur un jeune, et orientées vers un but qui consiste en la formation dans l'être jeune des dispositions de toute espèce correspondant aux fins auxquelles, parvenu à maturité, il est destiné ».

L'éducation, fait social naturel

L'éducation est sans doute née avec le premier geste du père dessinant devant son enfant le bison qui leur permettrait de se nourrir (*educare*) : elle fut d'abord liée à la satisfaction d'un besoin vital dans un lien de dépendance naturelle. Plus largement, toute communauté constituée et relativement stable tend par simple nécessité de vivre et de survivre à se conserver en sauvegardant et en transmettant ses caractères physiques et intellectuels. En ce sens, l'éducation marche de pair avec la vie et la croissance de la communauté. Et l'on peut comprendre que, lorsque, dans le berceau athénien de la réflexion philosophique, l'homme se prit à penser sa propre humanité dans un processus de désacralisation et de rationalisation, le « soin des enfants », ou *paideia,* soit devenu un problème crucial autour duquel devaient s'affronter les défenseurs du dressage autoritaire (sur le modèle de Sparte), les promoteurs d'une éducation liée à l'intérêt (les sophistes) et ceux que préoccupaient en priorité l'unité de la cité et son fondement rationnel (Socrate, Platon, Aristote). L'éducation devient un « problème de société ».

L'avènement du christianisme va inscrire l'éducation dans une perspective transcendante : le mot hébreu *mûsar* signifie à la fois instruction (don de la sagesse) et correction (réprimande, châtiment). Il désigne essentiellement un comportement de Dieu, modèle des éducateurs, dont l'œuvre se réalise par une intériorisation de plus en plus profonde de l'éducateur en celui qui est éduqué (le Christ « maître intérieur »). L'éducation ne sera achevée qu'au jour où la Loi sera inscrite au fond du cœur de chaque homme. En attendant cependant, il appartient à l'Église enseignante d'assurer la mission d'instruction et de correction.

La « renaissance » de l'idée antique d'une *enkyklios paideia* et la rupture de la Réforme, chacune en réaction contre la réalité coercitive d'un ordre institutionnel, vont contribuer à placer l'individu au centre d'un monde fait pour lui et où il a désormais à se former. Il va s'agir de faire retour vers la « nature », c'est-à-dire vers la condition première et originelle de l'homme en deçà de la chute, et de faire en sorte que se développent le plus librement les semences du savoir, des vertus et de la religion que la Providence divine a déposées en nous. Pour Comenius, qui assume l'héritage chrétien dans une perspective néo-platonicienne, « l'homme a besoin d'être formé pour devenir homme » ; c'est un « animal éducable » : l'œuvre de Dieu s'achève *dans* et *par* l'éducation.

Le projet d'éduquer restait jusqu'ici lié à une définition de l'homme qui se référait à une Nature, horizon et source de toute sagesse, en même temps que ressort de la créativité humaine et de sa liberté. Il s'agissait encore et toujours de puiser à une source, de retrouver le mouvement de la création, d'alimenter une croissance naturelle qui était celle de la Providence divine : *natura naturata* en même temps que *natura naturans.* On ne sera pas surpris que le terme « éducation », qui ne se rencontre pas dans la langue française avant 1527, soit longtemps resté associé dans les lexiques et les dictionnaires à la culture des plantes et à l'élevage des animaux.

L'éducation comme devoir d'humanisation

Lorsque les « traités d'éducation » (d'un prince, des filles, des enfants, etc.) commencent à fleurir dans le dernier tiers du XVIIe siècle, c'est que déjà les choses ne vont plus de soi « naturellement » dans la société des hommes. Mais c'est avec la publication de l'ouvrage de Rousseau, *Émile ou De l'éducation,* en 1762, que le terme va prendre toute sa profondeur existentielle et son sens moderne, renvoyant tout à la fois à la réalité d'une nature observable et malléable, et à la volonté spécifiquement humaine de l'orienter dans un sens qui ne doive plus rien désormais aux instances législatrices extérieures. Par et dans l'éducation, Émile est appelé à se faire autonome, à se donner une loi d'existence. Kant, en ouvrant l'homme à l'infini de la liberté, le définira comme « la seule créature qui doive être éduquée », et Pestalozzi verra dans la formation de l'homme la seule forme d'action désormais viable dans un monde « effondré moralement, spirituellement et politiquement ». L'éducation se conjugue désormais avec la liberté : Condorcet réclame de la société qu'elle organise une « instruction publique », seule capable de « rendre réelle l'égalité des droits » et de « ne laisser subsister aucune inégalité qui entraîne de la dépendance ».

L'éducation s'identifiant désormais au devoir d'humanisation, on ne sera pas surpris qu'elle ait fini par pénétrer toutes les formes de l'activité humaine. Elle accompagnera la constitution de l'État moderne (éducation *nationale,* éducation *populaire*), et elle creusera ses grandes divisions idéologiques (éducation *publique,* éducation *privée*) ; elle imprégnera toutes les structures qui ont en charge le développement de l'enfant (éducation *familiale,* éducation *préscolaire),* et elle s'étendra sur la vie entière (éducation *permanente*) ; elle s'emploiera à cultiver chacune des aptitudes humaines (éducation *physique,* éducation *sexuelle,* éducation *morale*), et elle se chargera d'aller « sauver » les individus rejetés aux marges du système social (éducation *spécialisée,* éducation *surveillée*). Elle se donnera encore comme le point de convergence et de concurrence des sciences humaines (*sciences de* l'éducation), et il lui arrivera de se confondre avec le rêve d'une régénération radicale du genre humain (éducation *nouvelle*). Il semblerait que rien de ce qui est humain ne puisse plus désormais échapper à l'éducation. Si elle reste un projet structurellement social, sa visée ne se limite plus à la réalisation d'un type social : il s'agit, selon la formule de Rousseau, de « former l'homme de l'homme ».

L'éducation dans la crise

L'ébranlement culturel des années 1960 et l'onde de choc qui s'est propagée à travers le tissu institutionnel, tant familial que social, la « crise des valeurs » et le succès des thèses postmodernistes, le processus de démocratisation et l'inadaptation croissante du système aux situations particulières qui se développent, avec le risque latent d'explosions de violence : ce bouleversement du socle social a logiquement mis à mal l'idée d'éducation qui brillait jusque-là dans le ciel de la République, éclairé par l'astre de la philosophie humaniste. Les « sciences de l'éducation », loin de régénérer la grande Idée, sont venues porter le ferment critique dans un édifice mal en point (à la même époque où l'École de Francfort portait des coups mortels à la *Bildung* qui avait fait les beaux jours de la *Pädagogik* allemande). C'est bien le lieu de parler, avec Guy Avanzini, de « finalités introuvables », que le recours aux technologies modernes de la communication, en rendant caduque l'attitude enseignante, semblerait devoir définitivement reléguer au rang de préoccupations démodées.

L'éducation est-elle alors condamnée à suivre la débâcle de l'humanité sociale, livrée aux intérêts démultipliés, à la fois particuliers et transfrontaliers ? Les sophistes auraient-ils, avec le consumérisme et le libéralisme débordant, le dernier mot ? Il faudrait y regarder de plus près. Face à la menace d'explosion sociale par inadaptation, par exclusion, par révolte même, l'éducation apparaît plus que jamais sans doute comme le recours, mais dans une perspective nouvelle, qui dépasse les objectifs de savoirs à acquérir et comportements à reproduire : celle de la maîtrise éthique d'un développement qui rappelle l'homme à ses « devoirs d'homme ».

Michel Soëtard

Les théories éducatives aujourd'hui

Conceptions qui cherchent à rendre compte du sens des actes éducatifs, tant en fonction d'une réalité que d'un projet, les théories éducatives ont traditionnellement été l'apanage des philosophes et des pédagogues. Depuis le tournant du siècle, ces derniers sont concurrencés par les spécialistes des diverses sciences humaines, qu'ils soient sociologues ou psychologues. Autrement dit, les théories éducatives s'appuient aujourd'hui sur différents secteurs de référence qui s'influencent les uns les autres.

Progression des certitudes et résurgence des interrogations

Au XXᵉ siècle, quelle a été la théorie éducative dominante ? Daniel Hameline (1986) a bien montré que les sociétés modernes ont développé et organisé de plus en plus systématiquement l'éducation scolaire autour de trois lieux communs, de trois croyances qui se sont forgées en idéologie au cours du XIXᵉ siècle : le progrès, l'éducabilité humaine, la supériorité de la démocratie égalitaire. Face à cette théorie qui portait cette vérité fondatrice et libératrice s'opposent, dès le XIXᵉ siècle, de multiples contre-courants : ceux qui même en éducation perçoivent le progrès comme une menace ou une utopie ; ceux qui opposent l'atavisme, le fatalisme des dons, le poids de l'hérédité au pouvoir de l'éducation ; ceux qui, conservateurs fixistes mais aussi révolutionnaires patentés, désignent l'égalitarisme comme une songerie dangereuse.

Il reste que la foi dans l'éducation va l'emporter. Cette foi va ensuite rencontrer les sciences humaines, et la pédagogie va alors se trouver sous l'influence de l'idéal scientifique. Le nouveau lieu commun reçu et accepté concerne ainsi la primauté de la science. La scolarisation est devenue une affaire d'État, perçue comme un investissement utilitaire, mais conjuguant la fibre nationaliste et l'emprise sociale au nom du bonheur individuel. Dans ce contexte, les sciences humaines vont conforter et justifier le discours du progrès et de l'éducation.

Or, c'est ce discours qui est aujourd'hui, dans ce que l'on nomme la postmodernité, de plus en plus remis en cause et interrogé. L'universalisme progressiste a fait place à des identités éclatées et mal assurées. La foi dans le progrès s'est délitée en constat de violences. Et les questions demeurent : Comment peut-on à la fois rendre autonome et intégrer ? Comment peut-on à la fois faire réussir tout le monde et faire réussir chacun ? Comment peut-on à la fois faire travailler et laisser libre ? Comment peut-on à la fois domestiquer et affranchir ? De quoi continuer à alimenter bien des théories éducatives…

Les conceptions de l'homme, de la société et de leur rapport

Choisir une pédagogie, c'est fondamentalement choisir de faire advenir un certain type d'homme et de société. On peut analyser les courants pédagogiques sous cet angle (Houssaye, 1987). Quatre tendances peuvent être distinguées : traditionnelle, nouvelle, socialiste, contemporaine.

• La pédagogie traditionnelle est un apprentissage de la résistance. Centrée sur le maître et la transmission du savoir, sur une coupure structurelle entre l'École et la vie, elle vise à façonner et à redresser l'enfant entaché par le péché originel ou ses substituts, loin de la société mauvaise, à l'image d'un adulte idéal non corrompu par la société, et ce à travers des modèles archétypiques que l'enfant doit intérioriser au nom de la raison et du devoir. L'individu apprend à résister (se maîtriser soi-même pour maîtriser le monde) en s'imprégnant d'une culture qui nécessite l'intégration morale et disciplinaire de la dure loi du travail intellectuel afin d'apprendre le métier d'homme.

• L'École nouvelle, pour sa part, recherche un milieu naturel protégé permettant à l'enfant d'épanouir sa nature hors des influences sociales néfastes, de réconcilier son corps et son esprit. Elle se veut une école de la vie naturelle et de la vie communautaire, axée sur une culture ouverte devant faire advenir une nouvelle société en régénérant la société industrielle présente. Elle prétend former un homme nouveau, base de la société nouvelle qui doit se construire à l'image de l'enfant nouveau, en posant une harmonie postétablie (par l'éducation) entre l'individu et la société, au nom d'une adaptation issue de l'association d'individus éduqués.

• La pédagogie socialiste, quant à elle, se présente comme l'école de l'usine ; elle vise à développer une culture polytechnique, à la fois professionnelle et générale, afin d'ériger l'homme nouveau. Ce qui suppose une conjonction de la production matérielle et de la production intellectuelle, une présence du travail productif dans l'éducation. L'homme nouveau, l'homme de la société socialiste, requiert une école militante qui annonce la société socialiste et y prépare les hommes. Cet homme nouveau sera avant tout un homme social tourné vers la collectivité. La pédagogie socialiste se base sur une adéquation individu/société, accomplissement de soi/intégration sociale.

• Les tendances contemporaines, enfin, surgissent sur fond de crise du rapport école/société. Globalement, la mission de l'École se présente comme une mission de rattrapage par rapport à une société en évolution permanente très rapide. Son but, c'est d'adapter à cette société (point de départ) pour mieux en propulser le mouvement continu (point d'arrivée). Qu'il s'agisse des technologies éducatives ou de méthodes pédagogiques comme l'alternance ou les objectifs pédagogiques, ces courants pédagogiques peuvent être désignés comme des pédagogies de l'adaptation des individus à la société industrielle. Bref, théoriser l'éducation revient en fait à penser l'articulation entre la société idéale et l'enfant nouveau. La pédagogie est projet.

Les théories contemporaines

Dans sa tentative récente de répertorier les différentes théories contemporaines de l'éducation, Bertrand (1990) discerne sept tendances principales qui parcourent actuellement le champ éducatif, avec des fortunes diverses. La fin du XIXe siècle voit le retour des théories spiritualistes, qui visent la transcendance du sujet, le détachement de toute subjectivité, la relation avec le divin et le mystique, à travers des expériences de l'unité où le « je » se perd dans l'univers et fait l'expérience de la conscience cosmique. Psychologie humaniste, mystiques chrétiennes et zen s'allient ici pour définir une nouvelle pédagogie centrée sur l'étudiant en quête de son développement personnel et rencontrant pour cela des personnes ressources, elles aussi tournées vers la « sagesse ».

Depuis les années 1960, les théories personnalistes tentent de promouvoir chez le « s'éduquant » l'émergence des ressources internes et de l'activité autonome, de façon qu'il devienne capable de prendre en charge sa formation et le développement de sa personnalité. Ces dernières années semblent cependant signer l'acte de décès de ce courant, victime de ses contradictions (comment à la fois éduquer sans éduquer ?). Alors que les théories personnalistes s'effacent, les théories psychocognitives envahissent le champ éducatif, semblant vouloir réduire la compréhension de l'éducation au processus d'apprentissage et aux caractéristiques de l'apprenant, poursuivant en fait la tradition de la pédagogie expérimentale et de l'emprise des sciences humaines. Ces théories disputent le succès aux théories technologiques, qui désignent l'ensemble des supports à l'action et résultent, elles aussi, de l'application systématique de connaissances scientifiques dans le but de résoudre des problèmes pratiques. Celles-ci recouvrent tout ce qui s'articule autour de la systémique de l'éducation aussi bien que les pédagogies qui s'appuient sur la cybernétique, l'intelligence artificielle, les sciences cognitives, l'informatique et les divers médias.

Les théories sociocognitives retrouvent un regain de faveur par l'intermédiaire du renouveau de l'enseignement coopératif. Ces théories socioculturelles interactionnelles mettent l'accent sur les facteurs extérieurs à la personne et prônent l'apprentissage en situation et la pédagogie sociale. Quant aux théories sociales de l'éducation, elles reposent sur une vision large des transformations à apporter à la société industrielle. On assiste à un déplacement très net de leurs systèmes de référence puisque l'on passe des univers marxistes ou autogestionnaires à l'univers écologique. On se tourne ainsi de plus en plus vers une acquisition d'une conscience écologique et sociale à valeur prospective.

Toutes ces théories cependant se heurtent particulièrement aux théories académiques qui prônent de plus en plus ouvertement un retour aux valeurs classiques traditionnelles afin d'éclairer les individus sur leur chemin éducatif. Certains, plus traditionalistes, voient dans le passé la base éprouvée de l'organisation des contenus. D'autres mettent en avant une formation générale fondamentaliste. D'autres encore se replient sur une école de l'excellence censée « traiter » la masse et la démocratisation. Au total, le sens de l'éducation reste donc sujet à interprétations et à projets. Et les théories de l'éducation continuent à prendre sens et nécessité.

Jean Houssaye

▶ Bibliographie

AVANZINI G., *Introduction aux sciences de l'éducation,* Toulouse, Privat, 1992.

AVANZINI G. (dir.), *La Pédagogie aujourd'hui,* Paris, Dunod, 1996.

BERTRAND Y., *Les Théories contemporaines* de *l'éducation,* Lyon/Montréal, Chronique sociale/Éd. Nouvelles, 1990, 4e éd., 1998.

CHARBONNEL N., *Pour une critique de la raison éducative,* Berne, Peter Lang, 1988.

COMENIUS J. A., *La Grande Didactique ou l'Art universel de tout enseigner à tous,* Paris, Klincksieck, 2002.

CONDORCET, *Mémoire sur l'Instruction publique,* Paris, Éd. Mille et une nuits, 2002.

HAMELINE D., *Courants et contre-courants dans la pédagogie contemporaine,* Issy-les-Moulineaux, ESF, 1986, rééd., 2000.

HOCQUARD A., *Éduquer, à quoi bon ? Ce qu'en disent philosophes, anthropologues et pédagogues,* Paris, PUF, 1996.

HOUSSAYE J., *École et vie active : résister ou s'adapter ?,* Lonay, Delachaux et Niestlé, 1987.

Kant E., *Réflexions sur l'éducation*, Paris, Vrin, 1993.
Meirieu P., *Le Choix d'éduquer : éthique et pédagogie*, Issy-les-Moulineaux, ESF, 1999.
Rousseau J.-J., *Émile ou De l'éducation,* Paris, Larousse, 1999.
Soëtard M., *Pestalozzi*, Paris, PUF, 1995.
Ulmann J., *La Pensée éducative contemporaine,* Paris, Vrin, 1982.

▶ **Voir aussi**
Autonomie – Bourdieu, Pierre – Cognitive (Éducation) – Comenius, Jean Amos – Éducation nouvelle – Éducation permanente – Familiale (Éducation) – Instruction – Kant, Emmanuel – Méthodes pédagogiques – Pédagogie – Pestalozzi, Johann Heinrich – Philosophie de l'éducation – Populaire (Éducation) – Rousseau, Jean-Jacques – Sciences de l'éducation.

Éducation affective et sexuelle

▶ **Affective et sexuelle (Éducation)**

Éducation artistique

▶ **Artistique (Éducation)**

Éducation comparée

L'intérêt pour les comparaisons internationales entre les systèmes éducatifs se développe à partir du XIXe siècle pour une double raison. D'une part, comme incitent à le penser par exemple les progrès de l'anatomie comparée, la connaissance scientifique paraît indéfectiblement liée au recours à la méthode comparative. C'est pourquoi Marc-Antoine Jullien de Paris, dans son ouvrage de 1817 intitulé *Esquisse d'un ouvrage d'éducation comparée,* est le premier à estimer indispensable de procéder à un recueil systématique de données sur les différents pays pour fonder une science forcément comparative de l'éducation. Mais, de leur côté, les responsables des grands dispositifs d'enseignement qui commencent à être organisés attendent d'enquêtes sur d'autres systèmes les preuves de leur excellence ou des indications susceptibles de les aider à surmonter leurs déficiences.

Recherches académiques et commandes de rapports

Ainsi s'explique qu'initialement les comparaisons entre les systèmes éducatifs s'effectuent sur deux registres presque opposés. Une approche académique fait de l'éducation comparée un secteur des sciences de l'éducation, n'oubliant pas de promouvoir les bonnes pratiques mais privilégiant les discussions méthodologiques et les analyses de principe, avec les inévitables conflits de théories ou d'idéologies qui peuvent en résulter. L'optique pragmatique qui prévaut dans les gouvernements conduit à charger des personnes venues d'horizons très divers de produire des rapports destinés à informer sur l'état de l'éducation dans divers pays pour permettre de dresser des bilans et d'envisager des réformes éventuelles. Par la suite, les organisations internationales ayant des programmes éducatifs suivront la même ligne.

Depuis la fin de la Seconde Guerre mondiale et encore plus depuis les années 1980, ce second type de comparaisons entre les systèmes éducatifs s'est répandu, au détriment de l'éducation comparée entendue comme discipline universitaire. Celle-ci sera souvent accusée d'être trop loin des réalités du terrain et d'être incapable d'apporter en temps voulu aux décideurs les éléments dont ils ont besoin.

Le rapprochement des deux registres

À l'heure actuelle, ce clivage s'atténue. Les chercheurs doivent maintenant accélérer le rythme de leurs travaux et prouver leur portée pour obtenir, grâce à des commandes, les financements souhaitables de la part de leurs administrations de tutelle. De son côté, le travail d'expertise ne peut plus se passer d'un fondement théorique, faute duquel il serait fragilisé et menacé dans sa crédibilité.

C'est ce que montrent bien la collecte et l'exploitation des statistiques internationales considérées comme la base indispensable pour toute exploration. Ces statistiques doivent en effet conduire à l'élaboration d'indicateurs, comme ceux utilisés par l'OCDE dans son édition régulière des « Regards sur l'éducation ». Or cette démarche se confronte à d'importants enjeux théoriques et méthodologiques auxquels il est impossible d'échapper et qui appellent des analyses très fines de la réalité de chaque système, comme quand il s'agit des pondérations à effectuer entre des chiffres d'origine et de nature très différentes ou de la validité à accorder à certaines moyennes ou certains écarts. Des mises au point similaires s'imposent à l'Unesco pour la production de son « Rapport mondial sur l'éducation » ou à la Commission européenne pour la présentation des « Chiffres-clés de l'éducation ». De leur côté, les services d'évaluation qui se sont multipliés dans la plupart des États au cours des deux dernières décennies ont également donné lieu à un fort investissement scientifique.

En dépit de sa modestie et parfois même de son absence dans le paysage universitaire, l'éducation comparée, dans son acception la plus large, bénéficie donc d'une expansion impressionnante et d'une rigueur accrue.

L'européanisation puis la mondialisation des perspectives dans le secteur de l'éducation et particulièrement dans celui des formations professionnelles ont aussi élargi l'intérêt pour les comparaisons internationales bien au-delà des milieux spécialisés. Comme en témoigne l'attention accrue que leur portent les médias, elles sont devenues une préoccupation générale. Les chefs d'entreprise s'en soucient pour être assurés des compétences de leur capital humain. Les familles s'y réfèrent pour identifier les forces et les faiblesses des établissements scolaires fréquentés par leurs enfants. Les jeunes s'y fient pour identifier les lieux de formation les plus valables au cours de leur apprentissage à vie qui ignorera les frontières.

Le champ des comparaisons

Cette diversité des producteurs et des consommateurs de comparaisons internationales en éducation explique l'étendue de leur champ. Celui-ci couvre aussi bien les grandes options des politiques éducatives que l'organisation et le fonctionnement des réseaux d'enseignement et de formation. La démocratisation de l'éducation, telle qu'elle se traduit par la liberté d'accès aux divers niveaux et profils de formation ou par le souci de garantir l'égalité des chances, est toujours un axe majeur de l'examen des politiques éducatives, au même titre que la mobilisation des budgets nécessaires à leur mise en œuvre. La structuration des enseignements scolaires et universitaires est bien entendu également un objet d'analyse qui s'impose et qui n'est pas dissociable des programmes d'études, des modalités de délivrance des diplômes ou de la formation des enseignants. Il faut également mentionner l'attention croissante portée aux résultats des élèves et à l'interprétation de leurs écarts, qu'il s'agisse du volume horaire des enseignements, du degré d'exigence des programmes d'études ou de la nature des démarches pédagogiques les plus répandues.

Les méthodologies

Comme on l'a déjà indiqué à propos du recours aux indicateurs, l'investigation de ce champ s'appuie sur un appareil statistique qui n'a pas cessé d'être affiné : il y a dorénavant peu d'aspects de l'éducation qui ne soient pas chiffrés. Les budgets, les flux d'entrée et de sortie aux différents niveaux, les répartitions entre les différentes certifications s'y prêtent bien entendu aisément.

Mais d'autres aspects à première vue moins quantifiables peuvent aussi donner lieu à des calculs éclairants. Pour avoir une idée plus précise du climat pédagogique, on peut estimer le temps que, pendant la durée d'un cours, les enseignants consacrent à l'exposé magistral ou aux échanges avec la classe, ainsi que le nombre d'heures passées en classe par les élèves et celui que représentent les devoirs faits à la maison, les activités périscolaires ou les loisirs. Les attitudes devant l'exercice de l'autorité ou de l'autonomie peuvent également donner lieu à des appréciations quantifiées. Il y a donc une nette tendance à un traitement aussi rigoureux que possible du qualitatif. Il faut s'en féliciter : sur ce plan en effet, on s'est trop souvent contenté d'impressions ou d'intuitions.

Le qualitatif ne se trouve pas pour autant réduit à ses seuls aspects quantifiables. À partir de ceux-ci doit s'effectuer un travail d'interprétation prenant en compte toutes les dimensions historiques, socio-économiques et culturelles auxquelles tiennent les caractéristiques les plus profondes des choix. Une remarque similaire vaut pour la comparaison des organisations administratives et pédagogiques qui conduit souvent à se référer à des modèles d'inspiration structuraliste et fonctionnaliste, mais sans oublier la nécessité de faire voir et d'expliquer la variété des options résultant de la diversité des contextes dans le passé comme dans le présent.

Les objectifs des comparaisons

Les objectifs assignés à ces comparaisons ont sensiblement évolué. À l'origine ont prévalu des ambitions contradictoires. Les systèmes éducatifs étaient perçus comme incomparables à cause de la supposée originalité absolue de chacun et en même temps comme classables par le recours à des formules plus ou moins avantageuses et éventuellement transposables. Victor Cousin sera séduit par la formation des instituteurs en Prusse et y verra un modèle que la France aurait dû reprendre. Aujourd'hui, des informations beaucoup plus complètes sur l'organisation et le fonctionnement des systèmes conduisent à considérer que la singularité de chacun de ceux-ci tient moins aux éléments dont ils se composent qu'à leur configuration résultant des multiples influences des traditions politiques, historiques ou sociales et culturelles.

Dans ces conditions, les comparaisons en éducation peuvent bien sans doute être mises à profit pour procéder à des améliorations d'ordre administratif ou pédagogique, mais leur principal apport est de toute évidence ailleurs. Au-delà d'apparences souvent trompeuses, il est de faire découvrir les similitudes et les différences d'un ensemble de dispositifs, et, conjointement, grâce à une distanciation, d'aider à avoir une connaissance plus exacte de la spécificité d'un dispositif donné et des moyens à utiliser pour y opérer d'éventuels changements. On le vérifie bien quand on examine les contrastes qui seraient supposés marquer l'éducation dans les pays du Nord et dans ceux du Sud ou les rapprochements possibles dans le cadre européen.

Les contrastes entre le Nord et le Sud

Sur bien des points, les conditions de l'enseignement au Nord et au Sud diffèrent radicalement. La préscolarisation est une priorité qui s'est pratiquement imposée dans les pays industrialisés alors qu'elle est presque inexistante dans les pays en développement. La durée de la scolarité obligatoire est en moyenne de dix années en Amérique du Nord et en Europe contre six années en Afrique. Dans les pays du Nord, l'enseignement secondaire comporte une variété d'orientations académiques, technologiques et professionnelles pour répondre à la diversité des intérêts des élèves et des besoins de la société, tandis que dans les pays du Sud prédomine un enseignement général très uniforme, inadapté au profil de nombreux élèves et aux rares débouchés possibles sur le marché du travail.

Les niveaux de fréquentation opposent aussi les deux parties du monde. La scolarisation dans le primaire et le secondaire tend à atteindre les 100 % sous nos latitudes, mais en Afrique subsaharienne même le primaire ne scolarise souvent qu'à 50 %. Bien entendu, les ressources allouées à l'éducation sont marquées par d'aussi sérieux écarts, puisqu'elles correspondent dans un cas à 5-6 % du PIB et dans l'autre au mieux à seulement 4 % avec des menaces accrues de réduction par les politiques d'ajustement structurel. Sous l'effet de celles-ci, les conditions de l'enseignement se dégradent encore davantage, avec des classes surchargées d'au moins 40 élèves et des effectifs en diminution d'enseignants toujours mal formés et encore plus mal rémunérés.

Ces contrastes n'empêchent pourtant pas qu'à l'échelle mondiale se manifestent des convergences significatives dans les manières d'envisager l'éducation. Les missions qui lui sont assignées sont toujours très voisines, avec l'importance accordée à la diffusion de l'instruction et au développement des aptitudes et des compétences nécessaires au bon fonctionnement de la société et de l'économie. On en a une illustration avec le programme « Éducation pour tous », adopté en 1990 à Jomtien par les organisations internationales les plus concernées par les progrès de l'éducation et de la formation au Sud, et dont l'impérieuse opportunité a été réaffirmée à Dakar, en 2000. Il est particulièrement significatif que ce programme souligne maintenant l'insuffisance d'une expansion purement quantitative de l'enseignement et la nécessité d'engager sans délai des politiques d'amélioration de sa qualité, qui récemment encore semblaient réservées aux seuls pays industrialisés sous l'égide de l'OCDE. La recherche de la qualité se traduit ainsi partout par des impératifs similaires : une meilleure adéquation des formations générales ou professionnelles aux exigences de la société et aux évolutions du marché du travail ; une définition des contenus d'enseignement ciblée sur l'apprentissage à vie ; une formation des enseignants qui les prépare effectivement à l'exercice de leur métier ; l'existence d'instruments d'évaluation fiables pour apprécier les résultats des élèves, des établissements et du système dans son ensemble. C'est ce qui justifie, encore mieux aujourd'hui qu'hier, l'existence de la Classification internationale type de l'éducation (CITE) établie par l'Unesco, qui porte essentiellement sur les structures administratives et pédagogiques, mais ne peut ignorer les processus qui s'y déroulent.

Dans ces conditions, les déficiences dont souffrent les pays du Sud doivent toujours être reliées aux effets de contextes très défavorisés. Mais il faut aussi les considérer comme la manifestation des difficultés auxquelles se heurte la mise en œuvre de toute politique éducative, même dans les sociétés les moins démunies. À cet égard, il est particulièrement symptomatique par exemple que les enseignants, où qu'ils soient, se heurtent à des obstacles analogues dans l'exercice de leur métier, tels les lacunes de leur formation ou la dévalorisation de leur statut du point de vue matériel et moral. C'est dire combien le repérage de fortes spécificités n'est pas incompatible avec la perception d'évidentes proximités.

Identité des objectifs et pluralité des itinéraires en Europe

Pour bien des raisons, l'éducation et la formation dans l'Union européenne incitent aux comparaisons. Celles-ci doivent permettre aux responsables de la construction communautaire d'apprécier si et dans quelle mesure les États membres répondent aux sollicitations à se rejoindre sur des positions communes. Ce sont aussi les comparaisons qui offrent à chaque État membre la possibilité de situer par rapport aux autres son degré d'adhésion ou d'apathie, voire de résistance, à l'égard des orientations préconisées par Bruxelles, comme les « objectifs concrets » arrêtés au Conseil européen de Lisbonne ou la restructuration des diplômes universitaires dans le cadre du processus de Bologne. Le niveau de participation au programme *Socrates* peut être également un indice significatif. Les usagers, dans la perspective des échanges prévus par ces processus, peuvent aussi faire appel aux comparaisons pour choisir les séjours d'études ou les stages qui leur paraissent les plus fructueux et les plus agréables.

Ici également, il faut faire la part des similitudes et des différences en veillant à ne pas les minimiser ni à les exagérer pour en dégager la véritable portée. La politique éducative n'est jamais totalement dissociable de la politique générale. On retrouve donc sans surprise dans les différentes politiques éducatives de l'Union les priorités et les valeurs qui marquent le projet de société européen, telle la défense d'une démocratie pluraliste et tolérante ou celle d'une modernité fondée sur l'appel aux connaissances les plus innovantes. Mais ces convergences de principe entre les politiques éducatives n'empêchent pas qu'elles puissent donner lieu à des mises en œuvre parfois très éloignées les unes des autres. Bien que la décentralisation soit partout reconnue comme très opportune, l'étendue du pouvoir de décision local en éducation demeure très variable. Une réelle autonomie des établissements, qui devrait être un autre volet essentiel d'une gestion démocratique, n'est pas non plus toujours réalisée. De même, le souci si souvent affirmé de traiter tous les élèves avec équité s'accommode d'entorses persistantes. Les premiers cycles du secondaire peuvent encore comporter des filières très élitistes. Les sections professionnelles ont souvent des programmes d'enseignement général d'une modestie telle qu'elle corrobore l'image négative que se font d'elles la plupart des sociétés. Ces nuances peuvent revêtir aussi des contrastes très appuyés quand on envisage, comme le fait le Conseil de l'Europe, le continent dans son ensemble, où les traditions politiques, culturelles et éducatives sont susceptibles d'induire des choix spécifiques.

De toute manière, avant que puisse être posée la question des similitudes ou des différences existant entre les dispositifs, les comparaisons dans le cadre européen obligent à se demander au préalable si et comment les mêmes objectifs peuvent être atteints par une pluralité de voies. Or on ne voit pas non plus pourquoi il ne serait pas permis de poser la même question dans chaque système pris isolément. Ici encore, un regard sur les autres pourrait ainsi apporter une meilleure connaissance de soi-même. Il aiderait par exemple à découvrir de manière générale les inconvénients de formules trop unitaires, comme celle des premiers cycles du secondaire imposant le même cursus à tous les élèves, ou les hypocrisies de filières qui sont supposées théoriquement prendre en compte la diversité des aptitudes mais qui condamnent en fait certains groupes à des études au rabais.

Bien d'autres domaines seraient propices à la mise en évidence des efforts à accomplir pour échapper à l'impression d'une uniformité de surface ou à celle d'oppositions irréductibles tout autant préjudiciables à la saisie du vrai sens des situations. Il faut en somme toujours tenter les comparaisons qui semblent impossibles et toujours se méfier de celles qui s'annoncent comme trop faciles et presque accomplies d'avance. Il y a comme une éthique de la comparaison qui rappelle celle de l'éducation, où rien ne peut être accepté comme établi d'avance et où rien ne peut être abandonné sans avoir été tenté.

La suprématie anglo-américaine et ses inconvénients

Il reste à signaler à quel point, en éducation comparée et dans les comparaisons internationales, l'usage de la langue française est limité. Sans doute le français reste-t-il l'une des langues de travail des organisations internationales intervenant dans ce domaine, tel le Conseil mondial des associations d'éducation comparée, et au moins quelques-unes de leurs publications, comme la revue *Perspective* de l'Unesco, y font appel. Mais d'une manière générale on assiste à la prédominance de l'anglais, aussi bien dans les travaux que dans la communication entre les personnes. La majorité des chaires d'éducation comparée se trouvent dans les universités anglo-saxonnes, la plupart des experts doivent se plier à l'anglophonie des organisations internationales, les ouvrages qui ont le plus de poids proviennent d'outre-Manche ou d'outre-Atlantique. Ce déséquilibre tient pour une large part au manque d'intérêt des autorités des pays francophones à maintenir un enseignement universitaire de l'éducation comparée et à soutenir la recherche publique ou privée dans ce domaine.

Il est pourtant certain qu'étant donné l'importance des enjeux de l'éducation dans chaque société et à l'échelle du monde, une meilleure attention pour les comparaisons internationales permettrait de mieux faire connaître les initiatives au plan national et de faciliter la compréhension au plan international.

Jean-Michel Leclercq

▶ **Bibliographie**

Centre pour la recherche et l'innovation dans l'enseignement, *Regards sur l'éducation : les indicateurs de l'OCDE*, Paris, OCDE, 2004.

Green A., Wolf A., Leney T., *Convergence and Divergence in European Education and Training Systems*, Institute of Education, University of London, 1999.

Groux D. (dir.), *Dictionnaire d'éducation comparée*, Paris, L'Harmattan, 2003.

Laderrière P., Vaniscotte F., (dir.), *L'Éducation comparée : un outil pour l'Europe*, Paris, L'Harmattan, 2003.

Leclercq J.-M. (dir.), *L'Éducation comparée : mondialisation et spécificités francophones*, Paris, CNDP, 1999.

Sirota R. (dir.), *Autour du comparatisme en éducation*, Paris, PUF, 2001.

Unesco, *Rapport mondial sur l'éducation*, Paris, Unesco, 2000.

Van Daele H., *L'Éducation comparée*, Paris, PUF, coll. « Que sais-je ? », 1993.

▶ **Voir aussi**

Décentralisation – Échange culturel – Évaluation – Formation des enseignants – Organisation de coopération et de développement économique (OCDE) – Préscolaire – Programmes éducatifs européens – Unesco.

Éducation à l'environnement

▶ **Environnement (Éducation à l')**

Éducation à l'information

▶ **Information (Éducation à l')**

Éducation informelle

▶ **Informelle (Éducation)**

Éducation morale

▶ **Morale (Éducation)**

Éducation musicale

▶ **Musicale (Éducation)**

Éducation nouvelle

L'éducation nouvelle est un ensemble complexe d'idées et de méthodes pédagogiques, expérimentées et mises en œuvre dans les deux premiers tiers du xxe siècle dans presque tous les pays d'Europe et d'Amérique.

Des « écoles nouvelles »

« New school », c'est ainsi que Cecil Reddie dénomme l'école qu'il fonde, en 1889, à Abbotsholme (Staffordshire) et dont le rayonnement va être prodigieux. Ses compatriotes britanniques viennent la visiter, comme Badley, qui fonde en 1893, à Bedales, la King Alfred School, comme Rice, en 1897, à Hampstead, etc., mais aussi des Français, comme Edmond Demolins, féru de « science sociale », qui publie en 1897 *À quoi tient la supériorité des Anglo-Saxons* et, en 1899, *L'Éducation nouvelle* pour annoncer l'ouverture de l'école des Roches à Verneuil-sur-Avre. Reddie reçoit aussi des visiteurs allemands, comme Lietz, qui publie un texte sur Abbotsholme et fonde, en 1899, à Ilsenburg, une première école nouvelle, puis peu après, une seconde à Haubinda ; un collaborateur de Lietz, Paul Geheeb, fonde l'école de l'Odenwald ; les initiatives se multiplient également en Belgique, aux Pays-Bas, en Suisse, en Italie etc. Un jeune Suisse, Adolphe Ferrière, après un séjour chez Lietz, fonde en 1899, à Genève, le Bureau international des écoles nouvelles, afin de les étudier et de créer un lien entre elles.

En quoi ces écoles sont-elles nouvelles ?

Situées à la campagne, ces écoles secondaires privées, qui font également office d'internats, cherchent à favoriser le contact enrichissant avec le milieu naturel, les travaux manuels, etc. Éducateurs et élèves forment une société virile, voire une « communauté », dont les règles doivent être acceptées par tous. L'accent est mis sur la formation du caractère, sur la vie sociale, sur le *self government.* C'est déjà l'esprit du scoutisme, qui sera fondé par Baden-Powell en 1908. Notons le souci de trouver des liens entre les matières d'enseignement : « L'étude de la nature est coordonnée en classe avec le dessin, les mathématiques, l'étude des sciences ; les impressions du dehors fournissent le sujet du jour pour la salle de classe. » (Reddie)

L'ère des découvreurs

À la fin du XIXe siècle, travaux psychologiques et initiatives pédagogiques foisonnent. À partir de 1883, Stanley Hall (Clark University, États-Unis) organise de grandes enquêtes sur les enfants et les adolescents. John Dewey, professeur de philosophie à l'université de Chicago, crée une école expérimentale (1894) où il propose aux enfants des activités concrètes (menuiserie, cuisine, couture, tissage) qui stimulent les apprentissages culturels : il lance la formule *« learning by doing »* (apprendre en faisant).

Recherches et publications pullulent sur tous les sujets : observations sur les différents âges, l'art et les activités créatrices, les surdoués, les enfants arriérés sur lesquels se penchent de nombreux médecins : Binet à Paris, Claparède à Genève, Decroly à Bruxelles, Maria Montessori à Rome. Ces deux derniers, dans la première décennie du XXe siècle, poursuivent un itinéraire parallèle et appliquent aux enfants normaux le résultat de leurs recherches sur l'éducation des enfants anormaux. Par ailleurs, l'expérience de Kerschensteiner, à Munich, lui fait préconiser, dans les écoles primaires, la création d'ateliers de travaux manuels quasi professionnels : le travail véritable attire les enfants et stimule leur conquête personnelle du savoir – c'est l'*Arbeitsschule* (1912).

Avec cette pléiade de découvreurs (nous n'indiquons ici que les plus célèbres), on va beaucoup plus loin que les premières écoles nouvelles : l'approche pédagogique, fondée sur la libre découverte de l'enfant, est en rupture complète avec le processus traditionnel d'enseignement.

Une capitale : Genève

L'éducation nouvelle s'expérimente dans toute l'Europe. Mais Genève devient, par la rencontre de fortes personnalités, une sorte de « capitale ». En 1899, Ferrière y fonde le Bureau international des écoles nouvelles, qu'il transformera en 1925, avec Pierre Bovet, en Bureau international d'éducation. En 1905, Claparède publie la première mouture de *Psychologie de l'enfant et pédagogie expérimentale.* En 1906, Bovet fonde la collection des « Actualités psychologiques et pédagogiques », qui éditera tous les « grands » de l'éducation nouvelle. En 1912, Claparède montre que l'*Émile* de Rousseau contenait déjà la conception fonctionnelle de l'enfance, et l'institut qu'il fonde pour former les éducateurs nouveaux s'appelle Institut Jean-Jacques-Rousseau. Pierre Bovet le dirige jusqu'à la Seconde Guerre mondiale. Les méthodes nouvelles sont expérimentées à l'école des Petits et à l'école élémentaire du Mail, que dirige Robert Dottrens. Bovet traduit l'expression *Arbeitsschule* par « école active », vocable que Ferrière va populariser par ses livres et ses conférences, comme président de la Ligue internationale pour l'éducation nouvelle qu'il fonde à Calais, en 1921, avec Mrs Ensor et Decroly. En 1923, Jean Piaget commence, avec *Le Langage et la pensée chez l'enfant,* la publication d'une longue série de travaux qui ont très vite une influence considérable.

Entre les deux guerres, l'éducation nouvelle connaît développement et notoriété. Plusieurs pays élaborent des réformes scolaires inspirées de l'éducation nouvelle : Belgique, Italie, Autriche, Turquie, Bavière, Catalogne. Partout, les expériences se multiplient dans les écoles publiques comme dans les écoles privées. L'inspiration est commune, mais une grande diversité règne dans l'application, depuis le travail par projets individualisés, préconisé par exemple par Kilpatrick et Washburne aux États-Unis, jusqu'aux « communautés scolaires libres », fondées dans plusieurs écoles à Hambourg, en 1919, et dont le caractère « libertaire » est jugé, par certains, excessif.

En France

La France ne s'est pas montrée très favorable à l'éducation nouvelle, et les enseignants qui l'ont pratiquée l'ont fait à leurs risques et périls. En 1921, Roger Cousinet met au point, dans une école publique, sa méthode de travail libre par groupes. Il anime avec Mme Guéritte le mouvement de la Nouvelle Éducation (1920-1939), puis, après 1945, L'École nouvelle française, avec François Chatelain. Le Groupe français d'éducation nouvelle (GFEN) édite la revue francophone de la Ligue internationale, *Pour l'ère nouvelle.* Profit lance les « coopératives scolaires », qui connaîtront un grand succès, mais le plus souvent dans un esprit différent de leur promoteur, qui était de donner l'initiative et la gestion aux enfants eux-mêmes. Célestin Freinet, à partir de 1925, ajoute à l'esprit coopératif des « techniques » : l'imprimerie à l'école, la pratique du texte libre.

Après la coupure de la guerre, la Libération fait naître des espoirs. Cousinet enseigne la pédagogie à la Sorbonne. Langevin et Wallon font « repartir » le GFEN. Le directeur du second degré au ministère, Gustave Monod, crée, en 1945, 200 « classes nouvelles » dans les sixièmes des lycées. Mais son successeur, quelques années plus tard, arrête cette rénovation pédagogique, sans qu'on ait procédé à une quelconque évaluation. Un groupe d'enseignants qui s'étaient investis dans cette expérience publient alors *Les Cahiers pédagogiques*. Une école nouvelle fondée en 1947 par Mme Niox-Chateau, sous l'égide des CEMÉA dans le cadre de l'enseignement public, doit revenir à la pédagogie traditionnelle en 1956. Si l'école publique Decroly de Saint-Mandé a pu subsister, c'est grâce aux protestations qui s'élevèrent à chaque tentative de « normalisation ». Dans ce climat incertain, le développement du mouvement Freinet, dans des classes du premier degré, est d'autant plus remarquable et méritoire. À la fin des années 1950, plusieurs de ses membres évoluent et se livrent à des recherches plus approfondies, de nature non directive et autogestionnaire avec Raymond Fonvieille, plus analytique et thérapeutique avec Fernand Oury : ce courant de la « pédagogie institutionnelle » est une étape importante dans l'histoire de l'éducation nouvelle. Dans les années 1960, sous l'impulsion de Robert Gloton, président du GFEN et inspecteur des écoles du XXe arrondissement de Paris, plusieurs écoles (rue Vitruve, rue Le Vau) vivent une véritable rénovation pédagogique. Des écoles nouvelles de statut privé connaissent alors un grand rayonnement : à Meudon, La Source (Françoise Jasson) ; à Antony, l'École nouvelle (Marie Rist) ; à Toulouse, La Prairie (Marie de Vals). Des recherches architecturales liées à la rénovation pédagogique inspirent les écoles à « aire ouverte » et l'école ouverte de Saint-Fons (Francs Camarades) ; pédagogie nouvelle et intégration d'institutions culturelles font l'objet d'expérimentations, notamment à La Villeneuve-de-Grenoble (Millot). La « non-directivité » du thérapeute américain Rogers est diffusée en France par André de Peretti et l'équipe de l'ARIP, entraînant de nombreux débats et plusieurs expériences pédagogiques. Dans un secteur particulier, se développe et se conceptualise la pédagogie originale de l'alternance, créée en France par les Maisons familiales d'apprentissage rural, qui constituent un réseau durable d'institutions où règne l'esprit de Dewey et de Kerschensteiner. Toutes ces réalisations (et bien d'autres) présentent une grande dispersion, peu favorable à une action commune. Tenace et efficace, Louis Cros crée un Comité de liaison pour l'éducation nouvelle qui élabore une *Déclaration commune des groupes et mouvements se réclamant de l'éducation nouvelle* (1969).

Un continent immergé ?

« On est saisi d'un véritable effroi devant la disproportion qui subsiste aujourd'hui entre l'immensité des efforts accomplis et l'absence d'un renouvellement fondamental des méthodes, des programmes, de la position même des problèmes et, pour tout dire, de la pédagogie en son ensemble. » Ce jugement, porté par Jean Piaget en 1965, garde toute sa valeur à la fin du XXe siècle, qui devait être « le siècle de l'enfant » (Ellen Key), et au début du XXIe siècle.

Cet échec global de l'éducation nouvelle pose le problème de sa validité ; mais, pour se prononcer honnêtement sur cette question, il faudrait procéder à des évaluations sérieuses. Plusieurs facteurs ont joué contre l'extension de l'éducation nouvelle : la nature même de cette révolution copernicienne : « faire tourner l'éducation autour de l'activité de l'enfant et non plus du savoir du maître » ne pouvait qu'engendrer des résistances ; le fait que les grands novateurs aient été non des enseignants mais des médecins, des psychologues, « étrangers » à l'institution ; la référence à certains grands précurseurs prestigieux mais encombrants, comme Rousseau ou Tolstoï, dont les idées étaient âprement débattues et qui formaient ce que Roger Cousinet appelait « le courant mystique » de l'éducation nouvelle ; enfin, les écoles nouvelles elles-mêmes ont, avec le temps, perdu leur originalité par le manque de cadres compétents : aux éducateurs « convertis » et entraînés par les novateurs ont succédé des enseignants sans formation spécifique. L'Institut Jean-Jacques-Rousseau lui-même, à Genève, est devenu un institut universitaire. La formation des éducateurs est évidemment capitale dans ce domaine.

Ce continent immergé dans l'oubli qu'est le mouvement de l'éducation nouvelle commence à susciter la curiosité des chercheurs : thèses, monographies, colloques apparaissent. Après l'ère passionnée des partisans et des opposants, des recherches doivent permettre un retour aux sources, peut-être la réexpérimentation de certaines méthodes oubliées ou occultées. Des monographies par pays devraient être entreprises, car l'éducation nouvelle est un patrimoine international, européen notamment. L'histoire, la sociologie doivent intervenir. Enseigne-t-on au début du XXIe siècle comme au début du XXe siècle ? Les textes législatifs qui concernent l'école sont-ils rédigés de la même façon qu'autrefois ? « Il faut cent ans, écrivait Kerschensteiner, pour qu'une idée trouve une expression claire, cent ans pour qu'elle entre dans le domaine public et cent autres années pour qu'elle parvienne à sa réalisation. »

Louis Raillon

▸ Bibliographie

AVANZINI G. (dir.), *La Pédagogie au XXe siècle,* Toulouse, Privat, 1989.

CLAPARÈDE É., COUSINET R., DEWEY J., FERRIÈRE A. (dir.), *L'Éducation nouvelle,* Lonay, Delachaux et Niestlé, 1997.

CROS L., *L'École nouvelle témoigne,* Paris, Armand Colin, 1972.

CROS L. (dir.), *Gustave Monod, les classes nouvelles de la Libération,* Paris, Comité universitaire d'information pédagogique, 1981.

FONVIEILLE R., *L'Aventure du mouvement Freinet,* Paris, Klincksieck, 1989.

FOULQUIÉ P., *Les Écoles nouvelles,* Paris, PUF, 1948.

HAMELINE D., HELMCHEN J., OELKERS J., *L'Éducation nouvelle et les enjeux de son histoire,* actes du colloque international des archives, Institut Jean-Jacques-Rousseau, Berne, Peter Lang, 1995.

MIALARET G., *Éducation nouvelle et monde moderne,* Paris, PUF, 1976.

OHAYON A., OTTAVI D., SAVOYE A. (dir.), *L'Éducation nouvelle : histoire, présence et devenir*, Berne, Peter Lang, 2004.

OURY F., VASQUEZ A., *Vers une pédagogie institutionnelle ?,* Paris, La Découverte, 1982.

PIAGET J., *Psychologie et pédagogie*, Paris, Gallimard, 1988.

RAILLON L., *L'Enseignement ou la contre-éducation : essai de pédagogie fondamentale,* Paris, PUF, 1984.

RAILLON L., *Roger Cousinet, une pédagogie de la liberté*, Paris, Armand Colin, 1990.

▸ Voir aussi

Actives (Méthodes) – Binet, Alfred – Centres d'intérêt – Claparède, Édouard – Cousinet, Roger – Decroly, Ovide – Dewey, John – Ferrière, Adolphe – Freinet, Célestin – Institutionnelle (Pédagogie) – Kerschensteiner, Georg – Langevin, Paul – Montessori, Maria – Peretti, André de – Piaget, Jean – Rogers, Carl – Rousseau, Jean-Jacques – Tolstoï, Léon – Wallon, Henri.

ÉDUCATION PARENTALE

▶ Parentale (Éducation)

ÉDUCATION PERMANENTE

L'éducation permanente est apparue dans les années 1950 dans des sociétés déjà marquées par la réalisation d'une scolarisation longue et obligatoire. Dans les années 1960, elle s'est étendue de l'éducation populaire des milieux sous-privilégiés à l'ensemble des milieux sociaux. En effet, sous l'effet de l'évolution de plus en plus complexe et rapide des normes et des valeurs des sociétés avancées, la productivité du travail et l'efficience des autres activités quotidiennes exigent toujours plus l'application de nouvelles connaissances, tant scientifiques et techniques qu'esthétiques et éthiques.

Apparition de l'idée et grandes étapes

En 1970 paraît un livre-manifeste de 120 pays, *Introduction à l'éducation permanente,* écrit par Paul Lengrand, directeur de l'éducation des adultes à l'Unesco et vice-président fondateur du mouvement Peuple et culture. Ce livre, traduit en 18 langues, donne une visibilité universelle à ce concept. On peut y lire qu'aujourd'hui « l'éducation doit viser à faire de chaque homme un autodidacte dans le sens plein du terme, non pas, comme on l'entend trop souvent avec une teinte de condescendance, celui qui a été privé d'une instruction primaire mais celui qui prend en main ses destinées intellectuelles, morales et spirituelles ». C'est à peu près à la même époque que le Conseil européen de la culture publie et préface, dans le même sens, un rapport de Bertrand Schwartz et de ses collaborateurs sur « l'autoformation assistée » comme partie essentielle de l'éducation permanente, scolaire et extrascolaire, nécessaire pour l'an 2000. En 1969, ce dernier avait fondé avec son équipe de l'Institut national de formation des adultes (INFA, Nancy) la revue trimestrielle *Éducation permanente*, qui a conservé son titre jusqu'à aujourd'hui : elle vise à développer cette action éducative tant par la formation professionnelle continue que par la formation extraprofessionnelle, tant par la formation scolaire initiale que par la formation extrascolaire continue. Sous l'effet de la résistance du système scolaire et des pressions du système de production qui en est le principal financeur, la revue traite surtout aujourd'hui de la formation professionnelle continue. Pourtant, c'est le sens originel que nous conservons ici au mot « éducation permanente ». En effet, ce sens global reste vivant. Il est à la racine de tendances novatrices qui combattent pour faire évoluer l'action éducative propre des deux systèmes, scolaire et extrascolaire (Forquin, 2002).

Toutefois, cette idée d'éducation permanente possède une histoire plus lointaine. Elle a, sous des mots divers, des antécédents importants. C'est une ancienne aspiration qui semble renaître à chaque fois que les circonstances lui sont favorables. On peut, sans abus, faire remonter son origine en Grèce au ve siècle av. J.-C. Dans sa *Politique,* Aristote évoque l'apparition d'un temps social nouveau entre le temps utilitaire de la gestion des affaires de la cité et le temps rituel de l'adoration des dieux, le temps de la *skholê* voué par l'homme libre à l'amour de la sagesse (philosophie), à la fois temps de loisir et temps d'étude volontaire à tous les âges. Mais ce temps était réservé aux seuls citoyens libres. Selon les idées de l'époque, les esclaves n'en étaient pas dignes.

Une nouvelle formulation de cette idée apparaît à la fin du XVIIIe siècle. En l'an II de la République (1792), la Législative charge Condorcet de concevoir un rapport sur l'instruction à promouvoir pour une république. Une commission l'aide à le produire. Il est adopté. L'instruction n'est pas limitée à l'enfance. Elle est envisagée pour tous les âges de la vie afin de lutter en permanence contre les ignorances, « les préjugés », « les superstitions » qui sont des menaces toujours renaissantes pour l'esprit républicain du peuple. Condorcet, dans cette perspective, voit une instruction périodique de tous, sans exclusion de personne, orientée avant tout vers la vérité des sciences de la nature et de la « science morale et politique ». Il s'oppose à l'éducation imposée aux enfants au nom d'une idéologie. Il craint qu'elle ne soit falsifiée par le dogmatisme et le fanatisme du pouvoir politique en place, quel qu'il soit. Cet amour de la liberté d'apprendre lui sera fatal. En 1794, il paiera en effet de sa vie cette intransigeance et son rapport ne sera jamais réellement appliqué, ni pendant la Révolution, ni après. D'autres lui furent préférés.

À la fin du XIXe siècle, les idées de Jules Ferry sur l'obligation scolaire s'imposent dans une lutte sans merci pour arracher au clergé le monopole qu'il revendique pour l'éducation des jeunes (Lelièvre, Nique, 1993). Mais aujourd'hui, la situation a changé, « la route semble à nouveau ouverte » pour un nouvel examen des idées républicaines de Condorcet (Dumazedier, 1994) sur l'éducation à tous les âges de la vie, et, par ailleurs, de celles de Durkheim sur « l'intégration sociale » par l'obligation scolaire imposée le plus longtemps possible à la jeunesse. À nouveau, la réflexion sur l'éducation permanente reprend une actualité, tant pour la formation des adultes que pour la formation initiale, dont l'obligation imposée uniformément à tous jusqu'à seize ans est à nouveau en question devant l'ampleur « des échecs scolaires », manifestes ou cachés sous des diplômes formels (Dumazedier, 1993).

Un terrain d'élection : la formation des adultes

La formation des adultes est le secteur de l'éducation où les contenus et les méthodes se sont le plus renouvelés dans le sens d'une éducation permanente, à la suite de la loi de juillet 1971. Cette formation continue a tendance à s'étendre et à se diversifier, en prenant en charge les problèmes technologiques mais aussi ceux des relations sociales et de formation générale : les formations générales les plus fréquentes concernent le développement des moyens d'expression (selon les principales recherches sur les contenus des programmes, 1973-1985) avec l'informatique et les sciences de la gestion.

Des processus nouveaux d'échanges d'informations, de rencontres, de visites, de stages en alternance se développent entre le monde de l'entreprise et les classes des lycées et des collèges. De nouveaux réseaux éducatifs relient la formation scolaire et l'extrascolaire (Suffrin, 1994). Ainsi, malgré des préjugés très forts de part et d'autre, les bases d'une éducation permanente scolaire et professionnelle sont en train de s'instituer.

Bien plus : dans le secteur de la vie professionnelle comme dans celui des associations, mais selon un tout autre esprit, des courants de réflexion critique et inventive s'affirment çà et là pour dénoncer les illusions d'un excès de stages (« la stagite »), dans une « société pédagogique » (Beillerot, 1982) où le modèle scolaire est toujours prépondérant, écrasant. Se développe en réaction l'apprentissage à une autoformation individuelle ou collective qui renforce l'autonomie réfléchie des sujets eux-mêmes en toute situation. La connaissance n'est plus seulement un investissement institutionnel pour la production, elle est aussi un investissement du sujet lui-même, pour lui-même (Carré, 1992). Dans ces différentes perspectives, un courant de plus en plus novateur de l'autoformation individuelle et collective au travail peut ainsi favoriser l'essor de l'éducation permanente.

Apprendre aux jeunes à apprendre : l'éducation permanente à l'école

Il en est de même dans le secteur scolaire. Là, la formation initiale peut se faire dans la perspective d'une préparation à la formation ou l'autoformation continuées à l'âge adulte. Ces pratiques novatrices sont observables dans de nombreux établissements secondaires, souvent à contre-courant des pratiques dominantes qui sont fixées sur la seule préparation des diplômes scolaires avec les seuls moyens internes aux classes d'enseignement des diverses disciplines. Il faut souvent beaucoup d'initiative, de créativité et d'énergie à ces pédagogues novateurs pour vaincre la routine et le conformisme. Mais ils trouvent en eux et dans des petits groupes autour d'eux des ressources pour l'éducation permanente. C'est probablement en pensant à eux et à leurs semblables qu'Antoine Prost, dans une période de dépréciation pédagogique, a osé écrire *L'Éloge des pédagogues* (1985).

En fait, beaucoup d'adolescents de milieux sous-privilégiés, mais aussi des autres milieux, n'éprouvent aujourd'hui aucun intérêt pour leurs études. Ils vivent ce que Erikson appelle un « moratoire psychologique ». Certains professeurs pourtant ne renoncent pas. Ils déploient beaucoup d'imagination pédagogique pour les préparer à utiliser les ressources de la deuxième chance tout en s'efforçant d'améliorer leurs études présentes obligatoires. Pour beaucoup, l'échec de la culture générale transmise aux nouvelles générations par les anciennes est équilibré par un dialogue entre générations pour vivre ensemble des formes nouvelles de développement culturel réciproque, comme le suggérait déjà Karl Mannheim *(Sociology of Education,* 1950). Cette coéducation intergénérationnelle transforme les rapports aux savoirs à différents âges (Attias-Donfut, 1988). Une autre voie d'ouverture scolaire à l'éducation permanente passe par une certaine étude du milieu, où les savoirs disciplinaires sont à l'origine d'un questionnement multiple des situations de la vie quotidienne. Ainsi, une relation est favorisée entre les savoirs savants et la pratique par chacun d'une compréhension, d'une critique ou d'une invention du quotidien.

Il apparaît désormais que la formation initiale à l'école doit combiner la logique d'apprentissage dans l'école et celle mise en œuvre par les élèves dans leur vie hors de l'école. Une observation méthodique des élèves de 5e et de 2de des différents établissements scolaires a ainsi mis en évidence que, sur quatorze objectifs de l'éducation, ceux-ci déclaraient en poursuivre une bonne moitié hors de l'école, dans les loisirs (Coridian, Hassenforder, Leselbaum, 1984).

Depuis longtemps, la réflexion pédagogique a opposé l'enseignement des contenus d'une discipline et la formation de la personnalité. Mais comment ne pas procéder à l'étude des contenus de la culture véhiculée par la société d'aujourd'hui afin d'éviter une formation générale abstraite, inadaptée aux situations actuelles ? Réciproquement, comment insérer des savoirs dans la pratique des apprenants sans les intégrer dans la connaissance ordinaire ? La formation permanente à l'école apprend à partir des savoirs ordinaires hors de l'école pour les confronter réellement aux savoir-faire, savoir-être, savoirs d'origine savante, en vue de produire, à l'école et en dehors de l'école, ce que Michel Serres appelle « le tiers instruit ». C'est une sorte de « métissage culturel », à recommencer en permanence, des situations scolaires avec les situations hors école.

Afin de réformer la vie scolaire sur la base de ce double apprentissage, Bertrand Schwartz et ses collaborateurs ont préconisé dès 1973 l'apprentissage scolaire généralisé à « l'autoformation assistée ». Vingt ans après, Bertrand Schwartz reconnaît que la pratique scolaire aurait dû transformer le contenu des diplômes et réduire l'enseignement des disciplines de moitié pour laisser une place suffisante à une véritable formation à l'autoformation. C'est en dehors du cadre scolaire, dans les missions locales, que ses idées d'éducation permanente par les pratiques d'autoformation ont sans doute été le mieux mises à l'épreuve.

Récit de vie et travail autonome : deux pistes pour l'autoformation

Les récits de vie (Pineau, Michel, 1983) comme moyen d'autoformation ont commencé à pénétrer dans le cadre scolaire sous la forme de « bilans de savoir » (Charlot, 1993). Ils facilitent l'éveil de nombreux adolescents, indifférents ou rebelles aux programmes du collège, découragés devant l'ampleur des matières à mémoriser et le caractère imposé des épreuves de l'examen final, malgré la croissance des options. Là encore un germe d'éducation permanente centrée sur l'expression de l'apprenant crée un nouveau cadre de référence en marge des consignes officielles, qui ne lui font qu'une place restreinte. Certes, les récits de vie ne sont pas en soi une panacée au manque d'intérêt des élèves. Ils nécessitent une formation difficile où les représentations subjectives sont à préserver en permanence des dérives narcissiques ou individualistes et à confronter avec des situations objectives à découvrir, à observer, à analyser, à rattacher progressivement à des savoirs sur soi, sur autrui, sur le monde. Comment apprendre à dépasser les satisfactions de l'autobiographie pour en faire découvrir les limites ? Beaucoup d'enseignants connaissent ces difficultés, mais l'indifférence à toute connaissance proposée fait surgir dans la classe des difficultés encore bien plus grandes. D'ailleurs, comment dépasser les « récits de vie » dans l'autoformation permanente en les ignorant ?

D'autres expériences ont tenté, au début des années 1970, d'introduire dans les établissements scolaires un apprentissage à ce qui a pu être appelé « la liberté pour apprendre », et qu'il convient de désigner par une expression plus limitée : l'apprentissage au « travail indépendant » (appelé ensuite « travail autonome », puis « travail personnel »). Il s'agissait de favoriser la pratique d'un travail intellectuel plus libre, plus volontaire, plus passionnant, en s'affranchissant de la tutelle du professeur par l'acquisition d'une inspiration et d'une méthode nécessaires à « une plus grande autonomie » dans le cadre scolaire, puis, après l'école, à un plus grand désir et une plus grande capacité d'autoformation (Leselbaum *et al.,* 1993). Des essais furent réalisés et évalués en français, en langue étrangère, en économie, en histoire et géographie, dans une coopération interdisciplinaire. Environ 3 % des enseignants prirent part à ce qui a été appelé, de manière contestable, « expérimentation sociale ».

On retrouve cette perspective dans les orientations éducatives développées dans les centres de documentation et d'information (CDI), aujourd'hui présents à peu près dans tous les collèges et lycées. Cette perspective s'apparente à l'idée même du fondateur des CDI (Sire, 1975). Ceux-ci sont destinés à compléter les cours par une aide documentaire et méthodologique qu'ils apportent aux jeunes. Cette aide peut s'accomplir non seulement au profit du travail scolaire plus ou moins autonome des élèves, comme dans les dispositifs tels que les travaux personnels encadrés pour les lycéens (Étévé, Liquète, Raoul-Réa, 2000) et les itinéraires de découverte pour les collégiens, mais encore au service de leur curiosité personnelle, de leur libre autodéveloppement, de leur autoformation tous azimuts. Certes, le plus souvent, les documentalistes manquent de temps, de moyens et de formation pour assumer cette guidance de curiosités libres. Pourtant, certain(e)s montrent déjà quelles ressources réelles ou potentielles les CDI offrent pour l'apprentissage à une éducation permanente centrée tour à tour sur le travail scolaire autonome et sur les problèmes de la découverte adolescente du monde à travers soi. Il y a là un axe politique de développement en faveur des collèges, dont l'enseignement disciplinaire correspond souvent bien mal aux aspirations de la majorité des adolescents d'aujourd'hui.

Ainsi, les pratiques scolaires et extrascolaires de l'éducation permanente s'imposent à tout âge en toutes conditions. Ses promoteurs actuels bousculent les formes anciennes de l'éducation familiale ou scolaire. Ils tentent de répondre aux besoins éducatifs des institutions professionnelles et extraprofessionnelles d'une société technologique et démocratique où les savoirs, les savoir-faire et même les savoir-être, d'origine technique ou scientifique, esthétique ou éthique, sont devenus quotidiennement nécessaires à tous pour la productivité du travail, l'efficience de toutes les tâches utilitaires, mais aussi pour l'art de vivre le temps libéré et pour accroître la participation sociale et la libre expression de soi. Désormais, les apprenants ne sont plus seulement les enfants, mais toute la population, du premier au troisième âge, selon des formes qui n'ont rien à voir avec « l'école à perpétuité » (Ivan Illich). L'éducation n'est plus seulement la transmission de la connaissance des anciennes générations aux nouvelles. L'éducation permanente devient une coéducation des générations avec ses continuités et ses discontinuités. La formation institutionnelle d'hier, chère à Durkheim, s'équilibre dans une autoformation individuelle et collective où la part du sujet apprenant devient centrale.

Joffre Dumazedier

▸ Bibliographie

ATTIAS-DONFUT C., *Sociologie des générations : l'empreinte du temps*, Paris, PUF, coll. « Le Sociologue », 1988.

BEILLEROT J., *La Société pédagogique : action pédagogique et contrôle social,* Paris, PUF, 1982.

CARRÉ P., *L'Autoformation dans la formation professionnelle,* Paris, La Documentation française, 1992.

CHARLOT B., « Rapport aux savoir et rapport à l'école dans les collèges de banlieue », *Sociétés contemporaines*, n° 11-12, 1993, p. 119-147.

CORIDIAN C., HASSENFORDER J., LESELBAUM N., *Les Rapports entre le temps scolaire et le temps de loisir : analyse des comportements et représentations d'élèves de 5e et 2de*, Saint-Fons, INRP, « Rapports de recherches », n° 6, 1984.

DUMAZEDIER J. (dir.), « Éducation permanente et pratiques sociales d'autoformation », *Revue française de pédagogie,* n° 102, 1993.

DUMAZEDIER J. (dir.), *La Leçon de Condorcet : une conception oubliée de l'instruction pour tous nécessaire à une république,* Paris, L'Harmattan, 1994.

ÉTÉVÉ C., LIQUÈTE V., RAOUL-RÉA B., « Les TPE au regard d'une éducation à l'information », *Inter-CDI,* n° 184, 2000, p. 58-62.

FORQUIN J.-C., *Les Composantes doctrinales de l'idée d'éducation permanente : analyse thématique d'un corpus international (Unesco)*, Paris, L'Harmattan, 2002.

LELIÈVRE C., NIQUE C., *La République n'éduquera plus : la fin du mythe Ferry,* Paris, Plon, 1993.

LENGRAND P., *Introduction à l'éducation permanente,* Paris, Unesco, 1970.

LESELBAUM N. (dir.), *Travail autonome et travail personnel de l'élève : étude de leur diffusion dans le système éducatif,* Saint-Fons, INRP, 1993.

PINEAU G., MICHEL M., *Produire sa vie : autoformation et autobiographie,* Paris, Edilig, 1983.

SERRES M., *Le Tiers instruit,* Paris, Gallimard, 1992.

SIRE M., *Le Document et l'information : leur rôle en éducation*, Paris, Armand Colin, 1975.

SUFFRIN C., HÉBER M., *L'École éclatée*, Paris, Desclée De Brouwer, 1994.

▶ Voir aussi

Adultes (Formation des) – Autoformation – Culture générale – Échec scolaire – Entraînement mental – Formation professionnelle continue – Génération – Informelle (Éducation) – Loisir – Maltraitance de l'enfant – Populaire (Éducation).

ÉDUCATION PHYSIQUE ET SPORTIVE (EPS)

L'éducation physique et sportive (EPS), discipline scolaire obligatoire, est enseignée du cours préparatoire aux classes terminales de l'enseignement général. L'enseignement supérieur organise, pour les étudiants, un service universitaire des activités physiques et sportives (APS).

Tout au long de la scolarité, il est proposé aux élèves des pratiques d'activités physiques à dominante ludique, hygiénique, esthétique, sportive. Au niveau de l'enseignement primaire, ce sont les professeurs des écoles qui ont la responsabilité de cet enseignement, à raison de cinq heures hebdomadaires. Ils sont assistés de conseillers pédagogiques sous l'autorité de l'inspecteur de l'Éducation nationale de circonscription. Dans les collèges, à raison de trois heures hebdomadaires, et dans les lycées, à raison de deux heures hebdomadaires, ce sont des équipes de professeurs d'EPS – l'un d'entre eux ayant le statut de coordonnateur – qui élaborent un projet disciplinaire commun, la programmation des APS proposées aux élèves, l'organisation de cycles d'apprentissage pour chaque APS, la répartition des installations, compte tenu des conditions matérielles locales. S'ajoute également l'attribution d'un forfait de trois heures dans l'horaire hebdomadaire du professeur d'EPS pour sa participation au fonctionnement de l'association sportive scolaire.

L'EPS n'est devenue que très progressivement une discipline *scolaire,* et son caractère *obligatoire* pose périodiquement problème. En 1981, l'intégration de l'éducation physique et sportive au ministère de l'Éducation nationale place enfin cette jeune discipline au même niveau institutionnel que les disciplines anciennes et confirmées, et lui assure de ce fait reconnaissance. La genèse et les évolutions ultérieures de l'EPS illustrent les thèses du service d'histoire de l'éducation (INRP) concernant la notion de discipline scolaire prise dans le sens de contenus d'enseignement.

Les finalités et les moyens préconisés

L'EPS révèle au travers de l'étude de ses diverses méthodes une opposition profonde entre deux modes d'éducation : une éducation physique et sportive attachée au développement général de la motricité, et peu soucieuse des pressions sociales ; une éducation physique et sportive à vocation d'intégration sociale, désirant favoriser le plein épanouissement des élèves dans la société des hommes. Cette opposition se manifeste tout au cours de l'histoire de cette discipline, et s'actualise lors de la révision des Instructions officielles et des programmes.

Les Instructions officielles de l'EPS, publiées en 1967, ont institutionnalisé la référence aux caractéristiques et aux évolutions des pratiques observables dans le domaine de la culture physique de la société contemporaine. La notion de culture physique sera prise dans l'acception courante de patrimoine collectif où puiser pour former la personnalité tout entière, par opposition à la simple accumulation de connaissances, savoirs et savoir-faire. Au regard des décideurs, la fonction d'interface entre la vie et l'école ferait de l'EPS, aussi, une discipline intégrée à la vie scolaire, articulée avec les enseignements des thèmes transversaux (collèges). La réforme du système éducatif initiée en 1981 par le ministre Alain Savary conduit à proposer pour l'EPS de nouvelles Instructions officielles en 1985 et à s'interroger pendant une dizaine d'années sur la formulation de textes programmes et de documents d'accompagnement (déclinaison des programmes dans leurs aspects concrets) pour les différentes années du cursus d'études secondaires. Le texte programme pour la classe de 6e est adopté en 1996. La déclinaison des textes pour les années suivantes du cursus se fera progressivement, en suscitant de nombreux débats d'orientation. Les notions de santé, solidarité, sécurité sont constamment évoquées dans les Instructions officielles de l'EPS pour en fonder la légitimité comme discipline à part entière.

En outre, les conditions spécifiques du milieu scolaire – notamment l'obligation de concerner *tous* les élèves – vont progressivement mettre en question la recherche de performances, voire l'acquisition d'habiletés techniques, objectifs visés pour les cycles d'enseignement-apprentissage consacrés à telle ou telle APS. Par contre vont retenir l'attention les effets de la motilité corporelle globale qui affecte l'état de fonctionnement organique, cognitif, affectif du pratiquant. Progressivement s'impose une stratégie éducative de découverte, d'appréciation et d'identification des manifestations observables de ces effets. Pour chaque élève s'ouvre une voie d'accès à une certaine connaissance de soi et à des savoirs, facteurs de la construction de la personnalité. L'EPS apparaît ainsi à l'articulation des couples éducation/vie scolaire et instruction/pédagogie.

Sous le terme générique d'« activité physique », les moyens de l'EPS sont précisés et inventoriés par observation des phénomènes qui marquent les pratiques corporelles de la société et leurs transformations. L'orientation de 1967 vers les pratiques compétitives du monde sportif s'est élargie, dans les textes de 1996, aux pratiques ludiques du secteur du loisir récréatif et aux pratiques hygiéniques visant la condition physique, le bien-être, la santé. Au plan macroscopique de l'observation, la programmation des APSA (le terme « activités physiques, sportives et artistiques » remplace désormais l'intitulé trop restrictif d'« activités physiques et sportives »), tant au niveau local que national, prend la forme d'un choix dans l'alternative activités traditionnelles/activités nouvelles. Plus fondamentalement, les caractéristiques retenues pour justifier les choix vont dépendre de mises en relations doctrinales entre des concepts philosophiques, tels que homme, nature, culture, civilisation, progrès.

C'est dans ce cadre explicatif de la diversité des propositions que se situent les questions incontournables inhérentes à la gestion des pratiques enseignantes en EPS : Sur quels critères fonder la programmation des APS dans le contexte local de l'établissement scolaire ? La juxtaposition des cycles d'apprentissage consacrés à chaque APS permet-elle de satisfaire aux objectifs d'une formation générale ? Au terme de la formation, évalue-t-on les acquis fondamentaux de la motricité, les habiletés des gymnastes, des danseurs, etc. ou des performances athlétiques ?

Le professeur de gymnastique au début du xxe siècle

L'année 1890 apparaît comme une année pivot, décisive, concernant l'émergence progressive des prérequis à l'édification d'une discipline scolaire. Pour la première fois, une circulaire du 7 juillet 1890 utilise l'expression « vie scolaire » et lui donne un contenu : emploi du temps, éducation physique, hygiène. Il s'agit de prendre des mesures permettant d'opérationnaliser l'aphorisme selon lequel « la culture du corps est en étroite relation avec celle du cœur et de l'esprit » (Soussan, 1988). Cette décision témoigne d'une sensibilité à l'évolution de la société, attestée par l'apparition de phénomènes qui feront du xxe siècle « l'étrange siècle du sport » (Mauriac). Citons, notamment la création de la première société de gymnastique (1860), la création de l'Union des sociétés de gymnastique de France (1873), la création de l'Union des sociétés de sports athlétiques (1887), les créations, en 1888, par Pierre de Coubertin du Comité pour la propagation des exercices physiques dans l'éducation, par Grousset de la Ligue nationale de l'EP, etc.

Dans ce contexte, à l'initiative de Marey et Buisson, une commission ministérielle révise les manuels de gymnastique scolaire (1887). L'expression « gymnastique » dénote ce qui a rapport aux exercices du corps, c'est-à-dire l'art d'assouplir et de fortifier le corps par des exercices convenables. La publication des nouveaux manuels accompagne la création du premier cours d'enseignement supérieur de l'éducation physique (1891, Paris). À la demande du président de l'Union des sociétés de gymnastique de France (USGF), par décision du ministre de l'Instruction publique, est créé en 1903 un cours supérieur d'éducation physique. Il a pour but le perfectionnement, pendant les vacances, des personnels des lycées et collèges, des instituteurs et des candidats à la fonction de professeur de gymnastique dans les établissements d'enseignement public. Dans la foulée, l'année 1907 voit la création d'un diplôme supérieur de professeur de gymnastique, ce qui a pour effet de « mettre l'enseignement de la gymnastique sur le même pied que les autres branches d'enseignement, celui du dessin et de la musique en particulier » (Demeny, 1921). Enfin, la Chambre des députés proposera l'obligation de la gymnastique dans tous les établissements. Désormais existe le professeur de gymnastique, ayant en charge la mise en œuvre du contenu du manuel rénové de gymnastique, pour l'éducation physique de la jeunesse scolaire.

La construction de la discipline scolaire

Les connaissances scientifiques dispensées par l'université, conformément au programme du diplôme supérieur, ne constituent pas toutefois, à l'exemple des disciplines scolaires classiques, un contenu de référence pour l'enseignement. Leur fonction est d'obtenir de l'enseignant-praticien une mise en œuvre éclairée des manuels, règlements et instructions officielles qui se succéderont. À l'époque du professeur de gymnastique, il s'agit de constructions doctrinales présentées sous la forme de méthodes d'EP. Citons la méthode française, portant le label de l'école militaire de Joinville, la méthode naturelle, élaborée par le lieutenant de vaisseau Hébert, et la méthode suédoise, promue par Tissie et approuvée par la faculté de médecine.

La création, en 1933, de l'École normale d'éducation physique va inaugurer l'essor de « l'âge pédagogique » aux lieux et places de « l'âge militaire » et de « l'âge médical » de l'EP. Celle-ci va progressivement répondre aux critères qui permettent d'identifier une discipline scolaire. Les professionnels construiront et organiseront, selon les termes de Chervel (1988), « un contenu didactique explicite, des batteries d'exercices, un appareil docimologique et des échelles de mesure ainsi que des procédures de motivation psychologique de l'élève ». Mais, toute discipline devant « réviser sa copie » dans un cadre temporel de dix à trente ans, trois orientations, définies par l'inspection générale de l'EPS, vont mettre en perspective la période 1990-2000.

Au questionnement organisateur des productions disciplinaires des années 1960-1990, « Que peut-on enseigner quand des pratiques d'APS sont proposées aux élèves ? », devrait succéder « Que doit-on enseigner ? », mettant au centre les préoccupations didactiques. « La stratégie de mise en œuvre de l'éducation physique et sportive ne peut [...], en aucun cas, être conçue à partir des didactiques propres des activités sportives. Seule la didactique de cette discipline doit demeurer le fil conducteur de la construction des contenus d'enseignement. » La détermination de contenus didactiques explicites et leur agencement en programme disciplinaire pourront bénéficier des apports des recherches en didactique de l'EP, des propositions de l'ingénierie didactique, des innovations du génie des procédés.

La recherche en éducation physique et sportive a connu différentes phases. Adossée aux recherches physiologiques au milieu du XXe siècle, elle s'en émancipe dans les années 1980 en créant son propre domaine scientifique (la 74e section du Conseil national des universités). Cette émancipation n'est cependant pas favorable aux recherches sur l'éducation physique et sportive. Par souci d'isomorphisme universitaire, les recherches développées s'éloignent de l'éducation physique et sportive pour développer des travaux sur les activités physiques et sportives. La création d'un département Éducation physique et sportive à l'Institut national de recherche pédagogique, placé sous la responsabilité de Marsenach et Mérand, permettra cependant le développement de recherches en didactique de l'éducation physique et sportive. Actuellement ces recherches se poursuivent sur le terrain de la didactique, mais aussi sur celui de l'intervention. Elles s'attachent à produire des connaissances qui permettent à la discipline de progresser, en assurant, entre autres, des propositions didactiques d'aide à l'enseignement.

L'arrêté du 24 mars 1993 relatif au baccalauréat et aux autres examens de l'Éducation nationale propose une organisation nouvelle et un contenu nouveau aux épreuves d'EPS. En prenant dorénavant en considération, dans les épreuves du baccalauréat, où l'éducation physique est représentée de plein droit (les épreuves d'éducation physique et sportive appartiennent à la première catégorie d'épreuves), des dimensions autres que la seule performance sportive (ont été valorisés le progrès, les connaissances en action dans la pratique physique et sportive, etc.), l'éducation physique démontre sa capacité à évoluer et affirme son importance dans le développement complet et harmonieux des élèves scolarisés.

Yvon Léziart
Robert Mérand

▶ Bibliographie

CHERVEL A., « L'Histoire des disciplines scolaires. Réflexions sur un domaine de recherche », *Histoire de l'éducation*, n° 38, mai 1988, p. 59-119.

DEMENY G., *Évolution de l'éducation physique : l'école française,* Paris, L. Fournier, 1921.

KLEIN G., *Une affaire de discipline : l'éducation physique en France et en Europe (1970-2000)*, Paris, Éditions Revue EPS, 2003.

Ministère de l'Éducation nationale, « Thèmes transversaux », in *Collèges : Programmes et Instructions,* Paris, CNDP, 1985.

SARREMEJANE P., *L'EPS depuis 1945 : histoire des théories et des méthodes*, Paris, La Dispute, 2004.

SOUSSAN M., « Vie scolaire : approche socio-historique », *Revue française de pédagogie,* n° 83, 1988.

▶ Voir aussi

Corps – Jeu – Santé (Éducation pour la) – Vie scolaire.

ÉDUCATION POPULAIRE

▶ Populaire (Éducation)

ÉDUCATION RELIGIEUSE

▶ Religieuse (Éducation)

ÉDUCATION POUR LA SANTÉ

▶ Santé (Éducation pour la)

Éducation spécialisée (Personnels de l')

Depuis la loi de 1909 instaurant des classes dites de « perfectionnement » pour les enfants arriérés, et plus encore depuis les années 1940 avec l'émergence du secteur « Enfance inadaptée » et l'apparition du métier d'éducateur spécialisé, les personnels qui assurent l'enseignement et l'éducation d'enfants et de jeunes connaissant des difficultés de nature diverse, se sont multipliés et diversifiés. Une présentation synthétique est possible en procédant à des distinctions selon les ministères de tutelle concernés (Éducation nationale, Justice, Santé et Affaires sociales).

Une grande diversité de statuts

Au sein de l'Éducation nationale, les enseignants spécialisés, psychologues scolaires, directeurs de structures d'enseignements adaptés et spécialisés, inspecteurs en adaptation et intégration scolaires, rééducateurs en psychomotricité et orthophonistes... ont bénéficié de formations spécifiques. Ces professionnels exercent soit au sein des écoles ordinaires, dans des classes spécialisées ou des réseaux d'aides spécialisées aux élèves en difficulté (RASED), soit au sein d'établissements spécialisés de l'Éducation nationale, comme les établissements régionaux d'enseignement adapté (EREA), ou encore au sein de classes et d'écoles intégrées dans des établissements accueillant par exemple des enfants handicapés ou hospitalisés dans des services de pédopsychiatrie. Les classes d'intégration scolaire (CLIS) visent une intégration collective d'élèves handicapés physiques, sensoriels ou mentaux à l'école, et les unités pédagogiques d'intégration (UPI) celle d'élèves en situation de handicap dans le second degré.

Au ministère de la Justice, les éducateurs de la Protection judiciaire de la jeunesse (PJJ), des psychologues, des assistants de service social assurent un travail éducatif auprès de jeunes en danger faisant l'objet de mesures de protection judiciaire ou encore de jeunes délinquants.

Contrairement aux ministères de l'Éducation nationale et de la Justice, les administrations de la Santé et des Affaires sociales ne disposent pas de corps de fonctionnaires, mais des professionnels sont recrutés par les départements ou par les associations œuvrant pour les enfants et les jeunes en difficulté ou handicapés. Ces derniers bénéficient de l'intervention de nombreux professionnels : éducateurs spécialisés, assistantes sociales, psychologues, rééducateurs, etc. Le financement des rémunérations est assuré sur des budgets provenant des caisses d'assurance maladie de la Sécurité sociale ou des budgets départementaux d'aide sociale. L'organisation des formations (trois ans après le baccalauréat pour la plupart des professionnels) et la délivrance des diplômes restent une prérogative de l'État et, depuis peu, des régions. On comptait, au 1er janvier 1998, 55 000 éducateurs spécialisés en activité, 22 000 moniteurs éducateurs, 22 000 aides médico-pédagogiques, 38 000 assistants de service social qui, contrairement aux autres catégories mentionnées, ne travaillent pas tous dans le champ de l'éducation spécialisée (nous ne disposons pas de données nationales plus récentes alors que la décentralisation de l'appareil des formations sociales et éducatives à l'échelon régional a été décidée en 2004).

De la consultation à la prise en charge résidentielle

Une autre classification consiste à distinguer ces nombreux professionnels selon leur mode d'intervention, précisément selon la proximité de l'intervention du milieu de vie ordinaire.

On distingue alors :
– les interventions conduites dans le milieu ordinaire : clubs de prévention, actions collectives d'animation, etc., qui s'effectuent sur un quartier, dans les immeubles ou dans la rue ; de très nombreux professionnels de l'éducation spécialisée interviennent à domicile, pour aider et soutenir les parents dans leur fonction éducative auprès de leurs enfants : c'est le cas des puéricultrices, des éducateurs, des assistantes sociales mais aussi des travailleuses familiales, dorénavant appelées technicien(ne)s d'intervention sociale, et des aides ménagères ;

– les structures de consultation où les jeunes en difficulté, ou leurs parents, viennent consulter ou suivre des séquences brèves de traitement, de l'ordre de 45 minutes à 1 heure (centres sociaux, médico-psychologiques, consultations diverses, etc.) ;
– les établissements de jour (école spécialisée, hôpital de jour) où les jeunes en difficulté sont accueillis au cours de la journée ;
– enfin, les services qui assurent un accueil permanent de jeunes en difficulté, soit en internat, soit dans des structures de type placement familial.

Malgré la spécialisation des différents acteurs, il apparaît aujourd'hui très important de dépasser ces cloisonnements en facilitant les coopérations entre les professionnels, les équipes et les institutions sociales, médicales et éducatives.

Paul Durning
Dominique Fablet

▶ Bibliographie

COLLECTIF, « Situations de handicap et institution scolaire », *Revue française de pédagogie*, n° 134, janv.-fév.-mars 2001.

COUSIN C., *Enseigner en SEGPA et EREA*, Paris, Delagrave, 2003.

FABLET D., « Le(s) Métier(s) d'éducateur, une filière professionnelle de travailleurs sociaux en expansion », *Les Sciences de l'éducation. Pour l'ère nouvelle*, n° 34 (1), 2001, p. 47-62.

FREUND V., *Le Métier d'éducateur de la PJJ*, Paris, La Découverte, 2004.

NÈGRE P., *La Quête du sens en éducation spécialisée*, Paris, L'Harmattan, 1999.

▶ Voir aussi

Adaptation et intégration scolaires – Handicap – Internat – Interventions socio-éducatives – Psychologie scolaire.

ÉLÈVE

Le *Dictionnaire historique de la langue française* (Robert, 2000) nous apprend que le mot « élève » a d'abord désigné une « personne qui reçoit ou suit l'enseignement d'un maître (dans un art, une science) », avant de se rapporter à une « personne qui reçoit l'enseignement donné dans un établissement d'enseignement ». Dans cette dernière acception, il se trouve en concurrence partielle avec les mots « écolier » ou « étudiant », lesquels ne comportent cependant pas la connotation liée à l'étymologie du mot « élève », soit l'idée selon laquelle l'instruction, source d'« élévation », contribue à arracher le sujet à lui-même.

Ce rappel historique permet de repérer entre quels termes et au sein de quelles tensions ou contradictions doit se mouvoir la réflexion sur un mot dont l'usage courant nous fait négliger la problématisation. D'un côté, l'analyse des rapports entre l'appropriation de contenus cognitifs et culturels, dont l'école est aujourd'hui le vecteur essentiel, et les contraintes de fonctionnement de celle-ci en tant qu'institution et organisation. De l'autre, l'analyse des rapports entre l'élève et l'enfant (le sujet) dans sa « globalité », autrement dit des rapports entre l'école et ce qui n'est pas elle, en particulier entre l'école et la famille, dans les processus de socialisation et de développement du sujet.

Pour que le terme « élève » puisse être problématisé en une acception autre qu'administrative ou de sens commun, il a d'abord fallu que soient pensés et analysés les processus d'apprentissage comme irréductibles aux procédures d'enseignement et à ce qu'ils requièrent. L'accent a alors été mis, conceptuellement et pratiquement, sur l'activité des élèves plutôt que sur celle du maître, sur la construction du savoir par celui-là plutôt que sur sa transmission par celui-ci. Déplacement qui se traduit parfois par la substitution du terme « apprenant » à celui d'« élève », les domaines de recherche concernés étant alors principalement la psychologie et ses dérivés (psychopédagogie et psychosociologie).

C'est l'interrogation sociologique sur l'organisation et le fonctionnement de la classe et de l'établissement scolaire qui va, à partir de la sociologie du curriculum et des travaux anglo-saxons d'inspiration interactionniste, être à l'origine de la notion de « métier d'élève ». Cette métaphore découle de la mise en évidence, dans le quotidien du fonctionnement de la classe, d'un curriculum caché, soit donc de modes de pensée, de routines, de règles de conduite et de communication, en un mot de « règles du jeu » de la classe, irréductibles aux contenus de savoir proprement dits, et qui, sans faire l'objet d'une transmission ni d'une élucidation explicites, ne seraient maîtrisées que par quelques-uns alors qu'elles sont requises, implicitement, de tous. L'identification de ces règles du jeu, le décryptage des attentes et des exigences implicites de l'enseignant apparaissent dès lors constitutives de l'apprentissage du « métier d'élève », le bon élève étant celui qui peut ainsi satisfaire au travail scolaire défini comme « ensemble de routines » (Perrenoud, 1984), celui qui fait preuve de sa « compétence » (Mehan, 1980) à interpréter, à maîtriser, voire à prendre des libertés (Sirota, 1988) avec les règles de la situation.

L'attention au curriculum caché mettrait ainsi en évidence qu'il n'y a guère, pour les élèves, de distinction entre la culture scolaire, au sens de la mise en forme des savoirs et des pratiques sociales de référence pour les rendre enseignables, et la culture de l'organisation scolaire, au sens des règles du jeu présidant à l'exercice du « métier d'élève » tel que défini ci-dessus. Reste que plusieurs travaux (Lahire, 1993 ; Charlot, Bautier, Rochex, 1998) tendent à montrer que la réussite scolaire ne dépend pas seulement de la compétence des élèves à se conformer aux routines scolaires, mais au contraire de leur capacité à s'en émanciper en anticipant les savoirs en cours de construction au-delà de ces routines, en donnant à leur activité un sens cognitif et culturel qui transcende la nécessité de s'acquitter de tâches morcelées. Est en jeu, ici, le débat entre ce qui, au sein de la norme et de la réussite scolaires, relève du registre épistémologique des contenus enseignés, et ce qui relève de la situation et des interactions qui s'y nouent. En d'autres termes, la définition du « métier d'élève » nécessaire à la réussite scolaire ne saurait échapper au débat entre universalisme et relativisme dont témoigne la polysémie du mot « culture » utilisé ci-dessus (Forquin, 1989).

L'institution scolaire a pour fonction sociale de faire que les enfants s'approprient des savoirs et des pratiques trop complexes pour pouvoir être l'objet de la seule transmission familiale, et qui doivent pouvoir être mis en œuvre dans des situations autres que celles qui en ont permis l'acquisition. Mais elle est aussi lieu de socialisation, à la fois au travers de cette appropriation de contenus culturels et au travers des échanges entre élèves, entre élèves et enseignants. L'étymologie du mot « élève » vient nous rappeler que, d'être scolarisé, l'enfant ne fait pas que se couler, inchangé, dans le rôle ou le métier d'élève. Il s'y transforme en tant que sujet, à la fois parce qu'il s'y insère dans d'autres groupes que le groupe familial, et parce que l'école est le lieu où il s'initie et se perfectionne dans des pratiques sociales et culturelles autres ou plus complexes que celles qui ont cours dans sa famille.

C'est dire qu'en sus de sa fonction sociale définie ci-dessus, l'école exerce une fonction symbolique au sens où elle est sans doute l'institution qui, parce qu'il s'y confronte à l'altérité des groupes de pairs comme à celle des savoirs et de la culture, « élève » le plus l'enfant, en lui permettant de s'émanciper des limites et de l'étroitesse de la structure et de la socialisation familiales, d'échapper à la fixation dans les places et identifications définies par celles-ci. Reste à penser les conditions de possibilité, donc de réussite ou d'échec, d'un tel processus. Ce à quoi contribuent les recherches visant à mieux comprendre, tant du point de vue des processus sociaux que de celui des pratiques pédagogiques et culturelles ou des processus subjectifs, ce qui se joue dans les rapports entre école et famille, entre élève et enfant (sujet). Mais qui dit l'effort de penser un rapport dit en même temps la nécessité d'en distinguer les termes.

Jean-Yves Rochex

▶ **Bibliographie**

Charlot B., Bautier É., Rochex J.-Y., *École et savoir dans les banlieues... et ailleurs,* Paris, Armand Colin, 1998.

Duru-Bellat M., van Zanten A., *Sociologie de l'école,* Paris, Armand Colin, 2002.

Forquin J.-C., *École et culture : le point de vue des sociologues britanniques,* Bruxelles, De Boeck-Wesmael, 1989, rééd., 1996.

Lahire B., *Culture écrite et inégalités scolaires : sociologie de l'échec scolaire à l'école primaire,* Lyon, PUL, 1993, rééd., 2000.

Méhan H., « The Competent Student », *Anthropology and Education Quarterly,* vol. XI, n° 3, 1980, p. 131-152.

Perrenoud P., *La Fabrication de l'excellence scolaire : du curriculum aux pratiques d'évaluation*, Genève, Droz, 1984, 2e éd., 1995.

Queiroz J.-M. de, *L'École et ses sociologies*, Paris, Armand Colin, 2005.

Sirota R., *L'École primaire au quotidien*, Paris, PUF, 1988.

▶ **Voir aussi**

Curriculum – Famille – Norme – Relation Famille/École – Sociologie de l'enfance – Travail scolaire.

Élève (Projet de l')

Dès leur quatorzième ou quinzième année, les jeunes sont confrontés à l'orientation. Cette contrainte a entraîné le développement d'une aide au choix des familles ou des élèves. D'une manière très classique, elle est passée par l'information, puis par le conseil avant de se préoccuper d'impliquer davantage l'élève dans les choix qu'il fait ou qu'il est sommé d'effectuer. Ces travaux ont déterminé, dans la loi d'orientation sur l'éducation de juillet 1989, l'introduction du projet personnel de l'élève. Une telle préconisation revient à affirmer que l'élève est une personne. Sa dignité réside dans sa capacité, actuelle ou à renforcer, à tenir compte des espérances passées, à se situer dans le présent, à se projeter dans l'avenir et à agir en fonction de ces repérages.

Le projet professionnel ne peut être séparé ni du projet de vivre ici et maintenant, ni du projet d'apprendre, ni de toutes les autres dimensions du projet. Tout l'effort de la communauté éducative – élèves (filles et garçons), parents, professeurs, personnels des établissements d'enseignement ou d'orientation et partenaires de l'école – devrait tendre vers cet objectif : obtenir de l'élève qu'il élabore son projet personnel et le mette en œuvre, en le révisant autant de fois qu'il sera nécessaire.

Donner un sens individuel à l'école

Si jamais l'élève omet de se préoccuper de son avenir, sa famille et l'école s'empressent de le mettre en face de ses responsabilités, car la question n'est plus de savoir si le jeune veut faire des études, mais quelles études il envisage de poursuivre. Le collège et les lycées d'enseignement général, technologique ou professionnel fonctionnent comme des centres de sélection sociale. Sous la pression de l'école, les élèves et leurs familles doivent déterminer un parcours scolaire : le projet professionnel peut servir de référence, de but ultime pour ce parcours. Comme tout projet, il devient alors une réalité construite dans l'esprit du jeune et cette réalité peut l'aspirer, l'entraîner vers elle. Aujourd'hui, quasiment tous les enfants passent par le collège et plus de quatre sur cinq suivent une scolarité en lycée général ou en lycée professionnel. Cet allongement des études nécessite de lui trouver un sens social, mais aussi familial et surtout individuel, au risque de l'exclusion d'un système dans lequel les « sans projet » sont condamnés à réussir dans les filières d'excellence.

Par ailleurs, les études s'avèrent indispensables pour l'acquisition d'une culture qui s'ouvre de plus en plus au domaine technologique, même si elles recourent plus fréquemment à l'alternance. Les métiers évoluent, certains disparaissent et d'autres apparaissent ou se transforment. Les élèves sont aujourd'hui sommés de savoir réagir, en cours d'études, face à des contraintes toujours changeantes. En revanche, ils bénéficient d'opportunités, d'occasions qu'ils doivent saisir dans l'instant où elles se présentent. La démarche de projet est alors l'instrument, le moyen qui leur permet de gérer avec souplesse les unes et les autres, donc de développer les stratégies les plus efficaces et de formuler les choix les plus pertinents.

Une démarche qui s'acquiert dans l'établissement

Dans ces conditions, le projet personnel s'apparente à un investissement lent et progressif, à une production incertaine et d'autant plus fragile que, dès la fin du collège, l'élève est invité à s'appuyer sur lui pour choisir, quand on lui en laisse le loisir, le type d'études qu'il poursuivra. Le rôle des adultes se modifie radicalement et ils interviennent comme des auxiliaires dans une démarche souvent hésitante (Étienne, Baldy, Benedetto, 1992). Par ailleurs, l'élève rencontre et fréquente bien évidemment d'autres personnes que les enseignants et les conseillers d'orientation-psychologues (parents, camarades et professionnels de toutes origines), dont l'influence sur son projet personnel dépasse parfois celle de l'école (Étienne, Richard, 1996).

Les personnels de l'Éducation nationale peuvent d'autant mieux contribuer au développement de ce projet personnel que cette démarche s'appuie sur des valeurs auxquelles ils sont attachés : respect de tous les individus et mise à disposition de chacun des moyens qui permettent d'aboutir à une véritable égalité.

L'élève et ses parents ne rencontrent concrètement le système éducatif que dans les établissements qu'ils fréquentent. Dès lors, le lieu par excellence (mais non le seul) d'élaboration et surtout de mise en œuvre du projet est le collège ou le lycée. Ce processus s'y déroule sur plusieurs années s'il s'épanouit dans un environnement favorable (Étienne, Lerouge, 1997), si des lieux et des temps spécifiques lui sont consacrés ; mais il repose surtout sur la présence de partenaires formés à cette démarche : enseignants, conseillers d'orientation-psychologues et, d'une manière générale, toute personne pouvant y contribuer. Dans la situation actuelle, ce sont, parfois, l'urgence et la quasi-clandestinité qui président à la réflexion sur l'orientation.

Si l'élève évolue dans un univers qui fonctionne réellement selon des projets, il adopte cette façon de procéder. Le projet n'agit efficacement que quand il est couramment mis en œuvre pour atteindre les objectifs que s'assigne toute une communauté !

Deux clés pour orienter l'élève

Il apparaît donc indispensable de livrer deux des clés de cette démarche : la première réside dans le souci de promouvoir une situation dans laquelle l'élève devient progressivement un acteur capable d'effectuer ses choix (« s'orienter »), sur la base d'une information qui lui permet de faire évoluer les idées toutes faites qu'il véhicule, de corriger ses « erreurs » (qu'il est en droit de faire et en devoir de rectifier) et de passer ainsi, le plus vite possible, à l'anticipation et au projet. De nombreuses initiatives vont déjà dans ce sens (rencontre des promotions, carrefour des métiers, mini-stages, tribunal des métiers, autodocumentation, logiciels informatiques et télématiques, etc.) ; elles sont destinées à se multiplier et à s'insérer dans le cursus de l'élève. Depuis l'automne 1996, deux circulaires consacrées à l'« éducation à l'orientation » en collège et en lycée confirment que cette mission incombe au système éducatif et souligne sa valeur émancipatrice (Brunel, Étienne, 2001).

La deuxième clé se trouve dans la volonté d'informer en se préoccupant des capacités et des attentes actuelles du jeune. Cette règle s'applique aux informations sur les métiers et les études ou diplômes qui permettent d'y accéder, mais aussi à des éléments plus rarement cités : la connaissance, par les personnes concernées, du système éducatif local, de sa production, des stratégies de redoublement, des changements à apporter dans les conditions d'élaboration du projet personnel des filles et des garçons, par exemple. L'explosion médiatique liée à Internet rend plus que jamais nécessaire une médiation, mais une médiation conçue comme provisoire et libératrice.

En conclusion, le projet de l'élève se caractérise par ses imbrications (projet professionnel, projet d'orientation, projet scolaire et projet social entre autres) ; son efficacité dépend étroitement de sa capacité à impliquer le jeune dans une action qui s'étend sur toutes les années de son parcours scolaire et, plus tard, universitaire ou professionnel. Il pose de délicats problèmes de communication et s'avère d'un maniement difficile dans la mesure où il est à la fois la fin que l'on veut atteindre, le but que l'on se donne, et l'outil le plus efficace pour y parvenir. Il n'en reste pas moins vrai qu'il représente la seule démarche respectueuse de la personnalité de l'adolescent et le moyen le plus efficace pour obtenir son épanouissement.

Richard Étienne

▸ Bibliographie

BOUTINET J.-P., *Psychologie des conduites à projet*, Paris, PUF, coll. « Que sais-je ? », 2004.

BRUNEL O., ÉTIENNE R., *99 questions sur l'éducation à l'orientation*, Montpellier, CRDP, 2001.

ÉTIENNE R., BALDY A., BALDY R., BENEDETTO R., *Le Projet personnel de l'élève,* Paris, Hachette, 1992.

ÉTIENNE R., LEROUGE A., *Enseigner en collège et en lycée : repères pour un nouveau métier*, Paris, Armand Colin, coll. « Formation des enseignants », 1997.

ÉTIENNE R., RICHARD A., *Le Projet personnel de l'élève,* Montpellier, CNDP Vidéo/CRDP, 1996.

▸ Voir aussi

Alternance (Formations en) – Centre d'information et d'orientation (CIO) – Élève – Établissement scolaire – Orientation – Parents d'élèves – Projet – Psychologie scolaire – Relation Famille/École.

EMPATHIE

Dans son *Vocabulaire de la psychologie,* Henri Piéron note que le terme allemand « *Einfühlung* », d'abord traduit comme « intropathie » par le Suisse Flournoy, fut transcrit en « empathie » par Lipps en 1903 : il désignait « une sorte de communion affective par laquelle on s'identifierait avec un autre être, dont on réussirait à éprouver les sentiments ».

L'empathie se distingue habituellement du terme voisin « sympathie » en ce qu'elle apparaît présenter « un caractère plus désintéressé, plus conjectural et en quelque sorte plus spéculatif » (Maucorps). La plupart des auteurs indiquent également que l'empathie exclut ou suspend le jugement moral, mais permet l'évaluation de la situation affective où se trouve autrui et, par suite, autorise à en prévoir les réponses et les potentialités avec quelque objectivité. D'une façon large, le concept d'« empathie » désigne, pour Paul Foulquié, dans son *Dictionnaire de la langue philosophique,* « la connaissance d'autrui, obtenue par l'examen réfléchi des interactions du moi et du toi ».

Participation à un sentiment réel chez autrui, compréhension d'autrui en tant qu'autrui, d'un côté ; mais, d'autre part, identification affective à autrui ou, au contraire, comme le dénote Mucchielli, « sympathie froide » et réfléchie, avec « l'intuition du vécu d'autrui » mais « dans l'absence d'implication affective » : la compréhension du concept d'empathie oscille ainsi entre une proposition *d'identification* et une *réserve ou retenue de réflexion* dans l'interaction avec autrui.

L'apport de Carl Rogers

Il revient à Carl Rogers et à ses émules d'avoir propagé des conceptions théoriques mais aussi des pratiques opératoires précisant le terme et assurant son extension : de la psychothérapie à toute relation interpersonnelle et notamment aux rapports des enseignants ou éducateurs avec leurs élèves.

Dans une première définition formulée dans les années 1940, Rogers, précisait à partir de ses expériences de *guidance* infantile puis de *counselling* (conseil) pour étudiants : « L'état d'empathie ou l'être empathique consiste à percevoir avec précision le cadre de référence interne d'autrui, les composantes émotionnelles et les significations qui s'y attachent, comme si l'on était la personne elle-même, mais sans jamais perdre de vue le *comme si.* Donc, cela signifie saisir intuitivement la douleur ou le plaisir de l'autre comme l'autre les ressent, et en percevoir les causes comme lui les perçoit, mais sans jamais perdre de vue que c'est *comme si* j'étais affligé ou réjoui... Si jamais l'on perd le sens du *comme si,* on tombe alors dans l'état d'identification. »

Cette définition comportait, avec une précaution de non-identification, l'invitation à une écoute attentive d'autrui (du « client ») en vue de percevoir ses oscillations intérieures, émotionnelles et affectives, et afin de l'aider, par une « réflexion » explicitée sur ses affects, à progresser personnellement dans leur clarification et leur maîtrise.

Ce premier essai théorique sera rectifié dans les années 1970. D'une part, des recherches approfondies menaient « fermement à conclure qu'un haut degré d'empathie dans la relation est probablement le facteur le plus puissant – ou en tout cas l'un des plus puissants – dans la détermination du changement et de l'apprentissage » ; d'autre part, il convenait, pour éviter les caricatures et les pratiques erronées, de renouveler, en l'assouplissant, le concept lui-même.

Dans une étude publiée en 1975 et dont est tirée la citation précédente, Rogers propose de ne plus utiliser l'appellation « état d'empathie », car il s'agit d'un processus plutôt que d'un état, une manière d'être, évolutive avec autrui, et qui a « plusieurs facettes ». L'auteur du *Développement de la personne* indique alors : « Cela signifie entrer dans le monde personnel, perçu par autrui, et s'y trouver comme chez soi ; cela implique une sensibilité de tous les instants au changement chez autrui des significations ressenties, à la crainte ou à la rage, à la tendresse ou à la confusion, à tout ce dont il, ou elle, est en train de faire l'expérience ; cela signifie vivre temporairement la vie de l'autre, s'y déplacer délicatement sans porter de jugement, éprouver les significations de ce dont il, ou elle, n'est guère conscient, mais sans chercher à lui dévoiler les sentiments dont il, ou elle, est totalement inconscient – ce qui constituerait pour lui une grave menace. »

Rogers complète cette description nuancée par l'opportunité de communiquer à l'autre ce que l'on perçoit de son monde intérieur, avec un regard tranquille, en vérifiant avec lui les formulations qu'on donne et qu'on améliore donc au fur et à mesure de ses réponses, ainsi qu'en faisant ressortir leurs significations provisoires jusqu'à ce qu'elles se stabilisent et deviennent constructives.

Trois concepts repères pour assurer des changements positifs

S'il s'agit d'utiliser l'empathie dans une approche thérapeutique, il convient, bien évidemment, que le thérapeute ait une formation clinique adéquate qui lui permette de ne pas « s'égarer » dans le monde étranger de l'autre et de « retourner à volonté dans son propre monde ». Car, pour Rogers, l'empathie est un concept-repère pour se situer mais qui est à conjuguer avec deux autres : la « congruence » ou l'aise d'être soi-même, en une relation transparente et confiante à soi mais aussi aux autres ; et la considération positive inconditionnelle, qui inverse les risques narcissiques de la congruence en portant attention et en faisant accueil à autrui, tel qu'il se présente, sans condition de préjugé ou d'image. Cette considération, ce regard positif, constituent donc autrui dans son altérité présente : non pas pour l'y enfermer et fixer, mais, si l'on prend soin de mettre en œuvre l'empathie, pour l'assister dans son évolution, sa « croissance » progressive. La congruence (étymologiquement : juste ce qu'il faut pour être), la considération positive inconditionnelle et l'empathie souvent se consolident et s'équilibrent, on le voit, dans une dialectique dynamique.

Rogers a proposé de considérer que leur triple mise en œuvre, à un degré suffisant de qualité, est la condition nécessaire et suffisante pour assurer des changements positifs dans les comportements et les apprentissages, quel que soit le système de référence théorique auquel se rapportent le thérapeute ou l'éducateur pour se sécuriser.

Sur ces trois concepts, de nombreuses recherches expérimentales ont été entreprises : en thérapie, mais aussi en conseil, en formation et dans l'enseignement. Des échelles en vue de les faire mesurer par des juges experts ont été minutieusement élaborées et testées, puis largement appliquées à des situations concrètes et à des pratiques diverses. Ainsi que l'ont établi Bergin et Strupp (en 1972), différentes études ont montré « une corrélation positive entre l'empathie du thérapeute » (mais aussi sa congruence et son regard positif inconditionnel), « l'exploration de soi par le client et les critères objectifs de son changement ».

Transposition dans l'enseignement

Des recherches analogues ont été effectuées sur des milliers d'heures de pratiques pédagogiques effectuées par des enseignants divers et de pays différents, notamment les professeurs Aspy et Roebuck aux États-Unis, au Canada et en Israël et par le professeur Tausch en Allemagne.

Il en ressort, constate Rogers, « que trois attitudes sont d'un poids essentiel : la faculté qu'a l'enseignant de comprendre la signification de l'expérience vécue par l'élève dans la salle de classe ; davantage, d'exprimer cette compréhension ; le respect manifesté par l'enseignant pour l'élève pris isolément ; l'authenticité du maître dans sa relation aux élèves » (Abraham, 1984).

On aperçoit ici la transposition des trois concepts-repères dans le cadre de l'enseignement. L'empathie, au niveau de l'établissement scolaire, est appliquée à la compréhension de ce que signifie pour l'élève son vécu scolaire, à chaque moment de son cursus.

Sa référence peut inciter l'enseignant à examiner si ses préoccupations pour la transmission des savoirs l'empêchent ou non de discerner les incertitudes ou les anxiétés d'une classe ou de chaque élève vis-à-vis de leur avenir et du sens de leur vie présente (ou d'une matière) ; elle peut l'aider à échanger, dans des moments adéquats, avec les élèves, sur ce qu'ils ressentent de leur condition scolaire ; elle peut lui donner l'occasion de dialoguer avec des élèves en complexité pour expliciter avec tact les impressions que lui donne sa perception compréhensive de leur travail et de leurs difficultés ; elle l'invite, en toute hypothèse, à se rendre sensible aux attentes implicites des uns et des autres au point d'en tenir compte pour construire et conduire son enseignement ; enfin, elle peut induire l'usage de processus et d'instruments d'autoévaluation aidant les élèves à se situer et à se valoriser de façon responsable.

André de Peretti

▸ Bibliographie

ABRAHAM A., *L'Enseignant est une personne,* Issy-les-moulineaux, ESF, 1984.

PERETTI A. de, *Présence de Carl Rogers,* Ramonville-Saint-Agne, Érès, 1997.

ROGERS C., *The Counseling Psychologist,* vol. 5, n° 2, 1975.

ROGERS C., *Le Développement de la personne,* Paris, Dunod, 1966, rééd., InterÉditions, 2005.

▸ Voir aussi

Directivité, non-directivité – Dynamique de groupe – Psychosociologie et formation – Rogers, Carl.

EMPLOI-FORMATION

La relation emploi-formation recouvre l'ensemble des problèmes liés aux rapports entre système éducatif et système productif ; les relations entre les besoins de recrutement de l'économie et les prévisions de sortie du système scolaire ; le processus liant l'acquisition des compétences à leur mise en œuvre dans l'activité professionnelle rémunérée.

À la recherche de l'adéquation emploi-formation

La relation emploi-formation – ou, plus souvent, formation-emploi – est une expression issue du langage de l'administration, et notamment des spécialistes de la planification, passée dans le langage courant par suite du développement d'un débat social sur ce thème. Les milieux de la recherche – économistes surtout – se sont ensuite réappropriés cette expression pour tenter de constituer un nouveau champ d'investigation à l'interface des réalités du travail et de l'éducation.

Les interrogations sur les relations entre la structure des emplois existant à un moment donné et la répartition, par niveaux et spécialités, des formations dispensées au même moment sont nées du développement de la planification scolaire en France, dans la seconde moitié des années 1960. Elles sont issues de la volonté de l'État de mettre en œuvre une politique active de gestion des qualifications à la fois pour accroître leur « production » par l'appareil éducatif (insuffisance de main-d'œuvre qualifiée par rapport aux pays comparables, Allemagne notamment) et pour favoriser leur adaptation aux évolutions techniques et sociales (en développant la formation professionnelle continue notamment).

Cette question de la relation emploi-formation ne se pose guère tant que l'essentiel de la formation professionnelle initiale ne relève pas du système scolaire. Jusqu'à la Seconde Guerre mondiale, l'essentiel de cette formation était prise en charge par les municipalités (cours professionnels mis en place par la loi Astier en 1919), les branches professionnelles et certaines grandes entreprises. Les centres d'apprentissage possédaient des statuts divers mais ne relevaient pas en général de l'appareil éducatif public. Une part essentielle de la formation liée à l'exercice professionnel était assurée « sur le tas » (*on the job*) par des formules diverses de monitorat, doublure, apprentissage mutuel, etc. L'expansion du taylorisme, durant l'entre-deux-guerres, limitait les compétences formelles exigées par les nouveaux « ouvriers spécialisés ». L'État intervenait peu dans la gestion et la planification des qualifications nécessaires au fonctionnement de l'appareil productif.

Au cours des années 1960, la relation emploi-formation devient une préoccupation importante des pouvoirs publics à partir du moment où, l'enseignement technique et professionnel ayant été largement intégré à l'appareil public d'éducation (après 1945) et la croissance économique s'étant durablement installée dans la société française (époque dite des « Trente Glorieuses »), la question des besoins en qualification de l'appareil productif commence à se poser avec acuité tandis que les modes de gestion de la main-d'œuvre se rationalisent de plus en plus. Parallèlement, le développement de la planification française met à l'ordre du jour la question du rapprochement entre les besoins de recrutement et les prévisions de sortie du système scolaire. La mise en œuvre de la première enquête Formation-Qualification professionnelle (FQP) de l'INSEE en 1964 a comme objectif principal « la réalisation de projections d'effectifs de main-d'œuvre par qualification en vue d'une planification des besoins de formation ». Elle découle d'une conception « adéquationniste » de la relation emploi-formation selon laquelle la détermination du volume et de la structure – par niveaux et spécialités – des formations professionnelles à mettre en œuvre découle directement – par extrapolation – de la structure des qualifications de la population active.

L'intergroupe Formation-Qualification professionnelle du VIe Plan constatant en 1970 que les enquêtes existantes ne suffisent pas à réaliser, à un niveau fin, cette « adéquation de la formation aux besoins de l'économie », préconise le développement de nouveaux outils statistiques permettant « de comprendre comment s'opère le passage de la formation à l'emploi et d'apprécier la contribution des divers types d'enseignements initiaux et continus à la formation de la main-d'œuvre qualifiée ». Ces nouveaux outils seront mis en œuvre par le Centre d'étude de l'emploi (CEE) et surtout par le Centre d'études et de recherches sur les qualifications (CÉREQ) créé le 19 mars 1970, parallèlement au lancement de nouvelles enquêtes Formation-Qualification professionnelle par l'INSEE (1970 et 1977).

C'est à partir de cette incitation administrative étroitement liée aux travaux de la planification que se constitue progressivement un champ d'interventions éclairées et coordonnées sur la relation formation-emploi réunissant l'État et les partenaires sociaux : par exemple les commissions professionnelles consultatives (CPC), organisées par branches professionnelles, donnent des avis sur les filières à développer, les sections à ouvrir ou à fermer selon les évolutions économiques, les créations de nouveaux diplômes (DUT et BEP en 1966-1967), les contenus des formations, etc. Toutes ces recommandations sont justifiées par le mouvement des emplois et des qualifications dans la population active selon une problématique globalement « adéquationniste » : la conviction partagée d'une croissance continue et sans rupture n'est pas exclusive de conflits entre organisations patronales et syndicales (sur la diminution du nombre de CAP, la priorité à la formation « large » ou « pointue », la conception des BEP, etc.), mais assure généralement la primauté des « experts » sur la base des extrapolations statistiques.

Une relation inadéquate

La crise économique, qui a entraîné à la fois une forte poussée du chômage et son installation durable dans la société française ainsi qu'une profonde transformation des structures d'emploi, met en question le schéma « adéquationniste » précédent. Déjà le groupe technique emploi-formation du VIIe Plan avait abandonné, en 1975, le modèle de projection précédent et traité l'insertion professionnelle des individus comme un modèle particulier, non lié aux extrapolations d'emploi. La focalisation particulière sur le chômage des jeunes, le rôle croissant du diplôme dans l'accès aux emplois, le décalage de plus en plus grand entre la structure des niveaux de diplôme et celle des niveaux de qualification (le nombre de diplômés de niveau supérieur et surtout intermédiaire augmentant plus vite que le nombre d'emplois correspondants) multiplient les phénomènes de déclassement à l'embauche (le taux de titulaires de CAP occupant des emplois dits non qualifiés augmente régulièrement), de concurrence entre diplômés pour les emplois et de substitution entre niveaux, sans parler de la montée rapide et inquiétante du chômage de longue durée chez les jeunes et adultes les moins diplômés.

De ce fait, le modèle théorique de l'adéquation emploi-formation devient une norme purement statistique (la nomenclature des niveaux de formation étant construite, par méthode, à partir des niveaux de qualification des emplois auxquels ils devraient correspondre) à partir de laquelle les enquêtes mesurent les écarts multiples. Les bilans formation-emploi permettent, à partir de 1974, de confronter la répartition des sorties nettes de formation initiale par niveau de formation avec la structure des recrutements effectués par les employeurs par niveau de qualification. Mis en œuvre conjointement, sur le principe des comptes sociodémographiques, par l'INSEE (enquêtes annuelles sur l'emploi), le CÉREQ (enquêtes d'insertion) et la DEP (Direction de l'évaluation et de la prospective du ministère de l'Éducation nationale, fournissant les sorties nettes de l'école par niveau), ces bilans constituent un instrument important de mesure des décalages entre niveaux d'emploi et de formation.

Nouvelles approches scientifiques

En dépit de l'existence d'un appareil statistique performant et de la montée des inquiétudes sociales et politiques, la structuration de la recherche autour de la relation emploi-formation s'avère particulièrement difficile et loin d'être achevée. C'est que les économistes et les sociologues développent traditionnellement une dualité d'approche particulièrement difficile à surmonter : entre, d'un côté, le champ des économistes et sociologues du travail, peu préoccupés – sauf exceptions – par la formation, et, de l'autre, le champ des sociologues et économistes de l'éducation peu tournés vers l'emploi, il existe un espace vacant qui doit être étudié en tant que tel pour constituer la relation emploi-formation en objet scientifique nécessairement interdisciplinaire.

Un bilan d'ensemble effectué en 1985-1986 par un groupe d'économistes et de sociologues et publié sous le titre significatif *L'Introuvable relation formation-emploi* fait apparaître les limites de la constitution de ce champ et la relative faiblesse des nouvelles théories construites pour en rendre compte. Les trois objets partiels autour desquels s'est structuré ce bilan — l'insertion, la formation continue et la qualification — manifestent, chacun à sa manière, la difficulté de construire des observations et des concepts permettant de confronter les logiques structurelles des entreprises, qui conditionnent les modes de *gestion de l'emploi*, avec les logiques biographiques des individus, qui rendent compte de leurs *pratiques de formation*. Cette confrontation doit tenir compte des diverses logiques institutionnelles qui construisent les *faits d'organisation*, d'une part, et des différentes logiques sociales qui président aux *faits de socialisation*, d'autre part. Sans elle, il est peu probable que l'on puisse rendre compte de la relation emploi-formation, à moins de la réduire soit à un pur produit de la seule dynamique des structures productives, soit à un effet émergent des seules stratégies individuelles, soit à une magique « adéquation » entre les besoins de l'économie et les aspirations des individus.

Parmi les approches prometteuses centrées sur la relation emploi-formation, l'approche « sociétale » mise en œuvre par les chercheurs du Laboratoire d'économie et de sociologie du travail (LEST) avait eu l'avantage de privilégier la comparaison internationale (France-Allemagne puis France-Japon) et de focaliser l'attention sur les relations structurantes entre l'entreprise et la société et, plus précisément, sur les diverses manières (selon les pays) dont l'entreprise intervient (ou non) en aval dans la formation professionnelle des salariés et, en amont, dans le jeu des négociations collectives entre partenaires, pour contribuer à produire des hiérarchies sociales à partir de l'organisation du travail (Maurice, Sellier, Silvestre, 1982). Mais toute comparaison internationale dans ce champ de recherche se heurte à la question des différences de points de vue, définitions et constructions d'objets pertinents. Une recherche intéressante a montré en quoi les relations entre travail et emploi, d'un côté, et éducation et formation, de l'autre, étaient construites différemment et donnaient lieu à des problématiques diverses dans trois pays européens comme la Grande-Bretagne, l'Allemagne et l'Italie (Jobert, Marry, Tanguy, 1995).

Une autre approche, nullement contradictoire avec les précédentes, définit la relation travail-emploi-formation comme un processus de socialisation professionnelle impliquant à la fois l'articulation « biographique » des trois moments que constituent l'acquisition préalable, la mise en œuvre effective et la reconnaissance sociale des « compétences » et identités professionnelles, et l'articulation « structurelle » des institutions gérant ce processus : l'école (notamment la formation professionnelle), l'entreprise (spécialement la relation de travail), le groupe professionnel (lorsqu'il est structuré et reconnu comme tel) et les réseaux affinitaires d'appartenance (lorsqu'ils existent). Du point de vue individuel, cette socialisation professionnelle prend la forme d'une double transaction : biographique, entre passé reconstitué et avenir projeté ; relationnelle, entre soi et les partenaires de la relation d'emploi. C'est en considérant la socialisation à la fois comme construction biographique des individus et comme dynamique structurelle des institutions que l'on pourra constituer la relation emploi-formation comme objet de recherche, susceptible d'une théorisation opératoire (Dubar, 2000).

De ce point de vue, l'individualisation des parcours de formation et de la relation d'emploi, liée notamment à la « logique de la compétence », diffusée, à partir des années 1980, dans l'école et l'entreprise, (Ropé, Tanguy, 1994), semble avoir montré ses limites, après avoir envahi les discours des acteurs et des chercheurs. Les nouvelles pratiques et les nouveaux dispositifs de gestion fondés sur la prise en compte des compétences impliquent, en fait, de nouvelles codifications des relations entre formations « qualifiantes » et emplois « qualifiés » et donc de nouvelles négociations et compromis entre les acteurs de l'emploi et de la formation (Lichtenberger, Paradeise, 2001).

Claude Dubar

▸ Bibliographie

BEDUWE C., « Mobilité professionnelle et formation », in *Cheminements professionnels et mobilités sociales,* Paris, La Documentation française, 1992, p. 72-99.

CANNAC Y., *La Bataille de la compétence : l'éducation professionnelle permanente au cœur des stratégies de l'entreprise,* Paris, Éditions d'Organisation, 1985.

DUBAR C., « Les Relations travail-emploi-formation comme processus de socialisation professionnelle et formes de transaction salariale », in *L'Emploi, l'entreprise, la société,* Paris, Économica, 1990.

DUBAR C., *La Socialisation : construction des identités sociales professionnelles*, Paris, Armand Colin, 2000.

JOBERT A., MARY C., TANGUY L., *Éducation et travail en Grande-Bretagne, Allemagne et Italie*, Paris, Armand Colin, 1995.

LICHTENBERGER Y., PARADEISE C., « Compétence, compétences... », *Sociologie du travail*, n° spécial, 2001.

MAURICE M., SELLIER F., SILVESTER J.-J., *Politique d'éducation et organisation industrielle en France et en Allemagne : essai d'analyse sociétale,* Paris, PUF, coll. « Sociologies », 1982.

ROPE F., TANGUY L., *Savoirs et compétences à l'école et dans l'entreprise*, Paris, L'Harmattan, 1994.

TANGUY L. (éd.), *L'Introuvable Relation formation-emploi. Un état des recherches en France,* Paris, La Documentation française, 1986.

VERNIÈRES M., *Formation-emploi : un enjeu économique et social*, Paris, Cujas, 1993.

▸ Voir aussi

Formation professionnelle continue – Insertion – Qualification – Relation École/Entreprise – Socialisation – Technique et professionnel (Enseignement).

ENDOCTRINEMENT

Affecté aujourd'hui d'une connotation généralement péjorative et polémique, le terme d'« endoctrinement » désigne un processus systématique de communication et d'influence par lequel des individus, considérés isolément ou collectivement, peuvent se trouver amenés à adhérer sans aucune possibilité de distanciation critique à des ensembles de croyances susceptibles de commander de manière hégémonique ou exclusive leur vision du monde et leurs perspectives d'action. Une telle définition fait ressortir ce qui sépare l'endoctrinement proprement dit du simple conditionnement ou du dressage. L'« habituation » créée par le conditionnement ou le dressage peut rester au niveau du pur comportement, comme un pli inscrit dans les corps, alors que l'endoctrinement est « chose mentale », processus qui vise à façonner ou à contrôler la pensée. Parce qu'il opère sur la longue durée et en vue d'exercer sur la personne un effet d'inculcation profond, global et durable, l'endoctrinement diffère cependant aussi d'autres techniques ou pratiques de persuasion plus « circonstancielles », comme la publicité, la propagande ou la désinformation. Enfin, visant plutôt à contrôler et diriger le développement mental ou moral des jeunes générations encore immatures qu'à « rééduquer » certaines catégories d'adultes à des fins immédiates de domination politique ou religieuse, l'endoctrinement ne peut pas être confondu non plus (même s'il s'en rapproche et peut leur être associé) avec ces techniques totalitaires intensives de dépersonnalisation connues sous le nom de « lavage de cerveau ». Du fait de cette finalité de transmission symbolique et de cette inscription dans la longue durée, la notion d'« endoctrinement » peut paraître ainsi assez proche de celle d'« enseignement » : endoctriner suppose à coup sûr de transmettre de manière pédagogiquement efficace, sinon nécessairement des « doctrines » au sens strict et « savant » du terme, du moins des ensembles consistants et cohérents d'idées, de représentations et de valeurs susceptibles de susciter chez les individus une adhésion de croyance durablement mobilisatrice. Qu'est-ce donc qui distingue, conceptuellement et pratiquement, un processus d'endoctrinement d'un processus d'enseignement ?

Un concept en débat

À l'exception de l'ouvrage d'Olivier Reboul (1977), force est de constater que la question de l'endoctrinement n'a pas constitué en France, dans le champ des sciences de l'éducation tel qu'il s'est développé depuis plusieurs décennies, un thème majeur de réflexion et de recherche, alors qu'elle a donné lieu, dans les pays anglo-saxons, à une très riche littérature chez les philosophes et théoriciens de l'éducation (Forquin, 1989). D'inspiration essentiellement analytique, c'est-à-dire centrée sur l'élucidation des concepts à partir des ressources du langage ordinaire, cette littérature porte principalement sur la question de la détermination du ou des critères à la fois nécessaires et suffisants pouvant permettre d'identifier de manière typique et non équivoque un processus ou une situation d'endoctrinement. Or, du débat très dense et très « serré » qui s'est poursuivi à ce propos au fil des rencontres et des publications (dont témoignent par exemple les textes rassemblés et édités par Snook dès 1972), il ressort que quatre types de critères au moins ont pu être retenus, parfois présentés comme compatibles mais le plus souvent opposés de manière exclusive, à savoir des critères de contenu, des critères de méthode, des critères de but ou d'intention et des critères de résultat.

Étymologiquement, *endoctriner*, c'est transmettre les éléments d'une doctrine. Mais ici comme ailleurs, l'argument étymologique est faible : toute initiation à une doctrine n'est pas forcément endoctrinement et on peut endoctriner en inculquant des croyances ou des préjugés qui ne méritent pas le nom de doctrines. Pour certains auteurs, *endoctriner*, par opposition à enseigner ou à instruire, c'est avant tout transmettre des croyances fausses, ou plus exactement des croyances non vérifiables, des croyances qui échappent au critère de la testabilité, ce qui est considéré bien souvent comme étant typiquement le cas des croyances morales, politiques et religieuses. À toutes les caractérisations qui mettent ainsi l'accent sur la nature des croyances transmises, on a pu objecter cependant qu'il est possible de transmettre des connaissances « vraies », ou du moins épistémologiquement consistantes, d'une manière telle que toute pensée autonome, tout jugement critique soient rendus impossibles, et qu'à l'inverse il peut exister dans le domaine des savoirs « essentiellement controversables » des modes d'enseignement « ouverts » et respectueux des personnes. Aussi nombre d'auteurs, notamment nord-américains, considèrent-ils que l'endoctrinement est davantage une question de méthode qu'une question de contenu, ce qui suppose de mettre l'accent davantage sur la problématique (pédagogique et éthique) de l'autonomie des personnes que sur la problématique (épistémologique et culturelle) de la rationalité des savoirs. Mais ce point de vue se heurte à son tour à l'objection selon laquelle, comme le rappelle Olivier Reboul à propos des techniques d'endoctrinement et d'embrigadement de la jeunesse sous le régime hitlérien, toutes sortes de méthodes peuvent être en fait utilisées successivement ou conjointement, y compris, paradoxalement et par une sorte de captation perverse, celles apparemment les plus « actives », les plus « interactives » et les plus « ouvertes ».

C'est pourquoi, pour un autre groupe d'auteurs, ce sont moins les méthodes qui comptent que le but intentionnellement poursuivi : quels que soient les contenus transmis, quelles que soient les méthodes utilisées, on se trouve dans un processus d'endoctrinement à partir du moment où un maître, un groupe sectaire, une institution ou un État cherchent délibérément à inculquer à un individu ou à un ensemble d'individus (ou à toute la jeunesse d'un pays), dans des domaines hautement controversables tels que la morale, la religion ou la politique, un ensemble consistant et compact de croyances destinées à résister à tout examen critique et à susciter une adhésion totale, passionnelle, inconditionnelle et définitive. Plusieurs cas de figure se présentent cependant, selon le sens et la portée que l'on accorde à cette notion d'intention. C'est ainsi que, sans ignorer la pluralité des degrés ou des modalités possibles de la croyance ni les ambiguïtés ou les ruses de la « mauvaise foi », on peut établir, par exemple, une distinction forte entre les cas où l'agent de l'endoctrinement adhère lui-même « sincèrement » et fortement au système de croyances qu'il cherche à inculquer chez autrui (ce qui l'amènera alors nécessairement à récuser l'imputation d'endoctrinement, prétendant qu'il se borne tout simplement à ouvrir dans l'esprit ou dans le cœur de ceux à qui il s'adresse « un chemin de vérité »), et les cas où, ayant intérêt à faire croire aux autres des choses auxquelles il n'adhère pas lui-même, il abuse tout simplement de leur crédulité en se livrant à une simulation.

Reste cependant encore une autre question : L'intention suffit-elle à qualifier l'action ? Si, quels que soient les contenus transmis, les manières de les transmettre, les intentions de ceux qui cherchent à les transmettre, l'individu refuse son adhésion et résiste à l'endoctrinement, peut-on encore parler d'endoctrinement ? Pour les partisans du « critère de résultat », ce qui compte avant tout, c'est l'effet obtenu, c'est la modification qui intervient réellement chez l'individu, cette adhésion aveugle à des croyances, cette impossibilité de toute distance critique, de tout examen rationnel. Mais ce critère, enfin, ne peut-il pas donner lieu à son tour à discussion ? Car le résultat, indépendamment de toute intention, suffit-il lui aussi à qualifier l'action ? Si quelqu'un manifeste tous les signes de l'endoctrinement sans qu'on puisse imputer ce « résultat » à l'action intentionnelle de quelqu'un, comme sous l'effet de « l'esprit du temps » ou d'une prédisposition individuelle à la crédulité ou au dogmatisme, pourra-t-on vraiment parler d'endoctrinement ? Aucun des quatre critères d'identification évoqués (contenu, méthode, intention, résultat) ne paraît ainsi pouvoir être retenu séparément ou exclusivement. Mais comment les pondérer ou les combiner ? Sur cette question comme sur beaucoup d'autres, le travail de clarification analytique conduit plutôt à une sorte de « cubisme conceptuel », où chaque aspect nouvellement mis en lumière apparaît à la fois comme le complément et la déstabilisation de tous les autres sans qu'on puisse parvenir à une vérité unique et globale de l'objet.

La question de l'endoctrinement dans la réflexion sur le curriculum

Toute réflexion sur le curriculum rencontre à un moment ou à un autre, explicitement ou implicitement, la question de l'endoctrinement, à propos de laquelle trois approches différentes peuvent être identifiées, qu'on pourrait appeler respectivement « libérale », « rationaliste » et « radicale ».

Par approche « libérale », on peut entendre l'accent mis, notamment dans l'univers de la pédagogie anglo-saxonne, sur l'importance du respect des personnes et la priorité qui doit être accordée à l'idéal de l'autonomie individuelle dans l'accès à la culture et la construction des compétences. Dans ce cadre de pensée la réflexion sur l'endoctrinement occupe une place tout à fait centrale : parce qu'il est une manipulation et une instrumentalisation de l'esprit, parce qu'il fait obstacle au développement d'une pensée personnelle et d'une action autonome, l'endoctrinement apparaît comme la perversion suprême de l'éducation, constituant au sein des sociétés « ouvertes » une menace permanente. Une illustration de cette approche se trouve par exemple dans la non-directivité rogérienne et plus généralement dans l'inspiration d'un certain nombre de pédagogies dites « anti-autoritaires ». On peut évoquer aussi, dans le domaine de l'éducation morale, la méthode dite de « clarification des valeurs », laquelle consiste, loin de toute prescription ou de toute exemplification normatives, à inviter chacun à expliciter et à énoncer des choix axiologiques qui sont supposés être l'expression singulière, authentique et inaliénable de la personne.

L'approche « rationaliste » se caractérise principalement par l'exigence d'une « refondation » du curriculum autour de ce qui, dans l'héritage de la culture humaine, constitue le noyau des savoirs les plus stables, les moins controversables et les plus universels. Le danger d'endoctrinement est moins perçu ici comme venant du dogmatisme et de l'esprit d'autorité que de l'obscurantisme et de l'esprit de crédulité. Plus que le développement de la personne, c'est le développement de la raison, l'accès aux savoirs positifs et aux modes rationnels de délibération et de réflexion qui apparaît comme le but et la justification spécifiques de l'école, ce qui ne va pas cependant sans générer un certain nombre de questions concernant notamment la place qui peut être faite dans le curriculum à des enseignements capables de prendre en compte et de prendre en charge, dans une perspective de construction éducative de la personne, les dimensions non principalement cognitives ou instrumentales de la culture.

Selon la perspective « critique radicale » enfin, le soupçon d'endoctrinement s'exprime à travers l'idée d'une dimension ou d'une fonction idéologique cachée du curriculum, c'est-à-dire une fonction « profonde » d'inculcation de représentations, de croyances et de valeurs qui conduisent d'autant plus sûrement les « dominés » à adopter des comportements de nature à perpétuer les rapports de domination qu'elles prennent les apparences de la rationalité et de l'universalité. Dans le contexte français des années 1970, c'est évidemment chez les théoriciens de la reproduction que cette idée s'est trouvée le mieux exprimée et argumentée, chez Bourdieu et Passeron d'abord (1970), développant une théorie de la pédagogie comme « violence symbolique », « inculcation arbitraire d'un arbitraire culturel » dissimulée comme telle sous le masque méritocratique, mais plus explicitement et plus significativement encore chez Baudelot et Establet (1971), pour lesquels la compréhension du rôle que jouent les institutions d'enseignement dans la reproduction des rapports sociaux de production passe par une mise en lumière de leur fonction latente d'inculcation idéologique, un processus qui revêt cependant deux formes bien différentes selon qu'il s'adresse aux élèves des filières générales conduisant normalement aux études supérieures, porteurs, destinataires et bénéficiaires « naturels » de l'« idéologie bourgeoise », ou aux élèves des filières professionnelles courtes, voués à demeurer dans la condition prolétarienne et auxquels cette idéologie serait inculquée sous la forme sommaire et infantilisante d'une sorte de « sous-culture » destinée avant tout à étouffer ou refouler toute prise de conscience. Autour de la notion de « curriculum caché » (Giroux, Purpel, 1983), le même type d'approche visant à dévoiler les contenus idéologiques latents des transmissions scolaires et leurs effets socialement conservateurs (mais aussi à rendre compte des conditions et des modalités d'une « résistance » possible) s'est trouvé développé depuis les années 1980 dans certains pays anglophones par un courant de pensée se réclamant de la « sociologie critique » ou de la « pédagogie critique », dans un contexte où, cependant, à côté des rapports entre les classes sociales, l'attention a été amenée à se porter de plus en plus vers d'autres types de domination, ceux liés notamment à l'identité sexuelle ou à l'appartenance ethnique et culturelle.

Les théories de la « violence symbolique », de l'« inculcation idéologique » et du « curriculum caché » relèvent-elles vraiment d'une problématique de l'endoctrinement ? On ne peut le penser qu'à condition de prendre le terme en un sens assez large, qui en tout cas ignore au moins un des critères retenus dans le travail de clarification conceptuelle évoqué précédemment, qui est le critère de l'intentionnalité. La notion d'« endoctrinement » suppose quelque part l'idée d'une action délibérée sur autrui, insistante et « ciblée », alors que l'inculcation idéologique telle que la décrivent les théoriciens de la reproduction ou du curriculum caché apparaît comme un processus beaucoup plus diffus et en quelque sorte impersonnel (même s'il est « porté » par des personnes ou par des groupes). Et c'est justement aussi pourquoi il peut s'avérer si difficile d'en faire apparaître les mécanismes, les ressorts et les effets. D'où l'objection parfois entendue selon laquelle le pouvoir de suggestion et de mobilisation des « herméneutiques dénonciatrices » (celles qui, justement, se donnent pour objet de dévoiler, de démasquer, de débusquer les ressorts profonds du monde social) n'est pas toujours proportionné à leur capacité réelle de production de la preuve, ce pourquoi d'ailleurs elles s'exposent bien souvent, de la part des sceptiques ou des rétifs, à l'argument de la « contre-critique », c'est-à-dire à un risque de retournement du soupçon d'inculcation idéologique contre ceux-là mêmes qui l'exercent.

Qu'elle soit inspirée ou justifiée par une conception « libérale » de l'autonomie intellectuelle et morale de l'élève, par une exigence « rationaliste » de lutte contre l'esprit de crédulité ou par un projet « radical » de « démystification » idéologique et politique, la vigilance critique à l'égard des risques d'endoctrinement constitue aujourd'hui une sorte de « lieu commun » du discours tenu pour pédagogiquement acceptable. Toute éducation, tout enseignement ne comportent-ils pas cependant une part irréductible d'endoctrinement, entendons par là une part irréductible d'inculcation de croyances qu'on pourrait dire « essentiellement controversables » ? La question peut être abordée sous l'angle de la psychologie ou de l'anthropologie, autour notamment de l'idée de la présence chez l'enfant (mais pas seulement chez l'enfant) d'une sorte de « besoin fondamental » de croyance, d'assurance et d'« appartenance », préalable à toute pensée critique et à toute exigence d'autonomie individuelle, comme cela est souligné par exemple à travers la critique portée par les penseurs « communautariens » contemporains contre la conception abstraite et désincarnée du « moi » caractéristique (selon eux) de la philosophie politique libérale (Forquin, 2003). Mais elle peut être abordée aussi dans la perspective d'une réflexion épistémologique et sociologique portant notamment sur les composantes axiologiques du curriculum (éducation morale ou civique, éducation aux valeurs), sur l'enseignement des disciplines à contenu « patrimonial », celles qui véhiculent des enjeux identitaires et des enjeux de mémoire comme l'histoire, la littérature et les arts, ou encore sur le traitement qui peut être accordé, dans le cadre des programmes et des activités d'enseignement, à certaines « questions vives », à propos desquelles existent, dans le champ social aussi bien que dans le champ scolaire, des conflits d'interprétation, des conflits d'intérêts ou des conflits de valeurs. Dans un contexte de montée en puissance de revendications identitaires et communautaires, le développement de tels conflits pourrait redonner, un siècle après la querelle historique autour de la laïcité, une acuité nouvelle à la question de l'endoctrinement.

Jean-Claude Forquin

▸ Bibliographie

Baudelot C., Establet R., *L'École capitaliste en France*, Paris, Maspéro, 1971.

Bourdieu P., Passeron J.-C., *La Reproduction : éléments pour une théorie du système d'enseignement*, Paris, Éd. de Minuit, 1970.

Forquin J.-C., « La Critique communautarienne du libéralisme politique et ses implications possibles pour l'éducation », *Revue française de pédagogie*, n° 143, avril-juin 2003, p. 113-139.

Forquin J.-C., « La Philosophie de l'éducation en Grande-Bretagne : orientations et principaux apports depuis 1960 », *Revue française de pédagogie*, n° 89, oct-déc. 1989, p. 71-92.

Giroux H., Purpel D. (eds), *The Hidden Curriculum and Moral Education : Deception or Discovery ?*, Berkeley, McCutchan, 1983.

Reboul O., *L'Endoctrinement*, Paris, PUF, coll. « L'Éducateur », 1977.

Snook I. A. (ed.), *Concepts of Indoctrination. Philosophical Essays*, Londres, Routledge and Kegan Paul, 1972.

▸ Voir aussi

Autorité – Curriculum – Morale (Éducation) – Philosophie de l'éducation – Valeurs.

Enfance

Si le début de l'enfance correspond bien évidemment à la naissance, sa fin a des limites fluctuantes, selon les périodes historiques, le contexte culturel dans lequel on se situe (voir en particulier à ce sujet les observations des ethnologues) et le domaine d'application spécifique du concept. Si l'on prend par exemple le domaine juridique, l'enfance s'arrête lorsque la majorité est atteinte. Ainsi, la Convention internationale des droits de l'enfant donne la définition suivante dans son article 1 : « Un enfant s'entend de tout être humain âgé de moins de 18 ans, sauf si la majorité est atteinte plus tôt en vertu de la législation qui lui est applicable. » Dans le domaine des sciences humaines, on considère que l'enfance couvre la période qui va de la naissance à l'adolescence, l'adolescence – parfois appelée aussi jeunesse – commençant suivant les auteurs entre 12 et 14 ans. Une distinction est souvent faite entre la petite enfance, jusqu'à 6 ans, et l'enfance proprement dite, de 6 à 12-14 ans.

Ce qui fait en tout cas la spécificité de cette période de la vie, c'est qu'elle évoque une certaine immaturité, une croissance physique, un développement biologique et mental en train de se faire et l'intervention d'institutions sociales et éducatives qui vont, d'une certaine façon, « baliser » le parcours. Cette perception puise ses racines dans l'état biologique de l'enfant mais se module en fonction du contexte socio-historique.

Les représentations de l'enfance ont évolué dans toutes les sociétés ; les descriptions de mœurs que l'on peut trouver, les œuvres littéraires et artistiques en témoignent. Le moment de jonction avec l'âge adulte a progressivement reculé tandis que se construisait « la découverte du sentiment de l'enfance », comme l'écrit Philippe Ariès, et surtout que se mettait en place le corps des connaissances en psychologie de l'enfant. Il ne faut cependant pas exagérer l'opposition entre une conception ancienne et une conception moderne de l'enfance : trop d'informations manquent. Faire le constat que l'enfance intéressait relativement peu les écrivains ne signifie pas forcément pour autant que tous les adultes étaient insensibles à l'enfance.

Vision dangereuse de l'enfance

La durée de l'enfance a été réduite pendant longtemps à la période pendant laquelle l'enfant est le plus fragile ; il était alors perçu comme « une tablette vierge », suivant l'expression d'Aristote, ou comme « un cerveau mou », pour reprendre celle de Fénelon. Il est avant tout incomplet en référence à la maturité qui constitue la norme (l'âge adulte est l'« état cible ») ; on ne lui reconnaît que rarement des modes de fonctionnement psychique spécifiques.

Le naturel enfantin semble avoir été surtout perçu comme fondamentalement négatif : la notion d'une enfance dangereuse, irrationnelle puise ses racines dans l'Antiquité et dans les Écritures (Platon, Aristote, Saint-Augustin). L'intérêt des Anciens va de toute façon plus vers l'adolescence que vers l'enfance. L'enfance est « erreur » (Descartes), ou encore « vie d'une bête » (Bossuet). Il revient à l'adulte de façonner l'enfant qui doit se soumettre à l'autorité absolue de l'adulte. Les images positives n'apparaissent qu'à travers le « mignotage », lorsque l'adulte s'amuse des drôleries du jeune enfant.

Pourtant, avec Rabelais et Montaigne puis chez les grands pédagogues du XVIIe siècle (Fénelon, Locke), s'ébauche une nouvelle conception de l'éducation et donc de l'enfance. Dans le courant du XVIIIe siècle, avec les encyclopédistes et Rousseau, l'enfant naît innocent. Petit à petit on assiste à un renversement et à une valorisation de l'enfant, à replacer sans doute dans le contexte des bouleversements idéologiques de cette période et dans celui des changements démographiques (diminution de la mortalité infantile).

L'ambivalence reste cependant perceptible, en particulier au XIXe siècle, avec l'accent qui est mis sur l'enfance malheureuse (et/ou perverse) des classes ouvrières.

L'apport de la psychologie de l'enfant

On dit parfois que le XXe siècle est le siècle de l'enfant. C'est que l'enfant est maintenant reconnu dans sa spécificité, paré de valeurs (il est devenu « *His Majesty the Baby* » pour reprendre une expression de Freud), tandis que l'on assiste à la diminution du nombre d'enfants par couple.

L'ambivalence à son égard n'en reste pas moins vive, elle s'exprime surtout à travers les contradictions des messages des adultes qui signifient, à l'enfant leur envie, d'une part, de le voir grandir vite, devenir autonome, et, d'autre part, de le voir rester petit, pour le protéger certes, mais aussi pour se protéger de lui.

Le développement de la *psychologie de l'enfant* a été rapide à partir des premières observations scientifiques du début du XXe siècle. Ces observations se sont surtout attachées à décrire le développement de l'organisation psychologique : on est passé rapidement des « synthèses psychophilosophiques » à des méthodes plus expérimentales (avec, par exemple, les travaux de Binet en France, ceux de Hall, de Cattell, de Terman ou Stern à l'étranger), et surtout à une perspective génétique qui cherche à analyser la construction de l'édifice psychique dans le temps. L'analyse de cette construction reste marquée en particulier par les noms de Piaget et de Freud, même si leurs théories ont été reprises et ont pu subir des changements assez importants ces dernières années. Les psychopédagogues du début du XXe siècle (Montessori, Decroly) ont également beaucoup contribué non seulement à faire évoluer les méthodes pédagogiques, mais surtout à faire changer de façon révolutionnaire la relation entre l'éducateur et l'enfant, relation qui se fonde désormais sur le respect de l'enfant, de sa liberté.

Entre 1924 et 1957, Piaget s'est attaché à décrire les différents stades du développement mental à partir de l'observation de ses propres enfants. Il considère que le développement est ancré dans la structure biologique qui constitue un prolongement du processus d'adaptation qui caractérise les êtres vivants. Le jeune enfant progresse dans ses connaissances et son intelligence grâce à sa motricité sensorielle, grâce à son action sur son environnement qui lui permet de se livrer à un recoupement progressif des données éparses. Ainsi se mettent en place des schèmes, de façon d'abord peu coordonnée, qui vont progressivement conduire l'enfant vers l'étape importante que constitue l'« acquisition de la notion d'objet » (la « permanence de l'objet ») dans la seconde moitié de la deuxième année. Cette conception du développement met l'accent sur l'activité du sujet qui permet une construction progressive allant du concret à l'abstrait, de l'intelligence sensori-motrice à la pensée logique.

D'autres psychologues se sont attachés également à décrire les « stades successifs » du développement de l'enfant : les découpages ne se superposent pas forcément ; chacun, en fonction de sa formation, insiste sur tel ou tel aspect du développement et pose donc des points de repère différents. Mais ce qui est définitivement acquis, c'est que l'enfance est un développement dans le temps, un « élan », auquel contribuent facteurs endogènes et facteurs exogènes. Wallon insistera sur l'importance de l'environnement de l'enfant et sur le lien entre aspect cognitif et aspect affectif du développement.

Les travaux les plus récents des spécialistes de l'enfance ont remis en question un certain nombre de points de la théorie de Piaget, en particulier tout ce qui se rapporte à la « permanence de l'objet ». Si Piaget avait permis un véritable bond en avant dans la description fine du développement, les méthodes d'observation des enfants, tout en comportant toujours de nombreuses difficultés, sont devenues beaucoup plus sophistiquées : les recherches de laboratoire ont donné la preuve de l'importance des capacités sensorielles des bébés. Ainsi, avant même le développement de leurs capacités motrices, ils sont capables de faire des différences entre des stimulations visuelles, auditives, olfactives ou gustatives et acquièrent la notion de la permanence des objets de façon très précoce.

Les conflits de l'enfant

La psychanalyse, quant à elle, est venue remettre en question le mythe de l'enfant « pur », « innocent », ainsi que le mythe de son insouciance.

Elle établit en effet l'existence d'une pulsion sexuelle très précoce chez l'enfant, dont elle s'attache à décrire le devenir : il s'agit d'une sexualité différente de la sexualité génitale, plus diffuse, liée à l'érotisation de zones particulières (phase orale, phase anale, phase phallique, complexe d'Œdipe, phase de latence, adolescence). La pulsion sexuelle, qui part de l'inconscient, représente une force, exerce une poussée et rentre en conflit avec les instances supérieures de l'appareil psychique (moi, surmoi) : la notion de conflit intrapsychique est la pierre angulaire de la théorie psychanalytique. Dans ce contexte émergent des mécanismes de défense plus ou moins primaires (Anna Freud, Mélanie Klein), de façon plus ou moins intense, qui vont donner une configuration particulière à la personnalité en développement et peuvent rendre compte de certaines organisations pathologiques de cette personnalité.

L'enfant est donc confronté très tôt à des conflits. Il est partie prenante dans l'établissement de la relation précoce à la mère (Dolto, 1976) ; les psychanalystes qui ont plus particulièrement travaillé dans le domaine des carences précoces et des théories de l'attachement (Bowlby, Winnicott) ont bien montré comment le nourrisson ressent les contrecoups des avatars éventuels de cette relation préparée par toute une histoire transgénérationnelle.

Dangers du surinvestissement et du sous-développement

Dans le contexte actuel des pays les plus industrialisés, l'énergie de la famille et de la société est très largement mobilisée autour de l'*enfance* ; cette évolution n'est pas sans comporter quelques dangers.

D'une part, le développement de l'enfant risque d'être aliéné par l'abondance des réponses toutes faites qu'il trouve à ses besoins, surtout quand il vit en milieu urbain : ainsi, la variété des jouets disponibles sur le marché, l'organisation parfois systématique de ses loisirs (activités extrascolaires multiples, terrains de jeu aménagés par les adultes), l'omniprésence de la télévision, des jeux et des consoles ont tendance à lui éviter de plus en plus souvent d'être en prise directe avec son environnement et surtout de faire appel à sa créativité, à ses propres ressources intérieures. Il court le risque d'être pris dans les filets de la société technicienne de consommation.

D'autre part, l'enfant est parfois la victime du surinvestissement de l'enfance par les adultes. Comme l'enfant est élan vers le futur, est synonyme de potentiels qui ne demandent qu'à s'actualiser, il peut parfois servir de faire-valoir (ou de « rédempteur ») à des adultes peu préparés à être déçus par lui, à passer de l'enfant mythique à l'enfant réel.

Dans le même temps, dans nombre de pays, l'enfance reste la première victime du sous-développement (ou de la quart-mondisation), de la malnutrition, des maladies, des guerres et des catastrophes.

Sylvie Mansour

▶ Bibliographie

Ariès P., *L'Enfant et la vie familiale sous l'Ancien Régime,* Paris, Le Seuil, 1975.

Collectif, « L'Enfant-problème », *Le Débat*, n° 32, nov.-déc. 2004.

Dolto F., *Psychanalyse et Pédiatrie*, Paris, Le Seuil, 1976.

Freud S., *Trois essais sur la théorie de la sexualité,* Paris, Gallimard, 1985.

Freud A., *Le Normal et le pathologique chez l'enfant*, Paris, Gallimard, 1968.

Lécuyer R., *Bébés astronomes, bébés psychologues : l'intelligence de la première année,* Sprimont, Mardaga, 1989.

Piaget J., *La Naissance de l'intelligence chez l'enfant,* Lonay, Delachaux et Niestlé, 1977.

Renaut A., *La Libération des enfants : contribution philosophique à une histoire de l'enfance*, Paris, Hachette, 2003.

Winnicott D. W., *L'Enfant et sa famille*, Paris, Payot, 2002.

Zazzo R. (dir.), *Traité de psychologie de l'enfant,* Paris, PUF, 1970, vol. 1, p. 79-141.

▶ Voir aussi

Adolescence – Adulte – Affective et sexuelle (Éducation) – Créativité – Dolto, Françoise –

Droits de l'enfant – Famille – Jeunesse – Personnalité – Piaget, Jean – Psychanalyse et éducation – Psychologie du développement – Psychopédagogie – Sociologie de l'enfance – Wallon, Henri.

Enfance (Sociologie de)

▶ **Sociologie de l'enfance**

Enfant (Droits de)

▶ **Droits de l'enfant**

Enfant (Maltraitance de)

▶ **Maltraitance de l'enfant**

Enseignant

Le mot « enseignant » apparaît au milieu du XVIIIe siècle, alors que l'origine du verbe « enseigner » remonte au XIe siècle : on le trouve dans *La Chanson de Roland.*

À l'époque moderne, le terme a pris une grande extension. Dans son sens collectif, il s'applique à un groupe de personnes relevant principalement du ministère de l'Éducation nationale. Il recouvre des catégories diverses. L'instituteur, le professeur sont des enseignants. Les professeurs des universités et les maîtres de conférences sont des enseignants-chercheurs. Le terme est utilisé dans un grand nombre d'expressions, aussi bien dans la langue du droit (les corps enseignants) que dans le langage usuel (la qualité des enseignants, la revalorisation des enseignants, les syndicats d'enseignants, etc.).

La définition du mot prête à discussion. Il serait difficile de s'en tenir actuellement à celle du Littré : l'enseignant est « celui qui enseigne », ou à une définition comme : « L'enseignant est celui qui transmet des connaissances et en contrôle l'acquisition. » L'Unesco avance pour sa part la définition suivante : « Toute personne qui a charge de l'éducation des élèves » ou toute personne « qui en instruit d'autres ».

Une définition qui s'enrichit

Le code de l'éducation (article L 912-1 et 2) définit ainsi les missions des enseignants. Ils doivent organiser leur enseignement pour que les élèves acquièrent connaissances et méthodes et ils doivent le faire en prenant en compte les rythmes d'apprentissage de chaque élève.

À cette mission première s'ajoutent :
- la responsabilité de l'ensemble des activités scolaires des élèves ;
- l'aide au travail personnel des élèves et le suivi de ce travail ;
- l'évaluation des élèves ;
- le conseil aux élèves dans le choix de leur orientation ;
- la participation aux actions de formation continue des adultes ;
- la participation aux formations par apprentissage.

Les enseignants travaillent au sein d'équipes pédagogiques et éducatives. La liberté pédagogique de l'enseignant s'exerce dans le respect des programmes et des instructions du ministre chargé de l'Éducation nationale, et dans le cadre du projet d'école ou d'établissement avec le conseil et sous le contrôle des membres des corps d'inspection. Le conseil pédagogique ne peut porter atteinte à cette liberté.

La formation continue des enseignants peut, dans certaines conditions, donner lieu à des indemnisations ; elle est prise en compte ans la gestion de leur carrière.

C'est le code de l'éducation (article L 912-1 et 2) qui définit les fonctions des enseignants, chercheurs, à savoir :
- l'enseignement incluant formation initiale et continue, tutorat, orientation, conseil et contrôle des connaissances ;
- la recherche ;
- la diffusion des connaissances ;
- la liaison avec l'environnement économique, social et culturel ;
- la coopération internationale ;
- l'administration et la gestion de l'établissement.

Au seul ministère de l'Éducation nationale, ils sont actuellement plus de 800 000.

Pierre Dasté

▶ **Bibliographie**

Hirschhorn M., *L'Ère des enseignants,* Paris, PUF, coll. « Sociologies », 1993.

Ocde, *L'Enseignant aujourd'hui,* Paris, OCDE, 1990.

Rayou P., van Zanten A., *Enquête sur les nouveaux enseignants : changeront-ils l'école ?*, Paris, Bayard, 2004.

▶ **Voir aussi**

Équipes pédagogiques – Évaluation – Orientation – Personnel enseignant – Tuteur, tutorat.

Enseignement programmé

L'enseignement programmé (EP) est une application directe des données de la psychologie de Skinner et de ses bases béhavioristes. Depuis Watson en 1912, le béhaviorisme pose, comme hypothèse de travail dans ses recherches, de s'en tenir à l'étude de ce qui est observable dans les comportements humains. La conscience ne l'est pas par les moyens de la science pour le moment. Elle est donc mise entre parenthèses : c'est l'hypothèse de la « boîte noire ». Skinner, par ses travaux expérimentaux, met au jour le principe du renforcement (« opérant ») dans l'apprentissage, principe adopté et étayé par les neurobiologistes actuels et les neurosciences (Routtenberg, 1979). Avec l'EP, il en fait la base même de la « réussite ». Il n'y a pas d'échec en apprentissage, il n'y a que des renforcements non contrôlés, non programmés, comme en témoigne le « comportement superstitieux » du pigeon qu'une machine renforce et qui « apprend » ce que personne n'a eu l'intention de lui enseigner. Construire un enseignement programmé, c'est, comme dans le laboratoire de psychologie expérimentale avec le rat ou le pigeon, se fixer un objectif terminal (tels comportements observables bien déterminés), et construire, à partir de ce que tel organisme (animal ou élève) sait faire, une suite de comportements intermédiaires et désirés, en distribuant autant de renforcements qu'on le peut. Multiplier ceux-ci implique de morceler ou fragmenter au maximum les comportements intermédiaires. En les « atomisant », on évite le risque que l'on courrait en renforçant d'un coup un comportement plus global dont certains éléments seraient indésirables, hors « programme », d'où le comportement « superstitieux », aberrant, recouvert par l'étiquette « échec ». Quand il y a échec, c'est-à-dire un comportement inattendu ou absent dans des conditions données (Skinner, 1968), c'est que le « programme » est inadéquat. Dans le domaine humain de l'apprentissage, c'est-à-dire l'enseignement, cela veut dire que c'est la pédagogie distributrice de renforcements qui est en cause, donc le maître, et en aucun cas l'élève, son « intelligence », ses « dons » ou « aptitudes », son « attention », ni le « savoir » enseigné, sa « difficulté », son « abstraction » (toutes choses qui sont rejetées dans la « boîte noire »).

Jerry Pocztar

▶ **Bibliographie**

Routtenberg A., « Le Système de récompense du cerveau », *Pour la science,* n° 15, janvier 1979, p. 98-106.

Skinner B. F., *La Révolution scientifique de l'enseignement*, Sprimont, Mardaga, 1968, 5e éd., 1986.

▶ **Voir aussi**

Évaluation – Psychologie des apprentissages.

Entraînement mental

L'entraînement mental est la méthode dont l'objectif est de permettre l'acquisition des opérations intellectuelles de base à partir de situations de la vie quotidienne, en s'inspirant des principes de la pédagogie sportive.

Pour acquérir ces opérations, il s'agit d'entraîner un groupe à la maîtrise des catégories intellectuelles élémentaires : induction-déduction ; conceptualisation ; dialectique ; pensée historique et spatiale ; causalité ; pensée prévisionnelle et évaluative. Chacune de ces catégories peut être assimilée en elle-même ou dans une perspective d'action qui donne sens et cohérence à la démarche intellectuelle : faits – idées – actes.

Les exercices sont toujours effectués à partir de problèmes dans lesquels l'individu est impliqué intellectuellement et affectivement, dans une situation sociale caractérisée, tirée de la vie quotidienne. Il s'agit de répondre à des questions que se pose l'individu dans son engagement personnel, ses activités professionnelles et ses loisirs qui sont, de ce fait, fortement motivantes pour le travail intellectuel. C'est l'originalité de la méthode. Mais l'autonomie de la pensée rationnelle doit se conquérir sur l'implication affective, source de passions et d'émotions qui peuvent être à l'origine de préjugés, de routines. C'est la difficulté de la méthode. En conséquence, les exercices ne peuvent être programmés à l'avance par le formateur. Chaque séance est une création collective entre un formateur, un contenu et un groupe inscrit dans une situation avec ses déterminants et ses potentialités.

Principes pédagogiques

La pédagogie de l'entraînement sportif appliquée à la maîtrise raisonnée du travail intellectuel peut se ramener à quatre principes simples.

Tout d'abord, une alternance entre des exercices analytiques reposant sur des opérations mentales élémentaires et des exercices globaux. Exemple : la conceptualisation. Un exercice global consiste à replacer cette définition ou concept dans la progression linéaire : faits → idées → actes.

Une alternance entre l'imitation et la création. Le formateur doit être capable d'effectuer une démonstration afin que le groupe ait une représentation de la performance à accomplir. Mais il peut aussi recourir à des auteurs étayant leurs modes d'expression sur des raisonnements exemplaires. Les phases au cours desquelles l'apprenti pose ses pas dans ceux de maîtres éprouvés alternent avec des séances au cours desquelles le groupe laisse libre cours à son imagination.

Alternance entre discipline et jeu. Les exercices d'entraînement mental sont toujours effectués collectivement, en fonction de consignes strictement énoncées, dans un laps de temps déterminé alternant avec des séquences ludiques au cours desquelles le formateur suscite les conditions d'une compétition sous forme de jeu.

Enfin, les résultats de chaque séance ou ceux d'une progression méthodiquement conduite sur une longue durée font l'objet d'une évaluation de groupe ou individuelle, sous forme d'exercices permettant des comparaisons avec les performances initiales.

De Port-Royal à Peuple et Culture

Si nous nous inscrivons dans la longue durée, la paternité de l'entraînement mental pourrait revenir à la « logique du Port-Royal » (1650) des pères Arnauld et Nicole, qui se proposaient d'« énoncer des règles communes propres à former le jugement », ou plus exactement de fonder une réflexion sur des exercices logiques. En 1792, s'inscrivant dans la ligne directrice de la Déclaration des droits de l'homme, Condorcet voulait « rendre la raison populaire ». Mais il revient à Joffre Dumazedier, en 1944, d'inventer, d'expérimenter et d'assurer les bases scientifiques de la méthode d'entraînement mental, d'abord à l'intention des jeunes chômeurs, puis dans la Résistance. Il puise son inspiration dans les procédés de simplification du langage utilisés par Anatole France, les vertus de l'imitation dans les propos d'Alain, l'éloge du sport dans les *Variétés IV* de Valéry. Fondateur et président de Peuple et Culture, à la Libération, il combat pour une culture fondée sur une *Critique de la vie quotidienne,* ouvrage majeur du philosophe Henri Lefebvre. Mais ce sont surtout ses travaux de recherches au laboratoire de psychologie de l'enfant du professeur Henri Wallon qui lui permettent d'étudier les relations entre l'affectivité et l'intelligence, de formaliser les opérations mentales de relation et de représentation, de définir l'entraînement mental comme éthique sociale pratique. Devenu maître de recherches au CNRS, il dirige plusieurs programmes d'évaluation de la méthode d'entraînement mental, notamment aux Charbonnages de France avec Jacques Barbichon (1958), au Centre interentreprises de formation avec Nicole Latouche (1964), au collège expérimental de Marly-le-Roi avec Hélène de Gisors (1975). Par ailleurs, les universités d'été de Peuple et Culture accueillent de plus en plus de nouveaux publics et permettent, à partir de 1965, l'extension de la méthode vers les pays en voie de développement et, depuis la loi de 1971, vers le secteur industriel.

Actualité de la méthode

La crise économique, et son corollaire l'extension des publics en difficulté, mais surtout les nouvelles formes de production, qui s'appuient davantage sur l'autonomie de cellules de travail restreintes, ont provoqué une forte demande sur le marché d'outils de formation intellectuelle, devenus des méthodes d'éducabilité cognitive. Il est courant de faire référence à la méthode d'entraînement mental comme un ancêtre mémorable de ces méthodes, dont le mérite aurait été d'ouvrir la voie, mais qui serait désormais quelque peu submergé par le courant déferlant de l'innovation méthodologique. Qu'en est-il ?

Tout d'abord, la souplesse même de la méthode d'entraînement mental permet, tout en restant fidèle à l'architecture de base, d'intégrer les apports des sciences humaines appliquées, de Piaget à Bruner, mais aussi les méthodologies issues des nouveaux modes de raisonnement, notamment les apports des sciences et techniques cognitives, des études sur la genèse et la circulation des faits scientifiques, des approches actuelles des processus de construction des concepts.

Par ailleurs, une séance d'entraînement mental est toujours une aventure intellectuelle. Exposer la méthode indépendamment d'un contenu et du climat d'échanges au sein d'un groupe peut donner l'impression d'un formalisme confinant à la rhétorique formelle. C'est la raison pour laquelle il s'est écoulé plus de trente ans entre l'invention de la méthode et la rédaction de l'ouvrage de référence (Chosson, 1975). Les écrits sont demeurés exceptionnels, mais les groupes de travail sont toujours très actifs à Peuple et Culture, selon des finalités diversifiées. Les « aventuriers » sont surtout sensibles aux aspects symboliques à partir d'une pédagogie de l'échange, et les « ouvriers » analysent les pratiques pour en dégager le substrat théorique au premier degré. Mais aucun compte rendu ne pourra se substituer à la créativité d'un formateur maîtrisant un savoir-faire intellectuel et disposant d'une culture générale lui permettant d'effectuer les apports de contenus qui s'avéreraient nécessaires. L'entraînement à l'analyse rationnelle des faits sociaux ne doit-il pas s'accompagner d'une réflexion sur les mystères de la pensée, sur les apports prodigieux d'une raison qui n'est plus immuable, mais initiatrice de méthodes toujours à réinventer en fonction des progrès de la science et de la réflexion éthique ?

Jean-Francois Chosson

▸ Bibliographie

ARNAULD A., NICOLE P., *La Logique ou l'art de penser*, Paris, Gallimard, 1992.

CHARLOPEAU N., CHOSSON J.-F., *52 exercices de méthodologie du raisonnement,* Paris, Éditions d'Organisation, 1982.

CHOSSON J.-F., *L'Entraînement mental*, Paris, Le Seuil, 1975.

CHOSSON J.-F., *Pratiques de l'entraînement mental,* Paris, L'Harmattan, 2002.

DUMAZEDIER J., *La Méthode d'entraînement mental,* Lyon, Éd. Se former, 1994.

DUMAZEDIER J., *La Révolution culturelle du temps libre (1968-1988),* Paris, Klincksieck, 1988.

GIRY M., *Apprendre à raisonner, apprendre à penser*, Paris, Hachette, 1994.

PEUPLE ET CULTURE, *Penser avec l'entraînement mental : agir dans la complexité*, Lyon, Chronique sociale, 2004.

▸ Voir aussi

Adultes (Formation des) – Autoformation – Cognitive (Éducation) – Dumazedier, Joffre – Éducation permanente.

Environnement (Éducation à l')

L'éducation à l'environnement est une forme d'éducation d'intérêt local, national et international, ayant pour objectif d'aider les individus et les groupes sociaux à se comporter de sorte qu'ils ne portent en aucun cas atteinte à l'ensemble de ce qui constitue, directement ou indirectement, leur patrimoine naturel et construit, afin de conserver, voire d'améliorer leur qualité de vie et celle des générations futures.

Cette forme d'éducation est née à la suite des constats sociaux et scientifiques effectués durant les années 1960-1970 et selon lesquels il était urgent de protéger l'environnement face aux agressions diversifiées des hommes.

Une prise de conscience internationale

L'éducation à l'environnement (EE) prend ses racines en 1970 dans le Nevada (États-Unis) lors d'une conférence organisée par l'Unesco, ainsi qu'en France à l'occasion de la publication gouvernementale d'un ensemble de propositions d'actions sous le titre de *Cent mesures*. Ces dernières préconisent une éducation fondée sur une pédagogie active et concrète et impliquent la formation de personnes compétentes. Une politique de formation aux professions de l'environnement doit ainsi être mise en place. En outre, il est nécessaire de diffuser largement au sein du public une information et une sensibilisation aux problèmes d'environnement. Cependant, la pédagogie préconisée ne sera pas celle d'une « matière » qui se surajouterait aux programmes en vigueur, mais celle d'une discipline d'observation et d'éveil.

De nombreux colloques et conférences nationaux et internationaux se sont déroulés sur le thème de l'éducation à l'environnement de 1972 à nos jours. Les principaux furent ceux de Stockholm et Aix-en-Provence (1972), Belgrade (1974), Tbilissi (1977), Moscou (1987) et Rio de Janeiro (1992), lequel s'est voulu être le « Sommet de la Terre » et où, pour la première fois, les organisations non-gouvernementales (ONG) sont intervenues. En 2002, dans la prolongation de Rio, s'est tenue la conférence de Johannesburg.

Les temps forts qui se dégagent de l'ensemble de ces réunions se résument dans les notions de globalité, de complexité, de pluri- et transdisciplinarité, d'actions fondées sur une pluralité de méthodes et de techniques pédagogiques. La conférence de Rio a par ailleurs promu la notion de « développement durable », mais il s'est avéré que l'extension de l'éducation à l'environnement demeurait difficile et timide, l'un des principaux obstacles à son essor résidant dans l'imprécision du concept même d'environnement. Le colloque d'Aix-en-Provence de 1972 avait défini l'environnement comme « l'ensemble, à un moment donné, des aspects physiques, chimiques, biologiques et des aspects sociaux et économiques susceptibles d'avoir un effet direct ou indirect, immédiat ou à terme, sur les êtres vivants et les activités humaines ». Parce qu'il constitue un ensemble complexe de milieux naturels et humains entre lesquels existent des interactions dynamiques, l'environnement suppose de mettre en œuvre des approches de type systémique et transdisciplinaire.

Émergence de la notion de développement durable

Depuis Rio, la notion de « développement durable » a évolué, non sans créer de nouvelles difficultés. En effet, « la nouvelle approche » qu'impose cette notion rencontre le scepticisme de certains et ouvre à autant d'interprétations divergentes. Elle tendrait même à remplacer la notion de « protection de l'environnement », qui imposait des limites à ce qu'on appelle souvent « développement » ; ce dernier serait à nouveau sur le devant de la scène (Stengers, 1999). Il convient de retenir tout d'abord le retour à la relation fondamentale posée par le SCOPE (*Scientific Comittee On Problems of Environment*) dès 1975, selon laquelle toute action, naturelle ou humaine, produit des effets pouvant avoir des impacts positifs et/ou négatifs, et souvent les deux à la fois, sur l'équilibre du cadre de vie et la qualité de vie de l'homme. Cette qualité de vie tient compte des aspirations sociales. Le bien-être des populations passe par des nécessités économiques qui peuvent aller à l'encontre de l'écologie. La recherche d'équilibre entre tous ces paramètres ne peut que donner un sens au terme « durable », c'est-à-dire à l'idée de sauvegarde de la qualité de vie des générations futures. D'essence paradoxale, le développement durable se présente de fait comme une nouvelle culture dont l'objectif est le progrès humain dans l'équilibre et la durée.

La place de l'éducation à l'environnement dans les programmes scolaires

Abrogeant une circulaire plus ancienne (n° 77-300, datée du 29 août 1977), la circulaire n° 2004-110 publiée dans le *BOEN* du 15.7.2004, sous le titre « Généralisation d'une éducation à l'environnement pour un développement durable (EEDD) – rentrée 2004 », stipule que l'EEDD ne constitue pas une nouvelle discipline mais doit au contraire s'ancrer dans toutes les disciplines selon des modalités diversifiées, notamment par le biais d'une prise en compte au niveau des projets d'école et des projets d'établissement.

En dehors de et/ou en collaboration avec l'Éducation nationale, certaines autres instances contribuent à proposer des objectifs, des méthodologies, des connaissances diversifiées relatives à l'environnement. Les principales sont notamment l'Unesco sur le plan international et l'INRA pour la France, ainsi que des associations ou des instituts, comme l'IFREE (Institut de formation et de recherche en éducation à l'environnement) en Poitou-Charentes, qui travaillent en relation avec les IUFM et l'INRP.

La formation aux métiers de l'environnement

L'étude du marché des emplois met en évidence le fait que les questions d'environnement sont génératrices de nouveaux besoins professionnels. Deux écoles s'affrontent sur l'émergence des métiers de l'environnement. La première affirme que l'environnement n'est pas une profession nouvelle, mais une dimension qui vient se surajouter à des métiers déjà existants, qu'il suppose une approche différente des fonctions actuelles, un « état d'esprit » et un supplément de connaissances techniques et scientifiques. La seconde pense que les professions de l'environnement sont des spécialités à part entière, nécessitant une formation spécifique interdisciplinaire ; l'environnement serait ainsi un champ professionnel nouveau, avec sa propre qualification, ses savoir-faire particuliers et déjà sa propre culture. Ces deux positions peuvent ne pas être exclusives.

De nombreux établissements et universités ont mis en place des formations aux différentes professions de l'environnement. Le nombre important de diplômés en « environnement » peut laisser présager une révolution silencieuse.

Bernard Tissier

▶ Bibliographie

DUVIGNEAUD P., *La Synthèse écologique*, Paris, Doin, 1981.

STENGERS I., « Le Développement durable, une nouvelle approche ? », *Alliage*, n° 40, automne 1999.

TISSIER B., *Éducation, Formation, Environnement*, Paris, Économica, coll. « Poche Environnement », 1998.

▶ Voir aussi

Biologie (Enseignement de la) – Civique (Éducation) – Classe de découverte – Éveil (Activités d') – Géographie (Enseignement de la) – Interdisciplinarité – Patrimoine.

ÉPISTÉMOLOGIE

L'épistémologie est l'étude critique des principes, des hypothèses et des résultats des diverses sciences.

Dans la dernière période, l'usage du mot « épistémologie » s'est beaucoup répandu. Il est même communément admis que la formation des maîtres passe par « l'étude épistémologique de leur discipline ». Mais un tel usage risque de vider l'idée d'épistémologie de tout sens précis.

Pour les disciplines scientifiques, qui sont les seules à propos desquelles on peut parler d'épistémologie, l'étude, à la fois historique et critique, des disciplines de la recherche est évidemment nécessaire si l'on veut inscrire l'action éducative dans un projet qui réfère à la vie passée et présente des sciences. Les écarts entre la science enseignée et celle qui se pratique devraient être appréhendés et contrôlés.

À vrai dire, la méthodologie des sciences (au sens philosophique) est aussi importante que l'épistémologie dans cette perspective. Et les orientations sociologiques actuelles fournissent des apports fructueux (par exemple, la vie des laboratoires, la circulation de la connaissance).

Pour les autres disciplines, l'emploi du mot « épistémologie » est ambigu. S'il y a une épistémologie de la linguistique, c'est le français écrit et oral qui est enseigné à l'école élémentaire et non la linguistique. Quel sens y a-t-il à parler d'épistémologie du français ? Bien sûr, on peut penser à l'étude critique des principes, des démarches de la discipline. Mais c'est plutôt alors de l'étude des fondements didactiques qu'il s'agit. Et dans ce cas, c'est la linguistique qui occupe vis-à-vis du français la place qu'occupait l'épistémologie vis-à-vis des sciences.

L'attitude épistémologique est d'abord critique ou historique. Elle peut être aussi « appliquée ». Par « épistémologie appliquée », on peut entendre la conception de nouveaux contenus d'enseignement scientifique comme la construction des concepts, la détermination de leur niveau de formulation, l'élucidation des problèmes, le choix des matériels et des démarches, etc. L'exigence épistémologique consiste à faire apparaître l'ensemble des possibles pour mettre en évidence une évolution des choix.

Au-delà, l'étude empirique de la possibilité d'enseigner et des difficultés d'apprentissage est ainsi évidemment nécessaire.

Jean-Louis Martinand

▸ Bibliographie

Chalmers A. F., *Qu'est-ce que la science ?* Paris, LGF, 1990.

Develay M., *Propos sur les sciences de l'éducation*, Issy-les-Moulineaux, ESF, 2004.

Fourez G., *La Construction des sciences : les logiques des inventions scientifiques*, Bruxelles, De Boeck, 2001.

Lecourt D., *La Philosophie des sciences*, Paris, PUF, coll. « Que sais-je ? », 2001.

Losee J., *A Historical Introduction to the Philosophy of Sciences*, Oxford, Oxford University Press, 1993.

Raisky C., Caillot M. (dir.), *Au-delà des didactiques, le didactique*, Bruxelles, De Boeck, 1996.

Ziman J., *Real Science – What it is, and What it Means*, Cambridge, Cambridge University Press, 2000.

▸ Voir aussi

Bachelard, Gaston – Biologie (Enseignement de la) – Didactique – Français (Enseignement du) – Mathématiques (Enseignement des) – Philosophie (Enseignement de la) – Physique et chimie (Enseignement de la) – Transposition didactique.

Équipes pédagogiques

Les enseignants sont recrutés par concours, exacerbation de la compétition interindividuelle. Ils sont nommés dans un établissement en fonction de critères qui leur sont personnels, et leur service est calculé en nombre d'heures qu'ils doivent passer, seuls, avec les élèves. Pourtant, l'article L.912-1 du code de l'éducation est péremptoire : « Les enseignants sont responsables de l'ensemble des activités scolaires des élèves. Ils travaillent au sein d'équipes pédagogiques : celles-ci sont constituées des enseignants ayant en charge les mêmes classes ou groupes d'élèves, ou exerçant dans le même champ disciplinaire, et des personnels spécialisés (...) dans les écoles. Les personnels d'éducation y sont associés. »

Se trouve ainsi établie la distinction entre l'équipe « pédagogique » (disciplinaire ou pluridisciplinaire) et l'équipe « éducative », qui intègre les personnels non enseignants (éducatifs, sociaux, de santé) qui interviennent auprès des élèves. L'une comme l'autre se constituent de manière différente dans le premier degré (où le maître polyvalent est responsable d'un groupe d'élèves) et dans le second degré (où chaque enseignant est responsable de sa discipline pour plusieurs groupes d'élèves). Dans ce dernier cas, le référentiel qui définit les missions de l'enseignant (circulaire n° 97-123 du 23 mai 1997) est clair : « Un professeur n'est pas seul. Au sein de la communauté scolaire, il est membre d'une ou plusieurs équipes éducatives. » Pour sa part, le rapport annexé à la loi d'orientation de 2005 évoque la nécessité du travail collégial des enseignants, en particulier dans le cadre des « équipes de réussite éducative » mises en place par la loi de programmation pour la cohésion sociale.

Un fonctionnement minimaliste

Pourtant, sur le terrain, malgré les injonctions réitérées et une évidence pédagogique et éducative certaine, le travail collégial des enseignants reste marginal. Les seules formes institutionnalisées effectivement mises en place sont le conseil des maîtres dans le premier degré (éventuellement le conseil de ZEP), le conseil de classe (par rapport auquel le professeur principal joue un rôle de coordonnateur), le conseil d'enseignement et, dans une certaine mesure, le nouveau « conseil pédagogique » dans le second degré. À y regarder de plus près, on s'aperçoit que les enseignants, faisant de nécessité vertu, fonctionnent en équipe lorsqu'il n'est pas possible de faire autrement : dans les situations d'innovation pédagogique, lorsqu'il est nécessaire de travailler ensemble pour définir et gérer un projet (y compris dans le cadre des activités de projet instituées tels que les itinéraires de découverte – IDD – les travaux personnels encadrés – TPE – les projets pluridisciplinaires à caractère professionnel – PPCP), ou en situation de crise, lorsqu'il est nécessaire de faire face, ensemble, à une menace (par exemple une manifestation de violence).

Pourquoi le bon sens pédagogique n'est-il pas la chose la mieux partagée ? Pourquoi les injonctions réitérées ne dépassent-elles pas le stade de l'incantation ? Consécutif à la grande consultation sur l'avenir de l'école, le rapport Thélot (« Pour la réussite des élèves ») donne indirectement la réponse en mettant en équation le développement du travail collégial des enseignants avec l'augmentation de leur temps de présence dans les établissements et sa prise en compte dans la rémunération. C'est poser les termes d'une aporie : la plupart des enseignants ne sont pas favorables à la première, et le ministère est hostile à la seconde.

Patrice Pelpel

▸ Bibliographie

Delaire G., Ordronneau H., *Enseigner en équipe*, Paris, Éditions d'Organisation, 1989.

Icem, *Les Équipes pédagogiques : caprice, épouvantail ou panacée ? Non ! Outil de rupture*, Paris, La Découverte, 1980.

Mahieu P., *Travailler en équipe*, Paris, Hachette Éducation, 1992.

Mucchielli R., *Le Travail en équipe : clés pour une meilleure efficacité collective*, Issy-les-Moulineaux, ESF, 2004.

Pelpel P., *Se former pour enseigner*, Paris, Dunod, 2002.

Perrenoud P., *Dix nouvelles compétences pour enseigner : invitation au voyage*, Issy-les-Moulineaux, ESF, 2004.

Thélot C. (dir.), *Pour la réussite des élèves*, Paris, La Documentation française, 2004.

▸ Voir aussi

Communauté éducative – Établissement (Projet d') – Pédagogie.

Équivalence

Le terme « équivalence » désigne la dispense du titre normalement requis pour accéder de plein droit à tel ou tel niveau d'études, ou encore à un concours d'entrée, à une profession réglementée ou à un emploi public ou privé.

L'objet de l'équivalence est d'établir des dispenses de scolarité et de diplômes antérieurs uniquement en vue de la poursuite des études dans le cycle suivant ou de l'accès à une profession. L'autorité compétente prend en considération à cet effet le cursus scolaire ou universitaire et le niveau d'études atteint par le candidat.

L'équivalence ainsi reconnue ne confère ni le diplôme, ni le titre visés par la dispense, ni par conséquent l'attribution de l'effet civil qui leur est attaché. C'est en quoi elle se distingue de l'*homologation* : cette procédure, qui n'est plus utilisée que de façon résiduelle, fondée sur une identité totale des programmes et des enseignements, concerne quelques diplômes délivrés par certains États étrangers francophones. Elle résulte d'un arrêté ministériel pris annuellement (le titulaire d'un diplôme homologué peut demander l'échange de son diplôme contre le diplôme français correspondant). Quant à la *validité de plein droit*, si elle est accordée selon la même procédure que l'homologation et comporte les mêmes effets sur le territoire français, elle s'en distingue dans la mesure où elle résulte d'accords bilatéraux et repose sur une identité seulement partielle avec le diplôme français correspondant (essentiellement le baccalauréat).

L'engagement bilatéral peut avoir été pris dans le cadre d'accords culturels : l'exemple en est fourni par l'accord franco-allemand par lequel le baccalauréat français et le certificat allemand sont admis en équivalence.

De la poursuite des études à l'attribution du diplôme

L'équivalence peut, dans son principe, résulter d'un texte législatif : ainsi l'article L. 335-9 du code de l'éducation établit l'équivalence entre diplômes des enseignements généraux et diplômes des enseignements technologiques et professionnels, en vue de l'accès aux emplois publics, de la poursuite des études ou de la participation à des tâches d'enseignement.

En règle générale, elle résulte de l'appréciation par les présidents d'université et directeurs d'établissement des titres et diplômes français ou étrangers présentés par les candidats, en vue de la poursuite d'études supérieures : accès au premier cycle (pouvant comporter des aménagements d'études permettant d'obtenir le diplôme d'études universitaires générales à l'issue d'une seule année), au deuxième cycle (dispense du DEUG en vue d'une inscription en licence, ainsi que la dispense de la licence en vue de la préparation de la maîtrise) ; ou encore accès au concours d'entrée dans l'établissement. Les possibilités ainsi ouvertes, fondées sur la notion de *dispense*, ont été amplifiées par le recours à celle de *validation*. En effet, en vue de favoriser l'égalité des chances, l'insertion et la mobilité professionnelles, le dispositif en vigueur permet à toute personne de demander la validation des acquis de son expérience (VAE), cette notion recouvrant l'ensemble des compétences professionnelles résultant de l'exercice d'une activité salariée, non salariée ou bénévole pendant au moins trois ans. La prise en compte de ces acquis permet au jury désigné à cette fin d'attribuer tout ou partie du diplôme ou du titre recherché. La validation des acquis produit les mêmes effets que les autres modes de contrôle des connaissances et aptitudes, qu'il s'agisse d'obtenir un diplôme ou un titre à finalité professionnelle (art. L. 335-5 du code de l'éducation), ou un diplôme ou titre délivré au nom de l'État par un établissement d'enseignement supérieur (art. L. 613-3 et L. 613-4). En cas de validation partielle, le jury se prononce sur la nature des connaissances et aptitudes devant faire l'objet d'un contrôle complémentaire.

Dans le même esprit, le jury d'un diplôme à finalité professionnelle peut dispenser un candidat, au vu des compétences professionnelles qu'il a acquises, des titres ou diplômes requis pour le préparer (art. L. 335-5, II). On parle alors de validation des acquis professionnels (VAP). Et toute personne peut également demander la validation des études supérieures qu'elle a accomplies, notamment à l'étranger (art. L. 613-3, second alinéa). Cette mesure renvoie implicitement au dispositif d'harmonisation européenne des diplômes : ainsi, un DES ou un DEA (dont le titulaire se voit conférer de plein droit le grade de master) peut être obtenu en faisant appel à la validation d'études ou de stages effectués dans un pays participant à la construction de l'espace européen de l'enseignement supérieur.

L'accès à une profession

En matière d'accès aux concours de recrutement, professions réglementées, emplois publics ou privés, il appartient aux administrations de recrutement ou de tutelle, et plus généralement aux employeurs, d'établir des équivalences de titres ou diplômes : celles-ci résultent de listes limitatives, fixées, le cas échéant, par arrêté ministériel (par exemple, pour l'accès au CAPES ou aux instituts régionaux d'administration). Elles peuvent aussi être accordées dans certains cas à la suite d'une appréciation individuelle, par une instance appropriée, du niveau d'études atteint ou de l'expérience professionnelle acquise. Pour l'accès aux professions réglementées (lesquelles incluent les carrières de l'enseignement), s'appliquent les directives européennes portant sur la reconnaissance mutuelle des titres ou diplômes délivrés par tout État membre. L'équivalence peut encore prendre la forme d'une dispense de certaines épreuves d'un concours de recrutement ou d'un examen d'accès à une formation professionnelle.

René Gérard

▶ **Voir aussi**
Diplôme – Grades universitaires.

Erreur

L'erreur est la manifestation d'un écart à une norme, quelle que soit l'origine de celle-ci. Toute erreur est donc « locale » et « localisée ». Ainsi, selon Bachelard, en science la vérité n'est toujours qu'erreur rectifiée.

Dans l'enseignement, il peut s'agir, selon le cas, d'une norme très générale définie par la discipline elle-même, comme *Le Bon Usage* de Grevisse, qui a longtemps défini la norme en français, ou d'une norme définie par l'enseignant dans sa classe et qui a ainsi un caractère souvent très personnel. Il s'agit donc d'un concept à relativiser selon le contexte dans lequel il est utilisé.

Traditionnellement, au concept d'« erreur » s'est longtemps trouvé attaché le concept de « faute » avec toutes les connotations qui l'accompagnent. Ainsi, certains manuels de pédagogie anciens recommandaient aux enseignants de ne jamais écrire au tableau une expression erronée qui pourrait être enregistrée par les élèves. Dans les conceptions actuelles de la pédagogie, le statut de l'erreur a été très profondément modifié. Elle a ainsi perdu son aspect de « faute » qui ne doit pas être montrée, au profit de la manifestation d'une connaissance – certes non conforme à celle qui était visée par l'enseignant, mais qui doit être prise en compte en tant que telle et dont il convient de rechercher l'origine pour la reconstruire correctement. L'identification aussi bien que la correction de l'erreur ne sont plus ainsi l'apanage du seul enseignant, mais aussi de l'élève en interaction avec le maître et avec les autres élèves.

Dans cette perspective, l'erreur n'est plus la manifestation d'une non-connaissance qu'il convient de corriger ou d'ignorer, mais celle d'une connaissance inadéquate sur laquelle la connaissance correcte peut être construite. Ainsi, une erreur classique des élèves de l'école élémentaire du type « 3,5 + 4,8 = 7,13 » peut être analysée comme la manifestation d'une règle que l'élève s'est construite par une extrapolation de la règle d'addition des nombres naturels et dans laquelle il considère les nombres décimaux comme des couples de naturels séparés par une virgule et donc justiciables des mêmes règles de calcul. Une reconstruction est alors nécessaire pour rétablir un fonctionnement correct, faute de quoi l'erreur observée, même si elle a été corrigée ponctuellement, a toutes les chances de reparaître lors d'un autre exercice.

En didactique, de nombreux travaux ont pris pour objet d'étude les erreurs des élèves. C'est ainsi que l'importance des représentations ou des conceptions des élèves dans les processus d'apprentissage a pu être mise en évidence dans de nombreuses disciplines. Dans cette optique, l'élève est considéré comme un sujet qui n'arrive pas à l'école dépourvu de toute connaissance de ce qui va lui être enseigné, mais qui, au contraire, possède déjà une certaine connaissance, en général très imparfaite, voire totalement erronée. L'enseignant la prendra en compte pour la faire évoluer vers la connaissance qui est en jeu dans le processus d'enseignement. Ainsi, des élèves de collège qui répondent que « la laine chauffe » manifestent une représentation du concept de chaleur assez éloignée de celle du physicien.

Dans la même perspective, la mise en évidence d'obstacles, qu'ils soient de nature épistémologique (liés à la discipline) ou didactique (liés à l'enseignement de la discipline), permet de mieux analyser les erreurs des élèves et donc d'y remédier. L'exemple évoqué précédemment sur l'addition des nombres décimaux peut être interprété comme la manifestation d'un obstacle didactique lié à l'introduction des nombres décimaux pratiquée à l'école élémentaire.

Le concept de « théorème en actes » qui caractérise une règle que l'élève s'est construite et qui fonctionne localement permet d'analyser certaines erreurs. Ainsi, les élèves de l'école élémentaire qui ont très longtemps travaillé sur les nombres naturels se donnent couramment une règle simple selon laquelle « la multiplication fait grandir ». Ce théorème en actes se manifeste dans de nombreuses situations et, s'il fonctionne bien dans le domaine des naturels, il devient très rapidement un générateur d'erreurs lorsque les élèves abordent les nombres décimaux pour lesquels il ne fonctionne plus.

Les problèmes liés au contrat permettent également d'expliquer certaines erreurs des élèves. Ainsi, la présentation systématique d'un carré reposant sur un de ses côtés explique le refus de certains élèves de reconnaître le même carré lorsqu'il est présenté reposant sur un de ses sommets ; il est alors identifié à un losange.

De nombreux exemples pourraient être donnés de ce type de travaux ; ils ont tous pour objet d'apporter une meilleure connaissance du fonctionnement cognitif de l'élève face à une situation-problème et donc de nous permettre de mieux analyser les démarches observées. Ces travaux prennent une importance considérable dans une perspective constructiviste de l'apprentissage, dans laquelle la résolution de problème joue un rôle central ; ils devraient connaître de nombreux développements dans les prochaines années.

Jacques Colomb

▸ Bibliographie

BACHELARD G., *La Formation de l'esprit scientifique : contribution à une psychanalyse de la connaissance,* Paris, Vrin, 1993.

BERDNAZ N., GARNIER C., *Construction des savoirs : obstacles et conflits,* Montréal, CIRADE, 1988.

COLOMB J. (dir.), *Le Statut de l'erreur dans l'enseignement en CM2 et en 6e,* Saint-Fons, INRP, 1987.

JOHSUA S., DUPIN J.-J., *Introduction à la didactique des sciences et des mathématiques,* Paris, PUF, 2003.

JONNAERT P., *Conflits de savoirs et didactique*, Bruxelles, De Boeck-Wesmael, 1988.

▸ Voir aussi

Contrat didactique – Didactique – Évaluation – Objectif-obstacle – Situation-problème.

ÉTABLISSEMENT (CHEF D')

« Les collèges, les lycées et les établissements d'éducation spéciale sont dirigés par un *chef d'établissement* nommé par le ministre de l'Éducation nationale », précise le *Bulletin officiel* (1985). Les deux termes méritent d'être interrogés. À quelle réalité peut renvoyer le mot « chef » dans un monde où la hiérarchie n'a pas bonne presse et où le professeur est seul maître à bord dans sa classe avec ses élèves pour enseigner sa discipline ? Le mot « établissement » a-t-il un sens si, dans cette perspective, on le réduit à une juxtaposition de classes ?

L'histoire nous aide à poser d'autres questions. Alors que le « principal » est d'abord un pédagogue, Napoléon préfère le mot de « proviseur » (de *providere* : pourvoir à) pour désigner celui qui dirigera le lycée impérial. Mais à la fin de son règne, la réalité est plurielle : l'objectif d'un lycée par département est loin d'être atteint alors qu'existent des centaines de collèges en prise directe avec leurs communes. Le chef d'établissement est-il le premier des pédagogues ou un « administratif » ? Comment se situe-t-il dans le jeu du national et du local ? Ces interrogations sont toujours d'actualité.

Les textes consacrés à la décentralisation et notamment le décret de 1985 transforment les lycées et les collèges en établissements publics locaux d'enseignement (EPLE). L'établissement n'est plus défini comme une simple unité administrative ; il devient l'unité pertinente de traitement des problèmes scolaires, il dispose de marges de manœuvre et de zones d'initiative dans les domaines administratif, financier et pédagogique. Le développement de l'autonomie de l'établissement nécessite un nouveau chef d'établissement.

Dans cette perspective, une véritable professionnalisation de la fonction se met en place, avec la création au ministère de la direction des personnels d'inspection et de direction (DPID), aujourd'hui appelée Direction de l'encadrement (et non des personnels d'encadrement), l'élaboration d'un statut des personnels de direction, le passage d'un recrutement par liste d'aptitude à un recrutement par concours, l'allongement de la durée de la formation des personnels concernés, la transformation de l'inspection générale Vie scolaire en inspection Établissements et vie scolaire, la création d'une École supérieure de l'Éducation nationale (ESEN), le lancement d'une procédure de lettre de mission en vue d'une évaluation des chefs et des adjoints.

Les champs d'activité

Un référentiel des personnels de direction publié dans le *Bulletin officiel* définit les domaines d'activités du chef d'établissement. En voici les principaux éléments :

• Conduire une politique pédagogique et éducative d'établissement au service de la réussite des élèves, en y associant l'ensemble des membres de la communauté éducative :
– conduire l'élaboration, la formalisation et le suivi du projet d'établissement ;
– assurer l'organisation pédagogique ;
– réguler et harmoniser les modalités et le rythme d'évaluation des apprentissages des élèves ;
– conduire une politique d'orientation ;
– conduire une politique éducative ;
– établir, organiser et maintenir le dialogue avec les parents des élèves.

• Conduire et animer la gestion de l'ensemble des ressources humaines :
– définir les principes d'organisation des services de l'ensemble des personnels ;
– utiliser au mieux le potentiel de remplacement à disposition de l'établissement ;
– organiser la communication interne à l'établissement ;
– organiser et maintenir le dialogue avec les représentants des personnels de l'établissement.

• Assurer les liens avec l'environnement :
– participer à des réseaux d'établissements ;
– assurer, avec le gestionnaire, les relations indispensables avec la collectivité territoriale de rattachement ;
– organiser et maintenir le dialogue avec les associations de parents d'élèves, les acteurs de l'économie locale, les autres administrations de l'État, etc.

• Administrer l'établissement :
– fixer des objectifs, déléguer des domaines d'activités à ses collaborateurs ;
– conduire l'élaboration du budget ;
– assurer l'ordre et la sécurité ;
– conduire l'élaboration, la rédaction et l'actualisation du règlement intérieur ;
– présider (notamment le conseil d'administration) ;

– utiliser les outils pertinents pour analyser le fonctionnement de l'établissement et en rendre compte.

Cette mise en forme d'ordre technique était nécessaire. Elle ne doit pas nous faire oublier que l'EPLE est, à sa façon, une petite cité dont l'instance principale est un conseil d'administration qui se prononce, notamment, sur le projet d'établissement, le règlement intérieur et le budget, et où le chef d'établissement joue un rôle de plus en plus important. Il est tantôt le représentant de l'État, tantôt celui de l'EPLE. Quelle que soit la typologie à laquelle on se réfère, le « coefficient personnel » du chef d'établissement joue un rôle déterminant dans le fonctionnement de l'EPLE, par exemple dans ses relations avec les différents acteurs et dans ses capacités à mobiliser autour du projet d'établissement. La profession de chef d'établissement est devenue une profession de « matière grise ». Le chef d'établissement doit opérer un diagnostic de l'EPLE, définir des objectifs, gérer des ressources, travailler avec des partenaires, etc. Il est un élément décisif dans un EPLE pris entre différents dilemmes : la continuité et l'innovation, la nécessité d'ouvrir l'établissement et celle de le protéger, l'obligation de démocratiser l'accès aux études et celle de sélectionner des élites.

Une profession en évolution

Si le chef d'établissement relève des statuts des personnels de direction, c'est aussi le cas du proviseur-adjoint et du principal-adjoint (avec le gestionnaire, ils constituent l'équipe de direction). Les lauréats du concours sont désormais des adjoints dans leur premier poste et leur carrière doit les conduire à un poste de chef d'établissement (proviseur de lycée ou de lycée professionnel ou principal). Leur formation dure deux ans et s'inscrit sous le signe de l'alternance. Cette évolution a développé la réflexion sur une situation que les textes officiels ne précisent guère. La généralisation de lettres de mission aux adjoints devra s'accompagner d'une mise en œuvre plus explicite et plus formatrice du jeu des délégations.

Dans les années à venir, le rôle du chef d'établissement sera majeur pour inscrire l'EPLE dans la complexification du système éducatif, entre les trois éléments suivants :
– la déconcentration qui accentue le rôle du recteur ;
– la décentralisation territoriale qui donne un pouvoir accru aux collectivités territoriales (conseil régional et conseil général) ;
– la décentralisation fonctionnelle qui voit se développer l'autonomie de l'établissement.

Par des démarches de globalisation, de projet, de contractualisation et d'évaluation, la mise en œuvre de la loi organique relative aux lois de finances (LOLF) sera une révolution culturelle pour l'EPLE et les personnels de direction puisqu'elle les fera passer d'une culture de l'obligation de moyens à celle de l'obligation de résultats et, en tout cas, du pilotage par les résultats.

Dans cette démarche, le chef d'établissement vivra la tension entre la fonction d'encadrement, qui exige qu'il dise la loi et la règle et la fonction de pilotage. Dans le local, cette dernière lui permet de naviguer en tenant compte des contraintes et des ressources pour atteindre les objectifs du projet d'établissement définis en référence à des cadres académiques et nationaux.

C'est dans ce contexte que le chef d'établissement devra situer l'EPLE dans une nouvelle unité territoriale, le plus souvent appelée bassin, présentée comme le territoire de la continuité éducative, c'est-à-dire celui dans lequel l'immense majorité des élèves poursuit sa scolarité, de la maternelle au baccalauréat voire au-delà.

Liaisons entre l'école et le collège, le collège et le lycée, le lycée et l'enseignement supérieur, propositions pour la carte des formations dans les enseignements professionnel et technologique mais également dans le domaine des langues, mutualisations des expérimentations, formation des personnels, les thèmes ne manquent pas pour un nouvel espace d'animation et de réflexion pédagogiques.

Une comparaison avec la situation des chefs d'établissement hors de nos frontières permet de prendre en compte la spécificité des situations : en Grande-Bretagne, il est très lié au local et doit chercher l'argent nécessaire au bon fonctionnement de l'établissement ; en Espagne, il est élu et ne se considère pas comme un administratif ; au Luxembourg, il assure le contrôle des enseignants.

En France, vraisemblablement, l'évolution du système scolaire donnera à l'établissement une autonomie plus grande. La professionnalité des personnels de direction évoluera donc, en liaison avec les transformations de la professionnalité des enseignants, autour de l'acte pédagogique et des notions de pilotage pédagogique ou de pilotage partagé avec les corps d'inspection. En outre, le développement de l'établissement ainsi que la multiplication et la complexification de ses relations avec ses divers environnements iront de pair. À nouveau, dans cette transformation, le chef d'établissement sera un acteur-clef du changement.

Alain Picquenot

▸ Bibliographie

BOISSINOT M.-M., *Pilotage pédagogique et autonomie des établissements*, Clermont-Ferrand, CRDP, 2003.

COLLECTIF, « Les Chefs d'établissement », *Éducation et formations*, n° 49, 1997.

FOUQUE J., *Diriger un établissement scolaire : l'exigence du possible*, Paris, Hachette, 2004.

GRELLIER Y., *L'Adjoint au chef d'établissement scolaire*, Orléans, CRDP, 2003.

LEFEBVRE E., MALLET D., VANDEVOORDE P., *Collège et lycée publics : le chef d'établissement dans l'institution,* Paris, Berger-Levrault, 2005.

MAMOU G., « Pour un chef d'établissement, qu'est-ce qu'être responsable ? », *in* Picquenot A. (dir.), *Responsabilités, vers une thématique, vers une problématique*, Dijon, CRDP, 2004, p. 65-88.

Ministère de l'Éducation nationale, décret n° 85-924 du 30 août 1985, « Établissements publics locaux d'enseignement », modifié par le décret n° 90-978 du 31 octobre 1990, section II, « Le chef d'établissement », *BOEN*, n° 30, 5 septembre 1985.

Ministère de l'Éducation nationale, « Protocole d'accord relatif aux personnels de direction », *BOEN* spécial, n° 1, 3 janvier 2002.

PELAGE A., « Des chefs d'établissement pédagogues ? », *Société française*, 10 (60), 1998, p. 4-13.

▸ Voir aussi

Établissement (Projet d') – Établissement scolaire – LOLF (appliquée à l'éducation) – Orientation – Partenariat – Proviseur – Vie scolaire.

ÉTABLISSEMENT (PROJET D')

Le terme de « projet » est utilisé en pédagogie depuis la première moitié du XXe siècle, mais il faut attendre la fin des années 1970 pour qu'il se banalise en France : les projets d'activités éducatives (PACTE) sont institués par Christian Beullac en 1979, puis relayés par les projets d'action éducative (PAE) créés par Alain Savary en 1981. La notion de projet d'établissement apparaît, quant à elle, en 1982 dans le rapport ministériel que Luc Soubré consacre à « la décentralisation et [à] la démocratisation des institutions scolaires ». La finalité politique de cette réforme y est fortement affirmée : « Il faut accroître, écrit le rapporteur, l'espace de liberté des secteurs d'activités laissés à la décision des instances élues des collèges et lycées. Ce qu'on peut résumer en une question simple : à pouvoirs locaux forts, établissements forts. » Décentralisation et déconcentration doivent donc aller de pair, et le projet d'établissement être l'instrument de cet équilibre.

La mise en œuvre de cette politique commence avec la « rénovation des collèges » à la rentrée scolaire de 1984. Dès septembre 1983, un collège sur dix environ se porte volontaire pour bénéficier d'une formation visant à l'aider à élaborer un projet pour la rentrée suivante. Par la suite, chaque année, 10 à 15 % des collèges entreront ainsi « en rénovation », en s'efforçant de trouver par eux-mêmes, à travers l'élaboration d'un projet, les méthodes les mieux adaptées à la prise en charge de la diversité de leurs élèves. Car si le contexte politique – celui de la décentralisation – a été rappelé, le contexte pédagogique mérite également d'être évoqué : c'est celui des débuts du « collège unique », né de la suppression et de l'intégration, par René Haby en 1975-1977, des quatre filières des collèges d'enseignement général (CEG) et d'enseignement secondaire (CES), eux-mêmes créés par Christian Fouchet en 1963-1965 ; pour les professeurs, c'est la découverte de la difficulté d'enseigner dans des « classes hétérogènes ». Enfin, pour être complet, on ne peut omettre de rappeler que l'émergence des projets d'établissement est contemporaine de la tentative gouvernementale, entre 1981 et 1984, de rapprocher de l'enseignement public un enseignement privé marqué notamment par le « caractère propre » et l'autonomie plus importante de ses établissements.

Après une période d'hésitation avec le ministère de Jean-Pierre Chevènement, puis d'indifférence avec celui de René Monory, la dynamique des projets d'établissement est relancée d'abord par Robert Chapuis, qui l'étend à l'enseignement technique, puis par Lionel Jospin. En 1989, la loi d'orientation sur l'enseignement rend les projets d'établissement obligatoires pour tous les collèges, les lycées et les lycées professionnels (article 18). Le décret du 31 octobre 1990 sur les établissements publics locaux d'enseignement (EPLE) précise que le projet d'établissement a pour fonction d'assurer la cohérence des différentes activités de l'établissement. Une circulaire du 17 mai 1990 insiste sur la démarche d'élaboration et de mise en œuvre, qui doit associer non seulement les enseignants mais également les autres personnels, les élèves, les familles, les partenaires socio-économiques et les élus locaux. Enfin, après la parenthèse du ministère de François Bayrou, dont l'hostilité à des projets soupçonnés de renforcer le pouvoir administratif au détriment de la liberté pédagogique ne s'est jamais démentie, Claude Allègre a relancé la dynamique des projets d'établissement en prenant l'initiative, par la circulaire du 29 décembre 1998, d'une contractualisation des établissements scolaires, sur le modèle des contrats passés entre l'État et les universités.

Réalité et attentes

Souvent conçus au départ comme des programmes d'actions nouvelles venant s'ajouter à un enseignement inchangé, les projets d'établissement tendent aujourd'hui à planifier et à programmer sur une période moyenne de trois à cinq ans la politique des établissements scolaires. Ces projets concernent bien entendu en premier lieu les domaines qui relèvent de la responsabilité propre des établissements publics selon le décret du 30 août 1985 modifié : la répartition des élèves en classes et en groupes, l'utilisation des moyens d'enseignement, l'organisation du temps et de la vie scolaire, l'orientation et l'insertion professionnelle des élèves, la formation continue des jeunes et des adultes, l'ouverture de l'établissement sur son environnement local, des sujets d'études complémentaires aux programmes nationaux, enfin l'action éducative. Mais en second lieu, ils embrassent également des domaines qui relèvent en principe de l'autorité centrale, notamment les contenus d'enseignement, par le biais des moyens et des méthodes jugés les plus appropriés à la mise en œuvre des normes pédagogiques nationales. Mais, selon les observations de l'Inspection générale, ces projets ont en général du mal à ne pas se limiter à la vie scolaire, aux structures pédagogiques et aux actions complémentaires à l'enseignement, et à toucher également le cœur des enseignements disciplinaires.

Le succès relatif de cette politique n'est pas dépourvu d'une certaine ambiguïté. Pour ses défenseurs du « terrain », il s'agit de gagner en « autonomie », c'est-à-dire en liberté et en efficacité pédagogiques, tout en garantissant par contrat les moyens délégués. Pour ses promoteurs ministériels, l'enjeu est de mieux « piloter » le système, de le rendre plus efficient et réactif aux initiatives nationales, en privilégiant un management par les objectifs, les projets et les résultats plutôt que par les procédures et les moyens. En définitive, la réforme semble recueillir une large approbation des enseignants : près de 70 % des professeurs la jugent « bonne » ou « très bonne », selon une enquête du journal *Le Monde* de janvier 1992. Cependant elle suscite encore les réserves de certains commentateurs, qui observent parfois sans indulgence le développement de ces démarches.

Débats et perspectives

Depuis son origine, cette réforme a suscité une série de réserves, de débats et de controverses. Pour certains, il s'est agi d'une technique managériale surtout préoccupée d'efficacité et de rendement. Pour d'autres, la notion de projet est imprégnée d'idéalisme chrétien : son développement dans l'enseignement public traduit la volonté de rapprocher les établissements publics des méthodes de l'enseignement privé. Enfin, pour d'autres, les projets d'établissement incarnent l'abandon de l'égalité républicaine et livrent l'école aux rapports de force locaux, préparant ainsi la « marchandisation » du système éducatif. Malgré ces critiques, l'intégration de la réforme aux mentalités a semblé suivre son chemin.

Depuis 1999, la politique des projets d'établissement a été relancée avec l'ambition plus vaste de transformer le pilotage global de l'Éducation nationale en promouvant à tous les niveaux le management par objectifs et résultats. Concurremment à cette relance, on a donc vu se développer les indicateurs et les outils de pilotage à destination des établissements et des académies, ainsi que la contractualisation des académies. À partir de 2005, les transformations induites par la loi organique sur les lois de finances (LOLF) participent de la même philosophie gestionnaire, visant à articuler plus étroitement, dans les diverses unités administratives, la dévolution des moyens à l'efficacité de leur utilisation. Mais une interrogation demeure : cette orientation technocratique ne se fait-elle pas au détriment d'une conception qui voyait d'abord dans la démarche de projet, en associant davantage les professeurs, les parents et les élèves à la définition et à la mise en œuvre des politiques éducatives, un moyen de développer la démocratie dans l'école ?

Jean-Pierre Obin

▸ Bibliographie

Leclercq J.-M. (coord.), « Le Projet d'établissement : mythe ou réalité ? », *Politiques d'éducation et de formation : analyses et comparaisons internationales*, n° 1, 2001.

Obin J.-P., *La Crise de l'organisation scolaire : de la centralisation bureaucratique au pilotage par objectifs et projets*, Paris, Hachette, coll. « Former, organiser pour enseigner », 1993.

Obin J.-P., « Le Projet d'établissement, mythe et réalité », *Politiques d'éducation et de formation, analyses et comparaisons internationales*, n° 1, Paris, 2001.

Obin J.-P., Cros F., *Le Projet d'établissement,* Paris, Hachette, coll. « Pédagogies pour demain », 1991.

Rich J., *Du projet d'école aux projets d'école : contribution à l'histoire des transformations de l'enseignement élémentaire*, Bordeaux, PUB, 2002.

▸ Voir aussi

Collège – Décentralisation – Déconcentration – Établissement scolaire – Lycée – Parents d'élèves – Partenariat – Projet – Vie scolaire – Zone d'éducation prioritaire (ZEP).

Établissement scolaire

Un accent très fort est mis, en France, depuis 1982, sur l'autonomie des établissements.

Il s'agit à la fois d'une vraie et d'une fausse nouveauté. Jusqu'au début de la Ve République, l'enseignement secondaire était assuré par un réseau d'établissements, qui avaient chacun leur personnalité. Certes, des voix, comme celle du philosophe Théodule Ribot en 1900, se faisaient entendre pour dénoncer les excès de la centralisation et les contraintes des programmes dans les lycées, mais la diversité était incontestable : diversité des statuts des établissements, à laquelle correspondait une diversité des programmes et de la formation des maîtres ; diversité des liens avec l'environnement, qui étaient forts, par exemple dans l'enseignement primaire supérieur (Briand-Chapoulie, 1992) ; « esprit maison » entretenu par les associations d'anciens élèves et leurs différents rites de célébration, etc.

Retour à l'autonomie et au local

La mise en système de ce réseau d'établissements ne date que des débuts de la Ve République (Prost, 1986). À cette époque, la conviction commune était que la rationalité économique, comme la justice sociale, exigeaient une standardisation de l'offre d'éducation. Cette politique, surtout sensible au niveau du collège, aboutit à la loi de modernisation du système éducatif de 1975, dite réforme Haby. Celle-ci en constitue à la fois le point culminant et le point de rupture. Très vite, il apparut que la standardisation, loin de mettre en ordre le système, accroissait son désordre et surtout le rendait plus visible. Le courant d'idées s'inversa. Il ne semble plus que la rationalité ou la justice soit de donner la même chose à tout le monde, mais de laisser une certaine autonomie aux instances locales, pour leur permettre d'adapter leur offre à des besoins qui ne sont pas partout semblables. Cette politique commença dès 1978 avec la création des projets d'action éducative (PAE), correspondant à une initiative locale, et pour lesquels les établissements reçurent des subventions spécifiques. Elle trouva son véritable instrument en 1982, avec l'idée de projet d'établissement. Proposée aux collèges en rénovation en 1982, cette démarche fut progressivement étendue à l'ensemble des établissements, et la loi d'orientation de 1989 en fait le nouveau pivot de la gestion du système éducatif. Tous les établissements (écoles, collèges ou lycées) doivent avoir un projet. En même temps, la loi de décentralisation, votée en 1982, amena un changement du statut des établissements secondaires. Ils devinrent, en 1985, des établissements publics locaux d'enseignement (EPLE), sur lesquels les collectivités territoriales ont un certain droit de regard.

Cette politique constitue, sous certains aspects, un retour à l'état du système éducatif qui avait précédé sa standardisation : reconnaissance de l'identité des établissements, recherche du contact avec les collectivités territoriales.

Elle en diffère cependant sur bien des points. Le projet d'établissement ne constitue pas seulement une reconnaissance de l'identité des établissements. C'est, en principe, un outil pour maîtriser leurs différences, dans le cadre d'une politique contractuelle. En cela, il s'inscrit dans un mouvement beaucoup plus général, qui ne concerne pas seulement l'éducation et qui ne se limite pas à la France. Le lien social s'est distendu et les citoyens ne retrouvent pas leurs préoccupations quotidiennes dans les débats qui agitent les sommets de l'État. D'où un désinvestissement dont souffre le fonctionnement des institutions et, à terme, le principe démocratique lui-même. Pour enrayer ce mouvement, l'idée est de créer des unités, suffisamment proches pour que les personnes s'y investissent, mais chargées d'une mission suffisamment générale pour que le lien social se renoue. On est, dans cette conception, assez loin du fonctionnement en réseau d'établissements hérité de la IIIe République.

Cette interprétation n'est cependant pas la seule possible et il en est d'autres, moins optimistes sur le plan civique. Il est sûr, en particulier, que l'autonomie des établissements réintroduit le marché dans la régulation du système éducatif. Si chaque établissement est différent, on ne voit pas de quel droit l'État pourrait imposer à une famille un établissement dont le projet ne lui convient pas (Ballion, 1991). Cette liberté est naturellement facteur d'inégalités et pourrait, à terme, substituer à l'actuel service public une sorte de marché des formations, gouverné par les demandes des familles et les besoins des entreprises.

Une nouvelle régulation au service de l'efficacité et de la justice ?

La régulation de ce système repose sur sa capacité d'évaluation, mais celle-ci est complexe. L'évaluation traditionnelle à partir de critères standardisés ne suffit pas. Elle suppose en effet que la définition de la justice et de l'efficacité soit la même partout et que les différences entre les établissements ne soient que quantitatives. Ce cadre n'est pas suffisant dans une période où le principe est de s'appuyer sur les différences qualitatives entre les établissements pour atteindre les objectifs nationaux (Cousin, 1998). Il faudrait donc une évaluation qui connaisse les hétérogénéités des situations locales, mais maîtrise en même temps les opérations de mise en équivalence permettant de passer du local à des totalisations nationales. Une telle évaluation, pour le moment, reste un objet de recherches.

Il n'en demeure pas moins qu'une nouvelle forme de gestion émerge, où les cadres nationaux perdent progressivement de leur importance et où l'établissement scolaire devient le lieu principal de mise en cohérence des ressources et de construction des identités. Cette évolution intègre bien sûr les établissements à des réseaux de gouvernance locale. Elle permet aussi à certains de s'insérer dans des réseaux d'échanges internationaux.

Cette évolution politique a beaucoup stimulé la recherche. En France, le fonctionnement des établissements avait été assez peu étudié jusqu'au début des années 1980. Les études se sont multipliées depuis et ont accru de façon décisive la connaissance que le monde scolaire peut avoir de son fonctionnement. Elles sont parties d'une problématique importée des États-Unis, celle de l'« effet établissement » : par rapport aux régularités constatées au niveau national, certains établissements présentent des caractéristiques surprenantes. Un collège à recrutement très populaire peut par exemple orienter beaucoup de ses élèves dans des filières longues alors qu'un établissement plus bourgeois sera plus sélectif. La recherche n'a pu se limiter à cette confrontation de l'*input* (flux des élèves entrant dans le système) et de l'*output* (flux des élèves sortant). Elle a remonté très vite vers l'investigation des complexités du fonctionnement. Ces études sont actuellement en plein développement et mettent en évidence la pluralité des logiques auxquelles obéit un établissement : unité administrative, communauté scolaire, petite entreprise efficace, service qui doit convaincre les consommateurs, etc. C'est sans doute dans l'analyse de cette pluralité et des combinaisons multiples qu'elle peut générer que réside la solution au problème fondamental qui a été évoqué plus haut : l'autonomie des établissements accroît-elle l'efficacité et la justice du service public d'éducation, ou le fait-elle, au contraire, dériver vers un marché où se creusent les inégalités (Derouet, 2002 ; van Zanten, 2003) ?

Jean-Louis Derouet

▸ Bibliographie

BRIAND J.-P., CHAPOULIE J.-M., *Les Collèges du peuple,* Saint-Fons/Paris, INRP/CNRS, 1992.

BALLION R., *La Bonne École : évaluation et choix du collège et du lycée,* Paris, Hatier, 1991.

COUSIN O., *L'Efficacité des collèges : sociologie de l'effet établissement*, Paris, PUF, coll. « Éducation et formation », 1998.

DEROUET J.-L. (dir.), *Le Collège unique en questions*, Paris, PUF, 2003.

DEROUET J.-L., *L'École dans plusieurs mondes,* Bruxelles, De Boeck, 2002.

DEROUET J.-L., « Une sociologie des établissements scolaires. Les difficultés de construction d'un nouvel objet scientifique », *Revue française de pédagogie,* n° 78, 1987, rééd. *Sociologie de l'éducation. Dix ans de recherche,* Saint-Fons/Paris, INRP/L'Harmattan, 1991.

PROST A., *Éloge des pédagogues*, Paris, Le Seuil, 1986, rééd., 1990.

VAN ZANTEN A., *L'École de la périphérie : scolarité et ségrégation en banlieue,* Paris, PUF, coll. « Le lien social », 2001.

▸ Voir aussi

Autonomie – Collège – Développement éducatif local – École – Établissement (Chef d') – Établissement (Projet d') – Relation Famille/École – Réseau d'établissements – Rites de passage – Système éducatif.

Étudiant

On appelle « étudiant » toute personne inscrite dans un établissement d'enseignement supérieur ou dans un lycée en formation post-baccalauréat et poursuivant des études en vue de l'acquisition d'un diplôme (critère différenciant l'étudiant de l'auditeur libre).

En matière d'effectif, l'enseignement supérieur a connu une croissance soutenue durant les années 1990. L'effectif total des étudiants inscrits passe de 1,4 million en 1988-1989 à plus de 2 millions en 2002-2003, dont environ 1,6 million inscrits dans les universités. La tendance actuelle, résultant du déclin démographique, est à un tassement des effectifs.

La notion d'étudiant

Juridiquement, l'étudiant est placé dans une situation statutaire et réglementaire d'usager du service public de l'enseignement supérieur (loi du 26 janvier 1984). Celle-ci n'entre pas dans un statut unique, mais obéit à des règles différenciées (régimes des études, de l'inscription au contrôle des connaissances, des bourses, des œuvres universitaires, du contrôle médical, etc.).

Sociologiquement, peut-on définir une « identité étudiante » ? Olivier Galland voit « se dessiner deux modèles identitaires étudiants, l'un où les références sont essentiellement parentales (les héritiers), l'autre où elles sont plus liées au groupe des pairs ou à un autre groupe de référence dans la définition duquel le cadre universitaire, notamment par le biais des enseignants, peut jouer un rôle important ». De fait, des différences existent dans les conditions d'études suivant les filières suivies. Le taux d'encadrement moyen, se situant aux alentours de 18 étudiants pour un enseignant à la rentrée 2004, masque des écarts allant de un enseignant pour 9 étudiants en sciences à un enseignant pour 45 étudiants en droit (Fave-Bonnet, 1997).

Les droits des étudiants

Le champ des droits attachés à la qualité d'usager du service public de l'enseignement supérieur tend à s'élargir. La réforme du premier cycle des études supérieures opérée par un arrêté ministériel du 26 mai 1992 a, sur ce point, en premier lieu renforcé le droit à l'orientation des étudiants. Deux obligations en résultent pour les universités : l'une porte sur l'organisation pour les nouveaux étudiants d'une période d'accueil et d'information ; l'autre réside dans l'aménagement à l'intérieur de la première année de DEUG d'une période initiale d'orientation assortie de possibilités de réorientations à son terme vers d'autres cursus d'études universitaires (voire extra-universitaires), rendu possible grâce à la mise en place d'un enseignement par modules. Reprenant cette réforme en l'étendant à l'ensemble des filières universitaires accessibles aux bacheliers sans sélection à l'entrée, l'arrêté ministériel du 9 avril 1997 a en outre institué un droit à l'évaluation des enseignements et de la formation, se traduisant notamment par une « appréciation des étudiants sur les éléments pédagogiques de l'enseignement » qui leur a été délivré (article 23 de l'arrêté).

Poursuivant des objectifs louables, cette réforme, ainsi que le processus de passage au LMD intervenu depuis les années 2000, ont toutefois connu un effet pervers, ayant accru le poids des contrôles pédagogiques.

L'étudiant jouit également de droits sociaux. S'il ne dispose pas de droits professionnels, en ce sens que la poursuite d'études ne s'entend pas comme un métier, l'étudiant bénéficie toutefois de certains droits comparables à ceux d'un salarié.

Apparu dès la fin du XIXe siècle, le mouvement associatif étudiant a donné naissance à une forme particulière de syndicalisme. Unifié à ses origines, le syndicalisme étudiant est éclaté depuis la fin des années 1950. À côté de sa mission de revendication, il joue également une fonction de représentation des étudiants dans les instances statutaires des universités et des grands établissements, ainsi qu'aux conseils d'administration du Centre national et des centres régionaux des œuvres universitaires et scolaires.

En outre, des formes de statut professionnel ou quasi professionnel ont été reconnues, consacrant des paliers intermédiaires entre la situation d'enseignant et celle d'étudiant « novice » (attachés temporaires vacataires, allocataires de recherche-moniteurs). La formule du « tutorat d'accompagnement méthodologique et pédagogique », introduite en 1992, est originale. Un appui est ainsi fourni à des étudiants de première année du premier cycle par quelques-uns de leurs aînés de deuxième ou troisième cycle, placés sous la responsabilité pédagogique des enseignants et des enseignants-chercheurs, percevant une gratification sous forme de bourse de stage. Ce procédé s'inspire de la formule de l'« enseignement mutuel », qui n'est pas dans la tradition française. Ce mode pédagogique consiste dans l'organisation d'un enseignement destiné à des élèves regroupés dans des classes de niveaux homogènes, dans le cadre duquel l'action du maître est « démultipliée » par quelques élèves avancés reproduisant la leçon du maître auprès des autres élèves (Lelièvre, 1991). Le tutorat d'accompagnement s'exerce suivant différentes formes (aide au travail personnel de l'étudiant, aide au travail documentaire, etc.) et a un rôle complémentaire et non supplétif par rapport aux fonctions exercées par les enseignants qualifiés. Il reste que le bilan du tutorat à l'université est mitigé. Réservé aux étudiants de première année de premier cycle sur la base du volontariat, il ne bénéficie pas à tous ceux qui, placés en situation d'échec ou de difficultés particulières, en auraient le plus besoin.

Jacques Fialaire

▶ **Bibliographie**

Devaquet A., *L'Amibe et l'étudiant : université et recherche, l'état d'urgence*, Paris, Odile Jacob, 1988.

Erlich V., *Les Nouveaux Étudiants : un groupe social en mutation*, Paris, Armand Colin, 1998.

Fave-Bonnet M.-F., « Les Mutations de l'université », *Sciences humaines*, mars 1997.

Fischer D., *L'Histoire des étudiants en France de 1945 à nos jours*, Paris, Flammarion, 2000.

Galland O. (dir.), *Le Monde des étudiants*, Paris, PUF, coll. « Sociologies », 1995.

Galland O., Oberti M., *Les Étudiants*, Paris, La Découverte, coll. « Repères », 1996.

Gruel L., *La Rébellion de 68 : une relecture sociologique*, Rennes, PUR, coll. « Le sens social », 2004.

Lelièvre C., *Histoire des institutions scolaires (1789-1989)*, Paris, Nathan, coll. « Repères pédagogiques », 1991.

Molinari J.-P., *Les Étudiants*, Paris, Éd. de l'Atelier, 1992.

▶ **Voir aussi**

Aide sociale aux étudiants – Baccalauréat – Diplôme – Examen – Grades universitaires – Université.

Évaluation

Selon De Ketele et Roegiers (1991), évaluer signifie « confronter un ensemble d'informations à un ensemble de critères, en vue de prendre une décision ».

Une démarche plurielle

L'idée d'évaluer le fonctionnement d'une institution ou le résultat d'une pratique est d'origine anglo-saxonne. Elle implique en effet une approche concrète et pragmatique des problèmes, alors que l'approche latine, plus rationaliste, fait davantage confiance au raisonnement pour guider la pratique. Elle se situe dans un contexte *politique* (au sens large), où une décision est à prendre, plutôt que dans un cadre *scientifique*, où un savoir est à valider. Il s'agit de déterminer quelle décision est préférable, ce qui implique l'existence d'échelles d'utilité subjectives. La démarche évaluative ne se ramène donc pas à la démarche scientifique, bien qu'elle s'appuie sur elle.

Ce serait plutôt l'analyse de système qui constituerait le cadre le plus approprié pour comparer diverses méthodes d'évaluation. Un système a, en effet, toujours un objectif à atteindre et prend des informations en retour (*feedback*) sur sa performance ; l'écart observé entre le résultat obtenu et le résultat visé détermine des démarches correctives ; la boucle de régulation repose ainsi sur un *feed-back* évaluatif. Si le système est fermé, (comme pour un thermostat), l'évaluation constitue un « contrôle », alors que si le système est ouvert, sensible à des facteurs imprévus au départ, et notamment aux répercussions de la prise de conscience de la situation par les intéressés, il s'agit d'une « évaluation » au sens restreint qu'Ardoino (1976) donne à ce terme, en l'opposant au contrôle.

Même si l'on accepte l'hypothèse d'un système ouvert, il reste encore bien des façons de concevoir la démarche évaluative, selon le type de connaissance sur lequel on se fonde (épistémologie) et la perspective temporelle que l'on choisit (finalité).

Si l'on considère que la connaissance des résultats à laquelle parvient l'évaluateur en fait le garant d'un jugement impartial (parce que ses méthodes d'observation lui permettent d'atteindre une réalité objective, commune à tous les temps et tous les lieux), l'évaluation sera *externe.* Si au contraire on envisage que seule une auto-évaluation des résultats par les intéressés permet de comparer les intentions des acteurs aux effets qu'ils ont obtenus et de corriger leur démarche subjective de façon raisonnée, on choisira une évaluation *interne.* Si enfin on juge possible de parvenir à un accord intersubjectif des acteurs sur certaines conclusions communes, on pourra rechercher une évaluation *négociée.*

De même, l'évaluation peut être *prédictive* si elle a pour but d'estimer l'effet probable des différentes décisions envisagées. Elle est *sommative* si elle se contente de constater et certifier le résultat des actions précédentes. Elle est *formative* si elle sert à déterminer les démarches correctives les plus efficaces pour se rapprocher encore davantage des objectifs fixés.

L'évaluation institutionnelle

Ce qui différencie de la façon la plus évidente les démarches d'évaluation en éducation, c'est leur objet d'étude, qui peut être une organisation, une institution, une innovation, etc., c'est-à-dire le lieu d'un fonctionnement collectif, ou au contraire (comme on le verra plus bas), les connaissances, les démarches, les représentations de personnes prises isolément. Les références et les méthodes utilisées dans les deux cas sont différentes, mais elles ont cependant certaines analogies structurelles.

Stufflebeam (1980) définit l'évaluation en éducation comme le moyen de « délimiter, obtenir et fournir de l'information utile pour juger des décisions possibles ». Cela implique d'évaluer le contexte, les entrées, les processus et les produits.

Lorsque l'on veut évaluer un curriculum, une méthode d'enseignement, une réforme scolaire, un projet d'établissement, etc., on se réfère en premier lieu aux *objectifs* annoncés, comme le faisait Tyler dès 1950. Il s'agit généralement de connaissances que les élèves doivent manifester, mais ce peut être aussi des attitudes ou des valeurs subjectives que l'éducation doit développer. Cronbach (1964) a relevé que les effets imprévus sont tout aussi importants à percevoir, ce qui implique des méthodes d'observation plus ouvertes que des tests standardisés.

Comme le but de la prise d'information est souvent de corriger les aspects négatifs de la situation observée, il faut s'attacher à découvrir les *causes* des insuffisances, ou les *raisons* des dysfonctionnements. Cela suppose alors des procédés d'enquête suffisamment souples, semi-structurés ou totalement cliniques, permettant de comprendre le point de vue des personnes engagées dans la situation étudiée.

Il arrive enfin que l'on veuille évaluer un mode d'action (méthode d'introduction d'une innovation, façon de mener un enseignement, style de direction d'un établissement, etc.). On cherche alors des *régularités* parmi une série de situations, chaque fois uniques. Des procédés d'analyse qualitative des données, comme ceux proposés par Huberman et Miles (1991), sont alors indispensables.

Depuis l'origine des études d'évaluation, dans les années 1940 aux États-Unis, leur démarche méthodologique a beaucoup évolué, dans le sens d'un élargissement des aspects de la réalité pris en considération, des techniques d'observation utilisées, des méthodes d'interprétation choisies, qui prennent de plus en plus en compte le point de vue des intéressés, jusqu'à offrir l'occasion aux partenaires sociaux de gérer en commun l'expérience pédagogique à laquelle ils participent (Cardinet, 1979).

Il serait faux, cependant, de considérer qu'une démarche qualitative est à préférer dans tous les cas. Certaines recherches de pédagogie expérimentale justifient l'emploi d'une méthodologie de laboratoire, par exemple. Il faut seulement veiller à ce que la rigueur des prises de mesure ne risque pas de cacher l'existence de phénomènes imprévus, tout aussi déterminants peut-être pour l'apprentissage que les variables étudiées.

L'évaluation individuelle

Par analogie avec les quatre évaluations de Stufflebeam (ci-dessus), la prise de décisions concernant un apprentissage individuel suppose des informations sur l'environnement, le terrain, le processus et le résultat de l'étude.

L'environnement est l'ensemble des conditions (sociales, psychologiques, physiologiques) dans lesquelles se trouve l'élève, dont il faut tenir compte pour choisir une méthode pédagogique. Le terrain est ce qu'apporte l'élève dans la situation : connaissances préalables, habitudes de travail, intérêts, aptitudes. Le processus d'apprentissage est déterminé par sa réaction à la didactique utilisée et ses interactions avec l'enseignant et avec ses pairs. Le résultat se manifeste par des transformations dans son comportement et dans ses représentations.

Pour interpréter les observations recueillies sur les points précédents, une série de référentiels sont concevables :

– la *distribution des mesures* obtenues pour les autres élèves (évaluation comparative, souvent appelée à tort normative, à cause de l'anglais *normative* qui signifie « rapporté à un étalonnage ») ;

– le *résultat attendu,* c'est-à-dire l'objectif de l'apprentissage, qui doit être traduit en critères de réussite explicites, eux-mêmes opérationalisés par le biais d'indicateurs, relativement arbitraires, mais directement observables. On parle alors d'« évaluation par objectifs » ou d'« évaluation critériée » ;

– le *progrès* par rapport à une observation antérieure, chaque personne devenant son propre référentiel. Ce genre de comparaison est essentiel dans l'éducation des adultes, qui doit se libérer des contraintes des référentiels précédents, parce que des personnalités qui se développent modifient en même temps leur position relative et leurs objectifs ;

– les *déterminants de l'apprentissage selon la conception didactique choisie* : Allal a été le premier auteur à souligner que la conception psychopédagogique de l'enseignant orientait sa prise d'informations et son interprétation évaluative (Allal, Cardinet, Perrenoud, 1979).

En particulier, une approche cognitiviste amène à s'intéresser moins à la production de l'élève qu'à son processus de résolution de problème. Plus profondément, ce sont ses représentations et ses stratégies cognitives, et même de façon globale sa métacognition, qui doivent faire l'objet principal des interactions évaluatives.

Une *évaluation comparative* demande des instruments de mesure précis. Les méthodes de la psychologie différentielle (tests, questionnaires, listes de contrôle) sont alors recommandées pour les construire. Ces instruments sont les seuls qui permettent des évaluations prédictives à long terme (pour fonder des examens de sélection, par exemple), parce qu'ils possèdent les qualités métrologiques voulues : fidélité, validité et utilité.

Une *évaluation critériée* suppose aussi des épreuves de contrôle soigneusement mises au point, quoique selon des exigences différentes. Elles doivent être standardisées, ce qui en limite la portée (leur généralisation à d'autres situations est limitée). Des méthodes plus souples, parce que plus qualitatives, sont expérimentées dans de nombreux pays pour certifier les résultats obtenus : *curriculum vitæ* détaillé, description verbale des savoir-faire acquis, établissement d'un profil de compétences (Aubret, Gilbert, 2003), reconnaissance des acquis expérientiels, portefeuille de réalisations.

Une *évaluation de progrès personnels* peut s'appuyer sur les mêmes instruments comparatifs ou critériés, mais peut aussi tirer parti de l'auto-évaluation de l'intéressé, surtout dans une conception cognitiviste de l'apprentissage. Il ne s'agit pas alors de porter un jugement sur soi, mais d'analyser sa démarche par rapport à des critères précis (Bonniol, 1986) pour trouver en quoi elle pourrait encore être améliorée.

Les *déterminants de l'apprentissage* sont surtout accessibles au travers d'interactions formatives entre l'élève, ses camarades et l'enseignant, qui facilitent une prise de distance métacognitive chez l'apprenant. Le choc de points de vue différents crée les conditions d'un conflit sociocognitif stimulant et d'une prise en charge personnelle (Vial, 2000).

C'est dans ce sens que l'évaluation peut être considérée comme un problème de communication (Weiss, 1992), dans l'évaluation individuelle comme dans l'évaluation institutionnelle envisagée plus haut.

Jean Cardinet

L'évaluation et le système éducatif en France

Consubstantielle à l'acte d'enseigner, l'évaluation au sein du système éducatif s'est profondément diversifiée depuis une quinzaine d'années.

Pratiquée traditionnellement avec une visée sommative, que ce soit au sein de la classe, sous forme de contrôle des connaissances, ou au niveau du système, sous forme d'examens, elle exerce, en ce cas, une fonction de régulation, plus sociale que pédagogique.

Le souci d'améliorer la réussite des élèves et les performances du système a conduit en France, depuis la fin des années 1980, à la définition d'une politique cohérente d'évaluation en trois volets :
- mettre à disposition des enseignants des outils d'évaluation à visée diagnostique ou formative ;
- organiser tout un dispositif d'évaluations externes ;
- insuffler au sein du système une nouvelle culture de l'évaluation fondée sur la recherche de la performance.

Porté par un contexte favorable à l'évaluation des politiques publiques, le développement de l'évaluation externe du système éducatif a été rapide. Cette évaluation repose, aujourd'hui, sur les travaux réalisés, avec des méthodes et des approches différentes, par les inspections générales, la Direction de l'évaluation et de la prospective du ministère en charge de l'enseignement scolaire, de l'enseignement supérieur et de la recherche, des organismes publics spécialisés et des laboratoires de recherche universitaire. L'objectif est non seulement de rendre compte du fonctionnement et des résultats du système éducatif, mais aussi de donner aux acteurs du système des éléments d'appréciation pour faire évoluer leurs objectifs et leurs pratiques.

Les évaluations externes se rangent dans deux catégories distinctes : celles qui reposent sur l'observation sur pièces et sur place, pratiquées par les inspections générales et les organismes, tel le Comité national d'évaluation des établissements publics à caractère scientifique, culturel et professionnel ; celles qui se caractérisent par l'utilisation de méthodes quantitatives qui permettent de donner des résultats statistiquement représentatifs, ce qui est le cas des travaux de la Direction de l'évaluation et de la prospective. Les laboratoires de recherche utilisent l'une ou l'autre méthode.

Schématiquement, ces travaux couvrent quatre champs :
- les acquis des élèves en regard des objectifs inscrits dans les programmes d'enseignement, en particulier en fin d'école et en fin de collège ;
- les unités qui composent le système : écoles, établissements, circonscriptions, départements, académies, avec une visée essentiellement comparative ;
- les pratiques professionnelles des acteurs afin de mesurer leur impact sur les apprentissages des élèves ;
- les politiques publiques mises en place pour améliorer la réussite des élèves et les résultats du système.

Si le constat est dominant dans l'ensemble de ces travaux, ceux de la Direction de l'évaluation et de la prospective intègrent aussi, en particulier pour les acquis des élèves, la mesure d'évolutions temporelles et des comparaisons internationales. Ces deux types de travaux sont essentiellement destinés à apporter des éléments au débat public récurrent sur l'évolution des compétences des élèves et le positionnement des élèves français par rapport à celui des élèves des pays de même niveau de développement.

Même si les études sur les pratiques et les méthodes d'apprentissage restent insuffisantes, la France dispose, de fait, d'un dispositif d'évaluation très élaboré, dont les résultats sont très largement utilisés par les politiques, les médias et les acteurs du système.

Le développement de l'usage d'outils d'évaluation diagnostique s'appuie, en premier lieu, sur l'organisation d'évaluations destinées à mesurer les lacunes et les difficultés des élèves à deux moments clés du parcours scolaire : le début du CE2, c'est-à-dire du cycle 3 à l'école primaire et le début du collège, et dans les deux disciplines fondamentales que sont le français et les mathématiques. Parallèlement à la mise en place de ces évaluations a été créée une banque d'outils d'évaluation, de la dernière année de maternelle à la classe de 2de, dans toutes les disciplines. Cette banque, progressivement enrichie, permet aux enseignants qui le souhaitent d'analyser les difficultés d'apprentissage de leurs élèves et de se voir proposer des pistes pour y remédier. Alors que les enseignants se déclarent, en général, peu satisfaits de leurs pratiques d'évaluation, l'usage de ce type d'outils, auxquels ils sont mal formés, progresse cependant, quoique lentement.

Bien que l'objectif de faire réussir tous les élèves transcende le fonctionnement du système éducatif, la recherche de la performance ou de l'efficacité n'est pas encore parfaitement ancrée.

Elle suppose, en effet, que les acteurs du système, quel que soit leur niveau de responsabilité, soient capables de prendre une distance critique par rapport à leur action et de se poser des questions pertinentes, disposent des outils d'analyse adaptés à ces interrogations, soient en mesure d'élaborer des réponses appropriées et de les mettre en œuvre.

Autant de conditions qui ne peuvent être remplies que si les acteurs ont reçu une formation adéquate et exercent dans un contexte favorable.

La diffusion de la démarche de projet, le développement de la contractualisation, par exemple entre le ministère et les académies ou entre le ministère et les établissements d'enseignement supérieur, l'instauration de lettres de mission aux chefs d'établissement ou aux inspecteurs, la mise au point de batteries d'indicateurs d'analyse et de pilotage, du niveau national à celui de l'établissement, favorisent, cependant, depuis une douzaine d'années, la diffusion progressive d'une culture de l'évaluation au sein du système éducatif.

La mise en œuvre d'une nouvelle loi de finances, qui vise à « réformer en profondeur la gestion publique au moyen d'une budgétisation orientée vers les résultats, d'un engagement sur des objectifs et d'une responsabilisation des gestionnaires », devrait entraîner une accélération de ce processus.

Claudine Peretti

Un exemple de dispositif international d'évaluation : l'enquête PISA

Il existe des évaluations à caractère international. Depuis 2000, l'Organisation de coopération et de développement économiques (OCDE) a entrepris d'évaluer tous les trois ans les acquis des jeunes de 15 ans dans divers domaines à l'aide des enquêtes PISA. Le sigle PISA désigne, en anglais, le *Program for International Student Assessment* ; il est traduit en français par « Programme pour le suivi des acquis des élèves ». Grâce à des épreuves écrites organisées dans un échantillon d'écoles, les jeunes ont été principalement évalués en 2003 dans le domaine de la culture mathématique, mais l'enquête s'est également intéressée à la compréhension de l'écrit, à la culture scientifique, à l'aptitude à la résolution de problèmes, ainsi qu'à la manière dont les élèves appréhendent le fait même d'apprendre et perçoivent l'école. Plus de 250 000 élèves de 41 pays ont pris part à l'enquête 2003 et ont donc été soumis pendant deux heures à des épreuves écrites dans leur propre établissement. Bien entendu, comme pour chaque enquête, il conviendrait d'analyser la problématique et la méthodologie utilisées, dans la mesure où elles sont susceptibles d'infléchir, au moins en partie, les performances des élèves. En ce qui concerne par exemple la culture mathématique, les tests PISA 2003 visaient à déterminer dans quelle mesure les élèves sont capables d'élaborer et d'appliquer des modèles mathématiques pour accomplir des tâches de la vie courante, ainsi que de valider, d'interpréter et de communiquer des résultats.

Dans tous les cas, la France se classe dans la première moitié des 41 pays enquêtés, au-dessus donc de la moyenne déterminée, mais chaque fois dans un rang médiocre. À l'item « compréhension de l'écrit », la France obtient son plus mauvais rang (17e), avec un score de 496, juste au-dessus des États-Unis (495) et de la moyenne OCDE (494). Les résultats en culture mathématique et scientifique sont un peu meilleurs : 16e place en mathématiques avec un score de 511 (moyenne OCDE : 500), derrière Hong-Kong (550), la Finlande (544), la Corée (542), les Pays-Bas (538), mais devant la Suède (509), l'Autriche (506), l'Allemagne (503), les États-Unis, la Russie, l'Italie (en dessous de la moyenne) ; 13e place en culture scientifique avec un score de 511 (moyenne OCDE : 500). C'est la Finlande qui, au total des épreuves, réalise les meilleures performances. Déjà en tête du classement de l'enquête PISA 2000 qui avait porté principalement sur la maîtrise de la lecture, ce pays a confirmé en 2003 ses bons résultats précédents en la matière, tout en s'améliorant en mathématiques et en sciences. Outre l'aspect comparatif, voire compétitif, l'intérêt de tels résultats réside dans l'invite à s'interroger sur les raisons des performances réalisées en fonction des politiques, des contextes et des pédagogies. L'OCDE relève pour sa part que les élèves réussissent mieux dans un contexte caractérisé par de fortes ambitions, caractéristique confortée par des relations étroites entre enseignants et élèves, par un intérêt de ces derniers pour les mathématiques à condition que ce contexte soit « dénué d'anxiété », et par « des règles disciplinaires constructives ». Des analyses secondaires effectuées par des chercheurs indépendants permettent à leur tour d'éprouver des hypothèses d'interprétation affinées ; ainsi, à propos de l'enquête 2000, Denis Meuret a tenté de montrer – concernant différentes variables associées à des conditions d'apprentissage efficace – en quoi la France se compare plutôt favorablement à d'autres pays performants quant à l'organisation de son système éducatif, quant à l'attitude des familles et des élèves, mais plutôt défavorablement quant aux attitudes des enseignants vis-à-vis des élèves (souci prioritaire du « niveau » des cours, trop de distance à la masse des élèves). L'équité du système ne serait pas telle qu'elle compenserait la faiblesse relative de l'efficacité.

André D. Robert

▸ Bibliographie

Allal L., « Stratégies d'évaluation formative : conceptions psychopédagogiques et modalités d'application », *in* Allal L., Cardinet J., Perrenoud P. (dir.), *L'Évaluation formative dans un enseignement différencié,* Berne, Peter Lang, 1979, p. 130-156.

Ardoino J., « Au filigrane d'un discours : la question du contrôle et de l'évaluation », *in* Morin M. (dir.), *L'Imaginaire dans l'éducation permanente : analyse des discours des formateurs,* Paris, Gauthier-Villars, 1976, p. 9-39.

Aubret J., Gilbert P., *L'Évaluation des compétences*, Sprimont, Mardaga, 2003.

Bonniol J.-J., « Recherches et formations : pour une problématique de l'évaluation formative », *in* De Ketele J.-M. (dir.), *L'Évaluation : approche descriptive ou prescriptive ?*, Bruxelles, De Boeck, 1986, p. 119-133.

Bottani N., Vrignaud P., *La France et les évaluations internationales*, rapport établi à la demande du Haut Conseil de l'évaluation de l'école, n° 16, Paris, MENESR, janvier 2005.

CARDINET J., « L'Élargissement de l'évaluation », *Évaluation et Recherche,* n° 1, 1979, p. 15-34.
CARDINET J., « Peut-on mesurer les connaissances objectivement ? », *Éducations*, 1997, n° 12, p. 21-23.
CRONBACH J., « Evaluation for Course Improvement », *in* Heath R. W., *New Curricula,* New York, Harper and Row, 1964.
DE KETELE J.-M, ROEGIERS X., *Méthodologie du recueil d'informations : fondements des méthodes d'observation, de questionnaires, d'interviews et d'étude de documents,* Bruxelles, De Boeck, 1991.
DEP, *L'Évaluation des zones d'éducation prioritaire,* Les Dossiers d'éducation et formations, n° 14, Paris, 1992.
FELOUZIS G., *L'Efficacité des enseignants : sociologie de la relation pédagogique*, Paris, PUF, 1997.
HADJI Ch., *L'Évaluation démystifiée*, Issy-les-Moulineaux, ESF, 1999.
HUBERMAN A. M., MILES M. B., *Analyse des données qualitatives*, Bruxelles, De Boeck, 1991, 2e éd., 2003.
MERLE P., *L'Évaluation des élèves : enquête sur le jugement professionnel*, Paris, PUF, 1996.
MEURET D., « Pourquoi les jeunes Français ont-ils à quinze ans des compétences inférieures à celles de jeunes d'autres pays ? », *Revue française de pédagogie*, n° 142, janv.-mars 2003, p. 89-104.
Ministère de l'Éducation nationale, *L'État de l'École*, Paris, Direction de l'évaluation et de la prospective (DEP), n° 14, octobre 2004.
Ministère de l'Éducation nationale, *Géographie de l'École*, Paris, Direction de l'évaluation et de la prospective (DEP), n° 9, mai 2005.
Ministère de l'Éducation nationale, *Les Pratiques d'évaluation des enseignants de collège*, Les dossiers, Paris, Direction de l'évaluation et de la prospective (DEP), n° 160, janvier 2005.
OCDE/CERI, *Regards sur l'éducation*, Paris, OCDE, 2004.
STUFFLEBEAM D. L., *L'Évaluation en éducation et la prise de décision,* Victoriaville, Éd. Contreforts, 1980.
THÉLOT C., « Que sait-on des connaissances des élèves ? », *Les Dossiers d'éducation et formations*, n° 17, Paris, 1992.
THÉLOT C., *L'Évaluation du système éducatif,* Paris, Nathan, coll. « Fac éducation », 1993.
VIAL M., *Organiser la formation : le pari sur l'autoévaluation*, Paris, L'Harmattan, 2000.
WEISS J. (dir.), *L'Évaluation : problème de communication,* Cousset-Fribourg, Del Val, 1992.

► Voir aussi

Acquis (Reconnaissance et validation des) – Curriculum – Cycles – Docimologie – Éducation comparée – Individualisation – Innovation – LOLF (appliquée à l'éducation) – Notation – Objectif pédagogique – Pédagogie différenciée – Réforme de l'enseignement – Système éducatif – Test.

ÉVEIL (ACTIVITÉS D')

Le terme d'« activités d'éveil » est apparu dans l'enseignement lors de la publication des Instructions officielles de mars 1977. Il a succédé à l'expression « disciplines d'éveil », utilisée depuis 1969 pour désigner les enseignements de l'histoire, de la géographie, des sciences et des disciplines artistiques.

L'introduction de ces notions répondait à la volonté de sortir ces disciplines d'un savoir livresque, formel, centré sur les seules connaissances, pour envisager une formation fondée sur l'acquisition de compétences transversales, à l'œuvre dans chacun de ces domaines : l'observation, la mise en relation, la recherche, le classement, la comparaison, l'utilisation des ressources documentaires, l'expérimentation, la structuration du temps et de l'espace. Issue des réflexions et des courants pédagogiques liés aux méthodes actives, la pédagogie de l'éveil se veut centrée sur l'intérêt, la motivation de l'enfant, l'étude du milieu de vie.

Par sa pratique, il s'agit avant tout de mettre en place, à l'école élémentaire, des attitudes, des comportements, et de faire acquérir aux élèves des compétences transférables, considérées comme des prérequis indispensables à l'enseignement disciplinaire lui-même, réservé au collège.

Jusqu'en 1984, « l'éveil » constitue l'un des trois aspects du tiers-temps pédagogique, à côté des disciplines fondamentales (français, mathématiques) et des activités physiques et sportives.

Au début des années 1980, plusieurs enquêtes et études, particulièrement en histoire et géographie (Jean-Noël Luc, rapport Girault), conduisent à mettre en évidence les difficultés de la mise en œuvre de cette réforme et les effets pervers de la pratique des activités d'éveil : incapacité des élèves à mettre en relation des informations et compétences disparates, à se constituer des repères structurants, parfois même absence totale de l'enseignement de certaines disciplines et manque de formation des enseignants à la pratique organisée des activités d'éveil.

De plus, la critique principale s'attache à montrer que si « l'éveil » suppose avant tout la modification des pratiques des enseignants, celle-ci et les méthodes qui l'accompagnent doivent s'appliquer à toutes les disciplines, y compris les disciplines fondamentales.

La référence aux activités et aux disciplines d'éveil disparaît des Instructions officielles dès juin 1984 avec la publication des programmes d'histoire-géographie, puis en 1985 avec les nouvelles Instructions pour l'école primaire, puis le collège.

Raymond Ouzoulias

▸ Bibliographie

Best F., Madonas Y., Bey L., *Pour une pédagogie de l'éveil,* Paris, Armand Colin, 1984.

Girault R., *L'Histoire et la Géographie en question,* rapport au ministre de l'Éducation nationale, Paris, CNDP, 1984.

Isambert-Jamati V., « Les Activités d'éveil et leurs variations selon l'appartenance sociale des élèves », in *Les Savoirs scolaires,* Paris, L'Harmattan, 1995.

▸ Voir aussi

Actives (Méthodes) – Centres d'intérêt – Méthodes pédagogiques.

Examen

L'examen est une épreuve ou un ensemble d'épreuves écrites et/ou orales sanctionnant l'acquisition des connaissances délivrées dans les institutions d'enseignement. L'importance des épreuves peut varier suivant la valeur du coefficient affecté à chacune d'elles.

Régime général

Le caractère public des examens justifie habituellement qu'ils soient organisés par la puissance publique. Ce système s'oppose au modèle britannique dans lequel l'élaboration des programmes et l'organisation des examens sont confiées à des entreprises privées à but non lucratif, les Examination Boards.

La fixation des règles de déroulement des examens dans l'enseignement supérieur incombe aux établissements. Néanmoins un droit général des examens découle de différents textes et de la jurisprudence. Ses exigences comprennent notamment :
- une information suffisante sur les règlements d'examen ;
- l'établissement d'une égalité de traitement entre les candidats ;
- l'impartialité du jury ;
- le respect de l'anonymat des copies ;
- la reconnaissance ultérieure du droit des candidats à la communication de leurs copies et à un entretien.

Place des examens dans le contrôle des connaissances à l'université

Si la licence s'obtenait autrefois sur examen des mœurs et capacités, l'examen sous la forme d'épreuve ou d'ensemble d'épreuves vérifiant les connaissances des candidats s'est imposé progressivement pour l'attribution des grades universitaires.

La fixation des règles de déroulement des examens dans l'enseignement supérieur incombe aux établissements, moyennant le respect de règles nationales minimales, c'est-à-dire un délai de publicité donnée au règlement du contrôle des connaissances courant au plus tard jusqu'à un mois suivant la rentrée universitaire et l'existence d'une seconde session pour un examen terminal (clôturant une année ou un semestre d'études).

Les examens se sont imposés dans la tradition française comme le mode de droit commun de sanction des études garanti par l'État, généralisé pour l'attribution des grades et autres diplômes universitaires. Toutefois, depuis la loi d'orientation de 1968, les universités peuvent opter totalement ou partiellement pour un système de contrôle continu des connaissances et aptitudes. Des aménagements sont aussi possibles en formation continue.

Trois orientations nouvelles touchant aux examens apparaissent avec la réforme des études universitaires engagée en 1992 :
– une semestrialisation de la validation des enseignements. Une rupture est ainsi opérée par rapport à la tradition française plaçant les examens en fin d'année universitaire, le rythme semestriel étant calqué sur celui applicable dans la plupart des cursus d'études supérieures en Europe ;
– une organisation modulaire des enseignements, regroupés par blocs de matières. La comptabilisation des résultats des épreuves s'opère suivant les principes de compensation et de capitalisation des enseignements d'une année sur l'autre ;
– le renforcement en second cycle de la part de travail d'études et recherches, dont l'évaluation devrait emprunter d'autres procédés que l'examen.

La multiplication des examens résultant de cette réforme conjuguée à la massification des études supérieures ont produit des effets pervers, tels que l'allongement de la durée des évaluations au détriment du temps consacré aux enseignements et une diversification mal maîtrisée des profils d'épreuves compte tenu de la liberté pédagogique des enseignants-chercheurs.

Vers une réduction du poids des examens ?

Le rôle de l'examen dans la détermination de l'attribution du diplôme du baccalauréat fait débat depuis quelques années. Le remplacement par un contrôle continu de certaines épreuves d'examen n'a pas encore été généralisé, eu égard à l'attachement d'une part importante du corps enseignant à des épreuves terminales garantissant l'égalité et l'anonymat des candidats.

Sur un plan plus général, la place de l'examen comme mode de validation des connaissances est remise en cause par le développement depuis 1992 de dispositifs de validation des acquis de nature professionnelle. Ceci permet de prendre en compte les connaissances et savoir-faire acquis par des candidats ayant une expérience professionnelle, en les dispensant en tout ou partie d'épreuves d'examens diplômants. Le but consiste à favoriser l'accueil d'adultes dans l'enseignement supérieur. La novation consiste dans la reconnaissance d'une valeur formative aux expériences professionnelles et sociales des individus. En application de la loi n° 2002-73 du 17 janvier 2002, dite de modernisation sociale (art. 137), un dispositif de validation des acquis de l'expérience (VAE) pour la délivrance des diplômes a désormais été introduit. Il est prévu que « toute personne qui a exercé pendant au moins trois ans une activité professionnelle salariée, non salariée ou bénévole, en rapport avec l'objet de sa demande, peut demander la validation des acquis de son expérience pour justifier tout ou partie des connaissances et des aptitudes exigées pour l'obtention d'un diplôme ou titre délivré, au nom de l'État, par un établissement d'enseignement supérieur ». La VAE permet donc de valider, sous contrôle d'un jury comprenant des enseignants-chercheurs et des praticiens non universitaires, la totalité des savoirs et savoir-faire nécessaire pour l'obtention d'un diplôme, dispensant ainsi de toute épreuve d'examen tout en produisant les mêmes effets.

Jacques Fialaire

▸ Bibliographie

Belhoste B. (dir.), « L'Examen : évoluer, sélectionner, certifier (xvie-xxe siècles) », *Histoire de l'éducation*, n° spécial, 2002.

Durand-Prinborgne C., Legrand A., *Code de l'éducation 2005*, Paris, Litec, Juris Code, 2005.

▶ **Voir aussi**
Acquis (Reconnaissance et validation des) – Contrôle continu – Évaluation – Grades universitaires.

Explication de texte

L'explication de texte est associée à la lecture en classe des « morceaux choisis », ces pages extraites des œuvres des grands auteurs de la littérature nationale, au travers desquelles se déployait pour les élèves toute la production littéraire depuis le Moyen Âge. Elle s'impose et se généralise dans les classes du secondaire dans les années 1920. Gustave Lanson fut le théoricien de cette approche des textes.

Poursuivant le double objectif d'une formation intellectuelle et esthétique des élèves, il propose une démarche qui part de l'étude littérale du texte, pour en dégager enfin le sens littéraire. L'explication de texte se veut donc une modalité accomplie de la lecture.

L'exercice, qui a joui d'une stabilité exceptionnelle à travers le temps, s'est toutefois toujours caractérisé par un certain vague dans les modalités précises de sa conduite en classe. Avec le temps, il a donné prise à la critique : on a dénoncé son caractère impressionniste, livré aux hasards de la culture et du goût, son aspect routinier et le peu d'initiative laissé aux élèves lors de sa mise en œuvre.

L'influence des méthodes actives, les retombées dans l'enseignement du français de l'analyse textuelle ont fait évoluer les directives officielles, que ce soit au niveau du lycée, où la *lecture méthodique* ajoute à la tradition de l'explication de texte la prise en compte de la réception des textes par les élèves, ou au niveau du collège, où la *lecture analytique* est l'un des modes d'entrée dans les textes, à côté de la lecture *cursive* ou de la lecture *documentaire*.

Danièle Manesse

▶ **Voir aussi**
Français (Enseignement du) – Lecture – Littérature.

Expression

L'utilisation, en pédagogie, du terme « expression » est indissociablement liée à l'histoire des pédagogies nouvelles.

Associée aux adjectifs « libre » ou « personnelle », l'expression se veut celle d'un individu obéissant à ses désirs ou à ses besoins dans le cadre d'une pédagogie centrée sur le sujet. L'expression implique en effet la communication de pensées, de connaissances ou de sentiments au moyen d'un langage, qu'il s'agisse de la langue (parlée ou écrite), du corps, ou encore d'une représentation imagée ou musicale. L'expression orale ou écrite, l'expression corporelle et l'expression artistique constituent les trois principales « formes » ou « modes » d'expression mis en œuvre dans le champ scolaire. Dans le domaine du langage, l'expression est parfois opposée à la compréhension, ces deux aspects représentant les deux versants complémentaires de la maîtrise de la langue. Par rapport aux termes de « production » ou de « communication » (orale ou écrite), celui d'« expression » contient une connotation individuelle faisant référence à des manifestations spontanées, intentionnelles et personnelles.

Les pédagogies qui tentent de prendre en compte ou de développer le désir d'expression de l'élève s'attachent à résoudre l'apparente contradiction entre deux options : la libération des désirs, affects, sentiments, d'une part ; la structuration par l'enseignement et la transmission de savoirs, d'autre part. L'art du pédagogue consiste à optimiser la complémentarité de ces deux approches afin de donner à l'élève les instruments et les outils d'une expression construite, non restreinte à de simples élans brefs.

Aux différentes formes d'expression correspondent des pratiques diversifiées selon les contextes et les niveaux scolaires.

Dans le domaine de l'expression orale et écrite, le « texte libre », élément spécifique de la pédagogie Freinet, représente la forme la plus « pure » d'une pratique pédagogique respectueuse du désir d'expression. L'élève est libre du moment comme du lieu d'écriture, du thème de son texte. Il est même libre d'écrire ou de ne pas écrire, et l'enseignant lit ce texte sans aucune préoccupation évaluative. Dans une optique moins strictement restreinte à l'expression individuelle, la réintroduction de l'expression orale ou la mise en œuvre de situations fonctionnelles de communication écrite (journaux et correspondances scolaires) cherchent à fonder la pédagogie sur les besoins, les désirs et les intérêts des élèves. Les expériences, plus récentes, d'ateliers d'écriture en classe s'inscrivent généralement dans la lignée de la pédagogie du projet, en permettant de socialiser les désirs individuels d'expression.

Dans les domaines physiques et artistiques, la problématique est la même. Les activités proposées vont de l'improvisation informelle au projet de spectacle, selon que l'enseignant, restant proche du désir expressif de l'élève, évite d'intervenir pédagogiquement sur les productions, ou qu'il tente une socialisation et structuration des propositions des élèves.

Ainsi, dans les différents domaines, l'expression est un élément d'une démarche pédagogique d'ensemble. L'intervention de l'enseignant et l'introduction de techniques doivent favoriser l'expression personnelle, conçue non comme une simple libération d'élans spontanés, mais comme une construction de savoirs et savoir-faire à partir de ceux-ci, permettant une expression d'autant plus personnelle que l'élève possède les outils nécessaires à son actualisation.

Christine Barré-De Miniac

▸ Bibliographie

CHEVALIER A.-M., *L'Expression musicale,* Paris, Armand Colin, 1994.

FABRY J., *Introduction à la psychopédagogie de l'expression,* Bruxelles, Labor, 1979.

FREINET E., *L'Itinéraire de Célestin Freinet,* Paris, Petite Bibliothèque Payot, 1977.

PUJADE-RENAUD C., *Expression corporelle, langage du silence*, Issy-les-Moulineaux, ESF, 1974.

▸ Voir aussi

Actives (Méthodes) – Arts plastiques – Communication (Modèles et techniques de) – Créativité – Écriture – Freinet, Célestin – Journal d'élèves – Musicale (Éducation) – Projet – Théâtre – Voix.

F

Faculté

Une faculté est une institution d'enseignement supérieur, rattachée à une université, spécialisée suivant les disciplines dominantes enseignées.

Traditionnellement, une université « complète » comprenait au Moyen Âge quatre facultés (théologie, droit, médecine, arts). Après une éclipse au XIXe siècle liée à la disparition des universités traditionnelles (sauf pour les facultés de droit et de médecine), les facultés acquièrent en 1885 la personnalité civile et redeviennent des lieux d'enseignement dispensant des cours. Elles se démultiplient avec l'extension des savoirs.

Leur gestion corporative, dépendant des seuls professeurs titulaires, a été contestée en mai 1968, puis aménagée dans un sens plus démocratique.

Si elles ne sont plus, depuis la loi d'orientation de 1968, la structure administrative et pédagogique de base des universités, leurs contours subsistent dans nombre d'unités de formation et de recherche (UFR) actuelles, la portée du principe législatif de pluridisciplinarité étant faible.

Jacques Fialaire

▶ **Voir aussi**
Université.

Familiale (Éducation)

« L'éducation familiale » désigne l'action éducative conduite en famille en direction des enfants, qui se distingue donc de l'action pédagogique mise en œuvre à l'école. Trois dimensions de l'éducation familiale peuvent être distinguées :

- L'éducation familiale est un ensemble de pratiques sociales d'éducation mises en œuvre pour les enfants, au sein des groupes familiaux, par les adultes qui les élèvent, le plus souvent leurs parents. On distingue donc l'éducation familiale de la formation (ou de l'éducation) parentale, qui désigne l'activité d'apprentissage, par les parents, de leur rôle.
- Au sens large, l'activité socio-éducative conduite par des intervenants sociaux en direction des parents (formation parentale) et des enfants (intervention éducative d'aide ou de suppléance du groupe familial) participe de l'éducation familiale.
- L'éducation familiale est aujourd'hui une discipline de formation et de recherche universitaire, centrée sur les pratiques parentales d'éducation, de socialisation des enfants, et les interventions sociales concernant la famille dans ses diverses fonctions éducatives. Si la production récente de recherches dans ce domaine s'inscrit dans un développement plus général des travaux consacrés à la famille, il convient de distinguer l'éducation familiale d'une nébuleuse plus large des sciences de la famille qui s'intéressent à toutes ses dimensions (démographiques, conjugales, juridiques, historiques, etc.), alors que l'éducation familiale se caractérise par sa centration sur l'activité éducative des parents et de certains professionnels.

Un développement tardif, mais rapide

Au cours des années 1960, de nombreuses investigations empiriques ont été conduites aux États-Unis, en particulier dans le cadre de la lutte contre l'échec scolaire des populations noires et défavorisées. Les recherches sur les interventions sociales ont ainsi précédé l'étude systématique des processus éducatifs intrafamiliaux.

En France, l'expression « éducation familiale » était peu utilisée (jusqu'au milieu des années 1980), si ce n'est dans le vocabulaire administratif : associée au terme d'éducation sanitaire, elle évoquait les activités conduites en direction des adolescents, le plus souvent dans les établissements scolaires, par les centres de planification des naissances. Sous l'influence notamment de travaux menés au Québec par Bernard Terrisse et Gérald Boutin, et de ceux conduits à l'université de Mons en Belgique par Jean-Pierre Pourtois et son équipe, les recherches se développent véritablement dans les années 1980. L'étude de la dimension éducative de la vie familiale a en effet longtemps été sous-estimée : les psychologues et les psychanalystes privilégiaient, selon leur discipline, les relations affectives parents/enfants, et les sociologues les processus de reproduction intergénérationnelle des positions sociales.

La création de l'Association internationale de recherches et d'interventions en éducation familiale (AIFREF) a permis à travers ses congrès (Mons, 1986 ; Montréal, 1989 ; Paris, 1991 ; Fribourg, 1993) un développement rapide des échanges entre chercheurs européens, francophones ou latins, et nord-américains, notamment québécois.

Parallèlement, la mise en place d'enseignements universitaires d'éducation familiale à partir de 1985 et le financement de programmes de recherche incitative facilitaient un développement (lent mais réel) des recherches françaises en éducation familiale. Dans plusieurs pays francophones, des travaux sont maintenant menés par des étudiants de 2e et 3e cycles au sein d'équipes de recherche constituées. Ces recherches sont conduites en sciences de l'éducation, en travail social et parfois en psychologie ou en sociologie ; elles donnent lieu à la constitution d'équipes pluridisciplinaires.

Les grands champs de l'éducation familiale

On peut distinguer six champs de recherche et d'intervention sociale en éducation familiale.

Tout d'abord, il s'agit évidemment de l'étude des processus éducatifs mis en œuvre par les parents, ou ceux qui en tiennent lieu, en direction des enfants et adolescents qu'ils élèvent.

La première recherche importante en langue française fut celle menée par Jean-Pierre Pourtois sur les pratiques d'enseignement des mères en direction de leur enfant de 3-4 ans. Ultérieurement, Jacques Lautrey a tenté de mettre en relation le mode de structuration familiale, les pratiques éducatives parentales et la réussite scolaire des enfants. Enfin, Jean Kellerhals et son équipe développent à Genève une approche sociologique des stratégies éducatives des familles.

Au cours des cinq dernières années, les chercheurs ont notamment exploré les stratégies de contrôle des enfants par leurs parents, les représentations des mères sur le développement du nourrisson ou du jeune enfant en fonction de son âge et de son sexe, les déterminants familiaux de la trajectoire scolaire, les pratiques éducatives familiales auprès des adolescents.

La réussite scolaire a très souvent été considérée comme la résultante des pratiques parentales d'éducation. C'est pourquoi les recherches ont tenté de mettre au jour les relations entre des inadaptations ou des troubles présentés par les enfants et les modalités de fonctionnement du groupe familial. À cet égard, l'étude d'enfants élevés dans des environnements très défavorisés et réussissant cependant dans leur scolarité apparaît particulièrement intéressante.

Depuis la fin des années 1980 enfin, les chercheurs en éducation familiale se sont intéressés à l'étude des mauvais traitements considérés comme des dysfonctionnements des pratiques éducatives familiales.

Il s'agit ensuite des recherches qui sont consacrées à l'expérimentation, la validation et l'évaluation d'interventions sociales menées pour aider les familles dans l'exercice de leurs tâches éducatives. Ces recherches accompagnent la mise en place d'interventions planifiées en Amérique du Nord et le développement des politiques d'aide aux familles en France.

Les relations entre les différentes instances participant à l'éducation des enfants (familles /crèches, familles/école, etc.) constituent un champ de recherche particulièrement investi par des chercheurs français, mais aussi belges et suisses.

Les interventions de suppléance familiale mises en œuvre dans les dispositifs comme les familles d'accueil ou les internats (dans lesquels des enfants sont élevés en dehors de leur famille) constituent un autre champ de recherche, qui inclut les travaux portant sur les familles d'enfants placés.

Les formations des intervenants (comme les puéricultrices) chargés de coopérer avec les familles, de les aider lors d'actions éducatives en milieu ouvert ou de visites à domicile, ou encore de les suppléer au sein d'internats ou de services de placements familiaux, sont un champ important d'investigation.

Enfin, l'étude des politiques sociales en direction des familles relève de l'éducation familiale, dès lors que ces politiques tentent d'influer sur les conditions dans lesquelles les enfants et les adolescents sont élevés. Ainsi, les politiques d'aide financière aux familles, mais aussi les politiques de lutte contre l'enfance maltraitée, les politiques relatives aux procédures de déchéance parentale, d'éducation après divorce constituent des objets sur lesquels des recherches sont également en cours.

Questions de méthode et d'éthique

Les recherches au sein des familles confrontent les chercheurs à de redoutables problèmes méthodologiques.

Tout d'abord, la nature des phénomènes étudiés rend fondamentale la question de l'implication du chercheur dans le processus exploré. Plus encore que dans d'autres disciplines, il est impossible au chercheur en éducation familiale de construire un dispositif de recherche complètement extérieur à son objet pour tenter de ne pas modifier les processus intimes, secrets, qu'il observe.

Ensuite, les processus éducatifs étudiés sont complexes et interactifs, ce qui force à élaborer des modèles dépassant les systèmes de causalité simple, pour rendre compte par exemple du lien entre éducation et réussite scolaire.

Par ailleurs, les processus éducatifs ne peuvent être théoriquement construits qu'à partir au moins d'un double système de référence : psychologique/relationnel et social/culturel. Une punition physique ou un mode d'alimentation du nouveau-né peuvent susciter une analyse de la relation consciente et inconsciente entre les protagonistes, mais elle ne peut omettre de se référer au contexte socioculturel. Ainsi, la compréhension des processus conduit à accorder une place importante au sens vécu par le sujet, qui ne peut ici être considéré seulement comme un effet ou une source d'information, mais bien comme un élément déterminant des processus étudiés.

Enfin, le processus de socialisation des jeunes enfants est indissociable de la transmission de valeurs en grande partie nécessairement non identifiées comme telles, y compris par les chercheurs. Un tel constat doit les conduire à justifier leurs indicateurs du fonctionnement familial, comme, surtout, leur choix de pratiques à proposer dans les programmes de formation.

L'intrication des dimensions d'investigation, de formation et d'intervention conduit à souligner la nécessité d'une axiologie soutenant l'action sociale de formation et d'intervention qui ne peut en aucun cas prétendre à une justification scientifique. La science n'apporte, en effet, qu'une connaissance des processus, une évaluation parfois rigoureuse des effets, mais surtout pas une légitimation du bien-fondé d'une action.

Paul Durning

▶ **Bibliographie**

Dansereau S., Terrisse B., Bouchard J.-M., *Éducation familiale et intervention précoce,* Vigneux, Matrice, 1990.

Durning P., *Éducation familiale : acteurs, processus et enjeux*, Paris, PUF, 1999.

Durning P. (dir.), *Éducation familiale : un panorama des recherches internationales,* Vigneux, Matrice, 1988.

Durning P., Pourtois J.-P., *Éducation et Famille,* Bruxelles, De Boeck, 1994.

Kellerhals J., Montandon C. (dir.), *Les Stratégies éducatives des familles : milieu social, dynamique familiale et éducation des préadolescents,* Lonay, Delachaux et Niestlé, 1991.

Lautrey J., *Classe sociale, milieu familial, intelligence,* Paris, PUF, 1989.

Palacio-Quintin E., Bouchard J.-M., Terrisse B., *Questions d'éducation familiale,* Paris, Éd. Logiques, 2004.

Pourtois J.-P., *Comment les mères enseignent à leurs enfants (5-6 ans),* Paris, PUF, 1979.

▶ **Voir aussi**

Famille – Fratrie – Génération – Parentale (Éducation) – Parents – Précoce (Intervention) – Relation Famille/École – Relation parents/enfants – Socialisation – Valeurs.

Famille

La famille est le mode d'organisation de la vie privée dans lequel l'enfant est élevé et, pour une part importante, éduqué le plus souvent par un ou deux adultes qui ont la fonction de parents.

Changements dans la famille

Dans les sociétés contemporaines occidentales, la famille de référence reste, même si elle est devenue moins fréquente, celle d'un groupe composé d'un homme et d'une femme ayant un ou plusieurs enfants. Le terme « famille » est, dans l'imaginaire social, d'abord associé à la présence de l'enfant. Ce dernier est au centre de la famille moderne. Pour Philippe Ariès, historien, cette famille est née en même temps que l'apparition d'un nouveau rapport à l'enfant à partir de 1750 (s'étendant progressivement du milieu bourgeois aux milieux aristocratique et populaire). La famille a non seulement pour fonction d'assurer « l'élevage » de l'enfant dans les premières années, mais aussi de garantir l'éducation (directement à la maison, ou indirectement avec la diffusion de l'école). L'amour que les parents donnent à leurs enfants et qui n'existait pas sous cette forme auparavant dérive de cette transformation de la famille.

Depuis les années 1960, la famille « moderne » a connu encore d'autres changements – moins de couples mariés, plus de couples concubins, plus de divorces, plus de travail salarié des femmes, plus de familles monoparentales et recomposées, plus de naissances hors mariage –, qui ont contribué à modifier le contexte familial dans lequel l'enfant vit et également la condition même de l'enfance. Deux changements doivent être retenus du point de vue des rapports de l'enfant à la famille : les modifications de l'identité féminine, l'accroissement de l'instabilité conjugale.

Le travail professionnel des mères

L'entrée massive des femmes sur le marché du travail salarié a eu, au moins, un double effet pour l'éducation : favoriser la scolarisation des très jeunes enfants et des jeunes filles, et contribuer à la disparition des familles nombreuses. Les mères d'un ou de deux enfants s'arrêtent beaucoup moins de travailler que dans les décennies précédentes, et confient leurs jeunes enfants à la crèche ou aux gardiennes, et à l'école maternelle. La scolarisation des enfants de trois ans est devenue la norme, celle des enfants de deux ans concerne déjà un tiers des enfants. Sans décision publique, sous la pression des parents, l'enfant entre dans la carrière scolaire de plus en plus jeune, laissant aux parents pour l'essentiel les soins affectifs, l'éveil intellectuel étant pris en charge par l'extérieur.

Le travail salarié des femmes, son caractère d'évidence, a eu aussi pour conséquence de diminuer les différences entre les garçons et les filles pour la scolarisation. Les familles se mobilisent pour assurer un diplôme à leurs enfants, anticipant le besoin de l'indépendance économique pour les deux sexes. Même si la différenciation entre les garçons et les filles demeure importante dans la famille – repérable dans leurs goûts et leurs loisirs –, les uns et les autres ont une identité sociale assez proche du fait de la position dominante du capital scolaire.

Famille et École

La famille moderne se définit aujourd'hui encore plus dans sa relation à l'École, puisque le diplôme est devenu le moyen principal d'évaluation de la valeur individuelle dans la société contemporaine. L'enfant doit être doté du meilleur capital scolaire. Cela ne signifie pas que la famille ne joue plus de rôle éducatif, bien au contraire :

– premièrement, les héritages culturels se transmettent toujours de génération en génération. Les enfants dont les parents sont diplômés partent avec une longueur d'avance dans la course scolaire ;

– deuxièmement, par un jeu complexe incluant notamment les stratégies résidentielles de la famille ou le réseau des écoles privées, des parents interviennent dans le choix de la scolarité de leurs enfants ;

– troisièmement, les différences entre enfants dans la concurrence scolaire naissent aussi dans les usages du temps libre. Les parents les plus mobilisés pour la réussite de leurs enfants font en sorte que les mercredis, les samedis, les vacances soient des temps utiles (tout en étant agréables). Ils interviennent peu directement sur l'enfant, mais ils contrôlent l'environnement dans lequel ce dernier s'enrichit, même pendant les temps de loisirs (conservatoires et écoles de musique, ateliers, bibliothèques, etc.).

L'instabilité conjugale

Divorces et séparations engendrent des périodes où l'un des deux parents vit seul avec ses enfants (une des formes des familles monoparentales) et des périodes où le parent gardien revit avec un autre partenaire (une des formes des familles recomposées). L'enfant peut donc se trouver au centre de multiples figures parentales, comprenant le parent gardien (souvent la mère) et le parent non gardien, les nouveaux partenaires de l'un et de l'autre, les « beaux-parents ». Les travaux d'orientation psychologique ont souvent, sans garantie méthodologique, affirmé que de telles situations étaient néfastes au développement de l'enfant ; des recherches sociologiques montrent que ce n'est pas aussi simple, qu'en particulier il faut tenir compte des conditions de transition (vécu des tensions conjugales, modalités de la séparation et de la recomposition), que les difficultés d'un enfant dont les parents sont séparés sont « attribuées » à cet événement, par les professeurs d'école par exemple, sans que l'on sache si cette relation de causalité est en l'occurrence fondée. Une seule chose est certaine, la fragilité de la famille moderne étant l'un de ses traits constitutifs, les processus éducatifs – dans la vie privée et dans la vie « publique » de l'enfant – doivent l'intégrer obligatoirement.

François de Singly

▸ Bibliographie

Arborio A.-M., Fournier P., « Nouvelles pratiques conjugales, nouvelles formes de famille ? Un point de vue sociologique », *Les Cahiers français,* dossier « La France et sa population », Paris, La Documentation française, n° 259, 1993, p. 52-60.

Ariès P., *L'Enfant et la vie familiale sous l'Ancien Régime,* Paris, Le Seuil, 1973.

Durning P., Pourtois J.-P., *Éducation et Famille,* Bruxelles, De Boeck, 1994.

Lefaucheur N., « La Famille monoparentale et l'État : petite généalogie du traitement social des "risques familiaux" », *in* Singly F. de, Schultheis F. (dir.), *Affaires de famille, affaires d'État,* Heillecourt, Éditions de l'Est, 1992.

Le Gall D., Martin C., « Le Réseau parental après un divorce ou une séparation », *Dialogue,* n° 101, 1988, p. 85-93.

Meulders-Klein M.-T., Théry I., *Les Recompositions familiales aujourd'hui,* Paris, Nathan, coll. « Essais et Recherches », 1993.

Muxel A., *Individu et mémoire familiale*, Paris, Nathan, coll. « Essais et Recherches », 2002.

Singly F. de (dir.), *La Famille : l'état des savoirs,* Paris, La Découverte, 1991.

Singly F. de, *Sociologie de la famille contemporaine,* Paris, Armand Colin, coll. « 128 », 2004.

Singly F. de, *Le Soi, le couple et la famille,* Paris, Pocket, 2005.

Singly F. de *et al., Libres ensemble : l'individualisme dans la vie commune,* Paris, Pocket, 2003.

▶ Voir aussi

Crèche – École maternelle – Enfance – Filles/Garçons – Fratrie – Parents – Relation Famille/École – Relation parents/enfants – Socialisation.

Fatigue

La fatigue est un état qui nous échappe dans son unité. Elle se caractérise par un ensemble de manifestations plus ou moins objectives faisant suite à un dépassement dans l'activité de nos possibilités physiques, physiologiques et psychologiques. Ses effets portent sur l'organe, l'organisme, l'individu.

Ainsi, pour le biologiste, la fatigue se traduit, par exemple, par l'impossibilité, en l'absence d'une augmentation de la stimulation, de maintenir à un certain niveau l'activité musculaire. Le médecin, de son côté, dresse un diagnostic clinique en considérant les symptômes suivants : perturbations du sommeil nocturne, manque d'appétit, migraine, rythmes cardiaques du pouls plus rapides, élévation de l'élimination des déchets urinaires (17 OH-CS), etc.

Au plan scolaire, pédagogues et psychologues détectent la fatigue soit par une chute de l'intérêt se caractérisant par de l'apathie ou de l'excitation, soit par une attention perturbée pouvant se traduire par une altération des résultats.

Debré et Douady (1962), puis Vermeil (1976) ont permis de mieux cerner les facteurs susceptibles de générer la fatigue et ont proposé des solutions pratiques aptes à remédier à cet état.

On considère souvent que la fatigue de l'élève résulte de l'inadéquation entre les emplois du temps scolaire et les rythmes biologiques et/ou psychologiques propres à l'enfant, au préadolescent ou à l'adolescent en situation scolaire.

Le surmenage scolaire se caractérise par un état de perturbation physique et psychologique faisant suite au dépassement dans les activités scolaires du niveau maximal d'exigence mentale supportable par l'élève. Il résulte d'horaires surchargés, de tâches trop complexes et d'une dysharmonie entre les aménagements du temps scolaire et les rythmes de vie des élèves.

François Testu

▶ Bibliographie

Bugard P., Caille E. J., Crocq L., *Stress, fatigue et dépression*, 2 vol., Rueil-Malmaison, Doin, 1974.

Debré R., Douady D., *La Fatigue des écoliers français dans le système scolaire actuel,* Saint-Fons, INRP, 1962.

Montagner H. (dir.), *Les Rythmes de l'enfant et de l'adolescent : ces jeunes en mal de temps et d'espace,* Paris, Stock, 1991.

Vermeil G., *La Fatigue à l'école,* Issy-les-Moulineaux, ESF, 1976, 5e éd. 1987.

▶ Voir aussi

Intérêt – Rythmes scolaires – Temps scolaire (Aménagement du).

Ferrière, Adolphe (1879-1960)

Né à Genève, Adolphe Ferrière s'oriente vers la biologie et la sociologie. En lisant le livre de Demolins *À quoi tient la supériorité des Anglo-Saxons,* il découvre, en 1897, les écoles nouvelles anglaises. Enthousiasmé, il rejoint en Allemagne Hermann Lietz qui fonde son premier « foyer d'éducation à la campagne » ;

il participe à la création d'écoles nouvelles en Suisse, tout en étudiant à l'université la sociologie (doctorat), la psychologie et la philosophie. Il publie, en 1912, *Biogenetic und Arbeitsschule* et, en 1915, *La Loi du progrès en biologie et en sociologie.* Mais atteint d'une forte surdité, il doit renoncer à l'enseignement et consacre sa vie à organiser le mouvement de l'éducation nouvelle et, par ses écrits, à faire connaître au plus grand nombre cette « révolution copernicienne ».

Le créateur du mouvement

Dès 1899 – il a tout juste vingt ans –, Ferrière fonde le Bureau international des écoles nouvelles, afin d'établir un lien entre elles et de les faire connaître. En 1912, il précise les trente points dans lesquels se reconnaissent les écoles nouvelles authentiques. En 1921, il organise le congrès international de Calais et suscite la création de la Ligue internationale d'éducation nouvelle. Jusqu'en 1931, Ferrière dirige la revue francophone de la Ligue *Pour l'ère nouvelle* (parallèlement sont publiées une revue en anglais, une autre en allemand). La Ligue organise de grands congrès où interviennent les novateurs : Montreux (1923), Heidelberg (1925), Locarno (1927), Elseneur (1929), Nice (1932), Cheltenham (1936). Le congrès de Paris (1946) connaît un succès ambigu : étant donné les circonstances, il s'agit moins de traiter de pédagogie que des politiques de l'éducation qui doivent être menées par les gouvernements à l'issue de la Seconde Guerre mondiale.

Une doctrine commune

Très tôt, cette action de liaison et de coordination a conduit Ferrière à mettre en valeur ce qui est commun aux différentes réalisations d'éducation nouvelle, à donner à cet ensemble de recherches un cadre conceptuel commun en popularisant le terme d'« école active » (selon l'expression forgée par Bovet pour transposer *Arbeitsschule). L'École active,* c'est le titre d'un ouvrage qui, publié en 1922, est rapidement traduit en treize langues. Coup sur coup paraissent *Transformons l'école, L'Autonomie des écoliers, L'Activité spontanée chez l'enfant, La Pratique de l'école active* qui, très bien informés, dynamiques, écrits dans une langue claire et non dénuée d'humour, vulgarisent auprès d'un vaste public les thèses et les pratiques de l'éducation nouvelle. On fait appel à Ferrière dans toute l'Europe et l'Amérique latine pour des conférences, des consultations ; il ne cesse de redistribuer l'information par ses articles, sa correspondance.

La Seconde Guerre mondiale le confine en Suisse où il participe au développement psychopédagogique des « maisons d'enfants », qui recueillent de nombreux orphelins victimes de la guerre.

En 1947 paraît une édition remaniée de *L'École active,* où sont intégrées des pages de *La Pratique de l'école active* et de *L'Autonomie des écoliers.* Cette édition définitive permet d'apprécier le caractère synthétique de la présentation de l'école nouvelle par Ferrière. Nourri de l'expérience des novateurs, qu'il critique au passage sur certains points, il exclut les excès des « extrémistes ». À l'école « active », il s'agit de favoriser l'activité spontanée dans laquelle l'enfant s'engage librement, avec intérêt et sans ménager ses efforts. Il y a, en effet, un « élan vital spirituel » qui se manifeste en tout enfant par une succession d'intérêts dominants (sensoriels, ludiques, concrets immédiats, etc.), selon les stades de son évolution. Tels sont les fondements psychologiques de l'école active, qui fournit à l'enfant un milieu physique et social propre à déclencher des activités tant manuelles (cuisine, jardinage, élevage, menuiserie, etc.) qu'intellectuelles : sur les thèmes choisis, on va à la recherche des faits et des documents, dans l'environnement comme dans les livres ; on les classe, on élabore un texte qui figure au « cahier de vie ». Le programme n'est pas inspiré par la logique, mais par le biologique, partant des besoins de chacun. Les apprentissages formels (grammaire, orthographe, etc.) sont secondaires par rapport aux centres d'intérêt. En organisant (d'une façon progressive et mesurée) l'autonomie des écoliers, l'école active libère l'adulte de la corvée disciplinaire et le maître peut devenir celui qui aide les enfants. Il faut évidemment qu'il choisisse non plus d'agir *sur* les enfants, en enseignant, mais de les aider à agir et de les renseigner.

Pendant ses dernières années, Ferrière se consacre davantage à des réflexions philosophiques et religieuses, dont témoignent ses derniers livres, jusqu'à sa mort, en 1960.

Louis Raillon

▸ Bibliographie

Principales œuvres d'Adolphe Ferrière :

Transformons l'école, Genève, 1920, rééd., Paris, Oliven, 1948.

L'École active, Genève, 1922, rééd., Fabert, 2004.

Trois pionniers de l'éducation nouvelle, Paris, Flammarion, 1928.

L'Amérique latine adopte l'école active, Lonay, Delachaux et Niestlé, 1931.

Maisons d'enfants de l'après-guerre, Neuchâtel, La Baconnière, 1945.

L'École active à travers l'Europe, Lille, Victor Michon, 1948.

L'Autonomie des écoliers dans les communautés d'enfants, Lonay, Delachaux et Niestlé, 1950.

Principales œuvres sur Adolphe Ferrière :

Anen, *L'Éducation nouvelle* (textes de Claparède, Cousinet, Dewey, Ferrière), Lonay, Delachaux et Niestlé, 1997.

Hameline D., Jornod A., Lemdani Belkaïd M., *L'École active, textes fondateurs*, Paris, PUF, coll. « Pédagogues et pédagogies », 1995.

▸ Voir aussi

Actives (Méthodes) – Centres d'intérêt – Éducation nouvelle.

Ferry, Jules (1832-1893)

Jules Ferry est né le 5 avril 1832 à Saint-Dié (Vosges) et mort le 17 mars 1893 à Paris.

Avocat républicain, maire de Paris sous la Commune, Jules Ferry fut élu député des Vosges, membre de la « gauche républicaine », en 1871, après la chute du second Empire. Il fut ministre de l'Instruction publique de février 1879 à novembre 1881, de janvier à juillet 1882 et enfin de février 1883 à mars 1885, et par deux fois président du Conseil. Après la chute de son gouvernement (1885), il fut réélu député des Vosges, puis sénateur en 1891 et président du Sénat en 1893.

Son œuvre scolaire, accomplie ainsi en moins de quatre ans et avec l'aide de collaborateurs tels que Ferdinand Buisson, eut une portée considérable. Elle se fonde sur une doctrine de l'éducation émancipatrice et de l'État laïque et éducateur. Influencé par les plans d'éducation de la Révolution et, tout particulièrement, par la lecture de Condorcet, Jules Ferry voyait dans l'éducation la condition du suffrage universel et de l'égalité des droits : c'est pourquoi il fit en 1870, lors du célèbre discours de la salle Molière, le serment de se consacrer corps et âme à l'éducation du peuple. Mais, marqué aussi par le positivisme d'Auguste Comte, libre penseur et franc-maçon, il ne visait pas seulement à étendre l'instruction élémentaire, déjà largement développée ; il voulut instituer une pédagogie républicaine, et fonder la République et l'unité nationale sur des bases rationnelles ; il s'efforça d'arracher les écoles primaires à l'Église et de construire un espace public abrité des communautés et de leurs intérêts particuliers. Aussi entrelaça-t-il, dans son œuvre législative et réglementaire, diverses mesures. Les unes visaient à développer l'enseignement primaire, secondaire et supérieur : citons les lois de 1880 relatives à la réorganisation du Conseil supérieur de l'Instruction publique et à l'enseignement des jeunes filles, les lois de 1881 relatives à la gratuité de l'enseignement primaire et à la création de l'école normale supérieure de Sèvres, la loi de 1882 concernant l'obligation de l'enseignement primaire, ou encore la création de l'enseignement primaire supérieur, des bourses d'agrégation et d'agrégations féminines, etc. D'autres mesures visaient à former les instituteurs : notons la loi de 1879 (proposée par Paul Bert) obligeant tous les départements à créer une école normale, la création de l'école normale supérieure de Fontenay en 1880, la loi de 1881 instaurant le brevet de capacité pour les instituteurs, la création d'un cours de science de l'éducation à la Sorbonne en 1883. Une troisième série de mesures visait à laïciser l'École : ce sont le décret de 1880 interdisant l'enseignement aux congrégations non autorisées, la loi de 1882 substituant l'instruction morale et civique à l'instruction morale et religieuse dans les écoles publiques. La plupart de ces réformes furent l'objet d'une bataille acharnée à la Chambre des députés et surtout au Sénat.

Jacqueline Gautherin

▸ Bibliographie

Gaillard J.-M., *Jules Ferry*, Paris, Fayard, 1993.
Lelievre C., *Jules Ferry : la République éducative*, Paris, Hachette, 1999.
Legrand L., *L'Influence du positivisme dans l'œuvre scolaire de Jules Ferry : les origines de la laïcité*, Paris, Marcel Rivière, 1961.
Ozouf M., *Jules Ferry*, Paris, Bayard, 2005.

▸ Voir aussi

Buisson, Ferdinand – Condorcet – Écoles normales – Gratuité – Laïcité.

Feuerstein, Reuven (né en 1921)

Reuven Feuerstein est un psychologue clinicien et psychopédagogue israélien né en Roumanie. De 1940 à 1944, il étudie à Bucarest, d'abord au collège pour la formation des enseignants, puis au collège Onesco où il suit des cours de psychologie. En 1944, il fuit la Roumanie occupée par l'armée allemande et gagne la Palestine où il entre au séminaire des enseignants de Jérusalem (1944-1945). De 1940 à 1954, il poursuit des études de psychologie à l'université de Genève, où il fut l'élève de Jean Piaget et d'André Rey. Il y obtient un diplôme de psychologie générale et de psychologie clinique (1952), puis une licence de psychologie. En 1970, il soutient, en Sorbonne, une thèse de doctorat de psychologie sur « Les Différences de fonctionnement cognitif dans des groupes socio-ethniques différents : leur nature, leur étiologie et les pronostics de modifiabilité ».

Après avoir débuté comme instituteur, il poursuit sa carrière en menant des recherches en psychologie clinique et en psychopédagogie, principalement à l'Institut Hadassah Wizo Canada, à Jérusalem, dont il est le directeur. Parallèlement, il enseigne à l'université de Bar Ilan (Israël) et à l'université Vanderbilt (États-Unis).

Très jeune, Feuerstein dit s'être intéressé à l'enseignement et avoir appris à lire à des enfants parfois plus âgés que lui avant de s'occuper d'élèves déficients à Bucarest. Mais c'est surtout son expérience dans le cadre de l'Aliah des Jeunes, organisme chargé de faciliter l'émigration et l'insertion scolaire et socioprofessionnelle des jeunes en Palestine, puis en Israël, qui s'est révélée déterminante. Il y entre en 1945 et travaille avec des adolescents très perturbés – certains sont des rescapés de la Shoah –, pour les aider à surmonter leurs difficultés et à s'intégrer à un pays qui compte sur eux pour se construire. Dans les années 1950, il est nommé directeur des services psychologiques de l'Aliah pour l'Europe (France et Maroc). Chargé d'évaluer les capacités de jeunes Marocains, il constate qu'ils obtiennent des scores très bas aux tests psychométriques. Refusant d'attribuer une valeur prédictive à ces résultats, il conçoit avec André Rey un dispositif d'évaluation dynamique de leurs capacités de changement, se déroulant en trois temps : test entretien-retest, et qui décèle des possibilités d'apprentissage chez ces jeunes. Ce dispositif, qui permet de passer du constat de l'état d'un sujet à une estimation de sa modifiabilité, sera repris, amplifié et deviendra le LPAD : Learning Potential Assessment Device ou Dispositif d'évaluation du potentiel d'apprentissage.

Pour favoriser cette modifiabilité, Feuerstein va élaborer une méthode visant à transformer les modes de fonctionnement du sujet de façon à les rendre plus opératoires : le Programme d'enrichissement instrumental (PEI). Destiné d'abord à des adolescents de bas niveau, ce programme est utilisé à présent auprès de publics très diversifiés : jeunes trisomiques, handicapés, adolescents en difficulté, adultes qui rencontrent des problèmes d'acculturation ou d'ordre professionnel.

Une étude récente de Loarer *et al.*, visant à évaluer le PEI dans le cadre de la formation d'adultes, constate les effets sur le raisonnement, l'aptitude verbale, l'efficience spatiale, mais tend à remettre en question leur généralisation. En conclusion, elle pose le problème du bien-fondé du postulat selon lequel il est possible d'acquérir des processus généraux de pensée indépendamment de l'apprentissage de contenus spécifiques.

Édith Waysand

▸ Bibliographie

DEBRAY R., *Apprendre à penser : le programme d'enrichissement instrumental de R. Feuerstein, une issue à l'échec scolaire et professionnel*, Genève, Georg, 1997.

LOARER E., LIBERT M.-F., CHARTIER D., HUTEAU M., LAUTREY J., *Évaluation du Programme d'enrichissement instrumental de Feuerstein (PEI) dans les stages de formation d'adultes de l'AFPA*, rapport final de recherche 1992, ministère de la Recherche et de l'Espace, Berne, Peter Lang, coll. « Exploration », 1994.

MORVAN J. S., « Étude clinique situationnelle de l'application de la méthode Feuerstein auprès d'enfants et d'adolescents », *Handicaps et inadaptations*, n° 58, 1992, p. 1-31.

▸ Voir aussi

Cognitive (Éducation) – Piaget, Jean.

FILLES/GARÇONS

La sociologie de la reproduction a accrédité le parallélisme entre les dominations dans la société civile et les dominations dans la société scolaire. La situation des filles dans l'institution scolaire est très intéressante à cet égard.

Longtemps, le paradigme de la sociologie de la reproduction s'est vérifié sans la moindre nuance : les filles n'ont bénéficié que très tardivement de l'obligation scolaire intégrale ; elles ont longtemps été cantonnées dans des filières spécifiques ; enfin elles ont fait l'objet d'appréciations défavorables de leurs aptitudes dans certaines disciplines, telles que les mathématiques et les sciences. Cette situation a motivé, aux États-Unis notamment, des travaux de psychosociologues féministes, démontrant qu'il existe très peu de traits comportementaux réellement liés au sexe ; il en existe dans certaines sociétés, mais cela ne signifie pas qu'ils seraient inscrits dans une quelconque nature, dès lors que les pratiques éducatives des parents sont dès la première heure de la vie différentes, selon le sexe de l'enfant. Plus généralement, les différences observées face à l'éducation ont été imputées à la situation des femmes qui intériorisent très tôt leur double statut de mère et de femme active.

Historiquement, les familles mobilisaient moins de ressources matérielles et morales au bénéfice des filles, en conséquence elles se résignaient à des orientations de moindre rentabilité professionnelle. Néanmoins, des évolutions remettent en cause la validité et surtout la pérennité du paradigme. En termes de niveau, dans tous les pays développés, les filles ont rattrapé puis dépassé les garçons. En France, les filles connaissent moins de retard à l'école élémentaire et au collège et sont majoritaires dans les lycées d'enseignement général. Les tests d'évaluation, passés en CE2, 6ᵉ et 3ᵉ, ont fait justice des prétendues insuffisances des filles en sciences : meilleures en français, les filles font partie égale avec les garçons en mathématiques. Faut-il en conclure que la domination masculine traditionnelle a été renversée au profit de l'égalité ?

Toutefois, dans toutes les circonstances de l'activité scolaire où il ne s'agit pas d'apprentissage mais bien de valorisation des compétences acquises, les garçons ont un avantage réel sur les filles. Et surtout, dès lors que les études se professionnalisent, les orientations restent très différentes. Dans tous les pays du monde (Baudelot, Establet, 2001), les filières technologiques et industrielles sont l'apanage des garçons, alors que les filles s'orientent plutôt vers des professions de santé et d'enseignement. Mais elles diversifient aujourd'hui leurs orientations, et choisissent des filières jusqu'alors typiquement masculines. Aux États-Unis, la proportion des diplômées des sections « humanités » a fortement décru au profit du technique et du « business ». En France, les filles demeurent très minoritaires dans les écoles d'ingénieurs, mais elles dépassent les garçons dans les écoles de commerce et les instituts de science politique. Globalement, comme leur niveau d'études est un peu plus élevé que celui des garçons, elles sont à présent plus nombreuses à s'insérer comme cadres ou professions intermédiaires.

Cependant, les représentations du féminin et les contraintes objectives qui pèsent sur les mères de famille viennent très vite contrecarrer leurs investissements scolaires. Ainsi, les pionnières qui s'engagent dans des filières traditionnellement masculines ne s'insèrent pas toujours mieux, car on peine à accepter que, dans certains domaines professionnels, une femme puisse être véritablement aussi qualifiée qu'un homme. Pour toutes les jeunes femmes, on observe aussi des inégalités de situation professionnelle avec leurs homologues garçons, surtout lors des premières années de vie active. Les femmes adultes doivent gérer à la fois les contraintes familiales et leur situation professionnelle.

En fait, les transformations et les persistances se mêlent inextricablement dans l'évolution. Face aux transformations assez rapides de l'appareil scolaire, les rôles d'adulte évoluent plus lentement, et par conséquent les modèles de socialisation proposés aux hommes et aux femmes, les politiques de la famille et les stratégies des entreprises. Si donc l'école ne peut pas tout en la matière, elle constitue un vecteur de changement dès lors qu'elle promeut un modèle individualiste : tous les élèves sont censés développer au mieux leurs goûts et leurs capacités, quels que soient leur sexe et les contraintes des rôles sociaux futurs. Mais l'école est aussi une « petite société » qui tend à reproduire les représentations dominantes ; les jeunes y apprennent, par les contacts qu'ils ont avec les contenus culturels qui leur sont proposés, avec leurs maîtres et entre eux (la mixité n'étant pas toujours forcément positive dès lors qu'elle fige les rôles sexués), les normes du masculin et du féminin. Seules des actions pédagogiques visant à rendre tous les acteurs scolaires conscients de cette socialisation sexuée implicite (à l'instar de ce que propose pour la première fois un *Bulletin officiel* de l'Éducation nationale en 2000) peuvent faire de l'école un agent de changement.

Marie Duru-Bellat
Roger Establet

▶ Bibliographie

BAUDELOT C., ESTABLET R., *Allez les filles !,* Paris, Le Seuil, rééd. 1998.

BAUDELOT C., ESTABLET R, « La Scolarité des filles à l'échelle mondiale », *in* Blöss T. (dir.), *La Dialectique des rapports hommes/femmes*, Paris, PUF, 2001, p. 103-126.

DURU-BELLAT M., *L'École des filles : quelle formation pour quels rôles sociaux ?,* Paris, L'Harmattan, 2004.

HURTIG M.-C., PICHEVIN M.-F., *La Différence des sexes,* Paris, Deuxtemps Tierce, 1986.

MANASSEIN M. de (éd.), *De l'égalité des sexes*, Paris, CNDP, 1995.

Ministère de l'Éducation nationale, « À l'école, au collège et au lycée : de la mixité à l'égalité », *Bulletin officiel*, n° 10, 2.11.2000.

▶ Voir aussi

Évaluation – Sexisme.

FORMATEUR D'ADULTES

À défaut de cadre légal précis, de statuts reconnus par l'État, le métier de formateur d'adultes est difficile à définir. Dans une acception restreinte, est formateur d'adultes celui qui assure surtout des prestations pédagogiques directes auprès des publics, ce qui exclut de la définition les activités de responsable de formation, de conseiller, de consultant, d'audit, d'ingénierie, etc. Dans une approche étymologique et sémantique, le formateur est celui qui donne forme, qui fait naître, qui conçoit, qui organise, qui « permet de contracter des habiletés, des habitudes,

des manières, des mœurs » (Littré). Du Dieu formateur, concepteur de toutes choses (vers 1486), au formateur d'adultes (1951), il existe d'une certaine façon une continuité de sens : est formateur celui qui modèle, celui qui agence.

L'évolution des métiers de la formation d'adultes

Il est difficile, aujourd'hui, de cerner les agents de la formation d'adultes. Les appellations professionnelles sont diverses et leur dénombrement s'avère délicat.

Tuteur, formateur occasionnel, formateur-coordinateur, animateur-formateur, conseiller en formation continue, responsable de formation ou des « ressources humaines », consultant, audit, chargé de mission, etc., l'énumération des dénominations pourrait être fort longue. Si on s'en tient aux salariés permanents, on peut souligner quelques évolutions récentes. Tout d'abord, il existe une séparation de plus en plus nette entre deux grands secteurs de la formation professionnelle continue (FPC) : d'un côté, celui financé par l'État et les collectivités territoriales, orienté sur le traitement du chômage ; de l'autre côté, celui financé par les entreprises, orienté sur la gestion des « ressources humaines » et l'accompagnement des transformations rapides de l'appareil productif. Être formateur, dans l'un ou l'autre de ces deux secteurs, ne renvoie pas aux mêmes statuts et conditions matérielles d'exercice.

Ensuite, aux divisions sociales classiques entre fonctions de direction, de négociation et de conception, d'une part, et fonctions de réalisation, d'exécution pédagogique, d'autre part, se sont ajoutées, ces dernières années, des divisions horizontales du travail. Ainsi, les fonctions d'information, d'accueil, d'orientation, mais aussi celles de production pédagogique, de suivi, d'évaluation, de bilan des compétences, d'accompagnement individualisé des itinéraires de formation ont été progressivement dissociées et confiées à différents opérateurs institutionnels et agents de la formation. Dans les entreprises, le souci de mieux maîtriser le processus de formation a conduit à renoncer progressivement à la convention de stage conclue avec un organisme de formation extérieur pour privilégier l'organisation interne. Dans ce cas, les qualifications recherchées ne sont plus celles du formateur mais plutôt celles du consultant, du conseiller, de l'audit qui aide à construire et évaluer des politiques et dispositifs de formation.

Au sein de ces évolutions, le travail pédagogique se trouve globalement dévalorisé. Le formateur d'adultes des années 1970 revendiquait la maîtrise du processus global de formation, de l'analyse des besoins à l'évaluation. Aujourd'hui, il serait plutôt considéré comme un exécutant.

Aux évolutions précédentes correspondent des catégorisations statistiques et professionnelles à la fois hiérarchisantes et floues.

Le code des professions et catégories sociales de l'INSEE (PCS) distingue les formateurs et animateurs de formation rattachés aux professions intermédiaires et les cadres spécialistes du recrutement et de la formation assimilés aux cadres supérieurs et professions intellectuelles. Selon cette classification, on relevait, en 1990, 84 000 personnes se déclarant rattachées aux métiers de la formation, dont 70 000 comme « formateurs-animateurs ».

La convention collective nationale, conclue en juin 1988, entre la chambre syndicale des organismes de formation (CNESFOR), l'Union nationale des organismes de formation (UNORF) et les organisations syndicales (exception faite, notable, de la CGT et de la CFDT), distingue des fonctions de « technicien » et de « cadre ». Les « techniciens » sont positionnés à bac + 2, assujettis en moyenne à 27 heures de face-à-face pédagogique par semaine pour un coefficient salarial compris entre 170 et 270. Les « cadres », positionnés à bac + 4 et plus, peuvent, selon les sous-catégories définies, bénéficier d'un coefficient salarial compris entre 300 et 600.

On notera que cette bipolarisation, propre à l'INSEE et à la convention collective, cache de fortes disparités de statuts, de conditions d'exercice et de rémunération, et que la convention collective concerne approximativement 15 000 professionnels sur les 84 000 recensés par l'INSEE. Une brève étude du processus de professionnalisation des métiers de la formation permet d'éclairer ces constats.

Une professionnalisation qui suscite des interrogations

Si on se réfère à la sociologie anglo-saxonne des professions, les processus de professionnalisation aboutissent à l'existence :
– de statuts et de diplômes garantis par l'État, définissant les conditions d'accès et d'exercice de la profession ; à défaut, des conventions collectives nationales, interprofessionnelles, peuvent jouer un rôle similaire ;
– d'instances représentatives de la profession, agissant comme groupes de pression et de régulation auprès de l'État ou des principaux employeurs ;
– d'une visibilité et d'une légitimité sociales fondées sur l'importance du service rendu, sur la mobilisation de savoirs spécialisés, sur des éléments déontologiques ou éthiques explicites.

En référence à ces critères, on peut évaluer les freins et les avancées du processus d'institutionnalisation des métiers de la formation d'adultes.

Outre les hiérarchisations et les segmentations déjà signalées, les principaux freins se rapportent au rôle de l'État, à la conception dominante de la FPC et à des difficultés scientifiques. En effet, l'État, depuis 1970, à quelques exceptions près, ne légifère, en matière de FPC, que lorsque des accords préalables ont été conclus entre organisations patronales et syndicales. Compte tenu de divergences profondes entre « partenaires sociaux » à propos des statuts des formateurs, l'État n'intervient que de façon incidente dans le processus d'institutionnalisation des métiers de la formation d'adultes. Par ailleurs, on attend en général de la FPC qu'elle accompagne, dans le cadre du chômage ou de l'emploi, des changements économiques et sociaux, rapides par définition, hors de portée des possibilités des formations initiales scolaires et universitaires. On espère donc de la souplesse, de l'adaptabilité et de la flexibilité de la part de la FPC et de ses agents, c'est-à-dire des qualités jugées incompatibles avec l'existence de diplômes et de statuts définis nationalement. Enfin, il existe des difficultés à fonder scientifiquement, à formaliser les savoirs mobilisés par les agents de la formation. Si on admet volontiers que le formateur d'adultes doit maîtriser un contenu de formation et les savoirs pédagogiques et didactiques de sa mise en œuvre, le débat reste entier sur la « maîtrise sociale », c'est-à-dire sur les compétences permettant d'intervenir sur l'ensemble du processus de formation. Les lieux où s'élaborent, se formalisent et se diffusent ces savoirs professionnels sont encore rares et dispersés.

En revanche, parmi les éléments susceptibles de concourir à la structuration du milieu professionnel de la formation d'adultes, on peut citer plusieurs facteurs. En premier lieu, le regroupement, au sein d'une fédération de la formation permanente, en 1991, de trois organisations d'employeurs : la CNESFOR et l'UNORF (déjà citées) et la Chambre syndicale des sociétés d'études et de conseil (SYNTEC). En contrepoint, les principales organisations syndicales de salariés ont précisé leurs structures d'accueil et de coordination des personnels chargés de formation. En second lieu, les initiatives prises par les financeurs publics pour « assainir » le marché de la formation. La labellisation, les missions confiées à l'Association française de normalisation (AFNOR) contribueront à cette structuration si les procédures engagées sont largement débattues. Enfin, l'existence, même encore peu coordonnée, de lieux de recherche, d'espaces de publications et de rencontres spécialisés, d'offres de formations diplômantes de formateurs universitaires. Si l'on peut comptabiliser, entre 1970 et 1980, le nombre de diplômes universitaires, seuls une partie d'entre eux (DESS, DUFA homologués) bénéficient d'une reconnaissance nationale. On pourrait parler en ce domaine d'un semi-engagement de l'État. Une interrogation forte subsiste quant à la syndicalisation et à l'accueil syndical des différents salariés de la formation d'adultes. Où sont-ils dans les structures syndicales et que peuvent-ils exprimer ?

Il y aurait ici, de notre point de vue, matière à recherche. Il en va de même, d'ailleurs, pour les offres et modes de formation de « formateurs », mais aussi pour les cursus et qualités de cette sous-population spécifique, qui se dit ou est instituée « formateurs de formateurs ». Bref, il s'agit de champs de recherche à explorer, à construire.

L'examen des freins et des avancées du processus de professionnalisation conduit à des souhaits et à des questions. Au titre des souhaits, à court terme, il serait utile de réduire les écarts constatés entre les deux grands secteurs de la formation d'adultes et de lutter, en prônant la polyvalence, contre les divisions et segmentations actuelles du travail de formation qui conduisent à reléguer l'activité pédagogique. Vouloir professionnaliser les métiers de la formation conduit aussi à certaines interrogations : Faut-il, avec la création de statuts et diplômes d'État, courir le risque de créer une Éducation nationale *bis* ? Vraisemblablement, non. Faut-il toutefois renoncer à la qualification des agents de la formation d'adultes et à une codification sociale de leurs activités ? Sûrement non, là encore. Faut-il penser que l'exercice professionnel en formation d'adultes marque une phase, un moment d'un itinéraire professionnel ? Vraisemblablement oui pour la majorité des agents, mais cela n'exclut pas une véritable préparation professionnelle et la constitution d'un noyau d'experts polyvalents. Faut-il intégrer dans la formation initiale et continue des salariés des éléments de formation éducative et pédagogique dès lors que l'on pense à étendre les dimensions éducatives à l'ensemble des organisations et institutions sociales ? Oui, cela serait souhaitable et s'effectue déjà dans certains secteurs, à titre expérimental. Faut-il enfin diffuser, dans l'ensemble du corps social, des éléments de formation éducative et pédagogique ? Oui, là encore, si l'on veut stimuler les capacités de coformation et d'autoformation à tous les âges de la vie pour l'avènement d'une réelle société éducative (Joffre Dumazedier, 1978).

En conclusion, penser la professionnalisation des métiers de la formation d'adultes et agir pour la diffusion sociale la plus large de ces savoirs professionnels pour une société éducative vont de pair, du moins si on ne renonce pas au projet social de l'éducation permanente.

Jacques Hédoux

▶ Bibliographie

Allouche-Benayoun J., Pariat M., *La Fonction formateur*, Toulouse, Privat, 1993.

Capelani C., « Former et qualifier les formateurs d'adultes. Analyse comparative de quatre formations de formateurs diplômantes », *Revue française de pédagogie*, n° 127, 1999, p. 73-84.

Cardon C.-A., « Les Formateurs d'adultes dans la division sociale du travail », *Cahiers d'études du CUEEP*, Lille, université de Lille-I/CUEPP, n° 23, octobre 1993.

Caspar P., Carré P. (dir.), *Traité des sciences et des techniques de la formation,* Paris, Dunod, 2004.

Dumazedier J., « La Société éducative et ses incertitudes », *Éducation permanente*, n° 44, 1978.

Foudriat M., *La Formation des formateurs dans les universités*, Paris, Publications de la Sorbonne, 1986.

Jobert G., « Une nouvelle professionnalité pour les formateurs d'adultes », *Éducation permanente*, n° 87, 1987.

Le Boterf G. *et al., L'Audit de la formation professionnelle*, Paris, Éd. d'Organisation, 1985.

Liétard B. *et al.*, *Les Métiers de la formation : contributions de la recherche, état des pratiques et étude bibliographique,* Paris, La Documentation française, 1994.

Viallet F., *L'Ingénierie de la formation*, Paris, Éd. d'Organisation, 1987.

Liste des principales revues spécialisées :

Actualité de la formation permanente ; *Éducation permanente* ; *Études et expérimentations* ; *Pratiques de Formation ; Savoirs*.

▶ Voir aussi

Acquis (Reconnaissance et validation des) – Adultes (Formation des) – Formation – Formation professionnelle continue – Insertion – Ressources humaines (Gestion des).

FORMATION

La seconde moitié du XXe siècle voit la montée progressive du terme « formation » dans le discours français sur l'éducation. Cette montée, ou plutôt cette remontée terminologique, puisque son apparition (XIIe siècle) précède de deux siècles celle d'éducation (XIVe siècle), ponctue l'éclatement de la définition de cette dernière comme action des générations adultes sur celle des jeunes. Elle accompagne l'extension temporelle et spatiale des pratiques multiples de formation permanente. Elle catalyse aussi des interrogations théoriques fondamentales plus ou moins reliées aux recherches de pointe sur la morphogenèse. La formation déborde donc largement les apprentissages professionnels *(training and education)*. Étymologiquement, elle renvoie à un processus unificateur de mise ensemble, en sens, d'éléments et moments autrement séparés *(Bildung* en allemand). Certains le définissent même comme fonction de l'évolution humaine.

Une entrée par la petite porte

Le mot « formation » apparaît dans le vocabulaire législatif sur l'apprentissage à la fin des années 1920. « La formule "formation méthodique et complète" remplace, dans le texte de cette loi (20 mars 1928), l'expression "enseignement de la pratique de la profession" du texte de 1851 » (Léon, 1968). Un décret du 21 septembre 1939 institue les centres de formation professionnelle (CFP) comme centres publics d'apprentissage.

Dans le discours officiel des années de reconstruction, après la Seconde Guerre mondiale, le mot « formation » vient coiffer progressivement les termes d'enseignement technique, d'apprentissage, d'instruction, de promotion. Ainsi est créée l'Association pour la formation professionnelle accélérée (1946), qui devient l'Association nationale pour la formation professionnelle des adultes (AFPA) en 1950. Une série de lois ajoute ensuite une panoplie de qualificatifs qui instituent le terme dans différents secteurs de la vie socioprofessionnelle : formation économique et sociale des travailleurs appelés à exercer des responsabilités syndicales (loi de 1959) ; formation des cadres et animateurs (1961) ; loi d'orientation sur la formation professionnelle (1966). Pour arriver à ce qui est souvent présenté comme l'an 1 de la formation : la loi de 1971 sur la formation professionnelle continue dans le cadre de l'éducation permanente.

En 1982, l'expression « formation continue » remplace officiellement « éducation des adultes » (Commission de terminologie de l'éducation). « Éducation permanente » devient « formation permanente » et on parle même de « formation initiale ». Il faut aussi attendre les années 1980 pour que le terme commence à s'implanter à l'Éducation nationale : dans les universités, les unités d'enseignement et de recherche (UER) deviennent des unités de formations et de recherche (UFR) en 1984. Les écoles normales sont baptisées instituts universitaires de formation des maîtres (IUFM) en 1989.

La mise en forme

Cette entrée récente, d'abord par la porte de service de la formation professionnelle et de la promotion sociale, « formes » inférieures de l'éducation, condamne, pour certains, le mot à ces dépendances. C'est oublier qu'il est apparu au XIIe siècle et qu'étymologiquement il se rattache à l'un des concepts les plus puissants de l'histoire – *forma* –, même si sa dynamique a été plus utilisée que théorisée.

La longue tradition philosophique du concept de forme, depuis l'hylémorphisme d'Aristote jusqu'à la *Gestalttheorie* et aux recherches morphologiques actuelles, ne semble pas avoir beaucoup influencé explicitement l'utilisation du concept de « formation ». Le mot est quasi absent de cette tradition et il n'apparaît pratiquement qu'avec la naissance du savoir moderne. Apparition discrète mais multitopique, aussi bien dans les sciences de la nature que dans les sciences humaines et sociales avec Marx, Freud, Wallon et Piaget. La dynamique de l'acte prenant le pas sur le statique de l'état, la disparition des formes préétablies entraîne la nécessité de développer le concept de « formation ». Il est certain que ce dernier s'utilise dans des problématiques évolutives d'apparition, de production de formes alors que celui de forme réfère plus à un état statique donné. L'utilisation de ces deux mots est donc marquée par la division/opposition qui rend étanches les rapports traditionnels entre les sciences centrées plus directement soit sur l'être, soit sur le devenir. La formation, comme la forme, posent aux sciences une, sinon « la », question épistémologique fondamentale.

De l'ingénieux graphe utilisé par Goguelin (1970) pour dresser la carte sémantique des mots « former-éduquer-instruire-enseigner », il ressort que le mot « former » est en équivalence avec « créer, constituer, composer, concevoir ». Il signifie donc une intervention très complète, très profonde, très globale, où l'être et la forme sont indissociables. Par cette ampleur, cette intervention est quasi démiurgique et il n'est pas étonnant que dans des sociétés à dominante religieuse, les hommes aient hésité à se l'attribuer, en laissant le monopole au Créateur. Par contre, quand la référence inconditionnelle à la forme donnée toute faite d'en haut (la vocation, la prédestination) vole en éclats, il n'y a pas d'autre solution que de rapatrier l'exercice de cette action. La formation s'impose alors comme une action vitale essentielle, intégrant entre autres l'éducation, l'instruction ou l'enseignement, mais ne s'y réduisant pas.

Une autre vision de l'adulte

Cet axe sémantique premier de création comprend une autre unité de sens, un autre sème constitutif, qui est celui d'intégration, de totalisation, de globalisation, d'unification, c'est-à-dire de création par réunion d'éléments. La formation ne se fait pas à partir de rien, mais en mettant ensemble, en rapport, en contact, différents éléments. C'est cette mise en rapport qui la constitue.

Parler de formation plutôt que d'éducation, d'instruction ou d'enseignement, ne présente donc pas seulement l'avantage de prendre de la distance vis-à-vis de concepts marqués par des conditions très particulières d'exercice : action temporaire des adultes sur les enfants et action scolaire. Ce glissement de signifiant indique un glissement important de sens : d'un sens à connotation analytique et extradéterminé, on ajouterait un sens plus synthétique et plus introdéterminé. Se former, se donner une forme, est une activité plus fondamentale, plus ontologique que s'éduquer, c'est-à-dire s'élever ou se nourrir. Se former, c'est reconnaître qu'aucune forme achevée n'existe *a priori* qui serait donnée de l'extérieur. Cette forme toujours inachevée dépend d'une action. Sa construction propre est une activité permanente. La fortune de ce mot serait liée à l'éclatement de la vision de l'adulte comme être achevé. Non seulement l'adulte n'est pas un être achevé, mais il a à lutter en permanence pour intégrer les différentes influences et pour exister comme unité, totalité.

Ces mises en forme permanentes ouvrent un horizon quasi infini des pratiques, personnelles et sociales, professionnelles et culturelles, physiques et métaphysiques. Des lois en instituent et structurent certaines en champs spécifiques. Mais à côté de ces formations formelles proliférantes apparaît de plus en plus l'importance de la face cachée, ombrée, de ce que les pédagogues appelaient éducation informelle et non formelle. Elle commence à se nommer moins privativement « formation expérientielle » (Courtois, Pineau, 1992), en tension plus ou moins forte avec les différentes institutionnalisations de la formation formelle. Mais cette extension potentiellement infinie pose le redoutable problème de sa compréhension. Ce qui est gagné dans un sens est-il perdu dans l'autre ?

Un nouveau domaine d'étude

Comprendre la formation est peut-être une opération démiurgique aussi impossible à réaliser qu'inévitable à entreprendre pour exister. Malgré ou à cause de l'ampleur de l'opération, qui pose des problèmes spécifiques raidissant les uns, stimulant les autres, certains s'emploient à en faire un objet d'étude spécifique de conceptions et de théorisations. « La formation constitue un objet de recherche dont l'intelligibilité doit commencer par la formulation de questions non codifiées » (Dominicé, 1990). Une première approche audacieuse l'a problématisée comme logique de transformation (Besnard, Liétard, 1976). Une seconde la pose comme principe universel, actif dans la nature et les démarches humaines avec trois grands formateurs : la communication, l'économie, la politique (Boutin, 1988).

Dans un ouvrage fondateur, *Penser la formation* (1994), Fabre enracine la formation dans la *Physique* d'Aristote. Il la fonde comme une pensée du devenir, en contraste avec le modèle platonicien de l'éducation de l'être. Ontologiquement, la formation n'est pas une activité comme les autres. C'est la structure d'une existence inachevée, en devenir permanent.

Croisant cette pensée du devenir existentiel tout au long et dans tous les secteurs du cours de la vie avec l'intuition rousseauiste des trois maîtres, se développe une théorie tripolaire de la formation par soi, les autres et les choses, tendue entre expériences et expressions (Pineau, 2000). Étudier ainsi, de façon à la fois systémique et dialectique, l'évolution de cette structure formative permet de mieux approcher, non seulement la complexité du champ formatif, mais aussi d'en saisir la dynamique morphogénétique par rupture et création de formes.

Gaston Pineau

▸ Bibliographie

Besnard P., Liétard B., *La Formation continue,* Paris, PUF, coll. « Que sais-je ? », 1976, 6e éd., 2001.

Boutin A., *Le Principe de formation*, Lyon, PUL, 1988.

Carré P., Caspar P. (dir.), *Traité des sciences et techniques de la formation,* Paris, Dunod, 2004.

Courtois B., Pineau G. (dir.), *La Formation expérientielle des adultes,* Paris, La Documentation française, 1992.

Dominicé P., *L'Histoire de vie comme processus de formation*, Paris, L'Harmattan, 1990, rééd., 2003.

Fabre M., *Penser la formation,* Paris, PUF, 1994.

Goguelin P., *La Formation continue des adultes,* Paris, PUF, 1970, 4e éd., coll. « Le Psychologue », 1994.

Honoré B., *Vers l'œuvre de formation : l'ouverture à l'existence,* Paris, L'Harmattan, 1992.

Léon A., *Histoire de l'éducation technique*, Paris, PUF, 1968.

Paul P., Pineau G., *Transdisciplinarité et formation,* Paris, L'Harmattan, 2005.

Pineau G., *Temporalités en formation : vers de nouveaux synchroniseurs*, Paris, Anthropos, 2000.

▸ Voir aussi

Adulte – Adultes (Formation des) – Éducation – Éducation permanente – Informelle (Éducation).

Formation des adultes

▸ Adultes (Formation des)

Formation en alternance

▸ Alternance (Formation en)

Formation à distance

L'appellation « formation à distance » (FAD) s'applique à tout type de formation organisée, quelle qu'en soit la finalité, dans laquelle l'essentiel des activités de transmission des connaissances et d'apprentissage se situe en dehors de la relation directe, face à face (ou « présentielle »), entre enseignant et enseigné. Fondée, donc, sur la dissociation de ces deux types d'activités dans le temps et dans l'espace, la formation à distance se distingue de l'autodidaxie intégrale par le lien qu'elle implique avec une institution éducative. Elle intègre d'ailleurs souvent des situations en face à face (tutorat, regroupements, contrôle des connaissances, etc.), tout comme l'enseignement présentiel comporte des séquences d'autoapprentissage.

La FAD peut concerner la scolarité obligatoire, comme soutien scolaire ou à destination d'élèves malades, handicapés ou résidant loin des établissements d'enseignement, mais ses usagers sont, en grande majorité, des adultes géographiquement dispersés, empêchés de se rendre dans des lieux de formation par diverses raisons (éloignement, santé, obligations familiales et professionnelles, etc.) ou motivés par des facteurs d'ordre sociologique, psychologique et pédagogique.

Portant sur tous les contenus et tous les niveaux d'enseignement, des formations de base générales et techniques à l'enseignement supérieur, elle s'adresse à des milieux socioprofessionnels très variés et couvre aujourd'hui une grande diversité de dispositifs.

Un vocabulaire évolutif

Des variations sémantiques peuvent recouvrir des réalités identiques et s'expliquent alors par des traditions langagières ou par l'angle sous lequel la question est abordée, du point de vue de l'institution et du formateur qui « enseignent » (ex. : « enseignement à distance ») ou de la personne qui « apprend » (ex. : « apprentissage ouvert », traduit de l'anglais *open learning*). Les glissements de vocabulaire observés à un moment donné peuvent aussi correspondre à une évolution des pratiques, des idéologies ou des supports techniques mis en œuvre.

Ainsi est-on passé des « cours par correspondance » à l'« enseignement à distance » avec une utilisation accrue de médias autres que l'imprimé. Ainsi encore, cette dernière expression, parfois jugée réductrice ou trop institutionnelle dans la mesure où elle se réfère uniquement à l'émetteur, a souvent été supplantée par celle de « formation à distance » qui, selon France Henri, « recouvre sémantiquement les concepts de l'enseignement à distance et de l'apprentissage à distance » (Henri, Kaye, 1985).

De même, le terme « formation à distance » a progressivement fait place, à partir des années 1990, à « formation ouverte et à distance » (FOAD), qui insiste sur la souplesse du dispositif dans son organisation spatiale et temporelle, sur son adaptabilité aux besoins des apprenants et sur l'utilisation de supports variés. Le concept d'« ouverture » de la formation demeure toutefois ambigu car il met l'accent tantôt sur cette flexibilité du système, tantôt sur l'association de la distance et du présentiel ou, tantôt encore, sur l'absence de conditions préalables lors de l'inscription. Enfin, l'expression « e-formation » (ou « *e-learning* ») connaît, depuis les années 2000, un succès grandissant, lié à un recours, qui tend à se généraliser, à l'informatique et aux réseaux Internet et Intranet.

De l'origine aux enjeux actuels

C'est au milieu du XIXe siècle, avec les premiers services postaux réguliers, que naissent, en Grande-Bretagne, puis en Allemagne, les « cours par correspondance », ancêtres de la formation à distance. Conçu dans une optique de promotion sociale ou culturelle, mais longtemps assuré par des institutions commerciales, l'enseignement par correspondance ne pénètre véritablement le secteur public de l'éducation qu'au début du XXe siècle, surtout à l'intention d'élèves isolés dans des pays à vaste superficie (Australie, Canada). En France, la Seconde Guerre mondiale marque un développement significatif de ce type d'activité, avec la création, en 1939, notamment pour les enfants déplacés par l'exode, d'un service public d'enseignement par correspondance, devenu Centre national d'enseignement à distance (CNED).

Réglementée à plusieurs reprises et reconnue dans le cadre de la formation professionnelle continue, la formation à distance a, depuis lors, très largement progressé. Si la distance géographique entre l'apprenant et l'institution éducative en demeure la caractéristique fondamentale, elle n'en est plus l'unique justification, et les divers empêchements à suivre des cours en présence ne sont plus la seule légitimité qu'elle revendique.

D'une part, l'organisation traditionnelle des systèmes d'enseignement, sous forme de cours ou de stages, séparant nettement temps de travail et temps de formation, ne parvient plus à satisfaire l'explosion de la demande de formation liée aux progrès techniques et aux mutations du contexte socio-économique. La formation à distance apparaît alors comme un moyen de toucher simultanément davantage d'individus, en réduisant les coûts de personnels et de locaux. Permettant, en outre, de répartir les activités d'apprentissage sur des lieux différents (entreprise, domicile, centres de ressources) et à des moments différents (pris sur le temps de travail et sur le temps de loisirs), elle s'inscrit dans l'infléchissement des pratiques de la formation professionnelle continue vers le « co-investissement » du salarié et de l'entreprise.

D'autre part, on estime aujourd'hui que la formation « ouverte et à distance » peut également être choisie pour des raisons pédagogiques, parce qu'elle échappe au modèle « scolaire », parfois synonyme d'échec, qu'elle permet l'adaptation des contenus, des outils, des rythmes d'apprentissage, des parcours de formation, etc. aux capacités et aux attentes des apprenants, ou qu'elle favorise l'individualisation de la formation et l'autonomisation.

Marginale à ses débuts, et jugée comme un « pis-aller » par rapport aux méthodes classiques, la formation à distance a donc vu sensiblement évoluer, surtout au cours des quinze dernières années, à la fois son image, ses modèles, ses objectifs et ses enjeux. Elle se présente désormais comme susceptible non seulement de constituer une alternative satisfaisante à l'enseignement traditionnel et d'apporter une réponse efficace à l'ampleur des problèmes et à la diversité des situations de formation d'adultes, mais aussi de renouveler la pédagogie, d'engendrer de nouveaux rapports au savoir et, plus largement, de concourir à la transformation du système éducatif dans son ensemble.

Certes, ce n'est là qu'une tendance et il existe une large part de volontarisme dans le discours sur la formation à distance et la flexibilité de ses dispositifs « sur mesure ». Il n'en reste pas moins qu'elle s'affirme progressivement comme une réalité à part entière du système éducatif, et s'inscrit pleinement dans un « marché » de la formation en constant essor.

Des dispositifs complexes

Du fait de la dissociation des activités d'enseignement et d'apprentissage, la formation à distance implique une construction préalable de tous les éléments du processus éducatif et leur adaptation anticipée à des usages variés. Elle ne peut donc se concevoir comme la simple transposition médiatisée des contenus et des pratiques de l'enseignement présentiel.

Elle impose de repenser toutes les composantes des systèmes de formation : planification des dispositifs, rôle des organismes de formation (avec de nouveaux partenariats interinstitutionnels – Fichez, Guillemet, 2003) et des différents acteurs de l'acte éducatif (transformation de la fonction enseignante, apparition de nouveaux corps professionnels, etc.), structuration des contenus et de leurs modes de présentation. Elle soulève des problèmes relationnels (dus à la séparation physique entre formateur et apprenants), économiques (répartition différente des coûts, introduction de modèles industriels de conception, de production et de distribution des matériels didactiques), technologiques (spécificité des médias et des moyens informatiques) et, bien entendu, pédagogiques (modes d'appropriation par les apprenants du savoir et des outils qui le véhiculent).

En visant à autonomiser les apprenants, la FAD les laisse en grande partie solitaires, souvent démunis face à la gestion de leurs activités d'autoapprentissage et à la nécessaire maîtrise des outils informatiques. Elle engendre ainsi des risques importants de découragement et s'accompagne en général de taux d'abandons très élevés.

Pour tenter de renforcer leur efficacité, les dispositifs de FAD intègrent de plus en plus souvent des possibilités de contacts avec l'institution et ses enseignants, avec des tuteurs ou entre apprenants, dans des organismes de formation ou dans divers lieux d'accueil et de ressources répartis sur le territoire. C'est ainsi qu'après avoir visé au « tout à distance » et rencontré des échecs flagrants, le *e-learning* s'infléchit désormais vers des « solutions mixtes », hybridant présence et distance. La relation interpersonnelle demeure, en effet, primordiale, surtout (mais pas uniquement) pour ceux qui éprouvent des difficultés à organiser seuls leurs études. Des moyens techniques de communication – téléphone, visioconférences, courrier électronique, « *chats* » ou « forums » (débats sur Internet en direct ou en différé), etc. – s'efforcent également de servir la fonction tutorale, de susciter des échanges et un travail collaboratif entre apprenants, et de contribuer à « supprimer l'absence » (Jacquinot, 1993) en participant au lien social indispensable à tout processus d'apprentissage. Cependant, les recherches menées auprès des usagers mettent en évidence qu'apprendre à distance et communiquer à distance pour apprendre exigent des compétences que beaucoup de publics de la formation ne possèdent pas et qu'il est nécessaire de les aider à acquérir.

L'importance des médias et des nouvelles technologies

Que ce soit pour véhiculer des contenus, des méthodes de travail, des exercices ou pour gérer la communication, la formation à distance est donc une formation médiatisée. Si, comme le note Henri Dieuzeide (Henri, Kaye, 1985), elle se manifeste, dès l'origine, avec l'apparition de nouveaux vecteurs de distribution (la poste), l'importance du rôle que les moyens de diffusion jouent dans l'histoire de son développement n'a fait que se confirmer.

La radio et la télévision ont très rapidement été utilisées pour la formation à distance. Au début du XXIe siècle, les « nouvelles » technologies de l'information et de la communication multiplient les possibilités. Si l'imprimé continue de prévaloir dans de nombreuses formations à distance, d'autres médias et ressources sont présents, à dose variable, dans la grande majorité d'entre elles : radio et télévision, comme par le passé, mais aussi téléphone, cassettes audio et vidéo, informatique, télématique, télécopie, audio et vidéoconférences, multimédia regroupant des données textuelles, sonores et visuelles « hors ligne » (sur CD-Rom) ou « en ligne » (grâce à des plates-formes dédiées sur des réseaux numériques).

De fait, la FAD oscille souvent entre des modes d'organisation peu innovants et des expérimentations aussi coûteuses que peu généralisables. Elle sert fréquemment de banc d'essai pour des technologies d'avant-garde à la recherche d'une légitimité sociale et d'une implantation sur le marché de la culture et des loisirs. Les outils disponibles, sans cesse plus sophistiqués, ne sauraient cependant tenir lieu de pertinence pédagogique, et leur potentiel d'« interactivité », souvent mis en avant, ne constitue pas, en lui-même, une garantie d'efficacité.

Médias et technologies peuvent cependant contribuer utilement à la formation à distance, à condition de ne pas être considérés comme des panacées. Leurs avantages et leurs contraintes respectives sont à analyser, de même que leur accessibilité pour les publics concernés ; il en va de même des représentations et des pratiques qui leur sont liées ; ils doivent être sélectionnés selon les contenus, les fonctions pédagogiques, les modalités d'apprentissage, les moments du processus de formation dans lesquels leur intervention est utile. L'ingénierie de la formation a ici un rôle essentiel à jouer dans la rationalisation de l'acte éducatif.

Les institutions françaises

Bien qu'il existe peu de statistiques fiables et récentes dans ce domaine, on peut estimer à 600 ou 700 000 (Agnel, 1994) le nombre des inscrits en formation à distance en France. Ils sont accueillis par divers organismes :

– un grand établissement du ministère de l'Éducation nationale, le CNED (250 à 300 000 inscrits dont une majorité d'adultes), qui prépare à des examens et concours nationaux à tous les niveaux de la formation et publie depuis peu une revue spécialisée *(Distances et Savoirs)* ;

– des institutions de formation traditionnelle qui ont introduit la formation à distance dans leur offre éducative (CNAM, AFPA, CUEEP, etc.) ;

– les universités avec, notamment, 22 centres de télé-enseignement regroupés dans la Fédération interuniversitaire de l'enseignement à distance (FIED) ;
– des établissements publics et privés de l'enseignement agricole, comme le Centre national de promotion rurale (CNPR), sous tutelle du ministère de l'Agriculture ;
– quelques 150 à 200 établissements privés à caractère commercial (cours Hattemer, École universelle, Éducatel, etc.).

Enfin, de grandes entreprises (EDF-GDF, Air France, banques, SNCF, etc.) ont couramment recours à des dispositifs internes de FAD, dans le cadre de la formation professionnelle continue de leurs personnels.

Malgré plusieurs rapports ministériels préconisant la mise en place de nouveaux systèmes de formation à distance, la France accuse, de ce point de vue, un retard certain, sinon au plan des outils disponibles et des expérimentations, du moins à celui des généralisations, et l'offre y demeure insuffisante face à la demande, notamment en matière d'enseignement supérieur. Le développement de « campus numériques » universitaires sur Internet, soutenu par des financements ministériels, vise à compenser ces lacunes.

La formation à distance dans le monde

Il existe des organismes de formation à distance dans le monde entier, aussi bien en Europe qu'en Amérique du Nord et du Sud, dans les pays de l'Est que dans les pays en voie de développement, regroupant probablement, au total, 20 à 30 millions d'apprenants (ici encore, les données chiffrées sont peu accessibles). Les inscrits à distance sont particulièrement nombreux en Chine, en Turquie, en Thaïlande, en Indonésie, où des « méga-universités » à distance regroupent chacune plus de 300 000 inscrits. Le CNED est, en Europe de l'Ouest, l'institution qui totalise le plus d'inscriptions, mais l'*Open University* britannique, qui accueille chaque année environ 200 000 étudiants, est sans doute la plus renommée, et beaucoup d'universités ouvertes ont été construites sur son modèle dans le monde. Elle accueille, en outre, une importante banque de données sur ce thème, le Centre international pour l'apprentissage à distance (ICDL).

Enfin, des dispositifs de *e-learning* se développent dans le cadre de programmes multinationaux financés par l'Union européenne, et de nombreux opérateurs s'organisent au sein d'associations internationales, telles que l'Association européenne des universités d'enseignement à distance (EADTU) ou le Conseil international pour l'éducation à distance (ICDE).

Viviane Glikman

▶ Bibliographie

AGNEL J. (dir.), *Formations ouvertes et à distance : la situation en France. Étude réalisée pour la Commission des communautés européennes*, Paris, ORAVEP, 1994.

CHARLIER B., PERAYA D., *Technologie et innovation en pédagogie : dispositifs innovants de formation pour l'enseignement supérieur*, Bruxelles, De Boeck, coll. « Perspectives en éducation et formation », 2002.

CHOPLIN H. (dir.), « Les TIC au service des nouveaux dispositifs de formation », *Éducation permanente*, n° 152, 2002.

FICHEZ E., GUILLEMET P. (dir.), « Le Temps du partenariat », *Distances et Savoirs*, Hermès/CNED/Lavoisier, vol. 1, n° 3, 2003.

GLIKMAN V., *Des cours par correspondance au e-learning : panorama des formations ouvertes et à distance*, Paris, PUF, coll. « Éducation et formation », 2002.

HENRI F., KAYE A. (dir.), *Le Savoir à domicile : pédagogie et problématique de la formation à distance*, Québec, Presses universitaires du Québec/Télé-université, 1985.

HOTTE R., LEROUX P. (dir.), « Technologies et formation à distance », *Revue STICEF*, ATIEF/INRP, recueil 2003, 2004.

JACQUINOT G., « Apprivoiser la distance et supprimer l'absence ? ou les Défis de la formation à distance », *Revue française de pédagogie*, n° 102, janv.-fév.-mars 1993, p. 55-67.

PERRIAULT J., *L'Accès au savoir en ligne*, Paris, Odile Jacob, 2002.

▶ Voir aussi
Adultes (Formation des) – Audiovisuel – Autoformation – Éducation permanente – Formation professionnelle continue – Technologies de l'information et de la communication pour l'éducation (TICE) – Télévision éducative – Tuteur, tutorat.

Formation des enseignants

Ceux que l'on appelle aujourd'hui les « enseignants » – des adultes rémunérés pour une activité principale consacrée à l'instruction et à l'éducation des enfants et des jeunes dans les établissements élémentaires et secondaires – sont apparus relativement récemment. Le fait qu'ils soient spécialement préparés à l'exercice de cette activité est plus récent encore et ne s'impose pas partout comme une évidence. En fait, trois éléments sont successivement apparus, qui se sont ignorés, juxtaposés ou combinés différemment selon les époques et les pays. Ce fut d'abord au XIIe siècle l'apparition des universités, dont le privilège constitutif fut d'attribuer elles-mêmes la *licencia docendi,* « l'autorisation d'enseigner », et donc l'autorisation d'appartenir à la corporation des clercs qui tirent leur subsistance de leur enseignement dans les villes.

Ce fut ensuite, aux XVIIe et XVIIIe siècles, l'apparition, indépendamment des universités, de préparations pour enseigner des rudiments de lecture, d'écriture, de calcul et de religion aux enfants pauvres des villes et des campagnes. On dut abandonner l'enseignement individuel et successif pour donner un enseignement simultané aux élèves que l'on regroupait selon leur niveau. Cette méthode nouvelle exigeait une formation. Charles Demia à Lyon vers 1666, Jean-Baptiste de La Salle à Reims en 1685, Francke à Halle, en Allemagne, à la même époque, ouvrent leurs premiers séminaires pédagogiques. En 1770, Messmer crée en Autriche la première *Normalschule,* bientôt étendue, par ordonnance, à toutes les provinces de l'empire. Dans le décret du 9 brumaire an III, Lakanal reprend le terme d'écoles « normales », parce qu'elles « doivent être le type et la règle de toutes les autres écoles ». Elles se sont généralisées au XIXe siècle dans de nombreux pays, y compris en France, pour la formation des instituteurs.

Ce fut enfin dès 1779 à Halle, mais surtout à la fin du XIXe et au XXe siècles dans plusieurs pays développés, la création de nombreuses chaires d'éducation, de pédagogie, de didactique, de science de l'éducation. Les noms ont varié, les affiliations institutionnelles et disciplinaires aussi. Mais tous ces enseignements ont traité d'éducation en respectant les normes du travail universitaire, fait d'érudition, de recherche et de cohérence intellectuelle plus que d'application et d'efficacité pratique.

Au fur et à mesure de leur apparition, ces éléments se sont juxtaposés. Dans quelques pays, ils ont commencé à se combiner à partir de la fin du XIXe siècle. Ainsi, en Angleterre, des écoles normales de jour rattachées aux universités furent créées vers 1890, mais elles disparurent après 1910. En France, la science de l'éducation de l'époque a contribué à la formation des enseignants grâce à des conférences pédagogiques, dont *L'Évolution pédagogique en France* de Durkheim est un exemple écrit toujours accessible. Mais cet enseignement a périclité après 1920. Aux États-Unis, les écoles normales, qui étaient dans beaucoup d'États les établissements délivrant la formation la plus élevée, se sont transformées avant 1940 en *Colleges of Education*, puis en *Liberal Arts Colleges* à vocation plus générale, enfin souvent en universités d'État, en conservant chaque fois le plus gros de la formation des enseignants.

Aujourd'hui, la majorité des pays développés ont rapproché leurs formations d'enseignants de l'université. Par exemple, dans l'Union européenne, seuls trois pays (Belgique, Danemark et Italie) n'ont encore réalisé aucun rapprochement, mais il est déjà en discussion dans deux d'entre eux. On peut distinguer trois modalités différentes dans ce rapprochement : l'universitarisation, inclusion de la formation des enseignants dans les structures universitaires sous forme de facultés, collèges, écoles ou départements d'éducation (comme aux États-Unis, et en France, suite à la loi d'orientation de 2005) ; l'académisation, création d'institutions spécialisées de même niveau, mais indépendantes de l'université et sans fonction de recherche affirmée (comme en France pendant la première période des IUFM) ; la combinaison des deux formes précédentes, instituts appartenant à l'université et instituts indépendants mis en concurrence (comme le *binary system* britannique).

Pourquoi un tel mouvement vers l'université ? Les raisons varient selon les pays, mais deux nous semblent plus générales. C'est d'abord la faible différenciation (États-Unis) ou le rapprochement (Scandinavie, Royaume-Uni, France) entre les enseignants du primaire et du secondaire. Ce dernier a été réclamé dès 1944 en Angleterre (rapport Mc Nair) au nom de l'enfant, qui a autant besoin de maîtres formés et cultivés que l'adolescent. Il a été revendiqué par des syndicats (FEN, SNI et SGEN en France) au nom de l'égalité des enseignants. Il a été enfin favorisé par la création dans la moitié des pays de l'Union européenne de cycles intégrés pour la scolarité secondaire obligatoire, confrontant les professeurs aux problèmes d'accueil de tous les élèves dans les mêmes classes, et donc aux problèmes d'hétérogénéité que connaissent les instituteurs depuis longtemps. Puisque pour les enseignants les niveaux de formation et les problèmes à affronter se rapprochent, inutile de les maintenir dans des formations étanches et éloignées. Mais pourquoi avoir choisi la formation de type universitaire plutôt que le modèle des écoles normales ?

Ici intervient la seconde raison, la rationalisation et la professionnalisation de l'activité enseignante. Dans tous les pays qui ont développé la recherche universitaire en éducation, s'est accumulée une énorme masse de savoirs sur les relations scientifiquement démontrées ou empiriquement constatées entre l'enseignement dispensé et les apprentissages effectués. Ils peuvent permettre à l'enseignant, à son formateur et à l'administrateur de savoir quels sont les comportements efficaces. Ils constituent, selon Cooley, Gage, Scriven (1997), la « base scientifique de l'art d'enseigner », un réservoir de savoirs de haut niveau dans lequel puise le professionnel pour traiter les problèmes individuels qu'il doit résoudre. Mais former de tels professionnels exige une formation de base solide, au moins au niveau de la licence, et une formation professionnelle postlicence permettant l'utilisation de ces acquis scientifiques sur l'éducation. En France, cette exigence a suscité un inévitable mouvement de rapprochement entre la formation des professeurs des écoles, qui après bien des aléas requiert désormais la licence, et celle des professeurs, qui doivent maintenant ajouter à leur formation disciplinaire une formation professionnelle beaucoup plus conséquente que celle qui leur était donnée dans les centres pédagogiques régionaux (CPR) jusqu'en 1990.

Former des enseignants professionnels

Mais, au-delà de ces tendances lourdes – recrutement au niveau de la licence, homogénéité formelle de la formation des différents corps d'enseignants, statut universitaire des instituts qui dispensent la formation, alternance entre des épisodes dits « théoriques » et « pratiques » qui est désormais inscrite dans la loi (code de l'éducation, article L. 625-1) –, la formation des enseignants, en France peut-être plus qu'ailleurs, n'engendre qu'un consensus mou, périodiquement remis en cause par des débats idéologiques. Ces derniers renvoient pour une large part à des divergences d'appréciation concernant l'identité professionnelle des enseignants, dans un contexte de travail fortement évolutif qui déstabilise les acteurs et rend compte du caractère parfois erratique des politiques mises en place. Si les IUFM fonctionnent à partir de 1990, ce n'est que plusieurs années plus tard que sont définis les référentiels qui énumèrent les compétences de l'enseignant professionnel : en 1994 par le biais du *Référentiel des compétences et capacités caractéristiques d'un professeur des écoles* (note de service n° 94-280), puis en 1997 à travers les *Missions du professeur enseignant en collège, en*

LEGT ou en LP (circulaire n° 97-123). Ce dernier document est particulièrement intéressant dans la mesure où, d'une part, il situe la professionnalité de l'enseignant du second degré au-delà de la discipline qu'il enseigne et du type d'établissement où il exerce (on parle de « compétences professionnelles générales »), et, d'autre part, il précise les domaines dans lesquels s'exercent lesdites compétences (dans le système éducatif, dans la classe, dans l'établissement), et où, enfin, il articule ensemble la formation initiale, l'expérience résultant de la pratique de l'enseignement et la formation continue. La professionnalité enseignante comporte ainsi plusieurs facettes, et la formation plusieurs composantes.

La loi d'orientation et de programmes votée par le Parlement en avril 2005 et son rapport annexé revisitent le profil de l'enseignant professionnel et les modalités de sa formation. Certes, les « missions » assignées à l'enseignant sont relativement comparables : l'instruction des élèves dans le cadre de la classe, l'évaluation des acquis des élèves, l'accompagnement des élèves et leur suivi individualisé, l'éducation aux choix et la participation à l'orientation des élèves, les relations avec les parents, le travail en équipe et la concertation, la participation au fonctionnement de l'établissement. En revanche, son identité apparaît comme relevant d'une « autorité déléguée par l'État », et comporte une triple dimension : le savoir, la compétence professionnelle, mais aussi « le caractère exemplaire du comportement » (on pourrait y retrouver la sacro-sainte trilogie : savoir, savoir-faire, savoir être). En matière de formation, les IUFM sont intégrés dans les universités, et un cahier des charges national définira les objectifs et les contenus d'une formation comportant une dimension théorique et une dimension pratique. Cette formation est appelée à se développer selon trois axes : l'approfondissement de la culture disciplinaire, la formation pédagogique visant la prise en charge de l'hétérogénéité des élèves, la formation du fonctionnaire du service public de l'éducation.

L'enseignant professionnel apparaît donc comme un « acteur rationnel » (capable d'argumenter ses choix, tant sur le fond que sur la forme) et un « praticien réflexif » (capable d'analyser son expérience pour en améliorer l'efficacité).

Le mémoire professionnel est apparu dans la formation initiale des enseignants en 1991, avec la création des instituts universitaires de formation des maîtres (IUFM). Sa pratique est plus ancienne dans d'autres pays (la Grande-Bretagne par exemple) et dans d'autres professions éducatives : travailleurs sociaux et animateurs. À côté des modèles plus traditionnels de la formation par imitation ou par le conseil, le mémoire introduit un principe de cohérence dans l'alternance entre les cours et les stages pratiques, et une démarche réflexive d'analyse de pratiques. L'écriture, éloignant de l'action immédiate et supposant une problématisation des situations éducatives, permet que s'élaborent des savoirs professionnels qui caractérisent l'enseignant « expert ».

Cependant, toutes les ambiguïtés concernant le caractère « professionnel » de la formation ne sont pas levées pour autant, et les débats entre les tenants de sa composante disciplinaire et de sa composante professionnelle ne sont pas clos. Non seulement en ce qui concerne la pondération de l'un et de l'autre éléments (ou le fait qu'ils soient plus ou moins pris en compte par les concours), mais aussi en ce qui concerne leur définition même, ou encore l'identité et le rôle des différents formateurs qui interviennent dans la formation. Toujours et encore la même tension se manifeste entre ceux qui valorisent la compétence dans la ou les disciplines enseignées et ceux qui mettent en avant les apprentissages fonctionnels. Dans ce contexte, toute réforme de la formation prend la forme d'un compromis entre les deux tendances. Cela comporte des aspects positifs dans la mesure où c'est une manière de s'assurer qu'aucune ne l'emporte sur l'autre ; mais des aspects négatifs aussi dans la mesure où les différents éléments de la formation résultent davantage d'une juxtaposition que d'une véritable synergie. Par exemple, si l'on constate en France, comme dans d'autres pays développés, une recentration de la formation sur le

« terrain », les pratiques de stage restent peu intégrées au reste de la formation, pas plus que les praticiens qui les encadrent ne sont véritablement parties prenantes de l'équipe des formateurs.

Raymond Bourdoncle
Michèle Guigue
Patrice Pelpel

▸ Bibliographie

ALTET M., *La Formation professionnelle des enseignants*, Paris, PUF, 1994.

ALTET M., PAQUAY L., PERRENOUD P. (éds), *Formateurs d'enseignants : quelle professionnalisation ?*, Bruxelles, De Boeck, 2002.

BOURDONCLE R., « La Professionnalisation des enseignants : les limites d'un mythe », *Revue française de pédagogie*, n° 105, 1993, p. 83-119.

BOURDONCLE R., LOUVET A. (éds), *Les Tendances nouvelles dans la formation des enseignants : stratégies françaises et expériences étrangères*, Saint-Fons, INRP, 1990.

COOLEY W. W., GAGE N. L., SCRIVEN M., « "The Vision Thing", Educational Research and AERA in the 21st Century », *Educational Researcher*, 26 (4), p. 18-21.

CRINON J. (dir.), *Le Mémoire professionnel des enseignants : observatoire des pratiques et levier pour la formation*, Paris, L'Harmattan, 2003.

DE LANDSHEERE G. (dir.), *La Formation des enseignants demain*, Paris, Casterman, 1976.

DEVELAY M., *Peut-on former les enseignants ?*, Issy-les-Moulineaux, ESF, 1994.

HIRSCHHORN M., *L'Ère des enseignants*, Paris, PUF, 1993.

LANG V., *La Professionnalisation des enseignants*, Paris, PUF, 1999.

PAQUAY L, ALTET M., CHARLIER E., PERRENOUD P. (éds), *Former des enseignants professionnels*, Bruxelles, De Boeck, 2001.

PELPEL P., *Apprendre et faire*, Paris, L'Harmattan, 2001.

PELPEL P., *Se former pour enseigner*, Paris, Dunod, 2002.

PERRENOUD P., *La Formation des enseignants : entre théorie et pratique*, Paris, L'Harmattan, 1994.

RAYMOND D., LENOIR Y., *Enseignants de métier et formation initiale*, Bruxelles, De Boeck, 1998.

ROBERT A. D., TERRAL H., *Les IUFM et la formation des enseignants aujourd'hui*, Paris, PUF, 2000.

TARDIF M., LESSARD C., GAUTHIER C. (dir.), *Formation des maîtres et contextes sociaux*, Paris, PUF, 1998.

▸ Voir aussi

Écoles normales – Enseignant – Institut universitaire de formation des maîtres (IUFM) – Personnel enseignant – Université.

FORMATION EN ENTREPRISE (PÉRIODE DE)

La période de formation en entreprise est la partie d'un cursus scolaire conduisant à un diplôme professionnel, que l'élève effectue, de manière obligatoire, au sein d'une entreprise volontaire.

Rompant avec la division historique, en France, des fonctions entre l'école (censée « former ») et l'entreprise (censée « produire »), les périodes de formation en entreprise (PFE) se sont peu à peu distinguées du reste des stages, qu'à différents niveaux et avec des objectifs variés les élèves des établissements d'enseignement peuvent effectuer dans des entreprises. Elles désignent les périodes de stages qui sont intégrées, de manière obligatoire, à un cursus d'enseignement professionnel, et ayant pour but de favoriser l'acquisition de certaines compétences du référentiel.

Le premier cursus qui intégra des périodes obligatoires de formation en entreprise fut celui du baccalauréat professionnel, dès sa création en 1986, avec un seuil minimal de seize semaines sur deux années.

Les périodes de formation en entreprise offrent aussi l'avantage de renforcer la motivation des élèves pour l'acquisition d'une qualification, de leur permettre de mieux prendre en compte les particularités locales des emplois, de faciliter leur intégration dans le milieu professionnel.

Le succès des périodes de formation en entreprise dépend de la qualité du partenariat entre l'établissement scolaire et l'entreprise, qui, en général, désigne un tuteur pour chaque élève. De plus en plus souvent, les périodes de formation en entreprise sont évaluées conjointement, pour l'examen, par les professionnels tuteurs et les enseignants.

L'avenir de cette formule, qui représente l'essentiel de l'« alternance sous statut scolaire » et le premier enjeu de la modernisation du système français d'enseignement professionnel, est lié à la capacité des entreprises à accueillir et prendre en charge efficacement les jeunes qui leur sont confiés, ce qui varie selon les branches et la conjoncture économique.

Roger-François Gauthier

▶ Voir aussi

Alternance (Formations en) – Référentiel – Relation École/Entreprise.

Formation professionnelle continue

La formation professionnelle continue désigne en France l'ensemble des dispositifs et de pratiques rendus obligatoires par la législation et impliquant les entreprises, les collectivités territoriales et l'État, dans la formation des salariés et des demandeurs d'emploi.

La loi du 16 juillet 1971 ratifie la création de la formation professionnelle continue (FPC) « dans le cadre de l'éducation permanente » et en fait une « obligation nationale » impliquant tous les acteurs de la vie économique, sociale et politique. Elle avait été précédée par les accords interprofessionnels de juillet 1970, négociés entre les représentants des employeurs et des salariés, à la suite des accords de Grenelle de juin 1968. Les inégalités d'accès récurrentes à cette formation professionnelle continue (en 2001, seuls 16 % des ouvriers non qualifiés partaient en formation contre 52 % des cadres) et sa sous-utilisation (la moitié des salariés ne partent jamais en formation) ont conduit à une nouvelle loi, du 4 mai 2004, sur la « formation tout au long de la vie », qui prolonge et infléchit la législation sur la FPC « à la française ». Elle s'appuie, elle aussi, sur des accords nationaux interprofessionnels ayant donné lieu à un compromis, signé par tous les partenaires sociaux, en septembre 2003.

La FPC à la française repose sur les principes et mécanismes suivants : le droit au congé individuel de formation (CIF) des salariés ayant au moins deux ans d'ancienneté (complété, depuis la loi de 2004, par un droit individuel de formation de 20 heures par an ouvert à tous les salariés), l'obligation de financement des entreprises (porté de 0,8 % en 1971 à 1,6 % de la masse salariale en 2004), l'établissement annuel d'un plan de formation soumis à l'avis du comité d'entreprise, le droit pour tous à la validation des acquis de l'expérience (introduit en 2001) ainsi qu'au bilan de compétences, l'existence de « conventions de formation » entre offreurs et demandeurs de formation instaurant un « marché de la formation continue », l'aide de l'État orientée prioritairement vers les chômeurs pour qui est instauré un projet d'action personnalisé. Enfin, les diverses formules d'alternance entre périodes de formation (dans un centre) et périodes de travail (en entreprise) sont encouragées, notamment pour le contrat de professionnalisation instauré pour les jeunes de moins de 25 ans en 2004.

Numériquement, la FPC a concerné un nombre croissant de stagiaires depuis sa mise en œuvre. De moins d'un million en 1969, les effectifs ont dépassé les neuf millions en 2002. Mais la durée moyenne des stages est restée faible, de même que le nombre de congés individuels de formation. De très fortes inégalités ont marqué le développement de la FPC en France : des inégalités économiques entre les grandes entreprises et les petites, mais aussi entre les secteurs selon leur degré de modernisation, de compétitivité et de qualification salariale ; des inégalités sociales et surtout culturelles selon la catégorie professionnelle et le niveau de formation initiale des salariés et des chômeurs.

Économiquement, la FPC a néanmoins constitué un facteur important de la modernisation des entreprises françaises et un accompagnement des restructurations de grande ampleur qui ont marqué et marquent encore l'économie française. Socialement, la FPC a contribué à amortir les effets de la croissance quasi continue du chômage dans la société française depuis le milieu des années 1970 jusqu'à la seconde partie des années 1990, sans toutefois parvenir à infléchir la tendance ni à modifier les inégalités. Culturellement, la FPC a permis de faire progresser des pratiques de formation inédites (depuis la formation au travail jusqu'au *coaching* individualisé) et de diffuser de nouvelles normes d'entretien et de perfectionnement des connaissances tout au long de la vie dans de larges couches de la population adulte française et européenne.

Claude Dubar

Les inégalités d'accès à la formation professionnelle continue (en 2001, seuls 16 % des ouvriers non qualifiés partaient en formation contre 52 % des cadres) et sa sous-utilisation (la moitié des salariés ne partent jamais en formation) ont conduit les pouvoirs publics à souhaiter un nouvel accord. Signé le 20 septembre 2003 par – fait exceptionnel – l'ensemble des partenaires sociaux, cet accord national interprofessionnel a été finalisé dans la loi du 4 mai 2004. Parfois appelé « formation tout au long de la vie », il institue, à côté des autres dispositifs déjà existants, un DIF (droit individuel à la formation) de 20 heures par an pour tous les salariés (y compris, sous certaines conditions, les CDD, les temps partiels et dans le cadre d'un licenciement ou d'un dépôt de bilan). Ces heures sont cumulables sur un compte formation mais doivent être utilisées dans un délai de six ans maximum ; elles peuvent se dérouler sur ou hors du temps de travail, suivant les accords de branches ou d'entreprises.

La nouveauté résulte dans le fait que ce droit est également une contrainte pour le salarié. Il ne peut s'y soustraire, et le thème du DIF doit être proche des activités et des priorités de l'entreprise : la formation doit permettre à l'employé d'actualiser ou de développer ses compétences ou de s'adapter à l'évolution de son poste de travail. Ce droit est donc aussi une assignation à prendre sa carrière en main. Il peut, de ce point de vue, être rattaché au mouvement général d'individuation des relations de travail qui tend à rendre le salarié responsable de son maintien sur le marché du travail et donc de son éventuel licenciement.

Gilles Moreau

▶ Bibliographie

Collectif, « L'Éducation permanente, vingt ans après », *Éducation permanente*, n° 98, juin 1989.

Collectif, « Formation : la fin d'un mythe », *Panoramiques*, n° 19, 1er trimestre 1995.

Collectif, « La Formation professionnelle continue (1971-1991) », *Formation-Emploi*, n° 34, avril-juin 1991.

Dennery M., *Réforme de la formation professionnelle : les clés pour réussir sa mise en œuvre*, Issy-les-Moulineaux, ESF, 2004.

Dubar C., *La Formation professionnelle continue*, Paris, La Découverte, coll. « Repères », 2004.

Dubar C., *La Formation professionnelle continue en France (1970-1980)*, Lille, Atelier national de reproduction des thèses, 1986, 2 tomes.

Mehaut P., *Formation continue, gestion du personnel et marché de la formation : une étude régionale du système français de formation continue,* Paris, Éd. du CNRS, 1979.

Vaudiaux J., *La Formation permanente, enjeu politique,* Paris, Armand Colin, 1974.

Verdier E., Podevin G., *Formation continue et compétitivité économique,* Paris, CÉREQ, 1989.

▶ Voir aussi

Alternance (Formations en) – Congé individuel de formation (CIF) – Droit individuel à la formation (DIF) – Éducation permanente – Formation en entreprise (Période de) – Formation professionnelle continue (Organismes de) – Qualification.

Formation professionnelle continue (Organismes de)

Les organismes de formation professionnelle continue publics et privés sont soumis à des obligations particulières. Le marché de formation est très concurrentiel : les organismes privés (hors statut individuel) représentent 67 % de l'ensemble des dispensateurs de formation et réalisent 76 % du chiffre d'affaires du marché de la formation ; l'éducation nationale réalise 10 % du chiffre d'affaires, les organismes consulaires 5 % et l'AFPA 2,5 % du total ; les formateurs individuels représentent 25 % des prestations et réalisent 4,6 % du chiffre d'affaires global.

Les obligations légales et réglementaires

L'exercice de l'activité de dispensateur de formation et la création d'un organisme de formation sont conditionnés par des obligations légales et réglementaires. Elles ont pour objectif de lui donner une existence légale ; en aucun cas elles ne permettent de se prévaloir d'une reconnaissance de qualité ou d'un agrément. Certaines conditions sont spécifiques au secteur de la formation professionnelle.

L'activité de dispensateur de formation peut être exercée par toute personne physique ou morale, de droit privé ou de droit public. Il n'y a pas de statut spécifique aux organismes de formation ; ceux-ci peuvent prendre la forme d'entreprise (SA, SARL, etc.), d'association, d'établissement public, de profession libérale, etc. Avant d'exercer leur activité, les dispensateurs de formation doivent remplir une déclaration d'existence, c'est une obligation légale. Elle est imposée à tous les dispensateurs de formation de droit privé qui doivent déclarer aux autorités administratives de l'État et de la région leur existence, leurs moyens et les domaines de formation dans lesquels ils interviennent. Cette déclaration se fait une fois, en début d'activité et doit être préalable à la conclusion de toute convention de formation. Son but est de permettre aux pouvoirs publics de mieux connaître l'activité des dispensateurs de formation. Elle n'a pas de valeur d'agrément, ni de label, elle ne constitue qu'un recensement de l'offre de formation. Une déclaration rectificative peut s'avérer nécessaire dans certain cas. Ainsi, aucune convention de formation ne peut être signée sans le numéro de déclaration d'existence délivré par la préfecture, qui doit être indiqué clairement sur toutes les conventions. Il est interdit de faire figurer ce numéro de déclaration d'existence sur tout autre document (papier à en-tête, cartes de visite, documentation, etc.), sous peine de poursuites.

Les organismes publics ou parapublics de formation ne sont pas assujettis à cette obligation. Les services de contrôle leur attribuent un numéro de recensement ; c'est le cas des GRETA, dépendant de l'Éducation nationale.

Les formalités imposées aux dispensateurs

Dès réception de leur numéro de déclaration, les dispensateurs peuvent conclure des conventions et exercer effectivement leur activité. Pour ce faire, ils devront se soumettre à certaines obligations selon la nature des conventions signées. Ainsi, un dispensateur souhaitant former des stagiaires dont la formation est financée par l'État ou la région devra présenter préalablement un dossier à un service instructeur qui pourra agréer ou non le stage de formation proposé. Si le stage n'est pas agréé, le stagiaire ne pourra bénéficier ni de la gratuité de la formation ni d'une rémunération. Un agrément par l'État peut être délivré par des services déconcentrés du travail, de l'emploi et de la formation professionnelle. Si la formation est organisée au niveau national, l'agrément est délivré par le Premier ministre après avis du Conseil national de la formation professionnelle, de la promotion sociale de l'emploi ou de sa commission permanente. Dans le cas d'un agrément par la région, celui-ci dépend de la décision du président du conseil régional. La loi du 4 juillet 1990 prévoit que la conclusion de conventions de formation avec l'État est subordonnée à la constitution préalable d'un conseil de perfectionnement par les organismes de formation signataires de ces conventions.

Depuis 1971, le législateur est régulièrement intervenu pour « moraliser » et professionnaliser le marché de la formation continue, notamment à travers les lois telles que celles du 4 juillet 1990 et du 20 décembre 1993. Il répond ainsi à une exigence déontologique de protection du client, de certification et de qualité des formations dispensées. Les obligations imposées par la loi du 4 juillet 1990 visent, d'une part, à combler les lacunes de la réglementation, qui ne prenait en compte les entreprises qu'en tant qu'« acheteurs » de formation, et, d'autre part, à restreindre le recours à la publicité et à réglementer les conditions de prix pour le dispensateur de formation, dont l'activité est réglementée tout au long de son existence. Il doit se soumettre à des obligations pour débuter, exercer et cesser son activité. Néanmoins, certains éléments de la réglementation et du contrôle devraient être renforcés pour éviter que n'importe qui ne se déclare formateur ou organisme de formation et pour assurer des garanties de qualité. Cela pourrait en effet clarifier la situation dans un marché où règne une certaine opacité.

Le problème ne se limite pas aux rapports qu'entretiennent les organismes et leurs clients, au financement et aux structures trop complexes. Il serait aussi nécessaire de redéfinir un cadre plus cohérent, déterminé par rapport à des objectifs pédagogiques, pour réduire le décalage entre l'offre et les besoins de formation, sur le marché. Une telle perspective permettrait d'affirmer une existence plus autonome du droit de la formation pour dynamiser le marché et le rendre plus efficace.

Jean-Pierre Lorriaux

▸ Bibliographie

COLLECTIF, « Mutations de l'appareil de formation continue », *Études et expérimentations en formation continue,* n° 11, 1991, p. 1-32.

LORRIAUX J.-P., DOVALLY J.-R., *La Formation de A à Z : en France, dans le monde*, Paris, Retz, 1998.

▸ Voir aussi

Adultes (Formation des) – Alternance (Formations en) – Congé individuel de formation (CIF) – Droit individuel à la formation (DIF) – Emploi-formation – Formateur d'adultes – Formation – Formation professionnelle continue.

FORMATION TOUT AU LONG DE LA VIE

Si des racines anciennes de la notion d'éducation permanente ont pu être désenfouies par les historiens, de Socrate jusqu'à Condorcet en passant par les commentaires du Coran, Comenius, Lao-Tseu (Forquin, 2004), le terme d'« éducation tout au long de la vie » (*lifelong learning*) semble être apparu dans le vocabulaire anglophone de l'éducation vers 1920 (Field, 2000). C'est à partir du milieu du XXe siècle que ces notions vont prendre leur essor au niveau international. Aujourd'hui cohabitent les termes d'« apprentissage tout au long de la vie », dans les textes rédigés en anglais, et de « formation tout au long de la vie », plus utilisé en francophonie, ce dernier terme y ayant largement remplacé celui d'« éducation permanente » dans les textes et dans les usages.

Le développement d'une conception européenne de la formation (et de l'apprentissage) tout au long de la vie est passé par plusieurs étapes, dont le moment fondateur a été la publication du Livre blanc de la commission Enseigner et apprendre : vers la société cognitive (Commission européenne, 1995). L'année suivante était celle de l'apprentissage tout au long de la vie en Europe, marquée par l'adoption de l'objectif d'apprentissage permanent (de la petite enfance à la retraite) par l'OCDE. En 1999, au Conseil européen de Cologne, les États membres et la Commission la dotaient d'une définition commune : « Toute activité délibérée d'apprentissage, formelle ou informelle, à caractère continu, entreprise dans le but d'améliorer ses connaissances, ses aptitudes et ses compétences » (Cedefop, 2002). Le Conseil européen tenu à Lisbonne en mars 2000 a été le point d'orgue de la réflexion initiée cinq ans plus tôt à travers le Livre blanc. Le *Memorandum* qui en a été tiré achève la formalisation européenne dans le cadre de la réflexion sur l'économie de la connaissance. Ses conclusions affirment que « l'évolution vers l'éducation et la formation tout au long de la vie doit accompagner une transition réussie vers une économie et une société fondées sur la connaissance ». Le document fixe deux objectifs majeurs et « d'égale importance » pour l'éducation et la formation : « la promotion d'une citoyenneté active et la promotion d'une capacité d'insertion professionnelle ». On peut y lire que « plus que jamais, les citoyens entendent être les artisans de leur vie » et que « l'éducation au sens le plus large est la condition requise » pour relever les défis sociaux et culturels nouveaux qui les attendent (Commission des communautés européennes, 2000).

Les observateurs s'accordent à reconnaître que, pour le meilleur ou pour le pire, l'idée de formation tout au long de la vie place le sujet social au fronton de la formation. Selon le Cedefop, « cette nouvelle acception place l'individu au centre du processus et le rend acteur de sa formation, au lieu d'en faire un simple "réceptacle du savoir" ». Même si « le changement ne peut venir que dans les États membres et grâce à leur élan », impliquant « la contribution et l'engagement d'un vaste éventail d'acteurs venant de tous les horizons de la vie sociale et économique », il n'en reste pas moins que le *Memorandum* met au premier plan, et à de multiples reprises, les « efforts des individus mêmes qui assument la responsabilité finale de leur propre apprentissage » (Cedefop, 2002).

Au niveau européen, compte tenu des origines anglo-saxonnes de la notion, l'accent est ainsi délibérément porté sur le *learning* (l'apprendre), au détriment de l'enseignement ou de la formation (au sens du *teaching* ou du *training*). La traduction française en termes de « formation » (plutôt que d'« apprentissage ») exprime un choix dont les raisons sont ambiguës et renvoient au flou conceptuel qui entoure cette notion. D'un côté, le projet de « formation tout au long de la vie » risque de se voir doublement réduit à une conception étroite de la formation strictement professionnelle qui ne se déroulerait qu'au cours des seules années de vie *active*. La loi française de 2004 est d'ailleurs dite « relative à la formation professionnelle tout au long de la vie ». D'un autre côté, ce projet peut également être compris comme un effort d'accompagnement du développement permanent des sujets sociaux, favorisant l'*apprenance* tout au long et au « large » de la vie, retrouvant le sens originel de la notion de *lifelong learning* (Carré, 2005). L'avenir dira laquelle de ces deux orientations prédomine dans les pratiques sociales.

Philippe Carré

▶ Bibliographie

Carré P., *L'Apprenance : vers un nouveau rapport au savoir*, Paris, Dunod, 2005.

Cedefop, *Objectif compétence : former et se former*, Luxembourg, Office des publications officielles des communautés européennes, 2002.

Commission des communautés européennes, *Mémorandum sur l'éducation et la formation tout au long de la vie*, Bruxelles, CCE, 2000.

Commission européenne, *Enseigner et apprendre : vers la société cognitive*, Luxembourg, OPOCE, 1995.

Field J., *Lifelong Learning and the New Educational Order*, Stoke on Trent, Trentham Books, 2000.

Forquin J.-C., « L'Idée d'éducation permanente et son expression internationale depuis les années 1960 », *Savoirs*, n° 6, 2004, p. 11-44.

▶ Voir aussi

Congé individuel de formation (CIF) – Droit individuel à la formation (DIF) – Éducation permanente – Université tous âges (UTA).

Français (Enseignement du)

L'enseignement du français poursuit à l'origine deux finalités étroitement complémentaires : la maîtrise de la langue et la formation d'une culture. La première finalité concerne l'unification linguistique du pays et la seconde l'appropriation et la reconnaissance d'un patrimoine culturel commun. L'école obligatoire et gratuite impose une norme linguistique commune et vise à parachever la pénétration de la langue nationale sur le territoire, à en parfaire et en fixer l'usage. Le français, au moyen d'un enseignement de grammaire et d'orthographe très conséquent, est installé définitivement comme objet d'étude à part entière et comme langue d'enseignement, langue véhiculaire, fonctionnelle, vecteur de diffusion de tous les savoirs. Ce double statut d'objet et de moyen concourt à transcender les différences régionales et les clivages sociaux du pays tout en satisfaisant les besoins techniques en lecture et en écriture nécessités par la transformation sociale. Dans un monde où l'écrit est le média dominant, la littérature est le véhicule privilégié de la transmission culturelle. Exclusivement française, elle illustre l'identité nationale et sa scolarisation passe par des références soigneusement sélectionnées : les « œuvres » ou les « morceaux choisis » retenus sont régulièrement classés dans des listes prescriptives. Les textes littéraires, dans une vision humaniste, donnent accès à des connaissances de toutes sortes, façonnent la « culture générale », et favorisent au passage, comme le requièrent expressément divers documents officiels (par exemple, les *IO* de 1937), le développement « des sentiments délicats et élevés, le goût du beau et l'amour du bien ». Destinés à stimuler la « culture de l'esprit », ils servent de modèles dont il faut s'imprégner et sur lesquels il convient de prendre exemple. Fond et forme sont exploités en lecture et en écriture. Modèles de beau style et de qualité d'expression, ils règnent aussi sur la grammaire et l'orthographe en tant que corpus de langue parfaite, modèles normatifs de correction linguistique. La dictée, exercice emblématique de cette conception, marque l'interdépendance profonde du linguistique et du littéraire. Seuls les « beaux textes », comme les appelait Jean Guitton et beaucoup d'intellectuels avec lui, susceptibles de s'imprimer dans les consciences, sont proposés à la dictée, qui prend ainsi l'allure d'un exercice d'imprégnation littéraire sans grand rapport avec son objectif orthographique. Les « questions de dictée » prolongent ordinairement l'activité et éprouvent pour leur part la connaissance de la belle langue.

Dans les années 1960, le développement économique et social rend indispensable l'adaptation du système éducatif. Le prolongement de la scolarité obligatoire à 16 ans accroît très sensiblement la population scolaire, en même temps qu'il modifie profondément sa structure sociologique. Confrontés à un enseignement secondaire jusque-là réservé aux couches socioculturelles les plus favorisées, les élèves issus des milieux populaires échouent en grand nombre dans un système très mal préparé à les accueillir. Pièce maîtresse du dispositif éducatif, le français est particulièrement mis en cause : du fait de sa fonction de langue d'enseignement, de moyen de travail écrit et oral, il conditionne en effet la réussite dans toutes les disciplines. Or, la configuration traditionnelle est incapable de répondre aux besoins du développement social et aux problèmes des nouveaux publics. L'échec en français-langue se double d'un échec en français-culture. Figée dans une approche élitiste, la matière manque sa démocratisation et se trouve vivement critiquée par les enseignants et les usagers de l'école. Un état de « malaise » et de « crise » permanents s'installe. On se défie de la matière, on la décrie pour ses contenus, ses méthodes et les enjeux qu'on lui prête. Les débats ne sont pas académiques. Le français, « bien commun » de tous les Français qui s'en sentent légitimement propriétaires, n'est pas une discipline comme les autres : son enseignement n'est pas appréhendé uniquement aux plans scientifique et technique et fait fréquemment l'objet de polémiques qui ont leur écho dans l'opinion publique.

Au total, anciennement clé de voûte des humanités, le français du collège unique se dévalorise. Ses résultats en matière de performances langagières sont jugés insuffisants. Les savoirs livresques, factuels, ne paraissent plus suffire : le français doit utile et efficient pour tout le monde dans la maîtrise des principaux savoir-faire, lecture, écriture, parole. L'ancien attelage langue-littérature se défait lentement. Le français perd son prestige.

Impulsé par la publication du *Plan de rénovation du français à l'école élémentaire* (1971), un long processus de rénovation s'ouvre alors et se poursuit encore. Le corpus des textes s'ouvre peu à peu à tous les genres et tous les types d'écrit. Paralittérature, littérature de jeunesse, mais aussi textes documentaires, articles de presse, bandes dessinées, essais, etc., contribuent à la désacralisation nécessaire de la littérature et enrichissent l'éventail culturel à la mesure de la démultiplication des médias. Au plan linguistique, la langue scolaire se détache progressivement de la variété littéraire écrite et s'identifie à la langue effectivement courante comprise comme un espace de variations sociales plus ou moins réglées autour d'un noyau d'usage central. Les objectifs se déplacent : ce n'est plus tant la connaissance de « l'instrument » linguistique et le respect de la norme qui occupent le devant de la scène que l'expression et la communication, l'emploi effectif et opératoire de la langue à l'écrit et à l'oral, en production et en réception.

Davantage tournées vers la formation de la personne et l'intégration sociale, ces finalités modernes impliquent l'innovation pédagogique. L'ouverture du français à l'expression et à la communication impose de reconsidérer les relations maître/élèves : le cours magistral par exemple, peu participatif, n'est à l'évidence pas très compatible avec la communication, mieux traitée dans le travail en groupes. De même, le schéma standard « cours, exercices d'application, correction du maître », qui laisse peu de place à l'inventivité, peut avantageusement s'agrémenter de situations-problèmes, qui la favorisent au contraire. Des dispositifs généraux, tels ceux proposés par la pédagogie différenciée ou la pédagogie de projet, sont de grande portée en français. Ils permettent de mieux gérer les disparités culturelles et socio-éducatives dont un marqueur essentiel est la langue et son emploi, et d'intéresser davantage les élèves dont les motivations intrinsèques en français, généralement jaugées à l'aune esthétique, sont réputées faibles.

L'enjeu global de la discipline évolue progressivement vers la formation des compétences nécessaires à la production et à la réception des discours oraux et écrits. Penser l'enseignement du français en ces termes implique certains rééquilibrages. Il ne s'agit plus d'accumuler des savoirs « froids », au risque de susciter ce sentiment de gratuité souvent reproché par les élèves qui comprennent mal le décalage entre enseignement et utilisation de savoirs, mais au contraire de conforter la dialectique du savoir et du savoir-faire. Les compétences en effet ne s'enseignent pas directement. Elles correspondent à des relations complexes entre les connaissances factuelles, procédurales et conceptuelles du sujet ; en conséquence elles n'ont pas, contrairement aux savoirs purs, d'état zéro. Elles se développent toujours sur une base préexistante à la faveur d'apprentissages théoriques et pratiques. L'enseignement des « savoirs sur », pour être opérant, loin de constituer un préalable nécessaire ou, pire, une condition de l'apprentissage, doit s'inscrire au cœur même de l'apprentissage dans la plus grande proximité possible avec les tâches en cours. Dans une conception de compétence de l'enseignement du français, les connaissances conceptuelles « parlent » les performances langagières, les nomment, les décrivent, les expliquent, les évaluent, etc., et ce faisant font retour sur les compétences en l'état et participent ainsi à l'amélioration des performances.

Au plan didactique, la rénovation introduit des changements très importants, sans être radicaux. Certes, l'infinie diversité des textes et leur absolue singularité font tout le prix de la littérature. Certes, la lecture, une fois dépassés les apprentissages phonographiques de l'école élémentaire, est une matière *pratique* qui s'acquiert par frottements et accumulation jusqu'à former, à côté du « bon goût » et de « la délicatesse des sentiments », une culture d'érudition. Mais, s'agissant d'enseignement et d'apprentissage, les interrogations classiques sur le sens et les jugements sur la valeur des textes, souvent impressionnistes, ne suffisent plus, fussent-ils appuyés sur la postérité culturelle. Si l'histoire littéraire garde sa pertinence au lycée, si la dimension esthétique conserve tout son intérêt, le poids relatif de ces approches diminue au collège au profit d'entrées plus centrées sur les textes. La didactique du français, sans délaisser pour autant le sens, le goût ou le plaisir, s'empare des théories de la textualité et emprunte des notions aux recherches sémiotiques très fréquemment entreprises, d'ailleurs, par des chercheurs de formation littéraire. Aux clés culturelles, qui restent indispensables mais ne sont pas également partagées, s'ajoutent des clés conceptuelles. Si « l'œuvre » reste un objet privilégié au lycée, elle cède la place au « texte » au collège, objet langagier observable à l'instar d'une phrase, passible d'une analyse scientifique, objectivement descriptible au moyen de modèles structuraux. Peu nombreux, aisément identifiables, les types de textes, outre leur pertinence intrinsèque, ont l'avantage d'être enseignables de façon méthodique. Opératoires, échappant à la subjectivité, ils ne préjugent pas de préconstruits culturels trop exigeants et donnent des outils d'aide à la compréhension en lecture ainsi qu'à l'invention en écriture.

En ce qui concerne la langue, l'évolution est tout aussi sensible. Les sciences du langage, malgré l'échec relatif de l'introduction de la linguistique distributionnelle, étendent le domaine grammatical. Elles corrigent les aspects les plus normatifs des grammaires du « bon usage » et renouvellent certaines questions syntactico-sémantiques, comme par exemple la substitution ou la gestion des connecteurs temporels et logiques. Méthodologiquement, de prescriptives, elles deviennent tendanciellement réflexives. Plutôt que d'imposer des descriptions préconstruites, artificiellement protégées par des exemples escamotant les problèmes, elles font réfléchir sur les fonctionnements linguistiques, préférant l'esprit d'analyse plutôt que la nomenclature. Mais surtout, elles bouleversent le domaine grammatical. Des thématiques nouvelles apparaissent, comme l'énonciation, la progression thématique, la cohésion textuelle et la cohérence discursive, etc., et font l'objet de recherches contemporaines largement ouvertes dont s'empare l'enseignement du français.

De proche en proche, l'enseignement du français se reconstitue en une configuration nouvelle. L'architecture ancienne, avec son dyptique langue/littérature, reste active mais ne correspond plus à la réalité contemporaine : les rénovations ponctuelles, sans doute peu sensibles dans le temps court, ont fini par bouleverser la matière dans le temps long. La notion de « maîtrise des discours », apparue récemment dans les Instructions officielles, syncrétise l'évolution en marquant nettement le changement d'enjeux. La formule met fin à la très longue carrière de la « maîtrise de la langue », qui posait la connaissance de cet objet abstrait et complexe qu'est une langue comme un objectif en soi, une condition de son emploi, voire un préalable. Elle entérine la plupart des propositions didactiques en composant la grammaire en trois strates complémentaires, la phrase, le texte, le discours. Ce référentiel de savoir organise la solidarité des problématiques nouvelles. Elles répondent beaucoup mieux aux enjeux contemporains, et sont en prise notamment avec la dynamique communicationnelle dont elles éclairent certains aspects cruciaux. La maîtrise du discours, renvoyant à « toute mise en pratique du langage à l'oral et à l'écrit », met l'emploi au premier plan en renversant la perspective. Dans le cadre du français langue maternelle, c'est en effet la pratique des discours, l'activité concrète dans des communications effectives qui incorporent les ressources langagières et culturelles, qui favorisent l'amélioration des compétences langagières. À cet égard, l'oral, parent pauvre et longtemps méprisé du français au nom de la pureté de la langue, acquiert actuellement droit de cité au nom de sa fonction dans l'appropriation des connaissances, de son rôle dans la communication et de la régulation de sa relation à l'écrit. En passe de former un secteur important de la matière, il la réinterroge en profondeur dans son épistémologie.

Jean-François Halté

▸ Bibliographie

ADAM J.-M., *Les Textes, types et prototypes : récit, description, argumentation, explication et dialogue*, Paris, Nathan, 2001.

DABÈNE M., « Pratiques langagières et enseignement du français à l'école », *Repères*, n° 15, 1997.

CHISS J.-L., DAVID J., REUTER Y., *Didactique du français : fondements d'une discipline*, Bruxelles, De Boeck, 2005.

GROSSMANN F., TAUVERON C. (coord.), « Comprendre et interpréter les textes à l'école », *Repères*, n° 19, 1999.
HALTÉ J.-F., « Didactique de l'écriture, didactique du français : vers la cohérence configurationnelle », *Pratiques*, n° 115-116, 2003, p. 15-18.
HALTÉ J.-F., *La Didactique du français*, Paris, PUF, coll. « Que sais-je ? », 1993.
Ministère de l'Éducation nationale, de la Recherche et de la Technologie, *Programmes et accompagnement des programmes*, Paris, CNDP, 1995-1998.
VECK B. (dir.), *La Culture littéraire au lycée : des humanités aux méthodes ?*, Saint-Fons, INRP, 1995.

▶ **Voir aussi**
Commentaire littéraire – Communication (Modèles et techniques de) – Composition française – Écriture – Explication de texte – Expression – Grammaire – Image – Lecture – Littérature – Littérature de jeunesse – Orthographe – Rédaction.

FRATRIE

De son origine grecque et latine, le terme de « fratrie » garde encore aujourd'hui une interprétation polysémique. Entré relativement tard dans le dictionnaire, il conserve de son étymologie le même flou conceptuel, dans les définitions successivement données, que le terme *frater* dont il est issu. On retrouve, en effet, la même ambiguïté sémantique dans les définitions des deux termes, qui désignent successivement deux acceptions, celle de l'affiliation et celle de l'élection affective : à une première définition de « frère » d'ordre généalogique, « celui qui est né du même père et de la même mère qu'un autre enfant », succède une seconde d'ordre analogique, « celui avec qui on est uni par des liens quasi fraternels » (Larousse, 2001).

Cette « opacité derrière laquelle se dérobe le concept fraternel » (Navelet, 1999) est particulièrement alimentée, aujourd'hui, par les situations de recompositions familiales qui génèrent des réseaux de fratrie composées de frères germains, demi-frères et quasi-frères – enfant(s) du beau-parent selon la définition de Théry (1991). En d'autres termes, des fratries qui regroupent des enfants qui ont une filiation commune et ceux qui tissent entre eux un lien électif et qui, par une utilisation métaphorique de la dénomination « frère » désormais adoptée (Ginsberg-Carré, 1999), se libèrent de la seule référence à la filiation.

Pourtant cet « idéal de la parenté élective » incarné par la fratrie recomposée (Théry, 1996) est travaillé par des représentations récurrentes attachées au concept de fratrie.

Deux visions opposées sur le mode amour/haine

Le concept de fratrie est, en effet, souvent associé à celui de « rivalité fraternelle », selon une vieille tradition qui s'appuie sur le mythe fondateur des « frères ennemis », largement illustré en littérature.

Redondante dans les représentations sociales, cette problématique s'appuie, d'une part, sur la théorie d'Adler, qui explique la rivalité fraternelle par l'expérience faite par l'enfant à la naissance d'un(e) frère/sœur, le rang de naissance déterminant les traits de caractère développés par les individus, et, d'autre part, sur la théorie psychanalytique qui subordonne les liens entretenus entre les membres de la fratrie aux liens filiaux et considère la rivalité fraternelle comme une conséquence inévitable de la « triangulation œdipienne ».

En contrepoint de cette problématique des « frères ennemis », coexiste cependant, dans l'imaginaire collectif, comme un « précepte idéaliste et moralisateur » entretenu par les contes populaires, une représentation antinomique de la précédente, celle de l'amour fraternel idyllique et désexualisé, qui est véhiculée par des dictons stéréotypés : « s'aimer comme des frères » et « vivre comme frère et sœur ».

Le complexe fraternel comme expérience cognitive

Une autre approche de la fratrie permet néanmoins de privilégier la dimension horizontale des expériences fraternelles et de les interpréter de façon bénéfique pour le développement cognitif et moteur de l'enfant. Dans cette perspective, la rivalité fraternelle devient une expérience positive et participe à la construction de sa personnalité, notamment de son processus d'individualisation ; ainsi, selon Wallon (1934), « la jalousie infantile constitue une identification mentale plus qu'une rivalité vitale ». En d'autres termes, les conflits affectifs contribuent à la prise de conscience de soi en même temps que celle d'autrui. Lacan (1938) prolongera cette idée dans le « complexe d'intrusion » vécu par l'enfant à la naissance d'un(e) frère/sœur, en considérant la jalousie « comme l'archétype des sentiments sociaux » et comme le moyen de surmonter le risque de fusion (« confusion spéculaire ») entre un jeune enfant et son semblable, dont témoignent ses conduites imitatives.

Les conduites imitatives sont, en effet, caractéristiques des relations de fratrie. Elles témoignent des deux aspects indissociables du même processus : conscience de soi et appréhension d'autrui ; de la volonté de se substituer au rival, mais aussi de la fascination, de l'admiration aimante que suscite cette forme d'activité. Ce faisant, l'imitation dans la fratrie joue également un rôle déterminant dans le développement cognitif de l'enfant puisque la représentation du modèle est la condition nécessaire à sa reproduction.

Si, dans les recherches, la relation entre taille et/ou place dans la fratrie et développement scolaire (Gayet, 1993) est davantage étudiée que l'incidence de la reproduction du modèle fraternel, du fait que les liens fraternels y sont longtemps restés les parents pauvres, il n'en reste pas moins que, dans la psychologie quotidienne, la reproduction du modèle du frère/sœur aîné semble intériorisé ; notamment dans les comparaisons d'enseignants ayant eu successivement dans leur classe deux enfants de la même fratrie dont les résultats contrastent ou diffèrent.

Sans adopter cette position déterministe, on peut cependant considérer, en tenant compte de leur double composante, affective et cognitive, que les conduites imitatives dans la fratrie favorisent « des relations interactives d'instruction entre l'enfant qui se développe et ses aînés » et apportent des indications « sur l'étude de l'acquisition des savoir-faire et de la résolution de problème » (Bruner, 1998). En termes d'apprentissage, ces conduites instaurent en quelque sorte une situation d'*interaction de tutelle* dans laquelle l'aîné jouera spontanément le rôle d'« expert » pour son cadet « novice », comme l'illustre le jeu de l'école pratiqué couramment dans les fratries.

Christiane Ginsberg-Carré

▶ Bibliographie

Bruner J. S., *Le Développement de l'enfant : savoir-faire, savoir dire*, Paris, PUF, 1998.

Freud A., *L'Enfant dans la psychanalyse*, Paris, Gallimard, 1976.

Gayet D., *Les Relations fraternelles : approches psychologiques et anthropologiques des fratries*, Lonay, Delachaux et Niestlé, 1993.

Ginsberg-Carré C., « C'est ton frère ou ton demi-frère. La fratrie au temps des parentés plurielles ou les Mots pour le dire », *Dialogue*, n° 140, 1998, p. 67-78.

Ginsberg-Carré C, « La Fratrie dans la famille recomposée », *in* Bourguignon O. (dir.), *Le Fraternel*, Paris, Dunod, 1999.

Lacan J., *Les Complexes familiaux*, Paris, Navarin, 1938.

Navelet C., « Frère, fratrie et lien fraternel : des mots au concept », *in* Bourguignon O. (dir.), *Le Fraternel*, Paris, Dunod, 1999.

Théry I., « Normes et représentations de la famille au temps du démariage. Le cas des liens fraternels dans les familles recomposées », *in* Le Gall D., Marin C., *Familles et politiques sociales : dix questions sur le lien familial contemporain*, Paris, L'Harmattan, 1996.

Théry I., « Trouver le mot juste : langage et parenté dans les recompositions familiales après divorce », *in* Segalen M. (dir.), *Jeux de familles*, Paris, CNRS Éditions, 1991, p. 137-156.

Tilmans-Ostyn E., Meynckens-Fourez M., *Les Ressources de la fratrie*, Ramonville-Saint-Agne, Érès, 1999.

WALLON H., *Les Origines du caractère chez l'enfant : les préludes du sentiment de la personnalité*, Paris, PUF, 1934, 5e éd., coll. « Quadrige », 2002.

▶ Voir aussi

Familiale (Éducation) – Famille – Psychanalyse et éducation – Relation parents/enfants.

FREINET, CÉLESTIN (1896-1966)

Né à Gars (Alpes-Maritimes) en 1896, élève-maître à l'école normale d'instituteurs de Nice, Célestin Freinet fut gravement blessé et gazé pendant la Première Guerre mondiale, ce qui différa jusqu'en 1920 son affectation à un poste d'instituteur ; il fut alors nommé à Bar-sur-Loup. Mais ses difficultés respiratoires persistantes lui interdisaient une gestion autoritaire de sa classe. Il lui fallut donc substituer à la parole du maître l'activité de l'élève. Cependant, là n'est point, il s'en faut, la seule cause de son inventivité pédagogique.

Celle-ci résulte en réalité de sa longue réflexion sur les problèmes d'éducation et du travail intellectuel approfondi que lui permirent, ou lui imposèrent, ses années d'inactivité professionnelle.

Les limites de l'éducation nouvelle

Sous plusieurs aspects, Freinet se situe en étroite continuité avec l'école nouvelle. Au cours des années 1920-1922, il en lut de près les principaux théoriciens, singulièrement Ferrière, qu'il admirait ; il en rencontra plusieurs lors du congrès de Montreux, en 1924 : et c'est bien d'eux seuls qu'il reçut des encouragements, en même temps qu'ils apportèrent beaucoup à sa culture.

Néanmoins, s'ils le séduisirent, dans la mesure où il retrouva chez eux ses propres aspirations, ils ne manquèrent pas non plus de le décevoir car il soupçonna vite l'inapplicabilité de leurs propositions à l'école primaire publique, spécialement à la campagne, et l'impossibilité d'une simple transposition. Élise Freinet raconte ses impressions sur ce point : au terme des congrès, dit-elle, il est découragé car « il se rend compte qu'il y a une Éducation nouvelle relativement facile, applicable pour les écoles possédant le matériel éducatif, l'installation scolaire permettant l'activité de l'enfant et l'individualisation de l'enseignement. Mais, pour l'école de Bar-sur-Loup, le problème est tout autre. L'image de sa petite classe dénudée et poussiéreuse s'impose à lui et lui serre le cœur. » (*Naissance d'une pédagogie populaire*)

En outre, son référentiel marxiste d'alors le sensibilisa au contraste entre les conditions onéreuses du fonctionnement des établissements qu'il visitait à l'étranger et les faibles ressources dont lui-même disposait. Et sans doute sa sympathie et son admiration pour Pestalozzi procèdent-elles du fait que celui-ci avait destiné aux seuls sujets pauvres et malheureux les maisons qu'il avait successivement fondées.

Il se convainquit donc vite – et là est l'essentiel – de l'inéluctabilité de l'invention d'une nouvelle didactique qui, tout en s'inspirant des mêmes principes fondamentaux que ceux de l'école active, pourrait s'ajuster aux élèves de famille modeste d'une école rurale ou de banlieue. En d'autres termes, s'il adhéra globalement à la même psychologie de l'enfant et à la même philosophie de l'enfance que les théoriciens de l'éducation nouvelle, il se distingua d'eux par sa vision politique et sa sociologie ; mais, du fait de sa perception de la « dépendance étroite de l'école et du milieu » (*ibid.*), il comprit les difficultés auxquelles cette conception allait se heurter en France.

Cette situation spécifique fut pour lui un défi, qu'il voulut surmonter en définissant des procédures neuves, appropriées à sa représentation des écoliers, aux buts qu'il s'était donnés et aux moyens dont il disposait : « Notre originalité, c'est d'avoir créé, expérimenté, diffusé des outils et des techniques de travail dont la pratique transforme profondément nos classes. » (*Pour l'école du peuple*) C'est pour manifester une telle intention qu'il préféra longtemps la notion de « techniques » à celle de « méthodes actives », que, n'en ignorant ni l'ambiguïté ni l'imprécision, il n'estimait guère ; s'il a, vers les dernières années de sa vie, accepté qu'on employât aussi l'expression de « pédagogie Freinet », ce fut seulement pour montrer que l'explication doctrinale du sens de ses pratiques n'était pas, néanmoins, étrangère à son dessein.

Une pédagogie du travail

L'on voit donc la nouveauté de sa démarche : si celle des doctrines classiques consiste à extraire d'un système, par exemple philosophique, qui définit un type d'homme, une conception de l'éducation destinée à le multiplier et, éventuellement, une méthodologie qui indique les voies d'obtention de cet objectif, la sienne est exactement inverse. D'allure inductive, elle commence par l'essai de modalités didactiques et réfléchit ensuite sur leur réussite ou leur échec pour en dégager la signification. C'est notamment, et partiellement, à cela que correspondent les concepts d'« expérience tâtonnée » ou de « tâtonnement expérimental », qui lui étaient chers. Et c'est aussi de cette manière qu'il a peu à peu mis au point, avant de les formaliser, ses diverses techniques, notamment le texte « libre », c'est-à-dire écrit par l'élève au moment et sur le thème de son choix, mais aussi la méthode naturelle de lecture, le calcul vivant, l'imprimerie, la correspondance interscolaire, etc.

Les techniques Freinet

Pendant longtemps, jusqu'à la fin des années 1950, Célestin Freinet a employé l'expression de « technique(s) Freinet » pour désigner ses pratiques. En refusant les expressions de « méthode Freinet » et de « pédagogie Freinet », il s'agissait de ne pas endosser l'image d'un système de pensée clos et achevé : « d'un ensemble définitivement monté par son initiateur ». La pédagogie Freinet est en effet l'œuvre d'un réseau coopératif d'éducateurs, dont Freinet fut le leader charismatique pendant les quarante premières années. La possibilité de faire évoluer les « techniques » a assuré la pérennité de cette pédagogie sur plusieurs générations, depuis le milieu des années 1920 ; à la différence d'autres courants pédagogiques, comme celui des écoles Steiner – par exemple –, enfermé dans la stricte répétition des modèles fondateurs.

Freinet se réclamait d'un matérialisme « pédagogique ». Il considérait, en effet, que l'absence d'un matériel scolaire adapté était la cause des échecs des partisans d'une pédagogie nouvelle. Or, à la différence des méthodes, « toute technique suppose un matériel ». Et ce qui frappe d'abord, dans une classe Freinet, c'est l'abondance et la diversité des matériels.

L'introduction de l'imprimerie dans la classe fut la clef de cette transformation pédagogique : l'imprimerie permettait de tenir ensemble l'exigence essentielle « d'ouverture sur la vie » propre à l'éducation nouvelle et à l'école du travail, d'une part, et la pratique canonique de l'école primaire française – le travail sur des livres –, d'autre part. L'imprimerie à l'école fit exister un objet impensé et impensable pour l'école traditionnelle : un « livre de vie » (devenu plus tard « journal scolaire »). Avec la diffusion de la micro-informatique, l'imprimerie n'est plus la condition nécessaire de la pédagogie Freinet, mais la transformation en textes imprimés des récits des enfants, de leurs textes libres, de leurs enquêtes sur le milieu naturel et sur l'environnement social et technique, ou encore de la reproduction de leurs dessins reste au cœur de cette pédagogie.

L'imprimerie favorisa cette autre technique essentielle : la correspondance scolaire entre des enfants d'écoles géographiquement éloignées et culturellement différentes. Dans l'écriture pour le correspondant, l'écrit de l'élève est un travail dédié à une autre personne : Jean Vial a pu parler d'une « pédagogie du travail et de la dédicace ».

Dans sa posture délibérément matérialiste, Freinet ne distinguait pas toujours les techniques et les outils. Ainsi dans le livre *L'École moderne française* (1946), il liste une trentaine de techniques, d'outils et de dispositifs. On citera ici quelques pratiques essentielles qui supposent à la fois techniques, outils et dispositifs : la coopérative scolaire, le texte libre, le dessin libre, les classes-exploration (hors l'école), l'organisation du travail libre et les plans de travail, les fichiers autocorrecteurs, le journal mural, l'organisation de la bibliothèque de travail, l'évaluation par les brevets, la gravure du lino, l'atelier d'expérimentation scientifique, le projecteur de cinéma, la caméra, le magnétophone, la radio, la machine à écrire, etc. Il faudra ajouter plus tard d'autres dispositifs essentiels comme l'apprentissage naturel de la lecture.

Le mouvement Freinet, lui même organisé coopérativement, avec des techniques de travail comme les « chantiers de production », s'est donné les moyens de faire évoluer ces outils, ces techniques et ces dispositifs au rythme des transformations de la société et du statut de l'enfance : l'Institut coopératif de l'école moderne constitue une sorte d'intellectuel collectif qui assure la pérennité de cette pédagogie en concevant – au jour le jour – son renouvellement.

Ainsi est véritablement induite la « pédagogie du travail ». L'accent mis sur le goût de l'enfant pour le travail et l'insistance avec laquelle il dénonce la valorisation des conduites ludiques montrent que Freinet a clairement écarté, en même temps que les illusions libertaires, la tentation de ravaler les tâches scolaires en amusements. Peu ont su se délivrer avec autant de vigueur et de sûreté que lui de la pesante tradition doctrinale qui suppose l'activité intellectuelle inéluctablement incapable de mobiliser les élèves ; c'est le contraire qu'il affirme avec résolution. Comme il le dit lui-même, « ce n'est pas le jeu qui est naturel à l'enfant, c'est le travail » (*ibid.*). Et il dégage de cette constatation à l'intention des instituteurs le conseil d'organiser d'abord celui-ci, et non la discipline.

Il reste que cette conception de l'éducation n'alla pas sans soulever beaucoup de protestations ni le mettre en difficulté avec la population locale et, surtout, bien sûr, avec l'administration académique. Nommé à Saint-Paul-de-Vence en 1930, il s'y trouva l'objet de critiques dont l'écho retentit même au Parlement, où le ministre de l'Instruction publique fut l'objet d'une interpellation à son propos. Il quitta donc l'enseignement public pour fonder en 1935 dans les environs de Vence, au Pioulier, une école privée dont le prestige devait aller croissant et qui devint vite un haut lieu de réflexion et d'innovation. Simultanément, il noua des relations avec des instituteurs séduits par cette nouvelle manière de faire, de sorte qu'il en résulta très vite un mouvement, l'Institut coopératif de l'école moderne (ICEM), auquel la Coopérative de l'enseignement laïque (CEL) apportait les outils de travail. Le rayonnement de ce mouvement, qu'il dynamisait chaque année lors de congrès justement remarqués, comme la qualité de ses publications lui assurèrent beaucoup d'audience et de prestige, sans que, néanmoins, la force éducative et le zèle remarquable de ses militants aient réussi à venir à bout de l'immobilisme de l'École.

Freinet mourut à Vence en 1966. Il est inhumé à Gars.

Guy Avanzini
Henri Peyronie

▸ Bibliographie

Principales œuvres de Célestin Freinet :

Pour l'école du peuple, Paris, Maspéro/La Découverte, 1969 (rééd. de *L'École moderne française*, paru en 1946, enrichi du texte des *Invariants pédagogiques*, paru en 1964).

Les Techniques Freinet de l'école moderne, Paris, Armand Colin, 1964.

Principales œuvres sur Célestin Freinet :

Boumard P., *Célestin Freinet*, Paris, PUF, coll. « Pédagogues et pédagogie », 1996.

Fontvieille R., *L'Aventure du mouvement Freinet vécue par un praticien militant (1947-1961)*, Paris, Klincksieck, 1989.

Freinet E., *Naissance d'une pédagogie populaire,* Paris, La Découverte, 1981.

Peyronie H., *Célestin Freinet : pédagogie et émancipation*, Paris, Hachette, 1999.

Vergnioux A., *Cinq études sur Célestin Freinet*, Caen, PUC, 2005.

▸ Voir aussi

Actives (Méthodes) – Éducation nouvelle – Ferrière, Adolphe – Jeu – Pestalozzi, Johann Heinrich.

Freire, Paulo (1921-1997)

Pédagogue brésilien, Paulo Freire a acquis une réputation internationale par ses recherches théoriques et pratiques sur l'alphabétisation des adultes. Il fut déclaré docteur *honoris causa* par une trentaine d'institutions universitaires dans le monde entier. Des instituts portant son nom ont été créés au Brésil et à travers le monde à partir de 1991 et un mouvement associatif mondial rassemble la « communauté freirienne ».

Né à Recife, dans le *Nordeste* brésilien, Paulo Freire a fait des études de droit (1945) et a soutenu une thèse de doctorat sur l'éducation (1959). Il a d'abord été professeur de portugais dans le collège où il avait été élève, puis directeur du secteur éducatif et culturel du Service social de l'industrie (1947). C'est dans ce cadre qu'il s'est engagé dans des actions d'alphabétisation des adultes, en utilisant une « méthode » centrée sur l'expérience et les mots des apprenants eux-mêmes. Il occupa diverses charges à la ville de Recife, devint professeur à l'université de cette ville, directeur du service d'extension culturelle (1961) et responsable de différents programmes d'alphabétisation (1963). Il dut quitter le pays à la suite du coup d'État militaire de 1964. Il mena alors une vie d'exilé pendant environ seize ans (1964-1980), en séjournant d'abord en Bolivie et au Chili, puis aux États-Unis (donnant des cours à l'université Harvard), enfin en Suisse, à Genève, où il fut consultant spécial en éducation du Conseil mondial des églises. Cette dernière charge lui a permis de mener des actions d'alphabétisation en Guinée-Bissau, à São Tomé et Principe, au Mozambique, en Angola et au Nicaragua. De retour au Brésil (1980), il devint secrétaire à l'éducation dans la municipalité de São Paulo, acquise au parti des travailleurs, tout en reprenant des activités universitaires (université catholique de São Paulo).

Son œuvre pédagogique est fortement marquée par le souci de la connexion entre la théorie et la pratique. Elle est spécifiquement orientée vers l'éducation des « opprimés ». L'alphabétisation est pour lui un acte politique intimement lié à la question de la démocratisation de la culture : lire les mots, c'est aussi lire le monde. Ce qui repose sur une conception anthropologique de la culture selon laquelle l'artisan est aussi créateur que le lettré. C'est pourquoi Paulo Freire a mis en œuvre une « méthode » qui s'appuie essentiellement sur les mots et la culture des apprenants au sein de groupes de travail. Des « mots générateurs » permettent ainsi de les mener à une « conscientisation », qui ne se limite pas à une simple « prise de conscience », mais nécessite effort de recherche et rigueur en vue de l'action transformatrice des hommes sur leur réalité sociale.

Cette théorisation fait partie d'une première phase de la pensée de Paulo Freire. Il a lui-même évité de reprendre ultérieurement le concept de « conscientisation » pour qu'il ne soit pas fétichisé et utilisé comme une « pilule magique ». C'est ainsi que, tout en répondant aux critiques, il s'est ouvert à d'autres problèmes sociaux tels que l'émancipation des femmes, la formation des professeurs, l'éducation en milieu urbain.

Paulo Freire est un « patrimoine indispensable pour la pédagogie d'aujourd'hui » (Nòvoa, 1996), non seulement pour les questions d'autoformation des adultes mais aussi pour la mise en perspective critique de toute action éducative, qui doit être « conscientisante » et réflexive.

Éric Plaisance

▶ Bibliographie

Principales œuvres de Paulo Freire :

L'Éducation : pratique de la liberté, Paris, Éditions du Cerf, 1974.

Pédagogie des opprimés : conscientisation et révolution, Paris, Maspero, 1974.

Lettres à la Guinée-Bissau sur l'alphabétisation : une expérience en cours de réalisation, Paris, Maspero, 1978.

L'Éducation dans la ville, Paris, Païdeia, 1991.

Pédagogie de l'autonomie : savoirs nécessaires à la pratique éducative, Ramonville-Saint-Agne, Érès, 2005.

Œuvre sur Paulo Freire (traduite en français) :

Nòvoa A., « Paulo Freire », *in* Houssaye J. (dir.), *Pédagogues contemporains,* Paris, Armand Colin, 1996, p. 45-74.

▸ **Voir aussi**

Adultes (Formation des) – Alphabétisation – Autoformation – Dumazedier, Joffre – Freinet, Célestin – Illich, Ivan – Populaire (Éducation).

Fröbel, Friedrich (1782-1852)

Né en 1782 à Oberweissbach en Thuringe, mort en 1852 à Marienthal, Friedrich Fröbel reçut de Pestalozzi et de deux séjours à Yverdon ses impulsions décisives. Préoccupé par l'éducation de la première enfance, il va s'efforcer de saisir le développement du tout jeune enfant à l'image de la *sphère* en expansion, la spécificité de son univers intérieur, qui se déploie sur le mode *symbolique,* et la nature du lien intime qui l'unit à sa mère, celui du *pressentiment.* Fröbel va faire produire au mouvement même de la vie les instruments pédagogiques de son développement en liberté : ce sera le *jeu,* dont il élaborera toute une théorie et pour lequel il réalisera un matériel (la balle, la boule, le dé), et, plus largement, le *jardin d'enfants,* qui, plutôt qu'un lieu institutionnel, devait rester dans l'esprit de son fondateur un concept d'éducation, tout au plus une cellule de conseil pour les mères et les futures mères afin qu'elles éduquent elles-mêmes leurs enfants.

Mais tous ces éléments ne prennent sens, pour Fröbel, que dans le contexte d'une philosophie de l'éducation présentée en 1826 dans *L'Éducation de l'homme,* et qui se déploie autour de l'idée d'« union de la vie » (*Lebenseinigung)* dans une perspective vitaliste et panthéistique, proche des tendances du romantisme allemand. La pédagogie fröbelienne peut être ainsi présentée comme le paradigme des « pédagogies du cœur », portant la relation pédagogique jusqu'à la fusion et révélant à livre ouvert ses inconséquences les plus criantes.

C'est sans doute la théorie du jeu qui constitue l'apport le plus décisif de Fröbel à l'histoire de la pensée pédagogique. Le jeu est présenté comme l'activité symbolique par excellence, celle qui médiatise l'extérieur et l'intérieur, le « miroir de la vie », le lieu de réalisation de la liberté en liberté : tel l'enfant joue maintenant, tel il vivra plus tard… L'attrait éternel du jeu, résume Fröbel, repose dans « l'interpénétration intérieure de la loi, de la liberté et de la vie en une manifestation unifiée ».

Michel Soëtard

▸ **Bibliographie**

Guillaume J., « Fröbel », in *Nouveau dictionnaire de pédagogie et d'instruction primaire,* Paris, Hachette, 1911, I, 2, p. 691-704.

Heiland H., *Die Schulpädagogik Friedrich Fröbels,* Hildesheim, Olm, 1991.

Heiland H., « Fröbel », *in* Houssaye J., *Quinze pédagogues : leur influence aujourd'hui,* vol. 1 et 2, Paris, Bordas, 2000.

Soëtard M., *Friedrich Fröbel : pédagogie et vie*, Paris, Armand Colin, 1990.

▸ **Voir aussi**

École maternelle – Jeu – Pédagogie – Pestalozzi, Johann Heinrich.

G

Gal, Roger (1906-1966)

Agrégé de grammaire, puis professeur de psychologie et pédagogie à l'École normale supérieure d'enseignement technique avant de créer et de diriger le service de la recherche pédagogique à l'Institut pédagogique national, Roger Gal a rédigé pendant la guerre un « mémoire » qui inspirera largement le plan Langevin-Wallon.

Fils d'instituteurs, Roger Gal est né à Bouillargues, dans le Gard. Après avoir fréquenté l'école communale où enseignait son père, il fait de brillantes études aux lycées de Nîmes et de Montpellier, puis au lycée Henri-IV (où il est élève d'Alain). Agrégé de grammaire en 1931, il enseigne au lycée de Sens. Devant les difficultés et l'intérêt du métier, il se prend de passion pour la lecture des psychologues et des pédagogues. Il adhère par ailleurs, en 1935, au groupe fondateur de la revue *Esprit* dont il devient le rédacteur de la chronique syndicale.

En 1937, il est appelé à diriger l'expérience des « classes d'orientation » créées par le ministre de l'Éducation nationale Jean Zay. Le lycée de Sens est l'un des vingt établissements choisis pour l'expérience.

En 1941, Roger Gal est nommé professeur de lettres au lycée Janson-de-Sailly, et devient le secrétaire du Groupe français d'éducation nouvelle. En 1942, il rédige un « Mémoire sur la réforme à faire dans l'enseignement et sur l'orientation scolaire ». Ce mémoire circule de main en main dans la clandestinité ; il est communiqué à Paul Langevin, alors en résidence surveillée à Troyes ; ce mémoire servira d'avant-projet, de point de départ, au plan Langevin-Wallon.

Dans un article paru dans la revue *Esprit* le 1er mars 1945, Roger Gal rédige les principes directeurs pédagogiques « pour un plan décennal de l'Éducation » :

« Nous ne pouvons plus vouloir d'une École séparée de la vie et du monde, enfermée dans ses murs et dans ses abstractions, îlot de vie conventionnelle et figée au sein d'un monde qui ne cesse de se transformer [...]. Notre second principe sera l'individualisation de l'enseignement ou, si l'on veut, l'adaptation de la culture à la personnalité de l'enfant. »

Roger Gal anime avec Alfred Weiler l'expérience des « classes nouvelles », lancée sous la direction de Gustave Monod (directeur de l'enseignement secondaire) dans les années qui suivent la Libération. Il s'attache tout particulièrement à l'étude du milieu, à la prospection des aptitudes, à la promotion d'une culture sans latin (en 6e, 5e et 4e).

Roger Gal participe par ailleurs, au titre de secrétaire adjoint, à toutes les réunions plénières de la Commission de réforme de l'enseignement présidée par Langevin puis par Wallon.

En 1946, il est professeur de psychologie et de pédagogie à l'École normale supérieure de l'enseignement technique (ENSET) et à l'École normale nationale d'apprentissage (ENNA).

En 1951, à la demande de Louis Cros (directeur du Centre national de documentation pédagogique), Roger Gal crée un service de la recherche pédagogique à l'Institut pédagogique national (futur INRP), « en vue de coordonner l'activité des organismes qui effectuent des travaux de recherche pédagogique ». Il le dirige jusqu'à sa mort, le 11 juin 1966, ayant tout à fait mérité l'hommage que lui décernait dès 1962 la revue *The Educational Forum* : « Roger Gal compte parmi les deux cents plus éminents penseurs pédagogiques du monde. »

Claude Lelièvre

▸ Bibliographie

COLLECTIF, *Hommage à Roger Gal, précurseur des classes nouvelles*, Paris, CNDP, 1969.

▸ Voir aussi

Individualisation – Psychopédagogie – Recherche en éducation.

GÉNÉRATION

Banalisé dans le langage courant, le terme de « génération » fait l'objet de multiples usages, de la « génération d'Internet » à celle de « Tanguy », des « nouvelles générations de machines à laver » à celles des ordinateurs. Éphémères et superficielles, ces générations se succèdent à un rythme accéléré et au gré des modes, pour fixer les traits incertains d'un esprit du temps volatil, des sensibilités du moment, ou pour surfer sur le flux des nouvelles technologies.

Dans les sciences sociales, le terme fait également l'objet de nombreux usages que les chercheurs s'efforcent de distinguer et de préciser en fonction du contexte théorique et empirique dans lequel il est employé. Quatre principales définitions se dégagent :

• Du point de vue démographique, le terme est synonyme de « cohorte de naissance » et s'applique à la totalité des individus nés une même année.

• Du point de vue généalogique, la génération désigne à la fois une relation de filiation et l'ensemble des personnes classées selon celle-ci.

• En histoire, elle représente une période correspondant à la durée du renouvellement des hommes dans la vie publique ou encore au nombre d'années séparant l'âge du père de celui du fils. Généralement évaluée à trente ans, elle peut aussi se réduire à une décennie quand elle se rapporte aux idées ou aux modes.

• Enfin, l'usage sociologique le plus courant, hérité de Karl Mannheim, présente la génération comme un ensemble de personnes ayant à peu près le même âge mais dont le principal critère d'identification sociale réside dans les expériences historiques communes et particulièrement marquantes dont elles ont tiré une vision partagée du monde. Pour autant, une génération ne constitue pas un ensemble homogène, mais est composée de diverses « unités de génération ». Ces dernières sont définies par Mannheim comme des sous-ensembles, s'opposant par leur orientation politico-idéologique, représentées par des « groupes concrets » portés par des leaders actifs en qui elles se reconnaissent et qui en sont les porte-parole.

Quoique stimulante, cette théorie appelle un certain nombre de critiques. Tout d'abord, une génération ne se caractérise pas uniquement par des faits historiques marquants. Son identification à un événement majeur est une construction rétrospective et sélective, une manière de remémorer et commémorer l'événement. Parmi les expériences vécues qui marquent prennent place aussi un ensemble de faits sociaux et de repères culturels qui, tout au long de son existence, contribuent à « l'empreinte du temps », caractéristique d'une génération.

Faire partie d'une génération est à la fois un mode d'appropriation de sa temporalité socio-historique et un positionnement dans la filiation. L'appartenance générationnelle se définit par rapport à la société, dans ce que François Mentré appelle les générations sociales, ou par rapport à la filiation, dans ce qu'il appelle les générations familiales. Ces deux dimensions sont souvent confondues dans les évocations des relations entre générations ou de leurs conflits. L'analyse que fait Margaret Mead du « fossé des générations » s'applique à la fois, et souvent indistinctement, aux générations sociales et familiales. Les recoupements entre ces deux appartenances sont certes importants, les rôles parentaux ou filiaux correspondant à des différences d'âges qui délimitent des générations sociales. Mais cette correspondance est d'ordre statistique et ces deux acceptions sont à distinguer. Pour prendre un exemple, il existe des grand-parents de tous âges, qui peuvent avoir 40 ans ou être centenaires. À l'évidence, tous les grands-parents ne font pas partie de la même génération sociale alors qu'ils ont le même statut générationnel dans l'ordre de la filiation.

Les relations entre générations se sont transformées sous l'effet des mutations démographiques et sociales. L'allongement de l'espérance de vie et la diminution de la natalité ont modifié la structure d'âge de la société, qui se « rectangularise ». La structure familiale se renforce au sommet, les aïeux tendant à devenir aussi nombreux, sinon plus, que les enfants. Le nombre de familles à trois ou quatre générations augmente. La plus longue coexistence des générations tend à modifier la nature de leurs échanges affectifs, éducatifs et économiques. Les modèles d'éducation se sont assouplis, les rapports d'autorité et de dépendance entre générations se sont affaiblis ; le développement de la protection sociale et l'évolution du droit de la famille vont dans le sens d'une individualisation croissante. Au sein de la famille, les générations jouissent désormais d'une plus grande indépendance, économique et juridique, qui n'empêche pas la vigueur de leurs liens et la vitalité de leurs solidarités sous de multiples formes, affectives, matérielles, culturelles et sociales.

Les rapports de générations ne se limitent pas à la famille ; ils s'établissent aussi dans le milieu professionnel, dans les institutions culturelles, politiques, intellectuelles, etc. La notion d'« ancienneté » délimite alors des générations, des anciens aux nouveaux membres, ou encore des écoles de pensée, des anciennes aux modernes, par exemple. Le lien intergénérationnel constitue aussi une dimension importante de la relation éducative, à l'école et dans différents systèmes d'enseignement. La relation des enseignants aux élèves reproduit sous certains aspects la relation parentale. L'histoire nous en présente de multiples figures qui vont du compagnonnage traditionnel aux « hussards de la République ». Au centre de cette relation figure l'apprentissage de règles – parfois contestées – comme vecteurs d'intégration sociale, familiale et professionnelle et comme moyens de construction de soi. Les enseignants ne font donc pas que transmettre des connaissances ; ils contribuent aussi, tout comme les parents, à forger la personnalité de l'enfant par ce qu'ils transmettent d'eux-mêmes. Reste que les maîtres partagent avec les parents le rôle d'éducation et de transmission à l'égard de l'enfant. Cette transmission est néanmoins limitée par la courte durée de contact entre l'élève et l'enseignant, tandis que la famille institue des liens viagers et vitaux.

Claudine Attias-Donfut

▸ Bibliographie

ATTIAS-DONFUT C., *Sociologie des générations : l'empreinte de temps*, Paris, PUF, coll. « Le Sociologue », 1988.

ATTIAS-DONFUT C. (dir.), *Les Solidarités entre générations : vieillesse, familles, État*, Paris, Nathan, coll. « Essais et Recherches », 1995.

COLLECTIF, « Transmision intergénérationnelle et formation professionnelle », *Recherche et formation*, n° 45, 2004.

MANNHEIM K., *Le Problème des générations* (1928), Paris, Nathan, coll. « Essais et Recherches », 1990.

MEAD M., *Le Fossé des générations : les nouvelles relations entre les générations dans les années 1970*, Paris, Denoël, 1979.

MENTRÉ F., *Les Générations sociales*, Paris, Bossard, 1920.

▸ Voir aussi

Mannheim, Karl – Sociologie de l'éducation.

GÉOGRAPHIE (ENSEIGNEMENT DE LA)

La géographie est une discipline scolaire obligatoire. Elle est enseignée du cours préparatoire aux classes terminales de l'enseignement général. Dans le secondaire, les professeurs enseignent également l'histoire et, souvent, en collège, l'éducation civique. Sa présence est malheureusement plus discrète dans les enseignements professionnels et techniques ; dans certaines sections elle est regroupée avec l'histoire et l'éducation civique. Pour plus des trois quarts, les enseignants sont des historiens de formation, et certains n'ont reçu aucune formation en géographie.

Les grandes caractéristiques de la géographie enseignée se sont mises en place à la fin du XIXe siècle. L'une des particularités de la géographie tient au fait qu'elle a été d'abord une discipline scolaire avant d'être une matière universitaire. On date généralement des années 1870 les premières interrogations systématiques de géographie. Une meilleure connaissance du territoire national et du monde, une meilleure maîtrise de la carte et du terrain devaient être une contribution de l'École pour relever la France après la défaite et préparer l'avenir. Cette fonction politique étroitement nationale et datée s'est très vite élargie. La géographie a pour objet la connaissance, par les élèves, du monde dans lequel ils vivent.

Contexte et méthodes

Définir ce qu'est cette connaissance du monde est évidemment fort complexe. Durant une première période, la géographie scolaire est en symbiose avec l'École française de géographie, incarnée par Vidal de la Blache. Mais on ne retient de la géographie « savante » que ce qui se moule facilement dans les formes scolaires. Ainsi la géographie à l'École est-elle fortement déterministe, notamment dans sa façon d'enseigner les rapports entre les éléments naturels et humains, alors que Vidal de la Blache a toujours combattu cette idée. Quelques principes reviennent constamment : décrire la surface de la terre, les paysages, les formes que prennent les activités humaines, en nommer les aspects grâce à l'utilisation du mot juste, localiser avec précision. La méthode privilégiée suit des étapes identifiées : observer, décrire, expliquer. Ce schéma fait une très grande place à l'illusion que la réalité se donne à voir et à comprendre pour peu que l'on maîtrise le vocabulaire et la méthode correspondants ; elle imprègne encore très fortement l'enseignement aujourd'hui. La carte et l'image sont les points d'appui privilégiés. À partir des années 1950, des ouvertures en direction des sciences sociales (démographie, économie, sociologie, etc.) se sont faites plus pressantes, posant périodiquement la question de l'identité de la discipline. Le renouvellement de la géographie universitaire depuis plus d'une trentaine d'années s'est traduit par diverses ouvertures dans les programmes et instructions, mais il n'est pas sûr qu'elles trouvent une véritable application dans les classes.

L'organisation des enseignements de géographie n'obéit pas à un principe aussi fort que celui de la chronologie pour l'histoire. Aucun ordre de présentation ne s'impose. Plusieurs traditions cohabitent. La tradition concentrique a fortement marqué l'école élémentaire. Elle repose sur l'idée qu'il convient d'aller du connu vers l'inconnu et donc de partir des espaces familiers aux élèves, la commune par exemple, et de procéder ensuite par élargissements successifs. Si cela pouvait correspondre à une certaine réalité dans une France faiblement urbanisée, où l'information ne circulait pas comme aujourd'hui, la définition de ce qu'est un espace familier est actuellement bien difficile. Beaucoup d'enfants n'ont qu'une idée très approximative de ce que représente la commune dans laquelle ils vivent, tandis que les médias leur procurent des informations sur le vaste monde et leur donnent la fiction d'un vécu par procuration. Enfin, il n'est pas sûr que le plus proche soit le plus simple.

Dans l'enseignement secondaire, l'hésitation est permanente entre l'étude d'espaces bien délimités, étatiques ou régionaux, et l'étude de la géographie générale ; celle-ci est principalement organisée par la description, le classement, la nomination et, si possible, la mise en relation et l'explication de ce que l'on peut observer à la surface de la terre. On pense souvent qu'il est préférable de commencer chaque cycle, au collège et au lycée, par une présentation de géographie générale, physique puis humaine, destinée à mettre en place le vocabulaire et les méthodes aux études particulières.

Quelle que soit la solution adoptée, on se heurte toujours à la difficile question de l'ordre de présentation des faits. Commencer par la géographie physique, c'est induire que les facteurs naturels sont dominants et rendent compte en priorité des phénomènes humains. La géographie tombe alors facilement dans le travers qui est souvent dénoncé, celui des tiroirs que le professeur ouvre successivement : relief, climat, végétation, population, agriculture, etc. C'est aussi la forme de présentation des savoirs qui répond le mieux aux contraintes de l'organisation des disciplines scolaires : découpage de la matière enseignée en heures/matière, évaluation régulière, exercice canonique, enseignement de savoirs partagés par tous, etc. En réaction contre cette tendance, la géographie affirme souvent qu'elle est la science des relations, notamment des relations entre la nature et les sociétés. L'analyse systémique est promue depuis quelques années, surtout dans les grandes classes mais pas exclusivement, comme l'un des moyens d'initiation à cette complexité du réel et aux relations. Mais les élèves se trouvent alors aux prises avec d'autres difficultés qui sont, par exemple, de concevoir plusieurs relations à la fois, ou d'entrer dans une pensée qui s'exprime par schémas.

De nouvelles orientations cherchent à réorganiser certaines approches de la géographie autour des acquis de la nouvelle géographie, notamment de l'analyse spatiale. Les espaces ne sont plus considérés comme donnés (à observer et à décrire), mais comme produits par les sociétés. L'accent est mis sur les outils permettant l'analyse de l'espace et de ses contraintes, soit à l'aide de concepts, comme ceux de distance ou de réseau, soit à l'aide de modèles, comme le modèle gravitaire (inspiré de la physique et qui définit l'attraction des lieux en fonction de leur importance et de leur distance à d'autres lieux) ou celui des lieux centraux (analysant l'organisation de l'espace à partir de lieux centraux et du couple centre-périphérie). La géographie se fait alors déductive et veut expliquer l'organisation de l'espace par la mise à jour de quelques grandes lois. Son apport pour l'enseignement réside dans l'espoir de trouver un nombre efficace mais limité d'outils intellectuels, à construire par les élèves, pour leur permettre de disposer d'un « savoir-penser l'espace ».

Programmes

Les programmes sont modifiés selon un rythme de plus en plus rapide. Les débats et les hésitations dont ils sont l'objet traduisent les difficultés qu'il y a à choisir ce qu'il convient d'enseigner. À l'école élémentaire, l'enseignement de la géographie privilégie la construction de l'espace comme compétence générale et l'étude de la France, celle-ci étant située dans l'ensemble européen et dans le monde. Le collège reste un moment où est proposé un vaste tour de la Terre, où se combinent des approches typologiques, autour de grands paysages par exemple, et l'étude d'États. Enfin, après une période où les acquis de la nouvelle géographie ont tenté leur entrée dans les programmes et où des problématiques comme celle de l'espace mondial étaient proposées, on assiste plutôt à un retour à des études d'États, études qui se combinent avec des thèmes plus généraux ; la classe de seconde reste un moment d'initiation aux méthodes et outils de la géographie.

Débats

La géographie scolaire est, de fait, dans une situation ambiguë qui fait à la fois sa force et sa faiblesse. Comme pour l'histoire et l'éducation civique, ses finalités sont diverses et contradictoires. La géographie sert d'abord à transmettre aux élèves une culture et des repères communs leur permettant d'acquérir un ensemble de connaissances et de représentations partagées sur le monde actuel, en particulier la France. Ces acquisitions portent d'abord sur des localisations de « faits » tant naturels que sociaux et sur leurs mises en relation. En ce sens, la géographie participe, depuis qu'elle est enseignée, à la formation civique et politique des citoyens et à la construction de l'identité nationale. Elle a aussi une dimension critique par l'étude raisonnée des grands problèmes contemporains qu'elle est censée introduire. Elle remplit alors le rôle d'initiatrice à diverses sciences sociales, et les contenus enseignés dans les cours de géographie se réfèrent à la géographie, mais aussi à la démographie, à l'économie, aux sciences politiques, à la sociologie, etc. Son projet de mise en relation des faits naturels et des faits sociaux la met aussi en position d'emprunter aux sciences de la terre, aux sciences de la vie, à l'écologie, etc. Seule la géographie peut assurer, à l'École, ce rôle de carrefour et d'initiation à la complexité du monde ; encore faut-il qu'elle le fasse en toute clarté et que la formation des enseignants soit appropriée.

Il est souvent difficile de définir clairement les compétences enseignées, dès que l'on s'éloigne de la stricte transmission de la nomenclature des lieux et des formes, ainsi que les contenus et modalités de formation, alors que la géographie scientifique n'est pas la seule référence de la géographie scolaire. Cette géographie scientifique est elle-même plurielle tant dans ses méthodes que dans les problèmes qu'elle étudie, dans ses résultats que dans les usages que l'on en fait. La nouvelle géographie, orientée vers l'analyse spatiale, offre les apports les plus intéressants et les plus utiles pour renouveler la géographie scolaire, mais il reste un travail considérable à accomplir pour construire un ensemble cohérent.

Aux deux façons traditionnelles d'entrer dans le monde par la géographie – le monde comme puzzle, agencement d'États et de surfaces étudiés les uns après les autres, et le monde comme ensemble de formes décrites et classées, dont on étudie et explique la combinaison et la répartition à la surface de la Terre – s'ajoute aujourd'hui l'idée de penser le monde en réseaux, avec ses pôles attractifs, ses espaces oubliés, ses flux, etc. Selon l'entrée retenue, les élèves construisent une représentation différente du monde actuel. Le choix est en partie d'ordre scientifique, mais plus encore d'ordre politique et civique.

Entre, d'un côté, la définition l'apprentissage de repères partagés, de connaissances factuelles nécessaires pour se situer dans le monde et pour comprendre les grands problèmes de notre temps, et, de l'autre, l'étude de ces problèmes, surgissent de fortes tensions. En effet, ces problèmes, leurs choix, leurs constructions recouvrent des enjeux à la fois scientifiques, politiques et idéologiques. Aussi est-il très difficile pour la géographie scolaire de dépasser quelques grandes déclarations d'intention et de proposer à l'étude des élèves des problèmes et des solutions qui sont objets de vifs débats dans nos sociétés. Les problèmes divisent, l'École unifie.

François Audigier

▸ Bibliographie

AUDIGIER F., TUTIAUX-GUILLON N., *Regards sur l'histoire, la géographie et l'éducation civique à l'école élémentaire*, Saint-Fons, INRP, 2004.

BRUNET R., *La Carte mode d'emploi*, Paris/Montpellier, Fayard/Reclus, 1987.

CLAVAL P., *Histoire de la géographie française, de 1870 à nos jours*, Paris, Nathan, 1998.

COLLECTIF, *Colloques sur les didactiques de l'histoire, de la géographie, des sciences sociales*, Saint-Fons, INRP, 8 vol., 1986-1992, 1997.

HUGONIE G., *Pratiquer la géographie au collège*, Paris, Armand Colin, 1993.

KLEIN J.-L., LAURIN S., *L'Éducation géographique ; formation du citoyen et conscience territoriale*, Québec, Presses de l'Université du Québec, 2000.

KNAFOU R. (dir.), *L'État de la géographie : autoscopie d'une science*, Paris, Belin, 1997.

LAURIN S. (dir.), « Géographie et éducation », *Cahiers de géographie du Québec*, vol. 43, n° 120, déc. 1999.

LE ROUX A., *Didactique de la géographie*, Caen, PUC, 2004.

PINCHEMEL G., PINCHEMEL P., *La Face de la terre : éléments de géographie,* Paris, Armand Colin, 1997.

▸ **Voir aussi**
Actives (Méthodes) – Civique (Éducation) – Culture générale – Éveil (Activités d') – Histoire (Enseignement de l') – Transposition didactique.

Grades universitaires

Les grades universitaires attestent l'acquisition de différents niveaux de compétence académique. Ils sont conférés par des actes juridiques dénommés diplômes. Une confusion sémantique est souvent faite entre les notions de diplôme et de grade (Caillaud, 2000).

Le fondement initial des grades universitaires tient dans le contrôle de l'accès à certains emplois (enseignants, magistrats, cadres administratifs). Les grades universitaires sont classiquement par ordre croissant de niveau : le baccalauréat (qui ouvre l'accès aux études supérieures), la licence et le doctorat. Le master a été adjoint récemment (article 3 du décret n° 2002-481 du 8 avril 2002).

Grades universitaires et diplômes nationaux

L'existence de ces diplômes se fonde sur le monopole de la collation des grades détenu par l'État depuis 1880. Enseignants et étudiants restent en France majoritairement attachés au caractère national des diplômes, qui garantit leur égale valeur tant comme titres académiques que sur le marché du travail.

La réglementation établit désormais un lien clair entre ces deux notions. L'article 3 du décret précité fixe une liste limitative des grades universitaires, et relie les deux notions en précisant que la vocation des diplômes nationaux est de « conférer ces grades ». Certains d'entre eux peuvent porter le même nom que les grades universitaires.

Les règles d'attribution de ces diplômes concilient leur valeur nationale et l'autonomie universitaire. Chaque établissement adopte un régime de vérification des connaissances pouvant retenir soit un contrôle continu, soit un examen terminal, soit une combinaison des deux et sollicite auprès du ministre chargé de l'enseignement supérieur une habilitation à délivrer le diplôme national correspondant. Les jurys des établissements publics d'enseignement supérieur sont compétents pour apprécier, au vu des résultats du contrôle des connaissances et des aptitudes, si les mérites des étudiants permettent de leur attribuer des diplômes, le pouvoir de les délivrer revenant au recteur d'académie, par délégation du ministre. L'habilitation autorisant une université à délivrer un diplôme national se distingue de l'accréditation, par laquelle est appréciée la valeur des diplômes dans différents États étrangers, en ce qu'elle est délivrée par le ministre et non par des autorités indépendantes et en ce qu'elle se fonde sur un cadre réglementaire et non sur des procédures de qualité (Durand-Prinborgne, Legrand, 2002-2003).

Le principe demeure selon lequel l'entrée à l'université est ouverte à tout titulaire du grade de bachelier.

Un nouveau grade universitaire a été créé par un décret du 30 août 1999 : le « master » (arrêté du 25 avril 2002), regroupant les diplômes nationaux et différents diplômes bénéficiant de la garantie de l'État (parmi lesquels les titres d'ingénieurs diplômés), situés à un niveau bac + 5. La nouveauté de ce grade réside dans sa portée, couvrant à la fois des diplômes universitaires et des diplômes délivrés par les grandes écoles. Il a par ailleurs été institué par un arrêté du 17 novembre 1999 un nouveau diplôme, la licence professionnelle (niveau bac + 3), suivant un objectif d'insertion professionnelle. Il est accessible en formation initiale et en formation continue, et offre un prolongement de cursus à des étudiants issus de formations générales (DEUG) et de formations technologiques courtes (de type BTS ou DUT) en vue d'acquérir un niveau de qualification intermédiaire entre le technicien supérieur et l'ingénieur ou le cadre supérieur.

Les aménagements au monopole de la collation des grades

Depuis 1968, par application du principe d'autonomie, des diplômes d'université peuvent être librement délivrés par les établissements, sanctionnant généralement des formations spécialisées courtes, complémentaires des cursus conduisant aux diplômes nationaux ou présentant un intérêt régional.

Les établissements d'enseignement supérieur privés peuvent être autorisés à délivrer des diplômes revêtus du visa de l'État ou encore des diplômes d'ingénieur. Ils sont soumis pour cela à une évaluation périodique de leurs formations qui a été renforcée depuis 2001.

Une réglementation spéciale (décret n° 2002-529 du 16 avril 2002) prévoit en outre les conditions générales permettant une validation d'études supérieures effectuées à l'étranger selon une procédure propre à chaque établissement.

Grades universitaires et cursus européens

La délivrance des grades universitaires doit se concilier avec l'exercice des droits liés à la reconnaissance de qualifications en Europe. Celle-ci est organisée selon deux systèmes :

- Un système de reconnaissance des diplômes conditionne l'accès à des professions réglementées dans un au moins des États de l'Union européenne régi par deux directives communautaires de 1988 et 1992. Sont ici visés les grades universitaires à valeur de titres professionnels.
- Un système de reconnaissance des qualifications d'enseignement supérieur, conçu dans le cadre géographiquement plus large du Conseil de l'Europe, ouvre un droit à la poursuite d'études. Il couvre tous les grades universitaires, y compris le baccalauréat. Les États partie à la Convention de Lisbonne du 11 avril 1997 sur la reconnaissance des qualifications relatives à l'enseignement supérieur dans la région européenne (ratifiée par la France en 2000) reconnaissent mutuellement le port du titre académique aux étudiants migrant dans leur cursus d'un pays à un autre.

Au-delà de la reconnaissance des qualifications, une coopération plus approfondie peut lier certains États. À l'occasion du 800e anniversaire de l'Université de Paris, les ministres en charge de l'enseignement supérieur en Allemagne, en France, en Italie et au Royaume-Uni ont adopté une déclaration commune à Paris, en Sorbonne, le 25 mai 1998, dans laquelle ils s'engageaient à « encourager l'émergence d'un cadre commun de référence, visant à améliorer la lisibilité des diplômes, à faciliter la mobilité des étudiants ainsi que leur employabilité ». Poursuivant cette démarche, le 19 juin 1999, à Bologne, vingt-neuf ministres en charge de l'enseignement supérieur en Europe ont, dans une déclaration commune, retenu plusieurs mesures en vue de l'objectif de constitution de l'espace européen de l'enseignement supérieur. Elles visent notamment l'adoption :

– d'un système de diplômes facilement lisibles et comparables ;
– d'un découpage des cursus universitaires autour d'un palier intermédiaire à bac + 3 (correspondant au diplôme de licence), le niveau inférieur incluant des formations à vocation professionnelle et le niveau supérieur devant conduire au master (situé à bac + 5) ou au-delà au doctorat (bac + 8) ;
– d'un système généralisé de crédits d'études afin de promouvoir la mobilité des étudiants et la validation des acquis.

Le gouvernement français a défini un plan d'action visant à traduire ces orientations suivant celles du rapport Attali *Pour un modèle européen d'enseignement supérieur* (1998). Désormais, une nouvelle réglementation porte application au système français d'enseignement supérieur de la construction de l'Espace européen de l'enseignement supérieur (décret n° 2002-482 du 8 avril 2002). Elle prévoit notamment que « chaque unité d'enseignement a une valeur définie en crédits européens », le niveau licence et le niveau master correspondant respectivement à l'acquisition de 180 crédits et de 300 crédits capitalisés (60 crédits correspondant aux connaissances acquises en une année universitaire obligatoirement découpée en deux semestres distincts). Ce dispositif est corrélé avec la procédure des ECTS (European Credit Transfer System). Chaque cycle est organisé par semestre au cours duquel l'étudiant acquiert une somme de « crédits d'études » validant la formation reçue dans un établissement, et censés lui permettre de poursuivre son cursus dans une université distincte à l'intérieur de l'Espace européen de l'enseignement supérieur. Cette réforme est mise en œuvre progressivement depuis la rentrée de septembre 2003, à la faveur de la conclusion de la nouvelle phase de contrats quadriennaux entre l'État et les universités.

Le processus d'harmonisation européenne des diplômes, bien qu'ayant été mis en œuvre sans discontinuité par des gouvernements d'obédiences politiques opposées, suscite des réticences, voire des oppositions de la part d'une fraction de la communauté universitaire, craignant qu'il ne favorise une intensification de la concurrence entre les universités. Une partie des grèves intervenues dans plusieurs universités à l'automne 2003 s'explique ainsi. On rejoint ici des problèmes plus vastes touchant au développement des universités dans un contexte de mondialisation de l'économie et de dérégulation.

Jacques Fialaire

▶ Bibliographie

Brucy G., *Histoires des diplômes de l'enseignement technique et professionnel (1880-1965)*, Paris, Belin, coll. « Histoire de l'éducation », 1998.

Caillaud P., *Le Diplôme*, thèse de droit privé, Nantes, faculté de droit et des sciences politiques, 2000.

Durand-Prinborgne C., Legrand A., « Les Enseignements supérieurs », in *Code de l'éducation*, Paris, Litec, Juris Code, éd. 2002-2003.

Pertek J., *L'Europe des diplômes et des professions*, Bruxelles, Bruylant, 1994.

Pertek J., *La Reconnaissance des diplômes en Europe*, Paris, PUF, coll. « Que sais-je ? », 1999.

Prélot P.-H., *Les Établissements privés d'enseignement supérieur*, Paris, LGDJ, coll. « Bibliothèque de droit public », 1989.

▶ Voir aussi

Baccalauréat – Diplôme – Doctorat – Université.

Grammaire

La grammaire est une réflexion sur le fonctionnement de la langue. Son enseignement commence dès les débuts du cycle élémentaire et s'étend tout au long du tronc commun.

Depuis les années 1980, on parle fréquemment de la grammaire scolaire « traditionnelle » pour la distinguer des études sur la langue conduites dans une perspective scientifique. Elle se compose de deux grandes sections : la morphologie, d'une part, qui traite de la répartition des mots dans les catégories du discours (le nom, le verbe, etc.) et de leurs variations (le genre, le nombre, et surtout la conjugaison du verbe, qui occupe une place importante dans la pratique de la grammaire en classe) ; la syntaxe, d'autre part, qui traite de la combinaison des mots dans la phrase, de leurs fonctions (sujet, complément, etc.), et de l'organisation des unités plus larges (phrase complexe).

La grammaire scolaire a toujours poursuivi un double objectif : faire découvrir aux élèves le fonctionnement de la langue et leur faire acquérir les règles du « bon usage ». Mais, comme on l'a souvent fait observer, le second objectif était dominant, dans la pratique, au moins parce que les catégories grammaticales traditionnelles ne permettaient pas de décrire une quantité d'énoncés (ceux de l'usage oral de la langue notamment), et que ces mêmes catégories étaient parfois floues et s'accompagnaient d'un métalangage discutable et profus. Aussi la grammaire scolaire, malgré une évolution notable de ses contenus vers une plus grande cohérence, fit-elle, longtemps, l'objet de vives critiques, jusqu'à ce que la rénovation des programmes dans l'école obligatoire en transforme sensiblement les objectifs : dans l'enseignement primaire elle fait partie depuis 2002 du domaine de « l'observation raisonnée de la langue », par laquelle on veut développer chez les élèves des attitudes réflexives vis-à-vis de la langue et de ses usages. Au collège, les nouveaux programmes (1996-1999), fondés sur la maîtrise des discours, ont relativisé l'importance de la grammaire en lui attribuant, à l'égal de celle du lexique et de l'orthographe, le statut d'« outils de la langue », au service de l'étude des textes et des discours.

Danièle Manesse

▸ **Bibliographie**

CHERVEL A., *Histoire de la grammaire scolaire : et il fallut apprendre à écrire à tous les petits Français*, Paris, Payot, 1981.

CHERVEL A., PAVLIDIS C., *L'Enfant et la grammaire (XVIIIe siècle-1950)*, Saint-Fons/Paris, INRP/ Fédération française pour la coopération des bibliothèques et de la documentation, 2001.

▸ **Voir aussi**

Français (Enseignement du) – Langues vivantes – Linguistique et éducation – Orthographe.

Gratuité

La règle de gratuité de l'enseignement est, avec la règle de laïcité, l'un des deux principes de fonctionnement spécifiques au service public de l'Éducation et non simplement une application, au besoin adaptée, d'une règle commune à tous les services publics.

L'École, au sens large, a été longtemps payante, même si le principe de gratuité au profit des plus démunis apparaît d'abord avec la Contre-Réforme catholique au concile de Trente (1545-1563), ou, plus tard, avec la loi Duruy de 1867 prévoyant la création de caisses des écoles destinées à favoriser la fréquentation scolaire.

La loi du 16 juin 1881 décide de la gratuité de l'enseignement primaire. La loi de finances du 27 décembre 1927 l'étend au secondaire. La solution est reprise par ordonnance du 8 janvier 1945. Le préambule de la Constitution du 27 octobre 1946 repris par celle du 4 octobre 1958 dispose que « l'organisation de l'enseignement public *gratuit* et laïque à tous les degrés est un devoir de l'État ».

Le principe de la gratuité est né de la suppression de l'ancien droit d'écolage. Il a été considéré comme la condition *sine qua non* de l'imposition d'une obligation d'instruction qui se traduit en réalité en obligation de scolarisation : l'observation par les familles de l'obligation de scolariser imposait, a-t-on considéré au XIXe siècle, que cela ne coûte pas à celles-ci. Le principe de gratuité ne procède pas d'une politique de redistribution sociale des revenus ; il ne discrimine pas entre riches et pauvres. Il signifie que l'accès à l'enseignement n'est pas subordonné au versement de droits. L'exception de l'enseignement supérieur est légalement prévue, au sens strict « par la loi ». Le traitement des maîtres n'incombe pas aux parents. Plus récemment, la gratuité s'est étendue à la fourniture des manuels (écoles et collèges) et des fournitures scolaires (cahiers, crayons, règles, compas, etc.).

La charge des activités annexes à la scolarisation incombe aux familles : internat, demi-pension, cantine, transports scolaires (sauf exonérations locales), activités éducatives complémentaires (voyages, visites).

Le juge administratif est appelé à connaître des difficultés contentieuses d'application du principe de gratuité. Ses décisions justifient ici une précision et une observation. La première est que le principe d'égalité de traitement des élèves et de leurs familles s'applique en matière de gratuité si ceux-ci et celles-ci sont placés dans des situations juridiques identiques : dès lors, il est légal de demander une participation pour la scolarisation dans les établissements scolaires français à l'étranger. L'observation est que le juge annule systématiquement avec sévérité toute entorse au principe, même pour des demandes de faible montant, notamment en refusant que certains maires demandent une participation financière aux parents des élèves scolarisés dans leur commune mais domiciliés en dehors de celle-ci.

Claude Durand-Prinborgne

▸ **Bibliographie**

DURAND-PRINBORGNE C., « Les Principes fondamentaux du système éducatif français », in *Le Système éducatif en France,* Paris, La Documentation française, Les notices, 2003, p. 13 et suiv.

GEORGEL J., *Enseignement public,* Paris, Juris-classeur administratif, fasc. 230.

TOMASI J.-P., « Le Principe de gratuité de l'enseignement public », *Actualité juridique, droit administratif*, 1988, p. 499 et suiv.
TOULEMONDE B., *La Gratuité de l'enseignement, passé, présent, avenir*, rapport au ministre de l'Éducation nationale, Paris, IGEN, 2001.

▶ Voir aussi
Laïcité – Manuel scolaire – Périscolaire – Transports scolaires.

GROUPE (PÉDAGOGIES DE)

Pour comprendre l'usage de la notion de « pédagogies de groupe » telle qu'elle est développée depuis le début du siècle et, plus particulièrement, depuis les années 1960, il convient de situer la notion de « groupe », par rapport à la notion de « classe », contre laquelle elle s'est très largement constituée.

La « classe », telle que nous la connaissons aujourd'hui, est une invention relativement récente et très limitée géographiquement ; même si aujourd'hui, pour beaucoup de nos contemporains, la classe apparaît comme l'unique modalité institutionnelle possible de transmission des connaissances aux jeunes, elle n'a été systématisée, sous ses formes actuelles, que depuis un siècle, et ses premières apparitions datent de quatre siècles environ (on l'appela d'abord « la bande » puis « le rang »). La création de la classe est, sans aucun doute, due, à la fin du Moyen Âge, à une volonté d'améliorer l'efficacité des procédures de transmission du savoir en regroupant des jeunes de même niveau de connaissance pour leur proposer en même temps l'apprentissage des mêmes savoirs. Il s'agit de mettre fin à ce qui est perçu comme un immense gaspillage, soit quand on s'en remet à l'« apprentissage par la vie », soit quand on regroupe des individus de niveaux très différents pour lesquels des apprentissages communs sont très problématiques.

Mais, par ailleurs, comme l'a montré Michel Foucault dans *Surveiller et punir* (1993), l'école organisée en classes est inscrite, d'entrée de jeu, dans une « machinerie », un réseau de processus disciplinaires de dressage : elle sépare le temps de formation et le détache du temps adulte de contact avec les « réalités » ; elle aménage différents stades séparés par des épreuves graduées ; elle détermine des programmes qui doivent se dérouler selon une démarche immuable ; elle juge les individus selon leurs résultats personnels et les contrôle de manière systématique. Ainsi, la classe sera perçue par les théoriciens de l'École nouvelle comme un univers de contrôle visant à isoler les élèves les uns des autres tout en les juxtaposant dans le temps et dans l'espace. Pour cela, elle favorise les relations duelles entre le maître et chacun des élèves, suspecte toute communication entre élèves d'être un complot contre le maître, suscite leur rivalité par l'organisation d'épreuves sélectives, organise la « décomposition » des savoirs en disciplines et les éloigne des « véritables apprentissages ».

C'est ainsi que, si « la classe » est un ensemble de relations duelles et unilatérales, convergeant vers des représentations didactisées du monde et garanties par l'autorité du maître, les pédagogies de groupe peuvent être définies comme cherchant à promouvoir en éducation : des relations plurielles et horizontales d'échanges entre les élèves ; un contact direct avec les réalités du monde ; une évacuation totale ou partielle de l'autorité du maître.

Une inspiration commune mais une multitude de propositions

Celui qui a, sans aucun doute, formalisé le mieux ces propositions pédagogiques est Roger Cousinet. Il a proposé, pour l'école primaire, une « méthode de travail libre par groupes » (1949) où les élèves s'associent librement pour travailler à des projets thématiques de leur choix ; le maître n'a plus alors « qu'à suivre le travail des enfants, à être témoin de leur activité, à les aider quand ils le lui demandent, à être pour eux un bon collaborateur » ; par ailleurs, le travail élaboré par le groupe est consigné sur « le cahier de groupe » qui témoigne des résultats obtenus et des méthodes utilisées.

Quoiqu'elle soit particulièrement cohérente et fortement formalisée, il ne semble pas que la méthode de Roger Cousinet ait connu un grand succès dans sa mise en œuvre. En revanche, l'inspiration initiale des pédagogies de groupe s'est incarnée dans quatre courants de pensée bien distincts : un courant que l'on peut qualifier de *didactique* (au sens étymologique de ce terme qui renvoie à des apprentissages identifiés), un courant *politique* (qui voit essentiellement dans la pédagogie de groupe un moyen de subvertir une société bureaucratique et de former les individus à des comportements « révolutionnaires »), un courant *religieux* (qui fait d'un groupe un outil de réconciliation entre les sujets, qui peuvent ainsi accéder à « l'authenticité » dans les rapports humains) et un courant *psychothérapeutique* (qui voit dans le groupe un moyen de traiter des sujets psychologiquement déstructurés).

• Le *courant didactique* est le plus classique. Il prône l'activité coopérative des élèves au nom de l'efficacité des apprentissages qu'elle permet. C'est le courant que l'on trouve développé par John Dewey sous le nom de « méthode des projets », par Adolphe Ferrière qui parle de « communautés d'enfants », par Célestin Freinet qui exalte le « travail vrai ». Pour ces auteurs, il s'agit de mettre l'élève en situation de production « réelle » pour qu'il découvre, à cette occasion, des obstacles liés à son ignorance et qu'il engage alors, de manière finalisée, des apprentissages précis qu'il pourra réinvestir ensuite dans la tâche. Certes, le groupe n'est pas ici absolument nécessaire (on peut imaginer la même démarche avec des activités individuelles), mais il permet d'augmenter la mobilisation des élèves en fabriquant des objets sophistiqués irréalisables par un seul individu. Par ailleurs, ces auteurs évoquent le fait qu'il peut y avoir discussion au sein du groupe, et confrontation des points de vue entre les participants ; toutefois, ce point est considéré, soit comme second, soit comme allant de soi, ce qui, à l'analyse et comme nous le verrons plus loin, est loin d'être le cas.

• Le *courant politique,* tel qu'il est représenté par Michel Lobrot, René Lourau, Georges Lapassade ou Rémi Hess, ne met pas au premier plan les apprentissages. Pour ces auteurs, le groupe est d'abord un moyen de rompre avec des procédures de dressage et de conformisation d'une société bureaucratique où chacun veut arriver au détriment de l'autre et où la soumission au pouvoir du maître demeure un moyen essentiel pour préparer la docilité future des citoyens. Le pédagogue doit donc organiser la vacance du pouvoir dans la classe et y instituer l'autogestion permanente. La discussion et la remise en question de toutes les décisions sont ici systématiquement organisées par le maître qui se veut d'abord un « acteur politique ». Ce courant est souvent nommé « pédagogie institutionnelle », mais cette expression qui est aussi utilisée pour nommer le quatrième courant que nous présentons doit être utilisée avec précaution ; il vaudrait mieux parler ici de « pédagogie institutionnaliste », au sens où elle privilégie toujours l'instituant (les acteurs et leurs décisions) contre l'institué (l'institution officielle, l'administration, etc.).

• Le *courant religieux* est né à la conjonction d'un certain nombre d'influences et de phénomènes. Il est incontestablement dominé par la figure de Carl Rogers (psychothérapeute ayant tenté d'appliquer à la pédagogie les concepts de congruence, d'empathie et de considération positive inconditionnelle, qu'il avait forgés pour sa pratique psychothérapeutique). Il apparaît d'abord dans les aumôneries de lycée et la formation d'animateurs de vacances, pour se cristalliser ensuite autour de quelques expériences emblématiques en milieu scolaire (comme celle de Daniel Hameline et Marie-Joëlle Dardelin décrite dans *La Liberté d'apprendre*, 1977) et être relayé dans la formation d'adultes par André de Peretti. Ignorant les courants précédents (en dépit de leur manifestation simultanée), cette inspiration peut être qualifiée de « religieuse » dans la mesure où elle cherche d'abord à opérer avec les élèves une sorte de « conversion », leur permettant d'abandonner les masques sociaux pour parvenir à une « expression authentique » au sein d'un groupe de pairs. Dans cette perspective, il y a une sacralisation des forces qui favorisent l'unité du groupe et l'établissement d'une forme de « complicité » avec le formateur contre tout ce qui menace cette unité. Le formateur se trouve alors en position de « grand frère » et se donne pour mission « la prise de conscience de soi et la réconciliation avec les autres ». Quoique restée très marginale en milieu scolaire, cette inspiration a été très largement diffusée par l'intermédiaire du milieu associatif, des militants d'« action catholique », de groupes militants et de syndicats. On peut se demander si elle n'a pas joué un rôle important dans la constitution de ce que l'on a appelé en France l'idéologie de « la deuxième gauche ».

• Enfin, le *courant psychothérapeutique* s'est développé sous le nom de « pédagogie institutionnelle », essentiellement sous l'autorité intellectuelle de Fernand Oury. Les instituteurs qui se sont reconnus dans cette mouvance sont, à l'origine, des membres du « mouvement Freinet » qui souhaitaient intégrer l'apport de Freud et qui se trouvaient confrontés avec les publics très difficiles d'enfants de banlieues pour lesquels les méthodes Freinet traditionnelles, prévues pour l'école rurale, s'avéraient insuffisantes. L'idée centrale de ce courant est l'idée de « médiation » : en mettant en place des institutions médiatrices, comme l'imprimerie ou le conseil, le maître permet une régulation relationnelle grâce à laquelle chacun peut trouver sa place et son équilibre. Ainsi les élèves – et l'instituteur lui-même – ne sont plus des personnes confondues avec une image sociale mais bien des responsables au sein d'une institution collective qui leur permet de « se mettre en jeu » et de « parler en tant que ». Bien évidemment, le maître ne met pas en place ici une démarche clinique comme la cure psychanalytique, mais, en adoptant une démarche pédagogique cohérente, il produit des effets thérapeutiques.

À la longue, ces quatre courants ont, bien évidemment, subi des altérations, des pénétrations réciproques, mais la typologie présentée ici reste globalement opérationnelle pour comprendre le développement des pédagogies de groupe.

Des critiques des pédagogies de groupe à la proposition du groupe d'apprentissage

Ainsi présentées, les pédagogies de groupe ont apporté des éléments particulièrement intéressants à la réflexion éducative. Cependant, on peut légitimement s'interroger sur les dérives qui les menacent, en particulier ce que l'on peut nommer « la dérive économique » et « la dérive fusionnelle » (Meirieu, 1996).

En effet, en donnant la priorité à la production collective, les pédagogies de groupe – y compris dans leur courant « didactique » – n'ont-elles pas confondu désir de savoir et désir d'apprendre ? Il est clair qu'un groupe mobilisé sur une tâche et qui veut la réaliser voudra savoir comment y parvenir… mais rien ne garantit, pour autant, qu'il voudra apprendre comment y parvenir ! Au contraire, s'il veut aller au plus vite et au plus efficace, le groupe a tout intérêt à ne pas apprendre mais à confier les tâches à ceux qui savent déjà les faire ou à chercher quelqu'un qui puisse fournir une solution toute prête. En effet, l'apprentissage est toujours une solution très coûteuse qui exige de suspendre un moment les pressions de la production, pour perdre du temps, gâcher du matériel, initier les incompétents, etc. En ce sens la pédagogie exige que l'on sache lutter contre la pression inhérente à tout groupe de tâche qui veut aller au plus économique ; elle exige que l'on inverse en quelque sorte le fonctionnement naturel du groupe pour mettre au centre de celui-ci les progressions individuelles et non la tâche collective. Certes, il n'y a pas nécessairement variation en sens inverse entre les deux données, mais il n'y a pas – et de loin – compatibilité immédiate. Par ailleurs, rien ne garantit que, dans un groupe de travail, la confrontation entre les points de vue des différents membres (ce que les psychologues nomment le conflit sociocognitif dans sa phase interpersonnelle) ait bien lieu. On peut assister à une prise du pouvoir par l'un de ses membres, à des processus de fascination ou d'exclusion qui évacueront de fait une véritable interaction cognitive.

Symétriquement, on peut observer qu'un groupe pressé de produire, soumis à une évaluation implicite ou explicite de sa production – pris ainsi dans une double contrainte (ce que les psychologues de l'école de Palo Alto nomment le *double bind*) : « Faites un bon produit… mais faites en sorte que tout le monde y participe et que les moins compétents apprennent quand même quelque chose ! » –, bascule souvent dans ce que l'on peut nommer une « dérive fusionnelle ». Ne pouvant réaliser des injonctions contradictoires, il se retourne vers lui-même et se donne son propre bien-être comme objectif. C'est ainsi que des individus se « réconcilient » dans de brefs moments de chahut ou dans une fuite vers des modes de fonctionnement où l'affectivité devient dominante (désignation d'un bouc émissaire, recherche de la protection d'un leader, établissement de relations préférentielles entre des couples symboliques, etc.). Certes, il n'est pas question de nier que tout groupe humain existe toujours aussi comme « groupe de base », c'est-à-dire comme ensemble d'affects. Mais on peut se demander si, dans une situation de formation, cette dérive est bien saine et s'il ne convient pas de réguler le fonctionnement du groupe pour l'éviter autant que faire se peut.

Ainsi se présente le « groupe d'apprentissage » (Meirieu, 1996) : sa caractéristique est d'instaurer un mode de fonctionnement groupal régulé par une tâche mais évitant la division du travail selon les compétences préexistantes. Des consignes précises sont données afin que chaque individu puisse participer au travail collectif et que cette participation soit structurellement requise pour l'accomplissement de la tâche. On évite ainsi l'exclusion et la marginalisation des moins compétents. Par ailleurs, le mode de fonctionnement du groupe est construit à partir de l'analyse de l'opération mentale que l'on veut que les participants effectuent pour s'approprier des connaissances données : ainsi, par exemple, s'il s'agit de construire un concept, on s'efforcera de distribuer les matériaux et de proposer des règles du jeu de telle manière que chaque participant puisse confronter différents exemples et accéder à la reconnaissance des attributs communs. Dans cette perspective, le « groupe d'apprentissage » se présente bien comme un artefact pédagogique, mais cet artefact a pour objectif de permettre à chaque participant d'effectuer le plus « naturellement » possible des apprentissages.

Philippe Meirieu

▸ Bibliographie

Bion W. R., *Recherches sur les petits groupes,* Paris, PUF, 2002.

Brunelle L. (éd.), *Travail de groupe et non-directivité à l'école maternelle et dans l'enseignement élémentaire,* Paris, Delagrave, 1976.

Cousinet R., *Une méthode de travail libre par groupes,* Paris, Cerf, 1949.

Foucault M., *Surveiller et punir : naissance de la prison,* Paris, Gallimard, 1993.

Freinet C., *L'Éducation du travail,* Lonay, Delachaux et Niestlé, 1960.

Hameline D., Dardelin M.-J., *La Liberté d'apprendre : situation II (rétrospective sur un enseignement non directif),* Paris, Éd. de l'Atelier, 1977.

Meirieu P., *Apprendre en groupe,* Lyon, Chronique sociale, 2 t., 6e éd., 1996.

Oury F., Vasquez A., *De la classe coopérative à la pédagogie institutionnelle,* Vigneux, Matrice, 2001.

Perret-Clermont A.-N., *La Construction de l'intelligence dans l'interaction sociale,* Berne, Peter Lang, 2000.

▸ Voir aussi

Classe – Cousinet, Roger – Dewey, John – Dynamique de groupe – Ferrière, Adolphe – Freinet, Célestin – Groupement – Institutionnelle (Pédagogie) – Jeu – Méthodes pédagogiques – Projet – Psychologie de l'apprentissage – Psychopédagogie – Rogers, Carl – Transfert de connaissances.

Groupement

Le groupement désigne un type de réunion des individus, en l'occurrence des élèves, pour constituer une seule structure, en vertu d'une propriété commune. C'est sur cette propriété commune que s'appuient les diverses pédagogies pratiquées.

En réalité, jusqu'en 1977, année de la mise en œuvre de la réforme Haby au niveau du collège, l'établissement scolaire était défini autour de la notion de groupe-classe, en une juxtaposition de petits systèmes fermés d'environ 30 élèves. La nouvelle composition des classes a fait apparaître une hétérogénéité croissante des élèves : il n'était plus possible de perpétuer une pédagogie collective frontale et impositive. C'est ce qu'ont montré les recherches dirigées par Louis Legrand à cette époque dans le cadre des collèges expérimentaux. Une pédagogie dite différenciée, voire individualisée, s'est imposée.

C'est dans ce contexte de pédagogies nouvelles qu'est apparue avec évidence la nécessité de nouvelles formes de groupements d'élèves en fonction de critères ou propriétés adaptés aux caractéristiques de la population et aux objectifs poursuivis. Les enseignants forment alors des groupes d'élèves soit centrés sur certaines tâches, soit sur certains apprentissages, soit sur certains modes d'acquisition de notions déficitaires ou sur certaines démarches et profils d'apprentissage.

Dans certains collèges, les groupes de niveaux étaient des regroupements par discipline selon des lacunes décelées, communes à certains élèves et relevant d'un même traitement. Plus tard, à ces groupes de niveau se sont substitués des *groupes de besoins* dans une pédagogie plus soucieuse d'analyser les démarches d'assimilation des connaissances des élèves. Établis d'abord à partir d'une conception plutôt centrée sur l'enseignement (*teaching*), les groupements d'élèves l'ont ensuite été à partir d'une conception centrée sur l'apprentissage (*learning*), plaçant l'élève (et ses apprentissages) au centre des buts assignés aux diverses formes de regroupements.

Les groupements d'élèves sont ainsi actuellement fondés sur les caractéristiques de la variété des profils et des procédures d'apprentissage.

De telles formes de regroupement exigent :
– de repérer les préacquis des élèves (ce qu'ils savent, leurs représentations des notions à acquérir, la façon même de les acquérir, etc.) ;
– d'expliciter clairement les objectifs des séquences d'apprentissage et donc de mettre en place un processus d'évaluation formative ;
– de constituer une équipe pédagogique et de faciliter les conditions institutionnelles de son bon déroulement.

Les groupements différenciés d'élèves s'inscrivent dans une transformation de l'École plus large car ils entraînent l'abolition des cloisonnements de niveau, de discipline, d'utilisation du temps (gestion souple) et de l'espace (nécessité d'avoir de petites salles accueillant une dizaine d'élèves ou un grand amphithéâtre abritant une centaine de personnes).

Françoise Cros

Modes de composition des classes et réussite scolaire

Si la réflexion sur divers modes possibles de groupement des élèves s'inscrit aujourd'hui bien souvent dans une perspective d'innovation qui tend à déstabiliser la structure traditionnelle du groupe-classe, on peut aussi s'interroger sur la manière dont s'effectuent, dans le cadre de cette structure traditionnelle, la répartition et le groupement des élèves entre différentes classes « parallèles » d'un même établissement. Il arrive bien souvent en effet que des classes « parallèles », c'est-à-dire correspondant à un même niveau du cursus et censées délivrer le même type d'enseignement, ne soient nullement « équivalentes » quant à la composition de leurs publics, que celle-ci soit considérée selon des critères académiques (classes « fortes » *vs* classes « faibles »), socio-démographiques (sexe, origine sociale) ou « ethno-culturels » (Payet, 1995). Officiellement occultée au nom du principe d'égalité de traitement et d'indifférence aux différences, cette question de la composition des classes constitue en fait bien souvent, notamment au niveau de l'école moyenne unifiée de type « collège unique » français ou *comprehensive school* britannique, un motif de désaccord et un enjeu « stratégique » pour bon nombre d'enseignants aussi bien que pour certains parents. La coexistence, dans de nombreux pays, selon les établissements et parfois à l'intérieur d'un même établissement, de classes regroupant, soit de façon permanente (ce qui correspond au terme anglais de *streaming*), soit pour l'enseignement de certaines matières (*setting*), des élèves de niveau (relativement) homogène et de classes à composition « hétérogène » (*mixed ability grouping*) a donné lieu dans la période récente à une abondante littérature de recherche visant à comparer les effets des unes et des autres sur les performances et/ou les comportements de différentes catégories d'élèves (Yates, 1979 ; Legrand, 1986 ; Duru-Bellat, Mingat, 1997 ; Crahay, 2000 ; Ireson, Hallam, 2001 ; Dupriez, Draelants, 2004). Si le mode de composition des classes (homogènes *vs* hétérogènes) semble avoir peu d'impact sur le niveau moyen des scores obtenus par l'ensemble des élèves à telle ou telle étape du cursus, il n'en va pas de même si l'on considère les résultats différentiellement : il semble notamment que la pratique de « classes de niveau » en continu creuse les différences entre élèves forts et élèves faibles, alors qu'une composition hétérogène des classes tend à les atténuer. Reste à savoir cependant quels facteurs permettent d'expliquer ce résultat. De certaines études ethnographiques récentes il ressort que ce n'est pas tellement le fait même du mode de groupement qui joue (c'est-à-dire le fait de se trouver dans une classe à composition homogène ou hétérogène) que l'inégalité des « opportunités d'apprentissage » rencontrées par l'élève selon le niveau de performance du groupe-classe dans lequel il se trouve : enseignants plus expérimentés, contenus d'enseignement plus riches, exigences académiques plus fortes dans les classes « fortes » que dans les classes « faibles ». À quoi on peut ajouter cependant un effet des interactions sociales entre pairs (*peer effect*), façonnant l'expérience scolaire de chaque élève d'une manière qui dépend directement de la composition du groupe-classe, ce qui avait été souligné dès 1966 dans le rapport Coleman sur l'égalité des chances d'éducation aux États-Unis. Sur quelles bases et selon quels critères doit s'effectuer la répartition des cohortes d'élèves entre les classes au sein d'un même établissement ou entre différents établissements d'un même secteur ? Au-delà des considérations de performances scolaires et d'efficacité pédagogique, la question des modes de groupement des élèves comporte un enjeu de justice et revêt de ce fait une indéniable portée éthique et politique.

Jean-Claude Forquin

▸ Bibliographie

Crahay M., *L'École peut-elle être juste et efficace ?*, Bruxelles, De Boeck, 2000.

Dupriez V., Draelants H., « Classes homogènes *versus* classes hétérogènes : les apports de la recherche à l'analyse de la problématique », *Revue française de pédagogie*, n° 148, juillet-sept. 2004, p. 145-165.

Duru-Bellat M., Mingat A., « La Constitution de classes de niveau dans les collèges : les effets pervers d'une pratique à visée égalisatrice », *Revue française de sociologie*, vol. 38, n° 4, 1997, p. 759-789.

Inrp, *Groupements différenciés d'élèves,* Saint-Fons, INRP, coll. « Collèges, collèges », 4 t., 1984.

Ireson J., Hallam S., *Ability Grouping in Education*, Londres, Paul Chapman Publishing, 2001.

Legrand L., *La Différenciation de la pédagogie*, Paris, Scarabée, 1986.

Legrand L., *L'École unique : à quelles conditions ?,* Paris, Scarabée, 1981.

Payet J.-P., *Collèges de banlieue : éthnographie d'un monde scolaire*, Paris, Klincksieck, 1995.

Yates A., *Le Groupement des élèves en éducation*, Paris, Nathan, 1979.

▸ Voir aussi

Classe – Groupe (Pédagogies de) – Individualisation – Méthodes pédagogiques – Pédagogie différenciée – Tuteur, tutorat.

Guizot, François (1787-1874)

Ministre de Louis-Philippe, convaincu que « l'ignorance rend le peuple turbulent et féroce », François Guizot a conçu et mis en place un dispositif complet d'instruction primaire, comprenant non seulement des écoles mais aussi des « outils » d'administration et d'animation de ce réseau scolaire, des maîtres, de l'enseignement dispensé. Ce dispositif a certes été modifié ou complété au fil des années, mais il reste, dans son organisation générale, celui qui est encore en place aujourd'hui. Si Jules Ferry a consolidé la scolarisation primaire et mis l'École au service de la République, Guizot, cinquante ans avant lui, avait fondé l'instruction populaire. De ce point de vue, il est le père de l'École primaire française.

L'instruction du peuple pour assurer l'ordre social

Né dans une famille protestante, à Nîmes, François Guizot est frappé dès l'âge de sept ans par la mort de son père, guillotiné sous la Terreur. Il en gardera à jamais une haine contre les régimes totalitaires et une immense peur des conséquences que peuvent engendrer, à tous les niveaux, les désordres sociaux. Toute sa vie politique consiste à chercher la meilleure forme possible d'organisation et de gouvernement de la société, dans l'objectif affirmé d'éviter le retour des débordements révolutionnaires et d'assurer la tranquillité des hommes. Sous la monarchie de Juillet, il gouverne en s'appuyant sur le « parti de l'ordre », contre le « parti du mouvement ».

Après des études en Suisse, le jeune François s'installe à Paris à l'âge de dix-huit ans. Il devient professeur d'histoire à la Sorbonne en 1812, s'intéresse à la politique et se fait nommer secrétaire général du ministère de l'Intérieur. En 1816, il publie un volumineux *Essai sur l'histoire et l'état actuel de l'instruction publique en France,* dans lequel il explique que l'enseignement dispensé sous l'Ancien Régime était totalement insatisfaisant dans la mesure où il avait formé les hommes de 1789 : « Qu'on n'oublie jamais que c'est dans les établissements d'instruction publique qui existaient à cette époque […] qu'on a formé cette génération imprudente et turbulente, dont les uns ont fait ou approuvé la Révolution, et dont les autres n'ont su ni la prévoir ni la diriger. » Si une instruction mal conçue est selon lui dangereuse, Guizot affirme aussi dans cet ouvrage que l'absence d'instruction contribuerait à rendre « le peuple turbulent et féroce ». De ces données, il conclut qu'il est indispensable d'instruire le peuple, mais que l'État ne saurait sans risques graves laisser cette instruction au hasard. Il doit donc prendre en charge l'organisation de la scolarisation, dans le but d'assurer « l'ordre public et le repos de l'avenir ».

Sous la Restauration, Guizot n'a aucun espoir de faire prendre en compte ces conceptions. Chef du parti des doctrinaires, nommé professeur à l'École normale puis évincé lors des épurations de 1822, il est, au moins jusqu'en 1828, considéré comme un intellectuel dangereux pour le régime.

La création de l'instruction primaire : la loi du 28 juin 1833

Au lendemain de la révolution des Trois Glorieuses (juillet 1830), Guizot est nommé ministre de l'Intérieur dans un cabinet comprenant toutes les tendances qui soutiennent Louis-Philippe. Mais il quitte le gouvernement quelques mois plus tard, lorsque le roi décide de s'appuyer sur le seul « parti du mouvement ». Il n'y revient qu'en octobre 1832, pour participer à un cabinet composé de ministres du « parti de l'ordre ». Il est alors chargé de l'Instruction publique.

Sa tâche essentielle consiste à préparer une loi sur l'instruction primaire. Ses prédécesseurs, depuis 1830, avaient élaboré plusieurs projets (il s'agissait d'une promesse de la Charte, que le nouveau régime devait honorer) mais n'avaient pas réussi à les faire aboutir. Persuadé qu'il s'agit là d'un sujet essentiel, Guizot y met toute son énergie et son habileté politique et réussit non seulement à faire voter sa loi, mais aussi à faire accepter sa conception d'une instruction populaire dirigée par l'État, malgré l'opposition des libéraux qui avaient porté Louis-Philippe sur le trône trois ans plus tôt.

Pour satisfaire ces derniers, la loi du 28 juin 1833 reconnaît certes le principe de liberté d'enseignement, mais Guizot ne compte guère sur ce principe pour développer l'instruction populaire, ni surtout pour la développer comme il convient : « Les écoles privées sont à l'instruction, dit-il, ce que les enrôlements volontaires sont à l'armée… Il faut s'en servir sans trop y compter. » C'est la raison pour laquelle la loi oblige dès lors chaque commune à fonder et entretenir une école primaire, chaque commune de plus de 6 000 habitants une école primaire supérieure (pour donner des connaissances un peu plus étendues aux futurs artisans et à tous ceux qui ont besoin d'un peu plus que les connaissances primaires), et chaque département une école normale de garçons (pour former les futurs maîtres). Ce n'est pas encore l'obligation scolaire, mais c'est déjà l'obligation pour les collectivités d'offrir et d'organiser la scolarisation. De même, ce n'est pas encore la gratuité puisque la loi reconnaît que les parents doivent payer une rétribution, mais elle ajoute que les « indigents » en sont exonérés. Et pour éviter que ces mesures ne soient lettre morte, la loi Guizot précise qu'une imposition peut permettre de réunir les fonds nécessaires pour construire et entretenir les maisons d'école, acheter des livres et rémunérer les maîtres.

La loi fixe la liste des matières d'enseignement (l'instruction morale et religieuse étant la première d'entre elles), précise sur quoi portent les examens de capacité que doivent passer les candidats au métier d'instituteur, dresse la liste des sanctions qu'encourt un maître qui commet une négligence ou une faute, et met en place un système hiérarchisé de surveillance des écoles, constitué de comités (comité local et comité d'arrondissement) dans lesquels siègent des notables, des élus et des membres du clergé. Ces mesures ne sont certes pas toutes des innovations (elles s'inspirent de mesures amorcées sous la Restauration, mais aussi d'exemples empruntés à l'Allemagne et à la Hollande), mais elles sont pour la première fois réunies dans une loi qui va impulser un développement spectaculaire de l'instruction populaire : de 1833 à 1840 le nombre d'élèves scolarisés en hiver passe de 1 900 000 à 2 900 000, et le nombre de communes sans école tombe de 14 000 à 4 000.

La création du dispositif d'administration et d'animation

Convaincu qu'une loi ne peut que dicter des objectifs et qu'il est nécessaire d'organiser sa mise en œuvre pour qu'elle soit effective et efficace, Guizot va doter la France d'outils de gestion de l'enseignement primaire. Dès son arrivée au ministère en 1832, avant même la préparation de la loi, il avait d'ailleurs déjà créé une revue, le *Manuel général*, véritable ancêtre du *Bulletin officiel*, qui allait lui permettre de faire connaître dans toute la France ses décisions et ses recommandations.

À la même époque, il décide d'organiser une « inspection extraordinaire » de toutes les écoles de France, qui lui permet de dresser le premier tableau précis de la scolarisation dans l'ensemble du pays. Les rapports qu'il reçoit ainsi montrent dans quel état de misère matérielle sont les locaux scolaires et les maîtres eux-mêmes, et combien sont inefficaces les méthodes pédagogiques employées. Ce tableau incite sans doute Guizot à accélérer la préparation de la loi, mais aussi à compléter celle-ci par un dispositif d'administration et d'animation dont l'objectif est d'améliorer la qualité de l'enseignement.

C'est ainsi qu'il fait acheter des livres scolaires par son ministère et les fait envoyer dans toutes les écoles, qu'il met en place une Commission d'examen des livres élémentaires qui dresse la liste de ceux qui sont utilisables par les maîtres, et qu'il demande à cinq personnalités de rédiger cinq manuels (lecture, morale, histoire et géographie, arithmétique, grammaire) qui sont recommandés par le ministère et deviennent par la suite des manuels quasi officiels. En juillet 1833, Guizot envoie à chacun des 36 000 instituteurs une lettre par laquelle il leur précise ce qu'il attend d'eux et comment ils doivent concevoir leur action. L'année suivante, il arrête les statuts des écoles primaires, qui dictent aux maîtres comment ils doivent organiser leurs classes. Il envoie également une lettre aux directeurs d'écoles normales, puis crée en 1835 un corps d'inspecteurs.

Avec la loi, le *Manuel général,* l'envoi de livres, la *Lettre aux instituteurs,* les statuts, les recommandations aux directeurs d'écoles normales qui forment les futurs maîtres et l'action des inspecteurs qui surveillent et conseillent ceux qui sont en fonction, le ministre – c'est-à-dire l'État – se charge désormais de l'instruction primaire.

Pourtant Guizot a toujours déclaré que l'État ne devait pas seul diriger l'École, et que les communes et l'Église devaient partager cette tâche avec lui. Il a dans ce but confié la gestion matérielle des écoles (locaux, traitement des maîtres) aux communes. De même, il a, contre beaucoup de libéraux, renforcé la présence du clergé dans les comités de surveillance, persuadé que l'Église a une heureuse influence sur la diffusion de la morale. Mais l'organisation qu'il met en place confie à l'État ce qui selon lui est essentiel : la maîtrise de l'instruction, de la pédagogie, de l'action éducatrice. Guizot pense que l'instruction du peuple doit être conçue pour garantir l'ordre social, donc pour « gouverner les esprits » : il ne saurait en laisser ni la conception ni la direction à qui que ce soit d'autre que l'État, sinon pour ce qui n'a pas d'influence sur les esprits, c'est-à-dire les aspects matériels. C'est de cette époque, et en vertu de cette volonté de mettre en place un « gouvernement des esprits » grâce à l'instruction du peuple, que date la répartition des compétences que confirme Jules Ferry et dont s'inspirent les lois de décentralisation de 1982-85 : la gestion matérielle aux collectivités territoriales et la gestion de l'action éducatrice à l'État.

La mise en place d'une méthode pédagogique efficace

L'inspection extraordinaire de toutes les écoles de France, effectuée en 1833 à l'initiative de Guizot, avait mis en lumière le fait que la méthode dite individuelle était la méthode d'enseignement la plus fréquemment utilisée. Elle consistait, pour le maître, à appeler un à un les élèves et à les enseigner individuellement, pendant que les autres attendaient, s'ennuyaient ou s'amusaient : c'était une méthode particulièrement peu efficace. Deux autres méthodes existaient bien, mais étaient rarement connues et maîtrisées par les maîtres d'école : la méthode simultanée et la méthode mutuelle. La première était celle des Frères des écoles chrétiennes ; elle consistait à réunir une vingtaine d'enfants dans une classe et à les enseigner simultanément, collectivement ; elle était efficace mais, considérée comme la méthode de l'Église, elle était à ce titre peu appréciée des libéraux. La seconde, la méthode mutuelle, originaire d'Angleterre et introduite en France en 1815, consistait à réunir plusieurs dizaines ou centaines d'enfants dans une immense salle, de placer un maître sur une estrade et des moniteurs pour le relayer au bout de chaque banc d'élèves, de faire transmettre des consignes codées (coup de sifflet, geste, etc.) par le maître aux moniteurs qui les transmettent ensuite aux élèves ; cette méthode était censée être efficace (parce que bien organisée) et économique (parce qu'elle permettait d'enseigner un très grand nombre d'enfants à la fois) ; elle était depuis 1815 l'objet d'un engouement des libéraux, qui voulaient en faire la méthode de toutes les écoles de France. En réalité, la situation sous la Restauration était la suivante : domination de la méthode individuelle, et lutte pour la remplacer entre les partisans de la méthode simultanée et ceux de la méthode mutuelle.

Dans la mesure où les libéraux renversent Charles X, font les Trois Glorieuses et prennent le pouvoir, on s'attendait après 1830 à ce que la méthode mutuelle soit officiellement encouragée et qu'elle se généralise peu à peu. C'est pourtant le contraire qui se produisit. Le régime mis en place par les libéraux fit tomber aux oubliettes la méthode mutuelle et organisa la généralisation de la méthode simultanée, celle qui était prônée par les ennemis de ce nouveau régime. C'est Guizot et son entourage qui ont opéré cet étonnant renversement pédagogique.

Guizot était conseillé par Ambroise Rendu, un catholique attaché, comme tous les catholiques, à la méthode simultanée, ainsi que – et surtout – par Paul Lorain, un ennemi de la méthode mutuelle. Lorain, qui était précepteur des enfants de Guizot, considérait que cette méthode était un leurre, que l'engouement dont elle était l'objet était dû davantage à des conflits politiciens qu'à un constat d'efficacité, et qu'il était indispensable de généraliser la méthode simultanée. Pour rallier les libéraux à sa thèse, il s'employa à démontrer que la méthode simultanée pouvait être déconfessionnalisée si on en retranchait ce qui faisait de l'école un milieu monacal (prières fréquentes, lectures religieuses, etc.). Puis il profita du dispositif mis en place par Guizot (*Manuel général*, statuts des écoles, écoles normales, inspecteurs) pour inciter les maîtres à utiliser cette méthode et pour les y former.

Les partisans de la méthode mutuelle (notamment les sociétés pour l'Instruction élémentaire) alertèrent Guizot des manœuvres de Lorain. Guizot laissa cependant faire et couvrit son conseiller. Il ne fait aucun doute qu'il souhaitait que Lorain continue. Cela entraîna de graves conflits entre Guizot et ces Sociétés, qui semblèrent laisser le ministre indifférent. Peu à peu, à partir de 1833, cette politique porte ses fruits. Le nombre des écoles individuelles diminue, celui des écoles mutuelles ne progresse pas et régresse même, alors que celui des écoles simultanées progresse rapidement. En 1840, la très grande majorité des instituteurs de France utilise la méthode simultanée et cette situation est irréversible : la méthode simultanée s'impose comme la seule jusqu'à l'arrivée, dans les années 1980, de la pédagogie différenciée.

Au total, l'action de Guizot aura consisté à imposer l'instruction primaire, à l'organiser, à mettre en place un dispositif d'administration et d'animation, à améliorer la qualité de l'enseignement dispensé, et à installer une méthode pédagogique efficace jusqu'alors décriée par les soutiens du pouvoir en place. Guizot a conçu, créé et consolidé l'institution scolaire primaire ; et s'il y a mis tant d'efforts, c'est qu'elle devait être, selon lui, un moyen du « gouvernement des esprits ».

Christian Nique

▸ Bibliographie

BILLARD J., *De l'école à la République : Guizot et Victor Cousin*, Paris, PUF, 1998.

TERRAL H., *Les Savoirs du maître : enseigner de Guizot à Ferry*, Paris, L'Harmattan, 1998.

▸ Voir aussi

Administration de l'Éducation nationale – Civique (Éducation) – Décentralisation – Écoles normales – Inspection – Laïcité – Manuel scolaire – Méthodes pédagogiques – Morale (Éducation) – Pédagogie différenciée – Primaire (Enseignement).

H

HANDICAP

À partir du début des années 1950 en France, le terme « handicapé » a remplacé d'autres termes, comme « infirme » (encore employé dans la loi dite Cordonnier en 1949) ou « inadapté » (terme regroupant toute l'enfance en difficulté depuis 1943). Les autres mots, que l'on peut dire défectifs (« invalide », « incapable », « débile », etc.), s'ils n'ont pas disparu, ont pris un sens technique restreint, le terme générique et dominant de « handicapé » ayant trouvé son adoption officielle dans une loi du 30 juin 1975 dite « loi d'orientation en faveur des personnes handicapées ». Le mot avait déjà eu cours aux États-Unis dans les décennies du début du XXe siècle.

Si l'on se réfère au *Dictionnaire historique de la langue française*, le mot a désigné à l'origine (XVIIe s.) un jeu où l'on échangeait des objets dont le prix était proposé par un arbitre, la mise étant déposée dans une coiffure (*hand in cap* : la main dans le chapeau). Au milieu du XVIIIe siècle, sous la forme contractée de « handicap », il désigne une compétition entre deux chevaux, puis des courses de chevaux. Il s'agit d'égaliser les chances des concurrents en imposant aux meilleurs de porter une charge plus grande ou de parcourir une distance plus longue. Ainsi, vers 1910, apparaît l'idée de handicap comme gêne, source d'infériorité.

On peut faire l'hypothèse que le glissement de sens de handicap à personne handicapée tient à la fois aux épreuves particulièrement pénibles traversées par ceux qui subissent des diminutions, dans l'ordre somatique ou mental, et à l'idée que l'on peut leur donner les moyens de compenser leur déficit pour rejoindre les valides.

Dans la loi de 1975, il n'y avait pas de définition légale du handicap et de la personne handicapée, le label étant confié à l'évaluation des commissions habilitées par cette loi ; ce sont elles qui orientent et indemnisent les personnes qui le sollicitent : commission d'éducation spéciale (CDES) pour les enfants et commissions techniques d'orientation professionnelle (COTOREP) pour les adultes. Il ne faudrait pourtant pas oublier qu'une définition du « travailleur handicapé » (loi de novembre 1957) reste en filigrane : désavantage social lié à une déficience (« toute personne dont les possibilités d'acquérir ou de conserver un emploi sont effectivement réduites par suite d'une insuffisance ou d'une diminution de ses capacités physiques ou mentales »).

Il était donc logique qu'un certain consensus se dessine progressivement autour des trois notions élaborées par Philip Wood et reprises par l'Organisation mondiale de la santé (OMS), dans la *Classification internationale des handicaps : déficiences, incapacités, désavantages. Un manuel de classification des conséquences des maladies*.

En 2005, une nouvelle loi a été votée, précédée elle-même par une nouvelle classification officielle de l'OMS.

Déficience, incapacité, désavantage

La *déficience* est définie comme « toute perte de substance ou altération d'une structure ou fonction psychologique, physiologique ou anatomique ». Elle correspond à l'aspect lésionnel du handicap. Elle peut être temporaire ou permanente. Elle n'implique pas forcément que l'individu soit considéré comme malade.

L'*incapacité* correspond à « toute réduction (résultant d'une déficience), partielle ou totale, de la capacité d'accomplir une activité d'une façon ou dans les limites considérées comme normales pour un être humain ». L'incapacité correspond à l'aspect fonctionnel du handicap.

Le *désavantage* ou *handicap* résulte, pour un individu donné, d'une déficience ou d'une incapacité qui limite ou interdit l'accomplissement d'un rôle normal (en rapport avec l'âge, le sexe, les facteurs sociaux et culturels). Le désavantage correspond à l'aspect situationnel du handicap. Philip Wood a distingué six « dimensions » du handicap qui concernent ce qu'il nomme les « fonctions de survie » : handicaps d'orientation, de mobilité, d'occupation, d'indépendance physique et économique, d'intégration sociale. Chacune de ces fonctions peut être évaluée selon une échelle de gravité.

Ainsi le handicap peut être diminué, voire supprimé, par exemple par transformation de l'environnement physique (ergonomie, accessibilité) et social (modification des normes). Une personne handicapée est donc une personne « désavantagée ». Si l'intérêt principal de cette classification en trois niveaux d'analyse réside dans la séparation entre les aspects médicaux (la déficience) et les conséquences fonctionnelles (l'incapacité) susceptibles d'engendrer des désavantages (le handicap), la faiblesse de cette typologie réside à la fois dans la difficulté d'isoler les différents plans considérés et dans la non-prise en considération du vécu du handicap par l'individu et sa famille comme facteur d'aggravation ou d'atténuation.

En outre, sa causalité linéaire est simpliste. Mais cette classification a constitué un langage commun qui a été adopté, en 1988, par le ministère des Affaires sociales pour décrire les handicaps dans les travaux statistiques et les études (arrêté du 4 mai 1988), puis, en 1989, par le ministère de l'Éducation nationale. La nouvelle classification, *Classification internationale du fonctionnement, du handicap et de la santé* (CIF), remplace avantageusement celle dite de Wood, sans pourtant invalider les distinctions de base. Elle offre une vue interactive des facteurs intervenant dans une situation de handicap, car elle a tenu compte du développement de ce qu'on a appelé le « modèle social », mettant l'accent sur les facteurs sociaux et donc aussi environnementaux. Ces facteurs sont définis par ailleurs à trois niveaux. Chaque individu humain a des *fonctions* et des organes, chaque individu est plongé dans des *activités* humaines de toutes sortes et enfin chacun doit *participer*, s'impliquer dans la vie sociale. Ces fonctions, activités et participations communes, que l'on peut lister, sont facilitées ou freinées par des facteurs personnels et des facteurs environnementaux. Le cas du handicap est la situation où ces facteurs limitent ou empêchent les fonctions (déficiences), les activités (incapacités) et les participations (désavantages). On voit également comment la CIF parle un langage positif et non plus d'abord le langage du manque. La nouvelle loi de février 2005 n'adopte pas complètement la CIF, mais essaie (bien trop modestement à nos yeux) d'élargir le droit à compensation pour agir sur les facteurs personnels de déficience, de donner davantage de poids à l'accessibilité pour agir sur l'environnement et d'admettre un peu mieux la participation des personnes à la fois aux décisions qui les concernent et à la vie civique et publique. Mais l'absence d'une définition vraiment interactive obère considérablement la dynamique affichée.

Henri-Jacques Stiker

Combien y a-t-il de personnes handicapées en France ?

La réponse à cette question dépend de l'indicateur du handicap que l'on retient, par exemple la reconnaissance administrative du handicap ou la présence d'une déficience ou celle d'au moins une incapacité. Il n'existe donc pas une population handicapée homogène mais différentes populations qui ne se recoupent pas forcément mais dont le croisement permet une approche globale de la question de l'importance de la population handicapée. L'enquête de l'INSEE « Handicaps, incapacité, dépendance » (HID) nous donne des ordres de grandeur de cette population selon l'indicateur retenu : 5,3 millions de personnes déclarent une ou plusieurs incapacités, sans restriction d'activité ni reconnaissance administrative. Mais seulement 1,2 millions de personnes déclarent une reconnaissance d'un taux d'invalidité ou d'incapacité, une (ou plusieurs) incapacités et une restriction de leurs activités. C'est le « noyau dur » du handicap (Goillot, Mormiche, 2002).

Par ailleurs, d'après l'INSERM, la plupart des enquêtes épidémiologiques dans les pays occidentaux concluent à une prévalence globale des déficiences sévères autour de 1 % chez l'enfant, quelles que soient les définitions considérées et les méthodologies employées. Cette prévalence peut atteindre 2 % si l'on prend en considération les déficiences modérément sévères (INSERM, 2004).

L'aide aux personnes handicapées

Le XXe siècle a vu la mise en place progressive de législations dont l'ensemble constitue ce que l'on peut appeler le traitement social du handicap. La prise en charge des accidentés du travail, l'obligation d'emploi des mutilés de guerre, la création du secteur de l'éducation spécialisée, la mise en place du risque invalidité de la Sécurité sociale, la création du secteur de travail protégé ont été autant d'éléments de constitution progressive du champ du handicap.

En France, on assiste actuellement à une évolution importante des modalités d'aide et de prise en charge des personnes handicapées. En effet, près de trente ans après la loi d'orientation en faveur des personnes handicapées du 30 juin 1975, la nouvelle loi du 11 février 2005 « pour l'égalité des droits et des chances, la participation et la citoyenneté des personnes handicapées » (loi n° 2005-102, *JO* du 12.2.2005) introduit de nouvelles dispositions, désormais insérées dans le code de l'action sociale et des familles.

Tout d'abord, la nouvelle loi propose une définition du handicap inspirée de la classification internationale du fonctionnement, du handicap et de la santé, établie par l'Organisation mondiale de la santé (CASF, art. L. 144 nouveau). D'autre part, la loi affirme le droit à compensation « des conséquences de son handicap, quels que soient l'origine et la nature de sa déficience, son âge ou son mode de vie » pour toute personne handicapée. Elle précise que les besoins de compensation seront inscrits dans le plan personnalisé de compensation et exprimés dans un projet de vie formulé par la personne handicapée ou, à défaut, avec ou pour elle, par son représentant légal. Une prestation de compensation est instaurée à partir du 1er janvier 2006. D'autres innovations sont de nature organisationnelle, telles que la création de « maisons départementales du handicap ». Par ailleurs, en ce qui concerne les enfants, le texte de la nouvelle loi affirme le devoir du service public de l'éducation d'assurer une formation scolaire à tous les enfants, qui devront être dorénavant inscrits dans l'établissement scolaire le plus proche de leur domicile. C'est donc une « inclusion » des personnes handicapées, enfants et adultes, qui est visée par cette nouvelle législation française.

Annie Triomphe

▶ Bibliographie

BLANC A., *Les Handicapés au travail : analyse sociologique d'un dispositif d'insertion professionnelle*, Paris, Dunod, 2004.

CHAPIREAU F., CONSTANT J., DURAND B., *Le Handicap mental chez l'enfant*, Issy-les-Moulineaux, ESF, 1997.

CORDOU C., *Fragments sur le handicap et la vulnérabilité*, Ramonville-Saint-Agne, Érès, 2005.

GOFFMAN E., *Stigmate : les usages sociaux des handicaps*, Paris, Éd. de Minuit, 1976.

GOILLOT C., MORMICHE P., « Enquête "Handicaps, incapacités, dépendance" auprès des personnes vivant à domicile en 1999 », *INSEE Résultats*, n° 6, 2002.

INSERM, *Classification internationale des handicaps : déficiences, incapacités, désavantages. Un manuel de classification des conséquences des maladies*, OMS/INSERM/CTNERHI, 1989.
INSERM, *Déficiences et handicaps d'origine périnatale*, Paris, INSERM, 2004.
Institut de l'enfance et de la famille, *Handicap, famille et société*, Paris, IDAF, 1990.
Ministère des Affaires sociales et de la Solidarité, *Les Handicapés : chiffres, repères*, Paris, La Documentation française, 1990.
MURPHY R., *Vivre à corps perdu*, Paris, Plon, 1990.
STIKER H.-J., *Corps infirmes et sociétés*, Paris, Dunod, 2005.
TOMKIEWICZ S., TRIOMPHE A., *Les Handicapés de la prime enfance*, Paris, PUF, 1985.
TRIOMPHE A. (éd.), *Les Personnes handicapées en France*, Paris, INSERM/ CTNERHI, 1995.

▶ Voir aussi

Adaptation et intégration scolaires (AIS) – Aptitude – Éducation spécialisée (Personnel de l') – Handicap mental.

HANDICAP MENTAL

Après avoir utilisé le vocable « débilité mentale », qui n'a plus officiellement cours, on dit désormais « handicap mental », expression à son tour contestée et fort générale. En 1988 un décret impose la terminologie suivante : déficience intellectuelle avec retard mental léger, moyen, sévère et profond. La débilité mentale était considérée comme la forme légère de déficience mentale.

La déficience mentale était généralement définie par trois critères : une efficience intellectuelle limitée ; des difficultés d'adaptation sociale ; une apparition de ces troubles au cours du développement.

Lorsque l'efficience mentale est évaluée au moyen de tests de quotient intellectuel, on considère handicapés mentaux les sujets dont le QI se situe approximativement entre 50 et 70 (les handicapés mentaux plus lourds ont un QI compris entre 30 et 50 et les très lourds un QI inférieur à 30). Le retard de développement des débiles n'est pas homogène : il est davantage marqué pour l'organisation spatio-temporelle dans certaines formes de débilité, pour la psychomotricité dans d'autres formes. Indépendamment de son retard de développement, le débile a aussi des caractéristiques propres comme la rigidité mentale. Les bornes de la débilité ont été définies en fonction d'exigences scolaires : elles définissent une zone dans laquelle les enfants ne s'adaptent pas au cursus normal mais sont cependant susceptibles de progresser significativement. La débilité mentale ne constitue pas une entité homogène et ses causes sont diverses : facteurs génétiques, atteintes organiques, conditions environnementales défavorables, perturbations affectives. Sans tomber dans une euphémisation abusive, il serait sans doute préférable de parler des enfants « à besoins spécifiques à cause d'une déficience et d'un retard intellectuel ».

Michel Huteau
Henri-Jacques Stiker

▶ Bibliographie

IONESCU S. (dir.), *La Déficience intellectuelle*, Paris, Nathan,, 2 vol., 1993 et 1995.
ZAZZO R., *Les Débilités mentales*, Paris, Armand Colin, 3e éd., 1979.

▶ Voir aussi

Aptitude – Éducation spécialisée (Personnel de l') – Handicap – Intelligence – Test.

HERBART, JOHANN FRIEDRICH (1776-1841)

Johann Friedrich Herbart est né en 1776 à Oldenburg et est mort à Göttingen en 1841. Ce successeur de Kant à la chaire de Königsberg, admirateur critique de Pestalozzi, s'est efforcé de fonder la pédagogie comme « science philosophique ». Pleinement acquis au principe de liberté, qu'il défend contre l'emprise tant de l'État que de l'Église sur l'éducation, il veut lui trouver une voie d'accomplissement dans et par la pédagogie, et pour cela établir celle-ci sur des « concepts où elle soit chez elle ». Son œuvre culminera dans l'élaboration d'une *Pédagogie générale*, publiée en 1806.

Fondée sur le principe d'éducabilité, la pédagogie doit, selon Herbart, s'appuyer en priorité sur une connaissance scientifique des mécanismes d'acquisition du savoir chez l'enfant, sur une véritable psychologie de l'apprentissage mettant en œuvre intérêt, aperception, présentation, association, généralisation et application. Mais c'est à la morale qu'il reviendra de fixer le but général de la pédagogie : elle devra maintenir l'ordre par le « gouvernement » (*Regierung*) et former le caractère par la « discipline » (*Zucht*).

Le cœur de l'éducation sera l'instruction (*Unterricht*) qui se développe à travers quatre stades : le stade de la *clarté*, où les différents « points » de chacun des contenus d'enseignement sont élucidés ; le stade de l'*association*, où l'on établit des liaisons et des rapports entre les éléments dégagés ; le stade du *système*, qui permet d'élaborer les résultats de l'analyse dans une unité supérieure ; le stade de la *méthode* enfin, qui engage à appliquer la vérité ainsi découverte et ordonnée dans de nouvelles expériences.

Herbart peut être ainsi présenté comme le fondateur de la pédagogie scolaire. Il a, à ce titre, et à travers toute une « école herbartienne », durablement influencé la constitution et le développement de la didactique allemande au XIXe siècle. Il a également, en conjuguant une psychologie associative et une morale du devoir, marqué de son empreinte la pédagogie de l'école primaire française sous la IIIe République.

Michel Soëtard

▸ Bibliographie

Principales œuvres de Johann Friedrich Herbart :

Herbart – Principales œuvres pédagogiques, trad. Pinloche A., Lille, siège des facultés, « Travaux et mémoires des facultés de Lille », t. IV, 1894.

Principales œuvres sur Johann Friedrich Herbart :

Auerbach S., « Herbart », *in* Buisson F., *Nouveau dictionnaire de pédagogie et d'instruction primaire*, Paris, Hachette, 1911.

Chauvier S., « Johann Friedrich Herbart : métaphysique, psychologie, esthétique », *Cahiers de philosophie de l'université de Caen*, n° 36, 2001.

Compayre G., *Herbart et l'éducation par l'instruction*, Paris, Delaplane, 1906.

▸ Voir aussi

Cognitive (Éducation) – Kant, Emmanuel – Pestalozzi, Johann Heinrich – Psychologie de l'apprentissage.

Histoire (Enseignement de l')

L'histoire est une discipline scolaire obligatoire. Elle est enseignée du cours préparatoire aux classes terminales de l'enseignement général. Dans l'enseignement secondaire, les professeurs d'histoire enseignent également la géographie, et, souvent dans les collèges, l'éducation civique. Sa présence est plus discrète voire inexistante dans les enseignements techniques et professionnels.

Les grands caractères de son enseignement se sont mis en place à la fin du XIXe siècle, tant du point de vue des finalités que des modalités de transmission. Le rôle d'Ernest Lavisse a été déterminant, mais son action est en réelle continuité avec celle d'autres réformateurs, tel Victor Duruy. L'enseignement de l'histoire consiste d'abord à transmettre des connaissances sur les sociétés passées, principalement la France pour les plus jeunes, mais aussi sur bien d'autres civilisations et États dans le monde. Cette transmission se fait toujours en respectant l'ordre chronologique. Observons ici que cet ordre du temps ne recouvre nullement un ordre de difficulté ou de complexité croissantes. En même temps que des connaissances, l'enseignement de l'histoire cherche à faire acquérir aux élèves des modes de pensée et de raisonnement qui lui seraient propres.

Contexte et programmes

Actuellement, l'enseignement de l'histoire à l'école élémentaire s'organise d'abord autour d'un travail sur le temps et sa mesure, temps personnel de l'enfant et temps de la collectivité ; puis sur quelques grands moments de l'histoire, principalement de l'histoire de France. Si la continuité chronologique reste organisatrice des programmes officiels, il convient d'observer que cette continuité est pleine de vides. Les quelques données disponibles laissent à penser qu'une part importante des professeurs des écoles n'enseignent que très épisodiquement voire pas du tout cette discipline. L'insuffisance de la formation, la pression d'autres disciplines réputées plus importantes expliquent en partie ce manque. Inversement, dans certains cas, des enseignants arrivent à conduire très heureusement les activités d'apprentissage en histoire. La situation semble se modifier avec les nouvelles générations.

C'est au niveau du collège que la logique chronologique s'exprime le plus totalement. Les programmes déroulent sur quatre ans la totalité du champ historique, depuis la préhistoire jusqu'à nos jours. Le cadre dépasse très largement celui de la seule histoire de France et nos programmes apparaissent, en comparaison de ceux des autres pays, comme remarquablement ouverts. Dès lors que l'on considère nécessaire d'organiser l'enseignement dans le strict respect de la continuité historique, il est parfaitement normal que beaucoup d'enseignants rencontrent quelques difficultés à finir ces programmes dans le temps imparti d'une heure et quart hebdomadaire. Chacun doit jongler avec des choix difficiles et ce sont souvent les derniers chapitres qui sont sacrifiés. Choisir et simplifier n'est pas aussi facile qu'il paraît. Ainsi, simplifier revient à réduire la complexité historique à quelques propositions nécessairement générales et abstraites, dont le sens est d'autant plus difficile à construire pour les élèves. Enfin, la présence de l'histoire aux épreuves écrites du brevet des collèges contraint très fortement les enseignants de 3e.

Au lycée, l'accent est surtout mis sur l'époque contemporaine. La présence d'une épreuve d'histoire au baccalauréat pose parfois de difficiles problèmes : qu'importe-t-il d'enseigner et de retenir dans une histoire très orientée vers le temps présent ? Cette volonté d'aller jusqu'aux temps où vivent les élèves n'est pas nouvelle. Enseigner et retenir ce qui dure jusqu'à aujourd'hui et ce qui permet d'expliquer les temps présents étaient déjà dans les principes énoncés par Lavisse.

Méthodes

Le souci d'intéresser les élèves et de rendre l'histoire proche d'eux amène à insister sur les méthodes actives. Pour les mettre en œuvre, le moyen le plus recommandé est le recours au document. Si cette insistance est ancienne, les progrès de l'édition et de la reproduction en ont fortement changé les données. Mais si, parfois, ce recours aux documents est assimilé à une initiation à la méthode historique, il convient d'être prudent sur cette analogie. En effet, les documents étudiés en classe sont choisis, presque toujours par l'enseignant, pour introduire ou accompagner le cours. La classe est très difficilement un lieu où des documents nombreux sont mis en relation, où sont proposés à l'étude des documents divers et contradictoires. Certes, il existe certains exemples de travaux tout à fait remarquables, comme ceux effectués sur de grandes séries de documents à l'aide de l'informatique mais, dans l'état actuel des choses, cet apport ne peut être que marginal par rapport à la logique même de la discipline. Le choix et l'usage de documents sont avant tout déterminés par l'enseignement de la vulgate, c'est-à-dire des connaissances admises par tous et qui seront évaluées notamment au moment du brevet ou du baccalauréat. Il y a de forts liens entre ces contraintes, ces modes d'enseignement et les finalités de l'enseignement de l'histoire.

L'histoire enseignée a longtemps privilégié l'histoire politique. C'est, sans doute, sur ce registre que se construit le plus simplement l'idée de continuité historique, par la succession des régimes et des dirigeants. Pourtant, il a toujours été question d'enseigner aussi les phénomènes économiques, sociaux et culturels ; ceux-ci sont parfois associés à la vie quotidienne et à la vie matérielle, dont on suppose qu'elles sont plus proches des élèves et donc plus faciles à enseigner, à présenter ou illustrer avec des documents.

Finalités

Les finalités peuvent être distribuées en trois ensembles : finalités culturelles et politiques, scientifiques et critiques, pratiques. En premier lieu, l'histoire a pour rôle de transmettre des connaissances partagées sur le passé de la nation et de l'humanité. En ce sens, elle a surtout une fonction culturelle et politique, puisqu'elle contribue à forger la mémoire et l'identité nationales, la conscience collective, en donnant à chacun les moyens de se reconnaître comme membre d'une collectivité au passé commun. Cette vision patrimoniale s'inscrit dans une perspective d'évolution et de progrès. Mais en même temps, l'histoire enseignée à l'École poursuit des objectifs d'initiation aux sciences historiques ; elle doit non seulement n'enseigner que des « faits vrais », dont l'existence est dûment établie et prouvée, mais aussi initier aux méthodes et aux conditions de production des sciences historiques et donc former à l'esprit critique. Enfin, comme la plupart des disciplines scolaires, elle doit avoir quelque utilité sociale. Comme elle n'a guère de finalité à caractère professionnel, son utilité est liée à la formation du citoyen, un citoyen actif et responsable.

La formation de l'esprit critique recouvre deux aspects : le premier est issu de la tradition de l'histoire méthodique ; les méthodes de critique de documents mettent au cœur de l'opération historique la vérification systématique des informations, appréciations, déclarations… figurant dans un document ; il y a une chasse au faux tout à fait essentielle. S'appuyer sur les acquis de la science historique est une condition nécessaire pour que l'histoire ne verse pas dans le service partisan. Mais la critique et l'épistémologie contemporaines ont beaucoup insisté sur l'idée que c'était l'historien, aujourd'hui, qui construisait le problème historique en fonction d'une problématique dont il était responsable. Plus généralement, tout texte, toute trace renseigne d'abord sur celui qui l'a produit. Si dans la classe on peut parfois mettre en place des situations au cours desquelles les élèves sont invités à confronter des documents et à s'interroger sur l'établissement du vrai, la prise en compte effective du point de vue de l'énonciateur est beaucoup plus ardue.

Débats

Pendant longtemps, les finalités assignées à l'enseignement de l'histoire n'ont pas soulevé trop de problèmes ; il n'en est pas de même aujourd'hui. On citera rapidement quelques-uns de ces défis.

Nous assistons à une augmentation massive des connaissances historiques. Chez les historiens de métier, ce sont de nouveaux objets, de nouveaux problèmes qui sont étudiés et construits, de nouvelles méthodes qui sont mises en œuvre. Cela se traduit par une diversification très grande des curiosités et des productions. Ajoutons les publications qui, bien que n'émanant pas d'historiens universitaires ou assimilés, prennent une place importante dans la construction de l'idée d'histoire, de son contenu, de son intérêt. Il n'est pas facile de penser clairement les relations entre l'histoire qui s'enseigne à l'École et celle qui se produit dans le champ scientifique. Ce sont deux domaines dont les préoccupations, les intérêts, les fonctions sociales, etc., sont fort différents. L'École crée son propre objet, l'histoire qu'on enseigne, pour répondre aux finalités qui sont celles que la société confère à cette discipline scolaire. S'il est évident que l'on n'enseigne bien que ce que l'on connaît bien, cela est loin d'être suffisant ; de plus, il est aujourd'hui humainement impossible à un enseignant d'histoire, de géographie, d'éducation civique de se tenir au courant de tout ce qui se publie sur les questions qu'il enseigne. À cet égard, la formation universitaire privilégie encore très souvent la présentation et l'accumulation de connaissances factuelles sur des objets limités et fait peu de place à une réflexion d'ensemble sur l'histoire elle-même.

Or, réputées savantes ou non, les histoires

qui sont produites, qui circulent et sont débattues dans la société sont des histoires plurielles aux multiples facettes. Cette question de la pluralité est l'une des plus vives. Au XIXe siècle, l'histoire s'insère à l'École, sûre de ses ambitions scientifiques et fière de participer aux progrès de la République, à la légitimation des États-nations. Quelles que soient les opinions que l'on ait, ces derniers ne sont plus aujourd'hui le seul horizon de pensée. La mémoire collective est aussi une mémoire plurielle, voire éclatée. L'horizon européen, mais aussi universel, nous amène à nous interroger sur le contenu et les formes de la mémoire ou des mémoires sociales qui sont construites à et par l'École, et sur leurs rencontres avec d'autres mémoires. Quelle place faire à la mémoire commune et aux mémoires plurielles ? Quelle distanciation construire par rapport à sa propre mémoire ? Comment faire place aux relations nécessaires et complexes entre mémoire et histoire ? De telles questions dépassent la seule histoire scolaire et concernent l'ensemble de la société. Nous retrouvons là, éminemment contradictoires, les finalités que nous avons désignées comme culturelles d'un côté et scientifiques de l'autre. Du côté de la culture, nous sommes sur le registre de l'adhésion, du partage, de la reconnaissance, de l'identification ; du côté scientifique, nous sommes sur le registre de l'esprit critique, de la distanciation, de la prise en compte du fait que l'histoire se construit toujours d'un certain point de vue, tout en étant habitée par l'exigence du vrai.

François Audigier

▸ Bibliographie

AUDIGIER F., TUTIAUX-GUILLON N. (dir.), *Regards sur l'histoire, la géographie et l'éducation civique à l'école élémentaire*, Saint-Fons, INRP, 2004.

COLLECTIF, *Colloques sur les didactiques de l'histoire, de la géographie, des sciences sociales*, Saint-Fons, INRP, 8 vol., 1986-1992, 1997.

COLLECTIF, « Quinze ans de recherche en didactique de l'histoire-géographie », *Perspectives documentaires en éducation*, n° 53, 2001, p 5-90.

FERRO M., *Comment on raconte l'histoire aux enfants à travers le monde*, Paris, Payot, 2004.

JADOULLE J.-L., BOUHON M. (dir.), *Développer des compétences en classe d'histoire*, Louvain, université catholique, 2001.

LAUTIER N., *À la rencontre de l'histoire*, Villeneuve-d'Ascq, Presses universitaires du Septentrion, 1997.

LEDUC J., LE PELLEC J., ALVAREZ-MARCOS V., *Construire l'histoire*, Toulouse, CRDP, 1998.

MARTINEAU R., *L'Histoire à l'école, matière à penser...*, Paris, L'Harmattan, 1999.

MONIOT H., *Didactique de l'histoire,* Paris, Nathan, 1993.

▸ Voir aussi

Actives (Méthodes) – Civique (Éducation) – Didactique – Disciplines scolaires – Éveil (Activités d') – Géographie (Enseignement de la) – Transposition didactique.

HISTOIRE DE L'ÉDUCATION

Le terme d'« histoire de l'éducation » est ambivalent. Il désigne d'abord l'ensemble des faits éducatifs passés : en ce sens, l'histoire de l'éducation constitue un *champ* de réflexions, d'études et de recherches. Ce champ est extrêmement large, puisqu'il recouvre aussi bien l'histoire des formes institutionnalisées d'enseignement et d'apprentissage que tous les processus d'éducation et de socialisation de l'enfance et de la jeunesse. Il est susceptible, de ce fait, d'une grande diversité d'interventions, qu'elles soient savantes – sociologiques, philosophiques, ethnologiques, etc. –, pratiques – traduisant la curiosité de pédagogues, de formateurs ou d'administrateurs de l'enseignement, etc. – voire spontanées – chacun étant inévitablement porté à comparer l'éducation de ses enfants à celle qu'il a lui-même reçue quelques décennies auparavant. De ce dernier point de vue, la nostalgie et la mémoire, individuelles et collectives, de l'éducation stimulent puissamment l'intérêt porté à son passé.

L'ampleur du champ et la diversité des interventions qui s'y produisent suffisent à expliquer le foisonnement des études et des publications qui en traitent. S'agissant de la seule éducation française, on recense annuellement plus d'un millier d'ouvrages, fragments d'ouvrages, thèses ou articles qui abordent son histoire, entendue au sens large. La diversité des approches et des thèmes de ces publications est extrême, de l'élevage du nourrisson au Moyen Âge au financement des universités contemporaines, en passant par les souvenirs d'enfance et le commentaire de la pensée de Rabelais, de Rousseau ou de Freinet. Mais l'intervention sur le passé ne suffit pas à caractériser, en tant que telle, la démarche proprement historienne.

La démarche historienne

L'histoire de l'éducation est en effet une pratique intellectuelle ou scientifique, spécifiquement caractérisée par la volonté de comprendre l'*évolution* de l'éducation, celle des formes qu'elle a prises, des ambitions qu'elle a eues, des objectifs qu'elle a atteints et des effets qu'elle a produits. En tant que construction de connaissances, l'histoire ne se définit pas essentiellement par une « méthodologie » qui lui serait spécifique : le mot lui-même est à peu près absent du vocabulaire des historiens. Quelques techniques particulières peuvent être utilisées (statistiques, par exemple), sans être essentielles. Par rapport à d'autres sciences humaines, et notamment à plusieurs de celles qui se désignent comme « sciences de l'éducation », l'histoire apparaît de ce point de vue comme *facile* à lire – le processus de construction des connaissances y est généralement peu apparent, les charmes du récit ou du dépaysement faisant le reste – aussi bien qu'à écrire : il peut sembler que compiler des documents suffise à satisfaire une vocation d'historien.

Les exigences du travail de l'historien sont en fait tout autres. La première est le recours méthodique aux archives. L'historien de l'éducation peut travailler sur d'autres sources : documentation imprimée, objets, témoignages oraux, etc., mais le travail sur archives est au cœur de sa démarche car elles sont souvent seules à permettre d'aller au-delà des discours, des normes, des projets, des idéaux, tels qu'ils s'expriment dans les textes officiels, les traités, les manuels. Ainsi, l'analyse des sources administratives, nationales ou locales, permet de comprendre la genèse des directives officielles et de prendre la mesure de leur application ; celle des archives des établissements scolaires permet de comprendre leur singularité (sociologique, pédagogique, etc.) par-delà les textes généraux qui en régissent le fonctionnement ; celle des productions d'élèves (copies, cahiers, etc.) permet de mesurer les écarts aux normes et d'évaluer l'efficacité de l'enseignement. Le travail sur archives est donc constitutif de l'idée que se fait l'historien de l'éducation de l'intelligibilité même des faits qu'il étudie.

On peut aussi caractériser la démarche historienne par l'exigence de totalité qui la fonde. Même lorsqu'il limite sa recherche à un cadre monographique, l'historien considère l'éducation – c'est-à-dire la façon dont la société tout entière transmet valeurs, savoirs et compétences aux générations nouvelles – comme indissociablement liée à un mouvement économique, social, politique ou culturel qui n'en constitue pas le simple « contexte », mais forme avec elle une seule et même histoire enchevêtrée. C'est pourquoi l'éducation est peut-être, de tous les faits sociaux, l'un de ceux dont l'histoire est la plus difficile à écrire. D'autant que la temporalité propre aux faits éducatifs est particulièrement complexe, mêlant le temps court des décisions politiques, le temps moyen des renouvellements de générations ou des évolutions économiques et sociales, et le temps long des valeurs et des cultures, sans compter de quasi-invariants psychologiques ou biologiques : démêler les temps où elle s'insère, évaluer la place qui est la sienne dans l'ensemble du mouvement social peuvent être considérés comme les tâches spécifiques de l'historien de l'éducation.

Acteurs et enjeux : esquisse d'une évolution

Qu'on la considère comme un champ d'études ou comme une activité proprement historienne, l'histoire de l'éducation se situe aujourd'hui au terme d'une évolution riche d'enseignements.

Sa date de naissance se situe vers le milieu du XIXe siècle. Dans le contexte d'émulation nationale et d'idéologie positiviste qui caractérise alors l'Europe, il s'agit de mesurer dans tous les domaines – éducatif aussi bien qu'économique ou politique – les progrès accomplis et l'écart qui sépare des autres nations, pour faire apparaître les moyens de progresser encore : « Il faut qu'on améliore et qu'on perfectionne si l'on ne veut déchoir », écrit la *Revue pédagogique* en 1882, en proposant à ses lecteurs des études comparées et historiques. Dans le contexte proprement français, l'histoire de l'éducation est également sollicitée pour fournir des munitions aux deux camps – Église et État – qui s'affrontent pour le contrôle de la jeunesse. C'est ainsi que dans les années 1880-1900, l'histoire de l'éducation connaît un premier âge d'or : monographies locales et grandes synthèses fleurissent, fondées sur une érudition solide et un large recours aux archives, mais animées aussi par le souffle de vastes projets politiques et culturels ; des administrateurs de haute stature, tels Gréard, Liard, Buisson ou Compayré, n'hésitent pas à écrire ou à diriger des œuvres historiques dont l'intérêt reste grand aujourd'hui.

Les années 1910 à 1950 voient, au contraire, un déclin de cette historiographie de l'éducation. La coupure de l'Europe en blocs idéologiques encourage l'anathème plus que l'émulation ; les systèmes scolaires nationaux sont stabilisés ou font l'objet de remises en causes internes (École nouvelle) ou externes (mouvements de jeunesse) sans grands antécédents historiques ; enfin, le renouveau de l'historiographie (« École des *Annales* ») privilégie l'histoire économique et sociale, en délaissant celle de l'enseignement.

Pour des raisons à peu près inverses, les années 1960 voient le début d'un second âge d'or : l'« explosion scolaire » suscite une réflexion pédagogique qui mobilise les sciences comme l'histoire de l'éducation ; les « Trente Glorieuses » permettent les financements nécessaires ; la « Nouvelle Histoire » se tourne vers les mentalités et les cultures, rencontrant sur son chemin l'éducation scolaire et familiale, et la pluridisciplinarité pousse vers l'histoire de l'éducation, comme champ d'enquête, les sciences humaines et sociales qui s'ébrouent hors de frontières universitairement consacrées.

Les années 1980 ont peut-être vu le début d'une nouvelle période : l'élévation générale du niveau culturel du pays et la banalisation des pratiques de recherche, la prolifération de l'auto-édition institutionnelle (micro-informatique aidant), la porosité croissante de certains filtres universitaires et éditoriaux font aujourd'hui de l'histoire de l'éducation une pratique plus répandue, mais plus hétérogène que jamais. Son existence même en tant que discipline est en question puisqu'en dehors des encadrements universitaires historiens, elle peut confiner à la simple pratique culturelle ; mais l'histoire de l'éducation n'est sans doute pas le seul secteur des sciences sociales auquel puisse s'appliquer ce constat.

Pierre Caspard

▸ Bibliographie

CHARMASSON T. (dir.), *L'Histoire de l'enseignement, XIXe-XXe siècles : guide du chercheur*, Saint-Fons, INRP, 2002.

COMPÈRE M.-M., *L'Histoire de l'éducation en Europe : essai comparatif sur la façon dont elle s'écrit*, Saint-Fons, INRP, 1995.

PARIAS L.-H. (dir.), *Histoire générale de l'enseignement et de l'éducation en France*, Paris, Perrin, coll. « Tempus », 4 vol., 2005.

TROGER V., RUANO-BORBALAN J.-C., *Histoire du système éducatif*, Paris, PUF, coll. « Que sais-je ? », 2005.

▸ Voir aussi

Éducation nouvelle – Génération – Recherche en éducation – Sciences de l'éducation – Travaux d'élève (aspects historiques) – Valeurs.

HISTOIRE DE VIE

L'utilisation des histoires de vie en formation d'adultes est développée par un mouvement de recherche-action-formation depuis les années 1980 (Dominicé, 2003 ; Josso, 2000 ; Pineau, Le Grand, 2002).

Faire de sa vie une œuvre

Les histoires de vie, comme pratique anthropogénétique ou autopoiétique, c'est-à-dire comme recherche et construction de sens à partir de faits temporels personnels, sont vues comme des pratiques « contrebandières » par rapport aux pratiques disciplinaires des sciences humaines et sociales. À juste titre, car dans leur expression spontanée, elles essaient d'articuler les dimensions vitales que les disciplines découpent selon leurs normes méthodologiques et épistémologiques.

Or, par rapport aux pratiques biographiques traditionnelles qui impliquaient majoritairement des sujets consistants et qui poursuivaient surtout des fonctions de transmission sociale, les pratiques modernes semblent propulsées par des besoins de formation et d'orientation permanente de sujets inachevés en quête de sens dans toutes les occurrences du terme : de sensibilité, de direction et de signification.

Les sujets en formation viennent majoritairement d'en bas ou d'en dehors, de vies fragiles, brisées, inachevées, aux limites des institutions et des mouvements sociaux pourvoyeurs de sens. Ce n'est pas un trop-plein qu'elles déversent avec plus ou moins de suffisance, mais au contraire des vides qu'elles essaient d'articuler avec des morceaux plus ou moins éclatés. Ce ne sont pas des lignes de crête mais au contraire des lignes de faille (Lejeune, 1980). Des autobiographies de seconde espèce se cherchent, basées non sur l'idéologie d'un moi plein et d'une parole pleine mais sur l'exercice vital de la compétence communicative ou pragmatique du langage : « Le temps devient temps humain dans la mesure où il est articulé sur un mode narratif et… le récit atteint sa satisfaction plénière quand il devient une condition de l'existence temporelle. » (Ricœur, 1983)

Trois modèles d'histoire de vie

De ces développements ambivalents, tendus entre bureaucratisation assujettissante et prise de parole autonomisante, trois principaux modèles d'investissement de la vie ont pu être dégagés (Pineau, Le Grand, 2002).

Le modèle biographique ou d'investissement de la vie par un autre

Dans ce modèle, le travail d'analyse, d'interprétation et de synthèse sur la vie énoncée est le fait quasi exclusif d'un autre que celui qui a raconté cette vie.

Cet autre peut être un chercheur, sociologue, anthropologue, psychologue ; un intervenant social ou un littéraire, romancier, journaliste. En sciences humaines et en intervention sociale, ce modèle est dominant car il s'appuie sur une tradition épistémologique qui a généré toute une méthodologie d'explication du sens : ce dernier, qui doit être objectif, ne peut être trouvé ou construit qu'au prix d'une distanciation drastique du sujet, une séparation, une rupture avec lui.

Le modèle autobiographique ou d'auto-investissement

En opposition au modèle disciplinaire précédent, qui à la limite désapproprie le sujet de sa vie et de la plus-value socioculturelle qu'il pourrait en tirer en l'investissant, a toujours existé et existe encore le modèle autobiographique ou d'auto-investissement. Dans celui-ci, le sujet veut exercer seul les deux opérations de l'histoire de vie : énonciation et travail sur l'énoncé. Sa vie est son affaire exclusive ; lui seul est capable d'en expliciter les sens cachés et de les mettre en valeur. Les autres n'ont rien à voir, rien à dire, rien à refléter. Il refuse la participation de tout interlocuteur dans le traitement. L'interlocuteur est nié comme tel et l'autre est réduit à un rôle d'auditeur ou de lecteur qui doit se montrer bon public.

Le modèle dialogique ou dialectique de co-investissement

Depuis une dizaine d'années se développe, principalement dans le champ de la formation d'adultes, un troisième modèle qui essaie de sortir de ces rapports d'échange disciplinaires et antidisciplinaires.

Son option épistémologique est que l'explicitation du savoir implicite est une œuvre conjointe, nécessitant un co-investissement des acteurs impliqués dans les deux opérations d'énonciation et de travail sur l'énoncé. Le sens n'est pas réductible à la conscience qu'en ont les acteurs ni à l'analyse des chercheurs : chacun, de par sa position, en possède une partie. Par les rapprochements sociaux et la dynamique relationnelle qui les supportent, les histoires de vie représentent, parmi les autres approches sociales et scientifiques, une situation heuristique exceptionnelle de communication et de confrontation entre ces différents porteurs de sens, courants et savants, à condition de laisser jouer les rapports d'échange selon leur dynamique intrinsèque et non selon des règles empruntées.

Gaston Pineau

▶ **Bibliographie**

DELORY-MOMBERGER C., *Les Histoires de vie : de l'invention de soi au projet de formation*, Paris, Anthropos, 2000.

DOMINICÉ P., *L'Histoire de vie comme processus de formation*, Paris, L'Harmattan, 2003.

GUSDORF G., *Lignes de vie*, Paris, Odile Jacob, 1991.

JOSSO M.-C. (dir.), *La Formation au cœur des récits de vie : expériences et savoirs universitaires*, Paris, L'Harmattan, coll. « Histoire de vie et formation », 2000.

LAINÉ A., *Faire de sa vie une histoire : théories et pratiques de l'histoire de vie en formation*, Paris, Desclée de Brouwer, 1998.

LEJEUNE P., *Je est un autre : l'autobiographie, de la littérature aux médias*, Paris, Le Seuil, 1980.

LERAY C., BOUCHARD C. (dir.), *Histoires de vie et dynamique langagière*, Rennes, PUR, 2000.

NIEWIADOMSKI C., VILLERS G. de (dir.), *Souci et soin de soi : liens et frontières entre histoire de vie, psychothérapie et psychanalyse*, Paris, L'Harmattan, 2002.

PINEAU G., LE GRAND J.-L., *Les Histoires de vie*, Paris, PUF, coll. « Que sais-je ? », 2002.

RICŒUR P., *Temps et récit*, Paris, Le Seuil, 1983.

ROBIN J.-Y., MAUMIGNY-GARBAN B. de, SOËTARD M. (coord.), *Le Récit biographique*, 2 vol., Paris, L'Harmattan, 2004.

▶ **Voir aussi**

Adultes (Formation des) – Autoformation – Praxéologie.

HORAIRES

L'organisation générale du temps scolaire est de la compétence du ministre (après toutes les concertations possibles et notamment la consultation du Conseil supérieur de l'Éducation nationale) : il définit les temps de travail et les temps de repos. C'est également lui qui stipule les horaires des différentes disciplines d'enseignement à tous niveaux.

Toutefois, dans le cadre de la loi du 10 juillet 1989, une évolution a conduit localement à un assouplissement des règles nationales (arrêté du 1er août 1990 pour l'enseignement du 1er degré). C'est le cas notamment avec les projets d'établissement ou d'école, ou encore avec l'introduction d'enseignements nouveaux, comme les langues vivantes à l'école élémentaire.

Quotidiennement, ou hebdomadairement, les heures d'ouverture des collèges et des lycées sont décidées par le maire après avis des instances collégiales.

En ce qui concerne le premier degré, les heures d'entrée et de sortie des écoles sont déterminées par le maire qui tient compte des conditions locales.

Pour le second degré, dans le cadre des obligations d'enseignement définies par les textes réglementaires, des adaptations sont encouragées sous la forme d'emplois du temps modulables qui assurent la totalité des heures d'enseignement prévues mais selon une répartition souple déterminée sur l'ensemble de l'année scolaire.

Pierre Vandevoorde

▶ **Bibliographie**

HUSTI A., *La Dynamique du temps scolaire*, Paris, Hachette Éducation, 1999.

SAINT-JARRE C., DUPUY-WALKER L. (dir.), *Le Temps en éducation*, Sainte-Foy, PUQ, 2001.

SENORE D., *Douze écoles en France*, vol. 1 : *L'Aménagement des temps et des espaces*, Saint-Fons, INRP, 2001.

▶ **Voir aussi**

Programmes scolaires – Rythmes scolaires – Temps scolaire (Aménagement du).

I

Identité

La notion d'« identité » désigne l'ensemble des caractéristiques qui constituent un sujet (individuel ou collectif) dans sa singularité et sa permanence. Elle présente un versant objectif (qui renvoie aux attributs personnels et socioculturels qui définissent ce sujet) et un versant subjectif (la conscience qu'a le sujet de son identité et de sa continuité temporelle).

C'est une notion interdisciplinaire, à la rencontre de la philosophie, de l'anthropologie, de la psychologie, de la sociologie, etc.

La construction de l'identité

Dans une perspective synchronique, l'identité peut apparaître comme une donnée stable résultant de la biologie, de l'histoire, des déterminants culturels et sociaux qui fondent la spécificité d'un sujet et le distingue d'autres sujets comparables.

Dans une perspective diachronique, l'identité se révèle comme une construction, comme un processus dynamique assurant une régulation entre des polarités contraires : unité et multiplicité, assimilation et différenciation, continuité et changement, etc.

Si l'on se centre sur l'identité personnelle, la psychologie du développement montre qu'elle résulte d'une élaboration progressive. Henri Wallon est l'un des premiers à l'avoir bien mis en lumière : « La conscience de soi n'est pas essentielle et primitive [...]. Elle est un produit déjà très différencié de l'activité psychique. C'est seulement à partir de trois ans que l'enfant commence à se conduire et à se connaître en sujet distinct d'autrui. Et pour qu'il arrive à s'analyser, à chercher les formules à l'aide desquelles il tentera d'exprimer son individualité subjective, il lui faut subir une évolution qui le mène jusqu'à l'adolescence ou à l'âge adulte, et dont les degrés et les formes varient considérablement d'une époque à l'autre. » (Wallon, 1970)

Cette construction s'appuie sur plusieurs processus étroitement intriqués :

– un *processus d'individuation* qui intervient dans la prime enfance ; progressivement, le petit enfant arrive à se percevoir comme un être différencié, séparé des autres, pouvant dire « je ». Cette perception s'étaye en grande partie sur les sensations corporelles et la capacité à distinguer ce qui est soi et non-soi (la reconnaissance de soi dans le miroir en est une manifestation majeure) ;

– un *processus d'identification* par lequel l'enfant s'assimile les caractéristiques d'autrui et prend modèle sur son entourage familial et sur ses camarades pour façonner son identité ;

– un *processus de valorisation* narcissique qui fait que le soi est investi d'amour (l'amour-propre) ; cette valorisation se nourrit aussi de la *comparaison sociale* où chacun cherche à occuper une position avantageuse, à l'emporter sur autrui ;

– un *processus de conservation* assurant une continuité temporelle dans la conscience subjective de soi (qui fait que je me sens la même personne à travers l'écoulement du temps et la diversité des situations) ;

– un *processus de réalisation* qui projette le sujet vers la recherche de reconnaissance et d'accomplissement ; car le soi n'est pas seulement le produit de nos origines (l'identité héritée), de notre histoire individuelle (l'identité acquise), mais il naît aussi de nos aspirations, de nos anticipations et de notre projet personnel (l'identité projetée).

Si ces différents processus interviennent dès la prime enfance, ils continuent à opérer tout au long de la vie, ce qui fait de l'identité une construction permanente et jamais achevée.

Identité et éducation

On vient de souligner l'importance des mécanismes d'identification à des figures chargées d'autorité ou de prestige dans la construction de l'identité.

Cependant, l'identification ne se fait pas seulement de l'individu aux personnes et aux modèles de son environnement. Tout aussi importante est l'identification de l'individu *par* son entourage. Avant même que l'enfant ne soit capable de s'assimiler les traits d'autrui, il est déjà identifié dans l'imaginaire des parents, dans le nom et le prénom qu'il porte, dans la structure symbolique culturelle et sociale dans laquelle il prend place. Il a donc à s'approprier, dans la conformité ou la révolte, l'intériorisation ou le rejet, une identité prédéterminée qui lui est proposée par son environnement. Cet environnement au départ se limite au groupe familial et au milieu immédiat dans lequel celui-ci est inséré. Cependant, quand l'enfant grandit, l'environnement ne cesse de s'élargir, avec l'entrée à l'école, mais aussi avec la pénétration des médias (et notamment de la télévision), qui ouvrent son espace culturel à de multiples influences.

Le milieu scolaire suscite chez l'enfant de nouveaux rôles et de nouvelles perceptions de soi : appréciations des enseignants, succès ou insuccès dans différentes matières, popularité ou rejet de la part des camarades. Il ancre en lui l'idée d'une progression liée à l'âge (symbolisée par le passage d'une classe à l'autre), d'une comparaison sociale et d'une place dans la hiérarchie du succès ou de l'échec (le « meilleur de la classe », le « bon » ou le « mauvais élève »). Comme l'indique L'Écuyer, « c'est donc une période intense durant laquelle s'accumule et se hiérarchise progressivement une variété d'images de soi élargissant le sens d'identité et se répercutant aussi sur l'acceptation de soi (estime ou valeur de soi) : les perceptions de soi en termes de capacités et d'aptitudes, de qualités et de défauts, de goûts et d'intérêts, d'images sociales (rôles, statut, appartenance), de bon ou mauvais, de compétence ou d'incompétence, etc. » (L'Écuyer, 1978). L'école suscite à la fois l'affiliation au groupe d'âge, l'individuation liée notamment à l'appréciation des enseignants (qui amène une évaluation permanente de l'élève et le différencie de ses camarades) et l'intériorisation des normes, des valeurs et des modèles sociaux légitimés par l'autorité scolaire.

L'identification prend comme support des groupes toujours plus larges : milieu local, groupe d'âge, classe sociale, appartenance confessionnelle, cadre national, etc. Mais elle procède d'abord d'un mouvement allant de l'entourage vers l'enfant : c'est l'entourage qui lui apprend quelle est sa place dans la société : sa nationalité, la profession de ses parents, s'il est blanc ou noir, catholique ou musulman, etc., s'il appartient à un milieu valorisé ou dévalorisé.

L'enfant intériorise ainsi peu à peu ses *groupes d'appartenance*, les « nous » auxquels il participe ; ces « nous » s'inscrivent dans une stratification sociale où ils se situent les uns par rapport aux autres, dans des rapports de pouvoir, de prestige et d'argent et dans une histoire qui a déposé dans la mémoire du groupe tout un ensemble d'événements, d'expériences, de modèles et de représentations. Mais ils découlent aussi de stratégies individuelles ou collectives qui placent le « nous » visé dans un projet identitaire, dans une compétition pour la reconnaissance sociale, l'ascension, la valorisation ou le changement. Ainsi, les identifications ne proviennent pas seulement des groupes d'appartenance mais aussi de *groupes de référence* dans lesquels le sujet puise ses modèles ou auxquels il cherche à s'intégrer en fonction de ce qu'il veut devenir. Elles ne traduisent pas uniquement la position de l'individu, déterminée par son histoire et son statut social, mais encore ses anticipations et ses aspirations, la dynamique personnelle et sociale dans laquelle il inscrit son action, avec ses mouvements de conformisme et d'ambition, d'ascension ou de régression et ses modèles sociaux (l'ambitieux, le *self-made man*, le parvenu, le déclassé, etc.).

Ainsi, l'*identité sociale* se construit dans un double mouvement d'extension croissante où l'individu accède à la conscience de soi, par différenciation d'autrui et assimilation au même. L'éducation familiale et scolaire joue un rôle fondamental dans ce processus. D'une part, elle l'inscrit dans des groupes de plus en plus larges, organiques, fonctionnels et idéologiques ; il y puise un sentiment de proximité, de valorisation et de solidarité avec des « nous » (qui s'opposent à « eux », les « autres », les « adversaires », les « étrangers »). D'autre part, autrui renvoie constamment au sujet une image de lui-même qui tend à lui assigner une place, une position et un rôle, à le ranger dans une catégorie en fonction de ses différents groupes d'appartenance. Il y a interaction constante entre ces deux faces de l'identification, entre l'identité assumée par le *je* et celle qui lui est proposée ou imposée par autrui.

Edmond Marc

▸ Bibliographie

Camilleri C. *et al.*, *Stratégies identitaires*, Paris, PUF, coll. « Psychologie d'aujourd'hui », 2003.

Dubar C., *La Crise des identités : l'interprétation d'une mutation*, Paris, PUF, 2001.

Erikson E., *Adolescence et crise : la quête de l'identité*, Paris, Flammarion, 1978.

Kaufmann J.-C., *L'Invention de soi. Une théorie de l'identité*, Paris, Armand Colin, 2004.

L'Écuyer R., *Le Concept de soi*, Paris, PUF, coll. « Psychologie d'aujourd'hui », 1978.

L'Écuyer R., *Le Développement du concept de soi de l'enfance à la vieillesse*, Montréal, Presses de l'université de Montréal, 1994.

Marc E., *Psychologie de l'identité*, Paris, Dunod, 2005.

Tap P., *La Société Pygmalion*, Paris, Dunod, 1988.

Wallon H., *Les Origines du caractère chez l'enfant*, Paris, PUF, 1970, 5e éd., 2002.

▸ Voir aussi

Identité sociale – Norme – Personnalité – Psychologie sociale.

Identité sociale

L'identité est l'une des notions de la psychologie parmi les plus problématiques. Il serait donc peu sérieux d'envisager d'en faire ici une présentation et une critique approfondies. C'est pourquoi on se limitera à quelques aspects saillants extraits de recherches en psychologie sociale expérimentale.

Identité personnelle, identité sociale

Le thème du conflit entre l'individuel et le collectif occupe une place prépondérante dans les préoccupations de la psychologie sociale expérimentale. Ce thème porte plus précisément sur le rapport – souvent traduit en terme d'opposition – entre la similitude et la différence. Dans le cadre de théories sur l'élaboration et la défense des identités personnelles ou collectives, il a contribué de manière importante à l'étude de la perception des relations de similitude et de différence entre les personnes. Mais qu'entendre par « individuel » et « collectif » ? Tout individu peut être caractérisé, d'un côté, par des traits d'ordre social qui signalent son appartenance à des groupes sociaux ou à des catégories sociales, et, de l'autre, par des traits plus personnels, des attributs plus spécifiques de l'individu, plus idiosyncrasiques (Deschamps, 1984). Dès lors que l'on admet ces définitions de l'individuel et du collectif, l'identité sociale ou collective et l'identité personnelle trouvent par simple déduction leur place dans un dispositif conceptuel.

La première renvoie au fait que l'individu se perçoit comme semblable aux autres de même appartenance sociale ou catégorielle (le Nous), mais aussi à une différence, à une spécificité de ce nous (le Eux). La seconde, quant à elle, marque la reconnaissance qu'un individu a de sa différence par rapport à autrui ; elle rend semblable à soi-même et différent des autres. Ainsi l'identité sociale a-t-elle trait au sentiment de similitude éprouvé à l'endroit de certains autrui, l'identité personnelle supportant en revanche le sentiment de différence éprouvé par rapport à ces autrui.

Ces différences et ces similitudes sont-elles miscibles ? Peut-on se sentir semblable et différent en même temps ? En fait, les réponses ont été diverses et parfois contradictoires avant que des résultats expérimentaux ne viennent lever certaines interrogations. En effet, dans de nombreux travaux, Codol (1975) a pu mettre en évidence un effet qu'il a joliment nommé l'effet PIP (*Primus Inter Pares*). Cet effet désigne les stratégies comportementales d'un sujet qui vise à une plus grande conformité que ne l'exige la norme. Être semblable aux autres par le respect de la norme mais aussi différent par une sur-conformité de soi permet de lever le paradoxe d'une différence et d'une similitude concomitantes.

La construction de l'identité sociale par la catégorisation

Par ailleurs, sur la base de résultats obtenus dans le domaine de la catégorisation des objets physiques, on a pu mettre en évidence, par extension théorique et expérimentale, que dans le champ des phénomènes sociopsychologiques la séparation des individus en deux catégories suffisait à accroître la différence intercatégorielle et à augmenter la similitude intracatégorielle perçue. En d'autres termes, si des individus appartiennent à des catégories différentes, ils sont jugés plus différents les uns des autres qu'ils ne l'auraient été si leur appartenance catégorielle n'avait pas été connue. Si des individus appartiennent à la même catégorie, ils sont jugés plus semblables les uns aux autres qu'ils ne l'auraient été si leur appartenance à la même catégorie n'avait pas été identifiée. Ainsi repère-t-on que similitude et différence dépendent, pour leur perception et, donc, pour leur évaluation, des conditions sous lesquelles on les observe.

Ces caractéristiques de la catégorisation et de la perception sociale, dont la recherche fait évoluer sans cesse la connaissance des processus qui les sous-tendent (Leyens, Dardenne, 1994), permettent de considérer l'identité sociale d'un individu comme liée « à la connaissance de son appartenance à certains groupes sociaux et à la signification émotionnelle et évaluative qui résulte de cette appartenance » (Tajfel, 1982).

Plusieurs conséquences découlent de cette appartenance et sont en rapport étroit avec la reconnaissance de l'identité définie socialement. D'abord, un individu essaiera de maintenir son appartenance à un groupe et cherchera à adhérer à d'autres groupes si ces derniers peuvent renforcer les aspects positifs de son identité sociale. Ensuite, dans une société donnée, aucun groupe ne vivant isolément, les aspects positifs de l'identité sociale n'ont de signification qu'en liaison ou en comparaison du groupe d'appartenance avec d'autres groupes. C'est ce processus complexe de comparaison (Monteil, 1993) qui met en relation directe catégorisation sociale et identité sociale (Doise, 1982). De même, les aspects personnels de l'identité prennent sens à travers une comparaison de soi avec autrui dans l'intragroupe.

Ces éléments ont conduit à de très nombreuses recherches sur les comportements entre groupes, recherches qui font apparaître que la simple répartition des gens en deux groupes distincts suffit à provoquer un biais intergroupes. Ce dernier s'exprime aussi bien sur des dimensions affectives, cognitives que comportementales. De plus, même lorsque le soi est exclu des évaluations, le sujet considère les membres de son groupe plus favorablement que les membres du hors-groupe. Ainsi, en l'absence de toute rivalité, de toute hostilité ou de tout conflit préalable entre groupes, les individus montrent cependant un biais évaluatif en faveur de leur propre groupe.

Ces phénomènes sont en partie à référer à la théorie de l'identité sociale (Tajfel, Turner, 1986), qui considère l'individu comme motivé à réaliser ou à maintenir un haut niveau d'estime de soi.

Des recherches récentes se sont cependant efforcées de chercher une reconnaissance de supériorité au hors-groupe. Cette dernière est seulement observée à propos de dimensions de comparaison considérées comme importantes par l'autre groupe mais perçues comme mineures par le groupe propre et comme sans intérêt par le consensus social. Il semble donc que ce phénomène de discrimination entre groupes soit un phénomène puissant et que la quête identitaire présente une caractéristique multicomposée.

Cette évocation rapide de phénomènes liés à la construction et à la préservation de l'identité suggère combien les relations interpersonnelles et inter-groupes doivent, tout particulièrement dans les espaces éducatifs et de formation, faire l'objet d'attention particulière et ne pas être appréhendées exclusivement avec les catégories du sens commun.

Jean-Marc Monteil

▶ Bibliographie

DESCHAMP J.-C., « Identité sociale et différenciations catégorielles », *Cahiers de psychologie cognitive,* n° 4, 1984, p. 449-474.

DOISE W., *L'Explication en psychologie sociale,* Paris, PUF, coll. « Sociologies », 1982.

DORTIER J.-F., *L'Identité, le groupe, la société,* Paris, Sciences humaines, 1998.

LEYENS J.-P., DARDENNE B., « La Perception et la connaissance d'autrui », *in* Richelle M., Robert M., Requin J. (dir.), *Traité de psychologie expérimentale,* Paris, PUF, coll. « Grands traités », 1994.

MONTEIL J.-M., « L'Interaction sociale », *in* Richelle M., Robert M., Requin J. (éd.), *Traité de psychologie expérimentale*, Paris, PUF, coll. « Grands traités », 1994.

TAJFEL H., « The Social Psychology of Intergroup Relation », *Annual Review of Psychology,* n° 33, 1982, p. 1-39.

TAJFEL H., TURNER J., « The Social Identity Theory of Intergroup Behavior », *in* Worchel S., Austin W.-G. (éd.), *Psychology of Intergroup Relations,* Chicago, Nelson-Hall, 1986, p. 7-24.

▶ Voir aussi

Identité – Norme – Personnalité – Psychologie sociale.

ILLETTRISME

Le terme « illettrisme » désigne le fait de ne pas savoir suffisamment lire et/ou écrire, alors même que l'on a été scolarisé. L'analphabétisme est la situation de quelqu'un qui n'a pas été scolarisé et qui n'a pas appris à lire et à écrire. Alors que l'analphabète n'a donc pas bénéficié de conditions d'enseignement lui permettant d'apprendre à lire et écrire, la personne en situation d'illettrisme a un passé d'éducation scolaire, même si ce parcours a été marqué le plus souvent par un vécu d'échec et d'impuissance à apprendre. La définition retenue en 2003 par l'Agence nationale de lutte contre l'illettrisme (ANLCI) précise que « l'illettrisme qualifie la situation de personnes de plus de 16 ans qui, bien qu'ayant été scolarisées, ne parviennent pas à lire et à comprendre un texte portant sur des situations de leur vie quotidienne, et/ou ne parviennent pas à écrire pour transmettre des informations simples ».

La question de l'illettrisme a été posée en France, à la fin des années 1970, comme l'une des dimensions de la précarité dans un contexte d'exclusion sociale. Des préoccupations du même type ont surgi dans l'ensemble des pays industrialisés (ailleurs qu'en France, on utilise l'expression « analphabétisme fonctionnel » plutôt qu'« illettrisme »). Le premier rapport officiel date, en France, de 1994 (*Des illettrés en France,* La Documentation française) et évoque des « millions » de personnes adultes éprouvant de telles difficultés. La dramatisation qui s'en est suivie, médiatique notamment, a rapidement conduit à la recherche de « responsables », au premier rang desquels a figuré l'école.

Les analyses plus rigoureuses menées ultérieurement dans différents champs scientifiques (sociologique, linguistique, psychologique, sciences de l'éducation, notamment) ont montré que ce phénomène est à comprendre plutôt comme une conséquence de l'intrication de trois types de facteurs se croisant sur une même population : des conditions socioculturelles particulières (pratiques culturelles marginalisant l'écrit au bénéfice de médiations gestuelles et imagées, et ne permettant guère le travail de jeu et de réflexion sur la langue orale propre à favoriser l'émergence de capacités métalinguistiques) ; des pratiques écrites toujours plus complexes (l'écrit installé comme une modalité privilégiée d'exercice de l'autonomie individuelle dans une société informatisée) ; enfin, des pratiques scolaires traditionnelles peu à même de prendre en compte les spécificités de ces publics (confrontation immédiate aux apprentissages techniques de la langue écrite, sans vérification suffisante de la présence d'une culture de l'écrit se manifestant notamment par la connaissance pratique des fonctions de l'écrit).

Le parcours scolaire d'élèves relevant de cette population risque alors de se constituer sans réelle reconstruction et appropriation des caractéristiques et usages sociaux de l'écrit : ces élèves en viennent ainsi à tenir l'écrit pour limité au champ scolaire et « livresque », un écrit qui leur devient peu à peu presque étranger et qu'ils échouent à apprendre et à maîtriser, au point d'en délaisser l'usage habituel au sortir de la fréquentation scolaire obligatoire. Ils conservent de ces conditions d'acquisition un passif et une souffrance qui rendront plus difficile le fait même d'envisager de réapprendre. Aussi bien, les pratiques formatives employées pour des adultes ayant connu ce type d'expérience scolaire s'efforceront-elles de renouveler les approches didactiques et d'éviter les supports, méthodes et situations rappelant le contexte d'apprentissage scolaire.

Les travaux scientifiques, reliés parfois aux grandes enquêtes nationales, comme l'enquête « Information et vie quotidienne » réalisée par l'Insee, contribuent à une meilleure compréhension de la variété des itinéraires personnels et sociaux des adultes en difficulté sur l'utilisation de l'écrit et de leurs manières de « lire » ou d'« écrire » : ainsi constate-t-on de fortes hétérogénéités au sein de cette population (au point qu'il semble plus pertinent de parler de formes distinctes d'illettrisme, donc d'illettrisme*s*). Ces travaux mettent en évidence l'absence de lien direct et mécanique entre les compétences sur l'écrit et celles relatives à la maîtrise du calcul ou de la compréhension à l'oral ; de plus les compétences en « lecture » sont loin de recouper celles que l'on constate en production écrite. L'illettrisme semble bien être une difficulté spécifique dans l'utilisation de l'écrit.

L'aide qui peut alors être apportée aux personnes en situation d'illettrisme cherche à prendre en compte autant des dimensions psychologiques liées au manque de confiance en leurs possibilités d'apprentissage (ou, dans certains cas, à de vraies difficultés psychiques), des dimensions sociales et culturelles relatives aux conditions, aux pratiques et aux enjeux d'utilisation de formes écrites, mais aussi des dimensions cognitives impliquant une analyse approfondie des caractéristiques de leur rapport à l'écrit (avec parfois des difficultés dans l'équipement perceptivo-moteur qui rappellent le tableau de dyslexies non ou mal rééduquées).

La mise en synergie des compétences collectives acquises dans la prévention des illettrismes (durant le temps scolaire) et dans l'action auprès des personnes en situation d'illettrisme s'organise, depuis les années 2000, autour de l'Agence nationale de lutte contre l'illettrisme, qui cherche à promouvoir une culture partagée et une mise en commun des définitions, des outils d'évaluation et des pratiques rééducatives efficientes. L'ANLCI coordonne les initiatives étatiques (ministères de l'Éducation nationale, des Affaires sociales, de la Justice et de la Défense nationale, en particulier) comme celles qui émanent des collectivités régionales et locales ou des associations et organismes qui bénéficient de fonds publics.

Jean-Marie Besse

▸ Bibliographie

Andrieux F., Besse J.-M., Falaize B. (éd.), *Illettrismes : quels chemins vers l'écrit ?*, Paris, Magnard, 1997.

Besse J.-M. (dir.), *Qui est illettré ? Décrire et évaluer les difficultés à se servir de l'écrit*, Paris, Retz, 2003.

Espérandieu V., Lion A., Benichou J.-P., *Des illettrés en France, rapport au Premier ministre*, Paris, La Documentation française, 1984.

Lahire B., *L'Invention de l'« illettrisme » : rhétorique publique, éthique et stigmates*, Paris, La Découverte, 2005.

▶ **Voir aussi**
Alphabétisation – Lecteur (Mauvais) – Lecture – Lecture (Apprentissage de la).

Illich, Ivan (1926-2002)

Le point de vue d'Ivan Illich sur la société d'aujourd'hui peut être qualifié à la fois de libertaire et d'humaniste. Dans ses différents livres, l'auteur s'est attaqué à toutes les pratiques de la société technologique qu'il juge inhumaines, quelles que soient les institutions où elles s'insèrent : le système des transports (*Énergie et Équité*), celui des soins médicaux (*Némésis médicale*) ou celui du système scolaire (*Deschooling Society*, mal traduit en France par *Une société sans école*). Il écrit : « L'engagement dans la recherche d'une alternative concrète du système qui nous opprime présuppose l'ouverture à l'immense richesse des choix… Inverser à la racine le fonctionnement de nos plus importantes institutions, voilà une révolution autrement profonde que de donner l'assaut à l'avoir et au pouvoir. » (*La Convivialité*, 1973)

De père dalmate, il est né à Vienne en 1926. Évêque novateur de l'église catholique, il a été nommé recteur de l'université catholique de Porto Rico. De là, il a organisé, à New York, des cours d'espagnol destinés à la bourgeoisie américaine et réalisés par les Portoricains eux-mêmes, dont le statut à New York n'était pas brillant (*West Side Story*). C'est au Mexique, à Cuernavaca, dans le cadre du Centre interculturel de documentation (CIDOC), qu'il animera des séminaires critiques. Quand il rejoignit le CIDOC, celui-ci avait déjà publié 350 ouvrages et rassemblé plus de 10 000 personnes dans des séminaires favorables à la survie des cultures populaires du continent et hostiles à toutes les formes d'impérialisme occidental. C'est là qu'il a mis au point, avec l'aide d'inconnus qu'il allait rendre célèbres, ses idées sur les « alternatives de l'éducation » et les autres alternatives institutionnelles pour notre société. C'est l'Américain Paul Goodman, auteur de *Growing up Absurd* (1960), qui lui inspira la principale critique de nos systèmes de l'éducation obligatoire. C'est avec l'architecte suisse Jean Robert et le polytechnicien français Jean-Pierre Dupuy qu'il a élaboré sa critique de l'urbanisme industriel et des transports. La critique du système médical est partie du travail de défrichage de Roselyn Linheim et John Mac Knight, deux militants radicaux issus du mouvement étudiant de 1964 aux États-Unis.

Nous nous bornerons ici à évoquer les principales « alternatives à l'éducation » développées dans *Une société sans école* (1971). Ce livre eut un impact exceptionnel dans l'opinion publique. Les principaux spécialistes des sciences sociales de l'éducation perçurent les insuffisances d'observation et d'analyse de la situation scolaire réelle, beaucoup plus complexe, et les caractères irréalistes de l'évolution proposée. Mais la sociologie critique de l'éducation en France n'a pas compris les ressources que la pensée illichéenne pouvait offrir au développement d'un nouveau système d'éducation permanente à tous les âges, dans le travail et hors travail, qui commençait à prendre en France une importance nouvelle (loi de 1971 sur l'obligation d'une formation continue offerte aux adultes dans les entreprises, administrations ou associations).

Illich met en lumière la « contre-productivité » de la scolarisation imposée à tous sur une période de plus en plus longue de l'adolescence. Contre-productivité économique : coût de formation de plus en plus insupportable avec une productivité de plus en plus réduite. Contre-productivité sociale : l'allongement du temps obligatoire de formation n'a que très peu d'effet sur les inégalités sociales. Contre-productivité psychologique : plus l'offre d'éducation imposée devient omniprésente, plus elle augmente les frustrations des apprenants et des enseignants dans des institutions incapables de répondre aux demandes réelles de cultures nouvelles.

C'est pourquoi Illich propose, non pas une « société sans école », mais une *déscolarisation* progressive de la société en vue de situer la scolarisation possible à tout âge, selon les demandes variées de la population, dans un système ouvert de quatre réseaux éducatifs offerts à toute la population de toute classe et catégorie sociale, tout au long du cycle de vie, du premier au troisième âge. Ces quatre réseaux n'ont pas pour but premier « d'augmenter la productivité dans la production et l'utilisation des savoirs savants distribués à l'école ». Ils ne doivent être en aucun cas « une entreprise de formation interminable pour élèves à perpétuité » (*Némésis médicale,* 1975).

Ces réseaux changent en partie le choix des savoirs eux-mêmes en les rapprochant d'une meilleure compréhension, critique et invention du quotidien chez tous. Ils se proposent de « fournir à chacun la possibilité de mieux comprendre son milieu, de le façonner de ses propres mains, de mieux communiquer que par le passé. Cette utilisation de la technologie à rebours des tendances actuelles constitue la véritable alternative au problème de l'éducation [...] avec un maximum d'autonomie et de liberté ».

Comment se présenteraient ces quatre réseaux ?

• Le réseau scolaire subsiste pour tous ceux et celles qui le choisissent du premier au troisième âge au niveau primaire, secondaire ou supérieur.

• Les entreprises deviennent le siège d'un autre réseau où le travail est l'objet d'un apprentissage aux connaissances et compétences technologiques et sociales de tout niveau, où l'on retrouverait dans la mesure du possible des relations personnelles de maître à apprenti telles qu'elles existaient dans l'ancien compagnonnage.

• Les apprenants désireux d'acquérir des connaissances générales différentes pourraient utiliser un réseau d'animateurs et d'enseignants à la disposition du public dans des bibliothèques, des centres musicaux, des musées, des théâtres, des centres de cinéma, des clubs sportifs, des centres culturels en tous genre où seraient accumulés des instruments et équipements éducatifs dont l'élève aurait appris l'utilisation dès l'enfance scolaire.

• Enfin, tous ceux qui veulent apprendre au milieu de relations chaleureuses avec des gens (de tous âges) qui ont les mêmes intérêts qu'eux pourraient, grâce à l'ordinateur, connaître, dans une localité petite ou grande, tous ceux qui ont formulé la même demande. Ainsi des groupements inorganisés ou associatifs pourraient permettre un enseignement mutuel sur tous les sujets.

Avant de rejeter en bloc cette création de l'imagination sociale et pédagogique, il serait peut-être souhaitable de soumettre ses propositions à l'épreuve des faits, tant est important le nombre d'échecs scolaires chez les sans-diplôme, et même chez un nombre croissant de diplômés incapables d'intégrer leurs savoirs dans l'amélioration permanente des pratiques du travail et des autres activités quotidiennes dans une société complexe en changement rapide.

Joffre Dumazedier

▸ **Bibliographie**

Principales œuvres d'Ivan Illich :

La Convivialité, Paris, Le Seuil, 1975.

Une société sans école, Paris, Le Seuil, 1980.

Némésis médicale, Paris, Le Seuil, 1981.

Œuvres complètes, Paris, Fayard, 2004.

Autres ouvrages :

Dauber H., Verne É., *L'École à perpétuité*, Paris, Le Seuil, 1977.

Goodman P., *La Contre-Éducation obligatoire*, Paris, Fleurus, 1972.

Goodman P., *Direction absurde*, Forcalquier, Robert Morel, 1971.

▸ **Voir aussi**

Échec scolaire – Éducation permanente – Périscolaire.

Image

Pour Furetière (1690), l'image est d'abord cette « peinture naturelle et très ressemblante qui se fait des objets quand ils sont opposés à une surface bien polie » ; elle est aussi la « représentation artificielle que se font les hommes en peinture ou en sculpture ». Imitation de l'apparence, l'image (*imitor* et *imago* ont la même racine) est généralement la représentation figurée d'un modèle avec lequel elle entretient des relations de ressemblance, d'analogie ou d'iconicité (du grec *eikon,* composé sur *eiko :* être semblable à).

Parce qu'elle est perçue en fonction d'un acquis culturel préalable à toute éducation scolaire, parce que la perception visuelle la plus élémentaire est une intégration de données culturelles, l'image procure un premier niveau d'intelligibilité qui n'existe pas dans la langue. Dans le signe verbal, le rapport entre le signifiant et le signifié est arbitraire, il est motivé dans le signe iconique. Dans toute image de chaise se reconnaît une chaise (J. Kosuth, *One and Three Chairs,* 1965) et la distinction entre le signifié (l'idée) et le référent n'est pas aisée à saisir. D'où l'apparente immédiateté du sens du signe iconique, qui a longtemps confiné l'image en dehors des savoirs à enseigner. Si un *enseignement par l'image* se développe lentement au cours des XIXe et XXe siècles, il s'amplifie au moment où se pose, dans le système éducatif, la question de l'image, où apparaît la nécessité d'un *enseignement de l'image.*

L'image et son apparition dans l'éducation

De l'estampe à la photo de presse et à la photocopie, l'image imprimée a le pouvoir borgésien de se reproduire, d'engendrer des doubles, des multiples, voire des faux. L'accroissement des techniques de reproduction, dans la presse illustrée et la publicité, a accentué la perte de l'aura des images.

La question de l'image dans l'éducation n'est pas directement liée à l'expansion de la photographie ou à l'invasion des posters dans les années 1960. Elle dépend essentiellement de la conjonction de deux phénomènes : l'intérêt théorique porté à la bande dessinée, le développement et la diffusion de la sémiologie.

Phénomène social, la *bande dessinée* ne se rattache pas à l'imagerie mais au livre et à l'album. C'est à ce titre que, dans les années 1950, elle est vilipendée successivement par une revue de l'Union des œuvres catholiques, par l'UFOLEIS, émanation de la Ligue de l'enseignement, par les revues *Enfance* et *Les Temps modernes,* puis défendue par E. Morin dans *La Nef.* Dès 1962, on assiste à une promotion de la bande dessinée : le Centre d'étude des littératures d'expression graphique (CELEG) est fondé par F. Lacassin, scénariste, réalisateur de télévision, journaliste, historien du cinéma. Le CELEG entreprend la réhabilitation de la bande dessinée en France (avec Resnais, Morin, Sullerot, Brion). En 1965 se tient le premier Congrès international des bandes dessinées. En 1973, Lacassin assure à la Sorbonne un cours d'histoire et d'esthétique de la bande dessinée. Cette même année, la première session du nouveau CAPES Arts plastiques accueille la bande dessinée dans une épreuve orale à option.

Au vrai, la bande dessinée s'est approprié la mythologie héroïque ; elle a en commun avec le cinéma, né en même temps qu'elle, le découpage narratif selon des variations de point de vue. Elle reçoit, dans les années 1960, la caution de l'art avec la *Figuration narrative* et le *Pop Art.*

Développant l'héritage de Saussure et du structuralisme de C. Lévi-Strauss, renouvelant l'ancienne rhétorique et l'étude des mythes, une section de l'École pratique des hautes études fait paraître la revue *Communications* qui consacre son numéro 4 à la sémiologie, avec des articles de R. Barthes (« Sémiologie et rhétorique de l'image »), de C. Metz (« Cinéma, langue ou langage »).

L'ICAV (Initiation à la communication audiovisuelle) est créée par R. La Borderie, directeur du centre régional de documentation pédagogique (CRDP) de Bordeaux, dans le but d'apprendre aux élèves à être des récepteurs avertis et critiques des nouveaux médias et à connaître le sens et les effets des messages non verbaux. L'ICAV s'attache à la culture audiovisuelle en ce qu'elle diffère de la culture classique, mais replace le cinéma et la télévision dans un ensemble beaucoup plus large : publicité, photo-roman, bande dessinée, etc. Ce qui exclut l'étude de l'audiovisuel « comme technique et comme moyen » pour s'intéresser à son « langage » comme véhicule d'un langage polysémique. Dans la première livraison de la revue *Messages* (1970), C. Metz pose le problème de « l'enseignabilité » de l'image et développe l'idée qu'il y a un savoir iconique (culturel) que seuls posséderaient les « héritiers » si l'école ne l'enseignait pas. Cette pédagogie de l'image se distingue d'une pédagogie par l'image mise en œuvre dans des expériences de télé-enseignement.

L'image dans les textes officiels

L'enseignement du « dessin » (arrêté de 1878), comme celui du « dessin et arts plastiques » (1963), utilise l'image dans sa fonction de reproduction. En 1880, les programmes des lycées et collèges s'inspirent de Ravaisson en proposant de dessiner, d'après l'estampe, des ornements d'architecture et des détails du corps humain. Ces estampes sont des lithographies d'artistes contemporains se référant à l'antique. Les photographies sont admises comme modèles si elles reproduisent des dessins de maîtres. En 1909, pour les écoles primaires de garçons, les croquis peuvent s'exécuter d'après photographie. Audaces refusées au lycée jusqu'en 1943, où l'on peut alors dessiner « d'après la projection fixe et le film cinématographique ». Mais le législateur se méfie de la profusion des images, dans le livre, le journal, le cinéma.

Que l'appellation « dessin et arts plastiques » devienne « arts plastiques » avec la création de l'option A7 en 1967 dénote un changement. La reproduction destinée à l'épreuve pratique est moins substitut d'un modèle que document destiné à l'analyse formelle (1969-1972). Pour la première fois en 1978, un sujet propose un « document iconique » à interpréter dans l'ordre du sens. Il est vrai que la première session du concours d'agrégation d'arts plastiques, en 1976, comporte une épreuve d'« analyse et utilisation d'image ». Les discours entourant cette épreuve traduisent une tension entre sa spécificité visuelle-plastique et son versant théorique-analytique issu de la sémiologie.

À partir de cette période, l'image semble cristalliser la novation dans l'enseignement des arts plastiques (entrés à l'université depuis 1969). Durant une décennie, elle occupe une position de choix dans les textes officiels avec des fluctuations de vocabulaire qui traduisent une indécision quant à son statut. L'image-séquence entre au collège dans les programmes d'arts plastiques en 1977 (classes de 6e et 5e), en même temps que les enseignements artistiques s'ouvrent au cinéma. L'initiation au cinéma permet de faire saisir « les limites et les pouvoirs de l'image ». Ensuite, du collège (1979) au lycée (1981-1982), l'image (« lecture et utilisation ») est indexée par « l'investigation du visible ».

Les programmes de 1986 pour la classe de 2de classent l'image dans la « communication visuelle », ceux de 1987-88 (1re et terminale) la situent dans les « modes de représentation », à la fois comme œuvre d'art et production des médias. À ce moment, le cinéma se sépare des arts plastiques : une section A3 « Cinéma et audiovisuel » se met en place et conduit au baccalauréat en 1989. Cette évolution, qui se retrouve dans les ateliers de pratique artistique (200 ateliers d'arts plastiques sont ouverts en 1983), est à relier à la loi relative aux enseignements artistiques du 6 janvier 1988.

Dans le même temps où, avec des techniques diversifiées (vidéo, cinéma, informatique), l'image permet aux arts plastiques de repousser leurs frontières traditionnelles, elle envahit progressivement le champ éducatif. L'année 1985 est une année charnière. Une option arts plastiques est créée au concours d'entrée de l'École normale supérieure (rue d'Ulm), où deux épreuves s'appuient sur des documents iconiques. La même année, dans les nouveaux programmes du collège, les orientations et objectifs font de l'image une partie de la culture : les élèves doivent apprendre à maîtriser l'image pour devenir des téléspectateurs avertis.

Les disciplines non artistiques qui s'affirment culturelles réservent une large place à l'image, particulièrement le français, l'italien (où l'on fait réaliser des bandes dessinées), l'espagnol (centré depuis longtemps sur l'art). Au moment où l'image est une composante indissociable du champ pédagogique des arts plastiques, l'enseignement du français en revendique longuement la « maîtrise » (1985-1987) et s'emploie à rapprocher la littérature et les arts (1987-1988).

Vers une pédagogie pluridisciplinaire de l'image

Grâce aux *technologies nouvelles,* l'image – d'abord fixe, puis mobile – est aujourd'hui omniprésente dans l'éducation. Le magnétoscope a fait de la télévision un outil pédagogique maniable. Le cinéma est un véhicule culturel privilégié dans l'enseignement des langues (italien, espagnol), qui se servent aussi du vidéodisque. Depuis quelques années, l'interactivité s'est considérablement développée. Le marché est envahi par l'édition électronique avec les disques optiques interactifs, au confluent de l'écrit et de l'image, du disque et de la télévision. Ainsi l'image devient inséparable de l'écrit, de la parole et du son, qui se croisent dans la virtualité. Avec l'informatique, l'image bidimensionnelle numérisée s'enrichit de la profondeur et devient pénétrable. Son statut change : elle n'est plus représentation ou projection lumineuse, mais *simulation* mathématique. À ce niveau de complexité, où la techno-science s'allie à l'artistique, son étude et sa fabrication ne sont pas seulement affaire de spécialistes (recherche, université). La communication mêlée (indifférenciée) des textes et des images se mondialise avec le réseau Internet, qui introduit la libre circulation planétaire des informations.

Parallèlement au développement technologique des images immatérielles, l'engouement pour le culturel et la muséologie, et la médiatisation des grandes expositions, notamment par la généralisation des CD-Roms, entraînent une désaffection à l'égard des reproductions d'œuvres d'art (le musée imaginaire de Malraux) au profit d'un *contact direct avec l'œuvre.* Cette orientation se traduit par le lancement de trois opérations : « Collège au cinéma » en 1989, « Rencontre avec l'œuvre d'art » en 1991, « Histoire des arts » en 1993.

Ces opérations ont pour corollaire l'ouverture au *partenariat* institutionnel, culturel et d'entreprise, et la *pluridisciplinarité.* « Collège au cinéma » est organisé et financé par le Centre national de la cinématographie. « Rencontre avec l'œuvre d'art » propose l'approche d'une œuvre par une équipe de professeurs qui associent leurs compétences. L'option « Histoire des arts » au lycée est la suite logique d'une évolution qui s'enracine au collège pour se prolonger à l'université, et qui vise à mettre en place une véritable transversalité entre des domaines artistiques distincts, entre « les disciplines de la sensibilité et les disciplines du concept ».

Il aura fallu vingt ans pour que l'ambitieux projet de l'ICAV se concrétise dans le monde de l'éducation. Cependant le discours sur l'image ne domine-t-il pas le discours de l'image ? En fait, image et langage sont coextensifs. Le postmodernisme a mis fin à l'illusion d'une pureté des arts plastiques qui ne seraient pas contaminés par la langue. Ce n'est pas un hasard si les arts plastiques et le français se partagent prioritairement la pédagogie de l'image. Mais celle-ci ne se sépare pas de la discipline où elle s'enseigne : les plasticiens sont d'abord des producteurs d'images, des praticiens qui se font théoriciens ; aujourd'hui les textes théoriques de référence sont de plus en plus des écrits d'artistes : la poïétique voisine avec la sémiologie.

Éliane Chiron

▶ Bibliographie

AUMONT J., *L'Image*, Paris, Nathan, 2000.

BENJAMIN W., *L'Œuvre d'art à l'époque de sa reproductibilité technique*, Paris, Allia, 2003.

COLLECTIF, *Image, langage : recherches et pratiques enseignantes*, Saint-Fons, INRP, 1999.

COLLECTIF, « L'analyse des images », *Communications*, n° 15, 1970.

DIDI-HUBERMAN G., *Devant l'image : question posée aux fins d'une histoire de l'art*, Paris, Éd. de Minuit, 1990.

FRESNAULT-DERUELLE P., *L'Image placardée : pragmatique et rhétorique de l'affiche*, Paris, Nathan, 1997.

JOLY M., *Introduction à l'analyse de l'image*, Paris, Armand Colin, coll. « 128 », 2005.

JOLY M., *L'Image et les signes : approche sémiologique de l'image fixe*, Paris, Nathan-Université, coll. « Fac image », 1994.

LYOTARD J.-F., *Discours, Figure*, Paris, Klincksieck, 2002.

TISSERON F., *Psychanalyse de l'image*, Paris, Dunod, 2005.

▶ **Voir aussi**
Artistique (Éducation) – Arts plastiques – Audiovisuel – Cinéma – Télévision – Vidéo.

Imitation

L'imitation possède plusieurs sens en relation avec les théories psychologiques qui en rendent compte. Dans un premier sens, très général, l'imitation désigne l'acte par lequel un modèle est reproduit. Si l'on s'en tient aux seules parties observables des conduites, c'est-à-dire à la réalisation imitative, l'imitation désigne la correspondance entre les comportements de deux individus lorsque cette correspondance résulte de l'observation, par l'un d'entre eux, du comportement de l'autre. Pour le courant constructiviste piagétien, au contraire, les réalisations imitatives rendent compte du mécanisme sous-jacent, pôle accommodatif du fonctionnement des schèmes (Piaget, 1962).

La plupart des analyses tiennent compte à la fois de la réalisation de l'acte imitatif et des mécanismes qui sous-tendent cet acte, en s'interrogeant sur les fonctions de l'imitation (à quoi ça sert ?). Elles portent sur l'usage intentionnel de l'acte imitatif comme moyen pour atteindre un but (Bruner, 1983). Il s'agit alors d'une conduite intentionnelle et flexible d'autoguidage par référence à un modèle. Prise en ce sens, l'imitation met en œuvre l'activité du sujet et s'avère distincte des processus d'une tout autre nature, tels que conduites en écho, mimétisme, influence sociale, etc.

Les conduites imitatives

Classiquement, les travaux sur l'imitation peuvent se classer selon les relations temporelles entre l'action du modèle et celle de l'imitateur et/ou selon le degré de similitude de ces actions. Du premier point de vue, on relève des *imitations immédiates*, lorsque les partenaires agissent de façon quasi simultanée, même si le modèle a eu l'initiative de l'action (Nadel, 1986) ; les *imitations décalées* admettent une brève marge temporelle entre le début de l'action du modèle et de l'imitateur, que l'action du premier soit alors terminée ou non ; les *imitations différées* tiennent compte de délais souvent très longs et sont discutées en termes de rapports avec la constitution des images mentales et des représentations (*cf.* les positions de Piaget et de Wallon à cet égard).

Quant au degré de similitude exigé, il varie avec les positions sur les fonctions acquisitives de l'imitation. On reconnaît trois catégories de conduites imitatives, selon que la reproduction est exacte, en réduction ou en extension. Dans la reproduction en réduction, le sujet imitant reproduit une partie seulement de l'activité du modèle (par sélection des éléments qu'il juge utiles, par exemple). Dans la reproduction en extension, le sujet imitant reprend la production du modèle et y ajoute divers éléments. Une combinaison de réduction et d'extension conduit à des échanges interactifs entre sujet et modèle, échanges fréquemment observés, par exemple, lors de l'acquisition de certaines compétences à l'âge de l'école maternelle. L'étude des capacités imitatives des très jeunes bébés a réalisé une avancée spectaculaire de la recherche au cours de la dernière décennie (L'Écuyer, 1990 ; Meltzoff, 1988).

Les fonctions d'acquisition de l'imitation

L'imitation exerce à la fois des fonctions d'acquisition et de relation-communication ; c'est dire son rôle dans l'adaptation de l'enfant au monde physique et social. Ces deux groupes de fonctions, peu dissociables dans la première enfance, peuvent être différenciés ensuite, tout en conservant leurs liens.

La fonction sociorelationnelle de communication n'est plus à démontrer (Nadel, 1986). L'imitation, d'abord longtemps considérée comme l'instrument de l'apprentissage par excellence, puis longtemps mal appréciée dans ses fonctions d'acquisition, est actuellement bien reconnue aussi de ce point de vue. Son rôle instrumental a été largement illustré dans différents domaines d'acquisition de savoir-faire, tels que certaines capacités langagières, de nombreux savoir-faire sociaux (compétences relationnelles, rôles sociaux, etc.), domaines où les relations interpersonnelles sont à la fois l'objet de l'acquisition de savoir-faire et la condition contextuelle de ces acquisitions. On a pu apporter aussi la preuve du rôle de l'observation dans des acquisitions de concepts et de règles de résolution de problèmes.

En résumé, on a montré que l'imitation a une fonction d'acquisition, mais aussi que ce n'est pas là sa seule fonction, et plus encore qu'elle n'est pas le seul mécanisme en charge des acquisitions. Le recours à l'un d'entre eux dépend des caractéristiques du sujet, de la tâche, du contexte, du partenaire, etc.

Les approches sociocognitives récentes explorent les mécanismes de l'acquisition des connaissances en situation paritaire symétrique (Doise, 1988) et dans des couples expert/novice fortement asymétriques quant aux compétences. La notion d'étayage de Bruner comme celle d'apprentissage médiatisé de Vygotski font référence à des interactions dans le développement des connaissances. L'imitation fait partie des mécanismes sociaux qui s'inscrivent dans les interactions, particulièrement en situation de guidage-tutoriel. Par imitation interactive, on désigne les échanges qui modifient les conduites des sujets imitant et imité dans un « tour de rôle » qui permet à l'expert de modifier sa démonstration pour l'ajuster au niveau de compréhension manifesté par le novice (Winnykamen, 1990).

L'intégration des deux fonctions de l'imitation, jointe à son caractère interactif, permet, entre autres, la régulation interpersonnelle, puis l'autorégulation des conduites sociales.

Voies de recherches actuelles

Ce qui a été rappelé ci-dessus concerne les fonctions de l'imitation chez l'homme, principalement chez le bébé et le jeune enfant. Ces recherches se sont poursuivies en s'actualisant et en se diversifiant. Sans prétendre être exhaustif, on peut signaler quelques pistes de recherches.

Dans le cadre général des sciences cognitives et neurosciences, divers champs sont actuellement fort actifs :

– l'imitation chez l'enfant reste un domaine très fécond. On peut citer à titre d'exemple les travaux de Baudonnière (1997, entre autres), pour qui l'imitation, distincte du mimétisme et des autres formes de similitudes comportementales, s'avère proprement humaine, en ce qu'elle suppose la conscience de soi et celle d'autrui ; l'imitation chez l'homme serait alors, entre autres, la base de l'acquisition et de l'évolution du langage et de la culture ;

– les recherches portant sur la psychologie animale. La position ci-dessus, largement argumentée, est cependant contredite par d'autres travaux qui admettent la continuité des processus imitatifs, du mimétisme à l'imitation intelligente et sensible, entre les animaux et l'homme.

Le vaste domaine de l'intelligence artificielle a ouvert également des champs de recherche. L'apprentissage par les « machines intelligentes », la robotique, s'appuient sur des processus de mimétisme. Les recherches en « mimétique », branche de l'intelligence artificielle, semblent aller dans le sens d'une discontinuité entre mimétisme et imitation intelligente, ou apprentissage par observation.

L'imitation, conduite très précoce, reste présente tout au long de la vie, dans les apprentissages. Elle se combine à d'autres moyens d'apprendre et de faire ; elle associe le sociorelationnel au cognitif. Elle met en jeu l'activité du sujet, voire celle des partenaires. Elle peut être spontanée, comme souvent dans les jeux, ou sollicitée, comme le savent tous les éducateurs. Sa valeur écologique s'avère considérable. Il serait aussi vain de tout miser sur elle que de l'ignorer.

Fayda Winnykamen

▸ Bibliographie

Baudonnière P.-M., *Le Mimétisme et l'imitation*, Paris, Flammarion, 1997.

Bruner J. S. (1983), *Le Développement de l'enfant : savoir-faire, savoir dire,* Paris, PUF, coll. « Psychologie d'aujourd'hui », 2002.

Doise W., « Régulation sociale des opérations cognitives », *in* Hinde R.A., Perret-Clermont A. N., Stevenson-Hinde J., *Relations interpersonnelles et développement des savoirs*, Fribourg, Delval, 1988.

L'Écuyer R., *Bébé astronome, bébé psychologue : l'intelligence dans la première année*, Bruxelles, Mardaga, 1990.

Meltzoff A. N., « The Human Infant as Homo imitans », *in* Zental T. R., Galef B. G., *Social Learning, Psychological and Biological Perspectives*, Lawrence Erlbaum, 1988.

Nadel J., *Imitation et communication entre jeunes enfants*, Paris, PUF, 1986.

Piaget J., « Le Rôle de l'imitation dans la formation de la représentation », *Évolution psychiatrique*, mars 1962.

Wallon H., *De l'acte à la pensée : essai de psychologie comparée*, Paris, Flammarion, 1978.

Winnykamen F., *Apprendre en imitant*, Paris, PUF, coll. « Psychologie d'aujourd'hui », 1990.

Winnykamen F., « L'Imitation chez l'enfant : quelques remarques sur sa fonction d'acquisition », *Psychologie française*, n° 33, 1988, p. 57-62.

▶ **Voir aussi**

Bruner, Jerome Seymour – Compétence – Jeu – Piaget, Jean – Savoir-faire – Vygotski, Lev Semionovitch.

Immigrés (Enfants d')

Les enfants d'immigrés sont les enfants des étrangers venus s'installer en France. Cette catégorie regroupe des enfants étrangers et des enfants devenus Français à la naissance ou ultérieurement, lesquels ne sont pas comptabilisés. On comptait 372 268 élèves étrangers (5,9 % des effectifs) dans le premier degré en 1999-2000 (derniers chiffres connus) et 231 364 (4,2 %) dans le deuxième degré en 2004-2005.

Les nationalités les plus représentées sont, au deuxième degré, les Marocains (48 161), les Algériens (22 914), les Portugais (22 109), les Turcs (20 304), les Tunisiens (15 084).

Les enfants étrangers sont pour la grande majorité nés en France ou y sont arrivés très jeunes. La proportion d'élèves étrangers, au deuxième degré, est la plus forte en Guyane (24,8 %), dans les trois académies de Paris (12,2 %), Créteil (9,6 %) et Versailles (6,9 %), et dans celles de Corse (11,3 %), Strasbourg (6,3 %), Nice (5,8 %) et Lyon (5,1 %).

Les performances scolaires

La répartition des élèves d'origine immigrée dans les différentes filières fait apparaître un taux d'échec important ; mais, à situation sociale et familiale comparable, les enfants d'immigrés ont des chances au moins égales de préparer un baccalauréat général et présentent un risque moins élevé de sortie précoce du système éducatif que les autres élèves.

La surreprésentation des élèves étrangers dans l'enseignement adapté, importante dans les années 1970, s'est atténuée progressivement (6,3 % en 2004).

Enfin, les filles d'origine immigrée réussissent mieux scolairement que les garçons, mais le phénomène est le même pour les élèves françaises et particulièrement pour celles de milieux défavorisés.

La politique d'intégration

Les enfants étrangers, élèves à part entière du système éducatif, ont les mêmes droits et obligations que les nationaux. Ils bénéficient notamment, au même titre que les autres publics défavorisés, des structures et dispositifs mis en place pour lutter contre l'échec scolaire : ZEP, soutien scolaire, etc., ou pour favoriser l'ouverture culturelle de l'ensemble des élèves.

Cependant, certaines dispositions particulières visent à favoriser l'intégration de ces élèves.

• Les *structures d'accueil*, appelées classes d'initiation (CLIN) dans l'élémentaire et classes d'accueil (CLA, ou CLA-NSA pour les élèves non scolarisés antérieurement) dans le secondaire, regroupent pour une période provisoire, de quelques mois à un an, des enfants non francophones arrivés récemment en France, le plus souvent pour rejoindre leur(s) parent(s). L'objectif de ces classes est de permettre le plus tôt possible l'intégration dans le cursus normal par un apprentissage intensif du français et des matières de base. Des formules souples – cours de rattrapage intégré (CRI) dans le premier degré et modules d'accueil temporaires (MAT) ou soutien spécifique dans le deuxième degré – complètent le dispositif. Durant l'année scolaire 2004-2005, 39 900 élèves nouveaux arrivants ont été scolarisés, dont 19 400 dans le premier degré et 20 500 dans le deuxième degré. Environ 7 600 (soit 20 %) d'entre eux se trouvaient en classe ordinaire, sans soutien déclaré.

• L'*enseignement des langues et cultures d'origine* (ELCO) est facultatif et assuré sur la base d'accords bilatéraux avec les principaux pays d'émigration. Les enseignants sont nommés et rémunérés par les États d'origine. Les cours ont lieu soit sur le temps scolaire (cours intégrés, 3 heures par semaine), soit hors du temps scolaire (enseignement différé). Les effectifs, en diminution constante, étaient au total de 69 356 élèves en 2003. Un projet de réforme vise à intégrer progressivement les enseignements de « langues d'origine » se déroulant sur le temps scolaire dans le plan de développement des langues vivantes à l'école.

• Les *centres académiques pour la scolarisation des nouveaux arrivants et des enfants du voyage* (CASNAV, ex-CEFISEM) ont pour mission d'apporter une aide spécialisée à tous les personnels concernés. Il existe un CASNAV dans la plupart des académies.

• Les *contrats locaux d'accompagnement à la scolarité* (CLAS), dispositif interministériel, sont proposés, particulièrement pour les enfants d'immigrés, par des associations. Il s'agit d'actions de soutien scolaire et d'animation culturelle en dehors du temps scolaire.

Jean-Paul Tauvel

▶ Bibliographie

Boyzon-Fradet D., Chiss J.-L. (dir.), *Enseigner le français en classes hétérogènes. École et immigration*, Paris, Nathan, coll. « Pédagogie », 1997.

Collectif, « La Scolarisation des élèves nouvellement arrivés en France », *VEI Enjeux*, hors-série, n° 3, oct. 2001.

Clément F., Girardin A., Chalvin M., *Enseigner aux élèves issus de l'immigration*, Paris, Nathan, coll. « Outils pour la classe », 1997.

Igen, Igaen, *Les Modalités de scolarisation des élèves non francophones nouvellement arrivés,* rapport au ministre de la Jeunesse, de l'Éducation nationale et de la Recherche, Paris, La Documentation française, 2002.

Lorcerie F., *L'École et le défi ethnique*, Issy-les Moulineaux, ESF, coll. « Action sociale », 2003.

Payet J-P., van Zanten A. (dir.), « L'École et la question de l'immigration en France : une revue de la littérature française », *Revue française de pédagogie*, n° 117, oct.-déc. 1996.

▶ Voir aussi

Accompagnement scolaire – Acculturation – Animation – Bilinguisme – Échec scolaire – Interculturelle (Pédagogie) – Périscolaire – Zone d'éducation prioritaire (ZEP).

Inclusion

Le terme « inclusion » désigne l'affirmation des droits de toute personne à accéder aux diverses institutions communes et destinées à tous, quelles que soient leurs éventuelles particularités. L'expression « inclusion scolaire » s'applique ainsi à l'ensemble des enfants, particulièrement à ceux qui sont en situation de handicap ou qui ont des « besoins éducatifs particuliers », et qui sont considérés comme ayant le droit d'accéder à l'école de leur quartier, voire aux classes ordinaires, et de participer, au même titre que les autres, aux activités pédagogiques.

Le terme s'oppose à « exclusion », dont l'usage s'est considérablement étendu dans les années 1990 en France pour reformuler la question sociale, notamment les situations de pauvreté ou de chômage. Si le mot « exclusion » a rapidement fait l'objet d'un large consensus, sa pertinence et surtout les représentations du monde social qu'il engage ont suscité de nombreux débats. Le mot « inclusion », au contraire, est une innovation récente, mal intégrée dans le vocabulaire français pour une application aux personnes et aux groupes sociaux. D'où parfois l'étrangeté d'expressions telles que « éducation inclusive » ou « société inclusive ».

En vérité, « inclusion » provient de la langue anglaise et, dans son application aux questions éducatives, il est bien problématisé chez les auteurs anglophones. Il est aussi largement diffusé par les organismes internationaux, comme l'OCDE, l'Unesco.

Dans ces travaux, l'inclusion scolaire ne s'oppose pas seulement à l'exclusion mais aussi à l'intégration. Les enfants intégrés peuvent en effet être perçus comme des « visiteurs » en provenance des milieux spécialisés et non comme des membres à part entière de la communauté scolaire. L'inclusion scolaire offre donc une perspective d'action radicale qui se définit avant tout par rapport aux droits de tous les enfants à l'éducation.

Ainsi l'éducation inclusive implique-t-elle une double transformation : des écoles, pour qu'elles deviennent des « communautés » ouvertes à tous sans restrictions, et des pratiques, pour permettre les apprentissages de tous dans la diversité des élèves. Une telle option est non seulement pédagogique mais plus profondément sociopolitique. Une société inclusive reposerait sur une nouvelle perception des différences et sur une éducation transformée.

Depuis quelques années en France, le terme « inclusion » appliqué aux enjeux de la socialisation scolaire trouve sa juste place dans les controverses scientifiques et dans les travaux de recherche, les orientant vers une « révolution de la pensée et de l'action » (Gardou, 2005).

Michel Chauvière
Éric Plaisance

▶ Bibliographie

AINSCOW M., *Understanding the Development of Inclusive Schools,* Londres, Falmer Press, 1999.

ARMSTRONG F., « Les Paradoxes de l'éducation inclusive en Angleterre », *in* Chauvière M., Plaisance É. (dir.), *L'École face aux handicaps : éducation spéciale ou éducation intégrative ?,* Paris, PUF, 2000, p. 117-132.

CLOUGH P., *Managing Inclusive Education : From Policy to Experience*, Londres, Paul Chapman, 1998.

EGLER MANTOAN M. T., *Inclusao escolar. O que é ? Por quê ? Como fazer ?*, Saõ Paulo (Brésil), Editora Moderna, 2003.

PLAISANCE É., GARDOU C. (dir.), « Situations de handicap et institution scolaire », *Revue française de pédagogie*, n° 134, 2001.

RAVAUD J.-F., STIKER H.-J., « Les Modèles de l'inclusion et de l'exclusion à l'épreuve du handicap », *Handicap. Revue de sciences humaines et sociales*, 2000, n° 86, p. 1-18, n° 87, p. 17.

▶ Voir aussi

Adaptation et intégration scolaires (AIS) – Communauté éducative – Éducation spécialisée (Personnels de l') – Handicap.

INDIVIDUALISATION

Le terme d'« individu » (étymologiquement, « corps indivisible ») s'applique à « tout être formant une unité distincte » et s'oppose aux notions de genre ou d'espèce. C'est une notion quantitative qui désigne la plus petite unité d'un ensemble.

Dans le domaine pédagogique, l'individualisation peut s'appliquer à trois niveaux. L'individualisation des *objectifs* permet l'adaptation à la diversité des besoins et demandes : sujets et matières étudiés, niveaux de difficulté ou de complexité visés, etc. L'individualisation des *moyens* permet de s'adapter aux contraintes des individus : lieux, durée et rythme de formation, support multimédia, etc. L'individualisation des *méthodes* permet de s'adapter à la variété des stratégies d'apprentissage de chacun : différenciation, alternance, production de savoirs, échanges de savoirs, etc.

C'est en cela que l'individualisation s'oppose principalement aux pédagogies « impositives », qui s'adressent à des groupes et non à des individus pris séparément. C'est une démarche qui cherche à mettre en œuvre un ensemble diversifié de moyens, de procédures d'enseignement et d'apprentissage pour que les sujets formés, d'âges, d'aptitudes, de cultures et de comportements variés, atteignent par des voies différentes des objectifs et savoirs communs. L'individualisation des méthodes et des parcours a été un des moyens choisis pour résoudre le problème de l'hétérogénéité croissante des publics à former. Elle a cherché à faire en quelque sorte un contrepoids à l'uniformisation qu'ont entraînée la mise en place du collège unique et la suppression des filières en 1975 dans l'École.

Nelly Leselbaum

▶ Bibliographie

AECSE, *Individualiser les parcours de formation,* Paris, Association des enseignants et chercheurs en sciences de l'éducation (AECSE), 1993.

▶ Voir aussi

Méthodes pédagogiques – Objectif pédagogique – Pédagogie différenciée.

Information (Éducation à l')

L'expression « éducation à l'information » désigne les principes, les fondements, les méthodes et les outils d'intervention qui visent à construire, de la maternelle à l'université, un curriculum documentaire. Elle correspond au terme anglo-saxon *information literacy* traduit parfois par « culture de l'information » ou « maîtrise de l'information », quand il s'agit d'insister sur des habiletés à créer chez les usagers, et par « formation à l'information » dans l'enseignement supérieur. Le terme « Éducation à » a été préféré pour tenir compte à la fois de l'enseignement *à* et *par* l'information-documentation dans l'institution pour laisser ouvertes les modalités d'intervention.

Origine

L'éducation à l'information est née dans les années 2000, à l'initiative de groupes de recherche réunissant des professionnels de la documentation et des enseignants-chercheurs, et dont le but était de rassembler les savoirs acquis depuis cinquante ans dans le développement des bibliothèques-centres documentaires (BCD) à l'école primaire, les CDI des lycées et collèges et les bibliothèques universitaires afin de dégager des perspectives nouvelles.

Elle doit son nom à Edmir Perrotti, professeur en information-communication de l'université de Saõ-Paulo, à l'occasion de la réunion, entre 1997 et 2000, d'un group interuniversitaire franco-brésilien autour de l'INRP et du CRDP de Créteil, pour envisager un modèle plus adapté de « bibliothèque interactive » tenant compte des possibilités offertes par les technologies et les demandes de publics différemment confrontés à la culture écrite. Elle circula ensuite à l'URFIST de Paris, dans le groupe de recherche animé par Claire Panigel, où Yves Le Coadic, professeur de SIC, la proposa en appui du projet d'Institut de recherche sur la documentation, conçu à l'égal du modèle d'IREM, qui a joué un rôle important dans la réforme de l'enseignement des mathématiques. Elle fut adoptée, enfin, dans le groupe de préparation des assises de l'information-documentation tenues en mars 2003, au ministère de la Recherche, pour constituer un bilan des formations à la documentation dans les trois niveaux d'enseignement, élémentaire, secondaire et supérieur. Un projet de recherche en résulte pour réfléchir à la construction d'un curriculum documentaire devant dépasser les contradictions et les limites perçues dans différents dispositifs interdisciplinaires (travaux personnels encadrés ; projets pluridisciplinaires à caractère professionnel ; itinéraires de découverte, éducation civique, juridique et sociale).

Un bilan mitigé

Le point de départ des assises était un constat mitigé : en dépit de l'accroissement du nombre des bibliothèques-centres documentaires (BCD), centres de documentation et d'information (CDI) et bibliothèques universitaires (BU) depuis deux décennies, la prise en charge effective de la formation à l'information dans l'enseignement n'est toujours pas reconnue comme une nécessité résultant d'une exigence de démocratisation. Elle n'était inscrite ni dans les priorités des réformes de l'éducation (rapport Thélot), ni dans la formation professionnelle des enseignants. Les savoirs à transmettre étaient mal identifiés, et leur transmission, la plupart du temps, était soumise aux aléas des conjonctures locales, en dépit de l'affirmation des enjeux sociaux, culturels et politiques de l'éducation à cette pratique sociale. Le droit à l'information et la nécessité de formation des individus a été pourtant reconnu par les instances telles que l'Unesco ou dans la Déclaration de Copenhague en octobre 2002 lors du Sommet sur les compétences numériques, ou encore lors de la conférence Information Literacy Meeting of Experts, réunie à Prague en septembre 2003.

Les changements technologiques renforcent le rôle du documentaliste comme « organisateur des ressources » et « conseiller en recherche d'information », selon les expressions du rapport de l'inspecteur général Durpaire (IGEN, mai 2004), mais les enseignants documentalistes (comme ceux de discipline) sont divisés sur l'usage du CDI et sur leur propre rôle en matière de formation des élèves à l'information.

Plus récemment, la mise en place d'un Brevet (B2i) validant des compétences informatiques chez les collégiens laisse de côté les médiations instrumentales et intellectuelles vers les savoirs (Alava, Étévé, 1999) et la question du pilotage du système d'information à finalité pédagogique de l'établissement.

Recrutés à l'issue d'un CAPES des sciences et techniques d'information-documentation, dont les savoirs de référence sont ceux de la discipline sciences de l'information et communication, formés à l'IUFM où les savoirs documentaires sont explicités (Charbonnier, 1997), les nouveaux documentalistes ont à cœur de mettre en pratique ce qu'ils ont appris et à considérer la documentation non seulement comme discipline de service aux autres disciplines, mais disposant de savoirs autonomes. La généralisation de dispositifs tels que les travaux personnels encadrés, les itinéraires de découverte ou les projets personnels à caractère professionnel les y incitent. Lors de la confrontation des projets d'élèves avec les savoirs scolaires, l'évaluation interdisciplinaire amène à des malentendus entre les attentes des enseignants et les représentations des élèves. Ces quiproquos sont souvent dus au caractère polysémique de notions telles que « document », « source » ou « thésaurus ». Dans la soutenance d'un TPE, le professeur-documentaliste peut apprécier la pertinence de la sélection, l'usage des liens hypertextes sur le web ou l'application des normes bibliographiques au signalement d'un document en ligne. Faire reconnaître ces critères dans la validation finale est une autre affaire.

La comparaison internationale des pays industrialisés permet également de dégager des tendances fortes dans les réflexions de formation documentaire : même souci de former des usagers aux « habiletés d'information », même interrogation sur les rapports de la psychologie cognitive et des styles d'apprentissage, même recherche des capacités transversales d'accès à la connaissance, même souci d'intégrer les effets bénéfiques d'Internet (Bernhard, 1998).

L'effort pour penser cette formation de la maternelle à l'université s'avère aujourd'hui nécessaire pour aider l'institution éducative à trouver les conditions de la réussite scolaire et universitaire et les réponses pertinentes aux défis civiques, scientifiques et technologiques de notre temps.

De la pédagogie documentaire à la didactique de la documentation

Cet intérêt pour un curriculum résulte d'une reproblématisation de l'ancienne notion de « pédagogie documentaire » qui, dans la logique de Jean Hassenforder ou de celle de Sire, visait à promouvoir une bibliothèque « éducative », alternative au seul enseignement frontal et aux manuels scolaires, pour motiver les élèves par le contact direct avec tous les types de documents et de textes.

Trente-cinq ans après, qu'est-ce qui est éducatif dans la fonction documentaire ?

Comment tenir compte de la rupture introduite par les technologies de l'information et de la communication dans les allant-de-soi culturels du lire-écrire-transmettre (Lyotard, 1979) ? De quelle nature sont ces savoirs de l'information-documentation au croisement des sciences de l'information et des sciences de l'éducation ?

La première question renvoie à la spécificité de la documentation dans un milieu d'enseignement telle que les essais de théorisation la présentent. Ainsi, après avoir envisagé le CDI dans l'histoire des innovations (Chapron, 2001) puis dans celle de l'identité professionnelle de ses acteurs (Braun, 1995 ; Le Gouellec-Decrop, 1998 ; Fadben, 1997), les documentalistes s'intéressent à l'action propre des collègues en interaction avec les enseignants et les élèves dans un dispositif ordinaire d'apprentissage informatisé (Duarte, 2000 ; Liquète, 2002 ; Maury, 2005).

La seconde question oblige à un détour par les travaux d'histoire des disciplines, de sociologie du curriculum et de didactique, qui ont déjà permis à d'autres disciplines d'opérer ce processus de distanciation entre le savoir savant et le savoir enseigné (Harlé, 2003 ; Martinand, 1989). Que sont ces savoirs qui n'apparaissent dans les Instructions que sous forme d'objectifs généraux, tels que celui d'autonomie (Di Lorenzo, 1995), sans être une « matière » avec ses heures et son programme mais en participant pourtant à l'évaluation des travaux d'élèves ? S'agit-il d'un curriculum caché comme pour la valeur scolaire dépassant l'évaluation des connaissances (Perrenoud, 1984) ou d'une culture générée par la forme scolaire à l'image de la grammaire inventée pour les besoins d'enseigner la langue à tous les Français (Chervel, 1988) ? À quels débats sociaux l'introduction des technologies dans l'école a-t-elle donné lieu pour légitimer certains savoirs et en refuser d'autres ? Peut-on s'inspirer des querelles qui ont agité les Britanniques, et surtout des fondements de ces divergences pour dégager les fonctions sociales de la culture (Forquin, 1984) ? Quelles sont les pratiques de référence qui servent de modèle ou de contre-modèle à cet enseignement documentaire, fortement marqué dans les CDI par la culture écrite sur tous supports (Martinand, 1989) ?

Répondre à ces questions est une manière d'avancer dans une didactique de la documentation. Ce travail de transposition (Frisch, 2003) vise, à long terme, la construction d'un curriculum en information-documentation, c'est-à-dire un énoncé des principes et une analyse des études de cas et des situations contribuant à une progression didactique permettant aux apprenants d'acquérir la maîtrise de l'information tout au long de leur parcours scolaire et universitaire (Beghin, 2004). Cette construction devrait également avoir des répercussions sur la formation tant des professeurs documentalistes que des professionnels des bibliothèques et de la documentation, formation qu'elle devrait rendre plus cohérente. On peut en attendre aussi une sensibilisation plus grande des enseignants de tous niveaux à ces apprentissages, encore peu pris en compte ou légitimés dans les parcours d'études actuels. Enfin, elle ouvre à des formes de travail coopératif que le désir d'apprendre et la responsabilité d'enseigner appellent.

Christiane Étévé

▸ Bibliographie

Alava S., Étévé C., « Médiation documentaire et éducation », *Revue française de pédagogie*, n° 127, 1999, p. 119-165.

Béguin A. (dir.), *Culture informationnelle et curriculum documentaire : objectifs de la recherche et premières hypothèses*, note de synthèse, Lille, université Lille-3, 2004.

Bernhard P., « Apprendre à maîtriser l'information : des habiletés indispensables dans une "société du savoir" », « Les Bibliothèques à l'ère électronique dans le monde de l'éducation », *Éducation et francophonie*, vol. XXVI, n° 1, automne-hiver 1998.

Braun J.-P., « Un autre espace-temps pour apprendre », *Cahiers pédagogiques*, n° 332-333, mars-avril 1995.

Chapron F., *Les CDI des lycées et collèges*. Paris, PUF, 2000.

CHARBONNIER J.-L., « Les “Apprentissages documentaires” et la didactisation des sciences de l’information, *Spirale*, « Documentation et formation », n° 19, 1997, p. 45-59.

CHERVEL A., *La Culture scolaire*, Paris, Belin, 1998.

COULON A., *Penser, classer, catégoriser : l’efficacité de l’enseignement de méthodologie documentaire dans les premiers cycles universitaires. Le cas de l’université Paris-VIII*, Paris, Laboratoire de recherche ethnométhodologiques, 1999.

DI LORENZO G., *Questions de savoirs : introduction à une construction autonome des savoirs*, Issy-les-Moulineaux, ESF, coll. « Pédagogies », 1991.

DINET J., ROUET J.-F., PASSERAULT J.-M., « Les Nouveaux Outils de recherche documentaires sont-ils compatibles avec les stratégies cognitives des élèves ? », *in* Rouet J.-F., La Passardière B. de (éds), *Hypermédias et apprentissages*, actes du quatrième colloque Poitiers 15-16-17 octobre 1998, Paris, INRP/EPI, 1998, p. 149-161.

DUARTE-CHOLAT C., *TIC et documentation : études et réflexions sur des pratiques documentaires dans des CDI de collèges*, thèse de doctorat en sciences de l’éducation, université Paris-V-René-Descartes, 2000.

ÉTÉVÉ C, LIQUETE V., RAOUL-REA B., « Les TPE au regard d’une éducation à l’information en construction », *InterCdi*, n° 184, p. 58-62.

FADBEN, « Compétences en information-communication : référentiel », *Médiadoc*, « Les dossiers », déc. 1997, p. 25-28.

FORQUIN J.-C., *École et culture : le point de vue des sociologues britanniques*. Bruxelles, De Boeck, 1989.

FRISCH M., *Évolutions de la documentation : naissance d’une discipline scolaire*, Paris, L’Harmattan, coll. « Mouvements des savoirs », 2003.

HARLÉ I., « L’Introduction d’une culture technique au collège : une analyse socio-historique », *Revue française de pédagogie*, n° 144, 2003, p. 95-103.

HASSENFORDER J., *Développement comparé des bibliothèques en France, en Grande-Bretagne et aux États-Unis dans la seconde moitié du XIXe siècle (1850-1954)*, Paris, Le Cercle de la librairie, 1967.

LE GOUELLEC-DECROP A., « L’Identité professionnelle des documentalistes des établissements scolaires : émergence et incertitudes », *Recherche et formation*, n° 28, 1998, p. 139-159.

LIQUÈTE V., *Les Pratiques documentaires et informationnelles du professeur de collège*, Lille, Presses du Septentrion, 2002.

LYOTARD J-F., *La Condition post-moderne*, Paris, Éd. de Minuit, 1979.

MARTINAND J.-L., « Pratiques de référence, transposition didactique et savoirs professionnels en sciences et techniques », *Les Sciences de l’éducation pour l’ère nouvelle*, n° 2, 1989, p. 23-29.

MAURY Y., *L’Éducation à l’information-documentation dans un environnement d’apprentissage informatisé*, thèse de doctorat, Paris, université de Paris-VIII, 2005.

PERRENOUD P., « Curriculum : le formel, le réel, le caché », *in* Houssaye J. (dir.), *La Pédagogie : une encyclopédie pour aujourd’hui*, Issy-les-Moulineaux, ESF, 1994, p. 61-76.

WARZAGER D., « De l’instrumentation à l’investigation », *Argos*, hors-série, 1997, p. 93-94.

▶ **Voir aussi**

Bibliothèque-centre documentaire (BCD) – Centre de documentation et d’information (CDI).

INFORMELLE (ÉDUCATION)

Depuis la Révolution française jusqu’à l’après-Seconde Guerre mondiale, l’éducation est restée sous la dépendance d’appareils institutionnels bien repérés – l’État, la Famille, l’École – et se voyait donc comme la simple résultante d’une série d’actions et d’interventions éducatives spécifiques. De 1950 à aujourd’hui, la société de consommation et les mutations modernes vont venir modifier fondamentalement l’éducation et son épistémologie, c’est-à-dire ses structures de savoir et d’apprentissage. Tout d’abord, l’objet technique s’impose comme un centre de la vie quotidienne, une culture, culture de masse avec les médias, surtout la télévision, et les technologies modernes. Ensuite les jeunes vont spontanément adopter un style, un comportement, des références calqués sur cette culture, qui vont les distinguer voire les séparer de la génération adulte, jusqu'à en faire une « bio-classe » (Edgar Morin), avec son langage, ses us et coutumes, voire sa pensée. Enfin l'École, l'une des institutions les plus structurantes mais aussi les plus structurées, reste dans le même temps focalisée par le discours, la leçon magistrale, l'indifférenciation de l'élève, à l'écart des objets techniques de la modernité. On ne peut se contenter d'affirmer que l'école reste le lieu du savoir et ignorer que les élèves sont élevés autant sinon plus avec la télévision qu'avec le livre, désormais autant sinon plus avec l'ordinateur, les logiciels, la vidéo qu'avec les manuels. On pourrait peut-être chercher le moyen de retrouver du savoir et de l'éducation dans les dispositifs, les supports, les processus techniques. La BD n'est plus un art mineur. Certains groupes d'adolescents pratiquement déscolarisés produisent des clips vidéos de valeur.

Ces effets essentiels d'un système culturel de masse sont ceux de « l'école parallèle » (Friedmann), terme des années 1960 qui visait déjà ce phénomène de multiplication et de dissémination sociales des canaux éducatifs. L'Unesco parlera d'éducation « non formelle », ou informelle, pour entériner cette idée d'une éducation à la fois extrascolaire et périfamiliale, d'une éducation à tutelle institutionnelle indirecte.

À présent, l'éducation initiale ou permanente n'est-elle pas une question de « réseaux », où les ressources familiales, celles de l'environnement, celles de l'école sont mises en synergie ?

Dans le contexte actuel des carences sociales et scolaires d'un nombre de plus en plus grand de familles, n'est-ce pas le tissu social, culturel, sportif, voire celui des institutions ou des groupes spécialisés, associatifs, philanthropiques qui y suppléent ? Nous pouvons alors très bien retrouver la dimension éducative déterminante des colonies de vacances (Houssaye, 1991), revues et corrigées dans le sens d'une responsabilisation et d'une autonomisation du jeune, d'une pédagogie du groupe. Ou comprendre le développement spectaculaire du « Mouvement des réseaux d'échanges réciproques de savoir » (Heber-Suffrin, 1992), depuis 1980, qui proposent à des milliers de personnes d'échanger leurs savoirs, sans hiérarchie, sans argent, et ouvrent en particulier les milieux immigrés, défavorisés, marginalisés, à une éducation informelle réparatrice autant que compensatrice de l'école.

Il y a toujours eu une éducation informelle, en termes de mouvements et de culture populaires. Mais avec les médias et les technologies, c'est à une restructuration du champ pédagogique et éducatif que nous assistons, qui s'étend paradoxalement au champ social tout entier, avec tous les degrés de formalisation ou « d'informalisation » possibles, question de mentalité.

Dans certaines villes nouvelles, on voit déjà l'informel s'infiltrer au cœur des associations de quartiers, au cœur de « l'école après l'école », comme une éducation civile de base, pour vivre et apprendre à apprendre. On voit aussi, dans le meilleur des cas, des écoles potentialisées par la vie quotidienne et ses richesses brutes intégrer la culture de la rue, la « troisième culture », après la famille et l'école, comme motivation à apprendre.

Car l'éducation informelle, c'est aussi tout ce qui cadre, structure, socialise, lie le besoin d'être un homme du temps présent parmi d'autres.

Jacques Pain

▸ Bibliographie

HEBER-SUFFRIN C., HEBER-SUFFRIN M., *Échanger les savoirs*, Paris, Desclée de Brouwer, 1992.

HEBER-SUFFRIN C., HEBER-SUFFRIN M., *Le Cercle des savoirs reconnus*, Paris, Desclée de Brouwer, 1993.

HOUSSAYE J., *Aujourd'hui les centres de vacances*, Vigneux, Matrice, 1991.

▸ Voir aussi

Adulte – Audiovisuel – École parallèle – Génération – Groupe (Pédagogies de) – Loisir – Manuel scolaire – Périscolaire – Télévision – Vidéo.

Inné/Acquis

Dans le vocabulaire philosophique classique, est « inné » ce qui appartient à la nature d'un être indépendamment du résultat de son expérience ; est « acquis » ce qui n'est pas primitif à l'être mais peut être rapporté à ce dont il a fait l'expérience.

Le rôle fondamental des interactions

La distinction inné/acquis a contribué à structurer le champ de l'analyse du développement et du fonctionnement psychologiques durant une grande partie du xxe siècle, transposant en psychologie des oppositions classiques dans l'histoire de la philosophie de la connaissance (idéalisme/matérialisme ou rationalisme/empirisme). Elle est à la base de certaines représentations naïves attribuant à l'organisme des « dons » qui y seraient inscrits.

Mais elle est disqualifiée par les travaux scientifiques qui, dans le champ de la biologie comme dans celui de la psychologie, ont analysé la variabilité et le développement. Ces travaux ont mis en avant le rôle fondamental des interactions entre l'organisme et les sollicitations de l'environnement dans le développement biologique, et, au-delà, au plan psychologique, le rôle des interactions entre l'activité du sujet, les tâches qui lui sont assignées et les ressources disponibles dans son environnement physique et social.

Par conséquent, l'inné et l'acquis ne peuvent pas être opposés l'un à l'autre. Même au niveau le plus élémentaire, ce qui est « inné » est déjà le fruit d'interactions.

Au plan biologique

Ainsi, au plan biologique, ce qui est transmis d'une génération à l'autre, c'est le génome – et au cours de cette transmission, il y a de nombreux aléas. Le phénotype qui caractérise l'organisme singulier est quant à lui le fruit d'une interaction entre gènes, d'une part, et entre gènes et environnement, d'autre part.

Par exemple, c'est l'activité propre de l'organisme qui est responsable de l'architecture des connexions nerveuses ; elle est directement impliquée dans le phénomène de stabilisation sélective des synapses lors de la phase de croissance du système nerveux : lorsque le cône de croissance qui termine l'axone vient au contact d'une cellule de l'organe cible, plusieurs points de liaison s'établissent, puis, après un certain temps d'activité, seul un de ces points de liaison demeure. Cette « stabilisation sélective » est pilotée par la cellule postsynaptique en fonction des interactions avec l'environnement. En d'autres termes, s'il y a bien une « poussée de croissance » du cône, elle est indifférenciée, et c'est l'activité de l'organisme qui pilote l'architecture par l'aval. Au plan biologique donc, le phénotype est le fruit d'interactions complexes entre les ressources de l'organisme et ses conditions de vie.

Au plan psychologique

Les changements psychologiques sont eux aussi toujours inscrits sur le double fond d'une organisation déjà existante et des tâches auxquelles le sujet est concrètement confronté.

La théorie de Piaget tout entière peut être invoquée ici. Piaget soutient en effet que nous n'héritons pas de structures mentales mais d'un mode de fonctionnement qui permet de construire des structures mentales. À ce titre, c'est bien l'activité du sujet qui construit des schèmes et conduit à la transformation des structures organisant les activités cognitives.

L'activité elle-même est tributaire des tâches, de leurs contraintes et de leur valeur sociale dans l'habitus d'une culture. Par exemple, c'est l'existence d'une langue écrite qui rend nécessaires les activités métaphonologiques. Et les grandes différences individuelles constatées chez les enfants sont liées aussi bien aux différences de pratiques langagières au sein du milieu familial qu'aux activités de tutelle dont ils sont l'objet.

L'activité est donc tout aussi dépendante des ressources disponibles dans l'environnement, comme les situations de déficiences en donnent de nombreuses illustrations. Ainsi, l'accès à la lecture et à l'écriture a été longtemps impossible pour les aveugles de naissance : les systèmes d'écriture ont été institués partout dans le monde par des voyants et s'appuient sur des traces visuo-spatiales. L'invention du braille a rendu cet accès possible, en prenant appui sur des informations tactilo-kinesthésiques prouvant ainsi que les activités de lecture-écriture sont indépendantes de la nature des canaux sensoriels utilisés. Il en est de même pour la surdité, où la langue des signes donne un accès purement visuel à l'ensemble de la communication verbale et paraverbale.

L'interaction entre les ressources biologiques, les tâches et les ressources de l'environnement social est la condition même du développement psychologique, qui n'est ni inné ni acquis mais construit individuellement dans un contexte d'activités biologiques et sociales.

Michel Deleau

▸ Bibliographie

BRUNER J. S., *L'Éducation, entrée dans la culture : les problèmes de l'école à la lumière de la psychologie culturelle*, Paris, Retz, 1996.

CHANGEUX J.-P., *L'Homme neuronal*, Paris, Hachette, 2002.

DELEAU M., « Des mains pour entendre... des corps pour parler », *Enfance*, 1, 2000, p. 99-104.

GOMBERT J.-E., *Le Développement métalinguistique*, Paris, PUF, 1990.

MAUREL M.-C., BRUN B., *L'Inné et l'acquis : nouvelles approches épistémologiques*, Aix-en-Provence, Publications de l'université de Provence, 2005.

PIAGET J., *La Naissance de l'intelligence chez l'enfant*, Lonay, Delachaux et Niestlé, 1977.

TOMASELLO M., *Aux origines de la cognition humaine*, Paris, Retz, 2004.

▸ Voir aussi

Acquis (Reconnaissance et validation des) – Compétence.

INNOVATION

L'innovation peut être définie comme l'introduction d'un nouveau ou d'un nouveau relatif dans un système existant, en vue d'une amélioration et dans une perspective de diffusion. L'innovant peut donc ne pas être fondamentalement nouveau et avoir déjà existé, mais il est nouveau ici parce qu'il est inconnu (ou pas reconnu) par le système qui l'accueille. L'innovation est donc toujours contextualisée. Elle se distingue en cela de l'invention ou de la découverte.

C'est avec l'économiste Schumpeter, dans les années 1930, que le mot « innovation » prend sens dans l'évolution globale des démocraties occidentales. Le profit, comme plus-value à développer, est au cœur de l'innovation. Si l'entrepreneur schumpéterien veut maintenir sa production dans un marché concurrentiel, il est dans l'obligation de rechercher des produits inédits et commercialisables. L'innovation devient alors le moteur essentiel d'une économie libérale en liaison avec un progrès considéré sur les plans à la fois économique et social.

Cette souche sémantique subsistera dans les autres domaines d'utilisation du mot « innovation », notamment en éducation et en formation. L'innovation ne va pas sans une certaine idéologie faite de mouvement, de croyance en un progrès nécessairement bienfaiteur, sans une modernité qui s'exprime dans un bouleversement des structures de la société.

La palette de l'innovation

Le système dans lequel s'implante le « nouveau relatif » qui définit l'innovation peut être multiforme : il peut se présenter sous la forme d'un groupe d'élèves, d'une école ; il peut s'agir également d'une pratique professionnelle, d'une structure organisationnelle, d'un objet, des modalités relationnelles entre les individus, etc. ; ce « nouveau relatif » peut également se situer dans la subjectivité même de l'innovateur, qui déclare que ce qu'il accomplit est une innovation et qu'il a le sentiment de réaliser autrement certaines pratiques.

Une telle définition laisse place à un grand jeu de possibles. Concernant le système existant, il peut être situé au niveau d'un individu, d'un groupe, d'une institution, d'une société, etc. Enfin, s'agissant de l'introduction de ce nouveau et de son type de diffusion, celle-ci peut être imposée par la hiérarchie (innovation venue d'en haut ou du centre) ou émergée de la base, des acteurs eux-mêmes (innovation venue de la périphérie ou innovation spontanée). Cette innovation peut être contrôlée par un organisme reconnu pour son caractère politique et/ou scientifique, qui impulse, accompagne et évalue les effets. Le problème de la recherche-action est alors posé.

En réalité, on peut distinguer deux grands types d'innovations en liaison avec le type de « nouveau relatif » introduit.

D'une part, l'*innovation technologique* est le fruit des inventions de produits nouveaux, fabriqués, introduits et mis sur le marché. Dans cette catégorie entrent les innovations techniques centrées sur le produit en tant que tel et non sur l'organisation qui préside à sa fabrication. Ainsi, la mise sur le marché de la brosse à dents électrique est une innovation technique ; la multiplication des petites unités de production comme sous-traitants est une innovation technologique découlant de la nécessité d'un marché de plus en plus exigeant en produits nouveaux, qui rend obsolètes les précédents. Les modes d'organisation à l'intérieur d'une entreprise sont corrélés avec la nécessité de fabriquer des produits nouveaux. Ainsi, la structure hiérarchique pyramidale d'une entreprise est un obstacle à la flexibilité nécessaire du personnel confronté à des actions de créativité et de mouvance de production. On parle souvent dans ce cas d'*innovation organisationnelle.*

D'autre part, l'*innovation sociale* repose sur une conception moins étroitement liée au profit économique. Cependant elle n'est pas dénuée d'efficacité, à la recherche d'une réponse à des besoins qui, à un moment donné, ne sont pas socialement remplis. Ainsi, l'apparition de crèches parentales, l'hospitalisation à domicile remplissent des fonctions que les institutions en place n'assuraient pas. L'évolution de la société engendre ces nouveaux besoins.

L'innovation sociale contient une part de militantisme ou de défense de certaines valeurs qui ne sont pas assez portées par les institutions en place. Ainsi, le fait pour un ingénieur de refuser de travailler dans le monde industriel et de retourner à la terre en créant une coopérative agricole témoigne de l'attachement à des valeurs politiques militantes. Ou encore l'instauration en Allemagne de sociétés alternatives traduit une option politique dans le droit fil de ce qui se passait en France en 1968. L'innovation sociale est ainsi très marquée historiquement.

L'innovation en éducation et en formation

C'est vers 1970 que l'innovation en éducation et en formation prend son plein essor dans le langage courant des enseignants et des formateurs. Elle devient même un élément de valorisation de la profession. Être innovateur, c'est lutter contre la routine qui engourdit, c'est être moderne et répondre aux exigences de la société contemporaine. Il est intéressant de noter d'ailleurs que les plus innovateurs parmi les enseignants et les formateurs sont ceux qui sont confrontés à un public hétérogène et en grande difficulté. Ce à quoi avait été formé le professionnel n'est plus pertinent : il faut innover. Cela devient une obligation pour survivre… Alors il faut faire autrement et imaginer des situations nouvelles de formation. Les instances officielles elles-mêmes réalisent la nécessité de cette transformation pour répondre à l'idéal de démocratisation des sociétés occidentales. C'est l'époque où l'école découvre qu'elle produit de l'échec scolaire.

Cette innovation en réponse à des publics nouveaux est un acte conscient, délibéré, volontaire, fondé sur un désir de faire autrement avec des objectifs réaffirmés.

Tel Janus, ce type d'innovation possède deux visages contradictoires et complémentaires. Le premier exprime une rupture par rapport au terrain dans une perspective, toutes proportions gardées, de militantisme prorévolutionnaire. La hardiesse de certaines innovations dans le domaine de l'autonomie du sujet fait courir le risque à l'innovateur d'être rejeté par l'institution École ou de faire basculer le système. Certaines prescriptions d'Ivan Illich peuvent être considérées comme telles. Le second visage exprime une continuité ou, du moins, une régulation. Au fond, cette innovation ne ferait que permettre à l'institution École de réaffirmer ses objectifs essentiels et de perdurer dans sa fonction d'institutionnalisation. Elle canalise l'initiative et la créativité des acteurs, qui ont l'illusion d'être des héros des temps modernes.

Entre 1970 et 1982, nous avons assisté à une éclosion foisonnante d'innovations (travail autonome, CDI, BCD, activités d'éveil, etc.) qui cherchent à se faire connaître et reconnaître. Ces innovations n'ont pas la même ampleur ni le même impact sur le système éducatif : changer juste un manuel n'est pas de même nature que modifier des pratiques de formation dans des structures relationnelles, spatiales et temporelles. Il semble difficile de les capitaliser ; elles restent mobiles dans un espace clos sans fondamentalement en changer la forme, à l'instar du mouvement brownien des particules composant l'eau dans un verre, ce dernier restant identique à lui-même.

Des procédures d'accompagnement ont été mises en œuvre pour aider au développement et à la diffusion d'innovations considérées comme performantes au niveau du système établi. Des actions de formation ont été organisées. La mesure de leur succès est toujours restée incertaine.

Le développement et la diffusion de l'innovation

Henri Mendras a étudié la manière dont se répandait dans les couches professionnelles agricoles l'utilisation du tracteur ; il a conclu à une courbe en S ascendante, à la manière dont une épidémie se répand dans une population donnée. J. S. Coleman a montré que l'utilisation par les médecins de nouveaux médicaments dépendait des réseaux professionnels installés. Plus le réseau professionnel était dense, plus l'homogénéité des conseils et discussions entre pairs était présente et plus l'adoption était rapide. T. Whiteside considère que ce n'est pas tant le produit nouveau ou son rapport à l'adopteur qui entre en ligne de compte pour expliquer sa diffusion que la manière dont l'agent de changement se conduit. Si ce dernier considère l'adopteur comme un être doué de raison et capable d'être rationnellement persuadé, ce n'est pas la même chose que si l'agent prend l'adopteur pour un assisté.

Repris dans le livre de Michael Huberman, ces trois importants travaux font état du rôle éminemment social et culturel joué par l'innovation ; les phénomènes d'imprégnation et d'imitation interviennent. Pour autant une question reste à élucider : qu'est-ce qui fait que certains individus, dans des dispositions et prédispositions sociales identiques, adoptent plus facilement une innovation que d'autres ? Des profils psychologiques d'innovateurs ont été proposés sans que, à l'heure actuelle, rien ne soit clairement expliqué.

Les travaux de E. M. Rogers mettent en lumière une démarche globale d'adoption de l'innovation caractérisée par trois grandes étapes : les *antécédents* des innovateurs, contenant les composantes personnelles (le degré de sécurité ou d'anxiété perçu, les valeurs, l'habileté mentale, le statut social, l'insertion sociale et l'opinion des leaders) et la perception de la situation (système social de normes à propos de l'innovation, incitation et contraintes économiques, caractéristiques de l'organisation de formation) ; le *processus*, composé d'une prise de conscience, d'une déclaration d'intérêt, d'une évaluation suivies d'un rejet ou d'une adoption ; l'*adoption*, avec la perception des caractéristiques de l'innovation, elle-même dépendant de son avantage relatif, de sa compatibilité, de sa complexité, de la possibilité de la subdiviser et de sa facilité à être communiquée.

En France, on a parlé d'« effet boule de neige » ou « en tache d'huile », sans toutefois en pousser l'analyse. Dans les années 1980, les collèges expérimentaux pilotés par Louis Legrand ont été source d'innovation.

Leur démarche s'appuyait sur celle de la RDD (Research Development and Diffusion), chère aux Anglo-Saxons et au monde industriel. Il s'agit de partir de la recherche plus ou moins menée sur un terrain expérimental, de faire des essais de faisabilité et de performance pour, enfin, prétendre en diffuser la matière et l'esprit. Mais cela peut-il s'appliquer à l'innovation en éducation et en formation de la même manière qu'à des innovations technologiques ?

Particularités de l'innovation en éducation et en formation

L'innovation en éducation et en formation tient des deux grands types d'innovation (technologique et sociale) évoqués plus haut tout en ne s'y réduisant pas. Si l'on se réfère à l'introduction des ordinateurs ou des médias en général à l'école, ou dans la formation, on peut parler d'innovation technologique. Par contre, s'il s'agit de changer les modes relationnels entre les élèves et les professeurs ou de créer des aides au soutien, cela se rapproche davantage de l'innovation sociale.

Cependant, l'éducation et la formation ne produisent pas des objets mais les individus eux-mêmes. Il est donc hors de question d'envisager l'innovation en éducation et en formation à l'identique d'une innovation schumpéterienne. Dès ses origines, elle est pleine d'imaginaire, d'illusion et de projection. Elle peut difficilement se déprendre des intentions des acteurs eux-mêmes (que ces acteurs soient des collectifs ou des individus). Chaque innovation dans ces domaines est une aventure unique, accomplie dans une situation éminemment relationnelle entre formés et formateurs. Elle est porteuse du « nouveau relatif » considéré et investi comme tel par les acteurs. Elle est finalisée vers un meilleur qui a souvent des objectifs multiples et ambitieux. Elle fait advenir une situation fortement désirée. Certains sociologues, comme Alter, considèrent l'innovation comme une action sociale « ordinaire », en ce sens où les entreprises contemporaines se définissent par leur mouvement, résultat d'un flux permanent d'innovations dont le processus produit à la fois engagement, lassitude, remise en ordre et déviance.

Difficilement reproductible, elle ne peut cependant faire l'économie d'une évaluation ou, du moins, d'une objectivation plus rigoureuse. Pour cela, elle exige une action d'accompagnement et de formation permettant une communication et un travail sur ses processus, procédures et effets. Que vaudrait une pédagogie différenciée, un tutorat ou une pédagogie du contrat, une formation par alternance, sans des éléments d'objectivation des effets en termes d'apprentissage pour des formés ?

En d'autres termes, l'innovation en éducation et en formation peut être la pire et la meilleure des choses. Soumise à l'arbitraire de novateurs, elle conduirait au chaos ; soucieuse de rendre des comptes et de comprendre son domaine d'efficacité et le sens pour lequel elle opte, elle conduirait l'École à une plus grande émancipation de l'homme. Peut-être est-ce cela qu'on retrouve dans le phénomène de substitution au mot d'« innovation » de celui de « projet », mais... ne parle-t-on pas parfois de « projet d'innovation », de crainte de perdre le fil d'Ariane du sens de nos actions, si nouvelles soient-elles ?

Françoise Cros

▸ Bibliographie

Alter N., *L'Innovation ordinaire*, Paris, PUF, 2000.

Cros F., *L'Innovation scolaire*, Saint-Fons, INRP, coll. « Enseignants et chercheurs », 2001.

Ducros P., Finkestein D., *L'École face au changement : innover, pourquoi ? Comment ?*, Grenoble, CRDP de Grenoble, 1987.

Gather Thurler M., *Innover au cœur de l'établissement scolaire*, Issy-les-Moulineaux, ESF, 2000.

Grandière M., Lahalle A. (dir.), *L'Innovation dans l'enseignement : XVIe-XXe siècles*, Nantes/Saint-Fons, CRDP Pays de Loire/INRP, 2004.

Hassenforder J., *L'Innovation dans l'enseignement*, Paris, Casterman, 1972.

Huberman M., *Comment s'opèrent les changements en éducation : contribution à l'étude de l'innovation*, Genève, BIE, 1973.

Langouët G., *Suffit-il d'innover ? L'exemple des collèges*, Paris, PUF, coll. « Pédagogie d'aujourd'hui », 1985.

OCDE/CERI, *La Gestion de l'innovation dans l'enseignement,* Paris, 1970.
SCHUMPETER J. A., *Capitalisme, socialisme et démocratie,* Paris, Payot, 1990.

▶ **Voir aussi**
Illich, Ivan – Legrand, Louis – Mission académique à la formation des personnels de l'Éducation nationale (MAFPEN) – Pédagogie différenciée – Projet – Réforme de l'enseignement – Tuteur, tutorat.

INSERTION

Le terme « insertion » désigne l'entrée dans la vie active, notamment des jeunes sortant du système scolaire. On distingue généralement l'insertion *professionnelle*, comme processus d'accès à l'emploi, de l'insertion *sociale*, comme intégration (des jeunes) dans la société et passage à l'« âge adulte » impliquant l'accès aux diverses dimensions de l'autonomie (logement, indépendance financière, etc.).

Considérée pendant longtemps comme une phase courte et souvent quasi instantanée entre la formation (scolaire) et l'emploi (stable), l'insertion apparaît de plus en plus, à cause des transformations dues à la crise, comme un processus complexe et difficile d'alternance de périodes de chômage, d'emplois précaires et de formation pouvant aboutir, ou non, à la stabilisation professionnelle.

De fait, ce n'est qu'à partir du milieu des années 1970, avec la montée du chômage (et particulièrement du chômage des jeunes), que l'insertion est devenue un problème social qui a nécessité la mise en œuvre, par l'État, de dispositifs publics d'aide à l'emploi comprenant notamment des stages de formation alternée.

Les dispositifs publics d'aide à l'insertion

Après quelques actions expérimentales destinées à certaines fractions de jeunes non diplômés (actions Giffard, 1968 ; actions Granet, 1975), les premières mesures d'aides à l'insertion des jeunes, « quels que soient leurs niveaux de formation générale », sont celles des premiers pactes nationaux pour l'emploi (1977-1980). Ces derniers contiennent des stages de formation professionnelle destinés « à se préparer à la vie et aux techniques de l'entreprise » ainsi que des mesures fiscales destinées à inciter les entreprises à embaucher des jeunes.

À la suite du plan Avenir Jeunes (1980-1981), un nouveau dispositif d'ensemble sera mis en place par le gouvernement de gauche sur la base des recommandations du rapport de Bertrand Schwartz sur l'« insertion sociale et professionnelle des jeunes » (septembre 1981). Les ordonnances du 26 mars 1982 feront de l'insertion sociale et de la qualification professionnelle des jeunes de 16 à 18 ans une « obligation nationale », impliquant tous les partenaires concernés (État, collectivités locales, établissements d'enseignement, associations, organisations professionnelles, syndicales et familiales). Elles créent les permanences d'accueil, d'information et d'orientation (PAIO) sur l'ensemble du territoire français, et les premières « missions locales pour l'insertion sociale et professionnelle des jeunes ». Points de rencontre et de coopération des institutions existantes (ANPE, CIO, GRETA, AFPA, CCI, etc.), ces dernières structures doivent « aider les jeunes à construire un itinéraire d'insertion sociale et professionnelle, en assurer le suivi et se préoccuper de l'ensemble des problèmes d'insertion sociale qui se posent à eux : vie quotidienne, logement, loisirs, santé, etc. ».

Par ailleurs, ces ordonnances mettent en place le dispositif de formation alternée qui constitue l'axe central de l'aide à l'insertion : stages de qualification de six mois à un an, devant déboucher sur un diplôme professionnel ou une certification reconnue et comprenant « des séquences de formation pratique assurée en vraie grandeur sur le lieu de travail » (30 % à 50 % du temps) ; stages d'insertion sociale destinés aux jeunes en butte à de sérieux handicaps socioculturels ;

stages d'orientation. Toutes ces mesures sont complétées par des incitations à la mise en œuvre de formations de formateurs et de stages de sensibilisation des tuteurs en entreprise destinés à accompagner les jeunes dans leurs séquences de formation pratique.

Des infléchissements significatifs de ces mesures seront apportés, à partir de 1984, avec la création des stages d'initiation à la vie professionnelle (SIVP), destinés aux jeunes de 16 à 25 ans embauchés à temps partiel et pour une durée limitée par des employeurs privés, et des travaux d'utilité collective (TUC) pour les jeunes du même âge embauchés à temps partiel et pour une durée d'un an maximum par les administrations, les collectivités locales et les associations.

À la suite de nombreuses critiques portant notamment sur l'inexistence ou la faiblesse des formations associées à ces mesures, les SIVP sont supprimés et les TUC remplacés, en 1990, par les contrats emploi-solidarité (CES), qui constituent désormais de vrais contrats de travail (à durée limitée) et sont ouverts aux populations adultes. Parallèlement, en 1989, est instauré le crédit formation individualisé (CFI), qui vise à coordonner l'ensemble des mesures de formation permettant aux jeunes d'abord, puis à l'ensemble des adultes non pourvus d'une qualification professionnelle adaptée, d'acquérir un diplôme ou une certification reconnue au terme d'un itinéraire personnalisé de formation généralement modulaire. Cette initiative est destinée à permettre « la qualification pour tous » en s'appuyant sur l'individualisation des parcours de formation, la reconnaissance des acquis et une meilleure coordination de l'ensemble des partenaires concernés.

En 1997, les emplois-jeunes mis en place par Martine Aubry constituent l'une des mesures phares du gouvernement Jospin (1997-2002). Destinés à lutter contre le chômage des jeunes, ces « nouveaux emplois » doivent correspondre à des « besoins non satisfaits » (par exemple, animation ou aide scolaire, accueil, médiation, etc.) et faire l'objet de contrats à durée déterminée, d'une durée maximale de cinq ans, période au terme de laquelle le jeune doit trouver une insertion stable, soit en passant des concours de la fonction publique, soit en décrochant un emploi sur CDI. Alors qu'il était prévu 300 000 emplois dans la fonction publique (d'État ou territoriale) et autant dans le secteur privé, seuls les emplois-jeunes du secteur public ont été créés. La droite, de retour au pouvoir en 2002, ne les a pas renouvelés.

Un appareil de mesure statistique

La mise en place de ces dispositifs d'aide à l'insertion et l'émergence de l'insertion comme problème social (et économique) en France ont été accompagnés par la constitution parallèle d'un appareil statistique – unique au monde – permettant de couvrir l'ensemble du champ de l'entrée des jeunes dans la vie active.

C'est sans doute le panel de l'Institut national d'études démographiques (INED), analysé pendant dix ans (1962-1972) par Girard et Bastide, et qui portait sur tous les élèves présents en classe de fin d'études élémentaires en juin 1962, qui a servi de précurseur à cette dynamique. Mais ce sont des préoccupations de planification scolaire qui ont été déterminantes dans sa mise en œuvre. C'est l'intergroupe formation-qualification professionnelle du VIe Plan (1970) qui a impulsé la généralisation des enquêtes d'insertion, dans le but de permettre « un rapprochement entre les besoins de recrutement et les prévisions de sortie du système scolaire par niveau ».

À la suite de la création du Centre d'études et de recherches sur les qualifications (Céreq) en 1970, les premières enquêtes portent sur la situation des sortants d'instituts universitaires de technologie (1971) puis des sortants diplômés des classes de brevet d'études professionnelles (1973), neuf mois après leur sortie de l'école. En 1976, la création de l'Observatoire des entrées dans la vie active (OEVA) permet la systématisation des enquêtes d'insertion à tous les niveaux de l'appareil scolaire. Les objectifs de l'Observatoire rendent bien compte de l'enjeu de ces enquêtes : « Observer les passages de la formation à l'emploi, comprendre les mécanismes de la transition à la vie active, étudier les phénomènes de déclassement à l'embauche et de concurrence et substitution entre niveaux » (Pottier, 1992). Pour améliorer la connaissance de ces phénomènes et dépasser une vision « adéquationniste » des relations formation/emploi, l'Observatoire met en place, à partir de 1980, des enquêtes de cheminement consistant à réinterroger les jeunes des diverses cohortes trois à cinq ans après leur sortie de l'école. Outre leur fonction d'aide à la planification centrale et au pilotage local des flux scolaires (depuis 1983, la décentralisation des enquêtes d'insertion permet l'utilisation des données au niveau des académies et de certains établissements) et leur rôle irremplaçable de connaissance scientifique, ces statistiques permettent également d'améliorer la qualité des informations sur les débouchés à l'issue des différentes filières. Ainsi, l'enquête Génération 92 permet de connaître les positions professionnelles occupées, en 1997, par tous les sortants du système scolaire.

Les mécanismes de l'insertion en France

Grâce aux données statistiques déjà citées mais aussi à la multiplication d'enquêtes plus localisées et plus qualitatives portant sur diverses populations, un ensemble de connaissances empiriques permet d'éclairer certains mécanismes essentiels de l'insertion.

Tout d'abord, il apparaît que le processus d'insertion et ses résultats dépendent fortement du niveau du diplôme atteint, mais aussi de la spécialité de formation, fortement corrélée avec le sexe : ainsi les taux moyens d'emploi des jeunes, 9 mois après leur sortie de l'école, varient-ils beaucoup avec le niveau de leur formation. La position sociale occupée lors du premier emploi est fortement corrélée avec le niveau du diplôme.

Ensuite, le processus d'insertion dépend aussi des caractéristiques individuelles des jeunes (sexe, âge, nationalité, origine sociale). Les filles, les plus jeunes immigrés de seconde ou troisième génération et surtout les enfants issus des classes populaires et des familles défavorisées connaissent des difficultés particulières d'insertion, d'autant plus fortes que leur niveau scolaire est plus bas. Parmi les mécanismes clairement identifiés, le fait de pouvoir utiliser des réseaux sociaux d'accès à l'emploi grâce à la famille (employeurs du père ou de la mère, etc.) ou aux proches constitue un atout important. Les enfants dont le père est inactif (chômeur, retraité, invalide, etc.) sont particulièrement défavorisés pour leur insertion professionnelle (Marry, 1983).

En outre, l'insertion professionnelle dépend fortement des politiques d'entreprise en matière de recrutement et de stabilisation. Ainsi les taux d'accès à l'emploi stable des jeunes de même niveau scolaire varient-ils beaucoup selon les zones géographiques et les bassins d'emploi. Pour les jeunes de bas niveau scolaire notamment, dont la mobilité géographique est faible, le fait de se trouver dans des zones actives en matière de recrutement (réseau de petites et moyennes entreprises de secteurs en expansion, par exemple) ou dans des espaces atteints par la récession économique modifie sensiblement leurs chances d'insertion.

Enfin, l'insertion professionnelle est éminemment sensible à la conjoncture économique sans que, pour autant, une reprise de la croissance suffise à éliminer les problèmes spécifiques à certaines catégories de jeunes. On l'a vu lors de la mini-reprise de 1987-1990 : même si les taux moyens de chômage des débutants ont quelque peu diminué, les difficultés d'insertion des non-diplômés n'ont pas été complètement réduites.

Comment interpréter les phénomènes d'insertion ?

Les interprétations théoriques des phénomènes d'insertion divergent. On peut, par exemple, opposer à l'intérieur des théories économiques celles qui conceptualisent le processus d'insertion à partir de la rationalité des comportements de recherche d'emploi (*job search*) et celles qui rattachent les phénomènes d'insertion à l'organisation sociale de la transition professionnelle. Dans le premier cas, par exemple, la formation dispensée par les dispositifs d'aide à l'insertion sera analysée comme un accroissement du « capital humain » améliorant l'efficacité de la recherche d'emploi sur le marché concurrentiel du travail ; dans le second cas, elle sera analysée comme un outil de gestion des populations à risque (pas seulement les jeunes débutants...), destiné à les préparer à s'insérer sur un segment spécifique du marché du travail.

On peut aussi opposer, dans le champ des théories sociologiques, celles qui rattachent les phénomènes d'insertion au processus global de la reproduction sociale des positions d'origine des jeunes à celles qui les considèrent comme un moment largement indéterminé d'un processus de socialisation professionnelle, dont l'issue différenciée dépend des interactions entre les jeunes et leurs partenaires (formateurs, employeurs, etc.). Dans le premier cas, la formation sera considérée comme un simple prolongement de la scolarisation, peu susceptible de modifier les dispositions déjà intériorisées ; dans le second cas, elle sera analysée comme un lieu essentiel de construction identitaire facilitant ou non la construction d'un projet et la négociation d'un emploi ouvert sur une carrière ultérieure.

Reliée aux problèmes généraux de l'emploi et du marché du travail, l'insertion professionnelle apparaît aussi comme un problème résultant des transformations structurelles de l'appareil de production, dont les solutions résident dans les politiques d'emploi des entreprises et de l'État. Dans ce sens, l'efficacité (en terme d'accès à l'emploi) des dispositifs publics dépend beaucoup de leur articulation avec les politiques de recrutement et de gestion de l'emploi des entreprises (et administrations). La dimension « formation », si elle n'est pas négligeable, n'est pas la dimension principale : elle est subordonnée aux mesures (changements de l'organisation du travail, partage de l'emploi, créations d'activités, etc.) permettant d'accroître le volume et la qualité des emplois offerts ou créés.

Reliée aux problèmes spécifiques de la jeunesse et de la transition entre l'école et la vie active, l'insertion sociale apparaît aussi comme un enjeu des mutations en cours dans le cycle de vie et des transformations du processus de socialisation. Celui-ci ne peut plus être considéré comme achevé à la fin de la scolarisation initiale débouchant sur un emploi stable exercé durant toute une vie. De plus en plus, les individus devront changer plusieurs fois d'emploi, affronter des périodes de chômage, se former durant toute leur vie. L'insertion devient, en ce sens, un cas particulier des transitions entre des situations de formation, d'emploi et de chômage qui mettent en question la construction- déconstruction-reconstruction des identités professionnelles et des appartenances sociales.

Relié aux politiques sociales et au thème de la lutte contre l'exclusion, de plus en plus présent, dans la société française, à partir du milieu des années 1990 (campagne présidentielle de 1995), le terme d'« insertion » est aussi lié au RMI (revenu mimimum d'insertion), qui concerne près d'un million d'adultes de plus de 25 ans à cette date. De ce fait, le couple insertion/exclusion tend à s'imposer dans le débat social. Les jeunes ayant suivi le moins d'études deviennent, avec d'autres catégories dites « vulnérables », parmi les plus menacés par le processus d'exclusion.

Claude Dubar

▸ Bibliographie

Affichard J., Gensbittel M.-H., « Mesurer l'entrée des jeunes dans la vie active », *Formation-Emploi,* n° 8, 1984, p. 61-71.

Collectif, « Génération 92 », *Formation-emploi,* n° spécial, avril-juin 1999.

Dubar C. *et al., L'Autre Jeunesse : jeunes stagiaires sans diplôme*, Lille, PUL, 1987.

Loche B., Tulet J., *20 ans d'histoire des missions locales : construire ensemble une place pour tous les jeunes*, Paris, Le Cherche-Midi, 2005.

Marry C., « Origine sociale et réseaux d'insertion des jeunes ouvriers », *Formation-Emploi,* n° 4, oct.-déc. 1983, p. 3-15.

Nicole-Drancourt C., *Le Labyrinthe de l'insertion,* Paris, La Documentation française, 1991.

Nicole-Drancourt C., Roulleau-Berger L., *L'Insertion des jeunes en France*, Paris, PUF, coll. « Que sais-je ? », 2002.

Pottier F., « Formes et logiques de mobilité des jeunes à travers l'Observatoire des entrées dans la vie active », *in* Coutrot L., Dubar C., *Cheminements professionnels et mobilité sociale,* Paris, La Documentation française, 1992, p. 259-284.

Rose J., *Les Jeunes face à l'emploi*, Paris, Desclée de Brouwer, 1998.

Tanguy L. (dir.), *L'Introuvable relation formation-emploi*, Paris, La Documentation française, 1986.

Schwartz B., *L'Insertion sociale et professionnelle des jeunes,* rapport au Premier ministre, Paris, La Documentation française, 1981.

▶ **Voir aussi**

Acquis (Reconnaissance et validation des) – Adultes (Formation des) – Éducation permanente – Emploi-formation – Formation professionnelle continue – Individualisation – Qualification – Socialisation.

Inspection

Dans le contexte scolaire, le terme « inspection » désigne l'activité de contrôle et d'évaluation du fonctionnement du système éducatif. L'inspection revêt des formes diverses selon les périodes ou les pays : ses fonctions, ses formes et ses modalités d'exercice dépendent étroitement de l'organisation administrative de l'enseignement (centralisation ou décentralisation du système, statut des enseignants, etc.).

Les activités correspondant à l'inspection peuvent être assurées par des organismes spécifiques, souvent indépendants des autorités administratives ordinaires (France, Grande-Bretagne, Belgique, Italie) ou laissées en tout (Danemark) ou partie (Allemagne) à des agents intégrés à la hiérarchie ordinaire. L'objet de l'inspection varie selon les systèmes : de la vérification du niveau de l'enseignement ou du respect des objectifs généraux assignés au système éducatif, il peut s'étendre au contrôle du respect de la réglementation ou à l'appréciation périodique de la qualité du travail individuel des enseignants. Dans certains pays ou à certaines époques, les personnes chargées de la fonction d'inspection se sont également vu confier des activités plus larges considérées comme étroitement liées à leur mission principale : formation des personnels enseignants ou de direction, élaboration des programmes d'enseignement, par exemple.

Historique de l'inspection en France

Dans ce domaine comme dans d'autres, l'organisation française a traditionnellement reposé sur deux principes opposés pour l'enseignement primaire et les autres ordres d'enseignement. La loi du 11 floréal an x, qui créa l'Inspection générale, naît du mouvement napoléonien de recentralisation scolaire et universitaire et tranche avec les principes qui avaient inspiré la politique du Directoire. Mais c'est le même texte qui confie l'inspection et la surveillance des écoles primaires aux sous-préfets, autorités locales de droit commun.

Cette logique locale, mélange de décentralisation et de déconcentration, inspire toute l'histoire de l'inspection primaire : de la compétence des autorités locales, consacrée par l'ordonnance du 29 février 1816, puis la loi du 28 juin 1833 qui instaure le pouvoir des comités locaux et fait du comité d'arrondissement le pivot de l'enseignement primaire, subsiste la reconnaissance de pouvoirs d'inspection des écoles confiés à des autorités « non professionnelles » (maires, délégués cantonaux, article 9 de la loi Goblet du 30 octobre 1886). De la difficulté de ces autorités à exercer de réelles compétences pédagogiques naissent la confirmation du rôle des inspecteurs d'académie et l'apparition progressive du corps d'inspecteurs primaires qui prend figure à partir de 1835. D'emblée, les fonctions du corps d'inspection du primaire mêlent fortement activités pédagogiques et gestionnaires et les inspecteurs primaires bénéficient d'une assise territoriale que ne connaissent guère les autres corps d'inspection.

L'histoire de l'Inspection générale est très étroitement liée à l'histoire politique française. Associée progressivement à la définition et à la mise en œuvre de la politique générale de l'Instruction publique, elle voit, d'épuration en épuration, ses tâches s'étendre en particulier à la gestion des personnels (recrutement, par la participation aux jurys de concours, discipline, etc.) et à la définition des contenus d'enseignement.

Ce développement entraîne, nonobstant la suppression de son contrôle sur l'enseignement supérieur en 1888, une spécialisation progressive de ses membres : des groupes permanents spécialisés apparaissent, cependant que s'esquisse, à partir des années 1880, la mise en place d'une inspection générale pour le contrôle administratif et financier des établissements qui prendra son autonomie avec le décret du 14 avril 1965, en devenant l'Inspection générale de l'administration de l'Éducation nationale. Un groupe se spécialise dans les problèmes de l'enseignement primaire, mais sa compétence, fortement circonscrite aux écoles normales d'instituteurs, ne remet pas en cause les principes définis antérieurement. En 1965, la nomination du premier inspecteur général de la vie scolaire consacre une évolution importante de la fonction d'inspection, couvrant des activités intermédiaires entre enseignement et administration et réinstaurant une polyvalence de certains inspecteurs généraux. Enfin, le décret du 17 février 1921, prolongement national de la loi Astier, avait créé une Inspection générale de l'enseignement technique.

C'est ce domaine de l'enseignement technique, et à partir du même texte, qui connaît le premier une autre évolution importante : l'apparition, dans le second degré, de corps d'inspection organisés sur une base géographique limitée au ressort d'une ou de plusieurs académies. À partir de l'enseignement technique, cette innovation se développe avec la création, en 1964, des inspecteurs pédagogiques régionaux, placés à la fois dans la dépendance pédagogique de l'Inspection générale et sous la tutelle administrative des recteurs. Enfin, les problèmes d'orientation prenant de plus en plus d'importance au sein de l'Éducation nationale, un règlement d'administration publique du 6 avril 1956 institue un corps « professionnel » d'inspecteurs de l'orientation professionnelle, qui deviennent par le décret du 7 juillet 1971 les inspecteurs de l'information et de l'orientation, mais présentent dans l'ensemble des corps concernés une singularité : chargés pour l'essentiel de fonctions techniques et administratives, ils n'exercent aucune activité d'inspection.

L'évolution contemporaine de l'inspection

Les modifications apportées au statut et à l'organisation des corps d'inspection dans les dernières décennies illustrent à leur manière les évolutions récentes du système éducatif français.

L'organisation administrative de l'Inspection générale porte la marque du déplacement des centres de gravité à l'intérieur du ministère. Dans les années 1960, la fusion des différents groupes qui la constituaient en un ensemble unique, rattaché au Secrétariat général du ministère, puis au cabinet du ministre, témoigne, à des degrés divers selon les ordres d'enseignement, du déclin progressif du poids des grandes directions horizontales.

Le changement d'appellation de l'Inspection générale, opéré sous le ministère de Christian Beullac par l'arrêté du 2 janvier 1980, participe du même esprit. L'abandon du terme d'« instruction publique » au profit de celui d'« éducation nationale » sous-entendait déjà le souhait de voir cette inspection répondre davantage à sa vocation « générale ».

C'est le même souci qui a inspiré l'évolution de ses missions. Au sein même de l'Inspection générale de l'Éducation nationale (IGEN) apparut, dans les années 1980, la conscience aiguë de certaines de ses déficiences : prise en compte insuffisante des nombreuses questions indépendantes de tout champ disciplinaire, inter- ou transdisciplinaire. Par ailleurs, l'extension de la déconcentration au sein de l'Éducation nationale, l'application des principes de la décentralisation au second degré et le changement des principes de pilotage du système qui en résultait, imposaient une conception nouvelle du contrôle sur les acteurs locaux. Enfin, aux préoccupations de réforme de l'institution se mêlent des considérations d'ordre juridique. Les modalités de nomination des inspecteurs généraux, l'organisation de leur activité relevaient d'un simple arrêté ministériel et les éléments de leur statut restaient très embryonnaires ; d'où l'idée d'une intégration plus claire dans les principes de la fonction publique qui, après une première tentative avortée en 1988, aboutit au décret du 9 novembre 1989.

Rénovation des missions de l'institution, où le contrôle de l'activité individuelle des enseignants s'efface fortement devant une obligation d'évaluation globale de la politique éducative et de ses résultats, concrétisée par l'établissement d'un programme de travaux dont les résultats font l'objet d'un rapport annuel ; disparition de certaines compétences traditionnelles de l'Inspection générale (élaboration des contenus d'enseignement, rédaction des programmes et instructions) ; évolution des modes de recrutement, plus formalisés dans la procédure et la définition des conditions de candidature, mais plus larges et plus ouverts dans l'établissement des compétences attendues ; consécration de la « double tutelle » sur les corps d'inspection à compétence locale et organisation plus claire des rapports entre Inspection générale et autorités déconcentrées : telles sont les principales innovations des textes les plus récents.

Vers un nouvel équilibre ?

Cette évolution, réalisée sur trente ans, ne fut pas sans rapport avec la contestation de l'inspection, elle-même concomitante des grandes interrogations sur le système éducatif. Qu'à l'époque où des questions surgissaient sur le caractère réellement « libérateur » de l'École et son rôle dans la reproduction sociale, l'inspection soit rendue responsable d'un blocage de l'institution scolaire et accusée de participer à une fonction de répression ne doit rien au hasard. Ce problème, qui trouva son expression la plus forte dans les attitudes de refus de l'inspection opposé par d'actives minorités agissantes, trouva un épilogue dans le télex adressé par Alain Savary aux recteurs le 27 janvier 1983 : « Le service public de l'Éducation nationale ne saurait accepter que ses membres paraissent soustraits à un contrôle et ce contrôle ne peut être raisonnablement limité aux aspects administratifs de la fonction… [mais] l'évolution générale de la fonction [d'inspection] implique que les inspecteurs aient une vision d'ensemble des activités des enseignants et une connaissance des établissements dans leur diversité […]. »

L'évolution de l'inspection participait ainsi de la logique qui inspirait celle du système éducatif dans son ensemble : liaison entre l'acte d'enseigner et son contexte, abandon du principe d'uniformité de l'enseignement. Elle s'inscrivait du même coup dans le mouvement de déconcentration et de décentralisation qui affirmait en particulier l'autonomie de l'établissement scolaire.

C'est en filigrane les principes que l'on retrouve dans la réorganisation des corps d'inspection à compétence locale, réalisée par le décret du 18 juin 1990 portant statuts particuliers des inspecteurs concernés : tout en réduisant le nombre de corps par substitution de deux corps nouveaux aux cinq existants, le statut replaçait la fonction d'inspection individuelle dans un ensemble plus vaste, reposant sur un travail plus collectif tourné vers l'évaluation globale. En témoignent les premiers rapports, conjoints entre les deux inspections, concernant l'évaluation globale du fonctionnement de certaines académies, déposés en 2000.

La fonction d'inspection restera donc profondément bouleversée par les évolutions majeures que le système d'éducation a connues dans la dernière décennie ; elle retrouve progressivement un nouvel équilibre.

André Legrand

▸ Bibliographie

BOTTIN Y., MARCHAL J., « L'Inspecteur d'académie directeur des services départementaux de l'Éducation nationale », *Actualité juridique – droit administratif*, n° 11, 20 novembre 1996, p. 856 et suiv.

DURAND-PRINBORGNE C., « Nouveaux statuts des corps d'inspection, nouvelles missions », *Savoir, Éducation, Formation,* avril-juin, n° 4, 1990, p. 738 et suiv.

FERRIER J., *Les Inspecteurs des écoles primaires (1835-1995) : ils ont construit l'école publique*, 2 vol., Paris, L'Harmattan, 1997.

FREINET C., « Notre position vis-à-vis de l'administration en général, des inspecteurs primaires et professeurs en particulier », *L'Éducateur,* 1968, p. 1-3.

MENIER J., *Les Inspections générales,* Paris, Berger-Levrault, 1988.

RAVIER J., « L'Inspection primaire des origines à nos jours : les dates clefs de son histoire », *Savoir, Éducation, Formation*, n° 3, juillet-sept., 1992, p. 489-512.

RIOUX J.-P. (dir.), *Deux cents ans d'inspection générale : 1802-2002*, Paris, Fayard, 2002.

SOUSSAN M., « Vie scolaire : approche socio-historique », *Revue française de pédagogie,* n° 83, 1988, p. 39-49.

▸ Voir aussi

Administration de l'Éducation nationale – Concours – Décentralisation – Déconcentration – Évaluation – Formation des enseignants – Interdisciplinarité – Personnel enseignant – Programmes scolaires – Recteur d'académie – Technique et professionnel (Enseignement) – Vie scolaire.

INSTITUT NATIONAL D'ÉTUDE DU TRAVAIL ET DE L'ORIENTATION PROFESSIONNELLE (INETOP)

L'Institut national d'étude du travail et de l'orientation professionnelle a été créé en 1928 par Henri Piéron, avec le statut d'établissement libre d'enseignement supérieur.

En 1941, il devient l'Institut du Conservatoire national des arts et métiers, et a pris alors sa dénomination actuelle.

L'INETOP assure la formation initiale des conseillers d'orientation-psychologues (deux années d'études après la licence de psychologie) et organise à l'intention des enseignants et des professionnels de l'orientation des stages de formation continue.

L'INETOP offre également un master professionnel « Psychologie et pratiques de l'orientation professionnelle » ainsi qu'un master recherche « Psychologie du travail et des transitions » avec le CNAM.

L'INETOP conduit des recherches fondamentales et appliquées en psychologie de l'orientation, de la formation et de l'insertion tout au long de la vie. Ces recherches sont développées en référence aux problématiques de psychologie cognitive, différentielle, sociale et du travail.

L'équipe d'accueil EA 2365, « Laboratoire de psychologie de l'orientation », est intégrée à l'école doctorale « Entreprise, Travail, Emploi ».

L'INETOP a édité de 1929 à 1972 un bulletin (le *BINOP*). Depuis, il édite la revue *L'Orientation scolaire et professionnelle.*

Michel Huteau
Anne Lancry-Hoestlandt

▸ Voir aussi

Centre d'information et d'orientation (CIO) – Conservatoire national des arts et métiers (CNAM) – Orientation – Psychologie scolaire.

INSTITUT NATIONAL DE RECHERCHE PÉDAGOGIQUE (INRP)

L'Institut national de recherche pédagogique s'enracine dans une histoire de plus de cinquante années, marquée par la création, en 1956, de l'Institut pédagogique national (IPN), lui-même héritier du Musée pédagogique, fondé en 1879. Cet institut exerce alors des fonctions multiples : information des maîtres, perfectionnement des méthodes, distribution des moyens d'enseignement. Il s'y constitue également un service de recherche qui jouera un rôle important dans l'accompagnement des réformes qui vont se succéder dans le système scolaire. L'Institut pédagogique national donne naissance en 1970 à deux institutions : l'Office français des techniques modernes d'éducation (OFRATEME) et l'Institut national de recherche et de documentation pédagogique (INRDP). En 1976, un nouveau partage des tâches s'impose. L'OFRATEME devient le Centre national de documentation pédagogique (CNDP) et l'INRDP se transforme en Institut national de recherche pédagogique (INRP). L'INRP comprend alors un grand service de recherche constitué à la fin des années 1960, et qui poursuit une action d'expérimentation pédagogique dans de nombreux établissements scolaires. Cette politique d'« innovation contrôlée » se heurtera par la suite à des oppositions ; en 1980, une politique de recherche plus classique se développe à l'INRP, où se met en place un conseil scientifique qui va assurer le suivi de la recherche. Cependant, d'autres services de recherche se regroupent à l'INRP lors de sa création. Les ressources historiques dont dispose l'institution (musée et bibliothèque) sont un contexte favorable pour le développement de la recherche en histoire de l'éducation. Les recherches sur la technologie de l'éducation qui remontent à l'IPN se prolongent à l'INRP, tandis qu'un groupe de psychosociologie s'y installe.

Au cours des années 1980, l'INRP se situe à un carrefour. Il doit répondre aux besoins des décideurs. Il travaille pour les enseignants. Il est appelé à répondre aux normes de la communauté scientifique. La confrontation avec des milieux différents ne va pas sans tension. L'INRP est parfois un enjeu. Progressivement, la vocation scientifique de l'INRP s'impose, et il gagne en indépendance.

Doté de plus d'une vingtaine d'unités de recherche (environ 120 chercheurs au total), l'INRP offre un potentiel qui se révèle un facteur favorable pour le développement de ressources documentaires destinées à l'ensemble de la communauté scientifique. Le contact avec les pratiques enseignantes qui constituent l'une des caractéristiques de l'INRP se maintient à travers les années. Les équipes de recherche travaillent avec de nombreux enseignants associés (plus d'un millier). Cette collaboration permet de tenir compte des réalités de terrain et donne aux recherches une plus grande pertinence pour éclairer les réalités pédagogiques. Les dernières décennies sont également marquées par l'accent porté sur la formation des maîtres : formation continue avec la création des MAFPEN et ensuite formation initiale avec la création des IUFM. L'INRP irrigue ces formations par ses travaux. Recherche et formation sont des termes complémentaires qui donnent lieu à de multiples collaborations.

Le texte qui régissait l'INRP datant de plus de vingt ans, un décret, en date du 5 mars 1993, est venu préciser et renouveler la définition des missions de l'Institut en tenant compte de l'évolution de ses activités depuis sa création. L'INRP a pour mission de mener des recherches avec ses partenaires et il est chargé également d'un rôle d'observation et de capitalisation de la recherche. Il participe à « l'analyse de la conjoncture et à la prospective » ; il est chargé de « réunir, de gérer et de tenir à disposition les acquis de la recherche en éducation ». Par là, sa fonction de « centre de ressources » est fortement affirmée et incarnée plus précisément par une cellule de veille scientifique et technologique qui édite un bulletin en ligne. Dans ce cadre, les richesses du fonds historique (bibliothèque et musée) sont également mises en valeur. Dès 1991, l'INRP était devenu centre d'acquisition et de diffusion de l'information scientifique et technique (CADIST) en sciences de l'éducation. Enfin, l'expertise résultant des travaux de l'INRP est valorisée par une mission de formation et notamment par une entrée dans la formation doctorale.

Lorsqu'il assura le secrétariat du Comité national de coordination de la recherche en éducation (CNCRE), à partir du décret du 9 mars 1995, l'INRP a mis ses compétences au service de cette fonction d'orientation en participant à la conception d'un état des lieux de la recherche et à la réflexion sur les conditions de sa diffusion.

À partir des années 2000, la politique de recherche de l'INRP se construit avec des partenaires et selon une logique de projet pluriannuel. L'orientation est clairement identifiée autour de trois axes de développement, qui ont pour objet les processus et les situations d'apprentissage, les évolutions du système éducatif, la construction de savoirs et la professionnalité enseignante. Pour la durée de son contrat 2002-2006, le programme comprend trois types d'équipes scientifiques : cinq unités mixtes de recherche (UMR), lesquelles comportent une école doctorale et sont constituées avec des universités ; deux écoles normales supérieures et, pour l'une d'entre elles, l'Académie des sciences ; cinq équipes de recherche technologique en éducation (ERTÉ), lesquelles s'engagent dans la résolution d'un problème sous forme de recherche-développement, et des équipes en projet dont la vocation est de devenir des ERTÉ.

L'INRP publie sept revues : *Aster, Didaskalia, Éducation et Sociétés, Histoire de l'éducation, Recherche et formation, Revue française de pédagogie* et *Perspectives documentaires en éducation*.

Organisme public à caractère administratif, l'INRP figure désormais aux côtés des grands établissements de recherche comme un lieu de référence dans le domaine de l'éducation. Il est entré dans la mouvance universitaire et a construit sa place au croisement des réseaux internationaux de recherche. Cette reconnaissance est intervenue au terme d'une histoire parfois heurtée, jalonnée par l'intervention de personnalités marquantes telles que Roger Gal, Louis Legrand, André de Peretti, Francine Best, Francine Dugast et Philippe Meirieu, et dont le dernier avatar est la relocalisation de la bibliothèque et de la majeure partie de l'organisme à Lyon. Espérons qu'avec un potentiel retrouvé (280 postes budgétaires), l'INRP s'engage vite vers une politique éditoriale dynamique et une numérisation des collections pour faire oublier aux milliers de lecteurs et chercheurs usagers du site parisien la perte d'un fonds documentaire et patrimonial d'une exceptionnelle richesse.

Christiane Étévé

▸ Bibliographie

Bourdon J., Thélot C. (dir.), *Éducation et formation. L'apport de la recherche aux politiques éducatives*, Paris, CNRS éditions, 1999.

Charlot B., *Les Sciences de l'éducation, un enjeu, un défi*, Issy-les-Moulineaux, ESF, 1995.

Commission d'évaluation et de prospective, *Rapport sur l'INRP*, Saint-Fons, INRP, 1999.

De Landsheere G., *La Recherche en éducation dans le monde*, Paris, PUF, 1986.

Daunay J., Bru M. (dir.), *Recherches, pratiques et savoirs en éducation*, Bruxelles, De Boeck, coll. « Perspectives en éducation et formation », 2002.

Inrp, *1976-1996 : vingt ans de recherches en éducation*, Saint-Fons, INRP, 1996.

Inrp, *Guide des recherches et des chercheurs (2000-2001)*, Saint-Fons, INRP, 2000.

Inrp, *Schéma directeur, 2002-2006*, Saint-Fons, INRP, 2002.

▸ Voir aussi

Documentation – Économie de l'éducation – Histoire de l'éducation – Pédagogie – Recherche en éducation – Sciences de l'éducation – Sociologie de l'éducation.

Institut de recherche sur l'enseignement des mathématiques (IREM)

La création des instituts de recherche sur l'enseignement des mathématiques (IREM) remonte à 1968. L'idée de leur création est à chercher en tout premier lieu, dès 1965, dans l'action menée par l'Association des professeurs de mathématiques de l'enseignement public (APMEP) en faveur d'une rénovation profonde de l'enseignement des mathématiques et d'une meilleure formation des maîtres, « de la maternelle aux facultés », selon la formule de l'époque. La mise en place en janvier 1967 d'une commission ministérielle sur la réforme de l'enseignement des mathématiques, présidée par André Lichnérowicz, professeur au Collège de France, allait permettre de donner corps au projet de l'APMEP. Il a fallu cependant attendre une année supplémentaire pour que la création des premiers IREM aboutisse, bénéficiant d'un effet d'accélération dû à l'irruption sur le devant de la scène sociopolitique du mouvement étudiant de mai 68. Trois IREM virent le jour à titre expérimental, en septembre 1968, à Paris, Lyon et Strasbourg, avec pour directeurs respectifs A. Revuz, M. Glaymann, J. Frenkel.

Les missions

Les IREM assurent un certain nombre de missions qui, dans les recommandations initiales de la commission Lichnérowicz, étaient centrées sur un triple objectif :
- contribuer à la formation permanente des maîtres de tous les ordres d'enseignement ;
- conduire des recherches en matière d'enseignement et d'apprentissage des mathématiques ;
- concevoir, publier et diffuser des documents destinés aux divers types d'acteurs de la communauté éducative (enseignants, formateurs, etc.).

À ces missions traditionnelles des temps « héroïques » sont venues s'ajouter d'autres tâches, comme par exemple :
- l'organisation et l'animation de séminaires d'enseignement et de recherche en vue de la formation au niveau des 2e et 3e cycles universitaires ;
- l'organisation de stages pour différentes catégories d'enseignements sur des thèmes précis dans le cadre des plans académiques de formation ;
- la mise sur pied, au plan national et international, de colloques, de journées d'études, d'universités d'été permettant l'échange, la confrontation des idées, la diffusion des expériences.

Structure et fonctionnement

Il existe un IREM par académie, soit 31 ; certains d'entre eux comportent des antennes comme c'est le cas des IREM de Lille et de Nantes.

Implantés dans les départements de mathématiques des universités scientifiques, les IREM sont organisés sous forme de réseau dont le fonctionnement est placé sous la direction d'une instance nationale réunissant tous les directeurs d'IREM : l'Assemblée des directeurs d'IREM (ADIREM). Un comité scientifique vient épauler l'ADIREM dans ses travaux.

De nombreuses institutions de types divers, concernées par l'enseignement des mathématiques, agissent en synergie avec le réseau des IREM : instances administratives (ministère de l'Éducation Nationale, Inspection générale de mathématiques, rectorats), instances de formation (IUFM), organismes scientifiques (CNRS), associations de spécialistes (APMEP), associations de chercheurs en didactique (ARDM), sociétés savantes (Société mathématique de France), organisations internationales (Unesco, Commission internationale sur l'enseignement des mathématiques).

À la tête de chaque IREM se trouve un enseignant-chercheur appartenant à l'université dans laquelle est implanté l'institut. Il est secondé dans ses tâches par un conseil d'administration. Le statut de service universitaire donne aux IREM une autonomie importante (gestion budgétaire, définition des orientations de recherche et des objectifs de travail, formation des équipes de recherche, etc.).

Activités des groupes de travail et des commissions Inter-IREM

Il existe deux grandes formes d'activités mises en œuvre par les IREM :
- les activités propres à chaque IREM, qui se déroulent dans le cadre du fonctionnement de divers groupes de travail ;
- les activités regroupant des collaborateurs de plusieurs IREM autour d'un même thème d'étude et donnant lieu à la constitution de commissions nationales ou commissions Inter-IREM.

Chaque IREM comporte plusieurs groupes de travail centrés sur des objets d'étude thématiques très variés pouvant être regroupés selon quelques grandes orientations telles que :

– les contenus d'enseignement (organisation mathématique, évolution, mise en place de nouveaux programmes, adaptation de méthodes pédagogiques appropriées, etc.) ;
– la didactique des mathématiques comme étude scientifique des phénomènes d'enseignement liés à la transmission et à l'acquisition des connaissances ;
– l'histoire et l'épistémologie des mathématiques, domaines de recherche qui permettent de saisir de l'intérieur la genèse, les conditions de production, l'évolution et les transformations de la pensée mathématique des origines à nos jours, en mettant en relief, sur le plan conceptuel, soit les filiations soit les lignes de fracture ;
– l'intégration dans les pratiques pédagogiques des outils et produits issus des technologies nouvelles d'information et de communication comme l'informatique (EIAO).

En ce qui concerne les commissions inter-IREM, elles sont au nombre de quatorze et concernent :
– des domaines mathématiques et connexes : analyse, astronomie, géométrie, statistique et probabilité, mathématiques et informatique, images et maths ;
– des disciplines de référence : didactique, épistémologie et histoire des mathématiques ;
– des niveaux d'enseignement : premier cycle, second cycle, lycées techniques et professionnels, universités ;
– la politique et l'évaluation de la recherche : comité scientifique.

Le rôle des IREM dans la recherche sur l'enseignement des mathématiques et la formation des maîtres

L'une des missions essentielles des IREM est d'organiser, de mettre en œuvre et de contrôler des recherches (recherche-action, recherche expérimentale, recherche appliquée), des études, des enquêtes et des innovations dont les finalités s'inscrivent dans une double perspective :
– d'une part, permettre de mieux connaître l'état des connaissances des élèves, de mieux observer et analyser les nombreux phénomènes complexes qui s'attachent à l'enseignement et à l'apprentissage des mathématiques ;
– d'autre part, contribuer par leurs implications méthodologiques à l'amélioration de cet enseignement et aider à une meilleure formation mathématique des élèves.

Sur ce rôle d'impulsion au plan de la recherche sur l'enseignement des mathématiques vient se greffer un second rôle déterminant et qui concerne la formation des maîtres.

Le rôle des IREM dans ce domaine est centré sur le thème de la formation continue des enseignants (participation à la formation qualifiante des professeurs d'école, de collège et de lycée), des formateurs, des chercheurs. Ce rôle se traduit par différentes sortes d'actions :
– des stages dans le cadre des MAFPEN ;
– des journées d'étude et des colloques sous la responsabilité des commissions nationales ;
– des écoles d'été, par exemple en didactique.

Dans ces trois cas de figure, il s'agit de permettre aux participants de mettre à jour leurs connaissances et de nouer des échanges.

Bien que n'ayant pas vocation à prendre en charge la formation initiale, les IREM y participent en liaison avec les organismes compétents dans ce domaine : départements de mathématiques au niveau des cursus universitaires, des IUFM au niveau de la préparation au concours de recrutement (CAPES, agrégation, professorat des écoles).

Les IREM, producteurs d'information et de documentation

Depuis leur création, les IREM ont contribué à produire un gisement documentaire considérable, allant de la publication de documents pédagogiques (commentaires et réflexions sur les programmes d'enseignement, aides et guides pédagogiques, ingénieries didactiques, etc.) à celle de documents relevant de la littérature grise (thèses de doctorat, mémoires de DEA, rapports d'expérimentation et/ou de recherche, actes de colloques et d'universités d'été concernant de nombreux sujets) en passant par la production d'outils pour les enseignants (banques d'exercices, logiciels, films, ouvrages méthodologiques).

À côté des publications propres à chaque IREM sont apparus sur le plan éditorial les bulletins inter-IREM ainsi que des publications en série à vocation nationale, comme les revues *Grand N* pour l'enseignement élémentaire, *Petit x* pour les collèges et, dans les années 1990, une revue avec un comité de lecture *Repères-IREM* destinée principalement aux professeurs du secondaire.

Le réseau des IREM est désormais accessible sur Internet : un catalogue en ligne, portant sur divers types de publications (manuels scolaires commerciaux, documents IREM et APMEP), a été mis au point à l'intention des enseignants par le groupe de travail Publimath (commission mixte APMEP-ADIREM), initiative qui permet de valoriser le fonds documentaire ainsi constitué de longue date.

Daniel Gilis

▸ Bibliographie

BARBIN E., DOUADY R. (éds), *L'Enseignement des mathématiques : des repères entre savoirs, programmes et pratiques*, Pont-à-Mousson, Topiques Éditions, 1996.

▸ Voir aussi

Didactique – Formation des enseignants – Mathématiques (Enseignement des).

INSTITUT UNIVERSITAIRE DE FORMATION DES MAÎTRES (IUFM)

Établissements publics d'enseignement supérieur implantés dans chaque académie depuis 1991, rattachés aux universités de l'académie pour conduire la formation professionnelle initiale de tous les personnels enseignants du premier et du second degré, les instituts universitaires de formation des maîtres (IUFM) se sont substitués aux écoles normales d'instituteurs, centres pédagogiques régionaux et écoles normales nationales d'apprentissage.

Les IUFM ont pour missions de :

– former des enseignants du premier et du second degré, dotés, à la fois, d'une solide formation universitaire (exigence minimale de la licence) et des compétences professionnelles exigées concrètement par un métier en évolution ;

– faciliter le recrutement d'un nombre suffisant d'enseignants et de conseillers principaux d'éducation pour encadrer les élèves des écoles, collèges, lycées, lycées professionnels ;

– participer à la formation continue des enseignants, à la formation des formateurs, au développement de la recherche dans les domaines de la formation et de l'enseignement.

Créés en application de la loi d'orientation sur l'éducation du 10 juillet 1989 (art. 17), les IUFM sont des établissements publics à caractère administratif, rattachés par convention à une ou plusieurs universités et dotés d'un budget propre. Il en existe 31, soit un par académie. Ils sont dirigés par un directeur nommé par le ministre chargé de l'Enseignement supérieur et sont administrés par un conseil d'administration présidé par le recteur d'académie.

Les formateurs et les personnels enseignants sont des enseignants chercheurs, des personnels d'inspection, des professeurs agrégés, des professeurs certifiés, des instituteurs ou professeurs des écoles maîtres formateurs. Ils exercent à l'IUFM un service complet ou, plus souvent, une partie de leur service.

Depuis 1998 et la suppression des (MAFPEN), les IUFM ont développé leur mission de mise en œuvre de la formation continue des enseignants, sur la base d'un cahier des charges arrêté par le recteur d'académie, puis d'un plan de formation arrêté par ce dernier.

L'IUFM assure avec les universités la responsabilité partagée d'une formation qu'il ne peut organiser sans la collaboration des établissements scolaires qui accueillent étudiants et professeurs stagiaires.

La scolarité

L'admission en IUFM s'effectue sur dossier et, éventuellement, sur entretien. Dans certaines filières, il peut exister un contrôle de connaissances. La licence, ou son équivalent, est exigée.

Les étudiants reçoivent, en première année, une formation universitaire et professionnelle et préparent les concours de recrutement : concours académique de recrutement de professeurs des écoles, concours national de recrutement de professeurs de lycées et collèges, ou de lycées professionnels (CAPES, CAPET, CAPEPS, CAPLP2), ou concours national de recrutement de conseillers principaux d'éducation. Seuls les lauréats des concours de recrutement, y compris de l'agrégation, sont admis en deuxième année comme professeurs stagiaires, donc rémunérés, pour recevoir une formation professionnelle.

Jusqu'en 1996, une aide financière spécifique (allocation) pouvait être obtenue en première année sur critères de mérite. La répartition par concours, discipline et académie était fixée chaque année en fonction des besoins de recrutement.

Depuis 1994, le recrutement des maîtres des établissements d'enseignement privé sous contrat s'effectue, pour le second degré, via des concours d'accès à des listes d'aptitude (CAFEP) qui correspondent aux concours externes du CAPES, CAPET, CAPEPS ou CAPLP2. La préparation à ces concours et la formation sont assurées par les IUFM, en collaboration avec les partenaires des établissements d'enseignement privé sous contrat, et notamment l'UNAPEC et les ARPEC pour l'enseignement catholique, dans les mêmes conditions que pour l'enseignement public.

La formation

Les compétences professionnelles globales à construire par tout futur enseignant sont relatives à trois pôles de connaissances : celui des savoirs disciplinaires, celui de la gestion des apprentissages, celui du système éducatif et de son environnement. La construction de ces compétences exige du temps et une logique de formation développée sur plusieurs années : les deux années à l'IUFM sont à envisager dans un cursus de formation professionnelle qui commence à l'université avant l'admission en IUFM et qui se poursuit après l'entrée dans le métier par le biais de l'accompagnement des premières années d'exercice puis de la formation continue.

La conception et la mise en œuvre de la formation des maîtres s'appuie aujourd'hui sur des collaborations entre acteurs de fonctions, d'expériences et de statuts divers (universitaires, professeurs des établissements scolaires, corps d'inspection, autres formateurs des IUFM). Certaines des tensions qui ont accompagné la création des IUFM subsistent dans les différents milieux concernés, parfois réactivées par des changements d'orientations et par les difficultés liées aux spécificités du pilotage ministériel (articulation entre enseignement supérieur, enseignement scolaire et recherche).

L'exigence accrue en termes de bagage universitaire chez les futurs enseignants a conduit à une extension du champ d'intervention des universités. Celles-ci sont conduites à se rapprocher des lieux d'exercice du métier ; leur contribution à l'élaboration d'une problématique globale permettant de structurer efficacement l'organisation d'une formation professionnelle est, en effet, étroitement dépendante de leur connaissance des réalités de l'enseignement dans le premier et le second degré.

Les acquis et les perspectives

Depuis leur création, les IUFM ont réalisé d'importantes avancées. En effet, la formation de tous les enseignants, désormais recrutés au niveau de la licence, se déroule dans un établissement d'enseignement supérieur à finalité professionnelle, comme dans la plupart des pays européens. Les parcours de formation pour devenir enseignant sont devenus plus lisibles. Pendant une décennie, les IUFM ont réussi la prise en charge de l'accroissement massif de l'orientation des étudiants vers les métiers de l'enseignement, y compris dans les régions ou disciplines considérées comme déficitaires, parfois au prix d'une sélection accrue, facteur indiscutable d'amélioration de la qualité du recrutement par rapport à la situation de crise qui prévalait au moment de la création des IUFM. Ces instituts contribuent au débat sur la nécessité d'une véritable formation au métier d'enseignant, aujourd'hui largement reconnue. Ils ont permis d'améliorer la cohérence d'une formation développée sur la durée d'un cursus et l'articulation entre des composantes aux fonctions mieux explicitées.

Certains acquis demeurent néanmoins fragiles : les perspectives de recrutements massifs liés aux nombreux départs à la retraite de l'actuelle décennie peuvent être problématiques et nécessiteront un message fort sur les missions de l'école, sur le métier d'enseignant, accompagné de moyens adaptés.

La complexité d'une structure encore jeune, unifiée par quelques principes directeurs, exige des améliorations que les premières années de fonctionnement permettent aujourd'hui de mieux identifier. La construction des IUFM s'est effectuée dans le cadre d'une démarche pragmatique qui a laissé une large part à l'expérience et à l'innovation. Certaines harmonisations et clarifications fondées sur des orientations mieux affirmées s'imposent aujourd'hui dans un certain nombre de domaines : renforcement des liens avec les universités pour conduire à la délivrance d'un master professionnel comme dans les autres pays européens, nécessité pour les enseignants de construire des savoirs professionnels globaux à partir de recherches dans ces domaines et de l'analyse de pratiques professionnelles contextualisées, réflexion sur les dispositifs de formation, définition de cursus universitaires en amont de l'IUFM mieux adaptés, notamment pour le professorat des écoles et les enseignements technologiques et professionnels. Les compétences attendues par le ministère employeur sont désormais explicitées, celles qui se construisent dans la formation le sont de mieux en mieux. Une adaptation des concours de recrutement à ce nouveau contexte, devenue indispensable, se heurte à de nombreuses résistances et reste très limitée.

L'accompagnement des premières années d'exercice dans des environnements très divers, éventuellement difficiles, une meilleure prise en charge de la mise en œuvre de la formation continue, le développement des technologies de l'information et de la communication et des relations internationales constituent des domaines d'évolution majeure de ces instituts.

Fin 2004, l'avant-projet de loi d'orientation pour l'avenir de l'école contient dans son titre III, articles 4, 5 et 6, un ensemble de dispositions concernant les IUFM : « Dans un délai minimum de trois ans à compter de la publication de la présente loi, les IUFM sont intégrés à l'une des universités auxquelles ils sont rattachés par décret pris après avis du CNESER (Conseil national de l'enseignement supérieur et de la recherche). [...] Une convention passée entre le recteur d'académie et l'université à laquelle l'institut est intégré précise en tant que de besoin les modalités de cette intégration ». Les IUFM sont assimilés à « des écoles faisant partie des universités ».

La question fondamentale qui reste posée aux IUFM concerne le type d'enseignants à former. Doit-on les préparer à exercer leur métier en les dotant d'un bagage minimal standardisé ? Ou doit-on, au contraire, chercher à professionnaliser suffisamment leur formation pour qu'ils soient en mesure de résoudre des problèmes complexes dans des contextes variés, de répondre à des attentes sociales nouvelles en matière d'éducation et d'accroître ainsi l'efficacité du système scolaire ?

Jean-Pierre Gaborieau

▸ Bibliographie

BANCEL D., *Créer une nouvelle dynamique de la formation des maîtres*, Paris, ministère de l'Éducation nationale, de la Jeunesse et des Sports, 1989.

Comité national d'évaluation, *Les IUFM au tournant de leur première décennie*, février 2002.

ROBERT A. D., TERRAL H., *Les IUFM et la formation des enseignants aujourd'hui*, Paris, PUF, 2000.

Textes officiels :

Loi d'orientation n° 89-496 du 10 juillet 1989 sur l'éducation (art. 17) et rapport annexé.

Décret n° 90-867 du 28 septembre 1990 fixant les règles d'organisation et de fonctionnement des IUFM.

Note de service n° 64.271 du 16 novembre 1994, annexe III, sur « Le référentiel des compétences du professeur des écoles stagiaire en fin de formation initiale ».
Circulaire n° 97.123 du 23 mai 1997 sur la « Mission du professeur exerçant en collège, en lycée d'enseignement général et technologique ou en lycée professionnel, et compétences attendues en fin de formation initiale ».
Loi d'orientation et de programme pour l'avenir de l'école du 23 avril 2005.

▶ Voir aussi

Concours – Écoles normales – Formation des enseignants – Mission académique à la formation des personnels de l'Éducation nationale (MAFPEN) – Personnel enseignant.

INSTITUT UNIVERSITAIRE DE FRANCE (IUF)

L'Institut universitaire de France (IUF) a pour mission de favoriser le développement de la recherche de haut niveau dans les universités et de renforcer l'interdisciplinarité. Il a été créé par décret du 26 août 1991, sous la forme d'un service du ministère chargé de l'enseignement supérieur. Quarante enseignants-chercheurs, dont l'activité scientifique est attestée par leur rayonnement international, y sont nommés chaque année.

Face au double défi auquel est confrontée l'Université française – être à la fois une université de masse, mais aussi une université de très grande qualité, capable de soutenir la comparaison européenne et internationale –, l'Institut universitaire de France poursuit deux objectifs :
– favoriser le développement de la recherche universitaire de haut niveau ;
– contribuer à une répartition équilibrée de cette recherche dans le pays. C'est pourquoi deux tiers au moins des membres de l'IUF appartiennent à des universités de province.

L'enjeu principal de l'IUF est de rendre l'enseignement supérieur attractif pour les chercheurs les plus créatifs et de permettre que l'excellence d'un enseignant chercheur soit reconnue et soutenue dans son université d'origine, et non par la voie traditionnelle d'une nomination dans un grand établissement parisien, un organisme de recherche ou à l'étranger.

Un fonctionnement original

La spécificité de l'Institut universitaire de France tient à plusieurs caractéristiques.
• C'est un organisme « sans murs » : ses membres, obligatoirement enseignants chercheurs, demeurent dans leur université d'appartenance ; ils continuent d'y assurer un tiers de leur service d'enseignement ; leur équipe ou laboratoire bénéficie de crédits de recherche spécifiques. Une nomination à l'IUF se distingue donc d'une délégation au CNRS ou d'un congé sabbatique.
• L'IUF n'est pas une académie où l'on demeure à vie : les enseignants chercheurs admis y sont nommés pour une période limitée à cinq ans, mais le titre demeure.
• L'IUF comprend deux catégories de membres : les juniors, âgés de moins de 40 ans, et les seniors. Vingt-cinq membres juniors et quinze membres seniors sont nommés chaque année. Seuls les seniors peuvent être éventuellement reconduits pour une seconde période de cinq ans. À cet effectif constant de 275 membres s'ajoute une dizaine de professeurs étrangers invités pour un mois dans les universités d'appartenance des membres de l'IUF.
• L'IUF repose non sur la cooptation mais sur le choix de jurys extérieurs qui lui assurent un renouvellement continu. Les membres seniors, présentés par deux personnalités scientifiques françaises ou étrangères, sont sélectionnés par un jury international composé de douze jurés français et de onze jurés étrangers. Les membres juniors sont sélectionnés par un jury majoritairement national de dix-huit membres. Les jurys sont renouvelés partiellement chaque année. L'appréciation des jurys repose sur l'examen d'un dossier scientifique, qui est appuyé par un certain nombre de recommandations de personnalités scientifiques françaises et étrangères. Il n'y a pas de

procédure d'audition. Les principaux critères d'évaluation portent sur l'activité scientifique de l'impétrant et son impact, la prise d'initiative et de responsabilités collectives et la qualité du programme de recherche présenté. Pour les seniors, il est tenu compte de la notoriété internationale ainsi que des prix et distinctions.

Toutes les disciplines ont vocation à être représentées à l'IUF dans le respect d'un équilibre entre, d'une part, les disciplines scientifiques et médicales, et, d'autre part, les lettres, les sciences humaines et sociales : dans chaque promotion annuelle, au moins 1/3 des membres seniors et au moins 2/5 des membres juniors doivent appartenir à l'un de ces groupes de disciplines.

En résumé, l'IUF, organisme décentralisé qui garantit à ses membres autonomie et liberté, constitue un réseau de l'excellence universitaire à travers toute la France.

Françoise Chambon

Institut universitaire professionnalisé (IUP)

Les instituts universitaires professionnalisés (IUP) ont été créés en 1991 pour permettre la mise en place, de manière facilement identifiable, au sein des universités, de formations professionnalisées de niveau bac + 4. Cette création faisait suite à la réflexion menée depuis 1989 sur les finalités de l'enseignement supérieur, qui a conduit à mettre en œuvre une rénovation touchant à la fois les filières, les contenus et les niveaux de formation. Elle traduit la volonté d'adapter l'offre de formation à la demande d'emploi, de rechercher la meilleure adéquation possible des diplômes aux qualifications requises, d'établir une coopération étroite entre le monde économique et le monde universitaire, un partenariat réel entre universités et entreprises.

La création des IUP doit en effet amener sur le marché du travail une nouvelle catégorie d'ingénieurs ou de cadres supérieurs, mieux formés et mieux adaptés aux besoins de l'économie dans les secteurs où des qualifications supérieures ont été jugées nécessaires (ingénieurs technologues, ingénieurs de production, secteur du commerce, de la finance, de l'administration). Par ailleurs, cette formation doit placer la France dans un système standard au niveau européen et international.

La formation est ouverte en formation initiale et en formation continue. En formation initiale, les études en IUP se font en trois ans, après une première année d'études post-baccalauréat : 1re année de diplôme d'études universitaires générales (DEUG), ou de classe préparatoire aux grandes écoles (CPGE). Un accès en deuxième année est prévu pour les étudiants titulaires d'un premier cycle complet : DEUG, deux années de CPGE ; et, par dérogation, pour les titulaires d'un diplôme universitaire de technologie (DUT) ou d'un brevet de technicien supérieur (BTS). En formation continue, le niveau d'accueil se fait par validation d'acquis professionnels ou personnels.

En plus des enseignements académiques d'un minimum de 500 heures par an, la formation comporte au moins six mois de stage professionnel, une initiation à la recherche, et doit permettre la maîtrise de deux langues étrangères.

Le caractère professionnel de la formation se retrouve, outre dans la composition du jury, dans l'organisation des enseignements, auxquels sont étroitement associés les professionnels, et dans l'organisation structurelle de la formation : au niveau local avec la mise en place de conseils de perfectionnement des filières, au niveau national avec la création d'une commission nationale d'accréditation, instances composées paritairement d'enseignants-chercheurs et de professionnels.

Les IUP éprouvent de grandes difficultés à se couler dans le nouveau moule du système LMD et on peut actuellement nourrir de grandes interrogations sur leur avenir. Leurs tentatives pour faire repousser le positionnement de leurs formations de bac + 2 à bac + 5 n'ont pas été couronnées de succès et, même si aucun texte spécifique n'a été pris les concernant, la pratique suivie par le ministère conduit à une évolution sensible des orientations qui gouvernaient leur organisation. Si, à l'origine, chaque année de formation était sanctionnée par un diplôme national (la première année par un diplôme d'études universitaires professionnalisées – DEUP –, la deuxième par une licence, la troisième par une maîtrise), seul ce dernier pourrait subsister. Au vu de l'ensemble de la formation suivie et des diplômes obtenus, un jury, composé à parité d'enseignants-chercheurs et de personnalités qualifiées en raison de leurs compétences professionnelles, décernait à l'étudiant le titre d'ingénieur maître. La subsistance de ce diplôme semble elle-même menacée, au vu des dernières décisions ministérielles d'habilitation. Pour le moins, les IUP perdent une grande partie de leur visibilité. On peut même se demander s'ils ne sont pas appelés à disparaître en tant qu'institution.

À la rentrée 2004, 168 formations d'ingénieurs maîtres existaient en France. Le secteur le plus important est celui de l'économie et de la gestion (37 formations). 46 000 étudiants étaient inscrits en IUP à la rentrée 2004, dont 40 % dans le secteur secondaire.

André Legrand
Jacqueline Lemant

▶ Bibliographie

Bloch D., *Universités 2000 : la formation d'ingénieurs maîtres*, rapport 1990-1991 de la commission de réflexion sur les formations universitaires au métier de l'ingénieur, Paris, ministère de l'Éducation nationale, 1992.

Collectif, *Les IUP : doctrines, bilan et perspectives*, Paris/Saint-Fons, CEFI/INRP, 1998.

Gouilloux M., *Quels ingénieurs pour l'industrie ?*, rapport au ministre de l'Éducation nationale, de la Jeunesse et des Sports, et au ministre de l'Industrie et de l'Aménagement du territoire, Paris, ministère de l'Éducation nationale, 1990.

▶ Voir aussi

Relation École/Entreprise.

Institut universitaire de technologie (IUT)

Établissements d'enseignement supérieur technologique, les IUT ont pour mission d'organiser des formations courtes, sur deux années, axées sur des débouchés professionnels précis.

La création des IUT en 1966 a résulté d'une volonté politique fondée sur une analyse socio-économique. En 1963, le gouvernement a mis en place un groupe de réflexion en vue d'opérer des réformes de structure face au taux élevé d'échecs dans l'université, à la croissance rapide du nombre d'étudiants et aux mauvais résultats des formations supérieures à finalité professionnelle. En 1964, le principe a été retenu de créer une filière technologique originale. Le 7 janvier 1966, un décret institua les IUT. Le préambule de ce décret reste un modèle. En quelques phrases, il fonde la nouvelle filière, fixe ses objectifs et spécifie son originalité : il s'agit d'une « voie nouvelle, conçue dans un esprit différent » qui doit permettre « d'accéder directement à des activités professionnelles » car « dans tous les secteurs d'activité [...] se développent des fonctions nouvelles d'encadrement technique ». Il y faut « une spécialisation plus poussée que celle de l'ingénieur et une formation plus générale que celle du technicien ». Par leur contenu et leurs méthodes, ces formations seront différentes « de celles qu'assurent les facultés et les grandes écoles ». Le 20 janvier 1969, un dernier texte fonde le statut dérogatoire des IUT au sein de leur université d'implantation.

Un dispositif innovant de l'enseignement supérieur

Le dispositif repose sur une architecture soigneusement élaborée pour servir les objectifs de la nouvelle filière tant en matière pédagogique, en matière d'ouverture à l'environnement qu'en matière d'organisation.

Une pédagogie nouvelle est recherchée. L'unité pédagogique de base est le département de formation qui couvre tout un champ disciplinaire technologique et regroupe tous les enseignements correspondants (culture générale, fondements scientifiques et technologiques, pratique et expérimentation). Chaque département correspond ainsi au « faisceau d'activités d'une branche ». On trouve donc peu de filières en IUT (une vingtaine), réparties entre « secondaire » (activités industrielles) et « tertiaire » (gestion et services). Un jeu d'options permet d'affiner certains profils, mais la formation reste ouverte. Les études sont organisées sur deux années et les programmes pour chaque « département » (nature, contenu, horaires, etc.) sont définis et gérés au plan national par des commissions pédagogiques nationales (CPN). Les travaux dirigés (TD) constituent l'ossature de l'enseignement. Le groupe de TD (24 étudiants) est le module de base. Les cours magistraux sont limités. Les travaux pratiques permettent de passer à l'expérimentation. Un département type accueille six « groupes de TD » en première année. Le flux d'entrée est donc limité. Un stage en entreprise est intégré aux études et des travaux concrets sont confiés aux étudiants pour une meilleure approche professionnelle. L'évaluation se fait sur la base d'un contrôle continu. Le diplôme universitaire de technologie (DUT) sanctionne le cursus.

Par ailleurs, l'ouverture sur l'environnement professionnel est forte. Les professionnels sont associés institutionnellement à la vie de l'IUT par leur participation effective aux travaux des CPN, par une large présence au conseil d'administration de l'IUT, dont le président est choisi parmi eux. Ils participent aussi directement à la formation par les enseignements qu'assurent les vacataires issus de la profession, par la participation aux jurys, par l'accueil des étudiants en stage.

Enfin, l'organisation est novatrice. Les IUT jouissent d'une large autonomie dans le cadre de leur université en matière de recrutement des étudiants, en matière financière avec un budget autonome, en matière de gestion des personnels. Même si elle est parfois mal vécue par les universités, cette autonomie responsabilise l'établissement et favorise l'initiative. Au sein du département, les enseignants composent une équipe pluridisciplinaire, soudée autour d'un objectif de formation sanctionné par le marché de l'emploi. C'est là une dynamique nouvelle dans l'université. Les enseignants sont eux-mêmes d'origines différentes : enseignants-chercheurs universitaires, enseignants du second degré, vacataires issus de la profession ou d'autres lieux de formation. Cet amalgame met en synergie des formations, des expériences et des comportements différents.

Un pari gagné

Les moyens ont été proportionnés à l'ambition du projet. En quinze ans, 60 IUT ont été construits, composés de 250 départements avec, en gros, un équilibre entre « secondaire » et « tertiaire ».

Ils reçoivent les moyens de mettre en œuvre des matériels de type professionnel et de couvrir correctement les coûts de fonctionnement.

La dotation en personnels enseignants, administratifs et techniques garantit l'efficacité du système. Incontestablement, un effort considérable a été consenti pour donner à cette voie nouvelle de formation les moyens de sa réussite.

Les étudiants accompagnent le mouvement. La croissance est rapide : en 1966, il y a 1 500 étudiants dans les IUT ; 11 500 en 1968 ; 24 000 en 1970 ; 36 000 en 1972... ; en 1975, les IUT délivrent plus de 20 000 diplômes et accueillent 25 000 bacheliers. La concertation organisée au niveau national – CPN, Union des présidents de conseils, assemblées des directeurs, conférences des chefs de départements – donne au dispositif souplesse et efficacité. En outre, l'insertion professionnelle des diplômés est bonne. Plusieurs études montrent que dans les années 1980, les DUTiens trouvent des emplois rapidement (75 % en moins de six mois), « qu'il existe une relation étroite entre le niveau et la spécialité de formation et le niveau et la spécialité de l'emploi occupé » et que les diplômés « accèdent bien à ces emplois de niveau intermédiaire auxquels faisaient allusion les textes fondateurs » (Céreq, 1991). Les IUT remplissent leur mission.

L'ouverture sur l'environnement est effective : chefs d'entreprise, cadres et ingénieurs d'une part, enseignants d'autre part, apprennent à se connaître et, peu à peu, à travailler ensemble. Les IUT deviennent alors un partenaire reconnu auquel on s'adresse pour des actions de formation continue, pour du conseil ou des actions de transfert de technologie, et, plus généralement, pour toute opération où le savoir-faire scientifique et technique des enseignants, appuyé sur des plates-formes technologiques performantes, apparaît aux entreprises comme un moyen de développement et de progrès. Cette coopération débouche même sur la mise en place de filières de formation post-DUT ciblées, en flux et contenus, sur les besoins des entreprises.

Naturellement, la reconnaissance de la qualité de formation des IUT (insertion professionnelle, relations avec les entreprises) entraîne une demande croissante à l'entrée. La limitation du nombre de places induit alors une sélection plus forte et se traduit par une très bonne qualité de recrutement. Peu à peu, les diplômés d'IUT vont voir s'ouvrir à eux des filières plus prestigieuses : les maîtrises de sciences et techniques, les grandes écoles d'ingénieurs, de gestion et de commerce vont accueillir les meilleurs DUTiens, qui apporteront la preuve qu'une formation technologique exigeante et rigoureuse prépare aussi à des poursuites d'études valorisantes.

Le système IUT acquiert une notoriété internationale et, à partir des années 1980, un véritable essaimage se met en place. Plusieurs pays se dotent de dispositifs similaires (Venezuela, Maroc, Mexique, Tunisie, Pologne, etc.) en s'appuyant sur l'expérience et le savoir-faire des IUT, qui sont sollicités pour participer à de nombreux programmes internationaux d'ingénierie éducative.

Les difficultés et les interrogations actuelles

À partir de 1990, la très forte poussée de la demande de formation supérieure, les taux d'échec élevés en université, la crise économique et l'ouverture européenne provoquent des remises en question de l'enseignement supérieur français. Divers rapports concernent les IUT. Ils constatent le succès et l'importance prise par le dispositif : avec 70 000 étudiants, il représente plus de 12 % des premiers cycles universitaires ; plus de 75 % des entrants en IUT obtiennent le DUT en deux ou trois ans ; l'insertion professionnelle est bonne, les poursuites d'études valorisantes ; les milieux professionnels apprécient les IUT et le font savoir... Mais des critiques apparaissent (Forestier, 1990) concernant la sélection à l'entrée des IUT, le coût de l'étudiant/année, les poursuites d'études et le rendement du système. Les IUT corrigent certaines dérives en réajustant horaires et pratiques pédagogiques et en ouvrant, en liaison avec les entreprises, et, le plus souvent en alternance, des formations post-DUT qui conduisent à une insertion professionnelle améliorée.

Malgré ces efforts, les années 1990 voient en effet émerger de graves difficultés. Tout d'abord, la très forte augmentation du nombre de bacheliers se traduit, pour les premiers cycles universitaires sans sélection à l'entrée, par des problèmes d'accueil et d'encadrement. Pour autant, supprimer le *numerus clausus* à l'entrée des IUT ne réglerait pas le problème général et risquerait de les empêcher de remplir leur mission. Ensuite, avec la crise économique, les questions de coût deviennent essentielles. Or, l'enseignement technologique coûte cher du fait des équipements mis en jeu et, surtout, de l'encadrement nécessaire... Mais, si le coût d'un étudiant d'IUT à l'année est élevé, la comparaison avec des filières similaires ne lui est pas défavorable, particulièrement si l'on raisonne en « coût du diplômé ». Par ailleurs, le problème des poursuites d'études est général. Le glissement vers le haut des qualifications, la demande sociale, la confusion bien française entre diplôme et qualification, la montée du chômage expliquent une fuite en avant, souvent sans garantie sérieuse et à coûts élevés. À la rentrée 1993, 62 % des « entrants » dans l'université envisageaient d'aller au moins à « bac + 5 » !

Les IUT sont évidemment concernés, mais ne peuvent endiguer la tendance. D'autant que le très vif développement des IUT de 1990 à 1996, avec une forte dissémination géographique et des moyens diminués, fait craindre de grandes disparités dans la qualité de la formation et une perte d'homogénéité du diplôme. Le développement des IUT a été l'un des aspects importants de la dissémination de l'enseignement supérieur sur l'ensemble du territoire national. Dans un système où le poids des dépenses locales d'investissement est de plus en plus lourd, l'implantation d'IUT est devenue un enjeu de plus en plus important pour les communes moyennes ou les regroupements intercommunaux. En 2002-2003, les effectifs accueillis, même s'ils marquaient un léger tassement par rapport aux deux années antérieures, atteignaient 113 549 étudiants (47 902 dans les 326 départements du secteur de la production, 65 647 dans les 298 départements du secteur des services).

Enfin, la prolifération des filières publiques et privées (très différentes en contenus et niveaux d'exigence) rend souvent illisible le système français d'enseignement supérieur technologique et à peu près impossible toute évaluation comparative au niveau européen. Il en résulte une inquiétude justifiée (qui incite l'étudiant à aller le plus loin possible) et une image brouillée, même pour les IUT. Dans une période difficile, il n'est donc pas surprenant qu'un article se soit interrogé sur le « blues » des IUT (Darréon, 1993).

Quelles perspectives s'ouvrent dans le contexte actuel ? Dans le débat nécessaire sur la voie technologique, les IUT ont des arguments forts à faire valoir : une qualité de formation professionnalisante reconnue, un savoir-faire technologique éprouvé, des moyens techniques performants, une grande qualité relationnelle avec les entreprises. Cette finalité professionnelle de l'institution, fondement de sa réussite, rend crédible le fait qu'elle puisse servir de point d'appui à des réorganisations d'une certaine ampleur. Mais la question essentielle à laquelle les IUT se trouvent aujourd'hui confrontés porte sur leur intégration dans le système LMD. Cette dernière soulève des problèmes posés de façon lancinante depuis plusieurs années et, en particulier, celle de la durée de la formation. Une pression de plus en plus forte se fait sentir en vue de son extension à trois années, au nom d'une référence européenne.

Cette intégration soulève aussi des problèmes nouveaux. Les évolutions en cours, entamées par un arrêté de septembre 2002, restent pour l'heure relativement modestes et ne bouleversent pas les équilibres traditionnels : introduction du principe de la semestrialisation dans l'organisation des études, tout en le contrebalançant par une possibilité de rattrapage global au niveau terminal de chaque année ; mise en œuvre d'un système d'ECTS et, par une organisation modulaire, recherche d'une meilleure conciliation des deux fonctions que les IUT exercent de plus en plus concomitamment : diplôme terminal et marchepied vers des études ultérieures et, en particulier, la préparation de licences professionnelles.

La question de l'*aggiornamento* des IUT dans un système de formations supérieures en pleine évolution reste ainsi posée.

André Legrand
Jacques Mazeran

▶ Bibliographie

Bernard M.-Y., *Les IUT,* Paris, Dunod, 1970.

Céreq, *Le Niveau III de formation : crise de croissances ?*, Paris, Céreq, coll. « Études », n° 60, nov. 1991.

Darréon J.-L., « Le Blues des IUT : une institution en quête d'une nouvelle identité », *Savoir, Éducation, Formation,* n° 4, 1993.

Escarpit R., *Les IUT : du temps gagné,* Paris, Le Seuil, 1972.

Forestier C., *Les IUT, 25 ans après leur création,* rapport au ministre, Paris, ministère de l'Enseignement supérieur, 1990.

Ministère de l'Éducation nationale, *L'Enseignement supérieur court : la professionnalisation des formations supérieures et le monde économique*, rapport d'activité 2002-2003, Paris, ministère de l'Éducation nationale, 2003.

► **Voir aussi**
Emploi-formation – Insertion – Relation École/Entreprise – Technique et professionnel (Enseignement).

Instituteur(trice)

Le mot « instituteur(trice) » a pour origine *institutor*, celui qui administre, de *instituere* : « fonder, créer » ; la même racine linguistique désigne l'action d'éduquer (*cf.* Montaigne, *De l'institution des enfants*) puis, plus spécialement, le maître ou la maîtresse enseignant dans les classes de l'enseignement primaire.

La Révolution dès ses débuts utilisera ce terme, apparu au XVe siècle pour désigner les maîtres de l'enseignement élémentaire. La loi du 19 juillet 1889 fera de ceux-ci des fonctionnaires d'État, à la nomination desquels les autorités académiques prendront une part croissante ; cette loi mettra ainsi un terme à une longue histoire, marquée par la difficile quête d'une indépendance vis-à-vis des pouvoirs politiques nationaux ou locaux.

Au terme d'une évolution qui renforça progressivement les exigences de titres universitaires pour le recrutement des instituteurs, le décret du 1er août 1990 a créé la catégorie de professeurs des écoles. Leur statut (recrutement, formation, carrière, rémunération) est parallèle à celui des enseignants du second degré, le seul point de différence tenant au maintien de la gestion départementale du corps.

Le dernier concours de recrutement d'instituteurs a donc été organisé dans tous les départements en 1991 ; les lauréats ont pris leurs fonctions en même temps que la première promotion de professeurs des écoles à la rentrée 1993.

Quant aux instituteurs en place, ils accèdent progressivement au nouveau corps depuis l'année 1990 ; l'intégration totale est en voie d'achèvement.

André Legrand

► **Bibliographie**

BERGER I., *Les Instituteurs d'une génération à l'autre*, Paris, PUF, coll. « L'Éducateur », 1979.

CHARLES F., ROUSSEL R., *Les Professeurs des écoles, une petite noblesse d'État ou des professionnels compétents ?*, rapport pour l'IUFM de l'académie de Versailles, Paris, ministère de l'Éducation nationale, janv. 1997.

GEAY B., *Profession instituteurs : mémoire politique et action syndicale*, Paris, Le Seuil, 1999.

OZOUF J., *Nous les maîtres d'école, autobiographies d'instituteurs de la Belle Époque*, Paris, Gallimard, 1993.

OZOUF J., OZOUF M., *La République des instituteurs*, Paris, Le Seuil, 2001.

PEYRONIE H., *Instituteur : des maîtres aux professeurs d'école*, Paris, PUF, coll. « L'Éducateur », 1998.

► **Voir aussi**
École élémentaire – Personnel enseignant – Professeur.

Institutionnelle (Pédagogie)

À l'instar de la psychothérapie institutionnelle et de la socio-analyse institutionnelle, une élaboration du concept d'« institution » s'est effectuée dans le domaine de l'éducation et de la pédagogie en France à partir de 1962. Ce mouvement est toujours vivant.

Dans *Vers une pédagogie institutionnelle ?* (1991), Aïda Vasquez et Fernand Oury montrent la filiation qui lie ce mouvement au mouvement Freinet. Pour ces auteurs, la simple règle qui permet d'utiliser le savon sans se quereller est déjà une institution. L'ensemble des règles qui déterminent « ce qui se fait et ce qui ne se fait pas » en tel lieu, à tel moment, ce qu'ils appellent « les lois de la classe » en sont une autre. L'institution est alors une règle de fonctionnement. Mais ces auteurs nomment aussi institution « ce que nous instituons : la définition des lieux, des moments, des statuts de chacun suivant son niveau de comportement, c'est-à-dire selon ses possibilités, les fonctions (services, postes, responsabilités), les rôles (présidence, secrétariat), les diverses réunions (chefs d'équipe, classe de niveau, etc.), les rites qui en assurent l'efficacité ». René Lourau fait remarquer qu'il s'agit là de l'activité instituante du maître (« nous »). Pour ce courant « thérapeutique », l'institution, c'est encore le conseil de coopérative, « clé de voûte du système puisque cette réunion a pouvoir de créer de nouvelles institutions, d'institutionnaliser le milieu de vie commun ». C'est un prolongement de la tradition de « *self-government* » de l'Éducation nouvelle. *La Pédagogie institutionnelle d'intervention* de Jacques Pain prolonge aujourd'hui ce courant.

Le Groupe de pédagogie institutionnelle (1964) élabore parallèlement l'analyse institutionnelle sur le terrain de la pédagogie. Il est constitué autour de Raymond Fonvieille, Monique Labat, Bernard Bessière, Georges Lapassade, René Lourau et Michel Lobrot, qui publie *La Pédagogie institutionnelle* (1966). Fonvieille se centre sur l'analyse des institutions externes et internes. Pour lui, les institutions externes sont « l'Éducation nationale, avec ses buts avoués ou inavoués, École d'État ou d'une société, avec ses traditions, ses règlements, sa structure hiérarchisée, dont l'analyse est indispensable à qui veut avoir la conscience claire du rôle qu'il joue dans cette institution ». Du rôle ou plutôt des rôles, car le maître est à la fois dispensateur de savoir, organisateur de ce savoir, chargé du maintien de l'ordre, mais aussi juge investi d'un pouvoir de sélection, d'orientation, chargé des relations avec les parents, tous rôles que lui assigne l'institution. Mais il est aussi, qu'il en soit conscient ou non, qu'il le veuille ou non, représentant de la société adulte. Si les institutions internes sont les mêmes que chez Oury, l'analyse du fonctionnement du groupe doit déboucher, chez Fonvieille, sur une prise de conscience de l'extension du travail interne à la dimension des institutions de la société globale.

Après 1980, la question est posée d'une pratique de la pédagogie institutionnelle sortant de la classe pour s'étendre au niveau des établissements, et donc se donnant de nouveaux outils. La pédagogie institutionnelle intéresse alors les éducateurs au sens large et le monde de la formation.

Rémi Hess

▶ Bibliographie

Ardoino J., Lourau R., *Les Pédagogies institutionnelles,* Paris, PUF, coll. « Pédagogues et pédagogie », 1994.

Fonvieille R., *La Naissance de la pédagogie autogestionnaire*, Paris, Anthropos, 1998.

Hess R., Savoye A., *L'Analyse institutionnelle,* Paris, PUF, coll. « L'Éducateur », 1994.

Lobrot M., *La Pédagogie institutionnelle,* Paris, Gauthier-Villars, 1966.

Lourau R., *La Clé des champs : introduction à l'analyse institutionnelle*, Paris, Anthropos, 1997.

Oury F., Vasquez A., *Vers une pédagogie institutionnelle ?,* Vigneux, Matrice, 1991.

Pain J., *La Pédagogie institutionnelle d'intervention*, Vigneux, Matrice, 1993.

Savoye A., Hess R., *Perspectives de l'analyse institutionnelle*, Paris, Méridiens-Klincksieck, 1988.

▶ Voir aussi

Groupe (Pédagogies de) – Psychopédagogie.

Instruction

Selon Lalande, l'instruction a une double définition : « **a.** Action de communiquer à quelqu'un des connaissances. S'oppose en français à “éducation”, qui s'applique surtout au développement des habitudes, des conduites, du caractère et de la moralité. – **b.** Ensemble de connaissances acquises par l'étude ou l'enseignement. »

Le terme *instruere* signifiait originellement « assembler, bâtir, équiper » et, par analogie, « enseigner », mais il a pris, dans le contexte français, un sens d'imposition du savoir par des instances de pouvoir, qu'il s'agisse de l'État (instruction publique, instruction civique), de l'Église (instruction religieuse) ou de l'armée (instruction militaire). La Révolution française avait consacré l'expression d'« instruction publique » en écartant celui d'« éducation nationale », trop proche du modèle antique : « L'instruction est libératrice et constitue un droit pour l'homme ainsi qu'un devoir pour l'État » (Condorcet). La substitution de la terminologie « Éducation nationale » a été réalisée en 1932 par Édouard Herriot, impliquant une approche plus compréhensive de la fonction d'enseignement.

Le terme d'« instruction », donne lieu, en France, à une polémique idéologique qui l'oppose à celui d'« éducation » : contre celle-ci, qui tendrait à engloutir le savoir dans la pédagogie, en la mettant à la remorque des intérêts particuliers de l'enfant et du souci relationnel l'appelant « au centre », l'« instruction » maintiendrait la priorité de la connaissance et sauverait, en même temps que les savoirs élémentaires, garants d'une culture intellectuelle ouverte à tous, l'assise républicaine de l'École. La notion même d'élément et de savoir élémentaire, compris au sens cartésien comme le début d'une chaîne encyclopédique pouvant mener l'élève (en soi) vers des connaissances plus étendues et le mettant en position de tout comprendre, mériterait déjà d'être discutée scientifiquement, du point de vue de la psychologie du développement cognitif (Piaget) comme de celui de l'épistémologie historique (Bachelard). Du point de vue philosophique, s'il ne s'agit pas de sacrifier le savoir à la liberté capricieuse des individus, on n'échappe plus au devoir démocratique d'en faire le lieu de construction de la liberté pour chacun en même temps que pour tous, et d'organiser des moyens pédagogiques dans ce sens.

Michel Soëtard

▸ Bibliographie

FORQUIN J.-C., « Justification de l'enseignement et relativisme culturel », *Revue française de pédagogie*, n° 97, oct.-déc. 1991, p. 13-30.

HIPPEAU C., *L'Instruction publique en France pendant la Révolution*, Paris, Klincksieck, 1990.

KINTZLER C., *Condorcet, l'instruction publique et la naissance du citoyen*, Paris, Gallimard, 1987.

KINTZLER C., « Éléments », *Écrits de Condorcet sur l'instruction publique*, vol. 1, Paris, Edilig, 1989, p. 253-256.

MILNER J.-C., *De l'École*, Paris, Le Seuil, 1984.

SERRES M., *Le Tiers-Instruit*, Paris, Gallimard, 1992.

▸ Voir aussi

Civique (Éducation) – Condorcet – Éducation – Religieuse (Éducation).

Instructions officielles

Les Instructions officielles sont des directives émises par les départements ministériels et destinées à régir certaines des activités qui leur sont spécifiques. En ce qui concerne le ministère de l'Éducation nationale, elles correspondaient, jusqu'au milieu des années 1990, à l'ensemble des directives accompagnant la publication des programmes d'enseignement.

Les textes émis par les administrations centrales des ministères portent, selon leur objet ou les circonstances, le titre de *circulaire*, d'*instruction(s)* ou de *note de service*, et même, plus rarement, celui de *lettre ministérielle*. Terminologie à vrai dire assez hésitante, dans la mesure où elle ne correspond pas toujours à des critères matériels bien précis. En ce qui concerne le ministère de l'Éducation nationale, la lecture du *Bulletin officiel* fait apparaître une utilisation apparemment indifférenciée de ces termes : il arrive que sur un même objet, une note de service succède à une circulaire et inversement. Il apparaît que l'on utilise en pratique le terme de « note de service » aussi bien pour les questions financières ou de personnels que pour certaines questions d'ordre pédagogique : commentaires ou instructions d'accompagnement concernant les épreuves d'un concours, ou même tel point d'un programme d'enseignement. En revanche, le terme d'« instruction », d'un emploi nettement restreint, contrairement à l'usage suivi par d'autres ministères, notamment ceux des Finances et de la Jeunesse et des Sports, semblerait réservé aux textes d'une certaine importance, tels ceux organisant un transfert de compétence (par exemple, la déconcentration du contentieux administratif).

S'il a pu arriver qu'une simple circulaire porte des instructions relatives à l'enseignement d'une discipline dans une classe ou un type d'établissement, la tradition est que les arrêtés ministériels fixant les programmes d'enseignement, notamment des classes primaires et secondaires, soient accompagnés, en annexe, d'instructions présentant et commentant dans le détail la mise en œuvre de ceux-ci à l'intention des enseignants. Ces directives, élaborées par l'inspection générale de la discipline, donnaient lieu à des publications globales de la part du Centre national de documentation pédagogique : les horaires, objectifs, programmes, instructions (HOPI). Si leur plan et leur volume pouvaient varier selon les disciplines, ils consistaient tous en une présentation générale des programmes, pouvant être accompagnée de considérations d'ensemble sur les objectifs, les contenus, les méthodes, et suivie d'un commentaire détaillé des différentes parties du programme et de leur mise en œuvre.

Depuis le milieu des années 1990, le terme « document d'accompagnement » s'est substitué à celui d'« Instructions officielles ». C'est la Charte des programmes (texte du 13 novembre 1991, publié au *BO* n° 8 du 20 février 1992) qui introduit cette notion et distingue deux types de document d'accompagnement.

• Celui « à l'adresse des enseignants : [...] il doit être un précieux outil de travail pour l'enseignant auquel il apporte les éclaircissements nécessaires » (extrait de la Charte des programmes). Depuis 1994, tous les programmes publiés ont été complétés par un document d'accompagnement, sauf ceux de philosophie des différentes séries générales (L, ES et S). Ces documents sont élaborés par les groupes qui ont rédigé les programmes eux-mêmes et non plus par l'Inspection générale : c'est pour cette raison qu'ils ont un statut moins officiel que les Instructions qu'ils ont remplacées. Leur forme et leur contenu sont très différents selon les disciplines et les niveaux d'enseignement.

• Celui « à l'adresse des élèves, de leurs parents et des employeurs : la fonction de ce document est de donner des informations et de faire comprendre aux élèves et à leurs parents les raisons des exigences auxquelles les élèves doivent satisfaire au cours et au terme de l'année scolaire » (*ibid.*). Le seul véritable exemple d'un tel document d'accompagnement est le livre *Qu'apprend-on au collège ?*, rédigé par le Conseil national des programmes en 2002.

D'autres formes d'accompagnement existent :
– les manuels scolaires ;
– les stages de formation ;
– les sites Internet : certains sont officiels (sites des rectorats, des associations, des syndicats, des établissements, etc.), d'autres sont personnels (professeurs, élèves, etc.). On y trouve des réflexions, des propositions ou des questions concernant les programmes.

Globalement, on peut regretter que la plupart des accompagnements négligent les aspects théoriques pour insister sur les méthodes et les outils de mise en œuvre.

René Gérard
Dominique Raulin

▸ Bibliographie

DURAND-PRINBORGNE C., *Le Droit de l'éducation. Enseignement scolaires : traité théorique et pratique,* Paris, Hachette, 1998.

▸ Voir aussi

Bulletin officiel – Conseils – Inspection – Programmes scolaires.

INTELLIGENCE

La notion d'« intelligence » a une longue histoire. Sa polysémie est associée à son utilisation en philosophie de la connaissance, dans la réflexion sur l'évolution animale et humaine, et en psychologie des différences individuelles.

L'intelligence dans un contexte évolutif

Dans l'histoire de la philosophie, ce terme a été mis en relation avec ce qui est de l'ordre de la connaissance. Il a été associé de diverses façons à la raison ou à l'entendement, aux catégories de la pensée, aux facultés. Il englobe parfois toute la vie mentale, comme chez Taine (1870).

Au contact des théories de l'évolution, cette notion sert à marquer les différences de nature et/ou de degré au sein des espèces : aux actes « instinctifs » ou « réflexes », on oppose ainsi les conduites de détour spatial, les conduites instrumentales et les conduites symboliques considérées comme des manifestations de l'« intelligence ». C'est à ce contexte qu'il convient de rattacher la théorie piagétienne qui s'intéresse à la continuité fonctionnelle et aussi aux ruptures structurales entre adaptation biologique et adaptation cognitive, et celles de Vygotski ou de Wallon pour qui la capacité d'adaptation est d'ordre technico-social et implique entre autres la mise en œuvre de conduites fabricatoires dans un cadre d'organisation sociale. On peut dire ici que la notion d'intelligence, par son caractère très général même, n'a pas été – et n'est pas – mise en cause.

Le « QI » a-t-il jamais vraiment existé ?

La situation n'est pas la même en psychologie. Ici, le terme « intelligence » a été très vite associé à la mesure des différences individuelles en matière de performance des processus mentaux. Il a été vivement critiqué en ce qu'il figeait en caractéristiques stables des différences de performances entre les individus : les individus seraient plus ou moins intelligents en eux-mêmes. En recherchant un facteur commun aux tests d'intelligence (ou une structure de facteurs plus ou moins indépendants mais permanents), la psychologie différentielle classique a conforté cette image. N'entend-on pas parfois dire de quelqu'un « qu'il (elle) a 80 % de QI » ?

Avoir une telle vision, c'est se méprendre profondément sur la nature de l'information que produit l'utilisation d'un test classique d'intelligence. La première échelle d'intelligence, celle de Binet et Simon, aboutissait en effet à la détermination d'un âge mental (AM) : si une série définie de tâches est réussie très largement par des enfants de 8 ans, par exemple, et peu par des enfants de 7 ans, la réussite à ces tâches permet de caractériser un enfant inconnu par un « âge mental » (AM), ici de 8 ans. Il reste ensuite à comparer son AM à son âge chronologique (AC) pour apprécier l'importance d'une avance ou d'un retard.

Les activités choisies par Binet étant liées à la vie quotidienne et à la vie scolaire, l'outil était bien adapté pour aider au choix du niveau scolaire auquel affecter un enfant en difficulté. Il était cependant insuffisant pour caractériser le retard : deux ans de retard n'ont pas le même poids si l'enfant a 4 ans ou s'il en a 12. Stern, un autre psychologue, a alors proposé de prendre en compte non pas la valeur absolue de l'écart mais sa valeur relative en établissant le rapport AM/AC. On commença alors à parler de QI (quotient d'intelligence). Cependant, s'il y a bien quotient, c'est un quotient d'âge (un rapport entre deux vitesses de développement) et non un quotient d'intelligence.

Ultérieurement, la référence à l'âge a été abandonnée (elle ne permet pas en particulier de travailler sur des populations adultes) et les échelles ont été construites pour permettre de positionner le sujet testé au sein de la population dont il est issu. Si l'expression « QI » persiste, il ne s'agit plus du tout d'un quotient. Dans le WISC, par exemple, la valeur 100 est fixée arbitrairement, au terme de transformations statistiques, comme la valeur moyenne des scores transformés pour un groupe donné, et la valeur 15 comme écart-type. La « note » obtenue par le sujet cible permet seulement de dire que tel pourcentage de la population a obtenu un score inférieur ou égal.

Il n'y a donc jamais eu à proprement parler de « quotient d'intelligence », et le succès de l'expression ne peut être compris que par rapport aux « théories psychologiques naïves » et à la réutilisation sociale à laquelle elle a donné lieu.

D'une caractéristique dispositionnelle à un fonctionnement cognitif en contexte

Dans la psychologie cognitive contemporaine, l'emploi du terme a largement diminué, miné par l'analyse des processus de traitement de l'information et par la montée en puissance des notions de contexte et d'expertise. Les performances dans les tests d'intelligence semblent en effet être bien davantage modulées par l'étendue et la disponibilité des connaissances et par le positionnement social de l'individu que par des différences dans les processus fondamentaux de la machinerie cognitive. Les différences majeures mettent en jeu des fonctions de planification et de contrôle (y compris émotionnel) par lesquelles l'individu pilote son activité dans des contextes différents.

À la représentation de l'intelligence comme une caractéristique individuelle et stable, la psychologie contemporaine substitue donc peu à peu celle d'une organisation complexe de variables qui affectent les fonctionnements cognitifs et sous-tendent l'activité en relation avec les situations et les contextes dans lesquels les individus sont plongés.

Michel Deleau

▸ Bibliographie

BASTIEN C., *Les Connaissances de l'enfant à l'adulte : organisation et mise en œuvre*, Paris, Armand Colin, 1997.

BINET A., SIMON T., « L'Élaboration du premier test d'intelligence », *Œuvres choisies*, t. 2, Paris, L'Harmattan, coll. « Encyclopédie psychologique », 2004.

DELEAU M., « Connaître le développement humain », in *Psychologie du développement*, Rosny-sous-Bois, Bréal, 1999, p. 15-66.

GARDNER H., *L'Intelligence et l'école : la pensée de l'enfant et les visées de l'enseignement*, Paris, Retz, 1996.

LAUTREY J., RICHARD J.-F., *L'Intelligence*, Paris, Hermès, 2005.

LAVEAULT D., GRÉGOIRE J., *Introduction aux théories des tests en psychologie et en sciences de l'éducation*, Bruxelles, De Boeck, 2002.

VAUCLAIR J., DEPUTTE B., « Se représenter et dire le monde : développement de l'intelligence et du langage chez les primates », *in* Picq P., Coppens Y., *Aux origines de l'humanité*, t. 2, Paris, Fayard, 2001, p. 293-331.

▸ Voir aussi

Piaget, Jean – Psychologie du développement – Vygotski, Lev Semionovitch.

INTERACTIVITÉ

Développé à l'origine dans l'*univers informatique*, et donc essentiellement technique, le concept d'« interactivité » a échappé au monde des ingénieurs pour émigrer vers d'autres sphères de l'activité sociale liées aux technologies, notamment dans le domaine de l'image et des médias, et très vite dans celui des technologies éducatives. Ce « concept flou » au départ s'est peu à peu stabilisé sous la double influence de travaux théoriques et de réalisations pratiques venant limiter les rêves et les fantasmes du mythe technico-culturel.

L'interactivité renvoie à une situation de *dialogue homme-machine* par lequel une machine simule une *activité langagière*. L'ordinateur répond à du langage par du langage naturel ou codé, le support du dialogue étant l'écran (qui peut devenir tactile). Il peut aussi simuler un *rôle* et répond alors à une commande par une mise en scène (comme dans le cas du roman ou du scénario interactif), sans parler des nombreuses et nouvelles formes d'interactivité liées aux divers types d'interfaces homme/machine : simulation de mondes « à voir » par l'intermédiaire de l'interface écran/lunettes, ou simulation de mondes « à voir et à toucher » par l'intermédiaire des interfaces de type « gants » ou « costumes de données » qui permettent de sentir sur la peau des objets rencontrés virtuellement, entièrement calculés et reconstruits par ordinateur. Autrement dit, dans le cas des médias électroniques interactifs, la machine ne se limite pas à une simple fonction d'outil mais joue le rôle d'un véritable *partenaire*.

L'interactivité peut intervenir à deux niveaux. D'une part, au niveau de la structuration de la navigation dans la totalité des informations disponibles : c'est le niveau de l'hyperdocument. D'autre part, au niveau de l'articulation entre les différents modes de communication des informations : c'est le niveau du multimédia. En intégrant la relation à la posture attendue de l'utilisateur, on peut aussi distinguer des *niveaux* et des *types d'interactivité* : le *niveau sélectif*, en usage dans les bornes ou catalogues interactifs ; le niveau *réactif* impliquant un nombre prédéterminé de relations entre les actions et leurs conséquences (en usage dans les CD-Roms) ; le niveau *rétroactif*, permettant l'intégration de données en provenance de l'interactant comme dans les programmes de simulation ; et enfin le type *collectif* en usage dans les forums et les jeux vidéo en réseaux.

Interactivité et interaction

Mais, spécialement dans le domaine de l'éducation, il faut éviter d'établir une corrélation directe entre les potentialités interactives virtuelles de la machine ordinateur, qui sont énormes, et les potentialités d'*interaction signifiante* réelles proposées par les programmes. Ces dernières dépendent non seulement de la capacité de l'utilisateur-élève de les exploiter, mais aussi de la qualité interactive du programme élaboré et, finalement, du sens que l'utilisateur peut donner à sa démarche d'apprentissage. En effet, si l'interactivité est un concept d'origine technique, relativement nouveau, celui d'interaction, en revanche, est ancien et non technique : il désigne la dynamique des échanges dans la communication intersubjective et se caractérise par l'interdépendance entre les partenaires, par un rapport de pouvoir entre émetteur et récepteur, et par la transformation *finale* d'une situation, autrement dit par un processus d'action réciproque. Ainsi l'interaction ne nécessite pas l'utilisation de machines interactives et, inversement, les machines interactives n'entraînent pas automatiquement des interactions : si l'interaction construit une médiation négociée entre des partenaires humains ou homme/machine, l'interactivité quant à elle met en œuvre une médiation technologique.

Or, dans le langage courant, l'adjectif « interactif » désigne aussi bien le processus d'interactivité machinique (médias électroniques interactifs ou multimédias interactifs) que la relation intersubjective entre deux ou plusieurs individus (dans les émissions de radio ou de télévision dites « interactives »). Ce qui explique les amalgames, car on ne peut limiter le concept d'interactivité à une interactivité technique, et les possibilités interactives des machines sont trop vite associées à des promesses de pédagogie active.

Interactivité fonctionnelle et interactivité intentionnelle

D'où l'intérêt d'introduire une autre distinction fondamentale du point de vue du concepteur, entre, d'un côté, l'interactivité appelée, selon les auteurs, machinique, fonctionnelle ou transitive – celle qui permet à l'utilisateur de rétroagir sur le programme et qui concerne la partie du logiciel gérant la communication entre l'utilisateur et l'ordinateur (logique et ergonomie des opérations à effectuer sur le clavier et l'écran) –, et, de l'autre, l'interactivité mentale, intentionnelle intransitive – celle qui permet à l'utilisateur de réagir mentalement et qui concerne la partie du logiciel gérant la communication entre l'utilisateur et l'auteur du logiciel. Celui-ci est non seulement présent à travers ses choix de contenu, mais aussi et surtout ses choix de structure et donc de navigation, de rhétorique, de contrat énonciatif, etc. C'est cette seconde interactivité qui permet au spectateur « de déployer une activité sensorielle, affective et intellectuelle au service de l'interprétation du message ».

La première, l'interactivité machinique ou transitive, par laquelle le spectateur devenant acteur rétroagit sur le programme, ne remplace pas la seconde – même si l'une et l'autre sont liées ; elle peut, au mieux, la favoriser, au pire l'inhiber, mais elle ne s'y substitue jamais.

Interactivité et apprentissage

Deux lecteurs, deux spectateurs ne lisent jamais le même livre ni ne voient le même film (fiction ou documentaire) parce qu'ils les interprètent différemment. En revanche, si deux

« lectacteurs » (Weisberg, 2001) ne lisent jamais le même hyperdocument (fiction interactive, hypertexte documentaire ou hypermédia éducatif), c'est parce que, par leurs cheminements respectifs, ils ne « produisent » jamais le même texte. Dans un cas, il y a différentes *interprétations* ; dans l'autre, il y a des *manifestations* de textes différents. C'est une grande particularité qu'introduit l'interactivité dans la relation entre le sujet et le contenu avec lequel il interagit. Du point de vue de l'utilisateur-élève, la médiation technologique peut être mise au service d'une interaction plus ou moins riche, plus ou moins libre ou encadrée, voire offrir des choix dans les types de parcours selon ses intérêts, ses besoins et son profil d'apprentissage. En ce sens, l'interactivité qualifie un nouveau design pédagogique, susceptible de permettre l'individualisation, la participation, la rétroaction immédiate. Comme le rappelle si justement Éric Bruillard, « dans le contexte de la recherche sur les environnements d'apprentissage, l'interactivité sous-tend avant tout l'idée d'une activité réelle avec une machine, qui ne peut se restreindre à un ensemble de choix parcimonieusement concédés à l'apprenant » (1997).

Les recherches qui permettraient de caractériser voire d'évaluer les effets de ce nouveau régime communicationnel, qui repose sur l'interéchange d'informations avec l'apprenant « en fonction d'un contexte significatif pour lui » (Giardina, 2000) sont encore peu nombreuses. Ce régime convient particulièrement aux théories de l'apprentissage contemporaines qui mettent l'accent sur l'implication et le rôle actif de l'apprenant, l'approche par la découverte guidée et la résolution de problème, l'apprentissage par simulation.

On peut imaginer comment, notamment par la simulation et l'interactivité, les hypermédias pourraient favoriser un rapport plus directement opératoire, « sensori-moteur », à l'expérience d'apprendre que ne le permet la culture du livre – du moins pour ceux qui ne l'ont pas fréquentée suffisamment tôt dans leur environnement social ou éducatif –, comme d'ailleurs la culture audiovisuelle. Même si cette dernière « implémente » directement des matériaux mobilisant simultanément différentes modalités de communication, elle n'introduit pas ce qui fait la seconde spécificité de l'interactivité : l'action du corps et du geste. Les données de l'écran interactif n'adviennent et ne progressent que « par » le geste et n'existent que « pour » le geste, l'écran ne peut être seulement « regardé ». Cette caractéristique exige de nouvelles analyses pour définir les dimensions sémiotique, narrative, et selon les cas, artistique, ludique ou didactique de ce type de communication médiatisée. Les jeux vidéo (*MédiaMorphoses*, 2001), plus proprement appelés jeux interactifs, sont particulièrement représentatifs de ce nouveau commerce qu'entretiennent les jeunes avec leurs écrans, et des recherches témoignent de leur influence sur les acquis tant perceptifs que cognitifs ainsi que de leur rôle dans l'acculturation technologique.

Grâce au multimédia interactif, l'École pourrait favoriser cette articulation entre l'apprendre « par le faire » et l'apprendre « par observation et instruction », entre les savoirs pratiques et les savoirs abstraits, si souvent dissociés voire même opposés, au point de constituer un critère de « distinction » dans les parcours scolaires. De façon plus prospective encore, on peut entrevoir, notamment avec les interfaces à retour d'efforts – déjà disponibles avec les jeux à destination du grand public –, comment cette « interactivité immersive », qui crée des mondes virtuels dans lesquels tous les stimulus sont générés par l'ordinateur pourrait être exploitée à d'autres fins que ludiques. À condition que la réflexion pédagogique et culturelle accompagne l'évolution technologique : on demande toujours des inventeurs.

Geneviève Jacquinot-Delaunay

▶ Bibliographie

Barchechath E., Pouts-Lajus S., *Interactifs, une technique de l'intention. Guide pratique à l'usage des professionnels des musées*, Paris, Direction des musées de France, 1990.

Bruillard É., *Les Machines à enseigner*, Paris, Hermès, 1997.

Collectif, « Qui a encore peur des jeux vidéo ? », *MédiaMorphoses*, n° 3, Bry-sur-Marne, INA, 2001.

Giardina M., *L'Interactivité, le multimédia et l'apprentissage*, Paris, L'Harmattan, coll. « Éducation et formation », 2000.

Meunier C., Jacquinot G. (dir.), « L'Interactivité au service de l'apprentissage », *Revue des sciences de l'éducation*, n° thématique, Montréal, vol. 25, n° 1, 1999.

Segly F., *Les Produits interactifs et multimédias, Méthodologies, conception, écriture*, Grenoble, PUG, 1999.

Souchier E., Jeanneret Y., Le Marec I., *Lire, écrire, réécrire : objets, signes et pratiques des médias informatisés*, Paris, Bibliothèque publique d'information, 2003.

Tricot A., Molinier P., *Compréhension et hypermédia : approches cognitives, communicationnelles et sémiotiques*, actes du colloque, Albi, centre universitaire, 10-11 octobre 2002.

Weisberg J.-L., « Figures du lectacteur, le document hypermédia comme acteur », *Communication et langages*, n° 130, Paris, Armand Colin, 2001.

▶ **Voir aussi**
Machine à enseigner – Technologies de l'information et de la communication pour l'éducation (TICE).

Interculturelle (Pédagogie)

Parmi les nombreuses mutations (politiques, sociales, technologiques, etc.) qui ponctuent et structurent l'évolution des sociétés, celle liée à l'émergence du culturel, et donc de l'« interculturel », constitue une véritable onde de choc, tant dans les discours politiques que dans les pratiques sociales et éducatives. Associé à différents domaines comme ceux de la pédagogie (liée ou non au fait migratoire), des pratiques sociales, de la communication, du management, des relations internationales, revendiqué par de nombreux mouvements associatifs dans une perspective de lutte contre le racisme et une meilleure insertion des migrants, l'« intraculturel » recouvre non seulement une diversité dans ses champs d'application, mais aussi et surtout une multiplicité d'orientations. Cet engouement, qui se retrouve largement dans tous les pays européens ainsi qu'aux États-Unis, s'accompagne d'un éclatement de la notion auquel il convient d'associer des difficultés de formalisation. Indétermination qui pèse lourdement sur les engagements institutionnels, mais aussi et surtout sur les modalités du traitement, à l'école et par l'école, de la question de la diversité culturelle.

La génération de l'interculturel

L'expression « pédagogie interculturelle » est systématiquement associée à la scolarisation des enfants de migrants. Cet ancrage, dans le contexte migratoire, pour ne pas dire cet enfermement, s'explique par le fait que les activités interculturelles ont été introduites à l'école dans le cadre de l'enseignement de la langue et de la culture d'origine (*Bulletin officiel,* n° 15 du 17 avril 1975 et n° 36 du 7 septembre 1978). L'objectif était double : d'une part, faciliter une meilleure insertion des enfants étrangers dans le système scolaire et, d'autre part, maintenir « la possibilité de se réadapter, le cas échéant, au pays d'origine ». Les activités interculturelles se définissaient comme des réponses aux « difficultés spécifiques dues à un handicap linguistique diffus et à une insertion partielle dans le milieu culturel français ». Il s'agissait donc d'activités ponctuelles qui pouvaient éventuellement, selon les contextes, s'adresser aussi aux enfants français. C'est peut-être ce double ancrage dans l'immigration et dans une problématique d'échec qui explique la forme idéologique et passionnelle qu'a souvent prise le « mouvement interculturel ». En effet, avant d'être érigé comme un champ de recherche, l'« interculturel » a été un champ social. Ses origines et son étroite imbrication avec le terrain l'ont placé, pendant longtemps, au cœur des polémiques et des controverses.

En 1978, la généralisation des activités à tous les enfants de la classe correspondait à un constat d'échec de la politique d'incitation au retour, à une stabilisation de la population immigrée, ainsi qu'aux difficultés de coexistence des communautés française et étrangères.

L'immigration n'est plus, à cette date, considérée comme un fait conjoncturel mais structurel. À partir de 1981, avec la circulaire sur les zones d'éducation prioritaire (ZEP), la scolarisation des enfants de migrants ne fera plus l'objet de mesures spécifiques mais sera considérée comme l'une des modalités de la lutte contre les inégalités sociales et culturelles.

Cette brève rétrospective met en évidence la conjonction des mesures sociales et économiques avec les orientations éducatives. Elle profile aussi la rapidité des mutations et la complexité de plus en plus grande du problème. En effet, la réalité recouverte par le terme « migrants » a considérablement évolué et évoluera dans l'avenir. Ainsi, le migrant des années 1950 n'est plus celui des années 1990, et n'est pas non plus celui de l'après-1993 avec la construction de l'espace européen. La définition du migrant change avec la conjoncture économique, politique et sociale. La mobilité au sein de l'Europe posera des problèmes similaires dans leur nature, et non pas forcément dans leurs manifestations, à ceux posés par l'immigration économique des pays du Sud.

À l'origine, les activités interculturelles ont fait l'objet d'un véritable engouement. La multiplication des projets d'action éducative (PAE), des fêtes de quartier, l'appel massif aux associations de migrants, l'effervescence parfois désordonnée des initiatives liées à l'absence d'encadrement conceptuel et méthodologique ont conduit à stigmatiser les initiatives à travers le vocable de « pédagogie couscous ». Il est désormais inutile de revenir sur les erreurs et les errances de ces pratiques, dont il est préférable de ne retenir que l'élément novateur, à savoir l'introduction et la reconnaissance du paramètre culturel *dans* et *par* l'école. La culture, longtemps restée l'apanage des ethnologues et des anthropologues, tend à perdre son caractère exotique et d'extra-territorialité pour porter son regard non plus seulement sur l'« ailleurs » mais également sur l'« ici ». Le concept de « culture » n'est plus opérationnel de nos jours pour rendre compte de la diversité culturelle. Il s'agit de le déconstruire au profit d'une notion comme la « culturalité », qui renvoie à des processus culturels et non à des structures ou des catégories, qui renvoie aussi à une analyse des faits culturels comme des symptômes d'une situation, d'un contexte ou d'une relation.

La pédagogie interculturelle, liée à la scolarisation des enfants de migrants, a servi de révélateur et a indéniablement favorisé la reconnaissance puis l'introduction de la variable « culture » dans les sciences de l'éducation, du moins en France (l'anthropologie de l'éducation possède une longue tradition aux États-Unis notamment). Les travaux français sur l'ethnologie de l'éducation ciblaient essentiellement les pays africains.

Si la pédagogie interculturelle ne se définit pas par rapport à un public, elle ne correspond pas non plus à une nouvelle discipline. Il ne s'agit pas d'enseigner l'« interculturel » comme on enseigne l'histoire, la géographie, les sciences ou les mathématiques. L'apprentissage des cultures ne peut pas être considéré comme l'objet de l'« enseignement interculturel ». D'une part, il est déjà intégré par le biais de l'enseignement des civilisations dans certaines disciplines (histoire, géographie, langues vivantes étrangères, par exemple). D'autre part, cet enseignement peut être effectué en fonction de postulats théoriques différents ; il est actuellement marqué par une analyse de type plus culturaliste qu'interculturelle.

Dans les années 1980, alors que dans les quartiers à forte densité migratoire la « fièvre » des activités interculturelles commence à tomber (sous l'effet des réserves de l'institution et de l'insatisfaction des résultats due à un empirisme trop marqué par le tâtonnement), on assiste à une relance du terme dans les domaines d'activités et d'enseignement non liés à l'immigration : l'éducation au développement, l'enseignement du français langue étrangère, les échanges linguistiques, l'apprentissage des langues vivantes étrangères. Par ailleurs, le culturel interroge et investit tous les lieux potentiels de chocs de cultures (entreprise, hôpital, travail social, coopération, management, etc.). Bien que tardifs, les acquis de la recherche ont permis de mieux cerner la question. En définissant l'« interculturel » comme une modalité possible d'analyse et de compréhension des problèmes liés à l'altérité et à la diversité culturelle, ce sont non seulement d'autres pratiques qui se développent, mais aussi et surtout un positionnement scientifique qui va bien au-delà de la théorisation de l'action. Il faut noter, à cet égard, que cette orientation a engendré l'émergence de nouveaux domaines d'investigation et d'application, dans un temps où les actions de type « engagement » s'essoufflent.

Culturalisme et approche interculturelle

Si l'interculturel se définit comme un mode d'appropriation et d'analyse des problèmes et situations caractérisés par le contact de groupes et d'individus appartenant à des cultures différentes, on peut considérer que la pédagogie intraculturelle ne correspond ni à un champ disciplinaire, ni à un public spécifique (celui des migrants par exemple). Les données interculturelles sont, comme toutes les données de recherche, construites et non posées. Aucun fait n'est d'emblée « interculturel » et la qualité « interculturel » n'est pas un attribut de l'objet. En conséquence, de manière un peu paradoxale, on pourrait présenter l'« interculturel » comme un mode de traitement de la réalité sociale et éducative caractérisé, entre autres, par l'hétérogénéité et la pluralité culturelles. Ce ne sont donc pas les cultures, ni même les relations entre les groupes et les individus appartenant à des cultures différentes qui définissent l'« interculturel », encore moins la pédagogie interculturelle, mais la manière dont l'analyse prend en compte le paramètre culturel selon un paradigme conceptuel, épistémologique et méthodologique spécifique. L'approche interculturelle se distingue des réponses posées en terme de pluralisme ou de multiculturalisme. Ces dernières expressions correspondent à un constat de type descriptif (coprésence des cultures) et à une conception des rapports sociaux et culturels fondée sur un processus cumulatif et additif : le tissu social est présenté comme une mosaïque d'entités culturelles supposées distinctes les unes des autres, mais cohérentes et homogènes.

L'irruption du culturel en éducation présente un risque de dérive non négligeable à travers le culturalisme, dont le pluri- et le multiculturalisme ne sont en fait que des extensions. Par culturalisme, il faut comprendre une focalisation sur les différences culturelles comme principe explicatif des comportements, des conduites, voire des aptitudes, ainsi que la croyance en l'existence de normes et de valeurs systématiquement partagées par tous les membres d'un groupe. Dans cette perspective, l'appartenance à une culture définit une ligne interprétative de type causaliste et déterministe, ainsi qu'un processus d'identification de l'Autre par catégorisation et par marquage, c'est-à-dire par connaissance et non par reconnaissance. La différence sert non pas à attribuer une identité mais à identifier, éventuellement dans un but de distinction, de distanciation, voire d'exclusion. Il convient donc de ne pas confondre « différence » et « diversité », qui engendrent deux logiques d'action et d'explication antinomiques.

Un autre aspect de la dérive culturaliste consiste à hypertrophier la variable culturelle au détriment de toutes les autres (psychologique, sociologique, institutionnelle, historique, économique, etc.). Un point de focalisation de cette tendance est la volonté de faire jouer à la culture un rôle d'explication de l'échec scolaire. Dire « ils sont culturellement différents » sous-entend « ils sont psychologiquement déficients » ou bien encore « ils sont socio-économiquement et socioculturellement défavorisés ». Ceci explique cela. Du psychologique on est passé au culturel après avoir considéré le sociologique. Dans tous les cas de figure, le modèle d'analyse sous-jacent est de type déterministe et unicausal, donc réducteur, et par conséquent inadéquat et inefficace.

Concevoir une École plurielle

L'approche intraculturelle s'attarde davantage sur les relations et les interactions entre les individus et les groupes que sur la définition culturelle de ces derniers. En effet, la culture s'appréhende essentiellement à travers un contexte multiréférencé sur les plans psychologique, économique, historique, sociologique, etc., et à travers des représentations intersubjectives des acteurs (groupes et/ou individus). Objet de manipulations pragmatiques, lieu d'expression des stratégies collectives et individuelles, point éventuel de focalisation des enjeux et dysfonctionnements de tous ordres, elle passe du statut de superstructure instituante et catégorisante à celui de processus dynamique. De fait, la pédagogie interculturelle s'enracine d'abord dans une philosophie éducative qui se définit par la reconnaissance d'une série de tensions entre des pôles et des limites, plutôt que par la préférence envers des pratiques spécifiques et particulières. Il ne s'agit pas tant d'assigner à l'École de nouveaux objectifs que de lui demander d'accomplir ses missions en s'appuyant sur une perspective interculturelle, elle-même définie par rapport aux acquis récents des sciences humaines et aux impératifs liés aux nouvelles conditions d'actualisation du principe de diversité culturelle. Parmi les tensions constitutives de l'approche interculturelle, il convient de mentionner les polarités organisées autour des binômes notionnels de singularité/universalité, identité/altérité, différence/variation, structure/processus. Ces différentes tensions résument le dualisme entre le culturalisme et l'interculturalisme et traduisent le fait que l'introduction du culturel exige une véritable mutation paradigmatique au niveau conceptuel et méthodologique.

La question fondamentale qui est posée aujourd'hui à l'École n'est donc plus celle d'une pédagogie adaptée aux enfants issus de l'immigration, mais celle d'une éducation qui permet de gérer le pluralisme qu'impose la composition actuelle du tissu social et scolaire. Il s'agit d'apprendre à communiquer dans une société plurielle marquée par la multiplicité et l'hétérogénéité des références, la rapidité des mutations, la contingence de valeurs différentes et parfois contradictoires. Pour tous les enfants, y compris ceux qui ne vivent pas un processus de migration, socialisation et enculturation ne peuvent plus se situer dans un contexte monoréférencé, relativement monolithique, homogène et stable (au sens d'une évolution lente et douce). En conséquence, les enjeux éducatifs de l'École sont à définir par rapport à cette complexification et diversification du tissu social, en évitant de sombrer dans une réponse de type additif dont la traduction institutionnelle serait la pluralité des Écoles, alors qu'il conviendrait de concevoir une École plurielle, ouverte à toutes les formes de diversité, y compris culturelle.

Martine Abdallah-Pretceille

▶ Bibliographie

Abdallah-Pretceille M., *L'Éducation interculturelle,* Paris, PUF, coll. « Que sais-je ? », 2004.

Abdallah-Pretceille M., *Former et éduquer en contexte hétérogène : pour un humanisme du divers,* Paris, Anthropos, 2003.

Abdallah-Pretceille M., *Vers une pédagogie interculturelle,* Paris, Anthropos, 1996.

Abdallah-Pretceille M., Porcher L., *Éducation et communication interculturelle*, Paris, PUF, coll. « L'Éducateur », 2001.

Camilleri C., *Anthropologie culturelle et éducation*, Paris/Lonay, Unesco/Delachaux et Niestlé, 1986.

Camilleri C., Cohen-Emerique M. (dir.), *Chocs de culture : concepts et enjeux pratiques de l'interculturel*, Paris, L'Harmattan, 1989.

Clanet C., *L'Interculturel : introduction aux approches interculturelles en éducation et en sciences humaines*, Toulouse, Presses universitaires du Mirail, 1998.

Collectif, *L'Interculturel en éducation et en sciences humaines*, actes du colloque national, Toulouse, université de Toulouse-Le Mirail, 2 vol., juin 1985.

Porcher L., *L'Éducation des enfants de travailleurs migrants en Europe : l'interculturalisme et la formation des enseignants*, Strasbourg, Conseil de l'Europe, 1980.

Rey M., *Former les enseignants à l'éducation interculturelle ?*, Strasbourg, Conseil de l'Europe, 1980.

▶ Voir aussi

Acculturation – Anthropologie de l'éducation – Culture générale – Établissement (Projet d') – Identité – Immigrés (Enfants d') – Multiculturalisme – Zone d'éducation prioritaire (ZEP).

INTERDISCIPLINARITÉ

L'interdisciplinarité en éducation et en formation est née dans le sillage de la réflexion théorique générale sur l'interdisciplinarité. L'émiettement croissant des savoirs, l'évolution rapide des connaissances ont influencé son apparition. L'institution éducative et scolaire a découvert que le découpage des disciplines et leur contenu tels qu'ils étaient présentés aux élèves couraient trois risques : celui lié au découpage arbitraire de certaines disciplines ne correspondant plus à l'identité actuelle des nouveaux savoirs ; celui lié aux découvertes de l'épistémologie génétique et de l'apprentissage chez les individus, qui ont mis l'accent sur l'obsolescence de certaines conceptions sur les disciplines, sur leur structure et l'organisation de leurs concepts ; enfin, celui lié à l'évolution sociale et économique des pays occidentaux, exigeant des compétences de l'ordre du « savoir apprendre à apprendre », de l'acquisition de processus intellectuels généraux plus que de contenus dans une perspective de formation tout au long de la vie. Nous retrouvons là « la tête bien faite plutôt que bien pleine » de Montaigne.

L'interdisciplinarité en éducation n'est donc pas une discipline ou une matière nouvelle, mais c'est essentiellement une *modalité pédagogique.* Elle est sous-tendue par une approche militante de démystification du savoir, dans une perspective de sociologie des connaissances. Souvent vécue comme une action critique, elle est difficile à dissocier d'autres innovations portant sur les modes de communication pédagogique, de partage du pouvoir et de relation à la connaissance.

Pluri-, multi-, trans- et interdisciplinarité...

Généralement, l'interdisciplinarité, dans le domaine de l'éducation, couvre des activités plutôt pluridisciplinaires ou transdisciplinaires. Certains auteurs ont abordé l'interdisciplinarité (M. Boisot) d'une manière épistémologique en distinguant divers modes de liens entre plusieurs disciplines : l'*interdisciplinarité linéaire* qui définirait le lien entre disciplines par les lois qui les régissent, l'*interdisciplinarité structurale* produite par l'englobement d'une discipline par une nouvelle qui apparaît et l'*interdisciplinarité restrictive* où chaque discipline impose des limites au champ des autres.

Dans le domaine de la pédagogie, une distinction est faite entre pluri- ou multidisciplinarité, transdisciplinarité et interdisciplinarité. La pluri- ou multidisciplinarité serait la juxtaposition de plusieurs disciplines sur un même sujet. Par exemple, les élèves étudient la

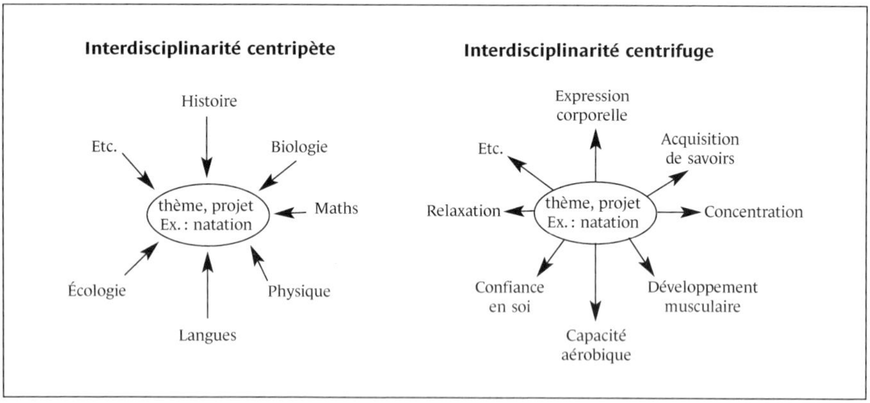

mer : chaque discipline contribue, dans son domaine particulier, à cette étude, sans concertation avec les autres. Ce type d'activité est parfois qualifié d'*interdisciplinarité thématique.*

La transdisciplinarité, à l'opposé, s'intéresse aux objectifs éducatifs généraux, non spécifiquement disciplinaires, appartenant au domaine affectif, psychologique, relationnel ou de motivation. Dans le même esprit, certains auteurs distinguent l'interdisciplinarité centripète (appelée aussi « pédagogie de l'éponge ») de l'interdisciplinarité centrifuge (voir schéma ci-dessous). La première désigne l'interdisciplinarité thématique, alors que la seconde fait référence à la transdisciplinarité.

Les compétences requises par les enseignants dans les deux cas sont différentes. Pour la première interdisciplinarité, l'enseignant sera le transmetteur d'un savoir disciplinaire qu'il est censé maîtriser ; pour la seconde, le rôle de l'enseignant est de répondre aux demandes des élèves et d'adapter ses apports, y compris non disciplinaires, dans une démarche de projet où l'élève construit le savoir à travers une structuration progressive des apports variés.

L'interdisciplinarité peut aussi être appréhendée comme une fertilisation mutuelle de plusieurs disciplines. Elle s'appuie fortement sur les disciplines et, loin de les nier, tente de les enrichir dans trois directions : par un travail sur des notions communes, par un travail de méthodologie commune, par des objectifs cognitifs communs.

Dans la pratique de la classe

Cette distinction est souvent difficile à faire en classe. Une étude menée dans les collèges expérimentaux de 1978 à 1980 a montré que les enseignants s'associaient préférentiellement, dans un premier temps, en tandem bidisciplinaire.

Quatre types de relations entre disciplines se dégagent alors : une *collaboration des disciplines* en vue d'un objectif qui n'appartient en propre ni à l'une ni à l'autre de ces disciplines (acquérir une méthode de travail et de raisonnement, par exemple, par la prise de notes, le résumé, etc.) ; une *relation d'équivalence* entre les disciplines qui apportent toutes deux un savoir ou savoir-faire relevant de leur domaine propre (c'est l'interdisciplinarité thématique évoquée plus haut) ; une *relation de dépendance* entre les disciplines où l'intervention d'une discipline précède nécessairement l'intervention des autres parce qu'elle apporte un savoir ou un savoir-faire qui va être réutilisé par les suivantes ; une *relation de prédominance* d'une des disciplines, c'est-à-dire qu'une seule discipline fonctionne en réalité, les autres disciplines pouvant alors servir soit de déclencheurs, soit profiter de l'occasion pour organiser une activité qui leur est propre. Par exemple, les arts plastiques peuvent intervenir à l'occasion de la construction d'une montgolfière par les élèves, en la décorant.

Selon les indications de Louis Legrand, il apparaît que l'interdisciplinarité pédagogique constitue une réponse aussi bien à des besoins disciplinaires qu'à des besoins éducatifs généraux et de l'apprentissage ; elle comporte aussi une prise en compte de la croissance mentale et de la réduction des obstacles épistémologiques comme des intérêts spontanés et des choix personnels.

À côté de l'interdisciplinarité scolaire, une deuxième direction que suivrait l'interdisciplinarité serait directement reliée aux nécessités présentes de formation socioprofessionnelle, en ce qu'elle s'inscrirait sur le plan des savoirs pratiques et des relations entre théorie et pratique qui constituent un enjeu central dans la formation professionnelle. Yves Lenoir rappelle que la formation des enseignants, comme celle des autres professions, allierait obligatoirement différents types de savoirs : savoirs théoriques, savoirs pratiques dont ceux d'expérience, techniques ou procéduraux. Cette interdisciplinarité des savoirs professionnels, de type transdisciplinaire, vise le développement des actes professionnels.

En conclusion, l'interdisciplinarité ne se traduit pas par la négation des disciplines, bien au contraire. Le travail d'équipe des enseignants, nécessaire à sa mise en œuvre, entraîne chaque professeur à découvrir les autres disciplines avec leurs objectifs, leurs exigences et leurs méthodes propres et à reconnaître en retour la valeur structurante des savoirs scolaires. Ce travail d'équipe conduit bien souvent à mieux cerner les besoins et les intérêts de chaque élève et donc à l'élaboration pertinente d'un contrat éducatif dans une pédagogie différenciée. Là, nous ne sommes pas loin de la pédagogie du projet…

Françoise Cros

▸ Bibliographie

Boisot M., « Discipline, interdisciplinarité, programme interdisciplinaire », *Revue française de pédagogie*, n° 17, 1971, p. 32-38.

Cros F., *Groupements différenciés d'élèves*, vol. 3 : *L'interdisciplinarité : un moyen de différencier la pédagogie*, Saint-Fons, INRP, 1983.

Cros F., « Repères bibliographiques sur l'interdisciplinarité », *Perspectives documentaires en sciences de l'éducation*, n° 11, 1987, p. 35-47.

Legrand L., *L' École unique : à quelles conditions ?*, Paris, Scarabée, 1986.

Lenoir Y., *Les Fondements de l'interdisciplinarité dans la formation à l'enseignement*, Québec, CRP, 2001.

Lenoir Y., « L' Interdisciplinarité : aperçu historique de la genèse du concept », *Cahiers de la recherche en éducation*, Montréal, Québec, 2(1), 1995, p. 1-39.

Lenoir Y, Sauvé L., « Interdisciplinarité et formation à l'enseignement primaire et secondaire », *Revue des sciences de l'éducation*, Montréal, vol. 24, n° 1, 1998.

Paul P., Pineau G. (coord.), *Transdisciplinarité en formation*, Paris, L'Harmattan, 2005.

Resweber J.-P., *La Méthode interdisciplinaire*, Paris, PUF, 1981.

▸ Voir aussi

Épistémologie – Innovation – Pédagogie différenciée – Projet – Rapport au savoir – Transfert de connaissances.

Intérêt

Le terme « intérêt » désigne l'orientation positive plus ou moins marquée de l'individu vers une classe d'objets ou d'activités.

Les intérêts sont l'une des manifestations des forces motivationnelles et peuvent être considérés comme des traits de personnalité. Par leur nature ils déterminent les buts de l'individu, et par leur intensité l'énergie qu'il est susceptible de mettre en œuvre pour les atteindre. Les individus qui ont des intérêts pour des objets particuliers affirmeront des préférences pour ces objets, rechercheront des situations pour ces objets, rechercheront des situations où ils pourront se les approprier et agiront pour les conserver.

Les pédagogies actives prennent appui sur les intérêts des élèves. Lorsqu'elle est sous-tendue par des intérêts, l'activité d'apprentissage est plus soutenue et mobilise davantage les ressources cognitives du sujet. Les intérêts sont donc un facteur de l'acquisition des connaissances et, plus généralement, de l'efficience cognitive. Leur rôle est cependant moins important que celui des aptitudes.

Les intérêts peuvent être appréhendés à partir du témoignage des sujets librement exprimé ou recueilli au moyen de questionnaires. Ils peuvent être aussi inférés à partir des activités spontanées (activités de loisirs par exemple) ou des connaissances (on considère alors que les intérêts pour un domaine sont d'autant plus marqués que les connaissances dans ce domaine sont plus étendues). Il existe également des modalités plus sophistiquées d'évaluation des intérêts. Par exemple, l'intérêt pour un objet représenté sur une photographie sera fonction du temps consacré à l'observation de cette photographie.

On a particulièrement prêté attention aux intérêts scolaires et aux intérêts professionnels. Ces derniers deviennent relativement stables vers la fin de l'adolescence. Il existe de nombreux questionnaires d'intérêts professionnels qui sont très largement utilisés en orientation scolaire et professionnelle. Ces questionnaires permettent de comparer les intérêts d'un individu à ceux des personnes exerçant une même profession, ou de mesurer directement le degré d'attrait pour des professions ou pour des activités pouvant s'exercer dans un cadre professionnel (intérêts sociaux, altruistes, techniques, etc.).

Michel Huteau

▸ Bibliographie

DUPONT J.-B., GENDRE F., BERTHOUD S., DESCOMBES J.-P., *La Psychologie des intérêts*, Paris, PUF, coll. « Le Psychologue », 1980.

▸ Voir aussi

Actives (Méthodes) – Aptitude – Centres d'intérêt – Motivation – Orientation – Personnalité.

INTERNAT

L'internat est un établissement accueillant en groupe des enfants ou des adolescents en leur assurant hébergement, nourriture et, selon des modalités diverses, une prise en charge éducative. Il convient de distinguer les internats scolaires et les internats spécialisés accueillant des jeunes en difficulté.

Internat scolaire

À l'origine, l'internat – ou pension (de « peser », « payer ») – était rattaché aux établissements d'enseignement. Pendant longtemps, leur fréquentation fut très importante puisqu'au XIXe siècle 65 % des enfants et des jeunes scolarisés vivaient et étudiaient en internat.

Après la Seconde Guerre mondiale, la multiplication des établissements secondaires associée au développement des transports a conduit progressivement à une forte diminution des internats scolaires. Alors que les internats occupent encore en Grande-Bretagne et aux États-Unis, par exemple, une place importante dans la socialisation des élites, l'internat scolaire est aujourd'hui peu développé en France (moins de 3 % de la population lycéenne). Quasi absent dans les très grandes villes, on le trouve plus fréquemment dans les villes moyennes où il accueille des élèves parfois domiciliés fort loin. Les places en internat peuvent, dans certains établissements, être réservées pour des élèves scolarisés dans des spécialités rares aux sections peu nombreuses.

En dépit d'une image le plus souvent négative, l'internat scolaire peut être présenté comme une structure d'accueil résidentiel à recommander pour les jeunes ne bénéficiant pas d'un climat familial serein. Certains thérapeutes soulignent l'intérêt du placement en internat scolaire de jeunes, qui, sans présenter des troubles psychosociaux graves, gagneraient à une prise de distance modérée avec leur milieu familial. Une vie en internat, cinq jours par semaine, peut en effet faciliter une poursuite des études sans rupture des relations familiales. Par ailleurs, environ 5 % des jeunes placés par les services de l'aide sociale à l'enfance sont accueillis en internat scolaire, jugé moins stigmatisant que l'internat spécialisé.

Internat spécialisé et pédagogies résidentielles

Alors que l'internat scolaire tend à se raréfier en France dans la seconde moitié du XXe siècle, l'accueil d'enfants et d'adolescents en internat spécialisé s'est, au contraire, fortement développé depuis la décennie 1940 jusqu'au milieu des années 1970. Le placement dans ces institutions était justifié en raison de défaillances ou de dysfonctionnements au niveau de l'action éducative parentale : décès des parents, abandon de l'enfant, incarcération ou hospitalisation, maltraitances intra-familiales, difficultés ou incapacités éducatives des parents, troubles et/ou handicaps des parents et/ou de l'enfant, isolement, éloignement d'instances éducatives complémentaires de la famille… autant de situations diversifiées entraînant une séparation et nécessitant le recours à des dispositifs d'accueil et d'éducation, hors de l'environnement familial et social de l'enfant.

Historiquement, on peut distinguer une première génération d'internats accueillant des enfants orphelins, vagabonds, cas sociaux, créés après la Première Guerre mondiale et donnant lieu à des expérimentations pédagogiques et des publications très diffusées qui constituent aujourd'hui encore des textes de référence pour les professionnels : Anton Makarenko, mais aussi Véra Schmidt en URSS, August Aichorn à Vienne, Janusz Korczak en Pologne, Alexandre S. Neill en Grande-Bretagne. Avec des approches contrastées, ces auteurs ont recherché les spécificités de l'éducation collective et tout particulièrement ont exploré différentes modalités de participation des résidents à la marche de l'établissement.

Après la Seconde Guerre mondiale, une deuxième génération d'innovateurs s'est particulièrement illustrée dans l'animation d'internats spécialisés, notamment dans la prise en charge éducative d'enfants psychotiques ou autistes : Bruno Bettelheim, les « antipsychiatres », dont Maud Mannoni, et surtout les initiateurs des courants dits de psychothérapie institutionnelle, François Tosquelles et Jean Oury. Les périodes de crise et de guerre appellent nécessairement la mise en place d'institutions, souvent avec très peu de moyens. On a pu le constater par exemple au Liban et plus encore dans certains pays de l'Est.

L'internat spécialisé : un dispositif de suppléance familiale

L'internat spécialisé constitue l'un des dispositifs de suppléance familiale, expression désignant un type d'intervention socio-éducative qui consiste pour des professionnels ou des bénévoles à accomplir le plus souvent temporairement à la place des parents la plupart des actes éducatifs usuels, sans toutefois les remplacer. Afin de caractériser davantage cette fonction de suppléance familiale, une typologie en termes de tâches a été établie à partir d'une comparaison entre la représentation courante de l'éducation d'un enfant dans sa famille et les activités développées dans un internat spécialisé. On distingue ainsi différents types de tâches effectuées en général par des catégories différentes de personnel : domestiques (préparation des repas, entretien du linge, etc.), techniques (réparations, aménagements des locaux, etc.), de garde (surveiller), d'élevage (nourrir, habiller, laver, etc.) ou de « parentage », éducatives ou socialisantes (différents apprentissages, acquisition de comportements sociaux...), de suivi ou de coordination (avec le médecin, l'école, etc.), de référence sociale (garantie civile et pénale, différentes décisions par rapport à l'orientation des enfants dans des domaines divers).

L'internat spécialisé contemporain se caractérise par la place centrale, encore que trop rarement reconnue, de cette fonction de suppléance familiale. Néanmoins, on distingue plusieurs catégories de dispositifs, parmi les différents contextes d'éducation extra-familiale :

– les *internats spécialisés* : établissements d'éducation résidentielle dans lesquels les enfants sont accueillis en nombre relativement important, l'action éducative se différenciant de celle mise en œuvre en famille par une pédagogie de groupe, des programmes de rééducation, etc. ;

– les *familles d'accueil* qui, encadrées par des équipes de professionnels de services de placement familial, assurent la prise en charge éducative d'enfants placés ;

– les *structures intermédiaires et alternatives au placement*, qui, de taille réduite et de formes multiples, croisent les avantages des deux modalités d'accueil, familiale et institutionnelle : lieux d'accueil – lieux de vie, parrainage d'enfants, villages d'enfants, etc.

Ce sont ces deux dernières catégories de structures qui ont eu tendance à se développer à partir de la décennie 1980.

Déclin ou mutation de l'internat spécialisé ?

Les années 1970 marquent une inflexion en matière d'intervention socio-éducative : alors que pendant longtemps celle-ci avait consisté à séparer l'enfant de sa famille afin que son éducation se poursuive dans un milieu protégé, une véritable inversion de logique a conduit à privilégier, au nom du maintien des liens entre parents et enfants, les interventions en direction des familles afin de les soutenir et les aider dans l'exercice de leurs fonctions éducatives. La tendance générale qui commence alors à s'affirmer en France est celle de la recherche d'alternatives au placement, et par conséquent de solutions qui privilégient le maintien de l'enfant dans son milieu familial et social. Il s'agit d'éviter les placements et de s'efforcer d'avoir plutôt recours à des interventions en direction du milieu familial ; d'où le développement des actions éducatives en milieu ouvert (AEMO), déjà instituées à la fin des années 1950.

Des indications chiffrées permettent de vérifier un tel changement d'orientation. Dans le secteur de l'enfance en difficulté ou secteur socio-éducatif, les données ne laissent aucun doute : en une quinzaine d'années, de 1975 à 1989, le nombre d'enfants placés, c'est-à-dire confiés à l'Aide sociale à l'enfance et/ou placés directement par un juge des enfants, a considérablement diminué (de 235 000 à 134 000), même si, depuis, on observe une stabilité voire une légère progression (137 000 en 1999). Quant aux AEMO, leur nombre est passé de 98 000 à 132 000 entre 1984 et 1999. En 2004, 40 % des 135 000 enfants placés sont accueillis en internat spécialisé (maisons d'enfants à caractère social, foyers de l'enfance, pouponnières, etc.) et 55 % en familles d'accueil.

Dans le secteur de l'enfance handicapée, également appelé médico-éducatif, le critère retenu n'est pas le nombre de placements mais le type de dispositif de suppléance familiale privilégié, soit précisément l'internat spécialisé. Alors qu'il accueillait encore 57 500 enfants en 1985 (soit 48 % des places en établissements et services socio-éducatifs), l'internat spécialisé n'en accueille plus que 45 000 seize ans plus tard, alors que les capacités d'accueil en externat (incluant l'accueil en semi-internat) et en service d'éducation spécialisé et de soin à domicile (SESSAD) ont augmenté, puisqu'elles représentent en 2001 respectivement 48 % et 17,5 %. Cette baisse n'est pas également répartie selon le type de handicap et concerne davantage les enfants dits déficients intellectuels, alors que dans le même temps on observe une augmentation du nombre d'enfants polyhandicapés accueillis en internat.

Concernant les structures d'hébergement éducatif de la Protection judiciaire de la jeunesse (PJJ), 1 380 jeunes étaient pris en charge au 31 juin 2001. Quant aux EREA (établissements régionaux d'enseignement adapté), ces structures relevant de l'Éducation nationale accueillent en internat environ la moitié des 11 500 enfants et jeunes scolarisés dans ces établissements.

Mais l'évolution la plus remarquable des vingt dernières années n'est pas seulement d'ordre quantitatif. Sans doute a-t-on connu une diminution du nombre d'enfant accueillis, alors que parallèlement se sont multipliés de nouvelles modalités et d'autres types de structures d'accueil : mini-internats, foyers de proximité, appartements thérapeutiques, etc., visent à proposer une autre réponse que la grande collectivité. L'image de l'internat spécialisé fonctionnant à l'écart, de manière autarcique, semble aujourd'hui révolue même si, ici ou là, persistent des établissements aux modes de fonctionnement dépassés. Les formules de prise en charge « totale » intégrant dans le même espace lieu de vie, lieu de soin, scolarité et activités de loisirs sont abandonnées. De plus en plus les formules d'accueil se différencient en fonction des situations : accueil alterné, accueil modulé, accueil séquentiel, accueil en semaine, accueil de week-end, accueil combinant prise en charge résidentielle et familiale (famille d'accueil, parrainage, etc.), et c'est bien un renouvellement profond des pratiques d'accueil et d'accompagnement en internat spécialisé que l'on peut mettre en évidence au cours de ces dernières années.

Paul Durning
Dominique Fablet

▶ Bibliographie

Chauvière M., Plaisance É. (dir.), *L'École face aux handicaps : éducation spéciale ou éducation intégrative ?*, Paris, PUF, coll. « Éducation et formation », 2000.

Corbillon M. (éd.), *Suppléance familiale : nouvelles approches, nouvelles pratiques*, Paris, Matrice, 2001.

Durning P., *Éducation et suppléance familiale : psycho-sociologie de l'internat spécialisé*, Paris, CTNERHI, 1987.

Durning P., *Éducation familiale : acteurs, processus et enjeux*, Paris, PUF, 1995.
Persell C. H., Cookson P. W., « Pensionnats d'élite. Ethnographie d'une transmission de pouvoir », *Actes de la recherche en sciences sociales*, n° 138, 2001, p. 56-65.

▸ Voir aussi
Éducation spécialisée (Personnels de l') – Familiale (Éducation) – Interventions socio-éducatives – Relation Famille/École.

Internet

Héritier d'ARPANET, réseau développé à la fin des années 1960 aux États-Unis, Internet a connu un formidable développement depuis le milieu des années 1990. Réseau de réseaux, permettant à des machines hétérogènes (ordinateurs de différentes marques, organiseurs électroniques, téléphones portables, etc.) de communiquer entre elles, il offre des possibilités nouvelles de production, d'échange, de partage et de communication de l'information et du savoir. Son apport dans un grand nombre d'activités humaines est attesté par la création de néologismes de préfixe « e » comme e-éducation, e-commerce, e-gouvernement, e-économie… Sa considérable extension en fait « une ressource publique mondiale » (selon la déclaration de principes du sommet mondial de la société de l'information), un phénomène social majeur à la croisée d'enjeux essentiels.

Le service le plus connu est le web. Le mot *web* (nom anglais signifiant « toile »), contraction de *World Wide Web*, désigne une des possibilités offertes de naviguer entre des documents reliés par des liens hypertextes. À l'aide d'un ordinateur connecté et d'un logiciel approprié, tout utilisateur peut accéder à des milliards de pages proposant des ressources numériques (textes, images fixes et animées, sons, programmes…). Quelques clics de souris suffisent pour convoquer dans sa machine et afficher sur son écran des pages présentant les dernières nouvelles, des manuscrits anciens numérisés autrement inaccessibles, des cours sur des innovations récentes, le journal de bord d'un correspondant, etc. L'ensemble de ces pages constitue toutefois un fatras pour le moins hétéroclite, émanant aussi bien d'institutions publiques, d'entreprises commerciales que de groupes de toute nature et de personnes souhaitant rendre publiques et mettre à disposition ou valoriser leurs productions et leurs idées.

Quelle diversité pourra subsister face à un *mastodonte* qui, tout en rendant visibles certains contenus, contribue à rendre d'autant plus cachés ceux qu'il ne valorise pas ? Face à une fracture numérique croissante, certains militent pour une société de l'information inclusive et notamment la constitution d'un patrimoine mondial librement accessible à tous, afin d'éviter la domination d'une culture ou d'une langue. Conjuguer droit à l'information et propriété morale et patrimoniale des producteurs d'informations, vis-à-vis de législations nationales ne reposant pas sur les mêmes principes, invite à explorer des solutions nouvelles, qui restent à inventer.

Les modalités mêmes d'accès à cet ensemble de ressources font l'objet d'enjeux commerciaux, notamment s'agissant des outils qui permettent de repérer et d'accéder à ces contenus et des éventuels coûts d'accès à assumer. Enjeux de formation des usagers également : comment aider ces derniers à trouver des ressources répondant à leurs besoins d'information, mais aussi à pouvoir identifier et qualifier les ressources récupérées ? En effet, établir la validité de l'information trouvée sur Internet incombe à l'utilisateur qui ne peut plus se reposer sur des intermédiaires reconnus (comme les éditeurs dans le monde du livre).

Gigantesque réservoir de ressources, auquel chacun peut contribuer, Internet fournit aussi de multiples services, supportant de nouvelles formes de communication humaine. Courriers électroniques, listes de diffusion, forums, *chats*, visio- et audioconférences, etc., autant d'outils permettant les échanges synchrones et asynchrones favorisant la mise en place et la poursuite d'activités collectives à distance. Des

« communautés » existantes en tirent parti, d'autres se constituent à partir d'échanges en ligne, des formes de communautarisme pouvant parfois s'y trouver aisément renforcées. Le travail en équipe, l'apprentissage coopératif à distance acquièrent une visibilité sans cesse croissante, sous la pression conjointe des entreprises et de nombre de pédagogues.

Ainsi, Internet concourt à lever des obstacles classiques dans la poursuite d'activités humaines, notamment ceux que constituent le temps et la distance. C'est un extraordinaire vecteur de développement pour l'enseignement à distance ou pour des formes hybrides, mélangeant des phases de travail en présence et des phases à distance. Facilitant la diffusion, l'échange et le partage, c'est également un outil de réflexivité individuelle et collective, de par la multiplicité des traces d'activité qu'il peut aider à collecter et à organiser. Mais il contribue encore à brouiller les frontières entre l'espace privé et l'espace public, pouvant même faciliter l'émergence de nouvelles formes de scolarisation, largement en dehors des institutions d'éducation et de formation.

Si les usages professionnels sont en progression constante, les usages domestiques, notamment autour des jeux en réseau et de la communication interpersonnelle, explosent, contribuant à une acculturation des jeunes générations. Toutefois, les usages privés et scolaires d'Internet, s'ils peuvent se ressembler, sont souvent éloignés voire antinomiques. Raccourcir distance et temps n'est pas toujours favorable à l'apprentissage : comment résister à la fascination de l'immédiateté d'accès et de traitement, alors que l'apprentissage se construit dans la prise de distance sur l'action immédiate et dans la durée ? Généraliser le « copier-coller », dans des formes de plagiat peu contrôlées, sans contrainte de réécriture, n'est sans doute pas favorable à l'appropriation des connaissances. Ainsi, si Internet occupe une place sans cesse croissante, son rôle n'est pas dénué d'ambiguïté.

Quant à l'avenir, le *World Wide Web Consortium* (W3C), organisme en charge de l'évolution du réseau Internet, se donne comme mission de développer des technologies interopérables (spécifications, guides, logiciels et outils) afin de conférer au web son plein potentiel en tant que forum pour l'information, le commerce, la communication et la compréhension collective. On peut augurer la multiplication de services, pris en charge de manière automatique par des « agents » logiciels. Le web à venir est qualifié de sémantique, vu comme une sorte de base de données globale qui permettra aux machines et aux humains de faire des déductions et d'organiser l'information. Les potentialités éducatives seront multipliées. On peut cependant penser que cela nécessitera des intermédiaires humains (et des tiers de confiance) afin d'aider les utilisateurs à formuler leurs besoins, à comprendre ce qu'on leur offre et à maîtriser des fonctionnements complexes qui risquent de leur échapper.

Espace promouvant l'intelligence collective et la démocratie pour les uns, média sur lequel pèsent des enjeux de pouvoir et au moins en partie aliénant pour les autres, Internet est en passe de s'intégrer et de modifier un grand nombre d'activités humaines. Le résultat d'une telle hybridation est loin d'être écrit.

Éric Bruillard

▶ Bibliographie

BEVORT E., BRÉDA I., *Les Jeunes et Internet : représentations, usages et appropriations*, Paris, CLÉMI, 2001.

POUTS-LAJUS S., RICHÉ-MAGNIER M., *L'École à l'heure d'Internet : les enjeux du multimédia dans l'éducation*, Paris, Nathan, coll. « Repères pédagogiques », 1998.

▶ Voir aussi

Technologies de l'information et de la communication pour l'éducation (TICE).

INTERVENTION PRÉCOCE

▶ **Précoce (Intervention)**

Interventions socio-éducatives

Entendue à la fois comme un champ spécifique de pratiques éducatives et de recherches sur ces pratiques, l'éducation familiale s'intéresse aux activités éducatives intra-familiales, c'est-à-dire principalement des parents à l'égard des enfants, mais également aux interventions sociales mises en œuvre par une assez grande diversité de professionnels pour former, soutenir, aider, voire suppléer les parents : soit le domaine des interventions socio-éducatives. De façon peut-être paradoxale, ce n'est pas l'étude des processus éducatifs au sein de la famille qui a tout d'abord mobilisé les chercheurs ; en effet ce sont des investigations centrées sur l'internat spécialisé, c'est-à-dire sur l'action éducative résidentielle, extra-familiale, qui ont précédé une approche des pratiques éducatives intra-familiales.

Interventions sociales et interventions socio-éducatives

Il s'agit de différencier les interventions socio-éducatives de l'ensemble des interventions sociales, afin de repérer celles qui s'accomplissent en rapport avec l'éducation intra-familiale alors que d'autres domaines peuvent être davantage questionnés : le revenu, le logement, la santé, etc., avec un impact sans doute sur les processus éducatifs, mais sans que ces derniers figurent au centre des difficultés repérées. La notion d'intervention sociale est ici utilisée dans le sens commun pour désigner une action en direction de populations en difficulté, en l'absence de spécification quant à la population concernée, la nature des difficultés rencontrées ou encore la catégorie de professionnels habilités à intervenir. Elle peut être assimilée à l'action développée en France par les travailleurs sociaux, sachant que cet ensemble hétérogène de professionnels a été différencié à partir de 1970 de ceux de la santé.

Les interventions socio-éducatives ne recouvrent pas l'ensemble des interventions sociales poursuivies par les différentes catégories de travailleurs sociaux, mais peuvent être de trois types, en fonction de la position éducative assurée par les professionnels :

– ceux qui assurent une fonction éducative spécifique clairement complémentaire de l'action éducative familiale, comme, par exemple, les personnels exerçant dans les différents modes d'accueil éducatif de la petite enfance, les enseignants et personnels chargés de la vie scolaire à l'école puis au collège, les animateurs qui développent des activités de loisir, etc. ;

– ceux qui aident les parents ou le groupe familial à assurer ses tâches éducatives, notamment lorsque celui-ci est en difficulté, par exemple dans le cadre d'actions éducatives en milieu ouvert (AEMO) ;

– ceux qui, intervenant auprès des parents pour pallier leurs défaillances, assument souvent à titre temporaire l'essentiel des activités familiales d'éducation, en internat ou en service de placement familial, soit le domaine de la suppléance familiale.

En fonction de cette typologie, les recherches relatives aux interventions socio-éducatives s'intéressent aux politiques sociales, aux dispositifs institutionnels, aux pratiques développées par différentes catégories de professionnels en direction de populations spécifiques.

Principales évolutions

Les interventions socio-éducatives complémentaires de l'action éducative intra-familiale se sont largement développées et professionnalisées au cours des trente dernières années, en même temps que leur caractère éducatif, auparavant souvent discuté, était reconnu, comme l'indiquent certains changements terminologiques significatifs. Ainsi, dans le secteur de la petite enfance, l'appellation de « modes d'accueil éducatif » des jeunes enfants s'est substituée à partir de 1995 à celle de « modes de garde » ; les anciennes nourrices devenues depuis 1977 assistantes maternelles ont connu une réforme de leur statut en 1992, puis en 2004. Mais on pourrait noter des changements comparables en milieu scolaire, où les fonctions de garde, de surveillance ou d'accompagnement sont dorénavant considérées comme éducatives (conseiller principal d'éducation, aide-éducateur, assistant d'éducation, auxiliaire de vie scolaire...) et se professionnalisent. Même tendance à l'œuvre pour bon nombre d'activités para- ou périscolaires, qu'il s'agisse d'activités culturelles ou de loisirs ou d'aide aux devoirs et de soutien scolaire ; l'encadrement de telles activités suppose de réelles compétences éducatives.

Mais le changement le plus notable déjà indiqué concerne les interventions socio-éducatives mises en œuvre lorsque des difficultés éducatives intra-familiales surviennent. En France, avec un retard d'une dizaine d'années environ par rapport aux pays d'Europe du Nord, les années 1970 marquent, en effet, une inflexion. Alors que pendant longtemps les interventions socio-éducatives avaient consisté à séparer l'enfant de sa famille afin que son éducation se poursuive dans un milieu protégé, une véritable inversion de logique a conduit à privilégier, au nom du maintien des liens entre parents et enfants, les interventions en direction des familles afin de les soutenir et les aider dans l'exercice de leurs fonctions éducatives. La tendance générale qui commence alors à s'affirmer en France est celle de la recherche d'alternatives au placement, et par conséquent de solutions qui privilégient le maintien de l'enfant dans son milieu familial et social. Il s'agit d'éviter les placements et de s'efforcer d'avoir plutôt recours à des interventions en direction du milieu familial ; d'où, par exemple, le développement des actions éducatives en milieu ouvert (AEMO), pourtant instituées dès la fin des années 1950. Toutefois, si le placement apparaît comme la mesure qui s'impose, alors on cherchera à favoriser autant que possible le maintien des liens de l'enfant avec sa famille, dans la perspective d'atténuer les effets d'une séparation toujours préjudiciable pour l'enfant, ainsi qu'à préparer son retour en famille, puisque c'est, au terme du placement, l'issue la plus fréquente.

Par ailleurs, l'inversion de logique signalée conduit à penser les deux catégories d'interventions éducatives davantage dans une complémentarité que dans une opposition (du type milieu ouvert *versus* milieu fermé), d'autant que la trajectoire des sujets destinataires de ces interventions montre le plus souvent une combinaison alternée des deux, sans parler d'autres formes d'intervention sociale. Ainsi, la logique spécifique des innovations apparues à la fin des années 1980 dans le champ de la suppléance familiale va-t-elle se déployer à partir de deux axes complémentaires :

– prévenir et limiter les placements : il s'agit d'éviter, autant que possible, le placement de l'enfant, et quand on n'entrevoit pas d'autre possibilité on cherchera alors à aménager la séparation, à éviter une rupture de l'enfant avec son milieu familial et social, tout en cherchant à limiter dans la durée la prise en charge éducative extra-familiale. De ce fait, il ne peut s'agir que de dispositifs territorialisés permettant un accueil de proximité ;
– proposer un travail d'accompagnement aux familles en articulation avec cette prise en charge éducative extra-familiale, ce qui suppose la prise en compte de l'environnement social de la famille et des ressources auxquelles elle peut avoir recours.

Loin de se centrer uniquement comme auparavant sur la prise en charge éducative de l'enfant ou du jeune, l'intervention socio-éducative prend de plus en plus en compte le milieu familial et social, et notamment les parents qu'il s'agit d'aider et de soutenir dans leur fonction éducative. La centration sur les parents s'est encore accentuée à la fin des années 1990 avec la promotion du terme *parentalité* et les actions de soutien à la parentalité, notamment les réseaux d'écoute, d'appui et d'accompagnement des parents (REAAP) initiés après la Conférence de la famille de 1998, et, tout récemment, la mise en place des « points info famille », l'une des propositions retenues par le gouvernement lors de la Conférence de la famille de 2003. Jusqu'à présent, le mode d'intervention le plus développé semble consister en l'animation de groupes de parole de parents. Aussi les recherches sur les pratiques d'intervention socio-éducative ont-elles intégré un tel déplacement ; à l'étude d'actions menées en direction de l'enfant s'ajoutent celles qui examinent les relations entre professionnels, mais surtout celles qui s'intéressent aux relations entre professionnels et parents, notamment lorsqu'elles débouchent sur une possible co-éducation des enfants.

Dominique Fablet

▶ **Bibliographie**

Boutin G., Durning P., *Les Interventions auprès des parents. Bilan et analyse des pratiques socio-éducatives*, Paris, Dunod, 1999.

Durning P., *Éducation familiale : acteurs, processus et enjeux*, Paris, PUF, 1995.

Durning P., Chrétien J. (coord.), *L'AEMO en recherche : l'état des connaissances, l'état des questions*, Paris, Matrice, 2001.

Fablet D. (coord.), *Les Interventions socio-éducatives : actualité de la recherche*, Paris, L'Harmattan, 2002.

Ribes B., *L'Accompagnement des parents*, Paris, Dunod, 2003.

▶ **Voir aussi**

Éducation spécialisée (Personnels de l') – Familiale (Éducation) – Internat – Petite enfance (Personnels de la) – Relation Famille/École.

Isambert-Jamati, Viviane (née en 1924)

Viviane Isambert-Jamati occupe une place importante et originale dans le développement des recherches sociologiques en éducation en France dès les années 1960. Ayant tout d'abord mené des recherches en sociologie du travail, elle s'est ensuite orientée vers la sociologie de l'éducation et a largement contribué à la promotion de ce champ de recherche spécialisé, non seulement en France mais aussi à l'étranger, en particulier grâce à la formation de nombreux chercheurs. Elle a joué aussi un rôle central dans le cadre de commissions officielles consacrées à la politique de la recherche en éducation en France.

Après une formation de base en philosophie (diplôme d'études supérieures à la Sorbonne, 1945), elle entre au centre d'études sociologiques du CNRS en 1947, plus précisément dans la section « Sociologie du travail », dirigée par Georges Friedmann. Au sein du même organisme, elle a la responsabilité d'une équipe de recherche en sociologie de l'éducation à partir de 1962 et elle devient maître de recherche au CNRS en 1965. Sa thèse de doctorat d'État ès lettres et sciences humaines est soutenue en 1969 à la Sorbonne sous la direction d'Alain Girard sur « Les objectifs de l'enseignement secondaire français depuis cent ans ». L'année suivante, elle devient maître de conférences à l'université Paris V-René-Descartes, dans le cadre de l'unité d'enseignement et de recherches de sciences de l'éducation. L'équipe de recherche en sociologie de l'éducation qu'elle continue à diriger devient alors une équipe associée au CNRS. Professeur titulaire en 1976, elle assure de multiples responsabilités à différentes dates : notamment directeur de l'UER de sciences de l'éducation de l'université René-Descartes, membre du conseil de cette même université et de son conseil scientifique, membre du Conseil supérieur des universités, présidente de l'action concertée « Éducation-formation » (ministère de l'Industrie et de la Recherche/ministère de l'Éducation nationale) de 1985 à 1988.

Enquêtes de terrain et ancrage historique

Les premiers travaux publiés de Viviane Isambert-Jamati accordent d'emblée une place centrale aux enquêtes de terrain : de 1949 jusqu'au début des années 1960, ils portent, d'un côté, sur l'industrie horlogère dans la région de Besançon, d'un autre côté, sur le travail féminin. La première recherche est une « monographie d'industrie » qui s'intéresse non seulement aux différents postes et métiers d'ouvriers mais aussi à la formation professionnelle (1955). Parmi les travaux sur le travail féminin, le plus souvent menés en collaboration avec Madeleine Guilbert, on peut relever l'originalité de celui qui porte sur les biographies professionnelles de cent jeunes femmes

(1958). Élaborés dans l'entourage de Georges Friedmann, ces travaux de sociologie du travail ont marqué les orientations ultérieures de recherche de l'auteur, en maintenant fortement présente la nécessité d'articuler l'analyse de l'éducation et celle de la division du travail et des rapports sociaux.

Les recherches de l'auteur en sociologie de l'éducation sont nombreuses et portent sur des sujets variés. Mentionnons ici celles qui paraissent les plus significatives. Son ouvrage de 1970, *Crises de la société, crises de l'enseignement,* issu de sa thèse de doctorat, est consacré à une analyse de l'évolution des objectifs des lycées au cours de la période 1860-1964. Se situant dans la lignée de Durkheim, qui a étudié « l'évolution pédagogique en France », elle se donne pour objet les fins que se proposent les agents de l'éducation en instruisant les jeunes des lycées. Elle se place d'emblée dans le cadre d'une analyse de type diachronique dont l'originalité est double : les documents recueillis sont des discours de distribution des prix, au nombre de cinq cents et répartis systématiquement par périodes sur la centaine d'années considérée ; l'analyse mise en œuvre est une analyse de contenu, reposant sur l'élaboration de catégories permettant de classer les thèmes des discours et de quantifier leur importance relative. Elle est alors en mesure d'apprécier avec rigueur les permanences et les variations des objectifs poursuivis dans les lycées.

D'autres recherches témoignent de ce même souci d'ancrage historique, comme celles qui portent sur la formation pédagogique des professeurs à la fin du XIXe siècle ou sur la réforme de 1902 à propos de l'organisation pédagogique des collèges et des lycées. Dans cette même période de l'itinéraire intellectuel de l'auteur, on notera aussi son souci d'établir des bilans de la recherche en sociologie de l'éducation : coordination, avec Pierre Bourdieu, d'un numéro spécial de la *Revue française de sociologie* consacré aux travaux français (1967-1968) ; coordination, avec Jeanine Maucorps, d'un volume de *Current Sociology* établissant une bibliographie critique commentée des recherches internationales dans le champ considéré (1972). Mais cette même orientation se poursuivra, par exemple avec sa présidence du groupe de travail sur le « fonctionnement du système éducatif », au sein de la commission Carraz sur la recherche en éducation (1983).

Une analyse « compréhensive » des pratiques des enseignants

L'évolution des travaux ultérieurs de l'auteure peut être, pour une part, attribuée à son insertion professionnelle dans une unité universitaire de sciences de l'éducation, et, pour une autre, à son attention soutenue à l'égard des transformations du système éducatif. Elle s'en est elle-même expliquée : le contact régulier avec des enseignants qui poursuivent volontairement des études universitaires a contribué à infléchir les thèmes de recherche vers les contenus et les pratiques d'enseignement. C'est ainsi que dans *Culture technique et critique sociale à l'école élémentaire* (1984), elle prend pour objet d'analyse les activités d'éveil à l'école élémentaire, telles que les pratiquent 375 instituteurs de cours moyen. En recueillant des informations par entretiens et en cherchant à dégager le sens des conduites, elle procède à une analyse qui met en rapport les types de pratique et les types d'enfants concernés (écoles à dominante bourgeoise ou à dominante ouvrière). Elle constate alors des phénomènes non attendus *a priori* tels que l'effacement des références au travail et à ses conditions sociales, non lorsque le public est « bourgeois » mais, au contraire, lorsqu'il est plus « populaire ». L'ouvrage publié en 1990 sous le titre *Les Savoirs scolaires* met encore plus nettement l'accent sur la spécificité de la démarche : « Une forme de sociologie de l'éducation prenant le plus souvent comme objet d'un seul mouvement les acteurs de l'éducation et les curricula qu'ils mettent en œuvre. » Une parenté avec certaines analyses des sociologues britanniques du curriculum est alors évoquée par l'auteur lui-même : elle rassemble ses différents textes, publiés à différentes dates, sous les rubriques soit du curriculum formel (ou officiel), soit du curriculum réel, c'est-à-dire d'un curriculum qui engage le choix des enseignants à travers leurs projets ou à travers leurs pratiques. Dans l'interprétation proposée par Lucie Tanguy (Plaisance, 1992), l'évolution des recherches de Viviane Isambert-Jamati dans cette dernière période verrait ainsi se manifester le souci d'une analyse « compréhensive » des pratiques, qui ne repose pas nécessairement sur de vastes échantillons représentatifs mais plutôt sur la pertinence des interprétations proposées.

En 1995, Viviane Isambert-Jamati a publié l'analyse d'une correspondance familiale (915 lettres écrites entre 1841 et 1882), en se centrant particulièrement sur le réseau de solidarité entre collatéraux (frères, sœurs, oncles, tantes, cousins, cousines), mettant par exemple en évidence les stratégies d'entraide de toute nature, la dynamique des dons et des contre-dons et sans doute principalement la transmission d'un capital culturel et éducatif en vue de la réussite sociale. Cette recherche a été saluée comme une contribution importante à l'histoire et à la sociologie tout à la fois de la famille, de l'éducation et de la mobilité sociale, grâce à l'utilisation d'un matériau rare et original (*Solidarité fraternelle et réussite sociale*, 1995).

Par son œuvre, Viviane Isambert-Jamati n'a pas cherché à constituer une école de pensée, au sens où elle n'a pas élaboré ni voulu diffuser un corps doctrinal refermé sur lui-même. Sa place dans la sociologie française de l'éducation se situe loin des schémas explicatifs trop simples et ouvre, au contraire, au dialogue avec les différents courants de recherche, sans renoncement pour autant à la vigilance épistémologique.

Éric Plaisance

▶ Bibliographie

Principales œuvres de Viviane Isambert-Jamati :

L'Industrie horlogère dans la région de Besançon, Paris, PUF, 1955.

Crises de la société, crises de l'enseignement, Paris, PUF, 1970.

« Fonctionnement du système éducatif », *in* Carraz R., *Recherche en éducation et en socialisation de l'enfant*, Paris, La Documentation française, 1983, p. 227-263.

Culture technique et critique sociale à l'école élémentaire, Paris, PUF, 1984.

Les Savoirs scolaires : enjeux sociaux des contenus d'enseignement et de leurs réformes, Paris, Éditions universitaires, 1990.

Solidarité fraternelle et réussite sociale : la correspondance familiale des Dubois-Goblot (1841-1882), Paris, L' Harmattan, 1995.

Isambert-Jamati V., Guilbert M., *Travail féminin et travail à domicile*, Paris, CNRS, 1956.

Isambert-Jamati V., Bourdieu P. (dir.), « Sociologie de l'éducation », *Revue française de sociologie,* vol. VIII et IX, 1967-1968.

Isambert-Jamati V., Maucorps J.-G., « La Sociologie de l'éducation, tendances actuelles de la recherche et bibliographie », *La Sociologie contemporaine,* vol. XX, n° 1, 1972.

Isambert-Jamati V., Grospiron M.-F., Langouët G. (éds), « Sociologie des pratiques contemporaines d'enseignement du français », *Études de linguistique appliquée,* n° 54 (spécial), 1984.

Principale œuvre sur Viviane Isambert-Jamati :

Plaisance É. (dir.), *Permanence et renouvellement en sociologie de l'éducation. Perspectives de recherche 1950-1990,* actes du colloque international en hommage à Viviane Isambert-Jamati, 19-20 octobre 1990, Saint-Fons/Paris, INRP/L'Harmattan/Université René-Descartes, 1992.

▶ Voir aussi

Curriculum – Éveil (Activités d') – Épistémologie – Recherche en éducation – Sciences de l'éducation – Sociologie de l'éducation.

J

Jardin d'enfants

Un jardin d'enfants est un établissement destiné à accueillir pendant la journée les jeunes enfants à partir de deux ou trois ans jusqu'à six ans. Il fait partie des « établissements et services d'accueil des enfants de moins de six ans » et est soumis aux dispositions du code de la santé publique formulées dans le décret n° 2000-762 du 1er août 2000. Il doit ainsi veiller à la santé, à la sécurité et au bien-être des enfants qui lui sont confiés.

L'effectif de chaque établissement peut atteindre 80 places. La direction doit être confiée à un titulaire du diplôme d'État d'éducateur de jeunes enfants justifiant de cinq ans d'expérience auprès d'enfants de moins de six ans. Le taux d'encadrement doit être en moyenne d'un professionnel pour quinze enfants.

Les jardins d'enfants sont le plus souvent privés ou gérés par une administration ou une municipalité. Leur ouverture est soumise à l'autorisation du président du conseil général du département concerné.

Le terme « jardin d'enfants » provient de l'allemand *Kindergarten* qui a été utilisé pour la première fois vers 1840 par Friedrich Fröbel (1782-1852) pour désigner son Institut pour les petits enfants qu'il avait créé à Blakenbourg. Animé par une pensée religieuse, Fröbel accordait une place centrale au jeu, qu'il considérait comme la première manifestation de l'activité enfantine. Des formes élémentaires appelées « dons » (*Spielgaben*) formaient le matériel de base du jardin d'enfants : la balle était le premier jouet offert à l'enfant, puis la sphère et différents types de cubes. La méthode fröbélienne fut diffusée en France au milieu du XIXe siècle par la baronne de Marenholtz.

Éric Plaisance

▶ Bibliographie

BUISSON F. (dir.), « Jardins d'enfants », « Fröbel », *Dictionnaire de pédagogie et d'instruction primaire,* 1re partie, Paris, Hachette, 1887-1888.

SOËTARD M., *Friedrich Fröbel : pédagogie et vie*, Paris, Armand Colin, 1990.

▶ Voir aussi

Crèche – Fröbel, Friedrich – Jeu.

Jeu

Le terme de « jeu » désigne toute activité physique ou mentale spontanée, trouvant sa satisfaction et son but en elle-même. Jouer, c'est vivre pour le plaisir de vivre.

Le français utilise un seul mot – « jeu » – pour l'état d'esprit ludique (en anglais, *play*) et les divers jeux (en anglais, *games*), supports de l'envie de jouer. Cette ambiguïté est la source de graves confusions dans la théorie comme dans la pratique. Tout, en effet, peut mener au jeu, mais aucune activité (jeux reconnus) ou aucun objet privilégié (jouets) n'assure automatiquement le jeu. Jeux et jouets sont ce à quoi ou ce avec quoi l'on joue ; une fois passée l'envie de jouer, jeux et jouets ne sont plus que les fossiles du jeu (Henriot, 1996).

Cependant, l'animal comme l'enfant ont souvent des jeux et jouets favoris sinon exclusifs ; ce qui était appétence ouverte devient alors « appétence orientée », le jeu se mue en habitude et, au bout d'un certain temps, ces jeux et jouets cessent de faire jouer.

Chez l'homme, animal de culture, jeux et jouets, socialement reconnus comme tels, ont pris une place démesurée ; et, particulièrement dans la culture de consommation actuelle, les industries du loisir, des jeux et des jouets constituent le secteur le plus important de l'économie. Jeux et jouets proposés par le commerce et la mode finissent par étouffer la tendance biologique à jouer.

Cependant, s'il n'existe pas de supports privilégiés du jeu, il y a par contre des styles innés du « jouer ». Les éthologues reconnaissent à un certain nombre d'indices qu'un animal ou un enfant joue : exagération des gestes, accélération ou ralentissement des mouvements, inversions des rôles, etc. Enfants et animaux ne s'y trompent pas non plus ; et c'est ce qui permet le jeu entre partenaires de cultures ou d'âges différents ainsi que le jeu interspécifique (Bateson). Pour inciter à jouer, un « bon » jeu devra donc respecter les règles naturelles du jouer : ritualisation des gestes et des paroles, alternance des attentes et des surprises, etc. Mais plus importante encore est l'atmosphère affective où se déroule le jeu. Le jeu est une « oasis » de bonheur dans la chaîne des contingences ; la préoccupation tue le jeu, lequel exige un climat – externe et interne – de relaxation et de liberté. Les meilleurs jeux seront donc des jeux ouverts, qui ne prétendent pas tout régler et tout prévoir, mais font la part à l'initiative et à l'imagination des joueurs.

Jeu et apprentissage

Le jeu, bien que désintéressé, n'est pas inutile. L'éthologie a montré que le jeu était à la base de tous les processus d'apprentissage qui dépassent la simple mémorisation.

La première expérience décisive fut réalisée en 1929 par Blodgett, qui eut l'idée d'observer dans un labyrinthe où il n'y avait pas de nourriture des rats déjà repus ; il put constater que, bien qu'ils ne fussent pas poussés par la faim, ces animaux entreprenaient d'explorer le labyrinthe, apparemment par pure curiosité, par jeu. Cela confirme l'existence de l'activité gratuite. Dans une seconde phase, Blodgett fait jeûner ses rats et les replace dans le même labyrinthe où, cette fois, est caché un appât ; et l'on s'aperçoit que les rats qui ont déjà exploré le labyrinthe par jeu parviennent plus rapidement à la nourriture que ne le font d'autres rats qui n'ont pas eu précédemment l'occasion de flâner dans le labyrinthe. On en conclut que, dans leur jeu d'exploration, les rats ont acquis une connaissance de la structure spatiale du labyrinthe, apprentissage latent qui leur sert ultérieurement dans la pratique.

Il est raisonnable de penser que la curiosité du rat dans un environnement inconnu, celle de l'élève qui feuillette le dictionnaire ou celle du savant devant l'univers, correspondent à un même type de comportement que les éthologistes appellent « comportement exploratoire » ou « comportement ludique ».

Le jeu n'apporte pas de connaissances ; il entraîne à chercher des informations et des problèmes nouveaux. C'est dans l'insouciance du jeu que l'on peut apercevoir de nouvelles structures (*insight*) et faire des synthèses. C'est par jeu que l'on imite l'autre et que, par mimétisme, l'on apprend le langage, les rôles sociaux, les gestes techniques. Moteur de l'apprentissage individuel, le jeu commande aussi le progrès socioculturel (Huizinga).

Enfin, la recherche contemporaine semble suggérer que le jeu, comme le rêve, aurait pu avoir un rôle dans le développement tant phylogénétique qu'épigénétique du système nerveux central des mammifères supérieurs (carnivores, primates, homme). En effet, de même que le rêve (qui est le jeu du sommeil), le jeu (qui est le rêve de la veille) conduit les jeunes à aller au bout de leurs forces et, notamment, aux limites de leurs possibilités cérébrales (Bourguignon, 1994).

Le jeu et l'école

De Platon à Carl Rogers en passant par saint Augustin, Montaigne, Erasme et Rousseau, nombreux sont ceux qui ont vu dans le jeu l'instrument naturel de l'éducation. Or, paradoxalement, l'école a traditionnellement condamné ou ignoré le jeu (Alain).

C'est autour de 1900 que les pédagogues de l'Éducation nouvelle cherchent à introduire systématiquement le jeu à l'école : Dewey à New York (1896), Decroly en Belgique (1901), Montessori en Italie (1907), Audemars, Lafendel et Piaget à Genève (1911). Dans les années 1960, la mode du ludique (phénomène « hippie », mai 68), la non-directivité (Lobrot) et l'introduction du micro-ordinateur relancent ce mouvement.

Le bilan, néanmoins, est quelque peu décevant : c'est seulement dans le préscolaire (c'est-à-dire là où la demande de jeu est irrésistible et la pression des examens nulle) que l'éducation par le jeu a pu se généraliser ; aux autres niveaux d'enseignement, les « jeux éducatifs » (jeux informatisés, jeux de simulation, etc.) proposés aux élèves n'ont souvent de jeu que l'habillage et le plaisir n'est pas toujours au rendez-vous.

Il n'y a pas d'antinomie entre jeu et étude, mais entre le jeu (tout liberté, spontanéité, insouciance) et l'institution scolaire, fondée sur la discipline, la contrainte des programmes et des horaires, l'inquiétude des notes et des examens. Il serait donc absurde de chercher à imposer officiellement le jeu dans l'école traditionnelle. Le problème est moins de faire jouer que de ne pas gêner le libre jeu.

Le jeu dans les formations d'adultes

L'accélération du changement technologique, social et culturel oblige l'homme contemporain – tant dans le tiers monde que dans les pays dits avancés – à un constant effort d'adaptation, d'où un développement constant des formations d'adultes. Le jeu, instrument privilégié d'innovation, avait une place toute trouvée à ce niveau où les contraintes de programmes sont moins fortes que dans le scolaire. C'est donc dans ce domaine que les techniques ludiques (Mauriras-Bousquet) se sont le plus développées.

Les jeux de simulation sont aujourd'hui particulièrement en faveur. Toute représentation du réel est une simulation. Un exercice de simulation offre d'autant plus de chances de jeu qu'il donne davantage de liberté aux joueurs ; de là l'intérêt que présentent les jeux de rôles ouverts où les décisions sont laissées à l'initiative des joueurs qui construisent eux-mêmes, pas à pas, leur jeu. Chaque joueur doit se mettre dans la peau du personnage qu'il est censé représenter. Le jeu de rôles ouvert est ainsi une combinaison de jeu, de simulation et d'empathie.

Les jeux de simulation permettent l'observation (modèles de molécules), le maniement (simulateur de vol), la compréhension d'un phénomène complexe (marées, évolution du marché), la prévention des réactions du public face à un changement (jeux de faisabilité). Ils peuvent être utilisés dans les domaines de formation les plus divers : défense, économie, industrie, médecine, politique, gestion, aménagement du territoire, thérapie.

Les jeux de rôles se révèlent des instruments extrêmement précieux pour l'animation des groupes : sensibilisation à un nouveau problème, inventique, réflexion en commun, prise de décision, éveil à la responsabilité et à l'initiative. Comme le dit un auteur américain (R.-D. Duke), le jeu de simulation pourrait bien être le « langage du futur ».

Martine Mauriras-Bousquet

▶ Bibliographie

BATESON G., *La Nature et la pensée,* Paris, Le Seuil, 1984.

BOURGUIGNON A., *L'Homme fou*, Paris, PUF, 1994.

BROUGÈRE G., *Jeu et éducation*, Paris, L'Harmattan, 1995.

CAILLOIS R., *Les Jeux et les hommes*, Paris, Gallimard, « Folio Essais », 1991.

DUFLO C., *Jouer et philosopher*, Paris, PUF, 1997.

HENRIOT J., *Sous couleur de jouer : la métaphore ludique*, Paris, Corti, 1996.

HUIZINGA J., *Homo ludens : essai sur la fonction sociale du jeu*, Paris, Gallimard, coll. « TEL », 1988.

Immelmann K., *Dictionnaire de l'éthologie*, Sprimont, Mardaga, 1990.
Mauriras-Bousquet M., « L'Homme est un être qui joue et qui rêve », *Guide Edilude : 150 jeux de formation*, Le Vésinet, Edilude, 1996.
Mauriras-Bousquet M., *Théorie et pratique ludiques*, Paris, Économica, 1984.
Tremel L., *Jeux de rôles, jeux vidéo, multimédia : les faiseurs de mondes*, Paris, PUF, 2001.

► Voir aussi

Créativité – Éducation nouvelle – Groupe (Pédagogies de) – Imitation – Loisir.

Jeunesse

La jeunesse est une phase de la vie comprise entre l'enfance et l'âge adulte. Dans la société moderne, elle tend à se différencier de l'adolescence, qui reste sous le contrôle des deux grandes instances de socialisation que sont l'école et la famille. La jeunesse acquiert une autonomie, au moins partielle, à l'égard de l'une et de l'autre, sans pour autant s'inscrire dans les statuts et les rôles adultes. Cette position extérieure à la fois à la socialisation familiale et scolaire et aux attributs adultes confère une place nouvelle à la jeunesse dans les sociétés développées. Elle résulte de profondes transformations des modalités et des rythmes de l'entrée dans la vie adulte : retard de plus en plus marqué dans le franchissement des principaux seuils (fin de la scolarité, début de la vie professionnelle, dé-cohabitation familiale, formation des couples, naissance du premier enfant) et surtout désynchronisation des étapes d'entrée dans la vie adulte.

Le modèle traditionnel d'entrée dans la vie adulte

Ce modèle traditionnel présente deux caractéristiques principales : la concordance du franchissement des étapes d'accès à la maturité, la divergence du modèle masculin et féminin. La première avait déjà été mise en lumière par Antoine Prost qui avait analysé, à partir des fichiers d'état civil, les modalités de l'entrée dans la vie adulte à Orléans en 1911. C'était chez les jeunes hommes de milieu ouvrier que ce modèle était le plus parfaitement représenté : tant que l'on n'avait pas effectué son service militaire, et tant que l'on n'avait pas un travail, on restait chez ses parents et on adhérait aux rôles sociaux dévolus à cet âge ; mais une fois ces étapes franchies, survenaient alors très vite le départ du domicile familial et le mariage. Le passage de l'adolescence à l'âge adulte se faisait donc en un seul mouvement sur tous les plans à la fois, sans ambiguïté statutaire et sans possibilité de retour en arrière.

Le modèle féminin s'écartait du modèle masculin sur deux points principaux : la précocité du franchissement des étapes d'entrée dans la vie adulte, la prédominance du calendrier familial et matrimonial sur le calendrier professionnel. La précocité féminine pouvait s'expliquer de deux manières : avant de s'établir conjugalement, les hommes devaient songer à acquérir une position professionnelle stable, alors que les femmes, dans le modèle traditionnel, pouvaient « sauter » cette étape professionnelle ; par ailleurs, Michel Bozon a montré que l'écart d'âge au mariage entre hommes et femmes tenait pour une bonne part aux représentations féminines de la vie de couple, de la place que devait y tenir chacun des sexes et des rapports qui devaient l'organiser. Les femmes qui recherchaient des qualités de « maturité » chez le futur conjoint répugnaient, de ce fait, à épouser des hommes plus jeunes qu'elles. La domination par l'âge des hommes dans le mariage était le symptôme d'une domination sociale acceptée par les femmes elles-mêmes.

La jeunesse moderne

La jeunesse moderne s'écarte de ce modèle traditionnel sur de nombreux points. À vrai dire, elle n'acquiert un statut particulier dans la société que parce que ce modèle traditionnel est remis en cause. Il l'est surtout dans l'organisation des étapes d'accès à la maturité. Le point important n'est pas tant le retard d'accès au statut adulte que la désynchronisation des seuils. En effet, si ce retard s'était manifesté sans bouleversement de l'organisation des étapes, on n'aurait assisté qu'à une translation des seuils qui n'aurait pas modifié radicalement la définition des âges.

La désynchronisation des seuils se manifeste de deux manières : entre les seuils professionnels et les seuils familiaux, d'une part (on peut, par exemple, être « adulte » sur le plan du statut professionnel tout en restant « jeune » sur le plan du statut familial) ; entre les seuils de sortie de l'adolescence et les seuils d'entrée dans la vie adulte, d'autre part. Ces transformations conduisent à distinguer aujourd'hui trois phases, que l'on peut qualifier par les termes d'« adolescence », de « post-adolescence » et de « jeunesse ».

L'adolescence est la période de la vie durant laquelle les individus commencent à acquérir une autonomie – notamment dans le domaine des relations sociales – à l'égard de leurs parents, tout en restant totalement dépendants de ces derniers sur le plan des ressources. En France, l'adolescence se généralise car près de 90 % des jeunes sont encore scolarisés à 18 ans. Certains travaux montrent également que l'adolescence est aujourd'hui plus précoce, le développement des nouveaux moyens de communication ayant favorisé l'apparition d'une nouvelle « autonomie relationnelle » fondée sur des échanges avec les pairs plus fréquents et moins contrôlés par les parents. La culture adolescente est liée étroitement à l'apparence et à l'image de soi. Les industries culturelles fournissent de multiples codes d'identification qui permettent de se construire un style. Cette stylisation des goûts tend ainsi à radicaliser les appartenances culturelles en public et à donner un pouvoir classant extrêmement fort à l'apparence physique et vestimentaire. Il y a donc un conformisme de l'adolescence qui s'exerce plus fortement aujourd'hui.

La post-adolescence est une phase du cycle de vie où les jeunes n'ont acquis qu'une partie des attributs statutaires de l'indépendance. Elle correspond à deux situations contrastées : les étudiants et les jeunes entamant leur vie active, mais continuent de vivre chez leurs parents. Les étudiants, en France, mènent une sorte de « double vie » assez typique de la redéfinition actuelle de la transition vers l'âge adulte : résidant souvent, durant la semaine, dans un logement différent de celui de leurs parents, ils peuvent ainsi vivre leur vie de « jeunes » sans abandonner totalement certains avantages de l'enfance (en retournant souvent chez leurs parents le week-end). Ce mode de vie illustre assez bien le détachement progressif de la dépendance familiale qui caractérise le modèle français. Les jeunes actifs qui vivent chez leurs parents – souvent des garçons non diplômés – connaissent plutôt une prolongation forcée de la dépendance qui est liée à l'instabilité de leur situation professionnelle. La post-adolescence ne doit pas se comprendre comme une exacerbation des traits culturels de l'adolescence tels qu'ils avaient été définis par Parsons, c'est-à-dire une culture de « l'irresponsabilité ». Les jeunes Français n'ont pas, par exemple, prolongé au-delà de ce qui était induit par la poursuite des études la cohabitation avec les parents. L'hypothèse d'une prolongation délibérée de l'adolescence, popularisée par le film *Tanguy*, n'a pas de consistance statistique.

La jeunesse, enfin, est la dernière phase de transition vers le statut adulte. Elle concerne des jeunes actifs, occupant souvent de bons emplois, mais qui repoussent le moment de former un couple ou de fonder une famille. Ces comportements s'expliquent par des causes sociologiques : la plus grande difficulté à former des unions dans un contexte qui n'est plus celui d'une complémentarité des rôles sexués (homme pourvoyeur de ressources, femme gardienne du foyer) ; la transformation et la complexification du modèle de socialisation qui, du fait de la mobilité sociale, ne peut plus reposer aussi efficacement qu'autrefois sur la transmission intergénérationnelle d'une identité et d'un statut. La jeunesse est ainsi la phase où l'individu doit, par expérimentations et itérations successives, parvenir à faire correspondre des aspirations crédibles à une position dans la société.

Olivier Galland

▸ Bibliographie

BOZON M., « Les Femmes et l'écart d'âge entre conjoints : une domination consentie », « I. Types d'unions et attentes en matière d'écart d'âge », *Population*, n° 2, mars-avril 1990 ; « II. Modes d'entrée dans la vie adulte et représentations du conjoint », *Population*, n° 3, mai-juin 1990.

DUBAR C., *La Socialisation : construction des identités sociales et professionnelles*, Paris, Armand Colin, 2002.

DUBET F., *La Galère : jeunes en survie*, Paris, Le Seuil, 1995.

FIZE M., *Le Deuxième Homme : réflexions sur la jeunesse et l'inégalité des rapports entre générations*, Paris, Presses universitaires de la Renaissance, 2002.

GALLAND O., *Sociologie de la jeunesse*, Paris, Armand Colin, 2004.

PASQUIER D., *Cultures lycéennes : la tyrannie de la majorité,* Paris, Éd. Autrement, 2005.

▸ Voir aussi

Adolescence – Adulte – Enfance – Famille – Sociabilité – Socialisation.

JOURNAL D'ÉLÈVES

L'Écho du jour, Tâche d'encre, Millefeuille… Ils sont des milliers de journaux rédigés et diffusés chaque année par des élèves, de l'école maternelle au lycée. Mais ils sont tous tellement différents ! L'un est quasiment quotidien et sert de lien entre les habitants d'une commune rurale. Un autre paraît « quand il peut », et donne un lieu d'expression à une dizaine de lycéens. Trimestriel, cet autre, enfin, est devenu une véritable institution dans un collège, et va engendrer une multitude d'occasions d'ouverture sur le monde.

En mars 1991, une circulaire (n° 91-051), actualisée en février 2002, sur « les publications rédigées par les lycéens » donnait un statut, des droits et des informations à cette presse foisonnante que sont les journaux lycéens. Mais depuis la fin du siècle dernier, des jeunes lycéens s'approprient le droit à l'information comme moyen d'accéder à l'état d'adulte au travers d'une presse dont ils ont l'initiative complète.

Une presse insaisissable

Des chercheurs ont voulu classer ces journaux, les compter, en dresser des typologies. La tâche est ardue, tant les projets sont variés, difficilement comparables, et parfois tellement éphémères.

La périodicité, par exemple, est un indice de cette variété. Au cours d'une même année scolaire, certains journaux paraîtront plus de 120 fois (ce sont les quotidiens), et d'autres une seule fois (un journal « annuel » est-il encore un journal ?). Entre les deux, il existe des hebdomadaires, des mensuels, des trimestriels, sans compter la formule, assez répandue, du journal « qui paraît quand il est prêt ». Trois parutions dans l'année est, malgré tout, le cas le plus fréquent.

Dans certaines académies, on a pu recenser jusqu'à 300 titres dans une année. Avec un maximum de parution au deuxième trimestre scolaire, et une pointe très sensible à l'occasion de la Semaine de la presse et des médias dans l'école. Au CLEMI, on avance prudemment le chiffre de 5 000 titres de journaux en milieu scolaire par an en France… mais assorti d'une remarque : peut-on « additionner » des « quotidiens » et des « trimestriels » ?

De plus, aujourd'hui, la presse scolaire se diversifie : journaux radio, vidéo, par télécopie ou « en ligne » viennent souvent compléter la production écrite.

Pourquoi fait-on un journal ?

Une différence subsiste, et elle est de taille, entre la presse scolaire et la presse professionnelle : rares sont les journaux en milieu scolaire dont la vocation est purement commerciale. Mises à part quelques productions en lycée, en forme de « junior entreprise » dans certaines sections commerciales, la très grande majorité de ces projets, même s'ils doivent tenir un budget serré, ne visent pas la rentabilité. Et ce détail, qui n'en est pas un, leur confère une liberté rédactionnelle que leur envient bien des journalistes professionnels.

On peut faire un journal pour de multiples raisons : « faire écrire les élèves » (projet d'enseignant), « s'éclater » et « faire savoir ce que l'on a à dire » (projet d'élèves), « faire circuler l'information dans l'établissement » (projet de chef d'établissement), etc. Les objectifs pédagogiques annoncent également : « travailler ensemble autour d'un projet », « développer l'esprit critique des élèves », « reconnaître et socialiser la parole des jeunes », etc.

Il est fréquent que des enseignants sollicitent l'accompagnement d'un journaliste, et que certaines classes rédigent des articles publiés par le quotidien de leur région. Par ailleurs, le fait de travailler sur la presse professionnelle amène souvent les jeunes à créer leur propre journal.

Révélateur d'espoirs et de craintes, de désirs et d'interdits, le journal en milieu scolaire ne trouve un sens que si la finalité du projet est réellement d'établir un lien dans un groupe social (qui peut parfaitement dépasser l'école). En effet, le projet-journal ne deviendra éducatif que s'il n'est pas un projet d'éducation mais un projet de communication.

Odile Chenevez

▸ Bibliographie

Bounoure A., *Lire les journaux lycéens*, Saint-Fons, INRP, 1999.

Chenevez O., Famery P., *Faire son journal au lycée et au collège*, Paris, Victoires, 2005.

Chenevez O. (coord.), *Les Élèves acteurs de leurs médias*, Paris, CNDP, coll. « L'Ingénierie éducative », 1997.

Clemi *et al.*, *L' Expression lycéenne, Livre blanc des journaux lycéens*, Paris, Hachette, 1991.

Corroy L. (dir.), « La Presse lycéenne », *Médiamorphoses*, n° 13, p. 21-108.

Gonnet J., *Journaux scolaires et lycéens*, Paris, Retz, 1988.

▸ Voir aussi

Expression – Centre de liaison de l'enseignement et des moyens d'information (CLEMI) – Freinet, Célestin – Médias – Presse et école – Projet – Vidéo.

K

Kant, Emmanuel (1724-1804)

Né en 1724 et mort en 1804 à Königsberg, le philosophe allemand Emmanuel Kant ne s'est guère intéressé à la pédagogie, si ce n'est à travers un cours dont l'un de ses étudiants a laissé des notes réunies sous le titre *Über Pädagogik*. Mais Kant est toujours resté intéressé par les questions d'éducation : l'*Émile* a eu une influence décisive sur le cours de sa pensée, et il a prolongé la réflexion la plus théorique de ses *Critiques* par des considérations méthodologiques. La philosophie kantienne de l'histoire et de la politique sera encore intimement liée, comme sa pensée religieuse, aux problèmes de l'éducation.

Il contribuera puissamment – aussi à travers ses disciples, les constructeurs de l'idéalisme allemand, Fichte, Schelling et Hegel – à forger le concept moderne d'éducation, en manifestant une conscience aiguë de son importance et des grands problèmes qu'elle pose. Tandis qu'il maintient l'entendement dans les limites de l'expérience, Kant fera de la raison d'abord un outil dont l'apprentissage s'impose. En fondant le sens de l'homme sur l'autonomie morale et en l'ouvrant, dans cette perspective, sur la transcendance, il donnera son sens à l'éducation comme *projet moral* de construction de la personne, à distance tout à la fois du positivisme naturaliste et du dogmatisme métaphysique. L'humanité reste essentiellement *à faire*, et c'est en cela que « l'homme est la seule créature qui doive être éduquée » : « C'est au fond de l'éducation que gît le grand secret de la perfection de la nature humaine. »

Mais l'éducation est en même temps « le plus grand et le plus difficile problème qui puisse être proposé à l'homme ». L'enjeu en est la construction de la liberté ; c'est pourquoi l'« un des plus grands problèmes de l'éducation est le suivant : comment unir la soumission sous une contrainte légale avec la faculté de se servir de la liberté ? Car la contrainte est nécessaire ! Mais comment puis-je cultiver la liberté sous la contrainte ? ». Il s'ensuit que « l'art de l'éducation, ou la pédagogie, doit devenir raisonné, s'il doit développer la nature humaine de telle sorte que celle-ci atteigne sa destination ».

Michel Soëtard

▸ Bibliographie

Principales œuvres d'Emmanuel Kant :

Werke, Berlin, Éd. Preussische Akademie der Wissenschaften, 19 vol., 1902-1928.

Réflexions sur l'éducation, Paris, Vrin, 1993.

Principales œuvres sur Emmanuel Kant :

Moreau P., *L'Éducation morale chez Kant*, Paris, Éditions du Cerf, 1988.

Pinloche A., *La Réforme de l'éducation en Allemagne au xviiie siècle : Basedow et le philanthropinum*, Paris, Armand Colin, 1889.

Soëtard M., *Qu'est-ce que la pédagogie ?*, Issy-les-Moulineaux, ESF, 2001.

Vincenti L., *Éducation et Liberté : Kant et Fichte*, Paris, PUF, 1992.

Weil É., *Problèmes kantiens*, Paris, Vrin, 1982.

▸ **Voir aussi**
Éducation – Herbart, Johann Friedrich – Pestalozzi, Johann Heinrich – Philosophie de l'éducation – Rousseau, Jean-Jacques.

Kergomard, Pauline (1838-1925)

Inspectrice générale des écoles maternelles de 1881 à 1917, première femme à être élue au Conseil supérieur de l'Instruction publique en 1886, Pauline Kergomard joua un rôle essentiel dans la transformation des salles d'asile en écoles maternelles, aussi bien sur le plan de la définition officielle des objectifs et des activités que sur celui des pratiques dans les classes.

Née Pauline Reclus, à Bordeaux, d'un père inspecteur de l'enseignement primaire, elle passe une partie de sa jeunesse, à la suite du décès de sa mère, chez son oncle Jean Reclus qui est pasteur à Orthez. Elle gardera la marque de cette éducation protestante à la fois libérale et stricte. Elle entre ensuite au cours normal des institutrices de la Gironde, qui est une institution privée laïque, et obtient le brevet de capacité en 1856. Elle donne des cours comme institutrice privée dans différentes familles de Bordeaux puis s'installe à Paris en 1861. Elle continue à donner des leçons et épouse Jules Duplessis-Kergomard, qui est républicain, en 1863. Pour subvenir aux besoins de la famille, elle fournit des chroniques à plusieurs journaux, elle ouvre une pension de famille et un « cours » pour jeunes filles. Sur les conseils de Ferdinand Buisson, elle passe en 1879 l'examen d'aptitude à la direction puis à l'inspection des salles d'asile et, la même année, elle est nommée par Jules Ferry déléguée à l'Inspection générale des salles d'asile.

Parmi les autres déléguées à l'Inspection générale, elle est celle qui critique le plus sévèrement l'institution des salles d'asile dont elle dénonce avec force les installations matérielles déplorables et les pratiques quotidiennes. Pour Pauline Kergomard, ce sont des petites casernes ou des petites Sorbonnes : les enfants y sont enrégimentés et y reçoivent des leçons incompréhensibles. Elle n'a donc de cesse de militer auprès de toutes les personnes impliquées pour une transformation radicale de l'institution. Les salles d'asile deviennent officiellement des écoles maternelles en 1881, mais ce n'est pas pour autant que les transformations des réalités suivent. Inlassablement, Pauline Kergomard cherche toujours à convaincre que l'école maternelle n'est pas une garderie, qu'elle est un établissement de « première éducation », qu'elle n'est pas non plus un établissement d'instruction, bref, qu'elle n'est pas « une école au sens ordinaire du mot ».

De tels propos se retrouvent dans les textes officiels auxquels elle contribua largement. Sous son influence, le programme pédagogique de 1887 ne place en première ligne ni l'éducation morale ni l'éducation intellectuelle mais les exercices physiques. Ses nombreux articles, publiés dans la revue *L'Ami de l'enfance* et repris sous forme de livre sous le titre *L'Éducation maternelle dans l'école* en 1886 et en 1895, explicitent longuement ces options pédagogiques en faveur d'une école maternelle conçue comme une famille agrandie où les directrices n'ont pas à donner des leçons mais doivent se comporter comme des mères intelligentes et dévouées. De plus, elle affirme que l'école maternelle doit jouer un rôle social en venant en aide aux enfants des familles nécessiteuses, et elle conseille aux directrices de lutter contre le vagabondage et la mendicité en recrutant dans leurs écoles les enfants qui en sont les victimes. Son action personnelle va dans le même sens : elle est partie prenante dans la création de différentes œuvres de secours comme L'Union française pour le sauvetage de l'enfance et la Société contre la mendicité des enfants.

Son plaidoyer en faveur du jeu libre, son insistance sur la connaissance nécessaire de l'enfant et de son milieu de vie, ses mises en garde vigoureuses contre l'envahissement par l'école primaire sont toujours de fécondes sources d'inspiration.

Éric Plaisance

Bibliographie

Principales œuvres de Pauline Kergomard :

L'Éducation maternelle dans l'école, Paris, Hachette, 1re série, 1886 ; 2e série, 1895 (rééd. 1re série avec préface et notes d'H. Brulé et É. Plaisance, Hachette, 1974).

Les Écoles maternelles de 1837 à 1910, aperçu rapide, Paris, Nathan, 1910.

Les Écoles maternelles. Décrets, règlements et circulaires en vigueur, mis en ordre et commentés, Paris, Nathan, 1917.

Principales œuvres sur Pauline Kergomard :

Chiarranda Zanchetta M., *Il Progetto educativo di Pauline Kergomard*, Brescia, La Scuola, 1984.

Harth W., *Pauline Kergomard und die Entwicklung der Vorschulerziehung in Frankreich*, Würzburg, Königshausen und Neumann, 1983.

Kergomard G., Kergomard A., *Pauline Kergomard*, Rodez, Fil d'Ariane éditeur, 2000.

Plaisance É., *Pauline Kergomard et l'école maternelle*, Paris, PUF, 1996.

Voir aussi

Buisson, Ferdinand – École élémentaire – École maternelle – Ferry, Jules – Fröbel, Friedrich – Préscolaire – Programmes scolaires – Socialisation.

Kerschensteiner, Georg (1854-1932)

Georg Kerschensteiner fut inspecteur des écoles de la ville de Munich entre 1895 et 1921. Il déploya une infatigable activité de réformateur du système scolaire, dans la conviction que l'école publique, si elle voulait prétendre au titre de « démocratique », devait former l'enfant dans toutes ses dimensions et qu'elle ne pouvait *a fortiori* s'établir sur l'exclusion de l'une d'entre elles, encore moins jeter les enfants prématurément dans le monde du travail sans aucune formation professionnelle. Tous ses efforts, théoriques et pratiques, ont précisément visé à comprendre l'*intelligence pratique*, à la promouvoir au sein d'une école très marquée par l'intellectualisme herbartien, et à transformer le système scolaire de telle sorte qu'elle y trouve sa place. C'est ainsi qu'il a œuvré dans son *Land* bavarois pour que l'âge de la scolarité soit étendu à 18 ans et pour qu'elle inclue trois années de formation professionnelle obligatoire. Il a été, pour l'Allemagne, le fondateur de l'école professionnelle.

Son œuvre théorique s'est développée autour du concept d'*école du travail (Arbeitsschule)* : il voit dans le travail, pris au sens de Dewey plutôt qu'à celui de Marx, le moyen par excellence de développement de la personnalité, tant dans sa dimension morale que dans sa dimension sociale, pour autant que l'enfant est intéressé par ce qu'il *fait*, qu'il se confronte à la réalité et qu'il peut vérifier d'expérience l'utilité de ses propres réalisations. L'apprentissage du savoir doit ainsi se prolonger, chez l'enfant, en acquisition de compétences, seul moyen, pour lui comme pour l'enseignant, d'évaluer le degré d'intégration des connaissances.

Kerschensteiner a encore développé le concept d'*école professionnelle (Berufsschule)*, montrant en particulier la facticité de l'opposition classique entre « enseignement général » et « formation professionnelle ». La profession est, au sens du métier pour Émile, le passage obligé de l'intégration de l'individu « égoïste » dans la société « altruiste », elle fonde une culture sociale qui intègre et dépasse la « culture classique ». L'éthique du travail dans la pratique d'une profession : tel doit être le fondement de l'éducation du citoyen. Le meilleur travailleur sera aussi le meilleur citoyen : l'État ne serait rien d'autre qu'une grande communauté morale de travail.

Michel Soëtard

Bibliographie

Principales œuvres de Georg Kerschensteiner :

Der Begriff der Staatsbürgerlichen Erziehung (Le concept d'éducation civique), 1910.

Begriff der Arbeitsschule (Concept d'école du travail), 1912.

Die Seele des Erzehers und das Problem der Lehrerbildung (L'âme de l'éducateur et le problème de la formation des maîtres), 1921.

Theorie der Bildung (Théorie de la formation), 1926.

Principales œuvres sur Georg Kerschensteiner :
ADRIAN R., *Die Schultheorie Georg Kerschensteiner*, Francfort, Peter lang, 1998.
CAUVIN M., *Le Renouveau pédagogique en Allemagne de 1890 à 1933*, Paris, Armand Colin, 1970.
SAVIOZ R., « Georg Kerschensteiner », *in* Château J. (dir.), *Les Grands Pédagogues*, Paris, PUF, 1956, p. 259-274.
WILHELM T., *Die Pädagogik Kerschensteiners – Vermächtnis und Verhängnis*, Stuttgart, 1957.

▸ Voir aussi

Compétence – Dewey, John – Formation professionnelle continue – Herbart, Johann Friedrich – Pestalozzi, Johann Heinrich.

KORCZAK, JANUSZ (1879-1942)

S'il est un homme (médecin, écrivain, éducateur) dont les idées restent actuelles en matière d'éducation et de pédagogie, au moment où se répandent peu à peu les valeurs véhiculées par la Convention internationale des droits de l'enfant (1989), c'est bien Janusz Korczak, de son véritable nom Henryk Goldszmit. Son dévouement pour les orphelins du ghetto de Varsovie dont il s'était chargé a frappé tous les esprits.

Ouvrir son livre *Le Droit de l'enfant au respect*, c'est être étonné de l'actualité de cette pensée, juste, forte, étayée par l'expérience et, simultanément, par la réflexion et la créativité littéraire. En effet, pour la première fois, tout enfant est considéré *à l'égal d'un adulte*, comme un être humain à part entière, auquel l'éducateur doit respect, considération et écoute. « L'enfant ne devient pas homme », disait-il, « il en est déjà un ». L'enfant est, dès lors, sujet de droit, titulaire de droits, ce qui, en 1930, est proprement révolutionnaire. C'est en ce sens que Korczak a imaginé et réalisé des règles de vie, un tribunal d'enfants qui ont fait l'objet de débats passionnés dès les années 1930 et après la Seconde Guerre mondiale, lorsque sa vie et son œuvre furent connues en Europe et aux États-Unis. Korczak avait répondu par avance que le tribunal – institution la plus critiquée – « enseignait aux enfants le respect de la loi et des droits individuels et leur faisait réaliser à quel point les procès étaient gênants, préjudiciables et stupides » (Lifton, 1991).

Autrement dit, Korczak défendait le droit, les principes généraux du droit et en faisait un instrument d'éducation. L'éducation civique, l'éducation aux droits de l'homme que préconisent officiellement, en France, la loi d'orientation sur l'éducation de 1989, les instructions, les propositions du Comité national des programmes se trouvent en germe dans cette pensée et cette expérimentation audacieuses.

L'amour de l'enfant, la relation entre le droit et l'éducation, la mise en pratique d'une forme d'autogestion et d'une socialisation, le goût pour les journaux d'enfants, porteurs de leur libre expression, font de cette œuvre un des grands moments de l'éducation nouvelle.

Mais Korczak dépasse ce mouvement et surtout en devance les développements actuels, pour avoir lui-même écrit une « Déclaration des droits de l'enfant » qui préfigure la Déclaration de Genève (1924), celle des Nations unies (1959) ainsi que la très importante Convention des Nations unies des droits de l'enfant de 1989, ratifiée par la France en 1990.

Francine Best

▸ Bibliographie

Principales œuvres de Janusz Korczak :
Comment aimer l'enfant, Le Droit de l'enfant au respect [suivi de], Paris, Robert Laffont, coll. « Réponses », 1998.
Journal du ghetto, Paris, 10-18, 2000.
Principales œuvres sur Janusz Korczak :
HOUSSAYE J., *Janusz Korczak : l'amour des droits de l'enfant,* Paris, Hachette, 2000.
LADSOUS J., *Janusz Korczak*, Paris, PUF, 1995.
LIFTON B. J., *Janusz Korczak, le roi des enfants*, Paris, Pocket, 1991.
MEIRIEU P., *Janusz Korczak : comment surseoir à la violence ?*, Mouans-Sartoux, PEMF, 2001.

▸ Voir aussi

Actives (Méthodes) – Civique (Éducation) – Droits de l'enfant.

L

LABORATOIRE

Un laboratoire est un local de travail caractéristique des sciences expérimentales, des sciences appliquées et des langues vivantes.

En *sciences expérimentales,* le développement des laboratoires (ou salles de travaux pratiques) a suivi la séparation entre cours (et exercices théoriques liés au cours) et travaux pratiques. Cette séparation est l'un des aspects marquants de la réforme des programmes du lycée de 1902.

Pour la physique et la chimie, le rôle de ces travaux pratiques est de donner une contrepartie empirique à un enseignement de plus en plus structuré par la théorie. À côté des expériences de démonstrations, qui continuent à se faire dans l'enseignement secondaire alors qu'elles ont disparu à l'université, les travaux pratiques offrent aux élèves la possibilité de se familiariser avec les appareils et les instruments de mesures, d'expérimenter par eux-mêmes, d'affronter les aléas de la manipulation, d'appréhender directement les phénomènes et donc de surmonter personnellement les difficultés de l'observation, de la mesure et de l'interprétation.

Dans la dernière période, l'équipement en micro-ordinateurs a permis de donner plus de place au traitement automatique des données expérimentales et à la simulation. Des conduites d'expérimentation à distance commencent à être proposées.

Pour la biologie et la géologie, la fonction des travaux pratiques était au départ un peu différente. En effet, jusqu'à la fin des années 1950, les « sciences naturelles » (ou même « l'histoire naturelle ») supposaient des collections utilisées en cours et des salles de travaux pratiques pour des observations, des dissections, des expérimentations. Avec la biologie-géologie, il devient beaucoup plus difficile de faire réellement manipuler les élèves au lycée ; en effet, les expériences sont difficiles à mettre en œuvre et à interpréter. Les simulations se développent et il y a maintenant un bon nombre de logiciels ; on fait aussi travailler les élèves sur des textes authentiques ou adaptés rendant compte d'expériences. Il devient par ailleurs très difficile de faire des expériences sur les animaux à cause des interdictions qui touchent ce secteur.

En *sciences appliquées*, le laboratoire existe depuis l'origine dans certains domaines (génie électrique) ou tend à remplacer l'atelier (génie mécanique) dans la mesure où la formation se concentre de plus en plus sur des aspects scientifiques et technologiques au détriment des aspects professionnels. Parallèlement, la notion de « laboratoire » s'étend aux techniques de gestion avec le développement des activités de simulation, de jeux de rôles, voire d'expérimentation (« laboratoire tertiaire »).

En *langues vivantes* enfin, deux grands types de laboratoires sont utilisés : les laboratoires d'écoute individuelle (magnétophone unipiste) et les laboratoires d'écoute et d'enregistrement (écoute différée, comparaison avec un modèle). L'immense avantage du laboratoire de langue est de permettre une individualisation et surtout de donner à chaque élève la possibilité de parler la langue beaucoup plus longtemps que dans une classe habituelle (où elle est, au mieux, de quelques minutes par heure). Il faut réserver le qualificatif « audiovisuel » aux laboratoires équipés en outre d'appareils de visualisation.

Jean-Louis Martinand

▶ Bibliographie

HULIN N. (dir.), *Physique et humanités scientifiques : autour de la réforme de 1902*, Villeneuve-d'Ascq, Presses universitaires du Septentrion, 2000.

MARTINEZ P., *La Didactique des langues étrangères*, Paris, PUF, « Que sais-je ? », 2004.

▶ Voir aussi

Audiovisuel – Biologie (Enseignement de la) – Langues vivantes – Physique et chimie (Enseignement de la) – Technologie (Enseignement de la).

LAÏCITÉ

La laïcité est une doctrine à la fois philosophique et politique : elle exprime une conception philosophique de l'homme, qui elle-même engendre une conception politique de l'organisation sociale. Les deux composantes de la notion de laïcité sont inséparables : l'une implique l'autre.

Au plan philosophique, la laïcité affirme que l'homme est essentiellement un être libre et raisonnable, et qui peut régler sa vie – donc jouir de sa liberté – en usant de sa raison. Au plan politique, elle pose que l'organisation de la « cité » doit être fondée sur ce constat, et ne saurait donc en aucune manière être fondée sur les religions, qui ne relèvent pas de la raison mais de la foi.

Trois acteurs : L'Église, l'État, l'École

La doctrine laïque, dans son double aspect philosophique et politique, considère que la foi relève de l'ordre individuel, qu'elle ne constitue pas, comme la raison, un caractère essentiel de l'homme, et qu'elle ne saurait donc fonder la vie collective. C'est pourquoi « l'idée laïque » (expression empruntée à l'historien G. Weill) a progressivement conduit, en France, à la séparation des Églises (organisations communes à ceux qui partagent une même foi) et de l'État (institution qui gère la vie de tous).

Mais l'histoire des événements conduisant à cette séparation a été longue, difficile, sanglante. En effet, dès lors qu'elle a eu en main le pouvoir politique, directement ou indirectement, l'Église catholique s'est organisée pour le conserver : il lui permettait de mieux exercer son influence sur la population. C'est pourquoi ceux qui ont pensé devoir lutter contre ce pouvoir ont dû lutter contre l'Église, souvent contre le clergé plus encore que contre le contenu des religions. La France a ainsi connu des siècles de conflits religieux de diverses formes et d'enjeux divers.

Ces luttes se sont, surtout depuis la Révolution, souvent situées sur le terrain scolaire. Ceci n'est en rien dû au hasard. L'École étant un lieu de transmission (voire d'inculcation) de valeurs, elle représente dans ces luttes un enjeu majeur : celui qui « dirige » l'École peut diriger les esprits et donc conforter son pouvoir. Pour ceux qui souhaitaient une influence de l'Église sur la politique, celle-ci devait diriger l'École. Pour les autres, soucieux d'affaiblir l'influence de l'Église, il était nécessaire de ne confier l'École qu'au pouvoir civil.

Depuis la loi de séparation des Églises et de l'État (1905), cet enjeu (sauf sous Vichy) a disparu. Mais une question demeure, que posent les partisans de la laïcité comprise dans sa dimension non seulement politique mais également philosophique : si l'État est désormais laïque, si l'École publique (celle de l'État) est désormais laïque, l'État peut-il accepter d'aider une École qui ne le serait pas, dont l'enseignement n'aurait pas pour finalité de développer la raison de chaque individu de façon à l'aider à mieux user de sa liberté ? Tel est, au fond, l'enjeu des querelles scolaires du XXe siècle. L'histoire de la laïcité est donc celle des luttes pour l'autonomie du civil par rapport au religieux. C'est une histoire qui se confond très largement avec celle de l'École.

Un mot récent, mais une réalité ancienne

Le mot « laïcité » (étymologiquement dérivé d'un adjectif qui signifiait « non religieux », « non clerc ») n'apparaît que vers 1870 et n'entre dans le dictionnaire qu'en 1871. La naissance de ce mot s'explique vraisemblablement par le fait que c'est à cette époque qu'est apparue la nécessité de nommer une réalité qui, auparavant, n'allait pas de soi. Pourtant cette réalité est bien antérieure au mot qui la nomme.

Paradoxalement, c'est au Christ lui-même que l'on peut, d'un certain point de vue, faire remonter l'émergence de l'idée laïque. « Rendre à César ce qui est à César et à Dieu ce qui est à Dieu », c'est en effet distinguer l'ordre du temporel et l'ordre du spirituel, et c'est affirmer que la religion ne doit pas interférer avec la gestion des affaires publiques. Il est pour le moins étonnant qu'un tel principe ait pu être fixé par celui qui est à l'origine d'une Église qui, pendant de nombreux siècles, a confondu le temporel et le spirituel, et qui a – en France notamment – pesé sur le pouvoir civil, quand elle ne l'a pas assumé elle-même et souvent de manière hégémonique.

Le paradoxe trouve son explication dans le fait que Jésus a dû, pour tenter d'avoir une influence spirituelle, affronter une Église établie. Pour s'opposer à elle, il était judicieux de lui dénier tout pouvoir civil. À l'origine, l'église catholique naissante ne pouvait qu'être favorable à ce que l'on appellerait aujourd'hui une laïcité politique, qui garantisse les minorités et fonde le pluralisme.

Dépendance et indépendance du politique

Pendant trois siècles, les chrétiens, minoritaires et dérangeants, sont considérés comme des rebelles par le pouvoir et sont l'objet d'interdictions et de persécutions. Mais leur audience grandit. En 313, l'empereur Constantin leur donne le droit de pratiquer leur religion ; il s'y convertit lui-même peu après. Un demi-siècle plus tard, en 380, le christianisme est déclaré unique religion de l'Empire. C'est le début de l'influence de l'Église sur le pouvoir civil.

Au Moyen Âge, l'affaiblissement du pouvoir de l'État conduit à un renforcement de celui de l'Église, qui prend en charge l'organisation de la vie sociale dans ses moindres aspects. De temps à autre, et plus ou moins violemment, les rois et les empereurs entreront en conflit avec la hiérarchie catholique qu'ils jugeront trop omniprésente. On verra se développer en France, à partir du XIVe siècle, un courant gallican qui revendique l'indépendance de l'Église de France par rapport à Rome, et qui est bien entendu soutenu (et encouragé) par le roi, qui a tout à y gagner. Mais ces conflits et ces revendications, confortés par la dissidence luthérienne, l'esprit de la Renaissance et le développement des Lumières, ne mettent guère en cause le fondement religieux de la vie sociale.

La lutte pour le pouvoir entre le civil et le religieux se radicalise pendant la Révolution : dans la mesure où l'Église soutien la monarchie, les révolutionnaires la considèrent comme une ennemie dangereuse pour leur cause et cherchent à l'affaiblir. Le pouvoir civil prend ainsi une certaine autonomie : la Déclaration des droits de l'homme et du citoyen (1789) affirme que « nul ne doit être inquiété pour ses opinions, même religieuses » ; une décision de 1790 instaure la « constitution civile du clergé » ; un décret de 1792 arrête la création d'un « État civil » qui confirme que le citoyen ne dépend plus de l'Église et que celle-ci ne gère plus ce qui le concerne. De telles innovations n'apparaissent évidemment qu'après des débats rudes, des conflits violents, et il est difficile de les faire entrer en vigueur. Mais l'idée se répand de plus en plus que les dogmes religieux sont l'expression d'une foi et qu'ils ne peuvent être imposés, que l'Église n'a donc pas à diriger la cité, et que la raison (ce que formalise en particulier Condorcet) doit seule guider l'homme dans l'usage individuel et collectif de sa liberté.

La Révolution ayant soulevé des problèmes, le XIXe siècle s'emploiera à essayer de les résoudre. Alliés et ennemis de l'Église et du pouvoir qu'elle représente se déchireront, gouverneront tour à tour, et se renverseront dans une succession de « révolutions », jusqu'à ce que les républicains, que l'Église combat, prennent à partir de 1879 des décisions qui modifieront durablement le paysage politique.

Vers l'affirmation constitutionnelle de la laïcité

Ce sera la loi qui supprime l'obligation du repos dominical (1880), celle qui abroge le caractère confessionnel des cimetières (1882), celle qui laïcise l'enseignement primaire (1882), celle qui réhabilite le divorce et qui supprime les prières publiques aux Chambres (1884), celle encore qui laïcise les hôpitaux (1885), qui confie l'enseignement public à des non-religieux (1886) ou qui oblige les séminaristes à faire leur service militaire (1889), etc.

La société, en quelques années, et non sans durs conflits, se laïcise donc peu à peu. Ce mouvement conduira à la loi de séparation des Églises et de l'État qui, en 1905, stipule que « la République assure la liberté de conscience » et qu'elle « ne reconnaît ni ne salarie aucun culte ». La constitution de 1946 le confirmera, puisqu'elle précisera que « la France est une République indivisible, laïque, démocratique et sociale », ce que reprendra la constitution de 1958 qui ajoutera que la France « assure l'égalité devant la loi de tous les citoyens sans distinction d'origine, de race ou de religion ». La laïcité est donc, désormais, en France, un principe constitutionnel.

Émergence de la laïcité scolaire

Dans la mesure où l'École éduque, forme la conscience des enfants, leur fait adopter tel ou tel système de valeurs, il n'est pas étonnant qu'elle ait été l'un des enjeux essentiels du combat laïque. Pour ceux qui considèrent que l'Église catholique, qui, à partir du Moyen Âge, avait la haute main sur l'enseignement, profite de sa mission enseignante pour inculquer des dogmes qui confortent son pouvoir et sa pérennité, le combat doit consister à lui retirer cette mission enseignante. C'est déjà ce qu'exprime La Chalotais, plus de vingt ans avant la Révolution française, dans son *Traité d'Éducation nationale*. Il réclame en effet, sans employer le terme, une laïcisation de l'enseignement, seul moyen de ne pas soumettre les jeunes aux dogmes d'une Église aux ordres de Rome : « L'éducation devant préparer des citoyens à l'État, il est évident qu'elle doit être relative à sa constitution et à ses lois... Comment a-t-on pu penser que des hommes qui ne tiennent point à l'État, qui sont accoutumés à mettre un religieux au-dessus des chefs des États, leur ordre au-dessus de la patrie, leur institut et des constitutions au-dessus des lois, seraient capables d'élever et d'instruire la jeunesse d'un royaume... Le bien de la société exige manifestement une éducation civile. »

Dans ces années qui précèdent la Révolution, l'idée fait lentement son chemin, confortée par le succès du gallicanisme. En septembre 1789, la Constituante confie la surveillance de l'éducation publique aux autorités civiles, sans toutefois en exclure les religieux. Mais les brimades envers eux les obligent souvent à fermer leurs écoles, si bien que la laïcisation progresse quelque peu. En 1792, Condorcet rédige son fameux rapport à la Constituante, dans lequel il propose que l'on conçoive l'éducation de manière à fonder la morale sur les seuls principes de la raison et à permettre ainsi un perfectionnement de l'humanité. Ceci impose, selon lui, « de n'admettre dans l'Instruction publique l'enseignement d'aucun culte religieux ». Avec ce rapport, la conception de la laïcité scolaire est fondée : mais les événements politiques empêchent la mise en œuvre du rapport.

L'idée reviendra cependant, et souvent, dans les débats des assemblées révolutionnaires. Le plan d'Éducation nationale commune présenté en 1793 par Robespierre (et rédigé par Le Pelletier), visant à « régénérer l'espèce humaine », envisage de retirer les enfants à leur famille et de les placer dans des maisons d'éducation commune où les prêtres et la religion n'ont pas leur place. Ce plan « montagnard » restera lettre morte, mais la Convention adoptera en brumaire an II des décrets qui institueront l'école gratuite et laïque, puis un autre (en frimaire) qui ajoutera l'obligation et la liberté d'enseignement. Les prêtres, exclus de l'école publique, profiteront de l'instauration de la liberté pour ouvrir des écoles « libres » qui vont concurrencer les publiques. De là va naître la dualité scolaire, qui engendrera les premières guerres scolaires en cette fin de Convention et sous le Directoire. L'Église, exclue de l'École publique, trouve alors refuge dans l'École privée.

Irréversibilité et ambiguïté de la laïcité scolaire

Tout au long du XIXe siècle, les conflits entre les partisans de l'école catholique et ceux d'une école indépendante de l'Église (ce qui ne signifie pas toujours laïque) seront quasiment incessants. Après la Révolution de 1848, le ministre Carnot dépose un projet de loi qui retire l'enseignement religieux des écoles primaires, mais le retour des conservateurs conduit Thiers et Falloux à préparer une loi (promulguée en 1850) réaffirmant l'importance de l'action éducative du clergé.

Revenus au pouvoir, les républicains voteront, à l'initiative de Jules Ferry, une loi (28 mars 1882) qui instaure la laïcité des programmes dans un contexte politique de lutte contre l'Église pour la survie de la République. La laïcité scolaire, confortée par la loi de 1886 qui laïcise le personnel enseignant, sera dès lors irréversible. Mais la lutte entre les partisans de l'École catholique (qui ne peut plus s'exprimer que dans le secteur libre) et ceux de l'École publique et laïque persista et sera quelquefois rude. En témoignent par exemple les réactions des laïques à la loi Debré de 1959 (qui impose à l'État de payer les maîtres du privé sous contrat) ou encore celles des catholiques en 1984 (qui s'opposent à l'intégration de leurs établissements scolaires dans un grand service public unifié de l'Éducation nationale, souhaité par la gauche arrivée au pouvoir en 1981).

Certes, il ne s'agissait plus, à la fin du XXe siècle, de lutter contre une Église qui prétendrait diriger l'État et les affaires civiles. La séparation des Églises et de l'État semble désormais, en France, définitive, et les luttes pour l'indépendance du politique se sont apaisées. Du coup, la défense de la laïcité, moins politique, s'exprime maintenant au nom des principes philosophiques essentiels, qui se regroupent en deux tendances plus ou moins complémentaires : il s'agit, pour les uns, de promouvoir une laïcité scolaire conçue comme la source de la cohésion nationale (héritage de Jules Ferry) ; et il s'agit, pour les autres, de promouvoir une laïcité scolaire conçue pour développer la raison humaine (héritage de Condorcet). Dans un cas, l'objectif est d'agir sur les consciences des individus pour assurer une cohésion sociale, et dans l'autre cas il est de libérer la raison de chaque individu pour qu'il se comporte dans la société de manière responsable. La première conception vise d'abord le social, et la seconde d'abord l'individu. Si ces deux conceptions se rejoignent dans une même lutte lorsque la laïcité paraît menacée, il n'est pas certain qu'elles soient au fond compatibles.

Christian Nique

Principe juridique et application

Le principe de laïcité est fondé sur la volonté de respect de la liberté de conscience des élèves et des familles. L'École doit respecter la liberté des choix politiques, philosophiques, religieux qui relèvent des consciences individuelles. Elle ne privilégie aucune doctrine.

L'énoncé du principe de laïcité

L'article 1er de la Constitution du 4 octobre 1958 dispose que « la France est une République indivisible, laïque, démocratique et sociale ». La Constitution reprend, par ailleurs, le préambule de la Constitution du 27 octobre 1946 qui dispose que « l'organisation de l'enseignement public, gratuit et laïque à tous les degrés est un devoir de l'État ». Ce principe est donc de nature constitutionnelle, au sommet de la hiérarchie des textes. Il concerne tous les degrés de l'enseignement. Sa portée ne se limite pas à la seule Éducation nationale.

Ce principe avait été antérieurement et partiellement consacré par des lois des

28 mars 1882 et 30 octobre 1886 toujours en vigueur, aujourd'hui codifiées selon le code de l'éducation. Il a fait l'objet de dispositions réglementaires d'application.

La détermination des modalités d'application du principe de laïcité

La détermination des modalités d'application du principe de laïcité s'effectue de deux manières au niveau national.

Dans le cadre de son pouvoir hiérarchique, le ministre encadre l'exercice des compétences des recteurs d'académie, des inspecteurs d'académie, des directeurs des services départementaux de l'Éducation nationale, des chefs d'établissement et des directeurs d'écoles.

Dans le cadre de son pouvoir de tutelle, le ministre encadre l'action des établissements autonomes qui relèvent de son ministère. Ceci concerne principalement les conseils d'administration des établissements publics locaux d'enseignement. Ceci vaut pour ceux de l'Éducation nationale et ceux d'enseignement et de formation professionnelle agricole.

Les conséquences du principe de laïcité

L'existence du principe de laïcité n'exclut pas l'existence d'un « enseignement privé » et ne met pas d'obstacle à la possibilité, pour l'État, d'aider celui-ci. Ces solutions ont été précisées par le Conseil constitutionnel, amené à se prononcer sur la liberté de l'enseignement et sur le régime de celle-ci.

De son côté, le Conseil d'État a précisé que le principe de laïcité n'autorise pas les collectivités territoriales à opérer des discriminations fondées sur le caractère public ou privé de l'établissement scolaire fréquenté pour l'obtention de bourses ou l'accès aux transports scolaires.

Laïcité et personnel enseignant et non enseignant

Pour l'enseignement primaire, le caractère laïque du personnel enseignant a été posé par l'article 17 de la loi organique du 30 octobre 1886 (code de l'éducation, art. L.141-5). Dès 1912, le Conseil d'État s'est prononcé dans le même sens pour le personnel enseignant de l'enseignement secondaire. Actuellement, l'obligation de laïcité concerne les personnels enseignants et non enseignants pour leur recrutement, leur déroulement de carrière et les obligations qui leur incombent.

Laïcité et enseignement

Les programmes d'enseignement ne doivent pas porter atteinte au principe de laïcité. La question s'est longtemps réduite à cette seule question. Un débat actuel existe sur la place d'un enseignement du fait religieux, à créer dans le respect du principe de neutralité de l'école.

Laïcité et élèves

La question du respect, par les élèves, du principe de laïcité s'est posée et a été tranchée par le juge dans deux situations. La première est celle des demandes d'autorisation d'absence tel jour chaque semaine pour respecter une prescription religieuse, absences contraires à l'obligation d'assiduité. L'élève peut bénéficier d'autorisations ponctuelles, mais pas d'une autorisation pour toute l'année pour une absence hebdomadaire. La seconde est celle du port de signes d'appartenance religieuse. Sur cette question, le Conseil d'État a donné un avis le 27 novembre 1989. Le port de signes d'appartenance n'est pas contraire à l'obligation de respecter le principe de laïcité, mais il ne doit pas s'inscrire dans un prosélytisme, ne pas porter atteinte au respect des obligations scolaires d'assiduité, d'hygiène et de sécurité, ne pas troubler le fonctionnement de l'établissement. De nombreuses décisions sont intervenues au contentieux. Le législateur, par une loi du 15 mars 2004, a encadré, en application du principe de laïcité, le port de signes ou tenues manifestant une appartenance religieuse dans les écoles, collèges et lycées publics.

Claude Durand-Prinborgne

▶ Bibliographie

BAUBÉROT J., *Vers un nouveau pacte laïque ?*, Paris, Le Seuil, 1990.

BAUBÉROT J., *Histoire de la laïcité en France*, Paris, PUF, coll. « Que sais-je ? », 2005.

BOUCHET G., *Laïcité et enseignement*, Paris, Armand Colin, coll. « Formation des enseignants », 1996.

BOUSSINESQ J., *La Laïcité française : mémento juridique*, Paris, Le Seuil, coll. « Points essais », 1994.

C. J.-P., « Commentaire de l'avis du Conseil d'État », *Actualité juridique-droit administratif*, n° 1, 1990, p. 42 et suiv.

DELAFAYE F., *Laïcité de combat, laïcité de droit*, Paris, Hachette Education, coll. « Former, organiser pour enseigner », 1997.

DURAND-PRINBORGNE C., *La Laïcité*, Paris, Dalloz, coll. « Connaissance du droit », 2004.

DURAND-PRINBORGNE C., « La Circulaire Jospin du 12 décembre 1989 », *Revue française de droit administratif*, 1990, p. 10 et suiv.

DURAND-PRINBORGNE C., « Le Port des signes extérieurs de convictions religieuses à l'école : une jurisprudence affirmée... une jurisprudence contestée », *Revue française de droit administratif*, 1997, p. 151 et suiv.

DURAND-PRINBORGNE C., « La Loi sur la laïcité, une volonté politique au centre de débats de société », *Actualité juridique-droit administratif*, 2004, p. 704 et suiv.

HAARSHER G., *La Laïcité*, Paris, PUF, coll. « Que sais-je ? », 2004.

MAYEUR J.-M., *La Question laïque aux XIXe-XXe siècles*, Paris, Fayard, 1997.

NOUAILHAT R., *Enseigner le fait religieux : un défi pour la laïcité*, Paris, Nathan, coll. « Les Repères pédagogiques », 2004.

OGNIER P., *L'École républicaine française et ses miroirs*, Berne, Peter Lang, 1988.

POULAT E., *Liberté-laïcité : la guerre des deux France et le principe de la modernité*, Paris, Le Cerf/Cujas, 1987.

RIVERO J., « Laïcité scolaire et signes d'appartenance religieuse », *Revue française de droit administratif*, 1990, p. 1 et suiv.

THIRIOT A., « Le Principe de neutralité de l'enseignement », *Savoir Éducation Formation*, 1993, p. 403 et suiv.

▶ Voir aussi

Endoctrinement – Ferry, Jules – Morale (Éducation) – Neutralité – Privé (Enseignement) – Religieuse (Éducation) – Religion et école – Valeurs.

Langage

Alors que l'anglais ne possède qu'un seul mot, *language*, le français dispose de deux termes, les mots « langue » et « langage », mais les deux concepts que ces termes désignent s'interpénètrent. En effet, le mot « langage » désigne la faculté qu'ont tous les humains de communiquer par les *langues*, qui sont, elles, des codes linguistiques propres à une communauté donnée (le français, le breton, le bambara, etc.).

Deux questions se sont donc posées aux psycholinguistes : Qu'est-ce qui permet que les enfants entreprennent dès leur venue au monde d'acquérir une langue, n'importe laquelle, du moment qu'on la leur parle, et sans que celle-ci leur soit enseignée de façon formelle ? Et comment s'opère cette acquisition ? Le langage, en tant que faculté universelle, suppose, d'une part, des dispositions naturelles propres à l'espèce humaine, et, d'autre part, des traits partagés entre les langues qui transcendent leurs différences. Vers la fin des années 1960, le linguiste Chomsky a donc postulé l'existence chez l'enfant d'un dispositif d'acquisition du langage (LAD : *Language Acquisition Device*) et identifié des caractéristiques structurelles communes aux langues. Mais l'innéisme de Chomsky et la notion de « grammaire universelle » qui lui est due ont parfois donné lieu à des interprétations naïves dans le monde scolaire, et en particulier à un enseignement de la syntaxe fondé sur la représentation de la structure des phrases par des « arbres ». L'hypothèse de Chomsky concernant le dispositif d'acquisition a été complétée par Bruner. Celui-ci, prenant acte de la nécessité, pour l'acquisition du langage, d'interactions entre le jeune enfant et un adulte, a établi qu'il s'agissait là de « scénarios transactionnels » permettant que s'installe un « système de support pour l'acquisition du langage » (LASS : *Language Acquisition Support System*). Autrement dit, il s'agit d'une interface entre la volonté primitive de communiquer du jeune enfant et le système langagier et linguistique qui lui est proposé dans toute sa complexité.

L'acquisition du langage a été étudiée sous plusieurs angles. Ainsi, M. A. K. Halliday a montré comment le jeune enfant expérimente les différentes fonctions du langage (fonction instrumentale, régulatoire, interactionnelle, personnelle, heuristique, imaginative, informative), et Frédéric François a décrit le développement des conduites langagières (narratives, explicatives, etc.) à travers la manière dont le jeune enfant joue avec le langage. D'autres études se sont attachées à établir une chronologie de l'ordre d'apparition des constituants linguistiques, montrant par exemple que, après des débuts assez lents, les jeunes enfants connaissent une période très intense d'accroissement du vocabulaire (l'explosion lexicale).

Le mot « langage » renvoie donc indiscutablement à l'activité cognitive du sujet parlant, envisagée sous l'angle des opérations qu'il effectue au moyen de la langue ou de tout autre système symbolique. C'est en ce sens que l'on parle de travail langagier, d'actes de langage ou de conduites langagières, et que l'on s'intéresse à la manière dont le langage permet d'établir des rapports entre le monde, le sujet parlant et autrui. Cette question a nourri les travaux que Piaget a consacrés à l'ontogenèse du langage et dans lesquels il a mis l'accent sur l'égocentrisme des premiers propos d'enfants. Prolongeant cette réflexion, Vygotski a montré de son côté comment la pensée naît de l'intériorisation du langage.

Désormais, l'école maternelle, en distinguant le langage de communication qui fonde les échanges interpersonnels, le langage en situation, qui accompagne l'action, et le langage d'évocation, qui permet de convoquer mentalement des objets absents ou des expériences, met l'accent sur les fonctions sociales et cognitives du langage. Ainsi est-on passé des « situations de langage » ou « moments de langage » en maternelle, visant simplement à « faire parler », à des exigences plus complexes.

À tous les niveaux de la scolarité, le langage est mis au service des apprentissages car il est l'instrument de la conceptualisation et plus généralement du travail intellectuel : il sert à la catégorisation, la caractérisation, la mise en relation ; il permet la réalisation d'opérations logiques, la formalisation, la prédication et la formulation du jugement. On peut donc dire que toutes les disciplines scolaires ont une composante langagière : dénommer, définir, ordonner permettent de construire intellectuellement l'objet d'étude ; récapituler, reformuler, résumer, expanser sont les moyens qui permettent de le travailler. Le médium, c'est-à-dire l'oral ou l'écrit, influe sur la formalisation en imposant ses contraintes propres ; de même, la langue, en tant que code linguistique, joue un rôle important car elle fournit, par le biais du lexique, des catégories et, par sa structure, des outils pour instaurer des relations entre les objets dont on parle.

Les composantes sociales du langage intéressent également l'école à un double titre. D'une part, l'accent a été mis sur le rôle des interactions entre pairs et du conflit sociocognitif dans la construction des connaissances : il est attendu que les échanges verbaux favorisent la focalisation conjointe de l'attention sur un même objet de discours, et que la confrontation entre des représentations les enrichisse et les complexifie. D'autre part, le langage est à la fois un instrument de socialisation – il permet d'entrer en contact avec autrui – et un marqueur social, puisque les manières de dire, voire le rapport au langage, signalent l'origine sociale des locuteurs. C'est pour ces raisons que l'école a fait du langage à la fois un objet et un moyen d'apprentissage, et l'a désigné comme sa priorité.

Sylvie Plane

▸ Bibliographie

BRONCKART J.-P., *Activité langagière, textes et discours*, Lonay, Delachaux et Niestlé, 1996.

BRUNER J. S., *Comment les enfants apprennent à parler*, Paris, Retz, 1987.

HALTÉ J.-F., RISPAIL M. (coord.), *L'Oral dans la classe*, Paris, L'harmattan, 2005.

PIAGET J., *Le Langage et la pensée chez l'enfant*, Lonay, Delachaux et Niestlé, 2002.

VYGOTSKI L. S., *Pensée et langage*, Paris, Éditions sociales, 1985.

▶ **Voir aussi**
Bruner, Jerome Seymour – Cognitive (Éducation) – Troubles du langage – Vygotski, Lev Semionovitch.

Langage (Troubles du)

▶ **Troubles du langage**

Langevin, Paul (1872-1946)

Très grand physicien et responsable d'organisations militant pour une école nouvelle, premier président de la commission qui a rédigé le plan Langevin-Wallon, Paul Langevin naît le 23 janvier 1872 à Montmartre. Son père est métreur vérificateur, sa mère arrière-petite-nièce de l'aliéniste Philippe Pinel. C'est grâce à elle qu'il peut continuer ses études à l'école primaire supérieure Lavoisier. Il devient ingénieur EPCI (École de physique et de chimie industrielles de la ville de Paris, seule école d'ingénieurs accessible à ceux qui n'avaient pas reçu l'enseignement des lycées). Reçu premier à l'agrégation de physique, il mène des recherches sur l'ionisation des gaz qui lui permettent de soutenir brillamment sa thèse de doctorat. Il est nommé professeur au Collège de France en 1909 et poursuit des recherches – mondialement connues – dans des domaines variés : théorie du rayonnement, du magnétisme ; thermodynamique et théorie cinétique des gaz.

Paul Langevin s'est toujours beaucoup intéressé aux problèmes scolaires, en premier lieu dans sa pratique même d'enseignant-chercheur. En mai 1922, on lui demande de présider la section « Pédagogie scientifique » qui vient d'être créée à la Société française de pédagogie (fondée en juillet 1914 au lycée Louis-le-Grand) ; à partir d'octobre 1922, il préside cette société, jusqu'en 1937, date à laquelle il est remplacé par Wallon. Il est par ailleurs immédiatement associé à l'initiative des Compagnons de l'université nouvelle en faveur de l'école unique après la Grande Guerre. Il fait partie, en 1924, au moment du cartel des gauches, de la Commission de l'école unique aux côtés de Ferdinand Buisson.

En 1921, une Ligue internationale de l'éducation nouvelle se crée à Calais. Le 15 février 1922, une section française est constituée : le Groupe français d'éducation nouvelle (GFEN), dont Paul Langevin est peu après le président. À ce titre, Langevin préparera trois grands congrès internationaux d'éducateurs en France : le premier se tiendra à Nice en 1932 (sur l'éducation dans ses rapports avec l'évolution sociale) ; le second, prévu en 1939, n'aura pas lieu en raison de la guerre (le thème devait être « l'éducation nouvelle et la défense de la démocratie ») ; le troisième aura pour siège la Sorbonne : il réunira 1 200 personnes originaires de vingt pays sur une question d'une grande actualité en 1946 : « la réforme de l'enseignement dans les différents pays et ses rapports avec l'éducation ». Paul Langevin profite de l'occasion pour faire connaître en France et à l'étranger une réforme en voie d'élaboration : elle sera connue plus tard sous le nom de plan Langevin-Wallon.

Une commission ministérielle d'étude pour la réforme de l'enseignement, composée de vingt membres titulaires, avait été créée par l'arrêté du 8 novembre 1944. Paul Langevin avait été désigné au poste de président, Henri Wallon et Henri Piéron (psychologues) à ceux de vice-présidents ; tous trois étaient professeurs au Collège de France. Autour d'eux se trouvaient des professeurs, des instituteurs, des syndicalistes, les responsables des grandes directions du ministère.

L'arrêté du 8 novembre 1944 avait précisé les buts, les méthodes, les structures de la commission. Elle devait mener une large enquête sur les problèmes relatifs à la réforme de l'enseignement, « examiner les différents projets de réforme précédemment élaborés par des organismes qualifiés ». L'orientation de la commission était inscrite dans sa composition et la désignation de ses principaux responsables : elle était dans la mouvance de l'École nouvelle et de l'École unique.

Langevin préside la commission jusqu'à sa 52e séance ; il répartit la rédaction du rapport préliminaire entre Pierre George pour l'enseignement supérieur, Roger Gal pour le secondaire, Fernande Seclet-Riou pour l'école élémentaire et les principes généraux. Malade, il ne peut participer à la 53e séance. Deux semaines après il meurt à Paris, le 17 décembre 1946.

Claude Lelièvre

▶ Bibliographie

ALLÈGRE C., DUBET F., MEIRIEU P., *Le Rapport Langevin-Wallon : pour l'école,* Paris, Mille et une nuits, 2004.

BOUTAN P., SOREL R. (dir.), *Le Plan Langevin-Wallon : une utopie vivante*, actes des rencontres des 6 et 7 juin 1997, Paris, PUF, 1998.

▶ Voir aussi

Buisson, Ferdinand – Éducation nouvelle – Gal, Roger – Réforme de l'enseignement – Wallon, Henri.

LANGUES VIVANTES

Discipline dont l'apprentissage peut se réaliser hors institution, les langues vivantes ne sont devenues que tardivement un objet d'étude scolaire. Elles sont également le siège d'idées reçues et de représentations tenaces.

Ignorante des constants ajustements et renforcements qui accompagnent en milieu naturel les phases d'acquisition de la langue maternelle, l'opinion publique a tout naturellement tendance à prendre à tort ce qu'elle croit être le processus d'acquisition de cette dernière comme modèle de référence pour l'apprentissage des langues étrangères. Or, dans l'institution scolaire, les choses se passent différemment ; dans le cadre d'un horaire éclaté de quelques heures hebdomadaires, il s'agit d'apprendre une langue qui ne sert pas à combler d'authentiques besoins vitaux et pour laquelle il n'y a aucun renforcement dans l'environnement extérieur quotidien. Cette situation requiert la présence d'un guidage. À cette première différence vient s'ajouter le fait que tout ce qui se dit en classe de langue est soumis à l'appréciation normative de l'enseignant.

De l'écrit à l'oral : l'évolution de l'enseignement

Avant que l'enseignement d'une langue vivante ne devienne discipline scolaire, son apprentissage se réalisait dans le cadre d'un préceptorat assuré par un natif du pays de la langue cible. L'évolution historique permet d'éclairer quelque peu les phénomènes complexes liés à l'apprentissage d'une langue étrangère dans l'institution scolaire, objet de nos préoccupations.

C'est en 1829, comme le rappelle Clavères, que l'étude des langues vivantes est introduite dans le cursus des collèges royaux. Mais, au cours du demi-siècle qui suit, nombreuses furent les fluctuations qui affectèrent tant le statut de la discipline que celui de ses enseignants : création (1840), suppression (1851) puis rétablissement (1864) d'une agrégation de langues vivantes et attribution d'un service plus lourd aux agrégés de langues vivantes sont là pour en témoigner.

Tiraillées entre l'héritage de l'enseignement du latin et les tenants de la méthode directe, et avant que ne se mette en place une véritable didactique des langues vivantes, ces dernières vont voir les modalités de leur enseignement évoluer selon deux paramètres omniprésents d'influence inégale selon les époques : d'une part, l'avancée des recherches dans le domaine non seulement cognitif, mais aussi technologique ; d'autre part, les besoins d'ordre économique d'une société en mutation.

C'est ainsi que l'élève va passer du statut de décrypteur à celui de répondeur puis d'acteur (Gauthier, 1981), en attendant d'accéder à celui de sujet parlant, dont on sait qu'il n'atteindra toutefois jamais les compétences d'un natif.

L'élève décrypteur est celui à qui on apprend l'accès aux beaux textes étrangers. Cette conception élitiste, antérieure aux années 1950 – tous les élèves n'accèdent pas au lycée –, met l'accent sur l'écrit et plus précisément sur la compréhension écrite. Cette méthodologie traditionnelle va peu à peu faire place à la méthode directe, dans laquelle listes de vocabulaire, thèmes et versions sont bannis, et l'oral va progressivement s'inscrire au cœur des méthodes dites actives. Mais l'évolution ne fut pas linéaire (Puren, 1988). Une perméabilité d'un stade à l'autre a joué, donnant naissance à des adaptations. Ces dernières vont mener à la promotion non négligeable d'un schéma question/réponse qui prévaudra en classe de langue.

Dans les années 1950, un certain nombre de facteurs d'ordres divers vont favoriser le développement d'une didactique spécifique. Ce sont notamment la naissance de la linguistique et le développement de technologies nouvelles (apparition du magnétophone). Ces phénomènes vont coïncider d'un point de vue chronologique avec la nécessité de trouver aux États-Unis des méthodes d'apprentissage rapide pour les troupes américaines envoyées en opération en Corée.

Cette situation aboutit à l'installation des méthodes audiovisuelles instaurant définitivement le primat de l'oral et posant pour la première fois la nécessaire mise en place d'une progression. Trois grands principes les animent.

- Fondé sur la répétition, tant collective qu'individuelle, l'apprentissage relève alors quasi exclusivement de la mémorisation. Une conception béhavioriste de l'apprentissage sous-tend cette approche : on fait le pari que lorsqu'il retrouvera une situation semblable à celle qu'il a mémorisée, l'élève saura réutiliser ces acquis de manière adéquate. Cela n'a pas toujours été le cas.
- Pour combattre les interférences avec la langue maternelle, cette dernière est totalement bannie du cours de langue.
- Pour faire comprendre, on fait appel à l'image, qui n'obéit pas à la même logique que la langue écrite, ce qui va entraîner de nombreuses ambiguïtés.

Les acquis de l'audiovisuel (amélioration de l'oral et souci d'enchaînement minutieux d'une progression) sont indiscutables. Deux constats mettent pourtant au jour les limites de ces méthodes, dont les années 1970 ont célébré la suprématie : le réemploi le plus souvent inadéquat de la part des élèves et la découverte maintenant patente que ces derniers au cours de leur apprentissage procèdent par construction de systèmes auxquels le bannissement de la langue maternelle empêche d'avoir accès.

Les nouvelles approches de la didactique

C'est vers cette même époque (1975) que le Conseil de l'Europe, désireux de soutenir un cadre théorique pour un enseignement plus efficace, va commencer à s'intéresser aux langues vivantes. Il s'agit de mettre ceux qui apprennent en mesure de communiquer en langue étrangère. L'anglais, on le comprend, aura un rôle moteur. Des méthodes dites « notionnelles-fonctionnelles », fondées sur l'apprentissage de listes finies d'expressions correspondant à une série répertoriée d'échanges langagiers de la vie courante, vont voir le jour. Leur visée communicationnelle n'a pas toujours été intériorisée par les populations scolaires relevant d'un enseignement de masse. Dans les sketches des méthodes audiovisuelles comme dans les situations de simulation de communication, le passage des élèves du statut d'acteur à celui de sujet parlant n'a pas été véritablement assuré.

Il est donc permis de formuler des doutes quant à l'efficacité de « l'acquisition d'une certaine compétence communicative par une pratique massive d'une forme simulée de communication » (Hardin, 1985).

Ces doutes sont partagés par les tenants d'une approche conceptuelle. Ces derniers ont conscience du confort apporté par la mise à disposition de moyens de s'exprimer répondant à des besoins de communiquer. Ils souhaitent en outre que les apprenants puissent dépasser la simple restitution d'un ensemble fini pour parvenir à une véritable construction d'énoncés. Les maîtrises comparées du fonctionnement de la langue maternelle et de la langue cible sont parmi leurs préoccupations.

Parallèlement, les recherches en psychologie cognitive amènent une centration sur la genèse des productions des apprenants. L'erreur n'est plus conçue comme écart à la norme, mais comme indice du degré d'appropriation de la langue étrangère. La répartition des productions justes et erronées, la récurrence des erreurs amènent à prendre en compte la notion d'interlangue, définie comme l'ensemble – capable d'évoluer, mais aussi de se figer – des moyens dont dispose un apprenant à un moment donné de son apprentissage. Le guidage consiste alors à munir les élèves de repères stables leur permettant de saisir les régularités à l'œuvre dans le système linguistique étranger. Pour ce faire, le recours à la psycholinguistique devrait permettre de faire la part entre les différentes stratégies, dont « les unes sont inconscientes et automatiques, les autres (les métalinguistiques pour l'essentiel) sont conscientes, contrôlées et contrôlables, volontaires » (Bailly, 1991).

Les enseignants ont alors eu à prendre en compte des données nouvelles. Il leur a fallu intégrer la coexistence de deux modèles d'appréhension du réel en interaction constante : la construction de connaissances, processus conscient d'ordre rationnel, et la constitution de représentations inconscientes et irrationnelles. C'est la gestion de cette interaction ainsi que « l'étude de ce qui se passe en amont de l'acte d'enseignement lui-même » (Zarate, 1986) qui préoccupent désormais les spécialistes de didactique. Compte tenu des besoins évolutifs de la demande sociale, l'objectif visant à mettre les apprenants en mesure d'apprendre à apprendre les langues devient primordial ; il faut préparer ceux qui apprennent à réussir le passage d'un système linguistique à un autre. On le voit, la réflexion et l'explication ont un rôle à jouer dans un processus d'apprentissage maîtrisé des langues vivantes. Dans ce cadre, la didactique occupe « une position d'intermédiaire entre des domaines scientifiques de référence et les réalités de la situation d'enseignement-apprentissage » (Dabene, 1991).

La construction de l'Europe et les phénomènes de mondialisation ont entraîné la prise de conscience de la nécessité d'essayer d'instaurer chez des élèves une compétence culturelle. On peut notamment remarquer la place prépondérante accordée au contenu culturel, qui constitue désormais le cadre dans lequel se place l'étude de la langue. Le programme culturel s'organise, au second cycle par exemple, autour de larges notions communes aux diverses langues enseignées : mémoire, échanges, lien social, création.

Les textes officiels vont jusqu'à fournir une méthodologie de la mise en œuvre du programme culturel, dont les fondements sont communs aux diverses langues. Ainsi, la mise en place de compétences culturelles s'appuie essentiellement sur l'utilisation de sources et de documents authentiques. Elle passe par la prise de conscience d'un système de représentations dans lequel chaque élève se trouve inséré, que ce soit celui de sa culture native ou celui de la société dans laquelle il est scolarisé. Ceci implique la relativisation de ce système par rapport au système de la société dont il apprend la langue. Dans cette perspective, décentrement et réajustement se révèlent des démarches fondamentales, de même que la variété des supports et des approches. Il est à noter que l'enrichissement des éléments du programme culturel inclut la participation d'autres disciplines (histoire, géographie, arts plastiques, français, etc.), sans pour autant qu'il y ait transformation d'un cours de langue en cours d'histoire, par exemple. Force est de constater la redistribution des objectifs de l'enseignement-apprentissage des langues vivantes, avec le passage au premier plan de l'acquisition de compétences culturelles qui implique l'imbrication du travail linguistique et de l'étude des faits de culture.

Albane Cain

▸ Bibliographie

BAILLY D., « Didactique des langues étrangères et psycholinguistiques », *Actes du deuxième colloque international ACEDLE*, Paris, ACEDLE, 1991.

BAILLY D., *Didactique de l'anglais*, vol. 1 et 2, Paris, Nathan, 1997.

BYRAM M., NICHOLS A., STEVENS D., *Developing Intercultural Competence in Practice*, Clevedon, Buffalo, Toronto, Sydney, Multilingual Matters Ltd, 2001.

CAIN A., BRIANE C. *et al.*, *Culture, civilisation. Propositions pour un enseignement en classe d'anglais*, Gap/Saint-Fons, Ophrys/INRP, 1996.

Callari Galli M., Londei D., *Scambi universitari. Sviluppo dei rapporti fra le culture europee nelle giovani generazioni*, Bologne, Cooperativa libraria universitoria editrice Bologna, 2002.

Clavères M.-H., « L'Enseignement de l'anglais dans les classes de 6e et 5e », *Les Langues modernes*, n° spécial, 1981.

Dabène L., « Recherche, terrain et demande sociale », *Actes du deuxième colloque international ACEDLE*, Paris, ACEDLE, 1991.

Gauthier A., « Opérations énonciatives et appropriation d'une langue », *Les Langues modernes*, n° spécial, 1981.

Hardin G., « Histoire d'un malentendu », *Les Langues modernes*, n° 5, 1985.

Janitza J., *Rapport de la commission de réflexion sur l'enseignement des langues étrangères*, Paris, ministère de l'Éducation nationale, 1991.

Morgan C., Cain A., *Foreign Language and Culture Learning from a Dialogic Perspective,* Clevedon, Philadelphie, Adelaide, Multilingual Matters Ltd, 2000.

Murphy-Lejeune E., *L'Étudiant européen voyageur, un nouvel étranger*, Paris, Didier, 2003.

Puren C., « Les Mécanismes de circulation dans l'évolution historique de la didactique scolaire des langues vivantes étrangères », *Les Langues modernes*, n° 1, 1988.

Zarate G., *Enseigner une culture étrangère*, Paris, Hachette, 1986.

Zarate G. (dir.), *Langues, xénophobie, xénophilie dans une Europe multiculturelle*, Caen, CRDP de Basse-Normandie, 2001.

▸ Voir aussi

Communication (Modèles et techniques de) – Linguistique et éducation.

La Salle, Jean-Baptiste de (1651-1719)

Jean-Baptiste de La Salle a marqué l'école primaire française, et même l'histoire mondiale de la pédagogie, beaucoup plus profondément qu'on ne le sait et qu'on ne le croit communément.

Né à Reims dans une famille aisée de la bourgeoisie de robe, très tôt décidé à devenir prêtre, il poursuit au séminaire Saint-Sulpice ses études supérieures. Mais la mort prématurée de ses parents l'ayant obligé à s'occuper de ses frères et sœurs puînés, il ne reçut l'ordination qu'en 1678. Il lui fallut alors soutenir la congrégation naissante des Sœurs de l'Enfant Jésus car le fondateur, le chanoine Rolland, qui était son père spirituel, mourut le même mois, après lui en avoir confié le soin. Or, ces religieuses avaient pour mission l'instruction chrétienne gratuite des petites filles du peuple. Très vite, le chanoine de La Salle pensa qu'il devait faire de même pour les garçons, de sorte qu'une première école s'ouvrit chez lui, à Reims, suivie de beaucoup d'autres. À ce sujet, on consultera avec fruit les remarquables travaux d'Yves Poutet. Notons seulement que ce prêtre frêle, humble et austère, allait être ainsi amené, entre 1678 et 1688, à fonder l'Institut des Frères des écoles chrétiennes. Il mourut en odeur de sainteté à 68 ans, en avril 1719. Il fut béatifié en 1888 et canonisé par Léon XIII en 1900. Le dictionnaire de Ferdinand Buisson lui rend largement hommage.

Jean-Baptiste de La Salle s'insère dans tout le courant de la Contre-Réforme, qui valorise l'éducation populaire : à ce titre, il entreprend de transformer les méthodes. S'il conçoit l'enseignement populaire gratuit comme une œuvre apostolique destinée à la formation religieuse des enfants pauvres, il entend pourvoir aussi à leur formation professionnelle. D'où une rupture avec les méthodes classiques des collèges, qui privilégiaient le latin et préparaient surtout aux carrières libérales et à l'état ecclésiastique. Il ordonne d'apprendre à lire sur des textes français et de fournir des rudiments, calcul compris, qui permettraient aux élèves de gagner leur vie dans l'un des métiers les plus courants des milieux populaires, voire d'accéder aux professions commerciales. On leur ouvre même des débouchés vers l'arpentage et l'architecture, en les initiant au dessin linéaire. Ainsi voit le jour un enseignement à la fois primaire et orienté vers le technique.

En outre, l'enseignement valant ce que valent les maîtres, Jean-Baptiste de La Salle entend assurer à ceux-ci une formation pédagogique et une formation spirituelle appropriée, qui les rendent capables de donner aux élèves un sens de la vie profondément chrétien, de la conscience professionnelle et du dévouement. D'où la nécessité de la communauté, qu'il fonde avec ses premiers disciples en s'imposant comme eux une vie de pauvreté, de travail et de prière. Mais il ne les conduit pas à la cléricature. En effet, contrairement à Charles Démia, qui voyait dans le sacerdoce une dignité bénéfique aux éducateurs, il pensait que des laïcs chrétiens sont capables d'exercer la mission de former les enfants à vivre conformément à l'idéal chrétien. Surtout, il craignait que le sacerdoce, reçu après des études latines et une formation classique, rende peu apte à l'enseignement primaire et comporte des obligations pastorales trop lourdes pour être compatibles avec cette tâche. En revanche, l'esprit de total renoncement qu'exige cet humble apostolat et l'abnégation qui doit animer celui-ci pour le rendre fécond lui paraissaient exiger l'encadrement d'une vie religieuse continuellement communautaire. D'où la fondation de la congrégation et la spécificité de ses règles austères.

En définitive, comme l'écrit encore Yves Poutet, « Jean-Baptiste rompt avec les habitudes de son temps lorsqu'il résiste au courant clérical qui considérait volontiers les écoles comme des réservoirs d'enfants de chœur disponibles pour baptêmes, mariages, enterrements, au détriment des études profanes ». Son objectif, en effet, n'est pas « tout religieux » comme certains l'imaginent, mais à la fois profane et chrétien. Il refuse de commencer l'initiation à la lecture par le latin parce que les fils des ouvriers et artisans ont besoin du français en priorité pour gagner leur vie. Il ne veut pas d'ecclésiastiques parmi ses maîtres, parce que l'école populaire a besoin d'un homme tout entier à longueur de journées. Ses Frères sont donc des religieux laïcs.

Enfin, la grande nouveauté qu'il apporte à l'École consiste à généraliser la division de celle-ci en classes, c'est-à-dire en groupes aussi homogènes que possible. Il étend ainsi à tout son réseau congréganiste le système que Charles Démia avait auparavant prévu à Lyon mais qui n'avait, alors, guère débordé ce diocèse.

Jean-Baptiste de La Salle a explicité sa pédagogie dans de nombreuses publications, dont les plus connues sont les *Règles de la bienséance et de la civilité chrétiennes* (1703) et *Les Devoirs d'un chrétien* (id). Quant à sa spiritualité, elle est récapitulée par le recueil des *Méditations,* dont la première édition, postérieure à la mort du saint, remonte à 1731 et dont une autre, récente, est due à Michel Sauvage. Mais la description détaillée de l'organisation scolaire qu'il prescrit se trouve dans le célèbre texte que constitue la *Conduite des écoles chrétiennes,* dont la rédaction fut sans doute achevée en 1706, mais qui fut édité pour la première fois un an après sa mort, en 1720. Plusieurs ajustements eurent lieu ultérieurement et les rééditions furent nombreuses. La dernière est due à Anselme d'Haese.

Fort de l'impulsion reçue de son fondateur et du succès dû à la qualité de l'enseignement dispensé par ses religieux, l'Institut s'internationalisa rapidement et se répandit dans un nombre croissant de pays, où il exerça un fort rayonnement spirituel et jouit d'un grand prestige. Lors de la béatification, les Frères étaient déjà plus de douze mille. En France, aujourd'hui, il demeure marqué par un esprit de recherche et d'innovation dont a naguère témoigné la revue *Orientations,* que conduisit Didier Piveteau, et que manifestent notamment les *Cahiers lassaliens* ou la revue *La Salle-lieu-international,* que dirige Nicolas Capelle, ou encore les travaux de l'Institut De-La-Salle, qui contribue, en particulier, à la diffusion du Programme d'enrichissement instrumental.

Guy Avanzini

▶ Bibliographie

Principale œuvre de Jean-Baptiste de La Salle : *Méditations,* Paris, Éditions FEC, 1982.

Principales œuvres sur Jean-Baptiste de La Salle : BUISSON F., « La Salle, Jean-Baptiste de », *Dictionnaire de pédagogie et d'instruction primaire,* Paris, Hachette, 1911.

COURTOIS G., *Jean-Baptiste de La Salle,* Paris, Fleurus, 1996.
POUTET Y., *Saint Jean-Baptiste de La Salle,* Paris, Beauchesne, 1992.
POUTET Y., *Le XVIIe siècle et les origines lasalliennes,* Rennes, Imprimeries réunies, 2 t., 1970.

▸ Voir aussi

Classe – Groupement – Programme d'enrichissement instrumental (PEI) – Religieuse (Éducation).

LEÇON

Du latin *lectio* (cueillette), la leçon représente, dans les universités médiévales, l'acte essentiel d'une pédagogie alors fondée sur l'oralité. Le maître – ou *lector* – lit et commente devant les étudiants des passages qu'il a extraits de l'œuvre d'un auteur reconnu. La leçon implique une lecture préalable, mais ne s'y limite pas. Elle constitue une interprétation du texte et peut, de ce fait, revêtir différents aspects. C'est en ce sens qu'en philologie ou en littérature on peut encore parler des diverses leçons d'un texte.

La leçon est donc, à l'origine, une activité orale, une séance d'enseignement dispensée à un auditoire. Cette acception, aujourd'hui vieillie, ne subsiste que dans quelques expressions comme une leçon inaugurale ou une leçon d'agrégation. Au XIXe siècle, on fait la leçon ; aujourd'hui, on fait cours… ou on prononce une conférence.

L'emploi du mot « leçon » s'est progressivement spécialisé. D'abord pour caractériser, par opposition au cours, un enseignement dispensé à un individu ou à un groupe restreint : l'expression « leçon particulière » supplante aujourd'hui le terme « répétition ». Ensuite, pour désigner, à l'oral comme à l'écrit, une unité dans la progression pédagogique d'une matière donnée (une leçon de calcul, une leçon de choses, etc.). Jusque dans les années 1960, la plupart des manuels scolaires étaient découpés en leçons numérotées en continu.

Mais la leçon est le plus souvent envisagée du point de vue de l'enfant dont elle constitue une des activités scolaires essentielles. Elle requiert, pour une discipline donnée, la lecture attentive, à la maison, de pages de manuel ou de notes prises en classe et exige un effort de mémorisation : l'élève doit apprendre – par cœur le plus souvent –, repasser, réciter ses leçons. On est ici bien loin de la liberté que suggère l'étymologie !

Alain Choppin

▸ Voir aussi

Cours et classe – Curriculum – Manuel scolaire – Travaux d'élève (aspects historiques).

LECTEURS (MAUVAIS)

Les mauvais lecteurs sont les enfants qui éprouvent des difficultés importantes à acquérir la langue écrite.

Les difficultés d'apprentissage de la lecture sont un fait universel depuis que l'école est obligatoire, et les recherches qui se préoccupent d'en expliquer les raisons foisonnent. Ces études proviennent de tous les horizons du savoir en sciences humaines et sociales.

Les premières recherches ont été le fait des médecins qui, sollicités à ce sujet quelques années après que la scolarité eut été rendue obligatoire, ont proposé des réponses de type organiciste. Les explications avancées renvoyaient, dans le contexte de la science de l'époque, à des facteurs héréditaires ou/et à des blessures cérébrales. C'est à ce moment qu'est apparue la notion de « dyslexie », qui suscite à nouveau l'intérêt, ces dernières années (Delahaie, 2004).

D'autres recherches, développées ultérieurement, sont plutôt le fait de psychologues et elles cherchent une explication dans un dysfonctionnement de nature cognitive (intelligence, perception, mémoire à court terme, conscience phonique) (Ellis, 1989).

Les hypothèses des psychologues cliniciens sont plutôt orientées vers des variables de type affectif, le lieu d'investigation privilégié étant alors la famille de l'enfant en tant que nœud relationnel, dont la problématique est éventuellement réactivée lors de l'entrée dans l'écrit (Bettelheim, Zelan, 1983).

Avec une perspective d'ordre social, d'autres investigations mettent en question le milieu éducatif dans les milieux sociaux défavorisés, à savoir les conditions qu'il offre au développement de l'enfant, particulièrement celui de l'intelligence et/ou du langage. C'est la thèse du handicap socioculturel en vertu de laquelle naître dans un milieu social défavorisé est source de retards ou de déficits qui feront obstacle à une acquisition sereine de la langue écrite (CRESAS, 1978).

En demeurant dans l'ordre social, certains cherchent dans les fonctions sociologiques de l'école ou au sein de la vie scolaire des facteurs responsables des difficultés rencontrées par les enfants (méthodes d'enseignement, méthodes de lecture, formation des maîtres...).

L'examen des recherches consacrées à cette question montre qu'aucune des pistes causales n'est à elle seule capable de fournir une explication qui couvre l'ensemble des cas. Les recherches qui s'efforcent d'expliquer par une cause unique la totalité des faits observés échouent à y parvenir. Force est alors de considérer que, exception faite des rares cas où un facteur isolé suffit à expliquer les difficultés observées, la plupart nécessiteraient de disposer de modèles explicatifs faisant appel à une combinaison de facteurs (Fijalkow, 1996). Toutefois, cette approche plurielle est freinée par l'intense compétition entre les disciplines académiques concernées et les intérêts professionnels qui leur correspondent, principalement celles qui relèvent de la santé et de l'école.

Jacques Fijalkow

▸ Bibliographie

BETTELHEIM B., ZELAN K., *La Lecture et l'enfant*, Paris, Robert Laffont, 1983, rééd., 2001.

CRESAS, *Le Handicap socio-culturel en question*, Issy-les-Moulineaux, ESF, 1978.

DELAHAIE M., *De la difficulté au trouble, l'évolution du langage chez l'enfant*, Paris, INPES, 2004.

ELLIS A., *Lecture, écriture et dyslexie : une approche cognitive*, Lonay, Delachaux et Niestlé, 1989.

FIJALKOW J., *Mauvais Lecteurs, pourquoi ?*, Paris, PUF, coll. « Pédagogie d'aujourd'hui », 1990.

▸ Voir aussi

Échec scolaire – Intelligence – Lecture (Apprentissage de la) – Mémoire – Psychologie du développement – Troubles du langage.

LECTURE

En une génération, la façon d'aborder la lecture a considérablement changé. Jusqu'aux années 1960, la question de la lecture était avant tout scolaire, donc pédagogique. Les grandes discussions (et les polémiques) portaient sur les méthodes requises pour apprendre à lire aux débutants ou, une fois acquis les savoir-faire de base, sur le corpus des textes à faire lire aux écoliers mais aussi aux collégiens et lycéens : fallait-il privilégier les classiques du XVIIe siècle ou donner plus de place aux romans ? La sociologie du lectorat (Robine, 2000), qui enquête sur les lectures réelles et s'intéresse aux best-sellers plus qu'à la littérature, rompt la première avec cette approche de la lecture. Trente ans plus tard, les pratiques sociales de lecture sont pour tous un enjeu culturel, politique, économique, qui déborde largement le problème des apprentissages scolaires. La façon dont évoluent les lecteurs, c'est-à-dire leurs capacités mais aussi leurs goûts et leurs habitudes de lecture, concerne les éditeurs, la presse, les libraires, les bibliothécaires et les documentalistes, mais aussi les employeurs et, finalement, les décideurs politiques qui légifèrent sur le livre au Parlement ou financent des actions de lutte contre l'illettrisme. Du même coup, les travaux des chercheurs sur les multiples aspects de la lecture se sont multipliés et diffusés au-delà des cercles de spécialistes, incités par cette forte demande. D'où vient ce changement et quel bilan peut-on dresser aujourd'hui ?

La lecture et l'École

On ne peut comprendre cette mutation sans rappeler son contexte, celui d'une « crise de la lecture » conjointe à une « crise de l'École » (Chartier, Hébrard, 2000). En effet, dans la décennie 1960, les portes du second degré s'ouvrent de plus en plus aux enfants de milieu populaire. La création d'un collège unifié (Haby, 1975) oblige tous les professeurs à enseigner à tous les élèves, en particulier à ceux d'entre eux qui « ne savent pas lire », au sens où on l'entend dans le secondaire : non pas savoir lire à voix haute un texte compris dans le consensus de la classe, mais se servir seul des textes informatifs ou littéraires à partir desquels il faut faire ses devoirs. Or, la scolarisation de masse, qui exige de tous des conduites précoces de lecteur autonome, s'effectue dans un monde où les valeurs de l'écrit ne vont plus de soi. La télévision offre à domicile informations et fictions, débats et divertissements prêts à consommer sans la médiation de l'imprimé. Cette concurrence audiovisuelle laisse un instant croire que le rôle de l'écrit dans la société va s'amenuiser. De plus, alors que la culture générale est définie à travers la maîtrise de la langue et de la littérature françaises, il devient clair dès la réforme du baccalauréat (1965) que la sélection des élites relèvera de moins en moins des lettres, et de plus en plus des sciences. Les finalités de la lecture se trouvent donc redéfinies, en fait sinon en droit, en même temps que changent les corpus des textes en usage (articles documentaires, sciences sociales, rapports) et les manières de lire (lecture rapide, recherche d'informations). Ces bouleversements s'ajoutent au désarroi causé par la mise en chiffre de l'échec scolaire (redoublements, orientations précoces, abandons de scolarité) qui révèle l'ampleur statistique des difficultés d'apprentissage, du cours préparatoire à la fin de la scolarité obligatoire et même au lycée. À travers la lecture, c'est bien la fonction sociale de l'école toute entière qui est posée. Tant que la croissance assure l'embauche et la sécurité de l'emploi, la question reste pédagogique (les causes de l'échec sont-elles scolaires ou familiales ?) et politique (comment assurer l'égalité des chances et une formation élevée pour tous les futurs citoyens ?). Avec la récession économique des années 1980, elle devient économique. On demande à l'école d'être un passeport plus efficace pour l'emploi, au moment où l'on découvre que les premières victimes du chômage sont souvent des « illettrés », sortis du système scolaire sans que la langue écrite soit devenue un outil ordinaire de leur vie sociale et professionnelle (Espérandieu, Lion, 1984).

Les pratiques sociales de la lecture

En quelques années, la lecture devient une question de société, traitée comme une réalité globale ; ce changement de perspective est marqué par l'emploi intransitif du verbe « lire ». Les pouvoirs publics se trouvent engagés dans une multitude d'actions hétérogènes, mais toutes destinées à « faire lire » (tous les types d'écrits, à tout le monde et de toutes les façons). Ces engagements politiques sur le front socioculturel cherchent à s'éclairer des recherches en cours et en suscitent de nouvelles (enquêtes, rapports, études officielles, sondages, etc.). En effet, la lecture s'est constituée en champ de recherche à part entière, selon trois grandes approches : pratiques et représentations sociales de la lecture (anthropologie, histoire et sociologie) ; évaluation des compétences (protocoles statistiques scolaires et sociaux, nationaux et internationaux) ; modélisation des processus cognitifs du lecteur expert, débutant ou malhabile (psychologie et neurosciences).

Les historiens, étudiant l'évolution du phénomène dans la très longue durée, ont reconstitué les conditions matérielles et technologiques qui ont permis la naissance de la lecture moderne : passage du rouleau de papyrus tenu à deux mains au codex (cahier) cousu qu'on peut feuilleter, apparition de la pagination, des tables des matières, abandon de l'écriture continue pour la séparation des mots dans une mise en page utilisant alinéas, ponctuation et notes, qui permet la lecture visuelle silencieuse des lettrés (Cavallo, Chartier, 1997). Alors que lire et écrire sont aujourd'hui deux compétences liées, le « lire seulement » caractérise de nombreuses populations jusqu'au milieu du XIXe siècle (Furet et Ozouf, 1977). L'alphabétisation de masse initiée avec la réforme vise une lecture restreinte, aux usages limités (catéchismes, paroissiens), aux usages normés. L'offre industrialisée du XIXe siècle élargit à des contenus profanes et éphémères (presse populaire, feuilleton) le corpus des lecteurs et le cercle des nouveaux lecteurs. Dans tous les milieux, la lecture est longtemps liée au partage convivial : lectures des salons, des cercles, des veillées, que prépare la lecture scolaire collective à voix haute. Jusqu'à la Première Guerre mondiale, le silence du lecteur s'isolant de tout contrôle social direct fait d'ailleurs le danger potentiel de la lecture, maintes fois dénoncé par l'Église, mais aussi par l'École laïque, particulièrement pour ces lecteurs fragiles que sont les enfants, les femmes et le peuple (Chartier, Martin, 1989-91).

Pour l'époque actuelle, les enquêtes sociologiques ont repéré les écarts entre groupes sociaux et les renversements de tendances liés aux mutations de la scolarisation : alors que les gros lecteurs étaient plus nombreux chez les jeunes et les hommes dans les années 1950 (effet de scolarisations inégales), les femmes et les retraités l'emportent en 2000. Depuis 1990, la prolongation des études (plutôt techniques et scientifiques) ne fait plus augmenter mécaniquement le taux de lecteurs de livres, tandis que se poursuit la baisse des lecteurs de journaux au profit des magazines, et que l'imprimé subit la concurrence des médias audiovisuels (Donnat, 1998). La corrélation entre réussite scolaire et lecture devient plus lâche : on trouve des grands lecteurs en échec scolaire et des bons élèves qui déclarent lire peu (de Singly, 1993). Pouvoir lire, vouloir lire et aimer lire relèvent ainsi de logiques progressivement disjointes, une rupture s'effectuant entre collège et lycée (Baudelot, 1999), alors que les nouvelles technologies de la communication et de l'information, qui bouleversent les usages ancestraux de l'écrit, mobilisent surtout une population diplômée, jeune, masculine, ayant une formation scientifique ou technique. Le nouveau modèle lie lecture et écriture (consultations interactives, courriel, forums de « discussion »), privilégie les lectures de consultation utilitaire (banques de données, hypertextes) ou de consommation ludique (mêlant écrit, sons et images, en particulier dans de nombreux jeux interactifs), plutôt que les lectures de formation, qui se construisent dans la lenteur et la permanente remémoration.

Les performances des lecteurs et les recherches sur la lecture

S'agissant des évaluations, si les résultats aux tests internationaux sont l'objet de controverses récurrentes, du fait des choix de contenus, des modalités de passation et des problèmes de traduction (Blum, Guérin-Pace, 2000), les élèves français se situent plutôt dans un bon rang, surtout s'agissant de la lecture de textes narratifs (Elley, 1992). Après dix ans d'existence, les évaluations nationales en début de CE2 ou de 6e montrent que l'école a légèrement accru son efficacité. Alors que le taux d'élèves en retard est passé de 36 % à 20 %, les résultats des CM2 sont restés stables (MEN, 1998). Les évaluations ont également permis de clarifier ce qui fait la « lisibilité » d'un texte pour un débutant, même s'il n'a pas de difficulté de décodage (familiarité avec le thème évoqué, redondance des informations, fréquence du lexique, simplicité de la syntaxe, etc.), ce qui permet de tracer des pistes de travail pédagogique. En revanche, l'école bute sur la présence d'une frange d'élèves dont les difficultés graves en lecture entravent tous les apprentissages scolaires, sans que l'on puisse trancher entre les causes (Fijalkow, 1986). Coexistent toujours des approches issues de la psychopathologie médicale (thèse du déficit organique), de la psychologie développementale (déficit instrumental ou cognitif), de la psychanalyse (l'échec comme inhibition ou symptôme), de la sociolinguistique (environnement socioculturel), même si les pédagogues sont généralement portés par leur profession à être plus sensibles aux approches culturalistes. Pourtant, après avoir été l'explication dominante de l'échec dans les années 1960, puis avoir été globalement récusée comme une médicalisation indue d'un phénomène d'origine sociale, la dyslexie fait à nouveau partie des diagnostics scolaires pour une partie des enfants en difficulté (Lecocq, 1992). Selon les approches, les méthodologies d'enseignement peuvent sembler décisives si elles contreviennent aux processus cognitifs de l'apprenant (Morais, 1999) ou secondaires (les apprenants combinant toujours des procédures multiples, quelles que soient les méthodes de lecture). Les recherches des procédures de lecture utilisées par les enfants ou des adultes en apprentissage, des lecteurs experts ou malhabiles et des adultes devenus alexiques à la suite d'accidents cérébraux (enregistrement des mouvements oculaires, tests de lecture dans des situations contrôlées) visent à mieux décrire comment s'acquièrent ou se défont les automatismes de lecture qui permettent au bon lecteur de lire sans fatigue, ou plutôt sans autre fatigue que l'attention exigée par le traitement sémantique des informations (les textes difficiles demandant toujours plus de temps et d'attention). Les recherches sur la reconnaissance des mots, plus anciennes, ont été suivies de celles qui portent sur les autres aspects du traitement de l'information écrite (calcul syntaxique, intégration des données, inférences, mémoire des schémas de texte, stratégies de lecture), qui englobent toutes les procédures qui interviennent dans la construction du sens (Fayol *et al.*, 1992). Les recherches en didactique, de leur côté, se sont interrogées sur la lecture des différents types de textes et en particulier sur la lecture littéraire (Dufays *et al.*, 2005).

Paradoxalement, c'est au moment où on s'est mis à parler du savoir-lire comme d'une « compétence transversale », définie de façon instrumentale et fonctionnelle, indépendante des contenus des textes lus, que les recherches ont mis au jour l'hétérogénéité des pratiques de lecture, les composantes multiples de l'acte de lire le plus élémentaire et l'illusion d'un transfert généralisé : aucun lecteur ne peut savoir tout lire (ni tout apprendre par la lecture). De plus, les technologies informatiques interactives traitent de façon conjointe l'écouter-parler dans les apprentissages langagiers. La représentation historiquement construite d'une lecture disjointe de l'écriture est donc en train de se défaire (d'autant que c'est presque toujours par l'écriture que sont testés les réussites et les échecs scolaires en lecture). Comment les pratiques traditionnelles seront-elles modifiées ou coexisteront-elles avec les nouvelles manières de lire imposées par les nouvelles technologies, mêlant image, son, texte, hypertexte et écriture ? C'est ce que de nouvelles recherches se donnent déjà pour tâche de discerner.

Anne-Marie Chartier

▶ **Bibliographie**

BAUDELOT C. *et al., Et pourtant ils lisent*, Paris, Le Seuil, 1999.

BÉNICHOU J.-P., ESPÉRANDIEU V., LION A., *Des illettrés en France,* rapport au Premier ministre, Paris, La Documentation française, 1984.

CAVALLO G., CHARTIER R. (dir.), *Histoire de la lecture dans le monde occidental*, Paris, Le Seuil, 1997, rééd., 2001.

CHARTIER A.-M., HÉBRARD J. *et al.*, *Discours sur la lecture 1880-2000*, Paris, Fayard/BPI, 2000.

CHARTIER R., MARTIN H.-J., *Histoire de l'édition française*, Paris, Fayard/Le Cercle de la Librairie, 4 vol., 1989-1991.

DONNAT O., *Les Pratiques culturelles des Français : enquête 1997*, Paris, La Documentation française, 1998.

DUFAYS J.-L., GEMENNE L., LEDUR D., *Pour une lecture littéraire : approche historique et théorique*, Bruxelles, De Boeck, 2005.

ELLEY W. B., *How in the World do Students Read ?,* Hambourg, The International Association for the Evaluation of Educational Achievement, 1992.

FAYOL M. *et al., Psychologie cognitive de la lecture*, Paris, PUF, coll. « Psychologie d'aujourd'hui », 1992.

FIJALKOW J., *Mauvais lecteurs, pourquoi ?* Paris, PUF, coll. « Pédagogie d'aujourd'hui », 1986, rééd., 1990.

Furet F., Ozouf J., *Lire et écrire : l'alphabétisation des Français de Calvin à Jules Ferry*, Paris, Minuit, 1977.
Guérin-Pace F., Blum A., *Des lettres et des chiffres*, Paris, Fayard, 2000.
Lecocq P. (dir.), *La Lecture : processus, apprentissage, troubles*, Lille, PUL, 1992.
Ministère de l'Éducation nationale, *La Lecture en CM2 : comparaison des résultats en lecture à dix ans d'intervalle, 1987-97*, « Les Dossiers », n° 102, nov. 1998.
Morais J., *L'Art de lire*, Paris, Odile Jacob, 1999.
Robine N., *Lire des livres en France des années 1930 à 2000*, Paris, Éditions du Cercle de la Librairie, 2000.
Singly F. de, *Les Jeunes et la lecture*, ministère de l'Éducation nationale, « Les Dossiers Éducation et Formation », n° 24 et 25, 1993.

▸ Voir aussi
Bibliothèque – Centre de documentation et d'information (CDI) – Documentation – Échec scolaire – Écriture – Français (Enseignement du) – Illettrisme – Lecteur (Mauvais) – Lecture (Apprentissage de la) – Lisibilité – Télévision – Troubles du langage.

Lecture (Apprentissage de la)

L'apprentissage de la lecture est l'ensemble des opérations qu'effectue un enfant pour entrer dans l'écrit.

Le concept d'« apprentissage » demande à être clairement différencié de celui d'« enseignement ». « Apprentissage » se réfère exclusivement au sujet qui effectue l'apprentissage, alors que le terme « enseignement » concerne exclusivement l'adulte chargé de créer les conditions permettant à l'enfant de le mener à bien. Cette distinction, absente du langage courant, interdit en toute rigueur l'emploi d'une expression comme « le maître apprend à lire aux enfants ».

L'expression « apprentissage de la lecture » tend par ailleurs à être remplacée par celle d'« entrée dans l'écrit ». Plus synthétique, cette dernière inclut alors l'apprentissage de l'écriture ; elle indique aussi que l'enfant doit non seulement maîtriser le code graphophonétique mais encore entrer dans la langue écrite. Parler d'« entrée dans la culture écrite » élargit l'apprentissage au monde de l'écrit.

En effet, si, sur le plan cognitif, l'entrée dans l'écrit fait problème à l'enfant, c'est que l'écrit constitue un objet original dans son expérience du monde : sa complexité ne se réduit pas aux objets connus de lui. En tant qu'ensemble de données graphiques qui renvoient à la fois au référent, au langage parlé et au sens, il ne saurait en effet être appris sans être préalablement compris. Entrer dans l'écrit demande donc une réflexion métalinguistique sur « ce qu'est l'écrit, ses fonctions, ses caractéristiques, un passage de la « confusion cognitive » initiale à la « clarté cognitive » (Downing, Fijalkow, 1994). Que l'écrit soit une représentation du langage parlé est ce que les enfants ont le plus de mal à comprendre.

Cette re-découverte de l'écrit par l'enfant s'effectue aujourd'hui dans un monde où les écrits sont omniprésents ; très tôt, l'enfant distingue cette catégorie d'objets, mais il procède alors largement par reconnaissance visuelle. S'il parvient par ce moyen à identifier panneaux indicateurs, enseignes de magasins ou étiquettes de produits alimentaires par exemple, cette lecture « idéographique » ne suffit pas. En effet, la moindre transformation de l'objet à lire met en échec cette procédure. Les ressemblances visuelles se transforment en piège quand, par exemple, « maman » devient « montre » et est toujours identifié à « maman ». Force est donc de recourir à d'autres moyens. Le pas décisif est accompli quand l'enfant prend conscience de la nature langagière de l'écrit. C'est le moment de l'« éclosion ».

Cette dernière a de multiples effets. Elle lui permet, tout d'abord, de se servir de sa connaissance de la langue parlée pour anticiper les mots en s'appuyant sur le contexte et, ce faisant, de ne plus se contenter de les identifier en fonction de leur similitude visuelle avec des mots déjà rencontrés. Elle lui permet aussi de se servir de la langue parlée dans toutes les situations de langue écrite, non plus pour communiquer avec d'autres mais avec lui-même, en effectuant une activité d'autolangage. L'adoption d'une attitude métalinguistique lui permet enfin d'analyser la langue parlée, puis d'établir des correspondances entre les unités d'oral et les unités d'écrit issues de cette analyse.

Le recours à la langue parlée tout au long de cette période permet à l'enfant de faire un traitement oral de l'écrit, au lieu de n'effectuer comme précédemment qu'un traitement visuel de celui-ci. Utilisant maintenant sa connaissance de la langue parlée, il apprend peu à peu à manipuler les différentes unités du langage. Parmi celles-ci, les unités phonémiques, auxquelles l'enseignement classique confère un rôle si important (Fijalkow, 2003), ne sont pourtant découvertes que tardivement, comme on le voit bien dans l'analyse de l'écriture inventée (Ferreiro, 2000).

La « conscience phonémique » constitue un problème particulièrement aigu. Alors que les chercheurs se demandent dans quelle mesure celle-ci est due à l'enseignement et dans quelle mesure elle en découle (Alegria, 1990), on peut se demander sur le plan pédagogique, dans quelle mesure utiliser des manuels de lecture qui reposent sur l'hypothèse que l'enfant possède ce degré de conscience de la langue parlée n'est pas source de difficultés d'apprentissage.

À une étape ultérieure, la fréquentation assidue des écrits accélère l'identification des mots. Compte tenu du contexte et de leur forme spécifique, ceux-ci peuvent alors être identifiés sans recours à une procédure analytique ou à l'autolangage. Le recours à ces démarches n'interviendra donc qu'en cas de difficultés. L'enfant a atteint un niveau de lecture que l'on peut dire « orthographique » ou purement idéo-visuel.

Jacques Fijalkow

▶ Bibliographie

Alegria J., « À propos de ce que l'enfant sait et de ce qu'il ignore au sujet de l'écrit avant qu'on lui ait appris », *in* Fijalkow J. (dir.), *Décrire l'écrire*, Toulouse, CRDP/PUM, 1990, p. 153-169.

Downing J., Fijalkow J., *Lire et raisonner*, Toulouse, Privat, 2e éd., 1994.

Ferreiro É., *L'Écriture avant la lettre*, Paris, Hachette, 2000.

Fijalkow É., *L'Enseignement de la lecture-écriture au cours préparatoire, entre tradition et innovation*, Paris, L'Harmattan, 2003.

▶ Voir aussi

Bibliothèque-centre documentaire (BCD) – Centre de documentation et d'information (CDI) – Écriture – Langage – Lecteur (Mauvais) – Lecture – Troubles du langage.

Legrand, Louis (né en 1921)

Passionné d'éducation, Louis Legrand a consacré toute sa vie à cette cause. Il est incontestablement l'un des hommes qui ont le plus influencé l'évolution du système éducatif français pendant tout le dernier tiers du XXe siècle. Venu à l'éducation par la politique, sa quête a consisté à chercher comment réaliser une école véritablement démocratique, au double sens de ce terme : une école qui réussisse à scolariser le plus efficacement possible le plus grand nombre possible de jeunes, et une école qui dispense les valeurs de la démocratie.

Inscrits dans la ligne de la pédagogie active, ses nombreux travaux ont notamment permis le développement de la pédagogie fonctionnelle, puis la mise au point et la reconnaissance officielle de la pédagogie différenciée, ainsi que la compréhension des composantes des politiques scolaires. Sa pensée a largement inspiré – directement ou indirectement – les réalisations pédagogiques des gouvernements de gauche des années 1980-1990.

De l'engagement politique à l'enseignement

Louis Legrand est entré aux Jeunesses socialistes à l'âge de 14 ans. Cet engagement l'a très vite conduit à « pratiquer l'éducation ». En effet, alors qu'il est lycéen (à Besançon), il est chargé de faire des conférences dans des cercles de jeunes socialistes sur des analyses de presse, des questions économiques, la situation internationale… En même temps, il découvre la philosophie et participe, avec ses amis lycéens, à des discussions métaphysiques sur le sens de la vie et la conception de la société. Ces expériences adolescentes ancrent alors en lui la conviction que l'on peut « changer le monde par l'éducation ». Même s'il nuancera, au fil des années, cette croyance première, elle restera son obsession d'homme, de citoyen et de chercheur.

Ayant obtenu son baccalauréat en 1939, c'est en pleine guerre que Louis Legrand va commencer sa carrière d'enseignant. Il est nommé instituteur suppléant dans un village du Doubs mais il n'y reste que quelques semaines, et est ensuite chargé d'enseigner l'allemand dans des cours complémentaires pendant une année. La « débâcle » le conduit au Puy et à Lyon, et il revient l'année suivante à Besançon : il est alors nommé à l'école primaire supérieure (EPS) de Champagnole, où il enseigne l'histoire, la géographie, le français, l'allemand commercial, la gymnastique ! Il doit alors se former tout en enseignant, et cette formation sur le tas – éclairée par sa sensibilité philosophique – l'amène à s'intéresser à la psychologie de l'enfant qui apprend et à la démarche cognitive. Cet intérêt se trouve conforté par les études de philosophie qu'il a, en même temps, entreprises à la faculté des lettres de Besançon. C'est ainsi qu'il est l'un des tout premiers à découvrir Piaget et à mesurer l'apport que ses travaux peuvent fournir à la pédagogie. Il prépare alors un mémoire d'études supérieures sur « l'explication », dont le sujet indique déjà ce qui va devenir un thème majeur de ses réflexions et de ses recherches.

La rencontre avec Freinet

Après l'EPS de Champagnole, Louis Legrand est nommé dans l'enseignement technique, comme maître auxiliaire (en lettres) à l'école d'horlogerie de Besançon. La guerre terminée, et ayant sa licence en poche, il devient professeur de philosophie au lycée de Vesoul. De plus en plus intéressé par la psychologie de l'apprentissage, il décide de se présenter – avec succès dès 1949 – au concours de l'inspection des écoles primaires. Mais il demande de reporter d'un an sa nomination, de façon à pouvoir préparer l'agrégation, à laquelle il est admissible en 1950. C'est cette année-là qu'il prend un poste d'inspecteur primaire : il est nommé à Altkirch, en Alsace.

Il découvre alors la pédagogie Freinet, grâce à une vingtaine d'instituteurs de cette circonscription qui la pratiquent : Louis Legrand les observe dans leur classe, et en tire la conviction que cette démarche – parce qu'elle prend en compte ce que sont réellement les élèves – est plus efficace que la démarche traditionnelle. Un de ses collègues lui fait rencontrer Freinet lui-même à Vence. Louis Legrand est alors séduit par son engagement pédagogique et politique, et par le lien que le grand pédagogue noue entre l'un et l'autre. Comme lui, il est convaincu qu'il faut promouvoir une pédagogie de l'action, favoriser la coopération entre les élèves et leur donner beaucoup d'autonomie.

Mais dès l'origine, une différence apparaît entre les deux hommes : l'un et l'autre sont marqués par la psychologie « vitaliste » et par la lecture de Ferrière et de Claparède, mais Freinet compte sur le plaisir que procure l'action, sur l'envie et la motivation, pour fonder les apprentissages, alors que Legrand s'intéresse plus à la démarche intellectuelle. Comme il le dit lui-même, Freinet est surtout « à dominante sensible » alors qu'il est, lui, « à dominante intellectuelle ». Leur passé respectif peut sans doute expliquer cette différence : en effet, Freinet est un praticien qui a construit sa théorie en réfléchissant sur sa pratique, alors que Legrand a forgé ses convictions pédagogiques par la lecture et l'étude de philosophes et de psychologues. Mais l'explication de cette différence tient sans doute aussi à la personnalité de Louis Legrand, qui considère que l'homme se construit en développant son intelligence et qui s'est ainsi lui-même peu à peu construit. En tout cas, la rencontre avec Freinet et cette conception de l'homme (qui est en cohérence avec son engagement politique) vont constituer le fondement de sa réflexion pédagogique originale. Comme Freinet, Louis Legrand cherchera à promouvoir une « pédagogie active », mais il la fondera moins sur l'affectivité que sur l'intellect. Là, sans doute, se trouve la source de tous ses travaux à venir.

Théoricien et militant de la pédagogie active et fonctionnelle

Après cinq années d'inspection primaire, Louis Legrand prend un poste d'inspecteur-professeur à l'école normale de Grenoble, où il enseigne la psychopédagogie. Mais le terrain lui manque, et il demande dès l'année suivante à retrouver un poste d'inspecteur : il est nommé à Colmar. Il y reste jusqu'en 1962. Il y affine sa réflexion pédagogique, et mène de front la rédaction d'une thèse de doctorat sous la direction de Paul Ricœur – thèse qu'il soutient en 1958 et publie en 1960 (et dont le titre est révélateur de ce qui le préoccupe : « Principes philosophiques d'une pédagogie de l'explication ») – et de plusieurs ouvrages (*Pour une pédagogie de l'étonnement* en 1960, *L'Influence du positivisme dans l'œuvre scolaire de Jules Ferry* et *Psychologie appliquée à l'éducation intellectuelle* en 1961).

En 1962, Louis Legrand est promu inspecteur d'académie, et affecté à Belfort. Chargé de créer l'inspection académique de ce département, c'est l'occasion pour lui de découvrir la gestion du système éducatif, et sans doute de mesurer combien les gestionnaires sont peu attentifs, dans les décisions qu'ils prennent, à l'action pédagogique. Mais lui continue, tout en administrant, à œuvrer pour faire évoluer la pédagogie : il assure un enseignement hebdomadaire au centre de formation des psychologues scolaires de Besançon, et surtout il participe aux travaux de la commission Rouchette, à qui le ministre de l'Éducation nationale a demandé de réfléchir à la rénovation de l'enseignement du français. L'allongement de la scolarité obligatoire et l'ouverture du collège à une grande partie des jeunes ne permettent plus de dispenser un enseignement élitiste mais imposent au contraire de donner à tous une solide maîtrise de la langue : cet objectif s'accorde bien avec les thèses que défend Legrand depuis une dizaine d'années, et c'est pourquoi l'on a fait appel à lui. Il est l'un des membres les plus actifs de la commission Rouchette (c'est notamment lui qui dirige l'expérimentation des nouveaux programmes de grammaire conçus dans le souci de faire maîtriser la langue orale et écrite). Le rapport Rouchette, remis en 1967, sera à l'origine d'un vaste mouvement de rénovation du français à l'école élémentaire, qui est par ailleurs conforté par la linguistique structurale qui apparaît alors dans les universités. Ce rapport porte largement l'empreinte de Louis Legrand.

Dès lors, celui-ci devient, avec Roger Gal et Jean Vial, l'un des inspirateurs de ce mouvement de rénovation. Le livre qu'il publie en 1966 (*L'Enseignement du français à l'école élémentaire*) devient d'ailleurs vite un livre de référence pour les conférences pédagogiques que font les inspecteurs primaires et pour la formation des élèves-maîtres dans les écoles normales. Il y met en opposition les méthodes traditionnelles et les méthodes « nouvelles », montre que l'enseignement grammatical traditionnel peut faire accéder les enfants des classes aisées au « beau langage » mais n'augmente pas les capacités de communication des autres, et définit une pédagogie visant à améliorer l'expression des élèves. Dans cet ouvrage se trouve en germe la conception – démocratique et fonctionnelle – de l'enseignement primaire d'aujourd'hui. À l'époque, cette conception était loin d'être généralisée.

L'organisateur d'une véritable recherche pédagogique

En 1966, Louis Legrand est appelé à l'Institut pédagogique national comme directeur de recherches en remplacement de Roger Gal. Il n'y avait alors, à l'Institut, que quelques équipes, de qualité inégale, qui travaillaient essentiellement sur l'enseignement des disciplines et non sur la démarche pédagogique elle-même. Louis Legrand entreprend alors de créer un véritable service de recherche pédagogique : il obtient des crédits et des postes du ministère, il s'entoure de collaborateurs motivés, dynamiques et qui partagent ses thèses, et ouvre lui-même plusieurs chantiers. Grâce à lui, l'IPN (dénommé par la suite INRDP, puis INRP) devient le lieu où s'élabore, à partir des apports scientifiques disponibles et des innovations contrôlées conduites par des équipes réunissant des chercheurs et des enseignants, une nouvelle pédagogie dont l'objectif est de permettre la démocratisation scolaire annoncée depuis les réformes Berthoin et Capelle-Fouchet (1959 et 1963) et jamais réalisées véritablement. On avait bien allongé la scolarité et ouvert le premier cycle du secondaire à un nombre croissant de jeunes, mais on n'avait pas trouvé le mode pédagogique qui aurait pu permettre à cette population d'obtenir de bons résultats et d'éviter les échecs et les redoublements. Au fond, l'action de Louis Legrand vise surtout à chercher par quels moyens pédagogiques l'École peut être efficace, et notamment comment la massification des effectifs scolarisés peut devenir démocratisation.

Petit à petit, les recherches qui sont lancées concernent tous les niveaux d'enseignement, les démarches pédagogiques générales et la didactique particulière des disciplines, puis l'histoire de l'éducation, le travail autonome des élèves, l'évaluation, etc. Le système éducatif est ainsi analysé sous toutes ses facettes, et les travaux de ses chercheurs, qui alimentent de plus en plus la formation des maîtres, acquièrent au fil des années une solide renommée internationale.

La recherche dite des « collèges expérimentaux »

Louis Legrand, qui impulse et coordonne l'ensemble, lance également une recherche spécifique promise à un bel avenir : l'opération « collèges expérimentaux ». Cette recherche se déroule en deux phases, l'une de 1967 à 1975, et l'autre de 1977 à 1980. L'objectif en est d'améliorer le fonctionnement des collèges d'enseignement secondaire (CES), censés offrir les mêmes chances à tous les enfants mais qui, en réalité, les accueillent dans des filières différentes selon leurs niveaux (qui se révèlent être liés à leur origine sociale), selon des processus de sélection fort peu conformes à l'esprit de démocratisation qui devait les inspirer. La première phase de l'opération a conduit à définir une organisation du CES rompant avec les filières en vigueur et réunissant pour l'essentiel les élèves en groupes de niveau homogène dans certaines matières et de niveau hétérogène dans d'autres, de façon à permettre la mise en œuvre d'une « pédagogie différenciée » selon les besoins. Cette expérimentation, définie dans une charte appelée « protocole de Saint-Quentin », et dont l'évaluation a été réalisée (ce qui est une première à l'époque) grâce à l'informatique, produit des résultats incontestablement positifs : les élèves obtiennent de meilleurs résultats, et les écarts entre les catégories sociales se réduisent.

Mais ce succès n'est que partiel, et les équipes constatent vite que les déterminismes sociaux persistent – certes un peu moins, mais encore trop – dans les résultats scolaires. C'est que l'action entreprise lors de cette première phase ne visait qu'à améliorer le fonctionnement du système éducatif existant mais ne le remettait pas en cause fondamentalement. La seconde phase de l'opération est fondée sur le constat que le système et son « style éducatif », qui ont été mis en place pour répondre à des besoins sociaux précis, ne conviennent plus aujourd'hui. Des mutations profondes (dans les techniques, dans les métiers, dans les relations humaines, dans les mentalités même) sont intervenues et rendent nécessaires des transformations pédagogiques que Louis Legrand encourage : l'enseignement ne doit plus être dispensé par un professeur à une classe mais par des équipes de professeurs décidant collégialement des actions qu'ils conduisent au sein d'un ensemble de base comprenant environ cent élèves ; le tutorat, pris en charge par des « professeurs-tuteurs » permettra d'apporter une aide individualisée à chaque élève ; l'emploi du temps sera élaboré conjointement par le chef d'établissement et l'équipe de professeurs, de façon à permettre certains groupements d'élèves dans les disciplines nécessitant une homogénéité du groupe et une pédagogie différenciée selon les groupes, et d'autres groupements pour des activités inter- ou pluridisciplinaires visant l'autonomie et la socialisation, ou d'autres encore pour des activités interdisciplinaires, etc. Cette opération, conduite pendant trois ans (1977-1980) dans onze collèges expérimentaux, a montré que ce système produit de meilleurs résultats scolaires (notamment pour les élèves issus de milieux défavorisés) et qu'il engendre un style de vie scolaire mieux adapté aux objectifs généraux de socialisation et d'autonomie. Mais l'expérience n'a jamais été étendue par le ministère de l'époque, et il faudra attendre 1981 et l'arrivée de la gauche au pouvoir pour qu'elle serve de référence à une rénovation des collèges.

L'inspirateur d'une politique scolaire de gauche

En effet, Louis Legrand, qui s'affirme ouvertement à gauche, irrite le pouvoir alors en place. Son expérience a pour objectif – nous l'avons dit ci-dessus – la démocratisation de l'enseignement, alors que la majorité politique de l'époque est au contraire portée vers l'élitisme et la sélection. Cette opération « collèges expérimentaux » dérange l'ordre scolaire établi et risque de mettre l'administration, qui n'en perçoit guère le sens, en difficulté. En 1977, Louis Legrand, conscient qu'il risque d'agacer plus encore le pouvoir, mais fidèle aux convictions qui sont les siennes depuis son adolescence, publie un ouvrage qui propose une réforme du système éducatif en cohérence avec le programme politique des socialistes. Dès cette époque, le ministère de l'Éducation nationale cherche à le neutraliser et à neutraliser l'Institut national de recherche pédagogique : on diminue les moyens à la disposition des chercheurs, on impose des travaux commandités par le ministère. Louis Legrand quitte l'INRP et devient en 1980 professeur de sciences de l'éducation à l'université de Strasbourg.

Ayant désormais une liberté totale par rapport au pouvoir en place, Louis Legrand participe à la préparation des propositions de François Mitterrand qui est candidat à la présidence de la République, et prépare un ouvrage (*L'École unique, à quelles conditions ?*) où il explique que l'objectif d'une école unique pour toutes les catégories sociales, prôné par la gauche entre les deux guerres mondiales, est possible si l'hétérogénéité du public scolaire est traitée par l'usage d'une pédagogie différenciée. Il y expose ce que doit être, selon lui, en matière d'éducation, une politique de gauche. L'ouvrage paraît juste après l'élection de François Mitterrand. Louis Legrand va enfin, grâce à ce changement politique, avoir la possibilité de faire prendre en compte ce qu'il croit nécessaire depuis longtemps.

Le nouveau ministre de l'Éducation nationale, Alain Savary, lui propose de prendre le poste de directeur des collèges au ministère. Louis Legrand, qui ne croit pas qu'il suffise de préparer une nouvelle réglementation pour entraîner les enseignants dans la voie du changement pédagogique, refuse et préfère conduire une mission dont l'objectif sera de faire des propositions (objectifs et méthodes) pour une rénovation des collèges. Entouré d'un petit groupe de pilotage, il décide d'engager une vaste consultation et met en place une commission de réflexion dans chaque département ; une commission nationale est chargée de faire les synthèses et de consulter tous les organismes (syndicats, mouvements pédagogiques, inspections…) qui ont des analyses ou des propositions à présenter. Pendant plus d'une année, il provoque ainsi, grâce à toutes ces « commissions Legrand », des débats pédagogiques où toutes les thèses s'échangent : c'est la première fois dans l'histoire qu'une telle opération a lieu. C'est que Louis Legrand est convaincu que la société tout entière doit s'impliquer dans la construction d'une politique scolaire démocratique.

Le militant de la rénovation des collèges et de la pédagogie différenciée

En décembre 1982, Louis Legrand remet au ministre un volumineux rapport, dont les propositions s'inspirent à la fois de la « pédagogie active » (à laquelle il n'a cessé de se référer) et de l'expérience des « collèges expérimentaux ». Il suggère notamment que l'on fasse du collège un « lieu de vie à part entière » où les adolescents s'instruiront mais où ils apprendront aussi la solidarité, l'autonomie, la vie en société, le civisme... À cette fin, il propose un rééquilibrage des matières et des horaires et la mise en place d'activités éducatives nombreuses. Pour permettre la prise en compte de l'hétérogénéité des élèves, il recommande la mise en œuvre d'une pédagogie différenciée, la fin des « classes » et la mise en place de groupes d'élèves, dont la composition est variable selon les activités, le travail en équipe des enseignants, la gestion souple de l'emploi du temps, la création de professeurs-tuteurs. Enfin, il envisage les conséquences que toutes ces innovations devraient avoir sur la conception du service dû par les professeurs, leur formation et leur inspection. La pensée pédagogique de Louis Legrand – qui s'est progressivement construite dans toutes ses activités précédentes – s'exprime tout entière dans ce rapport. À tel point que la France entière parle alors de la « réforme Legrand ».

Après la remise du rapport, il était entendu que Louis Legrand devait devenir directeur des collèges et organiser la mise en œuvre de ses propositions. Le SNES et un grand nombre d'enseignants s'y opposent alors, notamment parce qu'ils sont hostiles à la redéfinition du métier d'enseignant qui se dégage du rapport. Cette opposition risquant de rendre impossible toute rénovation, le ministre ne peut le nommer, et Louis Legrand redevient professeur de sciences de l'éducation à Strasbourg. Il se consacre alors à l'étude de la pédagogie différenciée, des politiques d'éducation et à la place de l'éthique dans la formation, et publie plusieurs ouvrages sur ces sujets.

Bien qu'il ne soit pas chargé de la mise en œuvre de la réforme, ce qu'il a proposé va cependant inspirer largement ce qui se met en place. Peu à peu, la plupart des collèges de France « entrent en rénovation » (selon l'expression alors consacrée) : ils amorcent la mise en œuvre d'une pédagogie différenciée, organisent des « groupes de niveau-matière » et le travail en équipe des enseignants, et définissent un « projet d'établissement ». Certes, cette rénovation est lente, tâtonnante, controversée, et ne concerne souvent que quelques professeurs de chaque collège. Le dynamisme nécessaire pour réussir n'est pas toujours – loin s'en faut – encouragé par l'administration, par certains syndicats, et elle est du coup mal comprise par la société. L'éviction d'Alain Savary et la nomination comme ministre de l'éducation de Jean-Pierre Chevènement accélèrent le désintérêt officiel pour la « différenciation de la pédagogie ». La « réforme Legrand » cesse d'être une référence, bien que le fonctionnement des collèges demeure profondément affecté par les réflexions menées au temps de la commission.

Christian Nique

▸ Bibliographie

Principales œuvres de Louis Legrand :

Psychologie appliquée à l'éducation intellectuelle, Lonay, Delachaux et Niestlé, 1967.

L'Enseignement du français à l'école élémentaire, Lonay, Delachaux et Niestlé, 1967.

Une méthode active pour l'école d'aujourd'hui, Lonay, Delachaux et Niestlé, 1967.

Pédagogie fonctionnelle pour l'école élémentaire nouvelle, 2 tomes, Paris, Nathan, 1973.

Textes de pédagogie pour l'école d'aujourd'hui (en collaboration avec Paul Juif), Paris, Nathan, 1974.

Pour une politique démocratique de l'éducation, Paris, PUF, 1977.

L'École unique : à quelles conditions ?, Paris, Scarabée, 1981.

Aperçus sur l'enseignement dans le monde, Paris, Casterman, 1982.

Pour un collège démocratique. Rapport au ministre de l'Éducation nationale, Paris, La Documentation française, 1983.

La Différenciation de la pédagogie, Paris, Scarabée, 1986.

« Du rationalisme critique à la pédagogie », *Perspectives documentaires en éducation*, n° 12, 1987, p. 7-11.

Les Politiques de l'éducation, Paris, PUF, coll. « Que sais-je ? », 1988.

Enseigner la morale aujourd'hui, Paris, PUF, 1991.

Éducation nationale : résultats insuffisants, peut mieux faire !, Paris, L'Harmattan, 2000.

► **Voir aussi**
Démocratisation de l'enseignement – Freinet, Célestin – Groupe (Pédagogies de) – Groupement – Individualisation – Innovation – Institut national de recherche pédagogique (INRP) – Pédagogie différenciée – Politique de l'éducation – Recherche en éducation – Tuteur, tutorat.

Linguistique et éducation

Mettre en relation la linguistique et l'éducation conduit à interroger la linguistique et les domaines plus spécialisés que sont la sociolinguistique, la sociologie du langage, la psycholinguistique, l'ethnolinguistique, la pragmatique pour les réponses qu'elles peuvent apporter aux questions posées par les relations de la langue, du langage et de l'éducation. Ces questions, ou plutôt les recherches qui permettent de construire des réponses, s'organisent autour de plusieurs thématiques : celle du rôle de la langue dans la transmission des valeurs, des conceptions du monde, des catégories qui permettent de le penser, plus largement celle du rôle de la langue et du langage dans les formes de socialisation, celle-ci pouvant être référée à des groupes ethniques, sociaux ou familiaux. Un autre thème est celui des apprentissages de la langue et du langage eux-mêmes, mais aussi celui des savoirs scolaires et non scolaires. Un troisième ensemble de questions se situe autour du thème de la différenciation sociale liée au langage ; si un accent particulier peut être mis sur la langue en ce qu'elle apparaît au centre de la difficulté scolaire socialement différenciée, les formes et les usages socialement différenciés du langage participent également de la structuration sociale des places de chacun et de leur construction identitaire.

Sur ces différents points, les recherches issues de la linguistique ont élaboré des connaissances qui contribuent à modifier les conceptions ordinaires et à poser les questions autrement. Il en est ainsi du déplacement qui peut s'opérer, par le biais des descriptions sociolinguistiques, dans les représentations que l'école peut avoir de la langue des élèves de milieux populaires : elle est pensée en termes de manques lexicaux et donc d'apprentissages à renforcer alors qu'elle n'est que la manifestation d'usages socialement différenciés, de domination sociale de certains usages, et donc de maniements nouveaux, d'habitudes langagières à mettre en place. Un autre exemple peut être trouvé dans la question de la « faute » : là où l'enseignant, ou le parent, voit une faute, c'est-à-dire une absence de maîtrise du système linguistique, le linguiste voit une erreur dans l'établissement d'une règle, un moment donc de l'apprentissage. Si ces connaissances à disposition ont pu influencer les conceptions de l'apprentissage et de l'enseignement des langues secondes, ou ont pu conduire, aux États-Unis, à une remise en cause des démarches d'éducation compensatoire, force est de constater qu'elles n'ont pas entraîné des modifications conséquentes sur d'autres pratiques scolaires discriminantes concernant la langue maternelle et ses usages scolaires.

La linguistique, en tant que modalité scientifique de description de la langue et de l'activité langagière qui la mobilise, a élaboré des unités d'analyse qui vont être reprises dans les études fines ayant des objectifs plus spécifiques et qui vont permettre une meilleure connaissance et compréhension des phénomènes étudiés : ces unités peuvent être très fines (les traits distinctifs des phonèmes), ou beaucoup plus larges lorsqu'il s'agit des genres discursifs tels que le récit, la description… mais aussi les interactions orales et leurs unités pertinentes. Ces analyses ont mis l'accent sur les usages différenciés du langage (et non plus sur les formes seules) en distinguant leurs finalités selon des typologies variables : le langage véhicule du pouvoir, du savoir, de l'action, le langage de l'information, du savoir, de la communication, ou encore l'usage ludique, pratique, représentatif, prospectif, métalinguistique, dialectique (ou de discussion), poétique. Ces typologies des différents usages du langage sont utiles pour décrire les différences entre cultures traditionnelles et industrialisées, entre les pratiques des groupes sociaux (voir ci-après), etc. On retiendra aussi la distinction, très utile pour les questions soulevées en éducation, entre oralité et écriture ; cette distinction apparaît d'ailleurs de plus en plus complexe grâce aux travaux complémentaires d'un ethnologue comme Goody, d'un psychologue comme Olson. La distinction oral/écrit ne se réduit pas à des marques linguistiques différentes, à du lexique ou à de la syntaxe spécifiques de l'un ou de l'autre, non plus qu'à la seule utilisation d'un canal de communication oral ou écrit, mais elle s'accompagne de formes sociales particulières, de constructions spécifiques de savoirs, d'habitudes cognitives et de rapports à la langue, à nouveau lourds de conséquences pour certains élèves dans un système scolaire centré sur les savoirs construits dans l'écrit et dans une langue identifiée à son système grammatisé, celui de l'écriture (même si ces dernières années ont vu naître un intérêt institutionnel pour l'apprentissage de l'oral). Les différents travaux sur oralité et écriture, qu'ils soient ethnolinguistiques, sociolinguistiques ou psycholinguistiques, permettent par exemple d'éclairer la question du grand partage entre cultures orales et cultures écrites, de revenir sur les représentations négatives de l'intelligence (verbale) des jeunes des ghettos noirs américains ou des élèves en difficulté ; ils conduisent à ne pas se satisfaire des constructions hâtives qui opposeraient la catégorie des « illettrés » à la catégorie des lettrés, à penser en termes de continuum entre oralité et écriture plus qu'en termes d'opposition radicale, à opter pour une approche en termes d'usages qui oblige alors à tenir ensemble les situations, les objets et les activités langagières et cognitives pratiquées.

La sociolinguistique, centrée sur la question des variations sociales de la langue, et la sociologie du langage (en tant qu'elle travaille les enjeux sociaux des usages du langage, des pratiques langagières, des genres liés aux formations sociales) se sont attachées à la question centrale de la norme, ou plutôt des normes. Ces travaux pourraient éviter des amalgames, lourds de conséquences sociales et individuelles, de stigmatisation sociale et scolaire et d'inefficacité scolaire, entre les différentes normes et les différents registres cognitifs, sociaux, culturels qui sous-tendent toutes les utilisations du langage. On peut ainsi identifier les jugements et les évaluations sur la langue, qui relèvent d'un arbitraire social valorisant certaines formes de la langue (les formes grammatisées, normées par l'écrit, qui sont les formes familières des milieux sociaux dominants, aux scolarités longues et reposant sur les savoirs académiques écrits). Cette norme est à distinguer des formes lexicales, syntaxiques et morphologiques (et discursives) constitutives du français standard, en grande partie constituées depuis plus de deux siècles par sa scolarisation, formes qui sont en revanche nécessaires aux apprentissages de savoirs disciplinaires constitués dans l'écrit. Le refus de l'écart à cette norme de référence par l'école ne relève alors pas de l'arbitraire culturel, mais de la nécessité de doter chaque élève des formes qui lui permettent d'apprendre.

Des travaux récents en sociolinguistique portent plus spécifiquement sur la langue des jeunes (nommée aussi parfois « langue des banlieues »). Ils mettent l'accent sur son origine plurielle (langues africaines, arabes, etc.), le mode de « fabrication des formes » (tassement, troncation, etc.), sa fonction cryptique et identitaire, et montrent qu'elle n'a qu'une influence indirecte sur les apprentissages eux-mêmes, à condition toutefois qu'elle ne soit pas investie de stigmatisation et donc de conflits socio-identitaires par les enseignants comme par les élèves (conflits qui ne sont pas sans effet sur les apprentissages). Les travaux de description fine des formes utilisées par les élèves issus de l'immigration permettent également de faire retour sur des représentations de leurs difficultés, souvent pensées en termes de langue maternelle et de langue étrangère (qui serait celle de l'école pour certains élèves), quand les choses sont, là encore, beaucoup plus complexes et relèvent plutôt du plurilinguisme et du mélanges des formes de français oral, familial, standard, scolaire.

Dépassant le débat théorique, voire idéologique, qui a opposé, à propos des variations sociales du langage, la thèse du déficit des locuteurs de milieux populaires, attribuée à Bernstein (dont les travaux lient langage, orientations sociocognitives et socialisation familiale), à la thèse de la différence soutenue par Labov, les travaux linguistiques plus récents se sont développés en mettant l'accent sur l'importance de la situation dans les variations langagières, puis sur celle des maniements langagiers et linguistiques aussi pertinents que les formes elles-mêmes comme critère d'acquisition du langage et comme critère de différenciation. On montre ainsi que tous les enfants (et tous les adultes) n'utilisent pas le langage dans les mêmes fonctions, ce qui signifie que les formes, les moyens linguistiques, les maniements mobilisés ne sont également pas les mêmes et que ce sont les habitudes prises lors des interactions auxquelles participe l'enfant, les interventions des adultes dans les échanges, qui construisent ces modes différents d'être et de faire avec le langage. Dès lors, c'est parce que tous les enfants ne sont pas mis dans les mêmes situations qu'ils n'apprennent pas les mêmes fonctions, les mêmes usages, les mêmes maniements et que, ce faisant, ils ne mobilisent ni les mêmes organisations syntaxiques ni le même lexique. On peut comprendre ainsi que des enfants peu familiers de tel ou tel usage très valorisé et utilisé par l'école (métalinguistique, par exemple) peuvent être en difficulté si l'école ne veille pas à assurer des apprentissages que d'autres enfants effectuent ailleurs. L'accent mis sur ces questions permet non seulement de voir ce qui est socialement différenciateur, mais aussi de penser l'acquisition du langage autrement que réduite à celle des unités de la langue ; on s'aperçoit ainsi que certains maniements sont d'une acquisition tardive. Cette perspective amène à penser l'apport de l'école dans l'acquisition du langage autrement qu'en termes de formes syntaxiques, morphologiques ou lexicales. Et de fait, les objets d'enseignement ont changé depuis une vingtaine d'années : aux objets traditionnels de la langue sont venues s'ajouter les références aux savoirs issus des sciences du langage, comme les théories de l'énonciation, les genres de discours (ou les types de texte), la pragmatique ou les théories du texte et de la réception (interprétation et construction du sens des textes). Il s'agit également des savoirs issus des différents courants de la psychologie et de la psycholinguistique des textes (la génétique des textes). Ces transpositions didactiques assimilent au demeurant souvent grammaire de description et grammaire de production des textes.

Depuis quelques années, deux autres domaines de l'analyse du langage, conjoints dans leur conception et leur référence, ont constitué une ressource importante pour les domaines de l'éducation, tels qu'ils ont été identifiés plus haut : celui de l'analyse des interactions sociales et celui de la pragmatique. Dans les deux cas, la langue n'est plus réduite à un système formel, mais est pensée dans ce qu'elle permet d'actions sociales et d'échanges orientés qui construisent des places et des significations sociales pour les interlocuteurs. Cette perspective a été utilisée pour décrire et comprendre l'acquisition du langage chez les enfants (comme entrée dans une communauté de communication et pas seulement acquisition d'un système linguistique), les enjeux des échanges entre maître et élèves et la construction de la classe comme espace social. Elle permet aussi de comprendre les usages socialement différenciés et socialement différenciateurs lors des processus de socialisation qui mettent souvent les élèves de milieux populaires en difficulté lors des dialogues scolaires. Il est à noter que cette conception du langage, qui met l'accent non plus sur son rôle d'élaboration de la pensée et des connaissances mais sur celui de l'expression et de la communication sociale, sous-tend depuis deux décennies des méthodes d'apprentissage des langues secondes, mais influence également largement l'enseignement de l'oral à l'école.

Les réponses aux questions concernant les apprentissages des différents aspects de la langue et de ses usages sont le fait des psycholinguistes. Si la psycholinguistique s'est intéressée à l'acquisition des différentes unités de la langue, y compris des usages oraux et écrits de celle-ci et, en particulier, de la lecture, sans doute faut-il distinguer les descriptions théoriques et les savoirs construits en situations expérimentales, *a fortiori* les modélisations des opérations mentales effectuées lors de l'utilisation du langage et les activités (au sens psychologique du terme) effectives d'écriture, de compréhension, de lecture, de production des discours (Bronckart) des élèves et des enfants en situation ordinaire (de classe). Notons à ce propos que les savoirs ainsi construits de la psycholinguistique en particulier, ceux qui sont depuis plusieurs années centrés sur la production et l'analyse d'écrits, ont largement influencé la didactique du français langue maternelle.

Si les recherches en psychologie du langage ont également influencé des méthodes d'apprentissage de la lecture, sans doute est-il nécessaire, dans ce domaine comme dans les autres domaines des apprentissages et usages de la langue, si l'on veut comprendre les difficultés socialement différenciées des élèves, de sortir d'approches strictement théoriques, c'est-à-dire sociolinguistiques, d'une part, psycholinguistiques, d'autre part, pour penser les liens entre ces domaines de savoir parce que le sujet, non réductible au sujet épistémique, relève bien, et simultanément, des différentes dimensions analysées.

Élisabeth Bautier

▸ Bibliographie

Bautier É., *Pratiques langagières, pratiques sociales : de la sociolinguistique à la sociologie du langage*, Paris, L'Harmattan, 1995.

Bautier É., « Pratiques langagières et scolarisation. Note de synthèse », *Revue française de pédagogie*, n° 137, 2001, p. 117-161.

Boyer H. (éd.), *Sociolinguistique : territoires et objets*, Lonay, Delachaux et Niestlé, 1996.

Bronckart J.-P. , *Activité langagière, textes et discours : pour un interactionnisme socio-discursif*, Lonay, Delachaux et Niestlé, 1996.

Esperet E., « Aspects sociaux de la psychologie du langage », *in* Rondal J.-A., Thibaut J.-P. (éds), *Problèmes de psycholinguistique*, Sprimont, Mardaga, 1987, p. 327-389.

Dolz J., Meyer J.-C. (dir.), *Activités métalangagières et enseignement du français*, Berne, Peter Lang, 1998.

Fayol M., Gombert J.-E., Lecocq P., Sprenger-Charolles L., Zagar D., *Psychologie cognitive de la lecture*, Paris, PUF, coll. « Psychologie d'aujourd'hui », 1992.

Gadet F., *La Variation sociale en français*, Paris, Ophrys, 2003.

Gumperz J., *Engager la conversation : introduction à la sociolinguistique interactionnelle*, Paris, Éd. de Minuit, 1989.

Olson D. R., *L'Univers de l'écrit : comment la culture écrite donne forme à la pensée*, Paris, Retz, 1999.

▸ Voir aussi

Français (Enseignement du) – Langage – Troubles du langage.

Lisibilité

La lisibilité fait référence au degré de difficulté de compréhension que présente un texte.

Constatant que les textes sont plus ou moins faciles à comprendre, il s'agit d'identifier et de mesurer ce qui, dans les textes eux-mêmes, est responsable de ce fait. La lisibilité est donc clairement posée du côté de l'objet-texte et non pas de celui du sujet-lecteur. Elle relève des propriétés de l'écrit et non pas de celles des variations de la compétence humaine. En pratique toutefois, on ne peut définir objectivement la lisibilité d'un texte que par rapport à une évaluation de sa compréhension par un opérateur humain.

De fait, mesurer la lisibilité d'un texte comporte trois opérations : une évaluation de la compréhension, une identification des caractéristiques du texte jugées responsables de sa lisibilité, et qui deviendront les prédicteurs, une étude des corrélations entre la compréhension et les prédicteurs retenus.

Pour évaluer la compréhension d'un texte, on dispose de différents moyens. Les premiers auteurs ont procédé à partir de critères tels que les réponses aux questions posées, le jugement d'experts ou la vitesse de lecture. Plus récemment, les réponses fournies dans des tests de closure ont été jugées préférables. Le développement récent des recherches consacrées à l'étude fine de la compréhension des textes ouvre aujourd'hui d'intéressantes perspectives (Boyer, 1992).

Quelle que soit la façon dont la compréhension est évaluée, l'étude de la lisibilité implique la définition d'indicateurs propres au texte lui-même. Les premiers travaux ont utilisé des unités se situant au niveau du vocabulaire et de la phrase. C'est ainsi, par exemple, qu'un texte ne comportant qu'un faible pourcentage de mots extérieurs à une table de mots fréquents devrait faciliter la lisibilité de ce texte. De même, un texte comportant un grand pourcentage de phrases courtes devrait s'avérer d'une bonne lisibilité.

Au-delà de ces cas élémentaires, les auteurs ont su faire appel à des critères linguistiques de plus en plus sophistiqués. Des formules de lisibilité ont été construites en combinant ces différents indicateurs ; les calculs statistiques, qui les ont mises en relation avec les mesures de compréhension établies par ailleurs, ont permis de les valider.

Les études de lisibilité, et les formules qui les rendent opératoires, ont été entreprises dès les années 1920 aux États-Unis dans une perspective de plus grande efficacité de la communication, notamment dans un contexte pédagogique. Ces études, qui ont par la suite fait l'objet de travaux rigoureux à l'université de Liège (Henry, 1974), n'ont pourtant pas répondu aux espoirs dont ils étaient porteurs. Différentes raisons peuvent expliquer cet échec relatif, raisons de principe, pratiques ou culturelles.

Sur le plan des principes, les formules de lisibilité sont discutées. Certains mettent en doute la possibilité d'évaluer la lisibilité en se basant sur des données uniquement textuelles (Kintsch, Miller, 1984) ; d'autres leur reprochent d'ignorer des variables aussi importantes que le contenu du texte ou sa « lisibilité typographique » (Richaudeau, 1976) et, du côté du lecteur, la connaissance qu'a celui-ci du contenu traité par le texte ou ses motivations à le lire.

Sur le plan pratique, la validité d'une formule de lisibilité est limitée : elle ne vaut que pour la population des textes et pour la population des lecteurs sur lesquelles elle a été établie. Tout comme les tests psychométriques, qui reposent sur des fondements méthodologiques semblables, ses possibilités d'utilisation sont donc étroites. Plus généralement, car les scrupules du constructeur peuvent ne pas être ceux de l'utilisateur, on peut se demander si la technicité nécessaire pour la mise au point de ce type d'outils n'est pas excessive par rapport aux services que l'on peut en attendre.

Sur le plan culturel enfin, les manipulations relatives à la langue qu'implique ce type d'approche, tout à fait concevables dans un contexte nord-américain, se heurtent à la valeur que les pédagogues français confèrent à l'intégrité de la langue et au respect qu'ils lui portent (voir les débats lors des projets de réforme de l'orthographe). Enfin, l'idée qu'un outil scientifiquement construit puisse lui apporter plus que son intuition nourrie par l'expérience va à l'encontre de l'habitus littéraire du pédagogue.

Jacques Fijalkow

▸ Bibliographie

Boyer J.-Y., « La Lisibilité », *Revue française de pédagogie*, n° 99, 1992, p. 5-14.

Henry G., *Comment mesurer la lisibilité ?*, Bruxelles, Labor, 1974.

Kintsch W., Miller J.-R., « Readibility : a View from Cognitive Psychology », *in* Flood J. (ed.), *Understanding Reading Comprehension*, 1984, p. 220-232.

Richaudeau F., *La Lisibilité,* Paris, Retz, 1976.

▸ Voir aussi

Écriture – Évaluation – Lecteurs (Mauvais) – Lecture.

LITTÉRACIE

Le terme de « littéracie », néologisme français, a pour ambition de désigner le versant positif de ce que le terme d'illettrisme désigne en négatif : l'apprentissage de l'écrit au lieu du « désapprentissage » de l'écrit. Traduction ou adaptation du terme anglais « *literacy* » largement utilisé outre-Atlantique, y compris dans sa version française au Canada, il est loin d'être utilisé, ni même connu en France. Incompris du grand public, il suscite la méfiance des chercheurs français, si l'on en croit la rareté des publications et manifestations comportant le terme dans leur intitulé.

Pourtant cette notion présente un réel intérêt heuristique. Désignant un champ large, elle est susceptible d'aider à structurer le champ des recherches à mener pour mieux comprendre les processus et les difficultés de maîtrise de l'écrit aux différents niveaux d'âge et de complexité des écrits.

Une brève histoire du mot

Pour la décrire et en comprendre le sens, deux sources d'informations sont disponibles et utiles : les définitions successives qu'en donne le dictionnaire d'Harris et Hodges, d'une part ; les définitions de l'OCDE, d'autre part.

On note une évolution intéressante entre les deux éditions successives du dictionnaire d'Harris et Hodges, dictionnaire réalisé pour le compte de l'International Reading Association (IRA), puissante organisation internationale œuvrant dans le domaine de la lecture et de l'écriture, et faisant autorité scientifique dans le domaine. La première édition de 1981 est intitulée *Dictionary of Reading*. La seconde, de 1995, porte cette fois le titre de *The Literacy Dictionary*. Le changement de titre signe la reconnaissance de ce terme. Autre différence importante : l'introduction, en 1995, de la notion de niveau de base du savoir lire et écrire. L'idée s'impose que la *literacy* est un *continuum* et non pas une compétence que l'on possède en tout ou rien.

L'influence des chercheurs anglo-saxons est relayée par l'OCDE. En effet, le rapport relatif à la grande enquête de 1995 sur l'illettrisme s'intitule *Littéracie, économie et société*, alors que celui de 1992 était intitulé *L'illettrisme des adultes et les résultats économiques*. En 1995, l'OCDE reprend l'idée du continuum et ajoute celle d'une nécessaire contextualisation, en fonction des besoins en un temps et en un lieu donnés.

Deux idées essentielles sont à retenir de ces évolutions :

– la fonctionnalité, c'est-à-dire la référence à un contexte temporel et spatial/économique : on ne peut parler de littéracie en soi mais de ses pratiques en fonction des contextes, tant en diachronie qu'en synchronie ;

– l'idée de continuum, c'est-à-dire de progressivité et non d'apprentissage en tout ou rien. D'où la nécessité de penser à des curriculums qui envisagent les apprentissages de la littéracie dans cette perspective d'usages de plus en plus complexes et diversifiés, du préscolaire à l'université.

Les débats et les enjeux théoriques

Trois ouvrages collectifs récemment publiés aux États-Unis (Wagner, Venezky, Street, 1999 ; Neuman, Dickinson, 2001 ; Foster, Russell, 2002) permettent de repérer deux grandes directions parmi les recherches actuellement menées : étude sur la durée des processus d'appropriation des diverses formes d'usage de l'écrit, et approche pluridisciplinaire de la question de l'écrit. Ces deux tendances sont riches de perspectives pour la didactique de l'écrit.

Ces recherches s'ouvrent sur deux principaux débats :

• Modèles « autonomes » *versus* approches sociales de la littéracie : certains auteurs mettent en avant la notion de littéracies multiples, qui varient dans le temps et dans l'espace et qui sont insérées dans des pratiques culturelles spécifiques. Cette idée fait l'objet d'un débat dont l'enjeu est le suivant : la multiplication des littéracies peut engendrer une nouvelle réification de la notion conduisant à définir des formes de littéracies propres à des sous-populations ou à des sous-cultures.

• Théories locales *versus* théories générales : parmi les théories explicatives du développement de la littéracie, certaines, dominantes dans l'état actuel de la recherche, sont liées à des modèles généraux, à savoir les modèles cognitifs des processus de lecture développés par les différents courants relevant des sciences cognitives. D'autres sont des théories locales. Il en est ainsi de l'hypothèse de restructuration lexicale qui pose que l'émergence de la conscience phonologique est dépendante du niveau de développement lexical de l'enfant, en relation avec la structure phonologique et lexicale de son langage.

Pour la didactique de la lecture/écriture, l'apparition de théories locales, permettant de mieux comprendre les relations entre les différents aspects du langage et la littéracie, constitue sans doute l'avancée la plus prometteuse.

Christine Barré-De Miniac

▸ Bibliographie

BARRÉ-DE MINIAC C. (éd.), « La Littéracie. Vers de nouvelles pistes de recherche didactique », *LIDIL*, n° 27, 2003.

BARRÉ-DE MINIAC C., BRISSAUD C., RISPAIL M. (éds), *La Littéracie : conceptions théoriques et pratiques d'enseignement de la lecture-écriture*, Paris, L'Harmattan, 2004.

FIJALKOW J., VOGLER J., « Vous avez dit "litteratie" ? », *in* Leclercq V., Vogler J., *Maîtrise de l'écrit : quels enjeux et quelles réponses aujourd'hui ?*, Paris, L'Harmattan/Contradictions, 2000.

FOSTER D., RUSSELL D. R. (éds), *Writing and Learning in Cross-National Perspective. Transitions from Secondary to Higher Education*, Urbana-New Jersey, NCTE-IEA, 2002.

NEUMAN S. B., DICKINSON D. K. (éds), *Handbook of Early Literacy Research*, New-York/London, The Guilford Press, 2001.

WAGNER D. A., VENEZKY R. L., STREET B. (éds), *Literacy. An International Handbook*, Colorado-Oxford, Westview Press, 1999.

▸ Voir aussi

Alphabétisation – Curriculum – Écriture – Illettrisme – Lecture (Apprentissage de la).

LITTÉRATURE

Si l'un des sens couramment admis aujourd'hui pour ce terme désigne l'ensemble que composent les œuvres écrites signalées par des préoccupations esthétiques reconnues pour telles, l'école peut souscrire à une telle définition, sous réserve de préciser les modalités particulières d'inscription dans le champ scolaire qui accompagnent la constitution de la littérature en objet(s) d'enseignement.

Présente de façon continue à tous les niveaux de l'enseignement du français, c'est au lycée, particulièrement dans les classes de seconde et de première, que la littérature française devient l'objet central du cours de français et que se pose véritablement la question de son statut ; ces deux années, largement consacrées aux études littéraires, font l'objet d'une évaluation lors de l'épreuve anticipée de français du baccalauréat (fin de première).

La fréquentation et l'étude des textes littéraires tiennent une place importante dans les moyens prescrits pour atteindre les trois finalités propres à l'enseignement du français selon les dernières Instructions officielles de 2001 (« la maîtrise de la langue, la connaissance de la littérature et l'appropriation d'une culture »). Par ailleurs, les sujets de l'épreuve anticipée de français au baccalauréat font appel, à des titres divers, aux savoirs et aux savoir-faire des élèves dans le domaine littéraire.

Ce que l'École appelle « littérature » peut se caractériser à partir du problème de définition de corpus qui lui est lié. En effet, l'école n'aborde pas de façon aléatoire l'ensemble des œuvres, et, traditionnellement, sélectionne ses objets d'enseignement en fonction de ses finalités propres.

Quelques traits d'histoire : une double tradition

Dès l'école antique, on peut constater que certains auteurs sont constitués en classiques, qu'il s'agisse d'Homère, des pièces des *Tragiques* et de quelques orateurs dans le monde grec alexandrin, ou du « quadrige » formé par Virgile, Cicéron, Térence et Salluste dans le monde latin à partir de l'époque impériale. Dès ce moment, l'école semble bien compter au nombre de ses fonctions fondamentales la transmission d'un patrimoine culturel, conçu par exemple comme somme des savoirs et des références fondant l'hellénisme dans le cas d'Homère, ou comme légitimation mythique de la grandeur romaine et de l'empire dans celui de Virgile à travers l'*Énéide*.

Les explications (grammaticales et philologiques, mythologiques, généalogiques, géographiques, etc.) sont d'abord destinées à permettre la lecture de textes dont l'appropriation, reconnue comme indispensable, se heurte à une langue que rendent difficile son archaïsme ou les recherches érudites d'une écriture savante.

L'autre aspect du corpus antique, perceptible notamment à travers le travail mené scolairement sur l'œuvre des orateurs, renvoie à une formation d'ordre technique (rhétorique), même si celle-ci n'est pas déliée de considérations morales, chez les Latins en particulier : l'orateur cicéronien est un homme de bien habile à parler (*vir bonus, dicendi peritus*).

Deux grandes directions sont ainsi mises en place, qui gouvernent sur une longue durée la consécration des auteurs et des œuvres comme « classiques » ; leur lecture permet aux élèves de s'enrichir par imprégnation sur le plan moral aussi bien que sur celui des connaissances (celle, notamment, de la nature et de l'âme humaines, réputées éternelles...) ; la lecture littéraire, dans ce cas, contribue à accomplir l'humain dans chaque individu. Mais les classiques peuvent aussi servir de modèles à des exercices d'entraînement visant d'abord la maîtrise et l'élégance de la parole ou de l'écriture, les préoccupations axiologiques passant alors au second plan.

La littérature et l'École au XXe siècle

Si cette seconde tendance domine largement l'enseignement du XVIIe à la fin du XIXe siècle, peu à peu, à la faveur de la reconnaissance progressive de la littérature française au même titre que les littératures latine et grecque, se mettent en place des exigences que reconnaîtra pleinement la réforme des années 1890, largement inspirée par Lanson et son entourage. La préoccupation rhétorique s'estompe avec la disparition des exercices de rédaction liés aux lettres anciennes (discours et vers latins, etc.), cependant que cherche à s'établir une approche des textes fondée sur les acquis de l'histoire et de la philologie. La pratique de l'explication de textes vise à atteindre dans les classiques (ceux notamment du XVIIe siècle) un sens stable, que l'éloignement temporel rend difficilement perceptible aux jeunes lecteurs ; dès lors, la glose est destinée à les faire accéder à la parole du grand auteur, restituée dans tout son éclat pour communiquer les valeurs (le plus souvent avatars du vrai, du beau et du bien) qui l'ont fait retenir par l'École.

Avec la IIIe République naissante, et dans le contexte historique qui suit la défaite de 1870, se fait aussi jour un souci de donner à connaître l'avènement progressif de l'identité nationale française à travers les chefs-d'œuvre de la langue qui conduisent progressivement de l'époque médiévale (et de la monarchie) à l'épanouissement républicain, par le biais des morceaux choisis qui jalonnent le parcours tout en servant de supports à l'explication.

Cette visée diachronique, inspirée de l'histoire littéraire, permet de structurer le corpus au lycée : périodisation séculaire et successivité définissent l'identité des siècles littéraires à l'école (le XVIe est le siècle de l'humanisme, le XVIIe celui de Louis XIV, etc.) et le mode de relation entre les œuvres abordées (ou leurs extraits), en termes de pré- et de post-, de sources et d'influences, selon un schéma simple qui infère de la consécution des rapports de cause et de conséquence.

Cette cohérence se trouve remise en question dans les années 1970 par le courant pédagogique qui fait dépendre l'enseignement de la personnalité de l'élève. Certes, les valeurs patrimoniales ne se sont pas absentées : en témoigne la répartition prescrite de l'étude des siècles « classiques » dans les deux premières classes du second cycle, ce « noyau dur » pouvant s'accompagner d'approches diversifiées – d'œuvres du XXe siècle en particulier. Mais, à partir de la pédagogie des « centres d'intérêt » s'est progressivement mis en place, d'abord au collège, puis au lycée, un nouvel axe de cohérence disciplinaire, reposant sur l'élaboration de thèmes où les textes se regroupaient en fonction de leur contenu patent (ce dont ils parlent), et non plus de leur position chronologique : le corpus perdait alors son centre de gravité traditionnel, la transmission des valeurs morales et civiques.

À cette tension entre une structuration rigide du corpus par l'ordre chronologique et la plasticité que lui confèrent les approches thématiques s'ajoute celle qu'introduisent les sciences du langage, développées à partir de l'essor de la linguistique. Depuis les années 1970, le travail sur les textes ne se contente plus d'une élucidation équivalant au recours à la grammaire et au dictionnaire. L'enjeu est bien l'exploration de ce que ne dit pas en clair le texte. À l'oral (de la « lecture méthodique » à la « lecture analytique »), comme à l'écrit (du « commentaire composé » au « commentaire littéraire »), l'élève est officiellement tenu de produire une lecture qui interprète, et ne se borne pas à expliquer.

De nouveaux savoirs et de nouvelles méthodes

Outre les problèmes didactiques soulevés par la disponibilité des outils et méthodes nécessaires pour aboutir à ce résultat, une telle démarche pose fondamentalement celui du choix des classiques scolaires, dans la mesure où leur excellence, qui reposait sur la reconnaissance d'un sens dénoté (donc immédiatement perçu à une première lecture, une fois éliminés les obstacles à la lisibilité), écartait toute possibilité d'analyse dépassant ce « sens premier », sauf à reconnaître que celui-ci n'est pas le seul, et à mettre en doute de fait la « leçon » non ambiguë dont les classiques en tant que tels étaient jugés porteurs.

Dès lors que ce n'est plus un sens fixé *a priori* qui permet d'élire une liste canonique d'auteurs, le corpus peut s'ouvrir en droit à tous ceux que le travail artistique distingue des « écrivants » qui ne se placent pas dans une perspective esthétique ; mais là encore la détermination du « littéraire » se heurte à des difficultés qui touchent aux normes gouvernant le tracé des limites, encore accrues, d'une part, par l'esthétique moderne (postromantique) qui valorise massivement la rupture et la transgression (d'où l'absence de normes esthétiques stables, par renouvellement accéléré), et, d'autre part, par les études de sémiologie littéraire, qui se sont souvent attachées à décrire des fonctionnements textuels complexes en partant d'objets dépourvus de toute « dignité » littéraire reconnue.

Les derniers programmes (2000) ont voulu faire droit à ces questions épistémologiques. Dans la continuité des programmes de collège, centrés sur l'analyse et la production des « discours », ils visent à interroger la dimension historique et institutionnelle de la littérature, comme l'attestent les objets d'étude structurant les programmes (qui concernent des genres ou des problématiques littéraires), eux-mêmes organisés en quatre perspectives d'étude (l'histoire littéraire et culturelle, les genres et les registres, les significations et la singularité des textes, l'argumentation et les effets de chaque discours sur ses destinataires). La littérature n'est plus considérée ici comme un corpus patrimonial véhiculant un système de valeurs figées, mais comme une forme de discours spécifique susceptible d'une analyse qui fasse ressortir à la fois les enjeux esthétiques et expérientiels des textes et les interactions qui se construisent entre le moment de leur production et ceux de leur réception.

Les instruments de connaissance convoqués pour appréhender la littérature sont dès lors plus diversifiés qu'auparavant, au risque d'ailleurs de ne pas pouvoir être réellement ou efficacement appropriés par tous les élèves : aux catégories classiques des genres et des registres (quoique ces derniers, depuis longtemps négligés, aient pu passer pour une nouveauté) s'ajoutent notamment les théories de la production des textes (sociologie de la littérature, critique génétique, etc.) et de leur réception (dans une perspective historique, philosophique ou sociologique).

Mais l'évolution majeure que contiennent en germe ces nouveaux programmes tient à la conception même de la littérature et de son appréhension scolaire : depuis la fin du XIXe siècle et la mise en cause de la rhétorique, la littérature au lycée (la situation a toujours été différente à l'école ou au collège) était susceptible d'un discours métatextuel, non d'une *pratique*. L'introduction de l'« écriture d'invention » renoue avec une tradition scolaire ancienne, et rompt avec une « culture de commentaire » pour retrouver une « culture rhétorique » nouvelle : ce sont là les termes de M. Charles, qui décrit les oscillations entre ces deux approches de la littérature dans l'histoire.

L'avenir dira si l'objectif de l'enseignement littéraire ainsi conçu permet d'éviter les deux écueils que le XXe siècle a connus dans son traitement scolaire de la littérature : le subjectivisme et le technicisme.

Bertrand Daunay
Bernard Veck

▸ Bibliographie

BOURDIEU P., *Les Règles de l'art : genèse et structure du champ littéraire*, Paris, Le Seuil, 1998.

CHARLES M., *L'Arbre et la source*, Paris, Le Seuil, 1985.

CHERVEL A., *Les Auteurs français, latins et grecs au programme de l'enseignement secondaire de 1800 à nos jours*, Saint-Fons/Paris, INRP/Publications de la Sorbonne, 1986.

CRESEF, « Les Nouveaux Programmes du lycée », *Pratiques*, n° 107-108, 2000.

ECO U., *Lector in fabula : le rôle du lecteur*, Paris, LGF, 2004.

ECO U., *Les Limites de l'interprétation*, Paris, LGF, 2005.

ECO U., *Sémiotique et philosophie du langage*, Paris, PUF, coll. « Quadrige », 2001.

JEY M., *La Littérature au lycée : invention d'une discipline (1880-1925)*, Metz, Centre d'études linguistiques des textes et des discours, 1998.

VECK B. (dir.), *Enseignement du français dans le second cycle : trois savoirs pour une discipline, histoire littéraire, rhétorique, argumentation*, Saint-Fons, INRP, 1990.

VECK B., *Texte, thème, problématique : morceaux choisis, composition française, listes d'oral*, Saint-Fons, INRP, 1992.

▸ Voir aussi

Centres d'intérêt – Culture générale – Explication de texte – Français (Enseignement du) – Linguistique et éducation – Morale (Éducation) – Programmes scolaires – Valeurs.

LITTÉRATURE DE JEUNESSE

La littérature de jeunesse est constituée, selon la définition de Marc Soriano, d'« œuvres conçues pour satisfaire les diverses classes d'âge qui composent l'enfance et l'adolescence ». Ce secteur hybride, qui s'adresse à un public constamment changeant, regroupe des albums illustrés, des romans, des contes, des documentaires. Il rassemble des ouvrages écrits à l'intention des enfants, et d'autres primitivement adressés à un public adulte et « détournés », tel que *Robinson Crusoé* (1719) ou *Les Voyages de Gulliver* (traduction française de 1727).

On considère traditionnellement l'*Orbis pictus* (1658), écrit par l'évêque Jean Amos Comenius, comme le précurseur de la littérature enfantine : il s'agit d'un ouvrage illustré de 150 vignettes, à mi-chemin entre l'abécédaire, le traité d'histoire naturelle et le livre de morale. Mais le premier livre « pour » enfants, un des romans les plus lus et les plus traduits de la littérature française, s'intitule *Les Aventures de Télémaque* et a été rédigé par Fénelon à l'intention de son élève le Grand Dauphin, fils de Louis XIV.

La tradition orale constitue un vivier d'où émerge très tôt un ensemble de rondes, formulettes ou comptines, à vocation initiatrice et ludique, dont le répertoire le plus riche est sans contexte l'ensemble des *nursery rhymes* anglaises. Apparaissent au XVIIe siècle les premiers contes rédigés, puisés au même réservoir de la tradition orale : *Histoires ou Contes du temps passé* (1697) de Charles Perrault. La traduction des contes des *Mille et Une Nuits* par Antoine Galland (1703-1717) détrône les fées du terroir au profit des raffinements de l'Orient. Des collecteurs comme les frères Grimm qui publient leurs recueils entre 1813 et 1822 ou Afanassiev (entre 1859 et 1864) mettent à la portée d'un public cultivé un répertoire populaire.

Le XIXe siècle sera l'âge d'or de la littérature romanesque pour enfants : l'alphabétisation massive de la deuxième moitié du siècle entraîne une augmentation sensible d'un public avide de lecture. De nombreux journaux et revues naissent : le *Journal des enfants* (1832) d'Émile de Girardin, *Le Magasin d'éducation et de récréation* (1864) de Pierre-Jules Hetzel qui, avec son concurrent Louis Hachette, révolutionne l'édition française pour la jeunesse. Aux chefs-d'œuvre de la comtesse de Ségur publiés entre 1857 et 1874, et à ceux de Jules Verne, écrits entre 1863 et 1905, répondent ceux du Danois Andersen, dont les *Contes* sont publiés à partir de 1835, de l'Anglais Lewis Carroll (*Alice au pays des merveilles,* 1865), de l'Italien Carlo Collodi (*Pinocchio,* 1880) ou de la Suédoise Selma Lagerlöf (*Le Voyage de Nils Holgersson,* 1907).

C'est également au XIXe siècle que se multiplient les livres d'images : chez Hetzel d'abord, les albums Stahl, adressés aux petits, où se distingue le dessinateur Froelich, puis, à partir de 1870, une génération d'illustrateurs anglais (Kate Greenaway, Randolph Caldecott et Walter Crane), qui influenceront le Français Boutet de Monvel ; enfin le dessinateur Job qui restitue l'histoire de France en de somptueuses aquarelles.

Au début du XXe siècle, les comédies animales de Benjamin Rabier, la *Bécassine* de Pinchon, seront mises en concurrence avec la bande dessinée venue des États-Unis, avec la série des *Buster Brown.* Le début des années 1930 voit la naissance d'un best-seller : Babar, dont la première des six aventures est publiée par Jean de Brunhoff (*Histoire de Babar, le petit éléphant,* 1931) et dont le fils Laurent reprendra avec succès le héros. C'est aussi l'époque du début des *Albums du Père Castor*, lancés par un libraire passionné de pédagogie et animateur du groupe d'éducation nouvelle : Paul Faucher. Il publie des albums d'activités, illustrés par Nathalie Parain ; sa femme Lida écrit les textes de la célèbre série *Le Roman des bêtes,* dessinée par Rojankovsky (*Panache l'écureuil,* 1934, suivi de sept autres).

Dans les années 1950, les tendances se clarifient : coexistent une littérature pédagogique et démonstrative (du type *Le Tour de France par deux enfants*), d'indémodables classiques (la comtesse de Ségur, Jules Verne) et une littérature strictement récréative et répétitive, très largement diffusée, dont le fleuron reste *Le Club des cinq* d'Enid Blyton. On voit alors apparaître d'excellents auteurs français (Colette Vivier, Paul Berna, etc.) et de nombreuses traductions, dont une collection comme la Bibliothèque internationale se fait le champion.

Dans les années 1960, on commence à parler des « adolescents » et, après Mai 1968, de nombreuses collections sont créées à leur intention, où certains sujets, jusque-là tabous, sont abordés : la violence, la drogue, l'amour, la sexualité, etc.

À la fin des années 1970, de nombreuses maisons d'édition pour adultes créent un secteur jeunesse, qui viennent en concurrence avec les « vieilles » maisons spécialisées : Hachette, Nathan, Magnard, Colin-Bourrelier, La Farandole, etc. L'École des loisirs, par une politique éditoriale exigeante, introduit en France des illustrateurs importants (Maurice Sendak, Tomi Ungerer) et se compose depuis plus de trente ans un fonds d'une grande et homogène qualité. Gallimard-Jeunesse fait une entrée fracassante sur le marché, profitant de la richesse du fonds Gallimard pour lancer des collections de poche incontournables (Folio junior), et créant des collections de documentaires, à l'iconographie somptueuse, que les adultes jalousent aux jeunes lecteurs.

Depuis le début des années 1980, le paysage éditorial s'est élargi et diversifié. De « nouveaux » éditeurs se sont taillé une réputation méritée, parmi lesquels, entre autres, Rue du Monde, Thierry Magnier, le Rouergue, etc. La découverte des compétences des bébés a ouvert le chemin d'une production adressée aux tout-petits. Enfin, la fiction occupe une place prépondérante (2/3 des titres en 2003).

Au total, la littérature pour la jeunesse se porte bien. Économiquement parlant, elle représente une part non négligeable du chiffre d'affaires de l'édition française (près de 10 % en 2003).

Le nombre de titres publiés est en constante augmentation, et ce même en dehors de best-sellers comme *Harry Potter* (plus de 16 millions d'exemplaires en langue française pour les tomes de 1 à 5, entre 1998 et 2003). Le succès phénoménal d'*Harry Potter* a eu le mérite de contredire les discours volontiers pessimistes sur la lecture des jeunes, et de mettre en lumière les capacités des enfants à lire des livres épais, avec des intrigues complexes, dès lors qu'ils étaient motivés.

Enfin, elle a trouvé aujourd'hui une forme de reconnaissance dans l'existence de salons dédiés à la littérature pour les « petites personnes » (foire de Bologne depuis 1964, ou Salon du livre de jeunesse de Montreuil, depuis 1983), dans la multiplication des prix littéraires et dans l'entrée dans les programmes de l'école primaire (en 2003) de titres dont l'école cantonnait jusqu'à présent la lecture au domaine familial et privé.

Nic Diament

▶ Bibliographie

Jan I., *La Littérature enfantine,* Paris, Éditions de l'Atelier, 1990.

Patte G., *Laissez-les lire : les enfants et les bibliothèques*, Paris, Éditions de l'Atelier, 1987.

Perrot J., *Jeux et enjeux du livre d'enfance et de jeunesse,* Paris, Électre/Éd. du Cercle de la Librairie, 1999.

Smadja I., *Harry Potter : les raisons d'un succès,* Paris, PUF, 2003.

Soriano M., *Guide de littérature pour la jeunesse*, Paris, Delagrave, 2002.

▶ Voir aussi

Bibliothèque – Bibliothèque-Centre documentaire (BCD) – Documentation – Enfance – Lecture – Presse et école.

LMD ▶ Doctorat

Loisir

Toute éducation suppose qu'un temps propre soit affecté au loisir. Dans l'Antiquité, ce sont les Grecs qui ont donné le modèle le plus achevé de cette liaison entre loisir et éducation. Le loisir est la condition de l'éducation, l'éducation est la substance même du loisir. Cette identité est symbolisée par la notion de « *skholê* » (« loisir »), d'où provient étymologiquement notre terme « école ».

Au fur et à mesure que, dans la société industrielle, les horaires de travail ont diminué, le temps libéré, qui, dans une première étape, distrait de la production, s'est trouvé, dans une seconde étape, fortement lié à elle. Production, loisir et éducation tissent entre eux des liens très serrés. Le but du loisir est avant tout la récupération des forces, épuisées au travail. C'est également du temps de repos nécessaire pour une efficacité plus grande, le délassement. Le loisir permet l'élargissement de la force de travail et n'est donc pas contraire à la production. Il est ensuite un temps de consommation. Pour que la machine productive fonctionne à plein régime, il faut élargir le champ de la consommation. L'usine a besoin de clients et plus elle a de clients, plus elle se développe. Production et consommation sont liées l'une et l'autre. Il ne peut y avoir développement d'une sphère sans développement de l'autre. Enfin, le loisir est lui-même producteur. D'une manière sans doute moins contrainte, moins inévitable, il intervient dans la fabrication de biens et peut-être surtout dans leur création. Il faudrait parler à ce sujet de l'autoproduction, du bricolage, de l'artisanat, de l'économie sociale, etc., et aussi de l'autoformation : le loisir se trouve être un lieu d'apprentissage.

L'éducation a donné de nouvelles formes aux loisirs, elle leur fournit pour une grande part leur modes actuels d'existence : lectures, spectacles, sports ont étendu leur rayon d'action grâce à l'école. La démocratisation de l'enseignement a entraîné la démocratisation des loisirs. Enfin l'économie, l'industrie et même l'agriculture utilisent des mécanismes de plus en plus complexes. Elles font appel à une formation de plus en plus poussée. Ainsi l'éducation est apparue comme l'un des éléments moteurs de la productivité des entreprises. D'où cet enthousiasme pour le développement de la formation des hommes.

La « sphère privée » a pris une place de plus en plus importante dans nos sociétés modernes : loisir et éducation en sont les deux principaux éléments constitutifs. Leurs actions réciproques expliquent la libération des individus face aux institutions, leur tendance à l'autonomie, leur émancipation, en somme. Mais, en même temps, s'est réalisée une sorte de restructuration et l'on a vu apparaître de nouveaux modes de socialisation. On peut dire qu'un nouveau « sujet » est né, bien différent de celui des sociétés traditionnelles.

Éducation et loisir à l'âge scolaire

Si l'école est le lieu par excellence de l'éducation, elle n'est pas le seul. On peut en effet diviser le temps de l'enfant en trois parties : le temps scolaire, le temps extrascolaire et le temps non scolaire.

Le temps non scolaire

Malgré l'augmentation de la durée de l'obligation scolaire, l'enfant n'est pas présent tous les jours à l'école : l'institution n'a pas la prétention de prendre toute la place et l'enseignement lui-même exige une alternance d'activités diverses et de lieux différents. L'enfant est même le plus souvent hors de l'école (plus de deux cents jours par an). Au total, ce temps non scolaire est la « face cachée de l'éducation » (de Vulpillières, 1981). Il est le plus important qualitativement, de l'aveu même des théoriciens et des praticiens de l'éducation. La liberté qui le caractérise et, par conséquent, la faculté qu'a chacun de suivre des motivations et des intérêts qui lui sont propres en sont sans doute la cause. La réussite scolaire dépend pour l'essentiel de facteurs qui lui sont externes (Bourdieu, Passeron, 1970).

Les jeunes sont en effet les premiers producteurs/utilisateurs/consommateurs de loisirs. Ceux-ci ont pris dans leur vie une place très grande tant par le temps passé que par le sens que les intéressés leur donnent et par les évolutions qu'ils provoquent. La télévision, à elle seule, les occupe plus longtemps que l'école. D'après l'INSEE, leur taux d'écoute est de 30 % supérieur à la moyenne générale de la population. Pour les sports, ils sont trois fois plus pratiquants que les adultes. La lecture, bien qu'elle soit souvent liée à l'obligation scolaire, tient plus de place chez eux que chez leurs parents. Ils sont plus nombreux à partir en vacances, y vont plus souvent et plus longtemps. Ils sortent plus, refusent l'isolement et participent à de nombreuses activités entre amis dans des réseaux de relations informelles très vivants. Ils sont partie prenante dans des associations qui ont presque toujours des finalités éducatives. Cette socialisation externe se constitue en dehors du cadre de l'école.

Les jeunes s'intéressent à toute nouveauté et la difficulté ne les arrête pas. Comme les Grecs disposant de temps libre ont inventé l'école, ils inventent « l'école parallèle » (Porcher, 1973) : ils se passionnent pour les nouvelles technologies, s'y initient très tôt et acquièrent de réelles compétences. L'utilisation précoce et souvent très technique de la micro-informatique et des jeux éducatifs (Minitel, construction de robots, etc.) en apporte la preuve. Ainsi, l'autoformation devient de plus en plus une véritable référence éducative. Ces activités peuvent se développer au détriment même de l'école (école buissonnière), dont l'intérêt est souvent contesté, mais les connaissances et l'apprentissage ainsi acquis ne sont pas toujours défavorables à la réussite aux examens.

Le temps extrascolaire

Le temps extrascolaire est intermédiaire entre le loisir « discrétionnaire » (qui se déroule en dehors de l'école durant le temps non scolaire) et le temps d'éducation formelle qui se déroule à l'école. On pourrait l'appeler « liberté sous contrôle institutionnel ».

Le temps extrascolaire a une importance quantitative faible, mais une forte portée qualitative. L'institution y cherche, en dehors d'elle-même, de nouveaux pôles d'intérêt. C'est le point de rencontre et d'« agglomération » entre les valeurs issues du strict loisir et celles de l'éducation formelle. Durant ce temps spécifique, l'éducation du quotidien (l'écoformation) pénètre en milieu scolaire. L'expérience s'est révélée très intéressante, car on y a trouvé le moyen de diversifier le champ scolaire dans la direction, par exemple, de l'initiation au travail professionnel et aux activités culturelles et sportives. C'est une sorte de décloisonnement de l'école, une ouverture sur le monde extérieur auxquelles les collectivités publiques, les associations et les entreprises apportent leur soutien et leur participation.

Cet entremêlement de fonctions et de milieux ne va pas sans problème : les enseignants ne sont pas formés à l'ouverture sur les milieux non scolaires, les milieux non scolaires ne produisent pas spontanément des éducateurs, d'où la difficulté de l'encadrement dans ces activités. D'ailleurs la situation est problématique entre une institution qui, depuis longtemps, vit sur elle-même – l'école – et un milieu qui lui est plus ou moins étranger. La reconnaissance formelle par l'École de ce temps comme temps éducatif à parité avec le temps scolaire se heurte à bien des résistances. L'enseignant y ressent une sorte de dépossession de son pouvoir, et son système d'évalution s'y trouve mal adapté. Et pourtant cette liberté nouvelle, qui implique une mise à plat des méthodes et des contenus de l'enseignement pendant ce tiers temps, pose le problème des objectifs ; elle permet la réflexion sur la globalité de la mission éducative de l'École et autorise une vision plus totale de l'homme à éduquer, sans *a priori*. Ne faut-il pas considérer, par exemple, que le temps de travail professionnel représentera moins de 10 % du temps de vie pour les enfants d'aujourd'hui ? De plus, la souplesse d'utilisation de ce temps extrascolaire laisse libre cours aux expériences et aux innovations pédagogiques. Elle est une chance contre la sclérose des formes de l'enseignement et permet une adaptation aux élèves tels qu'ils sont concrètement.

Le temps scolaire

Cette évolution a changé le temps scolaire lui-même. L'école se trouve obligée de tenir compte du vécu et de l'« expérience » du jeune, qui sont de plus en plus riches. Les élèves possèdent déjà un bagage, un « capital préstructuré ». L'école est de moins en moins l'unique source de connaissances et d'apprentissages de techniques. L'école traditionnelle ne peut que s'appuyer sur l'« école parallèle ». Celle-ci lui sert de base et de prétextes à des développements formels. Elle est corrigée, dynamisée et orientée par elle. Les élèves apportent ce qu'ils ont appris ailleurs, sont moins passifs et donnent une certaine orientation au contenu même des cours. Les méthodes d'enseignement à l'école se transforment. Le jeune n'est plus un simple individu, mais une personne sur laquelle se construit l'apprentissage. La formation initiale devient plus une mise en forme de connaissances qu'une acquisition pure et simple ; elle est une préparation à l'école permanente, elle en a les mêmes objectifs, la même technologie et sa composante « loisir » y est importante. L'enseignant perd la maîtrise de l'éducation s'il ne sait s'adapter. Une importance plus grande est donnée au climat pédagogique, au contexte psycho-affectif, à la personnalité de l'élève dans toutes ses composantes et spécialement dans ce qu'il vit pendant ses temps de loisir.

Si l'apprentissage trouve son accomplissement dans une structuration personnelle des savoirs et des expériences, il nécessite qu'une place soit laissée à la créativité. Qui dit créativité dit jeu : le jeu est, par excellence, le lieu de la créativité et de l'éducation (Mauriras-Bousquet, 1984). Par nécessité et/ou par vertu, l'école s'est ainsi ouverte sur de nouvelles méthodes, parce que la révolution des savoirs s'est effectuée chez de nombreux jeunes, surtout pendant le temps non scolaire. La confrontation de ces savoirs d'origines diverses a permis l'élaboration d'une connaissance critique, bien mieux que ne pouvait le faire l'imposition de connaissances formelles sans lien avec ce qui fait l'essentiel du vécu des jeunes. Mais n'est-ce pas là un « idéal » jamais atteint, que l'on ne peut qu'approcher ?

Éducation et loisir à l'âge adulte

Le sens même du mot « éducation » s'est transformé avec la restructuration des temps sociaux. Le loisir est devenu prééminent à tous les âges de la vie : une année de travail professionnel normal compte à peu près 1 350 heures, le temps éveillé d'une année est de 5 840 heures, le travail n'occupe donc que 23 % de ce temps, même s'il faut ajouter le temps du travail domestique (surtout pour les femmes).

L'éducation ne peut donc se confondre avec sa finalité professionnelle. Le loisir impose à l'éducation la reconnaissance de nouveaux champs, de nouvelles méthodes de transmission, de nouveaux modes d'apprentissage, de nouveaux indicateurs d'évaluation, de nouveaux modèles éducatifs et pédagogiques. Ainsi, le loisir peut offrir de nouveaux paradigmes pour rendre compte du processus éducatif. On peut les articuler autour de trois notions : l'écoformation, l'autoformation et l'hétéroformation.

• L'*écoformation* est un terme emprunté à Gaston Pineau. Il s'agit du caractère potentiellement formateur de l'environnement. Celui-ci est rempli de nouveaux signes culturels et d'informations à décrypter. Il devient plus complexe, à l'instar du quotidien. C'est pourquoi l'illettrisme ne régresse pas malgré tous les efforts faits en ce sens (12 % de la population). Mais une société de l'information est un levier pour une société éducative (D. Wolton, J. Dumazedier).

Le développement des médias est sans doute le phénomène contemporain qui a le plus marqué notre époque ; aucun domaine ne lui échappe. Il a entraîné une avalanche d'informations dont les signes sont de plus en plus abstraits. Il s'agit souvent d'une réception pure et simple sans réaction du sujet. Mais le potentiel éducatif et culturel de chacun (et celui-ci ne cesse de progresser) peut la rendre active. Les médias deviennent alors l'occasion d'un véritable dialogue. La force de cette diffusion a rendu partiellement populaire la « culture » et a réduit les écarts sociaux dans de nombreuses pratiques.

• L'*autoformation* est une action volontaire et systématique visant l'obtention d'un résultat. Ces activités se sont fortement développées avec le temps du loisir. On peut en distinguer trois formes principales : la formation comme loisir ou développement d'un goût culturel désintéressé dans les domaines qui n'ont rien à voir avec la profession exercée ; la formation comme préparation aux loisirs dont le caractère technique ne cesse de croître : apprentissage d'un sport, d'un art ou d'une technique typiquement ludique ; la formation comme corollaire de l'autoproduction, généralisation du « *do it yourself* » et de production de son propre cadre de vie. Le bricolage, parfois très sophistiqué, occupe la deuxième place (après la télévision) dans les loisirs des Français. La vie quotidienne devient plus productive (autoproduction/économie domestique/travail au noir) et donc plus éducative que le temps de travail spécifiquement lié à l'économie formelle. À travers ces trois formes d'activités formatrices, on ne peut oublier le très fort impact des microtechnologies d'utilisation quotidienne. Elles nécessitent des savoirs complexes que le public acquiert souvent sans autre aide que celle des manuels et modes d'emploi. L'ordinateur est utilisé à des fins ludiques et le niveau d'un amateur éclairé d'aujourd'hui est l'équivalent du niveau professionnel d'il y a dix ans.

• L'*hétéroformation,* à l'opposé de l'autoformation, suppose le recours à des institutions de formation. Il faut distinguer l'hétéroformation professionnelle et l'hétéroformation non professionnelle. Dans la seconde, le recours est fréquent à des organismes de formation ou à des associations proposant initiation et perfectionnement. La demande de formation s'accroît, au point qu'on parle du phénomène de « stagite ». Si ce modèle de formation tend à s'étendre, c'est qu'il y a une meilleure acculturation des groupes sociaux aux modèles pédagogiques. Un consensus s'est fait sur un noyau dur des méthodes de formation : des moyens synergiques se sont mis en place, comportant enseignement professoral, méthodes audiovisuelles, livres et expérimentations personnelles. L'hétéroformation professionnelle quant à elle a connu un fort développement depuis la loi de 1971. Mais, à côté d'objectifs strictement professionnels, la formation s'est recentrée sur des objectifs d'éducation plus générale : recherche de savoirs fondamentaux, d'adaptabilité et liens avec la culture personnelle et quotidienne. Aujourd'hui, en raison des mutations technologiques, une plus grande importance est donnée à la reformation/reconversion par rapport aux opérations de perfectionnement. La formation permanente est devenue réinsertion sociale et culturelle avant même d'être professionnelle.

C'est la conjonction de ces trois modèles de formation, non exclusifs les uns des autres, qu'offre le nouveau paradigme de l'éducation sous l'impulsion des temps de loisir. Se pose alors, comme dans le milieu scolaire, la nécessité d'indicateurs d'évaluation et de reconnaissance. Le loisir a bouleversé doublement la formation : en en faisant un moment essentiel, consubstantiel aux activités de loisirs elles-mêmes, et en élargissant considérablement son acception et son champ de reconnaissance, notamment dans les aspects informels. Étendues à la population tout entière, avec des niveaux d'intensité variable, ce sont les racines grecques du *skholê* (« loisir/école ») qui réapparaissent.

Roger Sue

▸ Bibliographie

Bourdieu P., Passeron J.-C., *La Reproduction : élément pour une théorie du système d'enseignement,* Paris, Éd. de Minuit, 1970.

Carré P., Moisan A., Poisson D., *L'Autoformation : psychopédagogie, ingénierie, sociologie*, Paris, PUF, 2002.

Dumazedier J., Samuel N., *Société éducative et Pouvoir culturel,* Paris, Le Seuil, 1976.

Mauriras-Bousquet M., *Théorie et pratique ludiques,* Paris, Économica, 1984.

Pineau G., « L'Autoformation dans le cours de la vie entre l'hétéro- et l'écoformation », *Éducation permanente*, n° 78-79, 1985, p. 25-39.

Porcher L., *L'École parallèle*, Paris, Larousse, 1973.

Sue R., « La Sociologie des temps sociaux : une voie de recherche en éducation », *Revue française de pédagogie,* n° 104, 1993, p. 61-71.

Vernant J.-P., *Mythe et pensée chez les Grecs : études de psychologie historique*, Paris, La Découverte, 2005.

Vulpillières J.-F. de, *Sept mois de loisir, la face cachée de l'éducation*, Paris, PUF, 1981.

▸ Voir aussi

Animation – Autoformation – Créativité – Culture générale – Éducation informelle – Éducation permanente – Jeu – Télévision.

LOLF (appliquée à l'éducation)

La loi organique du 1er août 2001 relative aux lois de finances (LOLF) répond à une double logique : identifier les politiques publiques et substituer à une obligation de moyens une obligation de résultats.

Des politiques publiques lisibles

L'architecture du budget de l'État s'articule autour de trois catégories :

• Une mission assemble les programmes qui concourent à une politique publique. Le droit d'amendement des parlementaires peut s'exercer au niveau de cette unité de vote. L'Éducation nationale relève de deux missions interministérielles : « Enseignement scolaire » et « Recherche et enseignement supérieur ».

• Un programme « regroupe les crédits destinés à mettre en œuvre une action ou un ensemble cohérent d'actions relevant d'un même ministère et auquel sont associés des objectifs précis, définis en fonction de finalités d'intérêt général ainsi que les résultats attendus et faisant l'objet d'une évaluation ». À chaque programme – pivot de la construction budgétaire – est associé, en loi de finances initiale, un projet annuel de performances

(PAP), « présentation des actions, des coûts associés, des objectifs poursuivis, des résultats obtenus et attendus pour les années à venir, mesurés au moyen d'indicateurs précis dont le choix est justifié ». Dans la loi de règlement, un rapport annuel de performances (RAP) est joint à chaque programme et destiné à mettre en évidence les écarts sur « les objectifs, les résultats, les indicateurs, les coûts associés et les autorisations d'emplois ».
• Une action est une composante d'un programme qui vise soit un champ de l'action administrative, soit un public particulier.

Cette ouverture des crédits par destination est croisée avec une répartition – indicative – par nature (dépenses de personnel, dépenses de fonctionnement, dépenses d'investissement, dépenses d'intervention). Des marges de manœuvre sont offertes. À l'intérieur de chaque programme, une fongibilité « asymétrique » s'applique : les crédits peuvent être redéployés ; toutefois, si des mouvements peuvent être effectués du poste des dépenses de personnel vers les autres postes, l'inverse n'est pas possible, afin de respecter la masse salariale du programme.

Un nouveau mode de management

Innovation majeure de la réforme budgétaire, le Parlement dispose d'éléments d'information pour l'allocation de moyens (emplois et crédits) aux différents programmes : les résultats obtenus. La pertinence et le niveau des moyens ouverts en regard des objectifs poursuivis sont donc appréciés lors du débat parlementaire. La LOLF n'est pas qu'un instrument de maîtrise de la dépense publique, elle induit un mode de gestion, notamment du système éducatif, par la performance.

La performance est mesurée à partir d'indicateurs qui traduisent trois approches : d'abord, l'efficacité socio-économique, c'est l'optique du citoyen ; ensuite, la qualité du service rendu, c'est le point de vue de l'usager ; enfin, l'efficience, le rapport coûts/avantages, c'est la préoccupation du contribuable.

La responsabilité est au cœur de la gestion publique. Cette réorientation implique un nouveau mode de pilotage du système éducatif. Deux conséquences en découlent : une nouvelle culture – celle du résultat – doit se propager ; des outils (systèmes unifiés d'information, contrôle de gestion) doivent être disponibles, afin de nourrir le débat parlementaire de données synthétisées par des indicateurs et étalonnées dans le temps (cibles de résultat).

De nouvelles relations entre les acteurs

Des « budgets opérationnels de programme » (BOP) regroupent les crédits d'un programme mis à disposition des structures administratives participant à sa réalisation. Pour la mission « Enseignement scolaire », l'académie a été retenue, comme niveau de délégation, pour ses cinq programmes. Chaque BOP hérite de tous les attributs du programme dont il dépend : souplesses de gestion et volet « performance » (objectifs, coûts, indicateurs), déclinaison du PAP adaptée aux réalités locales.

Un dialogue de gestion entre les deux responsables – celui du programme et celui du BOP – doit s'instaurer. Il ne doit pas porter que sur les aspects financiers, mais aussi – et surtout – sur les stratégies, notamment pédagogiques, mises en œuvre dans le périmètre et sur le territoire des différents BOP. Ce dialogue doit également s'établir au niveau infra-académique, entre les autorités académiques et les EPLE. Il en va de même, pour les programmes de la mission « Recherche et enseignement supérieur », avec les opérateurs que sont les universités et les organismes de recherche. Son instrument naturel est le contrat. La démarche de projet à partir de laquelle les échanges doivent se nouer, à tous les échelons, est ainsi refondée.

Pierre Renaudineau

▶ **Bibliographie**

Association française des administrateurs de l'éducation, « Piloter par les résultats ? », *Administration et Éducation*, n° 2, 2003.
CAMBY J.-P. *et al.*, *La Réforme du budget de l'État*, Paris, LGDJ, 2002.

LGDJ, « La Loi organique relative aux lois de finances », *Revue française de finances publiques*, n° 76, nov. 2001.

LGDJ, « Mettre en œuvre la loi organique relative aux lois de finances », *Revue française de finances publiques*, n° 82, juin 2003.

▶ Voir aussi

Administration de l'Éducation nationale – Budget – Dépenses d'éducation – Économie de l'éducation.

Lycée

Un lycée est actuellement un établissement d'enseignement du second cycle du second degré relevant du statut des EPLE (établissements publics locaux d'enseignement).

Le terme « lycée » était le nom donné à l'école philosophique d'Aristote et des péripatéticiens qui enseignaient dans le bois sacré dédié à Apollon, *lukeion*, lieu de promenade des Athéniens. Le nom a été repris par l'administration napoléonienne dans la loi du 11 floréal an X (1er mai 1802), qui institue des « lycées » en lieu et place des « écoles centrales » créées sous la Révolution.

La création des lycées participe, à l'évidence, d'une remise en ordre au service du nouveau pouvoir napoléonien (consulaire puis impérial). Les cours ne doivent plus être de simples conférences dont chaque étudiant choisit celles qui l'intéressent (comme dans les écoles centrales), mais des cours successifs et gradués. Une administration forte est mise en place : chaque établissement sera gouverné par un proviseur, un censeur et un « procureur gérant » (l'ancêtre des intendants) ; trois inspecteurs généraux surveilleront l'ensemble des lycées. Une grande partie des élèves (boursiers) seront choisis à la discrétion du gouvernement « parmi les fils de militaires et de fonctionnaires qui ont bien servi la République » (consulaire). En définitive, l'État (napoléonien) s'intéresse de très près aux lycées qui doivent former ses cadres administratifs et militaires.

Les lycées sont donc des établissements d'État, alors que les autres « écoles secondaires » sont communales ou privées (tenues par des particuliers). Pendant une longue période, le terme de « collège » désignera des établissements privés ou communaux, et celui de « lycée » des établissements d'État (sauf pendant la Restauration et la monarchie de Juillet, où ils seront appelés « collèges royaux »).

En tout état de cause, les lycées et les collèges seront, jusqu'au début de la Ve République, des établissements secondaires disposant non seulement de classes d'enseignement secondaire de la sixième à la terminale, mais aussi de classes élémentaires : de la 8e à la 7e dès la Restauration, puis de la 11e à la 7e.

Il faut attendre la IIIe République et la loi votée le 21 décembre 1880 à l'initiative de Camille Sée pour que soit institué un enseignement secondaire féminin, pour que soient créés des collèges et des lycées de filles (dirigés par des directrices). Les collèges et les lycées ne deviendront mixtes qu'à la fin des années 1960 et au début des années 1970. Les décrets d'application du 28 décembre 1976 de la loi Haby entérinent cette évolution de fait et l'érigent légalement en règle : les collèges « sont ouverts indifféremment aux élèves des deux sexes » ; « tout enseignement et toute spécialité professionnelle d'un lycée, sous réserve des dispositions du code du travail, sont accessibles aux élèves des deux sexes ».

Au milieu du XXe siècle, on distingue différents types de lycées en fonction de leur statut administratif et financier. Le lycée d'État est un établissement dont toutes les dépenses de fonctionnement sont à la charge de l'État. Le lycée nationalisé est un établissement dont les dépenses de fonctionnement sont, en ce qui concerne l'internat, à la charge de l'État, et en ce qui concerne l'externat, partie à la charge de l'État, partie à la charge de la collectivité intéressée. Le lycée municipal est un établissement dont les dépenses de fonctionnement de l'externat sont entièrement à la charge de la commune et dont l'internat ou la demi-pension peuvent être gérés soit au compte du chef d'établissement, soit en régie directe d'État.

Le 9 août 1960, divers établissements reçoivent une nouvelle dénomination. Le lycée devient « lycée d'État » ; le collège classique et moderne, « lycée nationalisé classique et moderne » ou « lycée municipal » ; l'école nationale professionnelle, « lycée technique d'État » ; le collège national technique, « lycée technique nationalisé » ; le collège technique, « lycée technique municipal ».

En 1976, dans le cadre de la loi Haby qui achève le processus de structuration du dispositif scolaire en un système à trois degrés successifs (l'école primaire, le collège, les lycées), les différents lycées existants sont regroupés sous une même structure d'établissement et une même dénomination : le lycée, tandis qu'apparaît un nouveau type d'établissement, le lycée d'enseignement professionnel (LEP, plus tard appelé LP). Ces lycées d'enseignement professionnel sont les lointains rejetons des « cours de formation professionnelle » créés en 1941, transformés en « centres d'apprentissage » en 1949, puis en « collèges d'enseignement technique » (CET) en 1959.

Actuellement les lycées professionnels (LP) sont des établissements qui assurent une formation professionnelle (en deux ans après la 3e) débouchant sur un certificat d'aptitude professionnelle ou sur un brevet d'études professionnelles (BEP). Ces formations du second degré sont dites « courtes » par opposition avec celles offertes dans les sections technologiques du « second cycle long » des lycées, qui débouchent sur un baccalauréat de technicien. Mais, depuis 1986, des baccalauréats « professionnels » sont préparés dans les lycées professionnels (en deux ans après l'obtention du BEP ou du CAP).

Le lycée d'enseignement général et technologique (LEGT) est un établissement qui assure une préparation en trois ans (de la seconde à la terminale) aux baccalauréats généraux ou aux baccalauréats de techniciens. Dans certains lycées existent aussi des classes préparatoires aux grandes écoles (CPGE) ou des sections de techniciens supérieurs (STS) qui préparent en deux ans aux brevets de techniciens supérieurs (BTS).

En définitive, les lycées sont devenus des établissements de plus en plus centrés sur la préparation aux baccalauréats ; certains d'entre eux deviennent même, partiellement tout au moins, des établissements d'enseignement supérieur.

Claude Lelièvre

▸ Bibliographie

Caspard P., Luc J.-N., *Lycées et lycéens en France (1802-2002). Actes du colloque de la Sorbonne (9-10 juillet 2002),* Saint-Fons/Paris, INRP/PUPS, 2005.

Inrp, *Lycées, lycéens, savoirs : éléments de réflexion*, Saint-Fons, INRP, 1998.

Lelièvre C., *Histoire des institutions scolaires (1789-1989)*, Paris, Nathan, coll. « Repères pédagogiques » 1991.

▸ Voir aussi

Baccalauréat – Carte scolaire – Collège – Cours et classe – Décentralisation – Mixité – Schéma prévisionnel des formations.

Lycéen

En 1913, 7 733 lycéens obtiennent le baccalauréat, soit 1,5 % de leur classe d'âge. Ils sont 27 777 en 1939, 5 % de leur classe d'âge. Au début du xxie siècle, le taux de bacheliers approche les 70 %. L'histoire des lycéens est donc celle d'une formidable « explosion scolaire », notamment à partir des années 1960. Elle est dominée par le passage de plus en plus rapide d'un lycée d'élite à un lycée de masse.

Le lycée traditionnel

Malgré cette brutale mutation, le lycée traditionnel reste toujours présent dans les mémoires et les nostalgies car il peut incarner une sorte d'équilibre et de grandeur. Le recrutement social extrêmement étroit et contrôlé réserve le lycée aux seuls enfants de la bourgeoisie, préparés aux études secondaires longues dès le petit lycée, ce dernier accueillant ce public privilégié à côté de l'école primaire de la République. La culture scolaire est dominée par les humanités, les langues mortes, la littérature et la philosophie, qui incarnent et défendent une grande culture car le problème des « débouchés » ne se pose guère à un public étroit et privilégié, assuré de la rentabilité des études. Largement plus ouvert aux garçons qu'aux filles, établissant aussi une ferme séparation des sexes, le monde lycéen est réservé aux « héritiers », aux élèves dont la naissance et l'éducation garantissent une adhésion et une connivence à l'égard des valeurs de l'École. Les contestations comme les chahuts sont fortement marqués par ce modèle et renforcent la tradition plus qu'ils ne la critiquent.

La massification

Sous l'effet conjugué du « baby boom », d'une volonté politique constante et d'une demande éducative croissante, le public des lycées se massifie et se transforme profondément dès le début des années 1960. Les filles sont de plus en plus nombreuses, et la mixité des établissements s'impose peu à peu. Les « héritiers » sont dépassés par les nouveaux élèves, boursiers et enfants des classes moyennes qui forment l'essentiel du nouveau public. Au même moment, se pose de façon cruciale la question des contenus et des programmes qui doivent s'ouvrir à la société et aux besoins de l'économie, car il semble aller de soi que l'investissement éducatif doit renforcer le dynamisme et la modernisation de l'économie. Cette longue mutation ne se fait pas sans résistances de la part de la culture des humanités classiques, qui se voit dépassée par la culture scientifique et technique établissant le règne de la section C, imposant les mathématiques, les langues vivantes et de nouvelles disciplines comme l'économie.

La massification scolaire transforme profondément le lycée en le diversifiant. Le vieux lycée traditionnel, au recrutement bourgeois, laisse la place à toute une hiérarchie d'établissements, allant des plus prestigieux, dominés par les classes préparatoires, jusqu'aux lycées techniques et professionnels qui accueillent des élèves plus faibles et venant des milieux populaires. Les options et les filières préparant aux divers baccalauréats se multiplient et se hiérarchisent en fonction de l'excellence scolaire des élèves et des perspectives d'emploi et de formation attendues de chaque formation. L'ancien monde qui opposait seulement les « matheux » aux littéraires est remplacé par une hiérarchie continue dans laquelle les élèves se placent selon leurs performances plus que selon leurs goûts, car les baccalauréats distribués sont loin de posséder la même valeur.

Égalité des chances et niveau

En se massifiant, le lycée est-il devenu moins inégalitaire ? Il semble que la réponse soit positive jusqu'à la fin des années 1960 car les classes moyennes et une partie de la classe ouvrière profitent d'une École qui ne s'est pas encore très diversifiée. La croissance économique assure aussi la rentabilité des diplômes. Par contre, durant les trente dernières années, la diversification hiérarchique du lycée a surtout bénéficié aux publics privilégiés et les écarts se sont creusés.

À côté d'une démocratisation absolue tenant à la massification, on observe un maintien, voire un creusement des inégalités face aux diverses filières du lycée. Au moment où les biens scolaires se multiplient, les écarts se creusent. Les filles sont les grandes bénéficiaires de l'explosion scolaire : plus nombreuses, elles obtiennent de meilleurs résultats, mais elles sont beaucoup moins nombreuses dans les filières scientifiques qui dominent la hiérarchie. Les écarts se creusent aussi entre les établissements scolaires ; certains restent des « forteresses » de l'excellence scolaire et des classes sociales les plus favorisées, alors que d'autres sont envahis par toutes les difficultés sociales et scolaires. La violence et les incivilités apparaissent alors comme des problèmes majeurs.

Le niveau des élèves a-t-il baissé avec la massification ? Si l'on mesure le niveau de l'ensemble d'une classe d'âge, il a considérablement augmenté : les plus faibles des lycéens sont bien plus instruits que leurs compagnons des générations précédentes privés d'études longues. Avec l'accentuation de la compétition scolaire, le niveau des meilleurs élèves s'est aussi élevé. Mais les écarts de performances enregistrés au sein du public scolaire se sont accentués. Aussi, malgré l'augmentation objective du niveau, les professeurs qui accueillent les nouveaux lycéens éprouvent le sentiment d'une baisse de niveau car ils comparent ces nouveaux élèves aux meilleurs des générations précédentes.

Les lycéens sont aussi des jeunes

L'arrivée progressive ou brutale de centaines de milliers de nouveaux élèves au lycée n'est pas réductible à un phénomène statistique ; elle correspond aussi à l'entrée de la jeunesse au lycée, transformant ainsi les anciennes règles de la vie scolaire. Malgré la connivence des héritiers d'autrefois, le lycée fut construit comme un monde fermé et discipliné qui dut, au début des années 1960, résister à la montée de la culture juvénile et au désir d'autonomie et de liberté. On considère généralement qu'après 1968, le lycée a laissé entrer la culture des jeunes en abandonnant beaucoup des formes traditionnelles du contrôle social : tenue vestimentaire, règles de la discipline, style des relations avec les professeurs et l'administration. Toutefois, si le lycée français est ouvert et libéral, il n'est pas une institution éducative prenant en charge la vie juvénile car les activités périscolaires y ont toujours occupé une place très marginale.

Aujourd'hui, l'expérience lycéenne se construit entre deux pôles. Le premier est le développement d'attitudes instrumentales et stratégiques liées au renforcement de la hiérarchie et de la compétition scolaires. Les lycéens se comportent comme des « entrepreneurs » qui investissent rationnellement dans certaines disciplines afin de se placer sur des « créneaux » efficaces. Souvent, cette attitude conduit à mettre au second plan les goûts intellectuels qui ne sont pas « rentables », et l'orientation se fait par des choix négatifs et par défaut. Le second pôle de l'expérience est constitué par la vie juvénile abritée dans le lycée, mais en dehors de l'emprise de l'École car, en ce domaine, le lycée est un espace de liberté. Le lycée juxtapose la compétition scolaire et la culture juvénile, et la vie juvénile résiste ou s'oppose à l'École, ne désire pas se compromettre. Il semble que, durant ces dernières années, la compétition entre les filières et les établissements se soit accrue, d'une part, et que, d'autre part, la vie et la culture juvéniles s'installent dans les lycées. Cette double dimension fait que les distances entre les divers publics scolaires et les conditions d'enseignement semblent se creuser.

Les publics lycéens

Cette organisation de l'expérience scolaire prend des aspects très différents selon les divers publics scolaires. Au sommet du système, le monde des anciens « héritiers » est de plus en plus dominé par la très vive compétition qui répartit les meilleures places dans les meilleures classes préparatoires. Ces élèves et leurs familles se comportent comme des consommateurs avertis et exigeants car la réussite aux concours garantit l'accès à l'élite. Pour la masse des nouveaux lycéens, ceux dont les parents n'ont pas fait d'études secondaires longues et qui emplissent les filières techniques, la rentabilité des études n'est plus assurée et il s'agit surtout de ne pas « tomber » dans la hiérarchie sociale. La connivence avec la culture scolaire est plus faible, les « motivations scolaires » sont moins assurées et la culture juvénile offre un espace de protection contre les frustrations et les déceptions engendrées par cette expérience. À l'autre extrémité du système, dans l'enseignement professionnel, se retrouvent des populations scolaires définies par l'échec relatif. À l'exception des élèves qui accèdent aux filières qualifiées des baccalauréats professionnels, beaucoup d'entre eux refusent les contraintes scolaires et se replient sur une culture juvénile hostile à l'École. Les publics lycéens sont très divers, leurs attentes et leurs comportements ne sont plus « spontanément » ajustés aux exigences du système. Les modèles pédagogiques traditionnels ne valent plus que pour une minorité.

Les transformations du public scolaire ont été ponctuées de mobilisations et de conflits. Après 1968, des mouvements lycéens, partis des grands lycées, se sont opposés au « lycée caserne » afin d'obtenir un assouplissement de la discipline et le droit à l'expression critique. À partir des années 1980, les protestations ont surtout été portées par la peur de l'avenir, par la crainte de l'exclusion et du chômage, en s'opposant à des réformes perçues, plus ou moins nettement, comme des menaces. Les mouvements se sont déplacés vers les nouveaux publics des lycées de banlieue. Ce que l'on nomme la crise du lycée n'est, le plus souvent, que sa diversification face à sa propre massification et face à la concurrence d'une culture juvénile de masse qui font que les codes implicites de la relation scolaire ne vont plus de soi.

François Dubet

▸ Bibliographie

Barrère A., *Les Lycéens au travail : tâches objectives, épreuves subjectives,* Paris, PUF, coll. « Pédagogie d'aujourd'hui », 1997.

Baudelot C., Establet R., *Le Niveau monte : réfutation d'une vieille idée concernant la prétendue décadence de nos écoles,* Paris, Le Seuil, 1990.

Collectif, « Lycées, lycéens : vingt ans après le rapport Prost », *Perspectives documentaires en éducation*, n° 54, 2001, p. 5-95.

Dubet F., *Les Lycéens,* Paris, Le Seuil, 1996.

Merle P., *La Démocratisation de l'enseignement,* Paris, La Découverte, 2002.

Pasquier D., *Cultures lycéennes : la tyrannie de la majorité,* Paris, Autrement, 2005.

Rayou P., *La Cité des lycéens,* Paris, L'Harmattan, coll. « Débats/Jeunesse », 1998.

▸ Voir aussi

Démocratisation de l'enseignement – Jeunesse – Périscolaire.

M

Machine à enseigner

Vieux rêve que celui de bénéficier de machines pouvant mettre à notre disposition le savoir accumulé et faire en sorte qu'on se l'approprie, c'est-à-dire de machines qui soient des « savants » aptes à nous transmettre ce qu'elles ont stocké en tenant compte de notre rythme et de nos facultés d'apprentissage. Ce qui équivaut en quelque sorte à des livres dotés du pouvoir singulier de nous diriger dans l'apprentissage de leur contenu, selon une vision de Thorndike au début du xxe siècle.

La concrétisation de ce rêve repose non seulement sur les technologies disponibles à une époque, mais également sur la façon dont on conçoit l'enseignement. Si, selon Saettler (1968), près de 700 machines à enseigner ont été brevetées aux États-Unis entre 1870 et 1936, les machines plus connues, avant l'enseignement programmé, ont été conçues par Pressey dans les années 1920. Ces machines se limitent à gérer des questionnaires à choix multiples. La vision est d'abord mécanique : apprendre c'est donner la bonne réponse ; enseigner c'est amener l'apprenant à donner cette bonne réponse, à manifester le comportement adéquat.

La cybernétique introduit ensuite la notion de rétroaction, la possibilité de modifier un comportement en le contrôlant par la mesure de son écart avec le but recherché. Au temps de l'enseignement programmé, de multiples machines vont ainsi être conçues autour du principe de l'automatisation de ce contrôle. Mais ce qui compte, c'est le programme, la machine n'est là que pour l'exécuter scrupuleusement, ce que l'humain ne saura pas forcément faire.

Pour qu'une machine puisse délivrer des informations adaptées à la compréhension de l'apprenant, il apparaît nécessaire qu'elle puisse « juger » de cette compréhension et agir sur la base de ce jugement. De manière plus opérationnelle, cette idée s'est traduite par un cycle devenu classique en EAO (enseignement assisté par ordinateur) : donner de l'information, poser une question, analyser la réponse à cette question, choisir le nouveau bloc d'information à présenter. Gérer l'apprentissage consiste à baliser un chemin dans un ensemble préorganisé de ressources : une sorte d'horlogerie de la formation que l'on désigne sous le vocable de technologie de l'éducation.

Mais ce modèle va s'avérer insuffisant pour gérer la complexité requise pour individualiser un parcours. Tout prévoir à l'avance relève de l'exploit impossible, il faudrait plutôt que la machine puisse réagir dynamiquement aux comportements observables de l'apprenant. L'informatique et les ordinateurs vont proposer des dispositifs adaptés, reprenant les rêves de l'intelligence artificielle naissante qui s'efforce de créer des machines que l'on puisse juger « intelligentes ».

Pour être un bon enseignant, une machine doit « savoir » ce qu'elle enseigne, « connaître » et suivre l'apprenant et, enfin, disposer de « compétences » attestées d'enseignement.

Ces trois impératifs vont conduire au modèle des « tuteurs intelligents » des années 1970, intégrant trois modèles experts : expertise du domaine à enseigner, expertise de modélisation de l'apprenant, expertise de l'enseignement lui-même.

Au milieu des années 1980, cette voie de recherche révèle des difficultés insoupçonnées, ou tout au moins sous-estimées : réaliser un tuteur intelligent opérationnel paraît largement hors de portée. De nombreux obstacles se sont fait jour : comment modéliser dynamiquement un apprenant sur la base d'un petit nombre d'observables (ce qu'une machine peut récupérer), comment modéliser le comportement des enseignants (ou plutôt des précepteurs, puisqu'il s'agit le plus souvent d'enseignement individuel), comment doter une machine d'une expertise d'un domaine suffisamment aboutie. Par ailleurs, ce dernier point soulève un paradoxe : faut-il toujours enseigner un domaine dans lequel les machines sont devenues expertes ? Ou ce qu'il faut enseigner n'est-il pas modifié du fait de l'existence de telles machines ? En outre, l'aspect éminemment social des connaissances ne rend-il pas problématique un apprentissage purement individuel à l'aide d'un dispositif automatique ?

Ainsi, concevoir une machine à enseigner est fondé sur la vision d'un contrôle possible des processus d'apprentissages, contrôle qui puisse être suffisamment bien décrit pour spécifier le mode de fonctionnement d'une machine. Certaines dimensions de l'apprentissage semblent échapper à un tel contrôle. Si réaliser des répétiteurs ou des entraîneurs astucieux s'avère possible, aller au-delà paraît hors de portée. Mais les machines, dans l'instrumentation matérielle et intellectuelle qu'elles peuvent apporter, ont certainement d'autres rôles à jouer dans l'apprentissage, essentiellement en étendant nos capacités mémorielles ou de communication, en facilitant les manipulations de concepts via des représentations ou en offrant des environnements multiples, authentiques lieux d'apprentissages individuels ou collectifs.

Éric Bruillard

▸ Bibliographie

BRUILLARD É., *Les Machines à enseigner*, Paris, Hermès, 1997.

MŒGLIN P., *Outils et médias éducatifs : une approche communicationnelle*, Saint-Martin-d'Hères, PUG, 2005.

PERRIAULT J., *La Logique de l'usage : essai sur les machines à communiquer*, Paris, Flammarion, 1989.

SAETTLER P., *A History of Instructional Technology*, New York, Mc Graw Hill, 1968.

▸ Voir aussi

Interactivité – Outils pédagogiques – Technique et professionnel (Enseignement) – Technologie de l'information et de la communication pour l'éducation (TICE).

MAFPEN ▸ Mission académique à la formation des personnels de l'Éducation nationale

MAKARENKO, ANTON SEMIONOVITCH (1888-1939)

Éducateur soviétique, Anton Semionovitch Makarenko est considéré par la communauté internationale des pédagogues comme le pionnier des institutions éducatives que sont les « collectivités d'enfants ». Son expérience de la « colonie Gorki », réalisée et vécue dans la période entourant la révolution soviétique de 1917, a été théorisée, narrée de façon lyrique par lui-même dans une œuvre relativement abondante mais, hélas, peu traduite. Cette collectivité éducative accueillait des enfants et des adolescents tragiquement abandonnés à eux-mêmes et manifestant de ce fait des comportements sociaux proches de la délinquance.

C'est à partir de la socialisation entre pairs, entre adolescents et enfants, avec l'intuition que les institutions mises en place dans et par une collectivité humaine sont en elles-mêmes porteuses d'éducation (idée que reprendra des années plus tard la « pédagogie institutionnelle »), que Makarenko a jeté les bases d'une véritable « pédagogie sociale ». Les finalités d'une telle pédagogie étaient claires : il s'agissait de former un homme nouveau pour l'ère à venir du socialisme et du communisme.

Le rapport ainsi établi entre l'avenir d'une société globale et le présent d'une éducation collective est marqué par l'idée que le travail productif des enfants et des jeunes – travail fournissant réellement nourriture et réponse aux problèmes primordiaux – a une vertu éducative. Cet attachement au couple « production socialisée/pédagogie » sera repris par Célestin Freinet qui, du moins au début de son œuvre, intégrera à sa propre réflexion les principes des coopératives de production ainsi que les propositions de B. Profit (*La Coopération à l'école primaire,* Paris, Delagrave, 1924).

Toutefois, l'attention portée par Makarenko à la relation entre éducation et travail productif ne doit pas masquer sa volonté de donner une dimension intellectuelle, réflexive, voire éthique et politique à toute institution éducative.

La discussion entre pairs, l'enseignement mutuel sont à l'œuvre aussi bien dans le domaine de l'évolution intellectuelle que dans celui du développement social de chaque personnalité.

Assez bien connue et particulièrement reconnue dans les périodes 1936-1939 puis 1945-1955, surtout dans les milieux pédagogiques se préoccupant des progrès des institutions comportant un internat (telles les « maisons d'enfants » accueillant des jeunes prédélinquants, des cas sociaux ou des handicapés), l'œuvre de Makarenko a été en quelque sorte « recouverte » par les progrès de la psychologie sociale, qui ont donné un statut plus scientifique et plus objectif aux idées prônées par ce « grand maître de l'éducation » (cette dénomination est donnée par Maurice Chavardès dans l'ouvrage du même titre, 1966).

Ces idées, marquées au sceau d'une générosité personnelle indubitable, voire d'un lyrisme appuyé, s'expriment d'une façon quelque peu anachronique qui rend l'œuvre difficile d'accès.

Toutefois, Makarenko continue d'être reconnu comme le fondateur de la relation intrinsèque qui existe entre socialisation et éducation. L'institutionnalisation de règles de fonctionnement des « républiques d'enfants » constitue, mieux qu'une simple éducation domestique et familiale, l'élément fort et indispensable d'une éducation ayant une visée globale et sociale. Au reste, et bien que Makarenko ait rejeté dans une « Olympe » inaccessible et détestable les théoriciens de la pédagogie nouvelle aussi bien que les décideurs politiques, certaines associations se référant à l'éducation nouvelle, en particulier les centres d'entraînement aux méthodes d'éducation active (CEMÉA), se sont inspirées dans leur travail de théorisation de leur action pédagogique non pas d'une quelconque référence à une « éducation domestique », mais à l'attention portée par Makarenko à la valeur pédagogique des exigences de la vie collective quotidienne dans les institutions.

Francine Best

▶ Bibliographie

Principales œuvres d'Anton Semionovitch Makarenko traduites en français :

Le Chemin de la vie, Paris, Éd. du Pavillon, 1950.

Poème pédagogique, Éd. du Progrès, 3 vol., écrit de 1925 à 1935.

L'Éducation dans les collectivités d'enfants, Paris, Scarabée, 1956.

Les Drapeaux sur les tours, Paris, Éd. du Progrès, 1967.

Principales œuvres sur Anton Semionovitch Makarenko :

Chavardès M., *Les Grands Maîtres de l'éducation*, Paris, Éd. du Sud/Albin Michel, 1966.

Gotovitch L., *Makarenko,* Paris, PUF, Coll. « Pédagogues et pédagogie », 1996.

▶ Voir aussi

Institutionnelle (Pédagogie) – Pédagogie – Psychologie sociale – Socialisation.

Maltraitance de l'enfant

Longtemps occulté, le problème de l'enfance maltraitée est aujourd'hui largement porté sur la scène publique. Les sévices aux enfants ont, en fait, commencé à être pris en considération dans les années 1960 avec l'article d'un pédiatre américain, H. Kempe, sur « le syndrome de l'enfant battu » (1962). Depuis, les recherches se sont amplement développées et les interventions ont fait l'objet de multiples analyses.

Toutefois, aujourd'hui encore, les définitions de la maltraitance restent floues : Où commence la maltraitance ? Quelles carences recouvre-t-elle ? Y a-t-il un profil du parent maltraitant et de l'enfant maltraité ?

On peut néanmoins affirmer que les mauvais traitements sont des réponses inadaptées ou des absences de réponse aux besoins fondamentaux des enfants, et cela dès les premières semaines de leur vie. Dans un premier temps, seuls les mauvais traitements physiques évidents ont été pris en compte pour définir la maltraitance. Au cours du temps, le concept de « sévices » s'est étendu aux négligences graves, aux carences de soins, aux carences affectives et aux sévices psychologiques et moraux. Les abus sexuels ont ensuite été ajoutés à cette liste.

L'enfant maltraité présente généralement des troubles du comportement. Chez le nourrisson, on peut constater des signes d'agitation ou, au contraire, des signes de dépression, des troubles du sommeil et/ou de l'alimentation, l'évitement du contact oculaire avec les parents, etc. Chez l'enfant plus âgé, on peut observer soit une grande passivité, allant jusqu'à la dépression, soit une instabilité psychomotrice importante, de l'agressivité, envers les autres ou envers lui-même, etc. Les manifestations peuvent donc se révéler variables, ce qui ne facilite pas le diagnostic. Les séquelles, à l'âge adulte, sont inévitables et risquent d'affecter les générations suivantes. De fait, les parents maltraitants présentent avec constance une enfance douloureuse et beaucoup ont, eux-mêmes, été des enfants maltraités.

Les origines des phénomènes de maltraitance

Les explications sur l'origine du phénomène de maltraitance sont multiples et dépendent des courants de pensée qui l'examinent. La complexité est particulièrement présente dans ce domaine. Nous assistons, depuis les années 1970, à un foisonnement d'écrits, d'études et de recherches visant à établir des modèles étiologiques opérationnels à partir d'une identification plus précise des facteurs de risque de maltraitance. Cette diversité d'orientations théoriques, si elle éclaire la situation, pose aussi le difficile problème de la cohérence. Il y a lieu de distinguer les modèles endogènes, qui situent l'explication des comportements violents à l'intérieur de l'individu, des modèles exogènes, qui font appel à des facteurs externes pour expliquer des faits de maltraitance. Parmi les modèles endogènes, on trouve les théories explicatives éthologique, neurobiologique et psychanalytique. Pour ce qui est des modèles exogènes, on rencontre les théories béhavioriste, systémique et socioculturelle. Pour chaque théorie, un certain nombre de facteurs de présage peuvent être dégagés.

La *perspective éthologique* introduit une base instinctive au comportement de maltraitance : sous l'effet d'un déclencheur, naît une énergie endogène qui doit se décharger sous forme d'agression. Cette perspective met ainsi en évidence des facteurs de présage relevant des caractéristiques familiales – niveau socio-économique bas, logement surpeuplé ou absence de logement – ; des caractéristiques de l'enfant – prématurité, hospitalisations fréquentes, hospitalisation(s) précoce(s), trouble(s) du développement – ; et des caractéristiques de l'interaction mère/enfant – attachement désorganisé et insécurisé, communication limitée, diminution significative des réactions face au sourire, rareté du contact ventral et opposition aux conduites ritualisées.

La *perspective neurobiologique* insiste fortement sur les caractéristiques parentales : troubles psychiatriques, dépression, schizophrénie ; parents victimes de maltraitance ou de négligence pendant leur enfance ; troubles caractériels, réactivité émotionnelle ; alcoolisme, toxicomanie (passés ou présents).

La *perspective psychanalytique* favorise les recherches relatives au mode de fonctionnement psychique du parent agresseur – le plus souvent la mère –, indépendamment des caractéristiques du sujet agressé : jeune âge, immaturité ; faible sens de ses compétences, faible estime de soi ; victime de maltraitance ou de négligence pendant l'enfance ; mauvaise perception de l'enfant ; relations conflictuelles avec le père ou la mère ; attentes anormales par rapport à l'enfant ; absence de projet à son égard ; images parentales conflictuelles.

La *perspective systémique* envisage le groupe familial et insiste sur l'importance des interrelations familiales. En ce qui concerne les caractéristiques familiales, elle met en évidence l'exposition au stress, les relations familiales et/ou conjugales difficiles et la maltraitance de l'épouse. Pour ce qui est des interactions mère/enfant ou père/enfant, elles se caractérisent par une communication limitée et des interactions conflictuelles, coercitives de la part du (ou des) parent(s).

La *perspective béhavioriste* examine la maltraitance sous l'angle de ses caractéristiques observables. Pour les caractéristiques familiales, elle relève le logement surpeuplé et la maltraitance de l'épouse ; pour les caractéristiques parentales, la faiblesse intellectuelle, la faible capacité de maternage, le faible niveau d'éducation, le père et/ou la mère victime de maltraitance ou de négligence pendant l'enfance ; pour les caractéristiques de l'enfant, la prématurité, les troubles du développement, l'hyperactivité et l'agressivité ou, au contraire, l'apathie ; et, pour ce qui est des caractéristiques de l'interaction avec l'enfant, une communication limitée, une faiblesse de stimulation, une rigidité et une directivité éducatives, un usage de punitions corporelles ainsi qu'une utilisation fréquente de renforcements négatifs.

Enfin, la *perspective socioculturelle* prend en compte l'influence du contexte social sur le phénomène de violence faite à l'enfant. Les caractéristiques familiales qu'elle relève sont : le niveau socio-économique et culturel bas, l'exposition au stress, la monoparentalité, l'isolement social ainsi que le manque de support familial. Les caractéristiques parentales qu'elle souligne sont : le séjour institutionnel pendant l'enfance et/ou à l'âge adulte.

Chaque courant théorique envisage donc le problème de la maltraitance selon une cohérence qui lui est propre. Il s'ensuit une opération de réduction systématique de la causalité. Toutefois, chaque perspective présente un indiscutable intérêt ; aucune n'ambitionne d'ailleurs la maîtrise complète du phénomène. Soulignons ici que plusieurs approches relèvent la contribution de l'enfant dans le processus éducatif, y compris dans les mauvais traitements ; pour celles-ci, l'importance du processus interactif ne peut être négligée. Notons aussi que les recherches relatives aux mauvais traitements passent par la connaissance des pratiques de la « bientraitance ».

Des recherches sont également entreprises sur les actions menées pour prévenir et pallier les mauvais traitements et leurs conséquences. Dans ce domaine, les méthodologies sont très diversifiées car elles dépendent des courants de pensée qui les sous-tendent. Les recherches concernent le signalement des situations de maltraitance, les actions socio-éducatives en direction des familles, les modalités de coopération entre les professionnels et les services impliqués, la formation des professionnels, les effets liés au placement, les actions de prévention précoce. De nos jours, l'accent est mis, autant que faire se peut, sur le maintien du lien entre l'enfant et sa famille, ce qui implique tout un travail d'éducation parentale (tant en prévention qu'en remédiation). Par ailleurs, le travail en partenariat et en réseaux de coopération est très largement privilégié.

Huguette Desmet
Jean-Pierre Pourtois

▶ Bibliographie

CRÉOFF M., *Guide de la protection de l'enfance maltraitée : définitions et organisation, dispositif administratif et judiciaire, procédures éducatives et réponses pénales,* Paris, Dunod, 2003.

Gabel M., Lebovici S., Mazet P. *et al.*, *Maltraitance : maintenir du lien ?*, Paris, Fleurus, 1995.

Manciaux M., Gabel M., Girodet D., Mignot C., Royer M., *Enfances en danger*, Paris, Fleurus, 2002.

Pourtois J.-P. (éd.), *Blessure d'enfant : la maltraitance, théorie, pratique et intervention*, Bruxelles, De Boeck, 2000.

Tyrod Y., Bourcet S., *L'Enfance maltraitée,* Paris, Ellipses, 1999.

▸ Voir aussi

Droits de l'enfant – Parentale (Éducation) – Parents – Psychologie de l'enfant – Relation parents/enfants – Sociologie de l'enfance.

Mannheim, Karl (1894-1947)

Karl Mannheim est le créateur d'une sociologie de l'éducation *(Sociology of education,* 1962) particulièrement utile pour analyser la dynamique sociale des institutions et pratiques éducatives d'aujourd'hui. Or, ce livre n'a jamais été traduit en français et les sociologies dominantes de l'éducation semblent l'ignorer.

Karl Mannheim est né à Budapest en 1894. Militant humaniste de ce qu'on a appelé le marxisme hongrois (Lukacs), il a été de déception en déception. Il fut d'abord chassé de son pays soumis à une courte aventure stalinienne. C'est en Allemagne qu'il s'est réfugié. Il enseigne la sociologie de la liberté à l'université de Francfort de 1930 à 1933. Puis, la montée du mouvement national-socialiste l'oblige à s'exiler une seconde fois. C'est à Londres (de 1933 à sa mort) qu'il put poursuivre ses recherches et son enseignement dans le cadre de la London School of Economics et de l'Institut de l'éducation dont il devint directeur. Il meurt prématurément à l'âge de 53 ans.

Un seul livre fut publié de son vivant : *Idéologie et Utopie,* d'abord traduit en anglais (1936) puis en français (1950). Ses cinq autres livres (dont *Sociology of Education)* sont posthumes. Ils ont été publiés par sa femme Julia et d'anciens étudiants : Ernest K. Bramstedt, J.-S. Erös, Paul Kecskmeti, W. A. C. Stewart, Hans Gerth, d'après les manuscrits de Karl Mannheim et leurs notes de cours et conférences. Dans *Sociology of Education,* l'éducation est appelée « le grand travail » *(the great work),* qui doit mobiliser la société tout entière pour préparer le peuple à une « démocratie » véritable et durable, à une réelle maîtrise de l'« environnement » et à un nouvel équilibre éthique entre le travail et le loisir *(work and leisure).* Il s'agit pour Mannheim d'une éducation « aux disciplines de la liberté » dans une société démocratiquement planifiée. Cette action éducative est dirigée d'abord contre tous les dangers toujours présents des totalitarismes en tous genres (religieux et politiques), et contre les illusions du « laisser faire, laisser aller » (en français dans le texte) dominés par le pouvoir de l'argent et l'indifférence civique *(Freedom Power and Democratic Planning,* 1950). La seule éducation efficace pour surmonter ces dangers et ces illusions est une éducation au *sens* large *(broader sense).* Elle concerne les adultes autant que les enfants. Elle s'inscrit dans une politique générale et permanente de développement culturel de la société *(cultural development),* facilitant, au-delà du développement économique et de l'éducation scolaire, ce que Karl Mannheim appelle une « éducation sociale » par toutes sortes d'institutions non seulement scolaires, mais aussi sociales, professionnelles, politiques, religieuses, médiatiques et associatives. Ces institutions tendent à constituer une société éducative *(educative society)* nécessaire pour tenter de réussir, au-delà des succès ou échecs scolaires, l'émergence de « nouvelles valeurs », d'un « homme nouveau » dans la vie quotidienne de toutes les classes et catégories sociales.

Dans cette société en évolution rapide, la reproduction sociale doit avoir moins d'importance que le « changement social ». Aussi l'éducation doit-elle être fondée moins sur une transmission de la connaissance des anciennes générations aux nouvelles que sur un dialogue permanent, coopératif ou conflictuel entre les générations. Elle trouvera sa légitimité dans ce dialogue entre la réflexion idéologique, qui cache souvent la conservation des privilèges culturels d'un passé mort, et la mentalité utopienne *(the utopian mentality)* de type mystique, libéral-humanitaire, conservateur ou socialo-communiste *(Idéologie et Utopie).* C'est le développement généralisé d'une meilleure connaissance des rapports entre la « pensée humaniste » et les forces sociales qui l'influencent *(Essays on the Sociology of Knowledge,* 1952) qui a les plus grandes chances de fonder cette légitimité entre ces deux écueils.

Joffre Dumazedier

▸ Bibliographie

Principales œuvres de Karl Mannheim :

Freedom Power and Democratic Planning, Londres, Routledge and Kegan Paul, 1952.

Essays on the Sociology of Knowledge, Londres, Routledge and Kegan Paul, 1952.

Essays on Sociology and Social Psychology, Londres, Routledge and Kegan Paul, 1953.

Idéologie et Utopie, Paris, Rivière, 1956.

Systematic Sociology, An Introduction to the Study of Society, Londres, Routledge and Kegan Paul, 1957.

Introduction to The Sociology of Education, Londres, Routledge and Kegan Paul, 1962.

Le Problème des générations, Paris, Nathan, 1990.

Principales œuvres sur Karl Mannheim :

ATTIAS-DONFUT C., *Sociologie des générations : l'empreinte du temps*, Paris, PUF, 1988.

DUMAZEDIER J., « Commentaires du concept de développement culturel », in *Sociologie empirique du loisir,* chap. V : « Concepts et méthodes de K. Mannheim », Paris, Le Seuil, 1974.

▸ Voir aussi

Génération – Sociologie de l'éducation.

MANUEL SCOLAIRE

Le manuel, comme en témoigne son étymologie (latin *manus,* « main »), se définit à l'origine comme un ouvrage de format réduit qui renferme l'essentiel des connaissances relatives à un domaine donné. Depuis la fin du XIXe siècle, ce terme désigne tout spécialement les ouvrages qui présentent celles qui sont exigées par les programmes scolaires.

Mais, quels qu'aient été les termes successivement utilisés pour la désigner (livres élémentaires, ouvrages classiques, livres de classe, etc.), cette catégorie d'ouvrages présente des caractéristiques bien définies.

C'est d'abord le support sinon unique, tout au moins encore privilégié, du contenu éducatif : il doit se conformer à un programme d'enseignement défini, suivant les pays, au niveau national ou régional. C'est ensuite le principal outil pédagogique dont disposent enseignants et élèves. Sa structure varie en fonction des objectifs poursuivis et des méthodes mises en œuvre, mais également en fonction du développement d'autres instruments (supports audiovisuels, logiciels éducatifs, CD-Roms, etc.).

C'est aussi un puissant vecteur d'idéologie et de culture, dans la mesure où, même s'il n'exerce plus aujourd'hui un monopole, il peut encore participer activement de la diffusion d'un système hiérarchisé de valeurs auprès d'un public que son âge rend particulièrement réceptif. C'est enfin un produit éditorial. Il évolue avec les progrès des techniques d'impression, s'adapte aux fluctuations de l'économie et de la politique éducative, participe d'un marché où s'exerce, suivant les pays, une concurrence plus ou moins réelle et plus ou moins vive.

Les fonctions pédagogiques, le financement et l'édition

Ce que l'opinion publique désigne sous l'appellation générique de « manuels » recouvre en réalité des instruments qui assument des fonctions pédagogiques diverses, bien que complémentaires. Ils ne jouissent d'ailleurs pas du même statut réglementaire et leur mode de financement n'est pas assuré de façon identique. On peut distinguer :

– les *manuels au sens strict* qui sont conçus pour une discipline, un niveau, voire une section donnée. Prescrits par les enseignants, ce sont les véritables utilitaires de la classe, mais ils sont

également utilisés par les élèves chez eux. Ces ouvrages sont fréquemment associés à d'autres instruments (fichiers, cassettes, etc.) ;
– les *outils de référence* dont l'usage n'est pas réservé à une classe donnée, mais s'étend sur une partie, voire l'ensemble du cursus scolaire (dictionnaires, atlas, etc.) ;
– les *éditions classiques* qui, pourvues d'un appareil pédagogique souvent important (introduction, notes, documents, etc.), présentent l'intégralité ou des extraits d'œuvres françaises, latines, grecques ou étrangères, sans référence précise à un niveau ou à une classe ;
– les *ouvrages parascolaires*, conçus comme des outils de révision ou de soutien, dont l'acquisition est souvent ressentie comme une nécessité par les familles (cahiers de vacances, annales d'examen, mémentos, etc.).

En France, l'acquisition des outils de référence et des éditions classiques incombe aux familles. Il en est de même pour celle des ouvrages parascolaires qui ne sont pas prescrits par l'institution. Le financement des manuels proprement dits est plus complexe.

Dans l'*enseignement primaire*, en vertu de la loi du 16 juin 1881 sur la gratuité de l'enseignement primaire, le financement des fournitures à usage individuel – dont les manuels – incombe aux familles. Mais, depuis cette époque, les communes ont progressivement pris en charge l'acquisition des manuels qui sont prêtés gratuitement aux élèves pendant l'année scolaire.

Dans les *collèges* et établissements assimilés, c'est l'État qui assure, depuis 1977, l'achat des manuels. Le rythme du renouvellement des collections est fixé, d'après les textes, à quatre années. Ces ouvrages sont prêtés gratuitement aux élèves pendant la durée de l'année scolaire.

Dans les *lycées*, les manuels sont à la charge des familles. Mais aujourd'hui, la plupart des conseils régionaux en financent l'acquisition, selon des modalités diverses.

Pendant la plus grande partie du XIXe siècle, ce fut à l'administration que revint le soin de désigner les ouvrages que les enseignants pourraient utiliser : ce contrôle *a priori* – avec lequel renoua d'ailleurs le régime de Vichy – était exercé par des commissions d'examen dont les membres étaient nommés par le pouvoir et visait moins à s'assurer de la qualité pédagogique des manuels que de leur conformité à la politique du gouvernement. Depuis 1881, ce choix incombe librement aux enseignants, ce qui est encore loin d'être la procédure la plus fréquente. La plupart des pays étrangers subordonnent en effet l'utilisation des ouvrages de classe à un agrément préalable de l'administration. Certains pratiquent même une édition d'État, en faisant obligation aux enseignants de recourir à un manuel officiel.

L'édition des livres scolaires a, malgré une tentative vite avortée sous la Révolution d'en faire un monopole d'État, toujours été dans notre pays du ressort d'entreprises privées. Le secteur de l'édition scolaire représente aujourd'hui, bon an mal an, autour de 15 % du chiffre d'affaires global de l'édition française et 0,3 % des dépenses consacrées à l'éducation. Environ 1 500 nouveaux titres sont publiés chaque année. En deux siècles, plus de 100 000 titres ont été produits, soit environ 400 000 éditions. Plusieurs milliards d'exemplaires ont ainsi été imprimés et diffusés depuis la Révolution.

Une source unique pour l'histoire de l'éducation

Pour les historiens, les manuels scolaires constituent une source extrêmement précieuse, bien que longtemps méconnue. Une société tente toujours en effet de transmettre aux nouvelles générations les connaissances et les valeurs qu'elle juge essentielles pour assurer son développement et sa pérennité. Le manuel, parce qu'il en livre une vision synthétique, schématique et souvent idéalisée (n'est-il pas d'une certain façon une photographie retouchée ?), assume cette fonction de relais, de témoin. Comme les livres de classe, contrairement à la parole de l'enseignant, sont des témoignages écrits et que leur production ne se tarit jamais, il permettent à l'historien de cerner, sur le long terme, des évolutions dans des domaines extrêmement divers (le contenu disciplinaire, les méthodes pédagogiques, les mentalités, etc.).

L'histoire des manuels reflète également celle de l'institution scolaire : c'est dans les établissements d'enseignement secondaire (collèges catholiques ou académies protestantes) réservés à une élite que des ouvrages que l'on peut qualifier de pédagogiques apparurent en premier lieu. La présence de moyens financiers importants, à une époque où le papier et l'impression sont onéreux, constitue une condition nécessaire, mais non suffisante. Le développement du manuel est lié à l'adoption par ces établissements d'un programme d'études (la *ratio studiorum,* chez les jésuites, par exemple) et de la méthode d'enseignement dite simultanée (tous les élèves se livrent au même moment, sous la direction de l'enseignant, à la même activité, ce qui suppose qu'ils disposent d'outils – de livres en l'occurrence – identiques). Cette méthode, bien qu'introduite dès la fin du XVIIe siècle dans les écoles primaires instituées par les Frères des écoles chrétiennes (en même temps que le tableau noir, d'ailleurs), ne se généralisera en France qu'à partir des années 1830. Jusqu'au milieu du XIXe siècle, parce que l'on est dans une situation de pénurie, mais surtout parce que la majorité des instituteurs ont encore recours à un mode d'enseignement individuel (chaque élève vient à tour de rôle voir le maître avec le livre ou le texte manuscrit qu'il a pu se procurer), le manuel n'a guère pénétré l'école primaire.

C'est pourquoi, en France, comme dans tous les pays du monde, la recherche sur les manuels scolaires s'est davantage focalisée sur l'analyse de leurs contenus que sur celle de leurs fonctions pédagogiques. Partant du fait que les manuels exerceraient une forte influence sur la formation des mentalités collectives – une affirmation aujourd'hui sensiblement relativisée –, les chercheurs, depuis la fin du XIXe siècle, analysent leurs contenus dans le but d'en extirper les stéréotypes ou les présentations tendancieuses qui pouvaient susciter ou entretenir la haine entre les peuples. Les études académiques qui s'intéressent aux manuels se sont de même longtemps confinées à n'étudier du manuel que son contenu idéologique et culturel, qu'elles aient fait appel à des méthodes d'analyse quantitative ou qualitative, qu'elles aient concerné le corpus textuel ou, plus récemment, iconographique. Les travaux portant sur l'identité nationale (au travers de la représentation des grands hommes, par exemple) ou culturelle (par l'analyse des canons littéraires, entre autres), ou sur l'image de l'Autre sont nombreux en France comme ailleurs ; on trouve aussi d'autres thématiques, liées à des préoccupations locales ou contemporaines, comme la décolonisation ou le « sexisme »… Mais, depuis une trentaine d'années, les questions pédagogiques, d'un côté, économiques et patrimoniales, de l'autre, ont conduit les chercheurs à davantage envisager le manuel comme un outil et comme un produit ou un objet que comme un simple support.

L'histoire des manuels reflète donc aussi celle des pratiques pédagogiques : issus de la littérature religieuse, les livres de classe procèdent souvent à l'origine par demandes et par réponses, ce qui correspond à la structure des catéchismes (plusieurs manuels révolutionnaires portent d'ailleurs le titre de « catéchisme républicain ») et à une pédagogie fondée essentiellement sur la mémorisation. Mais d'autres modèles coexistent : le modèle apologétique (succession de courts apologues, à but moralisateur) ; le modèle juridique (succession de paragraphes denses numérotés en continu, à l'imitation du code civil) ; le manuel encyclopédique qui, en rassemblant l'ensemble des disciplines du programme, apporte une réponse adaptée à la pénurie de manuels dans les écoles primaires jusqu'à ce que le décret du 29 janvier 1890 définisse la liste des manuels scolaires obligatoires ; le roman scolaire, dont *Le Tour de la France par deux enfants,* publié en 1877, constitue l'exemple le plus connu ; le modèle attrayant qui se développe dans les années 1930, en relation avec une nouvelle conception de l'enfant.

Le manuel d'aujourd'hui est l'héritier de ces diverses traditions.

Un produit éditorial qui s'adapte aux évolutions

La longue histoire du manuel n'en est pas pour autant une présomption d'obsolescence : elle témoigne au contraire de son extraordinaire pouvoir d'adaptation aux conditions nouvelles de l'enseignement. Le livre de classe n'est pas un livre comme les autres : il ne se réduit pas à une juxtaposition ou à une succession de textes et d'images, images qui occupent aujourd'hui, en moyenne, la moitié de l'espace. Son organisation en séquences, l'agencement des textes et de l'iconographie, les variations typographiques (polices, corps, graisses, couleurs), le recours à des encadrés ou des tramés, le multicolonnage, l'insertion systématique de repères ou de balises participent du discours pédagogique. Parce que chaque enseignant attend aujourd'hui du manuel, dans une société multiculturelle et démocratique où chacun a droit à l'éducation, qu'il lui apporte, au sein d'une même classe, des outils adaptés à une multiplicité de situations particulières, le manuel est nécessairement devenu un instrument complexe, trop complexe, diront certains.

Trop complexe ou mal maîtrisé ? La question ne date pas d'aujourd'hui : c'est un leitmotiv des rapports d'inspection depuis 1885 ! Question à laquelle on n'a guère porté remède depuis cette date puisque les enseignants constituent certainement la seule profession à laquelle on n'a jamais appris ni à choisir ses outils ni à s'en servir, vraisemblablement parce que chacun vit sur l'illusion qu'une longue fréquentation du manuel, comme élève, peut tenir lieu de formation.

Il ne saurait cependant être question de réduire au seul manuel la panoplie des instruments pédagogiques auxquels un enseignant peut aujourd'hui recourir. Outre le tableau noir (le plus souvent d'ailleurs vert ou blanc), toujours d'actualité, il peut exploiter de nombreux supports : supports papiers (fichiers, reprographie, etc.), audiovisuels (audiogrammes ou vidéogrammes) ou informatiques (logiciels, CD-Roms, etc.).

Le manuel a-t-il encore sa place dans un tel environnement ? Assurément et pour de multiples raisons. D'abord le manuel n'est pas immuable : il n'a cessé jusqu'à ce jour de s'adapter à l'évolution des conditions techniques, économiques, sociales et pédagogiques ; ensuite il est – dans son principe – plus que jamais nécessaire pour structurer et fixer les connaissances dans un monde où chacun est soumis à un bombardement d'informations fugaces et émiettées ; les relations entre le manuel – et plus généralement le livre – et les technologies nouvelles ne doivent pas en outre être définies en terme de concurrence, mais de complémentarité, comme le montre l'histoire de tous les outils pédagogiques ; il assure aussi l'indispensable dialogue entre l'institution scolaire et l'univers familial et, d'une manière plus discrète, mais non moins profonde, entre les générations ; enfin il demeure l'outil de travail individuel et portatif dont l'utilisation est la plus souple et, contrairement à une idée répandue, la moins coûteuse, comme en témoigne son emploi privilégié dans les pays en voie de développement.

Alain Choppin

▸ Bibliographie

CHOPPIN A., *Les Manuels scolaires : histoire et actualité,* Paris, Hachette Éducation, 1992.

CHOPPIN A. (dir.), *Les Manuels scolaires en France de 1789 à nos jours : bilan des études et recherches,* Saint-Fons, INRP, 1995.

▸ Voir aussi

Accompagnement scolaire – Documentation – Outils pédagogiques – Parascolaire – Programmes scolaires.

MATHÉMATIQUES (ENSEIGNEMENT DES)

Science qui étudie les propriétés d'êtres abstraits tels que les nombres, les figures, les espaces, les fonctions, etc, les mathématiques se sont développées depuis la plus haute Antiquité.

Les mathématiciens grecs (Pythagore, Tale, Archimède, etc.) ont posé les bases des mathématiques théorisées et synthétisées par Euclide (IIIe siècle avant J.-C.) dans ses célèbres *Éléments*, qui constituent toujours le fondement d'une large partie de l'enseignement des mathématiques actuel.

Une discipline abstraite difficile à enseigner

Dès cette époque se pose un problème récurrent pour l'enseignement, celui du rapport entre les mathématiques et la réalité. Affirmer l'existence de modèles de la réalité que pourraient fournir les mathématiques constitue incontestablement une légitimation très forte, mais pose inévitablement la question de la distance entre ces modèles et la réalité qu'ils sont censés décrire. La non-existence d'objets mathématiques dans la réalité, mais la possibilité de les considérer comme de « bons » modèles de certains objets de cette même réalité à partir desquels leur introduction peut être envisagée, confronte les enseignants de mathématiques (et surtout les élèves) à de redoutables difficultés.

L'exemple typique de ces difficultés se situe au collège lors de l'introduction de la géométrie. Après avoir effectué, pendant des années, des activités « géométriques » dans lesquelles ils pouvaient « voir », mesurer, vérifier… sur la figure dessinée, les élèves sont brutalement placés dans une nouvelle situation où ces procédures sont interdites et où seule la *démonstration* peut garantir la validité de la solution ! La distanciation entre la lecture sur le dessin et le modèle mathématique nécessite de se déprendre de l'évidence au profit du raisonnement hypothético-déductif qui seul est alors valide.

La nécessité, pour accéder aux domaines des mathématiques, de passer d'un jeu concret à un jeu abstrait déroute incontestablement… et durablement un certain nombre d'élèves. La gestion de cette distance entre des mathématiques « expérimentales » et des mathématiques « abstraites », dont on voit mal comment on pourrait faire l'économie, constitue un problème central pour lequel diverses solutions ont été envisagées sans résultats significatifs.

C'est ainsi que, dans les années 1970, la mise en place d'une approche très abstraite des mathématiques, aux niveaux élémentaire et surtout secondaire, a conduit à un « décrochage » de la réalité qui est vite devenu intolérable et qui a été suivi par un retour vers moins d'abstraction !

La question des rapports entre mathématiques et réalité ne peut être résolue en refusant les modèles jugés trop abstraits ni en refusant les réalisations expérimentales jugées trop « approximatives » et encore moins en confondant les deux. Un équilibre, difficile à trouver, pourra seul permettre à l'ensemble des élèves d'avoir accès aux domaines mathématiques dont beaucoup trop sont actuellement exclus.

Historiquement, les mathématiques ont connu, depuis les Grecs, de très nombreux développements dans les domaines classiques de la géométrie, de l'arithmétique, de l'algèbre ou de l'analyse, dans lesquels le savoir s'est développé et restructuré régulièrement tout en se cumulant. Ce caractère cumulatif est une caractéristique importante du savoir mathématique, qui conduit à relativiser et réorganiser les savoirs dans le temps en leur conservant leur caractère de vérité. Cette vérité s'est vu attribuer un caractère d'intangibilité et d'universalité (« Vrai comme deux et deux font quatre ! ») qu'elle ne possède pas, puisque ce qui est vrai dans une certaine théorie peut être faux dans une autre. La compréhension du rôle essentiel joué en mathématiques par l'*axiomatique,* qui définit en quelque sorte les « règles du jeu », constitue une difficulté majeure pour beaucoup d'élèves.

Au cours des siècles, de nouvelles branches des mathématiques n'ont cessé de se créer et de se développer ou de disparaître. C'est la caractéristique d'une science vivante qui voit, depuis quelques années, grâce à la puissance des ordinateurs notamment, naître de nouvelles théories comme la théorie des fractales, la théorie du chaos, la théorie des catastrophes… On assiste ainsi à un développement assez paradoxal de théories d'un niveau d'abstraction de plus en plus élevé et qui rendent compte de mieux en mieux de la réalité. Grâce au nombre considérable de paramètres qu'elles peuvent faire intervenir, elles permettent de rendre compte de phénomènes naturels extrêmement complexes et qui pouvaient souvent paraître aléatoires. La distance entre les modèles mathématiques et la réalité tend ainsi à se réduire, et l'industrie ne s'y trompe pas en utilisant ces théories dans des domaines très divers tels que les prévisions météorologiques, la transmission des images et des sons, la construction, la gestion des appareils domestiques…

Le rejet d'une réforme suscite l'avènement de la didactique des mathématiques

L'enseignement des mathématiques n'a subi qu'une évolution assez lente dans le domaine des contenus enseignés jusqu'à la célèbre réforme dite des *mathématiques modernes* qui a profondément bouleversé le paysage autour des années 1970. Les initiateurs de cette réforme réunis, à la demande du ministre, dans la commission Lichnerowicz (du nom de son président) proposent de nouveaux programmes pour la classe de 6e (1969), de 5e (1970), de l'école élémentaire (1970), de 4e et de 3e (1971), puis du lycée à partir de 1973, date à laquelle la commission cesse d'exister à la suite de la démission de son président.

La commission, consciente des problèmes de formation des enseignants liés à un tel changement, avait obtenu la création de trois IREM (institut de recherches sur l'enseignement des mathématiques) à Lyon, à Paris et à Strasbourg, suivie par une généralisation progressive aux autres académies. Le mouvement impulsé par ces instituts a incontestablement marqué l'enseignement des mathématiques en profondeur et a constitué un « modèle » que les autres disciplines ont essayé, en vain, de mettre en place.

Les principes qui ont guidé les travaux de la commission peuvent très sommairement se résumer par une volonté de démocratiser et développer l'enseignement des mathématiques en diminuant la distance entre les mathématiques telles qu'elles étaient pratiquées par les mathématiciens et celles qui étaient enseignées.

Au plan théorique, les travaux d'un groupe de mathématiciens français, connus sous le nom de Bourbaki, avaient en effet élaboré une approche unificatrice des différents domaines des mathématiques, appelée « théorie des ensembles », qui permettait de traiter dans les mêmes conditions des objets jusqu'alors considérés comme étrangers. Cette grande perspective « structuraliste », qui a conduit à parler de « la mathématique » en prohibant l'usage du pluriel, était d'une grande actualité et rejoignait d'autres perspectives comme celle développée à partir de la linguistique pour l'enseignement du français, ce qui renforçait son caractère novateur et la légitimait par là même.

Les contenus nouveaux mis en place par la réforme ont ainsi suivi cette direction sans réflexion approfondie sur les problèmes d'enseignement/apprentissage, pas plus que sur les problèmes de formation des maîtres, ce qui a engendré un effet de rejet qui n'est pas nécessairement imputable à ces contenus. Une étude historique de cette réforme et de ses conséquences devrait permettre de mieux identifier les problèmes qui se sont posés ainsi que leurs rôles respectifs.

Autour des années 1973, alors qu'un certain nombre de difficultés commençaient à apparaître dans la mise en œuvre de cette réforme, différents chercheurs venant majoritairement du domaine des mathématiques ont décidé de mettre en place des recherches spécifiques qui, contrairement aux recherches existantes en psychologie, sociologie, psychopédagogie, etc., prendraient prioritairement en compte les contenus disciplinaires. C'est ainsi qu'est né le mouvement de recherche en *didactique des mathématiques.*

La didactique des mathématiques

Historiquement, l'apparition du terme « didactique » se trouve chez Coménius, qui l'utilise pour désigner « l'art d'enseigner » dans son traité *Didactica magna.*

Depuis le début des années 1970, la didactique des mathématiques se situe dans une acception très sensiblement différente puisqu'elle renvoie à « l'étude de l'ensemble des phénomènes d'enseignement qui sont spécifiques de l'enseignement des savoirs mathématiques ». Cette centration sur les contenus d'enseignement, à laquelle les didacticiens des mathématiques sont particulièrement attachés, est constitutive de l'originalité de ce champ de recherche par rapport à ceux qui développent d'autres approches des phénomènes d'enseignement (sciences de l'éducation, sociologie, histoire de l'éducation, épistémologie, psychologie…).

La naissance de la didactique des mathématiques (DDM) se situe à la fin des années 1960 et au début des années 1970, à la convergence d'un certain nombre d'événements :
– développement, au niveau universitaire, d'un profond mouvement de rénovation des mathématiques à partir des travaux du groupe de mathématiciens « Bourbaki » ;
– mise en évidence de l'obsolescence de grandes parties de l'enseignement des mathématiques par la commission Lichnerowicz, dont l'effort de rénovation se concrétise dans la « Réforme des mathématiques modernes » ;
– création à titre expérimental, en 1969, de trois « instituts de recherche sur l'enseignement des mathématiques » (Lyon, Paris, Strasbourg) ; d'autres seront ensuite progressivement créés dans toutes les académies ;
– organisation à Lyon, en 1968, du premier « Congrès international sur l'enseignement des mathématiques » (CIEM), qui se tiendra ensuite tous les quatre ans dans différents pays et continents.

Dès lors, la DDM, sous l'impulsion initiale de Guy Brousseau, vise à affirmer sa constitution comme un champ scientifique autonome :
– création (ou importation depuis une autre discipline) de concepts spécifiques à la DDM et leur articulation dans des théories ;
– constitution et développement d'équipes de recherche avec accueil de doctorants, liée à la mise en place de DEA (à Paris-7, dans un premier temps, en 1975) ;
– création d'un séminaire national annuel, création d'une école d'été de DDM tous les deux ans (avec une participation internationale croissante) ;
– création d'une revue internationale, *Recherches en didactique des mathématiques* (Grenoble, La Pensée sauvage) ;
– création d'une Association des chercheurs en DDM (ARDM).

Ainsi s'est constituée au cours de trois décennies environ la communauté des didacticiens en DDM, maintenant assez développée et bénéficiant d'une très forte reconnaissance internationale (École française de DDM).

Les travaux de recherche ont été, dans un premier temps, essentiellement centrés sur l'école élémentaire grâce, notamment, aux écoles normales qui constituaient un vivier de chercheurs et de formateurs qui assumaient le rôle de médiateur entre la recherche et la formation. Ensuite, les centres d'intérêt ont évolué vers le collège, puis le lycée et enfin les DEUG, cette évolution suivant les réformes sous-tendant la massification de l'enseignement (collège unique, 80 % d'une classe d'âge au baccalauréat, etc.). La mise en place, au début des années 1990, des Instituts universitaires de formation des maîtres (IUFM) a accentué cette évolution en assurant une reconnaissance institutionnelle aux travaux de recherche en DDM et en créant des postes d'enseignant-chercheur pour les titulaires de thèses en DDM, ce qui n'existait pas jusqu'alors. Cette évolution a permis de développer une nouvelle direction de recherche sur la formation des enseignants.

La recherche en DDM s'est d'abord située dans une approche résolument systémique dans laquelle les phénomènes d'enseignement sont analysés en terme de flux de savoirs qui traversent ce qui est appelé le *système didactique* (système constitué par le triplet « élève/maître/savoir » et les relations que ces trois éléments entretiennent deux à deux). Dans cette perspective, les savoirs occupent des places sensiblement différentes selon le niveau auquel on se situe. Les savoirs scolaires, qui occupent la place centrale, sont les savoirs socialement identifiés, à un temps *T*, comme devant être objets d'enseignement dans un contexte donné. L'un des mérites des recherches en didactique a été d'interroger ces savoirs scolaires pour mettre au jour leurs origines et ne plus les considérer comme intangibles. Les phénomènes de *transposition didactique*, mis en évidence par Yves Chevallard en didactique des mathématiques pour analyser le passage du savoir savant au savoir à enseigner, ont permis une avancée décisive d'un ensemble de recherches en didactiques.

Les savoirs enseignés, qui sont les savoirs scolaires « mis en scène » par l'enseignant, sous sa responsabilité, constituent la partie la plus visible du fonctionnement du système didactique. Cette visibilité n'en fait pas pour autant des objets directement appréhendables. De nombreux travaux de didactique ont contribué à élaborer des outils permettant de saisir un certain nombre des processus mis en jeu.

Actuellement, on peut distinguer quatre grandes orientations qui permettent de regrouper schématiquement les différents travaux de recherche en DDM.

• La *première* historiquement, et qui a servi de cadre théorique au plus grand nombre de travaux de recherche aux différents niveaux, est la *théorie des situations* (TS), qui se situe dans une perspective d'*économie des savoirs* et qui privilégie donc l'étude des processus d'enseignement-apprentissage des savoirs mathématiques. En prenant appui sur ce cadre, un ensemble de recherche-développement a permis d'aborder l'enseignement d'un grand nombre de notions mathématiques avec une méthodologie originale d'*ingénierie didactique* qui se situe dans une perspective curriculaire intéressante.

L'enseignant est ici au centre des phénomènes d'enseignement par la maîtrise qu'il a de deux éléments fondamentaux qui assurent la régulation de l'enseignement : la gestion du *temps didactique* et de son interaction avec le temps d'apprentissage ; la responsabilité du sens des connaissances et de la part de *dévolution* qui en est faite à l'élève. En effet, la progression dans la construction des savoirs par les élèves est forcément dépendante de ces deux variables. Selon les choix effectués par l'enseignant dans l'organisation des situations d'apprentissage et dans leur enchaînement, le statut du savoir des élèves sera profondément différent. La *théorie des situations* a permis de mettre en évidence le rôle fondamental des *variables didactiques* que l'enseignant manipule, consciemment ou non, dans sa mise en scène du savoir. Ainsi, la mise en évidence de certains « leviers de commandes » de l'apprentissage qui sont à la disposition de l'enseignant permet une gestion plus « objective » des processus d'enseignement/apprentissage. C'est ainsi que le concept de *contrat didactique*, « contrat qui lie le maître et les élèves à propos du savoir en jeu dans la situation », permet de mettre en évidence les différentes négociations observables dans une séquence d'enseignement. Ce contrat n'est appréhendable que lors de ruptures qui mettent en évidence les divergences entre les attentes de l'enseignant et les réponses des élèves : un certain nombre de phénomènes de blocage dans le processus d'enseignement trouvent dès lors leur explication.

• La *deuxième* orientation qui s'est développée un peu plus tard est la *théorie anthropologique du didactique* (TAD), qui se situe dans une perspective d'*écologie des savoirs* et qui privilégie donc les études relatives à la naissance, la vie et l'obsolescence des savoirs dans la classe. On voit bien la très forte complémentarité de cette approche avec la TS.

Dans cette perspective, le rôle du professeur, tel qu'on peut l'observer sur le terrain, peut être exprimé en termes de types de tâches (T) accomplis au moyen d'une certaine manière de faire ou technique (τ). Cette association tâche-technique définit un savoir-faire qui ne peut vivre à l'état isolé : il appelle un environnement technologico-théorique (ou savoir) formé d'une technologie θ (discours rationnel censé justifier et rendre intelligible la technique) et d'une théorie Θ justifiant et éclairant cette technologie. Ce système à quatre composantes (T, τ, θ, Θ) constitue une organisation praxéologique (ou *praxéologie*) articulant une partie pratico-technique (savoir-faire) et une partie technologico-théorique (savoir).

Le socle de toute *praxéologie* est donc constitué par un système de tâches autour duquel se développent et s'organisent techniques, technologies et théories.

Ainsi le système des tâches professorales laisse apparaître deux grandes composantes solidaires :
– des tâches de conception et d'organisation de dispositifs d'étude ainsi que de gestion de leurs environnements (*organisations mathématiques*) ;
– des tâches d'aide à l'étude et, en particulier, de direction d'étude et d'enseignement dont l'accomplissement est appelé par la mise en œuvre de techniques didactiques déterminées (*organisations didactiques*).

L'organisation didactique renvoie à la reconstruction ou à la transposition de l'organisation mathématique dans la classe. Alors, quel que soit le cheminement suivi, il arrive forcément un moment où tel ou tel geste didactique devra être accompli (moments didactiques ou moments de l'étude). Ces moments didactiques sont d'abord une réalité organique avant d'être une réalité chronologique : le premier moment de l'étude, le moment de l'exploration du type de tâches et de l'élaboration d'une technique, le moment de l'élaboration technologico-théorique, le moment du travail de la technique, le moment de l'institutionnalisation, le moment de l'évaluation.

• Une *troisième* orientation regroupe des travaux dont la problématique est plus proche de la psychologie ; elle est bien illustrée par la *théorie des champs conceptuels.* C'est ainsi, par exemple, qu'elle importe le concept piagétien de « schème » et le spécifie au sein de la DDM pour décrire, dans une perspective développementale, la construction de concepts mathématiques chez les élèves. Les chercheurs engagés dans cette orientation ont créé une sous-commission de la CIEM, la *Psychology of Mathematical Éducation* (PME), qui organise un congrès annuel.

• Enfin la *quatrième* orientation, en pleine expansion depuis la création des IUFM, est la *didactique professionnelle*, qui est centrée sur l'étude de l'enseignant dans sa classe ou dans un processus de formation. Il est clair que l'on est ici dans un domaine de recherches sur un champ de pratiques qui privilégie les analyses en termes de tâches et d'activités. De tels domaines de recherches connaissent, depuis quelques années, un très fort développement dans le domaine du travail, avec la reconnaissance de l'ergonomie cognitive notamment, et cette orientation en DDM devrait prendre une importance croissante dans les prochaines années.

Ces quatre orientations étudient un même objet (l'enseignement des mathématiques) avec des approches théoriques et méthodologiques sensiblement différentes, mais profondément complémentaires et indispensables pour aborder un objet d'une aussi grande complexité.

Actuellement, les recherches en didactique des mathématiques sont arrivées à un niveau de maturité qui leur vaut une reconnaissance universitaire au travers d'enseignements en formation des maîtres et en DEA, d'un ensemble de thèses conséquent témoignant de la fécondité de cette discipline, ainsi qu'une reconnaissance internationale de l'école française de didactique des mathématiques dont la place est originale dans le domaine des recherches en éducation.

Jacques Colomb

▸ Bibliographie

ARSAC G., CHEVALLARD Y., MARTINAND J.-L., TIBERGHIEN A., *La Transposition didactique à l'épreuve*, Grenoble, La Pensée sauvage, 1994.

ARSAC G., GREA J., GRENIER D., TIBERGHIEN A., (éds), *Différents types de savoirs et leur articulation*, Grenoble, La Pensée sauvage, 1995.

BLANCHARD-LAVILLE C., CHEVALLARD Y., SCHUBAUER-LEONI M. L., *Regards croisés sur le didactique*, Grenoble, La Pensée sauvage, 1996.

BROUSSEAU G., « Fondements et méthodes de la didactique des mathématiques », *Recherches en didactique des mathématiques*, vol. 7, n° 2, 1986, p. 33-115.

BROUSSEAU G., *Théorie des situations didactiques*, Grenoble, La Pensée sauvage, 1998.

CHEVALLARD Y., « Familière et problématique : la figure du professeur », *Recherches en didactique des mathématiques*, vol. 17/3, 1997.

CHEVALLARD Y., « L'Analyse des pratiques enseignantes en théorie anthropologique du didactique », *Recherches en didactique des mathématiques*, vol. 19/2, 1998.

CHEVALLARD Y., *La Transposition didactique : du savoir savant au savoir enseigné*, Grenoble, La Pensée sauvage, 1991.

COLOMB J. (éd.), *Recherches en didactiques : contribution à la formation des maîtres*, Saint-Fons, INRP, 1992.

JOHSUA S., DUPIN J.-J., *Introduction à la didactique des sciences et des mathématiques*, Paris, PUF, 1993.

ROBERT A., « Recherches sur les pratiques des enseignants et les contraintes de l'exercice du métier d'enseignant », *Recherches en didactique des mathématiques*, vol. 21/1-2, Grenoble, La Pensée sauvage, 2001.

VERGNAUD G., « La Théorie des champs conceptuels », *Recherches en didactique des mathématiques*, vol. 10/2-3, Grenoble, La Pensée sauvage, 1990.

▸ Voir aussi

Abstraction – Didactique – Erreur – Évaluation – Institut de recherche sur l'enseignement des mathématiques (IREM) – Praxéologie – Problème – Raisonnement – Transfert de connaissances.

McLuhan, Marshall (1911-1980)

Professeur de lettres canadien anglophone, Marshall McLuhan s'est spécialisé dans l'étude des médias. Son approche se caractérise par l'accent mis sur le support technique et sur les effets à moyen ou long termes des médias, plutôt que sur les effets à court terme et les contenus. Sa thèse essentielle, qui s'apparente à un déterminisme technologique, est que les caractéristiques techniques d'un média donné comptent plus que ses contenus (message). Le message, c'est le média. Contre les tenants du tout sémiologique ou du tout audimétrique, il réintroduit les spécificités matérielles des technologies de communication. Paradoxalement, ce conseiller pontifical sera l'un des premiers matérialistes des études consacrées aux médias.

Dans les années 1960, ses travaux, plus souvent cités que lus, seront mobilisés pour l'analyse de la contribution des médias au changement social, alors que la télévision devient un média de masse dans la plupart des pays industrialisés, et notamment en Amérique du Nord.

Dans le marché des idées, il constitue une alternative aux idées marxistes qui dominent alors. Ses affirmations, toujours avides de provocation, conquièrent une indiscutable notoriété, relayée par les journalistes et les publicitaires à qui il offre un ensemble de notions commodes et passe-partout. Si son importance théorique est faible, il réveilla néanmoins le discours des sciences de l'éducation sur les médias qui se contentait de description d'audiences et d'analyses de contenus.

Sa définition des médias est très large, englobant non seulement les médias traditionnels (radio, cinéma, presse, affichage et télévision) mais aussi les vêtements, les moyens de transport, les outils, etc. Elle invite à penser globalement les influences qui s'exercent sur les membres d'une société. On doit aussi à McLuhan d'avoir popularisé la notion de « mondialisation ».

Ses principaux ouvrages portent sur l'histoire culturelle des médias *(The Gutenberg Galaxy. The Making of the Typographic Man,* 1962) et sur leurs effets *(Understanding Media. The Extension of Man,* 1964 ; *War and Peace in the Global Village,* 1968 ; *The Medium is the Message. An Inventory of Effects,* 1967).

Déduites de ses conceptions des effets des médias, ses idées en matière d'éducation remettent en question les fondements mêmes des systèmes éducatifs (la salle de classe, son isolement de la cité, des autres générations, des loisirs de l'enfant, etc.). McLuhan dénonce également l'incurable retard technologique de l'école sur l'environnement quotidien des enfants. Ces deux données sont, selon lui, à l'origine des échecs scolaires, et plus globalement de l'incapacité radicale de l'École à préparer les enfants au monde contemporain.

École et médias

L'histoire de l'éducation selon McLuhan comporte trois étapes : une étape dominée par l'oral, fondée sur la mémoire et l'attention visuelle, une étape gutenbergienne dominée par les outils d'études imprimés et l'individualisation de l'apprentissage, une étape dominée par l'environnement électronique qui voit l'école dépossédée de son monopole. Le mal scolaire radical est aux yeux de McLuhan la coupure qu'instaure l'école gutenbergienne avec l'environnement. Cette coupure est également source de conservatisme, source de résistance aux changements. L'École, sous la pression des outils gutenbergiens (livre, dictionnaire, tableau, etc.), prépare à un monde qui n'existe plus, « institution censée travailler pour l'avenir, elle est déjà en retard sur le présent » (*Mutations 1990*). L'École ne devrait pas épouser le *credo* de la division technique du travail, elle devrait être généraliste pour permettre l'acquisition de rôles : c'est là le nouvel humanisme. Dans le même mouvement, McLuhan refuse les notions d'« objectif », de « programme » et de « diplôme » comme solidaires d'une conception surannée de l'éducation. Au-delà, c'est la notion de hiérarchie des légitimités culturelles qui est en question.

L'École est hostile aux médias : « Idéalement, l'éducation est une entreprise de défense civile contre les retombées des médias » (*Pour comprendre les médias*). Elle devrait, plutôt que s'y opposer, donner à en comprendre les effets comme propédeutique à une compréhension globale de l'environnement. Il faut percevoir les effets des médias en imaginant ce qu'il en serait sans téléphone, sans radio, sans journal, sans télévision, etc. De même, il faut comprendre le rôle de la salle de classe sur l'apprentissage, en faisant classe ailleurs : « La grande ville est une école ; la publicité est son professeur » *(Counterblast)*. Pour McLuhan, éduquer, c'est donc créer un nouvel environnement.

François Mariet

▸ Bibliographie

Principales œuvres de Marshall McLuhan :

Pour comprendre les médias, Paris, Le Seuil, coll. « Points », 1977.

La Galaxie Gutenberg, Paris, Gallimard, coll. « Idées », 1977.

D'œil à oreille, Paris, Denoël, 1977.

Avec la collab. de Fiore Q., *Message et massage*, Paris, Pauvert, 1968.

▸ Voir aussi

Acculturation – École parallèle – Médias.

Médias

À l'origine, le mot latin *medium* (plur. *media)* signifie « moyen ». Le terme *mass media* apparaît dans les années 1920 aux États-Unis ; il est alors employé par les sciences sociales et la publicité pour désigner la communication de masse, la radio et la presse d'abord, puis la télévision à partir des années 1950.

Son usage se généralisant, le mot devint couramment « média » (au singulier) et « médias » (au pluriel). Son sens actuel est : appareillage (ensemble de dispositifs techniques) servant de support à la communication (commerciale, pédagogique, etc). Un média est un moyen de communication qui permet d'adresser simultanément un message standardisé à un grand nombre de consommateurs différents ; ceux-ci en font un usage individualisé. Des milliers de personnes achètent le même titre de journal, chacune en fait une lecture spécifique.

La logique économique même des médias est celle des économies d'échelle ; cette logique s'oppose dans son principe à celle de l'éducation traditionnelle (famille, équipe de travail, etc.) et, d'une manière générale, à celle de la communication pédagogique où prime la relation interpersonnelle.

Les classifications pédagogiques des médias relèvent de l'exercice de style et ne sont pas opérationnelles. Il paraît impossible, et inutile, de construire une définition universelle des médias ; on peut, en revanche, proposer des typologies empiriques simples, liées à un domaine professionnel : le marketing, la pédagogie, l'information. Les médias sont tributaires des avancées technologiques et de l'économie ; parmi leurs utilisations, l'éducation est loin d'être première. De plus, des outils multimédias, combinant télévision et informatique, graphisme et imprimé, téléphonie et photographie, etc., apparaissent, qui condamnent définitivement les tentatives de classification des médias.

Le point de vue des publicitaires

Le marketing et les supports publicitaires s'entendent pour distinguer « média » et « hors média ». On retient habituellement cinq grands médias : la presse (quotidienne ou magazine), la radio, la télévision, le cinéma en salle et la publicité extérieure (affichage, transport, mobilier urbain). Les médias se caractérisent par leur capacité à être des supports de publicité. À ce titre d'ailleurs, on dit qu'un média compte plusieurs supports : le média télévision comprend en France différents supports commerciaux : TF1, France 2, France 3, M6, Canal Plus, Canal J, Eurosport, etc.

Le « hors média » désigne les actions promotionnelles s'appuyant sur la distribution de prospectus, le télémarketing, le publipostage, les relations publiques, le parrainage, etc. Dans le hors média (*below the line*), l'annonceur s'adresse directement au prospect. La communication publicitaire (*above the line* ou *display advertising*) recourt au support d'un média : émission de télévision ou de radio, abribus ou quotidien régional, etc.

Cette distinction entre deux formes d'action commerciale est compromise à terme par les utilisations promotionnelles des médias et par leur individualisation grâce aux bases de données, à l'interactivité que permettent la transmission numérique par câble, satellite ou télécommunication (Internet, etc.).

Les médias se distinguent du point de vue économique par leur capacité à s'adresser à des publics larges (télévision généraliste hertzienne, presse de télévision, radio généraliste, affichage urbain ou dans les transports) ou étroits, ciblés. Le ciblage peut s'effectuer soit en termes thématiques (chaînes de télévision musicales, sportives, financières, d'information ou d'éducation, magazines de centres d'intérêt divers), soit en termes sociodémographiques (chaînes de télévision pour enfants, magazines du troisième âge, magazines pour parents de jeunes enfants, affichage dans les aéroports, etc.), culturels (presse économique, stations de radio et chaînes de télévision en diverses langues non nationales) ou géographiques (local, régional, zone de chalandise, national, etc.).

En général, un média commence par un stade généraliste avec un faible ciblage (sections, tranches horaires) pour donner naissance à des médias de plus en plus segmentants (exemple : télévision hertzienne terrestre tout public, chaînes thématiques câblées, télévision à la carte).

Le point de vue des pédagogues

Tout média en tant qu'outil peut servir d'auxiliaire pédagogique : l'appareil photographique, le téléphone, l'affiche, le SMS, le courrier électronique, etc. Mais on peut aussi enseigner avec tout : la télévision, les albums à colorier, les cartes postales, les vitraux, les SMS ou les sites Internet. De ce point de vue, tout est média.

La presse, notamment dans sa version électronique, peut être enrôlée pour la transmission de certaines informations, voire de cours, de même que la télévision ou la radio. Radio scolaire, télévision scolaire pour le télé-enseignement ou encore chaînes offertes au grand public désireux d'autoformation. Certains médias se caractérisent même par leur contribution à la formation (presse des différents secteurs professionnels, par exemple). Le média éducatif de l'avenir semble désormais recourir à Internet *(e-learning)*.

On peut distinguer deux types d'utilisation pédagogique des médias. Ou bien ils servent à pallier l'absence d'école (comme la télévision éducative sur les stations du secteur public américain pour combler le déficit d'équipement en écoles maternelles aux États-Unis, ou comme la radio ou la télévision scolaire en Afrique pour faire face à – ou justifier – l'inexistence de bâtiments scolaires, d'enseignants, de matériel scolaire, etc.). Ou bien ils sont exploités dans le cadre d'une communication pédagogique restreinte (un enseignant pour quelques dizaines d'élèves) comme auxiliaires didactiques (la photographie pour l'observation, le DVD ou le site Internet pour la documentation, etc.).

Faut-il enseigner les médias à l'école ? Deux thèses s'opposent. L'une défend le tout pédagogique : tout doit s'enseigner puisque seule l'école peut doter des outils critiques de résistance aux inculcations du milieu, les médias étant les plus insidieux. Pour cette thèse, l'essentiel de l'enseignement est constitué par la lecture des messages fondés sur les éléments de sémiologie. Le privilège accordé à l'écrit et à l'image est d'ailleurs surprenant, quand on sait la place centrale de l'environnement sonore dans la culture des adolescents. Ensuite viennent les pratiques instrumentales : caméra, montage, prise de son, etc. En acte, ces pratiques démontent les mécanismes du sens et de l'influence.

L'autre thèse considère que l'attitude critique envers les médias n'est qu'un cas particulier d'une disposition générale à douter, critiquer l'environnement dans lequel un enfant ou un adulte évoluent. Pour cette seconde thèse, l'essentiel est l'acquisition, le plus rapidement et le plus complètement possible, des outils intellectuels de base : lecture, écriture, culture générale, logique, etc. La pénurie et le délabrement scolaires que connaissent la plupart des pays renforce la position de cette thèse qui plaide pour les urgences intellectuelles et aux yeux de laquelle la formation aux médias n'est pas prioritaire. À quoi l'on peut rétorquer que l'école, voyant son rôle s'affaiblir, devrait justement préparer à la consommation des médias puisqu'ils constituent l'instance de socialisation majeure des enfants « défavorisés ».

Les médias ne sont pas neutres dans le débat. Proposer des documents pédagogiques comme le font certains magazines ou quotidiens, voire certaines chaînes de télévision (CNN, par exemple), est aussi un moyen de promotion de ces médias auprès du jeune public au moment où s'établissent ses habitudes de consommation médiatiques. Les annonceurs ne dédaignent pas non plus d'utiliser des outils d'enseignement comme vecteurs publicitaires : ce fut le cas autrefois des buvards et des protège-cahiers (avec tables de multiplication), c'est aujourd'hui le cas de produits informatiques et d'émissions de télévision, tandis que l'affichage publicitaire cerne de plus en plus les établissements scolaires des grandes agglomérations.

François Mariet

▸ Bibliographie

Bei J.-Y., Gérard J.-M. (dir.), *École et médias : regards croisés,* Paris/Nancy, CLÉMI/Presses universitaires de Nancy, coll. « Questions d'éducation et de formation », 2001.

Frémont P., *Un partenaire exemplaire : l'école et les médias,* Paris, CLÉMI, « Les Actes du CLÉMI », 2001.

Greenfield P. M., *L'Enfant et les médias : les effets de la télévision, des jeux vidéo et des ordinateurs,* Fribourg, Éditions universitaires de Fribourg, 1999.

Mariet F., *Laissez-les regarder la télévision : le nouvel esprit télévisuel,* Paris, Calmann-Lévy, 1989.

Mariet F., *La Télévision aux États-Unis. Médias, marketing et publicité,* Paris, Économica, 1992.

Porcher L., *L'École parallèle,* Paris, Larousse, 1973.

▸ Voir aussi

École parallèle – Formation à distance – Lecture – Machine à enseigner – McLuhan, Marshall – Presse et école – Télévision – Télévision éducative – Vidéo.

Médiateur de l'Éducation nationale

Le dispositif de médiation institutionnelle mis en place en 1998 s'inspire de la démarche qui a abouti, en 1973, à la création du médiateur de la République, mais il s'en distingue dans la mesure où il concerne non seulement les relations individuelles des citoyens avec le service public de l'éducation, de la maternelle à l'enseignement supérieur et la recherche, mais aussi les personnels en activité et à la retraite.

Le médiateur de l'Éducation nationale est nommé par le ministre de l'Éducation pour trois ans renouvelables. Il est totalement indépendant des structures du ministère. Il est signataire de la *Charte des médiateurs du service public*, publiée en septembre 2004, texte définissant la déontologie des médiateurs institutionnels (Poste, RATP, Ville de Paris, Finances, EDF, GDF, France 2, etc.).

Le médiateur de l'Éducation nationale et le réseau des médiateurs académiques qu'il anime, c'est-à-dire des anciens responsables du système éducatif – à la retraite et bénévoles –, accueillent les réclamations individuelles des usagers du service public de l'éducation (parents, étudiants, etc.) et des personnels de tous niveaux.

En 2004, plus de 5 500 réclamations ont été émises, et sur les 4 500 recevables, près de 80 % ont obtenu partiellement ou totalement une solution satisfaisante pour les réclamants. Ce dispositif apparaît comme un mode alternatif au règlement des conflits, notamment par la voie judiciaire. Le médiateur de l'Éducation nationale, sur la base des observations des médiateurs académiques et des siennes propres, rend public chaque année un rapport esquissant des recommandations au ministre.

Ce dispositif institutionnel a vocation à aider chacun, notamment les plus fragiles, à se retrouver dans la complexité et les arcanes d'un système éducatif souvent compliqué ; il peut aussi constituer un levier de changement.

Jacky Simon

▸ Bibliographie

SIMON J., « Pour un service public de l'éducation plus proche : quel rôle pour les médiateurs ? », *Les Cahiers de l'éducation*, n° 35, mai 2004.

« Le Service public et ses médiateurs – À la recherche de l'équité », *Service public*, janv./fév. 2004.

Rapport du médiateur de l'Éducation nationale 2004, Paris, La Documentation française, juin 2005.

Médiathèque

Créé sur le modèle de « bibliothèque », le terme « médiathèque » désigne un lieu qui offre, à côté des documents imprimés sur support papier (livres, revues), des documents édités sur d'autres supports (médias) : films, photos, disques, vidéos, CD-Roms, DVD, didacticiels, etc. Sur 3 012 bibliothèques municipales, 1 639 proposent une médiathèque et 985 des vidéos. Le nombre de prêts de documents se répartit en plus de 157 millions d'imprimés, 29 millions de disques et environ 8 millions de vidéogrammes.

Le débat sur l'ouverture des bibliothèques à d'autres supports que l'imprimé en rejoint en fait un autre, plus ancien, qu'il convient d'évoquer. En effet, la crainte de voir le livre et la lecture menacés par d'autres supports ou d'autres activités remonte à plus d'un siècle. Le XIXe siècle a vu par exemple apparaître la presse « à un sou » ou le roman de grande diffusion avec une certaine inquiétude, craignant les effets de ces lectures de masse sur les « nouveaux lecteurs », supposés fragiles. La première moitié du XXe siècle a vu l'arrivée de la radio et des magazines, non sans interrogations quant à leurs effets sur la lecture. Et l'on pourrait continuer : si les jeux électroniques et Internet sont l'objet de toutes les focalisations – fascinations et répulsions –, en leur temps, la télévision, la bande dessinée, le policier et même le livre de poche se virent reprocher de détourner de la « véritable lecture de livres ». Ces conflits de légitimité se sont donc exercés dans l'univers de l'imprimé lui-même tout autant qu'entre le livre et les autres « médias ».

Les bibliothèques ont toujours pensé cette question d'une autre manière. Elles ont en effet estimé que l'important n'était pas tant le « support » que le contenu. C'est la richesse ou la pauvreté d'un document qui conduira la bibliothèque à l'acquérir ou à le refuser. C'est ainsi que, tout en privilégiant, comme leur mission les y invite, l'imprimé, elles ont dès le début des années 1960 fait le choix d'accepter d'autres médias. La plupart des bibliothèques, notamment publiques, font également office de discothèques et proposent dans leur fonds des CD ; de plus en plus d'entre elles offrent au visionnement et/ou à l'emprunt des films vidéo, documentaires ou de fiction.

En fait, cette notion de médiathèque s'intègre dans une conception plus large, qui estime que l'homme moderne bâtit sa culture et ses savoirs en associant de multiples sources. La bibliothèque est ainsi incitée à développer, au-delà de ses missions traditionnelles de consultation et de prêt de livres, des animations autour de ses collections, des débats sur la vie littéraire et culturelle, afin d'aider à l'appropriation des documents proposés.

À l'heure actuelle, cette conception large se justifie d'autant plus que l'association exclusive entre écrit et papier est fortement remise en question : un écran n'est plus synonyme seulement d'audiovisuel, mais peut, plus que jamais, offrir du texte.

La multiplication des supports numériques dans l'accès aux sources transforme les bibliothèques et centres de documentation en deux types d'établissements : des bibliothèques de prêts et des bibliothèques virtuelles qui offrent des services et des documents en ligne. À terme, c'est toute la chaîne de production éditoriale qui s'en trouve modifiée.

Martine Poulain

▸ Bibliographie

Muller J., *Les Logithèques,* Paris, Le Cercle de la Librairie, 1991.

Poulain M. (dir.), *Histoire des bibliothèques françaises : les bibliothèques au xxe siècle,* Paris, Le Cercle de la Librairie, 1992.

Sineux M. (dir.), *Musique en bibliothèques, les supports musicaux et la documentation musicale,* Paris, Le Cercle de la Librairie, 1993.

▸ Voir aussi

Audiovisuel – Bibliothèque – Documentation – Lecture – Médias – Presse et école – Télévision – Vidéo.

Médiation

Assurer une médiation, c'est jouer un rôle d'intermédiaire, celui d'un tiers plus ou moins reconnu comme neutre, en vue de créer ou de maintenir, entre des personnes, des groupes, des instances, des institutions, voire des États, des liens, qu'ils soient insuffisants ou inexistants ou qu'ils soient rompus.

Avant de devenir une notion nouvelle dans le champ de l'éducation, la « médiation » a connu d'autres fortunes. On peut citer à titre d'exemple le recours aux diplomates pour établir des liens entre deux nations en conflit, ou l'institution du Médiateur (*ombudsman*) de la Suède depuis le début du siècle, personnage chargé de défendre les droits des citoyens face aux pouvoirs publics. Aujourd'hui, les médiateurs fleurissent dans le travail social (aide conjugale, aide aux victimes, etc.).

L'usage de la notion et l'action des divers agents signent une transformation des rapports sociaux en même temps qu'une évolution importante des transmissions culturelles. Aux organisations et aux rituels qui permettaient de négocier et d'établir des traités et des contrats dans des face-à-face conflictuels se substituent des actions plus ponctuelles et plus souples. Aux transmissions intergénérationnelles séculaires de la famille et de l'école, du ressort de ceux qui ont pouvoir et devoir d'inculcation aux plus jeunes, s'ajoutent maintenant de nouveaux rôles, voire de nouveaux métiers, regroupés autour de la notion de médiation.

Sur le plan psychologique, la médiation – qui emprunte ses origines à des philosophes comme Hegel ou Marx – est au centre de plusieurs théorisations concevant l'activité humaine non comme une adaptation à l'environnement, mais comme sa transformation. Dans cette perspective, outils, instruments, langage même, mais plus largement adultes, constituent des médiations entre l'enfant et la culture, qui conduisent aux processus d'intériorisation et au développement psychique du sujet.

En éducation et en formation, le terme de médiation recouvre au moins quatre emplois.

Le premier sert à interpréter la fonction de l'enseignant : celui-ci n'est plus seulement le dispensateur des connaissances, mais agit pour être l'intermédiaire entre l'élève et les savoirs, construisant des situations et des dispositifs permettant à l'élève de surmonter les conflits psycho-socio-cognitifs propres à tout apprentissage.

Le deuxième usage du terme est explicite dans les « remédiations cognitives », qui désignent tous les programmes, destinés à des enfants ou à des adultes, dont l'ambition est de refonder les apprentissages logiques de base par des progressions pédagogiques centrées sur l'entraînement au raisonnement.

Plus récemment, la médiation désigne la fonction assurée par certains personnels comme les assistants sociaux, voire les inspecteurs, ou par certains enseignants à qui cette fonction est attribuée expressément, ou encore les équipes éducatives de chaque établissement. La médiation vise aussi bien la vie à l'intérieur de l'école que les relations avec les familles ou l'environnement.

Le quatrième emploi est réservé maintenant à de jeunes adultes mis à la disposition des établissements, spécifiquement appelés « médiateurs éducatifs ou pédagogiques ». Leurs missions sont de prévenir ou de régler les conflits pour contribuer à l'apaisement des relations entre les jeunes ou entre les jeunes et les adultes, missions pacificatrices et socialisantes en vue de permettre le déroulement normal des processus enseigner/apprendre. On notera qu'en France ces fonctions de médiateurs sont peu souvent attribuées à des élèves auprès de leurs pairs et que l'initiative de ces nouvelles activités provient souvent des collectivités territoriales.

Au sens propre, la médiation désigne une fonction indirecte. Aux relations d'affrontement liées à une vision duelle et dichotomique de la réalité, la médiation offre, aussi bien dans le champ politique et social que dans celui de l'éducation, non seulement de nouveaux emplois, mais aussi la possibilité de relations plus élaborées, plus raisonnables et moins frontales, donc moins brutales.

La médiation contemporaine se caractérise donc aussi bien comme une intervention préventive de « déliaison » que comme une action pour la résolution de conflits. Le travail du médiateur fait évoluer des règles et des comportements rigidifiés entre deux parties ou entre un sujet et son environnement ; à cette fin, il implique un temps et un espace de transformation des représentations et des imaginaires jusqu'à une recomposition du champ symbolique des protagonistes.

Jacky Beillerot

▶ Bibliographie

Bonafé-Schmitt B., *La Médiation : une justice douce*, Paris, Syros, 1992.

Cardinet A., *Pratiquer la médiation en pédagogie*, Paris, Dunod, 1995.

Cardinet A., « Médiations éducatives », *Éducations*, n° 9, juin-oct. 1996.

Imbert F., *Médiation, institution et loi dans la classe. Pratiques de pédagogie institutionnelle*, Issy-les-Moulineaux, ESF, 1994.

Six F., *Dynamique de la médiation*, Paris, Desclée de Brouwer, 1995.

▶ Voir aussi

Équipes pédagogiques – Génération – Relation Famille/École – Travail social – Violence.

Mémoire

Le concept de « mémoire » est dérivé de Mnémosyne, déesse grecque de la mémoire. De là proviennent différents termes comme « mnésique », procédés « mnémotechniques » et « amnésie » (perte de mémoire). La mémoire fut considérée pendant l'Antiquité et jusqu'à la Renaissance comme la faculté la plus importante ; elle était alors comparée à une salle au trésor. Elle fut ensuite dévalorisée après que Descartes eut imposé en France le primat du raisonnement. À l'inverse, la tradition empiriste, des philosophes empiristes-associationnistes anglais au béhaviorisme américain, a continué à valoriser la mémoire. Cependant, le béhaviorisme, s'opposant à l'introspection, substitue le concept d'« apprentissage » à celui de « mémoire », rejetant tout vocabulaire évoquant des états d'âme. C'est dans le sillage des nouvelles technologies – la cybernétique, l'informatique, les télécommunications – que naît le courant de la « perspective du traitement de l'information », entre 1950 et 1980, lequel ouvre à nouveau l'étude des mécanismes internes : le concept de mémoire est réhabilité. Cette perspective rejoint des approches qui n'avaient pas écarté l'étude objective de processus mentaux, sous le nom générique de psychologie « cognitive ». La mémoire est alors conçue comme l'ensemble des mécanismes biologiques et psychologiques qui permettent la représentation, le stockage et la récupération des informations.

Les mémoires sensorielles

Dans une conception populaire provenant de la théorie du neurologue français Charcot, les mémoires sont spécialisées en fonction des sens. Certains individus auraient ainsi une meilleure mémoire visuelle, d'autres une mémoire « auditive », d'autres encore une mémoire « olfactive ». Les expériences de laboratoire montrent que les mémoires sensorielles existent bien mais qu'elles sont de courte durée. Ainsi la mémoire sensorielle visuelle dure environ 1/4 de seconde et la mémoire auditive 2 à 3 secondes. Les informations visuelles ou auditives sont rapidement transférées dans une autre mémoire, plus abstraite, qui fusionne le graphisme et la phonologie en une unité morphologique : le mot. Cette mémoire est appelée « lexicale ».

Mémoire lexicale et apprentissage par cœur

Symétriquement à la mémoire lexicale d'entrée, il existe un système vocal ou lexical de sortie qui permet la vocalisation, soit à voix basse chez le jeune élève, soit de façon intériorisée (c'est alors la subvocalisation). Ainsi, la lecture, y compris silencieuse, comprend une subvocalisation. Dans le mécanisme de répétition (« par cœur »), les mots sont réinjectés dans la mémoire lexicale. Cette autorépétition ou boucle vocale sert de mémoire auxiliaire en permettant un allongement du temps de stockage (par exemple quand nous répétons un numéro de téléphone ou que nous faisons un calcul mental) et est appelée « mémoire de travail ». La vocalisation ou subvocalisation est donc utile, même si l'apprentissage par cœur est déconsidéré de nos jours.

Mémoire sémantique et apprentissage multi-épisodique

La mauvaise réputation de l'apprentissage par cœur vient du fait qu'il est basé sur la mémoire lexicale qui ne stocke que la « carrosserie » des mots. Le sens des mots, leur concept, est stocké dans une autre mémoire, la mémoire sémantique. Les concepts en mémoire sémantique sont classés soit par associations (*abeille-miel*) soit de façon relativement logique dans des catégories (*mésange* dans *oiseau* et *oiseau* dans *animal*). C'est la raison pour laquelle apprendre sous forme d'un plan, comme on le fait à l'école, est très efficace.

La mémoire peut ainsi être représentée comme une sorte de « gratte-ciel » où chaque étage est un module qui construit les informations de manière plus élaborée et en garde la mémoire.

Mémoire imagée et mémoire procédurale

Il existe aussi une mémoire imagée lorsque les informations concernent les choses, c'est-à-dire les objets, les animaux, les plantes. La mémoire imagée est puissante et durable mais correspond à des représentations « fabriquées » : la mémoire imagée s'apparente plus à la synthèse d'images des jeux vidéo qu'à la conception populaire d'une photographie. Enfin, pour s'en tenir aux mémoires qui ont un rôle important dans les apprentissages scolaires (car il existe d'autres mémoires : la mémoire visuospatiale, la mémoire des visages, la mémoire implicite, etc.), il existe aussi une mémoire procédurale qui permet d'apprendre les programmes moteurs dans certaines activités, par exemple les composants moteurs de l'écriture ou ceux du montage d'un schéma électrique. Là aussi, l'entraînement doit être revalorisé car la mémoire procédurale requiert des centaines ou des milliers de répétitions, comme par exemple dans la dactylographie ou un métier manuel.

Mémoire à court terme et organisation dans les apprentissages

Indépendamment des mémoires spécialisées, il existe, comme la mémoire vive de l'ordinateur, une mémoire à court terme (ou mémoire de travail) qui stocke à court terme (5 à 20 secondes) des informations pour les assembler et les recombiner. Cette mémoire a une capacité limitée, environ sept mots familiers, ce qui explique que nous ne puissions pas apprendre beaucoup d'éléments à la fois. Avec la répétition, les processus d'analyse en mémoire sémantique permettent des regroupements et des économies en mémoire à court terme. Par exemple, si un élève apprend *merle*, *canari*, *aigle* et *pie*, ces mots vont être catégorisés en mémoire sémantique, et la mémoire à court terme ne gardera que le nom de catégorie « oiseau ». Ce mécanisme d'organisation est le moteur de tout apprentissage et justifie des pratiques traditionnelles de l'école qui valorise à juste titre l'organisation des cours et manuels selon un plan.

Mécanismes de récupération et procédés mnémotechniques

Symétriquement à l'apprentissage, la capacité limitée de la mémoire à court terme crée un goulot d'étranglement à la sortie. Par conséquent, la plupart des informations enregistrées à long terme ne peuvent rester dans la mémoire à court terme : c'est l'oubli. Cependant, les recherches ont montré que la présentation d'indices spécifiques permet de retrouver les « souvenirs » en mémoire à long terme : ce sont les indices de récupération. Par exemple, si l'on fait apprendre une longue liste de mots groupés en vingt catégories, la présentation des titres des catégories (ex. : *oiseaux*, *poissons*, *écrivains*, etc.) permettra un rappel très important. Un cas particulier d'indice est l'information elle-même, mot ou image ; on parle alors de reconnaissance. La reconnaissance est très forte, de 70 à 90 % : une application pédagogique est le QCM (questionnaire à choix multiples). Les indices eux-mêmes peuvent être organisés : soit sous forme d'images – le schéma ; soit sous forme lexicale – les abréviations (SMS) ou le résumé ; soit sous forme sémantique – plan de cours, organigramme, etc.

Alain Lieury

▶ Bibliographie

GAONAC'H D., GOLDER C., *Manuel de psychologie pour l'enseignement,* Paris, Hachette, 1995.

LIEURY A., *Mémoire et réussite scolaire,* Paris, Dunod, 2004.

LIEURY A., *La Mémoire de l'élève en 50 questions,* Paris, Dunod, 1998.

LIEURY A., *Méthodes pour la mémoire : historique et évaluation,* Paris, Dunod, 2003.

NICOLAS S., *La Mémoire*, Paris, Dunod, 2002.

▶ Voir aussi

Abstraction – Aptitude – Compréhension – Connaissance – Créativité – Intelligence – Lecture – Psychologie de l'apprentissage – Raisonnement – Sciences cognitives.

MÉTHODES ACTIVES

▶ Actives (méthodes)

MÉTHODES PÉDAGOGIQUES

L'usage de l'expression « méthode pédagogique » est extrêmement extensif dans la littérature pédagogique. De manière très générale, on peut cependant distinguer trois acceptions dominantes.

D'une part, l'expression peut désigner un courant pédagogique cherchant à promouvoir certaines finalités éducatives et suggérant, pour cela, un ensemble plus ou moins cohérent de pratiques : c'est en ce sens que l'on peut parler des « méthodes traditionnelles », des « méthodes nouvelles », des « méthodes actives », des « méthodes Freinet », etc. Ce qui fait alors l'unité de ces méthodes, c'est l'inspiration générale qui les guide et qui les amène à utiliser diverses situations et divers outils, en les subordonnant à un projet éducatif cohérent. Ainsi, dans les « méthodes Freinet », de nombreuses ressources sont mobilisées et plusieurs séries d'activités sont organisées : des travaux en grands groupes autour d'enquêtes dans la classe, des recherches documentaires en petits groupes sur des thèmes précis, des textes libres individuels, un système de « brevets » permettant d'assurer des apprentissages de base et offrant des possibilités dans lesquelles les élèves peuvent se spécialiser, un « conseil » où se discute le fonctionnement de la classe... Toutes ces activités sont ordonnées autour d'une conviction centrale : le développement de l'enfant est déterminé par son engagement dans des travaux dont il perçoit la signification et qui l'amènent à effectuer des apprentissages finalisés.

D'autre part, l'expression « méthode pédagogique » est utilisée pour désigner précisément un type d'activités visant à permettre certains apprentissages ou à développer certaines capacités : ainsi parle-t-on de la « méthode globale d'apprentissage de la lecture », de la « méthode des projets chez Dewey », de la « méthode d'enseignement programmé », etc. Ce qui fait ici l'unité de la méthode, c'est la nature de l'activité dans sa spécificité pédagogique, mettant en œuvre des situations et des outils identifiés. Ainsi, l'enseignement programmé est-il une méthode qui fait appel à un diagnostic individuel préalable, qui met en place des progressions linéaires et organise des situations de travail individuelles très guidées utilisant un ensemble de fiches ou un ordinateur.

Enfin, l'expression « méthode pédagogique » peut désigner un outil ou un instrument spécialisé dont les usages sont précisément codifiés et qui sont liés à des objectifs très exactement déterminés : ainsi peut-on parler de « la situation-problème » ou des « problèmes ouverts » en mathématiques comme de méthodes pédagogiques identifiées devant obéir à certaines règles et être utilisées dans certaines conditions. Le problème « Trouve les deux derniers chiffres de 2^{22} » est alors un « problème ouvert » utilisable en 6e à un moment donné de la progression d'une classe, si l'on n'impose aucune procédure de travail et que l'on mette simplement les élèves par petits groupes pour qu'ils débattent, se contredisent, s'entraînent à conjecturer, à argumenter et à produire des connaissances ; le professeur de mathématiques utilisera cette « méthode » de manière non systématique et en fonction des opportunités offertes par le programme, le niveau et la disponibilité de ses élèves, etc. De la même manière, le *training group* ou « groupe de base » proposé par la « non-directivité » est une méthode qui impose un protocole précis : une durée suffisamment longue, des conditions institutionnelles particulières (l'obligation de présence), le silence du formateur qui ne donne aucune directive de travail au groupe et se contente de lui renvoyer une image de son propre fonctionnement. Cette méthode peut être employée alors dans la formation des éducateurs spécialisés ou des animateurs de vacances dans des perspectives cliniques bien définies. Dans le domaine de la formation des adultes, la méthode dite du *Training Within Industry* (TWI), fondée en 1941 aux États-Unis par Charles Dooley, consiste à décomposer l'apprentissage professionnel en cinq étapes immuables : faire le geste lentement devant l'ouvrier en formation sans expliquer quoi que ce soit, faire le geste lentement en expliquant ce que l'on fait, faire faire le geste lentement à l'ouvrier en formation en lui demandant d'expliquer ce qu'il fait, faire faire le même geste à l'ouvrier sans parler et de plus en plus vite, procéder à un entraînement systématique et reprendre la démarche chaque fois que l'ouvrier rencontre une difficulté.

Ainsi voit-on que les trois usages de l'expression « méthode pédagogique » sont ordonnés sur un axe qui va du plus général au plus précis, d'une inspiration à un outil, d'une théorie à un instrument. Aussi, en réalité, vaudrait-il mieux dire qu'il s'agit de trois repères sur une ligne continue et que l'on peut situer sur cette ligne, en fonction de leur degré de généralité ou de précision, à peu près toutes les propositions pédagogiques. Par ailleurs, on ne manquera pas de remarquer que chaque acception que nous avons proposée de la notion de « méthode pédagogique » est inclusive par rapport aux autres : la première contient les seconde et troisième ; et ces dernières, même si elles ne le précisent pas explicitement, renvoient toujours à des finalités et statuent, d'une manière ou d'une autre, sur ce qu'il convient de mettre en place comme rapport au savoir, rapport au formateur et rapports des apprenants entre eux. Rien n'est neutre dans ce domaine et tout choix constitue un engagement : l'enseignement assisté par ordinateur n'est jamais exclusivement lié à des questions d'efficacité ; il est toujours articulé à certaines représentations de l'apprentissage (essentiellement, aujourd'hui encore, béhavioristes). De la même manière, le cours magistral ou l'apprentissage par cœur de poésies sont des méthodes qui renvoient à certaines conceptions implicites de la construction des savoirs ou de la structure à promouvoir dans la société.

C'est pourquoi on peut se demander si la notion de « méthode pédagogique » est bien pertinente et s'il ne conviendrait pas de lui en substituer une autre ou, au moins, de la compléter par la notion, plus opératoire sans doute, de « modèle pédagogique ».

Méthodes et modèles pédagogiques : les trois pôles à articuler

Si l'on cherche ce qui réunit tout ce que nous avons compris sous le vocable de « méthode pédagogique », on découvre qu'il s'agit en fait, toujours, d'un effort pour combiner trois séries de données hétérogènes référant chacune à un pôle de la réflexion : le pôle axiologique, ou la dimension des valeurs, le pôle scientifique, ou la dimension des connaissances psychologiques, sociologiques, linguistiques, épistémologiques, etc., et le pôle praxéologique, ou la dimension des outils et instruments mobilisables pour l'action.

Tout modèle pédagogique statue en effet sur les valeurs qu'il entend promouvoir. Bien souvent, d'ailleurs, il statue moins par ce qu'il annonce (les valeurs affichées sont rarement discriminantes : personne n'est contre « l'épanouissement de l'enfant » ou « l'accession à l'autonomie »…), mais par ce qu'il donne à lire à travers ce qu'il propose, la manière dont il le propose et les exemples qu'il met en avant. Il y a ainsi une manière d'imposer la non-directivité qui en dit long sur les velléités autoritaires de ceux qui la prônent, comme il y a une manière d'exalter la libération de l'élève par l'accès à la culture qui, en ne prenant pas en compte les conditions d'accès à cette culture, est, en réalité, une forme véritable de non-directivité, voire une manière d'entériner les injustices sociales… Nous devons donc toujours interroger un modèle pédagogique sur les valeurs dont il est porteur et rien ne nous permet ici d'éviter d'avoir à choisir. Il n'y a pas de modèle pédagogique qui s'imposerait à nous sans nous interpeller sur le type d'homme et de société que nous voulons construire.

Cela ne veut pas dire, pour autant, que la validité d'un modèle pédagogique ne dépend pas des connaissances scientifiques qu'il met à contribution. Nous savons bien que tous les modèles cherchent à se légitimer en s'appuyant sur des acquis scientifiques, psychologiques le plus souvent ; c'est ainsi que les « méthodes actives » ont pu se présenter comme une sorte d'opérationalisation pédagogique de la psychologie constructiviste piagétienne… En réalité, elles ont bien fait appel à cette psychologie – plutôt qu'à d'autres formes d'appui scientifique : la psychologie différentielle, la psychanalyse ou la sociologie de Durkheim –, mais cet appel a été lui-même l'objet d'un choix antérieur. Ce qui ne veut pas dire que les étayages scientifiques soient inutiles, bien au contraire, mais ils ne sont pas « fondateurs » au sens où ce n'est pas d'eux que l'on peut déduire une pédagogie. Ils représentent une des trois dimensions de tout modèle.

La troisième dimension est représentée

quant à elle par le pôle proprement instrumental des outils et des situations : un modèle pédagogique doit en effet inventer des instruments à la fois cohérents avec ses finalités, éclairés par les connaissances scientifiques qu'il mobilise et directement utilisables… On pourrait parfaitement imaginer que des finalités éducatives, appuyées par des savoirs scientifiques sur le développement de l'enfant et son environnement sociologique, ne puissent donner naissance à aucun outil ; nous disposerions d'un axe interprétatif solide, mais, en l'absence de propositions d'action, ce ne serait pas un modèle pédagogique.

En face de tout ce qui se prétend « méthode pédagogique », on ne saurait donc trop recommander de s'interroger tout à la fois sur les trois pôles que nous venons de décrire, en veillant à ne pas se laisser fasciner ou absorber par l'un d'entre eux : une méthode pédagogique qui se réduirait à une interrogation permanente sur les finalités n'intéresserait que des hommes et femmes totalement dégagés de toute implication ; une méthode qui ne serait que l'exhortation à vénérer une théorie scientifique ferait l'impasse sur ses propres choix idéologiques et, de plus, se condamnerait à l'inaction ; une méthode qui totémiserait des outils sans se référer aux finalités qu'ils servent et aux appuis scientifiques qui permettent de comprendre comment ils fonctionnent agirait totalement à l'aveuglette. Une véritable méthode pédagogique est un modèle lucide sur ce qui le constitue et attentif à l'équilibre entre ces trois pôles.

Méthodes et modèles pédagogiques : les différentes composantes

Si l'on s'attache maintenant, non plus aux trois pôles dont la configuration délimite une méthode pédagogique, mais à ce qui constitue cette dernière sur le plan de son organisation interne, on peut distinguer cinq composantes essentielles : le degré de didactisation, les situations utilisées, les outils mobilisés, la nature de la relation pédagogique proposée et les modalités d'évaluation envisagées. Bien évidemment, tout cela peut faire l'objet d'une infinité de combinaisons et ne fournit qu'une grille de lecture parmi d'autres.

Le *degré de didactisation* renvoie à la position des savoirs enseignés par rapport aux champs sociaux de leur émergence. Il faut rappeler en effet que la formation des hommes s'est d'abord effectuée « sur le tas », par un contact direct avec les pratiques sociales. Ce n'est qu'à partir du XVIIe siècle, avec Coménius et, surtout, du XVIIIe siècle, avec l'*Encyclopédie,* que l'on a formé le projet de dégager les savoirs des lieux de leur constitution pour les présenter de manière systématique et progressive dans des livres et dans des écoles. On a ainsi considérablement gagné en rigueur didactique par rapport à l'apprentissage « par la vie », mais on a alors perdu en finalisation de ces savoirs, ceux-ci devenant progressivement autonomes et se développant de manière formelle dans des situations purement didactiques où l'élève ne voit plus « à quoi ils servent » (ce que Célestin Freinet nommait « la scolastique »). C'est ainsi que le grand débat pédagogique de ce siècle renvoie, pour une très large part, à cette histoire et aux questions qu'elle pose : faut-il continuer à dégager les savoirs de toute implication pour les présenter de manière encyclopédique dans des lieux de formation spécifiques ? Ou bien faut-il réarticuler les savoirs aux pratiques sociales de référence et retrouver avec les apprenants les situations « naturelles » qui leur donnent du sens ? C'est là, très largement, le débat entre « méthodes traditionnelles » et « méthodes actives », cours magistral et pédagogie du projet. C'est aussi ce débat que veut dépasser la « pédagogie par alternance », en articulant la logique de la production qui produit du sens et la logique de la formation qui produit de la rigueur. Enfin, c'est ce débat qui permet d'évaluer les degrés de didactisation des différentes méthodes pédagogiques.

Les *situations pédagogiques* mises en œuvre par les différentes méthodes peuvent être classées en trois catégories selon la structure de la communication qu'elles proposent. C'est ainsi que l'on peut distinguer des situations impositives collectives (le cours magistral et ses variantes technologiques : film, télévision, etc.), des situations interactives (toutes les formes de travail de groupe) et des situations individualisées (qui vont de l'entretien avec un tuteur à la lecture individuelle d'un ouvrage, l'interrogation écrite ou l'étude grâce à un didacticiel). Les recherches s'accordent en général pour considérer que les degrés de guidage cognitif varient ici en sens inverse de ce que l'on croit généralement. Une situation magistrale perçue souvent comme très directive ne présente que peu de contraintes intellectuelles ; pourvu que l'élève adopte un comportement qui donne l'impression d'être à l'écoute, son activité intellectuelle véritable est laissée entièrement à son initiative. En revanche, une activité très individualisée comporte un contrôle beaucoup plus étroit de l'activité cognitive et la possibilité d'intervenir rapidement en fonction des difficultés qui apparaissent ; les situations interactives peuvent être plus ou moins guidées selon le mode de fonctionnement qui est proposé ou imposé au groupe.

En réalité, l'efficacité d'une situation pédagogique n'est pas liée à la structure apparente des relations interpersonnelles mais à la présence d'un conflit sociocognitif chez l'apprenant : si les apports nouveaux entrent véritablement en interaction avec les représentations ou conceptions antérieures et que, à partir de cette interaction, le sujet peut stabiliser un nouveau système de représentations, alors il y aura véritablement progression. C'est donc bien cette question de l'existence ou non d'un véritable conflit sociocognitif qui doit être posée quand on s'interroge sur la portée d'une méthode pédagogique en terme d'apprentissages.

Les *outils d'apprentissage* peuvent être très divers : c'est aussi bien le texte écrit, la parole, le corps, des objets de toutes sortes à manipuler que des technologies éducatives (audiovisuel, informatique). Une même situation peut donc recourir à des outils différents et l'efficacité de ceux-ci est, sans aucun doute, à étudier en fonction de la nature de l'objectif poursuivi mais aussi des stratégies individuelles préférentielles utilisées par chaque apprenant. C'est dans ce sens qu'il convient d'interpréter et d'utiliser les données sur les « profils pédagogiques » qui montrent que chacun se construit plutôt des images mentales auditives, visuelles ou kinesthésiques (ces variables ont été particulièrement développées par Antoine de La Garanderie et la « programmation neuro-linguistique »). Dans cette perspective, la découverte par l'apprenant de son profil pédagogique lui permet d'utiliser préférentiellement les outils les plus efficaces pour lui.

Le *type de relation pédagogique* n'est pas toujours lié de manière automatique à une méthode donnée : la même situation recourant aux mêmes outils peut être gérée de manières très différentes. Le formateur peut avoir un mode de gestion plutôt directif, plutôt non directif ou plutôt néo-directif (Lewin parle, lui, de *leadership* autoritaire, du « laisser-faire » et de la gestion démocratique ; mais ces catégories, empruntées à l'étude psychosociologique des groupes, ne paraissent pas adaptées pour caractériser les relations proprement pédagogiques). En fait, on peut considérer qu'il y a relation directive en formation quand le mode de gestion est décrété à l'avance et qu'aucune régulation n'intervient en cours de route. Il y aura, en revanche, gestion non directive quand le mode de gestion est décidé et remis en question en permanence par le groupe d'apprenants lui-même (ce qui ne veut pas dire que, au sein de ce groupe, il n'y aura pas de phénomènes de prise de pouvoir par certains de ses membres, mais que l'intervention sur ces prises de pouvoir est considérée par le formateur comme n'étant pas de son ressort). Enfin, on peut parler de néo-directivité quand un mode de fonctionnement est décidé par le formateur mais que celui-ci le remet en question régulièrement avec tous les apprenants en s'efforçant d'impliquer progressivement ceux-ci dans sa régulation.

Enfin, une méthode pédagogique se caractérise par son *mode d'évaluation*. En effet, les chercheurs ont de plus en plus tendance à considérer que l'évaluation n'est pas seulement une procédure finale sans impact sur le déroulement de la formation elle-même, qui en sanctionne simplement le terme. La manière d'évaluer est une composante essentielle de toute la méthode : d'une part, parce que l'on assiste toujours à un pilotage par l'aval (une formation finit par n'attacher vraiment d'importance qu'à ce qu'elle a décidé d'évaluer) ; d'autre part, parce que les procédures d'évaluation modifient fortement l'ensemble du dispositif. En ce sens, trois facteurs sont particulièrement déterminants : l'existence d'une « évaluation diagnostique » (ou « pronostique ») grâce à laquelle on peut moduler le déroulement de la formation en fonction des besoins des apprenants ; la construction avec les apprenants des critères de l'évaluation finale (telle qu'elle est proposée par le courant de l'« évaluation formatrice » initialisé par Bonniol et Nunziati) ; la présence d'évaluations partielles critériées (telle que la propose l'« évaluation formative » définie par Scriven).

Au total, on voit qu'une méthode pédagogique comprend un ensemble de composantes extrêmement variées et qui peuvent être l'objet de combinaisons multiples. C'est pourquoi il importe qu'après avoir défini son « modèle pédagogique » en articulant les trois pôles définis plus hauts, le praticien puisse gérer de manière optimale l'ensemble de ces composantes : cela ne signifie nullement que le pédagogue doive faire précéder toute prise de décision d'une étude exhaustive de tous les éléments susceptibles d'éclairer ses choix. Une telle manière de procéder conduirait d'ailleurs immanquablement à surseoir systématiquement à l'action au nom du primat de la perfection de la connaissance. Le pédagogue apprend aussi – et peut-être surtout – par l'action. L'important est qu'il sache répercuter l'approximation inévitable dans la prise de décision en flexibilité pour ses actions futures en fonction de l'analyse des résultats obtenus. C'est là formuler autrement l'exigence fondatrice d'une pédagogie différenciée qui, loin d'être une forme d'adaptation scientifique des méthodes pédagogiques aux différences interindividuelles des élèves, est un effort constant pour adapter et réguler avec eux les situations d'apprentissage.

Philippe Meirieu

▶ Bibliographie

AVANZINI G. (dir.), *Histoire de la pédagogie du XVIe siècle à nos jours,* Toulouse, Privat, 1981.

AVANZINI G. (dir.), *La Pédagogie au XXe siècle,* Toulouse, Privat, 1989.

BERBAUM J., *Apprentissage et formation,* Paris, PUF, coll. « Que sais-je ? », 2005.

CLAUSSE A., *Évolution des doctrines et des méthodes pédagogiques,* Paris, Éditions universitaires, 1983.

DELACÔTE G., *Savoir apprendre, les nouvelles méthodes,* Paris, Odile Jacob, 1996.

MEIRIEU P., *L'École, mode d'emploi,* Issy-les-Moulineaux, ESF, 2004.

NOT L., *Les Pédagogies de la connaissance,* Toulouse, Privat, 1988.

TARDIF M., GAUTHIER C. (dir.), *La Pédagogie : théories et pratiques de l'Antiquité à nos jours,* Montréal, Gaëtan Morin, 1996.

VIAL J., *Histoire et actualité des méthodes pédagogiques,* Issy-les-Moulineaux, ESF, 2e éd., 1987.

▶ Voir aussi

Actives (Méthodes) – Alternance (Formations en) – Axiologie – Directivité, non-directivité – Évaluation – Groupe (Pédagogies de) – Objectif pédagogique – Outils pédagogiques – Pédagogie différenciée – Praxéologie – Projet – Situation-problème.

MIALARET, GASTON (NÉ EN 1918)

Élève à l'école normale de Cahors, licencié de mathématiques et de physique, reçu en 1946 à l'école normale supérieure de Saint-Cloud, titulaire de la nouvelle licence de psychologie en 1948, professeur de psychopédagogie des ENNA, devenu docteur ès lettres en soutenant deux thèses sur l'apprentissage des mathématiques et sur la sélection et la formation des professeurs de mathématiques, Gaston Mialaret a été l'un des fondateurs des sciences de l'éducation en France en 1967 (avec Maurice Debesse et Jean Château) et l'illustration d'un « pédagogue scientifique » (chercheur, pédagogue et éducateur). Son itinéraire personnel reflète l'évolution et l'ouverture constante d'un riche parcours de recherche en éducation.

Gaston Mialaret est né le 19 octobre 1918 dans une famille lotoise modeste. Après des études à l'école normale, il devient instituteur, professeur de mathématiques en collège, puis professeur de psychopédagogie. Après des études de psychologie, il commence ses travaux de recherche à l'école normale supérieure de Saint-Cloud où il organise le premier laboratoire de psychopédagogie. Nommé en 1953 à l'université de Caen, il y développe la psychologie, puis crée la chaire de sciences de l'éducation en 1967, met en place une licence et une maîtrise ainsi que le laboratoire de psychopédagogie. Gaston Mialaret va faire sa carrière d'enseignant-chercheur à l'université de Caen jusqu'en 1984 et développer l'enseignement et la recherche en éducation en France, tout en menant de nombreuses activités internationales, en tant qu'expert-consultant à l'Unesco, au BIE, à l'ONU, à l'OEA, à l'Unicef, au Conseil de l'Europe, et des missions dans de nombreuses universités étrangères (Lisbonne, Sherbrooke, Gand, etc.) dont il est docteur *honoris causa*.

Universitaire de renom international, mais également militant, Gaston Mialaret a participé aux mouvements de l'éducation nouvelle, en tant que président du GFEN, président de l'Organisation mondiale préscolaire, et a été très actif dans la mise en place de la recherche scientifique en éducation, comme fondateur de l'Association internationale de pédagogie expérimentale de langue française et vice-président de l'Association francophone internationale de recherche scientifique en éducation, ainsi qu'au niveau du développement en France des sciences de l'éducation et de leur structuration, en tant que président de l'Association des sciences de l'éducation puis de l'Association des enseignants et chercheurs en sciences de l'éducation.

Certains de ses ouvrages sont devenus des classiques en France et à l'étranger : *Introduction à la pédagogie* (1964) ; *Les Sciences de l'éducation* (1976) ; *La Formation des enseignants* (1977) ; *La Psychopédagogie* (1986) ; *Pédagogie générale* (1991). Il a obtenu en 1991, pour l'ensemble de son œuvre, le prix Comenius – Nobel de l'éducation.

On peut regrouper ses nombreux travaux autour d'une préoccupation centrale : développer une attitude scientifique face aux faits et situations d'éducation, question que l'auteur a traitée à trois niveaux, celui des rapports entre la pédagogie, théorie pratique et les sciences de l'éducation, celui de l'éducation nouvelle et préscolaire, et celui de la formation des enseignants.

Pédagogie et sciences de l'éducation

Gaston Mialaret se définit lui-même comme un « produit de Wallon, de Zazzo et de Piaget », issu à la fois de la psychologie scientifique et de l'éducation nouvelle. De par ses origines disciplinaires scientifiques, en mathématiques et en psychologie, il a cherché à donner ses lettres de noblesse à un nouveau champ scientifique rassemblant les recherches en éducation et sur l'éducation. Avant la création de la discipline « sciences de l'éducation », il y avait « la pédagogie » ; Gaston Mialaret a ainsi d'abord défendu, et illustré par ses premiers travaux, une conception stricte de la psychopédagogie et de la pédagogie expérimentale qui portait surtout sur l'action éducative « étudiée scientifiquement ». Il est progressivement passé des « sciences pédagogiques » à une conception élargie, qui englobe plusieurs approches scientifiques de l'éducation. Pour lui, l'objet complexe « éducation », « la réalité éducative complète » nécessite une pluralité d'approches scientifiques.

En fondant les études universitaires en « sciences de l'éducation » (sciences au pluriel) en France le 2 février 1967, il donnait une définition théorique d'une nouvelle discipline plurielle : « Les sciences de l'éducation sont constituées par *l'ensemble des disciplines* qui étudient les conditions d'existence, de fonctionnement et d'évolution des situations et des faits d'éducation. » Son objectif principal visait à développer l'attitude scientifique par une pluralité d'approches sur les faits et situations éducatifs et produire un volet de recherches en pédagogie pour articuler pratique et théorie, action et recherche.

Au cours des rencontres annuelles de l'Association internationale de pédagogie expérimentale de langue française, qu'il fonda et dirigea, fut clarifiée la distinction entre « pédagogie expérimentale » et recherche scientifique en éducation. Il s'agissait d'abord pour Gaston Mialaret de développer les sciences de l'éducation afin de comprendre les processus éducatifs et de pouvoir ainsi, dans un second temps, intégrer les résultats aux « pratiques qu'elles analysent et perfectionnent ». Son apport essentiel fut de fonder la spécificité d'une discipline scientifique plurielle et son utilité pour l'action éducative, comme tous ses travaux et écrits en témoignent.

L'éducation nouvelle et l'éducation préscolaire

Chercheur s'appuyant sur des méthodes d'expérimentation, Gaston Mialaret est aussi un éducateur militant de l'éducation. Au niveau de l'action éducative, son souci premier est de développer l'éducation nouvelle, qu'il a plus particulièrement étudiée dans le champ de l'école élémentaire et de l'école maternelle, en menant des travaux sur l'apprentissage de la lecture, de l'écriture, des mathématiques, du dessin, de la créativité. Élève d'Henri Wallon, adepte de Decroly, membre puis président du GFEN, il a défendu une éducation nouvelle, centrée sur l'activité de l'élève, ouverte, « qui propose des solutions neuves aux problèmes nouveaux », et scientifique parce que fondée sur des apports de la psychologie de l'enfant « qui mettent en lumière les fondements scientifiques de la pratique des méthodes actives ». À ce niveau, il s'efforce encore de « chercher les procédures pour soumettre au jugement scientifique les méthodes, techniques et procédés de l'éducation nouvelle ».

Mais Gaston Mialaret est aussi progressiste et sa réflexion sur l'éducation nouvelle s'inscrit dans le courant de « démocratisation de l'enseignement » pour « développer et créer en chaque individu le maximum des possibilités ». Pour cela, il cherche à favoriser la mise en place des méthodes actives dès la petite enfance. Président mondial de l'Organisation mondiale pour l'éducation préscolaire (OMEP), il a mené un combat pour la défense de l'éducation préscolaire, en particulier dans les pays en voie de développement, pour l'extension de la démarche active de Maria Montessori, pour les droits de l'enfant et les approches facilitant le développement de l'autonomie du jeune enfant.

La formation des enseignants

La formation des enseignants est l'un des thèmes essentiels de l'œuvre de Gaston Mialaret ; il lui a consacré de nombreux travaux (trois ouvrages, vingt-six articles) depuis sa thèse de 1959 sur « la sélection et la formation des professeurs de mathématiques ». Il a organisé de nombreux colloques sur ce thème pour défendre la formation professionnelle et universitaire dans des conférences des présidents d'universités (CPU) (conception qui a inspiré le cadre des IUFM mis en place en 1991). Dans son laboratoire de recherche de Caen, il a favorisé les travaux et thèses dans ce champ. Pour lui, « la formation des enseignants est un point de passage obligé de tout changement en éducation », « un levier de l'innovation ». Dans ses écrits, il défend une conception novatrice de la formation des enseignants qui articule dans « un équilibre harmonieux… formation pratique, formation théorique, et élargissement de la culture générale par la recherche ». La pratique désigne pour lui « la pratique professionnelle réelle des jeunes formés, les pratiques innovantes, les pratiques découvertes par les enseignants eux-mêmes » ; la théorie concerne « le savoir pédagogique, didactique, l'étude psychologique et psychopédagogique de la discipline, la réflexion philosophico-historico- sociologique », des connaissances « sur la transmission et le métier ». Pour la recherche, il préconise et mène plusieurs niveaux de travaux en formation d'enseignants, « en didactique, sur les attitudes de l'action pédagogique, sur les méthodes et techniques ». Pour lui, la recherche sur les variables en jeu dans les conduites et situations d'enseignement est nécessaire à la caractérisation et au changement des pratiques enseignantes ; il est aussi précurseur des travaux sur la formation personnelle de l'enseignant et sur l'inscription de ce type de recherches dans le champ de la formation des adultes.

L'œuvre importante de Gaston Mialaret comme chercheur et l'action influente et humaniste de l'homme dans le monde universitaire et au sein de multiples associations éducatives ont marqué les débuts de la recherche scientifique en éducation en France et engagé les sciences de l'éducation dans leur orientation plurielle actuelle. Pionnier, Gaston Mialaret a ouvert de nombreuses pistes de recherche que les 80 doctorants qu'il a encadrés ont pu approfondir, étant devenus à leur tour enseignants-chercheurs dans les universités françaises et étrangères. Il est indispensable de mentionner le rôle clef qu'il a aussi joué dans la diffusion et la structuration des recherches en et sur l'éducation, au travers des différentes collections qu'il dirige depuis de nombreuses années.

Marguerite Altet

▶ Bibliographie

Principales œuvres de Gaston Mialaret :

Vocabulaire de l'éducation (dir.), Paris, PUF, 1979.

Introduction à la pédagogie, Paris, PUF, 1990.

Pédagogie générale, Paris, PUF, 1991.

La Formation des enseignants, Paris, PUF, coll. « Que sais-je ? », 1996.

Le Plan Langevin-Wallon, Paris, PUF, coll. « Pédagogues et pédagogies », n° 16, 1997.

Les Sciences de l'éducation, Paris, PUF, coll. « Que sais-je ? », 2000.

La Psychopédagogie, Paris, PUF, coll. « Que sais-je ? », 2002.

Psychologie de l'éducation, PUF, Paris, coll. « Que sais-je ? », 2003.

Méthodes de recherche en sciences de l'éducation, Paris, PUF, coll. « Que sais-je ? », 2004.

Avec la collab. de Debesse M., *Traité des sciences pédagogiques*, Paris, PUF, 7 vol., 1970-1977.

Principale œuvre sur Gaston Mialaret :

Marmoz L. (dir.), *Gaston Mialaret : l'éducateur, le pédagogue, le chercheur*, Paris, PUF, 1993.

▶ Voir aussi

Debesse, Maurice – Éducation nouvelle – Pédagogie – Piaget, Jean – Psychopédagogie – Recherche en éducation – Sciences de l'éducation – Wallon, Henri.

Ministre de l'Éducation nationale

Le premier véritable ministre de l'Instruction publique est nommé en 1828 ; le premier ministre de l'Éducation nationale en 1932.

Genèse de la fonction

Sous l'Ancien Régime, il n'y a pas d'administration d'État en matière d'enseignement. Cette administration, sous tutelle ecclésiastique ou municipale, est très décentralisée ; les universités sont indépendantes.

Sous la Révolution, la notion d'administration centrale de l'Instruction publique s'affirme avec les décrets d'avril et mai 1791 qui en confient la charge au ministère de l'Intérieur. En 1808, Napoléon crée l'Université, avec à sa tête un grand maître de l'Université. Le ministère de l'Intérieur a certes autorité sur le grand maître, mais les conditions pour développer une administration centrale propre à l'Instruction publique sont réunies.

Sous la Restauration, l'ordonnance du 26 août 1824 crée un ministère des Affaires ecclésiastiques et de l'Instruction publique, en conférant à son détenteur le titre et les pouvoirs de grand maître de l'Université. Il s'agit en l'occurrence de monseigneur Frayssinous. En vertu de l'ordonnance du 4 janvier 1828, l'Instruction publique est séparée des Affaires ecclésiastiques et confiée à un ministre secrétaire d'État ; la fonction acquiert alors une représentation propre dans les gouvernements.

Le 3 juin 1932, le ministère de l'Instruction publique devient le « ministère de l'Éducation nationale ». Il faut voir dans cette nouvelle appellation proposée par le ministre en exercice de Monzie non pas le triomphe de l'« éducation » sur l'« instruction », mais la reconnaissance du rôle de plus en plus important de ce ministère ; et surtout le désir d'unité, d'« École unique », d'unification nationale, qui anime de Monzie et les radicaux.

En 1828, année de la complète individualisation du ministère de l'Instruction publique, le nombre des employés est de 71. En 1899, le ministère compte 253 personnes dont 4 directeurs et 51 chefs et sous-chefs de bureau. En 1984, l'administration centrale du ministère de l'Éducation nationale comprend 4 300 personnes réparties en 219 bureaux regroupés en 31 sous-directions et 25 divisions. Le nombre de personnes rassemblées dans ce seul ministère est alors supérieur à celui qui était regroupé en 1899 pour l'ensemble des personnels des administrations centrales des différents ministères. Durant l'année scolaire 2003-2004, l'administration centrale – le ministère – comptait 3 775 personnes dont 1 246 de la catégorie A de la fonction publique, parmi lesquels 165 directeurs et administrateurs civils, 254 inspecteurs généraux, 766 attachés d'administration.

Les prérogatives

Le ministre est à la tête du ministère de l'Éducation. Il assure, en tant que membre du gouvernement, une responsabilité politique : mise en œuvre de la politique éducative gouvernementale, préparation, proposition et défense de cette politique au sein du gouvernement, préparation des lois qui seront soumises au vote du Parlement, des décrets qui sont signés par le Premier ministre, proposition des nominations des hauts fonctionnaires en Conseil des ministres.

Le ministre est administrateur. Le champ d'attribution du département ministériel est fixé par décret lors de la constitution du gouvernement. Il comprend ou non l'éducation physique et sportive, les universités... Le ministre peut être assisté de secrétaire(s) d'État : aux enseignements technologiques, aux universités... En tant qu'administrateur, le ministre organise son ministère, prend les mesures internes relatives au fonctionnement de ses services, gère son personnel, exerce la tutelle administrative et financière sur les établissements publics rattachés au ministère, engage les dépenses, fait procéder à la perception des recettes, fixe les règles relatives aux formations, aux diplômes, à la gestion des établissements d'enseignement.

Ces développements sont valables pour le ministre des Universités ou des Enseignements supérieurs lorsque la composition du gouvernement sépare l'Éducation de ceux-ci.

Claude Durand-Prinborgne
Claude Lelièvre

▸ Bibliographie

Durand-Prinborgne C., *L'Éducation nationale : une culture, un service, un système*, Paris, Nathan-Université, coll. « Fac éducation », 1992, 3e éd., 1997.

Durand-Prinborgne C., *Le Droit de l'éducation,* Paris, Hachette Éducation, coll. « Organiser, former pour enseigner », 1992.

Geoffroy J., « L'Administration de l'Éducation nationale », *in* Toulemonde B. (dir.), *Le Système éducatif en France,* Paris, La Documentation française, 2003.

Institut français de sciences administratives, *L'Administration de l' Éducation nationale,* Paris, Économica, 1992.

Toulemonde B., *Petite histoire d'un grand ministère – l'Éducation nationale,* Paris, Albin Michel, 1988.

▸ Voir aussi

Administration de l'Éducation nationale – Éducation – Instruction – Neutralité – Personnels ATOS.

MISSION ACADÉMIQUE À LA FORMATION DES PERSONNELS DE L'ÉDUCATION NATIONALE (MAFPEN)

Créées en 1982 par Alain Savary, supprimées en 1999 par Claude Allègre, les MAFPEN sont les structures qui, pendant cette période, ont été chargées d'organiser, dans chaque académie, la formation continue de l'ensemble des personnels du ministère de l'Éducation nationale. De fait, leur champ de compétence a pu varier d'une académie à l'autre. Beaucoup se sont uniquement consacrées aux professeurs du second degré ; d'autres y ont ajouté la formation des personnels ATOS et des personnels de direction ; quelques-unes ont coordonné la formation des instituteurs avant que cette responsabilité n'échoie, en 1991, aux IUFM.

L'ambition du départ était triple : faire de la formation un instrument d'évolution des pratiques pédagogiques, coordonner les ressources de formation initiale et continue, rapprocher les centres de formation spécifiques à chaque catégorie, s'efforcer, par la concertation, d'articuler les aspirations des personnels et les attentes de l'institution. Les MAFPEN furent confiées à des universitaires et placées « hors hiérarchie » par rapport aux organigrammes des rectorats. La méthode retenue – administration de mission plutôt que de gestion, cadre juridique imprécis – a suscité de nombreuses difficultés : difficultés politiques avec l'arrivée au ministère de Jean-Pierre Chevènement puis René Monory, difficultés corporatistes avec l'hostilité larvée des corps d'inspection. La création, en 1983, d'une mission nationale (MIFERE) chargée notamment de coordonner les MAFPEN, a contribué à leur faire passer un cap difficile. La création des IUFM en 1989 par Lionel Jospin, avec leur triple mission de formation initiale, de formation continue et de recherche en éducation, portait sans doute en germe leur disparition.

Mais cette disparition au profit des IUFM, brutale et mal préparée, a contribué, avec les restrictions budgétaires qui avaient précédé, à désorganiser les dispositifs académiques et à contracter sensiblement le volume de la formation continue des professeurs du second degré : entre 1996 et 2000, la durée moyenne de formation a ainsi chuté de 3,5 à 2,1 journées par enseignant et par an. Depuis, la plupart des rectorats ont repris la main en créant une délégation académique à la formation des personnels, confiée à un inspecteur, qui assure la maîtrise d'ouvrage de l'offre de formation mais sous-traite sa mise en œuvre.

Jean-Pierre Obin

▸ Textes officiels

Déclaration d'Alain Savary (conférence de presse du 19 mars 1982).

Lettre aux recteurs du 15 avril 1982 (*BO* n° 24 du 17 juin 1982) : décision de création.

Lettre aux recteurs, inspecteurs d'académie (n° 92.215, 24 mai 1982, *BO* n° 27 du 17 juin 1982) : organisation de la formation continue des personnels.

Arrêté du 12 juin 1982 : création officielle des MAFPEN.

Arrêté du 25 juillet 1985 : annule et remplace celui du 12 juin 1982.

Lettre aux recteurs du 25 juillet 1985 : place et rôle du chef de la MAFPEN.

▸ Bibliographie

DECOBERT J., « La Formation continue des enseignants », *Éducation permanente*, n° 96, Paris, 1988.

DECOBERT J., *La Formation des personnels de l'Éducation nationale, huit années d'expérience des MAFPEN*, Poitiers, CRDP de Poitiers, 1990.

PERETTI A. de, *La Formation des personnels de l'Éducation nationale*, Paris, La Documentation française, 1982.

▸ Voir aussi

Académie – Audit – Établissement (Projet d') – Évaluation – Formation des enseignants – Institut universitaire de formation des maîtres (IUFM) – Personnel enseignant – Personnels ATOS.

Mixité

On peut considérer qu'est « mixte » tout ensemble composé d'éléments d'origine ou de nature différentes. Plus particulièrement, ce terme peut qualifier tout groupement de personnes de sexes différents : un « double mixte » au tennis, une « école mixte » dans l'enseignement.

Le terme de « mixité » (à l'école) s'est substitué à celui de « co-éducation », utilisé au début du XXe siècle. La co-éducation impliquait l'idée, non seulement d'une instruction, mais d'une éducation communes, que celle-ci se donne pour finalité une « éducation identique », ou, d'une manière plus nuancée, une « complémentarité » des deux sexes, postulant « la reconnaissance non de leur similitude mais de leur égalité » (Breuse, 1976).

Une mixité combattue

Le démarrage décisif de la scolarisation s'est d'abord fait pour des raisons religieuses tenant à la Réforme protestante et à la Contre-Réforme catholique. Pour cette dernière, la condamnation de la mixité est alors plus qu'une règle, c'est une obsession. Dans les statuts synodaux, la recommandation est constante. Le plus important, dans cette règle édictée, réside moins dans son application pratique (parfois limitée) que dans la conception éducative qu'elle implique. La non-mixité de l'école et la ségrégation des femmes jusqu'au mariage ne sont que des aspects de la lutte que mène l'Église de la Contre-Réforme pour effacer du monde les objets sexuels. Les filles sont des mères qui ont gardé leur innocence : la figure de la Vierge Marie structure cette éducation, cette idéalisation. La vertu essentielle de la femme chrétienne est la « pudicité » ; selon Vivès, dès la plus tendre enfance « ne doit la pucelle continuer de hanter les enfants mâles, pour non se accoutumer à délecter avec les hommes » (*De l'institution de la femme chrétienne,* 1523).

Pendant la Révolution française, la plupart des révolutionnaires, pouvant se réclamer de Jean-Jacques Rousseau, pensent que l'homme et la femme ont un rôle différent à jouer, argumentant que chaque sexe a une place distincte à tenir dans la société.

Seules quelques femmes, comme Olympe de Gouges, revendiquent l'égalité politique et l'égalité d'instruction. De même, Condorcet tranche par son opinion : il est pour l'égalité des droits politiques et pour la mixité de l'instruction. Pour lui l'argumentation selon laquelle hommes et femmes sont différents par nature est fausse, car « ce n'est pas la nature, c'est l'éducation, c'est l'existence sociale qui cause cette différence », « il est donc injuste d'alléguer, pour continuer de refuser aux femmes la jouissance de leurs droits naturels, des motifs qui n'ont une sorte de réalité que parce qu'elles ne jouissent pas de ce droit » (*Œuvres complètes*, t. VII, 1847).

Après la Révolution française, la Restauration – inspirée par la hiérarchie catholique – se place à la pointe du combat contre la mixité. L'ordonnance de 1816, première charte de l'école primaire, stipule que « les garçons et les filles ne pourront jamais être réunis pour recevoir l'enseignement ».

Lorsque la loi Guizot de 1833 impose à chaque commune d'entretenir au moins une école primaire élémentaire (de garçons) alors que rien n'est obligatoire pour les filles, la demande de scolarisation féminine accrue pose des problèmes car nombre de filles doivent être accueillies dans la seule école communale. L'arrêté du 22 décembre 1835 édicte l'obligation de séparer les garçons et les filles ; il est redoublé par celui du 8 janvier 1836 qui impose une cloison entre eux lorsqu'ils sont admis en même temps dans le même local.

La législation scolaire de Jules Ferry se montre tout autant puritaine et renchérit même sur la « moralité », la séparation. Elle supprime certes l'obligation de la « barrière », mais elle multiplie les écoles spécifiques de filles (sauf dans les hameaux où survit une mixité résiduelle marginale). Par ailleurs, la scolarisation des filles n'a pas pour objectif majeur de faciliter leur insertion dans le monde du travail, bien au contraire. Les femmes, même scolarisées, doivent rester « à leur place » et si possible « au foyer ».

Ces orientations sont inscrites institutionnellement. L'orientation des écoles élémentaires est nettement différenciée pour les filles et les garçons. Selon les programmes signés par Jules Ferry le 27 juillet 1882 : « L'école primaire peut et doit faire aux exercices du corps une part suffisante pour préparer et prédisposer, en quelque sorte, les garçons aux futurs travaux de l'ouvrier et du soldat, les filles aux soins du ménage et aux ouvrages des femmes. »

L'enseignement secondaire féminin d'État (créé en 1880) est destiné en principe à de futures bourgeoises qui règneront sur leur intérieur. Le niveau des études est proche du secondaire masculin, mais les cursus diffèrent profondément : il n'est pas question de préparer au baccalauréat, qui donne accès aux professions libérales. La philosophie et les humanités classiques (qui sont les fleurons du secondaire masculin) ne sont pas au programme. Les sciences, surtout les mathématiques, sont réduites à la portion congrue. Pour l'essentiel, il s'agit d'un enseignement de lettres et de langues modernes.

En définitive, le principe retenu par la IIIe République est – selon le mot de Legouvé – « l'égalité dans la différence » (les filles et les garçons sont formés à des rôles et des statuts sociaux différents) dans et par la séparation institutionnalisée des sexes.

La généralisation de la mixité

Le grand événement du xxe siècle, à cet égard, est la généralisation de la mixité à l'école : dans les années 1960 pour les écoles primaires et les collèges, dans les années 1970 pour les lycées. Les décrets d'application du 28 décembre 1976 de la loi Haby du 11 juillet 1975 assurent l'obligation de mixité de l'enseignement.

Ce véritable bouleversement s'est produit dans le cadre d'une politique soutenue (voire impulsée) par l'administration de l'École publique ; et sans doute d'abord en raison d'une gestion « maximalisée » des moyens à disposition dans une période de forte croissance démographique et d'allongement de la scolarisation, alors même que l'exode rural s'est accéléré.

Cette généralisation de la mixité s'est faite sans débat d'envergure portant soit sur la « co-éducation » des sexes (ses principes et ses problèmes), soit sur la question explicite de l'égalité des sexes.

S'était développé, en effet, au cours de la première moitié du xxe siècle, un courant favorable à une « co-éducation » des sexes qui soutenait que la coexistence entre jeunes des deux sexes dans les mêmes lieux et avec les mêmes activités scolaires était par elle-même éducative : « La co-éducation donne lieu à une émulation plus grande entre les élèves, favorise leur enrichissement intellectuel réciproque ; elle provoque l'usure des curiosités malsaines, sans qu'en fait aucun incident sexuel ait pu être imputé à ce système pédagogique » *(L'Éducation nationale,* 2 novembre 1961).

Mais quand la mixité a été introduite dans le système scolaire, aucune finalité pédagogique ou politique ne lui a été assignée par les textes officiels.

Il est remarquable également qu'il ait fallu attendre la circulaire du 22 juillet 1982 pour que la mixité se voie assigner explicitement une finalité nettement égalitariste, voire féministe : « assurer la pleine égalité des chances » entre les filles et les garçons, par la « lutte contre les préjugés sexistes » afin de « faire disparaître toute discrimination à l'égard des femmes ». Et il a fallu attendre la loi Jospin de 1989 pour que la finalité de l'égalité des sexes figure explicitement dans la loi.

Il est encore plus remarquable qu'il ait fallu attendre la convention du 25 février 2000, signée par plusieurs ministères, pour qu'une politique cohérente d'égalité des sexes soit assignée à l'école : outre l'amélioration de l'orientation scolaire des filles et des garçons, la promotion d'une éducation fondée sur le respect mutuel des deux sexes, l'institution de programmes qui mettent en évidence les rôles joués par les femmes dans l'histoire et dans tous les domaines de la société, et enfin la formation initiale et continue de tous les acteurs du système éducatif pour qu'ils puissent mettre en œuvre cette politique et cette éducation.

Encore convient-il de noter que ces textes n'ont pas eu un grand retentissement ni des conséquences évidentes, car ils se heurtent à de fortes résistances de la part d'une partie des autorités administratives et des personnels. L'absence d'un débat ample, prolongé et d'envergure, a empêché de mettre au jour et à l'ordre du jour, d'une part, les problèmes relatifs aux rapports différenciés voire inégalitaires que peuvent entretenir les enseignants et les autres personnels avec leurs élèves selon qu'ils sont filles ou garçons, et, d'autre part, les inégalités entre les hommes et les femmes qui travaillent aux différents niveaux du système scolaire et universitaire.

Françoise Lelièvre
Nicole Mosconi

► **Bibliographie**

Breuse E., *La Co-éducation dans les écoles mixtes*, Paris, PUF, 1976.

Lelièvre C., Lelièvre F., *Histoire de la scolarisation des filles,* Paris, Nathan, coll. « Repères pédagogiques », 1991.

Mosconi N., *La Mixité dans l'enseignement secondaire : un faux-semblant ?,* Paris, PUF, 1989.

Mosconi N., *Femmes et savoir : La société, l'école et la division sexuelle du savoir*, Paris, L'Harmattan, 1994.

Mosconi N., *Égalité des sexes en éducation et formation,* Paris, PUF, coll. « Pédagogie d'aujourd'hui », 1998.

► **Voir aussi**

Filles/Garçons – Sexisme.

Mobilier scolaire

Le mobilier scolaire est né au XIXe siècle de préoccupations hygiénistes. Les médecins constatant les malformations de la colonne vertébrale dues à l'inadaptation du mobilier aux enfants, l'administration républicaine, soucieuse de créer à l'école de bonnes conditions du lire, écrire, compter, a mobilisé le savoir d'architectes, d'hygiénistes, de l'anthropométrie et de la statistique pour établir des normes idéales de confort et d'assise selon la taille. La table-banc, un des premiers modèles de mobiliser scolaire, est née de ces efforts de spécialisation et de normalisation. L'importance du mobilier lors de l'exposition universelle de 1889 témoigne de l'intérêt porté. Les grands fabricants de différents pays juxtaposent les modèles car la conception du mobilier donne lieu à d'importantes controverses au sein des communautés éducative et scientifique pour caractériser la bonne tenue de l'écolier. Pourtant, c'est d'abord pour des raisons financières, disciplinaires et morales (Heller, 1988) que le modèle de l'équerre ou de l'angle droit a finalement été souvent retenu.

Ce modèle a dominé jusque dans les années 1950. En France, devant l'essor démographique et la massification du second degré, le ministère a soutenu une politique d'industrialisation, de rationalisation, de standardisation et de planification de l'offre, qui connut son apogée en 1968 avec la création de l'Union des groupements d'achats publics (UGAP). En 1986, la transformation de l'UGAP en établissement public à caractère industriel et commercial (EPIC) – quand la loi de décentralisation transféra les compétences de l'État aux collectivités locales pour la construction et l'équipement des collèges et des lycées – a remis les fabricants en situation de concurrence. Depuis, le mobilier scolaire ne fait l'objet d'aucune directive nationale. La diversification de la demande, conjuguée à l'effort d'innovation des industriels, a fait apparaître un équipement de qualité, ergonomique notamment, tenant mieux compte des besoins des usagers, de la maternelle à l'université.

Aujourd'hui, le choix et l'achat du mobilier scolaire relèvent des collectivités territoriales. Leurs politiques et les ressources qu'elles y consacrent sont très différentes, ce qui génère des inégalités et tend paradoxalement à désorienter les fabricants pourtant très engagés dans des démarches de certification européenne de leurs produits. De plus en plus souvent, les collectivités délèguent, pour un crédit défini, les acquisitions de mobilier aux directeurs d'école, principaux et proviseurs, dont la gestion proche doit prendre en compte les coûts, l'esthétique et les usages dans des situations d'enseignement et de socialisation de plus en plus diverses et exigeantes en équipements particuliers (Mamecier, 2005).

Marie-Claude Derouet-Besson
Romual Normand
Pierre Vandevoorde

▶ **Bibliographie**

HELLER G., « *Tiens-toi droit !* » *L'enfant à l'école primaire au XIXe siècle : espace, morale, santé, l'exemple vaudois*, Lausanne, Éditions d'en bas, 1988.

MAMECIER A., « Organiser l'espace des sciences de la vie et de la terre », *La Revue de l'inspection générale*, 02, 56-62, 2005.

MEDD D., *Le Mobilier scolaire*, Paris, OCDE, 1981.

MEDD D., « Le Mobilier scolaire : un outil pédagogique ? », *Techniques et Architecture*, n° 344, 1982.

TAILLEFAIT A., *Gestion du patrimoine scolaire : bâtiments et mobilier*, Paris, Berger-Levrault, 2e éd., 2002.

▶ **Voir aussi**

Architecture scolaire.

MODULE

Le module est la modalité d'organisation d'une partie des enseignements obligatoires en lycée consistant à répartir les élèves en « groupes de besoin » à effectif réduit.

Le mot « module » a été choisi pour désigner un dispositif d'organisation pédagogique mis en place à partir de 1992 (en classe de seconde, générale et technologique ou professionnelle) dans les lycées. L'idée reprend, en l'institutionnalisant, une logique de pédagogie différenciée au lycée, définie et expérimentée dans les années 1990.

Ainsi généralisée, la novation est assez sensible :

– La division des élèves en groupes restreints doit se faire selon le repérage des spécificités des élèves et de manière évolutive et non pas sur la base d'un simple dédoublement fondé sur l'ordre alphabétique ; un dispositif national a fourni, au départ, des outils d'évaluation aux professeurs.

– Le module n'est pas la reprise ni la continuation du cours ou des activités de la classe entière mais doit permettre, au service des objectifs des programmes d'enseignement, une diversification des approches répondant aux besoins des élèves. Le module se distingue d'une logique de soutien et d'approfondissement : il s'agit d'aider tous les élèves à réussir, selon leur niveau de maîtrise des différentes compétences, selon leur degré de motivation pour telle ou telle activité ou discipline, selon la maturité de leur projet d'orientation.

La logique des modules est au carrefour de questions pédagogiques et administrativo- politiques : si l'objectif poursuivi est bien de donner aux professeurs un espace de liberté clairement délimité (par un horaire réglementaire et les objectifs des programmes officiels du lycée) pour mieux répondre à la diversité des besoins de leurs élèves, jusqu'où les professeurs souhaitent-ils se saisir d'un tel espace de liberté ?

Pour tenir compte de la complexité de la question et éviter toute réaction de rejet de la part d'un corps enseignant pas toujours suffisamment préparé, par sa formation et sa culture, à l'écoute et au traitement des besoins des élèves, l'institution a cru bon de rattacher, pour la plupart des cas, les modules à certaines disciplines, à chacun des niveaux, et à définir l'horaire dans un cadre hebdomadaire traditionnel et rassurant.

Créés en 1992, les modules existent toujours en seconde en 2005, mais d'autres formules pédagogiques (aide individualisée, travaux personnels encadrés) ont proposé d'autres schémas d'organisation du travail des élèves en dehors des cours traditionnels. C'est aujourd'hui à un problème de cohérence entre les différents dispositifs onéreux, issus des décisions des ministres successifs, que le lycée est confronté.

Roger-François Gauthier

Bibliographie

Clerc F., *Enseigner en modules. Secondes générales, technologiques et professionnelles,* Paris, Hachette Éducation, 1992.

Raulin D., *Les Modules : vers de nouvelles pratiques pédagogiques en lycée,* Paris, Hachette, 1993.

Voir aussi

Groupement.

Mondialisation

Beaucoup d'auteurs considèrent que le vocabulaire n'est guère fixé dans le domaine couvert par la mondialisation. Le terme anglais de « globalisation » est souvent repris et adapté par certaines langues et l'on constate que le terme « globalisation » est utilisé dans la quasi-totalité des cas pour désigner la « mondialisation ». Nous nous en tiendrons à cette situation, d'autant que l'analyse de la relation entre la mondialisation et l'éducation, dont on tentera de clarifier la problématique ci-après, est un phénomène très récent.

Essai de définition

Pour José Joaquin Brunner, la mondialisation c'est, avant tout, une interconnexion croissante des activités au niveau mondial, qui amène certains auteurs à parler d'une accélération des interdépendances, d'effets à distance imprévus, de compression spatio-temporelle et d'une abolition des frontières qui permet à certains secteurs de fonctionner comme unités en temps réel à l'échelle planétaire. Dans le domaine économique, elle est synonyme de transformation des relations entre les États et les marchés, d'intensification et de réorganisation des échanges mondiaux, d'importance croissante de la compétitivité comparée des nations. On constate donc une insertion d'un nombre croissant de pays et de régions dans le système mondial ; ce qui est nouveau n'est pas l'existence des échanges internationaux, c'est d'abord leur formidable accélération. Et s'il y a accord pour considérer que la mondialisation est dominée par des motivations économiques, son impact s'étend bien au-delà de l'économie, elle transforme les hommes, les États, les sociétés, les cultures, les civilisations (Comeliau, 1997). En conséquence, la mondialisation qui désigne la libre circulation des matières premières, des produits, des capitaux, des services et de la main-d'œuvre se différencie de la notion d'internationalisation qui indique, elle, l'accroissement de la part du commerce international et son interdépendance toujours plus grande, ainsi que les mouvements de capitaux, de main-d'œuvre et de savoir-faire entre différentes économies nationales et leurs agents économiques. L'internationalisation reste une notion dérivée des relations nationales tandis que la mondialisation correspond à l'effacement progressif de ces limites. Ce qui est mondial n'est pas dérivé de quelque chose mais originel, et les frontières économiques et politiques, qui ont jusqu'ici marqué au moins le « début » de l'action économique, s'effacent (Mittelstrass, 2001).

Ce renforcement de la coopération économique internationale a des implications allant bien au-delà des seuls échanges économiques. La mondialisation, en effet, prend forme à la fois sur le plan géographique (fragmentation et exclusion), urbain (ville globale), culturel (industries culturelles et émergences identitaires postcoloniales), politique (redéfinition du rôle de l'État) et judicaire (Cour pénale internationale) (Mongin, 2002).

Analyse du phénomène

Des changements majeurs intervenus récemment dans les sociétés postindustrielles expliquent en partie l'ampleur et l'accélération récentes de la mondialisation. La baisse des coûts de transport et de communication a par exemple permis une plus grande mobilité des personnes et des professionnels et a entraîné une recomposition des identités individuelles (l'émigration n'implique par exemple plus la même coupure qu'autrefois avec son pays d'origine). Après la radio et la télévision, la révolution technologique de l'information et des communications a contribué à augmenter les interconnexions mondiales tout en transformant un grand nombre des secteurs de l'activité sociale (Brunner, 2001). L'accélération des divers types d'échanges a également été favorisée par des cycles de plus en plus fréquents de négociations multilatérales sur l'abaissement des tarifs douaniers et sur l'élimination progressive des autres obstacles au commerce mondial, la création de l'Organisation mondiale du commerce (OMC) ayant par ailleurs renforcé la « gouvernance mondiale ». Parallèlement, les échanges culturels se sont multipliés. Des pays appartenant à des zones géographiques plus ou moins importantes se regroupent non seulement pour développer plus librement leurs échanges, mais également pour aller vers une intégration plus marquée au plan politique, économique, social et culturel (*cf.* l'Union européenne, la Communauté de développement de l'Afrique australe, ou encore, dans une moindre mesure, la zone nord-américaine de libre-échange). L'apparition de mouvements sociaux et politiques à l'échelle mondiale, que ce soit les organisations non gouvernementales internationales ou les mouvements altermondialistes, illustrent de nouveaux modes de rapports sociaux à l'échelle mondiale. Afin de mieux répondre aux besoins des individus et des diverses communautés locales, des modalités de décentralisation variées ont été mises en œuvre depuis une vingtaine d'années, affectant tant le domaine strictement politique que la gestion socioculturelle de la société. Bref, la mondialisation représente un autre rapport entre le local et le global.

Les arguments favorables à la mondialisation sont connus. On peut les résumer ainsi : les économies ouvertes présentent des performances économiques supérieures à celles qui ne le sont pas, la progression du bien-être social allant (généralement) de pair. Chaque pays peut mieux profiter de ses richesses propres et profiter de comparaisons qualitatives pour stimuler les innovations et adapter « ce qui marche » ailleurs. Mais cette évolution positive ne peut s'accomplir que si l'on aboutit à une mondialisation maîtrisée grâce à une « bonne gouvernance » à tous les niveaux, et, en particulier, au niveau mondial.

Les finalités évoquées ci-dessus ont néanmoins du mal à se concrétiser et de nombreuses interrogations subsistent sur la faisabilité, si ce n'est la pertinence, de la politique de mondialisation telle qu'elle se développe actuellement. La reconnaissance d'inégalités croissantes démontre pour certains l'insuffisance de la régulation à tous les niveaux. Pour Castells, cité par José Joaquin Brunner, « le nouveau système mondial qui se constitue à partir de réseaux d'échange et de flux de communication opère à la fois dans le sens d'une très grande intégration et d'une très forte exclusion. Intégration de tout ce qui, en vertu des codes dominants au sein des flux, présente de la valeur, et exclusion de tout ce qui, en vertu des même codes, n'a pas ou n'a plus de valeur… ». D'où les difficultés d'identité des individus et des groupes, et plus encore celles de l'improbable insertion sociale dans un contexte d'insécurité, d'individualisme et de montée de la pauvreté (Ratinoff, 1995). À ceci d'autres auteurs ajoutent l'encombrement, la pollution, la destruction irréversible de certains équilibres écologiques et, au total, un « mal-développement » dans un contexte croissant d'incertitude quant à l'avenir. Le système mondial tend en effet pour eux à diffuser ce que l'on peut appeler « un modèle de développement » où les arguments étroitement économiques sont élevés au rang d'impératifs catégoriques et décrétés comme tels indiscutables, toutes les autres considérations leur étant supposées subordonnées (Comeliau, 1997). Les États ayant de moins en moins de contrôle sur les leviers de l'économie nationale, on a pu alors parler, dans le cas de la France, d'une « mondialisation furtive » (Gordon, Meunier, 2002). C'est dans ce contexte, très grossièrement exposé et synthétisé, que se pose le problème de la relation entre éducation et mondialisation.

Éducation et mondialisation

Si le capitalisme s'est développé aux XVe et XVIe siècles, c'est par contre au XVIIIe et XIXe siècles que l'Europe a progressivement inventé une forme de système éducatif qui est devenu un modèle planétaire au XXe siècle. Pour certains auteurs, parce qu'elle promeut l'idée que la réussite sociale est liée au mérite individuel, l'école a assuré le triomphe de valeurs individualistes et libérales et ouvert la voie à l'économisme mondial (Aubray, Tilliete, 2000).

Beaucoup d'observateurs estiment que les relations entre la mondialisation et l'éducation possèdent une complexité difficile à appréhender. En effet, il apparaît que le développement actuel de la mondialisation implique un accroissement des compétences, tant des compétences de base et supérieures que de celles dites « transversales ». C'est-à-dire que par rapport au passé, où l'éducation de masse était le principal instrument d'intégration sociale, à l'intérieur des limites du territoire national, l'école est désormais invitée, dans le cadre d'une concurrence toujours plus vive entre nations en matière de capital humain, à « produire » les savoirs et savoir-faire requis par la société postindustrielle. Se met peu à peu en place une économie mondiale du savoir portée par le développement de la société de communication. Mais les systèmes éducatifs, dont le fonctionnement et le développement dépendent pour une large part de contextes nationaux spécifiques en termes culturels, historiques, institutionnels, etc., peuvent-ils faire rapidement évoluer leurs structures traditionnelles, comme on les y invite régulièrement ? Par exemple, l'Union européenne, qui peut être considérée, à son niveau et compte tenu de ses actuelles compétences, comme une sorte de laboratoire de l'internationalisation de l'éducation, recommande en effet que le système d'enseignement donne la priorité aux compétences professionnelles et sociales pour une meilleure adaptation des travailleurs au marché du travail. En se rapprochant des entreprises, le système d'enseignement pourrait décentraliser sa gestion et accroître la qualité de ses « produits » par une concurrence mutuelle des établissements, mettre en place des structures favorisant l'innovation (en particulier l'innovation technologique) grâce à la mise en pratique des connaissances théoriques, préparer la mise en place d'un système d'apprentissage à vie initialement conçu en termes d'« employabilité » (Hirtt, 2000) en s'appuyant sur l'enseignement à distance et en se substituant peu à peu à une éducation permanente trop souvent calquée sur le modèle scolaire.

Dans le domaine essentiel du curriculum, face à la fragmentation et la spécialisation croissante des connaissances, l'un des grands enjeux est de transmettre une vision relativement globale du savoir. Et, pour anticiper les problèmes à venir et résoudre les problèmes complexes, dont certains sont précisément exacerbés par la mondialisation (par exemple celui de l'environnement), comment reconnaître le rôle indispensable de la transdiciplinarité et de l'interdisciplinarité (Brunner, 2001 ; Mittelstrass, 2001) ?

Un avenir incertain

Mais quel est exactement le projet d'éducation implicite de la mondialisation ? Celui qui fait évoluer la transmission traditionnelle de savoirs cloisonnés vers un apprentissage permanent de compétences plus intégrées s'appuyant sur la créativité, l'innovation et l'autonomie ? Ou celui d'un retour au modèle initial d'acquisition des connaissances, seul jugé apte à préserver l'éducation des risques d'utilitarisme, d'uniformisation, de dilution, voire à terme de sa marchandisation, auxquels sa « régulation » actuelle, dans le cadre de la mondialisation, pourrait conduire ? Jusqu'alors, ce n'est malheureusement pas la recherche-évaluation, la recherche-développement ou les structures favorisant l'innovation qui vont nous apporter une réponse car ce secteur des services, essentiel pour l'avenir des sociétés et qui pèse très lourd dans les finances publiques et privées, est celui qui investit le moins dans la recherche sur son propre avenir et son propre fonctionnement (Laderrière, 1999). Une réponse partielle, et que certains trouveront paradoxale, est qu'en définitive, l'impact des réformes de l'enseignement, directement ou indirectement lié aux progrès de la mondialisation, a été faible dans les cinquante dernières années. Par exemple, les nombreuses expériences de décentralisation n'ont pas réellement transformé les stratégies d'enseignement et d'apprentissage et fait réellement évoluer les contenus (McGinn, 1997). Qui plus est, les sociétés multinationales, dont l'action est souvent critiquée dans les pays en développement, semblent avoir joué un rôle positif dans beaucoup d'endroits. Certains pays, comme le Brésil, ont pu, à certains moments, mettre en place des structures d'enseignement originales (de Moura Castro, 1997). Au total, des observateurs optimistes estiment que, compte tenu des facteurs évoqués ci-dessus et des traditions culturelles et de la variété des modèles de relations sociales dans le monde, les risques d'uniformisation dans la formation des ressources humaines sont encore très éloignés.

En revanche, ce qui semble présentement accéléré par la mondialisation, sans rencontrer d'obstacles majeurs dans les pays, c'est la pénétration de produits et services culturels portés à la fois par les progrès des industries de la communication et par une langue – l'anglais – majoritairement utilisée dans les échanges mondiaux, véhiculant logiquement une forme homogénéisante de société et de civilisation (Comeliau, 1997). En outre, on observe néanmoins, avec la mondialisation, une plus grande convergence des politiques de l'éducation et une évolution de plus en plus marquée vers la mesure, l'évaluation et la comparaison internationale des résultats – comme le programme PISA (programme international d'évaluation des acquis), développé par l'Organisation de coopération et de développement économiques (OCDE), en offre une illustration. Les résultats des travaux d'évaluation faisant l'objet d'une forte médiatisation dans l'espace international et à travers une logique comparée pourraient finir par imposer, en définitive, une vision commune des problèmes et des solutions « indiscutables » (Laderrière, Vaniscotte, 2003).

Le cas de l'enseignement supérieur

Compte tenu de son rôle dans le développement économique et social, l'enseignement technique et professionnel de niveau secondaire est potentiellement plus soumis que l'enseignement général de même niveau aux règles évoquées ci-dessus de la mondialisation. Mais la compétition internationale autour des compétences qu'il met sur le marché des qualifications et en particulier la mobilité internationale de ses diplômés est, à de rares exceptions près, relativement faible. Ceci est clairement visible au sein de l'Union européenne.

Le phénomène de la mondialisation a eu plus d'impact sur l'enseignement supérieur qu'ailleurs (OCDE, 2004a). D'abord, parce qu'il y a toujours eu une tradition d'échanges académiques de professeurs/chercheurs et d'étudiants entre institutions académiques parfois très éloignées : avec la mondialisation, la compréhension mutuelle et les échanges culturels apparaissent encore plus importants aujourd'hui qu'hier. Ensuite, parce que dans les vingt dernières années, des programmes internationaux comme le programme Socrates- Erasmus de l'Union européenne ont accéléré ce phénomène de mobilité, favorisé par des accords de reconnaissance mutuelle des diplômes. Enfin, parce que certaines économies émergentes, notamment en Asie du Sud-Est, en Asie du Nord et au Moyen-Orient, ne peuvent pas développer leur système d'enseignement supérieur aussi rapidement que la demande engendrée par la croissance rapide de leur économie (et de leur classe moyenne). L'émergence de cette demande non satisfaite a entraîné certains pays comme l'Australie ou le Royaume-Uni à offrir leur enseignement supérieur sur le marché international des services, que ce soit sur leur sol (par la mobilité étudiante) ou par la mobilité internationale de leurs programmes et établissements – les ressources engendrées par ces activités commerciales étant bienvenues dans le contexte d'une forte pression budgétaire pesant sur leur enseignement supérieur public. Ce nouveau contexte concurrentiel a amené d'autres pays à leur emboîter le pas, que ce soit pour construire leur économie du savoir, notamment dans le contexte de sociétés vieillissantes, ou, tout simplement, pour garder leur ancienne position comme pays d'accueil pour les étudiants internationaux.

C'est dans ce contexte de concurrence entre pays et régions pour attirer les meilleurs étudiants étrangers que des pays européens ont lancé le « processus de Bologne », un processus consistant à harmoniser les systèmes européens d'enseignement supérieur afin de les rendre plus lisibles au sein et en dehors de l'Union européenne, de faciliter la mobilité étudiante et la reconnaissance des diplômes, et ainsi de rendre l'enseignement supérieur européen plus attractif. Bien que l'Europe soit la région qui reçoive le plus d'étudiants étrangers dans le monde, l'essentiel de la mobilité internationale des étudiants y est intra-européenne. L'Amérique du Nord recevait au contraire près de la moitié des étudiants asiatiques étudiant à l'étranger en 2002, lesquels représentaient près de 60 % de ses effectifs d'étudiants étrangers (et 42 % des étudiants étrangers dans la zone OCDE). Le processus de Bologne a eu des répercussions au-delà de l'Europe. Des programmes reprenant certains de ses principes, notamment le système de transfert de crédits (ECTS), ont été introduits dans d'autres régions, par exemple la région Asie-Pacifique (avec l'UMAP, Mobilité universitaire dans l'Asie et le Pacifique, et son système de transfert de crédits, l'UCTS) et l'Amérique latine, avec la création en cours d'un espace latino-américain et caribéen commun de l'enseignement supérieur (CES-ALC : La Communidad de Education Superior en ALC), comportant lui aussi un système de transfert de crédits (le SICA, Sistema de Creditos Academicos).

Un autre aspect de la mondialisation réside dans l'inclusion des « services d'éducation » dans la négociation de l'Accord général sur le commerce des services (AGCS) au sein de l'OMC. L'objectif de l'AGCS étant celui de la libéralisation des services, cette inclusion a soulevé de nombreux débats dans la communauté éducative, et ce d'autant plus que le cadre de l'AGCS n'est toujours pas achevé à ce jour (2005) et comporte encore une part d'ombre. Les principales craintes concernaient ses possibles implications pour les subventions et le financement publics de l'éducation, ainsi que pour la régulation de la qualité dans les secteurs nationaux : tous ces aspects des politiques d'éducation de nombreux pays du monde allaient-ils être amenés à disparaître au profit du seul commerce ? En principe, toutefois, le secteur de l'enseignement public n'entre pas dans le champ des négociations de l'AGCS et aucun pays n'a pour l'instant exprimé le souhait de l'y intégrer. Par ailleurs, à moins que les membres de l'OMC ne décident de le faire, l'AGCS ne contient aucune règle qui oblige les pays prenant des engagements dans les services éducatifs d'abandonner le financement public de leur système d'enseignement supérieur ou d'étendre ce financement public aux établissements ou aux étudiants étrangers. Jusqu'à présent, aucun pays n'a pris un tel engagement. La détermination des normes de qualité n'entre pas non plus dans le champ d'application des accords commerciaux, pas plus que dans celui de l'AGCS en particulier. En fait, l'impact possible de l'AGCS sur les systèmes d'enseignement nationaux dépendra des engagements que les pays prendront, lesquels ont jusqu'à présent été limités et prudents (OCDE, 2005a).

L'internationalisation de l'enseignement supérieur transnational s'est pour l'essentiel développée en l'absence d'engagements pris dans le cadre de l'AGCS. Son développement obéit à des facteurs étrangers à cet accord et devrait donc se poursuivre indépendamment de lui, au moins à court terme. Qu'un pays décide ou non de prendre des engagements au titre de l'AGCS en matière d'éducation, il devra de toute façon faire face à bon nombre des questions et difficultés qui découlent du développement de l'enseignement supérieur transnational et du commerce des services éducatifs. Car en réalité, dans bien des cas, les politiques à mettre en œuvre pour gérer le développement de l'enseignement supérieur transnational ne sont pas liées à l'AGCS et n'en subissent pas non plus les effets (c'est par exemple le cas en matière de visa étudiants, d'assurance-qualité, de validation et de reconnaissance des titres et diplômes) (OCDE, 2004b ; 2004a).

Parmi les défis posés par la mondialisation dans l'enseignement supérieur, deux revêtent une importance particulière : la qualité de l'enseignement et la fuite des cerveaux.

L'expansion de l'enseignement supérieur transnational a donné naissance à de nombreux mécanismes d'évaluation de la qualité, tant au niveau des processus que des produits de l'enseignement, de la formation et de la recherche. Ces processus d'assurance qualité et de reconnaissance des diplômes ne se sont pas seulement développés au niveau national (Brennan, Shah, 2000), mais aussi, sous diverses formes, aux niveaux régional (Union européenne, zone de libre-échange nord-américaine, Mercosur, Apec, conventions régionales de l'Unesco, etc.) et mondial (par ex. l'International Network for Quality Assurance Agencies in Higher Education – INQAAHE). Aujourd'hui, plus d'une soixantaine de pays, développés ou en développement, ont mis en place une agence nationale d'assurance qualité. Mais ce type d'instance couvre rarement de manière spécifique les défis liés à l'internationalisation (établissements ou programmes éducatifs étrangers, forte présence d'étudiants étrangers dans certains établissements). Bien que les processus d'assurance qualité, de reconnaissance des diplômes étrangers et de reconnaissances des qualifications étrangères par les organismes professionnels soient souvent distincts, la mobilité croissante des étudiants et des professionnels pousse à davantage de coopération et d'interrelations entre ces processus. Celles-ci sont en effet des éléments moteurs importants de cette mobilité. En même temps, en raison du manque de lisibilité des systèmes d'enseignement supérieur pour les étudiants internationaux, l'enseignement supérieur transnational offre des opportunités pour des établissements de qualité douteuse et pour la fraude, et crée un nouveau besoin de protection des étudiants (OCDE, 2004b). Plusieurs initiatives internationales tentent de faire face à ces risques, dont les plus représentatives sont sans doute l'initiative conjointe de l'Unesco et de l'OCDE proposant des lignes directrices pour des prestations de qualité dans l'enseignement supérieur transfrontalier et la déclaration conjointe d'association d'universités américaines, canadiennes et internationales appelant au « partage d'un enseignement supérieur de qualité à travers les frontières ».

Un autre risque important réside dans la possible fuite des cerveaux liée à la mobilité étudiante. La mobilité des étudiants de l'enseignement supérieur et des universitaires ne constitue qu'une partie du problème, complexe s'il en est. Néanmoins, la concurrence des pays pour attirer des étudiants et des personnes qualifiées, qui se traduit souvent par des politiques migratoires favorables à ces derniers, est un problème qui risque de s'accroître dans le futur, en particulier avec le vieillissement des sociétés de certains pays industrialisés. Aujourd'hui, les pays des Caraïbes et certains pays d'Afrique pâtissent de ce problème, qui touche relativement peu les autres régions du monde (OCDE, 2005). Les pays en développement se trouvent dans une situation difficile : d'un côté, leur participation à l'enseignement transnational peut les aider à développer leur système d'enseignement supérieur, tant quantitativement que qualitativement ; de l'autre, elle risque de contribuer à un exode de leurs compétences. Si cet exode se transforme en un échange des compétences, comme c'est souvent le cas entre pays industrialisés, ces pays ont tout à y gagner. Si ce n'est pas le cas, la mobilité ne fera qu'accroître le fossé qui sépare pays développés et pays en développement (Vincent-Lancrin, 2005).

Tous ces développements récents confirment que l'enseignement supérieur est le plus directement concerné par le phénomène de mondialisation.

Pierre Laderrière
Stéphan Vincent-Lancrin

▶ **Bibliographie**

Brennan J., Shah, T., *Managing Quality in Higher Education. An International Perspective on Institutional Assessment and Change*, Buckingham/Philadelphie, OECD/SRHE/Open University Press, 2000.

Brunner J. J., « Mondialisation, éducation et révolution technologique », *Perspectives,* vol. XXXI, n° 2, 2001.

Gordon P. H., Meunier S., *Le Nouveau Défi français. La France face à la mondialisation*, Paris, Odile Jacob, 2002.

Hirtt N., « À l'ombre de la Table ronde des industriels. La politique éducative de la Communauté européenne », *Cahiers d'Europe*, n° 3, 2000.

Laderrière P., *L'Enseignement : une réforme impossible ? Analyse comparée*, Paris, L'Harmattan, 1999.

Laderrière, P., Vaniscotte F. (dir.), *L'Éducation comparée : un outil pour l'Europe*, Paris, L'Harmattan, 2003.

McGinn N. F., « La Mondialisation et ses effets sur les systèmes d'enseignement nationaux », *Perspectives,* vol. XXVII, n° 1, 1997.

Mittelstrass J., « Nouveaux défis pour l'éducation et la recherche dans une économie mondiale », *Perspectives,* vol. XXXI, n° 3, 2001.

Mongin O., « Un an après. Une entrée brutale et tardive dans l'après-guerre et la mondialisation », *Esprit*, n° 8-9, 2002.

Moura Castro C. de, « Amérique latine : la lutte entre les emprunts et la création originale », *Perspectives*, vol. XXVII, n° 1, 1997.

Ocde, *Enseignement supérieur : internationalisation et commerce*, Paris, OCDE, 2004a.

Ocde, *Qualité et reconnaissance des diplômes de l'enseignement supérieur : un défi international*, Paris, OCDE, Centre pour la recherche et l'innovation dans l'enseignement, 2004b.

Ocde, *Tendances des migrations internationales*, Paris, OCDE, Systèmes d'observation permanente des migrations, 2005b.

Ratinoff L., « Insécurité mondiale et éducation : la culture de la mondialisation », *Perspectives*, vol. XXV, n° 2, 1995.

Vincent-Lancrin S., *Building Capacity Through Cross-Border Higher Education*, Londres, Observatory on Borderless Higher Education, 2005.

▶ **Voir aussi**

Évaluation – Organismes internationaux – Programmes éducatifs européens.

Montessori, Maria (1870-1952)

Sa vie et son œuvre ont fait de Maria Montessori un personnage hors du commun. Son nom et sa méthode ont fait le tour du monde. Elle a été la représentante la plus illustre de l'éducation nouvelle, au sein de laquelle elle a tenu une place originale.

Une vie à l'échelle du monde

Née à Chiaravalle, près d'Ancône, Maria Montessori est, en Italie, la première femme à conquérir le doctorat en médecine (1896), et, tout en poursuivant des études de philosophie, d'anthropologie, de psychologie expérimentale, de sciences naturelles, elle se consacre d'abord aux enfants déficients mentaux. Complétant sur ce point sa formation à Paris, elle découvre, en suivant le cours de Bourneville, l'œuvre des médecins éducateurs français Itard et Séguin. Elle reprend le matériel pédagogique conçu par ces derniers et l'expérimente avec succès dans des groupes d'enfants déficients à Rome ; plus que d'un traitement médical, ces enfants ont besoin d'un secours psychopédagogique. Très tôt elle donne des cours d'orthophrénie, puis d'anthropologie pédagogique : elle s'intéresse de plus en plus aux enfants normaux qui pourraient bénéficier des recherches entreprises. L'occasion se présente en 1907. Dans un quartier ouvrier de Rome, San Lorenzo, les constructeurs de logements sociaux ont prévu des salles pour qu'on y garde les enfants. On en confie la direction à Maria Montessori. C'est la première « Maison des enfants ». Elle y met en œuvre ses idées et, en 1909, publie *La Méthode de pédagogie scientifique* et *La Maison des enfants,* qui connaît un grand retentissement. Pour diffuser ses idées, Maria Montessori organise à Rome des séries de cours auxquels participent des éducateurs de nombreux pays. Elle poursuit son expérimentation et publie, en

1916, son second ouvrage fondamental, *L'Auto-éducation à l'école élémentaire.*

Dès 1913, la « Dottoressa » est invitée en Amérique du Nord, puis dans de nombreux pays d'Europe ; on organise des congrès en son honneur ; elle est reçue par les plus hautes personnalités ; des associations Montessori se constituent. Le fascisme étant défavorable à l'éducation nouvelle, Maria Montessori s'exile d'Italie en 1936. Elle séjourne en Espagne, puis en Grande-Bretagne, enfin aux Pays-Bas. La guerre la surprend et la bloque en Inde ; elle y enseigne de 1939 à 1946 ; elle y reviendra de 1947 à 1949. Elle ne cesse de publier livres et articles ; soutenue par son fils Mario Montessori, elle continue voyages et conférences jusqu'à sa mort, survenue à Noorwijck aux Pays-Bas. Le siège de l'Association Montessori internationale demeure à Amsterdam (161, Koninginneweg). En 2000, l'Association Montessori de France (10, rue Saint-Petersbourg, Paris 8e) dénombre une quarantaine de centres Montessori en France.

La pédagogie montessorienne

Maria Montessori qualifie sa pédagogie de « scientifique », car, déniant toute valeur aux idées reçues, elle fonde sa méthode sur la psychologie de l'enfant et sur l'observation attentive de chaque sujet. L'enfant se développe par sa propre activité, déclenchée par le milieu dans lequel il vit. D'où l'importance donnée à la création d'un milieu préétabli, au plan matériel comme au plan spirituel, ce que Maria Montessori appelle l'« ambiance ». Fidèle à ses origines, la Maison des enfants n'est pas une école, c'est un lieu de vie dans lequel le mobilier (tables, chaises, placards, etc.) et ses accessoires (outils, seaux, balais, etc.) sont proportionnés à la taille des enfants (au début du XXe siècle, c'est une innovation). Ainsi les enfants de 3-4 ans peuvent imiter les adultes (sans être gênés par eux) et « tenir » leur maison, balayer, laver les tables, mettre le couvert avec des verres et des assiettes qui peuvent se casser... Ils ont tout le loisir de transvaser de l'eau, du sable : ainsi, avec ces exercices spontanés de « vie pratique », l'enfant développe-t-il librement sa motricité et acquiert-il peu à peu la maîtrise de ses mouvements.

Tout un matériel pédagogique (repris en partie de Séguin) est mis à la disposition des enfants, favorisant les habiletés les plus diverses : boutonner, lacer, palper, classer, emboîter, distinguer et reconnaître sons et couleurs... Il s'agit là d'un matériel sensoriel qui permet à l'enfant d'emmagasiner expériences et vocabulaire, car il est invité à associer, à chaque stimulant sensoriel, les noms appropriés.

Écriture et lecture

Des formes géométriques permettent de dessiner le contour d'un cercle, d'un carré, d'un hexagone... et de les colorier ensuite, sans dépasser le contour (maîtrise progressive du crayon en vue de l'écriture). De grandes lettres découpées dans du papier de verre sont présentées à l'enfant ; sur celles-ci il passe le doigt, doucement, aussi longtemps qu'il le souhaite, en répétant le nom de la lettre. Imprégné de ces formes, il devient capable de former des mots, d'en colorier les contours, puis d'écrire... Par voie de conséquence, il a commencé de lire. L'écriture engendre la lecture.

Ce sont là quelques exemples. Les enfants choisissent librement le matériel, pour « travailler » le temps qu'ils veulent, chacun à sa table. La seule consigne est d'utiliser le matériel pour l'usage auquel il est destiné. On a reproché à Maria Montessori de se référer au sensualisme associationniste en préconisant un matériel inspiré à Itard et Séguin par l'œuvre de Condillac. Mais Maria Montessori vise à favoriser l'acquisition de pouvoirs perceptifs et sensori-moteurs sans proposer de théorie sur les opérations de l'esprit qui s'ensuivent. Elle constate que l'enfant apprend par une sorte d'osmose (elle parle de son « esprit absorbant »). Elle observe une recréation spontanée qu'elle qualifie d'« explosion » (« l'explosion de l'écriture »). Sans les expliquer, Maria Montessori compare ces phénomènes aux mutations dont le biologiste Hugo de Vries a montré qu'elles se produisent au terme de processus internes, sous l'influence du milieu, pendant certaines périodes sensibles. C'est pourquoi l'activité constructrice des enfants est sacrée pour les montessoriens : l'enfant ne joue pas ; il travaille avec concentration. À certains moments, cependant, des activités ludiques originales détendent l'atmosphère ; ainsi la « leçon de silence » où chaque enfant se déplace, à l'appel de la maîtresse, sans faire le moindre bruit ; ainsi la ligne blanche tracée sur le sol que l'on suit pour se déplacer, en équilibrant ses mouvements.

Les périodes sensibles sont variables pour chaque enfant ; d'où le caractère individuel du travail. Chacun évolue à son rythme et acquiert, grâce à des matériels didactiques ingénieux, les disciplines de l'école élémentaire : arithmétique, grammaire, etc.

Maria Montessori a beaucoup insisté sur l'entraînement de l'éducateur, qui doit vaincre en lui, pour toujours, « l'orgueil et la colère avant de s'approcher des enfants ». Son rôle est de régler l'usage du matériel, de ne jamais insister : « Une leçon non assimilée doit être doucement interrompue pour être reprise une autre fois. »

La question sociale de l'enfant

Maria Montessori ne s'est pas contentée d'édifier une pédagogie ; elle a posé devant l'opinion « la question sociale de l'enfant » pour qui il n'y a pas de place « dans l'espace familial où l'enfant est le dérangeur de l'adulte fatigué par des occupations pressantes ». L'enfant, écrit-elle en 1936, est « dans la position d'un homme sans droits civiques ». Cette situation révèle, souligne-t-elle, « un conflit universel, resté inconscient, entre adultes et enfants ».

La déclaration des droits de l'enfant se situe dans le droit fil de cette pensée. Mais le message de Maria Montessori est plus complexe. Il en appelle à la responsabilité des adultes pour aménager, dans la cité, une véritable coopération entre enfants et adultes qu'il n'est pas facile d'entretenir. La prière muette que, selon Maria Montessori, l'enfant adresse à l'adulte – « Apprends-moi à agir seul » – est en effet paradoxale : il y a « agir seul » mais aussi « apprends-moi ». L'antinomie enfants/adultes ne doit pas se réduire par l'abandon, même doré, mais par l'échange, qui bénéficiera à l'adulte comme à l'enfant, car « l'homme serait vite dégénéré sans l'enfant qui l'aide à s'élever… l'enfant est le constructeur de l'adulte ».

Louis Raillon

▶ Bibliographie

Principales œuvres de Maria Montessori :

La Formation de l'homme, Paris, Desclée de Brouwer, 1996.

L'Enfant, Desclée de Brouwer, 2004.

De l'enfant à l'adolescent, Paris, Desclée de Brouwer, 2004.

Pédagogie scientifique, I – La Maison des enfants, II – Éducation élémentaire, Paris, Desclée de Brouwer, 2004.

Principales œuvres sur Maria Montessori :

Sizaire A., *Maria Montessori : l'éducation libératrice*, Paris, Desclée de Brouwer, 1994.

Standing E. M., *Maria Montessori : sa vie, son œuvre*, Paris, Desclée de Brouwer, 1995.

▶ Voir aussi

Droits de l'enfant – École maternelle – Éducation nouvelle.

Morale (Éducation)

Qu'elle intervienne dans le cadre familial, dans le cadre scolaire ou dans n'importe quel autre contexte, l'éducation morale est la partie de l'éducation qui vise à susciter ou développer chez l'enfant une disposition durable à la moralité, c'est-à-dire une disposition à subordonner ses conduites à un ensemble de règles, de principes ou de valeurs susceptibles d'être considérés (à un moment donné et dans le cadre d'une société ou d'une doctrine données) comme s'imposant catégoriquement. Formellement, une telle définition de la moralité suppose au moins chez l'individu deux sortes de compétences, à savoir d'une part une capacité de discernement (savoir distinguer le « bien » et le « mal » et évaluer les situations en fonction de ce critère normatif) et, d'autre part, une capacité d'autocontrôle volontaire (effort, courage, discipline). Mais une telle définition « formelle » ne suffit pas, car la rectitude du jugement ou la force du caractère peuvent très bien aller de pair avec des choix pratiques dépourvus de validité morale. Aussi ne peut-on parler véritablement de moralité que là où se manifestent également une certaine attitude de souci désintéressé à l'égard d'autrui et la mise en œuvre d'une exigence inconditionnelle de justice.

Quelle morale enseigner à l'école ?

Ainsi définie, la moralité peut-elle faire vraiment l'objet d'une éducation ? Peut-on enseigner la morale ? Déjà Platon, au début du *Ménon* (70c), se demandait « si la vertu peut s'enseigner ou si elle ne le peut pas et ne s'acquiert que par la pratique ; ou enfin si elle ne dépend ni de la pratique ni de l'enseignement, et si elle se trouve dans les hommes naturellement, ou de quelque autre manière ». On sait que ce questionnement donne lieu fréquemment aujourd'hui à des prises de position sceptiques ou critiques. Pour les uns, la morale est par nature « introuvable », elle n'est qu'une illusion ou un mensonge. Pour d'autres, elle est par nature intransmissible, parce qu'elle relève de ce qu'il y a de plus profond, de plus intime et de plus irréductiblement autonome dans l'expérience individuelle. Certains incriminent plutôt « l'esprit du temps », l'amoralisme diffus d'une époque ou d'une société où les valeurs auraient disparu. Le plus souvent, c'est moins l'éducation morale en général que sa mise en œuvre dans le cadre scolaire qui semble faire problème. La moralité étant réputée affaire d'opinion, éminemment instable et contestable, l'école publique et laïque ne devrait-elle pas être déchargée de toute responsabilité en cette matière pour se consacrer à la seule transmission des savoirs positifs et des compétences cognitives les plus générales ?

À cette thèse aujourd'hui largement répandue on pourrait répondre qu'une telle séparation du domaine cognitif et du domaine axiologique est illusoire, que toutes les activités d'enseignement et d'apprentissage aussi bien que l'ensemble de la vie scolaire supposent des choix normatifs, et que l'école ne saurait échapper à une responsabilité éducative essentielle, même si elle la partage avec d'autres institutions, au premier rang desquelles la famille. Reste à savoir cependant quelle peut être la nature de la morale enseignée à l'école : morale d'adaptation et de soumission à des règles de « maintien de l'ordre » (ce à quoi l'on réduit souvent la notion de « discipline »), morale de l'effort personnel et de la recherche de la performance dans un contexte d'évaluation et de compétition, ou morale « fondamentale » au sens défini ci-dessus, qui privilégie l'ouverture à autrui et l'esprit de justice.

Il est certain qu'à l'époque moderne, le développement de la scolarisation a été intimement lié à une préoccupation d'édification morale des masses, à une entreprise de contrôle des âmes et des corps (Foucault, 1975 ; Vincent, 1980). Comme l'écrivait Kant dans ses *Réflexions sur l'éducation*, « on envoie tout d'abord les enfants à l'école non dans l'intention qu'ils y apprennent quelque chose, mais afin qu'ils s'habituent à demeurer tranquillement assis et à observer ponctuellement ce qu'on leur ordonne ». D'abord étayée sur la religion et dans une large mesure confondue avec elle, l'éducation morale s'autonomise à l'époque des Lumières. C'est ainsi qu'en France, sous la Révolution, tous les projets de développement de l'enseignement s'accordent à reconnaître la nécessité d'une éducation morale et civique libérée du poids des traditions et de l'arbitraire des croyances particulières. Cette idée d'une morale laïque et universelle enseignée dans les écoles triomphe sous la IIIe République. Quantité de témoignages et nombre d'études convergent pour souligner le caractère central et crucial de la préoccupation morale dans la pensée pédagogique de l'époque (Ognier, 1988 ; Baubérot, 1997). « Dans l'objet total de la pédagogie l'éducation morale prime tout le reste », écrit Buisson dans l'article « Pédagogie » de son *Dictionnaire de pédagogie* (1887). Et de fait la loi du 28 mars 1882 place

« l'instruction morale et civique » en tête de toutes les matières enseignées à l'école primaire. Elle va y faire l'objet d'un cours spécifique, distinct de tous les autres, régi par des programmes et des instructions qui, même si la mention des « devoirs envers Dieu » disparaît en 1923, demeureront remarquablement stables durant près d'un siècle (1887, 1923, 1945). Enseignement explicite et systématique, appuyé sur des entretiens familiers à partir de lectures et de faits vécus et donnant lieu à la mémorisation de maximes, cette morale est aussi présente, à l'état plus ou moins implicite, dans tous les contenus d'enseignement et dans tous les aspects de la vie scolaire. Dans le contexte culturel et politique de la période, la question de la morale est inséparable de la question des valeurs civiques et de celle des valeurs laïques (*cf.* les articles « Laïcité » et « Morale » du *Dictionnaire de pédagogie*). Considérée par certains de ses premiers théoriciens et idéologues comme une science (« la science du Bien et du Devoir », selon Paul Janet, 1887, « la science des mœurs et de ce qu'elles devraient être, c'est-à-dire la science des devoirs », selon Henri Marion, 1882), cette morale indépendante des croyances et des dogmes veut rassembler « ces notions essentielles de moralité humaine communes à toutes les doctrines et nécessaires à tous les hommes civilisés » (Instructions du 27 juillet 1882). Cependant plusieurs conceptions du fondement et de la mise en œuvre de cette morale vont s'affronter ou se succéder tout au cours de la période, selon notamment qu'il s'agira de coexister avec la religion, de l'ignorer ou de la supplanter (Baubérot *et al.*, 1994 ; Loeffel, 2000).

Comment analyser les changements intervenus depuis lors dans ce domaine ? Quels éléments d'information nous apportent par exemple l'étude des programmes et des Instructions officielles (Legrand, 1991), l'analyse de contenu des manuels, l'étude de la littérature pédagogique « savante » ou « militante », les recherches en matière de sociologie de la culture ou des idéologies ? À quel moment peut-on situer, par exemple, la disparition des cours spécifiques d'éducation morale au sein de l'école élémentaire française ? Trois dates significatives au moins pourraient être relevées. En 1969, avec l'avènement du « tiers-temps pédagogique », la morale se trouve absorbée au sein des « activités d'éveil ». Avec les Instructions de 1978, la leçon de morale quotidienne, la prédication des devoirs et des vertus disparaissent officiellement au profit d'une « éducation morale et civique » qui met l'accent sur « le style de vie de la classe et le climat des échanges et des relations ». Avec les Instructions de 1985, les savoirs font retour, mais la notion même d'éducation morale disparaît, réduite au rang de composante implicite de l'éducation civique, ce que confirment les programmes de 1995 et ceux fixés par l'arrêté ministériel du 25 janvier 2002, dont l'application s'étend à toutes les années de l'école élémentaire à partir de la rentrée 2004 et d'où toute référence au vocabulaire traditionnel de la morale et du « développement moral » est exclue au profit d'une approche qui se veut comportementale et concrète de l'éducation civique, prévoyant notamment dans toutes les classes une demi-heure hebdomadaire de débat destiné à contribuer à la préparation au « vivre ensemble » à travers l'organisation et la régulation de la vie collective, à quoi s'ajoute, au cycle des approfondissements, une heure répartie « transversalement » dans tous les champs disciplinaires et censée faire accéder l'enfant à la connaissance et à la construction d'une « citoyenneté » considérée successivement à l'échelle locale (la démocratie municipale), nationale (les institutions républicaines) et universelle (les droits de l'homme).

Faut-il voir dans cette disqualification de l'idée traditionnelle de morale et d'éducation morale et cette insistance quasi-exclusive (quoique formulée dans des termes plutôt imprécis) sur les valeurs de la citoyenneté l'expression d'une « exception » ou d'une spécificité françaises ? Certaines évolutions perceptibles dès les années 1960 se trouvent aussi présentes dans d'autres pays. Ainsi en Grande-Bretagne, certains observateurs

(Musgrave, 1978) font état, avec la disparition du consensus sur les valeurs et l'essor de l'individualisme, de la prédominance d'une approche inductive, active et concrète, centrée sur les idées de développement personnel, de tolérance et de respect d'autrui. Une évolution analogue est perceptible aux États-Unis, avec, en rupture avec la conception traditionnelle de la formation du caractère (*character education*), le développement d'approches nouvelles mettant l'accent sur l'autonomie personnelle telles que l'analyse des valeurs (*value analysis*) ou la clarification des valeurs (*values clarification*) (Ryan, 1986). Faut-il voir dans cette évolution constatée depuis plusieurs décennies à l'échelle internationale (développement d'approches « inductives » mettant l'accent sur l'épanouissement individuel, la tolérance, le respect des personnes et la sensibilité aux valeurs plutôt que sur l'édification du caractère et la transmission des vertus traditionnelles) le symptôme d'une mutation pédagogique, le passage d'une conception normative et rigide de la morale à une approche plus « ouverte » et plus réaliste ? On sait bien que le mouvement de l'Éducation nouvelle a prôné bien souvent une morale « en situation », immanente aux activités et à la vie scolaires, et où prédominent les valeurs de coopération, de justice et d'autonomie personnelle (Raymond, 2002). Mais ne s'agit-il pas plutôt, notamment dans le cas français, d'un phénomène culturel de plus grande ampleur, un effet d'un processus typiquement « post-moderne » de « désenchantement du monde » ou de « sécularisation radicale » de la société ?

L'apport des théories : Durkheim, Piaget, Kohlberg

Parmi les approches théoriques qui ont le plus contribué à orienter le débat sur l'éducation morale à l'école, on doit citer au moins celle, sociologique, de Durkheim et celle inspirée par la psychologie du développement (illustrée successivement par Piaget et par Kohlberg). Pour Durkheim, la morale existe comme un fait empiriquement observable dans la vie des sociétés, du fait que tout groupe humain est régi par des règles qui délimitent le permis et le défendu. La morale est un « système de règles d'action qui prédéterminent la conduite. Elles disent comment il faut agir dans des cas donnés ; et bien agir, c'est bien obéir » (Alcan, 1925). Trois éléments essentiels constituent selon Durkheim la moralité : l'esprit de discipline, l'attachement aux groupes sociaux et l'autonomie de la volonté. La morale se présente en effet à l'homme sous la forme d'un impératif catégorique, dont l'origine est éminemment sociale et qui reflète la transcendance de la société par rapport à l'individu. De plus, elle se réalise concrètement dans des actions qui servent des intérêts collectifs. Enfin, elle suppose aussi, du moins dans les sociétés modernes, une capacité de compréhension et d'acceptation intelligente des règles auxquelles on obéit. À l'école, l'éducation morale s'effectue en grande partie par le biais de la discipline. Celle-ci constitue en effet, plus qu'une technique de maintien de l'ordre, un support pour la construction de l'identité morale de l'enfant dès lors qu'elle repose sur une intériorisation de la règle et que son ressort véritable est moins la crainte du maître que le respect de la loi. C'est en tout cas dans cet esprit que Durkheim conçoit le recours aux sanctions. Mais il insiste aussi sur le rôle que peuvent jouer dans cette construction le milieu scolaire en tant que lieu de vie collective, ainsi que les contenus intellectuels des diverses disciplines enseignées, particulièrement les sciences expérimentales et l'histoire.

À la théorie sociologique de la morale et de l'éducation morale proposée par Durkheim s'oppose l'approche des psychologues du développement. Se fondant sur de nombreuses observations empiriques d'enfants, Piaget met en évidence l'existence de véritables « stades » dans la formation du jugement moral, parallèles aux stades qui caractérisent le développement des opérations intellectuelles (*Le Jugement moral chez l'enfant*, PUF, 1932). Il en ressort une opposition fondamentale entre deux sortes de morales, une morale de la contrainte (ou de l'hétéronomie) et une morale de la coopération (ou de l'autonomie), celle-ci étant amenée à succéder en quelque sorte naturellement à celle-là à la faveur des interactions que l'enfant développe avec son entourage, particulièrement dans les situations de jeux : une conception qui met Piaget du côté de la pédagogie nouvelle, « puérocentrique », et l'oppose directement au « sociocentrisme » durkheimien.

Une approche du même genre se trouve développée chez Kohlberg, dont l'œuvre a fortement marqué la réflexion sur le « développement sociomoral » et l'éducation morale depuis les années 1960. Pour cet auteur, comme pour Piaget, il existe des étapes caractéristiques dans l'élaboration du jugement moral, qui s'organisent selon des lois de successivité, irréversibilité et universalité : les individus passent « normalement » (quoique inégalement vite selon les contextes culturels) d'une moralité « préconventionnelle », essentiellement utilitariste, à une moralité « conventionnelle », essentiellement conformiste, puis (mais ce niveau ne paraît pouvoir concerner qu'une minorité d'entre eux) à une morale « post-conventionnelle », à tendance universaliste. Dans cette perspective, l'éducation morale peut jouer un rôle d'accélération, de facilitation du processus de passage d'un stade à l'autre, en proposant par exemple à l'enfant ou à l'adolescent la discussion de « dilemmes moraux » (Kohlberg, 1981). Selon Kohlberg, une telle approche devrait échapper à la fois aux dangers du relativisme et à l'accusation d'endoctrinement. On sait en effet que, de peur d'imposer aux élèves des choix axiologiques arbitraires, certains éducateurs se réfugient aujourd'hui dans une sorte de neutralisme intégral, laissant à chacun la liberté totale d'affirmer ou de préférer n'importe quoi pourvu que cela soit « authentique », comme on peut le voir par exemple avec le courant pédagogique dit de la « clarification des valeurs ». Pour Kohlberg, il s'agit de dépasser un tel relativisme, en aidant chacun à progresser dans une voie qui est moralement souhaitable, parce que chaque stade nouveau représente « objectivement » un progrès moral par rapport aux stades antérieurs. Mais cette voie correspond en même temps à un développement naturel de l'individu, bien loin de représenter pour lui un modèle étranger ou inaccessible.

La construction théorique proposée par Kohlberg a suscité à la fois beaucoup d'admiration et beaucoup de critiques. Parmi celles-ci, une paraît décisive du point de vue d'une problématique de l'éducation morale : c'est qu'il ne suffit probablement pas de bien juger, c'est-à-dire d'avoir atteint une sorte d'optimum de maturité dans l'appréhension intellectuelle des problèmes moraux, pour bien agir. Comme le remarque Reboul (1992), il se pourrait que la méthode de discussion des « dilemmes » contribue à former davantage des « avocats habiles » que des « adultes autonomes ». À coup sûr, cette question du passage du jugement à l'action constitue la difficulté essentielle de toute pédagogie morale rationnelle (Forquin, 1993), ce qui peut expliquer tant le regain de faveur dont paraissent bénéficier aujourd'hui, notamment en Amérique du Nord, certaines approches centrées sur la formation du caractère que l'accent mis par les morales de la sollicitude (*caring*) sur la composante émotionnelle et « compassionnelle » de la moralité (Noddings, Slote, 2003).

Jean-Claude Forquin

▶ **Bibliographie**

ALCAN, *L'Éducation morale* (1925), Paris, PUF, 1963.

BAUBÉROT J., *La Morale laïque contre l'ordre moral*, Paris, Le Seuil, 1997.

BAUBÉROT J., GAUTHIER G., LEGRAND L., OGNIER P., *Histoire de la laïcité*, Besançon, CRDP, 1994.

FORQUIN J.-C., « L'Enfant, l'école et la question de l'éducation morale : approches théoriques et perspectives de recherche », *Revue française de pédagogie*, n° 102, janv.-mars 1993, p. 69-106.

FOUCAULT M., *Surveiller et Punir : naissance de la prison*, Paris, Gallimard, 1975, rééd. 1995.

KOHLBERG L., *The Philosophy of Moral Development*, San Francisco, Harper and Row, 1981.

LEGRAND L., *Enseigner la morale aujourd'hui ?*, Paris, PUF, 1991.

LOEFFEL L., *La Question du fondement de la morale laïque sous la IIIe République (1870-1914)*, Paris, PUF, 2000.

Musgrave P. W., *The Moral Curriculum : A Sociological Analysis*, Londres, Methuen, 1978.
Noddings N., Slote M., « Changing Notions of the Moral and Moral Education », *in* Blake N., Smeyers P., Smith R., Standish P. (éds), *The Blackwell Guide to the Philosophy of Education*, Oxford, Blackwell, 2003, p. 341-355.
Ognier P., *L'École républicaine française et ses miroirs*, Berne, Peter Lang, 1988.
Raymond A., *L'Éducation morale dans le mouvement de l'Éducation nouvelle : comment élever moralement un enfant ?*, Paris, L'Harmattan, 2002.
Reboul O., *Les Valeurs de l'éducation*, Paris, PUF, 1992, 2e ed., 1999.
Ryan K., « Moral and Values Education », in *The International Encyclopedia of Education*, Oxford, Pergamon Press, 1986, vol. 6, p. 3406-3413.
Vincent G., *L'École primaire française : étude sociologique*, Lyon, PUL, 1980.

▸ Voir aussi
Axiologie – Civique (Éducation) – Durkheim, Émile – Éducation nouvelle – Endoctrinement – Éveil (Activités d') – Familiale (Éducation) – Laïcité – Neutralité – Philosophie de l'éducation – Piaget, Jean – Valeurs.

Motivation

La motivation est l'état ou la disposition psychologique qui détermine la mise en route, la vigueur ou l'orientation des conduites ou des activités cognitives, et qui fixe la valeur conférée aux divers éléments de l'environnement.

La motivation comprend deux composantes fondamentales : en premier lieu des *états* mentaux (faim, peur, pulsion sexuelle, curiosité, désir d'atteinte d'un objet ou d'un but, etc.), correspondant généralement à des états physiologiques et susceptibles de degrés : ce sont les « niveaux de motivation ». Cette composante détermine essentiellement les caractéristiques quantitatives, dynamiques des conduites, c'est-à-dire leur vigueur, exprimée dans leur amplitude, leur rapidité, leur latence, etc. On considère en second lieu des valeurs, ou *valences,* positives ou négatives, qui se situent sur une dimension générale « agréable/désagréable », ou « bon/mauvais », et qui sont associées à des objets, des stimulus, des représentations mentales, etc. Cette composante détermine essentiellement la direction des conduites, sous forme d'approche ou d'évitement, mais elle affecte aussi leur vigueur. Les valences interviennent en outre sous forme de « renforçateurs » dans une vaste catégorie d'apprentissages, ceux qui sont de type instrumental ou « opérant ». Les deux composantes fondamentales de la motivation interagissent de façon complexe.

Une palette infinie

Outre leur rôle comme *facteur* d'apprentissage, les motivations peuvent aussi être *modifiées* ou *créées* par des apprentissages. En un mot, elles peuvent être, par rapport à ceux-ci, dans un rôle déterminant ou déterminé. On distingue dès lors généralement des *motivations primaires,* ou innées, et des *motivations secondaires,* ou acquises. Les premières sont d'origine biologique, correspondent aux besoins *stricto sensu,* sont communes aux animaux et aux hommes, et universelles parmi ceux-ci ; on peut en donner une liste limitée : faim, soif, équilibre thermique, sexualité, besoins d'excrétion, échappement à la douleur, peur, etc. Les secondes sont, au contraire, extrêmement variables d'un individu à l'autre ; un grand nombre d'entre elles sont spécifiquement humaines, déterminées par l'histoire personnelle et l'environnement social. Elles peuvent se former par modulation des motivations primaires et se traduisent en habitudes alimentaires, goûts et dégoûts divers, peurs conditionnées, modes de comportement sexuel, etc. Elles peuvent aussi se créer à partir des valences primaires, et se superposer ensuite, donnant lieu à de multiples sortes d'attachements, de désirs ou de répulsions, à la composante affective des mœurs, aux intérêts et désintérêts professionnels, distractifs ou artistiques, aux connotations langagières, etc. Elles constituent par leur nombre et leurs combinaisons une palette pratiquement infinie.

L'évaluation de la nouveauté

Dans le domaine de l'enseignement et de la formation, et notamment pour l'acquisition des connaissances, les motivations et les renforçateurs primaires n'ont qu'un rôle limité. Les renforçateurs secondaires, notamment ceux qui relèvent du langage et de son vocabulaire évaluatif (« bien », « exact », « erreur », etc.), jouent, au contraire, un rôle très important de scansion des acquisitions. Mais il faut souligner, à côté de cela, la fonction essentielle tenue par les *motivations cognitives* (curiosité et ennui, intérêt ou désintérêt, etc.). Elles sont fondées sur les propriétés spécifiques qui caractérisent, chez les êtres humains, les activités cognitives de *saisie de l'information,* concrétisées par les processus d'attention, et leurs corrélats de maintien actif du traitement de l'information, d'apprentissage et de mise en mémoire de connaissances nouvelles.

Dans l'analyse cognitive, on considère qu'au centre de ces activités se trouve un processus automatique d'évaluation de la *nouveauté.* Il repose sur la comparaison en continu et un appariement entre l'information qui est en cours de saisie par le sujet et les connaissances antérieures déjà présentes dans sa mémoire sémantique. Cette comparaison fournit comme résultat une évaluation de la « nouveauté » de l'information entrante qui est, elle-même, un déterminant de l'état de la motivation cognitive et, par voie de conséquence, des activités cognitives postérieures : continuer à saisir et à traiter l'information, ou cesser de le faire. Pour cette nouveauté il existe un *optimum :* les informations qui sont *modérément* nouvelles sont activement saisies et traitées, les informations qui ne sont *pas assez* nouvelles ou qui sont *trop* nouvelles sont négligées ou rejetées. Cet optimum est toujours relatif : il varie selon les sujets, et se modifie dans le temps chez un même sujet.

Jean-François Le Ny

▶ Bibliographie

MARTINS D., *Les Facteurs affectifs dans la compréhension et la mémorisation des textes,* Paris, PUF, coll. « Le Psychologue », 1993.

NUTTIN J.-R., *Théorie de la motivation humaine*, Paris, PUF, coll. « Psychologie d'aujourd'hui », 1991.

▶ Voir aussi

Affectivité – Connaissance – Intérêt – Mémoire – Psychologie de l'apprentissage.

MOUVEMENTS DE JEUNESSE

Un mouvement de jeunesse, dans l'organisation de loisirs qu'il représente auprès des jeunes, prend en charge la totalité de leurs aspirations et de leurs problèmes. Il fait référence à une finalité sociale, religieuse, voire politique. Il met au service de ses fins une pédagogie spécifique qui met l'accent sur le savoir-faire et sur l'action. Il fait appel à l'engagement des jeunes qui sont mis en situation de responsabilité. Enfin, un mouvement de jeunesse favorise chez les jeunes un sentiment d'appartenance à un groupe (insignes, chants, uniforme, devise).

Par rapport aux organisations de patronage, les mouvements de jeunesse ont innové en systématisant la pratique d'activités de loisir, notamment de plein air, destinées à former plus qu'à instruire l'enfant. Pour y parvenir, la forme a été privilégiée par rapport au contenu, contrairement au système scolaire où le contenu de l'éducation est au centre des préoccupations, quelles que soient les méthodes pédagogiques utilisées. Certaines associations ont voulu aller au-delà d'une simple organisation de gardiennage dans les meilleures conditions. Elles ont voulu transmettre un certain état d'esprit aux enfants et aux jeunes, modifier en quelque sorte leur vision de la société et de la place qu'ils y occupent. L'apparition des mouvements de jeunesse s'est produite au même moment dans tous les pays occidentaux.

La naissance des mouvements

En France, c'est probablement au milieu du XIXe siècle que des organisations de jeunes se sont voulues « mouvements », avec la création des unions chrétiennes de jeunes gens (UCJG) chez les protestants en 1855 et celle de l'Association catholique de la jeunesse française (ACJF) en 1886. L'ACJF innovait par le rôle qu'elle donnait aux laïcs par rapport aux clercs et par le projet d'engagement qui était proposé aux jeunes.

Chez les laïques, l'idée de demander un engagement à des jeunes n'a jamais été admise. L'École publique, que défend la Ligue de l'enseignement, a rarement fait bon ménage avec les mouvements de jeunesse, contrairement à l'École privée. Deux exceptions notables : successivement deux présidents des Éclaireurs de France, Albert Châtelet (en 1939), puis Gustave Monod (en 1945), ont été en même temps directeurs de l'enseignement secondaire et ont tenté d'y introduire le scoutisme. La tentative de Gustave Monod de faire appel aux cadres du scoutisme pour les stages d'information des « sixièmes nouvelles » n'aura pas eu de suite (dans le cadre de l'expérience des « classes nouvelles » en 1945-46).

L'apparition du scoutisme en milieu protestant, en 1911 en France, a marqué la vraie naissance d'un mouvement de jeunesse. Le modèle anglais de Baden-Powell, qui souhaitait réunir tous les jeunes de toutes confessions – ou sans confession –, n'a pu être appliqué en France. Des branches du scoutisme protestant, laïque, catholique, israélite et depuis peu musulman ont eu des destinées séparées. Il en fut de même pour les branches féminines, qui ont suivi de peu les branches masculines, avec l'exception notable de la Fédération française des éclaireuses (FFE), qui a réuni de 1923 à 1964 les branches protestante, neutre et israélite. La pédagogie du scoutisme, fondée sur la prise de responsabilité et sur le jeu, a été reprise dans bien des patronages et d'autres organisations laïques, comme les centres d'entraînement aux méthodes d'éducation active (CEMÉA) et les Francs et Franches Camarades (FFC), qui réunissent aujourd'hui un million d'enfants. Cette méthode a aussi été utilisée pour mettre en place l'éducation spécialisée.

Avec l'apparition de mouvements de jeunesse catholique organisés non plus par classes d'âge mais par milieux, un autre type de mouvements de jeunesse se fait jour, plus ancré sur les réalités sociales que vivent les jeunes. La Jeunesse ouvrière chrétienne (JOC), la Jeunesse étudiante chrétienne (JEC) et la Jeunesse agricole chrétienne (JAC) ont formé quelques générations de responsables politiques et syndicaux des années 1950 à nos jours. Enfin, les mouvements de jeunesse politiques ont commencé à apparaître dans les années 1930, servant de viviers, parfois contestataires, aux partis politiques. Car c'est une caractéristique des mouvements de jeunesse que de contribuer à former en quelque sorte les élites qui vont prendre en charge la société du lendemain.

Tous les mouvements ont connu leur apogée à la Libération. Au début des années 1960, les mouvements de jeunesse réunissaient, en y incluant les mouvements laïques, près d'un million de jeunes, auxquels on pouvait ajouter les 600 000 enfants touchés par les Cœurs vaillants et Âmes vaillantes, bientôt regroupés dans l'Action catholique des enfants (ACE).

Après le déclin, la renaissance ?

La chute des effectifs se manifeste aux alentours de 1965 et va toucher, à des degrés divers, la totalité des mouvements. La JEC passe de 20 000 membres en 1960 à 10 000 en 1977. Si la JOC résiste un peu mieux, on peut parler d'un véritable effondrement pour la JAC, devenue Mouvement rural de la jeunesse chrétienne (MRJC), qui n'a plus que 10 000 membres en 1976. Scouts et guides de France perdent la moitié de leurs adhérents entre 1963 et 1973, les défections s'accélérant après 1968. Les Cœurs vaillants ne touchent plus, vers 1975, que 200 à 225 000 enfants, soit une perte des deux tiers. Pour expliquer ce phénomène, il faut analyser le problème des générations concernées par les mouvements de jeunesse, non seulement celles des jeunes susceptibles d'y entrer (nés entre 1950 et 1955 et qui vont prendre part aux événements de Mai 1968), mais aussi les générations de leurs parents, qui ne vont pas favoriser leur entrée, et surtout les générations qui constituent l'encadrement des mouvements et qui n'investissent plus ce genre d'organisation. De plus, les réglementations édictées par l'État quant à l'organisation et aux diplômes ont provisoirement représenté un obstacle à leur développement.

De nouvelles générations sont à l'œuvre depuis 1997 et les mouvements de jeunesse reprennent de la vigueur. Les recherches montrent qu'il est inexact d'affirmer que les jeunes, dans leur majorité, rejettent l'idée d'entrer dans un mouvement. Sur les anciens mouvements de jeunesse, le temps a fait son œuvre. Les Auberges de jeunesse ne font plus parler d'elles. La JEC est silencieuse, la JOC par contre garde une tradition militante et ses responsables sont jeunes et convaincus. Le MRJC, moins florissant que la JAC son ancêtre, conserve une tradition militante, bien que la population rurale se soit beaucoup transformée. Le scoutisme, en revanche, semble reprendre de l'activité, les mouvements de jeunesse politiques aussi. De nouvelles formes de mouvements apparaissent, tel le Mouvement de jeunesse du quart monde.

Geneviève Poujol

▶ Bibliographie

Coutrot A., *Élites et militants dans la société française contemporaine*, thèse d'État en science politique, institut d'études politiques de Paris, 1983.

Fabre R., « Présence et contestation (1960-1975) », *in* Cholvy B., Comte B., Féroldi V., *Jeunesses chrétiennes au xxe siècle*, Paris, Éd. Ouvrières, 1991.

Gauthé J.-J., *Le Scoutisme en France. Inventaire de la bibliographie et des sources*, Montpellier, université Paul-Valéry, 1998.

Poujol G., *Des élites de société pour demain ?*, Ramonville-Saint-Agne, Érès, 1996.

Tétard F., « Le Scoutisme et la rééducation dans l'immédiat après-guerre, lune de miel sans lendemain ? », *Document de l'INJEP*, n° 21, 1995.

▶ Voir aussi

Association éducative – Colonie de vacances – Loisir – Populaire (Éducation) – Religieuse (Éducation).

Multiculturalisme

D'apparition relativement récente dans le vocabulaire social, politique et journalistique d'Amérique du Nord (Lacorne, 1997), mais ayant fait l'objet d'une rapide diffusion internationale à partir des années 1960 et 1970, le terme de « multiculturalisme » comporte à la fois une acception descriptive et une acception « programmatique ». Dans son acception descriptive, devenue aujourd'hui courante, il désigne la situation « objective » d'un territoire ou d'un pays au sein desquels coexistent et sont amenés à entrer en interaction plus ou moins intense et régulière (que ce soit sur le mode de la comparaison, de la confrontation et de la revendication ou de la coopération et de l'échange) des groupes d'origines géographiques ou ethniques diverses, entre lesquels existent des différences culturelles susceptibles de mettre en jeu des composantes profondes et durables de l'identité telles que la langue, la religion, les valeurs morales et politiques et les habitudes de vie. Mais lorsqu'il désigne une conception particulière du fonctionnement de la démocratie ou un certain mode de mise en œuvre des politiques publiques, et notamment des politiques éducatives, le terme de « multiculturalisme » prend un sens différent, non plus descriptif et sociologique mais prescriptif ou « programmatique ». Une politique dite « multiculturelle » sera ainsi une politique délibérément « différentialiste », une politique dont les orientations, les choix, les justifications reposent sur la prise en compte explicite, la reconnaissance officielle, la projection et la valorisation dans l'espace public de différences culturelles historiquement cristallisées, avec éventuellement l'attribution à des groupes ou à des communautés de « droits culturels » spécifiques, voire le « traitement préférentiel » accordé collectivement à certains d'entre eux dans un souci de justice compensatrice ou réparatrice. De même, un enseignement peut s'adresser à un public « multiculturel » sans être lui-même un enseignement « multiculturel » : il ne devient tel qu'à partir du moment où il met en œuvre certains choix pédagogiques, qui sont en même temps des choix déontologiques ou politiques, qui l'amènent à prendre en compte délibérément, dans ses contenus, dans ses méthodes et dans toute l'organisation de la vie scolaire, la diversité des appartenances et des références culturelles des publics auxquels il s'adresse. Force est de s'interroger cependant sur les justifications, les implications, les modalités et les limites d'une telle « prise en compte ».

De l'assimilationnisme au multiculturalisme

Malgré les différences de contexte historique et politique, il existe un parallélisme évident dans la façon dont l'idée du multiculturalisme se développe et se diffuse à partir des années 1970 dans un certain nombre de pays de tradition démocratique libérale. Dans tous les cas, le credo multiculturel apparaît bien comme une élaboration « tardive », un palliatif ou une réponse à la perte de crédibilité d'un modèle plus ancien et en quelque sorte plus « naturel », plus naturellement inscrit dans la postulation profonde des communautés politiques modernes, à savoir le modèle assimilationniste. C'est le cas en particulier en Grande-Bretagne, où le débat sur le multiculturalisme et ses implications éducatives est apparu comme une réaction aux problèmes posés par la scolarisation des enfants des minorités issues de l'immigration massive, après la Seconde Guerre mondiale, en provenance des Antilles, d'Afrique et du sous-continent indien, la plupart des commentateurs s'accordant cependant pour faire état d'une prédominance du modèle assimilationniste jusque dans les années 1960 (un effort étant porté tout particulièrement sur l'enseignement de l'anglais comme langue seconde), alors que l'accent est mis de plus en plus dans la décennie suivante sur la nécessité de concilier la lutte pour l'égalité des chances avec la reconnaissance des identités culturelles « minoritaires ». Et, de fait, l'idée du multiculturalisme pénètre alors profondément le curriculum, souvent sous l'impulsion des « autorités éducatives locales », les auteurs de manuels faisant appel de plus en plus à des références, à des exemples empruntés aux cultures des minorités, tandis qu'un mouvement se dessine en faveur de l'enseignement à l'école des langues des groupes minoritaires et qu'une coopération est encouragée avec les représentants locaux des minorités. Cependant, très tôt au cours des années 1980, le multiculturalisme britannique s'est trouvé en quelque sorte « pris en tenaille » entre une critique « de gauche » d'inspiration « antiraciste » et une politique « de droite » d'inspiration ultra-libérale (Forquin, 1994).

La même évolution d'une conception de l'enseignement explicitement ou implicitement assimilationniste vers une prise en compte des différences « ethno-culturelles » se manifeste à partir de la fin des années 1960 dans les autres démocraties anglophones ainsi qu'au Québec, avec cependant des variations importantes qui reflètent bien évidemment la diversité des héritages et des situations historiques (Banks, Lynch, 1986 ; Ouellet, 1988). Aux États-Unis, où l'idéologie du *melting-pot* avait accompagné et favorisé au cours des décennies antérieures l'insertion de nombreuses catégories d'immigrants d'origine principalement européenne, les politiques d'intégration très « volontaristes » mises en place dans les années 1960 dans la continuité du mouvement des droits civiques (déségrégation scolaire, dispositifs visant à accroître le pouvoir de contrôle des parents sur le fonctionnement des établissements scolaires dans les zones urbaines défavorisées, enseignement « de compensation ») ont donné lieu à des critiques qui, s'appuyant sur certains apports de l'anthropologie culturelle, ont mis beaucoup plus l'accent sur l'existence possible de malentendus cognitifs ou de conflits de valeurs entre des enseignants d'origine majoritairement anglo-saxonne et les élèves appartenant à certaines minorités ethniques stigmatisées. Et de fait, c'est principalement sous le label de l'ethnicité et de la revendication ethnique (« études ethniques », « éducation multi-ethnique ») que le multiculturalisme a commencé à s'affirmer et à s'afficher aux États-Unis comme alternative politiquement et pédagogiquement désirable, alors que le terme tend à recouvrir aujourd'hui un éventail beaucoup plus large de revendications, incluant la question de l'égalité entre les sexes ou celle de l'intégration des personnes souffrant de handicaps aussi bien que celles concernant l'appartenance sociale, raciale ou religieuse (Kincheloe, Steinberg, 1997). On considère parfois que c'est l'« arrêt Yoder », en 1972, permettant à une famille Amish de retirer ses enfants de l'école avant l'âge légal afin qu'ils puissent se consacrer aux travaux des champs, qui, aux États-Unis, a ouvert la première brèche multiculturelle dans l'édifice de la législation républicaine en matière de scolarisation. Mais c'est bien plutôt l'« arrêt Bakke », stipulant, en 1978, qu'une université a le droit d'utiliser des critères ethniques pour diversifier son recrutement, qui a été invoqué le plus souvent par la suite pour justifier, au nom de l'équilibre multiethnique et multiculturel des publics d'étudiants, les politiques de « traitement préférentiel » et notamment l'application de quotas à base ethno-raciale lors des procédures de sélection universitaire. Mais c'est davantage à propos des contenus et méthodes d'enseignement que s'expriment aujourd'hui aux États-Unis la revendication multiculturelle aussi bien que l'inquiétude devant certains excès et certains dérapages. Des commissions ont été installées dans de nombreux États afin de mettre en place de nouveaux programmes scolaires qui reflètent davantage les contributions, les perspectives et les préoccupations respectives des différentes minorités. Ce sont bien évidemment les enseignements d'histoire et de sciences sociales qui donnent lieu aux revendications, aux réélaborations et aux polémiques les plus significatives. Des conflits du même genre se produisent fréquemment dans l'enseignement supérieur, où les accusations de sexisme, de racisme, d'« eurocentrisme » conduisent à la fois à l'émergence au sein du curriculum de nouvelles matières d'enseignement s'adressant à des publics spécifiques (telles que les *gender studies*, les *ethnic studies* ou les *Black studies*) et à un réexamen critique de l'ensemble des savoirs académiques (Lacorne, 1997).

En France aussi le modèle scolaire assimilationniste, qui a prévalu longtemps face à la diversité historique des « pays » et des parlers aussi bien que vis-à-vis des apports successifs de l'immigration, s'est trouvé brusquement confronté, à partir des années 1960, du fait de l'intensification et de la diversification des flux migratoires, à des obligations et à des difficultés nouvelles. Une prise de conscience s'opère alors des limites de validité (théorique et pratique) du principe de l'indifférence aux différences, comme le suggère le développement, à partir de 1973, d'un dispositif d'enseignement des langues et cultures d'origine (ELCO). Cependant, comme le souligne Françoise Lorcerie (1995), l'ajustement des programmes aux réalités liées à l'immigration (langues vivantes enseignées dans le secondaire, place de la littérature étrangère ou nouvelles questions en histoire et géographie) ne pouvait donner lieu qu'à des modifications limitées, compte tenu de la structure très rigide des curricula, « constitués sur une visée de didactisation maximale des savoirs académiques, dans le cadre de disciplines d'enseignement fortement spécifiées », et c'est bien plutôt en marge du curriculum officiel, sur la base d'initiatives et d'expériences locales, qu'une certaine ouverture peut s'observer. Dans la période la plus récente, c'est, semble-t-il, davantage du côté d'une reviviscence du patrimoine des langues et des cultures régionales traditionnelles que par référence aux réalités de l'immigration que l'ouverture de l'enseignement à un certain pluralisme paraît se manifester. En ce qui concerne enfin le fonctionnement interne et les règles de la vie scolaire, la querelle du « foulard islamique » constitue depuis 1989 un révélateur extraordinairement significatif de la difficulté de concilier, au sein de l'école publique française, le droit à l'expression d'une « différence » ethno-religieuse et l'intangibilité du principe de laïcité.

Les défis et les dilemmes du multiculturalisme

Le débat qui se déroule aujourd'hui en Amérique du Nord et dans plusieurs autres pays autour des justifications et des enjeux du multiculturalisme mobilise à la fois des arguments politiques et des arguments pédagogiques, des raisons de principe et des considérations de faisabilité (Taylor, 1994 ; Constant, 2000 ; Kymlicka, 2001). Un thème essentiel que l'on rencontre notamment aux États-Unis chez les adversaires du multiculturalisme est bien évidemment celui du risque d'affaiblissement, d'éclatement, voire de destruction de l'identité de la nation. D'autres observateurs dénoncent plutôt le danger d'une « réification » ou d'une « ethnicisation » de la culture qui reviendrait à enfermer chaque individu dans un carcan identitaire immuable et monolithique. D'autres enfin, qui se veulent les porte-parole des minorités, soulignent l'écart entre la rhétorique de la reconnaissance culturelle et la persistance des inégalités sociales, et reprochent aux programmes d'enseignement multi-ethniques et multiculturels d'occulter les vraies questions et de priver les jeunes appartenant aux minorités dominées ou discriminées des solides compétences intellectuelles qui pourraient leur être véritablement utiles dans la vie. Reconnaissons cependant que ces critiques valent moins contre certaines variantes « civiques » ou « libérales » du multiculturalisme que contre ses expressions les plus radicalement « différentialistes ». Un clivage apparaît en effet, dans le cadre du débat sur l'enseignement multiculturel, entre ce qu'on pourrait appeler une option pluraliste radicale qui suppose, à destination de différents publics d'élèves identifiés selon des critères ethniques, religieux ou linguistiques, une différenciation forte du curriculum, voire la mise en place de réseaux scolaires complètement distincts, et une option « intégratrice » qui vise, dans un esprit de tolérance et un souci de dialogue, à introduire la prise en compte de la diversité des appartenances et des références culturelles dans le cadre d'une école commune et d'un curriculum unitaire. Si cette deuxième version, « interactive » et « ouverte », du multiculturalisme peut sembler moralement et politiquement préférable à la première, elle pose aussi un problème pédagogique difficile : savoir selon quels critères s'effectueront le choix et la mise en cohérence des contenus d'enseignement. Dans un monde scolaire affecté par la montée des « communautarismes » et traversé de tensions identitaires, le danger est grand en effet que la « paix curriculaire » s'achète au prix d'un appauvrissement, d'un émiettement ou d'une « neutralisation » des contenus. Entre relativisme et universalisme, la question fondamentale et permanente de la justification du curriculum (Forquin, 1991) se trouve ainsi en quelque sorte amplifiée, avivée et complexifiée dans un contexte de multiculturalisme reconnu et assumé. Un aspect du problème passe cependant trop souvent inaperçu dans les débats, c'est l'existence, en marge et au-delà des différences culturelles perceptibles dans le monde social, d'une spécificité et d'une originalité irréductibles de la culture scolaire considérée comme l'ensemble des contenus cognitifs et symboliques sélectionnés, soumis à un conditionnement didactique et organisés sous la forme de programmes d'études en vue de faire l'objet d'une transmission délibérée dans le cadre d'institutions d'enseignement. Montage composite mobilisant une multiplicité d'héritages hétérogènes, la culture scolaire n'obéit aux injonctions de la culture présumée historiquement dominante ou ne répond aux revendications les plus récentes du multiculturalisme qu'en les retravaillant et les retraduisant en fonction de contraintes et de finalités proprement pédagogiques. C'est pourquoi la question du multiculturalisme en éducation ne saurait être traitée comme une application ou un décalque purs et simples d'une problématique sociale et politique.

Multiculturalisme ou interculturalisme ?

Dans les textes de langue française concernant une prise en compte possible de la pluralité culturelle dans les institutions éducatives, on constate que c'est bien souvent le terme d'« interculturalisme » qui est préféré à celui de « multiculturalisme », lequel apparaît beaucoup plus couramment dans la littérature de langue anglaise. On peut penser que la notion d'« éducation interculturelle » privilégie cette dimension de réciprocité et d'échange qui peut se trouver exclue dans les versions « différentialistes dures » du multiculturalisme. Cela expliquerait aussi le fort ancrage de la thématique interculturelle francophone dans la pédagogie des langues, la coopération et les échanges internationaux. Que l'on oppose explicitement interculturalisme et multiculturalisme (Abdallah-Pretceille, 1999), que l'on considère les deux expressions comme à peu près équivalentes (Ouellet, 1991), ou que l'on envisage plutôt l'approche interculturelle comme une variante ouverte et « interactive » du multiculturalisme (Forquin, 1989), l'important réside certes moins dans le choix des mots que dans la clarification des idées, l'élucidation des perspectives et des programmes. Or il est certain qu'une polarisation forte apparaît, constitutive de la problématique même du multiculturalisme, entre, d'un côté, la défense inquiète et jalouse d'un droit à la différenciation et à la séparation, et, de l'autre, l'acceptation de l'interaction et du partage, avec cependant la conscience du risque toujours encouru de la déstabilisation, du conflit, de l'« échange inégal », ou, plus fondamentalement, de la confusion, de l'incohérence ou de l'insignifiance.

Jean-Claude Forquin

▶ Bibliographie

ABDALLAH-PRETCEILLE M., *L'Éducation interculturelle*, Paris, PUF, 1999.

BANKS J. A., LYNCH J. (éds), *Multicultural Education in Western Societies*, Londres, Holt, Rinehart et Winston, 1986.

CONSTANT F., *Le Multiculturalisme*, Paris, Flammarion, 2000.

FORQUIN J.-C., *École et culture. Le point de vue des sociologues britanniques*, Bruxelles, De Boeck, 1989 2e éd., 1996.

FORQUIN J.-C., « Justification de l'enseignement et relativisme culturel », *Revue française de pédagogie*, n° 97, oct.-déc. 1991, p. 13-30.

FORQUIN J.-C., « L'Évolution des politiques éducatives vis-à-vis des minorités ethniques en Grande-Bretagne depuis les années 1960 : de l'assimilationnisme au multiculturalisme », *in* Bautier É. *et al.*, *École et lien social : cultures, intégration et citoyenneté*, rapport de recherche pour le programme Ville-Banlieue-Lien social, PIR Villes-CNRS, 1994, p. 44-65.

KINCHELOE J.-L., STEINBERG S.R., *Changing Multiculturalism*, Buckingham, Open University Press, 1997.

KYMLICKA W., *La Citoyenneté multiculturelle : une théorie libérale du droit des minorités*, Paris, La Découverte, 2001.

LACORNE D., *La Crise de l'identité américaine : du melting-pot au multiculturalisme*, Paris, Fayard, 1997.

LORCERIE F., « Scolarisation des enfants d'immigrés : état des lieux et état des questions en France », *Confluences Méditerranée*, n° 14, 1995, p. 25-60.

OUELLET F. (dir.), *Pluralisme et école*, Québec, Institut québécois de recherche sur la culture, 1988.

OUELLET F., *L'Éducation interculturelle : essai sur le contenu de la formation des maîtres*, Paris, L'Harmattan, 1991.

TAYLOR C., *Multiculturalisme, différence et démocratie*, Paris, Aubier, 1994.

▶ Voir aussi

Curriculum – Interculturelle (Pédagogie).

MUSÉE

Destinés tous deux à former, l'école et le musée entretiennent depuis toujours des rapports étroits. Créé en 1792 par décret de la Convention, le musée, dans son acception moderne, fut en effet conçu d'emblée comme lieu de formation : institution conservatoire ouverte à tous pour l'étude et la délectation. Dans les faits, les musées se sont acquittés de cette mission didactique de façon très inégale selon les époques. Après avoir connu une longue période principalement axée sur la conservation, le musée de la fin du XXe siècle se caractérise par une volonté éducative clairement affirmée, qui se manifeste notamment par l'importance accordée à la médiation culturelle (lieu, expositions, personnes, outils, etc.).

Parallèlement à cette évolution du musée, la pédagogie d'ouverture instaurée à l'école sous l'impulsion des méthodes d'éducation nouvelle a contribué à modifier considérablement la relation école/musée, la vocation éducative et culturelle du musée faisant de ce dernier un partenaire privilégié pour l'Éducation nationale.

Services culturels et public scolaire

Les musées accueillent depuis longtemps un nombre considérable de scolaires, qui ne bénéficiaient toutefois, jusqu'à une époque relativement récente, que de services très limités (visites-conférences et visites guidées). La création dans les principaux musées, en liaison avec l'Éducation nationale, d'un département affecté à la médiation, a eu pour effet la multiplication de l'offre et sa diversification.

Sous le nom de services culturels ou éducatifs, ces structures offrent au public scolaire une large gamme de services et d'outils : documents pédagogiques variés, animations et activités éducatives pour les élèves, stages pour les enseignants, etc. Tout un dispositif se trouve ainsi mis en place, qui ouvre des perspectives pédagogiques nouvelles aux enseignants. D'une portée limitée, la visite ponctuelle au musée, destinée généralement à illustrer un cours, peut dès lors, grâce à un matériel pédagogique approprié, être enrichie par un travail en classe ou s'intégrer dans des actions éducatives concertées comme celles qui relèvent de la démarche de projet. Menées dans le cadre d'un projet d'action éducative (PAE) ou projet d'établissement, ces actions se présentent comme de véritables aventures culturelles dont le caractère extra-scolaire est un facteur important de motivation pour les élèves.

Le nouveau partenariat école/musée

La relation entre l'école et le musée telle qu'elle se définit aujourd'hui s'inscrit dans une logique partenariale qui suppose une collaboration étroite entre les différents partenaires, tant au niveau des personnes (enseignants/ médiateurs culturels ou conservateurs) qu'au niveau des institutions dont elles dépendent (Culture et Éducation nationale). La volonté exprimée par l'Éducation nationale de s'engager aux côtés du ministère de la Culture dans une action conjointe école/musée (étendue à présent à l'ensemble du patrimoine) a conduit l'institution scolaire à prendre un certain nombre de dispositions comme la création, au sein des rectorats, d'une mission d'action culturelle chargée, entre autres, d'assurer la liaison école/musée et la mise à disposition des musées de professeurs bénéficiant d'heures de décharge appelés à jouer un rôle à la fois de relais entre les établissements scolaires et le musée et de garant de la qualité pédagogique des services proposés.

Engagées en 1977 à titre expérimental, en vue de promouvoir la réussite scolaire, les actions éducatives menées en commun par l'école et le musée se sont révélées efficaces. Les résultats obtenus, en particulier auprès des élèves réfractaires au discours scolaire et par conséquent en situation d'échec, ont déterminé l'Éducation nationale à les encourager, à l'aide, depuis 1988, de textes officiels qui tendent à promouvoir certaines activités comme les ateliers de pratiques artistiques et culturelles et les classes culturelles, à institutionnaliser les jumelages ZEP/musées, à inciter les enseignants à acquérir une formation appropriée à l'utilisation pédagogique des musées par le biais des stages organisés dans le cadre de leur formation (formation initiale au sein des IUFM ou formation continue).

Pédagogie et musée

Malgré leurs points communs, le musée n'est pas l'école et ne saurait s'y substituer. Le musée est un lieu où se trouvent rassemblés des objets (naturels ou artificiels), sélectionnés en vue d'être exposés au regard. Tandis que le discours prévaut à l'école, la primauté, ici, est donnée à l'objet. La finalité de la médiation culturelle est de favoriser, par l'éducation du regard, la rencontre entre le visiteur et l'objet, et de l'enrichir. Mis au service de l'enseignement, le rapport à l'objet, rapport concret et sensible, permet une meilleure assimilation des connaissances par l'élève. Curiosité, émerveillement, intérêt, plaisir. L'éveil de ces facultés favorise l'apprentissage de même qu'il développe chez l'enfant le goût pour le musée. Au demeurant, le musée est un instrument parmi d'autres dont l'utilisation est laissée à l'initiative des enseignants. Les actions éducatives que l'enseignant peut y mener gagnent en efficacité lorsque celui-ci est motivé, familiarisé avec le lieu et ses ressources, et prêt à s'impliquer, sur le mode du dialogue, dans un travail en complémentarité avec des professionnels des musées.

Élisabeth Faublée

▸ Bibliographie

Buffet F. (dir.), *Entre école et musée : le partenariat culturel d'éducation,* Lyon, PUL, 1998.

Collectif, « Des élèves au musée », *Éducation et Pédagogies,* n° 16, 1992.

Collectif, « Enfants et musées », *Musées : collections publiques de France,* n° 198, 1993.

Faublée É., *En sortant de l'école… musées et patrimoine,* Paris, CNDP/Hachette, 1992.

Van Praët M., Eidelman J. (dir.), *La Muséologie des sciences et ses publics,* Paris, PUF, 2000.

Viel A., Guise C. de, *Muséo-séduction, muséo-réflexion,* Québec, musée de la Civilisation, 1992.

▸ Voir aussi

Établissement (Projet d') – Éveil (Activités d') – Outils pédagogiques – Partenariat – Patrimoine – Vulgarisation.

Musicale (Éducation)

L'éducation musicale désigne l'ensemble des processus d'enseignement-apprentissage de la musique, processus inscrits dans la spécificité, la diversité et l'évolution de leurs finalités, de leurs organisations et de leurs contenus. Si l'histoire de la pensée éducative a toujours accordé à l'activité musicale un rôle important dans l'épanouissement de la personne, l'institution éducative exprime de son côté réticences et difficultés à reconnaître ce rôle et à intégrer l'éducation musicale dans le processus éducatif. Ainsi, l'organisation et les contenus de l'enseignement musical public, dans l'ensemble des pays occidentaux, se répartissent-ils selon deux grandes orientations : d'une part, un enseignement élémentaire et obligatoire de la musique, proposé par l'Éducation nationale, dans le cadre des écoles et collèges (au lycée, il n'est plus obligatoire) ; d'autre part, un enseignement facultatif, proposé par le ministère de la Culture, dans le cadre des conservatoires et écoles de musique.

Une tendance à la diversification

Depuis quelques décennies, grâce entre autres à l'extension et à la diversification relativement rapide des différentes pratiques musicales, et à l'émergence d'une demande de plus en plus importante d'activité musicale, un courant de réflexions et de réformes tente non seulement de transformer la position et la place de l'éducation musicale dans l'ensemble du processus éducatif, mais également de développer des structures éducatives capables de répondre à ces nouvelles demandes sociales.

Cette reconnaissance de la diversité des musiques de notre environnement et de la spécificité des modes d'apprentissage musical s'exprime par une évolution progressive des caractéristiques de l'organisation de l'enseignement musical à l'école et dans les conservatoires de musique, mais aussi par un enrichissement des liens et articulations entre ces deux institutions.

Organisation pédagogique à l'école et au conservatoire

– Au niveau *préélémentaire* et *élémentaire*, les objectifs généraux précédents se traduisent sous la forme de compétences spécifiques que l'enfant doit acquérir au cours de chacun des trois cycles de l'école maternelle et primaire. Elles concernent principalement le développement d'activités musicales vocales collectives, l'encouragement à l'improvisation instrumentale, vocale, collective ou individuelle et enfin le développement d'une écoute musicale attentive. Les caractéristiques et le contenu de l'éducation musicale à l'école sont actuellement placés sous la responsabilité de l'enseignant « généraliste » de chaque classe, et ce dernier, malgré une formation pédagogique souvent réduite en musique, peut cependant développer un processus dynamique d'éducation musicale grâce à la constitution récente d'un ensemble de ressources et de dispositifs.

Tout d'abord, les conseillers pédagogiques en éducation musicale, encore peu nombreux, sensibilisent l'enseignant à l'importance de l'activité musicale et le soutiennent dans la réalisation de projets musicaux ; mais ils n'interviennent pas dans la classe. Ensuite, des intervenants musicaux, de plus en plus formés par les centres de formation des musiciens intervenants (qui dépendent conjointement du ministère de l'Éducation nationale et du ministère de la Culture) et employés par les municipalités, co-animent les activités musicales avec l'enseignant. Des classes d'initiation artistique et des projets d'actions éducatives contribuent également à sensibiliser ponctuellement enseignants et élèves aux réalités musicales de leur environnement. Enfin, depuis 1974, la création de classes à horaires aménagés, à partir du cours élémentaire première année, permet à certains enfants de poursuivre leur scolarité et d'entreprendre simultanément une formation musicale spécifique (4 à 5 heures hebdomadaires) dans une école de musique contrôlée par le ministère de la Culture.

– Au *collège*, les intentions et les caractéristiques de l'éducation musicale prolongent et amplifient les orientations précédentes. Elles visent, d'une part, à enrichir les capacités perceptives en musique et à développer le goût, la culture musicale, grâce à l'écoute active des œuvres importantes du patrimoine mondial ; d'autre part, à encourager des pratiques musicales vocales et instrumentales, collectives et individuelles, fondées sur la difficile mais indispensable articulation entre le soutien de l'expression, de la créativité musicale personnelle des élèves et la nécessaire appropriation du langage musical de l'environnement culturel. L'enseignement musical, une heure hebdomadaire obligatoire, est ici assuré par des enseignants spécialisés (CAPES, agrégation d'éducation musicale) ; actuellement, plusieurs dispositifs se constituent progressivement et contribuent, comme pour l'école primaire, à enrichir et diversifier l'activité musicale au collège.

Des ateliers durent deux heures hebdomadaires et s'adressent aux élèves volontaires. Des classes à horaires aménagés permettent enfin à certains de concilier la poursuite d'une scolarité générale au collège et celle d'études musicales approfondies dans un conservatoire national de région.

– Au *lycée*, l'enseignement musical peut être choisi comme option dans le cadre d'une orientation littéraire ; des ateliers de pratiques artistiques peuvent également être constitués à la demande des établissements, et enfin des classes à horaires aménagés permettent de préparer le baccalauréat F11.

– À l'*université*, 22 départements ou UFR de musique et musicologie proposent un cycle complet d'études musicales et préparent soit au professorat d'éducation musicale (DEUG, licence, CAPES, agrégation), soit à un master en musicologie.

L'évolution récente de l'organisation de l'éducation musicale en France, à l'école et au collège, se caractérise donc, d'un côté, par l'extension progressive de l'enseignement musical à l'ensemble des établissements et, de l'autre, par l'élaboration de dispositifs originaux qui tend à intégrer l'activité musicale dans le cadre de projets interdisciplinaires et à ouvrir l'école vers les réalités musicales du milieu environnant.

Par ailleurs, un enseignement spécialisé de la musique essaye de répondre, de manière plus spécifique, à la diversité des demandes sociales d'activité musicale amateur ou professionnelle. Actuellement, en France, 2 conservatoires nationaux supérieurs de musique (Paris,

Lyon), 33 conservatoires nationaux de régions (environ un par région), 107 écoles nationales de musique (environ une par département), 225 écoles municipales de musique agréées et approximativement 2 900 écoles municipales de musique proposent des formations musicales diverses : initiation à la musique, formation à une pratique musicale approfondie, orientation professionnelle. L'étendue des missions de chaque établissement dépend de son implantation et de sa catégorie ; en effet, le classement de ces différentes écoles, décidé par le ministère de la Culture, est lié au nombre d'élèves, à la qualification de l'encadrement pédagogique, au nombre et à la diversité des disciplines d'enseignement.

Le schéma directeur de l'organisation pédagogique des écoles de musique et de danse (1991) insiste sur les liaisons entre apprentissage et pratique de la musique, sur l'impact de cette pratique dans la vie culturelle de la collectivité et sur l'ouverture de l'enseignement spécialisé de la musique à des publics divers, en particulier le public scolaire.

Trois cycles, d'une durée respective d'environ quatre ans, segmentent le déroulement des études musicales. Le premier cycle des apprentissages fondamentaux correspond à la période de l'initiation, du développement des motivations et d'une familiarisation avec les pratiques musicales. Le second cycle vise l'approfondissement des acquisitions musicales afin de favoriser l'accès à une pratique amateur d'ensemble. Le troisième cycle constitue, pour le plus grand nombre, l'achèvement des études musicales spécialisées ; pour certains, il représente une étape vers des études supérieures et la professionnalisation musicale.

L'extension récente des créations d'écoles de musique et l'évolution de leurs structures pédagogiques soulignent un effort non seulement de reconnaissance de la diversité des demandes d'activités musicales, mais aussi de démocratisation de la pratique musicale. La poursuite des échanges et le développement des concertations et liens entre les conservatoires et les écoles, collèges et lycées peuvent ici déclencher une véritable transformation de la place et des représentations de l'activité musicale dans les institutions éducatives de l'Éducation nationale.

Les méthodes d'enseignement musical

Cependant, ces transformations, encore potentielles, dépendent également d'un approfondissement de la réflexion et de la recherche sur les processus d'enseignement et d'apprentissage de la musique. Actuellement, un courant dynamique de travaux relatifs au développement musical de l'enfant permet de mieux comprendre la diversité des modes d'apprentissages musicaux ; ces recherches participent ainsi au renouvellement de la réflexion pédagogique sur les manières d'enseigner la musique.

Un bref panorama de l'évolution des méthodes pédagogiques illustre la dynamique de ces interactions. En effet, au-delà d'une sensibilisation aux réalités de l'environnement sonore et musical, au-delà également d'un développement de la sensibilité esthétique grâce à l'écoute musicale, l'enseignement spécifique de la musique concerne soit l'alphabétisation musicale, soit l'enseignement des différentes techniques vocales ou instrumentales, articulées à l'interprétation des œuvres et à la création musicale. Si la richesse et la diversité de ces méthodes empêchent de les présenter succinctement, il est par contre possible de repérer certaines tendances générales dans l'évolution des méthodes d'alphabétisation musicale ; celles-ci visent à l'appropriation de la langue musicale tonale grâce à l'étude de son solfège. Cette étude implique la capacité de coder et de décoder les signes musicaux en les nommant et en produisant les sons correspondants.

L'ensemble des méthodes « traditionnelles » procède par mémorisation des différents sons et rythmes à partir d'un découpage *a priori* des différents éléments musicaux ou grâce à l'apprentissage préalable de chants populaires. Les techniques pédagogiques contribuent à visualiser et spatialiser les paramètres musicaux ; les différences entre les méthodes résident principalement dans la segmentation et la présentation des contenus d'enseignement et dans l'élaboration des exercices.

Vers 1950, des méthodes « actives » d'enseignement musical invitent l'enfant à participer, de manière plus explicite, au processus éducatif, à « agir » le fait musical avant d'en apprendre les règles (parmi les plus importantes : Dalcroze, Orff, Martenot, Kodaly, Willems). Ce premier contact avec une pratique musicale, souvent instrumentale, conduit ensuite à l'étude du solfège tonal.

Actuellement, les réflexions et les recherches sur les processus d'enseignement et d'apprentissage de la musique semblent s'organiser selon deux axes. Le premier est lié à l'approfondissement des fondements psychopédagogiques de l'enseignement du solfège. Des méthodes, dont les objectifs sont définis et analysés en termes de conduites et de compétences à acquérir et dont la progression pédagogique intègre à chaque étape un processus d'évaluation formative, sont ainsi élaborées (les méthodes programmées d'enseignement du solfège illustrent cette orientation). Le second courant s'appuie à la fois sur la reconnaissance de la diversité actuelle des pratiques musicales et sur l'importance récente accordée, dans le développement psychologique, aux conduites ludiques et à la dimension créative des différentes acquisitions. Il a contribué à l'éclosion d'initiatives nombreuses et variées d'éveil et d'initiation à la musique ; celles-ci se fondent sur un encouragement et un soutien des potentialités créatives de chaque sujet et visent au développement d'une démarche active et créative d'appropriation des sons et musiques de l'environnement.

L'évolution et l'intensification actuelle des échanges musicaux, la complexité, la pluralité et l'hétérogénéité des pratiques musicales contemporaines confrontent donc administrateurs, éducateurs et chercheurs à un renouvellement et à un approfondissement continuels de leurs réflexions sur les finalités et les exigences de l'éducation musicale ainsi qu'à un développement des recherches dans le champ des sciences de l'éducation musicale et de la didactique de la musique.

Jean-Pierre Mialaret

▸ Bibliographie

CEFDEM, CNSM, *Enseigner la musique*, Cahiers de recherches, Conservatoire national supérieur de musique, Lyon.

GANVERT G., *L'Enseignement de la musique en France. Situation-problèmes-réflexions*, Paris, L'Harmattan, 1999.

Observatoire musical français (OMF), *Didactique de la musique,* documents de recherche, Paris, université Paris-4-Sorbonne, UFR « Musique et musicologie ».

Observatoire musical français (OMF), *Journal de recherche en éducation musicale*, Paris, université Paris-4-Sorbonne, semestriel.

▸ Voir aussi

Actives (Méthodes) – Arts plastiques – Éveil (Activités d').

N

Neill, Alexander Sutherland (1883-1973)

Né en 1883 à Forfar, mort en 1973 à Aldeburgh, Alexander Sutherland Neill connut une enfance écossaise marquée par la morale calviniste, le conformisme social et la mort. Un chemin scolaire cahotant le mène au métier d'instituteur de campagne, puis de directeur d'école. Son journal d'instituteur de campagne, publié en 1915 sous le titre *A Dominie's Log*, suivi par *A Dominie Dismissed*, le fait connaître au public comme un instituteur plein d'humour et peu conformiste. La rencontre de l'Américain Homer Lane dans son centre pour jeunes délinquants, *The Little Commonwealth*, constitue un tournant décisif. Neill découvre ce qui sera le principe de sa pédagogie : si l'enfant suit le mauvais chemin, c'est qu'il est privé d'affection et de reconnaissance ; sa « guérison » n'interviendra que si l'adulte se met « de son côté ». En 1921, il collabore à la fondation de la Nouvelle École Hellerau près de Dresden, bientôt transférée en Autriche. En 1924, l'école s'installe en Angleterre, dans une maison appelée Summerhill, à Lyme Regis (Dorset), puis à Leiston (Suffolk) : Neill y accueille des enfants « difficiles », pour lesquels il met en œuvre une pédagogie fondée sur les principes de liberté et de *self government*. La rencontre de Wilhelm Reich, avec lequel il entretiendra une correspondance suivie, fait disparaître ses doutes sur l'instinct de mort et le pousse à favoriser la liberté sexuelle chez les adolescents. Tandis que l'expérience de Summerhill connaît la renommée, Neill publie en 1948 *The Problem Family* et, en 1953, *The Free Child*.

On aurait tort de réduire l'œuvre et la pensée de Neill à l'immense succès que connut aux États-Unis et en France *Libres Enfants de Summerhill*, publié en 1970 chez Maspero (et qui est en réalité un condensé de plusieurs ouvrages de Neill). Si la lecture de cet ouvrage a fonctionné comme une forme de thérapie permettant aux éducateurs français, enseignants et parents, de se libérer du « système » en même temps que les sociologues en démontraient la perversion sociale, il n'est pas sûr que l'on ait bien perçu la théorie qui y était à l'œuvre, forgée à l'école de Freud, de Lane et de Reich. L'expérience de Neill est, dans ses avancées, ses ruptures et ses révisions, une tentative intéressante en vue de rendre pédagogiquement opératoire la théorie psychanalytique, qui faisait conclure Freud à l'impossibilité de l'éducation. Elle permet aussi, en retour, de s'interroger sur la réalité d'un inconscient dès l'instant où il est pris dans un apprentissage.

Michel Soëtard

▸ Bibliographie

Principales œuvres d'Alexander Sutherland Neill :

Libres Enfants de Summerhill, Paris, Maspero, 1970, rééd., La Découverte, 2004.

La Liberté, pas l'anarchie, Paris, Payot, 1971.

Pour ou contre Summerhill, Paris, Payot, 1982.

Principales œuvres sur Alexander Sutherland Neill :

Croall J., *Neill of Summerhill, the Permanent Rebell,* RKP, 1983.

Saffange J.-F., *Libres regards sur Summerhill*, Berne, Peter Lang, 1985.
Skidelski R., *Le Mouvement des écoles anglaises*, Paris, Maspero, 1972.

▶ Voir aussi

Adolescence – Délinquance juvénile – Directivité, non-directivité – Psychanalyse et éducation.

Neutralité

Le principe de neutralité est l'une des grandes règles de fonctionnement de tout service public. Non spécifique au service d'éducation, il est cependant adapté à celui-ci.

Le fondement du principe est double : d'une part, le service public est gestionnaire d'une activité d'intérêt général, donc aucun usager éventuel ou usager effectif ne peut en être écarté ; d'autre part, le principe d'égalité exclut les discriminations. Les *conséquences* du principe concernent les personnels, les élèves, les locaux et leur usage.

Tout agent du service doit, dans l'exercice de ses fonctions, respecter une impartialité absolue. Il ne peut faire acte de propagande politique ou religieuse. Pour l'éducation, le principe de neutralité prolonge le principe de laïcité avec lequel il ne se confond pas.

Les élèves doivent respecter le principe de neutralité dans l'usage des libertés que la loi leur reconnaît (code de l'éducation, article L. 511-2).

Les locaux ne peuvent comporter aucun signe ou emblème religieux (ou politique). Ils ne peuvent être utilisés pour un usage contraire au principe de neutralité, sauf disposition légale contraire (utilisations électorales).

Des dispositions particulières sont intervenues pour laisser aux élèves de l'enseignement primaire la possibilité matérielle de recevoir un enseignement religieux (code de l'éducation, article L. 141-3) et permettre en enseignement secondaire la création d'aumôneries dans les établissements scolaires (loi du 2 décembre 1905).

Le régime scolaire des départements du Bas-Rhin, du Haut-Rhin et de la Moselle déroge au droit commun. Les communes peuvent employer des instituteurs congréganistes ; les écoles sont soit catholiques, soit protestantes, soit interconfessionnelles.

L'application du principe de neutralité soulève depuis quelques années des problèmes juridiques à propos de l'expression des convictions religieuses par les élèves et de l'organisation par ceux-ci de réunions politiques.

Claude Durand-Prinborgne

▶ Bibliographie

Aubry J.-M., Auby J.-B, Didier J.-P., Taillefait A., *Droit de la fonction publique*, Paris, Dalloz, 2005.
Braibant G., Stirn B., *Le Droit administratif français*, Paris, Presses de Sciences-Po/Dalloz, 2005.
Durand-Prinborgne C., « Les Principes fondamentaux du système éducatif français », in *Le Système éducatif en France*, Paris, La Documentation française, 2003, p. 13 et suiv.
Peiser G., *Droit de la fonction publique*, Paris, Dalloz, coll. « Mémentos », 2003.

▶ Voir aussi

Délégué des élèves – Endoctrinement – Laïcité – Religieuse (Éducation).

Norme

Quelle que soit l'importance accordée aux déterminants biologiques pour expliquer le comportement humain, il n'est jamais envisagé d'ignorer les influences de l'éducation et, plus largement, de la culture. Pour de nombreux comportements humains, l'aspect le plus signifiant de l'éducation tient à ses standards prescriptifs (normes, valeurs, traditions morales, commandements, etc.) ou à ses guides pour sanctionner « convenablement » les conduites sociales. Dans cet ensemble, la norme a fait l'objet d'une attention particulière par les psychologues sociaux. De nombreuses distinctions ont été opérées par les chercheurs entre la norme et les concepts reliés comme convention, lois et valeurs par exemple. Ces distinctions n'ont cependant pas suffi à lever toutes les ambiguïtés de définition.

Une prescription prosociale ?

Comme aspect de la culture, la norme est une formulation prescriptive, un standard ou une règle ; il faut établir une distinction entre standard normatif et comportement normatif : entre la façon dont les gens devraient se conduire et la façon dont ils se conduisent. Souvent, les comportements correspondent à des formulations normatives.

La prescription selon laquelle on devrait se porter assistance et l'observation du comportement d'assistance en sont un exemple. Mais cette correspondance n'indique pas nécessairement une relation causale entre prescription et comportement. On peut se porter assistance réciproque pour des raisons autres que celle de l'existence d'une prescription culturelle. Ainsi l'expression d'un comportement prosocial de « type normatif » n'indique pas nécessairement l'intervention de la norme sociale. Dès lors, inférer qu'un comportement particulier est causé par une norme sociale simplement parce qu'il correspond à une formulation normative comporte un risque d'erreur. Les prescriptions culturelles étant perçues comme intrinsèquement prosociales, tout comportement correspondant leur est en effet facilement imputable. Mais cette réalité psychologique rend difficile l'identification du caractère éventuellement normatif d'un comportement antisocial. L'explication de ce dernier relèvera alors de la psychologisation ou de la biologisation à travers le recours aux théories implicites de la personnalité ou de la nature humaine.

L'internalisation des normes

Pour expliquer l'influence des normes, beaucoup de théories adoptent un modèle développemental, supposant la transformation des enfants d'animaux non socialisés en citoyens civilisés. Mais les théories diffèrent sur la façon de situer les mécanismes de socialisation : on oppose les mécanismes du contrôle social externe à ceux d'autocontrôle et, par là, la socialisation comme conformité comportementale à la socialisation comme autoguidance interne. La première est une tentative pour éviter à chaque nouvelle génération ce que Hobbes appelait « le retour de l'invasion barbare ». La seconde se définit comme un processus d'actualisation de soi.

Cette tendance à opposer les théories dites du contrôle externe et celles dites d'autoguidance ne résiste pas à l'épreuve des faits. Des recherches nombreuses suggèrent que la socialisation implique à la fois une conformité comportementale, l'internalisation de normes ou valeurs et le développement de principes de régulation interne plus autonomes.

La norme, ou les normes, apparaissent donc au cœur des phénomènes et processus de socialisation. Elles posent au chercheur le problème de leur construction, de leur activation, de leur inhibition et de leur mobilisation : comment s'internalisent-elles ? Quelles sont les conditions qui, dans une situation spécifique, feront apparaître un comportement normatif ?

Plusieurs types de normes ont fait l'objet d'une attention scientifique particulière : par exemple, la réciprocité, la justice, l'équité, la responsabilité sociale. La première serait universelle et voudrait que l'on aide ceux qui nous ont aidés. La deuxième indiquerait que les individus s'efforcent de maintenir un équilibre entre ce qu'ils apportent à un résultat et ce qu'apportent ceux avec lesquels ils interagissent. La troisième, enfin, prescrit que les gens devraient aider ceux qui dépendent d'eux dans les situations requérant une assistance.

Les travaux expérimentaux révèlent que si les normes en général, et celles-ci en particulier, ne se reflètent pas toujours dans les comportements, elles constituent cependant souvent des référents pour comprendre les comportements dont l'intelligibilité ne semble pas réclamer leur évocation. En effet, nombre de situations de résolution de problèmes, par exemple, sont susceptibles de réfracter des dimensions normatives et donc de n'être pas interprétables seulement en termes intrinsèquement cognitifs mais en termes plus sociocognitifs.

Lieux de socialisation, les espaces d'éducation et de formation constituent donc à l'évidence un cadre de référence pour l'acquisition et la mobilisation de normes au service de la promotion de comportements prosociaux.

Mais, lieux d'instruction, ils consignent aussi dans les activités intellectuelles qu'ils proposent les traces de normes implicitement ou explicitement activables.

Jean-Marc Monteil

▶ **Bibliographie**

DEMUNCK J., VERHOEVEN M. (dir.), *Les Mutations du rapport à la norme : un changement dans la modernité ?*, Bruxelles, De Boeck, 1997.

▶ **Voir aussi**

Rôle – Socialisation – Valeurs.

NOTATION

Noter, c'est mesurer un trait latent par un système de signes conventionnels. La notation scolaire est une façon de traduire en nombres ou en lettres l'évaluation de la production ou du niveau d'un élève.

Échelles de notation

Le règlement des jésuites prévoyait de coder tous les élèves de 1 à 6 en fin d'année, le 6 indiquant un élève insuffisant et à renvoyer. Le système s'est étendu à toute la scolarité obligatoire au XIXe siècle, mais avec divers types d'échelles selon les époques, les pays et les écoles : échelle inversée où le 6 représente le résultat le meilleur, échelle développée sur 10, 20 ou 100 points, échelle plus qualitative de A à F, où F correspond à l'échec, etc.

Procédures de notation

Les recherches docimologiques ont conduit à mettre en cause la façon de noter des enseignants et l'objectivité de leurs « mesures » (Cardinet, 2004). En ce qui concerne les concours, les psychologues ont proposé de suivre la méthodologie psychotechnique pour créer des tests de connaissances, ou d'appliquer la théorie des réponses aux items pour construire des épreuves « sur mesure » à partir d'une banque d'items précalibrés. Pour les examens, il est plus courant de définir ce que l'élève doit savoir faire et dans quelles conditions, puis de vérifier si les critères établis ainsi au préalable sont satisfaits. La notation peut alors traduire à quel degré les objectifs pédagogiques ont été atteints, au lieu de simplement classer les candidats en compétition.

Mais dans un système scolaire, les notes remplissent généralement d'autres fonctions : retour d'information aux élèves, moyen de pression de la part de l'enseignant, instrument de contrôle pour les parents et les instances extérieures à la classe, etc. On peut pourtant trouver des modes de communication plus explicites pour transmettre de telles informations (Weiss, Wirthner, 1998).

Tendance actuelle

En raison des difficultés évoquées ci-dessus, le système des notes tend maintenant à être abandonné. Les examens sont même souvent notés aujourd'hui simplement comme « acquis » ou « non acquis », ou tendent à être remplacés par des « portefeuilles de compétences » qui permettent de présenter directement les résultats de l'apprentissage, sans passer par l'intermédiaire d'une codification toujours ambiguë (Weiss, 1998).

Jean Cardinet

▶ **Bibliographie**

CARDINET J., « Les Notes : recherches critiques », *Éducateur*, n° spécial : « La Note en pleine évaluation », Martigny, syndicat des enseignants romands, 12 mars 2004, p. 20-22.

MACCARIO B., *Ce que valent nos enfants : l'école à l'heure de l'évaluation*, Toulouse, Milan, 1988.

VESLIN O., VESLIN J., *Corriger des copies : évaluer pour former*, Paris, Hachette, 1992.

WEISS J. (dir.), « Le Porfolio en évaluation », *Mesure et évaluation en éducation*, vol. 20, n° 3, 1998.

WEISS J., WIRTHNER M., *Pour une évaluation plus formative*, actes du colloque « Évaluation 97 », Neuchâtel, IRDP, 1998.

▶ **Voir aussi**

Compétence – Docimologie – Évaluation – Norme – Test.

O

Objectif-obstacle

Introduit par Martinand, le concept d'« objectif-obstacle » est construit sur l'articulation volontaire de deux termes antagonistes. C'est un concept dialectique qui cherche à renouveler aussi bien la notion classique d'*objectif,* en dépassant son origine béhavioriste et en y réinsérant les opérations mentales du sujet, que celle d'*obstacle,* considérée d'une manière plus dynamique.

Si, comme il est admis depuis Bachelard et Canguilhem, on prend au sérieux le fait que la pensée progresse par rupture avec des conceptions antérieures, alors les *progrès intellectuels* obtenus à l'occasion d'un franchissement d'obstacle deviennent des objectifs majeurs. Plus importants, sans doute, que ceux définis *a priori* par les taxonomies, indépendamment des transformations cognitives de l'élève. Un tel point de vue renouvelle, au plan didactique, la conception habituelle des obstacles. Au lieu de se focaliser sur leur face négative, il permet – sans mésestimer leur résistance – d'examiner les conditions d'un franchissement possible. La métaphore sportive peut ici éclairer : si l'athlète qui saute envisage la barre à franchir comme un obstacle en travers de son chemin, on peut parier sur son échec annoncé, tous les entraîneurs le savent ! Pour réussir, il est indispensable d'envisager tout autrement l'obstacle afin de le traduire en *projet didactique,* d'en faire l'*enjeu conceptuel* de l'apprentissage en cours.

L'une des limitations essentielles de l'usage des taxonomies est l'inflation du nombre d'objectifs à laquelle elles ont conduit. Un recentrage sur ceux, moins nombreux, qui sont reliés au franchissement d'un obstacle permet d'en retrouver le sens. L'idée d'objectif-obstacle fonctionne ainsi comme un mode de sélection, parmi les objectifs possibles, de ceux qui s'avèrent pédagogiquement « intéressants » (Martinand, 1986). En recherchant la dominante taxonomique dans le progrès accompli (attitudes, méthodes, connaissances, langages, savoir-faire, etc.), il est possible de traduire le franchissement de l'obstacle dans le langage classique des objectifs.

Ce caractère franchissable – ou non – suppose une appréciation de l'amplitude du « saut conceptuel » qu'exige la tâche : ni trop facile (il n'y aurait pas d'obstacle), ni trop difficile (les élèves seraient hors d'état de le franchir). Le *défi intellectuel déstabilisant* doit pouvoir s'appuyer sur des compétences déjà acquises, sur lesquelles l'élève fera levier. À travers cette évaluation du possible, se retrouve la problématique de Vygotski concernant la *zone proximale du développement :* le travail didactique consiste à devancer, sans forcer à l'excès, la maturation des structures conceptuelles des élèves.

Trois usages didactiques des objectifs-obstacles apparaissent possibles. Ils fonctionnent d'abord comme une *modalité de choix pour l'objectif d'une séquence.* Ce premier usage consiste à construire rationnellement des situations didactiques autour du franchissement d'un obstacle préalablement ciblé (Meirieu, 1999). Cela permet de diversifier la manière dont les séquences d'enseignement sont « commandées ». On sait que leur commande habituelle par la notion enseignée conduit à une « mise en texte » linéarisée du savoir, qui se révèle compatible avec le maintien d'obstacles n'ayant pas été travaillés, mais seulement ignorés ou contournés (Astolfi, 1991). Il est possible, dans une optique de différenciation, d'envisager d'autres types de séquences, commandées cette fois par le franchissement d'un obstacle dont on a noté le caractère récurrent. Les situations-problèmes appartiennent à cette catégorie.

Une autre modalité didactique transparaît davantage dans le texte de Martinand. Les séquences n'y sont pas ainsi « calibrées » autour d'un obstacle prédéterminé, mais elles obéissent au contraire à la logique plus souple d'une démarche d'investigation autonome, dans le cadre d'un curriculum ouvert. Le petit nombre d'objectifs-obstacles sert alors de repère pour l'enseignant : ils l'aident à mieux « lire » les difficultés des élèves aux prises avec l'activité, à préciser le diagnostic, à orienter la nature de ses interventions, à évaluer les acquis, etc. Si les objectifs-obstacles ne servent pas ici à construire des situations didactiques, ils permettent par contre de *réguler les interventions* magistrales.

La gestion didactique des obstacles peut encore s'envisager sur un troisième mode, encore prospectif. Elle permet de réagir à une certaine dérive des pédagogies actives, défendant le caractère *spiralaire* des apprentissages et leur inscription dans le long terme. Le problème est que cette idée, juste, peut se traduire par un manque d'ambition pour la classe, et qu'on ne sait pas toujours exactement quel progrès intellectuel est visé à chacun des « tours de spire ». Il arrive que cela couvre un évitement du moment décisif de l'apprentissage, renvoyé à plus tard ou ailleurs, sans grande précision. C'est ainsi que s'émousse l'intérêt des élèves pour des sujets déflorés sans bénéfice réel. Dans cette perspective, les objectifs-obstacles sont un *référent de la construction curriculaire,* permettant d'identifier et de caractériser ce qui se construit vraiment de neuf, à chaque reprise didactique d'un concept.

Jean-Pierre Astolfi

▸ Bibliographie

ASTOLFI J.-P., « Quelques logiques de construction d'une séquence d'apprentissage en sciences : l'exemple de la géologie à l'école élémentaire », *Aster,* n° 13, 1991.

ASTOLFI J.-P. *et al.*, *Mots clés de la didactique des sciences : repères, définitions, bibliographies*, Bruxelles, De Boeck, 1997.

BEDNARZ N., GARNIER C. (dir.), *Construction des savoirs, obstacles et conflits,* Ottawa, Cirade/Agence d'Arc, 1989.

MARTINAND J.-L., *Connaître et transformer la matière*, Berne, Peter Lang, 1986.

MEIRIEU P., « Guide méthodologique pour l'élaboration d'une situation-problème », annexe à *Apprendre… oui, mais comment ?*, Issy-les-Moulineaux, ESF, 1999.

PETERFALVI B. (dir.), « Enseignants et élèves face aux obstacles », *Aster*, n° 25, 1997.

PETERFALVI B. (dir.), « Obstacles : travail didactique », *Aster*, n° 24, 1997.

▸ Voir aussi

Conception de l'élève – Curriculum – Didactique – Pédagogie différenciée – Transfert de connaissances – Vygotski, Lev Semionovitch.

OBJECTIF PÉDAGOGIQUE

Utilisé en tant que substantif depuis le milieu du XIXe siècle, le terme d'« objectif » appartient d'abord au vocabulaire militaire, et désigne le résultat que l'on se propose d'atteindre par une opération stratégique ou tactique. D'une manière plus générale, et heureusement, métaphorique, il désigne également le but précis que se propose une action. Ainsi défini, il trouve un large champ d'application tant dans le domaine de la production et du management que de la pédagogie. Dans ce secteur, sous l'influence de travaux nord-américains, il donne lieu, dans la seconde moitié du XXe siècle, à un puissant mouvement de rationalisation de l'enseignement qui concerne à la fois sa conception, sa réalisation et son évaluation.

Enseignement et apprentissage

Toute la réflexion autour de la définition des objectifs pédagogiques tente de réduire la distance entre l'activité du professeur et ses résultats chez les élèves. D'abord, par une décentration : on ne se préoccupe plus de commencer par préciser ce que doit faire le professeur, mais on annonce ce que devra faire l'élève grâce à l'enseignement qu'il aura reçu et qui l'en aura rendu capable (« être capable de… »). Définir un objectif, c'est préciser les résultats attendus de l'enseignement, avant de s'intéresser à son contenu ou à la manière de l'organiser. Ou, pour utiliser d'autres termes, tenter de définir la plus-value apportée par l'enseignement. Si cette démarche peut sembler relever du simple bon sens, elle est pourtant largement contre-intuitive pour les enseignants, et particulièrement pour ceux qui débutent. Malgré quelques tentatives dans les années 1920, c'est seulement à partir des années 1950 que l'Américain B. S. Bloom et ses collaborateurs ont travaillé concrètement sur cette approche de l'enseignement. Après s'être rapidement développé aux USA et au Canada, le concept d'« objectif pédagogique » a mis une quinzaine d'années à traverser l'Atlantique. Il est alors devenu un outil de clarification théorique et de réalisations pédagogiques intéressantes en Europe et particulièrement en France (d'abord, dans les années 1970, dans les secteurs de l'enseignement technique et de la formation des adultes).

Ainsi, l'effort pour mieux définir les objectifs de l'enseignement se décline en trois niveaux complémentaires : politique (définir les finalités de l'enseignement) ; programmatique (élaboration des curriculums, des programmes et des référentiels) ; didactique et pédagogique (conception, mise en œuvre et évaluation de l'enseignement).

Politique éducative

La définition des programmes, la pratique de l'enseignant et le travail des élèves se situent dans un contexte plus général : celui des grandes orientations que le système éducatif dans son ensemble doit contribuer à réaliser. Pour générales qu'elles soient, ces finalités du système éducatif n'en sont pas pour autant universelles et immuables, même si elles s'articulent autour de trois axes, qui eux restent constants :

– le premier est le *développement de la personne* : il intéresse l'individu en lui-même et dans sa relation aux autres ;

– le second est l'*acquisition d'un savoir* ou, d'une manière plus générale, d'une culture ;

– le troisième est l'*intégration sociale et professionnelle* de l'individu : il concerne la collectivité dont la survie et l'évolution dépendent de l'activité de chacun de ses membres.

L'histoire de l'éducation montre comment, selon les réformes et les priorités affichées, on met en avant tel ou tel aspect du développement de la personne, ou l'on souligne l'importance de tel enjeu pour la collectivité.

Chacun doit s'en informer et en débattre car, comme le rappelle le code de l'éducation, « L'Éducation est la première priorité nationale » (art. L 111-1) ; mais, professionnellement, les enseignants sont particulièrement concernés : c'est à eux qu'il appartiendra de tenter de réaliser ces finalités. Ils doivent donc non seulement les connaître, car nul n'est censé ignorer la loi, mais, dans une certaine mesure, les approuver, et prendre conscience du fait que, lorsqu'ils enseigneront les mathématiques, le français, la technologie ou l'éducation physique, c'est cela aussi qu'ils feront.

L'analyse du contenu des deux dernières lois d'orientation (1989 et 2005) montre d'ailleurs que les objectifs à atteindre sont de plus en plus précis et qu'en matière d'enseignement, l'obligation de moyens tend à devenir une obligation de résultats (*cf.* ci-dessous).

Taxonomies, curriculum et référentiels

C'est en 1948, participant à une réunion d'examinateurs et constatant la divergence des points de vue, que l'Américain Bloom eut l'idée d'essayer de clarifier et de faire exprimer par écrit les attentes possibles des examinateurs par rapport à des productions d'étudiants. Cette première réflexion aboutira à partir de 1956 à la publication aux États-Unis d'un ouvrage en trois tomes intitulé *Taxonomie des objectifs pédagogiques.* À partir de cette première taxonomie connue sous le nom de « taxonomie de Bloom », de nombreuses autres ont été proposées (*cf.* De Landsheere, 1976, Section III).

Tous les objectifs susceptibles d'être assignés aux apprentissages ne sont ni de même nature, ni de même niveau. Pour les ordonner, la taxonomie de Bloom utilise deux modes de classification : d'abord une classification par *domaines* (cognitif, affectif, psychomoteur), et à l'intérieur de chaque domaine, une classification par *niveaux*, qui va du plus simple au plus complexe. Les notions de « simple » et de « complexe » ont ici une signification psychologique et pédagogique : le simple est en même temps le plus élémentaire sur le premier plan, et le plus facile à atteindre sur le second.

À partir du moment où l'on ne se contente pas du programme comme ensemble de questions à traiter par le professeur, et que l'on tente de définir des objectifs opérationnels pour l'enseignement, il est logique d'essayer de définir l'ensemble des capacités que doit posséder l'élève dans la discipline considérée pour un niveau donné. Un *référentiel* apparaît donc comme la description de l'ensemble des capacités et des compétences qui correspondent à un niveau de formation ou de qualification. Concrètement, un référentiel se présente comme un fichier qui, pour une formation donnée, récapitule l'ensemble des capacités et des compétences qui doivent être atteintes, précise les conditions dans lesquelles elles doivent l'être et définit les critères et les modalités d'évaluation. Aujourd'hui, tous les diplômes comportant une dimension professionnelle (CAP, BEP, bac pro, BTS) comportent un référentiel constitué d'unités professionnelles et générales susceptibles d'être obtenues indépendamment les unes des autres, en formation initiale, dans le cadre de la formation continue ou du nouveau dispositif de validation des acquis de l'expérience (VAE).

Le point culminant, en quelque sorte, de cette approche pédagogique, c'est ce qu'on appelle le « curriculum », un terme beaucoup plus utilisé dans les pays anglophones qu'en France. Un curriculum, c'est la mise en système d'un enseignement, dans ses différentes matières et ses différents niveaux, dans le cadre d'un cursus identifié (qui, aujourd'hui, correspond aux différents cycles de l'enseignement). C'est donc d'abord l'articulation ensemble des finalités, des buts et des objectifs, de manière à ce qu'ils constituent un tout cohérent qui mène à un niveau de formation ou de qualification donné. Cette cohérence pourrait se représenter comme un emboîtement partant de ce qu'il y a de plus général (les finalités), pour aboutir à ce qu'il y a de plus particulier (les objectifs opérationnels).

Élaboration didactique et pratiques pédagogiques

Au niveau le plus concret, celui de la pratique de l'enseignement, un objectif apparaît, par rapport à un niveau et à un contenu donné, comme la compétence nouvelle dont doit faire preuve l'apprenant au terme de l'apprentissage. C'est là que l'on parle d'objectifs « opérationnels », dans la mesure où l'on est dans le domaine de la mise en œuvre et du contrôle du résultat. C'est ici aussi que le terme d'« objectif » prend dans la langue pédagogique un sens plus technique et se réfère à une méthodologie précise dont la mise en œuvre permet à la fois d'élaborer l'enseignement et d'en évaluer le résultat : mieux l'objectif sera défini, plus il sera aisé de vérifier s'il est atteint ou non. Pour qu'il soit opérationnel, c'est-à-dire, finalement, utilisable, un objectif doit satisfaire à un certain nombre de conditions qui font l'objet d'un large consensus chez les auteurs qui proposent aux enseignants des guides méthodologiques (Burns 1975 ; Mager 1994 ; Hameline 1978) :

– il doit être formulé en fonction de celui qui apprend (« l'élève doit être capable de… ») et il exprime une compétence nouvelle que celui-ci doit acquérir ;
– il doit être spécifique, c'est-à-dire le plus précis possible, univoque autant que possible ;

– enfin, le résultat attendu de l'apprentissage doit être décrit sous la forme d'un comportement observable (éventuellement mesurable), qui puisse attester de la réalité de l'acquisition.

Deux autres conditions sont souvent évoquées : la définition des circonstances (conditions de temps, conditions matérielles, etc.) dans lesquelles le comportement doit se produire ; les critères d'acceptabilité de la performance (niveau de réussite à partir duquel l'objectif sera considéré comme atteint), ce dernier point étant essentiel pour la pratique de l'évaluation.

Deux notions complémentaires permettent de contextualiser l'opérationnalisation des objectifs :

– la notion d'*étape* : on doit distinguer, dans un apprentissage, les objectifs terminaux et les objectifs intermédiaires ; les premiers marquent le terme de l'apprentissage, alors que les seconds en constituent les étapes ;

– la notion de *prérequis* : si un objectif se définit par son résultat (la capacité qui doit être acquise par l'apprenant), il se définit aussi par son point d'entrée, c'est-à-dire par les capacités qui doivent être déjà acquises pour qu'il soit possible de s'engager utilement dans l'apprentissage. Le fait qu'il puisse exister un décalage entre les prérequis nécessaires et les acquis réels des élèves donne toute son importance à la vérification des premiers dans le cadre d'un enseignement différencié qui tienne compte du niveau réel de chacun et non du niveau supposé de tous.

De l'obligation de moyens à l'obligation de résultats

« Définir des objectifs : mode passagère ou voie d'avenir ? » (Hameline, 1978)

Aujourd'hui, comme l'attestent les références bibliographiques, la plupart anciennes, l'intérêt pour la définition des objectifs s'est estompé. Certes, des critiques ont été portées contre cette approche de la pédagogie jugée par certains béhavioriste et réductrice, pointilliste et attentatoire à la liberté de l'enseignant en ce que, finalement, elle demande des comptes et attend des résultats.

Mais en réalité, il n'y a pas de matière ni de niveau d'enseignement qui peuvent de par leur nature se soustraire à l'injonction d'avoir à formuler des objectifs : sauf à se réfugier dans l'ineffable ou l'indicible, c'est-à-dire au-delà ou en deçà du domaine de la pédagogie. De fait, les principes de la définition des objectifs ont largement pénétré, à tous les niveaux, les démarches de conception et de mise en œuvre de l'enseignement. C'est particulièrement vrai dans le domaine de l'enseignement professionnel, où il est essentiel de pouvoir définir les compétences que possède le titulaire de tel ou tel diplôme, mais aussi dans l'enseignement général, ou aucun programme aujourd'hui ne fait l'économie d'identifier les compétences à atteindre par les élèves. Également dans celui de la formation des enseignants, où il importe de centrer le processus enseigner-apprendre sur les compétences à acquérir par les élèves. En matière de politique éducative enfin, où la loi d'orientation de 2005, plus que la précédente, parle de « résultats à atteindre », et donne des objectifs chiffrés dans différents domaines.

Finalement, et c'est sans doute l'essentiel, l'effort pour mieux définir les objectifs de l'enseignement pose les fondements d'une démarche « qualité » dans l'éducation.

Patrice Pelpel

▸ Bibliographie

Bloom B. S., Engelhart L. D., *Taxonomie des objectifs pédagogiques*, Sainte-Foy, Presses de l'université du Québec, 1977.

Burns R. W., *Douze leçons sur les objectifs pédagogiques*, Montréal, Centre d'animation, de développement et de recherche en éducation, 1975.

De Landsheere G., De Landsheere V., *Définir les objectifs de l'éducation*, Paris, PUF, coll. « Pédagogie d'aujourd'hui », 1976, 6e éd., 1989.

D'hainaut L., *Des fins aux objectifs de l'éducation*, Bruxelles, Labor, 2000.

Hameline D., *Les Objectifs pédagogiques en formation initiale et en formation continue*, Issy-les-Moulineaux, ESF, 1978, rééd., coll. « Pédagogies », 2005.

Harrow A. J., *Taxonomie des objectifs pédagogiques : domaine psychomoteur*, Sainte-Foy, Presses de l'université du Québec, 1977.
Krathwohl D. R. *et al.*, *Taxonomie des objectifs pédagogiques : domaine affectif*, Sainte-Foy, Presses de l'université du Québec, 1976.
Mager R. F., *Comment définir des objectifs pédagogiques ?*, Paris, Dunod, 1994, 2005.
Pelpel P., *Se former pour enseigner*, Paris, Dunod, 2002.
Strauven C., *Construire une formation : définition des objectifs pédagogiques et exercices d'application*, Bruxelles, De Boeck, 1996.

► **Voir aussi**
Acquis (Reconnaissance et validation des) – Curriculum – Évaluation – Méthodes pédagogiques – Pédagogie différenciée – Programmes scolaires – Référentiel.

Observation des situations pédagogiques en classe

L'observation, comme mode de connaissance et recueil d'informations, est un processus complexe d'investigation qui mobilise l'attention, se focalise sur un objet précis, le sélectionne en fonction d'un objectif et permet la structuration, la reconstruction des données d'une situation. Par rapport à la perception, l'observation est un construit. En sciences de l'éducation, l'observation des situations pédagogiques en classe révèle la complexité de l'acte éducatif et les innombrables variables qu'il met en jeu. Les comportements mis en œuvre en classe et susceptibles d'être observés sont très variés.

Qui et quoi observer ?

La classe est un microsystème social dont tous les éléments sont en interaction dynamique et agissent les uns sur les autres. Toutefois, la situation pédagogique est caractérisée par un certain nombre de constantes particulières : la présence d'une seule personne adulte, l'enseignant qui maîtrise des savoirs ; en interaction régulière ; avec un groupe d'enfants ou d'adolescents ; éunis de façon obligatoire ; dans le but de s'instruire ; dans un milieu organisé pour l'enseignement, l'école ; le contenu dispensé est socialement donné ; au travers de situations finalisées dans lesquelles sont prises une série de décisions dans l'action, voire dans l'urgence.

Les objets et champs d'observation en classe sont donc circonscrits et multiples, comme le montre leur énumération :
– l'enseignant (ses actions pédagogiques, ses interactions et prises de décision dans l'action) ;
– les élèves (leurs actions d'apprentissage et leurs réactions psychologiques, cognitives et affectives par rapport à l'enseignant, leurs pairs, le contenu) ;
– le groupe-classe (ses règles de fonctionnement, ses phénomènes de groupe) ;
– les interactions entre les différents partenaires et l'objet d'étude dans une situation donnée de communication ;
– l'objet d'étude (contenu étudié par la classe) ;
– le milieu (le cadre donné et la situation créée par les choix pédagogiques préalables de l'enseignant).

De plus, ce microsystème classe est aussi à considérer en interaction avec le mésosystème établissement, lui-même relié au macrosystème éducatif ; même ce qui se passe dans la classe, ce que fait l'enseignant reflète son rapport à la société, au contexte social ; la classe peut être observée comme une unité écologique qui interagit avec l'environnement et est influencée par les facteurs socio-économiques et culturels environnants.

L'observation pourra être menée au *niveau opératoire,* c'est-à-dire au niveau des faits et des comportements, ou des caractéristiques observables en classe (question de l'enseignant, initiative de l'élève, etc.), ou au *niveau latent* des représentations, des perceptions ou des expressions affectives des acteurs (attentes de l'enseignant, inquiétude de l'élève, etc.).

Comment observer ?

Selon l'objet d'observation retenu, on peut utiliser des méthodes d'observation différentes, qui induisent des modes de prélèvement de données divers.

L'*observation systématique,* qui vient de la recherche expérimentale, est une observation distanciée « à visée objectivante » (Kohn, Nègre, 1992), de type rationnel. Structurée, méthodique, elle est menée à l'aide d'un outil, un instrument d'observation technique (grille, schéma, fiche), qui fait entrer les perceptions dans des catégories et les classe à partir de critères sélectionnés : on parle d'observation armée ou assistée. Pour construire l'outil, l'observateur choisit et se familiarise avec un objet, émet une idée directrice, induit un jeu d'hypothèses en fonction d'une théorie préalable, délimite le champ à observer, déduit des indicateurs. En éducation, la démarche est inductivo-hypothético-déductive comme le montrent Postic et De Ketele.

L'*observation participante* ou *expérientielle* à « référence implicative », de type naturaliste, ethnologique, est une investigation menée à partir d'une expérience vécue en évolution. L'observateur est impliqué dans la situation observée, l'investigation est à prédominance clinique et cherche à caractériser des cas individuels vécus.

L'approche ethnologique des situations éducatives utilise ce mode d'observation naturaliste, aborde la situation complexe dans sa totalité et tente de dégager les traits les plus saillants de la classe ; technique d'analyse qualitative, elle vise davantage l'interprétation de la situation.

Actuellement, les procédures d'observation systématique et participante sont souvent articulées ou utilisées en confrontation sur le même objet de recherche.

Quels processus observer ?

Au départ, l'observation scientifique des classes a été mise en œuvre lorsque les chercheurs ne se sont plus contentés de décrire les pratiques à partir des méthodes pédagogiques et de leurs principes de base, mais lorsqu'ils ont cherché à observer ce qui se passe réellement dans une classe et « comment les maîtres enseignent » (De Landsheere, Bayer, 1975), pour tenter d'identifier toutes les variables qui interviennent.

Comme observer la classe, c'est observer un système, c'est le processus d'interaction, d'articulation enseignement-apprentissage qui est le plus souvent au centre des travaux actuels. L'observation porte sur les *variables de processus* venant de l'enseignant : les fonctions, les modes d'action qu'il assume ; les styles qu'il adopte ; les modes de communication qu'il met en œuvre ; la structure, le réseau qu'il déclenche. L'observation porte aussi sur les processus enclenchés chez les élèves (échanges, tâches, activités d'apprentissage mis en œuvre).

L'enseignement étant un processus interactif qui utilise la communication verbale pour faire apprendre, l'observation en classe a d'abord porté sur cette dernière, sur les échanges verbaux et les productions verbales. Puis la communication non verbale (CNV), les moyens corporels utilisés pour communiquer ont été observés ; dans les recherches plus récentes, la CNV est considérée comme un comportement à part entière qui intervient conjointement au verbal. Le processus de communication a été observé par les psycholinguistes qui se sont attachés aux phénomènes psychologiques de la communication, par les sociolinguistes qui ont montré l'influence des différences de langage entre l'école et le milieu socioculturel d'origine. Les pédagogues ont observé le fonctionnement du dialogue pédagogique finalisé, en le découpant en séquences, en épisodes (Altet, Britten, 1983).

On observe aussi les *processus médiateurs,* intermédiaires entre l'enseignant et les élèves, qui sont d'ordre cognitif ou socio-affectif, en les inférant à partir des discours ou de verbalisations *a posteriori.* Des « modes d'ajustement » entre l'enseignant et ses élèves ont pu être repérés sur les plans cognitif, affectif, pédagogique et de la communication (Altet, 1994). Il s'agit d'identifier comment l'enseignant s'adapte aux élèves, prend en compte leurs réactions dans la relation pédagogique.

L'observation peut encore se centrer sur les *processus situationnels* en classe, car « ce n'est pas le maître qui contrôle la situation, mais la situation qui contrôle le maître » (Doyle).

Le courant écologique développe cette perspective. L'observation d'une classe va alors s'attacher aux effets des caractéristiques physiques du cadre, aux effets de l'organisation de la situation par l'enseignant, des circonstances, du poids du scénario du cours, aux influences sociales (effectifs, milieu) sur le comportement individuel de l'élève ou de l'enseignant et sur des phénomènes de groupe. Quand on observe une classe, on s'aperçoit combien elle est organisée, qu'il y a un ordre institué qui reflète une véritable organisation sociale, où enseignant et élèves ont des rôles et des stratégies (Perrenoud, 1988).

Utilité de l'observation pour la formation des enseignants

Les observations de classe peuvent être menées de façon directe par des observateurs qui relèvent les faits sur papier, mais aussi à l'aide d'un enregistrement vidéo par caméscope portable. L'intérêt de l'enregistrement vidéo est qu'il laisse une trace sur laquelle peuvent travailler plusieurs observateurs ; on peut également coupler l'enregistrement avec un programme informatique sur ordinateur pour traiter quantitativement les données, ce qui augmente la précision et l'objectivité dans les repérages quantitatifs (Altet, Britten, 1983).

Cette avancée technique ne supprime en rien la nécessité, sur le plan épistémologique, de faire une analyse de l'interaction observateur-observé et de toujours appréhender le processus en termes de triade « observateur – situation observée – destinataire » (Kohn, Nègre, 2003).

Si l'observation permet de prélever des données sur la réalité du processus enseignement-apprentissage, il reste à construire des modèles intégrateurs qui prendront en compte le plus grand nombre de variables et permettront de restituer le fonctionnement des pratiques et situations pédagogiques.

Ces observations de la classe peuvent être menées en formation d'enseignants comme apprentissage à et par l'observation (Postic, 1977) ; observation de la pratique des autres, mais aussi de ses propres pratiques (Altet, Britten, 1983). Une formation des enseignants par l'observation s'inscrit dans un modèle de formation centré sur l'analyse et développe une attitude réflexive sur les pratiques chez l'enseignant-stagiaire, ce qui permet une démarche d'appropriation personnelle de la fonction d'enseignant.

Marguerite Altet

▸ Bibliographie

Altet M., Britten J. D., *Micro-enseignement et formation des enseignants*, Paris, PUF, coll. « Pédagogie d'aujourd'hui », 1983.

Altet M., *La Formation professionnelle des enseignants*, Paris, PUF, coll. « Pédagogie d'aujourd'hui », 1994.

Altet M., « Styles d'enseignement, styles pédagogiques », *in* Houssaye J., *La Pédagogie : une encyclopédie pour aujourd'hui*, Issy-les-Moulineaux, ESF, coll. « Pédagogies », 1993, 6e éd., 2005.

De Landsheere G., Bayer E., *Comment les maîtres enseignent*, Bruxelles, ministère de l'Éducation nationale, 1975.

Donnay J., Bru M. (dir.), *Recherches, pratiques et savoirs en éducation*, Bruxelles, De Boeck, 2002.

Kohn R. C., Nègre P., *Les Voies de l'observation : repères pour les pratiques de recherche en sciences humaines*, Paris, L'Harmattan, coll. « Ingénium », 2003.

Mialaret G., *Pédagogie générale*, Paris, PUF, coll. « Fondamental », 1991.

Perrenoud P., Montandon C., *Qui maîtrise l'école ? Politiques d'institutions et pratiques des acteurs*, Lausanne, Réalités sociales, 1988.

Postic M., *Observation et formation des enseignants*, Paris, PUF, coll. « Pédagogie d'aujourd'hui », 1977, 4e éd., 1992.

Postic M., De Ketele J.-M., *Observer les situations éducatives*, Paris, PUF, coll. « Pédagogie d'aujourd'hui », 1988.

▸ Voir aussi

Anthropologie de l'éducation – Classe – Communication (Modèles et techniques de) – Contrat didactique – Contrat pédagogique – Dynamique de groupe – Formation des enseignants – Rôle.

Office national d'information sur les enseignements et les professions (ONISEP)

Établissement public sous tutelle du ministère de l'Éducation nationale, de l'Enseignement supérieur et de la Recherche, l'ONISEP élabore et diffuse auprès des élèves, des parents et des professionnels de l'éducation et de l'orientation toute l'information sur les formations et les métiers. L'ONISEP regroupe 600 professionnels répartis entre un siège social basé à Lognes (Seine-et-Marne) et 30 délégations régionales implantées dans chaque académie. Cette présence sur l'ensemble du territoire permet d'alimenter une base documentaire unique en Europe de 20 000 adresses d'établissements de formation, accessible sur le site Internet de l'ONISEP. Le réseau ONISEP diffuse sur toute la France des informations sur le système éducatif et les évolutions des secteurs professionnels. Chaque délégation régionale rassemble, publie et diffuse toutes les données spécifiques à son académie : carte scolaire, filières d'études, emploi local, etc.

L'ONISEP fournit sur tous supports (guides, revues, CD-Roms, vidéos, Internet, etc.) des informations sur les études secondaires et l'enseignement supérieur, sur les secteurs professionnels et les métiers. Il fournit également des outils pédagogiques et des ressources documentaires pour les personnels des équipes éducatives qui accompagnent les jeunes dans la construction de leur projet scolaire et professionnel. L'ONISEP organise ou co-organise des salons pour favoriser la rencontre des jeunes avec le monde professionnel et les établissements de formation.

Olivier Delbecq

▶ **Voir aussi**

Centre d'études et de recherches sur les qualifications (CÉREQ) – Centre d'information et d'orientation (CIO) – Institut national d'étude du travail et de l'orientation professionnelle (INETOP) – Orientation.

Option

Une option peut être soit un enseignement rattaché à un cursus de formation que l'élève ou la personne formée peut choisir ou non de suivre, soit une épreuve d'examen que le candidat peut choisir ou non de subir, soit une sous-spécialité d'un diplôme, essentiellement dans le domaine professionnel (ex. : baccalauréat professionnel « bureautique » – option « secrétariat »).

Au niveau de l'enseignement secondaire, le système éducatif français a la particularité de proposer des choix relativement diversifiés aux élèves (si on le compare au système japonais), tout en définissant par avance, de manière centralisée, les cursus entre lesquels ces choix peuvent s'exercer (à la différence, par exemple, de la liberté de combinaison qui prévaut en Grande-Bretagne).

Face à cette situation de « choix entre des menus imposés », on voit fréquemment apparaître une demande pour modifier et diversifier ces menus : c'est à ce moment qu'intervient la notion d'option.

On peut distinguer deux définitions administratives de l'option :
- l'option dite *obligatoire* : l'élève doit obligatoirement suivre un enseignement en plus de ceux qui définissent la filière dans laquelle il est inscrit, tout en pouvant choisir entre plusieurs possibilités ;
- l'option dite *facultative* : l'élève peut choisir de suivre un enseignement ou un autre, en plus de ceux qui définissent la filière dans laquelle il est inscrit, mais il peut aussi choisir de n'en suivre aucun.

Fonctions et usages

Les fonctions réelles des options dans le système se partagent entre les différents cas de figure suivants, souvent mêlés dans la pratique.

Certaines options définissent des *profils* correspondant à des choix importants et incontournables de scolarité, comme le choix de la première langue vivante ou de telle option de première (l'ancienne sous-série A3 du baccalauréat, par exemple, se retrouve désormais dans l'option « arts » de première). Dans les formations professionnelles, en particulier, l'option est souvent le moyen d'adapter un enseignement obligatoire à des *spécificités locales* ou à un *support spécifique.*

Certaines options ont plutôt une fonction de *préorientation,* en préfigurant des choix entre des cursus ultérieurs : c'est le cas par exemple des options du *cycle de détermination,* qui permettent d'éprouver des choix sans qu'ils soient irréversibles.

D'autres options ont une fonction d'ouverture, en proposant à un élève engagé dans un cursus des enseignements facultatifs d'enrichissement ; on utilise assez peu jusqu'ici dans le système français la fonction d'option d'*approfondissement* d'un enseignement obligatoire, ainsi proposé à deux niveaux, mais c'est une évolution qu'on voit apparaître peu à peu au lycée.

En d'autres cas, les options répondent à un *désir consumériste* d'accumulation d'enseignements, soit pour tenter d'obtenir des points supplémentaires à un examen, soit pour refuser toute interrogation véritable sur l'orientation en gardant tous les choix possibles.

Enfin, on constate aussi une fonction de *sélection cachée* des options : certains élèves tentent, par le choix de certains enseignements, d'être affectés dans les classes ou les établissements les plus attractifs.

Roger-François Gauthier

▸ **Voir aussi**
Orientation – Sélection.

Organismes internationaux

À des périodes diverses de l'histoire du XXe siècle, les peuples se sont dotés d'organismes internationaux, lesquels ont éprouvé le besoin de créer en leur sein ou de placer sous leur autorité des instances spécialement dévolues aux questions d'éducation.

Le Bureau international d'éducation (BIE)

Le BIE a été créé en 1925 comme institution privée liée à l'Institut Jean-Jacques-Rousseau de Genève. Parmi ses pères fondateurs, on comptait Édouard Claparède, Pierre Bovet et Adolphe Ferrière. Il est devenu en 1929 la première organisation intergouvernementale dans le domaine de l'éducation. Dirigé de 1929 à 1969 par Jean Piaget, le BIE a organisé, dès 1934, les premières grandes conférences internationales des ministres de l'Éducation. Après la création de l'Unesco (1945), le BIE y a été progressivement associé puis intégré (1969), tout en conservant, selon ses statuts, une « large autonomie intellectuelle et fonctionnelle ». Son organe directeur est un conseil intergouvernemental composé des représentants des vingt-huit États membres, élus par la Conférence générale de l'Unesco.

Principalement actif durant plusieurs décennies dans les domaines de l'éducation comparée et de la documentation, le BIE a vu sa mission redéfinie à partir de 1999. Il est ainsi devenu « le centre spécialisé de l'Unesco dans le domaine des curriculums, méthodes et structures de l'éducation ». Il contribue à l'amélioration de la qualité de l'éducation dans le monde et à l'atteinte des objectifs de l'Éducation pour tous (EPT), adoptés à Dakar en 2000, grâce à ses trois programmes de base : « Renforcement des capacités pour le développement curriculaire », « Banque de ressources/Observatoire des tendances » et « Dialogue politique ». C'est à ce dernier que se rattache l'organisation des sessions de la Conférence internationale de l'éducation (CIE), dont la 47e session a eu lieu à Genève en septembre 2004. Le BIE met par ailleurs en œuvre trois programmes transversaux : « Coopération/assistance technique à la demande des États membres », « Éducation pour la prévention du VIH/sida » et « Curriculum et pauvreté en Afrique subsaharienne ». Il assure également la publication de *Perspectives,* la revue trimestrielle d'éducation comparée de l'Unesco et édite chaque année plusieurs études, recherches ou rapports.

Pierre Luisoni

Institut international de planification de l'éducation (IIPE)

L'IIPE a été établi à Paris en 1963 par l'Unesco, avec l'aide financière initiale de la Banque mondiale et de la Fondation Ford ; le gouvernement français a fourni le bâtiment et l'équipement.

L'IIPE fait partie intégrante de l'Unesco et respecte les priorités de sa stratégie générale. L'Institut dispose d'une autonomie intellectuelle et administrative et fonctionne selon ses propres statuts. Il a son propre conseil d'administration qui décide de l'orientation générale des activités et approuve le budget annuel.

La mission de l'IIPE consiste à renforcer les capacités à élaborer des politiques éducatives, à planifier et à gérer l'éducation. À cette fin, l'IIPE déploie plusieurs stratégies :
– la formation de planificateurs et d'administrateurs de l'éducation ;
– l'appui aux institutions nationales de formation et de recherche (développement institutionnel) ;
– l'aide aux différents pays dans la conception de leurs politiques éducatives, de leurs plans et de leurs outils de gestion.

Le caractère international de l'Institut lui confère certains avantages importants : le large éventail des nationalités, la formation et les compétences variées de son personnel (l'IIPE est une petite institution, dont le directeur est assisté de trente-neuf chercheurs et formateurs et quarante membres du personnel de soutien), les relations de travail très étroites établies avec un grand nombre d'États membres de l'Unesco, les liens professionnels tissés avec des institutions nationales lors de la conduite des projets de recherche, et enfin les différents types de formation proposés à des participants recrutés dans 150 États membres.

L'Institut a son propre plan à moyen terme, qui reprend les priorités de la stratégie à moyen terme de l'Unesco ; ce nouveau plan recouvre la période 2002-2007.

Depuis sa création, l'IIPE a publié plus de 1 400 titres : des rapports de recherche, des études de cas, les travaux de ses stages de formation ; dès 2001, l'Institut met à disposition gratuitement sur son site les versions électroniques de nombreuses publications, ainsi que sa *Lettre d'information de l'IIPE* (quatre par an).

Depuis 1998, le bureau de l'IIPE à Buenos Aires (Argentine), l'Instituto Internacional de Planeamiento de la Educación, organise tous les ans un cours régional de formation en planification de l'éducation et développe des recherches dans les domaines de la planification de l'éducation en Amérique du Sud.

Le centre de documentation de l'IIPE est spécialisé dans les domaines de la planification et de la gestion de l'éducation, il compte plus de 28 000 titres et 550 collections de périodiques orientés vers les pays en développement. Ses bases de données sont consultables sur le site de l'IIPE.

Françoise du Pouget

Organisation de coopération et de développement économiques (OCDE)

Fondée en 1961, l'OCDE est un forum unique en son genre où les gouvernements de trente démocraties œuvrent ensemble pour relever les défis économiques, sociaux et environnementaux que pose la mondialisation.

Les travaux que l'OCDE consacre à l'éducation se placent dans la perspective de la formation tout au long de la vie. Ses statistiques et indicateurs constituent une base solide pour les comparaisons internationales portant sur tous les aspects des systèmes d'enseignement. Les études de la direction de l'éducation de l'OCDE traitent notamment des politiques nationales d'éducation, des performances des élèves (PISA), de l'enseignement supérieur, de la recherche et de l'innovation dans l'enseignement ou encore de la construction scolaire. Ces études sont disponibles gratuitement sur le site de la direction de l'éducation ou publiées par les Éditions de l'OCDE.

Les principales publications de l'OCDE sont les *Politiques et gestion de l'enseignement supérieur*, dont trois numéros paraissent par an, les *Regards sur l'éducation* et l'*Analyse des politiques d'éducation*, édités une fois par an.

Delphine Grandrieux

Le Fonds des Nations unies pour l'enfance (Unicef)

Le Fonds des Nations unies pour l'enfance, dont l'acronyme anglo-saxon qui le désigne (United Nations Children's Fund) est popularisé par les célèbres cartes de vœux, a été créé en 1946 par l'Assemblée générale de l'Organisation des Nations unies (ONU). Son siège est à New York. Présent dans 158 pays, il a pour mission d'aider les enfants à survivre et à s'épanouir, de la petite enfance jusqu'à la fin de l'adolescence. Premier fournisseur mondial de vaccins pour pays pauvres, l'Unicef travaille pour la santé et la nutrition des enfants, pour une éducation de base de qualité et pour la protection des enfants contre la violence, l'exploitation et le sida. Il finance la construction de centres de soins et fournit des aides alimentaires d'urgence, des équipements pour assurer la fourniture d'eau potable, des matériels divers, du papier pour la publication de manuels scolaires, etc. L'Unicef est entièrement financé par des contributions volontaires de particuliers, d'entreprises, de fondations et de gouvernements.

Maud Saheb

L'Organisation des Nations unies pour l'éducation, la science et la culture (Unesco)

L'Unesco, dont le siège est à Paris, a été fondée le 16 novembre 1945. Laboratoire d'idées, elle remplit également une fonction normative, et aide les États membres à développer leurs capacités humaines et institutionnelles dans ses domaines de compétence. Elle est aussi un centre d'échange d'informations qui diffuse et permet de partager l'information et le savoir tout en favorisant la coopération internationale entre ses 191 États membres et six membres associés. Les programmes que l'Unesco élabore ont une portée mondiale mais sont spécifiquement adaptés aux besoins et conditions particulières de chaque État membre. Une attention spéciale est portée aux pays en développement et à leur situation socio-économique, géographique, culturelle et politique locale.

En sa qualité d'institution spécialisée des Nations unies pour l'éducation, l'Unesco s'occupe de tous les aspects de l'éducation à tous les niveaux, depuis la petite enfance jusqu'à l'enseignement supérieur, y compris les approches formelles et non formelles. Depuis 2000, l'action de l'Organisation est guidée par les priorités et objectifs définis au Forum mondial sur l'éducation (Dakar, Sénégal) pour réaliser l'Éducation pour tous (EPT). L'Unesco place la nécessité d'atteindre les six objectifs de l'EPT adoptés à Dakar au cœur de son action et s'acquitte de son mandat suivant deux grands axes : la coordination internationale de l'EPT et la fonction de consultation auprès des États membres et de renforcement de leurs capacités pour les aider à mettre en œuvre leurs plans nationaux d'éducation.

En tant que coordonnateur international de l'EPT, l'Organisation a un rôle à jouer dans la coordination, la sensibilisation et la mobilisation de ses partenaires dans le monde pour accompagner l'élan de coopération que suscite la réalisation des objectifs de l'EPT d'ici à 2015. Elle veille à ce que l'EPT continue de faire partie intégrante du programme de la communauté internationale en matière de développement et demeure une pièce maîtresse dans les OMD et le développement humain durable. Les activités menées par l'Unesco au niveau national consistent principalement à fournir une assistance technique aux États membres pour la formulation de politiques, le renforcement des capacités et la mise en œuvre de stratégies et de plans. L'Organisation applique une approche sectorielle et holistique de l'éducation : au-delà de l'éducation de base, elle s'efforce de faire face à l'étendue et à la diversité des besoins des pays et de soutenir des analyses politiques pratiques sur les évolutions et défis qui apparaissent à tous les niveaux dans les systèmes éducatifs.

L'exécution du programme s'effectue principalement par l'intermédiaire de la cinquantaine de bureaux hors siège, installés dans toutes les régions du monde. S'y associent un certain nombre d'instituts et de centres qui font partie intégrante de l'Organisation mais sont spécialisés dans des domaines clés. S'agissant de l'éducation, ces domaines sont notamment les statistiques, l'élaboration des programmes, la réforme et la planification de l'éducation, l'alphabétisation, la formation professionnelle ou l'utilisation des technologies de l'information dans l'éducation.

L'Unesco publie un grand nombre de revues, monographies, matériels pédagogiques, matériels d'apprentissage, rapports d'orientation ainsi que des études statistiques, des données et des analyses dans le domaine de l'éducation. Depuis 2002, en particulier, elle produit un rapport annuel d'activité sur l'EPT sous la direction d'une équipe internationale indépendante basée à l'Unesco. Le *Rapport mondial de suivi sur l'EPT* fait le point des progrès accomplis dans la réalisation des six objectifs de l'EPT, définit des réformes efficaces et recense les meilleures méthodes pratiquées dans tous les domaines se rapportant à l'éducation pour tous. Cette publication a pour objet de donner des informations utiles pour l'action et de susciter un engagement politique plus soutenu en faveur de l'Éducation pour tous ; elle s'adresse aux décideurs, aux échelons national et international, et, plus généralement, à tous ceux qui s'attachent à défendre le droit à une éducation de qualité : enseignants, société civile, ONG, chercheurs, sans oublier la communauté internationale.

Min Jeon Kim

▸ **Voir aussi**

Claparède, Édouard – Éducation – Évaluation – Ferrière, Adolphe – Mondialisation.

Orientation

Action de diriger quelqu'un ou de se diriger soi-même, en particulier en ce qui concerne les études et la profession. « La chose la plus importante à toute la vie, c'est le choix d'un métier. Le hasard en dispose. La coutume fait les maçons, les soldats, les couvreurs… À force d'ouïr louer en l'enfance des métiers, et mépriser tous les autres, on choisit » (Blaise Pascal, 1669).

L'orientation est devenue aujourd'hui, une grande question sociale et économique. L'orientation professionnelle était jadis une préoccupation que partageaient un nombre restreint de psychologues, d'éducateurs et d'employeurs. Elle intéresse désormais l'ensemble de la collectivité nationale.

Les fondements du mouvement d'orientation en France

La tradition française de l'orientation, pour originale qu'elle soit, s'inspire dès l'origine d'un mouvement international en faveur de la question de l'orientation professionnelle. Depuis le *vocational bureau,* ouvert en 1908 par Parsons à Boston, jusqu'aux instituts d'orientation créés ensuite presque dans le monde entier, l'orientation professionnelle a pris une large extension, plus particulièrement dans les pays industrialisés. Après la Première Guerre mondiale, des initiatives dans plusieurs pays d'Europe et aux États-Unis sont liées d'assez près à la naissance de la psychologie scientifique et à l'apparition des *Idées modernes sur les enfants* (Binet, 1911).

C'est dans le contexte d'une période de mutations et de crises économiques et sociales graves que naît l'orientation professionnelle en France. Le gros de la main-d'œuvre n'a pas de formation professionnelle. La crise endémique de l'apprentissage s'accentue avec l'industrialisation. Au moment où s'élabore la loi Astier (1919) relative à l'organisation de l'enseignement technique, industriel et commercial, l'orientation professionnelle s'inscrit dans un programme social, à visée politique. Les grands courants idéologiques et scientifiques de l'époque participent à sa définition : le socialisme (« utopique » et « scientifique »), le positivisme d'Auguste Comte, le courant évolutionniste de Spencer et la franc-maçonnerie. Sur le plan de la connaissance objective, les recherches et les techniques des psychologies expérimentale et différentielle ainsi que les travaux de psychophysiologie rencontrent une demande sociale et un terrain d'application pour la sélection et la formation professionnelle. Ces disciplines se trouvent par ailleurs influencées par le modèle de l'organisation scientifique du travail (Taylor) dont la visée ultime est celle d'une organisation plus rationnelle de la société.

Au début des années 1920, les offices locaux et départementaux sont alors créés, le plus souvent subventionnés par les municipalités ou les départements et placés sous le contrôle technique et budgétaire de l'enseignement technique. Le premier décret officiel définit, le 26 septembre 1922, l'orientation professionnelle comme « l'ensemble d'opérations qui précèdent le placement des jeunes gens et des jeunes filles dans le commerce et l'industrie et qui ont pour but de révéler leurs aptitudes physiques, morales et intellectuelles ». Par la suite, la loi du 24 mai 1938 consacre un processus d'institutionnalisation en mettant en place des services dans chaque département et en décrétant l'orientation professionnelle obligatoire pour l'entrée en apprentissage dans une profession industrielle ou commerciale.

Le développement de l'orientation professionnelle a été marqué par la conjoncture des deux guerres mondiales et par des objectifs sociaux (philanthropie laïque) et économiques : lutter contre le gaspillage humain (accidents du travail) ; promotion de la formation d'ouvriers qualifiés ; participation au reclassement des travailleurs, etc.

Le psychologue Henri Piéron, qui fonda en 1928 l'Institut national d'études du travail et d'orientation professionnelle (INETOP), est le véritable inspirateur d'un courant préconisant une psychologie objective du comportement sans négliger les applications sociales de la psychotechnique.

Les développements de l'orientation scolaire dans la seconde moitié du XXe siècle

Le grand débat scolaire des années 1900-1940 est celui de l'École unique : l'enseignement français est organisé sur l'opposition entre un primaire destiné au peuple et un secondaire réservé aux élites de la société. Les Compagnons de l'Université nouvelle au lendemain de la Grande Guerre et les tenants de l'École unique trouvent cette situation contradictoire avec le principe méritocratique dont ils se réclament.

Jean Zay, ministre de l'Éducation nationale du Front populaire, tout en prolongeant l'obligation scolaire jusqu'à 14 ans (1936), encourage l'organisation de classes d'orientation. Les classes nouvelles créées à la Libération à l'initiative de Gustave Monod ont également contribué à faire admettre la nécessité d'une meilleure connaissance des enfants.

L'introduction du principe de l'orientation dans l'enseignement répondait à une volonté de concilier justice et efficacité. Le plan Langevin-Wallon (1947) fit naître, à côté des conseillers d'orientation professionnelle, un corps de psychologues scolaires chargés du dépistage des handicaps dans l'enseignement préélémentaire et élémentaire.

L'orientation professionnelle est indissolublement liée aux caractéristiques techniques et économiques des pays industriellement développés tournés vers la satisfaction des besoins en qualification. La question de l'orientation scolaire, qui surgit au moment où la durée de la scolarité obligatoire et volontaire s'est allongée, est déterminée par l'organisation de l'appareil scolaire. Les centres d'orientation s'articulent au réseau d'enseignement primaire/professionnel (apprentissage d'un métier manuel qualifié). À ce dernier s'oppose le réseau secondaire/supérieur, fréquenté principalement par les enfants de la bourgeoisie se préparant aux carrières libérales ou intellectuelles. Ainsi, en 1950, seule une fraction infime d'une génération allait au lycée (5 %).

Avec le Bureau universitaire de statistique (BUS), créé par Rosier en 1932, se mit en place pour la première fois dans notre pays un service d'information et d'aide à l'orientation des étudiants. En 1954, le BUS voit ses missions élargies et acquiert un statut d'établissement public.

La réforme Berthoin de l'enseignement (1959), prolongée par la mise en place des filières au niveau de « l'école moyenne » (réforme Fouchet de 1963), constitue le nouveau cadre de référence dans lequel vont se déployer les activités des services d'orientation scolaire et professionnelle. L'accent est mis sur la détermination de la meilleure voie scolaire ou professionnelle ouverte à un élève, en particulier en fin de cycle (classes de 5e et de 3e), après inventaire de ses aptitudes et de ses motivations par un technicien de l'orientation.

Les psychologues scolaires, plus spécialement chargés du dépistage des inadaptations des écoliers et de la recherche de « ce qui peut entraver ou favoriser le chemin heureux des enfants vers l'âge adulte » (Wallon), tout comme les conseillers des centres d'orientation devenue scolaire et professionnelle (COSP) assurent le principe d'une orientation continue.

Dotés de moyens insuffisants, la psychologie scolaire et l'orientation professionnelle ne parviennent que dans des cas très limités à changer le destin scolaire et social des enfants qui leurs sont confiés. La révolte de mai 68 liant l'orientation au thème de la sélection va conforter la critique sociopolitique de la psychométrie de l'intelligence.

À la recherche d'un « second souffle », l'orientation des débuts des années 1970 dessine les contours d'une orientation progressivement intégrée au fonctionnement du système d'enseignement secondaire.

Le décret du 7 juillet 1971 institue des services spécialisés ayant pour mission d'organiser l'information et l'orientation des élèves du second degré « dans un processus éducatif d'observation continue, de façon à favoriser leur adaptation à la vie scolaire, de les guider vers l'enseignement le plus conforme à leurs aptitudes, de contribuer à l'épanouissement de leur personnalité et de les aider à choisir leur voie dans la vie active, en harmonie avec les besoins du pays et les perspectives du progrès économique et social ». Les nouvelles procédures d'orientation qui ont suivi à la rentrée 1973 soumettent la décision d'orientation prise en conseil de classe à une décision d'affectation relevant de l'échelon départemental des inspections académiques qui répartit les flux d'élèves dans les limites des capacités d'accueil des établissements d'enseignement (carte scolaire). Les familles siégeant dans les différents conseils obtiennent la possibilité de faire appel d'une décision non conforme à leurs vœux.

Au niveau de l'enseignement supérieur, un service commun d'accueil, d'information, d'orientation et d'aide à l'insertion professionnelle renseignent les étudiants sur les possibilités de poursuite d'études et de débouchés professionnels.

Avec la création, le 19 mars 1970, de l'Office national d'information sur les enseignements et les professions (ONISEP) et, au sein de cet organisme, du Centre d'études et de recherches sur les qualifications (CÉREQ), les centres d'information et d'orientation (CIO) disposent d'informations fiables à mettre à la disposition de leurs publics, sans cesse plus nombreux et hétérogènes. C'est que les activités de conseil destinées aux adolescents et aux adultes se déroulent désormais sur trois plans : « stimuler les efforts actifs d'information sur les métiers, sur les carrières et sur soi-même ; aider à obtenir des renseignements sur les formations, les exigences des métiers, les formations et les débouchés ; élaborer des données descriptives sur les aptitudes, la personnalité, les intérêts et les moyens de l'individu et envisager avec lui ces informations de manière à ce qu'il les intègre dans ses plans de formation et de carrière » (Lévy-Leboyer, 1991).

L'orientation professionnelle continue répond depuis une trentaine d'années à la nécessité de mieux évaluer le « potentiel humain » quand les trajectoires socioprofessionnelles deviennent moins prévisibles, et qu'il faut davantage faire face à des mobilités anticipées ou subies.

De la rupture de 1982 aux perspectives de la décennie des années 2000

Avec la crise mondiale de 1973 et la massification du premier cycle du secondaire (l'école moyenne) puis du lycée dans les années 1980, les rapports formation-emploi se sont distendus, laissant apparaître des phénomènes de déclassement/reclassement. Les mutations technologiques accélèrent une redistribution des emplois très favorable aux « bons » diplômés mais marginalisent, par voie de conséquence, les quelque 100 000 jeunes qui, chaque année, quittent le système éducatif sans avoir acquis une qualification reconnue et sont confrontés au chômage et à la précarité.

Sur les bases du rapport Schwartz (1981) s'instaure un dispositif de lutte contre les exclusions avec un volet consacré à l'orientation. Le réseau des missions locales (ML) et des permanences d'accueil, d'information et d'orientation (PAIO) se centre sur les problèmes d'orientation professionnelle et sociale des jeunes en difficulté.

On le voit, l'orientation est une notion polysémique qui ne cesse de s'étendre. Les opérations d'orientation scolaire à l'intérieur des collèges et des lycées se prolongent le plus souvent, en partenariat, par des actions d'accompagnement à l'insertion professionnelle des jeunes puis s'étendent à la formation des adultes, notamment par le biais des services de la formation professionnelle et de l'emploi.

Le rapport officiel de l'Inspection générale sur l'orientation des élèves (1988) souligne le poids considérable des structures et de l'organisation pédagogique des établissements dans le devenir des élèves. Une tendance générale semble s'affirmer : la reconnaissance d'une plus grande liberté accordée aux familles dans le cadre d'une orientation concertée. Enfin, le fonctionnement des structures spécialisées peut être amélioré en même temps que le rôle des différents acteurs mériterait d'être clarifié.

L'évaluation de l'orientation à la fin du collège et au lycée établie à la demande du Haut Conseil de l'évaluation de l'école (2004) montre que l'éducation à l'orientation offre une diversité potentiellement riche mais mal encadrée et évaluée. Une question essentielle mérite d'être posée : celle du pilotage national de la politique qui semble depuis plusieurs années très largement défaillant.

Contrairement aux principes affichés, l'orientation est loin de fonctionner selon un mode méritocratique. Les pratiques des acteurs sont le plus souvent entachées d'incohérence et contribuent assez largement à la genèse des inégalités sociales à l'école. La prospection des « talents » ou des « ressources intellectuelles » s'effectue sur un mode socialement discriminant. La discrimination de fait, qui s'effectue par le biais des opérations d'orientation (en conseil de classe, par exemple) n'est pas seulement sociale mais aussi sexuelle. « L'école des filles » semble anticiper les réalités du marché du travail.

Par la loi d'orientation sur l'éducation du 10 juillet 1989, la nation s'est fixée comme objectif pour la fin du siècle de conduire l'ensemble d'une classe d'âge « au minimum au niveau du certificat d'aptitude professionnelle ou du brevet d'études professionnelles et 80 % au niveau du baccalauréat » (article 3). Un droit au conseil en orientation et à l'information sur les enseignements et les professions fait désormais partie du droit à l'éducation (article 8). Les textes réglementaires qui en découlent, notamment depuis le décret du 14 juin 1990 sur les voies d'orientation, admettent une approche éducative des choix d'avenir.

L'harmonisation européenne des diplômes avec la première mise en œuvre du système LMD, Licence-Master-Doctorat, dès la rentrée 2005, consacre l'élévation du niveau des qualifications (la moitié d'une classe d'âge devra être diplômée de l'enseignement supérieur) pour les besoins d'une économie, ouverte sur le monde, concurrentielle et tertiarisée. L'orientation pour le plus grand nombre devient scolaire et universitaire, avec la nécessité d'imaginer des parcours plus personnalisés et plus diversifiés, incluant des réorientations possibles, grâce à des passerelles.

Comment passer d'une orientation passive, déterminée par l'échec, à une orientation active qui soit le résultat d'un processus continu d'élaboration et de réalisation d'un projet individualisé de formation et d'insertion en conformité avec les aptitudes, intérêts et motivations qu'exprime le projet de vie d'un jeune adolescent ? Pour améliorer

l'orientation des jeunes et des adultes en France, trois pistes de recherche-action peuvent être dégagées :
– créer les conditions pour que les enseignants s'emparent positivement de cette question en incitant à la fois à une réflexion sur les pratiques d'évaluation, de remédiation et de conseil en collaboration avec les personnels d'éducation et d'orientation ;
– approfondir la transformation de l'appareil de formation de manière à atténuer autant que possible les effets négatifs de « l'orientation-verdict » au bénéfice de « l'orientation-conseil ». Ce qui suppose une politique volontariste de rééquilibrage des filières et peut-être la reconnaissance d'un « droit à l'erreur » pour tout jeune à la recherche de son avenir ;
– encourager les pratiques de bilans de compétences et les dispositifs de reconnaissance et de validation des acquis de l'expérience (VAE) de manière à faciliter les transitions et à encourager les conduites proactives favorables aux opportunités, car la vie professionnelle évolue sans cesse.

Pour une orientation tout au long de la vie

L'orientation professionnelle des débuts était limitative, précoce, ponctuelle et centrée principalement sur l'apprentissage des métiers manuels qualifiés dans l'industrie, le commerce ou l'artisanat. L'extension de l'école de base pour la majorité des élèves, jusqu'au baccalauréat et au-delà, a ajouté un volet scolaire et universitaire au conseil psychologique en orientation. La « mise en système » des établissements secondaires sous la Ve République et la « mise en marche » des mêmes établissements sous l'effet de l'idéologie libérale régnant depuis une vingtaine d'années, a rendu nécessaire une meilleure information sur les études, les professions et les débouchés.

Les psychologues de l'orientation soulignent le fait suivant : si l'on se donne pour objectif que cette information surabondante et multiforme soit pertinente pour le sujet, alors il est nécessaire de mettre en synergie, par une médiation éducative appropriée, une démarche construite de connaissance de l'environnement social et une approche étayée de la connaissance de soi.

Le mémorandum européen (Biarritz, 2000) met l'accent sur une nouvelle conception de l'orientation : « Veiller à ce que chacun ait facilement accès à une information et à des conseils de qualité sur l'offre de formation dans toute l'Europe, tout au long de la vie ».

La loi quinquennale du 20 décembre 1993 relative au travail, à l'emploi et à la formation professionnelle inscrit le principe d'un partenariat pour la mise en œuvre d'une information scolaire et professionnelle permettant l'élaboration d'un projet d'avenir chez les jeunes.

Des politiques régionales se mettent en place visant à coordonner une offre de services existante dans le champ de l'accueil, l'information et l'orientation (AIO). L'émergence controversée d'un service public régional de l'orientation tout au long de la vie appelle une triple reconnaissance : une logique de territoire ; une culture partagée en matière d'orientation ; l'identification des prestations au regard du processus d'orientation.

La raréfaction de l'emploi conventionnel, l'obsolescence rapide des métiers et des qualifications, la modification de l'organisation du travail sous l'effet conjugué de l'introduction des nouvelles technologies de l'information et de la communication et de l'internationalisation des marchés font de l'orientation professionnelle des adultes une donnée majeure pour l'avenir de notre société. La valorisation de la ressource humaine à chaque étape du cycle de vie est stratégique du double point de vue humain et sociétal.

La promotion d'une culture dans le domaine de l'auto-orientation permettant à chacun de piloter son projet de carrière fait son chemin. Elle repose sur une conception constructiviste de l'avenir où le sujet acquiert le statut d'auteur de son propre développement.

La rationalité abstraite des politiques de gestion de flux laisse davantage place à l'expression des choix, attentes et représentations individuelles. Le biographique (histoire de vie, roman familial, etc.) devient point d'appui d'une microsociologie de l'orientation (utilisant le cas échéant les ethnométhodes). L'ère du positivisme attaché au taylorisme touche à sa fin. L'orientation est un processus incarné et contextualisé. Une anthropologie historique et culturelle reste à construire pour en saisir la dynamique formative à l'école et dans la société.

Francis Danvers

▶ Bibliographie

AUBRET J., GILBERT P., *Reconnaissance et validation des acquis*, Paris, PUF, coll. « Que sais-je ? », 1994.

BUJOLD C., GINGRAS M., *Choix professionnel et développement de carrière,* Montréal, Éd. Gaëtan Morin, 2000.

CAROFF A., *Orientation des élèves : problèmes généraux, rôle des structures et des acteurs de l'orientation,* Paris, La Documentation française, 1989.

DANVERS F. (dir.), « L'Éducation à l'orientation », *Perspectives documentaires en éducation*, n° 60, 2003.

DANVERS F., *500 mots-clefs pour l'éducation et la formation tout au long de la vie,* Villeneuve-d'Ascq, Presses universitaires du Septentrion, 2003.

DURU-BELLAT M., *Le Fonctionnement de l'orientation,* Lonay, Delachaux et Niestlé, 1988.

GAUTER J., NALLET F. (coord.), « L'Orientation professionnelle en réorientation », *Pour*, Revue du Groupe de recherche pour l'éducation et la prospective, n° 183, septembre 2004, p. 59-204.

GUICHARD J., HUTEAU M., *Psychologie de l'orientation*, Paris, Dunod, 2001.

Haut Conseil de l'évaluation de l'école (HCEE), *Rapport annuel*, Paris, ministère de l'Éducation nationale, déc. 2003.

JELLAB A., *Le Travail d'insertion en mission locale*, Paris, L'Harmattan, 1997.

LHOTELLIER A., *Tenir conseil : délibérer pour agir*, Paris, Seli Arslan, 2003.

SCHWARTZ B., *L'Insertion professionnelle et sociale des jeunes,* Paris, La Documentation française, 1981.

▶ Voir aussi

Carte scolaire – Centre d'information et d'orientation (CIO) – Emploi-formation – Institut national d'étude du travail et de l'orientation professionnelle (INETOP) – Office national d'information sur les enseignements et les professions (ONISEP) – Politique de l'éducation – Projet personnel d'orientation – Psychologie de l'apprentissage – Psychologie scolaire – Relation Famille/École.

ORTHOGRAPHE

L'orthographe est la manière correcte de transcrire une langue à l'écrit, selon des règles qui s'imposent à tous ses utilisateurs.

Si certaines langues comme le hongrois, le serbo-croate ou le turc obéissent à un principe simple de transcription, où chaque lettre correspond à un son, le français est loin d'être dans ce cas : bien des lettres correspondent à plusieurs sons (*x, g, c*), la plupart des lettres peuvent être muettes ou redoublées, et une part importante des lettres de l'écrit renvoient non à la langue orale, mais au signifié du mot, marquant son appartenance à une série, son étymologie, etc. C'est ce qu'on appelle la couche idéographique de l'orthographe. Très distante de la langue orale, l'orthographe du français est de ce fait très difficile à acquérir. C'est pourquoi, parallèlement au mouvement historique qui vit sa constitution et sa fixation progressive, la question de la réforme de l'orthographe a sans cesse été posée, sur des principes allant de positions radicales « phonétistes » à des propositions plus modérées visant à en corriger les aspects les plus illogiques. Les dernières modifications de l'orthographe datent de 1990, mais rien n'assure qu'elles vont s'imposer dans l'usage, compte tenu de l'opposition marquée de larges secteurs de la population lettrée à tout changement qu'ils considèrent comme portant atteinte à la langue même.

L'orthographe et l'école

L'école commence très tôt l'enseignement de l'orthographe, en même temps que l'apprentissage de la lecture, et le poursuit jusqu'à la fin du tronc commun. La partie la plus emblématique de cet apprentissage est la dictée, et la notion de « faute » qui s'y attache. Les travaux sur l'orthographe, très nombreux en raison même des difficultés que l'enseignement de ce noyau dur de la langue écrite suscite, proposent des voies d'accès à l'orthographe différentes. Une partie d'entre eux vise à munir les maîtres d'une meilleure connaissance de son fonctionnement, pour en permettre un enseignement plus efficace. La classification traditionnelle en fautes d'usage et fautes grammaticales est remise en question par des typologies plus fines, qui distinguent notamment les fautes touchant à la représentation phonétique du mot et visent à donner aux maîtres des points de repère pour caractériser les difficultés des élèves. Des voies d'acquisition autres que la dictée sont proposées : étape de médiation par les codes phonétiques ou phonologiques ; gradation de l'enseignement selon des listes de fréquence adaptées à chaque niveau scolaire ; dispositifs didactiques visant à mettre l'élève en situation d'autonomie et de recherche sur ses propres erreurs, à partir de l'utilisation de manuels ou de dictionnaires, de grilles de classification de fautes, etc.

Danièle Manesse

▸ Bibliographie

CATACH N., *L'Orthographe,* Paris, PUF, coll. « Que sais-je ? », 2003.

BRISSAUD C., BESSONAT D., *L'Orthographe au collège, pour une autre approche*, Grenoble/Paris, CRDP/Delagrave, 2001.

CHERVEL A., MANESSE D., *La Dictée, l'orthographe et les Français (1873-1887)*, Paris, Calmann-Lévy, Paris, 1989.

DUCARD D. *et al., L'Orthographe en trois dimensions*, Paris, Nathan, coll. « Théories et pratiques », 1995.

▸ Voir aussi

Dictée – Didactique – Écriture – Français (Enseignement du).

OUTILS PÉDAGOGIQUES

Si parler d'outils revient à dénommer les objets qui servent à faire un travail (notamment au plan ouvrier ou artisanal), on ne peut oublier qu'en instruction et en éducation de tels objets existent et sont utilisés comme « ressources » à la disposition des enseignants.

Un concept qui couvre un large éventail

Au niveau le plus humble ou le plus immédiat, apparaissent, en effet, la craie et les tableaux, les manuels et les plumes ou les encres, les baguettes et les cartes. À un niveau plus élaboré, avant de décrire les conduites de « personnes-ressources », Carl Rogers (1983) entendait citer les « habituelles ressources académiques – livres, articles, espaces de travail, laboratoires et leurs équipements, instruments, cartes, films enregistrements et autres ».

En plus développés ou plus métaphoriques, on a vu se diffuser des outils d'observation et d'évaluation ou de travail en groupe (Meirieu, 1999), des tests (depuis celui de Binet et Simon sur l'intelligence), ainsi que des supports didactiques appropriés et des schémas de « situation-problème » ou des jeux de fiches multiples. Il faut naturellement évoquer les moyens audiovisuels et informatiques multiples, outre les plans d'enseignement programmé.

Des chercheurs américains ont aussi présenté comme outils *(tools),* pour leurs travaux sur l'enseignement dans les classes, les critères d'analyse des interactions de Flanders, les listes des catégories d'objectifs élaborées par Bloom et les « échelles » de Carkhuff permettant de repérer les niveaux d'échange interpersonnels (Aspy, Roebuck, 1977).

Des instruments les plus concrets (les plus « manuels ») aux objets les plus abstraits, on peut s'interroger sur l'extension des notions d'outil et d'outillage en éducation et instruction : Selon quelles considérations ? Évoquent-elles un contexte résolument artisanal ou peuvent-elles accéder à des opérations de nature plus largement intellectuelle ? On peut pressentir que l'extension accordée à ces concepts dépend de la culture de chaque pays.

La place des outils selon les cultures nationales

Dans l'ambiance anglo-saxonne, d'orientation habituellement pragmatique, les démarches concrètes et pratiques sont facilement reconnues. La philosophie de John Dewey, qui a largement inspiré les conceptions américaines en éducation, a été reconnue comme « instrumentaliste ». On sait également la force des conceptions béhavioristes et de celles apportées par Skinner. Ces influences importantes ont encouragé, par la suite (sans renoncer à des aspects personnalistes), à mettre en valeur la médiation des moyens concrets, regardés comme outils outre-Atlantique.

En revanche, selon l'esprit latin, les activités d'instruction et d'éducation ont pu marquer quelque distance (ou dédain) à l'égard des « supports » ou des « aides » pratiques sur lesquels elles pouvaient prendre appui : en raison de l'importance accordée (en représentation « libérale » ou « intellectualiste » des métiers d'enseignant) à la subjectivité (plus ou moins solitaire) et à la suprématie de l'abstraction. On a donc trop souvent récusé l'offre de « recettes » en enseignement. Toutefois, les méthodes « actives » ou « nouvelles » (notamment constructivistes) ont toujours proposé des outils et des instruments multiples pour affirmer leurs spécificités : que ce soient celles inspirées par Maria Montessori, par Ovide Decroly ou par Célestin Freinet et le Groupe français d'éducation nouvelle, ainsi que par divers autres mouvements associatifs ou par de grands éditeurs scolaires.

On peut noter, notamment en France, une demande accrue d'outillage pédagogique, en raison du développement des activités de formation initiale et continue, devenues davantage professionnalisantes, mais aussi avec l'émergence d'une « ingénierie » d'enseignement et de formation. Celle-ci redonne à l'utilisation d'outils un statut valorisé, en assurant une médiation avisée entre des savoirs et des instruments, des éléments théoriques et des modalités pratiques : elle renoue, de cette façon, avec le mouvement encyclopédique, dont le souvenir est cher aux esprits français, « par lequel les classes dirigeantes ont à nouveau porté leurs regards vers la technique, redécouvert la proximité de l'artisan, de l'artiste et de l'ingénieur, publié le savoir-faire de l'époque jusque dans ses détails les plus fins », comme le remarque Thierry Gaudin. L'*Homo sapiens* ne saurait rejeter ou récuser l'*Homo faber* !

Diversifier la gamme de l'outillage pédagogique

Si le rapport à des moyens concrets peut aider à exprimer correctement les intentions véritables et l'efficacité d'une relation d'enseignement, leurs gammes trop restreintes réduiraient leur étendue et leur qualité d'application ou d'adaptation aux personnalités en interaction, élèves et maîtres. Comme en tout domaine professionnel, les « outils » en méthodologie de la transmission des savoirs et des savoir-faire doivent être diversifiés.

L'outillage en pédagogie ou en formation doit donc être modulé selon une série de gammes qui peuvent réunir, en forme de recueils de processus et d'instruments ou de matériels :

– des supports d'une observation des *dispositifs d'apprentissage,* individuels et collectifs ;
– des référentiels d'*objectifs* cognitifs, affectifs ou professionnels validés ;
– des fiches techniques détaillées de *progressions didactiques* et d'*exercices* multiples ;
– des éventaires de *situations-problèmes* et de *conseils méthodologiques* variés ;
– des claviers de modalités multiples des *travaux d'équipes* et de *classes ;*
– des procédures de *documentation* et d'études documentaires ;
– des formes diversifiées d'*enseignement magistral* ou d'apports théoriques ;
– des batteries de tests et d'instruments multiples d'*évaluation* « *formative* » et « *sommative* » ou « *critériée* » ;

– des recueils de techniques et démarches plurielles pour l'écoute, le soutien et le *conseil méthodologique* des élèves ou des étudiants ;
– un éventail de techniques variées d'*organisation* d'une classe ou d'un groupe en équipes ou sous-groupes ;
– des modalités diverses de *regroupement des activités* de sous-groupes ou d'équipes ;
– des procédures appropriées d'*accueil et de présentation* des membres d'une classe ou d'un groupe ;
– des répertoires d'*innovations pédagogiques* et d'*exercices* de *créativité ;*
– des listes détaillées de *rôles,* didactiques et relationnels, à confier à des élèves, étudiants ou adultes ;
– des gammes de *points d'appui pratiques* et de *métaphores* disponibles pour des enseignements ;
– des outils facilitant l'*exploration des attitudes et des tendances personnelles* en éducation et instruction ;
– des méthodologies favorisant l'élaboration et l'évaluation d'un *projet,* individuel ou collectif, disciplinaire ou interdisciplinaire ;
– des *bibliographies,* des *références,* des *extraits* significatifs, des *schémas ;*
– des ensembles de *moyens audiovisuels* et *informatiques, multimédias ;*
– des variétés de techniques permettant d'explorer les *représentations* ou les *fantasmes* à l'égard des savoirs, des formations ou des institutions.

Il va de soi que la large recension que nous proposons appelle deux remarques : d'une part, elle ne peut être assurée que par un développement progressif de l'instrumentation pédagogique et de l'ingénierie, réalisé en coopération par des praticiens et des chercheurs (sortant de leurs isolements) ; d'autre part, ses contenus doivent être proposés en formation initiale et continue aux enseignants et formateurs, au long de leurs carrières, selon des choix volontaires. La variété réalisée doit aussi permettre une meilleure personnalisation des pratiques et des formations.

André de Peretti

▸ Bibliographie

Aspy D., Roebuck F., *Kids Don't Learn from People they Don't Like,* Human Resource Development Press, 1977.

Astolfi J.-P., *L'École pour apprendre*, Issy-les-Moulineaux, ESF, 2004.

Berbaum J., *Développer la capacité d'apprendre*, Issy-les-Moulineaux, ESF, 1991.

Gaudin T., *Pouvoirs du rêve,* Neuilly-sur-Seine, Centre de recherche sur la culture technique, 1984.

Collectif, *Recueil d'instruments et de processus d'évaluation formative*, Saint-Fons, INRP, 1990.

Collectif, *Les Points d'appui de l'enseignant*, Saint-Fons, INRP, 1990.

Meirieu P., *Apprendre… oui, mais comment ?*, Issy-les-Moulineaux, ESF, 1999.

Mucchielli. A., Vexliard A. (éds), *L'Homme et ses potentialités : études en hommage à Roger Mucchielli*, Issy-les-Moulineaux, ESF, 1984.

Peretti A. de, *Les Techniques de groupe dans la formation*, Paris, Unesco, 1977.

Peretti A. de, *Organiser des formations*, Paris, Hachette, 1991.

Peretti A. de *et al.*, *Techniques pour communiquer*, Paris, Hachette, 1994.

Rogers C., *Liberté pour apprendre,* Paris, Dunod, 1999.

Rogers C., *Freedom to Learn for the 80's,* Columbus, Merril, 1983.

▸ Voir aussi

Actives (Méthodes) – Didactique – Documentation – Évaluation – Groupement – Machine à enseigner – Méthodes pédagogiques – Observation des situations pédagogiques en classe – Test.

P

PARASCOLAIRE

Le terme « parascolaire » désigne l'ensemble des produits à caractère pédagogique, qui ont pour fonction de redoubler, de renforcer ou de compléter l'enseignement dispensé par l'institution scolaire. Dans la mesure où ils sont conçus pour un usage individuel et facultatif extra-scolaire, leur acquisition est laissée à l'initiative des familles et des élèves.

Aujourd'hui, le développement de l'usage familial des nouvelles technologies de l'information et de la communication favorise l'essor de produits parascolaires sous forme de logiciels éducatifs et de sites Internet de révision ou d'apprentissage.

Cependant, le parascolaire reste avant tout un phénomène éditorial classique. Les éditeurs scolaires proposent en effet aux élèves et aux familles, depuis la fin des années 1970, un nombre important de collections d'ouvrages parascolaires. En 2002, les éditeurs en ont vendu au total près de 21 millions d'exemplaires. Les collections parascolaires comportent aussi bien des ouvrages de révision, de soutien, d'entraînement, à tous les niveaux de l'enseignement primaire et secondaire, utilisables tout au long de l'année scolaire, que des cahiers de vacances, la formule la plus ancienne de la production parascolaire, lancée dès 1933. L'usage du cahier de vacances a gagné tous les niveaux de l'enseignement secondaire, s'adaptant aux transformations de l'enseignement et au goût des familles et des élèves, en faisant largement appel aux techniques du marketing. Avec 4,5 millions d'exemplaires annuels vendus, les cahiers de vacances représentent toujours une part importante de l'ensemble de la production parascolaire.

Pour les ouvrages de préparation aux examens, l'offre s'est considérablement élargie. Une grande variété de guides et de mémentos est venue s'ajouter aux collections du type « Annales du baccalauréat », dont le modèle a été repris par la plupart des éditeurs et appliqué au brevet des collèges.

Depuis une vingtaine d'années, le parascolaire est le secteur de l'édition scolaire qui connaît la croissance la plus nette. Au cours de cette période, sa contribution au chiffre d'affaires de l'édition scolaire aura plus que doublé et aura été un élément essentiel de la politique de diversification qu'ont engagée les éditeurs scolaires, après l'introduction de la gratuité des manuels au collège.

L'essor du parascolaire témoigne de l'importance accordée au suivi et à l'accompagnement de la scolarité de leurs enfants par une partie de plus en plus importante des parents d'élèves et plus largement des préoccupations familiales autour de la réussite scolaire. L'offre de cours particuliers, soutenue par des mesures fiscales favorables aux parents, et proposée par des sociétés commerciales, dont la première est déjà cotée en bourse, connaît une expansion spectaculaire, qui atteste également de cette montée du souci des parents d'assurer les meilleures chances de réussite scolaire à leurs enfants.

Charles Coridian

▸ **Bibliographie**

Choppin A., *Les Manuels scolaires : histoire et actualité*, Paris, Hachette Éducation, coll. « Pédagogies pour demain », 1992.

Colin M., Coridian C., *Les Produits éducatifs parascolaires : une réponse à l'inquiétude des familles ?*, Saint-Fons, INRP, coll. « Politiques pratiques et acteurs de l'éducation », 1996.

Glasman D., Besson L., *Le Travail des élèves pour l'école en dehors de l'école*, rapport pour le Haut Conseil de l'évaluation de l'école, Paris, MENESR, déc. 2004.

Jarousse J.-P., Leroy-Audoin C., « Les Activités scolaires des élèves pendant les congés d'été et leurs conséquences sur le niveau des connaissances à la rentrée », *Cahiers de l'IREDU*, n° 63, 2001.

Meirieu P., *Les Devoirs à la maison*, Paris, La Découverte, 2004.

▸ **Voir aussi**

Accompagnement scolaire – Audiovisuel – Cours particulier – Manuel scolaire – Programmes scolaires – Travaux d'élève.

Parentale (Éducation)

L'éducation parentale est considérée comme une activité volontaire d'apprentissage de la part des parents qui s'efforcent de prendre conscience des interactions qu'ils établissent avec leur(s) enfant(s) et de changer celles-ci, en vue de susciter chez l'enfant des comportements jugés positifs et de réduire les comportements jugés négatifs.

Le concept d'« éducation parentale » intègre donc la notion d'intervention auprès des parents : il s'agit de leur faire prendre conscience qu'il existe des conditions de développement et d'apprentissage plus favorables que d'autres. J. Lamb et W. A. Lamb (1978) définissent l'éducation des parents comme « une tentative formelle d'accroître la conscience des parents et l'utilisation des aptitudes parentales ». Ainsi l'éducation parentale se préoccupe du domaine cognitif et se centre sur les tâches et les faits éducatifs. Son but est d'enrichir la qualité éducative du milieu ; les activités menées s'inscrivent principalement dans une perspective de prévention. En cela, elle se différencie d'autres approches telles que la « guidance parentale » ou la « thérapie familiale », qui constituent des traitements visant à agir sur les personnes en vue de provoquer des changements profonds dans les interactions et les structures familiales qui posent problème.

Former des parents

Le développement de la formation des parents à l'éducation de leur(s) enfant(s) est associé à l'apparition aux États-Unis, dans les années 1960, du vaste courant des pédagogies de compensation. Celui-ci avait pour but de faciliter les apprentissages, le développement et l'intégration sociale des enfants issus de milieux défavorisés dans un souci égalitaire, certes, mais aussi dans une optique visant un investissement productif. L'un des grands projets qui vit le jour à cette époque fut le programme *Head Start*. Ce dernier présentait plusieurs modes d'intervention tels que l'association des parents à des activités proposées à l'enfant hors du foyer ou la proposition d'activités à domicile avec une aide aux parents. Depuis lors, de très nombreux programmes d'intervention intégrant les parents au processus d'apprentissage de leur(s) enfant(s) se sont développés. La plupart s'adressent à des parents issus de milieux sociaux défavorisés. Mais une vaste gamme de programmes existe : ceux-ci sont créés pour prévenir l'abus, la négligence ou la maltraitance, pour soutenir les parents adolescents ou les parents d'adolescents ou encore les familles monoparentales, pour diminuer la mortalité infantile, l'échec scolaire, les retards de développements, etc. Par ailleurs, les modes d'intervention sont très variés : visites d'experts à domicile, emploi du téléphone, programmes de télévision, groupes de rencontres parentales, etc.

D'autres pistes d'intervention que celle destinée aux parents peuvent aussi être envisagées : la formation des adolescents en tant que parents potentiels, la formation des enseignants à la collaboration école/famille, la sensibilisation des grands-parents à leur rôle éducatif, etc.

Bien que les divers programmes émanent de secteurs différents (sanitaires, sociaux, éducationnels) et sont orientés vers des populations spécifiques, ils développent des buts, objectifs et services similaires, par exemple le renforcement d'habiletés parentales, la diminution de l'isolement social, une interaction parent/enfant plus riche et plus appropriée au développement de l'enfant. Toutefois, les différences dans les interventions proposées ne doivent pas être minimisées. L'implantation géographique, les caractéristiques de la population, les théories sous-jacentes au programme, son contenu, sa durée, son intensité, sa conception philosophique de l'homme et du rôle du parent, etc., sont autant d'éléments qui les distinguent. Il est clair que, tout comme il n'y a pas un type de famille idéal, il ne peut y avoir un type de programme de soutien et de formation des parents universellement efficace.

Des parents, partenaires et acteurs

Des éducateurs, des enseignants, des travailleurs sociaux, des infirmières, des orthophonistes, des psychologues, des médecins, des bénévoles, etc., peuvent être les animateurs d'une intervention. Certains programmes ont tenté d'apporter hors du foyer la stimulation nécessaire pour développer au mieux les capacités de l'enfant. Mais les nombreuses expériences menées ont montré que les professionnels risquaient fort de voir leur action entravée s'ils n'intégraient pas les parents dans les programmes. Par ailleurs, l'expérience a prouvé que les parents, par une formation adéquate, étaient susceptibles d'acquérir les compétences nécessaires pour mener à bien un programme. En d'autres termes, l'implication et la participation des parents au projet visant à développer de façon optimale les potentialités des enfants s'avèrent non seulement une pratique possible mais encore une condition *sine qua non* de la réussite du projet.

De nombreux chercheurs se penchent aujourd'hui sur les rapports qui s'installent entre les professionnels et les parents. Depuis quelques années, on insiste de plus en plus sur l'importance d'une concertation famille/professionnels, ou, en d'autres termes, sur un partenariat entre parents et intervenants. L'accent est mis sur une réelle coopération de travail entre les deux parties. Par rapport aux programmes initiaux, le sens de la communication s'est modifié considérablement. On privilégie actuellement une forme de réciprocité dans la relation famille/intervenant. Ainsi, on passe d'un modèle où les parents étaient considérés comme des récepteurs passifs à un modèle où ils sont producteurs de leur propre développement et acteurs essentiels dans le développement communautaire.

Huguette Desmet
Jean-Pierre Pourtois

▶ Bibliographie

Lavoué J., *Éduquer avec les parents : l'action éducative en milieu ouvert, une pédagogie pour la parentalité ?*, Paris, L'Harmattan, 2000.

Pourtois J.-P. *et al.*, *Éduquer les parents ou comment stimuler la compétence en éducation*, Bruxelles, Labor, 1984.

Pourtois J.-P., Desmet H., « L'Éducation familiale », *Revue française de pédagogie*, n° 86, 1989, p. 69-101.

Pourtois J.-P., Desmet H., « L'Éducation parentale », *Revue française de pédagogie*, n° 96, 1991, p. 87-112.

Pourtois J.-P., Desmet H., *Le Parent éducateur*, Paris, PUF, coll. « Éducation et formation », 2000.

Weiss H. B., Jacobs F. H., *Evaluating Family Programs*, New York, Aldine de Gruyter, 1985.

▶ Voir aussi

Familiale (Éducation) – Parents – Relation Famille/École – Relation parents/enfants.

Parents

Dans son acception première et courante, le concept de « parents » recouvre celui de père et de mère biologiques. Être parents ne se limite toutefois pas à la seule fonction de procréation. On peut également repérer deux autres fonctions parentales : une fonction nourricière et une fonction de filiation. Ainsi, le concept de « parents » englobe l'ensemble des besoins et des exigences qui résultent des contraintes liées à l'alimentation, aux soins et à l'éducation des enfants (fonction nourricière). Il implique aussi que les parents assurent la filiation de l'enfant dans un lignage, le placent dans une histoire familiale, lui donnent un héritage, construisent son identité (fonction de filiation).

Parfois, dans la réalité, ces diverses fonctions ne coincident pas. Il s'ensuit des problèmes particuliers qui conduisent à des phénomènes tels que l'adoption (« parents adoptifs ») ou le placement (« parents de substitution »).

Quoi qu'il en soit, les fonctions parentales font aujourd'hui l'objet d'études multiples. La complexité de leur approche est incontestable. D'autant plus que leur conception varie selon l'âge des enfants et évolue parallèlement aux changements des valeurs sociétales. La réalité parentale est émaillée de réussites et de déséquilibres. Elle est un processus dynamique qui nécessite des réajustements constants. La tâche qui incombe aux parents n'est donc pas facile. Aujourd'hui, on admet aisément que ceux-ci peuvent être vulnérables et qu'ils ont besoin, comme leurs enfants, d'amour, de tendresse et d'affection, de soutien et de sécurité, d'approbation et de reconnaissance. La formation des parents à leur rôle éducatif est, de nos jours, une discipline qui se développe (éducation parentale).

Par ailleurs, il importe que le couple parental et le couple conjugal soient distingués l'un de l'autre. Si, il y a encore quelques décennies, ces deux concepts étaient largement confondus, aujourd'hui, étant donné les mutations des modes de vie familiaux, ils sont fréquemment dissociés. Ainsi, alors que la rupture d'un couple conjugal est devenue une manifestation fréquente, elle n'entraîne pas automatiquement la dissociation du couple parental, les deux parents continuant à assurer conjointement leur rôle éducatif à l'égard de leur(s) enfant(s).

Huguette Desmet
Jean-Pierre Pourtois

▸ Bibliographie

CHÉBAUX F., *30 mots de Françoise Dolto à l'usage des parents et des éducatifs*, Paris, PUF, coll. « Éducation et formation », 2001.

POURTOIS J.-P. *et al.*, *Éduquer les parents ou Comment stimuler la compétence en éducation,* Bruxelles, Labor, 1984.

POUSSIN G., *La Fonction parentale*, Paris, Dunod, 2004.

RAPPOPORT R., RAPPOPORT R. N., STRELITZ Z., *Fathers, Mothers and Others,* Londres, Routledge and Kegan Paul, 1977.

▸ Voir aussi

Famille – Parentale (Éducation) – Relation parents/enfants.

Parents d'élèves

Il y a deux manières, au moins, de restituer historiquement l'émergence d'une réalité sociale des parents d'élèves en France. Si l'on s'intéresse aux différentes étapes de la naissance et de l'évolution d'un mouvement constitué sous forme d'associations puis de fédérations, il faut remonter aux premières années du XXe siècle. Mais si l'on considère la reconnaissance progressive des droits des parents d'élèves par l'institution scolaire même, c'est seulement à partir de 1968 que la chronologie prend sens.

Naissance des associations de parents d'élèves

La première association de parents d'élèves se constitue au lycée Carnot en 1905, devient fédération dès 1910 et est officiellement reconnue en 1926 : la PEEP, qui n'a concerné longtemps que les parents d'élèves du secondaire, accueille à partir de 1964 tous ceux dont les enfants sont scolarisés dans l'enseignement public.

La FCPE, plus puissante fédération de l'enseignement public, est née en 1947, à l'instigation du SNI et de la Ligue de l'enseignement ; initialement cantonnée dans les écoles primaires et maternelles, la FCPE s'implante en 1960 dans le secondaire.

Les parents d'élèves de l'enseignement catholique se regroupent dans l'UNAPEL : la première association est fondée à Notre-Dame-de-la-Garde (Marseille) et la fédération naît en 1930.

Il faut enfin évoquer l'existence d'associations régionales et surtout l'essor récent de groupements locaux de parents, au détriment des fédérations nationales qui ont perdu nombre d'adhérents.

Reconnaissance des droits des parents

Notons tout d'abord qu'il serait faux d'affirmer que les parents ont, au fur et à mesure, gagné des droits dont ils étaient totalement dépourvus auparavant. Avant la réforme de 1959, ce n'est pas, par exemple, l'École qui choisit l'orientation des élèves ; les parents en fonction de la filière qu'ils revendiquent pour leurs enfants, même si, évidemment, ce choix reste socialement conditionné. *A fortiori*, ce n'est qu'en 1963 qu'est organisée la carte scolaire qui limite étroitement la liberté en matière de choix d'école. Ainsi, les mesures venues récemment assouplir la procédure d'orientation ou la sectorisation scolaire représentent une évolution vers une reconnaissance de la liberté des parents par rapport à des entraves issues des réformes des années 1960, axées sur l'unification du système éducatif.

C'est ce qui explique pourquoi notre deuxième chronologie ne démarre qu'en 1968, avec l'institution, dans l'enseignement du second degré, de différentes instances, dont le conseil d'administration de l'établissement et les conseils de classe, auxquelles participent des représentants des parents d'élèves, mesure étendue aux écoles à la suite de la loi de 1975 (conseil d'école). Dans le cadre des lois de décentralisation, sont instaurées, en 1985, des commissions académiques et départementales où siègent des membres des associations de parents. Enfin, la loi de 1975, définissant la communauté scolaire, y inclut les parents d'élèves, ce que confirme et amplifie la loi de 1989 : ils sont membres de la communauté éducative et étroitement associés au projet d'établissement, des droits nouveaux leur sont accordés pour intervenir dans la procédure d'orientation de leurs enfants.

Les parents d'élèves : apparition d'une cause

Pour les parents, le principal problème est, aujourd'hui, celui de l'édification d'une cause digne d'être entendue et d'un choix de références qui l'inspireraient. En effet, ce n'est qu'ainsi qu'ils peuvent agir sur le fonctionnement des établissements scolaires, répondre à l'évolution favorable de la législation et justifier une extension de leur droit de regard. On a assisté, dans les années 1980, à la généralisation d'un comportement très attentif à ce qui se passe dans l'École, en raison de la diffusion d'une culture et de modes de raisonnement propres à rendre crédibles et recevables bien des revendications.

Il s'agissait d'abord pour les parents motivés de jouer du cadre institutionnel existant et de construire des relations personnelles, d'égal à égal, avec les enseignants, dans le but d'exercer plus complètement leurs possibilités directes et indirectes de contrôle. Il est vrai que les parents d'élèves peuvent concevoir de manières diverses leur rôle et leur rapport à l'établissement scolaire : citoyens, ils useront des facultés que leur donnent lois et règlements et feront valoir leurs droits par l'intermédiaire de représentants élus ; membres de la communauté scolaire, ils entretiendront des liens suffisamment étroits avec enseignants et chef d'établissement pour pouvoir faire passer leurs exigences de manière plus conviviale.

Ce n'est pourtant pas dans ces directions qu'ont évolué le plus visiblement les choses.

Au début des années 1980, apparaît une catégorie de parents se comportant en véritables consommateurs : l'assouplissement de la carte scolaire et la diffusion par la presse des résultats au baccalauréat, permettant la comparaison, introduisent la concurrence et autorisent à se croire confronté à une sorte de marché, qui transformerait les parents en quasi-clients des établissements et leur donnerait alors un poids autrement important.

Des mobilisations de parents en phase avec le mouvement social ?

Les études les plus récentes montrent qu'il est bien hypothétique de parler en France de marché de l'éducation. Outre que les éléments objectifs de comparaison entre établissements sont encore médiocrement assurés, le choix n'est pas totalement libre puisqu'il dépend des conditions de la sectorisation, du lieu de résidence, du niveau scolaire de l'élève, etc. En revanche, des comportements de protection ou d'évitement se développent dans les classes moyennes et populaires, tout spécialement là où existe une alternative à la scolarisation dans l'établissement public de secteur. Cela ne signifie pas pour autant qu'un mouvement de pression soit en voie d'édification à partir d'un agrégat d'actions ayant avant tout pour raison d'être un intérêt individuel et ponctuel. La crise de représentativité et de légitimité des associations de parents d'élèves, qu'on peut lier à celle qui a empêché l'éclosion annoncée d'une cause consumériste, l'atteste. Les mobilisations des parents, comme leurs actions, s'inscrivent en effet dans des dimensions de plus en plus variées, au point de ne plus seulement concerner l'école mais de se resituer dans un ensemble plus vaste articulant les revendications la concernant à d'autres se rapportant au logement, à la sécurité, à la santé, à l'environnement, etc. Et, à la manière des formes les plus contemporaines des mouvements sociaux, elles ne répugnent pas, pour se faire entendre, au recours à des actions spectaculaires et médiatisées.

Yves Dutercq

▸ Bibliographie

BALLION R., *Les Consommateurs d'école*, Paris, Stock, 1982.

BARTHÉLÉMY M., « Des militants de l'école : les associations de parents d'élèves en France », *Revue française de sociologie*, n° 36, 1995, p. 439-472.

Ministère de l'Éducation nationale, « Les Familles et l'école. Apports de la recherche, points de vue de praticiens », *Les Dossiers d'éducation et formations*, n° 101, 1998, p. 31-37.

DUBET F. (dir.), *École, familles : le malentendu*, Paris, Textuel, coll. « C'est la vie », 1997.

DUTERCQ Y., « Les Parents d'élèves, entre absence et consommation », *Revue française de pédagogie*, n° 134, 2001, p. 111-121.

DUTERCQ Y., LAFAYE C., « Engagement et mobilisation de parents autour de l'école. Les actions pour le maintien en ZEP d'écoles parisiennes », *Revue française de sociologie*, vol. 44-3, 2003, p. 469-496.

LANGOUËT G., LÉGER A., *Le Choix des familles : école privée ou école publique ?*, Paris, Fabert, 1997.

MONTANDON C., PERRENOUD P., *Entre parents et enseignants : un dialogue impossible ?*, Berne, Peter Lang, 1994.

▸ Voir aussi

Carte scolaire – Communauté éducative – Conseils – Élève – Établissement scolaire – Orientation – Relation Famille/École.

PARTENARIAT

« Partenariat » est un terme récent. Il n'entre dans le *Petit Larousse illustré* qu'en 1987, contrairement à « partenaire », dont l'origine remonte au XVIIIe siècle.

L'évolution de la langue traduit celle d'un fait de société. Rien n'est plus étranger à l'École laïque et républicaine naissante que l'idée de partenariat. Elle se fonde dans la lutte pour arracher les enfants au monde du travail et enlever à l'Église le monopole de l'éducation des âmes. Elle dresse de hauts murs pour protéger ses élèves des vices de la rue. Mais si la circulaire de 1981 créant les zones d'éducation prioritaire (ZEP), peut évoquer « les partenaires habituels de l'école », c'est qu'ils existaient déjà depuis longtemps, même si on ne les appelait pas ainsi. Dès l'origine, au XIXe siècle, l'enseignement agricole et l'enseignement technique ont fonctionné sur un partage des rôles entre les milieux professionnels, les œuvres catholiques, les villes, les établissements et l'État, représenté par les ministères concernés. Et, quelles que soient les réticences des agents de l'Éducation nationale, la nécessité d'une finalisation professionnelle des études a aussi imposé, dans les lycées techniques et professionnels, la collaboration avec les entreprises et l'alternance. Les communes, les collectivités locales participaient en tant qu'elles assumaient des charges vis-à-vis de l'École. Des patronages laïques, des associations sportives, des mouvements pédagogiques intervenaient auprès des élèves.

Ce qui est nouveau, à partir des années 1980, c'est, d'une part, l'extension du partenariat à des secteurs du système scolaire qui n'avaient été que peu ou pas touchés, tel l'enseignement général au lycée et au collège et, d'autre part, l'accent mis sur cette nécessité. L'incitation à l'action, notamment dans les textes officiels, précède et accompagne une image de l'École dont la forme accomplie est la communauté éducative, une école en osmose avec son environnement, dans la loi d'orientation de 1989. Ainsi, l'apparition du terme « partenariat » traduit un changement de conception des relations de l'École avec ceux qui étaient déjà ses partenaires. Ils ont désormais un rôle à jouer dans l'accomplissement des missions du service public éducatif, y compris pédagogiques, par exemple le soutien scolaire, missions qui jusque-là étaient le domaine réservé des enseignants, celui dans lequel ils puisaient leur légitimité. Une telle évolution ne peut être comprise en dehors des mutations profondes de société qui l'ont entraînée.

Les conditions d'apparition et de développement du partenariat en éducation

Trois modifications essentielles du contexte politique, social, culturel, idéologique ont été repérées en France.

Tout d'abord, il faut souligner le passage d'une société conflictuelle dans les années 1960-1970, caractérisée par la lutte des classes, l'opposition acteurs sociaux/État, hommes/femmes ou de génération – la montée du féminisme, des mouvements autogestionnaires, la révolte des étudiants en 1968 –, à une société de consensus. Parallèlement au déclin du marxisme, progressivement, puis plus nettement dans les années 1980, l'idée de participation, le modèle libéral allemand pénètrent et se diffusent à partir des milieux d'entreprises, dans un climat de crise économique qui rend plus attractif l'emploi. En même temps, le recrutement des enseignants et, notamment, des instituteurs, issus majoritairement désormais des classes moyennes, les rend plus proches de la mentalité des cadres de l'industrie et du commerce. Cette évolution a été interprétée tantôt comme une mystification camouflant des rapports sociaux de domination qui restent bien réels, tantôt comme une démocratisation donnant plus de place, d'initiative aux travailleurs et aux acteurs de la société civile.

Ensuite, le partenariat en éducation est lié à l'émergence du local, à l'importance croissante donnée aux régions, aux villes, aux quartiers, ce qui implique une possibilité d'initiative, d'autonomie de décision, à tous les échelons, y compris celui de l'établissement scolaire, qui doit être en mesure de négocier avec les instances de son environnement, de passer conventions et contrats. Françoise Lorcerie a analysé la création des ZEP en 1981 comme un phénomène illustrant une politique de modernisation du service public qui passe par la décentralisation. Dans cette évolution, l'accent a été mis tantôt sur le désinvestissement de l'État de ses responsabilités en matière d'éducation et de formation, tantôt sur la prise en main des réalités par ceux qui les vivent, « au pays », qui sont au plus près.

Enfin, le partenariat est l'un des aspects des transformations de la formation initiale et continue, qui renvoient, selon Jean-Marie Barbier, à une mutation majeure affectant récemment la production et la mobilisation des identités dans les sociétés occidentales, telle la tendance à une gestion explicite de l'articulation entre l'acte pédagogique ou l'acte de formation et le contexte qui l'explique et le justifie. En amont, le souci de prendre en compte la demande sociale vient se substituer à un pilotage par l'offre, par le programme, et, en aval, se manifeste la volonté de mesurer l'investissement de formation, d'évaluer le transfert en situation réelle des capacités acquises. En corrélation se renforce la finalisation de la formation par rapport aux situations qui provoquent son recours. En outre, surviennent un éclatement de l'espace de formation et l'assignation à la formation de nouvelles fonctions d'insertion professionnelle et sociale avec l'apparition de nouveaux publics engendrés par la crise socioéconomique : jeunes auparavant exclus du système éducatif, jeunes sortis sans qualification, migrants, etc.

Typologies du partenariat en éducation

Trois typologies du partenariat se dessinent, selon qu'il est défini par :
– le *domaine* qu'il touche : ainsi les textes officiels peuvent-ils être répartis entre partenariat culturel, tels les ateliers de pratique artistique en lycées et collèges, partenariat « social », dont relèvent les ZEP, partenariat économique, avec les entreprises, ou international, avec l'étranger ;
– les *partenaires* impliqués : partenariat interne, intrascolaire, dans un établissement, entre établissements de même niveau, interniveaux ou externe (Stievenart) ; en France, les termes « partenaire » et « partenariat » sont généralement réservés à des actions avec des personnes ou institutions hors Éducation nationale, mais aux États-Unis et au Canada, dans des systèmes ou la formation des enseignants est confiée aux universités et non à des centres ou instituts dépendant du ministère, les travaux de recherche rendant compte du partenariat entre écoles et universités sont nombreux ;
– les *modes de fonctionnement* : ils dépendent des fonctions remplies par les acteurs, des relations qu'ils ont établies entre eux et du type de réseau qu'ils ont construit. À cet égard, il convient de distinguer, d'une part, le partenariat de promotion, de conception et de réalisation, selon les fonctions remplies par les acteurs (Barbier, 1995) ; d'autre part, le partenariat « symbiotique » (Sirotnik, Goodlad, 1988), dont les trois conditions sont la dissemblance entre les partenaires, la satisfaction mutuelle des intérêts propres et le désintéressement de la part de chaque membre pour garantir la satisfaction des intérêts propres de tous les membres – ces conditions l'opposent à un simple réseau, défini comme accord utile pour des échanges d'information, sans viser un changement de nature dans les relations établies entre les membres (Clark *in* Sirotnik, Goodlad, 1988).

Enfin, du point de vue de son fonctionnement, le partenariat peut être identifié selon le type de « réseau d'ouverture et de collaboration » (ROC) construit dans les relations entre les partenaires. Trois niveaux peuvent être définis :
– ROC 1 : des intervenants extérieurs à l'établissement scolaire ou de formation complètent, enrichissent un programme préétabli, le pilotage restant aux mains de l'enseignant ou de l'équipe pédagogique, qui gardent la maîtrise de la situation et courent donc le moins de risques d'aléas ;
– ROC 2 : transfert des apprentissages, des élèves ou des formés dans un milieu extérieur, pour une expérience réelle (classes du patrimoine, stages en entreprise par exemple) ; la responsabilité pédagogique peut être ponctuellement assumée par le partenaire ;
– ROC 3 : projet commun négocié et impliquant un partage de responsabilités en vue d'une réélaboration de la discipline d'enseignement et de ses modalités de transmission aux apprenants ; plus difficile à conduire, il n'est mis en place qu'après expérience de l'un ou l'autre des deux types précédents (Zay, 1999).

Enjeux et problèmes du partenariat en éducation

Le partenariat en éducation semble né de la nécessité d'une réponse nouvelle à des problèmes nouveaux, de l'ordre des stratégies de sortie de crise. Les enseignants ont été sensibilisés à des problèmes autres que ceux relevant de la simple transmission des savoirs, telle une meilleure adéquation entre formation et emploi, et aux critiques adressées à l'École : coupure à la fois d'une société devenue multiculturelle et d'une culture produite par des spécialistes et des professionnels en dehors de l'École. Ainsi ont-ils été amenés à accepter le rapprochement avec des instances extérieures, même celles vis-à-vis desquelles ils étaient les plus réticents, comme les entreprises.

Avec la politique de territorialisation, un changement institutionnel profond du système scolaire s'est engagé. On est passé d'un système vertical intégré, dans lequel le niveau le plus élevé assure à la fois la cohérence de l'ensemble et un projet d'École unique et démocratique, à une logique horizontale censée pouvoir fournir des réponses différentes à des situations et des problèmes différents, les enseignants ne pouvant plus assumer seuls cette mission mais devant faire appel à d'autres plus compétents qu'eux par rapport aux problèmes non scolaires qui traversent l'École. Cette transformation s'accompagne du changement d'unité de référence, de la classe à l'établissement, et de mode pédagogique : d'une pédagogie magistrale à une pédagogie différenciée, à des groupes de niveau, à une pédagogie du projet, du contrat. Si les enseignants perdent le monopole de l'enseignement, la confrontation avec d'autres professionnels peut aussi être un renforcement de leur propre identité. Ils prennent en effet alors conscience des compétences qu'ils ont et que les autres ne possèdent pas : connaissance du programme et du fonctionnement du système scolaire, de l'établissement, de ce qu'on peut faire en classe avec des enfants de tel âge, etc.

Tirer parti des formes sociales nouvelles de l'ère du partenariat pour construire l'École d'une société plus juste implique d'élaborer parallèlement les moyens de les analyser. La recherche en éducation a ici un rôle à jouer.

Danielle Zay

▶ Bibliographie

Barbier J.-M., « Tendances d'évolution de la formation et place du partenariat », *in* Zay D., Gonnin-Bolo A. (éds), *Établissements et partenariats, stratégies pour des projets communs,* actes du colloque des 14, 15 et 16 janvier 1993, Saint-Fons, INRP, 1995, p. 43-54.

Clénet J., Gérard C., *Partenariat et alternance en éducation : des pratiques à construire*, Paris, L'Harmattan, coll. « Alternances et développements », 1994.

Cndp, « École : le temps des partenaires », *Migrants Formation*, Paris, CNDP, n° 85, 1991.

Glasman D. *et al.*, *L'École réinventée ? Le partenariat dans les zones d'éducation prioritaires,* Paris, L'Harmattan, coll. « Bibliothèque de l'Éducation », 1995.

Kaddouri M., Zay D. (coord.), « Le Partenariat : définitions, enjeux, pratiques », *Éducation permanente*, n° 131, 1997.

Lorcerie F., « La "Modernisation" de l'Éducation nationale et le "partenariat" », *Migrants Formation,* n° 85, 1991, Paris, CNDP, p. 49-67.

Secrétariat d'État au Plan, *Éduquer pour demain : acteurs et partenaires,* Paris, La Découverte/La Documentation française, 1991.

Sirotnik K. A., Goodlad J. L. (éds), *School-University Partnerships in Action : Concepts, Cases and Concours,* Teachers College, New-York, Columbia University, 1988.

Stievenart M., « L'Émergence d'une notion : le partenariat socio-éducatif », *Les Sciences de l'éducation pour l'ère nouvelle,* n° 5, 1989, p. 35-50.

Zay D. (dir.), *Enseignants et partenaires de l'école : démarches et instruments pour travailler ensemble*, Bruxelles, De Boeck, 1999.

Zay D., Gonnin-Bolo A. (éds), *Établissements et partenariats, stratégies pour des projets communs,* actes du colloque des 14, 15 et 16 janvier 1993, Saint-Fons, INRP, 1995.

Zay D. (dir.), *La Formation des enseignants au partenariat : une réponse à la demande sociale ?*, Paris, PUF, coll. « Pédagogie d'aujourd'hui », 1994.

▶ Voir aussi

Accompagnement scolaire – Alternance (Formations en) – Classe de découverte – Communauté éducative – Décentralisation – Échec scolaire –

Équipes pédagogiques – Formation professionnelle continue – Relation École/collectivités locales – Relation École/Entreprise – Réseau d'établissements – Zone d'éducation prioritaire (ZEP).

PATRIMOINE

Le ministère de la Culture a pour mission, entre autres, de gérer le patrimoine historique national. Limité autrefois à quelques édifices prestigieux hérités du passé et regroupés sous le nom de « monuments historiques », le champ patrimonial s'est considérablement élargi au cours de ces dernières décennies au point d'englober aujourd'hui tout ce qui, relevant d'un passé proche ou lointain, a valeur de témoignage : patrimoine architectural, archéologique, industriel, ethnologique ou naturel.

Pédagogie du patrimoine

Depuis 1982, date de la création des classes du patrimoine, le ministère de la Culture (direction du Patrimoine et Caisse nationale des monuments historiques et des sites) développe, en partenariat avec l'Éducation nationale, une politique d'action culturelle et pédagogique destinée à sensibiliser les jeunes à la sauvegarde et la mise en valeur du patrimoine et à la protection de l'environnement. Interdisciplinaire par nature, la pédagogie du patrimoine consiste à faire travailler les élèves, sous l'autorité de leurs enseignants, avec des professionnels du patrimoine dans le cadre d'un projet pédagogique prenant comme support un site patrimonial ou un milieu urbain. Fondées sur ce principe, les classes du patrimoine ont connu un essor rapide. Toutefois, le coût élevé et la pesanteur d'organisation de ces classes transplantées leur confèrent un caractère exceptionnel. De ce fait, des activités plus légères ont été mises en place (ateliers et journées du patrimoine) qui permettent un travail tout au long de l'année scolaire. Par ailleurs, sites, archives, monuments, villes d'art et d'histoire sont souvent dotés d'un service éducatif qui offre aux enseignants des produits pédagogiques (outils, animations, stages de formation, etc.) comparables à ceux proposés par les musées.

Patrimoine et musée désignent cependant des objets distincts : les uns, situés dans leur contexte d'origine, s'inscrivent dans le quotidien, les autres sont des objets déplacés, isolés et parés d'une aura liée à leur présence dans un lieu consacré. Les approches proposées par la médiation diffèrent donc sensiblement. Les objectifs par contre sont identiques : au-delà de l'objet de patrimoine ou de musée, il s'agit de conduire l'enfant ou l'adolescent, par l'appropriation, par l'action, à porter un autre regard sur le monde qui l'entoure pour mieux y participer.

Élisabeth Faublée

▸ **Bibliographie**

Barthélémy J., Mouilleseaux J.-P. (dir.), *Les Jeunes et le patrimoine architectural : une réflexion internationale sur l'éducation et la formation initiale,* Sprimont, Mardaga, 1990.
Collectif, *Le Patrimoine de l'Éducation nationale*, Quincy-Voisins, Flohic, 1998.
Faublée É., *En sortant de l'école… musées et patrimoine,* Paris, CNDP/Hachette, 1992.

▸ **Voir aussi**

Classe transplantée – Environnement (Éducation à l') – Interdisciplinarité – Musée – Projet.

PÉDAGOGIE

La pédagogie agace les lexicographes. Faut-il aller plus loin et dire qu'elle désespère les « pédagogues » au point qu'on les surprendrait à rayer une bonne fois le mot de leur vocabulaire ? Encore conviendrait-il d'abord de définir ce que « pédagogues » ici veut dire.

Des significations mal discernables

Il faut convenir dès l'abord que l'empan sémantique du mot « pédagogie » est mal discernable. Effectivement, il est à la fois trop large et trop étroit.

Cette contradiction est déjà repérable dans l'usage que le *parler ordinaire* fait de ce mot. Prenons une phrase comme : « Le ministre, pour convaincre du bien-fondé de sa réforme, devra faire preuve de pédagogie. » Le sens du terme s'y restreint à une pratique astucieuse et efficace de ce qu'il est convenu d'appeler aujourd'hui la « communication ». Mais ce qui gêne, c'est que cette « restriction » est tout autant une extension : les procédés de la communication font, de nos jours, l'objet d'une véritable science. Et celle-ci est susceptible d'inventorier, d'analyser, d'optimiser *et de recommander* bien des formes de cette « pédagogie » attendue d'un « responsable ».

Dans le *parler soutenu* – celui qu'on serait en droit d'exiger, par exemple, de gens qui tentent d'expliquer ce qu'éduquer veut dire –, la situation est identique : le terme revêt une acception à la fois trop large et trop étroite.

Un pédagogue : quelqu'un qui fait l'école ? quelqu'un qui pense l'éducation ?

Ainsi, au début de ce siècle, l'un des arguments que l'on invoque en faveur du couple *pédologie/pédotechnie*, c'est le reproche fait au terme *pédagogie* d'être *restreint* au seul domaine de l'instruction, et de l'instruction *scolaire*. Pour les rédacteurs belges du manifeste de la Société de pédotechnie (1906), un *pédagogue* est quelqu'un qui fait l'école. Un pédologue ou un pédotechnicien seront, par contre, des spécialistes de l'éducation de l'enfance sous tous ses aspects et en tous ses domaines.

Le couple *pédologie/pédotechnie* a connu une fortune très éphémère. L'une des raisons de son échec tient peut-être à la persistance, par la force de l'usage, d'une signification large du terme *pédagogie*. Loin d'être cantonné au seul domaine de l'école, *pédagogue* est souvent attesté dans la langue pour désigner non pas d'abord quelqu'un qui fait les choses, mais quelqu'un qui les pense.

Ainsi sera qualifiée de *pédagogique* toute réflexion un peu surplombante, à la fois constatative et prescriptive, mixte d'expérience mûrie et de propos sentencieux, sur les phénomènes de l'éducation et de la formation, quels qu'ils soient. La pédagogie se présente alors comme une espèce de « philosophie » au sens où l'on dit de quelqu'un de raisonnable et d'avisé qu'il « s'est fait sa philosophie » face à une situation humaine qui sollicite qu'on y regarde à deux fois plutôt qu'à une, comme c'est le cas de l'éducation.

Mais n'est-ce pas là faire retour aux sens qui ont été attribués plus haut au parler ordinaire ? En réalité, l'élaboration d'un vocabulaire, dans un lieu mitoyen comme l'est l'éducation, ne peut être le seul fait des lexicographes du parler savant. Un mot comme *pédagogie* est, quoi qu'on dise et quoi qu'on fasse, le produit d'une culture, et, ici, spécifiquement, de la culture française.

Le « cas » français

Or celle-ci a répugné longtemps à faire de la pédagogie une « science » élaborée par des « savants ». De Montaigne à Rousseau, en passant par Rabelais ou Fénelon, Mme de Maintenon, Mme Campan ou Mme Necker de Saussure, écrire sur l'éducation est d'abord le fait d'esprits distingués qui s'autorisent autant de leur « notabilité » ou de la qualité de leur plume que de la profondeur de leur savoir ou de l'ampleur de leur expérience, même si cette dernière est grande. Quant aux *Traités des études*, comme celui de Rollin par exemple, ce sont des règlements commentés par des éducateurs, certes chevronnés, mais qui, eux, se font « moralistes » (dans l'équivoque même de ce terme au sein de la culture française).

Philinte contre Diafoirus

Les personnages de la comédie illustrent bien alors les deux figures contrastées que l'imagerie courante – et l'imagerie savante avec elle – a adoptées pour croquer le pédagogue et illustrer la pédagogie. D'un côté, on a le « pédant » et sa cuistrerie imbécile : c'est Diafoirus du *Malade imaginaire*, par exemple, et son inénarrable rejeton. De l'autre peut se porter candidat n'importe quel personnage doté d'un jugement pondéré et capable d'un conseil bien venu : Philinte aux côtés du misanthrope, Ariste face aux femmes savantes, Cléante contre Tartuffe. Mais la *pédagogie* de ces « médiateurs » est une pédagogie d'amateurs, celle qui, précisément, souffre à être désignée par un pareil vocable. Et leur « philosophie » est bien mondaine.

Peut-être est-ce à cet héritage paradoxal que, dans la culture française d'aujourd'hui, le terme *pédagogie* doit son statut difficultueux. Le « vrai » pédagogue est celui qui ne peut que répugner à se voir affublé d'une qualité aussi embarrassante. Tact, discrétion, modestie : ces seconds rôles de Molière sont les figures de l'homme « honnête ». Et la pédagogie, s'il faut désigner par là l'*art* de l'entremise modératrice que ces personnages incarnent avec tant d'élégance, est plus une *attitude* – que nous dirions « éthique » – qu'une *entreprise de pensée systématique*. Mais elle n'est pas davantage ce que nous appellerions un *propos de « praticiens », a fortiori* de praticiens *professionnels*.

L'essayisme est bien la marque propre de cette pédagogie-là, avec sa part de distance, voire de désinvolture, à l'égard de l'ostentation du savoir comme à l'égard des besognes éducatives. Quand Montesquieu écrit : « l'éducation consiste à nous donner des idées ; la bonne éducation, à les mettre en proportion », ce n'est pas dans un ouvrage de pédagogie qu'il nous livre cette intéressante pensée, mais dans son *Essai sur les causes qui peuvent affecter les esprits et les caractères* (date incertaine).

Dépérissement de l'essayisme à la française

Au cours du XIXe siècle deux phénomènes vont modifier profondément l'approche de l'éducation. D'une part, la conviction va progressivement s'imposer que les choses humaines peuvent, en tant que telles, faire objet de science, bientôt de science « positive », suspensive de jugement et de prescription. D'autre part, le mouvement de « professionnalisation » des enseignants va s'amorcer jusqu'à donner naissance à des corps sociaux aptes à tenir avec légitimité leur propre discours sur ce qu'ils fabriquent.

Face à ce double développement, la tradition française se trouve inscrite en porte-à-faux. En 1874, Alexandre Daguet, rédacteur en chef de *L'Éducateur*, la revue des instituteurs de la Suisse romande, constate, en dépit de sa francophilie militante, qu'à l'heure où la pédagogie doit accéder au statut, sinon de science, tout au moins de « savoir savant », et les instituteurs se hisser au rang de professionnels, c'est vers les germaniques qu'il convient de se tourner. La France, depuis Rollin, est, aux yeux de Daguet, improductive.

Effectivement, la *Pädagogik* allemande, dès le début du XIXe siècle, fût-ce dans le sillage controversé de Herbart, exerce une attraction incontestable. Quand, en 1855, Eugène Rendu publie la relation de son voyage en Allemagne du Nord où on l'a dépêché pour y observer l'organisation de l'éducation populaire, il cite trois « puissances » qui jouent un rôle dans cette organisation : l'État, l'Église évangélique… et la « Science pédagogique » (*sic*). En France à la même époque, la « Science pédagogique » serait bien en peine de figurer sur la liste des « puissances », il lui faudrait d'abord exister.

Cependant, les traductions d'ouvrages anglais comme celui de Bain, et surtout de celui de Spencer, écrits à peu près vers le milieu du siècle, connaissent en France un important succès éditorial. Il semble à beaucoup que c'est de ce côté qu'il faut rechercher, pour la pensée et la pratique de l'éducation, tant scolaire que familiale ou sociale, les bases à la fois rationnelles et pragmatiques qui leur manquent.

Bain titre *La Science de l'éducation*. Voilà le branle donné. Certes, le mot « science » accolé à « éducation » n'a pas encore – loin de là – les significations expérimentalistes que lui donneront Schuyten ou Van Biervliet en Belgique à la toute fin du siècle. Mais la rupture avec l'essayisme à la française semble consommée. Pourtant ce dernier se survivra, en France, de manière exemplaire – et non sans bonheur pour la pensée – à travers le « journalisme » d'Alain. Et cette survivance explique peut-être l'évidente répugnance que manifestent toujours en France tant d'esprits cultivés à faire leur place à ce qu'on appelle les « sciences de l'éducation ».

Mais une chose est sûre : dans la francophonie, au début du XXe siècle, c'est la

Belgique d'abord qui donne le ton, puis Genève et le reste de la Suisse romande. Pour les Vaudois, le pèlerinage à Iéna, chez les disciples d'Herbart, constitue, pendant plusieurs décennies, le détour obligé. Les Genevois, eux, vont à Bruxelles, où ils consultent Decroly ou Demoor : ainsi Claparède, avant de fonder, en 1912, l'Institut des sciences de l'éducation qui sera célèbre sous le nom d'Institut Jean-Jacques-Rousseau. Certes, on visite aussi Binet à Paris, et l'on apprécie ses travaux comme on saluera ses *Idées modernes sur les enfants*. Mais c'est plutôt lui qui cherche l'appui et la coopération des Belges et des Suisses. Les « pédagogues » français le tiennent à l'écart (comme cet autre « a-typique » qu'est Gustave Le Bon). Ferdinand Buisson, sous des pressions diverses, n'invitera pas Binet à écrire dans son *Nouveau dictionnaire de pédagogie* qui paraît en 1911.

L'urgence de penser l'école

C'est que la « pédagogie » française a trouvé, dans la seconde moitié du XIXe siècle, son propre ton et ses propres têtes pensantes. Ce ne sont plus des essayistes. Ce ne sont pas encore des « scientifiques ». Peut-être sont-ce malgré tout des « savants ». Mais leur tâche prioritaire est bien de penser l'école. La formation de dizaines de milliers d'enseignants requiert de mettre à la tête des nouvelles écoles normales d'instituteurs et d'institutrices un véritable corps de professeurs. Et ces fonctionnaires, s'ils ont besoin d'un savoir commun, ont tout autant besoin d'une doctrine commune. Une littérature « pédagogique » se diffuse, sous la forme de manuels ou de cours. Elle est rédigée souvent par ces penseurs qui détiennent les postes clés dans les écoles normales supérieures, puis dans les premières chaires universitaires de « science de l'éducation ». L'un des plus illustres d'entre eux, Gabriel Compayré, en 1885, voit d'ailleurs dans cette dernière appellation une dénomination toute diplomatique et provisoire : parler de « science de l'éducation » permet d'éviter les évocations fâcheusement pédantes du terme « pédagogie ». Mais, dans l'esprit de Compayré, ce serait pourtant ce terme qui, en définitive, conviendrait.

Effectivement, en dépit des incontestables divergences qu'un esprit perspicace peut déceler entre tous ces gens, le discours que tiennent les Marion, Pécaut, Gréard, Steeg, Cadet, Thomas… – et Buisson lui-même avec la cohorte de ses collaborateurs de la première édition du *Dictionnaire* – est qualifiable de *pédagogique*. C'est bien en effet une *pédagogie* qu'ils construisent. Or, avec Nanine Charbonnel (1988), on peut considérer que ce qu'elle nomme le « moment Compayré », loin de ne constituer que le dernier sursaut d'une pensée « moraliste », humaniste, voire spiritualiste, de l'éducation, est bien l'épisode fondateur de l'équivoque « naturaliste » et « scientiste » dans laquelle la pédagogie va se tenir tout au long du XXe siècle. On s'arrêtera dès lors sur cette histoire afin d'en tirer quelques enseignements pour aujourd'hui.

Une forme nouvelle de l'« exception française » ?

Comment définir cette « pédagogie » où s'incarne ce qu'on pourrait appeler, d'une certaine manière, la forme nouvelle de l'« exception française », jusque-là assurée par un essayisme de « grands moralistes » ? La pédagogie du « moment Compayré » n'est ni de la philosophie, ni de la didactique, ni de la méthodologie, ni de la morale, ni de la science. C'est un savoir sentencieux *ad usum delphini*, même si ce « dauphin » est, multiplié par cent ou par mille, un(e) petit(e) paysan(ne) mal dégrossi(e) qui peuple les écoles normales. Pourtant, ces « pédagogues » empruntent les caractères de leur propos à chacune de ces diverses approches du fait éducatif pour édifier un objet singulier avec l'espoir que celui-ci ne se résolve aucunement en leur simple « collage ».

Des philosophes doctrinaux

La plupart des pédagogues d'il y a cent ans sont des philosophes de formation. Mais s'ils véhiculent une (ou des) philosophie(s), ils ne *s'adressent pas*, en pairs, aux philosophes de métier, mais aux enseignant(e)s et surtout à ceux et celles qui les forment. Ce choix d'un public entraîne deux conséquences importantes.

La première est que la « philosophie » présente dans cette pensée pédagogique est en définitive celle dont on a parlé en commençant, une philosophie que l'on se fait, à partir de l'expérience, et de la réflexion intelligente que l'on déploie à l'égard de cette dernière. On est en réalité plus proche du « sens commun », voire du « bon sens », que des questionnements propres à l'univers « technique » de la philosophie.

Et – en conséquence – l'écho même de ces questionnements s'effectue de manière paradoxale. C'est un écho atténué, voire euphémisé, donnant lieu souvent à une pensée molle ou convenue. En même temps, le discours interrogatif et programmatiquement dubitatif de la philosophie se fait propositionnel et péremptoirement assertorique. On emprunte des axiomes, on sélectionne des passages déclaratifs. Ce que cette pédagogie véhicule de philosophie, c'est ce que requièrent les besoins de la *doctrine*.

Effectivement une pédagogie, dès lors que par là on tente de *conférer un dire à un faire*, et *un dire qui assure la promotion (ou la prohibition) de ce faire*, ne peut pas ne pas être doctrinale, si l'on définit une doctrine comme la construction de la pensée en tant que répertoire (plus ou moins) raisonné de vérités érigées en référence pour une action que l'on engage ou que l'on évalue. Mais de doctrinal à doctrinaire, on sait le pas vite franchi. Durkheim, en 1911, évite le terme de « doctrine » pour proposer la notion, à première vue un peu étrange, de « théorie pratique » pour caractériser une pensée comme la pensée de l'éducation. Cette formule dit admirablement le caractère « portatif » de ce qui n'est, pour Durkheim, ni science, ni art, mais, selon ses propres termes, « programme d'action ». Et ce dernier est toujours un mixte d'idées et d'expérience, de constatation et de contestation, de rejet et de projet.

Des méthodologues généralistes

La pédagogie ne peut donc être confondue avec la philosophie de l'éducation. Cette dernière requiert la priorité critique du doute et la *disputatio* entre pairs. Elle n'est pas non plus de la didactique, même si la préoccupation du *comment (bien) enseigner* est omniprésente dans les propos de ces penseurs. Mais c'est une préoccupation généraliste, qui, visant principalement la formation des instituteurs, entend encore la *discipline* comme une gymnastique de l'esprit et non comme l'organisation spécifique d'un corps de connaissances appelant le choix d'un paradigme spécifique de leur exposition, *a fortiori* de leur « transposition ».

Le discours « pédagogique » est aussi de méthode. Non sans paradoxe, on le tient à la fois à un très haut degré de généralité théorique et au ras des contingences d'une pratique où l'art et la finesse *in situ* sont censés avoir raison des problèmes. On se gausse de la quête pathétique de *la* méthode chez un Pestalozzi à l'esprit décidément bien embrumé. On s'irrite, sans trop bien les comprendre, des *formalen Stufen* d'Herbart et de leur prétention dogmatique à une didactique universelle. On traite avec condescendance les interminables catalogues méthodologiques qui paraissent en Belgique ou en Suisse.

C'est qu'on a, de la méthode, une conception psychologiste, à l'instar de celle de Herbart, mais on la pense plus cartésienne. On a la conviction que c'est la psychologie qui apportera à la pédagogie sa composante scientifique désormais nécessaire, même si cette psychologie des pédagogues se révèle à l'usage être une psychomorale que dénonceront les « vrais » psychologues quand ils ouvriront, à quelques années de là, leurs laboratoires.

Lorsque Henri Marion présente, dans son cours de 1888 à la Sorbonne, les principes de l'*enseignement libéral*, qui constituent bien la doctrine pédagogique officielle, il les oppose à la fois à ceux de l'« éducation intégrale » comme à ceux de l'éducation autoritaire traditionnelle. Les uns et les autres correspondent pour lui à des projets de contrôle et non d'émancipation des consciences. Surtout, ces projets ne sont pas conformes aux dispositions de la *nature* de l'enfant. Voilà le mot. Mais son usage pédagogique est désormais affaire de science. L'enfant est une nature et l'on peut connaître les lois qui président à son développement. Et le propre de cette nature, c'est l'activité. Marion, dans son éloge de la *méthode active*, présente cette dernière en définitive comme la *seule méthode possible*, parce que la seule qui convienne à la nature enfantine telle que la psychologie naissante en révèle le fonctionnement.

Des scientistes « applicationnistes »

Ainsi que Charbonnel l'a bien montré, l'*applicationnisme*, qui sera la règle des psychopédagogues de l'ère expérimentaliste qui va suivre immédiatement (avec Claparède, en particulier dès 1905), est présent chez les penseurs français de l'éducation à la fin du XIXe siècle, même si la distinction de l'*art* et de la *science* leur permet, *in extremis*, de restituer à l'instituteur dans sa classe, entre la figure de l'artiste et celle de l'artisan, un autre statut que celui d'exécuteur servile des basses œuvres de la science.

Pourtant la pédagogie s'enferme dès ce moment dans ce qui sera son dilemme au cours du XXe siècle. Éduquer requiert le respect des lois de la nature qui sont de l'ordre de la *nécessité* et que connaît la science : les (psycho)pédagogues édictent comment (bien) faire, parce qu'ils *savent*. Éduquer requiert, en même temps, un projet qui mette en œuvre une idée de l'humain et de la société humaine, et qui relève, dès lors, de l'ordre de l'*obligation* appelant une morale : les (psycho)pédagogues prescrivent comment ne pas (mal) faire, parce qu'ils *ont des convictions*.

Or, ce rôle de « psychopédagogues » a été joué en France, dans les écoles normales, pendant des décennies, par des professeurs de philosophie. Appelés à enseigner, par exemple, Piaget, beaucoup le feront sans s'interroger sur leurs compétences alors qu'ils n'ont jamais franchi le seuil d'un laboratoire d'épistémologie génétique. C'est l'exception française du « moment Compayré » qui se prolonge. La psychopédagogie, quoi qu'il en soit des efforts faits pour la définir et en isoler le champ proprement expérimental (on pense à l'entreprise pionnière de Gaston Mialaret dès 1950), aura été, en tant qu'enseignement, une discipline bâtarde : insuffisante comme science parce que sans lien, autre que divulgateur approximatif, avec la recherche ; insuffisante comme morale, parce que bridée dans un scientisme qui fait de naturalité vertu.

Le pluriel des sciences de l'éducation

Quatre séries d'événements auront raison de cette « exception française » et emporteront la pédagogie avec la psycho- du même nom.

La première série est la plus souvent invoquée. Il suffira en effet que, dans l'arsenal des sciences humaines, d'autres sciences prennent l'éducation comme objet d'étude pour que cesse ce lien privilégié avec la psychologie et que s'impose le pluriel des « sciences de l'éducation » au sein desquelles la sociologie, tout aussi doctrinarisée que la psychologie avait pu l'être, ferait entendre, pendant des décennies, sa partition fort singulière et autrement dominatrice.

La recherche en éducation vers la pédagogie

En même temps, principalement en Belgique (où l'on peut évoquer, entre autres, l'œuvre magistrale de De Landsheere), en Suisse romande (avec Jean Cardinet ou les Américains Michael Huberman et Linda Allal par exemple) ou au Québec, puis, non sans retard, en France, la « pédagogie expérimentale », trop grevée des naïvetés exemplarisantes comme celles d'un Dottrens à Genève, faisait place à un propos de *recherche en éducation* qu'il soit possible de ne confondre ni avec une mise en œuvre des diverses sciences humaines dans le champ éducationnel, ni avec un simple habillage savant des préceptes de la « bonne conduite » éducatrice. Peut-être est-ce Édouard Bayer (Liège, puis Genève) qui a poussé le plus loin l'exigence scientifique autonome de cette recherche en éducation quand il en fait une expérimentation radicalement falsificatrice de toute théorie pratique éducationnelle et capable, par là, de rejoindre, à son plus haut point d'exigence, la critique philosophique de la raison éducative. Mais sans doute est-il vain d'attendre de cette « recherche »-là qu'elle contribue, de près ou de loin, à la confection d'un petit vademecum « pédagogique » (!) de la réussite éducative...

L'ère des didactiques

La troisième série d'événements à laquelle être attentif pour comprendre la perte de crédit d'une (psycho)pédagogie généraliste, c'est l'avènement, autonomiste et autoproclamé, dès la fin des années 1960, des didactiques des disciplines. Phénomène démultiplié, imaginatif, parfois iconoclaste et flibustier, la saisie didacticienne a renouvelé profondément le regard pédagogique sur les savoirs et les compétences, que celles-ci soient disciplinaires ou transversales. Souvent perspicaces, tant dans le renouvellement des concepts que dans l'invention de dispositifs d'apprentissage, les didacticiens se sont érigés en *véritables corps intermédiaires spécialisés*, médiateurs obligés entre les producteurs et ses diffuseurs, non sans avoir à payer eux-mêmes, mais aussi à faire payer aux autres, le prix de leur présence dans le paysage éducationnel. La rivalité de leurs propos avec le propos pédagogique était inévitable dès lors que le « comment (bien) enseigner les mathématiques ou la biologie ou le français... ? » comprenait un « comment (bien) enseigner ? » tout court dont il fallait régler le statut.

Place au discours praticien

La quatrième série d'événements où se trouvait inscrite la péremption de cette pédagogie académique à la française et de son succédané psycho-pédagogique, c'est la promotion, au cours des années 1980-1990, d'un discours praticien, contemporain de la mise en valeur, parfois ombrageuse, des anonymes pour compenser (ou renforcer ?) la médiatisation des célébrités.

Soit que, secouant la tutelle (réelle ou supposée) des notables, en particulier universitaires, les « praticiens » s'érigent, *motu proprio*, en théoriciens de leur propre pratique et se mettent à élaborer un « savoir praticien » autonome, par exemple cette « pédagogique » (comme on dit « politique » ou « rhétorique ») dont Gillet (1987) s'est fait le concepteur.

Soit que, participant du vaste mouvement d'émancipation de la parole des anonymes, que constituent les histoires de vie (Pineau, Dominicé, Josso *et al.*), les pratiques de récits (comme celle des collectifs de pédagogie institutionnelle), ou les ateliers d'écriture (ceux des Crap-*Cahiers pédagogiques*, par exemple), ou les réseaux d'échanges de compétences (Hébert-Suffrin), tout un propos sur l'éducation *revienne* aux acteurs aux dépens du « parler-sur » détenu par des commentateurs.

De « nouveaux pédagogues »

Pour ne citer qu'un bref éventail d'œuvres récentes mais déjà considérables, voire magistrales, comme celles de Mireille Cifali, Philippe Perrenoud, Philippe Meirieu, Jean Houssaye, Charles Hadji ou Francis Imbert, ne peuvent-elles pas être interprétées comme une sorte de retournement de « gens de science » (sociologues, philosophes, psychanalystes...), au plus près de « gens de terrain », et se percevant tels eux-mêmes ? Ils ne s'érigeraient ni en commentateurs ni en juges. Mais, à la manière du moniteur antique, ils se feraient « paroliers », explicitant, de façon à la fois restitutrice et anticipatrice, la « théorie pratique » implicite de leurs interlocuteurs en même temps que la leur propre. Le titre d'un récent ouvrage de Perrenoud (2001) ne le montre-t-il pas en pédagogue, mettant en œuvre cette conception programmatique durkheimienne de la pédagogie : *Enseigner : agir dans l'urgence et décider dans l'incertitude ?* Certes, ces infinitifs sont de description. Mais ils prescrivent tout autant.

Deux leçons

On peut, dès lors, face à cette redistribution des « lieux » et des pouvoirs réciproques, s'interroger sur l'avenir d'un corps de propos qui s'appellerait « pédagogie », au-delà des emplois triviaux du terme qui, de toute façon, ont encore de beaux jours devant eux. Les leçons du « moment Compayré » et de ses suites semblent bonnes à prendre. Tirons-en deux pour finir. Car tout sans doute est en train de se rejouer.

La première leçon est banale. Elle restaure la simple question : qui parle à qui ? Des philosophes qui s'adressent à des gens qu'ils ne réputent pas philosophes à leur instar ne sont plus des philosophes, mais des propagateurs. De même, un scientifique qui « vulgarise » rend, du même coup, son auditeur « vulgaire », ce qui n'est pas forcément lui manquer de respect. De même encore, quelqu'un qui parle de sa pratique devient, *ipso facto*, un praticien de la parole.

Un philosophe, un scientifique, un praticien qui se font pédagogues *propagent de la pensée et de l'évaluation sur de l'action, la leur, celle des autres*. Sans doute, tout propagateur ne fait pas de la propagande. Mais propagation et propagande partagent la même caractéristique : tout propagateur est assigné à se faire rhéteur. Pas de pédagogie sans une acceptation de cette condition-là. Et cela implique que le ton, le style, les images, le mode d'équilibration réciproque des concepts et des lieux communs, la rationalité d'argumentation ne sont ni de philosophie ni de science ni de pratique, *ne peuvent pas l'être* et *n'ont pas à l'être*. Par contre la rigueur dans le maniement des idées et la probité dans celui des consciences devront être perceptibles au philosophe comme au scientifique, comme au praticien. Le reste est, *stricto et bono sensu*, littérature. La pédagogie est littérature : c'est l'éducation qui se pense, c'est-à-dire se parle, s'estime et s'imagine. Se rêve, peut-être aussi.

La seconde leçon, c'est qu'il y a – et légitimement – à prescrire et à juger ce qu'il est mieux de faire quand on éduque. Pas de pédagogie sans « programme d'action », donc pas de pédagogie sans doctrine ou, tout le moins, sans « théorie pratique ». Se confectionner une doctrine n'est pas contracter une maladie honteuse. La philosophie, la science et la pratique sont, elles, l'objet d'une manipulation honteuse quand on les exhibe pour masquer qu'on est doctrinaire.

L'éducation et la formation ont besoin aujourd'hui, comme dans toute culture et à toute époque, d'être en prise sur – aux prises avec – de la doctrine. Éducateurs et formateurs ont appris à identifier les risques de l'endoctrinement et à désapprouver justement les manœuvres d'une présence trop prévenante. Il leur faut désormais apprendre tous les jours à identifier le risque inverse, celui de la carence doctrinale, et à désapprouver les manœuvres de l'absence auxquelles l'absence de manœuvre laisse le champ libre. Mais, sans doctrine, il est difficile de dire au nom de quoi prononcer une désapprobation qui soit juste, c'est-à-dire discernement et non terreur de l'inconnu. C'est cet « au nom de quoi » justificatif qui requiert des « pédagogues », ces gens qui d'abord tirent les leçons, certes, mais qui, *moderato e ostinato*, s'essaient quand même à les donner, sans, pour autant, se faire « donneurs de leçons ». Contradiction vive où chercher la voie étroite et médiane. Programme fort pour un renouveau de la pédagogie, toute honte bue.

Daniel Hameline

▸ Bibliographie

CHARBONNEL N., *Pour une critique de la raison éducative*, Berne, Peter Lang, 1988.

GILLET P., *Pour une pédagogique ou l'enseignant praticien*, Paris, PUF, coll. « Pédagogie d'aujourd'hui », 1987.

HAMELINE D., *Courants et contre-courants dans la pédagogie contemporaine,* Issy-les-Moulineaux, ESF, 2000.

HOUSSAYE J. *et al.*, *La Pédagogie : une encyclopédie pour aujourd'hui*, Issy-les-Moulineaux, ESF, 2005.

HOUSSAYE J., MEIRIEU P., SOËTARD M., « Penser la pédagogie », *Revue française de pédagogie,* n° 120, 1997.

MIALARET G., *Pédagogie générale*, Paris, PUF, 1991.

PERRENOUD P., *Développer la pratique réflexive dans le métier d'enseignant : professionnalisation et raison pédagogique,* Issy-les-Moulineaux, ESF, 2001.

ROULET M., *Les Manuels de pédagogie, 1880-1920*, Paris, PUF, 2001.

SOËTARD M., *Qu'est-ce que la pédagogie ? Les pédagogues au risque de la philosophie,* Issy-les-Moulineaux, ESF, 2001.

▶ **Voir aussi**

Alain – Buisson, Ferdinand – Claparède, Édouard – Decroly, Ovide – Didactique – Discipline – Disciplines scolaires – Durkheim, Émile – Endoctrinement – Enfance – Formation des enseignants – Herbart, Johann Friedrich – Méthodes pédagogiques – Pestalozzi, Johann Heinrich – Philosophie de l'éducation – Psychopédagogie – Recherche en éducation – Sciences de l'éducation – Sociologie de l'éducation – Transposition didactique.

PÉDAGOGIE DIFFÉRENCIÉE

L'expression « pédagogie différenciée », ou « différenciation de la pédagogie », est relativement nouvelle en France. Mais il est clair que la notion, sous des formes diverses, remonte à des préoccupations ancestrales visant à adapter l'enseignement à la diversité des élèves.

Une différenciation institutionnelle originelle

Différencier l'enseignement peut avoir deux sens complémentaires. Il s'agit, dans tous les cas, de prendre en compte la réalité individuelle de l'élève. Mais cette prise en compte peut se faire en considération de deux objectifs différents : ou bien adapter l'enseignement à la destination sociale et professionnelle des élèves, ou bien, un objectif pédagogique commun étant défini et affiché, prendre en compte la diversité individuelle pour y conduire.

La première sorte de différenciation a été spontanément sécrétée par la création et le développement d'institutions de formation en fonction des besoins d'instruction nés du développement économique et technique, nés également des concentrations urbaines et du développement de l'industrie. Il s'agissait tout autant de retirer les enfants de la rue que de les former.

Un texte célèbre de Destutt de Tracy, écrit en 1800, explicite de façon très claire les objectifs et la nature de cette différenciation institutionnelle. Dans son esprit, il y a deux classes d'hommes : la classe ouvrière et la classe savante. Ces classes sont telles naturellement : c'est leur destinée. Ceux qui appartiennent à la première sont appelés à travailler très tôt de leurs mains. Ceux qui appartiennent à la seconde sont appelés à diriger. Du point de vue éducatif, les premiers ont besoin d'une formation courte et efficace, leur permettant de tenir leur place de travailleurs dans la société : paysans, ouvriers, artisans. Les seconds, au contraire, ont besoin d'une formation qui leur fasse comprendre le fonctionnement de la société. Leur formation doit être théorique et sera plus longue que celle des ouvriers.

Ainsi s'amorce, de façon déjà fort élaborée, la conception d'un système éducatif dual où l'on voit se dessiner l'enseignement primaire et l'enseignement secondaire. Il s'agit de la première forme de différenciation qui perdurera pratiquement jusqu'après la guerre de 1939-1945. La mise en cause de ce système dans les perspectives de l'école dite « unique » était déjà présente chez Condorcet avec les « écoles centrales », mais il faudra attendre les années 1960 pour la voir aboutir en France dans la réforme de 1959 et dans les évolutions qui ont suivi. Entre-temps va naître et se développer un système intermédiaire, celui de l'enseignement primaire supérieur, en même temps que se développaient également des emplois plus élaborés dans le commerce et l'industrie. Cette différenciation spontanée de l'enseignement comprenait à la fois des aspects de contenu et des aspects de méthode.

L'enseignement primaire cherchait à développer les instruments d'une action concrète : lire et compter, écrire des lettres simples avec une orthographe systématisée de façon pratique. Le système métrique était à l'honneur. Ajoutons la morale et l'instruction civique pour le futur citoyen républicain. L'enseignement secondaire, en revanche, prenait le temps de la distance conceptuelle et culturelle. Les études classiques, avec le latin et le grec, dominent l'ensemble. Les mathématiques sont gratuites : arithmétique abstraite, géométrie démonstrative, algèbre. Les langues vivantes visent davantage la culture que la communication.

L'évolution des emplois vers une intellectualisation grandissante et la nécessité d'adapter les institutions de formation à cette exigence nouvelle ont conduit progressivement à souhaiter et à définir des systèmes éducatifs moins ségrégatifs, au moins dans la formation obligatoire. Ainsi, dans tous les pays développés, à partir des années 1940 et surtout après la Seconde Guerre mondiale, des systèmes éducatifs unifiés sont créés. Avec la définition et l'imposition d'un autre mode d'orientation que le choix spontané des écoles par les « consommateurs », les parents perdent leurs repères traditionnels. Du même coup, sont nés des problèmes nouveaux. La différenciation va apparaître plus comme l'adaptation d'un enseignement unifié à la diversité des élèves que comme l'adaptation des élèves aux exigences des objectifs socio-économiques. Dans ces conditions, elle va mettre en cause et les contenus et les méthodes des établissements autrefois séparés.

La différenciation comme technique éducative

Il faudra attendre vingt ans (de 1959 à 1980) pour voir émerger progressivement et être prise en compte officiellement cette nouvelle différenciation de la pédagogie (Legrand, 1986). L'unification progressive du système secondaire inférieur dans lesdits « collèges d'enseignement secondaire » sera caractérisée jusqu'en 1975 par le maintien de deux filières principales : secondaire classique et moderne, d'une part, pour les élèves jugés avoir atteint le niveau d'entrée en 6e ; dite de transition, d'autre part, pour les élèves jugés n'avoir pas acquis ce niveau. La première filière conservait les caractéristiques de l'enseignement secondaire. La seconde était pourvue d'une pédagogie originale, inspirée des méthodes actives. Le ministre René Haby unifie en 1975 les classes de 6e et de 5e (cycle d'observation) en essayant d'y généraliser la méthode active. La différenciation institutionnelle ne devait plus intervenir, à titre transitoire, qu'au niveau des classes de 4e et de 3e avec la filière dite pratique, et, au cycle d'observation, dans des activités dites de soutien au sein des divisions hétérogènes.

En 1981, avec l'arrivée de la gauche au pouvoir, le parti est pris d'une véritable différenciation de la pédagogie au niveau des collèges, mais il faudra attendre 1990, avec le ministre Lionel Jospin, pour voir cette conception atteindre l'école élémentaire grâce au système des cycles. Entre-temps, des études approfondies en sciences de l'éducation ont conduit à considérer la « pédagogie différenciée » comme une variante de la « pédagogie de maîtrise » (Astolfi, 2004 ; Meirieu, 2004 ; de Peretti, 1987 ; Allal, Cardinet, Perrenoud, 1978).

La pédagogie de maîtrise

C'est Benjamin Bloom qui, le premier, a posé les principes d'une telle pédagogie, à Chicago, vers 1971-1974 (Bloom, 1979).

L'essentiel de la pédagogie de maîtrise est l'encadrement temporel de l'apprentissage par des prises d'information objectives avant et après son déroulement, portant sur les données cognitives et affectives. L'évaluation que l'on appelle formative, précisément pour ses fonctions régulatrices, devient un élément essentiel de l'enseignement. Contrairement à la pédagogie classique qui part des programmes *a priori* et prétend les enseigner de façon semblable aux élèves, la pédagogie de maîtrise essaie de mettre ces contenus de programme à la portée des individus dont on connaît les caractéristiques cognitives et affectives avant l'action pédagogique. L'action ayant été conduite dans des conditions adaptées, on cherche à connaître objectivement les résultats obtenus en vue d'une reprise éventuelle quand l'action pédagogique n'a pas apporté les résultats escomptés. De là un retour en boucle qui tient compte de ces nouvelles informations. L'essentiel est donc ici la qualité des prises d'information en fonction des objectifs pédagogiques visés.

L'analyse des objectifs pédagogiques (taxonomies)

L'analyse des objectifs est un vaste domaine qui a connu une vogue exceptionnelle dans les années 1970. L'idée centrale est qu'il convient de ne pas mettre l'accent sur les contenus des programmes mais sur la manière dont les élèves peuvent les aborder et les maîtriser. C'est ce qu'on a appelé « la traduction des programmes en comportements observables des élèves ». De telles analyses sont du plus haut intérêt pour la différenciation de la pédagogie. L'analyse des objectifs synthétise de façon opérationnelle en pédagogie les apports de la psychologie génétique de Piaget, ceux de la psychologie différentielle, en particulier de Vernon et de Guilford, les analyses enfin du fonctionnement de la mémoire (d'Hainaut, 1980).

Les apports de la psychologie génétique

Au cours de la scolarité obligatoire, les élèves atteignent de façon différente et à des âges différents les stades décrits par Piaget ou Inhelder et ses équipes : successivement une pensée concrète, ayant besoin de supports manuels ou schématisés pour exercer un raisonnement procédant par îlots non coordonnés et, *in fine,* une pensée abstraite, procédant de façon hypothéticodéductive à partir d'une analyse du donné en variables que le sujet combine *a priori* en tant qu'hypothèses, avant d'en déduire l'observation et l'explication du donné.

La classification des objectifs cognitifs exploite ces données de la psychologie génétique dans la mesure où elle distingue les activités de simple mémoire littérale, les activités d'application des règles dans des situations strictement balisées par l'enseignement et la résolution de problèmes où l'analyse du donné précède le choix de la règle et l'application qui peut en être faite. Sont également pris en compte la nature des supports (figuratifs, symboliques, sémantiques ou comportementaux) et l'appel à la mémoire où évocation et mobilisation jouent un rôle important dans la plus ou moins grande facilité de l'activité intellectuelle.

Les apports de la psychologie différentielle

Des psychologues anglais, Spearman, Burt et Vernon en 1952 et, Guilford en 1967, travaillant sur des batteries de tests d'intelligence, ont mis en évidence, par l'analyse factorielle, des facteurs de groupes (Reuchlin, 1977). La notion d'intelligence éclate ainsi en domaines distincts, selon que les activités intellectuelles portent sur des épreuves verbales, numériques, spatiales ou pratiques. Ces nouvelles conceptions intéressent la différenciation au niveau du cycle d'observation, « le même niveau global de réussite pouvant être atteint grâce à une supériorité relative se manifestant soit dans le domaine verbal, soit dans le domaine non verbal » (Larcebeau, cité par Reuchlin, 1977). Les services de l'orientation utilisent des tests collectifs permettant de caractériser les sujets suivant ces variables. Ce sont là des indicateurs intéressants pour les pédagogues utilisant la pédagogie de maîtrise.

Witkin, pour sa part, a mis en évidence d'autres caractéristiques intellectuelles. Il distingue deux « styles » cognitifs. L'un conduisant à analyser les données et à les interpréter à la lumière des intérêts et du savoir antérieur du sujet ; l'autre, plus globalisant, sensible à l'environnement dans sa totalité, plus pointilliste et plus mouvant, retenant les détails mais parvenant difficilement à des synthèses schématiques qui, nécessairement, conduisent à opérer des choix et des simplifications (Reuchlin, 1977). Antoine de La Garanderie, partant de l'analyse introspective des processus d'apprentissage chez les adolescents, a mis en relief le fait que les individus donnent plus ou moins d'importance à l'audition ou à la visualisation (La Garanderie, 1980). En outre, des études de psychosociologie, comme celles de Jacques Lautrey, ont mis en lumière l'importance des codes sociaux vécus en famille pour la relation ultérieure aux savoirs (Lautrey, 1980).

La mise en œuvre effective d'une pédagogie de maîtrise

L'observation que le maître peut faire au cours de son enseignement reste le vecteur essentiel de la différenciation, mais il peut désormais le faire armé des études psychologiques et sociologiques qui manquaient dans les années 1950 et aidé du psychologue (conseiller d'orientation, psychologue scolaire).

Partir de ces observations pour adapter l'action pédagogique à la diversité constatée, telle est la tâche du pédagogue soucieux de différencier rationnellement son enseignement. La pédagogie pratiquée par les professeurs est, chez la majorité d'entre eux, liée par tradition à l'institution et, chez les innovants, plus liée à leur personnalité. Différencier la pédagogie de façon rationnelle, c'est en quelque sorte se faire violence pour prendre en compte la nature de l'élève en contrepoint de sa nature propre et des contenus de savoir fixés par l'institution. Tout n'est pas à inventer, heureusement.

En matière d'objectifs, le professeur choisit dans les programmes, rédigés la plupart du temps en termes de contenus, ce qu'il enseignera préférentiellement. Un choix rationnel devra s'appuyer sur l'analyse des programmes en termes d'objectifs.

En matière de processus, le professeur part habituellement des contenus élaborés (faits, lois, règles), les expose et les fait appliquer dans des exercices corrigés ultérieurement pour en contrôler l'assimilation. Il peut au contraire faire réfléchir les élèves sur des données brutes, en les incitant à trouver les constantes, les lois, les règles qui seront ensuite discutées en commun et appliquées.

L'accès aux concepts et aux lois étant posé comme objectif, l'apprentissage pourra se faire, soit déductivement, soit inductivement, à l'intérieur d'un univers conceptuel. Il pourra au contraire faire appel à des contacts intuitifs avec un domaine concret. C'est le cas particulier de l'enseignement des mathématiques, qui pourra conduire à rechercher les théorèmes et les règles à partir d'un matériel schématique, voire manipulé, ou, au contraire, le fera dans le seul univers conceptuel. Il appartient au professeur, en fonction des objectifs retenus et des contenus afférents, d'apprécier la distance conceptuelle qu'il entend faire parcourir.

En matière de langage, le professeur peut convier l'élève à utiliser des langages de nature variée : oral ou écrit, schématique, symboles abstraits, matériel.

L'enseignement pourra être collectif ou individualisé. Il pourra mettre l'élève dans des situations d'autonomie ou pourra le guider de façon plus ou moins stricte. Dans les situations relationnelles d'apprentissage, le professeur sera plus ou moins « froid », « lointain » ou, au contraire, personnel et affectueux. Le propre d'une différenciation de la pédagogie est donc d'utiliser ces différentes situations en fonction du public traité et non plus en fonction de l'expression spontanée de la propre personnalité du maître. Il est clair que, dans un enseignement collectif, une telle individualisation est impossible.

Adapter les structures

La description liminaire d'une population d'élèves divers conduit à reconnaître des types de comportements statistiquement délimités. Il sera toujours profitable de travailler sur des groupes plus nombreux que la division particulière de 25 à 30 élèves. La constitution de groupes *ad hoc* sera plus facile et plus économique dans des ensembles de trois ou quatre divisions. Et surtout, la passation de tests et les décisions d'observation seront faites plus facilement en groupes de professeurs au sein desquels la confrontation produira nécessairement une prise de conscience salutaire par décentration. Les structures possibles d'établissement favorables à ces prises de décisions collectives et aux échanges de service qui en découlent sont désormais bien connues (Astolfi, 1993).

La différenciation de la pédagogie apparaît aujourd'hui comme l'aboutissement d'évolutions déjà anciennes. Elle synthétise des tendances spontanées, liées à des choix politiques et sociaux, et les apports récents des sciences de l'éducation. Comme telle, elle est la pédagogie de l'avenir qui devrait inspirer les législateurs, tant en ce qui concerne les orientations générales de leur politique que la formation des maîtres, encore très éloignée de ce que l'on pourrait espérer.

Louis Legrand

▶ Bibliographie

ALLAL L., CARDINET J., PERRENOUD P. (éds), *L'Évaluation formative dans un enseignement différencié*, actes du colloque à l'université de Genève, mars 1978, Berne, Peter Lang, 1978, rééd., 1989.

Astolfi J.-P., *L'École pour apprendre*, Issy-les-Moulineaux, ESF, 2004.
Astolfi J.-P., *Groupements différenciés d'élèves, I. Structures de l'emploi du temps*, Saint-Fons, INRP, 1993.
Bloom B., *Caractéristiques individuelles et apprentissages scolaires,* Bruxelles, Labor, 1979.
D'Hainaut L., *Des fins aux objectifs de l'éducation*, Bruxelles, Labor, 1980.
La Garanderie A. de, *Les Profils pédagogiques : discerner les aptitudes scolaires*, Paris, Le Centurion, 1980.
Lautrey J., *Classe sociale, milieu familial, intelligence,* Paris, PUF, 1980.
Legrand L., *La Différenciation de la pédagogie,* Paris, Scarabée, 1986.
Legrand L., *Les Différenciations de la pédagogie*, Paris, PUF, 1995.
Meirieu P., *L'École, mode d'emploi : des méthodes actives à la pédagogie différenciée*, Issy-les-Moulineaux, ESF, 2004.
Peretti A. de, *Pour une école plurielle,* Paris, Larousse, coll. « Essais et liberté », 1987.
Reuchlin M., *Psychologie,* Paris, PUF, coll. « Fondamental », 1977, rééd. 2002.
Zakhartchouk J. M., *Au risque de la pédagogie différenciée : synthèse et mise en débat*, Saint-Fons, INRP, coll. « Enseignants et chercheurs », 2001.

▶ **Voir aussi**
Actives (Méthodes) – Cycles – Évaluation – Individualisation – Intelligence – Mémoire – Méthodes pédagogiques – Objectif pédagogique – Psychologie scolaire.

Pédagogie institutionnelle
▶ **Institutionnelle (Pédagogie)**

Pédagogie interculturelle
▶ **Interculturelle (Pédagogie)**

Pédagogies de groupe
▶ **Groupe (Pédagogies de)**

Pédagogique (Objectif)
▶ **Objectif pédagogique**

Pédagogiques (Méthodes)
▶ **Méthodes pédagogiques**

Pédagogiques (Outils)
▶ **Outils pédagogiques**

Peretti, André de (né en 1916)

Sa formation de polytechnicien destinait André de Peretti à une carrière d'ingénieur dans l'industrie. Il exerça certes cette fonction, mais, passionné par les questions de formation, il saisit toutes les occasions pour s'impliquer dans ce secteur. Il se fit même finalement détacher de son administration d'origine dans celle de l'Éducation nationale, où il occupa les fonctions les plus diverses : professeur, chercheur, administrateur, directeur de centre de formation, etc. Promoteur infatigable de la co-formation et de la responsabilisation de l'apprenant dans sa propre démarche d'apprentissage, il a contribué de manière décisive à l'évolution de la conception de la formation des cadres et des personnels de l'Éducation nationale, et plus largement à l'évolution de la pédagogie, qu'il veut moins rigide, plus « active », plus « participative », plus attentive à l'individu, et plus variée.

Social, chrétien, humaniste

André de Peretti est né au Maroc, où il a fréquenté le même lycée que le futur ministre Alain Savary. En 1927, il vient en France, à Bordeaux d'abord, puis à Abbeville où il se prend d'« une grande affection pour le monde ouvrier picard » et où il contribue à créer une antenne locale de la Jeunesse étudiante chrétienne (JEC) : ces deux engagements, social et religieux, imprégneront toute sa vie, et décideront sans doute de l'attention à la personne qu'il veut mettre au cœur de toute démarche pédagogique.

Reçu au concours de l'École polytechnique en 1936, André de Peretti y a pour condisciples des hommes tels que Jean Baboulène (futur rédacteur en chef de *Témoignage chrétien)* et y rencontre René Rémond. Il devient membre du secrétariat général de la JEC, et entretient des contacts avec de nombreux écrivains (Mauriac, Gide, Claudel, Duhamel et plus tard Camus). Il forge alors ses choix en faveur des politiques sociales, de l'antifascisme, du respect des individus et du partage de la connaissance et de la culture. Prisonnier de guerre pendant cinq ans (1940-1945), il met alors ces choix en pratique en organisant des conférences et des cours dans les camps, en y créant une « académie de libre discussion », en rédigeant des poèmes et une pièce *(La Légende du Chevalier)* qui est jouée à la Comédie-Française pendant sa captivité, et qui lui vaut en 1943 le prix Toirac de l'Académie française.

Après la Libération, André de Peretti devient ingénieur (1945-1955) puis ingénieur en chef (1955-1963) des manufactures de l'État. En même temps, il est membre (MRP) de l'Assemblée de l'Union française (1947-1952), et il œuvre alors sans relâche pour aider à régler la question marocaine. Il est notamment envoyé en mission en 1952 par le président Auriol, rencontre à diverses reprises Mohammed V, participe à la création et à l'animation, avec le grand orientaliste Louis Massignon, du « comité chrétien pour l'entente France/Islam » et, avec François Mauriac, du « comité France/Maghreb », et apporte son concours actif aux responsables politiques qui s'emploient à mettre en œuvre l'évolution sans heurt du statut de ce protectorat pour le conduire vers l'indépendance.

La passion de la formation et la découverte de Carl Rogers

Parallèlement à ses activités professionnelles et politiques, André de Peretti continue à s'intéresser aux questions de formation. Fin 1945, il réfléchit avec André Boulloche à une réforme des études de Polytechnique. Il inaugure les premiers cours de psychologie à l'École des manufactures de l'État pour de jeunes ingénieurs sortis de Polytechnique : il n'a pas suivi de formation initiale dans cette discipline, mais, passionné par l'étude des ressorts de l'individu, il s'est documenté pendant sa captivité, et il prolonge alors ses lectures par une étude concrète des comportements des malades et médecins dans les hôpitaux. En 1952, il découvre les écrits de Carl Rogers sur la « pédagogie non directive », qui étaient jusqu'alors quasiment inconnus en France, et qui lui paraissent indiquer la direction qu'il faut prendre pour faire évoluer la formation dans le sens qu'il pressent depuis longtemps. C'est dans cette direction qu'il va dès lors orienter sa pratique d'enseignant et ses réflexions et recherches pédagogiques.

Infatigable et passionné, on voit André de Peretti ajouter de nombreuses activités nouvelles à tout ce qu'il fait par ailleurs. De 1951 à 1964, il donne des cours de littérature et de philosophie en classe de « mathématiques spéciales ». En 1956-1957, il participe aux travaux de redéfinition des études de HEC. Il fait l'année suivante un cours de « formation humaine » aux étudiants de cette école. En 1959, il est l'un des cofondateurs de l'Association pour la recherche et l'intervention psychosociologique (ARIP), dont l'objectif est d'introduire la psychosociologie en France : il continue ainsi à manifester son intérêt pour trois dimensions qu'il considère comme complémentaires et indissociables : l'individu, le social et la formation. Dans les mêmes années, il écrit des spectacles « son et lumières », rédige un ouvrage sur l'administration, fait des conférences, prépare une étude sur la psychologie des fumeurs et des non-fumeurs, organise des formations pour des fonctionnaires et affine sa réflexion pédagogique (sur le « travail en petits groupes » notamment).

Les conceptions qu'André de Peretti s'efforce de promouvoir auprès de ceux qui se préoccupent de formation conduisent les responsables du ministère de l'Éducation nationale à faire appel à lui en 1963 pour créer un Institut national d'administration scolaire (INAS). C'est l'époque où le ministère doit faire face à une véritable explosion de la démographie scolaire, qui implique une modification totale des pratiques de son administration. Il lui faut former à des tâches nouvelles des milliers d'agents, et André de Peretti en est chargé. Il quitte alors les manufactures pour prendre un poste à temps plein à l'Éducation nationale : en 1963, il est nommé directeur des études puis des recherches de l'INAS, qui vient d'être créé. C'est l'occasion pour lui de réaliser ce qu'il amorce depuis de nombreuses années : il met au point une pédagogie de l'« autoconstruction de la formation » par les apprenants et innove en introduisant, au-delà des cours, des moments de « dynamique de groupe », d'échange de compétence, de stages sur le terrain, de travail en équipe. C'est une modification radicale de la conception de la formation : l'apprenant n'est plus seulement réceptif, mais chaque membre du groupe participe activement, pour lui-même et pour le groupe, à la construction de la formation.

En 1966, l'ARIP (dont André de Peretti est vice-président) invite Carl Rogers à faire des conférences en France. Le célèbre pédagogue américain développe alors ses travaux sur la nécessité de prendre en compte la personne dans l'acte de formation et en conséquence de mettre en œuvre des pédagogies « non directives ». De Peretti se lie d'amitié avec lui et trouve dans les échanges qu'ils ont ensuite confirmation de ses propres réflexions pédagogiques. Comme Rogers, il pense en effet que le conflit n'est pas le seul moteur des relations entre les individus et que les antagonismes qui existent dans les groupes peuvent, par une attitude d'accueil des uns envers les autres, se structurer, devenir complémentaires et engendrer une convivialité qui permet l'action en commun.

De la psychosociologie à l'ingénierie éducative

En 1966, André de Peretti participe à l'organisation du colloque de Caen sur l'évolution de l'enseignement universitaire et en 1968 au colloque d'Amiens sur l'évolution du système éducatif. En mai 1968, il s'implique dans les débats universitaires et propose une réforme des modes d'évaluation et la généralisation de la non-directivité. L'année suivante, il organise un colloque des mouvements pédagogiques (les « Rencontres d'Eaubonne ») consacré à l'innovation, et participe aux travaux de la commission Bloch-Laîné sur la réforme de l'ENA. En 1970-1972, il est de ceux qui créent les « Équipes académiques d'animation de la vie scolaire », dont l'objectif est la formation, sur le mode de la coformation, des chefs d'établissement et de leurs adjoints. Il continue à diriger les recherches à l'INAS (qui devient SFA : Service de formation administrative) jusqu'en 1976. Cette année-là, il soutient une thèse de doctorat (qui deviendra l'ouvrage *Du changement à l'inertie*), et prend à l'Institut national de recherche pédagogique (INRP) la direction du département de recherches consacrées à la « psychosociologie de l'éducation ». C'est l'époque où, avec Louis Legrand, il s'attache à faire avancer la réflexion sur les modes d'évaluation, sur le travail autonome et la pédagogie différenciée. Il effectue à cette époque de nombreuses missions à l'étranger.

En 1981, le nouveau ministre de l'Éducation nationale, Alain Savary, qu'il connaît depuis longtemps, le charge d'une mission d'analyses et de propositions sur le sujet de la formation des personnels de l'Éducation nationale. Dans le rapport qu'il remet en février 1982 et qui est publié en avril, André de Peretti montre à quel point les besoins sont grands (il n'existe quasiment aucune formation professionnelle pour les professeurs) ; il suggère une mise en réseau des institutions chargées de préparer les enseignants à leur métier. Le ministre retient bon nombre des orientations proposées par André de Peretti, et crée notamment la Mission des technologies nouvelles, de l'innovation et de la formation (MITIF) au sein du ministère, et des Missions académiques à la formation des personnels de l'Éducation nationale (MAFPEN) dans chaque académie. Fidèle aux conceptions qu'il cherche à promouvoir depuis longtemps, André de Peretti recommande pour l'organisation de cette formation l'utilisation d'une pédagogie par objectifs, la négociation des contenus de formation avec les stagiaires, le travail en équipe, l'alternance entre la théorie et la pratique… En outre, l'objectif donné au nouveau dispositif doit être d'aider les enseignants à engager la nécessaire rénovation du système éducatif, et notamment de mettre en place des projets de formation, le travail autonome, les conseils méthodologiques autour du CDI, la pédagogie différenciée, la gestion souple de l'emploi du temps, de nouvelles formes d'évaluation. Pour réussir cette opération, une procédure de démultiplication est adoptée : des équipes au niveau national sont chargées, sur les grands thèmes, de former quelques personnes issues de chaque académie, qui retournent ensuite dans leur académie mettre en place l'action locale. Malgré la réticence d'une certaine partie de l'administration, ce dispositif se met en œuvre progressivement, connaît un véritable succès, et permet de créer rapidement une formation à grande échelle (malheureusement réservée aux enseignants, malgré le souhait d'André de Peretti, les responsables des formations administratives n'ayant pas accepté de s'engager dans ce dispositif). Le réseau des MAFPEN constitue une nouvelle forme de gestion du système éducatif, fondée plus sur l'animation et la responsabilisation que sur la transmission descendante de consignes.

Après 1982, André de Peretti prend sa retraite. Mais il continue à participer à de nombreuses actions de formation, à soutenir les travaux des MAFPEN puis des IUFM, à rédiger des articles et des ouvrages et à accomplir régulièrement des missions à l'étranger. Dans l'objectif de synthétiser sa réflexion, il publie en 1991 un ouvrage, *Organiser des formations,* sur ce qui constitue, surtout depuis la mission qu'il a dirigée en 1981, le cœur de ses travaux : l'ingénierie éducative.

Christian Nique

▶ Bibliographie

Principales œuvres d'André de Peretti :

Liberté et relations humaines, Paris, Épi, 1re éd. 1966, 7e éd., 1975.

L'Administration, phénomène humain, Paris, Berger-Levrault, 1968.

Les Contradictions de la culture et de la pédagogie, Paris, Épi, 1969.

Risques et chances de la vie collective, Paris, Épi, 1972.

Pensée et vérité de Carl Rogers, Toulouse, Privat, 1974.

Les Techniques de groupe dans la formation, Paris, Unesco, 1976.

Recueil d'instruments et de processus d'évaluation formative, Saint-Fons/Paris, INRP/CNDP, 1980.

Les Points d'appui de l'enseignant (en collab.), Saint-Fons, INRP, 1981.

Du changement à l'inertie : dialectique de la personne et des systèmes sociaux, Paris, Dunod, 1981.

Rapport au ministre de l'Éducation nationale de la commission sur la formation des personnels de l'Éducation nationale, Paris, La Documentation française, 1982.

« La Pédagogie différenciée », *Les Amis de Sèvres,* nos 117, 118 et 123, 1985/1986.

Pour une école plurielle, Paris, Larousse, 1987.

Organiser des formations, Paris, Hachette, 1991.

Controverses en éducation, Paris, Hachette Éducation, 1993.

▶ Voir aussi

Formation des enseignants – Groupe (Pédagogies de) – Institut national de recherche pédagogique (INRP) – Legrand, Louis – Outils pédagogiques – Recherche en éducation – Rogers, Carl.

PÉRISCOLAIRE

Le terme « périscolaire » désigne les activités éducatives se déroulant après le temps scolaire (quotidiennement ou pendant les congés des élèves et des enseignants), mais en liaison avec la mission éducative de l'école.

De telles activités sont fondées sur plusieurs notions : l'éducation de l'enfant est conçue comme un tout (appelé « éducation globale ») englobant les moments passés à l'école pour apprendre. Les loisirs des jeunes et des enfants sont considérés comme porteurs d'une éducation et d'apprentissages qui, pour être non systématiques, n'en existent pas moins. Le terme

« périscolaire » exprime donc la complémentarité entre l'école et les loisirs, qu'ils soient de proximité ou de vacances.

Ces activités sont promues par des associations et des organisations qui se réclament de cette complémentarité, hautement affirmée par la Confédération des œuvres de loisirs et de vacances, Jeunesse au plein air (JPA), qui fédère 31 organisations laïques.

En 1992, la notion d'accompagnement scolaire, reconnue par trois ministères (le ministère des Affaires sociales, celui de l'Éducation nationale, et celui de la Jeunesse et des Sports), a encore renforcé l'idée même que l'école et les écoliers, collégiens et lycéens ont besoin d'être soutenus et accompagnés par des personnes et des associations à travers des activités comme « l'aide aux devoirs », comme les clubs de création artistique ou encore les jeux sportifs, activités qui prolongent l'action de l'école. Ces trois ministères ont d'ailleurs conçu, rédigé et promu une *Charte de l'accompagnement scolaire* qui définit parfaitement les contours du périscolaire. Lorsqu'on parle d'« ouverture de l'école » sur son environnement social et culturel, on se réfère implicitement à cette coopération entre l'école et les organismes qui promeuvent la culture artistique ou le sport « aux marges de l'école » (Bordat, 1992).

Comme on le voit, il est plus conforme à la réalité sociologique et éducative des associations et des actions concernées de les qualifier de périscolaires plutôt que d'extrascolaires. Le préfixe *extra* désigne seulement le fait que telle ou telle activité éducative (y compris *intra muros)* ne se situe pas dans le temps contraint et normalisé des cours, mais sur un temps de loisir (donc non contraint et non obligatoire, par définition). Ainsi, à l'intérieur même des locaux de l'établissement scolaire se déroulent des activités socioculturelles, sous la responsabilité ou non d'associations comme les fédérations des œuvres laïques de la Ligue de l'enseignement ou la Fédération des œuvres éducatives et de vacances de l'Éducation nationale (FOEVEN), qui sont dites périscolaires ou extrascolaires pour les raisons mentionnées.

Dans les contrats d'aménagement du temps de l'enfant (CATE), intégrés au volet éducatif des contrats de ville, une nouvelle structuration de la durée articule, mieux que par le passé, les moments d'apprentissage systématique, les moments de détente et les moments d'activités choisies par le sujet-apprenant. Ces moments de loisirs éducatifs recouvrent, en fait, ce que l'on appelait « activités extrascolaires ». Les mouvements pédagogiques se rattachant à l'éducation nouvelle et/ou à l'éducation populaire ont rappelé récemment (2004) leur attachement au concept de complémentarité entre l'action éducative de l'école et celle que promeuvent les associations dites désormais « complémentaires de l'enseignement public ». L'évolution qui a lieu est donc le signe d'une reconnaissance de plus en plus grande de la valeur éducative (et même cognitive) des activités périscolaires, de l'accompagnement scolaire, de la complémentarité entre temps de loisirs et temps scolaires. Les loisirs collectifs offerts aux enfants et aux adolescents sont dits « éducatifs » et se veulent complémentaires de l'école.

Francine Best

▶ Bibliographie

BORDAT D., *Aux marges de l'école*, Paris, CEMÉA, 1992.

▶ Voir aussi

Accompagnement scolaire – Association éducative – Centre aéré – Loisir – Partenariat – Temps scolaire (Aménagement du).

PERSONNALITÉ

Manière habituelle de se comporter, la personnalité est l'unité stable et individualisée d'un ensemble de conduites.

La personnalité ne désigne pas une fonction psychologique particulière (comme la perception ou la mémoire), ni des ensembles de conduites particulières (comme les conduites agressives ou les conduites de résolution de problèmes), mais le mode d'organisation relativement stable et différencié de ces fonctions psychologiques et de ces ensembles plus ou moins étendus de conduites.

Ainsi définie, la personnalité est le produit d'exigences adaptatives. Ces exigences conduisent à une mise en cohérence des conduites qui permet leur efficacité. Elles sont aussi facteur de stabilité dans la mesure où les modes d'organisation permettant une adaptation efficace ont tendance à être conservés, et facteur d'individualisation dans la mesure où ces modes d'organisation s'établissent dans des conditions diverses et sont donc variables d'un individu à l'autre.

Dispositifs d'observation

La personnalité est essentiellement appréhendée par l'observation, observation libre ou observation armée. Dans l'observation libre, on recueille des informations sur le sujet dans des conditions non standardisées, avec des consignes vagues ou sans consignes du tout. Les matériaux de la psychologie pourront alors être des protocoles d'entretiens non directifs, le relevé des associations signalées par le sujet, les traces de ses conduites expressives (ses gestes, ses jeux, ses écrits, ses rêves, etc.).

L'observation armée, contrairement à la précédente, se fait dans le cadre d'un dispositif contraignant et les conduites à observer sont spécifiées au préalable. Dans les questionnaires de personnalité, le sujet doit répondre à de nombreuses questions en indiquant par exemple s'il éprouve fréquemment ou non, intensément ou non, telle émotion, ou encore si tel type de comportement lui est habituel ou non. Les réponses à chaque question sont des manifestations de la personnalité du sujet. En les combinant, on mettra en évidence des tendances générales de la personnalité.

Dans les tests objectifs de personnalité, le sujet doit accomplir un certain nombre de tâches (reconnaître des éléments géométriques simples dans des figures complexes par exemple). Ces tests sont dits objectifs non seulement parce que la standardisation permet un très bon accord entre les observateurs pour la description de la conduite, mais aussi parce que le sujet n'a pas la possibilité, comme dans les questionnaires, de contrôler l'image qu'il donne de lui-même. Ils sont considérés comme des tests de personnalité car la plus ou moins grande efficience, dans les tâches particulières proposées, témoigne de caractéristiques personnelles plus ou moins étendues.

Les tests projectifs sont également des dispositifs d'observation armée. Dans certains de ces tests, on demande au sujet de s'exprimer ; on lui demandera par exemple de dessiner une famille ou un arbre. Dans d'autres tests, le sujet est mis en présence d'un matériel ambigu ou sans signification (les taches d'encre dans le test de Rorschach par exemple) et il doit l'interpréter. On considère que les productions du sujet ou les interprétations qu'il propose témoignent de caractéristiques personnelles, là encore plus ou moins étendues.

Types et traits de personnalité

Les descriptions les plus fréquentes de la personnalité se font au moyen de types ou de traits. Dans les typologies de la personnalité, les individus sont classés dans des catégories organisées autour d'un prototype. Le prototype peut être un individu réel ou fictif, l'individu moyen de la classe ou celui qui possède les caractéristiques accentuées de la classe. Il existe de très nombreuses typologies. La plus ancienne des grandes typologies a été proposée par Hippocrate quatre siècles av. J.-C. Elle distingue quatre types : les sanguins, les colériques, les flegmatiques, les mélancoliques.

La plupart des typologies reposent davantage sur des intuitions du sens commun que sur une analyse scientifique des conduites. La difficulté à ventiler les sujets dans les quelques classes d'une typologie (la majorité des sujets ayant le mauvais goût d'être atypiques) a conduit à décrire la personnalité au moyen de traits. Ces traits sont souvent bipolaires. Ils permettent d'ordonner tous les individus sur une dimension définie par ces deux pôles : l'introversion et l'extraversion par exemple. Les traits peuvent être mis en évidence par l'analyse qualitative des protocoles cliniques ou encore par l'analyse statistique des réponses données par les individus soumis à des procédures d'observation armée comme les questionnaires ; les méthodes statistiques utilisées sont alors les mêmes que celles qui permettent la mise en évidence des aptitudes (analyse factorielle).

Les traits sont hiérarchisés. À un niveau général, on peut par exemple situer les individus sur le trait introversion/extraversion : dans de très nombreuses situations, les individus se comportent plutôt d'une manière introvertie, plutôt d'une manière extravertie. Mais le trait général peut être considéré comme la résultante de traits plus spécifiés, de niveau moins général, comme la passivité/activité, la réflexion/impulsivité ou la timidité/sociabilité. Chacun de ces traits peut également être considéré comme la résultante de traits encore plus spécifiques, et ainsi de suite jusqu'au dernier niveau où le « trait » caractérise alors la variabilité dans la réponse à une situation unique.

On s'est fréquemment demandé quels étaient les traits fondamentaux de la personnalité. En analysant l'ensemble des termes de la langue qui décrivent la personnalité, on en est venu à penser, et il y a sur ce point un relatif consensus, que cinq dimensions suffisaient pour rendre compte des grandes tendances de la personnalité. Ce sont, définies par leurs pôles : l'introversion/extraversion, la stabilité émotionnelle/anxiété, l'hostilité/ bienveillance, la faiblesse/force du moi (affirmation de soi volontaire), la plus ou moins grande intelligence (la personnalité étant définie par l'intégration de vastes ensembles de conduites, il n'y a aucune raison d'exclure de la sphère de la personnalité les conduites de résolution de problèmes qui définissent l'intelligence).

L'unité structurée de la personnalité

Comment expliquer l'unité des conduites ? Certains courants de recherche mettent l'accent sur des facteurs biologiques, d'autres sur des facteurs sociaux, d'autres encore sur des facteurs motivationnels ou cognitifs. Chercher à expliquer des comportements variés par un facteur biologique unique est une vieille ambition de nombreuses typologies, mais les corrélats biologiques des conduites sont plus souvent spéculés qu'établis empiriquement. Notons cependant qu'une série de recherches ont montré que l'introversion était associée à des potentiels corticaux élevés, s'établissant rapidement et se dissipant lentement.

On a également cherché l'origine de la personnalité dans des modèles sociaux. Ces modèles, en tant qu'ensembles de conduites coordonnées, sont appris au cours des processus d'interaction sociale. Mais ce sont les facteurs motivationnels qui sont, et de loin, les plus fréquemment invoqués pour expliquer l'unité de la personnalité ; à tel point que la personnalité est souvent assimilée à ces facteurs. Dans cette perspective, la cohérence de conduites diverses a pour origine la ou les motivations qui les sous-tendent. Elle peut aussi avoir pour origine les modes de résolution stabilisés des conflits entre motivations, ou entre motivations et exigences sociales. La théorie psychanalytique de la personnalité est un bon exemple des courants de recherche qui privilégient les facteurs motivationnels.

Plus récemment, on a mis l'accent sur des facteurs cognitifs. Ce sont alors des procédures individualisées de traitement de l'information (perception, représentation, résolution de problèmes, etc.) qui permettent d'expliquer l'unité des conduites. Les diverses approches théoriques de la personnalité sont moins contradictoires qu'il y paraît. En effet, si toutes rendent compte de la cohérence d'assez nombreuses conduites, ces conduites sont loin d'être toujours les mêmes dans chacune des approches.

La stabilité des conduites n'est que relative. Il y a fréquemment remaniement de la personnalité au moment de l'adolescence. Les événements importants de l'existence peuvent également conduire à des remaniements. Si la personnalité change, ces changements ne se font cependant pas au hasard, mais en fonction des caractéristiques du sujet. La personnalité étant une structure, elle ne peut évoluer que selon les lignes de force de cette structure.

Michel Huteau

▶ **Bibliographie**

BERGERET J., *La Personnalité normale et pathologique : les structures mentales, le caractère, les symptômes*, Paris, Dunod, coll. « Psychismes », 1996.

FILLOUX J.-C., *La Personnalité*, Paris, PUF, coll. « Que sais-je ? », 1999.

HUBER W., *Introduction à la psychologie de la personnalité,* Sprimont, Mardaga, 1977.

HUTEAU M., *Les Conceptions cognitives de la personnalité*, Paris, PUF, coll. « Psychologie d'aujourd'hui », 1985.

NUTTIN J., *La Structure de la personnalité*, Paris, PUF, 1968, coll. « Le Psychologue », 1985.

▶ **Voir aussi**

Aptitude – Identité – Psychanalyse et éducation – Psychologie du développement – Test.

PERSONNEL ENSEIGNANT

Les personnels enseignants sont des fonctionnaires appartenant à la catégorie A de la fonction publique de l'État.

Le code de l'éducation définit les missions des enseignants des premier et second degrés. Ils doivent organiser leur enseignement pour que les élèves acquièrent des connaissances et des méthodes en tenant compte des rythmes d'apprentissage de chacun. À cette première mission s'ajoutent :
– la responsabilité de l'ensemble des activités scolaires des élèves ;
– l'aide au travail personnel des élèves et le suivi de ce travail ;
– l'évaluation des élèves ;
– le conseil aux élèves dans le choix de leur orientation ;
– la participation aux actions de formation continue des adultes ;
– la participation aux formations par apprentissages.

Ils travaillent au sein d'équipes pédagogiques et éducatives.

Le code de l'éducation définit plus précisément les fonctions des enseignants-chercheurs, à savoir :
– l'enseignement incluant formation initiale et continue, tutorat, orientation, conseil et contrôle des connaissances ;
– la recherche ;
– la diffusion des connaissances ;
– la liaison avec l'environnement économique, social et culturel ;
– la coopération internationale ;
– l'administration et la gestion de l'établissement.

Dans l'enseignement supérieur

Les *enseignants-chercheurs* exercent dans les établissements d'enseignement supérieur. Leur service en présence d'étudiants est déterminé par rapport à une durée annuelle de référence égale à 128 heures de cours ou 192 heures de travaux dirigés ou 288 heures de travaux pratiques. La nationalité française des candidats n'est pas exigée.

Le *corps des maîtres de conférences* comporte deux classes dont une hors classe. Ils sont recrutés après inscription sur une liste de qualification aux fonctions de maîtres de conférences établie par le Conseil national des universités (CNU). Les concours sont ouverts dans les universités, instituts ou écoles. Quatre types de concours sont proposés aux candidats suivant leur qualification.

Le *corps des professeurs des universités* comporte trois classes dont une classe exceptionnelle. Ils sont recrutés après avoir été inscrits sur une liste de qualification aux fonctions de professeur des universités, établie par le CNU. Dans les disciplines juridiques, politiques, économiques et de gestion, deux voies de recrutement sont offertes.

Dans l'enseignement secondaire

Dans les *lycées* et *collèges* exercent des enseignants appartenant à des corps différents.

• Les *professeurs agrégés* sont recrutés par concours nationaux externes et internes parmi les titulaires d'une maîtrise ou d'un diplôme équivalent. Le concours interne est réservé aux fonctionnaires de l'État, des collectivités territoriales et des établissements

qui en dépendent, à condition qu'ils aient travaillé au moins cinq ans au sein du service public. Ils exercent normalement en lycée, y compris dans les classes préparatoires aux grandes écoles et les sections de techniciens supérieurs – exceptionnellement en collège –, et peuvent être affectés dans un établissement d'enseignement supérieur. Dans le second degré, leur service est de 15 heures hebdomadaires ou 17 heures pour l'éducation physique et sportive. Le corps des agrégés comporte une classe normale et une hors-classe pour 15 % du corps.
– Les *professeurs de chaires supérieures* sont recrutés parmi les agrégés enseignant dans les classes préparatoires aux grandes écoles ayant atteint soit la hors-classe, soit le 6e échelon de la classe normale de leur corps.
– Les *professeurs certifiés* de l'enseignement secondaire et de l'enseignement technique sont recrutés par concours nationaux externes et internes.

Le CAPES externe est ouvert aux titulaires d'une licence ou d'un diplôme équivalent. Le CAPET externe est ouvert en outre aux candidats qui ont le statut de cadre depuis au moins cinq ans. Le CAPES interne est ouvert aux fonctionnaires de l'État, des collectivités territoriales et des établissements publics qui en dépendent, aux militaires de carrière et aux enseignants non titulaires des établissements d'enseignement public ou assurant un enseignement du second degré dans les classes des établissements français à l'étranger. Ils doivent justifier les uns et les autres de trois années de services publics et d'un des titres ou diplômes requis des candidats au concours externe. Le CAPET interne est ouvert aux mêmes catégories, justifiant également les unes et les autres de trois années de services publics, mais aussi d'un titre ou diplôme sanctionnant un cycle d'études postsecondaires d'au moins deux ans.

Ils exercent indifféremment en collège et en lycée. Ils peuvent être affectés exceptionnellement en établissement d'enseignement supérieur. Leur service est de 18 heures hebdomadaires. Ils sont formés pendant deux ans dont une en qualité de professeurs stagiaires en instituts universitaires de formation des maîtres (IUFM). Les professeurs d'éducation physique et sportive appartiennent à un corps distinct. Ils peuvent être affectés dans tous les établissements d'enseignement sans limitation et ont un service hebdomadaire de 20 heures.

Les corps des professeurs certifiés et des professeurs d'éducation physique et sportive comportent une classe normale et une hors-classe pour 15 % de l'effectif de la classe normale.
• Les *professeurs de lycée professionnel* sont recrutés par concours nationaux externes et internes.

Le concours externe est ouvert aux titulaires d'une licence ou d'un diplôme équivalent, aux candidats ayant le statut de cadre depuis au moins cinq ans, et, dans les spécialités professionnelles pour lesquelles il n'existe pas de licence, aux candidats justifiant de cinq années de pratique professionnelle, qui possèdent un diplôme sanctionnant deux années d'études postsecondaires.

Le concours interne est ouvert aux professeurs de lycée professionnel du premier grade justifiant de deux années de services publics, aux fonctionnaires de l'État, des collectivités territoriales et des établissements publics qui en dépendent, ainsi qu'aux enseignants non titulaires des établissements d'enseignement public relevant du ministre chargé de l'Éducation, justifiant les uns et les autres de trois années de services publics et d'un diplôme sanctionnant deux années d'études post-secondaires, enfin aux élèves professeurs recrutés par le concours d'accès au cycle préparatoire.

Le service hebdomadaire des professeurs de lycée professionnel est de 18 heures dans toutes les disciplines. Les PLP d'enseignement général sont bivalents. Ils sont formés en IUFM.

Le grade de PLP comprend une classe normale et une hors-classe pour 15 % de l'effectif de la classe normale.

Il est possible aux enseignants de corps et grade inférieurs d'accéder sous certaines conditions aux corps de professeurs agrégés, certifiés et d'éducation physique et sportive par promotion interne après l'inscription sur une liste d'aptitude.

Dans l'enseignement primaire

Dans les *écoles* exercent des instituteurs dont le recrutement a cessé en 1992 et des professeurs des écoles. Ces derniers sont recrutés par académie au titre de chacun des départements de l'académie, par concours externes, d'une part, parmi les titulaires d'une licence ou d'un diplôme équivalent ; par concours internes, d'autre part, parmi les agents titulaires et non titulaires de l'État, d'une collectivité territoriale ou d'un établissement public dépendant de l'État ou d'une collectivité territoriale, justifiant de trois années de services publics et de l'un des titres requis des candidats au concours externe, ou parmi les élèves du cycle préparatoire organisé au sein des IUFM. Il existe également un concours interne réservé aux instituteurs titulaires justifiant de trois années de services effectifs, ainsi qu'une liste d'aptitude départementale destinée aux instituteurs titulaires justifiant de cinq années de services effectifs.

Les professeurs des écoles sont formés en deux années, dont une en qualité de professeurs stagiaires en IUFM. Ils sont nommés soit en écoles maternelles, soit en écoles élémentaires. Ils ont un service hebdomadaire de 26 heures devant les élèves.

Le corps de professeurs des écoles comporte une classe normale et une hors-classe pour 15 % de l'effectif de la classe normale.

Les ressortissants des États de l'Union européenne peuvent se présenter à ces concours (1er et 2nd degrés) dans les mêmes conditions que les Français.

Autres personnels

Les personnels enseignants comprennent en outre des contractuels, des vacataires, des enseignants associés.

Dans l'enseignement privé, plusieurs cas peuvent se présenter. Dans le cadre du contrat simple, les maîtres agréés sont des salariés de droit privé. Dans les classes sous contrat d'association, les maîtres ont la qualité d'agents non titulaires de l'État. Ils sont recrutés par des concours spécifiques. Les admis au concours sont inscrits par un jury sur une liste d'aptitude. Les recteurs procèdent au recrutement des candidats inscrits sur cette liste, qui justifient de l'accord d'un chef d'établissement.

Pierre Dasté

▸ Références

Décret modifié n° 68-503 du 30 mai 1968 portant statut des professeurs de chaires supérieures.

Décret modifié n° 72-580 du 4 juillet 1972 portant statut particulier des professeurs agrégés de l'enseignement du second degré.

Décret modifié n° 72-581 du 4 juillet 1972 portant statut particulier des professeurs certifiés.

Décret modifié n° 80-627 du 4 août 1980 portant statut particulier des professeurs d'éducation physique et sportive.

Décret modifié n° 84-431 du 6 juin 1984 portant dispositions statutaires communes applicables aux enseignants-chercheurs et statut particulier du corps des professeurs des universités et du corps des maîtres de conférences.

Décret modifié n° 90-680 du 12 août 1990 portant statut particulier des professeurs des écoles.

Décret n° 92-1189 du 6 novembre 1992 relatif au statut particulier des professeurs de lycée professionnel.

▸ Bibliographie

Dasté P., *Gérer les personnels enseignants des collèges et des lycées*, Paris, Hachette Éducation, 1993.

Peretti H., *Code de l'éducation commenté, partie législative*, Paris, Berger-Levrault, 2004.

Peretti H., *Code de l'éducation commenté, partie réglementaire*, Paris, Berger-Levrault, 2004.

▸ Voir aussi

Agrégation – Concours – Conseils – Diplômes – Enseignant – Institut universitaire de formation des maîtres (IUFM) – Instituteur(trice) – Professeur.

Personnels ATOS

Sous le sigle d'« ATOS » se cachent plusieurs catégories de personnels de l'Éducation nationale : administratifs, techniques, ouvriers et de service. ATOS pourrait s'écrire avec trois S puisqu'il conviendrait d'y ajouter les personnels sociaux et de santé qui œuvrent en faveur des élèves, des étudiants et des personnels eux-mêmes.

Dans l'enseignement supérieur, on parle aussi de personnels IATOS : ingénieurs, personnels administratifs, techniques, ouvriers et de service. Ils exercent leur activité dans les différents services des établissements d'enseignement supérieur et notamment les bibliothèques, les musées, les services sociaux et de santé (voir à ce sujet l'article L.953.1) ; ils concourent aux missions de l'enseignement supérieur. Il existe aussi la catégorie des ITARF : ingénieurs, personnels techniques et administratifs de recherche et de formation.

Les ATOS sont membres de la communauté éducative et participent directement aux missions du service public de l'éducation (L 913.1 et L 111.3 modifié). Leur rôle dépasse le cadre strict de la logistique de l'action éducatrice, dans la mesure où un grand nombre d'entre eux, en contact avec les élèves et les étudiants, ont un rôle éducatif avéré.

Trop souvent identifiés négativement comme les personnels « non enseignants » de l'Éducation nationale, les ATOS regroupent en fait un peu plus de 200 000 personnes : 70 000 personnels administratifs au sens strict du terme, 100 000 ouvriers, 20 000 ingénieurs et techniciens des établissements d'enseignement supérieur, 8 000 personnels médicaux et sociaux, 600 agents de laboratoire des lycées et collèges et 300 personnels de documentation. Ils ont en charge le fonctionnement général des établissements et des services administratifs, qu'ils soient déconcentrés ou centraux.

L'unité de cet ensemble de personnels n'est pas toujours évidente à dégager. Toutefois, ils trouvent une véritable identité et voient leurs missions, pourtant variées, revêtir une réelle cohérence dès lors que l'on définit leur rôle par rapport aux élèves et aux étudiants, qui sont la finalité du système éducatif.

Une grande variété de métiers

Les métiers assurés par les ATOS sont très variés ainsi que les lieux d'exercice de leurs fonctions. On compte en effet plus de 100 métiers exercés par ces agents, dont la carrière se déroule au sein d'une soixantaine de corps de la fonction publique de l'État. C'est dans les établissements scolaires et d'enseignement supérieur que l'on retrouve le plus grand nombre d'agents et la plus grande diversité de leur activités : depuis l'administration proprement dite jusqu'à l'entretien et la maintenance en passant par le médical, le social et le laboratoire.

Les services départementaux et régionaux de l'Éducation nationale rassemblent 12 % des personnels, en quasi-totalité administratifs. L'administration centrale de l'Éducation nationale fonctionne avec moins de 4 000 fonctionnaires (moins de 2 % des agents dits administratifs et 0,04 % de l'ensemble des personnels relevant de l'Éducation nationale). Il faut aussi mentionner les aides-éducateurs et assistants d'éducation (environ 50 000) et les agents territoriaux spécialisés des écoles maternelles (ATSEM), qui participent incontestablement au fonctionnement du service public de l'éducation, bien qu'ils soient personnels communaux.

Enfin, paradoxalement, le transfert des 93 000 TOS (personnels techniques, ouvriers et de service, sans les administratifs, non concernés ici), prévu par la loi du 13 juillet 2004, dans une filière spécifique peut être l'occasion de mieux concrétiser l'affirmation de leur appartenance à la communauté éducative.

Modernisation et émergence lente d'une culture de l'encadrement

La modernisation des matériels et des méthodes, pour être véritablement efficace, doit obligatoirement s'accompagner d'une politique d'amélioration des compétences des personnels et d'élévation au niveau des qualifications. Au cours des dernières années, un effort considérable a été réalisé en matière de formation des personnels ATOS.

Une modernisation en cours

Les personnels ATOS, chacun dans leur domaine, ont vu leurs outils de travail se transformer rapidement. La micro-informatique s'est, en très peu de temps, généralisée dans les établissements et les services, accompagnée d'un développement de nouveaux outils d'information et de gestion. En association avec les collectivités locales, la restauration collective a été considérablement rénovée : les cuisines centrales se développent, les chaînes de self-service remplacent progressivement le service traditionnel. Même pour le nettoyage des locaux, domaine en apparence peu évolutif, des mutations technologiques fortes sont intervenues.

La mise en place de ces nouveaux outils a instauré de nouvelles méthodes de travail et de nouvelles organisations des services. Des équipes techniques, appelées « équipes mobiles », très spécialisées, par exemple dans le chauffage, l'électricité, les gros travaux d'entretien ou de réparation, sont prêtes à intervenir à la demande dans les établissements qui relèvent de leur secteur géographique d'intervention. Les personnels sociaux et de santé tournent de plus en plus leur action vers l'information des élèves, la formation, la prévention.

Les personnels administratifs

La modernisation du service public de l'éducation engendre une meilleure écoute des usagers, mais ne peut fonctionner dans de bonnes conditions que si chacun, au sein de l'Éducation nationale, a un rôle précis à jouer, positivement défini. Une administration plus responsable, ouverte à ses usagers et à ses partenaires, mobilisant de façon plus efficace ses ressources humaines, a exigé la mise au point de nouveaux outils et de nouvelles méthodes qui ont profondément transformé le travail des personnels administratifs.

Cette transformation doit s'intensifier avec la mise en œuvre des orientations du schéma ministériel de modernisation (SMR) et des applications de la loi organique (LOLF). Mieux connaître permet de mieux administrer mais aussi de mieux évaluer. En effet, les efforts financiers consentis en faveur de l'Éducation nationale appellent en retour une évaluation approfondie des résultats, tant dans le domaine pédagogique que dans celui de l'action administrative.

Le rapport coût/efficacité, compte tenu de l'effort de la nation pour son système éducatif, est une composante normale de l'action des personnels administratifs de l'Éducation nationale.

Vers une culture de l'encadrement

Plus largement, les personnels d'encadrement, au nombre d'environ 20 000 si on inclut les 13 000 personnels de direction des établissements scolaires et les cadres de l'administration centrale (administrateurs civils, directeurs, recteur, inspecteur d'académie, directeur des services départementaux de l'Éducation nationale, le secrétaire général), sont l'objet depuis quelques années d'un début de politique spécifique, pilotée en principe par une Direction de l'encadrement au plan du recrutement et de la formation (création en 2003 de l'École supérieure de l'Éducation nationale – ESEN), et d'une gestion plus individualisée.

Toutefois, si des progrès importants ont été notés dans le domaine de l'évaluation systémique grâce à la Direction de l'évaluation et de la prospective (DEP), l'évaluation individuelle ne progresse que très lentement pour les chefs d'établissement et balbutie encore pour les autres personnels (décret du 29 avril 2004 et arrêté du 17 novembre 2004).

Jacky Simon

▶ **Bibliographie**

DESMAISON B., SCOTTO d'ABUSCO, M. OBIN J.-P., (dir.), *Les Atos*, Paris, Hachette-Éducation, 1997.

DURAND-PRINBORGNE C., LEGRAND A., *Code de l'éducation*, Paris, Litec, 2e éd., 2005.

PERRETI H., *Code de l'éducation commenté*, Paris, Berger Levrault, 2e éd., 2004.

SIMON J., Lesage G., *Organisation et gestion de l'éducation nationale*, Paris, Berger-Levrault, 8e éd., juin 2004.

▸ Voir aussi
Agent territorial spécialisé des écoles maternelles (ATSEM) – Directeur – Établissement (Chef d') – Inspection – LOLF (appliquée à l'éducation) – Ministre de l'Éducation nationale – Recteur d'académie – Système éducatif.

Pestalozzi, Johann Heinrich (1746-1827)

Né à Zurich, le pédagogue suisse Johann Heinrich Pestalozzi peut être présenté comme celui qui a le plus adapté la pensée de Rousseau. Embrasé dans sa jeunesse par la lecture de l'*Émile,* il ne quitte pas des yeux ce « livre de rêve » jusqu'à y voir encore, au soir de sa vie, « le centre de mouvement de l'ancien et du nouveau monde en fait d'éducation », en convenant qu'incapable de penser ses contradictions, « son siècle ne l'a pas saisi » et que « les instituteurs principalement l'ont tous mal entendu ». Mais il lui faut, pour « faire produire à l'*Émile* un phénomène », prendre toute la mesure des paradoxes que le Genevois cultive à plaisir : c'est la désastreuse entreprise du Neuhof (1770-1780), où Pestalozzi tente d'articuler, autour du travail industriel, un projet pédagogique de développement de la personnalité des enfants et un projet politique de liberté dans une entreprise autogérée. L'affaire s'effondre dans la contradiction des intérêts.

Une longue réflexion, qui prend le chemin d'un roman didactique à succès, *Léonard et Gertrude* (1780-1787), puis d'un débat crucial autour du devenir de la liberté dans la Révolution française (dont Pestalozzi est fait citoyen d'honneur), enfin d'un approfondissement philosophique encouragé par Fichte, conduit Pestalozzi à la rédaction de son œuvre théorique majeure : *Mes recherches sur la marche de la nature dans l'évolution du genre humain* (1797). La société y est présentée comme le lieu d'une insatisfaction essentielle de l'homme, où son désir naturel ne cesse d'être mutilé sous la contrainte sociale, mais où l'essence de l'État se trouve dans le même temps rongée de l'intérieur par ce désir, au point d'approcher de sa dissolution. Seule la perspective morale peut permettre à l'homme de surmonter la contradiction toujours plus béante, toujours plus dramatique, entre son désir naturel et sa nécessaire mise en forme sociale : c'est à l'éducation, précisément située au point de rencontre des deux forces, que revient la tâche de réaliser une humanité qui ne peut plus espérer ni retourner à l'état de nature, ni s'installer dans un état de moralité pure, ni non plus en rester à l'état d'insatisfaction sociale. Cette grande idée hante désormais Pestalozzi : « Il n'y a, pour notre monde effondré moralement, spirituellement et politiquement, aucun salut possible, si ce n'est par l'éducation, par la formation à l'humanité, par la formation de l'homme ! »

Cette idée de *formation élémentaire* trouvera sa première réalisation pédagogique à Stans (1799), où, dans un milieu ravagé par la guerre et qui lui est complètement hostile, Pestalozzi entreprend une œuvre de régénération morale dont la *Lettre de Stans* nous raconte l'aventure et nous trace la méthode. Puis c'est à Burgdorf (1800-1803) que Pestalozzi entreprend d'élaborer une pédagogie de la « tête » à la faveur de méthodes d'apprentissage du langage, de la forme et du nombre, présentées dans l'ouvrage de 1801 : *Comment Gertrude instruit ses enfants.* Mais c'est Yverdon (1805-1825) qui voit le plein épanouissement de la méthode dans sa triple dimension de la *tête* (éducation de l'intelligence), du *cœur* (éducation morale) et de la *main* (éducation physique et industrielle). Il développe, ou fait développer par ses collaborateurs, des *moyens élémentaires* destinés à favoriser le surgissement et à stimuler l'essor de ces trois forces, dans un équilibre jamais atteint, toujours à rétablir. Pestalozzi ouvre ainsi, directement ou indirectement, pratiquement toutes les voies de la recherche pédagogique : l'apprentissage de la lecture et de l'écriture, la pédagogie des mathématiques, la gymnastique élémentaire, la pédagogie du chant, l'approche du handicap (le premier institut suisse pour enfants sourds-muets s'est créé à Yverdon). Il est étonnamment précurseur, cultivant le génie de l'équilibre dans les approches méthodiques, là où nos chercheurs spécialisés s'enferrent le plus souvent dans l'unilatéralité.

Mais sa grande force reste qu'il sait conserver à sa méthode un *esprit,* fondé sur une foi en l'éducabilité de l'homme, qui ne doit cesser de transcender toutes les méthodes et les techniques, et leur donner sens. Son dernier ouvrage, *Le Chant du cygne,* de 1826, qui peut être présenté comme son testament d'éducateur, trace ainsi les grandes lignes de ce que l'on pourrait appeler une *philosophie de la pédagogie,* articulant le monde des lois universelles qui permet de comprendre les mécanismes de la nature humaine, le monde des circonstances et des situations qui déterminent l'individu dans ce qu'il garde de radicalement rétif à toute généralisation, et le sens d'une pratique pédagogique qui s'efforce de jeter le pont entre les deux mondes, mais sans jamais pouvoir combler vraiment le fossé qui les sépare. Pestalozzi aboutit ainsi à ancrer le pédagogue dans une *sagesse* dont il est, après bien des tourments, des interrogations et des révisions de ses certitudes les plus chères, l'incarnation la plus sereine dans la dernière période de son existence.

Michel Soëtard

▶ **Bibliographie**

Principales œuvres de Johann Heinrich Pestalozzi :

« Journal de Pestalozzi sur l'éducation de son fils Jakob » (1745), in *Études Jean-Jacques Rousseau*, revue annuelle, 1992, p. 5-33.

Écrits sur l'expérience du Neuhof (1773-1780), Berne, Peter Lang, 2001.

Mes recherches sur la marche de la nature dans l'évolution du genre humain (1797), Lausanne, Payot, 1994.

Lettre de Stans (1799), Genève, Éd. Zoé, 1996.

Comment Gertrude instruit ses enfants (1801), Albeuve, Castella, 1985.

Principales œuvres sur Johann Heinrich Pestalozzi :

De Guimps R., *Histoire de Pestalozzi, de sa pensée et de son œuvre*, Lausanne, Georges Bridel, 1874.

Guillaume J., « Pestalozzi », *in* Buisson F., *Dictionnaire de pédagogie et d'instruction primaire*, Paris, Hachette, I, 2, 1887, p. 2283-2358.

Pinloche A., *Pestalozzi et l'éducation populaire moderne*, Paris, Alcan, 1902.

Soëtard M., « Johann Heinrich Pestalozzi », *in* Houssaye J. (éd.), *Quinze pédagogues, leur influence aujourd'hui*, Paris, Bordas, 2000, p. 37-50.

Soëtard M., *Pestalozzi*, Paris, PUF, coll. « Pédagogues et pédagogies », 1995.

Soëtard M., *Qu'est-ce que la pédagogie ? Le pédagogue au risque de la philosophie*, Issy-les-Moulineaux, ESF, 2001.

▶ **Voir aussi**

Cognitive (Éducation) – Éducation nouvelle – Pédagogie – Philosophie de l'éducation – Rousseau, Jean-Jacques.

Petite enfance (Personnels de la)

L'appellation « personnel de la petite enfance » désigne l'ensemble des personnes salariées (presque exclusivement des femmes) participant à l'accueil, à l'éducation et aux soins des enfants âgés de 0 à 6 ans. On distingue ainsi les professionnel(le)s du champ scolaire (professeurs des écoles et agents spécialisés des écoles maternelles), les personnes chargées de la garde ou de l'accueil éducatif des jeunes enfants (puéricultrices, éducatrices de jeunes enfants, auxiliaires de puériculture, assistantes maternelles), les personnels spécialisés intervenant en cas de difficultés particulières (éducateurs, rééducateurs, etc.), notamment à partir de centres d'action médico-sociale précoce (CAMSP).

Une scolarisation précoce

En France, la quasi-totalité des enfants de 3 à 6 ans et plus du tiers des enfants de 2 à 3 ans fréquentent une école maternelle. Cette scolarisation précoce, exceptionnelle en Europe, et la centration de l'école maternelle sur des tâches d'éducation et de socialisation expliquent largement le faible développement de programmes de compensation, d'intervention précoce, etc., qui, dans d'autres pays occidentaux, sont mis en œuvre quasi exclusivement en direction des jeunes enfants des classes sociales ou des quartiers défavorisés ou très défavorisés.

Le rôle éducatif de l'institutrice d'école maternelle, ou plus récemment du professeur d'école préélémentaire, est confirmé par la présence de personnels auxiliaires (agents territoriaux spécialisés des écoles maternelles) rémunérés par les municipalités et chargés des tâches spécifiques inhérentes au jeune âge des enfants (aide pour s'habiller et se déshabiller, aller au toilettes, change éventuel).

Des modes d'accueil collectif ou individuel développés

Avant l'entrée à l'école préélémentaire, les jeunes enfants français font pour la plupart l'objet d'accueil de jour hors de la famille quelques semaines après leur naissance, tandis que leur mère reprend son activité professionnelle. Malgré un décalage entre l'offre d'accueil éducatif et l'attente des familles et sans mésestimer l'aide informelle qui repose en très grande partie sur les grands-parents, jusqu'à leur 3e année, les jeunes enfants sont confiés à la garde soit d'auxiliaires de puériculture dans les crèches collectives ou dans certaines crèches parentales, soit d'assistantes maternelles regroupées en crèches familiales.

Quantitativement, le mode d'accueil individuel reste le plus important. L'assistante maternelle, anciennement appelée « nourrice », qui accueille quelques enfants à la journée, à son domicile, est considérée depuis 1977 comme une professionnelle, même si son appartenance à l'univers des travailleurs sociaux est encore discutée. Les assistantes maternelles bénéficient d'un agrément décidé par une commission pluriprofessionnelle, d'une formation depuis la loi de 1992 (60 heures minimum) et d'un encadrement assuré le plus souvent par une puéricultrice, un médecin pédiatre et une assistante sociale. La réforme de leur statut en 2004 a conduit à distinguer les 300 000 assistantes maternelles (à titre non permanent) qui accueillaient à la journée 740 000 enfants de moins de 6 ans, dont près de 500 000 de moins de 3 ans, des 42 000 assistantes maternelles à titre permanent, nouvellement appelées « assistantes familiales », qui accueillaient 65 000 enfants en 2002 dans le champ de la protection de l'enfance. En distinguant deux métiers fondamentalement différents, cette réforme a entre autres visées l'amélioration du statut des assistantes maternelles, qui conservent leur appellation sur plusieurs plans (agrément, formation, droit du travail, etc.), afin, notamment, de résorber le nombre de celles, encore assez nombreuses, qui exercent leur activité « au noir ».

Des lieux d'exercice diversifiés

Les professionnelles de la petite enfance peuvent exercer leur activité dans des champs variés. Ainsi, les 12 000 puéricultrices (infirmières ayant reçu une année de formation supplémentaire de spécialisation) peuvent exercer en maternité, en service hospitalier de pédiatrie, mais aussi dans les pouponnières à caractère médical et/ou social. Elles peuvent enfin être directrices de crèche, ou encore responsables de centre de protection maternelle et infantile où elles assurent des visites à domicile, pré- et postnatales, et animent des activités très variées en direction des mères et de leurs jeunes enfants. De même, les 20 000 auxiliaires de puériculture assurent les soins quotidiens auprès des enfants, sous la responsabilité des puéricultrices dans les divers contextes énumérés précédemment.

Progressivement, le développement des activités éducatives a permis l'émergence d'autres catégories de professionnelles, en particulier les 10 000 éducatrices de jeunes enfants qui interviennent en complémentarité, voire parfois en concurrence, avec des puéricultrices dans des pouponnières, des crèches ; les éducatrices sont plus nombreuses dans les jardins d'enfants privés ou encore les haltes-garderies. Le décret du 1er août 2000 relatif aux établissements d'accueil des enfants de moins de 6 ans rénove la réglementation en vigueur et réoriente l'action des professionnelles : reconnaissance des structures parentales et du multi-accueil, primat du socio-éducatif se traduisant par la possibilité accordée aux éducatrices de jeunes enfants de diriger certaines structures, action éducative non plus focalisée seulement sur l'accueil du jeune enfant mais visant également un soutien à la parentalité dans une perspective de renforcement du lien parent/enfant et dans un souci de maintien de la cohésion sociale.

Parmi les professionnelles de la petite enfance, il convient d'évoquer les personnels spécialisés prenant en charge ou intervenant en cas de difficulté médico-sociale ou psychologique. Les différents travailleurs sociaux mais aussi les psychologues, pédiatres et pédopsychiatres peuvent intervenir pour aider la famille dans des consultations ou des actions éducatives au sein des familles, ou encore par la prise en charge directe de l'enfant dans des institutions spécialisées : pouponnières sociales ou médicales, centres d'action médico-sociale précoce (CAMSP) et services de soins et d'éducation spéciale à domicile en direction des enfants handicapés (SSESD).

Des professionnelles du maternage ?

Même si l'activité de garde des enfants est fréquemment confiée à des non-professionnelles (amies, voisines), mais aussi à des jeunes filles rémunérées à l'heure (baby-sitting), la question fondamentale est celle de la professionnalisation des activités de maternage. On peut ainsi souligner que la féminisation quasi totale de ces activités conduit à ce que la prise en charge éducative des jeunes enfants, si elle n'est plus exclusivement familiale, reste l'apanage des femmes : cette activité a été longtemps la tâche exclusive de la mère, aidée dans certains milieux par des domestiques, ou suppléée par une nourrice ; une grande partie de ces activités est aujourd'hui assurée par d'autres femmes que la mère, dans des contextes institutionnels extrafamiliaux.

La nature de l'activité mise en œuvre est en quelque sorte problématique. Les personnels de formation paramédicale insisteront sur la dimension de soins aux enfants, en incluant sous ce terme les traitements médicaux (en anglais *cure)* et les soins du corps (en anglais *care)*, alors que les éducatrices insisteront sur les dimensions d'éducation et de socialisation, mais aussi de développement, d'épanouissement personnel et social. De plus en plus, l'école préélémentaire met l'accent sur les apprentissages, quitte à entendre sous ce terme des activités de socialisation parfois très peu « scolaires ».

Il faut souligner, enfin, le statut très modeste des personnels ayant directement en charge les jeunes enfants dans les activités quotidiennes au jour le jour : assistantes maternelles, auxiliaires de puériculture, agents de service spécialisés de l'Éducation nationale. Alors que les cadres et les spécialistes bénéficient d'une formation importante de plusieurs années après le baccalauréat, la formation des personnels en présence directe et ininterrompue avec les enfants reste rudimentaire, en dépit d'un processus de professionnalisation de plus en plus prégnant.

Paul Durning
Dominique Fablet

▶ Bibliographie

Bloch F., Buisson M., *La Garde des enfants, une histoire de femmes : entre don, équité et rémunération*, Paris, L'Harmattan, 1998.

Bouve C., *Les Crèches collectives : usagers et représentations sociales*, Paris, L'Harmattan, 2001.

Fablet D. (coord.), *Professionnel(le)s de la petite enfance et analyse de pratiques*, Paris, L'Harmattan, 2004.

Luc J.-N., *L'Invention du jeune enfant au xixe siècle : de la salle d'asile à l'école maternelle*, Paris, Belin, 1997.

Sellenet C., *Assistantes maternelles : qui êtes-vous ?*, Paris, Prospages Éditions, 2003.

Sellenet C., *Les Puéricultrices au cœur de l'enfance*, Révigny, Éd. Hommes et perspectives, 2002.

▶ Voir aussi

Agent territorial spécialisé des écoles maternelles (ATSEM) – Crèche – École maternelle – Éducation spécialisée (Personnels de l') – Familiale (Éducation) – Instituteur(trice) – Interventions socio-éducatives – Jardin d'enfants – Préscolaire – Relation Famille/École.

Philosophie (Enseignement de la)

La philosophie est une interrogation sur les principes, le sens et les valeurs qui fondent le rapport de l'homme au monde, à autrui et à lui-même ; une tentative de réponse rationnelle pour comprendre et agir.

La philosophie, comme discours rationnel distinct du langage mythique, apparaît dans le bassin méditerranéen au VIe siècle avant J.-C. et s'épanouit avec Socrate dans la démocratie grecque, où l'on argumente. La science, qui lui est intimement liée à l'origine dans cette recherche du savoir, s'en distinguera progressivement dans l'histoire ; ses différentes branches revendiqueront peu à peu l'autonomie de leur forme spécifique de rationalité.

L'histoire de la philosophie, sous les auspices par exemple de la sagesse antique (Platon et Aristote, l'épicurisme et le stoïcisme), de la rationalisation théologique du Moyen Âge (saint Augustin, saint Thomas d'Aquin), de l'humanisme de la Renaissance, de la philosophie des droits de l'homme du XVIIIe siècle (Rousseau, Kant), du soupçon porté par la modernité sur le travail aliéné (Marx), les valeurs démystifiées (Nietzsche), le désir refoulé (Freud), etc., ponctue de grands moments cette passion de comprendre et de donner sens à sa conduite.

Il est cependant contesté aujourd'hui qu'il n'y ait, quant à son origine, sa nature et son développement, de philosophie qu'occidentale, et que l'histoire de la pensée doive exclure comme abus de langage, de par sa visée spécifique de rationalité, les vocables de philosophies hindoue ou chinoise par exemple, d'autant que même en Occident il y a des philosophes de la métaphore (Nietzsche) et pas seulement du concept.

Un lien très étroit entre la philosophie et son enseignement a toujours existé, comme si la pensée, dans sa visée de légitimation par l'universalité, se devait non seulement d'être communicable et éprouvée dans la confrontation, mais communiquée et partagée pour son accès à la vérité, à la vertu ou au bonheur. Les philosophes de l'Antiquité par exemple font école : Zénon au Portique, Platon à l'Académie, Aristote au Lycée, Épicure au Jardin, etc. C'est à l'école de la philosophie et des Écritures que l'on devient intellectuel au Moyen Âge, c'est-à-dire théologien. La formation de l'honnête homme du XVIIe siècle fait de la philosophie, avec les belles-lettres, le fondement de l'humanisme.

L'enseignement de la philosophie en France

La France accorde à cette discipline un crédit particulier dans son enseignement. Elle se pratiquait avant la Révolution les deux dernières années des collèges royaux. Elle s'installe progressivement au XIXe siècle, sous une surveillance constante du pouvoir politique, dans la dernière année des lycées, en latin, puis en français. Stabilisée par l'éclectisme de Victor Cousin, elle est supprimée une dizaine d'années sous Napoléon III puis, rétablie, elle triomphe sous la génération des « professeurs-philosophes » de la IIIe République (Lagneau, Alain, etc.). C'est l'époque du mythe de « l'âge d'or » de la classe de philosophie : la discipline, dans un solide environnement scientifique (jusqu'à neuf heures en 1880), y trône comme couronnement réflexif des études secondaires, éducatrice de l'homme et du citoyen, apprentissage de la liberté par l'exercice critique de la raison. Les professeurs, dont le cours est une « œuvre », se doivent d'être de véritables maîtres qui pensent devant les élèves pour leur apprendre à penser. La circulaire de 1925 d'A. de Monzie reste le monument qui canonise le paradigme de son enseignement sous la forme de la « leçon », sur fond de liberté méthodologique et doctrinale.

Mais cette étoile pâlit progressivement après la Seconde Guerre mondiale : recul de l'enseignement scientifique dans la classe de terminale littéraire, tendance à la diminution de ses effectifs, perte de la fonction de sélection sociale et fuite des meilleurs élèves vers la filière scientifique. Au fur et à mesure que se créent de nouvelles séries du baccalauréat, la philosophie est introduite, mais en horaire restreint et coefficient faible : deux heures par exemple au baccalauréat technologique avec le plus faible coefficient. En 1986, le baccalauréat professionnel sera même créé sans cette matière. Le basculement du référent humaniste vers un modèle sociétal économique, technique et scientifique pousse la philosophie, pourtant historiquement promue par de grands savants, vers les matières « littéraires ». Le consumérisme scolaire de l'efficacité des études pointe sèchement dans les représentations sociales son inutilité professionnelle.

La France garde aujourd'hui, malgré plusieurs projets avortés (Pétain avait menacé la matière, Haby voulait la rendre facultative en 1975), cette originalité souvent relevée, et imitée dans certains pays francophones, d'enseignement obligatoire de deux à huit heures de philosophie par semaine en terminale (mais elle commence en seconde en Espagne et en Italie).

Ses programmes consistent en une liste de « notions », de « problèmes » et, depuis 2001, de « repères », dont le nombre varie selon l'horaire des sections, et une liste d'auteurs de l'Antiquité à Lévinas (uniquement des auteurs disparus), qui doivent être étudiés à partir de problèmes, car il s'agit d'apprendre à penser par soi-même. L'examen comprend à l'écrit une épreuve de quatre heures où le candidat choisit entre trois sujets : deux questions et un commentaire de texte. À l'oral éventuel, il devra expliquer un fragment d'une œuvre étudiée dans l'année.

Les difficultés d'enseigner la philosophie aujourd'hui

Pour comprendre les débats récents sur l'enseignement de la philosophie, il faut souligner que la philosophie et son enseignement s'alimentent d'une double tension.

– Une *tension interne* : la philosophie dans son histoire est une (auto-)critique permanente où des doctrines divergentes prétendent chacune à la seule légitimité. Par exemple Kant affirme que l'on n'apprend pas la philosophie (qui est une « idée » non réalisée, parce que le fond des choses est inaccessible), mais à philosopher. Hegel lui oppose celle d'un savoir objectif que l'on peut s'approprier. Il y a ainsi un lien étroit entre telle théorie de la connaissance et telle théorie de l'enseignement ou de l'apprentissage. À la pédagogie de la vérité de Platon, axée sur l'idée comme objet de connaissance réelle, Rousseau répond par une pédagogie de la liberté du sujet façonnant son savoir. Les philosophes divergent donc entre eux sur la manière dont on peut apprendre et dont il faut enseigner : par exemple, apprendre du maître la vérité révélée par l'absolu du discours (Hegel), ou se construire soi-même ses propres valeurs (Nietzsche). Il existe plusieurs paradigmes organisateurs selon les pays et les moments : doctrinal-idéologique (ex-URSS), historique (Italie), problématique (France), praxéologique (cours de morale laïque en Belgique), etc.

– Une *tension externe* de la philosophie dans son rapport aux institutions, en particulier celle où elle s'enseigne. D'un côté, sa recherche, contrairement par exemple à l'art, à la technologie ou au sport, ne survit que par le système d'enseignement : elle revendique donc son institutionnalisation par une pression corporative, quitte à être récupérée en appareil idéologique d'État (servante de la faculté de théologie au Moyen Âge, régente de l'ordre bourgeois dans la monarchie restaurée ou la république des notables). Mais, d'un autre côté, en tant que libre exercice de la pensée, elle peut critiquer les fondements ou l'évolution de telle institution (Socrate fut mis à mort par une démocratie !).

Cette double tension amène, dans la décennie post-1968, le Groupe de recherche sur l'enseignement de la philosophie (GREPH) à dénoncer, avec des référents freudo-marxistes, la métaphore du couronnement de l'enseignement philosophique, sa prétention à un surplomb métadisciplinaire, et à proclamer la nécessité de banaliser cette matière et d'élaborer une progressivité pluriannuelle dans son apprentissage. Mais la proposition, formulée dans le rapport Derrida-Bouveresse, d'enseigner la philosophie dès la classe de première est rejetée par l'institution.

Ce débat s'est depuis poursuivi sur fond d'un malaise croissant de l'enseignement philosophique. La dévalorisation de sa place symbolique dans l'école s'accompagne d'une dégradation des conditions de travail des maîtres de l'enseignement technique. Mais surtout, la démocratisation de l'accès au lycée, dans les années 1980, signe l'avènement d'un « enseignement philosophique de masse ». Il n'y a plus chez les « nouveaux lycéens » (Dubet) la maîtrise préalable de la langue et de la culture qui assurait jusque-là, par sélection scolaire, donc sociale, la connivence d'adhésion à des cours magistraux très abstraits.

Mais s'était développée, dans les années 1980, chez les philosophes médiatisés et les gardiens de l'institution, une violente critique de l'*aggiornamento* pédagogique qui a accompagné la mise en place du collège unique et atteint le lycée : la « démagogie pédagogiste » trahirait les fins de l'école, en bradant, par la prise en compte des différences et des méthodes actives, les exigences du niveau et de l'universalité de la culture.

Une réflexion pédagogique, qui est institutionnellement revendiquée en 1998 par l'Association pour la création d'instituts de recherche sur l'enseignement de la philosophie (ACIREPH), lors de la discussion sur de nouveaux programmes, s'imposerait donc. En conséquence, la tension ne cesse de croître entre le modèle traditionnel de la leçon de philosophie et la fraction du public nouvellement scolarisé. Le débat se déplace alors de la critique idéologique interne du GREPH des années 1970, puis de la critique antipédagogique externe des années 1980, à une nouvelle polémique interne sur la didactique de la philosophie dans les années 1990.

Quelle didactique pour la philosophie ?

L'enjeu actuel de l'enseignement philosophique est le défi de l'apprentissage du philosopher par une quasi-classe d'âge. Mais peut-on enseigner à une masse comme on le faisait jadis aux « héritiers » ? Depuis les années 1970, d'autres disciplines confrontées à ce problème (comme les mathématiques autour des IREM) ont renouvelé leur didactique. La philosophie est l'une des dernières matières à se didactiser, sans doute à cause de sa place en fin de cursus et d'une tradition antipédagogiste.

Depuis 1990, on peut distinguer trois courants différents :

• Pour le premier, c'est la condition même de possibilité d'une didactique de la philosophie qui fait problème (Muglioni), car cette discipline, en tant qu'éveilleuse de la liberté de l'esprit par son mouvement propre, est en elle-même intrinsèquement didactique. Attendre d'une didactisation de la matière ce qu'elle possède déjà ne pourrait qu'altérer la tradition spécifique de son enseignement.

• Pour le deuxième, cette didactique est à construire, car le sens du discours philosophique ne se réduit pas pour l'élève au simple déploiement conceptuel du maître, mais émerge du rapport de sa liberté à la vérité. Il faut donc médiatiser cet accès. Mais, pour l'équipe de l'INRP (Raffin), cette didactique doit trouver son fondement dans la philosophie elle-même, pour échapper à tout réductionnisme de la pensée, à toute subordination de la philosophie aux sciences humaines, aux sciences de l'éducation en particulier.

• Quant au troisième courant, qui se veut novateur (GFEN), il pense que la philosophie, dans la mesure où elle est une matière enseignée, doit être didactisée par la confrontation entre les exigences spécifiques de son champ disciplinaire et les recherches récentes en sciences humaines.

Michel Tozzi définit cette élaboration didactique comme « une tentative pour clarifier et optimiser les processus possibles de l'apprentissage du philosopher et de son enseignement dans le cadre d'une initiation scolaire ». Elle pourrait s'énoncer comme un bricolage, au sens non péjoratif de Lévi-Strauss, entre des finalités éthiques (le droit à la philosophie pour tous, le postulat de l'éducabilité philosophique de tous), des présupposés philosophiques (une théorie de la connaissance où le sujet construit librement son accès au savoir), des emprunts scientifiques évolutifs (théories de l'apprentissage et des représentations, de la différenciation méthodologique, de l'évaluation formative) et des essais sur le terrain.

L'apprentissage du philosopher se déclinerait didactiquement en trois opérations intellectuelles, à la fois spécifiques et solidaires dans le mouvement d'un esprit impliqué dans son rapport à la vérité pour penser son rapport au monde, à autrui, à lui-même : la conceptualisation de notions, la problématisation de certitudes et de questions, l'argumentation de doutes et de thèses. Chacun de ces processus doit être travaillé par lui-même, mais chacun étant lié aux deux autres, il s'agit de les articuler en une pensée vivante dans des tâches complexes, comme la dissertation, le dialogue oral ou écrit, la lecture d'œuvres et fragments, etc. Un texte philosophique peut didactiquement se donner à voir comme une articulation originale de ces processus, et la tâche scolaire consiste à repérer les biais de cette articulation. De même, la philosophicité d'une discussion dépend de la mise en œuvre de ces processus dans les échanges.

L'intérêt, mais aussi les limites d'une telle didactique, est de clarifier les conditions d'apprentissage du philosopher à un stade d'initiation, en essayant de rendre possible, mais sans jamais pouvoir le rendre nécessaire, l'acte du philosopher, qui restera toujours de l'entière responsabilité de l'apprenti philosophe. L'enseignant, par sa double compétence en philosophie et en didactique, que doit lui donner une formation profondément renouvelée, est en ce sens un facilitateur, dont les dispositifs, y compris le cours magistral, peuvent aider, mais ne tiendront jamais lieu de « presse-bouton » de la pensée.

Deux phénomènes nouveaux, qui donnent lieu depuis 2000 à de nombreux colloques et publications, sont venus enrichir cette tentative de renouvellement didactique, en relançant la question de la définition du philosopher : d'une part, l'émergence du mouvement des cafés-philo, inauguré par M. Sautet en 1992, qui repose la question de la pratique de la philosophie et de la responsabilité du philosophe dans la cité ; d'autre part, le développement significatif, depuis 1996, de nouvelles pratiques philosophiques à l'école élémentaire, dans les collèges (notamment les SEGPA) et en lycée professionnel. La dominante discussionnelle de ces pratiques interroge le modèle classique de l'enseignement philosophique.

Michel Tozzi

▸ Bibliographie

ACIREPH, *Enseigner la philosophie aujourd'hui : pratiques et devenirs*, CNDP, 2001.

ACIREPH, *Les Connaissances et la pensée*, actes du colloque, 24-25 oct. 2002, Rosny-sous-Bois, Bréal, 2003.

APPEP, « Réflexions sur l'enseignement de la philosophie », *L'Enseignement philosophique*, janv.-fév. 2004.

CALSCHI E. (dir.), *Philosopher au café : ouverture et recherche de sens*, 3e colloque international, 22-24 nov. 2002, Durfort, La Gouttière, 2003.

GRATALOUP N. (dir.), *Pratiques de la philosophie,* 9 numéros, Ivry-sur-Seine, GFEN.

GREPH, *Qui a peur de la philosophie ?*, Paris, Flammarion, 1977.

POUCET B., *Enseigner la philosophie : histoire d'une discipline d'enseignement (1860-1990)*, Paris, CNRS, 1999.

RAFFIN F. *et al.*, *La Dissertation philosophique*, Saint-Fons/Paris, INRP/CNDP/Hachette, 1994.

RAFFIN F. *et al.*, *La Lecture philosophique*, Paris, INRP/CNDP/Hachette, 1995.

RAFFIN F. *et al.*, *Usages des textes dans l'enseignement philosophique*, Saint-Fons/Paris, INRP/CNDP/ Hachette, 2002.

RAYOU P., *La « Dissert de philo » : sociologie d'une épreuve scolaire*, Rennes, PUR, 2002.

TOZZI M., « Contribution à l'élaboration d'une didactique de l'apprentissage du philosopher », *Revue française de pédagogie*, n° 103, 1993, p. 19-31.

TOZZI M. *et al.*, *L'Éveil de la pensée réflexive à l'école primaire*, Languedoc-Roussillon, CRDP/Hachette, 2001.

YOULOUNTAS Y. (dir.), *Comprendre le phénomène café-philo*, Durfort, La Gouttière, 2002.

▸ Voir aussi

Abstraction – Culture générale – Didactique – Dissertation – Épistémologie – Philosophie de l'éducation – Raisonnement – Valeurs.

Philosophie de l'éducation

Objet problématique autant qu'enjeu polémique, la philosophie de l'éducation souffre à coup sûr, dans le contexte français du moins, d'une situation de « porte-à-faux » institutionnel entre le champ philosophique et le champ pédagogique. D'un côté, la philosophie de l'éducation « appartient » de plein droit à la philosophie comme discipline fondamentale, dont elle met en œuvre les approches, les modes de pensée, les procédures spécifiques. De l'autre, elle a historiquement partie liée avec la pédagogie comme « théorie pratique », dans laquelle les apports de la réflexion sont organiquement liés à l'expérience enseignante, tandis que, dans la période récente, le développement cumulatif, au titre des « sciences de l'éducation », de savoirs « positifs » issus de la recherche, introduit de nouvelles exigences et de nouveaux clivages. Selon son lieu d'ancrage institutionnel (par exemple département universitaire de philosophie, département de sciences de l'éducation ou institution de formation des enseignants), selon le statut, les fonctions, les compétences de ceux qui la produisent ou qui l'enseignent et selon le type de rapport que ceux-ci entretiennent avec les représentants d'autres disciplines, la philosophie de l'éducation peut présenter ainsi d'importantes variations de forme.

Modes d'approche, méthodes, fonctions

De manière très générale et quasiment « tautologique », on peut définir la philosophie de l'éducation comme l'application aux questions d'éducation des ressources, outils d'analyse et modes d'approche typiques de la philosophie. Mais qu'est-ce à dire ? De quelles ressources, de quels outils, de quels modes d'approche s'agit-il ? Aujourd'hui, c'est bien souvent en termes de réflexion, clarification, élucidation, problématisation, conceptualisation que l'on désigne les compétences propres du philosophe et les tâches propres de la philosophie. La philosophie se donne ainsi comme un discours « second », une pensée « de second ordre » ou « au second degré », quelque chose comme un « métalangage » ou un « métasavoir ». Il est vrai que la philosophie ne saurait se définir ou se construire « dans l'absolu » : elle fonctionne toujours, lors même qu'elle revendique la fraîcheur des premiers commencements et des premiers étonnements, en référence à un monde de culture (savoirs, pratiques, symboles) plus vieux, plus « immédiat » ou plus « spontané » qu'elle. Mais il faut reconnaître aussi que ces caractérisations demandent à leur tour à être clarifiées et problématisées, en fonction des différents objets, paradigmes théoriques ou contextes institutionnels et culturels possibles du travail philosophique. En l'occurrence, en ce qui concerne la philosophie de l'éducation, plusieurs cas de figure peuvent se présenter.

Une première tension peut être identifiée entre une conception de la philosophie de l'éducation comme « bien commun », savoir ouvert et compétence virtuellement universelle et une insistance sur son caractère de « discipline savante » relevant, au même titre que toutes les autres, de la compétence de « professionnels » et de spécialistes. L'opposition est bien marquée par Olivier Reboul, qui demande : « Qui, aujourd'hui, pratique la philosophie de l'éducation ? Est-elle réservée à un corps de spécialistes ? En un sens, chacun la pratique du moment qu'il s'interroge sur les fins de l'éducation. Dès qu'un éducateur réfléchit sur le sens de son entreprise, dès qu'il se demande pourquoi, ou, mieux, pour quoi il fait ce qu'il fait, il philosophe. Que peut donc apporter la philosophie des "spécialistes" ? Une seule chose, mais à vrai dire essentielle, la méthode » (*La Philosophie de l'éducation*, 1989). La même opposition entre une conception « ouverte » et une conception plus étroitement « professionnelle » se retrouve dans le contexte anglophone (Ericson, 1992 ; Phillips, 1994), où l'on retiendra notamment la différenciation opérée par Soltis (1982) entre trois perspectives, qui correspondent respectivement à la sphère personnelle (au sens où l'on dit que quelqu'un peut avoir « sa propre philosophie », son propre « credo » concernant les questions d'éducation), à la sphère publique (conceptions qui s'expriment à l'occasion des débats publics sur l'éducation ou qui sous-tendent les politiques éducatives et les pratiques pédagogiques), enfin à la sphère « professionnelle », laquelle suppose la connaissance d'une littérature spécialisée et la maîtrise de techniques ou d'approches méthodologiques spécifiques. Mais de quelles méthodes ou approches s'agit-il ? Olivier Reboul (*op. cit.*) fait référence à cinq d'entre elles, qui sont, respectivement, l'histoire de la philosophie, la réflexion sur les sciences de l'éducation, l'analyse logique (interrogation sur les pièges mais aussi les ressources du langage ordinaire dans un but d'élucidation), l'argument *a contrario* (procédure de fondation ou de justification indirecte d'une thèse ou d'une valeur, à partir de ce qui passe généralement pour inacceptable) et la dialectique (comme mise en confrontation de thèses contradictoires et essai de dépassement). Une autre manière de caractériser la philosophie de l'éducation consiste à s'interroger sur les fonctions qu'elle est susceptible de remplir dans tel ou tel contexte. Dans son article « Les Valeurs et l'éducation » (1989), Olivier Reboul la définit comme étant « à la fois l'épistémologie qui interroge les sciences de l'éducation et l'axiologie qui les prolonge », ajoutant que la philosophie est « avant tout travail d'élucidation ». Ces formulations peuvent être mises en parallèle avec « les trois fonctions de la philosophie de l'éducation » identifiées par Guy Avanzini (1994) ou par Michel Fabre (1999), à savoir une fonction « épistémologique », une fonction « élucidatrice » et une fonction « normative » (Avanzini) ou « axiologique » (Fabre). Mais ces trois fonctions revêtent-elles la même importance, ont-elles la même portée ou le même statut ?

Une fonction épistémologique ?

La fonction d'« épistémologie des sciences de l'éducation » est certainement celle des trois qui a la portée la moins générale, la plus dépendante d'un contexte institutionnel récent et la plus discutable. À proprement parler, on ne saurait faire l'épistémologie de ce qu'on ne connaît pas ou qu'on connaît mal. L'épistémologie, dès lors qu'elle cherche, selon les termes d'Avanzini, à « identifier le statut » et à « évaluer la validité et les conditions de pertinence » des savoirs produits dans le cadre d'une discipline, suppose une vraie culture scientifique, une connaissance « de l'intérieur » des théories et des méthodes caractéristiques de cette discipline. S'il est déjà difficile de faire l'épistémologie d'une seule discipline, qu'en sera-t-il dès lors qu'on prétendra prendre en considération plusieurs, voire même l'ensemble de celles qui constituent aujourd'hui l'éventail diversifié des « sciences de l'éducation » ? Et cependant aussi bien l'exigence de pertinence (par rapport notamment aux fins pratiques de la pédagogie) que l'exigence de cohérence qui se manifestent régulièrement dans ce champ pluriel méritent d'être prises en considération. On sait que c'est souvent au « philosophe » qu'est confiée, dans les départements d'éducation ou les institutions de formation des enseignants, cette tâche, sinon d'intégration, du moins de coordination ou de mise en perspective des savoirs. Cette fonction « synoptique » et critique, pour laquelle le philosophe est sollicité en raison de ses compétences supposées d'« intellectuel généraliste », ne peut cependant être confondue ni avec une approche épistémologique au sens strict ni avec ce qui constitue, historiquement et conceptuellement, l'apport le plus spécifique et le plus substantiel de la philosophie.

Une fonction d'élucidation réflexive

Qui pourrait contester que la philosophie soit « avant tout travail d'élucidation » ? On pourrait objecter que toute connaissance, toute science, dès lors qu'elle comporte une dimension théorique, apporte aussi une dose d'élucidation en augmentant l'intelligibilité du monde. Mais ce n'est pas en ce sens qu'on emploie habituellement le verbe « élucider ». Faire une découverte, produire des connaissances nouvelles, vérifier une théorie, ce n'est pas la même chose qu'élucider. L'élucidation implique l'idée d'une opacité préalable, d'un voile qu'il faut dissiper ou déchirer, mais aussi l'idée d'une vérité qui est en quelque sorte « déjà là », présente ou latente derrière le voile. L'élucidation appartient au registre de l'herméneutique plutôt que du savoir positif. Elle s'intéresse moins aux faits, aux lois et aux causes qu'aux significations. En quoi consiste donc la fonction (spécifiquement) « élucidatrice » de la philosophie de l'éducation ? De la littérature récente ressort en fait l'existence d'une sorte de polarisation entre ce qu'on pourrait appeler une posture « analytique », qui entend « élucidation » dans le sens de clarification du vocabulaire, analyse du langage en vue de dissiper les confusions sémantiques, les paralogismes et les fausses questions, et une posture plus proprement « herméneutique », qui entend « élucidation » dans le sens d'interprétation des signes, dévoilement des implications et des significations « profondes » des situations et des pratiques aussi bien que des discours. « Pénétrer au sein des systèmes éducatifs repérables dans le temps et l'espace, pour en discerner la signification et dégager les implications de leur fonctionnement comme du discours qu'ils tiennent sur eux-mêmes, les valeurs que, clairement ou non, délibérément ou non, ils poursuivent, enfin la vision de l'homme et de sa destinée qui les anime », ces formulations de Guy Avanzini (1994) caractérisent assez bien cette seconde approche. On pourrait, inversement, considérer comme une illustration forte de la première posture la contribution de Nanine Charbonnel (1988) qui, après s'être employée à « déconstruire » le discours plein de confusions conceptuelles, contradictions logiques, faiblesses théoriques et « mollesses de raisonnement » des fondateurs de la « science de l'éducation » à la française, assigne à la philosophie de l'éducation, en référence au « criticisme » kantien et à l'opposé de toute prétention à une quelconque visée axiologique ou herméneutique, un rôle exclusif d'analyse des « illusions transcendantales » et des « antinomies » de la Raison pédagogique. Mais on peut concevoir aussi la fonction analytique et réflexive de la philosophie de façon moins « restrictive ». Pour Olivier Reboul par exemple, l'analyse logique, « qui décèle les valeurs investies dans le langage courant et permet de les élucider », peut en fait « nous servir de guide, ce qu'on peut dire étant la norme de ce qu'on doit faire » (article cité), ce qui veut dire que la compétence logique ne saurait être complètement séparée de la compétence normative. Il en va de même en ce qui concerne « l'explicitation des fondements et des fins », objet de la « démarche d'éclaircissement radical », « appuyée sur une analyse conceptuelle sans concessions », que Marcel Gauchet (*in* Blais, Gauchet, Ottavi, 2003) attend d'une véritable « philosophie de la pratique éducative » (une philosophie qui ne se contenterait pas de traiter les situations d'enseignement comme de simples illustrations de problématiques philosophiques préexistantes). Le développement des savoirs positifs spécialisés, contemporain de l'expansion des systèmes scolaires, et dont on peut dire qu'il rend l'institution scolaire « de plus en plus réflexive » au sens sociologique du terme (c'est-à-dire de plus en plus dépendante, dans ses modalités de justification et de fonctionnement, de l'accumulation et du renouvellement de savoirs issus de la recherche et de la théorisation), laisse en effet une part immense d'incertitude et d'opacité concernant les questions essentielles. « Aucune de ces disciplines, écrit Gauchet, en dépit de la pertinence des résultats qu'elles ont pu obtenir, n'est parvenue à asseoir le fonctionnement de l'institution sur des fondements sûrs et à le rendre transparent à ses principes. La preuve est faite : ces savoirs ne suffisent pas. Même s'ils attrapent une partie de la réalité, ils ne permettent pas d'y faire face complètement. Ils demandent à être questionnés à leur tour relativement à leurs présupposés cachés, à leur part aveugle et à ce qu'ils laissent échapper. C'est dans ce rôle que la philosophie reprend du service comme entreprise critique, non pas seulement au sens négatif, mais aussi et surtout au sens constructif de la notion. Elle n'est pas là simplement pour démasquer les postulats infondés, dénoncer les illusions ou débusquer les contradictions inavouées. La nécessité à laquelle elle répond est d'accroître la conscience sur laquelle repose l'action collective dans ce domaine ; elle est de procurer à celle-ci une réflexivité supérieure. » Pour spécifique qu'elle soit, une telle tâche ne saurait cependant rester l'apanage exclusif d'une discipline spécialisée : elle est, précise Marcel Gauchet, « extra-territoriale ».

L'approche analytique anglo-saxonne

Fortement marquée par l'approche analytique, on peut dire que la philosophie de l'éducation a connu depuis plusieurs décennies dans les pays anglophones un haut degré de « professionnalisation ». Compatible avec une diversité de mouvements et de doctrines, l'approche analytique constitue moins en fait une école de pensée ou un paradigme théorique qu'un style de démarche intellectuelle. On caractérise souvent la philosophie analytique anglo-saxonne comme une philosophie « linguistique », une philosophie qui accorde une importance centrale au langage. Une distinction doit être faite cependant entre ceux qui (du côté de ce qu'on appelle parfois l'« empirisme logique ») cherchent à construire des langages logiquement rigoureux à partir d'une critique des imperfections, des confusions ou des « mauvais usages » du langage ordinaire et ceux qui, au contraire, par une écoute attentive de « ce qui se dit » ou de « ce qui peut se dire », s'appuient sur les ressources du langage ordinaire pour faire émerger les significations déposées et en quelque sorte « tenues en réserve » dans le trésor collectif des mots. Pour certains représentants du « courant analytique », l'analyse du langage ne constitue cependant qu'une méthode parmi d'autres, le vrai objet de la philosophie analytique étant constitué moins par les mots que par les concepts, qu'il s'agit toujours et partout d'examiner, de « déplier », d'expliciter, de clarifier, d'ordonner (Barrow, 1994).

Dans les pays anglophones, le « tournant analytique » de la philosophie de l'éducation reflète les évolutions intervenues dans la « discipline-mère », mais avec un certain décalage dans le temps (Phillips, 1994). Une rupture est apparue ainsi, formulée parfois en termes polémiques, avec les approches traditionnelles, considérées comme abusivement « normatives » ou « spéculatives », ou bien comme enlisées dans l'éternelle « bataille des ismes » (Ericson, 1992), c'est-à-dire dans la confrontation interminable des grandes doctrines et des grands systèmes (réalisme, idéalisme, thomisme, pragmatisme, existentialisme) dont il s'agirait de dégager par dérivation ou par déduction les supposées implications éducationnelles. Au cours des années 1960 et 1970, cette nouvelle approche connaît une grande expansion en Grande-Bretagne (Forquin, 1989), autour notamment de Richard Peters, nommé en 1962 professeur de philosophie de l'éducation à l'Institut d'éducation de l'université de Londres. Elle donne lieu à une abondante production éditoriale, avec l'apparition de collections spécialisées et la publication régulière des *Proceedings* des conférences de la Philosophy of Education Society of Great Britain (créée en 1965), puis du *Journal of Philosophy of Education*, cependant qu'aux États-Unis, la même orientation, dont une illustration caractéristique est fournie avec la parution en 1960 de l'ouvrage d'Israel Scheffler (récemment traduit en français) sur le langage de l'éducation, s'exprime régulièrement à travers les travaux de l'American Philosophy of Education Society et dans les colonnes d'un périodique comme *Educational Theory*. Précisons-le, dans le cadre de cette perspective analytique, il n'y a pas d'objets d'étude privilégiés ou de « questions » qui seraient plus « fondamentales » que d'autres, comme par exemple la question des buts ou des finalités de l'éducation. Ce qui compte, c'est la démarche, c'est la clarification des concepts et l'évaluation logique des énoncés, dans un souci de « mise à l'épreuve » des théories et des idées qui exclut cependant toute prétention de la part de la philosophie à s'établir elle-même au sein du champ éducatif comme une instance législatrice ou fondatrice. Si la clarification des concepts d'éducation ou d'enseignement a pu paraître ainsi constituer une illustration particulièrement « topique » de cette approche (Scheffler, 1960 ; Peters,

1966), la littérature qui en est issue depuis plusieurs décennies montre que c'est bien l'ensemble des notions et des questions relevant du champ éducatif qui peut donner lieu à investigation philosophique. On a parfois reproché à cette orientation analytique son insistance sur les questions de méthode aux dépens des interrogations ou prises de positions « substantielles », sa prise de distance à l'égard des questions pédagogiques pratiques, son refus de toute préoccupation normative ou prescriptive, quand ce n'était pas, au contraire, les choix axiologiques ou culturels implicites dont elle serait porteuse sous une apparence de neutralité. Mais il convient de nuancer et de spécifier. Ainsi certains commentateurs font-ils état, dans la période la plus récente, d'une sorte de retour des questions normatives et peuvent noter aussi la montée en puissance d'approches « post-analytiques » inspirées notamment par la pensée politique « critique » ou les courants « postmodernes », comme on peut le constater notamment dans le recueil récemment édité par Blake, Smeyers, Smith et Standish (2003).

La place de l'histoire de la philosophie

Quelle place la philosophie de l'éducation peut-elle ou doit-elle faire à sa propre histoire ? On oppose parfois, notamment au sein de la mouvance analytique, la philosophie comme culture, connaissance et commentaire des « grands auteurs » et des « grandes œuvres », et la philosophie, ou plutôt « le philosopher », comme activité originale de réflexion et d'analyse. C'est oublier qu'il n'y a pas de « premier matin » de la philosophie. En philosophie de l'éducation comme dans les autres branches de la philosophie, l'activité heuristique et la culture historique sont liées de manière organique, d'une part parce que, comme l'observe Olivier Reboul, « l'histoire révèle à chacun ce qu'il pense de façon confuse et parfois contradictoire. Elle permet ainsi de poser les problèmes, de ramener les questions les plus concrètes, qui sont aussi les plus obscures, à une réflexion pluriséculaire qui les situe et les éclaire » (*La Philosophie de l'éducation*), d'autre part parce que toute lecture des « grands auteurs », toute fréquentation du « corpus » supposent (et développent) elles-mêmes une « compétence interprétative » qui appartient de manière essentielle à la philosophie. Une difficulté apparaît cependant concernant la nature et la délimitation de ce « corpus ». Une première interrogation peut porter sur les rapports entre pensée philosophique et pensée pédagogique, philosophes de l'éducation et « grands pédagogues ». On dénonce parfois la confusion entre la philosophie comme pensée critique et la pédagogie comme pensée doctrinale (Charbonnel, 1988). Mais il faut aussi reconnaître que la distinction n'a pas toujours eu un sens aussi clair et que, historiquement, si toutes les expressions pédagogiques « doctrinales » ne relèvent évidemment pas *ipso facto* de la philosophie, on peut cependant observer que les apports de certains grands courants philosophiques à la pensée éducative ont pris bien souvent une forme qu'on pourrait appeler « doctrinale ». Une deuxième interrogation peut concerner le statut de ce qui, dans l'économie générale de tel ou tel système philosophique, vaut comme contribution à la philosophie de l'éducation. Si on considère par exemple les auteurs qui font l'objet des différents chapitres d'un ouvrage comme *L'Éducation, approches philosophiques* (Kahn, Ouzoulias, Thierry, 1990), à savoir, principalement, Platon, Aristote, Montaigne, Descartes, Locke, Rousseau, Condorcet, Kant, Hegel, Alain, Bergson, Arendt et Merleau-Ponty, on s'aperçoit que, indépendamment même des différences « substantielles », différences de « positions » ou de « points de vue » qui peuvent exister entre des philosophes aussi divers et aussi éloignés, historiquement et conceptuellement, les uns des autres, il existe aussi des différences qu'on dira plutôt « structurelles » ou « systémiques », et qui concernent la place, la position, le mode de présence de la problématique éducationnelle dans leur discours. Pour des raisons internes, qui tiennent sans doute à leur structure conceptuelle fondamentale, à la conception qu'elles développent ou qu'elles supposent de l'homme, du monde, de la culture ou de l'histoire, tout se passe comme si certaines philosophies se trouvaient en quelque sorte « disposées » plus que d'autres à « penser l'éducation ». Mais il y aurait sans doute quelque imprudence à juger de cela à partir des thématiques explicites. Certaines contributions de philosophes concernant les questions d'éducation peuvent être en fait des « écrits de circonstance », qui alimentent le débat public mais restent assez en retrait par rapport à ce qu'on attend d'un travail véritablement philosophique (et à ce qu'eux-mêmes apportent en tant que philosophes dans leurs domaines de spécialisation respectifs). Inversement, des instruments d'élucidation et de problématisation des pratiques éducatives tout à fait puissants et pénétrants se trouvent fournis aujourd'hui par la philosophie à partir de ses branches apparemment les plus éloignées des questions d'éducation comme la philosophie politique, la philosophie morale, la philosophie du langage ou la philosophie de la connaissance. On parlera davantage ici d'« éclairages philosophiques » que de « philosophie de l'éducation » à proprement parler. L'apport de la philosophie à la pensée de l'éducation peut se révéler ainsi le plus fécond et le plus profond là où il est le plus oblique et le plus indirect.

Jean-Claude Forquin

▶ **Bibliographie**

Avanzini G., « Les Trois Fonctions de la philosophie de l'éducation », *in* Hannoun H., Drouin-Hans A.-M. (dir.), *Pour une philosophie de l'éducation*, Bourgogne, CNDP/CRDP, 1994, p. 15-20.

Barrow R., « Philosophy of Education : Analytic Tradition », in *The International Encyclopedia of Education*, vol. 8, Oxford, Pergamon, 2e éd., 1994, p. 4442-4447.

Blais M.-C., Gauchet M., Ottavi D., *Pour une philosophie politique de l'éducation*, Paris, Hachette, 2003.

Blake N., Smeyers P., Smith R., Standish P. (éds), *The Blackwell Guide to the Philosophy of Education*, Oxford, Blackwell, 2003.

Charbonnel N., *Pour une critique de la raison éducative*, Berne, Peter Lang, 1988.

Ericson D. P., « Philosophical Issues in Education », in *Encyclopedia of Educational Research*, vol. 3, Londres, Macmillan, 1992, p. 1002-1007.

Fabre M., « Qu'est-ce que la philosophie de l'éducation ? », *in* Houssaye J. (dir.), *Éducation et philosophie : approches contemporaines*, Issy-les-Moulineaux, ESF, 1999, p. 269-298.

Forquin J.-C., « La Philosophie de l'éducation en Grande-Bretagne : orientations et principaux apports depuis 1960 », *Revue française de pédagogie*, n° 89, oct.-déc. 1989, p. 71-92.

Kahn P., Ouzoulias A., Thierry P. (dir.), *L'Éducation : approches philosophiques*, Paris, PUF, 1990.

Peters R. S., *Ethics and Education*, Londres, Allen and Unwin, 1966.

Phillips D. C., « Philosophy of Education : Historical Overview », in *The International Encyclopedia of Education*, vol. 8, Oxford, Pergamon, 1994, p. 4447-4456.

Reboul O., *La Philosophie de l'éducation*, Paris, PUF, coll. « Que sais-je ? », 1989, 9e éd., 2001.

Reboul O., « Les Valeurs et l'éducation », in *Encyclopédie philosophique universelle*, vol. 1 : *L'Univers philosophique,* Paris, PUF, 1989, p. 197-202.

Scheffler I., *Le Langage de l'éducation* (1960), Paris, Klincksieck, rééd., 2003.

Soltis J.-F., « Philosophy of Education », in *Encyclopedia of Educational Research*, vol. 3, Londres, Macmillan, 1982, p. 1407-1413.

▶ **Voir aussi**

Alain – Axiologie – Bachelard, Gaston – Comenius, Jean Amos – Dewey, John – Éducation – Épistémologie – Fröbel, Friedrich – Herbart, Johann Friedrich – Kant, Emmanuel – Pédagogie – Pestalozzi, Johann Heinrich – Rousseau, Jean-Jacques – Sciences de l'éducation – Valeurs.

Physique et chimie (Enseignement de la)

Sciences de la nature et des artifices, la physique et la chimie ont pour spécificité l'étude des structures sous-jacentes aux phénomènes affectant la matière, l'énergie, le signal en mettant tout particulièrement en évidence les relations entre les grandeurs qui les caractérisent. Les sciences physiques, discipline d'enseignement secondaire, se caractérisent, en France, par le regroupement de la physique et la chimie et une structuration comportant des cours, des problèmes et des travaux pratiques. Il existe à l'école élémentaire une première approche du monde physique qui ne présente pas encore toutes les caractéristiques de la physique et de la chimie.

L'opération « La main à la pâte » à l'école primaire

L'opération « La main à la pâte » a été lancée en 1996 à l'initiative du professeur Georges Charpak, Prix Nobel de physique 1992, en référence à une expérience menée à Chicago par Lederman, également Prix Nobel. Elle vise à promouvoir, au sein de l'école primaire, une démarche d'investigation scientifique mettant en jeu une relation au monde réel, contribuant à la sociabilisation et à la maîtrise du langage.

L'Académie des sciences, en partenariat avec l'Institut national de recherche pédagogique (INRP) puis avec l'École nationale supérieure (ENS), a œuvré en relation avec le ministère de l'Éducation nationale pour mettre en place et faire fonctionner, avec la participation de la communauté scientifique, un dispositif d'aide en ligne relayé localement. Il s'agit de développer des ressources, de mettre en réseau les acteurs en s'appuyant sur des compétences construites de longue date et repérées, de convaincre de la faisabilité, d'aider à réaliser les premiers essais et d'organiser les échanges sur les pratiques.

En 1996, cinq départements s'étaient engagés dans une expérimentation qui a été ensuite peu à peu étendue. Un plan de rénovation des sciences et de la technologie à l'école a été lancé en 2000 par le ministère (note de service 2000-078 parue au *BO* n° 23 du 15 juin 2000) ; le site *www.eduscol.education.fr* informe sur les opérations au niveau national et local. De nouveaux programmes ont été rédigés en 2002, préconisant une démarche d'investigation où les élèves sont guidés pour construire des connaissances et des compétences. Un document d'accompagnement, *Enseigner les sciences à l'école*, auquel « La main à la pâte » a largement contribué, donne des exemples de séquences pour chacun des cycles ; il est le fruit d'une collaboration entre acteurs d'horizons divers : enseignants du primaire et du secondaire, IEN, IA-IPR, IGEN, formateurs d'IUFM, universitaires et scientifiques. En 2004, le site *www.inrp.fr/lamap* a reçu 200 000 visites par mois ; 1 500 messages ont été échangés sur la liste de diffusion ; environ 1 000 questions reçoivent une ou plusieurs réponses. Il a contribué à développer l'usage d'Internet dans les pratiques des enseignants. En 2005, un document spécifique pour la maternelle a été publié.

Cette opération rencontre un large écho à l'étranger et « La main à la pâte » a tissé, avec l'aide de ses partenaires, en particulier l'IUFM, des relations internationales importantes visant à mutualiser les expériences sur les dispositifs d'accompagnement des enseignants et sur la pédagogie active préconisée.

La physique et chimie au secondaire

Les principales caractéristiques des sciences physiques dans l'enseignement secondaire ont été définies au début de ce siècle par la réforme de 1902. Cette réforme consacrait l'importance matérielle et philosophique de la physique dans notre société et sa prise en compte pour la formation générale et culturelle pour tous. La première partie du XXe siècle a été marquée par le poids, sur cet enseignement, de la valorisation de la physique en tant que science exemplaire et source principale de progrès pour la vie des sociétés. Cependant, cet enseignement n'est pas arrivé à susciter des vocations, et la crise de l'enseignement scientifique français eut pour origine principale l'insuffisance numérique des scientifiques dans l'enseignement, la recherche et l'industrie. Cette crise fut mondiale. Un vaste programme de rénovation fut alors financé par la National Science Foundation. Il aboutit à des créations de curriculums nouveaux, dont les plus représentatifs sont le PSSC (Physical Science Study Committee) et le HPP (Harvard

Physics Projects). En Grande-Bretagne, une réforme de très grande envergure soutenue et financée par la Fondation Nuffield aboutit à un curriculum de physique-chimie-biologie pour les élèves de 11 à 16 ans.

Cette stratégie a été instructive et exemplaire, surtout pour des pays comme la France, où les réformes sont habituellement centralisées, imposées et non expérimentées. C'est ainsi que, quelques années plus tard, une entreprise analogue de mise au point, d'essai et d'évaluation a été mise en œuvre par la commission Lagarrigue, qui a débouché sur une « génération » de programmes généralisés à partir de 1977 au collège et au lycée. Une autre génération de programmes, tenant compte des échecs de la réforme de la fin des années 1970, a été mise en place à la rentrée 1993 ; rompant avec les contenus centrés sur l'acquisition des « bases » de la discipline, ils ont développé une approche par grands thèmes d'étude.

Ainsi, les programmes scolaires de physique et chimie se renouvellent régulièrement tant au collège qu'au lycée, reposant successivement sur des principes organisateurs différents, et valorisant des contenus divers sans toutefois en révolutionner le choix. Aujourd'hui, dans la continuité des programmes rénovés de l'école en 2000, une relecture des programmes de collège est en cours.

Des dispositifs alternatifs au collège et au lycée

Encadrés par des textes qui en définissent les contours et les modalités d'organisation, des dispositifs ont été proposés comme alternative possible à des pratiques très transmissives et relevant d'une logique disciplinaire, avec une durée de vie parfois courte. Ils se proposent de tenter de contenir l'hétérogénéité, de remédier à l'échec scolaire, de tisser des liens entre les disciplines, entre les savoirs scolaires et l'exploration du monde, d'initier au travail collectif, de motiver les élèves en leur offrant un espace scolaire de plus grande autonomie et une occasion de développer les compétences d'usage des technologies de l'information et de la communication (TIC).

Au collège, les parcours diversifiés (1997), puis les travaux croisés (2000) en 5e puis en 4e, ont été remplacés en 2002 par les itinéraires de découverte (IDD) pour toutes les classes de 5e au collège ; rappelons qu'il n'y a pas de sciences physiques en classe de 6e actuellement.

Au lycée, les travaux personnels encadrés (TPE) ont été expérimentés puis généralisés en 1re puis en terminale, en 2003, avant d'être remis en cause en 2004. Ils ont fait l'objet d'une soutenance facultative de réalisation collective, évaluée au baccalauréat.

Une épreuve d'évaluation des capacités expérimentales au baccalauréat série S

Après une période de production de sujets par un groupe réuni sous la direction de J.-M. Bérard (IGEN), et deux années d'expérimentation (1994-1996) dans deux académies, une épreuve d'évaluation des capacités expérimentales de 20 minutes a été mise en place pour tous les candidats au baccalauréat de la série S ; elle a été rendue obligatoire en 2003. Les « sujets zéro » construits à titre d'exemple pour permettre la préparation des élèves ont été mis en ligne sur le site « eduscol ». Cette épreuve incite à la pratique expérimentale, que les enseignants, surtout en terminale, avaient tendance à écarter au profit d'une préparation au baccalauréat, considérée comme plus immédiatement rentable.

Le Groupe de recherche et d'innovation en sciences physiques (GRIESP) est placé sous l'autorité de la Direction de l'enseignement scolaire (DESCO). Une banque de sujets (sous forme d'un ensemble de fiches très formalisées, précisant le matériel, les conditions de passation, l'énoncé et les feuilles de réponse des élèves, la grille d'évaluation) s'est progressivement élaborée ; un tirage au sort de 25 sujets est effectué chaque année, constituant une liste dans laquelle les établissements choisissent les sujets qu'ils soumettront aux élèves. L'épreuve est organisée dans les établissements ; elle ne relève pas d'une procédure de contrôle continu puisque les élèves ne sont pas évalués par leur enseignant de l'année. Cette épreuve teste des compétences gestuelles et techniques dans le cadre d'une manipulation très guidée. Elle vient en complément d'épreuves « papier/crayon », qui peuvent être utilisées pour tester d'autres compétences en jeu dans une pratique d'expérimentation.

De nouvelles compétences professionnelles sont à construire chez les enseignants pour s'approprier ces espaces de nouvelles activités scolaires, et un équilibre est à trouver entre des enjeux multiples et parfois concurrentiels.

Alain Durey
Claudine Larcher

► Bibliographie

Collectif, « L'Informatique dans l'enseignement de la physique et de la chimie », *Bulletin de l'Union des physiciens*, n° 731, 1991.

Collectif, « La Physique et la chimie de la maternelle à l'université », *Bulletin de l'Union des physiciens*, n° 730, 1991.

Inspection générale de l'Éducation nationale (IGEN), *Activités expérimentales des élèves en physique chimie : quels enjeux d'apprentissage ?*, Caen, CRDP, 1999.

Larcher C., Crindal A. (coord.), « Recherches en didactique des sciences expérimentales », *Aster*, n° 39, 2004.

Leboutet L., *L'Enseignement de la physique*, Paris, PUF, 1973.

Ministère de l'Éducation nationale, *Enseigner les sciences à l'école maternelle et élémentaire*, Saint-Fons, INRP, 1999.

► Voir aussi

Biologie (Enseignement de la) – Didactique – Laboratoire – Mathématiques (Enseignement des) – Technologie (Enseignement de la).

Piaget, Jean (1896-1980)

Psychologue et épistémologue suisse, Jean Piaget s'intéresse d'abord aux mollusques des lacs suisses et soutient un doctorat ès sciences en 1921. Il étudie aussi la philosophie, la logique et l'épistémologie et aborde la psychologie de l'enfant par un questionnement sur la connaissance dont il veut construire une théorie scientifique (*épistémologie génétique*), à partir du développement des conduites et de la pensée logique (sa genèse).

Formé à la psychologie et à la psychiatrie, il travaille dans le laboratoire d'Alfred Binet à l'élaboration de tests, avant d'être nommé professeur de philosophie à l'université de Neuchâtel en 1925 et directeur de l'Institut J.-J.-Rousseau en 1933, où il mène ses travaux avec ses collaboratrices Alina Szeminska et surtout Bärbel Inhelder, avec laquelle il publiera de nombreux ouvrages. Il enseigne ensuite la psychologie et l'épistémologie dans plusieurs universités, dont la Sorbonne (de 1952 à 1963). Il poursuit ses recherches jusqu'à sa mort, à la direction du Centre international d'épistémologie génétique, et travaille également jusqu'en 1968 pour le Bureau international de l'éducation et l'Unesco. Il est l'auteur de plus de 50 livres et 500 articles.

La théorie de Piaget : l'épistémologie génétique

Piaget crée un nouveau domaine d'investigation scientifique, à une époque où l'on considère que le fonctionnement intellectuel de l'enfant n'est pas différent de celui de l'adulte, et qu'il est surtout limité en termes de capacités de traitement et de connaissances. Il développe également une méthode d'entretien clinique original, guidé à la fois par les réponses de l'enfant et les questions précises qu'il lui pose, ou les contre-suggestions qu'il lui fait. L'objectif n'est pas d'évaluer la réussite ou l'échec de l'enfant, mais de comprendre sa démarche logique. Il explore les sources et les mécanismes de l'adaptation et de la connaissance, en se fondant d'abord sur des observations minutieuses de ses trois enfants, construisant ainsi une « épistémologie génétique » qui permet de comprendre comment l'enfant passe d'une intuition à une logique formelle, comme le chercheur passe d'une hypothèse (intuition) à sa vérification et sa validation (connaissance). Selon Piaget, l'intelligence est « la forme la plus générale de la coordination des actions et des opérations ».

Stades et opérations

Selon Piaget, la connaissance résulte de l'action que le sujet exerce sur le monde et elle est un prolongement du processus biologique d'*adaptation* caractérisant les êtres vivants ; un processus d'*équilibration* permet à la fois le progrès et la stabilité, par une dialectique entre l'*assimilation* (l'incorporation par l'organisme des éléments extérieurs) et l'*accommodation* (la modification de l'organisme en fonction des éléments assimilés). À travers les modes de résolution des problèmes par les enfants et leur évolution, il distingue des « opérations » propres aux différents stades, qui apparaissent dans un ordre fixe et correspondent à l'intégration de la structure précédente, à une nouvelle acquisition et à la construction d'une nouvelle structure :

• *Stade sensori-moteur* (0-2 ans) : selon Piaget, comprendre le monde, c'est d'abord concevoir la permanence de l'objet, c'est-à-dire considérer qu'un objet continue d'exister lorsqu'il a disparu de notre champ perceptif (par exemple de notre vue). L'enfant développe des *schèmes d'action*, c'est-à-dire des règles du monde physique et des actions qu'il peut avoir sur les objets.

• *Stade préopératoire* (2-7 ans) : vers 2 ans, il commence à se détacher de l'action immédiate et à développer des représentations mentales et symboliques, qui lui permettent d'accéder au jeu symbolique, au dessin, à l'imitation différée, c'est-à-dire à la reproduction en son absence de l'action d'un modèle. C'est aussi l'âge du langage articulé, et de la combinaison des schèmes d'action, les actions réelles sur les objets préparant progressivement la construction des *opérations mentales*. Dans cette période, ces représentations sont encore instables, l'enfant ayant des difficultés à comprendre qu'un objet peut rester invariant, même s'il subit des transformations apparentes : la déformation d'une boule de pâte à modeler ne change pas la quantité de substance. Ou encore, si la quantité de liquide est égale dans deux verres identiques, le fait de transvaser le contenu de l'un dans un verre de forme différente, plus large et moins haut, ne change pas l'égalité des volumes, ce qu'un enfant d'âge préopératoire a des difficultés à comprendre, même si le transvasement est effectué sous ses yeux.

• *Stade des opérations concrètes* (7-12 ans) : c'est ensuite pouvoir dénombrer et catégoriser les objets, repérer leurs différences et leurs similitudes pour les organiser, les classer selon des critères explicités (objets animés ou inanimés, etc.). L'enfant comprend que le nombre d'éléments d'un ensemble est indépendant de leur disposition spatiale (le nombre de jetons reste identique si on les écarte). Il atteint également la réversibilité : pouvoir annuler l'effet d'une action en combinant une opération mentale et son inverse (rapprocher les jetons pour les remettre à l'écartement initial).

• *Stade des opérations formelles* (12 ans et plus) : c'est, à une étape ultérieure, pouvoir raisonner logiquement sur des objets abstraits, des idées, des hypothèses.

L'actualité de Piaget

Piaget a formé plusieurs générations de psychologues et demeure une référence majeure dans la discipline, même si ses travaux ont fait l'objet depuis quelques décennies d'une lecture critique. Les nouveaux faits expérimentaux, les techniques actuelles d'enregistrement de données et d'exploration du fonctionnement cérébral ont permis de réviser certains aspects de la théorie piagétienne. Les travaux concernant l'intelligence des bébés ont montré que leurs compétences cognitives sont bien plus importantes que ne le pensait Piaget (dans le domaine de la permanence de l'objet, par exemple), qu'ils disposent de connaissances précoces sur le monde physique et humain, de représentations mentales et pas seulement d'une intelligence sensori-motrice. Ensuite, le développement est fait aussi de décalages intra-individuels et de régressions cognitives apparentes : les mêmes enfants ne réussissent pas au même moment des tâches relevant d'opérations synchronisées, selon Piaget. Enfin, le raisonnement des adolescents et des adultes est loin d'obéir à une stricte logique formelle, les biais de raisonnement sont fréquents, et la cognition souvent indissociable de l'émotion. Dans bien des situations, les opérations concrètes permettent de résoudre les problèmes quotidiens, sans que les adultes fassent appel à la pensée hypothéticodéductive qu'ils sont censés maîtriser.

Piaget et l'éducation

Les travaux de Piaget ne sont pas directement transposables dans le champ de l'éducation ; lui-même considérait que c'est au pédagogue de voir comment il peut utiliser ce que le psychologue lui offre. Mais ses travaux pour comprendre l'évolution des stratégies de l'enfant face à une situation problème et pour comprendre l'origine de ses erreurs constituent des références utiles pour les éducateurs. Ses écrits sur l'importance de l'action comme moyen pour l'enfant de découvrir et comprendre le monde ont aussi largement inspiré les tenants de la pédagogie active.

Agnès Florin

▸ Bibliographie

Principales œuvres de Jean Piaget :

La Naissance de l'intelligence chez l'enfant, Lonay, Delachaux et Niestlé, 1936, rééd., 1977.

La Construction du réel chez l'enfant, Lonay, Delachaux et Niestlé, 1937, rééd., 1998.

Où va l'éducation ?, Paris, Denoël, 1972, rééd., Gallimard, 1988.

Piaget J., Inhelder B., *La Psychologie de l'enfant*, Paris, PUF, 1966, rééd., coll. « Quadrige », 2004.

Principales œuvres sur Jean Piaget :

Houdé O., Meljac C., *L'Esprit piagétien : hommage international à Jean Piaget*, Paris, PUF, coll. « Psychologie et sciences de la pensée », 2000.

Ducret J.-J., *Jean Piaget : biographie et parcours intellectuel*, Lonay, Delachaux et Niestlé, 1990.

▸ Voir aussi

Autonomie – Claparède, Édouard – Épistémologie – Intelligence – Pédagogie – Psychologie du développement – Psychologie de l'enfant.

Planification

La planification est l'organisation, suivant un plan pluriannuel, du développement d'une économie, d'un organisme ou d'une activité et des moyens correspondants.

La planification globale en France

Une planification souple a été instituée en France au lendemain de la Seconde Guerre mondiale, sous l'impulsion de Jean Monnet qui fut, en 1946, le premier commissaire général au Plan. Fondée au départ sur la nécessité de reconstruire rapidement et de manière cohérente l'appareil productif du pays, la planification française a évolué progressivement avec la libéralisation croissante de l'économie et l'ouverture des frontières. Le premier plan de modernisation et d'équipement (1947-1952) fut relativement directif en termes d'objectifs et de moyens, mais il ne couvrait que six secteurs de base. L'année 1953 n'a été couverte par aucun plan. Les deux suivants (1954-1957 et 1958-1961) eurent un champ plus large mais leur contenu était plus indicatif, à la fois pour les objectifs, susceptibles d'être révisés en fonction de la conjoncture, et pour les crédits qui y étaient associés. Cette évolution se poursuivit avec les trois plans suivants (1962-65, 1966-70 et 1971-75), caractérisés par une réduction des objectifs explicites s'accompagnant de recommandations de politique économique. En revanche, ces plans intégraient les aspects sociaux et les préoccupations d'aménagement régional et s'appuyaient sur des analyses et des méthodes plus élaborées (modèles de simulation macro-économiques de l'INSEE).

Les crises internationales des années 1970 (chocs pétroliers) ont accentué, à partir du VIIe Plan (1976-1980), l'évolution amorcée. Le souci de conserver aux dépenses de l'État un minimum de souplesse dans un environnement économique plus ouvert et plus incertain a conduit les gouvernements successifs à limiter les engagements pluriannuels pour les dépenses de fonctionnement comme pour les équipements publics. Le recours à des lois de programme est ainsi devenu moins fréquent.

Dans les dix années correspondant, à partir de 1976, aux VIIe, VIIIe et IXe Plans, les objectifs quantifiés ont été limités à un noyau dur de programmes considérés comme prioritaires et mis à l'abri des aléas de la conjoncture.

Dans les années 1990, la planification française consiste pour l'essentiel à fixer de grandes orientations stratégiques dans les domaines économique, social et culturel (*cf.* Xe Plan 1989-1992 et XIe Plan 1993-1997). Elle n'est pas dépourvue cependant de quelques objectifs quantifiés en matière de dépenses publiques – principalement d'équipement –, mais suivant des formes adaptées à une organisation institutionnelle plus décentralisée (établissement de contrats de plan entre l'État et les régions).

Par ailleurs, suite logique de la chute du mur de Berlin et du triomphe de l'économie de marché, l'existence même d'un Commissariat au Plan a fait l'objet de débats, notamment au Parlement. C'est dans ce contexte qu'en 2003, le Commissariat général du Plan devient, à la demande du Premier ministre et sous l'impulsion d'Alain Etchegoyen, Commissaire au Plan, un outil de réflexion prospective sur le long terme. L'identité rénovée du Plan repose désormais sur trois piliers : le Plan est un lieu consacré à la prospective ; le Plan a pour objet l'État en tant qu'il est garant de l'intérêt général et du bien public ; le Plan est un lieu de dialogue entre les acteurs économiques, les acteurs sociaux, les experts scientifiques et les administrations, ce dialogue étant mis au service de la prospective de l'État stratège.

Planification de l'éducation

La mise en œuvre du Plan suppose un calendrier et une répartition géographique.

Planification dans le temps

Le secteur de l'éducation fournit un bon exemple de cette évolution. Ainsi le ministère avait-il mis en place dans les années 1970 une programmation globale appelée « plan général d'actions » (PGA). Celui-ci comportait des objectifs pour chaque service du secteur scolaire et y associait les moyens nécessaires. Mais le PGA ne fut guère plus qu'un recensement des besoins, sans hiérarchisation des priorités. Il n'était pas relié au processus d'élaboration du budget et son caractère formel conduisit à l'abandonner en 1981. Parallèlement, le secteur éducatif bénéficie de programmes d'actions prioritaires pendant le VIIe Plan (1976-1980) en matière de préscolarisation, d'enseignement de la technologie, d'action culturelle et de sport scolaire. Le IXe Plan (1984-1988) comportait un programme prioritaire d'exécution (PPE n° 2) pour la rénovation du système d'éducation et de formation. Il définissait des objectifs, des indicateurs de résultats et précisait des enveloppes budgétaires pour les cinq années, en dépenses ordinaires comme en équipement. Par ailleurs fut votée la loi de programme du 23 décembre 1975 sur l'enseignement technologique et professionnel. Elle fixait pour cinq années également des objectifs de scolarisation et indiquait les moyens à dégager.

Ces programmations furent appliquées inégalement. L'évolution de la scolarisation, notamment dans les lycées et l'enseignement supérieur, la décentralisation, les contraintes budgétaires et l'alternance politique rendirent rapidement obsolète une part importante de leur contenu. Elles ont cependant donné une impulsion dans certains domaines de la politique éducative (développement des baccalauréats professionnels par exemple). En 1988, René Monory, alors ministre de l'Éducation nationale, publie son « Plan pour l'avenir de l'éducation », ensemble d'orientations et de mesures qu'il n'a pas eu le temps de mettre en œuvre. Il est significatif que la gauche, revenue au pouvoir, ait renoncé à établir une loi de programmes, qu'elle avait pourtant envisagée. Lionel Jospin se contenta de faire adopter la loi d'orientation du 10 juillet 1989, qui fixe des principes généraux et un cadre pour les années futures. L'annexe qui accompagne la loi proprement dite comporte quelques éléments de programmation, mais sans que ceux-ci revêtent aucune valeur contraignante.

Toute planification n'a pas pour autant disparu dans le domaine éducatif. Un plan de revalorisation a été adopté en 1989 au profit des personnels enseignants : il a prévu d'importantes mesures selon un échéancier échelonné sur huit ans (1989-1996). Des contrats de plan État-régions sont également exécutés dans des domaines tels que les constructions universitaires et l'équipement pédagogique. Surtout, le plan « Universités 2000 » programme les constructions et l'équipement des universités pour la période 1991-1995 dans le cadre d'un partenariat avec les collectivités territoriales qui financent la moitié des 32 milliards de francs prévus à cet effet. Enfin, une forme de programmation se développe dans un cadre conventionnel adapté à l'autonomie croissante des services et des établissements : contrats quadriennaux entre l'État et les universités, contrats triennaux des centres de responsabilité entre l'administration centrale et les services académiques.

Planification dans l'espace

En fixant la répartition géographique des enseignements et des équipements, le plan Universités 2000 constitue un exemple de planification dans l'espace qui coexiste avec la planification dans le temps des objectifs et des moyens. La carte scolaire et la carte universitaire sont le produit de cette planification. La carte scolaire relève de la compétence conjointe de l'État et des collectivités territoriales depuis les lois de décentralisation (loi 83-663 du 22 juillet 1983). L'État conserve la responsabilité du service public de l'enseignement, mais il incombe aux régions depuis 1985 d'établir « un schéma prévisionnel des formations » des collèges, des lycées, des établissements d'éducation spéciale, des écoles de formation maritime et des établissements d'enseignement agricole.

Le schéma définit pour plusieurs années l'ensemble des besoins de formation scolaire de la région. Il concerne les établissements publics et privés. Tout en tenant compte des orientations nationales, il se réfère à l'évolution prévisible de la population scolaire et aux choix éducatifs effectués par la région. Les schémas prévisionnels sont arrêtés par les conseils régionaux après accord des départements et consultation du conseil académique de l'Éducation nationale. Sur la base des schémas prévisionnels, les départements pour les collèges, les régions pour les lycées et les autres établissements arrêtent un « programme prévisionnel des investissements ». Celui-ci précise la localisation des établissements, leur capacité et le mode d'hébergement des élèves. Il comporte, à côté des constructions proprement dites, les opérations de reconstruction et d'extension. Il fixe un ordre de priorité, indique les coûts prévisionnels et la date de mise en service. Les communes concernées doivent être consultées.

La responsabilité de l'État demeure engagée à un double titre dans cette planification. D'une part, l'autorité académique arrête la structure pédagogique de chaque établissement, c'est-à-dire les formations qui y seront dispensées, en tenant compte du schéma prévisionnel. D'autre part, le préfet de région établit la liste annuelle des opérations pour lesquelles l'État s'engage à mettre les emplois nécessaires et notifie cette liste aux autorités compétentes – région ou département – dans des délais leur permettant d'établir leur budget. La « sectorisation » est le corollaire de la carte scolaire. Elle vise à répartir les élèves entre les établissements. Il appartient à l'autorité académique de définir les conditions de cette affectation, en cohérence avec la répartition des formations. C'est le souci d'assurer cette cohérence qui justifie la sectorisation, souvent critiquée en ce qu'elle limite les possibilités de choix des familles, malgré les assouplissements qui lui ont été apportés.

Dans le domaine universitaire, c'est à l'État qu'il incombe, après consultation des collectivités concernées, de fixer l'implantation des établissements d'enseignement supérieur (loi 85-57 du 25 février 1985). Toutefois, le développement du partenariat, dans le cadre des contrats de plan État-régions et surtout du plan Universités 2000, conduit à associer plus étroitement les collectivités territoriales à la définition de la carte universitaire. L'évolution est loin d'être achevée dans ce domaine.

Bernard Cieutat
Caroline Dejessey

▶ Bibliographie

Collectif, « Prévision et pluriannualité budgétaire », *Revue française de finances publiques*, n° 39, 1992.

Commissariat général au Plan, *Le Xe Plan à mi-parcours,* Paris, La Documentation française, mai 1991.
Commissariat général au Plan, *Stratégie pour l'an 2000*, Paris, La Documentation française, 1990.
Praderie M., *Éducation et Formation : les choix de la réussite : rapport*, Paris, La Découverte/La Documentation française, 1993.
Madiot Y., « La Planification décentralisée », *Les Petites Affiches*, n° 19, fév. 1989.
Massé P., *Le Plan ou l'anti-hasard*, Paris, Hermann, 1991.
Pontier J.-M., « Les Contrats de plan État-régions et l'aménagement du territoire », *Actualité juridique-Droit administratif*, 1989.
Quinet E., *La Planification française*, Paris, PUF, coll. « Que sais-je ? », 1990.
Secrétariat d'état au Plan, *Éduquer pour demain : acteurs et partenaires*, Paris, La Découverte/La Documentation française, 1991.

▸ Voir aussi
Budget – Carte scolaire – Décentralisation – Prospective – Schéma prévisionnel des formations.

Politique de l'éducation

Une politique publique peut se définir comme « le produit d'un processus social, se déroulant dans un temps donné, à l'intérieur d'un cadre délimitant le type et le niveau des ressources disponibles à travers des schémas interprétatifs et des choix de valeurs qui définissent la nature des problèmes posés et des orientations de l'action » (Duran, 1999).

Le champ du politique en éducation

L'école assure une fonction sociale qui a été analysée par Émile Durkheim : il décrit l'éducation « comme visant à susciter et développer chez l'enfant un certain nombre d'états physiques, intellectuels et moraux que réclament de lui et la société politique dans son ensemble et le milieu spécial auquel il est particulièrement destiné » (Durkheim, 1938).

L'école remplit ainsi deux fonctions simultanément : transmettre aux générations montantes un ensemble de comportements et de jugements qui caractérisent une culture nationale ou locale ; préparer l'enfant et l'adolescent à son insertion professionnelle dans une société caractérisée par la division du travail. Ces deux fonctions vont « de soi » dans des périodes de stabilité technique et sociale. La politique consiste alors à ménager les moyens matériels et humains de ces deux fonctions. Il n'en va pas de même quand la société évolue.

Les deux fonctions sociales de l'école et leur réfraction politique

La *fonction d'unification sociale* est, de façon quasi universelle, dans le temps et dans l'espace, assurée par la religion et le patriotisme. L'école publique française a historiquement occupé une place originale et décisive au sein de cette fonction. L'émergence de l'idée républicaine lors de la Révolution française a en effet conduit à rechercher dans l'école le vecteur du développement de l'unification nationale et sociale. Il est remarquable que le patriotisme soit resté une dominante alors que la religion était évincée car liée au système monarchique. Le rationalisme des Lumières et, plus tard, le scientisme issu du positivisme ont conduit à chercher l'unité mentale de la nation française dans le développement de l'esprit scientifique, lié à un patriotisme exacerbé par la défaite de 1870 (Legrand, 1961 ; Lelièvre, Nique, 1993).

Les problèmes de politique éducative liés à la *fonction différenciatrice* de l'école apparaissent aujourd'hui plus fondamentaux. L'adaptation du système éducatif aux emplois et fonctions sociales est en effet étroitement liée à l'évolution de ceux-ci. Le développement de la technique et l'évolution de l'habitat liée à des transformations sociales et démographiques créent des ruptures à l'occasion desquelles des insuffisances et des dysfonctionnements apparaissent. L'urgence d'une « réforme » se fait constamment jour et la recherche d'un nouvel équilibre devient une nécessité.

La politique de l'éducation apparaît dès lors avec netteté dans les discussions, les oppositions, les prises de décision novatrices qu'entraîne tôt ou tard cette situation. Il en est allé ainsi dans l'histoire récente avec la nécessité, dès la fin du XIXe siècle, d'une obligation scolaire pour l'élévation générale du niveau intellectuel de la nation, avec plus tard la prolongation de la scolarité obligatoire et l'unification du système éducatif secondaire inférieur (le collège unique), avec les préoccupations d'une formation professionnelle plus efficace en période de chômage du fait de l'évolution des techniques de production et de gestion, etc. La politique éducative, dans ces périodes de mutation, devient un enjeu de politique générale où s'affrontent des conceptions antagonistes.

Cet affrontement soulève d'autant plus les passions que l'adaptation du système éducatif aux fonctions sociotechniques entraîne une remise en question de la fonction d'unification mentale. Mais la seule exigence d'une unification des systèmes éducatifs secondaires inférieurs, en entraînant la cohabitation de classes sociales jusqu'alors précocement séparées, ne manque pas de susciter des tensions et des refus à caractère social, sinon raciste. Les problèmes de politique éducative, venant de l'évolution technico-économique de la société, sont de plus en plus traversés par des oppositions culturelles, dont témoignent les pratiques d'évitement et de contournement de certains établissements ; la recherche de positions scolaires distinctives provoque des effets de ghettoïsation (van Zanten, 2001 ; Maurin, 2004).

Cette infrastructure sociologique apparaît de façon plus ou moins voilée ou déguisée dans les processus d'élaboration et d'impulsion des politiques éducatives. Quand on considère les textes successifs, en France, décrivant les finalités et précisant les objectifs, on ne peut qu'être frappé par l'apparente unanimité qui se dégage de cette lecture, et cela depuis la IIe République : unité de la nation, respect des autres et de soi-même, égalité des chances, développement de la connaissance, maîtrise de la langue, préparation adaptée à l'insertion professionnelle. On retrouve d'ailleurs les mêmes constantes apparentes dans tous les pays occidentaux et dans les pays islamiques. Ces textes sont le produit élaboré, c'est-à-dire peaufiné et rendu acceptable par tous, de commissions dites représentatives dans les ministères, au sein des partis, des syndicats, des Églises ou des associations.

Mais les différences apparaissent dès qu'il s'agit de préciser les conditions dans lesquelles ces principes doivent être mis en œuvre. Ce n'est pas au niveau des énoncés de principes, ni même à celui des lois, mais au niveau des décrets d'application, des règlements opérationnels, des programmes et des instructions qu'apparaissent les divergences. C'est que le contexte socio-économique demeure sous-jacent ainsi que les idéologies qui accompagnent ce contexte.

La politique éducative est toujours dominée par une conception de l'homme et du fonctionnement des sociétés. À la réflexion, cela ne devrait pas étonner. Éduquer, c'est faire passer dans la nature des choix éthiques fondamentaux. La prise en compte du réel, qu'il soit sociologique ou biologique, ne peut jamais se situer qu'au niveau de la réalisation technique. Comme telle, cette réalisation ne peut pas échapper à l'idéologie, mais un choix de valeur ne saurait en aucun cas être fondé scientifiquement et la politique ne peut échapper à un tel choix (Ricœur, 1986).

Les réformes éducatives en système centralisé et en système décentralisé

Les finalités et les objectifs une fois posés, intervient le passage à l'acte : c'est le temps de la mise en œuvre de la réforme. Deux points importants sont à considérer : La décision est-elle prise dans un cadre centralisé ou décentralisé ? Quelle est la nature de l'origine du pouvoir qui décide ? Existe-t-il une phase d'expérimentation et de quelle nature est cette phase ?

Dans les démocraties, le pouvoir découle du vote des citoyens. La détermination des finalités et des objectifs a été faite, dans les conditions rappelées plus haut, au sein des partis politiques. Mais l'accès au pouvoir conduit toujours à remettre en chantier les textes élaborés au moment de la conquête du pouvoir et à les soumettre à des commissions *ad hoc* comprenant la plupart du temps des experts, économistes ou pédagogues. Ce sont les textes issus de ces commissions qui devraient constituer la charte de la politique décidée, mais l'expérience montre que c'est rarement le cas (le dernier exemple en date étant celui du rapport Thélot 2004). Intervient un aspect fondamental des politiques éducatives selon que le système éducatif est centralisé ou décentralisé.

La notion de « décentralisation » ne doit pas créer d'illusion. Un pouvoir local, régional ou même communal peut très bien agir de façon centralisée quand les décisions prises au sommet sont conçues comme applicables sur tout le territoire. Au contraire, un texte national peut s'insérer dans une structure décentralisée quand la mise en œuvre des orientations nationales est laissée à la discrétion de décisions locales autonomes au sein de chaque établissement. Dans le cas d'une centralisation bureaucratique impérative, les établissements sont considérés comme indépendants du contexte local et les maîtres comme les exécutants des décisions prises au sommet. L'obéissance est de rigueur, en théorie du moins, car l'acteur dispose toujours de marge au sein du système. Dans le cas de décentralisation vraie, les acteurs sont considérés comme autonomes et libres de leurs décisions et doivent nécessairement tenir compte du milieu local (parents d'élèves, conseillers municipaux, autorités religieuses, etc.).

Le système éducatif français fut longtemps dominé par une centralisation systématique. Il évolue vers plus de souplesse depuis les lois de décentralisation des années 1980. Chez certains, l'idée d'un éclatement nécessaire du système éducatif, avec autonomie locale de recrutement des élèves et des maîtres et définition locale des objectifs, sinon des finalités, fait même son chemin. Le système britannique, en revanche, a été souvent présenté comme le modèle de l'autonomie locale, les programmes et instructions ministériels n'étant considérés que comme des orientations. Il a évolué récemment vers une plus grande centralisation, ce qui ne manque pas d'apparaître paradoxal, quand on pense que cette évolution a été voulue par des gouvernements libéraux. Le système des examens est la pierre de touche de ces tendances contradictoires. Le système français, avec ses examens impersonnels et nationaux, est l'exemple même de la centralisation, et les tendances à la décentralisation ne sont jamais allées jusqu'à mettre en cause cette omniprésence d'examens nationaux. En Grande-Bretagne, au contraire, on assiste à une volonté de mettre en œuvre un système d'évaluation nationale là où régnait la plus grande diversité résultant de l'autonomie.

Le caractère centralisé ou décentralisé d'un système éducatif a une influence considérable sur la façon dont est impulsée une réforme. Lorsqu'il y a centralisation, le passage à l'action paraît souvent immédiatement possible. Des textes sont publiés sur les structures ou sur les contenus. Les acteurs doivent s'y conformer. Les manuels sont créés à la hâte et diffusés, soit nationalement, soit par le canal d'éditeurs privés, sans autre pouvoir d'initiative que celui de la présentation ou de l'interprétation mineure des contenus officiels. Les corps d'inspection sont invités à veiller à cette conformité. Mais la force d'inertie peut aussi être très grande dans un tel contexte.

Dans les systèmes décentralisés, le passage à l'acte s'accompagne la plupart du temps d'une expérimentation plus ou moins précise et plus ou moins évaluée. En général, des centres de recherches spécialisés sont mobilisés pendant que les établissements tout venant s'exercent, selon leurs désirs, à des innovations plus ou moins approfondies (Legrand, 1977).

Les destinées des décisions novatrices

Dans les systèmes centralisés, il ne devrait pas, en principe, y avoir de divergences dans l'application des textes officiels, que ce soit sur les structures ou sur les contenus. En réalité, les orientations nationales ont toujours connu sur le terrain des sorts divers. Certes, en période de grande stabilité comme celle que connut le système éducatif français dans la première partie du siècle, une homogénéité des pratiques pouvait être constatée. Le caractère quasiment institutionnel de certains manuels comme les *Souché* ou les *Bled* atteste de cette stabilité et de cette normalité que devaient créer les centres de formation, précisément appelés « écoles normales ». À partir du moment où la politique éducative prétend impulser des pratiques nouvelles contredisant les tendances natives des acteurs, on assiste à des dérives souvent importantes conduisant au bout de quelques années à la neutralisation de l'innovation avec le maintien des habitudes anciennes.

Les politiques éducatives, avec le recul nécessaire, peuvent apparaître assez souvent comme des jeux idéologiques, reflet des évolutions de la pensée collective plutôt qu'instruments efficaces de transformation. Ce qui ne signifie pas, pour autant, que le système éducatif reste immobile. Il se transforme nécessairement par l'évolution souterraine des acteurs et du milieu de vie. Et c'est la tâche ingrate et nécessaire de la réflexion politique sur le système éducatif que de mettre en lumière les tensions et les dysfonctionnements en suscitant la réflexion, voire la contestation, et en suggérant d'hypothétiques solutions. Ces dernières verront peut-être un jour leur réalisation par la force latente des évolutions d'infrastructures. Elles rappelleront, en tout cas, les nécessités éthiques à poursuivre, sans lesquelles une politique risque de n'être qu'une gestion à la petite semaine. Le sort de l'homme de demain vaut certainement de s'intéresser à de nécessaires utopies.

Louis Legrand

▸ Bibliographie

ARCHER M., *Social Origins of Educational Systems*, London, Sage, 1979.

DURAN P., *Penser l'action publique*, Paris, Librairie générale du droit et de jurisprudence, 1999.

DURKHEIM É., *Éducation et sociologie*, Paris, Alcan, 1938, rééd., PUF, coll. « Quadrige », 2003.

DUTERCQ Y., *Quelles régulations pour les politiques d'éducation et de formation ?*, Rennes, PUR, 2005.

LEGRAND L., *Pour une politique démocratique de l'éducation*, Paris, PUF, coll. « Pédagogie d'aujourd'hui », 1977.

LEGRAND L. *et al.*, *Quelle école voulons-nous ?*, Issy-les-Moulineaux, ESF, 2001.

LELIÈVRE C., NIQUE C., *La République n'éduquera plus : la fin du mythe Ferry,* Paris, Plon, 1993.

MAURIN É., *Le Ghetto français : enquête sur le séparatisme social,* Paris, Le Seuil, 2004.

RICŒUR P., « Éthique et Politique », in *Du texte à l'action*, Paris, Le Seuil, 1986, rééd. 1998.

ROBERT A., *Système éducatif et réformes : de 1944 à nos jours*, Paris, Nathan, 1993.

VAN ZANTEN A., *L'École de la périphérie : scolarité et ségrégation en banlieue*, Paris, PUF, coll. « Le lien social », 2001.

VAN ZANTEN A., *Les Politiques d'éducation*, Paris, PUF, coll. « Que sais-je ? », 2004.

▸ Voir aussi

Décentralisation – Démocratisation de l'enseignement – Endoctrinement – Établissement (Projet d') – Établissement scolaire – Innovation – Pédagogie différenciée – Réforme de l'enseignement – Système éducatif – Valeurs.

POPULAIRE (ÉCOLE)

C'est depuis la fin des années 1980 que se sont multipliées en France les études et les enquêtes sur l'efficacité pédagogique ou la réussite scolaire des établissements « populaires », c'est-à-dire ceux qui accueillent une majorité d'élèves appartenant aux milieux populaires (par exemple, ceux des zones d'éducation prioritaire).

Les écoles élémentaires populaires « réussissantes » semblent présenter un même profil pédagogique : centration sur « les savoirs » et les apprentissages scolaires, stabilité et motivation de la majorité des maîtres, solidarité et cohérence du groupe d'enseignants, direction forte et active, attentes plutôt positives à l'égard des élèves et des familles (Chauveau, Rogovas-Chauveau, 1995). De même, une étude comparative portant sur une centaine de collèges populaires dégage un profil de collège efficace : taille plutôt modeste, style de vie scolaire plutôt convivial, exigences fermes, forte exposition à l'apprentissage, dispositifs de soutien importants, pratiques pédagogiques innovantes, direction attentive à la cohérence de ces pratiques (Grisay, 1990 ; 1993). La même étude souligne que deux facteurs suffisent à produire des collèges populaires performants : une forte exposition des élèves à l'apprentissage et une très bonne organisation de l'aide aux devoirs et au travail personnel.

Deux phénomènes peuvent expliquer en grande partie la variation de l'efficacité pédagogique des établissements scolaires populaires : l'hétérogénéité des ressources humaines (les personnels) et l'hétérogénéité des orientations pédagogiques (les stratégies). On trouve dans les quartiers populaires ou très populaires (Kherroubi, 1997) aussi bien des équipes pédagogiques solides et mobilisées que des établissements scolaires « à trous pédagogiques » ou des enseignants inexpérimentés et peu formés. Plus de 15 % des collèges populaires connaissent une très forte instabilité des professeurs et, dans le même temps, ces établissements sont souvent de plus en plus « ghettoïsés » : fuite d'une partie de la population scolaire, concentration d'élèves « à problèmes », surreprésentation d'enfants issus de l'immigration.

Mais la réussite ou l'efficacité de l'école populaire est également entravée par les stratégies éducatives « qui tirent vers le bas », notamment parce qu'elles ne placent pas les apprentissages scolaires au centre de leurs préoccupations :
– la logique activiste conduit à multiplier des activités tous azimuts ; l'école « bouge » mais elle se disperse et s'éparpille ;
– la logique défectologique se focalise sur les déficiences, les carences, les handicaps – réels ou supposés – des élèves ;
– la logique socio-éducative s'intéresse surtout à l'accueil, aux loisirs et aux animations socioculturelles ;
– la logique sécuritaire se polarise sur la prévention et la répression de la violence à l'école et dans le quartier.

La mixité sociale et ethnique ainsi que la qualité des prestations pédagogiques dans les établissements dits sensibles ou défavorisés apparaissent comme deux questions clés pour les politiques d'éducation prioritaire et pour la construction de l'école populaire.

Gérard Chauveau

▸ Bibliographie

Chauveau G., *Comment réussir en ZEP ?* Paris, Retz, 2002.

Chauveau G., Rogovas-Chauveau É., *À l'école des banlieues*, Issy-les-Moulineaux, ESF, 1995.

Chauveau G., Rogovas-Chauveau É., « Équipes et stratégies éducatives dans les ZEP », *in* van Zanten A. (coord.), *La Scolarisation dans les milieux difficiles*, Saint-Fons, INRP, 1998, p. 177-189.

Grisay A., « Le Fonctionnement des collèges et ses effets sur les élèves de 6e et de 5e », *Éducation et Formations*, n° 32, 1993.

Grisay A., « Des indicateurs d'efficacité pour les établissements scolaires », *Éducation et Formations*, n° 22, 1990.

Kherroubi M., Peignard E., Robert A. D., « Des enseignants et des établissements mobilisés : entre héritage bureaucratique et invention d'un espace autonome », *Carrefours de l'éducation*, n° 3, 1977 et n° 6, 1998.

Léger A., Tripier M., *Fuir ou construire l'école populaire ?*, Paris, Klinksieck, 1988.

Moisan C., Simon J., *Les Déterminants de la réussite scolaire en zone d'éducation prioritaire*, Saint-Fons, INRP, 1997.

▸ Voir aussi

Échec scolaire – Équipes pédagogiques – Réussite scolaire – Zone d'éducation prioritaire (ZEP).

Populaire (Éducation)

L'éducation populaire peut se définir comme un projet de démocratisation de l'enseignement et de la culture porté par des associations dans le but de compléter l'enseignement scolaire et de former des citoyens.

Histoire

L'apparition de l'éducation populaire est à replacer dans le contexte social et idéologique de son époque. Quand ce projet arrive à maturité – au milieu du XIXe siècle –, l'École constitue un enjeu politique de première importance. Les partisans de la généralisation de l'enseignement public vont se trouver en opposition avec les conservateurs catholiques, attachés à maintenir leur position au sein de l'École, qu'elle soit privée ou publique. Plusieurs courants de pensée vont ainsi se trouver engagés dans la mise en œuvre de l'Éducation populaire.

Le courant catholique

Ce sont les Frères des écoles chrétiennes qui ont utilisé les premiers la notion d'éducation populaire quand ils ont mis en place un enseignement destiné à des adolescents ou à des adultes dans le cadre de leurs écoles. D'une certaine manière, ce sont les congrégations – enseignantes ou non – plus que l'Église elle-même, qui développeront ce projet. Ainsi les jésuites encouragent la création de l'Association catholique de la jeunesse française (ACJF), qui fut en quelque sorte la matrice des œuvres catholiques d'éducation populaire. Plusieurs de ces associations sont encore vivantes aujourd'hui : la Jeunesse ouvrière chrétienne (JOC), la Jeunesse agricole chrétienne (JAC), devenue le Mouvement rural de la jeunesse chrétienne (MRJC) par exemple. Du courant catholique des patronages naît l'Union française des centres de vacances et de loisir, et d'un autre courant catholique, celui du Sillon, bientôt interdit par le pape en 1910, sortiront les Équipes sociales, une bonne partie des centres sociaux, l'Union féminine civique et sociale (UFCS), Culture et liberté. Toutes ces associations ont leur histoire particulière, faite de combats plus ou moins difficiles avec l'Église catholique, qui vit mal l'invention d'un laïcat qui la dérange.

Le courant protestant

Ce courant est assez minoritaire en France, mais il fut le plus précoce et assez novateur, en particulier en matière de bibliothèques populaires. Dès 1850, dans la mouvance protestante, ont été créées les Unions chrétiennes de jeunes gens (UCJG), puis, en 1892, les Unions chrétiennes de jeunes filles (UCJF), qui développeront des activités d'éducation populaire. Les protestants rejoignent les laïques au moment de la séparation de l'Église et de l'État, en 1905.

Le courant laïque et républicain

Ce courant se constitue au milieu du XIXe siècle autour du projet de création d'un enseignement obligatoire, public et gratuit. Le suffrage universel récemment institué inspire à plusieurs des membres de ce courant l'idée qu'il faut préparer les utilisateurs du droit de vote à devenir des citoyens responsables. C'était notamment la démarche de Jean Macé, fondateur de la Ligue de l'enseignement en 1866. La Ligue encourage les instituteurs dans leur tâche enseignante mais aussi pour qu'ils agissent dans le domaine extrascolaire. Le slogan de la Ligue de l'enseignement est alors « de la sortie de l'école à l'entrée au régiment ». Cette association développera sur le modèle des catholiques des patronages scolaires, des associations d'anciens et d'anciennes élèves, des mutuelles, des cours d'adultes en grand nombre.

Un courant ouvrier ?

On ne peut considérer le mouvement ouvrier, en France, comme un véritable promoteur de l'éducation populaire, sauf sur ses marges à la fin du XIXe siècle, avec Pelloutier et les bourses du travail qui ont un programme d'éducation ouvrière assez élaboré. Le mouvement ouvrier rencontre l'éducation populaire à des périodes très particulières de l'histoire de celle-ci.

Les temps forts

L'éducation populaire a connu deux temps forts, le premier au moment de l'affaire Dreyfus, le second à la Libération.

Le moment de l'affaire Dreyfus

Les activités d'éducation populaire connaissent leur apogée vers 1894 au moment des universités populaires. La création des UP est inséparable de l'affaire Dreyfus. À ce moment, des universitaires vont « aller au peuple » et apporter leur concours à des institutions déjà existantes, à savoir les associations d'éducation populaire laïques ou protestantes et les bourses du travail. Ce fut un moment de rencontre court (trois à cinq ans) entre le courant laïque et le mouvement ouvrier. De leur côté, les catholiques, mobilisés eux aussi par l'affaire Dreyfus, ouvrent des instituts populaires, répliques des universités populaires.

La Libération

La rencontre entre les divers courants de l'éducation populaire est plus large puisque les catholiques, les protestants, les militants syndicaux et les francs-maçons se sont retrouvés dans les maquis et notamment à Uriage. De cette rencontre naissent Peuple et culture (PEC) et la Fédération française des maisons des jeunes et de la culture (FFMJC). De la rencontre entre les instituteurs et le scoutisme étaient nés en 1937 les centres d'entraînement aux méthodes d'éducation actives (CEMÉA), et naissent en 1944 les Francs et Franches Camarades (Francas).

La prise en compte de l'éducation populaire par l'État

En 1936, le Front populaire, avec la création d'un département ministériel attribué à Léo Lagrange, représente un début de reconnaissance des activités de certaines associations d'éducation populaire, les Auberges de la jeunesse notamment, dans leur version laïque comme dans leur version catholique, qui étaient apparues dans le début des années 1930. On doit au régime de Vichy l'institution d'un système d'agrément et de subvention des associations qui n'est pas remis en question à la Libération. En 1944, Jean Guéhenno est en charge d'un segment administratif héritier du régime de Vichy dans ses structures : la Direction des mouvements de jeunesse et de la culture populaire. Il démissionne lorsque le sort de ce département est définitivement lié à celui des sports. C'est en effet depuis ce moment que l'éducation populaire a pour tutelle « Jeunesse et Sports », département ministériel parfois érigé en secrétariat d'État, en haut-commissariat ou, comme en 1993, en ministère. À plusieurs reprises, on tente de détacher l'éducation populaire de « Jeunesse et Sports », c'est peine perdue. C'est le cas notamment en 1959, à la création du ministère des Affaires culturelles. L'Éducation nationale s'y oppose avec la plus grande énergie afin de conserver les associations laïques par-devers elle. En 2002, Jeunesse et Sports a éclaté et le département Jeunesse a gardé provisoirement dans ses bureaux l'éducation populaire lorsqu'il a été rattaché à l'Éducation nationale.

Guéhenno a eu le temps d'agir, il voulait « rendre la raison populaire ». Il officialise ainsi un corps d'« instructeurs spécialisés ». Jeanne Laurent, au secrétariat d'État aux beaux-arts, puise dans cette réserve pour amorcer la décentralisation théâtrale au début des années 1950. Ce corps de formateurs persiste encore aujourd'hui sous l'intitulé « conseiller d'éducation populaire et de jeunesse » (CEPJ). Leurs domaines d'activité se sont élargis aux disciplines imposées par la mise en place des diplômes d'animation de Jeunesse et Sports.

La professionnalisation de l'éducation populaire

Traditionnellement, l'éducation populaire tirait ses ressources du secteur privé, les pouvoirs publics y participant peu sauf sous forme de prêts de locaux au niveau des collectivités locales. L'éducation populaire était essentiellement une activité bénévole, susceptible, à partir des années 1950, d'être encouragée par l'État par la mise à disposition d'enseignants et, depuis 1944, d'instructeurs spécialisés. La professionnalisation lui a été en quelque sorte fatale car la version professionnalisée de l'éducation populaire, à savoir l'animation, puisait son idéologie à de tout autres sources.

Vers le début des années 1960 s'est développée l'idéologie de l'animation. L'animateur n'a pas à instruire, ni à éduquer, ni à diriger mais à faire jaillir la demande et à faciliter les relations. Tout cela étant de l'ordre de la technique qui s'apprend, l'animateur ne pouvait être qu'un professionnel. Cette idéologie est contemporaine de la mise en place de la Vᵉ République, donc d'un renforcement du rôle de l'État ; renforcement rationalisé par les Plans et qui amène, en ce qui concerne le secteur qui nous intéresse, la réalisation de nombreux équipements. Que ce soit à la Jeunesse et aux Sports grâce au haut-commissariat d'Herzog, que ce soit aux Affaires culturelles grâce au ministère de Malraux (1959-1969), que ce soit aux Affaires sociales, on construit des maisons de jeunes, des maisons de la culture et des centres sociaux ; construire des bâtiments fait partie des politiques mises en œuvre. Ceci concrétise ce double mouvement d'étatisation et de laïcisation de l'éducation populaire qui est propre à la France, car construit hors de l'École et hors de l'Église.

Ce que l'on a appelé le « socioculturel » provient de l'institutionnalisation de l'éducation populaire par le biais des équipements dont elle a été dotée et de sa professionnalisation.

Les pratiques de l'éducation populaire

Si l'éducation populaire se définissait par ses pratiques, on constaterait que celles-ci ont toujours cours mais qu'elles sont le plus souvent développées à partir d'associations qui ne se réclament pas de l'éducation populaire. Aujourd'hui, le rattrapage scolaire, les boutiques de droit, l'alphabétisation, les nouvelles expériences d'universités populaires sont l'apanage d'associations qui, pour la plupart, ne sont pas dans la tradition de l'éducation populaire. Par contre, pour accomplir les missions d'insertion sociale et économique dans le cadre des différents « dispositifs » mis en place depuis une vingtaine d'années, les associations d'éducation populaire ont souvent été en bonne place, mais elles n'ont pas le monopole de ces pratiques et se retrouvent sur le terrain en concurrence avec d'autres institutions éducatives. De plus, du fait qu'elles sont confrontées à l'accomplissement de missions de service public dans des cadres relativement rigides, leurs capacités d'innovation sont relativement limitées.

Les pédagogies

Traditionnellement, l'éducation populaire est innovante sur le plan pédagogique. Les difficultés rencontrées, tant au niveau de la transmission des contenus qu'au niveau des facultés de réception des différents publics, ont été des objets d'analyse. La bonne volonté ne suffit pas et les échecs servent de leçons. Des cercles d'études pour éducateurs sont apparus au début du siècle au Sillon. Enfin, l'enquête comme moyen de connaissance des publics, dans la tradition de Le Play, a été instituée très tôt à l'ACJF, puis de manière systématique par la JOC et la JAC. L'« étude du milieu », chère aux formations des travailleurs sociaux, peut se réclamer de cette tradition militante de l'éducation populaire.

Inspiré par des travaux scientifiques, l'entraînement mental mis au point par Joffre Dumazedier, fondateur de Peuple et culture, a été élaboré comme un moyen de transmission de connaissances. Cette méthode éprouvée à Peuple et culture a été reprise dans la formation des adultes des années 1950. Enfin, on peut dire que la préoccupation de fournir aux individus les moyens d'une formation adéquate destinée à accompagner l'insertion sociale ou, d'une manière générale, toutes les mesures d'aide sociale individuelle est une idée qui est née dans les milieux de l'éducation populaire avant d'être reprise comme une exigence par les pouvoirs publics dans le cadre de mesures telles que le RMI. La dimension politique dans l'acte éducatif est en effet partie prenante de l'éducation populaire, ce qui a pu constituer à la fois sa force et aussi sa fragilité, puisqu'on ne manie pas la dimension politique sans prendre de risques.

Vers un modèle pour le XXIᵉ siècle ?

Au début du XXIᵉ siècle, l'apprentissage de la citoyenneté, vocable actuellement en cours dans les milieux qui se réclament de l'éducation populaire, ne mobilise que peu d'énergies. Ce projet d'apprentissage de la citoyenneté convient mieux à des militants qu'à des professionnels, qui vont être évalués à partir de critères d'efficacité et de rentabilité d'une tout autre nature. On constate pourtant aujourd'hui que beaucoup de professionnels de l'insertion ont un passé militant dans l'éducation populaire. Il en est de même de nombreux travailleurs sociaux, dont les animateurs socioculturels.

Par ailleurs, au moment où l'éducation populaire est en passe de devenir un objet historique, un regain d'intérêt semble se manifester dans la société civile en faveur de l'éducation pour tous. L'Association pour la taxation des transactions financières (ATTAC) est reconnue comme mouvement d'éducation populaire par le ministère de la Jeunesse et des Sports, et s'inscrit dans cette tradition. Ce même ministère, avec le Centre national des associations de jeunesse et d'éducation populaire (CNAJEP), a organisé à la Sorbonne, en novembre 1998, un colloque « Quel avenir pour l'éducation populaire ? » et en a publié les actes, dernière expression de l'éducation populaire, sous la forme d'un Livre blanc.

L'Éducation populaire, avec sa tradition d'initiative et d'invention, pourrait ainsi retrouver aujourd'hui une place aussi importante qu'hier. Même dans ses grands moments d'invention sociale, l'éducation populaire a certes toujours tenu une place relativement marginale par rapport à l'institution scolaire, mais son originalité a inspiré d'autres institutions et d'autres pédagogies, qui en portent encore aujourd'hui la trace.

Martine Hédoux
Geneviève Poujol

▸ Bibliographie

CACÉRÈS B., *Histoire de l'éducation populaire*, Paris, Le Seuil, 1964.

COLLECTIF, *Le Livre blanc de l'éducation populaire*, Paris, Éd. de l'Atelier, 2001.

POUJOL G., *Éducation populaire : histoires et pouvoirs*, Paris, Éd. de l'Atelier, coll. « Politique sociale », 1981.

POUJOL G. (dir.), *L'Éducation populaire : le tournant des années 1970*, Paris, L'Harmattan, 2000.

POUJOL G., « Un projet à prendre ou à laisser », *Les Cahiers de l'IFOREP*, n° 96, avril 2000.

POUJOL G., MIGNON J.-M., *Guide de l'animateur socioculturel : formation, diplômes, structures institutionnelles, cadre légal et réglementaire*, Paris, Dunod, 2005.

POUJOL G., ROMER M. (dir.), *Dictionnaire biographique des militants (XIXe-XXe siècles) : de l'éducation populaire à l'action culturelle,* Paris, L'Harmattan, 1996.

TROGER V., « De l'éducation populaire à la formation professionnelle : l'action de "Peuple et Culture" », *Sociétés contemporaines*, n° 35, 1999, p. 19-42.

▸ Voir aussi

Action culturelle – Actives (Méthodes) – Adultes (Formation des) – Alphabétisation – Animation – Buisson, Ferdinand – Condorcet – Dumazedier, Joffre – Éducation permanente – Entraînement mental – Laïcité – Mouvements de jeunesse – Théâtre.

PRATIQUE RÉFLEXIVE

La parution des ouvrages de Donald A. Schön (1994) a rendu populaires les termes de « réflexion » et de « pratique réflexive » dans les milieux éducatifs. *Le Tournant réflexif* [Schön (dir.), 1996] renverse l'épistémologie dominante en introduisant l'idée, non seulement qu'il y a plusieurs modes de théorisation possibles, mais que la théorisation de la pratique la plus pertinente, à la fois pour l'explication de la pratique professionnelle et pour son amélioration, a pour base le *savoir tacite* des praticiens. Argyris et Schön (1978) faisaient déjà une distinction entre « théories adoptées » (*espoused theories*), celles avec lesquelles les praticiens justifient leur action, et « théories en usage », celles qui, en réalité, sont sous-jacentes à leur pratique. Le rôle du chercheur n'est plus d'élaborer des modèles d'analyse à appliquer à la pratique, mais d'utiliser ses propres modèles d'analyse pour aider les praticiens à expliciter les leurs, ceux qui sous-tendent implicitement leur pratique, de manière à libérer la création de nouveaux cadres conceptuels adéquats.

Les différents types de réflexion

Même si cette épistémologie de l'agir professionnel s'est développée récemment, elle n'est pas neuve et Schön lui-même, comme nombre de ses disciples, se réfère à John Dewey, qui a formulé les notions de « pensée réflexive » (1933) et de méthode délibérante. Dans ses travaux qui visent à articuler l'éducation, l'expérience et la vie, comme dans son action de professeur de philosophie et de pédagogie tentant de faire collaborer au sein de l'université de Chicago un département de pédagogie et un établissement scolaire, il a cherché à « abolir les frontières entre la théorie et la pratique » (1929). Il fait de la délibération et de la réflexion des méthodes pour aborder l'éducation en tant que mouvement social conflictuel avec lequel interagissent les recherches (1968).

Après Schön (1994), plusieurs auteurs ont précisé la définition de la pratique réflexive. La « réflexion-*en*-action » ou « en cours d'action » survient chez le praticien au sein même de ses activités et suscite une « restructuration » de celles-ci. La « réflexion-*sur*-l'action » est une application ordonnée de la logique à des données connues pour résoudre un problème. La « réflexion-*pour*-l'action » implique une programmation dans l'avenir. La « réflexion-*à propos de*-l'action » se produit quand on prend en compte les contextes élargis, sociaux, économiques et politiques dans lesquels l'action a lieu. Elle s'accompagne souvent d'un désir de réaliser une justice sociale, une émancipation ou une amélioration.

Courants de pensée et démarches méthodologiques

Dans *Le Tournant réflexif* (1996), Schön réunit quatorze études de cas d'auteurs illustrant la variété des cadres théoriques (ethnographie, philosophie de l'éducation, pédagogie, psychologie cognitive, psychothérapie, sociologie, théorie des systèmes) et des démarches méthodologiques. Toutes ont pour caractéristique commune de « donner un sens au travail des praticiens », c'est-à-dire d'« éclairer les paroles et les gestes des praticiens en explorant ce qui ressort des modèles d'activités spontanées que leur pratique engendre ». Elles diffèrent en fonction de la distance du chercheur à son objet : d'une approche classique, où le chercheur se situe en extériorité pour expliciter les modèles des praticiens, à une recherche collaborative définie comme celle où « le chercheur transforme ses sujets en partenaires de recherche ».

Ce dernier courant prend actuellement de l'extension. En ce sens, on peut attendre une redéfinition de la pratique réflexive à partir des recherches qui se centrent sur le rôle joué par le partenariat entre chercheurs et praticiens dans la mise en place et le soutien d'une pratique réflexive.

Les critiques

Que la notion centrale soit le partenariat ou la pratique réflexive, les mêmes critiques ont fusé sur un succès rendu douteux par les enjeux politico-économiques sous-tendant une politique d'incitation des universitaires à former les enseignants sur le terrain, soit par réforme (Canada, Royaume-Uni), soit en liant l'octroi de crédits à ce type d'action (États-Unis). Au moment de la promulgation de la réforme de la formation des enseignants au Québec, le colloque de l'Association québécoise universitaire en formation des maîtres (AQUFOM) a été ouvert sur ce thème (Goodson, 1995). Certains pensent que les gouvernements utilisent maintenant la pratique réflexive comme moyen de promouvoir une compétence technique et de développer ainsi une nouvelle culture enseignante techniciste qui, par là, creuse encore plus le fossé entre théorie et pratique, entre l'université et les établissements scolaires, les universitaires et les enseignants.

Greenwood présente la prise en compte d'un « pluralisme » de la pratique réflexive comme complémentaire de la notion définie par Schön et comme propre à prévenir des dérives réductrices. « Une approche anthropologique des institutions qui souligne la diversité des processus de décision » fait émerger

« des pluralismes dynamiques des pratiques réflexives que constituent toute organisation, toute société » (1996). La reconnaissance du fait que « l'approche réflexive, tout comme le système culturel en général, est multiple, diversifiée et a du sens » évite de fonder « la collaboration » sur « un code culturel uniforme » qui permettrait de « contrôler les gens » comme le souhaiteraient certaines écoles de gestion.

Danielle Zay

▶ Bibliographie

ARGYRIS C., SCHÖN D. A., *Organizational Learning : a Theory of Action Perspective*, Reading M. A., Addison-Wesley, 1978.

DEWEY J., *The Question for Certainty : a Study of the Relation of Knowledge and Action*, New York, Paragon, 1929.

DEWEY J., *How we Think : a Restatement of the Relation of Reflective Thinking to the Educative Process,* Boston, D. C. Heath, 1933.

DEWEY J., *Expérience et Éducation*, Paris, Armand Colin, 1968.

GOODSON I. F., « Un pacte avec le diable », « Des éléments de réflexion à l'intention des formateurs de maîtres », *in* Association québécoise universitaire en formation des maîtres (AQUFOM), *L'Université et le milieu scolaire : partenaires en formation des maîtres*, Ottawa, Université McGill, 1995, p. 3-21.

GREENWOOD D. J., « Pratique réflexive en groupe lors d'une recherche-action de nature participative. Étude de cas tirée des coopératives Fagor de Mondragon », *in* Schön D. A. (dir.), *Le Tournant réflexif. Pratiques éducatives et études de cas*, Montréal, Les Éditions logiques, 1996, p. 137-170.

SCHÖN D. A., *Le Praticien réflexif : à la recherche du savoir caché dans l'agir professionnel*, Montréal, Les Éditions logiques, 1994, rééd., 1999.

SCHÖN D. A. (dir.), *Le Tournant réflexif : pratiques éducatives et études de cas*, Montréal, Les Éditions logiques, 1996, rééd., 1999.

▶ Voir aussi

Dewey, John – Partenariat – Pédagogie – Praxéologie – Savoir d'action.

PRATIQUE SOCIALE DE RÉFÉRENCE

Le concept de « transposition didactique », introduit en didactique des mathématiques par Chevallard (1982), décrit les relations complexes qui s'établissent entre un savoir savant et les contenus d'enseignement correspondants. Il a été largement repris dans d'autres disciplines, mais ne convient pas toujours parfaitement à celles pour lesquelles se pose de façon plus aiguë la relation avec le réel empirique. Dans ce cas, il faut dépasser la question du « texte du savoir » pour envisager plus globalement la transposition de pratiques. C'est le sens de la notion de « pratique sociale de référence », proposée par Martinand (1986). Il ne s'agit pas pour lui d'introduire comme telles dans l'école des pratiques ayant cours à l'extérieur, mais de les envisager comme des références possibles pour les contenus, moyennant chaque fois l'effort de recomposition nécessaire.

L'exemple des pratiques sportives

C'est là toute la différence entre, par exemple, une pratique sportive dans le cadre d'un club et son introduction à des fins de formation dans le cadre scolaire ; autrement dit, c'est ce qui distingue les activités physiques et sportives (APS) de l'éducation physique et sportive (EPS). Le sport de haut niveau sert alors de référence, mais seulement de référence, pour la construction de contenus. Le professeur n'est pas un moniteur, même si la tentation de l'amalgame est souvent grande, par manque de visibilité de ce qui fait leurs professionnalités respectives. La pratique scolaire doit ressembler suffisamment à la pratique sociale qui lui correspond afin que les élèves puissent la reconnaître comme telle et s'y investir, mais elle doit être finalisée autrement en vue d'objectifs visant la formation motrice plus que la performance (Amade-Escot, Marsenach, 1996). Cette discipline peut sembler relever d'une situation d'exception dans la mesure où, jusqu'à une période récente, elle ne disposait pas de programmes à proprement parler. Un important effort pour construire les contenus d'enseignement, moyennant d'âpres débats et des oppositions encore vives, a dû s'y déployer sur le mode d'une *contre-transposition didactique*.

Cela rend mieux visible le fait que, dans d'autres disciplines qui disposent de contenus *a priori* légitimes, le texte du savoir régnant est tout autant le reflet, souvent oublié par *naturalisation scolaire*, d'une pratique dominante, et que des alternatives viables y sont possibles. Martinand a pu montrer ainsi, pour l'enseignement des sciences physiques, que le curriculum se décalque spontanément des pratiques sociales de recherche des laboratoires universitaires, quand on pourrait tout autant prendre pour référence des pratiques industrielles ou des pratiques domestiques (la chimie référée à la cuisine). De même, en biologie, on voit comment il serait possible d'entrer par les pratiques médicales, nutritionnelles ou environnementales, alors que, faute de cette rationalisation, l'éducation à la santé et à l'environnement est trop souvent introduite comme un appendice mal relié à la matrice disciplinaire, parce que répondant à une logique différente. Cela porte préjudice tant au cœur conceptuel de la discipline, qui se prive ainsi de points d'appui fonctionnels, qu'à ses formations périphériques, réduites au statut d'application technique ou conduites dans une perspective préventive et moralisante (traditionnellement l'hygiène, aujourd'hui l'éducation sexuelle).

Un outil pour penser la construction des contenus scolaires

Bien qu'un peu différente, la notion d'« îlot de rationalité », développée par Fourez (1994), n'est pas étrangère à ces questions, puisqu'elle propose également une recomposition disciplinaire et interdisciplinaire des contenus autour d'une problématique d'enseignement, mais en accordant une place plus importante à la dimension axiologique des finalités et valeurs de l'éducation.

La notion de « pratique sociale de référence » fonctionne ainsi comme un outil puissant pour *penser la construction des contenus* scolaires, dont les didacticiens ont la responsabilité, même s'ils ne doivent pas être les seuls à en décider. Ils ont pour mission d'explorer d'autres cohérences possibles et épistémologiquement valides, pour ouvrir des alternatives aux schémas canoniques installés et proposer d'authentiques renouvellements curriculaires. Cela souligne fortement à quel point les *contenus* d'enseignement ne s'identifient jamais aux *savoirs*, le professeur de physique n'étant pas assimilable à un physicien qui enseignerait. Les contenus scolaires disposent d'une autonomie, certes relative mais malgré tout importante, et chaque discipline doit, pour son propre compte, raisonner les modalités de sa reconstruction (Develay, 1995). L'importation de savoirs et de pratiques au sein de l'École ne se fait jamais sans profonds remaniements, ni sans articulation avec les fonctions spécifiques de cette institution.

Lebeaume a récemment précisé cette idée avec la notion de « matrice curriculaire ». Il montre que l'instabilité de l'enseignement de la technologie à l'école et au collège (et plus largement, depuis un siècle, de la question du travail manuel à l'école) est liée aux difficultés à construire une cohérence au sein d'un triplet. Celui-ci associe les *tâches scolaires* de la discipline, la *référence sociale* dont elle s'inspire sans la reproduire (question d'authenticité), et les *visées éducatives* qu'elle permet de travailler (question de légitimité).

Jean-Pierre Astolfi

▸ Bibliographie

AMADE-ESCOT C., MARSENACH J., *Didactique de l'éducation physique et sportive : questions théoriques et méthodologiques*, Grenoble/Saint-Fons, La Pensée sauvage/INRP, 1996.

ASTOLFI J.-P. (éd.), *Mots-clés de la didactique des sciences*, Bruxelles, De Boeck, 1997.

CHEVALLARD Y., *La Transposition didactique : du savoir savant au savoir enseigné*, Grenoble, La Pensée sauvage, 1982, 2e éd., 1991.

DEVELAY M. (dir.), *Savoirs scolaires et didactiques des disciplines : une encyclopédie pour aujourd'hui*, Issy-les-Moulineaux, ESF, 1995.

FOUREZ G., *Alphabétisation scientifique et technique : essai sur les finalités de l'enseignement des sciences*, Bruxelles, De Boeck, 1994.
LEBEAUME J., *L'Éducation technologique : histoires et méthodes*, Issy-les-Moulineaux, ESF, 2000.
MARTINAND J.-L., *Connaître et transformer la matière*, Berne, Peter Lang, 1986.

▶ Voir aussi

Curriculum – Didactique – Programmes scolaires – Transposition didactique.

PRAXÉOLOGIE

La notion de « praxéologie », qui désigne étymologiquement la science de la *praxis*, apparaît dans le domaine de l'éducation et de la formation après celui de l'histoire et de l'économie. Elle vise la construction d'une théorie de l'action éducative. Elle suppose que l'agir humain est toujours symbolique et propose un type d'interprétation reliant les actions humaines à la capacité d'autoproduction de l'homme lui-même.

Castoriadis définit la *praxis* comme « ce faire dans lequel l'autre et les autres sont visés comme l'agent essentiel du développement de leur propre autonomie. La vraie politique, la vraie pédagogie, la vraie médecine pour autant qu'elles ont jamais existé, appartiennent à la praxis. »

Le terme de « praxéologie » apparaît probablement dans notre langue, à la fin du XIXe siècle, chez Bourdeau, qui voulait en faire une science intégrale s'opposant à la classification d'Auguste Comte, et chez Espinas, l'associant plutôt à la technique. À la même époque, si Maurice Blondel n'emploie pas directement le mot, il n'en pose pas moins, dès 1893, les fondements d'une *science de la pratique et de l'action*. Pour L. von Mises (1940), vers 1926, la praxéologie devient une généralisation de l'économie classique, celle-ci reposant déjà sur une théorie générale de l'action et des choix humains, limités aux dimensions d'un marché. Les décisions sont prises en fonction de l'obtention d'une fin. Tous les comportements humains dépendent de ce schéma moyen-fin. Pour être efficace, l'action doit donc être consciente, intentionnelle et systématisée. Elle constituera une réponse aux stimulations d'un milieu, parmi lesquelles figurent le sentiment d'une insatisfaction même relative et l'hypothèse d'une optimisation toujours possible.

La forme de l'action humaine

Par rapport à l'histoire, qui s'occupe également du « faire » humain, sous l'angle de la matière événementielle qu'elle collecte et interprète, la praxéologie prendra pour objet la forme de l'action humaine. Il s'agit de déterminer *a priori* les conditions de l'action en général. De son côté, Kotarbinski développe, à partir de 1937, des idées qui seront reprises, en 1955, dans son *Traité du bon travail*, principes d'une « méthodologie générale « qui ne se souciera que de l'efficacité de l'action et des conditions de leur optimisation, nullement de sa valeur morale ». Il s'agit de constituer ainsi une science générale de l'action efficace. Ainsi, Kotarbinski déterminera des principes généraux valables pour toutes les situations, pour tous les types d'action et des principes particuliers, pertinents seulement pour des familles d'action données. Comme le souligne Jean-Louis Le Moigne, qui distingue quatre types d'analyse de la réalité (paradigmes mécaniste, thermodynamique, structuraliste et systémique), cette science générale de l'action efficace est d'inspiration résolument positiviste. Il y a donc matière à une lecture avant tout étroite et restrictive de la praxéologie. Le paradoxe spécifique de cette dernière est sans doute qu'elle semblerait devoir renvoyer à une *praxis*, toujours riche et inventive, alors qu'en fait elle ressort essentiellement d'une *poiesis*, c'est-à-dire d'une *tekhnê*, d'un « fabriquer faire » en retrouvant une distinction aristotélicienne devenue classique. C'est bien pourquoi des rapports s'établiront sans peine, par la suite, entre praxéologie systémique et cybernétique.

Mais indépendamment du terme proprement dit, la préoccupation tout à la fois économique, logique et organisationnelle qu'on entend lui faire exprimer est bien dans l'air du temps et se retrouvera à travers la plupart des grands courants jalonnant le XXe siècle. Le pragmatisme nord-américain, le marxisme, l'intelligence des sciences humaines et sociales aussi bien chez Jean-Louis Moreno ou chez Kurt Lewin, chez Abraham Moles avec la théorie des actes, que chez Talcott Parsons ou Pierre Bourdieu, avant même le « retour du sujet à travers l'acteur », dans les sociologies de terrain contemporaines, s'intéressent effectivement à l'efficacité de la connaissance et à sa capacité à améliorer la condition humaine. On s'interrogera profitablement ainsi sur l'utilité de la recherche. À quoi sert-elle ? À qui ? Dans son *Esquisse d'une théorie de la pratique*, Bourdieu fait de la praxéologie l'un des trois modes de connaissance théorique (avec les connaissances phénoménologique et objectiviste) : « La connaissance que l'on peut appeler *praxéologique* a pour objet non seulement le système des relations objectives, mais les relations *dialectiques* entre ces structures objectives et les *dispositions* structurées dans lesquelles elles s'actualisent et qui tendent à les reproduire, c'est-à-dire le double processus d'intériorisation de l'extériorité et d'extériorisation de l'intériorité : cette connaissance suppose une rupture avec le mode de connaissance objectiviste, c'est-à-dire une interrogation sur les conditions de possibilités, et par là, sur les limites du point de vue objectif et objectivant qui saisit les pratiques du dehors, comme fait accompli, au lieu d'en construire le principe générateur en se situant dans le mouvement même de leur effectuation. »

Du sujet à l'acteur... et à l'auteur

Comme le voulait Emmanuel Kant, autre penseur de la raison pratique, l'éducation est difficilement séparable d'un désir de progression vers une plus grande perfection. Tout comme d'autres sciences se déclinant au pluriel (sciences de l'information et de la communication, sciences de la gestion, de l'organisation et de l'administration...), qui, au demeurant, auront également en commun de privilégier des formes d'altérations, de métissages, les sciences de l'éducation, parce qu'elles prennent pour objets des pratiques et des situations sociales, comportent des dimensions, des aspects relevant de ce type de regard : praxéologie, sciences de l'action et des pratiques sociales. Dans le domaine de la formation des adultes, des chercheurs appartenant au courant pédagogique des collèges coopératifs s'attachent notamment à promouvoir une intelligence moins strictement positiviste de la praxéologie. On tendra ainsi vers « une actionnalisation des connaissances produites » par les acteurs. Mais on se rapprochera ainsi davantage d'une intelligence du paradoxe (Barel, Palo Alto...) que d'une forme de pensée dialectique. Il convient alors de se souvenir que les terrains d'élection de la praxéologie sont justement les trois « métiers impossibles » reconnus par Freud : éduquer, soigner et gouverner (Imbert).

S'opposeront ainsi, en fait, trois formes de praxéologies finalement assez hétérogènes mais toutes effectivement concernées par la gestion, ou la dialectisation (selon le cas), du rapport fins-moyens : celle des origines, à prédominance logico-économique, éliminant avec les préoccupations morales (von Mises) les particularités psychologiques, psychosociales et sociologiques structurant et modulant les comportements humains, substituant aux valeurs philosophiques des évaluations seulement stratégiques en fonction des objectifs retenus. Une deuxième forme, d'inspiration phénoménologique et herméneutique, privilégiant l'intentionnalité, donc plus sensible aux visées, aux finalités, aux dimensions politiques, celle de l'école de Francfort et de l'agir communicationnel (Habermas), postulant déjà des sujets mais ne dépassant pas, malgré tout, le statut d'acteur. Une troisième forme, clinique, où des sujets (individuels, personnels, groupaux, collectifs, sociaux) concrets (et non seulement épistémiques) vont pouvoir se retrouver avec l'essentiel de leurs caractéristiques propres. Cette dernière forme de praxéologie, plus facilement inscrite dans la durée, donnant une place prépondérante à l'écoute, à partir des notions de terrain, de situations et de processus, de relations, d'intersubjectivité, se retrouvera dans différents domaines allant de la psychothérapie à la microsociologie interactionniste et à l'ethnométhodologie, voire à l'ethnologie ou à l'ethnographie. Le fabriquer-faire de la première forme de praxéologie, politique parce qu'économique, celui d'une production instrumentée et technique, de la mise en œuvre d'une force de travail, fait place, ici, au se faire soi-même, à l'idée d'un travail sur soi, à la première personne du singulier ou du pluriel (« je « ou « nous «), au sens où Jean-Paul Sartre pouvait dire, dans la *Critique de la raison dialectique*, que l'homme se fait toujours plus ou moins à travers ce qu'il fait ; autrement dit qu'il se travaille aussi en travaillant. Le sujet y tendra alors toujours plus ou moins vers la posture d'auteur. C'est cette capacité d'autorisation, en tant que création progressive et continuée de soi, qui nous semble la plus représentative d'une *praxis* éducative non réduite à la conformité et à la reproduction des pratiques sociales.

Jacques Ardoino

▶ Bibliographie

ARDOINO J., « L'Approche multiréférentielle (plurielle) des situations éducatives et formatives », *Pratiques de formation-analyses*, n° 25-26, 1993.

BLONDEL M., *L'Action : essai d'une critique de la vie et d'une science de la pratique*, Paris, Alcan, 1893, rééd., PUF, 1993.

BOURDEAU L., *Théorie des sciences, plan de science intégrale*, Paris, Germer Baillière, 1882.

BOURDIEU P., *Esquisse d'une théorie de la pratique*, Paris, Le Seuil, 2000.

CASTORIADIS C., *L'Institution imaginaire de la société*, Paris, Le Seuil, 1999.

DAVAL R., « Praxéologie », *in* Jacob A., *Encyclopédie philosophique universelle*, t. II : *Les notions philosophiques : dictionnaire*, Paris, PUF, 1990.

ESPINAS A., *Les Origines de la technologie*, Paris, Alcan, 1897.

HABERMAS J., *Théorie de l'agir communicationnel*, Paris, Fayard, 1987.

IMBERT F., « Les "Métiers impossibles" et les impasses du "schéma fin-moyens" », *L'Année de la recherche en sciences de l'éducation*, n° 1, 1994.

KANT É., *Réflexions sur l'éducation*, Paris, Vrin, 1993.

KOTARBINSKI T., « Idées de la méthodologie générale – praxéologie », in *Travaux du 9e congrès international de philosophie (Descartes)*, Paris, Hermann, 1937.

LE MOIGNE J.-L., « Sur "l'incongruité épistémologique" des sciences de gestion », *Revue française de gestion*, n° 6, 1993.

MISES L. von, *L'Action humaine, traité d'économie*, Genève, 1940, rééd., Paris, PUF, 1985.

MOLES A., ROHMER, *Théorie des actes : vers une sociologie des acteurs*, Paris, Casterman, 1977.

SARTRE J.-P., *Critique de la raison dialectique,* Paris, Gallimard, 1960, rééd., 1985.

▶ Voir aussi

Axiologie – Pratique réflexive – Projet – Savoir d'action – Sciences de l'éducation – Sociologie de l'éducation.

PRÉCOCE (INTERVENTION)

L'intervention précoce est un ensemble d'actions entreprises en direction des jeunes enfants, la plupart du temps avant cinq ans, donc à une période sensible de leur développement.

L'intervention précoce entretient des liens importants avec l'éducation familiale au point que certains chercheurs ont tendance à les confondre. Il convient en outre de distinguer l'appellation d'« intervention précoce » de celle d'« éducation de la petite enfance » *(early childhood education),* qui désigne le champ de l'éducation préscolaire, même si, dans de nombreux pays, l'intervention précoce s'adresse à des enfants de deux à six ans et peut être comparée à l'activité conduite, en France, par les enseignants de maternelle.

L'intervention précoce a pour but d'inciter l'enfant à approfondir une idée, à essayer quelque chose de nouveau, à exploiter d'une manière différente une situation nouvelle.

Quand cette intervention s'adresse à des enfants handicapés ou abandonnés à eux-mêmes, certains auteurs parlent de « stimulation », terme qui réfère à tout ce qui provoque une réaction, un comportement, une réponse ou encore une excitation, un encouragement, un éveil, une animation. Quant à l'épithète « précoce », comme telle, elle caractérise « ce qui se développe plus tôt que d'habitude ». L'intervention précoce fait donc appel à la fois à des actions de type curatif, lorsque le jeune enfant souffre de diverses carences, et à des actions de type préventif, lorsqu'il court des risques de rencontrer des difficultés importantes. Les dangers de certaines interventions précoces, notamment l'activisme de certaines méthodes de stimulation d'enfants handicapés, doivent être soulignés.

La précocité des apprentissages fait en France l'objet de débats parfois acharnés. Ainsi, la réorganisation de la dernière année de l'école maternelle et des deux premières années de l'école élémentaire en un cycle pour les élèves de cinq à sept ans veut faciliter une diversification des rythmes d'apprentissage de la lecture en évitant aux enfants les moins précoces d'être exclus du système scolaire ordinaire.

Paul Durning

▶ Bibliographie

Boutin G., « La Prévention et l'intervention précoce en petite enfance : problématique, modalités d'intervention et résultats de recherche », *in* Fablet D. (coord.), *Professionnel(le)s de la petite enfance et analyse de pratiques,* Paris, L'Harmattan, 2004, p. 191-208.

Cohen R., Gilabert H., *Découverte et apprentissage du langage écrit avant 6 ans : un pari pour la réussite en cours préparatoire,* Paris, PUF, coll. « Pédagogie d'aujourd'hui », 1988.

▶ Voir aussi

Crèche – École maternelle – Familiale (Éducation) – Jardin d'enfants – Parentale (Éducation) – Petite enfance (Personnels de la).

Précocité intellectuelle

Tout comme le retard intellectuel, la précocité d'un enfant s'évalue par les tests de développement intellectuel (NEMI, WPPSI III, WISC IV, KABC, Matrices, D70, etc.).

Un enfant est considéré comme intellectuellement précoce lorsqu'il présente un niveau global d'efficience, dans diverses épreuves, de l'ordre d'un QI de 125 points ou davantage. Cela correspond, par exemple, à un âge mental de dix ans au moins chez un enfant de huit ans. Cinq pour cent des enfants présentent un tel niveau de précocité, soit au moins un dans chaque classe.

Cette précocité peut s'exprimer à des degrés divers dans les différents secteurs d'activité. Les tests d'intelligence permettent de l'évaluer avec une bonne validité dès l'âge de quatre ans, les tests ultérieurs confirmant habituellement le brillant potentiel.

En France, les termes « doué », « surdoué » ou « à haut potentiel » sont souvent utilisés de façon équivalente à « précoce », ce dernier restant plus réaliste car c'est principalement par des tests évaluant la précocité que l'on identifie ce que les Canadiens ont nommé la « douance ».

La dyssynchronie interne

Les enfants intellectuellement précoces présentent habituellement un développement hétérogène spécifique que nous nommons « dyssynchronie interne ».

Ainsi, il est fréquent qu'un enfant précoce de quatre ou cinq ans, ou plus jeune encore, désire apprendre à lire et y parvienne aisément, mais il lui est beaucoup plus difficile d'apprendre à écrire car sa maturation psychomotrice et graphique est relativement moins avancée. Habitué à maîtriser facilement les autres apprentissages, l'enfant précoce apprécie peu cette activité qui lui résiste et, en conséquence, sera souvent plus brillant à l'oral qu'à l'écrit.

De même, la maturation affective de l'enfant précoce n'est pas à la mesure de son développement intellectuel, et l'on rencontre autant de comportements régressifs ou d'anxiété chez lui que chez les autres enfants du même âge. Sa forte sensibilité alliée à sa finesse de perception le fragilise.

Cette dyssynchronie interne entre l'intelligence, et le développement affectif et psychomoteur, moins avancé, doit être considérée comme normale, et nous rappelle que l'enfant, même très précoce, n'est qu'un enfant.

Au sein même du profil de développement, certains tests masquent en partie les dyssynchronies. Ainsi, dans un test comme le WISC IV, un enfant de huit ans qui obtient un QI total de l'ordre de 125 points, avec un profil apparemment homogène, présente en réalité une efficience moyenne d'un niveau de dix ans dans la partie verbale et de onze ans dans la partie « performance ». Ce même QI de 125 points obtenu dans un test de raisonnement non verbal, tel le SPM (matrices de Raven), correspond à une efficience d'un niveau de 13 ans. Les tests dont la cotation est réalisée en termes de QI standard conduisent à sous-évaluer le niveau véritable d'un enfant dans les épreuves non verbales.

La dyssynchronie sociale

L'école, les parents, les camarades de l'enfant précoce sont souvent bien embarrassés devant son développement hors norme.

La rigidité d'une école, qui essaie d'imposer à tous les enfants, quelle que soit leur précocité, un rythme de progression uniforme, interdit souvent une expression normale du véritable potentiel et tend à retarder les enfants précoces dans leur développement naturel. Leurs facilités les privent de l'effort d'attention, d'organisation et de mémorisation nécessaire pour se préparer à des études qui deviendront plus tard difficiles. L'ennui, et le désintérêt scolaire qui en est la conséquence, peuvent conduire à l'échec, particulièrement chez les enfants précoces de familles de niveau socioculturel modeste. Certains comportements d'instabilité ne sont que des réactions à une pédagogie inadaptée aux besoins. Les garçons précoces apparaissent particulièrement fragiles dans un contexte qui les ignore et ils sont les meilleurs candidats à l'échec.

L'incitation constante à se conformer à la norme, à celle du système éducatif, à celle des enfants du même âge, produit sur l'enfant précoce ce que l'on nomme « l'effet Pygmalion négatif », qui peut l'amener à renoncer à exprimer sa précocité dans l'espoir d'être mieux intégré mais ce, au préjudice de son épanouissement.

La prise d'avance scolaire est une mesure souvent nécessaire, mais imparfaite, pour réduire cette dyssynchronie scolaire. Des pays comme les États-Unis, l'ex-URSS, Israël, Taïwan, ont largement développé les classes adaptées à leurs besoins. Seules quelques classes fonctionnent en France, où aucun effort n'est fait pour identifier les enfants précoces à l'école et où la formation des enseignants est inconsistante dans ce domaine.

Les parents sont parfois déconcertés par un enfant qui, très jeune, est avide de connaître et de comprendre, et qui pose des questions « pas de son âge », par exemple sur les limites du temps, de la vie, de l'espace. Ils sont déconcertés lorsque, à quatre ans, leur enfant veut apprendre à lire et que l'institutrice de maternelle, le plus souvent, leur déconseille formellement de l'y aider. En réalité, l'expérience montre que lorsqu'un enfant a envie d'un apprentissage et qu'il en est capable, il convient de répondre à sa demande.

Quant aux camarades, l'enfant précoce les recherche plus âgés, de façon à rétablir un équilibre dans la communication et dans les centres d'intérêt.

Quelles réponses éducatives ?

Le droit à la diversité n'est pas encore véritablement reconnu par le système éducatif, particulièrement à l'égard des enfants précoces. Cependant, l'Éducation nationale a admis, en 2002, par le rapport Delaubier, que ces enfants avaient des besoins spécifiques et a incité la recherche en psychologie et en pédagogie à s'intéresser à leur existence. Plusieurs IUFM assurent maintenant une information aux futurs enseignants. Les textes officiels aménageant un assouplissement du système éducatif restent cependant encore très rares.

Les enfants précoces au sein d'une famille de bon niveau socioculturel auront une chance d'exprimer leur potentiel car leurs parents bien informés tenteront de compenser l'insuffisance de l'école, interviendront pour qu'une avance scolaire soit autorisée à leur enfant et sauront choisir les options permettant parfois d'intégrer une classe stimulante. Les autres enfants restent livrés exclusivement au bon vouloir du système et des enseignants.

Une véritable formation des enseignants reste à mettre en place de façon qu'ils puissent mieux identifier, comprendre et aider les enfants précoces. Regrouper les enfants dans les classes selon le seul critère de leur date de naissance est une attitude antipédagogique que les réformes devraient permettre de combattre. Un système éducatif se doit de faire un effort d'adaptation et de souplesse face à la diversité au moins aussi conséquent que celui qui est demandé à l'enfant en situation d'enseignement collectif.

Jean-Charles Terrassier

▸ Bibliographie

ADDA A., *Le Livre de l'enfant doué,* Paris, Solar, 2003.

BLEANDONU G., *Les Enfants intellectuellement précoces,* Paris, PUF, coll. « Que sais-je ? », 2004.

CORIAT A., *Les Enfants surdoués : approche psychodynamique et théorique*, Paris, Bayard, 1987.

CÔTE S., *Petit surdoué deviendra grand : de l'enfant précoce à l'adulte surdoué*, Paris, Albin Michel, 2003.

DELAUSIER J.-P., *La Scolarisation des élèves « intellectuellement précoces »*, rapport au ministre de l'Éducation nationale, Paris, MEN, 2002.

GOÏAME-D'EAUBONNE E., *Votre enfant est-il intellectuellement doué ?,* Paris, L'Harmattan, 1997.

SIAUD-FACCHIN J., *L'Enfant surdoué,* Paris, Odile Jacob, 2002.

TERRASSIER J.-C., *Les Enfants surdoués ou la Précocité embarrassante*, Issy-les-Moulineaux, ESF, 2004.

TERRASSIER J.-C., GOUILLOU P., *Guide pratique de l'enfant surdoué,* Issy-les-Moulineaux, ESF, 2003.

▸ Voir aussi

Intelligence – Test.

PRÉSCOLAIRE

Le terme « préscolaire » désigne la période qui précède celle de la scolarité obligatoire.

Dans la plupart des pays, l'accueil collectif des très jeunes enfants avant la période de l'obligation scolaire a exigé l'apparition et le développement d'institutions spécifiques.

Deux modèles coexistent à des degrés variables de pureté : le premier modèle insiste davantage sur les aspects sociaux ou médico-sociaux de l'accueil et fait une large place à des personnels ayant reçu une formation spécifique à l'accueil de très jeunes enfants ; le second modèle insiste plus particulièrement sur l'aspect éducatif des institutions et fait d'abord appel à des personnels dont les conditions de recrutement, de formation et d'emploi sont identiques à celles des maîtres du premier enseignement obligatoire. L'exemple français est le plus caractéristique de cette dernière catégorie.

Ce modèle, dont l'expression achevée est l'œuvre de Pauline Kergomard, s'est construit autour d'une double opposition : volonté de distanciation par rapport aux institutions charitables qui l'avaient précédé et en particulier aux salles d'asile auxquelles s'attachaient les noms de Denys Cochin et de la marquise de Pastoret ; revendication de la part de l'école maternelle du particularisme de son principe pédagogique. Si, dans un premier temps, l'affirmation du caractère scolaire de l'institution se réalise par l'emprunt de méthodes calquées sur celles de l'enseignement dit à l'époque « primaire », très vite les pédagogues de la fin du siècle entendent dépasser ce stade et définir la spécificité de l'institution dont ils ont la charge.

Une école mais pas tout à fait l'école : cette conciliation de deux idées complémentaires et opposées explique à la fois l'apparition récente du terme « préscolaire » et sa rapide défaveur dans l'esprit de ceux qui animent l'école maternelle.

Des raisons de l'apparition du terme « préscolaire »

Le terme « préscolaire » apparaît vers 1960 ; il était, comme le note Antoine Prost, inconnu du rapport Langevin-Wallon. L'utilisation du préfixe a deux sens, l'un plus superficiel, l'autre plus profond.

Il répond à des préoccupations gestionnaires : l'âge de la maternelle ne correspond pas à celui de la scolarité obligatoire. Certes, la loi organique du 31 octobre 1886 fait de l'enseignement maternel le premier niveau de l'école primaire et en place le fonctionnement sous la responsabilité du ministre de l'Instruction publique. Certes, son article 15 énumère parmi les dépenses obligatoires à la charge des communes « de plus de 2 000 âmes, ayant au moins 1 200 âmes de population agglomérée » le fonctionnement des écoles maternelles publiques. Mais cela n'implique ni obligation de fréquentation de l'école maternelle ni obligation d'accueil pour celle-ci.

Dans le même temps, il reste toujours, dans la conception du rôle de l'école maternelle, des traces importantes de la vocation sociale des institutions qui la précédèrent. La maternelle de la IIIe République accueille pour l'essentiel les enfants des classes urbaines défavorisées ; l'insistance mise sur l'accueil à deux ans des enfants des zones d'éducation prioritaire relève du même esprit, comme la recherche des cadres de coopération entre école maternelle et institutions relevant du secteur de l'action sociale.

Ce contexte historique n'est pas séparable des jugements portés sur l'école maternelle ; l'aune à laquelle on juge ses performances n'est pas tout à fait celle que l'opinion utilise pour le reste de l'enseignement primaire. En témoignent deux débats importants des dernières décennies : celui, apparu vers la fin des années 1970, sur la responsabilité de la maternelle dans la construction progressive de l'échec scolaire des élèves défavorisés, ouvert par les travaux du CRESAS ; et celui portant sur sa contribution particulière à la réussite scolaire, focalisé, en termes très contradictoires selon les époques, autour de l'accueil des enfants de deux ans.

Des raisons de la défaveur actuelle du terme « préscolaire »

Dans le même temps, l'école maternelle revendique, non sans quelque ambiguïté, son intégration dans le système scolaire général. Dans ce contexte, l'usage du préfixe est ressenti comme une négation de son ambition éducative. Alors que le terme « enseignement préélémentaire » était encore employé dans les textes de 1977 ou des circulaires de 1982, la notion de « cycle des apprentissages premiers » apparaît dans la loi d'orientation de 1989. Certes, l'article 25 de la loi Fillon lui assigne la mission de préparer « les enfants aux apprentissages fondamentaux dispensés à l'école élémentaire » ; mais l'école maternelle ne se définit plus, depuis la fin des années 1980, par rapport à celui-ci ; elle tire son identité d'elle-même.

Mais cette inscription de l'école maternelle dans un cursus d'ensemble, qui estompe l'importance de la notion juridique de « scolarité obligatoire » et la plie à la réalité de la généralisation de l'accueil dès le plus jeune âge, n'est pas sans poser problème. Le « grand passage » dont parle Bianka Zazzo continue de séparer deux mondes pédagogiques qui ne peuvent être simplement réduits l'un à l'autre.

De la crainte, qui confine parfois au fantasme, de voir l'originalité de l'École française laminée par une intégration européenne perçue en la matière comme un danger, résulte une revendication forte d'affirmation de la communauté des vocations des écoles maternelle et élémentaire.

Cependant, toutes les mesures qui vont dans le sens de l'identité de traitement sont aussi perçues comme un risque mortel pour une institution qui ne peut renier son histoire, comme on le voit avec la suppression du recrutement et de la formation particuliers d'inspectrices des écoles maternelles (1972), la constitution systématique des circonscriptions mixtes (1989) ; le débat sur l'implication des maternelles dans la construction de programmes d'enseignement couvrant la totalité de l'enseignement primaire ; les ambivalences des jugements sur la notion d'évaluation à l'école maternelle.

Deux lectures divergentes de la nouvelle politique à l'École peuvent ici s'affronter ; leur coexistence ne fait que traduire le caractère vivant et dynamique d'une institution qui constitue l'une des grandes originalités du système éducatif français.

L'AGIEM

L'Association générale des institutrices et instituteurs des écoles maternelles publiques (AGIEM) est une association professionnelle forte de 120 sections réparties sur le territoire national et les DOM, et composée de 5 000 adhérents engagés au service d'une école maternelle de qualité.

Depuis 1921, cette association accompagne la vie et l'évolution de l'école maternelle française. Sa compétence et sa légitimité se fondent sur sa connaissance des terrains et sur son expertise professionnelle reconnue par les plus hautes instances institutionnelles de ce pays. Elle organise un congrès national annuel qui est à la fois un temps fort de formation et de partage et un temps de rencontres, d'échanges et de progrès.

Depuis son origine, cette association a pour objectifs de « défendre et promouvoir l'école maternelle française ». Cette formule est toujours d'actualité et l'engagement de l'AGIEM se définit en cinq points :

– défendre des valeurs : même chance pour tous les enfants et laïcité ;
– prendre en compte les évolutions sociales et économiques ;
– transmettre et développer une culture pédagogique spécifique ;
– exiger que la formation initiale et continue considère la pédagogie de l'école maternelle comme élément constitutif de base ;
– enfin, affirmer un professionnalisme qui ne perde pas de vue l'intérêt des enfants.

Lucile Barberis
André Legrand

▶ Bibliographie

AMIGUES R., ZERBATO-POUDOU M.-T., *Comment l'enfant devient élève : les apprentissages à l'école maternelle,* Paris, Retz, 2000.

CRESAS, INRP, « Pourquoi les échecs scolaires dans les premières années de la scolarité ? », *Recherches pédagogiques,* n° 68, 1974.

FLORIN A., *La Scolarisation à deux ans et autres modes d'accueil des jeunes enfants*, Saint-Fons, INRP, 2000.

MAYEUR F., *Histoire générale de l'enseignement et de l'éducation en France*, t. III, Paris, Nouvelle Librairie de France, 1981, p. 210-226 et 547-549.

Ministère de l'Éducation nationale, *L'École maternelle, son rôle, ses missions,* Paris, CNDP, 1986.

PROST A., *Histoire générale de l'enseignement et de l'éducation en France,* t. IV, Paris, Nouvelle Librairie de France, 1981, p. 85-111.

RAYNA S. (dir.), *L'Éducation préscolaire : quels objectifs pédagogiques ?*, Saint-Fons/Paris, INRP/Nathan, 1996.

ROYER N. (dir.), *Le Monde du préscolaire*, Montréal, Gaëtan Morin, 2004.

ZAZZO B., *L'École maternelle à deux ans : oui ou non ?,* Paris, Stock, 1984.

ZAZZO B., *Un grand passage : de l'école maternelle à l'école élémentaire,* Paris, PUF, 1987.

▶ Voir aussi

École maternelle – Kergomard, Pauline – Zone d'éducation prioritaire (ZEP).

PRESSE ET ÉCOLE

Au sens strict, le terme de « presse » ne concerne que l'information imprimée. Mais, dans un sens large, la presse englobe tout ce qui concerne l'information journalistique, quel que soit le support : papier, ondes radiophoniques, canaux télévisés.

Une presse en mutation

Neuf tendances lourdes marquent aujourd'hui l'évolution de la presse en France (Mariet, 1981) : 1) un déclin du secteur public au profit de médias privés, accompagné d'un déclin du financement public des médias ; 2) une montée du local, du régional et de l'européen au détriment du national et du départemental ; 3) un déclin du politique et de l'idéologique au profit du service, d'où la place grandissante des journaux gratuits de petites annonces et les difficultés de la presse d'opinion ; 4) l'importance croissante de l'Europe dans la stratégie des groupes de presse, qui y voient une occasion de réaliser des économies d'échelle ; 5) un déclin du quotidien au profit de l'hebdomadaire ; 6) un déclin parallèle du généraliste au profit du spécialisé : sensible en radio et en télévision, cette évolution touche largement aussi la presse écrite, où des publics spécifiques sont ciblés (les amateurs de guitares et de claviers plutôt que ceux de musique « rock », les amateurs de triathlon plutôt que ceux du sport en général, etc.) ; 7) une importance croissante de la grande distribution dans la vie des médias : interdites de publicité en télévision, les grandes surfaces trouvent ailleurs des supports (radios périphériques et presse quotidienne régionale, qui y trouvent leur compte) ; 8) une place croissante pour le sport ; 9) une évolution vers le paiement et le retour au domicile dès qu'il s'agit de distraction ou de culture : Canal +, les DVD, le câble et la TNT en sont les symptômes. Le système *pay per view,* accès payant à domicile à une banque de données de documents vidéo et de films, en constitue la quintessence.

La presse en classe

L'introduction de la presse en classe est d'abord un acte d'éducation à la citoyenneté. Il s'agit de savoir comment fonctionne l'information pour mieux la comprendre, la maîtriser, la lire. Ainsi, la maîtrise de l'écriture de presse reste pour les élèves une leçon en soi, tant en réception (lecture) qu'en production (ateliers d'écriture), car cette écriture est d'abord un genre particulier, soumis à des contraintes, qui permet de faire lire, à des jeunes issus de milieux culturellement défavorisés, des textes qui parlent du quotidien dans des structures simples. Ces contraintes permettent, en production, de structurer l'expression de ce type de public. Elles permettent aussi de guider vers une communication efficace des élèves plus favorisés par leur héritage familial. La première des contraintes de l'écriture d'information, qui apparaît dans les divers guides de la rédaction, est d'écrire pour son lecteur, de tendre à être compréhensible par tous, ce qui comporte plusieurs conséquences d'ordre lexical, morphosyntaxique, énonciatif, etc. Le journaliste doit limiter le nombre de mots utilisés, éviter les néologismes, faire des phrases courtes, toujours accorder la préférence au temps présent, au mode indicatif, à la voix active, à la phrase affirmative et à la troisième personne, animer son récit par de nombreuses citations et bannir les allusions, les références obscures.

Faire un journal scolaire, une émission de radio, un mini-journal vidéo, c'est aussi un apprentissage de la responsabilité, à travers l'exercice des droits et devoirs du jeune producteur d'informations, à travers l'intégration de ses tâches dans un travail d'équipe. Par ailleurs, dévoiler les conditions de production de ce que l'on nomme l'actualité permet de développer l'esprit critique des élèves.

Pour atteindre ces objectifs et éviter tout soupçon de partialité, la presse en classe se doit d'être pluraliste. Pluralisme des familles de pensée d'abord ; mais aussi pluralisme des publics : ne pas choisir systématiquement la presse des enseignants et des couches à forts capitaux culturels ; pluralisme des domaines et de la périodicité ensuite : la presse ne se résume pas aux quotidiens et aux hebdomadaires d'information générale ; pluralisme, enfin, des types de supports : la presse écrite reste plus proche des domaines de compétence traditionnels des enseignants, mais la radio et la télévision ont depuis quelques années conquis leur place dans les formations.

Jean-Claude Demari

La Semaine de la presse et des médias dans l'école

La place croissante de l'information dans la société rend indispensable l'éducation de tous les élèves à la lecture et à l'analyse critique des médias d'information. À cet effet, le CLEMI (Centre de liaison de l'enseignement et des moyens d'information) a reçu du ministère de l'Éducation nationale la mission d'apprendre aux élèves une pratique citoyenne des médias. C'est dans cette perspective qu'il a inventé, en 1990, la *Semaine de la presse et des médias dans l'école.* Au fil des années, elle est devenue la manifestation pédagogique la plus importante du système éducatif. Elle a pour objectif d'aider les élèves, de la maternelle à l'université, à comprendre le système des médias, à aiguiser leur sens civique, à développer leur goût pour l'actualité et ainsi forger leur identité de citoyen.

Ainsi, chaque année, au printemps, un quart des élèves scolarisés (4,3 millions), un tiers des enseignants français (380 000) et les professionnels de près de 1 100 médias se rencontrent. À cette occasion, 1,5 million d'exemplaires sont offerts aux élèves des établissements scolaires qui en font la demande.

Cette initiative est encore, pour beaucoup d'observateurs étrangers, une curiosité pédagogique. Ils pensent que c'est une opération de promotion de la presse alors qu'il s'agit d'une séquence d'éducation civique. En effet, la majorité des représentations que les élèves ont du monde passe par le filtre des médias. Mais, du point de vue social et culturel, tous les élèves ne sont pas égaux devant ces médias. Il est donc fondamental, pour les responsables éducatifs, de prendre en compte cette donnée et d'initier les élèves aux techniques, pratiques, langages et usages des médias. Plusieurs préalables sont nécessaires pour entreprendre ce type d'initiation : le pluralisme, l'impartialité et une démarche pédagogique inventive et pragmatique.

Pour faire comprendre aux élèves le monde de l'information, univers fragmenté, complexe et mouvant, il faut partir de leurs questions sur l'actualité et se faire accompagner, en permanence, par les professionnels des médias. C'est ce partenariat qui donne toute sa saveur et sa richesse à l'opération. En effet, travailler sur l'actualité, c'est essentiellement poser des questions sans avoir la certitude d'obtenir des réponses définitives. Par la présence concrète, physique, de la presse écrite, de la radio, de la télévision ou d'Internet dans les établissements scolaires, les élèves analysent l'information sous toutes ses formes et peuvent entamer une mise en perspective de celle-ci. C'est une démarche qui laisse beaucoup de liberté, donc de responsabilité aux enseignants qui acceptent de participer à la Semaine de la presse et des médias dans l'école. Cette diversité des approches implique d'avoir construit un projet pédagogique qui réponde à une question simple en apparence : « Ces médias dans la classe pour quoi faire ? » Pour beaucoup d'enseignants, c'est un réel défi pédagogique. Chaque établissement inscrit à la Semaine de la presse et des médias dans l'école reçoit un *dossier pédagogique* conçu par le CLEMI pour rassurer et donner envie aux enseignants d'utiliser l'actualité dans leur enseignement.

Les objectifs de la Semaine de la Presse et des médias dans l'école sont très nombreux : débuter un travail pédagogique sur l'information et découvrir la diversité des moyens d'information (presse écrite quotidienne ou magazine mais aussi stations de radio et de télévision, Internet). Il s'agit aussi d'inciter les élèves à s'approprier l'actualité en confrontant plusieurs sources et supports d'information pour savoir qui parle dans les médias et d'où viennent ces informations. On peut encore les aider à situer, dans l'espace et le temps, les événements ponctuels qui font l'actualité du jour. Autre approche, le fonctionnement économique des médias et leur importance dans la vie sociale et politique. Enfin, enseignants et élèves tissent des relations constructives avec les professionnels des médias pour former, à terme, des utilisateurs exigeants d'une information de qualité.

Pour les élèves, la *Semaine* est rythmée par de très nombreuses activités : ils construisent des kiosques à journaux à l'intérieur des établissements pour y exposer la presse offerte par les éditeurs. Ils prennent part à des ateliers d'analyse de l'information et découvrent médias, dépêches d'agence, nouveaux outils de communication électroniques… Ils organisent des débats, tables rondes et conférences avec les professionnels des médias. Ils réalisent des revues de presse, souvent murales. Ils participent à des concours organisés par les établissements scolaires, les éditeurs de journaux ou les médias audiovisuels. Ils réalisent des journaux scolaires et lycéens après avoir bénéficié des conseils des professionnels. Ils rédigent des pages spéciales pour divers journaux nationaux, régionaux et étrangers. Ils répondent à des *quizz* de connaissance établis par les enseignants à partir du contenu des journaux offerts pendant la semaine, etc.

Si l'organisation de l'opération est fort complexe, y participer est simple : les médias et les établissements scolaires s'inscrivent sur le site Internet du CLEMI ; pendant le mois de décembre, les médias y font figurer leurs propositions d'animations et le nombre d'exemplaires offerts ; en janvier, les enseignants choisissent, un par un, les titres qu'ils vont utiliser avec leurs élèves. Ils sont aussi invités à consulter le site du CLEMI pour y trouver des adresses, fiches pédagogiques et informations pratiques.

Benoit Menu

▸ Bibliographie

AGNÈS J., SAVINO J., CLEMI, *Apprendre avec la presse,* Paris, Retz, 1999.

CHENEVEZ O., *Les Élèves acteurs de leurs médias*, Paris, CNDP, coll. « L'Ingénierie éducative », 1997.

CLEMI, *L'Actualité et les médias à l'école, au collège et au lycée : textes fondateurs et Instructions officielles*, Paris, CLEMI, 1996.

CORROY L. (coord.), « La Presse lycéenne : pour quoi faire ? », *Médiamorphoses*, n° 13, 2005, p. 21-108.

DEMARI J.-C., « L'Écriture de presse », *Le Français dans le monde. Recherches et applications,* n° spécial, « Des pratiques de l'écrit », fév.-mars 1993, p. 170-181.

GADDA C., MONDAINGEON G., *L'Art d'écrire pour la radio,* Paris, Les Belles Lettres, 1993.

GONNET J., *Éducation et médias*, Paris, PUF, coll. « Que sais-je ? », 1997.

GONNET J., VANDEVOORDE P., *Introduction des moyens d'information dans l'enseignement : rapport d'orientation présenté au ministre de l'Éducation nationale,* Paris, CNDP, 1982.

HUSSENET A., ROUSSEAU V., *L'information au collège et au lycée : les textes fondateurs et leur traduction dans les Instructions officielles,* Paris, CLEMI, 1991.

LOCHARD G., CLEMI, *Apprendre avec l'information télévisée,* Paris, Retz, 1989.

MARIET F., *L'Audiovisuel et les médias à l'école,* Paris, Armand Colin, coll. « Cahiers de pédagogie moderne », 1981.

MARIET F., *Laissez-les regarder la télé,* Paris, Calmann-Lévy, 1989.

PORCHER L., *Vers la dictature des médias ?,* Paris, Hatier, coll. « Profil Actualité », 1983.

PORCHER L., MARGERIE C., *Des médias dans les cours de langue,* Paris, Clé-International, 1981.

SPIRLET J.-P., ARPEJ, *Utiliser la presse au collège* et *au lycée*, Paris, Éditions du CFPJ, 1990.

▸ Voir aussi

Centre de liaison de l'enseignement et des moyens d'information (CLEMI) – Écriture – Expression – Journal d'élèves – Médias – Télévision – Vidéo.

PRIMAIRE (ENSEIGNEMENT)

La définition actuelle de l'enseignement primaire ne correspond plus à celle du siècle dernier et ce changement d'acception explique les évolutions récentes constatées dans les principes d'organisation et de fonctionnement de ce degré d'enseignement.

Une évolution dans la définition du terme

La loi Goblet (30 octobre 1886) relative à l'organisation de l'enseignement primaire définit l'étendue maximale du champ de cet enseignement. Son article premier désigne les établissements où il est donné et énumère les écoles maternelles et classes enfantines, les écoles primaires élémentaires, les écoles primaires supérieures et les classes d'enseignement primaires supérieures annexées aux écoles élémentaires et dites « cours complémentaires », ainsi que les écoles manuelles d'apprentissage.

C'est donc une définition organique qui est donnée de cet enseignement. La notion est définie par la nature des établissements où elle a cours et non par une position dans le déroulement du processus éducatif ; en particulier, ce n'est pas l'âge du public accueilli qui trace comme aujourd'hui la séparation entre des ordres d'enseignement. Ainsi les classes élémentaires des collèges et lycées ne relevaient pas de l'enseignement primaire qui accueillait en revanche, dans ses niveaux « supérieurs », des adolescents d'âge comparable à ceux fréquentant les établissements secondaires.

Cette distinction par l'établissement en cause recouvre une différenciation sociale des publics accueillis et une opposition des principes pédagogiques mis en œuvre ; elle cède cependant progressivement la place à une autre approche, plus fonctionnelle. Les deux décennies allant de 1925 à 1945 virent un alignement progressif des « petites classes » des lycées sur l'enseignement primaire, jusqu'à leur disparition définitive en 1962. Parallèlement, un mouvement d'ensemble, où se trouvent réunies les mesures de Jean Zay sous le Front populaire, la loi Carcopino du gouvernement de Vichy et les premières mesures scolaires de la Ve République, vit se réaliser l'alignement des programmes des écoles primaires supérieures sur ceux de l'enseignement secondaire, leur transformation en collèges modernes rattachés à l'enseignement du second degré puis la transformation des cours complémentaires en collèges de droit commun.

Les réformes Berthoin et Fouchet parachevèrent l'évolution : la première (décret du 6 janvier 1959) prolonge la durée de la scolarité jusqu'à seize ans et partage désormais la responsabilité de la scolarité obligatoire entre deux ordres d'enseignement dont l'enchaînement devient, avec la seconde (décret du 3 août 1963), chronologique. Dans le même temps, en particulier dans le langage administratif, le terme d'enseignement primaire englobe de plus en plus l'école élémentaire et l'école maternelle.

Une transformation de l'organisation et du fonctionnement de l'enseignement primaire

Ces réformes de 1959 et de 1963 changent profondément l'esprit du système et influent sur les exigences adressées à l'enseignement primaire. L'apparition de l'expression « échec scolaire » traduit l'attente de résultats désormais exprimée à l'endroit de la scolarité obligatoire.

La pédagogie de l'école primaire avait trouvé son visage moderne dans le deuxième tiers du XIXe siècle : découpage des classes en succession de niveaux caractérisés par un programme moyen s'adressant à tous les enfants de la classe.

Ce schéma classique, dont la prégnance reste forte aujourd'hui (il influença encore les programmes et instructions de 1985), est progressivement remis en cause à compter des années 1970. À partir des Instructions officielles sur l'enseignement du français (1972), qui insistèrent déjà sur la liaison entre grande section de maternelle, cours préparatoire et cours élémentaire, trois dates méritent à cet égard mention.

Les programmes des trois cours de l'école élémentaire, élaborés par des arrêtés de 1977, 1978 et 1980, sont injustement sous-estimés aujourd'hui. On y trouve pourtant déjà une insistance très « moderne » sur certaines idées-forces nouvelles : « La durée d'apprentissage varie en fonction du rythme de chaque enfant » ; « Les objectifs à atteindre à la fin du cycle préparatoire sont formulés en termes de comportement et de compétence (savoirs et savoir-faire) » ; « Les suggestions formulées quant à la place [des étapes des apprentissages...] sont à moduler et à adapter en fonction des possibilités collectives et individuelles des élèves ».

Cette logique est reprise et systématisée lors de la consultation réflexion sur l'École commandée par Alain Savary en 1984. Dénonçant « l'illusion d'un enseignement normal pour l'enfant normal », l'attachement « à un enseignement bien organisé par une règle unique qui serait le secret de l'efficacité », le rapport issu de cette consultation préfigure la mise en œuvre de la nouvelle politique pour l'École décidée par Lionel Jospin dans la droite ligne des principes de la loi d'orientation de 1989. Projet d'École adaptant les objectifs nationaux aux situations locales et aux besoins spécifiques de publics particuliers, recentrage de l'enseignement dispensé sur l'élève accueilli, organisation plus collective et plus souple de l'institution scolaire, caractérisée entre autres par la substitution de la notion de cycles pluriannuels plus adaptée à la diversité des rythmes d'apprentissage des élèves que le découpage traditionnel en périodes plus courtes, sont les éléments essentiels de cette politique.

Cette organisation plus souple d'une École plus ouverte aux spécificités du public scolaire accueilli constitue l'enjeu majeur de l'évolution de l'enseignement primaire d'aujourd'hui.

André Legrand

▶ Bibliographie

Gauthier N., Guigon C., Guillot M.-A., *Les Instits : enquête sur l'école primaire*, Paris, Le Seuil, 1986.

Giolitto P., *Histoire de l'enseignement primaire au xixe siècle,* Paris, Nathan, 1984.

Gontard M., *L'Œuvre scolaire de la IIIe République : l'enseignement primaire en France de 1876 à 1914*, Toulouse, CRDP, 1976.

Ministère de l'Éducation nationale, *Consultation réflexion sur l'École,* rapport de la Commission nationale sur l'École présidée par Jean-Marc Favret, Paris, MEN, 1984.

Ministère de l'Éducation nationale, *Les Cycles à l'école primaire,* Paris, CNDP/Hachette, 1991.

Ministère de l'Éducation nationale, *École élémentaire : programmes et instructions*, Paris, CNDP, 1985.

Mayeur F., *Histoire générale de l'enseignement et de l'éducation en France*, vol. III : *De la révolution à l'école républicaine (1789-1930)*, Paris, Perrin, 2004, p. 299-419 et 547-558.

Prost A., *Histoire générale de l'enseignement et de l'éducation en France*, vol. I : *L'École et la famille dans une société en mutation depuis 1930*, Paris, Perrin, 2004, p. 149-201.

▶ Voir aussi

Collège – Cycles – École élémentaire – École maternelle – Projet.

Privé (Enseignement)

L'enseignement privé se définit d'abord *a contrario* comme ce qui ne relève pas du service public.

L'expression « enseignement privé » est usuelle et traditionnelle. Le législateur l'a utilisée. Elle s'oppose à « enseignement public ». Certes, dans le cadre du principe de liberté de l'enseignement, consacré en 1833 (loi Guizot pour le primaire), 1850 (loi Falloux pour le secondaire), 1875 (loi Dupanloup pour le supérieur), confirmé (loi Debré en 1959) et affirmé de valeur constitutionnelle, un enseignement privé peut se concevoir dans le cadre du respect de l'ordre public. En réalité, l'opposition entre public et privé porte sur la *nature de l'établissement qui dispense l'enseignement* et non sur les *enseignements* eux-mêmes, dès lors que l'établissement privé assure le même enseignement que l'établissement public, qu'il prépare aux mêmes diplômes et examens (qui sont d'État). Que les méthodes pédagogiques puissent différer n'importe pas ici. Depuis quelques années, les textes portent une attention particulière au fait d'accorder l'adjectif « privé » non avec « enseignement » mais avec « établissement », par exemple dans la formule courante « établissements d'enseignement privés ». En effet, lors de la parution de contrats, l'État contracte non avec l'enseignement privé mais avec des établissements, pris chacun en particulier comme personne morale.

Au sens strict, l'enseignement privé dispensé par des maîtres en situation de salariés de droit privé travaillant pour un organisme privé, assurant un enseignement hors de tout programme officiel, sanctionnant celui-ci par délivrance d'attestations privées, est d'une extrême rareté : quelques formations technologiques, artistiques, etc.

Par contre, il est courant que des enseignements relevant soit de l'Éducation nationale, soit de l'Agriculture et de la Forêt, assurés dans le cadre de programmes officiels et sanctionnés par des diplômes et grades officiels ou des diplômes autorisés et visés par l'État, soient dispensés par des établissements privés.

Les établissements hors contrat

Parmi les établissements hors contrat, un très petit nombre, concernant très peu d'élèves, n'a pas mis à profit les possibilités qui étaient offertes par les lois Debré de 1959 et Rocard de 1984 de contracter avec l'État et de bénéficier d'avantages financiers en contrepartie de l'acceptation de la soumission à certaines règles du service public. Ces établissements et leurs personnels sont soumis aux seules sujétions d'une réglementation de police administrative relatives aux conditions de capacité (titre, moralité, compétence), d'hygiène et de sécurité requises pour enseigner ou ouvrir un établissement.

Les établissements sous contrat

Un nombre beaucoup plus élevé d'établissements a fait le choix de contracter avec l'État. Pour la plupart, ces établissements sont confessionnels et, dans leur quasi-totalité, catholiques.

Tous ces établissements privés sont juridiquement des personnes privées. La puissance publique n'intervient pas dans leur organisation et leur gestion. La personne physique ou morale qui est employeur du personnel enseignant et non enseignant et qui possède la jouissance des biens affectés à l'établissement peut demander au préfet, pour l'Éducation nationale, le bénéfice de l'un ou de l'autre type de contrat.

Le régime du *contrat simple* ne pouvait légalement qu'être exceptionnel en second degré et devait être le droit commun en premier degré. Il n'est pas appliqué en second degré et sa part diminue régulièrement en premier degré. Dans ce régime, l'établissement, c'est-à-dire l'école ou la classe, placé sous contrat, est soumis aux règles d'ouverture et de fermeture des classes correspondantes du service public. Il bénéficie d'une prise en charge partielle de ses dépenses de fonctionnement par l'État et les collectivités locales. L'État agrée les maîtres, assure leur contrôle pédagogique, leur avancement, leurs rémunérations avec les charges sociales afférentes.

Le régime du *contrat d'association* entraîne des sujétions plus grandes pour l'établissement mais comporte des avantages plus importants. Généralisé en second degré, il s'étend de façon régulière et continue en primaire. Le contrat peut concerner l'établissement entier ou seulement certaines classes. L'établissement doit respecter la règle d'égalité d'accès. Il dispense l'enseignement des programmes officiels, selon les horaires officiels. Mais l'établissement conserve son caractère propre. Les dépenses de fonctionnement sont prises en charge par l'État et les collectivités territoriales dans les mêmes conditions que pour les classes correspondantes de l'« enseignement public ». L'intervention financière de l'État se réalise dans le cadre d'un versement dit forfait d'externat. Les maîtres ne sont pas seulement agréés : ils sont liés contractuellement à l'État qui assure leur rémunération et leur déroulement de carrière.

Le régime applicable aux établissements agricoles privés pratiquant un enseignement à temps plein dans le cadre d'un contrat est très proche du précédent. Le contrat est sollicité par l'association ou l'organisme gestionnaire. Le respect des programmes nationaux s'impose, ainsi que celui du principe d'égalité d'accès. Les qualifications des personnels doivent être celles requises par la réglementation. Les enseignants sont nommés par l'État sur proposition du chef d'établissement dans le cadre d'une relation contractuelle de droit public par référence aux corps de la fonction publique.

Les schémas régionaux des formations doivent prendre en compte les formations relevant des établissements privés. Celles-ci ne peuvent être placées sous contrat à la demande des gestionnaires qu'à condition d'être compatibles avec les schémas régionaux.

Pour les enseignements supérieurs, il n'existe pas de régime contractuel. Dans le cadre du principe général de liberté de l'enseignement, l'État intervient soit par la voie de subventions, soit par le visa ou l'homologation accordée au diplôme.

Les collectivités territoriales ont, sous certaines conditions, l'obligation d'intervenir financièrement. Elles peuvent aller de façon facultative au-delà de leurs obligations en crédits de fonctionnement dans un cadre légal. Le régime des interventions en crédits d'investissement est beaucoup plus complexe, allant de l'interdiction en primaire à la non-limitation en enseignement supérieur.

Claude Durand-Prinborgne

▶ Bibliographie

GEORGEL J., « Enseignement privé », *Juris-classeur administratif,* fascicule 233.

GEORGEL J., THOREL A.-M., *L'Enseignement privé en France du VIIIe au XXe siècles*, Paris, Dalloz, 1995.

LANGOUËT G., LÉGER A., *Le Choix des familles : écoles publiques ou écoles privées ?*, Paris, Fabert, 1997.

TOULEMONDE B., « L'Enseignement privé », *Le Système éducatif en France,* Paris, La Documentation française, Les Notices, 2003, p. 141 et suiv.

▶ Voir aussi

Administration de l'Éducation nationale – Laïcité – Public (Enseignement) – Religieuse (Éducation).

PROBLÈME

Dans une conception classique, le problème est un énoncé définissant un certain contexte suivi d'une ou plusieurs questions relatives à ce contexte ; il a été très longtemps (et reste) un domaine de choix pour l'exercice et surtout le contrôle terminal des activités scientifiques dans le système éducatif. Ces dernières décennies ont vu son rôle et sa place se modifier ; il s'est ainsi vu attribuer une position initiale dans le processus de construction des connaissances dans diverses disciplines scientifiques mais aussi littéraires.

Un problème n'est pas, contrairement à certaines idées reçues, réductible à la donnée d'une situation. Il n'y a problème que lorsque le sujet ne dispose pas des connaissances nécessaires pour réaliser un traitement immédiat de la situation. Ainsi, telle situation qui constitue un problème pour un individu n'en constitue pas un pour un autre.

La résolution de problèmes est un sujet d'étude largement abordé selon différents éclairages disciplinaires complémentaires.

En *psychologie,* les études concernant le *problem solving* ont connu un développement considérable, en Amérique du Nord notamment, et ont permis de mieux appréhender les mécanismes complexes mis en œuvre par un sujet face à une tâche de résolution de problème (Richard, 1990).
Très schématiquement, trois grandes catégories d'activités interviennent dans la résolution :
– les activités à travers lesquelles le sujet se construit une représentation mentale du problème ;
– les productions d'inférences qui permettent au sujet de relier les informations initiales à la solution en mobilisant ses connaissances (c'est l'activité de raisonnement) ;
– les activités d'évaluation, enfin, assurent la régulation du système et permettent notamment de contrôler le sens de la procédure de résolution et d'estimer les écarts au but.

Ces activités, qui se situent dans des registres très différents, permettent d'expliquer et de mieux repérer un certain nombre de difficultés rencontrées par les élèves.

Les travaux sur les structures additives (addition/soustraction) ont ainsi mis en évidence la diversité et la complexité des tâches cognitives correspondant à la résolution de problèmes qui, à première vue, apparaissent simples et semblables (Vergnaud, Durand, 1976). Ainsi, des problèmes « simples » où il s'agit d'un enfant qui joue deux parties de billes, qui ne présentent aucune difficulté de calcul et dont les énoncés sont semblables, donnent des résultats très sensiblement différents selon la complexité de la représentation que les élèves doivent construire pour pouvoir les résoudre.

En *intelligence artificielle,* des modélisations, sur ordinateur, des activités de résolution de problèmes ont été développées ces dernières années. Les progrès enregistrés dans ce domaine sont considérables et permettent d'espérer des résultats dont les retombées seront importantes pour les autres approches.

En *didactique,* de nombreux travaux se sont développés dans ce domaine ces dernières années à partir d'approches sensiblement différentes (lecture des énoncés, représentations, démonstration, etc.). Ainsi, quelques difficultés ont pu être mises au jour ; c'est le cas par exemple de celles qui touchent à la représentation que se font les élèves des attentes de l'enseignant lorsqu'il leur donne un problème à résoudre. Dans une expérience réalisée à l'IREM de Grenoble avec des élèves de l'école élémentaire et devenue célèbre sous le nom de « l'âge du capitaine », les élèves sont confrontés à des problèmes « absurdes » du type : « Dans une classe, il y a 14 garçons et 15 filles, quel est l'âge de la maîtresse ? » ; les élèves fournissent très généralement la réponse : « La maîtresse a 29 ans » !... Ceux qui fournissent ces réponses sont, en général, capables de produire des justifications de leur démarche, du genre : « J'ai cherché les nombres dans l'énoncé, j'ai fait une addition parce que les autres opérations ne donnaient pas un résultat acceptable pour l'âge de la maîtresse. » Ainsi, à travers l'enseignement des mathématiques, les élèves se sont construit une représentation de la procédure à mettre en œuvre pour résoudre un problème de mathématiques, qui consiste à repérer les nombres dans l'énoncé, à effectuer des opérations avec ces nombres et à produire le résultat de ces opérations comme réponse.

En *pédagogie*, le problème s'est vu attribuer une place centrale depuis quelques années. En effet, dans la perspective « constructiviste » actuelle selon laquelle les élèves construisent leurs connaissances en réponse à des problèmes, le développement des capacités des élèves à résoudre des problèmes devient un enjeu important pour tous les pédagogues. Malheureusement, s'il est assez facile de développer par conditionnement des capacités de résolution pour des « problèmes types », il est infiniment plus difficile d'apprendre aux élèves à faire face à des problèmes de nature, de forme, de présentation très diverses, grâce à des heuristiques générales. On peut recenser dans cette perspective quelques tentatives organisées autour de la recherche, de l'organisation et du traitement de l'information, qui ont donné quelques résultats demeurant, en général, locaux et peu convaincants.

Jacques Colomb

▸ Bibliographie

COLOMB J., RICHARD J.-F. (éds), *Résolution de problèmes en mathématiques et en physique,* Saint-Fons, INRP, 1987.

NEWELL A., SIMON H. A., *Human Problem Solving,* Englewood Cliffs, N. J., Prentice Hall, 1972.

POLYA G., *Comment poser et résoudre un problème,* Sceaux, J. Gabay, 1989.

RICHARD J.-F., *Les Activités mentales : de la compréhension à l'action,* Paris, Armand Colin, 2005.

VERGNAUD G., DURAND C., « Structures additives et complexité psychogénétique », *Revue française de pédagogie,* n° 36, 1976, p. 28-43.

WEIL-BARAIS A. (dir.), *L'Homme cognitif,* Paris, PUF, coll. « Quadrige », 2005.

▸ Voir aussi

Didactique – Erreur – Évaluation – Mathématiques (Enseignement des) – Sciences cognitives – Situation-problème – Travaux d'élève (aspects historiques).

PROFESSEUR

Le terme « professeur » vient du latin (*profiteri* : « déclarer »). À l'origine, « professer » signifie déclarer, dire publiquement une pensée, une opinion personnelle devant un auditoire. Par extension, ce verbe signifie « enseigner ». Un professeur est celui ou celle qui enseigne.

Sous la Révolution, la Convention donne aux maîtres chargés d'enseigner dans les écoles primaires le nom d'« instituteurs » (ceux qui instituent la nation, la République) et réserve le titre de « professeurs » aux maîtres de l'enseignement secondaire et supérieur. À la même période, après plusieurs autres hésitations terminologiques, sont dénommés « professeurs » les enseignants des écoles centrales, ancêtres immédiats des lycées (en vertu des décrets du 25 février 1795 – 7 ventôse an III – portant création desdites écoles centrales, suite au rapport de Lakanal s'inspirant des idées de Condorcet, et du 25 octobre 1795 – 3e brumaire an IV – suite à la loi sur l'instruction publique d'après un rapport Daunou).

Par la nouvelle loi sur l'instruction publique du 1er mai 1802 – 11 floréal an X –, qui crée les lycées, en remplacement des écoles centrales (initialement 45 lycées sur l'ensemble du territoire), le titre de « professeur » revient aux enseignants des lycées précisément, et à ceux des écoles « spéciales » (l'adjectif désignant alors l'enseignement supérieur). Les maîtres des collèges communaux, qui dispensent aussi un enseignement secondaire, s'appelleront « régents » jusqu'en 1867, sous le ministère Victor Duruy, date à laquelle ils pourront prendre le titre de professeurs. Sous le même ministère est apparue en 1865 une nouvelle catégorie de professeurs, ceux qui ont pour charge de dispenser leur savoir dans le cadre du nouvel enseignement secondaire « spécial » (l'adjectif ayant changé de sens et désignant dès lors un enseignement « moderne » caractérisé par la suppression du latin et l'ouverture sur l'enseignement professionnel). Jusque-là, le titre de « professeur » reste un apanage exclusivement masculin.

À partir de la création d'un enseignement secondaire féminin par la loi Camille Sée du 21 décembre 1880, les enseignantes des lycées et collèges féminins prennent le nom de « professeurs » quand elles sont agrégées. Un siècle plus tard, à la faveur de revendications de non-discrimination, on voit se généraliser l'usage de la féminisation du mot, sous la forme « professeure ».

Dans l'enseignement secondaire encore, on voit apparaître en 1881, par la vertu de la création d'un concours de recrutement spécifique, auquel se présentent d'ailleurs surtout d'anciens instituteurs, le titre de professeur des classes élémentaires des lycées, s'appliquant à des enseignants qui exercent leur fonction dans le secteur primaire du secondaire (classes de la 11e à la 7e). Ces enseignants seront d'autant plus attachés à leur titre de professeurs (ils prétendront avoir historiquement été les premiers « certifiés ») que celui-ci leur est contesté de l'extérieur, en raison de leurs origines primaires. En 1969, suite aux besoins nés de la massification du premier cycle du second degré, une nouvelle catégorie est créée : celle des PEGC, professeurs d'enseignement général des collèges, professeurs bivalents, généralement issus du corps des instituteurs et ayant reçu une formation spécifique dans deux disciplines (français/anglais, maths/physique, etc.). Cette catégorie entre en extinction à la fin des années 1980 du fait de la décision de l'absorber dans le corps des « certifiés ». Dans l'enseignement professionnel, on trouve des PLP, professeurs des lycées professionnels, également bivalents. Mais les deux qualifications principales attachées au titre de professeur dans l'enseignement du second degré général et technologique sont aujourd'hui celles de professeurs certifiés (le concours du CAPES, certificat d'aptitude à l'enseignement secondaire, a été créé en 1950) et de professeurs agrégés (l'agrégation restant le concours le plus prestigieux, dont les origines remontent à 1808, voire 1766).

En 1989, dans le cadre de la formation d'un corps unique d'enseignants de la maternelle à la terminale, les maîtres du primaire ont accédé au titre de « professeurs des écoles » (PE), en vertu d'une revendication ancienne, enfin aboutie, d'appartenance à la catégorie A de la fonction publique (dont étaient exclus les instituteurs, relevant de la catégorie B et aspirant à obtenir l'équivalence avec les maîtres du secondaire). Il n'est pas assuré que, hors des sphères enseignantes, cette nouvelle appellation ait encore aujourd'hui réussi à supplanter, que ce soit dans l'usage ou dans la symbolique, le vieux et beau vocable d'« instituteur-institutrice ».

Mais c'est dans l'enseignement supérieur que le titre de « professeur » est censé revêtir le plus haut prestige. Par tradition, est professeur d'université l'enseignant qui dispose d'une « chaire », c'est-à-dire d'un poste universitaire de plein exercice, avec possibilité de diriger des thèses (« chaire » : synecdoque formée à partir de l'objet servant à professer ; soit la tribune, l'estrade pourvue d'une table et d'un siège). Au Collège de France, les « chaires » sont attribuées en fonction des spécialités de recherche très précises des enseignants nommés. Pendant longtemps, les professeurs d'université ont été entourés d'assistants qui, ayant été formés par eux à un haut niveau, comme l'étaient au Moyen Âge dans les corporations les apprentis par les maîtres, les aidaient dans leurs multiples tâches d'enseignement et de recherche. Aujourd'hui, dans l'Université française, la notion d'assistanat ayant disparu, on distingue essentiellement : les maîtres de conférences, titulaires d'une thèse, et les professeurs, titulaires d'une thèse, habilités à diriger des recherches (HDR), qualifiés par le CNU (Conseil national des universités) pour concourir à l'obtention d'un poste, et ayant obtenu ce poste. La nomination officielle des professeurs d'université est le fait du président de la République sur proposition du ministre de l'Éducation nationale.

Claude Lelièvre
André D. Robert

▸ Bibliographie

LELIÈVRE C., *Histoire des institutions éducatives*, Paris, Nathan, 1990.

ROBERT A. D., *Système éducatif et réformes : de 1944 à nos jours*, Paris, Nathan, 1993.

ROBERT A. D., « Les Professeurs des classes élémentaires des lycées et leur représentation : crépuscule et postérité d'une idéologie catégorielle (1881-1965) », communication au colloque *Lycées et lycéens, 1802-2002*, Paris, La Sorbonne, 9-10 juillet 2002, 2005.

▸ Voir aussi

Agrégation – Collège – Collège de France – Instituteur(trice) – Lycée – Personnel enseignant – Université.

Programme d'enrichissement instrumental (PEI)

Le programme d'enrichissement instrumental (PEI) est une méthode dont la visée est de faire évoluer le fonctionnement cognitif dans le cadre d'interventions spécifiques que Feuerstein nomme « Expérience d'apprentissage médiatisé (EAM) ». Amené à identifier les difficultés d'apprentissage des adolescents à des problèmes cognitifs grâce au dispositif d'évaluation, le Learning Potential Assessment Device (LPAD), Feuerstein constate que les performances de ces jeunes ne reflètent pas leur potentiel et crée avec son équipe un programme pour susciter ce qu'il appelle une « modifiabilité cognitive structurelle (MCS) ».

Selon lui, du fait que tout être humain est un système ouvert, l'intelligence se construit tout au long du développement, c'est-à-dire pendant toute la vie, en relation avec l'environnement, sous la dépendance de la qualité des environnements proposés (concept d'environnement modifiant).

Les travaux de chercheurs en neurosciences (Prochiantz, CNRS) confirment le postulat de modifiabilité entendu comme plasticité, flexibilité, fluidité de la pensée qui permet aux individus de tirer parti de leurs expériences pour s'adapter à des situations nouvelles.

Cadre théorique

La modifiabilité cognitive structurale (MCS) et l'expérience d'apprentissage médiatisé (EAM) sont indissociables dans la théorie de Feuerstein.

Le jeune enfant connaît deux modes d'interaction avec l'environnement : par exposition directe ; par exposition indirecte. Dans ce dernier cas, c'est le médiateur qui procure, sélectionne, fait varier, organise, etc., les stimuli provenant du monde extérieur (ce sont les EAM).

Le médiateur crée des situations qui permettent à l'enfant d'établir des relations temporelles, spatiales, causales entre les choses, les événements, les actions de l'enfant et de découvrir des significations. Ainsi, l'enfant construit progressivement les outils nécessaires à sa compréhension de lui-même et du monde. Plus l'enfant bénéficie d'EAM, plus il est modifiable sur le plan cognitif. Certains enfants peuvent ne pas avoir bénéficié d'EAM et les conséquences se manifestent par une certaine rigidité de la pensée, une faible motivation à apprendre, une difficulté à donner du sens à l'environnement dans lequel ils évoluent.

L'hypothèse de Feuerstein est qu'il n'est jamais trop tard pour qu'une personne vive des situations d'EAM : ceci ouvre la voie à un certain mode d'intervention et assigne à l'éducateur un rôle de médiateur (créateur d'EAM) : « l'étendue de la modifiabilité du sujet est fonction de l'investissement de l'éducateur ».

Pour exercer une médiation, celui-ci dispose de :
- la liste des douze critères de médiation : les plus universels sont celui de l'intentionnalité et réciprocité, qui permet d'orienter la séance et d'obtenir l'adhésion des apprenants, celui de la signification, en relation avec la recherche de sens, celui de la transcendance, essentiel pour favoriser le transfert à d'autres situations ;
- la liste des fonctions cognitives déficientes : il est à noter que l'adjectif ne se rapporte pas à l'individu mais à son fonctionnement inadéquat ou absent dans une situation particulière (par exemple, non-maîtrise de l'impulsivité, une perception confuse, un comportement exploratoire non systématique, une difficulté à percevoir un problème et à le définir, une communication égocentrique, etc.) ;
- la carte cognitive : elle permet au médiateur de réaliser une expertise de la tâche, sous l'angle des contenus, des modalités, des phases de l'acte mental, des fonctions cognitives à mobiliser dans la réalisation de la tâche… et de préparer sa séance en intégrant des objectifs spécifiques et adaptés à son public.

Objectif et approche

Pour Feuerstein, le but principal du PEI est d'augmenter la modifiabilité cognitive de l'individu de façon à ce qu'il se transforme de récepteur passif en générateur actif d'informations et qu'il apprenne à apprendre.

Ce but doit être atteint au moyen de six sous-objectifs qui sont :
- corriger les fonctions cognitives déficientes ;
- enseigner les concepts, le vocabulaire et les opérations nécessaires à la maîtrise des tâches du PEI ;
- développer la motivation intrinsèque par la formation d'habitudes mentales ;
- développer la réflexion intériorisée par la prise de conscience de ses processus de pensée ;
- produire une motivation intrinsèque pour la tâche ;
- créer un changement de l'image de soi (d'une attitude passive et reproductrice à une attitude active et productrice d'informations).

L'approche préconisée est fonctionnelle ; elle englobe un ensemble de composantes psychologiques en jeu dans l'apprentissage : motivations, attitudes, procédés, processus d'abstraction et de généralisation. Elle postule que c'est la qualité du fonctionnement qui détermine le développement intellectuel et que le déblocage de ce fonctionnement conditionne l'émergence, la structuration et l'utilisation des opérations mentales.

Sa visée n'est pas d'apporter des informations spécifiques mais de provoquer des changements structuraux, c'est-à-dire un réaménagement du registre intellectuel du sujet.

Composantes

Le PEI comprend quatorze séries d'exercices ou « instruments » papier/crayon (environ 500 pages en tout), sans contenu scolaire, regroupés en cahiers, à effectuer individuellement et collectivement, trois à cinq fois par semaine dans le cycle courant des études. Chaque séance durant environ une heure, la période d'application du programme entier s'étale sur deux à trois ans.

Chaque instrument est centré sur une fonction cognitive particulière et ses relations avec des difficultés cognitives variées. Les instruments sont : organisation de points, orientation spatiale, comparaisons, perception analytique, classification, consignes, relations familiales, relations temporelles, progressions numériques, relations transitives, syllogismes, pochoirs, illustrations. Le déroulement d'une séance est planifié et comporte une alternance de moments de travail individuel et d'activité collective. Le groupe est sollicité pour élucider les buts, les difficultés, les démarches et les stratégies utilisées. Il est également incité par l'enseignant à dégager les principes généraux de la situation et de l'action et à imaginer des exemples d'application de ces principes dans l'apprentissage des disciplines scolaires et dans la vie quotidienne.

L'objectif est d'amener les apprenants à prendre conscience de leur fonctionnement cognitif (métacognition) et de créer des habitudes de mise en relation avec d'autres situations d'apprentissage qui les rendront adaptables et autonomes par rapport à la résolution d'autres problèmes spécifiques, dans d'autres contextes (transfert).

En France, le PEI est pratiqué dans le champ scolaire public et privé ainsi que dans le domaine de la formation professionnelle. Il est également diffusé en Israël, aux États-Unis, au Canada, au Venezuela, en Afrique du Sud, en Chine ainsi qu'en Belgique et en Grande-Bretagne, etc. Il a fait l'objet de nombreuses publications à partir de recherches et de travaux d'évaluation. Certaines recherches montrent les effets positifs (R. Debray). D'autres donnent des résultats plus réservés. Les critères d'évaluation choisis ne sont pas toujours les mêmes ni à la mesure de la complexité du système proposé par Feuerstein. Aucune recherche ne propose une mise en relation entre les effets observés du PEI et la qualité de la médiation mise en œuvre dans les EAM ; de plus, les effets observés se bornent souvent à une sélection réduite par rapport à l'ensemble des possibles.

Édith Waysand

▸ Bibliographie

BALLION M., WAYSAND E., *Une méthode de remédiation cognitive : le programme d'enrichissement instrumental de R. Feuerstein*, Saint-Fons, INRP, 1999.

CHAPAZ G. (éd.), *Comprendre et construire la médiation*, Marseille, CNDP/CRDP, 1995.

DEBRAY R., *Apprendre à penser : le programme de R. Feuerstein, une issue à l'échec scolaire*, Genève, Georg, 1997.

FEUERSTEIN R., « Le PEI et l'intelligence », *Cahiers Binet-Simon*, vol. 635, n° 2, 1983.

FEUERSTEIN R., RAND Y., HOFFMAN M., MILLER N., *Instrumental Enrichment,* Glenview (Illinois), Scott, Foresman & C°, 1980.

FEUERSTEIN R., KRASILOWSKY D., RAND Y., « La Modifiabilité pendant l'adolescence ; aspects théoriques et données empiriques », *in* Anthony E. J., Chiland C. (dir.), *Parents et enfants dans un monde en changement*, Paris, PUF, 1983, p. 245-268.

HÉRAUD J.-L., PROUCHET M. (éds), *Penser pour apprendre : regard critique sur l'éducation cognitive à l'école,* Paris, Hatier, 2000.

MARTIN J., PARAVY G. (éds), *Pédagogies de la médiation : autour du PEI*, Lyon, Chronique sociale, 1991.

PARAVY G. (éd.), *Médiation éducative et éducabilité cognitive : autour du PEI*, Lyon, Chronique sociale, 1996.

SOREL M. (dir.), *Pratiques nouvelles en éducation et en formation : l'éducation cognitive,* Paris, L'Harmattan, 1994.

▸ Voir aussi

Abstraction – Échec scolaire – Éducation cognitive – Feuerstein, Reuven – Intelligence – Méthodes pédagogiques – Psychologie de l'apprentissage – Psychologie du développement – Raisonnement.

Programmes éducatifs européens

L'idée d'une éducation européenne est née après la Seconde Guerre mondiale. Il s'agissait de développer le sentiment d'appartenance à un même ensemble pour surmonter les antagonismes meurtriers qui venaient de se déchaîner. On voulait opter pour la vision d'une Europe pacifiée et réunie à la promotion de laquelle contribuerait une éducation européenne dont la mission serait de définir et de faire partager cet idéal.

La réalisation de ce projet s'est très vite heurtée à des obstacles. La guerre froide coupe durablement l'Europe en deux. En Europe de l'Ouest, dès l'après-guerre, l'idéal européen s'envisage selon deux conceptions qui ne sont pas sans similitudes mais pas non plus sans différences et dont chacune relève d'une instance particulière. Le Conseil de l'Europe, fondé en 1949, ne recherche pas une réorganisation politique du continent mais l'avènement d'un espace de compréhension mutuelle par la valorisation de la démocratie, de la tolérance et du respect des droits de l'homme. Au contraire, la naissance en 1951 de la Communauté européenne du charbon et de l'acier est pour ses six États membres la première étape d'une nouvelle entité politique et économique, qui sera d'abord le Marché commun, puis la Communauté européenne et enfin l'Union européenne. Mais il faudra plus de 20 ans pour que, dans la construction de cette Europe, une place significative soit accordée à l'éducation. On assistera donc moins à la rapide émergence d'une éducation européenne qu'à une succession d'initiatives, loin d'être toujours suffisamment coordonnées pour que les choix des deux organisations aboutissent aux réorientations souhaitables des formules éducatives existantes.

La prédominance initiale des initiatives du Conseil de l'Europe

Avant que les institutions communautaires ne réservent une place effective à l'éducation, les activités du Conseil de l'Europe prédominent. Elles donnent lieu à des programmes principalement destinés à permettre aux enseignements scolaires de faciliter la reprise du dialogue entre des écoliers et des enseignants déchirés par le dernier conflit et de leur offrir les moyens d'élargir leurs horizons. L'une des premières démarches est consacrée à la révision des manuels d'histoire pour en éliminer les contre-vérités ou les préjugés qui avaient alimenté l'incompréhension et l'agressivité. Parallèlement, l'attention est attirée sur la nécessité de développer et de rénover l'enseignement des langues vivantes pour permettre au plus grand nombre possible de jeunes Européens de communiquer et de découvrir leur diversité culturelle.

À l'Europe communautaire, pour ce qui est de l'éducation, le traité de Rome de 1957 ne laisse comme champ d'intervention possible que la formation professionnelle. Car du profil de celle-ci dépend la mobilité des personnes qui est un des moteurs du Marché commun. Même sur ce plan la souveraineté des États membres limite toutefois la capacité d'intervention de la Commission. Elle peut seulement préconiser des orientations très générales telles que les principes à respecter dans la préparation à la vie active ou les avantages escomptables de la voie de l'apprentissage par rapport aux formations en milieu scolaire. On insiste également sur la nécessité de supprimer les facteurs d'incompréhension ou de ségrégation, comme les attitudes négatives à l'encontre des travailleurs immigrés ou les inégalités entre les femmes et les hommes sur le marché du travail.

Le dynamisme du Conseil de l'Europe, qui impulse des projets dans de multiples domaines, contraste donc avec la retenue de Bruxelles, même si l'on s'y concentre sur des choix stratégiques.

La mise en phase de Strasbourg et de Bruxelles

À partir de 1971, le Conseil européen et la Commission européenne multiplient les prises de position en faveur d'une coopération plus étendue en éducation. Il en résulte pendant les deux décennies suivantes toute une série de mesures pour inclure dans la construction européenne un volet éducatif. Celui-ci rejoint souvent les préoccupations du Conseil de l'Europe.

On le vérifie notamment à propos des deux finalités essentielles que Bruxelles assigne à l'éducation pour l'Europe, la promotion de la citoyenneté européenne et l'introduction de la dimension européenne dans les enseignements. Le concept de « citoyen européen » auquel se réfère la Commission à partir de 1984 doit permettre d'inculquer le sens d'une identité européenne communautaire mais aussi de lutter contre le racisme et la xénophobie. On est donc sur la même ligne que le Conseil de l'Europe bien qu'on y parle surtout de la citoyenneté démocratique. C'est également le cas pour la dimension européenne qui, après une résolution de 1988 et surtout le rapport Adonnino de 1985, doit mettre à profit les enseignements pour souligner la spécificité de l'identité européenne dans ses composantes historiques, socio-économiques ou culturelles. Mais cette dimension européenne, dans laquelle l'apprentissage des langues vivantes joue un rôle décisif, doit encourager également l'ouverture sur les autres sociétés et les autres cultures. Ici encore on rejoint les travaux du Conseil de l'Europe dans lesquels la notion de « dimension européenne » implique le dépassements des cadres nationaux et la perspective de l'interculturalité.

La convergence des deux points de vue s'affirme encore plus dans le choix de la voie à suivre pour mettre en œuvre la coopération afin d'atteindre ces objectifs. La même voie choisie est en effet principalement celle des échanges entre les personnes et les institutions, qui est à vrai dire la seule possible dans les principes et dans la pratique compte tenu des limites imposées par les États membres à la capacité d'intervention des deux instances. En effet, celles-ci ne peuvent prendre des décisions ou des mesures que les États membres seraient tenus d'appliquer. Le Conseil de l'Europe ne formule que des recommandations, et dans l'Europe communautaire les directives dans le domaine de l'éducation et de la formation sont impossibles. La seule issue est donc les échanges entre personnes et institutions qui, même quand elles sont mandatées par leur gouvernement, se rencontrent en somme à titre privé. Grâce à la multiplication de ces contacts et l'augmentation du nombre d'inspecteurs, de chefs d'établissement, d'enseignants ou d'élèves qu'ils concernent, on espère avoir sur les milieux de l'éducation et de la formation une influence susceptible d'atteindre ensuite les décideurs. On évite toutefois difficilement de s'interroger sur la masse critique à atteindre pour obtenir les effets recherchés, et bien des indices incitent à penser qu'elle n'a pas été atteinte pour avoir par exemple une familiarisation suffisante des jeunes avec la dimension européenne ou la citoyenneté européenne.

Le changement d'échelle avec les programmes communautaires

C'est pourquoi, dès la fin des années 1980, sont mis en place des programmes communautaires destinés dans les différents secteurs à des effectifs beaucoup plus importants qu'auparavant. Ainsi le programme Erasmus, qui permet aux étudiants d'effectuer une période d'études supérieures dans un autre pays que le pays d'origine, compte plus de 60 000 bénéficiaires en 1994, soit sept ans après sa création. Le programme Lingua, créé en 1989 principalement pour le perfectionnement des professeurs de langues vivantes, touche dans sa dernière phase près de 20 000 enseignants. Le programme Petra, centré sur la formation professionnelle, a bénéficié de 1987 à 1994 à 100 000 jeunes et 20 000 enseignants. Entre 1988 et 1993, le programme Jeunesse pour l'Europe a attiré 160 000 jeunes. Les autres programmes de la même période ont également été marqués par une participation très élevée, qu'il s'agisse de Comett pour l'initiation aux technologies de pointe, d'Eurotecnet pour l'innovation et l'introduction des nouvelles technologies dans les formations professionnelles, de Force pour l'amélioration de la formation continue des travailleurs ou de Tacis et Tempus ciblés sur l'Europe centrale et orientale après la transition démocratique.

Après Maastricht

Les articles 126 et 127 du traité de l'Union européenne font de l'éducation et de la formation une compétence pleine et entière de la Commission, où siège désormais un commissaire chargé du secteur. Ces nouvelles dispositions ne rendent pas davantage possibles des interventions directes dans la structure et le fonctionnement des systèmes éducatifs, qui demeurent du ressort de chacun des États membres. Toutefois, la direction générale de l'Éducation a maintenant la possibilité d'élaborer une politique d'ensemble et d'en fixer les priorités.

La première priorité sera de regrouper les divers programmes prévus jusqu'alors dans les deux nouveaux programmes Socrates et Leonardo da Vinci pour en afficher plus clairement les objectifs. Le programme Socrates doit développer la dimension européenne et l'esprit de la citoyenneté européenne, améliorer quantitativement et qualitativement la connaissance des langues vivantes, intensifier à tous les niveaux la coopération entre les institutions éducatives, encourager la mobilité des enseignants et des étudiants ainsi que les contacts entre les élèves, faciliter la reconnaissance des diplômes ou d'autres qualifications et périodes d'études, favoriser l'apprentissage et l'enseignement à distance tout autant que les échanges d'informations et d'expériences. Il s'agit ainsi de mettre en place un espace européen de la coopération en éducation. Le programme Leonardo da Vinci concerne les dispositifs de formation professionnelle dont il convient de rehausser la qualité et la capacité d'innovation dans la perspective d'une formation tout au long de la vie et de réponses aux nouvelles exigences de la société et de l'économie, tout en facilitant l'épanouissement des personnes. À cet effet, il importe d'assurer à tous au moins deux années de formation professionnelle initiale après la scolarité obligatoire, d'élever le degré d'attractivité des formations professionnelles après la scolarité obligatoire, de prévoir des actions spécifiques pour faciliter l'accès aux formations professionnelles des publics défavorisés (jeunes en difficulté, personnes atteintes de handicaps, adultes sans qualification). Il convient également de veiller à l'égalité des chances entre les femmes et les hommes, et plus généralement à l'élimination de toute forme de discrimination. Ces deux programmes doivent avoir une fréquentation massive et en 1998 on comptera plus de 180 000 candidats pour les échanges universitaires dans le cadre du programme Erasmus.

Les projets pour la période 2007-2013 ne sont pas moins ambitieux en termes de domaines à couvrir et d'effectifs à mobiliser. Sur cette période, les programmes prolongeront ceux qui s'étaient déroulés auparavant en les intégrant dans une stratégie d'ensemble pour l'apprentissage tout au long de la vie et en leur assignant des niveaux de participation plus élevés. Alors que le programme Erasmus aurait touché 0,3 % des étudiants entre 1995 et 1999, d'ici 2013 il devrait avoir un effectif de 3 millions, tandis que le programme Comenius devrait impliquer au moins 5 % des élèves dans des activités éducatives communes. À cette même date, le programme Leonardo da Vinci aura dû offrir 150 000 stages et le programme Grundtvig, pour l'apprentissage à vie, donne lieu à 25 000 actions. En les adaptant à de nouvelles exigences, d'autres programmes prolongeront sur la même période des programmes antérieurs. C'est notamment le cas avec l'action Jean Monnet, lancée en 1990, qui devient un nouveau Programme pour l'intégration européenne.

Une autre évolution significative de l'après-Maastricht est la volonté d'harmoniser davantage les objectifs que doivent s'assigner les systèmes d'éducation et de formation en chiffrant les résultats à atteindre. Le Sommet européen de Lisbonne en 2000 a défini une série d'« objectifs concrets » à réaliser d'ici 2010. À cette date :

– les sorties prématurées du système éducatif ne devront pas dépasser 10 % ;
– le nombre total de diplômés en mathématiques, sciences et technologies devra augmenter d'au moins 15 % tout en réduisant le déséquilibre entre hommes et femmes ;
– au moins 85 % de la classe d'âge des 22 ans devront avoir terminé des études secondaires complètes ;
– le pourcentage d'élèves âgés de 15 ans ayant des résultats insuffisants en lecture devra avoir

diminué d'au moins 20 % par rapport à l'année 2000 ;
– le taux européen moyen de participation à l'éducation et la formation tout au long de la vie devra être d'au moins 12,5 % de la population active adulte (classe d'âge des 25/64 ans).

L'élaboration de cette série d'objectifs marque incontestablement un nouveau pas. Les États membres restent libres en matière de choix de programmes d'études et de méthodes pédagogiques, mais sont désormais tenus d'avoir les mêmes résultats selon le même calendrier. Leur marge de manœuvre se trouve donc incontestablement réduite.

Celle-ci le sera encore davantage si la Commission finalise son projet de centrer l'enseignement obligatoire non plus sur l'acquisition de connaissances mais sur celles de compétences et plus précisément de compétences-clés : la capacité de communication en langue maternelle et en langues étrangères, la maîtrise des technologies de l'information et de la communication ainsi que des notions essentielles de mathématiques, sciences et technologies, la possession de l'esprit d'entreprise, du sens civique et des relations internationales, l'aptitude à apprendre à apprendre et à se donner une culture générale. Ce qui s'affirme de la sorte, c'est la préoccupation d'accorder l'espace éducatif européen aux exigences de la société du savoir en assurant le plus tôt possible aux jeunes la possibilité d'y participer grâce à une éducation et une formation de base de la meilleure qualité et de la plus grande efficacité.

Une éducation européenne pour quelle Europe ?

On peut se demander si une telle orientation n'est pas très différente de celle qu'avaient envisagée les promoteurs de l'éducation européenne. Il risque d'être difficile d'affirmer l'identité d'une Europe de la connaissance parmi les nombreux autres ensembles géopolitiques également déterminés à investir dans les sciences et les technologies les plus poussées. L'Europe du savoir court aussi le risque de ne pas être forcément celle de la démocratie et des droits de l'homme à laquelle le Conseil de l'Europe est attaché. Dès lors, c'est à une éducation européenne clivée entre deux versions mal conciliables qu'aurait conduit plus d'un demi-siècle d'efforts.

Mais ce bilan ne paraît pas forcément inévitable. L'Europe du savoir, c'est aussi la déclaration de Bologne, émanant des présidents de nombreuses universités européennes, qui poursuit la constitution d'un espace européen de l'enseignement supérieur aussi conscient de ses faiblesses que de ses mérites, et à laquelle la Commission européenne ainsi que le Conseil de l'Europe ont réservé le meilleur accueil. Par ailleurs, l'Europe de Bruxelles multiplie les déclarations sur son souci de coopération avec les autres pays industrialisés comme avec les pays du Sud. De la sorte, l'Union européenne et le Conseil de l'Europe se retrouvent fréquemment sur les mêmes dossiers avec des préoccupations très voisines. La différence d'échelle et de moyens entre les deux organisations ne leur interdit donc pas de conserver les mêmes aspirations sur de nombreux plans.

Ainsi ce n'est sans doute pas devant une éducation européenne éclatée ou dénaturée qu'on se retrouve. C'est plutôt devant le constat que, contrairement à ce qu'imaginaient ses premiers inspirateurs, l'éducation européenne restera encore longtemps un processus sur le long terme, toujours exposé à des ambiguïtés et des difficultés.

Jean-Michel Leclercq

▸ Bibliographie

Bousquet A., *Éducation et formation dans l'Union européenne : un espace de coopération*, Paris, La Documentation française, 1998.

Direction générale de l'éducation et de la culture, *Un concept en développement dans l'enseignement général obligatoire, les compétences-clés*, enquête n° 5, Bruxelles, Eurydice, 2003.

Leclercq J.-M., *Figures de l'interculturel dans l'éducation*, Strasbourg, Conseil de l'Europe, 2003.

Masson P., *Pour une formation des enseignants à l'Europe*, Paris, L'Harmattan, 2004.

▸ **Voir aussi**
Éducation comparée.

Programmes scolaires

Les programmes sont omniprésents dans le système éducatif français. Pour autant, il est impossible de les étudier et de les présenter tant leur nombre et leur variété sont grands, ou simplement de les lire tant ils sont longs et compliqués pour un profane.

On se contentera donc ici, dans un premier temps, d'essayer de circonscrire l'objet « programme scolaire ». Ensuite, on décrira la méthode d'élaboration et on proposera différentes remarques sur celle-ci. Enfin, seront évoquées quelques questions importantes auxquelles il faudra répondre dans les années à venir.

Qu'est-ce qu'un programme ?

Autant le dire en préalable, cette question est sans réponse tant les exemples de programmes sont nombreux et variés. Bien qu'étant programmes les uns et les autres, on a du mal à trouver la moindre parenté entre le programme de français de la classe de 6e, celui de mathématiques de BEP ou encore ceux de philosophie des différentes séries générales (L, ES et S). Le plan, la présentation, la longueur, etc., tout est différent ; ce n'est donc pas sur sa forme qu'on reconnaîtra un programme.

L'observateur curieux essayera de repérer une convergence de contenus. La même déception le guette : certains ne comportent que des titres de chapitres assortis de commentaires, d'autres présentent des connaissances à acquérir, d'autres insistent sur les compétences ou les activités… Ce n'est pas non plus par son contenu qu'on reconnaîtra un programme.

Finalement, leur seul trait commun est d'être un arrêté signé par le ministre et donc publié au *Journal officiel* puis au *Bulletin officiel*. L'article 5 de la loi d'orientation du 10 juillet 1989 indique que « les programmes définissent, pour chaque cycle, les connaissances essentielles qui doivent être acquises au cours du cycle ainsi que les méthodes qui doivent être assimilées. Ils constituent le cadre national au sein duquel les enseignants organisent leurs enseignements en prenant en compte les rythmes d'apprentissage de chaque élève. » Cette orientation, proche du sens commun que l'on donne au mot « programme », est renforcée par la définition qui est donnée dans la charte des programmes, publiée en février 1992 (*BO*, n° 8) : « Le programme est un texte réglementaire publié au *BO* : c'est le texte officiel qui sert de référence nationale pour fonder dans chaque discipline, à chaque niveau, le "contrat d'enseignement", c'est-à-dire le cadre à l'intérieur duquel l'enseignant ou l'équipe pédagogique font les choix pédagogiques adaptés aux élèves dont ils ont la responsabilité. »

Les programmes « à la française » relèvent de l'exception culturelle. En effet, la plupart de nos voisins européens mais aussi nord-américains ont une approche globale de ce qu'il faut enseigner, qui allie les contenus, les horaires et les modalités d'évaluation : selon les cas, on parle de « curriculum » ou de « standard ». Or, en France, la primauté est donnée aux structures d'enseignement, les contenus ne venant que dans un deuxième temps et devant s'adapter aux horaires fixés. Un autre aspect de l'exception française est lié au caractère national des programmes d'enseignement : ils s'appliquent de façon uniforme à tous les établissements publics et privés sous contrat avec l'État (soit à plus de 99 % des élèves scolarisés). D'autres pays, les anglo-saxons notamment, ont pour leur part fait le choix d'une définition locale des contenus d'enseignement associant toutes les parties représentées dans les conseils d'école (parents, partenaires économiques, enseignants, etc.).

Le mode d'élaboration

Après une période où traditionnellement les programmes étaient rédigés à l'initiative de l'Inspection générale de l'Éducation nationale et sous sa responsabilité, on est passé à partir de 1990 à un mode d'élaboration itératif, plus participatif et plus progressif. On peut expliquer cette évolution d'abord par les recommandations faites par le Collège de France au président de la République dans son rapport de 1985 et ensuite par les conclusions du rapport Bourdieu-Gros en 1987. Les principaux reproches exprimés dans ces deux rapports portaient sur l'absence de l'Université dans la définition des programmes de l'enseignement secondaire et donc sur leur décalage avec la science qui se fait. La deuxième raison repose sur une évolution importante de la société : de façon générale, on ne pouvait plus, à la fin du XXe siècle, imposer une décision aux cadres d'une entreprise sans les associer à son élaboration. Les professeurs sont exactement dans cette situation vis-à-vis des programmes d'enseignement : ils sont celles et ceux qui doivent mettre en œuvre un nouveau programme et à cet égard ils ont une expertise à faire valoir sur la faisabilité des choix envisagés. La troisième explication tient au double rôle que jouait l'Inspection générale : responsable de l'élaboration des programmes, elle était également chargée d'en assurer l'évaluation. On a donc pu dire qu'elle était juge et partie, ce qui n'était pas la meilleure situation pour envisager et promouvoir des changements. Enfin, ce mode d'élaboration ne pouvait pas prendre en compte réellement la globalité de la formation des élèves : dans chaque discipline, on veillait à définir les « meilleurs contenus », charge aux élèves de trouver et de construire ensuite la cohérence globale de l'ensemble. Les programmes d'enseignement ressemblaient aux morceaux épars d'un puzzle dont personne ne se serait préoccupé de savoir quelle image globale ils permettaient de construire.

Dans la logique des réflexions menées dans les années 1980, les années 1990 ont vu s'opérer de profondes modifications dans la méthode de construction des programmes de l'enseignement scolaire :

– la création du Conseil national des programmes par l'article 6 de la loi d'orientation de 1989 : « Un conseil national des programmes donne des avis et adresse des propositions au ministre de l'Éducation nationale sur la conception générale des enseignements, les grands objectifs à atteindre, l'adéquation des programmes et des champs disciplinaires à ces objectifs. » Instance consultative, le Conseil national des programmes est « pluraliste » (décret n° 90-179 du 23 février 1990) ; il est composé de 22 membres et situé hors de la hiérarchie de l'Éducation nationale ; il rend des avis sur les programmes qui sont publics et sont communiqués notamment aux membres du Conseil supérieur de l'Éducation ;
– l'instauration systématique d'une consultation de tous les enseignants concernés à partir de la rentrée 1994 : les programmes ne seront plus des textes « venant d'en haut » ;
– la reconnaissance du fait que la définition et l'écriture d'un programme ne relèvent pas de l'évidence, et qu'elles nécessitent de préciser des finalités, des objectifs, des contenus, des modalités d'évaluation, etc., et que ces différents aspects ne relèvent pas tous des mêmes personnes : certains doivent être le fait d'experts, d'autres du pouvoir exécutif, d'autres encore des acteurs de terrain.

Les programmes sont devenus progressivement le résultat d'une réflexion collective associant, à des degrés divers, toutes les parties concernées.

Les étapes d'élaboration ou de modification d'un programme

Le ministre ou son représentant décide qu'un nouveau programme doit être rédigé. Le suivi de l'opération est assuré conjointement par le Conseil national des programmes (CNP) sur le plan scientifique et la Direction de l'enseignement scolaire (DESCO) sur le plan administratif. Ce sont eux qui sollicitent un universitaire pour présider aux travaux de rédaction ; il constitue un groupe d'experts d'une douzaine de personnes (universitaires, inspecteurs, enseignants).

Les deux commanditaires, DESCO et CNP, adressent au président du groupe une lettre de cadrage qui précise les raisons du changement, les objectifs visés et l'échéancier des travaux. Le groupe rédige un *projet provisoire* sous la responsabilité de son président.

Un programme d'enseignement doit respecter des critères de conformité scientifique et de faisabilité. C'est pourquoi le projet est soumis à la fois à tous les enseignants concernés dans le cadre de la consultation nationale – leurs avis et propositions font l'objet de synthèses académiques rédigées par les inspecteurs – et au CNP, qui, au cours d'une discussion en séance plénière, fait part de ses remarques et suggestions au président du groupe ; celles-ci sont confirmées par écrit.

Le groupe d'experts dispose des remontées de la consultation nationale et des remarques du CNP. Il est de sa responsabilité de tenir compte ou pas des unes et des autres pour rédiger le *texte définitif*.

Le président du groupe d'experts remet son texte définitif au CNP et à la DESCO. Le CNP rédige un avis argumenté qui est élaboré en séance plénière par l'ensemble de ses membres ; cet avis est communiqué au CSE. La DESCO prépare le traitement administratif du texte : rédaction de l'arrêté, présentation au Conseil supérieur de l'éducation (CSE), qui est une instance consultative exprimant son avis sous la forme d'un vote.

Pour décider de signer l'arrêté ou non, le ministre dispose donc de l'avis argumenté du CNP et du vote du CSE.

Calendrier type

Dans le meilleur des cas, la mise au point d'un programme s'étale sur une année scolaire :
- en septembre, on décide des modifications, désigne le président du groupe d'experts, constitue un groupe, rédige de la lettre de cadrage ;
- d'octobre à février, le projet de programme est rédigé ;
- de mars à avril, on consulte les enseignants, on discute du projet avec le CNP ;
- en mai, le projet définitif est rédigé ;
- en juin, le CNP rend son avis, le projet est présenté au CSE, qui doit voter, le ministre prend sa décision.

Au cours de l'année scolaire suivante, le groupe d'experts rédige un document d'accompagnement ; la charte des programmes envisage différents documents d'accompagnement, à l'adresse des enseignants, ou à l'adresse des élèves, de leurs parents et des employeurs.

Le programme est mis en œuvre au moins 12 mois après sa publication (décret n° 2003-181 du 5 mars 2003) : ainsi par exemple, un programme publié à l'été 2005 ne sera appliqué qu'à la rentrée 2006.

Un premier bilan

C'est selon cette procédure qu'entre 1994 et 2005, tous les programmes de collège ont été revus (1995-1999), ceux des écoles à deux reprises (1997 et 2002) et ceux des voies générales et technologiques des lycées (à partir de 1999). Une très grande majorité des programmes des disciplines générales ont donc été rénovés en une dizaine d'années.

Il n'est pas facile d'en tirer un véritable bilan, mais certaines réalités peuvent être mises en évidence :
- Le programme est devenu un objet commun de l'environnement professionnel des enseignants. Alors que les manuels ont assuré longtemps la fonction de référence en termes de contenus d'enseignement, aujourd'hui, de par les consultations nationales et une plus grande facilité d'accès parce qu'ils sont mis en ligne sur différents sites gratuits, les programmes sont connus et utilisés par les professeurs : cela a des conséquences sur leur rédaction.
- Le recours à une méthode itérative s'est traduit par un allongement du texte « programme » : on a le sentiment que chaque étape de l'itération entraîne l'ajout de nouvelles précisions pour le rendre plus clair, plus explicite... Un travail d'élagage et de hiérarchisation des contenus devient nécessaire non seulement pour faciliter la structuration des connaissances des élèves mais aussi pour éclairer le travail des enseignants.
- La nouvelle procédure n'a pas permis de mieux légitimer les choix opérés aux yeux des professeurs, des parents ou de la société civile : le mode participatif avait, entre autres,

comme objectif de rendre toutes les parties solidaires du texte final. C'est loin d'être toujours le cas parce que les choix de contenus restent arbitraires et, à ce titre, discutables, alors qu'ils sont sans doute de plus en plus discutés et réfléchis. Les justifications sont souvent absentes ce qui entretient le doute sur le caractère scientifique de celles-ci.

• Fondamentalement, il est trop tôt pour savoir si ces programmes sont meilleurs que ceux qui les ont précédés, c'est-à-dire si les élèves sont mieux formés. Au-delà de l'évaluation des acquis immédiats des élèves (par exemple les notes aux examens), on ne dispose pas d'outils d'évaluation des programmes : il y a là un véritable champ de recherche qui devra être exploré dans l'avenir.

• L'une des insuffisances remarquées dans la méthode précédente était liée à l'absence de vision globale de la formation : en dehors des avis rendus par le CNP qui porte un regard transversal sur les projets qui lui sont soumis, les programmes ont continué à être écrits de façon cloisonnée, discipline par discipline, intégrant très rarement des relations avec des disciplines voisines – la seule véritable exception est la relecture des programmes de collège, lancée en 2002. Deux groupes ont été constitués : l'un pour les humanités, présidé par René Rémond, membre de l'Académie française, l'autre pour les sciences, présidé par Jean-François Bach, membre de l'Académie des sciences. L'absence de complémentarité, qui était l'une des raisons principales de la remise en cause du mode d'élaboration précédent, n'a donc pas trouvé réellement de réponse.

• Dans de nombreux cas, la participation d'universitaires a donné un nouvel éclairage à la discipline scolaire. On peut toutefois s'interroger sur sa portée réelle quand on observe qu'un changement d'universitaire à la tête d'un groupe d'experts entraîne un changement d'orientation. En fait, ce n'est pas l'université qui a contribué à la définition des programmes scolaires, mais des professeurs d'université qui, à titre personnel, ont fait prévaloir leur propre point de vue sans avoir toujours une vision très claire des enjeux spécifiques de l'enseignement scolaire.

Quelques questions pour l'avenir

Dans une période où les questions de gestion de l'éducation prennent une importance croissante, celle des contenus d'enseignement reste essentielle et ne doit pas être oubliée. Or, indépendamment des procédures administratives, l'élaboration des programmes deviendra de plus en plus délicate. D'abord parce que la somme des savoirs augmente à une vitesse jamais égalée : la question n'est déjà plus « que faut-il enseigner ? », mais plutôt « que peut-on ne pas enseigner ? ». Ensuite, parce qu'on assiste à un décalage grandissant entre la culture que l'école veut transmettre aux élèves et la culture valorisée par la société : pour définir de nouveaux programmes, il faudra répondre à la question « quels programmes peuvent à la fois être conformes aux finalités de l'école et prendre en compte les attentes des jeunes ? ». Enfin, parce que la primauté de l'école comme source des savoirs n'est déjà plus assurée : le développement des médias ou des sites Internet rend accessibles des quantités astronomiques d'informations à toute personne disposant d'un ordinateur connectable. Comment l'école et les programmes tiendront-ils compte de cette réalité ? La difficulté à répondre à de telles questions ne peut en aucune façon justifier une politique du renoncement et du laisser-faire en termes de contenus d'enseignement.

Avec le recrutement des enseignants, les programmes d'enseignement sont l'un des piliers du système éducatif français : les conséquences que les choix opérés aujourd'hui auront sur le développement de la société française de demain justifient de façon évidente l'importance primordiale qu'on doit apporter à leur confection.

Dominique Raulin

▸ Bibliographie

DEMONQUE C. (coord.), *Qu'est ce qu'un programme d'enseignement ?*, Paris, CNDP/Hachette, 1994.

Ministère de l'Éducation nationale, « La Charte des programmes », *Bulletin Officiel*, n° 8, 20 février 1992.

▸ **Voir aussi**
Évaluation – Examen – Horaires – Inspection – Instructions officielles – Manuel scolaire – Référentiel.

Projet

D'invention relativement récente dans notre culture, le terme de « projet » apparaît dans le courant du XVe siècle sous les deux formes de « pourget » et de « project » : il ne s'impose dans nos actions que vers le milieu du XXe siècle après avoir connu un usage peu répandu et capricieux jusqu'au XIXe siècle.

Le projet, souvent assimilé au progrès, a une connotation toujours positive. Il est de l'ordre du paradigme valorisant l'activité concrète et organisée d'un sujet soucieux de se donner un but et les moyens adaptés pour l'atteindre.

Prospective et opérationnalité

Le projet peut se définir comme une conduite d'anticipation supposant le pouvoir de se représenter l'inactuel et celui d'imaginer le temps du futur par la construction d'une succession d'actes et d'événements potentiels, organisée *a priori* et sans repères éprouvés.

Jacques Ardoino insiste sur le double versant du projet porteur d'opposition et de complémentarité : d'une part, la visée faite de référents philosophiques et culturels souvent traduits en finalités, buts et objectifs et, d'autre part, l'aspect pragmatique repéré dans la programmation des actions à réaliser. Ne se centrer que sur l'un des aspects n'est plus faire un projet. Ce dernier vit de la tension de ses deux composantes : une part d'irréel et d'aspiration à laquelle s'adjoint une planification à horizon temporel séquentiel.

Le projet semble être le mot courant pour désigner toute action intentionnelle et explicitée. Il est aussi bien individuel que collectif, sur le plan personnel que professionnel. On parle aussi bien du projet de société que du projet de l'élève. Cette exigence de projet s'inscrit dans une société opératoire où tout semble se programmer et s'orienter selon un temps technicien. Ces divers projets peuvent être contradictoires mais, étant donné la connotation fortement positive qui entoure la notion, ils se conçoivent comme articulables et négociables entre eux. Ainsi, si le projet d'établissement n'est ni la juxtaposition ni la somme des projets pédagogiques des équipes enseignantes, il en est la juste négociation et l'efficiente articulation.

Pourtant, on ne peut pas dire que tout individu est à même d'élaborer un projet. Ce dernier nécessite une marge de liberté et d'initiative, un minimum de confort permettant d'avoir une certaine prise sur cette réalité : ne pas être objet mais bien sujet. Que peut alors signifier la demande auprès d'un chômeur d'un projet professionnel ? Les contraintes et le déterminisme sont parfois tels qu'ils entravent toute perspective de projet.

Le projet en éducation

Bien que le terme ne fût pas utilisé au début du XXe siècle comme aujourd'hui, l'idée de projet en éducation est née de l'expérimentation, par le courant dit d'« éducation nouvelle », d'une nouvelle technique d'enseignement permettant de découper la matière à enseigner en une série de petits projets. Ces derniers sont alors devenus l'expression même d'un mode de penser. À la fois moyen et but, le projet s'apparente désormais à une technique d'enseignement. La plupart des grands pédagogues d'après la Seconde Guerre mondiale appartiennent à cette mouvance. Ainsi, Dewey, dès 1947, s'appuie sur une action organisée vers un but déclaré ; c'est le fameux *learning by doing*. Decroly, Cousinet avec la méthode de travail libre par groupes ou Freinet et ses centres d'intérêts coopératifs illustrent largement cette pédagogie fonctionnaliste qui fait de l'intérêt de l'élève le régulateur des apprentissages.

Certains pédagogues ont qualifié l'apparition du projet, à la fois en pédagogie et dans le système éducatif, de « révolution copernicienne » de l'enseignement. Il s'agit en effet d'une pédagogie qui s'est détachée du maître pour se centrer sur l'élève, ses motivations et sa démarche. En d'autres termes, on est passé du *teaching* au *learning.*

Un autre mouvement s'est conjointement opéré, celui de passer du projet individuel au projet coopératif, voire collectif. Le projet personnel n'a de sens en effet que par rapport aux autres projets, par rapport aussi à des actions plurielles finalisées qu'on peut appeler projets collectifs.

En 1970, le projet a pénétré le tissu éducatif sous l'impulsion des textes ministériels. Ainsi, en 1973, les Instructions officielles proposaient de consacrer 10 % de l'horaire à élaborer avec les lycéens des projets autres que disciplinaires ou liés au programme. Les 10 % ont été remplacés en 1979 par les projets d'action culturelle et éducative, puis en 1981 par les projets d'action éducative. En 1982, la rénovation des collèges parle de projets d'établissement et de projets de zones d'éducation prioritaire. Le projet envahit donc le champ de l'enseignement depuis le milieu des années 1970.

La pédagogie du projet

La pédagogie du projet permet au formé de développer un autre rapport au monde à travers une réappropriation de soi-même, de sa propre histoire, de ses buts et des connaissances. Cette démarche met au centre du processus d'apprentissage et de formation la personne concernée davantage que le formateur. Elle est personnalisée et implique donc une individualisation dans l'acquisition des connaissances.

La pédagogie s'articule concrètement autour de projets légitimés dans l'esprit des formés pour lesquels les actions mises en œuvre de manière concentrée sont traduites en objectifs et en programmation.

Marc Bru et Louis Not distinguent cinq principales fonctions à la pédagogie du projet :
– une *fonction économique* et *de production* qui consiste à construire directement une œuvre pour justifier des moyens et des aides financières. Elle intègre les contraintes qui imposent vigilance et rigueur dans la gestion du temps et des ressources matérielles et humaines ;
– une *fonction « thérapeutique »* qui renouvelle l'intérêt des élèves pour l'école. Elle permet aux formés de s'engager dans une activité signifiante aussi bien sur le plan de l'apprentissage que sur celui de l'engagement social et professionnel ;
– une *fonction didactique* où sont restituées les actions pédagogiques par rapport à leur traitement séquentiel, aux nouvelles connaissances et aux objectifs ;
– une *fonction sociale* et *médiationnelle* dans la mesure où tout projet fait directement ou indirectement référence à des partenaires ;
– une *fonction politique* dont les auteurs précisent que lorsque la pédagogie du projet « devient but d'éducation et non simplement moyen, comme c'est le cas quand elle remplit une fonction didactique, la pédagogie du projet est censée assurer la formation du citoyen selon une perspective de participation active à la vie publique ».

Le projet pédagogique

Élaboré et mis en œuvre par l'ensemble de l'équipe d'enseignants, le projet pédagogique peut être monodisciplinaire ou pluridisciplinaire et concerne un ensemble d'élèves bien déterminé. Comme son nom l'indique, il porte sur la pédagogie, c'est-à-dire à la fois sur les modalités et sur le contenu de l'enseignement proposé à un groupe clairement identifié d'élèves. Il peut se dérouler sur le court terme ou se développer sur un trimestre entier. Il contient les objectifs transversaux de formation qui se réfèrent à l'ensemble des disciplines. Ces objectifs sont de deux natures : d'une part, des objectifs à court et à moyen terme que l'équipe élucide progressivement en définissant les compétences à acquérir à la fin de l'année ou du cycle ; d'autre part, des objectifs relevant d'une action pédagogique continue visant le long terme et formulés en potentialités à développer dans toutes les situations possibles. On parlera alors d'autonomie, d'exercice d'un jugement et d'une pensée critique, d'aptitude à communiquer, à mener à bien une tâche en se confrontant aux exigences matérielles et sociales qu'elle implique.

La référence aux capacités et aux compétences permet aux membres de l'équipe pédagogique de disposer d'un langage commun pour désigner ce qui finalise et fédère leurs pratiques, indispensable à la convergence et à la régulation des actions. Dans ce cadre contractuel et évolutif, chaque enseignant peut définir ses propres objectifs et concevoir les apprentissages en fonction des spécificités de sa discipline, du niveau de maîtrise atteint par les élèves, du mode d'évaluation pratiquée. Le souci de développer telle capacité plutôt qu'une autre amène à choisir, parmi plusieurs organisations pédagogiques possibles, celle qui est momentanément (en fonction de l'état du projet) la mieux adaptée. En ce sens, les capacités définies par le projet pédagogique ont un rôle organisateur et régulateur des situations d'apprentissage mises en œuvre dans chaque discipline.

Françoise Cros

▶ Bibliographie

BLANCHARD S. *et al.*, *Outils et procédures de bilan pour la définition d'un projet de formation personnalisé,* Paris, INETOP/CNAM/EAP, 1989.

BOUTINET J.-P., *Anthropologie du projet,* Paris, PUF, coll. « Quadrige », 2005.

BOUTINET J.-P., *Psychologie des conduites à projet,* Paris, PUF, coll. « Que sais-je ? », 2004.

BROCH M.-H., CROS F., *Comment évaluer le projet de notre organisation ?,* Lyon, Chronique sociale, 1992.

BRU M., NOT L., *Où va la pédagogie du projet ?,* Toulouse, Éditions universitaires du Sud, 1987.

COLLECTIF, « Projet, formation-action », *Éducation permanente,* n° 86 et 87, 1986-1987.

GFEN, *Agir ensemble : l'école, aujourd'hui la pédagogie du projet,* Paris, Casterman, 1982.

PEMARTIN D., LEGRES J., *Les Projets chez les jeunes,* Paris, EAP, 1988.

VASSILEFF J., *Histoires de vie et pédagogie du projet,* Lyon, Chronique sociale, 1999.

VASSILEFF J., *La Pédagogie du projet en formation,* Lyon, Chronique sociale, 2003.

VIAL J, *Pédagogie du projet,* Paris, INRDP, 1976.

▶ Voir aussi

Autonomie – Centres d'intérêt – Éducation nouvelle – Élève (Projet de l') – Établissement (Projet d') – Groupe (Pédagogies de) – Individualisation – Interdisciplinarité – Objectif pédagogique – Projet personnel d'orientation.

PROJET DE L'ÉLÈVE

▶ Élève (Projet de l')

PROJET D'ÉTABLISSEMENT

▶ Établissement (Projet d')

PROJET PERSONNEL D'ORIENTATION

Surtout collectifs durant les décennies 1970 et 1980, les projets inclinent à devenir individuels ou personnels à partir de la loi d'orientation de 1989. Signe des temps ? Manifes- tation d'un retour à l'individualisme dans le champ éducatif après l'intérêt pour le collectif et le groupal que suscita le mouvement de 68 ? Souci d'adaptation à la diversité des élèves accueillis dans un collège unique que l'on voudrait aussi ajusté aux besoins de chacun ? Quelles que soient les interprétations données, les projets individuels ou personnels fondent cependant leur légitimité sur un principe affirmé par cette même loi du 14 juillet 1989 : « L'élève est au centre du système éducatif » (rapport annexé). La référence à un projet d'établissement, pour nécessaire qu'elle soit, s'avère insuffisante pour mettre en œuvre ce principe. Il implique en effet que l'élève puisse avoir une prise relative sur son orientation et sa formation, sur sa situation actuelle et son avenir, à travers un projet qui prendrait en compte ses acquis, ses intérêts et ses aspirations. En un sens, les projets personnels d'orientation que nous allons examiner sont l'un des nombreux avatars des « conduites à projet » (Boutinet, 1993).

Les qualifications du projet

En étudiant les textes officiels de l'Éducation nationale comme ceux d'autres ministères, nous observons des variations dans la qualification du projet. Elles indiquent des nuances dans leur approche plutôt qu'elles ne témoignent d'approximations dans leur désignation. Ainsi il est question tantôt de projet individuel, tantôt de projet personnel. Malgré les apparences, l'un et l'autre n'ont pas les mêmes implications. Un projet *individuel* se réfère à une unité, un projet *personnel* souligne une unicité. Le projet d'un individu peut ne pas être différent du projet d'un autre individu. Bref, plusieurs élèves peuvent avoir le même projet. Le fait d'avoir élaboré un projet ne signifie nullement que celui-ci se distingue d'autres projets. Mais un projet personnel renvoie à une singularité. Il se rapporte à des besoins ou à des aspirations particulières. En ce sens, le projet d'une personne dit plus que le projet d'un individu. S'il est authentique, le projet personnel de l'élève engage l'*adolescent* et pas seulement l'élève. Malgré les prescriptions, nous pouvons d'ailleurs nous interroger sur la possibilité pour l'institution éducative de prendre en compte effectivement des projets personnels.

Comme pour les « suivis », acteurs et experts qualifient certains projets d'individualisés ou de personnalisés. Historiquement, les projets *individualisés* ont été liés à la prise en compte de difficultés d'apprentissage ou de troubles de la conduite. Les projets *personnalisés* correspondent à une autre approche. Ils tendent à privilégier une entrée par les besoins de la personne. Ils se voudraient une réponse à des besoins particuliers. Si, dans leurs variantes individuelle ou personnelle, les projets devraient être l'œuvre des élèves, il n'en va pas de même de ces projets. En effet, ce sont les professionnels de la formation et de l'éducation qui individualisent ou personnalisent un projet et non l'élève lui-même. Un projet individualisé ou personnalisé est un projet *pour* un élève et non un projet *de* l'élève. Et il suppose un projet collectif, qu'il soit de classe, de cycle ou d'établissement, par rapport auquel on procédera à des mesures d'individualisation ou de personnalisation. Qu'il s'agisse de formation ou d'orientation, ces mesures exigent, pour être pertinentes, un diagnostic. Qu'est-ce qui doit être individualisé, pourquoi, selon quelles modalités, pendant combien de temps ? Elles sont en effet des moyens au service de l'éducation et non des fins en soi.

Pourtant, la simple différenciation entre ces deux types de projet, si elle constitue une première clarification, ne suffit pas. Car même les projets individuels ou personnels ne sont pas l'œuvre exclusive des élèves. De façon explicite, ils engagent d'après la loi la « communauté éducative » tout entière et ses partenaires. Loin d'être une entreprise solitaire, ils impliquent des collaborations nombreuses et variées. La démarche de projet est complexe. Elle s'acquiert et se cultive. Pour ce faire, l'aide d'autrui est nécessaire. Bref, pour qu'un projet devienne le projet *de* l'élève, il a besoin de s'élaborer *avec* d'autres. C'est l'un des paradoxes du projet personnel que sa conception comme sa réalisation dépendent de coopérations multiples. Pour qu'il soit à terme personnel, il lui faut bénéficier de l'étayage d'un collectif.

Projet personnel et éducation à l'orientation

La loi d'orientation de juillet 1989 comme celle, plus récente, d'avril 2005 se réfèrent à un projet personnel d'orientation de l'élève. Ce faisant, leur ambition est de substituer à une orientation subie, qui s'effectue sur fond de difficultés ou d'échec, une orientation « participative », plus informée et réfléchie, parce que mieux préparée. Il s'agit d'associer l'élève et sa famille au processus d'orientation, d'en faire aussi des acteurs, sans en laisser le monopole aux seuls professionnels. La finalité affichée est de promouvoir la « voix pronominale » de l'orientation et d'aider les principaux intéressés à *s'orienter* plutôt qu'à se contenter d'*être orientés.*

Une telle ambition suppose une éducation à l'orientation. Sans elle en effet, « comment choisir ce que l'on ne connaît pas ? » (Defrance, in *Cahiers pédagogiques*, n° 331). Cette éducation a été prônée et détaillée à la fois dans des textes réglementaires et dans de nombreuses études au cours des années 1990. Malgré des essais et des progrès, elle est loin d'être effective dans l'ensemble des collèges. Elle apparaît diversement interprétée et inégalement mise en œuvre.

Si l'orientation ne se réduit pas à une proposition et à une décision, si elle s'inscrit dans un processus d'élaboration impliquant de multiples acteurs, la perspective temporelle où elle s'effectue prend alors toute son importance. Au collège, la formation se veut, dans l'idéal, une « formation commune ». Au-delà de ce cursus, les parcours s'individualisent. Les projets personnels s'élaborent au collège pour se réaliser dans les différents types de lycées correspondant aux voies générale, technologique et professionnelle de formation. La durée impartie par les équipes à une éducation à l'orientation pour l'émergence de ces projets les facilite ou les compromet. Si quelques-unes commencent dès la 6e, bon nombre se mobilisent seulement en 3e. Or l'éducation à l'orientation ne se confond pas avec le cycle d'orientation. Depuis 1996 elle est censée débuter dès le cycle central et s'accomplir sur trois ans. Cette durée apparaît d'autant plus nécessaire que les objectifs et les contenus qu'elle propose pour aider l'élève à s'orienter ne peuvent se maîtriser dans un temps restreint.

Cette éducation constitue l'une des dimensions du projet d'établissement. Un plan d'action sur trois ans devrait lui correspondre et être présenté en conseil d'administration. Elle s'organise à partir de trois axes : outre une amélioration de la connaissance de soi par l'élève, elle vise à une connaissance de l'environnement économique et social, des grands secteurs d'activité, des entreprises et des métiers qu'ils rassemblent. Elle comporte aussi une connaissance des dispositifs et des itinéraires de formation qui permettent d'accéder à ces activités professionnelles. Pour ce faire, l'éducation à l'orientation associe en matière d'information et de conseil des actions collectives à des pratiques individualisées, des actions intégrées aux disciplines à des actions spécifiques. Cette triple connaissance ne peut se construire que progressivement et avec l'aide d'une collectivité. Elle suppose une appréhension précise et actuelle de l'environnement *local* de l'établissement, en termes de « bassin d'emploi et de formation ». Sans elle, les élèves et leurs familles ne peuvent être éclairés dans leur choix d'orientation. Malgré la contribution des CIO et des conseillers d'orientation psychologues, chacun est à même de vérifier selon les collèges le degré de réalité de cette connaissance et de ces pratiques. Mais il convient de reconnaître que la visibilité des évolutions des différents secteurs d'activité professionnelle n'est pas toujours telle qu'elle permette d'être un « conseiller à projet » (Boutinet, 1993). Pour favoriser l'émergence des projets des collégiens, des rencontres avec des professionnels et avec des représentants des différents lycées, des forums des métiers, ainsi que des visites et des séquences d'observation, voire des stages en entreprise sont prévus. Les uns et les autres visent à préciser et compléter les informations, à modifier les représentations des activités professionnelles, à éveiller les intérêts par une expérience plus directe et personnelle. Conçue comme une entreprise collective au long cours, l'éducation à l'orientation n'est souvent l'affaire que de quelques-uns, réalisée dans l'urgence, sur une durée restreinte, qui ne permet pas toujours de gérer le processus de maturation des projets des élèves avec ses aléas.

De quelques difficultés dans l'accompagnement des projets

Même si les projets personnels apparaissent comme « un défi nécessaire face à une société sans projet », leur gestion éducative n'est pas sans difficultés. Nous n'en soulignerons que quelques-unes dans la mesure où leur discernement permet selon nous de les atténuer, si ce n'est de s'en libérer. Ainsi il n'est pas sûr que l'adolescence soit l'âge le plus propice pour les projets. Sans nous priver des analyses des psychologues, nous pouvons aussi écouter un romancier. Dans *L'Ignorance*, Milan Kundera fait observer par un de ses personnages que « pour un jeune, l'avenir est une chose lointaine, abstraite, irréelle à laquelle il ne croit pas vraiment ». Or les projets d'orientation ne sont pas des « micro-projets », leur élaboration comme leur réalisation s'inscrivent dans la longue durée. Ils ont besoin d'être stimulés par des réussites. Les effets des investissements qu'ils demandent n'apparaîtront que tardivement. Accepter ce différé exige une certaine tolérance à la frustration. Le sociologue François Dubet a souligné chez les adultes cette « pression d'apprendre » exercée sur les jeunes et une incitation réitérée à anticiper. Alors qu'« il est extrêmement difficile de se projeter » dans une société complexe aux transformations rapides, « les adolescents sont tenus au projet sans cesse ». Pour autant, nous sommes entrés dans une « culture à projets ». Ne pas exercer les jeunes à cette démarche ne pourrait que les désavantager dans leur parcours scolaire comme dans leur accès souvent long et difficile à l'emploi.

D'une certaine façon, élaborer un projet d'orientation viable, c'est faire l'apprentissage plus ou moins éprouvant d'une *négociation avec soi et avec les autres*. Un projet personnel, même s'il se fonde sur des intérêts, des compétences et des aspirations, doit prendre en compte une offre de formations et des perspectives d'emploi, locales ou non. Loin de se réduire à l'expression d'un désir selon un principe de plaisir, il suppose une *transaction* avec les possibilités et les contraintes d'un environnement. Ce qui demande de cultiver une certaine plasticité dans les stratégies pour le construire et l'accomplir. Or ce sont les élèves le plus en difficulté qui sont incités le plus tôt à s'investir dans l'élaboration de projets à visée professionnelle. Si la loi d'orientation de 1989 prescrit pour les élèves des projets personnels d'orientation *scolaire et professionnelle,* l'accès à la voie professionnelle se fait rarement selon un choix positif et s'effectue souvent dès la sortie du collège. Ainsi un choix professionnel qui engage plus encore qu'une orientation scolaire est-il demandé aux élèves les moins prêts à le faire. Les « hors projets » sont pressés d'entrer en projet, alors même que leur passé scolaire et leur situation souvent perturbée les inclinent peu à cette démarche. Néanmoins, sans elle, les orientations sont encore plus subies, s'opérant dans la méconnaissance de leurs implications et les aléas des jeux d'influence. Aider un élève en difficulté à s'inscrire dans un projet professionnel lui permet de surmonter peu à peu un passif scolaire et de restaurer une estime de soi. La préparation de son avenir est le meilleur moyen de le libérer d'un passé mal vécu.

La pratique des projets personnels d'orientation qui, en droit, concernent tous les collégiens, ne peut se diffuser avec quelque succès sans des conditions institutionnelles. Le projet d'établissement, un plan concerté à cette fin, une distribution des rôles et des tâches entre les personnels et leurs partenaires, une régulation des relations n'y suffisent pas. Sans une *culture de projets* au collège, il est difficile de la faire advenir chez les élèves. Si des équipes l'ont instaurée dans un cadre disciplinaire et interdisciplinaire, dans la vie scolaire et périscolaire, d'autres la marginalisent ou l'ignorent. L'incitation des élèves à entrer en projet devient alors une injonction paradoxale. Au sein d'une institution, il y a en effet une interaction entre les différents types de projets pratiqués. Une dynamique de projets se développe d'autant mieux dans un collège qu'elle est partagée par les enseignants et les élèves, par les adultes et les adolescents. L'appropriation des conduites à projet par chacun peut alors espérer s'accomplir. Cette dynamique est encore amplifiée quand elle se déploie dans un réseau d'établissements, en une culture commune de projets ou lors de projets menés en commun.

André Philip

▸ Bibliographie

Blanchard S. *et al.*, *Outils et procédures de bilan pour la définition d'un projet de formation personnalisée,* Paris, INETOP/CNAM/EAP, 1989.

Boutinet J.-P., *Psychologie des conduites à projet*, Paris, PUF, coll. « Que sais-je ? », 1993, rééd. 2004.

Collectif, « L'Éducation à l'orientation », *Perspectives documentaires*, n° 60, INRP, 2003.

Collectif, « Éducation à l'orientation et projet d'orientation des élèves des enseignements adaptés durant leur formation commune », actes du colloque du 31 mai 2001, *Revue du CERFOP*, n° 16, déc. 2001.

COLLECTIF, « Le Projet personnel de l'élève », *Cahiers pédagogiques*, n° 331, fév. 1995.

ÉTIENNE R., BALDY A., BALDY R., BENEDETTO P., *Le Projet personnel de l'élève*, Paris, Hachette, 1992.

Laboratoire de recherche opératoire en psychologie et sciences sociales (ROPS), *Le Projet : un défi nécessaire face à une société sans projet*, Paris, L'Harmattan, 1992.

PHILIBERT C., WIEL G., *Accompagner l'adolescence : du projet de l'élève au projet de vie*, Lyon, Chronique sociale, 2002.

PHILIP A., « Le Projet de l'élève dans les enseignements adaptés du second degré : évolution des approches de 1989 à nos jours », *Revue du CERFOP*, n° 19, déc. 2004, p. 83-90.

▶ Voir aussi

Adolescence – Échec scolaire – Élève (Projet de l') – Établissement (Projet d') – Identité – Individualisation – Jeunesse – Pédagogie différenciée – Projet – Référentiel.

PROSPECTIVE

La prospective consiste à penser l'avenir en s'appuyant sur les enseignements du passé et le constat du présent. L'exercice prospectif n'est pas pour autant un simple prolongement de la situation existante. Il se doit d'essayer d'imaginer les évolutions possibles en termes non seulement quantitatifs mais aussi qualitatifs. C'est pourquoi ces exercices se présentent souvent sous forme de scénarios et doivent être fréquemment renouvelés pour tenir compte des ruptures qui peuvent intervenir au niveau des paramètres utilisés, que ces ruptures découlent de la mise en œuvre de nouvelles politiques publiques, d'un changement conjoncturel du contexte ou d'une évolution des comportements des agents.

La multiplicité des paramètres et la complexité du champ expliquent le faible développement des exercices de prospective sur le système éducatif. Les prévisions des effectifs d'élèves ou de départs des enseignants, à moyen terme par exemple, qui sont réalisées annuellement, ne relèvent pas véritablement d'une logique prospective, car elles se font à politiques, structures et comportements constants, le principal élément de variation étant d'ordre démographique. À titre illustratif, un exercice de nature prospective en ce qui concerne les effectifs d'élèves devrait intégrer, notamment, des variations dans les orientations et la poursuite d'études, en tenant compte, par exemple, d'une hausse du niveau de compétences des élèves, d'une diminution des sorties précoces du système, d'une évolution des besoins de qualification, etc.

Le seul domaine dans lequel des exercices de prospective sont réalisés à intervalle régulier est celui de la relation formation/emploi. Ces exercices visent à construire différents scénarios sur le niveau de formation et le volume des jeunes à recruter, à dix ou quinze ans, à partir d'hypothèses sur l'évolution de la croissance économique. Ils ne permettent pas de prédire ce qui va se passer, mais ce qui pourrait se passer en fonction des paramètres pris en compte dans le modèle.

Claudine Peretti

▶ Bibliographie

Direction de l'évaluation et de la prospective (DEP), « Projection du système éducatif à 10 ans », *Éducation et formations*, n° 71, juin 2005.

Direction de l'évaluation et de la prospective (DEP), « Prospective, emploi-formation à l'horizon 2015 », *Les Dossiers d'éducation et formation*, n° 155, juillet 2004.

LESOURNE J., *Éducation et société demain ? À la recherche des vraies questions,* rapport remis au ministre de l'Éducation nationale, Paris, La Découverte/Le Monde, 1988.

Ministère de l'Éducation nationale, Haut Comité éducation-économie (HCEE), *Quel système éducatif pour l'an 2000 ?,* Paris, La Documentation française, 1988.

▶ Voir aussi

Décentralisation – Déconcentration – Emploi-formation – Évaluation – Innovation – Partenariat – Planification — Relation École/Entreprise – Système éducatif.

Protection judiciaire de la jeunesse (PJJ)

La Protection judiciaire de la jeunesse (PJJ) est un dispositif judiciaire visant la protection de l'enfance en danger et le traitement de l'enfance délinquante. Elle désigne également une administration du ministère de la Justice chargée de mettre en œuvre les décisions judiciaires au titre de l'enfance en danger ou de la délinquance juvénile.

La PJJ, dont l'acteur central est le juge des enfants, est régie par trois textes : l'ordonnance du 2 février 1945 relative à l'enfance délinquante, l'ordonnance du 23 décembre 1958 visant à protéger les mineurs en danger et le décret du 18 février 1975 sur la protection des jeunes majeurs.

Tant le dispositif judiciaire que l'administration de la PJJ ont connu de profonds changements ces dernières années.

Un modèle de protection de l'enfance

L'ordonnance du 2 février 1945 a inauguré la construction d'un système de protection judiciaire de la jeunesse. Ce texte faisait suite à la loi de 1912 qui avait créé les tribunaux pour enfants. L'ordonnance créait la fonction de juge des enfants, et inventait un nouveau modèle judiciaire. La conception de l'enfance qui était défendue par l'exposé des motifs de l'ordonnance de 1945 soutenait que l'enfant bénéficiait d'un régime d'irresponsabilité pénale. En raison de son immaturité, il ne pouvait être soumis à des peines que de façon exceptionnelle et devait bénéficier prioritairement de mesures de protection et d'éducation telles que la liberté surveillée ou le placement dans un établissement d'éducation surveillée. Par ailleurs, la philosophie du texte de 1945 s'appuyait sur « le progrès de la science pénitentiaire ». Plus que l'acte commis, ce qu'il fallait prendre en compte, c'était les causes sociales et psychologiques à l'origine de l'infraction. Une enquête sociale et un examen de personnalité ordonnés par le juge des enfants permettaient de poser un diagnostic et de proposer le traitement éducatif adapté.

L'Éducation surveillée, administration du ministère de la Justice, fut créée le 1er décembre 1945 pour mettre en œuvre l'ordonnance sur la délinquance juvénile. En 1990, elle changea d'appellation pour prendre le nom de Protection judiciaire de la jeunesse. Elle s'appuya dans les années 1950 et 1960 sur de gros internats : institutions professionnelles d'éducation surveillée (IPES), puis institutions spéciales d'éducation surveillée (ISES). À partir des années 1970, ces internats disparurent progressivement au profit de foyers d'action éducative (FAE), de dimension plus réduite.

En 1958, le juge des enfants vit ses pouvoirs élargis grâce au développement de l'assistance éducative. Désormais, il pouvait intervenir lorsque la santé, la sécurité, la moralité et l'éducation d'un mineur étaient gravement compromises. Il pouvait prendre des mesures d'assistance éducative pour apporter aide et conseil aux parents d'enfant en danger ou pour placer celui-ci. L'Éducation surveillée voyait également ses compétences élargies : aux enfants délinquants s'ajoutaient les mineurs en danger. Il était clair, à ce moment, que ces enfants, qu'ils fussent coupables ou victimes, constituaient une même population qui devaient relever du même dispositif : la Protection judiciaire de la jeunesse.

En amont du dispositif judiciaire, une protection administrative de l'enfance fut mise en place. Par un décret du 7 janvier 1959, les directions départementales de l'action sanitaire et sociale (DDASS) pouvaient apporter aide et conseil aux parents dont la santé, la sécurité, la moralité ou l'éducation des enfants *risquaient* d'être en danger. Pour intervenir, les DDASS devaient avoir le consentement des parents. Par les lois de décentralisation de 1983-1984, cette compétence fut transférée aux conseils généraux.

Forces et faiblesses de la Protection judiciaire de la jeunesse

La philosophie sur laquelle s'est construite la Protection judiciaire de la jeunesse est profondément humaniste et repose sur une conception de l'enfance aujourd'hui en crise. Selon cette conception, l'enfance se caractérise par l'inachèvement et la vulnérabilité. C'est cette particularité de l'enfance qui interdit qu'on assimile son traitement judiciaire à celui de l'adulte. Cette spécificité explique la raison pour laquelle enfance coupable et enfance victime faisaient partie de la même catégorie : *l'enfance en danger*. Cette unité de l'enfance en danger permettait de traiter le jeune délinquant par la procédure de l'assistance éducative. L'ordonnance de 1945 ne s'appliquait que pour les infractions graves ou récidivantes. Progressivement, dans les années 1960 à 1980, l'activité des juges des enfants et de l'Éducation surveillée privilégiait l'assistance éducative.

Cette philosophie et cette pratique ont permis une évolution sensible dans la pédagogie de l'Éducation surveillée. La pédagogie disciplinaire propre aux gros internats laissa progressivement place à une action éducative personnalisée dans de petites institutions. Dans la mesure où le délit était interprété comme le symptôme d'une souffrance sociale ou psychique, l'action éducative était conçue sur le modèle thérapeutique. Cependant, ce système de Protection judiciaire de la jeunesse, qui a prospéré dans les décennies glorieuses et optimistes de l'État providence, a révélé ses faiblesses lorsque l'État social est entré en crise dès les années 1980. La justice pénale des mineurs était, en effet, uniquement centrée sur le jeune contrevenant. Elle ne se souciait ni de la victime ni de la société. Or, la délinquance des jeunes ne cessait de progresser et les réactions sociales exigeaient une réponse plus ferme à l'égard des mineurs délinquants. Cette attente sociale trouvait sa réponse dans les décisions des juridictions pour enfants qui privilégiaient de plus en plus les condamnations pénales, à l'encontre de l'esprit et de la lettre de l'ordonnance de 1945. Pendant plusieurs années, la réaction sociale a été interprétée par l'Éducation surveillée comme une dérive sécuritaire dénuée de tout fondement, jusqu'à ce qu'elle soit prise au sérieux à la fin des années 1990.

La mutation de la Protection judiciaire de la jeunesse

En 1990, l'Éducation surveillée se transforme en Protection judiciaire de la jeunesse. Ce changement d'appellation va marquer le début d'une transformation de cette administration. Paradoxalement, c'est à ce moment qu'elle va s'éloigner de ses fondements philosophiques et juridiques. Certes, l'ordonnance de 1945, l'ordonnance de 1958 continuent de structurer la justice des mineurs, mais ces textes, notamment celui de 1945, ont connu des modifications importantes qui ont redéfini le système.

En 1993, une loi permet l'introduction d'une nouvelle mesure éducative dans l'ordonnance de 1945 : la réparation. Cette mesure permet de demander au mineur délinquant de réparer le préjudice causé, soit directement à la victime, soit auprès d'une collectivité ou d'une association. La réparation se distingue de la médiation pénale qui permet au majeur d'indemniser la victime. Il s'agit pour le mineur plus d'une réparation symbolique ayant une finalité éducative que d'une réparation pécuniaire. Cette nouvelle mesure éducative a constitué un tournant dans la philosophie pénale des mineurs. En effet, à l'encontre de ce qu'affirmait l'exposé des motifs de l'ordonnance de 1945, le mineur n'était plus considéré comme un irresponsable juridique qui avait commis un acte délictueux à la suite de causes que la mesure éducative devait traiter. Avec la réparation, c'est le mineur comme sujet qui est appréhendé. Sa situation d'enfant ne le dispense pas de posséder une responsabilité qui lui est propre. En tant qu'être social, il doit répondre de ses actes à l'égard de la victime et de la société, et réparer symboliquement le dommage commis. La réparation est une mesure exemplaire par son ambition de reconnaître l'enfant comme sujet responsable, sans oublier sa dimension d'adulte en devenir qui doit bénéficier d'une mesure éducative.

La mesure de réparation marque une évolution tant dans le droit pénal des mineurs que de la pédagogie à la Protection judiciaire de la jeunesse. Antérieurement, dans les années 1970 et 1980, tant la direction de l'Éducation surveillée que les équipes éducatives de cette administration avaient voulu rompre avec la pédagogie disciplinaire de l'après-guerre. Cependant, la nouvelle pédagogie était centrée uniquement sur le jeune, considéré plus comme la victime d'une situation que comme l'auteur d'un acte socialement interdit. Cette pédagogie voulait rompre avec toute idée de contrainte et opposait l'éducation à la répression. C'est la raison pour laquelle, à la fin des années 1970, l'Éducation surveillée retirait ses éducateurs de maisons d'arrêt et faisait dépendre l'admission des jeunes en institution de leur propre consentement.

Dès les années 1990, le jeune délinquant redevient le sujet de son acte. La pédagogie n'est plus uniquement centrée sur l'adolescent et ses souffrances psychiques, celui-ci devient un être social. En témoignent également les institutions créées ou développées après le Conseil de sécurité intérieure du 27 janvier 1999. Il s'agit des centres de placement immédiat (CPI) et des centres d'éducation renforcée (CER). Le Conseil de sécurité intérieure n'a fait qu'accélérer une mutation déjà en mouvement. Ainsi, les CER se sont multipliés sur le modèle des unités d'éducation à encadrement renforcée (UEER), qui ont été créés au cours des années 1990.

Le principe pédagogique des CER est de provoquer une rupture dans le mode de vie du jeune délinquant. Basés sur des sessions de 3 à 6 mois, les CER sont moins des lieux d'hébergement que des actions éducatives fortes où les jeunes participent avec les éducateurs à des actions socialement utiles. Avec de telles unités éducatives, la société est prise en considération, le jeune étant éloigné momentanément de son lieu de vie habituel. Mais c'est surtout le caractère social de l'adolescent qui est mis au centre de l'action éducative. En participant à des actions ayant une finalité sociale, ils acquièrent une identité sociale positive.

Le recouplage avec la société est aussi la caractéristique des CPI. Ces centres sont des institutions qui permettent aux magistrats de trouver immédiatement un lieu d'accueil pour les mineurs qui leur sont présentés pour des infractions graves ou réitérées. Avec de tels centres, les juges ne sont plus contraints de placer en détention provisoire les mineurs délinquants qui ne peuvent retourner dans leurs lieux de vie et de délinquance.

Le nouveau droit pénal des mineurs

La loi du 9 septembre 2002 constitue certainement un tournant dans le droit pénal des mineurs et dans l'évolution du système de la Protection judiciaire de la jeunesse. Ce texte ne remet pas en cause l'ordonnance de 1945, mais il en redéfinit la philosophie. Il faut souligner que, grâce à cette loi, certains principes avancés par le texte d'après-guerre sont désormais inscrits dans le marbre de la constitutionnalité. En effet, dans son avis du 29 août 2002, le Conseil constitutionnel a affirmé que les principes républicains exigent que les mineurs délinquants soient jugés par des juridictions spécialisées selon des procédures appropriées. De même, ces tribunaux doivent s'efforcer de rechercher leur relèvement éducatif et moral par des mesures adaptées à leur âge et à leur personnalité. Cependant, le Conseil constitutionnel n'a pas considéré que le principe d'irresponsabilité pénale des mineurs, affirmé en 1945, devait être retenu. Il a validé la substitution de l'atténuation de la responsabilité affirmée par la loi de 2002 et a indiqué que les mesures contraignantes à l'égard des mineurs délinquants n'avaient rien d'inconstitutionnel.

L'ordonnance de 1945 avait institué un dualisme. Les juridictions pour enfants devaient prioriser les mesures éducatives *ou* prendre des condamnations pénales qu'elles devaient justifier. Désormais, ce dualisme est fortement atténué. Le droit pénal des mineurs a abandonné l'opposition entre l'éducation et la répression. En effet, la loi de 2002 prévoit la présence d'éducateurs de la PJJ dans les quartiers de mineurs et la construction d'établissements pénitentiaires spécialisés pour enfants, où l'éducation accompagnera la sanction pénale. Mais le dualisme a subi ses plus rudes revers avec la possibilité qu'ont les juges d'ordonner un contrôle judiciaire ou une mise à l'épreuve avec une mesure éducative. Cela signifie que si le jeune ne respecte pas ses obligations, notamment de satisfaire à l'action éducative, le juge peut décider son incarcération en maison d'arrêt. Les juges ont également la possibilité de juger plus rapidement les infractions graves ou récidivantes grâce à la procédure de jugement à délai rapproché.

D'autre part, la loi s'est souciée des très jeunes délinquants en insérant les sanctions éducatives entre les mesures éducatives et les condamnations pénales. Ces sanctions peuvent être décidées à l'égard de mineurs de plus de 10 ans alors que les condamnations pénales restent possibles dès l'âge de 13 ans. La plus significative des sanctions éducatives est le stage de formation civique.

Enfin, la loi du 9 septembre 2002 a créé une nouvelle institution : le centre éducatif fermé (CEF). Cet établissement est prévu pour les mineurs délinquants récidivistes. Contrairement à son appellation, le CEF n'est pas un établissement pénitentiaire. En principe, pas de porte blindée, pas de sas de sécurité ni de barreaux aux fenêtres. Les jeunes placés ne peuvent sortir du centre que pour les besoins de l'action éducative. Aucune sortie ne peut se faire sans l'accompagnement d'encadrants. Même si les centres « fermés » ne peuvent être qualifiés d'établissements carcéraux, leur caractère contraignant est indéniable. Les jeunes qui y sont accueillis font toujours l'objet d'un contrôle judiciaire ou d'une mise à l'épreuve. Ils peuvent être mis en détention s'ils ne respectent pas les règles du CEF. Le pari des CEF est d'utiliser la contrainte du placement judiciaire pour amener le jeune contrevenant à intégrer un mode de vie régulier où la scolarité, la formation et le sport occupent une place importante.

La refondation de la Protection judiciaire de la jeunesse

La loi du 9 septembre 2002 a profondément infléchi le dispositif de la PJJ. En effet, ce système donnait au juge des enfants et à l'administration de la PJJ la gestion de l'enfance délinquante et de l'enfance en danger. Aujourd'hui, la PJJ s'est recentrée sur les enfants délinquants et son action prend de plus en plus un caractère judiciaire. La loi du 9 mars 2004 renforce cette judiciarisation en donnant au juge des enfants et à la PJJ compétences pour l'application des peines des mineurs délinquants. Par ailleurs, la loi du 13 août 2004 permet d'expérimenter le transfert de l'assistance éducative aux conseils généraux, la PJJ n'en gardant la charge que pour les mesures d'investigation.

Ainsi, le système unifié de protection judiciaire de l'enfance construit dans la période de gloire de l'État providence semble en crise. Le juge des enfants va rester le seul lien entre l'enfant en danger et l'enfant délinquant, la PJJ étant spécialisée dans l'enfance délinquante et les conseils généraux dans l'enfance en danger. Mais le rôle central de ce juge des enfants a perdu du poids depuis que le parquet a pris une place déterminante dans la gestion de la délinquance des mineurs. En effet, les procureurs de la République traitent une grande partie de cette délinquance grâce aux « rappels à la loi » ou aux mesures de réparation, qui permettent de faire l'économie de poursuites judiciaires.

Par ailleurs, les professionnels de la PJJ se sont forgés leur identité autour de l'action éducative. Le renforcement du volet judiciaire et contraignant de leur action met en question cette identité. Les éducateurs qui avaient l'habitude d'avoir pour partenaires leurs collègues des conseils généraux et du secteur associatif vont devoir apprendre à travailler avec les professionnels de l'administration pénitentiaire. Pourtant, l'avenir de la PJJ n'est pas univoque. Si le renforcement du judiciaire semble irréversible, l'unité du dispositif de protection judiciaire de l'enfance ne paraît pas totalement révolue. En témoigne la loi du 2 janvier 2002, rénovant l'action sociale et médico-sociale, qui a intégré la PJJ parmi les institutions sociales et médico-sociales. Il reste à cette administration et à ses professionnels à se saisir de cette loi pour rénover ses pratiques afin de renforcer l'identité protectrice et éducative qui est la sienne.

Dominique Youf

▶ **Bibliographie**

BAILLEAU F., *Les Jeunes face à la justice pénale : analyse critique de l'application de l'ordonnance de 1945*, Paris, Syros, 1996.

BALDUYCK J.-P., LAZERGES C., *Réponses à la délinquance des mineurs,* rapport remis au Premier ministre, Paris, La Documentation française, 1998.

CARIO R., LAZERGES C., *Jeunes délinquants : à la recherche de la socialisation perdue*, Paris, L'Harmattan, 1999.

CARLE J.-C., SCHOSTECK J.-P. (dir.), *Délinquance des mineurs : la République en quête de respect,* rapport du Sénat, t. 1, 2001-2002.

Cour des comptes, *La Protection judiciaire de la jeunesse : rapport au président de la République*, Paris, Direction des journaux officiels, 2003.

HUYETTE M., *Guide de la protection judiciaire de l'enfant : cadre juridique, pratiques éducatives*, Paris, Dunod, 2003.

LANGLAIS J.-L., GAGNEUX M., FELTZ F., *Rapport sur les unités d'éducation à encadrement renforcé (UEER) et leur apport à l'hébergement des mineurs délinquants*, Paris, inspection générale des Services judiciaires, inspection générale de l'Administration, inspection générale des Affaires sociales, 1998.

ROZENCZVEIG J.-P., *Le Dispositif français de protection de l'enfance*, Liège, Jeunesse et droit, 2005.

▶ **Voir aussi**

Adolescence – Cognitive (Éducation) – Délinquance juvénile – Éducateur spécialisé – Violence.

PROVISEUR

Le proviseur est le responsable d'un lycée, établissement scolaire accueillant des élèves de la classe de seconde à la terminale, voire en classes post-baccalauréat (classes préparatoires aux grandes écoles, sections de techniciens supérieurs). Il a un rôle clé compte tenu de la démocratisation de l'enseignement secondaire et supérieur.

La loi du 11 floréal an X (1er mai 1802), qui crée les lycées (de garçons), spécifie que chaque établissement est géré par un proviseur, un censeur et un procureur gérant (l'ancêtre de l'intendant). Comme l'indique clairement Fourcroy, le rapporteur du projet longuement peaufiné par Napoléon Bonaparte : « Une des parties du projet qui se distingue le plus de l'état actuel des établissements d'instruction, c'est le genre d'administration des lycées [...]. On a donc dû s'occuper de former une administration forte. Un supérieur, sous le nom de proviseur, surveillera en chef toutes les parties. »

Sous la Restauration, l'ordonnance du 17 février 1815 confirme la structure et la prédominance du proviseur : « Les collèges royaux (dénommés lycées sous l'Empire) sont dirigés par un proviseur et les collèges communaux par un principal. »

Claude Lelièvre

Un professionnel

Choisi parmi les 14 000 personnels de direction essentiellement recrutés par un concours depuis 1988, puis suivant une formation initiale sans équivalent en Europe, le proviseur de lycée général, technique ou professionnel doit posséder une solide expérience professionnelle en qualité d'enseignant, de personnel d'éducation, d'orientation, de proviseur adjoint au principal de collège, voire de personnel d'administration (décret 2001).

Depuis une quinzaine d'années, le proviseur, comme tous les chefs d'établissement, a vu ses tâches s'alourdir et son rôle évoluer vers davantage de professionnalisme, rendu nécessaire par l'accueil d'élèves plus nombreux, plus divers, appelant la mise en œuvre de pédagogies différenciées à travers notamment le projet d'établissement dont il est un élément central.

Animateur d'équipes pédagogiques et administratives, négociateur avec les collectivités locales, gestionnaire, il est un homme de dialogue et de conviction, face à des partenaires divers de plus en plus exigeants : élèves à qui des droits nouveaux ont été reconnus récemment, parents de plus en plus tentés par le consumérisme scolaire, professeurs, collectivités, entreprises, personnels administratifs, ouvriers et de service.

La qualité d'un établissement, de ses résultats est largement la résultante du travail d'une équipe et de la promotion d'une politique dépendant de la capacité et de la personnalité du proviseur.

Assisté très souvent d'un proviseur adjoint – ex-censeur – au rôle essentiel, le proviseur est de plus en plus un manager ayant une forte éthique du service public et considéré comme tel par son administration de tutelle.

Il a fait l'objet, depuis 2001, d'une évaluation individuelle fondée notamment sur la mise en œuvre d'une lettre de mission adressée par le recteur.

Une tâche exaltante et difficile

Dans un contexte de plus grande autonomie de l'établissement, le proviseur (et le principal pour le collège) doit traduire d'une façon adaptée mais avec exigence les orientations d'un service public national qui se déconcentre pour être plus proche des élèves et des familles. Ses pouvoirs ne peuvent que se développer, même si l'évaluation totale des personnels enseignants lui échappe encore, ce qui l'empêche de jouer un rôle complet de manager éducatif.

Des évolutions tendant à donner une plus grande autonomie à l'établissement sont en cours : responsabilité budgétaire plus large dans le cadre de la loi organique (LOLF), allégement de la commission permanente et création d'un conseil pédagogique des enseignements à tous les niveaux.

Responsable d'un établissement public, il est aussi le représentant du ministre de l'Éducation et prend sa place dans la hiérarchie administrative.

Paradoxalement, le transfert des personnels administratifs, techniques, ouvriers et de services (ATOS) aux collectivités territoriales devrait resserrer ses liens avec ces personnels, qui restent membres de la communauté éducative, avec les collectivités locales ainsi qu'avec le monde économique.

Jacky Simon

▶ Bibliographie

Delaire G., *Le Chef d'établissement,* Paris, Berger-Levrault, coll. « Guides pratiques », 1993.

Fouque J., *Diriger un établissement scolaire*, Paris, Hachette Éducation, 2004.

Genzbittel M., Hamon H., *Madame le Proviseur*, Paris, Le Seuil, 1994.

Mamou G., « Les Chefs d'établissement du second degré », *Le Système éducatif en France*, Paris, La Documentation française, juin 2003.

Roger C., Deshayes J., *Le Chef d'établissement,* Paris, Nathan, coll. « Carrières. Les métiers de l'éducation », 1991.

Saint-Do Y. de, *Le Rôle pédagogique du chef d'établissement*, Paris, Berger-Levrault, 2000.

Sellier M., « L'Europe et ses chefs d'établissement », *Éducation et management*, n° 10, nov. 1992.

Simon J., « Le Chef d'établissement, un professionnel, responsable d'une entité complexe », *Dialogues,* n° 32, avril 1991, p. 7-9.

▶ Voir aussi

Autonomie – Établissement (Chef d') – Établissement (Projet d') – LOLF (appliquée à l'éducation) – Personnels ATOS.

Psychanalyse et éducation

Penser l'éducation, ses déterminants et ses enjeux, en référence à la psychanalyse relève d'un défi. Or, ce défi a été relevé dès le début du XXe siècle, qui a vu naître la science du psychisme inconscient. Sigmund Freud lui-même a perçu l'immense portée de ses découvertes pour les sciences humaines, y compris pour la pratique de l'éducation parentale et scolaire, et, sur ses propres instigations, une éducation « subvertie » par la psychanalyse a été envisagée. Cette pensée, qui a donné lieu à bien des questionnements et à des tâtonnements expérimentaux, a considérablement évolué au cours des ans. Nous tenterons d'en montrer brièvement les cheminements avant de faire une sorte d'état des lieux de ce qu'il en est, aujourd'hui, des rapports toujours problématiques entre les champs de l'éducation et de la psychanalyse, puis nous évoquerons les questions qui demeurent, notamment celles des limites psychiques et sociales qu'impose la nécessaire référence à l'éthique.

L'espoir des débuts en une éducation « éclairée » par la psychanalyse

L'idée de Freud selon laquelle névroses et perversions, tellement fréquentes alors chez les adultes, pouvaient être prévenues grâce à une éducation appropriée, non répressive des pulsions et faisant droit à la sexualité infantile jusque-là déniée, a suscité de grands espoirs dans le cercle des médecins qui fréquentent l'illustre Viennois dès 1903. A la suite de Sandor Ferenczi qui donne à Salzbourg, en 1908, au congrès des psychanalystes, une conférence assez virulente intitulée *Psychanalyse et pédagogie*, d'autres membres du cercle viennois – Adler, Federn, Rank, Stekel, Tausk, etc. – prennent conscience du « rôle énorme que joue l'éducation », selon les propres mots de Freud. D'ailleurs, ce dernier, soucieux d'une avancée de « la cause » hors du milieu médical, lance en 1909 un appel en direction des éducateurs qui auraient rencontré la psychanalyse. On peut souligner, en passant, l'emploi par Freud du terme de « rencontre » ; en effet, on ne sort jamais indemne d'une vraie rencontre, et le découvreur de la nouvelle science du psychisme inconscient a à cœur de la voir se propager dans le milieu éducatif, comme moyen de compréhension de l'âme enfantine et, partant, de prévention des troubles et difficultés scolaires. Il s'agissait donc d'œuvrer en amont pour que diminuent les effets destructeurs d'une « sévérité inutile et sans discernement » à l'égard des enfants et, conjointement, de ne pas laisser l'instrument de la psychanalyse aux mains des seuls médecins.

En Suisse, et d'abord à Zurich où officiait Carl-Gustav Jung, les découvertes relatives au fonctionnement de l'inconscient suscitent très tôt de vifs débats. Des médecins, des pédagogues et des responsables de formation des maîtres s'enflamment pour les théories du père de la psychanalyse. Parmi eux, le pasteur Oskar Pfister, qui voua à Freud une amitié indéfectible, fut le défenseur zélé d'une pédagogie « éclairée » par la nouvelle science, voire d'une application de la psychanalyse à l'éducation dont celle-ci devait sortir transformée, grâce notamment à une meilleure connaissance des mécanismes inconscients qui gouvernent la psyché, celle de l'adulte éducateur comme celle de l'enfant à éduquer. À Genève, le fondateur de l'Institut Jean-Jacques-Rousseau (1912), Édouard Claparède, fait rapidement une place à la psychanalyse dans l'enseignement de la science de l'éducation destiné aux enseignants. Les découvertes de Freud y servent de repères théoriques.

Les encouragements de ce dernier, dès 1913, envers les efforts de diffusion d'une pédagogie dite psychanalytique ou à orientation psychanalytique, mise en œuvre dès après la Première Guerre mondiale par des personnalités remarquables, tels l'instituteur bernois Hans Zulliger, les éducateurs viennois Siegfried Bernfeld et August Aichhorn, ne sont pas étrangers à la création, en 1926, d'une revue spécifique en langue allemande, la *Zeitschrift für eine psychoanalytische Pädagogik*. L'étude de cette publication immensément riche – elle a cessé de paraître en 1937 – a montré que s'y est inaugurée, autour de la parole et de l'inconscient qui la travaille, une collaboration originale des psychanalystes et des éducateurs, soucieux d'y voir plus clair dans le « processus dynamique qui a lieu entre l'éducateur et l'enfant et où le transfert et le contre-transfert, toujours présents, jouent un grand rôle ».

Les théoriciens-praticiens de cette nouvelle éducation, qui en est à chercher ses marques, se nomment ou sont nommés parfois « éducateurs analystes », c'est dire le recouvrement des deux champs et la difficulté initiale des éducateurs acquis à la psychanalyse de se définir et de se situer de façon autonome. Quoi qu'il en soit, ils poursuivent leur questionnement à propos de l'enfant qu'il s'agit de ne pas mutiler, mais au contraire de soutenir dans son désir d'émancipation pour qu'il advienne en tant que sujet ; ils s'interrogent aussi à propos du vécu pulsionnel qui traverse tout autant l'éducateur.

En fait, les années 1920-1930 sont très effervescentes sur le plan des rapports entre l'éducation et la psychanalyse, et Freud s'en félicite. Il écrit dans la préface de *Jeunesse à l'abandon* de Aichhorn en 1925 : « De toutes les utilisations de la psychanalyse, aucune n'a rencontré autant d'intérêt, éveillé autant d'espoirs, et partant, attiré autant de collaborateurs sérieux que son application à la théorie et à la pratique de l'éducation des enfants. » Il salue par là la théorisation de l'expérience de Aichhorn dans un centre viennois de jeunes délinquants, sa grande intelligence de la psyché des adolescents en des temps troublés, et son art d'entrer en relation avec chacun d'eux, individuellement et dans le groupe, pour leur permettre de se reconstruire progressivement.

Freud pense aussi sans doute à l'engagement, au service d'une éducation compréhensive des enfants, des éducateurs et éducatrices qui ont fait une analyse personnelle – remède prôné par les adeptes de « la cause » – à Vienne, à Zurich et à Genève et qui réfléchissent à leur propre investissement subjectif ; il pense aux activités de formation et aux écrits du pasteur Pfister, ainsi qu'aux « petites expériences psychanalytiques » menées inlassablement par Zulliger auprès de ses jeunes écoliers et dont il rend compte dans des articles et des ouvrages nombreux. L'optimisme est de mise en cette époque des commencements, et il est soutenu, dans les pays de langue allemande et en Suisse romande, par un intense mouvement de réforme pédagogique qui s'articule avec l'essor de la psychologie. Le courant dit de pédagogie psychanalytique s'inscrit de façon originale dans ce renouveau.

« L'éducation à la réalité » et un certain désenchantement

Les années 1930 qu'inaugure la publication par Freud de *Malaise dans la culture* marquent un retour au réalisme, voire à une forme de pessimisme. En cette époque d'illusion révolutionnaire et de montée des totalitarismes, Freud rappelle qu'il faut bien se familiariser « avec l'idée qu'il y a des difficultés inhérentes à l'essence de la culture et qui ne céderont à aucune tentative de réforme ». Ainsi advient une prise de conscience des risques d'une éducation libertaire tout aussi nuisible à la structuration psychique des enfants que l'éducation répressive des pulsions qui l'a précédée.

Au XIIe Congrès international de psychanalyse, en 1932, Alice Balint explique « qu'on ne pouvait qu'échouer à vouloir partir des expériences des analystes thérapeutes pour en déduire des principes d'éducation ». Elle met ainsi en question le pouvoir sur les pédagogues que se sont arrogé les analystes et la fréquente impuissance des premiers à penser de façon autonome les finalités et la complexité de leurs actes éducatifs. La même année, dans la *Nouvelle suite des leçons,* Freud renvoie à la nécessité de « trouver sa voie entre le Scylla du laisser-faire et le Charybde du refuser », l'éducation étant loin d'avoir atteint son « optimum ». Pourtant, il sait gré à sa fille Anna de s'occuper de ce champ qu'il a lui-même négligé, à savoir « l'application de la psychanalyse à la pédagogie, à l'éducation de la génération suivante ».

Quelques années plus tard, il revient sur la boutade – citée dans *Jeunesse à l'abandon* – « qui veut qu'il y ait trois métiers impossibles : éduquer, guérir et gouverner ». En 1937, il insiste cette fois sur la difficulté de l'analyse dont il s'est exclusivement occupé et dont il a compris que le succès n'est jamais assuré. Qu'en est-il alors, si la complexité du psychisme est de plus en plus avérée, si s'imposent de plus en plus les limites psychiques et sociales de ces métiers de l'humain repérées par Freud et ses condisciples, Bernfeld notamment, qu'en est-il de la possibilité de transformer l'éducation en s'appuyant sur les découvertes de la psychanalyse où les pulsions de mort le disputent aux pulsions de vie ? Reste l'analyse des enfants comme mesure prophylactique des névroses, mais le projet n'est pas réalisable, pas plus que la généralisation de l'analyse chez les éducateurs, parents et enseignants.

Le désenchantement se propage, accentué par l'âpreté des temps qui suivent la prise de pouvoir par Hitler et qui voient émigrer de nombreux psychanalystes. Zulliger, de son côté, fustige les manques de la pédagogie qui se nomme psychanalytique en ce qu'elle néglige de prendre en compte la dimension éducative du groupe. Ses critiques s'inscrivent dans le processus de révision de la pédagogie qui s'est parfois inféodée à la psychanalyse et qui devra s'en émanciper pour inventer les conditions de mise en œuvre du savoir théorique élaboré à partir des découvertes de Freud sur la vie pulsionnelle. Cela ne sera possible que bien après le séisme de la Seconde Guerre mondiale.

Le dialogue actuel entre pédagogie et psychanalyse dans le monde francophone

En Suisse, pays épargné par la guerre, et en particulier en Suisse romande, la création de services médico-pédagogiques, en 1940 et dans les années qui suivent, concrétise une autre forme de lien entre psychanalyse et éducation. La psychanalyse d'enfants que Mélanie Klein et Anna Freud ont promue, chacune à leur manière, puis exportée à Londres, s'y développe tandis que des ouvrages continuent de paraître sur les composantes inconscientes de la relation éducative et les dégagements apportés par la psychanalyse dans la connaissance de soi et d'autrui.

Aujourd'hui, les centres médico-psycho-pédagogiques, partout présents en France – le premier a été créé à Paris en 1949 par Georges Mauco –, sont les lieux par excellence du dialogue entre pédagogie et psychanalyse, elle-même enrichie des apports théoriques de ceux qui ont poursuivi en Europe, depuis un demi-siècle, l'œuvre de Freud. De nombreux professionnels des métiers de l'humain se côtoient dans les CMPP et y collaborent pour tenter de comprendre et d'aider les enfants en grande difficulté psychologique et scolaire. La psychanalyse s'est imposée comme référence culturelle dans la formation des orthophonistes, des éducateurs spécialisés, des psychologues cliniciens, des assistantes sociales dont beaucoup se sont soumis à une analyse personnelle, si bien que les conditions d'exercice de ces métiers ont fort évolué au cours des dernières décennies.

Ces changements ont été rendus possibles grâce à la diffusion de la psychanalyse dans un certain milieu intellectuel par l'intermédiaire de Lacan, de ses séminaires et de ses écrits. En théorisant longuement sur l'assomption de la parole et les ruses de l'inconscient, il a renouvelé la lecture de Freud et influencé de nombreux disciples. En ce qui concerne le lien entre éducation et psychanalyse, c'est à deux de ses élèves, Maud Mannoni et Françoise Dolto, que revient le mérite d'avoir considérablement contribué à modifier le regard et les attitudes des parents et des éducateurs envers les enfants et les adolescents en souffrance. L'engagement inlassable de Dolto au service de la cause des jeunes, ses interventions publiques très médiatiques – elle a été virulente contre le fonctionnement de l'école trop souvent sourde et aveugle aux appels des enfants –, le ton convaincant de ses publications où abondent les cas cliniques, la création de la Maison verte à Paris ont suscité un véritable intérêt, voire un engouement non exempt de dangers pour la vulgarisation de la psychanalyse dans le champ de l'éducation. Nombreux sont les médecins qui se sont formés à son école, qui ont collaboré avec elle et qui depuis sa mort, en 1988, poursuivent son œuvre à Paris, en province et dans d'autres pays. Dolto a toujours insisté sur la nécessaire différenciation entre le métier de psychanalyste et celui d'éducateur ou d'enseignant, mais elle a marqué une étape essentielle du dialogue entre les deux professions. On ne compte plus les ouvrages d'éducation et les revues consacrées à l'enfance où la psychanalyse se donne comme la référence théorique et éthique essentielle.

Parallèlement, dès le milieu des années 1970, des universitaires ont pu introduire la dimension psychanalytique dans l'enseignement des sciences de l'éducation : Janine Filloux à la Sorbonne, Marie-Claude Baïetto à Grenoble. Le mouvement s'est quelque peu amplifié à partir des années 1980 avec Mireille Cifali à Genève, Charlotte Herfray à Strasbourg, Francis Imbert à l'IUFM de Créteil, Claudine

Blanchard-Laville à Nanterre, Jeanne Moll à l'IUFM de Strasbourg, Yves de La Monneraye à l'IUFM de Nantes, Catherine Wieder à Besançon, Florence Giust-Desprairies à Vincennes-Saint-Denis. Chacun d'entre eux a publié des ouvrages qui ont contribué à sensibiliser le public étudiant et enseignant aux apports de la psychanalyse dans le champ de l'éducation. Certains continuent d'œuvrer dans les instituts universitaires de formation des maîtres (IUFM), mais leur place reste malheureusement minoritaire.

Une place particulière revient à Francis Imbert, professeur de philosophie et psychanalyste à l'IUFM de Créteil : il a, avec le Groupe de recherche en pédagogie institutionnelle (GRPI), développé dans de nombreux ouvrages, une pensée remarquable sur la praxis pédagogique et la question de l'éthique dans le champ éducatif. La démarche clinique qu'il a mise en place avec ses groupes d'orientation Balint, également présents dans quelques autres institutions de formation – à Grenoble notamment –, rejoint celle d'autres théoriciens comme Mireille Cifali.

Les enseignants de l'école élémentaire, assez peu nombreux mais fortement engagés, qui se réclament du mouvement de pédagogie institutionnelle, élaboré par Fernand Oury et Aïda Vasquez, sont sensibles à la dimension thérapeutique de l'espace institutionne ; ils appréhendent la réalité éducative avec des repères analytiques concernant la parole, l'interprétation, la médiation. Les éditions Matrice publient leurs ouvrages.

En dehors de l'Université et des instituts de formation, il est d'autres lieux où, entre pédagogie et psychanalyse, un dialogue fructueux s'est instauré : les groupes dits de Soutien au Soutien – ou Balint pour enseignants –, créés par le psychologue et psychanalyste Jacques Lévine au début des années 1970 et constitués en association (AGSAS) en 1993, connaissent aujourd'hui un bel essor. Ce sont des lieux autres, des espaces tiers où l'on essaie ensemble de lever l'empêchement de penser qui résulte de la non-prise en compte des composantes intersubjectives d'une situation éducative. Les groupes – une trentaine en France, dont les membres se retrouvent lors d'un colloque annuel – rassemblent des enseignants, des rééducateurs, des chefs d'établissement, des psychologues scolaires, etc., et un psychanalyste ou une personne, qui sans être analyste, est au su – pour en avoir fait elle-même l'épreuve – des choses de l'inconscient. Ensemble, ils cherchent à démêler, en se référant à des hypothèses psychanalytiques, la complexité de ce qui se passe au niveau relationnel, où ils sont toujours subjectivement impliqués. Ils élaborent leur pratique dans une revue annuelle *Je est un autre,* où s'actualise un dialogue entre pédagogie et psychanalyse dans un respect mutuel des places et de la singularité de chacun.

Vers une éthique de la singularité et de l'altérité

La psychanalyse dans le champ de l'éducation a développé aujourd'hui une éthique de l'altérité et de la singularité ; elle engage une réflexion constante sur la « bonne » distance avec autrui ; elle exige que l'implication subjective ne soit pas tue mais élaborée ; elle requiert un travail sur soi pour rencontrer professionnellement l'autre, renvoie chacun à ses projections et nomme les effets du transfert et du contre-transfert ; elle questionne la dépendance et le pouvoir, trace le bénéfice des limites, désigne les effets de l'idéal, traque la vérité et ses retombées. Par sa clinique, elle dégage nombre de professionnels d'une dichotomie entre théorie et pratique, dessine une théorie qui n'a pas à s'appliquer et un vivant qui toujours l'excède ; elle développe une construction de connaissances à même l'action. La psychanalyse marque ainsi un courant épistémologique traversant plusieurs disciplines – sociologie, histoire, ethnologie, sciences de l'éducation –, qui se caractérise par sa préoccupation éthique, sa manière de transmettre les connaissances, son souci du détail et son implication réfléchie. La psychanalyse a aujourd'hui des éléments à faire valoir pour une clinique de l'action. Lacan ne soutenait-il pas que la psychanalyse peut être une boussole efficace dans le champ de la direction de l'éthique ?

Poser le problème en terme d'éthique revient à considérer l'apport de la psychanalyse sous l'angle d'un questionnement, d'une ouverture pour ceux qui se confrontent à l'incertitude et ne le supportent pas toujours. On déconstruit pour laisser respirer ; on nomme les vérités présentes en traçant les filiations au travers des siècles ; on relativise en ne cessant pas de croire à une passion du savoir ; et ainsi s'instaure une constante humilité dans l'usage du savoir accumulé.

Nous mesurons parfois mal l'influence qu'exerce la psychanalyse sur une clinique de l'action pour d'autres métiers. Un des souhaits de Freud s'est pourtant en partie réalisé. Dans *L'Intérêt de la psychanalyse*, il plaidait pour que la psychanalyse compte pour les autres sciences humaines ; c'est aujourd'hui le cas même si elle les influence souvent à leur « corps défendant ». Elle a marqué de son altérité certaines disciplines scientifiques, elle les a « entamées », ainsi que l'argumente Michel de Certeau. Comme l'espérait Freud, elle n'est plus seulement une affaire médicale. Reste-t-elle l'affaire d'un petit cercle d'universitaires, peu nombreux de surcroît ? Peut-être, mais son influence dans la formation initiale et surtout dans la formation continue des professionnels de l'éducation – grâce au travail mené dans les groupes Balint – n'est pas négligeable non plus. Le dialogue avec la psychanalyse autorise les praticiens à construire des connaissances à partir de leur expérience ; elle leur restitue leur « sagesse pratique » et la capacité de se distancier lorsqu'ils sont trop impliqués ; elle leur enjoint de n'en rester ni à leur vocation ni à leur intuition, et de mettre l'une et l'autre à l'épreuve d'un savoir construit dans l'expérience.

Mireille Cifali
Jeanne Moll

▶ **Bibliographie**

BAIETTO M.-C., BARTHÉLÉMY A., GADEAU L., *Pour une clinique de la relation éducative*, Paris, L'Harmattan, 2003.

BLANCHARD-LAVILLE C., *Les Enseignants entre plaisir et souffrance*, PUF, Paris, coll. « Éducation et formation », 2003.

CIFALI M., *Le Lien éducatif : contre-jour psychanalytique,* Paris, PUF, 2005.

CIFALI M., IMBERT F., *Freud et la pédagogie,* Paris, PUF, coll. « Éducation et formation », 1998.

CIFALI M., MOLL J. (dir.), *Pédagogie et psychanalyse*, Paris, L'Harmattan, 2003.

FILLOUX J.-C., *Champ pédagogique et psychanalyse*, Paris, PUF, coll. « Éducation et formation », 2000.

FILLOUX J.-C., *Du contrat pédagogique : le discours inconscient de l'école*, Paris, L'Harmattan, 1996.

GIUST-DESPRAIRIES F., *La Figure de l'autre dans l'école républicaine,* Paris, PUF, coll. « Éducation et formation », 2003.

IMBERT F., *Enfants en souffrance, élèves en échec : ouvrir des chemins*, Issy-les-Moulineaux, ESF, 2004.

IMBERT F., *L'Impossible Métier de pédagogue*, Issy-les-Moulineaux, ESF, 2000.

LÉVINE J., MOLL J., *Je est un autre : pour un dialogue pédagogie-psychanalyse*, Issy-les-Moulineaux, ESF, 2001.

MOLL J., *La Pédagogie psychanalytique : origine et histoire*, Paris, Dunod, 1989.

PICQUENOT A. (dir.), *Il fait moins noir quand quelqu'un parle : éducation et psychanalyse aujourd'hui,* Bourgogne, CDRP, 2002.

▶ **Voir aussi**

Affective et sexuelle (Éducation) – Dolto, Françoise – Identité – Personnalité – Transfert.

PSYCHOLOGIE DE L'APPRENTISSAGE

La psychologie étudie le comportement de l'individu, ses déterminants et ses formes, dans les interactions avec l'environnement. La psychologie de l'apprentissage aborde, elle, les changements relativement stables du comportement survenant au cours de ces interactions : apparitions, modifications, disparitions de comportements. En général, ces changements sont conçus comme améliorant l'adaptation de l'individu à son environnement ; ils constituent donc un progrès. La psychologie cherche à établir un (ou des) modèle(s) des mécanismes de base sous-tendant l'apprentissage et valant quel que soit le domaine : perception, motricité, langage, etc.

Par extension, la psychologie s'intéresse aux apprentissages portant sur des savoirs (histoire, sciences) ou des savoir-faire (programmation, conduite de machine à commande numérique) particuliers. Les recherches s'attachent aux connaissances et capacités requises et à leurs limites, aux mécanismes supposés impliqués et aux conditions contextuelles de leur mobilisation. Elles s'appuient sur divers indicateurs de performance : nature et fréquence des réponses, latences de réponses, catégories d'erreurs et stratégies mises en œuvre.

Historique

Les questions relatives à l'apprentissage sont étroitement associées à la naissance et au développement de la psychologie comme science. Les contributions majeures se distribuent sur deux périodes. La première, souvent qualifiée de béhavioriste, s'étend de la naissance de la psychologie jusque vers 1960 : les recherches portent sur les mécanismes de base de l'apprentissage perceptif et moteur, essentiellement à partir d'études réalisées sur l'animal. La seconde, dite cognitiviste, devient dominante à partir de 1960 et aborde l'apprentissage humain dans toute sa complexité : résolution de problèmes, compréhension de textes, constitution d'expertise dans des champs divers (jeu d'échecs, médecine, natation). À partir des années 1990, la psychologie développe des interactions avec l'informatique et les neurosciences. L'informatique symbolique ou connexionniste réalise des simulations d'apprentissages particuliers rendant plus rigoureuses et précises les prédictions des modèles psychologiques. Les résultats de ces calculs sont comparés aux données empiriques. Les neurosciences utilisent des techniques permettant de visualiser les zones cérébrales activées au cours de telle ou telle activité, la résolution des additions ou la reconnaissance des mots écrits. Elles informent quant aux centres et mécanismes neuronaux impliqués dans les divers apprentissages et leurs troubles. La plausibilité calculatoire et neuronale des modèles psychologiques de l'apprentissage peut ainsi être testée et enrichie en retour par les résultats.

Quelques jalons

Pavlov (1849-1936) montre comment et à quelles conditions un comportement animal (la salivation) associé à un stimulus biologiquement déterminé (la présentation de nourriture) peut être déclenché par un stimulus initialement sans rapport avec ce comportement (le son d'une cloche). C'est le conditionnement dit classique. Ebbinghaus (1850-1909) effectue la première étude rigoureuse de la mémoire humaine. Il met en évidence les courbes d'apprentissage et d'oubli. Thorndike (1874-1949) établit sur l'animal une série de lois relatives à l'apprentissage. Les résultats positifs ou négatifs des comportements conduisent respectivement à les perpétuer ou à les éliminer (loi de l'effet). La pratique améliore les performances (loi de l'exercice). Hull (1884-1952) met en évidence que l'apprentissage ne suffit pas à rendre compte du comportement : il est nécessaire de tenir compte de la motivation. Binet (1857-1911) établit le premier instrument (test) visant à évaluer l'aptitude à acquérir les connaissances. Tolman (1886-1959) montre que la prise en compte du but est nécessaire à la compréhension de l'apprentissage : les animaux effectuent un apprentissage latent lorsqu'ils sont impliqués passivement dans une activité, mais bénéficient de cet apprentissage lorsqu'ils doivent à leur tour intervenir activement. Skinner (1904-1990) étudie comment le comportement est contrôlé et comment il peut être graduellement modifié. Piaget (1896-1980) s'intéresse à l'acquisition de la connaissance par l'homme, et pour cela, étudie l'évolution des conceptions des enfants confrontés à des situations variées (oscillations du pendule ; utilisation d'une fronde). Il considère que la connaissance est le pendant interne de l'adaptation : elle est construite chez les humains par assimilation et accommodation à partir de l'action, d'abord externe puis intériorisée. Newell et Simon (1961) utilisent la simulation informatique pour rendre plus rigoureuses des prédictions qu'ils testent ensuite par des expériences portant sur des adultes. Ils s'attachent surtout à la résolution de problèmes par analyse des rapports entre buts et moyens et par définition de sous-buts conduisant progressivement à la solution.

L'apprentissage et les apprentissages

On distingue entre apprentissages subsymboliques – ne faisant pas appel au langage – et apprentissages symboliques, intervenant en l'absence du stimulus et nécessitant une évocation de celui-ci.

Les apprentissages subsymboliques

Les apprentissages subsymboliques comportent au moins trois formes différentes.

• L'*habituation*, mécanisme très primitif dont la fonction adaptative est fondamentale, consiste en une diminution progressive de la réaction associée à une situation qui se reproduit, et qui, donc, perd en nouveauté. Sorte d'apprentissage négatif, il permet à l'organisme de ne pas être submergé par les stimuli, les plus fréquents n'induisant plus de réaction. Les stimuli plus nouveaux peuvent ainsi capter l'essentiel de la vigilance. L'habituation a permis d'étudier les capacités des nouveau-nés.

• Les *apprentissages associatifs* reposent sur le fait que la présentation d'un stimulus induit soit l'attente d'un autre stimulus soit la survenue d'un comportement (réponse). Dans ce dernier cas, le comportement peut être sanctionné positivement ou négativement, de manière systématique ou intermittente. Ces apprentissages ne concernent pas que le conditionnement ou le comportement animal. Les associations entre stimuli valent tout aussi bien pour les associations entre phonèmes dans la langue ou entre lettres dans l'orthographe. Ces associations sont utilisées pour la réception et la production du langage oral ou écrit. Elles permettent à l'auditeur ou au lecteur d'anticiper sur ce qui va suivre ou de percevoir ou produire plus rapidement des ensembles de sons ou de lettres *(chunks)*. La valeur prédictive d'un stimulus dépend de la probabilité conditionnelle que ce stimulus soit suivi de tel ou tel autre. Par exemple, en fin de mot, la configuration de lettres « e a u » suit rarement la lettre « f » mais très fréquemment les lettres « r » ou « l ». Un individu transcrivant un mot nouveau tel que « paliro » pourrait ainsi s'appuyer sur cette régularité pour produire une orthographe hautement plausible en français contemporain. Ces régularités sont acquises par apprentissage implicite, c'est-à-dire sans que les individus en soient conscients et sans qu'ils soient capables de le dire. Leur comportement, mais pas leurs propos, atteste qu'ils disposent des connaissances correspondantes. Les associations entre stimuli simples ou complexes et comportements sont courantes dans la vie quotidienne. Elles sont à la base des apprentissages sociaux (politesse, etc.) et des habitus de la vie scolaire. Elles dépendent de la nature, de la régularité et de la fréquence des réactions de l'environnement. Là encore ces apprentissages se réalisent le plus souvent de manière implicite.

• L'*apprentissage par observation* revient à reproduire une action ou une séquence d'actions observée chez un partenaire modèle confronté à une situation et aboutissant à un résultat. Le comportement de l'observateur se trouve modifié bien qu'il n'ait reçu aucune sanction, positive ou négative. La reproduction peut se faire en présence ou non du modèle. Les effets de mode, les modifications de comportements survenant lors de l'entrée à l'école, puis au collège et au lycée, relèvent de ce type d'apprentissage. Les apprentissages professionnels réalisés « sur le tas » s'effectuent également par observation et imitation. La formation des enseignants en est elle aussi largement tributaire. L'intérêt de ce mode d'apprentissage pour les progrès conceptuels n'a donné lieu qu'à très peu de recherches.

Les apprentissages symboliques

Les apprentissages symboliques correspondent à l'appropriation de savoirs – connaissances relatives aux événements, personnages, objets et à leurs relations – et de savoir-faire – procédures, stratégies, habiletés – par le langage. Ils concernent particulièrement les apprentissages scolaires et universitaires. Certains d'entre eux ont fait l'objet de nombreuses recherches – la lecture, l'arithmétique ou l'apprentissage à partir de textes –, alors que d'autres ont encore été peu abordés (l'histoire, les sciences, etc.).

• Les études relatives aux *savoirs*, quels qu'ils soient, ont bénéficié des recherches comparant les performances des experts et des novices relativement à un domaine (échecs, calcul, base-ball). Les experts commettent moins d'erreurs, accèdent plus rapidement aux informations pertinentes, réalisent plus facilement des synthèses, apprennent plus vite les informations nouvelles, mais seulement si elles sont en rapport avec leur expertise. Leurs connaissances sont vraisemblablement organisées de manière particulière en mémoire, selon des schémas ou des scripts comportant des informations reliées par des associations plus ou moins nombreuses et faciles à activer. Chez les experts, une information relative au domaine d'expertise active les autres informations de ce domaine, facilitant la perception, la compréhension ou la production d'autres informations en rapport avec ce domaine. Les experts peuvent donc combler les lacunes, mais aussi réaliser de fausses reconnaissances.

• L'élaboration des schémas s'effectue à partir de la rencontre répétitive de situations identiques ou ressemblantes, réelles ou évoquées par autrui. Celles-ci enrichissent et modifient les schémas existants par ajout de nouvelles informations. Lorsque les informations sont trop nouvelles, le schéma doit être restructuré. On ne sait pas très bien si les informations sont progressivement abstraites à partir des rencontres successives ou s'il y a accumulation de mémorisations successives, chacune étant stockée sous forme d'instance mémorielle. Il se pourrait que les deux hypothèses soient vraies. Une autre question, liée à la programmation des apprentissages, a trait au choix des exemples en vue d'assurer l'apprentissage des notions. Cette question est particulièrement délicate dans le domaine des apprentissages scientifiques, pour lesquels des conceptions erronées se mettent parfois en place.

• L'*apprentissage des savoir-faire* – habiletés, procédures, stratégies – s'étend de la résolution de problèmes simples ou complexes à l'automatisation des procédures. Il vaut à l'école comme dans les milieux professionnels. Il concerne des domaines aussi différents que la lecture, les opérations arithmétiques (additions, soustractions), la maîtrise progressive d'un instrument de musique ou l'établissement d'un diagnostic à partir d'une radiographie. Dans le cas de la résolution de problèmes, qui vaut pour la première rencontre avec toutes les situations complexes, les individus suivent une démarche lente et attentionnellement coûteuse : la tâche est décomposée en sous-buts, dont chacun nécessite qu'une action particulière soit conçue, programmée, exécutée et contrôlée. Lorsque la situation se répète ou lorsque des indications verbales (déclaratives : consignes, directives) sont fournies à plusieurs reprises, des procédures se constituent puis s'automatisent ; elles peuvent être surapprises. Cette automatisation les rend de plus en plus rapides, efficaces (les erreurs disparaissent) et de moins en moins coûteuses attentionnellement. Elle permet de plus en plus de conduire parallèlement une autre activité. Ainsi, lors de l'apprentissage de la lecture, l'automatisation du décodage et de la reconnaissance des mots libère l'attention et permet de faire porter celle-ci sur les activités plus complexes d'interprétation des phrases et des textes. Le même raisonnement vaut pour les pratiques professionnelles : automatiser les procédures qui peuvent l'être améliore les performances et le confort des individus (sauf à augmenter les cadences !). De nombreuses activités conduisent les individus à réaliser des auto-apprentissages, dont on connaît encore mal le mode de constitution ou de non-constitution.

Les enjeux

Les connaissances accumulées relativement à l'apprentissage et aux apprentissages permettent d'aborder des questions jusqu'alors sans réponse. Ainsi, la plupart des troubles de l'apprentissage ne peuvent encore être complètement prévenus ou traités. Pourtant, certains, notamment l'apprentissage de la lecture, peuvent être partiellement anticipés et sont susceptibles de voir leurs conséquences négatives diminuées. Les progrès réalisés amènent à espérer pouvoir intervenir de manière plus systématique et efficace sur les enfants, adolescents et personnes âgées présentant des troubles de l'apprentissage. Améliorer leurs performances contribuerait à favoriser leur insertion et leur participation à la vie démocratique.

Michel Fayol

▸ Bibliographie

ANDERSON J. R., *Learning and Memory*, New York, J. Wiley & Sons, 1995.

BASTIEN C., BASTIEN-TONIAZZO M., *Apprendre à l'école : on ne saurait aider vraiment les élèves, sans une bonne compréhension des fondamentaux de leur démarche d'apprentissage*, Paris, Armand Colin, 2004.

GAONAC'H D., GOLDER C., *Manuel de psychologie pour l'enseignement*, Paris, Hachette, 1995.

KAIL M., FAYOL M., *Les Sciences cognitives et l'école*, Paris, PUF, 2003.

RICHARD J.-F., *Les Activités mentales*, Paris, Armand Colin, 1998.

▸ Voir aussi

Binet, Alfred – Connaissance – Créativité – Psychologie de l'apprentissage – Psychologie scolaire – Transfert de connaissances.

PSYCHOLOGIE DU DÉVELOPPEMENT

La psychologie du développement étudie les processus du changement et les continuités chez l'être humain, de la vie fœtale à la mort. Elle constitue une partie de la psychologie qui étudie l'évolution individuelle ou ontogenèse. Le développement a longtemps été limité à l'enfance et l'adolescence, l'âge adulte étant considéré alors comme un état stable, celui de la maturité, et l'aboutissement du développement. Cette conception ne fait plus l'unanimité et le terme de développement peut s'appliquer à tous les âges, y compris aux personnes de plus de 60 ans, dont le nombre augmente rapidement, en lien avec l'espérance de vie. Cette perspective « vie entière » (*life span*) est davantage développée dans la psychologie anglo-saxonne que dans les travaux francophones, et les études réellement développementales concernant l'adulte et la personne âgée sont bien moins nombreuses que celles portant sur l'enfance et l'adolescence.

L'analyse des processus du développement, c'est-à-dire des ensembles organisés d'événements conduisant à des changements d'état ou de capacités, permet de comprendre le fonctionnement d'une personne à un âge donné, compte tenu des expériences antérieures et des modalités de construction de sa trajectoire personnelle.

La psychologie du développement s'est construite dans des approches comparatives, selon l'âge, les groupes culturels, la présence ou non de handicaps, les caractéristiques et les changements de l'environnement, avec des méthodologies d'observation et d'expérimentation et des techniques diversifiées. Le développement psychologique ne s'observe pas directement, il est inféré à partir de ces comparaisons. Deux grandes approches sont privilégiées, indépendamment des méthodes : dans l'approche longitudinale, les mêmes enfants sont observés ou participent à une expérimentation à différents moments sur une durée d'étude pouvant varier de quelques mois à plusieurs années ; dans l'approche transversale, des personnes différentes (plusieurs groupes d'âge, par exemple) sont étudiées au même moment. L'objectif des recherches étant de proposer des explications généralisables, la taille et la représentativité de l'échantillon de la population étudiée, le contrôle des variables mises en jeu et la qualité du traitement des données recueillies constituent des éléments essentiels de la qualité des travaux réalisés.

Historique et domaines d'étude

Historiquement, la psychologie du développement s'est inscrite dans les prescriptions éducatives de nombreux philosophes et pédagogues (exemples : Montaigne, Fénelon, Locke, Rousseau). Elle s'en dégage progressivement à partir du XIXe siècle, et tout d'abord à travers des monographies décrivant l'évolution psychologique d'un enfant, les premières étant imputables notamment à Charles Darwin (1877) et Wilhelm Preyer (1893) qui rédigent, à partir de leurs observations, un journal des progrès de leur enfant pendant les trois premières années. De nombreuses associations se créent à la fin du XIXe et au début du XXe siècle pour lancer la psychologie de l'enfant. En France est fondée en 1900 la Société libre pour l'étude de l'enfant, présidée ensuite par Alfred Binet, qui appliqua la méthode expérimentale à l'étude de l'enfant. En 50 ans, le développement des recherches s'accélère considérablement et plusieurs milliers de travaux sont recensés en 1946 dans le *Carmichael's Manual of Child Psychology*. Intéressés d'abord par le développement de la personnalité, les auteurs se préoccupent ensuite des grandes fonctions mentales (perception, activités intellectuelles, fonction symbolique et langage, motivation) et des variations culturelles du développement. Après la Seconde Guerre mondiale, la psychologie du développement se diversifie, en lien avec des approches multiples, voire opposées : les travaux de Freud développant la psychanalyse ; ceux de Pavlov concernant le conditionnement ; les études béhavioristes de Watson, Skinner ou Bandura mettant l'accent sur les mécanismes d'apprentissage ; les approches maturationnistes de Gesell décrivant le développement comme réglé essentiellement par des mécanismes biologiques.

Jean Piaget (1896-1980) marque ensuite la psychologie du XXe siècle en développant, en opposition aux précédentes, une approche constructiviste du développement, conçu comme une construction par l'action du sujet. Il propose une *psychologie génétique* qui analyse le développement de la pensée logique (sa genèse) chez l'enfant, le but étant de comprendre les fondements de la pensée scientifique (épistémologie génétique). Selon Piaget, la connaissance résulte de l'action que le sujet exerce sur le monde et elle est un prolongement du processus d'adaptation qui caractérise les êtres vivants ; un processus d'*équilibration* permet à la fois le progrès et la stabilité, par une dialectique entre *l'assimilation* (l'incorporation par l'organisme des éléments extérieurs) et l'*accommodation* (la modification de l'organisme en fonction des éléments assimilés). Les modalités de réponses des sujets face à certaines situations-problèmes lui permettent de mettre en évidence des *opérations* propres à chaque phase du développement et de les organiser en structures opératoires correspondant à des *stades* qui apparaissent dans un certain ordre (intelligence sensori-motrice, stade préopératoire, stade des opérations concrètes, stade formel).

Pour Henri Wallon (1879-1962), marxiste convaincu, le développement est le produit des *interactions entre facteurs biologiques et sociaux*. Le mouvement, l'émotion et l'imitation expliquent comment l'enfant passe progressivement de l'action sensori-motrice à la représentation. Wallon a également développé un modèle en stades (émotionnel, sensori-moteur et projectif, personnalisme, catégoriel, puberté et adolescence). Bien que moins diffusés que ceux de son contemporain Piaget, ses travaux semblent redécouverts par les études actuelles sur le développement émotionnel. René Zazzo (1910-1995), d'abord collaborateur de Wallon, a réalisé de nombreux travaux sur l'examen psychologique de l'enfant et reste le spécialiste reconnu de l'étude des jumeaux. Précurseur de la psychologie scolaire, il développa une conception de l'enfant pris dans sa totalité, avec ses dimensions cognitives, affectives, sociales.

Le développement conçu comme une socialisation a également été étudié par Lev Semionovitch Vygotski (1896-1934), psychologue russe dont les travaux n'ont été diffusés en Occident qu'à partir des années 1980. Selon lui, l'individu est le résultat de ses rapports sociaux et le développement psychologique l'intériorisation d'une culture. Il distingue le *développement actuel* de l'enfant, qui correspond à ses capacités de réaliser seul des activités, et la *zone proximale de développement*, constituée par l'écart entre les premières capacités et ces mêmes capacités telles qu'elles se développent, avec l'aide et le guidage d'autres personnes. Ainsi, un enfant ne saurait être réduit à un seul niveau de compétence, ce qui a des incidences importantes en éducation. Le langage est pour Vygotski le principal instrument de la socialisation. Dans une perspective proche, le psychologue américain Jerome Seymour Bruner (né en 1915) voit dans le développement du langage le moteur du développement intellectuel, et ses travaux sur les interactions de tutelle, notamment sur les interactions mère/bébé, ont permis de mieux comprendre le développement des savoir-faire du jeune enfant.

John Bowlby (1907-1990), médecin et psychanalyste britannique, eut de nombreux échanges dans le cadre de l'OMS avec Piaget, Zazzo, et surtout Lorenz, spécialiste d'éthologie animale. Il développa à partir de 1958 sa théorie de l'*attachement*, comme besoin primaire, inné et indépendant des autres besoins physiologiques de l'enfant. L'attachement remplit essentiellement une fonction de protection, assurée d'abord par la mère, en général, avant que les enfants développent des interactions avec d'autres partenaires, qui favorisent les attachements multiples. C'est grâce à ces relations privilégiées que l'enfant construit des modèles internes opérants, c'est-à-dire des représentations du monde, de soi et des figures d'attachement, qui lui permettent de comprendre le monde et d'anticiper les événements. Des liens complexes se développent entre le type d'attachement de l'enfant à sa mère (sécurisé, résistant, ambivalent) et son approche des situations nouvelles, notamment scolaires, ainsi que ses relations sociales.

Les travaux des années 1990-2000 ont largement contribué à de nouvelles connaissances sur *la psychologie des bébés*. De nouvelles techniques d'observation et d'expérimentation ont permis d'étudier les capacités perceptives des fœtus et des bébés et de rendre compte de leurs nombreuses compétences et de leurs capacités d'apprentissage. Par exemple, les fœtus de sept mois sont capables de discriminer des séquences sonores (mots, phrases) et de les mémoriser, en les distinguant de séquences nouvelles, ce qui ne signifie pas qu'ils les comprennent. On parle de *continuité transnatale* pour rendre compte du développement progressif des capacités sensorielles, de l'apprentissage et de la mémorisation avant et après la naissance. Les bébés regardent plus ce qui est nouveau que ce qui ne l'est pas, et aussi davantage ce qui est étrange que ce qui ne l'est pas. À partir de ces constats, il est possible de mieux comprendre leurs compétences cognitives, mais aussi, et c'est plus récent, leur développement social et émotionnel. Les bébés sont capables de catégorisation, ont une notion précoce de la permanence de l'objet à cinq mois, bien plus tôt qu'on le pensait en référence aux travaux de Piaget. Les nourrissons ont aussi une représentation d'eux-mêmes, d'un soi différencié d'autrui (ils ne confondent pas des stimulations de leur corps propre avec celles du corps d'autrui), de leur position par rapport aux objets (ils tendent la main vers un objet atteignable, mais pas vers un objet trop éloigné). Ils sont capables d'agir sur les objets animés ou inanimés, ce qui est une grande source d'émotion pour eux, et manifestent par des sourires leur joie, dès deux mois, d'être la cause d'un événement visuel ou sonore qui les intéresse (par exemple, actionner volontairement un mobile musical en tirant sur une corde). Il n'est donc plus possible aujourd'hui de considérer les nourrissons comme des êtres inactifs, vivant dans un état d'indifférenciation avec le monde et leur mère. De même, les capacités d'apprentissage précoce des bébés et leur développement vont à l'encontre de l'innéisme classique.

Un autre domaine d'étude en pleine expansion depuis les années 1980 est celui des *théories de l'esprit*. Inscrite dans le développement de l'expression et de la compréhension des émotions, la compréhension des états mentaux et des pensées d'autrui se construit dans les premières années, d'abord par la prise en compte des désirs d'autrui (vers trois ans), puis par celle des croyances (vers cinq ans), et plus tardivement par celle des savoirs et des pensées d'autrui (vers huit ans). Ce domaine est à l'interface des travaux sur le développement cognitif, langagier et social.

Bien d'autres domaines ont été explorés du point de vue des processus d'acquisition et du développement au cours de la même période : le langage oral et écrit, les activités numériques, les interactions sociales entre enfants et entre enfants et adultes, etc.

Développement et éducation

L'éducation ne peut faire abstraction de la recherche en psychologie du développement et de ses apports récents. Pour autant, les résultats de cette recherche ne sont pas toujours transférables directement dans la pédagogie. La psychologie du développement s'intéresse aux processus généraux, même si elle intègre de plus en plus une perspective différentielle dans l'étude non plus seulement de l'enfant, mais aussi des enfants ; des interfaces sont nécessaires entre développementalistes et pédagogues pour ajuster les projets éducatifs aux caractéristiques du fonctionnement psychologique des élèves. Sur ce point, un apport important de la psychologie du développement est constitué par l'évaluation des compétences et des difficultés individuelles des enfants. Cette évaluation est aussi une composante de l'action pédagogique ; elle permet d'ajuster l'enseignement aux savoirs et aux savoir-faire des élèves et de prévenir les difficultés scolaires.

Un autre domaine d'interaction important entre développement et éducation est celui de la remédiation et de l'intégration en milieu éducatif, pour des personnes en situation de handicap. Citons par exemple les travaux sur la remédiation cognitive en cas de retard mental ou les aides possibles en situation de handicap sensoriel. Les approches de la psychologie du développement sont, dans ces domaines, complémentaires de celles de la neuropsychologie.

Les travaux en psychologie du développement s'attachent probablement moins aujourd'hui à la recherche des causes des phénomènes psychologiques qu'à l'exploration des conditions favorisant le développement personnel, que celui-ci soit normal ou perturbé (handicaps, troubles des apprentissages, maltraitance, etc.).

Agnès Florin

▸ Bibliographie

Florin A., *Introduction à la psychologie du développement : enfance et adolescence*, Paris, Dunod, coll. « Les Topos », 2003.

Fontaine R., *Manuel de psychologie du vieillissement*, Paris, Dunod, 1999.

Gaonac'h D., Golder C., *Manuel de psychologie pour l'enseignement*, Paris, Hachette Éducation, 1999.

Kail M., Fayol M. (dir.), *Les Sciences cognitives à l'école*, Paris, PUF, 2003.

Lécuyer R., *Le Développement du nourrisson*, Paris, Dunod, 2004.

Rondal J. A., Esperet E. (dir.), *Manuel de psychologie de l'enfant*, Sprimont, Mardaga, 2000.

Thommen E., Rimbert G., *L'Enfant et les connaissances sur autrui*, Paris, Belin, 2005.

▸ Voir aussi

Cognitive (Éducation) – Langage – Psychologie de l'apprentissage – Psychologie de l'enfant – Piaget, Jean – Sciences cognitives – Vygotski, Lev Semionovitch – Wallon, Henri.

Psychologie différentielle

La psychologie différentielle est une branche de la psychologie qui se propose de décrire et d'expliquer, au moyen de méthodes objectives, les différences psychologiques entre les individus. Elle peut être rapprochée à la fois de la psychologie clinique par l'importance qu'elle accorde à l'individualité et de la psychologie expérimentale par ses méthodes.

Les origines

La psychologie différentielle trouve son origine principale dans l'œuvre de Francis Galton (1822-1911), qui se proposait d'appliquer à la psychologie humaine la théorie de l'évolution de son cousin Charles Darwin. Son programme peut être résumé en trois points : décrire la variabilité des conduites ; montrer qu'elle est d'origine héréditaire ; en tirer des conséquences pour améliorer l'espèce humaine. Afin de décrire les différences interindividuelles, Galton a mis au point les premiers tests mentaux. Pour analyser les données recueillies au moyen de ces tests il a développé des méthodes statistiques qui sont à la base de la statistique moderne. En France, l'influence de Galton s'est manifestée tardivement et l'étude des différences individuelles a d'abord été menée dans le cadre d'une tradition clinique et médicale avec Alfred Binet (1857-1911) et Édouard Toulouse (1865-1947).

Les méthodes

La psychologie différentielle partage avec la psychologie expérimentale le souci d'observations objectives. Pour obtenir de telles observations, l'une et l'autre standardisent la situation d'observation, les consignes données et l'évaluation des performances. En psychologie expérimentale, la fonction de cette standardisation est le contrôle des variables parasites et elle permet de juger avec un minimum d'ambiguïté de l'effet d'une variable sur une autre. En psychologie différentielle, la standardisation vise à éliminer les facteurs situationnels qui pourraient expliquer les différences entre individus qui sont ainsi observés dans la même situation. On comprend pourquoi les tests, procédures d'observation standardisées, sont les outils privilégiés de la psychologie différentielle.

Toute une méthodologie de la mesure des caractères psychologiques au moyen des tests a été élaborée (psychométrie). Elle porte notamment sur les propriétés des observations recueillies : sensibilité, évaluation de la marge d'erreur (fidélité), évaluation de l'intérêt pratique ou des fondements théoriques (validité) ; sur le niveau de mesure adopté (lorsque les observations sont présentées sous forme numérique on ne retient des nombres que leur propriété d'être des symboles ordonnés) ; sur la définition de dimensions au long desquelles on peut ordonner les sujets. La psychologie différentielle utilise largement les techniques corrélationnelles. On considère que si les individus se classent de manière voisine dans des tâches différentes, c'est que ces tâches ont quelque chose en commun, sollicitent les mêmes processus mentaux ou motivationnels. Les méthodes d'analyse factorielle qui visent à mettre en évidence, à partir de l'examen de leurs corrélations, la structure d'ensembles de variables, et qui sont aujourd'hui largement utilisées dans toutes les disciplines scientifiques, sont apparues en psychologie différentielle au début du XXe siècle avec Charles Spearman.

Les grands thèmes classiques

L'étude de l'organisation des différences individuelles dans les domaines de l'intelligence et de la personnalité a été, dès son origine, un des thèmes centraux de la psychologie différentielle. C'est ainsi que l'on a mis en évidence de grandes dimensions de l'intelligence :
– l'intelligence fluide, capacité de raisonnement inductif faisant appel à une base de connaissances minimale ;
– l'intelligence cristallisée, capacité à stocker, organiser et évoquer des connaissances ;
– l'intelligence spatiale, capacité à percevoir des formes et leurs transformations ;
– la créativité, capacité à réaliser des produits nouveaux et intéressants.

Ces dimensions ne sont pas indépendantes et, à partir de leurs corrélations, on peut définir un « facteur d'intelligence générale ». Ce facteur est général dans la mesure où on le retrouve dans tous les tests relatifs aux fonctions cognitives, mais il n'est pas universel dans la mesure où il existe des formes d'intelligence dans lesquelles il est absent ou faiblement présent : intelligence sociale ou capacité à gérer les relations avec autrui, intelligence émotionnelle ou capacité à identifier et à utiliser ses émotions. Outre les tests d'intelligence générale (tests de quotient intellectuel), il existe des tests permettant l'évaluation des diverses dimensions de l'intelligence. Il existe aussi des tests, plus récents, fondés sur de grandes théories de l'intelligence (comme la théorie de Jean Piaget) et sur l'analyse des processus et stratégies que les sujets mettent en œuvre face aux problèmes qui leur sont proposés.

Dans le domaine de la personnalité, cinq grandes dimensions ont été mises en évidence (modèle dit des *big five*) : l'introversion-extraversion ; le caractère plus ou moins agréable ; le caractère plus ou moins consciencieux ; la stabilité émotionnelle ; l'esprit plus ou moins ouvert. Ces dimensions, ainsi que beaucoup d'autres plus spécifiques, sont évaluées au moyen de questionnaires où l'on demande aux sujets de rapporter leur manière habituelle de se comporter dans des situations diverses. La personnalité est également appréhendée au moyen d'épreuves objectives ne faisant pas appel à l'introspection et d'épreuves projectives.

Un autre thème classique de la psychologie différentielle est l'explication des différences entre les individus. On s'est longtemps demandé si ces différences étaient plutôt attribuables à l'hérédité ou au milieu. Ce problème, dit problème « hérédité-milieu », est fortement chargé idéologiquement. Pour le traiter, on a comparé des jumeaux monozygotes et des jumeaux dizygotes élevés ensemble, des jumeaux monozygotes élevés ensemble et élevés séparément, des enfants adoptés et leurs parents adoptifs et biologiques. Si les deux types de facteurs sont manifestement à l'œuvre, il est impossible de quantifier leurs poids respectifs. Les développements de la génétique ont conduit à une reformulation de cette question classique. Le problème du mode d'action du milieu, notamment du milieu familial et du milieu social, sur le développement des diverses compétences des enfants a été étudié indépendamment de toute préoccupation relative à l'hérédité.

Les évolutions

Depuis plusieurs décennies, en France, sous l'influence de Maurice Reuchlin, la psychologie différentielle a profondément évolué. Elle a élargi son champ bien au-delà de ces conduites fortement intégrées et socialement intéressantes qui relèvent de l'intelligence et de la personnalité. Il existe une psychologie différentielle des grandes fonctions, comme la perception ou la mémoire, et la variabilité est étudiée au niveau de phénomènes très élémentaires, à la limite du psychologique et du physiologique.

La distinction tranchée entre une psychologie générale, s'intéressant à un homme moyen idéal, et négligeant les différences entre les hommes concrets, et la psychologie différentielle, apparue dans la première moitié du XXe siècle, s'est beaucoup atténuée. On considère fréquemment aujourd'hui que la psychologie doit rendre compte tout autant des aspects généraux des conduites que de leur variabilité. Dans beaucoup de domaines, l'idée même d'aspects généraux de la conduite paraît discutable. Pour beaucoup de problèmes, par exemple, il n'y a pas une stratégie générale de résolution mais des stratégies diverses utilisées par des individus différents.

L'idée selon laquelle les individus seraient dotés de propriétés stables et générales et que, en conséquence, ils se conduiraient toujours de la même manière a été abandonnée. On considère plutôt aujourd'hui que les individus disposent de tout un répertoire de conduites possibles. Une conduite particulière sera plus ou moins évocable selon les caractéristiques de la situation et selon les caractéristiques personnelles (leur histoire notamment) des individus. L'étude des variations d'un individu à l'autre (variabilité interindividuelle) est donc complétée par l'étude des variations chez un même individu lorsque la situation change (variabilité intra-individuelle).

Enfin, la conception de l'explication des conduites s'est élargie. Certes, la mise en évidence de déterminants biologiques ou sociaux (la recherche des causes) a toujours une valeur explicative. Mais une conduite est aussi expliquée lorsqu'on a réussi à l'insérer dans un ensemble de variables en interaction constituant une structure. C'est ainsi, par exemple, que les différences d'efficience dans la résolution d'un problème particulier seront « expliquées » lorsque l'on aura montré que le processus de résolution suppose plusieurs étapes et que ce sont les différences qui se manifestent à l'une de ces étapes qui sont responsables des différences d'efficience dans la résolution.

Psychologie différentielle, éducation et formation

L'usage le plus ancien des techniques de la psychologie différentielle consiste à en faire des instruments d'orientation scolaire ou professionnelle. Le premier test d'intelligence qui a eu du succès, l'« Échelle métrique de l'intelligence » présentée par Alfred Binet et Théodore Simon en 1905, était destiné à repérer les élèves qui ne réussissaient pas à l'école primaire pour cause d'insuffisance intellectuelle afin de les orienter vers des classes spéciales, les classes de perfectionnement. Cet usage des tests est fondé sur les pronostics qu'ils autorisent (validité prédictive). Généralement, les tests sont utilisés conjointement avec des appréciations psychologiques plus qualitatives et avec des appréciations scolaires ou relatives à la formation. Cet usage des tests est moins répandu aujourd'hui qu'autrefois. Par contre, les tests sont fréquemment utilisés dans le cadre de l'examen clinique, à l'école et ailleurs, pour aider à mieux comprendre les problèmes de celui qui rencontre un psychologue. Ce sont alors des instruments de diagnostic.

Comme on pouvait s'y attendre, les travaux de psychologie différentielle contribuent à stimuler la réflexion sur l'individualisation de l'enseignement et des formations. On a montré par exemple que les élèves dont le niveau d'intelligence cristallisée est faible bénéficient davantage d'une pédagogie par objectifs très structurée que de la pédagogie traditionnelle, et que c'était l'inverse pour les élèves ayant un bon niveau d'intelligence cristallisée. Plusieurs *styles cognitifs* caractérisant les sujets selon leur manière de traiter l'information et de résoudre des problèmes ont des conséquences pédagogiques notables. Ils concernent par exemple le traitement global ou le traitement analytique de l'information présentée, ou encore les attitudes plutôt impulsives ou plutôt réfléchies. Plus directement en rapport avec la pratique de la classe, on a distingué les élèves selon leur style d'apprentissage et les enseignants selon leur style d'enseignement.

Les méthodes d'observation et de mesure développées en psychologie différentielle ont été utilisées pour mettre au point des méthodes d'évaluation des compétences acquises à l'école ou dans les organismes de formation. Par ailleurs, c'est dans le cadre de la psychologie différentielle qu'est apparue la « docimologie », une discipline qui se donne pour objet l'étude des examens et des concours. Les travaux docimologiques ont régulièrement montré que les évaluations scolaires étaient beaucoup moins objectives qu'on ne l'imagine généralement. Des suggestions ont été faites pour améliorer cette situation.

Michel Huteau

▸ Bibliographie

HUTEAU M., *Psychologie différentielle*, Paris, Dunod, 2002.

HUTEAU M., LAUTREY J., *Évaluer l'intelligence*, Paris, PUF, 2003.

LAUTREY J., *Individuel et différentiel en psychologie*, Paris, PUF, 1995.

REUCHLIN M., *Les Différences individuelles à l'école*, Paris, PUF, 1991.

REUCHLIN M., *Évolution de la psychologie différentielle*, Paris, PUF, 1999.

REUCHLIN M., *La Psychologie différentielle*, Paris, PUF, 1990.

▸ Voir aussi

Compétence – Créativité – Inné/Acquis – Intelligence – Psychologie du développement – Test.

Psychologie de l'enfant

La conception du développement de l'enfant selon Jean Piaget (1896-1980) a d'abord été linéaire et cumulative car systématiquement liée, stade après stade, à l'idée d'acquisition et de progrès. C'est ce que l'on peut appeler « le modèle de l'escalier », chaque marche correspondant à un grand progrès, à un stade bien défini : de l'intelligence sensorimotrice du bébé (0-2 ans), basée sur ses sens et ses actions, à l'intelligence conceptuelle et abstraite de l'enfant (2-12 ans), de l'adolescent et de l'adulte : l'intelligence dite « logico-mathématique » (Piaget, Inhelder, 1966). La nouvelle psychologie de l'enfant remet en cause ce « modèle de l'escalier » ou, pour le moins, indique qu'il n'est pas le seul possible (Houdé, 2004). D'une part, il existe déjà chez les bébés des capacités cognitives assez complexes (connaissances physiques, mathématiques, logiques et psychologiques) ignorées par Piaget et non réductibles à un fonctionnement strictement sensori-moteur (la « première marche de l'escalier »). D'autre part, la suite du développement de l'intelligence – jusqu'à l'adolescence et l'âge adulte compris (la « dernière marche ») – est jalonnée d'erreurs, de biais perceptifs, de décalages inattendus, non prédits par la théorie piagétienne. Ainsi, plutôt que de suivre une ligne ou un plan qui mène du sensori-moteur à l'abstrait (les stades de Piaget), l'intelligence avance de façon plutôt biscornue, non linéaire.

Les capacités cognitives des bébés

Prenons un exemple cher à Piaget et qui fait, aujourd'hui encore, l'objet de beaucoup de recherches : le nombre. Selon Piaget et son « modèle de l'escalier », il faut attendre six-sept ans, c'est-à-dire l'entrée à l'école élémentaire, l'âge de raison, pour que l'enfant atteigne la « marche » (le stade) qui correspond au concept de nombre. Pour le prouver, Piaget plaçait l'enfant face à deux rangées de jetons en nombre égal, mais de longueur différente à l'issue de l'écartement des jetons de l'une des deux rangées. Dans cette situation, le jeune enfant considère, jusqu'à six-sept ans, qu'il y a plus de jetons là où c'est plus long (Piaget, Inhelder, 1966). Cette réponse verbale est une erreur d'intuition perceptive, longueur égale nombre, qui révèle, selon Piaget, que l'enfant d'école maternelle n'a pas encore acquis le concept de nombre. Mais après Piaget, d'autres chercheurs ont montré que les enfants réussissent dès deux ans cette tâche si, par exemple, on remplace les jetons par des nombres inégaux de bonbons (Mehler, Bever, 1967). Ils optent en effet pour la rangée qui contient le plus de bonbons, au détriment de l'autre, plus longue. L'émotion et la gourmandise, puisqu'il s'agit alors de manger le plus grand nombre de bonbons, rendent ainsi le jeune enfant « mathématicien » et lui font en quelque sorte sauter la marche ou le stade d'intuition perceptive de Piaget. La recherche sur les capacités numériques précoces est allée plus loin encore en découvrant la naissance du nombre chez le bébé avant le langage, c'est-à-dire avant l'âge de deux ans.

Piaget s'est surtout intéressé aux actions des bébés (le stade dit « sensori-moteur »), réservant l'étude des concepts, des principes cognitifs, aux enfants plus grands. Or les actions des bébés sont encore assez souvent maladroites. Ce n'était donc pas le « bon test » de leur réelle intelligence. Une meilleure façon d'évaluer l'intelligence des bébés est de s'intéresser à leur regard, c'est-à-dire à leurs réactions visuelles face à des stimulations que leur présente le psychologue. Roger Lécuyer a parlé, à ce propos, de « bébés astronomes », c'est-à-dire découvrant l'univers et développant leurs connaissances à l'aide de leurs yeux (plutôt que par l'action). Grâce à des moyens techniques comme la vidéo et l'ordinateur, dont ne disposait pas Piaget, on peut aujourd'hui mesurer très précisément ces réactions visuelles. C'est ainsi que Renée Baillargeon a démontré l'existence de la permanence de l'objet bien plus tôt (dès 4-5 mois) que ne le pensait Piaget (8-12 mois) (Wang, Baillargeon, Brueckner, 2004). Elle a aussi démontré la capacité qu'ont les bébés, dès 15 mois, à inférer des états mentaux chez autrui (Onishi, Baillargeon, 2005). Il s'agit d'exemples de connaissances physiques (sur les objets) et psychologiques (sur les états mentaux) très précoces, bien avant l'émergence du langage articulé.

Revenons à l'exemple du nombre. Une étude de Karen Wynn a ainsi révélé que dès l'âge de quatre-cinq mois, les bébés réalisent sans difficulté l'addition 1 + 1 = 2, ainsi que la soustraction 2 - 1 = 1 (Wynn, 1992 ; 2000). Cette capacité numérique a aussi été démontrée chez les grands singes qui ont, comme les bébés humains, un cerveau sans langage (Hauser, 2002). Dans l'étude de Wynn, on présente aux bébés un petit théâtre de marionnettes (des figurines de Mickey) où sont réalisés sous leurs yeux des événements possibles (par exemple, 1 Mickey + 1 Mickey = 2 Mickey) ou magiques (1 + 1 = 1 ou 1 + 1 = 3) obtenus par trucage expérimental. La mesure du temps de fixation visuelle des bébés montre qu'ils perçoivent les erreurs de calcul : ils regardent plus longtemps, car ils sont surpris, les événements magiques que les événements possibles. Ils conservent donc le nombre exact d'objets attendus dans ce que l'on appelle leur « mémoire de travail ». Par leur regard, les bébés manifestent ainsi une forme élémentaire de raisonnement, d'abstraction : le « premier âge de raison », bien plus tôt que ne l'imaginait Piaget.

La variété des stratégies cognitives chez l'enfant et le rôle de l'inhibition

Il est toutefois évident que si le bébé a déjà des capacités numériques dès les premiers mois de sa vie, elles sont encore rudimentaires et vont ensuite s'enrichir, notamment lorsque l'école s'emparera de cette matière première. Le modèle théorique actuel qui rend le mieux compte de la complexité du développement numérique chez l'enfant d'âge dit « préscolaire » (école maternelle) et scolaire (école élémentaire) est celui de Robert Siegler (2000). À propos de la résolution d'opérations arithmétiques plus difficiles que celles résolues par le bébé (par exemple, 3 + 5 = ?, 6 + 3 = ?, 9 + 1 = ? ou encore 3 + 9 = ?), Siegler a démontré que l'enfant dispose d'une variété de stratégies cognitives qui entrent en compétition (un peu comme dans l'évolution biologique) : deviner, compter unité par unité avec les doigts de chaque main pour chaque opérant (3 et 5, par exemple) et recompter le tout après (8), compter à partir du plus grand des deux opérants (par exemple, à partir de 9, compter 10, 11, 12) ou encore retrouver directement le résultat en mémoire. Contre le « modèle de l'escalier » de Piaget (où l'enfant passe soudainement d'un stade à l'autre), Siegler propose de concevoir plutôt le développement numérique, qu'il s'agisse d'additions, de soustractions ou de multiplications, comme « des vagues qui se chevauchent ». Selon cette métaphore, chaque stratégie cognitive est à l'image d'une vague qui approche d'un rivage, avec plusieurs vagues (ou façons de résoudre le problème arithmétique) susceptibles de se chevaucher à tout moment, et donc d'entrer en compétition. Avec l'expérience et selon les situations, l'enfant apprend à choisir l'une ou l'autre façon de procéder. Outre l'arithmétique, Siegler a illustré le bien-fondé de son modèle pour diverses acquisitions de l'enfant comme la capacité à lire l'heure, la lecture, l'orthographe, etc.

Ce qui pose réellement problème à l'enfant dans des tâches comme celles de Piaget (les deux rangées de jetons par exemple), ce n'est pas le nombre en tant que tel puisqu'il l'utilise bien plus tôt, mais c'est d'apprendre à inhiber la stratégie perceptive inadéquate (le biais) « longueur égale nombre » (Houdé, Guichart, 2001), stratégie qui très souvent marche bien et que même les adultes appliquent. Ainsi, se développer c'est non seulement construire et activer des stratégies cognitives comme le pensait Piaget, mais c'est aussi apprendre à inhiber des stratégies qui entrent en compétition (Houdé, 2004). Et cela ne va pas de soi ! On pense ici aux obstacles épistémologiques de l'esprit (et à la « philosophie du non ») décrits jadis par Gaston Bachelard (1884-1962) pour l'histoire des sciences. Il en ressort que le développement de l'enfant n'est pas toujours linéaire, comme l'avaient sans doute déjà pressenti, dans leur pratique, beaucoup d'éducateurs, professeurs des écoles ou parents. Pour une même notion, un même concept à apprendre, des échecs tardifs (par défaut d'inhibition) peuvent succéder à des réussites bien plus précoces. Durant les années 1990, deux psychologues dits « néo-piagétiens », Robbie Case et Kurt Fischer, ont ainsi simulé sur ordinateur les courbes du développement de l'enfant en termes de systèmes dynamiques non linéaires, c'est-à-dire de courbes d'apprentissage moins régulières, incluant des turbulences, des explosions, des effondrements (voir Houdé, 2004).

La psychologie de l'enfant, pour être bien comprise, doit aller du très jeune bébé, sur certains points comparé au grand singe (comme on l'a vu pour le nombre sans langage), jusqu'à l'adolescent et l'adulte. C'est l'ensemble du parcours et de la dynamique qui est intéressant (ainsi que le soulignaient déjà Piaget et Inhelder, 1966). Des expériences d'imagerie cérébrale sur le raisonnement logique ont permis de découvrir ce qui se passe dans le cerveau de jeunes adultes avant et après l'apprentissage de l'inhibition d'une stratégie perceptive inadéquate, c'est-à-dire avant et après la correction d'une erreur de raisonnement (Houdé, Tzourio-Mazoyer, 2003). On observe une très nette reconfiguration des réseaux cérébraux, de la partie postérieure du cerveau (partie perceptive) à sa partie antérieure, dite « préfrontale ». Le cortex préfrontal est celui de l'abstraction, de la logique et du contrôle du comportement – donc de l'inhibition. Par rapport à Piaget, c'est un cas de figure intéressant car sa théorie du développement de l'enfant prédit qu'à partir de l'adolescence (12-16 ans : le stade des opérations formelles), on ne doit plus faire d'erreur de logique. C'est le stade le plus élaboré de l'intelligence conceptuelle et abstraite, la dernière « marche de l'escalier » ! Or ce n'est pas le cas. Spontanément, le cerveau des adolescents et des adultes continue à faire, comme celui des enfants plus jeunes, des erreurs perceptives systématiques dans certaines tâches de logique, pourtant assez simples. On découvre à nouveau ici combien, jusqu'à ce dernier stade, le développement de l'intelligence est biscornu, et le rôle qu'y joue l'inhibition.

L'enfant psychologue

À côté des mathématiques et de la logique, il faut aussi évoquer les théories naïves de l'esprit qu'élabore « l'enfant psychologue » (Astington, 1999) et déjà le bébé (Onishi, Baillargeon, 2005). Dans sa vie sociale réelle, dans ses interactions avec les autres à la maison, à l'école ou dans ses loisirs, l'enfant doit aussi apprendre à être un « petit psychologue ». Il doit, en effet, constamment élaborer des « théories » sur le fonctionnement de son esprit et sur celui des autres afin de comprendre et de prédire la dynamique, parfois complexe, des comportements et des émotions. Certains psychologues comme Alan Leslie ont même avancé que notre cerveau, façonné par l'évolution des espèces, posséderait de façon innée un « module de théorie de l'esprit » et que c'est ce mécanisme qui serait détérioré chez les enfants autistes. Comprendre que l'autre est, comme nous, un être intentionnel (doué d'un esprit, d'états mentaux, de croyances, de désirs, etc.) est, en effet, essentiel pour entrer dans l'apprentissage culturel humain (Tomasello, 2004). La capacité d'imitation observée chez le bébé dès la naissance par Andrew Meltzoff (imitation des mouvements de la langue et des lèvres, de la tête et des mains), ce qu'avait ignoré Piaget, est sans doute le point de départ de cet apprentissage culturel.

Les données et débats présentés ici sur les origines et le développement des connaissances physiques, mathématiques, logiques et psychologiques, bien que l'exposé en ait été très partiel, suffisent à illustrer la grande vivacité de la psychologie de l'enfant, avec et après Piaget.

Olivier Houdé

▸ Bibliographie

Astingon J. W., *Comment les enfants découvrent la pensée*, Paris, Retz, 1999.

Hauser M., *À quoi pensent les animaux ?*, Paris, Odile Jacob, 2002.

Houdé O., *La Psychologie de l'enfant*, Paris, PUF, coll. « Que sais-je ? », 2004.

Houdé O., Guichart E., « Negative Priming Effect After Inhibition of Number/Length Interference in a Piaget-like Task », *Developmental Science*, n° 4, 2001, p. 71-74.

Houdé O., Tzourio-Mazoyer N., « Neural Foundations of Logical and Mathematical Cognition », *Nature Reviews Neuroscience*, n° 4, 2003, p. 507-514.

Melher J., Bever T., « Cognitive Capacity of very Young Children », *Science*, n° 158, 1967, p. 141-142.

ONISCHI H., BAILLARGEON R., « Do 15-Month-old Infants Understand False Beliefs ? », *Science*, n° 308, 2005, p. 255-258.

PIAGET J., INHELDER B., *La Psychologie de l'enfant*, Paris, PUF, 1966, rééd., 2004.

SIEGLER R., *Intelligence et développement de l'enfant*, Paris, De Boeck, 1999.

TOMASELLO M., *Aux origines de la cognition humaine*, Paris, Retz, 2004.

WANG S., BAILLARGEON R., BRUECKNER L., « Young Infants'Reasoning About Hidden Objects », *Cognition*, n° 93, 2004, p. 167-198.

WYNN K., « Addition and Subtraction by Human Infants », *Nature*, n° 358, 1992, p. 749-750.

WYNN K., « Findings of Addition and Subtraction in Infants are Robust and Consistent », *Child Development*, n° 71, 2000, p. 1535-1536.

▸ Voir aussi

Inné/Acquis – Intelligence – Psychologie du développement – Sciences cognitives.

PSYCHOLOGIE SCOLAIRE

L'expression « psychologie scolaire » recouvre à la fois l'organisation de la psychologie dans l'institution scolaire (école primaire) et l'ensemble des pratiques développées par les psychologues qui interviennent au sein de cette organisation.

La psychologie scolaire a été créée en France, au sortir de la Seconde Guerre mondiale, sous l'influence de Henri Wallon. Actuellement, le psychologue scolaire travaille, avec des enseignants spécialisés en rééducation ou en aide pédagogique, au sein d'un réseau d'aides spécialisées aux enfants en difficultés (RASED).

Les missions de la psychologie scolaire sont définies par le ministère de l'Éducation nationale ; il s'agit, pour l'essentiel, de contribuer à « la mise en relation entre les processus psychologiques [...] et les capacités d'apprentissage des élèves » : « Le psychologue scolaire apporte dans le cadre d'un travail d'équipe l'appui de ses compétences pour la prévention des difficultés scolaires ; pour l'élaboration du projet pédagogique de l'école et sa réalisation ; pour la conception, la mise en œuvre et l'évaluation des mesures d'aide individuelles ou collectives au bénéfice des élèves en difficulté ; pour l'intégration de jeunes handicapés. Il participe ainsi de manière spécifique à l'évolution de l'institution scolaire, à l'intégration scolaire et à la réussite de tous les jeunes. »

Alors que Henri Wallon estimait que la psychologie scolaire avait pour mission principale « le développement maximum des potentialités culturelles et éducatives de chacun », les demandes adressées par l'institution scolaire au psychologue concernent surtout les élèves en difficulté d'apprentissage ou de comportement.

Intervenant auprès de ces élèves, le psychologue scolaire aide à démêler ce qui les empêche, provisoirement ou durablement, de mobiliser pleinement leurs capacités cognitives (percevoir, analyser, mettre en mémoire, rappeler) et/ou d'établir des relations satisfaisantes avec les autres. Les limites à cette mobilisation peuvent être d'ordre social, affectif, culturel ou linguistique, être liées à l'efficience intellectuelle générale ou à des modalités spécifiques de l'activité cognitive (sur le lire-écrire, par exemple, ou les mathématiques), ou encore se situer sur un plan émotionnel ou motivationnel.

Le psychologue intervenant en milieu scolaire se sert d'outils (observation de l'enfant, entretiens familiaux, tests) qui l'aident, en un temps assez court, à recueillir une autre information que celle dont dispose l'enseignant ou la famille ; il dispose aussi des connaissances scientifiques actuelles sur la dynamique du fonctionnement cognitif, mais il lui faut aussi comprendre comment l'enfant s'imagine ses difficultés, comment il les ressent, ce que cela lui fait. Comme tout psychologue, il est tenu au secret professionnel.

Le travail du psychologue en milieu scolaire consiste aussi à recevoir, entendre et analyser la demande des enseignants, afin de les aider à comprendre ce qui se passe chez l'élève, mais également dans leur relation à cet élève. De même, la rencontre des parents avec le psychologue scolaire peut les amener à prendre conscience de la nature et de l'intensité de leur investissement affectif pour la « réussite scolaire » de leur enfant et de la tension parfois préjudiciable à la sérénité des apprentissages qui peut en découler.

Le métier de psychologue en milieu scolaire requiert ainsi des compétences professionnelles particulières : c'est un métier de relation et de communication, qui suppose une disponibilité psychique et le sens de l'autre ; un métier d'écoute, qui implique une approche *clinique* de l'autre (une approche de l'individu singulier, du *sujet*) dans toutes ses dimensions, émotionnelle, cognitive, relationnelle, culturelle et sociale ; un métier de réception de ce qui ne peut se dire ailleurs : face au psychologue, on dépose ce qui ne va pas, puis le travail avec le psychologue aide à distinguer les plans, les processus ; un métier d'élucidation, liée à la connaissance toujours actualisée des modalités d'intrication des différentes dimensions chez le sujet et à la capacité du psychologue à élaborer un bilan global, étayé par le recul que permettent l'expérience clinique et le savoir théorique et technique ; un métier de mise en contexte et en sens des situations, qui amène par exemple à insister sur la globalité et la singularité du sujet, de l'enfant notamment (alors que beaucoup de ceux qui interviennent auprès de l'enfant le perçoivent depuis leur approche spécialisée), et de la situation-problème.

Le psychologue scolaire, travaillant dans un lieu distinct des lieux d'enseignement, assurant par sa parole et ses compétences propres un cadre particulier, garantit un espace où peut s'élaborer un nouveau rapport aux objets d'apprentissage. Il institue un espace de liberté d'expression et de certitude d'écoute, pour chaque sujet entendu comme individu singulier, avec son histoire propre et son rapport unique au monde, aux autres, et à lui-même. Il contribue ainsi à la prévention des difficultés scolaires.

L'institution scolaire résiste cependant à reconnaître, par un statut spécifique de psychologue, le cadre de travail professionnel de ces psychologues, comme elle renâcle à établir leur niveau de recrutement sur le niveau même exigé par le même ministère de l'Éducation nationale pour la formation des psychologues à l'université (titre de psychologue obtenu au terme de cinq années de formation en psychologie).

La psychologie scolaire, en tant qu'ensemble de pratiques, se réfère à la psychologie de l'éducation. Celle-ci s'intéresse bien sûr aux questions relatives à l'éducation scolaire, mais aussi à l'éducation familiale et à l'éducation sociale. Ce secteur de la psychologie étudie, chez des sujets insérés ou non dans un cadre de formation institutionnalisé, les *conduites d'appropriation de certains objets* valorisés par le groupe social : ainsi en est-il de savoirs et savoir-faire (ceux que les systèmes éducatifs, notamment, inscrivent dans leurs programmes), de comportements (ceux qu'un groupe humain donné estime souhaitables) et de valeurs (celles qu'une société ou une culture érigent en finalité). Ces objets sont proposés, à l'école, en tant qu'éléments *à apprendre,* à acquérir au cours d'activités prévues au sein d'actions d'enseignement. De plus, ces conduites d'*apprentissage* se présentent dans leur *relation* à ce qui est *enseigné* ou *présenté directement* au sujet, dans un cadre informel ou au sein d'une institution éducative. La psychologie scolaire, dans ce cadre, contribue à l'amélioration de nos savoirs sur des questions psychologiques propres au champ scolaire.

Jean-Marie Besse

▸ Bibliographie

Besse J.-M. (dir.), *Des psychologues à l'école ?*, Paris, Retz, 2005.

Guillard S., Guillemard J.-C., *Manuel pratique de psychologie en milieu éducatif*, Issy-les-Moulineaux, Masson, 1997.

▸ Voir aussi

Échec scolaire – Évaluation – Méthodes pédagogiques – Projet – Psychopédagogie – Wallon, Henri.

Psychologie sociale

Comme la plupart des sciences, depuis les années 1970, la psychologie sociale a enregistré une considérable évolution des savoirs susceptibles de la structurer comme discipline. Qualitative et quantitative, cette évolution a modifié les frontières de territoires qui, en lui assurant une identité, permettaient d'en construire la définition.

La définition qu'en donnait Allport (1924), comme « la science qui étudie le comportement de l'individu en tant que son comportement stimule une réaction sur le comportement d'autres individus ou de lui-même », est peu satisfaisante dans le concert cognitif actuel. En effet, la psychologie sociale partage aujourd'hui nombre de ses objets d'étude non seulement avec la psychologie, mais aussi avec les sciences sociales et les sciences biologiques.

En dépit de cet apparent manque d'autonomie, la psychologie sociale dispose cependant de son propre corps de théories et de données qui la dote d'un statut scientifique attesté et attestable. Parce que la psychologie sociale est d'abord une psychologie, la nature sociale de l'individu constitue son principal centre d'intérêt. Aussi s'agit-il moins d'opposer l'individuel et le collectif que de comprendre comment la pensée, les sentiments, les comportements et les processus et mécanismes, qui les génèrent et en assurent le déroulement ou la planification, sont liés aux contextes sociaux et culturels dans lesquels l'activité humaine prend place. Ainsi le développement cognitif, la mémoire, le langage, pour ne prendre que ces exemples, sont en relation étroite avec ces derniers.

Pour contribuer à une compréhension plus précise des activités humaines, il n'est évidemment pas suffisant d'étudier le comportement des individus et des groupes dans des contextes sociaux particuliers dont on ne saurait fournir une analyse exhaustive. Or, en tant que science, la psychologie sociale s'attache à étudier le fonctionnement humain qui transcende les particularités des contextes. Cette exigence conduit, heureusement et légitimement, la psychologie sociale à développer des relations scientifiques avec d'autres disciplines, comme la psychologie cognitive ou la psychologie du développement, par exemple.

Pour l'approche éducative et formative, la psychologie sociale, par son étude des activités humaines dans une perspective contextuée, peut offrir un ensemble de savoirs susceptibles de concourir à une meilleure compréhension de l'influence des dispositifs éducatifs et d'apprentissage (Monteil, 1989).

Ainsi, les produits de la recherche sur la connaissance et la perception d'autrui, les relations intra- et intergroupes, la comparaison sociale, la présence d'autrui ou encore l'influence sociale peuvent-ils favoriser des pratiques évaluatives mieux informées, faciliter la résolution des conflits, éclairer les façons de distribuer les renforcements, suggérer des dispositifs pédagogiques susceptibles de ménager l'individuel et le collectif, relativiser les composantes et les logiques personnelles du comportement scolaire, etc.

Théorique, expérimentale et appliquée, la psychologie sociale constitue sans doute pour l'éducation et la formation un carrefour praticable de savoirs. Si elle ne saurait prescrire, au moins fournit-elle quelques repères pour l'action.

Jean-Marc Monteil

▶ Bibliographie

ALLPORT F. H., *Social Psychology,* Boston, Houghton Mifflin, 1924.

DROZDA-SENKOWSKA E., *Psychologie sociale expérimentale*, Paris, Armand Colin, 2003.

MONTEIL J.-M., *Éduquer et former. Perspectives psychosociales,* Grenoble, PUG, 1989.

MOSCOVICI S. (dir.), *Psychologie sociale*, Paris, PUF, 2003.

▶ Voir aussi

Identité sociale – Psychologie du développement – Psychosociologie et formation – Représentation – Sciences cognitives.

PSYCHOPÉDAGOGIE

Deux phénomènes d'inégale importance ont présidé à la genèse de ce terme composé : tout d'abord, dans la première partie du XXe siècle, le courant de l'éducation nouvelle, conscient de la nécessité de mieux connaître les enfants pour mieux les éduquer, voulant, par ailleurs, que la pédagogie devînt scientifique, a posé comme principe le recours des pédagogues aux connaissances psychologiques ou encore la relation épistémique entre pédagogie et psychologie. Comme, à cette même époque, la psychologie de l'enfant, plus exactement la « psychologie génétique », qui se donnait comme champ d'investigation le développement de l'enfant, connaissait un essor considérable avec les premières œuvres de Henri Wallon et de Jean Piaget, la rencontre entre la pédagogie et la psychologie a été celle d'un mariage allant presque jusqu'à la fusion de ces deux champs de connaissances.

Piaget et Wallon, l'un comme l'autre, furent des défenseurs des « méthodes actives » et de l'éducation nouvelle, ce qui renforça l'illusion d'avoir affaire à une seule discipline naissante (la psychopédagogie) lorsqu'il s'agissait soit d'analyser des processus éducatifs, soit de produire des théories pédagogiques.

Pourtant il serait malséant d'incriminer ces deux grands auteurs : s'ils s'intéressèrent à la pédagogie, leur œuvre fut centrée sur la genèse et le développement du psychisme humain ; l'un et l'autre ont affirmé la distinction entre psychologie et pédagogie tout en montrant combien les connaissances en psychologie étaient nécessaires à l'éducateur fondant son action sur une authentique pédagogie scientifique (Piaget, 1969).

Ensuite, phénomène plus historique et, oserons-nous dire, plus occasionnel, des chaires de psychopédagogie ont été créées dans les écoles normales d'instituteurs et/ou d'institutrices lorsque, après la Seconde Guerre mondiale, ces institutions ont été restaurées et remodelées. L'inspecteur-professeur ou le professeur (agrégé, certifié de philosophie) qui dispensait l'essentiel des cours de formation professionnelle en quatrième année d'école normale fut dénommé par ses pairs d'abord, par le ministère de l'Instruction publique ensuite, « professeur de psychopédagogie ». Le fait est qu'il enseignait, sans qu'apparaisse un horaire distinct, la psychologie de l'enfant, d'une part, la pédagogie générale, d'autre part. De plus en plus, ces chaires dites de « psychopédagogie » furent occupées par des professeurs de philosophie enseignant à la fois en classe de terminale et en formation professionnelle dans les écoles normales.

Un abandon progressif

C'est de ces deux philosophes, donc de l'intérieur de l'institution, que vint la critique et du terme et du concept de psychopédagogie. En effet, considérant que la pédagogie reposait fondamentalement sur une philosophie de l'éducation, ils s'attachèrent, dans les années 1966-1973, à mettre en place un enseignement de philosophie prenant pour objet les finalités et les principes de l'éducation, et à distinguer fortement la psychologie ou plutôt l'apport des sciences sociales et humaines de la pédagogie, que cette dernière soit générale ou spéciale et proche de la didactique. Ce double mouvement de distinction, ainsi que nombre d'articles critiquant la collusion de la psychologie et de la pédagogie, donc la composition même du mot « psychopédagogie » ont, peu à peu, abouti à un quasi-abandon de ce terme dans les années 1980.

Car, hormis quelques exceptions (Mialaret, 1991), on ne trouve plus de trace aujourd'hui, soit institutionnelle soit scientifique, de ce terme composite. Le fait que la sociologie de l'éducation soit considérée comme aussi importante – voire plus importante – que la psychologie de l'enfant pour éclairer et rendre lucide toute action éducative a joué un rôle non négligeable dans le progressif abandon de ce mot.

En définitive, les enjeux institutionnels ayant été mis de côté par l'émergence des instituts universitaires de formation des maîtres (IUFM) et les « formations communes » offertes aux enseignants des premier et second degrés, il semble bien que nous revenions, actuellement, aux distinctions opérées par James : « On se tromperait fort si l'on estimait pouvoir déduire de la psychologie, science des lois régissant l'esprit, des théories et des méthodes directement applicables dans la salle d'études. » Et encore : « La pédagogie et la psychologie marchent côte à côte. La première ne dérive pas du tout de la seconde. Elles vont de pair, sans que l'une soit soumise à l'autre. Une méthode éducative doit donc être d'accord avec la psychologie mais elle n'est pas nécessairement la seule qui réponde à cette condition. »

Sous l'effet des critiques qui lui ont été portées tant du côté de la philosophie que de certaines sciences sociales, la psychopédagogie a été amenée à céder la place aux sciences de l'éducation, lesquelles bénéficient d'un statut de discipline universitaire.

Francine Best

▸ Bibliographie

JAMES W., *Causeries pédagogiques,* Paris, Payot, 1948.

MIALARET G., *Pédagogie générale,* Paris, PUF, 1991.

MIALARET G., *La Psychopédagogie,* Paris, PUF, coll. « Que sais-je ? », 2002.

PIAGET J., *Psychologie et Pédagogie,* 1969, Paris, Gallimard, coll. « Folio Essais », 1988.

▸ Voir aussi

Éducation nouvelle – Pédagogie – Piaget, Jean – Sciences de l'éducation – Sociologie de l'éducation – Wallon, Henri.

PSYCHOSOCIOLOGIE ET FORMATION

Depuis un demi-siècle, la formation s'est nourrie des apports des sciences humaines. Elle a emprunté notamment nombre de ses références et de ses méthodes à la psychologie et, plus spécifiquement, à la psychologie sociale. Pourquoi ? Parce que cette dernière discipline s'est intéressée à des domaines importants pour la formation : la communication et les relations interpersonnelles, les phénomènes de groupe, le fonctionnement des organisations et les relations humaines au travail, les processus d'apprentissage et de changement, les représentations sociales, etc. Dans tous ces domaines, la psychologie sociale a apporté à la fois des théories explicatives, des concepts utiles, des méthodes efficaces et des outils pratiques. Parmi ces multiples apports (et faute de pouvoir être exhaustif), nous mettrons l'accent sur quelques méthodologies de base issues de la psychosociologie et couramment utilisées en formation, comme le jeu de rôles, la sociométrie, le *training-group*, la recherche-action, les outils de communication, l'apprentissage social, etc.

Jeu de rôles et sociométrie

Le jeu de rôles a été élaboré par Jacob Moreno, psychiatre et psychologue d'origine roumaine émigré aux États-Unis en 1932. C'est à l'origine une démarche thérapeutique que Moreno appela « psychodrame ». Mais par la suite, cette technique de changement à travers le jeu improvisé s'est appliquée à la formation et on a utilisé alors l'expression de « jeu de rôles » pour la distinguer de la psychothérapie.

Le jeu de rôles repose sur trois principes essentiels : l'action, le rôle et le jeu spontané. Le principe d'action rejoint l'intuition des méthodes actives : c'est à travers l'engagement dans l'action, beaucoup plus que par le discours, qu'un apprentissage et un changement profonds peuvent s'opérer. Si l'on veut savoir comment un individu se comporte dans telle ou telle situation, comment il interagit avec les autres, c'est en lui demandant de jouer ce comportement que l'on s'en rendra le mieux compte plutôt qu'à travers un récit de la scène. Le jeu permet ainsi d'explorer les multiples situations d'interaction de la vie sociale et d'agir sur le comportement de l'acteur.

Il nous introduit ainsi à la notion centrale de rôle que Moreno définit comme « la manière d'être et d'agir que l'individu assume au moment précis où il réagit à une situation donnée dans laquelle d'autres personnes ou objets sont engagés ». Le rôle a une double dimension : sociale car il obéit à un des modèles proposés par le milieu auquel l'individu appartient (le modèle du « bon » père, du « bon » formateur, du professionnel, du manager, etc.) ; personnelle car l'acteur imprime sa marque propre à l'interprétation du rôle. Le jeu spontané est une façon vivante de travailler sur les situations d'interaction, notamment sur celles qui peuvent poser problème dans la vie quotidienne et professionnelle.

Pour Moreno, la spontanéité est une faculté fondamentale d'adaptation à un environnement changeant ; c'est la capacité de trouver des réponses pertinentes à des situations nouvelles ou des réponses nouvelles à des situations anciennes. La spontanéité sous-tend donc l'aptitude à l'apprentissage et au changement. Le jeu aide l'acteur à retrouver et développer cette capacité. Ainsi, le jeu de rôles apparaît comme une technique active de formation et de développement personnel, située dans une zone transitionnelle entre le réel et l'imaginaire : si la situation est simulée, les acteurs s'efforcent d'être eux-mêmes et de réagir comme ils le feraient dans la réalité. En même temps, l'entraînement est possible puisque chaque situation peut être rejouée et transformée en fonction des objectifs que se fixe la formation (mieux affronter certaines situations, mieux communiquer, savoir contrôler ses émotions, etc.).

Moreno a été aussi l'inventeur d'une technique pour mettre en relief la structure affective d'un groupe : la « sociométrie ». Il est parti de l'hypothèse que les mouvements affinitaires constituent une dimension fondamentale des liens sociaux et de la cohésion groupale. À partir d'un questionnaire rempli par les membres d'un groupe ou d'une équipe (et portant sur les choix affinitaires d'attraction et de rejet), on peut faire ressortir la structure d'un groupe (l'existence de leaders, de bouc-émissaires, d'isolés, etc.). La sociométrie est utile pour analyser le fonctionnement des groupes et pour favoriser la constitution et la cohésion d'équipes de travail. C'est un des instruments d'une démarche plus large évoquée par l'expression devenue aujourd'hui habituelle de « dynamique des groupes ».

La dynamique des groupes

Le groupe est à la fois un objet et un outil de la formation. Un objet, car un grand nombre d'activités humaines se passent en groupe (équipes de travail, réunions, conseils, assemblées, etc.) et il est important de comprendre leurs modes de fonctionnement pour pouvoir agir sur elles. Un outil, car la formation se déroule le plus souvent dans un cadre groupal ; et le groupe peut être alors, à condition de savoir l'utiliser, un instrument pédagogique important.

Les bases d'une théorie du fonctionnement des groupes ont été posées par Kurt Lewin, l'un des pères fondateurs de la psychologie sociale. C'est lui qui a proposé le concept de « dynamique des groupes » pour signifier que le groupe est fait d'un ensemble d'interrelations et se trouve être le siège de forces en interaction (forces, par exemple, qui poussent à l'homéostasie, c'est-à-dire au maintien de l'équilibre existant et forces qui poussent au changement). Deux principes sont à la base de la dynamique des groupes : le premier est que le groupe doit être restitué dans le « champ » ou « espace de vie » dans lequel il s'inscrit (entreprise, administration, organisme de formation, etc.) ; le second est que le groupe n'est pas une somme d'individualités mais une totalité qui, en tant que telle, obéit à des lois spécifiques, différentes de celles qui président à la compréhension de l'individu. Lewin a mis en lumière, par exemple, le fait que le mode de leadership, selon qu'il est arbitraire, laxiste ou coopératif, intervient sur le climat et le rendement d'un groupe de travail. Il a montré aussi que le petit groupe de discussion peut être un agent efficace d'apprentissage et de changement. On voit que Lewin a cherché constamment à lier la recherche (à travers des démarches d'observation et d'expérimentation) et l'action concrète, donnant lieu à une démarche originale que l'on a appelée la *recherche-action*.

Une illustration importante en est le *training-group* ou « groupe de formation ». Il s'agit d'un petit groupe d'une douzaine de personnes à visée formative, animé de manière non directive et dont l'objectif est d'explorer les processus de groupe à partir de ce qui se passe spontanément dans la vie du groupe. Cette formule – qui constitue une forme de « mise en situation » – a trouvé de très nombreuses applications dans la formation appliquée au champ professionnel (groupes d'évolution, de conduite de réunions, de *brainstorming*, de créativité, d'analyse des pratiques, etc.).

C'est aujourd'hui un des instruments de base de la formation.

La communication

Comme le groupe, la communication est un thème majeur et en même temps un instrument de la formation. En effet, comprendre et gérer la communication, et tout particulièrement la communication dans les relations de travail, constitue un besoin et une demande prépondérants en formation (par exemple pour les enseignants). Il s'agit là aussi d'analyser les processus en jeu pour pouvoir mieux les contrôler et les optimiser.

C'est tout naturellement que la psychosociologie a fourni dans ce domaine à la fois des théories de référence et des outils pratiques. Vu l'ampleur de ce champ, il est impossible de les présenter tous. Évoquons simplement quelques démarches parmi les plus utilisées en formation.

• L'*approche systémique*, telle qu'elle a été élaborée notamment par l'« École de Palo Alto », apparaît comme l'une des bases les plus fondamentales. Elle prolonge le point de vue « gestaltiste » des approches de Lewin (notamment l'idée qu'un système est un ensemble régulé de communications et d'interactions). Elle souligne la primauté de l'interaction qui fait que la communication est un processus circulaire où chaque message entraîne un feed-back (ou rétroaction) chez l'interlocuteur. La communication est ainsi un processus dynamique, une co-construction progressive dont aucun interlocuteur n'a la pleine maîtrise. L'approche systémique insiste aussi sur l'importance du contexte sur la communication, cadre à la fois matériel et symbolique, porteur d'enjeux, de normes, de règles, de valeurs et de rituels qui orientent les échanges. Elle distingue deux formes de communication : « digitale » (utilisant des signes, comme la langue écrite ou verbale) et « analogique » (comme la communication gestuelle, mimique, posturale) ; elle montre aussi que tout comportement a une valeur communicative. Elle distingue encore deux niveaux dans un message : celui du contenu (la signification) et celui de la relation (le type de rapport instauré entre les interlocuteurs).

• D'une inspiration similaire, l'*analyse transactionnelle* fournit un instrument très opératoire pour analyser les communications et comprendre les jeux interpersonnels et sociaux auxquels elles donnent lieu. Elle met en relation un modèle de la personnalité (les états du moi : parent, adulte, enfant) et les différentes formes de « transactions » (parallèles, croisées, cachées, etc.) qui s'établissent entre les états du moi des interlocuteurs. L'analyse transactionnelle (AT) a été et est encore aujourd'hui très utilisée dans la formation, et notamment dans la formation en entreprise.

• Il en est un peu de même avec la *programmation neurolinguistique* (PNL), qui se présente comme une synthèse vulgarisée de différentes théories de la communication et offre des outils assez simples pour agir dans la pratique. La PNL met l'accent sur les différents canaux de communication (visuel, auditif, kinesthésique, etc.) et sur l'importance de la « synchronisation » entre les interlocuteurs pour établir une bonne communication. Elle propose aussi des modèles pour formuler ses objectifs ou poser les bonnes questions dans un entretien.

Autres apports

Avec ces quelques références, nous sommes loin d'avoir épuisé les apports de la psychologie sociale à la formation.

Il faudrait évoquer encore les théories qui ont mis en relief les dimensions sociales de l'apprentissage, comme celles de Lev Vygotski, de Jean Piaget ou d'Albert Bandura. Ce dernier, tout en prolongeant les théories comportementales de Skinner, fondées sur le renforcement, a tendu à réintroduire l'interaction sociale comme contexte d'apprentissage et la dimension cognitive et sociale des

conduites. C'est, par exemple, l'espoir d'atteindre certains résultats, conformes à des modèles socialement valorisés, qui va faciliter l'apprentissage de comportements à travers l'imitation et la reproduction de ces modèles. Bandura montre donc que l'apprentissage obéit à trois types de mécanismes :
- le renforcement externe, qui est un processus de sélection sociale des comportements ;
- le renforcement par imitation qui opère par anticipation de performances proposées par des modèles socialement valorisés ;
- l'autorenforcement que constituent les évaluations positives ou négatives par le sujet de ses performances en comparaison avec le modèle qu'il s'est fixé.

On peut signaler aussi, dans une orientation comparable, la conception soulignant l'importance du conflit sociocognitif dans l'apprentissage, conception développée notamment par l'« École de Genève ». Elle met en relief le fait que c'est souvent par confrontation à la pensée de ses pairs, à travers la discussion, que l'enfant ou l'adulte peut progresser et faire évoluer ses schémas cognitifs. Il faudrait aussi renvoyer au très vaste domaine de la psychosociologie des organisations, qui sous-tend la formation aux démarches de consultation, d'intervention et de *coaching* dans les entreprises.

Edmond Marc

▶ Bibliographie

BANDURA A., *L'Apprentissage social*, Sprimont, Mardaga, 1980.

BERNE É., *Des jeux et des hommes : psychologie des relations humaines*, Paris, Stock, 1984.

CABIN P., *Les Organisations : état des savoirs*, Auxerre, Éditions Sciences humaines, 1999.

DEVILLARD O., *La Dynamique des équipes*, Paris, Éditions d'Organisation, 2000.

MAISONNEUVE J., *La Dynamique des groupes*, Paris, PUF, « Que sais-je ? », 2002.

MARC E. *et al.*, *Guide des méthodes et pratiques en formation*, Paris, Retz, 1995.

MARC E., PICARD D., *L'École de Palo Alto*, Paris, Retz, 2000.

MARC E., PICARD D., *L'Interaction sociale*, Paris, PUF, 1996.

▶ Voir aussi

Interventions socio-éducatives – Psychologie sociale – Représentation – Rôle – Socialisation.

PUBLIC (ENSEIGNEMENT)

Usuellement, l'expression « enseignement public » s'oppose à « enseignement privé ». D'une certaine manière, le sens de chacune des deux expressions procède même de leur opposition.

Dans son emploi le plus courant, l'expression « enseignement public » désigne l'enseignement qui a successivement relevé du ministère de l'Instruction publique puis de l'Éducation nationale, englobant les enseignements primaires, secondaires et supérieurs publics. Mais elle peut être entendue de façon plus large pour désigner de façon symétrique les enseignements dans le domaine agricole sous la dénomination d'« enseignement public agricole ». Plus largement encore elle peut englober toutes les formations relevant d'un service public.

L'adjectif « public » est pris au sens dans lequel l'employait déjà la loi Falloux du 15 mars 1850 lorsqu'elle distinguait deux types d'écoles : celles fondées et entretenues par les communes, les départements et l'État, les écoles publiques, et celles fondées et entretenues par les particuliers et les associations, les écoles privées. La loi Goblet de 1886, dite « loi organique sur l'enseignement primaire », reprend exactement la distinction et les deux définitions précédentes. La distinction est élevée au niveau de l'ensemble de l'enseignement avec le partage entre « enseignement public » et « enseignement privé ».

Ce partage relève donc initialement de la prise en considération de la qualité du responsable de la création de l'enseignement et de son financement.

L'apparition puis le développement d'un véritable *service public de l'enseignement* et non plus seulement l'existence d'initiatives publiques étatiques dans l'ordre de l'enseignement, ce qui se réalise à la fin du XIXe siècle et au XXe siècle, conduit à identifier enseignement public et service public puisque dans ce dernier il y a création, organisation, gestion et financement publics, que l'on se réfère à la conception la plus unitaire du service public ou que l'on admette l'existence de services publics (de l'enseignement scolaire, de l'enseignement supérieur, de l'enseignement agricole, de l'enseignement artistique, etc.). L'expression « enseignement public » désigne couramment le service public dans ses usages actuels par les médias, les associations, les syndicats, les partis politiques. Tel est le sens que lui donnent *a contrario* législateur et gouvernement quand ils traitent de l'enseignement assuré par le privé.

Mais une évolution s'opère dans les contenus désignés par la formule « enseignement public », implicitement, mais de tradition solide et ancienne, en fonction de l'évolution des relations contractuelles entre l'État et les établissements d'enseignement privés. Dans la mesure où majoritairement dans ceux-ci les financement sont publics, les programmes sont ceux du service public et les personnels relèvent de l'État, on ne peut plus totalement opposer un service public à une activité privée étroitement associée à celui-ci. L'opposition public/privé est recentrée sur la seule prise en considération des conditions de création et d'organisation des institutions dispensatrices de l'enseignement. L'enseignement est dispensé soit par des institutions publiques, soit par des organismes privés.

Au sein du ministère de l'Éducation nationale, les années 1985-1986 ont été marquées par les retombées sur l'emploi de l'expression « enseignement public » et du refus de l'expression opposée d'« enseignement privé ». La mise en cause porte sur l'emploi des qualificatifs *public* et *privé* pour qualifier l'enseignement. Si par « enseignement », on entend l'organisation même de l'enseignement, alors le recours à l'opposition est discutable puisqu'elle ne retient que la nature de l'initiative et le mode de gestion (publiques ou privées), qui ne représentent qu'une partie de l'organisation d'autant plus que, sauf de rares exceptions privées, le contenu de l'enseignement et le déroulement des études sont identiques. L'inexactitude est encore plus flagrante si le mot « enseignement » est pris dans un sens plus étroit pour ne désigner que le contenu : cursus, programmes, etc.

Cette rigueur terminologique se trouve respectée dans certains textes parmi les plus récents, postérieurs aux années précitées. Mais ce nouvel usage très ministériel et administratif ne s'est pas encore imposé. Les habitudes de langage assurent la survie de l'expression « enseignement public ». Celle-ci a pour elle d'être habituelle et commode. Même s'il y a glissement sémantique, l'opinion reste sensible au fait qu'elle traduit l'idée d'une fonction publique, d'un service national. Elle a d'ailleurs un fondement juridique et une définition au plus haut niveau puisque le préambule de la Constitution du 27 octobre 1946, repris par celui de la Constitution du 4 octobre 1958, dispose que « l'organisation de l'enseignement public gratuit et laïque à tous les degrés est un devoir de l'État ». Enfin, le fait que l'expression puisse se charger d'une connotation quasi philosophique, impliquer tout un référentiel idéologique, à des fins de contestation de politiques nationales et notamment de défense de l'enseignement public, dans des bouches ou sous des plumes syndicales, associatives, politiques, le fait plus simplement qu'elle fasse partie intégrante de notre histoire scolaire et même de notre histoire nationale paraissent écarter la possibilité d'une chute en désuétude.

Claude Durand-Prinborgne

▸ Bibliographie

DURAND-PRINBORGNE C., *L'Administration scolaire*, Paris, Sirey, 1989.

DURAND-PRINBORGNE C., LEGRAND A., *Code de l'éducation 2005*, Paris, Litec, 2005.

JABOIN Y., *Le Prof dans tous ses états : féminin ou masculin, public ou privé*, Paris, Fabert, 2003.

▸ Voir aussi

Établissement scolaire – Laïcité – Privé (Enseignement) – Système éducatif.

Q

Qualification

La qualification est une opération sociale par laquelle les individus sont sélectionnés sur le marché du travail et affectés à des emplois classés et hiérarchisés selon divers critères. On distingue parfois la qualification des individus définie comme l'ensemble des capacités acquises (savoirs, savoir-faire, savoir-être, etc.) qu'ils peuvent mobiliser dans le travail et la qualification des emplois (ou des postes de travail) comme l'ensemble des qualités qu'on doit posséder pour les occuper. On admet, le plus souvent, que la qualification est la mise en relation de ces deux éléments et qu'elle constitue « un rapport social complexe entre des opérations techniques et l'estimation de leur valeur sociale » (Naville, 1956). Résultat de négociations plus ou moins conflictuelles entre offreurs et demandeurs de travail, la qualification représente une médiation essentielle entre la formation des « compétences » et leur reconnaissance salariale.

Les effets de l'automatisation et de l'informatisation sur la qualification

La notion de qualification apparaît au tournant du xxe siècle avec les premières négociations salariales. On considère alors qu'un ouvrier est qualifié dès lors qu'il accomplit un apprentissage formalisé lui permettant de maîtriser les opérations essentielles de son travail professionnel. En forte continuité avec l'artisanat et le modèle des corporations, le « système professionnel de travail » (Touraine, 1954) fait reposer la qualification sur l'acquisition d'un ensemble d'habiletés professionnelles (tours de main, ficelles du métier, intelligence pratique, etc.) qui ne peuvent s'acquérir que par l'exercice du travail lui-même, guidé et conseillé par un travailleur expérimenté (maître-artisan ou compagnon). La qualification est alors synonyme de « savoirs et savoir-faire des ouvriers de métier issus d'un apprentissage méthodique complet » (Friedmann, 1964). Plus l'apprentissage a été long, plus le travailleur sera considéré comme qualifié. Deux éléments apparaissent essentiels dans la reconnaissance de la qualification ouvrière : la connaissance des propriétés pratiques des matériaux et de leur réaction aux traitements d'une part, l'intégration à une communauté professionnelle de métier (syndicat notamment) d'autre part.

Cette qualification ouvrière est fortement mise en question par la diffusion progressive du « système taylorien », fondé sur une séparation renforcée de la conception et de l'exécution, la parcellisation des tâches d'exécution et leur tentative de réduction à des gestes programmés par les bureaux des méthodes, la réduction de l'apprentissage à une formation sur le tas de quelques semaines, voire de quelques jours. Ce qu'on appelle souvent la « déqualification » du travail signifie surtout la déperdition des savoirs pratiques des anciens ouvriers de métier, qui deviennent des « ouvriers spécialisés » (OS) assujettis à des tâches parcellaires et répétitives. Mais cette « phase » de l'évolution du travail, caractéristique de la grande industrie et de la production de masse, apparaît aussi – après coup – comme une « transition nécessaire » (Touraine, 1954), permettant, grâce à la décomposition des opérations techniques et à leur standardisation, le passage de la mécanisation (à partir d'outils universels comme le tour, puis d'outils spécialisés reliés entre eux comme les machines-transfert) à l'automatisation de la production, introduisant de nouveaux bouleversements.

En France, la pénétration du taylorisme a été relativement lente et très inégale selon les branches professionnelles et les entreprises. Pendant l'entre-deux-guerres et jusqu'aux années 1970, le « système taylorien » a coexisté avec l'ancien système professionnel souvent au sein des mêmes entreprises. C'est pourquoi, même si l'on assiste pendant cette période à une nette augmentation absolue et relative du nombre des OS et autres salariés dits « non qualifiés », le système de négociation salariale entre patronat et syndicats, inauguré dans la période précédente, tend à s'étendre et à s'institutionnaliser, notamment par suite d'une intervention croissante de l'État. Des accords Matignon (1936) aux accords de Grenelle (1968) en passant par la promulgation des accords Parodi-Croizat (1945-1946), le modèle de la qualification ouvrière fondée sur la durée de l'apprentissage formalisé se consolide à travers les transformations de la formation professionnelle initiale et notamment son intégration progressive à l'appareil scolaire. Le modèle de la métallurgie, reposant sur l'équivalence entre la possession du certificat d'aptitude professionnelle (CAP) acquis au terme de trois années de formation après l'école obligatoire et l'accès à la qualification d'ouvrier professionnel premier niveau (P1), se diffuse dans de nombreuses branches industrielles avant d'être intégré dans les conventions collectives et les accords d'entreprise qui se développent au cours des « Trente Glorieuses » (1945-1973).

Dans la modélisation de l'évolution du travail, selon Alain Touraine, le « système technique de travail » se substitue progressivement au système précédent, au fur et à mesure du développement de l'automatisation et de la diffusion d'un nouveau modèle d'entreprise. La notion de qualification change à nouveau de contenu pour désigner la capacité à comprendre et maîtriser non seulement la situation de travail mais aussi et surtout le « système social d'entreprise ». Les dimensions sociales et relationnelles de la qualification deviennent prépondérantes dans la mesure où le travail direct étant de plus en plus assuré par les machines automatisées, ce sont les tâches d'entretien, de prévention, de gestion et de communication qui deviennent décisives pour la réussite de l'entreprise. Cette tendance est encore renforcée par la diffusion massive de l'informatique dans toutes les activités au cours des années 1970 et 1980. L'informatisation de la gestion de la production, mais aussi de toutes les activités commerciales et financières, fait de la maîtrise de l'information une ressource essentielle de la vie des entreprises. De ce fait, la qualification est de plus en plus liée à l'acquisition de connaissances générales et techniques permettant la maîtrise des savoirs et langages de base sur lesquels reposent les activités de l'entreprise.

On comprend dès lors pourquoi, en France, la qualification devient de plus en plus souvent synonyme, dans le langage courant, de niveau scolaire voire de « niveau de diplôme ». Cette tendance à privilégier les connaissances générales, du fait des évolutions des techniques et de l'organisation, est encore renforcée par la crise de l'emploi. Le diplôme sert de plus en plus souvent de « filtre » à l'embauche pour les employeurs soucieux de se prémunir contre une main-d'œuvre insuffisamment préparée à faire face aux changements et à s'adapter aux évolutions. Mais cette attitude, dès lors qu'elle se généralise, provoque des effets pervers redoutables : exclusion durable de l'emploi des salariés les moins diplômés ou des jeunes sans diplôme, déclassement à l'embauche de jeunes diplômés affectés à des tâches toujours peu qualifiées, perte de l'expérience professionnelle accumulée par les anciens OS ou ouvriers de métier disqualifiés, difficulté pour certains diplômés de s'adapter aux contraintes productives de l'organisation, etc. C'est l'une des raisons pour lesquelles on parle parfois de crise des qualifications, le terme même étant de plus en plus souvent rejeté – notamment par les employeurs – au profit de celui de « compétence ».

De la qualification à la compétence

Les multiples évolutions de l'organisation du travail et les transformations diverses dans la gestion des entreprises ont mis à l'ordre du jour la question du dépassement du taylorisme vers de nouveaux « modèles productifs » et de nouveaux modes de gestion de l'emploi. C'est à l'intérieur de cette dynamique que s'est diffusé, au cours des années 1980, un nouveau « modèle de la compétence » destiné, explicitement ou non, à se substituer à l'ancien « système de classification » fondé sur la négociation collective de correspondances entre les « niveaux de diplômes professionnels » et les « niveaux de qualification » reconnus. L'affaiblissement du syndicalisme dans la société française depuis le début des années 1970, la « réhabilitation de l'entreprise » qui s'opère, sous un gouvernement de gauche, au cours des années 1980, et le néo-libéralisme triomphant constituent des éléments importants du remplacement de la qualification par la compétence.

L'un des enjeux essentiels de ce débat concerne la formation. Le mouvement de rapprochement entre l'École et l'Entreprise met de plus en plus explicitement à l'ordre du jour la question du partage des tâches éducatives entre le système scolaire et l'ensemble des autres acteurs sociaux, le patronat revendiquant un rôle croissant dans la formation professionnelle initiale et continue des salariés. Le thème de la compétence correspond ainsi, partiellement au moins, à la volonté des employeurs de récupérer la maîtrise de cette évaluation sociale – et d'abord salariale – des capacités mises en œuvre par leurs salariés dans le travail. En tentant de déconnecter la possession de diplômes professionnels ou de titres scolaires de la détermination de la classification et du salaire, les employeurs infléchissent la définition traditionnelle de la qualification vers la seule évaluation par l'employeur des savoir-faire effectivement mis en œuvre par les salariés dans leur travail et validés par lui seul sur la base des contributions aux résultats de l'entreprise. Ainsi, ce « modèle de la compétence » débouche logiquement sur des procédures d'individualisation des salaires à partir des évaluations régulières de la hiérarchie et de la déconnexion entre promotion et ancienneté. Au travers des contrôles et des évaluations individuels des performances, c'est une nouvelle logique de la qualification qui s'introduit, en rupture avec les règles antérieures de la négociation collective et des correspondances négociées entre la formation, la classification et le salaire.

Mais les problèmes liés à l'évaluation des « compétences » sont loin d'être résolus. Comme le montrent les recherches sur l'application des accords Cap 2000 dans la sidérurgie et d'autres cas, la « logique compétence » ne peut se substituer totalement à la reconnaissance des qualifications (Zarifian, 2002). Les conventions collectives de branche et les accords d'entreprise continuent à fournir des cadres et des classifications indispensables à la gestion de l'emploi, même individualisée. On assiste plutôt à une diversification des pratiques liant les qualifications collectives aux compétences individuelles, à un mixage entre des références négociées et légales et des innovations locales et peu formalisées (Lichtenberger, Paradeise, 2001).

La coexistence de quatre modes de qualification

Ainsi, la situation française des qualifications, telle qu'elle ressort de nombreuses enquêtes de terrain, ne correspond pas, loin s'en faut, au triomphe du « modèle de la compétence ». Elle se caractérise par la coexistence, dans les pratiques des entreprises comme dans les discours des salariés, de quatre « modes de qualification » qui correspondent à la fois à des pratiques de gestion, à des conceptions du travail et à des formes d'apprentissage profondément hétérogènes.

Le modèle « professionnel » fondé sur la maîtrise progressive d'un métier ou d'une spécialité perdure dans de nombreux secteurs et situations d'emploi. La qualification demeure, dans ce cadre, l'ensemble des savoir-faire acquis par expérience et apprentissage formalisé, et par contacts avec les pairs. Les valeurs associées à ces pratiques sont celles de l'autonomie et de la « belle ouvrage ». Le temps d'apprentissage formalisé demeure la mesure la plus adéquate d'une qualification venue de la nuit des temps et transmise de génération en génération.

Le modèle « taylorien » de la tâche, considérée comme une somme d'efforts physiques et d'opérations manuelles, perdure dans de nombreuses entreprises dont les productions et les marchés n'imposent pas de transformations radicales. La qualification y a le sens de plus ou moins grande aptitude à réaliser ou à dépasser les normes de productivité fondées sur les quantités produites par unité de temps. Si le travail est largement considéré comme instrumental (pour gagner sa vie), il nécessite la mise en œuvre de stratégies et de savoir-faire informels largement ignorés et non reconnus par les employeurs et la société (Daniellou *et al.*, 1983).

Le modèle « technicien », fondé sur la maîtrise d'interventions diverses sur le processus de production (depuis les études jusqu'au service commercial en passant par la fabrication et l'entretien), fait reposer la qualification sur les connaissances techniques effectivement maîtrisées et sur les capacités d'expert réellement reconnues. La qualification s'enracine dans la formation initiale avec sa hiérarchie des niveaux de diplôme correspondant plus ou moins aux niveaux de qualification reconnus.

Le modèle « gestionnaire » privilégie la finalité économique du travail, la relation au client et la connaissance de l'organisation pour y parvenir. Les savoir-faire sociaux (communication, information, etc.) et les savoirs d'organisation (jeux avec les règles) sont privilégiés et supposent des apprentissages complexes à la fois théoriques, techniques et pratiques, finalisés par les activités de l'entreprise. L'initiative et la mobilisation sont les valeurs cardinales de cette qualification stratégique pour les objectifs économiques de l'entreprise.

Ces modèles de qualification sont plus ou moins confortés ou déstabilisés par les évolutions récentes de l'organisation du travail et des modes de gestion des entreprises. Les innovations techniques et sociales, lorsqu'elles s'inscrivent dans la durée et tendent à imposer un « modèle dominant », provoquent des crises identitaires chez ceux qui, ne partageant pas ce modèle, ont le choix entre des reconversions douloureuses, des exclusions dramatiques ou des blocages durables.

Ainsi, la qualification n'est pas une simple étiquette commode permettant aux statisticiens ou aux gestionnaires de bâtir des représentations abstraites de la population active. La qualification est une dimension essentielle des identités sociales, incorporée dans les personnalités et extériorisée dans les pratiques (Dubar, 1991). Elle est aussi un élément clé des dynamiques de régulation entre les directions d'entreprise et les diverses catégories de salariés se constituant comme acteurs collectifs (Reynaud, 1989). C'est pourquoi tous les débats sociaux sur la qualification constituent des enjeux passionnés dépassant de loin les controverses politiques et syndicales.

Claude Dubar

▸ Bibliographie

Bureau M.-C., Nivolle P., « Modes de qualification des personnes et changements dans la production », *Formation-Emploi,* n° 30, 1990, p. 38-54.

Commissariat général au plan, *La Qualification, de quoi parle-t-on ?,* Paris, La Documentation française, 1978.

Daniellou F., Laville A., Teiger C., « Fiction et réalité du travail ouvrier », *Les Cahiers français,* n° 209, Paris, La Documentation française, 1983, p. 39-45.

Dubar C., « La Qualification à travers les journées de Nantes », *Sociologie du travail,* n° spécial « De la qualification à la professionnalité », 1987, n° 1, p. 3-14.

Dubar C., *La Socialisation : construction des identités sociales et professionnelles,* Paris, Armand Colin, 1991, 3e éd., 2002.

DUBAR C., « La Sociologie du travail face à la qualification et à la compétence », *Sociologie du travail*, 1996, p. 179-193.

FRIEDMANN G., *Le Travail en miettes*, Paris, Gallimard, 1971.

LICHTENBERGER Y., PARADEISE C., « Compétences, compétence », *Sociologie du travail*, n° spécial, 2001.

NAVILLE P., *Essai sur la qualification du travail*, Paris, Marcel Rivière, 1956.

REYNAUD J.-D., *Les Règles du jeu : l'action collective et la régulation sociale,* Paris, Armand Colin, 1989, 3e éd., 1997.

TOURAINE A., *L'Évolution du travail ouvrier aux usines Renault*, Paris, Éd. du CNRS, 1954.

ZARIFIAN P., *La Logique compétence*, Paris, Éditions sociales, 2002.

▶ Voir aussi

Emploi-formation – Formation professionnelle continue – Insertion – Psychologie de l'apprentissage – Relation École/Entreprise – Technique et professionnel (Enseignement).

QUALITÉ

La qualité est l'ensemble des propriétés et caractéristiques d'un produit ou service qui lui confère l'aptitude à satisfaire des besoins exprimés ou implicites. De cette définition initiale, une autre approche de la qualité prend naissance avec la version 2000 de l'ISO 9001, une norme internationale qui définit les systèmes de management par la qualité. La qualité devient donc le résultat d'une combinaison de processus qui doivent répondre au mieux à la satisfaction des clients, des utilisateurs et des parties intéressées d'un système de service ou de production. L'analyse systématique et périodique de cette réponse aux attentes de l'ensemble des entités concernées déclenche une remise en cause des moyens mis en œuvre pour atteindre, autant que possible, le maximum d'efficacité et d'efficience du système de management qualité. Cette démarche de remise en cause s'appuie sur une boucle d'amélioration continue, dite « roue de Deming ». Ce modèle comporte quatre étapes fondamentales : planifier les actions (*plan*), réaliser ce qui est prévu (*do*), vérifier si les résultats obtenus sont en cohérence avec ce qui était attendu (*check*), rechercher les causes des écarts et préparer les nouvelles actions (*act*), puis replanification pour relancer la boucle d'amélioration.

Alors qu'à l'origine, dans les entreprises, la qualité consistait dans la simple vérification de conformité des produits, elle intègre maintenant les attentes de toutes les parties concernées par une activité : les clients, les utilisateurs, les actionnaires, le personnel, les collectivités locales. La qualité ne devient plus une seule composante, mais s'intègre dans une dynamique de respect de l'environnement, de la prévention du risque professionnel, voire de l'achat éthique des produits et des services.

Le management par la qualité reste un moyen très fort de mobilisation de l'intelligence de l'ensemble du personnel d'une entreprise par l'intermédiaire de structures participatives (cercles de qualité, groupe de résolution de problèmes, groupe d'amélioration de la qualité, etc.). Ce nouveau style de conduite des hommes a annoncé l'ère post-taylorienne de l'entreprise.

La « démarche qualité » s'appuie sur trois composantes indissociables : la maîtrise de la technique ; l'aspect organisationnel pour assurer la constance dans les performances ; la conduite des hommes associés aux différentes actions.

La qualité en formation

En la matière, les besoins sont plus souvent implicites qu'exprimés, bien que ces derniers soient décrits dans les référentiels sous forme de capacités à développer. La validation des capacités s'effectue par l'intermédiaire de compétences, dans un champ cognitif spécifié, dont les exigences ont été préalablement définies.

Trois axes peuvent être retenus pour cerner la qualité d'un système de formation : l'approche personnalisée des besoins des formés, la conception systémique et cybernétique du système de formation, l'engagement responsable de tous les acteurs (les formés étant eux-mêmes acteurs de leur propre formation).

Pour qu'elle soit efficace, la démarche qualité exige la mise en place d'indicateurs de qualité dont l'objectif est de déclencher des actions correctives lors d'une dérive importante. Ces indicateurs peuvent servir aussi pour évaluer l'efficacité d'un système de formation et le degré de maîtrise des paramètres de pilotage.

La *qualité totale,* notion plus étendue que la définition précédente, doit agir suivant trois orientations : la satisfaction des utilisateurs (clients), la satisfaction de l'entreprise (efficacité, moral des employés), le respect de l'intérêt général (collectivité humaine, environnement). La qualité totale fonde son approche sur le respect de l'autre, de soi-même et de la collectivité.

L'aspect formateur de la démarche qualité favorise donc certaines conduites individuelles ou collectives comme l'écoute active d'autrui, la recherche de toute forme de partenariat (association du système éducatif avec les acteurs de la vie économique, les centres techniques), le décloisonnement pour prendre conscience de l'importance de la contribution culturelle des autres, la mise en commun de l'intelligence de chacun par l'entraînement au travail de groupes pluridisciplinaires, l'exigence personnelle parce que chacun est un maillon important d'un processus complexe, le désir de mesurer ses progrès.

Cette introspection, dans la démarche de l'amélioration continue, mène à une pratique réflexive. Ai-je bien atteint les enjeux qui m'ont été, ou que je me suis, imposés ? Quels ont été mes progrès ? Ai-je fait progresser les autres ? Si les réponses ne sont pas totalement satisfaisantes, on recherche les causes des écarts en vue de l'amélioration de l'organisation générale du système de formation et du processus personnel d'apprentissage.

Les outils et les méthodes proposés par la démarche qualité, après adaptation, peuvent contribuer à l'amélioration des conditions de vie et de travail dans l'établissement scolaire et participer à une meilleure insertion de celui-ci dans son environnement économique et social. Les rôles des divers partenaires de la communauté éducative se trouvent clarifiés.

La nouveauté, dans cette approche, est d'organiser un dispositif de formation où l'apprenant, élément central, doit être aussi acteur de son propre processus d'apprentissage.

Le référentiel ISO 9001 a été adapté pour la certification des systèmes de formation, tant en formation initiale que pour la formation continue.

Roger Fortun
Paul Fournier

▶ Bibliographie

AFNOR, *Gérer et assurer la qualité : qualité et efficacité des organisations,* Saint-Denis, AFNOR, 1996.

AFNOR, *ISO 9001 : systèmes de management de la qualité - Exigences,* Saint-Denis, AFNOR, déc. 2004.

AFNOR, *ISO 9004 : systèmes de management de la qualité - Lignes directrices pour l'amélioration des performances,* Saint-Denis, AFNOR, déc. 2004.

DUPOUEY P., *L'Approche qualité en éducation et en formation continue,* Paris, Éd. d'Organisation, 1991.

FORQUIN J.-C., « La Qualité de l'enseignement : une problématisation nécessaire », *in* Groux D., Holec H., *Une identité plurielle : mélanges offerts à Louis Porcher,* Paris, L'Harmattan, 2003, p. 81-99.

MENOT M., « La Qualité globale : management participatif », *Recherche et formation,* n° 5, 1989, p. 109-118.

ORGOGOZO I., JOBERT G. (dir.), « La Qualité », *Éducation permanente,* n° 97, 1989, p. 5-117.

ORGOGOZO I., JOBERT G. (dir.), « La Qualité », *Éducation et management,* n° 5, 1990, p. 20-70.

RAVELEAU G., *Les Cercles de qualité française,* Paris, Entreprise moderne d'édition, 1983.

▶ Voir aussi

Évaluation – Partenariat – Projet – Référentiel – Relation École/Entreprise – Ressources humaines (Gestion des).

QUOTIENT INTELLECTUEL (QI)

▶ **Intelligence**

R

Raisonnement

Le raisonnement est une activité mentale qui consiste à produire des inférences, c'est-à-dire de nouvelles informations à partir de connaissances acquises et d'informations données par une situation. Dans une acception plus restreinte, très utilisée dans l'enseignement, le raisonnement désigne l'opération qui permet, à partir de propositions admises (prémisses), d'affirmer la valeur de vérité d'autres propositions (conclusions).

On distingue classiquement deux grands types de raisonnement : ceux dont les conclusions sont plus générales que les prémisses (*induction*) ; ceux dont les conclusions sont plus particulières que les prémisses (*déduction*). Les premiers servent à élaborer des hypothèses, à produire des représentations, à développer des heuristiques de recherche ; les seconds à produire des démonstrations. Ainsi, la démarche inductive se retrouve dans de nombreuses disciplines, notamment en sciences, alors que la démarche déductive est plutôt caractéristique de l'enseignement des mathématiques.

Le raisonnement *par analogie* constitue une heuristique générale pour élaborer des hypothèses et constitue, à ce titre, un puissant moyen de raisonnement permettant de développer des méthodes de découverte ; mais il est, malheureusement, d'un emploi relativement délicat. Ce type de raisonnement postule en effet que s'il existe une correspondance entre deux domaines A et B, on peut émettre l'hypothèse que les relations qui existent dans A doivent exister dans B. Très largement utilisé, notamment pour élaborer des hypothèses, ce type de raisonnement pose un certain nombre de problèmes dans l'enseignement. En effet, l'utilisation de l'analogie engendre souvent des généralisations abusives de la part des élèves ; par exemple, la référence à l'addition des nombres pour l'addition des vecteurs conduit à de nombreuses erreurs bien connues des enseignants. De même, l'utilisation de l'analogie pour « faciliter » l'introduction de certaines notions peut, par la suite, engendrer la constitution d'obstacles didactiques difficiles à surmonter chez les élèves. Il en est ainsi, par exemple, de l'utilisation de l'analogie entre un courant électrique et le courant d'un fleuve… ou de l'utilisation de matériel didactique pour « concrétiser » des notions abstraites qui conduit certains élèves à des assimilations abusives.

Le raisonnement *expérimental* ou raisonnement par *test d'hypothèses* permet, pour résoudre un problème, d'émettre des hypothèses sur les facteurs déterminants, puis de mettre en œuvre des procédures de vérification ou d'ajustement qui conduisent à la solution. C'est ainsi que, lorsqu'on ne dispose pas de procédures canoniques pour résoudre un problème nouveau, il est souvent naturel d'utiliser ce type de raisonnement. Face au problème suivant : « J'ai 200 euros en billets de 20 euros et de 10 euros, j'ai en tout 12 billets, combien ai-je de billets de chaque valeur ? », des élèves de l'école élémentaire ne possèdent pas le modèle canonique de résolution par un système de deux équations à deux inconnues, mais résolvent ce problème en choisissant arbitrairement un nombre de billets de chaque sorte puis, en évaluant les écarts au but, modifient les nombres choisis jusqu'à obtenir la solution. Ce type de raisonnement, assez spontané chez les jeunes élèves, est peu pris en compte par l'enseignement en général et a ainsi tendance à n'être plus utilisé par les élèves plus âgés, ce qui constitue un handicap important pour la résolution de nombreux problèmes.

Le raisonnement *déductif* étudié et formalisé par les logiciens a fait l'objet de très nombreux travaux de psychologues à partir de points de vue divers. La place centrale occupée par le raisonnement hypothéticodéductif dans la théorie piagétienne du développement a très fortement influencé les travaux psychologiques et, par voie de conséquence, pédagogiques, pendant de nombreuses années. Les travaux récents s'attachent à des études qui portent plus sur les conduites de raisonnement par rapport à l'individu que par rapport à un modèle logique formel.

Différents types de raisonnement par déduction ont été répertoriés et sont utilisés avec plus ou moins de difficultés selon leurs modalités de mise en œuvre ; tout le monde se souvient des « mystères » du raisonnement par l'absurde ou du raisonnement par récurrence, par exemple. La caractéristique commune de ces raisonnements consiste, à partir de prémisses considérées comme en général vraies, à développer une chaîne d'inférences qui conduit à la conclusion. Ces inférences étant construites à l'aide des quantificateurs logiques (« quel que soit… » et « il existe un… »), de l'implication logique (« si… alors… ») et des connecteurs logiques (« et », « ou », « non »). Grâce à ces concepts, la logique formelle peut construire des modèles de raisonnements et en donner la validité en fonction de ses règles.

Les *syllogismes* constituent des « figures » de raisonnements déductifs qui ont été très largement étudiés et répertoriés. On distingue ainsi, entre autres, deux formes courantes de syllogismes : le *modus ponens* qui permet de conclure à la vérité d'une proposition « q » lorsque la proposition « p » est vraie, et « si p alors q » est vraie ; le *modus tollens* qui permet de conclure que la proposition « non p » est vraie lorsque la proposition « non q » est vraie, ainsi que « si p alors q ». La difficulté de mise en œuvre de ces deux formes est sensiblement différente : si la première forme est correctement réussie par la quasi-totalité des adultes, la deuxième ne l'est que par deux tiers des adultes. En effet, dans le premier cas, le raisonnement correspond par exemple à : « s'il pleut, je prends mon parapluie » et « il pleut », donc « je prends mon parapluie » ; alors que, dans le second cas, le raisonnement correspond à : « s'il pleut, je prends mon parapluie » et « je ne prends pas mon parapluie », donc « il ne pleut pas ».

Dans la majorité des types de raisonnements déductifs, on constate que les processus mis en œuvre par les sujets ne correspondent pas, en général, à la mise en œuvre des règles formelles du raisonnement. Le domaine de connaissances et la familiarité avec le problème y jouent un rôle essentiel.

Le rôle central du raisonnement dans l'enseignement en fait donc un objet d'étude particulièrement important pour la didactique. Un certain nombre de travaux en didactiques des mathématiques et des sciences permettent de disposer de résultats qui éclairent le fonctionnement des élèves en situation de résolution de problèmes.

Jacques Colomb

▸ Bibliographie

COLOMB J., RICHARD J.-F. (éds), *Résolution de problèmes en mathématiques et en physique*, Saint-Fons, INRP, 1987.

GRIZE J.-B., *Logique naturelle et communications*, Paris, PUF, coll. « Psychologie sociale », 1996.

PERELMAN C., OLBRECHTS-TYTECA L., *Traité de l'argumentation*, Bruxelles, éd. de l'université de Bruxelles, 1958, rééd., 1988.

PIAGET J., *Le Jugement et le raisonnement chez l'enfant*, Lonay, Delachaux et Niestlé, 1963, rééd., 1978.

PLANTIN C. (éd.), *L'Argumentation*, Paris, Le Seuil, 1996.

POLYA G., *Comment poser et résoudre un problème : mathématiques, physique, jeux, philosophie,* Sceaux, J. Gabay, 1989.
RICHARD J.-F., *Les Activités mentales : de la compréhension à l'action,* Paris, Armand Colin, 2005.
TOULMIN S. E. (éd.), *Les Usages de l'argumentation*, Paris, PUF, 1993.
VYGOTSKI L. S., *Pensée et langage*, Paris, La Dispute, 1997.
WEIL-BARAIS A. (dir.), *L'Homme cognitif,* Paris, PUF, coll. « Quadrige », 2005.

▸ Voir aussi
Erreur – Mathématiques (Enseignement des) – Problème.

RAPPORT AU SAVOIR

Le rapport au savoir est un processus par lequel un sujet, à partir de savoirs acquis, produit de nouveaux savoirs singuliers lui permettant de penser, de transformer et de sentir le monde naturel et social. C'est une « relation de sens, et donc de valeur, entre un individu (ou un groupe) et les processus ou produits du savoir » (Bernard Charlot).

Ces deux définitions mettent l'accent sur les dimensions actives, pour un sujet donné, du rapport au savoir ; il ne s'agit plus de définir ou de chercher des caractéristiques données et stables, mais de comprendre comment, dans un « état » du savoir ou un système de savoir qui précède chaque individu, celui-ci va pouvoir construire sa personnalité.

Les deux définitions insistent sur les dimensions processuelles du rapport au savoir, l'une dans une perspective d'interprétation du psychisme et, pour chaque sujet, la nécessaire transformation de son environnement (vivre est toujours en fin de compte agir), l'autre mettant en valeur la signification que revêt pour un sujet le fait d'apprendre (entendu au sens large et pas seulement scolaire) ou de savoir.

Une oscillation apparaît dans un texte de Charlot (1997), selon que le rapport au savoir se trouve réduit au champ des apprentissages, ou au contraire étendu jusqu'à devenir rapport d'un sujet au monde (rapport à soi, rapport aux autres) compris comme un ensemble de significations et comme un espace d'activités qui s'inscrit dans la durée.

C'est davantage l'étude de la socialisation de la psyché par l'accession au langage, ou l'analyse de la transmission socioculturelle, ou encore la « mise en scène » de l'inconscient de l'enseignant dans la classe, qui occupent d'autres travaux (Beillerot, Blanchard-Laville, Mosconi, 1996).

En tout état de cause, travailler la notion de rapport au savoir nécessite de renouveler la connaissance de la nature des savoirs produits ou construits pour être transmis, dans une société donnée. D'autre part, cette notion indique que tout apprentissage renvoie à l'activité d'un sujet désirant, avec ses inhibitions et aussi ses moments créateurs. Enfin, le rapport au savoir permet de penser l'articulation du sujet désirant savoir (ou ne pas savoir) avec ses enracinements familiaux, groupaux et sociaux. Ces deux dernières affirmations théoriques conduisent à appréhender les phénomènes éducatifs et formatifs en adoptant une démarche clinique ou socioclinique.

Jacky Beillerot

▸ Bibliographie

BEILLEROT J., BLANCHARD-LAVILLE C., BOUILLET N., MOSCONI N. *et al.*, *Savoir et rapport au savoir : élaborations théoriques et cliniques,* Paris, Éd. Universitaires, 1989.
BEILLEROT J., BLANCHARD-LAVILLE C., MOSCONI N. (dir.), *Pour une clinique du rapport au savoir*, Paris, L'Harmattan, 1996.
CHARLOT B. (dir.), *Les Jeunes et le savoir : perspectives internationales*, Paris, Anthropos, coll. « Éducation », 2001.
CHARLOT B., *Du rapport au savoir : éléments pour une théorie*, Paris, Anthropos, 1997.
CHARLOT B., BAUTIER E., ROCHEX J.-Y., *École et savoir dans les banlieues… et ailleurs,* Paris, Armand Colin, 1998.
HATCHUEL F., *Savoir, apprendre, transmettre : une approche psychanalytique du rapport au savoir*, Paris, La Découverte, 2005.

▸ **Voir aussi**
Psychologie de l'apprentissage – Psychologie scolaire – Savoir – Savoir-faire – Travail enseignant.

Recherche en éducation

La recherche en éducation a pris naissance il y a une centaine d'années. C'est l'époque où apparaît la pédagogie expérimentale. L'expérimentation et la mesure s'appliquent aux phénomènes éducatifs. En même temps, une vision nouvelle de l'éducation se fait jour. Le mouvement est international.

En France, deux noms se détachent au xxe siècle : Alfred Binet pour la pédagogie expérimentale, Émile Durkheim pour la sociologie de l'éducation. Toutefois, la recherche demeure peu développée durant l'entre-deux-guerres, alors qu'elle s'étend ailleurs, notamment dans les pays anglo-saxons. Ainsi dès 1941, une grande encyclopédie de la recherche en éducation est publiée aux États-Unis. Il n'existe pas encore en France d'ouvrage comparable.

Un développement récent en France

La recherche en éducation va prendre son essor en France dans les années 1960-1970. Les sciences sociales, jusque-là effacées dans notre pays, commencent à s'affirmer. Ensemble d'approches appliquées à l'étude des phénomènes éducatifs, les sciences de l'éducation apparaissent à l'université en 1967. Parallèlement, la société française est en pleine transformation. Le système scolaire connaît une grande expansion. En fonction de l'évolution scientifique, les contenus de l'enseignement sont appelés à se modifier. Les mentalités changent en suscitant une critique de la pédagogie traditionnelle et la mise en œuvre de méthodes pédagogiques accordant plus de place à l'initiative de l'élève. Le colloque d'Amiens, les événements de 1968 témoignent d'un nouveau climat. Les problèmes nouveaux suscitent un recours à la recherche.

C'est à cette époque que le service de la recherche à l'Institut pédagogique national connaît un grand essor sous la direction de Louis Legrand. L'expérimentation s'y développe à grande échelle tant pour mettre au point de nouveaux contenus d'enseignement que pour développer de nouvelles formes d'établissement scolaire. Des collèges expérimentaux voient le jour pour chercher les voies d'une véritable démocratisation de l'enseignement. En 1976, le service précédent se fond dans un Institut national de recherche pédagogique. Jusqu'en 1980, ce lieu de recherche suscitera et couvrira l'innovation en la soumettant à une analyse scientifique.

Cependant, le développement de la recherche en éducation est plus général encore. À partir de 1965, les créations d'organismes se multiplient. Seize organismes de recherche ont une date de création antérieure à 1965, cinquante-cinq ont été créés dans la période postérieure jusqu'en 1980. Les premières années de la décennie 80 sont marquées par un souci de réforme. C'est l'époque où des commissions ministérielles sont réunies, examinent les problèmes, publient des rapports. Ces commissions sont animées par des personnalités particulièrement bien informées sur la recherche : Louis Legrand, André de Peretti, Antoine Prost, etc. Dans le même mouvement, la recherche est sujette à examen. Ainsi en 1982, le ministre de la Recherche et de la Technologie confie à Roland Carraz le soin de dresser un bilan de la recherche en éducation. Son rapport *Recherche en éducation et socialisation de l'enfant* rend compte de l'état de la recherche et propose un certain nombre de transformations. Quelques années après, un colloque, réuni à la demande du ministre de l'Éducation nationale, Jean-Pierre Chevènement, traite à nouveau de la recherche en éducation et formation. Dans les deux cas, une attention forte est accordée à l'examen de la demande sociale. La recherche se doit d'écouter les acteurs de l'éducation. Elle ne doit pas s'appliquer seulement au système scolaire. Elle doit prendre en compte les secteurs professionnels, culturels et sociaux. Elle doit accorder toute sa place à la demande engendrée par les mutations dans l'organisation du travail et des entreprises. Les opportunités ouvertes par les nouvelles technologies doivent être saisies. Les ouvrages qui résultent de ces travaux font référence, mais, dans l'ensemble, ont peu d'effets. Les transformations proposées dans l'organisation de la recherche ne sont pas réalisées à l'échelle attendue.

Les gains qui ont pu être acquis depuis lors l'ont donc été par le seul mouvement naturel de la recherche. Si des déficits demeurent dans des secteurs traditionnels, on observe aussi des progrès dans l'investissement de nouveaux champs.

Dans les années 1990, la formation des enseignants est redevenue une priorité. Des instituts universitaires de formation des maîtres (IUFM) ont été créés. Ce mouvement s'accompagne d'une attention accrue pour la recherche. Par un décret en date du 5 mars 1993, l'Institut national de recherche pédagogique se voit doté d'un nouveau statut. Sa fonction de centre de ressources est reconnue. Tout en gardant ses relations avec les établissements scolaires, il entre dans la mouvance de l'enseignement supérieur, ce qui consacre et renforce le développement des partenariats et d'un travail en réseau.

Un décret du 9 mars 1995 institue le Comité national de coordination de la recherche en éducation (CNCRE) et le charge de trois fonctions : opérer la synthèse des recherches et jouer un rôle d'orientation et d'évaluation. Un premier appel d'offres sur l'hétérogénéité des élèves et des étudiants est lancé par le CNCRE. En 1997, il reçoit 85 réponses et finance 15 projets. Avec l'aide de l'INRP qui assure le secrétariat du comité, deux enquêtes nationales sont destinées, l'une à produire un état des lieux de la recherche, l'autre à connaître les conditions de sa diffusion.

En 2000, une commission ministérielle animée par Antoine Prost sort un rapport d'orientation qui fait apparaître une sous-utilisation et une sous-évaluation et qui va conduire à la création d'un Programme incitatif pour la recherche en éducation et formation (PIREF). Celui-ci prend la relève du CNCRE et soutient les jeunes doctorants par l'attribution de bourses d'études, tout en organisant des symposiums pour capitaliser les résultats de recherche et des conférences de consensus pour dégager les priorités dans certains domaines sensibles comme l'absentéisme et les méthodes de lecture.

Le situation actuelle de la recherche française

Aujourd'hui, la communauté scientifique en éducation est loin d'être négligeable. On comptait en effet environ 250 unités de recherche clairement identifiées et environ 1 200 responsables de recherche dans la banque de données de l'INRP en 1993. Les recherches étaient menées en majorité dans les universités. Dans cet ensemble, les sciences de l'éducation occupaient une place non négligeable en offrant le cinquième environ du total des recherches. L'INRP se distinguait également puisqu'il fournissait un autre cinquième du total. Les autres organismes dépendant du ministère de l'Éducation nationale ne représentaient environ qu'un dixième. Enfin, le CNRS était présent, même si le champ « éducation-formation » n'y existe pas, avec une contribution spécifique de l'ordre du cinquième, davantage si l'on tient compte des associations avec les universités.

La nouvelle structuration de la recherche en partenariat avec des organismes et établissements différents n'a pas encore fourni de bilan. La dernière estimation est celle du CNCRE, réalisée en 2000 grâce à deux enquêtes sur l'état des lieux des laboratoires en sciences de l'éducation et sur la question de la diffusion. Dans la première enquête, Marie Duru-Bellat fait ressortir la grande variété des situations, tant en ce qui concerne la taille des 134 équipes ayant répondu au questionnaire que les structures, les disciplines, la relation au terrain ou les écrits diffusés. Les trois quarts de ces équipes se retrouvent dans les universités. Dans le second rapport d'enquête, Jacky Beillerot remarque, à partir du corpus de réponses renseignées (139 sur titres de périodiques identifiés en 1997), que la production éditoriale, par son abondance et sa diversité, s'inscrit dans la continuité de l'histoire de la presse pédagogique en France, foisonnante du XVIIIe siècle à 1940. Les frontières entre éducation, recherche, science y sont floues. La majorité des périodiques est issue des institutions et des associations de militants, « comme si l'éducation demeurait un domaine investi par les tutelles publiques et les idéologies ». Certains datent de 1900 mais les trois quarts ont vu le jour après les années 1960 et plus de la moitié entre 1980 et 1998. Les revues les plus citées par les chercheurs n'obéissent pas au modèle anglo-saxon de revues scientifiques, même si, à partir des années 1980, certaines s'orientent vers ce modèle académique (anonymat des textes, critères de jugement standardisés). Une enquête menée par le ministère de la Recherche complètera ce bilan. Invités à répondre à la question « Estimez-vous que cette revue est scientifique ? », dans un panel de près de 300 revues françaises et étrangères, 23 sont identifiées comme telles par plus de 50 % des personnes répondant à l'enquête.

Comment la recherche française se situe-t-elle par rapport à la recherche étrangère ? En Europe, on dispose d'éléments de comparaison grâce aux efforts de collecte des recherches menée par le réseau Eudised – banque de données de recherches des communautés européennes – et par Perine – initiative anglaise qui relance le projet Eudised.

Le potentiel britannique est très élevé, comme le nombre de revues spécialisées en témoigne. Aux États-Unis, le nombre de textes de recherche recencés par la banque de données Eric *(Educational Resource Information Center)* bat tous les records. C'est dire que la France reste, en volume de production, bien loin des pays anglo-saxons.

Les tendances récentes

Dans les deux dernières décennies, la recherche française en éducation a beaucoup gagné en vigueur et en maturité.

Dans l'univers francophone, la psychologie s'est développée précocement dans la foulée de grandes personnalités comme Piaget et Wallon. Les travaux sur l'orientation se sont appuyés très tôt sur la psychologie : la création de l'Institut national d'orientation professionnelle date de 1928. La revue *Enfance* débute en 1948 au lendemain de la dernière guerre.

La psychologie française, aujourd'hui en pleine maturité, éclaire la mise en œuvre des pratiques éducatives en s'attachant à l'appropriation et à la construction des savoirs, à la construction de la personnalité, aux aspects psychologiques du fonctionnement et de l'évolution des institutions éducatives. En sont la preuve deux livres, l'un sous la direction de François Testu, *De la psychologie à la pédagogie,* l'autre sous la direction d'Alain Lieury, *Mémoire et réussite scolaire*.

La psychologie cognitive, à la suite des travaux sur la mémoire et l'apprentissage, a inspiré d'autres travaux et même tout un programme de recherche conduit au CNRS, comme celui de Kail et Fayol (2003). Un autre courant tire parti de la psychologie de Wallon et de la psychologie historico-culturelle introduite en France par la lecture de Bruner et de Vygotski pour insister sur le rôle des interactions dans la construction personnelle ou collective des savoirs (Rochex, 1998). La psychosociologie affirme son intérêt pour l'éducation à travers le manuel pour étudiants de Nicole Lautier (2001). Enfin, la psychanalyse met en lumière les aspects plus inconscients des attitudes et se diffuse dans la formation des enseignants.

La sociologie de l'éducation s'est considérablement développée et diversifiée. Au départ, les approches macrosociales étaient dominantes. Aujourd'hui, la microsociologie a conquis un droit de cité en mettant l'accent sur les acteurs sociaux et en s'attachant à l'étude d'unités sociales plus limitées, par exemple les établissements scolaires. Au cours de la période récente, la sociologie française s'est également ouverte aux apports étrangers : « nouvelle sociologie de l'éducation » anglaise, ethnométhodologie, anthropologie. Le livre de Marie Duru-Bellat et Agnès Henriot-van Zanten, *Sociologie de l'école,* paru en 1992, témoigne du chemin parcouru et d'un nouvel équilibre. La parution d'une nouvelle revue, *Éducation et Sociétés*, à l'INRP, est le signe d'une dynamique dans ce domaine. Un secteur comme celui de la réussite et de l'échec scolaires, à la suite du travail réalisé au Centre de recherche sur l'éducation spécialisée et l'adaptation sociale (CRESAS), a donné naissance à de nombreux dispositifs, tels que le Centre Alain Savary à l'INRP, constitué pour soutenir et coordonner les travaux sur les zones d'éducation prioritaire, et la revue du CNDP *Migrants-Formation*, devenue *Ville École Intégration* puis *Divercité.*

L'histoire de l'éducation a également beaucoup progressé. Elle peut s'appuyer sur l'œuvre accomplie à l'INRP pour réaliser toute une gamme d'instruments de travail. La revue *Histoire de l'éducation* rend compte du développement de cette discipline. Le développement de l'économie de l'éducation est associé aux travaux réalisés depuis 1971 par l'Institut de recherche en économie de l'éducation (IREDU). Si le champ est vaste et les besoins importants, les recherches réalisées jusqu'ici témoignent de la qualité des chercheurs français.

Depuis les années 1980, on asiste à l'émergence de la didactique, une discipline qui s'attache à l'étude des processus de transmission et d'appropriation des connaissances : élaboration des savoirs enseignés, situations d'enseignement, fonctionnement des connaissances de l'apprenant. La didactique s'est d'abord développée dans le champ des mathématiques et des sciences expérimentales. Elle a irrigué également les différents aspects de l'enseignement du français, puis a conquis progressivement un droit de cité dans les autres disciplines : histoire et géographie, langues vivantes, éducation physique. L'INRP a joué un rôle important dans cette évolution, notamment par une collaboration entre les chercheurs et des enseignants associés. Aujourd'hui, le renouvellement de la formation des enseignants appelle un recours croissant à la didactique et à ses concepts.

Le développement des technologies de l'information et de la communication, notamment l'informatique, suscite également l'apparition d'un champ de recherche où l'on étudie la mise en œuvre de ces nouvelles technologies dans l'enseignement. Le terme de « génie éducatif » a été proposé pour désigner cet ensemble de recherches.

Ces dernières décennies ont vu le développement des travaux sur l'évaluation. Ceux-ci peuvent s'effectuer à des échelles diverses. En France, la Direction de l'évaluation et de la prospective, au ministère de l'Éducation nationale (DEP), a donné un grand essor à ces pratiques, permettant ainsi une meilleure connaissance du système éducatif.

Ce survol par disciplines de référence ou par domaines ne doit pas faire oublier la présence, dans le champ de l'éducation et de la formation, de recherches à caractère multidisciplinaire. Les phénomènes éducatifs appellent souvent la mise en œuvre de plusieurs approches qui permettent de considérer l'objet selon différents regards. Ici, la multiréférencialité est un ancrage théorique.

Du point de vue méthodologique, les méthodes quantitatives qui exerçaient une influence dominante dans les années 1970-1980 ont perdu leur quasi-monopole avec le développement des méthodes qualitatives. Un équilibre et une complémentarité peuvent donc s'instaurer, comme dans le symposium organisé par le PIREF sur les pratiques enseignantes pour dégager des indicateurs pertinents dans chaque approche.

Dans certaines disciplines, l'ouverture sur l'international a été précoce. Cependant, dans l'ensemble, la recherche française en éducation et formation ne prenait pas assez en compte les travaux étrangers, notamment dans les formations doctorales. Aujourd'hui, des progrès plus ou moins sensibles dans l'ouverture à l'international ont été réalisés. Depuis les années 1980, de nombreux travaux de synthèse ont pris en compte la dimension étrangère. Les relations internationales se sont intensifiées à travers des réseaux de travail. On note également la visibilité plus grande d'une discipline spécifique, l'éducation comparée, grâce à la revue *Politiques d'éducation et de formation : analyses et comparaisons internationales*, de l'Institut européen pour la promotion des innovations et de la culture dans l'éducation (Epice) et de l'Institut d'éducation et de politique sociale (IEEPS).

Dans la même période, une nouvelle génération de chercheurs est venue assurer la relève, provenant de divers horizons, mais souvent de l'enseignement. Dans leur travail de recherche, ils ont donc été amenés à se situer par rapport aux pratiques enseignantes selon des modes de plus ou moins grande distanciation. Là aussi, un équilibre nous paraît avoir été trouvé. À travers les histoires de vie professionnelles rassemblées dans un recueil intitulé *Chercheurs en éducation,* on perçoit la variété des cheminements et on comprend mieux comment la recherche se pratique dans la réalité du vécu.

La diffusion des résultats : types de recherches et publics visés

Comment les acquis de la recherche parviennent-ils à tous ceux qui sont engagés dans l'éducation et la formation ?

Il y a tout d'abord une communication des résultats de la recherche au sein même de la communauté scientifique concernée. Plus généralement, cette communication s'adresse aux personnes qui, œuvrant dans le champ, sont capables d'entrer dans le langage de la recherche. La littérature correspondante comprend livres, rapports, articles. Plusieurs banques de données et catalogues collectifs de bibliothèques donnent accès aux recherches publiées ou en cours (Francis et Pascal de l'INIST, le SUDOC de l'Agence bibliographique de l'enseignement supérieur). La cellule de veille scientifique de l'INRP publie une lettre d'information et diffuse les sommaires de périodiques ainsi que des bibliographies spécialisées. Depuis les années 1980, deux revues se partagent le signalement bibliographique de l'actualité, la *Revue française de pédagogie* et *Perspectives documentaires en éducation*, permettant de suivre le mouvement de la recherche et l'évolution de la pensée en sciences de l'éducation. La *Revue française de pédagogie* présente des notes de synthèse qui font le point sur un domaine de la recherche. *Perspectives documentaires en éducation* rend compte de la manière dont les savoirs en éducation sont élaborés et utilisés à travers des histoires de vie professionnelles : itinéraires de lecture, itinéraires de recherche, chemins de praticiens, chemins de doctorants. Les deux revues apportent un suivi bibliographique : une cinquantaine de livres analysés chaque année par des experts dans la *Revue française de pédagogie*, et la recension d'environ 150 livres et rapports dans la bibliographie courante publiée par *Perspectives documentaires en éducation.*

Comment les acquis de la recherche sont-ils diffusés au-delà du public averti ? Sans doute faut-il distinguer différents publics et différents types de recherche. On peut opposer ainsi des recherches qui portent directement sur les pratiques d'enseignement et de formation, et sont inspirées plus ou moins explicitement par un souci d'évaluation et d'amélioration, et des recherches inscrites notamment dans le cadre épistémologique des grandes disciplines de référence, telles que la psychologie, la sociologie, l'histoire, l'économie ou la philosophie, et qui restent plus à distance des pratiques et sans prise directe sur elles : c'est cette distinction qu'on retrouve sous la dichotomie opérée par certains auteurs entre « recherche en éducation » et « recherche sur l'éducation », ou « recherche pédagogique » (au sens strict) et « sciences de l'éducation ».

Ces types de recherche ne s'adressent pas ou n'intéressent pas également tous les types de publics. Les formateurs, par exemple, disposent désormais de deux excellentes revues, *Éducation permanente* et *Recherche et formation*. Mais qu'en est-il pour l'univers que constituent les enseignants ? Si, dans l'enseignement primaire, la formation de base a toujours pris en compte les connaissances pédagogiques, cela n'a pas été le cas dans l'enseignement secondaire. Une recherche portant sur les lectures des professeurs du second degré a fait ressortir que la grande majorité de ces enseignants lisent peu d'ouvrages de recherche relatifs à l'éducation. Par contre, il existe des minorités qui ont recours aux livres plus spécialisés et s'en font l'écho dans les actions de formation.

On perçoit également l'influence de la formation continue, qui s'est développée dans les années 1980 à partir des MAFPEN, puis des IUFM. Des enseignants se sont formés à la pédagogie et, pour certains, sont devenus eux-mêmes des formateurs. Ainsi se développe chez des praticiens actifs une nouvelle culture pédagogique qui prend en compte les apports de différents courants de recherche, comme la pédagogie par objectifs, la pédagogie différenciée, la psychologie des apprentissages, la didactique des disciplines, les nouvelles formes d'évaluation.

Pour ces praticiens, l'enseignement est véritablement une profession dans laquelle on se perfectionne et à partir de laquelle on s'engage éventuellement dans des recherches. L'information passe à travers des rencontres, des stages, des lectures. Ces enseignants sont d'ailleurs eux-mêmes porteurs des novations pédagogiques auprès de leurs collègues.

Les transformations actuelles de la formation initiale vont également dans le sens d'un recours à la recherche. Il importe donc de continuer à développer une littérature directement accessible aux enseignants.

Des manifestations peuvent également faire connaître les apports scientifiques. Ainsi la Biennale de l'éducation et de la formation, tenue depuis 1992, porte-t-elle les récents acquis de la recherche à la connaissance d'un public diversifié.

La recherche en éducation et formation est maintenant bien implantée en France. On peut espérer que son développement se poursuivra face aux grands défis que représentent la réduction des échecs et la mise en œuvre d'une formation continue aux différents âges de la vie.

Jean Hassenforder
Christiane Étévé

▶ Bibliographie

AECSE, *Annuaire des enseignants et chercheurs en sciences de l'éducation*, Paris, AECSE, 1997.

Beillerot J., *Les Périodiques et l'éducation : éléments pour un état des lieux de la diffusion de la recherche*, Paris/Saint-Fons, CNCRE/INRP, 1999.

Charlot B., *Les Sciences de l'éducation : un enjeu, un défi*, Issy-les-Moulineaux, ESF, 1995.

De Landsheere G., *La Recherche en éducation dans le monde*, Paris, PUF, 1986.

Donnay J., Bru M. (dir.), *Recherches, pratiques et savoirs en éducation*, Bruxelles, De Boeck, coll. « Perspectives en éducation et formation », 2002.

Duru-Bellat M. (dir.), *La Recherche en éducation et en formation en France : éléments pour un état des lieux*, Paris/Saint-Fons, CNCRE/INRP, 1999.

Duru-Bellat M., Henriot-van Zanten A., *Sociologie de l'école,* Paris, Armand Colin, 2004.

Étévé C. (dir.), Gambart C. (collab.), *Que lisent les enseignants ? Lectures et diffusion des connaissances en éducation,* Saint-Fons, INRP, 1992.

Étévé C., Hassenforder J. (dir.), *Les Sciences de l'éducation à travers les livres*, Paris/Saint-Fons, L'Harmattan/INRP, 1998.

Forquin J.-C., « Les Sciences de l'éducation, la recherche et les pratiques », *in* Froment M., Caillot M., Roger M. (dir.), *30 ans de sciences de l'éducation à Paris V*, Paris, PUF, 2000, p. 177-188.

Hassenforder J. (dir.), *Chercheurs en éducation,* Saint-Fons/Paris, INRP/L'Harmattan, 1992.

Hassenforder J. (dir.), *Vers une nouvelle culture pédagogique : chemins de praticiens,* Saint-Fons/Paris, INRP/L'Harmattan, 1992.

Kail M., Fayol M., *Les Sciences cognitives et l'école : les questions des apprentissages*, Paris, PUF, 2003.

Lautier N., *Psychosociologie de l'éducation : regards sur les situations d'enseignement*, Paris, Armand Colin, coll. « U. Psycho », 2001.

Lieury A., *Mémoire et réussite scolaire*, Paris, Dunod, coll. « Psycho sup », 2004.

Plaisance É., Vergnaud G., *Les Sciences de l'éducation,* Paris, La Découverte, 2005.

Prost A., *Pour un programme stratégique de recherche en éducation*, rapport remis aux ministres de l'Éducation nationale et de la Recherche, Paris, MEN, juillet 2001.

Testu F. (dir.), *De la psychologie à la pédagogie*, Paris, Nathan, coll. « Les Repères pédagogiques », 1991.

▶ **Voir aussi**

Anthropologie de l'éducation – Économie de l'éducation – Histoire de l'éducation – Institut national de recherche pédagogique (INRP) – Sciences de l'éducation – Sociologie de l'éducation.

Réciprocité éducative

Apprendre à quelqu'un, c'est, dans le même mouvement, apprendre de lui. Dans l'acte même d'enseigner, l'enseignant apprend de l'apprenant. Il y a réciprocité.

L'hypothèse de la réciprocité n'est pas un *a priori* mais découle d'une pratique dans laquelle les différents partenaires de la relation éducative prennent conscience qu'ils apprennent les uns des autres. En gardant leurs différences, les uns apprennent des autres en enseignant les uns aux autres. Certes, l'idée de réciprocité en éducation n'est pas absente de la tradition pédagogique, qui mentionne occasionnellement ce phénomène sous d'autres termes, mais elle n'y est ni abordée ni étudiée pour elle-même. Le concept de réciprocité éducative (Labelle, 1996) rend compte de ce double mouvement, riche de conséquences pour l'action.

L'idée de mouvement est fondamentale pour la compréhension du concept. En effet, étymologiquement, l'adjectif latin *reciprocus* signifie « qui va et vient, alternatif » et désigne le flux et le reflux des vagues qui se recouvrent mutuellement en sens inverse pour former les marées. Prendre prioritairement en compte le mouvement qui s'établit vice versa entre les partenaires de la situation d'apprentissage, c'est accorder la primauté à la relation qui les unit sans les confondre.

La réciprocité n'est donc pas la résultante de l'éducation de l'un et de l'autre qui s'effectuerait pareillement de chaque côté ; auquel cas on parlerait d'éducation réciproque. Cette conception reproduirait l'un des sens du langage courant, qui est aussi du vocabulaire économique et politique, selon lequel la réciproque consiste à rendre la pareille. La voie serait ouverte, pour la pensée et pour l'action, à considérer éducateur et éduqué sur un pied de stricte égalité et à envisager leur échange comme une transaction égalitaire de même importance et de même valeur comptable. La relation de réciprocité n'est pas davantage à considérer comme un rapport de convivialité sentimentale et mondaine : cette confusion, encore trop fréquente dans les esprits, engendre des dérives stériles et incompatibles avec l'idée même d'éducation.

La réciprocité est éducative, déjà au sens où l'éducation est le cadre des formes diverses de réciprocité qui s'y manifestent, mais surtout parce que la relation de réciprocité entre les acteurs est la condition et le fondement de l'éducation de l'un par l'autre. La réciprocité éducative est donc à concevoir, au sens fort, comme éducatrice.

Pour comprendre ainsi le concept de « réciprocité éducatrice » et le justifier, l'étymologie constitue certes un point d'ancrage culturel important mais insuffisant. L'étayage décisif de la pensée est à chercher du côté de la métaphysique de l'intersubjectivité telle que la philosophie personnaliste l'a mise en lumière. Ainsi, pour Nédoncelle, la personne est « collégiale » : la réciprocité des consciences est la relation fondatrice des sujets personnels. Cependant, la relation de réciprocité est originellement ambivalente. C'est la volonté des protagonistes qui la rend activement destructrice ou éducatrice selon leur intention, soit d'éliminer l'autre, soit de contribuer à ce qu'il devienne lui-même par lui.

Les apprenants et l'enseignant s'éduquent donc par la voie collégiale qui les suscite comme sujets singuliers et ils apprennent différemment. L'apprenant apprend à partir des signes du savoir que l'enseignant lui adresse et des points de rupture épistémologique qu'il lui indique. L'enseignant apprend en retour à partir de la manière dont l'apprenant s'y prend pour construire son savoir, des difficultés sur lesquelles il bute, des raccourcis qu'il prend, des questions qu'il pose, des idées qui lui viennent à l'esprit. Échecs et trouvailles de l'apprenant sont autant de leçons pour l'enseignant qui apprend lui-même à penser et à enseigner autrement : il apprend à se corriger, à s'expliciter, à inventer. À travers l'expression alternative d'idées malhabilement connues et inchoativement nouvelles, les deux partenaires relancent réciproquement leurs mutuelles découvertes. Constitués en relation corrélative, ils se rejoignent activement dans une démarche éducative contractuelle où ils s'engagent en auteurs responsables.

La réciprocité éducatrice n'est donc pas une relation d'égalité mais le rapport asymétrique de singularités qui jouent réciproquement le rôle de tiers dans leur développement respectif. La conséquence éthique en est le respect absolu des différences et leur écoute. La réciprocité éducatrice est l'enjeu de toute relation, à l'école ou en formation, en famille, au travail et, plus généralement, dans toute rencontre avec autrui. En andragogie comme en pédagogie, elle est le fondement d'une éducation de la personne.

Jean-Marie Labelle

▶ Bibliographie

BUBER M., *Je et Tu*, Paris, Aubier, 1938, rééd., 1992.

COLLECTIF, « Réciprocité et réseaux en formation », *Éducation permanente*, n° 144, 2000.

LABELLE J.-M., *La Réciprocité éducative*, Paris, PUF, coll. « Pédagogie d'aujourd'hui », 1996.

NEDONCELLE M., *La Réciprocité des consciences*, Paris, Aubier, 1942.

▶ Voir aussi

Tuteur, tutorat.

Recteur d'académie

Haut fonctionnaire nommé par décret du président de la République, délibéré en Conseil des ministres, sur proposition du ministre de l'Éducation nationale, le recteur d'académie représente le ministre de l'Éducation nationale et éventuellement celui des universités ou des enseignements supérieurs dans la circonscription dont il a la responsabilité. Il est révocable discrétionnairement.

La fonction et le titre apparaissent en l'an VIII dans le cadre de l'Université impériale. De 1850 à 1854, le recteur exerce ses compétences dans le cadre du département ; il s'agit de la période dite des « petits recteurs ». La fonction redevient ensuite régionale et elle le restera.

Le recteur d'académie, assisté des services rectoraux composés de personnels administratifs et de conseillers techniques, administre la circonscription que constitue l'académie. Il exerce les fonctions de chancelier à l'égard des universités et des établissements publics d'enseignement supérieur sous sa responsabilité, cela dans le cadre de la loi d'orientation sur les enseignements supérieurs qui précise les cas d'interventions et les modalités de celles-ci.

Pour les enseignements scolaires, ses responsabilités sont, de tradition, plus étendues. Il informe le ministre. Il présente, soutient, impose et contrôle l'application de la politique d'éducation déterminée par celui-ci. Il est responsable des choix d'organisation des formations en liaison avec les autorités des collectivités territoriales compétentes pour réaliser les équipements, notamment la région qui détermine le schéma régional des formations.

Le recteur d'académie a été et reste le bénéficiaire principal des mesures de déconcentration par transfert de compétences ministérielles. Ces transferts interviennent dans ceux des domaines qui ne peuvent relever de l'autorité des préfets, c'est-à-dire l'*action éducative* : gestion des personnels, gestion des établissements, action pédagogique.

L'administration de l'État a été réorganisée dans les régions pour favoriser une plus grande cohérence et efficacité. Le décret n° 2004-1053 du 5 octobre 2004 prévoit que les services de l'État dans les régions seront organisés autour de huit pôles régionaux, chacun pouvant regrouper des services relevant de départements ministériels différents. Il est prévu par le texte un pôle « éducation formation », dont le recteur d'académie doit être responsable. Dans les régions qui comportent plusieurs académies, chaque recteur est responsable du pôle pour l'académie qu'il dirige. La réforme n'affecte pas, en l'état, les compétences du préfet, ordonnateur secondaire des crédits qui lui sont délégués en tant que responsable des problèmes d'équipement. Elle n'affecte pas non plus les compétences du recteur, notamment dans le domaine dit de « l'action éducative », soustraite des compétences préfectorales par les textes.

Le recteur d'académie intervient dans la procédure de mise sous contrat des établissements privés et a la responsabilité de la gestion des personnels sous contrat des établissements privés, eux-mêmes sous contrat simple ou contrat d'association.

En l'absence du préfet, il préside le conseil académique de l'Éducation nationale, instance consultative régionale, quand celui-ci doit se prononcer pour avis sur des questions relevant de la compétence de l'État. Le recteur d'académie exerce le pouvoir hiérarchique sur les personnels de l'État affectés dans sa circonscription. Il exerce pour partie dans le cadre de la loi et des dispositions réglementaires la tutelle sur les établissements publics locaux d'enseignement.

En sa qualité de chancelier des universités de son ressort, le recteur d'académie intervient dans le cadre des dispositions législatives relatives au service public des enseignements supérieurs : il représente le ministre chargé de l'enseignement supérieur auprès des établissements publics à caractère scientifique, culturel et professionnel ; il assure la coordination des enseignements supérieurs avec les autres ordres d'enseignement ; il dirige la chancellerie et assure l'administration des biens et des charges indivis entre plusieurs établissements.

Claude Durand-Prinborgne

▶ Bibliographie

Dupont-Marillia F., *Institutions scolaires et universitaires*, Paris, Gualino, coll. « Mémentos », 2003.

Durand-Prinborgne C., Legrand A., *Code de l'éducation*, Paris, Litec, Juris Code, 2005.

Geoffroy J., « L'Administration de l'Éducation nationale », *Le Système éducatif en France*, Paris, La Documentation française, Les notices, 2003, p. 27 et suiv.

Gérard P., « Le Recteur d'académie », *Actualité juridique – droit administratif*, n° 11, 20 nov. 1996, p. 836 et suiv.

Simon J., Lesage G., *Organisation et gestion de l'Éducation nationale*, Paris, Berger-Levrault, 2004.

▶ Voir aussi

Académie – Privé (Enseignement) – Schéma prévisionnel des formations – Système éducatif – Université.

Rédaction

La rédaction est un exercice scolaire, longtemps nommé « composition française », dont l'objectif principal est de mettre l'élève en situation de produire individuellement un texte écrit. Il s'est longtemps pratiqué du début du cycle primaire à la fin du collège. Les textes officiels ont toujours insisté sur la nécessité de donner des sujets variés de rédaction pour amener les élèves à prendre conscience des différents modes d'écriture : description, récit de faits réels ou imaginaires, dialogue, lettre, transposition ou imitation de textes, etc.

L'exercice a connu de nombreuses variantes liés à des choix pédagogiques déterminés : l'accent était mis sur la création collective par le groupe classe, sur la spontanéité de l'élève dans le texte libre, sur la recherche de destinataires réels dans la correspondance scolaire, etc.

Dans sa version traditionnelle, l'exercice a fait l'objet de critiques qui tenaient à l'imprécision des consignes, à la surcharge de tâches simultanées auxquelles était confronté l'élève : respect du sujet, planification du texte, contraintes grammaticales et orthographiques, devoir d'originalité et de style. Leur hétérogénéité rendait la progression difficile et l'évaluation par le maître était réduite trop souvent à des remarques sur la forme linguistique. Aussi est-ce vers la définition plus précise de règles d'écriture, vers le resserrement de l'exercice sur des consignes limitées et explicites, vers l'ouverture à de nouveaux types de textes dont les caractéristiques sont préalablement identifiées par les élèves que s'orientent aujourd'hui les programmes, tant de l'enseignement primaire que de l'enseignement secondaire, dans lesquels on tend à préférer au terme de « rédaction » celui de « production écrite ». Les nouveaux programmes du collège et de l'école primaire sont l'illustration de ces nouvelles orientations.

Danièle Manesse

▶ **Voir aussi**

Commentaire littéraire – Composition française – Dissertation littéraire – Écriture – Explication de texte – Français (Enseignement du).

Redoublement

Fidèle à un mode d'organisation des apprentissages reposant sur une conception très linéaire du développement de l'enfant – dont le rythme de progression doit suivre celui des programmes annuels –, notre système éducatif a toujours recouru au redoublement. La nécessité d'« apprécier la capacité de l'élève à passer dans la classe ou le cycle supérieur » conduit, à chaque niveau d'enseignement, au redoublement des élèves en difficulté. Si cette pratique tend à diminuer, elle reste profondément ancrée dans la mentalité éducative française.

Après la disparition des examens de passage en classe supérieure, les redoublements sont venus sanctionner les retards d'apprentissage, mais signalent aussi l'enjeu qui s'attache à l'admission dans les « meilleures » filières de formation.

Dans le dialogue établi depuis trente ans entre les familles et l'institution scolaire en matière d'orientation, le redoublement reste la solution de compromis en cas de conflit. Au lendemain de l'instauration du collège unique, leur nombre avait doublé dans des classes indifférenciées ouvertes à un public hétérogène. Cette tendance s'inverse nettement depuis la fin des années 1980. L'instauration de cycles pluriannuels, à l'intérieur desquels le décret du 14 juin 1990 prévoit qu'aucun redoublement ne peut être imposé aux familles, la mise en place d'une aide individualisée pour les élèves en difficulté ont abouti à une diminution générale des redoublements, particulièrement nette en classes de 5e et de 3e. Le redoublement reste en revanche fréquent en 2de, où se joue l'orientation dans les séries générales ou technologiques du lycée. Au total, parmi les élèves accueillis dans l'enseignement secondaire dans les années 1990, il apparaît que les deux tiers d'entre eux ont redoublé ou redoubleront encore, au moins une fois, au cours de leur scolarité du CP à la terminale.

L'avis rendu en 2004 par le Haut Conseil de l'évaluation de l'école rappelle les limites, confirmées par de multiples études, du redoublement : il n'offre pas une véritable seconde chance aux élèves en difficulté. Inéquitable et pour partie arbitraire – dépendant de la classe, de l'âge ou de l'origine sociale de l'élève –, il est souvent inefficace pour les progrès ultérieurs des redoublants, dont il affecte négativement la motivation et l'estime de soi. Le recours au redoublement ne permet pas non plus d'améliorer les performances d'ensemble du système éducatif, comme en témoignent les comparaisons internationales qui placent plutôt en tête des pays adeptes de la promotion automatique (enquête PISA).

Paul Esquieu

▶ **Bibliographie**

Crahay M., « Peut-on conclure à propos des effets du redoublement ? », *Revue française de pédagogie*, n° 148, juillet-sept. 2004, p. 11-23.

Paul J.-J., Troncin T., « Les Apports de la recherche sur l'impact du redoublement comme moyen de traiter les difficultés scolaires au cours de la scolarité obligatoire », *Rapport du Haut Conseil de l'évaluation de l'école*, n° 14, déc. 2004.

▶ **Voir aussi**

Cycles – Évaluation – Orientation – Relation Familles/École.

Référentiel

Un référentiel est un inventaire d'activités ou de compétences. Ce mot est notamment utilisé dans les deux expressions suivantes, inscrites dans la procédure d'élaboration des diplômes professionnels : le « Référentiel d'activités professionnelles » et le « Référentiel de certification ».

Ex-référentiel de l'emploi, le Référentiel d'activités professionnelles (RAP), qui définit le champ des activités professionnelles auxquelles prépare chaque diplôme de l'enseignement technique, décrit les activités et les tâches que sera appelé à exercer le titulaire d'un diplôme dans les premières années de sa vie professionnelle. Il est constitué d'un descriptif de la cible professionnelle (données socio-économiques, place du diplôme dans l'entreprise, conditions de travail, évolution de l'emploi) et de la description des activités, depuis la fonction d'ensemble à laquelle se rattache l'activité professionnelle jusqu'aux tâches et opérations élémentaires qui la constituent.

Ex-référentiel du diplôme, le Référentiel de certification est la traduction du RAP en termes de compétences professionnelles et de savoirs associés à acquérir au cours de la formation et sur lesquelles est fondée l'évaluation conduisant à la certification.

Roger-François Gauthier

▸ Bibliographie

Direction de l'enseignement scolaire (DESCO), *Guide d'élaboration des diplômes professionnels,* coll. « CPC/Document », sept. 2004.

▸ Voir aussi

Programmes scolaires.

Réforme de l'enseignement

Une réforme est un changement majeur et délibéré (considéré comme souhaitable) d'un état initial à un état projeté.

Le terme « évolution » fait plutôt référence à un changement qui, tout en pouvant être profond, est continu et progressif ; « innovation » à des essais de rénovation pédagogique dont les résultats éprouvés sous certaines conditions ne sont pas automatiquement généralisables ; « modification » à un changement ponctuel, voire accidentel, d'un élément qui n'affecterait pas l'ensemble dont il fait partie ; « transformation » désigne un changement total, et « variation » le caractère superficiel voire provisoire d'un changement.

Les réformes de l'enseignement touchent aux structures institutionnelles et/ou à la pédagogie ; elles procèdent de lois à large portée, de décrets ou d'ordonnances à effets visibles et durables. Les évolutions et les modifications relèvent plutôt d'arrêtés, de circulaires et de notes de service ; elles s'inscrivent dans un flux permanent de changements rendus quasi obligatoires par la gestion d'une organisation affectant 14 millions d'élèves et plus d'un million de personnels. L'impression d'immobilité souvent éprouvée en surface masque ces ajustements et ces petites transformations continues, ce que l'opinion (publique et enseignante) retraduit par deux types de réactions finalement solidaires : l'impossible « réforme » ; la lassitude des « réformes » incessantes.

Les grandes réformes de l'enseignement après 1945

Les réformes de l'enseignement, projetées ou réalisées, ne manquent pas. On se contentera donc de l'évocation de celles d'après-guerre. La IVe République n'a pas été avare de projets de réforme ; mais aucun n'a pu aller au-delà de l'état de projet ministériel. Le plus célèbre d'entre eux, le plan Langevin-Wallon, qui est resté longtemps une référence majeure, n'a même pas atteint le stade ministériel : remis le 19 juin 1947 au ministre de l'Éducation nationale, largement diffusé et connu dans le monde entier, il restera dans les tiroirs ministériels. Les projets de réforme se succèdent de 1948 à 1956. On peut citer, pour s'en tenir aux principaux : le projet Depreux de 1948 ; le projet Delbos de 1949 ; les projets

Marie de 1953 ; le premier projet Berthoin de 1955 ; le projet Billières de 1956. Ils prévoient tous la mise en place d'un cycle d'orientation après les classes élémentaires, avec tronc commun (à l'exception des deux projets Marie), total ou partiel (c'est-à-dire limité à certaines matières), de durée variable (de deux à quatre ans). Le nombre de projets témoigne d'une vive préoccupation, la diversité des solutions de la difficulté d'aboutir.

La Ve République va permettre de profonds remaniements structurels. La réforme Berthoin du 6 janvier 1959 reprend l'essentiel du projet Billières de 1956, mais sous forme d'ordonnance et de décret effectifs. L'ordonnance prolonge l'obligation scolaire de deux ans et la porte à seize ans pour les enfants qui auront six ans à partir du 1er janvier 1959 (la mesure prendra donc effet en 1967). Le décret crée un cycle d'observation de deux ans, ce qui implique la suppression des classes de fin d'études. Mais le tronc commun se limite à un premier trimestre sans latin ; les classes d'observation restent partie intégrante des types d'établissement où elles sont implantées. Chacun reste maître chez soi, chacun reste chez soi : 1 % seulement des élèves changent d'établissement. L'orientation espérée par ce moyen est un échec : l'inégalité des possibilités d'accès à l'enseignement long résultant des structures scolaires liées à l'origine sociale et à la résidence n'est en rien supprimée.

La réforme Capelle-Fouchet est décisive. Les décrets du 3 août 1963 créent des « collèges d'enseignement secondaire », qui comprennent « trois groupes de sections caractérisées par leur pédagogie propre » : un enseignement général long, classique ou moderne, dispensé par des professeurs agrégés ou certifiés (la voie I) ; un enseignement général moderne court assuré par des professeurs de collèges bivalents (la voie II) ; un enseignement terminal encadré par des instituteurs en principe spécialisés (voie III : 6e et 5e de « transition » ; 4e et 3e « pratiques »). Une école moyenne de quatre années (avec un cycle d'observation de deux ans et un cycle d'orientation de deux années) succède à l'élémentaire. Cette mise en système fondée sur les filières se poursuit par la restructuration des seconds cycles : par décret du 10 juin 1965, les filières conduisant au baccalauréat se spécialisent dès la classe de 2de avec quatre séries générales (A, B, C, D) ; le baccalauréat de technicien est créé : il sanctionne des formations techniques très spécialisées (séries F, G, H).

Avec la réforme Capelle-Fouchet, on est passé d'une structure reposant sur les types d'établissement (les collèges et les lycées d'une part, les cours complémentaires, d'autre part) à une structure fondée sur des filières (rassemblées dans les mêmes établissements). La réforme Haby de 1975 prétend supprimer les filières. Il s'agit d'instituer le collège. Les CES (collèges d'enseignement secondaire) et les CEG (collèges d'enseignement général) sont unifiés sous la même dénomination (le collège) et selon la même structure. Le ministre Haby supprime les filières en 6e et en 5e ainsi qu'en 4e et 3e, où il les remplace par des options ; mais une filière préprofessionnelle est reconstituée. Le collège unique n'est pas en réalité un collège unifié. Quoi qu'il en soit, l'enseignement du « collège » succède désormais « sans discontinuité à la formation primaire » ; par ailleurs, après la 3e, les établissements du second cycle s'appellent tous lycées. L'architecture scolaire est devenue, distinctement et explicitement, une superposition de trois degrés : l'école élémentaire, le collège, les lycées.

La « loi d'orientation » Jospin, promulguée le 14 juillet 1989, n'est pas, aux dires mêmes de son auteur et de son rapporteur, Derosier, une « réforme ». De fait, le texte de la loi ne réforme que peu de dispositions de la loi Haby du 11 juillet 1975. C'est une loi d'orientation, une loi qui codifie certes un certain nombre de pratiques déjà installées, mais surtout une loi qui « oriente » et qui affirme quelques principes fondamentaux. En particulier, l'École n'a plus seulement pour mission de favoriser l'égalité des chances (objectif fixé par la loi Haby) ; elle a en outre une obligation de résultat : donner une formation et une certification à 100 % des jeunes. Cette loi ne bouleverse pas le dispositif structurel scolaire en place, mais organise une nouvelle façon de gérer l'action pédagogique (notamment par la reconnaissance de l'autonomie pédagogique des écoles, collèges et lycées ; autonomie qui doit s'exprimer dans un « projet d'établissement »).

Malgré les velléités réformatrices insistantes exprimées par plusieurs ministres (notamment Claude Allègre de 1997 à 2000), il faut attendre plus de quinze ans pour voir réapparaître une grande loi « de programmation » (c'est-à-dire qui prévoit et programme les moyens financiers de sa mise en œuvre), loi portée par le ministre François Fillon, votée en mars 2005 (loi dont quelques points ont été invalidés par le Conseil constitutionnel, sans que son économie d'ensemble soit remise en cause). Entre autres dispositions (il n'est pas possible de recenser ici leur totalité), la loi met l'accent sur le « socle commun de connaissances » – considéré par certains comme foncièrement réducteur des ambitions de l'école pour les plus défavorisés –, le recours renforcé au redoublement, la note de vie scolaire au collège, les possibilités de remplacement de courte durée d'un professeur absent par un collègue du même établissement, l'adaptation du statut des professeurs de LP pour enseigner en collège, le recrutement de 6 500 « assistants d'éducation ». Elle prévoit en outre des programmes personnalisés de réussite éducative (PPRE) pour les élèves en grande difficulté ; elle organise un système de bourses au mérite venant se superposer aux bourses sur critères sociaux tant dans le second degré (programmation : 17 millions d'euros annuels entre 2006 et 2008) que dans l'enseignement supérieur (6 millions). Des dispositifs relais sont destinés aux élèves dont le comportement perturbe gravement le bon déroulement des classes ; des parcours d'alternance en 4e et des enseignements de découverte professionnelle en 3e sont valorisés afin de permettre une meilleure insertion dans l'emploi des élèves ayant terminé leur scolarité obligatoire sans intention de poursuivre. Une programmation pluriannuelle des recrutements d'enseignants est instaurée de 2006 à 2010, dans une perspective de recrutement de 30 000 personnels par an, révisable chaque année. La formation des enseignants fait l'objet d'une attention soutenue, tant la formation initiale, pour laquelle est prévue une réforme des IUFM, que la formation continue, pour laquelle est programmée de 2006 à 2009 une dépense annuelle de 16,8 millions d'euros. Un conseil pédagogique est institué dans les EPLE en même temps qu'est proclamée la nécessité de préserver l'autonomie pédagogique des enseignants. Les grands objectifs sont réitérés et même étendus : 100 % des élèves détenteurs d'un diplôme à la sortie du système, 80 % au niveau du bac, 50 % avec un diplôme d'enseignement supérieur. Bien que d'assez vaste ampleur, et ayant suscité de vives oppositions, notamment de la part des lycéens (mais plus pour des raisons externes que proprement internes au texte), cette loi ne donne pas plus le sentiment de pouvoir, ni même de vouloir, « réformer » en profondeur le système.

L'abandon des grandes réformes ?

Certaines raisons semblent autoriser à penser que l'idée de « grandes » réformes, de réformes d'ensemble de type projet Fontanet (inabouti, 1973) ou réforme Haby (premier projet, février 1975), est abandonnée. On ne peut prétendre changer l'éducation par des textes ; ceux-ci ne mobilisent pas les personnels, qui doivent adhérer vraiment au changement pour le mettre en œuvre. Le texte traite en effet nationalement un problème national sans savoir toujours laisser place aux nécessaires adaptations ; enfin, il fige l'institution et son fonctionnement. Il faut ajouter à tout cela les inconvénients de trop nombreuses réformes successives qui, par exemple, ont été soulignés à propos du baccalauréat.

Trois observations peuvent en conclusion caractériser la période la plus actuelle :
– la première est qu'il y a un véritable décrochage entre la traduction formelle d'une réforme et l'existence réelle de celle-ci : il est courant d'évoquer la « réforme Savary » (1982-1983), notamment pour le collège, alors qu'il n'y a jamais eu d'autres textes que de modestes circulaires ;
– la deuxième est que le changement ne procède pas nécessairement des seules

réformes annoncées comme telles ; des textes de moindre ambition peuvent déclencher de profondes modifications : organisation de la scolarité en cycles, réforme du second cycle du second degré ;
– la troisième est que l'affichage d'un dessein politique précis et net reste nécessaire à un système scolaire dans une démocratie libérale ; celui-ci est seul en mesure de conférer un sens unitaire à une institution encore centralisée mais devenue très centrifuge dans ses missions et ses objectifs, en conséquence assez peu « lisible » pour ses acteurs mêmes. Un tel projet politique peut certes s'incarner dans des réformes type loi, mais cela n'est pas obligatoire ; si son principal ressort doit être désormais de « donner du sens », sans doute peut-il trouver d'autres moyens de s'exprimer.

Claude Durand-Prinborgne
Claude Lelièvre
André D. Robert

▶ Bibliographie

Archer M., *Social Origins of Educational Systems*, London, Sage, 1979.

Blais M.-C., Gauchet M., Ottavi D., *Pour une philosophie politique de l'éducation : six questions d'aujourd'hui*, Paris, Hachette, coll. « Pluriel », 2003.

Cherkaoui M., *Les Changements du système éducatif en France (1950-1980)*, Paris, PUF, 1982.

Durand-Prinborgne C., *L'Égalité scolaire par le cœur et par la raison*, Paris, Nathan, 1989.

Isambert-Jamati V., « Une réforme des lycées et collèges : essai d'analyse sociologique de la réforme de 1902 », in *Les Savoirs scolaires : enjeux sociaux des contenus d'enseignement et de leurs réformes*, Paris, L'Harmattan, 1995.

Lelièvre C., *Histoire des institutions scolaires (1789-1989)*, Paris, Nathan, 1991.

Prost A., *Histoire de l'enseignement en France (1800-1967)*, Paris, Armand Colin, 6e éd., 1986.

Robert A. D., *Système éducatif et réformes : de 1944 à nos jours*, Paris, Nathan, coll. « Les Repères pédagogiques », 1993.

Van Zanten A., Grospiron M. F., Kherroubi M., Robert A. D., *Quand l'école se mobilise : les dynamiques professionnelles dans les établissements de banlieue*, Paris, La Dispute, 2002.

▶ Voir aussi

Collège – Innovation – Langevin, Paul – Lycée – Primaire (Enseignement) – Projet – Wallon, Henri.

Relation École/ collectivités locales

La relation entre l'École et les collectivités locales (communes, départements, régions) n'est pas seulement le résultat de dispositions légales et réglementaires qui délimitent les compétences en matière d'enseignement de ces dernières par rapport à l'État central. Elle est aussi le résultat d'initiatives locales anciennes et récentes dont le rôle demeure encore assez mal connu.

Aperçu historique

Malgré la centralisation du système scolaire français, les communautés locales ont historiquement joué un rôle important en matière d'enseignement. Avant l'avènement de l'obligation et de la gratuité scolaires, elles ont organisé et financé l'apprentissage de la lecture et de l'écriture. Au xixe et pendant la première moitié du xxe siècle, elles ont accompagné, voire devancé, l'action du pouvoir central à travers le développement de l'offre d'enseignement, notamment dans les secteurs les plus tardivement intégrés au système étatique comme l'enseignement technique. Dans la période de l'après-guerre, elles ont permis à l'École de s'adapter aux transformations sociales à travers le financement de services (cantines, transports, etc.), d'activités d'ouverture (sorties, voyages, manifestations diverses) et de dispositifs éducatifs autour de l'École (centres de loisirs, écoles de musique, clubs sportifs, etc.).

Étendue et limites de la décentralisation

Si l'action éducative des collectivités locales, particulièrement celle des communes, s'inscrit ainsi dans une certaine continuité, elle a été considérablement renforcée dans les années 1980 par les lois de décentralisation. Des attributions nouvelles sont confiées aux collectivités locales en matière de planification, d'investissement et de fonctionnement matériel des établissements. De nouveaux rapports sont institués avec le monde éducatif à travers la participation de représentants des collectivités locales aux instances de concertation à différents échelons et à travers la possibilité qui leur est donnée d'utiliser les locaux scolaires et d'organiser des activités complémentaires dans les établissements. La décentralisation s'inscrit en outre dans un mouvement plus vaste de revalorisation des initiatives locales dont témoigne la multiplicité d'actions impulsées par les municipalités et les régions. Bien que l'existence de véritables politiques éducatives locales ne soit avérée que dans un petit nombre de cas, les interventions des pouvoirs locaux débordent largement le cadre des missions qui leur ont été confiées, se situant au cœur même de l'action pédagogique. Il faut néanmoins noter que la régulation locale de l'action éducative se heurte à d'importants problèmes de coordination dans la prise de décision et dans la mise en œuvre des actions, et au déficit de légitimité des acteurs politiques dans un domaine perçu comme relevant encore prioritairement de la cogestion entre l'État et la profession enseignante au niveau central.

Bénéfices et risques des initiatives locales

Les collectivités locales sont en mesure aujourd'hui de contribuer positivement à l'évolution du système scolaire. Elles ont la possibilité d'avoir une connaissance précise des problèmes éducatifs et notamment de leurs liens avec des facteurs extrascolaires dans le cadre de leur action quotidienne et par le biais d'évaluations fines des dynamiques territoriales. Elles peuvent intervenir plus rapidement et mieux répondre à la diversité de la demande locale que les bureaucraties centrales. Elles jouent en outre un rôle incontournable de coordination entre différentes instances. Néanmoins, l'accroissement de leurs attributions formelles et informelles en matière de scolarisation ne comporte pas que des avantages. Premièrement, il peut donner lieu à de nouvelles inégalités entre les communes, entre les départements et entre les régions suivant leurs ressources financières et leur degré de mobilisation en faveur de l'éducation. Deuxièmement, il peut trop aisément conduire à une assimilation de l'intérêt général local à l'intérêt politique des élus. Enfin, s'il ne s'accompagne pas d'une participation plus importante et mieux organisée des instances de médiation comme les syndicats enseignants et les associations de parents, il peut donner lieu à un nouveau centralisme ou à une nouvelle technocratie au niveau local, nuisant au fonctionnement démocratique des territoires éducatifs et des établissements d'enseignement.

Agnès van Zanten

▶ Bibliographie

CHARLOT B., ROCHEX J.-Y. (dir.), *L'École et le territoire : nouveaux espaces, nouveaux enjeux*, Paris, Armand Colin, 1994.

DUTERCQ Y., *Politiques éducatives et évaluation : querelles de territoires*, Paris, PUF, coll. « Éducation et formation », 2000.

HENRIOT-VAN ZANTEN A., « L'Action éducative à l'échelon municipal : rapports aux valeurs, orientations et outils », *in* Cardi F., Chambon A. (coord.), *Les Métamorphoses de la formation. Alternance, partenaire, développement local*, Paris, L'Harmattan, 1997, p. 165-185.

HENRIOT-VAN ZANTEN A., THIN D., VINCENT G., *Politiques scolaires urbaines*, Lyon, Éd. du Programme pluriannuel en sciences humaines Rhône-Alpes, 1996.

VAN ZANTEN A., *Les Politiques d'éducation*, Paris, PUF, coll. « Que sais-je ? », 2004.

VAN ZANTEN A., « Vers une régulation territoriale des établissements d'enseignement en France ? Le cas de deux départements de la région parisienne », *Recherches sociologiques*, vol. 35, n° 2, 2004, p. 47-64.

▶ Voir aussi

Décentralisation – Développement éducatif local – Gratuité – Partenariat – Système éducatif – Technique et professionnel (Enseignement).

Relation École/Entreprise

Dans l'économie de marché, l'entreprise est une unité de production de biens ou de services, organisée techniquement, économiquement et socialement. Elle vend ses produits afin de réaliser du profit ou de se maintenir sur un marché, et en contrepartie elle distribue des revenus à des agents distincts de l'entrepreneur : salariés, apporteurs de capitaux, de brevets, etc. Les lieux où l'entreprise implante ses activités ont des noms variés : siège (direction), usine (fabrication), chantier (construction), bureau (administration), laboratoire (expérimentation), etc.

Juridiquement, l'entreprise existe notamment par une multitude de contrats, celui qui lie entre eux les actionnaires quand il s'agit d'une société, les contrats de travail qu'elle signe avec ses salariés, et ceux qu'elle signe avec ses fournisseurs et ses clients. Mais il existe manifestement une réalité plus profonde de l'entreprise : des hommes et des femmes travaillant et se formant ensemble pour l'édifier et gagner un revenu. C'est donc une histoire, des procédés de fabrication, des relations hiérarchiques du personnel – conflictuelles ou non –, une architecture et en général une implantation géographique dans un paysage et son environnement, etc.

En France, l'entreprise n'est véritablement devenue un thème des sciences de l'éducation qu'au cours des années 1980, où se développent des relations de partenariat, de collaboration et d'actions concertées entre le système éducatif et le monde de l'économie.

Le contexte des années 1980

La crise économique pose dans l'opinion le problème de la responsabilité de l'École à l'égard du chômage. On l'accuse de produire trop d'échecs scolaires, on la juge volontiers incapable de préparer l'insertion professionnelle des jeunes, et elle apparaît peu performante. Par opposition, on ne retient de l'entreprise qui gagne que son efficacité et sa modernité, et un véritable mythe de l'entreprise se constitue.

L'évolution des technologies et des qualifications des personnels, tant au niveau de la production que de l'organisation du travail, oblige l'École à s'interroger sur elle-même et à chercher à répondre au mieux à ces nouvelles exigences.

La création du grand marché européen, la mondialisation des échanges économiques et l'internationalisation de la concurrence obligent les entreprises à s'organiser de manière plus rationnelle et plus fine afin d'améliorer leur productivité et de réduire leurs coûts. Elles demandent à leurs personnels des compétences élargies et nouvelles, souvent opposées à celles des ouvriers de la période taylorienne. Il semble alors que les besoins et, par conséquent les intérêts du monde économique rencontrent certaines valeurs humanistes de l'École.

La gauche, au pouvoir en 1981, a besoin d'affirmer sa compétence dans le domaine économique. Elle réhabilite dans son discours l'action de l'entreprise dans une économie de marché. Le vocabulaire de l'économie envahit le langage de la vie courante, et l'École n'y échappe pas. Parallèlement, l'entreprise cherche à se donner une meilleure image de citoyenneté et multiplie les occasions de faire connaître la conscience qu'elle a de ses responsabilités sociales.

La recherche d'une meilleure articulation entre la formation et l'emploi mobilise les énergies pour combattre le chômage des jeunes arrivant sur le marché du travail. Les entreprises désirent de plus en plus fréquemment employer des personnels immédiatement opérationnels. En même temps, paradoxalement, l'évolution technologique et le besoin de polyvalence exigée des travailleurs, qui devront changer plusieurs fois d'emploi ou de poste de travail dans leur vie, appellent une meilleure formation générale pour garantir la possibilité des transferts de connaissances ou de savoir-faire, donc l'adaptabilité ou, selon le point de vue, la flexibilité.

Au cours de cette décennie, les représentations qu'ont les enseignants de l'entreprise se transforment. L'image d'une entreprise « à la Zola » diminue nettement, même si des réticences idéologiques demeurent. Parallèlement, l'image que les entreprises se font des enseignants et du système éducatif est souvent moins négative que les enseignants ne le pensent.

Le modèle allemand a bénéficié d'une large information. On a expliqué la meilleure insertion professionnelle des jeunes en Allemagne par le système dual de formation, où les apprentis sont pour une part du temps dans une entreprise avec un contrat d'apprentissage, et pour l'autre part à l'école professionnelle. Ce type de formation est alors apparu comme un modèle que la France pourrait adopter, sans toujours faire les analyses de ses conditions d'existence et de réussite outre-Rhin, sans appréhender les limites que ce système a rencontrées par la suite en Allemagne, et sans s'interroger sur les transformations qu'il devait subir.

L'évolution des publics scolaires et les difficultés rencontrées par l'École dues aux effets de la démocratisation de l'enseignement l'obligent à essayer de s'adapter, à explorer des voies de rénovation dans les pratiques pédagogiques et à multiplier les tentatives d'ouverture et de partenariat.

La mise en place d'un nouveau dispositif

L'idée d'un rapprochement entre l'univers économique et celui de l'École fait son chemin. Elle est déjà admise dans les universités pour articuler la recherche avec les besoins des entreprises, dans la formation à quelques métiers, et les activités de rencontres et de collaboration se développent.

Instaurées dès 1979, des *séquences éducatives en entreprise,* stages courts destinés aux élèves de CAP et BEP, très largement contestées à l'époque de leur création, essaient de donner un premier aperçu de la vie en entreprise et de fournir une première expérience du monde socioprofessionnel. Souvent placées en fin d'année scolaire, au moment où les professeurs sont pris par les corrections d'examen, elles sont peu suivies et peu exploitées par les enseignants.

Les *jumelages école/entreprise,* apparus en 1984, sont des opérations volontaristes, vivement encouragées par les instances administratives, qui débouchent sur des actions souvent très médiatisées, concernant tous les niveaux scolaires, de l'école primaire aux établissements d'enseignement supérieur. De nombreuses conventions sont signées, certes souvent formelles, parfois simples relations d'états-majors où les enseignants et les élèves sont peu impliqués. Mais elles donnent aussi souvent lieu à de nombreuses possibilités de rencontres : visites d'entreprises, interventions de personnels d'entreprises dans les établissements scolaires, intervention d'enseignants dans la formation continue en entreprise, échange de documentation technique, accès mutuel aux ateliers et aux machines, prêts de locaux, clubs, projets communs, stages d'élèves ou de professeurs, versement de la taxe d'apprentissage, etc. La cérémonie de signature, ainsi que les réalisations communes font souvent l'objet d'articles dans la presse, chaque établissement scolaire se constitue un *press book.* Les entreprises, quant à elles, y gagnent en terme de publicité, d'image, et en attendent parfois des effets à plus ou moins long terme, notamment les banques et les commerces.

Suite de la mission École-Entreprise créée en 1984, la création, en 1986, du Haut Comité éducation-économie impulse les relations tant au niveau local qu'au niveau académique. Organisme de proposition et de réflexion qui se situe dans une perspective européenne, il joue un rôle essentiel dans la création des baccalauréats professionnels, et, entre autres études et projets, alimente une réflexion sur le projet d'établissement dans son environnement économique et social. Il fait aussi des propositions sur l'orientation des élèves en fin de 3e vers des métiers industriels.

En 1985, la création des baccalauréats professionnels, caractérisés par une longue période de formation en milieu professionnel (seize semaines sur deux années scolaires), introduit une nouveauté dans le système éducatif français : l'alternance. Les stagiaires n'ont plus seulement pour objectifs de connaître le monde du travail ou d'approcher pour la première fois les aspects sociaux et techniques du travail en entreprise, mais d'acquérir des savoirs et savoir-faire dans un cadre professionnel. Il ne s'agit pas d'une simple « alternance-complémentarité » (comme dans les centres de formation des apprentis ou les maisons familiales rurales), où ce qui est théorique incomberait à l'École et ce qui est pratique au milieu professionnel. Il s'agit plutôt d'une « alternance-articulation », concernant l'acquisition de nouvelles compétences professionnelles pour des métiers nouveaux où la division entre pratique et théorique, manuel et intellectuel est moins précise que pour les métiers de la période taylorienne d'organisation du travail.

Cette durée permet d'ajuster la formation à une activité précise dans l'entreprise, de donner une première expérience relativement longue et pas du tout « touristique », d'acquérir des éléments de culture d'entreprise, de faire reconnaître ses qualités par d'éventuels employeurs. D'ailleurs, il n'est pas rare que cela débouche sur une proposition d'emploi, après l'obtention du diplôme, dans l'une des entreprises d'accueil. Mais l'essentiel réside dans la possibilité d'acquérir les compétences exigées dans les entreprises du « troisième type » : optimiser, gérer, avoir une perception d'ensemble, développer l'esprit d'initiative et le sens des responsabilités en sachant définir le champ où ils peuvent s'exercer, apprendre à travailler en équipe, à communiquer, à s'exprimer, à analyser, à innover, à anticiper, à adopter une démarche de qualité, etc. C'est souvent, en effet, une « logique du faire » dans des situations concrètes qui se trouve ainsi acquise pendant ces périodes de formation en entreprise, car il ne s'agit pas de compétences purement formelles ou abstraites, mais de compétences qui s'incarnent dans des actions particulièrement contextualisées. L'École, seule, est malhabile pour faire acquérir ces compétences, car elle est incapable de recréer en son sein des systèmes complexes en vraie grandeur dans la multiplicité de leurs dimensions technique, économique, sociale, humaine, avec les particularités et le caractère inédit et changeant des situations rencontrées. L'entreprise, seule, est incapable de mettre en évidence sa rationalité, souvent peu apparente, de la formuler d'une manière théorique et générale afin d'en faire le fondement d'un savoir-faire adapté à chaque situation. La collaboration apparaît alors comme une nécessité dans une relation où l'enseignant demeure le maître d'œuvre du dispositif. Il s'interroge sur les objectifs de formation de la période en entreprise et sur les moyens de les atteindre en les négociant avec le tuteur en fonction des possibilités qu'offre l'entreprise ; il assure une régulation pendant le stage par ses visites ; il transforme les apprentissages des élèves, souvent liés à une situation particulière, en savoir, généraux et conceptualisés, et le tuteur qui encadre l'élève dans l'entreprise devient un partenaire associé indispensable. Pour réussir cette alternance, les enseignants doivent entamer un dialogue avec les entreprises et prendre en charge eux-mêmes la relation et la collaboration avec les partenaires professionnels, sans s'en remettre pour cela à la simple autorité du chef d'établissement ou à un dispositif rigide fixé d'avance une fois pour toutes.

Ces périodes de formation en entreprises, dont l'évaluation est un élément de l'obtention du diplôme, se sont étendues aux élèves de BEP et de CAP (4 à 8 semaines en général). Le développement des formations sous statut d'apprenti a entraîné la création de sections d'apprentissage en lycées professionnels, amenant les enseignants à se confronter à d'autres pratiques d'alternance dans leur enseignement.

Les *visites d'entreprises* et *stages en entreprise* se multiplient pour d'autres établissements que les lycées professionnels, notamment en collèges, dans une perspective d'orientation, d'aide à la construction d'un projet professionnel et d'études, aussi bien que dans une perspective culturelle plus large.

En 2002, le ministère de l'Éducation nationale, à la demande des entreprises, a rouvert de nombreuses sections de CAP fermées lors de la création des baccalauréats professionnels, car le besoin de main-d'œuvre de basse qualification n'a pas disparu, au contraire, dans certains secteurs comme le bâtiment ou l'entretien des locaux.

Ces évolutions ne concernent pas que la France. Nous les retrouvons dans tous les pays européens. Les pays où l'École n'avait pas de relation avec l'entreprise pendant l'enseignement obligatoire de base l'ont intégrée (par exemple, l'Espagne et la Grande-Bretagne, où les stages en entreprise – ou les démarches d'entreprise – prennent de plus en plus de place). Les pays qui avaient une tradition de relation au niveau de la formation professionnelle (Grande-Bretagne, Allemagne) en ont modifié la nature afin de l'adapter aux évolutions des qualifications et des entreprises, notamment en essayant de mieux articuler l'apport des partenaires et de favoriser la collaboration au lieu d'un partage hermétique des tâches. De son côté, l'Union européenne, par le biais des programmes « Leonardo da Vinci », promeut les échanges de stages en entreprise des élèves et des professeurs dans les pays partenaires.

Les effets sur les établissements scolaires

L'évaluation, en ce qui concerne l'incidence de la relation École/Entreprise sur l'évolution des pratiques pédagogiques ou de l'organisation des établissements, reste encore largement à faire. Il semble bien que les relations avec l'entreprise, particulièrement dans les lycées professionnels, principalement autour des baccalauréats professionnels, créent une dynamique dans les établissements, transforment les pratiques pédagogiques de nombreux enseignants, le regard qu'ils portent sur leurs élèves, et la manière dont ils se sentent impliqués dans la vie de leur établissement. L'alternance, certes, implique une pédagogie spécifique (préparation des stages, suivi et exploitation, séance de bilan de stages, rédaction et soutenance du rapport de stages). Elle engendre des relations avec le monde de l'entreprise où les équipes de professeurs ont le sentiment de représenter leur établissement, voire le système éducatif tout entier, développant une espèce de « culture d'établissement » pour ne pas dire de « culture d'entreprise ».

Le style de management des chefs d'établissement se considérant comme chefs d'entreprise peut évoluer dans plusieurs sens selon la représentation que chacun a de cette fonction. D'une manière générale, ils soignent de plus en plus l'image de leur établissement et la communication externe (phénomène amplifié par l'autonomie grandissante des établissements et la concurrence qui en résulte). Il arrive aussi qu'ils aient le souci d'une meilleure communication interne et d'une meilleure gestion des ressources humaines et des compétences, suscitant l'innovation des professeurs, leur reconnaissant une place d'acteurs responsables, déléguant un certain nombre de tâches, partageant certaines prérogatives. Une large initiative est de plus en plus donnée aux enseignants pour établir leurs emplois du temps ; moins de réserves sont manifestées devant les bouleversements des services liés à des opérations relevant de projets non traditionnels. L'interdisciplinarité et le travail en équipe pédagogique à l'occasion des périodes de formation en entreprise, par exemple autour du rapport de stage, semblent avoir nettement progressé.

Le recours à la pédagogie de projet, inspirée pour une part de la démarche d'entreprise, et induisant toute une organisation concertée pour atteindre les objectifs ou les réalisations qu'on s'est fixés, semble s'être développé.

Les limites de la relation École/Entreprise

La volonté de lier les formations scolaires à l'expérience en entreprise a été souvent réaffirmée (le lycée professionnel intégré, le lycée des métiers, etc.), mais les enseignants des lycées professionnels en formation dans les IUFM n'ont pas toujours bénéficié d'un dispositif spécifique les préparant à cette dimension originale de l'exercice du métier d'enseignant. Il faut bien reconnaître que la dynamique s'essouffle, d'autant que l'espoir d'ascension sociale par les baccalauréats professionnels est aujourd'hui un peu affaibli.

Même si tout le monde s'accorde sur la nécessité de l'ouverture vers l'entreprise et de la collaboration avec elle, nombreux sont ceux qui trouvent que le recours à ces stages introduit des injustices dans le système, certains élèves défavorisés ayant parfois de très grosses difficultés pour être acceptés dans les entreprises. Beaucoup se demandent comment et jusqu'où on peut prendre en compte cette relation dans l'éducation tout en conservant l'objectif de formation du citoyen et d'épanouissement de l'individu, et en fournissant aux élèves des moyens de se fabriquer des outils critiques et une pensée générale. Comment, en effet, concilier la mission de culture et d'humanisme de l'École et la distance qu'elle implique, avec l'ouverture sur le monde de l'économie et des réalités de l'entreprise ?

Par ailleurs, il est aisé de constater que si la relation École/Entreprise a considérablement évolué dans les lycées professionnels au cours de ces quinze dernières années, elle est encore embryonnaire dans les lycées technologiques et complètement absente en lycée général. C'est très certainement l'un des défis à relever dans les années qui viennent, malgré des blocages idéologiques forts.

Comment, enfin, s'inspirer de certaines procédures venues du monde de la production et les transférer dans celui de la formation, ces deux mondes procédant de logiques différentes et ayant des finalités spécifiques ? La solution n'est certainement pas simple et ne peut être trouvée que dans le contexte des situations particulières. Elle suppose quoi qu'il en soit une grande vigilance. Elle passe probablement par une reconnaissance de la spécificité du partenaire, ainsi que par le renforcement de la conscience de l'identité des enseignants.

Lionel Audion
Maurice Bouchon

▶ Bibliographie

BEAUD C., PIALOUX M., *Retour à la condition ouvrière : enquête aux usines Peugeot de Sochaux-Montbéliard*, Paris, 10-18, 2005.

FIGEAT M., *Les Baccalauréats professionnels : un enjeu historique ?*, Saint-Fons, INRP, 2001.

FIGEAT M., *Les Baccalauréats professionnels, un espoir ou un leurre ?*, Saint-Fons, INRP, 1996.

FUSULIER B., *Articuler l'école et l'entreprise*, Paris, L'Harmattan, 2001.

GONNIN-BOLO A., *Écoles-entreprises : des partenariats en marche*, Saint-Fons, INRP, 1995.

MALGLAIVE G., WEBER A., « École et entreprise : intérêt et limite de l'alternance en pédagogie », *Revue française de pédagogie*, n° 62, 1983, p. 51-64.

SERIEYX H., ARCHIER G., *L'Entreprise du troisième* type, Paris, Le Seuil, 2000.

TANGUY L., « Histoire et sociologie de l'enseignement technique et professionnel en France : un siècle en perspective », *Revue française de pédagogie*, n° 283, 2000.

TANGUY L., *Interactions École-Entreprises dans la mise en place d'un cursus de formation : le baccalauréat professionnel*, Nanterre, université de Paris-X, 1991.

TANGUY L., « Les Lycées professionnels », *Les Cahiers pédagogiques*, n° 403, 2002.

TOUZET B., « Et si les professeurs découvraient l'entreprise ? », *Les Cahiers pédagogiques*, n° 423, 2004.

▶ Voir aussi

Alternance (Formations en) – Emploi-formation – Établissement (Projet d') – Formation en entreprise (Période de) – Formation professionnelle continue – Insertion – Partenariat – Projet personnel d'orientation.

RELATION FAMILLE/ÉCOLE

La relation Famille/École est particulièrement complexe car elle comporte au moins trois dimensions. La première renvoie au degré d'articulation entre la socialisation familiale initiale et les exigences scolaires. La seconde correspond aux différentes facettes de l'accompagnement familial de la scolarité, dont les interactions parents/enseignants sont une composante essentielle. La troisième est celle de la participation collective des familles au fonctionnement des établissements scolaires, notamment à travers leurs représentants associatifs.

Socialisation familiale et trajectoire scolaire

Les liens entre la socialisation familiale initiale et les trajectoires scolaires des enfants ont fait l'objet de nombreuses études, dans le but notamment d'éclairer les causes de l'« échec scolaire » des enfants de milieu populaire. Une partie de ces études ont cherché à montrer que certaines valeurs acquises par les enfants de milieu populaire dans le cadre familial, telles que la focalisation sur le présent ou la primauté du « nous », entrent en contradiction avec les valeurs promues par l'École – l'esprit de compétition, le mérite individuel, la projection dans l'avenir – et favorisent le choix des études courtes et les abandons en cours de route. Ces mêmes études, ou d'autres menées parallèlement, soulignent que ces enfants sont également défavorisés face à l'École parce que leur socialisation familiale ne leur a pas permis d'acquérir les savoirs et les savoir-faire requis explicitement ou implicitement par l'institution scolaire, notamment dans le domaine du langage. Enfin, de nombreux travaux se sont intéressés aux méthodes éducatives de différentes catégories de familles. Certains concluent à l'existence de styles éducatifs parentaux (tel le style « cohésif » caractérisé par un fort degré de contrôle parental et par une grande chaleur affective entre parents et enfants) qui semblent conduire à des meilleurs résultats scolaires quel que soit le style de l'enseignant ; d'autres montrent que ce sont surtout les différences entre les styles éducatifs parentaux et les styles pédagogiques des maîtres qui expliquent les difficultés scolaires des enfants.

Ces travaux ont donné lieu à de vifs débats, qui sont loin d'être clos, entre les chercheurs qui soutiennent que certaines dimensions de leur socialisation familiale initiale infériorisent véritablement les enfants de milieu populaire et ceux qui soulignent que c'est surtout l'École qui est en cause puisque, à travers les choix qu'elle opère en termes de contenus d'enseignement ou de pédagogie, elle transforme en handicaps les différences entre élèves. Il faut néanmoins noter que les cadres théoriques et les méthodes de travail des chercheurs travaillant dans ce domaine se sont profondément transformés depuis plus d'une vingtaine d'années. Les premiers travaux – dont certains s'appuyaient sur une faible base empirique – s'intéressaient exclusivement à la variable « origine sociale » pour établir des différences entre les familles, qui étaient perçues essentiellement comme des espaces de reproduction de l'ordre social. Les travaux plus récents analysent d'autres facteurs susceptibles d'introduire des variations (l'habitat rural ou urbain, l'appartenance générationnelle, l'insertion dans des réseaux professionnels, associatifs, politiques ou religieux), ainsi que l'effet d'autres variables internes au groupe familial, comme sa composition (familles monoparentales, recomposées, etc.). Renonçant à établir une analyse en termes de correspondance entre la socialisation familiale et la socialisation scolaire, ces travaux s'attachent davantage à étudier les différents modes d'articulation entre les visées et les pratiques familiales, d'une part, et les attentes et les pratiques des maîtres, d'autre part.

L'accompagnement familial de la scolarité

Aussi importante soit-elle, la socialisation familiale initiale n'est qu'une dimension de la relation Famille/École. Les transformations du système social et du système scolaire exigent aujourd'hui un accompagnement familial plus intense de la carrière scolaire de l'enfant qui réduit encore plus la capacité de l'école à fonctionner de façon méritocratique. Cet accompagnement comprend plusieurs facettes, depuis le suivi quotidien des devoirs à la maison, les échanges avec les enseignants et le choix des filières et des options jusqu'au soutien scolaire moins direct que constituent les activités culturelles et sportives des enfants, à la maison ou à l'extérieur. Malgré une évolution générale vers une plus grande mobilisation familiale dans ce domaine, des différences importantes demeurent entre les familles appartenant à différentes catégories sociales. Ces différences s'expliquent par des inégalités en matière de ressources financières culturelles et sociales, dont l'impact est très visible dans deux domaines devenus cruciaux aujourd'hui : le recours aux cours particuliers et le choix des établissements. Dans ces deux cas, l'argent, l'accès à l'information et la capacité d'anticipation ainsi que les réseaux d'interconnaissance creusent les écarts non seulement aux extrêmes, mais aussi entre les classes supérieures et les classes moyennes.

Les différences entre catégories sociales s'expliquent aussi, cependant, par l'existence de perceptions diverses de la division du travail éducatif entre l'École et la maison. Les enquêtes sociologiques montrent en effet que les familles des classes supérieures et des classes moyennes estiment que l'éducation des enfants nécessite un travail commun enseignants/parents, alors que la majorité des familles populaires conçoivent l'École comme une entité distincte où la transmission des connaissances et l'inculcation d'une discipline doivent se faire indépendamment de la maison. On perçoit clairement ces différences à travers la fréquence des échanges avec les enseignants, et le sens qui leur est attribué chez différentes catégories de familles. Les parents des classes supérieures sont moins dépendants des enseignants car ils disposent d'autres ressources à l'intérieur ou à l'extérieur du système scolaire pour influer sur la scolarité de leurs enfants. Ils n'en sont pas moins demandeurs de rencontres individuelles ou collectives avec les enseignants, qui les perçoivent souvent comme étant « trop interventionnistes » ou, *a contrario*, « trop désinvoltes ». Les parents des classes moyennes entretiennent beaucoup plus souvent de bonnes relations avec les enseignants en raison de leur proximité sociale avec ces derniers, mais aussi du fait qu'ils se plient volontiers au rôle de « bon parent », cherchant autant à échanger des informations qu'à produire une bonne impression. À l'opposé, les parents de milieu populaire, et parmi eux, davantage encore, les parents immigrés, sont le plus souvent décrits par les enseignants comme mal à l'aise dans les situations d'interaction, quand ils ne sont pas absents. Seules les familles porteuses d'un projet de réussite scolaire recherchent une alliance stratégique avec les enseignants, mais celle-ci demeure fragile et semble s'estomper au niveau de l'enseignement secondaire.

L'action collective des familles dans les établissements scolaires

Historiquement, le système centralisé français a écarté les familles de la conception, la gestion et la surveillance des institutions scolaires. L'émergence des parents en tant qu'acteurs collectifs commence timidement au début du XXe siècle avec l'apparition des premières associations de parents d'élèves dans l'enseignement secondaire. Il faudra attendre le lendemain de la Seconde Guerre mondiale pour que les parents puissent participer de façon très modeste à la gestion des établissements scolaires. Les réformes des trente dernières années, y compris la décentralisation, n'ont pas profondément altéré cet état de fait, même si les établissements ont davantage aujourd'hui la possibilité de développer des politiques autonomes en direction des familles. De fait, alors que se développe l'accompagnement familial des scolarités individuelles, on observe une désaffection progressive des familles à l'égard des associations de parents et des structures de concertation (conseils d'école, conseils de classe, conseils d'administration) dans les établissements scolaires.

Ce désinvestissement s'explique d'abord par les limites institutionnelles et les résistances des enseignants, mais également par l'évolution du rapport des familles à la scolarité : d'une part, l'importance prise par la réussite scolaire conduit les familles à se situer dans une logique de concurrence par rapport à d'autres familles et donc à développer des stratégies de suivi scolaire strictement individualistes ; d'autre part, la mixité sociale et ethnique induite par la démocratisation de l'enseignement dans les établissements scolaires conduit les familles soucieuses d'assurer une « bonne éducation » à leurs enfants à développer des stratégies de socialisation ségrégatives. Ces deux logiques s'opposent à l'émergence de stratégies collectives parentales, et rendent très difficile le travail de médiation des associations de parents d'élèves. Celles-ci, apparues dans un contexte social et scolaire fort différent, semblent avoir des difficultés à s'adapter aux transformations des établissements d'enseignement et des logiques familiales, à l'exception peut-être des associations indépendantes implantées majoritairement dans des écoles favorisées, et qui fonctionnent comme des groupes de pression. Enfin, le rôle des parents est également mis en cause actuellement dans les établissements d'enseignement secondaire, notamment dans les lycées, par les revendications d'autonomie des jeunes et par les nouveaux droits collectifs qui leur ont été octroyés.

Agnès van Zanten

▸ Bibliographie

BARTHÉLÉMY M., « Des militants de l'école : les associations de parents d'élèves en France », *Revue française de sociologie*, vol. 36, 1995, p. 439-472.

BERNIER L., SINGLY F. de (coord.), « Famille et école », *Lien social et politiques-RIAC*, n° 35, 1996.

DUTERCQ Y., « Une partie inégale : les interventions publiques des parents d'élèves », *Politix*, n° 31, 1995.

LAHIRE B., *Tableaux de familles : heurs et malheurs scolaires dans les milieux populaires*, Paris, Gallimard/Le Seuil, 1995.

MIGEOT-ALVARADO J., *La Relation école-familles : « peut mieux faire »*, Issy-les-Moulineaux, ESF, 2000.

TERRAIL J.-P., « La Sociologie des interactions famille-école », *Sociétés contemporaines*, n° 25, 1997.

THIN D., *Quartiers populaires : l'école et les familles*, Lyon, PUL, 1998.

VAN ZANTEN A. (coord.), « Les Classes moyennes, l'école et la ville : la reproduction renouvelée », *Éducation et sociétés*, n° 14, 2004.

VAN ZANTEN A., « Stratégies utilitaristes et stratégies identitaires des parents vis-à-vis de l'école : une relecture critique des analyses sociologiques », *Lien social et politiques-RIAC*, n° 35, 1996.

▸ Voir aussi

Accompagnement scolaire – Échec scolaire – Familiale (Éducation) – Famille – Médiation – Parentale (Éducation) – Parents – Parents d'élèves – Socialisation – Sociologie de l'éducation – Sociologie de l'enfance.

RELATION PARENTS/ENFANTS

La trilogie « père/mère/enfant », qui a pu apparaître comme un référent immuable de l'humanité – tout enfant naît d'un père et d'une mère –, se sait aujourd'hui structure mobile et incertaine. Les certitudes biologiques sont mises en cause par les progrès scientifiques. Comme le note France Quéré, il est désormais techniquement possible qu'une femme porte en elle un enfant de ses grands-parents ou qu'un enfant ait trois mères : l'une génitrice, l'autre porteuse, la troisième éducatrice. Tout cela suscite une confusion, inscrite elle-même dans un contexte d'évolution rapide des représentations et des rôles de chacun.

Jusqu'au XIXe siècle, l'*enfant* a été marqué par sa fragilité et considéré comme un adulte en miniature. Un monde à sa mesure lui a été progressivement proposé mais on assiste, en ce début du XXIe siècle, à un mouvement inverse : l'enfant est incité à être précocement autonome et responsable. Après avoir été infantilisé, il est aujourd'hui « adultisé ». « Roi », prescripteur et consommateur, il est aussi cette « personne à part entière » qui bien souvent redonne sens aux adultes surinformés et sans repères qui l'entourent. C'est l'adolescence et la postadolescence qui sont désormais objets d'intérêt et d'études. Incarnant les « valeurs jeunes » valorisées par la société occidentale, les adolescents sont au cœur de l'ambivalence des adultes : simultanément admirés, imités, enviés et rejetés.

Les *mères* sont devenues en quelques dizaines d'années – comme les hommes – citoyennes à part entière par leurs emplois, leurs ressources, leurs droits et devoirs ; plus seulement mères, mais aussi femmes. Grâce à la contraception, elles ont obtenu la maîtrise de la fécondité. Ces changements ont fragilisé le couple parental : moins de mariages, plus de divorces et de concubinages, multiplication des familles monoparentales (c'est-à-dire, le plus souvent, « sans père »).

Les *pères* apparaissent aujourd'hui comme les grands « perdants » de ces mouvements. Détenteur, il y a un siècle encore, d'une autorité incontestée sur sa famille, le *pater familias* a vu son importance progressivement réduite par les lois, par les femmes, par les enfants eux-mêmes, encouragés à s'exprimer et protégés par les très nombreux spécialistes qui les entourent. L'extension actuelle du chômage les atteint dans ce qui restait de leur fonction familiale. Aujourd'hui, les « psy » comme les juristes s'inquiètent de cette « absence » des pères. Ils rappellent la nécessaire fonction tierce du père qui limite la fusion mère/enfant, et introduit la différenciation. Aux États-Unis, les hommes s'organisent en « mouvement de libération », équivalent de ceux qui rassemblaient les femmes dans les années 1970. De plus en plus, les pères séparés revendiquent leurs droits à assumer leur paternité au même titre que les mères, et les textes juridiques évoluent en ce sens.

Les risques émergents pour les enfants – en particulier lorsqu'ils sont élevés par un parent seul – sont l'absence de frustration et la fusion qui les enferme dans un monde clos où ils se retrouvent confesseurs ou antidépresseurs de leur(s) parent(s).

Il apparaît donc que les *relations parents/enfants* ont à la fois très peu et beaucoup changé.

Les *relations familiales ont peu changé* sur le fond. Les théories psychanalytiques insistent sur l'universalité de « l'Œdipe » qui fonde les familles et les personnes, permettant le passage du deux au trois, introduisant avec le langage l'ordre imaginaire et l'ordre symbolique. Selon cette approche, ce n'est pas tant le réel qui importe, mais les fonctions symboliques différentes de père et de mère qui doivent être assumées pour que l'enfant puisse grandir.

Par contre, les *relations familiales ont beaucoup évolué* dans leur forme. Le modèle vertical où régnait l'autorité incontestée du père a été supplanté par un modèle horizontal où l'autorité est partagée et peut être contestée par tous. Démocratie et individuation sont entrées dans les familles : chacun revendique ses droits (au risque d'oublier ses devoirs) à s'exprimer et être entendu, à satisfaire ses propres besoins. À l'éducation répressive a succédé l'éducation « positive », plus égalitaire mais moins porteuse d'emblée d'un ordre rassurant. Fonction parentale et fonction conjugale se sont dissociées, transformant souvent les familles en deux couples parent/enfant au lieu du triangle père/mère/enfant. L'institutionnalisation du PACS, l'existence de couples homosexuels et leur revendication pour que soit admise l'homoparentalité complexifient encore le paysage.

Les *spécialistes de l'enfance et de la famille* se sont multipliés en même temps que se réduisaient et se fragilisaient les familles, leurs clients. Ces nombreux professionnels, dont la tâche est de compenser ou de combler les carences familiales, ont pu simultanément produire ces carences. Ils sont passés d'un sentiment de toute puissance – ils allaient réussir là où les parents, démissionnaires ou démissionnés, ne pouvaient qu'échouer – aux mêmes questionnements et incertitudes que les parents. Comme eux, ils se disent épuisés et désemparés. Pour assumer au mieux leurs responsabilités éducatives, parents et professionnels de l'éducation découvrent aujourd'hui la nécessité de coéduquer. C'est un art difficile qui exige de sortir de la défiance et de la disqualification réciproques, d'identifier les complémentarités et d'instaurer un dialogue respectueux des différences et suffisamment confiant.

Martine Gruère-Arnaud

▸ Bibliographie

CYRULNIK B., *Sous le signe du lien : une histoire naturelle de l'attachement,* Paris, Hachette, 1997.

GUILBERT D., *Et si l'autorité, c'était la liberté ?*, Paris, La Martinière, 2001.

JEAMMET P., GRUÈRE M. (dir.), *Construire un adulte, pour un partenariat entre parents et professionnels*, Paris, Bayard, coll. « Païdos », 1998.

KELLERHALS J., MONTANDON C., *Les Stratégies éducatives des familles : milieu social, dynamique familiale et éducation des préadolescents,* Lonay, Delachaux et Niestlé, 1991.
QUÉRÉ F., *L'Éthique et la vie,* Paris, Le Seuil, coll. « Points », 1992.

► Voir aussi
Enfance – Familiale (Éducation) – Famille – Fratrie – Maltraitrance de l'enfant – Parentale (Éducation) – Parents – Relation Famille/École – Socialisation.

RELIGIEUSE (ÉDUCATION)

L'expression « éducation religieuse » désigne l'ensemble des opérations pédagogiques ayant pour objectif la formation des enfants et des jeunes dans le domaine religieux. Ces opérations relèvent aussi bien du discours, tel l'enseignement proprement dit des choses de la religion – on parle alors d'« enseignement religieux » ou d'« instruction religieuse » –, que des pratiques ayant pour but la formation de la personnalité spirituelle – on utilise les expressions de « pédagogie religieuse », d'« éducation » ou de « formation spirituelle ». Le domaine de l'éducation religieuse s'articule ainsi entre deux pôles : celui du savoir et celui des pratiques de formation. Le mot « catéchèse », remis en honneur en 1950, recouvre l'une et l'autre dimensions.

Une histoire liée à l'avènement du monde moderne

Le mot « catéchisme » (Luther, 1529), qui a précédé « éducation religieuse », connote davantage la première dimension. En effet, dans l'Occident chrétien, depuis la Réforme, l'éducation religieuse, tant protestante que catholique, revêt le caractère systématique du catéchisme. Le mot désigne à la fois un texte, une organisation et une méthode. Le texte se présente sous forme d'un petit livre qui propose, de manière succincte, le plus souvent sous forme de questions/réponses, une vision complète et ordonnée de la doctrine. L'organisation rend l'enseignement, exercé par les ministres patentés, obligatoire pour tous. La méthode consiste à apprendre, à comprendre et à mémoriser le texte. Le catéchisme a été, pendant quatre siècles, l'un des principaux instruments de formation de l'ensemble des populations en Europe ainsi que dans les territoires où s'est étendue son influence. Dans les mentalités collectives, il demeure le symbole de l'enseignement d'autorité.

Au début du XXe siècle, les méthodes actives font leur entrée dans le domaine de l'éducation religieuse. La *Méthode de Munich* introduit le principe de l'induction. S'élaborent alors des pédagogies nouvelles de la religion, empruntant aux méthodes actives les principes d'activité, d'intérêt et de progression. À partir des années 1950, un tel courant, né en Europe, se diffuse dans le monde entier, marqué par la fondation d'instituts de formation et l'organisation de congrès internationaux. Apparaît ainsi une recherche en pédagogie religieuse qui tente de faire son profit des recherches multiples en cours : pédagogie active, pédagogie de groupe, pédagogie par objectifs, etc.

Une évolution qui suscite des conflits

Une telle efflorescence ne manque pas de susciter des problèmes. L'essentiel de ceux-ci ont trait à la question de l'harmonisation des méthodes nouvelles en pédagogie, qui sont de type inductif et actif, avec la conception d'un contenu doctrinal qui demeure conçu comme s'imposant d'autorité. Deux conceptions pédagogiques, correspondant à deux anthropologies ainsi qu'à des approches différentes de la religion, s'affrontent et se combinent.

La première, attentive à l'aspect objectif du donné religieux, met en relief son caractère de savoir dogmatique, proposé dans des énoncés de doctrine et des normes morales, fixé dans des formes rituelles relevant de l'autorité. L'éducation religieuse est alors conçue comme la transmission et l'assimilation de ces données par le moyen d'un discours technique et abstrait qui vulgarise le discours savant des théologiens. Elle insiste sur la connaissance verbale, le primat de l'explication, la mémorisation du texte. Elle vise à la formation d'une personnalité correspondant à l'homme des sociétés classiques. La seconde, attentive au sujet croyant destinataire de la formation religieuse, se construit par un discours de type historique et biblique. Elle donne le primat à l'expérience, propose une place plus grande à l'affectivité et table sur un développement de la démarche symbolique. L'éducation religieuse se définit alors comme interprétation de l'expérience, initiation à l'écoute d'une parole qui fait vivre, apprentissage d'une tradition dans une communauté. Paradoxalement, la première introduit à une vision rationalisée de l'homme et du monde qui rejoint le travail fait à l'école, travail de lutte contre la magie et l'irrationalité, tandis que la seconde, attentive aux nouvelles images de l'homme et du monde, rejoint les requêtes des sociétés contemporaines. De l'un à l'autre pôle, les initiatives d'éducation religieuse oscillent, accentuant tantôt l'un tantôt l'autre, sans pouvoir trancher, chacun des deux se réclamant légitimement de la tradition religieuse.

Une diversification des formes

Dans le même temps, on assiste à une diversification des formes sociales de l'éducation religieuse. Pour les enfants, chaque semaine, un temps libre demeure réservé pour le catéchisme. Celui-ci relève habituellement des paroisses, avec le cas particulier de l'Alsace et de la Moselle, où, du fait du statut concordataire, il s'intègre dans les programmes scolaires. Le catéchisme conduit souvent, dans les paroisses catholiques, à la célébration de la « communion solennelle » (ou profession de foi), traditionnelle et populaire depuis le XVIIe siècle.

Mais l'éducation religieuse concerne également les jeunes et les adultes. Dans l'univers chrétien, depuis le début du XXe siècle, les « mouvements de jeunes » sont devenus le lieu privilégié d'une réflexion sur la destinée humaine et la vie en société. Véritables laboratoires pédagogiques, des expériences multiples y prennent place, engendrant de nouvelles façons de vivre et de nouvelles formes de discours. Une catéchèse des jeunes se développe, attentive à la nouveauté des situations et des interrogations. Elle est souvent orientée vers le rite de la confirmation, qui apparaît comme le rite de l'engagement religieux de l'adolescence.

La formation religieuse des adultes s'adresse à eux au titre d'une formation première au baptême. Le catéchuménat des adultes remet à l'honneur des formes pédagogiques anciennes qui font de la formation des adultes au baptême un itinéraire d'initiation destiné à les intégrer à la communauté en même temps qu'à leur permettre l'apprentissage de l'existence croyante. Parallèlement, les différentes traditions religieuses multiplient, sous des formes variées, les expériences de formation religieuse permanente des adultes, allant de cours du soir aux degrés d'études supérieures dans les centres théologiques. La formation religieuse devient ainsi, pour beaucoup d'hommes et de femmes dans nos sociétés, l'un des lieux privilégiés d'identification.

De nouvelles interrogations

À côté de la formation religieuse proprement dite, qualifiée parfois de « confessionnelle » et qui relève des institutions religieuses, apparaît aujourd'hui une autre requête, celle d'une « culture religieuse » à disposition de tous. En effet, l'évolution de la société sécularisée, en même temps que la disparition des coutumes liées à la dominance d'une même religion, conduisent à penser autrement la place de la religion dans la société. Désormais, ce n'est plus seulement au nom de la tradition religieuse, mais aussi au nom de la tradition culturelle que se pose dans nos pays la question d'une culture religieuse, c'est-à-dire d'une connaissance des choses de la religion qui permette, quelles que soient les convictions personnelles des individus, de reconnaître et d'apprécier ce que l'histoire a légué. Une grande partie du patrimoine littéraire ou artistique d'un pays comme la France demeure incompréhensible pour quiconque ne possède pas les éléments fondamentaux d'une connaissance du christianisme. Articles, colloques et rencontres se multiplient sur ce point et de nombreuses initiatives apparaissent.

Cette culture religieuse n'est pas seulement ouverte à la tradition chrétienne, mais, dans les sociétés pluralistes, elle se doit de faire place à l'histoire des religions, qu'il s'agisse des religions historiques qui ont modelé le monde méditerranéen (judaïsme, christianisme et islam), qu'il s'agisse des religions des autres populations de la planète (religions amérindiennes, africaines et orientales). Le « rapport Debray », rédigé en 2002 à la demande du ministre de l'Éducation nationale, offre un diagnostic, des analyses et des propositions concernant « l'enseignement du fait religieux dans l'École laïque ». Il conduit à un certain nombre d'initiatives en cours concernant la formation.

Dans la mesure où la connaissance de la dimension religieuse des êtres et des sociétés humaines prend place dans la culture, elle conduit à une redistribution des rôles et à une redéfinition de ce qu'était la place reconnue des Églises. La disparition de leur monopole de discours quant aux choses de l'invisible ainsi que la nécessité de situer leur spécificité face à des phénomènes nouveaux de mobilité religieuse et de syncrétisme, dans une société pluraliste, conduisent à repenser sans cesse l'éducation religieuse.

Jacques Audinet

▸ Bibliographie

Adler G., Vogeleisen G., *Un siècle de catéchèse en France (1893-1980) : histoire, déplacement, enjeux,* Paris, Beauchesne, 1981.

Collectif, *Enseigner l'histoire des religions,* actes du colloque des 20-21 nov. 1991, Besançon, CRDP, 1992.

Debray R., *L'Enseignement du fait religieux dans l'École laïque,* rapport au ministre de l'Éducation nationale, Paris, Odile Jacob, 2002.

Dhotel J.-C., *Les Origines du catéchisme moderne, d'après les premiers manuels imprimés en France,* Paris, Desclée de Brouwer, 1967.

Hervieu-Léger D., *La Religion au lycée : conférences au lycée Buffon (1989-1990),* Paris, Cerf, 1990.

Lenoir P., Masquelier Y. (dir.), *L'Encyclopédie des religions,* Paris, Bayard, 2 vol., 2000.

Nouailhat R., *Le Fait religieux dans l'enseignement,* Paris, Magnard, 2000.

▸ Voir aussi

Actives (Méthodes) – Autorité – Laïcité – Morale (Éducation) – Mouvements de jeunesse – Religion et école – Valeurs.

Religion et école

Dans la plupart des sociétés, l'École a été et reste souvent un important enjeu entre les diverses instances sociales qui, d'une façon ou d'une autre, se préoccupent de la formation des jeunes et de leur éducation. L'État, les familles, les groupes religieux, les formations politiques, les entreprises : autant d'instances qui ont des ambitions éducatives et peuvent entrer en conflit dans leur volonté plus ou moins affirmée d'influencer le système scolaire, voire de le contrôler. Les relations écoles/religions dépendent de la façon dont chaque pays définit les objectifs et les contenus d'une éducation scolaire nationale ; elle est donc liée à la conception d'une identité nationale. Ce qui renvoie aux relations Églises/État d'un pays et à la dimension religieuse éventuelle de cette identité. Ainsi, en Italie, le catholicisme est-il considéré comme « un patrimoine historique », tandis qu'en Grèce, la religion orthodoxe constitue un élément important de l'identité nationale. Dans nombre de pays (Royaume-Uni, Allemagne, etc.), éducation religieuse et épanouissement spirituel des élèves sont inclus dans les objectifs même de l'éducation publique.

Même si elles acceptent de s'inscrire dans le contexte d'un État laïque et d'une société pluraliste, les religions ne se réduisent pas à des manifestations cultuelles et à des croyances et pratiques privées. Parce qu'elles ont une visée englobante qui concerne toutes les dimensions de l'existence, elles se préoccupent, en lien avec les familles, de l'éducation des jeunes. Leur impact à cet égard a été historiquement important : preuve en est le rôle qu'elles ont joué dans la formation même des écoles et la promotion de l'instruction. L'État ne s'est pas toujours préoccupé d'éducation et l'on peut retracer l'histoire de l'émergence de l'État enseignant. Il fut même un temps où l'Église était bien plus intéressée à l'éducation que l'État : à l'époque de Richelieu par exemple, on pensait que le développement de l'instruction risquait de ruiner l'agriculture et le commerce. Furet et Ozouf remarquent ainsi que « l'Église catholique, loin d'être tout uniment cette force obscurantiste intéressée à l'ignorance populaire, a animé un grand effort d'éducation élémentaire, inventé et dignifié le personnage du maître d'école, ancêtre de l'instituteur. Et s'il y a eu, dans l'ancienne société, des forces hostiles à la scolarisation du peuple, ces forces se sont généralement recrutées dans les élites administratives et politiques du royaume, et dans l'intelligentsia des Lumières » (*Lire et écrire*). On connaît la contribution importante des jésuites en matière d'éducation (dès le XVIe siècle, ils fondèrent de nombreux collèges) ainsi que l'élan donné par les Réformes protestantes à l'instruction scolaire (en 1520, Luther demandait l'ouverture dans chaque ville et village d'une école pour les garçons et d'une école pour les filles, et lorsqu'en 1536, Genève adopta la foi calviniste, elle rendit l'instruction publique obligatoire).

Plus les ambitions enseignantes de l'État s'affirmèrent, plus ces ambitions entrèrent en conflit avec celles de certains groupes religieux. Ce fut particulièrement le cas en France où, dès avant la Révolution, s'affirma, avec la fermeture des collèges jésuites en 1762, l'autorité du roi en matière d'école (édit royal de 1763). Le conflit entre l'État et l'Église catholique autour de l'école parcourt toute l'histoire moderne et contemporaine de la France. Mais le débat école laïque/école confessionnelle ne recouvre pas forcément celui qui oppose école publique et école privée. Non seulement parce qu'il y a des écoles privées non confessionnelles, mais aussi parce qu'il y a, dans de nombreux pays d'Europe – et en France, en vertu d'un statut scolaire spécifique, dans les départements d'Alsace et de Moselle –, des écoles qui, tout en étant publiques, ne sont pas laïques et dispensent des cours confessionnels de religion parmi les matières du programme scolaire officiel. Selon la Constitution fédérale de l'Allemagne (article 7), l'instruction religieuse confessionnelle est une discipline obligatoire (avec possibilité de dispense). La République allemande considère en effet que l'enseignement religieux est un élément nécessaire de l'éducation scolaire, un élément qui participe à la formation du citoyen. En Allemagne, comme dans d'autres pays d'Europe, État et Églises ont plutôt noué, en matière scolaire, des relations de coopération que des relations d'opposition.

Mais les cours de religion dispensés dans les écoles publiques en Europe tendent à évoluer vers des cours d'histoire des religions ou de cultures religieuses. Ceci en raison de l'insertion croissante de ces cours dans les objectifs éducatifs de l'école, du caractère incontournable de la « pluralisation » religieuse et philosophique des populations scolaires, enfin de l'européanisation elle-même. Ainsi, en Grande-Bretagne, se développe une *multifaith religious education*, bien que la loi de 1988 indique que l'éducation religieuse doit être principalement de caractère chrétien ; en Allemagne, des expériences cherchent à dépasser le *Religionsunterricht* confessionnel traditionnel pour un *Religionsunterricht für alle* (enseignement religieux pour tous), qui sensibiliserait les élèves à la diversité religieuse et philosophique et leur permettrait de se situer dans des sociétés pluralistes. En France, depuis le rapport du recteur Philippe Joutard (1989) sur l'insuffisante prise en compte des dimensions religieuses dans les programmes scolaires et suite au rapport de Régis Debray sur *L'Enseignement du fait religieux dans l'école laïque* (2002), il est établi qu'« une école authentiquement et sereinement laïque » doit aborder « les religions comme éléments marquants et, pour une large part, structurants de l'histoire de l'humanité, tantôt facteurs de paix et de modernité, tantôt fauteurs de discorde, de conflits meurtriers et de régression » (Jack Lang, ministre de l'Éducation nationale, 2002). En Europe, à partir d'héritages historiques et de configurations nationales différentes, des convergences se font jour vers une approche non confessionnelle des religions s'adressant à tous les élèves. Pour bien comprendre le passé et le présent des sociétés, on reconnaît de plus en plus que l'école publique doit prendre en compte les dimensions religieuses de l'histoire et des cultures : c'est l'intelligibilité même des civilisations qui est en jeu, en particulier la compréhension de leurs patrimoines architecturaux, littéraires, artistiques, philosophiques et éthiques.

Fondamentalisme ou sécularisation ?

Pour certains, la dimension religieuse de l'éducation est tellement importante que c'est la religion qui doit encadrer tout le dispositif d'enseignement, voire l'imprégner dans tous ses aspects : dans ce cas, à chaque religion (juive, catholique, protestante, musulmane, etc.) son école. Une telle option peut être appuyée par l'État si celui-ci s'identifie pleinement à une religion donnée : ainsi, en Iran, l'école est-elle profondément influencée par l'islam, conçu comme culture englobante de la société et légitimation suprême de son régime politique. Si cette option est défendue par un groupe religieux, cela peut correspondre au souhait d'une éducation religieuse traditionnelle et orthodoxe en rupture plus ou moins prononcée avec les valeurs et les normes de la société environnante (ainsi, aux États-Unis, les protestants fondamentalistes préfèrent scolariser leurs enfants dans leurs propres écoles afin qu'ils échappent à l'éducation séculière des écoles publiques, éducation qu'ils estiment moralement et religieusement dommageable). Mais la volonté d'un groupe religieux d'avoir ses propres écoles peut aussi simplement correspondre au souhait d'un enseignement parfaitement séculier dans ses contenus et dans ses méthodes, mais dispensé dans un climat éducatif particulier lié aux références religieuses du groupe.

En France, s'est produite une véritable sécularisation interne des écoles catholiques, sécularisation accentuée par le fait que le personnel enseignant est essentiellement formé de laïcs et que les contrats d'association passés avec l'État obligent ces établissements à accueillir tous les élèves, quelle que soit leur confession. Dans le cadre du respect des libertés individuelles et des principes d'ordre, de santé et de morale publiques des sociétés démocratiques, les groupes religieux sont, en Europe comme sur d'autres continents, autorisés à déployer une activité scolaire. Ainsi la *Convention européenne des droits de l'homme* déclare-t-elle : « Nul ne peut se voir refuser le droit à l'instruction. L'État, dans l'exercice des fonctions qu'il assumera dans le domaine de l'éducation et de l'enseignement, respectera le droit des parents d'assurer cette éducation et cet enseignement conformément à leurs convictions religieuses et philosophiques » (Premier Protocole additionnel, article 2).

Certains pensent que ce n'est pas une religion particulière, mais une idéologie d'État qui doit encadrer tout le dispositif d'enseignement. Cette idéologie peut être antireligieuse : ainsi, dans l'ex-URSS, l'école formait à « l'athéisme scientifique » et s'employait à critiquer les visions religieuses de l'homme et du monde. En Indonésie, le gouvernement a institué l'enseignement obligatoire d'une idéologie, l'idéologie Pancasila, qui repose notamment sur la croyance en un Dieu unique, en la justice sociale et en l'unité indonésienne. Mais la prise en charge étatique de l'école, dans les sociétés démocratiques, loin de signifier endoctrinement des esprits dans telle ou telle idéologie, signifie au contraire éducation à l'esprit critique, apprentissage des libertés individuelles et formation du citoyen. Ceci tout en respectant la liberté religieuse des élèves.

L'universalisme citoyen, tel qu'il a été conçu sur le terrain de l'école à partir d'un arrachement aux cultures particulières, a eu tendance à faire de l'école un véritable sanctuaire à l'abri des particularités. Or, cette représentation de l'école comme sanctuaire étatique séparé de la société civile a été, ces dernières décennies, fortement interrogée dans plusieurs directions. Ainsi, s'agissant des identités sociales et économiques, il y eut un fort impact des analyses de

Pierre Bourdieu indiquant que l'école reproduisait, et même accentuait, les inégalités sociales plutôt qu'elle ne les résolvait. La question des rapports de l'école à la diversité se pose également pour les langues et cultures régionales ainsi que pour les religions. En France, la loi de 1989 sur l'éducation a explicitement précisé que les élèves devaient pouvoir manifester librement leurs convictions spirituelles à l'intérieur des établissements scolaires, à condition cependant que cela se fasse sans prosélytisme ou ostentation. La laïcité de l'école est d'abord celle des professeurs et des programmes d'enseignement, elle n'interdit pas l'accueil des élèves avec leurs particularités. En adoptant le 15 mars 2004 une loi interdisant « le port de signes ou tenues par lesquels les élèves manifestent ostensiblement une appartenance religieuse », en particulier le port du « voile islamique, quel que soit le nom qu'on lui donne, la kippa ou une croix de dimension manifestement excessive » (circulaire du 18 mai 2004 relative à la mise en œuvre de la loi du 15.3.2004), la France est le seul pays d'Europe à avoir légiféré sur cette question. La question de savoir s'il s'agit ou non d'un signe religieux et l'évaluation du caractère ostentatoire d'un tel signe font l'objet de diverses interprétations. En Allemagne, le débat public a porté sur le port du foulard musulman, non par des élèves, mais par des enseignantes. En Grande-Bretagne, il a davantage porté sur le financement public d'écoles musulmanes (le souci pour le port du foulard par des élèves étant qu'il soit de la couleur de l'uniforme scolaire concerné). D'un pays à l'autre, la résonance sociale et le traitement public d'une même question, comme l'intégration au sein de l'école publique d'élèves de tradition musulmane, diffèrent, aussi bien quant à la prise en compte de la diversité culturelle des élèves que dans les modes de traitement des dimensions religieuses dans l'espace scolaire. Ce qui n'empêche pas des convergences essentielles pour préserver les missions propres d'une école publique dans des sociétés pluralistes et multiculturelles : l'éducation des élèves à la liberté et à la responsabilité.

Jean-Paul Willaime

▸ Bibliographie

Boespflug F., Dunand F., Willaime J.-P., *Pour une mémoire des religions*, Paris, La Découverte, 1996.

Collectif, « Culture religieuse et école », *Revue française de pédagogie*, n° 125, 1998.

Collectif, « Dossier école et religion », *Revue internationale d'éducation*, n° 36, 2004.

Estivalezes M., *Les Religions dans l'enseignement laïque*, Paris, PUF, 2005.

Furet F., Ozouf J., *Lire et écrire : l'alphabétisation des Français de Genève à Jules Ferry*, Paris, Éd. de Minuit, 1977.

Hervieu-Léger D. (dir.), *La Religion au lycée : conférences au lycée Buffon (1989-1990)*, Paris, Cerf, 1990.

Mely B., *De la séparation des Églises et de l'école. Mise en perspective historique : Allemagne, France, Grande-Bretagne, Italie (1789-1914)*, Paris, Éditions Page deux, 2004.

Messner F. (dir.), *La Culture religieuse à l'école*, Cerf, 1995.

Messner F., Woehrling J.-M. (dir.), *Les Statuts de l'enseignement religieux*, Paris, Cerf, 1996.

Milot M., Ouellet F., *Religion, éducation et démocratie : un enseignement culturel de la religion est-il possible ?* Paris, L'Harmattan, 1997.

Ouellet F. (dir.), *Quelle formation pour l'éducation à la religion ?* Québec, Les Presses de l'université Laval, 2005.

Willaime J.-P. (dir.), *École et religions en Europe*, Paris, Belin, 2005.

Willaime J.-P., *Europe et religions : les enjeux du XXIe siècle*, Paris, Fayard, 2004.

Willaime J.-P. (dir.), *Univers scolaires et religions*, Paris, Cerf, 1990.

▸ Voir aussi

Endoctrinement – Laïcité – Religieuse (Éducation) – Théologie et éducation.

Représentation

« Représenter ou se représenter correspond à un acte de pensée par lequel un sujet se rapporte à un objet » (Jodelet, 2003). Il n'y a pas de représentation sans objet, quel qu'il soit, réel ou imaginaire, présent, absent, mythique. Représenter un objet, c'est le reconstruire et l'interpréter pour le rendre intelligible. Il faut considérer le sujet non pas dans une perspective purement clinique, mais aussi tenir compte de ses appartenances sociales et culturelles. C'est pour bien marquer la dimension sociale des processus cognitifs mis en jeu que l'on parle le plus fréquemment de représentation *sociale,* signalant ainsi une approche interdisciplinaire.

La notion de représentation sociale, considérée comme « une forme de connaissance socialement élaborée et partagée [...] concourant à la construction d'une réalité commune à un ensemble social » (Jodelet, 2003), est une notion centrale pour toute étude de situations ou de processus interactionnels : interactions multiples entre les individus, les groupes, les institutions ; interactions, plus subtiles parfois, entre les idées et les faits, les discours et les pratiques. La représentation implique une activité à la fois cognitive et sociale qui fonde sa nature interdisciplinaire et explique « sa position mixte au carrefour d'une série de concepts sociologiques et de concepts psychologiques » (Moscovici, 2003). C'est sans doute sa fonction médiatrice qui explique l'essor et la diversité des travaux qui font appel à cette notion en sciences sociales. Dès lors que l'on tente d'échapper au réductionnisme du couple stimulus/réponse, on pourrait dire que rien de ce qui est humain ne peut être analysé et compris sans faire appel à la notion de représentation. Il revient à Moscovici d'avoir exhumé cette notion de l'héritage durkheimien, d'avoir opéré le passage des représentations collectives aux représentations sociales et d'ouvrir ainsi, à travers le développement de la psychologie sociale, la voie de l'interdisciplinarité.

Pas d'interactions sans représentations

Tout acte éducatif se situe dans des processus d'interactions : interactions multiples entre des individus, des groupes, des institutions. Ces interactions présupposent des représentations de l'éducation et du système éducatif, de sa mission humaniste, sociale, morale, politique, économique. L'éducation obéit à une double nécessité : idéologique et pragmatique. Elle est sans cesse sollicitée par l'urgence de la vie quotidienne qui s'exprime autant dans la relation maître/élève que dans les rapports école/société. Le champ éducatif est donc traversé par des courants d'idées contradictoires et se trouve constamment l'objet de nombreux enjeux sociaux. C'est un terrain d'étude pour comprendre comment s'élaborent, s'organisent et s'affrontent des représentations sociales qui constituent une médiation essentielle dans les rapports entre le système éducatif et la société.

Avec des connotations qui leur sont spécifiques, les représentations de l'éducation sont à la fois références et produits du système éducatif et des interactions mises en jeu. Cette double signification se lit à tous les niveaux de l'interaction ; trois exemples pris à des niveaux différents peuvent en témoigner.

- Les règles qui régissent et transforment le système éducatif tentent de mettre en œuvre certaines représentations de l'homme et de la société. C'est tout le problème que posait Gaston Berger en insistant sur la dimension prospective de l'éducation : quel homme futur faut-il former, à partir de l'enfant présent, et pour quelle société future dont on maîtrise de moins en moins le rythme des transformations ? Il est bien évident que les réponses à ces questions ne peuvent être que fort nombreuses et reflètent les tensions et les contradictions qui traversent les rapports de pouvoirs entre les classes et les groupes sociaux. Les représentations dominantes, c'est-à-dire celles qui prendront le pas sur les autres et qui émanent des groupes de pression (politiques, syndicaux, économiques, culturels), légitimeront les réformes, les contenus didactiques, les règles de la vie scolaire.
- Les stratégies familiales vis-à-vis de l'école dépendent très largement des représentations que les parents se font du rôle de l'école dans le devenir de leurs enfants. Ces représentations sont très liées à l'appartenance socioculturelle et à l'histoire personnelle des parents.
- Dans la relation maître/élève, il faut insister

sur le rôle des représentations comme référents souvent implicites. Attribuer une note, émettre un jugement de valeur, récompenser ou punir, décider de l'orientation d'un enfant sont autant d'actions qui s'effectuent en référence à des représentations, par exemple, du niveau, de l'image du bon élève dont on sait qu'il renvoie autant à l'image de l'autre (l'élève) qu'à l'image de soi (l'enseignant). Toutes les recherches plus récentes sur l'importance du milieu familial dans la relation maître/élève ne font qu'accroître l'importance de l'étude des représentations sociales dans le champ de l'éducation. Celle-ci culmine sans doute actuellement dans le débat sur le rôle de l'École dans la production et la reproduction des inégalités sociales, qui prend une acuité particulière dans la lutte contre l'échec scolaire.

La valeur normative des représentations

Les représentations de l'éducation possèdent certaines caractéristiques dont on peut penser qu'elles sont autant de spécificités. Tout système éducatif se construit en référence à des valeurs, des finalités dont on exprime surtout les intentions humanistes et morales. On lui prête l'idéal de contribuer à former un homme meilleur, pour une société meilleure. En devenant à la fois un droit et une obligation, l'éducation s'est inscrite dans les normes sociales. La représentation acquiert alors une très grande stabilité et se fige dans le modèle, voire le stéréotype. Le substrat moral de la représentation dans le champ de l'éducation rend cette dernière très résistante au changement. La multiplicité des réformes est-elle en contradiction avec cette stabilité, ou bien est-elle imputable à celle-ci ? On peut supposer que la difficulté d'appliquer ces réformes, les diverses manières dont s'organise la résistance à l'intérieur et à l'extérieur de l'école expliquent pour une part la fréquence des efforts de changement.

La prise en compte des représentations dans la recherche en éducation assure la médiation entre les idées et les faits, les intentions et les pratiques, et ouvre à l'analyse les dimensions de l'implicite en le reliant aux conditions psychosociologiques qui le forment et l'informent. C'est ainsi que les représentations acquièrent une valeur explicative de faits observés empiriquement, ou de résultats statistiques. Pour prendre un exemple, intéressons nous à la scolarisation des filles. De très nombreuses études statistiques montrent qu'en France, comme dans le reste du monde, les filles ont de meilleurs résultats scolaires que les garçons, mais qu'elles en tirent moins de profit. Le paradoxe une fois mis à jour, on peut dire que l'abondance du recours aux statistiques ne fait qu'aboutir au constat des limites de la percée des filles dans le système scolaire. Pour rechercher les causes des freins à cette ascension, il faut se tourner vers des études qualitatives, portant sur la permanence et la transmission entre les générations des stéréotypes de sexe. Les filles seraient moins conditionnées par les exigences de la réussite professionnelle, et resteraient plus conditionnées par les modèles de comportement traditionnellement associés au statut familial et social de la femme. Pour les garçons, il y aurait, au contraire, une tendance à survaloriser les performances scolaires. L'étude des représentations sociales permet ainsi d'expliquer ce qui n'était que paradoxe à la lumière des chiffres.

On voit bien, par cet exemple, la place et le rôle des représentations sociales dans les faits d'éducation : elles permettent le passage du descriptif à l'explicatif, elles complètent les études sociographiques ou statistiques, comblent les lacunes constatées entre l'analyse macrosociologique et l'analyse microsociologique qui tente de tenir compte des multiples appartenances sociales de chaque sujet. La représentation sociale constitue un concept fondateur de la psychosociologie, tout en permettant d'établir des liaisons entre la psychologie, la psychanalyse et la sociologie.

Changer les représentations dans l'École

L'étude des représentations sociales dans le champ éducatif requiert des méthodologies spécifiques. Par leur fonction essentiellement médiatrice, elles mettent en communication différents codes et sont indissociables du langage qui est le lieu où on peut les saisir, au moment même où elles deviennent exprimables, compréhensibles par autrui. Le moment de cette conscientisation se fixe dans le discours écrit, véritable mémoire des représentations. La manifestation de l'inconscient à travers les formes de l'expression orale ou écrite, l'usage différencié des modes de communication qui mettent en jeu et en scène la représentation de soi et d'autrui conduisent à des glissements de signification repérables dans le déroulement d'un discours ou d'un récit. Le langage sous toutes ses formes révèle, véhicule et crée des représentations dont les modalités d'expression et les significations s'insèrent dans le contexte social de sa production et de son usage. Toutes les méthodologies utilisées pour les étudier auront comme souci majeur de lier représentations, discours, pratiques et valeurs ; elles feront largement appel aux techniques d'analyse qualitative : questions ouvertes plutôt que questionnaire fermé et précodé ; analyse du déroulement, des articulations, des connotations d'un récit plutôt qu'analyse de contenu ; prise en compte des ruptures, des ratés, des silences, c'est-à-dire tout ce qui bouleverse la structure d'un discours conscient par l'irruption parasite de l'inexprimable, etc.

Grâce à ces méthodologies, il est possible désormais d'opérer des distinctions entre, d'un côté, les discours sur l'éducation et l'institution scolaire tenus par les différents partenaires concernés et, de l'autre côté, les discours des sciences humaines et sociales sur l'éducation (Gilly, 1991). Actuellement, depuis son poste d'observation, chacun s'interroge sur les liens qui peuvent exister entre les inégalités sociales et les inégalités scolaires, dénonçant, sans pouvoir le réduire, le paradoxe résultant de la vocation affirmée de l'École dans le processus de démocratisation et son fonctionnement inégalitaire. À partir des constats, sans cesse renouvelés par les statistiques et les études de trajectoires scolaires, de l'impuissance du système éducatif à réduire les inégalités sociales, on a vu évoluer les représentations de l'enfant, de l'élève et de son milieu familial, sous l'influence de la critique de l'idéologie du don par les sociologues, de l'inégalité de l'intelligence par les biologistes. Le discours scientifique a ainsi poussé à une transformation de la fonction sociale de l'école, celle-ci s'efforçant de renoncer à sa fonction sélective afin de mieux prendre en compte les différences culturelles, économiques et sociales de tous les enfants. Le discours scientifique a légitimé la prédominance d'une représentation de l'enfant plus centrée sur ses conditions de vie que sur l'enfant lui-même, ce qui a cautionné la tentation de rejeter hors de l'école les causes de l'échec scolaire, retardant ainsi la mise en doute de l'efficacité des pratiques pédagogiques. La manière dont le discours scientifique est utilisé comme procédure de légitimation de l'action ouvre un vaste champ à l'étude des représentations sociales en éducation.

Les fonctions identitaires des représentations

Outre la fonction de connaissances partagées, les représentations constituent un référent identitaire commun aux membres d'un groupe professionnel en permettant la sauvegarde de sa spécificité. Les enseignants ou les formateurs se définissent en élaborant des représentations sociales de leur métier ; ils articulent des représentations d'eux-mêmes dans l'exercice professionnel (compétences attendues, rôles prescrits), et des représentations des partenaires de la situation (niveau requis des élèves, statuts des pairs, pression des parents). Ils interprètent les informations nouvelles et les situations peu familières à l'aide des codes de la culture du groupe professionnel.

Dans ce cadre, les fonctions identitaires interviennent pour consolider la cohésion entre pairs et pour maintenir une image positive du groupe d'appartenance (Lautier, 2001). Elles assurent aux représentions sociales du métier des modèles pour l'action. Mais on interroge également la relation représentations/pratiques : si les représentions interviennent en amont comme guide de l'action professionnelle, elles interviennent également en aval pour expliquer et justifier les conduites adoptées. Autrement dit, si les représentations partagées influencent les pratiques, les pratiques peuvent, à leur tour, participer à l'élaboration et surtout aux changements de certaines représentations (Abric, 1994). C'est une perspective fort pertinente pour éclairer la question des transformations du système éducatif.

Nicole Lautier
Suzanne Mollo-Bouvier

▸ Bibliographie

ABRIC J.-C. (dir.), *Pratiques sociales et représentations,* Paris, 1994, rééd., 2001.

BERGER G., *L'Homme moderne et son éducation,* Paris, PUF, 1962.

GILLY M., « Les Représentations sociales dans le champ éducatif », *in* Jodelet D. (dir.), *Les Représentations sociales*, Paris PUF, 2e éd., 1991, p. 363-386.

JODELET D. (dir.), *Les Représentations sociales,* Paris, PUF, 7e éd., 2003.

LAUTIER N., *Psychosociologie de l'éducation : regard sur les situations d'enseignement,* Paris, Armand Colin, 2001.

MOLLO-BOUVIER S., *La Sélection implicite à l'école,* Paris, PUF, 1986.

MOSCONI N., *Femmes et savoirs. La société, l'école et la division sexuelle des savoirs*, Paris, L'Harmattan, 1994.

MOSCONI N., *La Mixité dans l'enseignement secondaire : un faux-semblant ?*, Paris, PUF, 1989.

MOSCOVICI S., HEWSTONE M., « De la science au sens commun », *in* Moscovici S. (éd.), *Psychologie sociale*, Paris, PUF, 2003.

▸ Voir aussi

Démocratisation de l'enseignement – Éducation – Psychologie sociale – Psychosociologie et formation – Relation Famille/École – Sélection – Sociologie de l'éducation – Valeurs.

RÉSEAU D'ÉTABLISSEMENTS

Depuis le début des années 1990, le concept et le modèle du réseau a connu une grande diffusion dans le champ éducatif. La diversité des formes et des usages qui correspondent à ce paradigme en témoigne. Ont été promus aussi bien les réseaux d'aide aux élèves et aux personnels en difficulté que les réseaux d'écoles et d'établissements. Ces dispositifs se sont vu prescrire des fonctions multiples : formation, orientation, insertion, gestion des ressources, soutiens pédagogiques. Ils coordonnent tantôt des personnels et tantôt des institutions. Leur champ d'application s'étend du local au national. Les réseaux d'insertion relèvent du premier cas de figure. L'éducation nationale tout entière a été elle-même considérée comme un réseau. Ce modèle constitue une *importation récente* dans le champ éducatif. À juste titre, Max Ferrero observe que « le concept de réseau relève non de la société scolaire, mais de la société civile ». Il convient donc d'examiner comment le système éducatif et ses personnels se sont approprié cette notion et ce type d'approche. Les professionnels du social ont dans cette pratique précédé d'une décennie les personnels d'éducation et de formation. Maurel l'a souligné : « Les réseaux ont représenté le nouveau schéma d'intervention sociale à partir des années 1980. »

L'émergence des réseaux dans le système éducatif

Cette catégorie de réseaux a un fondement officiel depuis le Nouveau Contrat pour l'école (NCPE, 1994). Mais la loi d'orientation sur l'éducation du 10 juillet 1989 les avait rendus possibles en incitant les établissements à s'associer dans le cadre de bassins de formation – entre autres – et à partir de projets communs (art. 18). La loi quinquennale sur le travail, l'emploi et la formation professionnelle, dans ses articles 54 et 56, et la loi de programmation du Nouveau Contrat pour l'école (dans son article 18 bis) confirmeront et préciseront cette recommandation. Il n'en demeure pas moins que l'émergence officielle du concept et du modèle de réseau d'établissements ne se réalise qu'avec la décision 107 du NCPE.

Chaque fois qu'un nouveau paradigme se fait jour dans un domaine d'activité, il n'est pas inutile de s'interroger sur les conditions de son apparition. En la matière, il est au moins possible de faire des hypothèses. Les mises en réseau, comme les démarches de projet, sont ainsi solidaires d'une situation de crise économique, sociale et politique de notre société. Elles représentent autant de manières partielles d'y répondre, dans la mesure où, à travers elles, il s'agit de tendre à une meilleure utilisation des ressources matérielles et des compétences humaines, de promouvoir des relations plus ouvertes et plus dynamiques entre institutions de formation.

D'une certaine façon, le développement des réseaux répond à l'usure des systèmes et des structures, au reflux des idéologies qui les fondaient. Leur mode de fonctionnement les situe à l'opposé des organisations de type hiérarchique. La dynamique des relations y prime sur l'organisation des rapports. Les réseaux tendent à promouvoir entre les partenaires des relations où domine la parité. Ils favorisent la communication entre leurs membres et facilitent la prise en compte des évolutions de leur environnement ainsi qu'une adaptation plus rapide aux changements indispensables. On comprend alors pourquoi les réseaux apparaissent comme des instruments privilégiés d'une politique contractuelle.

Malgré la reconnaissance de l'autonomie des établissements et la réaffirmation de leurs compétences spécifiques, l'émergence des réseaux correspond aussi à une prise de conscience plus aiguë des *limites d'une logique d'établissement*, que ce soit en matière de gestion des personnels et des ressources comme au regard de l'offre de formation proposée aux élèves… Sur ce point, le principe fondamental de la loi d'orientation de 1989, « l'élève au centre du système éducatif », est difficile à appliquer sans une entrée en réseau des établissements d'accueil. Comme dans la précédente loi, l'incitation de la loi actuelle sur l'avenir de l'école (avril 2005) à élaborer et à réaliser par chaque élève un projet personnel d'orientation scolaire et professionnelle ne prend tout son sens et sa portée que dans l'espace-temps d'un réseau, mieux, de réseaux multipliés et ouverts les uns sur les autres pour favoriser la circulation des élèves.

Fonctions des réseaux d'établissements

Dans la mesure où un réseau peut être au service de toutes sortes de fins et de buts, il paraît nécessaire de préciser d'emblée les fonctions qu'il assume, les objectifs qu'il poursuit. Les textes officiels publiés par le ministère de l'Éducation nationale depuis 1989 permettent déjà de repérer les principales fonctions assignées aux réseaux. Ces fonctions sont multiples et peuvent être analysées à partir de trois points de vue, ceux des acteurs concernés : les équipes de direction, les élèves et leurs familles, les personnels d'éducation et de formation.

Dans la mesure où un réseau regroupe et fédère des établissements, un certain nombre d'attentes par rapport à ce dispositif se dégagent. Par l'entrée en réseau, il s'agit du point de vue des *équipes de direction* de « mettre en commun et de gérer leurs ressources humaines et matérielles », mieux, d'« optimiser l'utilisation de ces ressources », ce qui peut conduire, par exemple, à améliorer la répartition et l'utilisation des équipements ou à exploiter les ressources du réseau pour assurer toutes les disciplines indispensables entrant dans la préparation d'un diplôme. Ce mode de fonctionnement peut aussi engager écoles, collèges et lycées à « développer leurs missions de formation », en particulier à travers l'élaboration et la mise en œuvre de projets communs. Cette coopération suppose de mettre en cohérence les formations proposées et de réduire la concurrence entre établissements d'une même zone géographique dans la mise en œuvre de leurs différentes missions.

Par rapport aux *élèves*, les mises en réseau visent à créer les conditions d'une continuité des apprentissages et à élargir l'offre de formation proposée, tout en la renouvelant. Elles contribuent à les rendre effectivement acteurs de leur orientation, en leur assurant une information et un choix élargi de possibilités et des modes de formation plus différenciés.

Au regard des équipes pédagogiques et des *personnels*, l'association en réseau de plusieurs établissements doit permettre de favoriser le dialogue et l'échange autour des expériences pédagogiques réussies, de préparer de meilleures réponses pédagogiques. La décision 52 du Nouveau Contrat pour l'école prévoit même la possibilité, pour les enseignants qui le souhaitent, d'enseigner à la fois au collège et au lycée.

Les principaux objectifs assignés aux réseaux par les textes officiels du ministère de l'Éducation nationale n'épuisent pas les fonctions qu'ils peuvent de fait assumer. Un ouvrage publié par le CNDP fait le point sur les expériences déjà conduites et indique une liste non exhaustive des domaines d'intervention possibles des réseaux d'établissements : « offre de formation, actions communes en matière d'orientation, mutualisation de services, actions concertées de formation continue des personnels, gestion mutualisée d'heures de suppléance, développement de la formation continue d'adultes, équipes mobiles d'ouvriers professionnels, groupement de commandes, etc. », sans compter « la prévention des conduites à risque, les projets d'action culturelle, la valorisation des réussites et l'utilisation de nouvelles technologies, la mutualisation de tâches d'administration et de service ». C'est montrer qu'au-delà des fonctions prescrites qui légitiment d'abord leur existence, les réseaux assurent une multiplicité de rôles et de tâches qui excèdent de beaucoup ce qui peut être attendu d'une approche dominée par la logique exclusive de l'établissement. En tant que potentiels d'innovation, les réseaux paraissent avoir un bel avenir, à considérer le foisonnement actuel de leurs formes et de leurs modes d'intervention.

Conditions de faisabilité de ces réseaux

Compte tenu de son émergence récente dans le champ éducatif, le réseau n'est pas toujours un « objet » bien identifié. Aussi ne paraît-il pas inutile d'essayer de clarifier ce qui constitue un réseau d'établissements ou de structures ordinaires, adaptés ou spécialisés.

Ce qui rassemble au départ les membres d'un réseau, c'est une intention, un but, des objectifs communs ou susceptibles de le devenir. Si le réseau suppose une diversité, il ne peut parvenir à la rendre cohérente sans un *dessein partagé* qui lie les participants. Comme l'indique Michel Adam, il ne va pas de soi que « des personnes appartenant à des institutions différentes ayant des logiques différentes, à des milieux différents ayant des cultures différentes » s'engagent dans un nouveau type de relations qui peuvent perturber les rapports inhérents aux modes d'organisation et de fonctionnement des établissements. En tant que forme d'organisation et moyen d'agir collectivement, l'existence d'un réseau « ne nous dit rien sur les buts que poursuivent les humains qui interagissent (en son) sein ». Aussi, l'explicitation des objectifs et des valeurs recherchés apparaît-elle fondatrice de tout réseau et permet-elle de les différencier.

Mais un réseau ne se réduit pas à l'utilisation qui en est faite, à sa (ou ses) valeur(s) d'usage. Il implique une dimension géographique. Il se spécifie aussi par son *espace d'intervention*. À cette fin, les textes officiels proposent le bassin de formation et d'emploi, voire le district comme cadre d'interaction des établissements entrant en réseau. Pour autant, la géographie ne commande pas tout. Si la proximité et les possibilités de communication sont des conditions nécessaires, elles ne suffisent pas pour instaurer un réseau. On ne gagne rien à fixer *a priori* les limites d'un tel dispositif dont les frontières se modifient au fil du temps et par le jeu des acteurs. Il conviendrait plutôt de les « déduire » du dessein partagé qui réunit ces derniers. Il importe enfin de ne pas fixer de manière définitive les limites d'un réseau susceptible de varier au cours de son existence, eu égard aux partenaires qu'il rassemble et aux projets qu'il se donne.

Pour être viable, un réseau suppose la diversité. À juste titre, le Nouveau Contrat pour l'école insiste sur l'association d'« établissements de *différents types* ». L'identité des missions et des fonctions peut en effet constituer un obstacle important à la constitution de tels dispositifs. À la manière des cosmogonies antiques, la création d'un réseau réalise un entrelacement du même et de l'autre. Si les établissements d'un réseau potentiel n'ont rien en commun, ce réseau n'a pas d'avenir. S'ils sont trop semblables, ils vont entrer inévitablement en concurrence. Dans le jeu des analogies et des différences, un réseau essaie de *promouvoir des complémentarités* entre institutions éducatives.

Les établissements ne réunissent pas toujours toutes les conditions, ils ne rassemblent pas toutes les compétences indispensables pour l'accès à une qualification et à une insertion sociale et professionnelle de leurs élèves. Aussi les perspectives de collaboration entre établissements, ouvertes par une politique départementale ou académique de mise en réseau, apparaissent-elles comme une chance et une aide pour réaliser leurs missions. Pour autant, les obstacles à une entrée en réseau subsistent. Si le partenaire apparaît comme une menace ou si l'intérêt d'une coopération ne semble pas évident, il sera difficile de convaincre. Pour que les réseaux deviennent « des dispositifs de coopération fonctionnels leur permettant de substituer la complémentarité à la concurrence, la proposition à la revendication, le partenariat à la rivalité » (Louis, 1996), encore faut-il dégager des complémentarités authentiques entre établissements, négocier des partenariats crédibles, prendre en compte des propositions élaborées par leurs représentants.

Un réseau n'a pas qu'une existence géographique. Dans son aspect dynamique, il s'inscrit dans la durée à travers son projet et les plans d'action qui le concrétisent au rythme ou non des années scolaires. C'est ce projet d'ensemble qui prend en compte et articule les actions des différents partenaires et leur *tempo* souvent contrasté. Il constitue le moteur de tout réseau, la source de son inspiration et de son énergie. Comme le remarque B. Main, « l'organisation en réseau [...] relève moins d'un pouvoir que d'un *potentiel* ». Dans la création comme dans le développement d'un réseau, l'enjeu essentiel sera de « saisir les ressources existantes, souvent méconnues [...] pour les mobiliser autour d'un projet commun ». En ce sens, le projet est facteur d'émergence du réseau, et pas seulement un moyen de son animation.

Le mode d'association des établissements fédérés en réseau a été prévu tant par la loi d'orientation sur l'éducation du 10 juillet 1989 que par la loi de programmation du Nouveau Contrat pour l'école du 13 juillet 1995. La voie de la convention leur est proposée « pour développer (leurs) missions de formation » et « pour mettre en commun dans le respect de leurs compétences leurs ressources matérielles et humaines ». La convention, par sa nature contractuelle, engage les membres du réseau dans des relations de partenariat. Limitée dans le temps mais reconductible, elle inscrit dans la durée, mais de façon souple, leurs relations et leurs collaborations possibles. Cadre prévu et négocié de leur action en commun, elle précise les droits et les obligations de chacun, ainsi que le cahier des charges probable de leurs interventions concertées.

Pour ne pas rester un potentiel de ressources dispersées, si ce n'est méconnues, dans un espace déterminé, un réseau a besoin d'être coordonné et animé. On peut débattre à loisir des formes et des modes d'articulation et de gestion des composantes du réseau. Ce pourra être l'affaire d'une personne ou d'un groupe, l'animation sera régulière ou discontinue selon les besoins, à charge d'un responsable choisi ou élu pour une durée déterminée, ou par alternance et par rotation des membres du réseau. Quoi qu'il en soit, il n'y aura ni efficacité ni avenir du réseau sans un pilotage et une régulation des interactions qu'il induit. Dans la conduite d'un réseau d'institutions, on navigue toujours entre deux dangers contraires et extrêmes : le retour à une logique d'établissement et la dilution du réseau ou l'instauration d'une superstructure qui engloberait et régirait les établissements parties prenantes. Prévoir la coordination et l'animation d'un réseau permet dans une certaine mesure de corriger ces risques opposés et renaissants.

Dans le même temps, il paraît indispensable de réfléchir aux moyens les plus pertinents du fonctionnement en réseau. L'examen des expériences déjà menées tend à montrer qu'une logistique à la disposition du réseau, quand bien même elle ne lui serait pas spécifique, lui est nécessaire pour réaliser les projets qu'il se donne. Ce n'est pas perdre son temps que de prévoir d'emblée des lieux de rencontre possibles, des moments de réunion compatibles avec les contraintes de chacun, des moyens de communication diversifiés ainsi que des ressources susceptibles d'être affectées aux fins propres du réseau, sans oublier l'essentiel : les compétences humaines mobilisables dans les activités qu'il programme. Faute de cette anticipation et de cette préparation des conditions et des moyens de sa mise en œuvre, un réseau n'est qu'un pur possible, il demeure virtuel.

Remarques sur les réseaux d'établissements

• Les réseaux d'établissements ne constituent pas de nouvelles structures intermédiaires entre les établissements et l'inspection académique ou le rectorat. Ils ne représentent pas un échelon administratif supplémentaire. Ce sont des *dispositifs de coopération fonctionnelle*. Ils fédèrent autour d'objectifs partagés les établissements d'un même bassin de formation et d'emploi.
• Un réseau n'est pas seulement à considérer comme un ensemble de ressources, comme une réunion de compétences. Selon une approche plus dynamique, il sera appréhendé comme *nœud de forces mobilisées*, jeu d'interactions stimulées à partir d'un enjeu et d'un projet communs. En ce sens, un réseau n'est pas la simple addition de ressources matérielles et financières, de locaux et d'équipements, de compétences humaines. En les rassemblant et en les « connectant », il a un effet multiplicateur.
• Un réseau se favorise mais ne se décrète pas. Il émerge de la *mise en relation d'un certain nombre de possibilités latentes*. Il demande pour sa création et sa mise en œuvre une étude de cas. Chaque réseau correspond à une problématique spécifique à discerner. Ce n'est qu'après enquête qu'il est possible de se prononcer sur la pertinence et la faisabilité de tel ou tel réseau dans telle ou telle zone géographique.
• Un réseau suppose et promeut une *logique d'acteurs*. Il s'inscrit dans une *perspective de changement* qui déborde et dépasse le simple fonctionnement institutionnel. Dans sa mise en œuvre et son animation, il implique des rapports de partenaires où la solidarité et la réciprocité prévalent sur les rapports hiérarchiques.
• *Un réseau se fait et se défait*. Les relations nouées lors de son instauration peuvent se distendre jusqu'à disparaître. Si « le réseau naît – et disparaît – en réponse à un besoin ou à une demande particuliers » (B. Main), sa raison d'être cesse ou se transforme lorsque ce besoin est satisfait ou que cette demande change. Si nous voulons des réseaux crédibles et dynamiques, nous devons accepter qu'ils aient *un cycle de vie*. En tant que dispositifs, ils n'ont pas la permanence relative des institutions qui les composent.
• La genèse et l'histoire d'un réseau font partie intégrante de sa vie. Les événements qui trament son existence constituent autant d'« *analyseurs* » de son fonctionnement. Ainsi, les phases d'élan et de stagnation du réseau, de solidarité et de tension entre ses acteurs, l'arrivée ou le départ d'un partenaire ne sont pas de simples événements ou incidents, mais aident à comprendre et à réguler son mode d'existence.

Les réseaux et leurs contrefaçons

En tant que pratiques innovantes, les mises en réseau d'établissements sont susceptibles de mésinterprétations et de mésusages. Leur valorisation et leur succès même entraînent des abus. Des contrefaçons apparaissent. Les dérives de ces réseaux manifestent une « pathologie », à l'instar de la « pathologie des conduites à projet », étudiée par J.-P. Boutinet. Nous n'indiquerons ici que quelques-unes d'entre elles, assez souvent observées, sans prétendre à l'exhaustivité. Là comme ailleurs, la tératologie est foisonnante…

Faute d'une étude suffisante des caractéristiques fondamentales des réseaux d'établissements, certains d'entre eux se présentent comme des *réseaux tronqués*. Leur difficulté de mise en œuvre tient à leur conception même : réseaux sans convention, réseaux sans objectifs ou sans projet explicite, réseaux sans pilote, etc.

Certains acteurs se mobilisent sur un projet idéal de réseau, sans prendre assez en compte les possibilités et les contraintes locales, sans associer, dès l'élaboration, les personnels en charge de son fonctionnement. On a alors affaire à des *réseaux nominaux*. L'écriture de ces réseaux prime sur leur réalisation. Ils resteront des *réseaux de papier*.

Dans d'autres cas, une politique systématique de mise en réseau des établissements dans un département, voire dans une académie, est décidée et réalisée. Si des relations et des coopérations sont ainsi instaurées entre les institutions de formation, elles n'émergent pas dans le contexte d'une association librement consentie entre établissements. Il s'agit de *réseaux imposés* plus que de *réseaux contractualisés*.

Il est fréquent aussi que la « culture hiérarchique » des écoles, des collèges et des lycées infiltre le fonctionnement des réseaux. Bon nombre de leurs dysfonctionnements tiennent à ces résurgences dans une culture partenariale. Sans méconnaître les tensions entre ces « deux cultures », des précautions sont à prendre pour que les réseaux ne deviennent pas des superstructures institutionnelles, des *réseaux dénaturés*.

Alors que tout réseau est local, singulier et implique une étude de cas pour le faire advenir, la réussite de certains d'entre eux incline à les modéliser et à les reproduire sans les adaptations indispensables. Cette économie de réflexion et d'accommodation aux spécificités d'un territoire aboutit à des *réseaux standardisés*. Ces « clones » ont en général un avenir limité.

La pathologie des réseaux nous avertit au moins des risques encourus lors de leur promotion. Dans leur conception comme dans leur pilotage, elle pourrait nous aider à nous prémunir de certaines dérives, ou du moins d'opérer les régulations nécessaires au cours des activités d'un réseau.

André Philip

▸ Bibliographie

Aubrey B., « S'organiser en réseau », *Éducation et management*, n° 7, 1991.

Bakis H., *Les Réseaux et leurs enjeux sociaux*, Paris, PUF, 1993.

Charlot B., Rochex J.-Y., *L'École et le territoire : nouveaux aspects, nouveaux enjeux,* Paris, Armand Colin, 1994.

Collectif, « Les Mises en réseaux impliquant des structures et des établissements adaptés », *Revue du CERFOP*, n° 11, 1996.

Collectif, « Réciprocité et réseaux en formation », *Éducation permanente*, n° 144, 2000.

Étienne R., *Les Réseaux d'établissements : enjeux à venir*, Issy-les-Moulineaux, ESF, 2000.

Ferrero M. *et al.*, *L'Éducation et ses réseaux*, Saint-Fons, INRP, 1988.

Louis F., Trocmé B., *L'Association en réseaux d'établissements scolaires*, Paris, CNDP, 1996.

Neuschwander C., *L'Acteur et le Changement : essai sur les réseaux*, Paris, Le Seuil, coll. « L'Épreuve des faits », 1991.

Parrochia D. (dir.), *Penser les réseaux*, Seyssel, Éd. Champ Vallon, 2001.

Parrochia D., *Philosophie des réseaux*, Paris, PUF, 1993.

Serieyx H., Azoulay H., *Face à la complexité, mettez du réseau dans vos pyramides*, Paris, Village mondial, 1996.

▸ Voir aussi

Développement éducatif local – Établissement (Projet d') – Établissement scolaire – Partenariat – Projet – Relation École/collectivités locales – Système éducatif.

Responsabilité

Au sens juridique général, la responsabilité est l'obligation, pour tout auteur d'un dommage, de réparer celui-ci. De ce point de vue, l'administration publique ne se distingue des personnes privées que par l'intervention prioritaire du juge administratif, seul habilité, sauf exceptions, à la condamner et à indemniser les préjudices résultant directement de ses actes ou de ses activités. Mais il est clair que lorsque l'un ou plusieurs de ses agents commettent des fautes personnelles, qui sont dites détachables du service, ils sont seuls à en répondre devant le juge judiciaire.

En milieu scolaire, les choses se compliquent à raison de la qualité des usagers que sont les élèves, la grande majorité d'entre eux étant des mineurs qui bénéficient d'un régime légal de protection. Il faut préciser que leurs parents ou les personnes qui leur sont substituées en sont juridiquement toujours responsables, et qu'en cas de fautes leur responsabilité est présumée.

Sur un plan strictement administratif, la responsabilité suit la définition légale des compétences ou des attributions. Ainsi, les écoles primaires étant à la charge matérielle des communes, tout dommage résultant d'un défaut propre à l'immeuble scolaire lui incombera au premier chef. On comprend dès lors l'intérêt que ces collectivités ont toujours porté à « leurs » écoles. L'État, pour sa part, est responsable de l'organisation du service éducatif.

Pour les collèges et les lycées, tout repose sur la répartition des compétences définies par la loi n° 83-663 du 22 juillet 1983 qui, d'une part, les a respectivement mis à la charge des départements et des régions, et, d'autre part, les a constitués en établissements publics locaux d'enseignement placés sous la direction et, en général, la présidence d'un agent de l'État. Cet enchevêtrement d'attributions et de fonctions n'est évidemment pas sans effet sur les responsabilités, qu'une circulaire interministérielle du 11 octobre 1985 a tenté de décrire, avant que les premières décisions de justice ne viennent à nouveau brouiller les cartes. De fait, l'autonomie de ces établissements peut s'opposer à la mise en cause directe des collectivités de tutelle, même si, en dernier ressort, c'est à elles que reviendra le plus souvent la charge financière des condamnations. Cette promotion juridique des établissements explique la résurgence du thème sensible de la responsabilité de leurs chefs qui sont, à n'en pas douter, en première ligne.

Cette unité du droit n'empêche pas de répartir les préjudices en fonction de leur origine. Un dysfonctionnement du système éducatif met en cause l'établissement au titre de l'État, tandis que c'est au titre de la collectivité locale dite de rattachement qu'un préjudice matériel sera réparé, sans compter les cumuls de fautes, y compris celle de la victime.

La responsabilité judiciaire peut prendre quatre formes principales : trois sont civiles, l'une est pénale.

• La responsabilité civile de droit commun vise soit toute faute dont s'est rendu coupable un agent de l'Éducation nationale à l'occasion de ses fonctions, mais sans qu'il s'agisse d'une faute de service, soit les actes qui relèvent du droit privé.

• La responsabilité des membres de l'enseignement public pour tous les dommages causés ou subis par les élèves dont ils assurent la surveillance a fait l'objet d'un aménagement légal. L'article 2 de la loi du 5 avril 1937 (devenu l'article L. 911-4 du code de l'éducation) substitue l'État à ses agents devant le juge civil, que la faute présumée soit personnelle ou de service. Ce bloc de compétence permet à la fois d'éviter les renvois entre les juges administratifs et judiciaires et de mettre en avant un répondant solvable qui pourra, si sa responsabilité est engagée, se retourner contre l'agent fautif. C'est dans ce cadre que la responsabilité de l'Éducation nationale est le plus fréquemment mise en cause.

• S'agissant des dommages liés aux enseignements techniques et assimilés, les accidents dont les élèves peuvent être victimes sont des accidents du travail pris en charge forfaitairement en application de l'article L-412 du code de la Sécurité sociale. Pour obtenir une indemnisation complémentaire, il faut démontrer que les personnes chargées de ces enseignements ont commis une faute inexcusable, dont l'appréciation ressortit aux tribunaux des affaires de Sécurité sociale, ou pire, intentionnelle.

• Enfin, les infractions relèvent du juge pénal. Sur ce terrain, ce sont également les accidents dont sont victimes les élèves et les affaires dites de mœurs qui font la majorité des litiges. Il est vrai qu'en cas de décès notamment (soit, en moyenne, 3 à 5 cas sur quelque mille accidents annuels graves), le ministère public se saisit d'office du dossier. Du point de vue de l'administration, l'état des moyens mis à la disposition des établissements détermine directement les risques potentiels que courent tant les agents que les usagers. Les négligences ou les omissions qui sont souvent à l'origine des accidents et des poursuites pénales laissent les membres de la communauté éducative désemparés. Du point de vue des citoyens, un effort sensible, qui doit être maintenu, a été fait notamment avec la signature d'une convention entre le ministère de l'Éducation nationale et l'Institut national de l'aide aux victimes, en vue de leur dispenser assistance et conseils utiles sans attendre le dénouement des procès qui sont, en eux-mêmes, une charge pour les plaignants, ainsi que le notait déjà Tacite.

Frédéric Séval

▸ Bibliographie

CORNU G. (dir.), *Vocabulaire juridique,* Paris, PUF, coll. « Quadrige », 2005.

DURAND-PRINBORGNE C., *Le Droit de l'éducation. Enseignements scolaires : traité théorique et pratique,* Paris, Hachette Éducation, 1998.

FIALAIRE J., « Responsabilité en matière d'enseignement », *Juris-classeur administratif,* Paris, Éd. techniques, fasc. 966, 2004.

Ministère de l'Éducation nationale, *Guide juridique du chef d'établissement*, Paris, Centre national de documentation pédagogique (CNDP), coll. « Livre bleu », 2001.

SÉVAL F., « Le Chef d'établissement scolaire est-il responsable pénalement de l'administration ? », *Actualité juridique – Fonctions publiques*, n° 2, 1996, p. 44-48.

SÉVAL F., « Les Responsabilités des chefs d'établissement », *Savoir, Éducation, Formation,* n° 4, 1991, p. 681-698.

THOMAS-BION F., ROQUE J.-D., *Accidents scolaires et responsabilités*, Paris, Berger-Levrault, coll. « Les Indispensables », 2004.

▸ Voir aussi

Établissement (Chef d') – Relation École/collectivités locales – Sécurité.

RESSOURCES HUMAINES (GESTION DES)

La gestion des ressources humaines prend en compte quatre composantes indissociables :
– l'aspect économique qui se traduit par l'approche comptable des ressources humaines dans une activité économique, avec les éléments d'évaluation suivants : coût de la main-d'œuvre pour un poste de travail, coût marginal d'une embauche, détermination du seuil de rentabilité pour une formation, etc. ;
– l'aspect juridique qui concerne essentiellement la législation du travail ;
– l'aspect psychosociologique qui concentre son intérêt sur le comportement individuel de l'homme au travail (psychologie industrielle) et sur les rapports de classes et de groupes sociaux au sein des unités productives (sociologie industrielle et sociologie des organisations) ;
– l'approche ethnosociologique qui doit prendre en compte les particularités culturelles pour l'organisation des équipes de travail, puis pour la formalisation des instructions, des procédures et de la transmission du savoir.

Les nouvelles orientations de mobilisation de l'intelligence de tous les acteurs d'une entreprise, la prise en compte de la gestion du stress, des comportements en fonction des jugements propres à chaque opérateur font naître de nouvelles méthodologies de gestion du personnel et de communication interne. L'extension des approches globales de toutes les ressources humaines fait naître le concept d'« entreprise éducative » ou d'« entreprise apprenante », dans lequel l'ingénierie de formation insère les points forts de toutes les composantes qui structurent une entreprise donnée. La gestion des connaissances développées au sein d'une entreprise, de même que l'organisation de la transmission des savoirs par l'encadrement des néo-embauchés, assure la pérennité de l'entreprise.

Application à l'éducation

Établir un équilibre entre une pédagogie différenciée et un enseignement de groupe, en fonction des contraintes organisationnelles imposées soit par les moyens disponibles, soit par les règles administratives, soit par les disponibilités des compétences nécessaires, représente l'une des applications de la gestion des ressources humaines.

Par la formation initiale et continue des maîtres et par la gestion prévisionnelle des postes, le système éducatif s'assure de l'actualisation des compétences de ses ressources.

Si l'on considère l'école comme une entreprise, deux flux de ressources humaines peuvent être identifiés : celui lié au cursus d'apprentissage, et celui des ressources de formation et d'information. L'acte pédagogique doit être organisé en fonction de chaque objectif scolaire propre à l'élève et en fonction de sa capacité à apprendre. Pour les enseignants, la gestion quantitative comprend la détermination des qualifications, donc des embauches, la gestion des horaires et des prestations, en fonction des besoins de l'école. La gestion qualitative tient compte du projet individuel de l'enseignant en assurant la promotion personnelle. En outre, la transmission du savoir peut s'appuyer sur des ressources externes du système éducatif, telles que la participation d'experts du milieu professionnel. Par la combinaison de ces deux flux, la gestion des ressources humaines dans l'enseignement aura pour conséquence d'améliorer l'efficacité du système éducatif. Ceci ne va pas sans remettre profondément en cause la structuration actuelle des dispositifs de formation.

Roger Fortun

▸ Bibliographie

Le Gall J.-M., *La Gestion des ressources humaines*, Paris, PUF, coll. « Que sais-je ? », 6e éd., 2002.

Pomian J., Roche C., *Connaissance capitale : management des connaissances et organisation du travail*, Paris/Gentilly, L'Harmattan/Éd. Sapientia, 2002.

Schul J.-M., « Gestion des ressources humaines et enseignement », *Éducation et management*, n° 8, 1991, p. 8-9.

Schul J.-M., « Ressources humaines », *Éducation et management*, n° 7, 1991, p. 20-66.

Zacklad M., Grundstein M. (dir.), *Management des connaissances : modèles d'entreprise et applications*, Paris, Hermès Sciences, 2001.

▸ Voir aussi

Évaluation – Prospective – Qualité – Relation École/Entreprise.

Retard scolaire

Dans le parcours scolaire « type » qui mène du CP à six ans à la 6e à onze ans puis à la 2de à quinze ans, le retard d'un élève est le signe des difficultés qu'il a rencontrées pour suivre, dans les délais voulus, la voie commune, le cursus « normal ». Signe et sanction d'un ou de plusieurs redoublements antérieurs, le retard apparaît bien comme un handicap difficile à surmonter, lourd de conséquences sur l'orientation et le devenir de l'élève.

Plus le redoublement est précoce, plus le risque de récidive est grand et plus s'amenuisent les chances de poursuivre une scolarité longue. Les parcours dans l'enseignement secondaire montrent l'importance de la sélection selon l'âge, qui s'est plutôt renforcée à la fin des années 1970, dans le cadre même du collège unique. Aujourd'hui, au terme du 1er cycle, l'entrée en 2de est d'abord promise aux élèves « à l'heure » ; aux autres, on propose les préparations au BEP, les bacs technologique et professionnel. Cette distinction vaut également entre séries générales, parmi lesquelles la série scientifique compte le moins de « retardataires » et concentre le fruit de l'excellence scolaire, les élèves en avance.

Le « retardataire » se signale non seulement par son âge, mais aussi par des résultats scolaires inférieurs à la moyenne, dans chacune des épreuves nationales d'évaluation, menées dans l'enseignement primaire, en début comme en fin de collège. À compétences égales, l'élève en retard apparaît de surcroît pénalisé au moment de l'orientation, du fait de son manque relatif d'ambition et du jugement plus sévère que porte sur lui l'institution scolaire.

Notre système éducatif ne se déjuge pas volontiers. Apte à déceler les difficultés et à les sanctionner, il ne parvient pas à y remédier au sein des filières générales. Ainsi, au terme du collège, malgré la mise en place de dispositifs de soutien, il continue de rejeter vers l'enseignement professionnel le contingent de ceux, souvent issus de milieux sociaux défavorisés, qui ne parviennent pas à surmonter leurs difficultés d'apprentissage.

Paul Esquieu

▶ **Voir aussi**

Décrochage scolaire – Déperdition scolaire – Évaluation – Redoublement.

Réussite scolaire

La notion de « réussite scolaire », comme son opposée, celle d'« échec scolaire », est le plus souvent employée sans référence à un champ théorique particulier qui la définirait précisément. Utilisée de manière courante dans le discours de l'institution scolaire, des médias, des parents, et reflétant aussi la diversité de l'expérience scolaire des élèves, cette notion peut être définie de plusieurs points de vue.

Les critères de réussite

Jusque dans les années 1980, avec plus de pertinence qu'aujourd'hui, la précocité scolaire (entendue comme rapidité de parcours des étapes d'un cursus) fait partie des critères de réussite : peuvent être considérés comme en réussite scolaire les élèves « à l'heure », c'est-à-dire ceux qui effectuent leur scolarité sans redoublement. Mais, depuis, ce critère « objectif » paraît simpliste et simplificateur : il est devenu en effet nécessaire de faire intervenir d'autres critères plus complexes parce que tout à la fois liés au mode d'orientation des élèves, au prestige des différentes filières, voire aux politiques d'établissement. Sont ainsi davantage considérés comme en réussite les élèves de filières générales puisque, dans l'immense majorité des cas, l'orientation vers les filières technologiques et professionnelles est fonction de difficultés scolaires.

Dès lors que l'orientation vers d'autres filières prend souvent la place du redoublement, la précocité scolaire change de signification. Des scolarités sans redoublement peuvent se conclure par un diplôme qui est l'aboutissement d'une filière peu prestigieuse. À l'inverse, pour des élèves qui ont aujourd'hui la possibilité de rejoindre un second cycle long après avoir suivi un enseignement et obtenu un diplôme professionnel (un BEP, par exemple), et de passer avec succès un baccalauréat, cette trajectoire peut être considérée (par l'institution et par ces élèves) comme une réussite, même si elle suppose une durée de scolarité plus longue que celle des élèves restés dans la filière générale.

Pour cette raison de diversification des filières, le critère du diplôme n'apparaît pas non plus suffisant pour définir la réussite. Si beaucoup d'élèves obtiennent aujourd'hui le baccalauréat (63 % d'une classe d'âge), dans la mesure où l'augmentation de leur nombre passe principalement par l'accroissement des bacheliers « professionnels », l'image de réussite attachée au diplôme est à relativiser en fonction du type de baccalauréat obtenu.

Aux raisons déjà invoquées pour relativiser le critère de l'absence de redoublement comme indicateur de réussite, viennent s'ajouter la modification des modalités de décision et les pratiques locales dans ce domaine : l'intervention possible des parents par le biais des commissions d'appel allant jusqu'au rejet d'une décision du conseil de classe, ou le choix que font certains établissements et certains conseils de classe de ne pas faire redoubler les élèves en grande difficulté scolaire (difficultés d'apprentissage ou de comportement). *A contrario*, certains élèves choisissent de redoubler pour éviter une orientation non souhaitée.

Logique de cheminement ou logique des apprentissages ?

Cette modification va de pair avec un autre élément qui rend peu pertinente une définition simple et objective de la réussite, et qu'il est important de prendre en considération : *la réussite comme expérience vécue par les élèves*. La massification de l'enseignement, plus que sa démocratisation, c'est-à-dire l'arrivée de nouveaux publics jusqu'en 3e et au lycée, plus que la diminution des inégalités, oblige à tenir compte du fait que tous les élèves n'ont pas la même définition de la réussite scolaire.

Pour une grande partie des « nouveaux » élèves, réussir à l'école s'inscrit dans une logique de cheminement, c'est-à-dire de passage de classe en classe, de satisfaction aux tâches scolaires au plus près de leur effectuation, et non dans une logique des apprentissages, logique de transformation de soi par les savoirs et les activités scolaires. On pourrait déplorer ce changement de logique et affirmer que ces élèves se trompent et que le simple cheminement n'équivaut pas à une réussite, mais il faudrait alors aussi remettre en question les logiques qui sous-tendent les processus mêmes de certification : les élèves peuvent passer de classe en classe et obtenir des diplômes jusqu'au premier cycle universitaire sans véritablement entrer dans une réussite liée aux apprentissages. Réussite dans les apprentissages et carrière scolaire ne se recouvrent aujourd'hui que partiellement. Ce phénomène est plus visible encore dans les établissements où les enseignants, confrontés à la difficulté scolaire chez un grand nombre d'élèves, « s'adaptent » en notant les élèves au-dessus de leur valeur réelle pour faire de la note un encouragement ou pour éviter des évaluations trop basses.

Brouillage des repères

Un autre élément vient encore brouiller les repères de la réussite pour les élèves. Il s'agit de la trajectoire non plus sociale mais scolaire des élèves et de leur famille : lorsque les élèves sont les premiers dans l'histoire familiale à accéder au second cycle et à espérer avoir le baccalauréat, « même » professionnel, ils se perçoivent, au moins dans un premier temps de leur scolarité longue, comme en réussite. Il s'agit là sans doute d'une approche « subjective » de la réussite scolaire, mais la multiplication des filières, parallèlement à la disparition des réseaux de scolarisation étanches les uns aux autres, ainsi que le développement d'une logique consumériste à l'égard de l'école, étendue à tous les milieux sociaux, accroissent pour les élèves les difficultés d'établissement de repères et de critères stables, qui différencient échec et réussite.

Pour toutes ces raisons, les déterminants de la réussite (ou de l'échec scolaire) sont, à l'heure actuelle, plus difficiles à décrire. Certes, une étude récente établit que le niveau monte mais que les classements sociaux ne se modifient guère, que s'il y a démocratisation de l'école, au sens d'ouverture de celle-ci, il y a aussi persistance des inégalités sociales et scolaires. Il est donc de plus en plus nécessaire, lorsque l'on cherche à comprendre ce qui fait réussite (ou échec), de prendre en considération un ensemble d'éléments hétérogènes tels que les parcours scolaires, les rapports à l'école et au savoir et, ce faisant, aux apprentissages, en relation avec la trajectoire sociale et scolaire des parents.

Élisabeth Bautier

▶ Bibliographie

Bressoux P., « Pratiques pédagogiques et évaluation des élèves », *in* van Zanten A. (dir.), *L'École : l'état des savoirs*, Paris, La Découverte, 2000.

Cherkaoui M., *Sociologie de l'éducation*, Paris, PUF, « Que sais-je ? », 2004.

Goux D., Maurin E., « Démocratisation de l'école et persistance des inégalités », *Économie et statistique*, n° 306, 1997.

Merle P., *L'Évaluation des élèves : enquête sur le jugement professoral*, Paris, PUF, coll. « L'Éducateur », 1996.

Terrail J.-P. (dir.), *La Scolarisation de la France : critique de l'état des lieux*, Paris, La Dispute, 1997.

▶ Voir aussi

Carrière scolaire (Inégalités sociales de) – Démocratisation de l'enseignement – Échec scolaire – Orientation – Populaire (École) – Rapport au savoir – Redoublement – Retard scolaire.

Rites de passage

Les rites de passage organisent socialement et célèbrent symboliquement les transitions qui ponctuent les grandes étapes de la vie. Dans la plupart des sociétés traditionnelles, des rites organisent le passage du monde de l'enfance au monde adulte. Mais plus que de simples rites de passage, il s'agit de *rites d'initiation.* En effet, leur sens ne se comprend pas seulement comme une organisation du déroulement des âges contribuant à la continuité et à l'harmonie sociales ; l'initiation est aussi l'introduction du novice aux valeurs sacrées qui ont fondé la société et dont la connaissance va faire de lui un nouvel homme. Le sens profond des rites de la puberté n'est pas seulement social, il est toujours aussi religieux.

Les rites concernant l'enfance et la jeunesse dans les sociétés paysannes de l'ancienne France ont perdu peu à peu cette fonction d'introduction du jeune au sacré, même si celle-ci n'a sans doute pas été absente à l'origine des rites ruraux. Mais ces derniers sont avant tout des symboles qui organisent et signifient le passage d'un âge à un autre. Trois d'entre eux ont perduré dans la France rurale jusqu'au début du xxe siècle : la communion solennelle, les rites entourant la conscription et surtout les rites qui précèdent et accompagnent le mariage.

Par la suite, à mesure que se développait la scolarisation, sont apparus des rites de passage célébrant le franchissement des principales étapes scolaires : concours, cérémonies de remises des prix, « bizutage ». Ces nouveaux rites manifestaient l'importance nouvelle prise par l'école dans la définition des âges de l'enfance, de l'adolescence et de la jeunesse. L'institution scolaire, en organisant de manière systématique, sur une base administrative, un regroupement des enfants et des adolescents en fonction de l'âge développait un pouvoir de catégorisation inconnu jusqu'alors. Par ailleurs les rites scolaires ont très rapidement pris le sens d'une consécration symbolique de ceux qui étaient « élus » (Bourdieu, 1982). Le rite de passage ne fait pas que célébrer le franchissement d'une étape, il marque symboliquement que certains ont été choisis – ceux qui sont soumis au rite – et d'autres non.

Déclin

Dans les sociétés modernes, les rites de passage ont perdu de leur importance. Bon nombre ont presque disparu, comme les fiançailles ; d'autres, à caractère religieux, gardent une importance mais connaissent une régression, comme la communion solennelle. Le mariage lui-même, le plus important des rites de passage, décline.

Le déclin de la ritualité se manifeste aussi au sein de l'école où cérémonies, remises de diplômes, symboles vestimentaires et emblématiques tendent, en France au moins, à disparaître. Certes, le bizutage semble connaître une certaine recrudescence, sans doute liée à la floraison récente de « moyennes » écoles en tout genre (surtout dans le domaine de la gestion, du commerce, de la communication), qui cherchent peut-être à se distinguer du commun en adoptant ces rites copiés des « vraies » grandes écoles.

Mais le diagnostic général ne peut être mis en doute : les rites de passage perdent de leur force symbolique et de leur pouvoir de scansion. Si on laisse de côté les explications qui relèvent d'une théorie générale des rituels, l'explication principale doit être recherchée dans l'affaiblissement de l'âge lui-même comme catégorie hiérarchique de classement : la hiérarchie d'âge, le principe de séniorité perdant de leur force, les frontières symboliques qui mettent en scène rituellement les étapes les plus importantes de l'avancée en âge se trouvent elles-mêmes dévaluées et les cérémonies qui les accompagnent peu à peu délaissées. En second lieu, l'allongement de la jeunesse, l'indétermination plus marquée des frontières pratiques qui l'encadrent et surtout la déconnexion des différents seuils d'accès à la maturité font perdre de leur efficacité à des rites de passage qui ne sanctionnent plus qu'un accès partiel, et peut-être provisoire, à l'âge adulte. Le rite n'a de sens que s'il signifie de manière solennelle et définitive un passage irréversible dans une autre classe d'âge.

Olivier Galland

▶ **Bibliographie**

Bourdieu P., « Les Rites comme actes d'institution », *Actes de la recherche en sciences sociales,* n° 43, juin 1982, p. 58-63.

Dupé M.-O. (coord.), « Bizutages, rite festif ? défoulement sadique ? », *Panoramiques,* n° 6, 1992.

Eliade M., *Initiations, rites, sociétés secrètes,* Paris, Gallimard, 1959, rééd., 1992.

Galland O., *Sociologie de la jeunesse : l'entrée dans la vie,* Paris, Armand Colin, coll. « U Sociologie », 2004.

Maisonneuve J., *Les Rituels,* Paris, PUF, coll. « Que sais-je ? », 1988.

Segalen M., *Rites et rituels contemporains*, Paris, Nathan, coll. « 128 », 1998.

Van Gennep A., *Les Rites de passage,* Paris, Picard, 1981.

▶ **Voir aussi**

Adolescence – Adulte – Jeunesse.

Robin, Paul (1837-1912)

Grande figure de la pédagogie socialiste et libre penseur, Paul Robin est aujourd'hui bien oublié alors que la plupart de ses idées, fondées sur des visées pédagogiques neuves et instrumentées, ont été largement appliquées.

Né à Toulon, dans une famille où le père est fonctionnaire au ministère de la Marine, il reçoit une éducation religieuse par sa mère. Élève au lycée de Brest, il se distingue déjà par son goût pour les sciences physiques et ses talents d'herborisateur, mais aussi par sa révolte contre les « mensonges, les iniquités scolaires et sociales, contre le servage des travailleurs ». Après son entrée à l'École normale, il devient darwiniste, positiviste et athée, rêvant d'une éducation permettant le « libre développement des esprits et des cœurs ».

L'engagement dans le socialisme

Esprit rebelle à toute forme de hiérarchie non fondée sur l'activité scientifique, Paul Robin enseigne à Brest mais préfère à l'enseignement traditionnel, trop élitiste pour lui, les cours d'éducation populaire qui proposent une initiation scientifique aux ouvriers de l'arsenal. Rejoignant d'abord Liège où se tient le congrès des étudiants en 1865, il s'affilie à la section bruxelloise de l'Internationale socialiste pour laquelle il formule les prémices de son projet d'éducation intégrale, qui est adopté par le congrès de Bruxelles en 1868. Devenu membre du Conseil fédéral belge, il y anime le journal de la fédération, l'*Internationale*.

Pour accompagner cette instruction, il participe à la création de journaux « où l'on enseigne les droits de l'homme et où l'on apprend à revendiquer, ou enfin, à rassembler les matériaux pour l'édifice de la société future ». Robin se fixe ensuite à Genève et entre en rapport avec Bakounine et Herzen. Il publie une étude sur l'éducation intégrale dans la *Philosophie politique* de Littré : « programme d'enseignement scientifique professionnel et productif pour remédier autant que possible à l'insuffisance de l'instruction que les ouvriers reçoivent actuellement ». Arrêté pour son opposition à la monarchie française, il échoue ensuite à Londres où l'accueille Marx. Il expérimente des jeux pour les enfants et constitue son musée mathématique. Pris dans le conflit qui oppose Marx à Bakounine, il est expulsé de l'Internationale en 1871 et combat par d'autres voies que celles de la politique. En 1878, il collabore au *Dictionnaire Buisson*, non pour des articles pédagogiques, mais pour rédiger des notices scientifiques. Il y traite des métiers et du familistère de Guise. Un an plus tard, Ferdinand Buisson nomme Robin inspecteur primaire à Blois où il se fait remarquer en remplaçant les livres de la distribution des prix par des objets utiles suscitant l'observation et l'expérimentation.

Le pédagogue de l'éducation intégrale

Convaincu que l'émancipation humaine passe par l'éducation, Robin est inspiré par les réflexions des deux premières Internationales socialistes, et notamment par Proudhon avec l'école-atelier, et par la coéducation et l'éducation professionnelle mises en œuvre en

Suisse par Pestalozzi. Il s'agit de chercher « un nouveau système d'éducation qui cultive à la fois chez le même individu, l'esprit qui conçoit, la main qui exécute ». Chargé de l'orphelinat picard de Cempuis, dans l'Oise, Robin peut enfin exercer ses initiatives pédagogiques grâce à l'aide de collaborateurs et disciples tels que Guillot et Delon.

Conscient que « l'on n'est un homme complet que lorsqu'on est travailleur et savant en même temps », Robin transforme l'entreprise philanthropique qu'était l'orphelinat Prévost en un lieu de culture pédagogique. L'enseignement intégral est composé de deux phases :

– jusqu'à 12 ans : éducation spontanée en s'appuyant sur la curiosité naturelle de l'enfant, l'éducation des sens et l'éducation intellectuelle (écouter, lire, parler et écrire) ;
– de 12 à 14 ans : l'éducation dogmatique à partir des connaissances scientifiques et en vue de la spécialisation professionnelle.

Les exercices physiques ont une place importante et l'éducation à la santé passe par la conception de fiches anthropométriques.

Objet de jalousies et de critiques du milieu clérical, Robin est d'abord soutenu par le ministère et une enquête menée par Pauline Kergomard le disculpera de la « pornographie » dont on l'accuse, mais une campagne de presse plus violente amène sa révocation, décidée par le Conseil des ministres en 1894. À travers lui, c'est la laïcité et Ferdinand Buisson qui sont visés.

Après la fin de cette expérience pédagogique unique, l'activité de Robin se tourne vers des théories néo-malthusiennes. Si l'éducation accompagne le projet de libération humaine, cela passe par la contraception et la mise au monde d'enfants attendus. De 1902 à 1908, Robin consacre sa vie à l'étude de la démographie et crée la Ligue pour la régénération humaine pour diffuser les méthodes de procréation consciente et limitée. À la suite de dissensions à l'intérieur de la Ligue et de la loi promulguée en 1920 contre toute propagande antinatalité, la Ligue est dissoute. Robin choisit de mourir en 1912 et il confie son corps à la science pour d'ultimes expérimentations.

Robin, pour Daniel Hameline (2002), est le représentant exemplaire de cette fonction de l'enseignement « d'armement des esprits » et de « résistance » à l'abrutissement culturel. Il témoigne aussi de l'ambivalence philanthropique qui met sa confiance en l'homme tout en se méfiant de la pensée populaire : « L'orphelinat laïque de quelqu'un comme Robin devient symétrique opposé du petit séminaire religieux. Le fanatisme contamine son contraire. On ne peut faire la guerre au fanatisme qu'au nom d'une autre guerre sainte. »

Cempuis attira un grand nombre d'éducateurs étrangers (Ferrer, Wintsch) et forma, en France, des générations de pédagogues grâce aux conférences pédagogiques mais aussi grâce au nombre impressionnant de journaux, revues, jeux et brochures, imprimés à Cempuis.

Christiane Étévé

▸ Bibliographie

Demeulenaere-Douyère C., *Paul Robin (1837-1912) : un militant de la liberté et du bonheur*, Paris, Publisud, 1994.

Dommanget M., *Les Grands Socialistes et l'éducation de Platon à Lénine*, Paris, Armand Colin, 1970, chap. 14, p. 328-356.

Giroud G., *Paul Robin : sa vie, ses idées, son action*, Paris, Mignolet et Storz, 1937.

Hameline D., *L'Éducation dans le miroir du temps*, Lausanne, Sentiers, 2002.

Lechevalier B., « Paul Robin », *in* Houssaye J., *Quinze Pédagogues : textes choisis*, Paris, Bordas, 2000.

▸ Voir aussi

Buisson, Ferdinand – Kergomard, Pauline – Morale (Éducation) – Populaire (Éducation).

Rogers, Carl (1902-1987)

Carl Rogers compte parmi les plus grands noms de la psychologie du xxe siècle. Son influence s'est étendue bien au-delà des États-Unis : en Amérique latine, en Asie, en

Afrique du Sud, et dans toute l'Europe (de l'Ouest et de l'Est).

Les principes et les pratiques de son « approche » (on lui doit, sans doute, la fortune de ce terme modeste et prudent, en psychologie et en sciences humaines) furent connus d'abord sous la dénomination de « non-directivité » en psychothérapie. Toutefois, sa voie propre s'est ensuite propagée dans de multiples secteurs de l'activité humaine et de la recherche, notamment en éducation et en enseignement ou dans le traitement des conflits sociaux, sous le titre d'« approche centrée sur la personne » (en anglais, *Person-centered approach,* PCA).

Une hypothèse optimiste sur les capacités d'évolution des personnes

Sensible à l'extension ininterrompue de ses conceptions et de ses formes d'intervention ainsi qu'aux vives controverses qu'elles n'ont cessé de provoquer, Carl Rogers, dans un texte de 1973, tentait d'en exprimer les ricochets successifs par l'image d'« un galet tombant sur l'eau d'une mare […] devenue parfaitement lisse et immobile » où il dessinait alors « des rides de plus en plus grandes et exerçait une influence impossible à saisir pour qui se contenterait de regarder le galet ». Il précisait que ce galet incident, « c'était l'hypothèse peu à peu élaborée puis vérifiée selon laquelle l'individu possède en lui de vastes ressources qui lui permettent de se comprendre lui-même, de changer l'idée qu'il a de lui-même, ses attitudes et le comportement qu'il se dicte à lui-même, et que l'on peut faire appel à ces ressources mais seulement s'il est possible de créer un climat bien défini qui facilite ces attitudes psychologiques ».

Éducation et Nature

Cette métaphore du « galet » et du « climat » représente bien, en raccourci, l'orientation « naturaliste » où Rogers se situait ainsi que la densité de sa personne, durement acquise au cours de son adolescence studieuse et laborieuse, passée dans une ferme achetée en 1914 par ses parents, aux environs de Chicago. À côté de ses cinq frères et sœur, il y cumulerait, en effet, les charges d'études brillantes et de tâches rurales, celles-ci accomplies avec une passion pour les méthodes expérimentalistes de l'agriculture et de l'élevage, mais habituellement dans la solitude et à la limite de ses forces.

Carl Rogers se préparerait ainsi à devenir plus tard un psychologue « paysan ». Il pourrait affirmer comme fondements de son inspiration : « Je peux faire confiance à mon expérience » et « les faits sont toujours des amis », mais aussi « chez la plupart sinon chez tous les individus, il existe des forces de croissance (*growth forces*), des tendances à l'auto-actualisation, qui peuvent agir comme une motivation unique à la thérapie », du moins si on leur assure un « climat » d'accueil et de compréhension confiante, subtilement entretenu. Des concepts tels que « *growth* » ou « tendance actualisante » et « orientation positive », incoercibles en chaque homme comme en chaque être, s'imposeraient à sa pensée et à son action selon une imagerie (écologique) de confiance à la « nature », l'incitant au respect des capacités de tout autre individu à se développer positivement et, par suite, « à diriger le processus thérapeutique » quelles que soient les difficultés qu'il doit affronter, accompagné et non pas dominé par le thérapeute et son savoir.

Études et carrière

Par ses études universitaires amorcées dans l'agronomie, poursuivies dans l'histoire puis dans des études pastorales avant de s'approfondir en psychologie (clinique et expérimentaliste) autant qu'en pédagogie, Rogers va préparer, aidé par son mariage avec Helen Eliott en 1926, la mise en œuvre et en forme de son orientation « positive ».

Débutant en 1928, et bientôt nanti de son doctorat, dans un institut d'étude de l'enfance, il a pu éprouver alors « l'incompatibilité radicale qui existait entre l'esprit hautement spéculatif qui régnait à l'institut et les conceptions rigoureusement expérimentales et statistiques qui existaient à Columbia » (son université) ;

« autrement dit, entre la pensée de Freud et celle de Thorndike ». Ce conflit à résoudre fut pour lui « une expérience précieuse ».

En 1930, il devient directeur d'un centre de guidance infantile. À ce poste, il rencontre Otto Rank, dont la pratique chaleureuse l'influence ; il approfondit sa pratique minutieuse et prudente, entreprend des enregistrements (au magnétophone) d'entretiens thérapeutiques dès 1938, publie *Le Traitement clinique de l'enfant-problème,* dont le succès lui ouvre immédiatement les grandes portes de l'Université.

Il y enseigne la psychologie et le *counselling* ou la thérapie pendant vingt-trois ans, associant d'emblée ses étudiants à ses activités de thérapie et de recherche : d'abord à l'université de l'État de l'Ohio (1940-1945), puis à celle de Chicago (1945-1957) où il crée un « Centre de conseil (*counselling*) psychologique » pour les étudiants, dont la forme essaimera au travers du monde des enseignements supérieurs, enfin à l'université du Wisconsin (1957-1964) où il obtient une double chaire, dans la faculté de psychologie et dans celle de médecine.

Cette période universitaire est féconde en recherches approfondies sur la spécificité des diverses pratiques de psychothérapie et sur leurs effets. Rogers publie de nombreux ouvrages et communications. Sa renommée très vite mondiale lui vaut les plus hautes distinctions pour ses contributions scientifiques et sa réussite professionnelle. Mais sa vigueur novatrice, la simplicité subtile (paysanne) de ses théorisations incessantes, et sa lutte contre les dogmatismes soulèvent de vives contradictions et des controverses sans fin, aux États-Unis et en France notamment.

Californie et rayonnement mondial

En janvier 1964, les Rogers s'installent en Californie. Carl se libère des limitations bureaucratiques de l'université et devient simple associé (*fellow*), d'abord d'un Institut des sciences du comportement de l'Ouest (WBSI), puis d'un Centre d'études de la personne (Center for the Studies of the Person, CSP) à La Jolla, près de San Diego, non loin du Mexique. Son activité prend alors un caractère délibéré d'intervention sur les institutions scolaires, médicales, industrielles, politiques, dans son pays et dans de très nombreux autres. Il met au point un mode particulier de structure de groupe, le « groupe de rencontre » (*encounter group*), qui se diffusera mondialement. Il participe à de nombreux séminaires (*workshops*) internationaux, développant des formations mais aussi la résolution de conflits sociaux : en Irlande du Nord avec des représentants des deux communautés en opposition, en Afrique du Sud, au Mexique et au Brésil, pour les problèmes culturels à propos du contrôle des naissances, en Espagne, au début de l'après-franquisme, en Autriche, pour préparer la paix au Nicaragua, en Europe de l'Est. Son dernier voyage, en octobre 1986, sera pour Moscou et pour Tbilissi, où il fera l'objet d'une « réception enthousiaste et très chaleureuse », comme il le reconnaîtra lui-même, en pleine *perestroïka*. Carl Rogers meurt en février 1987, alors qu'il s'apprêtait à partir à nouveau pour l'Afrique du Sud.

Trois concepts opératoires

La richesse de ses formulations théoriques, fondées sur ses rigoureuses expérimentations, aboutirent à la mise en valeur de trois concepts-repères, essentiels à toute relation humaine, *a fortiori* dans le cas des situations complexes de thérapie, d'éducation ou d'enseignement.

Il s'agit, en premier lieu, pour un responsable, thérapeute ou enseignant (et plus généralement pour tout « partenaire »), de se disposer, pour tout dialogue et entretien ou même exposé, à un certain degré de *congruence* avec soi-même, c'est-à-dire d'accord intérieur, d'authenticité, de mise à l'aise de soi avec soi, de rapport transparent à tous ses sentiments et idées ou remous intérieurs (et qui soient aussi rendus transparents à autrui), mais sans perfectionnisme (juste ce qu'il faut, comme le signifie l'étymologie du mot).

Il importe, en second lieu, de contrarier un risque narcissique, en rencontrant autrui, personne ou groupe, avec confiance et, plus précisément, suivant une *considération positive inconditionnelle,* c'est-à-dire en portant une attention vigilante à ce qui est présenté d'emblée, en accueillant chaque individu là où il se place, dans son altérité reconnue, sans condition de préjugé ou d'attente, en dehors de tout « soupçon » interprétatif.

Toutefois, et c'est le troisième concept, il convient de ne pas enfermer autrui dans aucune de ses positions successives, mais de suivre son cheminement intérieur avec *empathie,* c'est-à-dire de tenter de percevoir ses sentiments tels qu'il les perçoit progressivement, de son point de vue, en dialogue avec son cadre de référence propre, sans cependant s'identifier ou se substituer à lui.

Pratiques et précautions

La mise en pratique de ces trois concepts, comme conditions nécessaires et suffisantes à toute évolution et à tout apprentissage, a conduit Rogers et ses émules à mettre au point une série de précautions concrètes en vue de ne pas perturber la libre évolution d'autrui ou l'autonomie de son apprentissage, mais aussi afin de l'aider à se ressaisir de ses propres formulations ou acquisitions provisoires pour en explorer le sens.

Des comportements de « compréhension », de réverbération ou de miroir sinon d'écho léger, sur ce que vient de dire autrui, ont été développés avec tact et nuance sur une large gamme d'expressions : en évitant toute tendance de ritualisation et de stéréotypie.

Carl Rogers a mis en évidence la maîtrise mesurée d'une relation éducative, équilibrant présence et distance à l'égard des individus ou des groupes classes, en même temps qu'un allégement des institutions en vue de favoriser les initiatives des élèves ou les innovations des équipes d'enseignants, de façon à assurer une responsabilité et une variété croissantes dans la création des situations d'apprentissage.

Le message profond de Carl Rogers est un message de confiance et de réincorporation : à soi-même et à autrui. Mais il a aussi un caractère paradoxal. Il associe une croissance de la subjectivité vécue à un développement exigeant de l'objectivité, se donnant et accordant une liberté d'intervention en tout dialogue mais effectuant inlassablement des repérages pratiques et des contrôles expérimentaux. Il accueille sans condition les interlocuteurs mais formule et vit ses propres valeurs ; il ne cesse de théoriser, mais il rejette les radicalisations. Il est d'un abord prudent pour ne pas empiéter sur les personnes, mais il est cependant chaleureux. Il se protège en évitant les pressions collectives ou individuelles, et, toutefois, il multiplie communications et solidarités. Il se fonde sur des attitudes personnalisantes et néanmoins se soucie de la mise au point de méthodes concrètes et d'instruments pour analyser les expressions échangées.

André de Peretti

▶ Bibliographie

Principales œuvres de Carl Rogers :

Le Développement de la personne (1960), Paris, InterÉditions, 2005.

Liberté pour apprendre (1969), Paris, Dunod, 1999.

Un manifeste personnaliste : fondements d'une politique de la personne (1977), Paris, Dunod, 1979.

Principales œuvres sur Carl Rogers :

Collectif, *Autobiographie de Carl Rogers : lectures plurielles*, Paris, L'Harmattan, coll. « Savoir et formation », 2004.

Peretti A. de, *Pensée et vérité de Carl Rogers*, Toulouse, Privat, 1974.

Peretti A. de, *Présence de Carl Rogers,* Ramonville-Saint-Agne, Érès, 1997.

Poeydomenge M.-L., *L'Éducation selon Rogers,* Paris, Dunod, 1984.

▶ Voir aussi

Autonomie – Directivité, non-directivité – Empathie – Psychosociologie et formation.

Rôle

La notion de « rôle » est souvent présentée comme une notion carrefour, complexe, difficile à opérationnaliser. L'un des premiers théoriciens du rôle, Mead, décrit le processus de socialisation qui conduit l'enfant du stade du jeu libre au stade du jeu réglementé. Dans le jeu libre, l'enfant imite le comportement d'un partenaire comme celui d'un « autrui significatif » ; dans le jeu réglementé, il intègre les attitudes de tous les participants et les normes sociales d'actions d'un « autrui généralisé ». Ce processus de socialisation peut ensuite être étendu à l'ensemble des conduites attendues en relation avec la position occupée (âge, sexe, ou encore la position familiale, professionnelle, militante).

Alors que la perspective sociologique privilégie le rôle prescrit proche du statut, la perspective psychologique favorise l'attitude adoptée par un individu comme personnage. Pour tenir compte des décalages entre rôle prescrit et rôle effectivement joué, Goffman mobilise la notion de distance vis-à-vis du rôle : en fonction de l'interprétation subjective de la situation, l'acteur prend conscience de son rôle en s'en écartant ou s'y soumet par une forte identification. Le niveau psychosocial articule les conduites individuelles mais sans les séparer de leur ancrage dans des modèles culturels communs.

Dans le domaine de l'éducation, les rôles prescrits subissent de fortes transformations relayées par des débats récurrents autour des rôles prioritaires qui devraient être attribués à l'instruction ou à l'éducation (générale et civique), des attentes liées à l'orientation, à l'évaluation ou à la sélection. Chez les éducateurs spécialisés comme chez les formateurs d'adultes, les rôles prescrits sont encore mal formalisés.

Plusieurs facteurs favorisent les tensions entre rôles : manque d'une vision clairement consensuelle au niveau institutionnel, grande diversité des situations d'interaction selon les établissements, l'implantation géographique, la spécificité des publics, les cultures disciplinaires ou professionnelles. Une forte dissonance entre des rôles mixtes, ambivalents ou contradictoires (par exemple, maintenir un niveau d'exigence pour tous et tenir compte des individualités) ou entre des rôles prescrits et des pratiques effectives entraîne des conflits de rôles. On envisage plusieurs issues possibles aux conflits de rôles : la fuite, l'évitement, l'occultation, le compromis, l'ajustement. Cela peut prendre différentes formes de stratégies identitaires mises en œuvre pour tenter de maintenir une identité sociale positive.

Mais les conflits de rôles – aux niveaux institutionnel, individuel et interactionnel – sont aussi des facteurs de changement social.

Nicole Lautier

▸ Voir aussi

Identité sociale – Norme – Psychologie sociale – Psychosociologie et formation.

Rousseau, Jean-Jacques (1712-1778)

Né à Genève et mort à Ermenonville, Rousseau représente, avec l'*Émile* (1762), le moment fondateur de la pensée éducative. Il l'est devenu, dans le mouvement même de la réflexion du Genevois, à partir du moment où le *Discours sur les sciences et les arts* de 1750 renvoyait le savoir à l'intérêt que l'homme y prend et qu'il le soumettait à l'impératif de la moralité. Le *Discours sur l'origine de l'inégalité* (1755) ne mettait en place la quasi-fiction d'un état naturel de l'homme que pour abandonner l'humanité sociale à un processus de dégénérescence qui finirait par ramener l'homme à la sauvagerie initiale, tout en le faisant rêver d'un État de droit capable de réconcilier les volontés particulières dans la transparence de la volonté générale. L'écrit de 1762, de l'aveu même de son auteur « le plus utile, le meilleur et le dernier » de ses écrits, peut être interprété, dans ce mouvement, comme une œuvre de restauration de l'homme par-delà le conflit, désormais sans issue, entre l'individu et sa nécessaire réalisation sociale : l'*Émile* est donc moins un traité pratique d'éducation qu'une œuvre de fiction qui modélise la construction de la liberté autonome par le chemin de l'éducation. On pourra y voir un ouvrage de philosophie de l'éducation, encore que la philosophie y trouve sa limite radicale dans la pensée même de sa raison d'être : l'éducation.

Ce « roman d'éducation » prend à la naissance un enfant orphelin, qui sera accompagné, à travers toutes les étapes de sa jeunesse, jusqu'à son mariage et la promesse d'une paternité, par un gouverneur sans nom ni figure. Émile traverse ainsi toutes les institutions qui, dans la seconde partie du *Discours* de 1755, constituent la socialité humaine à partir de la propriété. Mais tout l'art du gouverneur est de l'introduire dans autant d'expériences, rencontrées ou préparées, qui permettent au désir de se poser dans la rencontre mutilante de la réalité sociale, puis de se retrouver à travers un processus de réappropriation qui met en œuvre la réflexion, l'affectivité et l'activité de l'enfant, de l'apprenti, du jeune homme. Les concepts chers à Rousseau, tels ceux d'*état de nature* et de *contrat social,* de *liberté* et de *loi,* de *raison* et de *sensibilité,* qui tendaient à se figer ailleurs dans des contradictions sans issue, deviennent opératoires dans l'ouvrage de 1762 : on forme en Émile un « sauvage fait pour habiter les villes », sa liberté est « bien réglée », il commence par développer une « raison sensitive », etc. L'éducation de Sophie peut surprendre, voire scandaliser les lectrices éprises d'égalité : mais, s'il faut reconnaître que Rousseau reste ici sans doute prisonnier d'un « préjugé » social, ou tout simplement personnel, il importe de ne pas perdre de vue le « paradoxe » qu'il veut mettre en œuvre dans la distinction creusée à plaisir entre les deux sexes et encore renforcée par leur éducation, à savoir que le contrat d'égalité entre deux êtres ne peut s'établir que sur fond de *différence.*

L'ouvrage de Rousseau, d'un genre littéraire inclassable, qui mêle principes et anecdotes pédagogiques, actions dramatiques et considérations théologiques, n'a guère été compris dans sa cohérence interne comme dans sa position de clef de voûte du système de Rousseau. Il est le plus souvent resté une carrière où les tenants de l'éducation nouvelle comme ceux de la pédagogie traditionnelle iraient puiser sentences et citations, taillant selon leurs préjugés dans les paradoxes que Rousseau se plaît à développer. On a ainsi colporté l'image fausse d'un Rousseau partisan du « laisser-faire », d'une éducation « individualiste » complètement coupée de la réalité sociale, d'une formation religieuse livrée à la subjectivité sentimentale… Les malentendus n'ont cessé de s'accumuler autour de l'œuvre, qui a engendré la postérité la plus contradictoire.

Or ce sont précisément les paradoxes qui font toute la force de la réflexion de l'*Émile.* S'il s'agit bien d'observer l'enfant pour l'éduquer, cette observation s'inverse dès qu'il s'agit de donner sens à l'éducation : Émile sera ce qu'il *voudra pouvoir être,* au point où la nature cède le flambeau à l'œuvre proprement humaine de la liberté. S'il s'agit bien d'une éducation qui récuse le principe d'autorité pour s'établir sur celui de liberté, son projet se garde de faire l'économie de la contrainte, du *nomos* sans lequel l'enfant ne pourrait jamais se faire auto-nome. Si « la société a fait l'homme plus faible », si « tout n'est que confusion dans les institutions humaines » et si le jeune homme ne peut espérer établir le sens de son existence sur ce qu'il observe des choses politiques à travers les États, il demeure que, laissé à lui-même, il vivrait en état de sauvagerie insupportable au cœur de la civilisation et qu'il ne parviendrait jamais à construire sa loi de vie. Autre paradoxe : le projet affiché de « former l'homme de l'homme » s'incarne dans l'éducation d'un individu nommé Émile, aux particularités explicitement définies…

Et si – scandale suprême – Rousseau se plaît à cultiver ces paradoxes en écartant délibérément l'action, voire *pour* ne pas agir, s'il faut attendre Pestalozzi pour que les pensées de Rousseau prennent (non sans problèmes) le chemin de la réalisation, le Genevois nous laisse cependant une précieuse indication, à savoir que la pratique éducative, assurément tissée de contradictions, appelle, sinon une création utopique où ces contradictions cohabitent (ce fut le choix de Rousseau), du moins un horizon théorique où elles soient *comprises* dans la perspective de ce qui est *voulu* par l'auteur de l'*Émile.*

Michel Soëtard

▸ Bibliographie

Principales œuvres de Jean-Jacques Rousseau :

Œuvres complètes, Paris, Gallimard, coll. « La Pléiade », 5 vol.

Émile ou De l'éducation, Paris, Bordas, 1992.

Principales œuvres sur Jean-Jacques Rousseau :

GROETHUYSEN B., *Jean-Jacques Rousseau*, Paris, Gallimard, coll. « Idées », 1983.

IMBERT F., *Contradiction et altération chez Jean-Jacques Rousseau,* Paris, L'Harmattan, 1997.

IMBERT F., *L'*Émile *ou l'interdit de la jouissance,* Paris, Armand Colin, 1989.

RAVIER A., *L'Éducation de l'homme nouveau : essai historique et critique sur le livre de l'*Émile, Issoudun, Spes, 2 vol., 1941.

SOËTARD M., « Jean-Jacques Rousseau », *in* Houssaye J. (éd.), *Quinze pédagogues : textes choisis,* Paris, Bordas, 2000.

SOËTARD M., « La Réflexion épistémologique de l'*Émile* », in *Études Jean-Jacques-Rousseau*, n° 9, 1998, p. 9-20.

SOËTARD M., *Qu'est-ce que la pédagogie ? Le pédagogue au risque de la philosophie*, Issy-les-Moulineaux, ESF, 2001.

VARGAS Y., *Introduction à l'*Émile *de Rousseau*, Paris, PUF, coll. « Les Grands Livres de la philosophie », 1995.

▸ Voir aussi

Éducation nouvelle – Kant, Emmanuel – Pestalozzi, Johann Heinrich – Philosophie de l'éducation.

RYTHMES SCOLAIRES

Les rythmes scolaires peuvent s'entendre de deux manières : soit ils correspondent à l'alternance entre les moments d'activité et ceux de repos imposés par l'école, il s'agit alors des emplois du temps scolaire, des vacances et des calendriers scolaires ; soit ils sont compris comme les variations périodiques des processus physiologiques, physiques et psychologiques de l'enfant, du jeune en situation scolaire.

Les connaissances sur les rythmes de l'enfant émanent d'au moins deux disciplines : la chronobiologie et la chronopsychologie.

Les recherches de *chronobiologie* de l'enfant ont permis de dégager trois principales données :

– les rythmes physiologiques s'installent progressivement et évoluent avec l'âge ;

– le début d'après-midi et, à un degré moindre, le début de la matinée constituent deux « moments critiques » de l'évolution journalière de plusieurs variables biologiques : durée du sommeil diurne, sécrétion d'hydrocorticostérodes, rythme cardiaque, pression artérielle ;

– il existe des fluctuations des facteurs physiologiques et des comportements au cours de la semaine scolaire, le lundi et le samedi étant des jours de désynchronisation (quand il y a classe samedi matin).

Les travaux de *chronopsychologie*, qui portent sur l'étude des changements périodiques du comportement pour eux-mêmes, fournissent des informations sur les fluctuations journalières et hebdomadaires de l'activité intellectuelle de l'élève.

Au cours de la journée, le niveau de performance au cours des épreuves psychotechniques et/ou scolaires s'élève du début jusqu'en fin de matinée, chute après le moment du déjeuner, puis, pour les sujets les plus âgés, progresse de nouveau dans l'après-midi. Les fluctuations sont alors non seulement quantitatives mais également qualitatives.

Au cours de la semaine « traditionnelle » (congé le mercredi et classe le samedi matin), l'efficience est la plus faible le lundi, et la plus élevée les jeudi après-midi et vendredi matin. Le lundi se caractérise par une forte hétérogénéité dans les fluctuations, hétérogénéité qui témoigne d'une plus ou moins grande facilité à vivre le processus de désynchronisation-resynchronisation faisant suite au week-end. Ces résultats psychologiques corroborent ceux mis en évidence aux plans physiologique et comportemental.

Les variations journalières et hebdomadaires de l'activité intellectuelle de l'élève peuvent différer sous l'influence de l'âge, de facteurs de personnalité et/ou de situation.

Plus l'élève est jeune, plus tôt dans la matinée se situe le pic de performance intellectuelle et plus prononcé est le creux d'après-déjeuner. Au cours de la semaine scolaire « traditionnelle », plus l'élève est âgé, plus tard se trouve la meilleure demi-journée de performances (à l'exception de la demi-journée qui précède le week-end). Pour les plus âgés des CM1, CM2, 3e, l'efficience intellectuelle est la plus élevée les jeudi après-midi, vendredi matin ou après-midi, alors que pour les plus jeunes des CP et CE1, ce sont les mardi après-midi ou jeudi matin.

De plus, les variations journalières de l'activité intellectuelle seraient en grande partie dépendantes du degré de maîtrise que les élèves ont de la tâche à exécuter. Une mauvaise maîtrise de la tâche implique l'application de procédures d'exécution, de résolution ou bien de traitement de l'information nécessitant un fort investissement cognitif et une focalisation de l'attention. Les fluctuations psychologiques ne seraient présentes que lorsque la tâche est peu maîtrisée et, inversement, une fois la tâche maîtrisée, elles disparaîtraient.

La maîtrise de la tâche serait elle-même dépendante de nombreux facteurs : le niveau scolaire, le degré d'apprentissage, les conditions d'exécution des exercices, la complexité de la tâche ou bien encore l'aménagement des temps de vie des enfants.

François Testu

▶ Bibliographie

Collectif, *Rythmes de l'enfant : de l'horloge biologique aux rythmes scolaires*, Paris, INSERM, coll. « Expertise collective », 2001.

Fotinos G., Testu F., *Aménager le temps scolaire*, Paris, Hachette, 1996.

Montagner H., *L'Enfant : la vraie question de l'école*, Paris, Odile Jacob, 2002.

Testu F., *Chronopsychologie et rythmes scolaires*, Paris, Masson, 2000.

Testu F., Fontaine R., *L'Enfant et ses rythmes : pourquoi il faut changer l'école*, Paris, Calmann-Lévy, 2001.

▶ Voir aussi

Fatigue – Temps scolaire (Aménagement du).

S

Sabbatique (Année)

L'« année sabbatique » est une formule inspirée de la règle juive prescrivant le repos des terres chaque septième année. C'est une année de congé accordée tous les sept ans aux professeurs des universités nord-américaines en vue d'études et recherches personnelles ou professionnelles.

Le modèle a été transposé en France où les enseignants-chercheurs peuvent bénéficier d'un congé pour recherches ou conversions thématiques pendant leur carrière d'une durée de six mois à un an.

Jacques Fialaire

▶ **Voir aussi**

Congé individuel de formation (CIF) – Droit individuel à la formation (DIF) – Personnel enseignant.

Santé (Éducation pour la)

L'éducation pour la santé se définit par l'ensemble des actions de partage du savoir, de l'accès à l'information qui permettent à chacun de prendre connaissance des risques qu'il prend par ses comportements, ses habitudes de vie à l'égard de son propre bien-être. Actuellement, l'état des connaissances des sciences médicales laisse apparaître clairement que, parmi les facteurs qui constituent le processus de santé, certains dépendent de l'environnement. On avance même que l'environnement tiendrait pour un tiers dans le poids de ces facteurs ; et que la connaissance de ces facteurs nuisibles rentrerait dans toute démarche préventive proprement dite. Doté au départ d'un certain patrimoine génétique inaliénable, l'être humain subit, de la part de son environnement, toute une série d'influences qui peuvent être bénéfiques à sa santé mais aussi agressives. De sorte que le processus de santé est l'histoire de l'enchevêtrement complexe entre ces diverses influences : capital génétique, conditions et habitudes de vie, environnement.

Intégrée dans l'école, une éducation pour la santé pourrait d'abord faire comprendre ce que recouvre avant tout le processus de santé : « Plénitude de vie, harmonie dynamique de l'homme avec lui-même et avec son milieu [...] dont l'objectif est d'enrichir chacun de ses dons » (P. Valéry) ; ou encore de permettre à chacun de tirer une partie maximale de ses capacités, compte tenu de son héritage génétique.

Ensuite, elle pourrait réussir à faire adopter par chacun les modes de vie par lesquels il tente de sauvegarder son capital de santé.

Dans ce sens, l'éducation pour la santé consiste à mettre en place, dans le cadre de l'école elle-même, des mesures qui développent la prévention.

Qu'est-ce que la prévention ?

On distingue couramment la prévention primaire, qui vise à empêcher qu'un trouble, un processus ou un problème ne se produise ;

la prévention secondaire, destinée à reconnaître et, une fois qu'il est reconnu, à supprimer ou à modifier dans un sens positif, et le plus rapidement possible, un trouble, un processus ou un problème ; la prévention tertiaire, qui a pour but d'enrayer ou de retarder la progression d'un trouble, d'un processus ou d'un problème et de ses séquelles alors même que persiste la situation qui l'a suscité.

Dans le sens courant du terme, la prévention se confond souvent avec le dépistage : « toute action médicale visant à un diagnostic précoce des maladies infectieuses ».

Pourtant la notion de prévention est, en réalité, une notion bien plus large que le dépistage. Elle désigne plutôt l'ensemble des actions qui tendent à promouvoir la santé individuelle et collective, afin d'assurer l'intégrité physique et mentale, de développer les capacités vitales de chaque individu et de réduire les menaces que font peser sur les individus et les groupes leurs environnements physique, psychologique et social. Selon le sens premier du terme, la prévention consiste bien à « précéder, devancer, aller au-devant de quelque chose, en devancer l'heure ».

Mais, en dernier ressort, dans le cadre de la santé, au-delà de la prévention et du dépistage des troubles et maladies, c'est bien de l'éducation qu'il s'agit : « développement harmonieux et dynamique chez l'être humain de l'ensemble de ses potentialités (affectives, morales, intellectuelles, physiques, spirituelles, etc.), [...] développement du sens de l'autonomie, [...] transformation positive, dynamique et continue de la personne ».

Ainsi, comme le montre Georges Vigarello, au XXe siècle, c'est l'éducation qui fonde les pratiques préventives. Dans les campagnes et les messages publics, le rôle spécifique donné à l'État est de contribuer à la pédagogie plus qu'à la répression.

Pourquoi une éducation à la santé à l'école ?

On voit s'opérer actuellement dans les pays de l'Union européenne un élargissement des missions tant des sciences de la santé que de l'école.

La médecine développe sa visée préventive, l'école, sa mission proprement éducative. L'une et l'autre se rejoignent dans les actions qui informent chaque citoyen des risques qu'il prend à l'égard de sa propre santé par le non-respect d'une hygiène de vie, de rythmes de vie équilibrés, par l'abus de consommation de produits toxiques, licites ou illicites, de médicaments, et le non-usage des moyens prophylactiques.

L'école, du fait de la précocité des habitudes de vie nuisibles à la santé de chacun, se trouve d'autant plus impliquée dans sa mission sociale, en particulier pour les enfants issus de familles défavorisées. On conçoit en effet qu'un rôle proprement d'éducation à la santé soit tenu par les acteurs de la communauté scolaire, faute de quoi les inégalités devant la mort et la maladie ne cesseront de croître, ainsi que le coût économique des soins pour l'État et le citoyen.

Il est vrai que, dans l'Éducation nationale française, de nombreuses dispositions réglementaires invitent l'institution scolaire à prendre sa part dans ce rôle proprement social que l'école peut et doit jouer en direction des jeunes. L'enjeu d'une égalité des droits de tous les citoyens à sauvegarder leur « capital santé » tient d'abord au respect des règles d'une hygiène de vie, au sein même de l'institution scolaire et hors d'elle, dès l'enfance.

Depuis les rapports de Debré et Douady sur la fatigue des écoliers français (1962), et de Levine et Vermeil sur les difficultés scolaires (1980), la France n'ignore plus les liens qui se tissent entre la réussite scolaire, la santé, le bien-être des jeunes et leurs conditions et habitudes de vie – en particulier alimentation et équilibre travail-sommeil-détente (Deschamps, 1989).

On sait tout l'intérêt qu'il y a à développer une médecine qui accompagne la scolarité et tente de réaliser, selon les propos de Toulemonde, « un suivi scolaire intégré, travaillant avec les pédagogues pour examiner les élèves sous tous les angles et traiter leurs problèmes globalement » dans les établissements scolaires. Car la sauvegarde du « capital santé » de chacun et sa réussite scolaire tiennent pour une part appréciable au respect de règles élémentaires d'hygiène de vie. Cette sauvegarde tient aussi au rôle proprement dynamique et fortement « éducatif » (dans le sens le plus large de ce terme) que l'école sait jouer, en informant les adolescents des risques qu'ils prennent à l'égard de leur santé, et en les responsabilisant dans une démarche qui, loin de se perdre dans le « catastrophique », vise à être essentiellement valorisante.

Plus que l'absence d'infirmité ou de maladie, la santé est une « qualité de la vie comportant une dimension sociale, mentale, morale et affective tout autant que physique », selon la définition du Conseil de l'Europe (1988). L'école a aussi à s'en préoccuper pour une raison fondamentale.

En raison de leur statut et de leur personnalité, les maîtres gardent toujours aux yeux des enfants un certain « prestige ». Les études sociologiques sur les degrés d'influence des adultes auprès des jeunes et sur leurs modèles d'identification confirment qu'en dehors de leurs propres parents, c'est encore, pour la majeure partie de la jeunesse actuelle, les enseignants qui sont désignés comme personnes de référence.

Mais, comment l'école peut-elle (et doit-elle) jouer son rôle dans les politiques de prévention et d'information, que les pouvoirs publics lancent au moyen des campagnes de santé publique qui envahissent les médias ? Sur quelle légitimité autre que celle de simples citoyens les enseignants fondent-ils les actions qu'ils entreprennent (en concertation avec le personnel de santé ou le personnel administratif), en vue d'inciter les élèves à devenir promoteurs et acteurs de la sauvegarde de leur santé par une meilleure connaissance des risques qu'ils prennent dans leurs habitudes de vie ?

Il est clair que dans la société française se dégage un souhait partagé sur la nécessité de cette éducation à la santé et sur l'importance de son enjeu pour tous les enfants et notamment ceux des catégories les plus démunies socialement ou culturellement. Il n'est pas surprenant que l'éducation à la santé soit réaffirmée comme une des trois missions prioritaires du service de santé scolaire, de nouveau intégré depuis 1985 au ministère de l'Éducation nationale en France. L'école devrait, en raison même du pouvoir dont elle dispose, en raison de sa position critique et de sa vocation démocratique, se donner entre autres tâches celle de distribuer des connaissances scientifiques qui soient réactualisées en permanence, sur l'hygiène de vie et les moyens de conserver la santé.

Dans ce cadre, le rôle des éducateurs (enseignants et autres membres de la communauté éducative) serait de soutenir l'élève dans l'accès aux informations, de le guider dans la sélection de celles qui sont pertinentes et de l'aider à acquérir des connaissances scientifiques sur ce qui préserve la santé des individus et à comprendre leur bien-fondé ; de savoir créer des situations dans la vie scolaire où l'élève peut adopter des comportements et des attitudes positives (et non à risque) ; de favoriser l'ouverture de l'école aux compétences extérieures et à l'utilisation de technologies variées grâce à une démarche participative et une collaboration effective avec les spécialistes de santé, eux-mêmes disposant de connaissances scientifiques de haut niveau et constamment réactualisées.

Actuellement des analyses concordent pour montrer que les inégalités en matière de santé sont un fait dominant ; ces inégalités s'expriment dans le champ social en termes de liberté et aussi en termes d'éducation.

En développant l'éducation pour la santé, l'école pourrait avoir un rôle fondamental dans la réduction de ces inégalités en étant le lieu privilégié où s'acquièrent les notions et la pratique de l'hygiène et de la sécurité, la prévention des accidents et des fléaux sociaux comme la toxicomanie ; un rôle essentiel dans la démocratisation du savoir « sur ce qui sauvegarde la santé comme capital bien-être des individus » en facilitant l'accès à ce savoir.

Aussi il nous apparaît chaque jour, de façon de plus en plus évidente, que dans la réussite d'une stratégie de développement de santé publique, l'école est un relais qu'il ne faut pas négliger.

Nelly Leselbaum

▸ **Bibliographie**

Collectif, « L'Éducation à la santé », *Revue française de pédagogie*, n° 114, 1996.

Collectif, « Éducation à la santé : rôle et formation des personnels de l'éducation », *Recherche et formation*, n° 28, 1999.

Debré R., Douady D., *La Fatigue des écoliers français dans le système scolaire actuel,* Paris, IPN, 1962.

Deschamps J.-P., « Il faut sauver la médecine scolaire », *Médecine et enfance,* avril 1989.

Larue R., *École et santé : le pari de l'éducation*, Paris, Hachette/CNDP, 2000.

Mérini C. *et al.*, *Guide ressource pour une éducation à la santé à l'école élémentaire*, Rennes, Éd. ENSP, 2004.

Vermeil G., Levine J., *Les Difficultés scolaires,* Paris, Douin, 1982.

Vigarello G., *Le Sain et le malsain,* Paris, Le Seuil, 1993.

▸ **Voir aussi**

Fatigue – Rythmes scolaires – Toxicomanie.

Savoir

Le savoir se définit comme ce qui, pour un sujet, est acquis, construit et élaboré par l'étude ou l'expérience. Résultat d'une activité d'apprentissage, quelles que soient la nature et la forme de celui-ci (imitation, imprégnation, identification, effet de l'action pédagogique, etc.), le savoir s'actualise dans des situations et dans des pratiques. Tout savoir individuel est donc partiel et s'inscrit dans l'histoire psychique et sociale du sujet sur l'horizon fantasmatique d'un savoir absolu.

Les savoirs sont un ensemble d'énoncés et de procédures socialement constituées et reconnues. C'est par l'intermédiaire de ses savoirs qu'un sujet, individuel ou collectif, entretient une relation au monde naturel et social et le transforme. Les savoirs peuvent alors se comprendre comme des « stocks » d'énoncés et de procédures dont l'organisation, la systématisation et la formalisation sont cohérentes, légitimées, dans un groupe social donné à un moment historique donné. Les savoirs caractérisent alors les sociétés elles-mêmes : de quels savoirs dispose tel groupe humain, à tel moment ? Mais aussitôt il faut envisager le fait que les savoirs n'existent que s'ils sont l'objet d'une activité pour un sujet individuel ou collectif : d'abord apprendre, c'est-à-dire assurer les acquisitions par une activité mentale suivie, puis mettre en œuvre, interpréter, etc.

Les différenciations entre savoir et connaissance ou entre savoirs de nature différente occupent la réflexion et l'étude aussi bien des épistémologues que des psychologues, aussi bien des praticiens de l'éducation que des chercheurs des sciences sociales et humaines. C'est dire que le travail de clarification est constamment en chantier et ne saurait se terminer par quelque définition normative. Aujourd'hui, on semble s'accorder sur les principales distinctions suivantes, même si chaque terme mérite discussion : on repère des savoirs théoriques, dont les savoirs scientifiques, puis les savoirs procéduraux ou stratégiques qui formalisent les règles pour la mise en œuvre de l'action ; enfin une troisième dimension est maintenant admise, celle des savoirs pratiques, des procédures et des règles issues de l'action elle-même.

Enfin, les savoirs, analysés aussi bien à partir des mythes des origines, existant dans la plupart des sociétés, que selon l'approche freudienne, conduisent à considérer qu'ils ne constituent qu'un aspect de leurs enjeux anthropologiques. Ainsi, si « savoir » signifie pour une personne ou pour une société sa capacité de maîtriser et d'instrumentaliser le réel, « savoir » met aussi en œuvre une dimension existentielle ; pour un sujet, vouloir savoir nécessite d'assumer sa quête de savoir.

Aujourd'hui, dans le champ de l'éducation et de la formation, analyser les phénomènes avec la notion de savoir(s) devient fréquent aussi bien en didactique des disciplines qu'en « pédagogie générale ». Plus largement, les rapports du travail et des apprentissages nécessitent que les problématiques des savoirs, dans leurs dimensions sociales et psychologiques, soient prises en compte pour comprendre l'activité mentale des sujets.

Jacky Beillerot

▶ **Bibliographie**

FOUCAULT M., *L'Archéologie du savoir,* Paris, Gallimard, 1987.

SCHLANGER J., *Une théorie du savoir,* Paris, Vrin, coll. « Bibliothèque des sciences humaines », 1978.

▶ **Voir aussi**

Acquis (Reconnaissance et validation des) – Apprenti, apprentissage – Didactique – Pédagogie – Psychologie de l'apprentissage – Rapport au savoir – Savoir-faire.

SAVOIR D'ACTION

La notion de « savoir d'action » fait aujourd'hui l'objet d'une forte valorisation, dans les champs de l'éducation et de la formation, comme dans ceux de la gestion et du management, de l'ergonomie et de l'analyse du travail. Elle est souvent prise comme équivalente de la notion de « savoir pratique » ou de « savoir-faire ».

Ce succès est probablement dû à l'association vertueuse de deux termes à la fois opposés et complémentaires, tous deux chargés d'une forte signification dans la tradition occidentale : la notion de « savoir », connotée d'attributs sociaux de stabilité et de transmissibilité, et la notion d'« action », liée à un rapport de transformation par un sujet de son environnement.

Les ambiguïtés de la notion de savoir

Dans un premier sens, la notion de « savoir » est utilisée pour désigner des *énoncés* écrits ou oraux, qui ont une *existence distincte* de ceux qui les énoncent ou se les approprient. Ils sont cumulables et transmissibles. Ils sont associés à des systèmes de représentations provisoirement stabilisés sur le monde (savoirs prédicatifs) ou sur une transformation possible du monde (savoirs procéduraux). Ils sont indexés d'un jugement de valeur, d'une reconnaissance ou d'une qualification sociale se situant souvent dans les registres du vrai/faux ou de l'efficace/inefficace. La validité de ces énoncés, c'est-à-dire le lien de correspondance entre représentation et objet représenté, fait l'objet d'un contrôle social, soit par l'expérience soit par la recherche.

Dans un second sens, la même notion est utilisée pour désigner des construits attribués à des sujets, à partir d'inférences opérées à partir de leurs actes ou comportements : à un sujet qui fait ou qui dit, on attribue un savoir-faire, un savoir-dire, ou tout simplement un savoir. Les savoirs participent alors des processus d'identification des sujets par d'autres ou par eux-mêmes. Le plus souvent ces construits sont relatifs aux rapports que les sujets entretiennent avec des classes d'activités. Ils ont obligatoirement un caractère évaluatif des sujets. Ils sont souvent utilisés pour la conception ou l'organisation d'actions de formation ou d'autres interventions sociales visant la construction des sujets humains. C'est par rapport à ce second sens que la trilogie des savoirs, savoir-faire et savoir-être prend sa signification. Il est probablement préférable de parler de capacités.

Si, dans une acception large, la notion de savoir d'action est parfois utilisée en référence à ce second champ sémantique, elle est alors équivalente de la notion de « savoir-faire », de maîtrise pratique.

La notion de « savoir d'action » peut enfin être utilisée dans une acception un peu moins large, mais qui reste extensive, en référence au premier champ sémantique, pour désigner des énoncés relatifs à l'engagement de processus de transformation du monde physique et social. Ces énoncés peuvent être produits par les acteurs directement impliqués dans ces processus ou par d'autres acteurs. Selon les cas, on parlera de savoirs pratiques, de savoirs expérientiels, de savoirs procéduraux ou de savoirs-méthodes. Il est probablement préférable de parler de savoirs opératifs.

Les ambiguïtés de la notion d'action

La notion d'action est tout aussi polysémique. Elle peut être utilisée en vue d'évoquer des régularités constatables dans des processus de transformation du monde physique ou social. Cette définition privilégie la dimension opérative de l'action comme une suite d'opérations susceptibles de parvenir à une classe donnée de résultats. Elle est alors l'équivalent de technique et survient plutôt dans des contextes prescriptifs ou de conception *a priori* de l'action. Elle est cohérente avec un paradigme de primat de la théorie sur la pratique et une conception de la pratique comme une application de la théorie.

Mais cette notion peut également être utilisée en vue d'évoquer ce qui fait la singularité et la contingence d'un processus de transformation du monde physique et social. Le terme recouvre alors non seulement l'inédit de l'agencement des opérations constitutives de ce processus, mais également l'ensemble des cognitions, affects et productions de signification qui accompagnent ce processus et le modifient. Elle peut être alors définie comme un ensemble d'activités dotées d'une unité de sens et/ou de signification par le ou les sujets qui y sont engagés. Cette définition d'ordre praxéologique tend davantage à apparaître dans des contextes d'analyse, par les acteurs eux-mêmes, des processus de transformation du monde physique et social dans lesquels ils sont engagés. Elle apparaît davantage dans des organisations tendant à favoriser la participation des sujets concernés dans la conduite des processus dans lesquels ils sont impliqués.

La réflexion actuelle sur la notion de « compétence » paraît s'engager de façon explicite dans cette seconde voie. Les compétences sont des représentations ou des énoncés qui s'effectuent par inférence à partir de l'engagement d'un sujet dans une action située et réussie ; elles prennent en compte les questions de sens et de significations accompagnant l'action, en contexte. La compétence est une inférence causale fonctionnant comme une explication de l'action réussie et comme une attribution au(x) sujet(s) individuel(s) ou collectif(s) qui y est (sont) engagé(s).

Les savoirs d'action : « mise en mots des compétences »

C'est probablement en référence à cette acception large qu'il convient de situer le renouveau d'intérêt accordé aujourd'hui à la question des savoirs d'action.

Ce renouveau ne paraît pas dissociable de la mise en place de dispositifs et de situations ayant précisément pour objet la production, la communication ou la mobilisation de tels types de savoirs. Ces dispositifs ou ces situations peuvent avoir quelquefois un objectif dominant de transformation de l'action, comme, par exemple, les groupes qualifiés de progrès, de qualité, de résolution de problèmes, ou les situations d'échanges à l'occasion d'activités. Ils peuvent avoir également un objectif dominant de formation ou de professionnalisation, comme, par exemple, les pratiques de tutorat, d'écriture professionnelle, de formation-action, d'échanges entre professionnels exerçant de façon isolée. Ils peuvent enfin avoir un objectif dominant de recherche, comme, par exemple, la recherche-action, la conception de systèmes-experts ou la construction de référentiels. Dans tous les cas, ils comportent cependant la verbalisation, l'écriture, la communication de séquences opératives considérées comme inédites par les acteurs impliqués dans la réalisation de l'action.

Quels sont les enjeux de tels dispositifs ou situations ? Du côté des organisations, il s'agit d'enjeux de mentalisation (savoir de gestion), de partage (savoirs collectifs) et d'élargissement (savoirs ensembliers) des compétences. Pour les individus et les groupes concernés, d'enjeux de visibilisation, d'insertion et d'affirmation identitaire.

Du point de vue de la recherche, l'énonciation de savoirs d'action fonctionne comme une communication par des acteurs-énonciateurs d'énoncés relatifs à la génération de séquences actionnelles construites et considérées comme efficaces par eux-mêmes.

• Ce sont des énoncés : à la différence des compétences, des capacités et autres savoir-faire, ils renvoient obligatoirement à une activité discursive, à une « mise en mots » ; les savoirs d'action sont communiqués à autrui.

• Ces énoncés sont relatifs à la génération de séquences actionnelles : ils associent la représentation d'un résultat souhaité et l'évocation d'une organisation d'activités dans une situation donnée. Ce sont des savoirs « pour ».

• Ces énoncés sont produits ou construits par l'acteur énonciateur : les savoirs d'action sont considérés par l'acteur-énonciateur comme un inédit par rapport à sa propre expérience antérieure (indicateurs de subjectivation : « astuces » ou « trucs » découverts par le praticien à l'occasion de sa propre activité). Ils prennent sens pour lui comme étant à la fois en continuité et en rupture avec cette expérience antérieure ; ce sont des recompositions d'organisations d'activités.

• Ces énoncés sont considérés par l'acteur-énonciateur comme efficaces (« ça marche »), c'est-à-dire reconnus par lui-même, investis d'une valeur par rapport à son propre engagement ultérieur dans l'action et éventuellement par rapport à l'engagement ultérieur d'autres acteurs placés dans la même situation, ce qui explique leur communication. Cette attribution de valeur peut toutefois être continue ou précaire.

On peut donc affirmer que les savoirs d'action correspondent à une mise en mots des compétences. À l'instar de ces dernières, le plus important n'est pas tant leur contenu que l'heuristique de leur production.

Jean-Marie Barbier
Olga Galatanu

▶ Bibliographie

ARGYRIS C., SCHÖN D., *Le Praticien réflexif*, Paris, Éd. Logiques, 1996.

BARBIER J.-M. (dir.), *Savoirs théoriques et savoirs d'action*, Paris, PUF, coll. « Pédagogie d'aujourd'hui », 1998.

BARBIER J.-M., GALATANU O. (coord.), *Les Savoirs d'action : une mise en mot des compétences ?*, Paris, L'Harmattan, coll. « Action et savoir », 2004.

BENTOLILA A. (dir.), *Savoirs et savoir-faire*, Les entretiens Nathan (19-20 nov. 1994), Paris, 1995.

HEBER-SUFFRIN C., HEBER-SUFFRIN M., *Échanger les savoirs*, Paris, Desclée de Brouwer, 1992.

MALGLAIVE G., *Enseigner à des adultes : travail et pédagogie*, Paris, PUF, coll. « Pédagogie d'aujourd'hui », 1993.

SCHLANGER J., *Une théorie du savoir*, Paris, Vrin, 1978.

▶ Voir aussi

Compétence – Pratique réflexive – Praxéologie – Rapport au savoir – Savoir – Savoir-faire.

SAVOIR-FAIRE

Le savoir-faire est la capacité à modifier une partie du réel selon une intention, et ce par les actes mentaux et gestuels appropriés.

Les savoir-faire réfèrent à une pratique, que celle-ci soit envisagée sous un aspect général (un métier) ou un aspect particulier (un acte) ; ils s'appliquent le plus souvent dans le cadre d'une profession, ils la dépassent, comme en témoignent les savoir-faire de la vie quotidienne.

La tendance dominante est de qualifier de savoir-faire des compétences exercées avec qualité ; en réalité, ils peuvent être le fait de novices ou de gens malhabiles, parce que les savoir-faire comportent des degrés vers la performance ou l'excellence.

Si le savoir est une relation avec le réel où celui-ci fait sens pour un sujet, il est aussi une disposition qui peut avoir un usage potentiel. Se fonde ainsi la proximité du savoir et du savoir-faire, capables l'un et l'autre, l'un sans l'autre, de s'actualiser dans les performances singulières.

Les savoir-faire renvoient toujours aux habiletés ou aux compétences de ceux qui les mettent en œuvre : moyens de « fabrication » et connaissances, pour exercer une activité mentale pratique dans le cadre plus large d'une technique.

Les savoir-faire, enfin, ont été appris et acquis et deviennent tels par l'exercice, l'expérience qui les confirment, les assurent voire les développent (d'aucuns pensent que les habitudes ou les habitus sont des savoir-faire intériorisés et quasiment exercés sur un mode préconscient ou non réflexif).

Il faut alors mettre l'accent sur le fait que le champ conceptuel des savoir-faire est loin d'être stabilisé. De nombreuses disciplines utilisent la notion de « savoir » pour la conjuguer avec des termes voisins ; on remarquera que si rien ne s'oppose à combiner le verbe *savoir* avec bien des verbes d'action, savoir dire, penser, vivre, être, etc., l'usage ne stabilise en syntagme que le savoir-faire (et le savoir-vivre, dans un sens restreint), sans doute parce qu'il « englobe » tous les autres, en ce que toutes les actions, y compris mentales, pour s'effectuer, s'appuient sur des savoir-faire.

Comment enseigner les savoir-faire dès lors qu'ils nécessitent l'entraînement de l'« apprenant » et une appropriation singulière ? Ici comme souvent les discours prescriptifs sont nécessaires, mais insuffisants : l'observation de différentes situations, le jeu des essais-erreurs, dès lors qu'ils sont analysés, la confrontation avec des problèmes nouveaux, sont sans doute seuls aptes à assurer des savoir-faire intégrés, modulables, et pouvant à chaque instant développer de nouveaux savoir-faire.

Jacky Beillerot

▸ Bibliographie

MALGLAIVE G., *Enseigner à des adultes : travail et pédagogie*, Paris, PUF, coll. « Pédagogie d'aujourd'hui », 1993.

▸ Voir aussi

Connaissance – Psychologie de l'apprentissage – Rapport au savoir – Savoir.

SCHÉMA PRÉVISIONNEL DES FORMATIONS

Le schéma prévisionnel des formations est l'acte qui définit, au niveau de chaque région et à un horizon pluriannuel, les besoins de formation en termes quantitatifs et qualitatifs (niveaux des formations, catégories, réseau, etc.). Il s'agit là d'une partie de ce qui, avant la décentralisation des années 1980, constituait la carte scolaire académique.

La compétence régionale s'exerce dans le cadre d'une obligation de respect des choix nationaux en matière d'éducation ainsi que des orientations du plan national.

Le schéma doit prendre en compte l'ensemble des besoins, que la couverture de ceux-ci soit ultérieurement assurée par des établissements privés d'enseignement ou par des établissements publics.

Le conseil de l'Éducation nationale dans l'académie est consulté par la région sur le schéma prévisionnel des formations ; la commission de concertation pour l'enseignement privé, créée dans chaque académie, et constituée de représentants des collectivités territoriales et des établissements privés, l'est également pour ce qui concerne ces derniers.

Le schéma doit obtenir l'accord des départements qui composent la région avant d'être transmis au représentant de l'État dans la région.

Il repose sur l'évolution prévisible de la démographie scolaire, l'anticipation des perspectives économiques régionales et les choix régionaux d'organisation de l'enseignement dans l'espace.

Sur la base de ce schéma, la région, pour les lycées, et les départements, pour les collèges, établissent les programmes prévisionnels des investissements.

La détermination de la structure pédagogique de chaque établissement, qui constituait le second aspect de l'ancienne carte scolaire, reste quant à elle de compétence d'État. Elle incombe aux autorités académiques.

Claude Durand-Prinborgne

▸ Bibliographie

DURAND-PRINBORGNE C., *Le Droit de l'éducation. Enseignements scolaires : traité théorique et pratique,* Paris, Hachette Éducation, coll. « Organiser, former pour enseigner », 1998.

FONTAINE J., « Une région, des lycées, un rectorat, l'incidence politique de la décentralisation en Bretagne », *Savoir, Éducation, Formation,* vol. 4, n° 4, 1992, p. 669 et suiv.

Groupe de recherche sur l'administration locale (GRAL), CNRS, *Les Politiques décentralisées de l'éducation : analyse de quatre expériences régionales,* rapport pour la mission d'études et de statistiques de la Direction générale des collectivités locales, Paris, ministère de l'Intérieur, 1990.

Ministère de l'Éducation nationale, de la Jeunesse et des Sports, inspection générale de l'administration de l'Éducation nationale, *Rapport général 1988-1989,* Paris, La Documentation française, 1990.

Pihan J., « Les Régions françaises et l'éducation à travers les schémas prévisionnels des formations », *Géographie sociale,* dossier n° 9, « L'École en Europe », Caen, Centre de publication de l'université de Caen, 1990, p. 29 et suiv.

▶ **Voir aussi**
Académie – Carte scolaire – Privé (Enseignement).

Schwartz, Bertrand (né en 1919)

Rien ne prédisposait Bertrand Schwartz à se préoccuper de formation puisque, polytechnicien en 1939, il aurait dû faire une carrière d'ingénieur dans l'industrie. Mais le hasard de la vie et ses convictions sociales l'ont amené à concevoir et à diriger des actions de formation et à inventer des méthodes pour rendre plus efficace la formation post-scolaire de ceux qui n'ont pu bénéficier suffisamment du système éducatif, de ceux qui ont eu besoin d'apprendre pour devenir acteurs de leur propre vie, et plus généralement des exclus du savoir et de la société. Les innovations de Bertrand Schwartz ont non seulement fait progresser la conception de la formation des adultes, mais elles ont également eu des effets sur l'évolution de la formation des jeunes.

L'armée et les mines : fonder la formation et la motivation

Après ses études supérieures, Schwartz doit, selon son expression, « commencer sa vie d'adulte par la guerre » : dès le début des hostilités, il est incorporé comme sous-lieutenant. En 1943, il rejoint les Forces françaises libres et la division Leclerc. Les hommes qui sont placés sous son commandement ont tous une bonne formation scolaire et sont en général très motivés pour les tâches qu'il leur confie : à leur contact, il réalise combien la combinaison de la formation et de la motivation est un puissant ressort d'action. Cette conviction ne le quittera plus et orientera tous ses travaux et tous ses engagements à venir.

À la Libération, après avoir effectué un stage d'ouvrier-mineur de six mois, il suit les cours de l'École des mines de Paris, puis devient, en 1948, professeur à l'École des mines de Nancy. Il constate alors que ses étudiants – qui sont quasiment assurés d'obtenir l'examen de sortie – sont très peu intéressés par la formation. Il tente de les motiver, mais comprend que ce ne sera pas possible sans une réforme complète de la conception des études. En 1956, en tant que directeur technique, il prépare une telle réforme, mais se rend compte qu'il ne pourra la mettre en œuvre qu'en devenant directeur de l'École. Les directeurs étant recrutés parmi les professeurs d'université, il prépare une thèse, devient professeur et est nommé à la tête de l'École des mines en 1957 (il le restera jusqu'en 1966). Dès lors, il peut mettre en route sa réforme, dont l'esprit consiste à donner plus d'autonomie aux élèves pour les rendre acteurs de leur formation, à renforcer le travail personnel au détriment des cours professoraux et à mieux lier théorie et pratique en organisant des stages d'application. On trouve là, en germes, tout ce qu'il cherche à développer et à promouvoir tout au long de sa vie.

Le CUCES : la formation au service des reconversions

En 1960, il prend la direction du Centre universitaire de coopération économique et sociale (CUCES) de Nancy, qui a pour mission de faire de la formation d'adultes peu ou non diplômés. Il constate que les ouvriers sont très peu nombreux à s'inscrire aux formations offertes, et que ceux qui s'y inscrivent n'arrivent quasiment jamais au bout. Bertrand Schwartz analyse alors la situation et met en évidence le fait que cet échec est dû à la pédagogie employée : on offre aux stagiaires les mêmes méthodes que celles qui les avaient mis en échec lorsqu'ils étaient scolarisés ; ainsi elles ne peuvent guère les motiver. Une réforme s'impose donc, de même nature que celle qu'il a engagée à l'École des mines, mais adaptée à des ouvriers. Bertrand Schwartz va s'y consacrer pendant dix ans.

C'est sans aucun doute parce qu'il tente de définir une formation conçue pour les ouvriers que Bertrand Schwartz se trouve, alors qu'il dirige le CUCES, impliqué dans le conflit social des mines de fer de Briey. La CGT, qui apprécie son action, souhaite le rencontrer clandestinement – à cette époque, le pouvoir politique n'admettait guère le dialogue social et le conseil d'administration du Centre lui aurait reproché cette rencontre, qu'il fallait donc garder clandestine. Elle lui demande d'organiser des actions de formation collective. Il refuse de faire des formations classiques et propose des actions fondées sur la motivation, l'autonomie, les besoins explicites des individus, leurs acquis antérieurs, l'approbation de la formation par les auditeurs. Ce sera un succès, à tel point que, pendant les grèves de 1967, les mineurs décident de ne pas interrompre les formations. Sur la demande des mineurs, il propose au ministère de l'Éducation nationale d'accepter une nouvelle forme d'évaluation des acquis : c'est là que naît le système des unités capitalisables.

Ce que Bertrand Schwartz entreprend aux Mines et au CUCES attire l'attention. Le ministère de l'Éducation nationale fait de plus en plus souvent appel à lui pour organiser des formations nouvelles, telle par exemple la reconversion des gardes-barrières touchés par la mise en place des passages à niveau automatiques. Pendant le même temps, il dirige un projet du Conseil de l'Europe visant à promouvoir les innovations pour préparer les jeunes à l'éducation permanente, c'est-à-dire à apprendre seuls et à agir en fonction de ce qu'ils savent et savent faire. En 1963, il crée l'Institut national de formation des adultes (INFA) à Nancy. Il en devient le directeur et le restera jusqu'en 1968 (sans cesser ses autres activités). Ce sera une nouvelle fois l'occasion de mettre en œuvre et d'affiner ses conceptions pédagogiques pour les publics en difficulté avec le système éducatif.

Conseiller à l'Éducation permanente

Après 1968, Bertrand Schwartz, parce qu'il prône l'autonomie et la motivation, est suspecté de « gauchisme » par l'administration, qui tente de le faire changer d'orientation. En 1969, le ministre de l'Éducation nationale crée une fonction de conseiller à l'Éducation permanente et lui demande de l'occuper à temps partiel, puis à temps plein en quittant définitivement le CUCES à partir de 1972. À la tête d'une petite équipe, Bertrand Schwartz se donne comme objectif d'étudier comment on peut préparer les individus, dès la maternelle et tout au long de la scolarité, à une véritable « formation permanente » (en apprenant à apprendre par soi-même, à transformer son vécu en expérience). Mais le ministère, peu sensible aux préoccupations qu'il exprime et inquiet devant toute innovation, ne porte guère d'intérêt à ses analyses ni à ses recommandations jugées trop ouvertement sociales. En 1973 pourtant, le ministre Fontanet lui demande de préparer un projet de réforme de tout le système éducatif, visant à faire de la formation initiale le socle d'une formation permanente, mais dont l'Élysée alors ne veut pas (l'essentiel en est exposé dans le livre *Une autre école,* qu'il publiera en 1977).

En 1974, Bertrand Schwartz, qui a été élu professeur à l'université de Paris-Dauphine, quitte le ministère et devient Conseiller des universités pour la formation des adultes. Il sillonne alors la France et incite ses collègues à organiser des actions de formation en fonction des motivations, à repenser la gestion des temps de formation, à mettre en œuvre une pédagogie par objectifs, à développer le travail par groupes et le travail autonome. Il fait alors école et ses conceptions se diffusent de plus en plus. À partir de 1978/1979, il étend son champ d'action et commence à travailler avec les maisons de jeunes et les associations de quartier qui tentent de réaliser l'insertion sociale par la formation. Bertrand Schwartz, qui a publié maints écrits et que les responsables politiques d'alors ignorent à cause de ses engagements, est devenu l'homme de la formation permanente et de la formation des exclus.

Le militant de l'insertion sociale et professionnelle

Il n'est pas étonnant, dans ces conditions, que la gauche fasse appel à lui dès 1981. Le Premier ministre Pierre Mauroy le charge de proposer un projet d'insertion sociale et professionnelle des jeunes de 16-21 ans en difficulté. Bertrand Schwartz remet en octobre un rapport où il rappelle que 200 000 jeunes sortent chaque année de l'École sans avoir achevé leur formation et se trouvent en situation sociale précaire. Il recommande notamment de créer des « missions locales » qui seront chargées de les repérer, de dialoguer avec eux, et de favoriser la mise en place de formations permettant leur insertion sociale et professionnelle. En outre, il suggère, pour ceux qui sont plus âgés (18-21 ans), de développer les stages d'insertion et d'instituer des « contrats de qualification », des « contrats emploi-formation » d'un type nouveau, et des « stages de reconversion » ou « de mise à niveau ». Enfin, il insiste sur le fait que la pédagogie pour ces publics doit être fondée sur la motivation, l'autonomie, et l'alternance entre l'école et le travail, et que la validation des acquis doit se faire par unités capitalisables.

Toutes ces orientations proposées par Bertrand Schwartz sont, petit à petit, prises en compte par les gouvernements de gauche après 1981, et elles modifient totalement le paysage de la formation des jeunes exclus. Bertrand Schwartz est alors chargé de piloter et d'animer leur mise en œuvre, d'abord comme chargé de mission auprès du ministre du Travail, puis, à partir de 1984, comme délégué interministériel à l'insertion professionnelle et sociale des jeunes.

L'opération « nouvelles qualifications »

Cette nouvelle fonction lui permet de lancer, à la fin de 1984, l'opération « nouvelles qualifications ». Depuis deux ans, il visite chaque semaine des missions locales d'insertion, rencontre des jeunes et leurs formateurs, et se convainc peu à peu que les formations dispensées ne correspondent pas à ce que souhaitent les entreprises. Les contenus des CAP sont considérés par elles comme inadaptés, et elles préfèrent recruter des jeunes ayant un diplôme plus élevé. Le risque est évident : les jeunes, si rien n'est entrepris, seront de plus en plus nombreux à s'enfoncer dans le chômage. Si les entreprises élèvent ainsi le niveau de recrutement, c'est, constate Bertrand Schwartz, qu'elles veulent des agents capables de s'adapter à l'évolution des techniques et des emplois dans la mesure où elles ne connaissent pas les qualifications futures. Il en tire la conclusion qu'il faut concevoir des formations non pas en fonction de ce que l'on sait de tel ou tel métier précis (car ce métier évoluera et une formation ainsi conçue ne prépare pas le jeune à suivre l'évolution), mais en fonction des « situations de travail » qui sont susceptibles de constituer les « nouvelles qualifications », et que seules peuvent bien connaître ceux qui sont dans l'entreprise.

C'est pourquoi les formations que veut promouvoir Bertrand Schwartz doivent se fonder sur une analyse de l'évolution même des métiers, et impliquent en conséquence une alternance effective et interactive entre la formation et les situations de travail. Il met ainsi en place 38 sites de formation, impliquant plus de 300 entreprises et offrant à des groupes de 12 jeunes « en difficulté » ce nouveau type de formation. Le bilan est manifestement positif : les jeunes concernés, dont le niveau scolaire au départ était des plus faibles, deviennent capables d'effectuer des tâches complexes, d'utiliser des machines sophistiquées et d'exercer des professions qui leur paraissaient inaccessibles. Malgré les pronostics très défavorables lors de leur entrée en formation, les trois quarts d'entre eux obtiennent un diplôme professionnel.

La pédagogie du dysfonctionnement

Juste avant le changement de majorité législative, Bertrand Schwartz, en 1986, quitte la délégation ministérielle et se lance dans une nouvelle entreprise. Il propose au conseil régional du Nord-Pas-de-Calais une opération visant à « former les salariés à partir des défauts de qualité ». Avec l'appui politique de ce conseil, il contacte des chefs d'entreprise, obtient leur concours et s'acharne à mettre en place des formations partant des défauts de qualité pour apprendre, et surtout pour apprendre à s'adapter.

En 1988, le nouveau ministre du Travail propose à Bertrand Schwartz une mission visant à développer et étendre les innovations qu'il avait réalisées en matière d'insertion professionnelle et de nouvelles qualifications. C'est l'occasion pour lui, de 1989 à 1992, de repartir sur le terrain, d'observer, d'écouter, d'analyser, de proposer. En 1990, avec l'appui de trente présidents de grandes entreprises, de toutes les organisations syndicales représentatives et de personnalités, il crée (et en devient président) l'association « Moderniser sans exclure ». Il affine alors sa conception de l'alternance et de la « pédagogie du dysfonctionnement » qu'il avait mise au point dans le Nord-Pas-de-Calais, continuant inlassablement à militer contre l'exclusion sociale par la formation, et à inventer les moyens pédagogiques de ce combat politique dont l'objectif est de lier l'économique et le social, la compétitivité des entreprises et la lutte contre l'exclusion.

Christian Nique

▸ Bibliographie

Principales œuvres de Bertrand Schwartz :
L'Éducation demain, Paris, Aubier-Montaigne, 1973.
Une autre école, Paris, Flammarion, 1977.
Rapport au Conseil de l'Europe : l'Éducation permanente (avec la collab. de Blignières A. de), 1978.
Rapport au Conseil de l'Europe : le développement de l'Éducation permanente en Europe, Études CEE (avec la collab. de Janne H.), 1980.
Rapport au Premier ministre : l'insertion sociale et professionnelle des jeunes en difficulté, 1981.
Informatique et éducation, Paris, La Documentation française, 1981.
Missions locales, Paris, La Documentation française, coll. « Point », 1984-1985.
Moderniser sans exclure, Paris, La Découverte, 1997.

▸ Voir aussi

Adultes (Formation des) – Alternance (Formations en) – Échec scolaire – Éducation permanente – Évaluation – Formation professionnelle continue – Insertion – Méthodes pédagogiques.

Sciences cognitives

Les sciences cognitives, également appelées « sciences de la cognition » ou « cognisciences », constituent, pour certains, une nébuleuse de disciplines dont l'objet est l'étude des processus afférents à la connaissance envisagée comme activité (parler, raisonner, percevoir, agir, se souvenir, résoudre des problèmes, etc.), que le support de ces activités soit le cerveau ou une machine (l'ordinateur en particulier) ; pour d'autres, il s'agit d'une nouvelle « science de l'esprit » qui, transgressant la frontière entre les sciences humaines (la pensée) et les sciences naturelles (le cerveau), réussirait à dépasser le dualisme corps/esprit. Il s'agirait alors d'une « révolution scientifique », au sens que Kuhn donne à cette expression.

La nébuleuse des sciences cognitives

L'expression « sciences cognitives » est apparue aux États-Unis en 1970 – année de la création du *Journal of Cognitive Psychology*, suivie de celle du *Journal of Cognitive Science*, en 1977 – à l'occasion d'un rapport officiel demandé par la fondation Sloan sur le développement des sciences cognitives. Elle synthétise l'essentiel des disciplines qui s'y rattachent (épistémologie, psychologie, linguistique, sciences de la computation et intelligence artificielle, sciences sociales) et leurs interactions mutuelles. Certaines de ces interactions ont conduit à l'émergence de disciplines relativement autonomes (cybernétique, neurolinguistique, neuropsychologie, linguistique computationnelle, psycholinguistique).

Ce schéma, qui a subi des transformations depuis son élaboration, présente l'avantage de situer des disciplines se trouvant à des carrefours, telle la didactique qui se situe entre la psychologie, l'épistémologie et les sciences sociales.

Vers une unification conceptuelle

Le partage d'objets d'étude communs (l'étude des processus de formation et d'exploitation des connaissances) ainsi que la recherche de cadres conceptuels unifiés fondent les sciences de la cognition. Le programme Cognisciences du CNRS, lancé en 1989, affiche ainsi comme ambition de rechercher, dans la variété apparemment considérable des manifestations de la cognition naturelle et de ses formes artificielles, la marque de processus relativement généraux, et de créer des langages qui puissent décrire avec une pertinence comparable le fonctionnement du cerveau, les opérations mentales et les opérations réalisées par les machines construites par l'homme. Il s'agit ainsi de tenter d'appréhender la cognition dans des termes qui soient compatibles avec ceux qui rendent compte des phénomènes physiques, biologiques et psychologiques.

Une unité problématique

Après trois décennies de travaux essentiellement centrés sur l'étude des fonctions qui produisent de la connaissance et sur la modélisation des systèmes qui les sous-tendent (système de représentations symboliques, « réseau de neurones »), de nouveaux axes de préoccupation sont apparus. Le premier est lié à la prise en considération des dimensions sociales de la cognition, ce qui conduit à étudier les interactions entre les individus (en référence aux domaines de la communication et de la pragmatique) ainsi que les contextes sociaux de production et d'utilisation des connaissances (« cognition située », « cognition en contexte », « cognition sociale »). Un second axe s'intéresse aux relations entre cognition, émotion et affectivité. Avec le développement des techniques de neuro-imagerie, la question des rapports entre les actions du sujet, les activités psychologiques et les activités cérébrales se trouve au centre de différents programmes de recherche.

Annick Weil-Barais

▶ Bibliographie

ANDLER D. (dir.), *Introduction aux sciences cognitives,* Paris, Gallimard, coll. « Folio essais », 2004.

HOUDÉ O. (dir.), *Vocabulaire des sciences cognitives*, Paris, PUF, coll. « Quadrige », 2003.

HOUDÉ O., KAYSER D., KOENING O., PROUST J., RASTIER F., *Vocabulaire des sciences cognitives*, Paris, PUF, 1998.

LE MOIGNE J.-L., *Intelligence des mécanismes et mécanismes de l'intelligence,* Paris, Fayard/Hachette jeunesse, coll. « Nouvelle encyclopédie des sciences et des techniques », 1986.

TIBERGHIEN G. (dir.), *Dictionnaire des sciences cognitives*, Paris, Armand Colin, 2002.

WEIL-BARAIS A. (dir.), *L'Homme cognitif,* Paris, PUF, coll. « Quadrige », 2005.

▶ Voir aussi

Connaissance – Didactique – Épistémologie – Intelligence – Raisonnement – Représentation.

SCIENCES ÉCONOMIQUES ET SOCIALES (ENSEIGNEMENT DES)

L'enseignement de l'économie est assuré en France de façon différente selon les niveaux et les filières d'enseignement.

Au niveau des *collèges*, comme dans l'enseignement professionnel, à l'exception des filières tertiaires, des notions d'économie sont insérées dans les programmes d'histoire et géographie, parfois dans ceux de français (initiation au monde contemporain), et de technologie.

Au niveau des *lycées*, deux disciplines assurent un enseignement économique proprement dit : les « sciences économiques et sociales » dans la voie B depuis 1966, devenue ES (économique et sociale) après 1993, les « sciences et techniques économiques » dans la voie B'depuis 1952, dans la voie G après 1966, devenues « économie et gestion » dans la voie technique tertiaire après 1993, puis « sciences et technologies de la gestion » (STG) pour la rentrée 2005.

L'enseignement économique a eu bien du mal à s'insérer dans l'enseignement scolaire, tout comme l'économie politique avait mis du temps à s'imposer comme enseignement universitaire dans les facultés de droit à la fin du XIXe siècle et au cours du XXe siècle. Les premiers cursus universitaires véritablement autonomes pour la licence ne datent que de 1960. Toutefois, la création d'un enseignement scolaire de l'économie s'est en général effectuée plus tardivement encore, et avec une moindre extension, dans les autres pays développés. Il est rarement compris comme dimension de la culture générale.

La discipline « économie et gestion », ex-« sciences et techniques économiques », associe dans sa composante « enseignement général » l'économie générale au droit et à l'économie d'entreprise. Ces divers éléments étaient d'abord séparés dans les horaires, les programmes et les épreuves d'examen des classes de G. Ils ont été rapprochés dans les sections STT pour former deux ensembles, l'économie et le droit. L'interdisciplinarité prend corps. À ces matières vient s'ajouter, pour la rentrée 2005, un enseignement de « management des organisations » comportant des éléments de sociologie. L'objectif est de renforcer la composante de culture générale économique et sociale de ces filières, maintenant presque entièrement vouées à la poursuite d'études, notamment en BTS. Ces enseignements ont pour mission de fournir aux élèves des connaissances sur le cadre économique et social de l'activité de l'entreprise, sachant que le reste de l'enseignement technique tertiaire est plus strictement orienté vers la maîtrise des techniques de gestion (action et communication administratives, comptabilité et gestion, action et communication commerciales, informatique et gestion).

Les « sciences économiques et sociales », enseignées dans la voie B puis ES des lycées, répondent à une logique un peu différente. La section B est créée en 1966 par la réforme Fouchet pour diversifier les voies d'accès au baccalauréat de l'enseignement général, alors même que se développent les baccalauréats de techniciens. Entre les voies littéraire et scientifique, la voie économique et sociale se veut plus équilibrée dans ses coefficients.

Introduisant les sciences sociales dans la culture des lycéens, les sciences économiques et sociales (SES) constituent l'un des fondements de cette diversification et se posent d'emblée comme un apport à une culture humaniste et critique. L'association de l'économie avec la sociologie et, à un moindre degré, avec d'autres éléments de diverses sciences de la société (sciences politiques, histoire économique et sociale notamment) est donc une spécificité française. Mais cette combinaison est néanmoins en décalage par rapport à une tradition nationale, qui fait, le plus souvent, de la discipline scolaire une projection d'une ou de plusieurs disciplines savantes, sans chercher à les mêler dans un même programme ou à tenter, comme c'est le cas pour les SES, une recomposition à destination de l'enseignement. La discipline « sciences économiques et sociales » fonde ainsi ses contenus sur son objet : la société contemporaine.

Ce projet d'enseignement, assez audacieux, ne s'est pas réalisé sans quelques soubresauts. Il a rencontré les réticences de disciplines concurrentes, l'histoire et géographie dans les années 1970, les sciences et les techniques tertiaires dans les années 1980. Il n'était alors guère soutenu par les universitaires, notamment les économistes, déroutés par le mariage entre l'économie et les autres sciences sociales. Eux-mêmes tentaient en effet d'obtenir une reconnaissance internationale de leur discipline d'une tout autre façon, qui les conduisait à développer son versant le plus formalisé et à s'éloigner de l'ancien compagnonnage avec l'histoire et le droit. Le soutien à la discipline scolaire est venu des élèves et de leurs familles, intéressés par l'ouverture de cet enseignement au monde contemporain et séduits peut-être par une pédagogie souvent active et originale. Avec le développement de la voie ES, ces bacheliers sont aujourd'hui majoritaires dans les filières économiques de l'université. La série STT (future STG) constitue, de son côté, la filière la plus importante des baccalauréats technologiques et permet l'accès au baccalauréat d'un nombre considérable d'élèves (102 115 en 2000).

Élisabeth Chatel

▸ Bibliographie

BEITONE A., DECUGIS-MARTIN M. A., LEGARDEZ A., *Enseigner les sciences économiques et sociales au lycée*, Paris, Armand Colin, 1995.

CHATEL É., CARON P., GROS G. *et al.*, *Apprendre la sociologie au lycée,* Saint-Fons, INRP, 2002.

CHATEL É., GROSSE G., RICHET A., *Professeur de sciences économiques et sociales au lycée : un métier et un art*, Paris, SCÉREN/Hachette, 2002.

COMBEMALE P. (éd.), *Les Sciences économiques et sociales : émergence et enseignement d'une discipline*, Paris, CNDP/Hachette, 1995.

FITOUSSI J.-P. (éd.), *Rapport sur l'enseignement des sciences économiques*, Paris, Fayard/La Documentation française, 2001.

MALINVAUD E., *Rapport de la mission de réflexion sur l'enseignement de l'économie*, Paris, ministère de l'Éducation nationale, 1989.

▸ Voir aussi

Actives (Méthodes) – Baccalauréat – Civique (Éducation) – Disciplines scolaires – Géographie (Enseignement de la) – Histoire (Enseignement de l').

SCIENCES DE L'ÉDUCATION

Les sciences de l'éducation sont constituées par l'ensemble des références et des démarches scientifiques censées éclairer l'éducation. Dans un sens plus institutionnel, les sciences de l'éducation sont constituées par la discipline enseignée sous ce titre à l'université, dans la 70e section du conseil national des universités.

Du singulier au pluriel : évolution du terme

Le terme actuel de « sciences de l'éducation » s'est d'abord écrit au *singulier.* Durkheim en a donné la définition dans un article du *Dictionnaire de pédagogie* de Ferdinand Buisson à la fin du XIXe siècle : la « science de l'éducation » permet de « savoir ce que l'éducation doit être, savoir quelle en est la nature, quelles sont les conditions dont elle dépend, les lois suivant lesquelles elle a évolué dans l'histoire ». La « science de l'éducation » serait ainsi l'étude précise de l'objet éducatif, celle de ses conditions d'existence et de ses lois d'évolution : une science pour l'éducation comme l'est la biologie pour le vivant ou la physique pour la matière. Mais Durkheim s'empresse d'ajouter qu'il ne s'agit encore que d'une esquisse, d'une visée plus que d'une concrétisation : « La science de l'éducation reste encore à l'état de projet. » Rien d'autre, au fond, que l'allusion à l'état embryonnaire des sciences humaines, au moment où écrit Durkheim : « Il est certain que la science de l'éducation est tout entière à faire, que la sociologie et la psychologie sont encore bien peu avancées. »

Le singulier du mot « science » peut, dans ce cas, mieux se comprendre : le raisonnement reste plus militant qu'épistémologique. Durkheim insiste sur l'objet à étudier et moins sur la méthode à utiliser. Proposition d'autant plus « acceptable », au début du XXe siècle, que les sciences évoquées sont encore balbutiantes, n'ayant pas encore fermement ancré leurs différences de méthodes, voire leur inconciliabilité de démarches.

Mais le singulier du mot se justifie, durant quelque temps encore, dans la première moitié du siècle, par une autre raison, différente cette fois de celle de Durkheim. La psychologie s'est imposée, pour quelques décennies après ce texte du dictionnaire de Buisson, comme la seule science susceptible d'offrir quelques repères précis à l'éducation. Le mot de psychopédagogie s'est substitué à celui de science de l'éducation. L'objet, dans ce cas, devient plutôt l'« acte » éducatif lui-même, le geste de transmission. L'usage du mot « psychopédagogie » est d'ailleurs le signe d'une première manière de concevoir les relations entre la science et l'éducation. C'est l'École, sa massification dans l'institution primaire en particulier, qui ont focalisé le regard au début du XXe siècle ; c'est, plus encore, la difficulté d'« enseigner », celle de proposer un cursus toujours identique à des enfants que l'obligation scolaire rend différents : invention de procédés pédagogiques variés, interrogation sur les situations d'apprentissage, sur les démarches dites d'attention et de mémorisation, distinction entre les élèves « normaux » et « anormaux ». La psychologie aide ici à fournir des réponses. La psychopédagogie est le premier témoignage d'une présence de la science dans le champ éducatif.

Lorsque le terme de « sciences de l'éducation », avec un *pluriel* cette fois, est adopté pour inaugurer un cursus de licence universitaire en 1967, le contexte a doublement changé. Les nouveaux savoirs des sciences humaines, enseignés au titre de chaires spécifiques (sociologie, ethnologie, psychologie sociale, psychanalyse, etc.), ont pénétré les universités françaises depuis la Seconde Guerre mondiale. La microsociologie des groupes, la sociologie, avec sa mise en évidence du poids de l'appartenance sociale sur le parcours scolaire, l'économie, avec ses analyses spécifiques sur les coûts du savoir, sont en mesure de bouleverser les bases de la vieille psychopédagogie.

Une demande de compétences inédites représente l'autre changement : les problèmes posés dans les années 1955-1960 par l'accès de nouveaux publics aux divers cycles d'enseignement, ceux posés par une demande de formation d'adulte plus diversifiée et plus instituée, ceux posés encore par la nécessité de planifier l'éducation dans les pays en voie de développement ont fait apparaître des attentes sociales et des thèmes d'interrogations totalement nouveaux (Gautherin). C'est à un double contexte qu'a répondu la création d'une discipline scientifique appelée « sciences de l'éducation » : de nouvelles sciences, de nouveaux objets.

Sciences et objets : contenu d'une discipline

Les *sciences* de l'éducation se sont créées sous le signe de la pluralité. La tentative banale d'en cerner le contenu revient à énumérer une à une les sciences qui la composent. Maurice Debesse et Gaston Mialaret ont déjà montré la vanité de cette « entreprise encyclopédique ». Il faut redouter les limites, sinon les illusions, des classifications vouées aux énumérations et aux juxtapositions difficilement exhaustives. Il reste, tout au plus, possible de suggérer quelques perspectives de regroupement. Les sciences de l'éducation comprennent ainsi :

– les sciences étudiant les *phénomènes macro-éducatifs* : phénomènes démographiques, économiques, sociaux, institutionnels ou culturels, permettant d'embrasser l'éducation dans de vastes solidarités d'ensemble. Les échelles prises ici en compte débordent toujours l'individu ;

– les sciences étudiant les *phénomènes micro-éducatifs* : phénomènes psychologiques et biologiques entre autres, qui, de l'histoire individuelle aux processus cognitifs ou relationnels, mettent en jeu le sujet de l'éducation ;

– la *didactique des disciplines* : savoirs étayant les méthodes de l'éducation et les mécanismes de la transmission (soit très généraux, soit liés au contraire, spécifiquement, à chaque discipline d'enseignement).

Au-delà de ces regroupements, il faut s'attarder au pluriel du mot « sciences ». La multiplicité « disciplinaire » au sein de ce qui reste une « discipline » ne va pas de soi. Comment ne pas rappeler la difficulté sinon la vanité de définir les sciences de l'éducation en termes d'unicité épistémologique ? Les tentatives pour imaginer ici un savoir homogène ne se sont guère concrétisées. Les sciences de l'éducation multiplient les perspectives de méthodes et de savoirs. Chacune des sous-disciplines ainsi créées ne peut posséder ni le même regard ni les mêmes interprétations. La version du psychologue et celle du sociologue sur l'échec scolaire ne sont pas seulement différentes, elles peuvent être concurrentes sinon contradictoires. Les sciences de l'éducation sont inévitablement traversées par ces dissonances et ces conflits. Leur unité, autant le dire avec insistance, ne tient pas à quelque démarche scientifique spécifique.

Diversité des sciences, mais aussi diversité des *objets*. L'éducation est faite de pratiques et de terrains différents : école, formation d'adulte, éducation familiale, technologie de l'éducation, professionnalisation, handicap et réadaptation, etc. La logique sous-disciplinaire est dans ce cas radicalement différente de la précédente : non plus les regards scientifiques, mais les *champs d'intervention*. Une logique suffisamment forte aujourd'hui pour déterminer de nouvelles filières d'enseignement et de recherche : chacun de ces terrains constitue une sous-unité en sciences de l'éducation avec ses spécialistes et ses savoirs. Une logique suffisamment forte aussi pour transformer la présentation des connaissances en sciences de l'éducation. Ce que montrent quelques comparaisons entre les récents colloques de sciences de l'éducation et l'intitulé de leurs commissions ; aux titres très épistémologiques du colloque de 1983 (lui-même intitulé *Sciences anthroposociales, sciences de l'éducation*) : « Modèles d'origine mécanique ou biologique dans les disciplines anthroposociales » ou « Explication et interprétation dans les sciences anthroposociales », répondent les titres plus pragmatiques du congrès de 1993 (intitulé *Actualité de la recherche en éducation et formation*) : « Travail social », « Insertion des jeunes », « Situations scolaires », « Formation, travail, entreprise », « Enfance, famille, école », ou celui du bilan de l'éducation des adultes à Strasbourg. Ce sont les terrains, leur délimitation et leurs modes d'approche qui ont dicté les thèmes des commissions de congrès. D'où cette tendance à recomposer les sous-disciplines à partir des objets, avec une visée à coup sûr plus pragmatique aujourd'hui que dans un passé récent. D'où, surtout, cette inéluctable nécessité pour les équipes d'enseignement et de recherche en sciences de l'éducation : transporter au sein même de ces « nouvelles » sous-disciplines la classique réflexion épistémologique sur les frontières entre les sciences fondamentales. C'est que ces sous-disciplines d'un nouveau genre reconstituent, tout simplement, des mini-unités de sciences de l'éducation, faisant exister en leur sein les problèmes posés par la confrontation de sciences différentes. Le quatrième congrès international, organisé à Lille en 2001, a eu lieu en même temps que le colloque européen sur la recherche en éducation (EERA). Le travail des commissions a porté ces dernières années sur la professionnalisation des sciences de l'éducation, les DESS et, plus récemment, sur la nouvelle organisation des cursus en LMD.

La demande sociale : unité de la discipline

La seule énumération des objets suggère combien la discipline « sciences de l'éducation » doit être pensée à partir d'une demande sociale. Ce sont des attentes concrètes, des interrogations sur des normes et des pratiques qui ont fait exister ces sciences et non quelque projet épistémologique issu des sciences fondamentales. Le regroupement des sous-disciplines autour de l'éducation s'est imposé à partir de préoccupations circonstanciées, celles des acteurs, dans la classe ou ailleurs, confrontés au problème de la transmission. Autrement dit, la discipline « sciences de l'éducation » existe parce qu'existent des pratiques censées en attendre précision et clarté. C'est la demande sociale ici, et seulement elle, qui provoque l'appel à la science. L'unité de la discipline tient toute dans cette demande, et moins dans l'épistémologie.

D'où l'intérêt de relire les premiers projets universitaires suggérant la création des sciences de l'éducation, en 1967, ceux qui indiquent les attentes et les choix. Le programme inaugural du département de sciences de l'éducation de Paris est, à cet égard, très explicite ; il se proposait de répondre :

– aux exigences de la formation à la recherche en éducation de caractère interdisciplinaire ;
– à la nécessité d'une formation pédagogique approfondie des enseignants à tous les niveaux ;

– aux besoins qui s'expriment dans des milieux divers où se posent des problèmes d'animation de groupe, de communication et de relation dans des situations éducatives ;
– aux demandes d'éducation comparée.

Document décisif parce qu'il dit répondre à une demande et résume, en quelques mots, l'ensemble des ouvertures que devrait permettre la promotion des sciences de l'éducation. Il balaie l'étendue d'un terrain, citant la formation des enseignants comme celle des adultes, le secteur de l'École comme celui du hors-École, tout en suggérant démarches et thèmes d'études élaborés dans l'ombre des sciences humaines depuis longtemps. Les sciences de l'éducation se fondent sur la certitude qu'un public spécifique justifie leur existence et leur développement. C'est bien ce qui en fait l'unité.

Une institution

Les sciences de l'éducation constituent aussi une discipline universitaire créée par l'arrêté du 2 février 1967. Les diplômes y obéissent aux modèles des maquettes nationales et comprennent second et troisième cycles. Ils ne comptent pas de premier cycle, ce qui implique une formation préalable acquise dans d'autres disciplines par les étudiants intégrant ce cursus.

Enseignants et chercheurs en sciences de l'éducation sont regroupés dans une association, l'AECSE (Association des enseignants et chercheurs en sciences de l'éducation), organisant un colloque annuel et publiant un bulletin bimensuel.

Georges Vigarello

▸ Bibliographie

Annuaire des enseignants-chercheurs en sciences de l'éducation (AECSE), 3e éd., 1997.

AECSE, « La Recherche dans les sciences de l'Éducation “telle qu'elle se fait” », *Bulletin de l'AECSE*, n° 20/21, avril 1998.

Charlot B., *Les Sciences de l'éducation : un enjeu, un défi*, Issy-les-Moulineaux, ESF, 1995.

Collectif, « Identité et constitution des sciences de l'éducation », *Les Sciences de l'éducation pour l'ère nouvelle* », n° 4, 1984.

Debesse M., Mialaret G., *Traité des sciences pédagogiques,* vol. I : *Introduction,* Paris, PUF, 1970.

Develay M., *Propos sur les sciences de l'éducation : réflexions épistémologiques,* Issy-les-Moulineaux, ESF, 2004.

Duru-Bellat M., *Les Études universitaires de sciences de l'éducation, en France, en 1990 : structure, contenus, publics,* Paris, AECSE, 1992.

Gautherin J., *Une discipline pour la République : la science de l'éducation en France (1882-1914)*, Berne, Peter Lang, 2002.

Hofstetter R., Schneuwly B. (éds), *Science(s) de l'éducation (xix-xxe siècles) : entre champs professionnels et champs disciplinaires*, Berne, Peter Lang, 2002.

Jeannel A., Clanché P., Debarbieux E. (dir.), *25 ans de sciences de l'éducation (1967-1992)*, actes du colloque, Paris/Bordeaux, AECSE/université de Bordeaux-II, 1994.

Marcel J.-F. *et al.*, *Les Sciences de l'éducation : des recherches, une discipline*, Paris, L'Harmattan, 2002.

Mialaret G., *Les Sciences de l'éducation,* Paris, PUF, coll. « Que sais-je ? », 1976, 9e éd., 2002.

Plaisance É., Vergnaud G., *Les Sciences de l'éducation,* Paris, La Découverte, coll. « Repères », 2005.

Ruano-Borbalan J.-C. (dir.), *Éduquer et former : les connaissances et le débat, en éducation et formation*, Auxerre, Sciences humaines, 2001.

▸ Voir aussi

Anthropologie de l'éducation – Didactique – Échec scolaire – Économie de l'éducation – Histoire de l'éducation – Philosophie de l'éducation – Psychopédagogie – Psychosociologie et formation – Recherche en éducation – Sociologie de l'éducation.

Sécurité

La sécurité est avant tout un sentiment : celui d'être à l'abri du danger. S'en protéger moralement et matériellement consiste à prendre de l'assurance ou une assurance.

Quant à définir la sécurité, on ne le peut que relativement à l'appréhension et à la prévention des risques. De fait, les obligations en la matière pèsent sur tous les membres d'une même communauté ; en milieu scolaire, les critères fondamentaux en sont, d'une part, l'âge et l'inexpérience décroissante des élèves, et, d'autre part, la plus ou moins grande difficulté pratique des disciplines enseignées.

Les domaines de la sécurité

Nous nous en tiendrons à la sécurité matérielle dans son acception courante, soit la sécurité des personnes et des biens, qui doivent être préservés de toute atteinte.

En premier lieu, les *locaux* dans lesquels les élèves évoluent doivent répondre à des normes plus ou moins réglementaires de sécurité, notamment s'agissant des écoles primaires et des salles de physique-chimie ou des ateliers des établissements du second degré. Il appartient aux collectivités territoriales, qui ont la charge de la construction et de l'entretien des immeubles scolaires, de veiller à ce qu'ils soient conformes aux publics accueillis. Un défaut de l'ouvrage public engagerait leur responsabilité. Il en va de même pour les salles de sport ou les cantines intégrées et pour les logements de fonction. Inversement, les atteintes à ces biens, qui peuvent conduire à leur destruction et dont le coût de remplacement peut être très élevé, sont en général couvertes par une assurance spéciale, à la charge des dites collectivités ; celles-ci peuvent toutefois rechercher la responsabilité des auteurs des désordres devant le juge administratif. Pour les *biens mobiliers,* à l'exception du matériel pédagogique à la charge de l'État, il en va de même. Il convient cependant de préciser qu'il revient aux établissements du second degré qui en sont généralement propriétaires d'engager les actions utiles.

La décentralisation, effective depuis le 1er janvier 1986, a révélé la misère des établissements, au point qu'à la suite de manifestations lycéennes, l'État lui-même a dû, en 1991, mettre en place un plan d'urgence d'un montant de quatre milliards de francs et charger une commission de désigner les établissements les plus exposés ou les plus touchés. Du fait du retard et malgré les efforts de tous, cela n'empêche pas les accidents. Ainsi, en décembre 1991, un lycéen de 17 ans est-il mort écrasé sous le poids d'un panneau de basket-ball qui s'est brutalement brisé à la base : défaut d'entretien d'un ouvrage public, défaut de surveillance ou imprudence de la victime qui n'ignorait pas l'état des lieux ? Le juge pénal, évidemment d'abord saisi, a estimé que l'intendant du lycée avait fait preuve de négligence sérieuse en ne faisant pas procéder à une vérification technique appropriée des portiques de basket (cour d'appel de Paris, 12 janvier 1996). Quant au juge administratif, il a condamné solidairement la région Île-de-France et l'État, respectivement pour mauvais entretien du patrimoine immobilier et pour carence dans les mesures préventives de sécurité qu'il incombait au proviseur de prendre (cour administrative d'appel de Paris, 22 novembre 1995).

En second lieu, les *risques liés à tout rassemblement* doivent être pris en compte sous un angle collectif et sanitaire, d'autant plus que les populations jeunes, ayant encore peu de défenses, sont à la fois fragiles et dangereuses. Le décret n° 91-173 du 18 février 1991 a donc rappelé que « les élèves ne peuvent se soustraire aux contrôles et examens de santé organisés à leur intention ». Pour toute nouvelle inscription dans un établissement, doit également être présenté un carnet de santé faisant apparaître les vaccinations obligatoires ou la justification médicale de leur absence. Toutefois, cette attention aux risques collectifs doit être portée de façon strictement individuelle, en raison tant du secret médical que des peurs telles que celles qui sont liées au sida.

La charge de la sécurité

L'article 15 de la loi d'orientation du 10 juillet 1989 (repris à l'article L. 913-1 du code de l'éducation) a, à bon escient, affirmé que tous les personnels dits « non-enseignants » des établissements scolaires participent (aussi) aux missions du service public de l'éducation ; outre l'unification du régime juridique de leurs statuts, cette disposition renforce leurs fonctions et assoit leur dignité. On avait perdu de vue que la classe n'est pas un lieu clos où toute la scolarité se déroule.

Dans *les écoles,* c'est en grande majorité sur des enseignants que pèse la surveillance. L'article 11 du décret n° 90-788 du 6 septembre 1990 a même accru cette obligation. Il y est prévu que « la surveillance des élèves durant les heures d'activités scolaires doit être continue et leur sécurité doit être constamment assurée ». Sur les modalités, on ne peut que renvoyer par exemple à la note de service n° 90-096 du 24 avril 1990 à propos des jeux, mais chaque type d'activité fait l'objet de prescriptions, notamment pour les sorties hors de l'école, le transport des élèves par leurs maîtres, etc. Ces derniers en sont responsables dix minutes avant la rentrée en classe et jusqu'à la fin des cours, mais dans tous les cas, et afin que nul n'en ignore, et surtout pas les parents, l'organisation du service de surveillance doit être débattue en conseil d'école, même au risque de lasser.

Dans *les collèges et les lycées,* c'est en sa qualité de représentant de l'État que le chef d'établissement « prend toutes dispositions, en liaison avec les autorités administratives compétentes, pour assurer la sécurité des personnes et des biens, l'hygiène et la salubrité de l'établissement ». Ainsi en a décidé l'article 8 du décret du 30 août 1985 modifié sur les établissements publics locaux d'enseignement. Il est également responsable de l'ordre et de la discipline. On a pu en conclure que la responsabilité de l'État peut être seule mise en cause en cas de défaillance. Mais ce texte mentionne expressément d'autres autorités que le chef d'établissement, parmi lesquelles le conseil d'administration qui, aux termes de l'article 16 du même décret, délibère « sur les questions relatives à l'hygiène, à la santé, à la sécurité ». En conséquence, le chef d'établissement, tout comme le directeur d'école d'ailleurs, a pour mission de veiller et d'alerter qui de droit si un incident sérieux survient, dans des conditions telles que les moyens dont il dispose ne lui permettent pas d'y parer seul. Les problèmes commencent lorsque les autorités compétentes négligent de répondre à l'appel, mais dans ce cas la responsabilité leur est transférée et c'est parfois capital, notamment en situation de pénurie.

La circulaire interministérielle n° 92-166 du 27 mai 1992 complétée par la circulaire du 13 novembre 1992, prenant acte de « la recrudescence des actes de violence », met en place un dispositif propre à rétablir « la sécurité par la solidarité » et « par la responsabilité ». Outre les demandes d'informations utiles au pilotage ministériel et la mise en place de « groupes opérationnels d'actions locales » (GOAL) composés de représentants de l'Éducation nationale, de la police, de la justice et de la DDASS, on notera que les établissements concernés sont invités à chercher « à accroître la présence d'adultes en [leur] sein, par les moyens qui sont offerts (contrats d'insertion pour les bénéficiaires du RMI, contrats emploi solidarité, appelés du service national) ». C'est souligner que la sécurité interne d'un établissement scolaire est en liaison directe avec celle de son environnement ; elle n'en est que le reflet.

L'enseignement technique et professionnel fait l'objet d'une législation portant sur les machines, les ateliers et les stages en entreprise, qui répondent à des critères spécifiques de sécurité : les mineurs doivent être autorisés à travailler sur des machines qui peuvent être contrôlées par l'inspecteur du travail spontanément ou sur demande, par exemple de la nouvelle commission d'hygiène et de sécurité créée dans chaque établissement par la loi du 3 janvier 1991 et complétée par le décret n° 91-1194 du 27 novembre 1991. Cette instance « fait toutes propositions utiles en vue de promouvoir la formation à la sécurité et de contribuer à l'amélioration des conditions d'hygiène et de sécurité dans l'établissement et notamment dans les ateliers ».

Les assurances

La couverture des risques est l'élément moderne de la sécurité. La technique de l'assurance, qui s'est massivement imposée à la fin du XIXe siècle, vise deux objectifs : en cas de préjudice, rendre solvable la personne déclarée responsable et, en l'absence de responsabilité, couvrir les dommages subis par la victime. Dans notre domaine, on parle d'assurances scolaires, mais il faut savoir que, sauf exceptions volontaires ou cas particuliers comme l'enseignement technique, les collectivités publiques n'assurent pas les usagers des établissements scolaires. Ces dépenses sont à la charge des familles.

Tout d'abord, du fait de sa surface budgétaire, l'État n'a pas besoin de prendre des assurances, sauf rares opérations ponctuelles telles que le plan « Informatique pour tous » lancé en 1985. Les matériels étaient couverts contre les dégradations et les vols afin que les établissements n'aient pas à faire face à des dépenses de réparation. Il s'agissait en somme d'une subvention indirecte. En ce qui concerne par ailleurs les agressions dont sont victimes ses agents ou les dégradations causées à leurs biens, le statut général de la fonction publique lui fait obligation d'en réparer les conséquences, dès lors que les dommages sont liés aux fonctions. Pour accélérer la prise en charge des réparations, un arrêté du 28 avril 1992 a donné compétence aux recteurs d'académie pour régler à l'amiable et à concurrence de 8 000 euros les indemnités dues à toute personne qui a subi un préjudice du fait d'un mauvais fonctionnement du service scolaire. Les services centraux du ministère de l'Éducation nationale demeurent compétents pour les sommes égales ou supérieures à ce montant.

Il est clair, hors le cas d'action publique en matière pénale, que lorsque la personne responsable ou coresponsable d'un préjudice accepte spontanément d'en réparer les conséquences, les risques de dérapage contentieux sont notablement diminués, sans compter qu'est levée vis-à-vis de la victime l'hypothèque de son isolement. Le réflexe précontentieux est, dans un domaine aussi mouvant que celui de la sécurité, un mode de gestion qui doit être élevé au rang d'impératif, puisqu'on est dans tous les cas responsable de ne pas avoir agi comme on le devait.

En second lieu, rappelons que les *collectivités locales* assurent leurs parcs immobiliers et incitent les établissements à en faire de même pour leurs mobiliers et leurs véhicules.

Restent donc les *élèves.* Une loi du 10 août 1943 avait prévu la prise en charge par l'État des cotisations. Elle n'a jamais été appliquée. Elle répondait pourtant au double impératif républicain de l'obligation et de la gratuité scolaires qui interdit à l'État de soumettre l'accès de l'école à des frais qui y seraient directement liés et, en conséquence, d'imposer aux parents ou aux représentants légaux des enfants la souscription d'une police d'assurance. La note de service n° 85-229 du 21 juin 1985 est venue faire la synthèse de nombreux textes antérieurs ; certains, qui demeurent d'actualité, y sont mentionnés. Il en ressort que l'assurance est facultative, quoique vivement conseillée, pour les activités obligatoires, et obligatoire pour les activités facultatives. Par activités obligatoires sont entendues toutes les activités prévues par la réglementation ministérielle, les activités facultatives comprenant soit celles qui sont organisées par les établissements ou les collectivités territoriales et auxquelles les parents peuvent refuser de laisser participer leurs enfants, comme les sorties ou voyages collectifs, les séjours linguistiques, soit des activités qui comportent plus de risques que le quotidien scolaire. Dans ce cas, l'absence d'assurance ou une assurance insuffisante peut conduire les responsables à refuser la participation de l'élève. En effet, si aucune responsabilité n'est engagée à la suite d'un accident, ce qui peut arriver, les parents auraient seuls la charge des frais qui en résulteraient, par exemple de rééducation ou d'assistance. C'est pourquoi, en chaque début d'année scolaire, on assiste à la valse des documents d'assurances scolaires proposés notamment par des mutuelles proches du secteur éducatif, au point que le ministre de l'Éducation nationale a dû, par une circulaire du 29 août 1988, rappeler aux agents qu'ils n'ont pas à s'en faire les démarcheurs. Leur montant est à vrai dire modeste, mais le marché est immense.

La sécurité, « c'est aussi les autres »

On peut remarquer que le code de l'éducation a intégré une section spécialement consacrée aux « enseignements de la sécurité », qui comprend, pour l'instant, deux articles, dont l'un, l'article L. 312-13, est, dans une civilisation du véhicule automobile, consacré à l'enseignement du code de la route qui est obligatoire dans les premier et second degrés, et dont l'autre, l'article L. 312-13-1 ajouté en 2004, comprend une sensibilisation des mêmes élèves au secourisme.

Frédéric Séval

▸ Bibliographie

CORNU G. (dir.), *Vocabulaire juridique,* Paris, PUF, coll. « Quadrige », 2005.

DURAND-PRINBORGNE C., *Le Droit de l'éducation. Enseignements scolaires : traité théorique et pratique,* Paris, Hachette, 1998.

EWALD F., *L'État providence,* Paris, Grasset, 1986.

HELMLINGER L., « Sécurité des ateliers des établissements dispensant un enseignement technique ou professionnel », *Lettre d'information juridique de la Direction des affaires juridiques,* n° 11, janv. 1997.

JACOB A., *Encyclopédie philosophique universelle,* Paris, PUF, 1990.

MALLET D., LEFÈBVRE E., *Sécurité et responsabilité au collège et au lycée,* Paris, Berger-Levrault, coll. « Guides pratiques. Éducation », 2002.

ROY E., « L'Enjeu de la sécurité dans les lycées techniques ou professionnels », *Administration et Éducation,* n° 4, Association française des administrateurs de l'éducation, 1992, p. 113-126.

▸ Voir aussi

Discipline – Hygiène – Responsabilité – Savoir d'action.

SÉLECTION

La question de la sélection scolaire, de la légitimité de ses principes et de la justesse de ses instruments occupe une place centrale dans la philosophie politique de l'éducation depuis le XVIIIe siècle. Guère auparavant, car dans une société d'ordre, la naissance détermine la position sociale de chaque individu et le type de formation qu'il doit recevoir. Pour que le problème de la sélection se pose, il faut qu'auparavant soit acquise l'égalité de principe entre les personnes. Ensuite, la question de la différenciation devient au contraire cruciale (Derouet, 1992). À partir du XVIIIe siècle, la quasi-totalité des plans d'éducation, distinguent une école pour tous et une école pour les meilleurs. L'école pour tous est chargée de dispenser les rudiments de l'instruction, mais surtout d'inculquer aux enfants les savoirs et les valeurs qui sont à la base de l'intégration sociale. Ceux-ci garantissent aussi bien l'unité nationale que la civilité quotidienne. L'école pour les meilleurs est justifiée par la nécessité de la division du travail : elle prépare un petit nombre aux tâches spécialisées, mais aussi aux positions sociales avantageuses. Toute la question est de savoir comment s'organisent ces deux écoles : Doivent-elles être séparées dès le départ ou au contraire se succéder dans le temps ? Et, dans les deux cas, comment choisir ceux qui auront accès aux études longues ?

Les enjeux de l'école unique

Le débat est resté assez théorique jusqu'au début du XXe siècle. On sait que l'objectif des fondateurs de l'école républicaine était d'assurer l'unité nationale, non de modifier les hiérarchies sociales. Jusqu'en 1941, il existait deux ordres d'enseignement qui ne communiquaient pas. Une fois engagés dans le cursus primaire, les enfants d'origine populaire s'arrêtaient au brevet (élémentaire ou supérieur), et seuls les enfants de la bourgeoisie, qui entraient au lycée dès les petites classes, avaient accès au baccalauréat et aux études supérieures. Le passage de cette hiérarchie d'ordres à une succession de niveaux (école/collège/lycée) fut la grande affaire du XXe siècle, qui aboutit à la création du collège unique, en 1975. En principe, le cursus est le même pour tous jusqu'à quinze ou seize ans, et la sélection se situe à un âge où les jeunes sont en mesure de formuler un projet personnel.

Le terme d'« orientation » s'est progressivement substitué à celui de « sélection » dans la seconde moitié du XXe siècle. Ni l'idée, ni le mot n'avaient posé problème jusque-là. En 1947, le plan Langevin-Wallon est très clair sur ce point : il faut que le principe de sélection soit juste, c'est-à-dire indépendant de l'origine sociale des élèves, et que les instruments de mesure du mérite scolaire soient fiables. Si ces deux conditions sont remplies, l'idée de sélection est admise.

C'est sous ces auspices que progressa l'idée d'école unique. Dès les années 1950, les enquêtes de l'INED, montraient qu'une partie des élèves des cours complémentaires qui devaient s'arrêter au brevet avait des performances supérieures à celles des élèves de lycée. Il était donc évident qu'il y avait chez les enfants d'origine populaire un gisement de compétences inexploitées. C'était à l'État de faire cesser ce scandale : à lui d'assurer la justice scolaire, mais, en contrepartie, à lui de repérer les compétences des enfants et de décider de leur orientation. Là réside sans doute la principale originalité française : un système d'orientation géré par les professionnels seuls, où les vœux des familles ne sont qu'indicatifs. D'où une forte insatisfaction, qui s'exprima d'abord par le recours à l'enseignement privé, puis par une montée des revendications consuméristes au cours des années 1980 (Ballion, 1982). La légitimité des décisions d'orientation a en effet été fortement mise en cause par l'ensemble de la réflexion critique qui s'est développée depuis 1968. D'abord, la fiabilité des instruments est discutée : sait-on bien ce que mesurent les tests ? Révèlent-ils des compétences attachées aux individus et indépendantes des situations dans lesquelles ils ont été passés ? Par ailleurs, la sociologie montre que les racines de l'inégalité peuvent résider dans les contenus scolaires eux-mêmes. L'abstraction, la capacité à verbaliser, etc. correspondent à des pratiques culturelles de classe et les épreuves scolaires qui mesurent ces capacités ne font que reconnaître des héritages familiaux (Bourdieu, Passeron, 1970).

Droit des usagers et socle commun : une redéfinition du rôle de l'État

Dans les années 1980, l'orientation est touchée par ce qu'il est convenu d'appeler la crise de l'État-providence. L'école a-t-elle le droit de faire le bonheur des gens sans leur demander leur avis ? C'est-à-dire de décider de l'orientation qui leur convient à partir de ses propres critères ? Deux directions nouvelles apparaissent. L'une qui s'adresse plutôt aux classes moyennes et qui fait droit à leur désir d'autonomie. Une autre qui garantit un minimum aux plus pauvres. La loi d'orientation de 1989 met au premier plan le projet personnel de l'élève. En principe, il n'y a plus d'orientation autoritaire mais construction progressive d'un projet personnel à partir des indications fournies par les épreuves scolaires. Les enseignants n'interviennent que dans les cas extrêmes, lorsque le divorce est trop flagrant entre les désirs et les performances. Pour le reste, l'individu construirait lui-même son itinéraire à travers l'ensemble des ressources offertes par l'Éducation nationale. Cette décision répond à une demande évidente d'autonomie des acteurs, mais elle creuse aussi les inégalités. Le projet personnel dépend fortement du niveau d'information et du niveau d'aspiration de l'enfant et de sa famille. La loi prévoit un droit à l'information et un droit à la formation, mais les dispositifs mis en place paraissent, pour le moment, bien formels.

Cette évolution est contrebalancée par une autre, qui vise à garantir à tous un minimum culturel à l'issue de la scolarité obligatoire. Celle-ci est portée par les organisations internationales qui proposent de passer de l'objectif d'égalité des chances à celui d'égalité des résultats. On peut schématiser le raisonnement ainsi : l'idéal d'une redistribution des positions sociales entre les générations est utopique. Ce serait tout de même moins grave si un minimum était garanti à tous. La définition de ce minimum entraîne de nombreux débats. L'enjeu est de savoir s'il y a continuité ou rupture avec l'idéal de culture commune élaboré par le plan Langevin-Wallon. Celle-ci comprend de nombreuses dimensions (artistiques, physiques, mais aussi citoyennes), qui correspondent à un idéal de développement de la personne. Les experts sont tiraillés entre deux exigences contradictoires. La régulation repose sur des objectifs mesurables et des comparaisons internationales : les performances de chaque système éducatif permettent-elles au pays de tenir son rang dans la concurrence internationale ? Cette perspective implique que les objectifs soient définis en termes de compétences plutôt que de savoirs et une centration sur ce qui est mesurable. En même temps, une inquiétude se développe à propos de la transmission des valeurs entre les générations. Elle est dramatisée à propos des enfants de l'immigration, mais le problème est plus large : beaucoup de parents se demandent si leurs enfants vivent dans le même monde qu'eux. Confrontée à ces difficultés, la société demande à l'école de développer une dimension patrimoniale. Plus encore que des savoirs et des compétences, l'école devrait inculquer aux futurs citoyens les valeurs qui les rassemblent.

La gestion de cette tension doit être suivie avec attention car elle présente de fréquents retournements de sens. Ainsi, le terme de « SMIC culturel » avait été inventé par la gauche en 1975 pour fustiger les programmes de la réforme Haby qui accompagnaient le collège unique : le collège ouvre l'accès à la culture à tous mais ce n'est plus de la culture. Il a été repris par des sociologues de gauche, Baudelot et Establet (1989), dans un sens positif. Une partie de la population n'apparaît pas seulement pauvre, mais exclue, c'est-à-dire en dehors du système, aussi bien au plan matériel (emploi, logement, etc.) qu'au plan des compétences et des valeurs. Dans ce cas l'urgence n'est-elle pas de l'intégrer, même si c'est dans une condition très modeste ?

La formation tout au long de la vie : nouvelle espérance ou mystification ?

Depuis le XVIIIe siècle, les duretés de la sélection scolaire ont toujours été atténuées, au moins rhétoriquement, par l'invocation de la formation permanente. Il y a en effet une contradiction entre la conviction d'une égalité fondamentale entre les hommes, la foi dans la perfectibilité des individus, et le fait de limiter les possibilités de développement intellectuel d'une partie de l'humanité. Cette décision peut être justifiée en pratique par le poids des contraintes économiques, mais elle reste toujours injuste dans son fondement. Pour la rendre acceptable, les plans d'éducation envisagent une éducation permanente, où les inégalités d'éducation seraient indéfiniment rejouables. Qu'en est-il en réalité ? Il est difficile d'évaluer ce programme, par nature très dispersé, mais ses effets semblent à ce jour très limités. Toutefois, les organisations internationales s'en sont emparées et proposent de penser l'égalité dans une perspective de formation tout au long de la vie. C'est l'enjeu des écoles de la deuxième chance et surtout de la validation des acquis de l'expérience. Cette conception modifie le sens de la période scolaire. Son objectif devient l'acquisition des savoir-faire qui permettront aux individus d'entretenir et de diversifier leur portefeuille de compétences dans un monde du travail qui exige flexibilité et mobilité. Les harmoniques entre cette conception et le nouvel esprit du capitalisme (Boltanski, Chiapello, 2000) sont évidentes : une conception du social centrée sur le projet individuel, une structuration des établissements en réseaux, etc. Dans ces conditions, il est impossible de considérer comme un progrès la déconstruction des diplômes nationaux au profit de la notion de portefeuille de compétences (Jobert, Marry, Tanguy, 1995). En même temps, les pédagogues ne peuvent être insensibles à la crise du modèle de démocratisation fondé sur la séparation entre le temps des études et celui de la production. Robert Ballion (1995) interroge les nouveaux lycéens qui sont obligés de faire des petits boulots pour payer leurs études. Ceux-ci sont évidemment sensibles au facteur d'inégalité que cela représente, mais ils disent aussi que le contact avec le monde du travail les aide à donner du sens aux épreuves en papier de l'école. On voit donc l'ambiguïté de la situation. D'un côté, une demande encore diffuse des classes populaires pour trouver un nouveau modèle de démocratisation qui ne sépare pas brutalement l'école de la vie sociale ordinaire. De l'autre, le risque très réel que ce rapprochement serve à confirmer le pouvoir des dominants sur l'école.

Jean-Louis Derouet

▶ Bibliographie

Ballion R., *Les Consommateurs d'école,* Paris, Stock, 1982.

Ballion R., *Les Lycéens et leurs petits boulots*, Paris, Hachette Éducation, 1995.

Baudelot C., Establet R., *Le Niveau monte : réfutation d'une vieille idée concernant la prétendue décadence de nos écoles*, Paris, Le Seuil, 1989.

Boltanski L., Chiapello E., *Le Nouvel Esprit du capitalisme*, Paris, Gallimard, coll. « NRF Essais », 2000.

Bourdieu P., Passeron J.-C., *La Reproduction,* Paris, Éd. de Minuit, 1970.

Derouet J.-L., *École et justice : de l'école de la République aux projets d'établissements,* Paris, Métailié, 1992.

Jobert A., Marry C., Tanguy L., *Éducation et travail en Grande-Bretagne, Allemagne et Italie*, Paris, Armand Colin/Bibliothèque européenne des sciences de l'éducation, 1995.

▶ Voir aussi

Échec scolaire – Éducation permanente – Emploi-formation – Orientation – Projet personnel d'orientation – Qualification – Socialisation.

Sexisme

Le sexisme est une attitude discriminatoire envers le sexe féminin. Plus précisément, le terme désigne « l'ensemble des institutions (sociopolitiques, économiques, juridiques, symboliques) et des comportements individuels ou collectifs qui semblent perpétuer et légitimer la domination des hommes sur les femmes » (*Encyclopædia universalis,* 1990). Historiquement, le mot, forgé par les groupes féministes sur le modèle du terme « racisme », fait son apparition aux États-Unis, dans les années 1960. Les féministes opèrent ainsi un rapprochement délibéré entre les mécanismes, bien connus, de l'oppression raciale, et ceux, plus largement négligés jusque-là, de l'oppression des femmes. Le mot fait son apparition en France en 1965, ne passant toutefois dans le vocabulaire courant qu'après 1968. C'est le Mouvement de libération des femmes, né dans la foulée des événements de Mai, qui va donner au concept ses lettres de noblesse. Les dictionnaires seront plus longs à faire droit de cité au « sexisme » : le *Petit Robert* attend ainsi l'année 1978 pour admettre le terme. « On pensera peut-être que cette conquête est mineure : on aura tort », écrit Simone de Beauvoir en 1979, qui souligne justement que « nommer, c'est dévoiler et dévoiler, c'est déjà agir ». Propos que confirme Yvette Roudy, qui, lorsqu'elle était ministre des Droits de la femme (de 1981 à 1986), a reconnu les difficultés rencontrées pour utiliser le mot dans les textes officiels et législatifs.

Depuis les années 1970, les féministes se sont employées à montrer que la domination masculine sur les femmes (désignée comme « système patriarcal ») n'est pas, en dépit de son universalité, un fait de nature, mais un fait culturel. Elles ont dénoncé le sexisme partout où il sévit : dans la politique, la famille, l'éducation, la formation professionnelle, le travail, le langage, etc. Le sexisme prend des formes diverses selon les cultures et les civilisations. Il peut aller jusqu'au meurtre (infanticide des filles en Chine) ou à la mutilation sexuelle (l'excision en Afrique). En Occident, le viol est la manifestation la plus extrême du sexisme. La plupart du temps, il prend la forme de dominations plus douces, idéologiques, et vise à cantonner les femmes dans les rôles et fonctions de la sphère privée (mères et épouses), pour mieux les exclure de la sphère publique et politique. Le sexisme des sociétés occidentales s'est longtemps reflété dans le droit. En France, la Révolution de 1789 scelle pour longtemps l'exclusion des femmes de la démocratie politique : jusqu'en 1944, le sexe masculin est une condition d'attribution des droits de vote et d'éligibilité. De même, le code civil de 1804 fait des femmes mariées des mineures soumises à l'autorité du mari, et les laisse, jusqu'au milieu du XXe siècle, privées des droits essentiels de l'individu.

À l'heure actuelle, les normes juridiques, nettoyées de toute trace de sexisme, font justice à l'égalité entre les sexes : égalité d'ailleurs inscrite dans le préambule de la Constitution de 1946, repris dans celle de 1958. Le sexisme n'est donc plus légal en France. Les femmes sont aujourd'hui admises et présentes partout : dans toutes les écoles et toutes les professions. Si l'Église catholique les discrimine encore officiellement (leur refusant l'accès à la prêtrise), la Bourse des valeurs ne peut plus, comme jadis, leur fermer la porte.

L'égalité des chances entre hommes et femmes n'est pas pour autant advenue. Le sexisme ordinaire en effet se porte toujours bien : sexisme des parents, qui font plus volontiers suivre des études longues – ou plus facilement négociables sur le marché du travail – à leurs fils qu'à leurs filles, privant celles-ci des chances de promotion par l'école ; sexisme « langagier » des maîtres et maîtresses d'école maternelle, qui continuent de désigner le moment de sortie des classes comme « l'heure des mamans » ; sexisme de certains enseignants qui orientent encore garçons et filles vers des filières scolaires différentes ; sexisme des employeurs qui privilégient à l'embauche, et à qualification égale, les candidatures masculines ; sexisme, enfin, de la publicité – agent parmi d'autres de transmission des valeurs – qui, par voie d'affiche, de presse et de télévision, montre quotidiennement des images dévalorisantes sinon dégradantes des femmes. C'est pour lutter contre le sexisme des images que François Mitterrand avait annoncé, le 8 mars 1982, une réforme de la législation. Adopté en Conseil des ministres le 3 mars 1983, le projet de loi antisexiste a tourné court devant l'opposition farouche des milieux de presse et de publicité.

Depuis le milieu des années 1970, c'est aussi sous la bannière des organisations internationales qu'a été menée la lutte contre le sexisme. L'ONU, le BIT, le Conseil de l'Europe, l'Union européenne ont, chacun à leur manière, inscrit dans leur programme des normes juridiques et des moyens d'action pour tenter d'endiguer les discriminations liées au genre. C'est aux directives européennes que les Françaises doivent le bénéfice de certaines lois (loi sur l'égalité professionnelle, loi réprimant le harcèlement sexuel). Le concept de démocratie paritaire, lancé par le Conseil de l'Europe en 1989, a fait florès. En France, le combat pour la parité, repris par nombre d'intellectuelles et d'associations de femmes, a débouché sur la réforme constitutionnelle de 1999, puis sur la loi du 6 juin 2000, dite « loi sur la parité », bien que le mot n'y figure pas. Cette loi d'action positive a pour but de lutter contre le sexisme des partis dans la distribution des investitures. Elle leur impose de présenter 50 % de candidats de chaque sexe (en alternance) pour les scrutins de liste. S'agissant des législatives (scrutin uninominal), elle prévoit des pénalités financières pour les partis ne respectant pas la parité des candidatures. En 2000, la France était seule au monde à avoir légiféré en la matière. Aujourd'hui, deux autres pays l'ont imitée : la Belgique en 2002 et le Rwanda en 2003. Contre le sexisme, la dynamique paritaire est en marche.

Mariette Sineau

▶ Bibliographie

BARD C. (dir.), *Un siècle d'antiféminisme,* Paris, Fayard, 1999.

BAUDELOT C., ESTABLET R., *Allez les filles !,* Paris, Le Seuil, 1998.

BEAUVOIR S. de (préface de), *Le Sexisme ordinaire*, Paris, Le Seuil, 1979.

BOURDIEU P., *La Domination masculine,* Paris, Le Seuil, coll. « Points essais », 2002.

GASPARD F., SERVAN-SCHREIBER C., LE GALL A., *Au pouvoir, citoyennes ! Liberté, égalité, parité*, Paris, Le Seuil, 1992.

GUIONNET C., NEVEU E., *Féminins/Masculins : sociologie du genre*, Paris, Armand Colin, 2004.

SINEAU M., *Profession : femme politique. Sexe et pouvoir sous la Ve République*, Paris, Presses de Sciences-Po, 2001.

▶ Voir aussi

Filles/Garçons – Mixité – Rôle – Socialisation – Violence.

Situation-problème

Les situations-problèmes cherchent à échapper aux inconvénients symétriques des pédagogies frontales classiques, comme des « pédagogies du problème », chères aux méthodes actives depuis Dewey. Elles reprennent à celles-ci leur caractère dynamique et motivant, dû au fait que l'élève est placé face à un problème à résoudre, de telle sorte que le savoir lui apparaisse comme une réponse à celui-ci. Mais elles s'efforcent d'en éviter les dérives temporelles, en réintroduisant le caractère programmé des apprentissages recherchés (Meirieu, 1988).

Le problème peut présenter différents statuts didactiques (Champagnol, 1974 ; Charnay, 1987). Traditionnellement, il est le *critère de l'apprentissage,* puisque c'est lui qui permet de vérifier, au terme d'une séquence d'enseignement, qu'une notion a été bien assimilée par les élèves. Il s'analyse, dans ce cas, en termes d'*évaluation.* À l'opposé, dans les « pédagogies du problème », celui-ci est plutôt le *mobile de l'apprentissage,* dans la mesure où il suscite l'intérêt de la classe pour le sujet du jour. En enracinant les activités didactiques dans la vie quotidienne et le vécu, il leur confère un caractère fonctionnel, et il relève alors de la *motivation.* Quant aux situations-problèmes, elles constituent une alternative moins aux problèmes classiques qu'à l'enseignement proprement dit. Le problème fonctionne ici comme le *moyen même de l'apprentissage,* puisque c'est autour de lui que va se nouer le *dispositif didactique.* Il est à la fois la source, le lieu et le critère de l'élaboration du savoir. C'est lui qui permet l'engagement de l'élève dans une résolution, d'une manière telle que cela catalyse, chemin faisant, la genèse des instruments intellectuels qui seront nécessaires.

Les modèles pédagogiques correspondant à ces trois significations didactiques du problème ne sont évidemment pas les mêmes. Suivant la classification de Lesne, nous dirons que le problème évaluatif relève d'un « modèle normatif », le problème motivationnel d'un « modèle incitatif » et la situation-problème d'un « modèle appropriatif » de la connaissance (Lesne, 1977).

On peut énoncer de la façon suivante les caractéristiques essentielles d'une situation-problème (Charnay, 1987 ; Robardet, 1990). Elle est construite autour du *franchissement d'un objectif-obstacle,* qui a été préalablement bien identifié comme caractéristique des difficultés conceptuelles des élèves. Le travail de la classe s'organise autour d'une situation à *caractère concret,* permettant de formuler *hypothèses et conjectures.* Cette situation fonctionne alors comme une véritable *énigme* à résoudre, comme un objet de fort investissement intellectuel. C'est là une condition essentielle pour que fonctionne la *dévolution* du problème (Brousseau) : bien qu'initialement proposé aux élèves par le maître, celui-ci peut dès lors devenir « leur affaire ». Il est important que la situation offre une *résistance suffisante* pour amener l'élève à y investir ses connaissances antérieures disponibles ainsi que *ses représentations,* rendant possible la remise en cause de celles-ci. Pour autant, la solution ne doit pourtant pas être perçue comme hors d'atteinte. L'activité doit donc se tenir dans une *zone proximale,* propice au défi intellectuel à relever comme à *l'intériorisation* des « règles du jeu ».

Le travail didactique fonctionne ainsi sur le mode du débat scientifique à l'intérieur de la classe, stimulant les *conflits sociocognitifs* potentiels. La *validation de la solution* et sa sanction ne sont pas apportées de façon externe par l'enseignant, mais elles résultent du mode de structuration de la situation elle-même. La difficulté pédagogique essentielle est de ne pas involontairement « fermer le problème » par des interventions magistrales inadéquates. Il faut souvent répondre à une question par une autre, en s'efforçant surtout de maintenir l'activité de recherche.

Les situations-problèmes sont aujourd'hui au cœur de la réflexion didactique, car leur mise au point mobilise et articule ses principaux concepts : représentations des élèves, objectif-obstacle, contrat didactique, organisation conceptuelle des apprentissages. Elles doivent être conceptuellement et méthodologiquement très structurées, mais elles doivent *simultanément* permettre la liberté d'action et l'investissement personnel de l'élève. Elles sont ainsi, beaucoup plus que les classiques pédagogies du problème, fondées sur une sorte d'« artifice » didactique. Mais il s'agit d'un artifice *calculé,* pour mieux permettre à l'activité naturelle de l'élève de se déployer. Dans cette affaire, l'élaboration des consignes est évidemment décisive, afin d'éviter que le problème ne soit résolu en contournant l'obstacle bien plus qu'en l'affrontant vraiment. On comprend, dans ces conditions, que la construction des situations-problèmes, quel que soit leur bien-fondé théorique, s'avère particulièrement délicate dans les pratiques et qu'elle reste encore largement expérimentale et prospective.

Jean-Pierre Astolfi

▶ Bibliographie

ARSAC G., GERMAIN G., MANTE M., *Problème ouvert et situation-problème,* Villeurbanne, IREM/université Claude-Bernard (Lyon-I), 1988.

ASTOLFI J.-P. *et al., Mots clés de la didactique des sciences : repères, définitions, bibliographies,* Bruxelles, De Boeck, 1997.

CHAMPAGNOL R., « Aperçu sur la pédagogie de l'apprentissage par résolution de problèmes », *Revue française de pédagogie,* n° 28, 1974, p. 21-27.

CHARNAY R., « Apprendre (par) la résolution de problèmes », *Grand N*, n° 42, 1987.

LESNE M., *Travail pédagogique et formation d'adultes : éléments d'analyse,* Paris, L'Harmattan, 1977, rééd., 1994.

MEIRIEU P., « Guide méthodologique pour l'élaboration d'une situation-problème », in *Apprendre... oui, mais comment ?,* Issy-les-Moulineaux, ESF, 1988, 17e éd., 1999.

ROBARDET G., « Enseigner les sciences physiques à partir de situations-problèmes », *Bulletin de l'Union des physiciens,* n° 720, 1990.

▶ Voir aussi

Actives (Méthodes) – Dévolution – Évaluation – Méthodes pédagogiques – Motivation – Objectif pédagogique – Problème.

SOCIABILITÉ

La sociabilité est la capacité humaine à former et à entretenir des relations. Une définition plus restrictive limite la sociabilité aux relations qui ne résultent pas du fonctionnement même d'un groupe déjà constitué. L'attention des chercheurs s'est portée sur les facteurs sociaux, économiques ou démographiques qui affectent la sociabilité des acteurs. Michel Forsé arrive à la conclusion que le cycle de vie est le facteur déterminant. On peut selon lui distinguer trois grandes étapes dans la sociabilité : intense et externe dans la jeunesse, modérée et interne pendant la maturité, déclinante jusqu'à la disparition dans la vieillesse. François Héran montre quant à lui que la sociabilité est un capital dont l'accumulation est corrélée positivement avec le diplôme.

Olivier Galland

▶ Bibliographie

FORSÉ M., « La Sociabilité », *Économie et Statistique,* n° 132, 1981, p. 39-48.

GRANOVETTER M.-S., « The Strength of Weak Ties », *American Journal of Sociology*, vol. 78, n° 6, 1973, p. 1360-1380.

HÉRAN F., « La Sociabilité, une pratique culturelle », *Économie et Statistique,* n° 216, 1988, p. 3-22.

▶ Voir aussi

Adulte – Jeunesse – Socialisation.

SOCIALISATION

La socialisation est l'un des processus par lequel des individus deviennent des « êtres sociaux » (socialisés), c'est-à-dire des membres de groupes, de collectifs ou de « sociétés ». Notion transdisciplinaire aux définitions très diverses, le terme est utilisé par des biologistes (éthologistes notamment), des psychologues, des sociologues, des économistes, des historiens, etc. pour désigner les rapports, variables dans l'espace et dans le temps, entre histoires individuelles (développement des êtres vivants et humains) et histoires collectives (des groupes, ethnies, cultures, sociétés). L'usage du terme marque généralement l'insistance sur le fait que l'éducation est un processus social (et pas seulement individuel) et que les « produits » de l'éducation dépendent des formes sociales au sein desquelles elle se déroule.

Matrice théorique des approches de la socialisation

On peut tenter d'organiser les théories de la socialisation à partir de deux séries de positions à la fois épistémologiques et méthodologiques, concernant les rapports entre individu et société, d'une part, entre espace et temps, d'autre part.

Certaines théories, parfois qualifiées de « holistes » (primat de la totalité sur les individus), insistent sur la détermination des structures sur le développement temporel des individus. En psychologie, les diverses versions du béhaviorisme reposent sur le « paradigme du conditionnement » (Boudon, Bourricaud, 1982) qui fait dépendre les comportements individuels des stimulations externes auxquelles les individus sont soumis et dont la répétition contribue à fixer des modèles de réponses pour l'avenir. En sociologie, la transposition du même paradigme conduit à faire dépendre « les manières d'agir, de penser et de sentir » (Durkheim, 1922) des contraintes exercées par les groupes sur les individus qui en font partie. Cette contrainte, exercée méthodiquement sur les jeunes générations et qui constitue, selon Durkheim, l'éducation, assure une « mise en forme sociale » des prédispositions individuelles se traduisant progressivement par l'appartenance stable des individus adultes à une société et à ses groupes sociaux (famille, profession, groupe politique, etc.).

Des constructions théoriques plus élaborées insistent, sans rompre avec ce paradigme, sur le caractère probabiliste des déterminations exercées par les conditions sociales et sur le caractère actif de la transformation des dispositions héritées de la socialisation passée en pratiques ajustées aux situations rencontrées. C'est le cas, par exemple, de la « théorie de l'habitus », élaborée par Pierre Bourdieu (1980) pour rendre compte des inégalités sociales de réussite scolaire et de la reproduction de ces inégalités, entre les générations, dans les positions sociales occupées. C'est l'intériorisation active des dispositions héritées qui en fait des principes structurant des pratiques et des anticipations d'avenir en réalisant notamment « l'ajustement des espérances subjectives sur les probabilités objectives » de réussite des actions entreprises. De ce fait, la socialisation des individus est inséparable du fonctionnement des institutions socialisatrices – et notamment des systèmes éducatifs –, dont une des fonctions cachées est non seulement d'assurer mais aussi de légitimer la reproduction sociale.

Ces théories privilégient à la fois l'axe temporel des processus de socialisation et la détermination des conditions « externes globales » sur les caractéristiques « internes » des individus. Elles accordent plus ou moins d'importance aux toutes premières expériences de la vie des individus et peuvent ainsi rejoindre certains courants plutôt déterministes de la psychanalyse, accordant à la petite enfance une place décisive dans le processus ultérieur de développement psychique des êtres humains.

D'autres théories, plutôt définies comme « individualistes » (primat de l'individu sur la totalité), insistent sur le caractère émergent et contingent des conduites socialisées, fortement dépendantes des « constructions sociales de la réalité » qu'effectuent les individus confrontés à des situations sociales concrètes. Ces théories se rattachent, de manières diverses, au « paradigme de l'interaction » (Boudon, Bourricaud, 1982), selon lequel les conduites sociales constituent des activités humaines « dotées d'un sens subjectif » et qui « se rapportent au comportement d'autrui par rapport auquel elles orientent leur déroulement » (Weber, 1922). De ce fait, diverses traditions théoriques privilégient la description compréhensive des

« formes sociales » issues des interactions entre les individus considérés comme acteurs et des systèmes d'action concrets considérés comme des jeux structurés par des règles en perpétuelle évolution.

Contrairement aux théories précédentes, celles-ci privilégient l'axe spatial et défendent l'idée d'une forte indétermination des relations sociales en dépit du caractère structuré des systèmes d'action. La notion de « socialisation » ne renvoie plus d'abord au processus de développement des individus, mais à la dynamique de structuration des activités, notamment économiques. Max Weber (1922) désigne par le terme de « socialisation sociétaire » (*Vergesellschaftung*) ce processus d'association volontaire des individus pour défendre des intérêts ou construire des relations orientées vers des finalités instrumentales (*Zweckrationalität*) ou axiologiques (*Wertrationalität*). Il la distingue de la « socialisation communautaire » (*Vergemeinschaftung*), enracinée dans la tradition, reposant sur l'appartenance héritée à des groupes familiaux, ethniques, professionnels et sur l'intégration contrainte à ces groupes. Il interprète l'histoire des sociétés modernes comme une dynamique de rationalisation étendant le champ de la « socialisation sociétaire » au détriment de celui de la « socialisation communautaire », sans pourtant jamais parvenir à la supprimer. La tension permanente entre les deux types de socialisations est génératrice de crises identitaires caractéristiques de la modernité (Dubar, 2001).

Vers de nouvelles approches opératoires de la socialisation ?

Certaines entreprises théoriques visent à dépasser le clivage précédent en articulant les processus temporels avec les interactions spatiales et en essayant de rendre compatible la détermination des structures globales avec l'indétermination des destinées individuelles.

C'est le cas, par exemple, de l'approche des mécanismes de socialisation de l'enfant par Piaget (1964), combinant la permanence d'un même processus d'équilibration avec la transformation corrélative des structures mentales et des formes de socialisation aux différents stades du développement de l'enfant. La dialectique de l'assimilation et de l'accommodation permet d'articuler l'influence déterministe de l'environnement et l'activité coordonnée et contingente des individus sans privilégier l'une ou l'autre. La position relativiste et le parti pris expérimental de Piaget permettent de dépasser l'opposition du « holisme » et de l'individualisme tout en fournissant des outils opératoires d'analyse des conduites en situation. La socialisation peut devenir un champ d'observation et de théorisation inductive grâce à des procédures méthodiques susceptibles de transfert dans des domaines très variés. L'utilisation de cette problématique en psychologie de l'éducation (Lautrey, 1984) ou en sociologie politique (Percheron, 1974) par exemple, en France, atteste de sa fécondité scientifique.

C'est le cas, également, des approches de la socialisation professionnelle développées, dans les années 1950 et 1960, par les sociologues de l'école de Chicago travaillant avec les catégories d'interprétation et les méthodes de terrain de l'interactionnisme symbolique (Hughes, Becker, Strauss, etc.). Plaçant les faits de socialisation à l'interface des processus biographiques de construction des choix professionnels et des mécanismes structurels de définition des filières d'emploi par les institutions, ils ont forgé notamment le concept de « carrière » *(career)* pour analyser les interactions entre les systèmes « subjectifs » d'attentes légitimes (« À quoi puis-je prétendre étant donné ce que j'ai fait ? ») et le système des opportunités « objectives » d'emploi (« Que puis-je espérer étant donné l'évolution probable des emplois ? »). Ce concept, articulé avec celui de « socialisation anticipatrice » formulé par Merton, permet d'interpréter des conduites aussi diverses que celles des musiciens de jazz, des fumeurs de marijuana ou des infirmières en formation. Il permet de rétablir la place éminente de la socialisation latente, informelle, interactive, par rapport à celle de la socialisation institutionnelle, de type scolaire, formalisée dans des programmes, des circulaires et des cursus officiels.

C'est aussi le cas des théories privilégiant les mécanismes de structuration sociale et d'apprentissage, par expérience, de la réflexivité, permettant d'articuler des apprentissages « structurels » issus de la socialisation passée et des expériences « réflexives » issues des pratiques en cours. Ces théories dualistes de la socialisation (telles celles de Giddens ou de Luhmann) récusent aussi bien le déterminisme des structures que l'indétermination des choix (Dubet, Martuccelli, 1996).

C'est enfin le cas d'approches récentes issues d'analyses de la formation continue et post-scolaire de jeunes ou d'adultes confrontés à des changements importants de leur travail, de leur système d'emploi ou de leur qualification (Dubar, 2000). Centrée sur l'hypothèse d'une double transaction à la fois biographique et relationnelle, elle place au cœur des processus de socialisation la question de la construction des identités professionnelles dépendantes de « formes » socialement constituées par les systèmes éducatifs et productifs, et ouvertes sur des « dynamiques » socialement construites dans les biographies professionnelles des individus. La socialisation comme mode de construction des identités devient un champ de recherche, d'expérimentation et d'innovation à l'interface des processus éducatifs, des transformations du travail et de la dynamique des relations professionnelles.

Claude Dubar

▸ Bibliographie

Boudon R., Bourricaud F., *Dictionnaire critique de la sociologie,* Paris, PUF, 1982, 3e éd., 2004.

Bourdieu P., *Le Sens pratique,* Paris, Minuit, 1980.

Dubar C., *La Crise des identités : l'interprétation d'une mutation,* Paris, PUF, 2001.

Dubar C., *La Socialisation : construction des identités sociales et professionnelles,* Paris, Armand Colin, coll. « U », 2000.

Dubet F., Martuccelli D., « Théories de la socialisation et définitions sociologiques de l'école », *Revue française de sociologie*, vol. 37, n° 4, 1996.

Durkheim É., *Éducation et sociologie,* Paris, PUF, 1922, 8e éd., 2003.

Lautrey J., *Classe sociale, milieu familial, intelligence,* Paris, PUF, 1984, 3e éd., 1989.

Percheron A., *L'Univers politique des enfants,* Paris, Presses de la FNSP, 1974.

Piaget J., *Six études de psychologie,* Paris, Gallimard, 1964, rééd., 1987.

Weber M., *Économie et Société* (1922), Paris, Pocket, 2 vol., 2003.

▸ Voir aussi

Acculturation – Adultes (Formation des) – Bourdieu, Pierre – Culture générale – Éducation – Emploi-Formation – Génération – Identité sociale – Insertion – Piaget, Jean – Socialisation politique.

Socialisation politique

Comment la politique vient-elle aux enfants ? Comment et à partir de quoi l'identité politique d'un individu se construit-elle ?

L'élaboration des choix, des orientations et des comportements politiques ainsi que leur développement et leur évolution tout au long de la vie résultent d'un processus complexe : la socialisation politique. Celui-ci peut être défini comme l'acquisition et la construction progressives, depuis l'enfance et tout au long du développement de la vie adulte, des choix, des attitudes et des comportements qui constituent l'identité politique d'un individu. Ce processus est régi par un certain nombre de paramètres dont les plus importants sont le poids de la filiation politique et de l'héritage familial, l'origine sociale et les conditions de l'inscription de l'individu dans la société, enfin le contexte politique propre à un pays à un moment donné.

La socialisation politique constitue l'une des modalités de l'insertion sociale du sujet dans ses groupes d'appartenance et de référence, l'une des dimensions de la construction de l'identité sociale d'un individu.

Les premières approches fonctionnalistes

Le terme de « socialisation » est utilisé pour la première fois par Durkheim dans son ouvrage *Éducation et sociologie* (1922) pour définir la finalité même de l'éducation : « L'éducation, écrit-il, consiste en une socialisation méthodique de la jeune génération. » La socialisation, telle que ce père fondateur de la sociologie la conçoit, est l'inculcation des règles, des valeurs et des normes sociales qui doivent être transmises d'une génération à l'autre pour assurer le maintien et la cohésion de la société. En science politique, c'est à Hyman (1959) qu'il revient d'avoir utilisé la notion de socialisation politique pour la première fois.

La conception fonctionnaliste de la socialisation développée par Durkheim se retrouve dans l'approche d'inspiration béhavioriste qui marque les premiers travaux américains sur cette question. Il s'agit de trouver les racines des comportements électoraux adultes, les lois qui assurent la pérennité et l'équilibre du système politique et partisan. La socialisation politique, telle qu'ils la définissent, est d'abord un mécanisme essentiel de stabilité des forces politiques et de reproduction du système politique. Ces premiers chercheurs américains conçoivent la socialisation à partir d'une vision instrumentale et utilitariste de ses fonctions et développent une représentation relativement unilatérale et statique de son mode de fonctionnement. La socialisation, au principe de l'éducation de chaque nouvelle génération, est un instrument de reproduction de la société ; de même la socialisation politique doit conduire les enfants à accepter le mécanisme électoral et le système des partis comme intermédiaire légitime entre les individus et les autorités. Dans cette acception, la socialisation politique est d'abord conçue comme un mécanisme de formation du soutien diffus à l'égard du système politique, reposant sur les quatre principes que sont la politisation, la personnalisation, l'idéalisation et l'institutionnalisation (Easton, Dennis, 1969).

Les grandes enquêtes lancées à l'époque auprès des enfants mettent en avant des résultats qui légitiment cette conception de la socialisation politique : l'existence de choix partisans chez les enfants, l'importance de l'identification à un parti parmi les déterminants du vote mais aussi comme facteur de structuration des attitudes politiques, la stabilité des préférences partisanes au cours de la vie, enfin la reproduction de ces préférences d'une génération à l'autre au sein des familles.

Des travaux ultérieurs conduisent à nuancer ces premiers constats, à remettre en question les présupposés universalistes de ceux-ci et surtout à complexifier et à diversifier les approches en introduisant d'autres paramètres d'analyse. Ils font tout d'abord apparaître la fragilité et la relative instabilité des identifications partisanes des enfants lorsqu'elles sont observées sur plusieurs années. Par ailleurs, ils révèlent un taux de transmission familiale nettement moins élevé, un cas sur deux en moyenne (Jennings, Niemi, 1974). Enfin, ils mettent en évidence une donnée d'importance, l'influence du contexte tant politique que culturel ou historique, qui ne permet pas d'établir un modèle univoque de socialisation politique.

En France, Annick Percheron fut une pionnière dans le domaine des recherches sur la socialisation politique. À la fin des années 1960, elle entreprend de grandes enquêtes auprès des enfants sur cette question et impose l'intérêt de ce sujet à l'ensemble d'une communauté scientifique, relativement réticente au départ. Au-delà de l'expérience de terrain et des apports méthodologiques qui sont les siens dans ce domaine, elle contribue à l'élaboration théorique et à la définition de ce champ de recherche.

L'approche interactionniste

Le regard d'Annick Percheron se démarque des travaux américains et de l'approche fonctionnaliste alors dominante. La socialisation telle qu'elle la conçoit est un processus interactif et résulte de transactions entre l'individu et la société. Elle s'appuie sur certains enseignements de la psychologie génétique, et notamment sur les travaux de Piaget, pour développer une problématique originale de la socialisation politique, à partir des postulats suivants :

• Toute socialisation est le résultat d'une interaction reposant sur un double processus d'accommodation (capacité du sujet à s'adapter aux contraintes de son environnement) et d'assimilation (action du sujet sur son environnement pour le rendre plus conforme à ses désirs). Entendue ainsi, la socialisation ne peut jamais être reproduction à l'identique, elle comporte toujours une part de création et de choix, elle implique des ajustements et des négociations à tous les niveaux d'implication qui définissent la nature du lien social : l'individu, le groupe familial, les groupes d'appartenance et les groupes de référence, le système politique et la société.

• Si la socialisation politique commence dès la prime enfance, et les enquêtes menées montrent combien les acquis et les apprentissages politiques dans l'enfance débouchent sur des connaissances réelles et sur une appréhension précoce du monde politique qui aura un poids déterminant dans la constitution des choix et des comportements politiques, elle s'effectue tout au long d'un processus de maturation qui court durant toute la vie.

• Définie comme l'acquisition d'un code symbolique provenant de transactions entre l'individu et la société, la socialisation politique ne résulte ni d'une simple accumulation de connaissances ni d'apprentissages délibérément politiques. Elle n'est pas seulement de type intellectuel ou savant, mais aussi le fruit d'une imprégnation informelle et implicite. De fait, elle ne fournit pas des comportements ou des choix tout faits, prêts à fonctionner tels quels, mais une sorte de *background,* un « fond de carte » à partir duquel se développeront, entre autres influences, les attitudes et les comportements adultes dans ce domaine.

Enfin, elle couvre un territoire d'échanges et de transactions qui caractérisent l'histoire d'un groupe familial ainsi que l'état d'une société à un moment donné.

Le rôle de la famille

Faire partie d'une famille, appartenir à un groupe social, habiter en un lieu défini, partager une histoire définissent autant d'attributs et de circonstances qui façonnent l'identité politique des individus. Chaque enfant hérite à sa naissance d'un certain nombre d'attributs matériels et symboliques qui vont déterminer les conditions de son inscription dans la société. L'importance de l'origine sociale et notamment l'impact des trajectoires de mobilité sociale sur les choix politiques a été mesuré (Boy, 1978). Parmi les individus appartenant à une même catégorie socioprofessionnelle, l'influence de la profession du père est sensible. Les cadres supérieurs dont le père est employé ou ouvrier manifestent plus fréquemment un choix politique de gauche que les cadres supérieurs ayant une autre origine sociale.

Dans le temps de la vie familiale, l'enfant fait l'objet d'un certain nombre de transmissions qui contribueront plus ou moins directement, plus ou moins fortement, à forger sa personnalité sociale ainsi qu'un certain nombre de ses attitudes, de ses représentations et de ses comportements politiques ultérieurs.

Ce sont dans les domaines de la religion et de la politique que la transmission se fait le mieux entre parents et enfants. Les valeurs morales, les modes de vie quotidiens se transmettent moins bien d'une génération à l'autre (Percheron, 1993). L'idéologie constitue une sorte de noyau dur dans la transmission familiale. L'influence de la mère semble plus active que celle du père. L'homogénéité des choix politiques parentaux ainsi que leur visibilité assurent de meilleures conditions de transmissibilité. La famille reste un creuset dans la formation des choix et des opinions politiques des individus.

Enfance et politique

Bien avant que ne se dessinent des choix politiques proprement dits, l'enfant, dans le cadre de son expérience familiale ou scolaire, reconnaît et s'approprie un certain nombre de repères et de symboles, par exemple le drapeau, tel ou tel héros ou événement fort de l'histoire nationale. Ceux-ci lui permettent de définir son appartenance à la collectivité, et d'abord à un pays. L'idée de patrie et les signes d'une identification précoce à la nation se développent dès 8-10 ans.

Très tôt aussi, les enfants hiérarchisent et identifient les divers rôles et fonctions politiques : les rôles de décision tels que ceux du président de la République, du ministre ou du maire, sont les plus familiers et ont leur préférence. Le maire est la figure politique qu'ils connaissent et apprécient le plus. La fonction de député leur est plus étrangère.

À partir de cette identité nationale relativement précoce, l'enfant identifie peu à peu les grandes lignes de partage du système idéologique et partisan. Les préférences en termes de gauche ou de droite sont les premières à s'établir. Selon certaines enquêtes, dès 8-12 ans, une forte proportion d'enfants a des attitudes formées à l'égard de la gauche et de la droite. Les identifications partisanes nécessitent un déchiffrage plus complexe de la réalité de leurs enjeux, de leurs discours et de leurs signes de reconnaissance. De fait, elles ne sont effectives que plus tard, au moment de la préadolescence.

Le niveau global des connaissances des institutions politiques s'est accru ces trente dernières années. Les enfants ont bénéficié de la médiatisation de la politique ainsi que d'une certaine dédramatisation des choix politiques, résultant à la fois d'une plus grande transparence dans les échanges intrafamiliaux et d'une relative banalisation de leurs enjeux sous-jacents.

Cette connaissance relative des clivages politiques ne garantit pas pour autant une bonne image de la politique et *a fortiori* des attitudes ultérieures favorables envers ce champ d'activité de la société. Avec l'âge, le refus de se situer entre la gauche et la droite tend à augmenter, ainsi qu'une certaine méfiance à l'égard du jeu politicien et partisan. La politique telle qu'elle est donnée à voir suscite une image particulièrement négative parmi les enfants et les jeunes aujourd'hui.

Jeunesse et politique

Parce qu'elles sont un temps de transition entre la socialisation politique initiale, vécue au cours de l'enfance, et le passage à l'âge adulte, les années de jeunesse circonscrivent une étape spécifique dans le processus de formation des choix et des comportements politiques. C'est un âge charnière entre deux états, le premier étant défini par une situation de dépendance, le second par une situation d'autonomie et la reconnaissance d'une compétence de principe.

Les décalages et les enchaînements de plus en plus complexes dans l'acquisition des attributs de la maturité, le report des signes de l'établissement dans la vie sociale adulte (avoir un emploi, un logement, fonder une famille, etc.) donnent un statut spécifique à la jeunesse, qui a pu être qualifiée de « nouvel âge de la vie » (Galland, 2004). Par ailleurs, depuis une trentaine d'années, cette transition, ce temps de passage est un parcours au cours duquel les modèles de référence et d'identification qui peuvent être empruntés aux générations précédentes sont de plus en plus concurrencés par les logiques propres de l'expérimentation individuelle.

Durant ces années d'expérimentations de toutes sortes, les choix et les comportements politiques apparaissent peu stables et relativement vulnérables. L'entrée en politique se fait de façon progressive et connaît des décalages similaires à ceux qui caractérisent l'entrée du jeune dans la vie sociale adulte. Ainsi, la participation des jeunes aux élections apparaît moins élevée et moins constante que celle des autres classes d'âge. Par ailleurs, leurs votes se caractérisent par une volatilité plus importante que dans le reste de l'électorat.

Ce temps de maturation, de relative instabilité et d'indécision définit un « moratoire » caractéristique de l'entrée en politique des jeunes (Muxel, 2001). C'est une étape spécifique de la socialisation politique largement assujettie aux conditions d'acquisition des statuts et des rôles sociaux adultes ainsi qu'au processus d'insertion sociale qui régit ce temps de la vie.

Bien que l'enfance et la jeunesse soient des phases particulièrement déterminantes dans l'acquisition des outils et des représentations propres à l'univers politique, de même dans la formation des identifications politiques et des choix personnels, la socialisation politique ne prend pas fin pour autant avec l'entrée dans la vie adulte. Elle se poursuit tout au long des étapes ultérieures de la vie. Elle n'a pas de caractère définitif. Si les déterminations qui ont prévalu dans l'enfance, et notamment l'influence de la socialisation familiale, pèsent d'un poids durable et continuent d'orienter les choix et les comportements ultérieurs, des réajustements successifs sont opérés au fil des circonstances et des rencontres qui jalonnent le parcours de vie et au gré des conjonctures historiques et politiques traversées. De même que l'identité sociale d'un individu n'est jamais achevée, de même son identité politique s'engendre dans une construction et dans une réévaluation permanentes.

Anne Muxel

▸ Bibliographie

BOY D., « Origine sociale et comportement politique », *Revue française de science politique,* 19 (1), 1978, p. 73-102.

DURKHEIM É., *Éducation et sociologie,* Paris, PUF, 1922, 8e éd., 2003.

EASTON D., DENNIS J., *Children in the Politic System,* New York, McGraw-Hill, 1969.

GALLAND O., *Sociologie de la jeunesse. L'entrée dans la vie,* Paris, Armand Colin, 2004.

HYMAN H., *Political Socialization,* New York, The Free Press, 1959.

JENNINGS M. K., NIEMI R. G., *The Political Character of Adolescence : the Influence of Families and Schools,* Princeton, Princeton University Press, 1974.

MUXEL A., *L'Expérience politique des jeunes,* Paris, Presses de Sciences-Po, 2001.

PERCHERON A., *La Socialisation politique,* Paris, Armand Colin, 1993.

▸ Voir aussi

Adulte – Civique (Éducation) – Éducation – Enfance – Famille – Génération – Identité sociale – Jeunesse – Morale (Éducation) – Piaget, Jean – Rôle – Valeurs.

SOCIOLOGIE DE L'ÉDUCATION

Si Émile Durkheim (1858-1917) est unanimement reconnu comme le précurseur de la sociologie de l'éducation en France, c'est parce qu'il a été le premier à appliquer à l'éducation le principe sociologique fondateur qu'il avait énoncé dans *Les Règles de la méthode sociologique* (1895) : il faut « considérer les faits sociaux comme des choses ». Selon lui, l'organisation scolaire et les pratiques pédagogiques en vigueur dans une société sont nécessairement liées à ses structures politiques et sociales. Il analyse par exemple l'essor des collèges au XVIIe siècle comme le signe d'une généralisation des modes d'éducation aristocratiques au profit de la bourgeoisie montante. Cette méthode d'analyse lui permet également de saisir l'importance de la fonction de socialisation que remplit l'école dans les sociétés modernes : « L'éducation consiste en une socialisation méthodique de la jeune génération. »

Mais c'est aussi dans cette conception de la socialisation que l'analyse de Durkheim a trouvé ses limites : en définissant la socialisation par l'école comme la transmission de valeurs et de normes communes à tous les individus de la même société, « à quelques catégories sociales qu'ils appartiennent », il a évacué les tensions sociales susceptibles de se manifester au sein des établissements, participant ainsi à la construction de la mythologie scolaire républicaine.

Le paradigme fondateur de la théorie de la reproduction

C'est pourquoi, lorsque la sociologie de l'éducation réapparaît dans la vie intellectuelle à la fin des années 1960, elle se reconstruit en grande partie contre la sociologie « fonctionnaliste » de Durkheim. Les travaux fondateurs de Pierre Bourdieu et de Jean Claude Passeron s'appuient en effet sur des statistiques de l'INED, publiées en 1962, qui établissent clairement une corrélation entre réussite scolaire et milieu social. Dans les deux publications qu'ils ont consacrées à ce sujet, *Les Héritiers* (1964) et *La Reproduction* (1970), Bourdieu et Passeron interprètent cette corrélation en prenant le contre-pied de Durkheim. Leur thèse centrale est que l'école reproduit les inégalités sociales en raison de méthodes et de contenus d'enseignement qui privilégient implicitement la culture des classes dominantes. Le cours magistral, qui se fonde sur l'usage d'un langage cultivé sans en dévoiler les mécanismes, favorise une « complicité cultivée » entre les enseignants et les élèves déjà accoutumés par leur culture familiale à ce type de rapport au langage. Sous couvert d'universalisme, l'école permettrait en fait aux « héritiers » de faire fructifier leur « capital culturel ». La socialisation scolaire n'est donc pour Bourdieu et Passeron qu'une légitimation des inégalités sociales puisque le discours sur l'égalité des chances et les valeurs communes masquerait des processus de sélection sociale sanctionnés par un diplôme scolaire.

Si le travail de Bourdieu et Passeron a atteint un niveau d'élaboration théorique qui lui a valu une large notoriété, il s'inscrit aussi dans un ensemble de recherches qui, au cours de la même période, ont cherché chacune à leur manière à démontrer que les systèmes scolaires contribuent à l'aliénation des classes populaires. Parmi les plus connues, il faut citer celles de Christian Baudelot et Roger Establet (*L'École capitaliste en France*, 1971), de Claude Grignon (*L'Ordre des choses*, 1971) ou du Britannique Basil Bernstein (*Langage et classes sociales*, 1975).

Le retour de l'acteur

Mais l'analyse de Bourdieu et Passeron a été très tôt critiquée. Dès 1973, dans un livre intitulé *L'Inégalité des chances* (1973), Raymond Boudon récuse la thèse déterministe de Bourdieu et Passeron, qui posait que les individus agissent en fonction de « dispositions » sociales qu'ils auraient inconsciemment « intégrées » pendant leur enfance, et qui dirigent leurs comportements. Boudon emprunte aux économistes le paradigme inverse, celui de l'acteur dont les décisions sont prises consciemment et rationnellement, et dont l'environnement social n'est contraignant que dans la mesure où il détermine le niveau d'information disponible. De ce point de vue, les inégalités sociales des parcours scolaires ne proviennent que des stratégies divergentes adoptées consciemment par les familles en fonction des informations dont elles disposent pour évaluer les avantages et les coûts d'une poursuite d'études. « L'éventualité de devenir, par exemple, instituteur, écrit Boudon, n'est pas perçue de la même manière par le fils d'un ouvrier et par le fils d'un membre de l'Académie des sciences. » Le fils d'ouvrier se satisfera d'un statut qui constitue pour lui une progression sociale notable, alors qu'il anticipera négativement le coût psychologique et financier des études longues, ce qui ne sera évidemment pas le cas du fils d'universitaire. Le phénomène de « reproduction » sociale analysé par Bourdieu et Passeron ne serait alors qu'un « effet pervers » d'une accumulation de choix individuels rationnels (d'où le nom « d'individualisme méthodologique » donnée à cette interprétation), mais dépendants de la position sociale initiale des acteurs, qui limite leur rationalité.

Aux conceptions de Bourdieu et Passeron, centrées sur la reproduction des rapports de domination entre les classes sociales au sein du système scolaire, Boudon oppose une tentative de modélisation des stratégies individuelles des acteurs au sein de l'institution scolaire.

Cette opposition entre deux modèles d'interprétation a été féconde. En introduisant la notion de stratégie des acteurs dans la sociologie de l'éducation, Raymond Boudon lui a offert une autre grille de lecture que celle qu'avait imposée la théorie de la reproduction. Il a également ouvert plus largement la sociologie de l'éducation française aux travaux anglo-saxons.

À la recherche d'un nouveau paradigme

Cette influence nouvelle de Boudon et des sociologues anglo-saxons ne signifie évidemment pas que la question des effets des inégalités sociales sur la réussite scolaire n'intéresse plus les sociologues français. Elle demeure au contraire au centre de leurs préoccupations. Mais c'est désormais plutôt à travers l'analyse des comportements et des stratégies des acteurs sociaux à l'école (élèves, enseignants, familles), et des relations qu'ils établissent entre eux, que les sociologues cherchent à en comprendre les causes.

Marie Duru-Bellat a été, avec Alain Mingat, l'une des premières à conduire des enquêtes dans les établissements pour tenter de reconstituer les processus qui sont plus ou moins favorables à la reproduction scolaires des inégalités sociales (1988). Elle a ainsi contribué à faire apparaître les différents modes d'interactions qui influencent le destin scolaire des élèves en fonction de leurs milieux d'origine. Par exemple, selon l'origine sociale, les ambitions des familles changent. Mais les stratégies familiales dépendent aussi de l'offre scolaire locale : selon la richesse ou la pauvreté de l'appareil scolaire, les familles auront des objectifs plus ou moins élevés. La réussite scolaire dépend aussi de l'institution : elle peut accéder avec plus ou moins de complaisance à la demande des familles, et le faire en tenant compte des contraintes de gestion des effectifs à scolariser et des moyens disponibles.

D'autres chercheurs ont développé des démarches comparables : en 1988, les sociologues suisses Philippe Perrenoud et Cléopâtre Montandon publient un recueil d'études sur les difficultés de communication entre les parents, surtout d'origine modeste, et les enseignants (1994). La même année, dans son livre intitulé *L'École primaire au quotidien*, Régine Sirota met en évidence les inégalités de considération que les maîtresses d'école manifestent quotidiennement à l'égard de leurs élèves (fréquence des regards, sourires, félicitations, interrogations), qui révèlent des préférences subjectives souvent liées à l'origine sociale, et qui participent précocement au sentiment de confiance en soi des enfants, fortement prédictif de leur réussite scolaire.

D'autres chercheurs se sont posé la question du rapport au savoir des élèves et du sens qu'ils donnent au travail scolaire. Dans un ouvrage qui a fait date, *École et savoirs dans les banlieues et... ailleurs* (1992), Élisabeth Bautier, Bernard Charlot et Jean-Yves Rochex constatent que les élèves qui réussissent à l'école sont ceux qui donnent du sens au savoir scolaire, c'est-à-dire qui y trouvent une satisfaction intellectuelle qui se suffit à elle-même, indépendamment des gains socioprofessionnels qu'ils attendent des études. Or ce type de rapport désintéressé au savoir et à la culture est plus rare dans les milieux populaires, où la confrontation quotidienne aux problèmes matériels conduit à privilégier les connaissances utilitaires.

Cherchant lui aussi à comprendre les trajectoires scolaires des élèves d'origine populaire, Bernard Lahire a conduit une longue enquête qui met en évidence, entre autres, l'importance du rôle des mères. La réussite scolaire des enfants dans les familles populaires, notamment immigrées, est liée à la capacité des mères à maîtriser l'emploi du temps de la vie familiale, à mobiliser toutes les ressources sociales disponibles pour la réussite scolaire (voisinage, frères et sœurs, etc.), et à leur vigilance à l'égard du mode de vie de leurs enfants.

Dans le domaine des recherches centrées sur les stratégies des acteurs, il faut aussi souligner l'apport des travaux de Robert Ballion sur « les consommateurs d'écoles » (1982) et d'Alain Léger et Gabriel Langouët à propos du « choix des familles » (1997). Ces auteurs mettent en évidence les nouveaux comportements consuméristes de certaines familles à l'égard de l'institution scolaire. Ils montrent que la supériorité des familles culturellement favorisées tient aussi à leur habileté à profiter des marges de manœuvre qu'offre le système scolaire pour faciliter les parcours de réussite de leurs enfants, notamment par l'utilisation des dérogations à la carte scolaire ou le recours à l'enseignement privé.

À l'opposé de ces stratégies de réussite, Stéphane Beaud a récemment produit un travail ethnosociologique dans lequel il fait apparaître le sentiment de déclassement des jeunes titulaires de baccalauréats professionnels, qui cherchent à poursuivre des études à l'université et y subissent souvent de sévères échecs (2003).

Dans l'ensemble de ces travaux consacrés à la compréhension des comportements et des stratégies d'acteurs au sein du système scolaire, il faut sans doute faire une place particulière à ceux de François Dubet. À partir de ses premières recherches sur la vie quotidienne des lycéens (1991), Dubet a tenté de concevoir un cadre théorique renouvelé. Il propose ainsi une « sociologie de l'expérience », qui insiste sur l'opposition, inscrite dans la durée des trajectoires scolaires de chaque individu, entre la construction individuelle de la personnalité – qu'il nomme la « subjectivation » et qui passe notamment chez les jeunes par la participation à une consommation culturelle spécifique – et la « socialisation », c'est-à-dire l'imposition des normes collectives et de la compétition scolaire. Pour résoudre ce conflit, les élèves disposent de ressources différentes selon leurs origines sociales. Cette tension entre « subjectivation » et « socialisation » est plus violente chez les jeunes d'origine populaire, notamment en raison de l'écart entre leur culture familiale et la culture scolaire, et peut expliquer leurs plus fréquents échecs.

Dans la suite des travaux de Dubet, Anne Barrère a tenté une analyse du travail scolaire à la manière des sociologues du travail (1997). Elle montre par exemple la difficulté des élèves dont les familles ne disposent pas d'un capital culturel élevé à comprendre ce que les professeurs attendent vraiment d'eux. Dans la typologie des élèves qu'elle esquisse, Barrère identifie ainsi les « forçats », qui travaillent énormément pour mémoriser le maximum de connaissances mais ne comprennent pas toujours comment les enseignants souhaitent que ces connaissances soient réutilisées au moment des contrôles.

Les stratégies d'acteurs, ce sont aussi celles des personnels des établissements et de ceux qui décident ou appliquent les politiques éducatives. Jean-Louis Derouet (1992) ou Agnès van Zanten (2001) ont par exemple analysé la multiplicité des points de vue d'acteurs et des arrangements locaux que les variations des politiques éducatives récentes ont provoqués dans les établissements scolaire.

Une sociologie en devenir

À la lecture de ce bref état des lieux, on peut dire avec Jean-Manuel de Queiroz que la sociologie de l'éducation n'est pas aujourd'hui « unifiée au sein d'une théorie unique et cohérente ». La distance prise à l'égard des « paradigmes hégémoniques des années 1970 » a permis une diversification des recherches sans que pour l'instant n'émerge une nouvelle théorie unificatrice (1995).

Ces recherches ont certes rendu aux acteurs leur consistance et permis de mieux comprendre comment ils subissent, supportent, contournent ou combattent les injustices de la compétition scolaire. Les analyses des trajectoires scolaires des filles illustrent bien ces nouvelles problématiques, leur richesse et en même temps les questions complexes qu'elles posent. Devant le constat indiscutable de la meilleure réussite scolaire des filles, tous milieux sociaux confondus, des auteurs comme Baudelot et Establet (1992) ont été amenés à nuancer les analyses antérieures sur la reproduction des inégalités ou sur la domination masculine. La réussite scolaire des filles peut en effet s'interpréter comme une inversion à leur profit, grâce aux logiques scolaires, des stéréotypes sexuels traditionnels. La docilité et les compétences relationnelles que les modes d'éducation dominants développent chez les filles, *a priori* pour les confiner dans leur futur rôle de mère de famille, deviennent des atouts pour réussir à l'école, alors que les comportements virils d'affirmation de soi valorisés dans l'éducation masculine préparent mal les garçons à se soumettre aux normes scolaires. En bref, les filles travaillent quand les garçons chahutent. Pourtant, malgré ces meilleures performances scolaires, les filles continuent d'être minoritaires dans les filières scientifiques de haut niveau. Pour l'expliquer, on peut alors suivre Marie Duru-Bellat, qui interprète cet écart en termes de conditionnement au manque d'ambition et à l'autocensure (1990), ainsi qu'à l'anticipation de leur probable futur statut de mères de famille. Cependant, on peut aussi observer que les filles sont désormais nettement majoritaires dans des filières aussi sélectives que les grandes écoles de commerce ou les facultés de médecine. Certains sociologues envisagent alors l'hypothèse que les choix féminins d'orientation, moins contraints par un impératif de réussite sociale que ceux des garçons, seraient plus libres et correspondraient donc plus à leurs goûts qu'à une conformité liée à l'intériorisation des exigences sociales. Mais on peut à nouveau objecter à cette hypothèse que les choix d'orientation féminins privilégiés (médecine, commerce, littérature) correspondent à des stéréotypes sexuels dont on peut montrer qu'ils sont socialement construits... La question de l'interprétation sociologique de la réussite scolaire des filles reste, comme beaucoup d'autres, ouverte.

En se recentrant sur l'acteur, la sociologie de l'éducation a donc élargi son champ de réflexion et produit des recherches fructueuses pour la connaissance des pratiques éducatives. Mais l'extrême diversité des objets de recherche a en même temps produit une situation d'incertitude théorique et une instabilité des cadres de référence, dont les chercheurs ont pourtant besoin pour établir la validité de leurs hypothèses et confronter leurs résultats. C'est probablement le principal défi de la discipline pour les années à venir.

Vincent Troger

Les approches microsociologiques de l'éducation

Contrairement à une explication trop superficielle qui rapporterait l'émergence des études microsociologiques exclusivement à l'adoption récente de certains cadres d'analyse anglo-saxons, il faut noter l'influence, directe ou indirecte, sur ce mouvement des théories élaborées par les grands noms de la sociologie française. Ainsi, on doit citer en premier lieu les travaux de Pierre Bourdieu qui, d'abord avec Jean-Claude Passeron dans *La Reproduction* puis dans des écrits postérieurs, a mis en évidence l'autonomie relative du système d'enseignement et l'articulation des dispositions subjectives des individus et des contraintes structurelles à travers l'*habitus ;* ces travaux ont ouvert la voie, entre autres choses, à des études que l'on peut considérer comme des analyses microsociologiques spécifiquement françaises des pratiques pédagogiques des enseignants.

On doit également souligner l'influence sur le développement d'études microsociologiques en éducation d'autres courants théoriques, tels que l'individualisme méthodologique, la sociologie des organisations ou la sociologie de l'action qui, bien qu'intégrant largement des concepts et des modes d'analyse anglo-saxons, ont été marqués en profondeur par l'empreinte de leurs refondateurs français, Raymond Boudon, Michel Crozier et Alain Touraine. Ces cadres d'analyse, qui s'éloignent davantage encore du pôle déterministe que ceux élaborés par Pierre Bourdieu, ont en commun la mise en avant de la valeur socialement créative de l'action individuelle, mais se différencient dans l'intérêt accordé au sens que les acteurs attribuent à leur action, dans l'importance attachée au contexte institutionnel et dans le poids attribué à l'histoire et à la structure sociale. En sociologie de l'éducation, ils ont contribué au renouvellement des perspectives théoriques sur les processus d'orientation scolaire, sur le fonctionnement des établissements scolaires et sur l'expérience scolaire des adolescents.

Recentrage sur l'individu, acteur social

Il est vrai, néanmoins, que la microsociologie de l'éducation a cherché davantage sa légitimité scientifique auprès de théories anglo-saxonnes telles que l'interactionnisme symbolique ou l'ethnométhodologie qui se situent résolument du côté de l'acteur social, puisque la société est conçue comme un cadre où les individus construisent leurs actions. Pour l'interactionnisme symbolique, courant théorique fondé par Blumer qui émerge dans le sillage des monographies réalisées par les chercheurs de l'école de Chicago dans les années 1920 et 1930 et qui sera fortement renouvelé par les apports de Hughes, Strauss, Becker et Goffman, dans les années 1950 et 1960, trois principes apparaissent fondamentaux : les êtres humains agissent en fonction des significations qu'ils attribuent aux personnes et aux objets ; cette attribution de sens, qui se fait à travers des symboles, est un processus continu ; elle est le produit de l'interaction sociale. Pour l'ethnométhodologie, courant fondé par Garfinkel dans les années 1960 et qui constitue une version plus radicale de l'interactionnisme symbolique, les réalités sociales doivent plutôt être perçues comme des accomplissements pratiques qui résultent des procédures mises en œuvres par les individus pour maintenir et rendre visible l'ordre social.

Dans le contexte anglo-saxon, ces cadres théoriques ont été à l'origine du renouveau de l'anthropologie de l'éducation américaine et de la sociologie de l'éducation britannique dans les années 1970. Dans les deux cas, les cadres structuro-fonctionnalistes en vigueur ont été fortement remis en cause par l'attention nouvelle qui a été accordée aux processus internes aux institutions d'enseignement, conçus comme de véritables laboratoires où se construisent quotidiennement les réalités scolaires, aux perspectives subjectives des enseignants et des élèves et aux interactions face à face entre les acteurs scolaires. Dans le contexte français, la diffusion de ces cadres théoriques a été plus tardive et plus limitée bien qu'elle ait été encouragée au cours des dix dernières années par la publication de divers travaux de synthèse et par la traduction de quelques textes originaux. Elle a davantage influencé les débats théoriques que la production empirique. Néanmoins, on observe depuis peu de temps le développement de recherches où sont tentées différentes adaptations de ces cadres théoriques à l'analyse de situations concrètes, comme l'interaction entre élèves d'origine étrangère et acteurs scolaires ou l'apprentissage du métier d'étudiant à l'université.

Des méthodes d'enquête plus qualitatives

Le développement de la microsociologie de l'éducation correspond également à un profond renouvellement des méthodes d'enquête. En effet, la focalisation sur l'activité quotidienne des acteurs scolaires et la prise en compte du sens que ces derniers attribuent à leur action exigeaient le recours à l'observation directe et aux entretiens dans un champ initialement façonné par des études statistiques et des enquêtes par questionnaire à grande échelle. Plus largement, les postulats théoriques de l'interactionnisme symbolique et de l'ethnométhodologie ont conduit à mettre en question les principes d'autonomie et d'extériorité de l'objet de recherche formalisés par Durkheim dans *Les Règles de la méthode sociologique* et traduits sur le terrain dans la sociologie empiriste anglo-saxonne. Cette mise en question apparaît particulièrement radicale dans les écrits des ethnométhodologues qui refusent d'opérer une rupture entre le mode de connaissance savant et le mode de connaissance ordinaire et qui visent à intégrer la réflexivité qu'ils postulent chez les acteurs sociaux dans l'exposé des conclusions de leur travail en rendant compte simultanément de l'objet de recherche et de la démarche employée pour l'appréhender.

Concrètement, le développement de la microsociologie s'est traduit par la diffusion à grande échelle et la légitimité grandissante des méthodes qualitatives, notamment de l'ethnographie. Aux États-Unis, cette évolution s'est réalisée principalement au sein de l'anthropologie de l'éducation où le débat s'est initialement focalisé sur l'adaptation de la méthode ethnographique classique à l'analyse des institutions scolaires dans les sociétés développées. Par la suite, l'adoption de cette méthode par un nombre grandissant de non-ethnologues au sein des départements d'éducation a stimulé la réflexion autour du lien entre l'ethnographie et différentes traditions théoriques et contribué à un rapprochement entre l'anthropologie et la sociologie, et entre les chercheurs américains et les chercheurs britanniques. Dans la période récente, néanmoins, la méthode ethnographique classique, dite « naturaliste », a fait l'objet d'un certain rejet de la part des chercheurs appartenant au courant des études critiques, qui lui reprochent de servir le plus souvent à présenter un univers social conçu pour être observé mais non pas pour être mis en question ou transformé.

En Grande-Bretagne, le développement des méthodes qualitatives a coïncidé avec celui de la « nouvelle sociologie de l'éducation ». Plus que la tradition anthropologique proprement dite, c'est la tradition des études de cas réalisées par les chercheurs de l'école de Chicago qui y a exercé une influence sur l'adoption de l'approche ethnographique et des techniques d'enquête s'y rattachant. Après une première période caractérisée par la floraison d'études empiriques des interactions dans les établissements, la réflexion autour de la méthode y a évolué ces dernières années dans deux directions. D'une part, on assiste à une multiplication d'analyses autoréflexives et autocritiques concernant la relation des chercheurs aux méthodes et aux sujets de l'enquête stimulée par le courant des études critiques, mais aussi par des considérations éthiques plus globales ; d'autre part, en réponse à des critiques internes et externes, on observe un plus grand effort de théorisation et d'articulation des niveaux d'analyse, notamment de la part des chercheurs comme Hammersley et Woods.

L'examen des travaux produits dans la sociologie de l'éducation française montre que l'on assiste moins à une transposition directe de l'approche ethnographique qu'à un usage plus répandu de certaines techniques d'enquête qui n'entraîne pas nécessairement une adhésion forte à l'ensemble de principes sur lesquels se fonde cette démarche. Certains chercheurs ont adopté dès la fin des années 1960 l'attitude critique des ethnométhodologues à l'égard des statistiques scolaires. Plus nombreux ont été ceux qui, progressivement, sans abandonner obligatoirement l'utilisation de séries statistiques ou de questionnaires, se sont tournés vers l'analyse de documents personnels ou vers la réalisation d'entretiens pour saisir la production de sens par les acteurs sociaux. Dans la période plus récente, on note aussi un recours encore timide à la technique de l'observation *in situ,* notamment dans les recherches sur les établissements scolaires. En fait, quelques chercheurs seulement tentent actuellement divers types d'adaptation de la démarche ethnographique globale à l'analyse sociologique des relations entre acteurs scolaires à l'intérieur et à l'extérieur des établissements d'enseignement.

Des objets de recherche renouvelés

Le développement de la microsociologie de l'éducation a entraîné également le renouvellement de thèmes déjà explorés par les approches macrosociologiques, ainsi que l'émergence de nouveaux objets de recherche. Ainsi, l'analyse des inégalités d'éducation a été enrichie par des études s'intéressant à l'effet conjugué de différents facteurs, tels que l'appartenance sociale, l'appartenance ethnique ou l'appartenance de sexe, et à l'importance de processus, tels que le placement dans des filières ou des groupes de niveau dans la fabrication quotidienne de l'inégalité au sein des établissements scolaires. De même, l'étude des relations famille/école a été transformée par l'analyse de l'organisation familiale en tant que variable intermédiaire entre l'appartenance sociale et le rapport à l'école et par la prise en compte de l'ensemble du processus d'accompagnement familial de la scolarité. Enfin, l'analyse des enseignants, qui était généralement conduite en privilégiant leur appartenance de classe, a été renouvelée par des études s'intéressant davantage aux raisons qui président au choix du métier, aux conditions concrètes d'exercice de celui-ci et aux phases de la carrière enseignante. Leurs pratiques pédagogiques ont également fait l'objet de travaux nouveaux les mettant en relation avec des facteurs tels que le curriculum formel des institutions scolaires, la composition sociale de leur public ou les contraintes de la situation d'enseignement.

Parmi les thèmes de recherche plus nouveaux dans le contexte français, on peut en citer trois.

• Le premier est celui des *relations entre l'École et l'espace local.* Le développement des recherches sur ce thème a été stimulé par la mise en place de politiques visant à lutter contre l'échec scolaire et contre l'exclusion sociale au travers de projets adaptés aux contextes locaux, élaborés par des enseignants en « partenariat » avec d'autres acteurs de terrain travaillant dans le domaine de l'éducation. Globalement, les recherches réalisées ont contribué à souligner le rôle central de l'École non seulement en tant qu'instrument de mobilité, mais aussi en tant qu'outil d'intégration sociale et d'accompagnement des changements politiques, économiques et culturels. De façon concrète, elles ont mis en évidence à la fois les variations locales dans les attitudes et les pratiques à l'égard des institutions d'enseignement et le rapport différencié au local des différents acteurs de l'éducation. Enfin, elles ont également permis une meilleure compréhension des conditions d'élaboration, de la mise en œuvre et des effets de diverses politiques éducatives locales.

• Le second thème ou objet nouveau est celui de l'*établissement scolaire.* Les travaux microsociologiques, quantitatifs et surtout qualitatifs ont mis en relief les traits originaux de ce type d'organisation de travail où la relation maître/élève constitue l'unité de base, ce qui oblige à un effort de construction spécifique pour faire exister le niveau « établissement ». Dans le contexte français, les recherches récentes ont montré l'existence de logiques d'action diverses se référant à des principes de légitimité différents, voire antagonistes, ce qui fait que l'établissement ne peut exister qu'à travers des « montages composites » permettant de suspendre, pour un temps limité, les affrontements. Ces recherches ont également analysé la mobilisation autour de projets, phénomène relativement nouveau lié à l'autonomie grandissante dévolue au local évoqué plus haut, mais aussi, suivant les établissements, à un ensemble de facteurs contingents comme la personnalité du principal ou les relations entre collègues. En outre, certaines de ces recherches ont permis d'établir des typologies d'établissements suivant leurs résultats scolaires, le « climat » qu'il y règne et le public d'élèves qu'ils reçoivent.

• Le troisième objet nouveau est celui de l'*expérience scolaire des élèves.* Certaines des études menées, centrées sur le travail scolaire, constatent l'existence de stratégies visant à éviter ou à alléger ce travail, ainsi que la nécessité, pour être un bon élève, non seulement de s'impliquer scolairement et de donner un sens instrumental ou véritablement formateur aux apprentissages scolaires, mais de maîtriser également les routines de l'organisation, son « curriculum caché ». D'autres recherches ont abordé d'autres dimensions de cette expérience, notamment la sociabilité entre élèves. Celle-ci semble relativement réduite dans les établissements d'enseignement secondaire français où l'individualisme, voire l'anomie régnante, ne favorise guère la structuration de sous-cultures juvéniles comme c'est le cas dans les établissements anglo-saxons. En outre, une partie de ces recherches a permis de mieux cerner les aspirations scolaires des élèves, notamment à travers l'étude du lien entre les projets scolaires, les projets professionnels et les projets familiaux des adolescents et des jeunes.

En conclusion, on peut dire que les approches microsociologiques de l'éducation ont contribué de façon importante au renouvellement théorique, méthodologique et thématique de la sociologie de l'éducation. Néanmoins, cette constatation ne doit pas conduire à négliger les critiques que l'on peut émettre à l'égard de certaines de ces études, à savoir le risque d'enfermement dans la subjectivité, dans le quotidien ou dans le local, le glissement vers une dépolitisation des rapports sociaux ou l'atténuation des ambitions théoriques. Elle ne doit pas conduire non plus à mépriser l'intérêt que revêtent encore certaines analyses macrosociologiques, ni encore moins à abandonner les efforts d'articulation, théoriques et empiriques, entre celles-ci et les analyses microsociologiques.

Agnès van Zanten

▶ Bibliographie

Le texte de Vincent Troger est directement inspiré d'un article intitulé « La Sociologie de l'éducation en France » publié dans le n° 161 de la revue *Sciences humaines*, en juin 2005.

BALLION R., *Les Consommateurs d'écoles*, Paris, Stock, 1982.

BARRÈRE A., *Les Lycéens au travail*, Paris, PUF, 1997.

BARRÈRE A., SEMBEL N., *Sociologie de l'éducation*, Paris, Nathan, 1998.

BAUDELOT C., ESTABLET R., *Allez les filles !* Paris, Le Seuil, 1992.

BAUDELOT C., ESTABLET R., *L'École capitaliste en France*, Paris, Maspero, 1971.

BAUTIER É., CHARLOT B., ROCHEX J.-Y., *École et savoirs dans les banlieues et… ailleurs*, Paris, Armand Colin, 1992.

BEAUD S., *80 % au bac, et après ?*, Paris, La Découverte, 2003.

BERNSTEIN B., *Langage et classes sociales : codes sociolinguistiques et contrôle social*, Paris, Éd. de Minuit, 1975.

BOUDON R., *L'Inégalité des chances : la mobilité sociale dans les sociétés industrielles* (1973), Paris, Hachette, coll. « Pluriel », 2001.

BOURDIEU P., PASSERON J.-C., *Les Héritiers : les étudiants et la culture*, Paris, Éd. de Minuit, 1966.

BOURDIEU P., PASSERON J.-C., *La Reproduction : éléments d'une théorie du système d'enseignement*, Paris, Éd. de Minuit, 1970.

CACOUAULT M., ŒUVRARD F., *Sociologie de l'éducation*, Paris, La Découverte, coll. « Repères », 1995.

DEROUET J.-L., *École et justice*, Paris, Métailié, 1992.

DUBET F., *Les Lycéens*, Paris, Le Seuil, 1996.

DURKHEIM É., *Les Règles de la méthode sociologique (1895)*, Paris, PUF, 2004.

DURU-BELLAT M., *L'École des filles : quelle formation pour quels rôles sociaux ?*, Paris, L'Harmattan, 1990.

DURU-BELLAT M., MINGAT A., *De l'orientation en fin de 5e au fonctionnement du collège*, Paris, IREDU, 1988.

DURU-BELLAT M., VAN ZANTEN A., *Sociologie de l'école*, Paris, Armand Colin, 1999.

FORQUIN J.-C. (dir.), *Sociologie de l'éducation : nouvelles approches, nouveaux objets*, Saint-Fons, INRP, 2000.

GRIGNON C., *L'Ordre des choses*, Paris, Éd. de Minuit, 1971.

HASSENFORDER J. (éd.), *Sociologie de l'éducation : dix ans de recherches*, Saint-Fons/Paris, INRP/L'Harmattan, 1990.

LAHIRE B., *Tableaux de famille : heurs et malheurs scolaires dans les familles populaires*, Paris, Le Seuil, 1995.

LÉGER A., LANGOUËT G., *Le Choix des familles*, Paris, Fabert, 1997.

PERRENOUD P., MONTANDON C., *Entre parents et enseignants, un dialogue impossible ?*, Berne, Peter Lang, 1994.

QUEIROZ J.-M. de, *L'École et ses sociologies*, Paris, Nathan, 1995.

SIROTA R., *L'École primaire au quotidien*, Paris, PUF, 1988.

VAN ZANTEN A., *L'École de la périphérie : scolarité et ségrégation en banlieue*, Paris, PUF, 2001.

▶ Voir aussi

Anthropologie de l'éducation – Bourdieu, Pierre – Carrière scolaire (Inégalités sociales de) – Curriculum – Démocratisation de l'enseignement – Durkheim, Émile – Échec scolaire – Établissement scolaire – Isambert-Jamati, Viviane – Orientation – Relation Famille/École – Sélection – Sociologie de l'enfance.

SOCIOLOGIE DE L'ENFANCE

Fantôme omniprésent, *terra incognita*, laissé pour compte, sociologie sans acteurs, c'est à partir de ce constat de carence posé par un certain nombre de sociologues vers la fin des années 1980 que s'est développée, au sein de la sociologie de l'éducation, une sociologie de l'enfance. Pourquoi ce constat ? Il dérive d'un mouvement général de la sociologie marqué par un retour vers l'acteur et d'un mouvement spécifique de la sociologie de l'éducation vers l'analyse des processus de socialisation qui fait apparaître, en tant que nouvel objet de recherche sociologique, l'enfance.

En outre, un mouvement social assez large autour d'une cause de l'enfance se manifeste entre autres à travers l'adoption de la Convention internationale des droits de l'enfant, et la volonté politique de mettre, par exemple en France, non seulement l'élève mais aussi l'enfant au centre du système éducatif va concourir à faire considérer l'enfant comme une personne. Ce mouvement est à la fois francophone et international, il peut se lire tant dans l'évolution internationale du droit que dans l'acuité du débat social : enfance dangereuse, objet de terreurs, quand elle est saisie à travers la violence urbaine ; objet de sanctification et de mobilisation nationale quand elle est outragée.

La redécouverte d'un âge de la vie

Ce double mouvement, où l'objet social bouge de par l'évolution des mentalités et des politiques publiques, rencontre donc un changement paradigmatique qui crée un nouvel objet d'intérêt scientifique, autour duquel s'organisent rencontres, colloques, groupes de recherche, publications et créations de revues à partir de la fin des années 1980. Tendance qui caractérise aussi bien la sociologie française qu'anglo-saxonne, de manière indépendante et cependant en grande partie parallèle.

S'agit-il d'une nouvelle discipline ou d'un nouvel objet de la sociologie ? Avant de trancher, il est nécessaire d'en explorer les modes de constitution, et si renouvellement il y a, quelles sont les ruptures, les continuités, les nouvelles perspectives ? Quels en sont les principaux courants ? les principaux objets ? les conséquences, les paris théoriques, les conséquences méthodologiques, les premiers apports ?

L'enfant, un acteur social ?

Le premier pari théorique est de considérer l'enfant comme un acteur en soi, digne d'être un objet d'intérêt de la sociologie, ce que marque l'apparition des concepts de métier d'élève et de métier d'enfant, prenant au sérieux le travail social effectué autour de et par l'enfant. Cette déclaration, qui pourrait sembler aller de soi, souligne en fait, de par la nécessité de son énonciation, la difficulté première de cette sociologie : l'enfant n'a jusque-là jamais été considéré en lui-même, mais comme un atome indifférencié de la cellule familiale, comme le suggèrent les expressions sociologiques classiques : enfant de classes populaires, de cadres supérieurs, etc. De plus, le métier d'élève semble résumer l'existence de l'enfant, seule préoccupation légitime de sociologues obnubilés par les problèmes de réussite et d'échec scolaire, vue à travers le prisme de la mobilité sociale. La période même de l'enfance présente peu d'intérêt dans cette optique car elle ne semble pas décisive quant à la réussite ou l'échec scolaire. C'est la période précédente de la petite enfance qui paraît essentielle à cet égard, suivant le titre resté célèbre *Tout se joue avant 6 ans* ; ou encore la période postérieure où se joue la question de l'insertion sociale, avec l'allongement de la jeunesse.

Ce sont donc les périodes de la petite enfance et de la jeunesse qui vont d'abord mobiliser l'intérêt ; mais d'une certaine manière ces travaux vont frayer le chemin d'une sociologie de l'enfance, en proclamant par exemple que le bébé est déjà une personne. Ils vont ainsi démontrer la nécessité et la richesse d'un changement de point de vue, en incitant à ne plus considérer en tant qu'acteur simplement l'élève mais aussi l'enfant, et ce dans la globalité de sa sociabilisation. Ce sera la première étape : mieux comprendre les conditions de la scolarité, en articulant par exemple sociabilité juvénile et socialisation scolaire ; et réexaminer l'articulation école/famille. Cette relecture de la relation école/famille va s'intéresser aux modes de construction du métier d'élève, et, par nécessité plus que par projet théorique, à la place attribuée à l'enfant dans chacune de ses instances de socialisation, celui-ci devenant une sorte de « *go-between* » entre ces diverses instances, dont les évolutions respectives ne favorisent pas l'harmonisation entre elles du travail éducatif.

L'enfance, une construction sociale

Mais prendre l'enfant pour centre de l'analyse conduit à un renversement de point de vue aux conséquences théoriques et méthodologiques multiples :

– si l'on considère que l'enfance est une construction sociale, il est alors nécessaire d'interroger l'évolution de son statut dans le cadre d'organisations sociales spécifiques, elles-mêmes prises dans des contextes sociaux globaux (James, Prout, 1990) ;

– il ne s'agit pas simplement de considérer les enfants comme des êtres futurs, en devenir, mais aussi comme des êtres actuels (James, Prout, 1990) ;
– les enfants doivent alors être considérés comme des acteurs qui interagissent avec des personnes et des institutions, qui se créent une place dans le monde qui les entoure, qui réagissent face aux adultes, négocient et redéfinissent la réalité sociale (Montandon, 1997 ; Sirota, 1993) ;
– les enfants peuvent occuper dès lors une double position : ils sont parfois sous l'effet des structures et parfois producteurs de structures.

Dans la sociologie française, ce renversement de point de vue est progressif : dans un premier temps, les sociologues procèdent par emprunt aux disciplines ou sous-disciplines connexes puis revisitent leurs propres catégories d'analyse avant de constituer à proprement parler l'enfance en un objet particulier. Tant que les travaux se préoccupent principalement du rapport à la scolarité, ils ne se définissent pas comme appartenant à une sociologie de l'enfance. Ils n'ont pas besoin de justification car ils se rattachent à la sociologie de l'éducation ou à la sociologie de la famille. Mais, quand ils sortent clairement de ce cadre, posant la nécessité d'envisager la socialisation globalement ou à partir d'objets spécifiques, ils délimitent une sociologie de l'enfance en définissant un nouvel objet.

La naissance de cette sociologie aboutit à une réarticulation des différents champs de la sociologie : se trouvent rapidement convoquées tant la sociologie de la famille que la démographie ou la sociologie du droit pour comprendre l'évolution de l'objet social concerné et principalement la nouvelle niche écologique dans laquelle sont élevés les enfants. L'enfant devient ainsi le seul point fixe de la famille autour duquel peut se construire l'analyse démographique. L'apparition de la notion d'intérêt de l'enfant dans les jugements de divorce amènera ainsi la distinction entre conjugalité et parentalité. De plus, l'éclatement de la cellule familiale, par le jeu des divorces et des recompositions familiales, pousse les sociologues à reconsidérer des variables classiques comme celles de fratrie ou de parenté.

L'objet « enfance » se dessine donc à la fois en clair-obscur et par touches successives, l'approche sociologique devant aussi s'ancrer dans l'ensemble des sciences humaines, à la suite des travaux de l'historien Philippe Ariès, portant sur le sentiment d'enfance et la vie privée.

Une réarticulation des temps sociaux s'avère également nécessaire pour comprendre la construction de l'expérience enfantine. C'est l'ensemble du processus de socialisation qui devient sujet d'analyse et se démultiplie donc dans une série d'objets empiriques de recherche, les uns très classiques, les autres plus originaux. Les scènes et les objets d'analyse s'élargissent alors à l'envers du décor : la cour de récréation s'avère aussi pertinente et riche d'analyse que la salle de classe.

Scènes et objets d'une sociologie de l'enfance

Sur cette lancée, une grande diversité de travaux apparaît, que l'on peut regrouper autour des dimensions suivantes.

• Discours savants et construction des représentations de l'enfance. L'une des spécificités fortes du champ francophone est d'avoir mené une réinterrogation des discours scientifiques et experts qui ont constitué la multiplicité des regards et représentations contemporaines de l'enfance. Ces travaux ne se situent pas en opposition à ces disciplines académiques, telles que droit, psychologie, médecine, puériculture, mais les relisent en essayant de produire tant regards critiques qu'articulations théoriques pour comprendre les généalogie de la centration du regard sur l'enfance.

• Enfance de la sociologie et sociologie de l'enfance : sujet largement oublié ou mis en marge du raisonnement sociologique, l'enfance a cependant été construite sur un mode implicite qu'il importe d'identifier clairement afin de permettre le renouvellement de perspectives.

• Politiques sociales et enfance : de même sont réinterrogés, souvent dans une perspective comparative internationale, les déplacements et évolutions des catégories qui président à la construction des politiques sociales de l'enfance, tant dans leur mode de gouvernance que de normalisation, telles que « travail des enfants », « enfants handicapés », « enfants des rues », « enfants victimes ».
• L'enfant, acteur social : ce qui amène, d'une part, à la réintroduction et à la prise en compte de l'enfant en tant que sujet, acteur et individu social, et, d'autre part, pose nombre de problèmes théoriques et méthodologiques tout à fait spécifiques pour saisir place et statut de cet *alter ego* paradoxal, saisir ce que l'enfant fait de ce qu'on fait de lui, et saisir sa contribution à la construction du social.
• Une culture enfantine : c'est ainsi que se construit dans la modernité une culture enfantine, où, de par la plus grande autonomie accordée à l'enfance, le groupe de pairs prend une place particulièrement importante, mais cette culture fabrique et incorpore des objets spécifiques tels que jouet et littérature enfantine dans des dynamiques où logiques générationnelles, logiques médiatiques et logiques marchandes se trouvent conjuguées. L'enfant est ainsi pris dans une société marchande, qui s'adresse avec prédilection à l'enfant consommateur et tout spécifiquement à l'enfant prescripteur.
• L'enfance et la modernité au regard de la sociologie : l'espace de confrontation tant théorique qu'empirique ainsi créé décrit une posture spécifique de la forme structurelle qu'est l'enfance propre à nos sociétés modernes, qu'elles soient qualifiées de modernité tardive ou d'hypermodernité. Car cette recomposition de champs tente de rompre avec les territoires constitués traditionnellement à partir des instances de socialisation prenant en charge l'enfance, que ce soit l'école ou la famille, ou qui prennent l'enfance comme cible tel le marché ou les médias. L'objectif devient l'analyse de « cette nouvelle matrice de la socialisation de l'enfant », car il s'agit bien de comprendre ce qui a changé dans le nouveau statut de l'enfance et qui traverse l'ensemble des instances de socialisation dans une recomposition propre à la modernité. De plus est apparue une nouvelle passion de l'enfance (Gavarini, 2004) à deux faces, enfant roi, enfant victime, mais toujours enfant du désir. Car le statut de l'enfance ne peut se comprendre sans prendre en compte les modifications du lien fondamental à l'enfant introduit par les modifications des conditions biologiques de la procréation. Le lien de filiation se trouve questionné, rediscuté et redéfini dans des débats de bioéthique largement médiatisés. Se mettent donc en place de nouveaux cadres symboliques de l'administration sociale et juridique de l'enfance, car – spécificité de cet âge dans la modernité –, l'enfant est considéré comme un « *alter ego* paradoxal », qui se doit de bénéficier de droits de protection autant que de droits de créance, ce que signifie clairement le statut de minorité (Renaut, 2002).

Comprendre les problèmes éducatifs ne peut alors se faire en bornant le regard du chercheur du côté de l'école, ou de la famille, ou même des médias. Si le statut de l'enfant évolue au sein de la cellule familiale, en écho il évolue au sein de toutes les instances de socialisation, et se recompose au sein du groupe de pairs, ce que ne peut ignorer une société de consommation avide de cibles prescriptrices. Se recompose ici une interrogation sur la place de l'enfant qui devient centrale dans la compréhension de la construction du lien social et la transmission intergénérationnelle. C'est donc l'ensemble des problèmes éducatifs qui se trouve bousculé, et plus généralement la construction du rapport entre générations dans la société contemporaine, par cet enfant devenu problème (Gauchet, 2002).

Régine Sirota

► Bibliographie

ARIÈS P., *L'Enfant et la vie familiale sous l'Ancien Régime*, Paris, Le Seuil, coll. « Points », 1975.

CHAMBOREDON J.-C., PRÉVOT J., « Le Métier d'enfant », *Revue française de sociologie*, n° 12, 7, 1973.

COLLECTIF, « Enfances et sciences sociales », *Revue de l'Institut de sociologie*, université libre de Bruxelles, 1-2, 1994.

GAUCHET M., *La Démocratie contre elle-même,* Paris, Gallimard, coll. « Tel », 2002.

GAVARINI L., *La Passion de l'enfant : filiation, procréation et éducation à l'aube du XXI*[e] *siècle,* Paris, Hachette, coll. « Pluriel », 2004.

JAMES A., PROUT A. (éds), *Constructing and Reconstructing Childhood : Contemporary Issues in the Sociological Study of Childhood*, Londres, Falmer Press, 1990.

MONTANDON C., *L'Éducation du point de vue des enfants*, Paris, L'Harmattan, 1997.

PROST A., « L'École et la famille dans une société en mutation : depuis 1930 », in *Histoire générale de l'enseignement et de l'éducation en France*, vol. 4, Paris, Perrin, 2004.

RENAUT A., *La Libération des enfants,* Paris, Fayard, 2002.

SIROTA R., « L'Enfant dans la sociologie l'éducation, un fantôme ressuscité ? », *Revue de l'Institut de sociologie*, dossier « Enfances et sciences sociales », université libre de Bruxelles, 1-2, 1994.

SIROTA R., « Le Métier d'élève », *Revue française de pédagogie*, n° 104, 1993.

▶ **Voir aussi**

Droits de l'enfant – Élève – Enfance – Famille – Fratrie – Génération – Jeu – Jeunesse – Relation Famille/École – Relation parents/enfants – Socialisation – Sociologie de l'éducation.

SOUTIEN SCOLAIRE

▶ **Accompagnement scolaire**

STATISTIQUES SCOLAIRES

Toute direction statistique de ministère, et c'est également vrai pour l'INSEE, doit faire face à une double mission : mission d'information à destination du public, des médias et des acteurs et partenaires de l'éducation (syndicats, parents d'élèves et collectivités locales) ; mission d'aide à la décision pour le cabinet du ministre et les autres décideurs. La direction ne peut véritablement jouer son rôle que si elle est au service des directions du ministère et si elle répond à leurs demandes ; d'où l'importance du programme de travail annuel de la direction élaboré en recueillant l'avis et les commandes des autres directions. Cette situation se retrouve encore plus nettement à l'échelon déconcentré : les services statistiques académiques, pour être efficaces, doivent alimenter les autres services rectoraux en données. Il ne faut d'ailleurs pas opposer administration centrale et services académiques, dans la mesure où le système d'informations statistiques et de pilotage est commun.

C'est cette mission d'aide à la décision et au pilotage qui explique que la direction de la Programmation et du développement et ses prédécesseurs (redevenue Direction de l'évaluation et de la prospective – DEP – depuis 2003, service des études informatiques et statistiques) ont toujours eu un champ plus large que la pure production de statistiques, avec, selon les périodes, un rôle reconnu en matière de prévision, d'évaluation voire de contrôle de gestion à travers la production d'indicateurs.

Le champ majeur d'intervention de cette direction statistique a d'abord été la connaissance du nombre d'élèves ou d'étudiants. Au-delà de la simple connaissance, les besoins de pilotage de l'administration ont été déterminants pour rendre les statisticiens sensibles aux impératifs de délai dans la fourniture d'information. La crédibilité de la direction a été assurée quand elle a su fournir pour début novembre les effectifs de la rentrée scolaire précédente et les prévisions pour la rentrée suivante. Dans des périodes de variation importante de la démographie scolaire, ces données étaient essentielles pour, à la fois, répartir les moyens pour la prochaine rentrée et pour discuter des crédits de l'année suivante avec le ministère des Finances. Le calendrier des inscriptions à l'université ne permet toujours pas de connaître dès novembre les effectifs de la rentrée universitaire et de répartir sur cette base les moyens de la rentrée suivante.

Le champ d'intervention de la direction s'est progressivement étendu à d'autres aspects du système éducatif : connaissance des enseignants et de leur service, analyse de l'insertion dans la vie active des élèves et des étudiants, coût et financement du système éducatif. Certaines de ces données ont pu être utilisées pour les besoins de la gestion, comme, par exemple, les données sur les maîtres auxiliaires en vue de leur titularisation. Plus fondamentalement, l'amélioration du système statistique a permis à la direction de développer dès 1972 des modèles de prévision, à court et à moyen terme, des effectifs d'élèves, à partir notamment de l'observation des flux d'élèves. De 1976 datent également les premiers travaux sur les besoins à moyen terme de recrutement des personnels enseignants. Ces travaux de projection du système éducatif ont été systématisés lorsqu'a été créée, sur l'initiative de René Monory, la direction de l'évaluation et de la prospective. Ils ont débouché sur la publication annuelle d'un numéro de la revue *Éducation et Formation* consacré à ces projections, et qui sert notamment d'appui aux décisions en matière de recrutement d'enseignants.

C'est une caractéristique propre à la France que d'avoir réuni dans une même direction statistiques et évaluation, situation qui nous permet d'être plutôt en avance par rapport à d'autres pays. Si les grandes évaluations diagnostiques de masse (CE2, 6e) sont avant tout conçues pour donner des outils aux enseignants, ce qui est par nature une forme de pilotage, elles peuvent permettre de comparer les différents établissements d'un même bassin de formation ou d'une même académie et donc servir au pilotage pédagogique de l'académie et des établissements eux-mêmes. Les évaluations bilans sont encore plus orientées vers ces fonctions de pilotage puisqu'elles doivent servir à comparer les performances des élèves, à la fois dans le temps et dans l'espace, lorsqu'il s'agit de comparaisons internationales.

S'agissant de l'évaluation des établissements, l'exemple des lycées montre bien l'interaction des deux missions de la direction. Les indicateurs publiés ont eu pour objectif premier de montrer au public la diversité des critères d'évaluation de la performance d'un lycée au baccalauréat, mais, mis à la disposition des recteurs, ils leur permettent de déceler sur quels établissements ils devraient en priorité agir. La publication de statistiques sur la violence est nécessaire au niveau national pour mesurer l'ampleur du phénomène ; elle permet aussi aux académies de mieux connaître les établissements sensibles et donc de prévenir les actes de violence. Cette double finalité de connaissance au niveau national et d'aide à l'action au niveau déconcentré est certainement une des caractéristiques fortes de notre système d'information statistique.

L'un des champs importants de la direction de l'évaluation et de la prospective, puis de la direction de la programmation et du développement, est la production coordonnée de systèmes d'indicateurs permettant de synthétiser la masse des données produites par les statistiques sur l'éducation. Il s'agit aussi bien d'indicateurs de coûts que d'indicateurs d'activité (ou de scolarisation) et enfin d'indicateurs de résultats, qui sont méthodologiquement les plus difficiles à construire. Si cette production d'indicateurs, regroupée dans l'*État de l'école*, publication créée en 1991, avait pour but avant tout une information plutôt « grand public », elle a été très vite déclinée au niveau académique, utilisée pour favoriser un dialogue entre l'administration centrale et les services déconcentrés dans le cadre de la contractualisation. On arrive ainsi à une cohérence entre les travaux de la direction, ceux menés par la direction de l'enseignement scolaire pour la contractualisation et ceux menés par les deux inspections générales, à partir d'indicateurs partagés. Ces progrès significatifs dans la gestion de l'éducation sont favorisés par l'amélioration du système d'information, mais aussi par l'arrivée d'une nouvelle génération de recteurs intéressés par le pilotage de leur académie et utilisant bien leurs services statistiques académiques à cette fin. Deux facteurs importants vont renforcer cette tendance.

Le premier est la réforme de la loi organique relative aux lois de finances, qui souhaite faire correspondre aux programmes les nouveaux modes de regroupement et de vote des crédits, des indicateurs de coût et surtout de résultats afin de mieux piloter le budget de l'État. Cette réforme, jointe à l'objectif avéré de développement du contrôle de gestion, imposera certainement des inflexions au système statistique. L'autre facteur est lié à l'internationalisation croissante des enjeux éducatifs et au rôle que jouent les comparaisons internationales, menées dans le cadre de l'OCDE ou de la Commission européenne. La comparaison des politiques éducatives et de leurs résultats risque, qu'on le regrette ou non, de renforcer cette dimension comparative dans le pilotage de l'éducation. Tel est sans doute l'issue du processus entamé au sommet européen de Lisbonne.

Ces deux objectifs, information et aide aux décideurs, ne sont pas contradictoires. L'amélioration de la qualité du système d'information et des procédures de mise à disposition des données permet de les satisfaire tous les deux ; et tout le monde sait que la publication des informations comme leur utilisation est un élément majeur de la qualité de ces informations.

Jean-Richard Cytermann

▸ Voir aussi

Évaluation – Prospective – Système éducatif.

Statut

Le statut est l'ensemble des dispositions législatives et réglementaires applicables à un moment donné à un fonctionnaire déterminé.

Bref historique

Avant 1946, les textes écrits relatifs à la fonction publique consistaient en des réglementations propres à tel ou tel corps de fonctionnaires. Ils existaient déjà sous l'Ancien Régime et se sont développés au cours du XIXe siècle, par exemple la loi du 19 mai 1834 sur l'état des officiers de terre et de mer ou celle du 9 juin 1853 instituant un régime des retraites général ou encore l'article 65 de la loi du 22 avril 1905 instituant la règle de la communication du dossier en matière disciplinaire. Par ailleurs, le Conseil d'État avait construit, à la faveur du contentieux, un système jurisprudentiel de garanties fondamentales applicable à tous les fonctionnaires.

Le statut de 1946 : la loi du 19 octobre 1946 portant statut général des fonctionnaires de l'État est le premier statut général, celui de 1941 ayant été abrogé par l'ordonnance du 9 août 1944. Il était complété par des règlements d'administration publique.

Le statut de 1959 : l'ordonnance du 4 janvier 1959, complétée par six règlements d'administration publique du 14 janvier, a été prise essentiellement pour adapter la forme même du statut aux principes de la Constitution de 1958, et notamment son article 34 réservant à la loi les « règles concernant les garanties fondamentales accordées aux fonctionnaires civils et militaires de l'État ».

Le statut général actuel

Il résulte d'une loi du 13 juillet 1983 portant droits et obligations des fonctionnaires et d'une loi du 11 janvier 1984 portant dispositions statutaires relatives à la fonction publique de l'État. Il est complété par deux autres lois relatives l'une à la fonction publique territoriale, l'autre à la fonction publique hospitalière.

Comme ses prédécesseurs, il comporte un appareil de textes réglementaires. Il ne s'applique pas à tous les fonctionnaires (magistrats et militaires en sont exclus), et renvoie à des statuts particuliers. Ces derniers prennent la forme de décrets en Conseil d'État. Ils précisent les modalités d'application de la loi. Ils peuvent, notamment *pour les corps enseignants,* déroger, « après avis du Conseil supérieur de la fonction publique de l'État, à certaines des dispositions du statut général qui ne correspondraient pas aux besoins propres de ces corps ou aux missions que leurs membres sont destinés à assurer ».

Ce statut reprend l'essentiel des dispositions du statut de 1959, introduit dans la loi les principes dégagés par la jurisprudence du Conseil d'État et élargit les garanties accordées aux fonctionnaires et à leurs représentants.

Le statut général définit les garanties fondamentales que sont la liberté d'expression, l'égalité des sexes, le droit syndical, le droit de grève, le droit de participation, le droit à une protection juridique. Y figurent également les règles qui organisent la carrière du fonctionnaire : recrutement, grade et emploi, corps, avancement, droit aux congés, droit à la formation, régime disciplinaire. En contrepartie sont précisées les obligations qui s'imposent au fonctionnaire : obligation de veiller à l'intérêt du service et d'assurer sa continuité, sa neutralité, sa réserve, etc.

Les statuts particuliers

Les enseignants relèvent du statut général des fonctionnaires et des statuts particuliers régissant chaque corps et qui comportent des dispositions dérogatoires au statut général.

Les statuts particuliers comprennent les dispositions suivantes : classement du corps dans une catégorie (A pour les enseignants), description des fonctions exercées, modalités de recrutement, d'avancement, conditions de détachement dans le corps.

Les particularités – les dérogations – contenues dans les statuts particuliers des enseignants ont pour but d'assurer leur indépendance, par exemple les règles de recrutement et d'avancement des enseignants-chercheurs ou la notation des enseignants des lycées et collèges. Elles peuvent aussi avoir pour but de contrôler leur qualification scientifique, par exemple, pour les candidats aux concours internes, l'obligation de posséder, en règle générale, les mêmes titres ou diplômes que les candidats aux concours externes.

Les statuts particuliers des enseignants sont au nombre de sept : professeurs des écoles, professeurs de chaire supérieure, professeurs agrégés, certifiés, d'éducation physique et sportive, de lycée professionnel, professeurs des universités et maîtres de conférences. D'autres statuts particuliers existent mais ils concernent des corps en extinction.

Les personnels de direction des collèges et des lycées, les personnels d'éducation et d'orientation ainsi que les personnels d'inspection bénéficient de statuts particuliers distincts.

Pierre Dasté

▸ Bibliographie

DURAND-PRINBORGNE C., *Le Droit de l'éducation. Enseignements scolaires : traité théorique et pratique*, Paris, Hachette Éducation, 1998.

LAUBADÈRE A. de, *Traité élémentaire de droit administratif*, Paris, LGDJ, 1963.

Ministère de l'Éducation nationale, *Code de l'éducation : partie législative, partie réglementaire*, Paris, Éd. Journaux officiels, 2005.

PERETTI H., *Code de l'éducation commenté : partie législative*, Paris, Berger-Levrault, 2004.

PERETTI H., *Code de l'éducation commenté : partie réglementaire*, Paris, Berger-Levrault, 2004.

WALINE M., RIVERO J., *Droit administratif*, Paris, Dalloz, 2004.

Loi modifiée n° 83-634 du 13 juillet 1983 portant droits et obligations des fonctionnaires.

Loi modifiée n° 84-16 du 11 janvier 1984 portant dispositions statutaires relatives à la fonction publique de l'État.

▸ Voir aussi

Concours – Neutralité – Personnel enseignant.

STEINER, RUDOLF (1861-1925)

Rudolf Steiner, en tant qu'admirateur et spécialiste de Goethe, a puisé chez le poète allemand l'idée de la *métamorphose,* qui permet de suivre la modification d'un type idéal à travers ses figures changeantes, de voir à l'œuvre un « principe spirituel » dans la multiplicité de ses « apparitions » et de substituer à la connaissance par causalité linéaire la compréhension organique d'une totalité en développement. Cette théorie de la transformation rend parfaitement compte, selon Steiner, du développement de l'enfant en croissance, et elle lui inspirera une pédagogie plus soucieuse d'un développement total, interne et spirituel, de l'éducable que de réalisations et de performances extérieures.

Précepteur de 1884 à 1890 dans une famille viennoise, où il a à s'occuper d'un enfant hydrocéphale, puis enseignant dans une école de jeunes travailleurs à Berlin, Steiner a exposé dans une série de conférences prononcées en 1906 et 1907 les fondements anthropologiques de sa pédagogie. Au milieu de l'agitation politique de 1919, il s'adresse aux ouvriers de la fabrique de cigarettes Waldorf Astoria de Stuttgart et convainc le directeur, lui-même gagné à l'anthroposophie, de fonder une école capable d'opérer la régénération humaine et sociale souhaitée : la première « école libre Waldorf » est créée. On y favorise le développement du processus de vie dans toutes ses manifestations, physiologiques et psychologiques, esthétiques, intellectuelles et pratiques, le maître n'étant là que pour favoriser l'« éclosion » et cultiver le « germe » qui se développe.

Steiner définit des phases d'apprentissage de l'enfant qui appellent des formes d'intervention spécifiques de l'adulte : c'est d'abord, jusqu'à la percée des dents, la période du modèle et de l'imitation, où l'enfant réclame une présence sensible ; puis vient la période de la représentation et de l'imagination, qui appelle un guidage dans l'amour et la confiance ; ce n'est qu'avec l'accès à la pensée abstraite que l'enfant se libère tant du modèle que de la représentation pour mettre en œuvre son jugement libre. L'éducation doit encore être totale et travailler sur les trois dimensions de l'humain qui ne cessent de s'interpénétrer, bien que l'une domine habituellement les deux autres : le vouloir, qui se manifeste dans l'action ; le sentir, lié aux processus rythmiques et aux sensations esthétiques ; le penser, dont le corrélat corporel est l'organisation nerveuse interne, et qui permet la distance et la contemplation. On veille à ce que les matières enseignées cultivent les trois dimensions.

Les écoles Waldorf ont connu et connaissent une grande expansion, surtout dans les pays de tradition germanique. Elles n'échappent pourtant pas aux dangers du syncrétisme vitaliste qui risque de priver l'enfant, en même temps que du sens des réalités, de tout sens critique. Ce qu'accentue encore la position à part du mouvement pédagogique inspiré par Steiner.

Michel Soëtard

▶ Bibliographie

Principales œuvres de Rudolf Steiner :

L'Éducation de l'enfant à la lumière de la science spirituelle (1907), Paris, Triades, 1989.

L'Initiation ou Comment acquérir des connaissances sur les mondes supérieurs (1919), Paris, Triades, 2002.

La Nature humaine : fondement de la pédagogie (1919), Paris, Triades, 2002.

Les Bases spirituelles de l'éducation (1922), Paris, Triades, 1996.

Principales œuvres sur Rudolf Steiner :

ULLRICH H., « Rudolf Steiner », *in* Houssaye J., *Quinze pédagogues, textes fondateurs*, Paris, Bordas, 2000.

▶ Voir aussi

Éducation nouvelle – Enfance.

STYLE COGNITIF

Le style cognitif se définit par tout phénomène de variabilité interindividuelle relativement général et stable dans la forme de l'activité cognitive.

Les styles cognitifs sont les modes de pensée habituels du sujet, ceux qu'il tend à évoquer préférentiellement lorsque les situations n'exigent pas un mode de pensée particulier. Ils décrivent la forme de l'activité mentale et non son contenu. Bien que l'on puisse établir entre les individus des différenciations purement qualitatives, et que la notion même de style y incite, les styles les plus étudiés se présentent comme des dimensions bipolaires au long desquelles il est possible d'ordonner les sujets. Les sujets situés vers les pôles de la dimension sont bien typés mais ce n'est pas le cas pour ceux qui occupent une position intermédiaire entre les deux pôles. Sur ces dimensions, les sujets ne sont pas ordonnés seulement selon les propriétés de leur fonctionnement cognitif, mais aussi selon certaines caractéristiques de leurs conduites sociales et socio-affectives. Les styles cognitifs ainsi définis sont donc des dimensions de la personnalité qui peuvent être rapprochées à la fois des traits de personnalité et des aptitudes, bien que le fonctionnement cognitif ne soit pas envisagé prioritairement sous l'angle de son efficience.

Les styles cognitifs les plus connus sont la dépendance/indépendance à l'égard du champ et la réflexion/impulsivité. Les sujets plutôt indépendants du champ ont un mode de perception analytique et restructurent assez aisément leurs représentations ; ils recherchent relativement peu les informations en provenance d'autrui et la rationalisation est une de leurs défenses préférées. Les sujets plutôt dépendants du champ ont un mode de perception global et sont peu enclins à restructurer leurs représentations ; ils recherchent préférentiellement chez les autres les informations dont ils ont besoin, et le refoulement et le déni sont les défenses qu'ils mettent le plus fréquemment en œuvre. Les sujets réfléchis inhibent aisément leur activité, ce qui leur permet généralement d'élaborer des conduites plus efficientes ; bien qu'ils soient très soucieux de ne pas faire d'erreurs, ces sujets contrôlent bien leur anxiété. Les sujets impulsifs ne prennent pas le temps d'élaborer soigneusement leurs réponses, d'où souvent une moindre efficience ; ils sont par ailleurs inquiets vis-à-vis d'eux-mêmes et de leurs rapports avec autrui.

Les apprenants apprennent en fonction de leur style cognitif ; il paraît donc souhaitable de définir les méthodes pédagogiques en fonction des styles cognitifs. Par ailleurs, les enseignants enseignent en fonction de leur style cognitif ; aussi, pour que les apprenants puissent bénéficier au mieux de leur enseignement, il importe que les enseignants mettent en œuvre des méthodes qui ne correspondent pas toujours à leurs tendances spontanées.

Michel Huteau

▸ Bibliographie

Flessas J., « L'Impact du style cognitif sur les apprentissages », *Éducation et francophonie,* XXV, n° 2, 1997.

Huteau M., *Les Conceptions cognitives de la personnalité,* Paris, PUF, 1985.

Huteau M., *Style cognitif et personnalité : la dépendance-indépendance du champ,* Lille, PUL, 1987.

Reuchlin M., *Les Différences individuelles dans le développement cognitif de l'enfant,* Paris, PUF, 1990.

▸ Voir aussi

Aptitude – Connaissance – Individualisation – Intelligence – Méthodes pédagogiques – Personnalité.

Suicide

Le suicide est l'acte qui implique la volonté consciente du sujet de se donner la mort et dont, par définition, l'issue est fatale.

La mortalité par suicide est importante et souvent mésestimée. En France, le nombre des décès dus à des suicides est supérieur à celui des accidents de la circulation (3 000 victimes de plus). Le nombre de décès par suicide a en effet connu une nette augmentation au cours des vingt dernières années pour se stabiliser, actuellement, autour de 12 000 par an. Ce dernier nombre est d'ailleurs très probablement sous-évalué, si l'on tient compte des décès de « causes inconnues » ou de ceux par traumatismes ou empoisonnements, pour lesquels « l'intention est indéterminée ». Parmi la population des 15-24 ans, ils représentent la deuxième cause de décès, après les accidents de la circulation. Face à ce phénomène, le suicide est considéré comme « grande cause nationale » depuis 1999.

Le taux de mortalité par suicide varie selon les pays et même les régions – le nombre des suicides est plus important dans le nord et l'ouest de la France –, ainsi qu'en fonction du contexte historique : il a ainsi sensiblement diminué pendant la Seconde Guerre mondiale

– en raison probablement de l'*extériorité* de la conflictualité durant cette période – avant de remonter ensuite progressivement.

Enfin, si les suicides sont presque trois fois plus fréquents chez les hommes (7 973 suicides masculins en 2000, 2 864 chez les femmes), l'âge représente un « facteur de risque » encore plus important, et ce surtout chez les hommes.

Problématiques et facteurs de risque

Durkheim déjà avait souligné la diversité des suicides – « Il n'y a pas un suicide, mais des suicides » – et leur complexité. En effet, en fonction de l'âge (suicide de l'enfant, de l'adolescent, de l'âge mûr et des personnes âgées), du vécu personnel et du contexte (social, économique, éthique et culturel), ces actes autodestructeurs témoignent de problématiques multiples et recouvrent une variété de significations, de l'affirmation ultime de la liberté de l'individu à la volonté de mettre fin à un désespoir ou à une souffrance intolérables.

Outre le sexe et l'âge, les principaux facteurs de risque de suicide sont une histoire familiale de suicides, des traumatismes existentiels, la pauvreté des liens affectifs et sociaux (isolement des célibataires, des divorcés et des veufs), les croyances religieuses, le niveau socio-économique et la situation professionnelle (chômage, retraite), des facteurs physiologiques (maladies chroniques), des facteurs psychologiques (tempérament, conflits internes), des facteurs psychiatriques (dépression, psychose, névrose), l'alcoolisme, l'abus de drogues, etc. La souffrance psychique résultante constitue le déterminant principal du geste suicidaire.

À ces facteurs peuvent s'ajouter, chez les adolescents, les violences souvent cachées subies dans l'environnement familial (violences sexuelles notamment), ainsi que, pour certains jeunes, un vécu difficile des transformations physiologiques et psychologiques de la puberté.

Les facteurs sociaux jouent également un rôle dans l'augmentation des taux de suicide : modèles et valeurs morales ayant cours dans la société, contexte socio-économique, organisation sociale, accessibilité des moyens de réalisation des suicides (armes, drogues, etc.).

Ne jamais prendre à la légère les tentatives de suicide

Les tentatives de suicide représentent le principal prédicteur des suicides, leur répétition étant un indice aggravant. Quelle que soit la signification du geste, les spécialistes insistent sur la nécessité de ne jamais prendre à la légère une tentative de suicide. Il importe tout d'abord de signifier au « suicidant » que son geste a été entendu en l'hospitalisant pour réaliser les soins nécessaires : il faut lui assurer accueil et écoute pour aider à l'élucidation du sens de son geste et initier la prise en charge psychothérapeutique lorsque celle-ci s'avère nécessaire. Les tentatives de suicide sont relativement fréquentes chez les jeunes (en particulier chez les filles). En revanche, les personnes âgées manquent moins souvent leurs suicides.

Il existe un véritable continuum des problématiques autodestructrices, des idées *suicidaires* (fréquentes particulièrement au cours des dépressions) aux *tentatives de suicide*, dans lesquelles, selon l'Organisation mondiale de la santé, l'individu adopte délibérément un comportement qui, en l'absence d'intervention d'autres personnes, lui serait dommageable (l'intention de se donner la mort pouvant être plus ou moins réelle), au *suicide* proprement dit. On peut également en rapprocher les *équivalents suicidaires* (abus de drogue ou d'alcool, comportements antisociaux, accidents à répétition) dans lesquels la composante autodestructrice est présente, du point de vue des observateurs externes, mais pour lesquels le sujet dénie le risque pris.

En raison de la diversité des déterminants des suicides, il apparaît évident que leur prévention ne peut être que multidimensionnelle, impliquant tout le corps social dans une démarche de promotion de la santé en tant que bien-être physique, psychique et social. La prévention primaire des comportements suicidaires concerne tout à la fois les secteurs éducatifs, sociaux, sanitaires, économiques et professionnels, ainsi que l'ensemble des individus composant la société, simples citoyens, parents, familles, etc., pour favoriser l'épanouissement des individus et des liens sociaux à toutes les périodes de la vie.

En second lieu, il importe d'entendre et de repérer les signes d'appel ou les symptômes (qu'ils soient du registre dépressif, scolaire ou déviant, d'autant plus s'ils se multiplient) qui témoignent de la souffrance vécue par certains sujets pour leur procurer aide, soutien et remédiations.

Christine de Peretti

▶ Bibliographie

DURKHEIM É., *Le Suicide : étude de sociologie* (1897), Paris, PUF, coll. « Quadrige », 2004.

MARCELLI D., *Dépressions et tentatives de suicide à l'adolescence,* Issy-les-Moulineaux, Masson, 2001.

MORON P., *Le Suicide,* Paris, PUF, coll. « Que sais-je ? », 2005.

PARENT G., RHÉAUME D., *La Prévention du suicide à l'école,* Sainte-Foy, Presses de l'université du Québec, 2005.

▶ Voir aussi

Psychanalyse et éducation – Psychopédagogie – Santé (Éducation pour la).

SUIVI PÉDAGOGIQUE

Le suivi pédagogique concerne les différents aspects de la scolarité d'un élève : la présence, c'est-à-dire la ponctualité et l'assiduité, la conduite ou la discipline, les apprentissages évalués par toute une gamme de travaux régulièrement notés. Le stockage et la circulation des informations qui permettent ce suivi répondent à deux types d'enjeux : d'une part, le suivi d'un élève au long de sa scolarité, de l'école maternelle puis élémentaire au collège et enfin au lycée, d'un établissement à un autre ; d'autre part, la transmission d'informations, au fil des semaines et des mois, entre l'école et la famille mais aussi entre la famille et l'école. Autant dire que si le suivi pédagogique permet globalement la connaissance de l'élève en accompagnant sa scolarité et en préparant son orientation, il en assure aussi l'évaluation et le contrôle.

Deux types de documents assurent séparément ces deux modes de suivi complémentaires, le dossier scolaire et le carnet de correspondance.

Le dossier scolaire

Le dossier scolaire rassemble diverses informations, notamment sur des formulaires qui s'accumulent au cours de la scolarité d'un élève. On peut y trouver des indications sur la famille (parents et fratrie), sur les étapes du développement, sur les visites médicales (performance visuelle), sur les résultats de tests, et, bien sûr, des relevés de notes, des annotations des enseignants au fur et à mesure des années. Les jugements professoraux s'y expriment avec force sur les performances et les capacités, le travail et l'adaptation à l'école.

Ce document reste dans l'établissement, plus ou moins facilement consultable par les professionnels qui y travaillent. Parents et enseignants s'étaient insurgés, en 1977-1978, contre les risques d'un dossier scolaire fichant les élèves, si bien que fut abrogé l'arrêté précisant que ce « document de liaison » comprendrait, pour chacun, les indications les plus significatives sur le déroulement de sa scolarité, les traits décelés de son profil psychologique, etc. Aujourd'hui, les préoccupations ont évolué, et des modes de régulation sont développés au niveau local. L'accent est mis sur une prise en compte plus individualisée des parcours scolaires et du niveau atteint dans les apprentissages, par exemple dans le cadre de la liaison école/collège. Dans cette perspective, certaines circonscriptions mettent en place des concertations pour harmoniser la présentation et les rubriques des documents qui assurent cette liaison afin d'en diminuer les ambiguïtés tout en en augmentant la lisibilité. Ainsi, l'actualité dans les établissements éducatifs, plus d'ailleurs que dans les établissements scolaires, est marquée désormais par une loi votée pourtant durant la même période (le 17 juillet 1978). Celle-ci porte sur la transparence de l'action administrative et l'information des citoyens ; elle peut susciter des demandes puisqu'un droit très large d'obtenir communication des documents détenus par une administration est reconnu à toute personne et que ce droit d'accès a été facilité par la loi du 12 avril 2000.

Le carnet de correspondance

Dans les écoles maternelle et primaire, chaque enseignant est responsable de la circulation des informations à destination de la famille, si bien que les formes en varient d'une classe à une autre. Dans l'enseignement secondaire, le carnet de correspondance, nommé aussi « carnet de liaison avec la famille », est un outil administratif et pédagogique de communication et de contrôle. Chaque établissement a son modèle mais, dans l'ensemble, on y trouve les noms des membres de l'équipe éducative, le règlement intérieur, le calendrier scolaire, des tickets d'absence et de retard, un espace de correspondance auquel peuvent s'ajouter diverses rubriques : « collège : mode d'emploi », participation à des cours de soutien, « carte de points » quand la discipline est gérée par analogie avec le permis de conduire à points, etc.

L'élève doit en être muni en permanence et le montrer systématiquement pour sortir de l'établissement, en attestant de son statut d'externe ou de demi-pensionnaire et de l'emploi du temps de sa classe, ou pour écrire, transmettre et faire viser, par les parents, des informations générales concernant la vie scolaire, ou individualisées concernant ses manquements : retard, matériel oublié, travail non fait, incivilités. On comprend que l'oubli, voire la perte de ce document sont sources de conflits récurrents.

Autour de ces documents synthétiques gravite tout un ensemble d'écrits plus ou moins ponctuels, en fonction des pratiques de tel ou tel établissement, ou encore de la situation spécifique de chaque élève. Le bulletin trimestriel en est l'élément majeur ; avec les notes, moyennes et annotations, il permet de faire le point sur la progression de l'élève et sur sa position à l'intérieur du groupe classe.

Michèle Guigue

▶ Bibliographie

BINSSE T., HÉDOUX J., « Correspondances sociales et scolaires : de la communication au collège », *Revue française de pédagogie*, n° 33, 1990, p. 63-74.

DERYCKE M., « Le Suivi pédagogique : des usages aux définitions », *Revue française de pédagogie*, n° 132, 2000.

MERLE P., *L'Évaluation des élèves*, Paris, PUF, 1996.

PERRENOUD P., MONTANDON C., *Entre parents et enseignants : un dialogue impossible ?*, Berne, Peter Lang, 1987.

WEISS J., « Le Portfolio, instrument de légitimation et de formation », *Revue française de pédagogie*, n° 132, 2000.

▶ Voir aussi

Discipline – Relation Famille/École.

SYNDICALISME ENSEIGNANT

En employant l'expression « syndicalisme enseignant », nous tendons à nous référer à ce qui constitue une branche spécifique du syndicalisme en général, appelant une approche plutôt située dans une perspective historique. En utilisant l'expression « syndicalisme des enseignants », nous évoquons plutôt des pratiques d'acteurs, des habitus, des manières d'être et de penser qui caractérisent les enseignants membres d'organisations syndicales, et nous sommes alors fondé à interroger principalement le rapport entre syndicalisme et identité professionnelle, notamment à l'aide du concept de « projet professionnel » entendu en son acception sociologique anglosaxonne : ensemble de stratégies déployées par un groupe professionnel en vue de conquérir le contrôle exclusif de son activité de travail, et/ou – une fois celle-ci historiquement obtenue – de maintenir et d'améliorer constamment son statut économique et social (Macdonald, 1999). Si tous les types d'enseignants sont, ou ont été, évidemment concernés par le syndicalisme (professeurs de l'enseignement technique et professionnel, enseignants d'université, etc.), l'attention est néanmoins amenée à se concentrer, par la force des nombres, sur les ex-instituteurs, professeurs des écoles (318 381 en 2003-2004) et sur les professeurs du second degré général des collèges et lycées (344 659 en 2003-2004).

Amicales ou syndicats

Le syndicalisme enseignant trouve ses origines au XIXe siècle dans les sociétés de secours mutuel. Celles qui étaient destinées aux maîtres ne devaient en principe s'occuper que de questions pédagogiques, mais comme elles prétendaient se mêler également de politique et de revendications corporatives, elles furent souvent dissoutes par le pouvoir.

Après leur victoire aux élections de 1877, les Républicains incitent les enseignants à fonder des associations, pourvu qu'elles se cantonnent au domaine pédagogique. Une circulaire Spüller (1887) – du nom du ministre de l'Intérieur – stipule que les fonctionnaires n'ont pas le droit de bénéficier de la loi de 1884 autorisant la constitution de syndicats. En réaction, et principalement à partir de 1895, les associations se multiplient, d'abord sous le nom d'amicales (amicales d'établissements et d'académies, de catégories, de spécialités). La loi de 1901 sur les associations facilite leur développement au point qu'en 1907 la Fédération des amicales d'instituteurs regroupe 109 associations et rassemble 85 000 membres sur 120 000 enseignants du primaire.

Alors qu'un débat idéologique oppose la forme « syndicat », comme instrument revendicatif, à la forme « amicale », comme une structure de simple convivialité, c'est souvent progressivement et « naturellement » que certaines amicales départementales se transforment en syndicats. Pendant un temps, une double appartenance est admise. Le passage au syndicalisme apparaît cependant comme la conquête de la possibilité de se départir du carcan hiérarchique, souvent reproduit dans les amicales (présidées par les inspecteurs d'académie), et de poser les problèmes professionnels non seulement en termes pédagogiques, mais aussi en termes de revendications salariales, de critiques de la politique scolaire des gouvernements, de lutte contre l'arbitraire, très fréquent à l'époque.

En 1904 est créé dans le Var le premier syndicat d'instituteurs (Girault, 1996). Outre le clivage amicalisme/syndicalisme, se fait jour à l'intérieur du syndicalisme une distinction entre solidarité avec le monde ouvrier et proclamation d'indépendance vis-à-vis de ce dernier. Le 13 juillet 1905 naît la Fédération nationale des syndicats d'instituteurs et d'institutrices (FNSI), qui adhère à la CGT en 1907. À partir de 1910, la FNSI fait paraître la revue pédagogique hebdomadaire des syndicats de l'enseignement, *L'École émancipée*, qui – malgré le caractère minoritaire de l'organisation syndicaliste révolutionnaire dont elle procède – marquera durablement de son empreinte la culture du milieu enseignant primaire (Célestin Freinet y écrit).

Dissoute en 1912 après le congrès de Chambéry, la FNSI se reconstitue en 1913, devenant après la guerre, en août 1919, la Fédération des maîtres de l'enseignement laïque (FMEL), affiliée à la CGT et regroupant toutes les catégories d'enseignants, parmi lesquels très peu de professeurs cependant. De son côté, le congrès des amicales d'instituteurs, très largement majoritaire dans la profession (près de 100 000 membres au lendemain de la guerre), décide sa transformation en fédération de syndicats. Le Syndicat national des instituteurs (SNI) est créé en octobre 1920 ; héritier de l'amicalisme, il s'inscrit dans la mouvance réformiste. Rejoignant à son tour la CGT en 1925, il publiera à son tour un bulletin très prisé des enseignants, *L'École libératrice*, de 1928 à 1992.

Réformistes contre révolutionnaires

La scission intervenue dans la SFIO à Tours en décembre 1920 a impliqué, pour longtemps, le syndicalisme dans un combat entre réformistes et révolutionnaires. La CGT exclut ses minoritaires, révolutionnaires partisans de l'Internationale, qui fondent en 1921 la CGTU où l'on retrouve la FMEL et *L'École émancipée*. Au sein de la CGT réformiste est constituée le 23 décembre 1928 une Fédération générale de l'enseignement (FGE), qui comprend entre autres un syndicat des professeurs de lycée, un syndicat du personnel de l'enseignement supérieur et le Syndicat national des instituteurs (voir ci-dessus).

La réunification CGT-CGTU en 1936 entraîne la fusion de plusieurs syndicats qui se retrouvent dans la CGT (réunifiée). Au cours de cette période, marquée par le Front populaire, sont créés le SNET (Syndicat de l'enseignement technique) et le SPES (Syndicat des professeurs de l'enseignement secondaire), ancêtre du SNES contemporain.

Hors de la CGT, d'autres courants syndicaux se développent sur d'autres bases. Issu d'un syndicat des lycées où l'on trouvait une majorité d'agrégés, le Syndicat national des lycées, collèges et cours secondaires (futur SNALC) voit le jour en 1937, instaurant une tradition corporative conservatrice qui se perpétue jusqu'à nos jours. Le 9 novembre 1937 est par ailleurs créé le SGEN (Syndicat général de l'Éducation nationale), organisation « générale » regroupant les trois ordres d'enseignement et affilié à la confédération chrétienne CFTC.

À la veille de la Seconde Guerre mondiale, les contours du syndicalisme enseignant tel qu'il va prendre ultérieurement un visage familier sont assez largement dessinés : SNI hégémonique dans le primaire, SPES et SNL dans le secondaire, SNET dans le technique, SGEN-CFTC à vocation générale. Malgré certaines défections, le syndicalisme enseignant participe à la Résistance.

Les syndicats de la « forteresse enseignante »

Après la guerre, l'Éducation nationale est marquée :

– par l'explosion scolaire des années 1960 qui affecte les collèges, celle des années 1980 qui affecte les lycées, ce qui entraîne une montée des effectifs des professeurs ;

– par la féminisation des métiers de l'enseignement, notamment dans le primaire (80 % de femmes aujourd'hui, suite à une progression amorcée depuis longtemps) ;

– par la mise en système des différents secteurs d'enseignement.

Tous ces phénomènes retentissent sur l'évolution du syndicalisme enseignant.

En 1947 se produit à l'intérieur de la CGT une nouvelle scission donnant naissance à deux confédérations distinctes : CGT d'un côté, CGT-FO de l'autre. Refusant la scission, la FEN (Fédération de l'Éducation nationale qui a succédé à la FGE) décide de se transformer en fédération autonome après consultation de ses adhérents (printemps 1948). Cette fédération, légalement organisée en tendances recouvrant des clivages politiques (socialistes, communistes, trotskystes), est en réalité dirigée par le SNI, d'orientation socialisante, représentant les instituteurs, personnels alors très largement majoritaires dans la corporation enseignante.

Bien que leurs directions appartiennent dans une première période à la même tendance réformiste, SNI et SNES (né en 1949 de la fusion du syndicat des lycées et de celui des collèges, ex-SPES) sont déjà rivaux quant à leur vision des exigences de l'enseignement moyen (collège), question qui prend une importance considérable avec la réforme de 1963 créant les CES pour tous les élèves. Les instituteurs, formés à la pédagogie dans les écoles normales, se considèrent les mieux placés pour enseigner jusqu'à la 3e les enfants du peuple dont ils se disent eux-mêmes issus ; jusque-là seuls habilités à enseigner dans les lycées de la 6e à la terminale, les professeurs se sentent menacés dans leur spécificité professionnelle, précisément au niveau du collège. Cette rivalité est exacerbée à partir de 1967 avec le changement de majorité intervenu au SNES, celui-ci basculant du côté de la tendance proche des communistes (Unité et Action) après la fusion réalisée entre l'ancien SNES et le SNET. Aux divergences pédagogiques se surajoutent désormais des incompatibilités politiques.

La FEN occupe avec plus de 550 000 adhérents (1978) une place prépondérante dans le syndicalisme enseignant, ce qui lui vaut le surnom de « forteresse enseignante », à la fois forte et fragile (Aubert, *et al.*, 1985). En son sein, le débat s'envenime entre SNI (devenu

SNI-PEGC en 1973, du fait de la création du corps des professeurs bivalents de collège, la plupart du temps ex-instituteurs) et SNES, au point qu'on a pu dire que la neutralisation réciproque des deux syndicats avait été un obstacle à la réussite de beaucoup de réformes. La montée progressive des effectifs des professeurs tend à renforcer les positions du second degré dans l'organisation, tandis que la féminisation, analysée comme moins favorable à l'adhésion syndicale, une certaine stagnation du recrutement dans le corps des instituteurs et, à partir de 1981, la présence d'un pouvoir socialiste proche qu'il est moins facile de contester, du fait de solidarités idéologiques et politiques, contribuent à l'érosion de l'hégémonie du SNI.

L'idée laïque, largement fondatrice pour la FEN, subit une très cuisante défaite en 1984. Lors du conflit concernant le statut des « maîtres-directeurs » (1987), l'autorité syndicale se voit mise en cause pour la première fois dans ce secteur par l'apparition de « coordinations », plutôt composées de jeunes enseignants. Il s'agit de groupements très mobilisateurs et virulents, étroitement centrés sur la satisfaction d'une revendication, caractérisés par leur caractère éphémère, ce qui ne permet pas de capitalisation militante (tant que la structure syndicale ne parvient pas à capter à son profit les énergies ainsi déployées).

C'est dans ce contexte qu'émerge au cours des années 1980 le phénomène de la désyndicalisation, qui s'est confirmé depuis. Bien que restant « sursyndicalisés » par rapport aux autres salariés français (moins de 10 % de syndiqués à la fin des années 1990), les enseignants (près de 30 % de syndiqués au total, contre environ 80 % au SNI dans les années 1960, et plus de 50 % au SNES dans les années 1970) ont eu tendance à ne pas renouveler leur adhésion ou, pour les plus jeunes, à ne pas adhérer ou encore à pratiquer une adhésion par alternance. De 1977 à 1992, le SNI-PEGC — qui syndiquait la quasi-totalité du corps — connaît une érosion de ses effectifs de près de 50 % ; le SNES, d'environ 25 %.

Cultures syndicales et professionnelles en continuité

Héritiers de l'amicalisme, les instituteurs français ont construit un type de culture syndicale qui intègre bien des éléments de la culture professionnelle transmise par d'autres voies de socialisation (écoles normales principalement), et cela d'autant plus aisément que pendant très longtemps a existé une sorte d'osmose entre entrée dans le métier et entrée dans le syndicat. « Un bon instituteur se doit d'être syndiqué » était une formule qui ne choquait pas. Ainsi la pédagogie a longtemps été défendue comme son domaine réservé par la corporation primaire, entendant de la sorte compenser son infériorité par rapport à la corporation secondaire, en matière de connaissances universitaires, grâce à des compétences professionnelles spécifiques acquises dans ses centres de formation propres. Le syndicat primaire dominant s'est aussi positionné comme une « institution totale » en s'assignant pour mission la prise en charge de la quasi-totalité de l'existence des instituteurs, par la création de toute une série d'organismes de services et de mutualité, contribuant en même temps à enraciner une véritable *Weltanschauung* dans le groupe professionnel grâce à des ouvrages déontologiques et à la diffusion de codes moraux constitutifs d'une part importante de l'idéologie de la profession.

La culture syndicale du second degré s'est organisée sur des bases différentes. Les professeurs du secondaire sont entrés plus tardivement dans le syndicalisme parce que, initialement beaucoup moins nombreux, enseignant à une petite élite de la nation, ils étaient assimilés, dans la première moitié du XXe siècle, par le prestige plus que par le salaire, à des « semi-bourgeois » (Prost, 1968). Les conditions d'exercice se modifiant au gré des « explosions scolaires » successives affectant l'enseignement secondaire (1950, 1963, 1975, 1985), le nombre des professeurs s'accroît considérablement, un élargissement des bases sociales du recrutement se produit, entraînant une hétérogénéisation sociale et culturelle, et de meilleures dispositions à la syndicalisation. Née dans la tradition « libérale » de l'Université, la culture syndicale secondaire dominante – devenue plus revendicative et protestataire dans le cadre du SNES que celle du primaire dans celui du SNI – se construit cependant sur un mode nettement moins « totalisant », sans prétention initiale à apporter une vision philosophique du monde ni une conception pédagogique unique. Sans doute au diapason de la diversité de la profession – qui s'est accentuée avec la massification des collèges et des lycées – ainsi que de la disparité des positions pédagogiques régnant parmi les professeurs, le syndicat majoritaire du secondaire développe une idéologie singulière faisant paradoxalement tenir ensemble élitisme (hérité d'une période ancienne, et porteur d'une critique de la « primarisation » des collèges) et revendication de la démocratisation de l'accès aux savoirs (droit pour tous les élèves, y compris les plus défavorisés, à recevoir l'enseignement des meilleurs enseignants, c'est-à-dire les diplômés du secondaire).

Crise et reconfiguration du syndicalisme enseignant dans les années 1990

La FEN prétend enrayer l'érosion de sa majorité en imaginant, à la fin des années 1980 et dans une perspective européenne, la constitution d'un vaste pôle réformiste rassemblant d'autres organisations idéologiquement proches, ce qui aurait l'avantage de marginaliser le courant de tradition dite révolutionnaire.

Cette tentative ayant échoué, cela oblige le FEN à procéder autrement pour réduire son opposition interne. À l'issue d'épisodes plus ou moins rocambolesques, la fédération est amenée à réunir un congrès extraordinaire qui prononce l'exclusion de deux syndicats à majorité Unité et Action, le SNES et le SNEP, syndicat des professeurs d'éducation physique (1992). Ceux-ci vont être à la base de la création d'une nouvelle fédération, la FSU (Fédération syndicale unitaire). Rassemblant très vite environ 150 000 adhérents regroupés dans quinze syndicats (dont le SNU-ipp, organisation réunissant les instituteurs qui n'ont pas accepté les manœuvres de la FEN et du SNI), la FSU s'est tout de suite imposée dans l'univers enseignant, comme en témoignent ses succès aux élections professionnelles successives. De son côté, le SNI a décidé sa propre dissolution pour donner naissance à un nouveau syndicat, le Syndicat des enseignants (SE), dont la vocation affichée est de syndiquer tous les enseignants de la maternelle à la terminale, conformément à l'unification des corps enseignants mise en œuvre dans l'Éducation nationale, notamment par le biais des IUFM (à partir de 1990).

Un véritable séisme se produit en 1996 dans l'univers du primaire puisque la FEN, et la culture hégémonique qu'elle représentait, y perd pour la première fois sa suprématie historique : le SNU-ipp, qui s'est montré très en pointe au cours du mouvement social de l'automne 1995 et très offensif sur le plan de la réflexion pédagogique à propos de la professionnalité enseignante, devance de loin le SE (39,3 % contre 32,1 %), lequel SE ne réussit nullement la percée espérée dans le second degré.

C'est donc un paysage syndical totalement bouleversé par rapport à sa structuration historique stabilisée aux environs de la Seconde Guerre mondiale qui se fait jour à l'approche du XXIe siècle. Ce paysage est encore plus émietté qu'auparavant du fait de l'émergence de deux fédérations au lieu d'une seule : la FSU, et bientôt l'UNSA-éducation (qui se substitue à la FEN, et accueille le SE). Sur les marges de cette mouvance restant prédominante, on trouve notamment : le SGEN-CFDT, qui poursuit sa route d'organisation minoritaire, FO (Force ouvrière), qui a réussi une brève percée électorale dans l'éducation au cours des années 1980, le SNALC, syndicat conservateur, l'UNSEN-CGT, devenu organisation ouverte à tous les enseignants (après avoir été sous un autre nom exclusivement destinée aux professeurs de l'enseignement professionnel), SUD-éducation (Solidaires unis démocratiques), syndicat qui se réclame de la gauche radicale mais qui reste peu influent, etc. Autant dire que ce paysage très dispersé est encore moins lisible que par le passé, particulièrement pour les jeunes entrant dans le métier, qui, marqués – à l'instar de leur génération – par l'individualisme, n'ont nullement le réflexe de l'adhésion syndicale.

Rapport au syndicalisme et identité

Chaque segment d'enseignement, chaque groupe professionnel propre à ce segment, que définissent son grade, son statut social et ses pratiques spécifiques, a sécrété sa culture syndicale qui, en retour, a activement participé à la construction identitaire et à la structuration du groupe. Néanmoins – par-delà les différences et la dispersion ci-dessus mentionnées –, ce qui rassemble tous les secteurs, c'est la volonté de maintenir ou d'accroître l'autonomie entendue comme le contrôle et la régulation de l'exercice professionnel par la corporation elle-même, via sa représentation syndicale particulièrement.

Malgré la désyndicalisation qui s'est poursuivie et qui situe aujourd'hui aux environs de 25 % le nombre d'enseignants syndiqués, certaines organisations gardent une influence réelle, mesurée tous les trois ans par la participation assez élevée aux élections professionnelles (régulièrement de l'ordre de plus de 60 % là où elle atteint difficilement 30 % aux prud'homales), et parfois concrétisée à l'occasion de mouvements protestataires traditionnels (journées rituelles de grève, rassemblements, manifestations), ou plus exceptionnels et dramatisés, liés à l'expression de revendications très pressantes ainsi qu'à un certain « malaise enseignant » (comme au cours de la longue grève du printemps 2003, ou des grèves départementales de Seine-Saint-Denis en 1998 et du Gard en 2000). Les syndicats les plus installés savent faire jouer leur « ambivalence » (Robert, 1995), c'est-à-dire leur capacité à faire tenir ensemble une dimension protestataire et une dimension de participation à la gestion du système, consistant dans une répartition assez subtile des discours et postures entre une « région postérieure », où peuvent s'opérer des compromis et des rapprochements avec l'administration (certains étant même codifiés, comme par exemple le travail en commissions paritaires pour la gestion des carrières), et une « région antérieure », un devant de la scène où se déploient les revendications et les effets tribunitiens. Cette ambivalence, tout en étant l'objet de critiques, peut néanmoins constituer une force relative.

On le voit notamment auprès des jeunes enseignants, lorsqu'ils sont appelés à s'exprimer sur l'idée syndicale. D'un côté, les syndicats sont considérés comme bureaucratiques, dépositaires de leurs intérêts particuliers plus que des intérêts de la profession, porteurs de divisions incompréhensibles et malsaines, en retard sur la mobilisation sincère de la base ; d'un autre côté, ils apparaissent quand même utiles lorsqu'ils font bénéficier un mouvement de leur expérience de la négociation et de leur sens de l'organisation, lorsqu'ils privilégient l'unité, lorsqu'ils apportent des informations (et, en situation courante, certains services) qu'on ne trouve nulle part ailleurs. En général, aux yeux de la jeune génération, plus que les syndicats, perçus comme lointains, ce sont les syndiqués actifs dans l'espace local qui comptent, pour peu que ces militants affichent une posture modeste et tolérante, et manifestent une sensibilité aux questions spécifiquement pédagogiques. Cela semble laisser, malgré une conjoncture plutôt défavorable, un avenir à cette forme d'organisation sociale dans le milieu de l'enseignement (aux conditions donc d'une plus grande proximité, du pluralisme interne, de la tolérance et de la recherche de l'unité, de la modestie, d'un intérêt réel pour les questions pédagogiques traitées sans *a priori*).

Globalement, quand on se place du point de vue des enseignants les plus jeunes, éventuellement adhérents d'un syndicat mais le plus souvent à l'extérieur de ce type de structure (sans acrimonie particulière cependant), se trouve modifiée la relation personnelle à l'organisation : alors que les formes antécédentes se caractérisaient par une tendance à la dilution de l'individualité dans la dimension fusionnelle et anonymisante du « nous » militant, les modalités contemporaines de l'engagement ou de la simple relation de relative proximité visent à préserver les identités personnelles en refusant le holisme d'appareil et en acceptant l'expression, éventuellement divergente, des divers « je ». La notion de distanciation semble rendre compte de manière adéquate de l'ensemble de ces nouvelles postures, qui ne signifient pas pour autant reniement généralisé des valeurs syndicales traditionnelles (il y a des possibilités d'osmose générationnelle qui se réalisent dans certains contextes et qui sont la richesse d'un syndicalisme influent) ni insensibilité au social, mais nouvelles manières de s'y rapporter. En cela, les nouvelles mentalités enseignantes, lorsqu'elles sont appelées à s'exprimer sur l'idée syndicale et sur le fait syndical lui-même, se révèlent à l'unisson de ce qui se joue dans l'ensemble de la société.

André D. Robert

▸ Bibliographie

AUBERT V., BERGOUGNIOUX A., MARTIN J.-P., MOURIAUX R., *La Forteresse enseignante : la Fédération de l'Éducation nationale*, Paris, Fayard, 1985.

BRUCY G., *Histoire de la Fédération de l'Éducation nationale*, Paris, Belin, 2003.

DALANÇON A., *Histoire du SNES*, Paris, IRSHES, tome I, 2003.

GEAY B., *Le Syndicalisme enseignant*, Paris, La Découverte, 2005.

GIRAULT J. (dir.), *Les Enseignants dans la société française au XXe siècle*, Paris, Publications de la Sorbonne, 2004.

GIRAULT J., *Instituteurs, professeurs, une culture syndicale dans la société française (fin XIXe-début XXe siècle)*, Paris, Publications de la Sorbonne, 1996.

ION J., *La Fin des militants ?*, Paris, Éd. de l'Atelier, 1997.

MACDONALD M. K., *The Sociology of the Professions*, Londres, Sage Publications Ltd, 1999.

MOURIAUX R., *Le Syndicalisme enseignant en France*, Paris, PUF, coll. « Que sais-je ? », 1996.

PROST A., *Histoire de l'enseignement en France (1800-1967)*, Paris, Armand Colin, 1968.

RAYOU P., VAN ZANTEN A., *Enquête sur les nouveaux enseignants*, Paris, Bayard, 2004.

ROBERT A. D., *Le Syndicalisme des enseignants*, Paris, La Documentation française/CNDP, 1995.

ROBERT A. D. (dir.), *Le Syndicalisme enseignant et la recherche : clivages, usages, passages*, Grenoble/Saint-Fons, PUG/INRP, 2004.

ROZENBLATT P., « La Forme coordination : une catégorie sociale révélatrice de sens », *Sociologie du travail*, vol. 33, 1991.

SINGER M., *Histoire du SGEN (1937-1970)*, Lille, PUL, 1987.

▸ Voir aussi

Enseignant – Formation des enseignants – Instituteur(trice) – Laïcité – Personnel enseignant – Professeur – Réforme de l'enseignement.

SYSTÈME ÉDUCATIF

Expression courante et d'un emploi généralisé, « système éducatif » est, tant en fait qu'en droit, d'introduction récente dans la langue de l'éducation, sauf si l'on excepte son emploi sous la plume d'Émile Durkheim au sens de « sommes de pratiques éducatives », dans le *Nouveau dictionnaire de pédagogie et d'instruction primaire* publié sous la direction de Ferdinand Buisson en 1911. Tel est un premier sens.

L'expression « système éducatif » est exceptionnellement employée au sens très précis de « système », tel que celui-ci est défini et entendu en management. Cet emploi correspond à une démarche scientifique d'analyse. Il met l'accent sur l'*unité* du système éducatif, sur l'existence d'un *ensemble* : la construction d'un système cohérent à partir de noyaux distincts. Ce sens se rapproche du sens commun courant.

Le sens qui prévaut n'est aucun des deux sens précédents : il est celui d'*organisation de l'enseignement* ou d'*enseignement organisé.*

Le système éducatif est à la fois l'ensemble des institutions qui participent à la fonction éducative et l'organisation d'ensemble de l'architecture scolaire, c'est-à-dire du déroulement général des études : cycles, orientations, filières, etc. Comme *service public*, l'expression « système éducatif » présente à la fois un aspect organique et un aspect fonctionnel. Les auteurs privilégient l'un ou l'autre mais il subsiste toujours l'idée d'un *tout*. Ce tout s'oppose au morcellement antérieur qui a caractérisé l'histoire du développement de l'enseignement en France par la simple juxtaposition du primaire et du secondaire. Il traduit un refus d'acceptation des conséquences ou des pesanteurs de cette coexistence dans la tradition.

La consécration du sens courant

Les premiers emplois écrits se trouvent sous la plume d'auteurs qui, pour des raisons de choix de politique éducative, entendent substituer un « système scolaire » (encore dit « système éducatif » ou « système d'éducation ») à la juxtaposition des couples antérieurs « institutions/cursus ». Auparavant en effet, il était courant de décrire séparément les institutions d'enseignement : l'institution primaire avec l'enseignement primaire et le primaire supérieur, l'institution du lycée avec l'enseignement secondaire des lycées et des « petits lycées ». Ce changement d'attitude est fondé principalement sur le refus de l'inégalité scolaire et des ségrégations.

Dans cette optique, il n'est pas exact – comme c'est le cas dans certains ouvrages – de considérer les expressions « système scolaire », « système éducatif » ou « système d'éducation » comme des synonymes. Le système scolaire n'est lui-même que la partie d'un tout : le système éducatif.

Hors de toute disposition législative ou réglementaire, l'emploi de l'expression « système éducatif » se retrouve dans certains documents de préparation des réformes des années 1970, dont la réforme Haby de 1975 qui, seule, aboutira.

La loi d'orientation sur l'éducation du 10 juillet 1989 consacre son titre V à l'« évaluation du système éducatif » et le rapport annexé à la loi, quant à lui, s'ouvre sur « les missions du système éducatif ». Le droit de l'éducation retient donc désormais la notion et il le fait au niveau de la norme la plus élevée : la loi. La motivation du recours officiel à l'expression « système éducatif » apparaît clairement lorsque l'on constate que le découpage du texte de 1989 n'est pas réalisé sur l'articulation préscolaire, élémentaire, premier cycle du second degré, second cycle, enseignement supérieur. L'accent est mis soit sur des règles communes, soit sur des missions communes.

Dans les textes cités, l'expression « système éducatif » recouvre les écoles, les collèges, les lycées, les établissements d'enseignement supérieur relevant de l'Éducation nationale. Les textes apparaissent comme la consécration d'une pratique, d'un usage de vocabulaire antérieurement inspiré de la même idée de marquer l'unité, l'existence d'un tout. Mais l'expression est partiellement imprécise et il ne peut en aller autrement : ici, elle englobera ou paraîtra englober des établissements hors de l'Éducation nationale, relevant d'autres départements ministériels, là, elle se limitera à celle-ci. Elle est, par ailleurs, pour certains, connotée comme liée à un modernisme managérial, et, pour cette raison, ces derniers s'attacheront aux termes « institution scolaire » ou « service public ».

Système éducatif et service public

Dans les textes, dans l'usage des politiques, de l'administration ou des médias, l'expression « système éducatif » ne se confond pas avec celle de « service public ». Ceci se vérifie, d'abord, par le fait que, pour englober toutes les formations initiales, il faut retenir plusieurs services publics – le service public de l'Éducation nationale, celui de l'enseignement agricole, celui des enseignements supérieurs –, alors que l'expression « système éducatif » permet d'embrasser le tout dans une commune dénomination. Il faut ensuite souligner que la notion de « service public » est juridique, qu'elle renvoie à un mode de définition par le droit, à une présentation juridiquement encadrée d'institutions – présentation descriptive, assez « statique » –, et à un encadrement par le droit au titre soit de règles communes aux services publics, adaptées ou non, soit de règles propres. Or toute une partie de l'action, l'acte d'enseigner, la pédagogie, échappe au droit. Au contraire, la notion de « système éducatif » englobe ce qui relève du droit et ce qui n'en relève pas, et correspond à une présentation et à une conception même plus « dynamiques ». Cette dynamique apparaît plus encore lorsque l'expression prend une connotation de recherche d'efficacité du système éducatif, ce qui peut provoquer des attitudes de réserve ou de défense si ce culte est perçu comme mettant en cause les principes du service public, notamment le principe d'égalité. Le passage par le concept de « système éducatif » s'est imposé et s'impose dans les réflexions d'ensemble sur le rôle de l'éducation dans la société, la couverture des besoins collectifs, la réponse éducative aux aspirations individuelles, le choix des orientations politiques, l'évaluation, les analyses des coûts de la fonction d'éducation et les comparaisons internationales. C'est la démarche d'analyse en termes de système éducatif national qui permet de fixer au service public ses objectifs et ses finalités.

Claude Durand-Prinborgne

▶ Bibliographie

DURAND-PRINBORGNE C., *L'Éducation nationale : une culture, un service, un système,* Paris, Nathan Université, coll. « Fac éducation », 1999.

DURAND-PRINBORGNE C., « L'Éducation nationale comme système », *in* Marcou G., Costa J.-P., Durand-Prinborgne C. (éds), *La Décision dans l'Éducation nationale,* Lille, PUL, 1992.

SIMON J., LESAGE G., *Organisation et gestion de l'Éducation nationale*, Paris, Berger-Levrault, 2004.

▶ Voir aussi

Collège – École – Évaluation – Lycée – Privé (Enseignement) – Public (Enseignement) – Université.

T

Taxe d'apprentissage

Créée par la loi de finances du 13 juillet 1925, la participation des employeurs au financement des premières formations technologiques et professionnelles, communément appelée « taxe d'apprentissage », a été remaniée par les lois n° 71-576 et 71-578 du 16 juillet 1971 qui ont profondément réformé le dispositif législatif applicable à l'apprentissage.

La taxe d'apprentissage est un impôt versé par les entreprises qui ont au moins un salarié et qui sont soumises à l'impôt sur les sociétés (IS) ou à l'impôt sur le revenu (IR) au titre des bénéfices industriels et commerciaux (BIC).

Cet impôt, permettant de financer les dépenses nécessaires au développement de l'enseignement technologique et professionnel et de l'apprentissage, ne doit pas être confondu avec la participation des employeurs au développement de la formation professionnelle continue, dont les règles d'assujettissement sont différentes. Sont affranchies de la taxe d'apprentissage les entreprises qui ont une masse salariale inférieure à six fois le SMIC annuel (soit 86 211 euros pour l'année 2004), qui ont employé au moins un apprenti au cours de l'année 2004 et/ou qui ont pour but exclusif la formation première. Le taux de la taxe d'apprentissage est de 0,5 % de la masse salariale pour les départements d'Alsace-Moselle, et de 0,2 % pour le reste de la France. Ce taux s'applique sur une assiette identique à celle des cotisations de Sécurité sociale.

Si la taxe d'apprentissage est un impôt, assis sur l'ensemble des rémunérations de toute nature versées au cours d'une année civile, seul un faible pourcentage de celle-ci (4 % de la collecte) est versé au Trésor public.

La nouvelle contribution au développement de l'apprentissage

La loi de finances de 2005 institue une nouvelle contribution au développement de l'apprentissage reversée aux fonds régionaux de l'apprentissage et de la formation professionnelle. Elle engendre le fonds national de développement de l'apprentissage (FNDMA), qui se substitue au fonds national de péréquation de la taxe d'apprentissage (FNPTA). Le FNDMA a pour mission d'assurer la péréquation interrégionale entre les CFA et le financement des contrats d'objectifs et de moyens avec les régions visant au développement de l'apprentissage. Cette contribution est fixée à 0,06 % en 2005 et doit être versée aux organismes collecteurs de taxe d'apprentissage. Cette loi de cohésion sociale, adoptée le 18 janvier 2005, veut rénover l'image de l'apprentissage, améliorer le statut des apprentis et inciter les entreprises à recruter des jeunes.

L'objectif du gouvernement est d'atteindre 500 000 apprentis à la fin 2009 contre 360 000 aujourd'hui. En effet, depuis plusieurs années, on constate une insuffisance du développement de l'apprentissage en France, qui est un bon moyen pour les jeunes de s'insérer sur le marché du travail.

Jean-Pierre Lorriaux
Éric Piozin

▸ **Voir aussi**
Psychologie de l'apprentissage.

TECHNIQUE ET PROFESSIONNEL (ENSEIGNEMENT)

L'enseignement technique et professionnel puise ses références à trois sources. D'une part, dans l'histoire politique et sociale, il reflète les tensions entre les différents acteurs impliqués (État, patronat et syndicats). D'autre part, dans l'histoire des techniques, dont il accompagne les évolutions. Enfin, dans l'histoire culturelle, où se jouent et se redéfinissent sans cesse la place de la culture technique et les relations entre travail intellectuel et travail manuel.

Son institutionnalisation ne s'est pas faite sans heurts et sans de nombreux débats politiques. Traversée, depuis la fin du XIXe siècle, par différentes crises de l'apprentissage et ponctuée par des législations successives, son histoire s'accélère, peut-on dire, au XXe siècle, du fait de son intégration partielle dans le système éducatif par le décret d'août 1944. Ce décret fonde les centres d'apprentissage et partage de fait la formation entre une voie scolaire qui devient vite dominante autour des années 1960 et une formation traditionnelle dans l'entreprise (l'apprentissage) qui subsiste et est plus fortement institutionnalisée par les lois de 1971 et de 1987.

Repères historiques

Le XIXe siècle : En 1791, le décret d'Allarde puis la loi Le Chapelier, qui supprime les corporations et les associations, remettent en cause les formes traditionnelles de l'apprentissage. Le libéralisme et l'industrialisation, qui structurent la vie économique et sociale du XIXe siècle favorisent encore la dégradation de l'apprentissage, sans que la scolarisation, qui progresse lentement dans les classes populaires, ne puisse endiguer les formes d'exploitation des enfants jusqu'en 1880.

En revanche, la Révolution, ou du moins la Convention, crée un enseignement technique supérieur avec l'École polytechnique et le Conservatoire des arts et métiers en 1794, sans que ces créations n'anticipent l'instauration d'un enseignement technique intermédiaire. La Restauration n'intervient pas dans ce secteur et il faut attendre 1880 pour que le gouvernement instaure les écoles manuelles d'apprentissage.

Au début de la IIIe République, période propice au développement de la scolarisation, la situation évolue lentement. Sont créées des sections professionnelles dans les écoles primaires supérieures de Guizot (loi Goblet de 1886), écoles qui n'ont elles-mêmes connu une certaine expansion qu'avec la loi de Jules Ferry de 1880. Mais les ministères de l'Instruction publique et du Commerce et de l'Industrie s'opposent ; le premier veut que soit formé un ouvrier instruit dans l'esprit laïque et républicain, tandis que le second soutient la position du patronat qui préconise un enseignement adapté aux besoins divers des industriels, et indépendant de l'école. Le premier ouvre quelques écoles nationales professionnelles (ENP) et le second des écoles professionnelles commerciales et industrielles (EPCI) sous sa propre tutelle. En 1910, on compte quatre ENP qui accueillent 1 592 élèves, et 69 EPCI qui accueillent 12 979 élèves. Par contre, sur 875 000 jeunes de moins de 18 ans travaillant dans le commerce et l'industrie, seuls 8,5 % reçoivent une formation professionnelle en école ou dans un cours professionnel.

Le XXe siècle : La période de 1905-1931 est une période charnière, même si elle ne connaît pas de réalisations concrètes d'ampleur comparable au débat qui l'anime. Celui-ci se focalise tout d'abord sur l'institution d'un diplôme professionnel (le CAP) et les moyens pour y préparer les actifs. Il ne faudra pas moins de dix ans et une guerre pour que la proposition du parlementaire Cohendy soit entérinée par la loi Astier en 1919, même si les cours professionnels institués par l'État ne sont pas obligatoires, peu fréquentés et mal perçus par le patronat.

Pendant le Front populaire, l'éducation est au cœur des préoccupations ; le projet de Jean Zay réintroduit l'idée d'une filière technique, qu'il veut intégrer dans le système éducatif, tandis que Luc, directeur de l'Enseignement technique de 1933 à 1945, la souhaite autonome. Ces débats ne donnèrent lieu à aucune application concrète mais préparent les réalisations du gouvernement de la Libération. En 1937, seule démarche précise, la loi Paulin tente d'imposer la fréquentation des cours professionnels pour les apprentis.

Malgré les conflits idéologiques évidents avec les gouvernements qui le précédèrent et lui succédèrent, le gouvernement de Vichy, dans son souci de mobiliser la jeunesse en temps de guerre, ébaucha le système de formation des ouvriers avec la création des centres de formation professionnelle (CFP) dans des régions industrielles, où ils formèrent effectivement les ouvriers de la métallurgie. En 1944, 110 000 enfants étaient scolarisés dans des écoles techniques, 56 000 dans quelques 300 centres de formation professionnelle, et 190 000 suivaient des cours professionnels.

L'après-guerre : Après la Seconde Guerre mondiale, différents déterminants économiques, politiques et culturels vont converger pour aboutir à la scolarisation de l'enseignement professionnel, achevant la rupture avec les formes spécifiques de transmission des savoirs et des savoir-faire que représentait l'apprentissage, qui comptait néanmoins 240 000 jeunes en 1947.

Les organisations patronales n'entendent pas perdre leur droit de regard sur une formation professionnelle qui se concrétise par un apprentissage peu réglementé. Elles reconnaissent cependant que le coût est trop élevé, mais elles critiquent l'idée d'une formation professionnelle scolarisée qui serait prodiguée en dehors de l'entreprise, prônant l'excellence de la formation sur le tas. Cependant, peu d'apprentis ont vraiment accès au CAP, grâce aux cours professionnels organisés par l'État (50 000 candidats en 1945 dont 30 000 reçus), alors que le CAP est reconnu comme le garant de la qualification.

Dans le même temps, des sociologues et des intellectuels comme Henri Wallon, Jean Fourastié et Georges Friedmann, promoteurs ou défenseurs d'une culture et d'un humanisme techniques, ont permis la maturation et la diffusion d'un courant qui affirme que seule la culture peut permettre à l'individu de s'épanouir socialement, qu'elle est aussi bien technique que classique et doit être dispensée à égalité dans l'enseignement.

Il est indéniable que le rôle de l'État fut déterminant. Les premiers directeurs de l'Enseignement technique (Luc avant la Seconde Guerre mondiale, puis, après la guerre, Le Rolland et Buisson), certains issus de la Résistance et hommes de gauche, tous porteurs d'un humanisme technique et favorables à la laïcisation de la formation des ouvriers, ont été les promoteurs de la filière professionnelle.

Ainsi, les besoins d'une main-d'œuvre qualifiée, la nécessité de donner aux ouvriers une formation leur permettant de s'émanciper et la volonté politique des directeurs de l'Enseignement technique ont favorisé la création de cette filière de formation professionnelle scolarisée. Des centres d'apprentissage ont été créés en 1944 à partir des centres dont les statuts et le fonctionnement étaient des plus variés, centres publics ou privés, créés à l'initiative de régions, d'industriels ou d'organisations professionnelles, centres de formation professionnelle, créés sous le gouvernement de Vichy.

De l'institutionnalisme à la crise de l'institution : La création des écoles normales nationales d'apprentissage (ENNA) permit de former des pédagogues capables de participer à cet enseignement. Inspirées de l'École normale supérieure de l'enseignement technique (ENSET) dans leurs valeurs culturelles et pédagogiques, elles rassemblent deux catégories distinctes d'enseignants : les professeurs d'enseignement général et les professeurs d'enseignement pratique et professionnel (PEPP), les uns recrutés en premier lieu dans les écoles primaires puis directement à l'université, les autres venus de la production puis aujourd'hui recrutés directement à l'issue d'une formation de l'enseignement technique supérieur. Elles cristallisent la spécificité de la filière professionnelle construite sur une idéologie humaniste. Elles ont permis de constituer un corps spécifique à cet enseignement, PEPP, chef de travaux, inspecteur, professeur puis directeur d'ENNA, tous issus de la même culture qui a façonné l'identité de l'enseignement professionnel. Elles perdent aujourd'hui leur spécificité en s'intégrant dans les IUFM.

De 1960 à 1980, la démocratisation de l'enseignement s'est concrétisée par la prolongation de la scolarité obligatoire et par la création du collège unique (réformes Fouchet de 1963 et Haby de 1975). Les centres d'apprentissage deviennent des collèges d'enseignement technique (CET) dans les années 1960, puis des lycées d'enseignement professionnel (LEP) dans les années 1970 et, enfin, des lycées professionnels (LP) en 1984. Ces changements expriment les modalités chaotiques et complexes d'intégration de la filière professionnelle dans le système éducatif et marquent l'incertitude quant à sa place et son déplacement du réseau primaire professionnel vers le premier cycle, puis le second cycle du secondaire dans la dernière période.

À la suite de l'extension de la scolarité, ces établissements cessent de sélectionner les jeunes et reçoivent ceux que l'institution oriente, ce qui dévalorise l'image même de l'enseignement professionnel et dévalue ses diplômes. La fonction de constitution d'une élite ouvrière est ainsi largement remise en cause. Par ailleurs, les infrastructures scolaires des LEP vieillissent, quand les technologies se renouvellent très vite dans l'industrie. À partir du milieu des années 1970, la crise économique et les difficultés d'insertion atteignent de plein fouet les jeunes issus de l'enseignement professionnel.

C'est dans ce contexte de crise institutionnelle et de perte d'identité qu'interviennent les réformes de la dernière décennie. Elles s'inscrivent dans la politique affichée en 1984 de mener 80 % d'une classe d'âge au baccalauréat et réaffirmée dans la loi d'orientation sur l'éducation de 1989. Pour endiguer les phénomènes d'exclusion, celle-ci rectifie et propose de mener 100 % des jeunes à une qualification.

À partir de 1985, plusieurs réformes rénovent les deux filières et leur mode d'articulation. La création des bacs professionnels (aujourd'hui une cinquantaine de spécialités), la rénovation des diplômes de CAP, de BEP et de BTS, et des prescriptions d'enseignement (référentiels de formation, périodes de formation en entreprise, contrôle continu, individualisation de la formation), l'extension des formations complémentaires d'initiative locale (après un CAP, un BEP ou un BTS) remettent en cause les logiques « professionnelles » au profit de logiques scolaires. Ces réformes favorisent les poursuites d'études, mais aussi les concurrences entre les filières et les modes de formation.

Des effets inattendus se pérennisent. La suppression des CAP en trois ans n'est pas compensée par les flux vers les CAP et BEP en deux ans (773 000 jeunes scolarisés en 1980, 530 000 en 2000), les flux vers les bacs professionnels ne comblent pas le déficit. Les lycées techniques, moins bousculés, tirent mieux leur épingle du jeu d'autant que les poursuites d'études vers les BTS rendent leur filière plus attractive. Ils captent encore une partie des flux de BEP (15 % de ces derniers, mais 40 % vont vers le bac professionnel en 2003) ; ils n'entament pas la suprématie de la voie générale (53 % des bacheliers, pour 28 % de bacheliers technologiques et 18 % de bacheliers professionnels). Et ces flux sont d'autant plus difficiles à maîtriser que le ministère de l'Éducation nationale crée les diplômes au sein des commissions professionnelles consultatives (CPC, créées en 1948), mais a perdu la maîtrise de la carte scolaire nationale depuis la décentralisation (loi de 1983), et ainsi une connaissance exacte de l'offre de formation professionnelle et technique dans les régions. Dans les faits, on observe une stagnation des effectifs des lycées professionnels et techniques, qui ne va pas sans heurter les esprits dans une période où la demande de qualification s'accentue.

Les agents de l'institution

Les personnels de l'enseignement technique se démarquent de l'ensemble de l'institution par l'hétérogénéité de leurs trajectoires, de leurs statuts et de leurs fonctions.

Les profils des chefs d'établissement (trajectoires scolaires et professionnelles, filières d'origine, professionnelles ou générales) déterminent leur conception du rôle qu'ils jouent dans l'institution. Anciens enseignants des matières générales (82 % en lycée technique et même 64 % des matières littéraires, 40 % en lycée professionnel), ils sont responsables du fonctionnement, établissent les normes internes et assurent les relations avec le rectorat et la région.

À l'inverse, les chefs de travaux sont le plus souvent d'anciens enseignants des matières professionnelles, une bonne part ont une expérience industrielle (80 % en lycée professionnel ont travaillé dans l'industrie, 55 % en lycée technique). Personnels spécifiques à l'enseignement technique et professionnel, ils font souvent fonction d'adjoint au chef d'établissement. Ils ont la responsabilité administrative, financière et pédagogique des ateliers. Ils peuvent mener une politique propre en leur sein, en particulier vis-à-vis des entreprises (taxe, récupération, transferts de technologie et stages en entreprises pour les élèves).

Ces deux corps s'opposent donc tant par leurs cursus scolaires que par leurs trajectoires professionnelles et leurs références culturelles et identitaires. Les uns, moulus par une culture universitaire, développeront plus aisément une logique institutionnelle et scolaire, les autres trouveront leurs modèles identitaires dans une culture technique qu'ils réfèrent au monde du travail.

Les enseignants se différencient également selon leur statut, leur grade et leurs horaires. Dans un lycée technique, on peut compter pour le moins cinq ou six catégories d'enseignants : agrégés, certifiés, PLP2 et PLP1, adjoints d'enseignement, maîtres auxiliaires. La division des enseignants en trois corps aux qualifications et aux tâches différentes a été la règle : professeurs d'enseignement général, anciens instituteurs dans les années 1950 puis peu à peu venus de l'université et porteurs d'une culture « savante » et disciplinaire, professeurs d'enseignement technique et théorique et professeurs d'enseignement pratique, formés dans les filières professionnelles (CAP, BP, BEC et BEI) ou sur le tas et porteurs d'une culture et d'une identité de métier, puis recrutés à partir de 1970 à l'issue d'un BTS, d'un DUT, ou aujourd'hui d'une licence et détenteurs d'une culture technique. On enregistre donc une rupture entre les générations et une opposition récurrente entre le général et le technique. S'ajoutent des clivages entre enseignement industriel et enseignement tertiaire, d'autant que celui-ci s'oppose au premier par sa plus récente introduction dans le système, sa féminisation et des référents culturels et techniques bien différents de ceux que produit le monde industriel. Il faut souligner aussi des clivages entre l'enseignement professionnel, plus tourné vers la pratique et les apprentissages des savoir-faire, et l'enseignement technique théorique qui tend à se référer aux matières scientifiques. Tout comme les chefs d'établissement face aux chefs de travaux, les enseignants des différents grades et des différentes matières ne se réfèrent pas aux mêmes valeurs culturelles et ne se reconnaissent pas dans le creuset d'une même logique enseignante.

Une étude menée par Lucie Tanguy, portant principalement sur les professeurs d'enseignement pratique et professionnel, montrait les conséquences de ces ruptures. La norme scolaire est définie hors des lycées professionnels, dans des instances telles que l'ENNA, l'inspection ou les milieux professionnels, mais les enseignants l'interprètent sous des modalités différentes selon la génération à laquelle ils appartiennent. Les anciens professionnels l'interprètent sous la figure du métier car, pour eux, l'apprentissage de la technique trouve sa justification ultime dans l'usage qui en est fait au sein d'une pratique professionnelle ; ils traduisent donc la norme en savoir de métier, savoir global et singulier où l'apprentissage des méthodes ne peut être dissocié du caractère finalisé du travail à effectuer. Les techniciens, proches des enseignants des matières techniques de lycées techniques, plus distants par rapport au monde productif, transmettent cette norme sous la figure des fonctions techniques. Ils considèrent le système technique dont l'industrie est l'expression concrète comme objet d'enseignement. Le sens qu'ils donnent à leur action didactique se trouve ainsi en rupture avec celle de leurs collègues, mais en harmonie avec les nouveaux modes de formations qui s'ancrent sur une connaissance des techniques industrielles plus que sur celle du travail industriel.

Les élèves

Loin de s'être élevé, dans les années 1960, en glissant des fins d'études primaires vers deux ou quatre années de collège, le niveau de recrutement des élèves ne cesse de s'abaisser en termes scolaires. Dans les années 1950, les centres d'apprentissage sélectionnent les meilleurs élèves sortant des classes primaires ; aujourd'hui les lycées professionnels et même les lycées techniques accueillent les jeunes orientés par l'échec et refusés dans les filières les plus valorisées et les plus sélectives. Et en parallèle, les caractéristiques socioculturelles des jeunes enregistrent une hétérogénéité très stable selon les filières. En 2000, on compte 27 % d'enfants d'ouvriers dans le premier cycle et 37 % en BEP, 15 % en terminale générale, 26 % en terminale technologique pour 36 % en terminale professionnelle. Ainsi, l'âge, les trajectoires scolaires comme les origines sociales distinguent les élèves et les filières.

Dans les filières professionnelles, trois hiérarchies se superposent : celle qui oppose secondaire long à secondaire court, celle qui distingue filière tertiaire et filière industrielle (inverse sans doute de la hiérarchie que l'on peut imaginer entre sections STT et STI du second cycle technique, les premières étant moins sélectives que les secondes) et, enfin, celle qui prévaut entre les sections industrielles elles-mêmes.

L'orientation en lycée professionnel, toujours plus ou moins négative et subie, connaît deux moments forts : le passage dans le second cycle « court », puis l'affectation dans une spécialité de formation, qui joue un rôle non négligeable dans l'adhésion à la formation. Les jeunes les plus conformes aux normes scolaires vont dans les sections d'électrotechnique ou de microtechnique, tandis que les jeunes des milieux les plus défavorisés vont dans les sections de mécanique, du bâtiment ou de l'automobile. Ces « futurs ouvriers », comme les a appelés François Dubet, ont une conscience aiguë de leur position dans l'institution et de la spécificité de leurs trajectoires scolaires chaotiques (dans certaines sections, près de 40 % ne proviennent pas de 3e de collège ou technologique, mais de 3e préparatoire, de terminale CAP, ou d'une 2de où ils ont échoué). La plupart sont en conflit et en révolte vis-à-vis d'une École et d'une société qui donnent à leurs parents et à eux-mêmes une position subordonnée. Relativement âgés, en échec, ils vivent mal non seulement leur position dans l'institution scolaire mais aussi l'avenir qu'ils voient se profiler à l'horizon.

Les attitudes et les comportements des élèves varient selon leurs trajectoires scolaires et la place qu'ils occupent dans la hiérarchie des filières, qui, elle-même, est fonction de leurs origines sociales, de leur sexe, de leur âge et de leurs résultats scolaires. Les jeunes de seconde n'ont pas de projet professionnel construit mais se projettent dans une poursuite d'études, l'engagement dans le second cycle retarde leur maturité professionnelle et favorise la permanence de projets différés et plus ou moins utopiques. Les jeunes de lycée professionnel sont plus rapidement en prise avec le monde professionnel et se construisent une identité à partir de la filière qu'ils suivent (électrotechnique, mécanique, bâtiment, automobile ou tertiaire), même s'ils n'adhèrent pas fondamentalement à cette orientation. Les « nouveaux lycéens » mis en scène par François Dubet ont une volonté d'intégration et de mobilité sociale. À l'inverse, les jeunes des familles les plus défavorisés sont orientés dans les spécialités dont les images sont négatives. Ils sont promis à des emplois industriels qu'ils minorent, sont souvent ascolaires, et sont finalement exposés à différentes formes d'exclusion.

Les savoirs enseignés

Au sein de l'institution scolaire, la question de ce qui est transmis, les modalités interactives de cette transmission et la construction des verdicts scolaires deviennent autant de questions importantes.

Toute politique scolaire, et la constitution des programmes en est une, doit, sous peine d'échouer, être capable de faire face dans le même temps aux exigences de rupture et de continuité dans les rapports sociaux. Les programmes traduisent l'état des rapports de force dans et hors du système scolaire. À l'opposé des savoirs disciplinaires traditionnels, qui se reproduisent grâce au travail de sélection effectué par les sociétés savantes, la constitution des savoirs professionnels et techniques s'appuie sur des démarches pragmatiques et organise des savoirs particuliers, immédiatement mobilisables et efficaces dans un ensemble d'activités déterminées à un moment donné. Dans ce secteur, il n'y a pas de savoirs théoriques à transposer en objet de savoirs scolaires, mais un ensemble composite et hétérogène de pratiques et de savoirs professionnels d'où il faut extraire des savoirs professionnels décontextualisés. La hiérarchie entre enseignement général et enseignement technique sur laquelle repose le processus d'orientation et de sélectivité des filières n'est sans doute que le produit des rapports de force dominants dans le système scolaire, où les couches influentes imposent leurs conceptions des savoirs et de la culture légitime.

L'accroissement du chômage des jeunes et la mise en cause de formations obsolètes par le patronat se conjuguent pour inciter le ministère de l'Éducation nationale à entreprendre une rénovation en profondeur des diplômes. C'est au sein des commissions professionnelles consultatives, mais aussi sous l'impulsion de la direction des lycées et collèges que ce travail est mené systématiquement depuis 1983. Après une phase de définition de l'opportunité de créer ou de rénover un diplôme, un référentiel du diplôme est défini à partir de celui de l'emploi correspondant. Ce référentiel permet une mise en cohérence entre des activités et fonctions contenues dans les emplois et des compétences, savoirs et savoir-faire à acquérir pour les effectuer, lesquels, une fois consignés, font l'objet d'un référentiel de formation. Le référentiel de formation sera ensuite diffusé auprès des organismes de formation. Si toutes les conditions semblent réunies pour instaurer une véritable concertation, l'administration garde un pouvoir de décision que lui conteste le monde productif, ce qui engendre conflits et polémiques.

Dans l'enseignement professionnel, la rénovation des contenus introduit une nette diminution de la prévalence de la pratique au profit des savoirs dits généraux ; elle engendre aussi un changement de nature de cette pratique dans le sens d'une plus grande intellectualisation. Par ailleurs, les catégories de savoirs techniques sélectionnés, comme le caractère formalisé sous lequel ils s'enseignent, montrent que l'École, pour les programmer, tend à s'écarter de la division sociale du travail. Contrairement à une interprétation avancée il y a quelques années, on peut dire aujourd'hui que l'École assure mieux l'apprentissage des procédés de production que celui des conditions sociales de la production. Ces changements expriment, en plein, une extension de la logique de l'école et, en creux, un recul de la participation du monde de la production (et des organisations professionnelles patronales notamment) à la définition du progamme de formation et à son contrôle.

Quant aux représentations enseignées, qui peuvent être saisies dans l'évolution d'une discipline comme le français, elles laissent apparaître un mouvement apparemment contradictoire. Une extension de la norme se manifeste dans les exercices demandés et les thèmes traités aux examens professionnels (CAP et BEP, aujourd'hui bac professionnel), lesquels se rapprochent singulièrement de ceux pratiqués aux baccalauréats d'enseignement général. Alors que, dans les années 1950, les représentations s'organisaient autour de la sphère du travail, depuis une trentaine d'années elles s'élargissent à l'ensemble de la vie sociale. Mais, simultanément, le travail, la technique et la production apparaissent sous des images plutôt dépréciatives, et l'enseignement technique, qui a pour objet spécifique de transmettre la science des procédés de production, se trouve également dévalorisé et connoté négativement.

L'enseignement professionnel et technologique reste subordonné dans un système hiérarchisé. La valorisation aujourd'hui de la professionnalisation *dans* et *par* l'école ne bouleverse pas ces hiérarchies. La volonté du ministère d'intégrer ces deux filières dans un lycée des métiers ouvert vers les licences professionnelles risque encore de réduire l'offre de formations professionnelles et avec elle la diversité des possibles, des trajectoires et des formes d'accès à la qualification et à la culture technique et professionnelle.

Catherine Agulhon

▸ Bibliographie

AGULHON C., *L'Enseignement professionnel : quel avenir pour les jeunes ?* Paris, Éd. de l'Atelier, 1994.

AGULHON C., ROPÉ F., TANGUY L., « L'Enseignement du français au LEP, miroir d'une perte d'identité », *Études et linguistique appliquées,* n° 54, avril-juin 1984, p. 39-68.

CAMPINOS-DUBERNET M., GRANDO J.-M., « Formation professionnelle ouvrière : trois modèles européens », *Formation-Emploi,* n° 22, 1988.

CHARLOT B., FIGEAT M., *Histoire de la formation des ouvriers (1789-1984),* Paris, Minerve, coll. « Voies de l'histoire », 1985.

COLLECTIF, « Histoire de l'enseignement professionnel et technique », *Formation-Emploi,* n° spécial 27-28, 1989.

COMBS M.-C., « La Loi de 1971 sur l'apprentissage », *Formation-Emploi,* n° 15, 1986.

DUBET F., *Les Lycéens,* Paris, Le Seuil, 1996.

MOREAU G. (dir.), *Les Patrons, l'État et la formation des jeunes*, Paris, La Dispute, 2002.

PELPEL P., TROGER V., *Histoire de l'enseignement technique,* Paris, L'Harmattan, 2001.

TANGUY L., *L'Enseignement professionnel en France : des ouvriers aux techniciens,* Paris, PUF, 1991.

TANGUY L., *Quelle formation pour les ouvriers et les employés en France ?,* Paris, La Documentation française, 1991.

TANGUY L., « Les Savoirs enseignés aux futurs ouvriers », *Sociologie du travail,* n° 3, 1983.

▸ Voir aussi

Alternance (Formations en) – Démocratisation de l'enseignement – Formation en entreprise (Période de) – Formation professionnelle continue – Psychologie de l'apprentissage – Référentiel – Relation École/Entreprise.

TECHNOLOGIE (ENSEIGNEMENT DE LA)

Dans la première partie du XXe siècle, les manuels de technologie décrivent les procédés employés dans les arts et dans l'industrie pour transformer la matière brute en objets ouvrés nécessaires à l'homme. Sortes de monographies professionnelles, ces ouvrages à l'usage des écoles primaires supérieures, des écoles pratiques de commerce et d'industrie, et des cours complémentaires renseignent sur les techniques de l'époque.

Les mutations scientifiques et techniques de l'après-guerre, les bouleversements du travail, du milieu technique et des rôles sociaux qu'induit la modernité s'associent à la reconfiguration de l'École en système éducatif au début des années 1960. La prolongation de la scolarité obligatoire jusqu'à seize ans, l'accueil de tous les élèves au sein du collège, mais aussi les besoins accrus de techniciens exigent la présence du monde de la technique dans la scolarité obligatoire. Pour découvrir ce nouveau milieu, pour s'y projeter afin de permettre une orientation scolaire et professionnelle, la technologie s'avère alors indispensable pour tous les jeunes scolarisés. Ainsi naît cette discipline scolaire fondamentalement associée au collège.

Une discipline à inventer

Depuis 1962, date à laquelle correspondent les premiers essais de cette discipline, la technologie est toujours définie comme un enseignement général, c'est-à-dire sans aucun caractère préprofessionnel. Mais, au cours des quarante dernières années, cette éducation technologique est régulièrement redéfinie avec des étiquettes distinctes : technologie et son, expression graphique, technologie-physique, éducation manuelle et technique, puis technologie. Cette succession révèle les tensions qu'elle recouvre dans ses fondements et ses contenus, dans les tâches des élèves et leurs références. Ainsi est-elle tantôt une discipline expérimentale ou une discipline d'atelier, une série d'études d'objets techniques ou d'expériences pratiques, des leçons de sciences appliquées ou des activités manuelles. Ainsi les activités se réfèrent-elles à des savoirs scientifiques ou à des pratiques sociotechniques, d'abord domestiques et artisanales puis industrielles et commerciales à l'image des productions contemporaines. Ainsi l'enseignement est-il parfois généralisé à tous les élèves ou particularisé pour les « sous-instruits normalement doués » ou les « anorexiques scolaires », prescrit uniformément à tous ou recommandé en options pour certains. Les oscillations de ses contenus sont aussi celles des spécialités des professeurs chargés de son enseignement.

Un corps professoral à créer

En 1977, la mise en œuvre du plan d'études de la réforme Haby installe pour l'ensemble de la scolarité au collège l'enseignement de l'éducation manuelle et technique (EMT), qui se substitue alors aux travaux manuels éducatifs (TME). Cette modification se traduit par la multiplication par cinq des effectifs d'enseignants, assurée par des recrutements conjoncturels. À partir de 1985, date à laquelle la technologie remplace l'EMT, la reconversion des enseignants unifie progressivement le corps professoral. La création du CAPET section technologie en 1987 contribue également à l'homogénéisation du statut des professeurs, alors majoritairement PEGC XIII (EMT et options technologiques) et très minoritairement certifiés (CAPES de TME ou d'EMT). Si à cette époque le CAPET distingue les professeurs selon leur formation initiale dans les domaines de la mécanique, de l'électronique et de la gestion, en 1988 l'abandon de ces trois options uniformise le recrutement et la discipline. Parallèlement à ces évolutions, la composition du corps professoral, majoritairement féminin jusqu'alors, se modifie avec environ 60 % d'hommes aujourd'hui.

Des contenus à actualiser

Toute discipline ancrée sur des pratiques sociales est soumise à leur évolution. L'EMT rompt ainsi avec les TME archaïquement construits sur la distinction des occupations et des rôles des hommes et des femmes, qui motivait les premiers choix de contenus du travail manuel et des travaux d'aiguilles au XIXe siècle. Dès la fin des années 1970, les activités sont indifférenciées pour les garçons et les filles, qui s'initient aux techniques spécifiques de l'aménagement de l'habitat, de l'alimentation, de la construction mécanique, de l'habillement, etc. Mais ces pratiques, légitimées par les enjeux de la politique éducative qui soutient la revalorisation des travailleurs manuels, s'avèrent surannées. En effet, le début des années 1980 est marqué par un changement de politique majeur et par des évolutions importantes que traduisent le projet de la Cité des sciences et de l'industrie, la création du Centre de recherche sur la culture technique et les réflexions sur l'informatisation de la société. Ces ruptures motivent la mise en place en 1983 de la Commission permanente de réflexion sur l'enseignement de la technologie (COPRET). Son rapport précise les orientations d'une éducation technologique contemporaine, ses fondements et son organisation pour le collège et le lycée. Il est à l'origine des programmes de 1985 de la discipline « technologie », obligatoire pour tous les collégiens au cours des quatre années de leur scolarité.

Une discipline à installer

Ces programmes privilégient l'approche de réalisation par la mise en œuvre de projets techniques, à l'image des pratiques d'entreprises. À une époque où les relations partenariales école/entreprise changent, trois modifications sont particulièrement importantes. La première est l'introduction de l'usage des ordinateurs, que le plan « informatique pour tous » (IPT) souhaite parallèlement généraliser : initiation aux travaux de bureautique, utilisation de robots, de tables traçantes et d'automates programmables. La deuxième est la généralisation des innovations développées en particulier dans les précédentes options technologiques des classes de 4e et de 3e dans les domaines industriels : principes de production sérielle et constructions électroniques. La dernière est l'intégration dans les réalisations scolaires des contraintes économiques et commerciales : démarche mercatique, analyse des coûts, cycle de vie commerciale des produits.

Ces profondes modifications des contenus sont, au fur et à mesure, accompagnées d'un plan d'équipement qui transforme progressivement les ateliers en laboratoires de technologie. L'offre des fournisseurs spécialisés et le financement des conseils généraux assurent l'actualisation, certes variable selon les établissements, de ces équipements. Machines à commande numérique, thermoformeuses ou thermoplieuses, maquettes d'automatismes, réseaux d'ordinateurs et logiciels de conception ou de fabrication assistées (CAO, CFAO, etc.), connexions intranet et internet, etc. constituent l'environnement actuel des collégiens au cours des deux heures de technologie de leur emploi du temps hebdomadaire.

Au collège, entre l'école et le lycée

Après dix ans de généralisation de cet enseignement, les programmes de 1996-1998 reconfigurent la discipline et actualisent ses contenus afin de la stabiliser. Ces prescriptions intègrent le développement des environnements informatisés et des usages sociaux de la communication électronique. Ils organisent également la progressivité des réalisations sur projet pour les trois cycles du collège. L'augmentation importante des emplois dans le secteur tertiaire justifie la proposition de productions de services aux côtés des réalisations plus traditionnelles de produits matériels.

La technologie est alors définie en deux parties articulées : une technologie de la production qui permet progressivement aux élèves de prendre en charge le développement d'un projet technique et qui vise à la fois la familiarisation pratique avec les équipements du collège et l'élaboration intellectuelle d'un modèle de démarche, indispensable pour projeter une action finalisée et interpréter les productions contemporaines ; une technologie de l'information qui assure l'apprentissage de l'usage raisonné des ordinateurs dans leurs multiples utilisations. En 2005, de nouveaux programmes amorcent une refondation de la discipline en privilégiant l'investigation des objets techniques.

La technologie, avec des salles, des équipements et des enseignants spécialisés, est clairement identifiée au collège. Elle prolonge les activités de l'école primaire où les élèves font leurs premières expériences dans le domaine indifférencié des « sciences et technologie ». Après le collège, la reprise et l'extension de l'éducation technologique sont offertes dans l'enseignement professionnel et l'enseignement général et technologique. Les options de la classe de 2de, principalement les options « initiation aux sciences de l'ingénieur (ISI) », « informatique et système de production (ISP) » et « informatique de gestion et communication (IGC) », sont alors assurées par des professeurs de génie mécanique, génie électrique et d'économie-gestion.

Une discipline d'expériences

En tant que discipline scolaire, la technologie est construite sur les spécificités de ces contenus. Elle diffère ainsi des disciplines conçues sur l'apprentissage systématique de savoirs cumulatifs. Discipline d'expériences, elle est éducative grâce aux rencontres avec la technique qu'elle suscite et par les actions et le raisonnement qu'elle provoque. Elle valorise ainsi la technicité des tâches, le travail en équipes des élèves, leurs progrès dans la prise en charge des projets, la construction de compétences instrumentales et notionnelles exigibles à l'issue de chacun des cycles du collège. L'évaluation est intimement associée à sa structure en privilégiant l'implication des élèves, leurs actions réfléchies et les compétences indispensables à la poursuite des études.

Originale par ses contenus et ses modalités d'enseignement-apprentissage, la technologie ne peut se confondre avec le modèle dominant des disciplines scolaires qui la réduirait à des leçons ou à des discours sur la technique. Comme le fut en son temps le travail manuel, elle est alors parfois contestée, souvent en raison du mépris porté aux pratiques techniques, de l'ignorance des technicités et de nombreuses confusions sur ses visées et sur ses missions au collège. Depuis dix ans, sa valorisation s'effectue par les pratiques informatiques dont elle assure la diffusion et la socialisation. La technologie est en effet la discipline responsable des apprentissages des usages de l'ordinateur, étendus dans les autres disciplines et validés par le brevet informatique et Internet (B2i).

L'éducation technologique dans le monde

Tous les systèmes éducatifs n'intègrent pas l'éducation technologique dans leur école moyenne en raison des politiques éducatives, des conjonctures économiques, des traditions culturelles et scolaires. Elle ne figure pas explicitement dans les programmes d'études de la plupart des *Länder* allemands ou des États d'Amérique. Lorsqu'elle existe sous une forme disciplinaire comme en Suède, aux Pays-Bas, en Angleterre, à Taïwan, au Chili, au Japon, etc., elle résulte généralement, comme en France, de la transformation des travaux manuels et techniques et maintient parfois une distinction des références domestiques et industrielles en associant les travaux ménagers. L'analyse comparée internationale de cette discipline met en évidence des différences qui expriment aussi les tensions originelles de la version française, quant aux visées, aux références, aux tâches et aux contenus. Dans ces *technology education*, sont alors privilégiées les compétences techniques dans une perspective plus préprofessionnelle, les sciences de l'ingénieur pour préparer les formations supérieures de spécialistes des génies techniques, les activités manuelles ou artistiques afin de contribuer au développement intellectuel et personnel, les expériences productives afin de découvrir le monde. Les priorités portent également sur l'informatique et les technologies de l'information et de la communication, le *design* et la créativité, les sciences appliquées à l'industrie. La technologie apparaît aussi dans des formes nuancées comme moyen d'acquisition des démarches de résolution de problèmes, comme discipline de service dans les pédagogies actives ou comme composante de l'éducation citoyenne dans une perspective d'analyse critique et de contrôle social et éthique du développement des moyens techniques. Dans ce paysage international, la technologie du collège français est remarquée en raison de ses équipements et de ses professeurs spécialisés, qui offrent aux élèves d'authentiques expériences techniques contemporaines.

La technologie et les recherches en didactique

Les caractéristiques de cette discipline scolaire en font un objet d'étude particulièrement intéressant en sciences de l'éducation. Parmi les travaux consacrés à l'éducation technologique, trois ensembles peuvent être distingués selon les problématiques. Le premier concerne des recherches sociologiques mettant en évidence les déterminants des pratiques et des choix de contenus selon les acteurs. Le deuxième, particulièrement développé dans les travaux anglo-saxons, privilégie un point de vue psychologique dans l'étude des processus cognitifs de conception et d'instrumentation, de recherche et d'évaluation de solutions constructives, d'utilisation et d'appropriation des graphismes et des langages techniques. Le troisième, le plus important actuellement en

France, concerne l'épistémologie de cette discipline. Dès le milieu des années 1970, les premiers essais de conception de cet enseignement avaient mis en évidence le problème didactique du choix pertinent des contenus à enseigner. Martinand avait alors proposé le concept de « pratique sociale de référence » pour discuter ces décisions curriculaires. Les recherches contemporaines en didactique de la technologie poursuivent ces travaux pour rendre intelligible cette discipline, et pour éclairer les interventions des enseignants ainsi que les décisions concernant sa structure, son organisation, ses contenus, sa progressivité et sa flexibilité, ses figures d'ensemble, ses conditions d'existence et de développement.

Joël Lebeaume

▸ Bibliographie

LEBEAUME J., *L'Éducation technologique : histoires et méthodes*, Issy-les-Moulineaux, ESF, 2000.

LEBEAUME J., « Construction de la technologie pour l'école moyenne en France : un aperçu historique », *La Revue canadienne de l'enseignement des sciences, des mathématiques et des technologies*, vol. 3, n° 1, 2003, p. 83-99.

LEBEAUME J., MARTINAND J.-L. (dir.), *Enseigner la technologie au collège*, Paris, Hachette, 1998.

MARTINAND J.-L., « L'Éducation technologique à l'école moyenne en France : problèmes de didactique circulaire », *La Revue canadienne de l'enseignement des sciences, des mathématiques et des technologies,* vol. 3, n° 1, 2003, p. 100-116.

▸ Voir aussi

Didactique – Épistémologie – Physique et chimie (Enseignement de la) – Pratique sociale de référence.

TECHNOLOGIES DE L'INFORMATION ET DE LA COMMUNICATION POUR L'ÉDUCATION (TICE)

Les deux dernières décennies du XXe siècle ont vu une diffusion très importante d'ordinateurs personnels, de plus en plus souvent connectés au réseau Internet, et une instrumentation croissante des activités humaines par des systèmes informatiques. Le domaine de l'éducation ne fait pas exception, et de nouvelles notions, comme celles de « multimédia » ou de « *e-learning* » sont apparues et entrent dans le vocabulaire courant.

L'expression « technologies de l'information et de la communication », abrégée en « TIC », enveloppe l'ensemble des dispositifs techniques permettant de gérer de l'information numérisée. Le texte qui suit vise à proposer des points de repère sur la variété des applications éducatives de ces technologies, qu'on désigne souvent par l'acronyme « TICE », le « E » étant l'abréviation de « éducation ».

Outils logiciels et informatiques

Ce qui distingue sans doute les TIC des autres technologies, c'est l'importance que revêt leur composante logicielle (en anglais *software*). Les logiciels (appelés aussi « outils informatiques ») ont maintenant une place dans notre vie quotidienne, où ils sont présents sous de multiples formes, depuis le traitement de texte jusqu'aux moteurs de recherche sur Internet, en passant par les logiciels de traitement d'images, les systèmes spécialisés dans la gestion de bases de données, l'instrumentation de disciplines scientifiques ou l'accompagnement scolaire.

Objet immatériel, un logiciel est un artefact singulier, sans précurseur direct dans l'histoire humaine. Du point de vue de sa conception, on peut le considérer comme un ensemble d'instructions composé par une équipe de programmeurs. Pour les utilisateurs, il existe sous plusieurs formes. L'une, statique, est constituée d'un ensemble de fichiers de données stockés quelque part sur un support physique (comme un disque dur, un CD-Rom), indispensables au fonctionnement. D'autres sont dynamiques. La plus visible est l'interface avec l'usager, souvent structurée autour de « métaphores » comme celles du bureau, qui a pour fonction de proposer des points de vue sélectifs sur les actions possibles. De manière généralement invisible, des *processus* de traitement de données, actifs en mémoire centrale, déterminent strictement les interactions possibles avec l'ordinateur.

La notion de logiciel est ainsi au cœur des technologies de l'information et de la communication. Elle englobe bien plus que quelques types de produits phares et donne lieu à des modes de diffusion pluriels : un secteur de logiciels dits « libres » (*open source)* se développe ainsi concurremment avec le marché du logiciel commercial.

Repères historiques

Le système éducatif français s'est intéressé aux technologies de l'information dès après la Seconde Guerre mondiale, et il n'est pas exagéré de dire que l'éducation a régulièrement joué le rôle d'une sorte de « laboratoire d'essai » pour ces différentes technologies, qui sont arrivées par vagues successives (audiovisuel, ordinateur et informatique, Internet), chacune tendant à supplanter la précédente.

Schématiquement, on peut distinguer plusieurs grandes phases de prise en compte des TICE, liées à une succession de politiques publiques volontaristes, menées d'abord par l'État puis relayées par les collectivités territoriales. La première s'est intéressée aux médias audiovisuels (jusque vers 1970). La deuxième correspond à une focalisation sur l'informatique, culminant au moment du plan « informatique pour tous » de 1985, opération ambitieuse qui a conduit à l'équipement en ordinateurs de la quasi-totalité des écoles de différents niveaux et a proposé une formation de courte durée (une semaine) à plus de 100 000 enseignants. Ce plan national a aussi marqué un passage de relais aux collectivités territoriales, auxquelles est revenue la charge du remplacement des équipements.

La troisième phase est celle de la banalisation de l'informatique, de la diffusion d'instruments logiciels et de la montée en puissance sur les machines grand public de capacités de traitement d'images et de son (c'est-à-dire multimédias), jusque vers 1995. La quatrième est caractérisée par l'accent porté principalement sur Internet et ses applications et sur l'accès à distance à des informations multimédias.

Pour chaque phase, on repère un mouvement en trois temps : exploration des possibilités éducatives et invention de nouvelles fonctionnalités à l'initiative d'enseignants ou en relation avec eux ; première diffusion/mise à l'épreuve au sein d'actions d'innovations ; enfin banalisation et déclin devant des technologies nouvellement apparues.

Un grand débat a couru tout au long de ces années quant à la nature des technologies en éducation, souvent posé en terme de choix alternatif. On a d'abord considéré l'opposition entre des *outils d'enseignement* et un aspect *objet d'enseignement,* devant donner lieu à élaboration de contenus disciplinaires spécifiques (des cours d'option informatique ont été dispensés dans les formations générales de lycées pendant une douzaine d'années). La diffusion des outils informatiques a ensuite déplacé les termes de ce débat, et la perspective d'un hypothétique *outil informatique* générique est venue au premier plan, avec une opposition entre les outils du maître et ceux de l'élève.

L'aspect *objet d'enseignement*, très minoritaire, est maintenant cantonné dans les secteurs technologiques. Un « brevet informatique et internet » (B2I) à trois niveaux (fin d'école primaire, de collège et de lycée) a cependant été créé en 2000, attirant l'attention sur la nécessité pour tous les jeunes de s'être approprié un certain nombre de *compétences* spécifiques. Ce brevet a ensuite été complété par un certificat informatique et internet (C2i) destiné aux enseignants. Dans les deux cas, il est remarquable que seules soient considérées des compétences à acquérir, sans que ni la question des savoirs et des conceptualisations en jeu ni celle des enseignants responsables de leur bonne appropriation par les élèves ne soient posées.

Depuis quelques années, on constate un renouveau de l'intérêt pour des logiciels multimédias pilotant des parcours d'apprentissage et des « plateformes » de *e-learning*, systèmes destinés à gérer des actions de formation à distance. De ce point de vue, l'éducation scolaire (très largement présentielle) se situe en contraste par rapport aux formations supérieures et continues.

En somme, les TICE constituent un ensemble hétérogène, dont les usages observés coïncident rarement avec les usages prévus, les initiatives des enseignants jouant un rôle fondamental. Nous distinguerons ici entre un ensemble de supports et de médias d'enseignement caractérisant une *technologie éducative*, et des instruments de travail destinés aux élèves renouvelant les *activités d'apprentissage* menées dans des disciplines d'enseignement.

Supports pédagogiques ou instruments de travail ?

Il est indéniable que les TIC (en fait l'informatique) interviennent en éducation par l'intermédiaire de logiciels jouant un rôle de supports ou de moyens (médias) pédagogiques et assumant parfois une partie des prérogatives de l'enseignant (prescrire des exercices, noter, etc.). On a longtemps employé pour désigner ce domaine l'expression « enseignement assisté par ordinateur », ou EAO.

De l'enseignement assisté par ordinateur au multimédia

L'enseignement assisté par ordinateur (EAO) correspond à un courant pédagogique apparu dans les années 1960, qui s'appuie à la fois sur les théories de l'enseignement programmé et sur les possibilités des ordinateurs. Fondé sur l'utilisation de logiciels d'instruction (longtemps appelés « didacticiels »), dotés de certaines prérogatives de l'enseignant (interroger, expliquer, noter, etc.), l'EAO s'est très rapidement diversifié.

Dans un sens restreint, il concerne la mise en œuvre de logiciels à usage didactique visant à gérer des parcours d'apprentissage en se substituant partiellement à l'enseignant (on parle alors parfois de *tutoriels*). Dans un sens élargi, il inclut les logiciels de simulation-modélisation et, plus généralement, des environnements relativement ouverts.

Dans le modèle classique de l'enseignement assisté par ordinateur, on fait explorer à l'apprenant un réseau de situations pédagogiques, parfois appelées « items » ou unités d'interaction. Chacune comprend typiquement une présentation éventuelle d'information, une sollicitation, une analyse de la réponse apportée par l'utilisateur, conduisant au branchement vers un autre item en fonction du résultat d'un calcul effectué par le programme.

Ce modèle, qui comprend souvent des questionnements à choix multiples, se retrouve encore dans nombre de produits récents. Il est assez bien établi qu'il peut avoir une efficacité pédagogique, notamment pour l'acquisition de savoir-faire opératoires, dans des situations où il est possible de mettre en œuvre une programmation didactique.

Après avoir fait l'objet d'un grand intérêt et d'espoirs sans doute exagérés lors des premières phases de diffusion de l'informatique en milieu éducatif, l'enseignement assisté par ordinateur a ensuite rencontré moins de faveur, l'intérêt se déplaçant vers les environnements logiciels laissant une plus grande initiative aux usagers. L'expression elle-même a été supplantée par d'autres. Depuis le début des années 1990 et la diffusion de systèmes dits « hypermédias » où l'utilisateur a une plus grande marge d'exploration des contenus, on a plutôt parlé d'environnements interactifs d'apprentissage avec ordinateur (EIAO), consacrant une focalisation sur ces derniers et leurs activités cognitives plus que sur l'enseignement. Plus récemment est apparue la notion d'« environnements informatisés pour l'apprentissage humain » (EIAH).

Dans le grand public, « multimédia » est le terme le plus couramment employé pour désigner ces systèmes de traitement de l'information. Le marché du multimédia à usage éducatif comprend une pluralité de produits, qui s'ordonnent autour de plusieurs attracteurs : les jeux, la culture, les environnements spécifiquement éducatifs. Dans ce domaine, l'offre vise particulièrement le secteur parascolaire et l'accompagnement scolaire.

De nouvelles formes d'instrumentation

D'autres types de logiciels *à usage éducatif* existent, servant d'auxiliaires de résolution de problèmes. On a ainsi notamment vu se diffuser non seulement des outils généraux (comme le traitement de texte et, plus récemment, des outils de recherche d'information), mais aussi des *instruments* informatiques à usage disciplinaire dont l'impact potentiel sur l'enseignement est considérable. On peut ainsi citer, sans souci d'exhaustivité, les logiciels principalement utilisés en mathématiques, comme les systèmes de calcul formel, les logiciels de construction géométrique, les logiciels de dessin assisté par ordinateur et de modélisation tridimensionnelle, les gestionnaires de bases de données, les systèmes d'expérimentation assistée par ordinateur utilisés en sciences, qu'ils soient liés à une expérimentation donnée ou bien à usage général.

Ces instruments sont sophistiqués et incorporent une représentation de concepts spécifiques. Leur champ d'application excède généralement les contours d'une discipline particulière (et *a fortiori* d'un programme particulier). Les recherches menées sur leur mise en œuvre montrent qu'ils tendent à changer le point de vue sur les phénomènes étudiés, à modifier les activités des élèves et celles des enseignants.

Pour ces derniers, intégrer ces instruments dans des gestes professionnels ordinaires nécessite une maîtrise que peut difficilement donner une simple pratique : il existe en effet une grande différence entre ce qui concerne les usages à domicile, exercés sans tension particulière, et les situations de « direct » que sont les interventions en classe.

Internet et *e-learning*

Le mot « Internet » s'est assez récemment diffusé dans le grand public. Fondé sur des principes informatiques développés depuis les années 1960 aux États-Unis, ce réseau planétaire utilise des protocoles techniques normalisés qui garantissent en principe une interconnexion généralisée entre ordinateurs, quels que soient les systèmes qu'ils utilisent. En fait, les types de services disponibles évoluent assez vite, notamment avec le développement de possibilités de connexion dites à haut débit, qui ouvrent de nouvelles perspectives d'acquisition et de transmission de documents multimédias.

S'il est hors de question de dresser ici un panorama des applications liées à Internet, on insistera sur leur diversité voire leur hétérogénéité selon plusieurs points de vue. Techniquement, certains services fonctionnent selon un principe de relation entre clients et serveurs distants, comme le courrier électronique (ou *courriel*) ou l'accès à des documents multimédias (ce qu'on appelle la *Toile* ou le *Web*). D'autres reposent sur l'échange entre pairs (en anglais *peer to peer*, ou *P2P*). Certains ont un caractère synchrone, comme la communication de messages instantanés (« *chat* ») ; d'autres sont asynchrones comme les forums ou listes de discussion, systèmes facilitant la construction d'opinions partagées par des communautés de praticiens ou d'apprenants.

Dans l'ensemble de ces services, certains sont gratuits et fondés sur une éthique de libre échange au sein d'une communauté ; d'autres suivent un modèle marchand, qu'ils soient payants ou « sponsorisés » (dans ce cas les utilisateurs sont les destinataires de différentes formes de publicité plus ou moins « ciblée »).

L'offre de *e-learning* (c'est-à-dire le plus souvent de services éducatifs fondés sur des solutions utilisant Internet), proposée à l'initiative de différents donneurs d'ordre, institutionnels, associatifs et marchands, connaît un fort développement. Certains services sont fournis par des administrations (nationale, régionale) ou des établissements ; d'autres relèvent de l'assistance scolaire marchande. Certaines ressources sont proposées gratuitement aux enseignants et aux apprenants par des associations de militants partisans de logiciels et de documents libres de droits.

Pour leur part, les formations supérieures et, *a fortiori*, les formations continues (on parle maintenant de « formation tout au long de la vie ») constituent un terrain privilégié de diffusion des TICE, avec le développement de « campus numériques » destinés à favoriser des formes d'enseignement et d'apprentissage en permettant la mise en ligne de cours et la gestion de formations (partiellement) à distance. Un tel choix comporte toujours une part notable de programmation didactique et une modélisation des interactions attendues avec des apprenants, plus ou moins incorporée dans la plate-forme technique utilisée.

Il est probable que vont se développer de nouvelles formes d'accès à l'information, de remise à jour des connaissances, des modalités d'hybridation entre formations à distance et en présence et d'*industrialisation* de la formation.

Des incertitudes sur l'avenir existent cependant. Des changements organisationnels sont nécessaires au fonctionnement de tels dispositifs de « *e-formation* » ou à leur mise en place, notamment dans les rôles et les gestes professionnels des enseignants et des formateurs. Les coûts de fonctionnement restent encore relativement élevés et les modèles économiques non stabilisés. Dans le cadre de la globalisation de l'économie et dans un souci de rentabilisation des investissements, il n'est pas impossible que se développent localement dans l'avenir des modèles de formation du type de la *franchise commerciale*, des officines opératrices de la formation n'ayant pas la maîtrise des contenus ni celle des choix pédagogiques. Il sera également intéressant de suivre la manière dont s'installent et se déploient des formes marchandes de soutien scolaire (et, plus largement, de complémentation de l'offre scolaire), fondées sur l'usage de technologies de réseau.

Si l'on peut affirmer sans grand risque que les instruments technologiques contemporains sont en passe de contribuer à changer notre rapport à l'information et à la documentation, de modifier certaines de nos activités fondamentales (comme la lecture, l'écriture ou le calcul), l'estimation de leurs impacts précis sur l'enseignement et la formation est délicate. Les changements dépendent en effet de facteurs multiples (en particulier, les activités d'apprentissages changent), et le temps est encore à l'invention et à l'innovation pédagogiques. On relèvera ici deux grands enjeux : le premier est que tous les jeunes s'approprient des représentations correctes du fonctionnement des systèmes informatiques contemporains. Le second est que les enseignants, responsables de la formation des premiers, puissent conserver une marge d'initiative et continuer à jouer un rôle d'auteurs et d'inventeurs.

Georges-Louis Baron

▶ Bibliographie

ALAVA S. (dir.), *Cyberespace et formations ouvertes : vers une mutation des pratiques de formation*, Bruxelles, De Boeck, 2000.

BARON G.-L., BRUILLARD É., *L'Informatique et ses usagers dans l'éducation*, Paris, PUF, coll. « L'Éducateur », 1996.

BARON G.-L., BRUILLARD É. (dir.), *Les Technologies en éducation : perspectives de recherche et questions vives – Actes du Symposium international francophone*, Saint-Fons, INRP, 2002.

BISSEY C., MOREAU J.-L., *TIC et NET : nouvelles voies pour la formation*, Paris, PUF, 2003.

BRUILLARD É., *Les Machines à enseigner*, Paris, Hermès, 1997.

CHAPTAL A., *L'Efficacité des technologies éducatives dans l'enseignement scolaire : analyse critique des approches française et américaine*, Paris, L'Harmattan, 2003.

JACQUINOT G., « Apprivoiser la distance et supprimer l'absence ? ou les Défis de la formation à distance », *Revue française de pédagogie*, n° 102, 1993, p. 55-67.

LANGOUËT G. (dir.), *Les Jeunes et les médias : l'état de l'enfance en France*, Paris, Hachette, 2000.

LINARD M., *Des machines et des hommes : apprendre avec les nouvelles technologies*, Paris, L'Harmattan, 1996.

MOEGLIN P. (dir.), *L'Industrialisation de la formation : état de la question*, Paris, CNDP, 1998.

PERRIAULT J., *La Communication du savoir à distance*, Paris, L'Harmattan, coll. « Éducation et formation », 1996.

POCHON L.-O., MARÉCHAL A., *Entre technique et pédagogie : la création de contenus multimédias pour l'enseignement et la formation,* Neuchâtel, IRDP, 2004.

▶ Voir aussi

Audiovisuel – Machine à enseigner – Médias – Objectif pédagogique.

Télévision

La relation que les jeunes entretiennent avec la télévision suscite, dans l'opinion publique, un discours récurrent largement amplifié par la presse écrite (Lurçat, 2000 ; Mariet, 1990). Les thèmes bien connus s'y retrouvent : trop de violence et de sexe dans les programmes, une incitation à la consommation qui a des effets néfastes sur la santé et le travail scolaire des enfants.

Quelle que soit leur valeur, ces arguments touchent au malaise ressenti par les parents devant la consommation audiovisuelle des jeunes, dont ils se sentent exclus. Pour des raisons professionnelles, ils sont le plus souvent absents de chez eux quand les enfants rentrent de l'école et, de ce fait, ne peuvent contrôler le temps qu'ils consacrent à la télévision. Mais surtout, ils ne connaissent pas les programmes que leurs enfants regardent, sinon par ce qu'ils peuvent en lire dans la presse ou plus fréquemment par ce qu'ils en perçoivent dans les dires et jeux de leurs enfants. Ainsi, la télévision représente, pour eux, l'irruption dans l'espace d'intimité du foyer d'une culture d'autant plus inquiétante qu'elle n'est plus la leur. Cette exclusion de fait est sans doute, parmi d'autres raisons, à la source du sentiment de dépossession qu'éprouvent les parents par rapport à leur responsabilité d'éducateurs.

Leur inquiétude relève surtout des effets supposés néfastes que la consommation de la télévision engendre sur les apprentissages scolaires. À l'évidence, regarder très tardivement la télévision en soirée en réduisant le temps de sommeil ne facilite pas chez l'élève l'effort d'attention qu'exige le travail scolaire. Même si l'on n'observe pas de relation causale directe entre la consommation de télévision et les mauvais résultats scolaires, ce lien est établi un peu rapidement par les enseignants. Ils sont encore nombreux à considérer que la pratique de la télévision induit des comportements néfastes aux apprentissages scolaires.

Des travaux en sociologie de l'éducation ont apporté un éclairage sur les rapports ambigus entre la télévision et le livre. Chez les jeunes, l'image du livre est bonne, même s'ils préfèrent la télévision quand il s'agit de passer une soirée de détente. Comme support de connaissance, livre et télévision arrivent à égalité (De Singly, 1993).

En analysant les pratiques culturelles des Français, Establet et Felouzis (1992) mettent en évidence des manières de lire et de regarder la télévision qui sont liées au sexe et au niveau scolaire. Certaines pratiques cultivées jouent à la fois de la lecture des romans contemporains, d'un usage raisonné de la télévision et d'une documentation sérieuse sur l'audiovisuel.

Sur ce point, il convient aussi de porter un autre regard sur les jeunes téléspectateurs pour découvrir la culture audiovisuelle qu'ils acquièrent à l'insu des parents et des enseignants ou, tout au moins, qui n'est pas encore suffisamment prise en compte par eux.

La culture audiovisuelle des jeunes

L'audiovisuel ne se réduit plus à la seule télévision. L'écran cathodique sert aujourd'hui de terminal à plusieurs sources de messages : l'écran d'ordinateur, les DVD, dont les foyers avec enfants sont les mieux équipés, et aussi les consoles de jeux électroniques. Toutefois, le téléviseur est l'appareil le plus utilisé parmi ces différents outils, et l'écran cathodique, qui les fédère tous, est au centre des loisirs des jeunes avec tout ce qui se rapporte au son et à la musique et que symbolisent la radio, le baladeur et le lecteur MP3.

Cette pratique de l'écran cathodique, la consommation des images et des sons induit chez les jeunes une « culture audiovisuelle » : mosaïque de notions multiples et variées qu'ils grappillent dans les programmes télévisés. Mais il ne s'agit que de notions engendrées à partir de perceptions audiovisuelles, et cette culture en jachère a donc besoin d'être cultivée.

Au-delà de l'acquisition de ces notions, l'expression audiovisuelle a dans cette appropriation une spécificité qui se caractérise par plusieurs éléments observables :
– la capacité dont les jeunes font preuve à utiliser très tôt les différents outils audiovisuels,

à assurer leur branchement et leur connexion, à s'enquérir de leur logique de fonctionnement, notamment en ce qui concerne les jeux vidéo, à critiquer par comparaison leur plus ou moins bonne qualité ergonomique, l'aisance dont ils font preuve dans la mise en service de ces outils, que leur envient beaucoup d'adultes, créent un embryon de culture technologique qui n'est pas à sous-estimer ;
– la durée d'écoute de la télévision est en moyenne, par jour, de 102 minutes pour les enfants de 4 à 10 ans, et de 121 minutes chez les enfants de 11 à 14 ans (soit 2 heures par jour). Analyser la consommation télévisée des jeunes, c'est d'abord se déprendre de la fascination des chiffres globaux. Certes, ces chiffres, si élevés qu'ils soient, ne confirment pas les fameuses « mille heures » de télévision annuelles que l'attrait du chiffre rond a popularisées. Ces chiffres ne représentent pourtant que des moyennes annuelles et ne tiennent compte ni des variations saisonnières (les durées d'écoute sont plus importantes en hiver qu'en été), ni des écarts entre les individus par rapport à cette moyenne. Selon la possibilité d'avoir accès à d'autres types de distraction pour meubler leurs temps de loisirs, la durée d'écoute de la télévision est plus ou moins importante suivant les enfants.

Mais, à l'intérieur de cette durée, la manière de regarder la télévision varie considérablement. François Mariet part du constat selon lequel la télévision se pratique comme loisir mis en concurrence dans une offre plus ou moins attrayante avec d'autres types de loisirs ou d'activités familiales et sociales. Il en vient ainsi à distinguer trois modes différents de consommation de la télévision :
– la *télé passion* : c'est le programme de télévision que l'enfant choisit de regarder parce qu'il l'aime et auquel il ne renoncera que contraint et forcé ; il s'agit d'une émission en particulier et non de la télévision en général ;
– la *télé décor* : c'est la télévision que le jeune allume en rentrant à la maison, par exemple, sans pour autant décider de regarder le programme en permanence ; il ne le fera que s'il n'a rien de plus important à faire qui mobilise son attention. C'est une télévision d'ambiance lumineuse et sonore, une télévision d'accompagnement qui, paradoxalement, se regarde avec les oreilles ;
– la *télé bouche-trou* : c'est la télévision que le jeune et notamment l'adolescent regarde faute de mieux, une télévision de remplacement, un loisir de secours quand il n'existe aucune autre incitation. Elle représente le « degré zéro » de l'intérêt, un simple substitut à l'ennui.

Les processus d'acquisition en jeu

De cette pratique différenciée de la télévision découlent des degrés divers d'attention mis en œuvre par le jeune lorsqu'il regarde le spectacle télévisé. Avec l'acuité perceptive et la mémorisation, la faculté d'attention est l'un des principaux éléments qui structurent le processus d'acquisition de la culture audiovisuelle des jeunes.

Selon les situations d'écoute, le *degré d'attention* que le jeune porte au spectacle télévisé varie sensiblement. Tout se passe comme si les enfants disposaient d'une capacité déterminée d'attention qu'ils répartissent entre les multiples tâches qu'ils accomplissent : mettre le couvert, rédiger un devoir, apprendre une leçon, feuilleter une revue. « Toutes les combinaisons d'attention entre le visuel et le sonore sont possibles, écrit François Mariet, [et] le téléspectateur répartit au mieux, à chaque instant, l'intensité de ses différentes capacités perceptives ».

Les durées d'écoute n'ont donc pas grande signification pour comprendre ce que les jeunes acquièrent de leur pratique de la télévision puisque l'attention est l'un des facteurs importants des apprentissages. Cette capacité des enfants à distribuer leur attention entre plusieurs activités – dont la consommation télévisée – va de pair avec une étonnante capacité perceptive. Ils disposent d'une *acuité visuelle et auditive* qui leur permet de saisir très rapidement sur l'écran les principaux éléments significatifs.

Cette capacité cultivée relève du même principe que celle acquise par le lecteur du texte écrit qui varie son attention visuelle suivant qu'il feuillette un magazine illustré, parcourt son journal habituel ou se plonge dans un roman. Dans la pratique de la télévision, le jeune exerce sa capacité perceptive dans le décryptage du texte audiovisuel, en s'appuyant notamment sur des indicatifs visuels et sonores pour se repérer dans le flux des images : les habillages des chaînes, les logos, les *jingles,* mais aussi toutes les modulations de la bande-son qui ponctuent le déroulement d'une émission et qui font office de déclic pour mobiliser l'attention visuelle, lors d'une écoute flottante.

De la multitude de ces *indices* représentés par les traits, les formes, les couleurs et le rythme qui les animent sur l'espace de l'écran, il les constitue en *signes,* c'est-à-dire les organise entre eux, leur donne une interprétation cohérente et se donne ainsi à lui-même une signification de l'histoire racontée. Cette gymnastique intellectuelle de lecture des images suppose, bien évidemment, l'expérience mémorisée de la pratique visuelle.

Cette démarche interprétative des signes est largement facilitée par les codes d'écriture audiovisuelle et les systèmes qui les organisent. Ceux-ci sont à la fois simplifiés et redondants. Simplifiés, parce que le savoir-faire du concepteur d'une émission consiste à ordonner ce qu'il veut transmettre avec le minimum de signes et dans le minimum de temps. Ainsi l'expression des émotions relève en grande partie d'usages codifiés, qui sont encore simplifiés à l'extrême dans les procédés d'animation. Ils sont aussi redondants dans la mesure où ces mêmes codes, à quelques variantes près, se retrouvent dans les séries de programmes. La structure narrative de l'histoire elle-même, articulée sur les interactions des personnages fortement typés et le suspens jouant sur l'émotion du spectateur, se décline à peu près à l'identique dans chaque numéro de séries.

C'est grâce à cette acuité audiovisuelle et à la mémoire acquise de son expérience de téléspectateur que le jeune opère son choix de regarder tel programme ou de zapper sur une autre chaîne, à la recherche d'une émission qui rencontre son plaisir. Dès le générique d'une émission, il confronte mentalement les indices repérés à ceux qu'il a déjà eu l'occasion de voir, pour se faire une représentation de l'histoire qui va lui être proposée. À partir de cette opération, il anticipe sur le déroulement de l'histoire et décide de regarder ou non le programme en fonction de l'intérêt qu'il représentera pour lui. Son choix relève, semble-t-il, de deux facteurs. D'une part, il aime être surpris, découvrir quelque chose de nouveau parce qu'inattendu, ou tout au moins différent de ce qu'il a l'habitude de voir. D'autre part, il aime revoir l'émission qu'il a déjà appréciée. Ce principe est bien éprouvé chez les plus jeunes qui peuvent réclamer inlassablement qu'on leur raconte la même histoire. Cette capacité perceptive est une capacité cultivée qui s'obtient dans la pratique assidue de la télévision et s'enrichit de la multiplicité et de la diversité des genres de programmes.

La mémoire audiovisuelle

Dans ce processus d'acquisition, il faut souligner le rapport entre l'image et le son, auquel les jeunes, surtout les très jeunes, sont très sensibles. Ils savent reconnaître à l'audition la ligne mélodique de la musique d'un générique ou l'intonation de la voix d'un présentateur. Et dans cette reconnaissance auditive s'éveillent aussi les représentations mentales des images qui les accompagnent et qu'ils peuvent, alors, vérifier en levant les yeux sur l'écran. Cette possibilité de reconnaissance repose essentiellement sur leur *mémoire audiovisuelle*, acquise dans leur pratique de la télévision.

On constate aussi une conjonction entre la mémorisation, l'acte de se rappeler tel ou tel programme et l'impact affectif éprouvé en regardant ce programme. Cet impact est suscité le plus souvent par l'identification aux personnages qui jouent les rôles principaux dans les situations présentées. En s'identifiant à ces héros, le jeune téléspectateur vit par procuration les situations complexes que le personnage aura la capacité de surmonter héroïquement. Ces aventures suscitent des émotions parfois profondes quand elles rejoignent les désirs vitaux du jeune téléspectateur et valorisent les sentiments propres à son statut d'enfant.

Ce processus d'identification est à l'origine du plaisir qui naît des forts sentiments éprouvés à travers les situations affrontées et surmontées. Cette imprégnation affective favorise la mémoire de ces expériences vécues comme téléspectateurs, et les éléments qu'ils en retirent contribuent à construire leur jeune personnalité, en résolvant, en partie du moins, leurs conflits psychologiques internes, ainsi que Bruno Bettelheim l'a mis en relief dans l'analyse des contes de fées.

Ces trois facteurs : le degré d'attention, l'acuité perceptive (visuelle et auditive) et la mémoire affective apparaissent comme des éléments qui jouent de manière globale dans les processus d'acquisition de la culture audiovisuelle des jeunes. Mais, certes, comme en tout apprentissage, l'environnement familial représente, ici, un facteur important. L'adulte qui prend soin d'écouter l'enfant, d'apporter à ses questions inlassables des éléments de réponses, et de soutenir ainsi sa curiosité d'esprit, contribue bien évidemment à cultiver sa pratique de jeune téléspectateur.

On peut souhaiter qu'une large majorité d'enseignants prennent en compte la culture audiovisuelle des jeunes et tentent, à l'école, de la cultiver plutôt que de l'exclure en l'opposant à la culture traditionnelle fondée sur l'écriture. Mais pour traiter de la télévision avec les jeunes, il faut être soi-même un bon téléspectateur, c'est-à-dire avoir une certaine pratique de la télévision et être capable d'en communiquer l'expérience plaisante.

Préalablement à tout apprentissage d'un élément de savoir, l'enseignement devrait faire émerger les bribes de notions que les élèves ont pu acquérir par ailleurs sur ce thème, notamment dans leur pratique de la télévision et, s'appuyant sur ces notions, les faire préciser, compléter pour enfin les conceptualiser. Ainsi l'élève, tout en ayant recours à sa mémoire audiovisuelle, parviendrait-il sans doute à comprendre qu'il a pu apprendre certaines choses en regardant la télévision et découvrir la manière dont il a pu apprendre par lui-même. Grâce à cette pratique, l'élève-téléspectateur pourra parvenir à faire la synthèse de sa pratique de l'école et de la télévision. La plupart n'y parviendront pas seuls. Pour les y aider, la *parole* est, sans doute, la meilleure médiation entre l'audiovisuel et l'écrit.

Pierre Corset

▸ Bibliographie

BATON-HERVÉ É, *Télévision et fonction parentale*, Paris, L'Harmattan, 2005.

CHAILLEY M., *Le Petit Écran et l'école,* Paris, Armand Colin, 1986.

CHALVON M. *et al., L'Enfant devant la télévision des années 90*, Bruxelles, Casterman, 1991.

Direction de la jeunesse et de la vie associative, *L'Impact de la télévision sur les publics jeunes*, rapport au directeur de la jeunesse et de la vie associative, Marly-le-Roy, INJEP, 1999.

ESTABLET R., FELOUZIS G., *Livre et télévision : concurrence ou interaction ?*, Paris, PUF, 1992.

FRAU-MEIGS D., JEHEL S., *Les Écrans de la violence : enjeux économiques et responsabilités sociales*, Paris, Économica, 1997.

JACQUINOT G., *L'École devant les écrans,* Issy-les-Moulineaux, ESF, 1985.

LURÇAT L., *Des enfances volées par la télévision : le temps prisonnier*, Paris, F.-X. de Guibert, 3e éd., 2004.

MARIET F., *Laissez-les regarder la télé : le nouvel esprit télévisuel*, Paris, Pocket, 1990.

PORCHER L, *Télévision, culture et éducation,* Paris, Armand Colin, 1994.

SINGLY F. de, *Les Jeunes et la lecture*, Paris, ministères de l'Éducation nationale et de la Culture, 1993.

SOURY-LIGIER F., *Parle petit, la télé t'écoute ! Le rôle de la télévision dans le langage des jeunes enfants à l'école maternelle*, Paris, L'Harmattan, 2002.

▸ Voir aussi

Audiovisuel – Informelle (Éducation) – Loisir – Médias – Télévision éducative.

TÉLÉVISION ÉDUCATIVE

Dans une acception très large de l'éducation, de nombreuses émissions de la télévision ont une fonction éducative, qu'il s'agisse de magazines scientifiques ou littéraires, d'opéras, de concerts, de pièces de théâtre, de reportages ou de débats d'actualité, de documentaires qui « ouvrent sur le monde », de jeux qui font appel à des connaissances variées, etc. Cependant, ces émissions ne sont éducatives que de manière diffuse, au sens où toute information nouvelle élargit le champ des connaissances de celui qui la reçoit : tout y est livré pêle-mêle, rien ne guide le téléspectateur dans cette masse de messages hétérogènes et ne lui permet pas de construire progressivement un savoir organisé.

Il est donc nécessaire de distinguer les connaissances diffuses, véhiculées par les chaînes généralistes ou culturelles, de la télévision éducative conçue par des organismes de production éducative ou des services spécialisés des sociétés de programmes, dans un objectif explicite de formation. Il n'y a pas, toutefois, un modèle unique de télévision éducative : cette expression, fortement polysémique, recouvre des réalités très variées.

Certaines émissions de la télévision éducative visent une éducation « formelle » et fournissent des informations sur la formation et les métiers ou traitent de phénomènes de société. D'autres relèvent d'une démarche éducative « formelle » et véhiculent des connaissances précises portant sur des contenus de formation structurés, selon une progression pédagogique dont les prérequis sont clairement définis. On peut alors parler de « télévision didactique » (Egly, 1984).

On parle souvent, par extension, de télévision à propos de la lecture de cassettes audiovisuelles sur magnétoscope, alors qu'il s'agit là de vidéo et non de télévision. Or, bien que l'un et l'autre supports puissent diffuser des produits identiques, la télévision est, contrairement à la vidéo, un média de masse, outil de communication à distance potentiellement accessible à de larges publics géographiquement dispersés, dont les conditions de réception influent de façon déterminante sur la portée des messages et les usages.

De même, la confusion est fréquente entre formation *par* l'image et formation *à* l'image télévisuelle. Cette dernière, qui s'inscrit dans une démarche plus large d'alphabétisation visuelle et d'éducation aux médias (presse, radio, cinéma, affiches), vise une lecture critique des images diffusées par la télévision. Ce fut l'objectif de l'expérience « Jeune téléspectateur actif (JTA) », menée en France entre 1979 et 1981, qui proposait aux formateurs des outils de décodage et de maîtrise du langage télévisuel afin de les motiver et les armer pour transférer cet apprentissage vers les jeunes.

Diversité des programmes et des publics

Plusieurs critères permettent de différencier les télévisions éducatives : modes de programmation et de financement, publics visés, objectifs, niveaux et contenus, formes télévisuelles, etc.

Les émissions éducatives sont proposées, selon le contexte médiatique national, par la télévision hertzienne, par des réseaux câblés ou par satellite, sur les chaînes spécialisées ou généralistes. Beaucoup d'entre elles sont diffusées « en clair », dans une optique de service public, avec des financements majoritairement publics, et peuvent être captées par tous. D'autres, « cryptées », ne sont accessibles que sur abonnement et relèvent d'initiatives à but lucratif.

Comme ceux des chaînes de télévision, les publics cibles de la télévision éducative sont très divers. La télévision scolaire s'adresse aux élèves et, dans certains cas, aux enseignants et autres personnels de la formation initiale, à divers niveaux, de la maternelle au secondaire. La télévision universitaire concerne les étudiants. La télévision éducative pour adultes vise tantôt de larges publics dits « ouverts », dont une partie seulement est inscrite en formation, tantôt des segments d'audience définis par une caractéristique sociale (handicapés, parents d'élèves, par exemple), professionnelle (médecins, agriculteurs, etc.) ou un niveau de formation (illettrés, étudiants, etc.). Ses contenus sont multiples, des formations de base aux enseignements supérieurs, en passant par les formations techniques et professionnelles,

les langues vivantes, les savoir-faire de la vie quotidienne, etc.

Les émissions ont recours à toutes les formes télévisuelles, traditionnelles dans un contexte de formation (cours filmés, débats, reportages et interviews), ou plus originales (jeux, fictions, animations, etc.). Elles peuvent être diffusées en direct ou en différé. Les progrès de la technique permettent d'y introduire des éléments d'interactivité.

Ces programmes peuvent être destinés à une réception individuelle à domicile ou dans des lieux collectifs (établissements scolaires, centres de ressources, organismes de formation). Dans le second cas, souvent enregistrés sur magnétoscope, ils peuvent avoir pour fonction de lancer une discussion, d'illustrer un cours, de démontrer ou d'apporter des connaissances et peuvent être ou non utilisés en présence d'un formateur.

Au-delà de ces variations manifestes, une différence plus significative réside dans la nature de la relation entre les programmes, les dispositifs de formation auxquels ils sont liés et les projets éducatifs qui les sous-tendent. Ainsi, trois fonctions distinctes peuvent être attribuées aux programmes pour adultes destinés à une réception à domicile.

Trois fonctions de la télévision dans la formation des adultes

La télévision utilisée comme instrument d'incitation à la formation permet de lever des blocages et de déclencher une demande de formation, souvent à travers une première initiation. Destinées à des publics non préalablement motivés, ces émissions exigent des heures de grande écoute sur des chaînes généralistes et renvoient généralement à un numéro de téléphone gratuit, où sont fournis conseils et adresses. Un exemple connu de ce type de programmes est la série *On the move*, diffusée dans les années 1970 par la *BBC*, dans le cadre d'une campagne de lutte contre l'illettrisme, mais de semblables actions ont été ou sont encore menées dans d'autres pays (Suède, Québec, etc.).

Quand la télévision est au centre d'un système multimédia ouvert (ce qui a été le cas de *RTS/Promotion* en France), les émissions sont organisées en séries de longueur variable, qui respectent une progression pédagogique et visent à l'amélioration des compétences dans un domaine déterminé. Elles sont parfois intégrées dans des dispositifs comportant d'autres médias et ressources (documents écrits, radio, cassettes audio et vidéo, informatique et réseaux numériques, tutorat, regroupements, etc.), mais les séries sont indépendantes les unes des autres et ne concernent pas forcément les mêmes publics.

Enfin, la télévision éducative peut s'articuler avec des cursus de formation à distance. Elle s'adresse alors en priorité aux personnes inscrites dans ces cursus, mais peut également atteindre un large public « marginal ». Les émissions véhiculent des contenus didactiques sur toutes ou certaines des disciplines au programme et, associées à d'autres moyens et technologies, conduisent à des diplômes reconnus. Les programmes de l'*Open University* britannique, dispositif complet d'enseignement supérieur à distance intégrant la télévision, créé en 1971, en sont un célèbre exemple, reproduit dans de nombreux pays.

La télévision éducative, d'hier à aujourd'hui

La télévision éducative, née avec la télévision, s'est fréquemment vue attribuer, avec des résultats souvent discutables, une fonction palliative face aux lacunes des systèmes de formation traditionnels, scolaires (en particulier en Afrique) ou universitaires (au Portugal, par exemple).

Elle a aussi constitué une marque de modernité et de prestige pour les dispositifs de formation au cours des années 1960 et 1970, mais elle est, depuis lors, en perte de vitesse et ne suscite plus guère de publications spécialisées, du moins dans les pays occidentaux où, dans un paysage audiovisuel fortement concurrentiel, les chaînes généralistes, qu'elles soient publiques ou privées, sont de plus en plus réticentes à diffuser des émissions dont elles craignent des effets négatifs sur leurs taux d'audience. Rejetées vers des horaires de faible audience au profit des programmes d'information et de divertissement, les émissions éducatives sont désormais souvent programmées sur des chaînes spécialisées ou câblées. La généralisation des magnétoscopes et des lecteurs de DVD permet de préconiser leur enregistrement et/ou de les distribuer (ou de les vendre). Enfin, le développement des ordinateurs et des réseaux informatiques supplante peu à peu l'usage de la télévision dans les formations à distance et des films à caractère pédagogique (cours, conférences, documentaires) peuvent être visionnés sur le site de *Canal U*, sorte de chaîne éducative sur Internet.

En France et à l'étranger

En France, plusieurs programmes éducatifs ont été diffusés au cours des années 1960 à 1980 (*RTS/Promotion*, *Télé-CNAM*, *Télé-Promotion rurale*, etc.), produits par des organismes de formation et diffusées sur les chaînes nationales. Cependant, des dérives liées à l'absence d'une véritable politique en matière de télévision éducative, à de fréquentes confusions entre formation et information, à l'inadéquation entre les besoins réels des téléspectateurs et les programmes proposés, à l'opposition grandissante des chaînes de télévision, etc. ont souvent empêché ces programmes d'atteindre leurs objectifs (Glikman, 1995) et ont conduit à bien des « rendez-vous manqués » (Jacquinot, 1985). Ces émissions ont peu à peu disparu des écrans à partir de la fin des années 1970.

De nombreux débats sur l'opportunité et les missions d'une chaîne éducative spécialisée et des projets successifs (Laffitte, Trégouët, 1993) ont ensuite abouti à la création, fin 1994, de *La Cinquième*, dite chaîne « de la connaissance, de la formation et de l'emploi », partageant le cinquième réseau national hertzien avec *ARTE*, chaîne culturelle européenne. Intégrée, début 2002, dans France-Télévision, sous le nom de *France 5*, elle diffuse, de 3 h du matin à 19 h, des émissions de nature diverse : documentaires, magazines historiques ou d'actualité, reportages et interviews, films de ciné-clubs, dessins animés, etc. Les seuls programmes organisés selon une progression pédagogique sont diffusés avant 7 h du matin. Ce sont actuellement des cours de langues vivantes, produits par une entreprise privée, et *Les Amphis de France 5*, séries d'émissions conçues et réalisées par des universités dans différentes matières (physique, mathématiques, histoire, littérature, etc.).

De nombreuses télévisions éducatives continuent cependant d'exister dans le monde : émissions de l'*Open University*, programmes éducatifs de la *BBC* et de *Channel Four* en Grande-Bretagne ; *Telekolleg* en Allemagne ; *NOT* et *Teleac* aux Pays-Bas ; le consortium *Nettuno* en Italie ; *Canal* (Québec), *TV Ontario* (Ontario), *The Knowledge Network* (Colombie britannique) au Canada ; *PBS*, *The Learning Channel* aux États-Unis ; émissions de la chaîne publique *ABC* en Australie, de la *NHK* et de l'*University of the Air* au Japon, de la *CCRTVU* (Université centrale de radio et de télévision) en Chine, etc.

Conditions de réussite et potentialités

Les programmes de télévision éducative qui ont le mieux atteint leurs objectifs se sont fondés sur des études approfondies auprès des publics visés, sur leurs pratiques télévisuelles et leurs représentations de la télévision et de l'éducation. Ils se sont attachés à répondre, en utilisant des formes attrayantes, aux attentes des téléspectateurs en matière de connaissances validables et/ou immédiatement réutilisables dans leur vie quotidienne ou professionnelle.

Il est en effet illusoire pour des programmes éducatifs de prétendre s'adresser au « grand public » en diffusant des connaissances « gratuites » de l'ordre de la culture générale. En outre, comme toute action de formation, ces émissions doivent segmenter leurs cibles et tenir compte du niveau de formation des intéressés, faute de quoi elles ne touchent surtout, comme la plupart des émissions culturelles, que des publics déjà relativement instruits.

En tout état de cause, la télévision, présente dans tous les foyers, a indiscutablement un rôle à jouer, comme média au service de l'éducation à tous les niveaux et de l'égalité des chances, que ce soit, sur des créneaux populaires, pour conduire de nouveaux publics à se former (ce que ne peut faire l'informatique), ou, visant des audiences moindres, pour s'intégrer dans des dispositifs de formation à distance. Dans ce cas, même si elle ne transmet qu'une partie restreinte de l'ensemble des connaissances requises, la télévision joue un rôle fondamental : elle popularise ces formations et les valorise en leur assurant une large notoriété, les promeut en incitant des téléspectateurs à s'y inscrire, contribue à rompre l'isolement des apprenants en créant le sentiment de participation à une collectivité éducative, et rythme les apprentissages tout en les enrichissant grâce aux apports de l'image.

Viviane Glikman

▸ Bibliographie

COHEN M., EWENCZYK S., FERRANDON M.-C. (dir.), « Les Télévisions éducatives », *CinémAction TV*, n° 9, Corlet/Télérama/CNDP/IZI, avril 1994.

EGLY M., *Télévision didactique : entre le kitsch et les systèmes du troisième type ?*, Paris, Edilig, 1984.

GLIKMAN V., « Les Avatars de la télévision éducative pour adultes en France : histoire d'une "non-politique" (1964-1985) », *Revue française de pédagogie*, INRP, n° 110, 1995, p. 63-74.

JACQUINOT G., *L'École devant les écrans,* Issy-les-Moulineaux, ESF, 1985.

LAFFITTE P., TRÉGOUËT R., *L'Accès au savoir par la télévision : propositions du Sénat pour la future chaîne d'accès au savoir,* Paris, Sénat/Économica, 1993.

MEYER M., *Educational Television. What do People Want ?*, Luton/Munich, John Libbey Media/IZI, 1997.

▸ Voir aussi

Adultes (Formation des) – Audiovisuel – Culture générale – Éducation permanente – Formation à distance – Formation professionnelle continue – Informelle (Éducation) – Machine à enseigner – Médias – Télévision – Vidéo.

TEMPS SCOLAIRE (AMÉNAGEMENT DU)

Dans son fondement même, l'école (*scholè* en grec, soit « loisir ») repose sur le temps. Mais la question est de savoir s'il s'agit du temps des adultes, des parents, des enseignants, de l'institution scolaire, ou de celui des enfants, des élèves et de leur éducation. La réponse a varié au fil des siècles et l'on peut discerner un fil conducteur dans les différentes ruptures qui s'éloignent d'une organisation adoptant les normes sociales traditionnelles (l'année, le mois, la semaine, la journée et l'heure) pour s'adapter progressivement au « temps de l'enfant ». Cette évolution du discours ne se traduit pas toujours par des changements dans les pratiques, et l'on peut redouter d'y voir subtilement réintroduits les germes d'une absence de réflexion sur la nature même du temps. C'est ainsi que l'on risque d'aboutir « au déni du sujet, de sa place, de sa prise sur le monde, de son projet et de son intentionnalité » (Meirieu, 1997). Comment respecter un équilibre entre un calendrier scolaire qui reste national et l'aménagement du temps des élèves qui entraînera des adaptations locales, voire une atomisation des références observée dans les contrats éducatifs locaux ? Comment enfin passer du « tout scolaire » à une alternance intégrative qui modifie la donne en créant une rupture entre les apprentissages faits en amont, dont l'application est attendue dans la vie active, et une vision plus interactive du développement qui nécessite de penser une éducation nouvelle ?

Le temps scolaire, une logique spatio-temporelle

Les deux références les plus pratiquées par l'administration scolaire sont l'*année*, qui permet de construire une logique cumulative dans le premier degré ou curriculaire avec un compte à rebours dans l'enseignement secondaire qui a remplacé la spécialisation (grammaire, rhétorique, lettres, philosophie), et la *journée*, qui règle l'accord entre les besoins des parents, surtout lorsqu'ils travaillent, et l'organisation de la cité. Ainsi, depuis la loi d'orientation de 1989, c'est le maire de la commune sur laquelle est implanté un établissement scolaire qui a le dernier mot en matière d'horaire de fonctionnement, même s'il s'agit d'un collège ou d'un lycée qui dépendent par ailleurs du conseil général et du conseil régional.

L'année scolaire ou la question des vacances

L'organisation du système en années va de pair avec la construction de l'école autour de la classe. La question du passage d'une classe à l'autre (indûment apparentée à l'orientation) est devenue essentielle, sauf dans les écoles à cours multiples ou à classe unique. En fait, la discussion sur l'année scolaire qui est devenue affaire d'État depuis 1989 tourne souvent autour de la question des vacances. Après avoir connu un système lié au rythme agricole (du 14 juillet au 1er octobre), les congés d'été se sont calés sur une période de dix semaines progressivement ramenées à huit, et commencent avec le mois de juillet pour finir en début septembre et s'aligner sur les autres pays européens. L'organisation des examens est venue compliquer l'application de ce calendrier national, et les lycéens ne connaissent pratiquement plus d'enseignement dès les premiers jours du mois de juin. Les congés de février et de printemps sont organisés en trois zones pour éviter la saturation des routes et des lieux d'hébergement. Les dates de ces vacances et leur appellation ne sont plus liées aux fêtes religieuses, même si l'on peut observer que les classes vaquent pour les fêtes chrétiennes alors qu'un calendrier de jours d'autorisation d'absence est publié pour les autres religions.

Le problème le plus grave est lié à la persistance de l'année scolaire dans les représentations des acteurs et des spectateurs du système éducatif. Il obère tous les efforts déployés pour remplacer par des cycles de deux ou trois ans (loi de 1989) l'année dont l'issue défavorable se solde par un redoublement (qui devrait s'appeler un « doublement »). Cette forme d'organisation héritée du XVIIe siècle marque tellement les esprits que les innovations favorisant le respect des rythmes différents de développement des élèves et reposant sur une remédiation à moyen terme, notamment les cycles, peinent à s'imposer dans tous les systèmes (Perrenoud, 2003).

La journée la plus longue et les effets de la « société des agendas » (Boutinet, 2004)

S'il est une référence immuable pour le premier degré, c'est bien celle de la durée de la journée de l'écolier français, qui est invariablement de six heures depuis la fin du XIXe siècle. Auxquelles il faut ajouter le temps des études ou de la « garderie » qui peuvent allonger la durée de séjour quotidien dans les locaux scolaires. Réparties inégalement sur cinq jours de la semaine (du lundi au mercredi et le vendredi et le samedi), ces successions de journées sont la conséquence d'une répartition du temps des enfants entre l'église et l'État. Les premiers craquements se font entendre dans les années 1960, qui voient disparaître une demi-journée de classe (le samedi après-midi) et se rééquilibrer la semaine de 27 heures de cours par substitution du mercredi au jeudi comme journée consacrée à l'instruction religieuse (1969). En 1990, la durée hebdomadaire d'enseignement de l'élève sera amputée d'une heure pour passer à 26 heures, ce qui permet de récupérer du temps pour les animations pédagogiques des circonscriptions, au nombre de huit à dix par an en capitalisant l'heure ainsi libérée. Elles sont organisées lors des samedis vaqués ou le mercredi.

La semaine de quatre jours adoptée au cours des années 1990 dans certaines circonscriptions puis généralisée dans quelques départements impose des modifications dans les calendriers de vacances scolaires (rentrée en août et jours prélevés sur les vacances intermédiaires). La rupture est alors totale avec le modèle républicain dans la mesure où elle consacre le droit au week-end pour tous, et où elle aligne le temps scolaire sur le temps sociétal avec une interruption de travail de deux jours.

Il n'en va pas de même pour les collégiens et lycéens dont les horaires sont encore régis par les programmes disciplinaires avec les difficultés d'organisation du système d'options et une surcharge horaire pour les enseignements professionnels et technologiques. Des tentatives faites pour modifier le temps de l'élève dans le secondaire, on retiendra l'orientation vers un travail interdisciplinaire et sous forme de projet (modules en classe de 2de, parcours diversifiés puis itinéraires de découverte, travaux personnels encadrés et projets pluridisciplinaires à caractère professionnel). La tendance actuelle est à leur disparition pour allègement de l'horaire ou redistribution du temps sur les disciplines scolaires. L'introduction d'un temps polyvalent consacré au développement de compétences et à l'orientation se heurte à la mainmise des disciplines sur la grille horaire avec une tendance expansionniste pour chacune d'entre elles.

La quête du temps de l'élève entre chronobiologie et bonnes intentions

Avec l'apparition de la notion d'« échec scolaire », les années 1970 puis 1980 voient se multiplier les références aux travaux sur les causes estimées de ces difficultés. En 1980, Christian Beullac, ministre de l'Éducation nationale, commande le premier rapport dans ce domaine au Conseil économique et social, qui stigmatise une organisation plus administrative que soucieuse de favoriser la réussite de tous les élèves. Plusieurs innovations sont venues montrer l'intérêt de modification du rythme scolaire : les classes de neige se généralisent et les bienfaits sur le climat des classes et des écoles accréditent le concept de différenciation des lieux d'enseignement (classes patrimoines, classes vertes, etc.). En 1974, l'introduction des 10 % par le ministère incite les enseignants à dégager ce volume de temps pour « enseigner autrement ». Cette initiative débouchera sur la multiplication de démarches de projet : projet d'action culturelle et éducative (PACTE), projet d'action éducative (PAE), projet d'établissement et projet d'action innovante (PAI).

Les travaux scientifiques se multiplient et donnent des résultats parfois contradictoires selon les méthodologies utilisées pour le recueil et l'analyse des données : le professeur Montagner (1983) observe la manière dont les enfants réagissent à l'enseignement qui leur est distribué en privilégiant les notions temporelles et en suggérant de varier les activités pour éviter l'ennui, tandis qu'Aniko Husti (1983) réalise des travaux rappelant que le temps psychologique est lié à la nature de l'activité proposée et réalisée. Elle propose la mise en place d'emplois du temps mobiles censés favoriser la mobilisation des élèves et des professeurs sur des projets. La rénovation des collèges développée progressivement à partir de 1983 repose sur une mesure phare proposée par Louis Legrand, les groupes de niveau-matière. Leur principe repose sur la différence de rythme de développement entre les élèves, et l'analyse qui peut en être faite montre que cette façon d'aborder la différenciation constitue le premier effort sérieux du système éducatif pour anticiper sur le redoublement et sa conséquence inéluctable en cas de récidive, l'exclusion.

Contemporains des dix années qui firent changer la donne éducative en France (1980-1990), ces travaux n'eurent pourtant qu'une audience limitée dans la mesure où l'institution scolaire éprouve les plus grandes difficultés à s'adapter à un modèle emprunté à la science. Les adaptations mineures apportées au système l'ont souvent été par accord entre partenaires dont les intérêts divergents étaient servis par ces mesures ; c'est ainsi que l'on peut interpréter le succès des contrats autour du temps de l'enfant. L'apparition d'un ministère du Temps libre en 1982 et les initiatives liées à la première décentralisation ont permis d'introduire une certaine souplesse dans la gestion d'un calendrier devenu trop rigide.

En 1984, paraît le premier texte officiel consacré à l'« aménagement du temps scolaire dans le premier degré, développement des liaisons de l'école avec les partenaires éducatifs locaux », plus simplement appelé circulaire Calmat-Chevènement, du nom de ses signataires. Ce texte repose sur la nécessité pour l'éducateur de connaître l'enfant dans sa globalité afin de l'amener au maximum de ses compétences. À cette fin, il s'agit de mettre en cohérence la diversité des milieux de vie de l'enfant et de favoriser le développement des activités socioculturelles. Cette circulaire propose deux schémas d'organisation de la journée et de la semaine scolaire (l'un fondé sur les rythmes chronopsychologiques, l'autre sur une réorganisation de la fin de l'après-midi). Sa mise en œuvre repose sur le volontariat et sur la signature de contrats entre partenaires : contrat d'aménagement du temps scolaire (ATS), contrats bleus (qui ne prennent en charge que les activités péri- et extrascolaires), contrats d'aménagement du temps de l'enfant (CATE), contrats d'aménagement « Ville-Enfants-Jeunes » (CAVEJ), contrats d'aménagement des rythmes de vie des enfants et des jeunes (CARVEJ), contrats sites-pilotes. Ils ont été récemment remplacés par les contrats éducatifs locaux (CEL).

Dès 1991, les écoles maternelles et élémentaires peuvent, après accord de l'inspecteur d'académie, mettre en place des projets d'aménagement du temps scolaire qui dérogent au calendrier scolaire national ainsi qu'au règlement départemental. Pour les établissements secondaires, cette possibilité est ouverte depuis 1990 après accord du recteur. En 1998, près de 5 000 contrats ont été signés. Ils concernent près de trois millions d'enfants et plus de 100 000 animateurs pour un coût d'environ un milliard de francs (dont 60 % fournis par les collectivités locales).

Temps, durée et développement

Cette politique connaît un certain essoufflement depuis une dizaine d'années. Cet essoufflement coïncide avec la stagnation des résultats du système scolaire (63 % d'une classe d'âge obtenant un baccalauréat). La question du temps scolaire et la réponse à l'interrogation de Jacky Beillerot (1996) – « Qui doit décider du temps ? » – ne dépendent pas de la seule intervention volontariste d'organisateurs du système scolaire. La notion de temps ne suffit pas à caractériser à elle seule les variables de fonctionnement du système. L'approche techniciste du problème consiste à proposer une réforme de la grille horaire sans toucher les autres. Or, chaque intervention sur le système se heurte à des effets inattendus ou à des résistances liées aux enjeux colossaux qui caractérisent une activité qui est celle d'un quart de la population et qui concerne sa quasi-totalité (parents et grands-parents d'élèves, entreprises et services).

C'est dans ce contexte qu'il peut être intéressant d'insister sur les tensions actuelles d'un système confronté à la perte de repères temporels due à la postmodernité (Boutinet, 2004). Société et système éducatif cherchent un équilibre entre respect des rythmes chronobiologiques et chronopsychologiques du développement de l'enfant et de l'adolescent et évolutions consécutives à la réduction et à l'aménagement du temps de travail. Il convient d'y ajouter les pertes de repère liées au non-emploi pour une partie importante de la population. La pression sociétale se fait donc plus forte sur l'école, qui déplore la perte du samedi matin, des jours qui précèdent et suivent les départs en vacances ainsi que la fatigue du lundi matin quand il ne s'agit pas d'un état chronique dû à un mode de vie dépendant de la télévision. L'allongement de la scolarité moyenne, qui est passée en un siècle de sept à vingt ans ne peut pas ne pas avoir de conséquences sur la population scolaire qui réussit ses études et sur celle qui « décroche ». Les comparaisons internationales, à commencer par PISA, établissent l'efficacité de systèmes cohérents construits autour d'un seul modèle au cours de la scolarité obligatoire, alors que la France a basculé d'un système double (primaire et secondaire) à un système unique mais binaire (primaire puis secondaire) sans aménager le parcours de l'élève autour d'une refonte et d'une harmonisation du temps scolaire. La rupture entre les vingt-six heures hebdomadaires avec un enseignant polyvalent et les vingt-cinq heures avec une dizaine de spécialistes se fait sans organisation précise ni souci véritable de l'organisation du temps de l'élève, qui, de plus, est confronté à un allongement de sa journée de travail lié à la quasi-disparition des internats et à la généralisation des transports scolaires.

Les décisions portant sur la gestion et l'organisation du temps scolaire sont donc particulièrement difficiles à étudier et à prendre. Les équipes éducatives qui s'en préoccupent sont souvent découragées par la multiplicité des interactions et désarmées devant leur impuissance à imposer les décisions qui iraient dans le sens d'une maîtrise individuelle et collective du temps par les premiers intéressés : les élèves et les enseignants. Il s'agit en effet de retrouver « le temps d'apprendre » (Meirieu, 1997), et ce n'est pas facile en raison de la construction à l'échelle nationale de cette dimension que les acteurs locaux ne peuvent assouplir que très partiellement.

Richard Étienne

▸ Bibliographie

BEILLEROT J., « Qui doit décider du temps ? », *Cahiers pédagogiques*, supplément n° 2 : « Retours sur… *le temps de l'école* », 1996, p. 8-9.

BOUTINET J.-P., *Vers une société des agendas : une mutation des temporalités*, Paris, PUF, coll. « Sociologie d'aujourd'hui », 2004.

Comité d'évaluation et de suivi des aménagements des rythmes scolaires (CESARS), *Aménager le temps des enfants*, Paris, La Documentation française, 1998.

Direction de l'évaluation et de la prospective, *Évaluation du calendrier scolaire triennal 1990-1993 : rapport intermédiaire*, Paris, MEN, mars 1992.

FOTINOS G., *L'Aménagement des rythmes scolaires au collège et au lycée*, rapport, Paris, ministère de la Jeunesse et des Sports, 1997.

FOTINOS G., TESTU F., *Aménager le temps scolaire*, Paris, Hachette Éducation, 1997.

HUSTI A., *L'Organisation du temps à l'école*, Saint-Fons, INRP, 1983.

HUSTI A., *La Dynamique du temps scolaire*, Paris, Hachette Éducation, 1999.

MAILLES J.-P., GEVREY M., *Rapport sur le calendrier scolaire*, Paris, Conseil supérieur de l'éducation, avril 1992.

MEIRIEU P., « Retrouver le "temps d'apprendre" », *Cahiers pédagogiques*, supplément n° 2 : « Retours sur… *le temps de l'école* », 1997, p. 28.

MONTAGNER H., *Les Rythmes de l'enfant et de l'adolescent : ces jeunes en mal de temps et d'espace* (1983), Paris, Stock, 1991.

PERRENOUD P., *Les Cycles d'apprentissage : une autre organisation du travail pour combattre l'échec scolaire*, Sainte-Foy, Presses de l'Université du Québec, 2003.

REINBERG A., *Des rythmes biologiques à la chronobiologie*, Paris, Gauthier-Villard, 1982.

TESTU F., *Chronopsychologie et rythmes scolaires*, Issy-les-Moulineaux, Masson, 2000.

▸ Voir aussi

Association éducative – Élève (Projet de l') – Horaires – Rythmes scolaires.

TERRAIN POUR L'AVENTURE

Le terrain pour l'aventure est un lieu mis en permanence à la disposition des enfants, qu'ils peuvent occuper et transformer à loisir, en utilisant des matériaux, le plus souvent bruts, mis à leur disposition par un animateur. Ce dernier n'a pas à assurer l'organisation des jeux mais doit simplement veiller à la sécurité et renouveler les matériaux disponibles. D'origine nordique, le « terrain pour l'aventure » s'est implanté en France dans les années 1970 à travers quelques expériences pilotes, mais il a très rapidement dépéri, sa conception éducative dominante (liberté sans contrôle) ne semblant pas pouvoir s'inscrire dans les schémas et les structures de loisirs habituels.

Jean Houssaye

▸ Voir aussi

Jeu.

TEST

Un test est un instrument d'observation standardisé qui permet de décrire le comportement d'un individu. Le plus souvent cette description est quantitative et elle permet de comparer le comportement du sujet au comportement moyen d'un groupe d'individus observés dans des conditions identiques.

La standardisation de la procédure d'observation qui caractérise les tests vise à supprimer les divergences d'appréciation entre observateurs différents, divergences que l'on observe fréquemment dans la notation scolaire. Elle porte sur la situation même dans laquelle sont placés les sujets, sur les indications et les consignes qui leur sont données et sur les modalités d'évaluation de leurs réponses.

Le contenu des tests est déterminé par les conceptions ou théories psychologiques auxquelles se réfère celui qui les construit. Les tests sont généralement constitués d'une série de petits problèmes ou de questions (les items du test). Certains tests sont destinés à être appliqués individuellement, d'autres peuvent être appliqués en groupe. Certains tests supposent un matériel qui peut être complexe, d'autres ne nécessitent que du papier et un crayon. De plus en plus fréquemment, l'application des tests et leur correction sont informatisées.

Les tests sont construits de telle sorte qu'ils puissent différencier les sujets. Toute une méthodologie (la psychométrie) a été développée afin que l'on puisse être sûr que tous les items d'un test mesurent bien, à des degrés divers, une même caractéristique psychologique. Cette méthodologie permet également d'évaluer l'importance des erreurs de mesure qui entachent toute procédure d'évaluation, et de préciser la qualité des pronostics que l'on peut émettre à partir des résultats aux tests.

Les premiers tests sont apparus à la fin du XIXe siècle et étaient destinés à l'évaluation de l'intelligence des écoliers. Depuis, les tests se sont considérablement diversifiés. On distingue les tests cognitifs et les tests de personnalité. Parmi les tests cognitifs, certains visent à évaluer des formes d'intelligence générale, d'autres (souvent appelés tests d'aptitudes) des aspects plus limités de l'intelligence, d'autres encore évaluent des connaissances (connaissances factuelles ou connaissances de procédures) scolaires ou professionnelles. Il existe de nombreux tests cognitifs construits en vue d'usages précis ; par exemple, en psychopathologie, on rencontre des tests destinés à vérifier des hypothèses quant à l'existence d'atteintes neurologiques, ou encore, en psychologie du travail, des tests simulant des activités professionnelles. Parmi les tests de personnalité, certains font appel aux capacités introspectives du sujet (questionnaires de personnalité), d'autres proposent une interprétation en termes de traits de personnalité de comportements objectifs (tests objectifs de personnalité), d'autres enfin incitent le sujet à projeter ses caractéristiques personnelles en interprétant des situations ambiguës ou en s'exprimant (tests projectifs).

Dans le cadre de l'examen psychologique, on peut appliquer systématiquement une batterie de tests ou choisir les tests que l'on appliquera en fonction du problème posé par le sujet. Les tests de connaissances scolaires sont utilisés dans le système éducatif (surtout dans les pays anglo-saxons) afin de fournir aux enseignants des informations précises sur les acquisitions de leurs élèves, et parfois sur les obstacles à ces acquisitions.

Michel Huteau

▸ Bibliographie

HUTEAU M., LAUTREY J., *Les Tests d'intelligence*, Paris, La Découverte, 1997.

PICHOT P., *Les Tests mentaux*, Paris, PUF, coll. « Que sais-je ? », 1999.

ZURFLUH J., *Les Tests mentaux : expérience, critique*, Paris, Éd. Universitaire, 1976.

▸ Voir aussi

Aptitude – Docimologie – Évaluation – Intelligence – Personnalité – Psychologie du développement – Psychopédagogie.

THÉÂTRE

Le théâtre dans l'éducation a connu, en France au cours de l'histoire, un statut tout à fait particulier. L'héritage du XVIIe siècle, où il concourait à la formation intellectuelle de la bonne société, reposait sur l'entraînement à la rhétorique et à la prise de parole publique : l'homme de pouvoir et de responsabilité est d'abord un homme de représentation. Les écoles de jésuites ont maintenu jusqu'au XXe siècle cette dimension formatrice par l'art de la diction théâtrale.

Le développement de la décentralisation théâtrale en France au XXe siècle (Copeau et les comédiens routiers), puis la naissance du Théâtre national populaire se firent en liaison avec l'éducation nouvelle, les pionniers des méthodes d'éducation active et les mouvements d'éducation populaire. Dans les techniques renouvelées de la formation de l'acteur, où l'on privilégie l'exploration des moyens personnels d'expression et l'improvisation de situations dramatiques avant d'aborder les textes et leur interprétation, l'éducation nouvelle découvre des processus éducatifs qui peuvent concerner différents publics en formation.

Les penseurs de l'école maternelle française et les psychologues de l'enfance (Kergomard, Claparède), plaçant le jeu comme principe fondateur de l'activité et du développement de l'enfant, recommandent notamment le recours dans l'éducation aux jeux de fiction. Le jeu dramatique (invention de courts canevas improvisés qui placent des personnages dans différentes situations) permet à l'enfant d'explorer des rôles et des situations dans un « espace intermédiaire » (au sens de Winnicott), entre imaginaire et réalité. Il invente ainsi des « histoires » avec des personnages en action (*drama*) et fait « sans risque » dans l'espace de jeu une exploration des images qu'il porte (rôles sociaux qui lui sont encore interdits dans le réel, projections imaginaires de ses craintes, de ses désirs et de ses représentations mentales).

Au-delà des années 1960, où les centres d'entraînement aux méthodes d'éducation actives (CEMÉA) jouèrent un rôle important de formation des éducateurs (Miguel Demuynck), le recours aux techniques de la dramatisation se manifesta dans différents champs sociaux : personnels de santé, psychiatrie, prison et justice, syndicats et entreprises. Dès les années 1970, les domaines de formation ont été influencés en particulier par la présence en France du Théâtre de l'opprimé (Auguste Boal), qui met les techniques d'expression théâtrale au service de différents groupes sociaux, dans une perspective revendicative et politique.

Vers une progressive institutionnalisation scolaire

Dans le milieu scolaire, jusque dans les années 1970, le théâtre est encore essentiellement une partie de l'enseignement de français (étude littéraire des auteurs classiques et des textes) qui s'accompagne au mieux de la fréquentation de spectacles. Dans les foyers socio-éducatifs des collèges et des lycées, reprenant les traditions festives de la République, se développent les clubs-théâtre, dont le répertoire et les formes de travail sont soit un prolongement de l'enseignement littéraire, soit la constitution de groupes très proches des mouvements de théâtre amateur.

La mise en place à l'université de cursus spécialisés à partir des années 1970 tend à rendre les études théâtrales autonomes par rapport au domaine littéraire. Le théâtre, art du spectacle, est étudié pour lui-même comme champ de connaissance (histoire du théâtre, sémiologie de la représentation, fonctions sociales et symboliques du théâtre). Parallèlement à cette mise en place, des groupes de recherche se constituent, notamment pour explorer les relations entre théâtre et pédagogie (groupe Jeu dramatique et pédagogie, dirigé par Richard Monod à l'université de Paris-III). Séminaires et universités d'été diffusent auprès d'enseignants et de professionnels de nouvelles pratiques.

Le développement de l'action culturelle en milieu scolaire à partir de 1979, et en particulier la mise en place des projets d'action éducative (PAE), trouve dans le domaine théâtral des relais dynamiques aussi bien chez les enseignants que chez les professionnels du théâtre. L'activité théâtrale, à partir d'un projet pédagogique, associe comédiens et compagnies pour sensibiliser les élèves au langage théâtral et à la création. Cette mise en place s'accompagne de nombreux stages pour les enseignants au sein des plans académiques de formation (PAF), ou dans les écoles normales, sous la conduite de professionnels.

La loi sur les enseignements artistiques de 1988 reconnaît quatre domaines artistiques qui doivent être présents de l'école maternelle à l'université : arts plastiques, éducation musicale, théâtre-expression dramatique, cinéma-audiovisuel. Dès lors, prenant en compte de nombreuses expériences lancées dans les années 1980 avec le ministère de la Culture, les responsables de l'Éducation nationale mettent en place une série de dispositifs innovants.

Dans les collèges et les lycées se créent les ateliers de pratique artistique théâtre (APA), et au lycée une section spécialisée de la série littéraire, débouchant sur le baccalauréat (A3 théâtre). Ces pratiques et ces enseignements (qui ne visent pas une préprofessionnalisation) sont obligatoirement encadrés par une équipe d'enseignants et une équipe professionnelle reconnue par le ministère de la Culture. Dans ces deux structures de travail, l'élève est conduit à une formation générale par la pratique, sans coupure entre faire, voir et lire du théâtre. En 1993, on compte plus de 700 ateliers-théâtre et plus de 100 lycées ont ouvert une section spécialisée.

Depuis 1993, le succès de ces dispositifs a durablement installé dans les lycées les baccalauréats à option théâtre (série littéraire) à fort coefficient, et les « Ateliers » ont été transformés en une option dite « légère » pour les autres séries d'enseignement général. Parallèlement, en 2002, les nouveaux programmes de français au baccalauréat de 1re introduisent dans toutes les séries un nouveau thème d'étude : « Le texte théâtral et sa représentation ». La dimension artistique, le travail de dramaturgie et de mise en scène deviennent ainsi inséparables de l'approche du répertoire classique et contemporain en classe de lettres.

À l'école primaire (maternelle et élémentaire), une série de dispositifs favorisent aujourd'hui l'entrée des pratiques dramatiques et théâtrales à l'intérieur des projets d'école (fonds d'aide à l'innovation, développement social des quartiers, zones d'éducation prioritaire, contrats Ville-enfants, etc.). Cette introduction des pratiques théâtrales se fait très fréquemment dans le cadre de projets lecture-écriture, à partir du renouveau de la littérature pour la jeunesse. Le développement des ateliers artistiques à l'école avec l'aide de professionnels ou encore les classes culturelles de théâtre (sur le modèle des classes transplantées) confirment la volonté de promouvoir les projets en partenariat entre artistes et enseignants, où s'élaborent de nouvelles démarches de pédagogie artistique. Le Plan pour les arts et la culture, lancé en 2001 par Jack Lang, ministre de l'Éducation nationale, et Catherine Tasca, ministre de la Culture, connaît un très vif succès avec la mise en place des classes à projet artistique et culturel (PAC) intégrées aux programmes de l'école. Ce dispositif, destiné à se généraliser, place les démarches culturelles au cœur des apprentissages de l'école en soulignant le lien indispensable entre culture et savoirs. D'autant que les nouveaux programmes de l'école introduisent au cycle 3 la littérature de jeunesse, avec une liste de références de textes recommandés où figurent des œuvres théâtrales contemporaines pour la jeunesse, à lire, à dire et à explorer par les mises en espace.

Les formations à l'université se sont considérablement développées avec la création d'un DEUG Arts du spectacle et de licences spécialisées. La formation des enseignants, avec la mise en place des IUFM, demeure cependant insuffisante dans ce domaine, même si des expériences d'atelier de pratique artistique (pour les enseignants du premier degré) ou la mise en place de quelques dominantes Arts (comme littérature et théâtre) existent dans quelques IUFM.

Des associations nationales ou régionales se sont développées pour favoriser les échanges et la réflexion entre enseignants ou professionnels, pour organiser des rencontres et des festivals de jeunes, telle l'association nationale de recherche et d'action théâtrale (ANRAT).

Le théâtre est entré dans les cursus scolaires avec des objectifs de plus en plus liés à la nécessité de promouvoir les arts à l'école et de favoriser une appropriation de la culture contemporaine. Plus solidement ancrés dans l'institution scolaire, le théâtre et les pratiques dramatiques participent à un mouvement qui traverse la société française : mieux prendre en compte la diversité des aptitudes et favoriser le développement personnel sans coupure avec le sens social de la création artistique. En retour, les innovations pédagogiques mises en place dans ces pratiques et ces enseignements nouveaux (partenariat avec des professionnels, travail sur projet, ouverture culturelle, prise en compte du corps et de l'imaginaire dans les processus éducatifs, constitution d'un champ de connaissances autonome) ont des effets sur d'autres domaines disciplinaires. En particulier, l'enseignement des lettres bénéficie aujourd'hui d'un renouveau méthodologique et critique : la lecture dramaturgique des textes de théâtre, classiques ou contemporains, saisit leur fonctionnement spécifique.

En s'ouvrant à un domaine artistique qui a si fortement placé au cours de son histoire l'individu en face des « représentations » de la Cité et des valeurs collectives, l'école accepte que soient interrogés de façon critique (et nécessairement polémique) les désordres de nos sociétés. Ce faisant, elle renoue avec la vocation civique et critique de toute éducation et prépare des spectateurs éclairés. Toutefois des tensions importantes persistent : ces nouvelles formes de pédagogie se heurtent aujourd'hui dans l'école à des orientations ministérielles qui voudraient isoler les savoirs didactisés et en revenir à la pédagogie des préalables (les savoirs d'abord, les pratiques culturelles plus tard…).

Les formations professionnelles

L'accès aux professions du théâtre est extrêmement divers. À côté des conservatoires régionaux et du Conservatoire national, de nombreuses écoles se sont ouvertes à l'intérieur des centres dramatiques ou des théâtres nationaux (en particulier l'école du Théâtre national de Strasbourg qui a formé plusieurs générations de comédiens et metteurs en scène de la décentralisation, ou l'école du théâtre des Amandiers de Nanterre autour de Patrice Chéreau). Relevant de l'Éducation nationale, l'École nationale supérieure des arts du théâtre (ENSAT, installée à Lyon) forme à la fois des comédiens et des techniciens de la scène dans différentes disciplines.

Le nombre très important de « cours privés » de qualité très inégale constitue un phénomène social. Toutefois, nombre de compagnies sont nées à l'écart de ces lieux de formation. En particulier, des comédiens et des metteurs en scène importants sont issus directement du théâtre universitaire et ont largement contribué au renouveau scénique de ces trente dernières années. Profession en crise, au taux de chômage très important, le théâtre demeure une aventure professionnelle à haut risque.

Jean-Claude Lallias

▸ Bibliographie

Abirached R. (dir.), *La Décentralisation théâtrale,* Arles, Actes Sud Papiers, coll. « Cahiers Théâtre Éducation », 4 tomes, n°s 5, 6, 8 et 9, 1993, rééd., 2005.

Boal A., *Jeux pour acteurs et non-acteurs : pratique du Théâtre de l'opprimé,* Paris, La Découverte, 2004.

Carasso J.-G., *Nos enfants ont-ils droit à l'art et à la culture ?,* Bessières, Éd. de l'attribut, 2005.

Collectif, *L'Enfant, le jeu, le théâtre,* Arles, Actes Sud Papiers, coll. « Cahiers Théâtre Éducation », n° 2, 1990.

Lallias J.-C., Cabet J.-L., *Les Pratiques théâtrales à l'école,* Créteil, CRDP, 1990.

Lallias J.-C., Lassalle J., Loriol J.-P. (dir.), *Le Théâtre et l'école : histoire et perspectives d'une relation passionnée*, Arles, Actes Sud Papiers/ANRAT, 2002.

Lecoq J., *Le Corps poétique : un enseignement de la création théâtrale*, Arles, Actes Sud Papiers, coll. « Cahiers Théâtre Éducation », 1997.

Monod R., *Jeux dramatiques et pédagogie,* Paris, Edilig, 1983.

Ryngaert J.-P., *Le Jeu dramatique en milieu scolaire : expression et animation,* Bruxelles/Paris, De Boeck/Éd. universitaires, 1996.

Vinaver M. (dir.), *Écritures dramatiques : essais d'analyse de textes de théâtre,* Arles, Actes Sud, 2000.

Winnicott D. W., *Jeu et réalité : l'espace potentiel,* Paris, Gallimard, coll. « Folio essais », 2002.

▸ Voir aussi

Audiovisuel – Cinéma – Classe transplantée – Corps – Éducation nouvelle – Expression – Français (Enseignement du) – Jeu – Partenariat – Projet.

Théologie et éducation

Il peut sembler surprenant d'associer l'éducation avec la « science de Dieu », pour autant que celle-ci renvoie à un savoir absolu qui s'impose à la créature, alors que l'éducation, au moins dans son sens moderne, présuppose une appropriation du savoir par des êtres libres. Mais c'est oublier, pour nous en tenir à elle, que la Révélation chrétienne fut elle-même, selon le titre de l'ouvrage de Lessing, une « éducation du genre humain » : de l'Ancien au Nouveau Testament, la « bonne nouvelle » s'est progressivement découverte à des hommes qui, centres de réflexion et de volonté, donc de liberté, ont pu l'accepter ou la refuser. La pensée patristique, au point de rencontre de la conception antique de la *paideia* et de la nouveauté du message chrétien, a également été riche d'une pensée éducative qui mériterait d'être étudiée de près et où l'on retrouverait bien des anticipations de nos débats pédagogiques actuels. Tout au long de l'histoire, enfin, la pensée chrétienne a stimulé des pratiques éducatives dont les divergences, parfois criantes (de la transformation active du monde à l'appel à la conversion intérieure), trouvent leur dernière explication dans le point de départ théologique.

Si l'on veut faire allusion aux théologies qui, dans le monde chrétien, se sont constituées comme corps de doctrine, il faudrait encore prendre en compte les différentes traditions et écoles (augustinienne, thomiste, etc.), les ruptures historiques (notamment celle de la Réforme dans ses différents avatars : luthérien, calviniste, zwinglien), les courants plus ou moins orthodoxes (piétistes, anabaptistes), et vérifier en quoi leurs présupposés théologiques ont ou non favorisé le développement de l'éducation et modifié la théorie éducative. Il apparaît ainsi qu'une conception dure de la faute originelle rend par avance difficile tout effort pour éduquer une créature marquée par une dépravation radicale, mais qu'inversement, une conception trop généreuse de la bonté de la nature humaine rend tout autant malaisé l'effort d'éducation de l'homme par l'homme. Il serait d'ailleurs intéressant d'étudier tout ce que doivent l'œuvre éducative, celle par exemple des jésuites et des oratoriens, de saint Jean-Baptiste de La Salle et de Don Bosco, du jansénisme et des Petites Écoles, mais aussi la pensée pédagogique fondatrice des Comenius, Rousseau, Pestalozzi, etc., à la pensée théologique qui les sous-tend.

La réalité de la sécularisation dans laquelle baigne désormais notre éducation ne devrait pas nous faire oublier que des catégories de pensées théologiques restent à l'œuvre au fond de nos options pédagogiques : le Dieu inaccessible à la raison et qui parle au cœur fera pencher vers une pédagogie de la relation ; le salut par les œuvres mettra au centre la pratique pédagogique, etc. Pestalozzi peut avoir été un lecteur enthousiaste de Rousseau : le zwinglianisme du Zurichois imprime à sa pédagogie une direction qui n'est pas celle de l'héritier de Calvin. Autre question cruciale : La théorie éducative, qui prétend manifester le pouvoir de l'homme sur sa propre nature, est-elle nécessairement pélagienne ? Et encore : quel fondement théologique au principe d'éducabilité de l'homme ?

Il ne serait pas enfin impensable que les apories les plus aiguës de l'éducation trouvent à s'éclairer dans la méditation rationnelle sur le « mystère divin », telle qu'elle s'est déployée au fil des siècles. Tout le débat sur la médiation pédagogique, par exemple, pourrait tirer utilement parti des réflexions théologiques sur l'incarnation et sur la christologie. Et les considérations sur la relation triangulaire entre l'enseignant, l'apprenant et le savoir ne trouveraient-elles pas à s'approfondir dans la réflexion sur le Dieu trinitaire ?

Michel Soëtard

▶ Bibliographie

Chalmel L., *La Petite École dans l'école : origine piétiste-morave de l'école maternelle française*, Berne, Peter Lang, 2004.

Francis L. J., Thatcher A., *Christian Perspective for Education. A Reader in the Theology of Education*, Gracewing, 1990.

Voeltzel R., *Éducation et Révélation : introduction aux problèmes de la pédagogie chrétienne*, Paris, PUF, 1960.

▶ Voir aussi

Cognitive (Éducation) – Comenius, Jean Amos – Éducation – La Salle, Jean-Baptiste de – Pédagogie – Pestalozzi, Johann Heinrich – Rousseau, Jean-Jacques.

TICE ▶ Technologies de l'information et de la communication pour l'éducation

Tolstoï, Léon (1821-1910)

La gloire de Tolstoï écrivain a éclipsé ses idées et ses réalisations pédagogiques. Sa créativité, son originalité dans ce domaine, loin d'être reconnues, ont choqué ses contemporains qui n'ont pas su déceler en lui un précurseur.

L'école de Iasnaïa-Poliana

Créée sur ses terres en vertu de sa volonté de « barine », sans référence à quelque règlement, l'école de Iasnaïa-Poliana est la plus libre, la plus originale qui soit. Un long voyage en Allemagne, en France, en Angleterre où il visite des écoles, s'entretient avec des pédagogues, fortifie Tolstoï dans cette conviction : « Non seulement nous ne savons pas, mais nous ne pouvons pas savoir en quoi doit consister l'éducation du peuple. »

L'organisation séculaire fondée sur la discipline qui défend aux enfants de parler, de demander, de choisir, etc. exclut tout progrès : « C'est seulement quand l'expérience sera la base de l'école, seulement quand chaque école sera un laboratoire pédagogique, que l'observation pourra édifier sur des fondements solides la science de l'éducation. » Pour agir sur lui, il faut d'abord étudier l'enfant, c'est-à-dire l'enfant libre. On reconnaît l'esprit de Jean-Jacques Rousseau dont Tolstoï est un fervent admirateur.

Tolstoï s'implique totalement dans cette aventure. Son école se présente comme un centre culturel où les matières d'enseignement sont offertes mais non imposées. On y trouve des livres, des tableaux, des plantes, des minéraux, des objets divers exposés dans les différentes salles, un atelier de menuiserie, une salle de gymnastique à la disposition des amateurs. Les enfants sont invités. Ils viennent librement, choisissent leur objet d'étude, s'y consacrent sans être interrompus. S'ils le décident, ils peuvent quitter la classe à tout moment. Ils ne seront jamais punis, ni récompensés.

D'abord au nombre d'une vingtaine, ils sont bientôt cinquante. Tout n'est pas idyllique : il arrive qu'ils se roulent par terre et se battent comme de jeunes animaux ; on les laisse faire ; ils finissent par se calmer. « À cet âge, écrit Tolstoï, le corps est inséparable de l'âme. L'esprit n'est actif qu'à condition que le corps le soit. » Les élèves peuvent changer de place, s'approcher, poser des questions. L'animation traduit l'intérêt.

Le maître propose chaque jour, à ceux qui le veulent, de raconter des histoires : Tolstoï raconte à merveille mais donne volontiers la parole à un enfant pour qu'il reprenne l'histoire avec ses propres expressions. Tolstoï lit aussi des histoires dans des livres – notamment le récit de la Genèse. Les enfants qui souhaitent lire se mettent à épeler, à déchiffrer, aidés par le maître et par les camarades. Tolstoï s'est enquis de toutes les méthodes de lecture en usage en Europe et n'en privilégie aucune ; il les essaie, suivant le caractère des enfants. Il les invite à écrire les lettres et les syllabes qu'ils apprennent ; très vite, ils sont capables d'écrire de courtes phrases (proverbes, sentences, devinettes) qu'ils retiennent. Le problème difficile, c'est de passer de ces phrases simples aux textes suivis. Tolstoï les y entraîne inlassablement.

Parler par soi-même pour penser par soi-même. Écrire et composer librement afin d'exercer la pensée (et par voie de conséquence, l'exprimer), c'est une pratique pédagogique originale de Tolstoï : il crée ce que nous appelons « le texte libre » et, pour la première fois, il imprime des textes rédigés par des enfants. Cette invention se dégage, peu à peu, des nombreuses séances où le maître incite les enfants passionnés par un récit à le reprendre, à le recomposer et où, pour laisser plus de liberté à leur créativité, Tolstoï se met à écrire sous leur dictée. Il est frappé par la diversité des circonstances imaginées, la richesse, la couleur des termes utilisés. Primauté à la pensée, à l'imagination qui favorise l'expression linguistique, grammaire et orthographe seront acquises plus tard, par l'usage.

L'importance accordée à la langue n'exclut pas l'apprentissage des mathématiques, auxquelles Tolstoï s'intéresse beaucoup. Il préconise l'emploi des chiffres romains, plus concrets que les chiffres arabes. Comme pour la grammaire, il récuse la présentation des règles avant que l'usage ne les ait rendues nécessaires : il vaut mieux aller lentement, arriver par des voies concrètes aux fractions, aux décimales.

Physique, chimie, sciences naturelles font l'objet d'expériences ; beaucoup de notions sont retrouvées par la pratique de l'agriculture : Tolstoï a donné six ares de terre à chacun des enfants pour qu'ils y apprennent à semer, à soigner leurs propres cultures. L'école est autant à l'extérieur de l'école qu'à l'intérieur : promenades-fleurs, promenades-champignons, séances de natation dans l'étang, fêtes musicales font partie du programme de cette école sans programme où la vie surabonde : les enfants arrivent à 8 heures, toujours libres de s'en aller ; en fait, ils prolongent souvent leurs travaux jusqu'à 14 heures ; et, le soir, il arrive que l'on « dicte » à Léon Tolstoï jusqu'à 23 heures. On improvise des repas sur place. Le dimanche, Tolstoï réunit les étudiants venus l'aider dans sa tâche. Chacun rédige ses observations journalières, dont certaines sont publiées dans la revue *Iasnaïa-Poliana.*

Cette vie intense, toute centrée sur les intérêts multiples des enfants, est épuisante pour Tolstoï. Sa santé est ébranlée. Le régime de liberté et d'innovation qui règne à Iasnaïa-Poliana éveille la suspicion des autorités tsaristes. La police, en son absence, fouille l'école ainsi que son domicile. Tolstoï, en 1862, après trois années, change de vie. Il se marie, écrit *Guerre et paix.* Sans lui, son école se désagrège.

L'*Abécédaire*

Dans les années 1870, Tolstoï enseigne lui-même à ses enfants les rudiments éducatifs mais aussi le grec, le latin, l'hébreu, en les plongeant dans les textes, avant de leur faire connaître la grammaire ; apprentissage éprouvant mais efficace. Il reçoit, en même temps, des enfants de paysans pour les instruire.

Il travaille plusieurs années à deux gros volumes, publiés en 1872 puis remaniés en 1880. Débutant par un syllabaire, l'*Abécédaire* constitue, en réalité, une véritable encyclopédie éducative à l'usage des enfants (et des parents et éducateurs). C'est une somme : récits gradués pour la lecture, exercices en vieux slave, arithmétique, récits d'histoire naturelle et de physique, fables, etc., avec des conseils pour les maîtres.

Aucune définition grammaticale, mais les formes propres à la langue sont présentées au moyen d'artifices typographiques. Une seule difficulté est étudiée par chapitre. Un conseil essentiel : « Aidez l'enfant à lire le plus possible en comprenant ce qu'il lit, à écrire quelque chose de son invention. Corrigez-le, non s'il a failli à la règle, mais à la compréhension, à la construction, à la clarté. »

Ce monument de littérature pour enfants et d'ingéniosité pédagogique a connu, en Russie, puis en URSS, un succès extraordinaire qui ne s'est jamais démenti.

La liberté et le rayonnement

En 1875, Tolstoï publie un article important sur « l'instruction du peuple ». Il dénonce le « faux dogmatisme », l'ordre extérieur, la crainte perpétuelle infligés aux enfants : « Seule l'attention portée à la vie de l'enfant peut nous guider. La liberté est une méthode ; elle nous renseigne sur les besoins de l'enfant ; moins les enfants apprennent avec contrainte, meilleure est la méthode. »

Jusqu'à la fin de sa vie, l'apôtre de la non-violence manifeste, dans ses lettres, ses articles, son journal, son intérêt pour l'éducation. Il en arrive à cette sagesse suprême : « C'est notre vie, notre exemple involontaire de chaque jour qui agit sur l'enfant. De la sorte, le seul moyen de donner une éducation "bonne", c'est de nous réformer, de nous éduquer nous-même. » C'est la plus simple et la plus exigeante des pédagogies.

Louis Raillon

▸ Bibliographie

Principales œuvres de Léon Tolstoï :

L'École de Iasnaïa-Poliana, Paris, Savine, 1888.

La Liberté dans l'école, Paris, Savine, 1888.

Œuvres complètes, tomes XIII et XIV, *Écrits pédagogiques*, Paris, Stock, 1905-1906.

Principales œuvres sur Léon Tolstoï :

Baudouin C., *Tolstoï éducateur,* Lonay, Delachaux et Niestlé, 1921.

Filloux J.-C., *Tolstoï pédagogue*, Paris, PUF, coll. « Pédagogues et pédagogies », 1996.

Maroger D., *Les Idées pédagogiques de Tolstoï,* Lausanne, L'Âge d'Homme, 1974.

▸ Voir aussi

Cousinet, Roger – Éducation nouvelle – Expression – Pédagogie – Rousseau, Jean-Jacques.

Toxicomanie

Les toxicomanies représentent un phénomène complexe et polymorphe, d'autant plus que les tendances récentes font état d'une évolution vers un développement des polytoxicomanies associant drogues illégales, alcool et médicaments.

L'Organisation mondiale de la santé a défini une première fois, en 1957, la toxicomanie comme « un état d'intoxication chronique ou périodique engendré par la consommation répétée d'une drogue naturelle ou synthétique. Ses caractéristiques sont notamment : un invincible désir ou un besoin de continuer à consommer la drogue et de se la procurer par tous les moyens ; une tendance à augmenter les doses (tolérance) ; une dépendance d'ordre psychique et généralement physique à l'égard de la drogue ; des effets nuisibles à l'individu et à la société. »

Cette définition s'étant révélée impropre à décrire la diversité des formes de toxicomanies, le comité d'experts a préféré lui substituer, en 1966, la notion de *dépendance* : « La pharmacodépendance est un état psychique et quelquefois également physique résultant de l'interaction entre un organisme vivant et un médicament, se caractérisant par des modifications du comportement et par d'autres réactions qui comprennent toujours une pulsion à prendre le médicament de façon continue et périodique, afin de retrouver ses effets psychiques et, quelquefois, d'éviter le malaise de la privation. Cet état peut s'accompagner ou non de tolérance. Un même individu peut être dépendant à plusieurs médicaments. » Ces données définissent la toxicomanie en référence à la problématique de la dépendance.

Dépendance, abus, usages problématiques

La dépendance (ou toxicodépendance) psychologique, voire physiologique, à l'égard des effets de la drogue caractérise la toxicomanie. Elle provoque « un besoin irrépressible, tyrannique et durable, de consommer la drogue en se la procurant par n'importe quel moyen », pour en ressentir les effets psychiques (dépresseurs, stimulants ou, selon les produits, dysleptiques) et « éviter l'inconfort de son absence ». La dépendance physique est responsable, lors de l'arrêt brutal de la consommation, d'un syndrome de sevrage.

Ces définitions larges concernent une diversité de produits psychotropes et englobent aussi bien les *drogues illégales* naturelles ou synthétiques de toxicité variée (opiacés dont l'héroïne, cocaïne et crack, dérivés du cannabis – sur lesquels la législation relative à la consommation et à la possession de quantités limitées, pour usage personnel, diffère dans les pays de l'Union européenne –, amphétamines, ecstasy et substances hallucinogènes), que les *drogues légales* (alcool, tabac) ou celles dont l'usage, éventuellement réglementé, est détourné (solvants, médicaments psychotropes, etc.), bien que le terme de « toxicomanie » soit parfois assimilé à la seule intoxication chronique par les drogues illégales.

Il convient de distinguer nettement usage et dépendance : tous les usagers ne deviennent pas dépendants. De même qu'il existe une pluralité de drogues, il existe une diversité d'usages et de modes de consommation. Il faut distinguer l'expérimentation isolée, la consommation occasionnelle – contrôlée – et la dépendance : « C'est la répétition, l'augmentation des doses et le choix d'une existence centrée sur la prise d'un ou de plusieurs produits qui font la toxicomanie » (Roux, 1983). Certains auteurs recommandent d'envisager la problématique des drogues selon le modèle « usage, abus et dépendance ». Selon eux, ce modèle s'avère plus adapté pour appréhender la diversité des usages, dépasser l'approche (bien souvent idéologique) par les produits ou l'opposition usage/dépendance. Il permet de considérer les personnes dans leurs relations aux différents produits mais aussi leur mode de vie et leurs liens sociaux. La notion d'*abus* décrit un mode d'utilisation d'une substance psychoactive inadaptée, eu égard aux risques encourus ou aux conséquences néfastes, récurrentes et signifiantes, mais qui n'atteint pas les critères de la dépendance (DSM 4). Outre les conséquences ou les risques pour la santé, ce terme introduit le retentissement sur les activités domestiques, scolaires, professionnelles et juridiques.

Il n'est pas possible de définir une personnalité-type de l'usager dépendant ; le phénomène de toxicomanie résulte de la rencontre, dans un contexte socioculturel donné, d'une personnalité avec des produits dont l'action recherchée modifie l'activité du système nerveux central. Les facteurs explicatifs proposés sont nombreux ; ils mettent en jeu les propriétés pharmacologiques des produits eux-mêmes, l'intensité paroxystique du plaisir procuré ainsi que la distance qu'ils permettent vis-à-vis de la réalité. La pression de l'offre, le contexte socioculturel jouent également un rôle important : si dans les années 1960, les drogues illicites étaient liées à un refus des valeurs de la société de consommation, actuellement la consommation d'héroïne semble se développer plutôt parmi les jeunes en difficulté d'insertion sociale et professionnelle, l'augmentation du chômage faisant craindre une aggravation du phénomène parmi les jeunes en difficulté. La pression des pairs et le besoin d'imitation pour marquer l'appartenance au groupe constituent également des facteurs d'initiation importants à l'adolescence, surtout lorsque le milieu éducatif est fragilisé. Enfin, des facteurs personnels, psychologiques ou psychiatriques (voire physiologiques) expliquent l'inégale susceptibilité des individus à devenir dépendants.

La variété des produits, de leurs effets, de leur toxicité et du contexte social de tolérance qui entoure leur consommation engendre des conséquences multiples, plus ou moins retardées, sur la santé et sur la vie relationnelle, familiale, professionnelle et sociale des personnes dépendantes. Sans développer ici les aspects spécifiques de l'alcoolisme, du tabagisme et des médicaments psychotropes, il faut souligner l'augmentation de la fréquence des polyconsommations.

Les drogues illicites posent des problèmes spécifiques du fait de leur caractère illégal qui a favorisé l'augmentation du pouvoir économique voire politique des organisations criminelles qui en organisent la production et le trafic, dénoncé notamment dans le rapport du Conseil économique et social présenté par Évelyne Sullerot en 1989 : « La production, le transport et la vente des produits visés sont entièrement entre les mains des criminels, du moins sur notre territoire, et les effarants bénéfices que procure ce commerce totalement illégal vont intégralement aux criminels auxquels ils donnent une puissance accrue. »

Certains produits comme les dérivés de l'opium et de la cocaïne (crack) sont particulièrement susceptibles de créer rapidement une tolérance et une dépendance marquées – psychique et physique –, posant de difficiles problèmes de désintoxication. L'OFDT évalue entre 150 000 et 180 000 le nombre d'usagers problématiques de drogues opiacées et/ou cocaïne. La morbidité infectieuse consécutive à l'utilisation de la voie intraveineuse est importante : hépatites virales B et surtout C, dont la diffusion est massive, et infections au sida (VIH), qui sont toutefois en régression. La diffusion des traitements de substitution aux opiacés ont entraîné une nette diminution du nombre de décès par overdoses (564 en 1994 contre 89 en 2003 - Source OCRTIS).

La consommation de drogues illicites par les adolescents : essentiellement le cannabis

La consommation de cannabis a fortement augmenté durant les années 1990 : ainsi 6 % des 18-25 ans interrogés en 2002 déclaraient en consommer « régulièrement » (au moins dix fois dans le mois). Exceptionnelle avant 15 ans, cette fréquence de consommation progresse à l'adolescence, particulièrement pour les garçons (de 1 % à 21 % entre 14 et 18 ans ; de 1 à 7 % pour les filles). Pour le cannabis, comme pour les toxiques légaux, il faut distinguer l'usage régulier voire quotidien, témoignant d'un besoin de « soupape artificielle », d'une « difficulté à se détendre autrement que par le recours à un produit » chimique (Braconnier, Marcelli, 1991), de l'usage occasionnel, « récréatif », relativement fréquent chez les adolescents. Au minimum, la consommation de ces produits se limite à un essai isolé, par curiosité, goût de l'aventure, comme expérience obligée ou comme rite initiatique de l'adolescence (Galland, Wenzel, 1992 ; Ehrenberg, 1991).

Il importe donc d'accorder une attention particulière à l'installation de ces consommations, et de surveiller, d'interroger les trajectoires de consommation et leurs modifications (nature et quantité des produits consommés, circonstances de consommations, motifs, etc.), en raison des évolutions qui peuvent se produire, particulièrement en cas de détérioration des relations avec l'école ou lors de déscolarisations précoces.

De nombreux auteurs soulignent la fréquence de symptômes dépressifs précédant l'usage problématique de drogues qui témoignent d'une souffrance psychique méconnue. Bien souvent des signes précurseurs tels que l'absentéisme scolaire, des conduites violentes ou l'essai de diverses drogues ont été précoces.

Les craintes d'une aggravation de la situation imposent une vigilance constante et une mobilisation de l'ensemble des acteurs sociaux. La prévention de la dépendance relève pour une part de l'action publique sur l'offre, de la législation et des politiques menées par la police et les services des douanes pour lutter contre les trafics. Au-delà de ce versant dissuasif, la nécessité de protéger aussi les usagers, et particulièrement les consommateurs d'opiacés, contre les risques surajoutés ou évitables est maintenant reconnue. Mais la prévention de l'usage problématique relève aussi de la promotion de l'intégration sociale et à ce titre concerne tous les acteurs sociaux. Elle relève ainsi de la lutte contre le chômage, des perspectives proposées aux jeunes et des politiques d'urbanisation évitant la constitution de « ghettos ». Enfin, elle concerne l'ensemble des acteurs éducatifs modélisants (parents, familles, enseignants, éducateurs, etc.) qui, en partenariat, sont appelés à aider les jeunes à développer leurs potentialités et à surmonter leurs difficultés tout en leur rappelant la loi et les risques liés aux drogues et à leurs abus.

Christine de Peretti

▶ **Bibliographie**

BECK F., LEGLEYE S., SPILKA S., *Drogues à l'adolescence : niveaux et contexte d'usage de cannabis, alcool, tabac et autres drogues à 17-18 ans en France*, Paris, Observatoire français des drogues et des toxicomanies (OFDT), 2004.

BRACONNIER A., MARCELLI D., *L'Adolescence aux mille visages : itinéraires et embûches,* Paris, LGF, 1991.

CHOQUET M. *et al.*, « Les Substances psychoactives chez les collégiens et les lycéens : consommation en 2003 et évolutions depuis 10 ans », OFDT, *Tendances*, n° 35, 2004.

Conseil économique et social, *Les Problèmes posés par la toxicomanie,* rapport présenté par Mme Sullerot, Paris, 1989.

CORMIER D., *Toxicomanies : style de vie,* Québec, Gaëtan Morin, 1984.

EHRENBERG A. (dir.), « Un monde de funambules », in *Individus sous influence : drogues, alcools, médicaments psychotropes,* Paris, Le Seuil, coll. « Esprit », 1991.

GALLAND J.-P., WENZEL C., *Cannabis, alcool, héroïne : drogués, état des lieux,* Paris, L'Harmattan, 1992.

HENRION R., *Rapport de la commission de réflexion sur la drogue et la toxicomanie,* Paris, La Documentation française, 1995.

Observatoire français des drogues et des toxicomanies (OFDT), *Drogues et dépendances : données essentielles*, Paris, La Découverte, 2005.

ROUX J.-M., « Toxicomanies autres que l'alcoolisme », in *Encyclopédie médico-chirurgicale,* Paris, 1983.

SCHMELK M.-A., *Introduction à l'étude des toxicomanies,* Paris, Nathan, coll. « Sciences », 1993.

▶ **Voir aussi**

Adolescence – Délinquance juvénile – Rites de passage – Santé (Éducation pour la).

TRANSFERT DE CONNAISSANCES

La question du transfert des connaissances est, à bien des égards, au centre de toute réflexion sur l'éducation et la formation. À un premier niveau, elle consiste à s'interroger sur les conditions qui permettent à un sujet de réutiliser des connaissances acquises dans une situation pédagogique, ailleurs et à sa propre initiative. Elle est donc liée à toute interrogation sur l'efficacité d'une situation d'apprentissage : celle-ci permet-elle seulement de réussir les épreuves d'évaluation finale (examen, validation interne) ou a-t-elle une portée à plus long terme qui permet au sujet un accès à l'autonomie ? Sur un plan plus général, la question du transfert de connaissances renvoie aux moyens que le pédagogue met en œuvre pour permettre au sujet de se dégager des liens et des systèmes d'aide qui lui auront été nécessaires à un moment donné de son évolution. La recherche dans ce domaine requiert un détour par l'élucidation du rapport entre le développement et les apprentissages.

Les rapports entre développement et apprentissages

De manière schématique, on peut considérer que, sur ce sujet, il existe deux thèses antagonistes. D'une part, il y a ceux qui, interprétant certains écrits de Piaget, considèrent que le développement précède l'apprentissage ; pour eux, si un enfant ne parvient pas à apprendre, c'est qu'« il n'est pas assez mûr » ou qu'« il n'a pas atteint le bon stade » ; il convient donc d'attendre patiemment que l'enfant se développe pour lui proposer les apprentissages correspondants. D'autre part, il y a ceux qui, croyant témoigner, par là, de leur confiance absolue dans la « nature humaine », pensent que l'on peut faire apprendre n'importe quoi à n'importe qui, n'importe quand et que le développement se réduit à la somme des apprentissages. Les premiers pratiquent une pédagogie attentiste, les autres une pédagogie volontariste… Or, les uns et les autres risquent de basculer dans de dangereuses dérives : l'abstention pédagogique pour les premiers, le dressage pour les seconds.

C'est un psychologue russe, Vygotski, qui donne les moyens de dépasser cette alternative : il montre qu'il existe bien une logique du développement (on ne peut pas apprendre n'importe quoi n'importe quand), mais que les apprentissages précèdent et ne suivent pas le développement : un sujet peut apprendre des éléments nouveaux et acquérir des fonctions psychiques qui sont légèrement supérieures à son niveau de développement à condition qu'on lui fournisse les aides didactiques requises. Dans cette perspective, la fonction du pédagogue est d'estimer – avec une marge d'appréciation qui est nécessairement un peu approximative – le niveau de développement atteint et de proposer des acquisitions légèrement mais nettement supérieures : dans un premier temps, le sujet ne peut fonctionner « au-dessus de ses possibilités » qu'avec tout un dispositif d'étayage ; dans un second temps, il parvient à l'autonomie dans l'exercice et l'usage de ces fonctions nouvelles si on prend la peine de procéder à un désétayage progressif.

Plus concrètement, il s'agit d'abord de construire des situations de formation tant dans leur dimension sociorelationnelle que dans leur dimension cognitive : procurer la réassurance affective requise pour engager un apprentissage qui est souvent déstabilisant et risque de provoquer des rétractions, voire des crispations, par peur de l'inconnu et de la déstabilisation toujours anxiogène que cela provoque... Mais aussi organiser une situation didactique la plus rigoureuse possible, sélectionner les bons matériaux, poser les bonnes questions pour faire construire les bonnes réponses. Ensuite, il convient de permettre au sujet de se dégager progressivement de cette aide afin d'éviter les situations de dépendance à l'égard de la situation de formation et de l'enseignant... et cela encore, aussi bien sur le plan sociorelationnel que sur le plan cognitif : pour le premier, il faut apprendre à l'apprenant à se passer d'un soutien affectif qui lui a été, un moment, nécessaire ; pour le second, il faut lui donner les moyens de savoir comment réutiliser ce qu'il a appris dans d'autres contextes.

Or, si les enseignants et les formateurs savent relativement bien organiser des situations d'étayage, ils ont des difficultés à organiser des situations de désétayage : ce qui fait qu'ils construisent parfois des murs qui ne tiennent plus dès qu'ils ne sont plus là ; en d'autres termes, ils ont des difficultés à former véritablement à l'autonomie. Mais s'ils se donnent cet objectif, ils doivent investir alors autant d'énergie à construire des situations formatives qu'à organiser la disparition progressive de ces situations : il leur faut, à la fois, faire acquérir des connaissances à l'apprenant et rendre l'apprenant indépendant d'eux dans l'usage qu'il fait de ce qu'ils lui permettent d'acquérir... C'est ce que l'on peut nommer la transformation de connaissances en compétences. Certes, cette transformation est difficile : elle requiert une pratique systématique de la décontextualisation. Qu'est-ce que la décontextualisation ? Ce n'est pas le fait, pour l'enseignant, de proposer sans cesse de nouveaux exercices d'application, c'est le fait de faire chercher par l'élève lui-même d'autres situations dans lesquelles il peut utiliser, faire jouer, mobiliser ce qu'il a appris (ce que les Anglo-Saxons nomment le *bridging*). C'est là une pratique encore assez rare aujourd'hui et qui rend l'acquisition de l'autonomie spécifique aux histoires individuelles et aux rencontres favorables que certains apprenants auront pu faire.

La compétence comme aptitude à corréler une famille de problèmes et un programme de traitement

Les recherches menées aujourd'hui sur la distinction entre « experts » et « novices » permettent de comprendre comment un sujet exerce une compétence : il analyse un problème en ne s'en tenant pas aux indicateurs de surface (le contexte conjoncturel, la nature des exemples utilisés dans les premières rencontres avec lui, les conditions psychologiques de sa résolution), mais en recherchant les indicateurs de structure qui caractérisent véritablement la nature du problème. Ainsi un élève qui aura étudié et saura réciter le théorème de Pythagore deviendra un « expert » de ce théorème

seulement lorsqu'il saura l'utiliser dans d'autres domaines que celui qui aura permis de le lui présenter (l'arpentage des champs, par exemple), quand il prendra l'initiative de le mettre en pratique même quand on ne parle pas de triangle rectangle ni d'hypoténuse, bref quand il saura identifier les indicateurs de structure de la famille de problèmes qui permet d'utiliser cet outil ; ici ces indicateurs sont au nombre de trois :
– il existe une situation géométrique ou le codage géométrique d'une situation (comme quand il s'agit de calculer une résultante de forces en physique) ;
– il existe un angle droit et l'on peut construire un triangle rectangle ;
– l'on peut connaître la longueur de deux des côtés de ce triangle…

Une telle analyse peut être faite avec toutes les connaissances, que celles-ci soient à caractère instrumental (comme conduire une réunion), méthodologique (faire la contraction d'un texte argumentatif) ou plus « abstraite » (comprendre en quoi un texte de Rimbaud permet de donner corps et sens à une révolte intérieure).

Une telle conception permet, on le voit, de dépasser le débat entre ceux qui posent l'existence de méthodes strictement disciplinaires et ceux qui postulent la possibilité d'utiliser les mêmes méthodes dans plusieurs disciplines. En effet, en s'efforçant de mettre à jour la structure réelle des problèmes, on découvre que des exercices ayant le même nom dans une même discipline renvoient à des problèmes différents, alors que des exercices présentés de manières différentes et correspondant à plusieurs disciplines peuvent comporter la même structure. Le travail avec les apprenants sur l'identification des structures de problèmes et des outils correspondants s'inscrit dans l'ensemble des procédures de métacognition. Il s'agit par là d'intégrer la réflexion sur les apprentissages dans les apprentissages eux-mêmes afin, précisément, de faciliter les transferts de connaissances et l'accès à l'autonomie.

Philippe Meirieu

▶ Bibliographie

Astolfi J.-P., *L'École pour apprendre,* Issy-les-Moulineaux, ESF, 2004.

Berbaum J., *Développer la capacité d'apprendre,* Issy-les-Moulineaux, ESF, 1991.

Caverni J.-P. *et al., Psychologie cognitive : modèles et méthodes,* Grenoble, PUG, 1988.

Develay M., *De l'apprentissage à l'enseignement : pour une épistémologie scolaire,* Issy-les-Moulineaux, ESF, 2004.

Meirieu P., Develay M., *Émile, reviens vite… ils sont devenus fous,* Issy-les-Moulineaux, ESF, 1997.

Meirieu P., Develay M. (éds), *Le Transfert des connaissances en formation initiale et en formation continue,* actes du colloque du 29 sept. au 2 oct. 1994, Lyon, CRDP, 1996.

Piaget J., *Réussir et comprendre,* Paris, PUF, 1992.

Vygotski L. S., « Le Problème de l'enseignement et du développement mental à l'âge scolaire », *in* Schneuwly B., Bronckart J.-P., *Vygotski aujourd'hui,* Lonay, Delachaux et Niestlé, 1989.

▶ Voir aussi

Acquis (Reconnaissance et validation des) – Autoformation – Autonomie – Compétence – Connaissance – Motivation – Piaget, Jean – Psychologie de l'apprentissage – Tuteur, tutorat – Vygotski, Lev Semionovitch.

Transports scolaires

Mise en place dans les années 1960, la politique des transports scolaires visait deux objectifs :
– le groupement d'élèves du premier degré qui ne pouvaient plus être scolarisés dans des unités à trop faible effectif ;
– la mise en œuvre de la scolarité obligatoire jusqu'à 16 ans dans les zones d'habitat dispersé où la présence d'un collège – souvent au niveau d'un canton – permettait le rassemblement d'une population scolaire qui ne pouvait trouver dans l'école communale des conditions de scolarité analogues à celles des agglomérations plus importantes.

Cette politique a permis l'accès à la scolarité secondaire d'élèves qui en étaient jusque-là privés ; elle se paie de difficultés comme la durée des transports, l'attente, parfois pénible, aux points de rassemblement, la difficulté dans l'organisation des emplois du temps qui doit tenir compte des horaires des transports plus que des objectifs pédagogiques de l'institution. En souffrent particulièrement les activités de vie scolaire qui ne trouvent leur place que dans les intervalles des activités d'enseignement.

À la suite des politiques de décentralisation et du transfert de compétences scolaires aux collectivités territoriales, des communautés de communes organisent des regroupements pédagogiques concentrés qui définissent une nouvelle carte scolaire. Des sites aménagés selon des critères pédagogiques (bibliothèque, ludothèque, plateau sportif, cantine, garderie, équipement informatique) proposent ainsi plus de ressources aux élèves en même temps qu'une gestion plus efficace des déplacements.

Pierre Vandevoorde

▸ Bibliographie

Durand-Prinborgne C., *Le Droit de l'éducation. Enseignements scolaires : traité théorique et pratique,* Paris, Hachette Éducation, 1998.

▸ Voir aussi

Carte scolaire – Fatigue – Rythmes scolaires.

Transposition didactique

Emprunté au sociologue Michel Verret (1975), le concept de « transposition didactique » a été introduit en didactique avec un large succès (Chevallard, 1985). Il apparaît de plus en plus clairement que ce qui s'enseigne n'est pas le décalque simplifié d'un savoir savant, mais résulte d'une reconstruction spécifique pour l'École. C'est cette reconstruction, avec ses étapes et ses processus, qu'on nomme transposition didactique. Elle rejoint ce qu'avait déjà pointé Halbwachs, dans un article classique pertinemment titré : « La physique du maître, entre la physique du physicien et la physique de l'élève » (1975). Ce précurseur savait que le métier de professeur de physique n'est pas réductible à la pratique d'un physicien qui enseignerait !

On distingue deux étapes de la transposition didactique, celle qui fait passer d'un savoir savant à un *savoir à enseigner,* puis celle qui conduit au *savoir enseigné* réellement dans les classes. Alors que la seconde s'effectue largement sous la responsabilité du maître, la première est sous le contrôle de ce que Chevallard nomme la *noosphère,* ensemble hétérogène de ceux qui pensent les contenus d'enseignement, où prennent place aussi bien des universitaires intéressés par les problèmes pédagogiques que des auteurs de manuels, des inspecteurs, des associations de spécialistes, des enseignants novateurs, et aujourd'hui… les didacticiens.

Chevallard et Johsua ont particulièrement étudié le trajet théorique qu'effectue le concept mathématique de distance, du chercheur à la classe. Frechet l'introduit dans sa thèse, en 1906, au sujet de la résolution d'équations dont les inconnues sont des fonctions (le concept est ici un outil qui permet de traduire par un nombre la distance entre deux fonctions, deux objets, deux surfaces). Mais quand il est intégré au programme de mathématiques de 4e, en 1971, c'est à propos de la géométrie de la droite, domaine pour lequel le concept sophistiqué de distance n'est précisément pas utile dans le savoir savant. On mesure la rupture épistémologique qui sépare les contextes théoriques entre ces deux dates. Au vrai, est-ce encore du même concept qu'il s'agit ? La transposition didactique aboutit, en définitive, à un savoir scolaire qui se trouve *dépersonnalisé, décontextualisé* des conditions originelles de sa production et *linéarisé* pour faciliter le processus d'enseignement. Halté a récemment illustré, en didactique du français, un exemple comparable à propos des usages scolaires du schéma de Jakobson (Halté, 1992).

La modification périodique des contenus répond à des besoins de renouvellement, qui trouvent leur origine dans les demandes de la communauté scientifique (moderniser l'enseignement en le rapprochant du savoir savant) comme dans les nécessités sociales (légitimer l'enseignement en l'éloignant du savoir partagé par les familles). Mais l'introduction du nouveau ne conduit jamais à une *tabula rasa,* une certaine articulation avec l'ancien s'opérant toujours de quelque manière, parfois après quelques années. Si de très nombreux objets neufs de savoir sont virtuellement candidats à être ainsi enseignés, certains se trouvent *de facto* sélectionnés (comme la notion de distance ou le schéma de Jakobson) parce qu'ils se prêtent, mieux que d'autres, à une large gamme d'activités et d'exercices. Bref, ils permettent de créer de l'« enseignable ». Les propriétés spécifiques de la notion retenue interviennent surtout comme critères de sélection, dans le cadre du processus d'ensemble de rénovation du savoir enseigné.

La transposition ainsi décrite aboutit, plus souvent qu'on ne pense, à la création originale d'objets didactiques, n'ayant pas comme tels d'équivalents dans le savoir savant. C'est ce que font bien apparaître les recherches sur l'histoire des disciplines scolaires. Chervel a montré, par exemple, que la grammaire scolaire, sous la forme où elle s'est constituée depuis le XIXe siècle, n'a jamais dérivé d'un corpus théorique stabilisé qui l'aurait précédée, et qu'elle s'est plutôt construite contre l'Université. Si elle a pu malgré tout s'imposer, c'est parce qu'elle remplit d'autres fonctions que la description objectivée du fonctionnement de la langue. Elle constitue d'abord une grammaire *ad hoc,* ayant permis l'atteinte d'un objectif socialement assigné à l'École : l'apprentissage des règles orthographiques, notamment celles du participe passé avec le verbe « avoir » (Chervel, 1977 ; 1988).

Cela nous conduit à élargir l'idée de transposition didactique, et Develay parle volontiers de reconstruction programmatique. Il insiste sur le fait que cette reconstruction s'opère selon deux processus complémentaires : la *didactisation* conduisant, comme on l'a vu, à la création de nouveaux enseignables ; l'*axiologisation* insistant sur le fait que les contenus d'enseignement traduisent des finalités éducatives et sociales (Develay, 1992). Les savoirs savants ne constituent en définitive qu'une ressource, parmi d'autres possibles, pour l'élaboration des contenus. Martinand indique que de nombreuses *pratiques sociales de référence* sont également susceptibles de servir de guides en ce domaine (Martinand, 1986).

Jean-Pierre Astolfi

▶ Bibliographie

Arsac G., Chevallard Y., Martinand J.-L., Tiberghien A., *La Transposition didactique à l'épreuve*, Grenoble, La Pensée sauvage, 1994.

Astolfi J.-P. *et al.*, *Mots clés de la didactique des sciences : repères, définitions, bibliographies,* Bruxelles, De Boeck, 1997.

Caillot M., « La Théorie de la transposition didactique est-elle transposable ? », *in* Caillot M., Raisky C. (dir.), *Au-delà des didactiques, le didactique : débats autour de concepts fédérateurs*, Bruxelles, De Boeck, 1996.

Chervel A., « L'Histoire des disciplines scolaires : réflexions sur un domaine de recherche », *Histoire de l'éducation,* n° 38, 1988.

Chervel A., *Histoire de la grammaire scolaire,* Paris, Payot, 1977.

Chevallard Y., *La Transposition didactique : du savoir savant au savoir enseigné,* Grenoble, La Pensée sauvage, 1985, 2e éd., 1991.

Develay M., *De l'apprentissage à l'enseignement : pour une épistémologie scolaire,* Issy-les-Moulineaux, ESF, 1992, rééd., 2004.

Halbwachs F., « La Physique du maître entre la physique du physicien et la physique de l'élève », *Revue française de pédagogie*, n° 33, 1975, p. 19-29.

Halté J.-F., *La Didactique du français,* Paris, PUF, coll. « Que sais-je ? », 1992.

Martinand J.-L., *Connaître et transformer la matière,* Berne, Peter Lang, 1986.

Sarremejane P., « La Fabrication des savoirs scolaires : épistémologie de la notion de transposition didactique », *Penser l'éducation*, n° 10, 2001.

Terrisse A., Léziart Y., « L'Émergence d'une notion : la transposition didactique. Entretiens avec Michel Verret », *Les Sciences de l'éducation*, 30, 3, 1997.

Verret M., *Le Temps des études,* Paris, Librairie Champion, 1975.

▶ **Voir aussi**
Abstraction – Didactique – Disciplines scolaires – Français (Enseignement du) – Grammaire – Mathématiques (Enseignement des) – Pratique sociale de référence – Transfert de connaissances.

Travail enseignant

L'étude du travail enseignant doit trouver sa place entre l'approche du groupe professionnel, de son évolution ou de sa représentation des évolutions en cours, et les préoccupations d'analyse de l'effet-enseignant et de l'efficacité des pratiques pédagogiques.

Le travail enseignant se distribue dans un triple espace. Tout d'abord dans la classe puisque la gestion de classe apparaît comme le cœur ambivalent du métier, en raison de sa forte valence relationnelle et affective, mais aussi de l'incertitude qui résulte de deux nécessités qui s'imposent aux enseignants, à savoir, d'une part, motiver les élèves, ce qui passe souvent par la préoccupation de leur participation orale, et, d'autre part, construire une paix scolaire acceptable, préalable au travail. L'aspect « cyclothymique » de la gestion de classe en fait un risque d'usure professionnelle majeur, sur un mode très individualisé favorisé par la diversification des styles pédagogiques.

Mais les enseignants travaillent aussi en dehors du regard de leurs élèves, que ce soit pour préparer leurs cours – une tâche souvent fortement centrée sur la discipline d'enseignement et vécue la plupart du temps comme un artisanat intellectuel créatif – ou pour évaluer les productions des élèves (le plus souvent des copies), une tâche décrite dans l'ensemble comme lourde et peu gratifiante.

Enfin, un autre des cadres du travail enseignant est constitué par l'établissement. Cette dimension, bien que fortement prescrite par les Instructions officielles pour l'ensemble du système éducatif, s'avère cependant plus visible dans les établissements où s'impose la nécessité de faire face collectivement aux problèmes d'incivilités et de désordre (van Zanten, 2001). D'une manière générale, on observe que la sociabilité au travail donne naissance à une culture de travail affinitaire et élective, assez informelle, bien davantage qu'à des pratiques véritablement collectives.

L'articulation des tâches révèle d'autres aspects structurels du travail : l'évaluation informelle réalisée à partir du vécu du cours, de la plus ou moins bonne relation avec les élèves n'est pas forcément celle qui se confirmera lors des évaluations formelles ; le fort investissement dans la préparation de certains cours ne se traduit pas toujours par une réussite dans la classe ; enfin, la gestion de classe s'accompagne souvent d'une charge mentale qui déborde aussi en dehors des cours, risquant d'envahir la vie personnelle.

Entre routine et incertitude

Bien des métiers sont essentiellement routiniers, bien d'autres définis essentiellement par l'adaptation à des situations constamment nouvelles ; le travail enseignant admet alors cette caractéristique d'être indissociablement défini par le mélange de ces deux aspects.

Le dosage entre routine et incertitude varie selon les tâches et les contextes d'enseignement. La gestion de la classe, si elle est structurellement du côté de l'incertitude, ne l'est pas au même degré dans toutes les situations, selon le degré de fragilité de l'ordre scolaire ; les tâches de l'évaluation sont massivement situées du côté de la routine, et la préparation de cours est un mélange des deux, dont les dosages varient selon les niveaux auxquels on enseigne, le stade de sa carrière, et son volontarisme personnel. Si l'insécurité de certaines situations scolaires est souvent lourde autant objectivement par les tâches qu'elle suppose pour en limiter l'aléatoire que par la charge subjective qu'elle entraîne, l'incertitude et aussi créative et stimulante, dans une recherche d'un cours motivant, dans un essai de résolution d'un problème relationnel. Quant à la routine, elle anesthésie et enlève du sens, mais elle permet aussi de s'économiser et parfois de se désengager de situations trop impliquantes, de freiner l'intensification potentielle de certaines tâches. Malgré l'opposition analytique de deux types de contextes, bien des enseignants connaissent des situations mélangées car les classes sont inégalement difficiles dans un même établissement, et bien des établissements sont par ailleurs dans une situation intermédiaire. C'est dire que les deux symptômes de l'usure professionnelle – la fatigue de la gestion de classe et l'ennui de la routine – peuvent parfois être éprouvés simultanément. C'est dire aussi qu'ils se compensent, le déroulement « normal » de la forme scolaire s'éprouvant comme un bienfait en comparaison de situations plus chaotiques. Les enseignants, concepteurs sous surveillance, exécutants autonomes, vivent aujourd'hui moins un changement radical du système dans lequel ils opèrent qu'une diversification de la donne scolaire réelle et une floraison d'injonctions normatives qui finit par faire oublier parfois la réalité de leur travail. À charge officielle de travail inchangée, le vécu du travail dépend avant tout d'un compte subjectif où le sentiment de réussite professionnelle provient de multiples facteurs, mais avant tout de la teneur globale des relations avec les élèves, dans un espace mi-professionnel mi-personnel, d'ailleurs difficile à construire et parfois à assumer.

Anne Barrère

Aspects cliniques

Le travail que les enseignants effectuent en classe auprès des élèves constitue la partie la plus visible de leur activité professionnelle ; celle-ci ne se réduit pas pour autant à ces moments d'enseignement. Néanmoins, lorsqu'on interroge ces professionnels sur leur représentation du métier, il apparaît que leur rapport subjectif à ce travail repose en priorité sur ce qui se passe en classe et sur leur lien aux élèves. C'est en cet endroit que se trament leurs sentiments ambivalents envers leur métier et c'est aussi dans cet espace qu'ils vivent les plaisirs et les souffrances les plus intenses.

Déliaison sociale

Les phénomènes de déliaison sociale se sont accrus dans la société et continuent de s'accroître. Il n'y a aucune raison pour que cela ne se reflète pas dans l'institution scolaire. Certaines recherches à orientation sociologique ou anthropologique s'emploient à cerner les conséquences de ces mutations sociales sur le système scolaire. Nous savons ainsi que les individus évoluent dans le sens de toujours exiger davantage d'eux-mêmes, en termes de performance individuelle sinon d'excellence, ce qui, paradoxalement, accentue leurs fragilités du côté de leur image et de leur sentiment de compétence.

On constate une évolution concomitante vers une sorte d'atténuation ou même de disparition des repères. Ceux-ci deviennent de plus en plus flous et les références auxquelles se raccrocher dans le système éducatif sont bouleversées. Ou, pour utiliser la terminologie de Gérard Mendel, il n'est plus possible de compter seulement pour se construire sur des mouvements de socialisation de type identificatoire, que ce soit en tant qu'élève ou en tant qu'enseignant.

Par ailleurs, les distinctions générationnelles tendent, elles aussi, à s'estomper et ainsi la difficulté à devenir adulte s'amplifie à la mesure du brouillage des âges. Consécutive ou parallèle à cette crise de la postmodernité, la crise de l'autorité est là depuis longtemps et s'accentue, alors même que les enseignants continuent de « s'accrocher » de manière un peu désespérée à la question de leur autorité ou plutôt continuent d'exprimer leur malaise par un sentiment de ne pas « avoir assez d'autorité ». Les enseignants en formation et les enseignants débutants, eux aussi, poursuivent un questionnement qui s'exprime souvent encore en ces termes : Comment faire pour avoir de l'autorité ?

Cependant, il reste encore beaucoup à « penser » pour appréhender la complexité de ce qui se joue dans les espaces d'enseignement, au-delà du fait évident que s'y reflètent les problèmes de société et les effets de déliaison des liens sociaux.

Approche clinique à orientation psychanalytique

Les recherches menées selon une approche clinique à orientation psychanalytique tentent de saisir en priorité les processus psychiques inconscients en jeu dans la conduite de la classe. Selon ces travaux, nous constatons que les plaisirs et les souffrances des enseignants sont amplifiés par des *phénomènes de résonance* dans les espaces d'enseignement. Car, même si toutes les conditions étaient réunies au mieux, même lorsque, par exemple, les effets de la déliaison sociale ne se répercutent pas de plein fouet au sein des établissements, il n'en reste pas moins que, dans la classe, chambre d'échos s'il en est des plaisirs et des souffrances, on assiste à une mise en résonance des psychismes : un phénomène sous-estimé jusqu'ici.

Au cours de ces travaux, il apparaît qu'il faut pouvoir éradiquer deux des équations implicites qui nous habitent pour pouvoir parler de ces phénomènes de manière un peu sereine. La première suggère une équivalence entre souffrance et incompétence : Sommes-nous en droit de parler de souffrance dans ce métier sans que rôde le fantôme de l'incompétence professionnelle ? La deuxième, qui n'est pas indépendante de la première, induit que, s'il y a souffrance, on serait proche de la pathologie individuelle : Un enseignant qui ne présenterait pas un profil pathologique peut-il souffrir ? La médiatisation de ces questions est pour beaucoup dans l'emprise sur notre espace mental ; une diffusion médiatique d'énoncés à sensation ou à l'inverse d'énoncés banalisants, qui a pour effet de nous intoxiquer et ainsi de nous empêcher de réfléchir à ces questions.

Remarquons également que les enseignants ont eux-mêmes très peu la possibilité de dire leurs difficultés professionnelles, d'exprimer leur souffrance et de la faire reconnaître sans être menacés de stigmatisation. Cette impossibilité sonne comme un désaveu et amplifie les effets traumatiques de ces difficultés. La levée de cette occultation aurait pour effet une certaine forme de reconnaissance de leur travail, reconnaissance nécessaire à leur équilibre somatique qui pourrait les aider à sortir de la culpabilisation, car nous savons que c'est la dynamique de la reconnaissance qui est au cœur de l'équilibre entre plaisir et souffrance au travail.

Souffrance psychique professionnelle

Dans une perspective psychodynamique, la souffrance est l'une des composantes principales du rapport au travail et le plaisir est sans cesse à reconquérir, il n'est jamais définitivement acquis. Si ces propositions font écho dans le public lorsqu'il s'agit de travailleurs exerçant des métiers à risque reconnu, comme, par exemple, les agents des centrales atomiques, les policiers, les astronautes etc., elles ont plus de mal à se faire entendre lorsqu'il s'agit d'évoquer les enseignants. Pourtant, si l'on accepte de prendre comme angle de vision un éclairage psychanalytique, la souffrance psychique du sujet humain apparaît comme une donnée fondamentale de la vie, et l'évoquer ne revêt aucune connotation négative. Elle est, selon René Kaës, « une donnée structurale de notre vie psychique, divisée, conflictuelle, d'abord insatisfaite. Elle est sa condition même, dans toute la mesure où elle est l'aiguillon qui nous oblige à trouver, à inventer des voies de satisfaction substitutives à l'accomplissement de nos désirs. Elle est l'effet de notre désir : nous pouvons souhaiter ne plus désirer, dans l'espoir de ne plus souffrir, en désespoir de cause[...]. » Or, être enseignant ne nous dispense pas d'être humain, c'est-à-dire d'être un sujet divisé par notre inconscient, inconscient que nous ne pouvons laisser à la porte de nos salles d'enseignement, ni d'avoir un appareil psychique qui effectue en permanence, et sans que nous n'y prenions garde, un certain travail pour nous maintenir en équilibre ; sauf que, parfois, ce travail spontané, qui se trame à notre insu, ne nous protège pas suffisamment face aux circonstances difficiles qui surviennent.

Construire et maintenir le lien didactique

Être enseignant aujourd'hui, nous l'avons vu, nous plonge dans un contexte de mutations sociales qui ont transformé considérablement nos fonctions, en rajoutant à la fonction d'instruire et d'éduquer une sorte de « fonction humanisante » d'adulte ayant à transmettre un savoir sur la condition d'être humain. Pour autant, un autre type de reconnaissance reste à accomplir, celle de la souffrance psychique professionnelle due au « simple » exercice de ce métier, qui consiste à construire et maintenir le lien didactique. Un métier qui oblige ainsi, jour après jour, à se relier : se relier aux élèves d'abord, à leurs parents, aux collègues de l'établissement, à la hiérarchie de l'institution ensuite. Cette position contraint à instaurer des relations intersubjectives de divers ordres, ce qui suppose de passer de longues heures avec des groupes d'élèves. Des groupes constitués d'élèves qui ne nous ressemblent pas comme nous l'espérions dans notre for intérieur mais qui, au contraire, développent des réactions frontales d'attaques à notre fonction par rapport auxquelles il nous faut apprendre à nous situer et à nous défendre.

Cette mise en liens à laquelle nous sommes soumis est intentionnelle ; elle a un but, il ne s'agit pas seulement de vivre des expériences relationnelles avec tous ces partenaires, il s'agit pour nous, enseignants, sous l'emprise d'une injonction sociale relayée par l'institution qui nous emploie, d'accompagner les élèves à entrer en rapport avec le savoir ou les savoirs que nous avons « choisi » d'enseigner, dont nous avons « choisi » d'être les représentants. Nous devons soutenir un lien didactique, en exhibant jour après jour notre propre *rapport au savoir* dans les espaces d'enseignement, et quelquefois, nous avons à subir les « maltraitances » non délibérées de l'institution lorsque, par le biais de changements de programmes souvent nécessaires, elle touche au noyau dur de notre identité disciplinaire de professeur, en modifiant l'organisation des savoirs qui a construit notre propre rapport à ce savoir que nous enseignons. Dans les espaces d'enseignement, notre mode de lien aux autres, celui qui s'est construit tout au long de notre développement psychique, se répète et met en scène ce qu'il y a de plus profond en nous, le rapport à nous-mêmes dialectiquement relié au rapport aux autres. On peut appeler « transfert didactique » la manière singulière dont chaque enseignant projette ou imprime sur l'espace psychique d'enseignement ce double lien, son lien au savoir et son lien au groupe d'élèves, ce qui donne sa tonalité propre au climat d'une classe.

Solitude

Au-delà de ces liens intersubjectifs duels avec chacun des élèves, n'oublions pas la *dimension groupale* à laquelle nous avons inévitablement affaire dans une classe : une configuration dont la puissance fantasmatique a été sous-estimée et que les enseignants méconnaissent le plus souvent, surtout dans les premières années d'exercice. Ainsi, les enseignants ont à construire une enveloppe psychique à même d'assurer un *holding didactique* suffisamment sécurisant pour leurs groupes d'élèves, et donc à développer cette capacité à « tenir » un groupe d'élèves dans des circonstances variées pour les faire entrer en rapport avec le savoir enseigné (Blanchard-Laville, 2001).

Cette position, qui se vit dans une relative solitude, assez peu relayée par l'institution, est d'autant plus délicate qu'il faut y soutenir une place d'adulte. Cette part d'adulte professionnel est absolument à assumer. Les élèves nous attendent dans la rencontre. Lorsque celle-ci n'est pas possible ou lorsqu'elle est évitée, il s'en dégage une forme de violence, une énergie que la rencontre aurait pu transformer. Il s'agit enfin d'assumer cette part d'adulte sans pour autant tomber dans ce que Sandor Ferenczi nomme la « confusion des langues ». Les abus, qu'ils soient d'ordre narcissique, sexuel ou sadique, sont facilement convoqués dans cet espace clos et intime de la classe à fort potentiel incestuel.

Fonction contenante

Par ailleurs, lorsque l'enseignant est mis dans la position d'avoir à supporter un excès de projections de la part des enseignés, on peut comprendre qu'il aura avantage à avoir développé en lui une *fonction contenante*, suffisamment élastique pour se laisser distendre et déformer, en même temps que suffisamment ferme pour résister à ces assauts. En effet, face à la volonté de l'enseignant d'accompagner l'élève dans une modification de son rapport au savoir, ce dernier peut adopter plusieurs positions, réveillées en lui par la situation présente mais en lien avec sa propre configuration psychique vis-à-vis des premières expériences d'apprentissage. L'élève peut, par exemple, lorsque la frustration à comprendre est ressentie comme trop importante, soit que la distance à l'apprentissage proposé soit trop grande, soit que le seuil de tolérance du sujet soit faible, rejeter cette situation en expulsant et projetant sur l'enseignant des éléments non digérés, mettant ainsi à l'épreuve sa fonction de désintoxication et de retraitement, au sens de Wilfred Rupert Bion. Si, à ce moment-là, l'enseignant, pour des raisons personnelles ou situationnelles, n'a pas la force ou la capacité d'opérer la conversion nécessaire, l'équilibre dynamique de l'espace peut en venir à se rompre par passage à l'acte d'un côté ou de l'autre. Ou encore, s'il est plus important pour l'élève d'adopter une position de revendication, nous nous trouvons face à ce qu'on peut appeler une *réaction pédagogique négative*, laquelle ne débouche que sur une impasse, à l'exemple de la réaction thérapeutique négative.

Les groupes d'accompagnement clinique

Face au développement de ces processus, les enseignants ont avantage à se tourner vers des dispositifs d'élaboration de leurs pratiques plutôt que d'imaginer pouvoir s'en sortir par un renforcement de leurs seuls mécanismes de défense habituels ; en effet, les mécanismes usuels sont totalement inefficaces pour protéger des attaques contre les liens, alors qu'ils pouvaient l'être face à des situations où il « suffisait » aux élèves de ne vouloir rien en savoir.

Ainsi, nous pouvons considérer que le *cadre groupal* d'inspiration psychanalytique offert par les groupes d'accompagnement clinique de la pratique enseignante présente un double bénéfice : d'une part, aider les enseignants à rendre plus malléable leur transfert didactique et à assouplir leur appareil psychique professionnel (Blanchard-Laville, 2003) ; d'autre part, au-delà de ce travail psychique proprement dit sur leur pratique professionnelle, leur faire éprouver les bénéfices de l'espace créé par un tel cadre. Cet espace où il est possible de penser en sécurité au plan narcissique, pour travailler collectivement dans un esprit de coopération authentique, c'est-à-dire dans un respect total des différences de points de vue ; espace où se développe une écoute réelle de l'autre et qui fait vivre aux participants le plaisir de partager ensemble le fait de penser. Ce cadre agit ainsi au titre de ce qu'on peut appeler « la transmission subjective du geste partagé » : l'animateur ou l'animatrice du groupe, en soutenant ce cadre pour les enseignants du groupe, leur transmet en même temps ce que signifie instaurer et tenir un cadre. Car on peut faire l'hypothèse que, dans l'état actuel des choses, il est de la plus haute importance pour les enseignants d'acquérir cette capacité à instaurer et tenir un *cadre créateur d'espace pour le collectif d'élèves* ; cela peut davantage les tirer d'affaire que de tenter de renforcer leurs défenses anciennes ou d'aller dans le sens de leurs penchants habituels en soutenant leur quête d'une forme d'autorité anachronique et inefficace dans la plupart des cas. Les enseignants ont ainsi tout intérêt à apprendre comment favoriser la création d'un espace d'apprentissage pour les élèves dans un climat de rencontre effective qui puisse contenir les anxiétés de chacun et les attaques aux liens.

En guise de conclusion, soulignons que l'enseignant est exposé quotidiennement dans sa capacité à se mettre en lien avec les élèves, ces autres qui ne sont pas à l'image ni de l'élève qu'il a été, ni de l'élève qu'il désirerait pour avoir l'impression de pouvoir enseigner ; cette rencontre expose à « de l'autre », ce qui suppose de reconnaître l'autre en soi pour ne pas dériver vers un excès d'emprise qui transforme les élèves en objets. Il est mis en question dans son rapport au savoir, ce qui l'expose à des doutes permanents, à un vécu, qui peut assez vite devenir chronique, d'incomplétude ou même d'impuissance. Il peut être mis en risque par le fait d'un seul élève dont le psychisme s'est mis en résonance avec les failles du sien, et il peut voir ainsi toute son expérience de plusieurs années mise à mal ; l'enseignant peut aussi se retrouver dans des passages à l'acte violents s'il n'a pas eu les ressources pour contenir les attaques brutales à sa fonction de liaison.

Ces éléments de compréhension des aléas du travail enseignant conduisent à ne pas réduire la formation initiale des enseignants à l'apprentissage de gestes techniques ou savants ; et à surtout ne pas induire l'idée que des savoirs ou savoir-faire pourraient les garantir contre les risques inhérents à ce métier (Blanchard-Laville, Nadot, 2001) ; ce serait leur faire croire qu'on peut leur épargner l'épreuve de la rencontre de la réalité si éloignée de leurs idéalisations, et la rencontre avec tous ces autres si différents qui vont jalonner leur parcours. En revanche, on peut essayer de les accompagner dans la reconnaissance de leurs éprouvés en situation, notamment dans des groupes d'analyse des pratiques, pour qu'ils puissent affronter cette réalité sans trop se crisper, en même temps qu'ils élaborent leurs déceptions et désillusions inévitables ; et pour qu'ils apprennent à ne se laisser emporter ni par les autodisqualifications destructrices ni par des sentiments euphoriques un peu illusionnants et bien souvent éphémères.

Claudine Blanchard-Laville

▶ Bibliographie

BARRÈRE A., *Les Enseignants au travail : routines incertaines*, Paris, L'Harmattan, 2002.

BARRÈRE A., *Travailler à l'école : que font les élèves et les enseignants du secondaire ?* Rennes, PUR, 2004.

BLANCHARD-LAVILLE C., *Les Enseignants entre plaisir et souffrance*, Paris, PUF, 2003.

BLANCHARD-LAVILLE C. (dir.), *Une séance de cours ordinaire : « Mélanie, tiens, passe au tableau... »*, Paris, L'Harmattan, 2003.

BLANCHARD-LAVILLE C., NADOT S. (dir.), *Malaise dans la formation des enseignants*, Paris, L'Harmattan, 2001.

CIFALI M., *Le Lien éducatif : contre-jour psychanalytique*, Paris, PUF, 2005.

FILLOUX J., *Du contrat pédagogique : le discours inconscient de l'école*, Paris, L'Harmattan, 1996.

GIUST-DESPRAIRIES F., *La Figure de l'autre dans l'école républicaine*, Paris, PUF, coll. « Éducation et formation », 2003.

IMBERT F., *L'Inconscient dans la classe*, Issy-les-Moulineaux, ESF, 2005.

MOSCONI N., BEILLEROT J., BLANCHARD-LAVILLE C., *Formes et formations du rapport au savoir*, Paris, L'Harmattan, 2000.

TARDIF M., LESSARD C., *Le Travail enseignant au quotidien*, Sainte-Foy, PUL, 2004.

VAN ZANTEN A., *L'École de la périphérie : scolarité et ségrégation en banlieue*, Paris, PUF, coll. « Le lien social », 2001.

▶ Voir aussi

Enseignant – Formation des enseignants – Personnel enseignant – Professeur – Syndicalisme enseignant – Travail scolaire.

TRAVAIL SCOLAIRE

La notion de « travail scolaire », définie dans un premier temps comme activité intellectuelle des élèves, est omniprésente dans le monde scolaire, notamment dans les discours des acteurs, enseignants, élèves, parents, chercheurs. Ces points de vue, pour la plupart plus pragmatiques que théoriques, situent le travail scolaire au centre du système éducatif. Cependant, le travail dont il est question est essentiellement considéré dans une perspective descriptive ; lorsque l'activité des élèves est théorisée, les notions d'apprentissage et, plus récemment, de métier se substituent à celle de travail.

Le travail scolaire suscite toutefois notre intérêt, mais dans une double perspective, à la fois véritablement théorique, sociologique, et véritablement professionnelle, pédagogique. Cela implique de penser et de définir le travail scolaire autrement, et de contourner pour ce faire plusieurs obstacles, épistémologiques et pratiques. La première étape consiste à rendre l'analogie entre « travail » et « scolaire » possible ; et une fois celle-ci posée, s'en servir pour examiner en toute liberté les conséquences que cela peut avoir sur la définition du travail scolaire et sur la perception du monde scolaire. Cela suppose de repérer, pour les refuser, toutes les simplifications possibles, déjà au niveau de la description du travail scolaire.

Il devient alors moins intéressant de savoir si les élèves « travaillent » ou « ne travaillent pas », comme si le travail constituait une disposition naturelle dont certains seraient dotés et d'autres pas. Il est plus intéressant de chercher pourquoi et comment certains travaillent, d'autres pas, pourquoi à certains moments, certaines périodes, et pas à d'autres, ce qui amène à réfléchir différemment sur les contextes, familial et scolaire, favorisant ou pas le travail scolaire. En particulier, les inégalités familiales, et plus généralement sociales, face au travail scolaire sont pensées à partir de la hiérarchie des catégories socioprofessionnelles, et en fonction de la reproduction de ces inégalités par le système scolaire. Mais prendre le travail scolaire au sérieux amène à réfléchir à un problème aussi important que la reproduction des inégalités sociales par l'école : le problème de la tendance, variable selon les catégories sociales, à la minoration, voire à l'élimination du travail scolaire au profit de la réussite scolaire, et de l'efficacité, elle aussi très variable selon les contextes, qui permet d'atteindre cette réussite. L'injonction souvent faite aux élèves est moins de travailler que de réussir.

Cette disjonction, séparation, ou encore non-congruence entre travail et réussite scolaires a été maintes fois constatée dans les enquêtes empiriques, souvent par hasard, sans que cela ait donné lieu à la formulation d'hypothèses préalables ; et souvent mise de côté, faute de cadre théorique susceptible de lui donner toute son importance, ou, plus grave, par refus d'examiner les conséquences que cela pourrait avoir sur l'analyse du contexte scolaire.

En décalage avec les postulats égalitaires et méritocratiques (selon lesquels l'élève qui réussit a travaillé et l'élève qui échoue n'a pas assez travaillé), et les postulats démocratiques fondés sur une recherche d'une plus grande équité (qui placent la « lutte » contre l'échec scolaire au premier rang des priorités nationales dans le domaine de l'éducation), la prise au sérieux du travail scolaire permet de reconsidérer ces postulats en montrant l'existence empirique de deux grands types de travail scolaire : le travail demandé, explicitement ou implicitement, par l'école, le seul jugé efficace par elle ; et le travail effectué par l'élève mais non demandé par l'école, et jugé inefficace par elle. Certes, dans le système éducatif, des enseignants, décideurs, chercheurs, parents tentent parfois de corriger les effets, problématiques du point de vue du travail scolaire, mais secondaires, voire négligeables, du point de vue de la réussite scolaire, auxquels conduit une telle dichotomie. Le « traitement » de l'erreur de l'élève, la critique – limitée – de la normativité produite par le fonctionnement routinier du système scolaire, certaines actions d'« aide aux devoirs » sont des exemples de ces tentatives de correction. Mais la règle reste la valorisation du travail « efficace », le travail « pour l'institution » et son assimilation à la réussite scolaire ; et la dévalorisation, voire le refoulement, du travail « inefficace », le travail « pour soi ». Le contexte scolaire ne favorise pas toujours, *de facto*, le travail scolaire, il le rejette même parfois. Le fonctionnement efficace, voire la survie du système scolaire démocratique de « masse » semble dépendre de la dissociation entre travail et réussite scolaires, de la focalisation sur l'efficacité en vue de la réussite. L'idéologie de l'équité pour la réussite concurrence celle de l'égalité des chances. Dans les deux cas, le travail scolaire reste une catégorie descriptive, pratique et non théorique ; déterminée et non déterminante.

Il est également moins intéressant de savoir, toujours dans une perspective de redéfinition du travail scolaire, si le « niveau » scolaire baisse ou monte, comme si celui-ci, et la culture scolaire à laquelle il est censé être lié, étaient des entités naturelles, définies en dehors de tous contextes, contraintes, enjeux. Il est plus intéressant de savoir comment, à un moment donné, se rencontrent, d'une part, une culture et des exigences scolaires, et, d'autre part, un travail et des populations scolaires ; comment se rencontrent le travail « pour l'institution » et le travail « pour soi ». Derrière la problématique du « niveau » apparaît celle de la « barrière », pour reprendre la distinction déjà ancienne d'Edmond Goblot ; se pose alors la question des seuils, de la mise en œuvre de la sélection, des relations entre réussite et travail scolaires. La culture scolaire peut devenir un outil de sélection par la réussite et non par le travail, ce qui conduit généralement à sa simplification, qui peut prendre des formes diverses, en zones d'éducation prioritaire (ZEP) comme en classes préparatoires aux grandes écoles (CPGE), pour ne prendre que ces deux exemples bien différents. Tout système scolaire de « masse » semble inéluctablement amené à sélectionner par la réussite, plus que par le travail, car elle fait plus consensus, et est plus aisée à gérer, en termes de stocks comme de flux. L'institution scolaire définit et contrôle la réussite mieux que le travail, même si elle tente, et est somme toute assez bien parvenue à le faire, de définir et de contrôler le travail « pour l'institution », seul jugé efficace et légitime, pour l'associer naturellement à la réussite. Le travail « pour soi », volontairement ou non, lui échappe par contre largement.

Enfin, il devient moins intéressant de définir la relation pédagogique et le travail enseignant hors de leurs interactions avec le travail des élèves. Prendre le travail scolaire au sérieux, dans sa globalité, permet aussi de prendre de la distance avec la vision hiérarchique et naturalisée de ces interactions, pour les saisir plus objectivement. À la limite, le travail des élèves pourrait même être l'élément préalable de définition de la relation pédagogique et du travail enseignant. Émile Durkheim a montré que la première n'est pas « morale » sans le consentement des élèves, et que le second est principalement menacé, mais aussi défini, par le risque d'abus de pouvoir des enseignants sur les élèves. Comme en écho, quelques quatre-vingts ans plus tard, parmi les interactionnistes, Peter Woods fait de la reconnaissance du « pouvoir intellectuel » des élèves le préalable et l'essentiel de l'action pédagogique, et place *de facto* tout le travail scolaire, « pour l'institution » et « pour soi », au centre de celle-ci.

Nicolas Sembel

▸ Bibliographie

Barrère A., *Travailler à l'école. Que font les élèves et les enseignants du secondaire ?*, Rennes, PUR, 2003.

Sembel N., *Le Travail scolaire*, Paris, Nathan, 2005.

▸ Voir aussi

Échec scolaire – Élève – Réussite scolaire – Travaux d'élèves (aspects historiques).

Travail social

L'expression « travail social » désigne une mosaïque de professions spécialisées qui, en accompagnant de manière ponctuelle ou durable des personnes, des groupes ou des quartiers en difficulté, concourent à l'amélioration de la vie individuelle et collective dans l'espace public autant qu'à la paix sociale. Classées selon les dates de leur première officialisation, diplôme d'État ou certificat d'aptitude, les plus connues sont les assistant(e)s de service social (DE, 1932), les animateurs (DECEP, 1964), les éducateurs spécialisés (DE, 1967), les moniteurs-éducateurs (CA, 1970), les aides médico-psychologiques (CA, 1972), les éducateurs de jeunes enfants (DE, 1973), les conseillères en économie sociale et familiale (DE, 1973), les techniciens de l'intervention sociale et familiale, ex-travailleuses familiales (CA, 1974, puis DE, 1999), les éducateurs techniques spécialisés (CA, 1976), les auxiliaires de vie sociale ex-aides à domicile (CA, 1988, puis DE, 2002), les directeurs d'établissement social (CA, 1989), les conseillers conjugaux et familiaux (qualif., 1993). En réalité, il faudrait également mentionner les délégués à la tutelle, les assistantes maternelles, les moniteurs d'atelier, les médiateurs familiaux qui bénéficient d'un statut, sans oublier les nouveaux emplois qui n'en disposent pas toujours : les chefs de projet, les agents d'insertion, les écoutants, les autres médiateurs, les femmes-relais, les animateurs de lieux de vie ou encore les accueillants familiaux, etc.

Historiquement, le vocable « travail social » apparaît au tournant du XIXe siècle. Tout à la fois au sens sociologique dans l'analyse durkheimienne de la « division du travail social » et dans les premières approches de l'action sociale en milieu catholique ; tout comme « service social », il sert à caractériser ce que font les premières travailleuses sociales, en marquant la rupture avec la bienfaisance privée bénévole et en consacrant un droit d'accès au salariat.

C'est au cours des années 1970 que le terme « travail social » prend sa signification générique actuelle. Au sein de la direction de l'action sociale du ministère des Affaires sociales, une sous-direction administrative spécialisée apparaît ; l'entité « travail social » englobe alors différents champs d'exercice et diverses techniques d'intervention ; une bonne centaine de centres de formation y prépare et un premier diplôme supérieur spécifique voit le jour : le DSTS (suivi du CAFDES et du CAFERUIS). Au total, les métiers du travail social constituent un ensemble compliqué, très segmenté et dont le périmètre n'est pas bien facile à circonscrire. En outre, les 800 000 travailleurs sociaux forment un groupe professionnel divisé et politiquement faible. En 1984, au moment de la décentralisation, ils n'ont guère pesé dans les transferts de compétences aux collectivités locales. Depuis lors, ils s'adaptent avec difficulté à la nouvelle donne.

Naissance du service social

Au tournant du XIXe siècle, se développent d'importantes politiques réformistes : réussite de l'école de 1882 et de la protection de l'enfance entre 1889 et 1912 ; réussite de l'hygiénisme annonçant la santé publique ; mais échec de la politique républicaine d'assistance publique, malgré une intense activité législative et réglementaire de 1895 à 1913. Les philanthropies religieuses ou laïques les plus actives connaissent alors une mutation profonde. C'est dans ce contexte qu'apparaissent les assistantes sociales et divers métiers périfamiliaux : aide aux mères, aide familiale, enseignement ménager, etc. L'expérience des résidences sociales, celle des infirmières visiteuses, des services sociaux des hôpitaux ou auprès des tribunaux pour enfants et adolescents, celle enfin des surintendantes d'usine, en attendant le service social municipal ou rural de 1936, constituent autant d'innovations décisives mais fragiles.

Les premières écoles montrent une certaine diversité : l'école normale sociale (1911) est portée par la doctrine et le syndicalisme féminin catholiques ; l'école pratique de service social (1913) est fondée par un pasteur, pendant que l'école de surintendantes d'usines (1917) fait converger des radicaux solidaristes, des catholiques et des protestants pour agir au sein de l'entreprise dans la conjoncture particulière de la guerre. L'État soutient, aide sélectivement, mais n'incorpore pas encore.

La variable religieuse et la variable féminine tiennent une place essentielle dans ce développement. Mais il faut aussi compter avec l'influence des pays anglo-saxons, où « travail social » peut se comprendre comme une traduction littérale de *social work*. Ces données ont durablement marqué l'éthique et les techniques d'un métier qui se consolide après la Seconde Guerre mondiale jusqu'à la sectorisation des années 1970.

L'éducation spécialisée

Si la protection de l'enfance et le traitement de la délinquance juvénile progressent aux débuts de la IIIe République, la profession d'éducateur attend pourtant la vague réformiste suivante, entre 1936 et 1947. L'obstacle à franchir n'est autre que l'école républicaine, grande œuvre éducative nationale, s'il en est. L'entre-deux-guerres est une période d'innovation au sein de la société civile. L'explosion des mouvements de jeunesse permet le renouvellement des cadres et la reconstruction après l'hécatombe de 1914-1918, symétriquement côté catholique et côté laïque. Ce sont autant de pépinières pour l'action collective, notamment pour le travail social.

Au contraire du service social, l'éducateur spécialisé naît sous Vichy d'une politique publique innovante pour l'enfance inadaptée. Il y devient le cadre indispensable au fonctionnement des centres d'accueil, d'observation et de rééducation destinés aux enfants délinquants ou en danger moral, sur fond de délégitimation officielle de l'école républicaine et des instituteurs. Ce contentieux n'est pas tout à fait dépassé aujourd'hui. La nouvelle politique implique une doctrine qu'apportent la neuropsychiatrie infanto-juvénile et le droit des mineurs. Enfin, l'éducation spécialisée est le lieu d'une nouvelle collaboration privé/public, administration/associations, qui sera modernisée avec les politiques en faveur des personnes handicapées (1975) et qui perdure dans la décentralisation.

Assistants sociaux, éducateurs, mais aussi conseillères en économie sociale et familiale, animateurs, etc., les professions sociales ont bénéficié entre 1964 et 1975 d'une conjoncture favorable : extension des besoins sociaux légitimes, progression des recrutements, intégration des diplômes et des formations, technocratie soucieuse de normes mais aussi de développement planifié, etc. En 1972, un numéro de la revue *Esprit* entièrement consacré au travail social marque tout à la fois la reconnaissance du champ et le début d'une critique du contrôle social qui s'amplifie tout au long des années 1970.

L'aide à domicile

L'aide à domicile reste très longtemps le fait d'initiatives privées variées : action des Petites Sœurs de l'Assomption dans les quartiers ouvriers (1865), valorisation de la famille dans l'aide aux mères des années 1920, entraide rurale ou populaire des années 1940, dans la foulée de l'action catholique spécialisée (JOC et JAC). Partout, il s'agit de soulager les mères, de donner des conseils éducatifs, de soigner les personnes âgées, d'aider les malades, etc. Ce n'est qu'en 1949 qu'un décret définit la travailleuse familiale comme professionnelle généraliste, ce qu'elle ne sera pourtant jamais. Le rapport Laroque de 1962 sur les personnes âgées est suivi par la mise en place d'une prestation en leur faveur. Pour faire face aux besoins sanitaires et sociaux, l'aide et les services à domicile sont valorisés et, en 1988, la création du certificat d'aptitude aux fonctions d'aide à domicile (CAFAD) concrétise cette avancée.

Depuis la fin des années 1970, l'aide à domicile connaît une profonde réorientation. De plus en plus considérée comme un banal service à la personne, elle doit désormais s'ouvrir à la concurrence des opérateurs du secteur marchand, au grand dam des pionniers. Services mandataires, chèque emploi service, prestation spécifique dépendante (PSD), puis allocation personnalisée d'autonomie (APA) conduisent à responsabiliser davantage et surtout à rendre solvable la personne âgée. En outre, ces emplois de proximité de niveau V sont très prisés dans le cadre de la lutte contre le chômage.

Travail social et travail du social

L'approche du « social en actes » n'est pas réductible à l'action des seuls travailleurs sociaux. C'est en effet avant tout un résultat complexe. C'est pourquoi il faut prendre en compte un ensemble beaucoup plus large d'intervenants, dont une partie seulement a été professionnalisée au cours du XXe siècle. Hormis les professionnels patentés, il existe en effet beaucoup d'autres acteurs du travail (du) social : des élus, des collectifs (autour d'une cause), des volontaires (militants, authentiques bénévoles ou simples membres des conseils d'administration), etc.

Cet autre travail social a lui aussi une histoire. La philanthropie y occupe une place de choix depuis le XVIIIe siècle, autant que, plus près de nous, la mutualité et les organisations ouvrières, les avatars de la doctrine sociale de l'Église catholique, le mouvement familial, l'œuvre scolaire laïque, l'action communale, etc.

Toutes ces formations historiques et surtout leurs très nombreux croisements sont producteurs de travail (du) social plus ou moins technique et légitime. Soit elles sont directement engagées dans une activité effectivement sociale (préventive, redistributive, d'éducation, d'accompagnement ou de conseil). Soit elles le sont indirectement par le biais de la gestion ou du financement d'équipements, de la représentation politique d'intérêts particuliers (handicapés, personnes âgées, enfants, familles, etc.), de la participation ès qualités à la régulation politique (planification, conseils supérieurs, chambres économiques et sociales, etc.), ou encore du soutien technique des actions collectives (formation, expertise, conseil, évaluation). Le plus souvent, la loi de 1901 fait l'unité juridique et éthique de cet autre groupe d'acteurs. C'est une loi éminemment libérale mais sous contrôle.

Au temps de la politique du *Welfare*, selon les périodes, l'État a favorisé et aidé, ou bien marginalisé et parfois rejeté telle ou telle de ces formations historiques, associatives ou subélectives. Aujourd'hui, ces compromis successifs sont fortement bousculés. L'État est devenu plus faible et parfois absent, si bien que tout le travail (du) social, y compris ses branches professionnelles, se réorganise lentement à un niveau plus décentralisé. Subsistent cependant d'importants problèmes de pilotage entre l'État et les autorités locales.

Ainsi pourrait-on écrire que le travail social n'est, en réalité, que le résultat d'un vaste réseau de réseaux d'acteurs, inégalement mobilisés, inégalement professionnalisés, partageant, par-delà les controverses, de semblables approches sociales des problèmes sociaux et une commune volonté d'intervenir dans et pour l'action publique.

Michel Chauvière

▸ Bibliographie

Autès M., *Les Paradoxes du travail social*, Paris, Dunod, 2004.

Barreyre J.-Y., Bouquet B. *et al.*, *Dictionnaire critique de l'action sociale*, Paris, Bayard, 1995.

Chauvière M., *Le Travail social dans l'action publique : sociologie d'une qualification controversée*, Paris, Dunod, 2004.

Chauvière M., Tronche D. (dir.), *Qualifier le travail social : dynamique professionnelle et qualité de service*, Paris, Dunod, 2002.

Chopart J.-N. (dir.), *Les Mutations du travail social : dynamiques d'un champ professionnel*, Paris, Dunod, 2000.

Collectif, « Pourquoi le travail social ? », *Esprit*, n° 5, 1972.

Ion J., Ravon B., *Les Travailleurs sociaux*, Paris, La Découverte, coll. « Repères », 2001.

Jovelin E., Bouquet B., *Histoire des métiers du social en France*, Paris, éd. ASH, 2005.

Karsz S., *Pourquoi le travail social ? Définition, figure, clinique*, Paris, Dunod, 2004.

Ladsous J., *L'Action sociale aujourd'hui*, Ramonville-Saint-Agne, Érès, 2004.

Rater-Garcette C., *La Professionnalisation du travail social : action sociale, syndicalisme, formation 1880-1920*, Paris, L'Harmattan, 1996.

▸ Voir aussi

Médiation.

Travaux d'élèves (aspects historiques)

Suivant les époques et les domaines, les travaux qui incombent aux élèves ont des objectifs divers, exclusifs ou complémentaires, toujours intimement liés aux finalités que la société assigne à l'éducation et aux méthodes d'apprentissage qu'elle met en œuvre : faire acquérir aux enfants des notions, des mécanismes, des types de raisonnement, etc., vérifier qu'ils se les sont correctement appropriés ou développer leur sens de l'observation, leur imagination ou leur esprit critique.

L'usage actuel distingue le devoir de l'exercice. Le devoir, comme en témoigne son étymologie, se présente comme obligatoire ; alors que l'exercice peut être oral, manuel ou physique ; le devoir implique une production écrite et revêt une plus grande ampleur, ce qui justifie que la correction en soit différée (on corrige un exercice, mais on rend un devoir) ; enfin, et surtout, le devoir s'inscrit dans un *continuum* : « Le devoir se distingue de l'exercice en ce que, tandis que le premier permet de s'assurer sur-le-champ si une leçon a été comprise, celui-là permet, en outre, de mesurer l'acquis de l'élève et de contrôler ses qualités de réflexion, d'imagination et de jugement. Il exige de l'enfant un effort personnel et soutenu, une mise en forme et "au propre" utile à sa formation » (circulaire du 29 décembre 1956).

Mais cette distinction entre les activités que l'enseignant requiert des élèves est souvent plus formelle que réelle, et elle constitue, en tout état de cause, un phénomène récent.

De l'oral à l'écrit

Ainsi, jusqu'à la fin du Moyen Âge, l'absence ou la rareté des supports écrits conditionnent le caractère exclusivement oral du travail que doivent fournir les étudiants dans les universités : après avoir écouté le maître – que l'on appelle alors le *lector* – présenter un ouvrage et en expliquer quelques passages, les étudiants se livrent à un exercice oral – la *disputatio* – dont l'objectif est, sur un point donné, d'organiser logiquement et de mettre en forme les arguments *pro* et *contra*. Ce travail collectif, qui s'apparente à un débat contradictoire, s'achève sur une synthèse qu'effectue le maître – la *determinatio* – et qui en représente, pour ainsi dire, le corrigé oral.

L'apparition au XVIe siècle des travaux écrits est liée à une série de facteurs concomitants : les progrès de l'imprimerie qui font du livre le principal vecteur de la connaissance, et, dans les établissements qui dispensent l'enseignement aux élites, l'instauration de structures pédagogiques qui imposent une progression méthodique des apprentissages ainsi que la généralisation de l'internat qui en favorise la régularité. Mais le recours aux exercices écrits résulte surtout d'un renversement de l'idéal pédagogique : la mémorisation et l'argumentation, fondements de la pédagogie scolastique, cèdent la place à un enseignement dans lequel la redécouverte des auteurs de l'Antiquité gréco-latine met l'accent sur des considérations esthétiques où l'on se soucie de la clarté et de la correction du style, de l'élégance des tournures, qualités qui ne peuvent s'acquérir qu'au moyen d'exercices écrits, nombreux et réguliers. L'apprentissage de la rhétorique passe par le thème d'imitation, l'amplification, la composition écrite en latin, exercices qui requièrent des instruments pédagogiques adaptés, comme les *thesaurus*, dictionnaires de locution latines et grecques empruntées aux meilleurs auteurs de l'Antiquité.

De la Renaissance à la Révolution française, dans les collèges catholiques comme dans les académies protestantes, les exercices écrits occupent l'essentiel du temps scolaire : de nombreuses heures d'étude sont consacrées à leur rédaction tandis que les heures de cours proprement dites, dont le nombre est alors plus restreint, sont en grande partie réservées à leur correction.

Au XIXe siècle, l'enseignement secondaire se caractérise par un notable accroissement de la part des exercices de français – au détriment de celle des exercices de latin – et par le développement des cours magistraux. Mais comme ces derniers impliquent que l'élève prenne des notes en classe et en rédige le soir un résumé plus ou moins circonstancié, le travail écrit conserve un poids déterminant et les variétés en sont nombreuses :

– devoirs réguliers qui, remis chaque semaine ou quinzaine, sont l'objet d'une réglementation détaillée à partir de 1852 ;
– compositions hebdomadaires, dont l'objectif est d'évaluer les élèves en les classant les uns par rapport aux autres (on ne notait pas au siècle dernier) ;
– compositions pour les prix dont la fonction est similaire et qui s'apparentent à des examens de fin d'année ;
– examens de passage qui, imposés aux élèves les plus faibles, jouent bien souvent le rôle d'examens de rattrapage.

Il convient d'ajouter à cette liste le concours général et le baccalauréat.

Les devoirs à la maison

L'introduction, dans le dernier tiers du XVIIIe siècle, de la méthode expérimentale dans les processus d'apprentissage entraîne dans tous les ordres d'enseignement une transformation des objectifs et de la nature des exercices. Le dogmatisme, la récitation mécanique des notions, l'application machinale des formules reculent devant le souci d'éveiller l'esprit critique et de susciter l'activité individuelle ; à côté des exercices traditionnels sont proposées aux élèves de nouvelles activités qui font appel à leur réflexion, leur initiative, leur sens de l'observation.

Cette profonde mutation n'empêche pas l'inflation du travail écrit. Elle gagne l'enseignement primaire dès lors que la méthode d'enseignement simultanée y est généralisée et que des structures pédagogiques progressives y sont établies. Mais l'objectif proclamé de l'école élémentaire reste jusqu'à la fin des années 1950 de pourvoir l'enfant de toutes les connaissances dont il est censé avoir besoin pour sa vie entière. Aussi les horaires de classe se révèlent-ils rapidement insuffisants pour que les élèves effectuent l'ensemble des travaux écrits nécessaires si le maître doit effectivement traiter le programme dans son intégralité. Dès la fin du XVIIIe siècle, l'usage se répand de donner aux enfants, chaque soir, non seulement des leçons à apprendre, mais aussi des devoirs à rédiger.

Il faut attendre le 23 novembre 1956 pour que le ministre Billères interdise par un arrêté les devoirs à la maison, considérés depuis des années par le corps médical comme une charge trop lourde pour de jeunes enfants. Il est alors décidé que cinq heures hebdomadaires seront consacrées sur le temps scolaire à la rédaction de ces devoirs. Mais les devoirs à la maison, bien que leur interdiction soit rappelée à plusieurs reprises (circulaires du 29 décembre 1956 et du 28 janvier 1971), demeurent une pratique répandue jusqu'au début des années 1970, et sans doute au-delà. Cette réticence tient certes à la lourdeur des programmes, mais aussi – et sans doute davantage – à la réticence de parents qui voient dans les devoirs à la maison un moyen d'occuper utilement leur enfant. Le succès croissant que connaissent aujourd'hui les publications parascolaires et notamment les « devoirs de vacances » témoigne de la persistance de cette stratégie éducative.

Alain Choppin

▸ Bibliographie

CASPAR P. (dir.), « Travaux d'élèves. Pour une histoire des performances scolaires et de leur évaluation, XIXe-XXe siècles », *Histoire de l'éducation*, n° 54, 1992.

CHERVEL A., MANESSE D., *La Dictée : les Français et l'orthographe (1873-1987)*, Saint-Fons/Paris, INRP/Calmann-Lévy, 1989.

DANCEL B., *Enseigner l'histoire à l'école primaire de la IIIe République*, Paris, PUF, 1996.

▸ Voir aussi

Baccalauréat – Concours général – Cours et classe – Dictée – Disciplines scolaires – Dissertation – Explication de texte – Leçon – Notation – Parascolaire – Problème.

TROUBLES DU LANGAGE

Même s'il est parfois difficile de différencier les « troubles du langage » des « handicaps langagiers » conditionnés par l'environnement socioculturel ou socio-économique, tant leurs manifestations de surface (ou « symptômes ») peuvent être proches, ceux-ci appartiennent clairement au champ de la pathologie du langage. De ce fait, ils constituent l'un des domaines de prédilection, voire le (seul) domaine d'élection, de disciplines comme la linguistique, la psycholinguistique, l'orthophonie et la neuropsychologie ou, plus précisément, la neuropsycholinguistique (Nespoulous, Leclercq, 1990).

Les cinq niveaux d'organisation du langage

Défini par la linguistique générale – depuis Saussure (1915) et Bloomfield (1933) – comme un système de communication multi-articulé

(Nespoulous, 1993), le langage apparaît comme un ensemble de niveaux de représentations et de procédures de traitement finement organisé et structuré. Qu'il dépende d'un système initial biologiquement déterminé ou « précâblé » (Mehler, Dupoux, 1990) et/ou qu'il soit le pur produit d'une influence de l'environnement dans lequel évolue l'enfant d'homme, chacun – en sciences du langage – s'accorde pour considérer comme pertinents, au sein d'une langue naturelle quelle qu'elle soit, les niveaux d'organisation suivants (d'aval en amont) :
– le niveau phonétique, acoustique ou articulatoire, directement lié aux modalités d'entrée et de sortie du signal physique de parole, auquel il convient de substituer le niveau (visuo)graphique, lorsqu'il s'agit de langage écrit ;
– le niveau phonologique, plus abstrait, et déjà partie intégrante de la structure formelle de la langue ;
– le niveau lexical, où se retrouvent les plus petites unités porteuses de sens, que celles-ci coïncident avec les unités lexicales traditionnelles que sont les « mots » (ex. : « table ») ou qu'elles impliquent des entités plus petites – dérivations ou flexions (ex. : « tablette ») – que la linguistique nomme « monèmes » ou « morphèmes » ou plus grandes que des « mots » (ex. : « œil-de-bœuf ») ;
– le niveau morpho-syntaxique, où sont définies pour une langue donnée les latitudes combinatoires des monèmes (ou morphèmes) au niveau intralexical (morphologie) ou translexical (syntaxe) ;
– les niveaux discursif et pragmatique, déterminant les conditions d'utilisation *in situ* de telle ou telle structure linguistique.

Les « troubles du langage », dans le contexte pathologique, impliquent le dysfonctionnement – simultané ou sélectif – des divers niveaux ou « modules » mentionnés.

La pathologie et son dépistage

Le domaine de la « pathologie du langage » se subdivise classiquement en deux grands ensembles de manifestations « déviantes » :
– les dysphasies développementales, ou « retards de langage », observées chez l'enfant – pour raisons organiques, psychologiques et/ou environnementales – au cours de l'intégration du code oral ou écrit (dyslexie, dysorthographie) d'une langue naturelle (Aimard, Morgon, 1984) ;
– les aphasies acquises, survenant le plus souvent chez l'adulte à la suite d'une lésion cérébrale affectant ordinairement l'hémisphère gauche.

Dans les deux cas, les perturbations langagières constatées peuvent affecter simultanément ou sélectivement : le langage oral ou le langage écrit ; la production ou la compréhension du langage ; tel(s) ou tel(s) niveau(x) d'organisation susmentionné(s) depuis le(s) plus périphérique(s) – tels que l'articulation, l'audition – jusqu'au(x) plus central(aux) – tels que le niveau lexical, syntaxique ou discursif.

Les pathologies acquises permettent souvent la mise en évidence de « doubles dissociations » comportementales. La perturbation, chez un patient A, d'un module linguistique X (ex. : le lexique) en l'absence de tout dysfonctionnement d'un autre module Y (ex. : la syntaxe) et la perturbation, chez un autre patient, du module Y en l'absence de tout dysfonctionnement du module X, conduisent à postuler l'existence chez le sujet parlant, adulte tout au moins, d'entités fonctionnelles distinctes et autonomes présidant à la production et/ou à la compréhension du langage (Nespoulous, Leclercq, 1990). La recherche de telles dissociations permettant d'échafauder – de l'extérieur – l'architecture fonctionnelle du langage, cachée dans les replis du cerveau et/ou de l'esprit humain, constitue le fondement de la neuropsychologie (Séron, 1993). D'une approche strictement descriptive prévalente au début du XXe siècle, l'étude de la pathologie du langage – désireuse de dépasser la simple caractérisation des manifestations de surface pour tenter d'en appréhender le déterminisme sous-jacent – bénéficie, à l'aube du XXIe siècle, du développement important des sciences cognitives (Andler, 1992). Ces dernières permettent – grâce aux modèles de traitement de l'information qui en découlent – d'interpréter une symptomatologie déjà bien connue, d'effectuer, chez l'enfant, un dépistage de plus en plus précoce des divers types de perturbations et d'échafauder des programmes d'intervention de plus en plus motivés au plan théorique, renforçant ainsi considérablement l'assise scientifique de l'orthophonie, discipline chargée, depuis sa fondation, de remédier aux divers dysfonctionnements langagiers.

Sans renier les apports des courants scientifiques évoqués précédemment, la recherche actuelle en matière d'étude des « handicaps langagiers » tend à élargir le champ d'investigation de ces derniers et, en particulier, à « dépathologiser » quelque peu la notion de « handicap ». Ainsi, en matière de langage, comme dans d'autres domaines de la cognition humaine, se retrouve considéré comme « handicapé » tout locuteur et auditeur confronté à une « situation inhabituelle », et ce du fait d'un contexte pathologique avéré comme du fait d'un contexte tout simplement difficile ou inédit (hors pathologie). Dès lors, l'enfant en période d'apprentissage de sa langue maternelle, l'enfant ou l'adulte apprenant une langue seconde, l'adulte sain en situation de fatigue ou de stress, l'interprète simultané, même expert, faisant face à une tâche particulièrement complexe peuvent être légitimement considérés comme « handicapés » dans la mesure où ils se trouvent dans une situation particulièrement coûteuse au plan cognitif, une situation qui les conduit tous à mobiliser, consciemment ou non, des « stratégies palliatives » pour tenter de mener à bonne fin leurs activités langagières en relation avec autrui (Nespoulous, 1996).

Jean-Luc Nespoulous

▸ Bibliographie

AIMARD P., MORGON A., *Approche méthodologique des troubles du langage de l'enfant,* Paris, Masson, 1984.

ANDLER D. (dir.), *Introduction aux sciences cognitives,* Paris, Gallimard, 1992, rééd., 2004.

DUVIGNAU K., GAUME B., NESPOULOUS J.-L., « Proximité sémantique et stratégies palliatives chez le jeune enfant et l'aphasique », *Revue Parole,* vol. 29 à 32, dossier « Handicaps langagiers », 2004.

MEHLER J., DUPOUX E., *Naître humain,* Paris, Odile Jacob, 1990, rééd., 2002.

NESPOULOUS J.-L., « Les Stratégies palliatives dans l'aphasie », *Rééducation orthophonique*, vol. 34, n° 188, 1996, p. 423-433.

NESPOULOUS J.-L., *Tendances actuelles en linguistique générale,* Lonay, Delachaux et Niestlé, coll. « Actualités pédagogiques et psychologiques », 1993.

NESPOULOUS J.-L., LECLERCQ M., *Linguistique et neuropsycholinguistique : tendances actuelles,* Paris, Société de neuropsychologie de langue française, 1990.

NESPOULOUS J.-L., VIRBEL J., « Apport de l'étude des handicaps langagiers à la connaissance du langage humain », *Revue Parole*, vol. 29 à 32, dossier « Handicaps langagiers », 2004.

SÉRON X., *La Neuropsychologie cognitive,* Paris, PUF, coll. « Que sais-je ? », 1993, 4e éd., 2002.

▸ Voir aussi

Langage – Linguistique et éducation – Sciences cognitives.

TUTEUR, TUTORAT

Dans le sens général, le tuteur est un adulte qui assume une tutelle, c'est-à-dire qui a la charge, conformément à la loi, de prendre soin de la personne et des biens d'un mineur ou d'un interdit.

Ce mot de « tuteur » suggère donc une relation inégale entre une personne adulte, socialement reconnue pour ses compétences, et une autre personne nécessitant un étayage, une aide. La relation n'est donc pas définie en terme de réciprocité.

Le tutorat a souvent été confondu avec le préceptorat pour désigner une relation duelle privilégiée, quasi domestique, avec l'enfant. Mais, alors que le préceptorat est une situation réservée aux enfants de familles aisées, le tutorat à l'école se veut le soutien et l'accompagnement d'enfants de tous milieux nécessitant une aide adaptée.

Le tutorat s'est également installé de manière plus forte dans les études universitaires, notamment médicales. Nous voyons apparaître de plus en plus un tutorat « virtuel » dissociant par là même le tuteur de la fonction tutoriale accomplie à distance à l'aide des technologies de l'information et de la communication.

Le tutorat à l'école dans trois pays étrangers

Dès le XIIIe siècle, nous trouvons en Angleterre du tutorat d'élève. L'École, soucieuse du travail personnel de l'étudiant, avait créé, conjointement au rôle des professeurs, un corps de tuteurs chargés de la direction des études, de l'accueil et du choix des cours. Le tuteur, aide essentielle pour l'étudiant dans un labyrinthe de cours, d'options ou de niveaux, a perdu ce rôle facilitateur pour devenir actuellement, en Angleterre, un *counsellor* qui a pour mission la guidance et l'insertion sociale, voire professionnelle du jeune.

En 1964, au Québec, le rapport de la Commission royale d'enquête sur l'enseignement précise que « l'une des fonctions du tuteur ou du groupe de tuteurs est de fournir aux écoliers des méthodes de travail, de leur indiquer une discipline intellectuelle adaptée à leur âge, de souligner la force, le courage, la ténacité, l'ingéniosité, l'honneur nécessaires pour mener à bien leur travail et, à l'occasion, d'établir un parallèle entre ces vertus scolaires et celles qui ont fait les héros et les grands hommes. Le tuteur consultera les enseignants qui ont affaire à tel ou tel élève, ou le conseiller d'orientation ou l'assistante sociale, afin de chercher avec eux la solution des difficultés que rencontre cet élève ». Il y a là une teinte légèrement moralisatrice et centrée sur l'élève en tant que tel avec une volonté de trouver pour lui les solutions. Certains qualifient la tâche du tuteur ainsi décrite d'« orthopédagogique ».

En Allemagne, le tutorat est né vers 1968 dans les *Gesamtschule*. Il est assuré par un professeur volontaire. Ce professeur est responsable d'une vingtaine de jeunes (qui l'ont choisi). Il joue le rôle de « plaque tournante », collectant toutes les informations et pouvant aider chaque élève. Le groupe de tuteurs est un sous-ensemble du groupe de professeurs, mais ils n'enseignent plus. Le corps professoral se scinde donc en deux : d'une part, les maîtres d'appui ou tuteurs, et, d'autre part, les maîtres de branches ou professeurs de disciplines.

Dans ces trois pays, le tuteur appartient à un corps spécialisé d'adultes. Autrement dit, il n'est pas l'enseignant de l'élève, contrairement à ce qui se passe en France, où le tutorat n'existe véritablement que depuis 1982, et encore de manière semi-officielle, à l'occasion de la rénovation des collèges. Dans certains établissements privés, il a été instauré dès 1970.

Le tutorat à l'école en France

Dans le milieu scolaire français, lors de la mise en place de la rénovation des collèges, sous le ministère d'Alain Savary, le tutorat fut l'objet de controverses. Certains voyaient en lui un examen de conscience et craignaient une manipulation du jeune de la part d'adultes peu formés à ce genre de tâche. D'autres refusaient que le tuteur soit choisi par l'élève.

En fait, le tutorat s'accomplit dès l'instant où un professeur a un entretien, même furtif, avec un jeune. Cette aide peut s'exercer dans des formes aménagées, institutionnelles ou non. Ces formes peuvent être le tutorat de petit groupe (ce qui correspond aux propositions du rapport Legrand pour la rénovation des collèges) ou le tutorat individuel.

Dans son rapport au ministre de l'Éducation nationale en 1982, Louis Legrand définit le tutorat comme « une relation d'aide pédagogique et éducative à l'élève ». Quels sens accorder aux qualificatifs « pédagogique » et « éducatif » ? Leur complémentarité témoigne du souci de considérer l'élève comme un être global. Le rôle de tuteur est souvent rempli par un adulte mais il peut, dans certains cas, être assumé par un autre élève plus âgé ou plus avancé dans le cursus scolaire. Le tutorat s'accompagne toujours d'un dialogue au cours duquel l'élève réalise les manières de faire plus propices à atteindre les objectifs scolaires et ses propres objectifs, quand ils n'entrent pas en contradiction les uns avec les autres.

Les objectifs du tutorat

Le tutorat peut revêtir une dominante essentiellement pédagogique centrée sur une discipline scolaire, sur la façon de travailler ou sur une aide apportée à l'élève pour organiser son travail suivant la méthode qui lui convient le mieux. C'est une forme de conseil méthodologique.

Par moment, ce tutorat peut recouvrir des composantes plus psychopédagogiques où sont abordées les manières dont le jeune ressent son existence scolaire. Il faut être très prudent en la matière.

Sept objectifs semblent plus particulièrement concerner le tutorat.

- Il peut s'agir d'un *suivi* d'élève en vue d'aider ce dernier à organiser son temps de travail, à gérer les conflits inhérents à toute vie en communauté, à l'orienter vers des spécialistes qui pourraient éventuellement le soutenir à l'occasion de certains problèmes posés.
- Il peut favoriser la *régulation des regroupements* d'élèves. En effet, les tuteurs détectent plus facilement qu'en cours les besoins d'enseignement des élèves. Ils prennent mieux en compte les intérêts des élèves, qu'ils peuvent mieux guider dans le choix des activités. Le tutorat devient alors indispensable pour gérer collégialement les groupements multiples d'élèves associés aux différentes activités pédagogiques et pour assurer la concertation interdisciplinaire des professeurs. Le tutorat peut mieux faire comprendre le lien entre des activités hors discipline ou interdisciplinaires et des activités disciplinaires.
- Il peut aider l'école à mieux *prendre en compte le vécu de l'élève*. Ce dernier s'exprime de manière plus confiante et détendue. Le tutorat peut permettre à l'élève d'exprimer ses centres d'intérêt et, de ce fait, éduquer ses choix. Le tuteur devient le « révélateur » de motivations.
- Le tutorat conduit l'élève à *mieux évaluer son travail.* Par les contacts que le tuteur établit avec les autres enseignants, par la vision détaillée qu'il a de l'élève, de son comportement en situation scolaire (s'il est lui-même enseignant de cet élève), il est tout désigné pour conduire une observation continue de celui-ci en intégrant tous les apports d'informations qui le concernent.
- Le tutorat conduit à un *nouveau mode de communication entre adultes et jeunes.* Des paroles autres que celles codées dans le mode du cours et de la classe peuvent être dites et entendues. Le tutorat devient un régulateur de la vie en collectivité ; les conflits, par exemple, peuvent être exprimés et analysés.
- Comme *aide à l'articulation entre temps de travail scolaire et temps de travail extra-scolaire,* le tutorat permet d'éclairer les raisons pour lesquelles le travail scolaire demandé à la maison n'est pas fourni.
- Il favorise *l'articulation entre le projet de l'élève et le projet de l'établissement*. Le tutorat permet de donner sens aux activités menées à l'école et d'amener progressivement chaque élève à saisir la portée de l'enseignement et à avoir une part active dans des propositions de modifications ou dans des innovations.

Le tutorat ne se confond pas avec le soutien ; il n'est pas une organisation du travail autonome ; le tuteur ne remplit pas non plus le rôle du professeur principal. Ce dernier a plutôt une fonction d'évaluation sommative individuelle et d'orientation, après consultation de tous ses collègues ; ce qui n'est pas le cas du tuteur.

Les modalités d'exercice

Trois modalités d'exercice du tutorat peuvent exister : une relation duelle élève/adulte (ce dernier peut être un enseignant, un conseiller d'éducation, celui de l'élève ou pas, choisi par l'élève ou pas) reconnue officiellement, instituée ou informelle ; une relation groupale de dix à douze élèves avec un adulte (ce dernier peut être un enseignant ou non, celui de l'élève ou pas, choisi par les élèves ou pas) reconnue institutionnellement ; une relation duelle élève jeune/élève plus âgé. Cette relation est cependant toujours supervisée par un adulte. Nous l'avons rencontrée dans certains collèges où des élèves de 3e aident des élèves de 6e sous le contrôle des adultes de l'établissement.

Le choix des modalités dépend étroitement des objectifs pédagogiques poursuivis. De telles modalités peuvent également alterner dans un même établissement ou pour un même élève.

Françoise Cros

L'interaction de tutelle

La notion d'« interaction de tutelle » renvoie au cadre théorique proposé par Vygotski ; elle suppose une asymétrie de compétence entre un « novice » et un « expert », et des différences de but : le but du novice (apprenant) est de faire ou de dire ; celui de l'expert (tuteur) est de faire faire ou faire dire. Le fait qu'un expert interagisse avec un novice ne suffit pas à réaliser une telle interaction ; encore faut-il que le premier souhaite enseigner, que le second veuille apprendre et que chacun tienne compte des actes de l'autre. Le tuteur fournit au novice les informations nécessaires, les instruments utiles, présentés sous une forme simplifiée, assimilable, grâce à un « étayage » (Bruner), de telle sorte que le novice puisse les intégrer à ses connaissances antérieures. La tutelle est efficace si elle se situe dans la « zone proximale de développement » (Vygotski), c'est-à-dire dans l'écart entre le niveau de maîtrise de l'enfant dans une tâche et celui qu'il peut atteindre grâce à la tutelle de l'adulte. Plus le novice progresse, plus l'expert doit s'effacer pour lui laisser l'initiative et le contrôle de la réalisation, quitte à intervenir à nouveau si une difficulté apparaît. L'enfant progresse ainsi vers l'autocontrôle et la construction d'une compétence intériorisée après avoir été interindividuelle. L'établissement des interactions de tutelle, leur durée et leur forme dépendent des représentations que chaque partenaire a de l'autre et des difficultés et des progrès de l'activité.

La tutelle a été particulièrement étudiée par Bruner (1983) entre les mères et leurs jeunes enfants, dans les activités quotidiennes et partagées. Certains « formats d'interaction », au sens de jeux répétitifs avec alternance ou complémentarité des rôles des deux partenaires, répétant toujours le même scénario (autour de l'activité du repas par exemple, dans un jeu de cache-cache), constituent des procédures de simplification du réel qui facilitent la prise de rôle, l'expression vocale ou verbale de l'enfant. Dans l'acquisition de savoir-faire et la résolution de problèmes par l'enfant (lecture partagée d'un livre, récit élaboré avec l'aide de l'adulte, construction d'un puzzle, calcul d'une opération mathématique, etc.), la notion d'étayage permet de rendre compte de la manière dont le tuteur soutient ou stimule les comportements de l'enfant, l'aide à comprendre le but à atteindre et les moyens de l'atteindre. L'auteur définit six fonctions de l'étayage (1983) :

– l'*enrôlement*, première tâche évidente du tuteur, et qui consiste à susciter l'intérêt et l'adhésion du novice envers les exigences de la tâche ;
– la *réduction des degrés de liberté*, simplification de la tâche par réduction du nombre des actes constitutifs pour atteindre la solution. Par exemple, pour faciliter un récit, poser des questions comme : C'était quand ? Et après, que s'est-il passé ? ;
– le *maintien de l'orientation*, les débutants s'attardant vers d'autres buts, étant donné les limites de leurs capacités. Le tuteur a pour charge de les maintenir dans la poursuite d'un objectif défini ;
– la *signalisation des caractéristiques dominantes*, qui procure une information sur l'écart entre ce que l'enfant a produit et ce que lui-même aurait considéré comme une production correcte ;
– le *contrôle de la frustration*, la résolution de problème devant être moins éprouvante avec un tuteur que sans lui (« sauver la face » pour les erreurs commises, etc.). Le risque majeur est de créer une trop grande dépendance à l'égard du tuteur ;
– la *démonstration*, ou « présentation de modèles » de solutions pour une tâche, qui exige plus que la simple exécution en présence de l'élève. Elle comporte souvent une « stylisation » de l'action à exécuter, et peut comprendre

l'achèvement ou la justification d'une solution déjà partiellement réalisée par l'élève.

La tutelle est le fait des adultes, mais peut aussi être exercée par un enfant plus âgé ou plus expert que le novice. L'enfant tuteur rend saillants pour le novice les éléments nécessaires à la compréhension d'un discours (par l'intonation, la répétition ou la désignation d'objets auxquels on se réfère, par exemple), ou l'aide à maintenir son attention sur l'activité entreprise.

Agnès Florin

▸ Bibliographie

BARNIER G., *Le Tutorat dans l'enseignement et la formation*, Paris, L'Harmattan, 2001.

BAUDRIT A., *Tuteur, une place, des fonctions, un métier*, Paris, PUF, coll. « L'Éducateur » 1999.

BAUDRIT A., *Le Tutorat : richesses d'une méthode pédagogique*, Bruxelles, De Boeck, 2003.

BRUNER J. S., *Le Développement de l'enfant. Savoir faire, savoir dire*, Paris, PUF, 1983, 7e éd., 2002.

COLIN-MICHAUX M., CROS F., *Le Tutorat : une relation d'aide pédagogique et éducative*, vol. 4 de la série *Groupements différenciés d'élèves*, Paris, INRP, coll. « Collèges, collèges », 1984.

LEGRAND L., *Rapport au ministre de l'Éducation nationale sur les collèges*, Paris, La Documentation française, 1981.

MOYNE A., *Relation d'aide et tutorat : entretien avec l'élève*, Paris, Fleurus, 1983.

VYGOTSKI L. S., *Pensée et langage*, Paris, La Dispute, 1985, 3e éd., 1997.

▸ Voir aussi

Accompagnement scolaire – Centres d'intérêt – Contrat pédagogique – Élève (Projet de l') – Établissement (Projet d') – Projet – Travail scolaire – Vygotski, Lev Semionovitch.

U

Université

À l'époque contemporaine, le terme « université » désigne :
– un établissement public regroupant des unités (dont certaines peuvent disposer de la personnalité juridique) poursuivant de manière coordonnée des missions d'enseignement supérieur et de recherche ; il ne prend alors généralement pas la majuscule ;
– le corps enseignant en poste dans l'ensemble des universités françaises, et par extension, l'ensemble des membres de l'enseignement supérieur public dépendant de l'Éducation nationale ; il s'écrit alors avec une majuscule.

Le souci d'ouverture de l'enseignement supérieur vers des publics plus diversifiés a donné naissance à des formes particulières d'universités (permanentes, d'été, etc.).

Le sens du mot « université » s'est considérablement modifié tout au long des siècles. Toutefois, chaque période a laissé une marque dans sa conception actuelle.

La permanence des « libertés universitaires »

L'attachement constant à l'idée d'indépendance universitaire remonte aux origines médiévales de l'institution. La fondation en 1215 de l'Université de Paris consacre la reconnaissance par le pape de l'émancipation de la corporation des maîtres et étudiants parisiens (*Universitas magistrorum et scolarium parisiensium*) de l'autorité épiscopale. Attestée formellement par un sceau, l'autonomie de l'Université s'affirme politiquement, tirant parti des rivalités entre puissances ecclésiastiques et civiles.

Sur le modèle de la fondation parisienne, les universités médiévales obtiennent des privilèges liés au statut ecclésiastique dans divers domaines : pédagogique (monopole de la collation des grades), disciplinaire (privilège de juridiction), fiscal (exemption des charges publiques), politico-religieux (représentation dans les conciles et états généraux).

Malgré l'amoindrissement de ses privilèges avec l'affirmation dès le XVe siècle d'un contrôle du pouvoir royal, des franchises universitaires subsistent encore aujourd'hui (responsabilité exclusive des autorités universitaires dans le maintien de l'ordre) et l'indépendance des professeurs d'université a été affirmée par le Conseil constitutionnel dans sa décision du 20 janvier 1984 comme un principe à valeur constitutionnelle.

Depuis le mouvement de mai 1968, la question des « libertés universitaires » est une source de débats conflictuels récurrents. Deux thèmes constituent de véritables « brûlots » :

• La *question de la sélection*. Dans le système en vigueur, la sélection à l'entrée du premier et du second cycles universitaires est en principe interdite, sauf pour l'accès à certaines filières de formation (cas des IUT), un *numerus clausus* subsistant à la fin de la première année d'études médicales. Les velléités de certains établissements d'instaurer une forme quelconque de sélection sont systématiquement sanctionnées au contentieux par le juge administratif, tandis que le projet de loi Devaquet de 1986, qui prévoyait l'instauration possible d'une sélection à l'entrée des universités, a dû être retiré sous la pression des manifestations étudiantes.

• La *question de l'autonomie de gestion des universités*. Si l'État peut confier depuis la loi d'orientation du 10 juillet 1989 la maîtrise d'ouvrage de constructions universitaires aux établissements concernés, les personnels, équipements et crédits restent normalement alloués par l'État aux universités. Des assouplissements existent seulement pour la création de nouvelles universités, sur la base d'un régime dérogatoire prévu par une loi du 25 juillet 1994, permettant que soient aménagées certaines règles de fonctionnement des établissements expérimentaux (en prévoyant par exemple une représentation plus forte des professionnels non universitaires au sein des conseils d'administration de ces établissements). Ces dérogations ont été jusqu'ici peu utilisées. Un projet de loi dit « de modernisation des universités », préparé par Luc Ferry, alors ministre de l'Éducation nationale, qui visait à accroître l'autonomie de gestion des universités (passage aux budgets globaux), à mutualiser leurs moyens et à les ouvrir davantage sur le monde socio-économique, a été retiré à la suite de manifestations d'étudiants en novembre 2003. Ce surcroît d'autonomie était pourtant réclamé par la Conférence des présidents d'université.

La spécificité des structures universitaires

L'université se définit à l'origine par les disciplines enseignées, regroupant quatre sciences (théologie, droit, médecine, arts), organisées en facultés et en nations. Chaque faculté est représentée par un doyen, chaque nation par un procureur, l'ensemble élisant un recteur qui s'impose progressivement comme le chef de l'université.

Supprimées en 1793 par la Convention, les universités réapparaissent en 1896 en France sous la forme de réunions de facultés. Malgré les évolutions contemporaines de ces structures dans le sens d'une démocratisation, elles gardent une organisation originale, fédérant différentes composantes parmi lesquelles les unités de formation et de recherche (UFR) issues des anciennes facultés. Cette spécificité réside dans une marge d'auto-organisation et dans la représentation de toutes les catégories universitaires (personnels et étudiants) dans les instances collégiales, fondées sur les principes législatifs d'autonomie et de participation.

Alors que les années 1960-1970 ont vu se développer les thèmes de l'autonomie et de la participation qui ont été traduits dans l'organisation des universités françaises à partir de la loi d'orientation du 12 novembre 1968, depuis les années 1980 la préoccupation dominante tient dans la recherche d'une meilleure efficacité de l'institution universitaire. Elle a été reprise dans maints rapports et projets de réformes. Si ces réformes sont restées inabouties, il demeure que la marche des universités a connu depuis les années 1980 des évolutions majeures que des chercheurs en sociologie des organisations situent principalement autour d'une professionnalisation des cursus, d'un renforcement de l'ancrage des établissements dans leur environnement local et d'une attention portée à l'efficacité de la gouvernance universitaire (Musselin, 2001).

La diversification des composantes internes des universités

À partir du XIIIe siècle apparaissent au sein des universités les premiers collèges, voués d'abord à loger les étudiants les plus démunis, grâce à des fondations royales ou privées, puis se transformant en lieux d'enseignement supplantant progressivement les facultés des arts.

Depuis la loi sur l'enseignement supérieur du 26 janvier 1984, les universités regroupent, à côté des UFR structurées par champ disciplinaire, des écoles et instituts dispensant des formations appliquées (tels les instituts universitaires de technologie) ou menant des activités de recherche.

Dès les années 1970, la pression démographique et un souci de démocratisation de l'accès à l'enseignement supérieur ont conduit à l'essor d'antennes rattachées administrativement et pédagogiquement à des universités-mères, qui s'est poursuivi jusque dans la période récente, en dépit des critiques pointant la faiblesse de l'environnement de la recherche dans les centres universitaires de petite taille. Une tendance contemporaine est allée vers le développement d'universités multipolaires. Constituées dans les années 1990, les universités de l'Artois et du Littoral comptent à elles seules huit sites en région Nord-Pas-de-Calais ; celle de Bretagne Sud est implantée dans trois villes du Morbihan.

Universités et pouvoir politique

Forte à l'origine, l'influence politique et religieuse des universités atteint son apogée au XVe siècle. Puis elle s'efface avec le déclin des universités entre le XVIe et le XVIIIe siècle. Elles s'opposent en vain, en tant que gardiennes d'une stricte orthodoxie religieuse, à l'humanisme de la Renaissance, au mouvement de laïcisation de l'enseignement qui suit, puis à la philosophie des Lumières. Parallèlement, les privilèges universitaires reculent et le contrôle royal se renforce. Influence politique dominante et succès de leurs méthodes pédagogiques assoient la prépondérance des collèges des jésuites sur les universités.

Aujourd'hui encore, l'influence politique des universités reste négligeable. Toutefois, celles-ci, après avoir été le siège d'une contestation globale d'un système politico-social à travers le mouvement de mai 1968, restent un terrain sensible d'action des pouvoirs publics.

L'Université, corporation d'État

Par la loi du 10 mai 1806, Napoléon crée l'Université sous la forme nouvelle d'un organisme d'État laïc unique, regroupant tous les établissements d'enseignement public. Il s'agissait d'une corporation dont tous les enseignants devenaient obligatoirement membres, dirigée par un grand maître jusqu'à sa transformation en ministère en 1828.

La reconnaissance à partir de 1875 de la liberté de l'enseignement supérieur va permettre la création d'universités privées, dont les premières seront les universités catholiques. Des créations plus récentes sont intervenues depuis les années 1990 avec l'appui de certaines collectivités locales (tel le pôle universitaire Léonard-de-Vinci à Nanterre).

Aujourd'hui, si l'organisation du service public de l'enseignement supérieur s'écarte du modèle de l'Université napoléonienne, son empreinte subsiste dans la dimension sociale du monde universitaire. Celui-ci rassemble les enseignants-chercheurs, corps de fonctionnaires recrutés et gérés par l'État, dans une identité statutaire. Plus encore, l'organisation contemporaine du système éducatif a hérité de l'Université napoléonienne une architecture centralisée maintenant une tutelle de l'État sur les universités actuelles.

La recherche universitaire

À l'image des universités allemandes et britanniques qui l'intègrent dès le XIXe siècle, une nouvelle forme d'études, centrées sur l'apprentissage par la recherche, pénètre les universités françaises au XXe siècle.

Néanmoins, si la recherche constitue aujourd'hui une mission essentielle des universités, le retard historique de son intégration laisse des traces. L'antériorité du Centre national de la recherche scientifique, créé en 1939, alors que la recherche était quasiment absente des universités, a généré l'existence aujourd'hui d'un double réseau de structures de recherche publique autour des universités, d'une part, et des grands organismes de recherche, d'autre part.

Jacques Fialaire

▸ Bibliographie

CHARLE C., VERGER J., *Histoire des universités*, Paris, PUF, coll. « Que sais-je ? », 1994.

COULON A., ENNAFAA R., PAIVANDI S., *Devenir enseignant du supérieur : enquête auprès des allocataires moniteurs de l'enseignement supérieur*, Paris, L'Harmattan, 2004.

Cour des comptes, *L'Autonomie des universités dans leur gestion budgétaire, financière et comptable,* rapport public, Paris, MEN, 1999.
Le Bris R.-F., *Les Universités à la loupe,* Paris/Grenoble, Économica/Atlas, 1986.
Mallet D., Balme P., Richard P., *Réglementation et management des universités françaises,* Paris, Berger-Levrault, 2002.
Minot J., *Les Universités : après la loi sur l'enseignement supérieur du 26 janvier 1984,* Paris, Berger-Levrault, 1984.
Musselin C., *La Longue Marche des universités françaises,* Paris, PUF, 2001.
Renaut A., *Les Révolutions de l'université : essai sur la modernisation de la culture,* Paris, Calmann-Lévy, 1995.
Vassal S., *L'Europe des universités,* Caen, Éditec, 1986.

▸ **Voir aussi**
Académie – Étudiant – Faculté – Grades universitaires – Institut universitaire de France (IUF) – Institut universitaire professionnalisé (IUP) – Institut universitaire de technologie (IUT) – Recteur d'académie.

Université tous âges (UTA)

La première des universités du troisième âge a été créée en 1973 à Toulouse par Pierre Vellas, professeur de droit international de sciences sociales à l'université de Toulouse. Les UTA se sont rapidement développées, d'abord en France, puis dans d'autres pays d'Europe et ensuite sur tous les autres continents.

Dans l'esprit de leur fondateur, elles devaient « être essentiellement des institutions de santé publique visant à élever les niveaux de santé physique, mentale et sociale du troisième âge en mettant à leur disposition des programmes d'activités particulièrement adaptées ».

À ces motivations initiales se sont progressivement ajoutés un certain nombre de principes fondamentaux, comme le maintien d'une spécificité universitaire avec la garantie correspondante de niveau et de qualité et l'adaptation pédagogique des enseignements pour mettre des connaissances de haut niveau à la portée du plus grand nombre, le refus d'une ségrégation des personnes âgées, d'une exclusion de la vie sociale et l'ouverture de l'université à tous ceux qui ont soif de culture, sans condition d'âge ou de diplômes.

Les UTA ont évolué vers des universités tous âges, inter-âges, du temps libre, pour tous, ouvertes, dans la cité, de la culture permanente, de la formation permanente… Dans le même élan d'accès à la culture pour tous, la volonté de décentralisation a permis que cette exceptionnelle possibilité de formation volontaire et libre ne reste pas l'apanage des seules villes universitaires. L'installation d'implantations *extra-muros* a produit du lien social dans l'environnement immédiat des personnes, la rupture de solitudes et forgé une agréable convivialité.

Les structures et les statuts de ces UTA sont variables. Schématiquement, on peut distinguer :
– les UTA directement intégrées à l'Université sous forme de services communs ou à l'intérieur des services de formation continue ;
– les UTA de statut associatif, en France régies par la loi de 1901. Créées en convention avec des universités, ces associations ont un lien organique avec une ou plusieurs d'entre elles.

Les enseignants des UTA sont soit des universitaires ou des enseignants d'autres ordres d'enseignement, soit des personnalités extérieures (ingénieurs, fonctionnaires, etc.) en activité ou à la retraite. Ils peuvent intervenir bénévolement, mais reçoivent le plus souvent une rémunération. Les moyens financiers des UTA proviennent des droits d'inscription ou des cotisations, modiques, versées par les étudiants, ainsi que des subventions publiques ou privées (universités, collectivités territoriales, entreprises).

Les UTA visent à maintenir l'ouverture sur le monde, à développer l'esprit critique sur la base de connaissances fondées et à élargir l'horizon social.

L'analyse des attentes du public des UTA révèle le besoin d'acquérir ou de compléter une culture que les circonstances de la vie active ont reléguée à l'arrière-plan des préoccupations. Le public des UTA est pour l'essentiel composé de retraités, mais aussi et de plus en plus de tous ceux qui, bien que plus jeunes et encore en activité ou au chômage, partagent les mêmes intérêts culturels. Une autre caractéristique du public UTA est de comporter de nombreuses femmes, qui n'exercent pas de profession, qui aspirent à échapper à la monotonie du quotidien, à acquérir les bases indispensables à la compréhension de certains problèmes, à être à même d'en discuter avec leurs enfants. Depuis la création des UTA et dans toutes les UTA françaises, 75 % des étudiants sont des étudiantes.

Les activités des UTA s'organisent autour de l'enseignement mais aussi de la recherche, de la création artistique, des voyages culturels et de diverses activités sociales. L'enseignement se déroule sous forme de conférences-débats sur les thèmes les plus variés : historiques, scientifiques, techniques, artistiques, d'actualité ; de cours, de travaux pratiques dans les disciplines les plus diverses : littérature, philosophie, psychologie, géographie, histoire, sociologie, langues étrangères ; d'activités physiques : gymnastique, natation, tir à l'arc, ski de fond, aviron, etc.

La recherche peut s'exercer individuellement ou en équipes sous la direction d'universitaires, de chercheurs professionnels, de spécialistes. Ces travaux donnent lieu à des publications dans des revues, des ouvrages ou à la tenue de colloques. La création artistique est favorisée par l'organisation d'ateliers de théâtre, d'écriture et de poésie, de musique, de peinture et dessin, de sculpture et de création audiovisuelle.

Généralement intégrés aux enseignements, les voyages culturels prolongent une préparation approfondie : sortie d'une journée pour la visite de lieux culturels ou industriels, voyages de plusieurs jours ou semaines, dans le pays même ou à l'étranger, rencontres et échanges entre UTA d'un même pays ou de pays différents. Ils sont le lieu d'expression d'une réelle convivialité.

Le regroupement des UTA

En 1980 a été créée l'Union française des universités du troisième âge (UFUTA) pour la promotion et le développement des UTA. Elle organise des assises nationales, lieux de rencontre, d'échanges et de présentation des réalisations des UTA.

Dès 1975, le Professeur Pierre Vellas a créé l'Association internationale des universités du troisième âge (AIUTA). Reconnue comme organisation non gouvernementale (ONG), elle est dotée du statut consultatif auprès de l'OMS, du BIT et du Conseil économique et social à l'ONU. L'AIUTA est une fédération favorisant la création, le développement et l'union des UTA dans le monde. Elle suscite, rassemble et structure les réflexions, analyses, recherches et actions intergénérations relatives aux problèmes liés à l'allongement de la vie et à l'évolution de la société. Elle offre le cadre international pour la diffusion des travaux en cours par l'organisation de colloques, congrès (tous les deux ans) et publications. Elle contribue par son expérience à une approche nouvelle de la pédagogie. Elle offre l'accès à un réseau d'échanges individuels entre tous ses membres.

Depuis 1997, des UTA intégrées dans l'Université française ont ressenti la nécessité de travailler en réseau au sein de l'association « Présence universitaire », pour confirmer leur identité en tant que mission de cette Université.

Depuis 2004, l'Association de gérontagogie, qui regroupe des universités européennes et canadiennes, œuvre dans la mise en place de formations diplômantes pour permettre aux salariés en fin d'activité et aux retraités de s'engager dans des actions au service de la collectivité.

Enfin, depuis plusieurs années, les UTA s'aventurent sur les chemins virtuels du campus numérique.

Annette Lukaszewicz

▶ Voir aussi

Adulte – Éducation permanente – Université.

L'Université de tous les savoirs (UTLS)

Ouverte le 1er janvier 2000, mais programmée à partir de l'automne 1998 par une équipe resserrée autour de conseillers scientifiques et d'Yves Michaud, l'Université de tous les savoirs en est aujourd'hui à près de 600 conférences sans que le succès initial s'émousse, au contraire. Après avoir accueilli près de 300 000 personnes en 2000, la fréquentation des conférences est désormais de près de 800 personnes par séance.

Le principe de l'opération est simple : il s'agit de présenter au grand public, sous la forme de conférences ouvertes à tous, gratuites, régulières et clairement identifiables comme telles, un état des connaissances et scientifiques et techniques, que ce soit dans le domaine des sciences exactes ou dans celui des humanités, en faisant appel directement aux spécialistes, chercheurs et professionnels, à charge pour eux de se mettre à la portée du public sans céder sur les exigences intellectuelles. L'accent est constamment mis sur les connaissances en train de s'élaborer dans une perspective d'inventaire prospectif et dynamique « aux frontières de la connaissance ».

Programmée initialement dans le cadre de la célébration de l'an 2000 sur une idée de Jean-Jacques Aillagon, la manifestation a revêtu pour sa première édition une forme exceptionnelle puisque les conférences se sont tenues tous les jours de l'année dans un amphithéâtre du Conservatoire des arts et métiers (CNAM), en tentant de parcourir l'ensemble des connaissances et des interrogations contemporaines. Le succès de l'entreprise a conduit à sa prolongation dès 2001, au rythme de 50 à 60 conférences par an, présentées par cycles thématiques.

Les demandes de reconduction de l'initiative ont émané non seulement du public qui avait pris l'habitude de suivre ces conférences aussi bien en direct que sur Internet ou France Culture, mais également des chercheurs et des hommes de science, qui ont trouvé dans ces conférences un lieu où rendre compte de leurs travaux tout en répondant à la demande sociale de compréhension et en suscitant des vocations.

Si les 366 conférences de l'an 2000, publiées en six gros volumes aux Éditions Odile Jacob et ensuite reprises chez le même éditeur en 20 ouvrages thématiques de poche, constituent une encyclopédie ouverte et transversale des savoirs contemporains, les séries de conférences organisées depuis 2001 proposent des mises à jour d'un savoir en constante évolution – les nanotechnologies, la théorie des cordes, la physique en 2005 –, abordent des sujets nouveaux, comme la Chine et la guerre d'Algérie, et revisitent un thème déjà abordé en 2000 mais traité cette fois sous un angle inédit : le renouvellement de l'observation dans les sciences, la diversité de la vie.

L'Université de tous les savoirs a donné un nouveau dynamisme aux initiatives d'universités populaires et elle représente une vitrine de présentation de la recherche francophone de haut niveau. Elle a eu des émules en Hongrie, au Brésil, en Chine ; en France même, des initiatives locales (à Toulouse, Rennes) reprennent le principe.

Yves Michaud

▸ Voir aussi

Université – Université tous âges (UTA).

V

Valeurs

Dans la réflexion contemporaine sur l'éducation, la question des valeurs constitue à coup sûr un thème omniprésent, mais relativement peu théorisé. C'est que le terme même de « valeur », pris dans ses usages courants, recèle beaucoup d'imprécisions et d'ambiguïtés. Il s'emploie tout d'abord pour désigner la qualité de quelqu'un ou de quelque chose en tant qu'il ou elle fait l'objet d'une appréciation. Il peut s'employer absolument, l'appréciation étant alors nécessairement positive, renvoyant à une idée d'excellence ou de prix élevé (une œuvre « de valeur »). Mais il s'emploie souvent aussi avec l'idée de degrés, la valeur (d'une personne, d'une action, d'une performance, d'un objet, d'une œuvre, d'une « forme de vie ») pouvant être considérée comme plus ou moins grande. On passe ainsi de l'idée d'estime à l'idée d'estimation ou d'évaluation. Par extension, le terme désignera non plus la qualité de ce qui fait ainsi l'objet d'une appréciation mais le critère même en fonction duquel et au nom duquel se fait cette appréciation. Ainsi la valeur (au sens 1) de quelque chose, le fait de *valoir* et de pouvoir donner lieu à évaluation, résiderait en fait dans sa capacité de manifester, de réaliser, d'incarner une valeur (au sens 2), qui est dans son ordre propre une sorte d'absolu idéal, un « canon », un principe ultime d'appréciation et de justification. Le langage courant assimile parfois valeurs et vertus (la justice, le courage, la solidarité, etc.). Si cette assimilation a du sens dans la sphère de la morale, au sein de laquelle, en tant que dispositions à incarner ou à promouvoir des valeurs, les vertus peuvent apparaître comme le versant subjectif des valeurs, force est d'observer que l'univers des valeurs, en tant qu'il est coextensif à l'ensemble des biens susceptibles d'être proposés comme fins ou comme critères d'excellence à l'action humaine, déborde largement la sphère de la moralité. Encore faut-il observer cependant que la valeur ainsi conçue n'est jamais seulement principe de jugement, mais qu'elle est toujours aussi source d'émotion et principe d'action : en suscitant ou nourrissant en nous des sentiments tels que l'admiration ou l'indignation, la valeur nous mobilise, nous appelle, nous engage. La valeur se présente toujours ainsi comme une exigence, ou, selon les termes de Roger Mehl (1957), comme une autorité qui pèse sur nous en même temps qu'elle nous ouvre les perspectives d'une action possible. Cependant, sans pouvoir d'imposition obligatoire, cette autorité de la valeur ne saurait être confondue avec l'autorité de la norme, laquelle est essentiellement de nature sociale et institutionnelle.

Le paradoxe de la valeur

En tant que critère idéal d'appréciation, la valeur n'appartient évidemment pas au monde empirique. Phénoménologiquement, on peut même dire que l'expérience du valoir est irréductible à l'expérience de l'être et qu'un monde ontologiquement « plein » ne laisserait aucune place à l'idée de valeur. « Le recours à la valeur, en proposant une inspiration, se présente comme la source d'une action qui ne se satisfait pas de l'ordre des choses ou du cours du monde tel qu'il va ; il est le signe d'une sorte de dépassement », écrit Paul Valadier (1997). Est-ce à dire pour autant, comme l'affirme Sartre dans *L'Être et le Néant*, que ma liberté soit « l'unique fondement des valeurs » et que « rien, absolument rien, ne me justifie d'adopter telle ou telle valeur, telle ou telle échelle des valeurs » ? Le paradoxe de la valeur réside justement dans le fait quelle s'impose à moi comme une évidence nécessaire. L'expérience de la valeur n'est pas de l'ordre de l'invention, de la convention ou, comme le veut Raymond Polin (*La Création des valeurs*), de la création, mais de l'ordre de la découverte, ou plus exactement de la reconnaissance. « L'expérience de la valeur n'est telle qu'en ce qu'elle prétend dépasser sa propre subjectivité. La valeur ne nous apparaît pas comme ce qui fait l'objet de notre désir, mais comme ce qui devrait être l'objet du désir de tous les hommes », écrit Alquié (*L'Expérience*). Elle est, selon l'expression d'Olivier Reboul, « cette propriété d'une fin collective qui la constitue [...] comme ce qui est non seulement désiré mais désirable » (1992). C'est pourquoi, comme l'observe Louis Lavelle (*Traité des valeurs*), « il y a contradiction à poser la valeur et à la poser comme arbitraire ». Ainsi, pour Olivier Reboul, l'expérience de la valeur peut être considérée comme inséparable de l'expérience du sacré : la valeur se reconnaît à la possibilité du sacrilège et à l'exigence du sacrifice. On dira que telle ou telle fin, telle ou telle activité *valent la peine*, ce qui veut dire qu'elles méritent qu'on leur consacre du temps, des efforts, toutes sortes de ressources que l'on aurait pu ou que l'on pourrait toujours employer autrement. D'où la question de savoir si certaines valeurs peuvent être considérées comme objectivement préférables à d'autres, s'il existe une hiérarchie des valeurs capable de fournir à nos choix pratiques des critères consistants de justification. En s'inspirant librement de Max Scheler (1955), Olivier Reboul propose ainsi une hiérarchisation entre le plaisir, l'utilité individuelle, l'intérêt collectif, les valeurs humaines universalistes (de type intellectuel, éthique ou esthétique), les valeurs liées au salut. L'idée d'une différenciation ou d'un pluralisme des valeurs peut s'entendre cependant en plusieurs sens. À l'intérieur d'une même culture, il existe bien évidemment des sphères différentes d'activités (l'économie, l'art, la science, la politique, la religion, la vie matérielle, les relations interpersonnelles, etc.) auxquelles correspondent des types de valeurs ou des « ordres » de valeurs hétérogènes, ce qui signifie que ces valeurs ne sont pas fondamentalement exclusives les unes des autres mais plutôt incommensurables les unes aux autres : il n'y a pas entre elles d'incompatibilité essentielle mais tout au plus une « incompossibilité » pratique, ce qui signifie qu'on ne peut pas les poursuivre et les réaliser *en même temps*. Mais ce pluralisme de l'hétérogénéité (interne à chaque culture) doit être distingué d'un pluralisme plus fondamental, ou plus conflictuel, qui consiste dans le fait que, d'une culture (ou d'une « subculture ») à l'autre, les engagements, les formes, les critères d'appréciation et de justification caractéristiques de ces différentes sphères de l'existence peuvent s'avérer très différents, voire littéralement incompatibles. On parlera alors, avec Anne-Marie Dillens (2003), d'un « pluralisme de la diversité », voire, dans des contextes d'exaltation et de revendication des particularismes culturels, d'un « pluralisme de l'identité ou de la différence ». De telles distinctions devraient aider à mieux penser la question des valeurs de l'éducation, celles qui fondent ou justifient le fonctionnement des institutions d'enseignement ou que l'enseignement peut ou doit s'efforcer de promouvoir dans le contexte d'une démocratie.

La question des valeurs dans la pensée de l'éducation

On peut considérer que l'idée de valeur est au centre de toute réflexion sur l'enseignement et l'éducation. Tout enseignement a besoin d'être justifié, s'il est vrai qu'enseigner suppose des efforts, des coûts, des sacrifices de toute nature. Au sens propre du mot, il faut, en effet, que ce qu'on enseigne *vaille la peine*. À côté des justifications d'opportunité et des justifications instrumentales (celles qui dépendent des contraintes et des circonstances), il doit exister aussi des justifications fondamentales, qui touchent à la valeur propre, ou intrinsèque, de la chose enseignée. Cette insistance sur l'idée de valeur apparaît notamment dans l'analyse du concept d'éducation proposée par le philosophe britannique Richard Peters (1966). Éduquer quelqu'un, ce n'est pas en effet lui apprendre n'importe quoi, ce n'est pas non plus lui donner un entraînement ou une formation au sens purement technique du terme (*training*). L'intention éducative suppose, selon Peters, d'introduire quelqu'un, de l'initier à une certaine catégorie d'activités que l'on considère comme intrinsèquement valables (*worth while*), le conduisant par là même vers un degré supérieur d'accomplissement humain. C'est pourquoi le concept d'éducation est pour Peters inséparable de l'idée de valeur, il est foncièrement normatif.

Pour le sociologue aussi, la question des valeurs est un aspect essentiel de la réflexion sur l'éducation, mais son approche est tout à fait différente de celle du philosophe. Le sociologue ne se donne pas pour tâche de construire une théorie normative des valeurs, son rôle est principalement de description et d'analyse. Les valeurs, les systèmes de valeurs dont il observe le fonctionnement dans les différents champs de pratiques qu'il étudie sont pour lui des « faits sociaux » comme les autres, dont il s'agit de « rendre compte » objectivement. En mettant l'accent sur la pluralité des valeurs, les conflits de valeurs qui peuvent surgir au sein de l'arène scolaire entre différentes catégories d'acteurs, et en mettant aussi en lumière certains caractères spécifiques de la « culture scolaire », les travaux de sociologie de l'éducation ont contribué à faire mieux comprendre certaines difficultés, certains obstacles auxquels se heurtent les activités d'enseignement, particulièrement dans les sociétés « multiculturelles » contemporaines. Le sens de la relativité des valeurs que confère le regard descriptif des sciences sociales ne saurait cependant dispenser l'enseignement de la nécessité de faire des choix parmi les éléments culturels disponibles à un moment donné et de les justifier axiologiquement. Cette tension entre une acception normative et une acception relativiste de l'idée de valeur est au cœur de la problématique contemporaine de l'éducation.

Valeurs, finalités et doctrines éducatives

Toute pédagogie suppose certainement d'assumer des choix, de mettre en œuvre des préférences, de poursuivre des fins dans un horizon caractérisé par l'irréductibilité en même temps que l'indécidabilité et l'« incompossibilité » des valeurs. Ainsi la question des finalités de l'éducation est-elle l'objet d'un débat perpétuel, qui met en jeu des conceptions anthropologiques, axiologiques ou politiques entre lesquelles il ne saurait y avoir ni d'arbitrage scientifique décisif ni de synthèse stable. Peut-on vouloir développer à la fois l'épanouissement des talents individuels et l'égalisation des chances de réussite, la transmission d'un héritage culturel et la possibilité d'émancipation à l'égard de tout héritage, l'intégration civique et le respect des particularismes, l'esprit de discipline et l'exigence d'autonomie, l'acquisition de compétences utiles et la polyvalence des goûts et des talents ? Peut-on vouloir promouvoir à la fois l'amour du savoir, la liberté individuelle, la compétitivité économique, l'égalité sociale, l'esprit civique, la « qualité de la vie » ? Des informations de plus en plus riches, de plus en plus fines peuvent certes nous être fournies aujourd'hui, grâce au développement des outils d'investigation, d'analyse et de modélisation dont dispose la recherche, sur les effets possibles, les conséquences possibles de telle ou telle modalité d'action, de telle ou telle décision en matière de pédagogie ou de politique éducative, mais ces informations, qui peuvent éclairer les débats doctrinaux et les choix pratiques, ne sauraient bien évidemment permettre ni de les éviter ni de les différer. On considère quelquefois qu'une doctrine se distingue d'une théorie scientifique par cette composante axiologique, cette référence à des valeurs capables d'orienter ou de réguler l'action. Par référence à la devise de la République française, on peut ainsi par exemple, avec Jean Houssaye (1992), distinguer des pédagogies de la liberté, des pédagogies de l'égalité et des pédagogies de la fraternité. De la même façon, on peut certainement observer, sinon une contradiction, du moins une tension entre les valeurs sous-jacentes au discours de ceux qui se réclament aujourd'hui de la tradition de « l'école républicaine » (rationalité, laïcité, universalité) et celles dont s'inspirent depuis plus d'un siècle les divers courants de « l'éducation nouvelle » (autonomie de l'apprenant, spontanéité, authenticité, créativité, respect des différences). Entre célébration de la république et revendication de la démocratie, il apparaît d'ailleurs que la même valeur exprimée ou proclamée (par exemple la laïcité ou la personne humaine) peut correspondre en fait à des interprétations ou à des orientations doctrinales foncièrement divergentes (Solère-Queval, 1999). Force est de reconnaître cependant que les valeurs ne se « montrent » en fait jamais directement, ne se donnent jamais à voir « à visage découvert » : elles s'expriment toujours masquées, incorporées, enchâssées dans des systèmes de représentations et de symboles, dans des objets de croyance, des « récits » ou des scénarios à valeur mythique ou prophétique. C'est pourquoi l'analyse des valeurs caractéristiques d'une institution, d'une doctrine ou d'un engagement pratique est une tâche complexe et sans doute interminable.

La question de l'enseignement des valeurs

La question de la valeur de l'enseignement (ou des valeurs sous-jacentes aux processus et aux contenus d'enseignement) ne doit pas être confondue avec celle de l'enseignement des valeurs. Enseigner des valeurs, ce n'est pas seulement donner à connaître ou donner à comprendre, c'est aussi, c'est surtout donner à désirer, à préférer, à vouloir, ce qui suppose bien évidemment une intervention beaucoup plus profonde dans l'intimité de la personne. Dans une société qui se veut pluraliste et libérale, qui récuse toute idée de « morale d'État » aussi bien que de « religion d'État », l'École peut-elle, l'École doit-elle transmettre des valeurs ? On sait que nombre d'auteurs considèrent aujourd'hui que l'institution scolaire devrait être déchargée de toute responsabilité en cette matière pour se consacrer à sa vocation la plus incontestable et la plus universelle, à savoir la transmission des savoirs positifs et des compétences cognitives les plus générales, la formation intellectuelle des individus. À quoi d'autres répondent qu'une telle séparation est illusoire, que des valeurs sont présentes, au moins à l'état implicite (ou à titre de « curriculum caché ») dans toutes les situations scolaires et dans toutes les disciplines, y compris celles qui paraissent les plus purement intellectuelles, et que l'École ne saurait esquiver une responsabilité éducative essentielle, même si elle la partage avec d'autres institutions, au premier rang desquelles la famille (Naud, Morin, 1978). Quelles valeurs cependant peuvent légitimement être enseignées dans une école qui se veut ouverte à tous, et respectueuse, sinon de toutes coutumes, du moins de toutes les appartenances et de toutes les croyances ? La résolution de ce véritable dilemme de la raison pratique en contexte de neutralité libérale est cherchée parfois du côté d'une sorte de minimalisme communicationnel ou procédural, qui consiste à ériger l'esprit de tolérance et de dialogue et le respect du pluralisme en valeur suprême (fonctionnant logiquement comme une « méta-valeur ») à laquelle seraient subordonnées toutes les autres. Une autre réponse, proposée par exemple par Jean Houssaye (1992), et qui rejoint d'ailleurs la précédente par l'importance accordée au dialogue et au respect des différences, consiste à mettre l'accent sur les droits de l'homme, seul corpus de principes moraux suffisamment général pour être compatible avec le pluralisme d'une société sécularisée, seul « fonds moral référentiel commun » permettant aujourd'hui d'interroger et de finaliser les conduites, et donc seul contenu ou fondement possible d'une éducation morale soucieuse d'échapper au risque d'endoctrinement ou d'arbitraire. Force est de se demander cependant si une éthique de la communication, du dialogue et du respect des différences est pédagogiquement suffisante, c'est-à-dire si la construction morale de la personne ne suppose pas des attachements et des engagements plus substantiels. C'est en tout cas une des objections que la pensée « communautarienne » contemporaine oppose à l'universalisme abstrait de la conception anthropologique libérale (Forquin, 2003).

Dans les pays de langue anglaise, la *values education* (terme qu'on traduit parfois par « éducation aux valeurs ») constitue une composante importante du curriculum. Il est certain que cette « éducation aux valeurs » couvre un champ plus large que l'éducation morale proprement dite, ne serait-ce que parce que les valeurs morales sont bien loin de constituer les seules valeurs. Elle tend parfois à se confondre avec ce qui est appelé « éducation personnelle et sociale » *(personal and social education)*. Cependant, la distinction entre éducation morale et « éducation aux valeurs » n'est pas toujours explicite chez les auteurs anglophones contemporains. Kevin Ryan (1986) distingue à ce propos quatre approches pédagogiques principales. La première, dénommée *set-of-values*, est aussi vieille que l'éducation elle-même, puisqu'elle vise à imprégner l'élève, à travers les contenus d'enseignement aussi bien qu'à travers les formes d'organisation et de régulation de la vie scolaire, d'un ensemble de valeurs que la communauté adulte considère comme essentielles à un moment donné. La seconde, ou *value analysis*, repose avant tout sur le raisonnement, la réflexion sur les implications concrètes possibles des différents choix pratiques. La troisième, ou *value clarification*, a connu naguère une vogue importante et donné lieu à une abondante littérature (Raths, Harmin, Simon, 1966). Elle repose sur l'idée du pluralisme radical des croyances et des valeurs dans le monde moderne et vise à aider l'enfant à expliciter et à développer ses choix personnels les plus profonds et les plus authentiques, en s'interdisant toute orientation normative. Si les apports de cette approche se sont avérés intéressants sur le plan des méthodes et des outils pédagogiques proposés, ses bases théoriques ont fait l'objet d'importantes critiques, à cause de leurs implications relativistes. Quant à la quatrième approche évoquée, celle proposée par Kohlberg sur la base d'une théorie du développement cognitif (Kohlberg, 1981), elle se présente comme un moyen de surmonter le relativisme (dans la mesure où les jugements moraux individuels semblent obéir à une loi universellement observable de maturation cognitive) tout en échappant aux dangers de l'endoctrinement (l'accès aux valeurs étant un processus essentiellement interne à l'individu et non pas le résultat d'une inculcation externe). On retrouve ainsi, au niveau de la pédagogie des valeurs, le dilemme doctrinal fondamental du relativisme et du normativisme.

Jean-Claude Forquin

▸ Bibliographie

DILLENS A.-M., « Introduction », in *Le Pluralisme des valeurs entre particulier et universel*, Bruxelles, Publications des facultés universitaires Saint-Louis, 2003, p. 7-10.

FORQUIN J.-C., « La Critique communautarienne du libéralisme politique et ses implications possibles pour l'éducation », *Revue française de pédagogie*, n° 143, avril-juin 2003, p. 113-139.

HOUSSAYE J., *Les Valeurs à l'école : l'éducation aux temps de la sécularisation*, Paris, PUF, coll. « Pédagogie d'aujourd'hui », 1992.

KOHLBERG L., *The Philosophy of Moral Development*, San Francisco, Harper and Row, 1981.

MEHL R., *De l'autorité des valeurs : essai d'éthique chrétienne*, Paris, PUF, 1957.

NAUD A., MORIN L., *L'Esquive : l'école et les valeurs*, Québec, Conseil supérieur de l'Éducation, 1978.

PETERS R., *Ethics and Education*, Londres, Allen and Unwin, 1966.

RATHS L., HARMIN M., SIMON S., *Values and Teaching : Working with Values in the Classroom*, Colombus (Ohio), Charles E. Merrill, 1966, 2e éd., 1978.

Reboul O., *Les Valeurs de l'éducation*, Paris, PUF, 1992, 2e éd., 1999.
Ryan K., « Moral and Values Education », *in* Husen T., Postlethwaite F. N. (éds), *The International Encyclopaedia of Education*, vol. 6, Oxford, Pergamon Press, 1986, p. 3406-3413.
Scheller M., *Le Formalisme en éthique et l'éthique matériale des valeurs : essai nouveau pour former un personnalisme éthique*, Paris, Gallimard, 1955, rééd., coll. « Bibliothèque de philosophie », 1991.
Solère-Queval S., « L'École entre république et démocratie », in *Les Valeurs au risque de l'école*, Lille, Presses universitaires du Septentrion, 1999, p. 171-182.
Valadier P., *L'Anarchie des valeurs : le relativisme est-il fatal ?*, Paris, Albin Michel, 1997.

▶ **Voir aussi**
Autorité – Axiologie – Curriculum – Éducation – Endoctrinement – Morale (Éducation) – Multiculturalisme – Norme – Philosophie de l'éducation – Religieuse (Éducation).

Vidéo

Technique d'enregistrement, de reproduction et de diffusion d'images électroniques, la vidéo transforme la lumière en signal électronique, à la différence de l'image photographique et cinématographique qui l'impressionne sur la pellicule (photo-sensible) par un procédé chimique, et de l'image de synthèse (ou numérique), entièrement calculée par ordinateur.

La télévision hertzienne, qui nous est familière – à la différence de la « nouvelle télévision » dite numérique qui utilise le code binaire de l'ordinateur pour transmettre des images et des sons –, diffuse des images électroniques quel que soit le support d'origine (c'est la fonction du télécinéma, comme son nom l'indique, de transformer en images « télévisuelles », c'est-à-dire électroniques, les images cinématographiques). L'image électronique ainsi produite peut être soit transmise en direct soit enregistrée sur une bande magnétique (dite bande vidéo), ce qui dispense de l'étape de développement de la pellicule en laboratoire comme dans le cas de l'image cinématographique. L'image vidéo peut donc être visible au moment même du tournage, enregistrable et diffusable immédiatement, effaçable et réutilisable par simple nouvel enregistrement, enfin modifiable en temps réel grâce aux truquages électroniques (incrustations, surimpressions, découpes de l'écran, etc.).

Si la production d'images vidéo nécessite une caméra particulière, sa diffusion exige non pas un projecteur mais un magnétoscope, devenu familier au grand public depuis l'apparition de la vidéo dite « domestique », liée à l'évolution des matériels et des standards de la bande magnétique, correspondant à une simplification, une miniaturisation et à un abaissement des prix – d'où la vidéo dite « légère » et les unités portables (enregistrement-diffusion), comme les caméscopes utilisant des cassettes vidéo.

Au-delà de la technique

Par extension, « vidéo » désigne non plus un processus technique mais le produit réalisé grâce à lui – on parle d'« une vidéo » (ou d'un vidéogramme) comme d'« un film ». Le mot désigne aussi une nouvelle forme d'art appelée justement « art vidéo » et, par extension, souvent toutes sortes de « nouvelles images » dont la vidéo n'est pourtant qu'une composante. Ses caractéristiques d'image retransmise en temps réel, enregistrable, effaçable et réutilisable, ont permis le développement de divers usages sociaux, dont la vidéosurveillance (dans les lieux publics comme les musées, les banques, les grands magasins, le métro, etc.), la vidéotransmission (de spectacles ou de conférences), et aussi la vidéo à l'école et dans les divers milieux associatifs et institutions d'animation et de formation.

La vidéo à l'école et dans la formation

La vidéo légère a permis en effet la multiplication de pratiques de production au sein des institutions scolaires, universitaires ou de formation, soit dans un cadre disciplinaire, soit au titre de l'éducation aux médias, pour initier aux possibilités et aux contraintes de la médiation des informations, des savoirs et des idées, par l'image et le son, pour établir une forme nouvelle de correspondance scolaire – réseau vidéocorrespondance du Centre international d'études pédagogiques (CIEP), par exemple – et pour venir en complément des pratiques d'analyse, qui restent cependant prépondérantes.

L'écueil de ce type de pratiques, lié à la facilité d'utilisation du matériel, c'est l'orientation prioritairement technologique (apprendre à « se servir du matériel » comme on dit) au détriment d'un véritable projet de communication, impliquant un travail en amont et en aval de la réalisation proprement dite. Des festivals de vidéo scolaire (ou vidéopédagogie) se développent, permettant d'améliorer et d'affiner les objectifs visés par ce type d'exercices.

Par ailleurs, se sont développées dans divers secteurs de la formation (d'adultes, d'entreprise, de sportifs de haut niveau, de formateurs, etc.) des pratiques d'enregistrement de séances d'activités pour l'observation et l'analyse, dites de vidéoformation, qui permettent notamment l'articulation entre la formation théorique et la formation pratique. Une séquence enregistrée peut être regardée et analysée par celui qui en est l'acteur principal (le sportif ou l'enseignant avec sa classe), en autoscopie, ou par un ensemble de partenaires, en hétéroscopie. L'observation d'une personne, d'un groupe ou d'une classe peut être faite *in vivo* ou à partir de l'enregistrement vidéo et, dans les deux cas, elle peut être ou « sauvage », au gré des réactions et pulsions du spectateur, ou « armée », c'est-à-dire menée à l'aide d'instruments (généralement des grilles d'observation) élaborés en fonction d'hypothèses, d'objectifs et d'indices préalablement définis, impliquant des choix méthodologiques qui détermineront, en même temps, les contraintes d'enregistrement (car la caméra ne peut pas tout capter). Quand la séquence enregistrée correspond à une période d'enseignement réduite (en durée, en contenu et par rapport au nombre d'élèves participant à la leçon), on parle de micro-enseignement, technique de formation en vogue dans les années 1970, en France ; elle a donné lieu à diverses interprétations et déviations par rapport au dessein original, d'inspiration essentiellement béhavioriste.

Plus qu'à la formation, les jeux vidéo renvoient à la distraction, voire, surtout pour les parents et les enseignants – mais aussi, trop longtemps, les chercheurs –, à « un amusement futile et peu digne d'intérêt », alors même que le phénomène revêt une grande importance, tant économique (industrie qui a le même poids que le cinéma) que sociale et culturelle (la pratique des jeux vidéo a fait récemment baisser le temps passé par les jeunes devant la télévision).

« Jeux informatiques » serait plutôt le terme puisque ce nouveau média est une des applications de l'informatique grand public, et que ces jeux, qui se pratiquent soit sur console, soit sur micro-ordinateur, soit sur réseau télématique, n'ont pas obligatoirement une composition « image ». Ils sont de types différents (jeux d'arcade, de simulation, adaptation de jeux de société, etc.), s'adressent à des publics d'âges différents et, loin de « faire peur », méritent qu'on s'y intéresse : on a montré qu'ils sont un élément essentiel de la culture adolescente, donnent lieu à des pratiques très diversifiées, voire à des apprentissages de type cognitif transférables dans d'autres activités (notamment l'apprentissage des sciences), témoignent, quand ils sont sur réseau, de la constitution d'une « sociabilité virtuelle » et peuvent venir en aide au travail des thérapeutes en psychomotricité face à des enfants en difficulté scolaire. Ce média, arrivé sans crier gare, vient, comme les autres, réinterroger les théories et les pratiques pédagogiques.

Geneviève Jacquinot

▸ Bibliographie

Bressy D., Desplats P., Viala J.-P., *Faire de la vidéo en maternelle*, Paris, Armand Colin, 1994.

Collectif, « Les Jeux vidéo », *Réseaux*, n° 67, CNET/CNRS, 1994.

Esther-Gabriel E., *Que faire avec les jeux vidéo ?*, Paris, Hachette Éducation, 1994.

Joignot D., Stein C. (dir.), *Vidéo, la deuxième vague : guide à l'usage des amateurs de vidéo-communication*, Paris, L'Harmattan/Vidéadoc, 1992.
Le Diberder A., Le Diberder F., *Qui a peur des jeux vidéo ?*, Paris, La Découverte, 1993.
Linard M., Prax I., *Images vidéo, images de soi... ou Narcisse au travail*, Paris, Dunod, 1985.
Mottet G. (dir.), *La Vidéo-formation : autres regards, autres pratiques*, Paris, L'Harmattan, coll. « Références », 1997.
Tremel J., *Jeux de rôles, jeux vidéo, multimédia : les faiseurs de monde*, Paris, PUF, 2001.

▶ Voir aussi

Audiovisuel – Communication (Modèles et techniques de) – Image – Télévision.

Vie privée (Protection de la)

Les règles protectrices de la vie privée dans le système éducatif, en enseignement primaire, secondaire et supérieur, concernent au premier chef les élèves, les étudiants et les parents qui en sont les principaux bénéficiaires. Elles protègent également les personnels en service, eux sujets d'obligations.

Au sens strict, la vie privée correspond à la personne, en tant qu'être humain et être de chair et de conscience : nature de la filiation (légitime, naturelle, adultérine, etc.), condition physique (maladies, handicaps, etc.), situation économique et sociale (logement, revenus, mode de vie, condamnation pénale, disparition, abandon de famille, etc.), vie sentimentale. On rapproche de cette vie privée la protection de l'intégrité corporelle et celle de la liberté de conscience. Parfois on englobe le tout dans une conception large de la vie privée.

Le principe du droit au respect de celle-ci est affirmé par des dispositions internationales, législatives et réglementaires. Son respect est sanctionné par le juge (annulation de dispositions illégales, mise en œuvre de la responsabilité).

Le droit au respect de la personne justifie, d'abord, la protection contre toute agression physique, pour les élèves et les personnels du service public, ainsi que, pour les premiers, l'exclusion des châtiments corporels et des pratiques du « bizutage ». Il justifie, ensuite, le respect d'un domaine intime contre des sollicitations de renseignements indiscrets ou des agressions des convictions, le respect des choix de l'ordre du privé : convictions politiques, religieuses, philosophiques, modes de vie, santé, etc.

La protection de ces valeurs humaines est assurée par diverses voies de droit. Il y a, d'abord, la limitation des renseignements susceptibles d'être demandés lors d'une inscription, de ceux susceptibles de figurer dans les dossiers et livrets scolaires et la limitation de l'établissement de fichiers et de traitements informatisés. La Commission nationale de l'informatique et des libertés joue ici un rôle capital. Il y a, ensuite, la protection contre le risque de divulgation des faits portés à la connaissance de l'administration. Les règles de secret et de discrétion professionnels qui incombent au personnel de direction, d'enseignement et de santé doivent y pourvoir. Il y a, enfin, la prohibition des discriminations ; ici intervient le principe de neutralité du service.

Claude Durand-Prinborgne

▶ Bibliographie

Auby J.-M., Auby J.-B, Didier J.-P., Taillefait A., *Droit de la fonction publique, collectivités locales, hôpitaux*, Paris, Dalloz, coll. « Précis », 2005.
Chagnollaud D., *Code junior, justice, famille, éducation, société : les droits et obligations des moins de 18 ans*, Paris, Dalloz, 2005.
Durand-Prinborgne C., *Le Droit de l'éducation. Enseignements scolaires : traité théorique et pratique*, Paris, Hachette Éducation, 1998.
Lachaume J.-P., *La Fonction publique*, Paris, Dalloz, coll. « Connaissance du droit », 2002.
Vigouroux C., *Déontologie des fonctions publiques*, Paris, Dalloz, coll. « Connaissance du droit », 1995.

▶ Voir aussi

Droit de l'éducation – Droits de l'enfant – Neutralité – Responsabilité – Sécurité.

Vie scolaire

L'expression de « vie scolaire » n'a jamais été vraiment définie au plan institutionnel. On peut considérer qu'elle désigne un ensemble, tant de réflexions conduites dans le système éducatif que de dispositions qui y sont mises en œuvre, aux fins de rendre interdépendants les objectifs éducatifs et les objectifs pédagogiques. Il s'agit en outre de prendre en compte aussi bien les droits individuels des enfants et des adolescents en tant que personnes que les contraintes impliquées par leur statut d'élèves.

En fait, la vie scolaire s'est toujours heurtée à une difficulté identitaire qui a conduit à voir en elle un champ d'action plutôt qu'un concept ou une notion. Le champ a ainsi pu paraître celui d'une dispersion des approches et des initiatives, mais c'est aussi dans ses limites qu'auront été fournies, ou au moins proposées, des réponses – parmi d'autres –, d'inégale pertinence sans doute, aux questions que posaient au système éducatif, du fait des évolutions de la société française, certaines des attentes de ses différents acteurs et partenaires, réponses que le cadre traditionnel n'offrait pas toujours. Société française : en effet, l'expression « vie scolaire » n'a pas d'équivalent dans les pays de développement analogue. Notons aussi d'emblée, pour circonscrire exactement le champ, qu'acteurs et structures de vie scolaire se limitent aux établissements secondaires, la nécessité d'une telle approche n'ayant jamais été ressentie dans l'enseignement primaire, ou son adéquation à des réalités pourtant proches parfois (échec scolaire, intégration, par exemple) n'ayant pas paru évidente.

Contexte d'émergence du champ « vie scolaire »

L'adaptabilité des acteurs et des actions impose de ne pas faire l'économie d'une approche historique en distinguant, non sans excès simplificateur, les années 1970/1980. L'expression est ancienne ; on la trouve, par exemple, dans une circulaire rectorale de 1942 adressée aux chefs d'établissement « responsables de la vie scolaire » ! Mais jusqu'à la fin des années 1960, elle renvoie plutôt à l'organisation de la scolarité des élèves, notamment par la voie des divisions de la vie scolaire de certains rectorats. Le *Recueil des lois et règlements (RLR)* gardera longtemps une approche réductrice du champ en regroupant au chapitre « Vie scolaire » les textes relatifs aux sanctions des écarts commis par les élèves, à l'organisation des voyages scolaires (essentiellement des textes relatifs à la sécurité des élèves), et, plus récents, ceux concernant la coopération à l'école.

Mais l'expression s'affirme avec les suites des événements de 1968. Et pourtant, si ceux-ci font émerger brutalement les besoins d'un nouveau mode de fonctionnement de l'institution scolaire, des esprits avisés avaient préalablement repéré, sans pour autant prévoir Mai 1968, les évolutions en gestation, soulignant l'écart entre ladite institution et ce qu'on pourrait résumer comme étant les effets de l'explosion scolaire. Un groupe d'inspecteurs généraux fut constitué avant Mai 1968, né de cette attention à des phénomènes neufs et dérangeants. Il devait devenir par la suite le groupe Vie scolaire ; il n'est pas sans signification qu'il se soit d'abord appelé le groupe Éducation.

C'est paradoxalement parce qu'elle se trouvait à la marge du système éducatif que la vie scolaire a pu se situer au cœur de la problématique qui a prévalu au cours de la décennie 1970. Cette problématique reflétait la confrontation entre les contraintes nées de l'explosion scolaire et un volontarisme démocratique, nourri aussi bien des réflexions antérieures, rassemblées dans le plan Langevin-Wallon, loué et décrié, que de l'optimisme – ou de l'illusion ? – véhiculé par Mai 1968. Ce dernier événement fait de l'égalité des chances un objectif accessible et conduit certains à penser que par l'école on changera la société. On peut même craindre un délaissement de l'Instruction publique au profit de la valeur éducation, même s'il faut attendre le ministre Christian Beullac pour que l'Inspection générale ne soit plus dite de l'Instruction publique mais de l'Éducation nationale… Certains craignent également que soient quelque peu négligés les objectifs de transmission des savoirs au profit de la volonté affirmée – comme s'il y avait contradiction entre les deux – que l'essentiel soit la formation de la personne, notamment par l'accès à la citoyenneté responsable.

Un des débats de la loi Haby de 1975 fut celui du rôle respectif de l'école – donc de la société – et de la famille dans l'éducation des jeunes. Ces ambitions sont traduites en actes (en germe dans la réforme Fouchet du milieu des années 1960, affirmées dans le collège unique de 1975, et dans ce qui aurait pu être une première réforme des lycées en rupture partielle avec l'approche, dénoncée par certains comme encyclopédique, des savoirs). Dans le même temps se mettent en place les effets de la démocratisation, acquise au collège, en marche dans le second cycle où fonctionne, pour l'atténuer, un système de dérivation fondé sur les collèges d'enseignement technique (dont la mutation s'annonce), sur l'apprentissage, réponse alors réputée archaïque, ou sur l'entrée dans la « vie active ». La massification du système apporte un nouveau public, parents et élèves, et nécessite une diversification du corps enseignant dont le collège unique ne suffit pas à faire l'unité. Au contraire, aux systèmes homogènes juxtaposés de la IIIe République succède une hétérogénéité, source de complexités, de divergences d'intérêts et d'attentes dans un même ensemble, voire de conflits. Malgré les efforts des chercheurs et ceux des concepteurs, l'institution évolue peu dans ses éléments centraux, programmes et méthodes. Les tentatives pour faire du modèle classique de l'enseignant scolaire – le certifié – un enseignant bivalent échouent, la tendance étant plutôt de rendre monovalent le PEGC, appelé finalement à disparaître… Le collège unique, c'est quand même au départ, malgré soutien et approfondissement, le même menu pour des appétits différents. La diversification viendra plus tard, par d'autres voies, elles-mêmes encore incomplètement tracées aujourd'hui, à la faveur des innovations qui se succèdent.

Cheminement de la vie scolaire dans l'institution

L'institution s'est efforcée de répondre autrement aux difficultés nées de cette confrontation entre l'optimisme et la contrainte, en privilégiant le terrain du relationnel, en introduisant dans la trame des relations entre structures et agents de nouveaux acteurs, marginaux souvent, car nouveaux dans les organigrammes, plus ou moins admis, plus ou moins capables de se faire admettre, sollicités souvent et maladroits parfois dans un travail élaboré dans l'urgence. Difficulté d'être que marque le balancement, qu'ont connu dans leur dénomination ces acteurs, entre la valeur éducative et l'appréhension quotidienne des réalités de la vie scolaire. Ainsi du groupe Éducation, devenu Vie scolaire après 1968, rebaptisé « Éducation et Vie scolaire » par Christian Beullac (qui aurait voulu que le mot « Éducation » figurât dans la dénomination de chaque groupe : Éducation et Mathématiques, Éducation et Lettres, etc.) ; appelé à disparaître sous Alain Savary, qui souhaita que tout inspecteur général fût de vie scolaire ; rebaptisé « Vie scolaire » par Jean-Pierre Chevènement ; redevenu « Établissements et Vie scolaire » par la volonté de Lionel Jospin, marquant ainsi son rôle par rapport à la vie concrète de l'établissement. Les inspecteurs pédagogiques régionaux de la spécialité ont, sans traduction officielle le plus souvent, suivi ces changements. Les proviseurs de Vie scolaire des rectorats ont failli perdre le sigle à plusieurs reprises. Les conseillers et conseillers principaux d'éducation n'ont pas connu ces avatars, mais nombre d'entre eux rêvent d'un CAPES puis d'une agrégation de Vie scolaire…

On pourrait encore – et surtout – compter au nombre des « nouveaux acteurs » les chefs d'établissement, dont les missions sont considérablement transformées, et plus encore la manière d'exercer l'autorité qui leur est confiée, fondée sur la maîtrise du réseau de relations que constituent l'établissement et son environnement et la capacité de négociation qui rend cette maîtrise possible.

Enfin, la création récente, en vertu du nouveau statut des inspecteurs pédagogiques régionaux-inspecteurs d'académie (IPR-IA), d'un bassin de recrutement et de gestion appelé « Administration et Vie scolaire » ne contribue guère à la clarification identitaire.

On n'omettra certes pas de dire que tous les acteurs de l'institution se sont engagés dans ce qui avait été la grande entreprise de la décennie 1970, que prolonge encore le ministre Savary, où ont coexisté cet optimisme éducatif et le douloureux constat de la croissance de l'échec scolaire. Ils étaient inégalement préparés à faire face. Des esprits fertiles, dans et hors le secteur Vie scolaire, ont mis au point des pratiques d'innovation, apparues sans que la continuité en fût toujours visible, et qui visaient au développement des pratiques éducatives comme au renouvellement des méthodes d'apprentissage, dont le maître mot de travail autonome rejoignait le souci de l'éveil de la personnalité. Il serait absurde de prétendre que les acteurs de Vie scolaire ont joué un rôle pilote dans ces domaines mais ils s'en sont vu souvent confier, au moins partiellement, la charge, quand ceux-ci ne trouvaient pas aisément leur place dans les structures préexistantes. Ainsi du développement des foyers socio-éducatifs et de la formation des délégués des élèves pour les conseillers principaux d'éducation, du rôle que nombre d'entre ceux-ci jouèrent dans la mise en œuvre des projets d'action éducative, aux côtés des enseignants volontaires. Ainsi, à un autre niveau, des IPR Vie scolaire dans le développement des CDI dont le suivi leur fut reconnu par la circulaire dite COSTA d'août 1982. Aussi, sur une idée ancienne, des travaux de Maurice Vergnaud sur l'autonomie des établissements conduits à la fin de la décennie 1970 dans quelques académies méridionales. Ainsi, la vie scolaire se manifestait-elle bien, comme champ d'action pour des hommes et des femmes aux conceptions suffisamment diversifiées, pour que, de l'action, on ne soit jamais passé à la doctrine. Aussi n'alla-t-on jamais plus loin qu'un rassemblement des faits et gestes – au demeurant très incertain –, celui que constitue la circulaire du 2 juin 1982 sous l'intitulé « La vie scolaire dans les collèges », due à l'initiative de Maurice Vergnaud, directeur des collèges choisi par Alain Savary. On a pu remarquer à ce propos que, signalé dans le *RLR* au chapitre « Vie scolaire », elle y a fait l'objet d'un renvoi au chapitre « Organisation des enseignements », qui en donne le texte…

L'élève et l'établissement au centre de la vie scolaire

Par rapport aux orientations généreuses de ce texte, on peut lire parfois qu'à la faveur de la décennie 1980, la vie scolaire a quelque peu occulté son message initial, que sa capacité d'adaptation a pu se payer de renoncements. Pourtant les acteurs sont toujours là et, avec tous les autres, toujours soucieux du grand objectif de démocratisation, étendu au second cycle de l'enseignement secondaire – l'objectif du 80 % au baccalauréat, la loi d'orientation sur l'éducation de 1989 –, et des contraintes que l'évolution sociale fait peser sur le système éducatif. La massification a gagné les classes d'âge au niveau du lycée ; la diversification et l'hétérogénéité des publics scolaires se sont accrues au collège et ont gagné les différentes structures du second cycle : importance de la différence entre les résultats obtenus par les élèves en classe de 2de, plus forte inégalité dans la valeur reconnue aux différents baccalauréats généraux et technologiques, écart entre la voie traditionnelle du CAP et la voie « d'excellence » du baccalauréat professionnel au lycée professionnel. Et voilà de plus l'institution sommée de jouer un rôle privilégié dans le traitement de phénomènes sociaux dont on la juge parfois responsable, quand elle n'est souvent que le réceptacle, peu armé, de turbulences venues de l'extérieur : violence, déviances, exclusion…

Il est significatif que le ministre Jean-Pierre Chevènement, qui a donné le coup d'accélération à cette grande massification par l'affirmation de l'objectif des 80 %, soit aussi celui qui fut félicité par un de ses partenaires, très attaché aux traditions les mieux établies de l'enseignement secondaire, d'avoir « sifflé la fin de la récréation ». Fin de la parenthèse « ludique » avec laquelle on a caricaturalement confondu la vie scolaire, du fait de quelques dérives dans les pratiques d'animation. Jean-Pierre Chevènement lui-même soulignait cependant l'importance de la vie scolaire dans la lettre adressée à tous les professeurs à l'occasion de la rentrée de 1984. Il faut se garder de tout manichéisme en la matière. Les valeurs que porte le mot « éducation » sont fortement réaffirmées dans la loi d'orientation de juillet 1989 et dans son rapport annexé. Ces deux textes – le rapport est annoncé dans un article de la loi – valident en quelque sorte au plan législatif des structures et des pratiques, que l'on trouvait au moins commode de rattacher à la vie scolaire : délégués des élèves, CDI, notamment.

Il reste que, dans ce contexte législatif et réglementaire, les effets de la massification dans une situation de ralentissement économique et de crise de l'emploi ont déplacé, qu'on le veuille ou non, l'attente des familles, des élèves et des acteurs économiques et sociaux vers une exigence plus réaffirmée en matière d'apprentissages fondamentaux, de transmission des savoirs et des savoir-faire, de formation à la vie professionnelle ou aux études supérieures, de préparation efficace à l'insertion.

Par ailleurs, si les décisions de la décennie 1980 réaffirment la volonté de poursuivre et d'amplifier la démocratisation de l'enseignement, l'optimisme qui portait ce projet au début des années 1970 a cédé la place à un réalisme, à un pragmatisme à la faveur desquels on cherche concrètement à aider chaque élève à atteindre la meilleure réussite possible, où on ne dissocie pas le collège unique, ou le niveau baccalauréat pour presque tous, de la préoccupation de l'individualisation des parcours, de la diversification pédagogique.

La vie scolaire a épousé ces déplacements. Certains d'entre eux, on vient de le voir, intègrent des pratiques dans lesquelles ses acteurs s'étaient beaucoup engagés. L'attention à la personne de l'élève – voulu « au centre du système éducatif » par les textes de 1989 – est une attention à toute la personne, celle que découvrent les enseignants, celle que découvrent les autres acteurs avec d'autres modes de relation, dans des situations différentes : conseillers principaux d'éducation, professeurs de documentation approchent l'élève dans sa vie d'élève hors de la classe – territoire longtemps confondu abusivement avec la vie scolaire –, mais pour que sa démarche d'élève dans la classe, comme dans l'établissement, soit la plus formatrice possible.

Pierre Vandevoorde

Les évolutions les plus récentes

Quinze ans après l'adoption de la loi d'orientation du 10 juillet 1989, le ministre de l'Éducation nationale, Luc Ferry, a remis en cause le principe même de l'élève au centre du système, dans son ouvrage *Lettre à tous ceux qui aiment l'école*. Selon le ministre, « en cherchant à s'adapter aux enfants, l'école aurait réduit ses exigences et accru de manière inconsidérée leurs droits ». Nous sommes en fait au cœur d'un débat idéologique qui traverse les milieux de l'éducation. Le ministre se range parmi ceux qui dénoncent l'attention excessive portée à l'épanouissement de l'enfant au détriment de l'acquisition des savoirs et des savoir-faire par l'élève.

Depuis le début des années 1990, de nombreux textes ont été adoptés, en application de la loi d'orientation, pour permettre aux élèves de participer à l'organisation et au fonctionnement du système scolaire afin d'excercer leur citoyenneté. Ainsi, les droits individuels et collectifs des élèves et parallèlement leurs obligations ont été précisés dans plusieurs textes, en particulier, le décret du 18 février 1991. La représentation des élèves au sein des instances de gestion de l'établissement a été confortée. Le décret du 30 août 1985 précise que les délégués, élus par leurs camarades, ont pour mission de les représenter, tant au sein du conseil de classe qu'au conseil d'administration, à la commission permanente et au conseil de discipline de l'établissement. Le décret du 5 juillet 2000 sur les instances relatives à la vie lycéenne prévoit la composition et le fonctionnement de la conférence des délégués des élèves, appelée à donner son avis et à formuler des propositions sur les questions relatives à la vie et au travail scolaire. En 1998, une note de service avait développé les moyens à mettre en œuvre pour rechercher une meilleure participation des élèves à la vie lycéenne. En particulier, la note avait recommandé d'intégrer dans l'emploi du temps une heure par mois ou par quinzaine de « vie de classe », cette heure devant constituer un moment privilégié d'échanges et de concertation entre élèves et professeurs. À tous les échelons du système éducatif avaient déjà été mises en place des instances de représentation des élèves : le conseil de la vie lycéenne (CVL) dans l'établissement, le conseil académique de la vie lycéenne (CAVL) dans l'académie (circulaire du 2 novembre 1990), puis, pour la France entière, le Conseil national de la vie lycéenne (CNVL) par le décret du 18 décembre 1958.

Les foyers socio-éducatifs ont été rénovés et transformés, dans certains cas, en maisons des lycées, constituées en associations, les lycéens disposant maintenant de la liberté d'association. Les anciens comités d'environnement social ont été remplacés, en vertu de la circulaire du 1er juillet 1998, par des comités d'éducation à la santé et à la citoyenneté (CESC). Après l'adoption de ces différents textes, l'institution a été très attentive à la rénovation des règlements intérieurs, adoptés en vue de mieux garantir les droits et les obligations des lycéens. Les règlements intérieurs donnaient souvent trop l'impression d'être pour la plupart une liste d'interdits, « de choses à ne pas faire », plutôt que « règles de vie » à suivre au sein de l'établissement. Les règlements intérieurs étaient appelés à être davantage au service de l'éducation à la citoyenneté. Dans le même esprit, on a souhaité que le mode d'élaboration, d'adoption et d'application du projet d'établissement implique davantage les délégués des élèves.

Malgré cette multitude de textes et en dépit des efforts déployés, la participation de l'élève à la bonne marche de l'école n'a pas, semble-t-il, apporté les résultats escomptés. La démocratie à l'école serait restée beaucoup plus inscrite dans les textes que dans la réalité. Le rapport de la Cour des comptes consacré à l'évaluation du système éducatif souligne, en avril 2003, « la difficile émergence du sentiment d'appartenance à une communauté éducative ». En matière de vie scolaire, la loi votée et promulguée en avril 2005 insère dans le code de l'éducation l'alinéa suivant, correspondant à l'article 2 de la loi : « Outre la transmission des connaissances, la Nation fixe comme mission première à l'école de faire partager aux élèves les valeurs de la République. »

Un an auparavant, le Parlement avait adopté la loi du 15 mars 2004 sur l'interdiction du port de signes religieux à l'école. Les acteurs de la vie scolaire ont alors dû veiller en priorité à l'application de la loi et aux modifications des règlements intérieurs des établissements qu'elle impliquait. Le port du voile à l'école ainsi que les violences et les incivilités dans les établissements scolaires, rapportées par les médias, ont mis la vie scolaire au centre de l'actualité. Tous les responsables de la vie scolaire se sont sentis impliqués prioritairement dans la réaffirmation des valeurs de laïcité, de tolérance et de respect de l'autre qui fondent les valeurs de la République.

Le domaine de la Vie scolaire a été redéfini comme indissociable de la vie de l'établissement dans sa globalité, pris comme un système complexe inséré dans son environnement. Au moment où des marges d'autonomie nouvelles sont données aux établissements du fait de la décentralisation, les responsables de la Vie scolaire ont une fonction de synthèse qui intègre et met en relation les multiples facteurs en jeu dans le service public de l'éducation. Outre les aspects propres à la vie et au fonctionnement de l'établissement et le suivi et l'évaluation des personnels de direction, d'éducation, des documentalistes et des personnels d'orientation, dans leur activité au sein de l'établissement, les responsables de la Vie scolaire ont eu récemment à traiter de sujets aussi variés que la mise en place des assistants d'éducation, les dispositifs relais, la sécurité, la gratuité, la décentralisation, l'emploi du temps des lycéens, l'architecture scolaire, la laïcité et les phénomènes de violence.

Au cours de ces quinze dernières années, le changement de place de l'élève a rendu plus pertinent et plus nécessaire encore, dans le fonctionnement du système éducatif, le centrage sur l'établissement scolaire par la démarche du projet. Cette démarche a certes beaucoup de pères et, peu ou prou, tous les acteurs y sont désormais engagés. Ceux de la vie scolaire ne revendiquent aucune paternité mais c'est bien là qu'ils ont trouvé une autre manière de coller aux évolutions, en étant attentifs – pas seuls bien sûr – à l'effet d'établissement, à la prise en compte de l'établissement dans sa globalité, comme système, en prônant son évaluation, en s'impliquant très assidûment dans la mise en œuvre de la démarche de projet, en rappelant sans relâche que tous les acteurs et les partenaires devaient être associés à celle-ci. La sachant difficile à définir, les acteurs de la Vie scolaire seraient satisfaits si celle-ci se montrait un instrument au service d'un fonctionnement efficace de l'instruction scolaire, pour les élèves. Sur le principe, la Vie scolaire, qui ne peut pas être une discipline, aura toujours pour objectif de se placer au cœur de l'action pédagogique pour chercher à compléter de façon positive la connaissance que les adultes d'un établissement peuvent avoir d'un élève.

Selon l'article 32 de la loi du 24 avril 2005, est inséré, dans le code de l'Éducation, l'article L 332-6, qui concerne le diplôme national du brevet (DNB), sanctionnant la formation acquise à l'issue de la scolarité suivie dans les collèges. Le DNB comporterait, à l'avenir, une note de Vie scolaire. Cette innovation a suscité des interrogations. S'il est clair que le but recherché est de prendre en compte le comportement des élèves et leur engagement dans l'établissement scolaire, les modalités de sa mise en œuvre peuvent s'avérer délicates. Car il ne peut pas s'agir d'apprécier l'activité de l'élève en classe, déjà évaluée par l'enseignant, ni de sanctionner une deuxième fois le comportement d'un élève qui aurait été déjà puni ou sanctionné dans le cadre du règlement intérieur. Les acteurs de la Vie scolaire demeurent très attachés à la valorisation des attitudes et des efforts fournis par l'élève dans le cadre de l'établissement.

Michelle Sellier

▸ Bibliographie

Buttner Y., Maurin A., Thouveny B., *Le Droit de la vie scolaire : écoles, collèges, lycées*, Paris, Dalloz, 2005.

Delaire G., *La Vie scolaire aujourd'hui : principes et pratiques*, Paris, Nathan, coll. « Repères pédagogiques », 1997.

Vitali C., *La Vie scolaire*, Paris, Hachette, 1997.

▸ Voir aussi

Centre de documentation et d'information (CDI) – Coopérative scolaire – Délégué des élèves – Démocratisation de l'enseignement – Élève – Établissement scolaire – Lycéen – Sécurité.

Violence

D'après différents sondages, 80 % des Français considèrent que la lutte contre la violence à l'école est un enjeu majeur dans les années à venir. De fait, lors de la consultation organisée à l'occasion du débat national sur l'avenir de l'école en 2003-2004, la lutte contre la violence et les incivilités a été placée en tête des préoccupations, avant l'aide aux élèves en difficulté, l'orientation ou la scolarisation des enfants handicapés. C'est une attitude qu'on peut comprendre : sans un minimum de sécurité (la sécurité est un droit fondamental du citoyen), un élève ne peut pas apprendre convenablement et un enseignant ne peut effectuer sa mission avec toute la sérénité nécessaire.

Quand on les interroge sur les raisons qui ont introduit la violence dans les établissements scolaires, le diagnostic posé par les Français qui ont participé au débat organisé par la commission de Thélot est le suivant :
– la violence à l'école est le reflet de la violence de la société ;
– mais l'école doit également gérer sa propre violence ;

– l'école n'adapte pas suffisamment ses parcours de formation ;
– enfin, le statut et donc l'autorité des enseignants sont en déclin.

Les personnels et les partenaires de l'école s'accordent à considérer qu'on assiste à une banalisation de la violence dans les établissements scolaires et à une dégradation du climat dans les relations enseignants/élèves. S'il est devenu banal de dire qu'une partie de la violence constatée à l'école est importée et a pour origine celle de la société elle-même, il faut constater que, dans certaines de ses manifestations, on retrouve un fond de sentiment d'exclusion, d'injustice, d'échec scolaire, d'orientation subie. Le rajeunissement des auteurs de ces actes et la violence de groupe sont également des données perceptibles. Et si l'on constate une augmentation de ce phénomène à certains moments (fins de trimestre, conseils de classe, veilles de vacances scolaires), il n'est pas possible de prévoir de façon fiable des actes de violence qui peuvent intervenir à tout moment dans certains établissements.

Une réalité mieux connue aujourd'hui dans les établissements scolaires

Depuis la rentrée 2001-2002, un logiciel de recensement des actes de violence qui surviennent dans l'enceinte scolaire ou à ses abords (SIGNA) a été mis en place dans l'ensemble des collèges et lycées publics et des circonscriptions du premier degré.

Plus de 81 000 signalements ont ainsi été recensés dans le second degré en 2003-2004, ce qui représente une augmentation d'environ 10 % par rapport à 2002-2003. 70 % des incidents ont été déclarés par les collèges, 15 % par les lycées d'enseignement général et technologique, 14 % par les lycées professionnels. Ces incidents sont signalés pour plus de moitié par seulement 10 % des établissements. La concentration des incidents est particulièrement élevée dans 1 % des établissements (80 sur un total de 7 900), qui déclarent à eux seuls 10 % des incidents. Inversement, environ 15 % des établissements ne signalent jamais d'incidents. La violence est donc inégalement répartie sur le territoire.

Les élèves sont auteurs de 80 % des incidents. Les atteintes à autrui (violences physiques sans arme, insultes ou menaces graves, vols) représentent six actes sur dix, les atteintes aux biens deux actes sur dix et les atteintes à la sécurité un acte sur dix. Les actes à motivation raciste ou antisémite représentent 3 % des signalements.

Si, dans le second degré, la totalité des incidents signalés représente une moyenne annuelle de 2,5 incidents pour 100 élèves, cette proportion tombe à moins d'un incident pour mille élèves dans le premier degré. Même si les signalements sont en légère augmentation, ils demeurent heureusement très peu nombreux à l'école primaire, et ont surtout pour origine les familles d'élèves (un tiers des actes) ou des personnes extérieures à l'école ou inconnues (un quart des actes).

Un phénomène connu depuis longtemps mais qui a fait une irruption soudaine au début des années 1990

Alors que des incidents très graves se produisent depuis plusieurs années et alors que l'inspection générale de l'Éducation nationale alerte le ministère dès 1978 et 1982, il faut attendre octobre 1990 et 1991 pour que les médias fassent de la violence à l'école un problème de société et que le ministère de l'Éducation nationale réagisse.

La prise de conscience ministérielle est également contemporaine du mouvement lycéen de 1990, qui a en partie pour origine le refus de la violence constatée dans certains établissements.

C'est à ce moment que le ministère publie les premières circulaires concernant la violence : en 1990, un texte crée les « comités d'environnement social » pour lutter notamment contre les conduites à risques, et, en 1991, une première circulaire interministérielle Éducation nationale-Justice évoque le sentiment d'insécurité et la prévention de la petite délinquance. C'est aussi le moment des premières opérations « écoles ouvertes » qui permettent l'organisation dans les locaux des établissements, pendant les congés scolaires, d'activités de soutien, éducatives, culturelles et sportives en direction des élèves des cités.

Les plans de lutte contre la violence depuis 1992

Le premier plan d'envergure de lutte contre la violence à l'école est conçu en 1992 et marque véritablement le coup d'envoi de la coopération entre l'Éducation nationale, la police et la justice.

On crée alors des groupes de suivi départementaux des phénomènes de violence, qui regroupent, autour des préfets, les inspecteurs d'académie et les responsables de la justice et de la police. Ces groupes doivent avoir leurs relais dans chaque établissement de zone prioritaire ou de quartier difficile. Dans chaque établissement, le chef d'établissement doit réaliser un diagnostic de sécurité et tenir un tableau de bord mensuel des incidents. Enfin, dans cinq académies sont identifiés 80 établissements dits « sensibles ». Ces établissements reçoivent, avec certains établissements de ZEP, des moyens supplémentaires, notamment environ 2 000 appelés du contingent, et expérimentent des mesures pour stabiliser les équipes éducatives. En 1993, on passe à 167 établissements sensibles, ce qui entraîne une certaine dilution des efforts.

En 1995 et 1996, deux autres plans, de contenu plus pédagogique, sont mis en œuvre. Ils consistent à relancer l'éducation civique et à améliorer la formation des enseignants. On encourage les internats pour les enfants en grande difficulté sociale. On met en place une assistance téléphonique à la fois pour les personnels, les parents et les élèves, et on renforce l'intervention de l'assistance juridique auprès des personnels. Enfin, on sollicite les collectivités territoriales pour clôturer les établissements.

À ce moment également, une circulaire commune Éducation-Justice-Police demande le signalement systématique des faits délictueux qui se produisent dans les établissements et préconise le développement de classes relais en partenariat avec la protection judiciaire de la jeunesse. Il est à noter que les classes relais ne sont pas une initiative ministérielle : les premières ont en effet été créées par le « terrain » et ont ensuite été généralisées.

À partir de 1997, un quatrième plan souhaite rompre avec la dispersion des moyens et concentre les efforts dans des zones expérimentales. On passe alors de 2 000 appelés du contingent à près de 25 000 emplois jeunes. Dans le même temps, 8 000 adjoints de sécurité du ministère de l'Intérieur sont chargés de veiller à la sécurité aux abords des établissements. Les vingt sites expérimentaux, répartis dans dix académies, concernent environ 500 établissements du second degré et 2 400 écoles.

En 1998, les comités d'environnement social sont transformés en comités d'éducation à la santé et à la citoyenneté et permettent à environ deux tiers des établissements de mettre en place des actions partenariales de prévention de la violence et des conduites à risques. On relance à ce moment une nouvelle fois la coopération entre le ministère de l'Éducation nationale et les services de la gendarmerie et de la police : les premiers contrats locaux de sécurité sont signés en 1999, qui impliquent très largement les établissements scolaires. Il faut enfin relever la parution de textes visant, d'une part, à mieux venir en aide aux victimes, et, d'autre part, à mieux contrôler l'obligation scolaire. On tente aussi d'éviter le décrochage en mettant notamment en place, dans le cadre de la politique de la Ville, des « cellules de veille éducative ».

Le cinquième plan date de 2000. À la suite d'un rapport rédigé par deux universitaires sur la situation dans les sites expérimentaux, et qui montre les effets négatifs de l'instabilité des personnels dans ces zones et le caractère « préoccupant » de la justice scolaire dans les établissements, des mesures sont prises pour mettre les procédures disciplinaires et les sanctions en conformité avec les principes généraux du droit : principe de légalité des sanctions et des procédures, principe du contradictoire, principe de proportionnalité des sanctions et principe d'individualisation des sanctions. On demande alors à tous les établissements scolaires de réécrire les règlements intérieurs dans cet esprit.

Le sixième plan mis en œuvre en 2001 conduit à la création d'un Comité national de lutte contre la violence à l'école, destiné à impulser et à coordonner. Le ministère réalise à ce moment le premier outil de recensement à l'échelle nationale des incidents graves qui se produisent dans les établissements (le logiciel SIGNA). L'objectif est également de stabiliser les équipes pédagogiques dans une centaine de collèges très difficiles de la région parisienne (aménagement du début de carrière, bonification substantielle de points, etc.), d'encourager les élèves pour qu'ils s'impliquent dans la lutte contre la violence (campagne pour le respect à l'école, manifeste des élèves contre la violence, etc.). Enfin, on publie un guide pour aider à mieux prévenir et à mieux traiter les incidents et on expérimente des actions de prévention dans le premier degré avec la mise en place d'assistants sociaux dans quelques circonscriptions primaires.

En 2002-2004, un septième plan renforce le dispositif des classes et ateliers relais, encourage la rédaction, dans les établissements, de guides des droits et devoirs, relance la coopération avec la justice et la police, notamment pour ce qui concerne le signalement des incidents. La loi du 9 septembre 2002 aggrave les sanctions encourues pour outrage à une personne chargée d'une mission de service public lorsque les faits sont commis à l'intérieur ou aux abords d'un établissement scolaire. On améliore aussi le contrôle de l'assiduité scolaire et la lutte contre l'absentéisme.

Ces multiples plans peuvent parfois donner une impression, pas vraiment fausse au demeurant, de tâtonnement ou d'hésitation. Mais ils ne s'annulent pas ; ils viennent au contraire se compléter et se renforcer en permanence dans une relative continuité ministérielle, par-delà les alternances politiques. C'est pourquoi il est possible de distinguer dans la durée quelques points forts.

Les points forts de l'action ministérielle

Depuis quinze ans, pour lutter contre la violence à l'école, l'action ministérielle repose sur un partenariat interministériel, sur un renforcement quantitatif et qualitatif des équipes éducatives, sur un effort pour mieux connaître le phénomène afin de mieux le prévenir, sur un travail de fond pédagogique et éducatif conduit dans les établissements et sur une lutte difficile contre la constitution d'un « système éducatif à part ».

Le partenariat

D'emblée, dès les premiers plans de lutte contre la violence, le ministère de l'Éducation nationale comprend que l'école ne pourra aborder convenablement la question de la violence sans un partenariat solide et confiant avec les autres ministères (Intérieur, Justice, Ville, Affaires sociales, etc.), les collectivités territoriales (les contrats locaux de sécurité, les contrats éducatifs locaux, les cellules de veille, etc.), les associations.

Ce partenariat est une nécessité mais n'est pas encore partout une évidence. Il suscite encore, ici ou là, quelques crispations ou critiques (voir les réactions récentes suite aux contrôles effectués par les services de police aux abords de certains établissements scolaires). En fait, ce partenariat ne se décrète pas, il se construit progressivement : signalements systématiques des incidents graves, actions de prévention, intervenants extérieurs sur des sujets qui le justifient : lutte contre le racket, contre les toxicomanies…

Un renforcement quantitatif et qualitatif des équipes éducatives

Le nombre des adultes présents dans les établissements a très sensiblement augmenté, en privilégiant les établissements particulièrement difficiles : enseignants (le nombre d'élèves par classe a diminué), conseillers principaux d'éducation, surveillants puis aides éducateurs et aujourd'hui assistants d'éducation, infirmières, assistantes sociales, etc. Un effort a également été entrepris pour stabiliser les équipes, pour que les élèves ne soient plus les plus anciens dans certains établissements, pour mieux préparer, par la formation, les personnels au travail dans les établissements difficiles et pour mieux les accompagner, en particulier en début de carrière.

Un effort pour mieux connaître le phénomène afin de mieux le prévenir

C'est en particulier l'objectif du logiciel SIGNA qui est un outil de recensement des faits les plus graves. Cet outil permet à chaque établissement ou circonscription primaire de faire le point régulièrement sur la situation, aux partenaires locaux (inspecteurs d'académie, recteurs, procureurs, responsables des services de police et de gendarmerie) de disposer d'un diagnostic le plus objectif possible pour conduire des actions pertinentes en partenariat, et au ministère d'apprécier le phénomène dans son ampleur, dans ses spécificités, dans sa géographie et dans son évolution. On ne peut pas raisonner juste et agir juste sur des bases incertaines.

Un travail de fond, pédagogique et éducatif, conduit dans les établissements

La prévention et le traitement des phénomènes de violence sont parmi les domaines les plus sensibles à ce qu'il est convenu d'appeler « l'effet établissement » ou « l'effet chef d'établissement ». Là où les situations sont davantage maîtrisées et les résultats obtenus souvent remarquables, on ne met pas nécessairement en œuvre des mesures originales mais on fait toujours les mêmes constats. Cela va mieux quand les adultes ont une attitude cohérente, attentive aux devoirs des élèves mais aussi aux devoirs des adultes, attentive aux droits des élèves mais aussi aux droits des adultes. La violence recule quand on peut mettre en place une éthique collective qui permet de valoriser le potentiel de chaque élève, et quand, dans le même temps, on maintient un haut niveau d'exigence qui est la marque du respect que l'on porte aux élèves. Dans ces établissements, le projet d'établissement n'est pas une coquille vide mais un véritable outil de mise en cohérence des actions conduites en interne et avec les partenaires, outil qui favorise la diversité des approches pédagogiques et des parcours grâce à un travail conduit en équipe.

En fait, ce qui fait la différence entre les établissements, ce n'est pas la découverte d'une solution miracle mais la cohérence de l'action quotidienne autour d'un projet défini collectivement. La violence n'est pas une fatalité, elle peut reculer, beaucoup d'établissements en font la preuve.

Mais encore faut-il que la situation de l'environnement social de l'établissement soit stabilisée.

La difficile lutte contre la constitution d'un « système éducatif à part »

Il faut bien être persuadé qu'il y a une limite à l'action de l'Éducation nationale et de ses partenaires dans le domaine de la lutte contre la violence comme dans celui de la lutte contre l'échec scolaire : cette limite, qui ne veut évidemment pas dire que l'école n'a aucune responsabilité, est l'évolution de la société elle-même. L'école subit de plein fouet les effets de la ségrégation urbaine et de la « fracture sociale ». Tant que notre société continuera à s'homogénéiser en laissant se constituer des ghettos de riches et des ghettos de pauvres dans lesquels l'école est bien souvent le seul service public qui fonctionne encore, tant que des pans entiers de notre territoire continueront à s'enfoncer dans la misère, le racisme et l'exclusion, tant qu'on ne parviendra pas à remettre en état de marche l'ascenseur social, le risque est grand de voir la politique éducative n'être que le volet scolaire d'une politique plus globale d'accompagnement social de difficultés qu'on ne parvient pas ou plus à surmonter.

Jean-Paul Delahaye

▸ Bibliographie

Bourg-Broc B., *Rapport d'information sur la sécurité dans les établissements scolaires*, Paris, Assemblée nationale, 2001.

Charlot B., Rochex J.-Y. *et al.*, *Violences à l'école : état des savoirs*, Paris, Armand Colin, 1997.

Commission du débat national sur l'avenir de l'école, *Les Français et leur École : le miroir du débat*, Paris, Dunod, 2004.

Croissandeau J.-M., *Étude sur les facteurs qui influent sur les situations de violence dans les établissements : la perception des acteurs de terrain*, rapport de l'inspection générale de l'Éducation nationale, Paris, MEN, nov. 2003.

Debarbieux É., *La Violence en milieu scolaire : l'état des lieux*, Issy-les-Moulineaux, ESF, 1999.

Direction de l'évaluation et de la prospective, note d'information, n° 04-25, Paris, DEP, oct. 2004.

Lelièvre C., *Les Politiques scolaires mises en examen : douze questions en débat*, Issy-les-Moulineaux, ESF, 2004.

Van Zanten A., *L'École de la périphérie : scolarité et ségrégation en banlieue*, Paris, PUF, coll. « Le lien social », 2001.

Warzee A., « Échec, absentéisme, violence : la question de la vie scolaire », *in* Toulemonde B. (coord.), *Le Système éducatif en France*, Paris, La Documentation française, coll. « Les notices », 2003.

▶ **Voir aussi**
Délinquance juvénile – Suicide – Toxicomanie.

Voix

La culture scolaire dominée par l'écrit se transmet paradoxalement dans le bain vocal de la classe. À la voix de l'enseignant qui s'adresse au groupe ou à un individu répond la voix des élèves qui s'impliquent ou chahutent. Ainsi, la voix est le support privilégié ou l'obstacle principal à la transmission et à l'élaboration de la pensée, et les enseignants peuvent être considérés comme des professionnels de la voix.

L'emploi de la voix diffère selon la relation pédagogique choisie ou imposée au maître, selon la disposition des tables des élèves et du bureau de l'enseignant dans la classe, selon la nature des interactions verbales et non verbales entre les élèves et l'enseignant. La mise en scène du cours produisant une « classe auditoire » ou une « classe laboratoire », pour reprendre l'expression de Louis Cros, fondateur de l'Institut pédagogique national en 1956, induit par conséquent un débit, un registre, une interaction de la voix différents. Le cours magistral traditionnel prononcé par l'enseignant sur son estrade devant un public attentif et silencieux relève de l'art oratoire, l'*elocutio* de l'ancienne rhétorique. L'enseignant évoluant dans la salle au même plan que ses élèves dotés d'un attirail expérimental leur parlera de façon plus directe et plus proche car la réduction de l'espace diminue l'ampleur du souffle et la puissance de la voix. Le discours tend ici à céder la place à un échange autour de l'objet, l'échange interindividuel alternant avec l'échange collectif. Lorsque l'enseignant anime une classe où les élèves sont installés en face des ordinateurs et donc lui tournent le dos, il devra s'approcher de chacun des élèves ou de chaque groupe pour suivre avec eux l'évolution de leur travail et moduler sa voix pour attirer leur attention. *A fortiori*, les situations de violence impliquent une médiation par la voix.

Ainsi, quelle que soit la situation pédagogique, la voix est située au cœur du système. Cependant, elle est relativement absente du discours pédagogique et du discours sur l'école. À l'école, la voix est généralement évoquée dans le cadre de la pédagogie de l'oral où elle figure comme un élément marginal. L'oral a lui-même un statut ambigu au sein de l'école. S'il est affirmé qu'une pédagogie spécifique est nécessaire, il ne constitue pas une discipline. La recherche d'une spécificité de l'oral, lorsqu'elle dépasse les techniques de l'exposé, s'oriente vers l'analyse linguistique et les conditions de prise de parole en situation. De ce point de vue, selon la classification proposée par Bautier-Castaing, la voix est un moyen de communication vocal non verbal distinct des unités linguistiques qui sont un moyen de communication vocal verbal et sont considérées indépendamment de la voix. Parallèlement, le corps est pris en compte dans la catégorie des moyens de communication non vocaux, non verbaux, c'est-à-dire gestuels. Ainsi, dans les situations de communication orale interpersonnelle, l'individu tout entier est impliqué. Cependant, on court le risque, en qualifiant un objet comme les unités linguistiques de moyen de communication « vocal », d'enlever à celles-ci leur substance si la voix en est absente, car on évacue ainsi le charnel. À l'inverse, si on qualifie la voix de moyen de communication parmi d'autres, on risque d'instrumentaliser l'être qui s'exprime.

La dimension physiologique de la voix comme production sonore par la vibration des cordes vocales au passage de l'air exprimé des poumons est rarement prise en compte par l'institution. Absente des programmes d'apprentissage scolaire, l'éducation de la voix figure rarement dans les programmes de formation des enseignants. Tout au plus est-elle abordée à la marge dans des modules de développement personnel, de relaxation ou dans des cours de théâtre. En effet, parmi les domaines professionnels où elle est constamment sollicitée, la voix fait l'objet d'un apprentissage systématique seulement dans l'art lyrique et le théâtre. Ainsi l'apprentissage des techniques vocales ou de la diction est-il généralement réalisé dans le cadre de l'apprentissage du théâtre ou du chant, y compris lorsque le cours s'adresse spécifiquement aux enseignants. Même dans ce cadre, un entraînement approfondi à la respiration pour la voix reste très rare. Cependant, l'introduction de ces exercices est malgré tout une avancée au regard des années précédentes. Une prise de conscience sur l'importance du corps et de la voix dans la relation pédagogique a en effet eu lieu pendant la décennie 1980-1990. Plus particulièrement, la prise de conscience sur les questions de la voix dans l'enseignement s'inscrit dans le prolongement de travaux sur la pathologie de la voix réalisés par les phoniatres et les orthophonistes. Ainsi, lorsque la voix fait l'objet d'une attention centrale, elle est d'abord désignée en creux à travers ses dysfonctionnements.

De même, la dimension psychologique de la voix est prise en considération par opposition au silence quand le sujet est réduit au mutisme qui le nie, à la non-voix qui révèle son impuissance à être dans une situation de violence. La voix touche en effet l'inconscient car elle est indissolublement liée à l'identité du sujet dont elle est une projection vers l'autre. Dans l'approche clinique analytique mise en place par Freud, la voix est de fait le centre du dispositif, l'instance du passage de la séduction à l'amour. Ultérieurement, à la fin des années 1950, la voix a été conceptualisée en psychanalyse par Lacan à partir de ses observations sur les hallucinations verbales des psychotiques. Il a rallongé la liste freudienne des objets en ajoutant entre autres ceux de voix et de regard et en rejetant par principe la modulation sonore. Cette approche permet de distinguer la voix, définie comme objet pulsionnel, de la parole et d'affirmer que la voix n'est pas la parole. La relation du sujet et de la voix est ici inscrite comme troisième terme entre la parole et le langage. L'instance de la voix est présente quand le sujet parle, mais c'est la partie que le sujet « je » ne peut assumer et qui est assignée à l'autre. La relation à la voix est donc pensée comme un manque ; c'est un hors-corps. Intégrée dans la chaîne des signifiants, la voix gagne en puissance conceptuelle ce qu'elle perd en substance. Certains travaux sur le corps dans la classe dans la relation pédagogique ont révélé l'importance du gestuel. Reste à développer dans l'approche clinique une réflexion pédagogique mettant en son centre la voix.

Réalité psychophysiologique, la voix a également une dimension sociale. Émanant du corps, elle est portée par le rythme de la respiration. Lorsqu'il parle, le sujet utilise la quantité d'air qu'il a dans les poumons pour articuler le son et le sens qu'il adresse à l'autre. Irréductiblement inscrite dans le corps de l'individu, la voix est le lieu d'articulation entre le son et le sens. En faisant du corps, dont elle est une extension, l'émetteur de sons signifiants, la voix implique l'être dans les rapports sociaux. Elle traduit la relation d'autorité de l'enseignant dans la classe. Or, la voix et le corps portent l'inscription des difficultés institutionnelles aussi bien que relationnelles des individus dans une dimension qui dépasse l'échange interindividuel. À l'heure où la légitimité des modèles physiques et sonores de l'être à l'autre, ici de l'enseignant à l'élève, est en crise, où les liens sociaux tendent à se dissoudre, où les projections dans le long terme semblent interdites dans un temps réduit au quotidien, la voix s'inscrit au cœur du rapport au savoir dans la relation pédagogique.

Mathilde Bouthors

▸ Bibliographie

Amy de la Bretèque B., *À l'origine du son, le souffle : le travail de la respiration pour la voix et l'instrument à vent*, Marseille, Solal, 2000.

Bautier-Castaing É., « Statut de l'oral et pédagogie », *Pratiques*, n° 17, oct. 1977, p. 27-35.

Cornut G., *La Voix*, Paris, PUF, coll. « Que sais-je ? », 2004.

Costes N., Chappert N., *La Pathologie de la voix chez les enseignants*, mémoire de capacité, Montpellier, université de Montpellier, 1989.

François F. (dir.), *La Communication inégale : heurs et malheurs de l'interaction verbale*, Lonay, Delachaux et Niestlé, 1990.

Le Huche F., *Anatomie et physiologie de la voix et de la parole*, Paris, Masson, 2001.

Ormezzano Y., *Le Guide de la voix*, Paris, Odile Jacob, 2000.

Pujade-Renaud C., Zimmermann D., *Voies non verbales de la relation pédagogique*, Issy-les-Moulineaux, ESF, 1976.

Vavasseur Y., *La Médiation de la voix dans la communication pédagogique*, thèse en sciences de l'éducation, Tours, université de Tours, 2000.

Vives J.-M. (dir.), *Les Enjeux de la voix en psychanalyse dans et hors la cure*, Saint-Martin-d'Hères, PUG, 2002.

▸ Voir aussi

Communication (Modèles et techniques de) – Corps – Expression – Identité – Médiation.

Vulgarisation

La vulgarisation est un effort de traduction du discours de la science qui le rend accessible au plus grand nombre, au commun des hommes ; cette tradition ancienne est devenue peu à peu un phénomène de société. Ses formes sont nombreuses et variées. Des encyclopédistes du XVIIIe siècle à la Cité des sciences et des techniques de La Villette, à l'Exploratorium de San Francisco ou encore au Parc d'aventures scientifiques (PASS) de Frameries, en passant par Flammarion, la multiplication de revues et d'ouvrages de vulgarisation, l'existence d'émissions de télévision, la multiplication des sites Internet et des DVD, la vulgarisation a utilisé dans le passé et utilise encore aujourd'hui tous les supports de communication disponibles. À côté de journalistes spécialisés, des scientifiques sont devenus des spécialistes de la vulgarisation. Mieux, la vulgarisation scientifique devient l'objet de recherches et d'enseignements universitaires.

Traduire le discours scientifique peut paraître paradoxal. En effet, la communication est une des tâches essentielles du scientifique. Malheureusement, la communication scientifique s'appuie sur un codage très précis, essentiellement compris par les spécialistes. Chaque spécialiste doit pouvoir vérifier le raisonnement ou l'expérimentation proposés par ses collègues. La vulgarisation scientifique cherche simplement à faire comprendre la portée de telle ou telle avancée scientifique. La communication scientifique se développe d'abord suivant une logique de la transmission des savoirs, la vulgarisation obéit principalement à une logique de l'appropriation des savoirs. Dans une certaine mesure, elle trahit le message scientifique pour en faire comprendre le sens. Ce n'est donc pas sans danger, et bien des scientifiques dénoncent certaines formes de « science spectacle » qui ne sont plus que des mascarades.

En dépit de ses excès et de ses déviations, la vulgarisation scientifique est devenue un phénomène de société parce qu'elle remplit en fait d'importantes fonctions. Certaines sont utilitaires : pour exécuter leurs tâches, de plus en plus de personnes ont besoin de mieux comprendre ce qui se passe ou le sens des propos des spécialistes avec lesquels elles sont en contact. Au-delà de l'intégration professionnelle, la vulgarisation scientifique est devenue aussi une des voies de l'intégration sociale. Qu'elle soit technique ou économique, elle nourrit largement les cultures d'entreprise. Elle justifie les sommes que chaque nation est amenée à consacrer à la recherche et à ses développements. Elle devient de manière plus ou moins explicite un des éléments de la cohésion des sociétés industrielles et participe même au développement d'un imaginaire et de mythes. La science-fiction est un avatar de la vulgarisation scientifique. Aussi, le vulgarisateur devrait-il toujours rappeler que la science n'est jamais qu'une représentation provisoire mais efficace de ce que l'on croit percevoir. Sa tâche essentielle est de démystifier et non de « mystifier » la connaissance scientifique.

Jean-Marie Albertini

▶ Bibliographie

Aït el Hadj S., Bélisle C. (dir.), *Vulgariser : un défi ou un mythe, la communication entre spécialistes et non-spécialistes,* Lyon, Chronique sociale, 1985.

Guichard J., Martinand J.-L., *Médiathèque des sciences*, Paris, PUF, 2000.

Jacobi D., *La Communication scientifique : discours, figures, modèles*, Saint-Martin-d'Hères, PUG, 1999.

Jacobi D., Schiele B. (dir.), *Vulgariser la science, le procès de l'ignorance,* Seyssel, Champ Vallon, 1988.

Jeanneret Y., *Écrire la science : formes et enjeux de la vulgarisation*, Paris, PUF, 1994.

Laszlo P., *La Vulgarisation scientifique*, Paris, PUF, coll. « Que sais-je ? », 1993.

Raichvarg D., Jacques J., *Savants et ignorants : une histoire de la vulgarisation des sciences*, Paris, Le Seuil, 2003.

Roqueplo P., *Le Partage du savoir : science, culture, vulgarisation*, Paris, Le Seuil, 1974.

Thuillier P., *Science et société : essais sur les dimensions culturelles de la science*, Paris, LGF, 1997.

Tristani-Potteaux F., *Les Journalistes scientifiques : médiateurs des savoirs*, Paris, Économica, coll. « Médias Poche », 1997.

▶ Voir aussi

Didactique – Musée – Presse.

Vygotski, Lev Sémionovitch (1896-1934)

Curieux destin que celui de l'œuvre de Vygotski : ce n'est que plusieurs décennies après la mort de son auteur qu'ont été reconnues l'importance et la fécondité d'une œuvre qui est aujourd'hui considérée comme l'une des plus importantes de la psychologie du XXe siècle, alors même qu'elle demeure très insuffisamment traduite, particulièrement en français.

Lev Sémionovitch Vygotski est né en novembre 1896, au sein d'une famille juive qui s'installe l'année suivante à Gomel, en Biélorussie. Féru d'histoire et de littérature (deux de ses tout premiers écrits portent, en 1915 et 1916, sur *Hamlet*), de linguistique et de philosophie, il est porté par sa passion pour l'art, la culture et pour les processus de création et de réception esthétiques vers la psychologie. Après quatre années d'études universitaires à Moscou, il est de retour à Gomel lorsque survient la révolution d'Octobre. Prenant une part très active à la construction de la nouvelle société soviétique, il y partage son temps et ses nombreuses activités entre ce qui constitue déjà ses trois centres d'intérêt essentiels : la psychologie, l'art et l'esthétique, les questions pédagogiques et éducatives. Après une intervention au IIe Congrès panrusse de psychoneurologie qui se tient en 1924 à Leningrad, on lui propose un poste à l'Institut de psychologie de Moscou, où il rejoint Luria et Leontiev, et où il travaillera jusqu'à sa mort, en 1934.

Au cours de ces dix années de travail à Moscou, dans l'urgence d'aller plus vite que la maladie qui l'emportera, Vygotski déploie une activité prodigieuse. Rédigeant environ 180 textes scientifiques, il mène ou impulse des recherches dans de nombreux domaines (la psychologie de l'art – titre de sa thèse, soutenue en 1925 –, l'éducation des enfants déficients, la pédagogie, les rapports entre pensée et langage, la formation des concepts, le problème de la localisation des fonctions psychiques au sein du système nerveux, etc.), recherches qui, toutes, participent d'une même entreprise théorique, soit la conception et l'étude du psychisme humain comme produit d'une genèse sociale, qui se réalise et se structure par l'appropriation et l'usage de systèmes sémiotiques. Profondément marxiste, nourri de Hegel et de Spinoza, Vygotski ne cédera jamais au dogmatisme du « marxisme-léninisme appliqué aux sciences sociales » : non seulement sa réflexion ne cessera de se nourrir de l'étude critique des chercheurs occidentaux tels que Stern, Köhler ou Piaget, ou encore Durkheim, Mauss ou Halbwachs, mais il contribuera à les faire connaître dans son pays, préfaçant entre autres les éditions russes d'ouvrages de Piaget (*Le Langage et la pensée, Le Jugement et le raisonnement chez l'enfant*) ou de Freud (*Au-delà du principe de plaisir*).

Cette ouverture à la culture et aux travaux occidentaux lui sera vivement reprochée lorsque les pressions croissantes de l'ère stalinienne iront de pair avec le retour d'une idéologie slavophile et chauvine. En effet, le mode de pensée libre et exigeant de Vygotski se situait aux antipodes du dogmatisme idéologique de l'époque. Dès 1926, il critiquait « la façon dont on définit aujourd'hui comme dans un bureau des labels si une théorie donnée s'accorde ou non avec le marxisme », ajoutant : « Je ne veux pas apprendre sans bourse délier ce qu'est le psychisme en découpant et assemblant une série de citations. » Vivement critiqué dès le début des années 1930, Vygotski meurt en 1934, après avoir vu disparaître toutes les revues indépendantes consacrées à la psychologie. Dès 1936, toutes ses œuvres sont retirées de la circulation. Leur redécouverte se fera en deux étapes : la première débute en 1956 avec la réédition russe de *Pensée et langage,* son ouvrage le plus connu, traduit aux États-Unis dans une version réduite en 1962 ; la seconde est plus récente et date de la décennie 1980 ; elle est liée à l'édition russe de ses *Œuvres* en six volumes (lesquelles n'épuisent cependant pas le stock des manuscrits inédits) et à l'engouement de nombreux chercheurs du monde entier pour une pensée et une démarche qui, aujourd'hui encore, n'ont pas fini de révéler leur extraordinaire portée anticipatrice.

La genèse sociale du psychisme

Récusant aussi bien les théories psychologiques réductionnistes (représentées en URSS par les écoles de Pavlov et de Bekhterev), qui réduisent les activités mentales complexes à des processus élémentaires et excluent l'étude de la conscience de leur domaine de recherche, que les approches subjectives ou mentalistes qui préservent la spécificité et la complexité de ces activités mentales supérieures, mais se contentent de les décrire sans pouvoir en expliquer la genèse, Vygotski s'efforce de construire un cadre théorique et des catégories conceptuelles qui permettent de rendre compte objectivement de la genèse et du développement des fonctions psychiques spécifiquement humaines. Le renouvellement théorique auquel il travaille vise ainsi à participer à la refondation d'une psychologie qui s'efforce d'élucider la dynamique du développement humain plutôt que d'en étudier les formes fossilisées *post mortem.* Les notions d'activité, de médiation instrumentale et sémiotique, et la thèse fondatrice d'une genèse sociale du psychisme et de la pensée seront les pièces maîtresses de son élaboration théorique.

Pour Vygotski, l'activité humaine ne saurait se réduire à un agencement de réflexes ou de conduites adaptatrices ; elle implique une composante de transformation du milieu, au travers de laquelle le sujet se transforme lui-même (on reconnaît là l'influence de Marx et de Hegel). Mais, de même que l'action de l'homme sur la nature passe par la médiation de l'outil, intermédiaire entre l'organisme et le milieu physique, entre l'anticipation de l'action et sa réalisation, l'action de l'homme sur sa conduite ou sur celle d'autrui (ainsi que l'action d'autrui sur sa propre conduite) est médiatisée par des systèmes sémiotiques, que Vygotski désigne sous le terme d'« instruments psychologiques ». Comme les outils et les techniques, ces systèmes sémiotiques sont les produits non naturels, artefactuels, socialement élaborés et socialement transmis de l'expérience des générations antérieures. Ils présentent pour chaque nouveau sujet humain un caractère d'extériorité et de contrainte. Leur appropriation restructure radicalement le développement du psychisme et de chacune de ses fonctions, lesquels échappent ainsi à l'ordre du biologique ou à celui du nécessaire pour se réorganiser en fonction de la nature spécifique – d'ordre socio-historique – de ces instruments extérieurs d'action et de pensée : « Les instruments psychologiques ne sont pas vus comme des auxiliaires qui faciliteraient seulement une fonction mentale existante en la laissant qualitativement inchangée. Au contraire, l'accent est mis sur leur capacité de transformer le développement mental » (Wertsch, 1985). Ce développement doit être pensé et étudié comme de nature sociale en un double sens : parce que les instruments psychologiques et les outils ont leur origine dans l'histoire sociale et culturelle des hommes, et parce que leur appropriation ne peut se réaliser, pour chaque enfant, chaque sujet, qu'au travers des pratiques de coopération sociale qui règlent les échanges avec autrui. Mais ces échanges ne sont pas symétriques : ainsi le geste de saisie du jeune enfant ne peut-il prendre valeur significative et se transformer en geste d'indication qu'au travers de l'interprétation et de la réponse de l'adulte ; de même, la signification des mots et des concepts ne peut-elle se développer qu'au travers d'activités dialogiques asymétriques. Internalisés, intériorisés, les systèmes sémiotiques, qui règlent ses échanges avec autrui, deviennent à même de s'appliquer à la conduite propre de l'enfant, qui devient ainsi capable d'autorégulation (Deleau, 1990).

La conscience comme « contact social avec soi-même »

L'appropriation et la maîtrise des systèmes et des pratiques sémiotiques s'opèrent donc de l'extérieur vers l'intérieur, de l'interpsychique vers l'intrapsychique, de l'activité menée en coopération avec des adultes ou des pairs plus experts que soi à l'activité menée de manière autonome. Ce que résume la loi générale formulée par Vygotski, en référence aux travaux de Janet, c'est que chaque fonction du développement culturel « apparaît deux fois au cours du développement de l'enfant : d'abord comme activité collective, sociale, et donc comme fonction interpsychique, puis comme activité individuelle, comme propriété intérieure de la pensée de l'enfant, comme fonction intrapsychique ». Ainsi Vygotski s'oppose-t-il aux thèses de Piaget sur l'origine et la fonction du langage égocentrique. Pour Piaget, le langage et la pensée égocentriques sont intermédiaires entre la pensée autistique préverbale et le langage et la pensée socialisés ; dès lors, le langage égocentrique ne peut remplir aucune fonction utile dans l'activité de l'enfant, qu'il ne fait qu'accompagner sans la modifier en rien. Selon Vygotski, le sens du développement est inverse et « le langage égocentrique de l'enfant est l'un des phénomènes marquant le passage des fonctions interpsychiques aux fonctions intrapsychiques » : non seulement il se dégage du langage social pour se transformer par la suite en langage intérieur, mais il remplit ce faisant une fonction spécifique, de contrôle et de régulation, puis de direction et de planification de l'activité de l'enfant. Outil d'échange et d'action sur autrui, le langage devient par ce mouvement d'intériorisation moyen de contrôle de sa propre activité, instrument de pensée, tandis que l'espace discursif dialogal instauré par l'interlocution se transforme en espace mental : la conscience devient par là « contact social avec soi-même », selon les termes qu'emploie Vygotski dès 1925.

Ce mouvement n'est cependant pas simple processus d'intériorisation, mais processus de transformation, et le langage intérieur, langage pour soi, diffère du langage extériorisé, langage pour autrui, non seulement par sa fonction, mais aussi par sa structure ; il est loin de n'être que la reproduction interne du langage socialisé (Bronkart, Schneuwly, 1985). Plus généralement, intériorisation n'est jamais synonyme, chez Vygotski, de reproduction sur un plan interne d'activités et de structures élaborées de façon externe ; le passage de l'interpsychique à l'intrapsychique est toujours un processus productif de développement et de transformation : « [Les fonctions psychiques] ne prennent le caractère de processus interne qu'à l'issue d'un développement prolongé. Leur transfert à l'intérieur est lié à des changements dans les lois qui gouvernent leur activité ; elles sont incorporées dans un nouveau système qui possède ses propres lois » (1930-1978). Unité et discordance : ainsi peuvent être caractérisés les rapports entre processus interpsychiques et processus intrapsychiques, l'unité étant le fruit de leur commune nature instrumentale et sémiotique, la discordance surgissant de la différenciation de leurs fonctions dans des systèmes régis chacun par leurs propres lois.

La zone proximale de développement : « se régler sur le demain du développement »

Cette distinction, cet écart entre genèse interpsychique et genèse intrapsychique de la pensée, des activités et des processus cognitifs, conduisent Vygotski à distinguer le niveau de développement actuel d'un sujet, déterminé par les épreuves et les problèmes qu'il peut résoudre seul, sans l'aide d'autrui, et qui correspond à l'exercice autonome et intériorisé des compétences cognitives, et son niveau de développement potentiel, déterminé par les épreuves et les problèmes qu'il n'est pas encore capable de résoudre seul, mais qu'il peut résoudre dans des situations de collaboration et d'interaction sociale. L'écart entre ces deux niveaux de développement définit ce que Vygotski nomme la zone proximale de développement (ou zone de développement prochain). Cette dernière circonscrit l'espace dans lequel peuvent et doivent prendre place les processus d'apprentissage et les activités d'enseignement, lesquels, en retour, transforment et déterminent le développement en lui donnant formes et contenus.

Le concept de « zone proximale de développement » nourrit chez Vygotski une critique vigoureuse des conceptions, profanes ou savantes, selon lesquelles apprentissage et enseignement devraient se régler sur le développement qui a déjà eu lieu, sans pouvoir en transformer en retour ni le rythme ni la nature, conceptions selon lui très prégnantes dans l'œuvre piagétienne et qui sont aujourd'hui devenues prépondérantes dans le discours psychopédagogique contemporain. Pour Vygotski au contraire, l'enseignement doit être en mesure de diriger le procès de développement, plutôt que d'être entraîné par lui : « La pédagogie doit se régler non sur l'hier mais sur le demain du développement enfantin. […] L'apprentissage serait parfaitement inutile s'il ne pouvait utiliser que ce qui est déjà venu à maturité dans le développement, s'il n'était pas lui-même la source du développement, la source du nouveau. […] Toute matière d'enseignement exige de l'enfant plus qu'il ne peut donner à ce moment-là, c'est-à-dire que l'enfant à l'école a une activité qui l'oblige à dépasser ses propres limites. »

Reste que, loin de pouvoir s'expliquer ni se développer par elle-même, la pensée, selon Vygotski, s'enracine « dans la sphère motivante de notre conscience, qui englobe nos impulsions et nos besoins, nos intérêts et nos mobiles, nos affects et nos émotions ». Les interactions au travers desquelles le sujet s'approprie la maîtrise des conduites sémiotiques sont également des rapports intersubjectifs au travers desquels s'opèrent la genèse et le développement de l'affectivité et de la personnalité. Plusieurs des derniers écrits de Vygotski témoignent de l'orientation de son travail vers une entreprise d'intelligence plus globale de la personnalité, et d'un renouveau d'intérêt pour l'étude des relations entre intellect et affect, préoccupation qui était déjà très présente dans ses travaux théoriques sur la psychologie de l'art. Aussi affirme-t-il combien la prise en considération de ce « plan dérobé » de la pensée et du psychisme qu'est « la sphère motivante de notre conscience » interdit de séparer pensée et affect, de les penser comme deux processus indépendants, mais aussi de penser leurs rapports comme constants, comme rapports de dépendance unilatérale de l'un par rapport à l'autre.

Les rapports entre développement cognitif et développement affectif ou subjectif doivent au contraire être pensés comme faisant eux-mêmes l'objet d'un processus de développement. Une telle posture théorique est très proche de la pensée et des travaux d'Henri Wallon, et elle permet d'opérer des rapprochements féconds entre les œuvres de ces deux psychologues et certains travaux psychanalytiques (Aulagnier, 1986). Les uns et les autres partagent le même souci d'élaborer une théorie non solipsiste du sujet, de penser la genèse de la pensée et du psychisme humain comme genèse sociale, et de travailler à élucider les rapports entre développement cognitif et développement affectif.

Jean-Yves Rochex

▸ Bibliographie

Principales œuvres de Lev Sémionovitch Vygotski :

La Conscience comme liaison (1931), suivi de Clot Y., *Conscience, inconscient, émotion*, Paris, La Dispute, 2003.

Mind in Society. The Development of Higher Psychological Processes (1931), Cambridge/ Londres, Harvard University Press, 1978.

Théorie des émotions : étude historico-psychologique (1931), Paris, L'Harmattan, 1998.

Pensée et langage (1934), Paris, La Dispute, 1997.

Défectologie et déficience mentale, textes réunis par Barisnikov K. et Petitpierre G., Lonay, Delachaux et Niestlé, 1994.

Principales œuvres sur Lev Sémionovitch Vygotski :

Aulagnier P., *Un interprète en quête de sens*, Paris, Payot, 1986, rééd., 2001.

Bronkart J.-P., Schneuwly B. (éds), *Vygotski aujourd'hui*, Lonay, Delachaux et Niestlé, 1985.

Deleau M., *Les Origines sociales du développement mental*, Paris, Armand Colin, 1990.

Kozulin A., *Vygotski's Psychology. A Biography of Ideas*, New York, Harverster Wheatsheat, 1990.

Leontiev A., *Activité, conscience, personnalité*, Paris, Éd. du Progrès, 1983.

Moro C., Schneuwly B., Brossard M. (éds), *Outils et signes : perspectives actuelles de la théorie de Vygotski*, Berne, Peter Lang, 1998.

Rivière A., *La Psychologie de Vygotski*, Liège, Mardaga, 1990.

Rochex J.-Y., « L'Œuvre de Vygotski : fondements pour une psychologie historico-culturelle », *Revue française de pédagogie*, n° 120, 1997, p. 105-147.

Van der veer R., Valsiner J., *Understanding Vygotski. A Quest for Synthesis*, Cambridge/Oxford, Blackwell, 1991.

Van der veer R., Valsiner J. (éds), *The Vygotski Reader*, recueil de textes de Vygotski, Cambridge/ Oxford, Blackwell, 1994.

Wertsch J. V. (éd.), *Culture, Communication and Cognition. Vygotskian Perspectives*, Cambridge, Cambridge University Press, 1985.

▸ Voir aussi

Personnalité – Piaget, Jean – Psychologie du développement – Wallon, Henri.

W

WALLON, HENRI (1879-1962)

Agrégé de philosophie, docteur en médecine, psychologue de l'enfance, responsable d'organisations, partisan de l'éducation nouvelle, Henri Wallon a été le second président de la commission qui a rédigé le plan Langevin-Wallon.

Fils d'architecte, Henri Wallon est né le 15 juin 1879 à Paris, dans une famille de tradition libérale et universitaire. Il est agrégé de philosophie en 1902, docteur en médecine en 1908 (avec une thèse remarquée sur le délire de persécution). Il soutient sa thèse de doctorat ès lettres en 1925 sur les « Stades et troubles du développement psychomoteur et mental chez l'enfant ». Il crée le laboratoire de psychobiologie de l'enfant et l'installe dans une école primaire de Boulogne-sur-Seine. Comme l'a écrit son ami Henri Piéron, Wallon « aspirait à pénétrer dans les écoles, avec la légitime préoccupation de faire bénéficier les techniques pédagogiques des acquisitions de la psychologie ». Il est professeur de psychologie et d'éducation de l'enfance au Collège de France de 1937 à 1949 (mais il est suspendu de ses fonctions par les nazis durant la guerre). Il enseigne à l'Institut national d'orientation professionnelle de 1939 à 1962, à l'École des hautes études, à l'Institut de psychologie. Certains de ses ouvrages de psychologie sont devenus des classiques : *Les Origines du caractère chez l'enfant* (1934), *L'Évolution psychologique de l'enfant* (1941), *Les Origines de la pensée chez l'enfant* (1943).

Un partisan de l'Éducation nouvelle

Henri Wallon fait partie du Groupe français d'éducation nouvelle (GFEN) dès sa création, en 1922. Il en devient président en 1948 (après Paul Langevin et Henri Piéron). Wallon avait déjà succédé à Paul Langevin dans une autre présidence significative, celle de la Société française de pédagogie, dès 1937. Il fonde la revue *Enfance* en 1948 pour « donner aux chercheurs un organe où ils puissent publier les résultats de leurs travaux, rassembler dans un même recueil ce qui touche essentiellement à la psychologie de l'enfant, en particulier ses applications au premier rang desquelles est l'éducation ».

Lorsqu'il s'agit d'élaborer, à la Libération, une réforme profonde de l'enseignement, Henri Wallon est désigné vice-président de la commission d'étude présidée par Paul Langevin. Quand Langevin meurt en décembre 1946, Henri Wallon est élu président à l'unanimité et il dirige la commission de la 57e à la 68e et dernière séance, soit durant toute la phase active de la rédaction.

Le plan Langevin-Wallon

Le plan Langevin-Wallon s'inscrit résolument dans la mouvance de l'École nouvelle : il s'agit, pour la première fois dans un plan de réforme de l'éducation, d'un « projet autour de l'enfant ». L'école est conçue explicitement en fonction des enfants, de leur âge, de leurs « rythmes » de développement, de leurs « aptitudes ».

En ce qui concerne les structures, le plan se situe dans la ligne de l'École unique. Il s'agit d'en finir avec une École par « ordres » (l'ordre du secondaire avec son élémentaire, réservé à l'élite socioculturelle ; l'ordre du primaire avec son primaire supérieur, destiné aux enfants du peuple) ; ce qui doit être mis en place, c'est une école par « degrés » dont le maître mot est une orientation souple et progressive.

L'âge terminal de la scolarisation obligatoire est porté de 14 à 18 ans ; afin que la gratuité soit effective, le plan préconise des allocations pour les grands élèves et une sorte de « présalaire » pour les étudiants. L'enseignement obligatoire s'articule en trois cycles :

• Le premier est commun à tous jusqu'à 11 ans ; seuls y enseignent les maîtres des matières communes.

• Le second cycle, dit « d'orientation », de 11 à 15 ans, est partiellement commun et partiellement spécialisé : il est donc encadré par des maîtres de matières communes et des maîtres de spécialités. Les deux premières années sont essentiellement communes, le système des options – très libres et non figées – se développant surtout durant les deux dernières années.

• Le troisième cycle, dit de « détermination », de 15 à 18 ans, est assuré par les seuls maîtres de spécialités ; il comprend trois sections : pratique, professionnelle, théorique.

Comme l'École est unique, le corps enseignant doit être unique aussi : les maîtres des matières communes comme les maîtres de spécialités passent d'abord deux ans dans les écoles normales (établissements à la fois professionnels et propédeutiques à l'université) ; ils doivent tous ensuite acquérir une licence à l'université.

Henri Wallon distingue nettement l'« élitisme républicain » des Compagnons de l'université nouvelle (dominant dans les projets de l'entre-deux-guerres) de la « réforme démocratique » proposée par le plan Langevin-Wallon : « Il y a deux façons de concevoir l'enseignement démocratique. Il y a d'abord une façon individualiste qui paraît avoir prédominé dans la période de l'entre-deux-guerres : c'est de poser que tout homme, tout enfant, quelle que soit son origine sociale, doit pouvoir, s'il en a les mérites, arriver aux plus hautes situations, aux situations dirigeantes... Aujourd'hui, nous envisageons la réforme démocratique de l'enseignement sous une forme beaucoup plus générale. Il nous semble qu'il nous faudra abolir petit à petit les différences qui existent entre deux sociétés superposées. Même si c'est un enfant du peuple qui est passé par le lycée, et, par le lycée, a pu accéder à l'enseignement supérieur, il entre dans une société qui n'est plus celle de ses origines. Il bénéficie de ses aptitudes intellectuelles et de son zèle au travail, mais en se déclassant, je veux dire en se déclassant par le haut [...]. La conception démocratique de l'enseignement qui envisage, elle, une élévation totale de la nation, quelle que soit la situation occupée, ou plutôt quel que soit le travail et quelles que soient les fonctions qu'auront à remplir tous les individus de la société, exige que, selon ses aptitudes naturellement, chacun ait accès à la culture la plus élevée. »

C'est précisément ce qui est affirmé dans le « premier principe » du plan Langevin-Wallon : « le but de l'enseignement est d'assurer aux aptitudes de chacun tout le développement dont elles sont susceptibles ».

Claude Lelièvre

Un psychologue de l'enfant

L'œuvre psychologique d'Henri Wallon est d'accès difficile. Cela tient à son style, qui épouse la complexité de sa pensée, et au fait qu'elle soit la théorisation d'une pratique clinique dont les données brutes sont rarement exposées. Mais cette difficulté d'accès provient aussi des objectifs propres de l'œuvre. Celle-ci n'est pas un système ou une doctrine, mais, bien qu'il existe pour plusieurs problèmes des théories wallonniennes, elle témoigne d'abord d'une certaine conception de la psychologie et elle définit une attitude et une méthode pour comprendre l'homme à partir du développement de l'enfant.

Deux traits principaux caractérisent cette approche : la prise en compte de la complexité et l'analyse des contradictions. « Il est contre-nature de traiter l'enfant fragmentairement » écrit Wallon. Il n'est donc pas très pertinent de centrer exclusivement la recherche ou la réflexion sur le corps ou sur le psychisme, sur les déterminants biologiques ou sur les déterminants sociaux de la conduite, sur les composantes affectives ou sur les composantes cognitives de l'activité, ou encore sur ce qu'il y a d'individuel ou ce qu'il y a de social en chacun d'entre nous. Mais, au contraire, il faut montrer comment ces éléments, apparemment ou réellement contradictoires, s'articulent au cours de l'ontogenèse. On voit qu'il y a une convergence, et celle-ci est revendiquée par Wallon, entre ces positions épistémologiques et méthodologiques et les principes du matérialisme dialectique. L'originalité de la pensée de Wallon se manifeste notamment dans sa description et sa conceptualisation de l'évolution psychologique de l'enfant et dans sa théorie des émotions.

Les stades de l'évolution psychologique de l'enfant

Pour décrire l'évolution de l'enfant, Wallon s'intéresse à l'ensemble de sa personnalité. « À chaque âge, écrit-il dans *L'Évolution psychologique de l'enfant,* l'enfant constitue un ensemble indissociable et original ». L'évolution est discontinue. Les stades qui la ponctuent sont des phases d'équilibre plus ou moins stables. Des périodes où les activités de construction de la personne dominent alternent avec des périodes où les activités de découverte du monde sont prépondérantes. Les stades témoignent aussi d'anticipations fonctionnelles.

La période qui va de la naissance à deux ans voit se succéder un stade impulsif (0-6 mois) dominé par les réflexes et les automatismes, un stade émotif (qui culmine vers 6 mois) où les émotions se manifestent par le tonus musculaire et la sensibilité organique, un stade sensorimoteur (8-12 mois) au cours duquel se réalise, notamment au moyen de la généralisation des réactions circulaires sensation/mouvement/sensation, la coordination des champs sensoriel et moteur, un stade projectif (1 à 2 ans) où apparaît la mobilité volontaire et dans lequel le geste reste le support de la représentation. Aux environs de 2 ans apparaît le stade du personnalisme, qui durera jusqu'à la cinquième année. Il est d'abord marqué par une crise d'opposition à laquelle succède une période de grâce et de narcissisme où les imitations de rôles occupent une place de premier plan. Le stade suivant, auquel correspond l'âge de l'école primaire (6-11 ans), est un stade de différenciation caractérisée par l'acquisition de la pensée catégorielle. Avec le stade de la puberté les modes d'adaptation antérieurs sont fortement ébranlés, et un certain équilibre sera retrouvé dans les dépassements propres à l'adolescence.

Le rôle des émotions

Pour Wallon, l'activité cognitive émerge de la vie affective et l'affectivité est le facteur constitutif de la personnalité. Chez le jeune enfant, émotion et motricité sont étroitement intriquées. Il est classique de distinguer les composantes gestuelles et les composantes toniques de la motricité, et l'on voit fréquemment dans les secondes une simple condition des premières. Wallon se démarque de ce point de vue en voyant dans le tonus musculaire l'expression de la vie émotionnelle. L'émotion, au moyen des attitudes, postures, mimiques, est le premier moyen de communication de l'enfant. Elle lui permet d'agir sur autrui et c'est par son intermédiaire qu'autrui peut agir sur lui. L'émotion, par ses composantes motrices et viscérales, est un fait biologique. Par sa fonction d'adaptation et de communication primitive, elle est aussi un fait social. L'enfant n'est pas un organisme qui se socialiserait progressivement, il est d'emblée social, « génétiquement social » écrit Wallon. Les états émotionnels oscillent entre des états de confusion et des états d'opposition avec autrui. Wallon voit dans ces états d'opposition les prémices de la pensée représentative et l'origine de la personnalité et de l'identité. « À l'émotion revient le rôle d'unir les individus entre eux par leurs réactions les plus organiques et les plus intimes, cette confusion devant avoir comme conséquence ultérieure les oppositions et les dédoublements d'où pourront graduellement surgir les structures de la conscience » (*L'Évolution psychologique de l'enfant,* 1941).

Henri Wallon a également participé aux développements de la psychologie appliquée. On lui doit des contributions non seulement à la psychologie de l'éducation mais aussi à la psychologie de l'orientation scolaire et de l'orientation professionnelle. Il a été à l'origine de la création des services de psychologie scolaire au lendemain de la Seconde Guerre mondiale.

Michel Huteau

▸ Bibliographie

Principales œuvres de Henri Wallon :

Les Origines du caractère chez l'enfant, Paris, Boivin, 1934, rééd., PUF, coll. « Quadrige », 2002.

L'Évolution psychologique de l'enfant, Paris, Armand Colin, 1941, rééd., 2002.

« Psychologie et éducation de l'enfance, buts et méthodes de la psychologie », *Enfance,* n° spécial, recueil de 35 articles, 1985.

Principales œuvres sur Henri Wallon :

Boutan P., Sorel E., *Le Plan Langevin-Wallon : une utopie vivante*, actes des rencontres des 6-7 juin 1997, Paris, PUF, 1998.

Rochex J.-Y., *Henri Wallon : l'enfant et ses milieux*, Paris, Hachette Éducation, 1999.

Zazzo R., *Psychologie et marxisme : sur Henri Wallon,* Paris, Denoël, 1975.

Zazzo R., « 1962-1982, Henri Wallon parmi nous », *Enfance,* n° spécial, 1993.

▸ Voir aussi

Aptitude – Éducation nouvelle – Identité – Langevin, Paul – Orientation – Personnalité – Psychologie scolaire – Réforme de l'enseignement.

Z

Zone d'éducation prioritaire (ZEP)

Les ZEP ont pour objectif de « contribuer à corriger l'inégalité sociale par le renforcement sélectif de l'action éducative dans les zones et les milieux sociaux où le taux d'échec scolaire est le plus élevé » et de « subordonner l'augmentation des moyens à leur rendement escompté en termes de démocratisation » (circulaire du 1er juillet 1981).

Avec les ZEP, le modèle de l'égalité formelle cède la place au modèle de l'équité, puisqu'il s'agit « de donner plus à ceux qui ont le moins » de manière à réduire les inégalités sociales d'éducation. Là où les conditions sociales et économiques sont les plus difficiles, le système éducatif renforce ses moyens pour assurer, comme dans le reste du pays, la réussite à l'école de tous les élèves, l'acquisition par tous d'une qualification, l'intégration sociale et civique de tous.

La mise en œuvre des actions éducatives procède d'un diagnostic de la situation locale et d'une démarche qui répond à trois idées : globalisation, ouverture, autonomie. Une ZEP est moins un territoire, une « zone », qu'un projet adapté de réussite scolaire. Depuis 1998, la carte de l'éducation prioritaire est constituée de zones d'éducation prioritaire (ZEP) et de réseaux prioritaires (REP). Les REP associent des écoles et des établissements proches sur le plan géographique, et qui cumulent de grandes difficultés sans pour cela répondre aux critères ZEP.

Originalité des zones d'éducation prioritaires

Le concept de « zone », introduit en 1981 dans l'administration du système éducatif français, est foncièrement nouveau, et, à bien des égards, il heurte de front la tradition républicaine et sa mentalité ordinaire. Cela ne tient pas seulement à la prise en compte du facteur spatial, puisque le secteur et le district scolaires, les bassins de formation sont des notions devenues courantes.

L'originalité des ZEP consiste dans le choix des moyens pour répondre à un défi dont la dimension est avant tout socioculturelle. Le constat des difficultés emporte une critique implicite de l'action antérieure des services publics, celle du cloisonnement institutionnel de leurs interventions, y compris dans le domaine scolaire, celle d'une utilisation de moyens réglementée par des hiérarchies séparées et ignorantes les unes des autres. On devient désormais conscient que la riposte aux difficultés nées du terrain ne peut s'organiser que sur le terrain, grâce à une vision commune, à une adaptation imaginative, à un pilotage décentralisé, à la prise en compte d'une durée dépassant le cadre annuel, et qu'elle ne peut résulter que de l'action d'équipes soudées dans un projet partenarial et entre les différents degrés.

Trois étapes en vingt ans

Créée en 1981 par les deux circulaires fondatrices d'Alain Savary du 1er et du 28 juillet 1981, la politique ZEP a connu une alternance de phases de silence et de relance, en 1988-1989 tout d'abord, puis en 1997-1998.

Dans un premier temps, des efforts ont été entrepris pour l'ouverture du système scolaire sur l'extérieur et pour la communication entre les écoles elles-mêmes ; des groupes de réflexion se sont constitués à partir d'horizons divers, des expériences ont été tentées, des évaluations et auto-évaluations se sont multipliées. Les dispositifs ZEP des années 1980 font vivre avec plus ou moins de succès et d'obstacles un modèle démocratique et participatif.

Dès le début de sa mise en œuvre, acteurs et chercheurs ont pointé que l'étiquetage négatif était un des défis d'une « discrimination positive » qui désigne un quartier et des établissements scolaires comme lieu de difficulté scolaire et sociale. Si la mobilisation locale vient à manquer, la stigmatisation des territoires choisis se renforce et la « dimension ZEP » ne devient plus qu'un groupe humain ou un groupe d'écoles « mal vu ».

De plus, si les notions de projet et de partenariat sont au départ les maîtres mots de la politique ZEP, ils vont progressivement devenir ceux de la politique de modernisation du service public mise en œuvre durant la décennie 1980. Les ZEP auront dès lors tendance à être moins considérées dans leur mission propre que comme des lieux d'expérimentation de formules nouvelles d'enseignement (Peignard, van Zanten, 1998).

Parallèlement, les leçons directes de l'expérience et les évaluations externes ont permis de mettre en évidence les conditions indispensables au bon fonctionnement des ZEP. Il s'agit principalement d'introduire, dans les modalités de gestion des ressources humaines, des modalités exceptionnelles qui permettent de recruter des personnels qualifiés, de les maintenir assez pour que des équipes se créent et durent, de reconnaître leurs services après un temps de séjour suffisant en ZEP. Tous les enseignants de ZEP seront bénéficiaires d'une indemnité de sujétion spéciale à partir de 1990.

La relance des années 1990 produit une institutionnalisation plus forte de la « structure » ZEP. Les ZEP de la seconde génération voient l'organisation antérieure se renforcer et s'inscrire plus nettement dans les structures administratives. Dans chaque zone, un conseil veille à la qualité du projet de zone et assure, entre les partenaires de la ZEP et entre les établissements qui y sont inclus, les relations contractuelles indispensables, notamment avec le conseil de quartier (lorsqu'il existe), le conseil communal de prévention de la délinquance et le comité d'environnement social. Un responsable de la ZEP, désigné par le recteur, préside ce conseil, représente la zone, suit tous les aspects du programme. Il est assisté d'un coordonnateur, enseignant déchargé de service, désigné par l'inspecteur d'académie. La gestion financière et comptable des moyens spécifiques issus du budget de l'Éducation nationale, ainsi que de ceux qui seraient attribués par des partenaires extérieurs, est confiée à un agent comptable d'un établissement public local d'enseignement. Un groupe de pilotage départemental et un groupe de pilotage académique assurent la concertation et la cohérence. Une programmation est définie régulièrement pour une période triennale.

La volonté initiale d'associer étroitement politique ZEP et politique de développement social des quartiers (devenue politique de la Ville) se renforce également. Ce rapprochement contribue à l'extension des objectifs des ZEP. Alors que les premiers textes évoquaient la nécessité de mobiliser toutes les ressources locales dans la lutte contre l'échec scolaire, cette dimension devient de moins en moins lisible. Dans certains cas, on peut même se demander si la politique ZEP n'est pas pensée comme le volet scolaire d'un dispositif global de gestion sociale des quartiers en difficulté (Bouveau, Rochex, 1997).

La deuxième relance des ZEP propose la formule du « contrat de réussite ». Par ce biais, la politique ZEP est invitée à renouer avec ses objectifs premiers en se recentrant sur les apprentissages, voire en devenant une politique de « zones d'excellence pédagogiques » (Chauveau, Rogovas-Chauveau, 1995 ; Chauveau, 2000). Il est demandé aux équipes de s'engager dans des programmations pour trois ans avec des objectifs beaucoup plus précis et des procédures d'évaluation.

L'extension de la carte des ZEP

Chaque relance s'est accompagnée d'une redéfinition de la carte des ZEP et d'une extension importante du territoire et de la population concernée. Le nombre de zones prioritaires est de 363 à la rentrée 1982, qui concernent 8,3 % des écoliers, 10, 2 % des collégiens. Ce nombre passe à environ 530 après la première relance, concernant 12,4 % des écoliers et 14,9 % des collégiens. On espérait de la seconde relance une formule plus ciblée. Or, à la rentrée 1999, près de 1 700 000 élèves – environ 18 % des écoliers et plus de 21 % des collégiens sont scolarisés dans 770 unités d'éducation prioritaire. Actuellement, la population des ZEP connaît donc de très fortes disparités. Ainsi, les collèges ZEP-REP sont, en moyenne, très différents des collèges non ZEP, puisque la proportion d'élèves issus des catégories défavorisées est de 65,4 % contre 44, 7 % pour l'ensemble des collèges. Néanmoins, elle est inférieure à cette moyenne nationale dans un collège sur dix, alors qu'elle est supérieure à 80 % dans 10 % des collèges ZEP (Stéfanou, 2001). Ces disparités font apparaître de fortes logiques de « polarisation » de l'espace scolaire, aboutissant, au cours des années 1990 surtout, à ce que les écarts se creusent entre les extrêmes.

Une politique de « discrimination positive »

La politique ZEP a introduit en France l'idée de « discrimination positive » qui visait, selon le mot d'ordre des années 1980, à « donner plus à ceux qui ont le moins ». Inspirée de précédents anglo-saxons, elle a été le premier exemple français de « territorialisation » des politiques éducatives (Charlot *et al.*, 1994). Cette problématique fait de l'adaptation de l'institution scolaire à la diversité et à la spécificité de ses publics la condition et le moyen de la démocratisation ; elle pose le niveau local comme unité la plus pertinente de traitement des difficultés sociales et scolaires, et d'élaboration de projets éducatifs adaptés à ces difficultés. Le rapprochement entre le niveau d'élaboration des politiques scolaires et les problèmes ou les populations concernés est postulé comme ne pouvant qu'aller dans le sens de la démocratisation de la réussite scolaire, de l'accès au savoir et à la culture, et de l'amélioration de l'efficacité de l'École. Force est de constater, au vu des éléments d'évaluation et des résultats de recherche dont on dispose actuellement, que le bilan de cette politique est loin d'être à la hauteur des objectifs affichés, et qu'il appelle à une réflexion critique, faute de laquelle tout effort de « relance » risque de s'avérer fort peu opérant.

Que nous apprennent donc les éléments de bilan et les résultats de recherche sur la mise en œuvre de la politique ZEP, sur ses effets, sur les questions qu'elle soulève ? En premier lieu, et à quelques nuances près tenant aux disparités entre académies, il convient de dire que les procédures de désignation des ZEP ont bien atteint l'objectif visé, retenant quasi exclusivement des zones de réelles et importantes difficultés scolaires et sociales. En revanche, dès les premières années, la mise en place des ZEP s'est faite selon des modalités très diverses d'une zone ou d'une académie à l'autre, l'appel à l'initiative des « acteurs » ayant été très diversement relayé et entendu. Si bien qu'il est très difficile de dire quelle est la proportion des zones dans lesquelles la définition du « projet » a donné lieu à une réelle dynamique de mobilisation et d'élaboration collectives. Nombre de travaux (Henriot-van Zanten, 1990 ; Derouet 1992) ont par ailleurs montré que les incitations nationales faisant du projet et du partenariat les clés d'une action pédagogique et éducative adaptée aux difficultés et à l'hétérogénéité des élèves donnaient lieu, de la part des divers « acteurs locaux » (élus, enseignants, responsables d'établissement, travailleurs sociaux, représentants d'associations de parents d'élèves, etc.), au déploiement de stratégies individuelles et collectives dont la convergence supposée était loin d'être avérée. La définition et la mise en œuvre d'une politique éducative locale mettent en présence des interprétations différentes des situations et de ce qu'il conviendrait de faire pour qu'elles s'améliorent, et voient s'affirmer et se confronter des points de vue, voire des intérêts particuliers qui ne se fondent pas *ipso facto* dans une définition locale de l'intérêt général, mais sont fréquemment source de malentendus, de désaccords et de conflits de légitimité, voire de mises en cause réciproques.

Qu'en est-il des objectifs de démocratisation et d'amélioration significative des résultats scolaires des élèves les plus défavorisés, mis en avant en 1981 et réaffirmés en 1990 et 1998 ? Les données nationales concernant les indicateurs de retard et d'orientation montrent que les écarts entre la situation en ZEP et la situation hors ZEP n'ont pas ou guère diminué, mais que les améliorations d'ensemble s'observent dans les mêmes proportions en ZEP. En d'autres termes, loin de réduire les écarts, la politique ZEP aurait néanmoins contribué à faire qu'ils ne s'accroissent pas, alors que tout semble indiquer que la situation sociale et économique dans les quartiers urbains concernés s'est, elle, sensiblement dégradée. Quant aux données concernant les acquis scolaires, elles s'avèrent décevantes. Ainsi les résultats des évaluations nationales en français et en mathématiques à l'entrée en CE2 et en 6e montrent-ils que, sur un maximum de 100, le score moyen des élèves de ZEP est inférieur de 8 à 13 points à celui des élèves hors ZEP et que la proportion d'élèves ne maîtrisant pas ou maîtrisant mal les compétences de base y est presque deux fois plus importante (Andrieu *et al.*, 2001). Ces écarts se réduisent sans toutefois s'annuler si l'on ne compare que les élèves de même origine sociale, scolarisés en ZEP et hors ZEP. De même, les données concernant les performances en mathématiques et en français obtenues au cours des deux premières années du collège montrent que la politique ZEP n'a pas réussi à « créer une situation où, en moyenne, les élèves scolarisés dans ces zones réussiraient mieux que leurs caractéristiques ne le laissent espérer. [...] En réalité, ils réussissent même un peu moins bien qu'ils ne réussiraient ailleurs » (Meuret, 1994), l'écart étant plus grand pour les élèves qui étaient initialement en situation scolaire ou sociale difficile. En revanche, les effets de cette politique seraient positifs, mais faibles, concernant les attitudes des élèves envers la scolarisation et la socialisation. L'ensemble de ces constats suggère « qu'il est peut-être plus facile, pour un collège ZEP, de faire mieux que les autres pour la progression "non cognitive" des élèves que pour leur progression "cognitive" » (Meuret, 1994). Il incite aussi à s'interroger sur les pratiques pédagogiques en ZEP et sur leurs modes d'adaptation aux caractéristiques, réelles ou supposées, des élèves.

Certes, de telles comparaisons entre ZEP et hors ZEP doivent être relativisées pour tenir compte de la grande diversité de situations sociales et scolaires et de mobilisation que recouvre le label ZEP. Des études et recherches plus qualitatives attestent que, s'il existe un certain nombre de ZEP qui « échouent », partiellement ou totalement, voire qui semblent « à la dérive », il en est d'autres qui « réussissent » et obtiennent des performances scolaires sensiblement supérieures à ce que les caractéristiques sociostatistiques des publics qui y sont scolarisés laisseraient attendre (Moisan, Simon, 1998). Il serait évidemment naïf de penser que la seule action de l'École et de ses agents puisse suffire à aller dans le sens de la démocratisation dans une société où les inégalités sociales ne cessent de se creuser. Pour autant, n'est-on pas fondé à penser que les raisons d'un bilan général aussi décevant de la politique ZEP sont également à chercher, au moins pour une part, tant dans ses conditions de mise en œuvre que dans les représentations de ses « acteurs », et dans le type même d'actions et de projets, dans les modes de redéfinition des activités et contenus d'enseignement qui y sont promus, et qui s'avéreraient de fait moins démocratisants que ne le pensent ou ne l'espèrent leurs promoteurs (Chauveau, Rogovas-Chauveau, 1995 ; Glasman *et al.*, 1995 ; Bouveau, Rochex, 1997) ?

Relayer l'action de l'École par une politique de grande ampleur

L'expérience de vingt ans de politique ZEP, les études et recherches portant sur la mise en œuvre et les effets de cette politique permettent de dire que les conditions de la réussite scolaire en ZEP ne relèvent pas de la seule action de l'École ; elles requièrent un traitement d'ampleur qui travaille à inverser les logiques économiques et sociales dont sont victimes les quartiers et les populations considérés. De plus, lorsqu'elles sont scolaires, ces conditions ne sont pas seulement d'ordre pédagogique ; elles requièrent des mesures concernant la carte scolaire, la taille et le recrutement des établissements – les ZEP et les collèges dont la taille et les effectifs sont les plus importants sont les moins performants, et le sont d'autant moins qu'ils sont victimes des logiques d'évitement que favorisent les mesures d'« assouplissement » des contraintes de la carte scolaire, lesquelles conduisent à une homogénéisation sociale et une paupérisation de leur recrutement, et à un accroissement sensible des inégalités entre établissements et entre élèves –, et des mesures concernant les conditions d'exercice de l'activité enseignante (pilotage effectif, aux niveaux national, académique et départemental, de la politique ZEP, soutien, accompagnement et prise en considération des équipes enseignantes et de leur expérience, analyse et inventaire critique des réussites obtenues, mais aussi des échecs et des difficultés rencontrées). Toutes ces mesures nécessitent une orientation qui s'inscrive dans la durée et dépasse les effets d'annonce et les échéances politiciennes. Force est de dire que, depuis le milieu des années 1980, la politique ZEP a cruellement manqué d'une telle impulsion politique ; elle a pâti du flou croissant pesant sur les missions et les objectifs assignés à l'École dans les quartiers et sur les mesures destinées aux populations les plus défavorisées. Les « acteurs » chargés de sa mise en œuvre ont bien souvent le sentiment, non seulement d'être démunis d'orientations claires et de soutien effectif, mais dès lors d'être envoyés seuls au « front » pour maintenir à flot une barque scolaire que la logique économique libérale et les politiques d'emploi et d'habitat ne cessent de charger et de déstabiliser.

Cette carence d'orientation politique a également eu des conséquences sur le terrain pédagogique, où elle a renforcé les logiques d'évitement des difficultés et des enjeux essentiels de l'accès au savoir et à la culture des élèves les moins familiarisés avec l'univers scolaire. Ainsi les multiples actions et projets visant à la « socialisation » des élèves et à l'« amélioration du climat scolaire » ont-ils bien souvent été pensés et mis en œuvre comme préalables aux apprentissages, selon une problématique, explicite ou implicite, postulant que le rapport au savoir, à la scolarité et aux institutions d'enseignement pourrait être construit ou reconstruit de l'extérieur, en marge des apprentissages et de l'activité intellectuelle des élèves. Au risque, dans certains établissements ou pour certains élèves, d'aboutir ainsi à socialiser avant que d'instruire, voire au lieu d'instruire. De même les projets mis en œuvre dans le cadre de la politique ZEP concernent très souvent des moments ou des activités (réalisation d'un spectacle ou d'une exposition, « sortie » hors de l'école, etc.) considérés comme plus attractifs et présentés comme des exceptions à l'ordinaire et au quotidien des classes. Autant que la pertinence de tels projets, qui s'avère extrêmement variable selon les sites ou les actions, c'est bien ce rapport à l'ordinaire des classes et des apprentissages qui pose problème et qui est très rarement interrogé : ces actions demeurent-elles marginales ou supplétives par rapport à cet ordinaire, auquel elles ne font que se juxtaposer (quand elles ne contribuent pas à le décrédibiliser), ou font-elles retour sur celui-ci, pour le questionner, pour en renforcer la pertinence, l'efficacité et la crédibilité ?

L'absence ou l'insuffisance de travail et d'orientation politique sur ces questions se fait cruellement sentir, depuis le ministère jusqu'aux établissements. Elles ne peuvent dès lors que renforcer, chez nombre de décideurs et d'« acteurs » de la politique ZEP, des conceptions et des modes d'interprétation des situations sociales et scolaires fondés sur une sociologie spontanée du « handicap socioculturel », caractéristique du regard que les classes moyennes portent sur les classes populaires, et qui, non seulement dédouane l'École, les conceptions et les pratiques de ses professionnels de toute responsabilité dans la production de l'échec et des inégalités scolaires, mais constituent un obstacle majeur au nécessaire travail collectif d'identification et d'élucidation des difficultés propres à l'activité cognitive des élèves, à leurs modes d'apprentissage, à leur rapport à l'école et au savoir, difficultés que leur réduction généralisante au « milieu » social ou familial ne permet pas de spécifier.

Martine Kherroubi
Jean-Yves Rochex

▸ Bibliographie

ANDRIEUX V., LEVASSEUR J., PENNINCKX J., ROBIN I., « À partir des évaluations nationales à l'entrée en sixième : des constats sur les élèves, des questions sur les pratiques », *Éducation et Formations*, n° 61, 2001, p. 103-109.

BOUVEAU P., ROCHEX J.-Y., *Les ZEP, entre école et société*, Paris, CNDP/Hachette Éducation, 1997.

CHARLOT B., ROCHEX J.-Y. (dir.), *L'École et le territoire : nouveaux aspects, nouveaux enjeux*, Paris, Armand Colin, 1994.

CHARLOT B., BAUTIER É., ROCHEX J.-Y., *École et savoir dans les banlieues… et ailleurs*, Paris, Armand Colin, 1998.

CHARTIER A.-M., « Enseigner en ZEP, l'épreuve de la réalité », in *ZEP, patience et passions*, Versailles, CRDP, 1995.

CHAUVEAU G., ROGOVAS- CHAUVEAU É., *À l'école des banlieues*, Issy-les-Moulineaux, ESF, 1995.

CHAUVEAU G., *Comment réussir en ZEP ?*, Paris, Retz, 2000, rééd., 2002.

DEROUET J.-L., *École et justice : de l'école de la République aux projets d'établissement*, Paris, Métailié, 1992.

GLASMAN D. *et al.*, *L'École réinventée ? Le partenariat dans les zones d'éducation prioritaire*, Paris, L'Harmattan, 1995.

HENRIOT-VAN ZANTEN A., *L'École et l'espace local : les enjeux des ZEP*, Lyon, PUL, 1990.

KHERROUBI M., ROCHEX J.-Y., « La Recherche en éducation et les ZEP en France. Apprentissages et exercice professionnel en ZEP : résultats, analyses, interprétations », *Revue française de pédagogie*, n° 146, 2004, p. 115-190.

KHERROUBI M., ROCHEX J.-Y., « La Recherche en éducation et les ZEP en France. Politique ZEP : objets, postures et orientations de recherche », *Revue française de pédagogie,* n° 140, 2002, p. 103-132.

MEURET D., « L'Efficacité de la politique des zones d'éducation prioritaire dans les collèges », *Revue française de pédagogie*, n° 109, 1994, p. 41-64.

MOISAN C., « Les ZEP : bientôt vingt ans », *Éducation et Formations*, n° 61, 2001, p. 13-22.

MOISAN C., SIMON J., *Les Déterminants de la réussite scolaire en ZEP*, rapport au ministre de l'Éducation nationale, Saint-Fons, INRP, 1998.

PEIGNARD E., VAN Zanten A., « Les Zones d'éducation prioritaire », *Cahiers français*, n° 285, 1998, p. 69-75.

ROCHEX J.-Y., « Les ZEP, un bilan décevant », *in* Terrail J.-P. (dir.), *La Scolarisation de la France : critique de l'état des lieux*, Paris, La Dispute, 1997, p. 123-139.

SARAMON P., *Penser ou repenser les ZEP ? De la « discrimination positive » au recul institutionnel*, Paris, L'Harmattan, 2003.

STÉFANOU A., « Les Caractéristiques des collèges de l'éducation prioritaire et le destin de leurs élèves », *Éducation et Formations*, n° 61, 2001, p. 97-101.

VAN ZANTEN A., *L'École de la périphérie : scolarisation et ségrégation en banlieue*, Paris, PUF, 2001.

▸ Voir aussi

Accompagnement scolaire – Démocratisation de l'enseignement – Discrimination positive – District scolaire – Échec scolaire – Élève – Évaluation – Expression – Formation des enseignants – Innovation – Lecture – Orientation – Partenariat – Populaire (École) – Projet – Réussite scolaire.

Index

Par rapport à l'édition précédente, les modifications apportées à l'index relèvent essentiellement de la mise à jour. Cet index est le fruit d'un travail documentaire et non pas d'un traitement automatique. Ainsi, les synonymies ont été contractées (« obligation scolaire » par exemple vaut également par convention pour « scolarité obligatoire » quelle que soit l'expression utilisée par les rédacteurs des articles). La responsabilité du choix des termes de l'index (près de 3 000) et de la sélection des occurrences incombe aux directeurs de la rédaction.

La mention « *voir* » renvoie aux articles du dictionnaire. Les articles eux-mêmes sont signalés en gras et suivis parfois par la mention « *voir aussi* » qui indique des corrélats venant en complément de ceux déjà mentionnés à la fin des articles dans le corps de l'ouvrage.

Les sigles figurent dans l'ordre alphabétique à deux endroits : d'une part, sous leur *forme abrégée* suivie de leur développement – mais sans mention d'indexation – et, d'autre part, sous leur *forme développée* suivie du renvoi aux articles dans lesquels ils figurent. C'est à la forme développée qu'il faut se reporter pour connaître l'indexation.

Liste des articles par rédacteur

De Lavergne, Isabelle : Centre nationale des œuvres universitaires et scolaires (CNOUS)
Delbecq, Olivier : Office national d'information sur les enseignements et les professions (ONISEP)
Deleau, Michel : Inné/Acquis ; Intelligence
Demari, Jean-Claude : Presse et école
Derouet, Jean-Louis : Établissement scolaire ; Sélection
Derouet-Besson, Marie-Claude : Architecture scolaire ; Mobilier scolaire
Desmet, Huguette : Maltraitance de l'enfant ; Parentale (Éducation) ; Parents
Diament, Nic : Littérature de jeunesse
Dubar, Claude : Bourdieu, Pierre ; Emploi-formation ; Formation professionnelle continue ; Insertion ; Qualification ; Socialisation
Dubet, François : Lycéen
Dumazedier, Joffre : Culture générale ; Éducation permanente ; Illich, Ivan ; Mannheim, Karl
Durand-Prinborgne, Claude : Académie ; Administration de l'Éducation nationale ; Carte scolaire ; Concours ; Déconcentration ; Déontologie ; Directeur ; Droit de l'éducation ; École ; Gratuité ; Laïcité ; Ministre de l'éducation nationale ; Neutralité ; Privé (Enseignement) ; Public (Enseignement) ; Recteur d'académie ; Réforme de l'enseignement ; Schéma prévisionnel des formations ; Système éducatif ; Vie privée (Protection de la)
Durey, Alain : Physique et chimie (Enseignement de la)
Durning, Paul : Éducation spécialisée (Personnels de l') ; Familiale (Éducation) ; Internat ; Petite enfance (Personnels de la) ; Précoce (Intervention)
Duru-Bellat, Marie : Carrière scolaire (Inégalités sociales de) ; Filles/Garçons
Dutercq, Yves : Administration de l'Éducation nationale ; Parents d'élèves

Esquieu, Paul : Démocratisation de l'enseignement ; Déperdition scolaire ; Redoublement ; Retard scolaire
Establet, Roger : Filles/Garçons
Étévé, Christiane : Agent territorial spécialisé des écoles maternelles (ATSEM) ; Centre de documentation et d'information (CDI) ; Communauté éducative ; Doctorat ; Information (Éducation à l') ; Institut national de recherche pédagogique (INRP) ; Recherche en éducation ; Robin, Paul
Étienne, Richard : Élève (Projet de l') ; Temps scolaire (Aménagement du)

Fablet, Dominique : Éducation spécialisée (Personnels de l') ; Internat ; Interventions socio-éducatives ; Petite enfance (Personnels de la)
Faublée, Élisabeth : Musée ; Patrimoine
Fayol, Michel : Psychologie de l'apprentissage
Felouzis, George : Collégien
Fialaire, Jacques : Aide sociale aux étudiants ; Écoles (Grandes) ; Étudiant ; Examen ; Faculté ; Grades universitaires ; Sabbatique (Année) ; Université
Fijalkow, Jacques : Écriture inventée ; Lecteurs (Mauvais) ; Lecture (Apprentissage de la) ; Lisibilité
Filloux Jean-Claude : Bachelard, Gaston ; Durkheim, Émile
Florin, Agnès : Piaget, Jean ; Psychologie du développement ; Tuteur, tutorat
Forestier, Christian : Bourses ; District scolaire
Forquin, Jean-Claude : Autorité ; Axiologie ; Curriculum ; Disciplines scolaires ; Endoctrinement ; Groupement ; Morale (Éducation) ; Multiculturalisme ; Philosophie de l'éducation ; Valeurs
Fortun, Roger : Qualité ; Ressources humaines (Gestion des)
Fournier, Paul : Qualité

Gaborieau, Jean-Pierre : Institut universitaire de formation des maîtres (IUFM)
Galatanu, Olga : Savoir d'action
Galibert, Delphine : Conservatoire national des arts et métiers (CNAM)
Galland, Olivier : Jeunesse ; Rites de passage ; Sociabilité
Garrigue, Pierre : Concours général
Gautherin, Jacqueline : Buisson, Ferdinand ; Condorcet ; Ferry, Jules
Gauthier, Roger-François : Baccalauréat ; Brevet ; Certificat ; Contrôle continu ; Contrôle en cours de formation ; Diplôme ; Formation en entreprise (Période de) ; Module ; Option ; Référentiel
Gérard, René : Équivalence
Gilis, Daniel : Institut de recherche sur l'enseignement des mathématiques (IREM)
Ginsberg-Carré, Christiane : Fratrie
Glasman, Dominique : Accompagnement scolaire ; Cours particulier ; Décrochage scolaire
Glikman, Viviane : Formation à distance ; Télévision éducative
Gonnet, Jacques : Centre de liaison de l'enseignement et des moyens d'information (CLEMI)
Grandrieux, Delphine : Organisation de coopération et de développement économiques (OCDE)
Groscolas, Daniel : Association éducative ; Coopérative scolaire
Gruère-Arnaud, Martine : Relation parents/enfants
Guigue, Michèle : Suivi pédagogique
Guiho-Bailly, Marie-Pierre : Adulte

Halmos, Claude : Dolto, Françoise
Halté, Jean-François : Français (Enseignement du)
Hameline, Daniel : Pédagogie
Hassenforder, Jean : Institut national de recherche pédagogique (INRP) ; Recherche en éducation
Hédoux, Jacques : Formateurs d'adultes
Hess, Rémi : Institutionnelle (Pédagogie)
Houdé, Olivier : Psychologie de l'enfant
Houssaye, Jean : Centre aéré ; Colonie de vacances ; Éducation ; Terrain pour l'aventure
Huteau, Michel : Affectivité ; Aptitude ; Centre d'information et d'orientation (CIO) ; Compétence ; Handicap mental ; Institut national

SITOGRAPHIE

Association pour adultes et jeunes handicapés (APAJH) : www.apajh.org

Association des enseignants et chercheurs en sciences de l'éducation (AECSE) : www.aecse.net

Association nationale pour la formation professionnelle des adultes (AFPA) : www.afpa.fr

Association nationale pour les transports éducatifs de l'enseignement public (ANATEEP) : www.anateep.asso.fr

Bibliothèque nationale de France (BNF) : www.bnf.fr

Bulletin officiel (BO) : www.education.gouv.fr/bo/default.htm

Bureau international de l'éducation (BIE) : www.ibe.unesco.org

Centre pour le développement de l'information sur la formation permanente (Centre Inffo) : www.centre-inffo.fr

Centre d'entraînement aux méthodes actives (CEMÉA) : www.cemea.asso.fr

Centre d'études et de recherches sur les qualifications (CÉREQ) : www.cereq.fr

Centre international d'études pédagogiques (CIEP) : www.ciep.fr

Centre de liaison de l'enseignement et des moyens d'information (CLEMI) : www.clemi.org *voir aussi* Semaine de la presse et des médias pour l'école : www.clemi.org/spe1.html

Centre national de documentation pédagogique (CNDP) : www.cndp.fr

Centre international d'enseignement à distance (CNED) : www.cned.fr

Centre national des œuvres universitaires et scolaires (CNOUS) : www.cnous.fr

Centre national de recherche scientifique (CNRS) : www.cnrs.fr

Collège de France : www.college-de-france.fr

Conservatoire national des arts et métiers (CNAM) : www.cnam.fr

Défenseur des enfants : www.defenseurdesenfants.fr

École des hautes études en sciences sociales (EHESS) : www.ehess.fr

Eduscol : www.eduscol.education.fr

Fédération des œuvres éducatives et de vacances de l'Éducation nationale : www.foeven.asso.fr

Fonds des Nations unies pour l'enfance (Unicef) : www.unicef.org

Francas : www.francas.asso.fr

Institut international de planification de l'éducation (IIPE) : www.iiep.unesco.org

Institut national d'étude du travail et de l'orientation professionnelle (INETOP) : www.cnam.fr/instituts/inetop

Institut national de recherche pédagogique (INRP) : www.inrp.fr
voir aussi la *Revue française de pédagogie* : www.inrp.fr/publications/rfp/ et le Centre de recherche sur l'éducation spécialisée et l'adaptation sociale (CRESAS) : www.inrp.fr/politique/unite/cresas.htm

Institut de recherche sur l'enseignement des mathématiques (IREM) : www.univ-irem.fr

Institut universitaire de formation des maîtres (IUFM) : www.iufm.fr

Institut universitaire de France (IUF) : www.cpu.fr/Iuf/Default.asp

Jeunesse au plein air (JPA) : www.jpa.asso.fr

La main à la pâte : www.inrp.fr/lamap

Ligue de l'enseignement : www.laligue.org

Ministère de l'Éducation nationale (MEN) : www.education.gouv.fr

Office central de la coopération de l'école (OCCE) : www.occe.coop

Office national d'information sur les enseignements et les professions (ONISEP) : www.onisep.fr

Organisation de coopération et de développement (OCDE) : www.oecd.org

Organisation des Nations unies pour l'éducation, la science et la culture (Unesco) : www.unesco.org
voir aussi les publication de l'Unesco : www.unesco.org/publications ;

Protection judiciaire de la jeunesse (PJJ) : www.justice.gouv.fr/minister/mindpjj.htm

Pupilles de l'enseignement public (PEP) : www.lespep.org

Université tous âges : uta.univ-lyon2.fr

Édition : Adeline Guérin, Joëlle Gardette
Conception couverture et mise en page p. 1-5 et p. 23-32 : Langage Graphique
Mise en page : AGD
Corrections : Gérard Tassi
N° de projet : 10120478
N° d'éditeur : 1345
Dépôt légal : août 2005
Achevé d'imprimer en France sur les presses de Jouve, 53100 Mayenne